The Almanac of American Education
2008

The Almanac of American Education
2008

Edited by Deirdre A. Gaquin

South University Library
Richmond Campus
2151 Old Brick Road
Glen Allen, Va 23060

Published in the United States of America
by Bernan Press, a wholly owned subsidiary of
The Rowman & Littlefield Publishing Group, Inc.
4501 Forbes Boulevard, Suite 200
Lanham, Maryland 20706

Bernan Press
800-865-3457
info@bernan.com
www.bernan.com

Copyright © 2008 by Bernan Press

All rights reserved. No part of this publication may be reproduced,
stored in a retrieval system, or transmitted in any form or by any
means, electronic, mechanical, photocopying, recording, or otherwise,
without the prior permission of the publisher. Bernan Press does not claim
copyright in U.S. government information.

ISBN-13:	978-1-59888-269-8
ISBN-10:	1-59888-269-4
eISBN-13:	978-1-59888-290-2
eISBN-10:	1-59888-290-2

∞™ The paper used in this publication meets the minimum requirements of
American National Standard for Information Sciences—Permanence of
Paper for Printed Library Materials, ANSI/NISO Z39.48-1992.
Manufactured in the United States of America.

Contents

List of Tables vii

List of Figures. xi

Preface xiii

PART A—NATIONAL EDUCATION STATISTICS 1
School Enrollment Rates 10
Historical School Enrollment 50
Educational Attainment Rates 112
Historical Educational Attainment Levels 216
Notes and Definitions 249

PART B—REGION AND STATE EDUCATION STATISTICS 259
Educational Attainment by Region. 266
Educational Attainment for the 25 Largest States 276
Population, School, and Student Characteristics by State 284
Notes and Definitions 301

PART C—COUNTY EDUCATION STATISTICS 313
Population, School, and Student Characteristics by County 318
Notes and Definitions 507

APPENDIX—GUIDE TO EDUCATIONAL RESOURCES ON THE INTERNET 515

INDEX 539

Tables

PART A—NATIONAL EDUCATION STATISTICS

ENROLLMENT TABLES

A-1. Enrollment Status of the Population 3 Years Old and Over, by Age, Sex, Race, Hispanic Origin, Foreign Born, and Foreign-Born Parentage, October 2006

A-2. Single Grade of Enrollment and High School Graduation Status for People 3 Years Old and Over, by Sex, Age (Single Years for 3 to 24 Years), Race, and Hispanic Origin, October 2006

A-3. Nursery and Primary School Enrollment of Population 3 to 6 Years Old, by Control of School, Attendance Status, Age, Race, Hispanic Origin, Mother's Labor Force Status and Education, and Family Income, October 2006

A-4. Current Grade for People 15 to 24 Years Old Enrolled in School, and Highest Grade Completed for People with Selected Enrollment and Completion Status, by Sex, Age, Race and Hispanic Origin, October 2006

A-5. Type of College and Year Enrolled for College Students 15 Years Old and Over, by Age, Sex, Race, Attendance Status, Control of School, and Enrollment Status, October 2006

A-6. Employment Status and Enrollment in Vocational Courses for the Population 15 Years Old and Over, by Sex, Age, Educational Attainment, and College Enrollment, October 2006

A-7. Enrollment Status of High School Graduates 15 to 24 Years Old, by Type of School, Attendance Status, and Sex, October 2006

A-8. Enrollment Status for Families with Children 5 to 24 Years Old, by Control of School, Race, Type of Family, and Family Income, October 2006

HISTORICAL ENROLLMENT TABLES

A-9. School Enrollment of the Population 3 Years Old and Over, by Level and Control of School, Race, and Hispanic Origin, October 1955–2006

A-10. Percentage of the Population 3 Years Old and Over Enrolled in School, by Age, Sex, Race, and Hispanic Origin, October 1947–2006

A-11. The Population 6 to 17 Years Old Enrolled Below Modal Grade, 1971–2006

A-12. Annual High School Dropout Rates of 15 to 24 Year Olds by Sex, Race, Grade, and Hispanic Origin, October 1967–2006

A-13. Population 14 to 24 Years Old by High School Graduate Status, College Enrollment, Attainment, Sex, Race, and Hispanic Origin, October 1967–2006

A-14. Population 18 and 19 Years Old by School Enrollment Status, Sex, Race, and Hispanic Origin, October 1967–2006

A-15. Age Distribution of College Students 14 Years Old and Over, by Sex, October 1947–2006

A-16. College Enrollment of Students 14 Years Old and Over, by Type of College, Attendance Status, Age, and Gender, October 1970–2006

ATTAINMENT TABLES

A-17. Educational Attainment of the Population 15 Years Old and Over, by Age, Sex, Race, and Hispanic Origin, 2006

A-18. Percent of High School and College Graduates of the Population 15 Years Old and Over, by Age, Sex, Race, and Hispanic Origin, 2006

A-19. Educational Attainment of the Population 15 Years Old and Over, by Single Years of Age, Sex, Race, and Hispanic Origin, 2006

A-20. Educational Attainment of the Population 15 Years Old and Over, by Marital Status, Age, Sex, Race, and Hispanic Origin, 2006

A-21. Educational Attainment of the Population 15 Years Old and Over, by Household Relationship, Age, and Sex, 2006

A-22. Educational Attainment of Civilians 16 Years Old and Over, by Labor Force Status, Age, Sex, Race, and Hispanic Origin, 2006

A-23. Educational Attainment of Employed Civilians 18 to 64 Years Old, by Occupation, Age, and Sex, 2006

A-24. Educational Attainment of Employed Civilians 18 to 64 Years Old, by Industry, Age, and Sex, 2006

A-25. Income in 2005 by Educational Attainment of the Population 18 Years Old and Over, by Age, Sex, Race, and Hispanic Origin, 2006

A-26. Educational Attainment of the Population 25 Years Old and Over, by Citizenship, Nativity and Period of Entry, Age, Sex, Race, and Hispanic Origin, 2006

HISTORICAL ATTAINMENT TABLES

A-27. Years of School Completed by People 25 Years Old and Over, by Age and Sex, Selected Years 1940–2007

A-28. Percent of People 25 Years Old and Over Who Have Completed High School or College, by Race, Hispanic Origin and Sex, Selected Years 1940–2007

A-29. Mean Earnings of Workers 18 Years Old and Over, by Educational Attainment, Race, Hispanic Origin, and Sex, 1975–2006

PART B—REGION AND STATE EDUCATION STATISTICS

B-1. Educational Attainment of the Population 18 Years and Over, by Region, Age, Sex, Race, and Hispanic Origin, 2006

B-2. Educational Attainment of the Population 18 Years Old and Over, by Age, Sex, Race Alone or in Combination, and Hispanic Origin, for the 25 Largest States, 2006

B-3. Population, School, and Student Characteristics by State

PART C—COUNTY EDUCATION STATISTICS

C-1. Population, School, and Student Characteristics by County

Figures

PART A—NATIONAL EDUCATION STATISTICS

A-1. Enrollment, by Level, 1955–2006

A-2. Enrollment Status of Population 3 to 34 Years Old, 2006

A-3. Enrollment Status of the Population 3 and 4 Years Old, by Family Income, 2006

A-4. Percent Distribution of Undergraduate Students, by Type of School and Age, 2006

A-5. Employment Status and Sex of College Students, 2006

A-6. Percent of High School Dropouts Among the Population Age 18 to 24 Years, by Race and Hispanic Origin, 1970–2006

A-7. Educational Attainment for the Population 25 Years Old and Over, by Sex, Race, and Hispanic Origin, 2006

A-8. Unemployment Rate for the Population 25 Years Old and Over, by Educational Attainment Level, 2006

A-9. Median Annual Income in 2005 for Population 25 Years Old and Over, by Highest Level of Educational Attainment

A-10. Percent of People Who Have Completed 4 or More Years of High School or College, by Sex and Educational Attainment Level, 1940–2007

PART B—REGION AND STATE EDUCATION STATISTICS

B-1. States with the Highest and Lowest Proportions of the Population 25 Years Old and Over with a High School Diploma or More, 2006

B-2. States with the Highest and Lowest Percent of the Population 25 Years Old and Over with a Bachelor's Degree or More, 2006

B-3. Average Public School Teacher Salary, 2006–2007

B-4. States with the Highest and Lowest Expenditures Per Student, 2005–2006

B-5. States with the Highest and Lowest Percent Change of the Number of Public School Students, from 1995–1996 to 2005–2006

PART C—COUNTY EDUCATION STATISTICS

C-1. Counties with the Highest and Lowest Proportions of the Population 25 Years Old and Over with a High School Diploma or More, 2000

C-2. Counties with the Highest and Lowest Proportions of the Population 25 Years Old and Over with a Bachelor's Degree or More, 2000

C-3. Distribution of Counties by Per Student Expenditures, 2004–2005

C-4. Number of Counties by Percent of Students Eligible for Free or Reduced-Price Lunch, 2005–2006

C-5. Counties with the Highest Proportions of Students Who Are English-Language Learners, 2005–2006

Preface

This edition of *The Almanac of American Education* serves as a guide to understanding and comparing the quality of education at the national, state, and county levels. Compiled from sources such as the U.S. Census Bureau and the National Center for Education Statistics (NCES), *The Almanac* contains historical and current data, insightful analysis, and useful graphics that paint a compelling picture of the state of education in the United States.

The Almanac is organized into three sections: Part A—National Education Statistics; Part B—Region and State Education Statistics; and Part C—County Education Statistics. The data presented in Part A are no longer available in print form from the Census Bureau. The data in Parts B and C have been specially tabulated for this publication from the NCES, the Census Bureau, and other sources.

The Almanac's contents and coverage allows users to answer—and ask—important questions about education, including:

- What are the nationwide trends in earnings by educational attainment level?
- Is the earnings gap between high school graduates and college graduates growing or shrinking?
- Which states have the highest and lowest high school dropout rates?
- Which states have the largest county-to-county variation in student-teacher ratios?
- Is there a relationship between student poverty rates and county-level expenditures per student?

The data in this volume meet the publication standards of the federal statistical agencies and the few nongovernmental organizations from which they were obtained. Every effort has been made to select accurate, meaningful, and useful data. All statistical data are subject to error arising from sampling variability, reporting errors, incomplete coverage, imputation, and other causes. The responsibility of the editor and publisher of this volume is limited to reasonable care in the reproduction and presentation of data obtained from established sources.

Deirdre A. Gaquin edited this edition of *The Almanac of American Education*. Ms. Gaquin has been a data use consultant to private organizations, government agencies, and universities for over 25 years. Prior to that, she was Director of Data Access Services at Data Use & Access Laboratories, a pioneer in private sector distribution of federal statistical data. A former President of the Association of Public Data Users, Ms. Gaquin has served on numerous boards, panels, and task forces concerned with federal statistical data and has worked on four decennial censuses. She holds a Master of Urban Planning (MUP) degree from Hunter College. Ms. Gaquin is also an editor of Bernan Press's *The Who, What, and Where of America: Understanding the Census Results*; *Places, Towns and Townships*; and *County and City Extra*.

Much appreciation is due to the federal agency personnel who prepared the original data and generously responded to requests for assistance.

PART A
NATIONAL EDUCATION STATISTICS

PART A—NATIONAL EDUCATION STATISTICS

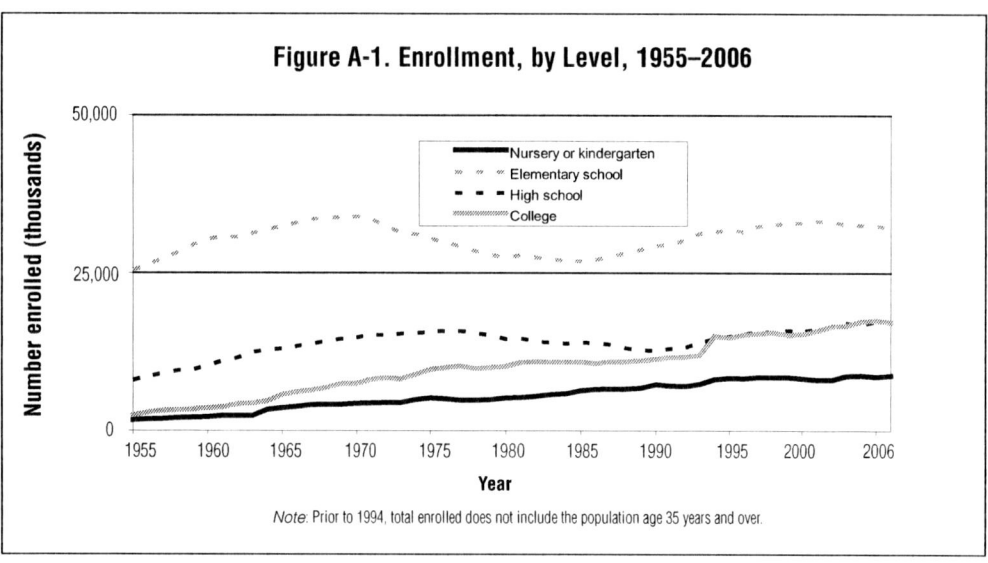

Figure A-1. Enrollment, by Level, 1955–2006

Note: Prior to 1994, total enrolled does not include the population age 35 years and over.

Over 75 million people 3 years old and over were enrolled in school in 2006. This reflected a drop of 0.8 percent, or 583,000, from 2005, which was the highest total enrollment ever measured for the nation. The proportion of 3 and 4 year olds enrolled in school increased to 55.7 percent, the greatest proportion for this age group. In addition, the proportion of 30-to-34-year olds enrolled in school increased to above 7 percent for the first time. In 2006, over 4.7 million foreign-born students were enrolled in school. (Table A-1 and A-10)

In 2006, 26.6 percent of people age 3 years and over were enrolled in school. For the population 3 to 34 years old, 6.8 percent were enrolled in nursery school or kindergarten, and nearly 25 percent were enrolled in elementary school. Among the population 18 to 24 years old, 43.7 percent were enrolled in school. (Table A-1)

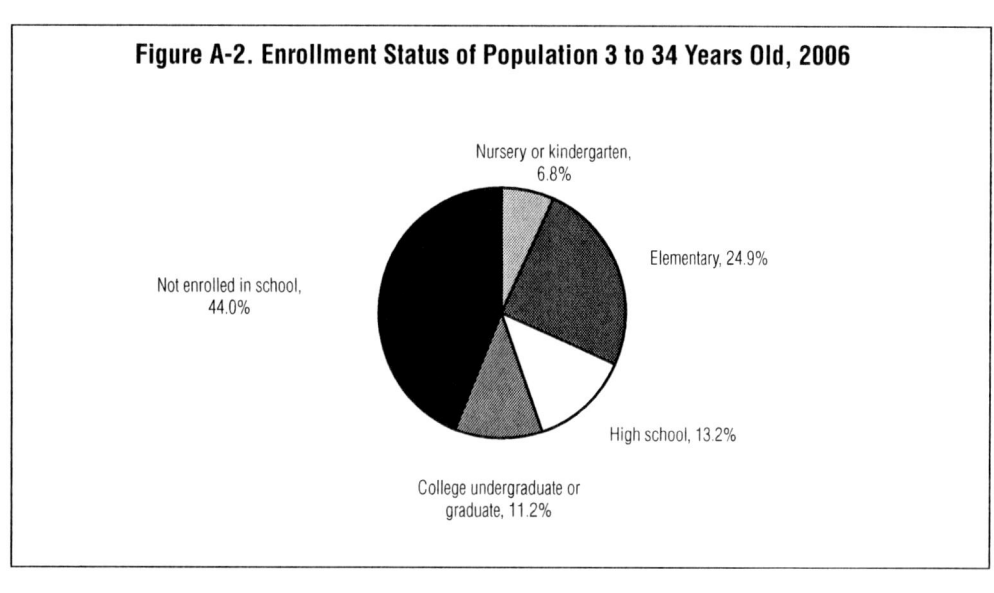

Figure A-2. Enrollment Status of Population 3 to 34 Years Old, 2006

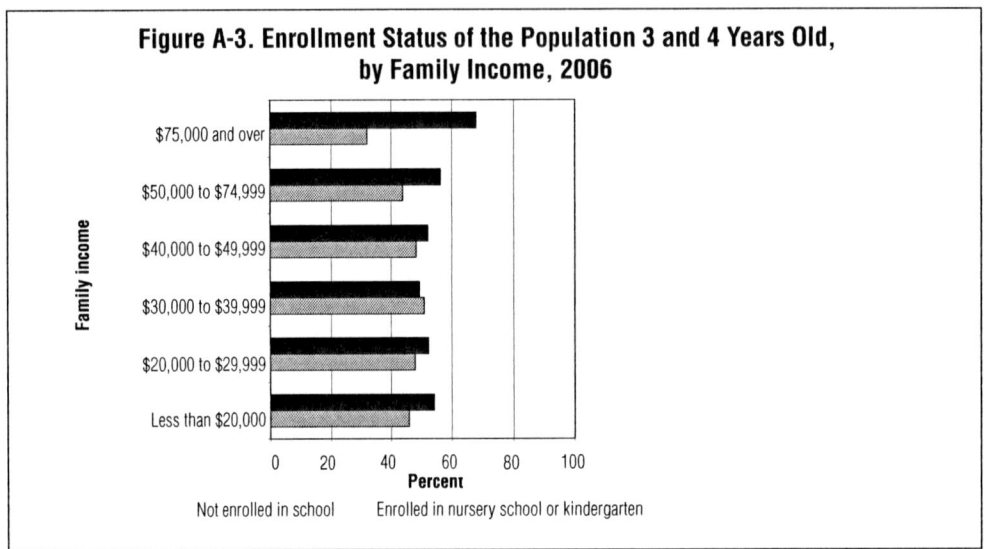

In 2006, 55.7 percent of all 3- and 4-year-olds were enrolled in nursery school or kindergarten. As family income increased, school enrollment increased, as many of these programs were only available through private schools. Approximately 68 percent of children from families with incomes of over $75,000 were enrolled in nursery school or kindergarten, while only 54 percent of 3- and 4-year-olds from families with incomes of less than $20,000 attended school. (Table A-3) Private school enrollment declined as grade level increased. Although close to half of all nursery school students were enrolled in private school in 2006, only 9.7 percent of elementary school students and 8.9 percent of high school students were enrolled in private schools that year. Nearly 22 percent of college students were enrolled in private institutions. (Table A-9)

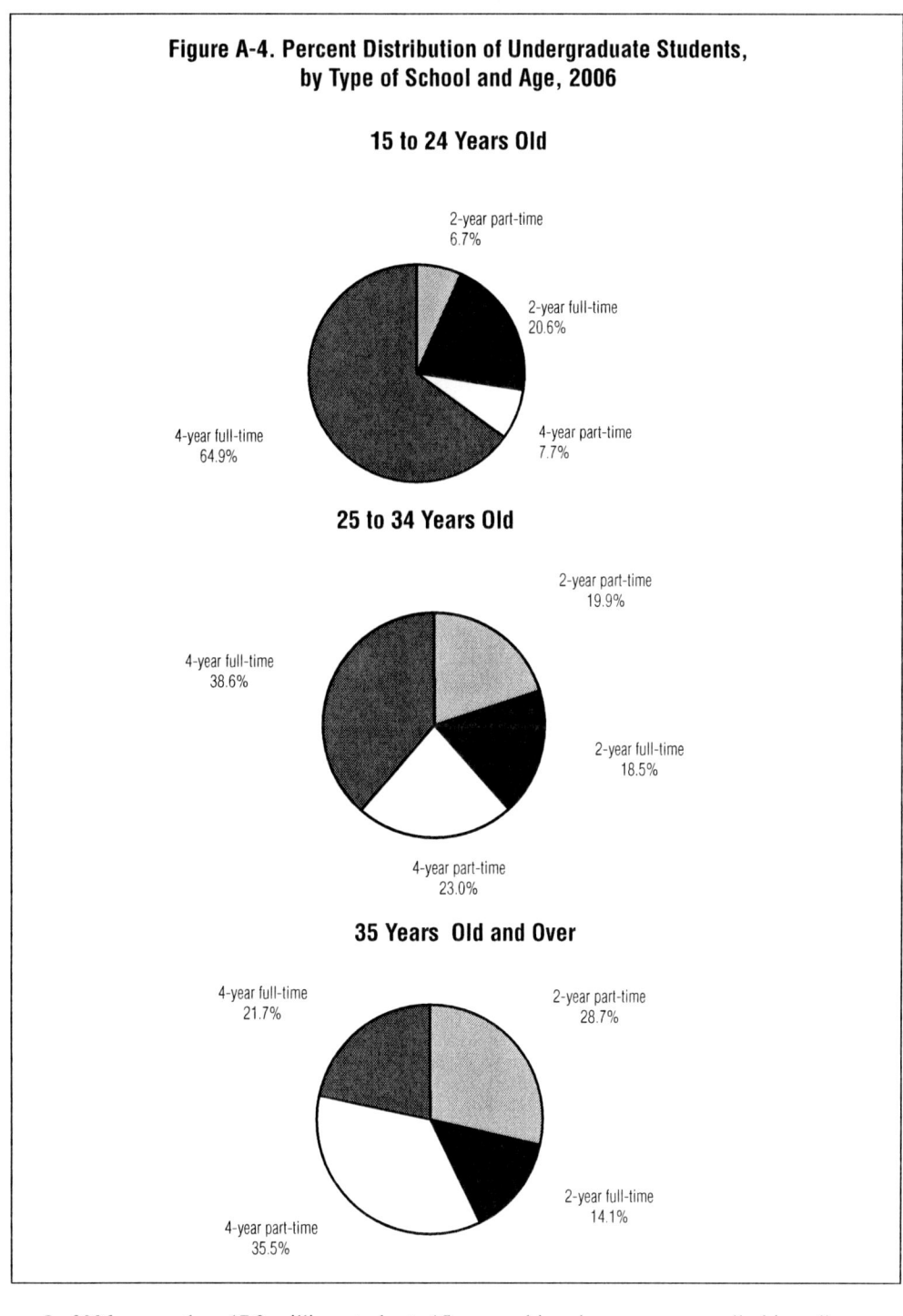

Figure A-4. Percent Distribution of Undergraduate Students, by Type of School and Age, 2006

In 2006, more than 17.2 million students 15 years old and over were enrolled in colleges and universities; undergraduates accounted for 13.9 million members of this population. Undergraduate students attending four-year colleges were far more likely to be full-time students (80.4 percent) than students attending 2-year colleges (62.8 percent). Younger students were also more likely to be full-time students; 85.5 percent of students 15 to 24 years old were enrolled full time, while only 35.8 percent of students 35 years old and over were enrolled full time. Graduate students were evenly divided between full-time and part-time status, with 50 percent of these students attending school full-time. (Table A-5)

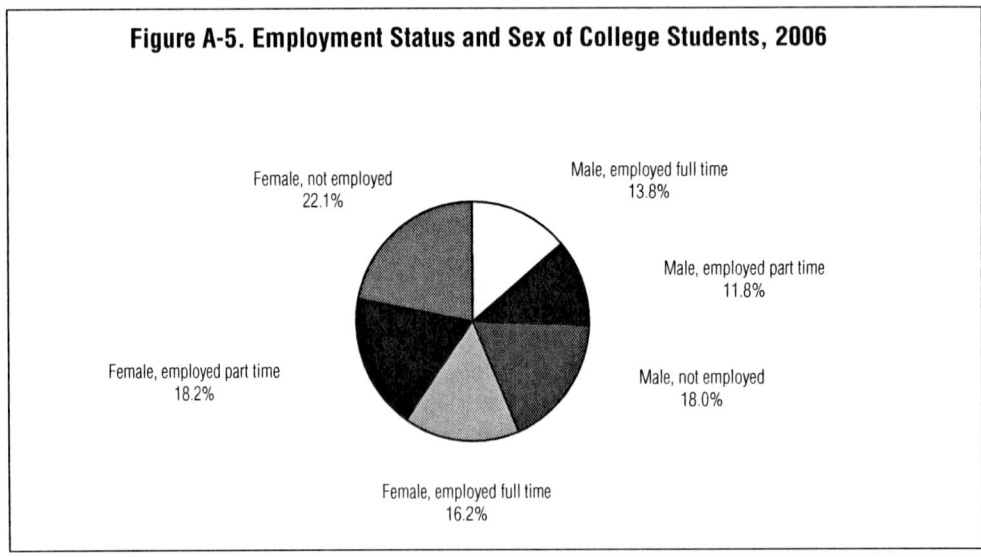

In 2006, women made up nearly 56.4 percent of all college students. In contrast, less than 46 percent of all college students in 1975 were women. The greatest disparity was among Black alone or in combination college students; over 61 percent were women. Asians alone or in combination were the only race or ethnic group with nearly equal enrollment levels. Fifty-one percent of Asians alone or in combination were women. Among graduate students, women accounted for 59.4 percent of enrollment in 2006. (Table A-15)

Nearly 61 percent of female college students were employed—either part or full time. In 2006, 58.7 percent of male college students were employed. Among college students enrolled in vocational courses, 79.1 percent were employed. (Table A-6)

Over the past 20 years, total college enrollment has gradually increased. For Blacks and Hispanics, this increase was substantial. In 1985, over 1 million Blacks were enrolled in college. By 2006, this number had jumped to over 2.3 million. For Hispanics, the increase was even more dramatic. From 1985 to 2005, enrollment for Hispanics more than tripled, with numbers rising from 579,000 to nearly 2 million. During this same time period, enrollment for Whites increased from 9.3 million college students to 13.3 million. (Table A-9)

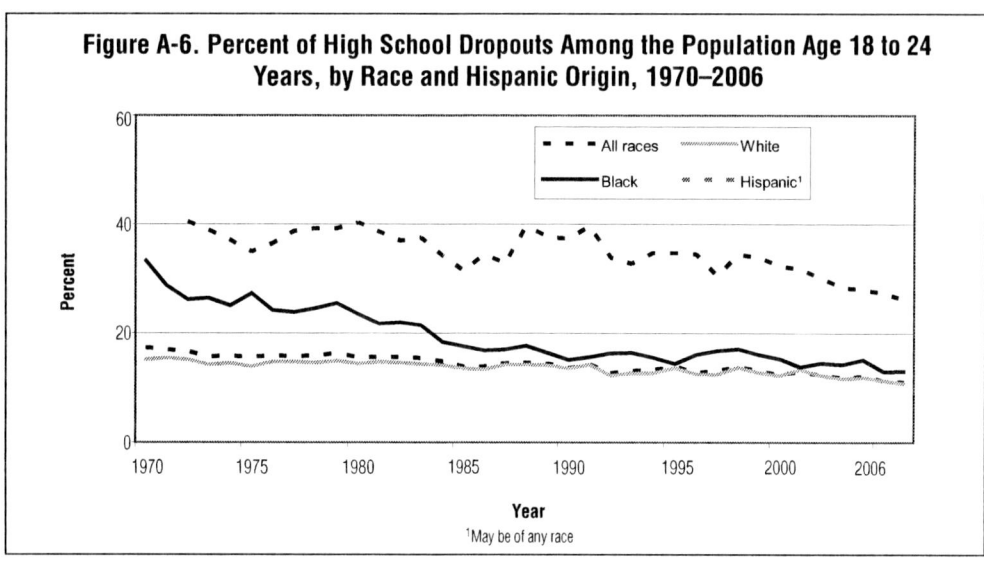

The number of high school dropouts declined steadily between 1970 and 2006. In 1970, over 17 percent of the population between the ages of 18 and 24 years had dropped out of high school. By 2006, only 11.0 percent of the population had dropped out. While the proportion of dropouts has declined for all races, it declined most dramatically for Blacks. In 1970, approximately 1 out of every 3 Blacks between the ages of 18 and 24 years was a high school dropout. In 2006, 13 percent of Blacks were high school dropouts. (Table A-13)

In 2006, the high school dropout rate for grades 10 to 12 was 3.5 percent, which was the second lowest rate in the past 30 years. The dropout rate for men (3.8) was higher than the rate for women (3.2). The dropout rate for grade 10 was 0.7 percent, compared to 2.6 percent for grade 11 and 8.5 percent for grade 12. (Table A-12)

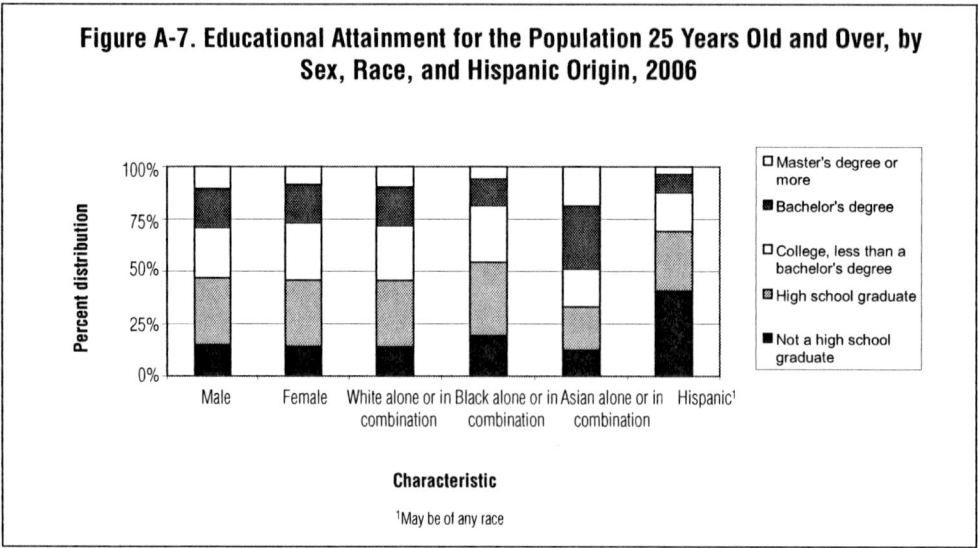

In 2006, more than 85 percent of Americans 25 years old and over were high school graduates and 28 percent held a bachelor's degree or more. This marked an increase of 11 percentage points from the 1980 college attainment levels. For people age 25 to 34 years, nearly 87 percent had a high school diploma and nearly 30 percent held a bachelor's degree or more. Women over 25 years of age had slightly higher rates of high school attainment, while men had higher rates of college attainment. Among race and ethnic groups in 2007, Asians had the highest high school graduation rate (87.8 percent), followed by Whites (86.2 percent), Blacks (82.4 percent), and Hispanics (60.3 percent). (Tables A-17, A-18, and A-28)

Nearly one-third of civilians over 25 years of age in the labor force held a bachelor's degree or more, a proportion higher than that of the general population in 2006. Only 10 percent of this group had not graduated from high school, compared with 14.5 percent of all people over 25 years of age. (Table A-22)

The civilian labor force has aged from 1995 to 2006. In 1995, about 53 percent of civilians in the labor force were between the ages of 25 and 44 years. By 2006, that proportion decreased to less than 46 percent. The percentage of civilians in the labor force over the age of 55 years increased from less than 12 percent in 1995 to over 16 percent in 2006. (Table A-22)

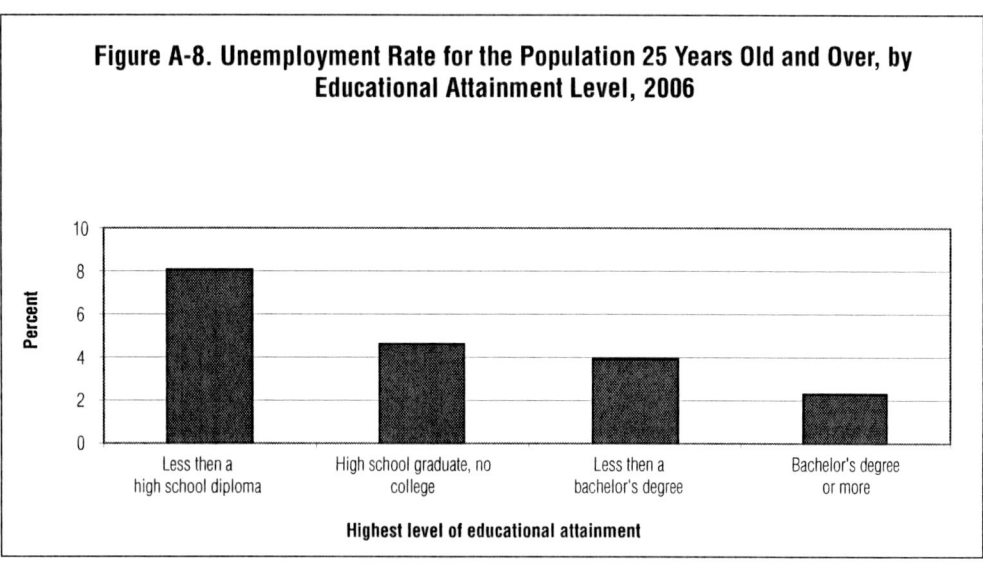

Figure A-8. Unemployment Rate for the Population 25 Years Old and Over, by Educational Attainment Level, 2006

The more education a person obtained, the less likely he or she was to be unemployed. The unemployment rate declined successively for each level of educational attainment. For people with less than a high school diploma, the unemployment rate was 8.1 percent. In comparison, the unemployment rate for people with a bachelor's degree or more was only 2.3 percent. The overall unemployment rate in 2006 was 5.0 percent. The unemployment rate for men (5.3) was higher than that of women (4.7). In 2006, the labor force participation rate was 72.9 percent for men, but only 58.9 percent for women. (Table A-22)

For persons between 18 and 64 years of age, professional and related occupations provided the most jobs, while farming, forestry, and fishing occupations employed the least number of people. More than 66 percent of those employed in professional and related occupations held a bachelor's degree or more. In contrast, only 7.1 percent of those employed in farming, forestry, and fishing occupations had reached this level of educational attainment. Service occupations employed the highest number of people without a high school diploma. (Table A-23)

The educational and health services industry was the largest employer in the United States and employed more than 28.8 million people in 2006. Nearly 47 percent of people in the education and health services industry held a bachelor's degree or more, and about 22 percent of workers in this field had a master's degree or more. Mining was the smallest industry in terms of employment, with 668,000 workers. (Table A-24)

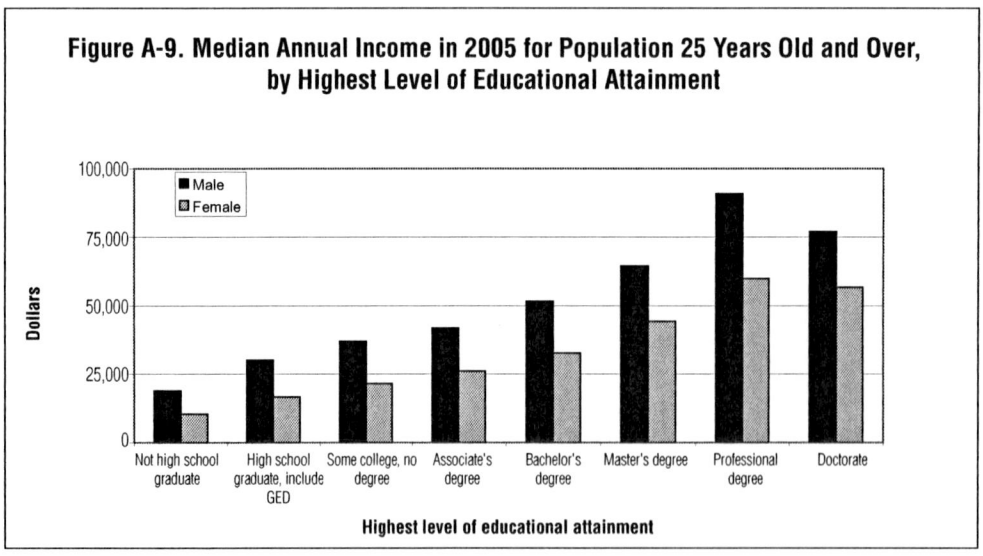

Figure A-9. Median Annual Income in 2005 for Population 25 Years Old and Over, by Highest Level of Educational Attainment

The median income in 2005 for all workers 25 years old and over was $27,358. For those who did not finish high school, the median income was $14,146. For high school graduates, including GED, median earnings rose to $22,184, and those with a bachelor's degree had a median income of $46,282. Workers with a professional degree had the highest median income at $76,647. Men earned more than women at all levels of educational attainment. Men with some college and no degrees earned significantly more than women with bachelor's degrees.

Among people 25 years old and over with bachelor's degrees, the median income was $41,161. Whites alone or in combination had the highest median income ($41,357), followed by Blacks alone or in combination ($40,587), Asians alone or in combination ($39,565), and Hispanics ($36,858). However, among all workers 25 years old and over, regardless of educational attainment level, Asians alone or in combination had the highest median income ($30,912).

Workers between the ages of 45 and 54 years had the highest median income for all education levels at $35,172, as well as the highest income for high school graduates ($27,209) and people with bachelor's degrees ($49,741). The median income for all workers 25 to 34 years old was $27,075, those age 35 to 44 years old had a median income of $32,729, and persons 55 to 64 years old had a median income of $30,588. For workers age 65 years and over, the median income in 2005 was $15,695. (Table A-25)

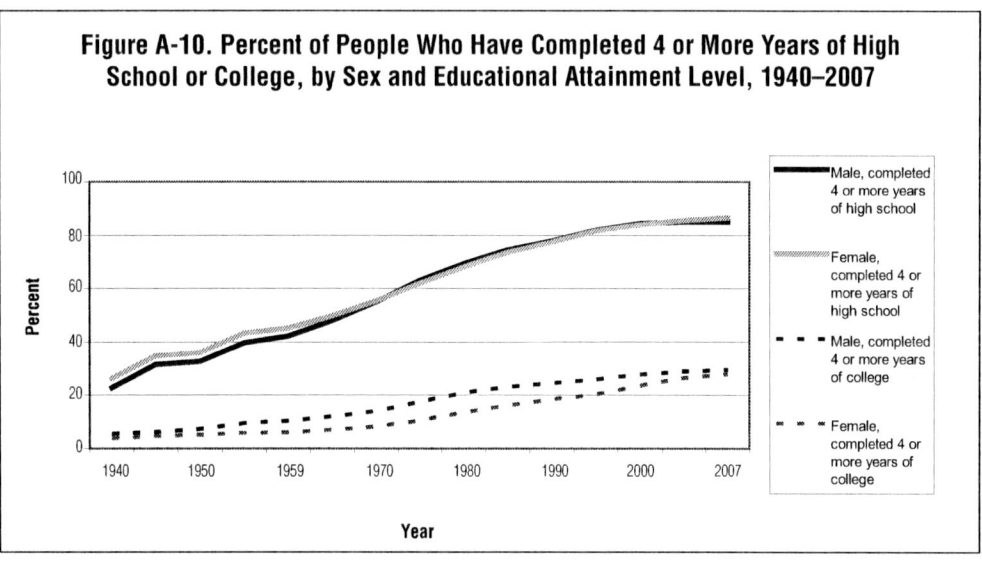

Figure A-10. Percent of People Who Have Completed 4 or More Years of High School or College, by Sex and Educational Attainment Level, 1940–2007

In 1940, only one in four Americans had completed high school. As recently as 1966, less than half of the U.S. population 25 years old and over had high school diplomas. By 2007, 85.7 percent of Americans in this age group were high school graduates. The high school graduation rate for women continued to exceed that of men, just as it had done in every year since 2001.

The percentage of college graduates, which constituted less than 5 percent of the population in 1940, had risen to 9.8 percent by 1966. By 2007, it included 28.7 percent of the population 25 years old and over. In recent years, women have narrowed the gap with men. In 1985, 23.1 percent of men and 16.0 percent of women age 25 years and over had graduated from college. Two decades later, in 2007, 29.5 percent of men and 28.0 percent of women were college graduates. (Table A-28)

In 2006, 68.1 percent of foreign-born people 25 years old and over in the United States were high school graduates. However, this percentage was significantly different among foreign-born people who were naturalized citizens and those who were not citizens. Among those that were not citizens, only 59.9 percent were high school graduates, whereas 78.7 percent of naturalized citizens were high school graduates. Among all foreign-born people, 10.5 percent held master's degrees, as compared to 9.5 percent of U.S. natives. (Table A-26)

Table A-1. Enrollment Status of the Population 3 Years Old and Over, by Age, Sex, Race, Hispanic Origin, Foreign Born, and Foreign-Born Parentage, October 2006

(Numbers in thousands, percent.)

Age, sex, race, Hispanic origin, and nativity	Population Number	Total Number	Total Percent	Nursery or kindergarten Number	Nursery or kindergarten Percent	Elementary Number	Elementary Percent	High school Number	High school Percent	College undergraduate or graduate Number	College undergraduate or graduate Percent
ALL RACES											
Both Sexes											
Total	282,264	75,197	26.6	8,727	3.1	32,089	11.4	17,149	6.1	17,232	6.1
3 and 4 years old	8,138	4,534	55.7	4,534	55.7	-	-	-	-	-	-
5 and 6 years old	8,065	7,628	94.6	4,149	51.4	3,479	43.1	-	-	-	-
7 to 9 years old	11,652	11,444	98.2	45	0.4	11,400	97.8	-	-	-	-
10 to 13 years old	16,337	16,060	98.3	-	-	15,729	96.3	330	2.0	-	-
14 and 15 years old	8,397	8,252	98.3	-	-	1,388	16.5	6,852	81.6	13	0.2
16 and 17 years old	8,674	8,203	94.6	-	-	29	0.3	7,974	91.9	200	2.3
18 and 19 years old	8,102	5,306	65.5	-	-	28	0.3	1,533	18.9	3,746	46.2
20 and 21 years old	8,074	3,839	47.5	-	-	-	-	164	2.0	3,675	45.5
22 to 24 years old	12,196	3,256	26.7	-	-	12	0.1	79	0.6	3,166	26.0
25 to 29 years old	20,246	2,373	11.7	-	-	8	-	54	0.3	2,312	11.4
30 to 34 years old	19,091	1376	7.2	-	-	6	-	23	0.1	1346	7.1
35 to 44 years old	42,667	1,631	3.8	-	-	9	-	74	0.2	1,548	3.6
45 to 54 years old	43,121	924	2.1	-	-	2	-	47	0.1	874	2.0
55 years old and over	67,504	371	0.6	-	-	-	-	19	-	353	0.5
Male											
Total	137,910	37,216	27.0	4,515	3.3	16,418	11.9	8,777	6.4	7,506	5.4
3 and 4 years old	4,116	2,304	56.0	2,304	56.0	-	-	-	-	-	-
5 and 6 years old	4,148	3,915	94.4	2,189	52.8	1,726	41.6	-	-	-	-
7 to 9 years old	5,947	5,836	98.1	22	0.4	5,814	97.8	-	-	-	-
10 to 13 years old	8,346	8,197	98.2	-	-	8,034	96.3	163	2.0	-	-
14 and 15 years old	4,293	4,214	98.2	-	-	807	18.8	3,405	79.3	2	0.1
16 and 17 years old	4,407	4,146	94.1	-	-	16	0.4	4,054	92.0	77	1.7
18 and 19 years old	4,103	2,610	63.6	-	-	10	0.2	897	21.9	1,703	41.5
20 and 21 years old	4,046	1,781	44.0	-	-	-	-	99	2.4	1,682	41.6
22 to 24 years old	6,151	1,535	25.0	-	-	2	-	44	0.7	1,489	24.2
25 to 29 years old	10,147	1060	10.4	-	-	2	-	24	0.2	1033	10.2
30 to 34 years old	9,486	558	5.9	-	-	3	-	18	0.2	537	5.7
35 to 44 years old	21,046	617	2.9	-	-	4	-	40	0.2	573	2.7
45 to 54 years old	21,108	298	1.4	-	-	-	-	25	0.1	272	1.3
55 years old and over	30,565	145	0.5	-	-	-	-	9	-	137	0.4
Female											
Total	144,354	37,981	26.3	4,212	2.9	15,671	10.9	8,372	5.8	9,726	6.7
3 and 4 years old	4,022	2,229	55.4	2,229	55.4	-	-	-	-	-	-
5 and 6 years old	3,918	3,713	94.8	1,960	50.0	1,753	44.8	-	-	-	-
7 to 9 years old	5,704	5,608	98.3	23	0.4	5,585	97.9	-	-	-	-
10 to 13 years old	7,990	7,862	98.4	-	-	7,695	96.3	167	2.1	-	-
14 and 15 years old	4,104	4,038	98.4	-	-	581	14.2	3,447	84.0	10	0.3
16 and 17 years old	4,267	4,056	95.0	-	-	13	0.3	3,921	91.9	123	2.9
18 and 19 years old	3,999	2,697	67.4	-	-	18	0.5	636	15.9	2,043	51.1
20 and 21 years old	4,028	2,058	51.1	-	-	-	-	65	1.6	1,993	49.5
22 to 24 years old	6,045	1,721	28.5	-	-	9	0.2	35	0.6	1,677	27.7
25 to 29 years old	10,099	1,313	13.0	-	-	6	0.1	29	0.3	1,278	12.7
30 to 34 years old	9,605	818	8.5	-	-	3	-	6	0.1	809	8.4
35 to 44 years old	21,621	1014	4.7	-	-	4	-	35	0.2	975	4.5
45 to 54 years old	22,012	627	2.8	-	-	2	-	22	0.1	602	2.7
55 years old and over	36,938	226	0.6	-	-	-	-	10	-	216	0.6
WHITE ALONE OR IN COMBINATION											
Both Sexes											
Total	231,416	59,391	25.7	6,979	3.0	25,424	11.0	13,425	5.8	13,564	5.9
3 and 4 years old	6,480	3,596	55.5	3,596	55.5	-	-	-	-	-	-
5 and 6 years old	6,413	6,080	94.8	3,360	52.4	2,720	42.4	-	-	-	-
7 to 9 years old	9,226	9,080	98.4	23	0.3	9,057	98.2	-	-	-	-
10 to 13 years old	12,952	12,755	98.5	-	-	12,506	96.6	249	1.9	-	-
14 and 15 years old	6,604	6,499	98.4	-	-	1,074	16.3	5,412	82.0	13	0.2
16 and 17 years old	6,847	6,501	94.9	-	-	18	0.3	6,330	92.4	153	2.2
18 and 19 years old	6,466	4,203	65.0	-	-	20	0.3	1,141	17.6	3,043	47.1
20 and 21 years old	6,460	3,097	47.9	-	-	-	-	90	1.4	3,006	46.5
22 to 24 years old	9,744	2,495	25.6	-	-	10	0.1	69	0.7	2,416	24.8
25 to 29 years old	16,146	1,833	11.4	-	-	7	-	34	0.2	1,791	11.1
30 to 34 years old	15,185	1033	6.8	-	-	3	-	14	0.1	1016	6.7
35 to 44 years old	34,598	1,245	3.6	-	-	9	-	46	0.1	1,191	3.4
45 to 54 years old	35,841	681	1.9	-	-	-	-	23	0.1	657	1.8
55 years old and over	58,452	293	0.5	-	-	-	-	16	-	278	0.5

- = Quantity zero or rounds to zero.

Table A-1. Enrollment Status of the Population 3 Years Old and Over, by Age, Sex, Race, Hispanic Origin, Foreign Born, and Foreign-Born Parentage, October 2006—*Continued*

(Numbers in thousands, percent.)

Age, sex, race, Hispanic origin, and nativity	Not enrolled in school					
	Total		High school graduate		Not high school graduate	
	Number	Percent	Number	Percent	Number	Percent
ALL RACES						
Both Sexes						
Total	207,067	73.4	171,854	60.9	35,213	12.5
3 and 4 years old	3,604	44.3	-	-	3,604	44.3
5 and 6 years old	437	5.4	-	-	437	5.4
7 to 9 years old	208	1.8	-	-	208	1.8
10 to 13 years old	277	1.7	-	-	277	1.7
14 and 15 years old	145	1.7	20	0.2	125	1.5
16 and 17 years old	472	5.4	138	1.6	334	3.9
18 and 19 years old	2,796	34.5	2,053	25.3	743	9.2
20 and 21 years old	4,236	52.5	3,283	40.7	952	11.8
22 to 24 years old	8,940	73.3	7,507	61.6	1,433	11.8
25 to 29 years old	17,873	88.3	15,356	75.8	2,517	12.4
30 to 34 years old	17,715	92.8	15,423	80.8	2,292	12.0
35 to 44 years old	41,036	96.2	36,132	84.7	4,904	11.5
45 to 54 years old	42,197	97.9	37,452	86.9	4,745	11.0
55 years old and over	67,132	99.4	54,490	80.7	12,642	18.7
Male						
Total	100,694	73.0	82,914	60.1	17,780	12.9
3 and 4 years old	1,812	44.0	-	-	1,812	44.0
5 and 6 years old	233	5.6	-	-	233	5.6
7 to 9 years old	112	1.9	-	-	112	1.9
10 to 13 years old	149	1.8	-	-	149	1.8
14 and 15 years old	79	1.8	7	0.2	73	1.7
16 and 17 years old	260	5.9	66	1.5	194	4.4
18 and 19 years old	1,493	36.4	1079	26.3	414	10.1
20 and 21 years old	2,265	56.0	1,690	41.8	575	14.2
22 to 24 years old	4,616	75.0	3,865	62.8	751	12.2
25 to 29 years old	9,087	89.6	7,650	75.4	1,437	14.2
30 to 34 years old	8,928	94.1	7,652	80.7	1,276	13.5
35 to 44 years old	20,429	97.1	17,769	84.4	2,660	12.6
45 to 54 years old	20,811	98.6	18,283	86.6	2,527	12.0
55 years old and over	30,420	99.5	24,853	81.3	5,567	18.2
Female						
Total	106,373	73.7	88,940	61.6	17,433	12.1
3 and 4 years old	1,793	44.6	-	-	1,793	44.6
5 and 6 years old	205	5.2	-	-	205	5.2
7 to 9 years old	96	1.7	-	-	96	1.7
10 to 13 years old	128	1.6	-	-	128	1.6
14 and 15 years old	66	1.6	13	0.3	52	1.3
16 and 17 years old	211	5.0	72	1.7	140	3.3
18 and 19 years old	1303	32.6	974	24.4	328	8.2
20 and 21 years old	1,970	48.9	1,594	39.6	377	9.4
22 to 24 years old	4,324	71.5	3,642	60.2	682	11.3
25 to 29 years old	8,785	87.0	7,706	76.3	1080	10.7
30 to 34 years old	8,787	91.5	7,772	80.9	1016	10.6
35 to 44 years old	20,606	95.3	18,363	84.9	2,244	10.4
45 to 54 years old	21,386	97.2	19,168	87.1	2,218	10.1
55 years old and over	36,712	99.4	29,637	80.2	7,075	19.2
WHITE ALONE OR IN COMBINATION						
Both Sexes						
Total	172,025	74.3	143,860	62.2	28,165	12.2
3 and 4 years old	2,884	44.5	-	-	2,884	44.5
5 and 6 years old	333	5.2	-	-	333	5.2
7 to 9 years old	146	1.6	-	-	146	1.6
10 to 13 years old	197	1.5	-	-	197	1.5
14 and 15 years old	104	1.6	10	0.1	95	1.4
16 and 17 years old	346	5.1	95	1.4	251	3.7
18 and 19 years old	2,263	35.0	1,648	25.5	615	9.5
20 and 21 years old	3,363	52.1	2,631	40.7	732	11.3
22 to 24 years old	7,249	74.4	6,138	63.0	1,111	11.4
25 to 29 years old	14,313	88.6	12,220	75.7	2,093	13.0
30 to 34 years old	14,151	93.2	12,222	80.5	1,929	12.7
35 to 44 years old	33,353	96.4	29,246	84.5	4,107	11.9
45 to 54 years old	35,161	98.1	31,471	87.8	3,690	10.3
55 years old and over	58,159	99.5	48,180	82.4	9,980	17.1

- = Quantity zero or rounds to zero.

Table A-1. Enrollment Status of the Population 3 Years Old and Over, by Age, Sex, Race, Hispanic Origin, Foreign Born, and Foreign-Born Parentage, October 2006—*Continued*

(Numbers in thousands, percent.)

Age, sex, race, Hispanic origin, and nativity	Population Number	Enrolled in school Total Number	Total Percent	Nursery or kindergarten Number	Nursery or kindergarten Percent	Elementary Number	Elementary Percent	High school Number	High school Percent	College undergraduate or graduate Number	College undergraduate or graduate Percent
Male											
Total	114,102	29,503	25.9	3,639	3.2	13,015	11.4	6,883	6.0	5,966	5.2
3 and 4 years old	3,319	1,859	56.0	1,859	56.0	-	-	-	-	-	-
5 and 6 years old	3,299	3,116	94.5	1,771	53.7	1,345	40.8	-	-	-	-
7 to 9 years old	4,721	4,643	98.3	9	0.2	4,634	98.2	-	-	-	-
10 to 13 years old	6,628	6,526	98.4	-	-	6,403	96.6	123	1.8	-	-
14 and 15 years old	3,365	3,304	98.2	-	-	609	18.1	2,693	80.1	2	0.1
16 and 17 years old	3,507	3,320	94.7	-	-	8	0.2	3,253	92.8	58	1.7
18 and 19 years old	3,278	2,056	62.7	-	-	5	0.2	652	19.9	1,399	42.7
20 and 21 years old	3,235	1,407	43.5	-	-	-	-	44	1.4	1,363	42.1
22 to 24 years old	4,989	1,204	24.1	-	-	2	-	41	0.8	1,161	23.3
25 to 29 years old	8,229	849	10.3	-	-	2	-	20	0.2	827	10.0
30 to 34 years old	7,693	427	5.6	-	-	3	-	13	0.2	411	5.3
35 to 44 years old	17,341	468	2.7	-	-	4	-	18	0.1	445	2.6
45 to 54 years old	17,787	213	1.2	-	-	-	-	17	0.1	196	1.1
55 years old and over	26,711	111	0.4	-	-	-	-	9	-	103	0.4
Female											
Total	117,314	29,888	25.5	3,340	2.8	12,409	10.6	6,542	5.6	7,598	6.5
3 and 4 years old	3,161	1,737	55.0	1,737	55.0	-	-	-	-	-	-
5 and 6 years old	3,115	2,964	95.2	1,588	51.0	1,376	44.2	-	-	-	-
7 to 9 years old	4,506	4,437	98.5	14	0.3	4,423	98.2	-	-	-	-
10 to 13 years old	6,324	6,229	98.5	-	-	6,103	96.5	126	2.0	-	-
14 and 15 years old	3,239	3,195	98.6	-	-	466	14.4	2,719	83.9	10	0.3
16 and 17 years old	3,340	3,181	95.2	-	-	10	0.3	3,077	92.1	95	2.8
18 and 19 years old	3,188	2,147	67.3	-	-	14	0.4	489	15.3	1,643	51.5
20 and 21 years old	3,224	1,690	52.4	-	-	-	-	46	1.4	1,643	51.0
22 to 24 years old	4,755	1,291	27.1	-	-	7	0.2	29	0.6	1,255	26.4
25 to 29 years old	7,916	984	12.4	-	-	6	0.1	14	0.2	964	12.2
30 to 34 years old	7,492	606	8.1	-	-	-	-	1	-	605	8.1
35 to 44 years old	17,258	777	4.5	-	-	4	-	27	0.2	745	4.3
45 to 54 years old	18,054	468	2.6	-	-	-	-	6	-	462	2.6
55 years old and over	31,741	182	0.6	-	-	-	-	7	-	175	0.6
BLACK ALONE OR IN COMBINATION											
Both Sexes											
Total	36,820	12,261	33.3	1,480	4.0	5,365	14.6	2,971	8.1	2,444	6.6
3 and 4 years old	1,384	817	59.0	817	59.0	-	-	-	-	-	-
5 and 6 years old	1,366	1,262	92.4	643	47.0	619	45.3	-	-	-	-
7 to 9 years old	1,935	1,875	96.9	21	1.1	1,855	95.9	-	-	-	-
10 to 13 years old	2,730	2,654	97.2	-	-	2,588	94.8	66	2.4	-	-
14 and 15 years old	1,418	1,381	97.4	-	-	282	19.9	1,099	77.5	-	-
16 and 17 years old	1,471	1,372	93.2	-	-	11	0.7	1,331	90.5	30	2.0
18 and 19 years old	1,287	835	64.9	-	-	8	0.6	335	26.0	492	38.2
20 and 21 years old	1,262	491	38.9	-	-	-	-	68	5.4	423	33.5
22 to 24 years old	1,715	477	27.8	-	-	-	-	6	0.4	471	27.5
25 to 29 years old	2,838	338	11.9	-	-	-	-	20	0.7	318	11.2
30 to 34 years old	2,529	226	8.9	-	-	-	-	9	0.4	217	8.6
35 to 44 years old	5,428	269	5.0	-	-	-	-	13	0.2	256	4.7
45 to 54 years old	5,116	204	4.0	-	-	2	-	24	0.5	178	3.5
55 years old and over	6,340	59	0.9	-	-	-	-	-	-	59	0.9
Male											
Total	17,050	5,935	34.8	742	4.4	2,754	16.2	1,488	8.7	951	5.6
3 and 4 years old	676	385	57.0	385	57.0	-	-	-	-	-	-
5 and 6 years old	720	666	92.5	343	47.7	323	44.8	-	-	-	-
7 to 9 years old	961	932	97.0	14	1.4	918	95.6	-	-	-	-
10 to 13 years old	1,398	1,357	97.1	-	-	1,328	95.0	29	2.1	-	-
14 and 15 years old	711	695	97.8	-	-	173	24.3	522	73.4	-	-
16 and 17 years old	729	670	91.9	-	-	8	1.1	652	89.5	10	1.3
18 and 19 years old	623	399	64.1	-	-	4	0.7	209	33.6	186	29.8
20 and 21 years old	606	235	38.8	-	-	-	-	49	8.2	186	30.6
22 to 24 years old	804	206	25.6	-	-	-	-	-	-	206	25.6
25 to 29 years old	1,319	126	9.5	-	-	-	-	5	0.4	120	9.1
30 to 34 years old	1,122	79	7.0	-	-	-	-	5	0.4	74	6.6
35 to 44 years old	2,435	98	4.0	-	-	-	-	9	0.4	89	3.7
45 to 54 years old	2,316	64	2.8	-	-	-	-	8	0.4	56	2.4
55 years old and over	2,630	25	1.0	-	-	-	-	-	-	25	1.0

- = Quantity zero or rounds to zero.

PART A—NATIONAL EDUCATION STATISTICS

Table A-1. Enrollment Status of the Population 3 Years Old and Over, by Age, Sex, Race, Hispanic Origin, Foreign Born, and Foreign-Born Parentage, October 2006—Continued

(Numbers in thousands, percent.)

Age, sex, race, Hispanic origin, and nativity	Not enrolled in school					
	Total		High school graduate		Not high school graduate	
	Number	Percent	Number	Percent	Number	Percent
Male						
Total	84,599	74.1	70,116	61.5	14,483	12.7
3 and 4 years old	1,460	44.0	-	-	1,460	44.0
5 and 6 years old	183	5.5	-	-	183	5.5
7 to 9 years old	78	1.7	-	-	78	1.7
10 to 13 years old	103	1.6	-	-	103	1.6
14 and 15 years old	60	1.8	4	0.1	56	1.7
16 and 17 years old	187	5.3	39	1.1	148	4.2
18 and 19 years old	1,222	37.3	864	26.4	357	10.9
20 and 21 years old	1,828	56.5	1,376	42.5	452	14.0
22 to 24 years old	3,785	75.9	3,167	63.5	617	12.4
25 to 29 years old	7,380	89.7	6,165	74.9	1,216	14.8
30 to 34 years old	7,266	94.4	6,185	80.4	1,080	14.0
35 to 44 years old	16,872	97.3	14,584	84.1	2,288	13.2
45 to 54 years old	17,574	98.8	15,562	87.5	2,012	11.3
55 years old and over	26,600	99.6	22,169	83.0	4,432	16.6
Female						
Total	87,426	74.5	73,744	62.9	13,682	11.7
3 and 4 years old	1,424	45.0	-	-	1,424	45.0
5 and 6 years old	150	4.8	-	-	150	4.8
7 to 9 years old	68	1.5	-	-	68	1.5
10 to 13 years old	95	1.5	-	-	95	1.5
14 and 15 years old	44	1.4	6	0.2	38	1.2
16 and 17 years old	159	4.8	56	1.7	103	3.1
18 and 19 years old	1042	32.7	784	24.6	258	8.1
20 and 21 years old	1,535	47.6	1,255	38.9	280	8.7
22 to 24 years old	3,465	72.9	2,970	62.5	494	10.4
25 to 29 years old	6,932	87.6	6,055	76.5	878	11.1
30 to 34 years old	6,886	91.9	6,037	80.6	849	11.3
35 to 44 years old	16,480	95.5	14,661	85.0	1,819	10.5
45 to 54 years old	17,587	97.4	15,908	88.1	1,678	9.3
55 years old and over	31,559	99.4	26,011	81.9	5,548	17.5
BLACK ALONE OR IN COMBINATION						
Both Sexes						
Total	24,559	66.7	19,132	52.0	5,427	14.7
3 and 4 years old	567	41.0	-	-	567	41.0
5 and 6 years old	104	7.6	-	-	104	7.6
7 to 9 years old	59	3.1	-	-	59	3.1
10 to 13 years old	76	2.8	-	-	76	2.8
14 and 15 years old	37	2.6	7	0.5	30	2.1
16 and 17 years old	99	6.8	34	2.3	65	4.4
18 and 19 years old	452	35.1	341	26.5	111	8.6
20 and 21 years old	771	61.1	573	45.4	198	15.7
22 to 24 years old	1,237	72.2	987	57.5	251	14.6
25 to 29 years old	2,500	88.1	2,178	76.8	321	11.3
30 to 34 years old	2,303	91.1	2,037	80.5	266	10.5
35 to 44 years old	5,159	95.0	4,550	83.8	609	11.2
45 to 54 years old	4,912	96.0	4,165	81.4	747	14.6
55 years old and over	6,282	99.1	4,259	67.2	2,023	31.9
Male						
Total	11,115	65.2	8,541	50.1	2,574	15.1
3 and 4 years old	290	43.0	-	-	290	43.0
5 and 6 years old	54	7.5	-	-	54	7.5
7 to 9 years old	29	3.0	-	-	29	3.0
10 to 13 years old	41	2.9	-	-	41	2.9
14 and 15 years old	16	2.2	-	-	16	2.2
16 and 17 years old	59	8.1	21	2.9	38	5.2
18 and 19 years old	224	35.9	178	28.6	45	7.3
20 and 21 years old	371	61.2	274	45.2	97	16.0
22 to 24 years old	598	74.4	516	64.2	82	10.2
25 to 29 years old	1,194	90.5	1,035	78.5	159	12.0
30 to 34 years old	1,043	93.0	905	80.6	139	12.3
35 to 44 years old	2,338	96.0	2,033	83.5	304	12.5
45 to 54 years old	2,253	97.2	1,867	80.6	386	16.7
55 years old and over	2,605	99.0	1,711	65.1	894	34.0

- = Quantity zero or rounds to zero.

Table A-1. Enrollment Status of the Population 3 Years Old and Over, by Age, Sex, Race, Hispanic Origin, Foreign Born, and Foreign-Born Parentage, October 2006—*Continued*

(Numbers in thousands, percent.)

Age, sex, race, Hispanic origin, and nativity	Population Number	Enrolled in school Total Number	Total Percent	Nursery or kindergarten Number	Nursery or kindergarten Percent	Elementary Number	Elementary Percent	High school Number	High school Percent	College undergraduate or graduate Number	College undergraduate or graduate Percent
Female											
Total	19,770	6,325	32.0	738	3.7	2,611	13.2	1,483	7.5	1,493	7.6
3 and 4 years old	708	431	60.9	431	60.9	-	-	-	-	-	-
5 and 6 years old	646	596	92.3	299	46.3	297	45.9	-	-	-	-
7 to 9 years old	974	944	96.9	7	0.7	937	96.2	-	-	-	-
10 to 13 years old	1,333	1,297	97.4	-	-	1,260	94.6	37	2.8	-	-
14 and 15 years old	708	686	97.0	-	-	109	15.4	577	81.6	-	-
16 and 17 years old	742	702	94.6	-	-	3	0.4	679	91.5	20	2.7
18 and 19 years old	665	436	65.6	-	-	4	0.6	126	18.9	307	46.1
20 and 21 years old	656	256	39.0	-	-	-	-	18	2.8	238	36.2
22 to 24 years old	911	272	29.8	-	-	-	-	6	0.7	265	29.1
25 to 29 years old	1,519	213	14.0	-	-	-	-	15	1.0	198	13.0
30 to 34 years old	1,407	148	10.5	-	-	-	-	5	0.3	143	10.2
35 to 44 years old	2,993	171	5.7	-	-	-	-	4	0.1	167	5.6
45 to 54 years old	2,800	141	5.0	-	-	2	0.1	16	0.6	122	4.4
55 years old and over	3,710	33	0.9	-	-	-	-	-	-	33	0.9
ASIAN ALONE OR IN COMBINATION											
Both Sexes											
Total	13,281	3,849	29.0	392	3.0	1,497	11.3	806	6.1	1,154	8.7
3 and 4 years old	354	182	51.5	182	51.5	-	-	-	-	-	-
5 and 6 years old	387	366	94.6	209	54.0	157	40.6	-	-	-	-
7 to 9 years old	582	576	99.0	1	0.2	575	98.8	-	-	-	-
10 to 13 years old	757	752	99.3	-	-	730	96.4	22	2.9	-	-
14 and 15 years old	373	371	99.6	-	-	30	8.2	341	91.4	-	-
16 and 17 years old	404	372	92.0	-	-	-	-	363	89.7	9	2.3
18 and 19 years old	318	262	82.3	-	-	-	-	47	14.8	215	67.5
20 and 21 years old	330	238	72.2	-	-	-	-	11	3.3	227	68.9
22 to 24 years old	621	268	43.1	-	-	2	0.3	3	0.5	263	42.3
25 to 29 years old	1,145	198	17.3	-	-	-	-	-	-	198	17.3
30 to 34 years old	1,293	114	8.8	-	-	3	0.3	-	-	110	8.5
35 to 44 years old	2,356	100	4.3	-	-	-	-	15	0.7	85	3.6
45 to 54 years old	1,910	31	1.6	-	-	-	-	-	-	31	1.6
55 years old and over	2,450	18	0.7	-	-	-	-	3	0.1	15	0.6
Male											
Total	6,435	1,943	30.2	222	3.5	755	11.7	400	6.2	566	8.8
3 and 4 years old	188	114	60.4	114	60.4	-	-	-	-	-	-
5 and 6 years old	190	180	94.7	107	56.3	73	38.4	-	-	-	-
7 to 9 years old	315	309	98.2	1	0.4	308	97.8	-	-	-	-
10 to 13 years old	370	366	99.0	-	-	351	95.0	15	4.0	-	-
14 and 15 years old	195	195	100.0	-	-	23	11.8	172	88.2	-	-
16 and 17 years old	188	170	90.1	-	-	-	-	164	86.9	6	3.2
18 and 19 years old	179	140	78.1	-	-	-	-	22	12.4	118	65.8
20 and 21 years old	179	133	74.6	-	-	-	-	11	6.2	122	68.4
22 to 24 years old	290	125	43.0	-	-	-	-	3	1.1	122	41.9
25 to 29 years old	540	81	14.9	-	-	-	-	-	-	81	14.9
30 to 34 years old	642	55	8.5	-	-	-	-	-	-	55	8.5
35 to 44 years old	1,143	50	4.4	-	-	-	-	13	1.1	37	3.3
45 to 54 years old	913	18	1.9	-	-	-	-	-	-	18	1.9
55 years old and over	1,102	7	0.7	-	-	-	-	-	-	7	0.7
Female											
Total	6,846	1,907	27.9	170	2.5	742	10.8	406	5.9	588	8.6
3 and 4 years old	166	69	41.4	69	41.4	-	-	-	-	-	-
5 and 6 years old	197	186	94.5	102	51.7	84	42.8	-	-	-	-
7 to 9 years old	267	267	100.0	-	-	267	100.0	-	-	-	-
10 to 13 years old	387	386	99.6	-	-	378	97.7	7	1.9	-	-
14 and 15 years old	178	176	99.1	-	-	7	4.2	169	95.0	-	-
16 and 17 years old	216	202	93.6	-	-	-	-	199	92.2	3	1.4
18 and 19 years old	139	122	87.8	-	-	-	-	25	18.0	97	69.7
20 and 21 years old	151	105	69.4	-	-	-	-	-	-	105	69.4
22 to 24 years old	331	143	43.2	-	-	2	0.5	-	-	141	42.7
25 to 29 years old	606	117	19.4	-	-	-	-	-	-	117	19.4
30 to 34 years old	650	59	9.0	-	-	3	0.5	-	-	55	8.5
35 to 44 years old	1,213	51	4.2	-	-	-	-	3	0.2	48	3.9
45 to 54 years old	997	14	1.4	-	-	-	-	-	-	14	1.4
55 years old and over	1,348	11	0.8	-	-	-	-	3	0.2	8	0.6

- = Quantity zero or rounds to zero.

Table A-1. Enrollment Status of the Population 3 Years Old and Over, by Age, Sex, Race, Hispanic Origin, Foreign Born, and Foreign-Born Parentage, October 2006—Continued

(Numbers in thousands, percent.)

Age, sex, race, Hispanic origin, and nativity	Not enrolled in school					
	Total		High school graduate		Not high school graduate	
	Number	Percent	Number	Percent	Number	Percent
Female						
Total	13,444	68.0	10,592	53.6	2,853	14.4
3 and 4 years old	277	39.1	-	-	277	39.1
5 and 6 years old	50	7.7	-	-	50	7.7
7 to 9 years old	30	3.1	-	-	30	3.1
10 to 13 years old	35	2.6	-	-	35	2.6
14 and 15 years old	21	3.0	7	1.0	14	2.0
16 and 17 years old	40	5.4	13	1.8	27	3.7
18 and 19 years old	228	34.4	163	24.5	66	9.9
20 and 21 years old	400	61.0	299	45.6	101	15.4
22 to 24 years old	639	70.2	471	51.7	168	18.5
25 to 29 years old	1,306	86.0	1,143	75.3	163	10.7
30 to 34 years old	1,260	89.5	1,132	80.5	127	9.0
35 to 44 years old	2,821	94.3	2,517	84.1	305	10.2
45 to 54 years old	2,659	95.0	2,299	82.1	361	12.9
55 years old and over	3,676	99.1	2,547	68.7	1,129	30.4
ASIAN ALONE OR IN COMBINATION						
Both Sexes						
Total	9,432	71.0	8,155	61.4	1,277	9.6
3 and 4 years old	172	48.5	-	-	172	48.5
5 and 6 years old	21	5.4	-	-	21	5.4
7 to 9 years old	6	1.0	-	-	6	1.0
10 to 13 years old	5	0.7	-	-	5	0.7
14 and 15 years old	2	0.4	-	-	2	0.4
16 and 17 years old	32	8.0	13	3.2	19	4.8
18 and 19 years old	56	17.7	47	14.9	9	2.8
20 and 21 years old	92	27.8	80	24.1	12	3.6
22 to 24 years old	354	56.9	326	52.4	28	4.5
25 to 29 years old	948	82.7	916	80.0	31	2.7
30 to 34 years old	1,179	91.2	1,112	86.0	67	5.2
35 to 44 years old	2,255	95.7	2,114	89.7	141	6.0
45 to 54 years old	1,879	98.4	1,666	87.2	213	11.2
55 years old and over	2,432	99.3	1,881	76.8	551	22.5
Male						
Total	4,493	69.8	3,978	61.8	515	8.0
3 and 4 years old	74	39.6	-	-	74	39.6
5 and 6 years old	10	5.3	-	-	10	5.3
7 to 9 years old	6	1.8	-	-	6	1.8
10 to 13 years old	4	1.0	-	-	4	1.0
14 and 15 years old	-	-	-	-	-	-
16 and 17 years old	19	9.9	7	3.7	12	6.2
18 and 19 years old	39	21.9	31	17.5	8	4.3
20 and 21 years old	45	25.4	34	19.0	11	6.4
22 to 24 years old	166	57.0	150	51.8	15	5.2
25 to 29 years old	459	85.1	438	81.2	21	3.9
30 to 34 years old	588	91.5	554	86.3	33	5.2
35 to 44 years old	1,093	95.6	1,041	91.1	52	4.6
45 to 54 years old	896	98.1	820	89.8	76	8.3
55 years old and over	1,094	99.3	902	81.9	192	17.4
Female						
Total	4,939	72.1	4,177	61.0	762	11.1
3 and 4 years old	97	58.6	-	-	97	58.6
5 and 6 years old	11	5.5	-	-	11	5.5
7 to 9 years old	-	-	-	-	-	-
10 to 13 years old	2	0.4	-	-	2	0.4
14 and 15 years old	2	0.9	-	-	2	0.9
16 and 17 years old	14	6.4	6	2.8	8	3.6
18 and 19 years old	17	12.2	16	11.4	1	0.8
20 and 21 years old	46	30.6	46	30.3	-	-
22 to 24 years old	188	56.8	175	52.9	13	3.9
25 to 29 years old	489	80.6	478	78.9	10	1.7
30 to 34 years old	592	91.0	558	85.7	34	5.2
35 to 44 years old	1,162	95.8	1,073	88.5	89	7.3
45 to 54 years old	983	98.6	846	84.8	137	13.8
55 years old and over	1,337	99.2	979	72.6	358	26.6

- = Quantity zero or rounds to zero.

Table A-1. Enrollment Status of the Population 3 Years Old and Over, by Age, Sex, Race, Hispanic Origin, Foreign Born, and Foreign-Born Parentage, October 2006—*Continued*

(Numbers in thousands, percent.)

Age, sex, race, Hispanic origin, and nativity	Population Number	Enrolled in school								
		Total		Nursery or kindergarten		Elementary		High school		College undergraduate or graduate	
		Number	Percent	Number	Percent	Number	Percent	Number	Percent	Number	Percent
HISPANIC[1]											
Both Sexes											
Total	41,048	13,111	31.9	1,758	4.3	6,394	15.6	2,990	7.3	1,968	4.8
3 and 4 years old	1,844	900	48.8	900	48.8	-	-	-	-	-	-
5 and 6 years old	1,726	1,613	93.4	850	49.3	762	44.2	-	-	-	-
7 to 9 years old	2,374	2,328	98.1	8	0.3	2,320	97.7	-	-	-	-
10 to 13 years old	3,209	3,152	98.2	-	-	3,025	94.3	127	4.0	-	-
14 and 15 years old	1,475	1,452	98.4	-	-	264	17.9	1,183	80.2	5	0.4
16 and 17 years old	1,434	1,305	91.1	-	-	6	0.4	1,250	87.2	49	3.4
18 and 19 years old	1,406	751	53.4	-	-	3	0.2	304	21.6	444	31.6
20 and 21 years old	1,404	430	30.6	-	-	-	-	44	3.2	386	27.5
22 to 24 years old	2,196	393	17.9	-	-	7	0.3	34	1.5	353	16.1
25 to 29 years old	4,057	298	7.3	-	-	3	0.1	24	0.6	271	6.7
30 to 34 years old	3,857	203	5.3	-	-	3	0.1	11	0.3	190	4.9
35 to 44 years old	6,588	195	3.0	-	-	2	-	11	0.2	182	2.8
45 to 54 years old	4,534	60	1.3	-	-	-	-	-	-	60	1.3
55 years old and over	4,944	31	0.6	-	-	-	-	3	0.1	28	0.6
Male											
Total	21,039	6,491	30.9	875	4.2	3,286	15.6	1,522	7.2	808	3.8
3 and 4 years old	907	445	49.1	445	49.1	-	-	-	-	-	-
5 and 6 years old	894	819	91.7	426	47.7	393	44.0	-	-	-	-
7 to 9 years old	1,207	1,179	97.7	3	0.3	1,175	97.4	-	-	-	-
10 to 13 years old	1,634	1,599	97.9	-	-	1,535	94.0	64	3.9	-	-
14 and 15 years old	759	752	99.0	-	-	173	22.8	576	75.9	2	0.3
16 and 17 years old	739	677	91.7	-	-	3	0.4	658	89.1	16	2.2
18 and 19 years old	708	365	51.5	-	-	-	-	152	21.4	213	30.1
20 and 21 years old	717	173	24.1	-	-	-	-	27	3.7	146	20.3
22 to 24 years old	1,192	191	16.0	-	-	2	0.2	25	2.1	164	13.7
25 to 29 years old	2,231	120	5.4	-	-	-	-	12	0.5	109	4.9
30 to 34 years old	2,071	73	3.5	-	-	3	0.1	6	0.3	64	3.1
35 to 44 years old	3,453	60	1.7	-	-	1	-	-	-	60	1.7
45 to 54 years old	2,285	27	1.2	-	-	-	-	-	-	27	1.2
55 years old and over	2,242	11	0.5	-	-	-	-	3	0.1	8	0.3
Female											
Total	20,008	6,620	33.1	883	4.4	3,108	15.5	1,468	7.3	1,161	5.8
3 and 4 years old	937	455	48.5	455	48.5	-	-	-	-	-	-
5 and 6 years old	832	793	95.3	424	51.0	369	44.4	-	-	-	-
7 to 9 years old	1,167	1,149	98.5	4	0.3	1,145	98.1	-	-	-	-
10 to 13 years old	1,574	1,552	98.6	-	-	1,489	94.6	63	4.0	-	-
14 and 15 years old	716	700	97.7	-	-	90	12.6	607	84.7	3	0.4
16 and 17 years old	695	628	90.4	-	-	3	0.4	592	85.2	33	4.7
18 and 19 years old	698	386	55.4	-	-	3	0.5	152	21.8	231	33.1
20 and 21 years old	687	258	37.5	-	-	-	-	18	2.6	240	35.0
22 to 24 years old	1,004	202	20.1	-	-	4	0.4	9	0.9	189	18.8
25 to 29 years old	1,826	177	9.7	-	-	3	0.2	12	0.7	162	8.9
30 to 34 years old	1,786	131	7.3	-	-	-	-	5	0.3	126	7.1
35 to 44 years old	3,136	135	4.3	-	-	1	-	11	0.3	123	3.9
45 to 54 years old	2,250	33	1.5	-	-	-	-	-	-	33	1.5
55 years old and over	2,702	21	0.8	-	-	-	-	-	-	21	0.8
FOREIGN-BORN											
Both Sexes											
Total	36,532	4,729	12.9	237	0.6	1,381	3.8	1,132	3.1	1,978	5.4
3 and 4 years old	217	125	57.8	125	57.8	-	-	-	-	-	-
5 and 6 years old	241	215	89.5	112	46.6	103	42.9	-	-	-	-
7 to 9 years old	469	444	94.8	-	-	444	94.8	-	-	-	-
10 to 13 years old	781	757	97.0	-	-	720	92.2	37	4.7	-	-
14 and 15 years old	494	481	97.3	-	-	94	19.1	381	77.1	6	1.1
16 and 17 years old	542	486	89.6	-	-	-	-	458	84.4	28	5.2
18 and 19 years old	749	391	52.2	-	-	4	0.5	151	20.2	236	31.6
20 and 21 years old	982	314	32.0	-	-	-	-	25	2.5	290	29.5
22 to 24 years old	1,808	452	25.0	-	-	7	0.4	14	0.8	431	23.9
25 to 29 years old	3,739	373	10.0	-	-	-	-	19	0.5	354	9.5
30 to 34 years old	4,200	276	6.6	-	-	6	0.2	11	0.3	259	6.2
35 to 44 years old	8,334	276	3.3	-	-	3	0.0	27	0.3	246	3.0
45 to 54 years old	6,076	104	1.7	-	-	-	-	4	0.1	100	1.6
55 years old and over	7,901	35	0.4	-	-	-	-	6	0.1	29	0.4

[1] May be of any race.
- = Quantity zero or rounds to zero.

Table A-1. Enrollment Status of the Population 3 Years Old and Over, by Age, Sex, Race, Hispanic Origin, Foreign Born, and Foreign-Born Parentage, October 2006—Continued

(Numbers in thousands, percent.)

Age, sex, race, Hispanic origin, and nativity	Not enrolled in school					
	Total		High school graduate		Not high school graduate	
	Number	Percent	Number	Percent	Number	Percent
HISPANIC[1]						
Both Sexes						
Total	27,937	68.1	15,956	38.9	11,981	29.2
3 and 4 years old	944	51.2	-	-	944	51.2
5 and 6 years old	113	6.6	-	-	113	6.6
7 to 9 years old	46	1.9	-	-	46	1.9
10 to 13 years old	57	1.8	-	-	57	1.8
14 and 15 years old	24	1.6	4	0.2	20	1.4
16 and 17 years old	128	8.9	20	1.4	108	7.6
18 and 19 years old	655	46.6	402	28.6	253	18.0
20 and 21 years old	974	69.4	586	41.7	388	27.6
22 to 24 years old	1,803	82.1	1,130	51.5	672	30.6
25 to 29 years old	3,759	92.7	2,384	58.8	1,375	33.9
30 to 34 years old	3,653	94.7	2,274	59.0	1,380	35.8
35 to 44 years old	6,393	97.0	3,942	59.8	2,451	37.2
45 to 54 years old	4,474	98.7	2,730	60.2	1,743	38.5
55 years old and over	4,913	99.4	2,484	50.2	2,430	49.1
Male						
Total	14,548	69.1	8,122	38.6	6,426	30.5
3 and 4 years old	462	50.9	-	-	462	50.9
5 and 6 years old	75	8.3	-	-	75	8.3
7 to 9 years old	28	2.3	-	-	28	2.3
10 to 13 years old	35	2.1	-	-	35	2.1
14 and 15 years old	7	1.0	-	-	7	1.0
16 and 17 years old	62	8.3	9	1.3	52	7.1
18 and 19 years old	344	48.5	193	27.3	150	21.2
20 and 21 years old	545	75.9	292	40.8	252	35.2
22 to 24 years old	1,001	84.0	591	49.6	410	34.3
25 to 29 years old	2,111	94.6	1,291	57.9	820	36.7
30 to 34 years old	1,998	96.5	1,232	59.5	766	37.0
35 to 44 years old	3,392	98.3	2,015	58.4	1,377	39.9
45 to 54 years old	2,258	98.8	1,319	57.7	939	41.1
55 years old and over	2,232	99.5	1,178	52.5	1,053	47.0
Female						
Total	13,389	66.9	7,834	39.2	5,555	27.8
3 and 4 years old	482	51.5	-	-	482	51.5
5 and 6 years old	39	4.7	-	-	39	4.7
7 to 9 years old	18	1.5	-	-	18	1.5
10 to 13 years old	22	1.4	-	-	22	1.4
14 and 15 years old	16	2.3	4	0.5	13	1.8
16 and 17 years old	67	9.6	11	1.5	56	8.1
18 and 19 years old	311	44.6	209	30.0	102	14.7
20 and 21 years old	429	62.5	294	42.8	135	19.7
22 to 24 years old	802	79.9	539	53.7	263	26.2
25 to 29 years old	1,649	90.3	1,093	59.8	556	30.4
30 to 34 years old	1,655	92.7	1,042	58.3	614	34.4
35 to 44 years old	3,001	95.7	1,927	61.4	1,074	34.3
45 to 54 years old	2,216	98.5	1,412	62.8	804	35.7
55 years old and over	2,682	99.2	1,305	48.3	1,376	50.9
FOREIGN-BORN						
Both Sexes						
Total	31,803	87.1	21,340	58.4	10,463	28.6
3 and 4 years old	91	42.2	-	-	91	42.2
5 and 6 years old	25	10.5	-	-	25	10.5
7 to 9 years old	25	5.2	-	-	25	5.2
10 to 13 years old	24	3.0	-	-	24	3.0
14 and 15 years old	13	2.7	4	0.7	10	2.0
16 and 17 years old	56	10.4	9	1.7	47	8.6
18 and 19 years old	358	47.8	211	28.2	147	19.6
20 and 21 years old	668	68.0	353	36.0	314	32.0
22 to 24 years old	1,356	75.0	829	45.8	527	29.1
25 to 29 years old	3,366	90.0	2,232	59.7	1,134	30.3
30 to 34 years old	3,924	93.4	2,631	62.6	1,293	30.8
35 to 44 years old	8,058	96.7	5,621	67.4	2,437	29.2
45 to 54 years old	5,972	98.3	4,232	69.7	1,740	28.6
55 years old and over	7,866	99.6	5,217	66.0	2,650	33.5

[1] May be of any race.
- = Quantity zero or rounds to zero.

Table A-1. Enrollment Status of the Population 3 Years Old and Over, by Age, Sex, Race, Hispanic Origin, Foreign Born, and Foreign-Born Parentage, October 2006—*Continued*

(Numbers in thousands, percent.)

Age, sex, race, Hispanic origin, and nativity	Population Number	Total Number	Total Percent	Nursery or kindergarten Number	Nursery or kindergarten Percent	Elementary Number	Elementary Percent	High school Number	High school Percent	College undergraduate or graduate Number	College undergraduate or graduate Percent
Male											
Total	18,416	2,311	12.6	112	0.6	726	3.9	553	3.0	920	5.0
3 and 4 years old	97	56	58.2	56	58.2	-	-	-	-	-	-
5 and 6 years old	125	109	87.4	56	44.6	54	42.8	-	-	-	-
7 to 9 years old	233	217	92.9	-	-	217	92.9	-	-	-	-
10 to 13 years old	408	398	97.4	-	-	379	92.8	19	4.6	-	-
14 and 15 years old	250	247	98.6	-	-	65	26.1	182	72.5	-	-
16 and 17 years old	262	225	86.0	-	-	-	-	215	82.0	10	3.8
18 and 19 years old	409	196	47.9	-	-	4	1.0	69	16.8	123	30.1
20 and 21 years old	527	149	28.2	-	-	-	-	18	3.4	131	24.8
22 to 24 years old	978	239	24.5	-	-	2	0.2	9	0.9	228	23.3
25 to 29 years old	2,034	170	8.4	-	-	-	-	15	0.7	155	7.6
30 to 34 years old	2,227	126	5.7	-	-	3	0.1	11	0.5	113	5.1
35 to 44 years old	4,292	120	2.8	-	-	2	-	13	0.3	105	2.4
45 to 54 years old	3,054	43	1.4	-	-	-	-	-	-	43	1.4
55 years old and over	3,519	15	0.4	-	-	-	-	3	0.1	13	0.4
Female											
Total	18,116	2,418	13.3	125	0.7	656	3.6	579	3.2	1,058	5.8
3 and 4 years old	120	69	57.4	69	57.4	-	-	-	-	-	-
5 and 6 years old	115	106	91.8	56	48.8	50	43.0	-	-	-	-
7 to 9 years old	235	227	96.6	-	-	227	96.6	-	-	-	-
10 to 13 years old	372	359	96.5	-	-	341	91.5	18	4.9	-	-
14 and 15 years old	244	234	96.0	-	-	29	11.9	199	81.8	6	2.3
16 and 17 years old	280	261	93.1	-	-	-	-	243	86.7	18	6.4
18 and 19 years old	339	195	57.4	-	-	-	-	82	24.1	113	33.3
20 and 21 years old	455	166	36.4	-	-	-	-	7	1.5	159	34.9
22 to 24 years old	830	213	25.6	-	-	4	0.5	5	0.6	203	24.5
25 to 29 years old	1,705	203	11.9	-	-	-	-	4	0.2	199	11.7
30 to 34 years old	1,973	149	7.6	-	-	3	0.2	-	-	146	7.4
35 to 44 years old	4,042	156	3.9	-	-	1	-	14	0.3	141	3.5
45 to 54 years old	3,022	61	2.0	-	-	-	-	4	0.1	57	1.9
55 years old and over	4,382	20	0.4	-	-	-	-	3	0.1	16	0.4
CHILDREN OF FOREIGN-BORN PARENTS											
Both Sexes											
Total	65,666	17,502	26.7	2,018	3.1	7,559	11.5	3,855	5.9	4,070	6.2
3 and 4 years old	2,086	1,037	49.7	1,037	49.7	-	-	-	-	-	-
5 and 6 years old	1,985	1,857	93.5	968	48.8	888	44.8	-	-	-	-
7 to 9 years old	2,788	2,724	97.7	12	0.4	2,711	97.2	-	-	-	-
10 to 13 years old	3,819	3,746	98.1	-	-	3,620	94.8	127	3.3	-	-
14 and 15 years old	1,983	1,953	98.5	-	-	307	15.5	1,638	82.6	8	0.4
16 and 17 years old	1,837	1,703	92.7	-	-	5	0.3	1,608	87.6	89	4.9
18 and 19 years old	1,855	1,153	62.2	-	-	7	0.4	326	17.6	820	44.2
20 and 21 years old	1,856	836	45.0	-	-	-	-	50	2.7	786	42.3
22 to 24 years old	3,077	849	27.6	-	-	8	0.3	20	0.7	821	26.7
25 to 29 years old	5,498	660	12.0	-	-	-	-	24	0.4	636	11.6
30 to 34 years old	5,556	359	6.5	-	-	6	0.1	11	0.2	342	6.1
35 to 44 years old	10,808	399	3.7	-	-	6	0.1	40	0.4	354	3.3
45 to 54 years old	8,115	153	1.9	-	-	-	-	4	0.1	149	1.8
55 years old and over	14,403	73	0.5	-	-	-	-	6	-	67	0.5
Male											
Total	32,863	8,812	26.8	1,046	3.2	3,899	11.9	1,995	6.1	1,871	5.7
3 and 4 years old	1,075	539	50.1	539	50.1	-	-	-	-	-	-
5 and 6 years old	1,057	976	92.3	502	47.5	474	44.8	-	-	-	-
7 to 9 years old	1,423	1,385	97.3	5	0.3	1,380	97.0	-	-	-	-
10 to 13 years old	1,925	1,887	98.0	-	-	1,825	94.8	62	3.2	-	-
14 and 15 years old	1,077	1,061	98.5	-	-	207	19.2	852	79.1	2	0.2
16 and 17 years old	916	846	92.4	-	-	3	0.3	810	88.5	32	3.5
18 and 19 years old	967	567	58.6	-	-	4	0.4	174	18.0	388	40.2
20 and 21 years old	948	395	41.7	-	-	-	-	29	3.0	366	38.7
22 to 24 years old	1,630	432	26.5	-	-	2	0.1	15	0.9	414	25.4
25 to 29 years old	2,958	306	10.4	-	-	-	-	16	0.5	290	9.8
30 to 34 years old	2,881	156	5.4	-	-	3	0.1	11	0.4	143	5.0
35 to 44 years old	5,498	168	3.1	-	-	2	-	23	0.4	144	2.6
45 to 54 years old	4,118	58	1.4	-	-	-	-	-	-	57	1.4
55 years old and over	6,390	36	0.6	-	-	-	-	3	-	33	0.5

- = Quantity zero or rounds to zero.

Table A-1. Enrollment Status of the Population 3 Years Old and Over, by Age, Sex, Race, Hispanic Origin, Foreign Born, and Foreign-Born Parentage, October 2006—*Continued*

(Numbers in thousands, percent.)

Age, sex, race, Hispanic origin, and nativity	Not enrolled in school					
	Total		High school graduate		Not high school graduate	
	Number	Percent	Number	Percent	Number	Percent
Male						
Total	16,104	87.4	10,513	57.1	5,591	30.4
3 and 4 years old	40	41.8	-	-	40	41.8
5 and 6 years old	16	12.6	-	-	16	12.6
7 to 9 years old	17	7.1	-	-	17	7.1
10 to 13 years old	11	2.6	-	-	11	2.6
14 and 15 years old	4	1.4	-	-	4	1.4
16 and 17 years old	37	14.0	8	3.1	29	10.9
18 and 19 years old	213	52.1	115	28.2	98	23.9
20 and 21 years old	378	71.8	172	32.7	206	39.1
22 to 24 years old	739	75.5	416	42.5	323	33.0
25 to 29 years old	1,863	91.6	1,175	57.8	689	33.9
30 to 34 years old	2,101	94.3	1,344	60.4	756	34.0
35 to 44 years old	4,172	97.2	2,807	65.4	1,365	31.8
45 to 54 years old	3,010	98.6	2,079	68.1	931	30.5
55 years old and over	3,504	99.6	2,396	68.1	1,108	31.5
Female						
Total	15,699	86.7	10,827	59.8	4,872	26.9
3 and 4 years old	51	42.6	-	-	51	42.6
5 and 6 years old	9	8.2	-	-	9	8.2
7 to 9 years old	8	3.4	-	-	8	3.4
10 to 13 years old	13	3.5	-	-	13	3.5
14 and 15 years old	10	4.0	4	1.5	6	2.6
16 and 17 years old	19	6.9	1	0.4	18	6.5
18 and 19 years old	144	42.6	96	28.2	49	14.4
20 and 21 years old	290	63.6	181	39.8	108	23.8
22 to 24 years old	618	74.4	413	49.8	204	24.6
25 to 29 years old	1,502	88.1	1,057	62.0	445	26.1
30 to 34 years old	1,824	92.4	1,287	65.2	537	27.2
35 to 44 years old	3,886	96.1	2,814	69.6	1,072	26.5
45 to 54 years old	2,962	98.0	2,153	71.2	809	26.8
55 years old and over	4,362	99.6	2,820	64.4	1,542	35.2
CHILDREN OF FOREIGN-BORN PARENTS						
Both Sexes						
Total	48,164	73.3	34,405	52.4	13,759	21.0
3 and 4 years old	1,050	50.3	-	-	1,050	50.3
5 and 6 years old	128	6.5	-	-	128	6.5
7 to 9 years old	64	2.3	-	-	64	2.3
10 to 13 years old	73	1.9	-	-	73	1.9
14 and 15 years old	30	1.5	6	0.3	24	1.2
16 and 17 years old	133	7.3	38	2.1	95	5.2
18 and 19 years old	702	37.8	462	24.9	240	13.0
20 and 21 years old	1,020	55.0	624	33.6	396	21.4
22 to 24 years old	2,228	72.4	1,590	51.7	638	20.7
25 to 29 years old	4,838	88.0	3,546	64.5	1,292	23.5
30 to 34 years old	5,197	93.5	3,808	68.5	1,389	25.0
35 to 44 years old	10,409	96.3	7,819	72.3	2,591	24.0
45 to 54 years old	7,962	98.1	6,023	74.2	1,939	23.9
55 years old and over	14,330	99.5	10,490	72.8	3,840	26.7
Male						
Total	24,051	73.2	16,862	51.3	7,189	21.9
3 and 4 years old	536	49.9	-	-	536	49.9
5 and 6 years old	81	7.7	-	-	81	7.7
7 to 9 years old	38	2.7	-	-	38	2.7
10 to 13 years old	39	2.0	-	-	39	2.0
14 and 15 years old	16	1.5	3	0.3	14	1.3
16 and 17 years old	70	7.6	21	2.3	48	5.3
18 and 19 years old	401	41.4	248	25.6	153	15.8
20 and 21 years old	553	58.3	285	30.0	268	28.3
22 to 24 years old	1,198	73.5	805	49.4	393	24.1
25 to 29 years old	2,652	89.6	1,866	63.1	785	26.5
30 to 34 years old	2,725	94.6	1,924	66.8	801	27.8
35 to 44 years old	5,329	96.9	3,904	71.0	1,425	25.9
45 to 54 years old	4,060	98.6	3,016	73.2	1,044	25.3
55 years old and over	6,354	99.4	4,789	74.9	1,565	24.5

- = Quantity zero or rounds to zero.

Table A-1. Enrollment Status of the Population 3 Years Old and Over, by Age, Sex, Race, Hispanic Origin, Foreign Born, and Foreign-Born Parentage, October 2006—*Continued*

(Numbers in thousands, percent.)

Age, sex, race, Hispanic origin, and nativity	Population Number	Enrolled in school Total Number	Total Percent	Nursery or kindergarten Number	Nursery or kindergarten Percent	Elementary Number	Elementary Percent	High school Number	High school Percent	College undergraduate or graduate Number	College undergraduate or graduate Percent
Female											
Total	32,803	8,690	26.5	971	3.0	3,660	11.2	1,860	5.7	2,199	6.7
3 and 4 years old	1,012	498	49.2	498	49.2	-	-	-	-	-	-
5 and 6 years old	928	881	94.9	466	50.2	415	44.7	-	-	-	-
7 to 9 years old	1,365	1,339	98.1	8	0.6	1,331	97.5	-	-	-	-
10 to 13 years old	1,894	1,860	98.2	-	-	1,795	94.8	65	3.4	-	-
14 and 15 years old	906	892	98.5	-	-	100	11.1	786	86.8	6	0.6
16 and 17 years old	921	857	93.1	-	-	2	0.2	798	86.7	57	6.2
18 and 19 years old	888	587	66.1	-	-	3	0.4	151	17.1	432	48.6
20 and 21 years old	909	441	48.6	-	-	-	-	22	2.4	420	46.2
22 to 24 years old	1,448	418	28.8	-	-	6	0.4	5	0.4	406	28.1
25 to 29 years old	2,540	354	13.9	-	-	-	-	8	0.3	345	13.6
30 to 34 years old	2,675	202	7.6	-	-	3	0.1	-	-	199	7.4
35 to 44 years old	5,311	231	4.3	-	-	4	0.1	17	0.3	210	4.0
45 to 54 years old	3,997	95	2.4	-	-	-	-	4	0.1	91	2.3
55 years old and over	8,012	37	0.5	-	-	-	-	3	-	34	0.4

- = Quantity zero or rounds to zero.

Table A-1. Enrollment Status of the Population 3 Years Old and Over, by Age, Sex, Race, Hispanic Origin, Foreign Born, and Foreign-Born Parentage, October 2006—*Continued*

(Numbers in thousands, percent.)

Age, sex, race, Hispanic origin, and nativity	Not enrolled in school					
	Total		High school graduate		Not high school graduate	
	Number	Percent	Number	Percent	Number	Percent
Female						
Total	24,113	73.5	17,543	53.5	6,570	20.0
3 and 4 years old	514	50.8	-	-	514	50.8
5 and 6 years old	47	5.1	-	-	47	5.1
7 to 9 years old	26	1.9	-	-	26	1.9
10 to 13 years old	34	1.8	-	-	34	1.8
14 and 15 years old	14	1.5	4	0.4	10	1.1
16 and 17 years old	64	6.9	17	1.8	47	5.1
18 and 19 years old	301	33.9	214	24.1	88	9.9
20 and 21 years old	467	51.4	339	37.3	128	14.1
22 to 24 years old	1,030	71.2	785	54.2	245	17.0
25 to 29 years old	2,186	86.1	1,680	66.1	506	19.9
30 to 34 years old	2,472	92.4	1,884	70.4	589	22.0
35 to 44 years old	5,080	95.7	3,915	73.7	1,165	21.9
45 to 54 years old	3,902	97.6	3,006	75.2	895	22.4
55 years old and over	7,976	99.5	5,700	71.1	2,275	28.4

- = Quantity zero or rounds to zero.

22 THE ALMANAC OF AMERICAN EDUCATION (BERNAN PRESS)

Table A-2. Single Grade of Enrollment and High School Graduation Status for Population 3 Years Old and Over, by Sex, Age (Single Years for 3 to 24 Years), Race, and Hispanic Origin, October 2006

(Numbers in thousands, percent.)

Age, sex, race, and Hispanic origin	Population	Enrolled Number	Enrolled Percent	Nursery	Kindergarten	Enrolled Elementary grades 1	2	3	4	5	6	7	8
ALL RACES													
Both Sexes													
Total	282,264	75,197	26.6	4,688	4,039	4,106	3,918	3,871	3,914	3,916	4,050	4,095	4,219
3 years old	4,043	1,716	42.4	1,645	71	-	-	-	-	-	-	-	-
4 years old	4,095	2,817	68.8	2,468	350	-	-	-	-	-	-	-	-
5 years old	4,049	3,749	92.6	524	2,952	229	44	-	-	-	-	-	-
6 years old	4,017	3,879	96.6	51	622	2,939	204	63	-	-	-	-	-
7 years old	3,876	3,807	98.2	-	45	748	2,812	187	16	-	-	-	-
8 years old	3,883	3,801	97.9	-	-	101	744	2,693	212	51	-	-	-
9 years old	3,892	3,836	98.6	-	-	89	101	777	2,601	221	47	-	-
10 years old	3,981	3,908	98.2	-	-	-	13	110	929	2,570	251	35	-
11 years old	4,029	3,944	97.9	-	-	-	-	41	108	884	2,633	227	52
12 years old	4,196	4,139	98.6	-	-	-	-	-	49	147	902	2,716	249
13 years old	4,131	4,069	98.5	-	-	-	-	-	-	43	123	940	2,709
14 years old	4,146	4,075	98.3	-	-	-	-	-	-	-	72	125	1,027
15 years old	4,251	4,177	98.3	-	-	-	-	-	-	-	2	22	139
16 years old	4,462	4,302	96.4	-	-	-	-	-	-	-	-	6	15
17 years old	4,212	3,900	92.6	-	-	-	-	-	-	-	2	-	6
18 years old	4,120	2,978	72.3	-	-	-	-	-	-	-	5	12	7
19 years old	3,982	2,329	58.5	-	-	-	-	-	-	-	4	-	-
20 years old	4,057	2,022	49.9	-	-	-	-	-	-	-	-	-	-
21 years old	4,017	1,816	45.2	-	-	-	-	-	-	-	-	-	-
22 years old	4,128	1,505	36.5	-	-	-	-	-	-	-	-	5	3
23 years old	3,910	982	25.1	-	-	-	-	-	-	-	-	-	3
24 years old	4,159	769	18.5	-	-	-	-	-	-	-	-	-	-
25 to 29 years old	20,246	2,373	11.7	-	-	-	-	-	-	-	5	-	3
30 to 34 years old	19,091	1,376	7.2	-	-	-	-	-	-	-	-	6	-
35 to 39 years old	20,700	914	4.4	-	-	-	-	-	-	-	-	-	4
40 to 44 years old	21,967	717	3.3	-	-	-	-	-	-	-	4	1	-
45 to 49 years old	22,609	575	2.5	-	-	-	-	-	-	-	-	-	2
50 to 54 years old	20,512	349	1.7	-	-	-	-	-	-	-	-	-	-
55 to 59 years old	18,090	227	1.3	-	-	-	-	-	-	-	-	-	-
60 to 64 years old	13,628	62	0.5	-	-	-	-	-	-	-	-	-	-
65 years and over	35,786	83	0.2	-	-	-	-	-	-	-	-	-	-
Male													
Total	137,910	37,216	27.0	2,422	2,094	2,051	1,975	1,992	2,007	2,105	2,049	2,095	2,145
3 years old	2,042	868	42.5	838	30	-	-	-	-	-	-	-	-
4 years old	2,074	1,436	69.2	1,250	186	-	-	-	-	-	-	-	-
5 years old	2,087	1,932	92.6	316	1,482	106	28	-	-	-	-	-	-
6 years old	2,061	1,983	96.2	18	374	1,454	89	49	-	-	-	-	-
7 years old	1,971	1,934	98.1	-	22	410	1,397	100	6	-	-	-	-
8 years old	1,960	1,918	97.9	-	-	35	411	1,313	126	32	-	-	-
9 years old	2,017	1,984	98.4	-	-	46	43	449	1,306	118	22	-	-
10 years old	2,079	2,035	97.9	-	-	-	8	65	483	1,315	141	23	-
11 years old	2,019	1,983	98.2	-	-	-	-	15	59	523	1,259	105	22
12 years old	2,141	2,107	98.4	-	-	-	-	-	27	81	516	1,328	124
13 years old	2,107	2,072	98.3	-	-	-	-	-	-	37	62	527	1,315
14 years old	2,126	2,079	97.8	-	-	-	-	-	-	-	39	85	572
15 years old	2,167	2,135	98.5	-	-	-	-	-	-	-	2	15	94
16 years old	2,240	2,149	95.9	-	-	-	-	-	-	-	-	3	10
17 years old	2,167	1,997	92.2	-	-	-	-	-	-	-	-	-	3
18 years old	2,138	1,556	72.8	-	-	-	-	-	-	-	5	4	-
19 years old	1,965	1,054	53.6	-	-	-	-	-	-	-	-	-	-
20 years old	2,073	930	44.9	-	-	-	-	-	-	-	-	-	-
21 years old	1,973	850	43.1	-	-	-	-	-	-	-	-	-	-
22 years old	2,107	712	33.8	-	-	-	-	-	-	-	-	2	-
23 years old	1,969	460	23.4	-	-	-	-	-	-	-	-	-	-
24 years old	2,074	363	17.5	-	-	-	-	-	-	-	-	-	-
25 to 29 years old	10,147	1,060	10.4	-	-	-	-	-	-	-	2	-	-
30 to 34 years old	9,486	558	5.9	-	-	-	-	-	-	-	-	3	-
35 to 39 years old	10,230	356	3.5	-	-	-	-	-	-	-	-	-	4
40 to 44 years old	10,816	261	2.4	-	-	-	-	-	-	-	1	-	-
45 to 49 years old	11,102	190	1.7	-	-	-	-	-	-	-	-	-	-
50 to 54 years old	10,007	108	1.1	-	-	-	-	-	-	-	-	-	-
55 to 59 years old	8,788	89	1.0	-	-	-	-	-	-	-	-	-	-
60 to 64 years old	6,476	27	0.4	-	-	-	-	-	-	-	-	-	-
65 years and over	15,302	29	0.2	-	-	-	-	-	-	-	-	-	-

- = Quantity zero or rounds to zero.

Table A-2. Single Grade of Enrollment and High School Graduation Status for Population 3 Years Old and Over, by Sex, Age (Single Years for 3 to 24 Years), Race, and Hispanic Origin, October 2006—*Continued*

(Numbers in thousands, percent.)

Age, sex, race, and Hispanic origin	Enrolled										Not enrolled		Not enrolled	
	High school				Undergraduate college				Graduate school		H.S. grad	Not grad	Number	Percent
	9	10	11	12	1	2	3	4	1	2				
ALL RACES														
Both Sexes														
Total	4,325	4,256	4,221	4,347	4,077	4,048	3,258	2,472	1,234	2,144	171,854	35,213	207,067	73.4
3 years old	-	-	-	-	-	-	-	-	-	-	-	2,327	2,327	57.6
4 years old	-	-	-	-	-	-	-	-	-	-	-	1,277	1,277	31.2
5 years old	-	-	-	-	-	-	-	-	-	-	-	300	300	7.4
6 years old	-	-	-	-	-	-	-	-	-	-	-	138	138	3.4
7 years old	-	-	-	-	-	-	-	-	-	-	-	69	69	1.8
8 years old	-	-	-	-	-	-	-	-	-	-	-	82	82	2.1
9 years old	-	-	-	-	-	-	-	-	-	-	-	56	56	1.4
10 years old	-	-	-	-	-	-	-	-	-	-	-	73	73	1.8
11 years old	-	-	-	-	-	-	-	-	-	-	-	85	85	2.1
12 years old	75	-	-	-	-	-	-	-	-	-	-	58	58	1.4
13 years old	242	14	-	-	-	-	-	-	-	-	-	62	62	1.5
14 years old	2,644	203	3	-	-	-	-	-	-	-	-	71	71	1.7
15 years old	1,083	2,596	277	46	7	-	-	-	6	-	20	54	74	1.7
16 years old	185	1,143	2,689	227	33	-	-	-	5	-	35	124	160	3.6
17 years old	40	194	941	2,554	139	21	-	-	3	-	102	210	312	7.4
18 years old	5	60	159	1093	1,486	125	22	-	-	4	786	356	1,143	27.7
19 years old	12	14	34	156	735	1,189	153	30	-	1	1,267	386	1,653	41.5
20 years old	3	5	21	74	245	771	810	83	5	5	1,585	450	2,034	50.1
21 years old	12	-	17	33	178	306	524	673	14	60	1,699	502	2,201	54.8
22 years old	-	-	10	15	150	219	360	517	159	68	2,133	490	2,622	63.5
23 years old	2	2	4	18	82	161	238	229	112	132	2,474	454	2,928	74.9
24 years old	9	-	7	12	63	121	137	161	116	143	2,900	490	3,390	81.5
25 to 29 years old	-	6	19	29	288	409	371	327	286	631	15,356	2,517	17,873	88.3
30 to 34 years old	-	3	1	19	224	229	199	131	164	399	15,423	2,292	17,715	92.8
35 to 39 years old	6	7	11	23	143	181	121	99	110	210	17,429	2,357	19,786	95.6
40 to 44 years old	-	4	6	18	117	93	117	109	95	153	18,703	2,547	21,250	96.7
45 to 49 years old	4	3	12	11	91	124	103	38	68	119	19,506	2,527	22,033	97.5
50 to 54 years old	4	-	3	10	52	49	54	40	45	92	17,945	2,218	20,163	98.3
55 to 59 years old	-	3	4	6	28	25	35	28	22	76	15,901	1,963	17,864	98.7
60 to 64 years old	-	-	-	3	9	8	1	3	13	26	11,555	2,011	13,566	99.5
65 years and over	-	-	3	-	7	16	13	4	14	26	27,034	8,668	35,703	99.8
Male														
Total	2,226	2,192	2,073	2,286	1,849	1,723	1,418	1,144	481	890	82,914	17,780	100,694	73.0
3 years old	-	-	-	-	-	-	-	-	-	-	-	1,173	1,173	57.5
4 years old	-	-	-	-	-	-	-	-	-	-	-	638	638	30.8
5 years old	-	-	-	-	-	-	-	-	-	-	-	155	155	7.4
6 years old	-	-	-	-	-	-	-	-	-	-	-	78	78	3.8
7 years old	-	-	-	-	-	-	-	-	-	-	-	37	37	1.9
8 years old	-	-	-	-	-	-	-	-	-	-	-	42	42	2.1
9 years old	-	-	-	-	-	-	-	-	-	-	-	33	33	1.6
10 years old	-	-	-	-	-	-	-	-	-	-	-	44	44	2.1
11 years old	-	-	-	-	-	-	-	-	-	-	-	36	36	1.8
12 years old	32	-	-	-	-	-	-	-	-	-	-	33	33	1.6
13 years old	122	9	-	-	-	-	-	-	-	-	-	36	36	1.7
14 years old	1,284	98	-	-	-	-	-	-	-	-	-	47	47	2.2
15 years old	624	1,255	122	21	2	-	-	-	-	-	7	26	32	1.5
16 years old	118	653	1,257	91	15	-	-	-	1	-	18	73	91	4.1
17 years old	24	115	539	1,257	52	6	-	-	3	-	48	121	169	7.8
18 years old	3	34	80	657	710	51	11	-	-	-	398	185	583	27.2
19 years old	7	6	13	96	388	480	49	13	-	-	681	230	911	46.4
20 years old	-	5	13	59	119	335	358	41	-	-	870	273	1,143	55.1
21 years old	6	-	3	12	93	184	234	298	5	15	819	303	1,122	56.9
22 years old	-	-	6	8	64	115	158	284	48	26	1,132	263	1,395	66.2
23 years old	-	2	2	14	34	79	133	109	33	53	1,280	230	1,510	76.6
24 years old	-	-	3	9	32	54	75	83	52	56	1,453	258	1,711	82.5
25 to 29 years old	-	4	12	9	122	176	167	162	129	277	7,650	1,437	9,087	89.6
30 to 34 years old	-	3	1	14	66	82	77	55	69	188	7,652	1,276	8,928	94.1
35 to 39 years old	-	3	8	13	69	50	37	36	42	93	8,542	1,332	9,874	96.5
40 to 44 years old	-	4	1	9	30	36	47	34	42	58	9,227	1,328	10,555	97.6
45 to 49 years old	4	-	8	5	21	51	34	6	27	35	9,537	1,375	10,912	98.3
50 to 54 years old	-	-	3	6	10	9	15	21	10	35	8,746	1,153	9,899	98.9
55 to 59 years old	-	-	3	3	17	15	17	2	7	25	7,714	985	8,699	99.0
60 to 64 years old	-	-	-	3	1	1	1	-	4	18	5,434	1,015	6,449	99.6
65 years and over	-	-	-	-	5	-	4	-	8	12	11,705	3,567	15,272	99.8

- = Quantity zero or rounds to zero.

Table A-2. Single Grade of Enrollment and High School Graduation Status for Population 3 Years Old and Over, by Sex, Age (Single Years for 3 to 24 Years), Race, and Hispanic Origin, October 2006—*Continued*

(Numbers in thousands, percent.)

Age, sex, race, and Hispanic origin	Population	Enrolled Number	Enrolled Percent	Nursery	Kinder-garten	1	2	3	4	5	6	7	8
Female													
Total	144,354	37,981	26.3	2,266	1,945	2,055	1,943	1,880	1,907	1,811	2,001	2,000	2,074
3 years old	2,002	848	42.4	807	40	-	-	-	-	-	-	-	-
4 years old	2,020	1,381	68.4	1,218	164	-	-	-	-	-	-	-	-
5 years old	1,962	1,817	92.6	208	1,470	123	16	-	-	-	-	-	-
6 years old	1,956	1,896	96.9	33	248	1,485	115	14	-	-	-	-	-
7 years old	1,905	1,873	98.3	-	23	338	1,416	86	10	-	-	-	-
8 years old	1,923	1,883	97.9	-	-	66	333	1,379	86	19	-	-	-
9 years old	1,876	1,852	98.8	-	-	43	58	329	1,295	103	24	-	-
10 years old	1,901	1,872	98.5	-	-	-	5	45	445	1,255	110	12	-
11 years old	2,010	1,961	97.6	-	-	-	-	26	49	361	1,374	122	29
12 years old	2,055	2,031	98.8	-	-	-	-	-	22	67	386	1,388	125
13 years old	2,024	1,998	98.7	-	-	-	-	-	-	6	61	413	1,393
14 years old	2,020	1,996	98.8	-	-	-	-	-	-	-	33	39	456
15 years old	2,084	2,042	98.0	-	-	-	-	-	-	-	-	7	45
16 years old	2,222	2,153	96.9	-	-	-	-	-	-	-	-	3	5
17 years old	2,045	1,903	93.0	-	-	-	-	-	-	-	2	-	3
18 years old	1,982	1,422	71.7	-	-	-	-	-	-	-	-	7	7
19 years old	2,018	1,275	63.2	-	-	-	-	-	-	-	4	-	-
20 years old	1,984	1,092	55.1	-	-	-	-	-	-	-	-	-	-
21 years old	2,045	966	47.2	-	-	-	-	-	-	-	-	-	-
22 years old	2,020	793	39.3	-	-	-	-	-	-	-	-	3	3
23 years old	1,940	522	26.9	-	-	-	-	-	-	-	-	-	3
24 years old	2,084	406	19.5	-	-	-	-	-	-	-	-	-	-
25 to 29 years old	10,099	1,313	13.0	-	-	-	-	-	-	-	3	-	3
30 to 34 years old	9,605	818	8.5	-	-	-	-	-	-	-	-	3	-
35 to 39 years old	10,470	558	5.3	-	-	-	-	-	-	-	-	-	-
40 to 44 years old	11,151	456	4.1	-	-	-	-	-	-	-	3	1	-
45 to 49 years old	11,507	385	3.3	-	-	-	-	-	-	-	-	-	2
50 to 54 years old	10,506	241	2.3	-	-	-	-	-	-	-	-	-	-
55 to 59 years old	9,302	138	1.5	-	-	-	-	-	-	-	-	-	-
60 to 64 years old	7,152	35	0.5	-	-	-	-	-	-	-	-	-	-
65 years and over	20,484	54	0.3	-	-	-	-	-	-	-	-	-	-
WHITE ALONE NON-HISPANIC													
Both Sexes													
Total	188,875	45,386	24.0	2,769	2,288	2,388	2,148	2,244	2,243	2,233	2,360	2,455	2,552
3 years old	2,247	1,044	46.5	1,027	17	-	-	-	-	-	-	-	-
4 years old	2,265	1,584	69.9	1,441	143	-	-	-	-	-	-	-	-
5 years old	2,257	2,114	93.6	281	1,712	100	20	-	-	-	-	-	-
6 years old	2,290	2,233	97.5	19	399	1,718	78	20	-	-	-	-	-
7 years old	2,233	2,211	99.0	-	18	482	1,631	75	4	-	-	-	-
8 years old	2,225	2,179	97.9	-	-	46	390	1,632	92	18	-	-	-
9 years old	2,244	2,214	98.7	-	-	42	23	462	1,571	104	13	-	-
10 years old	2,269	2,250	99.2	-	-	-	6	36	516	1,556	123	13	-
11 years old	2,374	2,327	98.0	-	-	-	-	19	51	506	1,614	113	23
12 years old	2,484	2,451	98.7	-	-	-	-	-	8	25	521	1,741	118
13 years old	2,400	2,362	98.4	-	-	-	-	-	-	24	45	494	1,715
14 years old	2,484	2,447	98.5	-	-	-	-	-	-	-	28	74	606
15 years old	2,529	2,487	98.4	-	-	-	-	-	-	-	2	14	69
16 years old	2,706	2,643	97.7	-	-	-	-	-	-	-	-	3	2
17 years old	2,592	2,437	94.0	-	-	-	-	-	-	-	2	-	3
18 years old	2,527	1,865	73.8	-	-	-	-	-	-	-	5	4	7
19 years old	2,491	1,542	61.9	-	-	-	-	-	-	-	-	-	-
20 years old	2,513	1,391	55.4	-	-	-	-	-	-	-	-	-	-
21 years old	2,501	1,259	50.4	-	-	-	-	-	-	-	-	-	-
22 years old	2,478	978	39.5	-	-	-	-	-	-	-	-	-	-
23 years old	2,474	608	24.6	-	-	-	-	-	-	-	-	-	3
24 years old	2,580	481	18.6	-	-	-	-	-	-	-	-	-	-
25 to 29 years old	12,098	1,517	12.5	-	-	-	-	-	-	-	2	-	3
30 to 34 years old	11,317	837	7.4	-	-	-	-	-	-	-	-	-	-
35 to 39 years old	13,159	568	4.3	-	-	-	-	-	-	-	-	-	4
40 to 44 years old	14,762	477	3.2	-	-	-	-	-	-	-	3	-	-
45 to 49 years old	16,064	397	2.5	-	-	-	-	-	-	-	-	-	-
50 to 54 years old	15,092	224	1.5	-	-	-	-	-	-	-	-	-	-
55 to 59 years old	13,902	161	1.2	-	-	-	-	-	-	-	-	-	-
60 to 64 years old	10,478	38	0.4	-	-	-	-	-	-	-	-	-	-
65 years and over	28,838	59	0.2	-	-	-	-	-	-	-	-	-	-

- = Quantity zero or rounds to zero.

Table A-2. Single Grade of Enrollment and High School Graduation Status for Population 3 Years Old and Over, by Sex, Age (Single Years for 3 to 24 Years), Race, and Hispanic Origin, October 2006—*Continued*

(Numbers in thousands, percent.)

Age, sex, race, and Hispanic origin	Enrolled										Not enrolled		Not enrolled	
	High school				Undergraduate college				Graduate school		H.S. grad	Not grad	Number	Percent
	9	10	11	12	1	2	3	4	1	2				
Female														
Total	2,099	2,063	2,148	2,061	2,227	2,325	1,840	1,327	753	1,254	88,940	17,433	106,373	73.7
3 years old	-	-	-	-	-	-	-	-	-	-	-	1,154	1,154	57.6
4 years old	-	-	-	-	-	-	-	-	-	-	-	639	639	31.6
5 years old	-	-	-	-	-	-	-	-	-	-	-	144	144	7.4
6 years old	-	-	-	-	-	-	-	-	-	-	-	60	60	3.1
7 years old	-	-	-	-	-	-	-	-	-	-	-	32	32	1.7
8 years old	-	-	-	-	-	-	-	-	-	-	-	40	40	2.1
9 years old	-	-	-	-	-	-	-	-	-	-	-	23	23	1.2
10 years old	-	-	-	-	-	-	-	-	-	-	-	29	29	1.5
11 years old	-	-	-	-	-	-	-	-	-	-	-	49	49	2.4
12 years old	43	-	-	-	-	-	-	-	-	-	-	24	24	1.2
13 years old	120	4	-	-	-	-	-	-	-	-	-	26	26	1.3
14 years old	1,360	104	3	-	-	-	-	-	-	-	-	24	24	1.2
15 years old	458	1,341	155	25	5	-	-	-	6	-	13	28	42	2.0
16 years old	67	489	1,432	136	17	-	-	-	3	-	17	51	69	3.1
17 years old	17	80	403	1,296	87	15	-	-	-	-	54	88	143	7.0
18 years old	2	26	79	435	776	75	11	-	-	4	388	172	560	28.3
19 years old	5	7	21	61	346	709	104	17	-	1	586	157	743	36.8
20 years old	3	-	8	15	127	436	452	43	5	5	714	177	891	44.9
21 years old	6	-	13	21	85	122	290	375	9	45	879	200	1,079	52.8
22 years old	-	-	4	7	86	104	202	232	111	42	1,000	227	1,227	60.7
23 years old	2	-	2	4	48	82	104	119	79	78	1,194	224	1,419	73.1
24 years old	9	-	5	3	31	67	62	78	64	87	1,447	231	1,679	80.5
25 to 29 years old	-	2	7	21	165	233	204	165	157	355	7,706	1,080	8,785	87.0
30 to 34 years old	-	-	-	6	158	148	122	76	95	211	7,772	1,016	8,787	91.5
35 to 39 years old	6	3	2	9	74	131	84	63	68	118	8,887	1,025	9,912	94.7
40 to 44 years old	-	-	5	9	87	58	70	75	52	95	9,476	1,219	10,695	95.9
45 to 49 years old	-	3	4	7	70	73	69	32	41	84	9,969	1,152	11,121	96.7
50 to 54 years old	4	-	-	4	42	40	40	19	35	57	9,199	1,065	10,264	97.7
55 to 59 years old	-	3	1	3	12	10	18	26	15	51	8,187	978	9,165	98.5
60 to 64 years old	-	-	-	-	8	6	-	3	9	8	6,121	996	7,117	99.5
65 years and over	-	-	3	-	2	16	8	4	6	14	15,329	5,101	20,430	99.7
WHITE ALONE NON-HISPANIC														
Both Sexes														
Total	2,518	2,514	2,524	2,666	2,514	2,609	2,246	1,781	856	1,479	127,165	16,323	143,489	76.0
3 years old	-	-	-	-	-	-	-	-	-	-	-	1,203	1,203	53.5
4 years old	-	-	-	-	-	-	-	-	-	-	-	681	681	30.1
5 years old	-	-	-	-	-	-	-	-	-	-	-	144	144	6.4
6 years old	-	-	-	-	-	-	-	-	-	-	-	56	56	2.5
7 years old	-	-	-	-	-	-	-	-	-	-	-	22	22	1.0
8 years old	-	-	-	-	-	-	-	-	-	-	-	47	47	2.1
9 years old	-	-	-	-	-	-	-	-	-	-	-	30	30	1.3
10 years old	-	-	-	-	-	-	-	-	-	-	-	19	19	0.8
11 years old	-	-	-	-	-	-	-	-	-	-	-	47	47	2.0
12 years old	38	-	-	-	-	-	-	-	-	-	-	33	33	1.3
13 years old	81	3	-	-	-	-	-	-	-	-	-	38	38	1.6
14 years old	1,643	93	3	-	-	-	-	-	-	-	-	36	36	1.5
15 years old	645	1,597	129	24	5	-	-	-	3	-	6	35	41	1.6
16 years old	79	683	1,724	126	23	-	-	-	3	-	18	45	63	2.3
17 years old	18	86	556	1,692	62	15	-	-	3	-	52	103	155	6.0
18 years old	3	33	60	652	1,021	62	13	-	-	4	477	185	663	26.2
19 years old	1	-	11	67	482	851	112	16	-	1	773	175	949	38.1
20 years old	2	-	3	20	130	555	617	61	2	-	944	178	1,122	44.6
21 years old	-	-	7	12	106	172	365	555	14	29	1,068	173	1,242	49.6
22 years old	-	-	8	9	60	111	236	384	127	45	1,358	143	1,500	60.5
23 years old	-	-	4	4	33	101	146	177	68	72	1,704	162	1,866	75.4
24 years old	4	-	2	4	32	74	97	97	79	92	1,927	172	2,099	81.4
25 to 29 years old	-	5	3	11	168	257	230	200	195	444	9,789	791	10,581	87.5
30 to 34 years old	-	-	-	8	128	121	119	80	108	274	9,881	599	10,479	92.6
35 to 39 years old	-	7	4	8	66	105	92	64	84	135	11,865	725	12,591	95.7
40 to 44 years old	-	-	-	15	81	60	81	62	55	118	13,338	947	14,285	96.8
45 to 49 years old	-	3	6	4	64	64	82	31	52	90	14,649	1,018	15,668	97.5
50 to 54 years old	2	-	3	6	31	27	28	28	27	74	13,928	939	14,867	98.5
55 to 59 years old	-	3	4	3	14	19	19	19	20	61	12,853	888	13,741	98.8
60 to 64 years old	-	-	-	3	3	5	1	3	5	19	9,372	1,067	10,440	99.6
65 years and over	-	-	-	-	4	10	9	4	10	20	23,161	5,619	28,780	99.8

- = Quantity zero or rounds to zero.

Table A-2. Single Grade of Enrollment and High School Graduation Status for Population 3 Years Old and Over, by Sex, Age (Single Years for 3 to 24 Years), Race, and Hispanic Origin, October 2006—*Continued*

(Numbers in thousands, percent.)

Age, sex, race, and Hispanic origin	Population	Enrolled Number	Enrolled Percent	Nursery	Kindergarten	1	2	3	4	5	6	7	8
Male													
Total	92,287	22,520	24.4	1,469	1,186	1,197	1,106	1,147	1,139	1,214	1,201	1,244	1,280
3 years old	1,162	546	47.0	537	9	-	-	-	-	-	-	-	-
4 years old	1,175	818	69.6	746	71	-	-	-	-	-	-	-	-
5 years old	1,163	1,092	93.9	174	863	47	9	-	-	-	-	-	-
6 years old	1,155	1,130	97.8	11	240	850	20	9	-	-	-	-	-
7 years old	1,143	1,132	99.0	-	3	267	821	41	-	-	-	-	-
8 years old	1,151	1,128	98.0	-	-	17	246	807	47	11	-	-	-
9 years old	1,165	1,147	98.5	-	-	16	9	257	797	59	8	-	-
10 years old	1,187	1,180	99.4	-	-	-	2	24	269	813	64	7	-
11 years old	1,185	1,167	98.5	-	-	-	-	8	21	300	777	53	7
12 years old	1,261	1,241	98.4	-	-	-	-	-	4	12	304	843	63
13 years old	1,240	1,216	98.1	-	-	-	-	-	-	18	27	283	845
14 years old	1,274	1,248	98.0	-	-	-	-	-	-	-	12	49	312
15 years old	1,289	1,262	97.9	-	-	-	-	-	-	-	2	9	46
16 years old	1,385	1,344	97.0	-	-	-	-	-	-	-	-	-	-
17 years old	1,310	1,231	93.9	-	-	-	-	-	-	-	-	-	3
18 years old	1,312	963	73.4	-	-	-	-	-	-	-	5	-	-
19 years old	1,241	706	56.9	-	-	-	-	-	-	-	-	-	-
20 years old	1,259	636	50.5	-	-	-	-	-	-	-	-	-	-
21 years old	1,231	589	47.8	-	-	-	-	-	-	-	-	-	-
22 years old	1,253	474	37.8	-	-	-	-	-	-	-	-	-	-
23 years old	1,272	285	22.4	-	-	-	-	-	-	-	-	-	-
24 years old	1,274	236	18.5	-	-	-	-	-	-	-	-	-	-
25 to 29 years old	6,004	712	11.9	-	-	-	-	-	-	-	2	-	-
30 to 34 years old	5,611	354	6.3	-	-	-	-	-	-	-	-	-	-
35 to 39 years old	6,517	219	3.4	-	-	-	-	-	-	-	-	-	4
40 to 44 years old	7,315	181	2.5	-	-	-	-	-	-	-	-	-	-
45 to 49 years old	7,963	115	1.4	-	-	-	-	-	-	-	-	-	-
50 to 54 years old	7,452	68	0.9	-	-	-	-	-	-	-	-	-	-
55 to 59 years old	6,812	59	0.9	-	-	-	-	-	-	-	-	-	-
60 to 64 years old	5,066	23	0.4	-	-	-	-	-	-	-	-	-	-
65 years and over	12,461	19	0.2	-	-	-	-	-	-	-	-	-	-
Female													
Total	96,588	22,866	23.7	1,300	1,102	1,191	1,043	1,097	1,104	1,018	1,159	1,211	1,272
3 years old	1,086	498	45.9	490	8	-	-	-	-	-	-	-	-
4 years old	1,090	766	70.3	695	71	-	-	-	-	-	-	-	-
5 years old	1,094	1,021	93.3	108	849	53	12	-	-	-	-	-	-
6 years old	1,135	1,104	97.2	8	159	868	59	10	-	-	-	-	-
7 years old	1,090	1,079	99.0	-	14	215	811	35	4	-	-	-	-
8 years old	1,074	1,050	97.8	-	-	29	145	825	45	6	-	-	-
9 years old	1,079	1,067	98.9	-	-	25	14	204	774	45	5	-	-
10 years old	1,082	1,070	98.9	-	-	-	3	11	247	742	60	6	-
11 years old	1,189	1,160	97.5	-	-	-	-	11	30	206	837	59	16
12 years old	1,223	1,210	98.9	-	-	-	-	-	4	13	217	899	54
13 years old	1,160	1,146	98.8	-	-	-	-	-	-	6	18	211	870
14 years old	1,210	1,199	99.1	-	-	-	-	-	-	-	16	25	294
15 years old	1,240	1,226	98.8	-	-	-	-	-	-	-	-	4	23
16 years old	1,322	1,299	98.3	-	-	-	-	-	-	-	-	3	2
17 years old	1,282	1,206	94.1	-	-	-	-	-	-	-	2	-	-
18 years old	1,215	902	74.2	-	-	-	-	-	-	-	-	4	7
19 years old	1,250	836	66.8	-	-	-	-	-	-	-	-	-	-
20 years old	1,254	755	60.2	-	-	-	-	-	-	-	-	-	-
21 years old	1,270	670	52.8	-	-	-	-	-	-	-	-	-	-
22 years old	1,225	504	41.1	-	-	-	-	-	-	-	-	-	-
23 years old	1,203	324	26.9	-	-	-	-	-	-	-	-	-	3
24 years old	1,306	245	18.8	-	-	-	-	-	-	-	-	-	-
25 to 29 years old	6,094	805	13.2	-	-	-	-	-	-	-	-	-	3
30 to 34 years old	5,706	483	8.5	-	-	-	-	-	-	-	-	-	-
35 to 39 years old	6,642	349	5.3	-	-	-	-	-	-	-	-	-	-
40 to 44 years old	7,447	296	4.0	-	-	-	-	-	-	-	3	-	-
45 to 49 years old	8,101	282	3.5	-	-	-	-	-	-	-	-	-	-
50 to 54 years old	7,640	156	2.0	-	-	-	-	-	-	-	-	-	-
55 to 59 years old	7,090	103	1.4	-	-	-	-	-	-	-	-	-	-
60 to 64 years old	5,413	16	0.3	-	-	-	-	-	-	-	-	-	-
65 years and over	16,377	39	0.2	-	-	-	-	-	-	-	-	-	-

- = Quantity zero or rounds to zero.

Table A-2. Single Grade of Enrollment and High School Graduation Status for Population 3 Years Old and Over, by Sex, Age (Single Years for 3 to 24 Years), Race, and Hispanic Origin, October 2006—*Continued*

(Numbers in thousands, percent.)

Age, sex, race, and Hispanic origin	Enrolled										Not enrolled		Not enrolled	
	High school				Undergraduate college				Graduate school		H.S. grad	Not grad	Number	Percent
	9	10	11	12	1	2	3	4	1	2				
Male														
Total	1,306	1,286	1,284	1,377	1,161	1,146	990	819	347	622	61,595	8,172	69,766	75.6
3 years old	-	-	-	-	-	-	-	-	-	-	-	616	616	53.0
4 years old	-	-	-	-	-	-	-	-	-	-	-	358	358	30.4
5 years old	-	-	-	-	-	-	-	-	-	-	-	71	71	6.1
6 years old	-	-	-	-	-	-	-	-	-	-	-	25	25	2.2
7 years old	-	-	-	-	-	-	-	-	-	-	-	11	11	1.0
8 years old	-	-	-	-	-	-	-	-	-	-	-	23	23	2.0
9 years old	-	-	-	-	-	-	-	-	-	-	-	18	18	1.5
10 years old	-	-	-	-	-	-	-	-	-	-	-	7	7	0.6
11 years old	-	-	-	-	-	-	-	-	-	-	-	18	18	1.5
12 years old	14	-	-	-	-	-	-	-	-	-	-	20	20	1.6
13 years old	41	3	-	-	-	-	-	-	-	-	-	24	24	1.9
14 years old	827	49	-	-	-	-	-	-	-	-	-	26	26	2.0
15 years old	368	767	61	9	-	-	-	-	-	-	4	23	27	2.1
16 years old	45	393	850	45	12	-	-	-	-	-	7	33	41	3.0
17 years old	7	52	319	820	24	3	-	-	3	-	21	59	80	6.1
18 years old	3	15	31	404	484	17	3	-	-	-	248	102	349	26.6
19 years old	1	-	2	40	278	345	29	10	-	-	432	102	534	43.1
20 years old	-	-	-	17	52	267	271	29	-	-	517	106	623	49.5
21 years old	-	-	-	-	61	113	170	233	5	7	542	100	642	52.2
22 years old	-	-	4	5	22	54	109	218	43	19	712	68	779	62.2
23 years old	-	-	2	3	12	50	84	88	16	29	900	87	987	77.6
24 years old	-	-	-	2	23	35	62	41	38	35	956	82	1,038	81.5
25 to 29 years old	-	4	-	5	72	129	110	92	90	209	4,848	444	5,291	88.1
30 to 34 years old	-	-	-	7	39	43	47	43	53	122	4,903	353	5,257	93.7
35 to 39 years old	-	3	4	3	30	31	29	18	37	60	5,884	415	6,298	96.6
40 to 44 years old	-	-	-	6	24	23	34	24	22	48	6,635	499	7,134	97.5
45 to 49 years old	-	-	6	3	11	23	26	6	20	21	7,279	569	7,848	98.6
50 to 54 years old	-	-	3	6	7	4	5	15	3	25	6,864	520	7,384	99.1
55 to 59 years old	-	-	3	-	6	9	9	2	7	24	6,275	479	6,754	99.1
60 to 64 years old	-	-	-	3	1	1	1	-	4	13	4,482	561	5,043	99.6
65 years and over	-	-	-	-	3	-	1	-	5	10	10,087	2,354	12,442	99.8
Female														
Total	1,212	1,228	1,241	1,289	1,352	1,463	1,256	962	509	857	65,571	8,152	73,722	76.3
3 years old	-	-	-	-	-	-	-	-	-	-	-	587	587	54.1
4 years old	-	-	-	-	-	-	-	-	-	-	-	323	323	29.7
5 years old	-	-	-	-	-	-	-	-	-	-	-	73	73	6.7
6 years old	-	-	-	-	-	-	-	-	-	-	-	31	31	2.8
7 years old	-	-	-	-	-	-	-	-	-	-	-	11	11	1.0
8 years old	-	-	-	-	-	-	-	-	-	-	-	24	24	2.2
9 years old	-	-	-	-	-	-	-	-	-	-	-	12	12	1.1
10 years old	-	-	-	-	-	-	-	-	-	-	-	12	12	1.1
11 years old	-	-	-	-	-	-	-	-	-	-	-	29	29	2.5
12 years old	24	-	-	-	-	-	-	-	-	-	-	13	13	1.1
13 years old	40	-	-	-	-	-	-	-	-	-	-	14	14	1.2
14 years old	816	44	3	-	-	-	-	-	-	-	-	11	11	0.9
15 years old	278	830	68	15	5	-	-	-	3	-	2	12	14	1.2
16 years old	35	290	874	81	11	-	-	-	3	-	11	11	22	1.7
17 years old	11	34	237	871	38	13	-	-	-	-	31	44	76	5.9
18 years old	-	18	28	248	538	45	10	-	-	4	230	84	313	25.8
19 years old	-	-	9	27	204	506	82	6	-	1	342	73	415	33.2
20 years old	2	-	3	3	78	288	346	32	2	-	426	72	499	39.8
21 years old	-	-	7	12	45	60	195	322	8	22	526	74	600	47.2
22 years old	-	-	4	4	38	57	127	166	83	25	646	75	721	58.9
23 years old	-	-	2	1	21	51	61	89	52	44	804	75	879	73.1
24 years old	4	-	2	2	9	40	35	56	41	57	972	90	1,061	81.2
25 to 29 years old	-	1	-	3	6	96	128	120	108	105	235	4,942	348	5,289	86.8
30 to 34 years old	-	-	-	1	89	78	72	37	55	152	4,977	246	5,223	91.5
35 to 39 years old	-	3	-	5	36	74	63	47	47	75	5,982	311	6,292	94.7
40 to 44 years old	-	-	-	9	57	37	47	39	33	70	6,702	449	7,151	96.0
45 to 49 years old	-	3	-	1	53	42	56	25	33	70	7,370	449	7,819	96.5
50 to 54 years old	2	-	-	-	24	23	22	12	24	49	7,065	419	7,483	98.0
55 to 59 years old	-	3	1	3	8	10	10	17	13	37	6,579	409	6,987	98.6
60 to 64 years old	-	-	-	-	2	3	-	3	1	6	4,891	506	5,397	99.7
65 years and over	-	-	-	-	2	10	8	4	6	10	13,073	3,265	16,338	99.8

- = Quantity zero or rounds to zero.

Table A-2. Single Grade of Enrollment and High School Graduation Status for Population 3 Years Old and Over, by Sex, Age (Single Years for 3 to 24 Years), Race, and Hispanic Origin, October 2006—Continued

(Numbers in thousands, percent.)

Age, sex, race, and Hispanic origin	Population	Enrolled Number	Enrolled Percent	Nursery	Kindergarten	1	2	3	4	5	6	7	8
BLACK ALONE													
Both Sexes													
Total	35,271	11,400	32.3	715	608	643	585	609	618	560	696	563	679
3 years old	559	276	49.4	262	14	-	-	-	-	-	-	-	-
4 years old	679	456	67.2	371	85	-	-	-	-	-	-	-	-
5 years old	598	541	90.5	66	426	38	11	-	-	-	-	-	-
6 years old	624	591	94.7	16	63	455	26	31	-	-	-	-	-
7 years old	592	572	96.6	-	19	105	415	30	3	-	-	-	-
8 years old	597	580	97.3	-	-	26	103	394	41	16	-	-	-
9 years old	586	570	97.3	-	-	18	31	121	356	25	19	-	-
10 years old	577	552	95.6	-	-	-	-	29	164	313	43	3	-
11 years old	648	629	97.1	-	-	-	-	5	22	135	418	40	9
12 years old	661	647	97.9	-	-	-	-	-	30	56	154	341	64
13 years old	638	626	98.1	-	-	-	-	-	-	15	29	157	367
14 years old	661	636	96.3	-	-	-	-	-	-	-	29	12	200
15 years old	699	689	98.6	-	-	-	-	-	-	-	-	4	28
16 years old	738	700	94.9	-	-	-	-	-	-	-	-	3	8
17 years old	622	569	91.4	-	-	-	-	-	-	-	-	-	-
18 years old	612	439	71.7	-	-	-	-	-	-	-	-	4	-
19 years old	619	357	57.7	-	-	-	-	-	-	-	4	-	-
20 years old	634	270	42.6	-	-	-	-	-	-	-	-	-	-
21 years old	578	204	35.3	-	-	-	-	-	-	-	-	-	-
22 years old	607	205	33.8	-	-	-	-	-	-	-	-	-	-
23 years old	507	129	25.4	-	-	-	-	-	-	-	-	-	-
24 years old	529	114	21.5	-	-	-	-	-	-	-	-	-	-
25 to 29 years old	2,728	322	11.8	-	-	-	-	-	-	-	-	-	-
30 to 34 years old	2,428	209	8.6	-	-	-	-	-	-	-	-	-	-
35 to 39 years old	2,566	151	5.9	-	-	-	-	-	-	-	-	-	-
40 to 44 years old	2,732	103	3.8	-	-	-	-	-	-	-	-	-	-
45 to 49 years old	2,712	129	4.8	-	-	-	-	-	-	-	-	-	2
50 to 54 years old	2,328	75	3.2	-	-	-	-	-	-	-	-	-	-
55 to 59 years old	1,834	40	2.2	-	-	-	-	-	-	-	-	-	-
60 to 64 years old	1,347	6	0.4	-	-	-	-	-	-	-	-	-	-
65 years and over	3,032	13	0.4	-	-	-	-	-	-	-	-	-	-
Male													
Total	16,288	5,492	33.7	322	332	320	280	342	312	305	327	303	348
3 years old	272	116	42.6	115	-	-	-	-	-	-	-	-	-
4 years old	319	219	68.6	167	52	-	-	-	-	-	-	-	-
5 years old	301	277	91.9	36	219	13	8	-	-	-	-	-	-
6 years old	348	330	94.9	3	49	229	19	30	-	-	-	-	-
7 years old	281	270	95.9	-	12	57	188	12	-	-	-	-	-
8 years old	299	293	98.0	-	-	8	53	202	20	11	-	-	-
9 years old	299	292	97.6	-	-	13	12	74	175	14	4	-	-
10 years old	303	281	92.7	-	-	-	-	21	87	147	25	2	-
11 years old	318	308	96.7	-	-	-	-	2	17	83	175	27	4
12 years old	352	349	99.1	-	-	-	-	-	13	36	87	182	30
13 years old	305	299	98.2	-	-	-	-	-	-	15	13	76	170
14 years old	335	319	95.2	-	-	-	-	-	-	-	23	8	119
15 years old	353	353	100.0	-	-	-	-	-	-	-	-	1	20
16 years old	343	313	91.1	-	-	-	-	-	-	-	-	3	5
17 years old	335	310	92.5	-	-	-	-	-	-	-	-	-	-
18 years old	333	249	74.9	-	-	-	-	-	-	-	-	4	-
19 years old	267	134	50.3	-	-	-	-	-	-	-	-	-	-
20 years old	322	125	38.8	-	-	-	-	-	-	-	-	-	-
21 years old	267	99	37.0	-	-	-	-	-	-	-	-	-	-
22 years old	315	100	31.7	-	-	-	-	-	-	-	-	-	-
23 years old	204	45	21.8	-	-	-	-	-	-	-	-	-	-
24 years old	252	42	16.6	-	-	-	-	-	-	-	-	-	-
25 to 29 years old	1,253	116	9.3	-	-	-	-	-	-	-	-	-	-
30 to 34 years old	1,080	74	6.9	-	-	-	-	-	-	-	-	-	-
35 to 39 years old	1,140	58	5.1	-	-	-	-	-	-	-	-	-	-
40 to 44 years old	1,228	33	2.7	-	-	-	-	-	-	-	-	-	-
45 to 49 years old	1,233	46	3.8	-	-	-	-	-	-	-	-	-	-
50 to 54 years old	1,052	17	1.7	-	-	-	-	-	-	-	-	-	-
55 to 59 years old	826	15	1.8	-	-	-	-	-	-	-	-	-	-
60 to 64 years old	583	-	-	-	-	-	-	-	-	-	-	-	-
65 years and over	1,171	10	0.9	-	-	-	-	-	-	-	-	-	-

- = Quantity zero or rounds to zero.

Table A-2. Single Grade of Enrollment and High School Graduation Status for Population 3 Years Old and Over, by Sex, Age (Single Years for 3 to 24 Years), Race, and Hispanic Origin, October 2006—*Continued*

(Numbers in thousands, percent.)

Age, sex, race, and Hispanic origin	Enrolled High school 9	10	11	12	Undergraduate college 1	2	3	4	Graduate school 1	2	Not enrolled H.S. grad	Not grad	Not enrolled Number	Percent
BLACK ALONE														
Both Sexes														
Total	681	732	676	703	604	622	448	287	162	211	18,629	5,241	23,870	67.7
3 years old	-	-	-	-	-	-	-	-	-	-	-	283	283	50.6
4 years old	-	-	-	-	-	-	-	-	-	-	-	222	222	32.8
5 years old	-	-	-	-	-	-	-	-	-	-	-	57	57	9.5
6 years old	-	-	-	-	-	-	-	-	-	-	-	33	33	5.3
7 years old	-	-	-	-	-	-	-	-	-	-	-	20	20	3.4
8 years old	-	-	-	-	-	-	-	-	-	-	-	16	16	2.7
9 years old	-	-	-	-	-	-	-	-	-	-	-	16	16	2.7
10 years old	-	-	-	-	-	-	-	-	-	-	-	25	25	4.4
11 years old	-	-	-	-	-	-	-	-	-	-	-	19	19	2.9
12 years old	2	-	-	-	-	-	-	-	-	-	-	14	14	2.1
13 years old	51	7	-	-	-	-	-	-	-	-	-	12	12	1.9
14 years old	350	45	-	-	-	-	-	-	-	-	-	25	25	3.7
15 years old	198	410	47	3	-	-	-	-	-	-	7	2	10	1.4
16 years old	51	202	396	37	3	-	-	-	-	-	8	30	38	5.1
17 years old	7	40	159	336	27	-	-	-	-	-	22	31	54	8.6
18 years old	2	20	37	198	158	20	-	-	-	-	120	53	173	28.3
19 years old	5	7	11	44	110	150	15	11	-	-	212	50	261	42.3
20 years old	-	-	6	31	49	90	83	8	-	4	296	67	364	57.4
21 years old	6	-	-	16	30	36	58	45	-	13	253	121	374	64.7
22 years old	-	-	-	-	43	28	55	60	15	5	309	92	402	66.2
23 years old	-	-	-	-	13	18	46	25	10	16	316	63	378	74.6
24 years old	3	-	3	-	12	23	13	26	17	16	329	87	415	78.5
25 to 29 years old	-	-	9	11	46	78	49	36	41	53	2,088	318	2,406	88.2
30 to 34 years old	-	-	1	8	36	56	39	26	16	26	1,966	254	2,220	91.4
35 to 39 years old	-	-	-	6	27	42	18	16	15	28	2,153	262	2,415	94.1
40 to 44 years old	-	-	2	3	11	13	26	14	25	9	2,292	336	2,629	96.2
45 to 49 years old	4	-	6	8	14	46	16	4	7	21	2,173	411	2,583	95.2
50 to 54 years old	3	-	-	4	11	14	16	6	12	10	1,919	333	2,253	96.8
55 to 59 years old	-	-	-	-	8	-	12	8	2	10	1,486	309	1,794	97.8
60 to 64 years old	-	-	-	-	3	3	-	-	-	-	957	384	1,341	99.6
65 years and over	-	-	-	-	3	3	3	-	3	2	1,722	1,297	3,019	99.6
Male														
Total	328	370	306	401	246	245	174	123	48	59	8,305	2,492	10,797	66.3
3 years old	-	-	-	-	-	-	-	-	-	-	-	156	156	57.4
4 years old	-	-	-	-	-	-	-	-	-	-	-	100	100	31.4
5 years old	-	-	-	-	-	-	-	-	-	-	-	24	24	8.1
6 years old	-	-	-	-	-	-	-	-	-	-	-	18	18	5.1
7 years old	-	-	-	-	-	-	-	-	-	-	-	12	12	4.1
8 years old	-	-	-	-	-	-	-	-	-	-	-	6	6	2.0
9 years old	-	-	-	-	-	-	-	-	-	-	-	7	7	2.4
10 years old	-	-	-	-	-	-	-	-	-	-	-	22	22	7.3
11 years old	-	-	-	-	-	-	-	-	-	-	-	10	10	3.3
12 years old	1	-	-	-	-	-	-	-	-	-	-	3	3	0.9
13 years old	22	4	-	-	-	-	-	-	-	-	-	5	5	1.8
14 years old	144	25	-	-	-	-	-	-	-	-	-	16	16	4.8
15 years old	124	183	22	3	-	-	-	-	-	-	-	-	-	-
16 years old	27	118	140	16	3	-	-	-	-	-	8	23	31	8.9
17 years old	6	19	104	175	7	-	-	-	-	-	13	12	25	7.5
18 years old	-	15	20	121	80	8	-	-	-	-	61	23	84	25.1
19 years old	-	6	7	35	35	46	2	4	-	-	113	20	133	49.7
20 years old	-	-	6	24	25	24	42	3	-	-	164	33	197	61.2
21 years old	-	-	-	12	11	25	23	23	-	6	104	64	168	63.0
22 years old	-	-	-	-	23	25	22	30	-	-	178	37	215	68.3
23 years old	-	-	-	-	3	6	19	13	-	5	141	18	159	78.2
24 years old	-	-	-	-	2	14	5	15	5	2	185	25	211	83.4
25 to 29 years old	-	-	4	-	13	30	17	22	20	10	982	155	1,137	90.7
30 to 34 years old	-	-	1	3	9	22	16	3	5	13	871	134	1,005	93.1
35 to 39 years old	-	-	-	6	18	14	7	7	2	4	949	133	1,082	94.9
40 to 44 years old	-	-	-	3	1	9	4	2	9	3	1,031	164	1,195	97.3
45 to 49 years old	4	-	2	2	3	18	4	-	3	10	963	223	1,186	96.2
50 to 54 years old	-	-	-	-	3	3	5	2	-	4	874	161	1,035	98.3
55 to 59 years old	-	-	-	-	8	-	5	-	-	1	643	168	811	98.2
60 to 64 years old	-	-	-	-	-	-	-	-	-	-	398	186	583	100.0
65 years and over	-	-	-	-	3	-	3	-	3	2	627	534	1,160	99.1

- = Quantity zero or rounds to zero.

Table A-2. Single Grade of Enrollment and High School Graduation Status for Population 3 Years Old and Over, by Sex, Age (Single Years for 3 to 24 Years), Race, and Hispanic Origin, October 2006—Continued

(Numbers in thousands, percent.)

Age, sex, race, and Hispanic origin	Population	Enrolled Number	Enrolled Percent	Nursery	Kindergarten	1	2	3	4	5	6	7	8
Female													
Total	18,982	5,909	31.1	393	276	322	305	267	305	254	369	260	331
3 years old	287	161	55.8	146	14	-	-	-	-	-	-	-	-
4 years old	360	237	66.0	204	33	-	-	-	-	-	-	-	-
5 years old	297	265	89.1	30	207	25	3	-	-	-	-	-	-
6 years old	276	260	94.4	13	14	226	6	-	-	-	-	-	-
7 years old	311	303	97.3	-	7	48	226	18	3	-	-	-	-
8 years old	297	287	96.5	-	-	18	51	192	22	5	-	-	-
9 years old	287	278	97.0	-	-	5	19	46	181	11	16	-	-
10 years old	275	272	98.8	-	-	-	-	8	77	166	19	2	-
11 years old	329	321	97.4	-	-	-	-	3	5	52	242	13	6
12 years old	309	298	96.4	-	-	-	-	-	17	20	67	159	33
13 years old	334	327	98.0	-	-	-	-	-	-	-	16	81	197
14 years old	325	317	97.3	-	-	-	-	-	-	-	5	3	82
15 years old	346	336	97.2	-	-	-	-	-	-	-	-	2	8
16 years old	394	387	98.1	-	-	-	-	-	-	-	-	-	3
17 years old	287	258	90.0	-	-	-	-	-	-	-	-	-	-
18 years old	279	190	68.0	-	-	-	-	-	-	-	-	-	-
19 years old	352	223	63.4	-	-	-	-	-	-	-	4	-	-
20 years old	312	146	46.6	-	-	-	-	-	-	-	-	-	-
21 years old	311	105	33.8	-	-	-	-	-	-	-	-	-	-
22 years old	292	105	36.0	-	-	-	-	-	-	-	-	-	-
23 years old	303	84	27.7	-	-	-	-	-	-	-	-	-	-
24 years old	277	72	26.0	-	-	-	-	-	-	-	-	-	-
25 to 29 years old	1,475	206	14.0	-	-	-	-	-	-	-	-	-	-
30 to 34 years old	1,348	134	9.9	-	-	-	-	-	-	-	-	-	-
35 to 39 years old	1,426	93	6.5	-	-	-	-	-	-	-	-	-	-
40 to 44 years old	1,504	71	4.7	-	-	-	-	-	-	-	-	-	-
45 to 49 years old	1,480	83	5.6	-	-	-	-	-	-	-	-	-	2
50 to 54 years old	1,275	58	4.5	-	-	-	-	-	-	-	-	-	-
55 to 59 years old	1,008	25	2.4	-	-	-	-	-	-	-	-	-	-
60 to 64 years old	764	6	0.7	-	-	-	-	-	-	-	-	-	-
65 years and over	1,861	3	0.2	-	-	-	-	-	-	-	-	-	-
ASIAN ALONE													
Both Sexes													
Total	12,214	3,287	26.9	143	162	141	142	147	188	156	142	179	141
3 years old	137	44	32.1	42	2	-	-	-	-	-	-	-	-
4 years old	154	97	62.7	79	18	-	-	-	-	-	-	-	-
5 years old	176	165	94.0	20	121	24	-	-	-	-	-	-	-
6 years old	137	137	100.0	2	19	100	15	-	-	-	-	-	-
7 years old	141	139	98.9	-	1	14	101	21	3	-	-	-	-
8 years old	147	147	100.0	-	-	3	25	95	20	4	-	-	-
9 years old	182	179	98.5	-	-	1	1	24	135	19	-	-	-
10 years old	134	134	100.0	-	-	-	-	6	22	90	10	5	-
11 years old	157	156	99.7	-	-	-	-	-	6	32	103	13	3
12 years old	171	171	100.0	-	-	-	-	-	3	11	30	117	11
13 years old	158	154	97.1	-	-	-	-	-	-	-	-	30	107
14 years old	161	159	99.1	-	-	-	-	-	-	-	-	7	20
15 years old	158	158	100.0	-	-	-	-	-	-	-	-	1	-
16 years old	173	157	90.5	-	-	-	-	-	-	-	-	-	-
17 years old	145	137	94.3	-	-	-	-	-	-	-	-	-	-
18 years old	171	146	85.6	-	-	-	-	-	-	-	-	-	-
19 years old	126	100	79.5	-	-	-	-	-	-	-	-	-	-
20 years old	152	111	73.2	-	-	-	-	-	-	-	-	-	-
21 years old	147	112	76.4	-	-	-	-	-	-	-	-	-	-
22 years old	183	102	55.8	-	-	-	-	-	-	-	-	2	-
23 years old	181	81	44.6	-	-	-	-	-	-	-	-	-	-
24 years old	188	64	34.2	-	-	-	-	-	-	-	-	-	-
25 to 29 years old	1,053	187	17.8	-	-	-	-	-	-	-	-	-	-
30 to 34 years old	1,221	106	8.7	-	-	-	-	-	-	-	-	3	-
35 to 39 years old	1,192	56	4.7	-	-	-	-	-	-	-	-	-	-
40 to 44 years old	1,074	38	3.5	-	-	-	-	-	-	-	-	-	-
45 to 49 years old	951	14	1.4	-	-	-	-	-	-	-	-	-	-
50 to 54 years old	857	17	2.0	-	-	-	-	-	-	-	-	-	-
55 to 59 years old	695	7	1.1	-	-	-	-	-	-	-	-	-	-
60 to 64 years old	508	3	0.6	-	-	-	-	-	-	-	-	-	-
65 years and over	1,186	8	0.6	-	-	-	-	-	-	-	-	-	-

- = Quantity zero or rounds to zero.

PART A—NATIONAL EDUCATION STATISTICS 31

Table A-2. Single Grade of Enrollment and High School Graduation Status for Population 3 Years Old and Over, by Sex, Age (Single Years for 3 to 24 Years), Race, and Hispanic Origin, October 2006—*Continued*

(Numbers in thousands, percent.)

Age, sex, race, and Hispanic origin	Enrolled										Not enrolled		Not enrolled	
	High school				Undergraduate college				Graduate school		H.S. grad	Not grad	Number	Percent
	9	10	11	12	1	2	3	4	1	2				
Female														
Total	353	362	370	302	358	377	273	164	114	152	10,324	2,749	13,074	68.9
3 years old	-	-	-	-	-	-	-	-	-	-	-	127	127	44.2
4 years old	-	-	-	-	-	-	-	-	-	-	-	122	122	34.0
5 years old	-	-	-	-	-	-	-	-	-	-	-	32	32	10.9
6 years old	-	-	-	-	-	-	-	-	-	-	-	15	15	5.6
7 years old	-	-	-	-	-	-	-	-	-	-	-	9	9	2.7
8 years old	-	-	-	-	-	-	-	-	-	-	-	10	10	3.5
9 years old	-	-	-	-	-	-	-	-	-	-	-	8	8	3.0
10 years old	-	-	-	-	-	-	-	-	-	-	-	3	3	1.2
11 years old	-	-	-	-	-	-	-	-	-	-	-	8	8	2.6
12 years old	2	-	-	-	-	-	-	-	-	-	-	11	11	3.6
13 years old	29	3	-	-	-	-	-	-	-	-	-	7	7	2.0
14 years old	206	20	-	-	-	-	-	-	-	-	-	9	9	2.7
15 years old	73	228	25	-	-	-	-	-	-	-	7	2	10	2.8
16 years old	24	84	256	21	-	-	-	-	-	-	-	7	7	1.9
17 years old	2	21	55	161	20	-	-	-	-	-	9	20	29	10.0
18 years old	2	5	17	76	79	11	-	-	-	-	59	30	89	32.0
19 years old	5	1	4	8	76	105	13	7	-	-	99	30	129	36.6
20 years old	-	-	-	6	24	66	41	5	-	4	133	34	167	53.4
21 years old	6	-	-	4	19	11	35	23	-	7	149	57	206	66.2
22 years old	-	-	-	-	20	3	33	29	15	5	132	55	187	64.0
23 years old	-	-	-	-	10	13	27	13	10	12	174	45	219	72.3
24 years old	3	-	3	-	11	9	8	11	12	14	143	62	205	74.0
25 to 29 years old	-	-	5	11	34	48	31	15	21	42	1,106	163	1,269	86.0
30 to 34 years old	-	-	-	5	27	34	23	23	10	12	1,095	119	1,214	90.1
35 to 39 years old	-	-	-	-	9	28	11	8	13	24	1,204	129	1,333	93.5
40 to 44 years old	-	-	2	-	10	4	21	13	16	6	1,261	172	1,434	95.3
45 to 49 years old	-	-	4	6	11	28	12	4	3	11	1,210	188	1,397	94.4
50 to 54 years old	2	-	-	3	8	11	10	5	12	6	1,045	172	1,218	95.5
55 to 59 years old	-	-	-	-	-	-	7	8	1	9	843	141	984	97.6
60 to 64 years old	-	-	-	-	3	3	-	-	-	-	560	198	758	99.3
65 years and over	-	-	-	-	-	3	-	-	-	-	1,095	763	1,858	99.8
ASIAN ALONE														
Both Sexes														
Total	166	182	152	162	222	215	154	148	96	250	7,718	1,209	8,927	73.1
3 years old	-	-	-	-	-	-	-	-	-	-	-	93	93	67.9
4 years old	-	-	-	-	-	-	-	-	-	-	-	57	57	37.3
5 years old	-	-	-	-	-	-	-	-	-	-	-	10	10	6.0
6 years old	-	-	-	-	-	-	-	-	-	-	-	-	-	-
7 years old	-	-	-	-	-	-	-	-	-	-	-	2	2	1.1
8 years old	-	-	-	-	-	-	-	-	-	-	-	-	-	-
9 years old	-	-	-	-	-	-	-	-	-	-	-	3	3	1.5
10 years old	-	-	-	-	-	-	-	-	-	-	-	-	-	-
11 years old	-	-	-	-	-	-	-	-	-	-	-	1	1	0.3
12 years old	-	-	-	-	-	-	-	-	-	-	-	-	-	-
13 years old	15	1	-	-	-	-	-	-	-	-	-	5	5	2.9
14 years old	114	18	-	-	-	-	-	-	-	-	-	2	2	0.9
15 years old	20	114	15	8	-	-	-	-	-	-	-	-	-	-
16 years old	11	36	88	21	-	-	-	-	1	-	6	10	16	9.5
17 years old	3	7	27	94	5	2	-	-	-	-	3	5	8	5.7
18 years old	-	3	7	23	95	10	8	-	-	-	23	1	25	14.4
19 years old	-	-	5	5	38	41	11	-	-	-	18	8	26	20.5
20 years old	-	-	-	4	12	46	37	12	-	-	30	10	41	26.8
21 years old	-	-	3	-	11	33	26	30	-	8	33	2	35	23.6
22 years old	-	-	-	3	9	19	9	35	14	10	76	5	81	44.2
23 years old	-	-	-	-	6	8	15	16	13	23	84	17	100	55.4
24 years old	-	-	-	-	-	4	7	21	12	21	120	3	123	65.8
25 to 29 years old	-	-	-	-	18	13	24	24	21	87	840	26	866	82.2
30 to 34 years old	-	-	-	-	9	7	3	2	19	63	1,051	63	1,114	91.3
35 to 39 years old	3	-	4	4	9	10	3	1	4	17	1,084	51	1,135	95.3
40 to 44 years old	-	4	-	-	-	3	7	8	-	16	948	88	1,036	96.5
45 to 49 years old	-	-	-	-	7	3	-	-	3	1	828	109	938	98.6
50 to 54 years old	-	-	-	-	-	8	1	-	3	5	742	97	839	98.0
55 to 59 years old	-	-	-	-	2	3	2	-	-	-	561	127	688	98.9
60 to 64 years old	-	-	-	-	-	-	-	-	3	-	429	75	504	99.4
65 years and over	-	-	3	-	-	4	-	-	1	-	840	338	1,178	99.4

- = Quantity zero or rounds to zero.

Table A-2. Single Grade of Enrollment and High School Graduation Status for Population 3 Years Old and Over, by Sex, Age (Single Years for 3 to 24 Years), Race, and Hispanic Origin, October 2006—*Continued*

(Numbers in thousands, percent.)

Age, sex, race, and Hispanic origin	Population	Enrolled Number	Enrolled Percent	Nursery	Kinder-garten	1	2	3	4	5	6	7	8
Male													
Total	5,893	1,670	28.3	78	88	63	79	63	117	77	73	89	72
3 years old	74	27	35.7	24	2	-	-	-	-	-	-	-	-
4 years old	78	60	76.9	42	18	-	-	-	-	-	-	-	-
5 years old	84	79	94.4	12	56	11	-	-	-	-	-	-	-
6 years old	63	63	100.0	-	10	45	7	-	-	-	-	-	-
7 years old	84	83	98.1	-	1	7	61	14	-	-	-	-	-
8 years old	59	59	100.0	-	-	-	11	31	14	4	-	-	-
9 years old	113	111	97.6	-	-	1	-	14	81	15	-	-	-
10 years old	67	67	100.0	-	-	-	-	4	14	42	3	4	-
11 years old	75	75	100.0	-	-	-	-	-	6	9	55	5	-
12 years old	88	88	100.0	-	-	-	-	-	2	8	15	59	4
13 years old	84	80	95.7	-	-	-	-	-	-	-	-	17	51
14 years old	93	93	100.0	-	-	-	-	-	-	-	-	4	16
15 years old	77	77	100.0	-	-	-	-	-	-	-	-	1	-
16 years old	81	76	93.2	-	-	-	-	-	-	-	-	-	-
17 years old	69	61	88.5	-	-	-	-	-	-	-	-	-	-
18 years old	105	88	83.9	-	-	-	-	-	-	-	-	-	-
19 years old	63	46	72.8	-	-	-	-	-	-	-	-	-	-
20 years old	93	65	69.7	-	-	-	-	-	-	-	-	-	-
21 years old	77	64	83.9	-	-	-	-	-	-	-	-	-	-
22 years old	79	39	49.2	-	-	-	-	-	-	-	-	-	-
23 years old	80	33	41.8	-	-	-	-	-	-	-	-	-	-
24 years old	95	35	36.6	-	-	-	-	-	-	-	-	-	-
25 to 29 years old	491	80	16.3	-	-	-	-	-	-	-	-	-	-
30 to 34 years old	606	51	8.5	-	-	-	-	-	-	-	-	-	-
35 to 39 years old	574	34	6.0	-	-	-	-	-	-	-	-	-	-
40 to 44 years old	530	14	2.7	-	-	-	-	-	-	-	-	-	-
45 to 49 years old	442	9	2.1	-	-	-	-	-	-	-	-	-	-
50 to 54 years old	403	8	2.0	-	-	-	-	-	-	-	-	-	-
55 to 59 years old	332	7	2.2	-	-	-	-	-	-	-	-	-	-
60 to 64 years old	230	-	-	-	-	-	-	-	-	-	-	-	-
65 years and over	505	-	-	-	-	-	-	-	-	-	-	-	-
Female													
Total	6,321	1,617	25.6	65	74	78	63	84	71	78	69	90	69
3 years old	63	18	28.0	18	-	-	-	-	-	-	-	-	-
4 years old	77	37	48.3	37	-	-	-	-	-	-	-	-	-
5 years old	92	86	93.7	8	65	13	-	-	-	-	-	-	-
6 years old	74	74	100.0	2	9	55	8	-	-	-	-	-	-
7 years old	57	57	100.0	-	-	7	40	7	3	-	-	-	-
8 years old	88	88	100.0	-	-	3	14	65	6	-	-	-	-
9 years old	68	68	100.0	-	-	-	1	10	53	4	-	-	-
10 years old	67	67	100.0	-	-	-	-	3	9	48	6	1	-
11 years old	81	81	99.4	-	-	-	-	-	-	23	48	7	3
12 years old	84	84	100.0	-	-	-	-	-	-	3	15	59	6
13 years old	75	74	98.6	-	-	-	-	-	-	-	-	14	56
14 years old	67	66	97.7	-	-	-	-	-	-	-	-	3	4
15 years old	81	81	100.0	-	-	-	-	-	-	-	-	-	-
16 years old	92	81	88.1	-	-	-	-	-	-	-	-	-	-
17 years old	76	76	99.6	-	-	-	-	-	-	-	-	-	-
18 years old	66	59	88.4	-	-	-	-	-	-	-	-	-	-
19 years old	63	55	86.2	-	-	-	-	-	-	-	-	-	-
20 years old	59	46	78.6	-	-	-	-	-	-	-	-	-	-
21 years old	70	48	68.1	-	-	-	-	-	-	-	-	-	-
22 years old	104	63	60.8	-	-	-	-	-	-	-	-	2	-
23 years old	101	47	46.8	-	-	-	-	-	-	-	-	-	-
24 years old	93	29	31.7	-	-	-	-	-	-	-	-	-	-
25 to 29 years old	562	107	19.1	-	-	-	-	-	-	-	-	-	-
30 to 34 years old	615	55	8.9	-	-	-	-	-	-	-	-	3	-
35 to 39 years old	618	22	3.6	-	-	-	-	-	-	-	-	-	-
40 to 44 years old	543	24	4.4	-	-	-	-	-	-	-	-	-	-
45 to 49 years old	509	4	0.8	-	-	-	-	-	-	-	-	-	-
50 to 54 years old	453	9	2.0	-	-	-	-	-	-	-	-	-	-
55 to 59 years old	363	-	-	-	-	-	-	-	-	-	-	-	-
60 to 64 years old	278	3	1.2	-	-	-	-	-	-	-	-	-	-
65 years and over	681	8	1.1	-	-	-	-	-	-	-	-	-	-

- = Quantity zero or rounds to zero.

Table A-2. Single Grade of Enrollment and High School Graduation Status for Population 3 Years Old and Over, by Sex, Age (Single Years for 3 to 24 Years), Race, and Hispanic Origin, October 2006—Continued

(Numbers in thousands, percent.)

Age, sex, race, and Hispanic origin	Enrolled										Not enrolled		Not enrolled	
	High school				Undergraduate college				Graduate school		H.S. grad	Not grad	Number	Percent
	9	10	11	12	1	2	3	4	1	2				
Male														
Total	96	87	66	88	118	82	91	98	28	118	3,740	483	4,222	71.7
3 years old	-	-	-	-	-	-	-	-	-	-	-	48	48	64.3
4 years old	-	-	-	-	-	-	-	-	-	-	-	18	18	23.1
5 years old	-	-	-	-	-	-	-	-	-	-	-	5	5	5.6
6 years old	-	-	-	-	-	-	-	-	-	-	-	-	-	-
7 years old	-	-	-	-	-	-	-	-	-	-	-	2	2	1.9
8 years old	-	-	-	-	-	-	-	-	-	-	-	-	-	-
9 years old	-	-	-	-	-	-	-	-	-	-	-	3	3	2.4
10 years old	-	-	-	-	-	-	-	-	-	-	-	-	-	-
11 years old	-	-	-	-	-	-	-	-	-	-	-	-	-	-
12 years old	-	-	-	-	-	-	-	-	-	-	-	-	-	-
13 years old	12	-	-	-	-	-	-	-	-	-	-	4	4	4.3
14 years old	64	9	-	-	-	-	-	-	-	-	-	-	-	-
15 years old	11	52	7	5	-	-	-	-	-	-	-	-	-	-
16 years old	9	18	38	9	-	-	-	-	1	-	3	3	6	6.8
17 years old	-	-	8	49	4	-	8	-	-	-	3	5	8	11.5
18 years old	-	3	5	7	58	7	8	-	-	-	17	-	17	16.1
19 years old	-	-	-	5	16	14	11	-	-	-	9	8	17	27.2
20 years old	-	-	-	4	9	26	16	9	-	-	18	10	28	30.3
21 years old	-	-	3	-	4	17	20	20	-	-	11	2	12	16.1
22 years old	-	-	-	3	-	6	2	23	5	1	35	5	40	50.8
23 years old	-	-	-	-	3	-	12	7	3	9	36	10	47	58.2
24 years old	-	-	-	-	-	1	4	18	2	11	60	-	60	63.4
25 to 29 years old	-	-	-	-	4	1	10	22	5	39	394	17	411	83.7
30 to 34 years old	-	-	-	-	7	-	-	1	8	36	525	30	555	91.5
35 to 39 years old	-	-	4	4	5	4	-	-	2	15	520	20	540	94.0
40 to 44 years old	-	4	-	-	-	-	6	-	-	4	484	32	516	97.3
45 to 49 years old	-	-	-	-	7	3	-	-	-	-	395	38	433	97.9
50 to 54 years old	-	-	-	-	-	2	-	-	3	3	358	37	395	98.0
55 to 59 years old	-	-	-	-	2	3	2	-	-	-	276	49	325	97.8
60 to 64 years old	-	-	-	-	-	-	-	-	-	-	201	28	230	100.0
65 years and over	-	-	-	-	-	-	-	-	-	-	395	110	505	100.0
Female														
Total	70	96	86	74	103	133	63	50	68	133	3,978	726	4,704	74.4
3 years old	-	-	-	-	-	-	-	-	-	-	-	45	45	72.0
4 years old	-	-	-	-	-	-	-	-	-	-	-	40	40	51.7
5 years old	-	-	-	-	-	-	-	-	-	-	-	6	6	6.3
6 years old	-	-	-	-	-	-	-	-	-	-	-	-	-	-
7 years old	-	-	-	-	-	-	-	-	-	-	-	-	-	-
8 years old	-	-	-	-	-	-	-	-	-	-	-	-	-	-
9 years old	-	-	-	-	-	-	-	-	-	-	-	-	-	-
10 years old	-	-	-	-	-	-	-	-	-	-	-	-	-	-
11 years old	-	-	-	-	-	-	-	-	-	-	-	1	1	0.6
12 years old	-	-	-	-	-	-	-	-	-	-	-	-	-	-
13 years old	3	1	-	-	-	-	-	-	-	-	-	1	1	1.4
14 years old	50	8	-	-	-	-	-	-	-	-	-	2	2	2.3
15 years old	9	62	7	3	-	-	-	-	-	-	-	-	-	-
16 years old	3	17	49	12	-	-	-	-	-	-	3	8	11	11.9
17 years old	3	7	19	44	1	2	-	-	-	-	0	-	0	0.4
18 years old	-	-	2	16	38	3	-	-	-	-	7	1	8	11.6
19 years old	-	-	5	-	22	28	-	-	-	-	9	-	9	13.8
20 years old	-	-	-	-	3	20	21	3	-	-	12	-	13	21.4
21 years old	-	-	-	-	7	15	6	11	-	8	22	-	22	31.9
22 years old	-	-	-	-	9	14	7	13	10	9	41	-	41	39.2
23 years old	-	-	-	-	3	8	3	9	10	14	47	7	54	53.2
24 years old	-	-	-	-	-	3	3	3	10	10	60	3	63	68.3
25 to 29 years old	-	-	-	-	14	12	14	3	16	48	446	9	455	80.9
30 to 34 years old	-	-	-	-	2	7	3	-	12	27	527	33	560	91.1
35 to 39 years old	3	-	-	-	4	7	3	1	2	2	565	31	596	96.4
40 to 44 years old	-	-	-	-	-	3	1	8	-	11	463	56	520	95.6
45 to 49 years old	-	-	-	-	-	-	-	-	3	1	434	71	505	99.2
50 to 54 years old	-	-	-	-	-	6	1	-	-	2	384	60	444	98.0
55 to 59 years old	-	-	-	-	-	-	-	-	-	-	285	78	363	100.0
60 to 64 years old	-	-	-	-	-	-	-	-	3	-	227	47	275	98.8
65 years and over	-	-	3	-	-	4	-	-	1	-	445	227	673	98.9

- = Quantity zero or rounds to zero.

Table A-2. Single Grade of Enrollment and High School Graduation Status for Population 3 Years Old and Over, by Sex, Age (Single Years for 3 to 24 Years), Race, and Hispanic Origin, October 2006—*Continued*

(Numbers in thousands, percent.)

Age, sex, race, and Hispanic origin	Population	Enrolled Number	Enrolled Percent	Nursery	Kinder-garten	1	2	3	4	5	6	7	8
HISPANIC[1]													
Both Sexes													
Total	41,048	13,111	31.9	911	846	835	930	743	771	798	787	773	756
3 years old	958	295	30.8	251	44	-	-	-	-	-	-	-	-
4 years old	886	605	68.3	501	104	-	-	-	-	-	-	-	-
5 years old	868	794	91.4	145	579	60	10	-	-	-	-	-	-
6 years old	858	819	95.5	14	113	598	84	10	-	-	-	-	-
7 years old	793	769	97.0	-	8	123	575	55	9	-	-	-	-
8 years old	790	776	98.3	-	-	24	207	482	56	8	-	-	-
9 years old	791	782	98.9	-	-	31	47	150	479	61	13	-	-
10 years old	839	813	96.9	-	-	-	7	35	189	488	80	13	-
11 years old	753	736	97.8	-	-	-	-	11	26	185	441	55	17
12 years old	764	753	98.6	-	-	-	-	-	11	47	186	421	56
13 years old	853	849	99.6	-	-	-	-	-	-	9	48	240	458
14 years old	744	739	99.3	-	-	-	-	-	-	-	15	29	178
15 years old	731	713	97.4	-	-	-	-	-	-	-	-	4	38
16 years old	703	665	94.6	-	-	-	-	-	-	-	-	-	3
17 years old	731	640	87.6	-	-	-	-	-	-	-	-	-	3
18 years old	717	468	65.3	-	-	-	-	-	-	-	-	3	-
19 years old	689	283	41.1	-	-	-	-	-	-	-	-	-	-
20 years old	694	209	30.1	-	-	-	-	-	-	-	-	-	-
21 years old	710	221	31.2	-	-	-	-	-	-	-	-	-	-
22 years old	777	181	23.4	-	-	-	-	-	-	-	-	3	3
23 years old	632	116	18.4	-	-	-	-	-	-	-	-	-	-
24 years old	787	95	12.1	-	-	-	-	-	-	-	-	-	-
25 to 29 years old	4,057	298	7.3	-	-	-	-	-	-	-	3	-	-
30 to 34 years old	3,857	203	5.3	-	-	-	-	-	-	-	-	3	-
35 to 39 years old	3,490	108	3.1	-	-	-	-	-	-	-	-	-	-
40 to 44 years old	3,099	87	2.8	-	-	-	-	-	-	-	1	1	-
45 to 49 years old	2,560	33	1.3	-	-	-	-	-	-	-	-	-	-
50 to 54 years old	1,974	27	1.4	-	-	-	-	-	-	-	-	-	-
55 to 59 years old	1,470	16	1.1	-	-	-	-	-	-	-	-	-	-
60 to 64 years old	1,094	12	1.1	-	-	-	-	-	-	-	-	-	-
65 years and over	2,381	4	0.2	-	-	-	-	-	-	-	-	-	-
Male													
Total	21,039	6,491	30.9	469	406	426	457	391	392	406	414	396	404
3 years old	469	145	30.9	126	19	-	-	-	-	-	-	-	-
4 years old	438	300	68.6	255	45	-	-	-	-	-	-	-	-
5 years old	449	404	89.9	84	281	30	9	-	-	-	-	-	-
6 years old	445	416	93.5	4	58	303	42	9	-	-	-	-	-
7 years old	398	385	96.8	-	3	62	281	32	6	-	-	-	-
8 years old	408	398	97.4	-	-	12	100	242	41	3	-	-	-
9 years old	401	396	98.7	-	-	18	20	88	230	30	10	-	-
10 years old	425	410	96.4	-	-	-	6	16	92	232	55	10	-
11 years old	388	381	98.2	-	-	-	-	5	13	112	220	19	12
12 years old	374	363	97.2	-	-	-	-	-	10	20	100	195	22
13 years old	447	445	99.5	-	-	-	-	-	-	9	24	142	222
14 years old	387	382	98.7	-	-	-	-	-	-	-	4	22	118
15 years old	372	370	99.3	-	-	-	-	-	-	-	-	3	26
16 years old	348	338	97.2	-	-	-	-	-	-	-	-	-	3
17 years old	391	339	86.8	-	-	-	-	-	-	-	-	-	-
18 years old	338	220	65.2	-	-	-	-	-	-	-	-	-	-
19 years old	370	144	39.0	-	-	-	-	-	-	-	-	-	-
20 years old	360	88	24.4	-	-	-	-	-	-	-	-	-	-
21 years old	357	85	23.7	-	-	-	-	-	-	-	-	-	-
22 years old	417	79	18.9	-	-	-	-	-	-	-	-	2	-
23 years old	342	65	18.9	-	-	-	-	-	-	-	-	-	-
24 years old	433	48	11.1	-	-	-	-	-	-	-	-	-	-
25 to 29 years old	2,231	120	5.4	-	-	-	-	-	-	-	-	-	-
30 to 34 years old	2,071	73	3.5	-	-	-	-	-	-	-	-	3	-
35 to 39 years old	1,841	30	1.6	-	-	-	-	-	-	-	-	-	-
40 to 44 years old	1,611	30	1.9	-	-	-	-	-	-	-	1	-	-
45 to 49 years old	1,304	16	1.2	-	-	-	-	-	-	-	-	-	-
50 to 54 years old	981	11	1.2	-	-	-	-	-	-	-	-	-	-
55 to 59 years old	721	6	0.9	-	-	-	-	-	-	-	-	-	-
60 to 64 years old	506	4	0.9	-	-	-	-	-	-	-	-	-	-
65 years and over	1,016	-	-	-	-	-	-	-	-	-	-	-	-

[1] May be of any race.
- = Quantity zero or rounds to zero.

Table A-2. Single Grade of Enrollment and High School Graduation Status for Population 3 Years Old and Over, by Sex, Age (Single Years for 3 to 24 Years), Race, and Hispanic Origin, October 2006—*Continued*

(Numbers in thousands, percent.)

Age, sex, race, and Hispanic origin	Enrolled — High school 9	10	11	12	Undergraduate college 1	2	3	4	Graduate school 1	2	Not enrolled H.S. grad	Not grad	Not enrolled Number	Percent
HISPANIC[1]														
Both Sexes														
Total	862	689	729	710	629	480	358	230	97	175	15,956	11,981	27,937	68.1
3 years old	-	-	-	-	-	-	-	-	-	-	-	663	663	69.2
4 years old	-	-	-	-	-	-	-	-	-	-	-	281	281	31.7
5 years old	-	-	-	-	-	-	-	-	-	-	-	75	75	8.6
6 years old	-	-	-	-	-	-	-	-	-	-	-	39	39	4.5
7 years old	-	-	-	-	-	-	-	-	-	-	-	24	24	3.0
8 years old	-	-	-	-	-	-	-	-	-	-	-	14	14	1.7
9 years old	-	-	-	-	-	-	-	-	-	-	-	8	8	1.1
10 years old	-	-	-	-	-	-	-	-	-	-	-	26	26	3.1
11 years old	-	-	-	-	-	-	-	-	-	-	-	17	17	2.2
12 years old	33	-	-	-	-	-	-	-	-	-	-	11	11	1.4
13 years old	91	3	-	-	-	-	-	-	-	-	-	4	4	0.4
14 years old	476	42	-	-	-	-	-	-	-	-	-	5	5	0.7
15 years old	197	379	78	11	2	-	-	-	3	-	4	15	19	2.6
16 years old	38	188	387	46	3	-	-	-	-	-	3	35	38	5.4
17 years old	8	57	175	351	43	3	-	-	-	-	17	73	91	12.4
18 years old	-	6	51	192	193	22	1	-	-	-	145	104	249	34.7
19 years old	6	7	7	35	86	124	15	3	-	-	257	149	406	58.9
20 years old	-	4	9	17	41	65	67	3	3	1	302	183	485	69.9
21 years old	6	-	6	3	27	55	67	47	-	10	284	204	488	68.8
22 years old	-	-	3	3	30	44	55	29	3	8	338	257	595	76.6
23 years old	2	2	-	13	23	15	23	5	18	16	314	201	516	81.6
24 years old	1	-	3	7	15	19	18	11	7	14	478	214	692	87.9
25 to 29 years old	-	-	8	16	39	51	60	60	17	43	2,384	1,375	3,759	92.7
30 to 34 years old	-	3	-	8	47	40	31	25	13	34	2,274	1,380	3,653	94.7
35 to 39 years old	3	-	-	5	35	19	9	12	6	19	2,087	1,295	3,382	96.9
40 to 44 years old	-	-	3	-	22	11	3	24	14	8	1,855	1,156	3,012	97.2
45 to 49 years old	-	-	-	-	7	7	4	4	5	6	1,591	935	2,527	98.7
50 to 54 years old	-	-	-	-	10	-	4	6	3	3	1,139	808	1,947	98.6
55 to 59 years old	-	-	-	3	4	3	-	-	1	5	816	638	1,454	98.9
60 to 64 years old	-	-	-	-	3	-	-	-	4	4	628	454	1,082	98.9
65 years and over	-	-	-	-	-	-	-	-	-	4	1,040	1,338	2,377	99.8
Male														
Total	450	363	346	363	271	200	134	82	49	72	8,122	6,426	14,548	69.1
3 years old	-	-	-	-	-	-	-	-	-	-	-	324	324	69.1
4 years old	-	-	-	-	-	-	-	-	-	-	-	138	138	31.4
5 years old	-	-	-	-	-	-	-	-	-	-	-	45	45	10.1
6 years old	-	-	-	-	-	-	-	-	-	-	-	29	29	6.5
7 years old	-	-	-	-	-	-	-	-	-	-	-	13	13	3.2
8 years old	-	-	-	-	-	-	-	-	-	-	-	10	10	2.6
9 years old	-	-	-	-	-	-	-	-	-	-	-	5	5	1.3
10 years old	-	-	-	-	-	-	-	-	-	-	-	15	15	3.6
11 years old	-	-	-	-	-	-	-	-	-	-	-	7	7	1.8
12 years old	16	-	-	-	-	-	-	-	-	-	-	11	11	2.8
13 years old	45	3	-	-	-	-	-	-	-	-	-	2	2	0.5
14 years old	226	13	-	-	-	-	-	-	-	-	-	5	5	1.3
15 years old	112	194	27	4	2	-	-	-	-	-	-	2	2	0.7
16 years old	32	104	178	21	-	-	-	-	-	-	-	10	10	2.8
17 years old	7	39	97	180	13	3	-	-	-	-	9	42	52	13.2
18 years old	-	1	24	103	85	8	-	-	-	-	60	58	118	34.8
19 years old	6	-	4	14	48	66	7	-	-	-	133	93	226	61.0
20 years old	-	4	4	13	22	17	28	-	-	-	157	115	272	75.6
21 years old	6	-	-	-	17	25	13	22	-	3	135	137	272	76.3
22 years old	-	-	3	-	13	23	25	7	-	6	180	159	339	81.1
23 years old	-	2	-	10	11	9	14	-	10	7	164	113	277	81.1
24 years old	-	-	3	7	8	5	4	6	7	9	248	138	385	88.9
25 to 29 years old	-	-	8	4	24	20	24	21	9	11	1,291	820	2,111	94.6
30 to 34 years old	-	3	-	3	14	14	10	6	3	16	1,232	766	1,998	96.5
35 to 39 years old	-	-	-	-	10	-	1	8	1	10	1,058	753	1,811	98.4
40 to 44 years old	-	-	-	-	4	3	3	8	11	-	957	624	1,582	98.1
45 to 49 years old	-	-	-	-	-	4	4	-	4	4	771	518	1,288	98.8
50 to 54 years old	-	-	-	-	-	-	1	4	3	3	548	422	970	98.8
55 to 59 years old	-	-	-	3	-	3	-	-	-	-	426	288	714	99.1
60 to 64 years old	-	-	-	-	-	-	-	-	-	4	274	228	501	99.1
65 years and over	-	-	-	-	-	-	-	-	-	-	479	537	1,016	100.0

[1]May be of any race.
- = Quantity zero or rounds to zero.

Table A-2. Single Grade of Enrollment and High School Graduation Status for Population 3 Years Old and Over, by Sex, Age (Single Years for 3 to 24 Years), Race, and Hispanic Origin, October 2006—*Continued*

(Numbers in thousands, percent.)

Age, sex, race, and Hispanic origin	Population	Enrolled Number	Enrolled Percent	Nursery	Kinder-garten	1	2	3	4	5	6	7	8
Female													
Total	20,008	6,620	33.1	443	440	409	472	352	379	393	373	377	352
3 years old	489	150	30.7	125	25	-	-	-	-	-	-	-	-
4 years old	448	305	68.0	246	58	-	-	-	-	-	-	-	-
5 years old	419	390	93.0	61	298	30	1	-	-	-	-	-	-
6 years old	413	403	97.6	10	55	295	42	1	-	-	-	-	-
7 years old	395	384	97.1	-	4	60	293	23	3	-	-	-	-
8 years old	382	378	99.1	-	-	12	106	240	15	5	-	-	-
9 years old	390	386	99.1	-	-	13	28	62	249	31	3	-	-
10 years old	414	403	97.4	-	-	-	2	18	98	256	25	4	-
11 years old	365	355	97.3	-	-	-	-	7	14	73	221	37	5
12 years old	390	390	100.0	-	-	-	-	-	1	27	86	226	34
13 years old	406	404	99.6	-	-	-	-	-	-	-	24	98	236
14 years old	357	357	100.0	-	-	-	-	-	-	-	12	7	60
15 years old	359	343	95.5	-	-	-	-	-	-	-	-	1	12
16 years old	355	327	92.1	-	-	-	-	-	-	-	-	-	-
17 years old	340	301	88.6	-	-	-	-	-	-	-	-	-	3
18 years old	379	248	65.4	-	-	-	-	-	-	-	-	3	-
19 years old	319	139	43.5	-	-	-	-	-	-	-	-	-	-
20 years old	334	121	36.2	-	-	-	-	-	-	-	-	-	-
21 years old	353	137	38.8	-	-	-	-	-	-	-	-	-	-
22 years old	359	103	28.6	-	-	-	-	-	-	-	-	1	3
23 years old	290	52	17.8	-	-	-	-	-	-	-	-	-	-
24 years old	354	48	13.4	-	-	-	-	-	-	-	-	-	-
25 to 29 years old	1,826	177	9.7	-	-	-	-	-	-	-	3	-	-
30 to 34 years old	1,786	131	7.3	-	-	-	-	-	-	-	-	-	-
35 to 39 years old	1,649	78	4.7	-	-	-	-	-	-	-	-	-	-
40 to 44 years old	1,487	57	3.8	-	-	-	-	-	-	-	-	1	-
45 to 49 years old	1,256	18	1.4	-	-	-	-	-	-	-	-	-	-
50 to 54 years old	993	16	1.6	-	-	-	-	-	-	-	-	-	-
55 to 59 years old	749	10	1.3	-	-	-	-	-	-	-	-	-	-
60 to 64 years old	588	7	1.3	-	-	-	-	-	-	-	-	-	-
65 years and over	1,365	4	0.3	-	-	-	-	-	-	-	-	-	-

- = Quantity zero or rounds to zero.

Table A-2. Single Grade of Enrollment and High School Graduation Status for Population 3 Years Old and Over, by Sex, Age (Single Years for 3 to 24 Years), Race, and Hispanic Origin, October 2006—*Continued*

(Numbers in thousands, percent.)

Age, sex, race, and Hispanic origin	Enrolled										Not enrolled		Not enrolled	
	High school				Undergraduate college				Graduate school		H.S. grad	Not grad	Number	Percent
	9	10	11	12	1	2	3	4	1	2				
Female														
Total	411	326	383	348	358	280	224	147	48	103	7,834	5,555	13,389	66.9
3 years old	-	-	-	-	-	-	-	-	-	-	-	339	339	69.3
4 years old	-	-	-	-	-	-	-	-	-	-	-	144	144	32.0
5 years old	-	-	-	-	-	-	-	-	-	-	-	29	29	7.0
6 years old	-	-	-	-	-	-	-	-	-	-	-	10	10	2.4
7 years old	-	-	-	-	-	-	-	-	-	-	-	11	11	2.9
8 years old	-	-	-	-	-	-	-	-	-	-	-	3	3	0.9
9 years old	-	-	-	-	-	-	-	-	-	-	-	3	3	0.9
10 years old	-	-	-	-	-	-	-	-	-	-	-	11	11	2.6
11 years old	-	-	-	-	-	-	-	-	-	-	-	10	10	2.7
12 years old	17	-	-	-	-	-	-	-	-	-	-	-	-	-
13 years old	46	-	-	-	-	-	-	-	-	-	-	1	1	0.4
14 years old	250	28	-	-	-	-	-	-	-	-	-	-	-	-
15 years old	85	185	50	8	-	-	-	-	3	-	4	13	16	4.5
16 years old	6	83	209	25	3	-	-	-	-	-	3	25	28	7.9
17 years old	1	18	78	171	30	-	-	-	-	-	8	31	39	11.4
18 years old	-	5	28	89	108	15	1	-	-	-	85	46	131	34.6
19 years old	-	7	3	21	38	58	8	3	-	-	124	56	180	56.5
20 years old	-	-	5	4	18	48	39	3	3	1	145	68	213	63.8
21 years old	-	-	6	3	10	30	55	25	-	8	149	67	216	61.2
22 years old	-	-	-	3	17	21	30	22	3	2	158	98	257	71.4
23 years old	2	-	-	3	11	6	9	5	8	8	150	89	239	82.2
24 years old	1	-	-	-	8	14	15	4	-	6	231	76	307	86.6
25 to 29 years old	-	-	-	12	15	32	36	40	8	32	1,093	556	1,649	90.3
30 to 34 years old	-	-	-	5	33	26	21	19	10	17	1,042	614	1,655	92.7
35 to 39 years old	3	-	-	5	25	19	8	3	5	10	1,029	542	1,571	95.3
40 to 44 years old	-	-	3	-	18	8	-	16	3	8	898	532	1,430	96.2
45 to 49 years old	-	-	-	-	7	3	-	4	1	3	821	417	1,238	98.6
50 to 54 years old	-	-	-	-	10	-	3	3	-	-	591	387	978	98.4
55 to 59 years old	-	-	-	-	4	-	-	-	1	5	390	349	739	98.7
60 to 64 years old	-	-	-	-	3	-	-	-	4	-	354	226	581	98.7
65 years and over	-	-	-	-	-	-	-	-	-	4	561	800	1,361	99.7

- = Quantity zero or rounds to zero.

Table A-3. Nursery and Primary School Enrollment of Population 3 to 6 Years Old, by Control of School, Attendance Status, Age, Race, Hispanic Origin, Mother's Labor Force Status and Education, and Family Income, October 2006

(Numbers in thousands.)

| Characteristic | Total | Not enrolled | Enrolled in nursery school ||||||||||
| | | | Total ||| Public ||| Private |||
			Total	Part-day	Full-day	Total	Part-day	Full-day	Total	Part-day	Full-day
3 to 6 Years Old											
Total	16,203	4,041	4,688	2,333	2,355	2,519	1,139	1,380	2,169	1,194	976
Race											
White alone	12,389	3,075	3,624	1,961	1,663	1,815	895	920	1,809	1,067	742
White alone non-Hispanic	9,059	2,084	2,769	1,562	1,206	1,152	587	566	1,616	975	641
Black alone	2,460	595	715	186	529	513	133	380	202	53	149
Asian alone[1]	604	161	143	79	64	65	36	29	78	43	35
Hispanic[1]	3,570	1,058	911	427	484	707	334	373	205	94	111
Labor force status of mother											
Children not living with mother	1,456	418	362	141	222	285	110	175	78	31	46
Mother employed part-time	2,434	481	762	433	329	342	145	198	420	288	132
Mother employed full-time	6,543	1,425	1,949	775	1,174	978	410	567	971	364	607
Mother unemployed	543	124	196	78	118	149	60	89	47	18	29
Mother not in the labor force	5,227	1,594	1,419	906	512	764	414	351	654	493	162
Education of mother											
Children not living with mother	1,456	418	362	141	222	285	110	175	78	31	46
Elementary: 0 to 8 years	660	239	115	69	46	114	69	45	1	-	1
High School: 9 to 11 years	1,532	505	349	151	198	290	120	171	58	31	27
High school graduate	3,912	1,094	987	456	531	714	321	393	273	135	138
Some college or associate's degree	4,161	956	1,236	617	619	664	293	371	572	324	248
Bachelor's degree or more	4,482	830	1,639	899	740	451	226	225	1,188	673	515
Family income											
Less than $20,000	2,631	741	754	288	466	660	250	410	94	38	56
$20,000 to $29,999	1,594	426	393	172	222	303	133	170	90	38	52
$30,000 to $39,999	1,616	462	422	183	238	297	127	170	125	56	68
$40,000 to $49,999	1,174	328	347	163	184	198	95	103	149	68	81
$50,000 to $74,999	2,727	645	798	464	334	370	190	180	429	274	154
$75,000 and over	4,058	696	1,428	774	654	385	184	200	1,043	590	454
Not reported	2,402	744	546	289	258	307	160	147	240	129	111
3 and 4 Years Old											
Total	8,138	3,604	4,113	2,067	2,046	2,135	989	1,146	1,978	1,078	900
Race											
White alone	6,229	2,766	3,168	1,734	1,434	1,531	770	761	1,637	964	673
White alone non-Hispanic	4,512	1,884	2,468	1,402	1,067	1,001	525	476	1,467	876	591
Black alone	1,238	505	633	168	465	438	122	316	195	46	149
Asian alone	292	151	121	69	52	49	27	22	72	42	30
Hispanic[1]	1,844	944	752	358	395	571	267	304	182	91	91
Labor force status of mother											
Children not living with mother	743	366	324	131	193	253	104	150	70	27	43
Mother employed part-time	1,152	455	670	390	279	294	136	158	376	254	122
Mother employed full-time	3,129	1,257	1,677	675	1,002	796	347	449	881	328	552
Mother unemployed	311	109	181	73	108	135	55	79	47	18	29
Mother not in the labor force	2,803	1,418	1,261	797	464	656	347	310	605	450	155
Education of mother											
Children not living with mother	743	366	324	131	193	253	104	150	70	27	43
Elementary: 0 to 8 years	345	198	97	57	39	96	57	38	1	-	1
High School: 9 to 11 years	788	437	291	132	159	236	105	131	55	27	27
High school graduate	1,943	991	850	387	463	604	269	335	245	118	128
Some college or associate's degree	2,051	873	1,087	544	542	568	252	316	518	292	226
Bachelor's degree or more	2,268	740	1,466	816	650	377	202	175	1,089	614	475
Family income											
Less than $20,000	1,406	645	670	260	410	579	225	354	91	35	56
$20,000 to $29,999	792	378	351	148	203	272	117	154	79	30	49
$30,000 to $39,999	820	416	355	162	193	237	112	125	118	50	68
$40,000 to $49,999	633	305	308	151	157	173	87	86	135	64	71
$50,000 to $74,999	1,329	582	695	412	283	302	155	147	393	256	137
$75,000 and over	1,971	630	1,258	681	577	313	154	159	945	527	418
Not reported	1,187	648	477	255	222	259	139	121	218	116	102

[1] May be of any race.
- = Quantity zero or rounds to zero.

Table A-3. Nursery and Primary School Enrollment of Population 3 to 6 Years Old, by Control of School, Attendance Status, Age, Race, Hispanic Origin, Mother's Labor Force Status and Education, and Family Income, October 2006—Continued

(Numbers in thousands.)

Characteristic	Enrolled in kindergarten										Enrolled in elementary school		
	Total			Public			Private					
	Total	Part-day	Full-day	Total	Part-day	Full-day	Total	Part-day	Full-day	Total	Public	Private
3 to 6 Years Old												
Total	3,994	1,117	2,877	3,508	992	2,516	487	125	361	3,479	3,113	366
Race												
White alone	3,062	905	2,157	2,680	799	1,881	382	107	276	2,628	2,345	284
White alone non-Hispanic	2,270	687	1,584	1,923	590	1,333	348	97	251	1,936	1,703	233
Black alone	589	114	475	518	108	410	71	6	65	561	508	53
Asian alone	161	55	106	148	49	98	13	5	8	139	116	23
Hispanic[1]	839	230	609	790	220	570	48	10	39	762	706	56
Labor force status of mother												
Children not living with mother	384	88	297	369	85	284	16	3	13	292	274	18
Mother employed part-time	615	218	397	536	184	352	79	34	45	576	498	79
Mother employed full-time	1,705	418	1,287	1,466	372	1,093	239	45	194	1,464	1,314	150
Mother unemployed	115	31	84	115	31	84	-	-	-	108	99	9
Mother not in the labor force	1,176	363	813	1,023	320	703	153	43	110	1,038	929	110
Education of mother												
Children not living with mother	384	88	297	369	85	284	16	3	13	292	274	18
Elementary: 0 to 8 years	166	43	122	166	43	122	-	-	-	140	134	6
High School: 9 to 11 years	384	93	291	372	93	279	12	-	12	294	276	18
High school graduate	967	272	695	875	245	630	92	28	65	865	807	58
Some college or associate's degree	1,015	275	740	900	247	653	115	28	88	954	860	94
Bachelor's degree or more	1,079	347	732	828	279	548	251	67	184	934	763	171
Family income												
Less than $20,000	654	159	495	624	151	473	30	8	22	483	453	30
$20,000 to $29,999	431	103	328	416	99	317	16	4	12	343	329	14
$30,000 to $39,999	409	96	313	387	93	294	22	3	19	324	302	23
$40,000 to $49,999	258	70	188	224	58	166	34	12	22	241	233	8
$50,000 to $74,999	697	208	489	609	171	438	88	37	51	587	529	58
$75,000 and over	993	326	667	748	276	472	245	50	195	941	765	176
Not reported	552	155	397	500	144	356	52	12	41	560	503	57
3 and 4 Years Old												
Total	420	165	255	360	152	208	60	13	47	-	-	-
Race												
White alone	295	116	179	253	108	144	43	8	35	-	-	-
White alone non-Hispanic	160	61	99	120	54	65	40	6	34	-	-	-
Black alone	100	35	65	85	32	52	15	3	12	-	-	-
Asian alone	20	12	8	18	10	8	2	2	-	-	-	-
Hispanic[1]	148	58	89	138	57	81	10	1	8	-	-	-
Labor force status of mother												
Children not living with mother	53	18	36	53	18	36	-	-	-	-	-	-
Mother employed part-time	27	12	15	25	11	13	2	1	2	-	-	-
Mother employed full-time	196	77	119	159	67	93	36	10	26	-	-	-
Mother unemployed	20	3	17	20	3	17	-	-	-	-	-	-
Mother not in the labor force	124	56	69	103	53	50	21	2	19	-	-	-
Education of mother												
Children not living with mother	53	18	36	53	18	36	-	-	-	-	-	-
Elementary: 0 to 8 years	50	25	26	50	25	26	-	-	-	-	-	-
High School: 9 to 11 years	60	26	34	58	26	32	2	-	2	-	-	-
High school graduate	102	37	65	86	37	49	16	-	16	-	-	-
Some college or associate's degree	92	36	55	68	28	40	24	8	16	-	-	-
Bachelor's degree or more	63	24	39	45	20	25	18	4	13	-	-	-
Family income												
Less than $20,000	90	31	59	90	31	59	-	-	-	-	-	-
$20,000 to $29,999	62	42	21	60	42	19	2	-	2	-	-	-
$30,000 to $39,999	49	12	37	48	12	36	1	-	1	-	-	-
$40,000 to $49,999	21	8	13	13	7	6	8	-	7	-	-	-
$50,000 to $74,999	52	25	28	38	18	21	14	7	7	-	-	-
$75,000 and over	83	24	59	55	21	34	28	3	25	-	-	-
Not reported	63	24	39	55	22	34	7	2	5	-	-	-

[1] May be of any race.
- = Quantity zero or rounds to zero.

Table A-3. Nursery and Primary School Enrollment of Population 3 to 6 Years Old, by Control of School, Attendance Status, Age, Race, Hispanic Origin, Mother's Labor Force Status and Education, and Family Income, October 2006—Continued

(Numbers in thousands.)

Characteristic	Total	Not enrolled	Enrolled in nursery school							
			Total			Public			Private		
			Total	Part-day	Full-day	Total	Part-day	Full-day	Total	Part-day	Full-day
5 Years Old											
Total	4,049	300	524	251	273	346	139	207	178	111	66
Race											
White alone	3,080	213	423	218	205	260	116	143	163	102	61
White alone non-Hispanic	2,257	144	281	156	125	139	58	81	142	99	44
Black alone	598	57	66	11	55	63	8	55	3	3	-
Asian alone	176	10	20	10	10	14	9	5	6	1	5
Hispanic[1]	868	75	145	65	80	124	62	62	21	3	18
Labor force status of mother											
Children not living with mother	361	46	38	10	28	30	6	25	7	4	3
Mother employed part-time	626	20	86	42	44	45	9	37	41	34	7
Mother employed full-time	1,725	116	245	95	150	165	64	101	81	32	49
Mother unemployed	124	15	15	5	10	15	5	10	-	-	-
Mother not in the labor force	1,213	103	140	98	41	91	56	35	49	42	7
Education of mother											
Children not living with mother	361	46	38	10	28	30	6	25	7	4	3
Elementary: 0 to 8 years	149	27	18	12	7	18	12	7	-	-	-
High School: 9 to 11 years	380	51	45	14	31	42	11	31	4	4	-
High school graduate	975	67	122	63	58	97	46	51	25	17	8
Some college or associate's degree	1,049	58	136	68	68	89	41	48	47	27	19
Bachelor's degree or more	1,135	51	165	84	81	70	25	45	95	59	36
Family income											
Less than $20,000	687	71	77	26	51	74	22	51	4	4	-
$20,000 to $29,999	385	38	42	24	19	31	16	15	11	8	3
$30,000 to $39,999	405	22	58	17	41	51	10	41	6	6	-
$40,000 to $49,999	273	22	32	12	20	21	8	12	11	4	7
$50,000 to $74,999	733	50	97	49	49	66	35	32	31	14	17
$75,000 and over	1,019	34	164	92	71	69	30	39	95	63	32
Not reported	546	62	53	31	23	34	18	16	19	13	6
6 Years Old											
Total	4,017	138	51	15	36	38	11	27	13	4	9
Race											
White alone	3,081	95	33	9	24	24	8	16	9	1	8
White alone non-Hispanic	2,290	56	19	4	15	13	4	9	6	1	6
Black alone	624	33	16	6	9	11	3	9	4	4	-
Asian alone	137	-	2	-	2	2	-	2	-	-	-
Hispanic[1]	858	39	14	5	10	12	5	7	3	-	3
Labor force status of mother											
Children not living with mother	352	7	1	-	1	1	-	1	-	-	-
Mother employed part-time	656	6	6	-	6	3	-	3	3	-	3
Mother employed full-time	1,689	53	27	4	22	17	-	17	10	4	5
Mother unemployed	108	-	-	-	-	-	-	-	-	-	-
Mother not in the labor force	1,211	73	18	11	7	17	11	6	1	-	-
Education of mother											
Children not living with mother	352	7	1	-	1	1	-	1	-	-	-
Elementary: 0 to 8 years	166	14	-	-	-	-	-	-	-	-	-
High School: 9 to 11 years	364	17	13	5	8	13	5	8	-	-	-
High school graduate	994	35	16	6	9	13	6	7	2	-	2
Some college or associate's degree	1,060	25	13	4	9	6	-	6	7	4	3
Bachelor's degree or more	1,079	40	9	-	9	5	-	5	4	-	4
Family income											
Less than $20,000	539	25	6	3	4	6	3	4	-	-	-
$20,000 to $29,999	417	10	-	-	-	-	-	-	-	-	-
$30,000 to $39,999	392	24	9	5	4	9	5	4	-	-	-
$40,000 to $49,999	268	1	7	-	7	5	-	5	2	-	2
$50,000 to $74,999	665	12	6	4	2	2	-	2	5	4	-
$75,000 and over	1,068	31	7	-	6	3	-	3	4	-	3
Not reported	669	35	16	3	13	13	3	10	3	-	3

- = Quantity zero or rounds to zero.

Table A-3. Nursery and Primary School Enrollment of Population 3 to 6 Years Old, by Control of School, Attendance Status, Age, Race, Hispanic Origin, Mother's Labor Force Status and Education, and Family Income, October 2006—Continued

(Numbers in thousands.)

Characteristic	Enrolled in kindergarten									Enrolled in elementary school		
	Total			Public			Private			Total	Public	Private
	Total	Part-day	Full-day	Total	Part-day	Full-day	Total	Part-day	Full-day			
5 Years Old												
Total	2,952	804	2,149	2,599	714	1,886	353	90	263	273	249	24
Race												
White alone	2,259	653	1,606	1,986	576	1,409	273	76	197	184	163	21
White alone non-Hispanic	1,712	511	1,201	1,463	441	1,023	248	70	178	121	100	21
Black alone	426	78	348	375	75	300	51	3	48	49	46	3
Asian alone	121	36	85	111	33	78	11	3	8	24	24	-
Hispanic[1]	579	150	429	547	143	403	32	6	26	70	70	-
Labor force status of mother												
Children not living with mother	247	53	194	242	53	189	5	-	5	31	31	-
Mother employed part-time	477	168	309	409	140	269	69	29	40	43	38	5
Mother employed full-time	1,266	283	983	1,105	258	847	161	26	135	97	92	5
Mother unemployed	75	24	51	75	24	51	-	-	-	20	17	3
Mother not in the labor force	887	275	612	768	240	529	119	35	83	83	72	11
Education of mother												
Children not living with mother	247	53	194	242	53	189	5	-	5	31	31	-
Elementary: 0 to 8 years	94	19	76	94	19	76	-	-	-	9	9	-
High School: 9 to 11 years	257	58	199	247	58	189	10	-	10	27	24	3
High school graduate	719	201	518	651	174	477	68	27	41	67	64	3
Some college or associate's degree	782	213	569	699	193	506	83	20	63	73	63	10
Bachelor's degree or more	853	260	593	666	217	449	187	43	144	66	58	8
Family income												
Less than $20,000	477	109	368	452	101	351	25	8	17	62	59	3
$20,000 to $29,999	283	55	229	276	50	225	7	4	3	22	22	-
$30,000 to $39,999	301	74	226	280	71	209	21	3	18	25	25	-
$40,000 to $49,999	195	56	138	175	48	127	20	8	12	23	23	-
$50,000 to $74,999	537	142	395	474	116	358	63	26	37	48	44	4
$75,000 and over	771	253	518	595	221	373	176	31	145	50	38	13
Not reported	389	114	274	348	105	243	41	9	31	42	38	4
6 Years Old												
Total	622	148	473	548	126	422	74	22	51	3,206	2,864	342
Race												
White alone	508	137	372	442	114	327	66	22	44	2,444	2,181	263
White alone non-Hispanic	399	115	284	340	94	245	59	20	39	1,815	1,603	212
Black alone	63	1	62	58	1	57	5	-	5	512	462	50
Asian alone	19	6	13	19	6	13	-	-	-	115	92	23
Hispanic[1]	113	22	91	106	20	86	7	2	5	692	636	56
Labor force status of mother												
Children not living with mother	84	17	67	73	14	59	11	3	8	261	243	18
Mother employed part-time	110	37	73	103	33	70	8	5	3	534	460	74
Mother employed full-time	243	57	186	201	48	153	42	10	32	1,367	1,222	145
Mother unemployed	20	4	15	20	4	15	-	-	-	89	83	6
Mother not in the labor force	165	33	132	151	27	124	13	5	8	956	857	99
Education of mother												
Children not living with mother	84	17	67	73	14	59	11	3	8	261	243	18
Elementary: 0 to 8 years	21	-	21	21	-	21	-	-	-	131	125	6
High School: 9 to 11 years	67	8	58	67	8	58	-	-	-	267	252	15
High school graduate	146	34	111	138	34	104	8	-	8	798	743	55
Some college or associate's degree	141	26	115	133	26	107	9	-	9	881	797	84
Bachelor's degree or more	163	63	100	117	43	74	46	20	27	868	704	164
Family income												
Less than $20,000	86	18	68	82	18	63	5	-	5	421	394	27
$20,000 to $29,999	86	7	79	80	7	73	6	-	6	321	307	14
$30,000 to $39,999	59	10	49	59	10	49	-	-	-	300	277	23
$40,000 to $49,999	43	6	37	36	2	34	7	4	3	217	210	8
$50,000 to $74,999	107	41	66	97	38	59	11	3	7	539	485	54
$75,000 and over	139	49	90	99	34	64	41	15	26	891	727	164
Not reported	101	17	84	97	17	80	4	-	4	517	464	53

- = Quantity zero or rounds to zero.

Table A-4. Current Grade for People 15 to 24 Years Old Enrolled in School, and Highest Grade Completed for People with Selected Enrollment and Completion Status, by Sex, Age, Race and Hispanic Origin, October 2006

(Numbers in thousands.)

Age, sex, race, and Hispanic origin	Enrolled - Less than 9th grade	Enrolled - 9th grade	Enrolled - 10th grade	Enrolled - 11th grade	Enrolled - 12th grade	Enrolled - College (graduated this year)	Enrolled - Other college	Not enrolled - Less than 9th grade	Not enrolled - 9th grade	Not enrolled - 10th grade	Not enrolled - 11th or 12th, no diploma	Not enrolled - New HS graduate	Not enrolled - Other	Not enrolled last year
ALL RACES														
Both Sexes														
Total	231	1,350	4,014	4,159	4,228	1,781	9,018	84	112	183	82	924	2,255	12,877
15 years old	163	1,083	2,596	277	46	5	8	12	4	-	-	9	-	50
16 years old	20	185	1,143	2,689	227	27	11	29	31	11	5	20	-	63
17 years old	8	40	194	941	2,554	90	72	21	30	50	10	54	8	139
18 years old	24	5	60	159	1,093	1,193	444	10	30	66	30	489	100	417
19 years old	4	12	14	34	156	379	1,730	6	4	25	20	235	254	1,109
20 to 24 years old	12	25	7	59	151	87	6,754	7	13	30	17	116	1,893	11,100
Male														
Total	138	783	2,071	2,038	2,224	875	4,079	55	62	105	41	457	1,112	6,834
15 years old	110	624	1,255	122	21	-	2	5	2	-	-	3	-	22
16 years old	13	118	653	1,257	91	13	4	24	17	7	2	7	-	34
17 years old	3	24	115	539	1,257	24	36	13	19	24	2	23	7	81
18 years old	10	3	34	80	657	572	200	5	11	35	15	224	64	227
19 years old	-	7	6	13	96	222	710	6	4	23	12	129	142	596
20 to 24 years old	2	6	7	27	102	44	3,127	2	9	17	10	71	898	5,874
Female														
Total	92	568	1,943	2,121	2,004	906	4,939	28	50	78	41	467	1,143	6,043
15 years old	53	458	1,341	155	25	5	6	6	2	-	-	5	-	28
16 years old	7	67	489	1,432	136	14	7	5	14	5	3	13	-	29
17 years old	5	17	80	403	1,296	66	36	8	11	26	8	31	1	57
18 years old	14	2	26	79	435	622	244	4	19	31	16	265	36	190
19 years old	4	5	7	21	61	157	1,020	-	-	2	8	107	112	513
20 to 24 years old	9	19	-	32	50	43	3,627	4	4	13	7	46	995	5,226
WHITE ALONE														
Total	171	1,003	2,983	3,148	3,236	1,447	7,011	66	84	133	68	724	1,789	10,118
15 years old	126	833	1,942	206	35	5	8	12	4	-	-	7	-	38
16 years old	7	118	858	2,070	165	20	9	15	17	5	-	10	-	51
17 years old	8	26	134	710	2,021	60	59	20	28	32	8	31	8	107
18 years old	20	3	37	103	828	981	327	7	19	57	26	401	65	318
19 years old	-	7	7	18	98	323	1,351	6	4	20	17	189	210	882
20 to 24 years old	10	15	6	41	89	59	5,257	7	13	21	17	86	1,507	8,722
WHITE ALONE NON-HISPANIC														
Total	113	754	2,399	2,502	2,609	1,242	6,072	47	58	82	42	572	1,527	7,373
15 years old	85	645	1,597	129	24	5	3	12	4	-	-	3	-	23
16 years old	5	79	683	1,724	126	17	9	11	10	2	-	10	-	30
17 years old	5	18	86	556	1,692	45	35	16	22	18	6	28	6	60
18 years old	16	3	33	60	652	845	256	5	15	41	19	324	47	212
19 years old	-	1	-	11	67	286	1,177	3	1	11	14	139	169	611
20 to 24 years old	3	7	-	23	49	44	4,592	-	6	11	3	68	1,304	6,437
BLACK ALONE														
Total	51	272	679	658	664	185	1,166	15	20	34	9	150	266	1,975
15 years old	32	198	410	47	3	-	-	-	-	-	-	2	-	8
16 years old	11	51	202	396	37	3	-	13	7	2	2	4	-	10
17 years old	-	7	40	159	336	22	5	-	2	13	2	18	-	18
18 years old	4	2	20	37	198	113	66	3	11	6	5	55	30	63
19 years old	4	5	7	11	44	34	252	-	-	6	-	43	35	177
20 to 24 years old	-	9	-	8	47	13	844	-	-	6	-	27	202	1,698
ASIAN ALONE														
Total	2	34	160	144	158	103	567	-	8	5	6	22	109	306
15 years old	1	20	114	15	8	-	-	-	8	-	-	-	-	-
16 years old	-	11	36	88	21	-	1	-	-	-	3	6	-	-
17 years old	-	3	7	27	94	2	5	-	-	5	-	-	-	3
18 years old	-	-	3	7	23	74	39	-	-	-	-	14	4	7
19 years old	-	-	-	5	5	18	73	-	-	-	3	2	4	16
20 to 24 years old	2	-	-	4	7	9	448	-	-	-	-	-	101	280
HISPANIC[1]														
Total	58	259	642	718	679	222	1,015	21	26	61	27	164	285	2,993
15 years old	42	197	379	78	11	-	5	-	-	-	-	4	-	15
16 years old	3	38	188	387	46	3	-	6	6	3	-	-	-	22
17 years old	3	8	57	175	351	21	25	4	6	21	4	3	2	51
18 years old	3	-	6	51	192	145	71	2	3	19	7	83	18	117
19 years old	-	6	7	7	35	37	191	3	3	8	3	57	45	287
20 to 24 years old	7	9	6	21	43	15	723	7	7	10	13	18	219	2,501

[1] May be of any race.
- = Quantity zero or rounds to zero.

Table A-5. Type of College and Year Enrolled for College Students 15 Years Old and Over, by Age, Sex, Race, Attendance Status, Control of School, and Enrollment Status, October 2006

(Numbers in thousands.)

Characteristic	Total enrolled	Undergraduate college								Graduate school	
		All colleges				Two-year college		Four-year college		1st year	2nd or higher
		1st year	2nd year	3rd year	4th year	1st year	2nd or higher	1st year	2nd or higher		
BOTH SEXES											
Full-Time Students											
Total	12,070	3,072	2,905	2,437	1,966	1,369	1,330	1,703	5,978	594	1,096
Age											
15–19 years old	3,582	2,152	1,225	160	30	806	340	1,346	1076	10	6
20–24 years old	5,572	490	1,201	1,775	1,494	271	640	218	3,830	297	315
25–34 years old	2,051	277	310	327	328	187	215	90	750	211	598
35 years old and over	865	154	169	175	114	105	136	48	322	76	177
Race											
White alone	9,236	2,310	2,195	1,911	1,585	1011	989	1,299	4,702	457	778
White alone non-Hispanic	8,105	1,951	1,930	1,693	1,416	820	845	1,130	4,194	426	690
Black alone	1,628	475	420	330	219	265	188	209	781	69	116
Asian alone	866	189	178	138	124	63	89	126	351	54	183
Hispanic[1]	1,246	390	294	245	189	196	167	194	561	33	95
Employment Status											
Full time	1,812	294	376	440	267	157	232	138	850	158	277
Part time	4,156	950	1,072	916	698	501	552	449	2,135	157	362
Not employed	6,102	1,827	1,457	1,081	1,001	711	546	1,116	2,993	279	457
Control of School											
Public	9,393	2,502	2,408	1,917	1,460	1,199	1,205	1,303	4,580	412	693
Private	2,678	570	497	521	506	170	125	400	1,398	182	402
Part-Time Students											
Total	5,162	1005	1,143	820	505	663	933	342	1,536	640	1,048
Age											
15–19 years old	376	248	110	15	-	169	53	80	72	3	-
20–24 years old	1,269	228	377	294	169	148	301	79	539	108	93
25–34 years old	1,607	235	328	243	130	145	289	90	412	239	432
35 years old and over	1,910	294	327	269	206	200	290	94	513	290	523
Race											
White alone	4,038	775	843	666	402	520	709	255	1,201	488	864
White alone non-Hispanic	3,380	563	680	553	365	353	585	210	1,013	430	789
Black alone	705	129	201	118	68	71	164	58	223	94	96
Asian alone	219	33	36	16	24	22	11	10	66	42	68
Hispanic[1]	723	239	186	113	41	189	137	49	203	64	80
Employment Status											
Full time	3,347	512	667	525	355	333	564	179	983	469	819
Part time	1,014	265	297	169	70	173	235	91	301	101	112
Not employed	801	228	179	127	80	156	134	72	253	70	117
Control of School											
Public	4,073	881	1,018	692	391	596	878	284	1,223	437	654
Private	1,089	124	125	128	115	66	55	58	313	202	394
MALE											
Full-Time Students											
Total	5,378	1,415	1,244	1,078	949	605	563	810	2,707	230	462
Age											
15–19 years old	1,602	1053	477	57	13	408	145	645	403	1	-
20–24 years old	2,593	220	593	830	744	118	290	102	1,877	96	111
25–34 years old	881	96	114	124	158	54	83	42	314	111	278
35 years old and over	302	47	60	66	33	26	46	21	113	22	73
Race											
White alone	4,121	1,085	954	832	731	460	403	625	2,114	188	331
White alone non-Hispanic	3,622	916	826	758	658	373	339	543	1,903	169	295
Black alone	643	182	160	134	108	105	88	77	314	22	36
Asian alone	447	98	78	84	92	25	36	73	219	14	79
Hispanic[1]	539	181	147	79	73	89	79	92	220	19	40
Employment Status											
Full time	850	142	190	224	120	57	115	85	419	69	104
Part time	1,696	395	422	375	300	218	204	177	893	52	152
Not employed	2,832	878	632	478	529	330	244	548	1,395	109	206
Control of School											
Public	4,245	1,162	1,037	850	760	533	501	629	2,146	150	287
Private	1,133	253	208	227	189	72	63	181	561	81	175

[1] May be of any race.
- = Quantity zero or rounds to zero.

Table A-5. Type of College and Year Enrolled for College Students 15 Years Old and Over, by Age, Sex, Race, Attendance Status, Control of School, and Enrollment Status, October 2006—*Continued*

(Numbers in thousands.)

Characteristic	Total enrolled	Undergraduate college									Graduate school	
		All colleges				Two-year college		Four-year college		1st year	2nd or higher
		1st year	2nd year	3rd year	4th year	1st year	2nd or higher	1st year	2nd or higher		
Part-Time Students											
Total	2,128	434	479	341	196	261	359	173	657	250	428
Age											
15–19 years old	180	115	59	3	-	71	27	44	36	3	-
20–24 years old	578	121	174	129	71	77	125	44	250	42	40
25–34 years old	689	93	143	120	59	52	118	41	204	88	186
35 years old and over	680	105	102	89	65	60	89	44	167	118	201
Race											
White alone	1,707	317	370	287	170	191	297	126	530	207	356
White alone non-Hispanic	1,463	245	320	232	161	142	264	104	449	177	327
Black alone	253	63	84	40	15	31	49	33	91	26	23
Asian alone	89	20	4	7	6	16	1	4	15	13	39
Hispanic[1]	269	90	53	55	9	63	34	26	84	30	32
Employment Status											
Full time	1,523	246	314	242	155	150	230	96	480	209	358
Part time	334	106	105	56	22	55	86	51	97	15	31
Not employed	271	82	60	43	19	56	43	26	79	27	39
Control of School											
Public	1,651	359	427	289	142	226	342	133	516	174	259
Private	477	75	52	52	54	35	17	40	140	76	169
FEMALE											
Full-Time Students											
Total	6,692	1,657	1,660	1,360	1,018	764	767	893	3,271	364	634
Age											
15–19 years old	1,981	1099	748	102	17	398	195	701	672	9	6
20–24 years old	2,979	270	608	946	750	154	351	116	1,953	201	204
25–34 years old	1,170	181	196	203	170	133	132	48	436	100	320
35 years old and over	563	106	109	109	81	79	89	27	209	54	104
Race											
White alone	5,115	1,225	1,241	1,079	854	551	587	674	2,588	269	446
White alone non-Hispanic	4,482	1035	1,103	935	758	447	505	587	2,291	256	395
Black alone	985	292	260	196	111	160	100	132	468	46	79
Asian alone	419	91	100	53	32	37	53	53	132	40	104
Hispanic[1]	707	209	148	166	116	108	88	102	341	14	54
Employment Status											
Full time	963	152	185	216	147	99	117	53	431	89	173
Part time	2,460	555	651	541	398	283	348	272	1,242	106	210
Not employed	3,270	950	825	603	473	381	302	568	1,598	169	251
Control of School											
Public	5,148	1,340	1,372	1,067	700	666	704	674	2,434	263	407
Private	1,544	317	289	293	317	98	63	219	837	101	227
Part-Time Students											
Total	3,034	571	664	480	310	401	574	169	880	389	620
Age											
15–19 years old	196	133	51	12	-	98	26	36	36	-	-
20–24 years old	690	106	203	165	98	71	176	35	290	66	52
25–34 years old	918	142	185	123	71	93	171	49	208	151	246
35 years old and over	1,230	189	225	180	141	140	201	49	346	172	322
Race											
White alone	2,330	457	473	379	232	328	412	129	671	281	509
White alone non-Hispanic	1,917	318	360	321	204	211	322	106	563	253	462
Black alone	453	66	117	77	52	41	115	25	132	68	73
Asian alone	130	13	33	9	18	6	10	7	50	28	29
Hispanic[1]	454	149	133	58	32	126	104	23	119	34	48
Employment Status											
Full time	1,824	266	354	283	200	183	333	83	503	261	461
Part time	679	159	192	113	49	118	150	41	203	86	82
Not employed	531	146	119	84	62	100	91	46	173	42	78
Control of School											
Public	2,422	521	591	404	249	370	537	151	707	263	395
Private	612	49	73	76	61	31	37	18	173	126	226

[1] May be of any race.
- = Quantity zero or rounds to zero.

Table A-6. Employment Status and Enrollment in Vocational[1] Courses for the Population 15 Years Old and Over, by Sex, Age, Educational Attainment, and College Enrollment, October 2006

(Numbers in thousands, percent.)

Characteristic	Total	Total Vocational Number	Total Vocational Percent	Employed full time Total	EFT Vocational Number	EFT Vocational Percent	Employed part time Total	EPT Vocational Number	EPT Vocational Percent	Not employed Total	NE Vocational Number	NE Vocational Percent
Both Sexes												
Total	233,926	4,084	1.7	121,572	2,454	2.0	25,433	591	2.3	86,921	1,039	1.2
Age												
15 to 19 years old	21,028	250	1.2	1,769	31	1.8	4,736	80	1.7	14,522	138	1.0
20 to 24 years old	20,270	604	3.0	10,017	229	2.3	3,908	136	3.5	6,345	239	3.8
25 to 34 years old	39,337	953	2.4	27,764	628	2.3	3,739	115	3.1	7,834	210	2.7
35 to 44 years old	42,667	904	2.1	30,983	668	2.2	3,890	91	2.3	7,793	145	1.9
45 to 64 years old	74,839	1,212	1.6	47,787	855	1.8	6,605	124	1.9	20,448	234	1.1
65 years and over	35,786	161	0.4	3,252	43	1.3	2,555	44	1.7	29,978	73	0.2
Educational attainment												
Not a high school graduate	44,755	260	0.6	11,953	139	1.2	4,845	23	0.5	27,957	97	0.3
High school graduate only	70,161	838	1.2	36,766	423	1.1	6,555	103	1.6	26,840	312	1.2
Some college or associate's degree	60,911	1,570	2.6	33,496	846	2.5	8,642	299	3.5	18,773	426	2.3
Bachelor's degree or more	58,100	1,415	2.4	39,357	1,046	2.7	5,392	165	3.1	13,351	204	1.5
College enrollment												
Enrolled in college	17,232	913	5.3	5,159	299	5.8	5,170	238	4.6	6,903	377	5.5
Not enrolled in college	216,694	3,171	1.5	116,413	2,155	1.9	20,264	353	1.7	80,017	663	0.8
Male												
Total	113,226	1,937	1.7	70,202	1,325	1.9	8,542	232	2.7	34,483	379	1.1
Age												
15 to 19 years old	10,677	127	1.2	1,102	13	1.1	2,133	44	2.1	7,441	70	0.9
20 to 24 years old	10,197	307	3.0	5,710	127	2.2	1,703	69	4.1	2,784	110	4.0
25 to 34 years old	19,633	454	2.3	16,318	369	2.3	995	32	3.2	2,319	53	2.3
35 to 44 years old	21,046	409	1.9	18,179	357	2.0	711	19	2.7	2,156	34	1.6
45 to 64 years old	36,372	558	1.5	26,828	436	1.6	1,773	41	2.3	7,771	80	1.0
65 years and over	15,302	81	0.5	2,063	23	1.1	1,227	26	2.1	12,012	32	0.3
Educational attainment												
Not a high school graduate	22,743	138	0.6	8,307	86	1.0	2,165	14	0.6	12,271	38	0.3
High school graduate only	33,883	404	1.2	22,087	248	1.1	2,047	33	1.6	9,750	123	1.3
Some college or associate's degree	27,834	710	2.6	18,038	445	2.5	2,714	118	4.4	7,082	147	2.1
Bachelor's degree or more	28,767	685	2.4	21,770	546	2.5	1,617	66	4.1	5,380	72	1.3
College enrollment												
Enrolled in college	7,506	405	5.4	2,372	142	6.0	2,031	118	5.8	3,103	146	4.7
Not enrolled in college	105,721	1,532	1.4	67,829	1,184	1.7	6,512	114	1.8	31,380	234	0.7
Female												
Total	120,700	2,147	1.8	51,370	1,128	2.2	16,891	358	2.1	52,438	660	1.3
Age												
15 to 19 years old	10,351	122	1.2	667	19	2.8	2,603	36	1.4	7,081	68	1.0
20 to 24 years old	10,073	297	3.0	4,306	101	2.3	2,206	67	3.0	3,561	129	3.6
25 to 34 years old	19,704	499	2.5	11,445	259	2.3	2,744	83	3.0	5,515	157	2.8
35 to 44 years old	21,621	495	2.3	12,804	312	2.4	3,179	72	2.3	5,638	111	2.0
45 to 64 years old	38,467	654	1.7	20,959	418	2.0	4,831	83	1.7	12,677	153	1.2
65 years and over	20,484	80	0.4	1,189	20	1.7	1,328	18	1.4	17,967	42	0.2
Educational attainment												
Not a high school graduate	22,012	122	0.6	3,646	53	1.5	2,680	9	0.3	15,686	60	0.4
High school graduate only	36,278	434	1.2	14,680	175	1.2	4,508	70	1.6	17,090	189	1.1
Some college or associate's degree	33,077	860	2.6	15,459	401	2.6	5,928	181	3.0	11,690	279	2.4
Bachelor's degree or more	29,333	730	2.5	17,586	500	2.8	3,775	98	2.6	7,971	132	1.7
College enrollment												
Enrolled in college	9,726	508	5.2	2,787	157	5.6	3,139	120	3.8	3,800	231	6.1
Not enrolled in college	110,974	1,639	1.5	48,584	971	2.0	13,752	239	1.7	48,638	429	0.9

[1]People enrolled in vocational courses are not considered to be enrolled in school for all tables.
- = Quantity zero or rounds to zero.

Table A-7. Enrollment Status of High School Graduates 15 to 24 Years Old, by Type of School, Attendance Status, and Sex, October 2006

(Numbers in thousands.)

| Characteristic | Total | Enrolled in college or vocational school |||||| Not enrolled ||
| | | 2-year college || 4-year college || Graduate school | Vocational school | Employed | Not employed |
		Full time	Part time	Full time	Part time				
All Races									
Both sexes	23,216	1,941	630	6,226	748	831	267	9,712	2,861
Graduated this year	2,508	537	76	968	56	8	28	482	353
Graduated earlier	20,708	1,404	554	5,258	693	823	238	9,230	2,508
Male	11,456	916	284	2,958	359	294	146	5,261	1,239
Graduated this year	1,255	276	31	480	28	5	13	244	177
Graduated earlier	10,201	640	253	2,478	330	289	133	5,017	1,062
Female	11,760	1,025	346	3,269	389	537	121	4,450	1,622
Graduated this year	1,254	261	45	489	27	4	15	237	176
Graduated earlier	10,507	764	302	2,780	362	534	105	4,213	1,447
White Alone									
Both sexes	18,288	1,496	501	4,892	609	624	205	7,922	2,039
Graduated this year	1,998	453	61	764	41	8	14	412	246
Graduated earlier	16,290	1,043	440	4,128	568	615	192	7,511	1,793
Male	9,100	711	225	2,326	298	238	118	4,369	815
Graduated this year	1,017	233	27	379	22	5	7	221	123
Graduated earlier	8,083	478	198	1,947	275	233	111	4,148	693
Female	9,188	785	276	2,566	311	386	87	3,553	1,223
Graduated this year	981	220	34	385	18	4	7	190	123
Graduated earlier	8,207	565	242	2,181	293	382	80	3,363	1,100
White Alone, Non-Hispanic									
Both sexes	15,282	1,249	369	4,393	496	542	160	6,498	1,575
Graduated this year	1,669	378	41	676	37	5	12	331	189
Graduated earlier	13,613	871	328	3,717	459	537	147	6,167	1,386
Male	7,630	595	181	2,099	250	197	87	3,514	707
Graduated this year	873	197	20	337	22	2	5	183	108
Graduated earlier	6,757	398	161	1,762	227	195	82	3,332	599
Female	7,652	654	188	2,294	247	345	72	2,984	868
Graduated this year	795	181	21	339	15	4	7	148	81
Graduated earlier	6,856	473	167	1,955	232	342	65	2,836	787
Black Alone									
Both sexes	3,110	287	72	740	80	95	30	1,208	599
Graduated this year	311	70	8	80	12	-	11	44	85
Graduated earlier	2,799	217	64	659	68	95	18	1,163	514
Male	1,452	128	31	293	40	17	10	610	323
Graduated this year	133	35	3	26	6	-	3	12	46
Graduated earlier	1,319	92	27	267	34	17	7	598	277
Female	1,658	160	41	447	40	78	20	597	276
Graduated this year	178	35	4	54	6	-	9	32	39
Graduated earlier	1,480	125	37	393	34	78	11	566	237
Asian Alone									
Both sexes	1,057	95	12	415	38	102	4	276	114
Graduated this year	125	9	4	91	-	-	-	12	10
Graduated earlier	931	86	8	325	38	102	4	265	103
Male	536	43	5	256	8	31	4	126	62
Graduated this year	75	5	-	59	-	-	-	5	5
Graduated earlier	461	38	5	197	8	31	4	121	57
Female	521	52	7	159	30	71	-	150	51
Graduated this year	50	3	4	31	-	-	-	7	5
Graduated earlier	470	48	4	128	30	71	-	144	46
Hispanic[1]									
Both sexes	3,270	258	148	553	119	82	60	1,541	508
Graduated this year	356	76	20	103	4	3	2	89	60
Graduated earlier	2,914	182	129	450	115	79	58	1,453	448
Male	1,592	121	54	245	53	42	34	926	117
Graduated this year	160	37	7	49	-	3	2	46	15
Graduated earlier	1,431	84	46	196	53	38	33	879	102
Female	1,678	137	95	308	66	41	26	615	391
Graduated this year	196	39	12	54	4	-	-	42	45
Graduated earlier	1,482	98	82	254	63	41	26	573	346

[1] May be of any race.
- = Quantity zero or rounds to zero.

Table A-8. Enrollment Status for Families with Children 5 to 24 Years Old, by Control of School, Race, Type of Family, and Family Income, October 2006

(Numbers in thousands.)

Characteristic	Total	Families with no dependents[1] 5 to 24 years old	None enrolled in elementary or high school	Public only	Public and private	Private only	None enrolled in college	One enrolled in college	Two or more enrolled in college
All Races									
All families	78,099	39,835	6,885	27,858	787	2,733	32,601	4,890	772
Less than $20,000	8,948	4,047	730	3,983	47	141	4,547	324	31
$20,000 to $74,999	33,873	17,600	2,807	12,281	263	922	14,289	1,750	234
$75,000 and over	20,640	10,059	1,990	7,018	293	1,280	8,305	1,932	343
Not reported	14,637	8,130	1,358	4,576	183	390	5,460	883	165
Married-couple families	58,507	33,144	4,075	18,526	625	2,137	21,295	3,465	603
Less than $20,000	3,920	2,440	229	1,186	21	45	1,364	100	17
$20,000 to $74,999	25,066	14,693	1,405	8,127	199	642	9,134	1,087	153
$75,000 and over	18,800	9,400	1,637	6,310	277	1,176	7,410	1,671	319
Not reported	10,720	6,612	805	2,902	128	274	3,388	607	114
Unmarried householder[2]	19,592	6,691	2,810	9,333	162	596	11,306	1,425	170
Less than $20,000	5,028	1,607	501	2,797	26	96	3,183	224	14
$20,000 to $74,999	8,807	2,907	1,403	4,154	64	281	5,156	664	81
$75,000 and over	1,839	659	353	708	16	103	895	261	24
Not reported	3,917	1,518	553	1,673	56	116	2,072	276	51
White Alone									
All families	63,637	33,962	5,384	21,443	587	2,262	25,224	3,838	614
Less than $20,000	6,065	2,941	480	2,536	27	82	2,898	203	23
$20,000 to $74,999	28,231	15,439	2,212	9,592	211	776	11,269	1,336	187
$75,000 and over	17,993	8,874	1,698	6,080	223	1,118	7,173	1,662	284
Not reported	11,348	6,707	995	3,235	126	285	3,884	638	119
Married-couple families	50,513	29,209	3,347	15,577	497	1,884	17,934	2,858	512
Less than $20,000	3,143	1,961	165	963	17	38	1,102	64	17
$20,000 to $74,999	21,908	13,201	1,165	6,797	169	576	7,692	877	138
$75,000 and over	16,557	8,385	1,398	5,519	209	1,045	6,446	1,458	268
Not reported	8,905	5,662	619	2,298	102	225	2,694	460	89
Unmarried householder[2]	13,124	4,753	2,037	5,866	90	378	7,290	979	102
Less than $20,000	2,922	980	315	1,573	11	44	1,796	139	7
$20,000 to $74,999	6,322	2,238	1,047	2,795	42	201	3,577	459	49
$75,000 and over	1,436	489	299	561	14	73	727	204	16
Not reported	2,443	1,045	376	938	24	60	1,190	178	29
White Alone Non-Hispanic									
All families	54,208	30,639	4,355	16,620	529	2,065	19,830	3,211	528
Less than $20,000	4,052	2,269	315	1,385	21	62	1,635	134	14
$20,000 to $74,999	23,597	13,845	1,693	7,196	182	682	8,587	1,021	145
$75,000 and over	16,845	8,419	1,553	5,605	219	1,050	6,641	1,520	266
Not reported	9,713	6,106	794	2,434	108	271	2,968	537	102
Married-couple families	44,040	26,771	2,818	12,275	453	1,723	14,412	2,419	439
Less than $20,000	2,041	1,508	85	403	13	32	483	40	10
$20,000 to $74,999	18,550	12,005	900	5,011	142	491	5,791	651	103
$75,000 and over	15,611	8,004	1,300	5,119	205	983	6,014	1,344	250
Not reported	7,838	5,253	532	1,742	93	217	2,124	384	76
Unmarried householder[2]	10,168	3,868	1,537	4,345	75	342	5,419	792	89
Less than $20,000	2,011	760	229	982	8	31	1,152	94	4
$20,000 to $74,999	5,047	1,840	793	2,185	39	190	2,796	369	42
$75,000 and over	1,234	415	252	485	14	67	627	176	16
Not reported	1,876	853	262	692	14	54	844	153	26
Black Alone									
All families	9,377	3,525	993	4,433	139	287	5,128	634	91
Less than $20,000	2,330	854	189	1,217	19	50	1,385	87	4
$20,000 to $74,999	3,731	1,315	433	1,847	34	103	2,106	278	33
$75,000 and over	1,160	478	143	421	42	75	513	148	20
Not reported	2,157	878	228	948	44	59	1,124	121	34
Married-couple families	4,168	2,034	377	1,570	75	113	1,805	295	34
Less than $20,000	498	308	35	147	4	4	175	15	-
$20,000 to $74,999	1,759	825	150	734	14	35	811	119	4
$75,000 and over	928	386	109	333	40	61	420	106	17
Not reported	984	515	82	356	17	13	399	56	14
Unmarried householder[2]	5,208	1,491	617	2,863	64	174	3,322	339	56
Less than $20,000	1,832	546	154	1,070	15	46	1,210	72	4
$20,000 to $74,999	1,972	490	282	1,113	20	68	1,294	159	29
$75,000 and over	232	93	35	88	2	14	94	42	4
Not reported	1,173	362	146	592	27	46	725	65	20

[1] Unmarried (or married with spouse absent) child, grandchild, brother/sister or other relative.
[2] No spouse present.

Table A-8. Enrollment Status for Families with Children 5 to 24 Years Old, by Control of School, Race, Type of Family, and Family Income, October 2006—Continued

(Numbers in thousands.)

Characteristic	Total	Families with no dependents[1] 5 to 24 years old	Families with dependents[1] 5 to 24 years old					
			Kindergarten, elementary, and high school enrollment status				College enrollment status		
			None enrolled in elementary or high school	Public only	Public and private	Private only	None enrolled in college	One enrolled in college	Two or more enrolled in college
Asian Alone									
All families	3,316	1,591	353	1,208	31	134	1,331	333	61
Less than $20,000	267	144	41	79	1	3	90	30	3
$20,000 to $74,999	1,033	485	94	424	9	23	442	95	11
$75,000 and over	1,149	552	106	403	17	71	463	100	35
Not reported	866	411	112	302	4	37	335	108	11
Married-couple families	2,682	1,342	257	946	28	108	1,034	253	53
Less than $20,000	179	111	21	47	1	-	50	19	-
$20,000 to $74,999	799	385	56	328	8	23	340	63	11
$75,000 and over	1,027	495	93	366	17	56	414	88	31
Not reported	676	352	88	206	2	29	230	83	10
Unmarried householder[2]	634	248	96	261	3	25	298	80	8
Not reported	190	59	24	96	3	8	105	25	1
Hispanic[3]									
All families	10,168	3,562	1,090	5,219	66	230	5,841	677	87
Less than $20,000	2,146	718	172	1,225	6	23	1,350	69	9
$20,000 to $74,999	5,032	1,710	544	2,643	29	105	2,934	345	42
$75,000 and over	1,237	490	160	503	4	80	578	151	18
Not reported	1,752	644	214	848	25	22	979	112	17
Married-couple families	6,893	2,620	559	3,493	47	175	3,738	463	73
Less than $20,000	1,150	491	80	569	4	6	629	24	6
$20,000 to $74,999	3,610	1,284	282	1,931	27	86	2,044	246	36
$75,000 and over	1,012	411	107	420	4	70	466	117	18
Not reported	1,121	433	90	574	13	12	599	76	13
Unmarried householder[2]	3,274	943	531	1,726	19	55	2,103	214	14
Less than $20,000	996	227	93	656	3	17	721	44	3
$20,000 to $74,999	1,422	426	262	712	3	19	890	100	7
$76,000 and overv	225	79	53	83	-	9	112	34	-
Not reported	631	211	123	274	13	10	380	36	4

[1] Unmarried (or married with spouse absent) child, grandchild, brother/sister or other relative.
[2] No spouse present.
[3] May be of any race.
- = Quantity zero or rounds to zero.

This page intentionally left blank.

Table A-9. School Enrollment of the Population 3 Years Old and Over, by Level and Control of School, Race, and Hispanic Origin, October 1955–2006

(Numbers in thousands.)

Year, race, and Hispanic origin	Total enrolled	Nursery school Total	Nursery school Public	Nursery school Private	Kindergarten Total	Kindergarten Public	Kindergarten Private	Elementary school Total	Elementary school Public	Elementary school Private
All Races										
2006	75,197	4,688	2,519	2,169	4,039	3,552	487	32,089	28,975	3,113
2005	75,780	4,603	2,480	2,123	3,912	3,349	563	32,438	29,072	3,366
2004	75,461	4,739	2,487	2,252	3,992	3,417	575	32,556	29,166	3,389
2003	74,911	4,928	2,567	2,361	3,719	3,098	622	32,565	29,204	3,361
2002	74,046	4,471	2,246	2,225	3,571	2,976	594	33,132	29,658	3,474
2001	73,124	4,289	2,161	2,128	3,737	3,145	591	33,166	29,800	3,366
2000	72,214	4,401	2,217	2,184	3,832	3,173	659	32,898	29,378	3,520
1999	72,395	4,578	2,269	2,309	3,825	3,167	658	32,873	29,264	3,609
1998	72,109	4,577	2,265	2,313	3,828	3,128	700	32,573	29,124	3,449
1997	72,031	4,500	2,254	2,246	3,933	3,271	663	32,369	29,308	3,061
1996	70,297	4,212	1,868	2,344	4,034	3,353	681	31,515	28,153	3,362
1995	69,769	4,399	2,012	2,387	3,877	3,174	704	31,815	28,384	3,431
1994[1]	69,272	4,259	1,940	2,319	3,863	3,278	585	31,512	28,131	3,381
1993[r]	64,414	3,032	1,258	1,774	4,275	3,589	686	31,219	28,278	2,941
1993	62,730	3,018	1,230	1,788	4,180	3,499	681	30,604	27,688	2,914
1992	62,082	2,899	1,098	1,801	4,130	3,507	623	30,165	27,066	3,102
1991	61,276	2,933	1,094	1,839	4,152	3,531	621	29,591	26,632	2,958
1990	60,588	3,401	1,212	2,188	3,899	3,332	567	29,265	26,591	2,674
1989	59,236	2,877	971	1,906	3,868	3,293	575	28,637	25,897	2,740
1988	58,847	2,639	838	1,770	3,958	3,420	538	28,223	25,443	2,778
1987	58,691	2,587	848	1,739	4,018	3,423	595	27,524	24,760	2,765
1986	58,153	2,554	835	1,719	3,961	3,328	633	27,121	24,163	2,958
1985	58,014	2,491	854	1,637	3,815	3,221	594	26,866	23,803	3,063
1984	57,313	2,354	761	1,593	3,484	2,953	531	26,838	24,120	2,718
1983	57,745	2,350	809	1,541	3,361	2,706	656	27,198	24,203	2,994
1982	57,905	2,153	729	1,423	3,299	2,746	553	27,412	24,381	3,031
1981	58,390	2,058	663	1,396	3,161	2,616	545	27,795	24,758	3,037
1980	57,348	1,987	633	1,354	3,176	2,690	486	27,449	24,398	3,051
1979	57,854	1,869	636	1,233	3,025	2,593	432	27,865	24,756	3,109
1978	58,616	1,824	587	1,237	2,989	2,493	496	28,490	25,252	3,238
1977	60,013	1,618	562	1,056	3,191	2,665	526	29,234	25,983	3,251
1976	60,482	1,526	476	1,050	3,490	2,962	528	29,774	26,698	3,075
1975	60,969	1,748	574	1,174	3,393	2,851	542	30,446	27,166	3,279
1974	60,259	1,607	423	1,184	3,252	2,726	526	31,126	27,956	3,169
1973	59,392	1,324	400	924	3,074	2,582	493	31,469	28,201	3,268
1972	60,142	1,283	402	881	3,135	2,636	499	32,242	28,693	3,549
1971	61,106	1,066	317	749	3,263	2,689	574	33,507	29,829	3,678
1970	60,357	1,096	333	763	3,183	2,647	536	33,950	30,001	3,949
1969	59,913	860	245	615	3,276	2,682	594	33,788	29,825	3,964
1968	58,791	816	262	554	3,268	2,709	559	33,761	29,527	4,234
1967	57,656	713	230	484	3,312	2,678	635	33,440	28,877	4,562
1966	56,167	688	215	473	3,115	2,527	588	32,916	28,208	4,706
1965	54,701	520	127	393	3,057	2,439	618	32,474	27,596	4,878
1964	52,490	471	91	380	2,830	2,349	481	31,734	26,811	4,923
1963	50,356	...	...	...	2,340	1,936	404	31,245	26,502	4,742
1962	48,704	...	...	...	2,319	1,914	405	30,661	26,148	4,513
1961	47,708	...	...	...	2,299	1,926	373	30,718	26,221	4,497
1960	46,260	...	...	...	2,092	1,691	401	30,349	25,814	4,535
1959	44,370	...	...	...	2,032	1,678	354	29,382	24,680	4,702
1958	42,900	...	...	...	1,991	1,569	422	28,184	23,800	4,385
1957	41,166	...	...	...	1,824	1,471	353	27,248	23,076	4,172
1956	39,353	...	...	...	1,758	1,566	192	26,169	22,474	3,695
1955	37,426	...	...	...	1,628	1,365	263	25,458	22,078	3,379
White Alone										
2006	57,419	3,624	1,815	1,809	3,084	2,701	382	24,472	21,923	2,549
2005	58,013	3,542	1,767	1,775	3,056	2,611	445	24,562	21,858	2,795
2004	57,585	3,566	1,703	1,863	3,043	2,571	472	24,773	21,889	2,883
2003[2]	57,391	3,909	1,918	1,990	2,866	2,367	499	24,711	21,893	2,818
2002	57,501	3,473	1,613	1,860	2,760	2,240	520	25,625	22,703	2,922
2001	56,649	3,278	1,484	1,794	2,893	2,394	499	25,729	22,848	2,881
2000	56,344	3,392	1,539	1,853	2,998	2,453	545	25,562	22,538	3,024
1999	56,713	3,590	1,571	2,019	2,956	2,422	534	25,628	22,552	3,076
1998	56,515	3,549	1,598	1,951	2,933	2,356	577	25,489	22,547	2,942
1997	56,587	3,489	1,572	1,917	3,078	2,532	546	25,289	22,679	2,610
1996	55,378	3,284	1,314	1,970	3,163	2,596	567	24,692	21,785	2,907
1995	55,186	3,553	1,435	2,118	3,032	2,440	592	24,963	22,010	2,954
1994[1]	54,823	3,376	1,330	2,046	3,010	2,505	505	24,786	21,903	2,883
1993[r]	51,034	2,434	851	1,583	3,323	2,730	593	24,637	22,078	2,559
1993	49,985	2,447	843	1,604	3,273	2,681	592	24,249	21,714	2,535
1992	49,713	2,387	785	1,602	3,256	2,727	529	23,932	21,213	2,718
1991	49,156	2,447	810	1,637	3,274	2,766	508	23,547	20,948	2,599
1990	48,897	2,830	869	1,961	3,081	2,609	472	23,343	20,984	2,359
1989	47,923	2,393	712	1,681	3,118	2,611	506	22,867	20,468	2,399
1988	47,672	2,234	651	1,583	3,192	2,722	471	22,541	20,086	2,455
1987	47,471	2,204	630	1,574	3,120	2,591	529	22,037	19,538	2,498
1986	47,267	2,144	601	1,543	3,161	2,589	572	21,761	19,090	2,671

Note: Data shown for 1955 to 1966 for the Black population are for Black and other races.
[1] Prior to 1994, total enrolled does not include the 35 years old and over population.
[2] Starting in 2003 respondents could identify more than one race. Except as noted, the race data in this table from 2003 onward represent those respondents who indicated only one race category.
[r] = Revised, controlled to 1990 census based population estimates; previous 1993 data controlled to 1980 census based population estimates.
... = Not available.

PART A—NATIONAL EDUCATION STATISTICS 51

Table A-9. School Enrollment of the Population 3 Years Old and Over, by Level and Control of School, Race, and Hispanic Origin, October 1955–2006—Continued

(Numbers in thousands.)

Year, race, and Hispanic origin	High school Total	High school Public	High school Private	College Total	College Public	College Private	Full time
All Races							
2006	17,149	15,617	1,532	17,232	13,466	3,766	12,070
2005	17,354	15,934	1,420	17,472	13,435	4,037	12,237
2004	16,791	15,498	1,293	17,383	13,652	3,731	11,990
2003	17,062	15,785	1,276	16,638	13,109	3,529	11,490
2002	16,374	15,064	1,310	16,497	12,834	3,664	11,141
2001	16,059	14,830	1,230	15,873	12,421	3,452	10,404
2000	15,770	14,431	1,339	15,314	12,008	3,305	10,159
1999	15,916	14,638	1,278	15,203	11,659	3,544	10,112
1998	15,584	14,299	1,285	15,547	11,984	3,563	10,184
1997	15,793	14,634	1,159	15,436	12,091	3,345	10,236
1996	15,309	14,113	1,197	15,226	12,014	3,212	9,839
1995	14,963	13,750	1,213	14,715	11,372	3,343	9,544
1994[3]	14,616	13,539	1,077	15,022	11,694	3,329	9,573
1993[r]	13,989	12,985	1,004	11,901	9,440	2,461	8,706
1993	13,522	12,542	977	11,409	9,031	2,374	8,308
1992	13,219	12,268	952	11,671	9,282	2,386	8,503
1991	13,010	12,069	945	11,589	9,078	2,511	8,461
1990	12,719	11,818	903	11,306	8,889	2,417	8,154
1989	12,786	11,980	806	11,066	8,576	2,490	7,905
1988	13,093	12,095	998	10,937	8,663	2,278	7,771
1987	13,647	12,577	1,070	10,915	8,556	2,361	7,560
1986	13,912	12,746	1,166	10,605	8,153	2,452	7,507
1985	13,979	12,764	1,215	10,863	8,379	2,483	7,720
1984	13,777	12,721	1,057	10,859	8,467	2,392	7,822
1983	14,010	12,792	1,218	10,825	8,185	2,640	7,711
1982	14,123	13,004	1,118	10,919	8,354	2,565	7,736
1981	14,642	13,523	1,119	10,734	8,159	2,576	7,569
1980	14,556	...	...	10,180	...	...	7,147
1979	15,116	13,994	1,122	9,978	7,699	2,280	7,010
1978	15,475	14,231	1,244	9,838	7,427	2,410	6,979
1977	15,753	14,505	1,248	10,217	7,925	2,292	7,196
1976	15,742	14,541	1,201	9,950	7,739	2,211	7,176
1975	15,683	14,503	1,180	9,697	7,704	1,994	7,105
1974	15,447	14,275	1,172	8,827	6,905	1,922	6,351
1973	15,347	14,162	1,184	8,179	6,224	1,955	6,089
1972	15,169	14,015	1,155	8,313	6,337	1,976	6,314
1971	15,183	14,057	1,126	8,087	6,271	1,816	6,204
1970	14,715	13,545	1,170	7,413	5,699	1,714	5,763
1969	14,553	13,400	1,153	7,435	5,439	1,995	5,810
1968	14,145	12,793	1,352	6,801	4,948	1,854	5,357
1967	13,790	12,498	1,292	6,401	4,540	1,861	4,976
1966	13,364	11,985	1,377	6,085	4,178	1,908	4,847
1965	12,975	11,517	1,457	5,675	3,840	1,835	4,414
1964	12,812	11,403	1,410	4,643	3,025	1,618	3,556
1963	12,438	11,186	1,251	4,336	2,897	1,439	3,260
1962	11,516	10,431	1,085	4,208	2,820	1,388	3,237
1961	10,959	9,817	1,141	3,731	2,376	1,354	2,902
1960	10,249	9,215	1,033	3,570	2,307	1,262	2,681
1959	9,616	8,571	1,045	3,340	2,120	1,220	2,464
1958	9,482	8,485	998	3,242	2,088	1,155	...
1957	8,956	8,059	897	3,138	2,054	1,084	...
1956	8,543	7,668	875	2,883	1,824	1,059	...
1955	7,961	7,181	780	2,379	1,515	864	...
White Alone							
2006	12,966	11,694	1,273	13,273	10,338	2,936	9,236
2005	13,296	12,109	1,187	13,466	10,303	3,163	9,392
2004	12,823	11,684	1,138	13,381	10,478	2,904	9,257
2003[2]	13,036	11,939	1,097	12,870	10,101	2,769	8,855
2002	12,862	11,730	1,132	12,781	9,774	3,007	8,613
2001	12,540	11,473	1,067	12,208	9,503	2,705	7,909
2000	12,392	11,259	1,133	11,999	9,364	2,636	7,945
1999	12,487	11,374	1,113	12,053	9,185	2,868	7,886
1998	12,142	11,013	1,130	12,401	9,518	2,883	8,012
1997	12,290	11,287	1,003	12,442	9,713	2,729	8,127
1996	12,052	10,999	1,053	12,188	9,567	2,622	7,849
1995	11,617	10,574	1,042	12,021	9,311	2,711	7,773
1994[1]	11,430	10,514	916	12,222	9,472	2,751	7,722
1993[r]	10,960	10,124	836	9,685	7,695	1,990	6,996
1993	10,651	9,834	819	9,366	7,428	1,940	6,739
1992	10,480	9,648	833	9,658	7,653	2,001	6,985
1991	10,309	9,467	841	9,579	7,464	2,118	6,919
1990	10,177	9,370	807	9,466	7,411	2,056	6,776
1989	10,172	9,443	730	9,374	7,219	2,158	6,658
1988	10,462	9,571	890	9,245	7,302	1,940	6,488
1987	10,967	10,019	947	9,143	7,113	2,034	6,275
1986	11,259	10,229	1,030	8,943	6,821	2,122	6,253

Note: Data shown for 1955 to 1966 for the Black population are for Black and other races.
[1] Starting in 2003 respondents could identify more than one race. Except as noted, the race data in this table from 2003 onward represent those respondents who indicated only one race category.
[2] The data shown prior to 2003 consists of those identifying themselves as "Asian or Pacific Islanders."
r = Revised, controlled to 1990 census based population estimates; previous 1993 data controlled to 1980 census based population estimates.
... = Not available.

Table A-9. School Enrollment of the Population 3 Years Old and Over, by Level and Control of School, Race, and Hispanic Origin, October 1955–2006—Continued

(Numbers in thousands.)

Year, race, and Hispanic origin	Total enrolled	Nursery school Total	Nursery school Public	Nursery school Private	Kindergarten Total	Kindergarten Public	Kindergarten Private	Elementary school Total	Elementary school Public	Elementary school Private
1985	47,452	2,087	617	1,470	3,060	2,545	515	21,593	18,817	2,776
1984	46,941	1,915	543	1,372	2,788	2,319	469	21,730	19,282	2,449
1983	47,423	1,932	563	1,369	2,769	2,181	588	22,054	19,340	2,714
1982	47,662	1,783	504	1,279	2,677	2,189	489	22,297	19,583	2,713
1981	48,169	1,685	447	1,238	2,597	2,130	467	22,663	19,924	2,739
1980	47,673	1,637	432	1,205	2,595	2,172	423	22,510	19,743	2,768
1979	48,225	1,537	428	1,110	2,437	2,069	368	22,959	20,174	2,785
1978	48,843	1,456	351	1,105	2,452	2,009	444	23,524	20,551	2,973
1977	50,151	1,314	372	942	2,611	2,153	458	24,262	21,312	2,950
1976	50,761	1,246	318	929	2,881	2,423	457	24,776	21,947	2,829
1975	51,430	1,432	392	1,040	2,845	2,363	483	25,412	22,351	3,059
1974	50,992	1,340	293	1,048	2,745	2,268	477	26,051	23,063	2,990
1973	50,617	1,087	242	845	2,584	2,139	445	26,531	23,506	3,025
1972	51,314	1,079	285	794	2,633	2,185	448	27,185	23,869	3,316
1971	52,081	888	225	664	2,735	2,207	527	28,187	24,720	3,466
1970	51,719	893	198	695	2,706	2,233	473	28,638	24,923	3,715
1969	51,465	676	136	539	2,803	2,289	515	28,572	24,803	3,768
1968	50,608	664	163	501	2,775	2,272	504	28,634	24,580	4,054
1967	49,721	564	134	429	2,840	2,254	587	28,415	24,044	4,371
1966	48,620	564	127	437	2,693	2,163	530	28,012	23,469	4,542
1965	47,451	451	93	358	2,648	2,086	562	27,679	22,976	4,703
1964	44,850	...	...	...	2,157	1,795	362	27,099	22,381	4,718
1963	43,815	...	...	...	2,064	1,699	365	26,709	22,181	4,527
1962	42,501	...	...	...	2,025	1,667	358	26,272	21,922	4,350
1961	42,498	...	...	...	1,968	1,618	350	26,294	22,014	4,281
1960	40,348	...	...	...	1,849	1,485	364	26,035	21,696	4,339
1959	38,857	...	...	...	1,758	1,434	324	25,395	20,854	4,541
1958	37,662	...	...	...	1,769	1,383	386	24,380	20,178	4,203
1957	36,132	...	...	...	1,595	1,258	337	23,610	19,595	4,015
1956	34,641	...	...	...	1,544	1,364	180	22,740	19,186	3,554
1955	32,929	...	...	...	1,484	1,244	240	22,185	18,947	3,238

White Alone Non-Hispanic

Year	Total enrolled	Nursery Total	Nursery Public	Nursery Private	Kindergarten Total	Kindergarten Public	Kindergarten Private	Elementary Total	Elementary Public	Elementary Private
2006	45,386	2,769	1,152	1,616	2,288	1,940	348	18,622	16,322	2,301
2005	46,338	2,810	1,211	1,599	2,308	1,936	372	18,858	16,335	2,523
2004	46,095	2,840	1,153	1,687	2,325	1,917	408	19,093	16,437	2,646
2003[2]	46,440	3,184	1,382	1,802	2,245	1,804	440	19,252	16,735	2,517
2002	46,725	2,881	1,172	1,709	2,065	1,585	480	20,124	17,495	2,628
2001	46,110	2,725	1,054	1,671	2,203	1,781	422	20,298	17,693	2,605
2000	46,660	2,854	1,149	1,705	2,346	1,846	500	20,574	17,747	2,827
1999	47,292	3,044	1,146	1,898	2,307	1,839	468	20,779	17,960	2,819
1998	47,386	2,964	1,136	1,828	2,336	1,790	547	20,806	18,107	2,699
1997	47,776	2,956	1,143	1,813	2,456	1,970	486	20,839	18,426	2,413
1996	46,947	2,767	922	1,845	2,590	2,081	509	20,447	17,808	2,639
1995	48,019	3,104	1,129	1,975	2,551	2,047	504	21,256	18,518	2,738
1994[1]	47,679	3,024	1,090	1,934	2,522	2,059	462	21,170	18,555	2,615
1993	43,827	2,277	720	1,557	2,779	2,239	540	20,961	18,617	2,344

Black Alone

Year	Total enrolled	Nursery Total	Nursery Public	Nursery Private	Kindergarten Total	Kindergarten Public	Kindergarten Private	Elementary Total	Elementary Public	Elementary Private
2006	11,400	715	513	202	608	536	71	4,952	4,608	344
2005	11,384	719	542	177	538	486	52	5,106	4,747	359
2004	11,540	825	600	224	596	535	61	5,159	4,905	254
2003[2]	11,408	697	484	212	558	495	63	5,245	4,942	302
2002	11,703	725	503	221	598	543	55	5,545	5,210	335
2001	11,630	787	537	250	605	536	69	5,478	5,160	318
2000	11,503	726	531	195	629	547	82	5,481	5,133	347
1999	11,282	729	569	160	632	558	74	5,388	5,002	386
1998	11,411	761	528	233	689	592	97	5,332	5,031	301
1997	11,270	796	582	214	632	571	61	5,332	5,049	284
1996	10,851	702	459	243	634	545	89	5,171	4,846	325
1995	10,753	663	478	185	653	564	89	5,185	4,845	340
1994[1]	10,702	721	513	208	662	603	59	5,086	4,709	378
1993[r]	9,786	433	320	113	721	649	72	5,009	4,733	276
1993	9,470	414	307	107	687	618	69	4,865	4,599	266
1992	9,150	374	250	124	688	625	63	4,730	4,494	234
1991	9,031	360	244	117	676	598	79	4,672	4,445	229
1990	8,854	431	283	148	636	574	62	4,627	4,428	199
1989	8,707	366	216	150	601	557	44	4,528	4,296	232
1988	8,609	286	168	118	591	547	44	4,538	4,289	250
1987	8,712	277	164	113	699	658	41	4,402	4,206	194
1986	8,556	315	200	115	647	600	47	4,326	4,134	193
1985	8,444	332	212	120	625	562	63	4,307	4,131	175
1984	8,226	340	179	161	563	513	51	4,123	3,947	177
1983	8,199	326	215	111	476	427	48	4,153	3,964	189
1982	8,262	305	192	113	508	463	45	4,194	3,974	220
1981	8,350	284	182	102	474	412	62	4,291	4,087	204
1980	8,251	294	180	115	490	440	50	4,259	4,058	202
1979	8,317	278	185	95	497	443	54	4,296	4,053	243

Note: Data shown for 1955 to 1966 for the Black population are for Black and other races.
[1] Prior to 1994, total enrolled does not include the 35 years old and over population.
[2] Starting in 2003 respondents could identify more than one race. Except as noted, the race data in this table from 2003 onward represent those respondents who indicated only one race category.
[r] = Revised, controlled to 1990 census based population estimates; previous 1993 data controlled to 1980 census based population estimates.
... Not available.

Table A-9. School Enrollment of the Population 3 Years Old and Over, by Level and Control of School, Race, and Hispanic Origin, October 1955–2006—Continued

(Numbers in thousands.)

Year, race, and Hispanic origin	High school Total	High school Public	High school Private	College Total	College Public	College Private	Full time
1985	11,378	10,258	1,120	9,334	7,131	2,203	6,597
1984	11,240	10,266	974	9,269	7,163	2,105	6,672
1983	11,425	10,339	1,086	9,242	6,949	2,293	6,532
1982	11,577	10,541	1,036	9,328	7,102	2,227	6,579
1981	12,062	11,035	1,027	9,162	6,906	2,256	6,452
1980	12,056	...	...	8,875	...	...	6,212
1979	12,583	11,549	1,033	8,709	6,672	2,037	6,058
1978	12,897	11,741	1,156	8,514	6,368	2,145	5,974
1977	13,152	11,980	1,172	8,812	6,743	2,069	6,165
1976	13,214	12,093	1,121	8,644	6,657	1,987	6,170
1975	13,224	12,112	1,112	8,516	6,724	1,792	6,183
1974	13,073	11,966	1,107	7,781	6,049	1,732	5,575
1973	13,091	11,967	1,124	7,324	5,550	1,773	5,408
1972	12,959	11,876	1,083	7,458	5,644	1,814	5,678
1971	12,998	11,937	1,061	7,273	5,624	1,650	5,560
1970	12,723	11,599	1,124	6,759	5,168	1,591	5,221
1969	12,588	11,502	1,085	6,827	4,967	1,860	5,307
1968	12,280	11,007	1,272	6,255	4,501	1,753	4,919
1967	11,997	10,769	1,228	5,905	4,155	1,750	4,604
1966	11,643	10,312	1,329	5,708	3,914	1,795	4,556
1965	11,356	9,961	1,395	5,317	3,568	1,749	4,111
1964	11,257	9,898	1,359	4,338	2,798	1,540	...
1963	10,994	9,782	1,212	4,050	2,680	1,370	...
1962	10,270	9,217	1,053	3,934	2,620	1,314	...
1961	9,737	8,635	1,102	3,498	2,205	1,293	...
1960	9,122	8,124	999	3,342	2,126	1,215	...
1959	8,586	7,572	1,014	3,118	1,960	1,158	...
1958	8,484	7,501	982	3,030	1,928	1,101	...
1957	7,995	7,121	874	2,932	1,924	1,006	...
1956	7,670	6,825	845	2,687	1,704	983	...
1955	7,036	6,303	733	2,224	1,429	795	...
White Alone Non-Hispanic							
2006	10,222	9,072	1,150	11,485	8,821	2,664	8,105
2005	10,647	9,566	1,081	11,715	8,852	2,863	8,246
2004	10,266	9,144	1,029	11,571	8,928	2,643	8,082
2003[2]	10,463	9,473	990	11,295	8,742	2,553	7,810
2002	10,419	9,388	1,031	11,236	8,488	2,749	7,673
2001	10,281	9,331	950	10,602	8,133	2,469	6,980
2000	10,250	9,222	1,029	10,636	8,202	2,434	7,105
1999	10,344	9,314	1,030	10,818	8,158	2,660	7,162
1998	10,170	9,131	1,039	11,109	8,435	2,674	7,251
1997	10,280	9,358	922	11,245	8,688	2,558	7,378
1996	10,107	9,148	959	11,034	8,584	2,450	7,178
1995	10,084	9,094	991	11,024	8,439	2,585	7,194
1994[1]	9,786	8,951	835	11,178	8,568	2,610	7,152
1993	9,216	8,449	767	8,594	6,772	1,822	6,247
Black Alone							
2006	2,792	2,628	165	2,334	1,816	518	1,628
2005	2,723	2,592	131	2,298	1,800	498	1,526
2004	2,660	2,584	76	2,301	1,831	470	1,504
2003[2]	2,765	2,691	74	2,144	1,773	371	1,416
2002	2,558	2,451	107	2,278	1,868	410	1,468
2001	2,531	2,412	119	2,230	1,766	463	1,475
2000	2,502	2,350	152	2,164	1,721	443	1,351
1999	2,536	2,427	109	1,998	1,587	411	1,372
1998	2,614	2,515	99	2,016	1,595	421	1,284
1997	2,605	2,516	89	1,903	1,546	357	1,280
1996	2,443	2,338	105	1,901	1,519	381	1,179
1995	2,481	2,370	111	1,772	1,353	419	1,117
1994[1]	2,434	2,313	121	1,800	1,439	361	1,147
1993[r]	2,317	2,197	120	1,305	1,006	299	951
1993	2,244	2,128	115	1,261	973	288	914
1992	2,152	2,072	72	1,217	980	237	904
1991	2,100	2,044	56	1,220	1,004	217	900
1990	1,975	1,909	65	1,188	963	227	869
1989	2,069	2,027	42	1,139	932	208	833
1988	2,079	2,016	62	1,114	894	220	801
1987	2,140	2,056	84	1,193	977	218	852
1986	2,130	2,040	91	1,138	896	242	859
1985	2,131	2,068	63	1,049	860	190	767
1984	2,061	2,002	59	1,138	918	220	810
1983	2,143	2,057	86	1,102	858	245	806
1982	2,128	2,073	55	1,127	865	263	800
1981	2,168	2,102	65	1,133	898	235	815
1980	2,200	...	...	1,007	...	...	723
1979	2,245	2,171	74	1,002	814	188	748

Note: Data shown for 1955 to 1966 for the Black population are for Black and other races.
[1] Prior to 1994, total enrolled does not include the 35 years old and over population.
[2] Starting in 2003 respondents could identify more than one race. Except as noted, the race data in this table from 2003 onward represent those respondents who indicated only one race category.
[r] = Revised, controlled to 1990 census based population estimates; previous 1993 data controlled to 1980 census based population estimates.
... Not available.

Table A-9. School Enrollment of the Population 3 Years Old and Over, by Level and Control of School, Race, and Hispanic Origin, October 1955–2006—Continued

(Numbers in thousands.)

Year, race, and Hispanic origin	Total enrolled	Nursery school Total	Nursery school Public	Nursery school Private	Kindergarten Total	Kindergarten Public	Kindergarten Private	Elementary school Total	Elementary school Public	Elementary school Private
1978	8,416	312	210	102	451	414	38	4,356	4,154	202
1977	8,564	250	171	78	496	447	50	4,387	4,166	221
1976	8,518	226	146	80	542	482	60	4,430	4,256	175
1975	8,400	276	171	105	468	426	42	4,509	4,344	165
1974	8,215	227	121	106	463	416	47	4,585	4,455	131
1973	7,834	210	146	64	423	391	32	4,473	4,277	196
1972	7,959	185	113	72	448	402	46	4,573	4,382	191
1971	8,179	151	90	61	464	422	42	4,877	4,712	165
1970	7,829	178	129	49	426	374	53	4,868	4,668	200
1969	7,680	170	102	68	425	361	64	4,785	4,633	151
1968	7,448	132	89	43	448	397	51	4,716	4,569	146
1967	7,196	140	92	47	418	375	44	4,618	4,444	173
1966	7,547	125	88	37	420	364	56	4,904	4,739	165
1965	7,252	72	37	35	407	353	54	4,796	4,620	176
1964	6,807	...	...	...	312	275	37	4,634	4,430	205
1963	6,541	...	...	...	276	237	39	4,536	4,321	215
1962	6,203	...	...	...	294	247	47	4,389	4,226	163
1961	6,210	...	...	...	331	308	23	4,424	4,207	216
1960	5,910	...	...	...	243	206	37	4,313	4,118	195
1959	5,513	...	...	...	274	244	30	3,987	3,826	161
1958	5,238	...	...	...	222	186	36	3,804	3,621	182
1957	5,034	...	...	...	229	213	16	3,638	3,483	155
1956	4,712	...	...	...	214	202	12	3,429	3,287	142
1955	4,498	...	...	...	144	121	23	3,273	3,131	142
Asian[3]										
2006	3,287	143	65	78	162	149	13	1,235	1,105	130
2005	3,377	185	80	105	138	99	39	1,228	1,137	91
2004	3,409	165	72	93	164	152	12	1,239	1,153	86
2003[2]	3,312	138	56	82	122	93	29	1,258	1,122	136
2002	3,787	217	85	132	157	137	20	1,431	1,237	195
2001	3,803	161	91	70	181	161	20	1,409	1,263	146
2000	3,442	222	91	132	152	124	28	1,350	1,257	93
1999	3,621	205	96	109	195	148	47	1,461	1,343	118
1998	3,386	196	77	118	145	120	25	1,380	1,190	189
1997	3,261	168	59	108	161	110	51	1,329	1,186	144
1996	3,258	183	63	120	177	158	19	1,255	1,144	111
1995	1,863	76	28	47	75	62	13	697	622	74
1994[1]	2,057	76	27	50	74	60	14	785	707	78
1993	2,321	100	38	62	139	125	14	1,012	930	82
Hispanic[4]										
2006	13,111	911	707	205	846	798	48	6,394	6,109	285
2005	12,809	797	601	196	804	725	79	6,330	5,991	339
2004	12,509	787	591	196	769	699	70	6,184	5,895	290
2003	11,929	768	561	206	694	633	61	5,974	5,651	322
2002	11,544	637	476	161	727	688	39	5,909	5,585	324
2001	11,163	593	452	141	728	641	87	5,779	5,478	301
2000	10,163	574	419	154	687	639	48	5,224	5,012	213
1999	9,936	585	458	127	666	594	73	5,088	4,829	259
1998	9,528	618	492	126	639	608	31	4,831	4,568	262
1997	9,220	548	436	112	648	589	59	4,644	4,427	217
1996	8,818	533	403	130	602	539	63	4,443	4,162	281
1995	8,563	510	350	160	558	465	93	4,434	4,165	269
1994[1]	8,183	400	278	122	559	516	43	4,162	3,848	314
1993[r]	7,651	231	169	62	639	576	63	4,027	3,779	248
1993	6,689	194	142	52	538	484	53	3,534	3,317	217
1992	6,598	209	139	70	554	493	60	3,525	3,271	252
1991	6,306	215	146	69	552	525	27	3,461	3,240	221
1990	6,072	242	153	88	475	446	29	3,301	3,107	197
1989	5,722	181	95	86	404	382	21	3,219	3,031	188
1988	5,588	151	111	40	461	445	16	3,160	2,954	207
1987	5,619	226	138	88	439	399	39	3,048	2,861	187
1986	5,513	179	114	65	465	421	44	2,995	2,787	208
1985	5,070	168	105	63	364	315	49	2,803	2,607	196
1984	4,284	117	78	39	293	267	26	2,384	2,218	166
1983	4,618	108	60	48	335	285	50	2,548	2,323	225
1982	4,478	83	46	37	329	291	37	2,501	2,276	225
1981	4,551	131	68	63	306	282	24	2,474	2,239	235
1980	4,263	146	70	75	263	234	30	2,363	2,134	228
1979	3,608	89	50	39	226	210	16	1,934	1,745	189
1978	3,455	87	47	39	231	198	33	1,893	1,704	188
1977	3,516	75	30	46	220	206	14	1,874	1,654	220
1976	3,623	68	38	30	262	242	20	1,934	1,768	165
1975	3,741	85	47	39	235	218	17	2,062	1,858	204

Note: Data shown for 1955 to 1966 for the Black population are for Black and other races.
[1] Prior to 1994, total enrolled does not include the 35 years old and over population.
[2] Starting in 2003 respondents could identify more than one race. Except as noted, the race data in this table from 2003 onward represent those respondents who indicated only one race category.
[3] The data shown prior to 2003 consists of those identifying themselves as "Asian or Pacific Islanders."
[4] May be of any race.
[r] = Revised, controlled to 1990 census based population estimates; previous 1993 data controlled to 1980 census based population estimates.
... = Not available

Table A-9. School Enrollment of the Population 3 Years Old and Over, by Level and Control of School, Race, and Hispanic Origin, October 1955–2006—Continued

(Numbers in thousands.)

Year, race, and Hispanic origin	High school Total	High school Public	High school Private	College Total	College Public	College Private	Full time
1978	2,276	2,211	65	1,020	822	199	753
1977	2,327	2,269	59	1,103	916	187	803
1976	2,258	2,187	71	1,062	887	175	817
1975	2,199	2,140	59	948	782	166	742
1974	2,125	2,072	54	814	659	155	589
1973	2,044	1,988	56	685	537	147	536
1972	2,025	1,971	54	727	582	145	525
1971	2,006	1,951	55	680	532	148	534
1970	1,834	1,794	41	522	422	100	427
1969	1,808	1,751	57	492	372	120	401
1968	1,718	1,656	62	434	359	75	338
1967	1,651	1,605	46	370	280	90	271
1966	1,721	1,673	48	282	...	...	210
1965	1,619	1,556	62	358	272	86	218
1964	1,556	1,505	51	306	227	78	...
1963	1,444	1,404	39	286	217	69	...
1962	1,246	1,214	32	274	200	74	...
1961	1,222	1,182	39	233	171	61	...
1960	1,127	1,092	34	227	180	46	...
1959	1,030	999	31	222	160	62	...
1958	998	981	17	212	160	53	...
1957	961	939	22	206	132	74	...
1956	873	843	30	196	120	76	...
1955	926	878	48	155	86	69	...
Asian[3]							
2006	663	611	51	1,084	862	223	866
2005	642	596	46	1,184	904	279	948
2004	650	619	31	1,191	928	263	881
2003[2]	632	585	47	1,162	833	328	901
2002	723	664	59	1,258	1,040	218	951
2001	771	736	35	1,280	1,026	254	921
2000	668	622	46	1,049	831	218	792
1999	719	666	53	1,041	779	261	787
1998	650	599	51	1,016	783	233	821
1997	656	600	57	947	712	235	721
1996	644	606	38	999	816	183	710
1995	399	375	24	617	470	147	456
1994[1]	399	365	34	723	548	174	530
1993	428	390	37	641	519	122	542
Hispanic[4]							
2006	2,990	2,856	134	1,968	1,664	304	1,246
2005	2,937	2,824	113	1,942	1,625	316	1,255
2004	2,793	2,685	108	1,975	1,676	299	1,276
2003	2,779	2,667	112	1,714	1,480	235	1,139
2002	2,614	2,513	101	1,656	1,374	283	1,004
2001	2,363	2,246	117	1,700	1,445	255	1,005
2000	2,253	2,144	108	1,426	1,219	207	873
1999	2,290	2,200	91	1,307	1,093	214	765
1998	2,077	1,978	98	1,363	1,137	226	801
1997	2,119	2,035	84	1,260	1,079	181	797
1996	2,018	1,922	96	1,223	1,031	192	708
1995	1,854	1,772	83	1,207	1,037	170	709
1994[1]	1,874	1,781	92	1,187	1,019	169	640
1993[r]	1,722	1,653	69	1,029	872	157	686
1993	1,556	1,496	60	867	731	134	573
1992	1,494	1,435	59	813	710	104	487
1991	1,357	1,299	61	721	607	115	481
1990	1,437	1,374	64	617	515	100	380
1989	1,278	1,231	48	642	557	82	416
1988	1,163	1,113	49	654	592	60	414
1987	1,239	1,160	80	668	551	115	414
1986	1,197	1,116	81	677	540	137	418
1985	1,156	1,090	167	579	464	116	381
1984	966	909	57	524	433	91	356
1983	1,104	1,027	77	523	441	82	335
1982	1,072	995	77	493	398	96	312
1981	1,130	1,056	74	510	398	112	343
1980	1,048	...	...	443	...	...	294
1979	920	875	45	440	365	75	314
1978	868	825	43	377	315	62	231
1977	928	836	92	418	357	60	287
1976	932	867	65	427	354	73	297
1975	948	886	61	411	358	53	287

Note: Data shown for 1955 to 1966 for the Black population are for Black and other races.
[1] Prior to 1994, total enrolled does not include the 35 years old and over population.
[2] Starting in 2003 respondents could identify more than one race. Except as noted, the race data in this table from 2003 onward represent those respondents who indicated only one race category.
[3] The data shown prior to 2003 consists of those identifying themselves as "Asian or Pacific Islanders."
[4] May be of any race.
[r] = Revised, controlled to 1990 census based population estimates; previous 1993 data controlled to 1980 census based population estimates.
... = Not available

Table A-9. School Enrollment of the Population 3 Years Old and Over, by Level and Control of School, Race, and Hispanic Origin, October 1955–2006—*Continued*

(Numbers in thousands.)

Year, race, and Hispanic origin	Total enrolled	Nursery school			Kindergarten			Elementary school		
		Total	Public	Private	Total	Public	Private	Total	Public	Private
1974	3,620	85	37	48	225	207	18	2,040	1,780	260
1973	3,171	68	41	27	171	165	6	1,884	1,712	172
1972	3,257	61	43	18	241	227	14	1,879	1,705	173
White Alone or in Combination										
2006	59,391	3,765	1,895	1,871	3,213	2,820	393	25,424	22,809	2,615
2005	60,035	3,642	1,819	1,823	3,179	2,715	463	25,682	22,794	2,888
2004	59,427	3,682	1,762	1,920	3,169	2,670	498	25,691	22,682	3,009
2003	59,184	4,039	1,989	2,050	3,002	2,477	525	25,581	22,686	2,895
Black Alone or in Combination										
2006	12,261	801	568	234	678	607	71	5,365	5,002	363
2005	12,118	763	563	200	593	531	62	5,504	5,122	382
2004	12,303	864	622	242	676	606	70	5,540	5,251	289
2003	12,144	787	526	262	637	559	78	5,604	5,276	327
Asian Alone or in Combination										
2006	3,849	189	78	111	203	181	22	1,497	1,331	166
2005	3,964	220	94	126	159	118	41	1,495	1,362	133
2004	3,943	208	82	127	191	169	21	1,497	1,350	148
2003	3,817	164	73	90	148	111	38	1,507	1,346	161

Note: Data shown for 1955 to 1966 for the Black population are for Black and other races.
… = Not available.

Table A-10. Percentage of the Population 3 Years Old and Over Enrolled in School, by Age, Sex, Race, and Hispanic Origin, October 1947–2006—Continued

(Percent.)

Year, sex, race, and Hispanic origin	Total enrolled 3 to 34 years old	Total enrolled 3 years old and over	3 and 4 years old	5 and 6 years old	7 to 9 years old	10 to 13 years old	14 and 15 years old	16 and 17 years old	18 and 19 years old	20 and 21 years old	22 to 24 years old	25 to 29 years old	30 to 34 years old	35 years old and over
1979	49.0	27.3	35.6	95.2	99.4	99.4	97.9	87.6	43.4	28.9	14.1	8.8	6.7	2.0
1978	49.5	27.8	34.5	95.5	99.5	99.2	98.4	88.8	43.0	27.5	13.6	7.9	6.2	2.0
1977	50.7	...	32.0	96.9	99.6	99.6	98.3	87.7	44.0	29.1	13.6	9.1	6.7	...
1976	51.0	29.8	31.6	95.5	99.4	99.3	97.8	87.7	44.4	30.6	13.8	7.3	5.2	4.2
1975	51.5	...	32.4	95.2	99.5	99.6	98.0	87.2	44.2	27.4	12.6	7.2	5.6	...
1974	51.3	...	29.5	93.9	99.2	99.7	97.9	87.1	40.7	26.0	11.1	6.7	4.6	...
1973	50.9	...	23.8	92.9	99.3	99.2	97.1	87.2	38.2	26.3	10.2	5.4	3.6	...
1972	52.0	...	24.4	92.2	99.1	99.4	97.5	87.6	41.8	26.3	8.9	5.3	3.6	...
1971	53.2	...	22.4	92.3	99.2	99.5	98.5	88.7	43.4	26.8	8.4	4.4	3.6	...
1970	53.2	...	19.8	90.2	99.3	99.5	98.0	88.6	41.6	23.6	9.4	4.3	3.1	...
1969	53.6	...	16.8	89.1	99.6	99.4	98.2	87.7	41.8	25.3	9.1	4.6	3.8	...
1968	53.2	...	16.1	88.0	99.3	99.3	97.8	88.7	41.3	21.5	8.3	3.4	2.9	...
1967	53.3	...	14.1	88.2	99.5	99.3	98.2	86.7	40.3	24.9	7.4	3.6	2.8	...
1966	52.7	...	12.7	85.7	99.4	99.5	98.4	87.1	37.7	20.9	6.6	3.6	1.7	...
1965	52.3	...	10.9	84.4	99.3	99.5	98.7	86.9	37.7	19.5	6.5	3.1	2.1	...
1964	51.5	...	10.2	83.2	99.3	99.2	98.2	85.6	33.7	19.5	4.4	2.6	1.6	...
1963	54.9	...	...	82.6	99.6	99.6	98.0	84.8	32.3	17.8	4.4	2.4	1.5	...
1962	54.0	...	...	81.7	99.3	99.4	97.3	81.5	33.7	16.1	3.9	1.8	1.4	...
1961	53.4	...	...	81.4	99.3	99.4	97.2	82.4	28.6	14.9	3.7	1.9	1.2	...
1960	52.8	...	...	80.6	99.6	99.5	97.6	80.6	30.0	13.1	3.4	1.8	1.2	...
1959	52.0	...	...	80.5	99.6	99.5	97.1	81.0	29.2	11.1	4.4	1.7	1.3	...
1958	51.0	...	...	80.2	99.4	99.5	96.9	77.3	29.4	-------7.3------		2.2	1.5	...
1957	50.0	...	...	79.0	99.6	99.5	96.2	78.1	28.1	-------8.2------		1.9	1.1	...
1956	48.7	...	...	78.2	99.5	99.4	96.8	76.9	27.4	-------6.8------		1.7	1.2	...
1955	47.0	...	...	78.1	99.3	99.0	96.1	73.8	22.5	-------6.1------		1.8	1.1	...
1954	46.3	...	...	78.3	99.5	99.7	95.4	75.2	25.4	-------6.0------		1.7	1.1	...
1953	43.0	...	...	56.6	99.5	99.7	96.6	72.9	25.9	-------6.4------		0.5	1.4	...
1952	41.9	...	...	54.6	98.9	98.9	96.6	72.9	22.1	-------4.9------		0.6	0.7	...
1951	49.1	...	...	54.0	98.9	99.3	94.5	75.4	21.3	-------4.3------		1.0	...	...
1950	48.4	...	...	59.5	99.0	98.4	94.3	69.8	24.3	-------4.6------		0.4	...	...
1949	39.2	...	...	58.4	98.5	98.8	93.1	68.2	19.9	-------3.7------		1.1	0.4	...
1948	38.4	...	...	56.8	98.2	97.8	93.5	70.3	20.3	-------3.4------		0.4	0.4	...
1947	38.0	...	...	58.7	98.4	98.5	92.8	67.5	18.5	-------3.9------		0.4	0.3	...

WHITE ALONE

Both Sexes

2006	55.5	25.3	55.6	95.0	98.4	98.4	98.4	95.0	64.9	48.2	25.5	11.3	6.7	1.7
2005	55.9	25.7	54.2	95.3	98.6	98.7	98.3	95.4	68.0	49.3	26.0	11.3	6.2	1.8
2004	55.5	25.7	52.8	95.5	98.1	98.3	98.5	94.2	64.9	49.3	25.3	12.2	6.4	1.8
2003[1]	55.4	25.8	55.3	94.7	98.0	98.4	97.3	95.0	64.4	48.2	26.7	11.0	6.2	1.8
2002	55.4	26.0	53.9	95.1	98.0	98.5	98.5	94.6	63.8	47.4	24.6	11.4	5.9	2.0
2001	54.8	25.8	51.7	94.8	98.3	98.7	98.2	93.5	60.4	45.9	23.3	10.7	6.0	1.8
2000	55.1	26.1	50.2	95.3	98.2	98.3	98.4	92.8	61.3	44.9	23.7	10.4	6.0	1.8
1999	55.2	26.4	53.7	95.6	98.5	98.8	98.2	93.5	60.5	45.6	24.1	10.5	5.8	1.9
1998	55.0	26.6	50.7	95.4	98.8	99.1	98.6	94.1	61.9	44.8	24.1	11.0	6.2	2.0
1997	54.8	26.8	50.9	96.8	98.8	99.3	98.8	94.5	61.5	46.4	25.8	11.3	5.4	2.2
1996	53.4	26.4	47.9	94.8	97.1	98.2	98.0	92.8	62.5	44.9	24.6	11.3	5.7	2.2
1995	53.2	26.6	49.6	96.2	98.9	99.0	98.8	93.7	59.3	46.2	23.1	11.5	5.5	2.1
1994	52.6	26.6	47.0	96.6	99.2	99.3	98.7	94.3	60.9	46.2	23.5	10.4	6.6	2.2
1993[r]	51.2	...	40.4	95.4	99.5	99.5	98.9	93.9	61.4	43.7	23.1	9.7	5.9	...
1993	51.1	25.7	40.8	95.5	99.5	99.5	98.9	94.1	61.7	44.0	23.3	9.8	5.9	2.1
1992	50.7	...	40.1	95.4	99.4	99.3	99.2	94.2	61.7	45.3	23.3	9.6	6.0	...
1991	50.0	...	41.3	95.3	99.6	99.7	98.7	93.3	59.7	43.2	21.7	9.9	6.0	...
1990	49.5	...	44.9	96.5	99.7	99.6	99.1	92.5	57.1	41.0	20.2	9.9	5.9	...
1989	48.4	...	39.4	95.2	99.7	99.4	98.8	92.3	56.4	39.5	20.0	9.4	5.6	...
1988	48.0	...	38.9	96.1	99.7	99.7	98.8	91.4	55.8	40.2	18.6	8.2	5.9	...
1987	47.7	...	38.2	94.8	99.7	99.4	98.5	91.8	55.3	39.6	17.3	8.7	5.7	...
1986	47.7	...	39.1	95.3	99.3	97.8	99.0	92.2	55.3	33.9	17.7	9.1	6.2	...
1985	47.8	...	38.6	96.4	99.3	99.3	98.1	91.6	52.4	36.1	17.0	9.2	5.9	...
1984	47.3	...	36.0	94.6	99.0	99.4	97.8	91.2	51.1	34.3	17.2	9.1	6.2	...
1983	47.7	...	37.6	95.7	98.9	99.3	98.4	91.4	50.9	33.4	16.4	9.4	6.1	...
1982	47.9	...	35.9	94.9	99.2	99.2	98.6	90.3	47.9	35.1	16.2	9.6	6.2	...
1981	48.2	...	35.6	93.9	99.3	99.3	98.1	90.4	48.5	32.6	16.2	8.5	6.1	...
1980	48.9	...	36.3	95.8	99.0	99.4	98.3	88.6	46.3	31.9	16.4	9.2	6.3	...
1979	49.6	...	33.9	95.8	99.2	99.2	98.2	89.0	44.5	31.1	15.7	9.7	6.3	...
1978	50.3	...	32.7	95.4	99.3	99.0	98.4	88.7	44.9	29.6	16.1	9.4	6.2	...
1977	51.6	...	31.1	95.6	99.5	99.4	98.5	88.5	45.5	31.8	16.3	10.6	6.6	...
1976	52.3	...	30.4	95.8	99.1	99.2	98.1	89.1	45.4	32.5	17.0	10.0	5.7	...
1975	53.1	...	30.9	94.8	99.4	99.3	98.3	89.3	46.5	31.8	16.8	10.0	6.6	...
1974	53.0	...	28.6	94.4	99.2	99.4	98.1	87.9	42.6	30.7	15.2	9.6	5.5	...
1973	53.1	...	23.2	93.0	99.1	99.3	97.6	88.3	43.4	31.3	14.6	8.7	4.5	...
1972	54.4	...	23.8	92.2	99.1	99.3	97.6	88.9	46.6	32.6	15.0	8.7	4.5	...
1971	55.8	...	20.9	91.9	99.1	99.2	98.7	90.5	49.4	32.7	15.9	8.1	4.8	...
1970	56.2	...	19.9	90.3	99.3	99.1	98.2	90.6	48.7	33.1	15.7	7.7	4.2	...
1969	56.8	...	15.1	89.2	99.4	99.2	98.2	90.2	50.9	35.4	16.2	8.2	5.0	...
1968	56.6	...	15.0	88.5	99.1	99.1	98.1	90.8	50.9	32.8	14.5	7.4	3.9	...
1967	56.5	...	13.3	88.2	99.5	99.2	98.5	89.5	48.4	34.7	14.1	6.7	4.1	...

Note: Data for 1947 to 1953 exclude kindergarten. Nursery school was first collected in 1964. Data shown for 1947 to 1966 for the Black population are for Black and other races.
[1] Starting in 2003 respondents could identify more than one race. Except as noted, the race data in this table from 2003 onward represent those respondents who indicated only one race category.
[r] = Revised, controlled to 1990 census based population estimates; previous 1993 data controlled to 1980 census based population estimates.
... = Not available

Table A-10. Percentage of the Population 3 Years Old and Over Enrolled in School, by Age, Sex, Race, and Hispanic Origin, October 1947–2006—Continued

(Percent.)

Year, sex, race, and Hispanic origin	Total enrolled 3 to 34 years old	Total enrolled 3 years old and over	3 and 4 years old	5 and 6 years old	7 to 9 years old	10 to 13 years old	14 and 15 years old	16 and 17 years old	18 and 19 years old	20 and 21 years old	22 to 24 years old	25 to 29 years old	30 to 34 years old	35 years old and over
1994	53.7	28.7	47.6	97.0	99.2	99.4	98.8	94.3	60.4	42.7	24.2	10.5	5.9	1.7
1993ʳ	52.6	...	41.1	95.5	99.5	99.6	99.0	94.9	61.1	42.3	25.3	9.6	5.2	...
1993	52.6	27.9	41.5	95.5	99.5	99.6	99.0	95.0	61.6	42.6	25.5	9.6	5.2	1.6
1992	51.9	27.7	40.3	95.7	99.5	99.5	99.2	95.4	61.6	41.7	23.8	9.1	5.2	1.5
1991	51.5	27.9	39.9	95.0	99.7	99.8	99.1	93.7	59.8	41.8	24.0	10.6	5.6	1.6
1990	50.9	27.7	43.9	96.5	99.7	99.6	99.1	92.7	58.2	40.3	22.3	9.2	4.8	1.5
1989	49.7	27.3	38.8	95.1	99.3	99.2	99.2	93.2	56.6	37.3	20.4	9.3	5.0	1.4
1988	49.6	27.6	38.3	95.9	99.6	99.7	98.9	92.1	56.2	39.0	20.5	8.1	5.5	1.5
1987	49.9	27.9	40.0	95.7	99.7	99.7	98.7	92.3	57.9	41.2	18.7	9.1	5.0	1.3
1986	49.3	27.8	38.8	96.0	99.4	98.9	97.6	92.3	57.1	33.4	19.0	9.4	5.6	1.3
1985	49.2	27.9	36.8	95.3	99.1	99.2	98.3	92.4	52.2	36.5	18.8	9.4	5.4	1.3
1984	49.1	28.0	35.9	94.0	98.8	99.3	97.5	91.8	52.4	36.2	20.1	9.6	5.8	1.1
1983	49.7	28.6	38.1	95.1	98.8	99.3	98.4	91.8	50.4	35.2	19.4	10.7	5.8	1.2
1982	49.7	28.8	36.4	94.7	99.2	99.0	98.7	91.3	48.9	35.2	18.5	10.1	5.6	1.2
1981	50.2	29.3	36.8	94.2	98.9	99.2	98.2	90.7	50.5	32.1	19.2	9.6	6.2	1.2
1980	50.9	29.6	37.8	95.0	99.0	99.4	98.7	89.1	47.0	32.6	17.8	9.8	5.9	1.2
1979	51.8	30.2	34.6	96.3	99.0	98.9	98.3	90.8	46.6	31.6	17.6	10.4	6.0	1.3
1978	52.9	31.0	34.0	95.1	99.1	98.8	98.4	89.5	47.8	31.7	19.1	10.9	6.5	1.3
1977	54.3	...	32.1	94.7	99.5	99.2	98.7	90.0	48.4	34.6	19.7	12.6	7.1	...
1976	55.1	33.6	30.9	95.6	98.9	99.1	98.6	90.5	48.2	33.6	20.7	13.0	6.8	3.6
1975	56.0	...	30.6	94.3	99.2	98.9	98.4	90.7	49.9	35.3	20.0	13.1	7.7	...
1974	56.0	...	28.1	94.4	99.1	99.3	98.0	88.6	45.8	34.8	19.4	12.7	6.7	...
1973	56.1	...	24.5	92.2	99.0	99.2	97.9	89.4	47.9	34.4	19.1	11.8	5.6	...
1972	57.8	...	24.4	91.7	98.9	99.3	97.7	90.2	51.2	37.3	21.3	12.1	5.8	...
1971	59.3	...	20.0	90.9	99.0	98.8	98.7	91.7	55.4	38.9	23.3	11.9	6.3	...
1970	59.7	...	21.2	88.9	99.3	98.8	98.2	91.3	54.4	42.7	21.2	11.0	5.3	...
1969	60.5	...	15.5	87.7	99.0	98.9	98.1	91.6	59.4	46.5	22.9	11.4	5.9	...
1968	60.4	...	15.4	87.3	98.9	98.9	98.2	91.7	60.4	45.0	20.5	10.8	5.0	...
1967	60.0	...	14.2	86.6	99.4	98.9	98.3	91.0	56.3	44.3	21.0	9.9	5.4	...
1966	59.7	...	12.3	84.5	99.2	99.1	98.7	89.9	57.8	41.4	21.3	9.6	3.8	...
1965	58.8	...	10.2	84.4	99.3	99.3	99.0	88.0	55.6	37.6	21.1	9.4	4.5	...
1964	57.5	...	8.9	83.4	98.7	98.9	99.0	89.8	50.9	34.4	16.1	8.1	3.6	...
1963	62.3	...	...	82.7	99.2	99.0	98.7	89.4	51.0	33.6	19.5	7.8	3.7	...
1962	61.7	...	...	82.6	99.1	99.2	98.7	87.1	51.2	31.3	17.7	8.5	3.9	...
1961	60.4	...	...	82.0	99.5	99.2	98.1	84.7	48.6	29.5	13.9	7.1	2.9	...
1960	60.0	...	...	80.8	99.6	99.4	97.9	84.5	47.8	27.1	15.0	8.4	3.7	...
1959	59.1	...	...	79.5	99.2	99.4	97.8	84.8	45.6	28.3	13.7	8.9	3.3	...
1958	58.7	...	...	80.6	99.6	99.4	96.9	83.8	47.5	-----21.0-----		9.5	2.9	...
1957	57.5	...	...	78.3	99.4	99.6	98.0	82.8	43.3	-----21.3-----		9.5	2.6	...
1956	56.3	...	...	77.1	99.2	99.1	97.1	79.9	45.1	-----20.6-----		8.9	2.7	...
1955	54.9	...	...	78.1	99.1	99.4	95.7	81.1	42.5	-----18.1-----		7.0	2.1	...
1954	54.0	...	...	76.3	99.0	99.4	96.1	80.9	40.6	-----19.1-----		6.7	1.9	...
1953	50.2	...	...	55.0	99.3	99.1	96.4	76.5	37.7	-----18.5-----		5.5	2.0	...
1952	49.4	...	...	54.8	98.6	98.9	96.2	73.9	37.2	-----16.9-----		4.7	1.7	...
1951	56.8	...	...	55.1	99.1	99.1	95.1	74.3	32.4	-----14.3-----		4.2	...	...
1950	54.8	...	...	56.8	98.8	98.7	95.2	72.8	35.7	-----14.3-----		5.9	...	...
1949	45.8	...	...	60.1	98.5	98.6	93.9	70.8	31.6	-----15.4-----		6.8	1.9	...
1948	44.8	...	...	55.1	99.5	98.1	92.0	72.1	34.3	-----16.5-----		5.1	1.5	...
1947	44.3	...	...	57.4	98.5	98.7	90.3	67.6	31.4	-----17.0-----		5.8	1.7	...
Female														
2006	56.6	26.3	55.4	94.8	98.3	98.4	98.4	95.0	67.4	51.1	28.5	13.0	8.5	2.3
2005	57.2	26.8	54.4	96.1	99.0	98.9	98.4	95.1	68.8	52.3	29.2	14.2	7.9	2.4
2004	56.5	26.8	53.2	95.3	98.5	98.7	98.3	94.1	68.5	51.3	28.4	14.4	7.7	2.5
2003	56.4	26.6	54.1	94.4	98.3	98.6	97.5	94.8	66.6	52.9	29.5	12.8	7.3	2.2
2002	56.4	26.8	54.4	95.1	97.9	98.7	98.5	94.7	65.0	50.9	27.3	13.5	7.7	2.5
2001	55.9	26.7	52.9	95.4	97.8	98.8	98.2	93.8	63.2	46.9	26.5	13.0	7.9	2.5
2000	56.0	26.9	53.4	96.1	98.2	98.3	98.6	92.9	64.2	47.3	25.3	12.7	7.7	2.3
1999	55.5	27.0	55.2	96.1	98.7	98.9	98.3	93.5	60.9	45.8	25.4	11.4	6.6	2.4
1998	55.6	27.3	50.9	95.9	98.8	99.1	98.5	94.3	64.4	47.2	25.2	12.9	7.7	2.6
1997	55.4	27.6	53.2	96.4	99.1	99.3	98.7	94.4	62.4	47.4	27.4	11.9	6.6	2.9
1996	53.8	27.1	49.8	94.3	97.3	98.2	97.5	92.4	62.2	44.8	24.5	12.5	7.3	2.8
1995	53.2	27.0	48.1	96.8	98.5	99.1	98.8	92.6	59.2	45.1	23.6	12.2	6.5	2.7
1994	52.9	27.2	46.9	96.4	99.5	99.4	98.7	94.4	60.0	47.0	23.9	11.1	7.5	2.8
1993ʳ	51.1	...	39.0	95.2	99.4	99.5	98.7	92.8	61.7	42.8	21.7	10.8	6.6	...
1993	51.0	25.9	39.3	95.2	99.4	99.5	98.7	92.9	61.7	42.9	21.8	10.8	6.6	2.6
1992	51.0	26.1	39.1	95.2	99.2	99.2	99.1	92.7	61.2	46.1	23.6	10.5	7.0	2.6
1991	49.9	26.0	41.1	95.8	99.5	99.6	98.4	92.8	59.4	42.2	20.4	9.8	6.8	2.8
1990	49.5	25.9	44.9	96.4	99.6	99.7	98.9	92.4	56.3	39.2	19.9	10.2	6.9	2.7
1989	48.4	25.5	39.5	95.2	99.2	99.6	98.4	92.2	55.5	39.7	19.5	9.3	6.4	2.5
1988	47.7	25.5	38.1	96.0	99.6	99.7	98.8	91.2	55.2	39.1	16.2	8.6	6.4	2.6
1987	47.4	25.3	36.6	94.5	99.5	99.2	98.4	91.1	53.4	36.4	16.5	9.0	6.7	2.2
1986	47.1	25.4	39.0	94.6	99.2	99.3	97.5	92.3	52.1	32.7	16.8	8.2	6.4	2.2
1985	47.4	25.7	41.2	97.0	99.2	99.4	97.9	90.9	51.0	34.1	15.1	9.1	6.8	2.1
1984	46.6	25.3	36.7	95.1	99.3	99.4	98.2	91.2	48.0	31.7	14.6	8.6	6.7	1.9
1983	47.0	25.7	36.9	95.8	99.0	99.5	98.2	91.6	50.3	29.9	13.9	8.5	7.0	2.0
1982	47.5	26.1	36.4	95.3	99.2	99.3	98.3	89.9	46.8	32.9	15.1	9.0	6.9	1.9
1981	47.7	26.6	35.2	93.8	99.5	99.4	97.7	90.5	47.5	31.2	13.9	8.4	7.5	2.0
1980	48.5	26.9	35.5	96.4	99.2	99.4	97.7	88.8	45.8	29.5	14.9	8.8	7.0	1.9

Note: Data for 1947 to 1953 exclude kindergarten. Nursery school was first collected in 1964. Data shown for 1947 to 1966 for the Black population are for Black and other races.
ʳ = Revised, controlled to 1990 census based population estimates; previous 1993 data controlled to 1980 census based population estimates.
... = Not available

Table A-10. Percentage of the Population 3 Years Old and Over Enrolled in School, by Age, Sex, Race, and Hispanic Origin, October 1947–2006

(Percent.)

Year, sex, race, and Hispanic origin	Total enrolled 3 to 34 years old	Total enrolled 3 years old and over	3 and 4 years old	5 and 6 years old	7 to 9 years old	10 to 13 years old	14 and 15 years old	16 and 17 years old	18 and 19 years old	20 and 21 years old	22 to 24 years old	25 to 29 years old	30 to 34 years old	35 years old and over
ALL RACES														
Both Sexes														
2006	56.2	26.7	55.7	94.6	98.2	98.3	98.3	94.5	65.5	47.5	26.7	11.7	7.2	1.9
2005	56.5	27.1	53.6	95.4	98.6	98.6	98.0	95.1	67.6	48.7	27.3	11.9	6.9	2.0
2004	56.2	27.2	54.0	95.4	98.1	98.6	98.5	94.5	64.4	48.9	26.3	13.0	6.6	2.0
2003	56.2	27.2	55.1	94.5	98.1	98.4	97.5	94.9	64.5	48.3	27.8	11.8	6.8	1.9
2002	56.1	27.3	54.5	95.2	98.0	98.5	98.4	94.3	63.3	47.8	25.6	12.1	6.6	2.1
2001	55.7	27.2	52.2	95.3	98.2	98.4	98.1	93.4	61.0	45.5	25.1	11.7	6.8	2.0
2000	55.9	27.5	52.1	95.6	98.1	98.3	98.7	92.8	61.2	44.1	24.6	11.4	6.7	1.9
1999	56.0	27.7	54.2	96.0	98.5	98.8	98.2	93.6	60.6	45.3	24.5	11.1	6.2	2.1
1998	55.8	27.9	52.1	95.6	98.8	99.0	98.4	93.9	62.2	44.8	24.9	11.9	6.6	2.1
1997	55.6	28.3	52.6	96.6	98.8	99.3	98.9	94.3	61.5	45.9	26.4	11.8	5.7	2.3
1996	54.1	27.8	48.3	94.0	97.2	98.1	98.0	92.8	61.5	44.4	24.8	11.9	6.1	2.3
1995	53.7	27.8	48.7	96.0	98.7	99.1	98.9	93.6	59.4	44.9	23.2	11.6	6.0	2.2
1994	53.3	27.9	47.3	96.7	99.3	99.4	98.8	94.4	60.2	44.9	24.1	10.8	6.7	2.3
1993ʳ	51.9	...	40.1	95.3	99.5	99.5	98.9	93.9	61.4	42.6	23.5	10.2	5.9	...
1993	51.8	26.9	40.4	95.4	99.5	99.5	98.9	94.0	61.6	42.7	23.6	10.2	5.9	2.2
1992	51.4	26.9	39.7	95.5	99.4	99.4	99.1	94.1	61.4	44.0	23.7	9.8	6.1	2.1
1991	50.7	26.9	40.5	95.4	99.6	99.7	98.8	93.3	59.6	42.0	22.2	10.2	6.2	2.2
1990	50.2	26.8	44.4	96.5	99.7	99.6	99.0	92.5	57.3	39.7	21.0	9.7	5.8	2.1
1989	49.1	26.4	39.1	95.2	99.2	99.4	98.8	92.7	56.0	38.5	19.9	9.3	5.7	2.0
1988	48.7	26.5	38.2	96.0	99.6	99.7	98.9	91.6	55.7	39.1	18.3	8.3	5.9	2.1
1987	48.6	26.6	38.3	95.1	99.6	99.5	98.6	91.7	55.6	38.7	17.5	9.0	5.9	1.8
1986	48.2	26.6	39.0	95.3	99.3	99.1	97.6	92.3	54.6	33.0	17.9	8.8	6.0	1.8
1985	48.3	26.8	38.9	96.1	99.1	99.3	98.1	91.7	51.6	35.3	16.9	9.2	6.1	1.7
1984	47.9	26.6	36.3	94.5	99.0	99.4	97.8	91.5	50.1	33.9	17.3	9.1	6.3	1.5
1983	48.4	27.1	37.6	95.4	98.9	99.4	98.3	91.7	50.4	32.5	16.6	9.6	6.4	1.7
1982	48.6	27.4	36.4	95.0	99.2	99.1	98.5	90.6	47.8	34.0	16.8	9.6	6.3	1.6
1981	48.9	27.9	36.0	94.0	99.2	99.3	98.0	90.6	49.0	31.6	16.5	9.0	6.9	1.7
1980	49.7	28.2	36.7	95.7	99.1	99.4	98.2	89.0	46.4	31.0	16.3	9.3	6.5	1.6
1979	50.3	28.7	35.1	95.8	99.2	99.1	98.1	89.2	45.0	30.2	15.8	9.6	6.4	1.7
1978	51.2	29.3	34.2	95.3	99.3	99.0	98.4	89.1	45.4	29.5	16.3	9.4	6.4	1.6
1977	52.5	...	32.0	95.8	99.5	99.4	98.5	88.9	46.2	31.8	16.5	10.8	6.9	...
1976	53.1	31.7	31.3	95.5	99.2	99.2	98.2	89.1	46.2	32.0	17.1	10.0	6.0	3.9
1975	53.7	...	31.5	94.7	99.3	99.3	98.2	89.0	46.9	31.2	16.2	10.1	6.6	...
1974	53.6	...	28.8	94.2	99.1	99.5	97.9	87.9	43.1	30.2	15.1	9.6	5.7	...
1973	53.5	...	24.2	92.5	99.1	99.2	97.5	88.3	42.9	30.1	14.5	8.5	4.5	...
1972	54.9	...	24.4	91.9	99.0	99.3	97.6	88.9	46.3	31.4	14.8	8.6	4.6	...
1971	56.2	...	21.2	91.6	99.1	99.2	98.6	90.2	49.2	32.2	15.4	8.0	4.9	...
1970	56.4	...	20.5	89.5	99.3	99.2	98.1	90.0	47.7	31.9	14.9	7.5	4.2	...
1969	57.0	...	16.1	88.4	99.3	99.1	98.1	89.7	50.2	34.1	15.4	7.9	4.8	...
1968	56.7	...	15.7	87.6	99.1	99.1	98.0	90.2	50.4	31.2	13.8	7.0	3.9	...
1967	56.6	...	14.2	87.4	99.4	99.1	98.2	88.8	47.6	33.3	13.6	6.6	4.0	...
1966	56.1	...	12.5	85.1	99.3	99.3	98.6	88.5	47.2	29.9	13.2	6.5	2.7	...
1965	55.5	...	10.6	84.4	99.3	99.4	98.9	87.4	46.3	27.6	13.2	6.1	3.2	...
1964	54.5	...	9.5	83.3	99.0	99.0	98.6	87.7	41.6	26.3	9.9	5.2	2.6	...
1963	58.5	...	...	82.7	99.4	99.3	98.4	87.1	40.9	25.0	11.4	4.9	2.5	...
1962	57.8	...	...	82.2	99.2	99.3	98.0	84.3	41.8	23.0	10.3	5.0	2.6	...
1961	56.8	...	...	81.7	99.4	99.3	97.6	83.6	38.0	21.5	8.4	4.4	2.0	...
1960	56.4	...	...	80.7	99.6	99.5	97.8	82.6	38.4	19.4	8.7	4.9	2.4	...
1959	55.5	...	...	80.0	99.4	99.4	97.5	82.9	36.8	18.8	8.6	5.1	2.2	...
1958	54.8	...	...	80.4	99.5	99.5	96.9	80.6	37.6	------13.4------		5.7	2.2	...
1957	53.6	...	...	78.6	99.5	99.5	97.1	80.5	34.9	------14.0------		5.5	1.8	...
1956	52.3	...	...	77.6	99.4	99.2	96.9	78.4	35.4	------12.8------		5.1	1.9	...
1955	50.8	...	...	78.1	99.2	99.2	95.9	77.4	31.5	------11.1------		4.2	1.6	...
1954	50.0	...	...	77.3	99.2	99.5	95.8	78.0	32.4	------11.2------		4.1	1.5	...
1953	48.8	...	...	55.7	99.4	99.4	96.5	74.7	31.2	------11.1------		2.9	1.7	...
1952	46.8	...	...	54.7	98.7	98.9	96.2	73.4	28.7	------9.5------		2.6	1.1	...
1951	45.4	...	...	54.5	99.0	99.2	94.8	75.1	26.3	------8.3------		2.5	...	...
1950	44.2	...	...	58.2	98.9	98.6	94.7	71.3	29.4	------9.0------		3.0	...	...
1949	43.9	...	...	59.3	98.5	98.7	93.5	69.5	25.3	------9.2------		3.8	1.1	...
1948	43.1	...	...	56.0	98.3	98.0	92.7	71.2	26.9	------9.7------		2.6	0.9	...
1947	42.3	...	...	58.0	98.4	98.6	91.6	67.6	24.3	------10.2------		3.0	1.0	...
Male														
2006	55.5	27.0	56.0	94.4	98.1	98.2	98.2	94.1	63.6	44.0	25.0	10.4	5.9	1.5
2005	55.8	27.4	52.8	94.8	98.2	98.4	97.5	95.1	66.5	45.3	25.2	9.6	5.9	1.5
2004	55.0	27.6	54.7	95.5	97.8	98.5	98.7	94.9	60.3	46.6	24.1	11.5	5.6	1.6
2003	55.9	27.8	55.9	94.7	97.9	98.3	97.5	95.0	62.4	43.4	26.1	10.8	6.3	1.5
2002	55.8	27.9	54.6	95.3	98.1	98.3	98.4	94.0	61.8	44.8	23.8	10.7	5.5	1.7
2001	55.4	27.8	51.6	95.2	98.5	98.1	98.1	93.0	58.9	44.0	23.8	10.3	5.7	1.5
2000	55.8	28.0	50.8	95.1	98.0	98.3	98.7	92.7	58.3	41.0	23.9	10.0	5.6	1.5
1999	56.6	28.6	53.3	95.9	98.3	98.7	98.0	93.7	60.3	44.7	23.6	10.7	5.8	1.6
1998	55.9	28.6	53.3	95.2	98.7	99.0	98.3	93.5	60.1	42.7	24.6	10.9	5.5	1.6
1997	55.8	28.8	51.9	96.7	98.6	99.4	99.1	94.2	60.6	44.4	25.4	11.7	4.7	1.6
1996	54.4	28.5	46.9	93.8	97.2	98.0	98.5	93.2	60.8	43.9	25.2	11.4	4.9	1.8
1995	54.3	28.7	49.4	95.3	98.9	99.1	99.0	94.5	59.5	44.7	22.8	11.0	5.4	1.8

Note: Data for 1947 to 1953 exclude kindergarten. Nursery school was first collected in 1964. Data shown for 1947 to 1966 for the Black population are for Black and other races.
ʳ = Revised, controlled to 1990 census based population estimates; previous 1993 data controlled to 1980 census based population estimates.
... = Not available

Table A-9. School Enrollment of the Population 3 Years Old and Over, by Level and Control of School, Race, and Hispanic Origin, October 1955–2006—*Continued*

(Numbers in thousands.)

Year, race, and Hispanic origin	High school Total	High school Public	High school Private	College Total	College Public	College Private	College Full time
1974	916	858	59	354	297	57	247
1973	758	707	51	290	247	43	201
1972	834	784	50	242	213	29	178
White Alone or in Combination							
2006	13,425	12,115	1,309	13,564	10,569	2,995	9,433
2005	13,741	12,516	1,225	13,791	10,561	3,230	9,618
2004	13,218	12,047	1,170	13,668	10,711	2,957	9,468
2003	13,398	12,267	1,131	13,164	10,366	2,798	9,048
Black Alone or in Combination							
2006	2,971	2,798	174	2,444	1,907	537	1,702
2005	2,870	2,729	141	2,387	1,866	521	1,585
2004	2,811	2,762	85	2,412	1,922	490	1,591
2003	2,889	2,800	89	2,227	1,846	381	1,482
Asian Alone or in Combination							
2006	806	743	63	1,154	918	235	900
2005	792	726	67	1,297	993	305	1,036
2004	786	743	43	1,260	980	281	936
2003	736	674	62	1,262	925	337	965

Note: Data shown for 1955 to 1966 for the Black population are for Black and other races.
… = Not available.

Table A-10. Percentage of the Population 3 Years Old and Over Enrolled in School, by Age, Sex, Race, and Hispanic Origin, October 1947–2006—Continued

(Percent.)

Year, sex, race, and Hispanic origin	Total enrolled 3 to 34 years old	Total enrolled 3 years old and over	3 and 4 years old	5 and 6 years old	7 to 9 years old	10 to 13 years old	14 and 15 years old	16 and 17 years old	18 and 19 years old	20 and 21 years old	22 to 24 years old	25 to 29 years old	30 to 34 years old	35 years old and over
1966	56.1	...	12.3	85.7	99.3	99.3	98.8	89.0	48.2	32.2	14.0	6.9	2.7	...
1965	55.5	...	10.3	85.3	99.4	99.4	99.0	87.8	47.1	29.4	14.1	6.5	3.2	...
1964	54.4	...	9.3	84.0	99.0	99.0	98.8	88.3	42.3	27.8	10.6	5.4	2.6	...
1963	58.4	...	...	83.7	99.5	99.3	98.5	87.8	41.0	26.2	12.2	5.2	2.6	...
1962	57.9	...	...	83.2	99.3	99.4	98.2	85.9	43.0	24.1	10.9	5.2	2.7	...
1961	56.9	...	...	82.2	99.6	99.5	98.0	84.5	39.0	22.4	9.0	4.6	2.1	...
1960	56.4	...	...	82.0	99.7	99.5	98.1	83.3	38.9	20.6	9.3	5.2	2.6	...
1959	55.5	...	...	81.0	99.5	99.5	97.9	83.8	37.3	19.9	8.9	5.4	2.3	...
1958	54.9	...	...	81.4	-----99.6-----		-------90.0-------		38.1	------14.1------		5.9	2.3	...
1957	53.7	...	...	79.3	-----99.7-----		-------90.1-------		34.6	------14.7------		5.7	1.9	...
1956	52.5	...	...	78.4	-----99.4-----		-------89.2-------		35.9	------13.4------		5.4	2.1	...
1955	50.8	...	...	79.2	-----99.3-----		-------87.5-------		32.1	------11.6------		4.2	1.6	...
1954	50.2	...	...	78.6	-----99.6-----		-------88.3-------		33.6	------12.0------		4.0	1.5	...
1953	46.6	...	...	67.1	-----99.7-----		-------86.4-------		31.7	------11.9------		3.1	1.8	...
1952	45.4	...	...	54.8	-----99.1-----		-------86.1-------		28.9	-------9.8------		2.7	1.2	...
1951	52.8	...	...	54.5	-----99.3-----		-------86.3-------		26.9	-------8.8------		2.8	...	...
1950	51.6	...	...	------------89.0------------			-------84.4-------		30.5	-------9.5------		3.0	...	...
1949	42.6	...	...	------------88.8------------			-------83.0-------		25.9	-------9.6------		4.0	1.2	...
1948	41.8	...	...	------------87.8------------			-------83.9-------		27.3	------10.0------		2.8	0.9	...
1947	41.2	...	...	------------88.7------------			-------80.2-------		24.8	------10.5------		3.0	1.1	...
Male														
2006	54.6	25.5	55.9	94.8	98.3	98.4	98.2	94.7	62.7	43.8	24.0	10.2	5.5	1.3
2005	54.9	25.9	53.1	94.6	98.2	98.6	98.3	95.1	66.1	45.1	24.4	8.9	5.5	1.4
2004	54.8	26.0	53.4	95.8	97.9	98.2	98.8	94.5	60.0	46.0	23.3	11.2	5.5	1.4
2003[1]	54.8	26.2	56.2	95.0	97.6	98.2	97.2	95.3	61.7	43.2	25.6	9.9	5.6	1.4
2002	54.9	26.5	54.0	95.0	98.0	98.3	98.4	94.2	62.5	44.1	23.5	10.2	5.0	1.6
2001	54.3	26.2	51.8	94.7	98.6	98.4	98.0	92.8	58.2	43.6	21.5	9.8	5.0	1.4
2000	54.8	26.5	49.1	94.8	97.8	98.3	98.4	93.1	58.5	41.8	23.2	9.5	4.9	1.4
1999	55.5	27.1	53.5	95.4	98.5	98.6	98.2	93.1	60.0	44.5	23.7	10.3	5.4	1.5
1998	54.9	27.1	52.4	94.9	98.8	99.1	98.7	93.3	59.7	42.1	24.5	10.2	5.2	1.6
1997	54.7	27.3	50.4	97.4	98.5	99.4	99.1	94.2	60.0	45.0	24.9	10.8	4.3	1.5
1996	53.3	27.0	46.5	94.6	96.9	98.0	98.6	93.0	60.9	43.6	25.4	10.6	4.3	1.7
1995	53.5	27.3	49.6	95.5	99.0	99.0	98.8	94.2	59.4	46.3	22.7	11.3	5.0	1.7
1994	52.7	27.2	46.2	97.0	99.1	99.3	98.7	94.3	61.3	43.4	23.6	9.9	5.8	1.7
1993[r]	51.6	...	41.2	95.1	99.5	99.5	98.9	95.0	60.1	44.4	24.5	9.1	5.2	...
1993	51.6	26.4	41.7	95.2	99.5	99.5	99.0	95.1	60.6	44.8	24.9	9.1	5.2	1.5
1992	50.8	...	39.8	95.1	99.5	99.5	99.0	95.5	60.7	44.0	23.6	8.6	5.2	...
1991	50.4	...	40.6	94.9	99.7	99.8	98.9	94.2	58.4	42.4	23.3	10.0	5.4	...
1990	50.0	...	44.9	96.7	99.7	99.6	99.2	92.3	57.3	41.2	21.8	9.4	4.9	...
1989	48.9	...	38.7	95.4	99.3	99.2	99.3	92.6	57.3	39.3	20.4	9.3	5.0	...
1988	48.7	...	39.0	96.1	99.7	99.6	98.9	91.6	56.5	40.9	20.7	7.8	5.4	...
1987	48.8	...	39.8	95.2	99.6	99.7	98.8	92.5	57.3	42.1	18.4	8.6	5.0	...
1986	48.6	...	39.3	95.6	99.4	99.0	99.1	92.1	57.5	34.2	19.2	9.6	5.7	...
1985	48.5	...	37.3	95.7	99.3	99.2	98.2	92.5	51.9	37.2	19.0	9.5	5.4	...
1984	48.3	...	35.8	94.1	98.7	99.3	97.6	91.5	52.6	36.3	20.2	9.2	5.4	...
1983	48.9	...	38.2	95.1	98.8	99.3	98.3	91.6	50.7	36.6	19.2	10.4	5.6	...
1982	48.9	...	36.3	94.8	99.2	99.1	98.8	91.0	48.5	36.5	18.0	10.2	5.4	...
1981	49.2	...	36.8	94.3	99.1	99.2	98.3	90.5	49.2	33.3	19.1	9.1	5.5	...
1980	50.0	...	38.0	95.2	98.8	99.4	98.7	88.8	47.5	33.7	18.2	9.6	5.6	...
1979	50.7	...	33.5	96.3	99.0	99.0	98.3	90.3	46.1	32.2	17.6	10.5	5.9	...
1978	51.9	...	33.1	95.3	99.2	98.9	98.3	88.9	47.2	32.0	19.2	10.9	6.4	...
1977	53.3	...	31.7	94.3	99.6	99.3	98.7	89.5	47.7	34.7	19.4	12.6	6.8	...
1976	54.2	...	29.9	95.8	98.8	99.1	98.5	90.6	46.9	34.2	20.4	12.9	6.5	...
1975	55.4	...	30.8	94.3	99.2	99.0	98.5	91.0	49.6	36.3	20.5	13.1	7.5	...
1974	55.2	...	27.7	94.8	99.1	99.2	98.2	88.2	45.5	35.0	19.2	12.8	6.4	...
1973	55.6	...	23.5	92.7	99.0	99.3	98.0	89.4	48.4	35.7	19.6	12.1	5.4	...
1972	57.3	...	23.4	91.7	98.9	99.2	97.7	90.4	51.5	38.4	21.6	12.5	5.8	...
1971	59.0	...	20.1	91.2	99.0	98.9	98.9	92.0	55.9	39.7	24.6	12.1	6.2	...
1970	59.6	...	20.7	89.7	99.3	98.8	98.3	92.2	56.0	45.0	22.6	11.2	5.4	...
1969	60.5	...	14.5	88.5	99.1	98.9	98.2	92.2	60.9	48.9	24.2	12.2	6.2	...
1968	60.4	...	14.8	87.9	99.0	99.0	98.2	92.1	61.5	47.8	21.9	11.4	5.0	...
1967	60.0	...	13.6	87.5	99.5	99.0	98.5	91.4	57.2	46.9	22.0	10.5	5.4	...
1966	59.8	...	12.2	85.0	99.2	99.1	98.8	90.3	59.0	44.9	23.0	10.5	3.8	...
1965	59.0	...	10.4	84.8	99.3	99.3	99.1	88.6	56.6	39.9	23.3	10.0	4.5	...
1964	57.6	...	8.8	84.0	98.8	98.9	99.0	90.4	52.4	36.6	17.7	8.3	3.6	...
1963	62.3	...	...	84.1	99.4	99.0	98.8	89.8	51.6	35.2	21.1	8.2	3.8	...
1962	61.9	...	...	83.9	99.1	99.3	98.7	88.5	52.7	33.7	18.8	8.9	4.2	...
1961	60.4	...	...	82.6	99.7	99.4	98.3	85.5	49.6	31.1	15.0	7.5	3.1	...
1960	60.3	...	...	82.3	99.7	99.5	98.1	85.2	49.5	29.2	16.3	8.9	4.0	...
1959	59.2	...	...	80.1	99.3	99.4	98.1	85.9	47.1	30.8	14.1	9.5	3.4	...
1958	58.8	...	...	81.5	-----99.6-----		-------91.1-------		48.1	------22.3------		9.9	3.0	...
1957	57.7	...	...	79.1	-----99.7-----		-------91.9-------		44.0	------22.9------		9.9	2.7	...
1956	56.5	...	...	78.2	-----99.4-----		-------90.1-------		46.4	------21.8------		9.3	2.9	...
1955	54.9	...	...	79.0	-----99.4-----		-------89.1-------		43.9	------19.3------		7.1	2.2	...
1954	54.3	...	...	78.0	-----99.4-----		-------89.6-------		43.3	------20.5------		6.5	1.9	...
1953	50.5	...	...	56.8	-----99.4-----		-------87.9-------		38.1	------20.3------		5.7	2.2	...
1952	49.4	...	...	55.2	-----99.1-----		-------87.0-------		38.3	------17.8------		5.0	1.6	...

Note: Data for 1947 to 1953 exclude kindergarten. Nursery school was first collected in 1964. Data shown for 1947 to 1966 for the Black population are for Black and other races.
[1] Starting in 2003 respondents could identify more than one race. Except as noted, the race data in this table from 2003 onward represent those respondents who indicated only one race category.
[r] = Revised, controlled to 1990 census based population estimates; previous 1993 data controlled to 1980 census based population estimates.
... = Not available

Table A-10. Percentage of the Population 3 Years Old and Over Enrolled in School, by Age, Sex, Race, and Hispanic Origin, October 1947–2006—Continued

(Percent.)

Year, sex, race, and Hispanic origin	Total enrolled 3 to 34 years old	Total enrolled 3 years old and over	3 and 4 years old	5 and 6 years old	7 to 9 years old	10 to 13 years old	14 and 15 years old	16 and 17 years old	18 and 19 years old	20 and 21 years old	22 to 24 years old	25 to 29 years old	30 to 34 years old	35 years old and over
1951	56.8	...	...	55.4	---99.3---		---86.6---		33.8	---14.9---		4.2	...	...
1950	54.7	...	...	...	---88.6---		---85.0---		37.3	---14.6---		5.9	...	...
1949	45.9	...	...	...	---89.1---		---84.1---		32.1	---15.7---		7.1	2.0	...
1948	45.3	...	...	...	---87.6---		---84.4---		35.9	---17.2---		5.3	1.5	...
1947	44.4	...	...	...	---88.6---		---79.6---		32.6	---17.4---		5.9	1.8	...

Female

Year	Total 3-34	Total 3+	3-4	5-6	7-9	10-13	14-15	16-17	18-19	20-21	22-24	25-29	30-34	35+
2006	56.3	25.1	55.3	95.2	98.5	98.5	98.7	95.3	67.2	52.6	27.1	12.4	8.0	2.1
2005	57.0	25.6	55.4	96.0	98.9	98.8	98.4	95.7	70.1	53.8	27.7	13.8	7.0	2.2
2004	56.2	25.4	52.0	95.2	98.4	98.5	98.2	93.9	69.8	52.6	27.4	13.3	7.2	2.2
2003[1]	55.9	25.4	54.3	94.4	98.4	98.6	97.4	94.8	67.3	53.1	27.8	12.1	6.8	2.1
2002	55.8	25.6	53.7	95.1	98.0	98.7	98.5	95.0	65.1	50.8	25.7	12.7	6.9	2.3
2001	55.3	25.4	51.5	94.9	97.9	98.9	98.4	94.3	62.7	48.2	25.1	11.7	7.0	2.2
2000	55.4	25.7	51.4	95.8	98.5	98.4	98.3	92.5	64.2	48.2	24.2	11.3	7.1	2.2
1999	55.0	25.8	53.9	95.8	98.7	98.9	98.3	93.8	60.9	46.8	24.5	10.7	6.3	2.3
1998	55.0	26.0	49.0	96.0	98.8	99.2	98.5	94.9	64.2	47.9	23.8	11.9	7.2	2.4
1997	54.9	26.3	51.3	96.2	99.1	99.2	98.6	94.8	63.1	47.9	26.7	11.8	6.4	2.8
1996	53.5	25.9	49.3	95.0	97.4	98.3	97.3	92.7	64.1	46.1	23.6	12.0	7.1	2.6
1995	52.9	25.8	49.6	96.9	98.8	99.1	98.8	93.3	59.2	46.0	23.6	11.7	6.0	2.6
1994	52.6	26.0	47.9	96.1	99.4	99.4	98.8	94.4	60.5	49.0	23.5	11.0	7.4	2.7
1993[r]	50.7	...	39.5	95.7	99.5	99.5	98.9	92.8	62.8	43.0	21.7	10.4	6.5	...
1993	50.6	24.9	39.9	95.8	99.5	99.5	98.9	93.0	62.9	43.3	21.8	10.4	6.5	2.6
1992	50.5	...	40.4	95.7	99.2	99.1	99.4	92.8	62.7	46.6	22.9	10.6	6.7	...
1991	49.5	...	42.0	95.7	99.5	99.6	98.5	92.5	60.9	43.9	20.2	9.7	6.7	...
1990	49.0	...	44.8	96.4	99.7	99.7	98.9	92.8	57.0	40.9	18.7	10.4	6.9	...
1989	47.8	...	40.2	94.9	99.2	99.6	98.1	92.1	55.6	39.7	19.6	9.6	6.3	...
1988	47.2	...	38.8	96.1	99.6	99.8	98.8	91.1	55.1	39.6	16.5	8.6	6.3	...
1987	46.7	...	36.4	94.4	99.5	99.2	98.3	91.0	53.3	37.3	16.2	8.7	6.4	...
1986	46.8	...	39.0	94.9	99.1	99.3	98.8	92.2	53.0	33.7	16.2	8.7	6.7	...
1985	47.0	...	39.9	97.1	99.3	99.3	97.9	90.8	52.9	35.0	15.0	9.0	6.4	...
1984	46.3	...	36.1	95.2	99.3	99.4	98.0	91.0	49.6	32.3	14.2	8.9	6.9	...
1983	46.6	...	36.0	96.5	99.0	99.4	98.4	91.2	51.1	30.5	13.6	8.5	6.7	...
1982	46.9	...	35.5	95.0	99.2	99.4	98.4	89.6	47.4	33.7	14.5	9.0	6.9	...
1981	47.1	...	34.3	93.5	99.5	99.4	97.8	90.4	47.8	31.9	13.4	7.9	6.7	...
1980	47.9	...	34.6	96.4	99.2	99.4	97.8	88.4	45.1	30.2	14.8	8.9	7.0	...
1979	48.4	...	34.4	95.3	99.5	99.5	98.1	87.7	43.0	30.0	13.9	9.0	6.7	...
1978	48.7	...	32.2	95.6	99.5	99.2	98.5	88.4	42.7	27.4	13.0	7.9	6.0	...
1977	49.9	...	30.5	96.9	99.5	99.6	98.4	87.4	43.4	29.0	13.3	8.8	6.3	...
1976	50.4	...	31.0	95.8	99.5	99.3	97.6	87.7	44.0	30.9	13.7	7.1	4.8	...
1975	50.9	...	30.9	95.3	99.5	99.6	98.1	87.5	43.5	27.5	12.2	7.0	5.7	...
1974	50.9	...	29.5	94.0	99.3	99.7	97.9	87.6	39.9	26.6	11.4	6.5	4.6	...
1973	50.5	...	22.9	93.2	99.3	99.3	97.1	87.3	38.7	27.4	9.9	5.4	3.6	...
1972	51.5	...	24.4	92.7	99.2	99.4	97.5	87.3	41.9	27.5	8.9	5.1	3.2	...
1971	52.6	...	21.7	92.6	99.3	99.5	98.4	88.9	43.2	27.0	8.1	4.3	3.5	...
1970	52.9	...	19.1	90.9	99.3	99.5	98.1	89.0	41.8	24.1	9.7	4.4	3.1	...
1969	53.2	...	15.8	89.8	99.6	99.5	98.2	88.2	41.8	25.8	9.4	4.5	3.7	...
1968	52.9	...	15.2	89.0	99.3	99.3	98.0	89.4	41.3	22.3	8.2	3.7	2.8	...
1967	53.0	...	13.1	89.0	99.6	99.4	98.5	87.4	41.0	25.6	7.5	3.3	2.9	...
1966	52.5	...	12.4	86.4	99.5	99.5	98.7	87.6	38.6	22.3	6.6	3.9	1.7	...
1965	52.2	...	10.3	85.7	99.4	99.5	98.9	87.0	38.3	20.9	6.3	3.2	2.0	...
1964	51.3	...	9.9	83.9	99.2	99.1	98.6	86.1	33.7	20.3	4.5	2.6	1.6	...
1963	54.7	...	...	83.8	99.7	99.5	98.2	85.7	32.1	18.6	4.4	2.4	1.5	...
1962	54.0	...	...	82.4	99.5	99.5	97.6	83.3	34.6	16.3	4.1	1.8	1.4	...
1961	53.4	...	...	81.7	99.5	99.5	97.7	83.5	29.7	15.3	3.8	2.1	1.3	...
1960	52.7	...	...	81.6	99.7	99.6	98.1	81.4	29.7	13.5	3.5	1.8	1.2	...
1959	52.0	...	...	81.9	99.7	99.6	97.7	81.6	28.8	11.1	4.6	1.7	1.3	...
1958	51.1	...	...	81.2	---99.6---		---88.9---		29.9	---7.5---		2.2	1.6	...
1957	49.8	...	...	79.5	---99.7---		---88.2---		27.0	---8.3---		1.7	1.1	...
1956	48.6	...	...	78.6	---99.5---		---88.2---		27.3	---7.0---		1.8	1.3	...
1955	46.9	...	...	79.5	---99.3---		---85.9---		22.4	---6.2---		1.5	1.0	...
1954	46.4	...	...	79.1	---99.8---		---87.0---		25.3	---6.4---		1.7	1.1	...
1953	42.9	...	...	57.4	---99.9---		---84.9---		26.5	---6.5---		0.6	1.5	...
1952	41.7	...	...	54.3	---99.1---		---85.3---		21.1	---4.3---		0.6	0.7	...
1951	49.0	...	...	53.6	---99.4---		---86.0---		21.7	---4.3---		0.9	...	...
1950	48.6	...	...	...	---89.4---		---83.7---		24.2	---4.8---		0.4	...	...
1949	39.4	...	...	...	---88.6---		---81.9---		20.5	---3.8---		1.2	0.4	...
1948	38.4	...	...	...	---87.9---		---83.4---		19.7	---3.5---		0.4	0.4	...
1947	38.1	...	...	...	---88.9---		---80.8---		18.3	---4.1---		0.4	0.4	...

Note: Data for 1947 to 1953 exclude kindergarten. Nursery school was first collected in 1964. Data shown for 1947 to 1966 for the Black population are for Black and other races.
[1] Starting in 2003 respondents could identify more than one race. Except as noted, the race data in this table from 2003 onward represent those respondents who indicated only one race category.
[r] = Revised, controlled to 1990 census based population estimates; previous 1993 data controlled to 1980 census based population estimates.
... = Not available

Table A-10. Percentage of the Population 3 Years Old and Over Enrolled in School, by Age, Sex, Race, and Hispanic Origin, October 1947–2006—Continued

(Percent.)

Year, sex, race, and Hispanic origin	Total enrolled 3 to 34 years old	Total enrolled 3 years old and over	3 and 4 years old	5 and 6 years old	7 to 9 years old	10 to 13 years old	14 and 15 years old	16 and 17 years old	18 and 19 years old	20 and 21 years old	22 to 24 years old	25 to 29 years old	30 to 34 years old	35 years old and over
WHITE ALONE NON-HISPANIC														
Both Sexes														
2006	56.8	24.0	58.2	95.6	98.5	98.6	98.4	95.9	67.9	52.9	27.4	12.5	7.4	1.7
2005	57.6	24.6	58.5	95.9	99.0	99.0	98.6	96.1	71.6	54.4	27.8	12.5	6.9	1.8
2004	56.9	24.5	56.0	96.2	98.3	98.6	98.5	95.1	68.1	54.0	27.0	13.5	6.7	1.8
2003[1]	57.0	24.7	58.8	95.8	98.2	98.5	97.5	95.6	67.9	51.8	29.4	12.5	6.8	1.8
2002	56.8	24.9	57.8	95.3	98.1	98.6	98.6	95.3	67.1	53.1	27.3	12.2	6.3	1.9
2001	56.2	24.7	55.1	95.3	98.5	98.8	98.2	94.6	64.2	50.8	25.5	11.7	6.4	1.8
2000	56.0	25.0	54.6	95.5	98.4	98.5	98.9	94.0	63.9	49.2	24.9	11.1	6.1	1.8
1999	56.2	25.4	58.6	96.0	98.5	98.9	98.4	94.5	64.1	50.0	26.3	10.9	5.9	1.9
1998	55.9	25.6	54.0	96.1	98.8	99.2	98.9	95.1	66.6	49.2	26.1	11.5	6.3	2.0
1997	55.6	25.9	54.9	96.9	98.9	99.2	98.9	95.1	64.1	49.9	27.8	12.2	5.6	2.2
1996	54.0	25.5	50.3	96.1	97.3	98.3	98.2	93.6	65.5	48.9	25.9	11.8	5.8	2.2
1995	53.8	25.9	52.3	96.6	99.0	99.0	98.8	94.4	61.8	49.7	24.4	12.3	5.7	2.1
1994	54.5	25.9	50.1	96.7	99.2	99.3	99.2	95.1	62.6	50.1	24.9	10.8	6.7	2.2
1993	51.4	25.0	43.1	95.7	99.5	99.5	99.1	95.0	63.6	46.1	24.9	10.2	6.0	2.1
Male														
2006	56.4	24.4	58.3	95.9	98.5	98.6	97.9	95.5	65.4	49.2	26.2	11.9	6.3	1.3
2005	57.1	24.9	56.8	95.4	98.9	99.1	98.4	95.9	69.8	50.5	26.4	10.2	6.5	1.3
2004	56.7	25.0	57.2	96.2	98.2	98.4	98.7	95.6	63.8	50.6	25.1	12.7	6.2	1.4
2003[1]	57.1	25.4	60.6	96.2	97.7	98.2	97.4	96.1	65.4	47.9	28.9	11.7	6.3	1.4
2002	56.8	25.5	57.8	94.9	98.1	98.5	98.5	95.2	66.3	49.2	27.6	11.1	5.5	1.6
2001	56.0	25.2	54.4	94.8	98.8	98.4	97.8	94.0	62.7	49.1	23.7	10.8	5.3	1.3
2000	55.8	25.5	54.1	94.5	98.1	98.2	98.8	94.7	61.2	45.8	25.0	10.5	4.7	1.4
1999	56.7	26.2	59.2	96.1	98.4	98.7	98.2	94.3	63.7	48.9	26.8	10.7	5.8	1.5
1998	55.7	26.3	54.8	95.5	98.8	99.0	99.0	94.4	65.2	46.4	27.4	10.9	5.3	1.6
1997	55.9	26.5	54.9	97.4	98.8	99.3	99.0	94.5	63.3	48.5	27.5	12.0	4.6	1.5
1996	54.2	26.1	48.0	95.5	97.2	98.1	98.8	93.5	63.7	48.7	27.3	11.4	4.3	1.6
1995	54.2	26.6	51.1	95.9	99.0	99.0	98.9	95.0	61.9	50.0	24.1	12.2	5.0	1.6
1994	53.5	26.6	49.0	97.1	99.2	99.4	99.4	95.4	62.5	47.6	25.5	10.3	6.0	1.6
1993	52.2	25.9	44.1	95.4	99.5	99.6	99.3	96.2	62.5	47.0	26.7	9.9	5.2	1.5
Female														
2006	57.1	23.7	58.1	95.3	98.6	98.5	99.0	96.2	70.5	56.5	28.7	13.2	8.5	2.1
2005	58.0	24.3	60.3	96.3	99.0	98.8	98.7	96.3	73.5	58.5	29.1	14.7	7.4	2.2
2004	57.1	24.1	54.7	96.2	98.5	98.7	98.3	94.5	72.5	57.4	28.8	14.4	7.2	2.1
2003[1]	57.0	24.1	56.9	95.3	98.6	98.8	97.6	95.1	70.3	55.6	29.9	13.2	7.3	2.1
2002	56.8	24.3	57.7	95.6	98.0	98.6	98.6	95.5	67.9	57.0	27.0	13.4	7.2	2.2
2001	56.4	24.2	55.9	95.9	98.3	99.1	98.6	95.3	65.8	52.4	27.3	12.5	7.4	2.2
2000	56.1	24.6	55.2	96.4	98.6	98.8	99.0	93.3	66.7	52.7	24.8	11.8	7.4	2.1
1999	55.7	24.7	57.9	96.0	98.5	99.1	98.6	94.8	64.6	51.1	25.7	11.0	6.1	2.3
1998	55.7	25.0	53.1	96.7	98.7	99.3	98.8	95.7	68.0	52.2	24.8	12.1	7.3	2.4
1997	55.2	25.4	55.0	96.4	99.0	99.1	98.8	95.7	64.9	51.3	28.1	12.4	6.6	2.9
1996	53.8	25.0	52.9	96.7	97.3	98.6	97.7	93.7	67.3	49.0	24.5	12.1	7.3	2.6
1995	53.4	25.1	53.5	97.4	98.9	99.0	98.7	93.8	61.8	49.3	24.8	12.3	6.3	2.5
1994	52.9	25.3	51.3	96.3	99.3	99.3	98.9	94.8	62.7	52.4	24.3	11.4	7.3	2.7
1993	50.6	24.3	42.0	96.0	99.5	99.5	98.9	93.7	64.8	45.2	23.1	10.5	6.7	2.6
BLACK ALONE														
Both Sexes														
2006	58.1	32.3	59.2	92.6	97.1	97.2	97.5	93.3	64.7	39.1	27.2	11.8	8.6	3.1
2005	58.4	32.7	52.2	95.9	98.6	98.6	95.8	93.1	62.8	37.6	28.0	11.7	10.0	3.1
2004	59.0	33.4	59.6	94.1	97.5	99.4	99.0	95.7	59.2	40.0	25.1	14.3	7.2	3.3
2003[1]	59.2	33.4	55.5	94.4	98.3	98.2	97.9	94.3	61.9	41.4	27.4	12.2	8.6	2.8
2002	59.6	34.1	57.5	95.7	98.1	98.1	98.2	93.3	57.7	43.5	23.5	13.6	9.8	3.1
2001	59.5	34.3	58.8	96.0	97.8	97.0	97.6	92.1	59.6	37.2	26.0	12.2	11.5	3.2
2000	59.0	34.0	59.9	96.3	97.5	98.4	99.6	91.4	57.2	36.6	24.2	14.3	9.6	2.6
1999	58.1	33.7	56.3	97.5	98.2	98.7	98.2	93.3	57.4	39.4	21.7	10.4	7.8	2.5
1998	58.9	34.6	58.5	95.3	98.7	98.6	98.9	92.9	60.2	39.2	21.5	13.6	8.5	2.6
1997	58.4	34.6	60.0	95.8	99.2	99.4	99.2	93.4	58.2	35.9	25.4	10.7	6.5	2.8
1996	56.2	33.8	49.9	90.5	97.4	97.4	98.9	92.1	52.8	37.0	21.0	13.7	7.1	3.0
1995	56.1	33.9	47.5	95.5	97.7	99.2	99.0	92.9	57.4	37.4	19.9	10.0	7.8	2.7
1994	56.4	34.4	51.9	97.2	99.7	99.6	99.2	95.4	54.0	34.9	22.6	10.5	7.2	2.9
1993[r]	53.8	...	39.8	94.5	99.0	99.8	98.5	94.8	57.6	30.1	18.0	10.4	5.5	...
1993	53.6	32.4	39.8	94.6	99.0	99.8	98.5	94.7	57.7	30.0	18.1	10.4	5.5	2.6
1992	53.0	...	38.6	95.9	99.4	99.7	99.4	93.0	56.2	33.3	20.3	7.9	5.3	...
1991	52.5	...	37.2	95.8	99.6	100.0	99.1	91.7	55.6	30.0	18.2	8.7	6.5	...
1990	51.9	...	41.6	96.3	99.9	99.9	99.2	91.7	55.2	28.4	20.0	6.1	4.4	...
1989	51.3	...	38.9	94.9	99.0	99.4	99.4	93.7	50.2	30.7	17.2	6.4	4.9	...
1988	50.6	...	33.4	95.5	99.7	99.7	98.9	91.5	50.3	28.1	13.2	7.2	5.6	...
1987	51.7	...	36.8	95.8	99.7	99.8	98.3	91.5	53.2	28.7	15.0	9.3	6.0	...
1986	51.6	...	38.6	95.4	99.8	99.0	98.3	93.9	50.7	25.6	17.1	8.0	6.2	...
1985	50.9	...	42.7	95.7	98.4	99.5	97.9	91.7	44.1	27.7	13.7	7.5	5.9	...
1984	50.1	...	38.2	94.1	99.5	99.3	97.9	92.4	44.3	27.7	15.7	7.4	5.1	...

Note: Data for 1947 to 1953 exclude kindergarten. Nursery school was first collected in 1964. Data shown for 1947 to 1966 for the Black population are for Black and other races.
[1] Starting in 2003 respondents could identify more than one race. Except as noted, the race data in this table from 2003 onward represent those respondents who indicated only one race category.
[r] = Revised, controlled to 1990 census based population estimates; previous 1993 data controlled to 1980 census based population estimates.
... = Not available

Table A-10. Percentage of the Population 3 Years Old and Over Enrolled in School, by Age, Sex, Race, and Hispanic Origin, October 1947–2006—Continued

(Percent.)

Year, sex, race, and Hispanic origin	Total enrolled 3 to 34 years old	Total enrolled 3 years old and over	3 and 4 years old	5 and 6 years old	7 to 9 years old	10 to 13 years old	14 and 15 years old	16 and 17 years old	18 and 19 years old	20 and 21 years old	22 to 24 years old	25 to 29 years old	30 to 34 years old	35 years old and over
1983	50.8	...	36.2	94.7	99.1	99.7	97.8	92.6	46.1	23.4	15.6	7.4	6.5	...
1982	51.6	...	38.6	95.4	99.2	98.9	98.1	91.6	43.6	24.3	17.0	7.8	7.6	...
1981	52.5	...	36.7	94.5	98.8	99.4	97.1	91.3	48.2	23.4	14.7	8.4	7.0	...
1980	53.9	...	38.2	95.4	99.4	99.4	97.9	90.6	45.7	23.4	13.6	8.8	6.8	...
1979	55.0	...	40.8	96.0	99.4	98.7	97.4	90.8	46.6	23.7	15.0	7.9	6.8	...
1978	56.3	...	41.3	93.9	99.5	98.9	98.5	91.2	46.2	25.6	15.0	8.7	7.9	...
1977	57.7	...	35.2	96.5	99.3	99.0	98.8	90.8	48.3	29.5	15.2	11.3	9.0	...
1976	57.9	...	34.5	94.0	99.3	98.8	99.0	89.0	50.4	28.2	16.4	9.4	8.1	...
1975	57.7	...	33.5	94.3	99.3	99.2	97.4	86.9	47.1	27.1	14.2	9.4	7.1	...
1974	57.3	...	29.1	92.8	99.2	99.8	97.0	87.1	44.0	23.4	12.1	8.9	6.9	...
1973	55.8	...	28.9	89.9	99.2	99.0	96.7	87.7	37.8	20.5	12.4	6.1	5.0	...
1972	57.8	...	28.3	90.0	98.7	99.3	97.4	89.5	42.8	22.0	13.1	6.5	5.9	...
1971	58.6	...	21.5	89.8	99.0	98.8	98.4	89.2	46.6	27.3	11.4	6.2	5.2	...
1970	57.4	...	22.7	84.9	99.3	99.3	97.6	85.7	40.1	22.8	8.0	4.8	3.4	...
1969	57.8	...	21.2	84.1	98.8	99.1	97.9	85.8	44.5	23.3	8.6	4.3	3.4	...
1968	57.4	...	18.7	82.7	99.2	99.0	97.7	86.4	45.4	18.2	7.9	3.1	3.3	...
1967	56.8	...	17.7	82.2	99.1	98.7	86.1	84.1	40.7	21.2	7.2	5.0	2.4	...
1966	55.5	...	13.7	80.8	99.2	99.2	97.4	85.2	37.7	11.6	6.1	2.3	2.3	...
1965	55.6	...	11.8	79.1	98.9	99.3	98.1	83.9	39.6	12.8	6.2	2.1	2.4	...
1964	54.5	...	10.5	80.3	99.0	99.0	96.9	82.4	35.6	14.0	3.8	3.1	2.9	...
1963	58.8	...	...	76.6	98.5	99.5	97.6	82.0	39.8	16.2	5.5	3.3	2.0	...
1962	57.1	...	...	76.0	98.6	98.8	97.1	73.2	33.4	14.9	6.1	3.8	1.5	...
1961	56.8	...	...	79.1	98.0	99.3	95.1	76.8	30.6	15.9	4.3	2.4	1.1	...
1960	55.9	...	...	73.3	99.3	99.0	95.9	76.9	34.6	11.9	4.4	2.9	1.0	...
1959	55.1	...	...	74.3	98.9	99.1	93.9	76.3	33.6	11.6	6.3	2.8	1.3	...
1958	54.0	...	...	73.9	------98.8------		------82.8------		34.3	------8.7------		3.9	1.3	...
1957	53.5	...	...	74.3	------98.2------		------84.8------		36.7	------8.8------		4.6	1.2	...
1956	51.5	...	...	72.8	------98.4------		------81.2------		31.8	------8.7------		3.1	0.7	...
1955	50.7	...	...	71.1	------98.2------		------82.8------		27.6	------7.2------		4.9	1.8	...
1954	48.6	...	...	68.8	------98.0------		------78.8------		24.0	------5.8------		4.8	1.4	...
1953	45.5	...	...	46.3	------97.3------		------82.3------		27.6	------5.4------		1.7	0.8	...
1952	46.4	...	...	54.0	------96.4------		------77.3------		------6.3------					...
1951	53.4	...	...	54.9	------97.3------		------77.1------		20.8	------6.2------		2.7	...	...
1950	51.2	...	...	------86.8------			------75.5------		23.3	------6.3------		3.0	...	...
1949	40.9	...	...	------83.7------			------69.5------		20.0	------6.2------		1.8	0.5	...
1948	39.2	...	...	------80.1------			------66.8------		24.6	------6.3------		1.5	0.6	...
1947	41.0	...	...	------84.8------			------71.9------		20.2	------6.9------		2.5	0.5	...

Male

2006	58.7	33.7	56.6	93.5	97.2	96.8	97.7	91.8	63.9	38.0	24.2	9.3	6.9	2.5
2005	58.9	34.0	54.0	94.8	97.7	97.7	93.6	93.6	67.2	35.1	23.4	9.3	6.3	2.4
2004	59.2	34.6	61.1	93.7	96.7	99.2	98.8	96.5	58.1	37.8	20.2	8.7	4.0	2.2
2003[1]	60.0	34.9	56.5	92.4	98.8	98.1	98.3	94.0	61.5	34.3	23.5	9.7	7.4	1.9
2002	60.2	35.4	57.5	96.2	99.1	97.9	97.6	92.9	54.9	39.5	16.6	10.1	7.5	2.1
2001	60.1	35.7	55.4	95.6	98.3	96.0	99.0	93.2	57.3	36.2	22.7	8.2	8.3	2.3
2000	59.5	35.3	57.6	95.8	98.3	98.7	99.6	89.1	52.4	30.5	21.8	11.3	8.3	2.2
1999	59.9	35.8	53.0	98.4	97.7	99.0	97.9	94.4	60.3	42.3	16.1	9.0	6.5	2.0
1998	60.1	36.2	57.8	95.0	98.5	98.6	97.7	93.9	58.2	40.7	15.1	12.6	5.6	1.8
1997	59.5	36.2	57.3	94.2	98.7	99.1	99.6	93.9	56.7	34.1	21.5	10.5	5.6	2.0
1996	57.8	35.7	47.0	90.1	98.1	97.2	98.1	93.7	55.2	39.0	18.6	12.8	5.4	2.4
1995	58.3	36.2	51.5	94.7	98.2	99.5	99.6	95.2	59.1	36.1	20.3	6.1	6.7	2.3
1994	58.4	36.5	56.8	97.1	99.6	99.5	99.7	95.3	53.4	33.7	21.3	10.8	5.7	2.1
1993[r]	56.0	...	41.6	96.8	99.3	100.0	99.0	96.1	63.4	23.7	19.6	10.4	3.1	...
1993	55.8	34.8	41.7	96.9	99.3	100.0	99.0	96.0	63.6	23.9	19.6	10.3	3.1	2.0
1992	54.8	...	41.3	97.6	99.9	99.7	99.9	94.5	60.7	27.1	18.7	7.6	3.3	...
1991	54.5	...	35.2	95.4	99.8	100.0	100.0	90.4	62.2	30.1	19.3	8.6	4.8	...
1990	53.9	...	38.3	96.1	99.9	99.9	99.7	93.2	60.7	31.1	20.0	4.6	2.3	...
1989	52.6	...	40.2	92.9	98.9	98.8	99.3	95.6	51.0	23.2	15.5	5.5	3.2	...
1988	52.4	...	34.5	96.0	99.6	100.0	99.1	93.2	49.7	20.7	14.7	6.3	4.1	...
1987	54.0	...	39.0	97.4	100.0	99.8	98.1	91.8	58.7	30.3	15.5	8.4	3.4	...
1986	53.8	...	38.7	97.1	99.6	98.8	98.4	94.7	54.1	25.4	17.3	7.1	5.9	...
1985	52.6	...	34.6	94.6	98.2	99.1	98.2	91.8	49.5	29.7	13.2	6.9	5.7	...
1984	52.6	...	37.2	92.8	99.5	99.1	96.9	93.2	48.6	29.7	17.5	5.7	3.9	...
1983	52.9	...	37.1	95.8	98.9	99.4	98.4	91.8	46.6	23.5	17.2	9.1	6.6	...
1982	53.2	...	37.4	93.9	99.3	98.4	97.8	92.2	46.5	20.9	17.4	8.5	7.1	...
1981	54.5	...	34.8	94.5	98.5	99.2	97.3	92.1	51.9	20.6	14.7	8.4	5.6	...
1980	56.1	...	36.6	94.1	99.5	99.4	98.5	90.8	42.8	23.0	13.3	10.6	7.3	...
1979	57.8	...	40.4	96.6	99.0	98.4	98.5	94.6	48.0	26.9	14.6	8.1	6.3	...
1978	58.7	...	37.9	93.2	99.4	98.8	99.0	92.8	50.5	25.2	14.7	9.5	7.8	...
1977	60.3	...	32.4	96.0	99.1	98.6	99.0	92.5	50.5	31.0	18.5	12.1	9.2	...
1976	61.1	...	36.3	94.4	99.5	98.8	99.5	90.9	54.9	28.0	18.7	11.0	8.8	...
1975	60.3	...	29.5	94.6	99.3	99.0	97.6	88.2	49.9	28.7	14.7	11.8	8.6	...
1974	60.7	...	30.3	91.8	99.5	99.6	96.1	90.1	46.1	27.7	16.0	10.4	9.7	...
1973	58.6	...	29.2	89.0	99.2	99.1	96.9	89.0	43.5	24.5	13.9	6.9	6.5	...
1972	60.9	...	32.1	90.8	98.4	99.4	97.6	88.9	47.7	27.1	18.4	7.3	5.2	...
1971	60.4	...	19.0	88.7	99.1	98.1	97.7	90.0	50.7	31.3	12.9	8.5	6.4	...
1970	59.5	...	22.3	84.2	99.2	99.1	98.0	85.4	41.3	27.8	9.6	6.1	3.6	...
1969	60.0	...	21.3	83.1	98.3	98.9	98.0	87.4	49.5	28.4	10.7	2.8	2.9	...

Note: Data for 1947 to 1953 exclude kindergarten. Nursery school was first collected in 1964. Data shown for 1947 to 1966 for the Black population are for Black and other races.
[1] Starting in 2003 respondents could identify more than one race. Except as noted, the race data in this table from 2003 onward represent those respondents who indicated only one race category.
r = Revised, controlled to 1990 census based population estimates; previous 1993 data controlled to 1980 census based population estimates.
... = Not available

Table A-10. Percentage of the Population 3 Years Old and Over Enrolled in School, by Age, Sex, Race, and Hispanic Origin, October 1947–2006—Continued

(Percent.)

Year, sex, race, and Hispanic origin	Total enrolled 3 to 34 years old	Total enrolled 3 years old and over	3 and 4 years old	5 and 6 years old	7 to 9 years old	10 to 13 years old	14 and 15 years old	16 and 17 years old	18 and 19 years old	20 and 21 years old	22 to 24 years old	25 to 29 years old	30 to 34 years old	35 years old and over
1968	60.0	...	16.9	84.1	98.8	98.4	98.5	88.5	53.1	23.4	7.5	5.2	3.4	...
1967	59.2	...	17.0	81.0	99.0	98.3	96.5	86.7	48.6	24.5	9.0	3.5	3.5	...
1966	58.1	...	12.7	80.0	99.1	99.0	98.2	87.4	46.3	14.4	9.1	2.6	2.7	...
1965	57.7	...	9.5	81.0	99.3	99.4	98.7	82.2	47.5	18.5	4.3	2.6	2.3	...
1964	56.8	...	9.4	80.7	98.2	98.7	98.8	84.3	39.9	14.2	3.8	3.5	4.0	...
1963	61.9	...	...	74.3	97.7	99.2	98.2	85.9	46.5	21.7	7.1	4.7	2.7	...
1962	60.4	...	...	74.5	98.9	98.6	99.1	77.1	40.3	15.0	10.1	5.8	1.7	...
1961	60.0	...	...	78.7	98.4	97.6	96.6	78.6	41.7	19.9	6.1	4.0	1.9	...
1960	58.3	...	...	71.8	99.4	98.7	97.0	79.1	36.9	13.7	6.3	3.9	1.0	...
1959	58.0	...	...	76.0	98.7	99.1	95.8	76.3	35.5	12.5	10.6	4.5	1.8	...
1958	58.0	...	...	74.2	------98.8------		------87.6------		43.4	------11.8------		6.3	2.4	...
1957	55.9	...	...	73.1	------98.2------		------84.7------		38.5	------10.3------		6.0	1.2	...
1956	54.3	...	...	70.4	------97.6------		------81.3------		36.8	------12.5------		5.3	0.9	...
1955	54.4	...	...	72.8	------98.2------		------85.2------		32.9	------9.8------		6.2	1.9	...
1954	52.0	...	...	64.7	------97.5------		------82.8------		21.6	------10.1------		7.9	1.9	...
1953	47.8	...	...	41.6	------97.1------		------79.1------		34.6	------5.8------		3.3	0.9	...
1952	49.7	...	...	51.4	------96.0------		------72.5------		------6.0------			4.3	...	...
1951	56.9	...	...	52.8	------98.0------		------74.9------		23.6	------9.0------		4.3	...	...
1950	56.0	...	...	------87.0------			------79.3------		19.9	------11.1------		6.1	...	...
1949	45.0	...	...	------83.1------			------68.8------		26.1	------11.8------		3.3	1.1	...
1948	40.4	...	...	------78.9------			------63.9------		24.0	------10.5------		2.5	1.4	...
1947	45.1	...	...	------84.6------			------72.6------		20.7	------12.3------		5.1	0.8	...
Female														
2006	57.6	31.1	61.5	91.7	96.9	97.6	97.2	94.7	65.4	40.2	30.0	14.0	9.9	3.6
2005	57.9	31.5	50.6	97.1	99.5	99.5	98.0	92.5	58.5	40.1	31.8	13.8	13.0	3.6
2004	58.7	32.3	57.7	94.5	98.2	99.6	99.1	94.8	60.2	41.9	29.5	19.0	9.8	4.2
2003[1]	58.4	32.1	54.5	96.4	97.7	98.3	97.5	94.6	62.2	47.4	30.8	14.2	9.6	3.5
2002	59.1	33.0	57.4	95.2	97.2	98.3	98.8	93.7	60.6	47.1	28.8	16.3	11.7	3.8
2001	58.9	33.1	62.1	96.5	97.2	98.1	96.2	91.0	62.0	37.9	29.0	15.3	14.0	3.9
2000	58.7	32.9	62.3	96.8	96.8	98.2	99.6	93.8	61.5	41.3	26.4	16.5	10.7	2.9
1999	56.5	32.0	59.1	96.5	98.7	98.6	98.5	92.1	54.7	36.9	25.9	11.5	8.9	2.9
1998	57.8	33.2	59.1	95.6	98.9	98.7	100.0	91.8	62.2	37.8	26.2	14.4	10.9	3.2
1997	57.4	33.3	62.9	97.2	99.8	99.7	98.9	92.9	59.6	37.3	28.7	10.8	7.2	3.5
1996	54.7	32.2	52.6	90.8	96.7	97.6	99.6	90.4	50.5	35.5	23.2	14.4	8.6	3.5
1995	54.1	31.9	43.6	96.3	97.2	99.0	98.3	90.4	55.9	38.5	19.5	13.0	8.7	3.0
1994	54.4	32.5	47.0	97.2	99.7	99.7	98.6	95.5	54.6	35.9	23.6	10.3	8.5	3.4
1993[r]	51.6	...	37.9	92.0	98.7	99.7	97.9	93.4	52.0	35.3	16.6	10.5	7.4	...
1993	51.6	30.4	37.8	92.1	98.7	99.7	97.9	93.4	51.9	35.1	16.7	10.5	7.5	3.0
1992	51.3	...	35.8	94.1	98.9	99.6	98.8	91.5	51.8	38.6	21.6	8.2	6.9	...
1991	50.6	...	39.5	96.1	99.5	100.0	98.2	93.1	49.4	29.9	17.3	8.8	7.9	...
1990	50.1	...	45.0	96.5	99.8	99.8	98.7	90.2	50.0	26.0	20.1	7.3	6.2	...
1989	50.1	...	37.6	97.1	99.2	99.9	99.5	91.7	49.4	37.3	18.6	7.1	6.3	...
1988	49.0	...	32.3	94.9	99.8	99.3	98.6	89.8	50.9	34.3	11.9	7.9	6.9	...
1987	49.6	...	34.4	94.1	99.3	99.7	98.6	91.2	48.2	27.4	14.6	10.0	8.1	...
1986	49.5	...	38.6	93.7	100.0	99.3	98.2	93.1	47.6	25.7	16.9	8.6	6.5	...
1985	49.4	...	50.2	97.1	98.7	99.8	97.6	91.6	39.0	26.0	14.1	7.9	6.1	...
1984	47.8	...	39.2	95.3	99.5	99.4	99.0	91.7	40.3	25.9	14.1	8.8	6.2	...
1983	48.8	...	35.2	93.6	99.3	100.0	97.1	93.4	45.7	23.3	14.2	6.0	6.5	...
1982	50.2	...	39.8	97.0	99.1	99.5	98.3	91.0	41.0	27.2	16.6	7.2	8.0	...
1981	50.6	...	38.7	94.4	99.1	99.6	97.0	90.5	44.9	25.7	14.7	8.4	8.1	...
1980	52.0	...	39.7	96.7	99.3	99.3	97.4	90.4	48.2	23.7	13.9	7.4	6.5	...
1979	52.5	...	41.2	95.5	99.7	99.0	96.4	87.1	45.4	21.1	15.3	7.7	7.3	...
1978	54.1	...	44.8	94.7	99.6	99.1	98.0	89.6	42.4	26.0	15.2	8.1	8.0	...
1977	55.4	...	38.1	97.0	99.4	99.4	98.5	89.1	46.3	28.2	12.6	10.7	8.9	...
1976	55.0	...	32.6	93.6	99.1	98.8	98.4	87.0	46.4	28.4	14.5	8.1	7.6	...
1975	55.3	...	37.6	93.9	99.3	99.4	97.2	85.6	44.7	25.8	13.8	7.5	5.9	...
1974	54.2	...	28.0	93.8	98.9	100.0	97.9	84.2	42.1	20.1	9.0	7.7	4.8	...
1973	53.3	...	28.5	90.9	99.2	98.9	96.5	86.4	32.8	17.3	11.1	5.5	3.8	...
1972	54.9	...	24.5	89.1	99.0	99.3	97.3	90.1	38.7	17.9	8.5	5.9	6.5	...
1971	56.9	...	24.1	90.9	98.9	99.4	99.0	88.4	43.1	24.1	10.1	4.2	4.2	...
1970	55.5	...	23.2	85.7	99.5	99.5	97.2	85.9	38.9	18.9	6.7	3.6	3.3	...
1969	55.8	...	21.1	85.0	99.4	99.2	97.7	84.3	40.1	19.6	6.9	5.5	3.7	...
1968	54.9	...	20.5	81.3	99.7	99.5	96.9	84.3	38.6	14.5	8.3	1.5	3.2	...
1967	54.6	...	18.5	83.4	99.2	99.0	95.8	81.6	34.0	18.5	5.6	6.1	1.5	...
1966	53.2	...	14.7	81.6	99.3	99.4	96.5	83.1	30.3	9.3	3.6	2.0	2.0	...
1965	53.6	...	14.1	77.3	98.6	99.2	97.6	85.6	32.5	8.0	7.8	1.7	2.4	...
1964	52.5	...	11.7	79.9	99.9	99.3	95.0	80.6	31.7	13.7	3.8	2.8	2.0	...
1963	56.0	...	...	79.0	99.2	99.8	96.9	78.2	33.9	11.5	4.3	2.2	1.5	...
1962	54.1	...	...	77.5	98.3	99.1	95.2	69.5	27.3	14.9	3.0	2.2	1.3	...
1961	53.8	...	...	79.5	97.6	99.0	93.5	75.1	20.6	12.4	2.7	1.0	0.4	...
1960	53.7	...	...	74.9	99.1	99.3	94.8	74.7	32.2	10.4	2.8	2.1	1.0	...
1959	52.4	...	...	72.5	99.2	99.1	92.0	76.4	31.9	10.8	2.7	1.4	1.0	...
1958	50.3	...	...	73.7	------98.7------		------78.1------		26.4	------6.0------		1.9	0.4	...
1957	51.3	...	...	75.6	------98.2------		------85.0------		35.1	------7.6------		3.5	1.1	...
1956	49.0	...	...	75.2	------99.1------		------81.1------		27.5	------5.7------		1.3	0.6	...

Note: Data for 1947 to 1953 exclude kindergarten. Nursery school was first collected in 1964. Data shown for 1947 to 1966 for the Black population are for Black and other races.
[1] Starting in 2003 respondents could identify more than one race. Except as noted, the race data in this table from 2003 onward represent those respondents who indicated only one race category.
[r] = Revised, controlled to 1990 census based population estimates; previous 1993 data controlled to 1980 census based population estimates.
... = Not available

Table A-10. Percentage of the Population 3 Years Old and Over Enrolled in School, by Age, Sex, Race, and Hispanic Origin, October 1947–2006—*Continued*

(Percent.)

Year, sex, race, and Hispanic origin	Total enrolled 3 to 34 years old	Total enrolled 3 years old and over	3 and 4 years old	5 and 6 years old	7 to 9 years old	10 to 13 years old	14 and 15 years old	16 and 17 years old	18 and 19 years old	20 and 21 years old	22 to 24 years old	25 to 29 years old	30 to 34 years old	35 years old and over
1955	47.4	...	...	69.4	98.1	98.1	80.5	80.5	23.1	5.5	5.5	3.8	1.7	...
1954	45.6	...	...	73.0	98.6	98.6	74.7	74.7	25.7	2.9	2.9	2.3	0.9	...
1953	43.5	...	...	51.1	97.6	97.6	85.5	85.5	21.6	5.0	5.0	0.3	0.7	...
1952	43.6	...	...	56.3	97.0	97.0	82.3	82.3	6.4	6.4	6.4			...
1951	50.3	...	...	57.1	96.5	96.5	79.2	79.2	17.9	4.3	4.3	1.5	...	...
1950	47.0	...	...	86.5	86.5	86.5	71.9	71.9	25.7	3.0	3.0	0.6	...	...
1949	37.3	...	...	84.5	84.5	84.5	70.0	70.0	14.5	1.9	1.9	0.7	—	...
1948	38.2	...	...	81.3	81.3	81.3	69.6	69.6	25.2	2.7	2.7	0.6	—	...
1947	37.3	...	...	84.9	84.9	84.9	71.3	71.3	19.9	2.5	2.5	0.3	0.3	...

ASIAN[2]

Both Sexes

2006	54.7	26.9	48.3	96.7	99.1	99.2	99.5	92.2	83.0	74.7	44.8	17.8	8.7	2.2
2005	55.6	28.2	55.0	94.7	99.5	97.6	98.8	98.3	88.3	80.5	42.7	21.0	9.3	2.2
2004	56.8	29.3	58.3	97.2	99.9	99.1	97.5	98.6	82.6	79.7	46.8	21.5	9.5	2.6
2003[1]	56.8	29.3	54.5	89.4	99.0	99.3	99.0	97.6	87.3	79.8	48.1	22.5	9.2	2.2
2002	57.3	30.8	56.1	95.6	96.9	98.8	98.4	94.9	78.9	72.8	49.5	18.3	8.3	2.4
2001	57.7	31.7	41.9	99.4	96.3	99.6	98.4	95.7	84.0	72.6	50.8	22.6	7.8	2.2
2000	58.3	32.6	56.0	97.6	97.8	97.6	99.6	98.4	78.8	66.2	45.3	18.7	8.9	2.8
1999	60.9	34.3	55.8	98.9	99.6	100.0	95.8	97.3	78.5	61.7	45.6	20.3	7.8	3.0
1998	59.9	34.2	53.4	97.9	97.9	98.1	95.3	95.6	83.3	70.6	49.0	21.3	8.7	2.6
1997	60.6	34.6	60.2	94.0	97.7	100.0	99.4	94.7	80.2	73.2	41.8	24.2	9.6	2.7
1996	58.6	35.0	50.4	95.7	98.9	99.3	96.8	94.3	78.3	65.8	39.5	18.6	9.9	3.6
1995	57.3	32.5	42.1	95.9	99.5	99.8	100.0	95.9	83.1	63.4	46.7	21.2	11.1	3.2
1994	60.9	33.1	42.3	97.8	99.5	99.7	100.0	97.3	81.8	67.4	53.5	23.8	8.4	2.7
1993	62.2	34.7	39.6	97.1	99.7	100.0	99.9	91.1	82.5	76.1	55.3	21.0	8.6	3.4

Male

2006	55.5	28.3	56.7	96.8	98.3	98.8	0.0	91.0	79.7	76.1	42.2	16.3	8.5	2.4
2005	56.9	29.7	53.2	96.8	99.8	96.9	97.8	97.8	85.2	84.0	42.6	21.1	10.3	2.0
2004	59.3	31.9	58.3	96.0	99.7	99.8	96.5	99.0	85.9	84.2	49.8	24.1	11.4	2.9
2003[1]	59.6	31.8	53.3	90.8	97.9	99.9	97.8	100.0	90.4	77.0	47.8	28.9	11.9	2.3
2002	58.7	32.3	54.1	97.7	95.6	98.4	99.5	94.3	80.0	70.2	50.1	20.6	9.5	2.4
2001	59.1	33.6	35.9	99.6	96.0	100.0	97.1	94.5	83.3	74.9	58.9	22.9	10.6	1.7
2000	60.5	35.0	56.0	96.8	99.5	97.0	99.3	97.8	75.5	67.2	49.1	16.0	10.2	2.7
1999	62.0	35.8	53.5	97.9	99.2	100.0	93.7	98.7	74.4	59.6	50.5	21.4	10.6	3.1
1998	60.8	35.2	51.5	100.0	97.9	98.5	95.0	96.8	74.8	68.0	51.3	21.4	11.1	2.2
1997	63.4	36.6	61.3	89.7	99.4	100.0	98.6	95.5	88.2	71.6	46.9	31.0	10.6	2.5
1996	62.1	38.0	51.0	94.0	99.0	99.6	97.9	93.7	81.0	70.7	37.3	24.4	14.4	3.6
1995	60.0	35.6	38.0	94.5	98.9	99.6	100.0	96.9	81.9	60.3	47.8	24.8	15.7	3.5
1994	64.7	35.8	45.5	98.2	99.0	100.0	100.0	96.9	81.5	70.9	57.0	31.3	10.7	2.1
1993	65.9	37.9	43.0	95.9	99.8	99.9	100.0	93.4	79.4	78.5	65.4	21.0	11.2	3.4

Female

2006	53.8	25.6	39.1	96.5	100.0	99.5	99.0	93.3	87.3	72.9	47.0	19.1	8.9	2.0
2005	54.4	26.8	56.8	92.3	99.3	98.3	100.0	98.8	91.7	75.9	42.9	20.9	8.4	2.4
2004	54.1	26.9	58.4	99.1	100.0	98.2	98.5	98.1	79.0	74.7	43.9	19.1	7.6	2.4
2003[1]	54.0	27.1	55.8	87.4	100.0	98.4	100.0	94.9	84.6	82.5	48.3	16.6	6.7	2.1
2002	56.1	29.5	58.1	93.4	97.9	99.2	97.5	95.5	77.9	75.8	48.9	16.1	7.2	2.3
2001	56.2	29.9	47.7	99.1	96.6	99.2	100.0	97.2	84.6	70.0	42.5	22.3	5.1	2.6
2000	56.0	30.4	55.9	98.6	96.2	98.2	100.0	99.1	82.0	65.1	41.7	20.6	7.5	2.9
1999	59.8	32.9	57.8	100.0	100.0	100.0	97.6	95.8	82.0	63.7	42.2	19.4	5.2	2.9
1998	59.0	33.2	55.0	95.6	97.8	97.7	95.6	94.4	91.5	73.6	46.6	21.2	6.5	3.0
1997	57.9	32.7	59.5	98.4	95.5	100.0	100.0	93.8	71.6	74.3	36.5	17.4	8.8	2.9
1996	54.9	32.0	49.5	97.9	98.8	99.0	95.5	95.0	75.4	80.8	42.2	13.5	6.1	3.7
1995	54.5	29.6	46.0	98.1	100.0	100.0	100.0	94.8	84.4	67.0	46.2	17.8	6.8	3.1
1994	57.3	30.6	39.0	97.4	100.0	99.4	100.0	97.7	81.9	64.2	49.3	16.9	6.7	3.2
1993	58.6	31.9	36.1	98.5	99.6	100.0	99.8	88.7	87.0	74.5	43.4	20.9	6.3	3.4

HISPANIC[3]

Both Sexes

2006	51.3	31.9	48.8	93.4	98.1	98.2	98.4	91.1	53.4	30.6	17.9	7.3	5.3	1.8
2005	50.9	32.1	43.0	93.8	97.4	97.9	97.3	92.6	54.3	30.0	19.5	7.8	4.2	2.0
2004	50.7	32.4	43.9	93.9	97.2	97.5	99.0	89.2	43.9	30.6	17.2	6.7	3.3	1.5
2003	49.6	31.6	43.7	91.6	97.5	98.3	96.7	92.1	50.5	33.7	16.1	6.2	4.6	1.8
2002	49.9	32.3	41.0	94.4	97.9	98.1	98.1	90.9	50.6	24.6	15.3	8.4	4.4	2.4
2001	49.5	32.4	39.7	93.6	97.4	98.3	97.8	88.2	45.5	27.9	15.5	7.7	4.4	2.5
2000	51.3	32.6	35.9	94.3	97.5	97.4	96.2	87.0	49.5	26.1	18.2	7.4	5.6	2.0
1999	51.1	32.9	36.9	93.9	99.0	98.3	97.6	88.1	44.5	22.6	15.0	9.1	5.6	2.3
1998	50.4	32.6	36.7	98.2	98.8	99.1	96.8	89.1	40.3	25.6	16.3	8.7	5.5	2.3
1997	50.8	32.7	36.6	96.6	98.6	99.6	98.4	91.1	49.4	28.9	16.4	7.3	3.7	1.8
1996	50.3	32.8	38.1	89.5	96.6	97.6	96.6	88.7	47.0	25.3	17.6	8.6	5.0	2.5

Note: Data for 1947 to 1953 exclude kindergarten. Nursery school was first collected in 1964. Data shown for 1947 to 1966 for the Black population are for Black and other races.
[1] Starting in 2003 respondents could identify more than one race. Except as noted, the race data in this table from 2003 onward represent those respondents who indicated only one race category.
[2] The data shown prior to 2003 consists of those identifying themselves as "Asian or Pacific Islanders."
[3] May be of any race.
r = Revised, controlled to 1990 census based population estimates; previous 1993 data controlled to 1980 census based population estimates.
... = Not available

Table A-10. Percentage of the Population 3 Years Old and Over Enrolled in School, by Age, Sex, Race, and Hispanic Origin, October 1947–2006—Continued

(Percent.)

Year, sex, race, and Hispanic origin	Total enrolled 3 to 34 years old	Total enrolled 3 years old and over	3 and 4 years old	5 and 6 years old	7 to 9 years old	10 to 13 years old	14 and 15 years old	16 and 17 years old	18 and 19 years old	20 and 21 years old	22 to 24 years old	25 to 29 years old	30 to 34 years old	35 years old and over
1995	49.7	32.9	36.9	93.9	98.5	99.2	98.9	88.2	46.1	27.1	15.6	7.1	4.7	2.7
1994	49.0	32.6	30.8	96.1	99.2	99.4	96.1	88.3	51.4	24.9	15.1	8.1	5.7	2.7
1993ʳ	48.6	...	26.8	93.6	99.6	99.2	97.6	88.1	50.0	31.8	13.8	7.7	5.1	...
1993	48.9	31.6	26.8	93.8	99.6	99.2	97.6	88.3	50.0	31.8	13.7	7.7	5.1	1.9
1992	49.2	...	28.8	96.0	99.5	99.1	98.8	87.2	53.7	30.1	14.5	6.7	6.0	...
1991	47.9	...	30.6	92.4	99.9	99.4	97.2	82.6	47.9	26.4	11.6	6.9	5.9	...
1990	47.4	...	29.8	94.8	99.6	99.2	99.0	85.4	44.1	27.2	9.9	6.3	3.1	...
1989	45.8	...	23.8	92.8	98.0	99.3	96.5	86.4	44.6	18.8	12.0	6.6	3.5	...
1988	46.0	...	24.5	95.7	99.6	99.8	98.8	78.8	44.1	16.7	12.1	5.8	6.2	...
1987	47.2	...	30.7	93.0	99.2	99.4	97.6	87.1	39.1	26.5	12.3	7.5	4.9	...
1986	48.2	...	28.8	93.7	99.4	99.3	97.2	84.0	46.0	21.4	13.7	9.2	5.6	...
1985	47.7	...	27.0	94.5	98.4	99.4	96.1	84.5	41.8	24.0	11.6	8.6	5.6	...
1984	47.7	...	24.2	93.9	98.7	99.4	94.9	85.7	39.9	28.1	11.3	6.6	7.5	...
1983	49.3	...	23.5	95.1	98.5	99.7	96.0	88.6	44.3	24.0	12.5	7.1	5.7	...
1982	49.4	...	21.8	92.2	98.7	98.8	96.9	85.5	39.2	22.7	10.4	8.2	4.4	...
1981	49.0	...	24.5	90.4	99.2	99.1	94.0	82.8	37.8	20.6	12.3	8.0	4.7	...
1980	49.8	...	28.5	94.5	98.4	99.7	94.3	81.8	37.8	19.5	11.7	6.9	4.1	...
1979	48.6	...	22.5	92.5	98.7	99.0	96.3	82.3	39.9	22.6	10.0	7.8	7.1	...
1978	48.3	...	22.5	91.4	99.5	98.0	95.2	83.0	35.7	16.8	11.8	8.0	4.1	...
1977	50.8	...	19.5	93.7	99.0	99.3	97.6	83.6	40.6	23.1	10.8	9.3	5.6	...
1976	51.8	...	22.2	95.0	97.5	99.1	95.4	81.3	45.2	24.0	14.8	7.9	2.7	...
1975	54.8	...	27.3	92.1	99.6	99.2	95.6	86.2	44.0	27.5	14.1	8.3	4.1	...
1974	54.3	...	25.3	92.1	98.8	99.2	96.1	78.3	45.2	23.2	11.3	6.7	2.2	...
1973	52.8	...	18.8	90.7	98.7	99.1	94.4	80.2	39.2	21.5	10.0	6.8	1.3	...
1972	53.0	...	20.5	90.0	98.7	99.1	96.7	83.9	41.4	17.0	9.9	5.2	3.5	...
Male														
2006	49.0	30.9	49.1	91.7	97.7	97.9	99.0	91.7	51.5	24.1	16.0	5.4	3.5	1.2
2005	48.4	31.0	43.0	92.4	96.0	97.2	97.8	92.5	51.8	25.2	17.5	5.6	2.6	1.6
2004	48.5	31.5	43.8	93.9	97.2	97.5	99.0	89.2	43.9	30.6	17.2	6.7	3.3	1.5
2003	47.3	30.8	42.9	91.3	97.5	98.4	96.7	90.4	47.0	27.2	13.3	4.9	3.8	1.3
2002	48.1	31.9	41.7	95.1	97.8	97.6	98.2	88.8	48.4	24.5	11.5	7.0	3.1	2.2
2001	48.4	32.2	42.9	94.9	97.9	98.6	98.4	87.8	40.0	24.4	14.6	6.5	3.5	2.2
2000	50.5	32.5	31.9	95.4	96.6	98.4	96.9	85.7	48.0	24.2	15.2	5.1	5.7	1.4
1999	50.3	32.9	33.5	92.8	98.8	98.5	98.1	87.9	45.3	21.5	11.2	8.6	3.9	2.0
1998	49.0	32.4	44.9	92.8	98.8	99.3	97.0	88.0	33.7	24.6	12.9	6.9	4.7	1.8
1997	49.0	32.3	35.5	97.7	97.7	99.8	99.5	92.5	45.4	27.6	14.0	5.9	2.7	1.6
1996	49.2	33.0	39.6	91.0	95.4	97.9	98.0	90.4	46.8	19.5	16.2	6.8	4.3	2.6
1995	49.1	33.1	40.8	93.6	98.8	98.8	98.4	88.4	47.4	24.8	14.8	5.6	4.5	2.1
1994	48.0	32.5	32.6	96.5	98.6	99.3	94.6	86.6	54.2	23.7	14.0	7.1	4.2	2.3
1993ʳ	46.6	...	26.9	93.4	99.8	98.8	96.9	88.7	47.8	31.6	13.0	5.5	5.4	...
1993	47.4	31.5	27.0	93.6	99.8	98.8	96.9	89.1	47.7	31.6	12.8	5.5	5.4	1.5
1992	47.9	...	24.9	96.5	100.0	99.2	98.1	89.2	52.6	24.3	13.8	5.3	3.5	...
1991	46.4	...	30.7	92.3	99.8	99.7	97.8	83.6	42.1	20.8	9.9	6.8	3.3	...
1990	47.1	...	27.3	95.6	99.5	99.0	99.1	85.5	40.7	21.7	11.2	4.6	4.0	...
1989	45.8	...	21.3	92.5	97.7	98.6	98.0	88.7	44.2	17.1	12.2	7.3	4.1	...
1988	46.2	...	27.9	96.7	99.2	100.0	98.1	80.9	44.7	21.6	12.5	4.5	5.0	...
1987	47.8	...	30.5	92.8	99.7	100.0	98.1	90.9	42.3	30.1	11.4	7.8	5.1	...
1986	47.3	...	29.4	93.0	100.0	99.4	96.8	85.0	45.8	19.2	13.0	9.1	4.4	...
1985	47.5	...	26.4	95.3	98.9	99.1	96.2	88.9	38.6	20.3	12.6	8.7	3.8	...
1984	48.6	...	20.0	93.6	98.2	100.0	95.7	85.1	38.8	27.5	12.3	8.2	4.0	...
1983	50.7	...	25.0	91.9	98.8	99.6	97.8	88.2	40.4	26.2	15.1	6.9	4.6	...
1982	50.4	...	25.2	90.3	99.6	98.4	96.8	87.8	39.7	21.6	11.2	10.8	3.1	...
1981	49.6	...	25.5	89.6	98.8	99.0	92.3	84.5	36.0	24.4	11.4	8.3	4.3	...
1980	49.9	...	30.1	94.0	97.7	99.4	96.7	81.5	36.9	21.4	10.7	6.8	6.2	...
1979	51.0	...	22.8	93.8	98.7	99.0	96.6	85.1	42.6	24.0	12.4	8.7	6.1	...
1978	50.5	...	22.6	93.2	99.1	97.8	94.0	80.4	40.0	18.1	13.6	9.5	4.4	...
1977	54.2	...	23.2	91.4	100.0	98.7	99.1	89.4	43.1	22.8	16.0	13.1	6.4	...
1976	55.0	...	22.1	94.6	97.4	98.5	97.3	85.5	46.3	27.1	18.6	11.4	5.6	...
1975	58.1	...	26.7	89.7	99.6	98.8	97.4	88.3	51.9	31.3	15.9	11.9	7.2	...
1974	56.0	...	23.5	93.1	98.3	98.5	97.9	78.6	46.8	22.3	14.5	8.4	7.4	...
1973	55.5	...	23.1	92.4	99.1	99.1	96.5	86.6	45.8	23.8	10.8	9.9	6.7	...
1972	54.7	...	20.4	90.3	98.8	99.1	98.1	87.8	40.5	20.0	13.9	5.8	2.5	...
Female														
2006	53.9	33.1	48.5	95.3	98.5	98.6	97.7	90.4	55.4	37.5	20.1	9.7	7.3	2.3
2005	58.0	33.3	43.0	95.3	98.8	98.6	96.7	92.6	57.2	35.3	21.8	10.4	6.1	2.4
2004	53.1	33.3	44.0	92.2	97.9	97.5	97.5	91.3	56.9	34.0	22.0	9.7	7.5	2.8
2003	52.2	32.5	44.7	92.0	97.5	98.2	96.8	93.8	54.4	41.1	19.4	7.9	5.6	2.2
2002	51.8	32.8	40.3	93.8	98.1	98.7	97.9	92.8	53.2	24.6	20.2	9.9	6.0	2.7
2001	50.6	32.6	36.3	92.4	96.9	98.1	97.2	88.7	51.1	31.6	16.7	9.1	5.3	2.8
2000	52.2	32.8	40.0	93.1	98.4	96.4	95.4	88.3	51.1	28.1	21.6	9.5	5.5	2.6
1999	52.1	32.8	40.5	95.0	99.3	98.0	96.9	88.3	43.6	23.6	19.2	9.5	7.3	2.7
1998	51.9	32.8	34.3	93.7	98.8	98.9	96.7	90.5	46.8	26.8	20.0	10.6	6.5	2.8
1997	52.7	33.0	37.7	95.7	99.6	99.5	97.3	89.6	53.9	30.4	19.2	8.8	4.9	2.0
1996	51.4	32.7	36.8	87.8	97.9	97.4	95.0	86.9	47.2	31.1	19.3	10.5	5.7	2.5
1995	50.3	32.7	32.7	94.3	98.2	99.6	99.4	88.0	44.8	29.2	16.6	8.7	4.9	3.2
1994	50.2	32.7	28.9	95.7	99.8	99.4	97.6	90.2	48.6	26.4	16.5	9.1	7.3	3.0
1993ʳ	50.7	...	26.7	93.9	99.4	99.6	98.2	87.3	51.9	31.9	14.7	10.2	4.7	...

Note: Data for 1947 to 1953 exclude kindergarten. Nursery school was first collected in 1964. Data shown for 1947 to 1966 for the Black population are for Black and other races.
ʳ = Revised, controlled to 1990 census based population estimates; previous 1993 data controlled to 1980 census based population estimates.
... = Not available

Table A-10. Percentage of the Population 3 Years Old and Over Enrolled in School, by Age, Sex, Race, and Hispanic Origin, October 1947–2006—*Continued*

(Percent.)

Year, sex, race, and Hispanic origin	Total enrolled 3 to 34 years old	Total enrolled 3 years old and over	3 and 4 years old	5 and 6 years old	7 to 9 years old	10 to 13 years old	14 and 15 years old	16 and 17 years old	18 and 19 years old	20 and 21 years old	22 to 24 years old	25 to 29 years old	30 to 34 years old	35 years old and over
1993	50.6	31.6	26.7	93.9	99.4	99.6	98.2	87.4	51.9	32.0	14.5	10.2	4.8	2.2
1992	50.6	...	32.7	95.4	99.0	99.1	99.6	85.0	54.9	35.6	15.4	8.2	6.0	...
1991	49.5	...	30.5	92.6	100.0	99.2	96.6	81.5	53.7	32.0	13.6	7.0	5.9	...
1990	47.7	...	32.3	93.9	99.7	99.4	98.8	85.3	47.2	33.1	8.4	8.1	3.1	...
1989	45.9	...	26.5	93.3	98.3	100.0	95.1	83.7	45.0	20.8	11.9	5.8	3.5	...
1988	45.8	...	20.7	94.6	100.0	99.6	99.6	76.6	43.5	11.2	11.5	7.2	6.2	...
1987	46.5	...	30.8	93.2	98.7	98.9	97.1	82.6	36.2	22.0	13.2	7.3	4.9	...
1986	49.0	...	28.2	94.4	98.7	99.2	97.5	83.0	46.2	23.7	14.5	9.2	5.6	...
1985	47.9	...	27.7	93.7	98.0	99.7	96.0	80.0	44.7	27.4	10.4	8.6	5.6	...
1984	46.8	...	28.2	94.2	99.2	98.7	94.0	86.3	40.8	28.7	10.4	4.9	7.5	...
1983	48.0	...	22.0	98.3	98.1	99.8	94.1	89.1	47.6	21.7	10.1	7.4	5.7	...
1982	48.4	...	16.3	93.9	97.8	99.2	97.1	82.8	38.7	23.7	9.7	5.7	4.4	...
1981	48.4	...	23.4	91.3	99.6	99.3	95.7	80.8	39.4	16.8	13.1	7.7	4.7	...
1980	49.8	...	26.6	94.9	99.0	99.9	92.1	82.2	38.8	17.6	12.6	6.9	4.1	...
1979	46.3	...	22.3	91.1	98.7	98.9	95.9	79.5	37.1	21.5	7.8	7.0	7.1	...
1978	46.2	...	22.5	89.4	100.0	98.2	96.6	86.2	31.9	15.7	10.1	6.5	4.1	...
1977	47.6	...	15.8	96.3	97.9	99.9	95.9	77.4	38.5	23.4	6.2	5.9	5.6	...
1976	48.8	...	22.3	95.5	97.6	99.7	93.6	77.6	44.2	21.4	12.1	4.8	2.7	...
1975	51.7	...	27.9	94.4	99.5	99.7	93.8	84.0	37.1	24.3	12.5	5.3	4.1	...
1974	52.5	...	27.4	91.1	99.2	100.0	94.1	77.9	43.7	23.9	8.4	4.9	2.2	...
1973	50.1	...	14.0	88.9	98.3	99.1	92.5	74.9	32.9	19.4	9.2	3.9	1.3	...
1972	51.4	...	20.5	89.7	98.5	99.0	95.4	80.0	42.4	14.6	6.8	4.7	3.5	...

WHITE ALONE OR IN COMBINATION

Both Sexes

2006	55.8	25.7	55.5	94.8	98.4	98.5	98.4	94.9	65.0	47.9	25.6	11.4	6.8	1.7
2005	56.2	26.1	53.9	95.3	98.6	98.7	98.3	95.3	67.7	49.3	26.2	11.3	6.2	1.8
2004	55.7	26.1	52.7	95.5	98.2	98.4	98.5	94.0	64.8	49.4	25.2	12.2	6.4	1.8
2003	55.6	26.1	55.2	94.8	98.0	98.4	97.4	95.0	64.2	48.3	26.8	11.0	6.3	1.7

Male

2006	54.9	25.9	56.0	94.5	98.3	98.4	98.2	94.7	62.7	43.5	24.1	10.3	5.6	1.3
2005	55.2	26.2	52.6	94.7	98.2	98.6	98.3	95.2	65.7	45.1	24.6	8.9	5.4	1.4
2004	55.0	26.3	53.4	95.8	98.0	98.2	98.8	94.3	59.9	46.5	23.2	11.1	5.5	1.4
2003	55.0	26.5	55.9	95.2	97.7	98.2	97.3	95.1	61.6	43.4	25.5	9.8	5.7	1.4

Female

2006	56.6	25.5	55.0	95.2	98.5	98.5	98.6	95.2	67.3	52.4	27.1	12.4	8.1	2.1
2005	57.4	26.0	55.3	96.0	98.9	98.8	98.4	95.5	70.0	53.8	27.9	13.8	7.1	2.3
2004	56.5	25.8	51.9	95.3	98.4	98.5	98.2	93.8	69.7	52.4	27.1	13.4	7.3	2.2
2003	56.3	25.7	54.4	94.5	98.3	98.7	97.5	94.9	66.8	53.1	28.1	12.2	7.0	2.1

BLACK ALONE OR IN COMBINATION

Both Sexes

2006	58.8	33.3	59.0	92.4	96.9	97.2	97.4	93.2	64.9	38.9	27.8	11.9	8.9	3.2
2005	59.0	33.5	51.3	96.1	98.5	98.6	95.9	92.9	62.5	38.1	27.8	11.7	9.9	3.1
2004	59.6	34.3	58.6	94.5	97.4	99.4	98.6	95.3	59.7	40.8	25.3	14.8	7.0	3.3
2003	59.8	34.2	56.5	94.6	98.1	98.3	98.0	94.2	60.9	42.1	27.2	12.4	8.4	2.8

Male

2006	59.5	34.8	57.0	92.5	97.0	97.1	97.8	91.9	64.1	38.8	25.6	9.5	7.0	2.5
2005	59.2	34.6	52.5	95.1	97.5	97.9	93.8	93.8	66.2	34.9	23.9	9.3	6.1	2.3
2004	59.7	35.3	59.9	93.9	96.8	99.2	98.8	96.3	57.9	38.2	21.0	9.3	3.9	2.2
2003	60.6	35.7	57.6	93.2	98.8	98.2	98.3	93.8	61.1	35.6	23.4	9.4	7.2	1.9

Female

2006	58.2	32.0	60.9	92.3	96.9	97.4	97.0	94.6	65.6	39.0	29.8	14.0	10.5	3.6
2005	58.8	32.4	50.0	97.1	99.4	99.3	97.8	92.0	59.1	41.3	31.1	13.8	12.8	3.7
2004	59.6	33.4	57.0	95.0	98.1	99.6	98.4	94.2	61.3	43.1	29.3	19.3	9.5	4.2
2003	59.1	32.9	55.3	95.9	97.3	98.4	97.6	94.5	60.7	47.5	30.7	14.7	9.4	3.5

ASIAN ALONE OR IN COMBINATION

Both Sexes

2006	56.3	29.0	51.5	94.6	99.0	99.3	99.6	92.0	82.3	72.2	43.1	17.3	8.8	2.2
2005	57.6	30.5	54.4	95.5	99.6	97.5	98.7	98.2	86.2	77.1	44.4	20.9	9.4	2.3
2004	58.5	31.4	57.7	97.6	99.9	99.2	98.0	97.1	79.9	77.7	46.2	20.8	9.3	2.7
2003	58.2	31.3	51.4	89.3	99.2	99.4	99.1	95.7	87.1	77.0	48.1	21.6	9.4	2.2

Male

2006	57.0	30.2	60.4	94.7	98.2	99.0	0.0	90.1	78.1	74.6	43.0	14.9	8.5	2.4
2005	58.3	31.7	51.1	97.4	99.7	96.5	98.0	97.3	83.6	82.1	42.2	20.2	9.9	2.0
2004	60.8	33.9	57.2	96.5	99.8	99.9	97.1	96.9	83.5	83.6	49.6	23.0	10.9	2.9
2003	60.2	33.4	49.3	91.9	98.2	99.9	98.2	95.9	89.6	74.0	47.3	27.9	12.1	2.4

Note: Data for 1947 to 1953 exclude kindergarten. Nursery school was first collected in 1964. Data shown for 1947 to 1966 for the Black population are for Black and other races.
... = Not available

Table A-10. Percentage of the Population 3 Years Old and Over Enrolled in School, by Age, Sex, Race, and Hispanic Origin, October 1947–2006—*Continued*

(Percent.)

Year, sex, race, and Hispanic origin	Total enrolled 3 to 34 years old	Total enrolled 3 years old and over	3 and 4 years old	5 and 6 years old	7 to 9 years old	10 to 13 years old	14 and 15 years old	16 and 17 years old	18 and 19 years old	20 and 21 years old	22 to 24 years old	25 to 29 years old	30 to 34 years old	35 years old and over
Female														
2006	55.7	27.9	41.4	94.5	100.0	99.6	99.1	93.6	87.8	69.4	43.2	19.4	9.0	2.1
2005	57.0	29.3	57.5	93.2	99.5	98.5	99.7	99.1	89.2	71.2	46.2	21.6	8.9	2.5
2004	56.1	29.0	58.4	99.2	99.9	98.5	98.9	97.2	76.3	71.5	42.9	18.8	7.8	2.5
2003	56.2	29.3	54.2	86.0	100.0	98.7	100.0	95.4	85.1	79.7	48.8	15.8	6.9	2.1

Note: Data for 1947 to 1953 exclude kindergarten. Nursery school was first collected in 1964. Data shown for 1947 to 1966 for the Black population are for Black and other races.
[3]Prior to 1994, total enrolled does not include the 35 years old and over population.
… = Not available.

Table A-11. The Population 6 to 17 Years Old Enrolled Below Modal Grade, 1971–2006

(Numbers in thousands, percent.)

Year, sex, race, and Hispanic origin	Percent below modal grade				Dropout rate, 15 to 17 years old	Population in age group			
	6 to 8 years old	9 to 11 years old	12 to 14 years old	15 to 17 years old		6 to 8 years old	9 to 11 years old	12 to 14 years old	15 to 17 years old

ALL RACES

Both Sexes

Year									
2006	20.1	26.1	27.9	30.5	3.0	11,776	11,902	12,473	12,926
2005	20.7	25.4	28.3	30.6	2.8	11,784	11,998	12,689	13,204
2004	21.7	25.4	28.2	32.0	3.5	11,799	12,034	12,870	12,766
2003	21.3	28.1	28.8	30.6	3.2	11,866	12,124	12,951	12,753
2002	18.0	25.5	27.1	30.1	3.3	12,029	12,421	12,592	12,187
2001	18.6	23.7	25.9	29.7	3.8	11,972	12,738	12,357	12,031
2000	19.2	24.0	27.8	30.2	4.3	12,079	12,713	12,003	11,933
1999	17.4	25.3	26.5	30.8	4.0	12,159	12,537	11,921	12,048
1998	19.0	23.8	26.7	31.9	3.8	12,165	11,960	11,600	11,314
1997	18.6	24.2	28.5	32.1	3.6	12,325	11,866	11,650	11,953
1996	17.9	23.3	28.8	31.0	4.8	12,191	11,845	11,653	11,617
1995	17.5	25.6	30.8	32.8	4.1	11,728	11,812	11,582	11,401
1994	18.9	26.2	31.3	30.9	3.8	11,601	11,528	11,462	10,560
1993ʳ	18.7	28.1	31.0	32.3	3.8	11,363	11,283	10,981	10,247
1993	18.7	28.0	30.8	32.0	3.7	11,363	11,283	10,981	10,247
1992	19.4	28.4	30.9	30.5	3.6	11,260	11,183	10,723	10,114
1991	21.2	26.9	29.6	30.0	4.6	11,120	11,099	10,440	9,923
1990	21.5	27.6	31.0	30.1	4.7	11,015	10,914	10,152	9,912
1989	21.5	29.0	31.8	28.0	4.5	11,007	10,673	9,928	10,020
1988	20.4	28.4	28.7	26.2	5.1	10,906	10,350	9,869	10,379
1987	20.9	26.7	27.6	24.8	5.1	10,702	10,053	9,795	10,944
1986	19.2	26.5	27.3	25.8	4.9	10,389	9,959	9,908	11,149
1985	17.9	24.9	25.7	25.5	5.1	10,076	9,673	10,442	11,024
1984	16.6	23.9	27.0	24.6	5.3	9,707	9,594	10,858	10,711
1983	15.4	24.4	24.9	23.7	5.2	9,605	9,730	11,123	10,768
1982	16.6	22.8	23.9	23.0	5.4	9,492	10,169	10,989	11,131
1981	14.4	23.3	23.0	23.8	6.2	9,519	10,657	10,712	11,757
1980	14.3	20.3	22.6	22.5	6.6	9,350	10,681	10,537	11,835
1979	13.0	20.2	20.3	21.6	6.5	9,804	10,545	10,886	12,190
1978	12.4	19.5	19.2	21.8	6.5	10,246	10,448	11,391	12,346
1977	10.7	18.9	18.9	21.2	6.4	10,449	10,537	11,826	12,472
1970	10.6	18.1	19.8	22.2	6.3	10,334	10,872	12,137	12,550
1975	11.1	17.4	21.3	22.5	6.4	10,256	11,343	12,272	12,531
1974	10.3	17.8	21.7	21.6	7.1	10,343	11,789	12,415	12,566
1973	10.7	18.4	21.5	21.3	7.1	10,614	11,946	12,542	12,309
1972	10.7	19.6	21.9	22.3	6.6	11,119	12,152	12,451	12,283
1971	11.2	19.7	22.0	22.5	5.7	11,938	12,648	12,429	11,906

Male

Year									
2006	21.7	28.2	31.1	35.0	3.3	5,991	6,115	6,374	6,574
2005	23.2	28.6	30.7	34.3	3.0	6,014	6,126	6,523	6,645
2004	23.9	28.2	31.7	36.8	3.5	6,075	6,120	6,685	6,395
2003	23.9	32.0	31.8	35.1	3.4	6,198	6,331	6,426	6,569
2002	20.3	29.2	31.0	35.6	3.5	6,156	6,349	6,436	6,210
2001	22.1	26.1	28.7	34.0	4.3	6,147	6,540	6,311	6,182
2000	22.1	27.2	31.3	34.3	4.5	6,181	6,504	6,148	6,136
1999	18.8	28.9	30.2	36.2	3.9	6,211	6,471	6,048	6,195
1998	21.4	26.6	30.4	37.4	4.1	6,234	6,125	5,897	5,791
1997	21.9	27.7	33.4	37.8	3.7	6,295	6,112	5,932	6,126
1996	20.7	26.0	33.9	36.9	4.5	6,268	6,043	5,934	5,985
1995	20.2	28.0	35.2	38.5	3.5	5,999	6,027	5,930	5,840
1994	21.1	28.0	35.6	35.7	3.9	5,894	6,026	5,874	5,640
1993ʳ	21.2	32.1	35.4	40.3	3.3	5,837	5,736	5,629	5,262
1993	21.1	32.0	35.0	38.8	3.1	5,837	5,736	5,629	5,262
1992	21.6	32.6	37.0	35.2	2.7	5,738	5,742	5,502	5,166
1991	24.0	30.7	34.7	35.5	4.3	5,674	5,704	5,343	5,085
1990	23.9	32.0	36.2	35.3	4.6	5,629	5,603	5,200	5,078
1989	25.1	32.9	36.7	33.4	4.3	5,632	5,472	5,088	5,151
1988	23.5	33.2	33.7	30.6	4.8	5,580	5,298	5,065	5,286
1987	23.7	31.8	31.8	29.2	4.6	5,496	5,147	5,036	5,535
1986	22.9	30.4	32.2	30.2	4.9	5,311	5,113	5,066	5,697
1985	20.6	28.3	29.0	30.2	4.9	5,159	4,946	5,340	5,623
1984	18.8	27.7	31.1	30.2	5.5	4,963	4,905	5,521	5,469
1983	17.8	28.8	30.3	28.5	5.3	4,913	4,974	5,690	5,463
1982	19.3	26.4	28.0	27.9	5.2	4,852	5,198	5,566	5,688
1981	17.2	27.9	25.6	28.1	6.2	4,866	5,447	5,510	5,914
1980	16.4	23.4	27.3	26.8	6.4	4,774	5,453	5,282	6,067
1979	15.5	23.4	24.1	27.4	5.9	5,004	5,379	5,555	6,174
1978	14.7	22.9	22.9	26.2	6.7	5,227	5,326	5,797	6,265
1977	12.5	22.4	22.6	25.3	6.1	5,327	5,371	6,044	6,297
1976	12.5	20.9	23.4	27.5	5.7	5,265	5,540	6,185	6,356
1975	12.6	21.2	25.8	26.8	5.7	5,223	5,782	6,336	6,309
1974	12.2	21.2	25.9	26.3	7.0	5,267	6,011	6,329	6,352
1973	12.8	20.8	25.2	26.4	6.8	5,403	6,082	6,397	6,215
1972	12.5	23.3	26.8	26.8	6.2	5,662	6,188	6,322	6,232
1971	13.5	22.8	26.1	27.2	5.0	6,088	6,440	6,293	6,019

ʳ = Revised, controlled to 1990 census based population estimates; previous 1993 data controlled to 1980 census based population estimates.

Table A-11. The Population 6 to 17 Years Old Enrolled Below Modal Grade, 1971–2006—Continued
(Numbers in thousands, percent.)

Year, sex, race, and Hispanic origin	Percent below modal grade				Dropout rate, 15 to 17 years old	Population in age group			
	6 to 8 years old	9 to 11 years old	12 to 14 years old	15 to 17 years old		6 to 8 years old	9 to 11 years old	12 to 14 years old	15 to 17 years old
Female									
2006	18.4	23.9	24.6	25.9	2.6	5,785	5,787	6,099	6,352
2005	18.2	22.0	25.8	26.8	2.6	5,769	5,872	6,167	6,559
2004	19.4	22.5	24.4	27.1	3.5	5,724	5,914	6,185	6,371
2003	18.5	23.8	25.8	25.8	3.0	5,668	5,793	6,524	6,184
2002	15.6	21.7	23.0	24.4	3.1	5,872	6,072	6,156	5,977
2001	14.9	21.3	23.0	25.2	3.3	5,825	6,197	6,046	5,849
2000	16.1	20.6	24.2	25.8	4.2	5,897	6,209	5,855	5,797
1999	16.1	21.6	22.7	25.1	4.2	5,948	6,066	5,872	5,852
1998	16.5	20.9	22.8	26.2	3.5	5,931	5,835	5,703	5,523
1997	15.1	20.4	23.3	26.1	3.5	6,030	5,754	5,718	5,827
1996	14.9	20.4	23.4	24.7	5.3	5,923	5,802	5,719	5,632
1995	14.6	23.1	26.0	26.7	4.4	5,728	5,786	5,653	5,552
1994	16.5	24.2	26.7	24.8	3.6	5,705	5,644	5,666	5,384
1993ʳ	16.3	24.0	26.4	26.4	4.4	5,526	5,545	5,353	4,984
1993	16.1	23.9	26.2	24.9	4.3	5,526	5,545	5,353	4,984
1992	17.1	23.5	24.6	25.6	4.5	5,523	5,441	5,220	4,947
1991	18.2	22.8	24.6	24.2	5.1	5,445	5,395	5,098	4,838
1990	19.1	23.2	25.7	24.7	4.7	5,387	5,312	4,951	4,834
1989	18.1	22.6	26.6	22.3	4.6	5,375	5,201	4,840	4,869
1988	17.3	23.6	23.4	21.7	5.4	5,327	5,052	4,803	5,093
1987	17.8	21.5	23.2	20.2	5.6	5,206	4,906	4,759	5,408
1986	15.2	22.4	22.1	21.1	4.9	5,078	4,846	4,842	5,452
1985	15.1	21.4	22.1	20.6	5.5	4,917	4,727	5,102	5,401
1984	14.2	19.8	22.9	18.7	5.1	4,744	4,689	5,337	5,242
1983	12.9	19.9	19.1	18.6	5.2	4,692	4,756	5,433	5,305
1982	13.8	19.0	19.7	17.9	5.7	4,640	4,971	5,423	5,443
1981	11.6	18.4	20.1	19.6	6.1	4,653	5,210	5,202	5,843
1980	12.1	17.0	17.8	18.0	6.7	4,576	5,228	5,255	5,768
1979	10.4	16.9	16.4	15.6	7.1	4,800	5,166	5,331	6,016
1978	10.1	16.0	15.3	17.2	6.4	5,019	5,122	5,594	6,081
1977	8.9	15.2	15.0	17.1	6.6	5,122	5,166	5,782	6,175
1976	8.6	15.1	16.0	16.8	7.0	5,069	5,332	5,952	6,194
1975	9.4	13.5	16.7	18.2	7.2	5,033	5,561	6,036	6,222
1974	8.3	14.4	17.4	16.8	7.1	5,076	5,778	6,086	6,214
1973	8.7	15.8	16.5	16.1	7.5	5,211	5,864	6,145	6,094
1972	8.9	15.7	17.0	17.7	7.1	5,457	5,964	6,129	6,051
1971	8.7	12.3	17.8	17.6	6.5	5,850	6,208	6,136	5,887
WHITE ALONE									
Both Sexes									
2006	20.6	25.5	26.8	29.9	3.0	8,981	9,074	9,542	9,813
2005	21.4	23.8	28.0	29.5	2.6	8,929	9,194	9,680	10,131
2004	22.4	25.6	27.6	30.7	3.8	9,051	9,173	9,853	9,784
2003¹	21.5	27.6	28.3	29.4	3.2	9,102	9,112	9,875	9,889
2002	18.1	25.7	26.2	29.6	3.1	9,230	9,682	9,832	9,520
2001	19.2	22.7	25.2	28.9	3.8	9,330	9,826	9,651	9,480
2000	19.4	23.7	26.3	29.7	4.5	9,404	9,937	9,368	9,449
1999	18.3	24.6	25.8	30.0	4.2	9,539	9,768	9,323	9,428
1998	19.5	23.5	25.8	30.5	3.8	9,481	9,413	9,130	8,926
1997	18.8	24.0	27.9	30.3	3.5	9,555	9,390	9,167	9,352
1996	18.1	22.6	27.6	30.1	4.9	9,458	9,420	9,184	9,135
1995	17.7	24.9	29.2	31.0	3.9	9,221	9,340	9,130	8,933
1994	19.4	25.8	30.1	29.6	3.7	9,087	9,261	9,121	8,668
1993ʳ	18.8	27.3	29.4	31.2	3.9	9,018	8,967	8,728	8,160
1993	18.7	27.2	29.2	29.7	3.6	9,074	9,017	8,783	8,159
1992	19.5	27.5	29.6	28.1	3.5	8,956	8,996	8,520	8,031
1991	21.3	25.7	27.7	27.2	4.7	8,874	8,840	8,328	7,903
1990	21.9	26.8	28.4	27.3	4.6	8,860	8,752	8,140	7,909
1989	22.4	26.8	29.9	25.7	4.6	8,858	8,527	7,994	8,026
1988	21.0	27.6	27.2	23.9	5.4	8,758	8,323	7,929	8,353
1987	21.1	25.9	26.0	22.7	5.1	8,606	8,117	7,846	8,887
1986	19.1	25.1	25.3	23.7	5.0	8,395	8,000	8,054	9,037
1985	18.0	23.3	23.3	23.0	5.3	8,136	7,840	8,429	9,045
1984	16.3	22.1	24.7	22.7	5.6	7,915	7,781	8,827	8,853
1983	15.5	22.4	23.1	21.1	5.4	7,821	7,906	9,152	8,831
1982	16.4	21.8	22.1	21.1	5.6	7,729	8,294	9,035	9,184
1981	14.7	22.2	21.0	21.6	6.1	7,782	8,741	8,813	9,762
1980	14.1	19.0	21.1	19.3	6.7	7,635	8,823	8,739	10,132
1979	12.9	18.4	18.5	19.4	6.5	8,041	8,747	9,026	10,239
1978	12.4	18.0	17.9	19.3	6.8	8,460	8,686	9,522	10,358
1977	10.6	17.7	17.5	19.3	6.6	8,675	8,771	9,918	10,510
1976	10.5	17.2	18.7	19.7	6.3	8,612	9,066	10,187	10,622
1975	11.0	16.0	20.0	20.4	6.3	8,566	9,486	10,466	10,583
1974	10.2	16.5	19.7	19.4	6.9	8,656	9,912	10,508	10,678
1973	10.6	17.3	19.9	19.1	7.0	8,929	10,117	10,704	10,481
1972	10.3	18.2	20.1	20.0	6.6	9,359	10,313	10,606	10,506
1971	10.5	18.3	20.4	19.9	5.5	9,988	10,692	10,682	10,231

¹Starting in 2003 respondents could identify more than one race. Except as noted, the race data in this table from 2003 onward represent those respondents who indicated only one race category.
ʳ = Revised, controlled to 1990 census based population estimates; previous 1993 data controlled to 1980 census based population estimates.

Table A-11. The Population 6 to 17 Years Old Enrolled Below Modal Grade, 1971–2006—Continued
(Numbers in thousands, percent.)

Year, sex, race, and Hispanic origin	Percent below modal grade				Dropout rate, 15 to 17 years old	Population in age group			
	6 to 8 years old	9 to 11 years old	12 to 14 years old	15 to 17 years old		6 to 8 years old	9 to 11 years old	12 to 14 years old	15 to 17 years old
Male									
2006	22.5	27.0	29.8	34.2	3.3	4,596	4,652	4,900	5,011
2005	24.3	27.4	31.0	33.2	2.7	4,576	4,715	4,995	5,116
2004	24.9	28.0	31.4	35.2	3.8	4,706	4,647	5,168	4,905
2003[1]	24.4	31.6	31.2	34.0	3.4	4,785	4,795	4,961	5,026
2002	21.7	29.5	30.4	34.7	3.2	4,737	4,965	5,044	4,875
2001	22.7	25.3	28.3	32.8	4.4	4,789	5,040	4,949	4,862
2000	22.5	27.6	29.6	34.0	4.4	4,815	5,094	4,798	4,861
1999	19.9	28.2	29.7	35.8	4.2	4,883	5,009	4,777	4,851
1998	21.9	26.4	30.2	36.2	4.4	4,851	4,823	4,686	4,571
1997	22.3	27.8	32.7	37.0	3.8	4,897	4,819	4,702	4,821
1996	20.8	25.9	32.3	36.5	4.5	4,849	4,836	4,706	4,694
1995	20.5	28.0	33.4	36.5	3.8	4,727	4,797	4,680	4,592
1994	22.0	27.9	34.4	35.2	4.0	4,659	4,758	4,679	4,457
1993[r]	21.4	31.8	33.8	37.6	3.2	4,625	4,601	4,476	4,178
1993	21.4	31.6	33.6	36.1	3.1	4,662	4,614	4,485	4,178
1992	21.5	31.8	35.8	32.4	2.8	4,602	4,607	4,359	4,115
1991	24.4	29.1	32.5	32.5	4.2	4,556	4,568	4,270	4,047
1990	24.6	31.3	33.3	32.6	4.8	4,555	4,482	4,186	4,054
1989	26.0	32.1	35.0	30.8	4.6	4,544	4,378	4,112	4,107
1988	24.7	32.8	32.2	28.8	5.1	4,493	4,272	4,062	4,281
1987	24.6	30.5	30.4	26.6	4.5	4,415	4,167	4,069	4,504
1986	22.9	28.9	30.1	27.9	5.2	4,307	4,108	4,125	4,624
1985	21.2	26.5	26.7	28.0	4.9	4,175	4,024	4,307	4,634
1984	18.1	25.8	28.7	28.1	5.8	4,061	3,994	4,501	4,542
1983	18.1	26.3	28.0	26.3	5.6	4,002	4,054	4,697	4,481
1982	19.3	26.2	26.2	26.1	5.3	3,956	4,260	4,591	4,711
1981	17.3	26.9	24.2	25.4	6.3	3,990	4,480	4,556	4,937
1980	16.3	21.9	25.7	23.9	6.7	3,907	4,517	4,399	5,066
1979	15.4	20.8	22.3	24.8	6.2	4,114	4,475	4,616	5,201
1978	14.7	21.2	22.0	23.1	7.2	4,328	4,441	4,843	5,287
1977	12.5	21.1	21.2	23.5	6.3	4,436	4,484	5,079	5,325
1976	12.6	20.2	22.1	24.8	5.6	4,402	4,632	5,200	5,398
1975	12.9	19.7	24.7	24.7	5.4	4,376	4,848	5,385	5,332
1974	12.1	19.5	23.7	23.8	7.0	4,422	5,066	5,383	5,402
1973	12.5	19.6	23.1	24.0	6.6	4,559	5,165	5,469	5,319
1972	12.2	21.9	24.6	24.3	6.1	4,778	5,266	5,410	5,340
1971	12.6	21.6	23.9	24.4	4.6	5,106	5,461	5,455	5,185
Female									
2006	18.6	24.0	23.8	25.5	2.6	4,385	4,422	4,643	4,801
2005	18.3	20.1	24.8	25.8	2.5	4,353	4,479	4,685	5,015
2004	19.7	23.3	23.4	26.1	3.8	4,345	4,527	4,686	4,878
2003[1]	18.3	23.1	25.3	24.7	3.0	4,317	4,317	4,914	4,863
2002	14.4	21.7	21.9	24.3	3.0	4,493	4,717	4,788	4,645
2001	15.5	20.0	21.8	24.9	3.1	4,541	4,786	4,701	4,618
2000	16.1	19.7	22.9	25.2	4.5	4,587	4,843	4,570	4,588
1999	16.7	20.7	21.8	23.9	4.1	4,655	4,579	4,546	4,578
1998	16.9	20.5	21.2	24.4	3.2	4,629	4,589	4,444	4,355
1997	15.1	20.0	22.7	23.2	3.3	4,658	4,571	4,464	4,530
1996	15.3	19.2	22.7	23.2	5.3	4,609	4,583	4,477	4,441
1995	14.7	21.6	24.8	25.0	4.1	4,494	4,543	4,449	4,342
1994	16.7	23.5	25.7	23.6	3.4	4,427	4,504	4,443	4,212
1993[r]	15.9	22.6	24.8	24.4	4.3	4,393	4,366	4,252	3,982
1993	15.8	22.5	24.6	23.1	4.2	4,412	4,404	4,298	3,982
1992	17.3	22.9	23.2	23.6	4.3	4,354	4,389	4,161	3,916
1991	18.1	22.1	22.6	21.5	5.2	4,318	4,272	4,058	3,856
1990	19.0	22.2	23.2	21.8	4.5	4,305	4,270	3,954	3,855
1989	18.6	21.3	24.5	20.3	4.7	4,314	4,149	3,882	3,919
1988	17.1	22.2	21.9	18.8	5.6	4,265	4,051	3,867	4,072
1987	17.3	21.0	21.3	18.7	5.8	4,191	3,950	3,777	4,383
1986	15.0	21.1	20.2	19.3	4.8	4,088	3,892	3,929	4,413
1985	14.8	19.9	19.7	17.6	5.7	3,961	3,816	4,122	4,411
1984	14.3	18.3	20.5	17.0	5.4	3,854	3,787	4,326	4,311
1983	12.7	18.3	17.9	15.8	5.2	3,819	3,852	4,455	4,350
1982	13.4	17.2	17.8	15.8	6.0	3,773	4,034	4,444	4,473
1981	11.9	17.3	17.6	17.6	5.9	3,792	4,261	4,257	4,825
1980	11.7	16.0	16.5	14.7	6.6	3,728	4,306	4,340	5,066
1979	10.3	15.8	14.5	13.8	6.9	3,927	4,272	4,410	5,038
1978	10.0	14.7	13.7	15.2	6.4	4,132	4,245	4,679	5,071
1977	8.5	14.1	13.7	14.9	6.8	4,239	4,287	4,839	5,185
1976	8.4	14.1	15.1	14.5	6.9	4,210	4,434	4,987	5,224
1975	9.1	12.2	15.1	16.0	7.1	4,190	4,638	5,081	5,251
1974	8.2	13.4	15.5	15.0	6.7	4,234	4,846	5,125	5,276
1973	8.5	14.8	16.5	14.0	7.4	4,370	4,952	5,235	5,162
1972	8.3	14.2	15.4	15.5	7.2	4,581	5,047	5,196	5,166
1971	8.4	14.9	16.6	15.2	6.3	4,882	5,231	5,227	5,046

[1] Starting in 2003 respondents could identify more than one race. Except as noted, the race data in this table from 2003 onward represent those respondents who indicated only one race category.
[r] = Revised, controlled to 1990 census based population estimates; previous 1993 data controlled to 1980 census based population estimates.

Table A-11. The Population 6 to 17 Years Old Enrolled Below Modal Grade, 1971-2006—Continued
(Numbers in thousands, percent.)

Year, sex, race, and Hispanic origin	Percent below modal grade				Dropout rate, 15 to 17 years old	Population in age group			
	6 to 8 years old	9 to 11 years old	12 to 14 years old	15 to 17 years old		6 to 8 years old	9 to 11 years old	12 to 14 years old	15 to 17 years old
WHITE ALONE NON-HISPANIC									
Both Sexes									
2006	20.5	24.5	25.1	28.6	2.3	6,748	6,887	7,368	7,827
2005	22.4	23.2	26.3	29.0	2.1	6,728	7,052	7,584	8,150
2004	22.7	25.1	27.0	29.8	3.3	6,878	7,090	7,768	7,892
2003[1]	21.8	27.1	27.3	28.7	2.8	7,006	7,102	7,889	7,980
2002	18.9	24.9	25.8	28.1	2.5	7,118	7,627	7,913	7,803
2001	19.9	23.1	25.3	28.1	3.1	7,325	7,726	7,773	7,829
2000	19.4	23.7	26.1	28.8	3.5	7,418	8,045	7,727	7,852
1999	18.9	24.2	25.3	28.9	3.6	7,717	7,938	7,669	7,879
1998	20.5	23.7	26.0	28.9	3.0	7,755	7,794	7,697	7,859
1997	19.7	24.6	27.3	28.4	3.2	7,729	7,775	7,789	7,866
1996	18.8	22.7	26.2	28.6	4.2	7,803	7,792	7,731	7,716
1995	18.2	24.5	28.0	29.2	3.4	7,853	8,000	7,872	7,795
1994	19.8	25.6	30.0	28.0	3.1	7,779	7,864	7,845	7,490
1993	18.8	27.2	28.8	29.5	3.0	7,736	7,802	7,600	7,022
Male									
2006	23.1	26.0	27.6	32.4	2.9	3,449	3,537	3,775	3,984
2005	25.4	26.8	28.2	32.5	2.2	3,450	3,618	3,902	4,136
2004	25.0	27.9	30.6	35.0	3.4	3,548	3,605	4,054	3,994
2003[1]	24.6	31.7	30.7	33.4	2.9	3,668	3,725	3,960	4,101
2002	22.7	29.0	30.7	33.6	2.4	3,667	3,969	4,005	4,038
2001	23.1	26.2	28.5	31.6	3.7	3,808	3,971	3,920	4,020
2000	22.5	27.7	30.0	33.4	3.4	3,795	4,135	3,970	4,034
1999	20.3	27.7	29.7	35.1	3.5	3,955	4,076	3,913	4,058
1998	23.1	26.5	30.8	34.3	3.6	4,016	4,003	3,894	3,981
1997	24.1	29.0	32.5	35.3	3.8	3,977	3,971	3,996	4,020
1996	22.5	25.9	30.8	35.1	4.1	3,964	4,035	3,957	3,959
1995	22.1	27.3	31.9	34.9	3.1	4,038	4,094	4,017	4,010
1994	22.8	28.0	34.3	33.6	2.9	3,993	4,010	4,030	3,866
1993	22.0	31.5	33.2	35.6	2.4	3,952	4,021	3,889	3,578
Female									
2006	17.6	22.8	22.6	24.6	1.8	3,299	3,350	3,593	3,843
2005	19.2	19.4	24.2	25.3	2.0	3,277	3,434	3,682	4,014
2004	20.3	22.2	23.1	24.5	3.3	3,330	3,485	3,714	3,898
2003[1]	18.6	22.2	24.0	23.7	2.6	3,337	3,377	3,929	3,878
2002	14.8	20.4	20.9	22.2	2.6	3,451	3,658	3,908	3,765
2001	16.4	19.8	22.0	24.4	2.6	3,517	3,755	3,853	3,809
2000	16.2	19.6	21.9	23.9	3.7	3,623	3,910	3,757	3,818
1999	17.4	20.5	20.8	22.3	3.6	3,761	3,864	3,757	3,840
1998	17.6	20.8	21.2	23.5	2.5	3,740	3,791	3,803	3,878
1997	15.0	19.9	21.8	21.3	2.6	3,752	3,804	3,793	3,846
1996	15.0	19.3	21.3	21.7	4.3	3,839	3,757	3,773	3,757
1995	14.1	21.5	23.8	23.1	3.8	3,815	3,906	3,854	3,784
1994	16.6	23.1	25.5	22.1	3.2	3,786	3,854	3,814	3,624
1993	15.4	22.6	24.2	23.1	3.6	3,784	3,782	3,710	3,444
BLACK ALONE									
Both Sexes									
2006	19.1	29.9	35.7	35.7	3.1	1,813	1,811	1,960	2,059
2005	20.8	35.6	34.1	38.8	4.2	1,806	1,826	2,011	2,085
2004	19.8	27.4	34.1	40.1	2.3	1,775	1,906	2,034	1,992
2003[1]	22.7	34.2	33.9	37.4	3.7	1,760	2,043	2,110	1,950
2002	19.6	28.6	32.8	36.2	3.9	2,017	2,048	2,036	1,943
2001	17.3	29.7	31.1	35.6	4.0	1,937	2,144	1,998	1,823
2000	19.6	26.9	37.8	34.6	4.7	1,976	2,082	1,961	1,852
1999	16.1	30.2	31.7	34.8	3.5	1,948	2,108	1,912	1,911
1998	18.3	26.6	31.4	38.4	3.6	2,019	1,934	1,840	1,801
1997	18.4	26.1	33.5	40.0	3.8	2,061	1,908	1,845	1,938
1996	18.4	29.2	36.8	36.9	4.8	2,054	1,847	1,839	1,858
1995	16.8	31.1	38.3	41.3	4.1	1,909	1,890	1,822	1,851
1994	18.4	35.1	36.1	37.7	3.3	1,912	1,795	1,835	1,809
1993[r]	20.0	33.6	34.8	45.1	3.6	1,767	1,763	1,747	1,641
1993	19.9	33.4	38.8	43.3	3.6	1,709	1,710	1,695	1,642
1992	20.6	28.7	38.0	40.6	4.2	1,761	1,635	1,686	1,621
1991	21.0	34.3	40.7	43.4	5.3	1,674	1,701	1,643	1,574
1990	21.9	33.1	46.1	42.9	5.2	1,645	1,712	1,574	1,571
1989	19.6	34.0	41.3	39.3	3.9	1,642	1,682	1,554	1,618
1988	18.6	33.1	37.6	38.4	4.7	1,680	1,629	1,545	1,637
1987	19.8	33.1	35.6	35.3	5.1	1,679	1,554	1,552	1,654
1986	12.7	34.6	38.5	38.3	4.6	1,611	1,542	1,530	1,692
1985	18.0	33.9	37.9	37.7	4.6	1,568	1,498	1,635	1,627
1984	17.9	32.3	38.1	34.6	4.1	1,445	1,442	1,652	1,536
1983	15.3	34.9	34.4	35.8	4.7	1,429	1,450	1,601	1,617
1982	17.2	27.1	32.5	32.6	4.6	1,765	1,874	1,953	1,947
1981	13.9	26.2	33.7	36.1	6.3	1,437	1,594	1,615	1,679
1980	14.9	27.8	30.5	37.6	5.1	1,460	1,606	1,568	1,728
1979	12.5	29.5	29.2	34.3	6.4	1,515	1,576	1,636	1,722

[1] Starting in 2003 respondents could identify more than one race. Except as noted, the race data in this table from 2003 onward represent those respondents who indicated only one race category.
[r] = Revised, controlled to 1990 census based population estimates; previous 1993 data controlled to 1980 census based population estimates.

Table A-11. The Population 6 to 17 Years Old Enrolled Below Modal Grade, 1971–2006—Continued

(Numbers in thousands, percent.)

Year, sex, race, and Hispanic origin	Percent below modal grade				Dropout rate, 15 to 17 years old	Population in age group			
	6 to 8 years old	9 to 11 years old	12 to 14 years old	15 to 17 years old		6 to 8 years old	9 to 11 years old	12 to 14 years old	15 to 17 years old
1978	12.6	27.8	26.6	35.4	5.7	1,557	1,523	1,664	1,764
1977	11.3	24.9	26.3	32.2	5.4	1,552	1,558	1,698	1,754
1976	10.5	23.2	26.1	35.6	6.7	1,493	1,633	1,724	1,726
1975	11.9	26.1	29.2	34.9	8.0	1,489	1,656	1,720	1,760
1974	11.6	26.2	33.2	34.4	8.2	1,509	1,684	1,750	1,682
1973	12.0	25.8	31.7	35.4	8.2	1,525	1,650	1,671	1,671
1972	13.2	30.5	33.1	37.3	6.6	1,585	1,638	1,691	1,636
1971	14.2	27.9	34.7	40.2	7.0	1,794	1,787	1,638	1,533
Male									
2006	20.3	35.1	40.3	43.9	3.3	929	920	991	1,032
2005	22.6	37.9	35.8	43.0	5.2	912	913	1,011	1,041
2004	21.0	31.4	37.8	46.5	2.0	885	992	1,012	1,009
2003[1]	23.6	36.8	38.7	43.4	3.9	927	1,059	975	1,047
2002	17.5	32.5	37.0	44.7	5.0	1,044	1,036	1,012	973
2001	21.1	31.1	33.3	42.8	3.5	978	1,108	1,010	924
2000	20.8	27.5	43.3	37.0	6.4	1,003	1,057	994	941
1999	15.9	34.2	36.3	37.6	3.0	964	1,085	969	992
1998	20.9	29.3	33.3	41.9	3.0	1,027	973	926	928
1997	21.3	29.3	39.4	43.8	3.1	1,019	994	934	979
1996	21.3	30.4	45.1	43.2	4.5	1,054	925	931	943
1995	18.8	31.2	45.0	47.5	2.9	982	944	922	952
1994	19.4	30.3	39.9	39.8	3.2	951	928	928	898
1993[r]	21.8	36.5	44.3	53.0	2.5	903	884	891	832
1993	21.6	36.5	44.2	51.8	2.5	864	857	867	832
1992	24.5	28.7	44.5	47.0	2.8	864	862	860	813
1991	22.9	39.6	46.2	50.6	5.4	846	878	839	798
1990	23.2	37.3	52.7	49.1	4.3	828	877	791	795
1989	21.7	38.8	44.8	46.7	2.8	831	858	785	828
1988	18.9	37.2	43.7	41.4	4.1	851	828	780	828
1987	21.6	41.1	39.7	42.3	4.9	861	779	802	818
1986	15.0	39.0	45.2	45.9	4.0	806	792	770	855
1985	19.5	38.2	41.4	40.3	5.4	778	775	830	816
1984	24.1	38.1	42.5	42.8	4.2	729	727	832	769
1983	16.8	42.0	43.1	40.6	4.4	721	723	808	799
1982	18.8	27.5	36.2	37.0	4.8	898	937	975	977
1981	17.7	34.2	33.3	42.4	5.4	723	811	814	832
1980	16.8	31.8	36.2	43.3	4.9	736	807	770	876
1979	14.7	37.3	33.8	43.6	4.0	762	796	828	853
1978	15.4	33.0	30.3	43.1	4.1	774	767	847	870
1977	12.1	29.8	31.1	35.3	4.8	776	782	858	868
1976	11.5	26.1	30.9	43.3	5.7	755	816	870	855
1975	12.8	30.7	32.5	40.2	7.6	743	849	845	879
1974	13.5	31.0	40.9	41.1	7.2	747	858	861	849
1973	14.1	29.5	38.0	42.0	8.5	752	831	837	824
1972	14.5	36.8	41.3	43.8	6.6	787	828	836	818
1971	18.1	30.9	38.5	47.6	7.4	890	900	810	757
Female									
2006	17.7	24.7	31.0	27.5	2.8	884	891	968	1,027
2005	19.0	33.3	32.4	34.7	3.3	893	913	999	1,044
2004	18.6	23.1	30.5	33.4	2.6	890	914	1,022	983
2003[1]	21.7	31.5	39.8	30.3	3.4	833	983	1,135	903
2002	22.0	24.7	28.7	27.8	2.8	973	1,012	1,024	970
2001	13.3	28.2	29.0	27.9	4.5	959	1,036	988	900
2000	18.2	26.4	32.0	32.3	2.9	974	1,025	968	911
1999	16.3	25.8	27.0	31.6	4.0	984	1,022	944	919
1998	15.6	23.8	29.6	34.6	4.3	992	960	914	873
1997	15.9	22.8	27.4	36.0	4.5	1,041	915	911	959
1996	13.4	28.1	28.4	30.3	4.9	1,000	922	909	915
1995	14.8	23.6	30.9	34.6	5.3	928	946	901	898
1994	17.5	29.1	32.3	35.4	3.6	961	867	908	911
1993[r]	18.0	30.8	33.1	36.6	4.7	864	879	856	809
1993	18.1	30.3	33.2	34.6	4.7	844	854	828	809
1992	16.7	28.7	31.2	34.2	5.6	897	773	826	808
1991	19.0	28.6	35.0	36.0	5.2	828	823	804	776
1990	20.7	28.7	39.3	36.6	6.1	817	835	783	776
1989	17.5	29.0	37.7	31.5	5.1	811	824	769	790
1988	18.2	28.8	31.4	35.2	5.3	829	801	765	809
1987	18.0	25.2	31.3	28.5	5.3	818	775	750	836
1985	16.6	29.3	34.2	35.1	3.8	790	723	805	811
1984	11.5	26.4	33.5	26.3	4.0	716	715	820	767
1983	13.8	27.8	25.5	31.2	5.0	708	727	793	818
1982	15.5	26.7	28.7	28.1	4.3	867	937	978	970
1981	10.1	17.9	34.2	29.9	7.1	714	783	801	847
1980	12.8	23.8	25.1	31.7	5.3	724	799	798	852
1979	10.4	21.5	24.5	25.2	8.7	753	780	808	869
1978	9.8	22.6	22.6	27.9	7.2	783	756	817	894
1977	10.6	20.0	21.3	29.1	6.0	776	776	840	886
1976	9.5	20.3	21.2	28.1	7.7	738	817	854	871
1975	11.0	21.3	25.9	29.6	8.3	746	807	875	881
1974	9.7	21.3	25.8	27.5	9.2	762	826	889	833

[1] Starting in 2003 respondents could identify more than one race. Except as noted, the race data in this table from 2003 onward represent those respondents who indicated only one race category.
[r] = Revised, controlled to 1990 census based population estimates; previous 1993 data controlled to 1980 census based population estimates.

Table A-11. The Population 6 to 17 Years Old Enrolled Below Modal Grade, 1971–2006—Continued
(Numbers in thousands, percent.)

Year, sex, race, and Hispanic origin	Percent below modal grade 6 to 8 years old	9 to 11 years old	12 to 14 years old	15 to 17 years old	Dropout rate, 15 to 17 years old	Population in age group 6 to 8 years old	9 to 11 years old	12 to 14 years old	15 to 17 years old
1973	10.0	22.1	25.4	28.9	7.9	773	819	834	847
1972	11.9	24.1	25.1	30.9	6.6	798	810	855	818
1971	10.4	24.9	31.0	33.1	6.7	904	887	828	776
ASIAN ALONE[2]									
Both Sexes									
2006	15.2	19.7	20.9	23.0	3.2	425	472	490	476
2005	12.8	12.2	16.3	19.1	1.2	502	429	486	457
2004	12.1	11.4	20.9	23.6	1.7	417	468	490	491
2003[1]	7.5	13.6	19.7	24.5	1.6	486	453	459	458
2002	11.1	12.3	20.4	18.6	2.7	602	490	530	553
2001	11.9	17.9	20.3	21.0	2.8	503	565	523	565
2000	10.7	15.5	17.5	22.2	0.6	524	490	490	475
1999	7.5	16.5	17.9	25.5	3.2	533	496	560	555
Male									
2006	14.3	18.4	23.5	21.7	3.3	206	256	264	227
2005	12.3	13.8	13.2	18.1	1.6	261	202	265	228
2004	10.9	16.0	20.9	23.5	2.4	220	216	282	231
2003[1]	7.3	15.9	20.3	19.3	-	226	223	261	231
2002	9.6	12.4	23.3	18.9	1.7	274	239	267	287
2001	15.2	16.6	19.0	22.2	4.9	265	294	256	313
2000	14.7	14.2	16.1	30.3	1.0	286	243	267	261
1999	8.4	16.4	17.6	30.3	2.2	277	269	246	276
Female									
2006	16.1	21.2	17.9	24.2	3.1	218	216	226	249
2005	13.4	10.8	20.0	20.1	0.9	241	227	221	229
2004	13.5	7.3	20.8	23.7	1.1	196	253	208	260
2003[1]	7.6	11.3	18.8	29.9	3.2	259	230	198	227
2002	12.4	12.2	17.5	18.2	3.7	327	251	263	266
2001	8.3	19.3	21.4	19.6	0.2	238	270	268	252
2000	5.9	16.7	19.2	12.3	0.1	239	247	224	215
1999	6.6	16.7	18.5	20.6	4.0	256	227	314	278
HISPANIC[3]									
Both Sexes									
2006	20.6	29.2	32.6	35.3	5.7	2,441	2,382	2,361	2,165
2005	18.1	26.2	33.2	32.1	4.9	2,390	2,317	2,322	2,202
2004	21.5	28.1	30.0	34.6	6.1	2,382	2,250	2,283	2,072
2003	20.2	28.7	31.3	32.7	5.2	2,280	2,221	2,167	2,063
2002	15.5	28.4	27.9	35.6	5.9	2,258	2,204	2,079	1,841
2001	16.7	22.1	25.0	34.6	6.9	2,143	2,198	2,011	1,733
2000	19.4	23.2	27.3	34.4	8.8	2,067	1,965	1,744	1,671
1999	15.7	25.9	27.9	36.5	7.3	1,902	1,922	1,734	1,653
1998	15.4	23.2	24.6	33.8	7.6	1,903	1,740	1,542	1,424
1997	15.2	21.5	31.0	41.4	5.5	1,909	1,666	1,444	1,575
1996	14.9	22.9	35.5	39.0	8.4	1,711	1,680	1,550	1,478
1995	14.4	26.1	38.5	43.6	7.4	1,597	1,628	1,496	1,373
1994	16.8	28.4	32.3	39.9	8.8	1,526	1,593	1,442	1,347
1993[r]	18.9	29.2	33.2	42.2	8.2	1,390	1,255	1,204	1,225
1993	18.9	29.2	32.7	38.3	7.9	1,455	1,295	1,243	1,226
1992	16.2	25.3	34.3	39.9	8.1	1,272	1,371	1,141	1,110
1991	21.8	30.7	35.8	38.4	11.3	1,290	1,356	1,088	1,023
1990	21.5	34.8	37.7	39.8	9.0	1,270	1,230	1,095	1,062
1989	21.9	33.8	39.9	39.5	10.6	1,257	1,154	1,079	1,001
1988	23.2	37.0	45.0	36.8	13.7	1,248	1,107	1,052	953
1987	16.9	31.2	38.9	37.3	9.1	1,181	1,054	1,063	981
1986	19.1	33.3	42.5	35.5	11.0	1,067	1,119	1,025	1,018
1985	18.7	32.4	35.8	35.7	11.3	1,035	1,047	957	946
1984	20.2	32.7	34.7	38.5	10.7	901	829	806	816
1983	20.2	32.7	39.5	38.0	8.3	903	909	949	860
1982	21.9	32.6	37.3	37.0	10.9	923	875	924	883
1981	17.9	34.7	34.9	34.9	13.3	882	939	866	963
1980	20.8	26.1	34.8	35.8	12.6	881	949	863	889
1979	18.2	33.6	33.0	30.3	10.9	729	712	697	755
1978	19.8	29.1	33.6	37.8	12.3	723	684	666	751
1977	13.0	24.1	25.1	35.2	11.0	676	693	662	773

[1] Starting in 2003 respondents could identify more than one race. Except as noted, the race data in this table from 2003 onward represent those respondents who indicated only one race category.
[2] The data shown prior to 2003 consists of those identifying themselves as "Asian or Pacific Islanders."
[3] May be of any race.
[r] = Revised, controlled to 1990 census based population estimates; previous 1993 data controlled to 1980 census based population estimates.

Table A-11. The Population 6 to 17 Years Old Enrolled Below Modal Grade, 1971–2006—*Continued*
(Numbers in thousands, percent.)

Year, sex, race, and Hispanic origin	Percent below modal grade					Dropout rate, 15 to 17 years old	Population in age group			
	6 to 8 years old	9 to 11 years old	12 to 14 years old	15 to 17 years old		6 to 8 years old	9 to 11 years old	12 to 14 years old	15 to 17 years old
Male									
2006	20.0	31.0	37.7	40.6	4.9	1,251	1,214	1,208	1,111
2005	20.5	29.2	39.2	37.0	4.7	1,219	1,192	1,202	1,087
2004	25.2	28.8	34.3	36.6	6.4	1,247	1,142	1,202	1,001
2003	23.0	31.2	32.3	35.9	6.2	1,205	1,178	1,081	1,020
2002	17.4	31.6	28.7	38.5	7.4	1,140	1,090	1,137	911
2001	21.2	23.4	27.8	40.8	7.7	1,065	1,128	1,093	895
2000	23.1	26.7	27.7	36.9	9.0	1,048	993	875	872
1999	17.9	29.5	29.7	38.9	7.6	973	990	893	854
1998	16.8	26.6	26.9	44.9	8.1	933	887	841	792
1997	15.3	22.3	33.7	45.8	3.7	969	863	735	836
1996	13.5	25.8	40.5	45.1	6.8	914	808	798	764
1995	11.4	31.1	42.4	47.6	7.5	794	839	776	697
1994	16.4	27.5	36.3	45.1	11.4	778	845	721	676
1993ʳ	19.1	35.1	37.2	50.4	7.6	722	612	618	658
1993	19.1	34.3	36.9	46.0	7.3	778	637	648	658
1992	15.6	27.2	42.5	46.2	6.8	636	687	602	576
1991	22.7	31.5	43.9	42.6	10.7	651	691	544	521
1990	22.2	36.4	40.2	43.8	9.0	676	616	590	564
1989	23.7	36.1	40.0	45.2	7.8	642	584	560	511
1988	26.9	42.1	53.8	40.5	12.4	676	566	470	523
1987	19.8	31.7	44.8	38.7	6.4	600	524	569	517
1986	22.2	38.0	49.3	37.8	10.8	544	555	535	471
1985	16.7	36.8	38.4	43.4	7.8	521	527	502	449
1984	18.3	35.7	33.1	42.8	10.0	443	420	423	432
1983	22.2	38.8	45.7	41.8	8.2	445	479	479	428
1982	23.1	36.4	39.1	43.4	10.1	428	426	466	477
1981	19.9	39.8	38.0	40.0	14.3	438	480	439	495
1980	22.5	29.9	40.5	40.7	13.5	418	481	415	445
1979	19.0	34.6	36.4	31.3	8.8	368	358	349	386
1978	23.5	29.9	33.9	37.3	13.6	388	335	339	413
1977	11.5	31.4	23.3	38.4	6.7	365	325	330	406
Female									
2006	21.3	27.4	27.3	29.5	6.5	1,190	1,168	1,153	1,054
2005	15.6	23.0	26.7	27.3	5.1	1,171	1,126	1,119	1,115
2004	17.6	27.3	25.1	32.8	5.7	1,135	1,108	1,080	1,070
2003	17.1	25.7	30.3	29.7	4.3	1,075	1,043	1,086	1,042
2002	13.6	25.3	27.0	32.7	4.5	1,118	1,115	942	930
2001	12.2	20.8	21.6	28.0	6.0	1,078	1,070	918	838
2000	15.7	19.7	26.9	31.8	8.6	1,020	974	869	800
1999	13.5	22.0	26.1	33.8	6.9	930	932	841	800
1998	14.1	19.7	21.8	31.1	7.0	970	853	701	632
1997	15.0	20.4	28.8	36.1	7.4	939	803	710	739
1996	16.6	20.3	30.4	32.4	10.4	798	871	753	712
1995	17.5	20.6	34.5	39.5	7.2	802	789	721	677
1994	17.2	29.2	28.5	34.9	6.1	748	747	722	671
1993ʳ	18.9	24.2	29.0	32.3	8.7	667	643	586	567
1993	18.7	24.3	28.3	29.3	8.6	678	658	597	567
1992	16.8	23.4	25.0	33.1	9.6	636	684	539	534
1991	20.8	29.8	27.6	34.1	12.0	639	665	544	502
1990	20.7	33.2	34.9	35.3	9.0	594	614	505	498
1989	20.0	31.4	39.7	33.5	13.5	615	570	519	490
1988	18.7	31.8	37.8	32.3	15.3	572	541	582	430
1987	13.8	30.8	32.2	35.8	12.1	581	530	494	464
1986	15.9	28.7	35.1	33.5	11.2	523	564	490	547
1985	20.8	27.9	33.0	28.8	14.5	514	520	455	497
1984	22.1	29.6	36.6	33.6	11.5	458	409	383	384
1983	18.1	25.8	33.2	34.3	8.3	458	430	470	432
1982	20.8	29.0	35.6	29.6	11.8	495	449	458	406
1981	16.0	29.4	31.6	29.5	12.2	444	459	427	468
1980	19.2	22.2	29.5	30.9	11.7	463	468	448	444
1979	17.5	32.5	29.6	29.3	13.0	361	354	348	369
1978	15.5	28.4	33.3	38.5	10.7	335	349	327	338
1977	14.8	17.7	26.8	31.6	15.8	311	368	332	367
WHITE ALONE OR IN COMBINATION									
Both Sexes									
2006	20.6	25.6	26.7	29.9	3.0	9,346	9,444	9,850	10,175
2005	21.1	23.9	27.9	29.4	2.6	9,314	9,588	10,026	10,479
2004	22.4	25.6	27.4	30.5	3.9	9,422	9,506	10,175	10,079
2003	21.7	27.4	28.1	29.4	3.2	9,447	9,446	10,194	10,151
Male									
2006	22.4	27.2	29.6	34.1	3.4	4,769	4,842	5,042	5,193
2005	23.9	27.3	30.9	33.1	2.7	4,751	4,925	5,151	5,268
2004	24.9	28.1	31.2	35.1	3.9	4,876	4,823	5,318	5,043
2003	24.5	31.6	31.0	33.8	3.4	4,965	4,946	5,108	5,172

ʳ = Revised, controlled to 1990 census based population estimates; previous 1993 data controlled to 1980 census based population estimates.

Table A-11. The Population 6 to 17 Years Old Enrolled Below Modal Grade, 1971–2006—Continued

(Numbers in thousands, percent.)

Year, sex, race, and Hispanic origin	Percent below modal grade 6 to 8 years old	9 to 11 years old	12 to 14 years old	15 to 17 years old	Dropout rate, 15 to 17 years old	Population in age group 6 to 8 years old	9 to 11 years old	12 to 14 years old	15 to 17 years old
Female									
2006	18.7	23.8	23.6	25.5	2.6	4,577	4,602	4,808	4,982
2005	18.2	20.2	24.7	25.7	2.6	4,563	4,663	4,875	5,211
2004	19.6	23.0	23.2	25.9	3.9	4,545	4,683	4,857	5,037
2003	18.6	22.7	25.2	24.8	3.0	4,482	4,500	5,086	4,979
BLACK ALONE OR IN COMBINATION									
Both Sexes									
2006	18.9	28.3	34.8	35.0	3.1	1,982	1,988	2,074	2,202
2005	20.3	34.8	33.4	37.9	4.4	1,970	1,982	2,137	2,194
2004	20.3	27.0	33.2	39.1	2.5	1,950	2,022	2,174	2,107
2003	23.2	33.5	33.4	36.8	3.8	1,921	2,183	2,220	2,034
Male									
2006	20.0	33.5	39.0	42.8	3.5	1,013	1,018	1,050	1,094
2005	22.1	37.0	35.5	41.8	5.0	981	999	1,061	1,082
2004	21.1	30.6	37.3	45.3	1.9	966	1,042	1,065	1,056
2003	24.2	36.6	38.5	42.9	4.0	1,014	1,116	1,033	1,083
Female									
2006	17.1	22.4	29.6	26.1	2.7	969	969	1,024	1,108
2005	18.6	32.6	31.4	34.1	3.7	990	983	1,076	1,112
2004	17.8	23.0	30.6	27.3	2.7	969	969	1,024	1,108
2003	22.0	30.4	29.0	29.8	3.4	907	1,067	1,187	951
ASIAN ALONE OR IN COMBINATION									
Both Sexes									
2006	15.0	19.9	19.2	22.2	3.2	528	574	574	603
2005	13.0	12.3	16.5	18.4	1.2	600	531	576	581
2004	13.9	12.4	20.3	24.6	2.6	494	576	585	599
2003	8.8	14.9	18.4	23.5	2.4	579	548	552	543
Male									
2006	15.4	19.4	22.8	22.2	4.1	259	311	291	285
2005	12.5	13.2	14.5	16.5	1.6	318	254	307	286
2004	12.4	16.2	19.3	22.3	3.6	254	278	324	286
2003	9.3	19.8	19.4	19.2	1.8	263	268	299	277
Female									
2006	14.6	20.6	15.4	22.2	2.4	269	263	283	318
2005	13.7	11.5	18.8	20.2	0.9	282	276	269	295
2004	15.5	8.8	21.6	26.7	1.6	241	298	261	313
2003	8.4	10.3	17.2	28.0	3.1	316	280	253	266

Table A-12. Annual High School Dropout Rates of 15 to 24 Year Olds by Sex, Race, Grade, and Hispanic Origin, October 1967–2006

(Numbers in thousands, percent.)

Year, grade, race, and Hispanic origin	Total students	Total Dropouts	Dropout rate	Male Total students	Male Dropouts	Male Dropout rate	Female Total students	Female Dropouts	Female Dropout rate
ALL RACES									
Grades 10–12									
2006	11,604	407	3.5	5,932	227	3.8	5,672	180	3.2
2005	11,494	414	3.6	5,843	233	4.0	5,651	181	3.2
2004	11,166	486	4.4	5,624	266	4.7	5,542	220	4.0
2003	11,378	429	3.8	5,705	225	4.0	5,674	203	3.6
2002	10,989	367	3.3	5,504	193	3.5	5,484	174	3.2
2001	10,777	507	4.7	5,534	293	5.3	5,243	214	4.1
2000	10,773	488	4.5	5,417	280	5.2	5,356	208	3.9
1999	11,067	520	4.7	5,659	243	4.3	5,411	277	5.1
1998	10,791	479	4.4	5,486	237	4.3	5,305	243	4.6
1997	10,645	454	4.3	5,330	251	4.7	5,313	203	3.8
1996	10,249	485	4.7	5,175	240	4.6	5,072	244	4.8
1995	10,106	544	5.4	5,161	297	5.8	4,946	247	5.0
1994	9,922	497	5.0	5,048	249	4.9	4,873	247	5.1
1993r	9,430	404	4.3	4,787	211	4.4	4,640	192	4.1
1993	9,021	382	4.2	4,570	199	4.4	4,452	183	4.1
1992	8,939	384	4.3	4,580	175	3.8	4,357	207	4.8
1991	8,612	348	4.0	4,380	167	3.8	4,231	180	4.3
1990	8,679	347	4.0	4,356	177	4.1	4,323	170	3.9
1989	8,974	404	4.5	4,519	203	4.5	4,453	199	4.5
1988	9,590	461	4.8	4,960	256	5.2	4,628	206	4.5
1987	9,802	403	4.1	4,921	215	4.4	4,879	187	3.8
1986	9,829	421	4.3	4,910	213	4.3	4,917	208	4.2
1985	9,704	504	5.2	4,831	259	5.4	4,874	245	5.0
1984	10,041	507	5.1	4,986	268	5.4	5,054	238	4.7
1983	10,331	535	5.2	5,130	294	5.7	5,200	241	4.6
1982	10,611	577	5.4	5,310	305	5.7	5,301	271	5.1
1981	10,868	639	5.9	5,379	322	6.0	5,487	316	5.8
1980	10,891	658	6.0	5,445	362	6.6	5,448	296	5.4
1979	11,136	744	6.7	5,479	369	6.7	5,658	377	6.7
1978	11,116	743	6.7	5,558	415	7.5	5,558	328	5.9
1977	11,300	734	6.5	5,657	392	6.9	5,643	342	6.1
1976	10,996	644	5.9	5,534	360	6.5	5,463	285	5.2
1975	11,033	639	5.8	5,485	296	5.4	5,548	343	6.2
1974	11,026	742	6.7	5,421	402	7.4	5,605	340	6.1
1973	10,851	683	6.3	5,407	370	6.8	5,444	313	5.8
1972	10,664	659	6.2	5,305	317	6.0	5,358	341	6.4
1971	10,451	562	5.4	5,193	297	5.7	5,258	266	5.1
1970	10,281	588	5.7	5,145	288	5.6	5,138	302	5.9
1969	10,212	551	5.4	5,069	273	5.4	5,142	278	5.4
1968	9,814	506	5.2	4,831	247	5.1	4,983	259	5.2
1967	9,350	486	5.2	4,605	237	5.1	4,745	249	5.2
Grade 10									
2006	4,179	31	0.7	2,053	19	0.9	2,126	12	0.5
2005	4,483	72	1.6	2,244	49	2.2	2,239	23	1.0
2004	4,028	99	2.5	2,096	56	2.7	1,931	42	2.2
2003	4,107	64	1.6	2,111	26	1.2	1,995	37	1.9
2002	3,896	55	1.4	1,963	36	1.8	1,934	19	1.0
2001	3,900	90	2.3	1,988	50	2.5	1,913	41	2.1
2000	3,957	77	1.9	2,036	48	2.4	1,920	28	1.5
1999	3,910	104	2.7	2,036	54	2.7	1,875	50	2.7
1998	3,883	90	2.3	1,971	36	1.8	1,911	54	2.8
1997	3,738	79	2.1	1,894	44	2.3	1,843	35	1.9
1996	3,691	94	2.5	1,906	50	2.6	1,784	43	2.4
1995	3,552	88	2.5	1,823	40	2.2	1,728	47	2.7
1994	3,474	76	2.2	1,793	45	2.5	1,681	31	1.8
1993r	3,265	86	2.6	1,696	52	3.1	1,567	33	2.1
1993	3,139	81	2.6	1,627	50	3.1	1,513	31	2.0
1992	3,197	81	2.5	1,657	37	2.2	1,539	43	2.8
1991	3,132	105	3.4	1,571	46	2.9	1,561	59	3.8
1990	3,215	90	2.8	1,660	43	2.6	1,555	47	3.0
1989	3,071	99	3.2	1,567	56	3.6	1,504	43	2.9
1988	3,308	112	3.4	1,716	63	3.7	1,592	49	3.1
1987	3,492	106	3.0	1,818	45	2.5	1,674	61	3.6
1986	3,555	119	3.3	1,820	56	3.1	1,734	63	3.6
1985	3,491	143	4.1	1,797	74	4.1	1,695	69	4.1
1984	3,415	135	4.0	1,735	76	4.4	1,680	59	3.5
1983	3,468	129	3.7	1,755	70	4.0	1,713	59	3.4
1982	3,540	144	4.1	1,792	69	3.9	1,747	74	4.2
1981	3,735	144	3.9	1,816	65	3.6	1,918	78	4.1
1980	3,817	166	4.3	1,957	95	4.9	1,861	71	3.8
1979	3,920	217	5.5	1,985	102	5.1	1,934	114	5.9
1978	3,878	185	4.8	1,943	96	4.9	1,935	89	4.6
1977	3,970	177	4.5	2,021	96	4.8	1,949	81	4.2
1976	3,914	145	3.7	1,960	79	4.0	1,955	67	3.4
1975	3,983	183	4.6	2,017	87	4.3	1,967	97	4.9

r = Revised, controlled to 1990 census based population estimates; previous 1993 data controlled to 1980 census based population estimates.

Table A-12. Annual High School Dropout Rates of 15 to 24 Year Olds by Sex, Race, Grade, and Hispanic Origin, October 1967–2006—Continued

(Numbers in thousands, percent.)

Year, grade, race, and Hispanic origin	Total – Total students	Total – Dropouts	Total – Dropout rate	Male – Total students	Male – Dropouts	Male – Dropout rate	Female – Total students	Female – Dropouts	Female – Dropout rate
1974	3,901	223	5.7	1,951	122	6.3	1,949	101	5.2
1973	3,899	210	5.4	1,930	112	5.8	1,969	98	5.0
1972	3,868	203	5.2	1,940	106	5.5	1,928	97	5.0
1971	3,762	174	4.6	1,925	95	4.9	1,838	79	4.3
1970	3,686	186	5.0	1,865	90	4.8	1,822	97	5.3
1969	3,485	159	4.6	1,756	84	4.8	1,729	75	4.3
1968	3,615	151	4.2	1,849	75	4.1	1,767	76	4.3
1967	3,370	129	3.8	1,726	64	3.7	1,644	65	4.0
Grade 11									
2006	4,324	112	2.6	2,209	62	2.7	2,053	50	2.4
2005	4,080	72	1.8	2,184	46	2.1	1,896	26	1.4
2004	4,010	141	3.5	2,012	76	3.8	1,998	65	3.3
2003	4,327	117	2.7	2,158	68	3.2	2,169	49	2.3
2002	4,137	99	2.4	2,111	54	2.6	2,026	45	2.2
2001	4,114	139	3.4	2,134	72	3.4	1,979	67	3.4
2000	3,833	170	4.4	1,933	78	4.0	1,901	93	4.9
1999	4,036	150	3.7	2,052	69	3.4	1,984	81	4.0
1998	3,735	110	2.9	1,902	55	2.9	1,833	55	3.0
1997	3,882	142	3.7	1,957	71	3.6	1,925	71	3.7
1996	3,606	138	3.8	1,828	76	4.2	1,778	62	3.5
1995	3,568	159	4.5	1,846	89	4.8	1,724	71	4.1
1994	3,587	132	3.7	1,864	61	3.3	1,722	70	4.1
1993r	3,375	106	3.1	1,725	43	2.5	1,650	63	3.8
1993	3,218	100	3.1	1,643	40	2.4	1,575	60	3.8
1992	3,213	120	3.7	1,642	52	3.2	1,570	67	4.3
1991	3,083	101	3.3	1,598	42	2.6	1,484	58	3.9
1990	2,976	98	3.3	1,462	57	3.9	1,514	41	2.7
1989	3,302	125	3.8	1,683	67	4.0	1,618	57	3.5
1988	3,447	161	4.7	1,819	89	4.9	1,627	72	4.4
1987	3,566	122	3.4	1,766	71	4.0	1,800	51	2.8
1986	3,433	116	3.4	1,700	51	3.0	1,733	65	3.8
1985	3,274	139	4.2	1,618	70	4.3	1,656	69	4.2
1984	3,328	163	4.9	1,682	87	5.2	1,646	76	4.6
1983	3,601	162	4.5	1,825	87	4.8	1,775	75	4.2
1982	3,694	218	5.9	1,872	122	6.5	1,822	96	5.3
1981	3,787	262	6.9	1,937	144	7.4	1,850	118	6.4
1980	3,670	225	6.1	1,832	120	6.6	1,839	105	5.7
1979	3,718	229	6.2	1,840	102	5.5	1,879	128	6.8
1978	3,708	230	6.2	1,905	113	5.9	1,803	117	6.5
1977	3,832	244	6.4	1,964	133	6.8	1,867	110	5.9
1976	3,786	227	6.0	1,955	123	6.3	1,831	104	5.7
1975	3,596	230	6.4	1,828	103	5.6	1,767	126	7.1
1974	3,721	237	6.4	1,819	123	6.8	1,902	114	6.0
1973	3,631	237	6.5	1,877	126	6.7	1,754	111	6.3
1972	3,581	241	6.7	1,825	107	5.9	1,756	134	7.6
1971	3,585	185	5.2	1,772	82	4.6	1,811	103	5.7
1970	3,456	198	5.7	1,750	96	5.5	1,706	102	6.0
1969	3,489	190	5.4	1,779	100	5.6	1,710	90	5.3
1968	3,255	179	5.5	1,640	91	5.5	1,614	88	5.5
1967	3,068	169	5.5	1,557	76	4.9	1,511	93	6.2
Grade 12									
2006	3,101	265	8.5	1,608	146	9.1	1,492	119	8.0
2005	2,931	270	9.2	1,415	138	9.7	1,516	132	8.7
2004	3,130	247	7.9	1,516	133	8.8	1,614	114	7.1
2003	2,945	248	8.4	1,435	131	9.1	1,510	117	7.7
2002	2,956	214	7.2	1,432	104	7.3	1,524	110	7.2
2001	2,762	277	10.0	1,411	171	12.1	1,351	106	7.8
2000	2,983	241	8.1	1,447	154	10.6	1,535	87	5.7
1999	3,121	266	8.5	1,571	120	7.6	1,552	146	9.4
1998	3,173	279	8.8	1,613	146	9.0	1,560	133	8.5
1997	3,025	233	7.7	1,479	136	9.2	1,545	97	6.3
1996	2,952	253	8.6	1,441	114	7.9	1,510	139	9.2
1995	2,986	297	9.9	1,492	168	11.3	1,494	129	8.6
1994	2,861	289	10.1	1,391	143	10.3	1,470	146	9.9
1993r	2,790	212	7.6	1,366	116	8.5	1,423	96	6.7
1993	2,664	201	7.5	1,300	109	8.4	1,364	92	6.7
1992	2,529	183	7.2	1,281	86	6.7	1,248	97	7.8
1991	2,397	142	5.9	1,211	79	6.5	1,186	63	5.3
1990	2,488	159	6.4	1,234	77	6.2	1,254	82	6.5
1989	2,601	180	6.9	1,269	80	6.3	1,331	99	7.4
1988	2,835	188	6.6	1,425	104	7.3	1,409	85	6.0
1987	2,744	175	6.4	1,337	99	7.4	1,405	75	5.3
1986	2,841	186	6.5	1,390	106	7.6	1,450	80	5.5
1985	2,939	222	7.6	1,416	115	8.1	1,523	107	7.0
1984	3,298	209	6.3	1,569	105	6.7	1,728	103	6.0
1983	3,262	244	7.5	1,550	137	8.8	1,712	107	6.3
1982	3,377	215	6.4	1,646	114	6.9	1,732	101	5.8
1981	3,346	233	7.0	1,626	113	7.0	1,719	120	7.0

r = Revised, controlled to 1990 census based population estimates; previous 1993 data controlled to 1980 census based population estimates.

Table A-12. Annual High School Dropout Rates of 15 to 24 Year Olds by Sex, Race, Grade, and Hispanic Origin, October 1967–2006—Continued

(Numbers in thousands, percent.)

Year, grade, race, and Hispanic origin	Total students	Total Dropouts	Dropout rate	Male Total students	Male Dropouts	Male Dropout rate	Female Total students	Female Dropouts	Female Dropout rate
1980	3,404	267	7.8	1,656	147	8.9	1,748	120	6.9
1979	3,498	298	8.5	1,654	164	9.9	1,845	135	7.3
1978	3,530	328	9.3	1,710	206	12.0	1,820	122	6.7
1977	3,498	313	8.9	1,672	163	9.7	1,827	151	8.3
1976	3,296	272	8.3	1,619	158	9.8	1,677	114	6.8
1975	3,454	226	6.5	1,640	106	6.5	1,814	120	6.6
1974	3,404	282	8.3	1,651	157	9.5	1,754	125	7.1
1973	3,321	236	7.1	1,600	132	8.3	1,721	104	6.0
1972	3,215	215	6.7	1,540	104	6.8	1,674	110	6.6
1971	3,104	203	6.5	1,496	120	8.0	1,609	84	5.2
1970	3,139	204	6.5	1,530	102	6.7	1,610	103	6.4
1969	3,238	202	6.2	1,534	89	5.8	1,703	113	6.6
1968	2,944	176	6.0	1,342	81	6.0	1,602	95	5.9
1967	2,912	188	6.5	1,322	97	7.3	1,590	91	5.7

WHITE ALONE

Grades 10–12

Year	Total students	Total Dropouts	Dropout rate	Male Total students	Male Dropouts	Male Dropout rate	Female Total students	Female Dropouts	Female Dropout rate
2006	8,924	311	3.5	4,568	177	3.9	4,355	133	3.1
2005	8,855	271	3.1	4,472	151	3.4	4,382	120	2.7
2004	8,585	359	4.2	4,344	211	4.9	4,241	148	3.5
2003[1]	8,781	321	3.7	4,434	172	3.9	4,347	148	3.4
2002	8,636	259	3.0	4,371	133	3.0	4,265	126	3.0
2001	8,490	388	4.6	4,363	230	5.3	4,126	158	3.8
2000	8,540	371	4.3	4,368	204	4.7	4,172	167	4.0
1999	8,665	380	4.4	4,426	180	4.1	4,238	198	4.7
1998	8,487	371	4.4	4,306	188	4.4	4,181	183	4.4
1997	8,402	355	4.2	4,220	208	4.9	4,180	145	3.5
1996	8,005	361	4.5	4,077	198	4.8	3,928	163	4.1
1995	7,926	402	5.1	4,079	220	5.4	3,849	183	4.8
1994	7,862	371	4.7	4,014	184	4.6	3,848	188	4.9
1993[r]	7,442	306	4.1	3,790	157	4.1	3,654	150	4.1
1993	7,152	290	4.1	3,623	147	4.1	3,530	143	4.1
1992	7,077	292	4.1	3,646	140	3.8	3,430	151	4.4
1991	6,856	254	3.7	3,514	127	3.6	3,343	128	3.8
1990	6,984	266	3.8	3,522	144	4.1	3,462	122	3.5
1989	7,243	286	3.9	3,653	149	4.1	3,589	136	3.8
1988	7,727	362	4.7	4,016	203	5.1	3,712	161	4.3
1987	7,979	299	3.7	4,023	163	4.1	3,953	135	3.4
1986	8,011	333	4.2	4,007	168	4.2	4,007	166	4.1
1985	7,967	384	4.8	3,963	195	4.9	4,003	188	4.7
1984	8,221	410	5.0	4,119	220	5.3	4,101	190	4.6
1983	8,531	410	4.8	4,264	232	5.4	4,264	177	4.2
1982	8,769	444	5.1	4,381	231	5.3	4,390	214	4.9
1981	9,067	478	5.3	4,532	254	5.6	4,536	224	4.9
1980	9,177	517	5.6	4,624	294	6.4	4,554	224	4.9
1979	9,437	588	6.2	4,694	311	6.6	4,742	277	5.8
1978	9,360	574	6.1	4,747	329	6.9	4,611	244	5.3
1977	9,536	594	6.2	4,766	327	6.9	4,770	267	5.6
1976	9,362	532	5.7	4,708	297	6.3	4,654	235	5.1
1975	9,440	507	5.4	4,709	234	5.0	4,732	274	5.8
1974	9,403	566	6.0	4,650	326	7.0	4,754	241	5.1
1973	9,359	537	5.7	4,708	288	6.1	4,649	248	5.3
1972	9,173	520	5.7	4,588	247	5.4	4,583	272	5.9
1971	9,140	470	5.1	4,577	244	5.3	4,562	226	5.0
1970	8,959	449	5.0	4,496	212	4.7	4,462	237	5.3
1969	8,878	429	4.8	4,438	208	4.7	4,439	221	5.0
1968	8,580	387	4.5	4,246	190	4.5	4,331	196	4.5
1967	8,186	379	4.6	4,060	189	4.7	4,126	190	4.6

WHITE ALONE NON-HISPANIC

Grades 10–12

Year	Total students	Total Dropouts	Dropout rate	Male Total students	Male Dropouts	Male Dropout rate	Female Total students	Female Dropouts	Female Dropout rate
2006	7,171	200	2.8	3,693	120	3.2	3,478	80	2.3
2005	7,227	196	2.7	3,652	103	2.8	3,575	93	2.6
2004	7,015	245	3.5	3,582	130	3.6	3,434	115	3.4
2003[1]	7,139	214	3.0	3,665	116	3.2	3,474	98	2.8
2002	7,124	173	2.4	3,620	84	2.3	3,504	89	2.6
2001	7,070	272	3.8	3,647	173	4.7	3,423	98	2.9
2000	7,159	276	3.9	3,648	150	4.1	3,511	126	3.6
1999	7,265	274	3.8	3,744	130	3.5	3,523	145	4.1
1998	7,174	266	3.7	3,605	130	3.6	3,570	137	3.8
1997	7,090	242	3.4	3,533	140	4.0	3,558	103	2.9
1996	6,850	267	3.9	3,511	145	4.1	3,337	121	3.6
1995	6,905	296	4.3	3,564	164	4.6	3,341	131	3.9
1994	6,839	274	4.0	3,496	137	3.9	3,343	137	4.1
1993	6,277	237	3.8	3,229	128	4.0	3,047	108	3.5

[1] Starting in 2003 respondents could identify more than one race. Except as noted, the race data in this table from 2003 onward represent those respondents who indicated only one race category.
[r] = Revised, controlled to 1990 census based population estimates; previous 1993 data controlled to 1980 census based population estimates.

Table A-12. Annual High School Dropout Rates of 15 to 24 Year Olds by Sex, Race, Grade, and Hispanic Origin, October 1967–2006—Continued

(Numbers in thousands, percent.)

Year, grade, race, and Hispanic origin	Total students	Total Dropouts	Total Dropout rate	Male Total students	Male Dropouts	Male Dropout rate	Female Total students	Female Dropouts	Female Dropout rate
BLACK									
Grades 10–12									
2006	1,767	65	3.7	902	29	3.2	864	37	4.3
2005	1,763	122	6.9	943	71	7.5	820	51	6.2
2004	1,716	90	5.2	833	40	4.8	883	50	5.7
2003[1]	1,698	76	4.5	812	33	4.1	886	43	4.9
2002	1,664	73	4.4	782	40	5.1	882	33	3.8
2001	1,655	95	5.7	828	51	6.2	827	45	5.4
2000	1,706	96	5.6	819	62	7.6	888	34	3.8
1999	1,794	107	6.0	925	48	5.2	870	59	6.8
1998	1,759	88	5.0	918	42	4.6	841	46	5.5
1997	1,678	80	4.8	813	33	4.1	866	49	5.7
1996	1,704	107	6.3	803	37	4.6	901	70	7.8
1995	1,598	97	6.1	797	63	7.9	802	35	4.4
1994	1,559	96	6.1	763	50	6.5	795	45	5.7
1993[r]	1,499	80	5.3	740	43	5.8	758	37	4.9
1993	1,447	78	5.4	724	41	5.7	722	36	5.0
1992	1,422	70	4.9	702	23	3.3	720	48	6.7
1991	1,366	85	6.2	685	38	5.5	683	48	7.0
1990	1,303	66	5.1	636	26	4.1	666	40	6.0
1989	1,384	106	7.7	684	47	6.9	701	60	8.6
1988	1,468	93	6.3	751	50	6.7	717	43	6.0
1987	1,463	93	6.4	730	45	6.2	732	47	6.4
1986	1,449	68	4.7	711	34	4.8	737	34	4.6
1985	1,422	110	7.7	703	58	8.3	719	52	7.2
1984	1,524	88	5.8	711	44	6.2	813	43	5.3
1983	1,498	103	6.9	687	48	7.0	810	55	6.8
1982	1,553	121	7.8	786	71	9.0	767	50	6.5
1981	1,516	146	9.6	704	66	9.4	815	83	10.2
1980	1,496	124	8.3	714	57	8.0	781	66	8.5
1979	1,479	142	9.6	679	51	7.5	802	92	11.5
1978	1,542	160	10.4	706	78	11.0	835	81	9.7
1977	1,588	133	8.4	746	62	8.3	789	71	9.0
1976	1,449	105	7.2	729	62	8.5	721	45	6.2
1975	1,416	123	8.7	673	56	8.3	743	67	9.0
1974	1,441	167	11.6	679	73	10.8	761	93	12.2
1973	1,372	138	10.1	650	78	12.0	725	61	8.4
1972	1,373	133	9.7	644	65	10.1	756	68	9.0
1971	1,195	87	7.3	552	51	9.2	643	37	5.8
1970	1,192	133	11.2	587	74	12.6	606	60	9.9
1969	1,209	113	9.3	562	58	10.3	646	55	8.5
1968	1,123	113	10.1	523	52	9.9	600	61	10.2
1967	1,066	106	9.9	485	47	9.7	578	58	10.0
ASIAN[2]									
Grades 10–12									
2006	445	19	4.2	237	11	4.5	208	8	3.7
2005	425	6	1.5	219	5	2.4	206	1	0.5
2004	452	4	0.9	233	-	-	219	4	1.9
2003[1]	457	11	2.4	237	3	1.4	221	7	3.4
2002	515	12	2.3	266	8	3.0	249	4	1.6
2001	470	10	2.1	274	9	3.3	197	1	0.5
2000	399	13	3.3	178	12	6.7	221	1	0.5
1999	523	25	4.8	269	13	4.8	253	12	4.7
HISPANIC[3]									
Grades 10–12									
2006	1,923	124	6.4	958	61	6.3	965	63	6.6
2005	1,814	86	4.7	910	51	5.6	904	35	3.9
2004	1,723	138	8.0	842	97	11.5	881	40	4.6
2003	1,792	116	6.5	846	65	7.7	945	51	5.4
2002	1,614	86	5.3	801	50	6.2	814	36	4.4
2001	1,487	121	8.1	755	57	7.6	732	64	8.7
2000	1,465	100	6.8	761	54	7.1	704	46	6.5
1999	1,482	105	7.1	729	50	6.9	751	55	7.3
1998	1,368	115	8.4	731	63	8.6	637	52	8.2
1997	1,377	119	8.6	710	74	10.4	668	45	6.7
1996	1,195	100	8.4	588	54	9.2	608	46	7.6
1995	1,251	145	11.6	644	70	10.9	608	76	12.5
1994	1,179	109	9.2	607	51	8.4	572	58	10.1
1993[r]	1,061	69	6.5	488	25	5.1	573	44	7.5
1993	943	60	6.4	436	21	4.8	508	39	7.7
1992	917	72	7.9	468	27	5.8	441	38	8.6
1991	809	59	7.3	396	41	10.4	417	20	4.8
1990	811	65	8.0	379	33	8.7	428	31	7.2

[1] Starting in 2003 respondents could identify more than one race. Except as noted, the race data in this table from 2003 onward represent those respondents who indicated only one race category.
[2] The data shown prior to 2003 consists of those identifying themselves as "Asian or Pacific Islanders."
[3] May be of any race.
r = Revised, controlled to 1990 census based population estimates; previous 1993 data controlled to 1980 census based population estimates.
- = Quantity zero or rounds to zero.

Table A-12. Annual High School Dropout Rates of 15 to 24 Year Olds by Sex, Race, Grade, and Hispanic Origin, October 1967–2006—*Continued*

(Numbers in thousands, percent.)

Year, grade, race, and Hispanic origin	Total — Total students	Total — Dropouts	Total — Dropout rate	Male — Total students	Male — Dropouts	Male — Dropout rate	Female — Total students	Female — Dropouts	Female — Dropout rate
1989	762	59	7.7	394	30	7.6	366	28	7.7
1988	730	77	10.5	398	49	12.3	333	28	8.4
1987	769	43	5.6	380	19	5.0	389	24	6.2
1986	764	91	11.9	376	44	11.7	388	48	12.4
1985	729	71	9.7	333	31	9.3	396	39	9.8
1984	706	77	10.9	311	38	12.2	396	40	10.1
1983	691	68	9.8	351	48	13.7	340	21	6.2
1982	692	65	9.4	370	35	9.5	321	29	9.0
1981	717	77	10.7	350	37	10.6	367	40	10.9
1980	646	74	11.5	295	50	17.0	350	24	6.9
1979	593	58	9.8	295	30	10.2	298	27	9.1
1978	567	70	12.3	295	46	15.6	271	23	8.5
1977	627	50	8.0	341	35	10.3	287	15	5.2
1976	638	46	7.2	300	22	7.3	336	23	6.8
1975	614	67	10.9	317	32	10.1	294	34	11.6
1974	547	53	9.7	271	34	12.5	278	20	7.2
1973	499	50	10.0	240	19	7.9	259	31	12.0
1972	498	55	11.0	253	28	11.1	247	27	10.9
WHITE ALONE OR IN COMBINATION									
Grades 10–12									
2006	9,212	320	3.5	4,695	185	3.9	4,517	136	3.0
2005	9,158	281	3.1	4,610	155	3.4	4,548	126	2.8
2004	8,821	382	4.3	4,464	222	5.0	4,357	160	3.7
2003	9,045	335	3.7	4,573	183	4.0	4,471	151	3.4
BLACK ALONE OR IN COMBINATION									
Grades 10–12									
2006	1,891	66	3.5	952	29	3.0	939	38	4.0
2005	1,870	129	6.9	979	71	7.3	890	58	6.5
2004	1,797	99	5.5	869	40	4.6	928	59	6.3
2003	1,808	79	4.4	853	36	4.2	955	43	4.5
ASIAN ALONE OR IN COMBINATION									
Grades 10–12									
2006	542	23	4.2	279	15	5.4	263	8	3.0
2005	525	8	1.5	270	6	2.3	255	2	0.6
2004	516	8	1.6	273	3	1.2	243	5	2.1
2003	533	17	3.1	278	8	3.0	254	8	3.3

PART A—NATIONAL EDUCATION STATISTICS 83

Table A-13. Population 14 to 24 Years Old by High School Graduate Status, College Enrollment, Attainment, Sex, Race, and Hispanic Origin, October 1967–2006

(Numbers in thousands, percent.)

Year, race, and Hispanic origin	Population 18 to 24 years old								High school graduates, 14 to 24 years old		
	Total	High school graduates		Percent			High school dropouts			Percent	
		Total	Enrolled in college	High school graduates	Enrolled in college	High school graduate enrolled in college	Number	Percent	All graduates	Enrolled in college	Enrolled or completed some college
ALL RACES											
Both Sexes											
2006	28,372	23,430	10,586	82.6	37.3	45.2	3,128	11.0	23,800	45.4	69.3
2005	27,855	23,103	10,834	82.9	38.9	49.3	3,154	11.3	23,445	47.0	69.8
2004	27,948	23,086	10,611	82.6	38.0	46.0	3,836	12.1	23,379	46.2	69.0
2003	27,404	22,603	10,364	82.5	37.8	45.9	3,228	11.8	22,898	45.9	68.8
2002	27,367	22,319	10,033	81.6	36.7	45.0	3,375	12.3	22,639	45.2	67.6
2001	26,965	21,836	9,629	81.0	35.7	44.1	3,519	13.0	22,136	44.1	66.7
2000	26,658	21,822	9,452	81.9	35.5	43.3	3,315	12.4	22,080	43.5	66.7
1999	26,041	21,127	9,259	81.1	35.6	43.8	3,413	13.1	21,390	44.0	67.2
1998	25,507	20,567	9,322	80.6	36.6	45.3	3,544	13.9	20,775	45.5	68.0
1997	24,973	20,338	9,204	81.4	36.9	45.2	3,236	13.0	20,577	45.6	67.3
1996	24,671	20,131	8,767	81.6	35.5	43.5	3,147	12.8	20,465	44.0	67.2
1995	24,900	20,125	8,539	80.8	34.3	42.4	3,471	13.9	20,359	42.7	67.1
1994	25,254	20,581	8,729	81.5	34.6	42.4	3,365	13.3	20,779	42.7	66.9
1993ʳ	25,522	20,844	8,630	81.7	33.8	41.4	3,349	13.1	21,060	41.6	65.3
1993	24,100	19,772	8,193	82.0	34.0	41.4	3,070	12.7	19,979	41.6	65.4
1992	24,278	19,921	8,343	82.1	34.4	41.9	3,083	12.7	20,194	42.3	65.6
1991	24,572	19,883	8,172	80.9	33.3	41.1	3,486	14.2	20,065	41.4	60.7
1990	24,852	20,311	7,964	82.3	32.0	39.1	3,379	13.6	20,571	39.6	58.9
1989	25,261	20,461	7,804	81.0	30.9	38.1	3,644	14.4	20,749	38.5	57.9
1988	25,733	20,900	7,791	81.2	30.3	37.3	3,749	14.6	21,204	37.6	57.4
1987	25,950	21,118	7,693	81.4	29.6	36.4	3,751	14.5	21,477	36.9	56.2
1986	26,512	21,768	7,477	82.1	28.2	34.3	3,687	13.9	22,086	34.8	55.0
1985	27,122	22,349	7,537	82.4	27.8	33.7	3,687	13.9	22,722	34.3	54.3
1984	28,031	22,870	7,591	81.6	27.1	33.2	4,142	14.8	23,252	33.7	53.0
1983	28,580	22,988	7,477	80.4	26.2	32.5	4,410	15.4	23,359	33.1	52.8
1982	28,846	23,291	7,678	80.7	26.6	33.0	4,500	15.6	23,708	33.5	52.7
1981	28,965	23,343	7,575	80.6	26.2	32.5	4,520	15.6	23,705	32.9	51.7
1980	28,957	23,413	7,400	80.9	25.6	31.6	4,515	15.6	23,856	32.1	51.1
1979	27,974	22,421	6,991	80.1	25.0	31.2	4,560	16.3	22,911	31.9	51.6
1978	27,647	22,309	6,995	80.7	25.3	31.4	4,388	15.9	22,759	31.9	51.4
1977	27,331	22,008	7,142	80.5	26.1	32.5	4,313	15.8	22,499	33.0	52.0
1976	26,919	21,677	7,181	80.5	26.7	33.1	4,276	15.9	22,158	33.7	53.4
1975	26,387	21,326	6,935	80.8	26.3	32.5	4,110	15.6	21,824	33.1	52.5
1974	25,670	20,725	6,316	80.7	24.6	30.5	4,070	15.9	21,267	31.2	51.3
1973	25,237	20,377	6,055	80.7	24.0	29.7	3,973	15.7	20,895	30.4	50.7
1972	24,579	19,618	6,257	79.8	25.5	31.9	4,068	16.6	20,107	32.6	52.9
1971	23,668	18,691	6,210	79.0	26.2	33.2	4,025	17.0	19,130	33.9	53.1
1970	22,552	17,768	5,805	78.8	25.7	32.7	3,908	17.3	18,218	33.5	52.3
1969	21,362	16,703	5,840	78.2	27.3	35.0	3,769	17.6	17,152	35.7	52.5
1968	20,562	15,683	5,356	76.3	26.0	34.2	3,929	19.1	16,165	35.2	51.5
1967	20,009	15,114	5,100	75.5	25.5	33.7	3,967	19.8	15,642	34.9	50.5
Male											
2006	14,300	11,508	4,874	80.5	34.1	42.4	1,741	12.2	11,659	42.5	65.1
2005	14,077	11,182	4,973	79.4	35.3	43.2	1,852	13.2	11,330	44.4	65.9
2004	14,018	11,258	4,865	80.3	34.7	43.2	1,942	13.9	11,364	43.5	65.0
2003	13,681	10,919	4,697	79.8	34.3	43.0	1,875	13.7	11,040	43.1	65.0
2002	13,744	10,823	4,629	78.7	33.7	42.8	1,925	14.0	10,975	42.9	64.6
2001	13,434	10,461	4,437	77.9	33.0	42.4	2,028	15.1	10,587	42.4	63.9
2000	13,338	10,622	4,343	79.6	32.6	40.9	1,837	13.8	10,736	41.0	63.1
1999	12,905	10,201	4,396	79.1	34.0	43.1	1,818	14.9	10,331	43.3	64.5
1998	12,764	9,915	4,403	77.7	34.5	44.4	2,018	15.8	10,006	44.5	64.9
1997	12,513	9,933	4,374	79.4	35.0	44.0	1,765	14.1	10,025	44.2	64.9
1996	12,285	9,815	4,187	80.0	34.1	42.6	1,628	13.2	9,960	43.0	65.6
1995	12,351	9,789	4,089	79.3	33.1	41.8	1,791	14.5	9,884	42.1	64.2
1994	12,557	9,970	4,152	79.4	33.1	41.6	1,804	14.4	10,051	41.9	64.9
1993ʳ	12,712	10,142	4,237	79.8	33.3	41.8	1,745	13.7	10,229	42.0	63.9
1993	11,898	9,541	3,994	80.2	33.6	41.9	1,575	13.2	9,625	42.0	64.1
1992	11,965	9,576	3,912	80.0	32.7	40.9	1,617	13.5	9,706	41.3	64.1
1991	12,036	9,493	3,954	78.9	32.9	41.7	1,810	15.0	9,564	41.9	59.2
1990	12,134	9,778	3,922	80.6	32.3	40.1	1,689	13.9	9,894	40.5	58.0
1989	12,325	9,700	3,717	78.7	30.2	38.3	1,941	15.7	9,810	38.6	57.2
1988	12,491	9,832	3,770	78.7	30.2	38.3	1,950	15.6	9,947	38.5	56.5
1987	12,626	10,030	3,867	79.4	30.6	38.6	1,948	15.4	10,207	39.0	56.0
1986	12,921	10,338	3,702	80.0	28.7	35.8	1,924	14.9	10,465	36.2	54.4
1985	13,199	10,614	3,749	80.4	28.4	35.3	2,015	15.3	10,784	36.0	54.6
1984	13,744	10,914	3,929	79.4	28.6	36.0	2,184	15.9	11,052	36.4	53.6
1983	14,003	10,906	3,820	77.9	27.3	35.0	2,379	17.0	10,959	35.5	52.7
1982	14,083	11,120	3,837	79.0	27.2	34.5	2,329	16.5	11,295	35.0	53.0
1981	14,127	11,052	3,833	78.2	27.1	34.7	2,424	17.2	11,203	35.1	52.1

Note: The change in the educational attainment question and the college completion categories from "4 or more years of college," to "at least some college," in 1992 caused an increase in the proportion of 14-to-24-year-old high school graduates enrolled in college or completed some college, of approximately 5 percentage points. High school graduates are people who have completed 4 years of high school or more, for 1967 to 1991. Beginning in 1992, they were people whose highest degree was a high school diploma (including equivalency) or higher.

ʳ = Revised, controlled to 1990 census based population estimates; previous 1993 data controlled to 1980 census based population estimates.

Table A-13. Population 14 to 24 Years Old by High School Graduate Status, College Enrollment, Attainment, Sex, Race, and Hispanic Origin, October 1967–2006—*Continued*

(Numbers in thousands, percent.)

Year, race, and Hispanic origin	Population 18 to 24 years old									High school graduates, 14 to 24 years old		
	Total	High school graduates			Percent			High school dropouts		All graduates	Percent	
		Total	Enrolled in college	High school graduates	Enrolled in college	High school graduate enrolled in college	Number	Percent		Enrolled in college	Enrolled or completed some college
1980	14,107	11,125	3,717	78.9	26.3	33.4	2,390	16.9	11,309	33.7	51.4
1979	13,571	10,657	3,508	78.5	25.9	32.9	2,320	17.1	10,838	33.6	52.4
1978	13,385	10,614	3,621	79.3	27.1	34.1	2,200	16.4	10,789	34.5	52.6
1977	13,218	10,440	3,712	79.0	28.1	35.6	2,170	16.4	10,626	36.0	54.2
1976	13,012	10,312	3,673	79.3	28.2	35.6	2,109	16.2	10,492	36.0	55.7
1975	12,724	10,214	3,693	80.3	29.0	36.2	1,928	15.2	10,415	36.7	56.1
1974	12,315	9,835	3,411	79.9	27.7	34.7	1,958	15.9	10,073	35.3	55.6
1973	12,111	9,716	3,360	80.2	27.7	34.6	1,853	15.3	9,908	35.1	55.4
1972	11,712	9,247	3,534	79.0	30.2	38.2	1,898	16.2	9,461	38.8	59.0
1971	11,092	8,669	3,599	78.2	32.4	41.5	1,865	16.8	8,855	42.1	60.1
1970	10,385	8,087	3,331	77.9	32.1	41.2	1,746	16.8	8,279	41.8	59.2
1969	9,649	7,445	3,392	77.2	35.2	45.6	1,640	17.0	7,609	46.2	61.2
1968	9,251	6,864	3,152	74.2	34.1	45.9	1,777	19.2	8,038	46.7	61.1
1967	8,999	6,678	2,982	74.2	33.1	44.7	1,804	20.0	6,829	45.1	58.8
Female											
2006	14,073	11,922	5,712	84.7	40.6	47.9	1,387	9.9	12,141	48.1	73.3
2005	13,778	11,921	5,861	86.5	42.5	55.8	1,302	9.5	12,115	49.4	73.4
2004	13,930	11,828	5,746	84.9	41.2	48.6	1,444	10.4	12,015	48.8	72.8
2003	13,724	11,684	5,667	85.1	41.3	48.5	1,354	9.9	11,858	48.5	72.2
2002	13,623	11,496	5,404	84.4	39.7	47.0	1,450	10.6	11,664	47.3	70.3
2001	13,531	11,375	5,192	84.1	38.4	45.7	1,491	11.0	11,549	45.7	69.4
2000	13,319	11,200	5,109	84.1	38.4	45.6	1,478	11.1	11,344	45.8	70.1
1999	13,136	10,926	4,863	83.2	37.0	44.5	1,594	12.1	11,058	44.6	69.8
1998	12,743	10,651	4,919	83.6	38.6	46.2	1,526	12.0	10,768	46.4	70.7
1997	12,460	10,403	4,829	83.5	38.8	46.4	1,471	11.8	10,549	46.8	69.6
1996	12,386	10,317	4,582	83.3	37.0	44.4	1,519	12.3	10,507	44.9	68.6
1995	12,548	10,338	4,452	82.4	35.5	43.1	1,679	13.4	10,477	43.4	69.8
1994	12,696	10,611	4,576	83.6	36.0	43.1	1,561	12.3	10,729	43.4	68.7
1993[r]	12,810	10,702	4,393	83.5	34.3	41.0	1,604	12.5	10,831	41.3	66.6
1993	12,202	10,232	4,199	83.9	34.4	41.0	1,494	12.2	10,355	41.2	66.7
1992	12,313	10,344	4,429	84.0	36.0	42.8	1,466	11.9	10,486	43.3	66.9
1991	12,536	10,391	4,218	82.9	33.6	40.6	1,676	13.4	10,502	41.0	62.1
1990	12,718	10,533	4,042	82.8	31.8	38.4	1,690	13.3	10,676	38.7	59.8
1989	12,936	10,758	4,085	83.2	31.6	38.0	1,702	13.2	10,936	38.4	58.6
1988	13,242	11,068	4,021	83.6	30.4	36.3	1,799	13.5	11,257	36.8	58.2
1987	13,324	11,086	3,826	83.2	28.7	34.5	1,803	13.5	11,268	35.0	56.4
1986	13,591	11,430	3,775	84.1	27.8	33.0	1,751	12.9	11,623	33.5	55.5
1985	13,923	11,736	3,788	84.3	27.2	32.3	1,804	13.0	11,937	32.8	54.0
1984	14,287	11,956	3,662	83.7	25.6	30.6	1,958	13.7	12,199	31.3	52.4
1983	14,577	12,082	3,657	82.9	25.1	30.3	2,031	13.9	12,294	31.0	52.8
1982	14,763	12,171	3,841	82.4	26.0	31.6	2,171	14.7	12,411	32.1	52.4
1981	14,838	12,290	3,741	82.8	25.2	30.4	2,097	14.1	12,503	31.0	51.3
1980	14,851	12,287	3,682	82.7	24.8	30.0	2,124	14.3	12,547	30.6	50.8
1979	14,403	11,763	3,482	81.7	24.2	29.6	2,240	15.6	12,074	30.4	50.8
1978	14,262	11,694	3,373	82.0	23.7	28.8	2,188	15.3	11,969	29.6	50.3
1977	14,113	11,569	3,431	82.0	24.3	29.7	2,143	15.2	11,875	30.3	50.0
1976	13,907	11,365	3,508	81.7	25.2	30.9	2,168	15.6	11,666	31.6	51.4
1975	13,663	11,113	3,243	81.3	23.7	29.2	2,181	16.0	11,407	29.9	49.2
1974	13,355	10,889	2,905	81.5	21.8	26.7	2,112	15.8	11,194	27.4	47.5
1973	13,126	10,663	2,696	81.2	20.5	25.3	2,119	16.1	10,986	26.1	46.5
1972	12,867	10,371	2,724	80.6	21.2	26.3	2,170	16.9	10,644	27.0	47.4
1971	12,576	10,020	2,610	79.7	20.8	26.0	2,159	17.2	10,272	26.9	47.1
1970	12,167	9,680	2,474	79.6	20.3	25.6	2,163	17.8	9,908	26.3	46.6
1969	11,713	9,259	2,448	79.0	20.9	26.4	2,128	18.2	9,499	27.1	45.7
1968	11,311	8,820	2,205	78.0	19.5	25.0	2,150	19.0	9,072	25.9	44.4
1967	11,011	8,436	2,117	76.6	19.2	25.1	2,162	19.6	8,694	26.0	44.7
WHITE ALONE											
Both Sexes											
2006	22,169	18,489	8,298	83.4	37.4	44.9	2,399	10.8	18,751	45.1	69.9
2005	21,777	18,130	8,498	83.3	39.0	50.4	2,466	11.3	18,352	46.9	70.0
2004	21,896	18,213	8,351	82.6	38.0	45.9	2,599	11.9	18,414	46.1	69.1
2003[1]	21,502	17,901	8,150	83.3	37.9	45.5	2,489	11.6	18,123	45.5	69.1
2002	21,704	17,793	7,921	82.0	36.5	44.5	2,641	12.2	17,995	44.6	67.5
2001	21,372	17,348	7,548	81.2	35.3	43.5	2,865	13.4	17,547	43.5	67.0
2000	21,257	17,512	7,566	82.4	35.6	43.2	2,598	12.2	17,714	43.4	66.9
1999	20,866	17,052	7,447	81.7	35.7	43.7	2,680	12.8	17,220	43.8	67.5
1998	20,465	16,701	7,541	81.6	36.9	45.2	2,810	13.7	16,855	45.3	68.3
1997	20,020	16,557	7,495	82.7	37.4	45.3	2,476	12.4	16,733	45.6	67.7
1996	19,676	16,199	7,123	82.3	36.2	44.0	2,458	12.5	16,436	44.3	68.4
1995	19,866	16,269	7,011	81.9	35.3	43.1	2,711	13.6	16,439	43.4	68.3

Note: The change in the educational attainment question and the college completion categories from "4 or more years of college," to "at least some college," in 1992 caused an increase in the proportion of 14-to-24-year-old high school graduates enrolled in college or completed some college, of approximately 5 percentage points. High school graduates are people who have completed 4 years of high school or more, for 1967 to 1991. Beginning in 1992, they were people whose highest degree was a high school diploma (including equivalency) or higher.

[1] Starting in 2003 respondents could identify more than one race. Except as noted, the race data in this table from 2003 onward represent those respondents who indicated only one race category.

[r] = Revised, controlled to 1990 census based population estimates; previous 1993 data controlled to 1980 census based population estimates.

Table A-13. Population 14 to 24 Years Old by High School Graduate Status, College Enrollment, Attainment, Sex, Race, and Hispanic Origin, October 1967–2006—Continued

(Numbers in thousands, percent.)

| Year, race, and Hispanic origin | Population 18 to 24 years old ||||||| High school graduates, 14 to 24 years old |||
| | Total | High school graduates || Percent ||| High school dropouts || All graduates | Percent ||
		Total	Enrolled in college	High school graduates	Enrolled in college	High school graduate enrolled in college	Number	Percent		Enrolled in college	Enrolled or completed some college
1994	20,171	16,670	7,118	82.6	35.3	42.7	2,553	12.7	16,814	42.9	67.6
1993r	20,493	16,989	7,074	82.9	34.5	41.6	2,595	12.7	17,161	41.8	66.5
1993	19,430	16,196	6,763	83.4	34.8	41.8	2,369	12.2	16,361	41.9	66.7
1992	19,671	16,379	6,916	83.3	35.2	42.2	2,398	12.2	16,586	42.7	67.0
1991	19,980	16,324	6,813	81.7	34.1	41.7	2,845	14.2	16,467	42.0	62.3
1990	20,393	16,823	6,635	82.5	32.5	39.4	2,751	13.5	17,022	39.8	60.1
1989	20,825	17,089	6,631	82.1	31.8	38.8	2,926	14.1	17,329	39.1	58.9
1988	21,261	17,491	6,659	82.3	31.3	38.1	3,012	14.2	17,720	38.4	58.5
1987	21,493	17,689	6,483	82.3	30.2	36.6	3,042	14.2	17,982	37.1	56.8
1986	22,020	18,291	6,307	83.1	28.6	34.5	2,961	13.4	18,554	34.9	55.5
1985	22,632	18,916	6,500	83.6	28.7	34.4	3,050	13.5	19,229	35.0	55.3
1984	23,347	19,373	6,256	83.0	28.0	33.7	3,281	14.1	19,686	34.2	53.8
1983	23,899	19,643	6,463	82.2	27.0	32.9	3,428	14.3	19,948	33.5	53.4
1982	24,206	19,944	6,694	82.4	27.2	33.1	3,523	14.6	20,292	33.6	53.1
1981	24,486	20,123	6,549	82.2	26.7	32.5	3,590	14.7	20,439	33.0	52.1
1980	24,482	20,214	6,423	82.6	26.2	31.8	3,525	14.4	20,583	32.3	51.4
1979	23,895	19,616	6,120	82.1	25.6	31.2	3,571	14.9	20,033	31.8	51.7
1978	23,650	19,526	6,077	82.6	25.7	31.1	3,464	14.6	19,911	31.7	51.3
1977	23,430	19,291	6,209	82.3	26.5	32.2	3,445	14.7	19,712	32.6	52.1
1976	23,119	19,045	6,276	82.4	27.1	33.0	3,407	14.7	19,462	33.5	53.5
1975	22,703	18,883	6,116	83.2	26.9	32.4	3,149	13.9	19,298	33.0	52.7
1974	22,141	18,318	5,589	82.7	25.2	30.5	3,212	14.5	18,794	31.2	51.7
1973	21,766	18,023	5,438	82.8	25.0	30.2	3,085	14.2	18,470	30.8	51.6
1972	21,315	17,410	5,624	81.7	26.4	32.3	3,241	15.2	17,838	33.0	53.9
1971	20,533	16,593	5,594	81.3	27.2	33.5	3,156	15.4	17,087	34.2	54.1
1970	19,608	15,960	5,305	81.4	27.1	33.2	2,974	15.2	16,334	33.9	53.4
1969	18,606	15,031	5,347	80.8	28.7	35.6	2,915	15.7	15,383	36.2	53.5
1968	17,951	14,127	4,929	78.7	27.5	34.9	3,107	17.3	14,506	35.7	52.5
1967	17,500	13,657	4,708	78.0	26.9	34.5	3,141	17.9	14,022	35.2	51.4
Male											
2006	11,264	9,139	3,842	81.1	34.1	42.0	1,396	12.4	9,237	42.2	66.0
2005	11,116	8,885	3,924	79.9	35.3	44.1	1,469	13.2	8,986	44.1	65.9
2004	11,107	9,001	3,855	81.0	34.7	42.8	1,524	13.7	9,067	43.1	64.4
2003¹	10,885	8,763	3,726	80.5	34.2	42.5	1,452	13.3	8,862	42.6	65.1
2002	10,986	8,717	3,701	79.4	33.7	42.5	1,506	13.7	8,833	42.5	64.6
2001	10,817	8,490	3,521	78.5	32.6	41.5	1,659	15.3	8,582	41.5	64.0
2000	10,739	8,603	3,522	80.1	32.8	40.9	1,450	13.5	8,690	41.1	63.5
1999	10,532	8,382	3,585	79.6	34.0	42.7	1,462	13.9	8,457	42.8	64.8
1998	10,400	8,194	3,634	78.8	34.9	44.3	1,628	15.7	8,256	44.4	65.5
1997	10,173	8,204	3,633	80.6	35.7	44.3	1,406	13.8	8,274	44.5	65.3
1996	9,897	8,000	3,419	80.8	34.5	42.7	1,275	12.9	8,104	43.0	66.0
1995	9,980	8,001	3,398	80.2	34.0	42.5	1,430	14.3	8,067	42.7	65.3
1994	10,123	8,168	3,406	80.7	33.6	41.7	1,377	13.6	8,227	41.9	65.4
1993r	10,294	8,338	3,498	81.0	34.0	42.0	1,388	13.5	8,411	42.1	65.1
1993	9,641	7,857	3,313	81.5	34.4	42.2	1,379	12.9	7,926	42.3	65.4
1992	9,744	7,911	3,291	81.2	33.8	41.6	1,300	13.3	8,016	42.1	65.8
1991	9,896	7,843	3,270	79.3	33.0	41.7	1,520	15.4	7,899	41.9	59.9
1990	10,053	8,157	3,292	81.1	32.7	40.3	1,430	14.2	8,246	40.7	58.8
1989	10,240	8,177	3,223	79.9	31.5	39.4	1,572	15.4	8,271	39.7	58.5
1988	10,380	8,268	3,260	79.7	31.4	39.4	1,594	15.4	8,365	39.6	57.8
1987	10,549	8,498	3,289	80.6	31.2	38.7	1,593	15.1	8,647	39.2	56.4
1986	10,814	8,780	3,168	81.2	29.3	36.1	1,575	14.6	8,886	36.4	55.1
1985	11,108	9,077	3,254	81.7	29.3	35.8	1,637	14.7	9,229	36.6	55.5
1984	11,521	9,348	3,406	81.1	29.6	36.4	1,744	15.1	9,459	36.8	54.2
1983	11,787	9,411	3,335	79.8	28.3	35.4	1,865	15.8	9,534	35.9	53.5
1982	11,874	9,611	3,308	80.9	27.9	34.4	1,810	15.2	9,761	34.9	53.2
1981	12,040	9,619	3,340	79.9	27.7	34.7	1,960	16.3	9,754	35.1	52.8
1980	12,011	9,686	3,275	80.6	27.3	33.8	1,883	15.7	9,838	34.1	51.8
1979	11,721	9,457	3,104	80.7	26.5	32.8	1,830	15.6	9,615	33.4	52.7
1978	11,572	9,438	3,195	81.6	27.6	33.9	1,722	14.9	9,582	34.3	52.5
1977	11,445	9,263	3,286	80.9	28.7	35.5	1,779	15.5	9,422	35.8	54.5
1976	11,279	9,186	3,250	81.4	28.8	35.4	1,691	15.0	9,340	35.7	55.9
1975	11,050	9,139	3,326	82.7	30.1	36.4	1,490	13.5	9,310	36.9	56.6
1974	10,722	8,768	3,035	81.8	28.3	34.6	1,579	14.7	8,980	35.2	55.9
1973	10,511	8,637	3,032	82.2	28.8	35.1	1,453	13.8	8,817	35.6	56.5
1972	10,212	8,278	3,195	81.1	31.3	38.6	1,506	14.7	8,462	39.2	60.1
1971	9,653	7,807	3,284	80.9	34.0	42.1	1,429	14.8	7,978	42.6	61.4
1970	9,053	7,324	3,096	80.9	34.2	42.3	1,297	14.3	7,496	42.9	60.9
1969	8,420	6,740	3,146	80.0	37.4	46.7	1,248	14.8	6,882	47.3	62.8
1968	8,084	6,221	2,949	77.0	36.5	47.4	1,401	17.3	6,372	48.1	62.7
1967	7,864	6,073	2,761	77.2	35.1	45.5	1,391	17.7	6,210	45.9	60.0

Note: The change in the educational attainment question and the college completion categories from "4 or more years of college," to "at least some college," in 1992 caused an increase in the proportion of 14-to-24-year-old high school graduates enrolled in college or completed some college, of approximately 5 percentage points. High school graduates are people who have completed 4 years of high school or more, for 1967 to 1991. Beginning in 1992, they were people whose highest degree was a high school diploma (including equivalency) or higher.
¹Starting in 2003 respondents could identify more than one race. Except as noted, the race data in this table from 2003 onward represent those respondents who indicated only one race category.
r = Revised, controlled to 1990 census based population estimates; previous 1993 data controlled to 1980 census based population estimates.

Table A-13. Population 14 to 24 Years Old by High School Graduate Status, College Enrollment, Attainment, Sex, Race, and Hispanic Origin, October 1967–2006—Continued

(Numbers in thousands, percent.)

		Population 18 to 24 years old							High school graduates, 14 to 24 years old		
		High school graduates			Percent		High school dropouts			Percent	
Year, race, and Hispanic origin	Total	Total	Enrolled in college	High school graduates	Enrolled in college	High school graduate enrolled in college	Number	Percent	All graduates	Enrolled in college	Enrolled or completed some college

Female
Year	Total	Total	Enr. coll.	HS grads	Enr. coll.	HS grad enr.	Num.	Pct.	All grads	Enr. coll.	Enr./comp.
2006	10,905	9,350	4,456	85.7	40.9	47.7	1,003	9.2	9,513	47.9	73.7
2005	10,661	9,245	4,574	86.7	42.9	57.3	997	9.4	9,366	49.7	73.9
2004	10,789	9,212	4,496	85.4	41.7	48.8	1,075	10.0	9,347	49.0	73.5
2003¹	10,617	9,138	4,424	86.1	41.7	48.4	1,037	9.8	9,260	48.3	72.9
2002	10,718	9,075	4,220	84.7	39.4	46.5	1,135	10.6	9,162	46.6	70.4
2001	10,555	8,859	4,027	83.9	38.1	45.5	1,206	11.4	8,965	45.5	69.8
2000	10,517	8,909	4,044	84.7	38.5	45.4	1,148	10.9	9,024	45.6	70.2
1999	10,334	8,671	3,862	83.9	37.4	44.5	1,218	11.8	8,763	44.7	70.1
1998	10,065	8,507	3,907	84.5	38.8	45.9	1,181	11.7	8,599	46.2	71.0
1997	9,847	8,352	3,863	84.8	39.2	46.3	1,072	10.9	8,458	46.6	70.1
1996	9,778	8,200	3,705	83.9	37.9	45.2	1,182	12.1	8,333	45.6	70.7
1995	9,886	8,271	3,615	83.7	36.6	43.7	1,281	13.0	8,376	44.0	71.3
1994	10,048	8,503	3,714	84.6	37.0	43.7	1,175	11.7	8,588	43.9	69.7
1993ʳ	10,199	8,651	3,576	84.8	35.1	41.3	1,207	11.8	8,750	41.5	67.9
1993	9,790	8,339	3,450	85.2	35.2	41.4	1,125	11.5	8,435	41.6	68.0
1992	9,928	8,468	3,625	85.3	36.5	42.8	1,098	11.1	8,569	43.2	68.1
1991	10,119	8,481	3,544	83.8	35.0	41.8	1,324	13.1	8,568	42.1	64.5
1990	10,340	8,666	3,344	83.8	32.3	38.6	1,322	12.8	8,775	38.9	61.4
1989	10,586	8,913	3,409	84.2	32.2	38.2	1,354	12.8	9,059	38.6	59.2
1988	10,881	9,223	3,399	84.8	31.2	36.9	1,418	13.0	9,355	37.3	59.1
1987	10,944	9,189	3,192	84.0	29.2	34.7	1,449	13.2	9,334	36.2	57.2
1986	11,205	9,509	3,139	84.9	28.0	33.0	1,388	12.4	9,667	33.6	55.8
1985	11,524	9,840	3,247	85.4	28.2	33.0	1,413	12.3	10,001	33.6	55.2
1984	11,826	10,026	3,120	84.8	26.4	31.1	1,535	13.0	10,089	31.8	53.4
1983	12,112	10,233	3,129	84.5	25.8	30.6	1,563	12.9	10,233	31.3	53.4
1982	12,332	10,333	3,285	83.8	26.6	31.8	1,713	13.0	10,530	32.3	52.9
1981	12,446	10,504	3,208	84.4	25.8	30.5	1,629	13.1	10,687	31.1	51.6
1980	12,471	10,528	3,147	84.4	25.2	29.9	1,642	13.2	10,749	30.6	50.9
1979	12,174	10,157	3,015	83.4	24.8	29.7	1,741	14.3	10,417	30.3	50.8
1978	12,078	10,088	2,882	83.5	23.9	28.6	1,742	14.4	10,327	29.3	50.3
1977	11,985	10,029	2,923	83.7	24.4	29.1	1,666	13.9	10,292	29.7	50.0
1976	11,840	9,860	3,026	83.3	25.6	30.7	1,717	14.5	10,118	31.4	51.3
1975	11,653	9,743	2,790	83.6	23.9	28.6	1,658	14.2	9,986	29.4	49.1
1974	11,419	9,551	2,555	83.6	22.4	26.8	1,633	14.3	9,811	27.5	47.8
1973	11,255	9,387	2,406	83.4	21.4	25.6	1,632	14.5	9,653	26.4	47.1
1972	11,103	9,132	2,428	82.2	21.9	26.6	1,735	15.6	9,377	27.4	48.3
1971	10,880	8,887	2,310	81.7	21.2	26.0	1,726	15.9	9,107	26.8	47.7
1970	10,555	8,634	2,209	81.8	20.9	25.6	1,675	15.9	8,837	26.3	47.2
1969	10,186	8,291	2,200	81.4	21.6	26.5	1,668	16.4	8,501	27.2	46.3
1968	9,866	7,906	1,980	80.1	20.1	25.0	1,706	17.3	8,135	26.0	45.1
1967	9,637	7,586	1,949	78.7	20.2	25.7	1,750	18.2	7,815	26.6	45.7

WHITE ALONE NON-HISPANIC

Both Sexes
Year	Total	Total	Enr. coll.	HS grads	Enr. coll.	HS grad enr.	Num.	Pct.	All grads	Enr. coll.	Enr./comp.
2006	17,565	15,452	7,200	88.0	41.0	46.6	1,189	6.8	15,642	46.8	72.5
2005	17,293	15,187	7,393	87.8	42.8	54.9	1,216	7.0	15,368	48.7	72.6
2004	17,326	15,224	7,228	87.9	41.7	47.5	1,313	7.6	15,382	47.7	71.8
2003¹	17,158	15,070	7,129	87.8	41.6	47.3	1,267	7.4	15,255	47.3	71.5
2002	17,131	14,910	7,004	87.0	40.9	47.0	1,289	7.5	15,089	47.1	70.4
2001	16,721	14,480	6,565	86.6	39.3	45.3	1,390	8.3	14,646	45.3	69.7
2000	17,327	15,187	6,709	87.7	38.7	44.2	1,316	7.6	15,344	44.3	69.0
1999	17,080	14,812	6,735	86.7	39.4	45.5	1,404	8.2	14,952	45.6	70.2
1998	16,634	14,402	6,757	86.6	40.6	46.9	1,491	9.0	14,542	47.0	70.6
1997	16,575	14,414	6,728	87.0	40.6	46.7	1,432	8.6	14,527	46.9	70.0
1996	16,339	14,288	6,447	87.5	39.5	45.1	1,303	8.0	14,501	45.5	70.7
1995	16,867	14,523	6,393	86.1	37.9	44.0	1,647	9.8	14,672	44.3	70.2
1994	17,114	14,916	6,521	87.2	38.1	43.7	1,505	8.8	15,049	44.0	69.2
1993	16,895	14,665	6,221	86.8	36.8	42.4	1,524	9.0	14,801	42.6	68.1

Male
Year	Total	Total	Enr. coll.	HS grads	Enr. coll.	HS grad enr.	Num.	Pct.	All grads	Enr. coll.	Enr./comp.
2006	8,842	7,660	3,354	86.6	37.9	43.8	647	7.3	7,734	43.9	68.4
2005	8,700	7,443	3,429	85.5	39.4	48.7	685	7.9	7,526	46.0	68.6
2004	8,644	7,527	3,322	87.1	38.4	44.1	691	8.0	7,576	44.4	66.7
2003¹	8,538	7,325	3,291	85.8	38.5	44.9	721	8.4	7,401	45.0	68.5
2002	8,453	7,244	3,287	85.7	38.9	45.4	668	7.9	7,352	45.5	67.9
2001	8,343	7,112	3,094	85.3	37.1	43.4	741	8.9	7,191	43.4	67.1
2000	8,670	7,493	3,136	86.4	36.2	41.9	677	7.8	7,556	42.0	65.4
1999	8,580	7,301	3,284	85.1	38.3	45.0	753	8.8	7,369	45.0	67.7
1998	8,380	7,094	3,300	84.7	39.4	46.5	826	9.9	7,151	46.6	68.2

Note: The change in the educational attainment question and the college completion categories from "4 or more years of college," to "at least some college," in 1992 caused an increase in the proportion of 14-to-24-year-old high school graduates enrolled in college or completed some college, of approximately 5 percentage points. High school graduates are people who have completed 4 years of high school or more, for 1967 to 1991. Beginning in 1992, they were people whose highest degree was a high school diploma (including equivalency) or higher.

¹Starting in 2003 respondents could identify more than one race. Except as noted, the race data in this table from 2003 onward represent those respondents who indicated only one race category.

ʳ = Revised, controlled to 1990 census based population estimates; previous 1993 data controlled to 1980 census based population estimates.

Table A-13. Population 14 to 24 Years Old by High School Graduate Status, College Enrollment, Attainment, Sex, Race, and Hispanic Origin, October 1967–2006—Continued

(Numbers in thousands, percent.)

Year, race, and Hispanic origin	Population 18 to 24 years old								High school graduates, 14 to 24 years old		
	Total	High school graduates			Percent			High school dropouts				
		Total	Enrolled in college	High school graduates	Enrolled in college	High school graduate enrolled in college	Number	Percent	All graduates	Percent	
										Enrolled in college	Enrolled or completed some college
1997	8,326	7,112	3,276	85.4	39.3	46.1	797	9.6	7,154	46.3	68.1
1996	8,168	7,050	3,130	86.3	38.3	44.4	651	8.0	7,143	44.7	68.6
1995	8,399	7,089	3,105	84.4	37.0	43.8	883	10.5	7,147	44.0	67.3
1994	8,457	7,261	3,126	85.9	37.0	43.1	777	9.2	7,317	43.3	67.0
1993	8,403	7,138	3,071	84.9	36.6	43.0	811	9.7	7,191	43.2	67.1
Female											
2006	8,724	7,791	3,846	89.3	44.1	49.4	542	6.2	7,908	49.5	76.4
2005	8,593	7,744	3,964	90.1	46.1	61.4	531	6.2	7,842	51.4	76.4
2004	8,628	7,697	3,906	89.2	45.3	50.7	622	7.2	7,805	50.9	76.8
2003[1]	8,620	7,745	3,838	89.9	44.5	49.6	546	6.3	7,854	49.5	74.4
2002	8,678	7,666	3,717	88.3	42.8	48.5	621	7.2	7,736	48.6	72.8
2001	8,378	7,368	3,471	87.9	41.4	47.2	648	7.7	7,455	47.2	72.3
2000	8,657	7,693	3,573	88.9	41.3	46.4	638	7.4	7,789	46.6	72.5
1999	8,500	7,510	3,451	88.4	40.6	46.0	651	7.7	7,583	46.2	72.5
1998	8,254	7,308	3,457	88.5	41.9	47.3	665	8.1	7,391	47.5	73.0
1997	8,249	7,302	3,452	88.5	41.9	47.3	636	7.7	7,373	47.5	71.9
1996	8,171	7,238	3,317	88.6	40.6	45.8	652	8.0	7,358	46.3	72.8
1995	8,467	7,433	3,288	87.8	38.8	44.2	764	9.0	7,525	44.6	73.1
1994	8,657	7,655	3,395	88.4	39.2	44.4	728	8.4	7,732	44.6	71.3
1993	8,492	7,527	3,150	88.6	37.1	41.9	714	8.4	7,610	42.0	69.1
BLACK ALONE											
Both Sexes											
2006	4,085	3,156	1,321	77.3	32.3	41.9	532	13.0	3,224	41.9	60.8
2005	3,964	3,137	1,297	79.1	32.7	40.0	512	12.9	3,212	41.3	63.5
2004	3,940	3,050	1,238	77.4	31.4	40.6	596	15.1	3,112	41.1	63.2
2003[1]	3,837	2,948	1,225	76.8	31.9	41.6	545	14.2	2,997	41.8	62.5
2002	3,924	3,040	1,226	77.5	31.3	40.3	571	14.5	3,117	41.1	61.2
2001	3,916	3,016	1,206	77.0	30.8	40.0	540	13.8	3,095	40.0	59.0
2000	4,013	3,090	1,216	77.0	30.3	39.4	615	15.3	3,129	39.5	61.0
1999	3,827	2,911	1,145	76.1	29.9	39.4	613	16.0	2,985	39.9	60.4
1998	3,745	2,747	1,116	73.4	29.8	40.6	642	17.1	2,790	40.8	61.8
1997	3,650	2,725	1,085	74.7	29.7	39.8	611	16.7	2,762	40.2	60.0
1996	3,637	2,738	983	75.3	27.0	35.9	581	16.0	2,805	36.6	54.6
1995	3,625	2,788	988	76.9	27.3	35.4	522	14.4	2,828	35.8	58.0
1994	3,661	2,818	1,001	77.0	27.3	35.5	568	15.5	2,859	36.3	59.2
1993[1]	3,666	2,747	897	74.9	24.5	32.7	600	16.4	2,771	32.8	54.0
1993	3,516	2,629	861	74.8	24.5	32.8	578	16.4	2,653	32.9	53.9
1992	3,521	2,625	886	74.6	25.2	33.8	575	16.3	2,668	34.3	53.3
1991	3,504	2,630	828	75.1	23.6	31.5	545	15.6	2,658	31.8	46.0
1990	3,520	2,710	894	77.0	25.4	33.0	530	15.1	2,759	33.7	48.0
1989	3,559	2,708	835	76.1	23.5	30.8	583	16.4	2,750	31.5	49.2
1988	3,568	2,680	752	75.1	21.1	28.1	631	17.7	2,741	28.6	46.3
1987	3,603	2,739	823	76.0	22.8	30.0	611	17.0	2,790	30.6	48.1
1986	3,653	2,795	812	76.5	22.2	29.1	617	16.8	2,837	29.3	47.8
1985	3,716	2,810	734	75.6	19.8	26.1	655	17.6	2,848	26.5	43.8
1984	3,862	2,885	786	74.7	20.4	27.2	712	18.4	2,950	28.0	45.2
1983	3,865	2,740	741	70.9	19.2	27.0	832	21.5	2,790	27.7	45.0
1982	3,872	2,744	767	70.9	19.8	28.0	851	22.0	2,793	28.2	45.5
1981	3,778	2,678	750	70.9	19.9	28.0	821	21.7	2,718	28.7	44.8
1980	3,721	2,592	715	69.7	19.2	27.6	876	23.5	2,656	28.1	45.9
1979	3,510	2,356	696	67.1	19.8	29.5	895	25.5	2,415	30.6	48.4
1978	3,452	2,340	694	67.8	20.1	29.7	850	24.6	2,396	30.6	47.8
1977	3,387	2,286	721	67.5	21.3	31.5	808	23.9	2,342	32.4	46.9
1976	3,315	2,239	749	67.5	22.6	33.5	803	24.2	2,291	34.2	50.4
1975	3,213	2,081	665	64.8	20.7	32.0	877	27.3	2,149	32.6	48.1
1974	3,105	2,083	555	67.1	17.9	26.6	780	25.1	2,145	27.5	44.8
1973	3,114	2,079	498	66.8	16.0	24.0	826	26.5	2,139	25.0	41.6
1972	2,986	1,992	540	66.7	18.1	27.1	782	26.2	2,044	28.0	42.0
1971	2,866	1,789	522	62.4	18.2	29.2	825	28.8	1,833	30.0	42.3
1970	2,692	1,602	416	59.5	15.5	26.0	897	33.3	1,635	26.7	39.4
1969	2,542	1,497	407	58.9	16.0	27.2	828	32.6	1,547	27.5	40.1
1968	2,421	1,399	352	57.8	14.5	25.2	799	33.0	1,432	26.0	38.1
1967	2,283	1,276	297	55.9	13.0	23.3	788	34.5	1,316	23.7	35.0

Note: The change in the educational attainment question and the college completion categories from "4 or more years of college," to "at least some college," in 1992 caused an increase in the proportion of 14-to-24-year-old high school graduates enrolled in college or completed some college, of approximately 5 percentage points. High school graduates are people who have completed 4 years of high school or more, for 1967 to 1991. Beginning in 1992, they were people whose highest degree was a high school diploma (including equivalency) or higher.

88 THE ALMANAC OF AMERICAN EDUCATION (BERNAN PRESS)

Table A-13. Population 14 to 24 Years Old by High School Graduate Status, College Enrollment, Attainment, Sex, Race, and Hispanic Origin, October 1967–2006—*Continued*

(Numbers in thousands, percent.)

		Population 18 to 24 years old							High school graduates, 14 to 24 years old		
		High school graduates		Percent			High school dropouts			Percent	
Year, race, and Hispanic origin	Total	Total	Enrolled in college	High school graduates	Enrolled in college	High school graduate enrolled in college	Number	Percent	All graduates	Enrolled in college	Enrolled or completed some college

Male
2006	1,959	1,488	541	76.0	27.6	36.4	219	11.2	1,519	36.3	53.4
2005	1,897	1,393	530	73.4	27.9	35.0	280	14.8	1,420	37.9	58.4
2004	1,852	1,341	479	72.4	25.9	35.7	331	17.9	1,363	36.1	60.9
2003[1]	1,801	1,331	499	73.9	27.7	37.5	300	16.7	1,346	37.8	57.1
2002	1,843	1,354	475	73.5	25.8	35.1	311	16.9	1,372	35.6	56.1
2001	1,818	1,287	470	70.8	25.8	36.4	308	16.9	1,310	36.4	53.1
2000	1,885	1,389	470	73.7	24.9	33.8	329	17.4	1,409	34.1	53.5
1999	1,747	1,292	501	73.9	28.7	38.8	285	16.3	1,336	40.2	57.7
1998	1,724	1,163	445	67.5	25.8	38.2	354	20.5	1,186	38.5	57.5
1997	1,701	1,214	425	71.4	25.0	35.0	297	17.5	1,232	35.1	56.3
1996	1,682	1,199	422	71.3	25.1	35.2	292	17.4	1,225	35.8	53.7
1995	1,660	1,247	430	75.1	25.9	34.4	235	14.2	1,262	35.1	56.2
1994	1,733	1,277	440	73.7	25.4	34.5	303	17.5	1,293	35.3	57.9
1993[r]	1,703	1,240	387	72.8	22.7	31.2	266	15.6	1,247	31.4	50.1
1993	1,659	1,207	379	72.8	22.8	31.4	258	15.6	1,214	31.5	50.0
1992	1,676	1,211	356	72.3	21.2	29.4	259	15.5	1,226	29.7	49.4
1991	1,635	1,174	378	71.8	23.1	32.2	252	15.4	1,188	32.4	47.0
1990	1,634	1,240	426	75.9	26.1	34.4	223	13.6	1,260	35.1	48.8
1989	1,654	1,195	324	72.2	19.6	27.1	307	18.6	1,207	27.5	45.8
1988	1,653	1,189	297	71.9	18.0	25.0	312	18.9	1,205	25.1	42.5
1987	1,666	1,188	377	71.3	22.6	31.7	312	18.7	1,209	32.3	48.0
1986	1,687	1,220	349	72.3	20.7	28.6	300	17.8	1,239	29.1	44.4
1985	1,720	1,244	345	72.3	20.1	27.7	323	18.8	1,258	28.2	43.6
1984	1,811	1,272	367	70.2	20.3	28.9	362	20.2	1,295	29.6	45.2
1983	1,807	1,202	331	66.5	18.3	27.5	435	24.1	1,228	27.9	43.6
1982	1,786	1,171	331	65.6	18.5	28.3	458	25.6	1,188	28.6	44.5
1981	1,730	1,154	325	66.7	18.8	28.2	419	24.2	1,165	28.5	42.3
1980	1,690	1,115	293	66.0	17.3	26.3	440	26.0	1,141	26.9	44.1
1979	1,577	973	304	61.7	19.3	31.2	457	29.0	988	32.0	46.7
1978	1,554	956	305	61.5	19.6	31.9	451	29.0	981	32.4	49.3
1977	1,528	970	309	63.5	20.2	31.9	369	24.1	991	33.0	47.6
1976	1,503	936	331	62.3	22.0	35.4	393	26.1	952	35.9	50.3
1975	1,451	897	294	61.8	20.3	32.8	404	27.8	923	33.4	50.5
1974	1,396	919	280	65.8	20.1	30.5	346	24.8	941	31.1	47.3
1973	1,434	952	266	66.4	18.6	27.9	371	25.9	962	28.4	44.2
1972	1,373	870	287	63.4	20.9	33.0	373	27.2	897	34.0	47.4
1971	1,318	769	262	58.3	19.9	34.1	416	31.6	783	34.9	45.8
1970	1,220	668	192	54.8	15.7	28.7	436	35.7	684	29.5	41.4
1969	1,141	631	202	55.3	17.7	32.0	383	33.6	653	32.5	44.6
1968	1,087	582	170	53.5	15.6	29.2	370	34.0	600	30.3	43.2
1967	1,032	525	167	50.9	16.2	31.8	397	38.5	539	32.3	41.6

Female
2006	2,126	1,668	780	78.5	36.7	46.7	313	14.7	1,705	46.9	67.3
2005	2,067	1,745	767	84.4	37.1	44.9	232	11.2	1,793	44.0	67.5
2004	2,088	1,709	759	81.8	36.3	44.4	266	12.7	1,749	44.9	65.0
2003[1]	2,035	1,618	726	79.5	35.7	44.9	245	12.0	1,652	45.1	66.8
2002	2,081	1,686	751	81.0	36.1	44.5	260	12.5	1,745	45.5	65.2
2001	2,098	1,729	736	82.4	35.1	42.7	232	11.0	1,785	42.7	63.3
2000	2,128	1,700	747	79.9	35.1	43.9	287	13.5	1,720	43.9	67.1
1999	2,080	1,619	644	77.9	31.0	39.8	327	15.7	1,650	39.6	62.6
1998	2,021	1,584	671	78.4	33.2	42.4	288	14.3	1,604	42.4	65.0
1997	1,949	1,511	659	77.5	33.8	43.6	314	16.1	1,529	43.1	63.0
1996	1,956	1,539	561	78.7	28.7	36.4	288	14.7	1,580	37.3	55.3
1995	1,965	1,541	558	78.4	28.4	36.2	287	14.6	1,566	36.3	59.5
1994	1,928	1,542	561	80.0	29.1	36.4	265	13.7	1,567	37.1	60.3
1993[r]	1,965	1,508	511	76.7	26.0	33.9	337	17.2	1,526	34.1	57.2
1993	1,857	1,425	484	76.7	26.1	34.0	319	17.2	1,441	34.1	57.1
1992	1,845	1,417	531	76.8	28.8	37.5	315	17.1	1,446	38.2	56.6
1991	1,869	1,455	450	77.8	24.1	30.9	296	15.8	1,468	31.4	45.2
1990	1,886	1,468	467	77.8	24.8	31.8	306	16.2	1,498	32.4	47.3
1989	1,905	1,511	511	79.3	26.8	33.8	277	14.5	1,541	34.7	51.8
1988	1,915	1,492	455	77.9	23.8	30.5	318	16.6	1,538	31.3	49.2
1987	1,937	1,550	445	80.0	23.0	28.7	298	15.4	1,579	29.4	48.9
1986	1,966	1,574	462	80.1	23.5	29.4	306	15.6	1,598	29.3	50.4
1985	1,996	1,565	389	78.4	19.5	24.9	332	16.6	1,592	25.1	44.0
1984	2,052	1,613	419	78.6	20.4	26.0	349	17.0	1,655	26.8	45.1
1983	2,058	1,539	411	74.8	20.0	26.7	398	19.3	1,561	27.5	46.3
1982	2,086	1,572	436	75.4	20.9	27.7	393	18.8	1,604	27.9	46.3
1981	2,049	1,526	424	74.5	20.7	27.8	402	19.6	1,554	28.8	46.6
1980	2,031	1,475	422	72.6	20.8	28.6	436	21.5	1,511	29.1	47.4
1979	1,934	1,383	392	71.5	20.3	28.3	439	22.7	1,426	29.7	49.8

Note: The change in the educational attainment question and the college completion categories from "4 or more years of college," to "at least some college," in 1992 caused an increase in the proportion of 14-to-24-year-old high school graduates enrolled in college or completed some college, of approximately 5 percentage points. High school graduates are people who have completed 4 years of high school or more, for 1967 to 1991. Beginning in 1992, they were people whose highest degree was a high school diploma (including equivalency) or higher.

[1] Starting in 2003 respondents could identify more than one race. Except as noted, the race data in this table from 2003 onward represent those respondents who indicated only one race category.

[r] = Revised, controlled to 1990 census based population estimates; previous 1993 data controlled to 1980 census based population estimates.

Table A-13. Population 14 to 24 Years Old by High School Graduate Status, College Enrollment, Attainment, Sex, Race, and Hispanic Origin, October 1967–2006—Continued

(Numbers in thousands, percent.)

| Year, race, and Hispanic origin | Population 18 to 24 years old |||||||| High school graduates, 14 to 24 years old |||
| | Total | High school graduates ||| Percent |||| High school dropouts || All graduates | Percent ||
		Total	Enrolled in college	High school graduates	Enrolled in college	High school graduate enrolled in college	Number	Percent		Enrolled in college	Enrolled or completed some college
1978	1,897	1,384	390	73.0	20.6	28.2	398	21.0	1,415	29.3	46.7
1977	1,859	1,317	413	70.8	22.2	31.4	439	23.6	1,354	31.9	46.2
1976	1,813	1,302	417	71.8	23.0	32.0	410	22.6	1,338	32.9	50.3
1975	1,761	1,182	372	67.1	21.1	31.5	473	26.9	1,224	32.0	46.4
1974	1,709	1,167	277	68.3	16.2	23.7	434	25.4	1,207	24.8	42.9
1973	1,681	1,125	231	66.9	13.7	20.5	456	27.1	1,177	22.2	39.4
1972	1,613	1,123	253	69.6	15.7	22.5	408	25.3	1,150	23.2	37.9
1971	1,547	1,019	259	65.9	16.7	25.4	409	26.4	1,049	26.4	39.8
1970	1,471	935	225	63.6	15.3	24.1	461	31.3	955	24.7	39.3
1969	1,402	867	206	61.8	14.7	23.8	444	31.7	896	24.0	38.6
1968	1,334	819	183	61.4	13.7	22.3	430	32.2	834	22.9	35.9
1967	1,249	751	130	60.1	10.4	17.3	391	31.3	778	17.9	33.2

ASIAN ALONE[2]

Both Sexes

2006	1,148	1,046	661	91.1	57.6	63.2	46	4.0	1,064	63.0	87.0
2005	1,145	1,072	693	93.6	60.5	74.9	34	3	1,098	65.1	87.0
2004	1,152	1,066	695	92.5	60.3	65.2	49	4.3	1,090	65.7	89.1
2003[1]	1,144	1,030	693	90.1	60.6	67.3	56	4.9	1,046	67.7	88.2
2002	1,339	1,230	803	91.8	60.0	65.3	57	4.2	1,265	65.7	86.9
2001	1,312	1,197	794	91.2	60.5	66.5	47	3.6	1,218	66.5	87.6
2000	1,143	1,038	639	90.8	55.9	61.6	52	4.6	1,053	61.8	83.9
1999	1,130	1,019	626	90.2	55.4	61.4	58	5.1	1,035	62.0	85.5

Male

2006	591	525	338	88.8	57.2	64.4	34	5.8	536	64.0	84.0
2005	590	552	366	93.5	62.0	68.9	17	2.9	565	66.4	88.2
2004	586	549	373	93.7	63.6	67.9	15	2.5	561	68.4	88.2
2003[1]	543	483	337	88.9	62.0	69.8	43	7.8	486	69.9	90.0
2002	707	637	417	90.0	59.0	65.5	38	5.4	652	65.3	86.7
2001	661	583	417	88.1	63.1	72.0	35	5.3	594	72.0	88.9
2000	571	521	337	91.1	58.9	64.7	34	6.0	527	64.7	85.6
1999	505	443	284	87.8	56.2	64.0	39	7.7	454	64.9	82.5

Female

2006	557	521	324	93.6	58.1	62.2	11	2.1	528	61.9	90.0
2005	555	521	327	93.8	58.9	81.4	17	3	533	63.7	85.8
2004	567	517	323	91.3	56.9	62.4	35	6.1	529	62.8	90.0
2003[1]	601	547	356	91.2	59.3	65.1	13	2.2	561	65.9	86.7
2002	632	593	386	93.8	61.0	65.1	19	2.9	613	66.1	87.2
2001	651	614	377	94.3	57.9	61.3	12	1.8	625	61.3	86.3
2000	572	517	302	90.4	52.9	58.5	18	3.1	526	58.9	82.3
1999	626	576	342	92.1	54.7	59.4	19	3.1	582	59.7	87.8

HISPANIC[3]

Both Sexes

2006	5,006	3,301	1,182	65.9	23.6	35.8	1,313	26.2	3,379	36.6	57.2
2005	4,898	3,230	1,215	66.0	24.8	32.4	1,335	27.3	3,280	38.0	57.3
2004	4,941	3,244	1,221	65.6	24.7	37.7	1,386	28.0	3,287	37.9	55.9
2003	4,754	3,096	1,115	65.1	23.5	36.0	1,353	28.4	3,135	36.0	56.5
2002	4,918	3,078	979	62.6	19.9	31.8	1,479	30.1	3,109	32.0	53.1
2001	4,892	3,031	1,035	62.0	21.1	34.2	1,548	31.7	3,068	34.2	52.8
2000	4,134	2,462	899	59.6	21.7	36.5	1,335	32.3	2,509	36.8	53.1
1999	3,953	2,325	739	58.8	18.7	31.8	1,340	33.9	2,359	31.7	49.6
1998	4,014	2,403	820	59.8	20.4	34.1	1,383	34.4	2,419	34.3	53.2
1997	3,606	2,236	806	62.0	22.4	36.0	1,103	30.6	2,302	37.1	54.3
1996	3,510	2,019	706	57.5	20.1	35.0	1,210	34.5	2,046	34.5	52.5
1995	3,603	2,112	745	58.6	20.7	35.3	1,250	34.7	2,142	35.7	55.8
1994	3,523	1,995	662	56.6	18.8	33.2	1,224	34.7	2,009	33.4	54.3
1993[r]	3,363	2,049	728	60.9	21.6	35.5	1,103	32.8	2,081	35.8	55.6
1993	2,772	1,682	602	60.7	21.7	35.8	907	32.7	1,712	36.0	55.8
1992	2,754	1,579	586	57.3	21.3	37.1	936	33.9	1,603	37.6	55.0
1991	2,874	1,498	516	52.1	18.0	34.4	1,139	39.6	1,519	34.6	47.6
1990	2,749	1,498	435	54.5	15.8	29.0	1,025	37.3	1,523	29.4	44.7
1989	2,818	1,576	453	55.9	16.1	28.7	1,062	37.7	1,600	29.4	43.6
1988	2,642	1,458	450	55.2	17.0	30.9	1,046	39.6	1,481	31.3	47.0
1987	2,592	1,597	455	61.6	17.6	28.5	849	32.8	1,612	28.7	44.0
1986	2,514	1,507	458	59.9	18.2	30.4	864	34.4	1,535	30.9	45.6
1985	2,221	1,396	375	62.9	16.9	26.9	700	31.5	1,419	27.6	46.7

Note: The change in the educational attainment question and the college completion categories from "4 or more years of college," to "at least some college," in 1992 caused an increase in the proportion of 14-to-24-year-old high school graduates enrolled in college or completed some college, of approximately 5 percentage points. High school graduates are people who have completed 4 years of high school or more, for 1967 to 1991. Beginning in 1992, they were people whose highest degree was a high school diploma (including equivalency) or higher.

[1] Starting in 2003 respondents could identify more than one race. Except as noted, the race data in this table from 2003 onward represent those respondents who indicated only one race category.
[2] The data shown prior to 2003 consists of those identifying themselves as "Asian or Pacific Islanders."
[3] May be of any race.
r = Revised, controlled to 1990 census based population estimates; previous 1993 data controlled to 1980 census based population estimates.

Table A-13. Population 14 to 24 Years Old by High School Graduate Status, College Enrollment, Attainment, Sex, Race, and Hispanic Origin, October 1967–2006—Continued

(Numbers in thousands, percent.)

	\multicolumn{7}{c	}{Population 18 to 24 years old}	\multicolumn{4}{c}{High school graduates, 14 to 24 years old}
		\multicolumn{2}{c}{High school graduates}	\multicolumn{3}{c}{Percent}	\multicolumn{2}{c}{High school dropouts}		\multicolumn{2}{c}{Percent}
Year, race, and Hispanic origin	Total	Total	Enrolled in college	High school graduates	Enrolled in college	High school graduate enrolled in college	Number	Percent	All graduates	Enrolled in college	Enrolled or completed some college
1984	2,018	1,212	362	60.1	17.9	29.9	691	34.2	1,223	30.0	46.0
1983	2,025	1,110	349	54.8	17.2	31.4	759	37.5	1,134	32.3	48.4
1982	2,001	1,153	337	57.6	16.8	29.2	740	37.0	1,173	30.0	47.3
1981	2,052	1,144	342	55.8	16.7	29.9	790	38.5	1,166	30.5	45.8
1980	2,033	1,099	327	54.1	16.1	29.8	820	40.3	1,117	30.1	47.3
1979	1,754	968	292	55.2	16.6	30.2	687	39.2	1,001	31.2	45.7
1978	1,672	935	254	55.9	15.2	27.2	656	39.2	965	28.0	43.2
1977	1,609	880	277	54.7	17.2	31.5	622	38.7	900	32.4	43.8
1976	1,551	862	309	55.6	19.9	35.8	566	36.5	891	36.3	48.9
1975	1,446	832	295	57.5	20.4	35.5	505	34.9	849	36.5	50.8
1974	1,506	842	272	55.9	18.1	32.3	558	37.1	858	33.1	47.8
1973	1,285	709	206	55.2	16.0	29.1	500	38.9	732	30.3	43.0
1972	1,338	694	179	51.9	13.4	25.8	541	40.4	709	27.2	36.7
Male											
2006	2,618	1,600	523	61.1	20.0	32.7	812	31.0	1,628	33.2	53.2
2005	2,613	1,569	540	60.1	20.7	26.2	838	32.1	1,589	34.6	52.4
2004	2,648	1,597	574	60.3	21.7	36.0	888	33.5	1,614	35.9	53.0
2003	2,541	1,548	465	60.9	18.3	30.0	805	31.7	1,571	30.0	48.7
2002	2,707	1,562	439	57.7	16.2	28.1	914	33.8	1,572	28.1	48.4
2001	2,596	1,455	449	56.1	17.3	31.0	962	37.1	1,468	31.0	48.1
2000	2,171	1,172	401	54.0	18.5	34.2	800	36.8	1,197	34.5	50.8
1999	2,045	1,122	322	54.9	15.8	28.7	746	36.4	1,131	28.7	45.7
1998	2,109	1,146	346	54.3	16.4	30.2	838	39.7	1,153	30.0	47.2
1997	1,937	1,140	371	58.9	19.2	32.5	643	33.2	1,168	33.0	49.2
1996	1,815	994	300	54.8	16.5	30.2	657	36.2	1,005	30.6	48.8
1995	1,907	1,106	356	58.0	18.7	32.2	653	34.2	1,022	36.2	52.3
1994	1,896	1,021	312	53.8	16.5	30.6	685	36.1	1,026	30.7	52.7
1993[r]	1,710	1,005	338	58.8	19.8	33.6	591	34.6	1,023	33.7	51.2
1993	1,354	786	266	58.1	19.6	33.8	470	34.7	803	33.9	51.1
1992	1,384	720	247	52.0	17.8	34.3	531	38.4	736	34.8	52.2
1991	1,503	719	211	47.8	14.0	29.3	668	44.4	728	29.7	42.2
1990	1,403	753	214	53.7	15.3	28.4	559	39.8	770	29.4	46.5
1989	1,439	756	211	52.5	14.7	27.9	580	40.3	767	28.2	42.7
1988	1,375	724	228	52.7	16.6	31.5	553	40.2	736	32.2	48.3
1987	1,337	795	247	59.5	18.5	31.1	461	34.5	803	31.1	45.1
1986	1,339	769	233	57.4	17.4	30.3	499	37.3	776	30.5	44.4
1985	1,132	659	168	58.2	14.8	25.5	405	35.8	675	26.4	44.9
1984	956	549	154	57.4	16.1	28.1	338	35.4	554	28.2	45.7
1983	968	476	152	49.2	15.7	31.9	396	40.9	489	33.1	47.4
1982	944	519	141	55.0	14.9	27.2	347	36.8	525	28.0	44.8
1981	988	498	164	50.4	16.6	32.9	428	43.3	506	33.6	48.6
1980	1,012	518	160	51.2	15.8	30.9	431	42.6	521	31.1	49.5
1979	837	454	153	54.2	18.3	33.7	328	39.2	469	34.3	49.5
1978	781	420	126	53.8	16.1	30.0	313	40.1	438	30.4	46.3
1977	754	396	139	52.5	18.4	35.1	295	39.1	404	35.9	46.5
1976	701	378	150	53.9	21.4	39.7	253	36.1	403	39.8	51.8
1975	678	383	145	56.5	21.4	37.9	221	32.6	390	37.9	55.4
1974	720	390	141	54.2	19.6	36.2	279	38.8	401	36.7	51.4
1973	625	348	105	55.7	16.8	30.2	228	36.5	361	32.1	45.4
1972	609	301	92	49.4	15.1	30.6	253	41.5	309	32.0	44.3
Female											
2006	2,388	1,701	660	71.2	27.6	38.8	501	21.0	1,751	39.7	61.0
2005	2,285	1,661	675	72.7	29.5	39.3	498	21.8	1,691	41.2	62.0
2004	2,293	1,647	647	71.8	28.2	39.3	498	21.7	1,673	39.8	58.6
2003	2,213	1,548	651	69.9	29.4	42.1	548	24.7	1,563	41.9	64.4
2002	2,211	1,516	540	68.6	24.4	35.6	565	25.6	1,537	35.9	57.9
2001	2,296	1,576	585	68.6	25.5	37.1	586	25.5	1,600	37.1	57.0
2000	1,963	1,290	498	65.7	25.4	38.6	535	27.3	1,312	38.9	55.2
1999	1,908	1,203	417	63.0	21.8	34.7	593	31.1	1,228	34.4	53.3
1998	1,906	1,257	474	66.0	24.9	37.7	545	28.6	1,266	38.2	58.7
1997	1,669	1,097	436	65.7	26.1	39.7	460	27.6	1,135	41.4	59.6
1996	1,694	1,026	406	60.6	24.0	39.6	554	32.7	1,043	40.4	56.0
1995	1,696	1,011	389	59.6	22.9	38.4	598	35.4	1,022	38.6	59.6
1994	1,628	973	350	59.8	21.5	36.0	539	33.1	983	36.2	55.9
1993[r]	1,652	1,045	390	63.3	23.6	37.3	510	30.9	1,059	37.8	60.1
1993	1,418	895	336	63.1	23.7	37.5	439	31.0	907	38.0	60.4
1992	1,369	860	339	62.8	24.8	39.4	405	29.6	867	39.9	57.4
1991	1,372	780	305	56.9	22.2	39.1	473	34.5	791	39.2	52.5
1990	1,346	745	221	55.3	16.4	29.7	465	34.5	753	29.5	43.0
1989	1,377	823	244	59.8	17.7	29.6	482	35.0	836	30.5	44.5
1988	1,267	736	224	58.1	17.7	30.4	492	38.8	747	30.5	45.8
1987	1,256	801	208	63.8	16.6	26.0	387	30.8	808	26.4	43.2
1986	1,175	739	226	62.9	19.2	30.6	365	31.1	759	31.4	46.8

Note: The change in the educational attainment question and the college completion categories from "4 or more years of college," to "at least some college," in 1992 caused an increase in the proportion of 14-to-24-year-old high school graduates enrolled in college or completed some college, of approximately 5 percentage points. High school graduates are people who have completed 4 years of high school or more, for 1967 to 1991. Beginning in 1992, they were people whose highest degree was a high school diploma (including equivalency) or higher.

[r] = Revised, controlled to 1990 census based population estimates; previous 1993 data controlled to 1980 census based population estimates.

Table A-13. Population 14 to 24 Years Old by High School Graduate Status, College Enrollment, Attainment, Sex, Race, and Hispanic Origin, October 1967–2006—Continued

(Numbers in thousands, percent.)

| Year, race, and Hispanic origin | Population 18 to 24 years old |||||||| High school graduates, 14 to 24 years old |||
| | Total | High school graduates || Percent ||| High school dropouts || All graduates | Percent ||
		Total	Enrolled in college	High school graduates	Enrolled in college	High school graduate enrolled in college	Number	Percent		Enrolled in college	Enrolled or completed some college
1985	1,091	734	205	67.3	18.8	27.9	295	27.0	743	28.4	48.0
1984	1,061	661	207	62.3	19.5	31.3	353	33.2	667	31.5	46.6
1983	1,057	634	198	60.0	18.7	31.2	363	34.3	644	31.8	49.7
1982	1,056	634	196	60.0	18.6	30.9	393	37.2	648	31.8	49.2
1981	1,064	646	178	60.7	16.7	27.6	362	34.0	662	28.2	43.4
1980	1,021	579	165	56.7	16.2	28.5	389	38.1	595	29.1	45.4
1979	917	516	140	56.3	15.3	27.1	358	39.0	534	28.1	42.3
1978	891	516	128	57.9	14.4	24.8	343	38.5	528	25.8	40.0
1977	855	483	139	56.5	16.3	28.8	326	38.1	495	29.7	41.6
1976	850	483	160	56.8	18.8	33.1	313	36.8	489	33.5	46.5
1975	769	449	150	58.4	19.5	33.4	283	36.8	460	34.8	46.7
1974	786	451	129	57.4	16.4	28.6	280	35.6	459	29.2	43.4
1973	658	362	102	55.0	15.5	28.2	272	41.3	372	28.8	41.1
1972	728	394	88	54.1	12.1	22.3	288	39.6	402	23.6	31.1
WHITE ALONE OR IN COMBINATION											
Both Sexes											
2006	22,670	18,882	8,465	83.3	37.3	44.8	2,458	10.8	19,153	45.1	69.9
2005	22,345	18,583	8,721	83.2	39.0	50.1	2,539	11.4	18,818	47.0	70.0
2004	22,411	18,663	8,544	83.3	38.1	45.8	2,639	11.8	18,868	46.0	69.0
2003	22,029	18,335	8,358	83.2	37.9	45.6	2,558	11.6	18,565	45.6	69.0
Male											
2006	11,502	9,331	3,923	81.1	34.1	42.0	1,427	12.4	9,435	42.2	66.1
2005	11,394	9,086	4,018	79.7	35.3	43.5	1,519	13.3	9,193	44.2	60.0
2004	11,371	9,227	3,956	81.1	34.8	42.9	1,548	13.6	9,296	43.1	64.4
2003	11,147	8,967	3,815	80.4	34.2	42.5	1,493	13.4	9,070	42.6	65.1
Female											
2006	11,168	9,551	4,542	85.5	40.7	47.6	1,032	9.2	9,718	47.8	73.6
2005	10,952	9,497	4,702	86.7	42.9	57.1	1,020	9.3	9,625	49.7	73.9
2004	11,040	9,436	4,588	85.5	41.6	48.6	1,091	9.9	9,572	48.8	73.5
2003	10,882	9,367	4,543	86.1	41.7	48.5	1,065	9.8	9,495	48.5	72.7
BLACK ALONE OR IN COMBINATION											
Both Sexes											
2006	4,264	3,287	1,387	77.1	32.5	42.2	560	13.1	3,359	42.2	61.1
2005	4,158	3,303	1,371	79.4	33.0	31.7	530	12.7	3,378	41.5	63.5
2004	4,115	3,190	1,318	77.5	32.0	41.3	620	15.1	3,253	41.8	63.5
2003	4,016	3,091	1,285	77.0	32.0	41.6	563	14.0	3,141	41.9	62.0
Male											
2006	2,032	1,545	577	76.0	28.4	37.3	225	11.0	1,576	37.2	54.5
2005	1,988	1,466	557	73.7	28.0	42.5	290	14.6	1,492	37.9	58.2
2004	1,951	1,418	521	72.7	26.7	36.7	347	17.8	1,442	37.0	61.3
2003	1,868	1,382	525	74.0	28.1	38.0	311	16.6	1,397	38.3	57.4
Female											
2006	2,232	1,742	810	78.1	36.3	46.5	335	15.0	1,783	46.5	66.8
2005	2,170	1,837	814	84.7	37.5	21.2	240	11.1	1,885	44.3	67.7
2004	2,164	1,772	797	81.9	36.8	45.0	272	12.6	1,811	45.5	65.3
2003	2,148	1,708	760	79.5	35.4	44.5	252	11.7	1,744	44.7	65.7
ASIAN ALONE OR IN COMBINATION											
Both Sexes											
2006	1,270	1,158	705	91.2	55.5	60.9	49	3.9	1,180	60.6	86.1
2005	1,299	1,214	773	93.5	59.5	63.7	38	2.9	1,243	64.2	86.0
2004	1,263	1,167	750	92.5	59.4	64.3	53	4.2	1,191	64.6	87.6
2003	1,280	1,162	774	90.8	60.5	66.6	56	4.4	1,184	66.9	87.8
Male											
2006	649	578	362	89.1	55.8	62.7	34	5.3	591	62.3	83.8
2005	653	603	392	92.4	59.9	65.0	20	3.1	621	65.1	86.3
2004	634	588	398	92.8	62.7	67.7	18	2.9	601	68.0	87.8
2003	609	545	370	89.5	60.8	67.9	43	7.1	551	67.7	88.7
Female											
2006	621	580	343	93.4	55.3	59.2	14	2.3	589	58.8	88.5
2005	645	610	381	94.6	59.1	62.5	17	2.7	622	63.3	85.8
2004	628	579	352	92.1	56.0	60.8	35	5.5	591	61.2	87.5
2003	671	617	404	92.0	60.2	65.5	13	1.9	633	66.3	87.0

Note: The change in the educational attainment question and the college completion categories from "4 or more years of college," to "at least some college," in 1992 caused an increase in the proportion of 14-to-24-year-old high school graduates enrolled in college or completed some college, of approximately 5 percentage points. High school graduates are people who have completed 4 years of high school or more, for 1967 to 1991. Beginning in 1992, they were people whose highest degree was a high school diploma (including equivalency) or higher.

Table A-14. Population 18 and 19 Years Old by School Enrollment Status, Sex, Race, and Hispanic Origin, October 1967–2006

(Numbers in thousands.)

Year, race, and Hispanic origin	Total	Still in high school	Percent	Dropped out	Percent	High school graduate only	Percent	In college	Percent
ALL RACES									
Both Sexes									
2006	8,102	1,560	19.3	743	9.2	2,053	25.3	3,746	46.2
2005	7,559	1,372	18.1	661	8.7	1,694	22.4	3,832	50.7
2004	7,701	1,266	16.4	840	10.9	1,910	24.8	3,685	47.8
2003	7,533	1,345	17.9	817	10.8	1,859	24.7	3,512	46.6
2002	7,907	1,427	18.0	884	11.2	2,015	25.5	3,581	45.3
2001	7,985	1,394	17.5	1,034	13.0	2,079	26.0	3,478	43.6
2000	8,045	1,327	16.5	1,012	12.6	2,107	26.2	3,599	44.7
1999	7,991	1,321	16.5	1,047	13.1	2,103	26.3	3,520	44.1
1998	7,902	1,244	15.7	1,104	14.0	1,884	23.8	3,670	46.4
1997	7,510	1,256	16.7	1,038	13.8	1,854	24.7	3,362	44.8
1996	7,376	1,230	16.7	940	12.7	1,897	25.7	3,309	44.9
1995	7,198	1,173	16.3	1,051	14.6	1,873	26.0	3,101	43.1
1994	6,946	1,129	16.3	929	13.4	1,837	26.4	3,051	43.9
1993	6,594	1,137	17.2	778	11.8	1,753	26.6	2,926	44.4
1992	6,535	1,121	17.2	780	11.9	1,742	26.7	2,892	44.3
1991	6,664	1,040	15.6	889	13.3	1,806	27.1	2,929	44.0
1990	7,064	1,024	14.5	1,003	14.2	2,018	28.6	3,019	42.7
1989	7,361	1,058	14.4	1,033	14.0	2,204	29.9	3,066	41.7
1988	7,294	1,013	13.9	1,063	14.6	2,172	29.8	3,046	41.8
1987	7,160	937	13.1	954	13.3	2,224	31.1	3,045	42.5
1986	7,095	930	13.1	872	12.3	2,351	33.1	2,942	41.5
1985	7,204	809	11.2	1,031	14.3	2,457	34.1	2,907	40.4
1984	7,428	857	11.5	1,129	15.2	2,575	34.7	2,867	38.6
1983	7,819	999	12.8	1,132	14.5	2,748	35.1	2,940	37.6
1982	8,023	908	11.3	1,336	16.7	2,850	35.5	2,929	36.5
1981	8,115	932	11.5	1,299	16.0	2,840	35.0	3,044	37.5
1980	8,160	855	10.5	1,284	15.7	3,088	37.8	2,933	35.9
1979	8,214	849	10.3	1,382	16.8	3,139	38.2	2,844	34.6
1978	8,153	801	9.8	1,361	16.7	3,092	37.9	2,899	35.6
1977	8,151	849	10.4	1,355	16.6	3,034	37.2	2,913	35.7
1976	8,148	831	10.2	1,355	16.6	3,025	37.1	2,937	36.0
1975	8,024	822	10.2	1,286	16.0	2,973	37.1	2,943	36.7
1974	7,822	777	9.9	1,302	16.6	3,146	40.2	2,597	33.2
1973	7,649	766	10.0	1,228	16.1	3,138	41.0	2,517	32.9
1972	7,462	778	10.4	1,100	14.7	2,904	38.9	2,680	35.9
1971	7,231	830	11.5	1,108	15.3	2,567	35.5	2,726	37.7
1970	6,958	728	10.5	1,125	16.2	2,511	36.1	2,594	37.3
1969	6,677	749	11.2	1,007	15.1	2,320	34.7	2,601	39.0
1968	6,587	816	12.4	1,033	15.7	2,237	34.0	2,501	38.0
1967	6,358	741	11.7	1,086	17.1	2,245	35.3	2,286	36.0
Male									
2006	4,103	907	22.1	414	10.1	1,079	26.3	1,703	41.5
2005	3,880	899	23.2	392	10.1	914	23.6	1,675	43.2
2004	3,861	714	18.5	522	13.5	1,015	26.3	1,610	41.7
2003	3,764	781	20.8	480	12.8	935	24.8	1,568	41.7
2002	4,042	862	21.3	523	12.9	1,022	25.3	1,635	40.5
2001	4,027	801	19.9	614	15.2	1,042	25.9	1,570	39.0
2000	4,037	783	19.4	571	14.1	1,113	27.6	1,570	38.9
1999	4,026	780	19.4	550	13.7	1,048	26.0	1,648	40.9
1998	3,994	732	18.3	611	15.3	984	24.6	1,667	41.7
1997	3,816	750	19.7	585	15.3	920	24.1	1,561	40.9
1996	3,711	769	20.7	488	13.2	965	26.0	1,489	40.1
1995	3,611	719	19.9	532	14.7	929	25.7	1,431	39.6
1994	3,485	688	19.7	499	14.3	882	25.3	1,416	40.6
1993	3,329	712	21.4	403	12.1	877	26.3	1,337	40.2
1992	3,275	694	21.2	400	12.2	856	26.1	1,325	40.5
1991	3,307	650	19.7	453	13.7	878	26.6	1,326	40.1
1990	3,503	595	17.0	512	14.6	953	27.2	1,443	41.2
1989	3,640	640	17.6	531	14.6	1,047	28.8	1,422	39.1
1988	3,618	666	18.4	566	15.6	1,021	28.2	1,365	37.7
1987	3,537	564	15.9	493	13.9	997	28.2	1,483	41.9
1986	3,502	594	17.0	459	13.1	1,045	29.8	1,404	40.1
1985	3,550	503	14.2	580	16.3	1,118	31.5	1,349	38.0
1984	3,674	551	15.0	594	16.2	1,156	31.5	1,373	37.4
1983	3,877	616	15.9	630	16.3	1,291	33.3	1,340	34.6
1982	3,961	562	14.2	709	17.9	1,314	33.2	1,376	34.7
1981	3,996	567	14.2	706	17.7	1,273	31.9	1,450	36.3
1980	3,993	510	12.8	673	16.9	1,441	36.1	1,369	34.3
1979	4,023	533	13.2	739	18.4	1,410	35.0	1,341	33.3
1978	3,975	511	12.9	692	17.4	1,381	34.7	1,391	35.0
1977	3,961	522	13.2	702	17.7	1,341	33.9	1,396	35.2
1976	3,957	516	13.0	684	17.3	1,366	34.5	1,391	35.2

Note: High school graduates are people who have completed 4 years of high school or more, for 1967 to 1991. Beginning in 1992, they were people whose highest degree was a high school diploma (including equivalency) or higher.

PART A—NATIONAL EDUCATION STATISTICS 93

Table A-14. Population 18 and 19 Years Old by School Enrollment Status, Sex, Race, and Hispanic Origin, October 1967–2006—*Continued*

(Numbers in thousands.)

Year, race, and Hispanic origin	Total	Still in high school	Percent	Dropped out	Percent	High school graduate only	Percent	In college	Percent
1975	3,891	514	13.2	603	15.5	1,348	34.6	1,426	36.6
1974	3,782	469	12.4	706	18.7	1,345	35.6	1,262	33.4
1973	3,720	490	13.2	589	15.8	1,348	36.2	1,293	34.8
1972	3,630	492	13.6	555	15.3	1,217	33.5	1,366	37.6
1971	3,503	496	14.2	551	15.7	1,012	28.9	1,444	41.2
1970	3,349	485	14.5	537	16.0	981	29.3	1,346	40.2
1969	3,173	489	15.4	473	14.9	814	25.7	1,397	44.0
1968	3,133	535	17.1	485	15.5	756	24.1	1,357	43.3
1967	2,908	438	15.1	500	17.2	772	26.5	1,198	41.2
Female									
2006	3,999	654	16.3	328	8.2	974	24.4	2,043	51.1
2005	3,679	472	12.8	269	7.3	886	24.1	2,052	55.8
2004	3,840	553	14.4	318	8.3	895	23.3	2,074	54.0
2003	3,769	565	15.0	337	8.9	923	24.5	1,944	51.6
2002	3,865	565	14.6	361	9.3	993	25.7	1,946	50.4
2001	3,958	594	15.0	420	10.6	1,037	26.2	1,907	48.2
2000	4,008	544	13.6	440	11.0	995	24.8	2,029	50.6
1999	3,965	540	13.6	497	12.5	1,056	26.6	1,872	47.2
1998	3,908	513	13.1	492	12.6	900	23.0	2,003	51.3
1997	3,694	506	13.7	453	12.3	934	25.3	1,801	48.8
1996	3,665	460	12.6	452	12.3	932	25.4	1,821	49.7
1995	3,587	453	12.6	519	14.5	944	26.3	1,671	46.6
1994	3,461	440	12.7	430	12.4	956	27.6	1,635	47.2
1993	3,265	425	13.0	375	11.5	877	26.9	1,588	48.6
1992	3,260	428	13.1	380	11.7	886	27.2	1,566	48.0
1991	3,357	389	11.6	436	13.0	929	27.7	1,603	47.8
1990	3,561	429	12.0	491	13.8	1,065	29.9	1,576	44.3
1989	3,721	421	11.3	501	13.5	1,156	31.1	1,643	44.2
1988	3,676	346	9.4	497	13.5	1,151	31.3	1,682	45.8
1987	3,623	374	10.3	461	12.7	1,226	33.8	1,562	43.1
1986	3,593	337	9.4	413	11.5	1,306	36.3	1,537	42.8
1985	3,654	304	8.3	451	12.3	1,340	36.7	1,559	42.7
1984	3,754	306	8.2	535	14.3	1,419	37.8	1,494	39.8
1983	3,942	383	9.7	502	12.7	1,457	37.0	1,600	40.6
1982	4,062	346	8.5	627	15.4	1,536	37.8	1,553	38.2
1981	4,119	364	8.8	594	14.4	1,567	38.0	1,594	38.7
1980	4,167	345	8.3	611	14.7	1,646	39.5	1,565	37.6
1979	4,191	317	7.6	643	15.3	1,728	41.2	1,503	35.9
1978	4,178	291	7.0	669	16.0	1,711	41.0	1,507	36.1
1977	4,190	326	7.8	654	15.6	1,693	40.4	1,517	36.2
1976	4,191	314	7.5	672	16.0	1,659	39.6	1,546	36.9
1975	4,133	308	7.5	683	16.5	1,625	39.3	1,517	36.7
1974	4,040	309	7.6	596	14.8	1,800	44.6	1,335	33.0
1973	3,929	276	7.0	638	16.2	1,791	45.6	1,224	31.2
1972	3,832	287	7.5	545	14.2	1,686	44.0	1,314	34.3
1971	3,728	337	9.0	556	14.9	1,554	41.7	1,281	34.4
1970	3,609	253	7.0	589	16.3	1,519	42.1	1,248	34.6
1969	3,504	260	7.4	534	15.2	1,506	43.0	1,204	34.4
1968	3,454	281	8.1	548	15.9	1,481	42.9	1,144	33.1
1967	3,450	302	8.8	586	17.0	1,474	42.7	1,088	31.5
WHITE									
Both Sexes									
2006	6,321	1,121	17.7	600	9.5	1,619	25.6	2,982	47.2
2005	5,893	1,023	17.4	515	8.7	1,383	23.5	2,972	50.4
2004	6,043	963	15.9	634	10.5	1,500	24.8	2,946	48.8
2003[1]	5,915	979	16.6	659	11.1	1,444	24.4	2,833	47.9
2002	6,252	1,096	17.5	663	10.6	1,602	25.6	2,891	46.2
2001	6,254	1,022	16.3	843	13.5	1,634	26.1	2,755	44.1
2000	6,399	1,010	15.8	795	12.4	1,680	26.3	2,914	45.5
1999	6,383	1,009	15.8	810	12.7	1,715	26.9	2,849	44.6
1998	6,266	884	14.1	848	13.5	1,540	24.6	2,994	47.8
1997	5,995	896	14.9	816	13.6	1,491	24.9	2,792	46.6
1996	5,833	914	15.7	735	12.6	1,453	24.9	2,731	46.8
1995	5,698	803	14.1	809	14.2	1,509	26.5	2,577	45.2
1994	5,559	817	14.7	681	12.3	1,493	26.9	2,568	46.2
1993	5,252	786	15.0	628	12.0	1,382	26.3	2,456	46.8
1992	5,203	793	15.2	582	11.2	1,409	27.1	2,419	46.5
1991	5,358	709	13.2	722	13.5	1,440	26.9	2,487	46.4
1990	5,725	724	12.6	799	14.0	1,654	28.9	2,548	44.5
1989	6,013	744	12.4	819	13.6	1,802	30.0	2,648	44.0
1988	5,981	699	11.7	855	14.3	1,788	29.9	2,639	44.1
1987	5,845	667	11.4	762	13.0	1,852	31.7	2,564	43.9
1986	5,825	669	11.5	693	11.9	1,940	33.3	2,523	43.3
1985	5,922	566	9.6	815	13.8	2,002	33.8	2,539	42.9
1984	6,139	594	9.7	913	14.9	2,091	34.1	2,541	41.4
1983	6,452	688	10.7	884	13.7	2,283	35.4	2,597	40.3
1982	6,666	647	9.7	1,051	15.8	2,419	36.3	2,549	38.2

Note: High school graduates are people who have completed 4 years of high school or more, for 1967 to 1991. Beginning in 1992, they were people whose highest degree was a high school diploma (including equivalency) or higher.

[1] Starting in 2003 respondents could identify more than one race. Except as noted, the race data in this table from 2003 onward represent those respondents who indicated only one race category.

Table A-14. Population 18 and 19 Years Old by School Enrollment Status, Sex, Race, and Hispanic Origin, October 1967–2006—Continued

(Numbers in thousands.)

Year, race, and Hispanic origin	Total	Still in high school	Percent	Dropped out	Percent	High school graduate only	Percent	In college	Percent
1981	6,794	656	9.7	1,054	15.5	2,445	36.0	2,639	38.8
1980	6,913	621	9.0	1,032	14.9	2,682	38.8	2,578	37.3
1979	6,980	607	8.7	1,115	16.0	2,760	39.5	2,498	35.8
1978	6,933	560	8.1	1,082	15.6	2,738	39.5	2,553	36.8
1977	6,944	581	8.4	1,103	15.9	2,681	38.6	2,579	37.1
1976	6,951	581	8.4	1,131	16.3	2,662	38.3	2,577	37.1
1975	6,855	572	8.3	1,005	14.7	2,665	38.9	2,613	38.1
1974	6,707	551	8.2	1,045	15.6	2,803	41.8	2,308	34.4
1973	6,559	568	8.7	962	14.7	2,748	41.9	2,281	34.8
1972	6,424	582	9.1	857	13.3	2,574	40.1	2,411	37.5
1971	6,243	596	9.5	875	14.0	2,287	36.6	2,485	39.8
1970	6,009	563	9.4	845	14.1	2,240	37.3	2,361	39.3
1969	5,762	557	9.7	772	13.4	2,056	35.7	2,377	41.3
1968	5,692	614	10.8	822	14.4	1,972	34.6	2,284	40.1
1967	5,506	558	10.1	875	15.9	1,968	35.7	2,105	38.2
Male									
2006	3,211	645	20.1	351	10.9	848	26.4	1,367	42.6
2005	3,049	665	21.8	304	10.0	737	24.2	1,343	44.1
2004	3,062	524	17.1	406	13.3	824	26.9	1,308	42.7
2003[1]	3,003	594	19.8	381	12.7	770	25.6	1,258	41.9
2002	3,186	661	20.7	366	11.5	830	26.1	1,329	41.7
2001	3,192	585	18.3	494	15.5	840	26.3	1,273	39.9
2000	3,248	612	18.8	447	13.8	900	27.7	1,289	39.7
1999	3,242	609	18.8	423	13.0	874	27.0	1,336	41.2
1998	3,197	533	16.7	472	14.8	816	25.5	1,376	43.0
1997	3,060	523	17.1	473	15.5	750	24.5	1,314	42.9
1996	2,953	575	19.5	382	12.9	773	26.2	1,223	41.4
1995	2,886	519	18.0	408	14.1	764	26.5	1,195	41.4
1994	2,813	512	18.2	355	12.6	734	26.1	1,212	43.1
1993	2,641	497	18.8	338	12.8	703	26.6	1,103	41.8
1992	2,608	482	18.5	304	11.7	720	27.6	1,102	42.3
1991	2,677	451	16.8	381	14.2	733	27.4	1,112	41.5
1990	2,852	416	14.6	421	14.8	797	27.9	1,218	42.7
1989	2,997	463	15.4	433	14.4	848	28.3	1,253	41.8
1988	2,976	487	16.4	461	15.5	834	28.0	1,194	40.1
1987	2,906	404	13.9	400	13.8	842	29.0	1,260	43.4
1986	2,888	411	14.2	370	12.8	866	30.0	1,241	43.0
1985	2,937	349	11.9	478	16.3	934	31.8	1,176	40.0
1984	3,047	378	12.4	480	15.8	965	31.7	1,224	40.2
1983	3,216	434	13.5	500	15.5	1,085	33.7	1,197	37.2
1982	3,301	412	12.5	549	16.6	1,151	34.9	1,189	36.0
1981	3,356	394	11.7	599	17.8	1,104	32.9	1,259	37.5
1980	3,407	385	11.3	549	16.1	1,241	36.4	1,232	36.2
1979	3,445	395	11.5	610	17.7	1,248	36.2	1,192	34.6
1978	3,405	368	10.8	554	16.3	1,244	36.5	1,239	36.4
1977	3,396	348	10.2	577	17.0	1,199	35.3	1,272	37.5
1976	3,393	348	10.3	582	17.2	1,219	35.9	1,244	36.7
1975	3,343	374	11.2	458	13.7	1,228	36.7	1,283	38.4
1974	3,265	343	10.5	568	17.4	1,211	37.1	1,143	35.0
1973	3,208	375	11.7	454	14.2	1,202	37.5	1,177	36.7
1972	3,137	374	11.9	423	13.5	1,098	35.0	1,242	39.6
1971	3,035	367	12.1	432	14.2	908	29.9	1,328	43.8
1970	2,901	374	12.9	384	13.2	892	30.7	1,251	43.1
1969	2,745	374	13.6	345	12.6	728	26.5	1,298	47.3
1968	2,710	403	14.9	387	14.3	658	24.3	1,262	46.6
1967	2,511	340	13.5	386	15.4	688	27.4	1,097	43.7
Female									
2006	3,111	476	15.3	249	8.0	771	24.8	1,615	51.9
2005	2,844	358	12.6	210	7.4	647	22.8	1,629	57.3
2004	2,980	440	14.7	227	7.6	675	22.7	1,638	55.0
2003[1]	2,913	385	13.2	279	9.6	674	23.1	1,575	54.1
2002	3,066	435	14.2	297	9.7	772	25.2	1,562	50.9
2001	3,062	438	14.3	349	11.4	794	25.9	1,481	48.4
2000	3,151	397	12.6	348	11.0	781	24.8	1,625	51.6
1999	3,141	400	12.7	387	12.3	841	26.8	1,513	48.2
1998	3,069	351	11.4	376	12.3	724	23.6	1,618	52.7
1997	2,934	371	12.6	344	11.7	740	25.2	1,479	50.4
1996	2,879	338	11.7	353	12.3	680	23.6	1,508	52.4
1995	2,812	283	10.1	401	14.3	745	26.5	1,383	49.2
1994	2,746	305	11.1	325	11.8	759	27.6	1,357	49.4
1993	2,611	289	11.1	290	11.1	679	26.0	1,353	51.8
1992	2,595	311	12.0	278	10.7	689	26.6	1,317	50.8
1991	2,681	259	9.7	341	12.7	706	26.3	1,375	51.3
1990	2,873	307	10.7	378	13.2	857	29.8	1,331	46.3
1989	3,016	281	9.3	386	12.8	954	31.6	1,395	46.3
1988	3,005	212	7.1	394	13.1	954	31.7	1,445	48.1
1987	2,939	263	8.9	362	12.3	1,010	34.4	1,304	44.4
1986	2,937	257	8.8	323	11.0	1,074	36.6	1,283	43.7

Note: High school graduates are people who have completed 4 years of high school or more, for 1967 to 1991. Beginning in 1992, they were people whose highest degree was a high school diploma (including equivalency) or higher.

[1] Starting in 2003 respondents could identify more than one race. Except as noted, the race data in this table from 2003 onward represent those respondents who indicated only one race category.

Table A-14. Population 18 and 19 Years Old by School Enrollment Status, Sex, Race, and Hispanic Origin, October 1967–2006—Continued

(Numbers in thousands.)

Year, race, and Hispanic origin	Total	Still in high school	Percent	Dropped out	Percent	High school graduate only	Percent	In college	Percent
1985	2,985	217	7.3	337	11.3	1,068	35.8	1,363	45.7
1984	3,092	216	7.0	432	14.0	1,127	36.4	1,317	42.6
1983	3,236	255	7.9	383	11.8	1,198	37.0	1,400	43.3
1982	3,365	234	7.0	502	14.9	1,269	37.7	1,360	40.4
1981	3,438	262	7.6	454	13.2	1,342	39.0	1,380	40.1
1980	3,506	237	6.8	483	13.8	1,440	41.1	1,346	38.4
1979	3,535	213	6.0	505	14.3	1,511	42.7	1,306	36.9
1978	3,528	193	5.5	528	15.0	1,493	42.3	1,314	37.2
1977	3,548	232	6.5	526	14.8	1,483	41.8	1,307	36.8
1976	3,558	230	6.5	550	15.5	1,444	40.6	1,334	37.5
1975	3,512	199	5.7	547	15.6	1,436	40.9	1,330	37.9
1974	3,442	207	6.0	477	13.9	1,592	46.3	1,166	33.9
1973	3,351	192	5.7	508	15.2	1,547	46.2	1,104	32.9
1972	3,287	208	6.3	434	13.2	1,476	44.9	1,169	35.6
1971	3,208	229	7.1	442	13.8	1,380	43.0	1,157	36.1
1970	3,108	190	6.1	460	14.8	1,348	43.4	1,110	35.7
1969	3,017	183	6.1	427	14.2	1,328	44.0	1,079	35.8
1968	2,981	210	7.0	435	14.6	1,314	44.1	1,022	34.3
1967	2,996	218	7.3	489	16.3	1,280	42.7	1,009	33.7
WHITE NON-HISPANIC									
Both Sexes									
2006	5,018	843	16.8	361	7.2	1,251	24.9	2,564	51.1
2005	4,770	790	16.6	297	6.2	1,065	22.3	2,618	54.9
2004	4,885	731	15.0	363	7.4	1,195	24.5	2,596	53.1
2003[1]	4,780	758	15.9	379	7.9	1,157	24.2	2,486	52.0
2002	5,016	817	16.3	369	7.4	1,281	25.5	2,549	50.8
2001	4,928	780	15.8	467	9.5	1,298	26.3	2,383	48.4
2000	5,221	757	14.5	500	9.6	1,384	26.5	2,580	49.4
1999	5,228	779	14.9	491	9.4	1,384	26.5	2,574	49.2
1998	5,080	691	13.6	475	9.4	1,211	23.8	2,703	53.2
Male									
2006	2,553	501	19.6	204	8.0	679	26.6	1,168	45.7
2005	2,449	515	21.0	168	6.9	573	23.4	1,193	48.7
2004	2,443	408	16.7	204	8.4	681	27.9	1,150	47.1
2003[1]	2,407	460	19.1	230	9.6	602	25.0	1,115	46.3
2002	2,502	481	19.2	182	7.3	660	26.4	1,179	47.1
2001	2,526	453	17.9	257	10.2	685	27.1	1,131	44.8
2000	2,628	471	17.9	274	10.4	745	28.3	1,138	43.3
1999	2,648	473	17.9	255	9.6	706	26.7	1,214	45.8
1998	2,613	432	16.5	254	9.7	653	25.0	1,274	48.8
Female									
2006	2,466	341	13.8	157	6.4	571	23.2	1,396	56.6
2005	2,321	275	11.9	129	5.6	491	21.2	1,425	61.4
2004	2,441	323	13.2	159	6.5	513	21.0	1,446	59.2
2003[1]	2,373	298	12.6	149	6.3	555	23.4	1,371	57.8
2002	2,514	336	13.4	187	7.4	621	24.7	1,370	54.5
2001	2,402	328	13.7	209	8.7	613	25.5	1,252	52.1
2000	2,593	286	11.0	225	8.7	639	24.6	1,443	55.7
1999	2,580	307	11.9	236	9.1	677	26.2	1,360	52.7
1998	2,467	259	10.5	221	9.0	558	22.6	1,429	57.9
BLACK									
Both Sexes									
2006	1,230	332	27.0	103	8.3	332	27.0	464	37.7
2005	1,126	256	22.7	110	9.8	309	27.4	451	40.0
2004	1,112	218	19.6	162	14.5	292	26.3	440	39.6
2003[1]	1,052	277	26.3	128	12.2	273	26.0	374	35.6
2002	1,181	251	21.3	180	15.2	320	27.1	430	36.4
2001	1,246	299	24.0	152	12.2	351	28.2	444	35.6
2000	1,251	262	20.9	187	14.9	348	27.8	454	36.3
1999	1,199	259	21.6	190	15.8	320	26.7	430	35.9
1998	1,246	290	23.3	224	18.0	271	21.8	461	37.0
1997	1,133	278	24.5	172	15.2	302	26.7	381	33.6
1996	1,161	268	23.1	175	15.1	373	32.1	345	29.7
1995	1,099	287	26.1	177	16.1	291	26.5	344	31.3
1994	1,017	239	23.5	199	19.6	269	26.5	310	30.5
1993	1,040	290	27.9	133	12.8	306	29.4	311	29.9
1992	1,007	275	27.3	166	16.5	275	27.3	291	28.9
1991	1,041	276	26.5	146	14.0	316	30.4	303	29.1
1990	1,079	246	22.8	178	16.5	306	28.4	349	32.3
1989	1,078	239	22.2	194	18.0	343	31.8	302	28.0
1988	1,057	251	23.7	189	17.9	336	31.8	281	26.6
1987	1,043	213	20.4	166	15.9	323	31.0	341	32.7
1986	1,048	212	20.2	156	14.9	374	35.7	306	29.2
1985	1,072	213	19.9	186	17.4	414	38.6	259	24.2

Note: High school graduates are people who have completed 4 years of high school or more, for 1967 to 1991. Beginning in 1992, they were people whose highest degree was a high school diploma (including equivalency) or higher.

[1] Starting in 2003 respondents could identify more than one race. Except as noted, the race data in this table from 2003 onward represent those respondents who indicated only one race category.

Table A-14. Population 18 and 19 Years Old by School Enrollment Status, Sex, Race, and Hispanic Origin, October 1967–2006—*Continued*

(Numbers in thousands.)

Year, race, and Hispanic origin	Total	Still in high school	Percent	Dropped out	Percent	High school graduate only	Percent	In college	Percent
1984	1,092	218	20.0	186	17.0	423	38.7	265	24.3
1983	1,134	265	23.4	199	17.5	412	36.3	258	22.8
1982	1,146	226	19.7	253	22.1	393	34.3	274	23.9
1981	1,128	238	21.1	218	19.3	366	32.4	306	27.1
1980	1,081	211	19.5	229	21.2	358	33.1	283	26.2
1979	1,072	221	20.6	246	22.9	326	30.4	279	26.0
1978	1,065	221	20.8	258	24.2	316	29.7	270	25.4
1977	1,072	249	23.2	235	21.9	319	29.8	269	25.1
1976	1,055	230	21.8	211	20.0	312	29.6	302	28.6
1975	1,030	225	21.8	262	25.4	283	27.5	260	25.2
1974	1,004	209	20.8	235	23.4	327	32.6	233	23.2
1973	997	182	18.3	252	25.3	369	37.0	194	19.5
1972	958	181	18.9	229	23.9	319	33.3	229	23.9
1971	908	219	24.1	219	24.1	266	29.3	204	22.5
1970	878	161	18.3	274	31.2	252	28.7	191	21.8
1969	837	179	21.4	227	27.1	238	28.4	193	23.1
1968	830	195	23.5	202	24.3	251	30.2	182	21.9
1967	780	175	22.4	203	26.0	261	33.5	141	18.1
Male									
2006	600	210	35.0	42	7.0	174	29.0	174	28.9
2005	552	178	32.2	60	10.9	121	21.9	193	35.0
2004	519	137	26.4	91	17.6	126	24.3	165	31.7
2003[1]	502	143	28.5	77	15.3	116	23.1	166	33.1
2002	608	155	25.5	123	20.2	151	24.8	179	29.4
2001	624	179	28.7	97	15.5	169	27.1	179	28.7
2000	593	148	25.0	105	17.7	177	29.8	163	27.5
1999	586	144	24.6	97	16.6	136	23.2	209	35.7
1998	613	163	26.6	128	20.9	128	20.9	194	31.6
1997	554	172	31.0	90	16.2	150	27.1	142	25.6
1996	564	167	29.6	90	16.0	162	28.7	145	25.7
1995	519	162	31.2	94	18.1	118	22.7	145	27.9
1994	497	134	27.0	116	23.3	115	23.1	132	26.6
1993	517	181	35.0	53	10.3	135	26.1	148	28.6
1992	499	180	36.1	82	16.4	114	22.8	123	24.7
1991	504	176	34.9	62	12.3	129	25.6	137	27.2
1990	520	152	29.2	80	15.4	124	23.8	164	31.5
1989	516	137	26.6	90	17.4	163	31.6	126	24.4
1988	510	145	28.4	92	18.0	165	32.4	108	21.2
1987	501	140	27.9	80	16.0	127	25.4	154	30.7
1986	506	149	29.4	74	14.6	165	32.6	118	23.3
1985	518	135	26.1	92	17.8	170	32.8	121	23.4
1984	524	143	27.3	103	19.7	166	31.7	112	21.4
1983	539	158	29.3	106	19.7	182	33.8	93	17.3
1982	549	132	24.0	145	26.4	148	27.0	124	22.6
1981	538	145	27.0	102	19.0	158	29.4	133	24.7
1980	503	118	23.5	114	22.7	173	34.4	98	19.5
1979	497	128	25.8	122	24.5	137	27.6	110	22.1
1978	493	135	27.4	127	25.8	117	23.7	114	23.1
1977	496	161	32.5	118	23.8	127	25.6	90	18.1
1976	499	153	30.7	96	19.2	129	25.9	121	24.2
1975	476	127	26.7	132	27.7	106	22.3	111	23.3
1974	474	116	24.5	128	27.0	128	27.0	102	21.5
1973	467	106	22.7	130	27.8	135	28.9	96	20.6
1972	445	110	24.7	121	27.2	112	25.2	102	22.9
1971	423	120	28.4	110	26.0	99	23.4	94	22.2
1970	414	98	23.7	151	36.5	92	22.2	73	17.6
1969	394	109	27.7	124	31.5	75	19.0	86	21.8
1968	390	124	31.8	93	23.8	90	23.1	83	21.3
1967	356	95	26.7	109	30.6	74	20.8	78	21.9
Female									
2006	631	122	19.3	60	9.6	158	25.0	291	46.1
2005	574	78	13.6	49	8.6	189	32.9	258	44.9
2004	593	81	13.7	70	11.9	167	28.2	275	46.5
2003[1]	550	133	24.2	51	9.3	157	28.5	209	38.0
2002	574	97	16.9	57	9.9	169	29.4	251	43.7
2001	623	122	19.6	54	8.7	182	29.2	265	42.5
2000	658	113	17.2	82	12.5	172	26.1	291	44.2
1999	613	114	18.6	94	15.3	184	30.0	221	36.1
1998	633	127	20.1	96	15.2	143	22.6	267	42.2
1997	579	107	18.5	82	14.2	152	26.3	238	41.1
1996	597	102	17.1	85	14.2	211	35.3	199	33.3
1995	581	126	21.7	83	14.3	173	29.8	199	34.3
1994	520	105	20.2	83	16.0	154	29.6	178	34.2
1993	523	108	20.7	80	15.3	172	32.9	163	31.2
1992	508	95	18.7	84	16.5	161	31.7	168	33.1
1991	537	99	18.4	85	15.8	187	34.8	166	30.9
1990	559	95	17.0	98	17.5	181	32.4	185	33.1
1989	562	102	18.2	104	18.5	180	32.0	176	31.3

Note: High school graduates are people who have completed 4 years of high school or more, for 1967 to 1991. Beginning in 1992, they were people whose highest degree was a high school diploma (including equivalency) or higher.

[1] Starting in 2003 respondents could identify more than one race. Except as noted, the race data in this table from 2003 onward represent those respondents who indicated only one race category.

Table A-14. Population 18 and 19 Years Old by School Enrollment Status, Sex, Race, and Hispanic Origin, October 1967-2006—*Continued*

(Numbers in thousands.)

Year, race, and Hispanic origin	Total	Still in high school	Percent	Dropped out	Percent	High school graduate only	Percent	In college	Percent
1988	547	105	19.2	97	17.7	172	31.4	173	31.6
1987	542	75	13.8	85	15.7	196	36.2	186	34.3
1986	542	62	11.4	83	15.3	209	38.6	188	34.7
1985	554	78	14.1	94	17.0	244	44.0	138	24.9
1984	568	76	13.4	82	14.4	257	45.2	153	26.9
1983	595	108	18.2	93	15.6	230	38.7	164	27.6
1982	597	95	15.9	108	18.1	244	40.9	150	25.1
1981	590	93	15.8	116	19.7	209	35.4	172	29.2
1980	578	93	16.1	115	19.9	185	32.0	185	32.0
1979	576	93	16.1	125	21.7	189	32.8	169	29.3
1978	572	88	15.4	130	22.7	199	34.8	155	27.1
1977	576	88	15.3	117	20.3	192	33.3	179	31.1
1976	556	77	13.8	115	20.7	183	32.9	181	32.6
1975	553	97	17.5	130	23.5	176	31.8	150	27.1
1974	530	92	17.4	107	20.2	200	37.7	131	24.7
1973	530	77	14.5	122	23.0	234	44.2	97	18.3
1972	513	71	13.8	108	21.1	207	40.4	127	24.8
1971	485	100	20.6	109	22.5	167	34.4	109	22.5
1970	464	62	13.4	124	26.7	160	34.5	118	25.4
1969	443	70	15.8	102	23.0	163	36.8	108	24.4
1968	439	69	15.7	109	24.8	161	36.7	100	22.8
1967	424	81	19.1	93	21.9	187	44.1	63	14.9
ASIAN ALONE[2]									
Both Sexes									
2006	297	43	14.4	9	3.0	41	14.0	204	68.6
2005	251	34	13.4	4	1.5	25	10.0	188	74.9
2004	257	31	11.9	10	3.8	34	13.2	182	70.7
2003[1]	286	41	14.3	3	1.0	33	11.5	209	73.1
2002	353	42	11.9	14	4.0	61	17.3	236	66.9
2001	353	50	14.2	18	5.1	38	10.8	247	70.0
2000	326	45	13.8	17	5.2	52	16.0	212	65.0
1999	339	43	12.7	22	6.5	51	15.0	223	65.8
Male									
2006	167	20	12.2	8	4.7	26	15.7	113	67.5
2005	131	21	16.3	3	2.0	17	13.0	90	68.9
2004	133	22	16.7	1	0.7	18	13.5	92	69.3
2003[1]	129	14	10.9	3	2.3	9	7.0	103	79.8
2002	179	22	12.3	10	5.6	26	14.5	121	67.6
2001	168	27	16.1	14	8.3	14	8.3	113	67.3
2000	162	14	8.6	14	8.6	26	16.1	108	66.7
1999	156	23	14.7	17	10.9	23	14.7	93	59.6
Female									
2006	130	23	17.3	1	0.9	15	11.8	91	70.0
2005	120	12	10.3	1	0.9	9	7.5	98	81.4
2004	124	8	6.8	9	7.1	18	14.5	89	72.2
2003[1]	157	26	16.6	0	0.0	24	15.3	107	68.2
2002	173	20	11.6	3	1.7	35	20.2	115	66.5
2001	185	23	12.4	4	2.2	24	13.0	134	72.4
2000	164	30	18.3	4	2.4	26	15.9	104	63.4
1999	183	20	10.9	5	2.7	28	15.3	130	71.0
HISPANIC[3]									
Both Sexes									
2006	1,406	307	21.8	253	18.0	402	28.6	444	31.6
2005	1,253	272	21.7	227	18.1	348	27.8	406	32.4
2004	1,270	244	19.2	296	23.3	346	27.2	384	30.2
2003	1,214	229	18.9	291	24.0	315	25.9	379	31.2
2002	1,309	303	23.1	310	23.7	336	25.7	360	27.5
2001	1,391	246	17.7	399	28.7	359	25.8	387	27.8
2000	1,248	268	21.5	311	24.9	320	25.6	349	28.0
1999	1,220	246	20.2	337	27.6	340	27.9	297	24.3
1998	1,209	199	16.5	402	33.3	320	26.5	288	23.8
1997	1,087	221	20.3	274	25.2	276	25.4	316	29.1
1996	1,000	229	22.9	295	29.5	236	23.6	240	24.0
1995	1,012	203	20.1	312	30.8	233	23.0	264	26.1
1994	925	250	27.0	237	25.6	213	23.0	225	24.3
1993	710	159	22.4	201	28.3	155	21.8	195	27.5
1992	778	188	24.2	197	25.3	163	21.0	230	29.6
1991	823	206	25.0	269	32.7	160	19.4	188	22.8
1990	746	181	24.3	255	34.2	162	21.7	148	19.8
1989	733	150	20.5	205	28.0	201	27.4	177	24.1
1988	734	121	16.5	229	31.2	181	24.7	203	27.7
1987	699	121	17.3	195	27.9	231	33.0	152	21.7
1986	614	114	18.6	164	26.7	171	27.9	165	26.9

Note: High school graduates are people who have completed 4 years of high school or more, for 1967 to 1991. Beginning in 1992, they were people whose highest degree was a high school diploma (including equivalency) or higher.

[1] Starting in 2003 respondents could identify more than one race. Except as noted, the race data in this table from 2003 onward represent those respondents who indicated only one race category.
[2] The data shown prior to 2003 consists of those identifying themselves as "Asian or Pacific Islanders."
[3] May be of any race.

Table A-14. Population 18 and 19 Years Old by School Enrollment Status, Sex, Race, and Hispanic Origin, October 1967–2006—Continued

(Numbers in thousands.)

Year, race, and Hispanic origin	Total	Still in high school	Percent	Dropped out	Percent	High school graduate only	Percent	In college	Percent
1985	570	111	19.5	175	30.7	157	27.5	127	22.3
1984	561	88	15.7	146	26.0	191	34.0	136	24.2
1983	573	119	20.8	166	29.0	154	26.9	134	23.4
1982	600	92	15.3	198	33.0	167	27.8	143	23.8
1981	606	100	16.5	220	36.3	157	25.9	129	21.3
1980	597	89	14.9	233	39.0	138	23.1	137	22.9
1979	507	78	15.4	157	31.0	148	29.2	124	24.5
1978	478	61	12.8	183	38.3	125	26.2	109	22.8
1977	515	86	16.7	168	32.6	138	26.8	123	23.9
1976	534	98	18.4	164	30.7	129	24.2	143	26.8
1975	489	97	19.8	147	30.1	127	26.0	118	24.1
1974	467	99	21.2	139	29.8	117	25.1	112	24.0
1973	387	70	18.1	142	36.7	93	24.0	82	21.2
1972	381	88	23.1	117	30.7	106	27.8	70	18.4
Male									
2006	708	152	21.4	150	21.2	193	27.3	213	30.1
2005	663	166	25.1	144	21.7	180	27.2	173	26.2
2004	668	117	17.5	214	32.0	166	24.9	171	25.6
2003	635	142	22.4	161	25.4	179	28.2	153	24.1
2002	716	191	26.7	200	27.9	169	23.6	156	21.8
2001	701	131	18.7	254	36.2	167	23.8	149	21.3
2000	656	154	23.5	183	27.9	159	24.2	160	24.4
1999	642	148	23.1	180	28.0	171	26.6	143	22.3
1998	598	104	17.4	234	39.1	163	27.3	97	16.2
1997	579	130	22.5	162	28.0	154	26.6	133	23.0
1996	506	139	27.5	154	30.4	115	22.7	98	19.4
1995	535	132	24.7	145	27.1	137	25.6	121	22.6
1994	454	157	34.6	118	26.0	90	19.8	89	19.6
1993	325	86	26.5	105	32.3	65	20.0	69	21.2
1992	385	110	28.6	99	25.7	83	21.6	93	24.2
1991	416	107	25.7	161	38.7	80	19.2	68	16.3
1990	358	76	21.2	141	39.4	71	19.8	70	19.6
1989	371	89	24.0	96	25.9	111	29.9	75	20.2
1988	364	88	24.2	128	35.2	73	20.1	75	20.6
1987	333	66	19.8	105	31.5	86	25.8	76	22.8
1986	326	58	17.8	95	29.1	86	26.4	87	26.7
1985	275	62	22.5	116	42.2	53	19.3	44	16.0
1984	249	55	22.1	65	26.1	87	34.9	42	16.9
1983	266	66	24.8	87	32.7	72	27.1	41	15.4
1982	304	69	22.7	106	34.9	77	25.3	52	17.1
1981	288	47	16.3	127	44.1	57	19.8	57	19.8
1980	310	46	14.8	134	43.2	62	20.0	68	21.9
1979	256	42	16.4	89	34.8	58	22.7	67	26.2
1978	221	35	15.8	81	36.7	52	23.5	53	24.0
1977	238	49	20.6	80	33.6	55	23.1	54	22.7
1976	258	51	19.8	82	31.8	56	21.7	69	26.7
1975	229	66	28.8	60	26.2	50	21.8	53	23.1
1974	222	49	22.1	78	35.1	40	18.0	55	24.8
1973	190	48	25.3	62	32.6	41	21.6	39	20.5
1972	190	49	25.8	67	35.3	46	24.2	28	14.7
Female									
2006	698	156	22.3	102	14.7	209	30.0	231	33.1
2005	591	105	17.8	83	14.0	171	28.9	232	39.3
2004	602	127	21.1	82	13.6	180	29.9	213	35.4
2003	579	87	15.0	130	22.5	136	23.5	226	39.0
2002	593	112	18.9	110	18.6	167	28.2	204	34.4
2001	691	116	16.8	145	21.0	192	27.8	238	34.4
2000	591	114	19.3	128	21.7	161	27.2	188	31.8
1999	577	99	17.2	157	27.2	168	29.1	153	26.5
1998	611	95	15.5	169	27.7	156	25.5	191	31.3
1997	508	91	17.9	112	22.0	122	24.0	183	36.0
1996	494	91	18.4	140	28.3	121	24.5	142	28.7
1995	478	71	14.9	167	34.9	97	20.3	143	29.9
1994	471	93	19.7	119	25.3	123	26.1	136	28.9
1993	385	74	19.2	96	24.9	89	23.1	126	32.7
1992	393	78	19.8	98	24.9	80	20.4	137	34.9
1991	407	98	24.1	109	26.8	80	19.7	120	29.5
1990	388	105	27.1	114	29.4	91	23.5	78	20.1
1989	362	60	16.6	108	29.8	91	25.1	103	28.5
1988	370	32	8.6	101	27.3	108	29.2	129	34.9
1987	367	58	15.8	89	24.3	144	39.2	76	20.7
1986	288	54	18.8	69	24.0	86	29.9	79	27.4
1985	296	51	17.2	59	19.9	104	35.1	82	27.7
1984	311	33	10.6	81	26.0	103	33.1	94	30.2
1983	307	53	17.3	79	25.7	82	26.7	93	30.3
1982	296	23	7.8	92	31.1	90	30.4	91	30.7
1981	318	53	16.7	93	29.2	100	31.4	72	22.6
1980	287	44	15.3	99	34.5	76	26.5	68	23.7
1979	251	35	13.9	68	27.1	90	35.9	58	23.1

Note: High school graduates are people who have completed 4 years of high school or more, for 1967 to 1991. Beginning in 1992, they were people whose highest degree was a high school diploma (including equivalency) or higher.

Table A-14. Population 18 and 19 Years Old by School Enrollment Status, Sex, Race, and Hispanic Origin, October 1967–2006—*Continued*

(Numbers in thousands.)

Year, race, and Hispanic origin	Total	Still in high school	Percent	Dropped out	Percent	High school graduate only	Percent	In college	Percent
1978	257	26	10.1	102	39.7	73	28.4	56	21.8
1977	277	37	13.4	88	31.8	82	29.6	70	25.3
1976	276	49	17.8	81	29.3	72	26.1	74	26.8
1975	261	32	12.3	87	33.3	77	29.5	65	24.9
1974	245	50	20.4	62	25.3	77	31.4	56	22.9
1973	197	21	10.7	80	40.6	52	26.4	44	22.3
1972	191	37	19.4	50	26.2	61	31.9	43	22.5
WHITE ALONE OR IN COMBINATION									
Both Sexes									
2006	6,466	1,160	17.9	615	9.5	1,648	25.5	3,043	47.1
2005	6,078	1,064	17.5	537	8.8	1,442	23.7	3,035	49.9
2004	6,191	988	16.0	643	10.4	1,548	25.0	3,012	48.7
2003	6,093	994	16.3	675	11.1	1,519	24.9	2,905	47.7
Male									
2006	3,278	657	20.0	357	10.9	864	26.4	1,399	42.7
2005	3,149	692	22.0	321	10.2	358	11.4	1,778	56.5
2004	3,129	538	17.2	415	13.3	845	27.0	1,331	42.5
2003	3,078	604	19.6	390	12.7	801	26.0	1,283	41.7
Female									
2006	3,188	503	15.8	258	8.1	784	24.6	1,643	51.5
2005	2,929	372	12.7	216	7.4	669	22.8	1,672	57.1
2004	3,062	450	14.7	228	7.4	702	22.9	1,682	54.9
2003	3,015	390	12.9	284	9.4	719	23.8	1,622	53.8
BLACK ALONE OR IN COMBINATION									
Both Sexes									
2006	1,287	343	26.6	111	8.6	341	26.5	492	38.2
2005	1,195	266	22.3	112	9.4	336	28.1	481	40.2
2004	1,163	229	19.7	163	14.0	305	26.2	466	40.1
2003	1,129	288	25.5	131	11.6	310	27.5	400	35.4
Male									
2006	623	213	34.3	45	7.3	178	28.6	186	29.8
2005	586	187	31.8	62	10.7	136	23.2	201	34.3
2004	549	142	25.9	93	17.0	139	25.3	175	31.9
2003	525	146	27.8	81	15.4	123	23.4	175	33.3
Female									
2006	665	130	19.5	66	9.9	163	24.5	307	46.1
2005	609	80	13.1	49	8.1	200	32.8	280	45.9
2004	615	86	14.0	70	11.4	169	27.5	290	47.2
2003	604	142	23.5	51	8.4	186	30.8	225	37.3
ASIAN ALONE OR IN COMBINATION									
Both Sexes									
2006	318	47	14.8	9	2.8	47	14.9	215	67.5
2005	286	42	14.7	4	1.3	36	12.6	204	71.5
2004	299	36	12.0	14	4.5	46	15.4	203	67.9
2003	320	43	13.4	3	1.1	38	11.9	236	73.8
Male									
2006	179	22	12.4	8	4.3	31	17.5	118	65.8
2005	152	30	19.5	3	1.7	22	14.5	97	64.1
2004	149	27	18.1	5	3.2	20	13.4	97	65.1
2003	144	17	11.8	3	2.3	12	8.3	112	77.8
Female									
2006	139	25	18.0	1	0.8	16	11.4	97	69.7
2005	134	12	9.2	1	0.9	14	10.4	107	80.0
2004	150	8	5.3	9	5.9	27	18.0	106	70.7
2003	176	25	14.2	-	-	27	15.3	124	70.5

Note: High school graduates are people who have completed 4 years of high school or more, for 1967 to 1991. Beginning in 1992, they were people whose highest degree was a high school diploma (including equivalency) or higher.
- = Quantity zero or rounds to zero.

Table A-15. Age Distribution of College Students 14 Years Old and Over, by Sex, October 1947–2006

(Numbers in thousands.)

Year, sex, race, and Hispanic origin	All Students Total	14 to 17 years	18 and 19 years	20 and 21 years	22 to 24 years	25 to 29 years	30 to 34 years	35 years and over	Male Total	14 to 17 years	18 and 19 years	20 and 21 years	22 to 24 years
All Races													
2006	17,232	212	3,746	3,675	3,166	2,312	1,346	2,776	7,506	79	1,703	1,682	1,489
2005	17,472	181	3,727	3,945	3,162	2,291	1,309	2,857	7,539	62	1,675	1,878	1,420
2004	17,383	198	3,685	3,777	3,149	2,403	1,287	2,884	7,575	75	1,610	1,811	1,444
2003	16,638	150	3,512	3,533	3,320	2,164	1,330	2,630	7,318	61	1,568	1,551	1,578
2002	16,497	195	3,581	3,525	2,927	2,093	1,308	2,867	7,240	80	1,635	1,640	1,354
2001	15,873	138	3,478	3,421	2,731	2,084	1,337	2,685	6,875	54	1,570	1,579	1,287
2000	15,314	149	3,599	3,169	2,683	1,962	1,244	2,507	6,682	61	1,570	1,472	1,300
1999	15,203	151	3,520	3,120	2,620	1,940	1,155	2,697	6,956	78	1,648	1,525	1,224
1998	15,546	123	3,670	3,092	2,561	2,148	1,266	2,685	6,905	48	1,667	1,517	1,219
1997	15,436	171	3,362	3,143	2,699	2,154	1,116	2,791	6,843	59	1,561	1,521	1,292
1996	15,226	237	3,309	2,907	2,551	2,215	1,228	2,778	6,820	97	1,489	1,379	1,319
1995	14,715	158	3,101	2,940	2,498	2,143	1,206	2,669	6,703	68	1,431	1,423	1,235
1994[1]	15,022	150	3,051	3,028	2,650	2,026	1,393	2,725	6,764	65	1,416	1,414	1,322
1993[1]	14,394	130	3,070	2,892	2,668	1,914	1,226	2,493	6,599	55	1,407	1,405	1,425
1993	13,898	123	2,926	2,734	2,533	1,867	1,227	2,488	6,324	52	1,337	1,312	1,345
1992	14,035	205	2,892	2,938	2,512	1,829	1,296	2,364	6,192	97	1,325	1,344	1,243
1991	14,057	132	2,929	2,939	2,304	1,983	1,302	2,468	6,439	49	1,326	1,390	1,238
1990	13,621	178	3,019	2,767	2,178	1,927	1,235	2,319	6,192	86	1,443	1,364	1,115
1989	13,180	183	3,066	2,570	2,168	1,889	1,192	2,112	5,950	73	1,422	1,228	1,067
1988	13,116	182	3,046	2,681	2,064	1,735	1,228	2,179	5,950	58	1,365	1,295	1,110
1987	12,719	239	3,045	2,642	2,006	1,826	1,159	1,802	6,030	116	1,483	1,350	1,034
1986	12,651	201	2,967	2,374	2,136	1,860	1,245	1,867	5,957	82	1,421	1,161	1,120
1985	12,524	262	2,907	2,616	2,014	1,884	1,180	1,661	5,906	131	1,349	1,313	1,087
1984	12,304	253	2,867	2,597	2,127	1,857	1,158	1,445	5,989	91	1,373	1,337	1,219
1983	12,320	260	2,940	2,495	2,042	1,921	1,167	1,495	6,010	108	1,340	1,310	1,170
1982	12,308	254	2,929	2,689	2,060	1,859	1,129	1,389	5,899	112	1,376	1,346	1,115
1981	12,127	232	3,044	2,545	1,986	1,717	1,211	1,393	5,825	96	1,450	1,239	1,144
1980	11,387	249	2,933	2,423	1,870	1,641	1,062	1,207	5,430	96	1,369	1,246	989
1979	11,380	311	2,844	2,353	1,794	1,679	996	1,402	5,480	129	1,341	1,192	975
1978	11,141	274	2,899	2,298	1,798	1,619	950	1,303	5,580	106	1,391	1,202	1,028
1977	11,546	274	2,913	2,430	1,799	1,809	992	1,329	5,889	112	1,396	1,280	1,036
1976	11,139	281	2,937	2,398	1,846	1,686	803	1,189	5,785	105	1,391	1,209	1,073
1975	10,880	293	2,943	2,313	1,679	1,616	853	1,183	5,911	128	1,426	1,256	1,011
1974	9,852	309	2,597	2,192	1,527	1,482	720	1,025	5,402	145	1,262	1,206	943
1973	8,966	295	2,517	2,073	1,403	1,270	551	707	5,018	121	1,203	1,130	937
1972	9,096	295	2,680	2,116	1,461	1,229	531	783	5,218	141	1,366	1,170	998
1971	8,087	284	2,726	1,997	1,487	1,067	527	...	4,850	129	1,444	1,090	1,065
1970	7,413	260	2,594	1,857	1,354	939	410	...	4,401	130	1,346	1,083	902
1969	7,435	242	2,601	1,945	1,294	918	435	...	4,448	120	1,397	1,112	883
1968	6,801	281	2,501	1,826	1,029	790	373	...	4,124	134	1,357	1,093	702
1967	6,401	239	2,286	1,816	998	707	356	...	3,841	96	1,198	1,066	718
1966	6,085	254	2,440	1,472	987	679	254	...	3,749	105	1,355	899	722
1965	5,675	264	2,215	1,326	940	614	316	...	3,503	113	1,218	804	699
1964	4,643	291	1,616	1,287	670	523	256	...	2,888	165	866	769	510
1963	4,336	180	1,504	1,212	717	482	241	...	2,742	99	796	734	574
1962	4,208	233	1,612	996	630	486	251	...	2,742	125	891	617	508
1961	3,731	213	1,470	892	507	437	212	...	2,356	84	834	554	393
1960	3,570	222	1,299	790	509	491	259	...	2,339	99	734	503	411
1959	3,340	210	1,175	739	489	503	224	...	2,187	92	651	501	355
1958	3,242	167	1,114	-----1,221-----		534	206	...	2,129	73	621	-----850-----	
1957	3,138	176	989	-----1,236-----		553	184	...	2,028	77	538	-----827-----	
1956	2,883	167	934	-----1,105-----		494	183	...	1,932	77	512	-----781-----	
1955	2,379	147	745	--------931-----		406	150	...	1,579	57	432	-----647-----	
1950	2,175	180	733	--------939-----		324	...	...	1,474	74	395	-----692-----	
1947	2,311	188	620	-----1,088-----		321	94	...	1,687	87	343	-----872-----	
White Alone													
2006	13,273	161	2,982	2,958	2,358	1,740	985	2,090	5,829	57	1,367	1,344	1,131
2005	13,466	116	2,972	3,176	2,350	1,708	939	2,205	5,843	38	1,343	1,488	1,092
2004	13,381	134	2,946	3,016	2,389	1,776	974	2,146	5,944	49	1,308	1,437	1,110
2003[2]	12,870	100	2,833	2,796	2,521	1,585	960	2,075	5,714	48	1,258	1,236	1,232
2002	12,781	109	2,891	2,810	2,220	1,582	933	2,236	5,719	57	1,329	1,306	1,066
2001	12,208	88	2,755	2,774	2,019	1,514	956	2,103	5,383	36	1,273	1,305	943
2000	11,999	117	2,914	2,590	2,062	1,433	906	1,978	5,311	47	1,289	1,225	1,008
1999	12,053	87	2,849	2,519	2,074	1,474	870	2,173	5,562	32	1,335	1,226	1,026
1998	12,401	93	2,994	2,537	2,010	1,604	964	2,199	5,602	30	1,376	1,256	1,002
1997	12,442	127	2,792	2,602	2,101	1,666	856	2,289	5,552	48	1,314	1,289	1,030
1996	12,189	167	2,731	2,362	2,030	1,704	940	2,254	5,453	70	1,223	1,117	1,079
1995	12,021	116	2,577	2,437	1,997	1,745	941	2,208	5,535	44	1,195	1,201	1,002
1994[1]	12,222	101	2,568	2,459	2,091	1,592	1,143	2,267	5,524	44	1,212	1,140	1,054
1993[1]	11,735	103	2,566	2,356	2,152	1,507	1,003	2,049	5,403	44	1,157	1,196	1,145
1993	11,434	98	2,456	2,243	2,064	1,490	1,015	2,068	5,222	41	1,103	1,120	1,090
1992	11,710	158	2,419	2,466	2,031	1,512	1,070	2,053	5,210	82	1,102	1,162	1,027
1991	11,686	104	2,487	2,449	1,877	1,598	1,063	2,107	5,304	41	1,112	1,146	1,012
1990	11,488	132	2,548	2,341	1,746	1,638	1,060	2,023	5,235	63	1,218	1,151	923
1989	11,243	147	2,648	2,170	1,813	1,611	986	1,868	5,136	63	1,253	1,070	900
1988	11,140	137	2,639	2,270	1,750	1,425	1,023	1,896	5,078	50	1,194	1,114	952
1987	10,731	194	2,564	2,254	1,665	1,483	985	1,584	5,104	97	1,260	1,156	873

[1] Prior to 1994, total enrolled does not include the 35 and over population.
[2] Starting in 2003 respondents could identify more than one race. Except as noted, the race data in this table from 2003 onward represent those respondents who indicated only one race category.
r = Revised, controlled to 1990 census based population estimates; previous 1993 data controlled to 1980 census based population estimates.
... = Not available.

Table A-15. Age Distribution of College Students 14 Years Old and Over, by Sex, October 1947–2006—Continued

(Numbers in thousands.)

Year, sex, race, and Hispanic origin	Male 25 to 29 years	Male 30 to 34 years	Male 35 years and over	Female Total	Female 14 to 17 years	Female 18 and 19 years	Female 20 and 21 years	Female 22 to 24 years	Female 25 to 29 years	Female 30 to 34 years	Female 35 years and over
All Races											
2006	1,033	537	982	9,726	133	2,043	1,993	1,677	1,278	809	1,793
2005	923	562	1,019	9,934	119	2,052	2,067	1,742	1,368	747	1,838
2004	1,068	533	1,033	9,808	123	2,074	1,966	1,705	1,335	753	1,850
2003	982	607	970	9,319	89	1,944	1,982	1,742	1,181	723	1,660
2002	918	542	1,071	9,258	116	1,946	1,885	1,573	1,175	766	1,797
2001	917	559	908	8,998	84	1,907	1,841	1,444	1,167	778	1,776
2000	844	517	918	8,631	88	2,029	1,697	1,383	1,118	728	1,589
1999	911	547	1,023	8,247	73	1,872	1,595	1,396	1,029	608	1,674
1998	979	521	953	8,641	74	2,003	1,574	1,342	1,170	745	1,732
1997	1,052	457	899	8,593	112	1,801	1,622	1,406	1,102	658	1,892
1996	1,038	485	1,013	8,406	140	1,821	1,528	1,233	1,177	743	1,765
1995	1,008	553	985	8,013	90	1,671	1,518	1,263	1,135	653	1,684
1994[1]	972	617	958	8,258	85	1,635	1,613	1,328	1,054	776	1,766
1993r	892	534	880	7,795	75	1,663	1,487	1,243	1,022	692	1,613
1993	872	534	873	7,574	71	1,588	1,422	1,189	995	693	1,616
1992	845	547	789	7,844	107	1,566	1,594	1,269	984	748	1,575
1991	1,018	587	832	7,618	83	1,603	1,549	1,066	965	715	1,636
1990	910	502	772	7,429	91	1,576	1,403	1,063	1,017	732	1,546
1989	926	517	716	7,231	110	1,643	1,342	1,100	964	675	1,396
1988	835	560	727	7,166	124	1,682	1,386	953	900	668	1,452
1987	921	500	625	6,689	123	1,562	1,292	972	905	659	1,176
1986	968	577	628	6,694	120	1,546	1,213	1,016	892	667	1,240
1985	942	522	561	6,618	129	1,559	1,303	926	941	658	1,100
1984	965	527	476	6,315	161	1,494	1,260	908	892	630	970
1983	1,055	521	506	6,310	153	1,600	1,185	872	865	645	989
1982	968	492	490	6,410	141	1,553	1,343	945	891	637	900
1981	909	533	453	6,303	136	1,594	1,305	842	808	677	940
1980	853	472	405	5,957	153	1,565	1,178	882	788	590	802
1979	893	463	487	5,900	183	1,503	1,161	818	786	533	914
1978	922	474	457	5,559	168	1,507	1,096	770	697	476	845
1977	1,035	511	520	5,657	162	1,517	1,151	763	774	481	809
1976	1,067	451	489	5,354	176	1,546	1,189	773	619	352	700
1975	1,025	496	569	4,969	164	1,517	1,058	668	590	357	614
1974	951	420	476	4,449	165	1,335	986	584	531	300	548
1973	867	329	371	3,918	174	1,224	944	528	411	222	416
1972	848	330	365	3,877	153	1,314	946	464	381	200	418
1971	787	334	...	3,236	154	1,281	906	423	280	192	...
1970	684	256	...	3,013	130	1,248	774	452	255	154	...
1969	671	265	...	2,987	122	1,204	833	411	247	171	...
1968	603	236	...	2,677	147	1,144	733	328	187	138	...
1967	524	239	...	2,560	143	1,088	749	280	183	117	...
1966	494	174	...	2,337	149	1,085	573	265	185	80	...
1965	458	211	...	2,172	151	997	522	241	156	105	...
1964	396	182	...	1,755	126	750	518	160	127	74	...
1963	365	174	...	1,594	81	708	478	143	117	67	...
1962	406	195	...	1,466	108	721	379	122	80	56	...
1961	337	154	...	1,375	129	636	338	114	100	58	...
1960	399	193	...	1,231	123	565	287	98	92	66	...
1959	422	166	...	1,153	118	524	238	134	81	58	...
1958	439	146	...	1,113	94	493	-----371-----		95	60	...
1957	459	127	...	1,110	99	451	-----409-----		94	57	...
1956	429	133	...	951	90	422	-----324-----		65	50	...
1955	337	107	...	800	90	313	-----285-----		69	43	...
1950	314	...	...	701	106	338	-----247-----		10	...	...
1947	301	84	...	624	101	277	-----216-----		20	10	...
White Alone											
2006	799	396	734	7,445	104	1,615	1,613	1,227	941	588	1,355
2005	685	420	777	7,624	79	1,629	1,688	1,258	1,024	519	1,428
2004	837	421	782	7,438	86	1,638	1,579	1,279	939	553	1,364
2003[2]	723	435	783	7,155	53	1,575	1,560	1,289	862	525	1,291
2002	712	394	855	7,062	52	1,562	1,504	1,154	870	539	1,381
2001	693	401	731	6,826	52	1,481	1,468	1,077	820	555	1,372
2000	662	367	713	6,689	70	1,625	1,365	1,054	770	539	1,266
1999	715	414	804	6,491	55	1,513	1,296	1,053	760	455	1,358
1998	746	396	795	6,799	63	1,618	1,281	1,008	858	567	1,405
1997	802	345	725	6,890	79	1,479	1,313	1,071	864	511	1,573
1996	797	357	811	6,735	97	1,508	1,246	951	906	583	1,443
1995	857	432	804	6,486	72	1,383	1,237	995	887	508	1,404
1994[1]	749	512	815	6,698	57	1,357	1,320	1,037	844	631	1,453
1993r	705	451	705	6,331	59	1,409	1,160	1,007	802	552	1,344
1993	699	457	711	6,212	57	1,353	1,123	974	791	558	1,357
1992	689	471	678	6,499	76	1,317	1,303	1,005	823	599	1,376
1991	809	480	703	6,382	63	1,375	1,304	865	789	583	1,404
1990	782	434	665	6,253	69	1,331	1,190	823	856	627	1,358
1989	789	438	623	6,107	84	1,395	1,101	913	822	548	1,245
1988	685	470	613	6,063	87	1,445	1,156	798	740	554	1,283
1987	740	436	541	5,627	97	1,304	1,097	791	743	550	1,044

[1] Prior to 1994, total enrolled does not include the 35 and over population.
[2] Starting in 2003 respondents could identify more than one race. Except as noted, the race data in this table from 2003 onward represent those respondents who indicated only one race category.
r = Revised, controlled to 1990 census based population estimates; previous 1993 data controlled to 1980 census based population estimates.
... = Not available.

Table A-15. Age Distribution of College Students 14 Years Old and Over, by Sex, October 1947–2006—Continued

(Numbers in thousands.)

Year, sex, race, and Hispanic origin	All Students Total	14 to 17 years	18 and 19 years	20 and 21 years	22 to 24 years	25 to 29 years	30 to 34 years	35 years and over	Male Total	14 to 17 years	18 and 19 years	20 and 21 years	22 to 24 years
1986	10,707	173	2,549	2,015	1,743	1,580	1,037	1,609	5,074	69	1,254	982	932
1985	10,781	229	2,539	2,257	1,704	1,590	1,014	1,448	5,103	120	1,176	1,137	941
1984	10,520	209	2,541	2,206	1,779	1,566	967	1,252	5,111	73	1,224	1,143	1,039
1983	10,565	214	2,597	2,161	1,705	1,603	961	1,324	5,162	87	1,197	1,149	989
1982	10,551	216	2,549	2,348	1,697	1,581	938	1,222	5,077	95	1,189	1,188	931
1981	10,353	197	2,639	2,239	1,671	1,390	1,027	1,190	5,010	86	1,259	1,104	977
1980	9,925	212	2,578	2,131	1,625	1,413	915	1,051	4,804	79	1,232	1,114	878
1979	9,956	256	2,498	2,079	1,543	1,474	859	1,247	4,823	110	1,192	1,058	854
1978	9,661	229	2,553	1,993	1,531	1,399	808	1,148	4,913	90	1,239	1,056	900
1977	9,962	227	2,579	2,099	1,531	1,550	827	1,149	5,156	91	1,272	1,124	890
1976	9,679	237	2,577	2,108	1,591	1,458	673	1,035	5,084	89	1,244	1,073	933
1975	9,546	252	2,613	2,042	1,461	1,410	737	1,031	5,263	111	1,283	1,134	909
1974	8,689	271	2,308	1,940	1,341	1,308	613	908	4,782	128	1,143	1,067	825
1973	8,014	253	2,281	1,865	1,292	1,152	481	690	4,218	111	1,177	1,017	838
1972	7,458	259	2,411	1,917	1,296	1,119	456	...	4,395	120	1,242	1,062	891
1971	7,273	251	2,485	1,758	1,351	965	463	...	4,407	117	1,328	964	992
1970	6,759	230	2,361	1,684	1,260	853	371	...	4,066	117	1,251	995	850
1969	6,827	222	2,377	1,762	1,208	855	404	...	4,146	110	1,298	1,021	827
1968	6,255	251	2,284	1,691	954	741	333	...	3,843	117	1,262	1,021	666
1967	5,905	220	2,105	1,688	915	646	329	...	3,560	88	1,097	998	666
1966	5,708	233	2,293	----2,313----	----869----			...	3,536	93	1,281	----1,541----	
1965	5,317	233	2,074	----2,139----	----871----			...	3,326	104	1,152	----1,441----	
1964	4,337	257	1,519	----1,850----	----711----			...	2,720	147	823	----1,226----	
1963	4,050	171	1,391	----1,817----	----671----			...	2,593	94	746	----1,246----	
1962	3,934	217	1,509	----1,517----	----691----			...	2,586	120	836	----1,066----	
1961	3,498	204	1,388	----1,296----	----610----			...	2,208	79	786	----883----	
1960	3,342	214	1,211	----1,209----	----709----			...	2,214	97	691	----859----	
1959	3,118	193	1,101	----1,134----	----690----			...	2,067	88	620	----798----	
1958	3,030	155	1,044	----1,136----	----695----			...	1,999	68	577	----802----	
1957	2,932	161	921	----1,165----	----685----			...	1,938	68	510	----797----	
1956	2,687	152	869	----1,025----	----641----			...	1,808	68	474	----733----	
1955	2,224	125	715	----880----	----504----			...	1,495	47	418	----621----	
White Alone Non-Hispanic													
2006	11,485	114	2,564	2,606	2,030	1,494	830	1,848	5,085	41	1,168	1,208	979
2005	11,715	93	2,618	2,769	2,006	1,445	806	1,977	5,114	30	1,193	1,308	928
2004	11,571	111	2,596	2,618	2,014	1,513	814	1,905	5,146	44	1,150	1,242	930
2003[2]	11,295	90	2,486	2,419	2,225	1,371	832	1,872	5,067	41	1,115	1,082	1,094
2002	11,236	97	2,549	2,525	1,931	1,317	812	2,007	5,060	57	1,179	1,162	947
2001	10,602	74	2,383	2,450	1,732	1,283	827	1,854	4,691	30	1,131	1,170	794
2000	10,636	92	2,580	2,333	1,796	1,275	770	1,790	4,716	35	1,138	1,109	890
1999	10,818	80	2,574	2,324	1,837	1,283	755	1,965	5,033	30	1,214	1,141	929
1998	11,109	84	2,715	2,281	1,760	1,408	840	2,020	5,084	30	1,280	1,123	897
1997	11,246	81	2,491	2,361	1,876	1,504	779	2,153	5,024	33	1,184	1,161	930
1996	11,034	147	2,504	2,156	1,788	1,514	834	2,091	4,961	61	1,136	1,039	955
1995	11,024	103	2,372	2,226	1,796	1,618	859	2,051	5,068	36	1,111	1,103	892
1994[1]	11,178	93	2,362	2,255	1,904	1,444	1,018	2,101	5,053	41	1,132	1,039	955
1993	10,554	83	2,270	2,026	1,924	1,367	923	1,960	4,838	36	1,038	1,016	1,017
Black[3]													
2006	2,334	30	464	416	441	303	199	480	896	10	174	182	186
2005	2,217	28	431	393	435	282	217	430	832	6	182	178	153
2004	2,301	40	440	398	400	352	170	501	776	13	165	169	146
2003[2]	2,144	28	374	415	435	289	214	388	798	10	166	153	180
2002	2,278	56	430	418	379	301	241	454	802	14	179	175	121
2001	2,230	33	444	383	379	283	279	429	781	7	179	137	153
2000	2,164	19	454	375	387	325	242	361	815	10	163	137	169
1999	1,998	45	430	389	325	254	199	354	833	34	210	193	98
1998	2,016	22	461	354	300	328	211	340	770	12	194	162	88
1997	1,903	24	381	321	383	258	165	372	723	7	142	137	146
1996	1,901	45	345	346	292	337	182	354	764	17	145	155	122
1995	1,772	24	344	339	305	233	193	334	710	13	145	142	143
1994	1,800	36	310	347	344	256	184	323	745	16	132	161	147
1993[r]	1,599	13	322	311	264	253	143	293	652	4	151	109	127
1993	1,545	13	311	297	253	245	141	284	636	4	148	107	124
1992	1,424	28	291	316	279	170	132	208	527	8	123	114	119
1991	1,477	18	303	302	223	216	157	257	629	7	137	138	103
1990	1,393	35	349	287	258	150	108	207	587	16	164	151	111
1989	1,287	32	302	290	243	156	119	146	480	8	126	104	94
1988	1,321	33	281	273	198	188	142	206	494	6	108	90	99
1987	1,351	32	341	264	218	220	121	155	587	13	154	124	99
1986	1,359	19	308	242	262	187	143	198	580	12	120	111	118
1985	1,263	21	259	274	201	183	112	213	552	10	121	140	84
1984	1,332	40	265	274	247	182	131	193	618	16	112	129	126

[1] Prior to 1994, total enrolled does not include the 35 and over population.
[2] Starting in 2003 respondents could identify more than one race. Except as noted, the race data in this table from 2003 onward represent those respondents who indicated only one race category.
[3] The data shown prior to 2003 consists of those identifying themselves as "Asian or Pacific Islanders."
r = Revised, controlled to 1990 census based population estimates; previous 1993 data controlled to 1980 census based population estimates.
... = Not available.

Table A-15. Age Distribution of College Students 14 Years Old and Over, by Sex, October 1947–2006—*Continued*

(Numbers in thousands.)

Year, sex, race, and Hispanic origin	Male 25 to 29 years	Male 30 to 34 years	Male 35 years and over	Female Total	Female 14 to 17 years	Female 18 and 19 years	Female 20 and 21 years	Female 22 to 24 years	Female 25 to 29 years	Female 30 to 34 years	Female 35 years and over
1986	835	475	528	5,632	105	1,295	1,033	811	745	562	1,081
1985	812	449	468	5,679	110	1,363	1,120	764	778	565	979
1984	796	434	402	5,410	136	1,317	1,063	740	770	533	851
1983	875	421	444	5,404	127	1,400	1,012	717	728	540	880
1982	831	415	428	5,472	120	1,360	1,159	766	749	523	795
1981	745	448	391	5,342	111	1,380	1,134	694	646	578	799
1980	735	400	366	5,121	133	1,346	1,017	747	678	514	686
1979	788	398	423	5,131	146	1,306	1,021	688	686	461	823
1978	810	413	405	4,748	139	1,314	937	631	590	395	742
1977	907	433	439	4,806	135	1,307	975	641	643	394	711
1976	936	382	427	4,593	147	1,334	1,034	658	521	291	608
1975	911	426	489	4,284	141	1,330	908	552	500	311	542
1974	855	350	414	3,907	143	1,166	873	516	453	263	493
1973	789	286	...	3,107	142	1,104	848	454	363	196	...
1972	784	296	...	3,061	138	1,169	855	404	334	160	...
1971	712	293	...	2,867	134	1,157	794	359	252	170	...
1970	622	231	...	2,693	113	1,110	689	410	231	140	...
1969	637	252	...	2,681	112	1,079	741	380	218	151	...
1968	564	213	...	2,412	134	1,022	670	288	177	120	...
1967	494	217	...	2,345	133	1,009	690	250	152	112	...
1966	-----621----		...	2,172	140	1,012	-----772-----		-----248-----		...
1965	-----629----		...	1,991	129	922	-----698-----		-----242-----		...
1964	-----524----		...	1,617	110	696	-----624-----		-----187-----		...
1963	-----507----		...	1,457	77	645	-----571-----		-----164-----		...
1962	-----564----		...	1,348	97	673	-----451-----		-----127-----		...
1961	-----460----		...	1,290	125	602	-----413-----		-----150-----		...
1960	-----567----		...	1,128	117	520	-----350-----		-----142-----		...
1959	-----561----		...	1,051	105	481	-----336-----		-----129-----		...
1958	-----552----		...	1,031	87	467	-----334-----		-----143-----		...
1957	-----563----		...	994	93	411	-----368-----		-----122-----		...
1956	-----533----		...	879	84	395	-----292-----		-----108-----		...
1955	-----409----		...	729	78	297	-----259-----		-----95-----		...
White Alone Non-Hispanic											
2006	702	347	640	6,400	73	1,396	1,398	1,051	792	483	1,208
2005	590	373	692	6,601	63	1,425	1,461	1,078	855	433	1,285
2004	710	372	698	6,425	67	1,446	1,375	1,085	803	442	1,207
2003[2]	639	386	710	6,228	49	1,371	1,337	1,130	732	446	1,163
2002	596	350	770	6,177	40	1,370	1,364	984	721	462	1,237
2001	587	348	632	5,912	44	1,252	1,280	938	695	479	1,222
2000	603	296	646	5,921	57	1,443	1,224	906	672	474	1,145
1999	627	368	722	5,785	49	1,360	1,183	908	656	387	1,241
1998	668	348	738	6,025	54	1,435	1,158	863	740	493	1,282
1997	732	314	669	6,222	48	1,307	1,200	946	771	465	1,485
1996	727	303	740	6,073	86	1,367	1,117	833	787	531	1,352
1995	799	380	749	5,956	67	1,261	1,123	904	819	479	1,302
1994[1]	689	457	741	6,124	53	1,229	1,216	950	755	561	1,361
1993	663	399	670	5,715	48	1,232	1,010	907	704	524	1,290
Black[3]											
2006	112	70	163	1,438	20	291	234	255	191	130	318
2005	99	64	150	1,385	22	249	215	282	183	153	281
2004	92	41	151	1,525	27	275	229	254	259	130	350
2003[2]	100	84	105	1,346	19	209	262	255	188	130	283
2002	97	83	133	1,476	42	251	243	257	204	158	321
2001	88	90	126	1,449	26	265	245	226	195	190	302
2000	110	92	133	1,349	9	291	238	218	215	150	228
1999	93	79	123	1,164	10	221	196	227	161	120	229
1998	140	67	105	1,247	9	267	192	212	188	144	234
1997	110	65	117	1,180	17	238	184	237	149	100	255
1996	142	64	120	1,136	28	199	192	170	195	119	234
1995	65	80	122	1,062	11	199	197	162	168	113	212
1994	118	72	99	1,054	21	178	186	197	138	112	224
1993[r]	118	36	107	947	9	172	202	137	135	107	186
1993	116	36	102	909	8	163	191	130	129	106	182
1992	73	37	54	897	21	168	202	161	97	95	154
1991	99	55	90	848	11	166	164	120	118	102	167
1990	52	26	65	807	19	185	136	146	98	82	141
1989	65	37	47	807	24	176	186	149	91	82	99
1988	75	48	68	827	27	173	183	99	113	94	138
1987	99	37	62	764	19	186	140	119	121	84	93
1986	81	64	74	779	7	187	131	144	106	79	124
1985	64	40	93	712	11	138	134	117	119	72	121
1984	99	62	74	714	24	153	145	121	83	69	119

[1]Prior to 1994, total enrolled does not include the 35 and over population.
[2]Starting in 2003 respondents could identify more than one race. Except as noted, the race data in this table from 2003 onward represent those respondents who indicated only one race category.
[3]The data shown prior to 2003 consists of those identifying themselves as "Asian or Pacific Islanders."
r = Revised, controlled to 1990 census based population estimates; previous 1993 data controlled to 1980 census based population estimates.
... = Not available.

104 THE ALMANAC OF AMERICAN EDUCATION (BERNAN PRESS)

Table A-15. Age Distribution of College Students 14 Years Old and Over, by Sex, October 1947–2006—*Continued*

(Numbers in thousands.)

Year, sex, race, and Hispanic origin	Total	14 to 17 years	18 and 19 years	20 and 21 years	22 to 24 years	25 to 29 years	30 to 34 years	35 years and over	Total	14 to 17 years	18 and 19 years	20 and 21 years	22 to 24 years
	All Students									Male			
1983	1,273	31	258	242	241	179	151	171	560	12	93	112	126
1982	1,294	22	274	242	251	196	142	167	544	9	124	92	115
1981	1,335	31	306	232	212	219	132	203	566	7	133	92	100
1980	1,163	30	283	225	180	176	113	156	476	14	98	101	79
1979	1,156	43	279	224	193	150	112	155	498	12	110	110	84
1978	1,175	38	270	238	186	167	121	155	504	13	114	106	85
1977	1,284	37	269	262	190	210	136	180	571	18	90	115	104
1976	1,217	34	302	252	195	171	109	154	551	11	121	113	97
1975	1,099	34	260	237	168	151	97	152	523	14	111	107	76
1974	930	34	233	190	132	136	88	117	485	13	102	100	78
1973	781	37	194	164	140	89	60	97	358	7	96	93	77
1972	727	32	229	168	143	87	68	...	384	18	102	91	94
1971	680	29	204	199	119	79	50	...	363	11	94	106	62
1970	522	21	191	152	73	54	31	...	253	10	73	81	38
1969	492	19	193	149	65	39	26	...	236	10	86	75	41
1968	434	20	182	112	58	33	29	...	221	12	83	61	26
1967	370	16	141	105	51	42	15	...	199	7	78	57	32
1966	282	17	112	-----112-----		-----41----		...	154	10	47	-----72-----	
1965	274	30	111	-----99-----		-----34----		...	126	8	52	-----47-----	
1964	234	30	78	-----79-----		-----47----		...	120	16	35	-----36-----	
1963	286	9	113	-----112-----		-----52----		...	149	5	50	-----62-----	
1962	274	16	103	-----109-----		-----46----		...	156	5	55	-----59-----	
1961	233	9	82	-----103-----		-----39----		...	148	5	48	-----64-----	
1960	227	8	88	-----90-----		-----41----		...	125	2	43	-----55-----	
1959	222	17	74	-----94-----		-----37----		...	120	4	31	-----58-----	
1958	212	12	70	-----85-----		-----45----		...	130	5	44	-----48-----	
1957	206	15	68	-----71-----		-----52----		...	90	9	28	-----30-----	
1956	196	15	65	-----80-----		-----36----		...	124	9	38	-----48-----	
1955	155	21	31	-----51-----		-----52----		...	84	9	15	-----25-----	
Black Alone Non-Hispanic[4]													
2005	2,217	28	431	393	435	282	217	430	832	6	182	178	153
2004	2,231	40	430	392	379	344	163	483	760	13	161	166	143
2003[2]	2,090	28	368	399	423	282	205	385	773	10	166	145	177
2002	2,217	56	428	410	358	293	233	439	782	14	177	174	113
2001	2,173	33	430	373	375	263	275	423	759	7	174	137	150
2000	2,119	19	439	373	370	321	242	355	798	10	154	137	164
1999	1,952	45	413	390	320	250	192	342	811	35	192	193	99
1998	1,971	22	453	351	282	322	211	331	752	12	194	159	83
1997	1,868	21	371	314	378	253	161	369	712	7	138	137	143
1996	1,863	41	342	342	281	329	176	350	750	17	142	155	122
1995	1,745	24	332	337	302	231	189	330	699	13	136	142	143
1994[1]	1,783	36	308	347	342	253	182	314	734	16	131	161	145
1993	1,505	13	310	291	246	232	134	279	615	4	149	105	121
Asian[5]													
2006	1,084	8	204	215	242	187	103	125	535	5	113	121	104
2005	1,184	22	188	272	234	226	114	129	605	10	90	163	113
2004	1,191	20	182	245	269	217	113	146	636	11	92	135	145
2003[2]	1,162	16	209	219	264	228	108	116	606	3	103	104	130
2002	1,258	28	236	269	299	182	105	140	649	8	121	137	160
2001	1,280	17	247	245	302	265	90	115	664	10	113	127	177
2000	1,049	12	212	200	227	188	81	130	517	4	108	109	120
1999	1,041	16	223	192	211	187	71	142	506	11	93	95	96
Hispanic[6]													
2006	1,968	54	444	386	353	271	190	271	808	19	213	146	164
2005	1,942	31	406	420	389	288	150	257	804	10	173	183	183
2004	1,975	23	384	431	407	280	179	271	852	5	171	212	191
2003	1,714	12	379	407	329	224	156	207	703	7	153	167	145
2002	1,656	15	360	303	316	274	140	249	705	3	156	151	132
2001	1,700	14	387	342	306	255	136	260	731	6	149	145	156
2000	1,426	24	349	268	282	167	142	194	619	12	160	118	123
1999	1,307	7	297	197	247	207	127	225	568	2	143	84	96
1998	1,363	9	288	263	269	206	130	198	550	—	97	139	110
1997	1,260	49	316	254	236	174	80	151	555	15	133	132	106
1996	1,223	22	240	213	253	198	112	184	529	8	98	78	124
1995	1,207	20	264	245	236	153	97	193	568	14	121	111	124
1994[1]	1,187	9	225	230	207	180	132	205	529	3	89	115	108
1993[r]	1,169	17	222	299	207	178	106	139	539	7	81	154	103
1993	995	15	195	241	166	149	100	129	442	6	69	118	79
1992	918	17	230	200	156	124	90	102	388	9	93	80	74
1991	830	10	188	203	125	124	72	109	347	5	68	79	64
1990	748	13	148	188	99	109	59	130	364	12	70	80	64
1989	754	17	177	134	142	112	58	114	353	5	75	66	70
1988	747	13	203	110	137	118	73	93	355	9	75	76	77
1987	739	8	152	155	148	137	67	73	390	3	76	100	71
1986	794	16	171	146	141	164	67	89	377	4	92	67	74

[1] Prior to 1994, total enrolled does not include the 35 and over population.
[2] Starting in 2003 respondents could identify more than one race. Except as noted, the race data in this table from 2003 onward represent those respondents who indicated only one race category.
[4] Series has been discontinued.
[5] The data shown prior to 2003 consists of those identifying themselves as "Asian or Pacific Islanders".
[6] May be of any race.
r = Revised, controlled to 1990 census based population estimates; previous 1993 data controlled to 1980 census based population estimates.
... = Not available.

Table A-15. Age Distribution of College Students 14 Years Old and Over, by Sex, October 1947–2006—Continued

(Numbers in thousands.)

Year, sex, race, and Hispanic origin	Male 25 to 29 years	Male 30 to 34 years	Male 35 years and over	Female Total	Female 14 to 17 years	Female 18 and 19 years	Female 20 and 21 years	Female 22 to 24 years	Female 25 to 29 years	Female 30 to 34 years	Female 35 years and over
1983	91	64	62	714	19	164	131	116	88	87	109
1982	91	51	62	750	12	150	150	136	105	92	105
1981	115	57	62	769	24	172	140	112	105	75	141
1980	92	53	39	686	16	185	124	101	84	60	116
1979	71	47	64	659	31	169	114	109	79	66	91
1978	82	52	52	671	25	155	133	102	85	68	103
1977	101	62	81	712	19	179	147	87	108	74	98
1976	90	57	62	665	23	181	139	97	81	52	92
1975	82	53	80	577	20	150	130	92	69	44	72
1974	70	60	62	448	22	131	91	55	66	28	55
1973	49	36	...	325	30	97	71	63	40	24	...
1972	49	30	...	343	14	127	77	49	38	38	...
1971	58	31	...	317	18	109	93	57	21	19	...
1970	33	19	...	269	11	118	71	36	22	11	...
1969	15	10	...	256	9	108	74	24	25	17	...
1968	27	13	...	213	8	100	51	32	7	15	...
1967	15	11	...	171	9	63	48	19	27	4	...
1966	----25----		...	128	7	65	----40----		----16----		...
1965	----19----		...	148	22	59	----52----		----15----		...
1964	----33----		...	114	14	43	----43----		----14----		...
1963	----32----		...	137	4	63	----50----		----20----		...
1962	----37----		...	118	11	48	----50----		----9----		...
1961	----31----		...	85	4	34	----39----		----8----		...
1960	----25----		...	102	6	45	----35----		----16----		...
1959	----27----		...	102	13	43	----36----		----10----		...
1958	----33----		...	82	7	26	----37----		----12----		...
1957	----23----		...	116	6	40	----41----		----29----		...
1956	----29----		...	72	6	27	----32----		----7----		...
1955	----35----		...	71	12	16	----26----		----17----		...
Black Alone Non-Hispanic[4]											
2005	99	64	150	1,385	22	249	215	282	183	153	281
2004	92	38	147	1,471	27	268	227	237	251	125	336
2003[2]	93	80	102	1,317	19	202	254	246	188	125	283
2002	95	83	126	1,435	42	251	237	244	198	150	313
2001	78	90	123	1,414	26	256	236	226	186	185	300
2000	110	92	130	1,321	9	285	235	206	211	150	225
1999	91	76	125	1,141	10	221	196	221	159	117	218
1998	134	67	102	1,219	9	259	192	199	188	144	229
1997	105	65	117	1,156	14	233	177	235	149	96	252
1996	134	64	117	1,113	25	199	188	160	195	113	234
1995	65	80	120	1,046	11	196	195	159	167	109	210
1994[1]	116	72	93	1,049	21	178	186	197	138	109	221
1993	104	33	100	890	8	161	186	125	128	102	179
Asian[5]											
2006	80	51	61	549	3	91	94	139	107	52	64
2005	110	61	58	579	12	98	109	120	116	53	71
2004	116	65	71	556	9	89	110	124	101	48	75
2003[2]	141	67	59	556	13	107	115	134	88	42	57
2002	101	56	67	609	19	115	132	139	82	49	73
2001	134	63	40	616	6	134	118	125	131	27	75
2000	66	51	60	532	8	104	91	107	122	30	69
1999	97	47	67	534	5	130	97	115	89	24	74
Hispanic[6]											
2006	109	64	94	1,161	36	231	240	189	162	126	177
2005	111	52	92	1,137	21	232	237	206	178	98	165
2004	131	53	89	1,123	19	213	219	216	150	126	182
2003	93	61	77	1,011	5	226	240	185	131	95	130
2002	118	49	97	951	12	204	152	184	156	92	152
2001	116	57	102	969	8	238	197	150	139	80	157
2000	61	75	70	807	13	188	150	160	106	67	124
1999	94	54	95	739	5	154	113	151	113	73	130
1998	86	54	64	814	9	191	124	159	120	77	134
1997	78	31	60	704	34	183	123	130	96	49	91
1996	79	54	90	693	15	142	136	128	119	59	95
1995	71	55	73	639	6	143	134	112	82	42	120
1994[1]	73	55	86	659	6	136	119	99	106	78	119
1993[r]	71	67	56	630	10	141	145	104	107	40	83
1993	57	63	51	553	9	126	123	87	93	38	78
1992	57	35	40	530	7	137	120	82	67	55	62
1991	64	30	37	483	5	120	124	61	59	42	72
1990	39	30	67	384	1	78	108	35	70	29	63
1989	63	31	42	401	11	103	69	72	49	27	71
1988	48	29	43	391	4	129	35	60	70	43	51
1987	77	42	21	349	5	76	56	76	60	25	51
1986	80	26	34	417	12	79	80	67	84	41	54

[1] Prior to 1994, total enrolled does not include the 35 and over population.
[2] Starting in 2003 respondents could identify more than one race. Except as noted, the race data in this table from 2003 onward represent those respondents who indicated only one race category.
[4] Series has been discontinued.
[5] The data shown prior to 2003 consists of those identifying themselves as "Asian or Pacific Islanders".
[6] May be of any race.
r = Revised, controlled to 1990 census based population estimates; previous 1993 data controlled to 1980 census based population estimates.
... = Not available.

Table A-15. Age Distribution of College Students 14 Years Old and Over, by Sex, October 1947–2006—*Continued*
(Numbers in thousands.)

Year, sex, race, and Hispanic origin	All Students Total	14 to 17 years	18 and 19 years	20 and 21 years	22 to 24 years	25 to 29 years	30 to 34 years	35 years and over	Male Total	14 to 17 years	18 and 19 years	20 and 21 years	22 to 24 years
1985	580	16	127	128	120	111	78	...	279	10	44	53	71
1984	524	5	136	133	93	100	57	...	231	2	42	63	49
1983	521	17	134	124	91	114	41	...	253	10	41	61	50
1982	494	16	143	104	90	94	47	...	216	6	52	47	42
1981	510	15	129	123	90	103	50	...	258	6	57	68	39
1980	443	10	137	94	84	69	49	...	222	2	68	52	34
1979	439	18	124	95	73	73	56	...	225	8	67	43	43
1978	377	15	109	68	77	78	30	...	196	7	53	30	43
1977	417	14	123	95	59	81	45	...	224	6	54	45	40
1976	426	13	143	83	83	73	31	...	223	3	69	39	42
1975	411	13	118	101	76	68	35	...	218	3	53	52	40
1974	354	11	112	96	64	39	32	...	195	6	55	44	42
1973	289	15	82	69	55	45	23	...	168	11	39	37	29
1972	242	14	70	60	49	34	15	...	126	7	28	35	29
White Alone or in Combination													
2006	13,564	166	3,043	3,006	2,416	1,791	1,016	2,125	5,966	61	1,399	1,363	1,161
2005	13,791	125	3,043	3,244	2,433	1,740	954	2,251	5,978	43	1,371	1,519	1,128
2004	13,688	135	3,012	3,106	2,425	1,807	989	2,192	6,068	49	1,331	1,494	1,131
2003	13,164	106	2,905	2,868	2,584	1,613	989	2,099	5,837	48	1,283	1,274	1,257
Black Alone or in Combination													
2006	2,444	30	492	423	471	318	217	493	951	10	186	186	206
2005	2,387	31	481	428	462	299	229	458	895	9	201	189	167
2004	2,412	40	466	436	416	371	170	512	827	13	175	187	159
2003	2,227	30	400	440	445	303	214	395	826	10	175	165	186
Asian Alone or in Combination													
2006	1,154	9	215	227	263	198	110	131	566	6	118	122	122
2005	1,297	25	204	292	277	240	122	137	640	13	97	170	124
2004	1,260	20	203	266	281	222	116	152	662	11	97	147	153
2003	1,262	19	236	248	290	232	117	121	649	3	112	115	143

... = Not available.

Table A-15. Age Distribution of College Students 14 Years Old and Over, by Sex, October 1947–2006—*Continued*

(Numbers in thousands.)

Year, sex, race, and Hispanic origin	Male 25 to 29 years	Male 30 to 34 years	Male 35 years and over	Female Total	Female 14 to 17 years	Female 18 and 19 years	Female 20 and 21 years	Female 22 to 24 years	Female 25 to 29 years	Female 30 to 34 years	Female 35 years and over
1985	72	29	...	299	6	82	75	48	39	49	...
1984	49	26	...	292	3	94	70	43	51	31	...
1983	74	17	...	270	7	93	64	41	40	25	...
1982	49	20	...	278	10	91	57	48	45	27	...
1981	55	33	...	252	9	72	55	51	48	17	...
1980	36	30	...	221	8	63	42	50	33	20	...
1979	39	25	...	215	10	58	52	30	34	31	...
1978	49	14	...	181	8	56	38	34	29	16	...
1977	56	23	...	194	8	70	50	19	25	22	...
1976	50	20	...	203	9	74	45	41	23	11	...
1975	45	25	...	193	10	65	49	36	23	10	...
1974	24	24	...	157	5	56	51	22	15	8	...
1973	32	20	...	123	5	44	33	25	13	3	...
1972	20	7	...	117	7	43	25	20	14	8	...
White Alone or in Combination											
2006	827	411	744	7,598	105	1,643	1,643	1,255	964	605	1,382
2005	696	424	796	7,813	82	1,672	1,725	1,305	1,044	530	1,454
2004	847	425	792	7,600	86	1,682	1,612	1,295	960	564	1,401
2003	730	446	798	7,328	57	1,622	1,594	1,327	883	543	1,302
Black Alone or in Combination											
2006	120	74	170	1,493	20	307	238	265	198	143	323
2005	109	66	154	1,493	22	280	239	295	190	164	303
2004	100	41	153	1,584	27	290	249	258	271	130	359
2003	100	84	107	1,401	20	225	275	260	203	130	288
Asian Alone or in Combination											
2006	81	55	62	588	3	97	105	141	117	55	69
2005	113	63	60	657	12	107	122	153	128	59	77
2004	117	65	72	598	9	106	118	128	105	51	80
2003	142	72	61	613	16	124	133	147	89	44	60

... = Not available.

Table A-16. College Enrollment of Students 14 Years Old and Over, by Type of College, Attendance Status, Age, and Gender, October 1970–2006

(Numbers in thousands.)

Year and type of college	All students Total	14 to 19 years	20 to 21 years	22 to 24 years	25 to 34 years	35 years and over	Public	Private	Male Total	Full-time	Part-time	Female Total	Full-time	Part-time
All Undergraduates														
2006	13,854	3,940	3,591	2,437	2,178	1,709	11,269	2,585	6,135	4,686	1,450	7,719	5,695	2,024
2005	14,169	3,901	3,847	2,588	2,142	1,690	11,292	2,876	6,189	4,799	1,391	7,979	5,852	2,127
2004	14,004	3,863	3,700	2,431	2,257	1,753	11,384	2,620	6,156	4,714	1,442	7,848	5,704	3,102
2003	13,370	3,633	3,449	2,687	2,094	1,506	10,980	2,389	5,902	4,476	1,425	7,468	5,391	2,077
2002	13,426	3,743	3,457	2,355	2,106	1,764	10,830	2,595	5,929	4,462	1,467	7,497	5,273	2,223
2001	12,552	3,568	3,329	2,136	1,979	1,540	10,188	2,364	5,522	4,057	1,464	7,030	4,949	2,082
2000	12,401	3,710	3,093	2,113	1,988	1,498	10,044	2,357	5,520	4,059	1,461	6,881	4,832	2,049
1999	12,046	3,625	3,043	2,000	1,885	1,493	9,689	2,357	5,554	4,143	1,411	6,492	4,548	1,945
1998	12,509	3,749	3,019	2,025	2,101	1,616	10,100	2,410	5,621	4,051	1,570	6,888	4,765	2,123
1997	12,409	3,504	3,080	2,137	1,970	1,718	10,074	2,335	5,539	4,165	1,375	6,870	4,752	2,118
1996	12,305	3,526	2,856	2,017	2,226	1,680	10,121	2,183	5,533	4,032	1,502	6,772	4,502	2,269
1995	11,966	3,251	2,881	2,033	2,151	1,651	9,570	2,396	5,413	3,911	1,501	6,554	4,433	2,121
1994	12,410	3,192	3,006	2,099	2,281	1,832	9,983	2,427	5,526	3,969	1,557	6,883	4,480	2,404
1993r	11,959	3,197	2,879	2,131	2,118	1,634	9,706	2,253	5,442	4,020	1,422	6,517	4,346	2,171
1993	11,507	3,045	2,721	2,020	2,088	1,633	9,330	2,176	5,194	3,812	1,382	6,313	4,182	2,130
1992	11,643	3,097	2,902	2,004	2,090	1,550	9,519	2,124	5,091	3,724	1,365	6,553	4,338	2,214
1991	11,374	3,061	2,902	1,757	2,120	1,534	9,257	2,117	5,120	3,724	1,395	6,254	4,145	2,109
1990	11,108	3,194	2,740	1,681	2,067	1,425	9,031	2,076	5,030	3,628	1,402	6,077	3,967	2,109
1989	10,661	3,250	2,529	1,658	1,921	1,304	8,633	2,027	4,730	3,436	1,295	5,931	3,880	2,051
1988	10,605	3,229	2,645	1,600	1,865	1,266	8,617	1,988	4,763	3,441	1,322	5,842	3,816	2,026
1987	10,304	3,283	2,585	1,512	1,848	1,076	8,306	1,998	4,878	3,476	1,403	5,426	3,445	1,981
1986	10,036	3,158	2,298	1,583	1,932	1,065	7,955	2,081	4,663	3,350	1,312	5,373	3,474	1,899
1985	10,097	3,169	2,586	1,475	1,884	984	8,042	2,055	4,667	3,454	1,213	5,430	3,578	1,852
1984	9,910	3,120	2,564	1,547	1,826	852	7,944	1,966	4,725	3,573	1,152	5,185	3,419	1,766
1983	9,925	3,200	2,464	1,475	1,873	914	7,808	2,117	4,759	3,472	1,287	5,166	3,424	1,742
1982	9,952	3,183	2,657	1,526	1,745	843	7,908	2,044	4,703	3,485	1,218	5,249	3,480	1,769
1981	9,969	3,276	2,511	1,458	1,808	916	7,789	2,180	4,724	3,452	1,273	5,245	3,490	1,755
1980	9,279	3,182	2,393	1,316	1,598	791	...	...	4,353	3,247	1,105	4,927	3,210	1,717
1979	9,193	3,156	2,308	1,297	1,526	905	7,331	1,861	4,387	3,219	1,168	4,805	3,163	1,642
1978	8,947	3,173	2,246	1,233	1,505	790	7,008	1,939	4,445	3,269	1,176	4,502	3,031	1,471
1977[1]	8,408	3,184	2,376	1,206	1,640	...	6,683	1,724	4,372	3,304	1,068	4,027	3,002	1,025
1976	8,988	3,216	2,358	1,224	1,472	718	7,196	1,787	4,569	3,353	1,213	4,419	3,166	1,253
1975	8,108	3,237	2,255	1,072	1,546	...	6,598	1,510	4,393	3,394	999	3,715	2,902	813
1974	7,338	2,906	2,131	1,028	1,272	...	5,843	1,494	4,030	3,128	902	3,307	2,561	746
1973	6,794	2,812	2,031	924	1,028	...	5,279	1,516	3,791	3,035	756	3,004	2,423	581
1972	6,992	2,974	2,065	944	1,011	...	5,460	1,532	3,982	3,231	751	3,010	2,445	565
1971	6,895	3,008	1,936	1,019	931	...	5,472	1,423	4,017	3,240	777	2,878	2,348	530
1970	6,274	2,854	1,803	866	750	...	4,910	1,363	3,627	3,045	582	2,646	2,164	482
Two-Year College Students														
2006	4,294	1,367	788	573	836	731	3,878	416	1,788	1,169	620	2,506	1,531	975
2005	4,327	1,259	833	603	882	751	3,890	437	1,866	1,197	669	2,462	1,436	1,026
2004	4,340	1,243	802	568	898	829	3,939	401	1,756	1,141	615	2,584	1,461	1,123
2003	4,384	1,178	746	843	834	784	3,999	385	1,782	1,055	726	2,603	1,507	1,095
2002	4,378	1,227	777	656	880	838	3,948	431	1,884	1,102	783	2,494	1,363	1,131
2001	4,159	1,200	776	605	832	746	3,749	410	1,802	1,057	745	2,357	1,252	1,105
2000	3,881	1,232	710	525	673	741	3,590	291	1,655	969	686	2,226	1,224	1,002
1999	3,794	1,187	715	460	683	749	3,482	312	1,637	949	688	2,157	1,157	1,000
1998	4,234	1,301	701	619	839	774	3,865	369	1,845	1,049	796	2,389	1,287	1,103
1997	4,078	1,178	760	528	806	807	3,780	298	1,663	983	680	2,415	1,307	1,108
1996	4,174	1,223	669	515	922	845	3,890	284	1,752	974	778	2,423	1,235	1,187
1995	3,882	1,028	608	593	892	761	3,553	330	1,626	898	728	2,256	1,124	1,132
1994	4,208	1,063	623	621	1,011	890	3,846	362	1,704	937	766	2,504	1,234	1,270
1993r	4,345	1,131	745	648	978	843	4,024	321	1,825	1,061	764	2,520	1,317	1,203
1993	4,196	1,077	696	614	965	844	3,884	311	1,748	1,006	742	2,448	1,268	1,179
1992	4,239	1,084	789	581	988	797	3,937	302	1,688	936	751	2,551	1,268	1,283
1991	4,277	1,120	732	560	1,084	781	4,025	252	1,798	973	825	2,479	1,239	1,239
1990	3,965	1,059	689	475	967	775	3,689	276	1,624	849	775	2,340	1,103	1,237
1989	3,627	1,048	557	467	880	676	3,382	245	1,464	777	688	2,163	949	1,214
1988	3,837	1,134	665	497	879	662	3,609	228	1,542	847	695	2,295	1,054	1,241
1987	3,648	1,111	624	457	851	605	3,405	243	1,522	780	742	2,127	937	1,190
1986	3,391	1,023	506	427	875	559	3,089	302	1,466	752	714	1,924	856	1,068
1985	3,289	959	558	403	851	518	3,009	281	1,336	702	634	1,954	914	1,040
1984	3,172	994	525	442	795	417	2,875	298	1,436	834	601	1,738	829	909
1983	3,416	1,050	595	405	882	485	3,136	280	1,498	807	691	1,919	897	1,022
1982	3,448	1,088	604	494	826	437	3,164	283	1,477	854	623	1,971	961	1,011
1981	3,347	1,144	566	414	768	455	3,091	255	1,475	837	638	1,872	909	963
1980	3,107	1,079	450	417	721	441	...	...	1,331	768	563	1,777	798	979
1979	2,897	933	403	407	664	490	2,710	187	1,251	684	567	1,646	725	921
1978	2,904	966	427	391	670	451	2,686	218	1,368	698	669	1,537	701	835
1977[1]	2,510	933	455	380	741	...	2,362	148	1,253	681	572	1,256	691	565
1976	2,854	907	444	367	718	419	2,688	165	1,400	760	640	1,454	743	711
1975	2,561	1,024	431	354	752	...	2,437	123	1,412	850	562	1,148	717	431
1974	2,072	834	369	305	565	...	1,917	154	1,172	709	463	899	528	371
1973	1,797	816	278	254	449	...	1,669	128	1,012	629	383	785	471	314
1972	1,910	883	334	267	426	...	1,816	94	1,125	770	355	785	484	301
1971	1,830	928	307	263	331	...	1,726	105	1,087	726	361	743	473	270
1970	1,692	895	281	234	283	...	1,559	133	1,001	726	275	691	452	239

[1] Data for 1970–1975 and 1977 do not include people ages 35 and over.
r = Revised, controlled to 1990 census based population estimates; previous 1993 data controlled to 1980 census based population estimates.
... = Not available.

Table A-16. College Enrollment of Students 14 Years Old and Over, by Type of College, Attendance Status, Age, and Gender, October 1970–2006—Continued

(Numbers in thousands.)

Year and type of college	Full-time Total	14 to 19 years	20 to 21 years	22 to 24 years	25 to 34 years	35 years and over	Part-time Total	14 to 19 years	20 to 21 years	22 to 24 years	25 to 34 years	35 years and over
All Undergraduates												
2006	10,380	3,567	3,150	1,810	1,242	612	3,474	373	441	627	936	1,097
2005	10,651	3,540	3,369	1,977	1,139	625	3,518	360	479	611	1,003	1,065
2004	10,418	3,533	3,251	1,836	1,150	648	3,586	330	449	595	1,107	1,105
2003	9,868	3,299	2,992	1,948	1,081	547	3,502	334	457	739	1,013	959
2002	9,735	3,356	3,058	1,737	1,073	511	3,690	387	399	619	1,033	1,253
2001	9,006	3,190	2,840	1,524	976	476	3,546	378	489	612	1,003	1,064
2000	8,891	3,368	2,658	1,479	930	457	3,510	342	435	633	1,058	1,041
1999	8,691	3,280	2,625	1,485	888	412	3,355	345	418	514	997	1,081
1998	8,816	3,327	2,619	1,461	956	452	3,693	421	400	563	1,145	1,164
1997	8,917	3,144	2,704	1,576	960	532	3,492	360	376	560	1,010	1,186
1996	8,534	3,131	2,460	1,516	990	437	3,771	394	396	501	1,236	1,243
1995	8,344	2,902	2,462	1,444	1,004	533	3,622	349	419	589	1,147	1,118
1994	8,449	2,843	2,585	1,455	981	586	3,961	350	421	644	1,300	1,245
1993r	8,366	2,866	2,513	1,513	941	533	3,593	332	366	619	1,176	1,102
1993	7,994	2,732	2,380	1,429	927	527	3,513	314	342	590	1,161	1,106
1992	8,063	2,838	2,506	1,427	834	458	3,580	259	396	578	1,255	1,092
1991	7,869	2,809	2,534	1,248	878	400	3,505	252	368	509	1,242	1,134
1990	7,597	2,912	2,333	1,165	824	363	3,511	282	408	515	1,244	1,062
1989	7,314	2,989	2,209	1,122	655	341	3,346	260	321	536	1,266	963
1988	7,257	2,925	2,275	1,079	691	285	3,348	303	371	521	1,173	981
1987	6,920	2,892	2,179	1,005	610	235	3,384	391	406	507	1,238	841
1986	6,825	2,880	1,973	1,055	680	237	3,212	278	324	528	1,254	828
1985	7,033	2,900	2,237	1,017	701	178	3,065	269	349	457	1,184	806
1984	6,992	2,846	2,221	1,067	689	170	2,918	274	344	480	1,139	683
1983	6,896	2,895	2,124	993	718	166	3,029	305	340	482	1,153	748
1982	6,965	2,880	2,286	979	662	159	2,987	302	372	547	1,083	684
1981	6,942	2,983	2,157	986	613	202	3,027	293	353	471	1,195	715
1980	6,457	2,897	2,107	810	500	142	2,822	283	287	505	1,098	649
1979	6,383	2,892	1,994	815	523	158	2,810	264	314	482	1,003	748
1978	6,300	2,872	1,918	820	559	132	2,647	302	328	412	947	658
1977[1]	6,304	2,855	2,075	775	598	...	2,104	329	301	431	1,042	...
1976	6,519	2,963	2,033	821	563	138	2,466	253	325	403	909	577
1975	6,296	2,987	1,958	696	655	...	1,812	250	297	376	891	...
1974	5,689	2,661	1,842	697	488	...	1,649	245	289	331	784	...
1973	5,460	2,629	1,801	630	398	...	1,334	183	230	294	630	...
1972	5,678	2,797	1,845	624	412	...	1,314	177	220	320	599	...
1971	5,588	2,801	1,729	700	357	...	1,307	207	207	319	574	...
1970	5,208	2,685	1,628	591	301	...	1,066	169	175	275	449	...
Two-Year College Students												
2006	2,699	1,145	600	312	401	241	1,595	221	188	261	435	490
2005	2,632	1,031	605	373	393	231	1,695	228	228	230	489	520
2004	2,602	1,027	553	327	425	269	1,738	216	249	241	472	560
2003	2,563	973	516	386	429	258	1,822	205	230	457	404	526
2002	2,464	975	571	344	374	200	1,914	252	206	312	506	638
2001	2,310	951	529	301	307	222	1,850	250	247	304	524	525
2000	2,193	993	507	278	230	184	1,688	239	202	247	444	557
1999	2,105	955	498	261	230	161	1,688	231	217	199	453	588
1998	2,336	1,024	495	331	302	184	1,899	277	206	288	537	591
1997	2,290	947	522	283	327	212	1,788	231	238	245	479	595
1996	2,209	995	457	271	315	171	1,965	227	212	244	607	674
1995	2,022	810	397	298	321	195	1,860	218	211	295	571	565
1994	2,172	848	407	319	341	256	2,036	215	216	302	669	634
1993r	2,378	891	515	348	365	259	1,967	240	230	300	613	585
1993	2,274	850	483	325	360	256	1,922	227	213	288	605	588
1992	2,205	897	528	287	304	188	2,034	187	261	294	683	609
1991	2,212	915	476	269	361	191	2,065	205	256	291	723	589
1990	1,953	847	408	227	310	160	2,012	212	281	247	657	615
1989	1,725	860	368	160	210	128	1,902	188	189	307	669	548
1988	1,901	926	410	209	227	128	1,936	207	256	288	651	534
1987	1,716	839	368	192	212	105	1,932	272	256	264	639	500
1986	1,608	814	296	170	223	105	1,783	209	210	257	652	454
1985	1,615	779	341	174	244	78	1,674	180	217	229	607	440
1984	1,663	812	330	190	247	84	1,509	182	195	252	548	333
1983	1,703	855	374	159	250	65	1,713	195	221	245	631	420
1982	1,814	883	381	214	260	77	1,634	205	223	280	566	356
1981	1,745	927	357	170	188	102	1,601	217	209	243	579	353
1980	1,566	884	287	160	167	67	1,542	195	163	256	554	374
1979	1,408	749	251	156	185	68	1,489	184	152	251	480	423
1978	1,400	776	243	157	167	57	1,505	190	184	234	503	394
1977[1]	1,372	718	283	162	208	...	1,138	216	172	218	533	...
1976	1,503	764	261	177	228	74	1,351	143	183	190	490	346
1975	1,567	865	274	155	274	...	994	159	157	199	478	...
1974	1,237	702	233	151	152	...	835	132	136	154	413	...
1973	1,100	702	164	121	111	...	697	114	113	133	338	...
1972	1,255	772	223	134	126	...	655	111	111	133	300	...
1971	1,199	797	209	124	70	...	631	131	98	139	261	...
1970	1,177	786	197	114	80	...	515	109	84	120	203	...

[1] Data for 1970–1975 and 1977 do not include people ages 35 and over.
r = Revised, controlled to 1990 census based population estimates; previous 1993 data controlled to 1980 census based population estimates.
... = Not available.

Table A-16. College Enrollment of Students 14 Years Old and Over, by Type of College, Attendance Status, Age, and Gender, October 1970–2006—Continued

(Numbers in thousands.)

Year and type of college	All students							Male			Female		
	Total	14 to 19 years	20 to 21 years	22 to 24 years	25 to 34 years	35 years and over	Public	Private	Total	Full-time	Part-time	Total	Full-time	Part-time
Graduate Students														
2006	3,378	18	84	729	1,480	1,067	2,197	1,181	1,371	692	678	2,007	998	1,009
2005	3,304	7	98	574	1,458	1,167	2,143	1,161	1,349	711	638	1,955	875	1,079
2004	3,378	20	77	718	1,433	1,131	2,267	1,111	1,419	726	693	1,959	845	1,114
2003	3,268	29	84	632	1,399	1,123	2,129	1,139	1,416	774	643	1,852	849	1,003
2002	3,072	33	68	572	1,296	1,104	2,003	1,068	1,311	632	679	1,761	774	987
2001	3,321	48	91	595	1,442	1,145	2,233	1,088	1,353	614	739	1,968	784	1,184
2000	2,913	38	77	571	1,218	1,009	1,965	948	1,162	546	616	1,750	722	1,028
1999	3,157	45	77	620	1,211	1,205	1,970	1,188	1,403	699	703	1,755	722	1,033
1998	3,037	45	73	536	1,313	1,070	1,884	1,153	1,284	614	669	1,753	758	995
1997	3,027	30	63	562	1,299	1,073	2,016	1,010	1,304	651	653	1,723	668	1,055
1996	2,922	21	52	534	1,217	1,098	1,893	1,029	1,288	650	638	1,634	655	979
1995	2,749	8	60	465	1,198	1,018	1,802	947	1,290	646	644	1,459	554	905
1994	2,613	9	21	551	1,138	893	1,710	902	1,238	619	619	1,375	505	870
1993[r]	2,435	3	14	537	1,022	859	1,611	824	1,156	601	555	1,278	458	820
1993	2,391	3	13	514	1,006	856	1,580	812	1,130	579	551	1,261	446	815
1992	2,392	-	36	508	1,035	814	1,546	846	1,102	606	496	1,291	521	770
1991	2,683	-	37	547	1,165	934	1,824	859	1,320	688	631	1,364	491	872
1990	2,514	2	27	497	1,095	893	1,722	792	1,162	569	593	1,352	531	820
1989	2,520	-	40	509	1,161	809	1,662	857	1,219	626	594	1,300	515	786
1988	2,511	-	36	464	1,098	913	1,716	795	1,187	522	666	1,324	435	889
1987	2,415	1	57	494	1,137	725	1,655	760	1,152	579	573	1,263	462	801
1986	2,365	-	44	530	1,057	732	1,624	741	1,184	596	589	1,181	479	702
1985	2,427	-	31	540	1,179	678	1,652	775	1,239	607	632	1,188	395	793
1984	2,395	-	32	580	1,190	594	1,648	747	1,263	654	610	1,132	440	692
1983	2,442	-	32	568	1,214	629	1,614	829	1,279	665	614	1,163	438	725
1982	2,393	1	31	534	1,244	584	1,587	806	1,216	626	590	1,178	421	756
1981	2,205	-	34	528	1,120	523	1,478	726	1,127	546	581	1,078	347	731
1980	2,173	2	31	554	1,104	481	...	...	1,106	526	581	1,066	372	694
1979	2,214	-	45	497	1,149	523	1,537	678	1,105	503	602	1,109	355	754
1978	2,217	-	51	565	1,064	536	1,454	762	1,149	516	633	1,068	366	702
1977[1]	1,810	2	53	593	1,161	...	1,241	568	995	548	447	813	338	475
1976	2,152	-	40	622	1,017	472	1,516	634	1,216	576	638	937	292	644
1975	1,590	-	59	607	923	...	1,105	484	949	542	407	640	267	373
1974	1,490	-	61	499	930	...	1,061	428	897	457	440	593	205	388
1973	1,385	-	42	541	801	...	945	439	887	467	420	498	163	335
1972	1,320	1	52	517	749	...	877	443	872	481	391	450	155	295
1971	1,192	1	60	468	663	...	799	393	833	480	353	359	136	223
1970	1,140	-	54	488	599	...	789	351	774	432	342	366	123	243

[1] Data for 1970–1975 and 1977 do not include people ages 35 and over.
r = Revised, controlled to 1990 census based population estimates; previous 1993 data controlled to 1980 census based population estimates.
- = Quantity zero or rounds to zero.
... = Not available.

Table A-16. College Enrollment of Students 14 Years Old and Over, by Type of College, Attendance Status, Age, and Gender, October 1970–2006—Continued

(Numbers in thousands.)

Year and type of college	Full-time Total	14 to 19 years	20 to 21 years	22 to 24 years	25 to 34 years	35 years and over	Part-time Total	14 to 19 years	20 to 21 years	22 to 24 years	25 to 34 years	35 years and over
Graduate Students												
2006	1,690	16	70	542	809	254	1,688	3	14	187	671	813
2005	1,587	4	98	423	767	294	1,717	3	-	150	691	873
2004	1,571	20	76	548	675	252	1,807	-	1	170	757	878
2003	1,622	26	76	479	738	304	1,646	3	8	153	662	820
2002	1,406	31	61	432	631	251	1,666	2	6	140	666	852
2001	1,398	38	77	455	630	197	1,923	10	14	139	812	947
2000	1,268	32	67	414	544	211	1,645	6	10	156	674	798
1999	1,421	38	71	487	539	287	1,736	8	6	133	672	918
1998	1,372	45	58	429	579	262	1,665	-	15	107	734	808
1997	1,319	26	57	401	605	229	1,708	3	6	160	694	844
1996	1,305	18	42	420	570	254	1,617	3	9	114	647	844
1995	1,199	8	43	352	571	225	1,550	-	17	112	627	793
1994	1,124	9	19	377	544	175	1,489	-	2	174	594	718
1993[r]	1,059	3	11	376	482	186	1,376	-	3	161	540	673
1993	1,025	3	10	358	469	184	1,366	-	3	156	536	672
1992	1,126	-	33	387	478	228	1,266	-	3	120	557	586
1991	1,180	-	29	423	539	188	1,504	-	8	124	626	746
1990	1,100	2	25	376	518	180	1,413	-	2	121	577	714
1989	1,140	-	33	375	525	208	1,380	-	7	135	637	601
1988	956	-	31	304	465	157	1,555	-	5	160	634	756
1987	1,041	1	52	343	477	167	1,374	-	5	151	660	558
1986	1,074	-	40	412	465	157	1,291	-	4	120	593	575
1985	1,002	-	27	385	449	141	1,424	-	4	155	728	537
1984	1,093	-	27	427	544	95	1,302	-	6	153	644	498
1983	1,103	-	32	420	530	121	1,339	-	-	148	685	507
1982	1,047	-	28	381	522	116	1,346	1	4	153	721	467
1981	893	-	28	355	447	64	1,312	-	6	173	673	459
1980	898	2	24	403	403	66	1,275	-	6	152	702	415
1979	858	-	32	358	397	72	1,356	-	14	140	752	451
1978	882	-	38	396	376	71	1,335	-	14	169	688	465
1977[1]	886	2	43	382	459	...	922	-	10	211	702	...
1976	869	-	35	405	355	73	1,282	-	5	217	662	398
1975	809	-	43	382	386	...	780	-	16	225	537	...
1974	662	-	41	289	330	...	828	-	20	210	600	...
1973	630	-	33	350	248	...	755	-	9	191	553	...
1972	636	1	44	332	262	...	686	-	8	185	487	...
1971	616	1	57	299	261	...	576	-	3	169	402	...
1970	555	-	42	304	212	...	585	-	12	184	387	...

[1] Data for 1970–1975 and 1977 do not include people ages 35 and over.
r = Revised, controlled to 1990 census based population estimates; previous 1993 data controlled to 1980 census based population estimates.
- = Quantity zero or rounds to zero.
... = Not available.

Table A-17. Educational Attainment of the Population 15 Years Old and Over, by Age, Sex, Race, and Hispanic Origin, 2006

(Numbers in thousands.)

Age, sex, race, and Hispanic origin	Total	None	1st to 4th grade	5th to 6th grade	7th to 8th grade	9th grade	10th grade	11th grade[1]	High school graduate
ALL RACES									
Both Sexes									
15 years old and over	233,194	996	2,119	3,950	7,857	8,576	9,891	13,574	69,548
15 to 17 years old	13,344	19	15	41	2,352	4,245	4,128	2,337	147
18 to 19 years old	7,572	7	20	27	106	168	440	2,463	2,287
20 to 24 years old	20,393	31	72	216	274	408	473	1,224	6,216
25 to 29 years old	20,138	50	129	384	320	447	445	959	5,768
30 to 34 years old	19,343	60	120	389	317	390	359	775	5,534
35 to 39 years old	20,771	88	165	409	289	376	366	805	6,055
40 to 44 years old	22,350	88	142	394	341	338	480	836	7,081
45 to 49 years old	22,518	87	153	316	355	369	485	759	7,340
50 to 54 years old	20,279	77	165	350	315	292	434	734	6,160
55 to 59 years old	17,827	76	145	246	394	239	402	494	5,414
60 to 64 years old	13,153	73	167	182	354	266	393	503	4,511
65 to 69 years old	10,231	57	198	210	462	273	336	457	3,752
70 to 74 years old	8,323	66	215	218	480	204	323	405	3,160
75 years old and over	16,951	217	414	568	1,496	562	828	823	6,124
15 to 17 years old	13,344	19	15	41	2,352	4,245	4,128	2,337	147
18 years old and over	219,849	977	2,104	3,910	5,505	4,331	5,763	11,237	69,401
15 to 24 years old	41,309	57	107	283	2,732	4,821	5,041	6,025	8,651
25 years and over	191,884	939	2,012	3,667	5,124	3,755	4,850	7,549	60,898
15 to 64 years old	197,689	656	1,293	2,954	5,418	7,537	8,404	11,888	56,513
65 years old and over	35,505	340	827	996	2,438	1,039	1,487	1,686	13,035
Male									
15 years old and over	113,163	480	1,095	2,072	4,032	4,412	4,879	6,900	33,957
15 to 17 years old	6,817	9	9	21	1,317	2,263	2,050	1,069	62
18 to 19 years old	3,801	4	15	23	66	92	272	1,309	1,135
20 to 24 years old	10,312	18	49	123	159	232	242	724	3,379
25 to 29 years old	10,185	35	79	249	189	265	226	546	3,166
30 to 34 years old	9,642	28	76	233	163	185	182	431	3,067
35 to 39 years old	10,320	53	93	248	179	194	207	455	3,215
40 to 44 years old	11,051	51	78	227	166	185	262	462	3,707
45 to 49 years old	11,051	48	82	168	167	195	236	418	3,706
50 to 54 years old	9,922	49	95	178	139	156	241	345	3,032
55 to 59 years old	8,633	39	66	98	221	118	186	235	2,511
60 to 64 years old	6,243	24	86	102	180	122	175	234	1,978
65 to 69 years old	4,782	23	94	82	241	137	161	199	1,654
70 to 74 years old	3,743	18	113	95	232	66	126	168	1,271
75 years old and over	6,659	82	160	226	613	202	314	305	2,074
15 to 17 years old	6,817	9	9	21	1,317	2,263	2,050	1,069	62
18 years old and over	106,346	472	1,086	2,051	2,715	2,150	2,830	5,831	33,895
15 to 24 years old	20,930	30	73	166	1,542	2,587	2,564	3,101	4,577
25 years and over	92,233	450	1,022	1,905	2,490	1,825	2,316	3,799	29,380
15 to 64 years old	97,978	356	728	1,668	2,946	4,007	4,279	6,228	28,958
65 years old and over	15,185	124	367	403	1,086	405	600	672	4,999
Female									
15 years old and over	120,031	516	1,024	1,878	3,824	4,163	5,012	6,674	35,591
15 to 17 years old	6,527	10	7	19	1,035	1,982	2,079	1,268	85
18 to 19 years old	3,771	3	5	4	41	76	168	1,155	1,151
20 to 24 years old	10,082	14	23	93	115	175	230	501	2,837
25 to 29 years old	9,953	15	49	135	132	182	219	412	2,602
30 to 34 years old	9,701	32	44	156	154	205	177	343	2,467
35 to 39 years old	10,451	35	72	162	110	181	159	350	2,840
40 to 44 years old	11,298	37	64	167	175	153	217	374	3,374
45 to 49 years old	11,467	39	71	147	189	174	249	341	3,634
50 to 54 years old	10,357	29	70	173	175	136	193	388	3,128
55 to 59 years old	9,194	37	79	148	172	121	217	259	2,903
60 to 64 years old	6,910	49	82	80	175	144	218	269	2,533
65 to 69 years old	5,449	34	104	128	221	136	175	258	2,098
70 to 74 years old	4,580	48	101	123	249	138	197	237	1,888
75 years old and over	10,292	135	253	342	883	360	514	518	4,050
15 to 17 years old	6,527	10	7	19	1,035	1,982	2,079	1,268	85
18 years old and over	113,504	505	1,017	1,859	2,790	2,181	2,933	5,405	35,506
15 to 24 years old	20,379	27	34	117	1,191	2,233	2,477	2,924	4,073
25 years and over	99,651	489	990	1,761	2,634	1,930	2,535	3,750	31,518
15 to 64 years old	99,711	299	565	1,285	2,472	3,530	4,125	5,660	27,555
65 years old and over	20,320	216	459	593	1,352	634	886	1,013	8,036

[1] 12th grade, no diploma are included in this category.

Table A-17. Educational Attainment of the Population 15 Years Old and Over, by Age, Sex, Race, and Hispanic Origin, 2006—Continued

(Numbers in thousands.)

Age, sex, race, and Hispanic origin	Some college, no degree	Associate's degree, occupational	Associate's degree, academic	Bachelor's degree	Master's degree	Professional degree	Doctoral degree
ALL RACES							
Both Sexes							
15 years old and over	42,464	9,444	8,707	37,334	13,184	3,061	2,489
15 to 17 years old	52	-	5	3	-	-	1
18 to 19 years old	2,012	22	12	7	-	2	-
20 to 24 years old	7,789	660	693	2,171	131	10	24
25 to 29 years old	4,066	903	948	4,429	988	185	117
30 to 34 years old	3,477	959	876	4,187	1,420	281	199
35 to 39 years old	3,506	994	957	4,501	1,594	383	283
40 to 44 years old	3,741	1,217	1,066	4,588	1,419	374	245
45 to 49 years old	3,829	1,206	1,201	4,286	1,464	399	269
50 to 54 years old	3,615	1,055	930	3,827	1,667	369	290
55 to 59 years old	3,283	858	763	3,237	1,621	305	349
60 to 64 years old	2,167	538	477	1,945	1,100	217	261
65 to 69 years old	1,563	322	330	1,317	603	178	172
70 to 74 years old	1,170	233	166	1,000	415	157	111
75 years old and over	2,194	477	283	1,836	762	202	168
15 to 17 years old	52	-	5	3	-	-	1
18 years old and over	42,412	9,444	8,702	37,332	13,184	3,061	2,488
15 to 24 years old	9,853	682	709	2,181	131	11	25
25 years old and over	32,611	8,762	7,998	35,153	13,053	3,050	2,464
15 to 64 years old	37,537	8,412	7,928	33,182	11,405	2,524	2,038
65 years old and over	4,926	1,032	779	4,153	1,780	538	451
Male							
15 years old and over	19,709	4,259	3,530	17,945	6,244	1,943	1,704
15 to 17 years old	16	-	2	-	-	-	-
18 to 19 years old	877	4	5	1	-	-	-
20 to 24 years old	3,816	340	304	862	39	6	19
25 to 29 years old	1,991	450	415	2,059	381	78	57
30 to 34 years old	1,647	462	371	1,941	608	137	110
35 to 39 years old	1,642	459	409	2,096	702	200	168
40 to 44 years old	1,756	582	402	2,124	664	221	166
45 to 49 years old	1,784	551	434	2,090	733	244	195
50 to 54 years old	1,677	508	404	1,880	773	254	191
55 to 59 years old	1,482	372	308	1,742	809	200	246
60 to 64 years old	998	207	186	1,040	551	172	189
65 to 69 years old	653	112	159	659	333	138	137
70 to 74 years old	517	97	47	539	245	126	83
75 years old and over	854	116	85	912	405	167	144
15 to 17 years old	16	-	2	-	-	-	-
18 years old and over	19,694	4,259	3,528	17,945	6,244	1,943	1,704
15 to 24 years old	4,709	343	311	863	39	6	19
25 years old and over	15,001	3,916	3,219	17,082	6,205	1,937	1,686
15 to 64 years old	17,686	3,934	3,239	15,836	5,261	1,512	1,340
65 years old and over	2,023	326	290	2,109	983	431	364
Female							
15 years old and over	22,754	5,184	5,177	19,390	6,940	1,119	784
15 to 17 years old	36	-	2	3	-	-	1
18 to 19 years old	1,135	18	7	6	-	2	-
20 to 24 years old	3,973	321	388	1,310	93	4	5
25 to 29 years old	2,075	453	533	2,371	607	107	60
30 to 34 years old	1,830	497	506	2,246	811	144	89
35 to 39 years old	1,864	535	548	2,405	892	183	115
40 to 44 years old	1,985	635	664	2,464	755	153	79
45 to 49 years old	2,046	655	767	2,196	731	155	74
50 to 54 years old	1,938	547	526	1,946	894	114	99
55 to 59 years old	1,801	486	455	1,495	812	105	103
60 to 64 years old	1,168	331	291	905	549	44	72
65 to 69 years old	910	210	171	658	270	41	35
70 to 74 years old	653	136	120	461	170	31	28
75 years old and over	1,340	360	198	924	357	36	23
15 to 17 years old	36	-	2	3	-	-	1
18 years old and over	22,718	5,184	5,175	19,387	6,940	1,119	783
15 to 24 years old	5,144	339	398	1,318	93	6	6
25 years old and over	17,610	4,845	4,779	18,071	6,848	1,113	778
15 to 64 years old	19,851	4,478	4,689	17,346	6,143	1,012	698
65 years old and over	2,903	706	488	2,043	797	107	86

- = Quantity zero or rounds to zero.

Table A-17. Educational Attainment of the Population 15 Years Old and Over, by Age, Sex, Race, and Hispanic Origin, 2006—Continued

(Numbers in thousands.)

Age, sex, race, and Hispanic origin	Total	None	1st to 4th grade	5th to 6th grade	7th to 8th grade	9th grade	10th grade	11th grade[1]	High school graduate
WHITE ALONE OR IN COMBINATION									
Both Sexes									
15 years old and over	192,751	700	1,738	3,298	6,500	6,935	7,911	10,286	57,581
15 to 17 years old	10,632	16	10	24	1,863	3,372	3,387	1,822	98
18 to 19 years old	6,009	7	16	27	86	120	318	1,939	1,814
20 to 24 years old	16,354	31	70	197	243	354	374	893	4,836
25 to 29 years old	16,079	38	117	356	300	381	359	698	4,548
30 to 34 years old	15,455	53	112	365	264	344	261	580	4,423
35 to 39 years old	16,768	67	144	393	247	329	286	605	4,766
40 to 44 years old	18,243	73	123	352	305	259	379	609	5,734
45 to 49 years old	18,587	52	137	276	300	304	368	572	6,009
50 to 54 years old	16,979	48	134	287	246	235	333	516	5,039
55 to 59 years old	15,180	57	106	186	312	185	294	341	4,618
60 to 64 years old	11,287	51	132	135	291	204	319	349	3,892
65 to 69 years old	8,798	39	149	162	370	217	258	357	3,309
70 to 74 years old	7,272	43	163	163	408	155	250	303	2,870
75 years old and over	15,109	125	324	377	1,266	475	725	703	5,627
15 to 17 years old	10,632	16	10	24	1,863	3,372	3,387	1,822	98
18 years old and over	182,119	684	1,728	3,273	4,637	3,563	4,525	8,464	57,484
15 to 24 years old	32,995	54	97	248	2,192	3,847	4,078	4,654	6,747
25 years old and over	159,756	646	1,642	3,049	4,309	3,088	3,833	5,632	50,834
15 to 64 years old	161,572	493	1,102	2,597	4,456	6,087	6,678	8,923	45,775
65 years old and over	31,179	207	636	701	2,045	848	1,233	1,363	11,806
Male									
15 years old and over	94,543	361	914	1,783	3,399	3,593	3,912	5,339	28,226
15 to 17 years old	5,447	9	6	15	1,057	1,800	1,665	838	43
18 to 19 years old	3,035	4	12	23	55	65	206	1,025	912
20 to 24 years old	8,350	17	49	110	144	203	197	545	2,659
25 to 29 years old	8,270	27	74	230	184	227	180	407	2,550
30 to 34 years old	7,869	23	72	223	137	171	149	345	2,493
35 to 39 years old	8,475	41	77	240	154	178	157	357	2,578
40 to 44 years old	9,131	47	69	203	145	140	203	343	3,064
45 to 49 years old	9,235	34	73	150	152	157	179	333	3,054
50 to 54 years old	8,408	29	85	153	107	118	188	262	2,502
55 to 59 years old	7,441	29	49	82	187	92	137	174	2,134
60 to 64 years old	5,413	16	64	73	153	99	153	152	1,713
65 to 69 years old	4,153	20	75	60	197	111	117	162	1,457
70 to 74 years old	3,311	10	86	74	205	50	94	114	1,173
75 years old and over	6,006	55	124	146	522	184	287	283	1,896
15 to 17 years old	5,447	9	6	15	1,057	1,800	1,665	838	43
18 years old and over	89,097	352	908	1,768	2,341	1,794	2,248	4,501	28,183
15 to 24 years old	16,832	30	67	147	1,256	2,068	2,068	2,408	3,613
25 years old and over	77,711	331	848	1,635	2,142	1,526	1,845	2,931	24,613
15 to 64 years old	81,074	276	629	1,502	2,474	3,248	3,415	4,779	23,700
65 years old and over	13,470	85	285	280	925	345	498	559	4,526
Female									
15 years old and over	98,207	339	824	1,515	3,102	3,342	3,999	4,948	29,356
15 to 17 years old	5,185	7	4	9	806	1,573	1,722	984	55
18 to 19 years old	2,974	3	5	4	30	55	112	914	902
20 to 24 years old	8,004	14	21	87	99	151	176	348	2,177
25 to 29 years old	7,809	11	43	126	116	154	179	291	1,998
30 to 34 years old	7,586	29	40	142	127	173	112	235	1,930
35 to 39 years old	8,293	26	67	153	93	151	129	247	2,188
40 to 44 years old	9,112	25	55	148	160	119	176	266	2,670
45 to 49 years old	9,352	19	64	126	147	147	189	239	2,955
50 to 54 years old	8,571	19	50	134	139	117	144	254	2,536
55 to 59 years old	7,739	27	57	104	125	93	157	167	2,484
60 to 64 years old	5,874	35	67	61	139	105	166	197	2,179
65 to 69 years old	4,645	19	75	102	173	106	141	195	1,852
70 to 74 years old	3,961	33	77	89	203	105	157	189	1,697
75 years old and over	9,103	70	200	231	744	292	438	419	3,731
15 to 17 years old	5,185	7	4	9	806	1,573	1,722	984	55
18 years old and over	93,022	331	820	1,506	2,296	1,769	2,277	3,963	29,300
15 to 24 years old	16,162	24	30	101	935	1,779	2,010	2,247	3,134
25 years old and over	82,045	315	794	1,414	2,167	1,563	1,989	2,701	26,222
15 to 64 years old	80,498	217	473	1,095	1,982	2,839	3,263	4,144	22,075
65 years old and over	17,709	122	351	421	1,120	503	736	804	7,280

[1] 12th grade, no diploma are included in this category.

Table A-17. Educational Attainment of the Population 15 Years Old and Over, by Age, Sex, Race, and Hispanic Origin, 2006—Continued

(Numbers in thousands.)

Age, sex, race, and Hispanic origin	Some college, no degree	Associate's degree, occupational	Associate's degree, academic	Bachelor's degree	Master's degree	Professional degree	Doctoral degree
WHITE ALONE OR IN COMBINATION							
Both Sexes							
15 years old and over	35,199	8,080	7,414	31,411	11,051	2,617	2,027
15 to 17 years old	37	-	-	1	-	-	1
18 to 19 years old	1,655	12	9	5	-	2	-
20 to 24 years old	6,270	559	590	1,812	102	4	19
25 to 29 years old	3,190	741	830	3,548	734	156	83
30 to 34 years old	2,761	815	720	3,351	1,060	209	136
35 to 39 years old	2,848	844	780	3,692	1,268	300	200
40 to 44 years old	2,982	1,043	904	3,831	1,144	319	186
45 to 49 years old	3,145	1,003	1,008	3,596	1,265	348	206
50 to 54 years old	3,060	927	808	3,299	1,457	337	255
55 to 59 years old	2,843	736	666	2,814	1,442	275	306
60 to 64 years old	1,923	474	411	1,697	983	197	229
65 to 69 years old	1,388	284	299	1,132	530	144	161
70 to 74 years old	1,056	201	139	912	372	142	96
75 years old and over	2,041	443	251	1,720	696	185	150
15 to 17 years old	37	-	-	1	-	-	1
18 years old and over	35,162	8,080	7,414	31,410	11,051	2,617	2,026
15 to 24 years old	7,962	571	599	1,818	102	6	20
25 years old and over	27,237	7,509	6,816	29,592	10,950	2,612	2,007
15 to 64 years old	30,714	7,153	6,725	27,646	9,454	2,147	1,621
65 years old and over	4,485	927	689	3,764	1,597	471	406
Male							
15 years old and over	16,543	3,659	3,058	15,365	5,281	1,715	1,396
15 to 17 years old	15	-	-	-	-	-	-
18 to 19 years old	729	4	1	1	-	-	-
20 to 24 years old	3,122	288	267	699	35	3	13
25 to 29 years old	1,598	368	372	1,676	270	69	38
30 to 34 years old	1,359	399	307	1,555	448	110	77
35 to 39 years old	1,342	395	344	1,774	557	165	115
40 to 44 years old	1,413	510	361	1,779	544	190	121
45 to 49 years old	1,472	456	362	1,811	634	221	147
50 to 54 years old	1,446	450	343	1,645	675	235	170
55 to 59 years old	1,300	322	276	1,549	713	183	215
60 to 64 years old	895	182	163	928	499	161	163
65 to 69 years old	583	97	146	588	300	111	127
70 to 74 years old	475	81	41	493	226	116	74
75 years old and over	795	106	75	867	380	151	133
15 to 17 years old	15	-	-	-	-	-	-
18 years old and over	16,529	3,659	3,058	15,365	5,281	1,715	1,396
15 to 24 years old	3,865	291	269	700	35	3	13
25 years old and over	12,678	3,368	2,789	14,665	5,246	1,713	1,382
15 to 64 years old	14,690	3,374	2,795	13,417	4,375	1,337	1,062
65 years old and over	1,853	285	262	1,948	906	378	334
Female							
15 years old and over	18,656	4,422	4,357	16,046	5,770	902	631
15 to 17 years old	22	-	-	1	-	-	1
18 to 19 years old	927	8	7	4	-	2	-
20 to 24 years old	3,148	272	323	1,114	67	2	5
25 to 29 years old	1,592	373	458	1,872	463	87	45
30 to 34 years old	1,402	416	413	1,795	612	99	59
35 to 39 years old	1,506	449	436	1,918	711	135	85
40 to 44 years old	1,570	533	543	2,051	601	129	65
45 to 49 years old	1,673	547	646	1,784	631	126	59
50 to 54 years old	1,614	476	464	1,654	782	102	84
55 to 59 years old	1,543	413	390	1,265	729	93	91
60 to 64 years old	1,027	293	248	770	485	36	66
65 to 69 years old	805	186	153	543	229	33	34
70 to 74 years old	581	119	98	419	146	26	22
75 years old and over	1,246	336	176	854	315	34	17
15 to 17 years old	22	-	-	1	-	-	1
18 years old and over	18,634	4,422	4,357	16,045	5,770	902	630
15 to 24 years old	4,097	280	330	1,119	67	3	6
25 years old and over	14,559	4,142	4,027	14,927	5,704	899	625
15 to 64 years old	16,023	3,780	3,930	14,230	5,080	810	559
65 years old and over	2,632	642	427	1,816	691	92	72

- = Quantity zero or rounds to zero.

Table A-17. Educational Attainment of the Population 15 Years Old and Over, by Age, Sex, Race, and Hispanic Origin, 2006—Continued

(Numbers in thousands.)

Age, sex, race, and Hispanic origin	Total	None	1st to 4th grade	5th to 6th grade	7th to 8th grade	9th grade	10th grade	11th grade[1]	High school graduate
BLACK ALONE OR IN COMBINATION									
Both Sexes									
15 years old and over	28,586	146	211	407	1,021	1,284	1,651	2,697	9,351
15 to 17 years old	2,195	3	5	14	427	698	602	400	30
18 to 19 years old	1,242	-	4	-	17	45	107	407	382
20 to 24 years old	3,012	-	2	12	18	48	81	283	1,135
25 to 29 years old	2,797	8	3	25	10	53	78	225	995
30 to 34 years old	2,569	3	3	20	36	23	88	151	908
35 to 39 years old	2,675	16	12	10	18	25	60	165	1,023
40 to 44 years old	2,830	8	3	18	19	52	87	183	1,025
45 to 49 years old	2,751	15	10	19	30	55	89	153	1,009
50 to 54 years old	2,330	12	7	22	31	44	92	184	870
55 to 59 years old	1,811	5	13	34	53	30	84	132	587
60 to 64 years old	1,321	9	24	36	42	52	62	139	486
65 to 69 years old	948	12	32	25	72	40	65	85	320
70 to 74 years old	775	12	33	29	58	45	67	89	237
75 years old and over	1,331	43	59	143	190	74	88	99	345
15 to 17 years	2,195	3	5	14	427	698	602	400	30
18 years old and over	26,391	143	205	393	594	586	1,049	2,296	9,322
15 to 24 years old	6,449	3	11	26	462	790	791	1,090	1,546
25 years old and over	22,137	143	200	381	560	494	860	1,607	7,805
15 to 64 years old	25,533	79	86	210	701	1,125	1,431	2,423	8,450
65 years old and over	3,053	67	124	197	320	159	220	274	902
Male									
15 years old and over	12,959	71	109	205	497	641	782	1,268	4,479
15 to 17 years old	1,098	-	2	6	229	364	309	173	12
18 to 19 years old	601	-	4	-	10	24	53	220	179
20 to 24 years old	1,452	-	-	10	12	29	38	156	587
25 to 29 years old	1,297	4	-	17	2	29	43	122	495
30 to 34 years old	1,151	1	2	9	20	8	30	59	491
35 to 39 years old	1,200	10	10	8	8	7	35	81	500
40 to 44 years old	1,274	2	-	11	13	28	48	88	477
45 to 49 years old	1,266	12	6	8	10	36	40	71	497
50 to 54 years old	1,058	9	2	7	9	33	50	70	415
55 to 59 years old	811	3	8	12	22	14	33	50	287
60 to 64 years old	565	5	13	24	19	21	16	75	200
65 to 69 years old	421	1	17	11	38	19	40	33	147
70 to 74 years old	321	6	19	21	24	14	29	48	80
75 years old and over	443	18	24	60	80	15	17	22	112
15 to 17 years old	1,098	-	2	6	229	364	309	173	12
18 years old and over	11,861	71	107	198	268	277	473	1,094	4,467
15 to 24 years old	3,151	-	6	16	251	418	401	549	778
25 years old and over	9,808	71	103	189	246	224	381	718	3,701
15 to 64 years old	11,774	45	49	112	355	594	696	1,166	4,139
65 years old and over	1,185	25	60	92	142	47	87	102	340
Female									
15 years old and over	15,627	75	102	202	524	643	869	1,429	4,873
15 to 17 years old	1,097	3	3	8	198	334	292	227	18
18 to 19 years old	641	-	-	-	7	20	54	187	203
20 to 24 years old	1,560	-	1	2	6	19	43	127	548
25 to 29 years old	1,499	4	3	7	8	24	35	103	500
30 to 34 years old	1,418	3	-	11	16	16	59	92	417
35 to 39 years old	1,475	7	2	2	10	17	25	84	523
40 to 44 years old	1,556	7	3	7	6	23	39	96	548
45 to 49 years old	1,485	3	4	11	20	19	49	81	512
50 to 54 years old	1,272	2	5	16	22	11	42	114	455
55 to 59 years old	1,000	2	5	22	31	16	51	82	301
60 to 64 years old	756	4	11	12	23	31	46	64	286
65 to 69 years old	526	11	15	14	34	21	25	52	173
70 to 74 years old	454	6	13	8	34	32	38	42	156
75 years old and over	888	26	35	83	110	59	71	77	233
15 to 17 years old	1,097	3	3	8	198	334	292	227	18
18 years old and over	14,530	73	99	194	326	309	576	1,202	4,855
15 to 24 years old	3,298	3	4	10	211	373	389	541	768
25 years old and over	12,329	73	97	192	314	270	479	888	4,104
15 to 64 years old	13,759	34	38	98	347	531	735	1,258	4,311
65 years old and over	1,868	42	64	105	177	112	133	172	562

[1] 12th grade, no diploma are included in this category.

PART A—NATIONAL EDUCATION STATISTICS 117

Table A-17. Educational Attainment of the Population 15 Years Old and Over, by Age, Sex, Race, and Hispanic Origin, 2006—Continued

(Numbers in thousands.)

Age, sex, race, and Hispanic origin	Some college, no degree	Associate's degree, occupational	Associate's degree, academic	Bachelor's degree	Master's degree	Professional degree	Doctoral degree
BLACK ALONE OR IN COMBINATION							
Both Sexes							
15 years old and over	5,613	995	874	3,006	1,047	168	114
15 to 17 years old	13	-	-	2	-	-	-
18 to 19 years old	269	8	2	2	-	-	-
20 to 24 years old	1,094	74	70	176	15	2	3
25 to 29 years old	681	122	67	432	84	9	5
30 to 34 years old	579	98	99	379	133	29	19
35 to 39 years old	522	98	124	426	140	25	12
40 to 44 years old	587	123	116	430	138	25	15
45 to 49 years old	554	160	133	359	120	25	20
50 to 54 years old	447	96	93	279	132	13	9
55 to 59 years old	335	101	72	238	99	16	12
60 to 64 years old	194	45	48	90	78	10	6
65 to 69 years old	133	23	16	76	42	6	1
70 to 74 years old	84	24	13	45	26	7	5
75 years old and over	121	22	23	72	41	4	6
15 to 17 years	13	-	-	2	-	-	-
18 years old and over	5,600	995	874	3,004	1,047	168	114
15 to 24 years old	1,377	83	72	180	15	2	3
25 years old and over	4,237	912	802	2,827	1,032	167	110
15 to 64 years old	5,275	925	822	2,813	939	152	102
65 years old and over	339	70	52	193	108	17	12
Male							
15 years old and over	2,401	422	305	1,249	393	69	68
15 to 17 years old	1	-	-	-	-	-	-
18 to 19 years old	109	-	2	-	-	-	-
20 to 24 years old	483	37	24	70	1	2	3
25 to 29 years old	308	64	18	167	23	2	2
30 to 34 years old	225	37	35	181	36	8	10
35 to 39 years old	248	38	44	152	44	10	6
40 to 44 years old	256	46	36	201	49	7	11
45 to 49 years old	251	74	51	122	59	12	16
50 to 54 years old	182	42	42	128	56	9	4
55 to 59 years old	130	42	24	117	55	7	8
60 to 64 years old	81	17	15	42	30	4	2
65 to 69 years old	54	8	7	27	16	2	1
70 to 74 years old	29	12	2	22	12	2	2
75 years old and over	46	5	3	21	11	3	5
15 to 17 years old	1	-	-	-	-	-	-
18 years old and over	2,400	422	305	1,249	393	69	68
15 to 24 years old	593	37	26	70	1	2	3
25 years old and over	1,808	385	279	1,179	392	68	65
15 to 64 years old	2,272	398	293	1,178	354	62	61
65 years old and over	129	24	12	70	39	7	8
Female							
15 years old and over	3,212	573	569	1,758	654	99	46
15 to 17 years old	12	-	-	2	-	-	-
18 to 19 years old	160	8	-	2	-	-	-
20 to 24 years old	611	37	46	106	14	-	-
25 to 29 years old	373	58	48	265	61	6	3
30 to 34 years old	354	61	64	199	96	20	9
35 to 39 years old	274	60	79	275	96	15	6
40 to 44 years old	331	77	80	228	89	17	4
45 to 49 years old	303	85	82	237	61	13	4
50 to 54 years old	266	53	50	151	76	4	5
55 to 59 years old	205	59	47	122	44	9	5
60 to 64 years old	113	28	32	48	48	5	4
65 to 69 years old	79	16	9	49	25	3	-
70 to 74 years old	55	13	11	24	14	5	4
75 years old and over	75	17	20	50	30	2	-
15 to 17 years old	12	-	-	2	-	-	-
18 years old and over	3,200	573	569	1,756	654	99	46
15 to 24 years old	784	46	46	110	14	-	-
25 years old and over	2,429	528	523	1,648	640	99	46
15 to 64 years old	3,002	528	529	1,635	585	89	42
65 years old and over	210	46	40	123	69	10	4

- = Quantity zero or rounds to zero.

Table A-17. Educational Attainment of the Population 15 Years Old and Over, by Age, Sex, Race, and Hispanic Origin, 2006—Continued

(Numbers in thousands.)

Age, sex, race, and Hispanic origin	Total	None	1st to 4th grade	5th to 6th grade	7th to 8th grade	9th grade	10th grade	11th grade[1]	High school graduate
ASIAN ALONE OR IN COMBINATION									
Both Sexes									
15 years old and over	10,835	123	141	223	289	317	303	465	2,191
15 to 17 years old	576	-	-	2	68	184	171	127	18
18 to 19 years old	330	-	-	-	3	4	16	107	89
20 to 24 years old	986	-	-	5	10	8	11	37	220
25 to 29 years old	1,164	-	1	5	8	3	9	20	179
30 to 34 years old	1,245	-	1	5	9	12	6	26	178
35 to 39 years old	1,204	3	8	5	18	17	9	20	219
40 to 44 years old	1,133	6	13	25	15	18	12	31	254
45 to 49 years old	958	17	4	21	24	11	19	11	232
50 to 54 years old	871	15	20	33	38	10	5	26	212
55 to 59 years old	737	10	23	28	26	21	16	15	186
60 to 64 years old	486	14	11	8	16	4	8	12	111
65 to 69 years old	432	5	13	18	16	11	11	12	107
70 to 74 years old	246	9	18	26	10	3	3	8	47
75 years old and over	465	43	29	43	28	12	7	15	137
15 to 17 years old	576	-	-	2	68	184	171	127	18
18 years old and over	10,259	123	141	222	221	132	132	338	2,172
15 to 24 years old	1,892	-	-	7	81	196	198	271	327
25 years old and over	8,943	122	141	217	208	121	105	194	1,864
15 to 64 years old	9,691	65	81	137	235	292	282	431	1,899
65 years old and over	1,144	57	59	87	54	25	21	34	292
Male									
15 years old and over	5,174	31	53	85	116	158	155	229	1,071
15 to 17 years old	300	-	-	-	39	105	85	61	7
18 to 19 years old	164	-	-	-	-	4	11	56	45
20 to 24 years old	508	-	-	5	3	2	5	16	141
25 to 29 years old	573	-	1	5	-	-	5	9	98
30 to 34 years old	589	-	-	1	4	2	2	16	76
35 to 39 years old	579	1	3	-	12	7	5	16	116
40 to 44 years old	570	1	7	15	6	10	10	20	127
45 to 49 years old	447	3	2	11	4	3	11	5	113
50 to 54 years old	404	11	6	15	22	3	1	11	96
55 to 59 years old	334	4	7	4	11	11	10	6	82
60 to 64 years old	229	2	8	4	6	1	4	4	49
65 to 69 years old	188	1	1	8	3	5	3	1	46
70 to 74 years old	106	1	6	-	2	3	1	6	19
75 years old and over	184	7	12	16	6	4	4	-	55
15 to 17 years old	300	-	-	-	39	105	85	61	7
18 years old and over	4,874	31	53	85	77	53	70	167	1,064
15 to 24 years old	972	-	-	5	42	110	101	133	194
25 years old and over	4,202	30	53	80	74	48	54	96	877
15 to 64 years old	4,697	22	33	60	106	147	147	221	951
65 years old and over	477	9	20	25	10	12	8	8	120
Female									
15 years old and over	5,661	92	87	139	172	158	148	236	1,119
15 to 17 years old	276	-	-	2	29	79	86	65	11
18 to 19 years old	166	-	-	-	3	-	5	51	44
20 to 24 years old	478	-	-	-	7	6	6	21	78
25 to 29 years old	592	-	-	-	8	3	4	10	81
30 to 34 years old	656	-	1	4	5	10	5	10	102
35 to 39 years old	625	2	6	5	6	10	4	5	104
40 to 44 years old	563	5	6	10	9	8	2	10	127
45 to 49 years old	511	15	2	10	20	8	8	6	119
50 to 54 years old	467	4	14	18	16	7	4	15	115
55 to 59 years old	403	6	16	24	15	10	6	8	104
60 to 64 years old	257	12	3	4	10	3	4	8	62
65 to 69 years old	245	4	12	10	13	5	8	11	61
70 to 74 years old	140	8	11	26	8	-	1	1	28
75 years old and over	282	36	17	27	22	8	3	14	82
15 to 17 years old	276	-	-	2	29	79	86	65	11
18 years old and over	5,385	92	87	137	143	79	62	171	1,108
15 to 24 years old	921	-	-	2	39	85	97	138	133
25 years old and over	4,740	92	87	137	133	73	51	98	986
15 to 64 years old	4,995	44	48	76	129	145	135	210	948
65 years old and over	667	48	40	62	44	13	13	26	172

[1] 12th grade, no diploma are included in this category.
- = Quantity zero or rounds to zero.

Table A-17. Educational Attainment of the Population 15 Years Old and Over, by Age, Sex, Race, and Hispanic Origin, 2006—Continued

(Numbers in thousands.)

Age, sex, race, and Hispanic origin	Some college, no degree	Associate's degree, occupational	Associate's degree, academic	Bachelor's degree	Master's degree	Professional degree	Doctoral degree
ASIAN ALONE OR IN COMBINATION							
Both Sexes							
15 years old and over	1,502	314	376	2,880	1,093	280	341
15 to 17 years old	2	-	5	-	-	-	-
18 to 19 years old	108	1	1	-	-	-	-
20 to 24 years old	422	20	37	195	15	4	2
25 to 29 years old	171	36	40	461	180	20	30
30 to 34 years old	130	46	57	456	233	42	42
35 to 39 years old	113	50	46	380	186	59	70
40 to 44 years old	141	34	47	323	138	36	41
45 to 49 years old	88	33	43	306	78	29	43
50 to 54 years old	93	32	31	235	76	19	26
55 to 59 years old	87	15	20	169	77	13	31
60 to 64 years old	46	17	15	153	39	9	23
65 to 69 years old	38	13	11	109	32	27	11
70 to 74 years old	27	6	12	42	16	9	10
75 years old and over	35	10	10	49	22	13	13
15 to 17 years old	2	-	5	-	-	-	-
18 years old and over	1,500	314	371	2,880	1,093	280	341
15 to 24 years old	533	22	43	195	15	4	2
25 years old and over	969	292	333	2,685	1,078	276	339
15 to 64 years old	1,402	285	342	2,680	1,022	231	308
65 years old and over	100	29	33	200	70	49	33
Male							
15 years old and over	701	157	154	1,302	566	160	237
15 to 17 years old	-	-	2	-	-	-	-
18 to 19 years old	47	-	1	-	-	-	-
20 to 24 years old	210	10	12	98	3	2	2
25 to 29 years old	82	16	21	218	90	6	20
30 to 34 years old	65	28	27	201	126	18	24
35 to 39 years old	43	26	20	162	98	25	47
40 to 44 years old	76	20	10	145	68	26	30
45 to 49 years old	35	16	15	146	39	13	31
50 to 54 years old	40	17	18	98	41	10	16
55 to 59 years old	41	6	7	72	42	10	22
60 to 64 years old	18	7	4	69	23	6	22
65 to 69 years old	17	5	4	45	16	23	10
70 to 74 years old	12	3	5	24	8	9	7
75 years old and over	14	4	6	24	12	12	6
15 to 17 years old	-	-	2	-	-	-	-
18 years old and over	700	157	151	1,302	566	160	237
15 to 24 years old	257	10	15	98	3	2	2
25 years old and over	443	147	138	1,204	563	158	235
15 to 64 years old	658	146	138	1,209	529	116	213
65 years old and over	42	11	15	93	36	44	23
Female							
15 years old and over	801	157	222	1,578	527	120	105
15 to 17 years old	2	-	2	-	-	-	-
18 to 19 years old	61	1	-	-	-	-	-
20 to 24 years old	212	11	25	97	12	2	-
25 to 29 years old	89	20	19	243	90	14	11
30 to 34 years old	65	19	30	256	107	23	18
35 to 39 years old	70	24	26	218	89	34	23
40 to 44 years old	65	14	37	178	70	10	11
45 to 49 years old	53	16	28	160	39	16	11
50 to 54 years old	54	15	13	137	35	9	10
55 to 59 years old	46	9	13	98	35	4	9
60 to 64 years old	27	10	10	84	16	3	1
65 to 69 years old	22	8	6	64	15	4	1
70 to 74 years old	15	4	8	18	8	-	2
75 years old and over	20	7	4	25	10	-	6
15 to 17 years old	2	-	2	-	-	-	-
18 years old and over	799	157	220	1,578	527	120	105
15 to 24 years old	275	12	28	97	12	2	-
25 years old and over	526	145	194	1,481	515	117	105
15 to 64 years old	744	139	204	1,471	493	115	95
65 years old and over	57	18	18	107	34	5	10

- = Quantity zero or rounds to zero.

Table A-17. Educational Attainment of the Population 15 Years Old and Over, by Age, Sex, Race, and Hispanic Origin, 2006—*Continued*

(Numbers in thousands.)

Age, sex, race, and Hispanic origin	Total	None	1st to 4th grade	5th to 6th grade	7th to 8th grade	9th grade	10th grade	11th grade[1]	High school graduate
HISPANIC[2]									
Both Sexes									
15 years old and over	30,640	541	1,343	2,709	2,086	2,426	1,737	2,781	8,276
15 to 17 years old	2,275	4	2	12	400	735	676	411	27
18 to 19 years old	1,239	6	12	25	38	51	95	410	362
20 to 24 years old	3,628	19	56	203	157	226	140	377	1,216
25 to 29 years old	4,088	35	110	360	218	303	136	340	1,290
30 to 34 years old	3,763	48	110	368	180	247	130	293	1,157
35 to 39 years old	3,409	52	129	363	194	241	103	264	978
40 to 44 years old	3,056	48	113	325	193	156	107	210	926
45 to 49 years old	2,460	45	129	259	144	150	93	131	663
50 to 54 years old	1,937	45	121	240	105	90	98	112	503
55 to 59 years old	1,443	41	90	147	111	73	37	64	378
60 to 64 years old	1,028	40	100	86	97	45	38	63	280
65 to 69 years old	767	34	106	95	73	42	32	24	208
70 to 74 years old	599	29	86	84	67	31	17	37	121
75 years old and over	949	96	179	141	108	35	34	45	168
15 to 17 years old	2,275	4	2	12	400	735	676	411	27
18 years old and over	28,366	537	1,341	2,697	1,686	1,690	1,060	2,370	8,250
15 to 24 years old	7,141	28	71	240	595	1013	911	1,198	1,605
25 years old and over	23,499	512	1,273	2,469	1,491	1,413	826	1,583	6,672
15 to 64 years old	28,325	382	973	2,390	1,838	2,318	1,654	2,675	7,780
65 years old and over	2,315	159	371	320	248	108	83	106	497
Male									
15 years old and over	15,779	301	711	1,480	1,060	1,296	876	1,472	4,347
15 to 17 years old	1,157	2	1	10	220	387	328	196	12
18 to 19 years old	637	4	12	21	22	27	62	213	171
20 to 24 years old	1,943	14	38	114	89	141	83	221	664
25 to 29 years old	2,277	26	71	234	132	183	67	184	734
30 to 34 years old	2,001	23	69	226	89	127	72	172	626
35 to 39 years old	1,793	39	72	219	122	126	55	151	524
40 to 44 years old	1,594	31	61	185	98	76	44	108	500
45 to 49 years old	1,236	31	67	140	61	79	45	70	332
50 to 54 years old	976	30	77	114	40	47	51	45	268
55 to 59 years old	703	16	39	67	61	39	20	35	185
60 to 64 years old	475	12	48	44	33	14	17	40	113
65 to 69 years old	358	20	55	30	25	22	18	9	103
70 to 74 years old	244	9	41	35	24	7	5	4	46
75 years old and over	384	44	60	43	43	21	8	23	68
15 to 17 years old	1,157	2	1	10	220	387	328	196	12
18 years old and over	14,622	299	710	1,471	840	910	549	1,276	4,334
15 to 24 years old	3,737	20	51	144	331	555	473	630	847
25 years old and over	12,042	281	660	1,336	729	741	403	842	3,500
15 to 64 years old	14,793	228	554	1,373	967	1,246	845	1,435	4,129
65 years old and over	986	73	156	107	93	51	32	37	218
Female									
15 years old and over	14,861	240	633	1,229	1,026	1,129	860	1,310	3,929
15 to 17 years old	1,117	2	1	3	179	348	348	216	14
18 to 19 years old	602	2	1	4	17	24	33	197	191
20 to 24 years old	1,686	5	18	89	68	85	57	156	553
25 to 29 years old	1,810	9	39	125	85	120	69	156	556
30 to 34 years old	1,762	24	41	143	91	120	58	121	532
35 to 39 years old	1,616	13	57	144	72	115	48	114	453
40 to 44 years old	1,461	17	52	141	95	81	63	102	426
45 to 49 years old	1,225	14	62	119	84	72	49	61	331
50 to 54 years old	961	15	44	126	65	43	47	67	235
55 to 59 years old	740	26	51	80	51	34	17	28	193
60 to 64 years old	552	27	52	42	64	31	21	22	167
65 to 69 years old	409	14	51	65	47	20	14	14	105
70 to 74 years old	355	19	44	49	43	23	12	33	75
75 years old and over	565	53	119	99	65	14	26	22	100
15 to 17 years old	1,117	2	1	3	179	348	348	216	14
18 years old and over	13,744	238	632	1,227	846	781	512	1,094	3,915
15 to 24 years old	3,404	9	20	96	264	457	438	569	758
25 years old and over	11,457	231	613	1,133	762	672	422	741	3,172
15 to 64 years old	13,532	153	418	1,017	870	1,072	809	1,240	3,650
65 years old and over	1,329	87	215	212	155	57	51	69	279

[1] 12th grade, no diploma are included in this category.
[2] May be of any race.
- = Quantity zero or rounds to zero.

Table A-17. Educational Attainment of the Population 15 Years Old and Over, by Age, Sex, Race, and Hispanic Origin, 2006—Continued

(Numbers in thousands.)

Age, sex, race, and Hispanic origin	Some college, no degree	Associate's degree, occupational	Associate's degree, academic	Bachelor's degree	Master's degree	Professional degree	Doctoral degree
HISPANIC[2]							
Both Sexes							
15 years old and over	4,140	817	733	2,197	578	178	97
15 to 17 years old	7	-	-	-	-	-	-
18 to 19 years old	234	3	1	1	-	-	-
20 to 24 years old	926	83	84	128	12	2	-
25 to 29 years old	636	123	149	326	51	6	5
30 to 34 years old	513	116	113	364	87	32	7
35 to 39 years old	418	104	96	333	98	28	10
40 to 44 years old	365	105	82	310	79	23	12
45 to 49 years old	337	83	77	226	69	34	18
50 to 54 years old	258	69	47	153	66	14	17
55 to 59 years old	196	36	40	152	48	12	18
60 to 64 years old	108	47	21	68	25	7	1
65 to 69 years old	55	18	8	42	23	3	3
70 to 74 years old	51	18	1	38	6	9	5
75 years old and over	37	13	13	56	14	9	1
15 to 17 years old	7	-	-	-	-	-	-
18 years old and over	4,134	817	733	2,197	578	178	97
15 to 24 years old	1,166	86	85	129	12	2	-
25 years old and over	2,974	731	648	2,068	566	176	97
15 to 64 years old	3,997	769	710	2,061	536	157	88
65 years old and over	143	49	22	136	43	21	9
Male							
15 years old and over	2,046	381	314	1,055	272	111	57
15 to 17 years old	1	-	-	-	-	-	-
18 to 19 years old	103	-	-	1	-	-	-
20 to 24 years old	443	42	37	52	5	1	-
25 to 29 years old	353	67	69	131	21	3	1
30 to 34 years old	259	48	48	173	46	19	6
35 to 39 years old	182	52	37	153	41	16	5
40 to 44 years old	190	52	35	162	35	12	6
45 to 49 years old	161	36	35	114	41	19	7
50 to 54 years old	135	26	20	73	28	8	13
55 to 59 years old	79	16	15	88	24	9	10
60 to 64 years old	57	21	11	48	8	6	1
65 to 69 years old	31	9	2	15	13	3	3
70 to 74 years old	30	6	1	18	5	7	4
75 years old and over	21	7	5	27	5	7	1
15 to 17 years old	1	-	-	-	-	-	-
18 years old and over	2,045	381	314	1,055	272	111	57
15 to 24 years old	547	42	37	53	5	1	-
25 years old and over	1,499	339	278	1,001	266	110	57
15 to 64 years old	1,964	360	306	995	249	93	49
65 years old and over	82	21	8	60	23	18	8
Female							
15 years old and over	2,094	437	419	1,142	307	66	40
15 to 17 years old	6	-	-	-	-	-	-
18 to 19 years old	130	3	1	-	-	-	-
20 to 24 years old	483	41	47	76	7	1	-
25 to 29 years old	283	56	81	196	30	3	3
30 to 34 years old	254	68	65	191	41	13	1
35 to 39 years old	236	52	59	179	57	12	5
40 to 44 years old	175	53	48	148	45	10	6
45 to 49 years old	177	47	42	112	28	15	11
50 to 54 years old	122	42	26	80	39	5	3
55 to 59 years old	116	20	25	63	24	3	9
60 to 64 years old	51	26	9	20	17	1	-
65 to 69 years old	24	9	7	28	10	-	-
70 to 74 years old	21	13	-	19	1	2	1
75 years old and over	16	6	8	29	9	1	-
15 to 17 years old	6	-	-	-	-	-	-
18 years old and over	2,089	437	419	1,142	307	66	40
15 to 24 years old	619	44	49	76	7	1	-
25 years old and over	1,475	392	370	1,067	300	66	40
15 to 64 years old	2,033	409	404	1,066	287	64	39
65 years old and over	61	28	15	76	20	3	1

[2] May be of any race.
- = Quantity zero or rounds to zero.

Table A-18. Percent of High School and College Graduates of the Population 15 Years Old and Over, by Age, Sex, Race, and Hispanic Origin, 2006

(Percent, except where noted.)

Age, sex, race, and Hispanic origin	Total population (thousands)	High school graduate status - Total Percent	High school graduate status - Not high school graduate Percent	High school graduate status - High school graduate or more Percent	Bachelor's degree status - Total Percent	Bachelor's degree status - Less than bachelor's degree Percent	Bachelor's degree status - Bachelor's degree or more Percent
ALL RACES							
Both Sexes							
15 years old and over	233,194	100.0	20.1	79.9	100.0	76.0	24.0
15 to 17 years old	13,344	100.0	98.4	1.6	100.0	100.0	-
18 to 19 years old	7,572	100.0	42.7	57.3	100.0	99.9	0.1
20 to 24 years old	20,393	100.0	13.2	86.8	100.0	88.5	11.5
25 to 29 years old	20,138	100.0	13.6	86.4	100.0	71.6	28.4
30 to 34 years old	19,343	100.0	12.5	87.5	100.0	68.5	31.5
35 to 39 years old	20,771	100.0	12.0	88.0	100.0	67.4	32.6
40 to 44 years old	22,350	100.0	11.7	88.3	100.0	70.4	29.6
45 to 49 years old	22,518	100.0	11.2	88.8	100.0	71.5	28.5
50 to 54 years old	20,279	100.0	11.7	88.3	100.0	69.7	30.3
55 to 59 years old	17,827	100.0	11.2	88.8	100.0	69.1	30.9
60 to 64 years old	13,153	100.0	14.7	85.3	100.0	73.2	26.8
65 to 69 years old	10,231	100.0	19.5	80.5	100.0	77.8	22.2
70 to 74 years old	8,323	100.0	23.0	77.0	100.0	79.8	20.2
75 years old and over	16,951	100.0	28.9	71.1	100.0	82.5	17.5
15 to 17 years old	13,344	100.0	98.4	1.6	100.0	100.0	-
18 years old and over	219,849	100.0	15.4	84.6	100.0	74.5	25.5
15 to 24 years old	41,309	100.0	46.2	53.8	100.0	94.3	5.7
25 years old and over	191,884	100.0	14.5	85.5	100.0	72.0	28.0
15 to 64 years old	197,689	100.0	19.3	80.7	100.0	75.1	24.9
65 years old and over	35,505	100.0	24.8	75.2	100.0	80.5	19.5
Male							
15 years old and over	113,163	100.0	21.1	78.9	100.0	75.4	24.6
15 to 17 years old	6,817	100.0	98.8	1.2	100.0	100.0	-
18 to 19 years old	3,801	100.0	46.8	53.2	100.0	100.0	-
20 to 24 years old	10,312	100.0	15.0	85.0	100.0	91.0	9.0
25 to 29 years old	10,185	100.0	15.6	84.4	100.0	74.7	25.3
30 to 34 years old	9,642	100.0	13.5	86.5	100.0	71.0	29.0
35 to 39 years old	10,320	100.0	13.8	86.2	100.0	69.3	30.7
40 to 44 years old	11,051	100.0	12.9	87.1	100.0	71.3	28.7
45 to 49 years old	11,051	100.0	11.9	88.1	100.0	70.5	29.5
50 to 54 years old	9,922	100.0	12.1	87.9	100.0	68.8	31.2
55 to 59 years old	8,633	100.0	11.2	88.8	100.0	65.3	34.7
60 to 64 years old	6,243	100.0	14.8	85.2	100.0	68.7	31.3
65 to 69 years old	4,782	100.0	19.6	80.4	100.0	73.5	26.5
70 to 74 years old	3,743	100.0	21.9	78.1	100.0	73.5	26.5
75 years old and over	6,659	100.0	28.6	71.4	100.0	75.6	24.4
15 to 17 years old	6,817	100.0	98.8	1.2	100.0	100.0	-
18 years old and over	106,346	100.0	16.1	83.9	100.0	73.8	26.2
15 to 24 years old	20,930	100.0	48.1	51.9	100.0	95.6	4.4
25 years old and over	92,233	100.0	15.0	85.0	100.0	70.8	29.2
15 to 64 years old	97,978	100.0	20.6	79.4	100.0	75.6	24.4
65 years old and over	15,185	100.0	24.1	75.9	100.0	74.4	25.6
Female							
15 years old and over	120,031	100.0	19.2	80.8	100.0	76.5	23.5
15 to 17 years old	6,527	100.0	98.0	2.0	100.0	99.9	0.1
18 to 19 years old	3,771	100.0	38.5	61.5	100.0	99.8	0.2
20 to 24 years old	10,082	100.0	11.4	88.6	100.0	86.0	14.0
25 to 29 years old	9,953	100.0	11.5	88.5	100.0	68.4	31.6
30 to 34 years old	9,701	100.0	11.5	88.5	100.0	66.1	33.9
35 to 39 years old	10,451	100.0	10.2	89.8	100.0	65.6	34.4
40 to 44 years old	11,298	100.0	10.5	89.5	100.0	69.5	30.5
45 to 49 years old	11,467	100.0	10.5	89.5	100.0	72.5	27.5
50 to 54 years old	10,357	100.0	11.2	88.8	100.0	70.5	29.5
55 to 59 years old	9,194	100.0	11.2	88.8	100.0	72.6	27.4
60 to 64 years old	6,910	100.0	14.7	85.3	100.0	77.3	22.7
65 to 69 years old	5,449	100.0	19.4	80.6	100.0	81.6	18.4
70 to 74 years old	4,580	100.0	23.9	76.1	100.0	84.9	15.1
75 years old and over	10,292	100.0	29.2	70.8	100.0	87.0	13.0
15 to 17 years old	6,527	100.0	98.0	2.0	100.0	99.9	0.1
18 years old and over	113,504	100.0	14.7	85.3	100.0	75.1	24.9
15 to 24 years old	20,379	100.0	44.2	55.8	100.0	93.0	7.0
25 years old and over	99,651	100.0	14.1	85.9	100.0	73.1	26.9
15 to 64 years old	99,711	100.0	18.0	82.0	100.0	74.7	25.3
65 years old and over	20,320	100.0	25.4	74.6	100.0	85.1	14.9

- = Quantity zero or rounds to zero.

Table A-18. Percent of High School and College Graduates of the Population 15 Years Old and Over, by Age, Sex, Race, and Hispanic Origin, 2006—*Continued*

(Percent, except where noted.)

Age, sex, race, and Hispanic origin	Total population (thousands)	High school graduate status - Total Percent	Not high school graduate Percent	High school graduate or more Percent	Bachelor's degree status - Total Percent	Less than bachelor's degree Percent	Bachelor's degree or more Percent
WHITE ALONE OR IN COMBINATION							
Both Sexes							
15 years old and over	192,751	100.0	19.4	80.6	100.0	75.6	24.4
15 to 17 years old	10,632	100.0	98.7	1.3	100.0	100.0	-
18 to 19 years old	6,009	100.0	41.8	58.2	100.0	99.9	0.1
20 to 24 years old	16,354	100.0	13.2	86.8	100.0	88.2	11.8
25 to 29 years old	16,079	100.0	14.0	86.0	100.0	71.9	28.1
30 to 34 years old	15,455	100.0	12.8	87.2	100.0	69.2	30.8
35 to 39 years old	16,768	100.0	12.3	87.7	100.0	67.4	32.6
40 to 44 years old	18,243	100.0	11.5	88.5	100.0	70.0	30.0
45 to 49 years old	18,587	100.0	10.8	89.2	100.0	70.9	29.1
50 to 54 years old	16,979	100.0	10.6	89.4	100.0	68.5	31.5
55 to 59 years old	15,180	100.0	9.8	90.2	100.0	68.1	31.9
60 to 64 years old	11,287	100.0	13.1	86.9	100.0	72.5	27.5
65 to 69 years old	8,798	100.0	17.6	82.4	100.0	77.7	22.3
70 to 74 years old	7,272	100.0	20.4	79.6	100.0	79.1	20.9
75 years old and over	15,109	100.0	26.4	73.6	100.0	81.8	18.2
15 to 17 years old	10,632	100.0	98.7	1.3	100.0	100.0	-
18 years old and over	182,119	100.0	14.8	85.2	100.0	74.1	25.9
15 to 24 years old	32,995	100.0	46.0	54.0	100.0	94.1	5.9
25 years old and over	159,756	100.0	13.9	86.1	100.0	71.7	28.3
15 to 64 years old	161,572	100.0	18.8	81.2	100.0	74.7	25.3
65 years old and over	31,179	100.0	22.6	77.4	100.0	80.0	20.0
Male							
15 years old and over	94,543	100.0	20.4	79.6	100.0	74.9	25.1
15 to 17 years old	5,447	100.0	98.9	1.1	100.0	100.0	-
18 to 19 years old	3,035	100.0	45.8	54.2	100.0	100.0	-
20 to 24 years old	8,350	100.0	15.2	84.8	100.0	91.0	9.0
25 to 29 years old	8,270	100.0	16.1	83.9	100.0	75.2	24.8
30 to 34 years old	7,869	100.0	14.2	85.8	100.0	72.2	27.8
35 to 39 years old	8,475	100.0	14.2	85.8	100.0	69.2	30.8
40 to 44 years old	9,131	100.0	12.6	87.4	100.0	71.1	28.9
45 to 49 years old	9,235	100.0	11.7	88.3	100.0	69.5	30.5
50 to 54 years old	8,408	100.0	11.2	88.8	100.0	67.6	32.4
55 to 59 years old	7,441	100.0	10.1	89.9	100.0	64.3	35.7
60 to 64 years old	5,413	100.0	13.1	86.9	100.0	67.7	32.3
65 to 69 years old	4,153	100.0	17.9	82.1	100.0	72.9	27.1
70 to 74 years old	3,311	100.0	19.1	80.9	100.0	72.6	27.4
75 years old and over	6,006	100.0	26.7	73.3	100.0	74.5	25.5
15 to 17 years old	5,447	100.0	98.9	1.1	100.0	100.0	-
18 years old and over	89,097	100.0	15.6	84.4	100.0	73.3	26.7
15 to 24 years old	16,832	100.0	47.8	52.2	100.0	95.5	4.5
25 years old and over	77,711	100.0	14.5	85.5	100.0	70.4	29.6
15 to 64 years old	81,074	100.0	20.1	79.9	100.0	75.1	24.9
65 years old and over	13,470	100.0	22.1	77.9	100.0	73.5	26.5
Female							
15 years old and over	98,207	100.0	18.4	81.6	100.0	76.2	23.8
15 to 17 years old	5,185	100.0	98.5	1.5	100.0	100.0	-
18 to 19 years old	2,974	100.0	37.8	62.2	100.0	99.8	0.2
20 to 24 years old	8,004	100.0	11.2	88.8	100.0	85.2	14.8
25 to 29 years old	7,809	100.0	11.8	88.2	100.0	68.4	31.6
30 to 34 years old	7,586	100.0	11.3	88.7	100.0	66.2	33.8
35 to 39 years old	8,293	100.0	10.4	89.6	100.0	65.7	34.3
40 to 44 years old	9,112	100.0	10.4	89.6	100.0	68.8	31.2
45 to 49 years old	9,352	100.0	10.0	90.0	100.0	72.2	27.8
50 to 54 years old	8,571	100.0	10.0	90.0	100.0	69.4	30.6
55 to 59 years old	7,739	100.0	9.4	90.6	100.0	71.9	28.1
60 to 64 years old	5,874	100.0	13.1	86.9	100.0	76.9	23.1
65 to 69 years old	4,645	100.0	17.4	82.6	100.0	81.9	18.1
70 to 74 years old	3,961	100.0	21.5	78.5	100.0	84.5	15.5
75 years old and over	9,103	100.0	26.3	73.7	100.0	86.6	13.4
15 to 17 years old	5,185	100.0	98.5	1.5	100.0	100.0	-
18 years old and over	93,022	100.0	13.9	86.1	100.0	74.9	25.1
15 to 24 years old	16,162	100.0	44.1	55.9	100.0	92.6	7.4
25 years old and over	82,045	100.0	13.3	86.7	100.0	73.0	27.0
15 to 64 years old	80,498	100.0	17.4	82.6	100.0	74.3	25.7
65 years old and over	17,709	100.0	22.9	77.1	100.0	84.9	15.1

- = Quantity zero or rounds to zero.

Table A-18. Percent of High School and College Graduates of the Population 15 Years Old and Over, by Age, Sex, Race, and Hispanic Origin, 2006—Continued

(Percent, except where noted.)

Age, sex, race, and Hispanic origin	Total population (thousands)	High school graduate status — Total Percent	Not high school graduate Percent	High school graduate or more Percent	Bachelor's degree status — Total Percent	Less than bachelor's degree Percent	Bachelor's degree or more Percent
BLACK ALONE OR IN COMBINATION							
Both Sexes							
15 years old and over	28,586	100.0	25.9	74.1	100.0	84.8	15.2
15 to 17 years old	2,195	100.0	98.0	2.0	100.0	99.9	0.1
18 to 19 years old	1,242	100.0	46.6	53.4	100.0	99.9	0.1
20 to 24 years old	3,012	100.0	14.7	85.3	100.0	93.5	6.5
25 to 29 years old	2,797	100.0	14.4	85.6	100.0	81.0	19.0
30 to 34 years old	2,569	100.0	12.7	87.3	100.0	78.2	21.8
35 to 39 years old	2,675	100.0	11.4	88.6	100.0	77.5	22.5
40 to 44 years old	2,830	100.0	13.1	86.9	100.0	78.5	21.5
45 to 49 years old	2,751	100.0	13.5	86.5	100.0	81.0	19.0
50 to 54 years old	2,330	100.0	16.8	83.2	100.0	81.4	18.6
55 to 59 years old	1,811	100.0	19.4	80.6	100.0	79.8	20.2
60 to 64 years old	1,321	100.0	27.6	72.4	100.0	86.1	13.9
65 to 69 years old	948	100.0	34.9	65.1	100.0	86.9	13.1
70 to 74 years old	775	100.0	43.1	56.9	100.0	89.3	10.7
75 years old and over	1,331	100.0	52.3	47.7	100.0	90.8	9.2
15 to 17 years old	2,195	100.0	98.0	2.0	100.0	99.9	0.1
18 years old and over	26,391	100.0	20.0	80.0	100.0	83.6	16.4
15 to 24 years old	6,449	100.0	49.2	50.8	100.0	96.9	3.1
25 years old and over	22,137	100.0	19.2	80.8	100.0	81.3	18.7
15 to 64 years old	25,533	100.0	23.7	76.3	100.0	84.3	15.7
65 years old and over	3,053	100.0	44.6	55.4	100.0	89.2	10.8
Male							
15 years old and over	12,959	100.0	27.6	72.4	100.0	86.3	13.7
15 to 17 years old	1,098	100.0	98.8	1.2	100.0	100.0	-
18 to 19 years old	601	100.0	51.8	48.2	100.0	100.0	-
20 to 24 years old	1,452	100.0	16.9	83.1	100.0	94.8	5.2
25 to 29 years old	1,297	100.0	16.8	83.2	100.0	85.0	15.0
30 to 34 years old	1,151	100.0	11.1	88.9	100.0	79.5	20.5
35 to 39 years old	1,200	100.0	13.3	86.7	100.0	82.4	17.6
40 to 44 years old	1,274	100.0	14.9	85.1	100.0	78.9	21.1
45 to 49 years old	1,266	100.0	14.5	85.5	100.0	83.5	16.5
50 to 54 years old	1,058	100.0	17.0	83.0	100.0	81.4	18.6
55 to 59 years old	811	100.0	17.5	82.5	100.0	77.0	23.0
60 to 64 years old	565	100.0	30.8	69.2	100.0	86.2	13.8
65 to 69 years old	421	100.0	37.8	62.2	100.0	89.0	11.0
70 to 74 years old	321	100.0	50.3	49.7	100.0	88.4	11.6
75 years old and over	443	100.0	53.2	46.8	100.0	90.9	9.1
15 to 17 years old	1,098	100.0	98.8	1.2	100.0	100.0	-
18 years old and over	11,861	100.0	21.0	79.0	100.0	85.0	15.0
15 to 24 years old	3,151	100.0	52.1	47.9	100.0	97.6	2.4
25 years old and over	9,808	100.0	19.7	80.3	100.0	82.6	17.4
15 to 64 years old	11,774	100.0	25.6	74.4	100.0	85.9	14.1
65 years old and over	1,185	100.0	47.0	53.0	100.0	89.6	10.4
Female							
15 years old and over	15,627	100.0	24.6	75.4	100.0	83.6	16.4
15 to 17 years old	1,097	100.0	97.1	2.9	100.0	99.8	0.2
18 to 19 years old	641	100.0	41.7	58.3	100.0	99.7	0.3
20 to 24 years old	1,560	100.0	12.7	87.3	100.0	92.3	7.7
25 to 29 years old	1,499	100.0	12.3	87.7	100.0	77.6	22.4
30 to 34 years old	1,418	100.0	13.9	86.1	100.0	77.1	22.9
35 to 39 years old	1,475	100.0	9.9	90.1	100.0	73.4	26.6
40 to 44 years old	1,556	100.0	11.6	88.4	100.0	78.2	21.8
45 to 49 years old	1,485	100.0	12.7	87.3	100.0	78.8	21.2
50 to 54 years old	1,272	100.0	16.7	83.3	100.0	81.5	18.5
55 to 59 years old	1000	100.0	20.9	79.1	100.0	82.0	18.0
60 to 64 years old	756	100.0	25.3	74.7	100.0	86.0	14.0
65 to 69 years old	526	100.0	32.6	67.4	100.0	85.3	14.7
70 to 74 years old	454	100.0	38.0	62.0	100.0	89.9	10.1
75 years old and over	888	100.0	51.9	48.1	100.0	90.7	9.3
15 to 17 years old	1,097	100.0	97.1	2.9	100.0	99.8	0.2
18 years old and over	14,530	100.0	19.1	80.9	100.0	82.4	17.6
15 to 24 years old	3,298	100.0	46.4	53.6	100.0	96.2	3.8
25 years old and over	12,329	100.0	18.8	81.2	100.0	80.3	19.7
15 to 64 years old	13,759	100.0	22.1	77.9	100.0	82.9	17.1
65 years old and over	1,868	100.0	43.1	56.9	100.0	89.0	11.0

- = Quantity zero or rounds to zero.

Table A-18. Percent of High School and College Graduates of the Population 15 Years Old and Over, by Age, Sex, Race, and Hispanic Origin, 2006—Continued

(Percent, except where noted.)

Age, sex, race, and Hispanic origin	Total population (thousands)	High school graduate status – Total Percent	Not high school graduate Percent	High school graduate or more Percent	Bachelor's degree status – Total Percent	Less than bachelor's degree Percent	Bachelor's degree or more Percent
ASIAN ALONE OR IN COMBINATION							
Both Sexes							
15 years old and over	10,835	100.0	17.2	82.8	100.0	57.6	42.4
15 to 17 years old	576	100.0	95.7	4.3	100.0	100.0	-
18 to 19 years old	330	100.0	39.4	60.6	100.0	100.0	-
20 to 24 years old	986	100.0	7.2	92.8	100.0	78.1	21.9
25 to 29 years old	1,164	100.0	4.0	96.0	100.0	40.6	59.4
30 to 34 years old	1,245	100.0	4.9	95.1	100.0	37.9	62.1
35 to 39 years old	1,204	100.0	6.6	93.4	100.0	42.2	57.8
40 to 44 years old	1,133	100.0	10.5	89.5	100.0	52.6	47.4
45 to 49 years old	958	100.0	11.2	88.8	100.0	52.5	47.5
50 to 54 years old	871	100.0	16.8	83.2	100.0	59.0	41.0
55 to 59 years old	737	100.0	18.7	81.3	100.0	60.6	39.4
60 to 64 years old	486	100.0	15.0	85.0	100.0	53.7	46.3
65 to 69 years old	432	100.0	19.7	80.3	100.0	58.7	41.3
70 to 74 years old	246	100.0	30.9	69.1	100.0	68.6	31.4
75 years old and over	465	100.0	37.8	62.2	100.0	79.2	20.8
15 to 17 years old	576	100.0	95.7	4.3	100.0	100.0	-
18 years old and over	10,259	100.0	12.8	87.2	100.0	55.2	44.8
15 to 24 years old	1,892	100.0	39.8	60.2	100.0	88.6	11.4
25 years old and over	8,943	100.0	12.4	87.6	100.0	51.0	49.0
15 to 64 years old	9,691	100.0	15.7	84.3	100.0	56.2	43.8
65 years old and over	1,144	100.0	29.5	70.5	100.0	69.2	30.8
Male							
15 years old and over	5,174	100.0	16.0	84.0	100.0	56.2	43.8
15 to 17 years old	300	100.0	96.8	3.2	100.0	100.0	-
18 to 19 years old	164	100.0	43.0	57.0	100.0	100.0	-
20 to 24 years old	508	100.0	6.0	94.0	100.0	79.5	20.5
25 to 29 years old	573	100.0	3.6	96.4	100.0	41.6	58.4
30 to 34 years old	589	100.0	4.2	95.8	100.0	37.5	62.5
35 to 39 years old	579	100.0	7.4	92.6	100.0	42.7	57.3
40 to 44 years old	570	100.0	12.1	87.9	100.0	53.0	47.0
45 to 49 years old	447	100.0	8.6	91.4	100.0	48.8	51.2
50 to 54 years old	404	100.0	16.6	83.4	100.0	58.9	41.1
55 to 59 years old	334	100.0	15.7	84.3	100.0	56.5	43.5
60 to 64 years old	229	100.0	12.6	87.4	100.0	47.0	53.0
65 to 69 years old	188	100.0	11.8	88.2	100.0	50.1	49.9
70 to 74 years old	106	100.0	19.0	81.0	100.0	54.6	45.4
75 years old and over	184	100.0	26.7	73.3	100.0	69.9	30.1
15 to 17 years old	300	100.0	96.8	3.2	100.0	100.0	-
18 years old and over	4,874	100.0	11.0	89.0	100.0	53.5	46.5
15 to 24 years old	972	100.0	40.2	59.8	100.0	89.3	10.7
25 years old and over	4,202	100.0	10.4	89.6	100.0	48.6	51.4
15 to 64 years old	4,697	100.0	15.7	84.3	100.0	56.0	44.0
65 years old and over	477	100.0	19.2	80.8	100.0	58.7	41.3
Female							
15 years old and over	5,661	100.0	18.2	81.8	100.0	58.9	41.1
15 to 17 years old	276	100.0	94.5	5.5	100.0	100.0	-
18 to 19 years old	166	100.0	35.8	64.2	100.0	100.0	-
20 to 24 years old	478	100.0	8.5	91.5	100.0	76.7	23.3
25 to 29 years old	592	100.0	4.3	95.7	100.0	39.5	60.5
30 to 34 years old	656	100.0	5.5	94.5	100.0	38.4	61.6
35 to 39 years old	625	100.0	5.9	94.1	100.0	41.7	58.3
40 to 44 years old	563	100.0	8.9	91.1	100.0	52.1	47.9
45 to 49 years old	511	100.0	13.4	86.6	100.0	55.7	44.3
50 to 54 years old	467	100.0	17.0	83.0	100.0	59.1	40.9
55 to 59 years old	403	100.0	21.2	78.8	100.0	63.9	36.1
60 to 64 years old	257	100.0	17.2	82.8	100.0	59.7	40.3
65 to 69 years old	245	100.0	25.8	74.2	100.0	65.4	34.6
70 to 74 years old	140	100.0	39.8	60.2	100.0	79.1	20.9
75 years old and over	282	100.0	45.1	54.9	100.0	85.2	14.8
15 to 17 years old	276	100.0	94.5	5.5	100.0	100.0	-
18 years old and over	5,385	100.0	14.3	85.7	100.0	56.8	43.2
15 to 24 years old	921	100.0	39.2	60.8	100.0	87.9	12.1
25 years old and over	4,740	100.0	14.2	85.8	100.0	53.2	46.8
15 to 64 years old	4,995	100.0	15.8	84.2	100.0	56.5	43.5
65 years old and over	667	100.0	36.9	63.1	100.0	76.7	23.3

- = Quantity zero or rounds to zero.

Table A-18. Percent of High School and College Graduates of the Population 15 Years Old and Over, by Age, Sex, Race, and Hispanic Origin, 2006—Continued

(Percent, except where noted.)

Age, sex, race, and Hispanic origin	Total population (thousands)	High school graduate status			Bachelor's degree status		
		Total Percent	Not high school graduate Percent	High school graduate or more Percent	Total Percent	Less than bachelor's degree Percent	Bachelor's degree or more Percent
HISPANIC[1]							
Both Sexes							
15 years old and over	30,640	100.0	44.5	55.5	100.0	90.0	10.0
15 to 17 years old	2,275	100.0	98.5	1.5	100.0	100.0	-
18 to 19 years old	1,239	100.0	51.5	48.5	100.0	99.9	0.1
20 to 24 years old	3,628	100.0	32.5	67.5	100.0	96.1	3.9
25 to 29 years old	4,088	100.0	36.8	63.2	100.0	90.5	9.5
30 to 34 years old	3,763	100.0	36.5	63.5	100.0	87.0	13.0
35 to 39 years old	3,409	100.0	39.4	60.6	100.0	86.2	13.8
40 to 44 years old	3,056	100.0	37.8	62.2	100.0	86.1	13.9
45 to 49 years old	2,460	100.0	38.7	61.3	100.0	85.9	14.1
50 to 54 years old	1,937	100.0	41.9	58.1	100.0	87.1	12.9
55 to 59 years old	1,443	100.0	39.1	60.9	100.0	84.1	15.9
60 to 64 years old	1,028	100.0	45.7	54.3	100.0	90.0	10.0
65 to 69 years old	767	100.0	52.9	47.1	100.0	90.7	9.3
70 to 74 years old	599	100.0	58.3	41.7	100.0	90.4	9.6
75 years old and over	949	100.0	67.4	32.6	100.0	91.6	8.4
15 to 17 years old	2,275	100.0	98.5	1.5	100.0	100.0	-
18 years old and over	28,366	100.0	40.1	59.9	100.0	89.2	10.8
15 to 24 years old	7,141	100.0	56.8	43.2	100.0	98.0	2.0
25 years old and over	23,499	100.0	40.7	59.3	100.0	87.6	12.4
15 to 64 years old	28,325	100.0	43.2	56.8	100.0	90.0	10.0
65 years old and over	2,315	100.0	60.2	39.8	100.0	91.0	9.0
Male							
15 years old and over	15,779	100.0	45.6	54.4	100.0	90.5	9.5
15 to 17 years old	1,157	100.0	98.8	1.2	100.0	100.0	-
18 to 19 years old	637	100.0	56.7	43.3	100.0	99.8	0.2
20 to 24 years old	1,943	100.0	36.0	64.0	100.0	97.0	3.0
25 to 29 years old	2,277	100.0	39.5	60.5	100.0	93.1	6.9
30 to 34 years old	2,001	100.0	38.8	61.2	100.0	87.8	12.2
35 to 39 years old	1,793	100.0	43.7	56.3	100.0	88.0	12.0
40 to 44 years old	1,594	100.0	37.8	62.2	100.0	86.6	13.4
45 to 49 years old	1,236	100.0	39.8	60.2	100.0	85.4	14.6
50 to 54 years old	976	100.0	41.4	58.6	100.0	87.5	12.5
55 to 59 years old	703	100.0	39.3	60.7	100.0	81.4	18.6
60 to 64 years old	475	100.0	44.1	55.9	100.0	86.6	13.4
65 to 69 years old	358	100.0	50.3	49.7	100.0	90.6	9.4
70 to 74 years old	244	100.0	51.7	48.3	100.0	85.7	14.3
75 years old and over	384	100.0	63.1	36.9	100.0	89.4	10.6
15 to 17 years old	1,157	100.0	98.8	1.2	100.0	100.0	-
18 years old and over	14,622	100.0	41.4	58.6	100.0	89.8	10.2
15 to 24 years old	3,737	100.0	59.0	41.0	100.0	98.4	1.6
25 years old and over	12,042	100.0	41.5	58.5	100.0	88.1	11.9
15 to 64 years old	14,793	100.0	44.9	55.1	100.0	90.6	9.4
65 years old and over	986	100.0	55.6	44.4	100.0	88.9	11.1
Female							
15 years old and over	14,861	100.0	43.2	56.8	100.0	89.5	10.5
15 to 17 years old	1,117	100.0	98.2	1.8	100.0	100.0	-
18 to 19 years old	602	100.0	46.0	54.0	100.0	100.0	-
20 to 24 years old	1,686	100.0	28.4	71.6	100.0	95.1	4.9
25 to 29 years old	1,810	100.0	33.4	66.6	100.0	87.2	12.8
30 to 34 years old	1,762	100.0	33.9	66.1	100.0	86.0	14.0
35 to 39 years old	1,616	100.0	34.7	65.3	100.0	84.3	15.7
40 to 44 years old	1,461	100.0	37.7	62.3	100.0	85.7	14.3
45 to 49 years old	1,225	100.0	37.6	62.4	100.0	86.4	13.6
50 to 54 years old	961	100.0	42.4	57.6	100.0	86.7	13.3
55 to 59 years old	740	100.0	38.8	61.2	100.0	86.7	13.3
60 to 64 years old	552	100.0	47.0	53.0	100.0	93.0	7.0
65 to 69 years old	409	100.0	55.3	44.7	100.0	90.7	9.3
70 to 74 years old	355	100.0	62.9	37.1	100.0	93.6	6.4
75 years old and over	565	100.0	70.2	29.8	100.0	93.0	7.0
15 to 17 years old	1,117	100.0	98.2	1.8	100.0	100.0	-
18 years old and over	13,744	100.0	38.8	61.2	100.0	88.7	11.3
15 to 24 years old	3,404	100.0	54.4	45.6	100.0	97.6	2.4
25 years old and over	11,457	100.0	39.9	60.1	100.0	87.1	12.9
15 to 64 years old	13,532	100.0	41.2	58.8	100.0	89.2	10.8
65 years old and over	1,329	100.0	63.7	36.3	100.0	92.5	7.5

[1] May be of any race.
- = Quantity zero or rounds to zero.

Table A-19. Educational Attainment of the Population 15 Years Old and Over, by Single Years of Age, Sex, Race, and Hispanic Origin, 2006

(Numbers in thousands.)

Age, sex, race, and Hispanic origin	Total	None	1st to 4th grade	5th to 6th grade	7th to 8th grade	9th grade	10th grade	11th grade	High school graduate	Some college, no degree	Associate's degree, occupational	Associate's degree, academic	Bachelor's degree	Master's degree	Professional degree	Doctoral degree
ALL RACES																
Both Sexes																
15 years old and over	233,194	996	2,119	3,950	7,857	8,576	9,891	13,574	69,548	42,464	9,444	8,707	37,334	13,184	3,061	2,489
15 years old	4,332	7	7	22	1,876	1,912	401	82	20	4	-	-	-	-	-	1
16 years old	4,745	7	5	9	387	2,007	1,896	380	28	23	-	2	3	-	-	-
17 years old	4,267	4	4	10	88	326	1,832	1,875	100	25	-	2	-	-	-	-
18 years old	3,925	2	8	6	55	90	308	1,943	920	585	8	-	2	-	-	-
19 years old	3,647	5	12	21	52	78	132	521	1,367	1,427	14	12	5	-	2	-
20 years old	4,001	8	14	32	44	72	92	303	1,292	2,018	56	46	16	6	2	-
21 years old	4,108	3	18	45	54	85	99	247	1,282	1,926	138	122	83	2	1	4
22 years old	4,025	14	15	45	66	91	126	243	1,108	1,560	132	183	436	7	-	-
23 years old	4,087	1	9	49	62	71	79	219	1,219	1,174	153	207	796	37	2	8
24 years old	4,172	6	15	45	49	89	76	212	1,317	1,111	181	135	840	80	5	12
25 years old	4,381	6	27	88	67	142	106	225	1,218	1,015	170	204	933	135	33	11
26 years old	4,153	10	26	91	47	79	83	202	1,241	886	185	173	898	173	36	23
27 years old	3,762	16	23	68	75	64	98	186	1,063	717	161	172	859	212	36	11
28 years old	3,945	9	23	61	77	76	93	187	1,136	738	169	226	868	217	38	29
29 years old	3,898	8	30	76	53	86	66	159	1,110	711	217	174	871	251	43	42
30 years old	4,056	20	32	87	57	77	68	170	1,245	749	183	166	840	269	50	43
31 years old	3,768	8	24	72	46	79	57	173	1,078	690	179	159	837	300	43	25
32 years old	3,676	13	21	72	66	84	64	144	987	688	210	186	819	217	57	47
33 years old	3,878	10	26	75	88	74	98	152	1,103	679	176	173	849	302	45	28
34 years old	3,965	9	16	84	61	77	72	135	1,120	671	211	192	842	332	86	57
35 years old	4,512	18	54	87	59	74	82	207	1,282	792	194	213	972	353	72	53
36 years old	4,119	20	25	74	68	76	78	149	1,137	644	205	192	960	352	90	49
37 years old	4,008	9	17	71	40	85	48	169	1,106	696	233	186	874	315	78	82
38 years old	4,099	27	46	98	65	67	79	135	1,293	667	190	185	871	255	78	43
39 years old	4,032	14	24	79	58	73	78	144	1,236	706	173	181	824	319	66	56
40 years old	4,526	28	41	88	83	69	100	149	1,444	767	247	180	891	316	80	45
41 years old	4,345	12	19	70	40	60	78	176	1,371	738	264	191	946	273	73	33
42 years old	4,518	19	28	76	65	71	102	177	1,455	792	202	237	901	266	78	50
43 years old	4,621	16	28	87	79	74	119	185	1,448	725	255	230	952	281	85	57
44 years old	4,340	13	27	72	75	64	81	150	1,363	718	249	228	897	285	59	60
45 years old	4,758	37	27	75	81	67	109	157	1,540	761	270	234	948	338	77	38
46 years old	4,503	8	30	65	51	88	103	145	1,522	765	222	276	827	265	80	55
47 years old	4,460	14	35	73	85	72	83	150	1,545	686	269	248	816	252	78	53
48 years old	4,511	16	35	59	68	66	121	175	1,404	882	233	199	795	307	81	71
49 years old	4,287	11	27	44	71	77	70	132	1,329	734	211	244	900	303	83	52
50 years old	4,391	13	25	83	68	62	116	155	1,383	782	245	192	807	328	75	57
51 years old	4,305	18	35	84	65	61	96	126	1,331	758	231	208	830	350	60	52
52 years old	4,010	25	38	76	53	47	69	159	1,263	691	220	168	734	344	60	63
53 years old	3,868	8	37	50	64	57	66	166	1,128	679	193	169	757	350	85	58
54 years old	3,705	14	29	58	65	66	87	127	1,054	704	167	193	698	295	89	59
55 years old	3,708	12	33	46	53	36	65	111	1,055	708	208	174	704	377	49	77
56 years old	3,615	17	30	69	66	47	81	83	1,150	637	170	152	669	328	59	58
57 years old	3,504	9	26	46	79	39	85	75	1,056	686	163	129	685	286	76	65
58 years old	3,615	21	22	42	106	74	89	124	1,085	656	180	159	601	321	68	67
59 years old	3,385	17	33	43	90	43	83	100	1,069	596	137	150	578	309	53	83
60 years old	2,749	19	27	30	66	55	69	72	882	485	120	125	440	239	54	65
61 years old	2,721	28	29	53	55	42	53	110	898	476	100	117	446	239	53	22
62 years old	2,595	6	31	29	84	63	104	116	918	433	88	88	330	206	53	48
63 years old	2,689	14	39	36	67	51	93	106	896	438	143	97	369	238	26	77
64 years old	2,399	6	41	34	82	55	74	100	916	335	88	50	360	178	31	49
65 years old	2,390	6	35	42	98	45	66	98	926	355	75	87	327	149	38	43
66 years old	2,342	13	47	46	107	55	88	98	814	354	57	66	354	160	40	43
67 years old	1,763	7	32	34	61	38	61	86	634	301	58	59	219	102	42	29
68 years old	1,864	14	33	53	107	85	53	84	668	254	74	54	207	106	29	43
69 years old	1,871	18	51	35	89	50	68	90	709	299	59	65	210	85	30	12
70 years old	1,898	14	50	58	114	48	88	87	677	263	58	37	227	100	53	23
71 years old	1,696	13	32	37	95	46	74	84	655	235	56	39	208	81	26	16
72 years old	1,701	17	52	36	101	40	62	81	670	247	41	22	210	66	32	24
73 years old	1,491	10	29	49	94	42	53	74	564	206	42	37	153	99	24	15
74 years old	1,537	11	51	38	76	29	46	80	594	218	36	31	202	68	22	33
75 years old and over	16,951	217	414	568	1,496	562	828	823	6,124	2,194	477	283	1,836	762	202	168

- = Quantity zero or rounds to zero.

Table A-19. Educational Attainment of the Population 15 Years Old and Over, by Single Years of Age, Sex, Race, and Hispanic Origin, 2006—Continued

(Numbers in thousands.)

Age, sex, race, and Hispanic origin	Total	None	1st to 4th grade	5th to 6th grade	7th to 8th grade	9th grade	10th grade	11th grade	High school graduate	Some college, no degree	Associate's degree, occupational	Associate's degree, academic	Bachelor's degree	Master's degree	Professional degree	Doctoral degree
Male																
15 years old and over	113,163	480	1,095	2,072	4,032	4,412	4,879	6,900	33,957	19,709	4,259	3,530	17,945	6,244	1,943	1,704
15 years old	2,204	3	4	9	1,025	935	177	42	7	2	-	-	-	-	-	-
16 years old	2,482	3	2	5	238	1,125	925	159	14	7	-	2	-	-	-	-
17 years old	2,132	3	2	7	53	203	947	867	42	7	-	-	-	-	-	-
18 years old	2,004	-	5	6	37	46	187	1,019	445	256	2	-	-	-	-	-
19 years old	1,798	4	10	17	29	46	85	290	690	621	2	5	1	-	-	-
20 years old	2,053	5	8	16	34	36	49	179	718	958	25	16	6	2	1	-
21 years old	2,195	3	16	28	35	57	57	166	699	960	86	52	31	2	-	4
22 years old	1,976	4	7	31	26	57	53	133	604	741	75	92	155	-	-	-
23 years old	2,032	1	6	27	36	35	44	136	628	601	69	92	334	14	2	8
24 years old	2,055	5	13	21	27	48	40	110	730	557	84	53	336	22	3	7
25 years old	2,299	5	15	66	44	95	61	115	683	510	66	105	470	41	16	8
26 years old	2,139	9	17	63	33	46	45	115	698	415	107	67	431	69	13	9
27 years old	1,869	10	15	35	47	27	51	116	593	351	77	69	356	93	20	7
28 years old	1,981	5	11	38	47	42	43	106	608	379	86	106	395	82	14	20
29 years old	1,897	6	22	46	17	55	26	95	583	337	113	68	406	96	15	13
30 years old	2,090	13	18	57	37	37	40	93	707	379	89	71	388	117	21	24
31 years old	1,822	4	18	44	18	46	29	98	592	301	80	69	350	136	22	16
32 years old	1,804	6	16	42	22	35	28	76	569	310	113	79	382	81	28	19
33 years old	1,978	1	15	38	55	36	48	89	596	336	79	72	439	135	25	15
34 years old	1,948	4	8	53	31	32	37	76	602	322	102	81	382	139	42	36
35 years old	2,301	9	29	65	35	34	47	127	704	397	87	82	463	150	38	35
36 years old	2,062	14	12	39	39	40	53	82	595	321	101	94	442	149	50	30
37 years old	1,989	7	12	51	30	46	18	86	576	324	110	73	419	142	36	60
38 years old	2,058	19	31	53	43	43	44	85	736	288	85	83	366	117	46	21
39 years old	1,910	4	9	40	32	31	45	75	604	313	76	77	406	143	31	24
40 years old	2,279	14	20	56	38	39	55	65	781	377	118	73	412	147	52	34
41 years old	2,196	11	11	51	20	30	45	89	757	351	139	67	426	134	42	24
42 years old	2,212	13	14	38	33	39	61	110	735	377	95	97	404	125	43	29
43 years old	2,265	8	13	44	41	41	63	107	762	326	114	78	450	126	51	41
44 years old	2,099	5	21	39	34	36	39	90	671	326	116	87	433	132	33	37
45 years old	2,301	15	14	33	48	37	41	81	787	314	122	96	508	137	44	24
46 years old	2,102	7	13	36	25	49	41	70	748	348	86	73	375	145	46	40
47 years old	2,249	6	18	34	43	34	50	80	818	332	130	99	393	130	45	39
48 years old	2,228	10	23	39	26	40	64	108	697	421	106	71	353	165	50	55
49 years old	2,170	10	14	27	24	35	40	80	656	368	107	95	462	156	59	37
50 years old	2,223	10	17	44	35	37	85	80	708	347	121	84	417	151	57	29
51 years old	2,016	13	24	49	32	36	55	46	617	323	106	78	374	183	45	37
52 years old	2,013	15	20	35	17	23	30	77	673	345	110	79	361	142	45	40
53 years old	1,845	4	16	26	26	25	34	82	520	331	91	73	352	165	56	47
54 years old	1,825	7	17	24	29	34	37	60	514	332	80	91	377	132	51	38
55 years old	1,794	9	11	15	33	14	18	49	524	327	86	65	382	177	36	50
56 years old	1,776	5	19	30	21	25	46	48	556	277	74	55	373	175	30	42
57 years old	1,724	5	15	25	43	21	43	29	496	309	84	48	359	144	59	45
58 years old	1,691	11	6	15	58	35	37	57	460	302	74	63	314	165	47	46
59 years old	1,647	8	15	12	67	23	42	54	476	268	53	76	315	149	27	64
60 years old	1,292	4	11	12	30	18	29	39	392	228	49	39	238	107	45	52
61 years old	1,306	15	22	33	25	27	19	46	375	217	44	52	243	136	36	15
62 years old	1,206	-	18	18	43	28	50	54	397	190	38	33	161	100	46	31
63 years old	1,282	2	15	14	39	16	38	49	422	202	38	48	206	117	21	55
64 years old	1,157	3	20	24	43	34	38	45	392	161	37	14	193	91	24	36
65 years old	1,158	2	13	18	55	33	29	46	409	155	23	39	185	82	27	41
66 years old	1,154	5	24	22	60	25	37	35	370	156	22	43	192	100	31	33
67 years old	792	4	13	5	25	16	33	39	282	114	32	25	92	50	36	25
68 years old	836	6	20	20	50	43	25	42	285	105	18	24	94	55	20	30
69 years old	842	7	24	17	52	20	36	36	308	124	17	28	96	46	24	7
70 years old	909	2	26	24	57	18	47	51	287	127	21	9	130	60	37	12
71 years old	765	4	14	20	54	10	28	30	257	111	27	10	118	52	23	7
72 years old	741	5	30	15	41	11	24	39	247	115	14	7	112	34	26	21
73 years old	640	4	13	20	35	14	16	22	229	83	22	9	79	60	23	13
74 years old	688	4	30	16	44	14	12	27	251	80	12	11	101	39	17	30
75 years old and over	6,659	82	160	226	613	202	314	305	2,074	854	116	85	912	405	167	144

- = Quantity zero or rounds to zero.

PART A—NATIONAL EDUCATION STATISTICS 129

Table A-19. Educational Attainment of the Population 15 Years Old and Over, by Single Years of Age, Sex, Race, and Hispanic Origin, 2006—*Continued*

(Numbers in thousands.)

Age, sex, race, and Hispanic origin	Total	None	1st to 4th grade	5th to 6th grade	7th to 8th grade	9th grade	10th grade	11th grade	High school graduate	Some college, no degree	Associate's degree, occupational	Associate's degree, academic	Bachelor's degree	Master's degree	Professional degree	Doctoral degree
Female																
15 years old and over	120,031	516	1,024	1,878	3,824	4,163	5,012	6,674	35,591	22,754	5,184	5,177	19,390	6,940	1,119	784
15 years old	2,128	4	2	13	851	977	224	40	13	2	-	-	-	-	-	1
16 years old	2,263	4	2	3	149	881	970	221	14	16	-	-	3	-	-	-
17 years old	2,136	2	2	3	35	124	884	1,008	58	18	-	2	-	-	-	-
18 years old	1,921	2	2	-	18	44	121	924	474	329	6	-	2	-	-	-
19 years old	1,850	1	3	4	23	32	47	231	677	806	12	7	4	-	2	-
20 years old	1,949	3	6	16	9	36	43	124	573	1,061	31	30	11	4	1	-
21 years old	1,913	-	3	17	19	28	42	81	583	966	52	71	51	-	1	-
22 years old	2,048	10	8	14	39	34	74	110	503	818	57	91	282	7	-	-
23 years old	2,055	-	4	22	26	36	35	83	591	574	84	115	462	23	1	-
24 years old	2,117	-	2	24	22	41	36	102	587	554	96	81	504	59	2	5
25 years old	2,082	2	12	21	23	47	45	111	535	505	104	99	463	94	17	4
26 years old	2,014	1	9	28	15	33	37	87	543	471	78	106	467	104	23	13
27 years old	1,892	6	8	33	28	37	46	70	470	366	84	102	503	119	16	4
28 years old	1,964	4	12	23	30	34	50	81	527	359	83	120	473	134	24	9
29 years old	2,000	3	9	30	36	31	40	64	527	374	104	106	465	155	29	30
30 years old	1,966	7	14	30	20	40	28	77	538	370	94	95	452	153	29	19
31 years old	1,946	4	6	28	28	33	28	75	485	389	98	91	486	164	21	9
32 years old	1,871	7	5	30	44	48	36	68	418	378	97	107	438	136	30	29
33 years old	1,900	9	11	37	33	38	50	63	507	343	97	101	410	167	20	13
34 years old	2,017	5	7	31	30	45	35	60	518	349	109	111	460	192	44	21
35 years old	2,211	9	24	22	23	40	36	79	579	395	107	132	509	203	33	19
36 years old	2,057	6	13	36	29	36	25	67	542	323	104	97	518	203	40	20
37 years old	2,019	2	5	20	11	39	30	83	530	373	123	113	455	172	41	23
38 years old	2,041	8	15	45	21	24	35	50	557	380	105	102	505	137	33	22
39 years old	2,123	10	15	39	26	41	33	70	632	393	97	104	418	176	36	32
40 years old	2,247	14	21	33	45	30	44	83	663	391	130	107	479	168	28	11
41 years old	2,148	1	8	19	19	30	34	87	615	387	125	124	521	139	30	9
42 years old	2,306	6	14	38	32	32	41	67	719	415	107	140	497	141	35	20
43 years old	2,356	9	15	43	38	33	56	77	685	400	141	152	502	155	34	15
44 years old	2,241	8	6	34	41	28	42	59	692	392	133	141	465	153	26	23
45 years old	2,457	22	12	42	32	30	67	76	753	447	147	138	440	201	33	15
46 years old	2,400	1	17	29	26	39	62	75	774	417	136	203	452	120	33	16
47 years old	2,211	8	17	39	43	38	33	71	727	354	140	150	424	121	33	13
48 years old	2,283	6	12	20	41	25	57	67	707	461	128	128	442	142	31	15
49 years old	2,116	2	13	17	46	42	29	51	673	367	105	149	438	146	24	15
50 years old	2,168	3	8	38	33	25	31	75	675	436	124	109	390	177	19	28
51 years old	2,289	5	11	35	33	24	41	80	715	436	125	130	456	167	15	15
52 years old	1,997	10	18	41	36	24	39	82	590	346	109	90	373	202	14	23
53 years old	2,023	5	21	24	38	31	32	84	609	348	102	96	406	185	30	12
54 years old	1,880	6	12	34	35	31	50	67	540	372	87	102	322	163	37	21
55 years old	1,914	3	22	31	20	22	47	62	531	381	122	109	322	200	13	27
56 years old	1,838	12	11	38	45	23	34	35	594	360	96	97	296	153	29	16
57 years old	1,780	4	11	22	36	18	42	47	560	378	78	80	327	142	17	20
58 years old	1,924	10	16	27	48	39	52	68	625	354	106	96	286	156	21	21
59 years old	1,738	8	18	30	24	20	42	47	593	328	83	74	264	160	26	20
60 years old	1,457	16	17	18	36	37	40	34	490	257	71	87	202	132	9	13
61 years old	1,415	12	8	19	30	15	34	64	523	259	56	64	204	103	17	7
62 years old	1,389	6	13	10	42	35	54	61	521	242	49	55	169	106	7	17
63 years old	1,407	12	24	22	28	35	54	56	474	235	104	49	163	122	5	22
64 years old	1,243	3	21	10	39	21	36	54	524	174	50	36	166	87	7	13
65 years old	1,232	4	22	24	44	12	37	52	518	200	51	48	142	67	11	2
66 years old	1,188	8	23	24	48	29	51	63	445	199	35	23	162	61	9	11
67 years old	971	3	20	29	36	22	27	47	352	187	25	34	127	52	5	5
68 years old	1,028	9	13	33	57	42	28	42	384	149	56	30	113	51	9	13
69 years old	1,029	11	27	18	37	30	32	54	400	175	43	37	114	39	6	5
70 years old	989	12	25	33	56	30	41	36	389	136	37	27	97	40	16	11
71 years old	931	9	17	17	41	35	46	54	399	124	29	29	91	29	3	8
72 years old	960	12	22	22	60	29	38	42	423	131	27	15	98	32	6	3
73 years old	851	6	16	29	59	28	38	53	334	123	19	28	74	39	1	3
74 years old	849	8	21	22	32	15	34	53	343	138	23	20	101	29	5	3
75 years old and over	10,292	135	253	342	883	360	514	518	4,050	1,340	360	198	924	357	36	23

- = Quantity zero or rounds to zero.

Table A-19. Educational Attainment of the Population 15 Years Old and Over, by Single Years of Age, Sex, Race, and Hispanic Origin, 2006—Continued

(Numbers in thousands.)

Age, sex, race, and Hispanic origin	Total	None	1st to 4th grade	5th to 6th grade	7th to 8th grade	9th grade	10th grade	11th grade	High school graduate	Some college, no degree	Associate's degree, occupational	Associate's degree, academic	Bachelor's degree	Master's degree	Professional degree	Doctoral degree
WHITE ALONE OR IN COMBINATION																
Both Sexes																
15 years old and over	192,751	700	1,738	3,298	6,500	6,935	7,911	10,286	57,581	35,199	8,080	7,414	31,411	11,051	2,617	2,027
15 years old	3,418	6	4	13	1,512	1,511	296	65	8	2	-	-	-	-	-	1
16 years old	3,812	5	4	6	286	1,639	1,547	291	21	13	-	-	1	-	-	-
17 years old	3,401	4	2	5	66	223	1,544	1,466	69	22	-	-	-	-	-	-
18 years old	3,107	2	8	6	41	61	214	1,573	736	462	3	-	2	-	-	-
19 years old	2,902	5	9	21	44	59	104	365	1,078	1,194	9	9	3	-	2	-
20 years old	3,177	8	14	29	40	62	76	214	988	1,634	51	41	12	6	2	-
21 years old	3,305	3	18	41	45	74	79	192	985	1,572	120	103	69	1	1	2
22 years old	3,254	13	15	41	54	79	105	181	870	1,263	119	152	355	6	-	-
23 years old	3,285	1	9	43	59	67	58	162	958	915	130	165	685	26	-	6
24 years old	3,333	6	14	44	44	72	56	144	1,035	886	139	128	692	62	1	10
25 years old	3,499	5	21	77	65	134	76	150	942	799	143	180	755	115	30	8
26 years old	3,228	6	22	84	45	62	70	141	956	687	150	147	695	113	30	19
27 years old	2,960	13	22	66	70	52	86	137	811	567	122	152	677	151	26	8
28 years old	3,210	6	23	57	75	57	68	155	943	557	140	198	718	161	32	21
29 years old	3,182	7	29	71	46	76	59	115	897	580	187	153	703	193	38	28
30 years old	3,205	17	28	82	45	69	51	129	980	597	156	133	665	184	38	30
31 years old	3,060	8	24	68	41	73	44	130	882	542	156	127	666	251	34	15
32 years old	2,925	10	21	67	48	74	48	108	789	530	174	155	672	152	46	30
33 years old	3,076	9	26	67	81	66	74	119	879	540	146	145	657	221	29	18
34 years old	3,190	9	13	81	49	63	44	94	893	553	182	159	691	252	63	43
35 years old	3,698	17	43	85	53	60	64	156	1,036	665	167	187	794	296	46	31
36 years old	3,297	18	24	71	55	72	65	108	872	519	171	153	807	252	73	36
37 years old	3,195	6	17	68	38	74	42	128	848	566	195	135	711	247	63	58
38 years old	3,313	15	42	91	55	58	62	110	1,016	547	163	149	706	207	59	33
39 years old	3,265	12	18	79	46	64	53	102	994	551	149	157	674	266	58	42
40 years old	3,684	21	30	78	77	57	76	106	1,167	612	219	143	747	261	61	30
41 years old	3,558	12	18	62	36	51	70	109	1,111	573	218	166	818	228	62	23
42 years old	3,661	16	27	67	55	60	82	136	1,156	642	172	194	744	201	66	42
43 years old	3,722	13	25	78	65	51	87	135	1,163	571	212	196	776	226	76	48
44 years old	3,618	11	22	68	71	40	64	123	1,136	585	222	205	746	228	53	44
45 years old	3,946	26	26	57	76	61	83	119	1,254	634	220	202	783	309	69	27
46 years old	3,688	4	29	57	42	72	80	108	1,233	640	187	230	689	204	73	40
47 years old	3,661	4	30	65	75	56	67	113	1,250	540	228	200	693	228	67	45
48 years old	3,733	6	29	54	54	60	77	137	1,188	725	189	160	665	275	63	51
49 years old	3,558	11	23	42	52	55	61	95	1,085	607	178	215	767	248	75	43
50 years old	3,666	8	20	65	57	49	92	115	1,123	646	212	160	712	287	70	48
51 years old	3,617	11	31	75	48	53	75	89	1,069	645	211	173	728	305	57	48
52 years old	3,356	14	33	59	40	41	50	106	1,059	592	192	145	619	294	55	55
53 years old	3,218	4	27	45	51	49	45	108	918	576	159	156	646	309	74	51
54 years old	3,122	12	23	43	50	43	71	98	870	601	152	173	593	261	81	52
55 years old	3,088	11	22	36	42	22	46	70	881	578	176	156	605	332	43	70
56 years old	3,025	17	22	54	48	38	52	71	952	550	141	127	553	298	52	51
57 years old	2,989	6	19	38	61	26	68	43	929	598	137	115	581	246	69	53
58 years old	3,120	14	17	31	83	62	64	91	922	579	165	138	554	281	60	57
59 years old	2,958	10	26	27	78	37	64	67	934	538	116	129	521	284	52	74
60 years old	2,367	17	24	22	55	39	58	48	751	424	109	115	394	209	46	57
61 years old	2,317	18	28	43	40	31	47	72	761	434	79	105	375	212	50	21
62 years old	2,218	4	22	16	74	50	77	85	787	380	77	67	295	189	51	43
63 years old	2,312	9	28	30	51	38	75	75	784	390	128	82	327	206	21	69
64 years old	2,073	3	31	24	72	46	62	69	810	294	80	42	305	168	30	38
65 years old	2,060	3	25	29	83	30	44	66	826	320	63	80	281	135	32	43
66 years old	2,005	10	36	34	86	48	74	80	712	307	46	60	307	140	29	37
67 years old	1,523	7	26	29	54	30	44	64	562	264	51	51	191	88	37	27
68 years old	1,600	11	23	40	84	66	41	74	587	229	67	51	174	89	22	42
69 years old	1,609	9	39	30	64	43	54	73	621	270	56	56	180	78	24	12
70 years old	1,639	12	39	47	92	39	67	61	605	239	47	30	208	86	49	19
71 years old	1,492	8	22	32	78	38	57	63	595	215	48	36	185	76	26	13
72 years old	1,455	8	39	25	86	27	45	54	600	224	38	17	186	62	26	19
73 years old	1,318	5	25	33	87	29	45	66	515	179	37	30	145	88	21	13
74 years old	1,368	9	39	26	65	22	36	60	555	199	31	25	188	60	20	32
75 years old and over	15,109	125	324	377	1,266	475	725	703	5,627	2,041	443	251	1,720	696	185	150

- = Quantity zero or rounds to zero.

Table A-19. Educational Attainment of the Population 15 Years Old and Over, by Single Years of Age, Sex, Race, and Hispanic Origin, 2006—*Continued*

(Numbers in thousands.)

Age, sex, race, and Hispanic origin	Total	None	1st to 4th grade	5th to 6th grade	7th to 8th grade	9th grade	10th grade	11th grade	High school graduate	Some college, no degree	Associate's degree, occupational	Associate's degree, academic	Bachelor's degree	Master's degree	Professional degree	Doctoral degree
Male																
15 years old and over	94,543	361	914	1,783	3,399	3,593	3,912	5,339	28,226	16,543	3,659	3,058	15,365	5,281	1,715	1,396
15 years old	1,749	3	2	7	833	740	132	30	2	2	-	-	-	-	-	-
16 years old	1,982	3	2	3	187	926	725	117	13	6	-	-	-	-	-	-
17 years old	1,715	3	2	5	38	134	808	691	28	7	-	-	-	-	-	-
18 years old	1,581	-	5	6	31	29	135	815	356	202	2	-	-	-	-	-
19 years old	1,454	4	6	17	24	36	70	210	556	526	2	1	1	-	-	-
20 years old	1,634	5	8	16	32	31	42	129	548	782	24	13	2	2	1	-
21 years old	1,790	3	16	24	32	47	45	134	552	791	71	46	27	1	-	2
22 years old	1,622	3	7	28	22	55	39	104	477	626	67	80	115	-	-	-
23 years old	1,632	1	6	22	35	32	34	100	504	455	61	74	291	10	-	6
24 years old	1,672	5	13	20	23	38	37	79	578	469	64	53	264	21	1	5
25 years old	1,890	3	12	58	42	88	43	88	535	428	55	96	392	28	16	5
26 years old	1,684	5	15	58	31	36	37	80	541	326	89	62	335	50	13	8
27 years old	1,481	9	15	35	47	21	47	77	454	278	61	60	287	67	18	4
28 years old	1,630	3	11	34	47	31	30	83	530	283	70	91	332	61	12	14
29 years old	1,584	6	20	45	17	51	24	79	490	283	93	64	331	64	11	7
30 years old	1,724	11	15	55	29	34	34	80	572	320	77	60	321	83	15	18
31 years old	1,498	4	18	40	18	41	24	77	498	236	66	55	282	109	19	11
32 years old	1,455	4	16	42	14	34	26	59	460	246	95	61	309	52	26	11
33 years old	1,591	-	15	34	50	33	41	72	475	278	72	61	331	103	19	7
34 years old	1,602	4	8	52	27	29	24	56	488	278	88	71	312	102	31	30
35 years old	1,937	8	20	64	29	30	37	100	587	345	81	73	395	124	25	20
36 years old	1,687	14	11	37	33	40	42	56	467	259	88	76	390	109	43	23
37 years old	1,618	6	12	50	30	38	15	79	454	260	90	53	344	117	33	38
38 years old	1,665	9	28	49	37	41	35	68	569	236	71	72	308	93	33	17
39 years old	1,568	4	7	40	26	28	28	54	501	243	66	71	338	114	31	17
40 years old	1,904	12	15	51	34	31	41	50	651	311	111	63	344	124	42	22
41 years old	1,786	11	10	42	18	26	40	47	618	267	114	59	369	113	35	16
42 years old	1,832	13	13	34	28	32	48	83	611	303	79	84	348	98	36	23
43 years old	1,838	6	12	42	32	26	44	85	618	264	98	71	361	101	45	35
44 years old	1,771	5	18	34	32	26	29	77	566	268	108	85	356	108	32	26
45 years old	1,913	12	14	23	48	36	33	67	644	247	96	81	424	128	41	16
46 years old	1,744	4	12	32	24	39	24	51	610	292	74	62	334	113	45	29
47 years old	1,884	2	13	31	41	27	43	66	668	271	108	79	342	119	39	35
48 years old	1,853	5	21	36	21	38	41	84	591	352	82	55	305	144	40	39
49 years old	1,841	10	12	27	19	17	39	64	542	310	96	85	406	130	56	29
50 years old	1,884	5	15	39	32	27	67	67	577	301	110	63	374	128	54	26
51 years old	1,727	9	24	44	21	32	46	40	510	273	97	63	333	160	42	35
52 years old	1,701	8	17	26	12	21	25	50	566	294	99	71	316	120	43	33
53 years old	1,541	2	15	25	19	20	23	53	423	290	72	63	298	147	51	40
54 years old	1,556	5	15	20	24	17	28	51	426	288	72	84	324	119	46	37
55 years old	1,505	9	9	13	26	8	11	32	427	269	70	61	338	153	33	46
56 years old	1,511	5	14	24	19	21	31	41	463	242	62	50	318	159	27	35
57 years old	1,486	5	11	24	34	13	37	20	431	266	76	43	310	124	55	37
58 years old	1,482	6	5	14	46	30	24	41	395	280	68	56	293	140	42	42
59 years old	1,458	4	10	8	62	20	35	39	417	242	46	66	290	137	25	56
60 years old	1,139	3	8	7	25	13	25	24	341	208	46	37	215	100	41	44
61 years old	1,127	10	20	27	19	21	18	26	315	197	35	49	213	127	35	15
62 years old	1,042	-	12	8	39	21	46	40	335	169	36	30	141	90	44	30
63 years old	1,082	2	11	14	29	14	31	34	360	180	31	37	183	93	18	47
64 years old	1,022	-	13	18	40	30	33	27	362	141	34	10	176	88	22	27
65 years old	1,027	2	9	14	48	25	21	33	372	144	20	34	166	76	24	41
66 years old	988	5	16	13	47	20	31	31	318	142	13	40	174	88	21	28
67 years old	685	4	13	5	20	16	21	27	246	99	29	23	84	45	32	22
68 years old	717	4	18	14	41	34	17	39	252	86	18	24	79	47	15	29
69 years old	736	6	19	14	40	16	28	33	270	111	17	25	86	44	20	7
70 years old	785	2	17	22	47	14	37	34	255	117	15	7	119	55	36	10
71 years old	696	1	11	17	43	10	22	23	241	105	27	10	106	49	23	7
72 years old	636	1	24	11	41	8	11	24	222	106	12	7	101	33	20	16
73 years old	573	2	13	10	32	9	14	18	211	74	19	7	76	55	21	12
74 years old	621	3	21	14	42	10	10	15	243	73	9	10	92	35	15	29
75 years old and over	6,006	55	124	146	522	184	287	283	1,896	795	106	75	867	380	151	133

- = Quantity zero or rounds to zero.

Table A-19. Educational Attainment of the Population 15 Years Old and Over, by Single Years of Age, Sex, Race, and Hispanic Origin, 2006—Continued

(Numbers in thousands.)

Age, sex, race, and Hispanic origin	Total	None	1st to 4th grade	5th to 6th grade	7th to 8th grade	9th grade	10th grade	11th grade	High school graduate	Some college, no degree	Associate's degree, occupational	Associate's degree, academic	Bachelor's degree	Master's degree	Professional degree	Doctoral degree
Female																
15 years old and over	98,207	339	824	1,515	3,102	3,342	3,999	4,948	29,356	18,656	4,422	4,357	16,046	5,770	902	631
15 years old	1,669	3	2	6	679	771	164	36	6	1	-	-	-	-	-	1
16 years old	1,830	3	1	3	99	712	822	174	7	7	-	-	1	-	-	-
17 years old	1,687	2	-	-	28	89	737	775	42	15	-	-	-	-	-	-
18 years old	1,526	2	2	-	10	33	79	758	379	260	2	-	2	-	-	-
19 years old	1,447	1	3	4	20	23	33	156	523	667	7	7	2	-	2	-
20 years old	1,543	3	6	13	8	31	33	86	440	852	27	28	11	4	1	-
21 years old	1,515	-	2	17	13	27	34	58	433	781	49	57	42	-	1	-
22 years old	1,632	10	8	12	33	24	65	78	393	638	52	72	240	6	-	-
23 years old	1,653	-	4	21	24	35	25	62	454	460	68	91	394	15	-	-
24 years old	1,661	-	1	24	22	34	19	64	457	417	75	75	427	41	-	5
25 years old	1,609	2	9	18	23	45	33	62	407	371	88	84	363	87	14	3
26 years old	1,543	1	7	26	15	27	33	61	414	362	61	86	360	63	17	11
27 years old	1,479	4	7	31	22	31	39	60	356	289	61	92	390	84	8	3
28 years old	1,580	3	12	23	28	26	38	72	413	274	70	107	387	101	20	7
29 years old	1,598	2	9	27	28	25	35	36	407	296	94	89	372	129	27	21
30 years old	1,481	5	13	27	16	36	17	49	409	277	79	73	344	102	23	12
31 years old	1,562	4	6	27	24	32	20	53	384	306	90	73	384	143	15	4
32 years old	1,470	6	5	25	33	39	22	49	330	284	79	95	363	100	20	20
33 years old	1,485	9	10	34	31	33	33	47	404	261	74	84	326	119	10	11
34 years old	1,588	5	5	29	22	34	21	38	405	274	94	89	379	149	31	12
35 years old	1,761	9	23	21	23	30	27	56	449	321	86	114	399	172	22	11
36 years old	1,610	4	13	34	23	32	23	53	405	260	83	77	417	144	30	13
37 years old	1,577	-	5	18	9	36	27	49	394	306	105	82	367	130	29	20
38 years old	1,649	6	14	42	18	18	27	42	447	312	92	77	398	114	26	16
39 years old	1,697	8	12	38	20	36	25	48	493	307	83	86	337	151	28	25
40 years old	1,780	8	15	27	42	25	34	56	516	301	108	80	402	137	20	8
41 years old	1,772	1	8	19	18	25	30	61	494	306	105	107	448	115	27	7
42 years old	1,829	3	14	33	27	29	34	53	545	339	92	111	396	103	30	20
43 years old	1,884	7	14	36	33	26	43	51	545	306	115	125	415	125	31	13
44 years old	1,847	6	4	33	39	14	35	45	570	317	113	121	390	120	21	17
45 years old	2,034	14	12	34	27	25	50	52	610	386	124	121	358	181	28	11
46 years old	1,944	-	17	25	19	34	56	57	623	348	113	168	355	91	28	11
47 years old	1,777	2	17	34	35	29	24	47	582	269	120	121	351	109	28	9
48 years old	1,880	1	8	19	33	22	36	53	597	373	107	105	360	131	23	13
49 years old	1,717	2	11	15	34	38	23	31	543	296	83	130	361	118	19	15
50 years old	1,782	3	6	27	25	22	25	47	546	345	102	97	339	159	16	23
51 years old	1,890	2	7	31	27	21	29	49	559	372	114	111	395	145	14	13
52 years old	1,655	5	16	33	28	19	26	56	493	298	93	75	304	174	13	22
53 years old	1,677	2	12	20	32	28	22	56	494	286	87	92	348	162	24	12
54 years old	1,567	6	8	24	26	26	43	46	444	313	80	89	269	142	35	15
55 years old	1,583	2	13	23	16	14	35	38	454	308	105	95	267	179	10	24
56 years old	1,514	11	8	29	29	17	22	30	488	308	79	77	235	140	25	16
57 years old	1,503	1	8	14	27	13	31	23	497	333	61	72	272	122	14	16
58 years old	1,638	8	12	17	37	32	40	49	527	299	98	82	261	141	17	16
59 years old	1,500	6	16	19	16	17	29	28	517	296	70	63	231	147	26	19
60 years old	1,228	13	15	15	30	26	33	24	409	216	63	77	180	108	5	13
61 years old	1,190	8	8	16	21	10	29	46	446	236	44	56	162	85	15	7
62 years old	1,176	4	10	8	35	29	31	44	452	211	41	38	154	99	7	13
63 years old	1,230	7	17	17	22	24	44	41	424	211	97	45	144	113	3	22
64 years old	1,051	3	17	6	32	16	29	42	448	153	47	32	130	80	7	11
65 years old	1,033	1	16	15	34	5	24	34	455	176	43	46	114	59	9	2
66 years old	1,017	5	20	20	39	27	43	49	394	164	33	20	133	51	8	9
67 years old	839	3	13	24	33	14	24	37	316	164	23	29	107	43	5	5
68 years old	883	7	6	26	42	32	24	35	336	143	48	27	95	42	7	13
69 years old	874	3	19	16	24	27	26	41	351	158	40	31	94	35	5	5
70 years old	854	11	22	25	45	25	30	27	350	122	33	23	90	31	12	8
71 years old	796	6	11	15	35	28	35	40	354	109	21	27	79	27	3	6
72 years old	820	7	15	14	45	19	34	30	377	118	26	10	85	29	6	3
73 years old	745	4	12	23	54	21	32	47	304	105	17	23	69	34	-	1
74 years old	746	5	17	12	24	13	26	45	312	126	22	16	97	25	5	3
75 years old and over	9,103	70	200	231	744	292	438	419	3,731	1,246	336	176	854	315	34	17

- = Quantity zero or rounds to zero.

Table A-19. Educational Attainment of the Population 15 Years Old and Over, by Single Years of Age, Sex, Race, and Hispanic Origin, 2006—Continued

(Numbers in thousands.)

Age, sex, race, and Hispanic origin	Total	None	1st to 4th grade	5th to 6th grade	7th to 8th grade	9th grade	10th grade	11th grade	High school graduate	Some college, no degree	Associate's degree, occupational	Associate's degree, academic	Bachelor's degree	Master's degree	Professional degree	Doctoral degree
BLACK ALONE OR IN COMBINATION																
Both Sexes																
15 years old and over	28,586	146	211	407	1,021	1,284	1,651	2,697	9,351	5,613	995	874	3,006	1,047	168	114
15 years old	738	1	2	9	318	298	85	13	11	-	-	-	-	-	-	-
16 years old	768	2	1	2	90	316	279	64	2	10	-	-	2	-	-	-
17 years old	689	-	2	3	19	84	238	323	17	3	-	-	-	-	-	-
18 years old	627	-	-	-	9	27	79	273	148	85	4	-	-	-	-	-
19 years old	615	-	4	-	7	17	28	133	234	184	4	2	2	-	-	-
20 years old	642	-	-	-	4	13	14	88	259	259	3	4	-	-	-	-
21 years old	646	-	1	4	3	10	18	52	255	260	19	17	5	-	-	1
22 years old	566	-	-	4	4	13	20	48	187	222	7	20	40	-	-	-
23 years old	548	-	-	3	2	3	17	38	219	170	16	23	47	6	-	2
24 years old	610	-	1	-	5	10	12	57	214	183	30	5	83	8	2	-
25 years old	625	-	2	11	1	8	29	65	219	147	20	13	101	8	1	-
26 years old	618	3	-	7	2	15	12	51	237	148	24	18	80	18	2	3
27 years old	564	2	1	1	6	12	10	43	202	131	30	9	98	16	4	-
28 years old	499	1	-	3	-	9	21	29	154	156	20	14	73	17	2	-
29 years old	491	1	-	3	2	10	5	38	183	99	29	13	79	26	-	2
30 years old	553	2	2	5	9	1	15	29	219	121	21	17	76	25	9	-
31 years old	470	-	-	3	3	2	12	37	167	118	16	23	69	14	5	1
32 years old	490	1	-	2	13	5	12	30	164	122	28	24	67	20	2	1
33 years old	557	1	-	8	5	6	23	25	186	115	18	20	106	34	6	3
34 years old	499	-	-	1	6	10	26	30	172	103	14	15	61	40	6	13
35 years old	545	2	7	1	1	8	16	42	197	95	19	21	108	16	11	2
36 years old	532	-	3	2	6	4	10	36	202	98	12	29	75	50	2	4
37 years old	549	2	-	2	2	3	4	33	208	109	28	41	75	32	7	2
38 years old	536	11	2	5	1	3	12	19	236	98	17	20	87	20	2	4
39 years old	514	2	1	-	7	7	17	34	181	122	22	13	82	23	2	-
40 years old	577	6	2	4	2	8	20	35	219	118	23	29	72	27	9	4
41 years old	567	-	-	2	1	7	7	54	212	136	28	20	66	27	5	2
42 years old	558	1	-	4	6	5	20	24	225	116	16	28	79	28	2	2
43 years old	608	-	-	7	7	13	26	46	200	121	34	17	107	25	3	2
44 years old	520	1	1	2	3	18	15	24	168	97	21	22	106	31	5	6
45 years old	552	3	-	8	-	5	17	29	223	97	38	16	91	15	3	6
46 years old	574	3	-	2	8	14	18	28	210	108	29	32	79	39	3	3
47 years old	592	4	3	6	3	14	11	32	231	119	35	41	70	18	6	-
48 years old	522	6	6	2	10	6	37	33	156	124	32	32	53	9	7	10
49 years old	511	-	1	2	10	17	6	31	189	106	25	12	66	38	7	-
50 years old	518	5	2	9	4	12	23	34	190	113	22	26	47	29	1	2
51 years old	488	2	1	2	4	4	21	30	198	86	18	32	54	30	3	2
52 years old	474	2	2	8	8	2	16	48	174	78	22	15	66	28	3	2
53 years old	439	-	-	-	5	8	17	46	166	77	27	10	55	23	5	1
54 years old	411	2	2	3	10	17	16	26	141	94	7	10	57	22	2	3
55 years old	449	-	3	5	8	8	13	36	148	101	25	15	62	20	4	1
56 years old	396	-	3	10	10	6	21	11	135	73	23	16	65	18	3	3
57 years old	338	1	1	4	10	6	13	24	90	61	23	11	62	25	4	4
58 years old	329	-	2	7	14	7	21	29	116	55	14	17	23	20	5	1
59 years old	298	3	4	8	12	4	17	31	99	45	16	13	26	16	-	4
60 years old	265	1	1	8	5	13	7	22	99	49	10	10	15	21	4	-
61 years old	277	4	1	4	9	9	5	32	102	35	12	8	34	19	2	-
62 years old	290	-	8	10	9	13	24	31	102	43	11	13	11	12	-	3
63 years old	267	2	6	4	10	12	16	25	94	40	7	11	12	21	4	2
64 years old	222	2	7	10	9	5	10	28	88	27	5	5	17	5	-	2
65 years old	220	-	7	7	9	9	19	28	74	27	5	3	22	11	-	-
66 years old	202	3	9	6	20	7	10	16	67	32	7	3	15	5	4	-
67 years old	162	-	1	3	6	6	13	18	53	29	4	7	15	6	-	1
68 years old	177	-	7	7	15	14	12	8	59	19	5	2	15	15	-	-
69 years old	186	9	8	1	21	5	11	15	67	26	3	2	9	5	2	-
70 years old	199	1	10	3	13	9	21	22	63	20	9	3	10	10	4	2
71 years old	164	4	6	5	17	7	14	17	54	15	7	1	10	4	-	2
72 years old	173	4	5	6	13	12	14	23	51	17	3	3	15	4	2	-
73 years old	120	2	2	10	6	12	8	7	39	20	3	-	3	6	1	-
74 years old	119	-	10	6	8	4	10	19	30	12	-	6	8	1	-	1
75 years old and over	1,331	43	59	143	190	74	88	99	345	121	22	23	72	41	4	6

- = Quantity zero or rounds to zero.

Table A-19. Educational Attainment of the Population 15 Years Old and Over, by Single Years of Age, Sex, Race, and Hispanic Origin, 2006—Continued

(Numbers in thousands.)

Age, sex, race, and Hispanic origin	Total	None	1st to 4th grade	5th to 6th grade	7th to 8th grade	9th grade	10th grade	11th grade	High school graduate	Some college, no degree	Associate's degree, occupational	Associate's degree, academic	Bachelor's degree	Master's degree	Professional degree	Doctoral degree
Male																
15 years old and over	12,959	71	109	205	497	641	782	1,268	4,479	2,401	422	305	1,249	393	69	68
15 years old	367	-	2	2	168	141	37	12	4	-	-	-	-	-	-	-
16 years old	407	-	-	2	47	167	163	27	-	1	-	-	-	-	-	-
17 years old	324	-	-	2	14	56	110	135	8	-	-	-	-	-	-	-
18 years old	321	-	-	-	6	16	41	151	71	36	-	-	-	-	-	-
19 years old	280	-	4	-	4	8	12	69	107	73	-	2	-	-	-	-
20 years old	332	-	-	-	2	8	6	48	152	115	1	1	-	-	-	-
21 years old	329	-	-	4	-	9	10	32	122	126	15	6	2	-	-	1
22 years old	256	-	-	3	4	2	12	28	99	83	2	5	18	-	-	-
23 years old	268	-	-	3	1	3	8	25	98	92	5	12	18	1	-	2
24 years old	267	-	-	-	4	8	2	22	116	68	13	-	31	-	2	-
25 years old	284	-	-	9	1	6	19	21	117	59	9	2	40	1	-	-
26 years old	306	3	-	5	2	9	9	31	122	68	11	5	38	1	-	1
27 years old	269	-	-	-	-	6	3	35	114	61	15	5	23	5	2	-
28 years old	240	-	-	3	-	4	11	20	64	86	10	5	30	7	-	-
29 years old	199	1	-	-	-	4	1	15	77	35	19	2	37	9	-	-
30 years old	233	-	2	1	5	-	6	2	114	48	9	3	33	7	3	-
31 years old	205	-	-	3	-	2	5	18	84	45	9	7	29	1	-	-
32 years old	224	-	-	-	8	1	2	15	94	50	10	11	28	4	-	-
33 years old	274	1	-	4	4	3	5	11	115	43	4	10	58	11	3	3
34 years old	215	-	-	1	3	3	12	12	84	39	5	3	31	13	2	7
35 years old	229	2	7	1	1	3	7	21	89	38	2	4	43	5	6	-
36 years old	262	-	1	2	3	1	10	25	99	55	6	17	24	16	2	2
37 years old	244	-	-	1	-	2	2	3	100	56	16	16	33	11	2	2
38 years old	259	8	2	4	-	-	7	14	144	44	5	2	20	5	-	2
39 years old	206	-	1	-	4	2	9	18	67	54	9	5	31	7	-	-
40 years old	249	1	-	2	1	4	10	14	106	46	6	10	31	10	3	4
41 years old	276	-	-	2	-	4	4	30	108	65	12	8	32	8	2	2
42 years old	229	-	-	3	3	5	11	12	86	52	10	11	25	10	-	2
43 years old	287	-	-	3	7	8	14	21	98	49	14	4	57	9	1	2
44 years old	233	-	-	2	2	8	8	11	79	44	4	3	57	12	1	2
45 years old	261	3	-	5	-	-	4	10	114	50	19	5	38	5	3	4
46 years old	253	3	-	-	2	10	13	13	95	47	12	8	27	21	-	3
47 years old	280	2	3	-	-	9	5	13	125	50	19	17	24	8	4	-
48 years old	250	4	2	2	5	3	18	22	78	54	17	13	17	5	2	9
49 years old	222	-	1	-	3	15	-	14	85	50	8	7	17	21	3	-
50 years old	250	5	-	4	1	10	18	12	101	35	7	19	24	12	1	-
51 years old	198	2	-	-	1	2	9	4	80	36	10	13	25	14	3	-
52 years old	229	-	2	1	2	-	5	27	94	42	10	3	29	11	3	2
53 years old	192	-	-	-	2	5	8	22	69	29	13	6	25	11	1	1
54 years old	190	2	-	1	3	15	9	7	71	40	3	2	25	8	2	1
55 years old	205	-	-	2	5	3	-	15	85	43	12	3	27	7	2	-
56 years old	193	-	3	3	-	2	14	6	67	28	11	4	40	11	2	3
57 years old	134	-	-	1	5	3	3	4	40	24	7	4	27	13	2	1
58 years old	150	-	-	2	7	3	11	13	54	15	6	7	11	16	2	1
59 years old	129	3	4	4	4	3	5	12	40	20	6	5	11	7	-	4
60 years old	91	-	-	5	3	5	2	13	32	15	3	2	4	5	2	-
61 years old	122	3	1	3	4	6	-	19	43	15	6	2	17	3	-	-
62 years old	123	-	5	10	3	6	4	14	43	18	2	1	9	7	-	-
63 years old	146	-	2	-	8	2	7	11	55	22	3	10	7	15	2	2
64 years old	83	2	5	6	1	2	4	18	27	10	4	1	4	-	-	-
65 years old	99	-	3	3	6	5	9	13	31	8	2	3	10	6	-	-
66 years old	98	-	9	2	11	5	6	4	32	13	5	1	8	1	2	-
67 years old	67	-	-	-	4	-	10	11	27	9	1	2	2	-	-	1
68 years old	78	-	2	5	6	6	8	2	26	13	-	-	3	7	-	-
69 years old	79	1	3	1	11	3	8	4	31	11	-	2	3	1	-	-
70 years old	94	-	7	3	8	4	10	15	27	9	4	-	5	2	-	-
71 years old	50	2	2	3	11	-	5	5	15	3	-	-	3	2	-	-
72 years old	72	2	3	4	1	2	11	12	16	5	2	-	9	2	2	-
73 years old	57	2	-	10	2	5	2	4	14	8	3	-	2	5	-	-
74 years old	47	-	8	1	2	2	2	12	7	4	2	2	3	-	-	1
75 years old and over	443	18	24	60	80	15	17	22	112	46	5	3	21	11	3	5

- = Quantity zero or rounds to zero.

Table A-19. Educational Attainment of the Population 15 Years Old and Over, by Single Years of Age, Sex, Race, and Hispanic Origin, 2006—Continued

(Numbers in thousands.)

Age, sex, race, and Hispanic origin	Total	None	1st to 4th grade	5th to 6th grade	7th to 8th grade	9th grade	10th grade	11th grade	High school graduate	Some college, no degree	Associate's degree, occupational	Associate's degree, academic	Bachelor's degree	Master's degree	Professional degree	Doctoral degree
Female																
15 years old and over	15,627	75	102	202	524	643	869	1,429	4,873	3,212	573	569	1,758	654	99	46
15 years old	371	1	-	7	150	157	47	2	7	-	-	-	-	-	-	-
16 years old	361	2	1	-	43	149	117	37	2	9	-	-	2	-	-	-
17 years old	366	-	2	1	6	28	128	188	9	3	-	-	-	-	-	-
18 years old	305	-	-	-	3	11	38	123	76	49	4	-	-	-	-	-
19 years old	336	-	-	-	3	9	16	64	127	112	4	-	2	-	-	-
20 years old	310	-	-	-	1	5	8	40	107	144	2	2	-	-	-	-
21 years old	317	-	-	-	-	3	1	8	20	133	134	3	11	3	-	-
22 years old	311	-	-	2	-	-	11	9	20	89	139	5	15	22	-	-
23 years old	280	-	-	1	2	-	-	9	13	121	78	10	11	29	6	-
24 years old	343	-	1	-	-	2	10	35	98	116	17	5	52	8	-	-
25 years old	341	-	2	2	-	2	9	44	102	88	12	11	61	7	1	-
26 years old	311	-	-	1	-	6	3	20	114	79	13	13	42	17	2	1
27 years old	295	2	1	1	6	6	7	8	88	71	14	4	76	10	2	-
28 years old	260	1	-	-	-	5	11	9	90	70	10	9	43	10	2	-
29 years old	292	1	-	3	2	6	4	23	106	65	9	11	43	17	-	2
30 years old	320	2	-	4	4	1	9	27	106	74	12	14	43	19	6	-
31 years old	264	-	-	-	3	-	7	18	82	73	8	16	40	12	5	1
32 years old	266	1	-	2	5	4	10	15	70	72	18	12	39	16	2	1
33 years old	283	-	-	4	1	3	18	15	71	72	14	10	48	23	4	-
34 years old	283	-	-	-	4	7	14	18	88	64	9	12	30	27	4	6
35 years old	316	-	-	-	-	5	8	21	108	57	17	17	64	11	5	2
36 years old	270	-	2	-	3	3	-	12	103	42	6	12	51	34	-	2
37 years old	305	2	-	2	2	1	2	30	108	53	12	24	42	21	6	-
38 years old	278	3	-	-	1	3	6	5	91	54	12	17	67	14	2	2
39 years old	307	2	-	-	4	5	8	17	113	68	13	8	51	16	2	-
40 years old	328	4	2	2	1	4	10	21	113	72	16	19	41	18	6	-
41 years old	291	-	-	-	1	3	3	24	104	71	17	12	34	18	3	-
42 years old	328	1	-	1	3	-	8	12	139	64	6	17	54	18	2	1
43 years old	321	-	-	4	-	5	11	25	102	71	21	13	50	16	2	-
44 years old	288	1	1	-	2	11	7	14	89	53	16	19	49	19	4	4
45 years old	291	-	-	3	-	5	12	19	109	47	20	11	53	10	-	3
46 years old	322	-	-	2	6	4	5	15	115	61	17	24	52	19	3	-
47 years old	313	2	-	5	3	5	6	19	106	69	16	23	46	10	2	-
48 years old	271	2	4	-	5	3	19	11	77	70	15	18	36	4	5	2
49 years old	288	-	-	2	7	2	6	18	104	56	17	5	50	18	4	-
50 years old	268	-	2	5	4	2	4	22	90	77	15	6	22	17	-	2
51 years old	290	-	1	2	3	2	12	26	119	50	9	19	28	17	-	2
52 years old	245	2	-	7	6	2	11	22	81	36	11	12	38	17	-	-
53 years old	247	-	-	-	-	3	3	9	24	96	48	15	4	30	12	4	-
54 years old	221	-	2	2	6	2	7	19	70	54	4	9	33	13	-	2
55 years old	245	-	3	3	3	5	12	21	63	59	13	12	34	12	3	1
56 years old	203	-	-	7	9	4	7	6	67	44	13	12	25	7	2	-
57 years old	204	1	1	3	4	3	10	20	50	37	16	6	35	13	2	4
58 years old	179	-	2	5	8	3	10	16	61	39	7	9	12	4	3	-
59 years old	169	-	-	-	4	7	1	13	19	59	25	10	8	15	8	-	-
60 years old	174	1	1	3	1	8	5	9	67	34	7	9	11	16	1	-
61 years old	155	1	-	2	6	3	5	13	59	20	6	6	17	16	2	-
62 years old	167	-	3	-	6	7	20	17	59	24	8	12	2	6	-	3
63 years old	121	2	4	3	3	10	9	14	39	18	5	2	5	6	2	-
64 years old	138	-	-	3	4	8	3	7	10	61	17	2	4	14	5	-	2
65 years old	121	-	4	5	3	4	10	15	44	18	4	-	12	4	-	-
66 years old	103	3	-	4	9	2	4	12	35	19	2	3	7	3	2	-
67 years old	95	-	1	3	2	6	3	8	26	20	3	5	12	6	-	-
68 years old	99	-	5	2	10	8	4	6	33	6	5	2	11	8	-	-
69 years old	108	8	5	-	10	2	3	12	36	16	3	-	6	4	2	-
70 years old	105	1	3	-	5	5	11	7	36	12	5	3	5	7	4	2
71 years old	114	3	5	2	6	7	10	12	39	12	7	1	7	2	-	2
72 years old	101	2	2	2	12	10	4	11	34	12	1	3	6	2	-	-
73 years old	63	-	2	-	4	7	6	4	25	12	-	-	1	2	1	-
74 years old	71	-	-	1	5	6	2	8	7	23	8	-	4	5	1	-	-
75 years old and over	888	26	35	83	110	59	71	77	233	75	17	20	50	30	-	2

- = Quantity zero or rounds to zero.

Table A-19. Educational Attainment of the Population 15 Years Old and Over, by Single Years of Age, Sex, Race, and Hispanic Origin, 2006—Continued

(Numbers in thousands.)

Age, sex, race, and Hispanic origin	Total	None	1st to 4th grade	5th to 6th grade	7th to 8th grade	9th grade	10th grade	11th grade	High school graduate	Some college, no degree	Associate's degree, occupational	Associate's degree, academic	Bachelor's degree	Master's degree	Professional degree	Doctoral degree
ASIAN ALONE OR IN COMBINATION																
Both Sexes																
15 years old and over	10,835	123	141	223	289	317	303	465	2,191	1,502	314	376	2,880	1,093	280	341
15 years old	184	-	-	-	57	103	22	2	1	-	-	-	-	-	-	-
16 years old	198	-	-	-	8	69	91	24	3	2	-	2	-	-	-	-
17 years old	194	-	-	2	3	13	58	101	15	-	-	2	-	-	-	-
18 years old	193	-	-	-	3	1	14	88	39	48	-	-	-	-	-	-
19 years old	137	-	-	-	-	2	2	19	50	60	1	1	-	-	-	-
20 years old	184	-	-	-	-	-	3	4	47	123	2	1	4	-	-	-
21 years old	156	-	-	-	-	3	2	2	32	105	1	3	9	-	-	-
22 years old	196	-	-	-	7	1	2	8	49	70	7	10	41	-	-	-
23 years old	246	-	-	5	-	-	2	16	43	82	4	21	65	5	2	-
24 years old	204	-	-	-	-	5	4	7	49	41	7	1	75	10	2	2
25 years old	231	-	1	4	-	-	6	8	46	55	6	7	81	13	2	3
26 years old	280	-	-	-	-	-	-	7	39	41	6	9	4	128	45	4	2
27 years old	233	-	-	-	-	-	2	3	42	21	11	10	88	47	6	3
28 years old	212	-	-	-	2	3	1	2	33	22	8	15	75	38	4	10
29 years old	209	-	-	2	6	-	-	-	19	32	2	4	90	36	5	12
30 years old	287	-	-	-	-	2	1	8	46	30	8	16	96	63	6	11
31 years old	237	-	-	-	2	-	1	3	33	33	6	10	103	36	2	8
32 years old	242	-	-	2	2	5	3	6	28	27	8	11	82	45	10	14
33 years old	233	-	1	-	2	-	1	4	32	22	11	9	85	51	8	6
34 years old	246	-	1	3	4	4	-	6	39	18	13	12	91	39	15	2
35 years old	252	-	4	1	4	6	-	7	39	25	10	7	71	42	15	20
36 years old	283	2	-	2	4	-	2	2	63	25	19	13	79	50	14	9
37 years old	234	1	-	-	-	5	1	3	36	15	11	7	92	34	7	22
38 years old	214	-	-	2	5	5	4	-	28	26	7	13	71	30	16	5
39 years old	221	-	3	-	4	-	2	8	54	23	2	7	67	31	6	14
40 years old	244	1	8	9	4	1	4	5	47	33	2	8	73	29	10	8
41 years old	197	-	-	6	-	2	-	13	39	27	12	3	61	16	8	8
42 years old	245	2	-	4	4	5	-	9	52	24	8	12	73	36	9	5
43 years old	264	3	3	3	7	8	6	3	68	27	7	15	71	28	6	9
44 years old	182	-	2	2	-	1	1	1	48	30	5	8	44	28	2	10
45 years old	201	7	-	10	5	-	7	1	47	22	6	10	62	14	5	5
46 years old	194	1	1	7	1	2	3	2	58	9	6	6	61	20	4	13
47 years old	163	6	2	2	7	4	4	3	40	20	5	6	45	7	6	8
48 years old	219	3	-	3	2	-	4	2	51	25	12	7	71	21	10	9
49 years old	182	-	2	-	8	4	2	2	37	13	4	14	68	16	3	8
50 years old	183	-	3	4	6	-	1	5	62	16	10	7	45	13	5	7
51 years old	176	3	2	6	14	4	-	3	52	25	3	4	47	12	-	2
52 years old	155	9	2	9	4	2	3	3	24	16	7	7	40	21	2	6
53 years old	195	3	10	3	10	-	-	11	40	25	5	4	54	18	7	6
54 years old	162	-	3	11	5	4	1	4	34	11	7	10	49	12	6	4
55 years old	142	2	9	5	5	6	5	4	17	20	6	2	32	23	2	5
56 years old	180	-	3	5	8	2	7	1	62	14	5	7	45	11	3	5
57 years old	150	2	6	4	5	2	5	7	34	20	2	2	38	14	3	7
58 years old	155	6	3	6	8	5	3	3	43	19	1	4	26	19	3	8
59 years old	110	1	2	7	-	3	-	-	30	14	3	5	29	10	2	5
60 years old	102	2	2	1	3	-	4	-	26	11	1	1	29	9	4	8
61 years old	118	5	-	5	5	1	1	5	31	7	7	2	37	11	-	1
62 years old	79	2	1	2	1	-	3	-	24	9	1	5	23	4	2	1
63 years old	98	4	5	-	5	-	-	4	16	8	6	4	29	11	2	4
64 years old	89	-	2	-	2	3	-	2	14	10	2	2	36	4	2	9
65 years old	100	3	2	4	6	6	3	4	23	8	6	2	25	4	4	1
66 years old	124	-	2	6	-	-	4	2	31	15	3	2	31	14	7	6
67 years old	65	-	5	1	-	-	3	2	17	7	-	-	13	9	5	2
68 years old	78	2	-	5	8	2	2	2	19	5	3	-	19	3	7	1
69 years old	65	-	3	3	2	2	2	2	16	3	-	6	21	2	4	-
70 years old	51	-	4	8	8	-	-	3	6	4	-	4	8	3	1	3
71 years old	32	-	2	-	-	-	1	1	5	4	1	2	13	2	-	-
72 years old	66	5	8	5	-	1	-	4	18	6	-	-	9	1	4	5
73 years old	48	2	2	6	-	-	-	-	11	5	2	6	6	4	1	2
74 years old	49	3	2	6	2	2	-	-	7	8	3	-	6	7	2	-
75 years old and over	465	43	29	43	28	12	7	15	137	35	10	10	49	22	13	13

- = Quantity zero or rounds to zero.

PART A—NATIONAL EDUCATION STATISTICS

Table A-19. Educational Attainment of the Population 15 Years Old and Over, by Single Years of Age, Sex, Race, and Hispanic Origin, 2006—*Continued*

(Numbers in thousands.)

Age, sex, race, and Hispanic origin	Total	None	1st to 4th grade	5th to 6th grade	7th to 8th grade	9th grade	10th grade	11th grade	High school graduate	Some college, no degree	Associate's degree, occupational	Associate's degree, academic	Bachelor's degree	Master's degree	Professional degree	Doctoral degree
Male																
15 years old and over	5,174	31	53	85	116	158	155	229	1,071	701	157	154	1,302	566	160	237
15 years old	100	-	-	-	34	59	7	-	1	-	-	-	-	-	-	-
16 years old	102	-	-	-	3	36	47	14	-	-	-	2	-	-	-	-
17 years old	98	-	-	-	2	11	31	47	7	-	-	-	-	-	-	-
18 years old	101	-	-	-	-	1	9	46	20	25	-	-	-	-	-	-
19 years old	63	-	-	-	-	-	2	2	10	25	22	-	1	-	-	-
20 years old	98	-	-	-	-	-	1	2	25	65	-	1	4	-	-	-
21 years old	79	-	-	-	3	2	-	1	22	50	-	-	2	-	-	-
22 years old	104	-	-	-	-	-	2	2	35	30	6	6	22	-	-	-
23 years old	115	-	-	5	-	-	2	6	27	42	-	4	23	3	2	-
24 years old	112	-	-	-	-	-	-	5	32	22	4	-	46	-	-	2
25 years old	120	-	1	4	-	-	2	6	28	19	3	5	39	11	-	2
26 years old	133	-	-	-	-	-	-	1	22	22	5	-	62	18	-	2
27 years old	111	-	-	-	-	-	2	-	23	12	1	4	45	21	-	3
28 years old	100	-	-	-	-	-	-	2	15	11	5	11	33	15	2	8
29 years old	108	-	-	2	-	-	-	-	10	19	2	1	39	25	4	6
30 years old	121	-	-	-	-	2	-	7	18	13	2	7	32	29	4	6
31 years old	116	-	-	-	-	-	-	2	12	21	5	4	40	25	2	5
32 years old	124	-	-	-	-	-	-	2	15	11	7	10	43	26	2	8
33 years old	114	-	-	-	2	-	1	3	6	14	5	2	51	22	4	4
34 years old	113	-	-	1	2	-	-	3	24	5	8	4	35	25	7	-
35 years old	124	-	3	-	4	-	-	7	23	10	7	5	23	21	7	14
36 years old	120	-	-	-	2	-	-	2	33	10	7	6	27	24	4	5
37 years old	116	1	-	-	-	5	1	3	16	7	5	-	45	14	1	19
38 years old	107	-	-	-	4	2	2	-	16	8	6	8	30	17	12	2
39 years old	112	-	-	-	2	-	2	5	28	8	1	1	37	21	-	7
40 years old	125	-	3	7	2	1	4	-	19	21	-	2	39	14	8	5
41 years old	116	-	-	6	-	1	-	9	26	15	12	-	24	10	5	6
42 years old	116	-	-	-	2	2	-	9	26	16	2	2	29	15	7	5
43 years old	127	1	1	-	2	6	4	2	37	11	2	3	33	16	4	5
44 years old	85	-	2	2	-	-	1	1	20	13	3	3	20	12	-	8
45 years old	97	-	-	4	-	-	2	1	20	12	5	7	38	4	-	3
46 years old	82	-	-	4	-	-	3	1	33	4	-	1	16	11	1	8
47 years old	72	2	2	2	2	-	2	1	17	8	2	2	24	4	2	4
48 years old	103	1	-	1	-	-	3	-	23	9	7	2	26	15	7	8
49 years old	93	-	-	-	2	2	1	2	20	2	2	3	42	6	3	8
50 years old	81	-	2	-	2	-	-	1	27	7	4	2	19	10	2	4
51 years old	78	2	-	4	10	2	-	1	19	12	-	2	14	9	-	2
52 years old	67	7	-	7	2	-	1	-	11	6	3	5	11	10	-	5
53 years old	103	2	2	-	6	-	-	6	24	13	4	4	25	9	4	6
54 years old	74	-	-	3	2	-	-	2	15	2	5	6	28	4	4	-
55 years old	71	-	2	-	3	3	5	1	6	11	3	1	14	16	2	3
56 years old	68	-	-	4	2	2	2	1	26	5	2	1	13	6	1	4
57 years old	84	-	4	1	-	4	1	3	22	16	1	-	19	5	2	7
58 years old	58	4	1	-	6	2	2	2	9	5	1	-	12	9	3	3
59 years old	52	-	-	-	-	1	-	-	18	4	-	5	14	5	2	4
60 years old	51	-	2	-	-	-	2	-	14	3	1	-	17	2	2	8
61 years old	51	2	-	4	2	-	1	2	12	5	2	-	12	8	-	1
62 years old	36	-	1	-	-	-	-	-	15	4	-	-	11	2	2	1
63 years old	50	-	2	-	3	-	-	2	6	1	4	2	15	9	2	4
64 years old	42	-	2	-	2	1	-	-	1	6	-	2	14	3	2	8
65 years old	30	1	-	2	-	3	-	-	6	3	2	2	9	-	2	1
66 years old	64	-	-	5	-	-	-	-	17	3	3	2	11	10	7	5
67 years old	34	-	-	-	-	-	3	-	9	4	-	-	5	5	5	2
68 years old	37	-	-	-	2	2	-	1	7	4	-	-	13	-	5	1
69 years old	23	-	1	-	-	-	-	-	7	2	-	-	7	2	4	-
70 years old	24	-	2	-	2	-	-	2	3	2	-	2	6	2	1	2
71 years old	15	-	-	-	-	-	-	1	-	1	-	-	9	2	-	-
72 years old	34	1	4	-	-	-	1	3	9	4	-	-	2	1	4	5
73 years old	11	-	-	-	-	-	-	-	6	1	-	2	1	-	1	-
74 years old	21	-	-	-	-	2	-	-	1	4	2	-	6	3	2	-
75 years old and over	184	7	12	16	6	4	4	-	55	14	4	6	24	12	12	6

- = Quantity zero or rounds to zero.

Table A-19. Educational Attainment of the Population 15 Years Old and Over, by Single Years of Age, Sex, Race, and Hispanic Origin, 2006—Continued

(Numbers in thousands.)

Age, sex, race, and Hispanic origin	Total	None	1st to 4th grade	5th to 6th grade	7th to 8th grade	9th grade	10th grade	11th grade	High school graduate	Some college, no degree	Associate's degree, occupational	Associate's degree, academic	Bachelor's degree	Master's degree	Professional degree	Doctoral degree
Female																
15 years old and over	5,661	92	87	139	172	158	148	236	1,119	801	157	222	1,578	527	120	105
15 years old	84	-	-	-	23	44	15	2	-	-	-	-	-	-	-	-
16 years old	97	-	-	-	5	33	44	10	3	2	-	-	-	-	-	-
17 years old	96	-	-	2	1	2	28	53	8	-	-	2	-	-	-	-
18 years old	92	-	-	-	3	-	5	42	19	23	-	-	-	-	-	-
19 years old	74	-	-	-	-	-	-	9	25	38	1	-	-	-	-	-
20 years old	86	-	-	-	-	-	2	2	22	58	2	-	-	-	-	-
21 years old	77	-	-	-	-	-	-	1	10	55	1	3	7	-	-	-
22 years old	92	-	-	-	7	1	-	6	14	40	1	4	19	-	-	-
23 years old	131	-	-	-	-	-	-	9	16	40	4	17	42	2	1	-
24 years old	92	-	-	-	-	5	4	2	16	19	3	1	29	10	2	-
25 years old	110	-	-	-	-	-	4	2	19	36	2	3	41	2	2	1
26 years old	147	-	-	-	-	-	-	6	17	19	4	4	66	27	4	1
27 years old	122	-	-	-	-	-	-	3	19	9	10	6	43	26	6	1
28 years old	112	-	-	-	2	3	1	-	18	12	3	4	42	23	1	2
29 years old	100	-	-	-	6	-	-	-	9	13	1	3	51	11	1	6
30 years old	166	-	-	-	-	-	1	1	28	17	6	8	64	33	2	5
31 years old	121	-	-	-	2	-	1	1	21	12	-	7	63	11	-	3
32 years old	118	-	-	2	2	5	3	4	13	15	1	-	39	19	8	6
33 years old	119	-	1	-	-	-	-	1	26	8	6	7	34	29	5	2
34 years old	133	-	1	2	2	4	-	3	15	13	6	8	56	14	8	2
35 years old	129	-	2	1	-	6	-	1	16	15	3	2	47	21	8	6
36 years old	163	2	-	2	2	-	2	-	30	15	13	6	52	26	10	5
37 years old	117	-	-	-	-	-	-	-	20	8	6	7	47	20	6	3
38 years old	107	-	-	2	2	3	2	-	12	18	1	5	41	13	4	3
39 years old	109	-	3	-	2	-	-	3	26	14	1	6	31	10	6	7
40 years old	119	1	5	2	2	-	-	5	28	12	2	6	34	15	2	3
41 years old	81	-	-	-	-	1	-	4	14	11	-	3	37	6	2	2
42 years old	130	2	-	4	2	3	-	-	26	8	6	10	45	21	2	-
43 years old	137	1	1	3	5	2	2	1	31	17	4	13	38	12	2	4
44 years old	96	-	-	-	-	1	-	-	28	17	2	5	24	16	2	2
45 years old	103	7	-	6	5	-	4	-	27	10	1	3	24	10	5	1
46 years old	112	1	-	3	1	2	-	2	25	5	6	5	45	9	3	5
47 years old	91	4	-	-	5	4	2	2	23	12	3	4	21	3	4	4
48 years old	116	2	-	1	2	-	1	2	27	16	5	5	45	5	3	1
49 years old	89	-	2	-	6	2	1	-	17	11	2	11	26	11	1	-
50 years old	102	-	1	4	4	-	1	4	35	9	6	5	26	3	2	4
51 years old	98	1	2	2	4	2	-	1	33	13	2	2	33	4	-	-
52 years old	87	2	2	2	2	2	2	3	13	10	4	2	29	11	2	2
53 years old	92	1	8	2	4	-	-	5	16	12	-	-	29	9	3	-
54 years old	88	-	2	8	3	4	1	1	19	9	2	4	21	8	2	4
55 years old	71	2	7	5	1	3	-	3	11	9	2	1	18	6	-	2
56 years old	112	-	3	2	7	-	5	-	36	9	3	6	33	5	2	1
57 years old	66	2	2	4	5	2	-	4	12	4	1	2	18	9	2	-
58 years old	97	2	2	6	2	3	1	1	34	14	-	4	14	10	-	4
59 years old	58	1	2	7	-	2	-	-	12	10	3	-	15	5	-	1
60 years old	51	2	-	1	3	-	2	-	12	8	1	1	12	8	3	-
61 years old	67	3	-	2	4	-	-	4	19	2	4	2	24	3	-	-
62 years old	43	2	-	2	1	-	3	-	9	5	1	5	12	2	-	-
63 years old	48	4	3	-	3	-	-	2	10	8	2	2	14	2	-	-
64 years old	47	-	-	-	-	2	-	2	13	4	2	-	22	2	-	1
65 years old	70	2	2	2	6	3	3	4	17	5	5	-	16	4	2	-
66 years old	60	-	2	-	-	-	4	2	14	12	-	-	20	4	-	1
67 years old	31	-	5	1	-	-	-	2	9	2	-	-	8	4	-	-
68 years old	41	2	-	4	5	-	-	1	12	1	3	-	7	3	2	-
69 years old	42	-	2	3	2	2	2	2	9	1	-	6	14	-	-	-
70 years old	26	-	1	8	6	-	-	-	3	3	-	2	2	1	-	1
71 years old	17	-	1	-	-	-	1	-	5	3	-	2	5	-	-	-
72 years old	32	4	4	5	-	-	-	1	9	2	-	-	7	-	-	-
73 years old	37	2	2	6	-	-	-	-	6	4	2	4	5	4	-	2
74 years old	28	2	2	5	2	-	-	-	6	4	1	-	-	3	-	-
75 years old and over	282	36	17	27	22	8	3	14	82	20	7	4	25	10	-	6

- = Quantity zero or rounds to zero.

PART A—NATIONAL EDUCATION STATISTICS 139

Table A-19. Educational Attainment of the Population 15 Years Old and Over, by Single Years of Age, Sex, Race, and Hispanic Origin, 2006—*Continued*

(Numbers in thousands.)

Age, sex, race, and Hispanic origin	Total	None	1st to 4th grade	5th to 6th grade	7th to 8th grade	9th grade	10th grade	11th grade	High school graduate	Some college, no degree	Associate's degree, occupational	Associate's degree, academic	Bachelor's degree	Master's degree	Professional degree	Doctoral degree
HISPANIC[1]																
Both Sexes																
15 years old and over	30,640	541	1,343	2,709	2,086	2,426	1,737	2,781	8,276	4,140	817	733	2,197	578	178	97
15 years old	757	3	1	4	283	353	99	14	-	-	-	-	-	-	-	-
16 years old	829	-	1	4	81	314	313	104	10	2	-	-	-	-	-	-
17 years old	689	1	-	5	35	69	264	293	17	4	-	-	-	-	-	-
18 years old	619	1	6	4	18	27	67	288	129	78	-	-	-	-	-	-
19 years old	620	5	6	21	20	24	28	122	232	156	3	1	1	-	-	-
20 years old	732	1	6	28	22	34	31	99	236	249	13	9	2	-	1	-
21 years old	695	3	16	43	27	46	30	67	262	161	18	11	9	1	1	-
22 years old	733	8	14	42	35	54	32	87	216	187	17	28	13	1	-	-
23 years old	746	1	9	46	41	36	23	70	275	164	16	14	43	7	-	-
24 years old	721	6	11	44	31	57	24	53	227	164	20	21	61	2	-	-
25 years old	913	6	22	80	44	88	32	85	290	154	15	39	53	4	-	-
26 years old	839	4	17	84	46	55	22	68	286	123	31	27	72	5	-	-
27 years old	698	11	20	66	48	44	26	54	220	105	15	27	55	8	-	-
28 years old	852	8	23	61	58	56	34	75	256	122	35	38	67	15	3	2
29 years old	786	6	28	70	22	59	23	58	239	133	28	18	80	19	2	2
30 years old	877	15	29	81	30	48	35	65	285	124	35	24	86	11	6	2
31 years old	743	6	22	65	28	60	25	66	239	83	21	31	73	23	3	-
32 years old	708	9	17	70	36	50	26	55	207	114	15	19	66	17	8	-
33 years old	763	9	26	71	49	49	27	67	222	105	22	16	71	20	8	3
34 years old	673	9	16	81	38	40	17	40	205	87	22	24	68	17	7	2
35 years old	821	12	33	79	43	43	26	67	220	120	22	22	98	25	8	1
36 years old	720	18	24	67	50	58	24	48	201	88	25	18	60	23	9	8
37 years old	605	4	16	55	28	58	17	63	165	80	24	12	58	21	4	-
38 years old	684	12	37	91	42	43	18	45	217	64	20	21	55	15	3	1
39 years old	579	6	18	72	31	38	18	41	174	65	12	23	62	14	4	-
40 years old	681	13	28	72	36	36	13	43	209	83	20	19	89	18	2	1
41 years old	551	9	18	57	24	29	19	29	175	72	25	12	61	14	6	1
42 years old	661	11	25	67	44	33	32	48	198	78	20	23	58	17	6	-
43 years old	640	7	24	71	47	34	29	44	186	80	27	12	56	14	4	6
44 years old	522	9	17	59	42	25	13	46	159	52	14	16	46	16	4	3
45 years old	613	20	23	54	30	28	23	37	187	76	22	21	58	16	13	6
46 years old	497	4	26	52	20	33	21	25	142	65	16	13	58	15	6	2
47 years old	481	4	26	64	37	26	16	22	135	56	15	17	43	11	6	4
48 years old	449	7	28	49	29	27	19	28	100	75	16	13	37	12	6	3
49 years old	420	9	27	41	28	37	15	19	100	65	14	13	31	15	3	2
50 years old	467	8	14	67	24	24	24	26	123	62	17	11	43	15	3	5
51 years old	428	9	29	58	19	21	21	18	111	58	23	5	39	12	-	4
52 years old	370	13	31	41	21	12	14	28	92	47	13	9	26	15	3	3
53 years old	356	5	27	38	20	22	14	16	93	50	8	10	31	18	1	2
54 years old	316	10	19	37	20	11	24	24	83	40	8	11	14	7	6	2
55 years old	350	8	23	33	18	8	3	12	102	49	11	7	44	15	3	13
56 years old	294	10	21	41	23	19	7	14	65	43	10	8	20	9	5	-
57 years old	268	-	13	30	28	15	6	4	64	42	5	5	46	5	2	2
58 years old	297	15	16	26	24	15	13	16	80	44	4	13	22	7	1	2
59 years old	234	8	16	17	19	15	8	18	68	18	5	8	20	12	-	1
60 years old	213	13	14	11	22	12	8	12	65	25	7	4	16	4	-	-
61 years old	232	17	24	25	16	1	3	9	66	26	13	9	16	5	1	-
62 years old	207	-	20	12	26	7	18	17	56	23	9	2	7	8	1	1
63 years old	219	7	17	26	20	16	9	19	46	18	10	6	12	9	5	-
64 years old	156	2	25	12	14	9	-	6	47	16	7	-	18	-	-	-
65 years old	139	2	17	15	14	5	9	4	46	7	6	-	6	6	2	-
66 years old	165	9	23	28	12	9	7	4	36	13	1	3	10	7	1	2
67 years old	147	5	17	13	17	10	4	6	55	11	3	2	4	-	-	-
68 years old	179	9	23	23	19	11	7	6	40	12	5	4	13	6	-	1
69 years old	138	9	27	16	11	7	5	4	31	12	2	-	9	4	-	-
70 years old	137	10	16	17	19	3	3	6	30	8	4	-	15	1	5	-
71 years old	120	6	15	20	13	3	6	8	29	8	4	-	9	-	-	-
72 years old	155	3	28	16	10	12	3	8	36	23	5	-	7	1	1	2
73 years old	93	4	12	18	15	7	3	6	8	6	5	-	3	2	1	3
74 years old	95	6	16	13	11	6	1	9	18	6	-	1	4	1	2	1
75 years old and over	949	96	179	141	108	35	34	45	168	37	13	13	56	14	9	1

[1] May be of any race.
- = Quantity zero or rounds to zero.

Table A-19. Educational Attainment of the Population 15 Years Old and Over, by Single Years of Age, Sex, Race, and Hispanic Origin, 2006—*Continued*

(Numbers in thousands.)

Age, sex, race, and Hispanic origin	Total	None	1st to 4th grade	5th to 6th grade	7th to 8th grade	9th grade	10th grade	11th grade	High school graduate	Some college, no degree	Associate's degree, occupational	Associate's degree, academic	Bachelor's degree	Master's degree	Professional degree	Doctoral degree
Male																
15 years old and over	15,779	301	711	1,480	1,060	1,296	876	1,472	4,347	2,046	381	314	1,055	272	111	57
15 years old	387	1	-	4	152	174	49	7	-	-	-	-	-	-	-	-
16 years old	418	-	1	1	45	174	155	37	5	-	-	-	-	-	-	-
17 years old	353	1	-	5	23	39	124	152	7	1	-	-	-	-	-	-
18 years old	322	-	5	4	11	13	43	138	69	38	-	-	-	-	-	-
19 years old	315	4	6	17	11	14	19	75	102	65	-	-	1	-	-	-
20 years old	405	1	2	16	17	19	23	63	132	118	10	1	2	-	1	-
21 years old	386	3	14	26	18	33	15	41	145	69	10	5	7	1	-	-
22 years old	386	3	7	28	15	37	15	38	125	89	8	15	6	-	-	-
23 years old	376	1	6	24	21	18	12	43	139	80	4	6	19	3	-	-
24 years old	389	5	10	20	17	33	19	35	122	88	9	10	19	1	-	-
25 years old	533	5	15	63	29	59	16	49	169	79	9	20	19	-	-	-
26 years old	486	4	10	60	32	29	11	36	170	71	19	15	29	-	-	-
27 years old	368	7	13	33	33	20	12	26	122	59	5	9	23	5	-	-
28 years old	473	5	11	38	33	34	18	40	153	71	20	21	22	6	1	1
29 years old	418	6	21	41	5	42	10	34	120	72	14	4	37	10	2	-
30 years old	497	9	16	55	20	24	24	32	159	73	16	14	46	4	2	2
31 years old	383	4	16	40	11	34	12	42	125	33	9	11	32	13	3	-
32 years old	378	6	14	42	14	25	14	33	119	57	9	2	29	10	6	-
33 years old	396	-	15	37	27	21	15	42	115	52	9	8	33	13	5	2
34 years old	347	4	8	52	18	23	7	22	108	44	6	12	33	6	3	1
35 years old	459	8	16	60	27	21	10	40	123	62	11	8	52	15	6	1
36 years old	376	14	11	36	31	31	16	24	113	42	14	7	21	9	5	3
37 years old	310	4	12	40	21	30	9	35	77	30	8	5	28	8	3	-
38 years old	366	9	25	49	27	25	11	30	126	21	12	7	22	1	-	1
39 years old	283	4	8	34	17	19	10	21	86	27	7	10	30	8	2	-
40 years old	377	8	15	44	23	25	5	17	122	42	11	8	46	8	2	1
41 years old	286	8	10	39	10	13	5	9	103	36	14	5	24	8	1	1
42 years old	331	8	11	35	24	13	15	28	93	45	11	10	31	4	4	-
43 years old	336	3	12	37	27	15	15	24	99	42	11	7	33	6	2	2
44 years old	264	5	13	29	15	10	3	31	83	25	5	4	27	9	2	2
45 years old	302	12	14	23	16	17	6	20	95	38	10	10	27	6	7	-
46 years old	239	4	9	31	12	19	5	12	60	28	8	3	28	11	6	1
47 years old	250	2	10	30	15	13	12	13	71	32	5	11	24	8	1	3
48 years old	231	5	20	31	7	16	12	12	59	31	8	6	15	7	1	-
49 years old	214	7	14	26	10	14	9	12	46	31	5	4	20	9	3	2
50 years old	265	5	8	38	13	15	14	11	70	37	8	6	27	7	3	4
51 years old	201	9	21	27	7	12	13	5	51	24	4	2	16	6	-	4
52 years old	202	8	20	18	4	6	9	8	68	33	6	3	11	5	2	1
53 years old	164	2	15	16	12	10	8	9	34	27	6	5	12	7	-	2
54 years old	144	7	13	15	5	4	7	12	46	14	2	3	7	4	2	1
55 years old	168	7	9	12	11	2	1	3	57	20	4	1	24	6	1	9
56 years old	130	-	13	18	7	10	6	5	26	20	1	2	11	7	4	-
57 years old	149	-	5	19	18	9	1	1	34	16	5	5	31	1	2	-
58 years old	128	7	5	11	10	8	5	12	32	14	4	1	15	3	1	-
59 years old	128	2	6	7	15	11	7	14	35	9	2	6	7	7	-	1
60 years old	95	3	5	5	6	2	5	9	31	11	-	2	11	4	-	-
61 years old	105	9	17	14	7	-	2	4	19	11	6	4	7	3	1	-
62 years old	101	-	8	7	13	1	11	12	20	12	6	2	6	1	-	1
63 years old	99	-	9	7	6	5	-	14	24	12	3	3	11	-	5	-
64 years old	76	-	10	11	-	6	-	1	18	10	6	-	13	-	-	-
65 years old	67	2	6	4	3	3	8	2	25	3	3	-	3	3	2	-
66 years old	74	4	10	8	4	3	7	-	19	9	1	-	3	4	1	2
67 years old	73	3	11	2	4	7	1	6	28	5	2	2	2	-	-	-
68 years old	77	6	15	10	7	5	2	-	15	7	1	-	5	3	-	1
69 years old	68	6	13	6	7	4	1	1	16	7	2	-	3	3	-	-
70 years old	50	2	5	6	10	-	3	-	5	3	2	-	9	1	4	-
71 years old	46	1	5	11	4	-	1	2	13	5	-	-	3	-	-	-
72 years old	68	1	19	7	4	4	1	-	13	13	1	-	1	1	1	2
73 years old	40	2	6	7	2	-	-	1	5	6	3	-	2	2	1	3
74 years old	40	3	7	4	5	3	-	1	10	3	-	1	2	-	2	-
75 years old and over	384	44	60	43	43	21	8	23	68	21	7	5	27	5	7	1

- = Quantity zero or rounds to zero.

Table A-19. Educational Attainment of the Population 15 Years Old and Over, by Single Years of Age, Sex, Race, and Hispanic Origin, 2006—Continued

(Numbers in thousands.)

Age, sex, race, and Hispanic origin	Total	None	1st to 4th grade	5th to 6th grade	7th to 8th grade	9th grade	10th grade	11th grade	High school graduate	Some college, no degree	Associate's degree, occupational	Associate's degree, academic	Bachelor's degree	Master's degree	Professional degree	Doctoral degree
Female																
15 years old and over	14,861	240	633	1,229	1,026	1,129	860	1,310	3,929	2,094	437	419	1,142	307	66	40
15 years old	370	2	1	-	131	179	51	7	-	-	-	-	-	-	-	-
16 years old	411	-	-	3	36	140	158	67	5	2	-	-	-	-	-	-
17 years old	336	-	-	-	12	29	140	141	9	3	-	-	-	-	-	-
18 years old	297	1	1	-	8	14	24	150	60	40	-	-	-	-	-	-
19 years old	305	1	-	4	9	10	9	47	130	90	3	1	-	-	-	-
20 years old	327	-	4	12	5	15	9	35	104	132	3	8	-	-	-	-
21 years old	309	-	2	17	9	13	16	26	117	93	7	6	2	-	1	-
22 years old	347	4	7	14	19	16	17	49	90	99	9	13	7	1	-	-
23 years old	371	-	4	22	20	17	11	27	136	84	11	9	24	4	-	-
24 years old	332	-	1	24	14	24	5	18	105	76	11	11	42	1	-	-
25 years old	380	2	7	17	15	30	16	36	121	74	6	18	34	4	-	-
26 years old	353	-	7	24	14	26	11	32	116	51	12	12	43	5	-	-
27 years old	330	4	7	33	15	25	14	29	98	45	9	18	31	3	-	-
28 years old	378	3	12	23	24	22	15	36	103	51	15	18	45	9	2	1
29 years old	368	-	7	29	17	18	12	24	119	61	13	14	43	8	1	2
30 years old	380	5	13	27	10	24	10	33	126	51	19	10	40	7	4	-
31 years old	360	2	6	25	17	26	13	24	114	50	12	19	41	10	-	-
32 years old	330	3	4	28	22	25	12	22	88	58	7	16	37	7	2	-
33 years old	367	9	10	34	22	28	12	24	107	53	13	8	38	7	3	-
34 years old	325	5	7	29	20	16	10	18	97	43	17	11	36	10	4	1
35 years old	361	4	17	19	17	23	16	27	98	58	11	14	46	10	1	-
36 years old	344	4	13	31	19	28	8	23	88	47	11	11	39	14	4	5
37 years old	296	-	5	15	7	28	8	29	88	50	16	7	30	14	1	-
38 years old	318	3	12	42	15	17	8	15	91	43	8	14	33	13	3	-
39 years old	296	1	10	38	14	20	8	20	88	38	5	13	32	6	2	-
40 years old	304	5	13	28	14	11	8	26	87	40	9	11	43	9	-	-
41 years old	265	1	8	18	15	16	14	20	72	35	11	7	36	6	5	-
42 years old	330	3	14	32	20	20	16	20	105	34	10	13	27	13	2	-
43 years old	304	4	13	34	20	18	14	20	86	39	15	5	23	9	1	4
44 years old	258	4	4	29	27	15	10	16	76	27	9	12	19	7	2	2
45 years old	311	8	9	31	15	11	17	17	91	37	12	11	31	10	7	6
46 years old	258	-	17	21	8	14	16	13	82	36	8	9	30	4	-	1
47 years old	231	2	17	34	22	13	4	8	63	24	10	6	19	3	4	1
48 years old	218	2	8	18	22	11	6	16	41	44	8	7	22	5	5	3
49 years old	206	2	12	15	17	23	6	8	54	34	9	9	11	6	-	-
50 years old	202	3	6	29	11	9	10	14	54	25	10	5	16	8	-	1
51 years old	227	-	8	31	12	9	9	13	60	34	18	2	24	6	-	-
52 years old	168	5	11	23	17	7	6	20	24	14	7	6	15	11	1	1
53 years old	192	3	12	22	9	12	6	7	60	23	2	5	19	11	1	-
54 years old	172	3	6	21	16	7	17	12	37	26	6	8	7	3	3	1
55 years old	182	2	14	21	8	7	2	9	44	28	7	5	20	8	1	5
56 years old	164	10	7	23	15	10	1	8	39	23	9	6	8	3	2	-
57 years old	119	-	8	11	10	6	5	3	30	26	1	-	14	4	-	2
58 years old	169	8	11	15	13	7	8	4	47	31	-	12	7	4	-	2
59 years old	105	6	10	11	5	4	2	4	33	8	3	2	13	5	-	-
60 years old	118	10	10	7	16	10	3	2	34	13	7	2	4	-	-	-
61 years old	127	8	8	11	8	1	2	5	47	15	7	5	9	1	-	-
62 years old	106	-	12	5	13	6	7	5	36	11	3	-	1	7	1	-
63 years old	120	7	8	18	14	11	9	5	21	6	7	3	1	9	-	-
64 years old	80	2	14	1	13	3	-	5	29	6	2	-	5	-	-	-
65 years old	71	-	11	11	11	1	1	1	20	5	3	-	3	3	-	-
66 years old	91	5	13	20	8	6	-	4	18	4	-	3	7	3	-	-
67 years old	74	3	6	11	12	3	3	-	27	6	1	-	2	-	-	-
68 years old	102	3	8	13	12	6	5	6	25	4	4	4	8	3	-	-
69 years old	70	3	14	10	4	3	4	3	15	5	-	-	6	2	-	-
70 years old	86	8	11	10	9	3	1	6	25	5	3	-	5	-	2	-
71 years old	74	4	9	9	9	3	4	6	15	4	4	-	5	-	-	-
72 years old	87	2	9	9	6	7	2	8	24	10	4	2	6	-	-	-
73 years old	53	3	6	11	13	7	3	5	3	-	2	-	1	-	-	-
74 years old	55	3	9	9	7	3	1	8	8	3	-	-	2	1	-	1
75 years old and over	565	53	119	99	65	14	26	22	100	16	6	8	29	9	1	-

- = Quantity zero or rounds to zero.

Table A-20. Educational Attainment of the Population 15 Years Old and Over, by Marital Status, Age, Sex, Race, and Hispanic Origin, 2006

(Numbers in thousands.)

Age, sex, race, Hispanic origin, and marital status	Total	None to 8th grade	9th to 11th grade	High school graduate	Some college, no degree	Associate degree	Bachelor's degree	Master's degree	Professional degree	Doctoral degree
ALL RACES										
Both Sexes										
15 years old and over										
Total	233,194	14,922	32,040	69,548	42,464	18,151	37,334	13,184	3,061	2,489
Never married	68,602	4,668	18,248	16,530	14,486	3,534	8,308	2,028	402	399
Married spouse present	119,074	6,050	8,483	36,989	20,042	10,892	23,561	9,052	2,264	1,741
Married spouse absent, not separated	3,801	662	488	1,149	528	231	466	162	71	45
Separated	4,964	506	766	1,741	869	395	450	188	32	17
Widowed	13,935	2,103	1,986	5,299	1,819	768	1,257	533	90	79
Divorced	22,817	934	2,071	7,839	4,719	2,331	3,292	1,221	202	207
15 to 17 years old										
Total	13,344	2,426	10,710	147	52	5	3	-	-	1
Never married	13,180	2,382	10,609	133	47	5	3	-	-	1
Married spouse present	40	5	24	9	1	-	-	-	-	-
Married spouse absent, not separated	17	6	11	-	-	-	-	-	-	-
Separated	53	18	34	1	-	-	-	-	-	-
Widowed	7	-	4	2	-	-	-	-	-	-
Divorced	48	14	28	2	4	-	-	-	-	-
18 to 24 years old										
Total	27,965	754	5,176	8,503	9,801	1,387	2,178	131	11	24
Never married	23,820	527	4,587	6,828	8,840	1,069	1,826	106	11	24
Married spouse present	3,361	178	460	1,333	786	262	319	22	-	-
Married spouse absent, not separated	239	32	51	101	25	16	15	-	-	-
Separated	264	8	47	103	78	15	10	3	-	-
Widowed	36	5	8	15	4	-	4	-	-	-
Divorced	246	3	22	123	68	25	5	-	-	-
25 to 34 years old										
Total	39,480	1,769	3,375	11,302	7,543	3,685	8,617	2,408	466	316
Never married	15,684	651	1,469	4,577	2,992	1,254	3,609	830	179	125
Married spouse present	19,783	861	1,407	5,371	3,628	1,995	4,609	1,455	280	177
Married spouse absent, not separated	754	149	108	210	114	47	80	42	2	2
Separated	972	60	167	347	201	102	64	26	5	1
Widowed	115	3	17	39	22	12	20	2	-	-
Divorced	2,171	46	208	759	586	276	235	51	-	11
35 to 44 years old										
Total	43,121	1,917	3,199	13,136	7,247	4,235	9,089	3,013	757	528
Never married	7,674	401	820	2,599	1,245	579	1,424	425	101	80
Married spouse present	27,464	1,049	1,557	7,731	4,422	2,876	6,528	2,286	606	409
Married spouse absent, not separated	842	183	107	233	123	34	125	25	5	8
Separated	1,316	112	188	493	229	113	129	39	6	6
Widowed	398	24	47	139	67	50	50	17	2	2
Divorced	5,427	148	481	1,940	1,162	583	833	221	37	23
45 to 54 years old										
Total	42,797	1,818	3,072	13,500	7,444	4,392	8,113	3,131	768	559
Never married	4,853	283	435	1,476	816	407	922	361	78	74
Married spouse present	28,023	1,041	1,724	8,616	4,732	2,972	5,710	2,251	569	408
Married spouse absent, not separated	773	91	81	219	122	66	117	33	33	11
Separated	1,294	114	173	455	208	83	158	80	16	8
Widowed	898	68	103	315	148	87	112	54	8	3
Divorced	6,956	221	557	2,419	1,418	778	1,094	351	64	55
55 to 64 years old										
Total	30,981	1,638	2,296	9,925	5,450	2,636	5,182	2,721	522	610
Never married	2,086	200	205	531	383	155	342	192	26	54
Married spouse present	20,981	893	1,322	6,787	3,617	1,787	3,797	1,933	393	453
Married spouse absent, not separated	517	78	52	156	66	33	59	35	21	18
Separated	653	91	94	221	96	62	64	23	-	2
Widowed	1,864	201	209	706	301	139	159	112	17	21
Divorced	4,880	176	415	1,525	988	461	761	427	65	63
65 years old and over										
Total	35,505	4,601	4,211	13,035	4,926	1,811	4,153	1,780	538	451
Never married	1,306	224	123	386	164	65	182	113	7	42
Married spouse present	19,422	2,023	1,990	7,142	2,855	1,001	2,597	1,104	416	294
Married spouse absent, not separated	658	124	77	231	78	35	71	27	9	6
Separated	413	104	62	121	59	20	25	17	6	-
Widowed	10,618	1,802	1,598	4,084	1,277	481	912	348	64	54
Divorced	3,089	326	361	1,072	494	209	365	171	35	55
Male										
15 years old and over										
Total	113,163	7,679	16,192	33,957	19,709	7,789	17,945	6,244	1,943	1,704
Never married	37,138	2,844	9,760	9,826	7,393	1,823	4,200	850	199	242
Married spouse present	59,537	3,248	4,486	18,218	9,660	4,869	11,602	4,681	1,522	1,252
Married spouse absent, not separated	2,111	484	270	595	225	92	290	59	58	37
Separated	2,060	214	328	794	323	123	182	67	21	9
Widowed	2,627	418	346	954	338	78	282	137	36	37
Divorced	9,690	471	1,001	3,570	1,770	804	1,388	450	107	128

- = Quantity zero or rounds to zero.

Table A-20. Educational Attainment of the Population 15 Years Old and Over, by Marital Status, Age, Sex, Race, and Hispanic Origin, 2006—Continued

(Numbers in thousands.)

Age, sex, race, Hispanic origin, and marital status	Total	None to 8th grade	9th to 11th grade	High school graduate	Some college, no degree	Associate degree	Bachelor's degree	Master's degree	Professional degree	Doctoral degree
15 to 17 years old										
Total	6,817	1,356	5,381	62	16	2	-	-	-	-
Never married	6,741	1,336	5,329	58	16	2	-	-	-	-
Married spouse present	14	1	9	4	-	-	-	-	-	-
Married spouse absent, not separated	11	6	6	-	-	-	-	-	-	-
Separated	25	7	18	1	-	-	-	-	-	-
Widowed	1	-	1	-	-	-	-	-	-	-
Divorced	25	6	19	-	-	-	-	-	-	-
18 to 24 years old										
Total	14,113	456	2,871	4,515	4,693	652	863	39	6	19
Never married	12,654	374	2,636	3,892	4,383	551	758	36	6	19
Married spouse present	1,174	52	195	500	256	82	85	3	-	-
Married spouse absent, not separated	95	25	14	40	4	1	11	-	-	-
Separated	94	2	18	39	26	9	-	-	-	-
Widowed	14	2	-	8	1	-	4	-	-	-
Divorced	81	2	8	36	22	9	5	-	-	-
25 to 34 years old										
Total	19,827	1,051	1,836	6,233	3,639	1,697	4,000	990	215	167
Never married	9,068	470	895	2,924	1,642	671	1,965	346	78	76
Married spouse present	9,086	404	702	2,686	1,696	877	1,884	614	135	87
Married spouse absent, not separated	425	127	75	115	40	19	42	7	1	-
Separated	360	29	60	157	57	27	21	7	-	-
Widowed	21	-	6	10	1	2	1	-	-	-
Divorced	867	20	99	340	201	101	86	16	-	4
35 to 44 years old										
Total	21,372	1,095	1,765	6,921	3,398	1,852	4,220	1,366	421	334
Never married	4,454	270	508	1,606	690	313	762	194	53	57
Married spouse present	13,440	526	842	4,011	2,101	1,259	3,021	1,084	341	255
Married spouse absent, not separated	550	157	75	147	53	16	81	7	5	8
Separated	514	52	67	208	92	37	42	12	4	-
Widowed	83	6	12	30	11	8	8	5	2	2
Divorced	2,330	83	262	919	450	218	306	64	15	12
45 to 54 years old										
Total	20,973	926	1,591	6,737	3,460	1,896	3,971	1,507	499	386
Never married	2,605	175	245	890	427	178	458	161	40	31
Married spouse present	13,967	522	891	4,213	2,261	1,374	2,867	1,155	384	300
Married spouse absent, not separated	468	61	40	135	63	33	82	17	25	11
Separated	600	41	89	229	85	33	74	28	13	6
Widowed	196	14	22	79	28	17	27	7	2	-
Divorced	3,139	113	303	1,192	595	262	463	138	35	37
55 to 64 years old										
Total	14,876	816	1,069	4,489	2,481	1,073	2,782	1,360	372	435
Never married	1,041	111	90	295	169	79	178	78	15	27
Married spouse present	10,942	490	694	3,242	1,848	784	2,147	1,081	305	351
Married spouse absent, not separated	292	57	35	68	35	15	32	17	18	16
Separated	266	35	40	95	38	11	35	11	-	2
Widowed	323	40	32	120	50	14	36	24	4	3
Divorced	2,012	83	179	668	341	170	356	150	30	36
65 years old and over										
Total	15,185	1,981	1,678	4,999	2,023	616	2,109	983	431	364
Never married	575	108	58	162	66	29	79	35	7	31
Married spouse present	10,915	1,254	1,153	3,561	1,497	492	1,599	744	356	259
Married spouse absent, not separated	269	51	26	90	29	9	43	11	9	3
Separated	202	47	37	65	25	5	10	9	3	-
Widowed	1,989	357	273	707	245	37	207	102	28	32
Divorced	1,236	164	132	415	161	45	172	82	27	39
Female										
15 years old and over										
Total	120,031	7,242	15,849	35,591	22,754	10,362	19,390	6,940	1,119	784
Never married	31,464	1,823	8,488	6,703	7,092	1,711	4,108	1,178	203	158
Married spouse present	59,537	2,802	3,997	18,771	10,382	6,023	11,959	4,371	742	490
Married spouse absent, not separated	1,690	177	218	553	303	138	176	103	13	8
Separated	2,904	292	437	948	546	272	268	121	12	9
Widowed	11,308	1,685	1,640	4,345	1,482	690	975	396	54	42
Divorced	13,127	463	1,069	4,270	2,949	1,527	1,905	771	95	79
15 to 17 years old										
Total	6,527	1,071	5,329	85	36	2	3	-	-	1
Never married	6,439	1,046	5,280	75	31	2	3	-	-	1
Married spouse present	26	5	15	5	1	-	-	-	-	-
Married spouse absent, not separated	6	-	6	-	-	-	-	-	-	-
Separated	27	11	16	-	-	-	-	-	-	-
Widowed	6	-	3	2	-	-	-	-	-	-
Divorced	24	8	9	2	4	-	-	-	-	-

- = Quantity zero or rounds to zero.

Table A-20. Educational Attainment of the Population 15 Years Old and Over, by Marital Status, Age, Sex, Race, and Hispanic Origin, 2006—*Continued*

(Numbers in thousands.)

Age, sex, race, Hispanic origin, and marital status	Total	None to 8th grade	9th to 11th grade	High school graduate	Some college, no degree	Associate degree	Bachelor's degree	Master's degree	Professional degree	Doctoral degree
18 to 24 years old										
Total	13,852	298	2,305	3,988	5,108	734	1,315	93	6	5
Never married	11,166	153	1,952	2,936	4,458	519	1,067	71	6	5
Married spouse present	2,187	127	265	833	530	179	235	19	-	-
Married spouse absent, not separated	144	7	37	61	20	15	3	-	-	-
Separated	169	6	29	65	52	6	10	3	-	-
Widowed	22	4	8	7	3	-	-	-	-	-
Divorced	165	1	14	87	46	16	-	-	-	-
25 to 34 years old										
Total	19,653	718	1,538	5,069	3,905	1,988	4,617	1,418	251	149
Never married	6,616	181	574	1,653	1,349	582	1,644	484	100	49
Married spouse present	10,697	457	705	2,685	1,932	1,117	2,725	841	145	90
Married spouse absent, not separated	329	22	33	94	74	28	39	36	2	2
Separated	613	31	107	189	144	75	42	19	5	1
Widowed	95	3	11	29	21	10	18	2	-	-
Divorced	1,304	26	108	419	385	175	149	35	-	7
35 to 44 years old										
Total	21,750	822	1,434	6,214	3,849	2,383	4,869	1,647	336	194
Never married	3,220	130	312	993	555	266	661	231	48	23
Married spouse present	14,023	523	714	3,720	2,321	1,617	3,508	1,202	264	154
Married spouse absent, not separated	292	25	32	86	70	18	44	18	-	-
Separated	802	60	122	286	137	75	87	28	2	6
Widowed	314	19	35	109	56	42	42	12	-	-
Divorced	3,098	65	219	1,021	711	365	527	156	22	11
45 to 54 years old										
Total	21,824	892	1,481	6,762	3,984	2,496	4,142	1,625	269	173
Never married	2,248	109	190	586	389	229	464	200	38	43
Married spouse present	14,057	519	832	4,403	2,471	1,597	2,844	1,097	185	108
Married spouse absent, not separated	305	30	41	84	59	33	35	16	9	-
Separated	694	72	84	226	123	50	84	52	2	1
Widowed	702	54	81	236	120	70	85	47	6	3
Divorced	3,817	108	254	1,227	823	516	631	213	29	18
55 to 64 years old										
Total	16,104	822	1,227	5,436	2,969	1,564	2,400	1,361	150	175
Never married	1,045	89	115	236	214	76	165	114	11	26
Married spouse present	10,039	403	628	3,545	1,768	1,003	1,650	852	88	102
Married spouse absent, not separated	225	21	17	87	31	18	27	18	3	2
Separated	387	56	55	126	58	51	29	12	-	-
Widowed	1,540	162	176	586	251	124	123	88	12	18
Divorced	2,868	92	236	857	647	291	405	277	36	27
65 years old and over										
Total	20,320	2,621	2,533	8,036	2,903	1,194	2,043	797	107	86
Never married	732	116	65	224	97	37	103	78	-	11
Married spouse present	8,507	769	837	3,581	1,358	510	998	360	60	35
Married spouse absent, not separated	389	73	52	141	49	26	28	16	-	3
Separated	211	57	25	56	33	14	15	8	3	-
Widowed	8,629	1,445	1,325	3,377	1,032	443	705	246	35	21
Divorced	1,852	162	229	657	333	164	193	89	8	16
WHITE ALONE OR IN COMBINATION										
Both Sexes										
15 years old and over										
Total	192,751	12,236	25,133	57,581	35,199	15,495	31,411	11,051	2,617	2,027
Never married	52,050	3,791	13,862	11,882	11,032	2,720	6,550	1,608	312	293
Married spouse present	103,841	5,183	7,252	32,542	17,705	9,689	20,403	7,683	1,944	1,441
Married spouse absent, not separated	2,892	548	374	904	379	163	320	111	62	31
Separated	3,388	393	503	1,119	589	297	297	147	28	14
Widowed	11,680	1,565	1,519	4,612	1,587	667	1,115	472	84	60
Divorced	18,900	757	1,624	6,522	3,907	1,959	2,726	1,031	187	188
15 to 17 years old										
Total	10,632	1,913	8,582	98	37	-	1	-	-	1
Never married	10,523	1,883	8,509	93	35	-	1	-	-	1
Married spouse present	30	5	19	4	1	-	-	-	-	-
Married spouse absent, not separated	10	2	8	-	-	-	-	-	-	-
Separated	34	11	23	1	-	-	-	-	-	-
Widowed	3	-	3	-	-	-	-	-	-	-
Divorced	32	11	20	1	-	-	-	-	-	-
18 to 24 years old										
Total	22,363	677	3,997	6,649	7,926	1,170	1,818	102	6	19
Never married	18,701	469	3,477	5,191	7,068	874	1,513	84	6	19
Married spouse present	3,016	163	412	1,189	706	251	279	15	-	-
Married spouse absent, not separated	206	30	46	85	22	13	10	-	-	-
Separated	202	8	39	75	60	8	10	3	-	-
Widowed	23	5	6	4	4	-	4	-	-	-
Divorced	215	1	18	105	65	24	2	-	-	-

- = Quantity zero or rounds to zero.

Table A-20. Educational Attainment of the Population 15 Years Old and Over, by Marital Status, Age, Sex, Race, and Hispanic Origin, 2006—Continued

(Numbers in thousands.)

Age, sex, race, Hispanic origin, and marital status	Total	None to 8th grade	9th to 11th grade	High school graduate	Some college, no degree	Associate degree	Bachelor's degree	Master's degree	Professional degree	Doctoral degree
25 to 34 years old										
Total	31,533	1,604	2,624	8,971	5,951	3,106	6,899	1,794	365	220
Never married	11,310	575	978	3,203	2,083	935	2,715	603	139	78
Married spouse present	17,015	797	1,246	4,655	3,157	1,815	3,882	1,110	223	129
Married spouse absent, not separated	565	136	87	169	82	30	40	19	-	1
Separated	701	52	125	234	135	84	48	20	2	1
Widowed	101	3	14	37	17	9	19	2	-	-
Divorced	1,842	40	174	673	476	233	195	40	-	10
35 to 44 years old										
Total	35,011	1,704	2,466	10,500	5,831	3,571	7,523	2,412	618	386
Never married	5,402	348	480	1,713	844	433	1,127	332	74	52
Married spouse present	23,352	943	1,338	6,615	3,784	2,491	5,532	1,846	497	305
Married spouse absent, not separated	638	169	91	166	84	25	76	18	4	4
Separated	944	102	139	334	143	91	90	31	6	6
Widowed	308	20	29	107	51	41	45	14	2	-
Divorced	4,368	121	389	1,565	925	490	652	172	35	19
45 to 54 years old										
Total	35,566	1,480	2,328	11,047	6,205	3,745	6,894	2,721	685	461
Never married	3,466	210	230	989	551	305	746	308	66	59
Married spouse present	24,248	875	1,412	7,410	4,142	2,617	4,964	1,987	506	336
Married spouse absent, not separated	559	66	52	179	84	36	86	21	28	6
Separated	861	94	120	273	142	59	95	60	13	6
Widowed	673	46	70	231	117	68	84	47	8	3
Divorced	5,759	189	443	1,966	1,169	659	919	299	63	50
55 to 64 years old										
Total	26,467	1,270	1,691	8,509	4,765	2,287	4,512	2,425	472	535
Never married	1,612	138	119	385	323	122	284	172	20	48
Married spouse present	18,567	725	1,075	6,061	3,256	1,604	3,362	1,725	359	401
Married spouse absent, not separated	372	55	23	116	40	24	45	31	21	16
Separated	389	65	37	118	62	43	44	19	-	1
Widowed	1,464	150	136	555	246	116	130	105	15	12
Divorced	4,063	136	301	1,274	838	378	647	373	58	57
65 years old and over										
Total	31,179	3,589	3,444	11,806	4,485	1,616	3,764	1,597	471	406
Never married	1,038	167	69	309	128	51	163	108	6	36
Married spouse present	17,614	1,674	1,749	6,607	2,658	911	2,385	1,000	360	270
Married spouse absent, not separated	542	89	67	189	66	33	61	23	9	4
Separated	256	60	20	84	48	13	11	15	6	-
Widowed	9,108	1,341	1,261	3,679	1,152	433	833	304	60	45
Divorced	2,621	257	278	938	433	176	310	147	30	51
Male										
15 years old and over										
Total	94,543	6,456	12,845	28,226	16,543	6,716	15,365	5,281	1,715	1,396
Never married	29,027	2,378	7,523	7,445	5,790	1,489	3,385	682	160	174
Married spouse present	52,016	2,801	3,846	15,923	8,577	4,306	10,189	3,989	1,345	1,040
Married spouse absent, not separated	1,636	422	199	479	159	62	196	41	53	25
Separated	1,448	166	222	526	227	93	130	60	19	5
Widowed	2,220	311	275	831	302	64	250	123	32	31
Divorced	8,197	378	779	3,022	1,489	703	1,214	387	105	120
15 to 17 years old										
Total	5,447	1,087	4,302	43	15	-	-	-	-	-
Never married	5,395	1,074	4,265	41	15	-	-	-	-	-
Married spouse present	9	1	7	1	-	-	-	-	-	-
Married spouse absent, not separated	4	2	2	-	-	-	-	-	-	-
Separated	18	5	12	1	-	-	-	-	-	-
Widowed	1	-	1	-	-	-	-	-	-	-
Divorced	19	5	14	-	-	-	-	-	-	-
18 to 24 years old										
Total	11,386	413	2,241	3,571	3,851	560	700	35	3	13
Never married	10,118	337	2,035	3,049	3,566	468	615	32	3	13
Married spouse present	1,037	50	172	428	234	78	72	3	-	-
Married spouse absent, not separated	83	23	12	36	4	1	7	-	-	-
Separated	73	2	18	26	23	4	-	-	-	-
Widowed	7	2	-	-	1	-	4	-	-	-
Divorced	68	-	4	32	22	9	2	-	-	-
25 to 34 years old										
Total	16,138	969	1,479	5,042	2,957	1,446	3,231	718	180	115
Never married	6,843	425	646	2,184	1,201	526	1,512	239	65	47
Married spouse present	7,906	378	629	2,336	1,515	798	1,614	457	114	65
Married spouse absent, not separated	342	121	61	100	33	12	15	-	-	-
Separated	269	27	52	108	41	20	14	7	-	-
Widowed	16	-	4	10	-	-	1	-	-	-
Divorced	761	18	88	304	167	90	75	15	-	4

- = Quantity zero or rounds to zero.

Table A-20. Educational Attainment of the Population 15 Years Old and Over, by Marital Status, Age, Sex, Race, and Hispanic Origin, 2006—*Continued*

(Numbers in thousands.)

Age, sex, race, Hispanic origin, and marital status	Total	None to 8th grade	9th to 11th grade	High school graduate	Some college, no degree	Associate degree	Bachelor's degree	Master's degree	Professional degree	Doctoral degree
35 to 44 years old										
Total	17,606	976	1,378	5,642	2,755	1,609	3,553	1,101	355	237
Never married	3,344	239	319	1,153	490	263	640	162	40	38
Married spouse present	11,448	475	723	3,436	1,799	1,102	2,568	869	290	184
Married spouse absent, not separated	430	148	64	110	33	13	50	6	4	4
Separated	398	48	52	154	64	31	33	11	4	-
Widowed	59	3	5	22	6	8	8	5	2	-
Divorced	1,927	62	214	767	364	192	254	47	15	11
45 to 54 years old										
Total	17,643	782	1,237	5,556	2,918	1,612	3,456	1,309	456	318
Never married	1,984	139	146	670	310	133	385	141	34	25
Married spouse present	12,092	446	742	3,589	1,981	1,195	2,529	1,010	352	247
Married spouse absent, not separated	340	47	23	114	42	18	58	9	22	6
Separated	407	33	64	138	57	24	51	23	12	4
Widowed	163	11	22	58	27	13	23	7	2	-
Divorced	2,658	105	239	986	502	229	409	120	34	35
55 to 64 years old										
Total	12,854	654	806	3,847	2,195	942	2,477	1,212	343	378
Never married	867	83	71	222	151	72	157	73	13	24
Married spouse present	9,652	408	559	2,861	1,654	693	1,927	963	280	306
Married spouse absent, not separated	217	43	14	50	27	9	26	17	18	14
Separated	158	23	14	50	26	9	25	11	-	1
Widowed	262	31	21	102	46	12	28	21	3	-
Divorced	1,698	68	127	561	290	146	314	127	30	34
65 years old and over										
Total	13,470	1,575	1,402	4,526	1,853	547	1,948	906	378	334
Never married	476	80	41	126	57	28	77	35	6	27
Married spouse present	9,872	1,044	1,013	3,272	1,393	439	1,478	687	308	238
Married spouse absent, not separated	219	38	24	68	20	9	40	9	9	1
Separated	124	28	9	49	17	4	7	7	3	-
Widowed	1,713	264	222	639	222	31	186	91	26	31
Divorced	1,066	120	93	372	144	37	160	77	26	37
Female										
15 years old and over										
Total	98,207	5,780	12,288	29,356	18,656	8,779	16,046	5,770	902	631
Never married	23,023	1,413	6,339	4,437	5,242	1,231	3,165	926	151	118
Married spouse present	51,825	2,382	3,406	16,619	9,128	5,383	10,214	3,693	599	401
Married spouse absent, not separated	1,256	125	175	426	220	100	124	71	9	6
Separated	1,940	227	281	593	362	204	167	87	8	9
Widowed	9,460	1,254	1,243	3,781	1,285	603	864	348	52	28
Divorced	10,703	379	845	3,500	2,418	1,256	1,511	644	82	68
15 to 17 years old										
Total	5,185	827	4,279	55	22	-	1	-	-	1
Never married	5,127	809	4,245	52	20	-	1	-	-	1
Married spouse present	21	5	12	3	1	-	-	-	-	-
Married spouse absent, not separated	5	-	5	-	-	-	-	-	-	-
Separated	17	7	10	-	-	-	-	-	-	-
Widowed	1	-	1	-	-	-	-	-	-	-
Divorced	13	6	6	1	-	-	-	-	-	-
18 to 24 years old										
Total	10,977	263	1,757	3,079	4,075	610	1,118	67	3	5
Never married	8,583	133	1,442	2,142	3,502	406	897	52	3	5
Married spouse present	1,978	113	240	761	472	173	207	12	-	-
Married spouse absent, not separated	123	7	34	49	17	12	3	-	-	-
Separated	130	6	21	49	38	4	10	3	-	-
Widowed	17	4	6	4	3	-	-	-	-	-
Divorced	147	1	14	73	43	15	-	-	-	-
25 to 34 years old										
Total	15,395	635	1,145	3,929	2,994	1,660	3,667	1,076	186	104
Never married	4,466	150	332	1,018	883	410	1,204	364	75	31
Married spouse present	9,109	420	617	2,319	1,642	1,017	2,268	653	109	64
Married spouse absent, not separated	222	15	26	69	49	18	25	19	-	1
Separated	431	26	74	126	93	63	33	13	2	1
Widowed	85	3	9	27	17	9	18	2	-	-
Divorced	1,082	22	87	369	309	143	120	25	-	7
35 to 44 years old										
Total	17,405	728	1,089	4,858	3,076	1,961	3,970	1,311	263	149
Never married	2,057	109	160	560	354	170	487	170	34	14
Married spouse present	11,904	468	615	3,179	1,986	1,389	2,964	977	207	121
Married spouse absent, not separated	208	21	27	56	51	13	27	12	-	-
Separated	546	54	87	180	79	60	57	20	2	6
Widowed	250	17	24	85	45	33	37	9	-	-
Divorced	2,441	58	175	798	561	297	398	124	20	8
45 to 54 years old										
Total	17,923	698	1,091	5,492	3,287	2,133	3,439	1,413	229	143
Never married	1,482	71	84	319	241	172	361	168	32	34
Married spouse present	12,157	428	670	3,821	2,161	1,422	2,434	977	154	89
Married spouse absent, not separated	219	19	29	65	42	18	28	12	6	-
Separated	454	60	55	135	85	35	44	37	1	1
Widowed	510	34	48	173	90	55	61	40	6	3
Divorced	3,101	85	204	980	668	431	510	179	29	16

- = Quantity zero or rounds to zero.

Table A-20. Educational Attainment of the Population 15 Years Old and Over, by Marital Status, Age, Sex, Race, and Hispanic Origin, 2006—*Continued*

(Numbers in thousands.)

Age, sex, race, Hispanic origin, and marital status	Total	None to 8th grade	9th to 11th grade	High school graduate	Some college, no degree	Associate degree	Bachelor's degree	Master's degree	Professional degree	Doctoral degree
55 to 64 years old										
Total	13,613	616	885	4,663	2,570	1,345	2,035	1,214	129	156
Never married	745	55	48	163	171	50	127	99	7	24
Married spouse present	8,916	317	516	3,200	1,601	911	1,435	762	78	95
Married spouse absent, not separated	155	13	9	66	14	15	19	14	3	2
Separated	230	43	23	68	36	34	19	8	-	-
Widowed	1,202	119	115	453	200	104	102	84	12	12
Divorced	2,366	68	174	713	548	231	333	246	28	23
65 years old and over										
Total	17,709	2,014	2,042	7,280	2,632	1,069	1,816	691	92	72
Never married	562	87	28	183	71	23	87	74	-	9
Married spouse present	7,741	630	736	3,335	1,265	472	906	312	52	32
Married spouse absent, not separated	324	51	44	121	46	25	22	13	-	3
Separated	132	32	10	35	31	9	4	8	3	-
Widowed	7,395	1,076	1,039	3,040	930	402	647	213	33	14
Divorced	1,555	138	185	566	289	138	150	70	5	14
BLACK ALONE OR IN COMBINATION										
Both Sexes										
15 years old and over										
Total	28,586	1,785	5,632	9,351	5,613	1,869	3,006	1,047	168	114
Never married	12,988	726	3,636	3,943	2,737	610	992	244	54	45
Married spouse present	8,675	405	859	2,984	1,652	751	1,331	555	88	51
Married spouse absent, not separated	544	47	89	175	97	40	64	24	7	1
Separated	1,388	87	240	567	254	85	111	38	4	1
Widowed	1,790	390	412	571	198	75	91	39	4	9
Divorced	3,202	130	394	1,112	674	308	418	147	12	6
15 to 17 years old										
Total	2,195	450	1,700	30	13	-	2	-	-	-
Never married	2,151	438	1,675	25	11	-	2	-	-	-
Married spouse present	7	-	4	2	-	-	-	-	-	-
Married spouse absent, not separated	3	2	2	-	-	-	-	-	-	-
Separated	16	6	10	-	-	-	-	-	-	-
Widowed	4	-	2	2	-	-	-	-	-	-
Divorced	13	4	7	-	2	-	-	-	-	-
18 to 24 years old										
Total	4,254	52	971	1,516	1,363	154	178	15	2	3
Never married	3,916	44	916	1,355	1,286	141	154	15	2	3
Married spouse present	238	4	39	103	61	6	24	-	-	-
Married spouse absent, not separated	22	2	6	12	3	-	-	-	-	-
Separated	45	-	6	21	12	6	-	-	-	-
Widowed	11	-	1	10	-	-	-	-	-	-
Divorced	22	2	3	15	1	1	-	-	-	-
25 to 34 years old										
Total	5,366	108	620	1,903	1,259	386	812	217	37	24
Never married	3,268	56	432	1,184	759	222	474	107	21	14
Married spouse present	1,472	35	104	512	323	101	279	93	14	10
Married spouse absent, not separated	102	7	14	27	22	9	16	7	-	-
Separated	249	6	39	108	66	13	9	5	2	-
Widowed	11	-	2	2	5	2	1	-	-	-
Divorced	264	4	30	70	84	39	32	5	-	-
35 to 44 years old										
Total	5,505	105	571	2,048	1,109	461	856	278	49	27
Never married	1,857	44	287	756	362	125	191	63	17	13
Married spouse present	2,225	31	138	742	437	223	455	157	31	11
Married spouse absent, not separated	130	7	9	51	26	9	23	3	1	-
Separated	332	8	48	144	72	21	30	8	-	-
Widowed	83	4	18	29	15	8	6	3	-	2
Divorced	879	12	71	326	198	75	152	44	-	2
45 to 54 years old										
Total	5,081	147	618	1,879	1,001	481	638	252	38	29
Never married	1,192	56	197	429	240	82	131	40	9	9
Married spouse present	2,254	47	215	814	445	251	300	144	21	17
Married spouse absent, not separated	119	2	24	26	21	15	15	8	6	1
Separated	380	13	49	163	63	20	52	19	2	-
Widowed	169	12	30	67	26	13	16	4	-	2
Divorced	968	17	104	379	206	100	123	37	1	2
55 to 64 years old										
Total	3,132	216	500	1,074	528	265	328	177	26	19
Never married	388	40	82	129	49	31	31	16	5	5
Married spouse present	1,429	76	174	484	256	126	187	108	11	7
Married spouse absent, not separated	87	10	24	24	18	5	5	1	-	-
Separated	231	22	52	95	29	18	10	4	-	1
Widowed	324	36	63	133	48	17	17	4	2	4
Divorced	672	33	104	209	128	68	78	43	7	2

- = Quantity zero or rounds to zero.

Table A-20. Educational Attainment of the Population 15 Years Old and Over, by Marital Status, Age, Sex, Race, and Hispanic Origin, 2006—*Continued*

(Numbers in thousands.)

Age, sex, race, Hispanic origin, and marital status	Total	None to 8th grade	9th to 11th grade	High school graduate	Some college, no degree	Associate degree	Bachelor's degree	Master's degree	Professional degree	Doctoral degree
65 years old and over										
Total	3,053	709	653	902	339	122	193	108	17	12
Never married	215	49	47	67	31	8	8	4	-	1
Married spouse present	1,051	211	186	325	130	44	86	52	11	5
Married spouse absent, not separated	81	18	10	35	7	2	5	4	-	-
Separated	135	33	36	36	12	7	10	1	-	-
Widowed	1,187	338	297	327	103	36	51	28	2	4
Divorced	384	59	76	112	56	26	32	18	4	1
Male										
15 years old and over										
Total	12,959	882	2,691	4,479	2,401	727	1,249	393	69	68
Never married	6,156	393	1,829	1,962	1,229	222	404	68	22	26
Married spouse present	4,447	255	462	1,611	793	369	633	251	39	35
Married spouse absent, not separated	269	30	52	79	40	14	37	11	4	1
Separated	545	42	96	246	90	27	35	7	2	1
Widowed	336	90	63	106	32	11	21	8	2	3
Divorced	1,205	71	189	474	218	83	119	48	1	1
15 to 17 years old										
Total	1,098	238	847	12	1	-	-	-	-	-
Never married	1,081	233	835	12	1	-	-	-	-	-
Married spouse present	1	-	1	-	-	-	-	-	-	-
Married spouse absent, not separated	3	2	2	-	-	-	-	-	-	-
Separated	6	1	5	-	-	-	-	-	-	-
Widowed	-	-	-	-	-	-	-	-	-	-
Divorced	5	2	3	-	-	-	-	-	-	-
18 to 24 years old										
Total	2,053	36	521	766	592	63	70	1	2	3
Never married	1,904	30	497	686	570	58	57	1	2	3
Married spouse present	106	2	18	53	18	1	13	-	-	-
Married spouse absent, not separated	8	2	2	4	-	-	-	-	-	-
Separated	19	-	-	12	3	4	-	-	-	-
Widowed	8	-	-	8	-	-	-	-	-	-
Divorced	8	2	3	4	-	-	-	-	-	-
25 to 34 years old										
Total	2,449	56	290	985	533	155	348	60	11	12
Never married	1,570	35	217	624	361	88	202	32	4	7
Married spouse present	668	18	46	273	126	47	122	25	7	5
Married spouse absent, not separated	37	2	9	9	5	3	8	2	-	-
Separated	80	1	8	47	15	5	4	-	-	-
Widowed	3	-	-	-	1	2	-	-	-	-
Divorced	90	-	10	31	25	10	13	1	-	-
35 to 44 years old										
Total	2,474	62	287	977	504	164	353	93	17	16
Never married	853	27	152	362	173	34	74	17	7	7
Married spouse present	1,110	14	81	397	224	101	218	58	9	7
Married spouse absent, not separated	70	7	5	24	13	4	15	1	1	-
Separated	102	4	14	48	23	6	6	-	-	-
Widowed	24	2	7	9	5	-	-	-	-	2
Divorced	314	7	28	137	66	20	40	16	-	-
45 to 54 years old										
Total	2,324	63	301	912	432	211	250	115	21	20
Never married	521	24	96	183	104	35	54	14	7	4
Married spouse present	1,157	24	106	445	215	130	135	79	9	14
Married spouse absent, not separated	63	-	13	12	11	6	12	6	3	1
Separated	176	6	25	81	30	9	18	5	2	-
Widowed	26	2	1	19	2	3	-	-	-	-
Divorced	382	7	61	173	71	28	31	11	1	-
55 to 64 years old										
Total	1,376	107	210	487	210	98	158	85	11	9
Never married	144	20	17	63	13	7	16	4	2	3
Married spouse present	785	44	96	267	138	64	103	61	8	4
Married spouse absent, not separated	49	8	19	11	6	2	2	-	-	-
Separated	90	11	21	41	9	2	3	-	-	1
Widowed	52	9	10	15	4	3	8	1	2	1
Divorced	255	14	47	90	40	20	27	18	-	-
65 years old and over										
Total	1,185	320	236	340	129	36	70	39	7	8
Never married	82	23	15	33	8	1	2	-	-	1
Married spouse present	620	153	114	175	72	26	42	27	7	5
Married spouse absent, not separated	38	9	2	19	5	-	1	2	-	-
Separated	72	18	22	16	9	1	3	1	-	-
Widowed	223	78	46	56	19	4	14	7	-	-
Divorced	150	40	38	40	16	5	8	3	-	1

- = Quantity zero or rounds to zero.

Table A-20. Educational Attainment of the Population 15 Years Old and Over, by Marital Status, Age, Sex, Race, and Hispanic Origin, 2006—Continued

(Numbers in thousands.)

Age, sex, race, Hispanic origin, and marital status	Total	None to 8th grade	9th to 11th grade	High school graduate	Some college, no degree	Associate degree	Bachelor's degree	Master's degree	Professional degree	Doctoral degree
Female										
15 years old and over										
Total	15,627	904	2,940	4,873	3,212	1,142	1,758	654	99	46
Never married	6,832	333	1,807	1,981	1,508	388	588	176	33	18
Married spouse present	4,228	150	398	1,373	860	382	698	304	48	15
Married spouse absent, not separated	275	17	37	96	57	25	27	13	3	-
Separated	842	45	145	321	164	57	76	31	2	-
Widowed	1,453	300	350	464	166	64	70	31	2	7
Divorced	1,997	59	205	637	456	225	299	99	11	5
15 to 17 years old										
Total	1,097	212	853	18	12	-	2	-	-	-
Never married	1,070	205	840	13	10	-	2	-	-	-
Married spouse present	5	-	3	2	-	-	-	-	-	-
Married spouse absent, not separated	-	-	-	-	-	-	-	-	-	-
Separated	10	4	5	-	-	-	-	-	-	-
Widowed	4	-	2	2	-	-	-	-	-	-
Divorced	8	2	4	-	2	-	-	-	-	-
18 to 24 years old										
Total	2,201	16	450	751	771	91	108	14	-	-
Never married	2,012	14	419	669	716	83	97	13	-	-
Married spouse present	132	2	20	51	43	5	11	-	-	-
Married spouse absent, not separated	14	-	3	8	3	-	-	-	-	-
Separated	25	-	6	9	8	2	-	-	-	-
Widowed	3	-	1	2	-	-	-	-	-	-
Divorced	14	-	-	12	1	1	-	-	-	-
25 to 34 years old										
Total	2,917	51	330	918	727	232	464	157	27	12
Never married	1,699	21	215	559	398	134	273	75	17	6
Married spouse present	804	18	58	239	198	54	157	68	7	5
Married spouse absent, not separated	64	5	5	19	17	6	8	5	-	-
Separated	169	5	31	61	51	8	6	5	2	-
Widowed	8	-	2	2	4	-	1	-	-	-
Divorced	173	4	20	39	59	29	19	5	-	-
35 to 44 years old										
Total	3,031	43	284	1,072	605	296	503	185	32	11
Never married	1,004	16	135	394	189	91	118	46	10	5
Married spouse present	1,115	17	57	345	212	122	237	99	22	4
Married spouse absent, not separated	60	-	4	27	13	5	8	2	-	-
Separated	230	4	34	96	49	15	24	8	-	-
Widowed	58	1	11	20	10	8	6	3	-	-
Divorced	564	4	43	189	132	55	111	27	-	2
45 to 54 years old										
Total	2,757	84	317	967	569	270	388	137	17	9
Never married	671	32	101	246	136	47	77	26	2	5
Married spouse present	1,097	23	109	369	230	121	165	65	12	3
Married spouse absent, not separated	56	2	11	15	10	9	4	2	3	-
Separated	204	6	24	82	34	11	33	14	-	-
Widowed	143	11	29	49	25	10	16	4	-	-
Divorced	586	10	43	207	134	72	93	26	-	2
55 to 64 years old										
Total	1,756	110	290	586	318	167	170	93	14	9
Never married	244	20	65	66	37	25	15	12	3	2
Married spouse present	643	31	79	217	118	61	84	47	3	3
Married spouse absent, not separated	38	2	5	12	12	3	3	1	-	-
Separated	141	10	31	54	19	15	7	4	-	-
Widowed	272	28	54	118	44	14	9	3	-	3
Divorced	417	19	57	119	89	48	52	25	7	2
65 years old and over										
Total	1,868	388	417	562	210	86	123	69	10	4
Never married	133	26	33	34	23	7	6	4	-	-
Married spouse present	431	59	72	150	59	19	44	25	4	-
Married spouse absent, not separated	43	9	8	15	2	2	4	3	-	-
Separated	64	15	14	20	2	6	7	-	-	-
Widowed	964	260	251	271	84	32	38	22	2	4
Divorced	234	20	38	72	40	21	24	15	4	-
ASIAN ALONE OR IN COMBINATION										
Both Sexes										
15 years old and over										
Total	10,835	775	1,084	2,191	1,502	689	2,880	1,093	280	341
Never married	3,419	133	718	586	716	189	779	194	40	63
Married spouse present	6,014	395	263	1,270	596	408	1,793	813	232	244
Married spouse absent, not separated	339	61	16	61	50	25	84	27	2	12
Separated	144	18	15	39	28	5	36	2	-	2
Widowed	403	132	34	99	33	19	55	19	2	10
Divorced	517	36	38	135	78	45	133	38	3	9

- = Quantity zero or rounds to zero.

Table A-20. Educational Attainment of the Population 15 Years Old and Over, by Marital Status, Age, Sex, Race, and Hispanic Origin, 2006—*Continued*

(Numbers in thousands.)

Age, sex, race, Hispanic origin, and marital status	Total	None to 8th grade	9th to 11th grade	High school graduate	Some college, no degree	Associate degree	Bachelor's degree	Master's degree	Professional degree	Doctoral degree
15 to 17 years old										
Total	576	69	482	18	2	5	-	-	-	-
Never married	564	68	475	15	2	5	-	-	-	-
Married spouse present	3	-	-	3	-	-	-	-	-	-
Married spouse absent, not separated	4	2	2	-	-	-	-	-	-	-
Separated	1	-	1	-	-	-	-	-	-	-
Widowed	-	-	-	-	-	-	-	-	-	-
Divorced	3	-	3	-	-	-	-	-	-	-
18 to 24 years old										
Total	1,316	18	183	309	531	60	195	15	4	2
Never married	1,185	9	175	265	504	51	168	8	4	2
Married spouse present	103	9	6	36	17	7	19	7	-	-
Married spouse absent, not separated	11	-	-	4	1	3	4	-	-	-
Separated	11	-	2	3	6	-	-	-	-	-
Widowed	-	-	-	-	-	-	-	-	-	-
Divorced	7	-	-	1	2	-	3	-	-	-
25 to 34 years old										
Total	2,410	30	77	358	301	179	917	413	62	72
Never married	1,044	10	33	167	132	89	425	133	20	35
Married spouse present	1,208	18	37	163	134	73	450	256	40	36
Married spouse absent, not separated	77	-	3	11	10	8	25	17	2	1
Separated	24	-	2	6	5	4	6	1	-	-
Widowed	2	-	-	-	2	-	-	-	-	-
Divorced	56	2	2	10	19	6	12	6	-	-
35 to 44 years old										
Total	2,337	93	106	473	254	177	704	324	95	111
Never married	341	8	27	81	43	18	107	32	10	15
Married spouse present	1,767	60	57	339	171	148	536	282	83	91
Married spouse absent, not separated	75	10	6	13	13	-	26	4	-	4
Separated	27	2	1	8	6	-	9	1	-	-
Widowed	5	-	-	4	-	-	-	1	-	-
Divorced	122	13	15	29	21	11	26	6	2	1
45 to 54 years old										
Total	1,829	172	82	444	181	138	541	154	48	69
Never married	165	14	4	36	20	19	46	15	5	6
Married spouse present	1,351	110	69	317	122	94	424	119	42	55
Married spouse absent, not separated	87	23	1	13	16	12	15	4	-	4
Separated	28	2	-	14	4	-	6	-	-	2
Widowed	47	11	2	13	3	4	12	4	-	-
Divorced	152	12	6	52	17	10	39	12	-	3
55 to 64 years old										
Total	1,223	135	75	297	133	67	323	116	23	54
Never married	77	17	2	13	11	1	26	5	-	1
Married spouse present	890	83	55	218	91	45	236	96	23	43
Married spouse absent, not separated	52	12	3	14	5	3	10	2	-	2
Separated	31	5	2	7	5	1	10	-	-	-
Widowed	63	14	6	15	6	4	11	2	-	5
Divorced	110	3	7	30	14	13	30	10	-	3
65 years old and over										
Total	1,144	257	80	292	100	63	200	70	49	33
Never married	44	7	3	10	4	6	7	1	1	5
Married spouse present	692	115	39	194	62	41	127	52	44	19
Married spouse absent, not separated	33	14	-	7	5	-	5	-	-	1
Separated	22	9	6	-	2	-	5	-	-	-
Widowed	286	107	26	67	22	11	33	13	2	5
Divorced	67	6	5	14	4	5	23	5	2	3
Male										
15 years old and over										
Total	5,174	285	542	1,071	701	310	1,302	566	160	237
Never married	1,880	69	377	374	381	98	413	103	22	44
Married spouse present	2,790	157	119	582	254	177	756	438	134	171
Married spouse absent, not separated	196	30	10	35	27	15	60	7	1	11
Separated	46	-	8	14	6	1	14	-	-	2
Widowed	59	12	1	17	4	5	11	4	2	3
Divorced	202	16	25	50	28	14	48	14	2	5
15 to 17 years old										
Total	300	39	251	7	-	2	-	-	-	-
Never married	289	37	246	4	-	2	-	-	-	-
Married spouse present	3	-	-	3	-	-	-	-	-	-
Married spouse absent, not separated	4	2	2	-	-	-	-	-	-	-
Separated	-	-	-	-	-	-	-	-	-	-
Widowed	-	-	-	-	-	-	-	-	-	-
Divorced	3	-	3	-	-	-	-	-	-	-
18 to 24 years old										
Total	672	8	92	187	257	23	98	3	2	2
Never married	634	6	91	165	257	20	89	3	2	2
Married spouse present	28	2	2	19	-	3	2	-	-	-
Married spouse absent, not separated	6	-	-	2	-	-	4	-	-	-
Separated	1	-	-	1	-	-	-	-	-	-
Widowed	-	-	-	-	-	-	-	-	-	-
Divorced	3	-	-	-	-	-	3	-	-	-

- = Quantity zero or rounds to zero.

PART A—NATIONAL EDUCATION STATISTICS 151

Table A-20. Educational Attainment of the Population 15 Years Old and Over, by Marital Status, Age, Sex, Race, and Hispanic Origin, 2006—*Continued*

(Numbers in thousands.)

Age, sex, race, Hispanic origin, and marital status	Total	None to 8th grade	9th to 11th grade	High school graduate	Some college, no degree	Associate degree	Bachelor's degree	Master's degree	Professional degree	Doctoral degree
25 to 34 years old										
Total	1,162	12	34	174	148	92	419	216	24	43
Never married	630	4	17	112	80	53	247	79	11	25
Married spouse present	472	5	15	53	57	31	148	132	12	18
Married spouse absent, not separated	38	-	-	5	4	4	20	5	1	-
Separated	8	-	-	1	2	1	4	-	-	-
Widowed	-	-	-	-	-	-	-	-	-	-
Divorced	15	2	2	3	5	3	-	-	-	-
35 to 44 years old										
Total	1,149	45	67	243	119	75	307	165	51	77
Never married	206	1	22	61	29	13	51	13	6	12
Married spouse present	822	26	25	160	67	59	228	151	44	61
Married spouse absent, not separated	52	7	6	11	7	-	17	-	-	4
Separated	6	-	-	2	2	-	3	-	-	-
Widowed	-	-	-	-	-	-	-	-	-	-
Divorced	62	11	14	9	14	3	10	1	-	-
45 to 54 years old										
Total	851	73	33	210	75	66	244	80	23	48
Never married	83	11	-	22	9	9	22	6	1	2
Married spouse present	626	46	30	141	52	43	189	65	21	38
Married spouse absent, not separated	62	14	1	10	11	8	12	3	-	4
Separated	10	-	-	7	-	-	-	-	-	2
Widowed	7	1	-	2	-	1	4	-	-	-
Divorced	65	2	2	29	3	4	17	6	-	2
55 to 64 years old										
Total	563	45	36	131	59	25	141	65	16	44
Never married	24	6	-	8	4	-	5	-	-	-
Married spouse present	455	33	29	104	46	20	111	59	16	38
Married spouse absent, not separated	23	6	1	6	2	3	4	-	-	2
Separated	14	-	2	4	1	-	7	-	-	-
Widowed	6	-	-	2	-	-	-	1	-	2
Divorced	41	-	3	8	5	3	15	5	-	2
65 years old and over										
Total	477	64	28	120	42	26	93	36	44	23
Never married	15	5	1	2	1	-	-	1	1	3
Married spouse present	384	45	18	102	32	21	79	31	40	16
Married spouse absent, not separated	12	1	-	2	4	-	3	-	-	1
Separated	8	-	6	-	2	-	-	-	-	-
Widowed	46	12	1	13	3	3	7	3	2	1
Divorced	13	1	1	-	1	1	4	2	1	2
Female										
15 years old and over										
Total	5,661	490	543	1,119	801	379	1,578	527	120	105
Never married	1,538	64	341	212	335	91	366	91	19	20
Married spouse present	3,224	238	144	688	342	230	1,037	375	97	73
Married spouse absent, not separated	142	31	6	26	23	10	24	20	1	1
Separated	98	18	7	25	21	3	22	2	-	-
Widowed	344	120	33	83	29	14	44	15	-	7
Divorced	315	21	13	85	50	31	85	25	2	4
15 to 17 years old										
Total	276	31	231	11	2	2	-	-	-	-
Never married	275	31	229	11	2	2	-	-	-	-
Married spouse present	-	-	-	-	-	-	-	-	-	-
Married spouse absent, not separated	-	-	-	-	-	-	-	-	-	-
Separated	1	-	1	-	-	-	-	-	-	-
Widowed	-	-	-	-	-	-	-	-	-	-
Divorced	-	-	-	-	-	-	-	-	-	-
18 to 24 years old										
Total	645	10	90	122	273	37	97	12	2	-
Never married	551	3	84	100	247	31	79	5	2	-
Married spouse present	74	7	4	17	17	4	17	7	-	-
Married spouse absent, not separated	5	-	-	2	1	3	-	-	-	-
Separated	10	-	2	2	6	-	-	-	-	-
Widowed	-	-	-	-	-	-	-	-	-	-
Divorced	4	-	-	1	2	-	-	-	-	-
25 to 34 years old										
Total	1,248	18	43	184	154	87	499	197	38	29
Never married	414	5	16	55	52	36	178	54	9	10
Married spouse present	736	13	22	110	76	42	303	124	28	18
Married spouse absent, not separated	39	-	3	6	7	4	5	12	1	1
Separated	16	-	2	6	3	2	2	1	-	-
Widowed	2	-	-	-	2	-	-	-	-	-
Divorced	41	-	-	7	14	3	11	6	-	-
35 to 44 years old										
Total	1,188	48	39	231	135	102	396	159	44	35
Never married	134	7	5	20	14	5	56	19	4	4
Married spouse present	945	34	31	179	104	89	309	130	38	30
Married spouse absent, not separated	23	3	-	2	5	-	9	3	-	-
Separated	21	2	1	6	5	-	6	1	-	-
Widowed	5	-	-	4	-	-	-	1	-	-
Divorced	61	2	1	19	7	7	17	5	2	1

- = Quantity zero or rounds to zero.

Table A-20. Educational Attainment of the Population 15 Years Old and Over, by Marital Status, Age, Sex, Race, and Hispanic Origin, 2006—*Continued*

(Numbers in thousands.)

Age, sex, race, Hispanic origin, and marital status	Total	None to 8th grade	9th to 11th grade	High school graduate	Some college, no degree	Associate degree	Bachelor's degree	Master's degree	Professional degree	Doctoral degree
45 to 54 years old										
Total	978	99	49	234	106	72	297	74	25	21
Never married	82	4	4	14	11	9	24	9	4	4
Married spouse present	725	64	39	176	70	51	234	54	21	17
Married spouse absent, not separated	25	9	-	4	5	4	3	1	-	-
Separated	19	2	-	7	3	-	6	-	-	-
Widowed	39	10	2	11	3	2	8	4	-	-
Divorced	87	11	4	23	15	6	22	7	-	1
55 to 64 years old										
Total	660	90	39	166	73	42	182	51	6	10
Never married	53	11	2	5	7	1	21	5	-	1
Married spouse present	435	50	26	114	44	25	126	38	6	5
Married spouse absent, not separated	29	6	2	8	4	-	6	2	-	-
Separated	17	5	-	3	4	1	3	-	-	-
Widowed	58	14	5	14	6	4	10	1	-	3
Divorced	69	3	4	22	9	10	15	5	-	1
65 years old and over										
Total	667	194	52	172	57	36	107	34	5	10
Never married	29	2	2	8	3	6	7	-	-	2
Married spouse present	308	70	21	91	31	19	48	22	4	3
Married spouse absent, not separated	21	13	-	5	2	-	2	-	-	-
Separated	14	9	-	-	-	-	5	-	-	-
Widowed	240	95	25	54	19	7	26	10	-	4
Divorced	54	5	4	13	3	4	20	3	-	2

HISPANIC[1]

Both Sexes

Age, sex, race, Hispanic origin, and marital status	Total	None to 8th grade	9th to 11th grade	High school graduate	Some college, no degree	Associate degree	Bachelor's degree	Master's degree	Professional degree	Doctoral degree
15 years old and over										
Total	30,640	6,679	6,944	8,276	4,140	1,550	2,197	578	178	97
Never married	10,778	1,746	3,651	2,554	1,654	402	605	118	33	15
Married spouse present	14,356	3,261	2,400	4,221	1,808	877	1,242	363	120	64
Married spouse absent, not separated	1,185	493	222	298	73	28	52	10	5	3
Separated	1,066	310	212	291	133	48	56	14	2	1
Widowed	1,007	515	134	194	69	36	47	8	1	2
Divorced	2,248	353	325	718	404	160	195	65	17	11
15 to 17 years old										
Total	2,275	418	1,823	27	7	-	-	-	-	-
Never married	2,245	409	1,803	26	6	-	-	-	-	-
Married spouse present	13	5	8	1	-	-	-	-	-	-
Married spouse absent, not separated	6	2	4	-	-	-	-	-	-	-
Separated	7	1	6	-	-	-	-	-	-	-
Widowed	1	-	1	-	-	-	-	-	-	-
Divorced	2	1	-	-	-	-	-	-	-	-
18 to 24 years old										
Total	4,867	516	1,299	1,578	1,159	171	129	12	2	-
Never married	3,747	333	1,030	1,191	972	115	96	8	2	-
Married spouse present	945	139	228	333	163	49	32	1	-	-
Married spouse absent, not separated	98	32	28	31	6	1	-	-	-	-
Separated	43	8	9	10	9	4	1	3	-	-
Widowed	11	4	2	2	4	-	-	-	-	-
Divorced	23	-	3	12	6	2	-	-	-	-
25 to 34 years old										
Total	7,851	1,428	1,449	2,448	1,149	501	690	138	37	12
Never married	2,803	482	485	833	434	179	314	56	11	7
Married spouse present	4,105	733	782	1,304	580	263	343	73	24	5
Married spouse absent, not separated	359	144	77	98	25	6	9	1	-	-
Separated	255	39	66	78	37	23	7	2	2	-
Widowed	11	2	6	2	-	-	1	-	-	-
Divorced	318	28	33	132	72	30	16	6	-	-
35 to 44 years old										
Total	6,465	1,418	1,081	1,903	783	388	642	177	50	22
Never married	1,169	271	212	312	147	73	115	26	9	4
Married spouse present	3,890	799	619	1,173	458	236	430	122	37	16
Married spouse absent, not separated	398	168	65	94	23	16	24	7	1	-
Separated	307	84	70	93	31	10	17	2	-	-
Widowed	51	16	9	18	4	3	2	-	-	-
Divorced	650	80	105	214	121	50	55	19	3	2
45 to 54 years old										
Total	4,398	1,089	676	1,166	595	275	379	135	48	34
Never married	458	110	72	121	62	20	47	16	8	1
Married spouse present	2,776	702	417	722	354	197	241	87	34	24
Married spouse absent, not separated	174	62	34	52	11	4	10	2	-	-
Separated	255	84	47	54	38	8	19	4	-	1
Widowed	106	29	21	23	20	4	3	5	-	1
Divorced	628	101	85	194	111	43	60	21	7	7

[1] May be of any race.
- = Quantity zero or rounds to zero.

PART A—NATIONAL EDUCATION STATISTICS

Table A-20. Educational Attainment of the Population 15 Years Old and Over, by Marital Status, Age, Sex, Race, and Hispanic Origin, 2006—Continued

(Numbers in thousands.)

Age, sex, race, Hispanic origin, and marital status	Total	None to 8th grade	9th to 11th grade	High school graduate	Some college, no degree	Associate degree	Bachelor's degree	Master's degree	Professional degree	Doctoral degree
55 to 64 years old										
Total	2,470	713	320	658	304	144	220	73	19	20
Never married	239	74	42	48	28	9	28	7	1	1
Married spouse present	1,421	385	187	394	171	88	119	52	11	14
Married spouse absent, not separated	96	50	9	18	5	1	7	-	4	3
Separated	129	50	10	44	15	1	7	2	-	-
Widowed	191	88	16	43	14	15	14	1	-	-
Divorced	394	66	58	111	71	29	45	11	3	2
65 years old and over										
Total	2,315	1,098	296	497	143	71	136	43	21	9
Never married	118	67	6	22	5	5	5	5	1	2
Married spouse present	1,206	500	159	295	82	44	79	27	14	5
Married spouse absent, not separated	53	36	6	5	3	-	3	-	-	-
Separated	69	43	5	12	3	3	4	-	-	-
Widowed	636	377	80	106	28	14	27	3	1	1
Divorced	233	77	41	57	22	6	18	8	4	1
Male										
15 years old and over										
Total	15,779	3,552	3,645	4,347	2,046	695	1,055	272	111	57
Never married	6,277	1,153	2,040	1,578	862	218	334	59	24	8
Married spouse present	7,131	1,626	1,215	2,116	918	394	573	177	73	41
Married spouse absent, not separated	861	404	155	191	46	16	34	6	5	3
Separated	407	119	78	124	51	11	21	2	-	-
Widowed	195	106	21	32	14	6	14	1	-	-
Divorced	908	143	135	306	156	50	78	27	8	5
15 to 17 years old										
Total	1,157	234	910	12	1	-	-	-	-	-
Never married	1,140	229	898	12	1	-	-	-	-	-
Married spouse present	6	-	5	1	-	-	-	-	-	-
Married spouse absent, not separated	5	2	3	-	-	-	-	-	-	-
Separated	4	1	3	-	-	-	-	-	-	-
Widowed	1	-	1	-	-	-	-	-	-	-
Divorced	1	1	-	-	-	-	-	-	-	-
18 to 24 years old										
Total	2,579	312	748	835	546	78	53	5	1	-
Never married	2,190	246	647	691	487	65	47	5	1	-
Married spouse present	317	38	88	119	54	10	6	-	-	-
Married spouse absent, not separated	51	25	10	13	2	1	-	-	-	-
Separated	11	2	3	3	1	2	-	-	-	-
Widowed	3	2	-	-	1	-	-	-	-	-
Divorced	8	-	-	8	-	-	-	-	-	-
25 to 34 years old										
Total	4,278	870	805	1,360	612	231	303	68	22	7
Never married	1,785	364	301	567	253	96	165	29	8	2
Married spouse present	1,989	349	399	639	308	114	127	36	13	5
Married spouse absent, not separated	265	122	59	63	15	3	4	-	-	-
Separated	107	21	28	37	16	2	2	-	-	-
Widowed	2	-	2	-	-	-	-	-	-	-
Divorced	130	14	16	54	21	16	5	3	-	-
35 to 44 years old										
Total	3,388	828	559	1,024	373	175	315	75	28	11
Never married	754	200	129	207	81	41	70	13	9	3
Married spouse present	1,941	401	314	614	222	108	204	55	16	8
Married spouse absent, not separated	322	152	53	72	14	8	17	4	1	-
Separated	109	37	14	36	12	5	5	-	-	-
Widowed	4	3	-	-	-	-	-	-	-	-
Divorced	259	35	49	94	44	14	19	2	2	-
45 to 54 years old										
Total	2,212	559	336	600	296	118	187	69	27	20
Never married	234	59	38	65	24	10	28	5	4	1
Married spouse present	1,471	369	221	388	198	93	120	46	20	16
Married spouse absent, not separated	126	47	21	37	7	4	8	1	-	-
Separated	104	33	23	23	16	2	6	2	-	-
Widowed	20	8	4	4	2	-	1	1	-	-
Divorced	258	44	29	83	49	10	23	13	4	3
55 to 64 years old										
Total	1,178	320	166	298	136	63	136	32	15	11
Never married	131	33	24	25	14	4	23	6	1	1
Married spouse present	726	193	102	195	85	44	68	21	10	7
Married spouse absent, not separated	66	39	5	5	5	-	5	-	4	3
Separated	46	12	5	20	4	-	4	-	-	-
Widowed	48	18	3	14	1	6	6	-	-	-
Divorced	160	26	26	38	26	10	29	5	-	-
65 years old and over										
Total	986	429	119	218	82	29	60	23	18	8
Never married	44	23	2	11	2	3	1	-	1	2
Married spouse present	683	276	86	159	51	25	47	19	14	5
Married spouse absent, not separated	25	18	4	-	3	-	-	-	-	-
Separated	27	14	2	5	2	1	3	-	-	-
Widowed	116	76	10	14	9	-	7	-	-	-
Divorced	91	23	15	28	16	-	2	4	3	1

- = Quantity zero or rounds to zero.

Table A-20. Educational Attainment of the Population 15 Years Old and Over, by Marital Status, Age, Sex, Race, and Hispanic Origin, 2006—*Continued*

(Numbers in thousands.)

Age, sex, race, Hispanic origin, and marital status	Total	None to 8th grade	9th to 11th grade	High school graduate	Some college, no degree	Associate degree	Bachelor's degree	Master's degree	Professional degree	Doctoral degree
Female										
15 years old and over										
Total	14,861	3,128	3,299	3,929	2,094	855	1,142	307	66	40
Never married	4,501	593	1,611	976	792	184	271	60	8	7
Married spouse present	7,225	1,636	1,185	2,105	890	483	670	186	46	23
Married spouse absent, not separated	324	89	67	107	27	12	18	4	-	-
Separated	659	191	134	167	81	36	34	12	2	1
Widowed	812	409	113	162	55	30	33	7	1	2
Divorced	1,340	210	189	413	248	110	117	38	9	7
15 to 17 years old										
Total	1,117	185	912	14	6	-	-	-	-	-
Never married	1,105	180	905	14	5	-	-	-	-	-
Married spouse present	8	5	3	-	-	-	-	-	-	-
Married spouse absent, not separated	1	-	1	-	-	-	-	-	-	-
Separated	3	-	3	-	-	-	-	-	-	-
Widowed	-	-	-	-	-	-	-	-	-	-
Divorced	-	-	-	-	-	-	-	-	-	-
18 to 24 years old										
Total	2,287	204	551	743	613	93	76	7	1	-
Never married	1,557	87	383	499	485	50	49	2	1	-
Married spouse present	628	101	140	213	109	39	25	1	-	-
Married spouse absent, not separated	46	7	18	18	3	-	-	-	-	-
Separated	32	6	6	7	7	2	1	3	-	-
Widowed	8	2	2	2	3	-	-	-	-	-
Divorced	15	-	3	4	6	2	-	-	-	-
25 to 34 years old										
Total	3,573	558	643	1,088	537	269	387	70	16	5
Never married	1,018	119	184	267	182	82	149	27	3	5
Married spouse present	2,116	383	383	665	272	149	216	37	10	-
Married spouse absent, not separated	94	22	18	35	10	3	5	1	-	-
Separated	149	19	38	41	21	21	5	2	2	-
Widowed	9	2	4	2	-	-	1	-	-	-
Divorced	187	14	16	78	52	14	11	3	-	-
35 to 44 years old										
Total	3,077	590	522	879	411	212	328	102	23	11
Never married	415	71	82	105	65	32	45	13	-	1
Married spouse present	1,949	398	306	559	236	128	226	67	21	8
Married spouse absent, not separated	76	16	12	22	9	8	7	3	-	-
Separated	198	48	56	57	19	6	12	2	-	-
Widowed	47	12	9	18	4	3	2	-	-	-
Divorced	391	45	57	119	77	36	36	17	2	2
45 to 54 years old										
Total	2,186	529	339	566	299	158	192	67	21	14
Never married	225	51	34	57	38	11	19	11	4	1
Married spouse present	1,306	333	195	334	156	104	120	41	14	8
Married spouse absent, not separated	49	15	12	15	4	-	1	1	-	-
Separated	150	51	24	31	21	6	12	3	-	1
Widowed	86	22	17	20	17	4	2	4	-	1
Divorced	370	57	57	110	62	33	38	8	3	3
55 to 64 years old										
Total	1,292	393	154	360	168	81	84	41	4	9
Never married	108	42	18	23	14	5	5	1	-	-
Married spouse present	694	192	84	199	86	44	50	31	1	7
Married spouse absent, not separated	30	11	3	13	-	1	2	-	-	-
Separated	83	39	4	24	11	1	3	2	-	-
Widowed	142	70	12	28	13	10	8	1	-	-
Divorced	234	40	31	73	44	19	16	6	3	2
65 years old and over										
Total	1,329	669	177	279	61	42	76	20	3	1
Never married	74	44	4	12	3	3	4	5	-	-
Married spouse present	523	224	74	136	31	19	32	8	-	-
Married spouse absent, not separated	28	18	2	5	-	-	3	-	-	-
Separated	43	29	3	7	1	1	1	-	-	-
Widowed	520	301	69	92	19	14	20	3	1	1
Divorced	142	54	26	28	6	6	16	4	1	-

- = Quantity zero or rounds to zero.

Table A-21. Educational Attainment of the Population 15 Years Old and Over, by Household Relationship, Age, and Sex, 2006

(Numbers in thousands.)

Household relationship, age, and sex	Total	None to 8th grade	9th to 11th grade	High school graduate	Some college, no degree	Associate's degree	Bachelor's degree	Master's degree	Professional degree	Doctoral degree
BOTH SEXES										
15 Years Old and Over										
Total	233,039	14,910	32,021	69,492	42,423	18,150	37,324	13,171	3,061	2,486
Family householder										
Married spouse present	58,179	2,780	4,114	16,977	10,305	5,224	11,837	4,770	1,193	979
Other family householder	19,223	1,260	2,729	6,473	4,004	1,707	2,158	667	128	95
Nonfamily householder										
Living alone	30,453	2,036	2,777	9,275	5,470	2,521	5,327	2,211	404	433
Living with nonrelatives	6,529	229	520	1,820	1,573	572	1,316	357	65	78
Relative of householder										
Spouse	58,179	2,883	4,036	18,967	9,345	5,535	11,420	4,204	1,033	754
Other	47,399	4,798	16,115	11,651	9,089	1,765	3,258	512	128	83
Nonrelative										
Nonrelative	13,076	924	1,731	4,328	2,636	825	2,008	450	110	65
15 to 17 Years Old										
Total	13,340	2,425	10,708	147	52	5	3	-	-	1
Family householder										
Married spouse present	11	-	6	3	1	-	-	-	-	-
Other family householder	202	22	177	3	-	-	-	-	-	-
Nonfamily householder										
Living alone	1	1	-	-	-	-	-	-	-	-
Living with nonrelatives	7	1	3	-	3	-	-	-	-	-
Relative of householder										
Spouse	24	5	14	4	-	-	-	-	-	-
Other	12,723	2,331	10,215	121	47	5	2	-	-	1
Nonrelative										
Nonrelative	373	64	292	15	-	-	1	-	-	-
18 to 24 Years Old										
Total	27,941	754	5,176	8,499	9,781	1,387	2,178	131	11	24
Family householder										
Married spouse present	1,404	70	176	555	336	122	141	5	-	-
Other family householder	2,079	79	402	797	608	117	67	5	1	3
Nonfamily householder										
Living alone	1,589	21	144	435	507	117	326	36	-	3
Living with nonrelatives	1,502	23	103	405	587	106	262	16	-	-
Relative of householder										
Spouse	1,662	88	234	642	391	124	168	15	-	-
Other	16,340	335	3,652	4,594	6,211	623	867	41	9	7
Nonrelative										
Nonrelative	3,366	138	466	1,070	1,141	178	348	14	1	11
25 to 34 Years Old										
Total	39,476	1,769	3,375	11,300	7,542	3,684	8,617	2,408	466	316
Family householder										
Married spouse present	9,404	400	674	2,404	1,818	960	2,241	703	111	94
Other family householder	4,092	176	590	1,353	1,083	388	410	70	19	1
Nonfamily householder										
Living alone	3,751	65	215	784	596	391	1,143	399	89	68
Living with nonrelatives	1,872	52	109	383	386	173	593	131	20	24
Relative of householder										
Spouse	9,834	412	675	2,730	1,719	1,011	2,300	742	163	83
Other	6,616	398	713	2,430	1,285	493	1,078	163	33	22
Nonrelative										
Nonrelative	3,906	266	398	1,216	655	269	851	199	30	23
35 to 44 Years Old										
Total	43,089	1,910	3,193	13,124	7,247	4,235	9,082	3,013	757	528
Family householder										
Married spouse present	13,365	475	742	3,612	2,245	1,401	3,190	1,166	312	223
Other family householder	4,699	219	567	1,663	924	506	596	167	32	25
Nonfamily householder										
Living alone	3,886	72	237	1,057	713	357	955	349	76	70
Living with nonrelatives	1,065	52	96	316	207	112	184	75	14	11
Relative of householder										
Spouse	13,676	522	772	3,966	2,103	1,450	3,290	1,108	283	182
Other	4,030	362	553	1,613	672	230	493	70	24	11
Nonrelative										
Nonrelative	2,368	208	226	898	384	178	373	78	17	6

- = Quantity zero or rounds to zero.

Table A-21. Educational Attainment of the Population 15 Years Old and Over, by Household Relationship, Age, and Sex, 2006—*Continued*

(Numbers in thousands.)

Household relationship, age, and sex	Total	None to 8th grade	9th to 11th grade	High school graduate	Some college, no degree	Associate's degree	Bachelor's degree	Master's degree	Professional degree	Doctoral degree
45 to 54 Years Old										
Total	42,775	1,816	3,067	13,494	7,438	4,392	8,113	3,127	768	559
Family householder										
Married spouse present	13,572	469	846	3,916	2,435	1,382	2,833	1,168	304	220
Other family householder	3,890	189	343	1,207	737	418	664	256	46	30
Nonfamily householder										
Living alone	5,246	185	360	1,542	1,057	580	967	390	80	85
Living with nonrelatives	1,024	30	103	354	188	108	151	56	23	11
Relative of householder										
Spouse	13,814	508	785	4,473	2,199	1,549	2,794	1,059	258	188
Other	3,413	327	422	1,303	519	226	450	127	29	11
Nonrelative										
Nonrelative	1,816	108	209	700	303	130	253	70	28	14
55 to 64 Years Old										
Total	30,956	1,638	2,294	9,912	5,445	2,636	5,182	2,717	522	610
Family householder										
Married spouse present	10,460	450	623	3,116	1,892	860	1,978	1,058	224	257
Other family householder	1,986	160	230	636	373	171	262	114	20	21
Nonfamily householder										
Living alone	5,244	262	434	1,566	1,068	492	751	498	75	99
Living with nonrelatives	573	33	49	181	108	45	81	57	4	15
Relative of householder										
Spouse	10,154	379	667	3,531	1,691	913	1,759	858	161	195
Other	1,730	285	199	615	205	109	220	66	16	16
Nonrelative										
Nonrelative	807	70	90	267	107	47	131	66	22	7
65 Years Old and Over										
Total	35,462	4,599	4,208	13,016	4,918	1,811	4,150	1,774	538	448
Family householder										
Married spouse present	9,961	916	1,046	3,371	1,579	500	1,454	669	242	184
Other family householder	2,275	414	421	815	279	108	159	54	10	14
Nonfamily householder										
Living alone	10,736	1,431	1,387	3,892	1,529	583	1,184	539	85	107
Living with nonrelatives	486	38	57	180	94	28	45	22	5	17
Relative of householder										
Spouse	9,016	969	888	3,621	1,242	488	1,110	423	168	107
Other	2,547	760	360	975	149	79	147	46	17	14
Nonrelative										
Nonrelative	440	70	49	163	45	25	50	22	11	4
MALE										
15 Years Old and Over										
Total	113,073	7,672	16,178	33,929	19,685	7,789	17,938	6,236	1,943	1,702
Family householder										
Married spouse present	36,765	1,903	2,600	10,816	6,218	3,032	7,385	3,113	929	769
Other family householder	5,130	386	751	1,784	955	384	615	152	54	47
Nonfamily householder										
Living alone	13,061	795	1,117	3,992	2,318	1,038	2,484	831	213	273
Living with nonrelatives	3,691	160	329	1,083	867	294	700	176	36	46
Relative of householder										
Spouse	21,414	1,165	1,718	6,880	3,255	1,763	4,058	1,530	571	475
Other	25,528	2,572	8,647	6,811	4,714	878	1,571	212	76	47
Nonrelative										
Nonrelative	7,483	691	1,017	2,561	1,358	400	1,125	222	65	44
15 to 17 Years Old										
Total	6,817	1,356	5,381	62	16	2	-	-	-	-
Family householder										
Married spouse present	5	-	1	3	-	-	-	-	-	-
Other family householder	100	17	81	2	-	-	-	-	-	-
Nonfamily householder										
Living alone	-	-	-	-	-	-	-	-	-	-
Living with nonrelatives	2	1	1	-	-	-	-	-	-	-
Relative of householder										
Spouse	7	1	6	1	-	-	-	-	-	-
Other	6,536	1,304	5,165	48	16	2	-	-	-	-
Nonrelative										
Nonrelative	168	32	127	9	-	-	-	-	-	-

- = Quantity zero or rounds to zero.

Table A-21. Educational Attainment of the Population 15 Years Old and Over, by Household Relationship, Age, and Sex, 2006—Continued

(Numbers in thousands.)

Household relationship, age, and sex	Total	None to 8th grade	9th to 11th grade	High school graduate	Some college, no degree	Associate's degree	Bachelor's degree	Master's degree	Professional degree	Doctoral degree
18 to 24 Years Old										
Total	14,101	456	2,871	4,510	4,685	652	863	39	6	19
Family householder										
Married spouse present	621	28	86	257	136	54	58	3	-	-
Other family householder	757	37	155	289	198	44	29	3	-	2
Nonfamily householder										
Living alone	826	17	99	266	235	64	132	9	-	3
Living with nonrelatives	787	19	72	241	291	48	108	7	-	-
Relative of householder										
Spouse	429	17	90	183	95	19	25	-	-	-
Other	8,906	231	2,128	2,698	3,143	327	354	14	5	5
Nonrelative										
Nonrelative	1,775	108	240	576	586	96	158	2	1	8
25 to 34 Years Old										
Total	19,824	1,051	1,836	6,231	3,638	1,697	4,000	990	215	167
Family householder										
Married spouse present	5,285	210	366	1,452	1,003	535	1,181	409	68	61
Other family householder	1,122	78	137	405	219	96	161	20	6	-
Nonfamily householder										
Living alone	2,219	57	138	566	396	228	597	162	37	39
Living with nonrelatives	1,163	44	78	272	263	95	330	58	9	13
Relative of householder										
Spouse	3,537	168	311	1,107	651	330	676	203	65	25
Other	4,168	283	523	1,688	752	294	542	55	15	16
Nonrelative										
Nonrelative	2,330	210	284	740	353	120	514	82	15	12
35 to 44 Years Old										
Total	21,344	1,089	1,759	6,913	3,398	1,852	4,213	1,366	421	334
Family householder										
Married spouse present	8,024	322	463	2,316	1,297	762	1,829	669	214	151
Other family householder	1,099	69	164	405	200	106	112	20	11	12
Nonfamily householder										
Living alone	2,352	52	177	703	432	222	520	152	39	55
Living with nonrelatives	638	41	58	203	115	73	105	33	5	6
Relative of householder										
Spouse	5,196	179	357	1,614	768	485	1,163	408	123	100
Other	2,621	251	400	1,100	410	113	289	36	18	5
Nonrelative										
Nonrelative	1,413	174	140	572	175	91	194	49	12	5
45 to 54 Years Old										
Total	20,957	925	1,586	6,736	3,456	1,896	3,971	1,503	499	386
Family householder										
Married spouse present	8,468	295	513	2,474	1,449	830	1,763	733	237	173
Other family householder	1,065	50	91	351	192	84	192	63	21	21
Nonfamily householder										
Living alone	2,640	109	198	864	489	258	481	158	42	42
Living with nonrelatives	585	22	67	194	103	55	92	33	16	5
Relative of householder										
Spouse	5,197	197	332	1,639	768	518	1,061	410	146	127
Other	1,907	167	249	786	282	97	236	65	18	7
Nonrelative										
Nonrelative	1,095	86	137	429	172	54	147	41	18	11
55 to 64 Years Old										
Total	14,856	816	1,066	4,480	2,476	1,073	2,782	1,356	372	435
Family householder										
Married spouse present	7,082	321	400	2,005	1,252	522	1,432	747	184	218
Other family householder	498	32	54	156	91	34	79	37	11	5
Nonfamily householder										
Living alone	2,077	113	155	629	387	186	354	156	39	57
Living with nonrelatives	284	24	24	88	41	19	44	31	3	10
Relative of householder										
Spouse	3,679	148	277	1,171	576	253	682	325	114	133
Other	758	132	95	273	78	30	105	25	12	9
Nonrelative										
Nonrelative	478	45	62	157	50	29	86	35	10	3

- = Quantity zero or rounds to zero.

Table A-21. Educational Attainment of the Population 15 Years Old and Over, by Household Relationship, Age, and Sex, 2006—*Continued*

(Numbers in thousands.)

Household relationship, age, and sex	Total	None to 8th grade	9th to 11th grade	High school graduate	Some college, no degree	Associate's degree	Bachelor's degree	Master's degree	Professional degree	Doctoral degree
65 Years Old and Over										
Total	15,174	1,981	1,678	4,997	2,017	616	2,109	983	431	362
Family householder										
Married spouse present	7,280	726	772	2,308	1,080	328	1,122	552	226	166
Other family householder	488	104	69	177	55	20	42	9	5	7
Nonfamily householder										
Living alone	2,947	447	351	964	377	79	401	195	56	77
Living with nonrelatives	232	10	29	85	54	5	21	13	3	13
Relative of householder										
Spouse	3,370	455	345	1,166	396	158	453	184	124	90
Other	631	204	85	219	33	16	45	16	9	6
Nonrelative										
Nonrelative	224	36	27	78	23	9	25	13	9	4
FEMALE										
15 Years Old and Over										
Total	119,966	7,238	15,843	35,563	22,738	10,360	19,387	6,935	1,119	784
Family householder										
Married spouse present	21,414	877	1,514	6,161	4,087	2,192	4,452	1,658	264	210
Other family householder	14,093	874	1,978	4,689	3,049	1,323	1,543	515	74	48
Nonfamily householder										
Living alone	17,392	1,241	1,660	5,283	3,153	1,483	2,842	1,380	192	159
Living with nonrelatives	2,838	69	191	736	705	277	616	181	30	31
Relative of householder										
Spouse	36,765	1,718	2,318	12,087	6,090	3,772	7,363	2,674	463	280
Other	21,871	2,227	7,468	4,840	4,376	887	1,687	300	52	36
Nonrelative										
Nonrelative	5,593	233	714	1,767	1,277	426	883	227	45	20
15 to 17 Years Old										
Total	6,523	1,069	5,326	85	36	2	3	-	-	1
Family householder										
Married spouse present	6	-	5	-	1	-	-	-	-	-
Other family householder	102	5	96	1	-	-	-	-	-	-
Nonfamily householder										
Living alone	1	1	-	-	-	-	-	-	-	-
Living with nonrelatives	5	-	2	-	3	-	-	-	-	-
Relative of householder										
Spouse	17	5	8	4	-	-	-	-	-	-
Other	6,187	1,027	5,050	73	31	2	2	-	-	1
Nonrelative										
Nonrelative	205	32	165	7	-	-	1	-	-	-
18 to 24 Years Old										
Total	13,841	298	2,305	3,988	5,097	734	1,315	93	6	5
Family householder										
Married spouse present	783	42	90	298	200	68	83	2	-	-
Other family householder	1,322	42	247	509	410	73	38	1	1	1
Nonfamily householder										
Living alone	763	4	45	169	271	53	194	27	-	-
Living with nonrelatives	715	4	31	165	296	57	154	9	-	-
Relative of householder										
Spouse	1,233	71	144	459	296	106	143	15	-	-
Other	7,433	104	1,523	1,896	3,068	296	514	26	4	2
Nonrelative										
Nonrelative	1,591	30	226	494	556	81	190	12	-	2
25 to 34 Years Old										
Total	19,652	718	1,538	5,069	3,905	1,987	4,617	1,418	251	149
Family householder										
Married spouse present	4,119	190	309	951	814	425	1,061	294	43	33
Other family householder	2,970	98	453	948	865	292	249	50	13	1
Nonfamily householder										
Living alone	1,532	8	78	217	200	164	547	238	52	29
Living with nonrelatives	709	7	31	111	123	78	263	73	12	11
Relative of householder										
Spouse	6,298	244	364	1,622	1,067	681	1,624	539	98	58
Other	2,448	115	190	742	533	199	536	107	19	7
Nonrelative										
Nonrelative	1,576	56	114	476	302	148	337	117	15	11

- = Quantity zero or rounds to zero.

Table A-21. Educational Attainment of the Population 15 Years Old and Over, by Household Relationship, Age, and Sex, 2006—Continued

(Numbers in thousands.)

Household relationship, age, and sex	Total	None to 8th grade	9th to 11th grade	High school graduate	Some college, no degree	Associate's degree	Bachelor's degree	Master's degree	Professional degree	Doctoral degree
35 to 44 Years Old										
Total	21,745	822	1,434	6,211	3,849	2,383	4,869	1,647	336	194
Family householder										
Married spouse present	5,342	152	279	1,296	947	639	1,360	498	98	72
Other family householder	3,599	150	402	1,258	724	400	484	148	21	13
Nonfamily householder										
Living alone	1,534	19	60	354	281	135	435	197	37	16
Living with nonrelatives	427	11	38	112	92	39	79	42	9	4
Relative of householder										
Spouse	8,480	343	415	2,352	1,335	966	2,127	701	160	82
Other	1,408	112	153	514	263	118	204	34	6	6
Nonrelative										
Nonrelative	956	34	86	326	209	87	179	29	5	1
45 to 54 Years Old										
Total	21,817	892	1,481	6,758	3,982	2,496	4,142	1,625	269	173
Family householder										
Married spouse present	5,104	174	333	1,442	985	551	1,070	436	66	47
Other family householder	2,825	139	253	855	545	334	472	193	25	10
Nonfamily householder										
Living alone	2,605	77	162	678	567	323	487	233	37	42
Living with nonrelatives	438	9	36	160	85	53	59	23	7	6
Relative of householder										
Spouse	8,617	310	453	2,835	1,431	1,031	1,734	649	113	61
Other	1,506	160	172	517	237	129	214	62	11	4
Nonrelative										
Nonrelative	721	23	73	271	131	75	106	29	10	3
55 to 64 Years Old										
Total	16,100	822	1,227	5,432	2,969	1,564	2,400	1,361	150	175
Family householder										
Married spouse present	3,379	129	223	1,111	640	338	546	311	40	40
Other family householder	1,488	128	177	480	282	137	182	77	9	16
Nonfamily householder										
Living alone	3,168	148	279	937	681	305	397	342	36	41
Living with nonrelatives	289	9	25	93	68	26	37	26	1	5
Relative of householder										
Spouse	6,475	231	390	2,360	1,115	659	1,078	533	48	62
Other	972	152	104	342	127	80	115	41	4	7
Nonrelative										
Nonrelative	329	24	29	110	57	18	45	31	12	4
65 Years Old and Over										
Total	20,287	2,618	2,531	8,020	2,900	1,194	2,041	791	107	86
Family householder										
Married spouse present	2,681	190	274	1,063	499	171	332	117	16	18
Other family householder	1,786	311	351	638	224	88	117	45	5	7
Nonfamily householder										
Living alone	7,789	984	1,035	2,928	1,152	504	782	344	29	31
Living with nonrelatives	254	28	28	95	39	24	25	9	2	5
Relative of householder										
Spouse	5,645	514	544	2,455	846	330	657	238	44	17
Other	1,916	556	275	757	116	64	102	30	8	9
Nonrelative										
Nonrelative	216	34	22	84	23	15	25	9	3	-

- = Quantity zero or rounds to zero.

Table A-22. Educational Attainment of Civilians 16 Years Old and Over, by Labor Force Status, Age, Sex, Race, and Hispanic Origin, 2006

(Numbers in thousands.)

Labor force status, age, sex, race, and Hispanic origin	Total	None to 8th grade	9th to 11th grade	High school graduate	Some college, no degree	Associate's degree	Bachelor's degree	Master's degree	Professional degree	Doctoral degree
ALL RACES										
Both Sexes										
Employed										
16 years old and over	142,147	4,918	11,658	41,863	27,811	13,444	28,007	9,984	2,492	1,971
16 to 17 years old	2,150	43	2,036	53	16	-	2	-	-	-
18 to 24 years old	17,257	427	2,336	5,524	6,030	1,093	1,742	84	6	15
25 to 29 years old	15,436	572	1,157	4,316	3,069	1,488	3,725	839	165	105
30 to 34 years old	15,042	588	931	4,143	2,651	1,537	3,519	1,243	250	180
35 to 44 years old	34,259	1,264	2,027	10,198	5,755	3,551	7,674	2,616	690	485
45 to 54 years old	33,667	1,045	1,842	10,231	5,922	3,697	6,904	2,806	711	509
55 to 64 years old	19,159	663	971	5,612	3,515	1,764	3,666	1,988	467	512
65 years old and over	5,178	315	358	1,785	852	315	775	410	203	165
18 years old and over	139,997	4,875	9,622	41,810	27,794	13,444	28,005	9,984	2,492	1,971
25 years old and over	122,740	4,448	7,286	36,286	21,764	12,352	26,262	9,900	2,486	1,956
Unemployed										
16 years old and over	7,521	388	1,735	2,506	1,369	506	780	193	15	28
16 to 17 years old	536	25	494	14	1	2	-	-	-	-
18 to 24 years old	1,852	56	517	731	413	68	58	10	-	-
25 to 29 years old	927	29	178	315	194	65	120	21	-	5
30 to 34 years old	832	46	147	272	182	47	111	24	3	-
35 to 44 years old	1,454	101	209	546	246	116	180	47	4	5
45 to 54 years old	1,190	63	118	411	215	120	197	48	7	9
55 to 64 years old	576	48	56	170	99	69	94	31	1	8
65 years old and over	154	21	14	48	19	18	18	13	-	2
18 years old and over	6,985	363	1,240	2,493	1,368	504	780	193	15	28
25 years old and over	5,132	307	723	1,762	955	436	722	184	15	28
Not in Labor Force										
16 years old and over	78,307	7,703	16,236	24,921	13,022	4,106	8,381	2,926	539	473
16 to 17 years old	6,325	446	5,784	61	31	2	1	-	-	-
18 to 24 years old	8,700	271	2,314	2,180	3,290	220	371	38	5	9
25 to 29 years old	3,589	282	514	1,075	736	288	543	123	20	8
30 to 34 years old	3,307	252	441	1,075	595	234	531	147	20	11
35 to 44 years old	7,129	552	962	2,341	1,183	528	1,166	304	60	31
45 to 54 years old	7,850	709	1,112	2,847	1,298	554	987	257	46	40
55 to 64 years old	11,234	927	1,269	4,139	1,833	802	1,422	699	53	91
65 years old and over	30,174	4,265	3,839	11,203	4,055	1,477	3,360	1,357	334	284
18 years old and over	71,982	7,258	10,452	24,860	12,991	4,104	8,380	2,926	539	473
25 years old and over	63,282	6,987	8,138	22,680	9,701	3,883	8,009	2,888	533	465
Male										
Employed										
16 years old and over	75,979	3,398	6,903	23,298	14,002	6,205	14,322	4,905	1,600	1,348
16 to 17 years old	1,050	34	983	26	8	-	-	-	-	-
18 to 24 years old	9,099	329	1,423	3,158	2,921	514	710	28	4	12
25 to 29 years old	8,497	466	793	2,622	1,613	757	1,785	334	78	49
30 to 34 years old	8,306	434	607	2,550	1,396	752	1,778	563	125	100
35 to 44 years old	18,496	902	1,280	5,827	2,959	1,649	3,882	1,278	404	315
45 to 54 years old	17,560	634	1,105	5,420	2,980	1,639	3,558	1,395	471	359
55 to 64 years old	10,032	394	531	2,769	1,698	751	2,119	1,040	340	391
65 years old and over	2,938	204	181	926	426	142	491	268	178	122
18 years old and over	74,929	3,363	5,921	23,272	13,994	6,205	14,322	4,905	1,600	1,348
25 years old and over	65,829	3,034	4,498	20,114	11,073	5,691	13,613	4,876	1,596	1,336
Unemployed										
16 years old and over	4,287	245	1,027	1,497	694	262	430	102	7	23
16 to 17 years old	296	14	275	6	1	-	-	-	-	-
18 to 24 years old	1,074	38	327	442	205	33	26	3	-	-
25 to 29 years old	513	21	93	192	101	35	59	9	-	1
30 to 34 years old	471	26	79	164	106	28	56	13	-	-
35 to 44 years old	803	59	143	305	123	58	96	12	2	5
45 to 54 years old	694	40	68	249	106	71	115	33	3	9
55 to 64 years old	336	29	35	103	45	29	63	25	1	6
65 years old and over	101	18	8	35	8	8	14	8	-	2
18 years old and over	3,992	231	752	1,491	694	262	430	102	7	23
25 years old and over	2,918	193	425	1,049	489	229	404	100	7	23

- = Quantity zero or rounds to zero.

Table A-22. Educational Attainment of Civilians 16 Years Old and Over, by Labor Force Status, Age, Sex, Race, and Hispanic Origin, 2006—Continued

(Numbers in thousands.)

Labor force status, age, sex, race, and Hispanic origin	Total	None to 8th grade	9th to 11th grade	High school graduate	Some college, no degree	Associate's degree	Bachelor's degree	Master's degree	Professional degree	Doctoral degree
Not in Labor Force										
16 years old and over	29,894	2,995	7,093	8,938	4,783	1,244	3,037	1,163	325	318
16 to 17 years old	3,267	266	2,969	23	6	2	-	-	-	-
18 to 24 years old	3,800	88	1,114	852	1,507	100	123	8	1	7
25 to 29 years old	1,006	64	150	296	214	68	175	34	-	6
30 to 34 years old	717	40	108	313	99	39	84	27	6	2
35 to 44 years old	1,820	133	341	742	264	107	179	33	12	7
45 to 54 years old	2,642	252	418	1,059	368	171	272	62	23	18
55 to 64 years old	4,497	393	504	1,614	735	291	600	292	30	38
65 years old and over	12,145	1,759	1,489	4,038	1,589	466	1,604	707	252	240
18 years old and over	26,627	2,729	4,123	8,914	4,777	1,242	3,037	1,163	325	318
25 years old and over	22,828	2,641	3,009	8,062	3,270	1,141	2,914	1,155	324	311
Female										
Employed										
16 years old and over	66,168	1,520	4,755	18,565	13,809	7,240	13,684	5,079	892	623
16 to 17 years old	1,100	9	1,053	27	9	-	2	-	-	-
18 to 24 years old	8,158	98	913	2,366	3,108	579	1,033	55	2	4
25 to 29 years old	6,939	106	364	1,694	1,456	731	1,941	505	88	55
30 to 34 years old	6,736	154	324	1,594	1,255	785	1,741	680	125	80
35 to 44 years old	15,762	361	747	4,371	2,796	1,901	3,792	1,338	286	170
45 to 54 years old	16,107	411	737	4,811	2,942	2,058	3,345	1,411	241	151
55 to 64 years old	9,126	269	440	2,844	1,817	1,012	1,548	948	127	121
65 years old and over	2,239	112	177	859	426	173	283	142	25	43
18 years old and over	65,068	1,512	3,702	18,539	13,800	7,240	13,682	5,079	892	623
25 years old and over	56,910	1,414	2,788	16,172	10,692	6,661	12,650	5,024	890	619
Unemployed										
16 years old and over	3,233	143	708	1,009	674	245	350	91	8	5
16 to 17 years old	241	11	220	7	-	2	-	-	-	-
18 to 24 years old	778	17	190	288	209	35	32	7	-	-
25 to 29 years old	414	7	85	122	92	30	61	12	-	3
30 to 34 years old	361	20	68	109	76	19	55	11	2	-
35 to 44 years old	651	42	66	241	123	58	85	35	2	-
45 to 54 years old	496	23	50	163	109	49	82	15	4	-
55 to 64 years old	241	19	21	67	54	40	30	6	-	2
65 years old and over	53	2	6	13	11	10	4	5	-	-
18 years old and over	2,993	132	488	1,002	674	242	350	91	8	5
25 years old and over	2,215	114	298	714	466	207	318	84	8	5
Not in Labor Force										
16 years old and over	48,413	4,709	9,143	15,983	8,239	2,862	5,344	1,763	214	155
16 to 17 years old	3,058	180	2,815	38	25	-	1	-	-	-
18 to 24 years old	4,900	183	1,200	1,328	1,784	120	249	30	4	2
25 to 29 years old	2,583	218	364	779	522	220	368	90	20	2
30 to 34 years old	2,590	212	333	762	496	195	447	121	14	9
35 to 44 years old	5,309	418	621	1,599	919	421	987	272	48	24
45 to 54 years old	5,207	457	694	1,788	930	383	715	195	23	22
55 to 64 years old	6,737	533	766	2,525	1,098	511	822	407	22	53
65 years old and over	18,028	2,507	2,350	7,164	2,466	1,011	1,756	649	82	43
18 years old and over	45,355	4,529	6,328	15,946	8,214	2,862	5,343	1,763	214	155
25 years old and over	40,455	4,346	5,128	14,618	6,430	2,742	5,094	1,733	210	153
WHITE ALONE OR IN COMBINATION										
Both Sexes										
Employed										
16 years old and over	118,987	4,309	9,592	34,787	23,168	11,545	23,526	8,348	2,135	1,578
16 to 17 years old	1,919	37	1,818	48	16	-	-	-	-	-
18 to 24 years old	14,448	409	1,949	4,543	5,048	958	1,464	64	3	10
25 to 29 years old	12,589	528	943	3,512	2,431	1,278	3,028	652	139	77
30 to 34 years old	12,187	538	765	3,381	2,095	1,285	2,852	960	193	118
35 to 44 years old	28,096	1,145	1,638	8,287	4,665	3,013	6,359	2,075	560	353
45 to 54 years old	28,508	875	1,445	8,563	5,011	3,175	5,930	2,452	633	424
55 to 64 years old	16,638	512	757	4,832	3,119	1,559	3,214	1,770	428	446
65 years old and over	4,602	264	278	1,621	782	275	679	375	179	150
18 years old and over	117,068	4,272	7,774	34,739	23,152	11,545	23,526	8,348	2,135	1,578
25 years old and over	102,620	3,863	5,825	30,196	18,104	10,587	22,062	8,284	2,132	1,568

- = Quantity zero or rounds to zero.

Table A-22. Educational Attainment of Civilians 16 Years Old and Over, by Labor Force Status, Age, Sex, Race, and Hispanic Origin, 2006—Continued

(Numbers in thousands.)

Labor force status, age, sex, race, and Hispanic origin	Total	None to 8th grade	9th to 11th grade	High school graduate	Some college, no degree	Associate's degree	Bachelor's degree	Master's degree	Professional degree	Doctoral degree
Unemployed										
16 years old and over	5,433	320	1,189	1,734	1,005	396	597	157	13	21
16 to 17 years old	383	19	352	11	1	-	-	-	-	-
18 to 24 years old	1,289	39	363	476	307	45	52	7	-	-
25 to 29 years old	659	28	113	223	138	54	85	14	-	3
30 to 34 years old	569	38	97	181	127	37	76	12	2	-
35 to 44 years old	1,060	86	134	387	175	91	138	44	2	3
45 to 54 years old	858	54	81	271	154	100	149	36	7	6
55 to 64 years old	480	39	41	141	86	51	82	30	1	8
65 years old and over	134	16	8	44	17	18	16	13	-	2
18 years old and over	5,050	301	837	1,723	1,005	396	597	157	13	21
25 years old and over	3,761	262	473	1,247	698	351	545	150	13	21
Not in Labor Force										
16 years old and over	64,221	6,072	12,469	20,892	10,812	3,483	7,146	2,481	454	411
16 to 17 years old	4,910	322	4,539	31	17	-	1	-	-	-
18 to 24 years old	6,514	229	1,681	1,585	2,520	162	295	31	3	9
25 to 29 years old	2,676	254	380	767	562	232	394	67	16	3
30 to 34 years old	2,558	217	322	830	493	198	400	83	6	9
35 to 44 years old	5,645	473	694	1,795	943	437	975	252	53	23
45 to 54 years old	6,137	551	802	2,209	1,033	458	796	217	42	31
55 to 64 years old	9,339	719	893	3,533	1,559	674	1,216	621	43	81
65 years old and over	26,442	3,308	3,159	10,142	3,686	1,323	3,069	1,209	291	255
18 years old and over	59,311	5,750	7,930	20,861	10,795	3,483	7,145	2,481	454	411
25 years old and over	52,797	5,521	6,249	19,276	8,275	3,322	6,850	2,450	452	402
Male										
Employed										
16 years old and over	64,764	3,042	5,812	19,712	11,871	5,430	12,278	4,116	1,421	1,081
16 to 17 years old	928	30	866	25	8	-	-	-	-	-
18 to 24 years old	7,711	315	1,210	2,644	2,470	457	581	25	1	6
25 to 29 years old	7,080	439	660	2,203	1,316	657	1,458	245	69	34
30 to 34 years old	6,900	398	533	2,126	1,154	646	1,439	430	105	69
35 to 44 years old	15,521	820	1,065	4,866	2,437	1,443	3,300	1,029	340	221
45 to 54 years old	15,092	546	905	4,577	2,556	1,418	3,142	1,217	431	300
55 to 64 years old	8,865	322	428	2,408	1,533	684	1,908	923	317	340
65 years old and over	2,667	173	146	863	397	124	450	246	157	110
18 years old and over	63,837	3,013	4,947	19,687	11,863	5,430	12,278	4,116	1,421	1,081
25 years old and over	56,126	2,698	3,737	17,043	9,393	4,973	11,697	4,090	1,420	1,075
Unemployed										
16 years old and over	3,186	197	742	1,076	527	208	330	81	7	17
16 to 17 years old	219	11	202	5	1	-	-	-	-	-
18 to 24 years old	765	24	247	290	157	21	22	3	-	-
25 to 29 years old	385	21	56	148	73	28	51	8	-	1
30 to 34 years old	344	18	63	119	79	20	39	5	-	-
35 to 44 years old	604	48	92	231	90	50	76	11	2	3
45 to 54 years old	488	35	50	158	79	60	76	22	3	6
55 to 64 years old	296	26	28	92	43	20	54	25	1	6
65 years old and over	86	14	4	33	6	8	12	8	-	2
18 years old and over	2,967	186	540	1,071	526	208	330	81	7	17
25 years old and over	2,202	162	293	781	369	187	308	78	7	17
Not in Labor Force										
16 years old and over	24,212	2,373	5,378	7,282	3,955	1,018	2,624	1,023	277	281
16 to 17 years old	2,550	202	2,332	11	5	-	-	-	-	-
18 to 24 years old	2,807	74	781	593	1,177	75	92	7	1	7
25 to 29 years old	660	54	96	156	156	49	127	18	-	3
30 to 34 years old	492	39	66	216	80	27	57	8	-	-
35 to 44 years old	1,291	108	220	516	190	90	129	23	10	5
45 to 54 years old	2,011	201	281	818	280	126	219	54	20	12
55 to 64 years old	3,683	306	349	1,343	618	236	514	260	25	32
65 years old and over	10,717	1,388	1,253	3,630	1,450	415	1,486	652	221	222
18 years old and over	21,662	2,171	3,046	7,272	3,950	1,018	2,624	1,023	277	281
25 years old and over	18,855	2,097	2,265	6,679	2,773	943	2,531	1,016	276	274

- = Quantity zero or rounds to zero.

Table A-22. Educational Attainment of Civilians 16 Years Old and Over, by Labor Force Status, Age, Sex, Race, and Hispanic Origin, 2006—Continued

(Numbers in thousands.)

Labor force status, age, sex, race, and Hispanic origin	Total	None to 8th grade	9th to 11th grade	High school graduate	Some college, no degree	Associate's degree	Bachelor's degree	Master's degree	Professional degree	Doctoral degree
Female										
Employed										
16 years old and over	54,223	1,267	3,779	15,075	11,298	6,114	11,248	4,232	714	496
16 to 17 years old	991	8	952	23	9	-	-	-	-	-
18 to 24 years old	6,737	94	740	1,899	2,578	501	882	38	2	4
25 to 29 years old	5,509	89	283	1,310	1,116	620	1,571	407	70	43
30 to 34 years old	5,287	140	232	1,255	941	639	1,413	530	88	49
35 to 44 years old	12,575	325	573	3,421	2,228	1,571	3,059	1,046	220	132
45 to 54 years old	13,416	328	539	3,986	2,456	1,757	2,789	1,235	202	124
55 to 64 years old	7,773	190	329	2,424	1,586	875	1,306	847	111	105
65 years old and over	1,935	91	132	758	385	151	229	128	22	39
18 years old and over	53,231	1,259	2,827	15,052	11,289	6,114	11,248	4,232	714	496
25 years old and over	46,495	1,165	2,088	13,153	8,712	5,614	10,365	4,193	712	493
Unemployed										
16 years old and over	2,247	123	446	657	479	188	267	76	6	4
16 to 17 years old	164	8	150	6	-	-	-	-	-	-
18 to 24 years old	524	15	116	186	149	23	30	5	-	-
25 to 29 years old	274	7	57	75	66	26	34	7	-	2
30 to 34 years old	226	20	33	62	48	17	37	7	2	-
35 to 44 years old	456	38	42	156	85	41	62	33	-	-
45 to 54 years old	371	20	31	113	75	40	73	14	4	-
55 to 64 years old	184	13	13	49	43	31	27	6	-	2
65 years old and over	48	2	4	11	11	10	4	5	-	-
18 years old and over	2,083	115	296	651	479	188	267	76	6	4
25 years old and over	1,559	100	180	466	329	165	237	72	6	4
Not in Labor Force										
16 years old and over	40,009	3,699	7,091	13,609	6,857	2,465	4,522	1,458	177	130
16 to 17 years old	2,360	120	2,207	20	12	-	1	-	-	-
18 to 24 years old	3,706	155	900	992	1,343	87	203	24	2	2
25 to 29 years old	2,015	200	284	611	406	183	267	49	16	-
30 to 34 years old	2,066	178	256	614	413	171	344	75	6	9
35 to 44 years old	4,353	365	474	1,280	754	347	846	229	43	18
45 to 54 years old	4,126	349	521	1,391	753	332	577	163	21	19
55 to 64 years old	5,656	413	544	2,190	941	438	703	361	18	49
65 years old and over	15,725	1,920	1,906	6,511	2,236	908	1,583	557	71	33
18 years old and over	37,649	3,579	4,884	13,589	6,844	2,465	4,521	1,458	177	130
25 years old and over	33,942	3,425	3,984	12,597	5,501	2,378	4,318	1,434	176	128
BLACK ALONE OR IN COMBINATION										
Both Sexes										
Employed										
16 years old and over	15,816	309	1,619	5,497	3,641	1,337	2,353	824	141	94
16 to 17 years old	200	3	190	4	-	-	2	-	-	-
18 to 24 years old	2,156	17	318	802	764	97	141	13	2	3
25 to 29 years old	1,952	29	176	642	514	143	369	68	7	3
30 to 34 years old	1,879	32	120	622	443	173	321	124	26	19
35 to 44 years old	4,083	45	270	1,467	856	373	748	250	49	26
45 to 54 years old	3,552	61	312	1,278	719	386	514	223	33	25
55 to 64 years old	1,645	89	165	566	291	148	224	129	18	16
65 years old and over	350	34	68	117	53	19	36	17	5	1
18 years old and over	15,616	306	1,429	5,493	3,641	1,337	2,351	824	141	94
25 years old and over	13,460	289	1,111	4,691	2,877	1,241	2,210	811	139	91
Unemployed										
16 years old and over	1,785	51	509	696	318	88	108	13	-	2
16 to 17 years old	143	6	136	1	-	-	-	-	-	-
18 to 24 years old	511	13	142	243	90	22	2	-	-	-
25 to 29 years old	215	1	60	81	43	5	20	5	-	-
30 to 34 years old	216	8	43	81	53	7	24	-	-	-
35 to 44 years old	343	8	72	147	62	23	29	-	-	2
45 to 54 years old	270	6	36	116	58	18	27	8	-	-
55 to 64 years old	70	5	13	24	9	12	5	-	-	-
65 years old and over	17	5	7	3	2	-	-	-	-	-
18 years old and over	1,641	45	373	695	318	88	108	13	-	2
25 years old and over	1,130	33	231	452	227	66	105	13	-	2

- = Quantity zero or rounds to zero.

Table A-22. Educational Attainment of Civilians 16 Years Old and Over, by Labor Force Status, Age, Sex, Race, and Hispanic Origin, 2006—*Continued*

(Numbers in thousands.)

Labor force status, age, sex, race, and Hispanic origin	Total	None to 8th grade	9th to 11th grade	High school graduate	Some college, no degree	Associate's degree	Bachelor's degree	Master's degree	Professional degree	Doctoral degree
Not in Labor Force										
16 years old and over	10,090	1,094	3,102	3,081	1,619	424	526	198	27	18
16 to 17 years old	1,114	110	978	13	13	-	-	-	-	-
18 to 24 years old	1,550	22	507	453	494	36	35	2	-	-
25 to 29 years old	608	15	120	260	119	40	43	8	1	1
30 to 34 years old	453	23	98	193	80	17	30	8	3	-
35 to 44 years old	1,029	53	229	418	181	55	69	24	-	-
45 to 54 years old	1,234	80	269	479	221	68	92	18	4	4
55 to 64 years old	1,416	122	321	483	228	105	99	47	7	2
65 years old and over	2,686	670	578	782	284	103	157	91	11	11
18 years old and over	8,976	984	2,124	3,068	1,606	424	526	198	27	18
25 years old and over	7,426	962	1,617	2,615	1,112	388	491	196	27	18
Male										
Employed										
16 years old and over	7,309	190	831	2,738	1,617	526	981	311	58	56
16 to 17 years old	99	3	96	-	-	-	-	-	-	-
18 to 24 years old	1,041	14	171	417	344	36	53	-	2	3
25 to 29 years old	919	16	110	313	240	68	152	17	2	2
30 to 34 years old	887	24	51	356	181	66	155	36	8	10
35 to 44 years old	1,856	36	138	711	404	138	310	86	17	15
45 to 54 years old	1,631	27	163	632	320	162	190	102	19	16
55 to 64 years old	715	47	71	265	107	48	101	61	8	9
65 years old and over	160	23	33	44	22	8	19	9	2	1
18 years old and over	7,209	187	735	2,738	1,617	526	981	311	58	56
25 years old and over	6,168	173	564	2,321	1,273	490	928	311	56	52
Unemployed										
16 years old and over	924	40	263	369	145	41	55	10	-	2
16 to 17 years old	78	3	74	1	-	-	-	-	-	-
18 to 24 years old	278	11	72	143	39	11	2	-	-	-
25 to 29 years old	97	1	32	36	20	2	3	2	-	-
30 to 34 years old	100	8	10	39	27	4	12	-	-	-
35 to 44 years old	175	6	48	64	30	9	16	-	-	2
45 to 54 years old	157	3	17	75	25	10	20	7	-	-
55 to 64 years old	25	2	5	9	2	5	2	-	-	-
65 years old and over	13	5	4	2	2	-	-	-	-	-
18 years old and over	846	37	189	368	145	41	55	10	-	2
25 years old and over	568	25	117	225	106	30	53	10	-	2
Not in Labor Force										
16 years old and over	4,225	479	1,402	1,313	611	143	195	61	11	11
16 to 17 years old	553	59	487	6	1	-	-	-	-	-
18 to 24 years old	703	10	274	191	197	16	14	1	-	-
25 to 29 years old	265	7	52	137	45	13	12	-	-	-
30 to 34 years old	147	1	33	86	17	2	8	-	-	-
35 to 44 years old	398	20	101	187	60	8	19	4	-	-
45 to 54 years old	512	33	122	199	84	31	34	4	3	4
55 to 64 years old	634	58	134	214	102	45	56	22	4	1
65 years old and over	1,012	293	199	294	105	29	51	31	5	7
18 years old and over	3,672	420	914	1,307	609	143	195	61	11	11
25 years old and over	2,969	410	641	1,116	412	127	181	60	11	11
Female										
Employed										
16 years old and over	8,507	119	788	2,759	2,024	811	1,372	513	83	38
16 to 17 years old	100	-	94	4	-	-	2	-	-	-
18 to 24 years old	1,115	3	147	385	421	60	87	13	-	-
25 to 29 years old	1,033	13	66	329	275	75	217	51	5	2
30 to 34 years old	991	8	69	265	262	107	165	88	18	9
35 to 44 years old	2,227	8	132	756	452	235	438	164	32	11
45 to 54 years old	1,921	34	150	646	400	223	323	121	15	9
55 to 64 years old	930	42	94	301	184	100	123	67	11	8
65 years old and over	190	11	35	73	31	12	17	9	3	-
18 years old and over	8,407	119	694	2,755	2,024	811	1,370	513	83	38
25 years old and over	7,292	116	547	2,371	1,604	751	1,282	500	83	38

- = Quantity zero or rounds to zero.

Table A-22. Educational Attainment of Civilians 16 Years Old and Over, by Labor Force Status, Age, Sex, Race, and Hispanic Origin, 2006—Continued

(Numbers in thousands.)

Labor force status, age, sex, race, and Hispanic origin	Total	None to 8th grade	9th to 11th grade	High school graduate	Some college, no degree	Associate's degree	Bachelor's degree	Master's degree	Professional degree	Doctoral degree
Unemployed										
16 years old and over	860	12	246	327	173	47	53	4	-	-
16 to 17 years old	65	3	62	-	-	-	-	-	-	-
18 to 24 years old	233	2	69	100	51	11	-	-	-	-
25 to 29 years old	118	-	28	45	23	3	17	2	-	-
30 to 34 years old	115	-	33	42	26	3	11	-	-	-
35 to 44 years old	168	2	24	83	32	15	13	-	-	-
45 to 54 years old	112	3	19	40	33	9	7	1	-	-
55 to 64 years old	45	3	8	15	7	7	3	-	-	-
65 years old and over	4	-	3	2	-	-	-	-	-	-
18 years old and over	795	9	183	327	173	47	53	4	-	-
25 years old and over	562	7	114	227	121	36	53	4	-	-
Not in Labor Force										
16 years old and over	5,865	615	1,701	1,768	1,008	281	331	137	16	7
16 to 17 years old	561	51	491	7	12	-	-	-	-	-
18 to 24 years old	847	12	234	263	297	20	21	1	-	-
25 to 29 years old	343	8	69	123	75	27	31	8	1	1
30 to 34 years old	306	22	65	107	63	15	22	8	3	-
35 to 44 years old	631	33	128	231	120	47	50	21	-	-
45 to 54 years old	722	47	148	280	136	37	57	14	2	-
55 to 64 years old	781	65	187	269	126	60	44	25	3	2
65 years old and over	1,674	377	379	488	179	74	106	60	7	4
18 years old and over	5,304	564	1,210	1,761	996	281	331	137	16	7
25 years old and over	4,457	552	976	1,499	699	261	311	137	16	7
ASIAN ALONE OR IN COMBINATION										
Both Sexes										
Employed										
16 years old and over	6,760	253	371	1,330	872	496	2,099	824	220	293
16 to 17 years old	55	3	51	1	-	-	-	-	-	-
18 to 24 years old	644	3	57	170	216	41	148	7	2	2
25 to 29 years old	834	5	22	130	106	59	341	126	18	26
30 to 34 years old	944	13	38	129	106	77	346	165	30	40
35 to 44 years old	1,895	55	91	369	195	141	562	292	86	104
45 to 54 years old	1,387	100	62	307	139	119	426	128	48	59
55 to 64 years old	793	59	43	188	89	42	217	88	19	48
65 years old and over	207	16	7	37	21	16	59	18	18	15
18 years old and over	6,705	251	320	1,330	872	496	2,099	824	220	293
25 years old and over	6,061	248	263	1,160	656	455	1,952	817	218	292
Unemployed										
16 years old and over	283	18	29	58	53	20	71	27	3	5
16 to 17 years old	16	-	12	1	-	2	-	-	-	-
18 to 24 years old	51	3	12	8	21	2	4	2	-	-
25 to 29 years old	50	-	3	9	12	4	15	5	-	1
30 to 34 years old	41	-	1	5	7	4	11	12	1	-
35 to 44 years old	39	6	-	6	8	2	13	4	2	-
45 to 54 years old	55	4	-	23	2	1	20	3	-	4
55 to 64 years old	26	5	1	5	2	5	6	-	-	-
65 years old and over	4	1	-	-	-	-	2	-	-	-
18 years old and over	267	18	17	56	53	17	71	27	3	5
25 years old and over	215	15	5	48	32	15	68	24	3	5
Not in Labor Force										
16 years old and over	3,578	446	557	792	570	171	702	240	57	43
16 to 17 years old	321	10	292	16	2	2	-	-	-	-
18 to 24 years old	615	13	113	127	293	17	43	6	2	-
25 to 29 years old	271	9	7	37	47	13	105	49	2	3
30 to 34 years old	257	3	6	45	16	21	98	57	11	2
35 to 44 years old	392	32	15	95	51	34	122	29	7	7
45 to 54 years old	384	68	20	115	41	18	96	20	-	6
55 to 64 years old	404	71	31	103	42	19	99	28	3	6
65 years old and over	934	241	73	254	78	47	139	52	31	19
18 years old and over	3,257	437	266	776	568	169	702	240	57	43
25 years old and over	2,642	424	152	649	275	151	659	234	55	43

- = Quantity zero or rounds to zero.

Table A-22. Educational Attainment of Civilians 16 Years Old and Over, by Labor Force Status, Age, Sex, Race, and Hispanic Origin, 2006—*Continued*

(Numbers in thousands.)

Labor force status, age, sex, race, and Hispanic origin	Total	None to 8th grade	9th to 11th grade	High school graduate	Some college, no degree	Associate's degree	Bachelor's degree	Master's degree	Professional degree	Doctoral degree
Male										
Employed										
16 years old and over	3,580	127	196	735	447	226	1,043	476	123	207
16 to 17 years old	26	2	23	-	-	-	-	-	-	-
18 to 24 years old	349	3	30	111	103	16	80	3	2	2
25 to 29 years old	457	3	11	83	52	31	180	72	6	17
30 to 34 years old	497	5	15	67	59	39	179	99	12	22
35 to 44 years old	1,020	31	60	209	103	67	268	159	49	75
45 to 54 years old	721	56	28	168	71	53	207	73	23	42
55 to 64 years old	408	23	28	84	46	12	105	57	14	39
65 years old and over	103	5	1	13	12	7	23	14	17	11
18 years old and over	3,555	126	172	734	447	226	1,043	476	123	207
25 years old and over	3,206	123	143	624	343	210	963	474	122	205
Unemployed										
16 years old and over	166	8	17	36	33	12	41	14	-	4
16 to 17 years old	2	-	2	-	-	-	-	-	-	-
18 to 24 years old	35	3	10	7	13	-	2	-	-	-
25 to 29 years old	31	-	3	6	11	4	5	2	-	-
30 to 34 years old	24	-	1	2	5	4	5	8	-	-
35 to 44 years old	13	2	-	4	3	-	3	1	-	-
45 to 54 years old	43	2	-	14	2	1	18	3	-	4
55 to 64 years old	14	-	1	3	-	3	6	-	-	-
65 years old and over	4	1	-	-	-	-	2	-	-	-
18 years old and over	163	8	15	36	33	12	41	14	-	4
25 years old and over	128	6	5	29	20	12	39	14	-	4
Not in Labor Force										
16 years old and over	1,300	115	263	290	214	70	211	75	37	26
16 to 17 years old	172	3	160	6	-	2	-	-	-	-
18 to 24 years old	283	3	53	65	140	7	15	-	-	-
25 to 29 years old	76	3	-	5	14	2	33	16	-	3
30 to 34 years old	66	-	4	7	2	10	17	19	6	2
35 to 44 years old	105	11	7	27	13	7	30	6	2	2
45 to 54 years old	87	14	5	28	2	12	19	4	-	2
55 to 64 years old	141	23	7	45	13	9	30	8	2	5
65 years old and over	371	58	27	107	31	19	68	22	27	12
18 years old and over	1,129	112	103	283	214	68	211	75	37	26
25 years old and over	846	109	50	218	74	61	196	75	37	26
Female										
Employed										
16 years old and over	3,179	126	175	596	425	270	1,056	348	97	86
16 to 17 years old	29	1	28	-	-	-	-	-	-	-
18 to 24 years old	296	-	27	59	112	26	67	4	-	-
25 to 29 years old	377	2	11	47	53	28	161	54	12	9
30 to 34 years old	447	8	23	61	47	38	167	66	18	18
35 to 44 years old	875	24	31	161	92	74	294	133	37	29
45 to 54 years old	666	44	34	138	68	66	219	55	25	17
55 to 64 years old	386	37	15	105	42	30	112	31	5	9
65 years old and over	104	11	7	24	9	9	36	4	-	4
18 years old and over	3,150	125	147	595	425	270	1,056	348	97	86
25 years old and over	2,855	125	120	536	313	245	989	344	97	86
Unemployed										
16 years old and over	117	10	12	22	20	8	30	12	3	1
16 to 17 years old	14	-	10	1	-	2	-	-	-	-
18 to 24 years old	16	-	2	1	8	2	2	-	-	-
25 to 29 years old	19	-	-	3	2	-	10	4	-	1
30 to 34 years old	17	-	-	3	3	-	7	4	1	-
35 to 44 years old	26	3	-	2	5	2	10	3	2	-
45 to 54 years old	12	1	-	9	-	-	2	-	-	-
55 to 64 years old	12	5	-	3	2	2	-	-	-	-
65 years old and over	-	-	-	-	-	-	-	-	-	-
18 years old and over	103	10	2	20	20	5	30	12	3	1
25 years old and over	87	10	-	19	12	4	28	10	3	1

- = Quantity zero or rounds to zero.

Table A-22. Educational Attainment of Civilians 16 Years Old and Over, by Labor Force Status, Age, Sex, Race, and Hispanic Origin, 2006—Continued

(Numbers in thousands.)

Labor force status, age, sex, race, and Hispanic origin	Total	None to 8th grade	9th to 11th grade	High school graduate	Some college, no degree	Associate's degree	Bachelor's degree	Master's degree	Professional degree	Doctoral degree
Not in Labor Force										
16 years old and over	2,278	331	295	502	356	101	491	164	21	17
16 to 17 years old	149	6	132	9	2	-	-	-	-	-
18 to 24 years old	332	10	61	62	153	10	28	6	2	-
25 to 29 years old	195	6	7	31	34	10	72	33	2	-
30 to 34 years old	192	3	2	38	15	10	82	38	5	-
35 to 44 years old	287	21	8	68	38	26	92	23	6	5
45 to 54 years old	298	54	15	87	38	6	77	16	-	4
55 to 64 years old	262	49	24	59	29	10	70	19	2	1
65 years old and over	563	183	46	148	48	27	71	30	4	6
18 years old and over	2,128	325	163	493	354	101	491	164	21	17
25 years old and over	1,796	315	102	431	201	91	463	158	18	17
HISPANIC[1]										
Both Sexes										
Employed										
16 years old and over	19,091	3,519	3,265	5,735	2,987	1,202	1,707	466	130	81
16 to 17 years old	250	21	214	14	1	-	-	-	-	-
18 to 24 years old	3,097	344	684	1,071	751	130	112	5	1	-
25 to 29 years old	3,026	504	525	977	491	224	256	40	5	4
30 to 34 years old	2,853	498	450	884	413	190	304	80	29	5
35 to 44 years old	4,873	1,010	737	1,410	627	326	541	159	40	22
45 to 54 years old	3,268	736	455	890	459	223	320	114	40	31
55 to 64 years old	1,396	321	161	396	198	98	136	54	13	18
65 years old and over	329	85	39	93	46	12	37	14	2	1
18 years old and over	18,841	3,498	3,051	5,721	2,986	1,202	1,707	466	130	81
25 years old and over	15,744	3,153	2,367	4,650	2,234	1,072	1,595	461	129	81
Unemployed										
16 years old and over	1,172	227	326	346	157	46	54	10	4	2
16 to 17 years old	56	5	47	3	1	-	-	-	-	-
18 to 24 years old	292	26	94	108	54	6	1	3	-	-
25 to 29 years old	182	27	48	56	30	11	10	-	-	-
30 to 34 years old	148	34	46	28	22	5	12	1	-	-
35 to 44 years old	305	80	60	109	30	9	13	3	2	-
45 to 54 years old	119	25	17	33	18	8	14	4	1	-
55 to 64 years old	60	25	13	9	4	5	4	-	-	-
65 years old and over	11	5	1	-	-	3	-	-	-	1
18 years old and over	1,116	222	279	343	157	46	54	10	4	2
25 years old and over	825	196	185	235	103	40	52	8	4	2
Not in Labor Force										
16 years old and over	9,530	2,643	2,882	2,168	966	293	427	96	43	13
16 to 17 years old	1,212	101	1,096	10	5	-	-	-	-	-
18 to 24 years old	1,455	146	520	383	351	34	16	5	1	-
25 to 29 years old	853	192	207	249	106	35	57	8	1	-
30 to 34 years old	740	173	170	243	70	33	44	6	2	-
35 to 44 years old	1,276	328	284	384	119	50	89	14	8	-
45 to 54 years old	1,006	327	204	243	117	45	43	17	6	4
55 to 64 years old	1,014	366	146	252	102	42	79	18	6	2
65 years old and over	1,975	1,009	256	404	97	56	99	29	19	7
18 years old and over	8,318	2,541	1,786	2,158	960	293	427	96	43	13
25 years old and over	6,863	2,396	1,267	1,775	610	259	411	91	42	13
Male										
Employed										
16 years old and over	11,569	2,517	2,141	3,505	1,601	585	863	232	80	43
16 to 17 years old	142	20	113	8	-	-	-	-	-	-
18 to 24 years old	1,875	266	487	632	384	57	47	3	-	-
25 to 29 years old	1,980	414	375	649	298	119	105	16	3	1
30 to 34 years old	1,792	375	315	564	226	91	154	45	17	4
35 to 44 years old	2,942	727	456	873	321	165	291	73	25	11
45 to 54 years old	1,854	459	272	513	247	103	160	60	23	16
55 to 64 years old	776	197	104	206	93	45	84	26	9	11
65 years old and over	208	59	19	60	31	6	22	8	2	-
18 years old and over	11,427	2,497	2,028	3,497	1,601	585	863	232	80	43
25 years old and over	9,552	2,231	1,542	2,865	1,217	529	816	229	80	43

[1] May be of any race.
- = Quantity zero or rounds to zero.

Table A-22. Educational Attainment of Civilians 16 Years Old and Over, by Labor Force Status, Age, Sex, Race, and Hispanic Origin, 2006—*Continued*

(Numbers in thousands.)

Labor force status, age, sex, race, and Hispanic origin	Total	None to 8th grade	9th to 11th grade	High school graduate	Some college, no degree	Associate's degree	Bachelor's degree	Master's degree	Professional degree	Doctoral degree
Unemployed										
16 years old and over	666	136	186	200	76	29	30	4	4	1
16 to 17 years old	29	2	25	1	1	-	-	-	-	-
18 to 24 years old	172	19	59	69	22	2	1	-	-	-
25 to 29 years old	100	21	17	36	14	10	2	-	-	-
30 to 34 years old	87	16	30	18	13	2	8	-	-	-
35 to 44 years old	169	45	34	60	14	5	6	1	2	-
45 to 54 years old	62	12	10	13	8	6	9	3	1	-
55 to 64 years old	39	16	10	4	4	2	3	-	-	-
65 years old and over	8	5	-	-	-	2	-	-	-	1
18 years old and over	637	134	161	199	76	29	30	4	4	1
25 years old and over	465	115	102	130	54	27	28	4	4	1
Not in Labor Force										
16 years old and over	3,074	742	1,085	614	339	76	153	29	26	11
16 to 17 years old	600	54	543	3	-	-	-	-	-	-
18 to 24 years old	511	28	202	117	137	18	5	2	1	-
25 to 29 years old	173	28	43	41	33	6	20	2	-	-
30 to 34 years old	100	16	22	41	11	1	8	1	-	-
35 to 44 years old	267	55	69	91	29	5	18	-	-	-
45 to 54 years old	291	88	54	73	39	9	16	4	3	4
55 to 64 years old	363	107	52	89	39	16	49	5	6	-
65 years old and over	770	365	100	158	51	21	38	14	16	7
18 years old and over	2,474	688	542	611	339	76	153	29	26	11
25 years old and over	1,963	660	339	494	202	58	148	27	25	11
Female										
Employed										
16 years old and over	7,522	1,002	1,124	2,229	1,385	617	844	234	50	38
16 to 17 years old	108	1	101	5	1	-	-	-	-	-
18 to 24 years old	1,222	78	197	439	367	73	65	1	1	-
25 to 29 years old	1,045	89	150	329	193	104	151	24	2	3
30 to 34 years old	1,061	124	135	320	186	99	151	35	11	1
35 to 44 years old	1,930	282	281	537	306	162	250	86	15	11
45 to 54 years old	1,414	277	183	377	212	120	160	54	17	14
55 to 64 years old	620	124	57	190	105	53	52	28	4	7
65 years old and over	121	25	20	33	15	6	15	6	-	1
18 years old and over	7,414	1,001	1,023	2,224	1,385	617	844	234	50	38
25 years old and over	6,192	922	826	1,785	1,017	544	779	232	49	38
Unemployed										
16 years old and over	505	91	140	146	81	17	24	6	-	-
16 to 17 years old	26	3	22	1	-	-	-	-	-	-
18 to 24 years old	119	7	35	39	32	4	-	3	-	-
25 to 29 years old	82	6	30	20	16	1	8	-	-	-
30 to 34 years old	61	18	16	10	8	3	4	1	-	-
35 to 44 years old	137	35	25	49	16	4	6	2	-	-
45 to 54 years old	56	13	7	20	9	1	5	1	-	-
55 to 64 years old	21	10	3	6	-	2	1	-	-	-
65 years old and over	3	-	1	-	-	2	-	-	-	-
18 years old and over	479	88	118	144	81	17	24	6	-	-
25 years old and over	360	81	83	106	49	13	24	4	-	-
Not in Labor Force										
16 years old and over	6,456	1,901	1,798	1,554	626	218	275	67	17	2
16 to 17 years old	612	47	553	7	5	-	-	-	-	-
18 to 24 years old	945	118	318	266	214	16	11	2	-	-
25 to 29 years old	680	163	164	207	73	28	37	6	1	-
30 to 34 years old	640	157	148	202	59	31	36	5	2	-
35 to 44 years old	1,009	273	215	293	89	45	71	14	8	-
45 to 54 years old	715	239	150	170	77	36	27	12	4	-
55 to 64 years old	651	259	94	164	62	26	31	13	-	2
65 years old and over	1,205	644	156	246	46	35	61	14	3	-
18 years old and over	5,844	1,854	1,245	1,547	621	218	275	67	17	2
25 years old and over	4,899	1,736	927	1,281	407	201	264	65	17	2

- = Quantity zero or rounds to zero.

Table A-23. Educational Attainment of Employed Civilians 18 to 64 Years Old, by Occupation, Age, and Sex, 2006

(Numbers in thousands.)

Occupation, age, and sex	Total	None to 8th grade	9th to 11th grade	High school graduate	Some college, no degree	Associate's degree	Bachelor's degree	Master's degree	Professional degree	Doctoral degree
BOTH SEXES										
18 to 64 Years Old										
Total	134,819	4,559	9,265	40,025	26,942	13,130	27,230	9,574	2,289	1,805
Management, business, and financial occupations	19,848	127	366	3,393	3,379	1,914	7,303	2,851	264	251
Professional and related occupations	27,794	46	206	2,386	3,440	3,248	9,863	5,338	1,829	1,438
Service occupations	21,672	1,420	2,618	8,346	4,999	1,966	1,987	251	50	36
Sales and related occupations	15,105	202	1,043	4,685	3,920	1,215	3,397	535	62	47
Office and administrative occupations	18,424	146	728	6,442	5,575	2,306	2,779	375	58	14
Farming, forestry, and fishing occupations	793	230	135	278	62	31	50	6	-	-
Construction and extraction occupations	8,937	1,087	1,410	3,937	1,372	610	468	45	6	2
Installation, maintenance, and repair occupations	5,028	146	493	2,176	1,081	713	367	45	3	4
Production occupations	9,122	751	1,184	4,355	1,592	652	511	62	8	8
Transportation and material moving occupations	8,095	405	1,082	4,026	1,522	475	505	66	8	7
18 to 24 Years Old										
Total	17,257	427	2,336	5,524	6,030	1,093	1,742	84	6	15
Management, business, and financial occupations	802	7	18	169	245	49	292	23	-	-
Professional and related occupations	1,939	5	61	259	627	183	740	49	4	10
Service occupations	4,621	134	816	1,489	1,747	258	170	4	1	2
Sales and related occupations	2,923	20	416	910	1,251	152	171	2	1	-
Office and administrative occupations	2,772	17	233	841	1,197	216	266	2	-	-
Farming, forestry, and fishing occupations	155	26	36	44	27	10	12	-	-	-
Construction and extraction occupations	1,315	148	280	609	199	54	23	2	-	-
Installation, maintenance, and repair occupations	540	2	70	238	141	66	20	-	-	3
Production occupations	969	47	177	427	224	70	24	-	-	-
Transportation and material moving occupations	1,221	20	229	539	371	33	26	2	-	-
25 to 34 Years Old										
Total	30,478	1,160	2,088	8,460	5,720	3,026	7,244	2,081	415	284
Management, business, and financial occupations	3,924	16	82	580	649	369	1,701	486	27	14
Professional and related occupations	6,829	7	31	471	734	714	2,944	1,333	352	244
Service occupations	5,029	304	552	1,881	1,078	534	592	64	13	10
Sales and related occupations	3,298	30	180	990	826	268	898	88	5	11
Office and administrative occupations	3,963	29	157	1,296	1,150	518	730	73	9	1
Farming, forestry, and fishing occupations	157	58	20	56	10	1	12	-	-	-
Construction and extraction occupations	2,523	428	470	995	330	200	93	3	2	1
Installation, maintenance, and repair occupations	1,055	32	116	387	257	178	76	9	-	-
Production occupations	2,014	165	286	934	359	152	104	12	-	-
Transportation and material moving occupations	1,685	91	194	867	325	91	94	14	6	3
35 to 44 Years Old										
Total	34,259	1,264	2,027	10,198	5,755	3,551	7,674	2,616	690	485
Management, business, and financial occupations	5,574	43	100	856	886	583	2,144	825	71	66
Professional and related occupations	7,382	20	61	603	780	915	2,617	1,426	556	404
Service occupations	5,110	377	472	2,091	988	538	549	74	17	2
Sales and related occupations	3,445	61	167	1,031	649	295	1,053	168	20	3
Office and administrative occupations	4,272	28	145	1,568	1,124	572	731	87	15	3
Farming, forestry, and fishing occupations	194	62	32	74	11	8	8	-	-	-
Construction and extraction occupations	2,309	287	345	1,054	328	144	141	5	3	1
Installation, maintenance, and repair occupations	1,391	29	120	668	260	197	107	10	-	-
Production occupations	2,465	219	282	1,207	421	165	147	15	6	3
Transportation and material moving occupations	2,116	138	303	1,046	309	135	177	5	-	2

- = Quantity zero or rounds to zero.

Table A-23. Educational Attainment of Employed Civilians 18 to 64 Years Old, by Occupation, Age, and Sex, 2006—*Continued*

(Numbers in thousands.)

Occupation, age, and sex	Total	None to 8th grade	9th to 11th grade	High school graduate	Some college, no degree	Associate's degree	Bachelor's degree	Master's degree	Professional degree	Doctoral degree
45 to 64 Years Old										
Total	52,825	1,708	2,813	15,843	9,437	5,460	10,570	4,794	1,178	1,021
Management, business, and financial occupations	9,548	61	165	1,788	1,600	913	3,167	1,517	165	171
Professional and related occupations	11,643	13	53	1,053	1,299	1,435	3,562	2,530	916	781
Service occupations	6,913	605	778	2,884	1,186	635	675	110	19	21
Sales and related occupations	5,439	91	280	1,754	1,195	500	1,275	276	36	32
Office and administrative occupations	7,417	73	193	2,736	2,104	1,000	1,053	213	34	10
Farming, forestry, and fishing occupations	287	84	47	105	14	12	20	6	-	-
Construction and extraction occupations	2,790	224	314	1,278	514	213	212	35	1	-
Installation, maintenance, and repair occupations	2,042	83	187	883	423	272	164	26	3	-
Production occupations	3,673	319	439	1,786	587	265	235	36	2	5
Transportation and material moving occupations	3,073	156	356	1,574	516	216	207	45	2	1
MALE										
18 to 64 Years Old										
Total	71,990	3,159	5,740	22,346	13,568	6,063	13,831	4,637	1,422	1,225
Management, business, and financial occupations	11,315	84	257	1,915	1,786	931	4,242	1,748	173	180
Professional and related occupations	11,779	22	101	835	1,450	1,018	4,103	2,139	1,141	970
Service occupations	9,239	751	1,039	3,366	2,155	788	988	101	26	26
Sales and related occupations	7,697	96	371	2,158	2,001	634	2,037	328	36	36
Office and administrative occupations	4,527	56	272	1,446	1,286	483	837	122	21	4
Farming, forestry, and fishing occupations	633	191	110	227	50	22	31	3	-	-
Construction and extraction occupations	8,717	1,064	1,379	3,860	1,327	593	441	45	6	2
Installation, maintenance, and repair occupations	4,822	138	483	2,107	1,022	681	342	42	3	3
Production occupations	6,381	431	771	3,022	1,205	516	376	52	8	-
Transportation and material moving occupations	6,879	326	956	3,411	1,286	397	434	57	8	5
18 to 24 Years Old										
Total	9,099	329	1,423	3,158	2,921	514	710	28	4	12
Management, business, and financial occupations	393	6	12	107	128	27	113	1	-	-
Professional and related occupations	762	-	37	87	283	52	273	21	3	6
Service occupations	2,040	94	398	662	730	94	60	-	-	2
Sales and related occupations	1,236	8	140	368	543	77	98	2	1	-
Office and administrative occupations	930	3	122	278	388	52	87	-	-	-
Farming, forestry, and fishing occupations	130	23	31	43	23	9	1	-	-	-
Construction and extraction occupations	1,290	146	275	595	199	54	21	2	-	-
Installation, maintenance, and repair occupations	516	-	67	229	134	63	19	-	-	3
Production occupations	723	37	132	316	167	55	16	-	-	-
Transportation and material moving occupations	1,078	13	210	473	326	32	23	2	-	-
25 to 34 Years Old										
Total	16,803	900	1,401	5,172	3,009	1,510	3,562	897	203	150
Management, business, and financial occupations	2,123	13	55	359	331	187	909	249	8	11
Professional and related occupations	2,983	5	17	208	342	262	1,324	527	177	121
Service occupations	2,333	191	239	906	472	201	291	22	4	7
Sales and related occupations	1,764	10	68	505	468	175	481	48	2	7
Office and administrative occupations	1,072	7	57	365	270	113	239	18	3	-
Farming, forestry, and fishing occupations	130	47	17	48	8	1	10	-	-	-
Construction and extraction occupations	2,470	418	460	977	321	194	93	3	2	1
Installation, maintenance, and repair occupations	995	31	116	371	238	160	72	6	-	-
Production occupations	1,495	104	201	699	277	131	72	10	-	-
Transportation and material moving occupations	1,437	72	171	733	281	85	72	14	6	3

- = Quantity zero or rounds to zero.

Table A-23. Educational Attainment of Employed Civilians 18 to 64 Years Old, by Occupation, Age, and Sex, 2006—Continued

(Numbers in thousands.)

Occupation, age, and sex	Total	None to 8th grade	9th to 11th grade	High school graduate	Some college, no degree	Associate's degree	Bachelor's degree	Master's degree	Professional degree	Doctoral degree
35 to 44 Years Old										
Total	18,496	902	1,280	5,827	2,959	1,649	3,882	1,278	404	315
Management, business, and financial occupations	3,154	30	80	485	472	269	1,201	512	49	55
Professional and related occupations	3,071	10	20	215	340	274	1,065	573	324	251
Service occupations	2,216	228	168	788	449	234	298	39	10	2
Sales and related occupations	1,790	30	62	498	326	144	625	94	8	3
Office and administrative occupations	1,027	11	40	328	252	148	211	32	3	2
Farming, forestry, and fishing occupations	149	49	23	58	9	4	6	-	-	-
Construction and extraction occupations	2,246	281	337	1,033	312	142	131	5	3	1
Installation, maintenance, and repair occupations	1,348	26	119	652	249	192	98	10	-	-
Production occupations	1,716	122	169	881	303	127	98	10	6	-
Transportation and material moving occupations	1,779	114	261	891	248	114	150	2	-	-
45 to 64 Years Old										
Total	27,592	1,028	1,636	8,188	4,678	2,390	5,677	2,434	811	750
Management, business, and financial occupations	5,645	35	110	963	855	449	2,019	985	116	114
Professional and related occupations	4,962	6	28	324	486	430	1,442	1,018	637	592
Service occupations	2,649	238	234	1,010	504	258	339	41	12	14
Sales and related occupations	2,907	48	102	787	663	238	834	184	25	27
Office and administrative occupations	1,498	35	54	475	376	170	300	72	15	2
Farming, forestry, and fishing occupations	224	72	40	79	10	7	14	3	-	-
Construction and extraction occupations	2,711	219	307	1,255	495	203	196	35	1	-
Installation, maintenance, and repair occupations	1,963	80	180	854	401	266	154	26	3	-
Production occupations	2,447	167	268	1,127	457	203	190	32	2	-
Transportation and material moving occupations	2,585	128	314	1,314	431	166	189	40	2	1
FEMALE										
18 to 64 Years Old										
Total	62,829	1,400	3,525	17,680	13,374	7,067	13,399	4,937	867	580
Management, business, and financial occupations	8,533	43	108	1,479	1,593	983	3,061	1,103	91	71
Professional and related occupations	16,015	24	105	1,552	1,989	2,230	5,759	3,199	688	469
Service occupations	12,433	669	1,579	4,980	2,844	1,178	999	150	24	10
Sales and related occupations	7,408	106	671	2,527	1,920	581	1,359	206	26	11
Office and administrative occupations	13,897	90	456	4,996	4,289	1,823	1,943	253	38	10
Farming, forestry, and fishing occupations	160	39	25	52	12	10	20	3	-	-
Construction and extraction occupations	220	23	31	77	44	17	28	-	-	-
Installation, maintenance, and repair occupations	206	8	10	70	58	32	24	3	-	-
Production occupations	2,741	320	413	1,332	387	136	135	11	-	8
Transportation and material moving occupations	1,216	79	126	615	236	79	71	8	-	2
18 to 24 Years Old										
Total	8,158	98	913	2,366	3,108	579	1,033	55	2	4
Management, business, and financial occupations	409	1	5	62	117	23	179	22	-	-
Professional and related occupations	1,177	5	24	171	344	132	468	28	1	4
Service occupations	2,581	40	419	827	1,017	164	110	4	1	-
Sales and related occupations	1,687	12	277	542	708	76	73	-	-	-
Office and administrative occupations	1,842	13	111	564	809	164	178	2	-	-
Farming, forestry, and fishing occupations	25	3	5	1	4	1	11	-	-	-
Construction and extraction occupations	24	3	6	14	1	-	2	-	-	-
Installation, maintenance, and repair occupations	24	2	3	9	7	3	1	-	-	-
Production occupations	246	10	44	111	57	15	8	-	-	-
Transportation and material moving occupations	143	8	19	67	46	1	3	-	-	-

- = Quantity zero or rounds to zero.

Table A-23. Educational Attainment of Employed Civilians 18 to 64 Years Old, by Occupation, Age, and Sex, 2006—Continued

(Numbers in thousands.)

Occupation, age, and sex	Total	None to 8th grade	9th to 11th grade	High school graduate	Some college, no degree	Associate's degree	Bachelor's degree	Master's degree	Professional degree	Doctoral degree
25 to 34 Years Old										
Total	13,675	260	688	3,288	2,710	1,516	3,682	1,184	212	135
Management, business, and financial occupations	1,802	3	27	221	318	182	791	237	19	3
Professional and related occupations	3,846	2	14	263	392	452	1,620	805	175	123
Service occupations	2,695	113	313	976	606	333	301	42	9	3
Sales and related occupations	1,534	20	112	485	358	93	418	40	3	5
Office and administrative occupations	2,891	21	100	931	880	405	491	55	6	1
Farming, forestry, and fishing occupations	27	11	3	8	2	-	2	-	-	-
Construction and extraction occupations	53	9	10	18	9	6	-	-	-	-
Installation, maintenance, and repair occupations	60	1	-	16	18	18	4	3	-	-
Production occupations	519	61	85	235	82	21	32	2	-	-
Transportation and material moving occupations	248	19	23	134	44	6	22	-	-	-
35 to 44 Years Old										
Total	15,762	361	747	4,371	2,796	1,901	3,792	1,338	286	170
Management, business, and financial occupations	2,420	12	20	371	414	314	942	313	23	10
Professional and related occupations	4,311	10	41	389	440	641	1,551	853	233	153
Service occupations	2,894	149	304	1,304	539	304	252	36	7	-
Sales and related occupations	1,655	30	105	533	322	151	428	74	11	1
Office and administrative occupations	3,245	17	105	1,240	872	424	520	54	12	1
Farming, forestry, and fishing occupations	46	13	9	17	2	4	1	-	-	-
Construction and extraction occupations	63	7	8	21	16	2	10	-	-	-
Installation, maintenance, and repair occupations	43	3	1	16	11	4	9	-	-	-
Production occupations	749	97	113	326	118	37	50	5	-	3
Transportation and material moving occupations	337	24	42	155	62	21	27	3	-	2
45 to 64 Years Old										
Total	25,233	681	1,177	7,655	4,759	3,070	4,893	2,360	368	271
Management, business, and financial occupations	3,903	26	56	824	744	465	1,148	532	50	57
Professional and related occupations	6,681	7	25	729	813	1,005	2,120	1,513	279	189
Service occupations	4,263	367	544	1,874	682	377	336	69	7	7
Sales and related occupations	2,531	43	178	967	532	262	440	93	11	5
Office and administrative occupations	5,919	38	140	2,261	1,728	830	753	141	20	7
Farming, forestry, and fishing occupations	63	12	7	26	4	5	5	3	-	-
Construction and extraction occupations	79	4	7	23	19	9	16	-	-	-
Installation, maintenance, and repair occupations	79	3	7	30	22	7	10	-	-	-
Production occupations	1,226	151	171	660	130	61	45	4	-	5
Transportation and material moving occupations	488	28	43	259	84	50	18	5	-	-

- = Quantity zero or rounds to zero.

Table A-24. Educational Attainment of Employed Civilians 18 to 64 Years Old, by Industry, Age, and Sex, 2006

(Numbers in thousands.)

Industry, age, and sex	Total	None to 8th grade	9th to 11th grade	High school graduate	Some college, no degree	Associate's degree	Bachelor's degree	Master's degree	Professional degree	Doctoral degree
BOTH SEXES										
18 to 64 Years Old										
Total	134,819	4,559	9,265	40,025	26,942	13,130	27,230	9,574	2,289	1,805
Agricultural, forestry, fishing, and hunting	1,694	258	188	606	226	141	220	43	9	3
Mining	668	19	80	319	129	40	49	26	4	-
Construction	10,842	1,081	1,443	4,482	1,827	847	966	174	17	4
Manufacturing	15,965	762	1,406	6,011	2,669	1,383	2,724	822	85	104
Wholesale and retail trade	19,711	506	1,564	7,061	4,947	1,708	3,218	543	78	86
Transportation and utilities	6,963	137	531	2,837	1,573	709	1,000	157	11	8
Information	3,258	17	68	704	734	352	1,044	284	32	24
Financial activities	9,753	64	224	2,175	2,235	886	3,201	792	122	53
Professional and business services	13,742	472	693	2,933	2,453	1,202	3,771	1,271	690	259
Educational and health services	28,854	291	957	5,605	4,915	3,580	7,080	4,343	1,013	1,070
Leisure and hospitality	10,678	673	1,377	3,732	2,546	690	1,373	223	31	33
Other services	6,400	257	625	2,213	1,188	729	929	350	40	70
Public administration	6,290	22	108	1,349	1,501	862	1,655	546	155	92
18 to 24 Years Old										
Total	17,257	427	2,336	5,524	6,030	1,093	1,742	84	6	15
Agricultural, forestry, fishing, and hunting	186	31	34	54	35	23	9	-	-	-
Mining	74	1	10	44	13	2	4	-	-	-
Construction	1,354	142	272	585	244	70	40	-	1	-
Manufacturing	1,278	54	217	520	273	75	137	2	-	-
Wholesale and retail trade	3,880	31	555	1,291	1,596	222	180	3	-	2
Transportation and utilities	445	2	53	191	129	34	33	3	-	-
Information	368	1	23	110	141	32	61	-	-	-
Financial activities	923	5	47	256	378	45	183	9	-	-
Professional and business services	1,427	52	153	434	388	97	280	20	2	3
Educational and health services	2,914	12	187	604	1,246	259	558	36	3	9
Leisure and hospitality	3,278	82	654	1,056	1,220	122	142	-	-	1
Other services	839	16	118	300	256	74	68	7	-	-
Public administration	292	-	13	80	110	38	49	4	-	-
25 to 34 Years Old										
Total	30,478	1,160	2,088	8,460	5,720	3,026	7,244	2,081	415	284
Agricultural, forestry, fishing, and hunting	272	66	27	91	30	15	37	6	-	-
Mining	163	5	29	78	21	16	9	3	1	-
Construction	2,923	416	458	1,117	434	251	210	32	5	1
Manufacturing	3,400	161	331	1,194	540	303	662	183	14	12
Wholesale and retail trade	4,430	95	293	1,506	1,058	415	900	119	17	28
Transportation and utilities	1,272	42	103	497	286	124	187	27	3	3
Information	879	6	10	154	233	89	316	63	6	1
Financial activities	2,334	11	53	486	509	222	898	136	12	7
Professional and business services	3,443	128	201	713	555	296	1,080	307	127	36
Educational and health services	6,199	32	186	944	970	767	1,940	1,003	194	164
Leisure and hospitality	2,658	149	246	967	546	222	447	65	10	6
Other services	1,349	48	134	473	249	164	224	42	6	7
Public administration	1,156	-	17	237	289	141	335	96	21	19
35 to 44 Years Old										
Total	34,259	1,264	2,027	10,198	5,755	3,551	7,674	2,616	690	485
Agricultural, forestry, fishing, and hunting	426	65	42	166	52	41	54	6	-	-
Mining	140	6	13	77	19	11	9	5	-	-
Construction	2,935	284	378	1,260	452	204	303	47	5	3
Manufacturing	4,410	218	308	1,632	708	383	769	310	33	49
Wholesale and retail trade	4,710	167	314	1,731	886	460	960	140	25	26
Transportation and utilities	1,898	36	164	785	389	191	303	30	1	1
Information	885	7	11	183	131	93	351	86	12	11
Financial activities	2,618	28	48	501	495	237	987	258	52	12
Professional and business services	3,665	156	162	753	599	332	1,040	349	210	64
Educational and health services	7,092	74	197	1,432	974	958	1,813	1,103	266	275
Leisure and hospitality	2,082	159	235	750	354	174	335	59	8	8
Other services	1,618	64	137	570	277	191	255	83	18	23
Public administration	1,780	-	17	358	419	276	494	141	61	14

- = Quantity zero or rounds to zero.

Table A-24. Educational Attainment of Employed Civilians 18 to 64 Years Old, by Industry, Age, and Sex, 2006—Continued

(Numbers in thousands.)

Industry, age, and sex	Total	None to 8th grade	9th to 11th grade	High school graduate	Some college, no degree	Associate's degree	Bachelor's degree	Master's degree	Professional degree	Doctoral degree
45 to 64 Years Old										
Total	52,825	1,708	2,813	15,843	9,437	5,460	10,570	4,794	1,178	1,021
Agricultural, forestry, fishing, and hunting	810	95	85	294	109	63	120	31	9	3
Mining	291	7	29	120	77	11	27	18	3	-
Construction	3,629	239	335	1,520	696	322	414	95	6	1
Manufacturing	6,878	329	549	2,665	1,148	623	1,156	327	38	43
Wholesale and retail trade	6,691	214	402	2,532	1,407	610	1,178	282	36	30
Transportation and utilities	3,348	58	211	1,364	769	360	478	96	7	4
Information	1,127	2	24	256	229	137	316	136	14	12
Financial activities	3,878	21	76	933	854	382	1,132	389	58	34
Professional and business services	5,207	136	177	1,032	910	476	1,371	596	352	156
Educational and health services	12,649	174	387	2,625	1,725	1,597	2,769	2,201	550	622
Leisure and hospitality	2,660	283	242	958	427	171	450	99	13	17
Other services	2,595	129	235	869	404	300	381	219	17	41
Public administration	3,062	22	61	674	683	408	777	306	74	59
MALE										
18 to 64 Years Old										
Total	71,990	3,159	5,740	22,346	13,568	6,063	13,831	4,637	1,422	1,225
Agricultural, forestry, fishing, and hunting	1,284	217	159	480	145	95	148	30	7	2
Mining	586	18	80	300	103	30	35	18	3	-
Construction	9,835	1,058	1,393	4,173	1,529	726	789	145	17	4
Manufacturing	11,175	486	993	4,131	1,891	969	1,944	617	58	86
Wholesale and retail trade	10,937	310	855	3,746	2,736	950	1,907	338	44	52
Transportation and utilities	5,297	122	439	2,213	1,147	529	704	127	8	8
Information	1,816	12	43	388	395	212	601	139	10	15
Financial activities	4,279	43	109	680	811	302	1,710	515	71	39
Professional and business services	7,786	341	438	1,596	1,158	564	2,199	838	464	187
Educational and health services	7,163	49	190	1,073	1,020	551	1,685	1,298	606	691
Leisure and hospitality	5,310	395	642	1,791	1,277	336	734	92	23	21
Other services	3,077	98	326	1,068	559	300	431	211	26	57
Public administration	3,444	9	71	707	798	498	942	270	84	63
18 to 24 Years Old										
Total	9,099	329	1,423	3,158	2,921	514	710	28	4	12
Agricultural, forestry, fishing, and hunting	156	25	29	48	32	20	2	-	-	-
Mining	63	1	10	40	11	1	2	-	-	-
Construction	1,274	139	265	560	208	63	38	-	1	-
Manufacturing	937	43	165	382	204	54	90	-	-	-
Wholesale and retail trade	2,098	19	316	709	843	122	84	3	-	2
Transportation and utilities	340	-	42	152	94	25	26	2	-	-
Information	204	-	17	64	81	18	24	-	-	-
Financial activities	370	-	19	94	148	22	85	2	-	-
Professional and business services	790	38	104	263	198	31	143	8	2	3
Educational and health services	729	3	55	145	346	44	118	10	2	5
Leisure and hospitality	1,591	55	331	518	580	61	45	-	-	1
Other services	385	7	61	134	115	32	33	3	-	-
Public administration	161	-	8	49	64	21	19	-	-	-
25 to 34 Years Old										
Total	16,803	900	1,401	5,172	3,009	1,510	3,562	897	203	150
Agricultural, forestry, fishing, and hunting	211	55	19	72	21	10	29	4	-	-
Mining	156	5	29	76	20	16	7	3	-	-
Construction	2,688	407	443	1,041	370	229	169	23	5	1
Manufacturing	2,391	110	246	872	388	210	421	125	8	12
Wholesale and retail trade	2,586	60	179	866	650	254	496	57	9	15
Transportation and utilities	955	36	80	405	211	92	107	19	1	3
Information	509	6	7	89	126	57	189	33	2	-
Financial activities	1,017	7	30	186	187	78	453	68	7	2
Professional and business services	1,969	98	147	416	276	155	611	181	64	21
Educational and health services	1,572	6	26	185	230	136	530	298	85	74
Leisure and hospitality	1,444	91	113	556	272	112	263	26	7	4
Other services	644	19	71	259	110	60	94	21	2	7
Public administration	661	-	11	149	148	100	192	38	13	11

- = Quantity zero or rounds to zero.

Table A-24. Educational Attainment of Employed Civilians 18 to 64 Years Old, by Industry, Age, and Sex, 2006—Continued

(Numbers in thousands.)

Industry, age, and sex	Total	None to 8th grade	9th to 11th grade	High school graduate	Some college, no degree	Associate's degree	Bachelor's degree	Master's degree	Professional degree	Doctoral degree
35 to 44 Years Old										
Total	18,496	902	1,280	5,827	2,959	1,649	3,882	1,278	404	315
Agricultural, forestry, fishing, and hunting	317	55	34	134	32	27	33	3	-	-
Mining	113	5	13	74	12	3	6	-	-	-
Construction	2,657	277	365	1,177	384	177	231	37	5	3
Manufacturing	3,051	131	211	1,166	473	267	517	219	25	42
Wholesale and retail trade	2,618	114	171	930	459	254	586	79	11	15
Transportation and utilities	1,422	31	143	579	281	149	215	23	1	1
Information	522	4	6	120	78	59	196	44	4	11
Financial activities	1,159	23	25	150	167	82	506	169	29	9
Professional and business services	2,092	119	93	420	303	160	579	240	129	50
Educational and health services	1,648	18	28	242	162	137	432	313	157	159
Leisure and hospitality	1,077	105	109	358	210	82	179	28	6	-
Other services	832	21	73	291	141	89	126	57	13	21
Public administration	989	-	8	187	258	164	276	66	25	6
45 to 64 Years Old										
Total	27,592	1,028	1,636	8,188	4,678	2,390	5,677	2,434	811	750
Agricultural, forestry, fishing, and hunting	600	82	77	227	60	38	84	24	7	2
Mining	254	7	29	110	60	10	20	14	3	-
Construction	3,216	235	321	1,394	567	256	351	85	6	1
Manufacturing	4,796	202	370	1,712	826	438	916	273	25	33
Wholesale and retail trade	3,636	117	189	1,240	784	320	741	200	24	20
Transportation and utilities	2,580	55	174	1,077	560	264	356	83	6	4
Information	581	2	13	115	110	79	191	61	5	4
Financial activities	1,734	13	36	250	310	119	666	275	36	28
Professional and business services	2,935	86	93	497	381	219	867	409	269	113
Educational and health services	3,214	22	81	500	281	233	605	677	362	453
Leisure and hospitality	1,198	144	89	360	215	81	246	38	10	15
Other services	1,216	52	122	383	194	119	177	129	11	29
Public administration	1,633	9	45	322	329	214	455	166	46	47
FEMALE										
18 to 64 Years Old										
Total	62,829	1,400	3,525	17,680	13,374	7,067	13,399	4,937	867	580
Agricultural, forestry, fishing, and hunting	411	40	29	126	80	47	72	13	3	1
Mining	81	1	-	19	26	10	14	8	1	-
Construction	1,007	23	50	309	298	122	177	29	-	-
Manufacturing	4,790	276	413	1,880	778	414	779	205	27	18
Wholesale and retail trade	8,774	197	709	3,315	2,211	758	1,311	205	34	34
Transportation and utilities	1,666	15	92	624	426	180	296	30	3	-
Information	1,442	4	25	316	339	139	442	145	22	9
Financial activities	5,474	22	115	1,496	1,424	585	1,491	277	51	14
Professional and business services	5,956	131	254	1,336	1,294	638	1,571	433	226	72
Educational and health services	21,690	242	767	4,532	3,895	3,029	5,395	3,045	406	379
Leisure and hospitality	5,367	277	735	1,940	1,270	354	639	131	8	12
Other services	3,323	158	298	1,145	628	429	498	140	14	13
Public administration	2,847	12	37	642	703	364	713	276	71	28
18 to 24 Years Old										
Total	8,158	98	913	2,366	3,108	579	1,033	55	2	4
Agricultural, forestry, fishing, and hunting	30	6	5	6	3	3	7	-	-	-
Mining	11	-	-	4	3	2	2	-	-	-
Construction	80	3	7	24	37	7	2	-	-	-
Manufacturing	340	11	52	138	69	21	47	2	-	-
Wholesale and retail trade	1,782	12	239	582	753	100	96	-	-	-
Transportation and utilities	105	2	10	40	36	9	7	1	-	-
Information	163	1	5	47	60	14	36	-	-	-
Financial activities	553	5	28	162	230	23	98	6	-	-
Professional and business services	638	14	49	171	190	66	137	11	-	-
Educational and health services	2,184	9	132	459	899	215	439	27	2	4
Leisure and hospitality	1,687	27	323	538	641	61	97	-	-	-
Other services	454	9	57	166	142	41	35	4	-	-
Public administration	131	-	5	30	46	17	30	4	-	-

- = Quantity zero or rounds to zero.

Table A-24. Educational Attainment of Employed Civilians 18 to 64 Years Old, by Industry, Age, and Sex, 2006—*Continued*

(Numbers in thousands.)

Industry, age, and sex	Total	None to 8th grade	9th to 11th grade	High school graduate	Some college, no degree	Associate's degree	Bachelor's degree	Master's degree	Professional degree	Doctoral degree
25 to 34 Years Old										
Total	13,675	260	688	3,288	2,710	1,516	3,682	1,184	212	135
Agricultural, forestry, fishing, and hunting	62	11	7	20	9	4	8	2	-	-
Mining	7	-	-	3	1	-	2	-	1	-
Construction	235	9	15	76	64	22	40	9	-	-
Manufacturing	1,009	51	85	323	152	93	241	58	6	-
Wholesale and retail trade	1,844	34	114	639	408	161	403	62	9	13
Transportation and utilities	317	6	23	92	75	32	80	8	1	-
Information	370	1	3	65	107	33	127	29	4	1
Financial activities	1,317	4	23	300	322	144	445	68	6	6
Professional and business services	1,474	30	53	297	279	141	469	126	62	15
Educational and health services	4,628	26	159	759	739	631	1,410	705	108	90
Leisure and hospitality	1,214	58	133	412	274	110	183	39	3	2
Other services	705	30	64	214	140	104	130	20	4	-
Public administration	495	-	7	88	142	41	143	58	8	8
35 to 44 Years Old										
Total	15,762	361	747	4,371	2,796	1,901	3,792	1,338	286	170
Agricultural, forestry, fishing, and hunting	110	11	8	32	20	14	21	3	-	-
Mining	27	1	-	3	6	8	3	5	-	-
Construction	278	7	13	82	68	26	72	10	-	-
Manufacturing	1,358	87	97	466	235	116	252	90	8	8
Wholesale and retail trade	2,092	53	143	802	427	206	375	61	13	12
Transportation and utilities	476	5	21	206	108	42	88	7	-	-
Information	363	2	5	63	53	34	155	41	9	-
Financial activities	1,460	6	23	351	328	155	482	89	23	3
Professional and business services	1,573	37	68	334	296	173	461	109	81	14
Educational and health services	5,443	56	169	1,190	812	821	1,381	790	109	116
Leisure and hospitality	1,005	54	126	393	143	92	156	31	2	8
Other services	786	43	64	279	136	102	129	26	5	2
Public administration	791	-	10	172	162	112	217	75	35	8
45 to 64 Years Old										
Total	25,233	681	1,177	7,655	4,759	3,070	4,893	2,360	368	271
Agricultural, forestry, fishing, and hunting	210	13	9	68	49	25	36	8	3	1
Mining	37	-	-	9	16	1	7	3	-	-
Construction	414	4	15	126	129	66	63	10	-	-
Manufacturing	2,082	127	179	954	322	185	240	54	13	10
Wholesale and retail trade	3,055	97	213	1,292	623	290	437	82	11	9
Transportation and utilities	768	2	38	287	209	96	121	14	2	-
Information	546	-	12	141	119	58	124	75	9	8
Financial activities	2,145	7	40	683	544	263	467	114	22	6
Professional and business services	2,272	50	84	535	529	258	504	187	83	43
Educational and health services	9,435	152	307	2,125	1,444	1,363	2,164	1,523	188	169
Leisure and hospitality	1,462	139	153	598	212	91	203	61	3	2
Other services	1,379	77	113	486	210	182	204	89	6	11
Public administration	1,430	12	16	351	354	194	323	140	28	12

- = Quantity zero or rounds to zero.

Table A-25. Income in 2005 by Educational Attainment of the Population 18 Years Old and Over, by Age, Sex, Race, and Hispanic Origin, 2006

(Numbers in thousands, except medians, means, and standard errors.)

Income, age, sex, race, and Hispanic origin	Total	High school — Not a graduate	High school — Graduate, including GED	College — Some college, no degree	College — Associate's degree	College — Bachelor's degree or more — Total	College — Bachelor's degree or more — Bachelor's degree	College — Bachelor's degree or more — Master's degree	College — Bachelor's degree or more — Professional degree	College — Bachelor's degree or more — Doctoral degree
BOTH SEXES, 18 YEARS OLD AND OVER										
All Persons										
All races										
With income	202,271	27,996	63,553	39,290	17,341	54,089	35,837	12,811	3,010	2,429
Median income ($)	$25,148	$13,085	$21,079	$23,153	$30,937	$45,064	$40,166	$51,509	$76,497	$70,165
Standard error	$67	$110	$79	$191	$178	$231	$154	$271	$1,160	$1,242
Mean income ($)	$36,286	$17,299	$26,933	$30,627	$36,645	$61,098	$52,671	$66,754	$112,902	$91,370
Standard error	$131	$124	$144	$231	$331	$385	$405	$828	$2,616	$2,372
White alone or in combination										
With income	169,156	22,488	53,186	32,855	14,865	45,760	30,368	10,823	2,585	1,983
Median income ($)	$25,724	$13,746	$21,521	$23,596	$31,357	$45,344	$40,287	$51,539	$77,430	$70,919
Standard error	$74	$122	$90	$213	$194	$212	$174	$280	$1,952	$757
Mean income ($)	$37,336	$17,798	$27,815	$31,397	$37,342	$62,268	$53,725	$67,794	$116,664	$92,000
Standard error	$149	$141	$166	$263	$371	$432	$451	$942	$2,934	$2,664
Black alone or in combination										
With income	23,317	4,193	8,194	5,052	1,748	4,128	2,842	1,006	165	113
Median income ($)	$20,658	$10,695	$18,226	$22,057	$27,939	$41,681	$39,646	$46,644	$64,889	$55,467
Standard error	$161	$207	$304	$337	$776	$359	$876	$1,096	$6,676	$4,150
Mean income ($)	$27,511	$14,426	$21,808	$26,502	$31,845	$51,521	$46,643	$55,710	$93,350	$75,494
Standard error	$273	$257	$267	$467	$780	$1,142	$1,368	$1,639	$9,537	$9,933
Asian alone or in combination										
With income	8,873	1,011	1,820	1,227	639	4,174	2,595	989	263	326
Median income ($)	$27,356	$12,762	$21,003	$18,506	$28,522	$45,833	$37,364	$57,187	$70,446	$66,190
Standard error	$524	$636	$414	$1,188	$1,640	$986	$1,243	$2,405	$5,088	$5,440
Mean income ($)	$40,894	$18,934	$24,882	$27,129	$34,406	$58,240	$47,800	$66,486	$87,062	$92,959
Standard error	$694	$1,004	$601	$1,261	$1,539	$1,287	$1,411	$2,684	$5,745	$6,657
Hispanic[1]										
With income	23,861	8,971	7,017	3,647	1,426	2,798	2,002	537	171	87
Median income ($)	$19,936	$15,165	$20,215	$22,211	$29,261	$39,711	$35,843	$50,712	$46,629	$67,283
Standard error	$160	$155	$204	$335	$1,014	$940	$687	$1,526	$4,593	$13,565
Mean income ($)	$26,115	$17,456	$24,528	$27,810	$33,069	$52,097	$45,536	$61,765	$75,194	$97,886
Standard error	$244	$196	$388	$556	$814	$1,343	$1,160	$3,838	$7,625	$16,953
Year-Round, Full-Time Workers										
All races										
With income	104,761	9,791	31,792	19,183	10,427	33,565	22,048	7,904	2,026	1,585
Median income ($)	$38,431	$22,326	$31,209	$36,371	$40,708	$57,541	$51,436	$64,540	$100,000+	$85,774
Standard error	$165	$115	$94	$165	$197	$382	$177	$797	$21,514	$2,466
Mean income ($)	$51,610	$26,879	$37,031	$44,312	$47,050	$78,220	$67,495	$84,685	$141,941	$113,687
Standard error	$218	$247	$220	$384	$485	$550	$566	$1,210	$3,470	$3,344
White alone or in combination										
With income	87,138	8,180	26,287	15,913	8,897	27,859	18,308	6,542	1,734	1,274
Median income ($)	$39,804	$22,416	$32,062	$37,126	$41,143	$59,532	$52,143	$65,003	$100,000+	$85,636
Standard error	$176	$155	$103	$187	$209	$509	$210	$807	$22,696	$2,718
Mean income ($)	$53,094	$27,101	$38,386	$45,610	$47,972	$80,516	$69,506	$87,038	$147,165	$114,503
Standard error	$249	$270	$256	$438	$547	$631	$643	$1,421	$3,897	$3,817
Black alone or in combination										
With income	12,097	1,118	4,303	2,619	1,079	2,975	2,066	711	122	75
Median income ($)	$31,692	$21,263	$25,907	$32,049	$36,158	$48,561	$45,627	$55,528	$76,698	$66,522
Standard error	$181	$361	$233	$346	$658	$989	$549	$1,512	$7,993	$7,101
Mean income ($)	$39,346	$24,257	$29,985	$36,917	$40,705	$60,200	$54,237	$64,546	$112,638	$97,257
Standard error	$437	$545	$398	$750	$1,073	$1,373	$1,587	$1,963	$11,997	$13,688
Asian alone or in combination										
With income	5,095	395	1,038	557	391	2,711	1,650	661	168	231
Median income ($)	$42,039	$23,904	$27,180	$32,121	$37,470	$60,998	$51,249	$71,730	$89,241	$91,057
Standard error	$425	$1,455	$520	$1,044	$1,664	$528	$602	$2,239	$32,123	$9,078
Mean income ($)	$56,634	$29,794	$32,096	$42,862	$44,378	$74,549	$61,966	$82,754	$110,461	$114,755
Standard error	$979	$2,131	$756	$2,347	$2,133	$1,581	$1,714	$2,799	$7,645	$8,655
Hispanic[1]										
With income	14,298	4,799	4,485	2,111	948	1,952	1,382	391	109	69
Median income ($)	$26,358	$20,780	$25,497	$31,489	$35,668	$46,973	$42,125	$56,523	$61,290	(B)
Standard error	$150	$157	$245	$382	$611	$932	$855	$2,427	$7,172	(B)
Mean income ($)	$34,194	$23,333	$30,680	$37,705	$40,001	$62,355	$54,112	$72,339	$99,391	(B)
Standard error	$359	$273	$543	$810	$966	$1,764	$1,449	$5,002	$10,454	(B)

[1] May be of any race.
(B) = Base is too small to show the derived measure.

Table A-25. Income in 2005 by Educational Attainment of the Population 18 Years Old and Over, by Age, Sex, Race, and Hispanic Origin, 2006—Continued

(Numbers in thousands, except medians, means, and standard errors.)

Income, age, sex, race, and Hispanic origin	Total	High school — Not a graduate	High school — Graduate, including GED	Some college, no degree	Associate's degree	College — Bachelor's degree or more — Total	Bachelor's degree	Master's degree	Professional degree	Doctoral degree
BOTH SEXES, 25 YEARS OLD AND OVER										
All Persons										
All races										
With income	179,565	24,142	56,485	30,907	16,069	51,960	33,854	12,697	3,002	2,405
Median income ($)	$27,358	$14,146	$22,184	$28,070	$31,893	$46,282	$41,161	$51,711	$76,647	$70,362
Standard error	$71	$115	$87	$254	$182	$194	$158	$271	$1,251	$1,127
Mean income ($)	$38,930	$18,464	$28,335	$35,003	$37,954	$62,594	$54,327	$67,127	$113,181	$91,881
Standard error	$145	$138	$157	$265	$352	$399	$425	$835	$2,621	$2,391
White alone or in combination										
With income	150,554	19,333	47,540	25,920	13,786	43,972	28,693	10,733	2,581	1,964
Median income ($)	$28,313	$14,825	$22,705	$28,793	$32,335	$46,621	$41,357	$51,733	$77,555	$71,063
Standard error	$135	$129	$150	$280	$219	$215	$179	$279	$1,971	$775
Mean income ($)	$40,016	$19,055	$29,171	$35,858	$38,690	$63,824	$55,472	$68,167	$116,837	$92,417
Standard error	$164	$158	$181	$300	$395	$448	$474	$949	$2,937	$2,685
Black alone or in combination										
With income	20,167	3,625	7,016	3,953	1,611	3,960	2,694	991	163	110
Median income ($)	$22,414	$11,429	$19,883	$25,995	$29,059	$42,272	$40,587	$46,922	$65,595	$57,391
Standard error	$200	$217	$291	$367	$781	$497	$444	$1,292	$6,313	$4,120
Mean income ($)	$29,664	$15,218	$23,280	$29,942	$33,067	$52,540	$47,677	$56,088	$94,116	$77,624
Standard error	$308	$261	$301	$566	$829	$1,184	$1,434	$1,658	$9,605	$10,138
Asian alone or in combination										
With income	7,921	896	1,586	866	581	3,990	2,424	979	260	324
Median income ($)	$30,912	$13,830	$21,935	$25,376	$30,268	$47,058	$39,565	$57,442	$70,942	$66,363
Standard error	$322	$672	$420	$1,087	$1,408	$1,043	$1,516	$2,368	$5,032	$5,552
Mean income ($)	$43,853	$19,937	$26,322	$33,717	$35,166	$59,666	$49,252	$66,770	$87,786	$93,377
Standard error	$763	$1,097	$656	$1,693	$1,574	$1,337	$1,497	$2,707	$5,769	$6,682
Hispanic[1]										
With income	20,249	7,793	5,795	2,705	1,279	2,675	1,890	527	170	87
Median income ($)	$21,214	$15,618	$21,405	$27,077	$30,724	$40,707	$36,858	$50,850	$46,727	$67,283
Standard error	$132	$171	$217	$372	$540	$617	$756	$1,412	$4,566	$13,565
Mean income ($)	$28,105	$18,163	$26,337	$32,445	$34,670	$53,363	$46,812	$62,355	$75,406	$97,886
Standard error	$280	$217	$454	$693	$881	$1,394	$1,213	$3,897	$7,651	$16,953
Year-Round, Full-Time Workers										
All races										
With income	96,716	8,713	28,674	16,983	9,770	32,574	21,104	7,864	2,025	1,580
Median income ($)	$40,631	$23,321	$32,259	$39,096	$41,546	$59,621	$52,224	$64,859	$100,000+	$85,706
Standard error	$77	$257	$97	$323	$198	$465	$179	$749	$21,510	$2,469
Mean income ($)	$53,873	$27,804	$38,594	$46,909	$48,395	$79,571	$69,032	$84,920	$141,983	$113,690
Standard error	$234	$271	$240	$425	$512	$564	$588	$1,215	$3,471	$3,355
White alone or in combination										
With income	80,342	7,227	23,690	14,064	8,320	27,040	17,528	6,510	1,733	1,268
Median income ($)	$41,322	$23,638	$34,086	$40,367	$42,024	$60,635	$54,118	$65,220	$100,000+	$85,531
Standard error	$85	$294	$256	$173	$211	$217	$629	$771	$22,691	$2,715
Mean income ($)	$55,519	$28,091	$40,077	$48,395	$49,472	$81,946	$71,152	$87,279	$147,216	$114,512
Standard error	$268	$297	$280	$486	$580	$647	$668	$1,427	$3,898	$3,833
Black alone or in combination										
With income	11,095	1,010	3,868	2,309	1,024	2,882	1,980	704	122	75
Median income ($)	$32,886	$21,846	$26,557	$34,445	$36,783	$49,721	$46,314	$55,758	$76,698	$66,522
Standard error	$453	$363	$240	$769	$668	$772	$546	$1,291	$7,993	$7,101
Mean income ($)	$40,840	$25,110	$31,038	$38,656	$41,475	$61,034	$55,129	$64,765	$112,638	$97,257
Standard error	$471	$585	$434	$833	$1,120	$1,411	$1,649	$1,980	$11,997	$13,688
Asian alone or in combination										
With income	4,831	377	942	517	364	2,629	1,571	659	168	231
Median income ($)	$43,648	$24,133	$27,701	$34,107	$38,280	$61,592	$51,700	$71,815	$89,241	$91,057
Standard error	$1,193	$1,475	$1,200	$1,694	$1,968	$537	$635	$2,297	$32,123	$9,078
Mean income ($)	$58,042	$29,886	$32,793	$44,558	$44,565	$75,648	$63,147	$82,830	$110,461	$114,755
Standard error	$1,022	$2,217	$803	$2,500	$2,118	$1,621	$1,789	$2,807	$7,645	$8,655
Hispanic[1]										
With income	12,575	4,214	3,815	1,787	873	1,884	1,319	386	108	69
Median income ($)	$27,577	$21,312	$26,625	$34,449	$36,426	$48,019	$43,189	$56,531	$61,571	(B)
Standard error	$318	$168	$261	$873	$623	$1,391	$1,381	$2,641	$6,031	(B)
Mean income ($)	$35,969	$24,017	$32,326	$40,356	$41,176	$63,501	$55,287	$72,635	$99,881	(B)
Standard error	$402	$299	$626	$914	$1,027	$1,818	$1,504	$5,058	$10,499	(B)

[1] May be of any race.
(B) = Base is too small to show the derived measure.

Table A-25. Income in 2005 by Educational Attainment of the Population 18 Years Old and Over, by Age, Sex, Race, and Hispanic Origin, 2006—Continued

(Numbers in thousands, except medians, means, and standard errors.)

Income, age, sex, race, and Hispanic origin	Total	High school - Not a graduate	High school - Graduate, including GED	College - Some college, no degree	College - Associate's degree	College - Bachelor's degree or more - Total	College - Bachelor's degree	College - Master's degree	College - Professional degree	College - Doctoral degree
BOTH SEXES, 25 TO 64 YEARS OLD										
All Persons										
All races										
With income	145,147	15,851	43,772	26,069	14,285	45,168	29,790	10,941	2,475	1,961
Median income ($)	$31,257	$16,678	$25,389	$30,629	$34,032	$48,979	$42,584	$54,964	$85,139	$72,604
Standard error	$66	$130	$112	$143	$428	$308	$315	$543	$2,273	$1,691
Mean income ($)	$42,056	$20,555	$30,471	$36,627	$39,276	$64,841	$56,316	$69,614	$121,237	$96,549
Standard error	$165	$191	$179	$301	$366	$426	$464	$829	$3,008	$2,659
White alone or in combination										
With income	120,120	12,653	35,956	21,492	12,189	37,828	24,993	9,152	2,119	1,562
Median income ($)	$31,987	$17,234	$26,387	$31,228	$35,119	$49,745	$43,446	$55,002	$87,019	$74,221
Standard error	$72	$141	$130	$162	$315	$316	$448	$571	$2,444	$1,737
Mean income ($)	$43,438	$21,286	$31,691	$37,760	$40,169	$66,293	$57,682	$70,790	$125,305	$97,640
Standard error	$189	$219	$209	$345	$412	$481	$521	$940	$3,382	$3,035
Black alone or in combination										
With income	17,304	2,365	6,169	3,635	1,493	3,640	2,504	889	147	98
Median income ($)	$25,165	$13,243	$20,902	$26,907	$30,185	$44,410	$41,385	$49,396	$70,456	$60,386
Standard error	$208	$437	$218	$367	$673	$984	$437	$1,801	$6,851	$4,611
Mean income ($)	$31,703	$16,553	$24,281	$30,596	$33,975	$54,299	$49,011	$58,181	$100,880	$83,904
Standard error	$349	$349	$331	$597	$866	$1,269	$1,526	$1,776	$10,445	$11,022
Asian alone or in combination										
With income	6,923	620	1,341	777	520	3,663	2,245	910	213	293
Median income ($)	$32,393	$18,099	$23,434	$26,419	$31,008	$49,338	$40,711	$60,514	$75,520	$68,917
Standard error	$613	$1,201	$1,089	$909	$1,103	$1,117	$637	$1,839	$4,479	$6,049
Mean income ($)	$46,174	$22,428	$27,335	$34,897	$34,988	$61,080	$50,543	$68,683	$92,798	$95,050
Standard error	$842	$1,456	$711	$1,845	$1,594	$1,417	$1,596	$2,872	$6,489	$6,940
Hispanic[1]										
With income	18,200	6,604	5,334	2,570	1,211	2,480	1,765	486	150	77
Median income ($)	$22,193	$16,911	$22,032	$27,463	$31,230	$41,590	$37,912	$51,606	$49,009	$78,300
Standard error	$131	$168	$214	$631	$551	$594	$1,137	$1,426	$4,551	$12,429
Mean income ($)	$29,406	$19,315	$27,112	$32,881	$35,488	$54,640	$47,707	$63,920	$79,901	$105,269
Standard error	$304	$244	$484	$712	$909	$1,478	$1,264	$4,177	$8,483	$18,695
Year-Round, Full-Time Workers										
All races										
With income	94,057	8,362	27,772	16,582	9,600	31,738	20,688	7,653	1,910	1,484
Median income ($)	$40,542	$23,079	$32,164	$38,843	$41,484	$59,104	$52,092	$64,708	$100,000+	$83,774
Standard error	$77	$259	$97	$328	$200	$504	$179	$773	$22,304	$2,395
Mean income ($)	$53,344	$27,553	$38,285	$46,576	$48,017	$78,463	$68,554	$83,445	$140,319	$111,236
Standard error	$228	$277	$237	$428	$489	$546	$591	$1,065	$3,584	$3,313
White alone or in combination										
With income	78,029	6,948	22,896	13,699	8,171	26,312	17,174	6,325	1,629	1,182
Median income ($)	$41,224	$23,401	$33,854	$40,245	$41,965	$60,425	$53,779	$65,165	$100,000+	$83,184
Standard error	$85	$296	$260	$174	$213	$217	$677	$777	$23,684	$2,445
Mean income ($)	$54,926	$27,824	$39,746	$48,041	$49,113	$80,684	$70,610	$85,560	$145,388	$111,756
Standard error	$261	$303	$276	$489	$552	$624	$671	$1,239	$4,038	$3,794
Black alone or in combination										
With income	10,905	960	3,792	2,282	1,014	2,856	1,963	697	119	75
Median income ($)	$32,859	$21,660	$26,463	$34,298	$36,707	$49,707	$46,288	$55,655	$80,750	$66,582
Standard error	$452	$361	$240	$805	$665	$791	$544	$1,377	$8,380	$7,109
Mean income ($)	$40,806	$24,750	$30,964	$38,427	$41,314	$60,991	$55,041	$64,658	$114,352	$97,420
Standard error	$477	$598	$440	$837	$1,113	$1,422	$1,659	$1,993	$12,241	$13,724
Asian alone or in combination										
With income	4,690	362	917	505	354	2,551	1,526	641	160	222
Median income ($)	$43,337	$24,171	$27,389	$34,018	$38,223	$61,389	$51,486	$71,628	$82,247	$91,341
Standard error	$1,119	$1,531	$982	$1,676	$1,970	$536	$626	$1,993	$15,001	$12,257
Mean income ($)	$57,707	$30,035	$32,586	$44,717	$43,443	$75,220	$62,982	$82,630	$109,189	$113,307
Standard error	$1,032	$2,304	$814	$2,529	$2,008	$1,638	$1,832	$2,872	$7,788	$8,511
Hispanic[1]										
With income	12,362	4,129	3,759	1,757	869	1,846	1,293	377	107	68
Median income ($)	$27,528	$21,270	$26,624	$34,468	$36,399	$47,705	$42,898	$56,281	$61,040	(B)
Standard error	$304	$169	$262	$879	$621	$1,301	$1,334	$2,547	$7,015	(B)
Mean income ($)	$35,879	$23,947	$32,317	$40,265	$41,084	$63,184	$54,891	$72,571	$98,897	(B)
Standard error	$405	$303	$633	$913	$1,024	$1,842	$1,511	$5,160	$10,580	(B)

[1] May be of any race.
(B) = Base is too small to show the derived measure.

Table A-25. Income in 2005 by Educational Attainment of the Population 18 Years Old and Over, by Age, Sex, Race, and Hispanic Origin, 2006—Continued

(Numbers in thousands, except medians, means, and standard errors.)

Income, age, sex, race, and Hispanic origin	Total	High school — Not a graduate	High school — Graduate, including GED	Some college, no degree	Associate's degree	College — Bachelor's degree or more — Total	Bachelor's degree	Master's degree	Professional degree	Doctoral degree
BOTH SEXES, 25 TO 34 YEARS OLD										
All Persons										
All races										
With income	35,954	4,146	10,114	6,954	3,478	11,261	8,224	2,279	451	305
Median income ($)	$27,075	$16,550	$22,254	$25,677	$30,013	$39,675	$36,769	$44,509	$53,264	$50,746
Standard error	$127	$205	$159	$273	$472	$460	$253	$998	$2,426	$3,030
Mean income ($)	$32,997	$19,124	$25,922	$29,719	$32,453	$46,653	$44,067	$48,034	$75,454	$63,370
Standard error	$226	$335	$282	$485	$432	$547	$660	$786	$3,969	$3,871
White alone or in combination										
With income	28,936	3,413	8,086	5,488	2,961	8,986	6,666	1,745	362	211
Median income ($)	$27,856	$16,980	$23,711	$26,373	$30,545	$39,838	$36,935	$45,023	$52,942	$53,353
Standard error	$259	$219	$350	$295	$327	$437	$277	$1,004	$2,296	$3,800
Mean income ($)	$33,650	$19,712	$27,140	$30,077	$32,935	$47,221	$44,906	$48,149	$75,582	$63,929
Standard error	$258	$383	$336	$514	$474	$644	$784	$851	$4,653	$3,682
Black alone or in combination										
With income	4,805	579	1,676	1,167	344	1,037	765	210	37	24
Median income ($)	$21,861	$13,285	$17,559	$23,066	$25,296	$36,455	$34,787	$38,389	(B)	(B)
Standard error	$307	$924	$525	$616	$1,167	$683	$1,221	$1,605	(B)	(B)
Mean income ($)	$27,184	$15,122	$20,422	$27,912	$28,097	$43,717	$40,354	$40,683	(B)	(B)
Standard error	$639	$594	$475	$1,498	$1,138	$2,117	$2,431	$1,951	(B)	(B)
Asian alone or in combination										
With income	2,077	92	292	265	161	1,265	805	339	50	69
Median income ($)	$32,345	$18,681	$22,025	$23,643	$31,940	$41,409	$37,188	$50,570	(B)	(B)
Standard error	$1,190	$2,719	$1,438	$1,780	$2,664	$873	$1,957	$1,726	(B)	(B)
Mean income ($)	$39,601	$24,327	$24,349	$33,431	$34,038	$46,249	$42,835	$51,517	(B)	(B)
Standard error	$958	$2,991	$1,159	$3,087	$2,450	$1,302	$1,485	$2,881	(B)	(B)
Hispanic[1]										
With income	6,674	2,274	2,076	1,045	464	813	639	127	36	10
Median income ($)	$21,335	$16,699	$20,984	$25,667	$30,727	$36,581	$34,547	$42,153	(B)	(B)
Standard error	$190	$271	$291	$653	$914	$991	$1,733	$3,150	(B)	(B)
Mean income ($)	$25,659	$18,651	$23,718	$28,836	$32,710	$42,095	$40,049	$46,013	(B)	(B)
Standard error	$331	$409	$446	$844	$1,162	$1,543	$1,721	$3,124	(B)	(B)
Year-Round, Full-Time Workers										
All races										
With income	23,741	2,389	6,704	4,346	2,352	7,949	5,865	1,579	299	203
Median income ($)	$33,859	$21,639	$28,380	$32,353	$35,535	$45,651	$42,092	$51,391	$71,308	$60,213
Standard error	$279	$212	$364	$237	$368	$325	$225	$458	$4,616	$1,856
Mean income ($)	$40,851	$24,444	$31,778	$38,639	$38,980	$55,200	$51,774	$58,001	$92,546	$77,198
Standard error	$280	$384	$268	$705	$498	$639	$747	$919	$5,422	$5,141
White alone or in combination										
With income	19,386	2,089	5,476	3,483	1,991	6,344	4,729	1,228	244	142
Median income ($)	$34,578	$21,500	$30,018	$33,275	$36,013	$45,713	$42,203	$51,267	$71,332	$61,070
Standard error	$295	$230	$288	$597	$390	$340	$249	$490	$5,210	$4,105
Mean income ($)	$41,161	$24,192	$32,785	$38,920	$39,609	$55,696	$52,628	$57,827	$93,019	$75,182
Standard error	$311	$407	$304	$727	$546	$747	$891	$967	$6,312	$4,468
Black alone or in combination										
With income	2,955	220	997	680	242	814	611	155	27	19
Median income ($)	$29,838	$21,911	$23,460	$30,529	$29,309	$40,700	$37,555	$43,148	(B)	(B)
Standard error	$456	$698	$721	$522	$963	$651	$1,553	$1,885	(B)	(B)
Mean income ($)	$35,102	$24,187	$26,525	$36,180	$33,525	$48,129	$43,001	$47,916	(B)	(B)
Standard error	$797	$1,049	$637	$2,399	$1,303	$1,733	$1,416	$2,062	(B)	(B)
Asian alone or in combination										
With income	1,357	52	205	178	111	809	534	208	24	41
Median income ($)	$41,770	(B)	$27,118	$31,763	$36,934	$51,653	$50,140	$60,085	(B)	(B)
Standard error	$660	(B)	$1,558	$1,457	$2,554	$621	$1,945	$2,229	(B)	(B)
Mean income ($)	$49,853	(B)	$29,513	$44,741	$40,527	$58,531	$54,626	$66,111	(B)	(B)
Standard error	$1,235	(B)	$1,321	$4,180	$2,840	$1,649	$1,792	$3,886	(B)	(B)
Hispanic[1]										
With income	4,557	1,481	1,490	682	334	569	442	93	25	8
Median income ($)	$25,942	$20,753	$23,931	$31,993	$35,773	$42,290	$41,005	$51,294	(B)	(B)
Standard error	$289	$272	$657	$750	$608	$1,600	$944	$3,829	(B)	(B)
Mean income ($)	$30,869	$22,160	$27,706	$36,015	$38,089	$51,400	$48,894	$55,565	(B)	(B)
Standard error	$408	$409	$525	$1,048	$1,262	$1,938	$2,205	$3,371	(B)	(B)

[1] May be of any race.
(B) = Base is too small to show the derived measure.

Table A-25. Income in 2005 by Educational Attainment of the Population 18 Years Old and Over, by Age, Sex, Race, and Hispanic Origin, 2006—Continued

(Numbers in thousands, except medians, means, and standard errors.)

Income, age, sex, race, and Hispanic origin	Total	High school		College						
		Not a graduate	Graduate, including GED	Some college, no degree	Associate's degree	Total	Bachelor's degree or more			
							Total	Bachelor's degree	Master's degree	Professional degree	Doctoral degree

(Columns: Total | Not a graduate | Graduate, including GED | Some college, no degree | Associate's degree | College Total | Bachelor's degree | Master's degree | Professional degree | Doctoral degree)

BOTH SEXES, 35 TO 44 YEARS OLD

All Persons
All races
	Total	Not grad	HS Grad	Some col	Assoc	Col Total	Bachelor's	Master's	Professional	Doctoral
With income	40,117	4,262	12,070	6,822	4,068	12,893	8,698	2,938	744	511
Median income ($)	$32,729	$17,619	$26,718	$31,996	$35,926	$51,406	$46,920	$56,991	$92,519	$74,242
Standard error	$269	$330	$211	$287	$402	$265	$409	$791	$3,226	$2,214
Mean income ($)	$43,570	$20,965	$31,303	$37,923	$40,353	$66,531	$58,551	$70,288	$123,190	$98,133
Standard error	$306	$309	$310	$594	$647	$766	$808	$1,478	$5,408	$5,782

White alone or in combination
With income	32,711	3,479	9,720	5,501	3,434	10,575	7,233	2,357	607	376
Median income ($)	$33,954	$18,395	$27,938	$32,874	$36,634	$51,358	$47,074	$55,831	$97,451	$73,908
Standard error	$315	$420	$424	$562	$469	$307	$514	$751	$18,115	$2,172
Mean income ($)	$44,503	$21,653	$32,413	$39,315	$41,356	$66,857	$59,345	$69,618	$127,865	$95,493
Standard error	$346	$353	$362	$701	$735	$858	$904	$1,646	$6,294	$6,594

Black alone or in combination
With income	5,058	558	1,849	1,038	445	1,165	819	269	49	27
Median income ($)	$28,216	$14,404	$22,292	$30,109	$32,909	$47,877	$46,319	$55,352	(B)	(B)
Standard error	$647	$716	$478	$864	$1,803	$1,213	$798	$3,798	(B)	(B)
Mean income ($)	$34,342	$17,340	$26,092	$31,778	$35,156	$57,554	$52,768	$60,260	(B)	(B)
Standard error	$638	$783	$646	$773	$1,203	$2,196	$2,635	$3,662	(B)	(B)

Asian alone or in combination
With income	2,119	164	411	230	164	1,150	638	312	92	105
Median income ($)	$37,325	$20,450	$25,544	$24,841	$28,251	$60,383	$46,848	$75,506	$76,399	$74,392
Standard error	$1,543	$2,258	$948	$2,339	$2,488	$1,890	$2,664	$4,677	$6,394	$10,119
Mean income ($)	$53,076	$19,500	$29,271	$34,347	$34,021	$72,850	$58,120	$83,345	$95,598	$110,861
Standard error	$1,788	$1,189	$1,232	$4,439	$3,472	$2,919	$2,900	$5,797	$11,816	$15,875

Hispanic[1]
With income	5,584	2,037	1,658	711	362	813	577	169	47	19
Median income ($)	$23,992	$17,390	$24,170	$28,909	$32,062	$42,415	$38,598	$55,315	(B)	(B)
Standard error	$577	$338	$1,004	$1,571	$1,366	$1,993	$1,841	$2,921	(B)	(B)
Mean income ($)	$30,917	$20,207	$29,547	$34,429	$36,784	$54,834	$47,414	$65,591	(B)	(B)
Standard error	$549	$437	$1,161	$1,225	$1,530	$2,054	$1,835	$4,781	(B)	(B)

Year-Round, Full-Time Workers
All races
With income	27,855	2,542	8,295	4,689	2,876	9,451	6,247	2,182	602	418
Median income ($)	$41,307	$22,985	$33,027	$40,136	$42,184	$61,931	$56,372	$68,591	$100,000+	$77,741
Standard error	$139	$508	$419	$351	$396	$373	$519	$1,201	$37,456	$2,398
Mean income ($)	$54,037	$27,064	$38,090	$46,976	$48,684	$80,424	$71,925	$82,968	$140,666	$107,288
Standard error	$400	$421	$393	$791	$808	$944	$1,026	$1,618	$6,286	$6,779

White alone or in combination
With income	22,605	2,121	6,695	3,776	2,417	7,593	5,101	1,707	484	300
Median income ($)	$41,907	$23,715	$35,115	$40,982	$43,468	$62,865	$58,258	$68,083	$100,000+	$77,082
Standard error	$151	$571	$273	$303	$1,042	$948	$1,010	$1,501	$39,292	$2,120
Mean income ($)	$55,421	$27,686	$39,523	$48,794	$50,099	$82,175	$73,958	$84,240	$147,480	$104,670
Standard error	$458	$473	$462	$937	$921	$1,087	$1,169	$1,947	$7,397	$7,841

Black alone or in combination
With income	3,573	274	1,244	737	323	993	691	229	45	26
Median income ($)	$35,050	$20,002	$27,247	$35,317	$36,849	$51,005	$49,237	$57,222	(B)	(B)
Standard error	$529	$893	$564	$847	$1,275	$595	$1,090	$2,336	(B)	(B)
Mean income ($)	$41,757	$23,551	$31,660	$38,128	$40,650	$62,482	$57,189	$65,700	(B)	(B)
Standard error	$801	$1,251	$774	$865	$1,336	$2,388	$2,860	$4,017	(B)	(B)

Asian alone or in combination
With income	1,530	107	304	142	111	865	457	245	74	88
Median income ($)	$49,511	$23,972	$27,460	$34,598	$39,941	$71,673	$60,189	$83,960	$80,542	$87,086
Standard error	$1,797	$1,851	$1,841	$2,736	$3,525	$2,717	$2,689	$2,848	$2,569	$32,361
Mean income ($)	$64,159	$24,999	$33,173	$47,480	$42,942	$85,386	$71,470	$90,139	$110,770	$122,742
Standard error	$2,038	$1,319	$1,375	$6,736	$4,680	$3,059	$3,282	$3,283	$13,789	$18,458

Hispanic[1]
With income	4,016	1,364	1,203	523	286	638	453	132	34	18
Median income ($)	$29,118	$21,394	$28,119	$34,621	$37,925	$49,715	$42,417	$57,844	(B)	(B)
Standard error	$736	$321	$836	$1,726	$2,108	$1,967	$2,470	$3,203	(B)	(B)
Mean income ($)	$37,095	$24,428	$35,479	$40,619	$41,862	$62,169	$53,257	$74,412	(B)	(B)
Standard error	$698	$556	$1,524	$1,422	$1,531	$2,353	$1,954	$5,530	(B)	(B)

[1] May be of any race.
(B) = Base is too small to show the derived measure.

Table A-25. Income in 2005 by Educational Attainment of the Population 18 Years Old and Over, by Age, Sex, Race, and Hispanic Origin, 2006—*Continued*

(Numbers in thousands, except medians, means, and standard errors.)

Income, age, sex, race, and Hispanic origin	Total	High school — Not a graduate	High school — Graduate, including GED	Some college, no degree	Associate's degree	Bachelor's degree or more — Total	Bachelor's degree	Master's degree	Professional degree	Doctoral degree
BOTH SEXES, 45 TO 54 YEARS OLD										
All Persons										
All races										
With income	40,070	4,059	12,438	7,108	4,223	12,240	7,874	3,061	757	548
Median income ($)	$35,172	$17,267	$27,209	$34,158	$37,280	$55,942	$49,741	$61,711	$95,128	$88,745
Standard error	$165	$300	$201	$631	$552	$469	$599	$603	$12,774	$3,040
Mean income ($)	$47,795	$21,478	$33,545	$40,254	$42,944	$77,054	$66,686	$81,659	$136,657	$117,965
Standard error	$374	$362	$392	$533	$793	$1,009	$1,146	$1,854	$6,166	$6,191
White alone or in combination										
With income	33,510	3,193	10,265	5,941	3,600	10,509	6,717	2,664	677	449
Median income ($)	$36,370	$17,883	$29,335	$35,187	$38,649	$57,216	$50,892	$61,964	$95,496	$88,701
Standard error	$182	$432	$491	$469	$956	$598	$455	$646	$14,393	$3,214
Mean income ($)	$49,860	$22,188	$35,047	$41,534	$44,118	$79,412	$68,735	$83,584	$140,160	$122,682
Standard error	$424	$425	$456	$611	$905	$1,114	$1,245	$2,056	$6,787	$7,284
Black alone or in combination										
With income	4,617	614	1,674	948	462	918	609	245	35	28
Median income ($)	$26,384	$14,753	$21,960	$29,183	$32,453	$49,366	$43,969	$57,729	(B)	(B)
Standard error	$365	$967	$427	$1,345	$1,897	$1,628	$1,780	$3,223	(B)	(B)
Mean income ($)	$34,280	$17,941	$26,118	$32,459	$36,427	$60,884	$54,833	$67,777	(B)	(B)
Standard error	$728	$744	$727	$860	$1,574	$2,899	$3,921	$3,119	(B)	(B)
Asian alone or in combination										
With income	1,654	199	382	165	133	774	510	147	47	68
Median income ($)	$31,775	$17,481	$22,806	$31,377	$33,889	$48,272	$40,163	$57,462	(B)	(B)
Standard error	$572	$1,958	$1,600	$3,765	$2,473	$2,268	$2,098	$9,122	(B)	(B)
Mean income ($)	$46,605	$22,315	$28,114	$37,279	$37,503	$65,567	$54,972	$70,539	(B)	(B)
Standard error	$2,055	$1,779	$1,543	$2,837	$2,325	$4,083	$5,201	$9,078	(B)	(B)
Hispanic[1]										
With income	3,846	1,455	1,040	541	252	556	354	124	46	30
Median income ($)	$23,760	$17,442	$24,629	$30,786	$30,907	$49,724	$42,712	$52,120	(B)	(B)
Standard error	$598	$455	$905	$1,252	$2,339	$2,065	$2,326	$4,726	(B)	(B)
Mean income ($)	$33,301	$19,829	$30,824	$36,875	$38,538	$67,333	$57,364	$65,086	(B)	(B)
Standard error	$835	$471	$1,234	$2,141	$2,115	$4,120	$3,763	$6,942	(B)	(B)
Year-Round, Full-Time Workers										
All races										
With income	27,559	2,216	8,388	4,835	3,009	9,108	5,680	2,358	621	448
Median income ($)	$43,688	$25,141	$35,360	$41,893	$46,040	$66,393	$60,700	$70,999	$100,000+	$98,169
Standard error	$394	$406	$237	$268	$599	$448	$467	$996	$36,510	$21,371
Mean income ($)	$59,440	$29,334	$41,497	$49,724	$51,314	$91,134	$80,258	$93,152	$153,361	$132,073
Standard error	$502	$526	$523	$684	$1,034	$1,262	$1,463	$2,245	$7,164	$7,252
White alone or in combination										
With income	23,218	1,809	6,983	4,056	2,569	7,799	4,823	2,048	549	378
Median income ($)	$45,635	$25,596	$36,558	$42,731	$46,935	$67,812	$62,151	$71,366	$100,000+	$92,494
Standard error	$242	$440	$263	$604	$676	$864	$607	$1,115	$38,387	$8,793
Mean income ($)	$61,658	$29,792	$43,145	$51,336	$52,519	$94,008	$82,940	$95,292	$158,732	$134,144
Standard error	$569	$603	$606	$783	$1,184	$1,406	$1,613	$2,498	$7,958	$8,388
Black alone or in combination										
With income	3,027	268	1,088	618	326	724	476	203	27	16
Median income ($)	$36,074	$23,029	$27,333	$36,787	$41,515	$53,277	$50,030	$65,715	(B)	(B)
Standard error	$451	$814	$657	$1,026	$1,376	$1,832	$1,624	$3,913	(B)	(B)
Mean income ($)	$43,940	$26,633	$32,950	$40,203	$44,361	$69,858	$64,205	$73,898	(B)	(B)
Standard error	$1,014	$1,186	$968	$1,006	$1,917	$3,496	$4,847	$3,172	(B)	(B)
Asian alone or in combination										
With income	1,130	118	246	112	97	556	353	104	45	52
Median income ($)	$41,700	$25,431	$30,004	$36,954	$39,451	$62,361	$50,999	$76,059	(B)	(B)
Standard error	$1,184	$2,662	$1,887	$2,171	$4,570	$2,798	$2,258	$3,092	(B)	(B)
Mean income ($)	$57,895	$28,905	$34,397	$42,388	$44,898	$79,884	$66,277	$89,117	(B)	(B)
Standard error	$2,467	$2,506	$1,885	$2,607	$2,412	$4,604	$5,688	$12,037	(B)	(B)
Hispanic[1]										
With income	2,687	925	762	388	175	435	274	101	34	25
Median income ($)	$30,041	$21,651	$28,841	$36,841	$37,051	$52,189	$49,144	$53,234	(B)	(B)
Standard error	$730	$332	$1,364	$1,748	$4,713	$2,200	$2,977	$5,374	(B)	(B)
Mean income ($)	$40,412	$25,133	$36,213	$44,940	$43,128	$75,081	$64,183	$70,649	(B)	(B)
Standard error	$1,110	$591	$1,554	$2,773	$2,455	$5,009	$4,488	$8,282	(B)	(B)

[1] May be of any race.
(B) = Base is too small to show the derived measure.

Table A-25. Income in 2005 by Educational Attainment of the Population 18 Years Old and Over, by Age, Sex, Race, and Hispanic Origin, 2006—Continued

(Numbers in thousands, except medians, means, and standard errors.)

Income, age, sex, race, and Hispanic origin	Total	High school		College						
		Not a graduate	Graduate, including GED	Some college, no degree	Associate's degree	Bachelor's degree or more				
						Total	Bachelor's degree	Master's degree	Professional degree	Doctoral degree

BOTH SEXES, 55 TO 64 YEARS OLD

All Persons
All races
With income	29,003	3,383	9,148	5,183	2,514	8,772	4,993	2,662	521	595
Median income ($)	$30,588	$14,464	$23,404	$31,307	$32,806	$51,200	$42,403	$56,648	$90,416	$75,646
Standard error	$173	$343	$354	$396	$798	$374	$712	$1,129	$3,644	$2,342
Mean income ($)	$43,263	$20,686	$30,224	$39,215	$40,811	$68,666	$56,243	$73,498	$135,713	$92,502
Standard error	$396	$538	$431	$841	$1,032	$996	$1,068	$1,920	$6,818	$3,668

White alone or in combination
With income	24,961	2,566	7,883	4,560	2,193	7,757	4,375	2,384	472	524
Median income ($)	$31,505	$15,388	$24,046	$31,748	$33,913	$51,782	$43,125	$56,933	$91,502	$75,251
Standard error	$183	$430	$393	$447	$1,003	$394	$996	$1,168	$12,022	$2,225
Mean income ($)	$44,767	$21,759	$31,098	$40,213	$41,591	$69,846	$57,430	$74,228	$138,868	$91,313
Standard error	$445	$634	$488	$944	$1,118	$1,093	$1,190	$2,099	$7,148	$3,956

Black alone or in combination
With income	2,824	612	969	481	241	518	310	163	25	18
Median income ($)	$22,247	$11,452	$20,861	$28,244	$29,025	$46,680	$42,106	$49,447	(B)	(B)
Standard error	$546	$513	$526	$1,553	$1,837	$1,146	$2,677	$3,151	(B)	(B)
Mean income ($)	$30,450	$15,797	$24,325	$30,882	$35,490	$56,495	$49,015	$62,927	(B)	(B)
Standard error	$804	$654	$789	$1,207	$3,417	$3,140	$2,608	$4,863	(B)	(B)

Asian alone or in combination
With income	1,071	164	255	116	61	473	291	110	22	49
Median income ($)	$27,535	$17,536	$22,256	$30,464	(B)	$48,137	$37,333	$65,541	(B)	(B)
Standard error	$1,158	$1,813	$1,621	$3,152	(B)	$2,116	$2,635	$6,002	(B)	(B)
Mean income ($)	$44,596	$24,426	$26,474	$35,937	(B)	$64,792	$47,485	$77,482	(B)	(B)
Standard error	$1,829	$4,606	$1,686	$2,980	(B)	$3,230	$3,091	$6,702	(B)	(B)

Hispanic[1]
With income	2,095	837	559	271	131	296	194	65	19	18
Median income ($)	$20,983	$14,272	$20,890	$31,008	$30,811	$46,155	$41,243	(B)	(B)	(B)
Standard error	$500	$815	$765	$1,419	$2,297	$3,506	$3,120	(B)	(B)	(B)
Mean income ($)	$30,166	$18,057	$25,590	$36,429	$35,877	$64,708	$56,153	(B)	(B)	(B)
Standard error	$1,150	$827	$1,124	$2,399	$4,295	$6,282	$4,449	(B)	(B)	(B)

Year-Round, Full-Time Workers
All races
With income	14,901	1,213	4,384	2,711	1,363	5,229	2,894	1,532	386	415
Median income ($)	$44,492	$25,135	$34,643	$41,888	$45,462	$66,635	$57,377	$71,348	$100,000+	$89,995
Standard error	$519	$633	$594	$500	$1,364	$686	$1,156	$927	$45,693	$4,000
Mean income ($)	$60,676	$31,445	$42,460	$52,997	$54,928	$88,210	$72,317	$95,411	$155,845	$109,405
Standard error	$659	$1,157	$712	$1,462	$1,675	$1,426	$1,434	$3,060	$7,752	$4,801

White alone or in combination
With income	12,820	929	3,740	2,383	1,192	4,574	2,520	1,341	351	361
Median income ($)	$46,043	$26,020	$35,775	$42,825	$46,239	$67,941	$58,809	$72,103	$100,000+	$89,135
Standard error	$362	$546	$386	$988	$994	$1,292	$1,238	$1,728	$47,467	$5,209
Mean income ($)	$62,677	$32,473	$43,994	$54,567	$55,651	$90,147	$73,981	$97,767	$158,053	$108,623
Standard error	$741	$1,296	$816	$1,648	$1,807	$1,578	$1,604	$3,429	$8,018	$5,253

Black alone or in combination
With income	1,348	197	461	244	122	323	183	109	18	12
Median income ($)	$36,087	$21,278	$27,506	$37,826	$40,627	$52,433	$51,409	$55,603	(B)	(B)
Standard error	$930	$950	$807	$1,101	$2,579	$1,643	$1,205	$4,798	(B)	(B)
Mean income ($)	$43,755	$24,489	$33,998	$41,086	$50,374	$68,933	$63,288	$68,984	(B)	(B)
Standard error	$1,429	$1,199	$1,183	$1,729	$6,106	$4,541	$3,516	$6,284	(B)	(B)

Asian alone or in combination
With income	672	83	161	72	34	321	181	83	16	39
Median income ($)	$40,331	$22,415	$26,858	(B)	(B)	$66,787	$48,995	$90,621	(B)	(B)
Standard error	$2,207	$1,702	$992	(B)	(B)	$2,784	$2,882	$9,376	(B)	(B)
Mean income ($)	$58,555	$36,221	$32,633	(B)	(B)	$81,796	$59,787	$93,737	(B)	(B)
Standard error	$2,532	$8,651	$1,855	(B)	(B)	$4,001	$3,932	$7,464	(B)	(B)

Hispanic[1]
With income	1,100	359	302	163	72	203	122	50	13	16
Median income ($)	$30,692	$21,993	$28,580	$38,427	(B)	$50,951	$44,676	(B)	(B)	(B)
Standard error	$510	$718	$1,753	$1,988	(B)	$3,250	$3,989	(B)	(B)	(B)
Mean income ($)	$41,115	$26,435	$32,635	$45,733	(B)	$73,887	$61,758	(B)	(B)	(B)
Standard error	$1,955	$1,560	$1,524	$3,427	(B)	$8,665	$5,752	(B)	(B)	(B)

[1] May be of any race.
(B) = Base is too small to show the derived measure.

Table A-25. Income in 2005 by Educational Attainment of the Population 18 Years Old and Over, by Age, Sex, Race, and Hispanic Origin, 2006—*Continued*

(Numbers in thousands, except medians, means, and standard errors.)

Income, age, sex, race, and Hispanic origin	Total	High school		College						
		Not a graduate	Graduate, including GED	Some college, no degree	Associate's degree	Bachelor's degree or more				
						Total	Bachelor's degree	Master's degree	Professional degree	Doctoral degree

BOTH SEXES, 65 YEARS OLD AND OVER

All Persons
All races
With income	34,418	8,290	12,712	4,838	1,784	6,792	4,063	1,756	527	444
Median income ($)	$15,695	$11,071	$14,975	$18,051	$17,616	$29,513	$25,718	$33,478	$45,045	$43,699
Standard error	$92	$96	$118	$306	$477	$514	$554	$795	$2,430	$4,196
Mean income ($)	$25,747	$14,464	$20,981	$26,251	$27,373	$47,651	$39,749	$51,636	$75,360	$71,282
Standard error	$275	$160	$317	$463	$1,177	$1,108	$956	$3,090	$4,395	$5,324

White alone or in combination
With income	30,433	6,680	11,584	4,427	1,596	6,144	3,699	1,581	462	401
Median income ($)	$16,216	$11,423	$15,232	$18,457	$17,750	$29,820	$26,000	$33,712	$45,451	$46,827
Standard error	$96	$107	$141	$319	$531	$551	$573	$869	$2,119	$4,825
Mean income ($)	$26,510	$14,828	$21,349	$26,628	$27,403	$48,623	$40,544	$52,984	$78,003	$72,080
Standard error	$305	$182	$344	$490	$1,280	$1,207	$1,035	$3,416	$4,860	$5,605

Black alone or in combination
With income	2,862	1,260	846	317	117	319	189	102	16	11
Median income ($)	$11,753	$9,846	$12,163	$14,090	$14,638	$25,041	$22,362	$30,505	(B)	(B)
Standard error	$193	$178	$398	$720	$2,015	$1,830	$2,455	$3,479	(B)	(B)
Mean income ($)	$17,341	$12,715	$15,990	$22,458	$21,513	$32,536	$30,069	$37,844	(B)	(B)
Standard error	$403	$350	$531	$1,633	$2,498	$2,018	$2,508	$3,852	(B)	(B)

Asian alone or in combination
With income	998	276	244	89	60	327	179	69	47	31
Median income ($)	$14,335	$9,352	$14,499	$17,243	(B)	$29,301	$21,600	(B)	(B)	(B)
Standard error	$644	$419	$1,059	$1,889	(B)	$2,416	$3,005	(B)	(B)	(B)
Mean income ($)	$27,763	$14,352	$20,770	$23,411	(B)	$43,850	$33,056	(B)	(B)	(B)
Standard error	$1,456	$1,324	$1,635	$3,188	(B)	$3,576	$2,859	(B)	(B)	(B)

Hispanic[1]
With income	2,048	1,188	460	135	68	195	124	41	20	9
Median income ($)	$10,359	$9,017	$12,029	$14,756	(B)	$25,205	$22,397	(B)	(B)	(B)
Standard error	$286	$181	$745	$1,053	(B)	$2,083	$2,584	(B)	(B)	(B)
Mean income ($)	$16,550	$11,761	$17,369	$24,172	(B)	$37,179	$34,137	(B)	(B)	(B)
Standard error	$520	$355	$991	$2,892	(B)	$3,179	$3,993	(B)	(B)	(B)

Year-Round, Full-Time Workers
All races
With income	2,659	350	901	401	170	836	415	210	115	95
Median income ($)	$45,505	$29,218	$37,470	$49,005	$46,786	$81,306	$64,269	$78,110	$100,000+	$100,000+
Standard error	$825	$1,585	$946	$2,325	$3,972	$4,033	$5,070	$8,720	$74,065	$86,308
Mean income ($)	$72,608	$33,794	$48,084	$60,674	$69,751	$121,652	$92,852	$138,589	$169,619	$151,966
Standard error	$2,601	$1,240	$2,183	$3,353	$10,051	$7,092	$4,748	$23,392	$13,492	$20,242

White alone or in combination
With income	2,313	278	793	364	148	728	353	184	104	86
Median income ($)	$46,603	$29,103	$39,181	$50,173	$46,300	$83,931	$64,284	$74,080	$100,000+	$100,000+
Standard error	$886	$1,840	$1,089	$2,250	$3,977	$4,946	$5,221	$10,172	$78,157	$87,369
Mean income ($)	$75,532	$34,759	$49,622	$61,683	$69,281	$127,530	$97,540	$146,121	$175,841	$152,210
Standard error	$2,950	$1,474	$2,458	$3,606	$11,339	$8,032	$5,467	$26,533	$14,437	$21,230

Black alone or in combination
With income	189	50	75	27	9	26	16	6	3	—
Median income ($)	$33,761	(B)	$30,481	(B)	(B)	(B)	(B)	(B)	(B)	(B)
Standard error	$1,785	(B)	$1,172	(B)	(B)	(B)	(B)	(B)	(B)	(B)
Mean income ($)	$42,809	(B)	$34,755	(B)	(B)	(B)	(B)	(B)	(B)	(B)
Standard error	$2,522	(B)	$2,524	(B)	(B)	(B)	(B)	(B)	(B)	(B)

Asian alone or in combination
With income	140	14	25	12	9	78	44	17	7	8
Median income ($)	$51,736	(B)	(B)	(B)	(B)	$76,955	(B)	(B)	(B)	(B)
Standard error	$7,313	(B)	(B)	(B)	(B)	$5,972	(B)	(B)	(B)	(B)
Mean income ($)	$69,229	(B)	(B)	(B)	(B)	$89,577	(B)	(B)	(B)	(B)
Standard error	$6,897	(B)	(B)	(B)	(B)	$10,528	(B)	(B)	(B)	(B)

Hispanic[1]
With income	212	84	56	29	4	37	26	8	1	—
Median income ($)	$30,524	$24,069	(B)	(B)	(B)	(B)	(B)	(B)	(B)	(B)
Standard error	$2,482	$1,744	(B)	(B)	(B)	(B)	(B)	(B)	(B)	(B)
Mean income ($)	$41,207	$27,430	(B)	(B)	(B)	(B)	(B)	(B)	(B)	(B)
Standard error	$3,059	$1,823	(B)	(B)	(B)	(B)	(B)	(B)	(B)	(B)

[1] May be of any race.
(B) = Base is too small to show the derived measure.

Table A-25. Income in 2005 by Educational Attainment of the Population 18 Years Old and Over, by Age, Sex, Race, and Hispanic Origin, 2006—Continued

(Numbers in thousands, except medians, means, and standard errors.)

Income, age, sex, race, and Hispanic origin	Total	High school — Not a graduate	High school — Graduate, including GED	College — Some college, no degree	College — Associate's degree	College — Bachelor's degree or more — Total	College — Bachelor's degree or more — Bachelor's degree	College — Bachelor's degree or more — Master's degree	College — Bachelor's degree or more — Professional degree	College — Bachelor's degree or more — Doctoral degree
MALE, 18 YEARS OLD AND OVER										
All Persons										
All races										
With income	100,421	15,034	31,973	18,529	7,584	27,299	17,539	6,168	1,916	1,674
Median income ($)	$31,897	$17,253	$27,184	$30,818	$40,631	$56,554	$50,677	$64,148	$90,729	$76,651
Standard error	$87	$132	$136	$194	$268	$331	$244	$1,001	$2,567	$1,329
Mean income ($)	$45,908	$21,393	$33,793	$38,672	$45,897	$78,514	$67,559	$86,048	$133,540	$102,507
Standard error	$234	$200	$253	$424	$612	$677	$712	$1,560	$3,759	$3,239
White alone or in combination										
With income	85,167	12,505	26,950	15,716	6,574	23,421	15,099	5,242	1,701	1,377
Median income ($)	$33,025	$17,980	$28,814	$31,494	$41,282	$58,042	$51,651	$64,963	$91,602	$76,879
Standard error	$209	$185	$266	$212	$284	$622	$285	$987	$2,150	$1,508
Mean income ($)	$47,523	$22,007	$35,192	$39,863	$47,167	$80,576	$69,574	$88,252	$136,529	$102,831
Standard error	$262	$221	$290	$476	$681	$749	$777	$1,772	$4,098	$3,622
Black alone or in combination										
With income	10,366	1,927	3,908	2,144	682	1,704	1,187	381	66	68
Median income ($)	$23,462	$12,423	$21,241	$26,168	$34,536	$43,496	$40,803	$51,798	(B)	(B)
Standard error	$393	$352	$301	$575	$1,778	$1,380	$571	$2,626	(B)	(B)
Mean income ($)	$31,512	$17,210	$25,334	$31,469	$37,399	$59,542	$52,445	$64,033	(B)	(B)
Standard error	$522	$456	$462	$927	$1,473	$2,464	$2,987	$3,198	(B)	(B)
Asian alone or in combination										
With income	4,431	435	956	603	296	2,139	1,222	540	150	225
Median income ($)	$35,022	$18,120	$24,113	$21,778	$30,321	$55,891	$48,343	$67,263	$81,347	$80,426
Standard error	$1,235	$1,548	$1,119	$1,309	$2,216	$1,604	$1,796	$4,201	$7,017	$9,366
Mean income ($)	$50,554	$23,936	$28,924	$32,496	$38,062	$72,473	$59,699	$80,266	$101,571	$103,655
Standard error	$1,228	$1,979	$904	$2,263	$2,542	$2,233	$2,677	$4,349	$8,636	$8,946
Hispanic[1]										
With income	13,446	5,458	4,018	1,878	669	1,420	992	266	109	51
Median income ($)	$22,344	$18,532	$22,962	$26,536	$35,389	$46,399	$42,275	$54,808	$49,361	(B)
Standard error	$138	$282	$521	$470	$1,884	$1,250	$1,642	$4,797	$7,136	(B)
Mean income ($)	$30,292	$20,703	$28,904	$33,173	$39,020	$63,130	$55,543	$73,537	$83,875	(B)
Standard error	$378	$274	$608	$885	$1,319	$2,351	$1,959	$7,232	$10,486	(B)
Year-Round, Full-Time Workers										
All races										
With income	61,428	6,875	19,243	10,755	5,332	19,222	12,421	4,284	1,369	1,146
Median income ($)	$42,210	$24,926	$35,558	$41,546	$47,193	$68,402	$60,561	$78,448	$100,000+	$92,082
Standard error	$98	$237	$145	$201	$413	$779	$302	$1,339	$23,638	$2,094
Mean income ($)	$58,825	$29,127	$41,467	$50,582	$54,067	$92,759	$79,184	$102,227	$160,437	$123,619
Standard error	$339	$321	$331	$606	$802	$877	$896	$2,079	$4,769	$4,414
White alone or in combination										
With income	52,441	5,951	16,296	9,153	4,668	16,371	10,654	3,575	1,213	928
Median income ($)	$43,609	$25,022	$36,473	$42,264	$47,977	$70,628	$61,777	$80,100	$100,000+	$92,095
Standard error	$335	$238	$154	$218	$589	$346	$327	$1,076	$24,700	$2,625
Mean income ($)	$60,384	$29,270	$42,816	$51,903	$55,127	$95,422	$81,515	$106,101	$164,033	$124,185
Standard error	$378	$341	$378	$672	$887	$981	$983	$2,428	$5,204	$5,013
Black alone or in combination										
With income	5,795	626	2,240	1,217	445	1,266	881	286	50	47
Median income ($)	$34,220	$23,460	$27,793	$36,068	$42,735	$50,532	$46,167	$61,112	(B)	(B)
Standard error	$689	$937	$551	$600	$1,490	$522	$906	$4,504	(B)	(B)
Mean income ($)	$42,857	$26,361	$33,270	$41,649	$46,345	$67,908	$59,029	$72,138	(B)	(B)
Standard error	$799	$777	$656	$1,439	$1,968	$2,905	$3,416	$3,772	(B)	(B)
Asian alone or in combination										
With income	2,931	234	612	323	196	1,564	870	421	106	166
Median income ($)	$49,059	$25,914	$30,503	$36,326	$37,374	$67,073	$56,597	$80,577	$100,000+	$100,000+
Standard error	$1,441	$1,164	$829	$2,032	$2,585	$2,156	$2,698	$2,524	$65,688	$56,624
Mean income ($)	$64,014	$33,367	$35,273	$48,191	$46,753	$85,294	$71,235	$90,080	$121,759	$123,455
Standard error	$1,536	$3,334	$1,069	$3,778	$3,421	$2,480	$2,932	$4,002	$10,757	$11,382
Hispanic[1]										
With income	9,297	3,554	2,938	1,225	499	1,079	752	212	74	40
Median income ($)	$27,005	$21,897	$26,866	$35,131	$40,143	$51,971	$49,992	$62,557	$70,166	(B)
Standard error	$180	$179	$317	$1,463	$1,671	$1,330	$1,884	$5,261	$19,808	(B)
Mean income ($)	$36,132	$24,686	$33,211	$41,467	$44,160	$72,013	$62,105	$82,821	$107,210	(B)
Standard error	$506	$329	$779	$1,200	$1,531	$2,929	$2,348	$8,809	$13,774	(B)

[1] May be of any race.
(B) = Base is too small to show the derived measure.

Table A-25. Income in 2005 by Educational Attainment of the Population 18 Years Old and Over, by Age, Sex, Race, and Hispanic Origin, 2006—Continued

(Numbers in thousands, except medians, means, and standard errors.)

Income, age, sex, race, and Hispanic origin	Total	High school		Some college, no degree	Associate's degree	College				
		Not a graduate	Graduate, including GED			Bachelor's degree or more				
						Total	Bachelor's degree	Master's degree	Professional degree	Doctoral degree

MALE, 25 YEARS OLD AND OVER

All Persons
All races
With income	88,803	12,751	28,076	14,505	7,000	26,470	16,764	6,137	1,912	1,656
Median income ($)	$35,758	$18,887	$30,134	$36,930	$41,902	$58,113	$51,700	$64,468	$90,877	$76,937
Standard error	$104	$195	$131	$216	$276	$616	$245	$967	$2,416	$1,554
Mean income ($)	$49,640	$23,086	$35,909	$44,756	$47,904	$80,130	$69,452	$86,355	$133,812	$103,177
Standard error	$258	$224	$278	$477	$653	$695	$740	$1,567	$3,765	$3,268

White alone or in combination
With income	75,513	10,573	23,785	12,336	6,069	22,749	14,469	5,215	1,700	1,363
Median income ($)	$36,692	$19,696	$31,092	$38,092	$42,607	$60,125	$53,203	$65,230	$91,645	$77,063
Standard error	$111	$200	$141	$501	$529	$362	$726	$958	$2,126	$1,620
Mean income ($)	$51,330	$23,865	$37,280	$46,082	$49,218	$82,195	$71,505	$88,591	$136,607	$103,296
Standard error	$288	$250	$317	$529	$726	$767	$805	$1,779	$4,100	$3,652

Black alone or in combination
With income	8,907	1,647	3,314	1,676	629	1,637	1,127	380	64	64
Median income ($)	$26,009	$13,531	$22,760	$31,168	$36,309	$44,809	$41,231	$51,882	(B)	(B)
Standard error	$298	$531	$474	$683	$1,377	$1,292	$577	$2,650	(B)	(B)
Mean income ($)	$34,148	$18,020	$27,321	$35,773	$39,180	$60,589	$53,316	$64,188	(B)	(B)
Standard error	$595	$446	$526	$1,136	$1,556	$2,553	$3,134	$3,204	(B)	(B)

Asian alone or in combination
With income	3,917	375	805	416	275	2,044	1,133	537	148	223
Median income ($)	$39,695	$20,292	$26,018	$31,572	$31,726	$58,507	$50,228	$67,813	$81,573	$80,773
Standard error	$1,377	$1,128	$675	$1,297	$2,531	$2,027	$1,157	$4,227	$8,948	$8,610
Mean income ($)	$54,976	$25,484	$31,213	$42,199	$39,668	$74,430	$62,003	$80,403	$102,567	$104,347
Standard error	$1,361	$2,207	$998	$3,081	$2,699	$2,320	$2,862	$4,369	$8,679	$8,995

Hispanic[1]
With income	11,353	4,645	3,311	1,417	604	1,374	950	262	109	51
Median income ($)	$25,067	$19,814	$25,601	$32,258	$36,799	$47,271	$43,722	$54,925	$49,361	(B)
Standard error	$243	$300	$347	$914	$1,068	$1,532	$1,953	$4,790	$7,136	(B)
Mean income ($)	$32,808	$21,789	$31,251	$38,547	$41,006	$64,283	$56,770	$74,058	$83,875	(B)
Standard error	$437	$306	$717	$1,081	$1,415	$2,417	$2,023	$7,332	$10,486	(B)

Year-Round, Full-Time Workers
All races
With income	56,706	6,076	17,257	9,531	5,020	18,819	12,032	4,274	1,369	1,143
Median income ($)	$45,532	$25,811	$36,935	$45,098	$48,809	$70,085	$61,368	$78,643	$100,000+	$91,943
Standard error	$152	$194	$144	$387	$572	$490	$307	$1,353	$23,638	$2,021
Mean income ($)	$61,619	$30,249	$43,440	$53,786	$55,675	$93,972	$80,611	$102,373	$160,437	$123,570
Standard error	$363	$353	$363	$672	$843	$892	$921	$2,083	$4,769	$4,427

White alone or in combination
With income	48,355	5,222	14,600	8,103	4,381	16,047	10,343	3,565	1,213	925
Median income ($)	$46,528	$25,972	$38,216	$45,996	$49,873	$71,355	$62,762	$80,193	$100,000+	$91,913
Standard error	$161	$217	$328	$284	$500	$348	$752	$1,001	$24,700	$2,437
Mean income ($)	$63,346	$30,484	$44,931	$55,257	$56,857	$96,650	$82,963	$106,287	$164,033	$124,126
Standard error	$406	$377	$415	$745	$936	$997	$1,008	$2,434	$5,204	$5,031

Black alone or in combination
With income	5,305	568	2,008	1,068	430	1,229	845	286	50	47
Median income ($)	$36,053	$24,543	$29,432	$38,211	$43,781	$50,817	$46,729	$61,112	(B)	(B)
Standard error	$354	$877	$662	$994	$1,612	$515	$991	$4,504	(B)	(B)
Mean income ($)	$44,651	$27,145	$34,644	$44,020	$47,157	$68,752	$59,873	$72,138	(B)	(B)
Standard error	$865	$839	$717	$1,613	$2,016	$2,985	$3,557	$3,772	(B)	(B)

Asian alone or in combination
With income	2,772	218	544	301	187	1,519	825	421	106	166
Median income ($)	$50,586	$26,233	$31,308	$38,507	$40,330	$70,091	$59,864	$80,577	$100,000+	$100,000+
Standard error	$496	$1,022	$676	$2,234	$2,614	$2,162	$2,349	$2,524	$65,688	$56,624
Mean income ($)	$65,946	$33,822	$36,230	$50,318	$47,920	$86,548	$72,772	$90,080	$121,759	$123,455
Standard error	$1,611	$3,541	$1,149	$4,007	$3,540	$2,542	$3,075	$4,002	$10,757	$11,382

Hispanic[1]
With income	8,139	3,088	2,495	1,043	461	1,050	726	208	74	40
Median income ($)	$29,775	$22,617	$29,165	$40,080	$40,803	$52,326	$50,510	$62,489	$70,166	(B)
Standard error	$456	$316	$809	$1,023	$694	$1,920	$1,439	$5,441	$19,808	(B)
Mean income ($)	$38,190	$25,531	$35,184	$44,403	$45,622	$73,119	$63,233	$83,416	$107,210	(B)
Standard error	$568	$361	$901	$1,343	$1,621	$2,997	$2,411	$8,936	$13,774	(B)

[1] May be of any race.
(B) = Base is too small to show the derived measure.

Table A-25. Income in 2005 by Educational Attainment of the Population 18 Years Old and Over, by Age, Sex, Race, and Hispanic Origin, 2006—Continued

(Numbers in thousands, except medians, means, and standard errors.)

Income, age, sex, race, and Hispanic origin	Total	High school — Not a graduate	High school — Graduate, including GED	College — Some college, no degree	College — Associate's degree	College — Bachelor's degree or more — Total	College — Bachelor's degree or more — Bachelor's degree	College — Bachelor's degree or more — Master's degree	College — Bachelor's degree or more — Professional degree	College — Bachelor's degree or more — Doctoral degree
MALE, 25 TO 64 YEARS										
All Persons										
All races										
With income	73,983	9,271	23,180	12,508	6,388	22,634	14,687	5,162	1,487	1,297
Median income ($)	$38,604	$21,006	$31,809	$39,466	$42,988	$61,483	$54,448	$70,268	$100,000+	$82,654
Standard error	$225	$154	$134	$490	$638	$242	$707	$897	$25,034	$2,356
Mean income ($)	$52,426	$24,828	$37,412	$46,520	$48,779	$83,401	$72,035	$90,286	$147,931	$110,691
Standard error	$284	$284	$294	$532	$649	$746	$807	$1,551	$4,519	$3,746
White alone or in combination										
With income	62,272	7,701	19,336	10,493	5,523	19,217	12,543	4,313	1,326	1,034
Median income ($)	$40,345	$21,519	$33,513	$40,764	$44,851	$62,679	$56,577	$71,220	$100,000+	$83,394
Standard error	$111	$167	$340	$228	$612	$574	$416	$786	$26,193	$2,576
Mean income ($)	$54,382	$25,630	$39,047	$48,162	$50,321	$85,898	$74,425	$93,108	$150,472	$112,138
Standard error	$319	$316	$339	$596	$721	$827	$883	$1,764	$4,915	$4,284
Black alone or in combination										
With income	7,803	1,138	2,992	1,558	597	1,516	1,057	343	58	57
Median income ($)	$27,843	$15,896	$23,970	$31,944	$37,113	$45,939	$41,661	$52,678	(B)	(B)
Standard error	$500	$542	$545	$694	$1,415	$910	$559	$2,917	(B)	(B)
Mean income ($)	$36,032	$19,266	$28,262	$36,252	$39,553	$62,337	$54,369	$66,443	(B)	(B)
Standard error	$667	$563	$570	$1,193	$1,589	$2,735	$3,321	$3,461	(B)	(B)
Asian alone or in combination										
With income	3,493	305	694	381	248	1,861	1,051	502	106	202
Median income ($)	$41,391	$21,810	$27,002	$32,854	$31,544	$60,803	$51,094	$70,518	$89,563	$82,269
Standard error	$583	$823	$998	$2,010	$2,604	$692	$715	$2,984	$34,812	$7,741
Mean income ($)	$57,189	$27,917	$32,244	$43,731	$37,790	$76,665	$64,316	$82,540	$117,042	$105,102
Standard error	$1,478	$2,639	$1,051	$3,289	$2,671	$2,474	$3,052	$4,618	$10,592	$9,308
Hispanic[1]										
With income	10,443	4,156	3,105	1,338	575	1,266	891	240	91	43
Median income ($)	$25,854	$20,580	$26,169	$33,264	$37,285	$49,296	$45,502	$60,250	$52,006	(B)
Standard error	$197	$203	$340	$1,361	$1,655	$1,519	$2,111	$4,973	$8,303	(B)
Mean income ($)	$33,860	$22,603	$31,858	$39,358	$41,804	$66,279	$57,987	$76,567	$91,262	(B)
Standard error	$467	$329	$754	$1,124	$1,450	$2,587	$2,120	$7,926	$12,117	(B)
Year-Round, Full-Time Workers										
All races										
With income	55,074	5,861	16,746	9,323	4,936	18,206	11,746	4,125	1,261	1,072
Median income ($)	$45,358	$25,638	$36,818	$44,861	$48,660	$69,411	$61,277	$78,169	$100,000+	$90,926
Standard error	$152	$193	$145	$485	$567	$713	$306	$1,288	$24,941	$1,610
Mean income ($)	$60,794	$29,935	$43,022	$53,374	$55,141	$92,408	$80,002	$99,972	$159,111	$120,727
Standard error	$353	$359	$356	$673	$787	$863	$929	$1,797	$5,031	$4,367
White alone or in combination										
With income	46,886	5,042	14,133	7,909	4,311	15,489	10,081	3,433	1,115	859
Median income ($)	$46,349	$25,803	$37,970	$45,830	$49,745	$71,009	$62,515	$80,024	$100,000+	$90,654
Standard error	$161	$217	$337	$285	$529	$343	$690	$1,144	$26,031	$1,916
Mean income ($)	$62,442	$30,155	$44,479	$54,807	$56,384	$94,929	$82,295	$103,494	$162,566	$121,151
Standard error	$393	$382	$407	$747	$870	$961	$1,017	$2,082	$5,504	$4,981
Black alone or in combination										
With income	5,222	541	1,978	1,058	424	1,219	839	283	49	46
Median income ($)	$36,006	$24,055	$29,277	$37,964	$43,747	$50,764	$46,664	$60,498	(B)	(B)
Standard error	$356	$970	$705	$939	$1,601	$512	$957	$4,422	(B)	(B)
Mean income ($)	$44,580	$26,713	$34,595	$43,768	$46,932	$68,601	$59,648	$71,968	(B)	(B)
Standard error	$876	$854	$725	$1,624	$1,990	$3,008	$3,576	$3,810	(B)	(B)
Asian alone or in combination										
With income	2,698	214	533	294	181	1,475	807	407	98	161
Median income ($)	$50,484	$26,142	$31,190	$39,426	$40,072	$69,138	$59,660	$80,489	$95,126	$100,000+
Standard error	$522	$1,014	$682	$2,201	$2,568	$2,179	$2,344	$2,558	$47,840	$53,669
Mean income ($)	$65,431	$33,801	$36,073	$50,706	$45,544	$86,027	$72,889	$90,043	$120,609	$120,515
Standard error	$1,620	$3,598	$1,164	$4,053	$3,308	$2,563	$3,137	$4,118	$11,179	$11,087
Hispanic[1]										
With income	7,991	3,027	2,453	1,023	457	1,028	712	203	73	40
Median income ($)	$29,729	$22,521	$29,116	$40,095	$40,761	$52,261	$50,533	$62,180	(B)	(B)
Standard error	$476	$297	$817	$1,009	$691	$1,865	$1,390	$5,110	(B)	(B)
Mean income ($)	$38,158	$25,469	$35,174	$44,458	$45,490	$73,095	$63,303	$83,337	(B)	(B)
Standard error	$575	$365	$914	$1,357	$1,620	$3,047	$2,446	$9,157	(B)	(B)

[1] May be of any race.
(B) = Base is too small to show the derived measure.

Table A-25. Income in 2005 by Educational Attainment of the Population 18 Years Old and Over, by Age, Sex, Race, and Hispanic Origin, 2006—Continued

(Numbers in thousands, except medians, means, and standard errors.)

Income, age, sex, race, and Hispanic origin	Total	High school — Not a graduate	High school — Graduate, including GED	Some college, no degree	Associate's degree	College — Bachelor's degree or more — Total	Bachelor's degree	Master's degree	Professional degree	Doctoral degree
MALE, 25 TO 34 YEARS										
All Persons										
All races										
With income	18,896	2,640	5,897	3,455	1,653	5,250	3,920	960	208	161
Median income ($)	$31,160	$20,086	$26,855	$31,474	$36,209	$45,522	$42,098	$52,199	$69,857	$46,877
Standard error	$138	$287	$247	$279	$469	$460	$345	$1,066	$4,460	$4,723
Mean income ($)	$38,506	$22,186	$30,747	$36,981	$39,080	$56,250	$53,817	$56,786	$91,580	$66,552
Standard error	$382	$436	$432	$884	$682	$1,050	$1,279	$1,411	$6,830	$6,267
White alone or in combination										
With income	15,559	2,288	4,838	2,823	1,420	4,188	3,188	707	179	112
Median income ($)	$31,739	$20,445	$28,592	$32,064	$36,877	$45,805	$42,676	$52,046	$65,506	$47,427
Standard error	$148	$247	$560	$300	$507	$467	$816	$1,196	$4,896	$5,637
Mean income ($)	$39,389	$22,713	$32,280	$37,485	$40,124	$57,747	$55,928	$56,936	$89,101	$64,369
Standard error	$431	$480	$508	$902	$737	$1,249	$1,530	$1,497	$7,550	$5,498
Black alone or in combination										
With income	2,182	266	866	488	141	419	337	59	10	12
Median income ($)	$23,749	$15,368	$20,772	$24,837	$29,551	$37,748	$36,041	(B)	(B)	(B)
Standard error	$658	$1,176	$511	$1,074	$2,209	$1,954	$2,367	(B)	(B)	(B)
Mean income ($)	$30,427	$17,839	$22,821	$33,552	$31,954	$49,971	$44,601	(B)	(B)	(B)
Standard error	$1,257	$1,074	$672	$3,281	$1,876	$4,824	$5,154	(B)	(B)	(B)
Asian alone or in combination										
With income	1,086	45	161	141	89	648	393	197	18	40
Median income ($)	$37,162	(B)	$24,592	$31,232	$31,682	$50,725	$46,798	$55,796	(B)	(B)
Standard error	$1,999	(B)	$2,222	$958	$4,991	$745	$4,180	$2,375	(B)	(B)
Mean income ($)	$45,537	(B)	$27,034	$42,077	$34,271	$53,839	$50,262	$59,986	(B)	(B)
Standard error	$1,500	(B)	$1,599	$5,092	$3,652	$2,031	$2,390	$4,353	(B)	(B)
Hispanic[1]										
With income	4,058	1,582	1,289	579	224	382	290	65	21	5
Median income ($)	$22,826	$20,054	$22,257	$28,467	$36,413	$41,054	$39,588	(B)	(B)	(B)
Standard error	$470	$409	$440	$1,288	$800	$1,645	$2,239	(B)	(B)	(B)
Mean income ($)	$28,273	$21,157	$26,935	$32,738	$38,998	$49,143	$48,121	(B)	(B)	(B)
Standard error	$445	$486	$610	$1,056	$1,772	$2,750	$3,290	(B)	(B)	(B)
Year-Round, Full-Time Workers										
All races										
With income	14,292	1,825	4,473	2,556	1,290	4,146	3,105	764	165	111
Median income ($)	$35,816	$22,468	$30,922	$36,360	$40,321	$50,728	$47,429	$59,623	$77,786	$58,698
Standard error	$172	$308	$220	$353	$518	$357	$679	$1,786	$5,632	$5,286
Mean income ($)	$43,749	$25,294	$34,322	$43,154	$43,447	$62,504	$59,307	$64,541	$102,159	$78,908
Standard error	$424	$377	$352	$1,135	$734	$1,117	$1,325	$1,545	$8,284	$8,293
White alone or in combination										
With income	11,999	1,648	3,746	2,144	1,110	3,350	2,550	582	138	78
Median income ($)	$36,144	$22,358	$31,809	$36,853	$40,742	$50,775	$47,855	$58,369	$72,413	$60,154
Standard error	$182	$288	$233	$397	$401	$446	$817	$2,126	$7,103	$5,424
Mean income ($)	$44,026	$25,056	$35,479	$43,054	$44,238	$63,471	$60,942	$63,997	$101,501	$74,668
Standard error	$462	$387	$395	$1,124	$793	$1,299	$1,562	$1,571	$9,402	$6,461
Black alone or in combination										
With income	1,473	124	581	309	114	344	278	44	8	12
Median income ($)	$30,270	$23,419	$24,813	$33,193	$35,080	$41,551	$40,068	(B)	(B)	(B)
Standard error	$532	$1,496	$792	$1,713	$2,541	$1,173	$1,673	(B)	(B)	(B)
Mean income ($)	$37,025	$26,533	$27,605	$42,174	$36,666	$52,203	$44,197	(B)	(B)	(B)
Standard error	$1,436	$1,687	$787	$4,966	$1,925	$3,670	$2,665	(B)	(B)	(B)
Asian alone or in combination										
With income	786	27	129	104	66	457	278	139	16	23
Median income ($)	$45,561	(B)	$27,427	$35,909	(B)	$55,640	$52,057	$61,012	(B)	(B)
Standard error	$2,721	(B)	$2,323	$4,207	(B)	$1,947	$2,072	$1,004	(B)	(B)
Mean income ($)	$53,832	(B)	$29,808	$51,604	(B)	$64,036	$60,986	$70,409	(B)	(B)
Standard error	$1,840	(B)	$1,726	$6,470	(B)	$2,471	$2,830	$5,487	(B)	(B)
Hispanic[1]										
With income	3,134	1,196	1,048	420	183	285	215	49	15	3
Median income ($)	$26,005	$21,555	$24,717	$33,548	$37,491	$48,731	$46,534	(B)	(B)	(B)
Standard error	$332	$293	$956	$1,955	$1,823	$2,204	$1,658	(B)	(B)	(B)
Mean income ($)	$31,336	$22,861	$28,997	$37,638	$42,173	$59,176	$57,884	(B)	(B)	(B)
Standard error	$507	$379	$686	$1,252	$1,845	$3,343	$4,072	(B)	(B)	(B)

[1] May be of any race.
(B) = Base is too small to show the derived measure.

Table A-25. Income in 2005 by Educational Attainment of the Population 18 Years Old and Over, by Age, Sex, Race, and Hispanic Origin, 2006—Continued

(Numbers in thousands, except medians, means, and standard errors.)

Income, age, sex, race, and Hispanic origin	Total	High school				College				
		Not a graduate	Graduate, including GED	Some college, no degree	Associate's degree	Bachelor's degree or more				
						Total	Bachelor's degree	Master's degree	Professional degree	Doctoral degree

MALE, 35 TO 44 YEARS

All Persons
All races
With income	20,565	2,619	6,596	3,275	1,829	6,245	4,141	1,357	416	330
Median income ($)	$40,964	$21,556	$34,024	$41,619	$46,226	$67,421	$60,320	$78,109	$100,000+	$81,571
Standard error	$178	$272	$592	$359	$512	$1,055	$918	$1,809	$43,913	$4,311
Mean income ($)	$54,425	$24,901	$38,288	$48,970	$51,708	$87,503	$76,566	$94,169	$153,501	$114,036
Standard error	$519	$435	$491	$1,039	$1,147	$1,362	$1,443	$2,602	$8,697	$8,471

White alone or in combination
With income	17,081	2,182	5,444	2,671	1,589	5,194	3,505	1,100	352	235
Median income ($)	$41,775	$22,130	$35,590	$43,174	$47,069	$70,247	$62,026	$78,603	$100,000+	$81,729
Standard error	$191	$298	$256	$1,000	$582	$887	$916	$1,804	$46,340	$4,470
Mean income ($)	$55,954	$25,808	$39,632	$51,121	$53,417	$88,994	$78,683	$94,906	$156,507	$113,849
Standard error	$575	$492	$560	$1,205	$1,267	$1,492	$1,569	$2,813	$9,854	$9,987

Black alone or in combination
With income	2,273	300	875	471	164	462	338	90	17	16
Median income ($)	$31,568	$15,699	$26,503	$35,640	$39,468	$47,052	$43,209	$56,487	(B)	(B)
Standard error	$470	$767	$899	$1,006	$1,682	$1,898	$1,902	$6,134	(B)	(B)
Mean income ($)	$38,672	$19,238	$31,499	$37,810	$40,083	$65,233	$56,650	$69,987	(B)	(B)
Standard error	$1,231	$1,100	$1,198	$1,249	$1,905	$5,067	$5,959	$9,059	(B)	(B)

Asian alone or in combination
With income	1,082	96	227	111	73	574	291	159	48	74
Median income ($)	$48,356	$22,158	$30,356	$29,878	(B)	$75,790	$61,376	$88,419	(B)	$81,906
Standard error	$2,184	$2,027	$2,140	$3,858	(B)	$2,591	$4,132	$3,710	(B)	$22,196
Mean income ($)	$66,262	$23,142	$33,573	$46,261	(B)	$93,324	$76,490	$103,900	(B)	$121,076
Standard error	$3,097	$1,575	$1,635	$8,690	(B)	$5,092	$5,300	$9,975	(B)	$21,321

Hispanic[1]
With income	3,201	1,294	974	348	173	410	296	75	27	10
Median income ($)	$27,051	$20,907	$28,249	$37,111	$37,957	$50,862	$45,617	$86,433	(B)	(B)
Standard error	$325	$389	$958	$2,493	$2,768	$2,020	$3,548	$10,933	(B)	(B)
Mean income ($)	$35,259	$23,574	$35,274	$41,383	$42,206	$63,969	$53,129	$88,390	(B)	(B)
Standard error	$810	$609	$1,837	$1,706	$2,111	$3,129	$2,424	$8,341	(B)	(B)

Year-Round, Full-Time Workers
All races
With income	16,602	1,828	5,126	2,686	1,526	5,434	3,541	1,213	377	301
Median income ($)	$46,098	$25,737	$37,156	$45,509	$49,181	$72,318	$65,713	$81,653	$100,000+	$85,281
Standard error	$262	$339	$231	$495	$939	$818	$766	$1,094	$44,174	$4,130
Mean income ($)	$60,988	$29,483	$42,764	$53,631	$56,390	$93,704	$83,241	$97,760	$160,648	$116,491
Standard error	$603	$540	$581	$1,220	$1,302	$1,473	$1,615	$2,417	$9,354	$9,055

White alone or in combination
With income	13,909	1,565	4,274	2,218	1,342	4,508	3,001	975	315	214
Median income ($)	$47,037	$26,078	$38,621	$46,681	$50,167	$74,672	$68,215	$81,685	$100,000+	$82,137
Standard error	$284	$367	$633	$497	$742	$1,073	$1,624	$1,158	$46,764	$4,192
Mean income ($)	$62,368	$30,111	$44,048	$55,517	$57,850	$95,659	$85,590	$100,143	$164,545	$114,732
Standard error	$670	$603	$663	$1,403	$1,426	$1,638	$1,762	$2,816	$10,692	$10,648

Black alone or in combination
With income	1,691	163	630	364	121	411	292	85	16	16
Median income ($)	$36,666	$21,182	$31,330	$38,335	$42,465	$50,221	$46,440	$57,259	(B)	(B)
Standard error	$541	$983	$752	$1,650	$2,325	$1,478	$1,426	$6,267	(B)	(B)
Mean income ($)	$44,955	$24,811	$36,485	$42,381	$44,480	$68,370	$59,000	$72,380	(B)	(B)
Standard error	$1,506	$1,614	$1,368	$1,381	$2,024	$5,367	$6,374	$9,445	(B)	(B)

Asian alone or in combination
With income	905	72	187	83	55	507	245	147	47	67
Median income ($)	$53,825	(B)	$31,136	$37,184	(B)	$81,249	$67,222	$89,638	(B)	(B)
Standard error	$2,700	(B)	$970	$7,424	(B)	$3,336	$3,937	$15,209	(B)	(B)
Mean income ($)	$72,005	(B)	$35,579	$55,987	(B)	$96,886	$83,063	$97,796	(B)	(B)
Standard error	$3,117	(B)	$1,799	$11,184	(B)	$4,690	$5,308	$4,566	(B)	(B)

Hispanic[1]
With income	2,568	987	776	291	152	361	260	64	26	10
Median income ($)	$30,642	$23,034	$31,135	$40,141	$40,491	$51,569	$47,466	(B)	(B)	(B)
Standard error	$319	$671	$634	$1,689	$1,950	$2,916	$3,375	(B)	(B)	(B)
Mean income ($)	$39,109	$26,437	$39,365	$44,182	$44,586	$66,751	$55,633	(B)	(B)	(B)
Standard error	$964	$722	$2,246	$1,821	$2,263	$3,433	$2,580	(B)	(B)	(B)

[1] May be of any race.
(B) = Base is too small to show the derived measure.

Table A-25. Income in 2005 by Educational Attainment of the Population 18 Years Old and Over, by Age, Sex, Race, and Hispanic Origin, 2006—*Continued*

(Numbers in thousands, except medians, means, and standard errors.)

Income, age, sex, race, and Hispanic origin	Total	High school — Not a graduate	High school — Graduate, including GED	Some college, no degree	Associate's degree	College — Bachelor's degree or more — Total	Bachelor's degree	Master's degree	Professional degree	Doctoral degree
MALE, 45 TO 54 YEARS										
All Persons										
All races										
With income	20,152	2,267	6,389	3,372	1,861	6,260	3,897	1,493	490	378
Median income ($)	$43,626	$22,185	$35,750	$43,718	$48,804	$73,418	$65,956	$80,439	$100,000+	$100,000+
Standard error	$518	$356	$298	$999	$920	$1,237	$804	$1,633	$38,305	$38,003
Mean income ($)	$60,990	$26,219	$41,494	$51,121	$53,272	$101,097	$87,875	$106,366	$162,854	$136,347
Standard error	$658	$544	$675	$916	$1,594	$1,735	$1,982	$3,428	$8,686	$8,413
White alone or in combination										
With income	17,097	1,860	5,325	2,858	1,586	5,467	3,408	1,295	451	311
Median income ($)	$46,192	$22,774	$37,165	$45,460	$50,378	$75,658	$68,988	$81,056	$100,000+	$100,000+
Standard error	$323	$564	$319	$629	$623	$581	$1,507	$1,092	$39,703	$39,543
Mean income ($)	$63,826	$27,021	$43,477	$52,997	$55,579	$104,228	$90,364	$109,838	$166,634	$142,228
Standard error	$736	$622	$779	$1,034	$1,842	$1,873	$2,068	$3,805	$9,340	$9,911
Black alone or in combination										
With income	2,100	290	815	404	203	387	234	114	18	19
Median income ($)	$30,640	$18,899	$25,119	$36,451	$41,480	$51,220	$46,041	$68,311	(B)	(B)
Standard error	$877	$1,644	$799	$1,405	$3,428	$1,754	$2,967	$11,483	(B)	(B)
Mean income ($)	$39,344	$21,115	$30,484	$38,493	$40,167	$72,130	$64,597	$78,329	(B)	(B)
Standard error	$1,369	$1,270	$1,314	$1,483	$1,972	$6,134	$9,333	$5,339	(B)	(B)
Asian alone or in combination										
With income	812	96	194	74	64	383	232	80	23	47
Median income ($)	$41,027	$25,016	$27,901	$39,765	(B)	$65,256	$52,160	$76,670	(B)	(B)
Standard error	$1,157	$2,958	$2,553	$2,407	(B)	$4,764	$2,104	$4,520	(B)	(B)
Mean income ($)	$60,258	$27,525	$34,791	$43,658	(B)	$87,790	$76,595	$91,045	(B)	(B)
Standard error	$3,851	$2,319	$2,296	$3,690	(B)	$7,652	$10,778	$15,741	(B)	(B)
Hispanic[1]										
With income	2,085	828	567	283	114	290	179	67	27	16
Median income ($)	$28,684	$21,637	$30,441	$40,769	$42,828	$60,146	$56,473	(B)	(B)	(B)
Standard error	$1,211	$438	$1,042	$2,241	$2,948	$4,712	$3,892	(B)	(B)	(B)
Mean income ($)	$40,589	$23,931	$37,601	$46,162	$46,116	$86,256	$75,250	(B)	(B)	(B)
Standard error	$1,405	$658	$2,050	$3,763	$3,147	$7,252	$6,563	(B)	(B)	(B)
Year-Round, Full-Time Workers										
All races										
With income	15,716	1,452	4,806	2,650	1,485	5,321	3,274	1,286	428	332
Median income ($)	$50,891	$27,469	$40,672	$49,515	$52,053	$78,756	$71,521	$83,518	$100,000+	$100,000+
Standard error	$197	$747	$271	$794	$435	$1,405	$686	$2,463	$38,592	$50,141
Mean income ($)	$69,924	$32,584	$48,095	$57,667	$59,914	$108,733	$95,058	$112,554	$173,523	$145,247
Standard error	$797	$722	$848	$1,072	$1,925	$1,943	$2,214	$3,805	$9,685	$9,349
White alone or in combination										
With income	13,537	1,234	4,076	2,260	1,287	4,678	2,888	1,119	390	279
Median income ($)	$51,790	$28,550	$41,651	$50,486	$54,158	$80,609	$73,749	$85,369	$100,000+	$100,000+
Standard error	$211	$1,103	$304	$447	$1,537	$553	$1,374	$3,129	$39,744	$55,543
Mean income ($)	$72,307	$33,009	$49,727	$59,504	$61,733	$111,451	$97,162	$115,575	$178,647	$148,656
Standard error	$884	$811	$968	$1,205	$2,202	$2,104	$2,327	$4,217	$10,465	$10,857
Black alone or in combination										
With income	1,433	139	545	293	144	310	182	99	16	12
Median income ($)	$40,237	$25,804	$31,931	$42,102	$48,358	$56,698	$51,163	$80,339	(B)	(B)
Standard error	$636	$760	$1,058	$2,363	$1,502	$3,788	$2,526	$7,815	(B)	(B)
Mean income ($)	$49,601	$29,573	$38,150	$45,833	$49,029	$82,543	$77,446	$83,359	(B)	(B)
Standard error	$1,873	$1,852	$1,736	$1,683	$2,065	$7,373	$11,717	$5,514	(B)	(B)
Asian alone or in combination										
With income	640	68	142	63	50	316	187	66	23	39
Median income ($)	$50,269	(B)	$35,261	(B)	(B)	$71,576	$57,127	(B)	(B)	(B)
Standard error	$1,672	(B)	$2,445	(B)	(B)	$3,566	$4,469	(B)	(B)	(B)
Mean income ($)	$67,802	(B)	$40,923	(B)	(B)	$95,797	$80,851	(B)	(B)	(B)
Standard error	$4,062	(B)	$2,773	(B)	(B)	$7,605	$10,214	(B)	(B)	(B)
Hispanic[1]										
With income	1,635	603	458	226	88	258	157	61	22	16
Median income ($)	$32,642	$25,005	$34,264	$43,739	$46,860	$65,297	$59,089	(B)	(B)	(B)
Standard error	$1,051	$704	$1,684	$2,094	$4,647	$5,345	$4,713	(B)	(B)	(B)
Mean income ($)	$46,470	$27,792	$41,781	$52,505	$50,104	$91,897	$80,056	(B)	(B)	(B)
Standard error	$1,714	$762	$2,398	$4,493	$3,640	$7,949	$7,155	(B)	(B)	(B)

[1] May be of any race.
(B) = Base is too small to show the derived measure.

Table A-25. Income in 2005 by Educational Attainment of the Population 18 Years Old and Over, by Age, Sex, Race, and Hispanic Origin, 2006—Continued

(Numbers in thousands, except medians, means, and standard errors.)

Income, age, sex, race, and Hispanic origin	Total	High school: Not a graduate	High school: Graduate, including GED	Some college, no degree	Associate's degree	College: Bachelor's degree or more — Total	Bachelor's degree	Master's degree	Professional degree	Doctoral degree
MALE, 55 TO 64 YEARS OLD										
All Persons										
All races										
With income	14,368	1,744	4,296	2,405	1,044	4,878	2,727	1,351	372	426
Median income ($)	$40,653	$20,192	$31,887	$41,321	$45,277	$63,363	$54,544	$67,138	$100,000+	$81,943
Standard error	$276	$525	$381	$660	$1,303	$1,249	$1,750	$2,190	$49,225	$3,392
Mean income ($)	$55,863	$26,908	$39,142	$50,434	$50,994	$84,663	$68,706	$92,420	$153,583	$101,983
Standard error	$676	$951	$756	$1,513	$1,500	$1,547	$1,518	$3,450	$8,874	$4,602
White alone or in combination										
With income	12,532	1,370	3,727	2,140	927	4,367	2,439	1,209	343	375
Median income ($)	$41,825	$21,259	$33,270	$42,243	$45,919	$64,876	$56,018	$67,840	$100,000+	$80,883
Standard error	$299	$590	$772	$827	$1,158	$1,224	$1,105	$2,198	$50,520	$4,344
Mean income ($)	$57,966	$28,328	$40,647	$52,095	$51,637	$86,268	$70,214	$94,707	$155,132	$100,437
Standard error	$750	$1,076	$853	$1,683	$1,502	$1,681	$1,655	$3,812	$9,140	$4,973
Black alone or in combination										
With income	1,246	282	435	194	87	247	147	79	11	9
Median income ($)	$26,906	$14,413	$25,320	$30,714	$39,249	$50,384	$48,077	$50,608	(B)	(B)
Standard error	$824	$1,438	$1,219	$1,462	$4,527	$2,228	$4,397	$3,894	(B)	(B)
Mean income ($)	$35,450	$18,742	$28,418	$34,606	$49,405	$62,565	$55,210	$62,938	(B)	(B)
Standard error	$1,463	$1,022	$1,195	$2,124	$8,437	$5,463	$4,169	$6,091	(B)	(B)
Asian alone or in combination										
With income	510	67	111	54	21	254	133	65	16	39
Median income ($)	$39,017	(B)	$25,714	(B)	(B)	$63,566	$47,098	(B)	(B)	(B)
Standard error	$2,843	(B)	$2,025	(B)	(B)	$5,212	$4,579	(B)	(B)	(B)
Mean income ($)	$57,853	(B)	$32,638	(B)	(B)	$80,459	$57,646	(B)	(B)	(B)
Standard error	$3,152	(B)	$3,115	(B)	(B)	$4,819	$5,241	(B)	(B)	(B)
Hispanic[1]										
With income	1,097	450	274	127	62	182	125	31	14	11
Median income ($)	$25,874	$19,427	$24,355	$40,957	(B)	$49,382	$48,963	(B)	(B)	(B)
Standard error	$869	$897	$1,994	$3,709	(B)	$3,226	$5,023	(B)	(B)	(B)
Mean income ($)	$37,650	$22,447	$30,975	$48,750	(B)	$75,555	$67,568	(B)	(B)	(B)
Standard error	$2,024	$1,331	$1,737	$4,474	(B)	$9,760	$6,234	(B)	(B)	(B)
Year-Round, Full-Time Workers										
All races										
With income	8,462	754	2,340	1,430	633	3,304	1,824	861	291	327
Median income ($)	$52,269	$30,467	$41,631	$51,129	$56,703	$78,306	$67,216	$90,065	$100,000+	$93,440
Standard error	$397	$433	$416	$454	$1,368	$1,428	$1,648	$2,723	$49,148	$4,626
Mean income ($)	$72,244	$37,149	$49,795	$63,203	$64,773	$101,512	$81,919	$115,746	$168,227	$113,945
Standard error	$1,031	$1,768	$1,127	$2,379	$2,075	$2,092	$2,075	$5,098	$9,696	$5,677
White alone or in combination										
With income	7,439	593	2,036	1,284	571	2,952	1,640	755	269	287
Median income ($)	$55,007	$31,448	$42,423	$51,477	$57,242	$79,832	$68,478	$90,753	$100,000+	$92,557
Standard error	$962	$468	$680	$466	$2,132	$1,359	$1,869	$2,402	$50,991	$4,805
Mean income ($)	$74,336	$38,494	$51,438	$64,929	$64,488	$103,331	$83,291	$120,382	$168,267	$111,897
Standard error	$1,138	$1,917	$1,274	$2,630	$2,005	$2,281	$2,267	$5,740	$9,841	$6,171
Black alone or in combination										
With income	624	113	221	90	45	153	85	54	7	5
Median income ($)	$40,996	$25,229	$33,987	$42,563	(B)	$61,668	$68,047	(B)	(B)	(B)
Standard error	$796	$1,552	$2,577	$3,929	(B)	$4,451	$5,357	(B)	(B)	(B)
Mean income ($)	$49,867	$26,141	$38,800	$48,113	(B)	$77,805	$74,382	(B)	(B)	(B)
Standard error	$2,562	$1,541	$1,734	$3,255	(B)	$8,007	$5,389	(B)	(B)	(B)
Asian alone or in combination										
With income	365	46	73	42	8	194	96	54	12	30
Median income ($)	$50,225	(B)	(B)	(B)	(B)	$80,546	$60,095	(B)	(B)	(B)
Standard error	$3,372	(B)	(B)	(B)	(B)	$9,394	$5,686	(B)	(B)	(B)
Mean income ($)	$69,933	(B)	(B)	(B)	(B)	$93,615	$65,920	(B)	(B)	(B)
Standard error	$3,917	(B)	(B)	(B)	(B)	$5,463	$5,912	(B)	(B)	(B)
Hispanic[1]										
With income	652	241	170	85	32	123	77	26	8	9
Median income ($)	$32,049	$25,103	$31,317	$49,109	(B)	$51,519	$50,271	(B)	(B)	(B)
Standard error	$1,425	$1,300	$1,926	$2,661	(B)	$4,447	$5,873	(B)	(B)	(B)
Mean income ($)	$46,357	$28,634	$36,293	$57,651	(B)	$84,591	$69,998	(B)	(B)	(B)
Standard error	$3,150	$2,197	$2,331	$6,026	(B)	$13,824	$8,456	(B)	(B)	(B)

[1] May be of any race.
(B) = Base is too small to show the derived measure.

Table A-25. Income in 2005 by Educational Attainment of the Population 18 Years Old and Over, by Age, Sex, Race, and Hispanic Origin, 2006—*Continued*

(Numbers in thousands, except medians, means, and standard errors.)

Income, age, sex, race, and Hispanic origin	Total	High school - Not a graduate	High school - Graduate, including GED	Some college, no degree	Associate's degree	College Bachelor's degree or more - Total	Bachelor's degree	Master's degree	Professional degree	Doctoral degree
MALE, 65 YEARS OLD AND OVER										
All Persons										
All races										
With income	14,820	3,479	4,896	1,996	611	3,835	2,076	974	424	358
Median income ($)	$21,783	$14,181	$20,484	$24,278	$27,706	$37,662	$34,149	$40,429	$46,922	$49,148
Standard error	$216	$221	$302	$460	$1,144	$679	$914	$1,262	$1,761	$4,294
Mean income ($)	$35,728	$18,447	$28,793	$33,711	$38,758	$60,828	$51,183	$65,539	$84,343	$76,020
Standard error	$594	$301	$760	$909	$3,116	$1,863	$1,696	$5,405	$5,243	$6,386
White alone or in combination										
With income	13,241	2,871	4,449	1,843	546	3,531	1,925	902	373	329
Median income ($)	$22,616	$15,007	$20,982	$24,916	$27,703	$38,193	$34,834	$40,426	$47,775	$49,581
Standard error	$217	$244	$319	$501	$1,138	$708	$872	$1,295	$2,989	$4,637
Mean income ($)	$36,979	$19,130	$29,603	$34,241	$38,053	$62,046	$52,483	$66,994	$87,422	$75,573
Standard error	$654	$341	$829	$954	$3,413	$1,998	$1,809	$5,825	$5,768	$6,616
Black alone or in combination										
With income	1,103	508	322	118	32	121	70	36	6	7
Median income ($)	$13,604	$11,148	$14,376	$16,761	(B)	$29,803	(B)	(B)	(B)	(B)
Standard error	$395	$344	$588	$2,140	(B)	$2,191	(B)	(B)	(B)	(B)
Mean income ($)	$20,826	$15,232	$18,598	$29,447	(B)	$38,720	(B)	(B)	(B)	(B)
Standard error	$772	$684	$922	$3,448	(B)	$3,632	(B)	(B)	(B)	(B)
Asian alone or in combination										
With income	424	69	110	35	26	182	82	35	42	21
Median income ($)	$19,068	(B)	$17,533	(B)	(B)	$32,254	$20,750	(B)	(B)	(B)
Standard error	$1,180	(B)	$2,313	(B)	(B)	$4,935	$4,060	(B)	(B)	(B)
Mean income ($)	$36,769	(B)	$24,738	(B)	(B)	$51,631	$32,572	(B)	(B)	(B)
Standard error	$2,957	(B)	$2,938	(B)	(B)	$5,855	$4,215	(B)	(B)	(B)
Hispanic[1]										
With income	910	489	205	78	28	107	58	22	17	8
Median income ($)	$13,878	$10,996	$15,969	$16,470	(B)	$27,310	(B)	(B)	(B)	(B)
Standard error	$478	$463	$875	$1,460	(B)	$3,109	(B)	(B)	(B)	(B)
Mean income ($)	$20,740	$14,873	$22,106	$24,786	(B)	$40,729	(B)	(B)	(B)	(B)
Standard error	$857	$686	$1,718	$3,165	(B)	$4,129	(B)	(B)	(B)	(B)
Year-Round, Full-Time Workers										
All races										
With income	1,632	215	511	208	83	613	285	149	107	71
Median income ($)	$54,394	$35,378	$42,118	$59,324	$62,391	$96,269	$74,546	$92,926	$100,000+	(B)
Standard error	$1,480	$1,522	$1,102	$3,384	$5,855	$17,012	$10,628	$6,133	$73,415	(B)
Mean income ($)	$89,471	$38,817	$57,144	$72,211	$87,088	$140,407	$105,696	$168,743	$176,017	(B)
Standard error	$4,108	$1,804	$3,674	$5,990	$19,752	$9,448	$6,514	$32,476	$14,101	(B)
White alone or in combination										
With income	1,469	179	466	194	69	558	262	132	98	66
Median income ($)	$55,541	$35,513	$42,791	$60,233	(B)	$97,438	$73,852	$92,276	$100,000+	(B)
Standard error	$1,568	$1,882	$1,192	$3,443	(B)	$22,749	$12,391	$8,497	$77,817	(B)
Mean income ($)	$92,185	$39,738	$58,601	$73,568	(B)	$144,333	$108,632	$178,819	$180,667	(B)
Standard error	$4,513	$2,058	$4,002	$6,319	(B)	$10,267	$7,017	$36,529	$14,994	(B)
Black alone or in combination										
With income	83	27	29	10	5	10	5	3	1	—
Median income ($)	$41,094	(B)	(B)	(B)	(B)	(B)	(B)	(B)	(B)	(B)
Standard error	$4,973	(B)	(B)	(B)	(B)	(B)	(B)	(B)	(B)	(B)
Mean income ($)	$49,046	(B)	(B)	(B)	(B)	(B)	(B)	(B)	(B)	(B)
Standard error	$4,355	(B)	(B)	(B)	(B)	(B)	(B)	(B)	(B)	(B)
Asian alone or in combination										
With income	73	3	11	7	6	44	17	13	7	5
Median income ($)	(B)	(B)	(B)	(B)	(B)	(B)	(B)	(B)	(B)	(B)
Standard error	(B)	(B)	(B)	(B)	(B)	(B)	(B)	(B)	(B)	(B)
Mean income ($)	(B)	(B)	(B)	(B)	(B)	(B)	(B)	(B)	(B)	(B)
Standard error	(B)	(B)	(B)	(B)	(B)	(B)	(B)	(B)	(B)	(B)
Hispanic[1]										
With income	148	60	41	20	4	21	14	5	1	—
Median income ($)	$31,081	(B)	(B)	(B)	(B)	(B)	(B)	(B)	(B)	(B)
Standard error	$2,841	(B)	(B)	(B)	(B)	(B)	(B)	(B)	(B)	(B)
Mean income ($)	$39,879	(B)	(B)	(B)	(B)	(B)	(B)	(B)	(B)	(B)
Standard error	$3,226	(B)	(B)	(B)	(B)	(B)	(B)	(B)	(B)	(B)

[1] May be of any race.
(B) = Base is too small to show the derived measure.

Table A-25. Income in 2005 by Educational Attainment of the Population 18 Years Old and Over, by Age, Sex, Race, and Hispanic Origin, 2006—Continued

(Numbers in thousands, except medians, means, and standard errors.)

Income, age, sex, race, and Hispanic origin	Total	High school — Not a graduate	High school — Graduate, including GED	College — Some college, no degree	College — Associate's degree	College — Bachelor's degree or more — Total	College — Bachelor's degree	College — Master's degree	College — Professional degree	College — Doctoral degree
FEMALE, 18 YEARS OLD AND OVER										
All Persons										
All races										
With income	101,849	12,961	31,579	20,760	9,757	26,790	18,297	6,643	1,094	754
Median income ($)	$19,230	$9,778	$15,944	$18,240	$25,190	$36,197	$31,846	$44,014	$59,525	$56,760
Standard error	$101	$81	$105	$198	$266	$191	$171	$631	$2,820	$1,954
Mean income ($)	$26,799	$12,550	$19,988	$23,447	$29,455	$43,351	$38,401	$48,841	$76,744	$66,651
Standard error	$113	$121	$123	$203	$324	$318	$366	$573	$2,476	$2,275
White alone or in combination										
With income	83,989	9,983	26,236	17,139	8,290	22,339	15,268	5,580	884	605
Median income ($)	$19,300	$9,876	$15,978	$18,097	$25,161	$35,733	$31,400	$43,803	$59,026	$58,021
Standard error	$110	$94	$118	$215	$296	$213	$187	$671	$3,172	$2,124
Mean income ($)	$27,007	$12,525	$20,236	$23,634	$29,552	$43,073	$38,051	$48,575	$78,419	$67,374
Standard error	$128	$138	$140	$234	$361	$360	$419	$631	$2,875	$2,541
Black alone or in combination										
With income	12,950	2,266	4,286	2,907	1,066	2,424	1,655	624	99	45
Median income ($)	$18,167	$9,350	$15,768	$19,734	$24,947	$40,784	$37,692	$45,068	$53,758	(B)
Standard error	$292	$183	$263	$521	$789	$491	$1,127	$1,625	$7,878	(B)
Mean income ($)	$24,310	$12,060	$18,594	$22,839	$28,289	$45,881	$42,478	$50,621	$68,672	(B)
Standard error	$252	$262	$276	$418	$840	$860	$944	$1,732	$7,108	(B)
Asian alone or in combination										
With income	4,442	576	863	624	342	2,035	1,372	449	113	101
Median income ($)	$22,041	$10,820	$17,060	$16,367	$27,298	$36,125	$31,129	$46,329	$60,758	$56,808
Standard error	$448	$509	$685	$587	$1,981	$748	$933	$1,686	$8,895	$7,090
Mean income ($)	$31,258	$15,157	$20,402	$21,942	$31,236	$43,283	$37,196	$49,921	$67,769	$69,053
Standard error	$602	$890	$734	$1,112	$1,819	$1,073	$1,089	$2,452	$6,247	$7,231
Hispanic[1]										
With income	10,415	3,513	2,998	1,768	756	1,377	1,009	270	61	35
Median income ($)	$15,357	$10,343	$15,944	$18,349	$24,383	$35,157	$31,336	$47,136	(B)	(B)
Standard error	$182	$190	$286	$798	$1,196	$1,008	$669	$2,257	(B)	(B)
Mean income ($)	$20,721	$12,413	$18,665	$22,113	$27,799	$40,716	$35,696	$50,168	(B)	(B)
Standard error	$257	$231	$364	$615	$939	$1,138	$1,142	$2,422	(B)	(B)
Year-Round, Full-Time Workers										
All races										
With income	43,332	2,915	12,549	8,428	5,095	14,343	9,627	3,620	657	438
Median income ($)	$33,267	$18,823	$26,302	$31,261	$34,806	$48,238	$43,295	$54,161	$84,435	$70,785
Standard error	$197	$278	$136	$180	$385	$441	$452	$939	$2,454	$1,412
Mean income ($)	$41,381	$21,579	$30,229	$36,312	$39,705	$58,737	$52,412	$63,926	$103,429	$87,726
Standard error	$205	$318	$213	$385	$507	$468	$538	$809	$3,410	$3,206
White alone or in combination										
With income	34,696	2,229	9,990	6,759	4,229	11,487	7,654	2,966	520	345
Median income ($)	$34,039	$18,481	$26,902	$31,585	$35,102	$48,256	$43,110	$53,335	$85,901	$71,120
Standard error	$213	$342	$158	$208	$364	$487	$482	$941	$1,299	$979
Mean income ($)	$42,076	$21,311	$31,160	$37,087	$40,075	$59,271	$52,791	$64,064	$107,840	$88,496
Standard error	$241	$359	$251	$461	$578	$552	$645	$922	$4,008	$3,642
Black alone or in combination										
With income	6,301	492	2,063	1,401	634	1,709	1,184	424	72	28
Median income ($)	$30,367	$19,018	$23,924	$30,059	$31,801	$47,040	$45,273	$53,515	(B)	(B)
Standard error	$249	$509	$398	$498	$626	$663	$1,130	$2,557	(B)	(B)
Mean income ($)	$36,117	$21,581	$26,418	$32,806	$36,745	$54,491	$50,672	$59,413	(B)	(B)
Standard error	$399	$721	$409	$605	$1,159	$1,008	$1,078	$2,025	(B)	(B)
Asian alone or in combination										
With income	2,163	161	425	234	195	1,147	780	239	62	64
Median income ($)	$36,774	$21,676	$25,594	$30,384	$37,590	$51,242	$43,073	$63,335	(B)	(B)
Standard error	$532	$1,036	$549	$1,953	$1,633	$1,083	$1,398	$2,502	(B)	(B)
Mean income ($)	$46,635	$24,599	$27,527	$35,494	$41,995	$59,891	$51,619	$69,889	(B)	(B)
Standard error	$932	$1,856	$956	$1,853	$2,531	$1,435	$1,442	$2,929	(B)	(B)
Hispanic[1]										
With income	5,000	1,245	1,547	885	449	873	629	179	34	29
Median income ($)	$25,027	$16,894	$22,710	$28,602	$31,699	$41,773	$37,796	$53,030	(B)	(B)
Standard error	$334	$218	$450	$1,191	$620	$781	$1,241	$2,373	(B)	(B)
Mean income ($)	$30,592	$19,471	$25,871	$32,500	$35,383	$50,419	$44,565	$59,952	(B)	(B)
Standard error	$409	$454	$506	$948	$1,068	$1,423	$1,369	$2,908	(B)	(B)

[1] May be of any race.
(B) = Base is too small to show the derived measure.

Table A-25. Income in 2005 by Educational Attainment of the Population 18 Years Old and Over, by Age, Sex, Race, and Hispanic Origin, 2006—*Continued*

(Numbers in thousands, except medians, means, and standard errors.)

Income, age, sex, race, and Hispanic origin	Total	High school		Some college, no degree	Associate's degree	College				
		Not a graduate	Graduate, including GED			Bachelor's degree or more				
						Total	Bachelor's degree	Master's degree	Professional degree	Doctoral degree

FEMALE, 25 YEARS OLD AND OVER

All Persons

All races
- With income: 90,761 | 11,390 | 28,408 | 16,402 | 9,069 | 25,490 | 17,090 | 6,560 | 1,090 | 749
- Median income ($): $20,805 | $10,369 | $16,695 | $21,544 | $26,074 | $37,055 | $32,667 | $44,385 | $59,934 | $56,819
- Standard error: $87 | $98 | $110 | $191 | $260 | $197 | $346 | $639 | $2,781 | $1,951
- Mean income ($): $28,451 | $13,289 | $20,850 | $26,378 | $30,274 | $44,384 | $39,491 | $49,139 | $76,991 | $66,910
- Standard error: $124 | $133 | $134 | $245 | $343 | $331 | $389 | $578 | $2,481 | $2,285

White alone or in combination
- With income: 75,040 | 8,760 | 23,754 | 13,584 | 7,717 | 21,223 | 14,224 | 5,518 | 880 | 600
- Median income ($): $20,801 | $10,471 | $16,675 | $21,311 | $26,046 | $36,617 | $32,106 | $44,215 | $59,386 | $58,093
- Standard error: $97 | $106 | $126 | $214 | $284 | $221 | $202 | $691 | $3,194 | $2,117
- Mean income ($): $28,631 | $13,250 | $21,051 | $26,574 | $30,410 | $44,133 | $39,164 | $48,863 | $78,668 | $67,703
- Standard error: $141 | $151 | $151 | $283 | $383 | $376 | $446 | $637 | $2,881 | $2,555

Black alone or in combination
- With income: 11,259 | 1,978 | 3,701 | 2,276 | 981 | 2,322 | 1,566 | 610 | 99 | 45
- Median income ($): $20,308 | $9,872 | $16,766 | $23,310 | $25,819 | $41,481 | $39,886 | $45,189 | $53,758 | (B)
- Standard error: $236 | $211 | $270 | $620 | $794 | $497 | $1,091 | $1,621 | $7,878 | (B)
- Mean income ($): $26,117 | $12,885 | $19,661 | $25,647 | $29,145 | $46,863 | $43,618 | $51,042 | $68,672 | (B)
- Standard error: $281 | $286 | $305 | $490 | $893 | $886 | $979 | $1,762 | $7,108 | (B)

Asian alone or in combination
- With income: 4,004 | 521 | 780 | 449 | 306 | 1,946 | 1,290 | 442 | 112 | 101
- Median income ($): $24,160 | $11,258 | $17,704 | $20,820 | $28,113 | $36,690 | $31,906 | $46,256 | $60,863 | $56,808
- Standard error: $747 | $512 | $1,004 | $1,003 | $1,952 | $751 | $1,113 | $1,721 | $9,526 | $7,090
- Mean income ($): $32,971 | $15,938 | $21,277 | $25,855 | $31,116 | $44,161 | $38,049 | $50,207 | $68,212 | $69,053
- Standard error: $648 | $964 | $791 | $1,443 | $1,699 | $1,109 | $1,138 | $2,480 | $6,259 | $7,231

Hispanic[1]
- With income: 8,896 | 3,147 | 2,483 | 1,288 | 675 | 1,301 | 940 | 265 | 60 | 35
- Median income ($): $16,281 | $10,600 | $16,872 | $22,354 | $25,779 | $36,135 | $32,085 | $47,421 | (B) | (B)
- Standard error: $200 | $192 | $313 | $796 | $1,167 | $729 | $902 | $2,265 | (B) | (B)
- Mean income ($): $22,103 | $12,813 | $19,784 | $25,729 | $28,996 | $41,833 | $36,748 | $50,761 | (B) | (B)
- Standard error: $292 | $252 | $409 | $781 | $1,019 | $1,189 | $1,210 | $2,442 | (B) | (B)

Year-Round, Full-Time Workers

All races
- With income: 40,010 | 2,636 | 11,416 | 7,452 | 4,750 | 13,754 | 9,071 | 3,589 | 656 | 436
- Median income ($): $35,200 | $19,453 | $27,097 | $32,815 | $35,638 | $49,689 | $44,750 | $54,511 | $84,526 | $70,744
- Standard error: $116 | $283 | $140 | $335 | $297 | $412 | $419 | $844 | $2,428 | $1,602
- Mean income ($): $42,895 | $22,168 | $31,267 | $38,114 | $40,703 | $59,868 | $53,676 | $64,133 | $103,514 | $87,816
- Standard error: $219 | $343 | $230 | $423 | $534 | $485 | $566 | $815 | $3,412 | $3,221

White alone or in combination
- With income: 31,987 | 2,005 | 9,090 | 5,961 | 3,938 | 10,993 | 7,185 | 2,944 | 519 | 343
- Median income ($): $35,697 | $19,101 | $28,059 | $33,604 | $35,991 | $49,765 | $44,540 | $53,648 | $85,930 | $71,108
- Standard error: $132 | $355 | $298 | $361 | $339 | $426 | $479 | $993 | $1,249 | $1,064
- Mean income ($): $43,689 | $21,858 | $32,281 | $39,067 | $41,255 | $60,481 | $54,152 | $64,262 | $107,954 | $88,615
- Standard error: $257 | $391 | $271 | $508 | $612 | $572 | $682 | $927 | $4,010 | $3,665

Black alone or in combination
- With income: 5,789 | 442 | 1,859 | 1,240 | 593 | 1,652 | 1,135 | 417 | 72 | 28
- Median income ($): $31,197 | $19,730 | $24,625 | $31,056 | $32,074 | $47,816 | $46,053 | $54,416 | (B) | (B)
- Standard error: $258 | $507 | $423 | $440 | $938 | $1,011 | $675 | $2,258 | (B) | (B)
- Mean income ($): $37,349 | $22,495 | $27,143 | $34,035 | $37,355 | $55,292 | $51,598 | $59,696 | (B) | (B)
- Standard error: $425 | $765 | $440 | $649 | $1,225 | $1,030 | $1,107 | $2,055 | (B) | (B)

Asian alone or in combination
- With income: 2,059 | 158 | 398 | 215 | 176 | 1,110 | 745 | 237 | 62 | 64
- Median income ($): $37,261 | $21,517 | $25,783 | $30,959 | $37,252 | $51,636 | $43,878 | $63,609 | (B) | (B)
- Standard error: $855 | $952 | $557 | $832 | $2,172 | $1,648 | $1,615 | $2,607 | (B) | (B)
- Mean income ($): $47,403 | $24,462 | $28,095 | $36,486 | $40,994 | $60,737 | $52,492 | $69,992 | (B) | (B)
- Standard error: $957 | $1,882 | $1,004 | $1,945 | $2,174 | $1,467 | $1,487 | $2,953 | (B) | (B)

Hispanic[1]
- With income: 4,435 | 1,126 | 1,319 | 743 | 412 | 834 | 593 | 177 | 34 | 29
- Median income ($): $26,022 | $17,122 | $23,689 | $30,934 | $31,986 | $42,456 | $39,336 | $52,577 | (B) | (B)
- Standard error: $289 | $243 | $570 | $557 | $825 | $1,122 | $1,309 | $2,415 | (B) | (B)
- Mean income ($): $31,893 | $19,866 | $26,922 | $34,671 | $36,197 | $51,393 | $45,552 | $59,992 | (B) | (B)
- Standard error: $451 | $496 | $572 | $1,077 | $1,133 | $1,475 | $1,437 | $2,931 | (B) | (B)

[1] May be of any race.
(B) = Base is too small to show the derived measure.

PART A—NATIONAL EDUCATION STATISTICS 195

Table A-25. Income in 2005 by Educational Attainment of the Population 18 Years Old and Over, by Age, Sex, Race, and Hispanic Origin, 2006—Continued

(Numbers in thousands, except medians, means, and standard errors.)

Income, age, sex, race, and Hispanic origin	Total	High school		College						
		Not a graduate	Graduate, including GED	Some college, no degree	Associate's degree	Bachelor's degree or more				
						Total	Bachelor's degree	Master's degree	Professional degree	Doctoral degree

FEMALE, 25 TO 64 YEARS OLD

All Persons
All races
With income .... 71,163 | 6,580 | 20,592 | 13,561 | 7,896 | 22,533 | 15,103 | 5,778 | 987 | 663
Median income ($) .... $24,518 | $11,544 | $19,562 | $23,447 | $27,940 | $39,768 | $35,266 | $46,481 | $63,009 | $59,107
Standard error .... $140 | $152 | $176 | $274 | $461 | $329 | $239 | $384 | $2,511 | $1,805
Mean income ($) .... $31,275 | $14,536 | $22,658 | $27,503 | $31,587 | $46,198 | $41,029 | $51,147 | $81,023 | $68,908
Standard error .... $150 | $199 | $170 | $282 | $378 | $363 | $428 | $624 | $2,661 | $2,433

White alone or in combination
With income .... 57,848 | 4,951 | 16,619 | 10,999 | 6,666 | 18,610 | 12,450 | 4,838 | 792 | 528
Median income ($) .... $24,859 | $11,582 | $19,850 | $23,359 | $28,105 | $39,135 | $34,590 | $46,395 | $63,847 | $60,011
Standard error .... $156 | $162 | $184 | $312 | $570 | $395 | $457 | $416 | $2,926 | $2,130
Mean income ($) .... $31,658 | $14,531 | $23,133 | $27,837 | $31,756 | $46,050 | $40,815 | $50,897 | $83,185 | $69,289
Standard error .... $174 | $234 | $199 | $331 | $426 | $415 | $496 | $688 | $3,106 | $2,718

Black alone or in combination
With income .... 9,501 | 1,226 | 3,177 | 2,077 | 896 | 2,123 | 1,446 | 545 | 89 | 41
Median income ($) .... $22,479 | $11,187 | $18,079 | $24,646 | $26,881 | $42,797 | $41,100 | $46,853 | $58,661 | (B)
Standard error .... $289 | $543 | $540 | $629 | $776 | $1,050 | $676 | $1,462 | $8,584 | (B)
Mean income ($) .... $28,146 | $14,034 | $20,532 | $26,351 | $30,261 | $48,557 | $45,095 | $52,976 | $72,638 | (B)
Standard error .... $317 | $407 | $336 | $514 | $953 | $932 | $1,027 | $1,855 | $7,640 | (B)

Asian alone or in combination
With income .... 3,430 | 314 | 646 | 396 | 271 | 1,801 | 1,194 | 408 | 107 | 91
Median income ($) .... $26,448 | $13,169 | $19,966 | $21,325 | $30,472 | $37,486 | $32,613 | $47,394 | $60,875 | $60,728
Standard error .... $498 | $932 | $1,030 | $1,026 | $1,820 | $1,372 | $1,489 | $1,480 | $9,323 | $4,567
Mean income ($) .... $34,957 | $17,084 | $22,061 | $26,387 | $32,420 | $44,974 | $38,419 | $51,647 | $68,882 | $72,753
Standard error .... $723 | $1,182 | $886 | $1,597 | $1,807 | $1,170 | $1,188 | $2,629 | $6,455 | $7,825

Hispanic[1]
With income .... 7,757 | 2,448 | 2,228 | 1,231 | 635 | 1,213 | 874 | 246 | 58 | 34
Median income ($) .... $17,767 | $11,748 | $17,807 | $22,855 | $26,701 | $36,764 | $32,992 | $48,215 | (B) | (B)
Standard error .... $320 | $211 | $450 | $965 | $1,168 | $770 | $1,247 | $2,297 | (B) | (B)
Mean income ($) .... $23,410 | $13,735 | $20,498 | $25,840 | $29,768 | $42,486 | $37,221 | $51,590 | (B) | (B)
Standard error .... $318 | $306 | $436 | $779 | $1,060 | $1,222 | $1,219 | $2,562 | (B) | (B)

Year-Round, Full-Time Workers
All races
With income .... 38,983 | 2,500 | 11,025 | 7,259 | 4,664 | 13,531 | 8,941 | 3,528 | 649 | 412
Median income ($) .... $35,165 | $19,195 | $26,987 | $32,556 | $35,506 | $49,521 | $44,555 | $54,609 | $85,009 | $70,033
Standard error .... $117 | $291 | $140 | $279 | $297 | $453 | $460 | $837 | $2,276 | $1,982
Mean income ($) .... $42,819 | $21,970 | $31,091 | $37,847 | $40,478 | $59,701 | $53,515 | $64,120 | $103,798 | $86,578
Standard error .... $223 | $357 | $234 | $430 | $538 | $489 | $572 | $823 | $3,439 | $3,295

White alone or in combination
With income .... 31,143 | 1,906 | 8,763 | 5,790 | 3,859 | 10,823 | 7,093 | 2,892 | 514 | 323
Median income ($) .... $35,651 | $18,821 | $27,871 | $33,352 | $35,832 | $49,596 | $44,352 | $53,760 | $86,037 | $70,387
Standard error .... $133 | $368 | $304 | $371 | $340 | $475 | $494 | $1,030 | $1,058 | $1,667
Mean income ($) .... $43,611 | $21,659 | $32,113 | $38,799 | $40,989 | $60,297 | $54,004 | $64,267 | $108,137 | $86,774
Standard error .... $262 | $405 | $276 | $518 | $618 | $577 | $687 | $937 | $4,041 | $3,740

Black alone or in combination
With income .... 5,683 | 419 | 1,813 | 1,223 | 589 | 1,637 | 1,124 | 414 | 70 | 28
Median income ($) .... $31,205 | $19,534 | $24,472 | $31,030 | $31,983 | $47,863 | $46,050 | $54,403 | (B) | (B)
Standard error .... $262 | $496 | $448 | $442 | $836 | $1,038 | $672 | $2,254 | (B) | (B)
Mean income ($) .... $37,339 | $22,217 | $27,001 | $33,808 | $37,267 | $55,324 | $51,603 | $59,648 | (B) | (B)
Standard error .... $430 | $791 | $443 | $643 | $1,231 | $1,036 | $1,112 | $2,061 | (B) | (B)

Asian alone or in combination
With income .... 1,992 | 147 | 384 | 211 | 173 | 1,076 | 719 | 234 | 61 | 61
Median income ($) .... $37,131 | $21,392 | $25,675 | $30,748 | $37,417 | $51,218 | $43,166 | $63,102 | (B) | (B)
Standard error .... $756 | $1,033 | $551 | $1,083 | $2,203 | $1,059 | $1,468 | $2,388 | (B) | (B)
Mean income ($) .... $47,247 | $24,541 | $27,747 | $36,370 | $41,253 | $60,411 | $51,853 | $69,736 | (B) | (B)
Standard error .... $976 | $2,012 | $1,010 | $1,985 | $2,201 | $1,497 | $1,504 | $2,996 | (B) | (B)

Hispanic[1]
With income .... 4,370 | 1,101 | 1,305 | 734 | 412 | 817 | 580 | 174 | 34 | 28
Median income ($) .... $26,023 | $17,073 | $23,740 | $30,913 | $31,986 | $42,174 | $38,881 | $52,477 | (B) | (B)
Standard error .... $288 | $248 | $575 | $566 | $825 | $999 | $1,378 | $2,491 | (B) | (B)
Mean income ($) .... $31,711 | $19,765 | $26,946 | $34,417 | $36,197 | $50,716 | $44,574 | $60,067 | (B) | (B)
Standard error .... $446 | $502 | $573 | $1,044 | $1,133 | $1,456 | $1,361 | $2,982 | (B) | (B)

[1] May be of any race.
(B) = Base is too small to show the derived measure.

Table A-25. Income in 2005 by Educational Attainment of the Population 18 Years Old and Over, by Age, Sex, Race, and Hispanic Origin, 2006—*Continued*

(Numbers in thousands, except medians, means, and standard errors.)

Income, age, sex, race, and Hispanic origin	Total	High school - Not a graduate	High school - Graduate, including GED	College - Some college, no degree	College - Associate's degree	College - Bachelor's degree or more - Total	College - Bachelor's degree or more - Bachelor's degree	College - Bachelor's degree or more - Master's degree	College - Bachelor's degree or more - Professional degree	College - Bachelor's degree or more - Doctoral degree
FEMALE, 25 TO 34 YEARS OLD										
All Persons										
All races										
With income	17,058	1,505	4,216	3,499	1,825	6,010	4,303	1,319	243	144
Median income ($)	$22,814	$11,600	$17,218	$20,295	$24,737	$35,487	$32,400	$40,395	$46,008	$52,891
Standard error	$230	$296	$257	$358	$521	$267	$359	$669	$2,968	$4,143
Mean income ($)	$26,895	$13,755	$19,173	$22,548	$26,452	$38,270	$35,185	$41,664	$61,638	$59,823
Standard error	$205	$478	$263	$361	$494	$420	$430	$835	$4,237	$4,243
White alone or in combination										
With income	13,377	1,124	3,248	2,665	1,540	4,797	3,477	1,038	182	99
Median income ($)	$23,232	$11,552	$17,996	$20,169	$24,803	$35,276	$32,198	$40,919	$46,295	$57,730
Standard error	$265	$311	$445	$423	$573	$323	$280	$649	$3,080	$3,300
Mean income ($)	$26,976	$13,608	$19,483	$22,231	$26,310	$38,032	$34,800	$42,160	$62,305	$63,430
Standard error	$230	$581	$297	$391	$541	$468	$467	$950	$5,259	$4,779
Black alone or in combination										
With income	2,623	313	809	678	203	618	428	151	26	12
Median income ($)	$20,391	$11,933	$15,669	$21,514	$23,747	$35,933	$33,921	$38,845	(B)	(B)
Standard error	$464	$1,122	$461	$960	$1,139	$760	$1,452	$1,493	(B)	(B)
Mean income ($)	$24,485	$12,812	$17,856	$23,850	$25,407	$39,475	$37,012	$39,821	(B)	(B)
Standard error	$518	$566	$656	$987	$1,377	$1,349	$1,527	$2,145	(B)	(B)
Asian alone or in combination										
With income	990	46	131	124	72	616	412	142	32	28
Median income ($)	$27,591	(B)	$17,479	$17,406	(B)	$36,074	$33,985	$37,222	(B)	(B)
Standard error	$2,069	(B)	$1,996	$2,167	(B)	$848	$2,241	$3,481	(B)	(B)
Mean income ($)	$33,092	(B)	$21,054	$23,598	(B)	$38,260	$35,762	$39,779	(B)	(B)
Standard error	$1,101	(B)	$1,612	$2,810	(B)	$1,510	$1,696	$2,912	(B)	(B)
Hispanic[1]										
With income	2,615	692	786	466	239	430	348	61	15	4
Median income ($)	$17,327	$11,214	$17,119	$20,985	$24,175	$33,925	$31,502	(B)	(B)	(B)
Standard error	$419	$335	$585	$1,066	$1,619	$1,641	$1,343	(B)	(B)	(B)
Mean income ($)	$21,601	$12,922	$18,444	$23,991	$26,818	$35,828	$33,323	(B)	(B)	(B)
Standard error	$474	$688	$555	$1,317	$1,372	$1,496	$1,427	(B)	(B)	(B)
Year-Round, Full-Time Workers										
All races										
With income	9,449	564	2,230	1,790	1,061	3,802	2,760	815	134	92
Median income ($)	$31,626	$17,588	$24,654	$29,808	$30,714	$41,485	$38,973	$46,906	$57,496	$60,806
Standard error	$149	$560	$366	$559	$379	$260	$786	$710	$9,790	$1,683
Mean income ($)	$36,469	$21,694	$26,675	$32,193	$33,549	$47,235	$43,297	$51,870	$80,758	$75,139
Standard error	$280	$1,064	$364	$503	$600	$510	$487	$976	$6,340	$5,350
White alone or in combination										
With income	7,386	440	1,730	1,338	881	2,994	2,179	645	105	64
Median income ($)	$31,772	$16,722	$25,110	$30,074	$31,079	$41,410	$38,720	$47,088	$65,481	(B)
Standard error	$170	$344	$374	$542	$406	$290	$804	$832	$11,628	(B)
Mean income ($)	$36,507	$20,959	$26,952	$32,299	$33,778	$47,000	$42,897	$52,258	$81,933	(B)
Standard error	$315	$1,258	$395	$526	$662	$581	$544	$1,117	$7,650	(B)
Black alone or in combination										
With income	1,482	96	416	371	128	470	333	110	18	7
Median income ($)	$29,310	$20,447	$22,022	$28,891	$27,489	$40,113	$36,754	$41,849	(B)	(B)
Standard error	$670	$955	$670	$1,360	$1,031	$1,309	$843	$1,482	(B)	(B)
Mean income ($)	$33,192	$21,155	$25,018	$31,184	$30,723	$45,148	$42,000	$45,979	(B)	(B)
Standard error	$697	$887	$1,055	$1,416	$1,717	$1,316	$1,333	$2,237	(B)	(B)
Asian alone or in combination										
With income	570	24	75	74	44	351	255	69	8	17
Median income ($)	$37,947	(B)	$26,845	$26,245	(B)	$46,237	$41,931	(B)	(B)	(B)
Standard error	$1,756	(B)	$2,054	$3,431	(B)	$2,712	$1,665	(B)	(B)	(B)
Mean income ($)	$44,373	(B)	$29,011	$35,086	(B)	$51,356	$47,691	(B)	(B)	(B)
Standard error	$1,440	(B)	$2,024	$3,910	(B)	$1,917	$1,999	(B)	(B)	(B)
Hispanic[1]										
With income	1,422	284	442	261	150	283	226	43	9	4
Median income ($)	$25,779	$15,973	$23,245	$30,824	$31,172	$38,669	$36,690	(B)	(B)	(B)
Standard error	$582	$506	$671	$1,002	$986	$1,564	$1,646	(B)	(B)	(B)
Mean income ($)	$29,838	$19,210	$24,648	$33,407	$33,098	$43,570	$40,338	(B)	(B)	(B)
Standard error	$677	$1,396	$662	$1,833	$1,535	$1,783	$1,599	(B)	(B)	(B)

[1] May be of any race.
(B) = Base is too small to show the derived measure.

Table A-25. Income in 2005 by Educational Attainment of the Population 18 Years Old and Over, by Age, Sex, Race, and Hispanic Origin, 2006—*Continued*

(Numbers in thousands, except medians, means, and standard errors.)

Income, age, sex, race, and Hispanic origin	Total	High school – Not a graduate	High school – Graduate, including GED	Some college, no degree	Associate's degree	College – Bachelor's degree or more – Total	Bachelor's degree	Master's degree	Professional degree	Doctoral degree
FEMALE, 35 TO 44 YEARS OLD										
All Persons										
All races										
With income	19,551	1,643	5,474	3,547	2,238	6,647	4,556	1,581	328	181
Median income ($)	$25,434	$12,501	$20,239	$24,611	$29,042	$40,731	$36,645	$45,550	$72,518	$60,106
Standard error	$202	$371	$231	$539	$747	$358	$523	$850	$3,257	$3,597
Mean income ($)	$32,152	$14,693	$22,885	$27,726	$31,074	$46,825	$42,175	$49,789	$84,740	$69,172
Standard error	$282	$338	$297	$556	$631	$649	$713	$1,355	$4,332	$4,373
White alone or in combination										
With income	15,629	1,297	4,275	2,830	1,844	5,380	3,728	1,256	255	140
Median income ($)	$25,216	$12,495	$20,161	$24,477	$29,000	$39,399	$35,510	$43,726	$77,025	$61,230
Standard error	$243	$405	$313	$648	$842	$746	$550	$1,495	$6,524	$3,898
Mean income ($)	$31,988	$14,664	$23,220	$28,172	$30,967	$45,489	$41,162	$47,460	$88,308	$64,859
Standard error	$326	$367	$354	$671	$723	$743	$820	$1,556	$5,116	$4,312
Black alone or in combination										
With income	2,784	258	974	567	280	703	481	179	31	10
Median income ($)	$25,849	$12,684	$20,420	$25,847	$29,713	$48,486	$47,558	$53,980	(B)	(B)
Standard error	$424	$1,176	$470	$653	$1,999	$1,502	$1,297	$4,905	(B)	(B)
Mean income ($)	$30,807	$15,133	$21,238	$26,767	$32,274	$52,503	$50,038	$55,343	(B)	(B)
Standard error	$565	$1,088	$524	$886	$1,510	$1,420	$1,593	$2,976	(B)	(B)
Asian alone or in combination										
With income	1,036	68	183	119	90	575	347	153	44	30
Median income ($)	$29,857	(B)	$20,801	$20,900	$26,474	$42,348	$35,526	$56,173	(B)	(B)
Standard error	$1,769	(B)	$787	$2,725	$3,326	$2,313	$3,996	$6,462	(B)	(B)
Mean income ($)	$39,304	(B)	$23,942	$23,241	$27,329	$52,381	$42,667	$61,943	(B)	(B)
Standard error	$1,547	(B)	$1,761	$2,213	$2,520	$2,466	$2,545	$4,877	(B)	(B)
Hispanic[1]										
With income	2,382	742	684	363	188	403	281	93	20	8
Median income ($)	$18,177	$13,011	$17,376	$24,791	$29,702	$37,337	$35,100	$46,434	(B)	(B)
Standard error	$684	$633	$647	$1,566	$1,706	$1,543	$1,926	$2,800	(B)	(B)
Mean income ($)	$25,083	$14,334	$21,393	$27,762	$31,793	$45,555	$41,402	$47,341	(B)	(B)
Standard error	$659	$455	$913	$1,651	$2,113	$2,539	$2,705	$4,255	(B)	(B)
Year-Round, Full-Time Workers										
All races										
With income	11,252	713	3,169	2,002	1,349	4,016	2,705	968	225	116
Median income ($)	$36,069	$18,985	$26,786	$33,855	$35,859	$51,745	$48,467	$55,730	$94,508	$67,792
Standard error	$222	$593	$253	$622	$480	$370	$1,018	$759	$23,694	$3,574
Mean income ($)	$43,781	$20,866	$30,532	$38,050	$39,964	$62,453	$57,111	$64,435	$107,225	$83,409
Standard error	$409	$485	$376	$817	$817	$890	$984	$1,823	$5,239	$5,776
White alone or in combination										
With income	8,695	555	2,421	1,557	1,075	3,085	2,099	731	168	85
Median income ($)	$36,469	$18,966	$27,450	$34,668	$36,218	$51,369	$47,386	$52,961	$100,000+	$67,980
Standard error	$250	$705	$427	$612	$589	$434	$803	$1,535	$69,300	$2,974
Mean income ($)	$44,307	$20,854	$31,535	$39,216	$40,416	$62,476	$57,328	$63,036	$115,507	$79,482
Standard error	$491	$482	$455	$1,021	$964	$1,083	$1,202	$2,280	$6,231	$5,586
Black alone or in combination										
With income	1,882	111	614	372	202	582	398	143	29	10
Median income ($)	$32,411	$18,368	$25,045	$31,053	$34,256	$51,644	$50,587	$57,203	(B)	(B)
Standard error	$676	$1,086	$597	$1,069	$1,850	$827	$745	$2,383	(B)	(B)
Mean income ($)	$38,883	$21,695	$26,707	$33,965	$38,358	$58,324	$55,859	$61,721	(B)	(B)
Standard error	$687	$1,962	$612	$985	$1,731	$1,460	$1,633	$3,005	(B)	(B)
Asian alone or in combination										
With income	625	34	117	59	55	358	211	97	26	21
Median income ($)	$41,782	(B)	$25,423	(B)	(B)	$60,136	$50,221	$75,363	(B)	(B)
Standard error	$1,555	(B)	$2,095	(B)	(B)	$2,612	$3,462	$4,775	(B)	(B)
Mean income ($)	$52,795	(B)	$29,341	(B)	(B)	$69,115	$58,030	$78,614	(B)	(B)
Standard error	$2,007	(B)	$2,053	(B)	(B)	$2,960	$3,174	$4,146	(B)	(B)
Hispanic[1]										
With income	1,448	377	427	231	134	276	192	67	8	8
Median income ($)	$26,926	$17,084	$24,107	$30,579	$35,417	$46,163	$40,051	(B)	(B)	(B)
Standard error	$419	$369	$1,335	$1,771	$2,476	$3,191	$2,031	(B)	(B)	(B)
Mean income ($)	$33,524	$19,167	$28,429	$36,145	$38,782	$56,185	$50,043	(B)	(B)	(B)
Standard error	$897	$584	$1,239	$2,202	$1,978	$3,003	$2,971	(B)	(B)	(B)

[1] May be of any race.
(B) = Base is too small to show the derived measure.

Table A-25. Income in 2005 by Educational Attainment of the Population 18 Years Old and Over, by Age, Sex, Race, and Hispanic Origin, 2006—Continued

(Numbers in thousands, except medians, means, and standard errors.)

Income, age, sex, race, and Hispanic origin	Total	High school — Not a graduate	High school — Graduate, including GED	Some college, no degree	Associate's degree	College — Bachelor's degree or more — Total	Bachelor's degree	Master's degree	Professional degree	Doctoral degree
FEMALE, 45 TO 54 YEARS OLD										
All Persons										
All races										
With income	19,918	1,791	6,048	3,736	2,361	5,980	3,977	1,567	266	169
Median income ($)	$26,475	$11,751	$21,423	$25,516	$31,187	$42,825	$37,915	$51,380	$65,399	$60,280
Standard error	$201	$326	$212	$383	$462	$611	$691	$527	$3,773	$4,953
Mean income ($)	$34,445	$15,478	$25,147	$30,444	$34,802	$51,888	$45,922	$58,133	$88,404	$76,773
Standard error	$316	$393	$337	$527	$595	$841	$1,050	$1,241	$5,858	$5,386
White alone or in combination										
With income	16,412	1,333	4,939	3,083	2,014	5,042	3,308	1,368	225	138
Median income ($)	$27,010	$11,716	$21,855	$25,254	$31,378	$42,913	$37,800	$51,286	$62,930	$59,111
Standard error	$231	$335	$237	$465	$510	$680	$703	$556	$4,121	$4,511
Mean income ($)	$35,310	$15,447	$25,960	$30,908	$35,089	$52,503	$46,454	$58,725	$87,256	$78,846
Standard error	$364	$458	$392	$612	$630	$958	$1,217	$1,374	$6,520	$6,242
Black alone or in combination										
With income	2,516	324	858	543	258	531	374	130	16	9
Median income ($)	$24,122	$12,078	$19,890	$26,499	$29,760	$46,845	$42,771	$56,315	(B)	(B)
Standard error	$732	$1,500	$876	$924	$1,974	$2,088	$1,802	$1,657	(B)	(B)
Mean income ($)	$30,053	$15,102	$21,969	$27,974	$33,487	$52,690	$48,726	$58,519	(B)	(B)
Standard error	$676	$790	$630	$953	$2,323	$2,171	$2,484	$3,217	(B)	(B)
Asian alone or in combination										
With income	842	103	188	91	68	390	277	67	24	21
Median income ($)	$25,869	$12,036	$18,728	$25,977	(B)	$35,976	$31,427	(B)	(B)	(B)
Standard error	$835	$1,552	$1,897	$1,576	(B)	$2,545	$2,471	(B)	(B)	(B)
Mean income ($)	$33,426	$17,448	$21,234	$32,061	(B)	$43,723	$36,795	(B)	(B)	(B)
Standard error	$1,378	$2,544	$1,874	$4,067	(B)	$2,340	$2,416	(B)	(B)	(B)
Hispanic[1]										
With income	1,760	627	472	258	137	265	174	57	18	14
Median income ($)	$18,844	$12,274	$19,764	$25,007	$26,076	$40,437	$35,649	(B)	(B)	(B)
Standard error	$644	$528	$730	$1,793	$1,935	$2,513	$2,617	(B)	(B)	(B)
Mean income ($)	$24,669	$14,410	$22,674	$26,679	$32,238	$46,583	$38,935	(B)	(B)	(B)
Standard error	$670	$570	$971	$1,420	$2,693	$2,635	$2,677	(B)	(B)	(B)
Year-Round, Full-Time Workers										
All races										
With income	11,843	764	3,582	2,185	1,523	3,787	2,405	1,072	193	115
Median income ($)	$36,761	$20,122	$27,955	$35,333	$38,097	$52,267	$48,017	$58,422	$78,206	$77,577
Standard error	$229	$458	$503	$496	$865	$643	$809	$1,623	$5,238	$6,446
Mean income ($)	$45,528	$23,159	$32,644	$40,090	$42,929	$66,410	$60,114	$69,882	$108,742	$94,327
Standard error	$459	$594	$398	$709	$730	$1,192	$1,577	$1,546	$7,202	$6,889
White alone or in combination										
With income	9,681	574	2,907	1,795	1,282	3,121	1,934	928	158	99
Median income ($)	$37,561	$19,829	$29,431	$35,859	$38,644	$52,635	$48,681	$57,943	$78,387	$71,429
Standard error	$338	$622	$587	$550	$991	$989	$838	$1,766	$5,295	$8,028
Mean income ($)	$46,769	$22,877	$33,915	$41,052	$43,271	$67,866	$61,710	$70,840	$109,602	$93,373
Standard error	$536	$639	$463	$836	$762	$1,395	$1,899	$1,743	$8,252	$7,898
Black alone or in combination										
With income	1,594	128	542	325	182	414	294	104	11	3
Median income ($)	$31,926	$20,585	$25,294	$32,332	$35,199	$51,715	$47,317	$59,732	(B)	(B)
Standard error	$578	$898	$668	$1,397	$1,979	$1,286	$2,372	$4,254	(B)	(B)
Mean income ($)	$38,850	$23,452	$27,722	$35,134	$40,672	$60,346	$56,009	$64,910	(B)	(B)
Standard error	$906	$1,366	$762	$1,060	$2,978	$2,476	$2,849	$2,925	(B)	(B)
Asian alone or in combination										
With income	489	50	103	48	47	239	166	38	22	12
Median income ($)	$35,154	(B)	$25,275	(B)	(B)	$49,023	$41,574	(B)	(B)	(B)
Standard error	$1,595	(B)	$2,216	(B)	(B)	$4,338	$3,507	(B)	(B)	(B)
Mean income ($)	$44,930	(B)	$25,386	(B)	(B)	$58,913	$49,858	(B)	(B)	(B)
Standard error	$1,822	(B)	$1,885	(B)	(B)	$2,971	$3,084	(B)	(B)	(B)
Hispanic[1]										
With income	1,051	322	303	161	86	177	116	39	12	9
Median income ($)	$24,295	$17,335	$23,280	$31,132	$28,534	$43,668	$39,055	(B)	(B)	(B)
Standard error	$885	$571	$1,105	$968	$2,200	$2,315	$2,369	(B)	(B)	(B)
Mean income ($)	$30,992	$20,158	$27,798	$34,338	$35,973	$50,638	$42,701	(B)	(B)	(B)
Standard error	$861	$826	$1,241	$1,737	$3,021	$3,072	$2,826	(B)	(B)	(B)

[1] May be of any race.
(B) = Base is too small to show the derived measure.

Table A-25. Income in 2005 by Educational Attainment of the Population 18 Years Old and Over, by Age, Sex, Race, and Hispanic Origin, 2006—Continued

(Numbers in thousands, except medians, means, and standard errors.)

Income, age, sex, race, and Hispanic origin	Total	High school		College						
		Not a graduate	Graduate, including GED	Some college, no degree	Associate's degree	Bachelor's degree or more				
						Total	Bachelor's degree	Master's degree	Professional degree	Doctoral degree

FEMALE, 55 TO 64 YEARS OLD

All Persons
All races
With income	14,634	1,639	4,852	2,778	1,470	3,894	2,265	1,310	149	168
Median income ($)	$22,121	$10,438	$17,645	$25,063	$27,719	$40,358	$31,807	$48,793	$66,766	$65,000
Standard error	$223	$285	$334	$563	$1,098	$486	$611	$1,103	$8,754	$3,911
Mean income ($)	$30,893	$14,065	$22,327	$29,503	$33,579	$48,628	$41,241	$53,974	$91,251	$68,521
Standard error	$387	$385	$423	$811	$1,369	$1,023	$1,405	$1,353	$7,418	$5,116

White alone or in combination
With income	12,428	1,196	4,155	2,420	1,266	3,390	1,935	1,175	128	149
Median income ($)	$22,549	$10,520	$17,563	$25,081	$28,260	$40,193	$31,436	$49,110	$68,618	$64,953
Standard error	$341	$326	$345	$598	$1,555	$648	$611	$1,228	$9,070	$6,687
Mean income ($)	$31,458	$14,232	$22,534	$29,707	$34,234	$48,689	$41,312	$53,172	$95,530	$68,486
Standard error	$438	$469	$475	$912	$1,555	$1,128	$1,606	$1,357	$8,247	$5,573

Black alone or in combination
With income	1,577	330	534	287	153	270	162	84	14	9
Median income ($)	$19,887	$9,782	$17,547	$26,031	$26,124	$44,818	$40,141	$48,370	(B)	(B)
Standard error	$729	$591	$1,191	$1,649	$2,509	$2,095	$1,867	$5,721	(B)	(B)
Mean income ($)	$26,498	$13,287	$20,992	$28,363	$27,568	$50,940	$43,388	$62,917	(B)	(B)
Standard error	$840	$807	$1,018	$1,397	$2,019	$3,289	$3,139	$7,490	(B)	(B)

Asian alone or in combination
With income	560	96	143	61	39	219	157	45	6	9
Median income ($)	$23,348	$13,183	$20,544	(B)	(B)	$35,699	$27,442	(B)	(B)	(B)
Standard error	$1,590	$1,255	$1,762	(B)	(B)	$5,613	$4,166	(B)	(B)	(B)
Mean income ($)	$32,518	$15,773	$21,660	(B)	(B)	$46,652	$38,878	(B)	(B)	(B)
Standard error	$1,786	$1,513	$1,603	(B)	(B)	$3,668	$3,380	(B)	(B)	(B)

Hispanic[1]
With income	998	386	284	143	69	113	69	33	4	6
Median income ($)	$16,265	$9,608	$17,350	$25,389	(B)	$42,103	(B)	(B)	(B)	(B)
Standard error	$969	$521	$1,248	$2,604	(B)	$4,157	(B)	(B)	(B)	(B)
Mean income ($)	$21,936	$12,944	$20,410	$25,477	(B)	$47,248	(B)	(B)	(B)	(B)
Standard error	$831	$791	$1,342	$1,475	(B)	$3,960	(B)	(B)	(B)	(B)

Year-Round, Full-Time Workers
All races
With income	6,438	458	2,043	1,281	729	1,925	1,069	671	95	88
Median income ($)	$35,492	$19,535	$29,373	$34,871	$36,998	$52,473	$46,234	$60,105	$87,044	$72,291
Standard error	$322	$454	$631	$704	$981	$822	$1,000	$1,581	$3,333	$4,564
Mean income ($)	$45,470	$22,049	$34,058	$41,606	$46,390	$65,381	$55,940	$69,337	$118,153	$92,554
Standard error	$643	$720	$766	$1,511	$2,505	$1,258	$1,426	$1,950	$9,333	$7,917

White alone or in combination
With income	5,380	335	1,704	1,098	620	1,621	880	586	81	73
Median income ($)	$36,099	$19,755	$30,467	$35,051	$37,719	$53,510	$46,853	$60,117	$90,103	(B)
Standard error	$357	$526	$247	$683	$1,299	$1,182	$1,397	$1,743	$18,168	(B)
Mean income ($)	$46,556	$21,825	$35,098	$42,447	$47,512	$66,137	$56,633	$68,615	$124,132	(B)
Standard error	$732	$845	$887	$1,737	$2,893	$1,371	$1,611	$1,905	$10,448	(B)

Black alone or in combination
With income	724	83	239	154	76	170	98	54	10	6
Median income ($)	$31,189	$18,272	$24,904	$35,975	$35,023	$47,886	$45,653	(B)	(B)	(B)
Standard error	$1,103	$978	$874	$1,705	$2,398	$1,681	$2,439	(B)	(B)	(B)
Mean income ($)	$38,486	$22,225	$29,567	$36,951	$37,214	$60,955	$53,685	(B)	(B)	(B)
Standard error	$1,444	$1,861	$1,540	$1,857	$2,893	$4,627	$4,287	(B)	(B)	(B)

Asian alone or in combination
With income	306	37	87	29	25	126	85	28	3	8
Median income ($)	$30,889	(B)	$25,457	(B)	(B)	$50,723	$40,478	(B)	(B)	(B)
Standard error	$1,374	(B)	$1,973	(B)	(B)	$8,101	$5,156	(B)	(B)	(B)
Mean income ($)	$44,985	(B)	$27,295	(B)	(B)	$63,724	$52,882	(B)	(B)	(B)
Standard error	$2,727	(B)	$1,966	(B)	(B)	$5,152	$4,906	(B)	(B)	(B)

Hispanic[1]
With income	448	117	131	78	40	79	44	23	4	6
Median income ($)	$28,513	$18,973	$26,303	$31,391	(B)	$49,136	(B)	(B)	(B)	(B)
Standard error	$1,244	$724	$1,192	$1,929	(B)	$5,481	(B)	(B)	(B)	(B)
Mean income ($)	$33,483	$21,938	$27,884	$32,847	(B)	$57,311	(B)	(B)	(B)	(B)
Standard error	$1,307	$1,424	$1,637	$1,618	(B)	$4,620	(B)	(B)	(B)	(B)

[1] May be of any race.
(B) = Base is too small to show the derived measure.

Table A-25. Income in 2005 by Educational Attainment of the Population 18 Years Old and Over, by Age, Sex, Race, and Hispanic Origin, 2006—Continued

(Numbers in thousands, except medians, means, and standard errors.)

Income, age, sex, race, and Hispanic origin	Total	High school — Not a graduate	High school — Graduate, including GED	Some college, no degree	Associate's degree	College — Bachelor's degree or more — Total	Bachelor's degree	Master's degree	Professional degree	Doctoral degree
FEMALE, 65 YEARS OLD AND OVER										
All Persons										
All races										
With income	19,597	4,810	7,816	2,841	1,172	2,956	1,987	781	102	85
Median income ($)	$12,495	$9,463	$12,409	$14,635	$14,976	$21,089	$18,641	$25,862	$17,129	$31,027
Standard error	$86	$88	$121	$236	$372	$596	$647	$955	$4,383	$5,011
Mean income ($)	$18,199	$11,582	$16,088	$21,007	$21,434	$30,558	$27,798	$34,295	$38,178	$51,404
Standard error	$154	$155	$174	$430	$677	$655	$713	$1,385	$4,284	$6,336
White alone or in combination										
With income	17,191	3,808	7,134	2,584	1,050	2,612	1,773	679	88	71
Median income ($)	$12,775	$9,554	$12,536	$14,730	$15,238	$20,842	$18,294	$25,518	$17,045	(B)
Standard error	$102	$101	$134	$242	$403	$625	$681	$1,030	$4,734	(B)
Mean income ($)	$18,446	$11,585	$16,202	$21,198	$21,868	$30,479	$27,580	$34,376	$38,048	(B)
Standard error	$167	$166	$184	$457	$732	$705	$757	$1,507	$4,736	(B)
Black alone or in combination										
With income	1,758	751	524	199	84	198	119	65	9	4
Median income ($)	$10,694	$9,195	$10,756	$12,718	$12,516	$21,216	$19,842	(B)	(B)	(B)
Standard error	$252	$207	$485	$821	$1,529	$2,180	$1,630	(B)	(B)	(B)
Mean income ($)	$15,154	$11,010	$14,384	$18,317	$17,309	$28,764	$25,777	(B)	(B)	(B)
Standard error	$430	$340	$630	$1,503	$1,673	$2,319	$2,483	(B)	(B)	(B)
Asian alone or in combination										
With income	574	206	133	53	34	144	96	33	4	9
Median income ($)	$12,203	$9,301	$12,923	(B)	(B)	$27,648	$21,979	(B)	(B)	(B)
Standard error	$765	$539	$1,551	(B)	(B)	$4,905	$5,455	(B)	(B)	(B)
Mean income ($)	$21,103	$14,198	$17,493	(B)	(B)	$34,057	$33,471	(B)	(B)	(B)
Standard error	$1,171	$1,623	$1,666	(B)	(B)	$3,042	$3,891	(B)	(B)	(B)
Hispanic[1]										
With income	1,138	699	255	56	39	88	66	18	2	
Median income ($)	$8,740	$7,998	$9,241	(B)	(B)	$22,628	(B)	(B)	(B)	(B)
Standard error	$197	$225	$430	(B)	(B)	$5,731	(B)	(B)	(B)	(B)
Mean income ($)	$13,200	$9,583	$13,545	(B)	(B)	$32,866	(B)	(B)	(B)	(B)
Standard error	$611	$332	$1,049	(B)	(B)	$4,886	(B)	(B)	(B)	(B)
Year-Round, Full-Time Workers										
All races										
With income	1,027	135	390	192	86	222	130	61	7	23
Median income ($)	$36,897	$24,201	$31,673	$40,593	$42,231	$57,035	$54,698	(B)	(B)	(B)
Standard error	$944	$1,779	$1,086	$2,542	$1,621	$3,876	$3,294	(B)	(B)	(B)
Mean income ($)	$45,814	$25,813	$36,220	$48,164	$52,869	$70,034	$64,727	(B)	(B)	(B)
Standard error	$1,148	$1,064	$1,223	$2,167	$3,909	$3,399	$3,864	(B)	(B)	(B)
White alone or in combination										
With income	844	98	326	170	78	169	91	52	5	20
Median income ($)	$38,049	$23,284	$32,633	$40,609	$42,867	$56,213	$54,489	(B)	(B)	(B)
Standard error	$1,250	$1,942	$1,494	$3,079	$1,662	$3,883	$3,518	(B)	(B)	(B)
Mean income ($)	$46,553	$25,709	$36,785	$48,165	$54,338	$72,245	$65,666	(B)	(B)	(B)
Standard error	$1,303	$1,286	$1,369	$2,287	$4,203	$4,142	$4,812	(B)	(B)	(B)
Black alone or in combination										
With income	106	23	46	16	3	15	10	3	1	
Median income ($)	$30,873	(B)	(B)	(B)	(B)	(B)	(B)	(B)	(B)	(B)
Standard error	$1,462	(B)	(B)	(B)	(B)	(B)	(B)	(B)	(B)	(B)
Mean income ($)	$37,893	(B)	(B)	(B)	(B)	(B)	(B)	(B)	(B)	(B)
Standard error	$2,797	(B)	(B)	(B)	(B)	(B)	(B)	(B)	(B)	(B)
Asian alone or in combination										
With income	66	11	14	4	2	34	26	3		3
Median income ($)	(B)	(B)	(B)	(B)	(B)	(B)	(B)	(B)	(B)	(B)
Standard error	(B)	(B)	(B)	(B)	(B)	(B)	(B)	(B)	(B)	(B)
Mean income ($)	(B)	(B)	(B)	(B)	(B)	(B)	(B)	(B)	(B)	(B)
Standard error	(B)	(B)	(B)	(B)	(B)	(B)	(B)	(B)	(B)	(B)
Hispanic[1]										
With income	64	24	14	9		16	12	3		
Median income ($)	(B)	(B)	(B)	(B)	(B)	(B)	(B)	(B)	(B)	(B)
Standard error	(B)	(B)	(B)	(B)	(B)	(B)	(B)	(B)	(B)	(B)
Mean income ($)	(B)	(B)	(B)	(B)	(B)	(B)	(B)	(B)	(B)	(B)
Standard error	(B)	(B)	(B)	(B)	(B)	(B)	(B)	(B)	(B)	(B)

[1] May be of any race.
(B) = Base is too small to show the derived measure.

Table A-26. Educational Attainment of the Population 25 Years Old and Over, by Citizenship, Nativity and Period of Entry, Age, Sex, Race, and Hispanic Origin, 2006

(Numbers in thousands.)

Characterisitc	Total	None to 4th grade	5th to 8th grade	9th to 11th grade	High school graduate	Some college, no degree	Associate's degree	Bachelor's degree	Master's degree	Professional degree	Doctoral degree
ALL RACES											
Both Sexes											
25 Years Old and Over											
Total	191,884	2,951	8,791	16,154	60,898	32,611	16,760	35,153	13,053	3,050	2,464
Native	162,678	998	4,625	12,945	53,616	29,806	15,090	30,108	11,098	2,519	1,872
Foreign Born	29,206	1,953	4,166	3,209	7,282	2,805	1,669	5,045	1,955	531	592
NATIVE											
Native Parentage[1]	148,510	820	4,093	11,787	49,430	27,256	13,844	27,392	10,036	2,190	1,664
Foreign or Mixed Parentage[2]	14,168	178	533	1,158	4,186	2,551	1,247	2,717	1,062	329	208
FOREIGN BORN											
Naturalized Citizen	12,712	533	1,179	1,002	3,211	1,491	947	2,752	976	329	293
Not a Citizen	16,494	1,419	2,986	2,207	4,071	1,314	722	2,293	979	202	299
Period of entry:											
2000–2006	5,480	328	841	631	1,316	455	221	1,064	443	78	102
1990–1999	8,793	569	1,276	1,108	2,239	711	438	1,508	605	156	184
1980–1989	6,951	484	975	824	1,767	665	453	1,168	390	103	122
1970–1979	4,130	312	612	367	935	449	289	708	293	91	75
Before 1970	3,853	259	462	278	1,025	525	269	596	224	104	110
25 to 44 Years Old											
Total	82,602	841	2,845	6,574	24,438	14,790	7,920	17,705	5,421	1,223	844
Native	66,716	149	655	4,503	20,513	13,220	7,007	14,862	4,275	978	555
Foreign Born	15,886	692	2,190	2,071	3,924	1,570	913	2,844	1,146	246	289
NATIVE											
Native Parentage[1]	61,233	123	569	4,135	19,229	12,112	6,455	13,468	3,826	830	487
Foreign or Mixed Parentage[2]	5,483	26	86	368	1,284	1,109	552	1,394	449	147	68
FOREIGN BORN											
Naturalized Citizen	4,775	65	252	403	1,129	633	464	1,256	381	122	71
Not a Citizen	11,111	627	1,937	1,669	2,796	937	450	1,588	766	123	218
Period of entry:											
2000–2006	4,322	204	663	522	1,022	381	159	849	380	54	89
1990–1999	6,249	293	916	866	1,599	540	317	1,022	459	97	138
1980–1989	3,773	155	511	539	958	396	284	642	196	50	42
1970–1979	1,286	38	93	125	282	203	130	274	90	35	16
Before 1970	256	1	7	20	64	50	24	56	22	9	4
45 to 64 Years Old											
Total	73,778	944	2,512	5,369	23,425	12,894	7,028	13,295	5,852	1,289	1,169
Native	64,400	294	1,229	4,520	21,074	11,983	6,436	11,622	5,189	1,107	947
Foreign Born	9,377	649	1,283	849	2,351	912	592	1,673	663	182	223
NATIVE											
Native Parentage[1]	60,620	253	1,140	4,292	20,083	11,264	6,029	10,856	4,828	1,008	869
Foreign or Mixed Parentage[2]	3,780	42	89	228	991	719	407	767	361	99	77
FOREIGN BORN											
Naturalized Citizen	5,132	156	469	372	1,346	618	368	1,063	473	119	149
Not a Citizen	4,246	493	814	477	1,006	294	225	610	190	63	73
Period of entry:											
2000–2006	931	73	124	94	238	73	55	183	58	20	12
1990–1999	2,034	145	248	210	551	138	116	416	126	45	40
1980–1989	2,634	220	369	224	662	237	157	467	180	46	72
1970–1979	2,214	143	403	210	510	200	137	354	176	36	45
Before 1970	1,565	68	138	111	391	264	127	254	122	35	54
65 Years Old and Over											
Total	35,505	1,167	3,435	4,211	13,035	4,926	1,811	4,153	1,780	538	451
Native	31,562	555	2,741	3,922	12,029	4,603	1,647	3,624	1,634	434	371
Foreign Born	3,943	611	693	289	1,006	323	163	528	146	103	80
NATIVE											
Native Parentage[1]	26,657	445	2,384	3,360	10,118	3,881	1,360	3,068	1,383	352	307
Foreign or Mixed Parentage[2]	4,905	111	357	562	1,911	723	287	556	252	82	63
FOREIGN BORN											
Naturalized Citizen	2,806	313	458	228	736	240	116	433	123	88	73
Not a Citizen	1,137	299	236	61	270	83	48	96	23	15	7
Period of entry:											
2000–2006	227	51	54	16	56	1	7	32	4	4	2
1990–1999	509	131	111	32	89	33	4	70	20	13	6
1980–1989	544	109	95	61	147	31	13	60	14	6	8
1970–1979	631	131	115	33	143	46	22	80	27	19	14
Before 1970	2,031	189	317	147	571	211	117	287	80	60	52

[1] Native parentage: Both parents born in the United States
[2] Foreign or mixed parentage: One or both parents foreign born.

Table A–26. Educational Attainment of the Population 25 Years Old and Over, by Citizenship, Nativity and Period of Entry, Age, Sex, Race, and Hispanic Origin, 2006—*Continued*

(Numbers in thousands.)

Characteristic	Total	None to 4th grade	5th to 8th grade	9th to 11th grade	High school graduate	Some college, no degree	Associate's degree	Bachelor's degree	Master's degree	Professional degree	Doctoral degree
Male											
25 Years Old and Over											
Total	92,233	1,472	4,396	7,940	29,380	15,001	7,135	17,082	6,205	1,937	1,686
Native	77,641	516	2,261	6,237	25,774	13,635	6,448	14,742	5,137	1,619	1,270
Foreign Born	14,592	956	2,135	1,702	3,606	1,366	686	2,340	1,068	318	415
NATIVE											
Native Parentage[1]	70,824	422	2,046	5,659	23,835	12,401	5,871	13,421	4,611	1,426	1,131
Foreign or Mixed Parentage[2]	6,817	94	215	578	1,939	1,234	578	1,320	526	194	139
FOREIGN BORN											
Naturalized Citizen	6,004	223	489	486	1,470	712	391	1,254	551	206	221
Not a Citizen	8,589	733	1,646	1,216	2,136	654	295	1,087	517	112	194
Period of entry:											
2000–2006	2,925	186	525	373	688	219	79	509	233	43	69
1990–1999	4,437	264	651	596	1,133	380	197	703	315	86	112
1980–1989	3,488	242	475	428	908	335	194	530	232	57	87
1970–1979	2,010	155	293	180	456	207	114	327	163	55	60
Before 1970	1,732	110	191	125	420	225	103	271	124	76	87
25 to 44 Years Old											
Total	41,199	492	1,654	3,602	13,154	7,036	3,549	8,220	2,356	636	501
Native	32,834	82	350	2,443	11,080	6,208	3,165	6,908	1,771	505	323
Foreign Born	8,365	410	1,304	1,159	2,074	828	384	1,312	585	130	178
NATIVE											
Native Parentage[1]	30,045	65	311	2,237	10,345	5,650	2,879	6,268	1,570	430	288
Foreign or Mixed Parentage[2]	2,789	17	38	205	735	558	286	640	200	75	34
FOREIGN BORN											
Naturalized Citizen	2,336	39	133	213	551	332	199	569	192	63	45
Not a Citizen	6,029	371	1,171	946	1,524	497	185	743	393	67	133
Period of entry:											
2000–2006	2,384	137	443	326	551	184	58	401	200	27	57
1990–1999	3,224	151	522	464	826	294	145	461	228	51	82
1980–1989	1,965	93	282	302	512	216	117	294	98	24	27
1970–1979	654	28	53	55	154	95	56	132	49	22	10
Before 1970	138	1	4	12	32	38	8	25	9	6	3
45 to 64 Years Old											
Total	35,849	489	1,253	2,660	11,226	5,941	2,969	6,753	2,867	871	821
Native	31,291	177	669	2,219	10,104	5,540	2,725	5,978	2,470	762	647
Foreign Born	4,559	312	584	441	1,122	401	244	775	397	109	173
NATIVE											
Native Parentage[1]	29,389	146	628	2,092	9,607	5,199	2,543	5,588	2,283	705	600
Foreign or Mixed Parentage[2]	1,902	32	41	127	498	341	182	390	187	57	47
FOREIGN BORN											
Naturalized Citizen	2,429	69	190	190	613	266	144	484	285	72	116
Not a Citizen	2,129	243	394	251	510	135	100	292	112	36	57
Period of entry:											
2000–2006	445	34	59	41	111	34	20	93	31	11	11
1990–1999	992	69	103	116	262	63	49	199	76	27	28
1980–1989	1,312	112	164	111	335	105	69	208	123	28	57
1970–1979	1,062	78	195	113	234	92	48	153	94	17	36
Before 1970	747	20	62	60	180	106	58	121	74	25	41
65 Years Old and Over											
Total	15,185	491	1,489	1,678	4,999	2,023	616	2,109	983	431	364
Native	13,516	257	1,242	1,576	4,590	1,886	559	1,856	897	352	300
Foreign Born	1,669	234	247	102	409	137	58	253	86	78	64
NATIVE											
Native Parentage[1]	11,390	211	1,107	1,330	3,884	1,552	449	1,566	758	291	243
Foreign or Mixed Parentage[2]	2,126	45	136	246	706	334	110	291	138	61	58
FOREIGN BORN											
Naturalized Citizen	1,239	115	166	83	307	114	48	201	74	71	60
Not a Citizen	430	119	81	19	102	23	10	52	12	8	4
Period of entry:											
2000–2006	95	16	23	5	27	-	1	15	2	4	2
1990–1999	221	44	27	16	46	23	2	43	11	8	2
1980–1989	211	37	28	16	60	14	8	28	11	5	3
1970–1979	294	49	44	12	68	20	9	41	20	16	14
Before 1970	847	88	124	53	208	81	36	125	42	45	43

[1]Native parentage: Both parents born in the United States
[2]Foreign or mixed parentage: One or both parents foreign born.
- = Quantity zero or rounds to zero.

Table A–26. Educational Attainment of the Population 25 Years Old and Over, by Citizenship, Nativity and Period of Entry, Age, Sex, Race, and Hispanic Origin, 2006—*Continued*

(Numbers in thousands.)

Characteristic	Total	None to 4th grade	5th to 8th grade	9th to 11th grade	High school graduate	Some college, no degree	Associate's degree	Bachelor's degree	Master's degree	Professional degree	Doctoral degree
Female											
25 Years Old and Over											
Total	99,651	1,479	4,395	8,215	31,518	17,610	9,625	18,071	6,848	1,113	778
Native	85,038	482	2,364	6,708	27,841	16,172	8,642	15,367	5,961	900	601
Foreign Born	14,614	996	2,031	1,507	3,676	1,439	983	2,704	887	214	177
NATIVE											
Native Parentage[1]	77,686	398	2,046	6,128	25,595	14,855	7,973	13,971	5,425	764	533
Foreign or Mixed Parentage[2]	7,351	84	318	580	2,247	1,317	669	1,396	536	135	69
FOREIGN BORN											
Naturalized Citizen	6,709	310	691	515	1,741	779	556	1,498	425	123	72
Not a Citizen	7,905	686	1,341	991	1,936	660	427	1,207	463	90	105
Period of entry:											
2000–2006	2,556	142	316	259	628	236	141	555	210	35	33
1990–1999	4,355	305	624	512	1,106	331	241	805	290	70	72
1980–1989	3,463	243	500	396	859	330	259	638	158	46	34
1970–1979	2,120	157	319	188	479	242	175	381	130	35	15
Before 1970	2,120	149	272	153	605	300	166	325	100	27	23
25 to 44 Years Old											
Total	41,403	349	1,191	2,973	11,283	7,754	4,371	9,486	3,065	588	343
Native	33,882	67	305	2,060	9,433	7,012	3,842	7,954	2,504	472	232
Foreign Born	7,521	282	886	912	1,850	742	529	1,531	561	115	111
NATIVE											
Native Parentage[1]	31,188	58	258	1,897	8,884	6,461	3,576	7,200	2,255	400	199
Foreign or Mixed Parentage[2]	2,694	9	48	163	549	551	266	754	249	72	33
FOREIGN BORN											
Naturalized Citizen	2,439	26	120	189	578	302	264	687	189	59	26
Not a Citizen	5,081	256	766	723	1,272	440	265	845	373	56	85
Period of entry:											
2000–2006	1,938	67	220	195	471	197	101	449	180	27	32
1990–1999	3,025	142	395	402	773	246	172	561	230	46	57
1980–1989	1,808	63	228	237	446	180	167	348	98	26	16
1970–1979	631	10	41	70	128	108	73	142	40	13	6
Before 1970	119	-	3	8	32	11	16	32	13	3	1
45 to 64 Years Old	37,928	455	1,259	2,709	12,199	6,953	4,059	6,542	2,986	419	348
Native	33,109	117	560	2,301	10,969	6,442	3,711	5,645	2,719	345	299
Foreign Born	4,819	337	699	408	1,229	511	348	897	266	73	49
NATIVE											
Native Parentage[1]	31,231	107	512	2,200	10,476	6,065	3,486	5,268	2,545	303	269
Foreign or Mixed Parentage[2]	1,879	10	48	101	493	378	225	377	174	42	30
FOREIGN BORN											
Naturalized Citizen	2,703	87	279	182	733	351	223	580	188	47	33
Not a Citizen	2,116	250	420	226	496	159	125	318	79	27	16
Period of entry:											
2000–2006	486	40	65	52	127	39	35	89	28	9	1
1990–1999	1,042	76	145	94	289	75	67	216	50	18	12
1980–1989	1,322	108	205	114	327	132	88	259	57	18	15
1970–1979	1,152	65	208	96	275	108	89	201	82	19	8
Before 1970	818	48	76	51	211	158	69	133	49	10	13
65 Years Old and Over											
Total	20,320	675	1,945	2,533	8,036	2,903	1,194	2,043	797	107	86
Native	18,046	298	1,499	2,347	7,439	2,717	1,089	1,768	737	82	70
Foreign Born	2,274	377	446	187	597	186	106	275	59	25	16
NATIVE											
Native Parentage[1]	15,267	233	1,277	2,030	6,234	2,329	911	1,503	624	61	65
Foreign or Mixed Parentage[2]	2,778	65	222	316	1,205	388	177	265	113	21	6
FOREIGN BORN											
Naturalized Citizen	1,567	197	292	144	430	126	68	231	48	17	12
Not a Citizen	707	180	154	42	167	60	38	44	11	8	4
Period of entry:											
2000–2006	132	36	31	11	29	1	5	17	2	-	-
1990–1999	289	87	85	16	43	10	2	28	9	6	3
1980–1989	333	72	67	45	86	18	4	31	3	1	4
1970–1979	337	82	70	21	76	26	13	38	7	3	-
Before 1970	1,184	101	193	94	362	131	81	161	38	15	8

[1] Native parentage: Both parents born in the United States
[2] Foreign or mixed parentage: One or both parents foreign born.
- = Quantity zero or rounds to zero.

Table A–26. Educational Attainment of the Population 25 Years Old and Over, by Citizenship, Nativity and Period of Entry, Age, Sex, Race, and Hispanic Origin, 2006—*Continued*

(Numbers in thousands.)

Characteristic	Total	None to 4th grade	5th to 8th grade	9th to 11th grade	High school graduate	Some college, no degree	Associate's degree	Bachelor's degree	Master's degree	Professional degree	Doctoral degree
WHITE ALONE OR IN COMBINATION											
Both Sexes											
25 Years Old and Over											
Total	159,756	2,288	7,358	12,554	50,834	27,237	14,325	29,592	10,950	2,612	2,007
Native	140,173	702	3,814	9,945	45,790	25,458	13,288	27,077	10,043	2,322	1,735
Foreign Born	19,584	1,586	3,545	2,609	5,044	1,779	1,036	2,515	907	290	272
NATIVE.											
Native Parentage[1]	127,754	556	3,331	8,882	41,933	23,229	12,210	24,844	9,152	2,060	1,557
Foreign or Mixed Parentage[2]	12,419	145	482	1,063	3,857	2,229	1,078	2,233	890	262	179
FOREIGN BORN											
Naturalized Citizen	7,656	397	929	739	1,996	898	528	1,338	512	177	141
Not a Citizen	11,928	1,189	2,615	1,870	3,048	881	508	1,177	395	114	130
Period of entry:											
2000–2006	3,634	279	726	525	919	277	146	517	156	47	44
1990–1999	5,859	438	1,072	906	1,576	449	268	722	261	78	88
1980–1989	4,289	362	813	635	1,108	376	240	485	183	47	39
1970–1979	2,661	268	519	304	594	248	174	346	134	47	27
Before 1970	3,141	239	415	239	847	430	208	446	173	71	74
25 to 44 Years Old											
Total	66,544	727	2,581	5,091	19,471	11,782	6,677	14,422	4,206	984	606
Native	55,758	106	589	3,314	16,569	10,838	6,138	13,093	3,763	861	487
Foreign Born	10,787	620	1,992	1,776	2,902	943	539	1,329	443	123	119
NATIVE.											
Native Parentage[1]	51,373	90	511	2,991	15,444	9,931	5,686	12,074	3,438	770	437
Foreign or Mixed Parentage[2]	4,384	16	78	323	1,124	907	453	1,019	324	91	49
FOREIGN BORN											
Naturalized Citizen	2,648	52	208	297	718	332	234	540	182	60	25
Not a Citizen	8,139	568	1,784	1,479	2,184	611	304	789	262	63	94
Period of entry:											
2000–2006	2,900	179	597	459	745	223	108	403	121	35	31
1990–1999	4,378	263	839	737	1,217	352	190	486	182	47	67
1980–1989	2,510	140	466	451	696	224	149	261	88	21	12
1970–1979	804	37	85	113	192	108	74	141	36	12	5
Before 1970	195	1	5	16	52	37	18	38	16	8	4
45 to 64 Years Old											
Total	62,033	718	2,032	4,019	19,557	10,970	6,031	11,406	5,147	1,157	995
Native	56,072	225	1,009	3,381	18,141	10,365	5,653	10,579	4,777	1,053	889
Foreign Born	5,961	493	1,023	638	1,416	606	379	827	370	104	107
NATIVE.											
Native Parentage[1]	52,676	188	938	3,181	17,233	9,726	5,285	9,895	4,450	961	819
Foreign or Mixed Parentage[2]	3,396	37	72	200	908	639	368	684	327	92	69
FOREIGN BORN											
Naturalized Citizen	2,965	102	360	281	736	395	214	496	248	63	71
Not a Citizen	2,996	391	662	357	680	211	165	331	121	42	36
Period of entry:											
2000–2006	606	63	95	59	146	52	34	101	34	11	11
1990–1999	1,194	94	173	152	310	78	76	198	68	23	21
1980–1989	1,477	146	285	160	335	138	81	192	91	23	26
1970–1979	1,447	127	345	171	314	116	86	168	82	23	15
Before 1970	1,237	63	126	96	310	222	102	168	95	24	32
65 Years Old and Over											
Total	31,179	843	2,746	3,444	11,806	4,485	1,616	3,764	1,597	471	406
Native	28,343	370	2,216	3,249	11,080	4,255	1,497	3,405	1,503	408	360
Foreign Born	2,836	473	530	195	726	230	119	359	94	63	46
NATIVE.											
Native Parentage[1]	23,705	278	1,883	2,709	9,255	3,572	1,240	2,875	1,264	329	300
Foreign or Mixed Parentage[2]	4,638	92	333	540	1,825	683	258	530	239	79	60
FOREIGN BORN											
Naturalized Citizen	2,042	243	361	161	542	172	79	302	82	54	46
Not a Citizen	793	230	169	33	185	58	39	57	12	9	1
Period of entry:											
2000–2006	128	37	34	7	28	1	4	12	1	1	2
1990–1999	287	81	60	17	50	19	2	38	11	9	-
1980–1989	302	77	62	24	76	14	10	32	4	3	-
1970–1979	410	105	89	20	87	25	14	37	16	11	6
Before 1970	1,709	175	284	127	485	171	88	240	61	39	38

[1] Native parentage: Both parents born in the United States
[2] Foreign or mixed parentage: One or both parents foreign born.
- = Quantity zero or rounds to zero.

Table A–26. Educational Attainment of the Population 25 Years Old and Over, by Citizenship, Nativity and Period of Entry, Age, Sex, Race, and Hispanic Origin, 2006—Continued

(Numbers in thousands.)

Characterisitc	Total	None to 4th grade	5th to 8th grade	9th to 11th grade	High school graduate	Some college, no degree	Associate's degree	Bachelor's degree	Master's degree	Professional degree	Doctoral degree
Male											
25 Years Old and Over											
Total	77,711	1,179	3,777	6,302	24,613	12,678	6,156	14,665	5,246	1,713	1,382
Native	67,689	368	1,910	4,889	22,010	11,814	5,737	13,479	4,755	1,535	1,192
Foreign Born	10,022	810	1,868	1,412	2,602	864	419	1,186	491	178	190
NATIVE.											
Native Parentage[1]	61,654	289	1,711	4,350	20,240	10,715	5,241	12,359	4,301	1,375	1,072
Foreign or Mixed Parentage[2]	6,036	80	198	539	1,770	1,099	496	1,120	454	160	120
FOREIGN BORN.											
Naturalized Citizen	3,630	177	396	357	936	427	207	628	285	115	102
Not a Citizen	6,392	634	1,472	1,055	1,667	437	212	558	206	63	88
Period of entry:											
2000–2006	2,014	157	462	319	517	132	61	229	77	26	34
1990–1999	3,059	219	568	498	835	245	122	350	136	41	46
1980–1989	2,240	192	414	343	596	195	95	244	98	32	31
1970–1979	1,310	142	253	147	299	114	64	160	80	30	20
Before 1970	1,398	100	171	106	355	178	78	203	100	49	59
25 to 44 Years Old											
Total	33,744	429	1,515	2,857	10,684	5,712	3,055	6,785	1,819	535	352
Native	27,880	58	320	1,855	9,085	5,203	2,827	6,181	1,607	463	283
Foreign Born	5,864	372	1,196	1,002	1,599	509	229	604	212	72	69
NATIVE.											
Native Parentage[1]	25,591	48	281	1,674	8,440	4,730	2,590	5,693	1,458	415	262
Foreign or Mixed Parentage[2]	2,290	10	38	181	645	473	237	488	149	48	21
FOREIGN BORN.											
Naturalized Citizen	1,318	35	113	156	354	183	96	247	87	35	12
Not a Citizen	4,546	336	1,083	847	1,244	326	133	357	125	37	57
Period of entry:											
2000–2006	1,673	118	403	290	433	103	47	179	58	20	22
1990–1999	2,327	142	479	401	656	201	87	223	83	24	32
1980–1989	1,350	84	259	254	381	128	57	123	40	14	10
1970–1979	404	27	50	47	100	52	29	65	22	9	3
Before 1970	109	1	4	10	29	26	8	14	9	5	3
45 to 64 Years Old											
Total	30,497	379	1,057	2,042	9,403	5,113	2,554	5,932	2,520	800	696
Native	27,536	134	573	1,703	8,698	4,851	2,403	5,524	2,296	736	617
Foreign Born	2,961	245	485	340	704	262	150	408	224	64	79
NATIVE.											
Native Parentage[1]	25,820	106	538	1,586	8,246	4,545	2,244	5,173	2,126	682	573
Foreign or Mixed Parentage[2]	1,716	29	34	117	452	306	159	351	170	54	44
FOREIGN BORN.											
Naturalized Citizen	1,431	47	154	143	359	166	81	243	151	40	48
Not a Citizen	1,531	198	331	197	346	96	70	165	73	24	31
Period of entry:											
2000–2006	284	30	43	25	66	29	12	46	17	5	10
1990–1999	595	45	75	87	152	30	32	100	46	14	14
1980–1989	774	78	137	85	187	61	30	104	55	16	21
1970–1979	721	74	173	92	159	52	29	75	45	12	11
Before 1970	586	17	57	51	141	90	47	83	60	15	22
65 Years Old and Over											
Total	13,470	370	1,205	1,402	4,526	1,853	547	1,948	906	378	334
Native	12,273	176	1,017	1,332	4,227	1,761	507	1,774	852	335	292
Foreign Born	1,197	193	187	70	299	92	40	174	55	43	42
NATIVE.											
Native Parentage[1]	10,243	135	892	1,090	3,554	1,440	407	1,493	717	278	237
Foreign or Mixed Parentage[2]	2,030	41	125	241	672	321	100	281	135	58	55
FOREIGN BORN.											
Naturalized Citizen	881	95	129	59	223	78	30	138	47	41	42
Not a Citizen	316	99	59	12	77	15	10	35	8	2	1
Period of entry:											
2000–2006	56	9	15	3	19	-	1	5	1	1	2
1990–1999	137	32	14	10	27	14	2	26	7	3	-
1980–1989	115	30	18	4	28	6	8	16	3	1	-
1970–1979	185	41	31	9	40	11	5	21	13	8	6
Before 1970	704	81	110	44	185	62	23	106	31	29	34

[1]Native parentage: Both parents born in the United States
[2]Foreign or mixed parentage: One or both parents foreign born.
- = Quantity zero or rounds to zero.

Table A–26. Educational Attainment of the Population 25 Years Old and Over, by Citizenship, Nativity and Period of Entry, Age, Sex, Race, and Hispanic Origin, 2006—Continued

(Numbers in thousands.)

Characterisitc	Total	None to 4th grade	5th to 8th grade	9th to 11th grade	High school graduate	Some college, no degree	Associate's degree	Bachelor's degree	Master's degree	Professional degree	Doctoral degree
Female											
25 Years Old and Over											
Total	82,045	1,109	3,581	6,252	26,222	14,559	8,168	14,927	5,704	899	625
Native	72,483	333	1,904	5,055	23,780	13,644	7,551	13,598	5,288	787	543
Foreign Born	9,562	776	1,677	1,197	2,442	915	617	1,329	416	112	82
NATIVE											
Native Parentage[1]	66,100	268	1,620	4,531	21,693	12,514	6,969	12,484	4,851	685	484
Foreign or Mixed Parentage[2]	6,383	65	284	524	2,087	1,130	582	1,114	437	102	59
FOREIGN BORN											
Naturalized Citizen	4,026	220	534	382	1,060	471	321	710	227	61	40
Not a Citizen	5,536	556	1,143	815	1,382	443	296	619	189	51	42
Period of entry:											
2000–2006	1,620	122	264	206	401	144	85	287	78	21	10
1990–1999	2,800	219	504	409	742	204	147	372	125	37	42
1980–1989	2,049	170	399	292	512	181	145	242	85	15	8
1970–1979	1,351	126	266	157	295	134	110	185	54	17	7
Before 1970	1,742	139	244	133	492	252	130	243	73	22	15
25 to 44 Years Old											
Total	32,800	297	1,065	2,234	8,787	6,070	3,621	7,637	2,387	449	254
Native	27,877	49	269	1,460	7,483	5,636	3,312	6,912	2,156	398	204
Foreign Born	4,923	248	796	774	1,304	434	310	725	231	51	50
NATIVE											
Native Parentage[1]	25,783	42	230	1,317	7,004	5,202	3,096	6,381	1,980	355	175
Foreign or Mixed Parentage[2]	2,094	6	40	142	479	434	216	531	175	43	28
FOREIGN BORN											
Naturalized Citizen	1,330	17	95	141	364	148	138	293	95	25	13
Not a Citizen	3,593	232	701	633	939	285	171	432	136	26	37
Period of entry:											
2000–2006	1,227	61	194	168	312	120	61	225	62	15	9
1990–1999	2,051	122	360	336	561	151	103	262	99	22	35
1980–1989	1,159	56	207	197	315	95	92	138	48	7	3
1970–1979	400	10	35	66	92	56	45	76	14	3	2
Before 1970	86	-	1	6	23	11	9	24	8	3	1
45 to 64 Years Old											
Total	31,536	338	975	1,977	10,154	5,857	3,478	5,474	2,626	358	299
Native	28,536	91	437	1,678	9,443	5,514	3,249	5,056	2,481	317	271
Foreign Born	3,000	247	538	298	711	343	229	418	146	41	28
NATIVE											
Native Parentage[1]	26,856	82	399	1,595	8,988	5,180	3,041	4,722	2,323	279	246
Foreign or Mixed Parentage[2]	1,680	9	37	83	455	333	209	333	157	38	25
FOREIGN BORN											
Naturalized Citizen	1,535	55	206	138	377	229	134	253	98	23	23
Not a Citizen	1,465	193	332	161	334	115	95	166	48	18	5
Period of entry:											
2000–2006	321	33	51	34	80	23	22	55	16	6	1
1990–1999	599	49	98	66	158	48	44	98	23	9	7
1980–1989	702	67	148	75	148	77	51	87	35	7	5
1970–1979	726	53	172	79	156	64	56	94	37	10	5
Before 1970	652	45	68	44	169	132	55	84	35	8	10
65 Years Old and Over											
Total	17,709	473	1,541	2,042	7,280	2,632	1,069	1,816	691	92	72
Native	16,070	193	1,198	1,918	6,853	2,495	990	1,631	651	72	68
Foreign Born	1,639	280	342	124	427	137	79	186	39	20	4
NATIVE											
Native Parentage[1]	13,462	143	991	1,619	5,701	2,132	833	1,382	547	51	63
Foreign or Mixed Parentage[2]	2,609	50	207	299	1,153	362	158	249	104	21	5
FOREIGN BORN											
Naturalized Citizen	1,161	148	232	103	319	94	49	164	34	13	4
Not a Citizen	477	132	110	22	108	43	29	22	5	7	-
Period of entry:											
2000–2006	71	28	19	4	9	1	3	7	-	-	-
1990–1999	150	49	46	7	23	5	-	12	4	6	-
1980–1989	187	47	44	20	48	8	2	16	2	1	-
1970–1979	225	63	59	11	47	14	9	16	3	3	-
Before 1970	1,005	93	174	83	300	109	65	134	30	10	4

[1]Native parentage: Both parents born in the United States
[2]Foreign or mixed parentage: One or both parents foreign born.
- = Quantity zero or rounds to zero.

Table A–26. Educational Attainment of the Population 25 Years Old and Over, by Citizenship, Nativity and Period of Entry, Age, Sex, Race, and Hispanic Origin, 2006—*Continued*

(Numbers in thousands.)

Characterisitc	Total	None to 4th grade	5th to 8th grade	9th to 11th grade	High school graduate	Some college, no degree	Associate's degree	Bachelor's degree	Master's degree	Professional degree	Doctoral degree
BLACK ALONE OR IN COMBINATION											
Both Sexes											
25 Years Old and Over											
Total	22,137	343	941	2,961	7,805	4,237	1,715	2,827	1,032	167	110
Native	19,637	232	714	2,735	7,092	3,873	1,508	2,398	874	126	85
Foreign Born	2,500	111	226	226	714	363	206	429	159	41	25
NATIVE											
Native Parentage[1]	19,191	230	709	2,713	7,007	3,754	1,469	2,299	815	112	82
Foreign or Mixed Parentage[2]	447	2	5	22	85	119	39	99	59	13	3
FOREIGN BORN											
Naturalized Citizen	1,217	30	70	88	330	202	120	243	88	30	16
Not a Citizen	1,283	81	156	138	384	161	86	186	70	11	9
Period of entry:											
2000–200.	500	21	47	38	154	89	25	95	28	3	2
1990–1999	745	33	93	86	191	78	54	134	50	19	8
1980–1989	666	27	33	66	187	101	73	122	38	12	7
1970–1979	350	19	35	16	102	54	35	46	31	5	7
Before 1970	239	12	19	20	79	42	19	33	12	3	1
25 to 44 Years Old											
Total	10,870	56	156	1,191	3,951	2,369	847	1,668	495	87	51
Native	9,488	27	55	1,071	3,609	2,119	717	1,371	408	69	42
Foreign Born	1,383	30	101	119	342	249	130	297	87	18	9
NATIVE											
Native Parentage[1]	9,156	25	52	1,055	3,554	2,029	690	1,293	365	55	39
Foreign or Mixed Parentage[2]	332	2	4	16	55	90	27	78	43	13	3
FOREIGN BORN											
Naturalized Citizen	505	3	10	37	85	114	65	141	33	11	5
Not a Citizen	878	27	91	82	258	135	65	156	54	7	4
Period of entry:											
2000–2006	412	13	30	33	124	81	20	86	24	-	2
1990–1999	494	15	51	48	126	67	49	91	31	12	4
1980–1989	324	2	15	31	61	66	36	85	19	6	2
1970–1979	111	-	5	4	23	26	20	24	7	-	1
Before 1970	42	-	-	4	8	9	4	11	6	-	-
45 to 64 Years Old											
Total	8,213	95	267	1,117	2,952	1,529	746	966	429	64	48
Native	7,362	55	190	1,042	2,667	1,450	681	841	359	41	36
Foreign Born	851	41	77	75	285	79	65	125	70	23	11
NATIVE											
Native Parentage[1]	7,275	55	189	1,038	2,650	1,427	675	821	343	41	36
Foreign or Mixed Parentage[2]	87	-	2	4	17	22	7	20	16	-	-
FOREIGN BORN											
Naturalized Citizen	524	9	31	23	181	61	44	95	54	18	6
Not a Citizen	327	32	46	52	103	18	20	30	16	4	5
Period of entry:											
2000–2006	73	7	7	5	25	8	5	9	4	3	-
1990–1999	219	10	32	31	61	9	5	43	19	7	3
1980–1989	290	16	14	24	114	24	37	35	17	6	4
1970–1979	167	6	17	11	50	21	10	20	24	5	3
Before 1970	102	2	7	4	35	18	8	19	6	2	1
65 Years Old and Over											
Total	3,053	192	517	653	902	339	122	193	108	17	12
Native	2,787	151	469	622	815	304	110	186	107	16	7
Foreign Born	266	41	48	31	86	35	12	7	1	-	4
NATIVE											
Native Parentage[1]	2,761	151	469	620	803	297	105	185	107	16	7
Foreign or Mixed Parentage[2]	27	-	-	2	13	7	5	1	-	-	-
FOREIGN BORN											
Naturalized Citizen	188	18	28	27	63	27	11	7	1	-	4
Not a Citizen	78	23	20	4	23	8	-	-	-	-	-
Period of entry:											
2000–2006	14	1	9	-	5	-	-	-	-	-	-
1990–1999	31	8	10	7	4	2	-	-	-	-	1
1980–1989	53	9	4	11	12	11	-	2	1	-	2
1970–1979	73	13	13	1	29	7	5	3	-	-	2
Before 1970	95	10	11	13	36	15	6	3	-	-	-

[1] Native parentage: Both parents born in the United States
[2] Foreign or mixed parentage: One or both parents foreign born.
- = Quantity zero or rounds to zero.

Table A–26. Educational Attainment of the Population 25 Years Old and Over, by Citizenship, Nativity and Period of Entry, Age, Sex, Race, and Hispanic Origin, 2006—Continued

(Numbers in thousands.)

Characterisitc	Total	None to 4th grade	5th to 8th grade	9th to 11th grade	High school graduate	Some college, no degree	Associate's degree	Bachelor's degree	Master's degree	Professional degree	Doctoral degree
Male											
25 Years Old and Over											
Total	9,808	174	435	1,323	3,701	1,808	664	1,179	392	68	65
Native	8,603	122	314	1,222	3,393	1,620	572	962	299	51	47
Foreign Born	1,205	51	121	101	308	189	91	217	92	17	18
NATIVE											
Native Parentage[1]	8,435	122	314	1,215	3,358	1,571	558	934	277	41	44
Foreign or Mixed Parentage[2]	168	-	-	7	35	48	14	29	22	10	3
FOREIGN BORN											
Naturalized Citizen	565	15	31	32	126	110	54	118	52	14	12
Not a Citizen	640	36	90	69	182	78	37	99	40	3	5
Period of entry:											
2000–2006	271	10	32	22	69	53	4	63	16	2	-
1990–1999	368	14	52	36	90	41	24	62	34	7	8
1980–1989	294	14	11	26	76	46	41	51	22	4	3
1970–1979	162	7	14	7	42	23	18	26	18	2	5
Before 1970	110	6	11	11	30	26	5	14	2	3	1
25 to 44 Years Old											
Total	4,922	29	89	577	1,962	1,037	319	701	153	28	28
Native	4,252	15	26	521	1,813	903	267	548	110	24	23
Foreign Born	671	14	64	56	149	134	52	152	42	3	6
NATIVE											
Native Parentage[1]	4,122	15	26	515	1,787	864	256	527	97	15	19
Foreign or Mixed Parentage[2]	130	-	-	6	26	39	12	22	13	10	3
FOREIGN BORN											
Naturalized Citizen	227	1	5	11	33	62	26	68	17	1	3
Not a Citizen	444	13	59	45	116	71	25	85	26	2	2
Period of entry:											
2000–2006	234	9	21	22	56	51	4	57	13	-	-
1990–1999	235	3	34	18	56	36	22	40	20	3	4
1980–1989	133	2	7	14	24	28	13	37	6	-	2
1970–1979	51	-	2	-	10	10	13	11	3	-	-
Before 1970	19	-	-	2	2	8	-	7	-	-	-
45 to 64 Years Old											
Total	3,700	59	111	511	1,399	643	309	408	200	33	29
Native	3,284	35	83	476	1,274	607	273	348	150	20	20
Foreign Born	416	24	27	35	125	36	36	60	50	13	9
NATIVE											
Native Parentage[1]	3,248	35	83	474	1,266	598	270	341	141	20	20
Foreign or Mixed Parentage[2]	36	-	-	2	8	9	2	6	9	-	-
FOREIGN BORN											
Naturalized Citizen	250	6	9	11	68	31	24	46	36	12	6
Not a Citizen	167	17	19	24	57	4	12	14	14	1	3
Period of entry:											
2000–2006	30	1	6	-	11	2	-	6	3	2	-
1990–1999	121	8	14	17	33	4	2	22	14	3	3
1980–1989	146	10	3	10	47	11	28	14	16	4	2
1970–1979	72	2	1	7	16	12	3	12	15	2	3
Before 1970	47	2	4	2	18	7	3	6	2	2	1
65 Years Old and Over											
Total	1,185	86	234	236	340	129	36	70	39	7	8
Native	1,067	72	205	225	306	110	32	66	39	6	5
Foreign Born	118	14	30	11	34	19	4	4	-	-	3
NATIVE											
Native Parentage[1]	1,065	72	205	225	305	110	32	66	39	6	5
Foreign or Mixed Parentage[2]	2	-	-	-	1	-	-	1	-	-	-
FOREIGN BORN											
Naturalized Citizen	88	8	17	10	25	16	4	4	-	-	3
Not a Citizen	30	5	13	-	9	3	-	-	-	-	-
Period of entry:											
2000–2006	7	-	5	-	2	-	-	-	-	-	-
1990–1999	13	4	4	2	1	2	-	-	-	-	1
1980–1989	15	2	2	2	5	6	-	-	-	-	-
1970–1979	39	5	11	-	16	1	2	3	-	-	2
Before 1970	43	4	8	7	10	11	2	1	-	-	-

[1] Native parentage: Both parents born in the United States
[2] Foreign or mixed parentage: One or both parents foreign born.
- = Quantity zero or rounds to zero.

Table A-26. Educational Attainment of the Population 25 Years Old and Over, by Citizenship, Nativity and Period of Entry, Age, Sex, Race, and Hispanic Origin, 2006—Continued

(Numbers in thousands.)

Characterisitc	Total	None to 4th grade	5th to 8th grade	9th to 11th grade	High school graduate	Some college, no degree	Associate's degree	Bachelor's degree	Master's degree	Professional degree	Doctoral degree
Female											
25 Years Old and Over											
Total	12,329	170	506	1,637	4,104	2,429	1,051	1,648	640	99	46
Native	11,035	110	401	1,513	3,699	2,254	936	1,435	574	75	38
Foreign Born	1,295	60	105	125	406	175	115	212	66	24	7
NATIVE											
Native Parentage[1]	10,756	108	395	1,498	3,648	2,183	911	1,366	537	71	38
Foreign or Mixed Parentage[2]	279	2	5	15	50	71	25	70	37	4	-
FOREIGN BORN											
Naturalized Citizen	652	15	39	56	204	92	66	125	36	16	3
Not a Citizen	642	45	66	69	202	83	49	87	30	8	4
Period of entry:											
2000–2006	229	10	14	16	85	36	21	32	11	1	2
1990–1999	376	18	40	50	101	36	30	71	17	12	-
1980–1989	372	13	22	40	111	55	33	70	16	8	4
1970–1979	187	13	21	10	60	31	17	20	13	3	1
Before 1970	130	6	8	9	49	16	13	18	10	-	-
25 to 44 Years Old											
Total	5,948	27	67	614	1,989	1,332	528	967	342	59	23
Native	5,236	11	30	550	1,795	1,216	449	823	297	44	20
Foreign Born	712	16	37	64	194	116	78	144	45	14	3
NATIVE											
Native Parentage[1]	5,034	9	26	539	1,766	1,165	434	766	268	41	20
Foreign or Mixed Parentage[2]	202	2	4	11	29	51	16	56	30	4	-
FOREIGN BORN											
Naturalized Citizen	278	3	5	26	52	52	38	73	16	10	1
Not a Citizen	434	14	32	37	142	64	40	71	29	4	2
Period of entry:											
2000–2006	179	4	9	11	68	30	16	29	11	-	2
1990–1999	260	12	17	31	71	32	27	50	12	8	-
1980–1989	191	-	8	17	37	38	24	48	13	6	-
1970–1979	60	-	3	4	13	16	7	12	4	-	1
Before 1970	22	-	-	2	6	-	4	4	6	-	-
45 to 64 Years Old											
Total	4,513	37	157	606	1,553	887	437	558	229	31	19
Native	4,078	20	107	566	1,394	843	409	493	209	21	17
Foreign Born	435	17	50	40	159	44	29	65	20	10	2
NATIVE											
Native Parentage[1]	4,027	20	105	564	1,384	830	405	480	202	21	17
Foreign or Mixed Parentage[2]	51	-	2	2	10	13	4	13	7	-	-
FOREIGN BORN											
Naturalized Citizen	274	3	23	13	113	30	20	49	18	6	-
Not a Citizen	161	14	27	28	46	14	8	16	2	3	2
Period of entry:											
2000–2006	43	6	2	5	14	6	5	3	1	1	-
1990–1999	99	2	18	14	27	5	3	21	5	4	-
1980–1989	144	5	11	14	67	12	9	20	2	2	2
1970–1979	94	4	15	5	34	9	7	8	9	3	-
Before 1970	55	-	4	2	17	11	5	13	4	-	-
65 Years Old and Over											
Total	1,868	106	282	417	562	210	86	123	69	10	4
Native	1,721	79	264	397	509	194	78	120	68	10	2
Foreign Born	148	27	18	20	53	16	8	3	1	-	2
NATIVE											
Native Parentage[1]	1,695	79	264	395	498	188	73	120	68	10	2
Foreign or Mixed Parentage[2]	25	-	-	2	11	7	5	-	-	-	-
FOREIGN BORN											
Naturalized Citizen	100	9	11	17	38	10	8	3	1	-	2
Not a Citizen	48	17	7	3	14	5	-	-	-	-	-
Period of entry:											
2000–2006	7	1	4	-	3	-	-	-	-	-	-
1990–1999	18	4	6	5	3	-	-	-	-	-	-
1980–1989	37	7	3	9	8	5	-	2	1	-	2
1970–1979	33	9	2	1	13	6	3	-	-	-	-
Before 1970	52	6	4	6	26	5	5	2	-	-	-

[1] Native parentage: Both parents born in the United States
[2] Foreign or mixed parentage: One or both parents foreign born.
- = Quantity zero or rounds to zero.

Table A–26. Educational Attainment of the Population 25 Years Old and Over, by Citizenship, Nativity and Period of Entry, Age, Sex, Race, and Hispanic Origin, 2006—Continued

(Numbers in thousands.)

Characteristic	Total	None to 4th grade	5th to 8th grade	9th to 11th grade	High school graduate	Some college, no degree	Associate's degree	Bachelor's degree	Master's degree	Professional degree	Doctoral degree
ASIAN ALONE OR IN COMBINATION											
Both Sexes											
25 Years Old and Over											
Total	8,943	263	425	420	1,864	969	625	2,685	1,078	276	339
Native	2,094	40	59	109	406	340	209	619	187	77	48
Foreign Born	6,849	222	365	311	1,457	629	415	2,067	891	199	292
NATIVE											
Native Parentage[1]	718	11	15	40	161	116	72	208	58	21	16
Foreign or Mixed Parentage[2]	1,375	29	44	69	245	224	138	411	128	56	31
FOREIGN BORN											
Naturalized Citizen	3,741	98	174	156	858	378	291	1,151	375	123	136
Not a Citizen	3,108	124	191	155	600	251	124	916	516	75	156
Period of entry:											
2000–2006	1,296	18	57	57	236	89	51	446	261	25	56
1990–1999	2,093	94	105	86	454	168	110	639	293	60	85
1980–1989	1,952	83	124	116	456	181	136	562	172	47	75
1970–197	1,077	22	59	43	220	141	82	309	122	37	41
Before 1970	431	5	21	9	91	51	35	111	42	31	35
25 to 44 Years Old											
Total	4,747	33	90	183	831	555	356	1,621	737	157	183
Native	1,185	8	11	46	185	200	113	422	122	51	26
Foreign Born	3,562	25	79	136	645	356	243	1,199	615	105	157
NATIVE											
Native Parentage[1]	333	-	6	20	72	64	30	100	27	6	7
Foreign or Mixed Parentage[2]	852	8	5	26	113	135	83	323	94	46	19
FOREIGN BORN											
Naturalized Citizen	1,583	8	31	62	315	179	164	564	165	53	41
Not a Citizen	1,979	17	48	75	330	177	79	634	450	52	117
Period of entry:											
2000–2006	970	3	26	24	144	76	33	355	238	16	55
1990–1999	1,305	12	19	53	248	111	72	438	246	41	64
1980–1989	914	9	28	54	189	99	98	294	88	26	28
1970–1979	355	-	4	6	61	65	38	107	43	22	10
Before 1970	19	-	2	-	4	4	3	4	1	1	-
45 to 64 Years Old											
Total	3,052	113	194	157	741	314	205	864	270	70	123
Native	579	9	18	35	120	100	63	158	44	15	18
Foreign Born	2,473	104	176	123	621	214	143	707	226	55	105
NATIVE											
Native Parentage[1]	294	6	2	13	61	45	31	95	24	8	9
Foreign or Mixed Parentage[2]	285	4	16	22	59	55	32	62	20	7	9
FOREIGN BORN											
Naturalized Citizen	1,603	41	80	62	414	156	106	464	171	38	72
Not a Citizen	870	63	96	61	208	58	37	243	55	17	33
Period of entry:											
2000–2006	244	1	20	26	68	13	15	73	21	6	1
1990–1999	595	40	44	27	170	43	36	168	38	14	15
1980–1989	852	51	66	37	210	75	36	242	76	17	41
1970–1979	575	8	44	27	133	61	39	160	68	8	26
Before 1970	206	3	2	6	41	22	16	64	22	9	21
65 Years Old and Over											
Total	1,144	117	141	80	292	100	63	200	70	49	33
Native	329	23	31	28	101	40	34	39	20	10	4
Foreign Born	814	94	110	52	191	60	29	161	50	39	29
NATIVE											
Native Parentage[1]	92	6	7	7	28	7	11	13	6	7	-
Foreign or Mixed Parentage[2]	238	18	24	20	73	33	23	26	14	3	4
FOREIGN BORN											
Naturalized Citizen	554	50	63	33	128	43	21	122	40	32	23
Not a Citizen	260	44	47	20	62	17	8	39	11	6	7
Period of entry:											
2000–2006	82	13	11	7	23	-	3	19	3	3	-
1990–1999	193	41	42	7	36	13	2	33	9	5	5
1980–1989	187	23	29	24	58	7	2	26	9	4	5
1970–1979	146	14	11	11	27	15	5	41	11	7	5
Before 1970	206	2	17	3	46	25	17	42	19	20	14

[1] Native parentage: Both parents born in the United States
[2] Foreign or mixed parentage: One or both parents foreign born.
- = Quantity zero or rounds to zero.

Table A–26. Educational Attainment of the Population 25 Years Old and Over, by Citizenship, Nativity and Period of Entry, Age, Sex, Race, and Hispanic Origin, 2006—*Continued*

(Numbers in thousands.)

Characterisitc	Total	None to 4th grade	5th to 8th grade	9th to 11th grade	High school graduate	Some college, no degree	Associate's degree	Bachelor's degree	Master's degree	Professional degree	Doctoral degree
Male											
25 Years Old and Over											
Total	4,202	84	154	198	877	443	285	1,204	563	158	235
Native	1,005	16	23	50	224	145	117	285	79	39	28
Foreign Born	3,197	68	132	148	654	298	169	920	484	119	207
NATIVE											
Native Parentage[1]	365	4	7	22	91	53	41	97	28	11	9
Foreign or Mixed Parentage[2]	640	12	15	27	132	92	75	187	51	28	19
FOREIGN BORN											
Naturalized Citizen	1,745	26	59	85	391	167	124	497	212	76	108
Not a Citizen	1,452	42	72	63	262	131	45	423	272	43	99
Period of entry:											
2000–2006	611	7	27	23	99	34	17	215	141	13	35
1990–1999	955	27	32	43	193	84	49	286	145	38	58
1980–1989	923	28	43	57	228	93	56	231	114	21	52
1970–1979	510	5	25	22	103	67	32	137	62	22	34
Before 1970	198	1	4	3	31	20	15	51	22	25	27
25 to 44 Years Old											
Total	2,311	13	43	101	417	267	168	726	381	75	120
Native	586	7	6	30	112	91	63	186	51	22	18
Foreign Born	1,725	6	37	71	304	176	104	540	330	53	102
NATIVE											
Native Parentage[1]	175	-	6	14	44	33	19	41	12	-	5
Foreign or Mixed Parentage[2]	411	7	-	17	68	58	44	145	39	21	12
FOREIGN BORN											
Naturalized Citizen	759	1	14	41	154	80	76	248	88	27	30
Not a Citizen	966	4	23	30	150	96	29	293	242	26	73
Period of entry:											
2000–2006	455	-	15	8	60	31	9	163	130	6	35
1990–1999	621	4	9	27	106	51	34	195	126	24	46
1980–1989	456	2	12	32	100	58	47	128	52	10	16
1970–1979	184	-	2	4	38	32	14	52	22	13	7
Before 1970	8	-	-	-	-	4	-	2	-	1	-
45 to 64 Years Old											
Total	1,414	42	76	69	341	134	91	385	145	39	92
Native	285	5	7	10	68	39	37	82	23	7	7
Foreign Born	1,129	37	69	59	273	95	55	303	123	32	85
NATIVE											
Native Parentage[1]	149	3	1	4	36	18	16	49	14	4	4
Foreign or Mixed Parentage[2]	136	2	7	7	32	21	21	33	8	3	3
FOREIGN BORN											
Naturalized Citizen	726	13	29	32	178	66	39	190	97	20	61
Not a Citizen	403	24	40	27	95	29	16	113	26	12	24
Period of entry:											
2000–2006	125	-	10	13	33	4	8	42	10	4	1
1990–1999	261	15	14	13	69	25	15	74	16	10	10
1980–1989	386	20	23	15	100	33	9	91	54	7	34
1970–1979	257	2	22	15	53	26	16	65	32	3	22
Before 1970	101	-	-	3	18	7	7	30	11	8	17
65 Years Old and Over											
Total	477	29	35	28	120	42	26	93	36	44	23
Native	134	4	9	9	44	16	16	17	5	10	4
Foreign Born	343	25	26	18	76	27	10	76	31	34	19
NATIVE											
Native Parentage[1]	42	1	-	5	11	2	6	7	2	7	-
Foreign or Mixed Parentage[2]	92	3	9	4	32	14	11	10	4	3	4
FOREIGN BORN											
Naturalized Citizen	261	11	17	13	59	21	10	59	27	28	16
Not a Citizen	82	14	9	6	17	6	-	17	4	6	3
Period of entry:											
2000–2006	31	7	2	2	7	-	-	10	1	3	-
1990–1999	73	9	9	3	18	8	-	17	4	5	2
1980–1989	81	5	8	11	27	2	-	12	9	4	3
1970–1979	69	4	2	3	11	9	2	19	7	7	5
Before 1970	90	1	4	-	13	8	8	18	11	16	10

[1] Native parentage: Both parents born in the United States
[2] Foreign or mixed parentage: One or both parents foreign born.
- = Quantity zero or rounds to zero.

Table A–26. Educational Attainment of the Population 25 Years Old and Over, by Citizenship, Nativity and Period of Entry, Age, Sex, Race, and Hispanic Origin, 2006—Continued

(Numbers in thousands.)

Characterisitc	Total	None to 4th grade	5th to 8th grade	9th to 11th grade	High school graduate	Some college, no degree	Associate's degree	Bachelor's degree	Master's degree	Professional degree	Doctoral degree
Female											
25 Years Old and Over											
Total	4,740	179	270	222	986	526	339	1,481	515	117	105
Native	1,088	24	37	59	182	194	93	334	107	38	20
Foreign Born	3,652	155	234	163	804	331	247	1,147	407	80	85
NATIVE											
Native Parentage[1]	353	8	8	18	70	63	30	111	30	9	7
Foreign or Mixed Parentage[2]	735	17	29	41	113	132	62	223	77	28	12
FOREIGN BORN											
Naturalized Citizen	1,995	73	115	71	466	211	168	653	163	48	28
Not a Citizen	1,657	82	119	92	338	120	79	494	244	32	57
Period of entry:											
2000–2006	685	11	30	34	137	54	34	231	121	12	20
1990–1999	1,138	67	73	43	261	84	61	353	148	22	27
1980–1989	1,030	56	81	59	229	88	81	331	58	26	23
1970–1979	567	17	33	22	118	74	50	172	60	14	7
Before 1970	233	5	17	6	60	31	21	60	20	6	8
25 to 44 Years Old											
Total	2,436	20	47	82	414	289	189	895	356	82	63
Native	598	1	5	16	73	109	50	236	70	30	9
Foreign Born	1,837	19	42	65	341	180	139	658	286	52	55
NATIVE											
Native Parentage[1]	157	-	-	6	28	31	11	59	15	5	2
Foreign or Mixed Parentage[2]	441	1	5	10	45	78	39	178	55	24	7
FOREIGN BORN											
Naturalized Citizen	824	7	17	21	161	99	89	317	77	26	11
Not a Citizen	1,013	13	25	44	180	80	50	342	209	26	44
Period of entry:											
2000–2006	515	3	11	16	84	45	24	192	108	10	20
1990–1999	684	9	11	26	142	60	38	244	120	17	19
1980–1989	458	7	16	22	89	42	51	166	36	16	13
1970–1979	170	-	2	1	23	33	24	55	21	9	3
Before 1970	11	-	2	-	3	-	3	2	1	-	-
45 to 64 Years Old											
Total	1,638	71	118	88	401	180	114	479	125	31	31
Native	294	4	10	24	52	61	26	75	22	8	11
Foreign Born	1,344	67	108	64	349	119	88	404	103	23	20
NATIVE											
Native Parentage[1]	145	3	1	9	26	27	14	46	10	4	5
Foreign or Mixed Parentage[2]	149	1	9	15	26	35	11	29	11	4	6
FOREIGN BORN											
Naturalized Citizen	878	27	51	30	236	90	68	274	74	17	11
Not a Citizen	466	40	56	34	113	29	21	130	29	5	9
Period of entry:											
2000–2006	119	1	10	13	36	9	7	30	11	2	-
1990–1999	335	26	29	14	101	18	21	94	23	5	5
1980–1989	466	31	44	23	109	42	28	151	22	10	7
1970–1979	319	6	22	12	79	35	24	95	36	5	4
Before 1970	106	3	2	3	23	14	9	34	12	1	4
65 Years Old and Over											
Total	667	88	106	52	172	57	36	107	34	5	10
Native	195	19	22	18	57	24	17	22	15	-	-
Foreign Born	471	69	84	34	114	33	19	85	19	5	10
NATIVE											
Native Parentage[1]	50	4	7	2	16	5	5	6	5	-	-
Foreign or Mixed Parentage[2]	145	15	15	16	41	20	12	16	10	-	-
FOREIGN BORN											
Naturalized Citizen	294	39	46	20	69	22	11	63	13	4	6
Not a Citizen	178	30	38	14	45	11	8	22	6	-	4
Period of entry:											
2000–2006	51	7	9	5	17	-	3	9	2	-	-
1990–1999	120	32	33	4	18	6	2	16	5	-	3
1980–1989	106	18	21	14	31	5	2	14	-	-	2
1970–1979	78	10	9	8	16	6	3	22	4	-	-
Before 1970	116	1	13	3	33	17	9	24	8	5	4

[1] Native parentage: Both parents born in the United States.
[2] Foreign or mixed parentage: One or both parents foreign born.
- = Quantity zero or rounds to zero.

Table A–26. Educational Attainment of the Population 25 Years Old and Over, by Citizenship, Nativity and Period of Entry, Age, Sex, Race, and Hispanic Origin, 2006—Continued

(Numbers in thousands.)

Characterisitc	Total	None to 4th grade	5th to 8th grade	9th to 11th grade	High school graduate	Some college, no degree	Associate's degree	Bachelor's degree	Master's degree	Professional degree	Doctoral degree
HISPANIC[3]											
Both Sexes											
25 Years Old and Over											
Total	23,499	1,785	3,960	3,822	6,672	2,974	1,379	2,068	566	176	97
Native	9,925	337	698	1,451	3,149	1,917	833	1,084	345	66	46
Foreign Born	13,574	1,448	3,262	2,371	3,523	1,058	546	984	222	110	51
NATIVE											
Native Parentage[1]	6,775	213	483	1,008	2,285	1,294	518	682	222	39	31
Foreign or Mixed Parentage[2]	3,151	124	214	443	863	623	315	402	123	27	15
FOREIGN BORN											
Naturalized Citizen	3,966	288	684	558	1,060	470	271	445	114	49	26
Not a Citizen	9,608	1,160	2,578	1,813	2,463	587	275	538	108	61	25
Period of entry:											
2000–2006	2,814	267	717	492	731	197	76	232	56	35	11
1990–1999	4,398	402	1,066	884	1,231	308	136	280	50	26	16
1980–1989	3,405	353	779	608	895	287	152	230	67	24	11
1970–1979	1,817	249	475	275	398	157	101	130	29	4	1
Before 1970	1,140	178	225	113	268	110	80	111	21	22	13
25 to 44 Years Old											
Total	14,316	644	2,201	2,529	4,351	1,932	889	1,332	315	88	34
Native	5,693	38	193	785	1,907	1,231	559	731	199	35	18
Foreign Born	8,623	607	2,009	1,745	2,444	701	330	602	117	53	16
NATIVE											
Native Parentage[1]	3,708	24	119	533	1,350	783	333	419	117	21	8
Foreign or Mixed Parentage[2]	1,985	14	74	252	557	447	225	312	82	14	9
FOREIGN BORN											
Naturalized Citizen	1,716	47	198	275	510	246	135	236	51	14	5
Not a Citizen	6,907	560	1,811	1,470	1,934	455	195	366	65	39	12
Period of entry:											
2000–2006	2,314	180	602	433	625	166	61	183	38	22	5
1990–1999	3,483	254	853	744	1,021	249	100	208	24	20	10
1980–1989	2,134	134	466	443	619	184	109	134	36	8	1
1970–1979	588	37	85	111	146	81	51	59	16	2	-
Before 1970	104	1	2	14	34	21	10	18	3	1	-
45 to 64 Years Old											
Total	6,868	611	1,191	996	1,824	899	419	599	208	67	54
Native	3,091	122	243	459	959	597	242	304	113	25	26
Foreign Born	3,778	488	947	537	865	302	177	295	95	42	28
NATIVE											
Native Parentage[1]	2,341	84	181	350	757	455	168	227	84	15	20
Foreign or Mixed Parentage[2]	749	39	63	109	202	142	74	77	29	9	6
FOREIGN BORN											
Naturalized Citizen	1,544	91	304	217	397	183	114	147	55	21	15
Not a Citizen	2,234	397	643	320	468	119	64	149	40	21	13
Period of entry:											
2000–2006	414	59	91	53	93	31	12	44	16	12	4
1990–1999	764	93	169	130	188	49	34	64	26	6	6
1980–1989	1,099	155	270	150	251	93	41	85	29	15	10
1970–1979	989	129	318	150	207	69	44	58	12	1	1
Before 1970	511	51	100	54	127	60	46	45	12	9	8
65 Years Old and Over											
Total	2,315	530	568	296	497	143	71	136	43	21	9
Native	1,142	178	262	207	283	89	33	50	33	6	3
Foreign Born	1,173	353	306	89	214	55	39	87	10	14	7
NATIVE											
Native Parentage[1]	726	106	183	125	178	55	17	37	21	2	3
Foreign or Mixed Parentage[2]	416	72	78	83	105	34	16	13	12	4	-
FOREIGN BORN											
Naturalized Citizen	706	150	182	66	153	40	23	63	8	13	7
Not a Citizen	468	203	124	23	61	14	16	23	2	1	-
Period of entry:											
2000–2006	85	28	24	5	14	-	4	5	1	1	2
1990–1999	151	54	45	10	22	10	2	8	-	-	-
1980–1989	172	64	43	14	26	10	2	12	1	1	-
1970–1979	241	82	72	14	46	6	6	13	1	-	-
Before 1970	524	125	124	46	107	29	24	49	5	12	5

[1] Native parentage: Both parents born in the United States
[2] Foreign or mixed parentage: One or both parents foreign born.
[3] May be of any race.
- = Quantity zero or rounds to zero.

Table A–26. Educational Attainment of the Population 25 Years Old and Over, by Citizenship, Nativity and Period of Entry, Age, Sex, Race, and Hispanic Origin, 2006—*Continued*

(Numbers in thousands.)

Characterisitc	Total	None to 4th grade	5th to 8th grade	9th to 11th grade	High school graduate	Some college, no degree	Associate's degree	Bachelor's degree	Master's degree	Professional degree	Doctoral degree
Male											
25 Years Old and Over											
Total	12,042	941	2,065	1,986	3,500	1,499	616	1,001	266	110	57
Native	4,781	168	284	673	1,593	929	393	522	153	42	24
Foreign Born	7,261	773	1,781	1,314	1,907	569	224	479	113	68	34
NATIVE											
Native Parentage[1]	3,192	92	190	449	1,120	625	236	346	92	26	16
Foreign or Mixed Parentage[2]	1,589	76	94	224	473	305	157	176	60	16	7
FOREIGN BORN											
Naturalized Citizen	1,882	143	300	280	513	247	105	192	51	31	20
Not a Citizen	5,379	630	1,480	1,033	1,394	322	118	288	62	37	14
Period of entry:											
2000–2006	1,643	157	470	303	405	102	31	117	32	19	6
1990–1999	2,354	208	580	483	670	174	58	131	26	16	9
1980–1989	1,813	184	402	335	504	154	66	118	27	17	6
1970–1979	904	140	226	134	208	79	36	59	18	1	1
Before 1970	547	83	103	58	120	61	32	54	10	15	12
25 to 44 Years Old											
Total	7,666	392	1,306	1,364	2,384	984	407	618	143	50	18
Native	2,826	22	91	379	1,024	594	268	333	87	20	8
Foreign Born	4,840	370	1,215	986	1,360	390	139	285	56	30	10
NATIVE											
Native Parentage[1]	1,818	13	58	248	709	377	151	197	46	14	5
Foreign or Mixed Parentage[2]	1,008	10	32	131	315	217	116	136	41	6	3
FOREIGN BORN											
Naturalized Citizen	856	33	104	141	251	142	55	99	23	6	2
Not a Citizen	3,984	336	1,111	844	1,109	248	84	187	33	24	7
Period of entry:											
2000–2006	1,393	122	410	276	348	85	27	90	21	12	2
1990–1999	1,898	137	495	406	559	141	39	92	11	12	6
1980–1989	1,192	82	262	252	353	108	47	68	13	6	1
1970–1979	296	27	46	46	80	39	21	27	10	-	-
Before 1970	61	1	1	6	20	17	6	8	2	-	-
45 to 64 Years Old											
Total	3,390	320	559	503	898	432	181	323	101	42	31
Native	1,467	69	103	210	446	287	110	164	50	16	13
Foreign Born	1,924	251	456	293	452	145	71	160	51	27	18
NATIVE											
Native Parentage[1]	1,078	40	74	145	337	220	78	131	35	10	9
Foreign or Mixed Parentage[2]	388	29	30	65	109	67	31	33	14	6	4
FOREIGN BORN											
Naturalized Citizen	729	46	134	113	199	78	41	67	24	15	12
Not a Citizen	1,195	205	322	179	254	67	30	93	27	12	6
Period of entry:											
2000–2006	207	29	47	24	45	17	3	24	10	6	3
1990–1999	392	49	74	72	101	24	17	34	15	4	3
1980–1989	562	80	128	80	140	41	19	47	13	9	4
1970–1979	507	76	156	83	107	38	12	26	7	1	1
Before 1970	256	17	51	34	60	25	20	28	6	6	8
65 Years Old and Over											
Total	986	229	200	119	218	82	29	60	23	18	8
Native	488	77	90	84	123	48	16	26	16	6	3
Foreign Born	498	152	110	36	95	34	13	34	6	12	6
NATIVE											
Native Parentage[1]	296	40	58	56	74	27	7	18	11	2	3
Foreign or Mixed Parentage[2]	193	38	32	28	50	21	9	8	5	4	-
FOREIGN BORN											
Naturalized Citizen	297	63	62	26	63	27	9	26	5	11	6
Not a Citizen	200	89	48	10	32	7	4	8	2	1	-
Period of entry:											
2000–2006	42	6	13	3	12	-	1	2	1	1	2
1990–1999	64	22	11	5	10	9	2	5	-	-	-
1980–1989	60	22	12	4	12	5	-	3	1	1	-
1970–1979	100	38	23	6	21	2	3	6	1	-	-
Before 1970	231	64	51	17	40	19	6	18	2	9	4

[1]Native parentage: Both parents born in the United States
[2]Foreign or mixed parentage: One or both parents foreign born.
- = Quantity zero or rounds to zero.

Table A–26. Educational Attainment of the Population 25 Years Old and Over, by Citizenship, Nativity and Period of Entry, Age, Sex, Race, and Hispanic Origin, 2006—Continued

(Numbers in thousands.)

Characteristic	Total	None to 4th grade	5th to 8th grade	9th to 11th grade	High school graduate	Some college, no degree	Associate's degree	Bachelor's degree	Master's degree	Professional degree	Doctoral degree
Female											
25 Years Old and Over											
Total	11,457	844	1,895	1,835	3,172	1,475	763	1,067	300	66	40
Native	5,144	169	413	778	1,556	987	440	562	192	24	22
Foreign Born	6,312	675	1,482	1,057	1,616	488	322	504	109	42	18
NATIVE											
Native Parentage[1]	3,583	121	293	559	1,166	669	282	336	129	13	15
Foreign or Mixed Parentage[2]	1,562	48	120	219	390	318	159	226	63	10	8
FOREIGN BORN											
Naturalized Citizen	2,083	145	384	278	547	223	165	254	63	18	6
Not a Citizen	4,229	530	1,098	779	1,069	265	157	250	46	24	11
Period of entry:											
2000–2006	1,171	109	248	189	326	95	45	115	24	15	4
1990–1999	2,044	194	486	400	561	134	78	150	24	10	7
1980–1989	1,592	169	377	272	391	133	86	112	39	7	6
1970–1979	913	108	249	140	190	78	65	71	11	2	-
Before 1970	592	95	122	55	148	49	48	57	11	7	1
25 to 44 Years Old											
Total	6,650	252	896	1,165	1,967	947	482	714	172	38	16
Native	2,867	15	102	406	883	636	291	398	111	15	9
Foreign Born	3,783	237	794	759	1,084	311	191	316	61	23	7
NATIVE											
Native Parentage[1]	1,890	11	61	285	641	406	182	222	71	8	4
Foreign or Mixed Parentage[2]	977	4	41	121	242	230	109	176	41	7	6
FOREIGN BORN											
Naturalized Citizen	860	14	94	134	259	104	79	137	28	8	2
Not a Citizen	2,923	223	700	626	826	207	111	180	32	15	4
Period of entry:											
2000–2006	921	58	193	157	277	80	34	92	18	10	3
1990–1999	1,585	117	358	338	462	108	61	117	13	8	4
1980–1989	943	52	204	192	266	76	62	65	23	2	-
1970–1979	292	10	39	65	65	42	30	32	6	2	-
Before 1970	43	-	1	8	14	4	4	10	2	1	-
45 to 64 Years Old											
Total	3,478	291	632	493	926	467	238	276	108	25	23
Native	1,624	54	140	249	513	310	132	140	64	9	13
Foreign Born	1,854	237	492	244	413	157	106	136	44	16	10
NATIVE											
Native Parentage[1]	1,263	43	107	205	420	235	89	96	49	6	11
Foreign or Mixed Parentage[2]	361	10	33	44	93	75	43	44	15	3	2
FOREIGN BORN											
Naturalized Citizen	815	45	170	104	198	105	73	80	31	7	3
Not a Citizen	1,039	192	322	140	214	52	33	56	13	9	7
Period of entry:											
2000–2006	207	30	44	30	48	14	9	20	6	6	1
1990–1999	372	44	95	57	87	24	17	30	11	2	3
1980–1989	537	75	142	71	111	51	22	38	16	6	6
1970–1979	482	54	162	67	99	32	32	32	5	-	-
Before 1970	256	34	49	19	67	35	26	16	5	3	-
65 Years Old and Over											
Total	1,329	301	368	177	279	61	42	76	20	3	1
Native	654	100	172	123	160	41	17	24	16	-	-
Foreign Born	675	201	196	54	119	20	25	52	4	3	1
NATIVE											
Native Parentage[1]	430	66	125	69	104	28	10	19	9	-	-
Foreign or Mixed Parentage[2]	224	34	47	55	56	13	7	5	7	-	-
FOREIGN BORN											
Naturalized Citizen	408	87	120	40	90	13	13	37	4	3	1
Not a Citizen	267	114	76	13	29	7	12	15	-	-	-
Period of entry:											
2000–2006	42	21	11	3	1	-	3	3	-	-	-
1990–1999	87	33	34	5	12	1	-	3	-	-	-
1980–1989	112	42	31	10	14	5	2	9	-	-	-
1970–197	140	45	48	8	25	4	3	7	-	-	-
Before 1970	294	60	73	28	67	10	18	30	4	3	1

[1] Native parentage: Both parents born in the United States
[2] Foreign or mixed parentage: One or both parents foreign born.
- = Quantity zero or rounds to zero.

Table A-27. Years of School Completed by People 25 Years Old and Over, by Age and Sex, Selected Years 1940–2007

(Numbers in thousands.)

Year, sex, and age	Total	Elementary 0 to 4 years	Elementary 5 to 8 years	High school 1 to 3 years	High school 4 years	College 1 to 3 years	College 4 years or more	Median years
25 YEARS OLD AND OVER								
Both Sexes								
2007	194,318	2,830	8,462	16,451	61,490	49,243	55,842	...
2006	191,884	2,951	8,791	16,154	60,898	49,371	53,720	...
2005	189,367	2,983	8,935	16,099	60,893	48,076	52,381	...
2004	186,876	2,858	8,888	15,999	59,811	47,571	51,749	...
2003	185,183	2,915	9,361	16,323	59,292	46,910	50,383	...
2002	182,142	2,902	9,668	16,378	58,456	46,042	48,696	...
2001	180,389	2,810	9,518	16,279	58,272	46,281	47,228	...
2000	175,230	2,742	9,438	15,674	58,086	44,445	44,845	...
1999	173,754	2,742	9,655	15,674	57,935	43,176	43,803	...
1998	172,211	2,834	9,948	16,776	58,174	42,506	41,973	...
1997	170,581	2,840	10,472	17,211	57,586	41,774	40,697	...
1996	168,323	3,027	10,595	17,102	56,559	41,372	39,668	...
1995	166,438	3,074	10,873	16,566	56,450	41,249	38,226	...
1994	164,512	3,156	11,359	16,925	56,515	40,014	36,544	...
1993	162,826	3,380	11,747	17,067	57,589	37,451	35,590	...
1992	160,827	3,449	11,989	17,672	57,860	35,520	34,337	...
1991	158,694	3,803	13,046	17,379	61,272	29,170	34,026	12.7
1990	156,538	3,833	13,758	17,461	60,119	28,075	33,291	12.7
1989	154,155	3,861	14,061	17,719	59,336	26,614	32,565	12.7
1988	151,635	3,714	14,550	17,847	58,940	25,799	30,787	12.7
1987	149,144	3,640	15,301	17,417	57,669	25,479	29,637	12.7
1986	146,606	3,894	15,672	17,484	56,338	24,729	28,489	12.6
1985	143,524	3,873	16,020	17,553	54,866	23,405	27,808	12.6
1984	140,794	3,884	16,258	17,433	54,073	22,281	26,862	12.6
1983	138,020	4,119	16,714	17,681	52,060	21,531	25,915	12.6
1982	135,526	4,119	17,232	18,006	51,426	20,692	24,050	12.6
1981	132,899	4,358	17,868	18,041	49,915	20,042	22,674	12.5
1980	130,409	4,390	18,426	18,086	47,934	19,379	22,193	12.5
1979	125,295	4,324	18,504	17,579	45,915	18,393	20,579	12.5
1978	123,019	4,445	19,309	18,175	44,381	17,379	19,332	12.4
1977	120,870	4,509	19,567	18,318	43,602	16,247	18,627	12.4
1976	118,848	4,601	19,912	18,204	43,157	15,477	17,496	12.4
1975	116,897	4,912	20,633	18,237	42,353	14,518	16,244	12.3
1974	115,005	5,106	21,200	18,274	41,460	13,665	15,300	12.3
1973	112,866	5,100	21,838	18,420	40,448	12,831	14,228	12.3
1972	111,133	5,124	22,503	18,855	39,171	12,117	13,364	12.2
1971	110,627	5,574	24,029	18,601	38,029	11,782	12,612	12.2
1970	109,310	5,747	24,519	18,682	37,134	11,164	12,062	12.2
1969	107,750	6,014	24,976	18,527	36,133	10,564	11,535	12.1
1968	106,469	6,248	25,467	18,724	34,604	10,254	11,171	12.1
1967	104,864	6,400	26,178	18,647	33,173	9,914	10,550	12.0
1966	103,876	6,705	26,478	18,859	32,391	9,235	10,212	12.0
1965	103,245	6,982	27,063	18,617	31,703	9,139	9,742	11.8
1964	102,421	7,295	27,551	18,419	30,728	9,085	9,345	11.7
1962	100,664	7,826	28,438	17,751	28,477	9,170	9,002	11.4
1960	99,465	8,303	31,218	19,140	24,440	8,747	7,617	10.6
1959	97,478	7,816	28,490	17,520	26,219	7,888	7,734	11.0
1957	95,630	8,561	29,316	16,951	24,832	6,985	7,172	10.6
1952	88,358	8,004	30,274	15,228	21,074	6,714	6,118	10.1
1950	87,484	9,491	31,617	14,817	17,625	6,246	5,272	9.3
1947	82,578	8,611	32,308	13,487	16,926	5,533	4,424	9.0
1940	74,776	10,105	34,413	11,182	10,552	4,075	3,407	8.6
Male								
2007	93,421	1,458	4,249	8,294	29,604	22,219	27,596	...
2006	92,233	1,472	4,395	7,940	29,380	22,136	26,910	...
2005	90,899	1,505	4,402	7,787	29,151	21,794	26,259	...
2004	89,558	1,496	4,308	7,766	27,889	21,763	26,336	...
2003	88,597	1,482	4,566	8,026	27,356	21,568	25,598	...
2002	86,996	1,457	4,743	7,894	26,947	21,127	24,828	...
2001	86,096	1,419	4,673	7,615	26,956	21,120	24,313	...
2000	83,611	1,341	4,577	7,298	26,651	20,493	23,252	...
1999	82,917	1,339	4,651	7,736	26,368	20,043	22,782	...
1998	82,376	1,431	4,727	8,017	26,575	19,792	21,832	...
1997	81,620	1,454	5,023	8,212	26,226	19,332	21,374	...
1996	80,339	1,537	5,067	7,930	25,649	19,301	20,854	...
1995	79,463	1,598	5,231	7,691	25,378	18,933	20,631	...
1994	78,539	1,669	5,427	7,789	25,404	18,544	19,705	...
1993	77,644	1,709	5,594	7,821	25,766	17,521	19,234	...
1992	76,579	1,737	5,726	8,085	25,774	16,631	18,627	...
1991	75,487	2,018	6,299	7,887	27,189	13,720	18,373	12.8
1990	74,421	2,004	6,557	8,000	26,426	13,271	18,164	12.8
1989	73,225	1,956	6,659	8,076	25,897	12,725	17,913	12.8
1988	71,911	1,852	6,849	8,247	25,638	12,057	17,268	12.7
1987	70,677	1,794	7,259	7,909	24,998	12,062	16,654	12.7
1986	69,503	1,978	7,446	7,872	24,260	11,856	16,091	12.7
1985	67,756	1,947	7,629	7,783	23,552	11,164	15,682	12.7
1984	66,350	1,945	7,688	7,837	22,990	10,678	15,211	12.7

... = Not available.

Table A-27. Years of School Completed by People 25 Years Old and Over, by Age and Sex, Selected Years 1940–2007—Continued

(Numbers in thousands.)

Year, sex, and age	Total	Elementary 0 to 4 years	Elementary 5 to 8 years	High school 1 to 3 years	High school 4 years	College 1 to 3 years	College 4 years or more	Median years
1983	65,004	2,103	7,750	7,867	22,048	10,310	14,926	12.7
1982	63,764	2,074	7,987	7,960	21,749	10,020	13,974	12.6
1981	62,509	2,141	8,322	8,084	21,019	9,734	13,208	12.6
1980	61,389	2,212	8,627	8,046	20,080	9,593	12,832	12.6
1979	58,986	2,190	8,785	7,636	19,250	9,100	12,025	12.6
1978	57,922	2,230	9,195	7,821	18,620	8,657	11,398	12.5
1977	56,917	2,296	9,330	7,969	18,290	8,104	10,926	12.5
1976	55,902	2,371	9,463	7,923	18,048	7,699	10,397	12.5
1975	55,036	2,568	9,760	7,985	17,769	7,274	9,679	12.4
1974	54,167	2,637	10,186	7,966	17,488	6,756	9,135	12.4
1973	53,067	2,598	10,488	8,120	17,011	6,376	8,473	12.3
1972	52,351	2,634	10,854	8,413	16,424	5,972	8,055	12.3
1971	52,357	2,933	11,703	8,264	16,008	5,798	7,653	12.2
1970	51,784	3,031	11,925	8,355	15,571	5,580	7,321	12.2
1969	51,031	3,095	12,182	8,398	15,177	5,263	6,917	12.1
1968	50,510	3,261	12,407	8,564	14,613	4,945	6,721	12.1
1967	49,756	3,417	12,736	8,463	14,015	4,755	6,372	12.0
1966	49,410	3,614	12,992	8,611	13,672	4,342	6,180	11.8
1965	49,242	3,774	13,308	8,529	13,334	4,370	5,923	11.7
1964	48,975	3,959	13,467	8,537	12,902	4,394	5,714	11.5
1962	48,283	4,213	13,927	8,399	11,932	4,315	5,497	11.1
1960	47,997	4,522	15,562	8,988	10,175	4,127	4,626	10.3
1959	47,041	4,257	14,039	8,326	10,870	3,801	4,765	10.7
1957	46,208	4,610	14,634	8,003	10,230	3,347	4,359	10.3
1952	42,368	4,396	14,876	7,048	8,760	3,164	3,480	9.7
1950	42,627	5,074	15,852	6,974	7,511	2,888	3,008	9.0
1947	40,483	4,615	16,086	6,535	7,353	2,625	2,478	8.9
1940	37,463	5,550	17,639	5,333	4,507	1,824	2,021	8.6
Female								
2007	100,897	1,371	4,213	8,157	31,887	27,024	28,245	...
2006	99,651	1,479	4,395	8,215	31,518	27,234	26,810	...
2005	98,467	1,477	4,532	8,311	31,742	26,283	26,122	...
2004	97,319	1,363	4,580	8,233	31,921	25,808	25,413	...
2003	96,586	1,433	4,795	8,297	31,936	25,342	24,784	...
2002	95,146	1,445	4,926	8,484	31,509	24,915	23,868	...
2001	94,293	1,392	4,845	8,664	31,316	25,161	22,915	...
2000	91,620	1,400	4,861	8,378	31,435	23,953	21,594	...
1999	90,837	1,404	5,004	8,707	31,566	23,133	21,021	...
1998	89,835	1,403	5,220	8,758	31,599	22,714	20,142	...
1997	88,961	1,387	5,450	8,999	31,360	22,442	19,323	...
1996	87,984	1,491	5,528	9,171	30,911	22,071	18,813	...
1995	86,975	1,476	5,642	8,874	31,072	22,317	17,594	...
1994	85,973	1,487	5,932	9,135	31,111	21,470	16,838	...
1993	85,181	1,672	6,154	9,246	31,823	19,930	16,357	...
1992	84,248	1,712	6,263	9,587	32,086	18,889	15,709	...
1991	83,207	1,784	6,747	9,491	34,083	15,449	15,652	12.7
1990	82,116	1,829	7,200	9,462	33,693	14,806	15,126	12.7
1989	80,930	1,904	7,402	9,643	33,440	13,888	14,652	12.6
1988	79,724	1,862	7,700	9,599	33,303	13,741	13,519	12.6
1987	78,467	1,846	8,042	9,508	32,671	13,417	12,983	12.6
1986	77,102	1,916	8,226	9,612	32,078	12,874	12,399	12.6
1985	75,768	1,926	8,390	9,770	31,314	12,242	12,126	12.6
1984	74,444	1,939	8,571	9,596	31,083	11,603	11,651	12.6
1983	73,016	2,015	8,964	9,814	30,012	11,220	10,990	12.5
1982	71,762	2,045	9,245	10,046	29,677	10,673	10,076	12.5
1981	70,390	2,217	9,545	9,957	28,896	10,309	9,466	12.5
1980	69,020	2,178	9,800	10,040	27,854	9,786	9,362	12.4
1979	66,309	2,133	9,720	9,945	26,665	9,293	8,554	12.4
1978	65,097	2,214	10,114	10,353	25,761	8,721	7,934	12.4
1977	63,953	2,213	10,236	10,349	25,312	8,142	7,701	12.4
1976	62,946	2,230	10,449	10,281	25,109	7,779	7,098	12.3
1975	61,861	2,344	10,871	10,252	24,584	7,243	6,565	12.3
1974	60,838	2,469	11,015	10,308	23,972	6,910	6,165	12.3
1973	59,799	2,502	11,350	10,300	23,437	6,454	5,755	12.2
1972	58,782	2,490	11,649	10,442	22,746	6,145	5,309	12.2
1971	58,270	2,641	12,327	10,339	22,021	5,984	4,959	12.2
1970	57,527	2,716	12,595	10,327	21,563	5,584	4,743	12.1
1969	56,719	2,919	12,796	10,131	20,955	5,301	4,619	12.1
1968	55,959	2,987	13,060	10,160	19,991	5,309	4,450	12.1
1967	55,107	2,985	13,439	10,185	19,157	5,162	4,178	12.0
1966	54,467	3,090	13,488	10,246	18,719	4,892	4,032	12.0
1965	54,004	3,207	13,753	10,085	18,369	4,767	3,820	12.0
1964	53,447	3,333	14,086	9,881	17,825	4,686	3,629	11.8
1962	52,381	3,613	14,511	9,352	16,545	4,855	3,505	11.6
1960	51,468	3,781	15,656	10,151	14,267	4,620	2,991	10.9
1959	50,437	3,559	14,451	9,194	15,349	4,087	2,969	11.2
1957	49,422	3,951	14,682	8,948	14,602	3,638	2,813	10.9
1952	45,990	3,608	15,398	8,180	12,314	3,550	2,638	10.4
1950	44,857	4,417	15,824	7,843	10,114	3,358	2,264	9.6
1947	42,095	3,996	16,222	6,952	9,573	2,908	1,946	8.9
1940	37,313	4,554	16,773	5,849	6,044	2,251	1,386	8.7

... = Not available.

Table A-27. Years of School Completed by People 25 Years Old and Over, by Age and Sex, Selected Years 1940–2007—Continued

(Numbers in thousands.)

Year, sex, and age	Total	Elementary 0 to 4 years	Elementary 5 to 8 years	High school 1 to 3 years	High school 4 years	College 1 to 3 years	College 4 years or more	Median years
25 to 34 YEARS OLD								
Both Sexes								
2007	39,868	380	1,283	3,462	11,408	10,961	12,375	...
2006	39,481	359	1,410	3,375	11,302	11,229	11,806	...
2005	39,310	414	1,375	3,422	11,269	10,865	11,965	...
2004	39,201	430	1,399	3,239	11,244	11,044	11,844	...
2003	39,242	370	1,370	3,336	11,392	10,986	11,791	...
2002	38,670	433	1,393	3,245	10,988	10,776	11,834	...
2001	38,865	380	1,317	3,202	11,294	11,146	11,526	...
2000	37,786	287	1,135	3,052	11,546	10,700	11,066	...
1999	38,474	280	1,142	3,296	11,826	10,893	11,040	...
1998	39,354	319	1,207	3,228	12,569	11,220	10,811	...
1997	40,256	334	1,163	3,624	12,710	11,524	10,892	...
1996	40,919	418	1,169	3,780	13,087	11,624	10,841	...
1995	41,388	394	1,264	3,667	14,061	11,659	10,342	...
1994	41,946	367	1,297	4,057	14,483	11,913	9,829	...
1993	41,864	382	1,223	3,894	15,036	11,361	9,968	...
1992	42,493	433	1,250	4,071	16,021	10,860	9,861	...
1991	42,905	465	1,322	4,178	17,503	9,283	10,153	12.9
1990	43,240	505	1,413	4,041	17,635	9,320	10,326	12.9
1989	43,240	446	1,352	4,013	17,901	9,072	10,454	12.9
1988	42,953	430	1,308	4,095	17,887	9,076	10,155	12.9
1987	42,635	390	1,360	3,995	17,539	9,157	10,196	12.9
1986	42,053	387	1,359	3,797	17,311	9,104	10,094	12.9
1985	40,858	362	1,328	3,703	16,748	8,980	9,737	12.9
1984	40,173	404	1,371	3,638	16,431	8,555	9,771	12.9
1983	39,342	376	1,324	3,664	15,804	8,567	9,605	12.9
1982	38,703	337	1,371	3,598	15,893	8,304	9,200	12.9
1981	37,828	337	1,428	3,665	15,419	8,198	8,782	12.9
1980	36,615	362	1,424	3,571	14,481	7,942	8,836	12.9
1979	34,053	370	1,381	3,452	13,338	7,415	8,096	12.9
1978	33,120	325	1,459	3,515	12,993	7,008	7,821	12.9
1977	32,284	269	1,383	3,715	12,845	6,398	7,676	12.8
1976	31,148	247	1,508	3,619	12,920	5,813	7,041	12.8
1975	30,092	313	1,644	3,743	12,544	5,403	6,443	12.7
1974	28,972	352	1,654	3,763	12,362	5,056	5,785	12.7
1973	27,793	333	1,850	3,915	12,194	4,454	5,047	12.6
1972	26,517	285	1,791	3,981	11,635	4,090	4,734	12.6
1971	25,545	327	2,011	3,986	11,232	3,822	4,169	12.6
1970	24,865	329	1,937	4,251	10,929	3,491	3,926	12.5
1969	24,072	359	2,086	4,140	10,592	3,202	3,693	12.5
1968	23,285	350	2,246	4,129	10,157	2,989	3,413	12.5
1967	22,388	319	2,293	4,017	9,645	2,946	3,169	12.5
1966	22,023	430	2,208	4,158	9,546	2,647	3,037	12.4
1965	21,980	543	2,437	4,058	9,500	2,561	2,880	12.4
1964	21,997	502	2,591	4,176	9,370	2,529	2,830	12.4
1962	22,130	597	2,936	4,371	8,815	2,552	2,859	12.4
1960	22,821	709	3,738	5,135	8,166	2,572	2,499	12.4
1959	22,922	761	3,348	4,741	8,979	2,398	2,480	12.3
1957	23,437	750	3,971	4,965	8,927	2,275	2,351	12.2
1952	23,138	844	4,362	4,898	8,620	2,220	2,052	12.2
1950	23,626	1,147	5,308	5,050	7,660	2,198	1,252	11.9
1947	22,627	1,015	5,523	4,997	7,630	1,908	1,378	11.9
1940	21,339	1,377	7,676	4,553	4,702	1,554	1,288	10.0
Male								
2007	20,024	246	757	1,930	6,361	5,137	5,593	...
2006	19,827	218	834	1,835	6,233	5,336	5,371	...
2005	19,677	241	769	1,827	6,216	5,198	5,426	...
2004	19,598	280	793	1,723	6,020	5,286	5,495	...
2003	19,564	216	771	1,831	6,028	5,252	5,466	...
2002	19,234	280	809	1,782	5,751	5,131	5,480	...
2001	19,330	233	748	1,677	6,099	5,161	5,411	...
2000	18,563	155	593	1,637	5,989	4,870	5,318	...
1999	18,294	157	616	1,724	6,114	5,052	5,260	...
1998	19,526	190	654	1,735	6,592	5,233	5,125	...
1997	20,039	193	629	2,007	6,482	5,477	5,249	...
1996	20,390	225	601	2,055	6,701	5,536	5,274	...
1995	20,589	229	708	1,930	7,176	5,373	5,174	...
1994	20,873	230	716	2,134	7,408	5,510	4,873	...
1993	20,856	237	679	1,986	7,604	5,308	5,041	...
1992	21,125	231	682	2,057	8,113	5,116	4,927	...
1991	21,319	270	694	2,095	8,810	4,441	5,009	12.9
1990	21,462	295	759	2,153	8,649	4,392	5,215	12.9
1989	21,461	251	698	2,129	8,659	4,391	5,335	12.9
1988	21,277	237	651	2,227	8,569	4,273	5,319	12.9
1987	21,142	223	698	2,030	8,544	4,384	5,263	12.9
1986	20,956	227	715	1,887	8,359	4,488	5,279	12.9
1985	20,184	194	700	1,823	7,955	4,433	5,080	12.9
1984	19,876	231	721	1,739	7,798	4,238	5,150	12.9

... = Not available.

PART A—NATIONAL EDUCATION STATISTICS

Table A-27. Years of School Completed by People 25 Years Old and Over, by Age and Sex, Selected Years 1940–2007—Continued

(Numbers in thousands.)

Year, sex, and age	Total	Elementary 0 to 4 years	Elementary 5 to 8 years	High school 1 to 3 years	High school 4 years	College 1 to 3 years	College 4 years or more	Median years
1983	19,438	213	659	1,724	7,351	4,284	5,207	13.0
1982	19,090	182	659	1,654	7,380	4,162	5,053	13.0
1981	18,625	176	733	1,679	6,991	4,185	4,863	13.0
1980	18,051	198	699	1,639	6,393	4,166	4,957	13.0
1979	16,719	197	695	1,476	5,852	3,862	4,637	13.0
1978	16,263	154	717	1,526	5,701	3,698	4,471	13.1
1977	15,863	134	672	1,625	5,634	3,403	4,396	13.0
1976	15,266	134	724	1,566	5,672	3,085	4,087	12.9
1975	14,776	177	815	1,605	5,508	2,915	3,757	12.9
1974	14,222	211	859	1,617	5,491	2,672	3,372	12.8
1973	13,638	204	966	1,760	5,363	2,416	2,927	12.7
1972	13,030	157	927	1,796	5,150	2,191	2,809	12.7
1971	12,596	170	1,092	1,771	5,049	2,005	2,506	12.6
1970	12,236	189	1,063	1,896	4,833	1,842	2,412	12.6
1969	11,788	204	1,121	1,849	4,652	1,719	2,241	12.6
1968	11,381	193	1,192	1,880	4,473	1,505	2,136	12.5
1967	10,876	170	1,209	1,814	4,187	1,522	1,973	12.5
1966	10,701	241	1,162	1,839	4,191	1,374	1,894	12.5
1965	10,693	325	1,240	1,802	4,188	1,316	1,822	12.5
1964	10,729	297	1,344	1,962	4,008	1,306	1,812	12.4
1962	10,762	334	1,569	2,008	3,700	1,309	1,842	12.4
1960	11,184	420	2,026	2,441	3,356	1,316	1,624	12.2
1959	11,226	416	1,822	2,238	3,682	1,256	1,658	12.3
1957	11,368	423	2,097	2,446	3,542	1,181	1,556	12.2
1952	10,936	502	2,202	2,268	3,458	1,118	1,268	12.1
1950	11,454	631	2,705	2,426	3,250	1,117	1,037	11.5
1947	10,894	544	2,665	2,494	3,337	993	738	11.7
1940	10,521	779	3,932	2,220	2,049	692	744	9.7
Female								
2007	19,843	134	527	1,532	5,047	5,824	6,781	...
2006	19,654	140	577	1,538	5,069	5,894	6,435	...
2005	19,633	173	607	1,594	5,053	5,667	6,539	...
2004	19,603	150	606	1,516	5,224	5,758	6,349	...
2003	19,679	153	598	1,503	5,364	5,734	6,325	...
2002	19,436	153	584	1,463	5,237	5,645	6,353	...
2001	19,536	147	569	1,525	5,195	5,985	6,115	...
2000	19,222	130	542	1,415	5,557	5,831	5,750	...
1999	19,551	122	525	1,572	5,712	5,842	5,779	...
1998	19,828	130	553	1,493	5,977	5,986	5,688	...
1997	20,217	149	533	1,615	6,227	6,047	5,643	...
1996	20,528	195	569	1,734	6,386	6,090	5,568	...
1995	20,800	165	556	1,738	6,885	6,286	5,170	...
1994	21,073	138	581	1,923	7,075	6,404	4,953	...
1993	21,007	143	543	1,907	7,432	6,054	4,928	...
1992	21,368	203	567	2,014	7,908	5,744	4,933	...
1991	21,586	195	629	2,085	8,693	4,841	5,143	12.9
1990	21,779	209	653	1,889	8,986	4,927	5,112	12.9
1989	21,777	195	654	1,885	9,242	4,681	5,119	12.9
1988	21,675	193	657	1,869	9,319	4,801	4,836	12.9
1987	21,494	168	662	1,965	8,995	4,772	4,932	12.9
1986	21,097	160	644	1,910	8,952	4,616	4,813	12.9
1985	20,673	168	627	1,880	8,794	4,547	4,657	12.9
1984	20,297	173	649	1,904	8,634	4,319	4,621	12.9
1983	19,903	161	665	1,941	8,452	4,285	4,398	12.9
1982	19,614	155	713	1,942	8,512	4,140	4,148	12.8
1981	19,203	161	698	1,986	8,427	4,013	3,918	12.8
1980	18,565	164	725	1,932	8,087	3,777	3,879	12.8
1979	17,334	173	685	1,977	7,486	3,553	3,460	12.8
1978	16,857	172	742	1,989	7,292	3,311	3,351	12.6
1977	16,421	136	710	2,088	7,212	2,995	3,280	12.7
1976	15,882	112	784	2,054	7,248	2,731	2,954	12.7
1975	15,316	135	833	2,139	7,037	2,489	2,686	12.6
1974	14,750	142	796	2,145	6,871	2,383	2,413	12.6
1973	14,155	129	884	2,154	6,830	2,037	2,121	12.6
1972	13,487	128	862	2,184	6,485	1,899	1,926	12.5
1971	12,950	156	919	2,212	6,183	1,816	1,663	12.5
1970	12,629	140	876	2,355	6,096	1,648	1,512	12.5
1969	12,285	155	965	2,291	5,941	1,481	1,451	12.4
1968	11,904	157	1,053	2,246	5,684	1,484	1,278	12.4
1967	11,512	149	1,084	2,200	5,458	1,426	1,195	12.4
1966	11,322	186	1,047	2,319	5,355	1,273	1,134	12.4
1965	11,284	218	1,197	2,256	5,310	1,244	1,060	12.4
1964	11,269	202	1,248	2,216	5,362	1,221	1,018	12.4
1962	11,368	263	1,367	2,363	5,115	1,243	1,017	12.3
1960	11,637	289	1,712	2,694	4,810	1,256	875	12.2
1959	11,696	345	1,526	2,503	5,297	1,142	822	12.3
1957	12,069	327	1,874	2,519	5,385	1,094	795	12.2
1952	12,202	342	2,160	2,630	5,162	1,102	784	12.2
1950	12,172	516	2,603	2,624	4,410	1,081	714	12.1
1947	11,733	471	2,858	2,503	4,293	915	640	12.0
1940	10,818	598	3,744	2,333	2,653	862	544	10.3

... = Not available.

Table A-27. Years of School Completed by People 25 Years Old and Over, by Age and Sex, Selected Years 1940–2007—Continued

(Numbers in thousands.)

Year, sex, and age	Total	Elementary 0 to 4 years	Elementary 5 to 8 years	High school 1 to 3 years	High school 4 years	College 1 to 3 years	College 4 years or more	Median years
35 to 54 YEARS OLD								
Both Sexes								
2007	86,224	874	2,720	6,310	26,675	22,777	26,869	...
2006	85,918	965	2,769	6,274	26,636	23,317	25,958	...
2005	85,311	954	2,757	5,892	27,232	23,129	25,347	...
2004	84,642	963	2,582	5,938	26,649	23,093	25,417	...
2003	84,308	957	2,620	6,112	26,346	23,039	25,234	...
2002	83,829	941	2,636	5,874	26,740	23,148	24,489	...
2001	83,286	886	2,612	5,899	26,356	23,271	24,262	...
2000	81,435	932	2,521	5,702	26,481	22,618	23,183	...
1999	79,976	872	2,535	6,052	26,367	21,561	22,589	...
1998	78,520	890	2,613	6,164	26,079	21,267	21,506	...
1997	76,973	867	2,686	6,045	26,054	20,684	20,635	...
1996	74,661	968	2,710	5,803	24,924	20,105	20,152	...
1995	73,028	927	2,561	5,664	24,070	19,926	19,878	...
1994	71,049	987	2,680	5,415	23,804	19,210	18,956	...
1993	68,845	942	2,486	5,538	23,927	17,984	17,970	...
1992	66,594	899	2,608	5,845	23,442	16,658	17,144	...
1991	64,351	995	3,057	5,522	24,815	13,348	16,614	12.9
1990	62,499	980	3,104	5,529	24,434	12,553	15,899	12.9
1989	60,494	999	3,315	5,800	23,334	11,627	15,417	12.9
1988	58,555	958	3,272	5,889	23,049	11,017	14,369	12.8
1987	56,650	842	3,398	5,656	22,820	10,523	13,409	12.8
1986	55,170	896	3,614	5,769	22,151	10,110	12,629	12.8
1985	53,697	899	3,639	5,978	21,600	9,217	12,363	12.8
1984	52,297	893	3,754	6,158	21,290	8,702	11,500	12.7
1983	50,956	973	4,044	6,313	20,788	8,045	10,795	12.7
1982	49,722	963	4,320	6,657	20,445	7,580	9,756	12.6
1981	48,680	1,038	4,531	6,773	20,032	7,115	9,181	12.6
1980	48,124	1,034	4,676	7,063	19,584	6,943	8,822	12.6
1979	47,437	1,030	4,895	7,132	19,488	6,655	8,237	12.5
1978	46,921	1,107	5,262	7,590	19,012	6,286	7,667	12.5
1977	46,409	1,192	5,445	7,781	18,781	6,013	7,196	12.5
1976	46,271	1,245	5,729	7,671	18,893	5,957	6,776	12.5
1975	46,193	1,296	5,942	7,765	19,010	5,673	6,506	12.4
1974	46,217	1,293	6,244	7,896	19,038	5,375	6,372	12.4
1973	45,910	1,344	6,519	8,001	18,651	5,318	6,076	12.4
1972	45,956	1,367	7,004	8,521	18,400	5,074	5,589	12.3
1971	46,294	1,439	7,588	8,393	18,334	5,082	5,460	12.3
1970	46,319	1,461	7,935	8,555	18,200	4,875	5,294	12.3
1969	46,255	1,644	8,313	8,586	17,773	4,749	5,190	12.3
1968	46,396	1,654	8,698	8,838	17,362	4,642	5,200	12.2
1967	46,321	1,771	9,036	9,138	16,906	4,525	4,947	12.2
1966	46,313	1,837	9,528	9,309	16,605	4,230	4,805	12.1
1965	46,296	1,827	9,812	9,266	16,359	4,384	4,647	12.1
1964	46,089	1,905	10,259	9,289	15,760	4,397	4,482	12.1
1962	45,287	2,181	10,795	8,938	14,668	4,452	4,253	12.0
1960	44,742	2,424	12,536	9,502	12,517	4,123	3,639	11.3
1959	43,989	2,303	11,657	8,719	13,244	3,715	3,709	11.8
1957	42,645	2,658	12,349	8,384	12,041	3,248	3,360	11.3
1952	39,014	2,606	13,274	7,348	9,374	3,148	2,802	10.5
1950	38,432	3,404	14,420	6,976	7,262	2,878	2,516	9.7
1947	36,717	3,203	15,184	6,311	6,715	2,622	2,221	9.0
1940	33,845	4,549	16,270	4,972	4,217	1,836	1,540	8.6
Male								
2007	42,476	491	1,433	3,480	13,737	10,359	12,976	...
2006	42,344	549	1,472	3,356	13,660	10,608	12,701	...
2005	42,024	547	1,476	3,063	14,017	10,429	12,491	...
2004	41,612	577	1,323	3,157	13,238	10,636	12,682	...
2003	41,340	538	1,372	3,282	12,903	10,622	12,622	...
2002	41,154	513	1,333	3,063	13,133	10,739	12,373	...
2001	40,858	488	1,368	2,974	12,784	10,827	12,417	...
2000	40,024	479	1,288	2,845	12,845	10,716	11,854	...
1999	39,300	470	1,290	3,101	12,544	10,233	11,664	...
1998	38,654	486	1,333	3,284	12,239	10,098	11,214	...
1997	37,912	486	1,370	3,143	12,326	9,713	10,870	...
1996	36,596	520	1,319	2,877	11,749	9,514	10,526	...
1995	35,994	529	1,368	2,781	11,223	9,305	10,784	...
1994	34,998	545	1,383	2,621	11,009	9,073	10,369	...
1993	33,751	478	1,316	2,660	10,983	8,624	9,687	...
1992	32,619	472	1,368	2,750	10,670	7,968	9,389	...
1991	31,460	530	1,624	2,612	11,092	6,430	9,169	13.0
1990	30,623	527	1,658	2,573	10,790	6,169	8,905	13.0
1989	29,597	504	1,762	2,628	10,235	5,719	8,749	13.0
1988	28,645	498	1,725	2,654	10,100	5,327	8,340	12.9
1987	27,680	412	1,801	2,617	9,781	5,173	7,895	12.9
1986	26,925	475	1,919	2,699	9,393	5,013	7,426	12.9
1985	26,181	501	1,928	2,726	9,210	4,502	7,314	12.9
1984	25,460	506	2,014	2,831	8,926	4,257	6,929	12.8
1983	24,796	548	2,108	2,862	8,795	3,884	6,601	12.8

... = Not available.

Table A-27. Years of School Completed by People 25 Years Old and Over, by Age and Sex, Selected Years 1940–2007—Continued

(Numbers in thousands.)

Year, sex, and age	Total	Elementary 0 to 4 years	Elementary 5 to 8 years	High school 1 to 3 years	High school 4 years	College 1 to 3 years	College 4 years or more	Median years
1982	24,164	530	2,302	2,989	8,609	3,757	5,977	12.7
1981	23,646	572	2,425	3,112	8,431	3,519	5,588	12.7
1980	23,373	590	2,492	3,202	8,278	3,442	5,370	12.7
1979	22,976	545	2,612	3,194	8,232	3,306	5,090	12.6
1978	22,719	609	2,779	3,377	8,001	3,136	4,817	12.6
1977	22,445	661	2,889	3,554	7,822	3,000	4,520	12.5
1976	22,403	730	3,004	3,473	7,904	2,969	4,323	12.5
1975	22,358	763	3,100	3,510	7,952	2,879	4,153	12.5
1974	22,367	733	3,286	3,532	8,004	2,730	4,081	12.6
1973	22,166	716	3,413	3,586	7,836	2,714	3,901	12.4
1972	22,200	749	3,674	3,917	7,663	2,564	3,631	12.4
1971	22,474	849	3,985	3,823	7,674	2,578	3,567	12.3
1970	22,475	834	4,208	3,876	7,612	2,555	3,390	12.3
1969	22,420	889	4,359	4,012	7,427	2,456	3,277	12.3
1968	22,521	931	4,487	4,160	7,324	2,364	3,257	12.2
1967	22,482	1,000	4,700	4,270	7,143	2,244	3,128	12.2
1966	22,508	1,085	4,886	4,455	6,990	2,029	3,063	12.1
1965	22,534	1,081	5,076	4,462	6,815	2,161	2,937	12.1
1964	22,457	1,158	5,226	4,416	6,657	2,212	2,789	12.2
1962	22,081	1,235	5,545	4,359	6,202	2,142	2,598	11.9
1960	21,919	1,397	6,415	4,579	5,364	1,957	2,206	11.1
1959	21,511	1,350	5,781	4,329	5,604	1,827	2,250	11.5
1957	20,873	1,491	6,293	3,987	5,195	1,558	1,972	11.0
1952	18,888	1,466	6,512	3,462	4,040	1,518	1,576	10.3
1950	18,896	1,834	7,338	3,339	3,151	1,271	1,403	9.6
1947	18,165	1,678	7,765	3,102	2,907	1,168	1,258	8.6
1940	17,127	2,480	8,458	2,388	1,798	819	917	8.5
Female								
2007	43,748	382	1,288	2,830	12,938	12,419	13,892	...
2006	43,573	417	1,298	2,915	12,976	12,710	13,255	...
2005	43,287	407	1,280	2,829	13,215	12,700	12,856	...
2004	43,030	386	1,259	2,781	13,411	12,458	12,736	...
2003	42,968	419	1,248	2,830	13,443	12,417	12,611	...
2002	42,675	428	1,303	2,811	13,607	12,410	12,116	...
2001	42,428	398	1,244	2,926	13,572	12,444	11,844	...
2000	41,411	452	1,235	2,858	13,635	11,905	11,330	...
1999	40,676	402	1,248	2,950	13,825	11,326	10,925	...
1998	39,866	403	1,279	2,879	13,841	11,168	10,293	...
1997	39,061	381	1,319	2,902	13,726	10,969	9,766	...
1996	38,065	449	1,301	2,924	13,174	10,592	9,623	...
1995	37,034	396	1,192	2,881	12,846	10,623	9,096	...
1994	36,051	443	1,298	2,792	12,795	10,140	8,587	...
1993	35,093	462	1,169	2,877	12,944	9,358	8,283	...
1992	33,975	427	1,240	3,096	12,770	8,687	7,756	...
1991	32,891	464	1,431	2,910	13,723	6,919	7,443	12.8
1990	31,876	454	1,448	2,955	13,643	6,383	6,997	12.8
1989	30,898	498	1,552	3,171	13,099	5,908	6,669	12.8
1988	29,908	462	1,547	3,234	12,949	5,689	6,029	12.7
1987	28,969	430	1,598	3,039	13,038	5,349	5,513	12.7
1986	28,244	420	1,694	3,071	12,759	5,098	5,202	12.7
1985	27,516	398	1,710	3,252	12,391	4,715	5,049	12.7
1984	26,838	389	1,740	3,331	12,364	4,444	4,570	12.6
1983	26,161	427	1,935	3,450	11,993	4,161	4,193	12.6
1982	25,555	433	2,017	3,666	11,833	3,827	3,778	12.6
1981	25,034	467	2,105	3,661	11,599	3,605	3,595	12.5
1980	24,751	444	2,186	3,862	11,307	3,501	3,452	12.5
1979	24,461	486	2,282	3,935	11,258	3,353	3,147	12.5
1978	24,202	497	2,483	4,212	11,012	3,149	2,849	12.5
1977	23,964	534	2,557	4,227	10,959	3,014	2,678	12.4
1976	23,868	517	2,721	4,198	10,989	2,988	2,455	12.4
1975	23,835	533	2,842	4,256	11,058	2,793	2,352	12.4
1974	23,850	559	2,956	4,364	11,033	2,647	2,290	12.4
1973	23,744	628	3,106	4,415	10,815	2,603	2,174	12.3
1972	23,756	618	3,330	4,604	10,736	2,509	1,958	12.3
1971	23,821	590	3,604	4,570	10,660	2,505	1,894	12.3
1970	23,845	629	3,728	4,679	10,588	2,318	1,903	12.3
1969	23,834	755	3,953	4,575	10,349	2,293	1,913	12.3
1968	23,874	725	4,212	4,676	10,038	2,281	1,943	12.2
1967	23,839	773	4,334	4,868	9,762	2,282	1,819	12.2
1966	23,806	752	4,644	4,853	9,615	2,200	1,741	12.2
1965	23,765	746	4,735	4,803	9,545	2,223	1,712	12.2
1964	23,632	748	5,033	4,871	9,103	2,183	1,691	12.1
1962	23,206	946	5,250	4,579	8,466	2,310	1,655	12.1
1960	22,823	1,027	6,121	4,923	7,153	2,166	1,433	11.6
1959	22,478	953	5,876	4,390	7,640	1,888	1,459	12.0
1957	21,772	1,167	6,056	4,397	6,846	1,690	1,388	11.5
1952	20,126	1,140	6,762	3,886	5,334	1,630	1,226	10.7
1950	19,536	1,570	7,082	3,637	4,111	1,607	1,113	9.7
1947	18,552	1,525	7,419	3,209	3,808	1,454	963	9.3
1940	16,718	2,070	7,812	2,584	2,419	1,017	623	8.7

... = Not available.

Table A-27. Years of School Completed by People 25 Years Old and Over, by Age and Sex, Selected Years 1940–2007—Continued

(Numbers in thousands.)

Year, sex, and age	Total	Elementary 0 to 4 years	Elementary 5 to 8 years	High school 1 to 3 years	High school 4 years	College 1 to 3 years	College 4 years or more	Median years
55 YEARS OLD AND OVER								
Both Sexes								
2007	68,226	1,576	4,458	6,680	23,408	15,505	16,599	...
2006	66,485	1,628	4,610	6,508	22,961	14,824	15,956	...
2005	64,745	1,614	4,803	6,784	22,392	14,083	15,069	...
2004	63,034	1,465	4,907	6,821	21,918	13,434	14,488	...
2003	61,633	1,589	5,372	6,876	21,554	12,884	13,358	...
2002	59,644	1,528	5,639	7,258	20,728	12,117	12,374	...
2001	58,238	1,544	5,589	7,178	20,622	11,864	11,440	...
2000	56,008	1,524	5,780	6,921	20,059	11,126	10,598	...
1999	55,303	1,589	5,978	7,096	19,742	10,722	10,174	...
1998	54,337	1,624	6,126	7,385	19,526	10,022	9,654	...
1997	53,352	1,628	6,622	7,543	18,823	9,565	9,169	...
1996	52,742	1,642	6,716	7,520	18,549	9,642	8,677	...
1995	52,022	1,755	7,048	7,232	18,320	9,662	8,005	...
1994	51,516	1,802	7,382	7,454	18,228	8,890	7,761	...
1993	52,117	2,058	8,038	7,637	18,626	8,106	7,652	...
1992	51,740	2,118	8,133	7,756	18,397	8,005	7,332	...
1991	51,439	2,341	8,668	7,675	18,954	6,540	7,258	12.6
1990	50,798	2,349	9,239	7,893	18,050	6,202	7,064	12.3
1989	50,421	2,412	9,395	7,907	18,102	5,914	6,693	12.3
1988	50,128	2,325	9,969	7,860	18,004	5,705	6,263	12.3
1987	49,858	2,408	10,544	7,766	17,310	5,799	6,033	12.2
1986	49,383	2,611	10,699	7,917	16,876	5,515	5,767	12.2
1985	48,969	2,612	11,052	7,872	16,516	5,208	5,708	12.2
1984	48,324	2,584	11,131	7,636	16,353	5,026	5,593	12.2
1983	47,723	2,769	11,348	7,703	15,470	4,915	5,514	12.1
1982	47,102	2,818	11,541	7,751	15,091	4,807	5,095	12.1
1981	46,391	2,983	11,909	7,600	14,464	4,721	4,711	12.0
1980	45,670	2,994	12,326	7,451	13,869	4,494	4,535	12.0
1979	43,806	2,924	12,230	6,999	13,088	4,321	4,245	12.0
1978	42,977	3,013	12,593	7,069	12,376	4,086	3,843	11.6
1977	42,176	3,047	12,740	6,823	11,977	3,835	3,754	11.3
1976	41,429	3,107	12,674	6,915	11,346	3,709	3,677	11.1
1975	40,613	3,303	13,045	6,730	10,798	3,442	3,295	10.8
1974	39,817	3,461	13,302	6,615	10,060	3,233	3,145	10.4
1973	39,163	3,424	13,467	6,504	9,604	3,060	3,105	10.2
1972	38,659	3,471	13,706	6,351	9,136	2,952	3,042	10.0
1971	38,787	3,808	14,430	6,225	8,463	2,878	2,982	9.6
1970	38,126	3,957	14,647	5,877	8,005	2,797	2,843	9.2
1969	37,424	4,012	14,576	5,801	7,768	2,615	2,653	9.1
1968	36,789	4,244	14,522	5,760	7,085	2,624	2,558	8.9
1967	36,155	4,310	14,849	5,495	6,622	2,443	2,434	8.7
1966	35,540	4,438	14,742	5,392	6,240	2,358	2,370	8.6
1965	34,969	4,612	14,814	5,293	5,844	2,194	2,215	8.5
1964	34,335	4,888	14,701	4,954	5,598	2,159	2,033	8.3
1962	33,247	5,048	14,707	4,442	4,994	2,166	1,890	8.1
1960	31,902	5,169	14,944	4,503	3,757	2,051	1,479	8.5
1959	30,567	4,752	13,485	4,060	3,996	1,775	1,545	8.1
1957	29,548	5,153	12,996	3,602	3,864	1,462	1,461	8.0
1952	26,206	4,554	12,638	2,982	3,080	1,346	1,264	7.7
1950	25,427	4,940	11,947	2,791	2,704	1,170	1,005	8.3
1947	23,234	4,393	11,601	2,179	2,581	1,003	825	7.5
1940	19,592	4,178	10,467	1,656	1,633	685	579	8.2
Male								
2007	30,920	721	2,060	2,884	9,505	6,723	9,026	...
2006	30,060	705	2,090	2,784	9,488	6,193	8,837	...
2005	29,198	717	2,157	2,896	8,918	6,167	8,341	...
2004	28,347	639	2,192	2,885	8,631	5,841	8,159	...
2003	27,694	729	2,423	2,912	8,425	5,694	7,510	...
2002	26,608	664	2,601	3,048	8,063	5,257	6,975	...
2001	25,908	697	2,558	2,964	8,073	5,131	6,485	...
2000	25,023	706	2,696	2,817	7,816	4,906	6,079	...
1999	24,694	712	2,746	2,911	7,712	4,756	5,856	...
1998	24,197	755	2,740	3,000	7,745	4,461	5,496	...
1997	23,668	773	3,026	3,060	7,417	4,139	5,255	...
1996	23,352	795	3,058	2,998	7,198	4,254	5,055	...
1995	22,881	839	3,153	2,980	6,980	4,254	4,675	...
1994	22,669	894	3,327	3,037	6,987	3,962	4,462	...
1993	23,038	992	3,595	3,174	7,178	3,587	4,508	...
1992	22,836	1,033	3,676	3,277	6,991	3,549	4,312	...
1991	22,708	1,217	3,980	3,183	7,287	2,850	4,193	12.4
1990	22,337	1,182	4,141	3,274	6,986	2,707	4,046	12.4
1989	22,167	1,202	4,198	3,317	7,003	2,616	3,829	12.3
1988	21,989	1,117	4,471	3,366	6,968	2,455	3,609	12.3
1987	21,855	1,160	4,762	3,261	6,673	2,504	3,496	12.3
1986	21,622	1,275	4,813	3,286	6,509	2,355	3,385	12.2
1985	21,391	1,252	5,001	3,234	6,387	2,229	3,289	12.2
1984	21,014	1,209	4,951	3,270	6,265	2,185	3,132	12.2
1983	20,769	1,343	4,986	3,282	5,906	2,141	3,117	12.1

... = Not available.

Table A-27. Years of School Completed by People 25 Years Old and Over, by Age and Sex, Selected Years 1940–2007—Continued

(Numbers in thousands.)

Year, sex, and age	Total	Elementary 0 to 4 years	Elementary 5 to 8 years	High school 1 to 3 years	High school 4 years	College 1 to 3 years	College 4 years or more	Median years
1982	20,508	1,362	5,026	3,313	5,759	2,102	2,946	12.1
1981	20,237	1,394	5,165	3,292	5,597	2,032	2,758	12.0
1980	19,967	1,424	5,436	3,206	5,409	1,986	2,506	11.9
1979	19,292	1,446	5,479	2,964	5,167	1,935	2,301	11.8
1978	18,939	1,467	5,701	2,919	4,919	1,824	2,110	11.4
1977	18,608	1,502	5,770	2,787	4,835	1,700	2,011	11.2
1976	18,233	1,507	5,733	2,884	4,473	1,646	1,989	11.0
1975	17,903	1,628	5,845	2,871	4,308	1,480	1,768	10.5
1974	17,579	1,693	6,042	2,817	3,993	1,356	1,682	10.1
1973	17,263	1,678	6,111	2,774	3,811	1,245	1,645	9.9
1972	17,120	1,728	6,252	2,698	3,612	1,215	1,614	9.6
1971	17,288	1,913	6,629	2,668	3,285	1,214	1,579	9.1
1970	17,074	2,011	6,655	2,583	3,127	1,182	1,516	9.0
1969	16,822	2,003	6,701	2,536	3,099	1,086	1,397	8.8
1968	16,609	2,137	6,728	2,523	2,816	1,078	1,328	8.7
1967	16,398	2,247	6,827	2,379	2,685	989	1,271	8.5
1966	16,201	2,288	6,944	2,317	2,491	939	1,223	8.3
1965	16,015	2,368	6,992	2,265	2,331	893	1,164	8.2
1964	15,789	2,504	6,897	2,159	2,237	876	1,113	8.1
1962	15,440	2,644	6,813	2,032	2,030	864	1,057	8.0
1960	14,895	2,704	7,121	1,969	1,453	853	796	8.4
1959	14,304	2,491	6,436	1,759	1,584	718	857	7.9
1957	13,967	2,696	6,244	1,570	1,493	608	831	7.7
1952	12,544	2,428	6,162	1,318	1,262	528	636	7.5
1950	12,277	2,609	5,808	1,209	1,111	500	569	8.2
1947	11,424	2,393	5,656	939	1,109	464	482	7.3
1940	9,815	2,293	5,249	724	660	313	361	8.1
Female								
2007	37,306	855	2,398	3,796	13,902	8,781	7,573	...
2006	36,425	922	2,521	3,761	13,472	8,630	7,119	...
2005	35,547	897	2,645	3,887	13,474	7,916	6,728	...
2004	34,687	826	2,715	3,936	13,287	7,593	6,329	...
2003	33,939	860	2,949	3,964	13,129	7,190	5,848	...
2002	33,035	864	3,038	4,210	12,664	6,860	5,399	...
2001	32,329	847	3,032	4,213	12,549	6,733	4,956	...
2000	30,985	817	3,085	4,105	12,243	6,218	4,517	...
1999	30,609	879	3,232	4,186	12,031	5,965	4,319	...
1998	30,140	868	3,386	4,386	11,780	5,560	4,160	...
1997	29,684	855	3,596	4,483	11,407	5,427	3,916	...
1996	29,390	848	3,659	4,523	11,350	5,387	3,623	...
1995	29,142	915	3,894	4,255	11,340	5,410	3,330	...
1994	28,848	909	4,054	4,419	11,242	4,926	3,298	...
1993	29,080	1,066	4,442	4,462	11,447	4,519	3,149	...
1992	28,904	1,084	4,456	4,478	11,409	4,455	3,021	...
1991	28,729	1,125	4,687	4,495	11,667	3,690	3,066	12.3
1990	28,461	1,167	5,098	4,619	11,063	3,495	3,019	12.3
1989	28,255	1,211	5,195	4,587	11,099	3,300	2,863	12.3
1988	28,139	1,208	5,498	4,495	11,034	3,250	2,655	12.3
1987	28,004	1,248	5,782	4,504	10,637	3,294	2,539	12.2
1986	27,762	1,336	5,886	4,630	10,367	3,160	2,382	12.2
1985	27,578	1,360	6,052	4,638	10,129	2,979	2,420	12.2
1984	27,309	1,377	6,183	4,363	10,086	2,843	2,459	12.2
1983	26,954	1,428	6,364	4,423	9,567	2,774	2,398	12.1
1982	26,593	1,458	6,511	4,435	9,330	2,705	2,150	12.1
1981	26,152	1,589	6,742	4,308	8,868	2,690	1,954	12.0
1980	25,703	1,571	6,889	4,245	8,460	2,509	2,030	12.0
1979	24,514	1,474	6,750	4,034	7,920	2,389	1,944	12.0
1978	24,038	1,545	6,889	4,149	7,457	2,263	1,733	11.6
1977	23,568	1,546	6,972	4,034	7,141	2,135	1,742	11.0
1976	23,196	1,602	6,942	4,029	6,871	2,063	1,690	11.0
1975	22,710	1,675	7,198	3,858	6,490	1,962	1,527	10.9
1974	22,238	1,762	7,261	3,799	6,068	1,880	1,463	10.7
1973	21,900	1,746	7,359	3,729	5,790	1,814	1,461	10.5
1972	21,539	1,743	7,455	3,654	5,526	1,737	1,425	10.3
1971	21,500	1,896	7,805	3,556	5,179	1,665	1,402	9.9
1970	21,052	1,946	7,993	3,292	4,879	1,615	1,327	9.5
1969	20,601	2,009	7,878	3,264	4,669	1,526	1,255	9.4
1968	20,180	2,106	7,795	3,237	4,269	1,544	1,229	9.2
1967	19,756	2,063	8,021	3,117	3,937	1,454	1,164	8.9
1966	19,339	2,152	7,797	3,074	3,749	1,419	1,147	8.9
1965	18,955	2,243	7,821	3,026	3,514	1,300	1,048	8.7
1964	18,546	2,383	7,805	2,794	3,360	1,282	920	8.5
1962	17,807	2,404	7,894	2,410	2,964	1,302	833	8.3
1960	17,007	2,465	7,823	2,534	2,304	1,198	683	8.6
1959	16,263	2,261	7,049	2,301	2,412	1,057	688	8.3
1957	15,581	2,457	6,752	2,032	2,371	854	630	8.2
1952	13,662	2,126	6,476	1,664	1,818	818	628	7.9
1950	13,150	2,331	6,139	1,582	1,593	670	436	8.4
1947	11,810	2,000	5,945	1,240	1,472	539	343	7.6
1940	9,777	1,886	5,217	932	973	372	219	8.3

... = Not available.

Table A-28. Percent of People 25 Years Old and Over Who Have Completed High School or College, by Race, Hispanic Origin and Sex, Selected Years 1940–2007

(Noninstitutionalized population)

Age, educational attainment level, and year	All races Both sexes	All races Male	All races Female	White Both sexes	White Male	White Female	Non-Hispanic White Both sexes	Non-Hispanic White Male	Non-Hispanic White Female	Black[1] Both sexes	Black[1] Male	Black[1] Female	Asian Both sexes	Asian Male	Asian Female
25 YEARS OLD AND OVER															
Completed 4 Years of High School or More															
2007	85.7	85.0	86.4	86.2	85.3	87.1	90.6	90.2	91.0	82.3	81.9	82.6	87.8	89.8	85.9
2006	85.5	85.0	85.9	86.1	85.5	86.7	90.5	90.2	90.8	80.7	80.1	81.2	87.4	89.6	85.5
2005	85.2	84.9	85.5	85.8	85.2	86.2	90.1	89.9	90.3	81.1	81.0	81.2	87.6	90.4	85.2
2004	85.2	84.8	85.4	85.8	85.3	86.3	90.0	89.9	90.1	80.6	80.4	80.8	86.8	88.7	85.0
2003[3]	84.6	84.1	85.0	85.1	84.5	85.7	89.4	89.0	89.7	80.0	79.6	80.3	87.6	89.5	86.0
2002	84.1	83.8	84.4	84.8	84.3	85.2	88.7	88.5	88.9	78.7	78.5	78.9	...	...	...
2001[4]	84.1	84.1	84.2	84.8	84.4	85.1	88.6	88.6	88.6	78.8	79.2	78.5	...	...	...
2000	84.1	84.2	84.0	84.9	84.8	85.0	88.4	88.5	88.4	78.5	78.7	78.3	...	...	...
1999	83.4	83.4	83.4	84.3	84.2	84.3	87.7	87.7	87.7	77.0	76.7	77.2	...	...	...
1998	82.8	82.8	82.9	83.7	83.6	83.8	87.1	87.1	87.1	76.0	75.2	76.7	...	...	...
1997	82.1	82.0	82.2	83.0	82.9	83.2	86.3	86.3	86.3	74.9	73.5	76.0	...	...	...
1996	81.7	81.9	81.6	82.8	82.7	82.8	86.0	86.1	85.9	74.3	74.3	74.2	...	...	...
1995	81.7	81.7	81.6	83.0	83.0	83.0	85.9	86.0	85.8	73.8	73.4	74.1	...	...	...
1994	80.9	81.0	80.7	82.0	82.1	81.9	84.9	85.1	84.7	72.9	71.7	73.8	...	...	...
1993	80.2	80.5	80.0	81.5	81.8	81.3	84.1	84.5	83.8	70.4	69.6	71.1	...	...	...
1992[5]	79.4	79.7	79.2	80.9	81.1	80.7	...	...	...	67.7	67.0	68.2	...	...	...
1991	78.4	78.5	78.3	79.9	79.8	79.9	...	...	...	66.7	66.7	66.7	...	...	...
1990	77.6	77.7	77.5	79.1	79.1	79.0	...	...	...	66.2	65.8	66.5	...	...	...
1989	76.9	77.2	76.6	78.4	78.6	78.2	...	...	...	64.6	64.2	65.0	...	...	...
1988	76.2	76.4	76.0	77.7	77.7	77.6	...	...	...	63.5	63.7	63.4	...	...	...
1987	75.6	76.0	75.3	77.0	77.3	76.7	...	...	...	63.4	63.0	63.7	...	...	...
1986	74.7	75.1	74.4	76.2	76.5	75.9	...	...	...	62.3	61.5	63.0	...	...	...
1985	73.9	74.4	73.5	75.5	76.0	75.1	...	...	...	59.8	58.4	60.8	...	...	...
1984	73.3	73.7	73.0	75.0	75.4	74.6	...	...	...	58.5	57.1	59.7	...	...	...
1983	72.1	72.7	71.5	73.8	74.4	73.3	...	...	...	56.8	56.5	57.1	...	...	...
1982	71.0	71.7	70.3	72.8	73.4	72.3	...	...	...	54.9	55.7	54.3	...	...	...
1981	69.7	70.3	69.1	71.6	72.1	71.2	...	...	...	52.9	53.2	52.6	...	...	...
1980	68.6	69.2	68.1	70.5	71.0	70.1	...	...	...	51.2	51.1	51.3	...	...	...
1979	67.7	68.4	67.1	69.7	70.3	69.2	...	...	...	49.4	49.2	49.5	...	...	...
1978	65.9	66.8	65.2	67.9	68.6	67.2	...	...	...	47.6	47.9	47.3	...	...	...
1977	64.9	65.6	64.4	67.0	67.5	66.5	...	...	...	45.5	45.6	45.4	...	...	...
1976	64.1	64.7	63.5	66.1	66.7	65.5	...	...	...	43.8	42.3	45.0	...	...	...
1975	62.5	63.1	62.1	64.5	65.0	64.1	...	...	...	42.5	41.6	43.3	...	...	...
1974	61.2	61.6	60.9	63.3	63.6	63.0	...	...	...	40.8	39.9	41.5	...	...	...
1973	59.8	60.0	59.6	61.9	62.1	61.7	...	...	...	39.2	38.2	40.1	...	...	...
1972	58.2	58.2	58.2	60.4	60.3	60.5	...	...	...	36.6	35.7	37.2	...	...	...
1971	56.4	56.3	56.6	58.6	58.4	58.8	...	...	...	34.7	33.8	35.4	...	...	...
1970	55.2	55.0	55.4	57.4	57.2	57.6	...	...	...	33.7	32.4	34.8	...	...	...
1969	54.0	53.6	54.4	56.3	55.7	56.7	...	...	...	32.3	31.9	32.6	...	...	...
1968	52.6	52.0	53.2	54.9	54.3	55.5	...	...	...	30.1	28.9	31.0	...	...	...
1967	51.1	50.5	51.7	53.4	52.8	53.8	...	...	...	29.5	27.1	31.5	...	...	...
1966	49.9	49.0	50.8	52.2	51.3	53.0	...	...	...	27.8	25.8	29.5	...	...	...
1965	49.0	48.0	49.9	51.3	50.2	52.2	...	...	...	27.2	25.8	28.4	...	...	...
1964	48.0	47.0	48.9	50.3	49.3	51.2	...	...	...	25.7	23.7	27.4	...	...	...
1962	46.3	45.0	47.5	48.7	47.4	49.9	...	...	...	24.8	23.2	26.2	...	...	...
1959	43.7	42.2	45.2	46.1	44.5	47.7	...	...	...	20.7	19.6	21.6	...	...	...
1957	41.6	39.7	43.3	43.2	41.1	45.1	...	...	...	18.4	16.9	19.7	...	...	...
1952	38.8	36.9	40.5	...	...	...	...	...	...	15.0	14.0	15.7	...	...	...
1950	34.3	32.6	36.0	...	...	...	...	...	...	13.7	12.5	14.7	...	...	...
1947	33.1	31.4	34.7	35.0	33.2	36.7	...	...	...	13.6	12.7	14.5	...	...	...
1940	24.5	22.7	26.3	26.1	24.2	28.1	...	...	...	7.7	6.9	8.4	...	...	...

[1] Data in the column labeled "Black" include Black and other races from 1940 to 1962; from 1963 to 2003, data are for the Black population only.
[3] Starting in 2003, respondents could choose more than one race. The race data in this table from 2003 onward represent respondents who indicated only one race. Prior to 2003, Asians were grouped with Pacific Islanders.
[4] Starting in 2001, data are from the expanded Current Population Survey (CPS) sample and were calculated using population controls based on Census 2000.
[5] Begining with data for 1992, a new question results in different categories than for earlier years. Data shown as "Completed 4 Years of High School or More" are now collected by the category "High School Graduate." Data shown as "Completed 4 Years of College or more," are now collected by the categories, Bachelor's degree; Master's degree; Doctorate degree; and Professional degree. Due to the change in question format, median years of schooling cannot be derived.
... = Not available.

Table A-28. Percent of People 25 Years Old and Over Who Have Completed High School or College, by Race, Hispanic Origin and Sex, Selected Years 1940–2007—*Continued*

(Noninstitutionalized population)

Age, educational attainment level, and year	Hispanic[2] Both sexes	Hispanic[2] Male	Hispanic[2] Female	White alone or in combination Both sexes	White alone or in combination Male	White alone or in combination Female	Non-Hispanic White alone or in combination Both sexes	Non-Hispanic White alone or in combination Male	Non-Hispanic White alone or in combination Female	Black alone or in combination Both sexes	Black alone or in combination Male	Black alone or in combination Female	Asian alone or in combination Both sexes	Asian alone or in combination Male	Asian alone or in combination Female
25 YEARS OLD AND OVER															
Completed 4 Years of High School or More															
2007	60.3	58.2	62.5	86.2	85.3	87.0	90.6	90.2	91.0	82.4	82.0	82.6	87.8	89.2	86.5
2006	59.3	58.5	60.1	86.1	85.5	86.7	90.5	90.2	90.8	80.8	80.3	81.2	87.6	89.6	85.8
2005	58.5	57.9	59.1	85.7	85.2	86.2	90.1	89.9	90.3	81.3	81.2	81.3	87.9	90.5	85.6
2004	58.4	57.3	59.5	85.8	85.3	86.2	90.0	89.9	90.1	80.6	80.3	80.9	86.9	88.8	85.2
2003[3]	57.0	56.3	57.8	85.1	84.5	85.7	89.4	89.0	89.6	80.0	79.5	80.3	87.8	89.7	86.1
2002	57.0	56.1	57.9	...	...	...	...	...	...	...	...	...	...	...	...
2001[4]	56.8	55.5	58.0	...	...	...	...	...	...	...	...	...	...	...	...
2000	57.0	56.6	57.5	...	...	...	...	...	...	...	...	...	...	...	...
1999	56.1	56.0	56.3	...	...	...	...	...	...	...	...	...	...	...	...
1998	55.5	55.7	55.3	...	...	...	...	...	...	...	...	...	...	...	...
1997	54.7	54.9	54.6	...	...	...	...	...	...	...	...	...	...	...	...
1996	53.1	53.0	53.3	...	...	...	...	...	...	...	...	...	...	...	...
1995	53.4	52.9	53.8	...	...	...	...	...	...	...	...	...	...	...	...
1994	53.3	53.4	53.2	...	...	...	...	...	...	...	...	...	...	...	...
1993	53.1	52.9	53.2	...	...	...	...	...	...	...	...	...	...	...	...
1992[5]	52.6	53.7	51.5	...	...	...	...	...	...	...	...	...	...	...	...
1991	51.3	51.4	51.2	...	...	...	...	...	...	...	...	...	...	...	...
1990	50.8	50.3	51.3	...	...	...	...	...	...	...	...	...	...	...	...
1989	50.9	51.0	50.7	...	...	...	...	...	...	...	...	...	...	...	...
1988	51.0	52.0	50.0	...	...	...	...	...	...	...	...	...	...	...	...
1987	50.9	51.8	50.0	...	...	...	...	...	...	...	...	...	...	...	...
1986	48.5	49.2	47.8	...	...	...	...	...	...	...	...	...	...	...	...
1985	47.9	48.5	47.4	...	...	...	...	...	...	...	...	...	...	...	...
1984	47.1	48.6	45.7	...	...	...	...	...	...	...	...	...	...	...	...
1983	46.2	48.6	44.2	...	...	...	...	...	...	...	...	...	...	...	...
1982	45.9	48.1	44.1	...	...	...	...	...	...	...	...	...	...	...	...
1981	44.5	45.5	43.6	...	...	...	...	...	...	...	...	...	...	...	...
1980	45.3	46.4	44.1	...	...	...	...	...	...	...	...	...	...	...	...
1979	42.0	42.3	41.7	...	...	...	...	...	...	...	...	...	...	...	...
1978	40.8	42.2	39.6	...	...	...	...	...	...	...	...	...	...	...	...
1977	39.6	42.3	37.2	...	...	...	...	...	...	...	...	...	...	...	...
1976	39.3	41.4	37.3	...	...	...	...	...	...	...	...	...	...	...	...
1975	37.9	39.5	36.7	...	...	...	...	...	...	...	...	...	...	...	...
1974	36.5	38.3	34.9	...	...	...	...	...	...	...	...	...	...	...	...
1973	...	...	...	...	...	...	...	...	...	...	...	...	...	...	...
1972	...	...	...	...	...	...	...	...	...	...	...	...	...	...	...
1971	...	...	...	...	...	...	...	...	...	...	...	...	...	...	...
1970	...	...	...	...	...	...	...	...	...	...	...	...	...	...	...
1969	...	...	...	...	...	...	...	...	...	...	...	...	...	...	...
1968	...	...	...	...	...	...	...	...	...	...	...	...	...	...	...
1967	...	...	...	...	...	...	...	...	...	...	...	...	...	...	...
1966	...	...	...	...	...	...	...	...	...	...	...	...	...	...	...
1965	...	...	...	...	...	...	...	...	...	...	...	...	...	...	...
1964	...	...	...	...	...	...	...	...	...	...	...	...	...	...	...
1962	...	...	...	...	...	...	...	...	...	...	...	...	...	...	...
1959	...	...	...	...	...	...	...	...	...	...	...	...	...	...	...
1957	...	...	...	...	...	...	...	...	...	...	...	...	...	...	...
1952	...	...	...	...	...	...	...	...	...	...	...	...	...	...	...
1950	...	...	...	...	...	...	...	...	...	...	...	...	...	...	...
1947	...	...	...	...	...	...	...	...	...	...	...	...	...	...	...
1940	...	...	...	...	...	...	...	...	...	...	...	...	...	...	...

[2] May be of any race.
[3] Starting in 2003, respondents could choose more than one race. The race data in this table from 2003 onward represent respondents who indicated only one race. Prior to 2003, Asians were grouped with Pacific Islanders.
[4] Starting in 2001, data are from the expanded Current Population Survey (CPS) sample and were calculated using population controls based on Census 2000.
[5] Begining with data for 1992, a new question results in different categories than for earlier years. Data shown as "Completed 4 Years of High School or More" are now collected by the category "High School Graduate." Data shown as "Completed 4 Years of College or more," are now collected by the categories, Bachelor's degree; Master's degree; Doctorate degree; and Professional degree. Due to the change in question format, median years of schooling cannot be derived.
... = Not available.

Table A-28. Percent of People 25 Years Old and Over Who Have Completed High School or College, by Race, Hispanic Origin and Sex, Selected Years 1940–2007—*Continued*

(Noninstitutionalized population)

Age, educational attainment level, and year	All races Both sexes	All races Male	All races Female	White Both sexes	White Male	White Female	Non-Hispanic White Both sexes	Non-Hispanic White Male	Non-Hispanic White Female	Black[1] Both sexes	Black[1] Male	Black[1] Female	Asian Both sexes	Asian Male	Asian Female
Completed 4 Years of College or More															
2007	28.7	29.5	28.0	29.1	29.9	28.3	31.8	33.2	30.6	18.5	18.0	19.0	52.1	55.2	49.3
2006	28.0	29.2	26.9	28.4	29.7	27.1	31.0	32.8	29.3	18.5	17.2	19.4	49.7	52.5	47.1
2005	27.7	28.9	26.5	28.1	29.4	26.8	30.6	32.4	28.9	17.6	16.0	18.8	50.2	54.0	46.8
2004	27.7	29.4	26.1	28.2	30.0	26.4	30.6	32.9	28.4	17.6	16.6	18.5	49.4	53.7	45.6
2003[3]	27.2	28.9	25.7	27.6	29.4	25.9	30.0	32.3	27.9	17.3	16.7	17.8	49.8	53.9	46.1
2002	26.7	28.5	25.1	27.2	29.1	25.4	29.4	31.7	27.3	17.0	16.4	17.5	...	...	...
2001[4]	26.2	28.2	24.3	26.6	28.7	24.6	28.7	31.3	26.3	15.7	15.3	16.1	...	...	...
2000	25.6	27.8	23.6	26.1	28.5	23.9	28.1	30.8	25.5	16.5	16.3	16.7	...	...	...
1999	25.2	27.5	23.1	25.9	28.5	23.5	27.7	30.6	25.0	15.4	14.2	16.4	...	...	...
1998	24.4	26.5	22.4	25.0	27.3	22.8	26.6	29.3	24.1	14.7	13.9	15.4	...	...	...
1997	23.9	26.2	21.7	24.6	27.0	22.3	26.2	29.0	23.7	13.3	12.5	13.9	...	...	...
1996	23.6	26.0	21.4	24.3	26.9	21.8	25.9	28.8	23.2	13.6	12.4	14.6	...	...	...
1995	23.0	26.0	20.2	24.0	27.2	21.0	25.4	28.9	22.1	13.2	13.6	12.9	...	...	...
1994	22.2	25.1	19.6	22.9	26.1	20.0	24.3	27.8	21.1	12.9	12.8	13.0	...	...	...
1993	21.9	24.8	19.2	22.6	25.7	19.7	23.8	27.2	20.7	12.2	11.9	12.4	...	...	...
1992[5]	21.4	24.3	18.6	22.1	25.2	19.1	...	...	...	11.9	11.9	12.0	...	...	...
1991	21.4	24.3	18.8	22.2	25.4	19.3	...	...	...	11.5	11.4	11.6	...	...	...
1990	21.3	24.4	18.4	22.0	25.3	19.0	...	...	...	11.3	11.9	10.8	...	...	...
1989	21.1	24.5	18.1	21.8	25.4	18.5	...	...	...	11.8	11.7	11.9	...	...	...
1988	20.3	24.0	17.0	20.9	25.0	17.3	...	...	...	11.2	11.1	11.4	...	...	...
1987	19.9	23.6	16.5	20.5	24.5	16.9	...	...	...	10.7	11.0	10.4	...	...	...
1986	19.4	23.2	16.1	20.1	24.1	16.4	...	...	...	10.9	11.2	10.7	...	...	...
1985	19.4	23.1	16.0	20.0	24.0	16.3	...	...	...	11.1	11.2	11.0	...	...	...
1984	19.1	22.9	15.7	19.8	23.9	16.0	...	...	...	10.4	10.4	10.4	...	...	...
1983	18.8	23.0	15.1	19.5	24.0	15.4	...	...	...	9.5	10.0	9.2	...	...	...
1982	17.7	21.9	14.0	18.5	23.0	14.4	...	...	...	8.8	9.1	8.5	...	...	...
1981	17.1	21.1	13.4	17.8	22.2	13.8	...	...	...	8.2	8.2	8.2	...	...	...
1980	17.0	20.9	13.6	17.8	22.1	14.0	...	...	...	7.9	7.7	8.1	...	...	...
1979	16.4	20.4	12.9	17.2	21.4	13.3	...	...	...	7.9	8.3	7.5	...	...	...
1978	15.7	19.7	12.2	16.4	20.7	12.6	...	...	...	7.2	7.3	7.1	...	...	...
1977	15.4	19.2	12.0	16.1	20.2	12.4	...	...	...	7.2	7.0	7.4	...	...	...
1976	14.7	18.6	11.3	15.4	19.6	11.6	...	...	...	6.6	6.3	6.8	...	...	...
1975	13.9	17.6	10.6	14.5	18.4	11.0	...	...	...	6.4	6.7	6.2	...	...	...
1974	13.3	16.9	10.1	14.0	17.7	10.6	...	...	...	5.5	5.7	5.3	...	...	...
1973	12.6	16.0	9.6	13.1	16.8	9.9	...	...	...	6.0	5.9	6.0	...	...	...
1972	12.0	15.4	9.0	12.6	16.2	9.4	...	...	...	5.1	5.5	4.8	...	...	...
1971	11.4	14.6	8.5	12.0	15.5	8.9	...	...	...	4.5	4.7	4.3	...	...	...
1970	11.0	14.1	8.2	11.6	15.0	8.6	...	...	...	4.5	4.6	4.4	...	...	...
1969	10.7	13.6	8.1	11.2	14.3	8.5	...	...	...	4.6	4.8	4.5	...	...	...
1968	10.5	13.3	8.0	11.0	14.1	8.3	...	...	...	4.3	3.7	4.8	...	...	...
1967	10.1	12.8	7.6	10.6	13.6	7.9	...	...	...	4.0	3.4	4.4	...	...	...
1966	9.8	12.5	7.4	10.4	13.3	7.7	...	...	...	3.8	3.9	3.7	...	...	...
1965	9.4	12.0	7.1	9.9	12.7	7.3	...	...	...	4.7	4.9	4.5	...	...	...
1964	9.1	11.7	6.8	9.6	12.3	7.1	...	...	...	3.9	4.5	3.4	...	...	...
1962	8.9	11.4	6.7	9.5	12.2	7.0	...	...	...	4.0	3.9	4.0	...	...	...
1959	8.1	10.3	6.0	8.6	11.0	6.2	...	...	...	3.3	3.8	2.9	...	...	...
1957	7.6	9.6	5.8	8.0	10.1	6.0	...	...	...	2.9	2.7	3.0	...	...	...
1952	7.0	8.3	5.8	...	...	...	...	...	...	2.4	2.0	2.7	...	...	...
1950	6.2	7.3	5.2	...	...	...	...	...	...	2.3	2.1	2.4	...	...	...
1947	5.4	6.2	4.7	5.7	6.6	4.9	...	...	...	2.5	2.4	2.6	...	...	...
1940	4.6	5.5	3.8	4.9	5.9	4.0	...	...	...	1.3	1.4	1.2	...	...	...

[1] Data in the column labeled "Black" include Black and other races from 1940 to 1962; from 1963 to 2003, data are for the Black population only.
[3] Starting in 2003, respondents could choose more than one race. The race data in this table from 2003 onward represent respondents who indicated only one race. Prior to 2003, Asians were grouped with Pacific Islanders.
[4] Starting in 2001, data are from the expanded Current Population Survey (CPS) sample and were calculated using population controls based on Census 2000.
[5] Begining with data for 1992, a new question results in different categories than for earlier years. Data shown as "Completed 4 Years of High School or More" are now collected by the category "High School Graduate." Data shown as "Completed 4 Years of College or more," are now collected by the categories, Bachelor's degree; Master's degree; Doctorate degree; and Professional degree. Due to the change in question format, median years of schooling cannot be derived.
... = Not available.

Table A-28. Percent of People 25 Years Old and Over Who Have Completed High School or College, by Race, Hispanic Origin and Sex, Selected Years 1940–2007—Continued

(Noninstitutionalized population)

Age, educational attainment level, and year	Hispanic[2] Both sexes	Hispanic[2] Male	Hispanic[2] Female	White alone or in combination Both sexes	White alone or in combination Male	White alone or in combination Female	Non-Hispanic White alone or in combination Both sexes	Non-Hispanic White alone or in combination Male	Non-Hispanic White alone or in combination Female	Black alone or in combination Both sexes	Black alone or in combination Male	Black alone or in combination Female	Asian alone or in combination Both sexes	Asian alone or in combination Male	Asian alone or in combination Female
Completed 4 Years of College or More															
2007	12.7	11.8	13.7	29.0	29.8	28.3	31.7	33.0	30.5	18.7	18.2	19.1	47.1	59.1	45.4
2006	12.4	11.9	12.9	28.3	29.6	27.0	30.9	32.7	29.2	18.7	17.4	19.7	49.0	51.4	46.8
2005	12.0	11.8	12.1	28.0	29.3	26.7	30.5	32.3	28.9	17.6	16.0	18.9	49.8	53.3	46.6
2004	12.1	11.8	12.3	28.0	29.9	26.3	30.5	32.8	28.3	17.7	16.5	18.6	48.9	52.8	45.4
2003[3]	11.4	11.2	11.6	27.5	29.3	25.8	29.9	32.2	27.9	17.5	16.8	18.0	49.2	52.7	46.0
2002	11.1	11.0	11.2	...	...	...	...	...	...	...	...	...	...	...	...
2001[4]	11.1	10.8	11.4	...	...	...	...	...	...	...	...	...	...	...	...
2000	10.6	10.7	10.6	...	...	...	...	...	...	...	...	...	...	...	...
1999	10.9	10.7	11.0	...	...	...	...	...	...	...	...	...	...	...	...
1998	11.0	11.1	10.9	...	...	...	...	...	...	...	...	...	...	...	...
1997	10.3	10.6	10.1	...	...	...	...	...	...	...	...	...	...	...	...
1996	9.3	10.3	8.3	...	...	...	...	...	...	...	...	...	...	...	...
1995	9.3	10.1	8.4	...	...	...	...	...	...	...	...	...	...	...	...
1994	9.1	9.6	8.6	...	...	...	...	...	...	...	...	...	...	...	...
1993	9.0	9.5	8.5	...	...	...	...	...	...	...	...	...	...	...	...
1992[5]	9.3	10.2	8.5	...	...	...	...	...	...	...	...	...	...	...	...
1991	9.7	10.0	9.4	...	...	...	...	...	...	...	...	...	...	...	...
1990	9.2	9.8	8.7	...	...	...	...	...	...	...	...	...	...	...	...
1989	9.9	11.0	8.8	...	...	...	...	...	...	...	...	...	...	...	...
1988	10.1	12.3	8.1	...	...	...	...	...	...	...	...	...	...	...	...
1987	8.6	9.7	7.5	...	...	...	...	...	...	...	...	...	...	...	...
1986	8.4	9.5	7.4	...	...	...	...	...	...	...	...	...	...	...	...
1985	8.5	9.7	7.3	...	...	...	...	...	...	...	...	...	...	...	...
1984	8.2	9.5	7.0	...	...	...	...	...	...	...	...	...	...	...	...
1983	7.9	9.2	6.8	...	...	...	...	...	...	...	...	...	...	...	...
1982	7.8	9.6	6.2	...	...	...	...	...	...	...	...	...	...	...	...
1981	7.7	9.7	5.9	...	...	...	...	...	...	...	...	...	...	...	...
1980	7.9	9.7	6.2	...	...	...	...	...	...	...	...	...	...	...	...
1979	6.7	8.2	5.3	...	...	...	...	...	...	...	...	...	...	...	...
1978	7.0	8.6	5.7	...	...	...	...	...	...	...	...	...	...	...	...
1977	6.2	8.1	4.4	...	...	...	...	...	...	...	...	...	...	...	...
1976	6.1	8.6	4.0	...	...	...	...	...	...	...	...	...	...	...	...
1975	6.3	8.3	4.6	...	...	...	...	...	...	...	...	...	...	...	...
1974	5.5	7.1	4.0	...	...	...	...	...	...	...	...	...	...	...	...
1973	...	...	...	...	...	...	...	...	...	...	...	...	...	...	...
1972	...	...	...	...	...	...	...	...	...	...	...	...	...	...	...
1971	...	...	...	...	...	...	...	...	...	...	...	...	...	...	...
1970	...	...	...	...	...	...	...	...	...	...	...	...	...	...	...
1969	...	...	...	...	...	...	...	...	...	...	...	...	...	...	...
1968	...	...	...	...	...	...	...	...	...	...	...	...	...	...	...
1967	...	...	...	...	...	...	...	...	...	...	...	...	...	...	...
1966	...	...	...	...	...	...	...	...	...	...	...	...	...	...	...
1965	...	...	...	...	...	...	...	...	...	...	...	...	...	...	...
1964	...	...	...	...	...	...	...	...	...	...	...	...	...	...	...
1962	...	...	...	...	...	...	...	...	...	...	...	...	...	...	...
1959	...	...	...	...	...	...	...	...	...	...	...	...	...	...	...
1957	...	...	...	...	...	...	...	...	...	...	...	...	...	...	...
1952	...	...	...	...	...	...	...	...	...	...	...	...	...	...	...
1950	...	...	...	...	...	...	...	...	...	...	...	...	...	...	...
1947	...	...	...	...	...	...	...	...	...	...	...	...	...	...	...
1940	...	...	...	...	...	...	...	...	...	...	...	...	...	...	...

[2] May be of any race.
[3] Starting in 2003, respondents could choose more than one race. The race data in this table from 2003 onward represent respondents who indicated only one race. Prior to 2003, Asians were grouped with Pacific Islanders.
[4] Starting in 2001, data are from the expanded Current Population Survey (CPS) sample and were calculated using population controls based on Census 2000.
[5] Begining with data for 1992, a new question results in different categories than for earlier years. Data shown as "Completed 4 Years of High School or More" are now collected by the category "High School Graduate." Data shown as "Completed 4 Years of College or more," are now collected by the categories, Bachelor's degree; Master's degree; Doctorate degree; and Professional degree. Due to the change in question format, median years of schooling cannot be derived.
... = Not available.

Table A-28. Percent of People 25 Years Old and Over Who Have Completed High School or College, by Race, Hispanic Origin and Sex, Selected Years 1940–2007—*Continued*

(Noninstitutionalized population)

Age, educational attainment level, and year	All races Both sexes	All races Male	All races Female	White Both sexes	White Male	White Female	Non-Hispanic White Both sexes	Non-Hispanic White Male	Non-Hispanic White Female	Black[1] Both sexes	Black[1] Male	Black[1] Female	Asian Both sexes	Asian Male	Asian Female
25 TO 29 YEARS OLD															
Completed 4 Years of High School or More															
2007	87.0	84.9	89.1	86.5	84.2	89.0	93.5	92.7	94.2	87.4	87.0	87.8	97.2	95.8	98.5
2006	86.4	84.4	88.5	86.1	84.1	88.3	93.4	92.3	94.6	85.6	83.1	87.8	96.6	97.2	96.0
2005	86.2	85.0	87.4	85.7	84.3	87.1	92.8	91.8	93.8	86.5	86.4	86.6	95.5	96.7	94.5
2004	86.6	85.2	88.0	85.9	83.7	88.1	93.3	92.1	94.5	87.9	90.1	86.1	96.2	96.9	95.4
2003[3]	86.5	84.9	88.2	85.7	83.8	87.6	93.7	92.8	94.5	87.6	86.4	88.5	97.1	97.4	96.8
2002	86.4	84.7	88.1	85.9	84.1	87.7	93.0	92.1	93.8	86.6	85.0	88.0	...	...	...
2001[4]	86.8	85.3	88.3	86.4	84.6	88.3	93.4	93.1	93.7	86.3	85.4	87.0	...	...	...
2000	88.1	86.7	89.4	88.3	86.6	90.0	94.0	92.9	95.2	85.9	86.6	85.3	...	...	...
1999	87.8	86.1	89.5	87.6	85.8	89.3	93.0	91.9	94.1	88.2	87.7	88.6	...	...	...
1998	88.1	86.6	89.6	88.1	86.3	90.0	93.6	92.5	94.6	87.6	87.6	87.6	...	...	...
1997	87.4	85.8	88.9	87.6	85.8	89.4	92.9	91.7	94.0	86.2	85.2	87.1	...	...	...
1996	87.3	86.5	88.1	87.5	86.3	88.8	92.6	92.0	93.1	85.6	87.2	84.2	...	...	...
1995	86.8	86.3	87.4	87.4	86.6	88.2	92.5	92.0	93.0	86.5	88.1	85.1	...	...	...
1994	86.1	84.5	87.6	86.5	84.7	88.3	91.1	90.0	92.3	84.1	82.9	85.0	...	...	...
1993	86.7	86.0	87.4	87.3	86.1	88.5	91.2	90.6	91.8	82.8	85.0	80.9	...	...	...
1992[5]	86.3	86.1	86.5	87.0	86.5	87.6	...	...	...	80.9	82.5	79.5	...	...	...
1991	85.4	84.9	85.8	85.8	85.1	86.6	...	...	...	81.7	83.5	80.1	...	...	...
1990	85.7	84.4	87.0	86.3	84.6	88.1	...	...	...	81.7	81.5	81.8	...	...	...
1989	85.5	84.4	86.5	86.0	84.8	87.1	...	...	...	82.2	80.6	83.6	...	...	...
1988	85.7	84.4	87.0	86.5	84.8	88.2	...	...	...	80.7	80.6	80.7	...	...	...
1987	86.0	85.5	86.4	86.3	85.6	87.0	...	...	...	83.3	84.8	82.1	...	...	...
1986	86.1	85.9	86.4	86.5	85.6	87.4	...	...	...	83.4	86.5	80.6	...	...	...
1985	86.1	85.9	86.4	86.8	86.4	87.3	...	...	...	80.6	80.8	80.4	...	...	...
1984	85.9	85.6	86.3	86.9	86.8	87.0	...	...	...	78.9	75.9	81.5	...	...	...
1983	86.0	86.0	86.0	86.9	86.9	86.9	...	...	...	79.4	78.9	79.8	...	...	...
1982	86.2	86.3	86.1	86.9	87.0	86.8	...	...	...	80.9	80.5	81.3	...	...	...
1981	86.3	86.5	86.1	87.6	87.6	87.6	...	...	...	77.3	78.4	76.4	...	...	...
1980	85.4	85.4	85.5	86.9	86.8	87.0	...	...	...	76.6	74.8	78.1	...	...	...
1979	85.6	86.3	84.9	87.0	87.7	86.4	...	...	...	74.8	73.9	75.4	...	...	...
1978	85.3	86.0	84.6	86.3	86.8	85.8	...	...	...	77.3	78.5	76.3	...	...	...
1977	85.4	86.6	84.2	86.8	87.6	86.0	...	...	...	74.4	77.5	72.0	...	...	...
1976	84.7	86.0	83.5	85.9	87.3	84.6	...	...	...	73.8	72.5	74.9	...	...	...
1975	83.1	84.5	81.8	84.4	85.7	83.2	...	...	...	71.0	72.2	70.1	...	...	...
1974	81.9	83.1	80.8	83.4	84.1	82.7	...	...	...	68.2	71.1	66.0	...	...	...
1973	80.2	80.6	79.8	82.0	82.4	81.6	...	...	...	64.2	63.1	64.9	...	...	...
1972	79.8	80.5	79.2	81.5	82.3	80.8	...	...	...	64.1	61.8	66.2	...	...	...
1971	77.2	78.1	76.4	79.5	80.8	78.3	...	...	...	57.5	54.1	60.7	...	...	...
1970	75.4	76.6	74.2	77.8	79.2	76.4	...	...	...	56.2	54.5	57.9	...	...	...
1969	74.7	75.6	73.8	77.0	77.5	76.6	...	...	...	55.8	59.8	52.3	...	...	...
1968	73.2	73.7	72.7	75.3	75.5	75.0	...	...	...	55.8	58.1	53.6	...	...	...
1967	72.5	72.1	72.9	74.8	74.3	75.3	...	...	...	53.4	51.7	55.0	...	...	...
1966	71.0	70.9	71.2	73.8	73.2	74.4	...	...	...	47.9	48.9	47.0	...	...	...
1965	70.3	70.5	70.1	72.8	72.7	72.8	...	...	...	50.3	50.3	50.4	...	...	...
1964	69.2	68.8	69.5	72.1	71.8	72.4	...	...	...	45.0	41.6	47.9	...	...	...
1962	65.9	65.8	66.1	69.2	69.2	69.3	...	...	...	41.6	38.9	43.8	...	...	...
1959	63.9	63.9	64.0	67.2	66.9	67.4	...	...	...	39.5	40.6	38.6	...	...	...
1957	60.2	57.9	62.4	63.3	60.7	65.7	...	...	...	31.6	27.4	35.2	...	...	...
1952	57.1	55.3	58.7	...	...	...	...	...	...	28.1	27.9	28.3	...	...	...
1950	52.8	50.6	55.0	...	...	...	...	...	...	23.6	21.3	25.5	...	...	...
1947	51.4	49.4	53.3	54.9	52.9	56.8	...	...	...	22.3	19.6	24.7	...	...	...
1940	38.1	36.0	40.1	41.2	38.9	43.4	...	...	...	12.3	10.6	13.6	...	...	...

[1] Data in the column labeled "Black" include Black and other races from 1940 to 1962; from 1963 to 2003, data are for the Black population only.
[3] Starting in 2003, respondents could choose more than one race. The race data in this table from 2003 onward represent respondents who indicated only one race. Prior to 2003, Asians were grouped with Pacific Islanders.
[4] Starting in 2001, data are from the expanded Current Population Survey (CPS) sample and were calculated using population controls based on Census 2000.
[5] Begining with data for 1992, a new question results in different categories than for earlier years. Data shown as "Completed 4 Years of High School or More" are now collected by the category "High School Graduate." Data shown as "Completed 4 Years of College or more," are now collected by the categories, Bachelor's degree; Master's degree; Doctorate degree; and Professional degree. Due to the change in question format, median years of schooling cannot be derived.
... = Not available.

Table A-28. Percent of People 25 Years Old and Over Who Have Completed High School or College, by Race, Hispanic Origin and Sex, Selected Years 1940–2007—*Continued*

(Noninstitutionalized population)

Age, educational attainment level, and year	Hispanic[2] Both sexes	Hispanic[2] Male	Hispanic[2] Female	White alone or in combination Both sexes	White alone or in combination Male	White alone or in combination Female	Non-Hispanic White alone or in combination Both sexes	Non-Hispanic White alone or in combination Male	Non-Hispanic White alone or in combination Female	Black alone or in combination Both sexes	Black alone or in combination Male	Black alone or in combination Female	Asian alone or in combination Both sexes	Asian alone or in combination Male	Asian alone or in combination Female
25 TO 29 YEARS OLD															
Completed 4 Years of High School or More															
2007	65.0	60.5	70.7	86.5	84.2	88.8	93.4	92.7	94.1	87.4	87.0	87.8	96.3	95.8	96.8
2006	63.3	60.6	66.7	86.0	83.9	88.2	93.3	92.2	94.5	85.6	83.2	87.7	96.0	96.4	95.7
2005	63.3	63.2	63.4	85.6	84.2	87.0	92.8	91.7	93.8	86.6	86.4	86.7	95.5	96.7	94.4
2004	62.4	60.1	65.2	85.9	83.9	87.9	93.2	92.1	94.4	87.8	89.9	86.2	95.7	97.0	94.5
2003[3]	61.7	59.6	64.2	85.7	83.9	87.6	93.6	92.8	94.4	87.4	86.4	88.5	97.2	97.5	97.0
2002	62.4	60.2	65.0	...	...	...	...	...	...	...	...	...	...	...	...
2001[4]	62.4	58.3	67.3	...	...	...	...	...	...	...	...	...	...	...	...
2000	62.8	59.2	66.4	...	...	...	...	...	...	...	...	...	...	...	...
1999	61.6	57.4	66.0	...	...	...	...	...	...	...	...	...	...	...	...
1998	62.8	59.9	66.3	...	...	...	...	...	...	...	...	...	...	...	...
1997	61.8	59.2	64.9	...	...	...	...	...	...	...	...	...	...	...	...
1996	61.1	59.7	62.9	...	...	...	...	...	...	...	...	...	...	...	...
1995	57.1	55.7	58.7	...	...	...	...	...	...	...	...	...	...	...	...
1994	60.3	58.0	63.0	...	...	...	...	...	...	...	...	...	...	...	...
1993	60.9	58.3	64.0	...	...	...	...	...	...	...	...	...	...	...	...
1992[5]	60.9	61.1	60.6	...	...	...	...	...	...	...	...	...	...	...	...
1991	56.7	56.4	57.1	...	...	...	...	...	...	...	...	...	...	...	...
1990	58.2	56.6	59.9	...	...	...	...	...	...	...	...	...	...	...	...
1989	61.0	61.0	61.0	...	...	...	...	...	...	...	...	...	...	...	...
1988	62.0	59.4	65.0	...	...	...	...	...	...	...	...	...	...	...	...
1987	59.8	58.6	61.0	...	...	...	...	...	...	...	...	...	...	...	...
1986	59.1	58.2	60.0	...	...	...	...	...	...	...	...	...	...	...	...
1985	60.9	58.6	63.1	...	...	...	...	...	...	...	...	...	...	...	...
1984	58.6	56.8	60.2	...	...	...	...	...	...	...	...	...	...	...	...
1983	58.3	57.8	58.9	...	...	...	...	...	...	...	...	...	...	...	...
1982	60.9	60.7	61.2	...	...	...	...	...	...	...	...	...	...	...	...
1981	59.8	59.1	60.4	...	...	...	...	...	...	...	...	...	...	...	...
1980	58.6	58.3	58.8	...	...	...	...	...	...	...	...	...	...	...	...
1979	57.0	55.5	58.5	...	...	...	...	...	...	...	...	...	...	...	...
1978	56.6	58.5	54.7	...	...	...	...	...	...	...	...	...	...	...	...
1977	58.1	62.1	54.8	...	...	...	...	...	...	...	...	...	...	...	...
1976	58.1	57.6	58.4	...	...	...	...	...	...	...	...	...	...	...	...
1975	51.7	51.1	52.1	...	...	...	...	...	...	...	...	...	...	...	...
1974	52.5	55.1	49.9	...	...	...	...	...	...	...	...	...	...	...	...
1973	...	...	...	...	...	...	...	...	...	...	...	...	...	...	...
1972	...	...	...	...	...	...	...	...	...	...	...	...	...	...	...
1971	...	...	...	...	...	...	...	...	...	...	...	...	...	...	...
1970	...	...	...	...	...	...	...	...	...	...	...	...	...	...	...
1969	...	...	...	...	...	...	...	...	...	...	...	...	...	...	...
1968	...	...	...	...	...	...	...	...	...	...	...	...	...	...	...
1967	...	...	...	...	...	...	...	...	...	...	...	...	...	...	...
1966	...	...	...	...	...	...	...	...	...	...	...	...	...	...	...
1965	...	...	...	...	...	...	...	...	...	...	...	...	...	...	...
1964	...	...	...	...	...	...	...	...	...	...	...	...	...	...	...
1962	...	...	...	...	...	...	...	...	...	...	...	...	...	...	...
1959	...	...	...	...	...	...	...	...	...	...	...	...	...	...	...
1957	...	...	...	...	...	...	...	...	...	...	...	...	...	...	...
1952	...	...	...	...	...	...	...	...	...	...	...	...	...	...	...
1950	...	...	...	...	...	...	...	...	...	...	...	...	...	...	...
1947	...	...	...	...	...	...	...	...	...	...	...	...	...	...	...
1940	...	...	...	...	...	...	...	...	...	...	...	...	...	...	...

[2] May be of any race.
[3] Starting in 2003, respondents could choose more than one race. The race data in this table from 2003 onward represent respondents who indicated only one race. Prior to 2003, Asians were grouped with Pacific Islanders.
[4] Starting in 2001, data are from the expanded Current Population Survey (CPS) sample and were calculated using population controls based on Census 2000.
[5] Begining with data for 1992, a new question results in different categories than for earlier years. Data shown as "Completed 4 Years of High School or More" are now collected by the category "High School Graduate." Data shown as "Completed 4 Years of College or more," are now collected by the categories, Bachelor's degree; Master's degree; Doctorate degree; and Professional degree. Due to the change in question format, median years of schooling cannot be derived.
... = Not available.

230 THE ALMANAC OF AMERICAN EDUCATION (BERNAN PRESS)

Table A-28. Percent of People 25 Years Old and Over Who Have Completed High School or College, by Race, Hispanic Origin and Sex, Selected Years 1940–2007—*Continued*

(Noninstitutionalized population)

Age, educational attainment level, and year	All races Both sexes	All races Male	All races Female	White Both sexes	White Male	White Female	Non-Hispanic White Both sexes	Non-Hispanic White Male	Non-Hispanic White Female	Black[1] Both sexes	Black[1] Male	Black[1] Female	Asian Both sexes	Asian Male	Asian Female
Completed 4 Years of College or More															
2007	29.6	26.3	33.0	29.8	25.8	34.0	35.5	31.9	39.2	18.9	17.9	19.9	60.9	59.8	62.0
2006	28.4	25.3	31.6	28.3	25.0	31.7	34.3	31.4	37.2	18.6	14.9	21.6	60.9	59.8	61.9
2005	28.8	25.5	32.2	28.9	25.3	32.7	34.5	30.7	38.2	17.4	14.1	20.1	61.6	60.5	62.5
2004	28.7	26.1	31.4	28.9	25.8	32.1	34.5	31.4	37.5	16.9	13.4	19.7	61.4	62.0	60.9
2003[3]	28.4	26.0	30.9	28.3	25.3	31.5	34.2	31.4	37.1	17.2	17.5	17.0	61.6	60.9	62.3
2002	29.3	26.9	31.8	29.7	26.5	33.1	35.9	32.6	39.2	17.5	17.4	17.7	...	...	...
2001[4]	28.4	25.5	31.3	28.5	25.1	32.1	33.7	30.4	36.9	16.8	15.6	17.9	...	...	...
2000	29.1	27.9	30.1	29.6	27.8	31.3	34.0	32.3	35.8	17.5	18.1	17.0	...	...	...
1999	28.2	26.8	29.5	29.3	27.6	30.9	33.6	32.0	35.1	15.0	13.1	16.5	...	...	...
1998	27.3	25.6	29.0	28.4	26.5	30.4	32.3	30.5	34.2	15.8	14.2	17.0	...	...	...
1997	27.8	26.3	29.3	28.9	27.2	30.7	32.6	31.2	34.1	14.4	12.1	16.4	...	...	...
1996	27.1	26.1	28.2	28.1	27.2	29.1	31.6	30.9	32.3	14.6	12.4	16.4	...	...	...
1995	24.7	24.5	24.9	26.0	25.4	26.6	28.8	28.4	29.2	15.3	17.2	13.6	...	...	...
1994	23.3	22.5	24.0	24.2	23.6	24.8	27.1	26.8	27.4	13.7	11.7	15.4	...	...	...
1993	23.7	23.4	23.9	24.7	24.4	25.1	27.2	27.2	27.1	13.2	12.6	13.8	...	...	...
1992[5]	23.6	23.2	24.0	25.0	24.2	25.7	...	...	...	11.3	12.0	10.6	...	...	...
1991	23.2	23.0	23.4	24.6	24.1	25.0	...	...	...	11.0	11.5	10.6	...	...	...
1990	23.2	23.7	22.8	24.2	24.2	24.3	...	...	...	13.4	15.1	11.9	...	...	...
1989	23.4	23.9	22.9	24.4	24.8	24.0	...	...	...	12.7	12.0	13.3	...	...	...
1988	22.5	23.2	21.9	23.5	24.0	22.9	...	...	...	12.2	12.6	11.9	...	...	...
1987	22.0	22.3	21.7	23.0	23.3	22.8	...	...	...	11.4	11.6	11.1	...	...	...
1986	22.4	22.9	21.9	23.5	24.1	22.9	...	...	...	11.8	10.1	13.3	...	...	...
1985	22.2	23.1	21.3	23.2	24.2	22.2	...	...	...	11.5	10.3	12.6	...	...	...
1984	21.9	23.2	20.7	23.1	24.3	21.9	...	...	...	11.6	12.9	10.5	...	...	...
1983	22.5	23.9	21.1	23.4	25.0	21.8	...	...	...	12.9	13.1	12.8	...	...	...
1982	21.7	23.3	20.2	22.7	24.5	20.9	...	...	...	12.6	11.8	13.2	...	...	...
1981	21.3	23.1	19.6	22.4	24.3	20.5	...	...	...	11.6	12.1	11.1	...	...	...
1980	22.5	24.0	21.0	23.7	25.5	22.0	...	...	...	11.6	10.5	12.5	...	...	...
1979	23.1	25.6	20.5	24.3	27.1	21.5	...	...	...	12.4	13.3	11.7	...	...	...
1978	23.3	26.0	20.6	24.5	27.6	21.4	...	...	...	11.8	10.7	12.6	...	...	...
1977	24.0	27.0	21.1	25.3	28.5	22.1	...	...	...	12.6	12.8	12.4	...	...	...
1976	23.7	27.5	20.1	24.6	28.7	20.6	...	...	...	13.0	12.0	13.6	...	...	...
1975	21.9	25.1	18.7	22.8	26.3	19.4	...	...	...	10.7	11.4	10.1	...	...	...
1974	20.7	23.9	17.6	22.0	25.3	18.8	...	...	...	7.9	8.8	7.2	...	...	...
1973	19.0	21.6	16.4	19.9	22.8	17.0	...	...	...	8.1	7.1	8.8	...	...	...
1972	19.0	22.0	16.0	19.9	23.1	16.7	...	...	...	8.3	7.1	9.4	...	...	...
1971	16.9	20.1	13.8	17.9	21.3	14.6	...	...	...	6.4	6.4	6.5	...	...	...
1970	16.4	20.0	12.9	17.3	21.3	13.3	...	...	...	7.3	6.7	8.0	...	...	...
1969	16.0	19.4	12.8	17.0	20.6	13.4	...	...	...	6.7	8.1	5.5	...	...	...
1968	14.7	18.0	11.6	15.6	19.1	12.3	...	...	...	5.3	5.3	5.3	...	...	...
1967	14.6	17.2	12.1	15.5	18.3	12.7	...	...	...	5.4	4.2	6.3	...	...	...
1966	14.0	16.8	11.3	14.7	17.9	11.8	...	...	...	5.9	5.4	6.4	...	...	...
1965	12.4	15.6	9.5	13.0	16.4	9.8	...	...	...	6.8	7.3	6.8	...	...	...
1964	12.8	16.6	9.2	13.6	17.5	9.9	...	...	...	5.5	7.5	3.9	...	...	...
1962	13.1	17.2	9.2	14.3	18.7	10.0	...	...	...	4.2	5.7	3.0	...	...	...
1959	11.1	14.8	7.6	11.9	15.9	8.1	...	...	...	4.6	5.6	3.7	...	...	...
1957	10.4	13.5	7.5	11.1	14.5	7.8	...	...	...	4.1	3.3	5.0	...	...	...
1952	10.1	13.8	6.7	...	...	...	...	...	...	4.6	3.2	5.8	...	...	...
1950	7.7	9.6	5.9	...	...	...	...	...	...	2.9	2.4	3.2	...	...	...
1947	5.6	5.8	5.4	5.9	6.2	5.7	...	...	...	2.8	2.6	2.9	...	...	...
1940	5.9	6.9	4.9	6.4	7.5	5.3	...	...	...	1.6	1.5	1.7	...	...	...

[1] Data in the column labeled "Black" include Black and other races from 1940 to 1962; from 1963 to 2003, data are for the Black population only.
[3] Starting in 2003, respondents could choose more than one race. The race data in this table from 2003 onward represent respondents who indicated only one race. Prior to 2003, Asians were grouped with Pacific Islanders.
[4] Starting in 2001, data are from the expanded Current Population Survey (CPS) sample and were calculated using population controls based on Census 2000.
[5] Begining with data for 1992, a new question results in different categories than for earlier years. Data shown as "Completed 4 Years of High School or More" are now collected by the category "High School Graduate." Data shown as "Completed 4 Years of College or more," are now collected by the categories, Bachelor's degree; Master's degree; Doctorate degree; and Professional degree. Due to the change in question format, median years of schooling cannot be derived.
... = Not available.

Table A-28. Percent of People 25 Years Old and Over Who Have Completed High School or College, by Race, Hispanic Origin and Sex, Selected Years 1940–2007—Continued

(Noninstitutionalized population)

Age, educational attainment level, and year	Hispanic[2] Both sexes	Hispanic[2] Male	Hispanic[2] Female	White alone or in combination Both sexes	White alone or in combination Male	White alone or in combination Female	Non-Hispanic White alone or in combination Both sexes	Non-Hispanic White alone or in combination Male	Non-Hispanic White alone or in combination Female	Black alone or in combination Both sexes	Black alone or in combination Male	Black alone or in combination Female	Asian alone or in combination Both sexes	Asian alone or in combination Male	Asian alone or in combination Female
Completed 4 Years of College or More															
2007	11.6	8.6	15.4	29.7	25.7	33.8	35.3	31.7	39.0	19.1	18.1	19.9	59.0	57.8	60.1
2006	9.5	6.9	12.8	28.1	24.8	31.6	34.1	31.2	37.0	18.9	15.0	22.3	59.4	58.4	60.5
2005	11.2	10.2	12.4	28.8	25.3	32.5	34.3	30.6	38.1	17.6	14.6	20.3	60.3	59.0	61.5
2004	10.9	9.6	12.4	28.7	25.7	31.8	34.2	31.2	37.2	16.8	13.4	19.5	59.9	61.1	58.9
2003[3]	10.0	8.4	12.0	28.2	25.2	31.4	34.0	31.2	36.9	17.3	17.4	17.3	60.3	58.8	61.7
2002	8.9	8.3	9.7	...	...	...	...	...	...	...	...	...	...	...	...
2001[4]	10.5	8.2	13.3	...	...	...	...	...	...	...	...	...	...	...	...
2000	9.7	8.3	11.0	...	...	...	...	...	...	...	...	...	...	...	...
1999	8.9	7.5	10.4	...	...	...	...	...	...	...	...	...	...	...	...
1998	10.4	9.5	11.3	...	...	...	...	...	...	...	...	...	...	...	...
1997	11.0	9.6	10.1	...	...	...	...	...	...	...	...	...	...	...	...
1996	10.0	10.2	9.8	...	...	...	...	...	...	...	...	...	...	...	...
1995	8.9	7.8	10.1	...	...	...	...	...	...	...	...	...	...	...	...
1994	8.0	6.6	9.8	...	...	...	...	...	...	...	...	...	...	...	...
1993	8.3	7.1	9.8	...	...	...	...	...	...	...	...	...	...	...	...
1992[5]	9.5	8.8	10.3	...	...	...	...	...	...	...	...	...	...	...	...
1991	9.2	8.1	10.4	...	...	...	...	...	...	...	...	...	...	...	...
1990	8.1	7.3	9.1	...	...	...	...	...	...	...	...	...	...	...	...
1989	10.1	9.6	10.6	...	...	...	...	...	...	...	...	...	...	...	...
1988	11.4	12.1	10.6	...	...	...	...	...	...	...	...	...	...	...	...
1987	8.7	9.2	8.2	...	...	...	...	...	...	...	...	...	...	...	...
1986	9.0	8.9	9.1	...	...	...	...	...	...	...	...	...	...	...	...
1985	11.1	10.9	11.2	...	...	...	...	...	...	...	...	...	...	...	...
1984	10.6	9.6	11.6	...	...	...	...	...	...	...	...	...	...	...	...
1983	10.4	9.6	11.1	...	...	...	...	...	...	...	...	...	...	...	...
1982	9.7	10.7	8.7	...	...	...	...	...	...	...	...	...	...	...	...
1981	7.5	8.6	6.5	...	...	...	...	...	...	...	...	...	...	...	...
1980	7.7	8.4	6.9	...	...	...	...	...	...	...	...	...	...	...	...
1979	7.3	7.9	6.8	...	...	...	...	...	...	...	...	...	...	...	...
1978	9.6	9.6	9.7	...	...	...	...	...	...	...	...	...	...	...	...
1977	6.7	7.2	6.4	...	...	...	...	...	...	...	...	...	...	...	...
1976	7.4	10.3	4.8	...	...	...	...	...	...	...	...	...	...	...	...
1975	8.8	10.0	7.3	...	...	...	...	...	...	...	...	...	...	...	...
1974	5.7	7.2	4.6	...	...	...	...	...	...	...	...	...	...	...	...
1973	...	...	...	...	...	...	...	...	...	...	...	...	...	...	...
1972	...	...	...	...	...	...	...	...	...	...	...	...	...	...	...
1971	...	...	...	...	...	...	...	...	...	...	...	...	...	...	...
1970	...	...	...	...	...	...	...	...	...	...	...	...	...	...	...
1969	...	...	...	...	...	...	...	...	...	...	...	...	...	...	...
1968	...	...	...	...	...	...	...	...	...	...	...	...	...	...	...
1967	...	...	...	...	...	...	...	...	...	...	...	...	...	...	...
1966	...	...	...	...	...	...	...	...	...	...	...	...	...	...	...
1965	...	...	...	...	...	...	...	...	...	...	...	...	...	...	...
1964	...	...	...	...	...	...	...	...	...	...	...	...	...	...	...
1962	...	...	...	...	...	...	...	...	...	...	...	...	...	...	...
1959	...	...	...	...	...	...	...	...	...	...	...	...	...	...	...
1957	...	...	...	...	...	...	...	...	...	...	...	...	...	...	...
1952	...	...	...	...	...	...	...	...	...	...	...	...	...	...	...
1950	...	...	...	...	...	...	...	...	...	...	...	...	...	...	...
1947	...	...	...	...	...	...	...	...	...	...	...	...	...	...	...
1940	...	...	...	...	...	...	...	...	...	...	...	...	...	...	...

[2] May be of any race.
[3] Starting in 2003, respondents could choose more than one race. The race data in this table from 2003 onward represent respondents who indicated only one race. Prior to 2003, Asians were grouped with Pacific Islanders.
[4] Starting in 2001, data are from the expanded Current Population Survey (CPS) sample and were calculated using population controls based on Census 2000.
[5] Begining with data for 1992, a new question results in different categories than for earlier years. Data shown as "Completed 4 Years of High School or More" are now collected by the category "High School Graduate." Data shown as "Completed 4 Years of College or more," are now collected by the categories, Bachelor's degree; Master's degree; Doctorate degree; and Professional degree. Due to the change in question format, median years of schooling cannot be derived.
... = Not available.

Table A-29. Mean Earnings of Workers 18 Years Old and Over, by Educational Attainment, Race, Hispanic Origin, and Sex, 1975–2006

(Dollars, numbers in thousands.)

Sex, race, Hispanic origin, and year	Total Mean	Total Number with earnings	Total Standard error	Not a high school graduate Mean	Not a high school graduate Number with earnings	Not a high school graduate Standard error	High school graduate Mean	High school graduate Number with earnings	High school graduate Standard error
ALL RACES									
Both Sexes									
2006	41,412	154,438	170	20,873	16,652	223	31,071	45,936	235
2005	39,579	152,215	162	19,915	16,317	184	29,448	45,652	185
2004	37,899	150,095	155	19,182	16,372	252	28,631	45,571	193
2003	37,046	148,660	144	18,734	16,282	183	27,915	45,064	159
2002	36,308	148,492	148	18,826	16,931	265	27,280	45,407	177
2001	35,805	147,829	155	18,793	17,293	308	26,795	45,641	186
2000	34,514	147,966	148	17,738	17,425	269	25,692	45,977	142
1999	32,356	144,640	183	16,121	16,737	299	24,572	46,082	186
1998	30,928	142,053	183	16,053	16,742	306	23,594	45,987	203
1997	29,514	140,367	183	16,124	16,962	346	22,895	45,976	206
1996	28,106	138,703	176	15,011	17,075	286	22,154	45,908	209
1995	26,792	136,221	164	14,013	16,990	201	21,431	44,546	225
1994	25,852	135,096	153	13,697	16,479	288	20,248	44,614	170
1993	24,674	133,119	148	12,820	16,575	237	19,422	44,779	162
1992	23,227	130,860	99	12,809	16,612	152	18,737	45,340	110
1991	22,332	130,371	93	12,613	17,553	153	18,261	46,508	104
1990	21,793	130,080	91	12,582	18,698	115	17,820	51,977	95
1989	21,414	129,094	92	12,242	19,137	112	17,594	51,846	100
1988	20,060	127,564	88	11,889	19,635	118	16,750	51,297	98
1987	19,016	124,874	83	11,824	19,748	133	15,939	50,815	91
1986	18,149	122,757	72	11,203	19,665	149	15,120	50,104	77
1985	17,181	120,651	67	10,726	19,692	133	14,457	49,674	74
1984	16,083	118,183	57	10,384	20,206	130	13,893	48,452	68
1983	15,137	115,095	...	9,853	20,020	...	13,044	47,560	...
1982	14,351	113,451	52	9,387	20,789	101	12,560	46,584	64
1981	13,624	113,301	48	9,357	22,296	110	12,109	47,332	59
1980	12,665	111,919	45	8,845	23,028	95	11,314	46,795	54
1979	11,795	110,826	43	8,420	23,783	75	10,624	45,497	50
1978	10,812	106,436	41	7,759	23,787	71	9,834	43,510	49
1977	9,887	103,119	35	7,066	24,854	60	9,013	41,696	41
1976	9,180	100,510	32	6,720	25,035	57	8,393	40,570	39
1975	8,552	97,881	31	6,198	24,916	53	7,843	39,827	38
Male									
2006	49,647	82,310	275	24,072	10,541	285	37,356	25,489	388
2005	48,034	81,258	273	23,222	10,273	261	35,248	25,348	303
2004	46,008	79,765	257	22,537	10,188	386	34,050	25,209	301
2003	44,726	78,869	235	21,447	10,173	245	33,266	24,292	245
2002	44,310	78,757	244	22,091	10,526	398	32,673	24,174	276
2001	43,648	78,342	251	21,508	10,572	347	32,363	24,239	277
2000	42,772	78,319	250	21,007	10,535	372	31,446	24,439	223
1999	40,257	76,233	308	18,855	9,917	277	30,414	24,235	294
1998	38,134	75,213	301	19,155	10,085	426	28,742	24,155	312
1997	36,556	74,596	307	19,575	10,348	493	28,307	24,152	348
1996	34,705	73,955	291	17,826	10,583	440	27,642	23,966	364
1995	33,251	72,634	275	16,748	10,312	296	26,333	23,473	349
1994	32,087	72,246	251	16,633	9,981	457	25,038	23,418	286
1993	30,568	71,183	244	14,946	10,151	233	23,973	23,388	259
1992	28,448	70,409	158	14,934	10,335	212	22,978	23,610	173
1991	27,494	70,145	148	15,056	10,679	187	22,663	24,110	163
1990	27,164	70,218	151	14,991	11,412	155	22,378	26,753	158
1989	27,025	69,798	155	14,727	11,774	150	22,508	26,469	172
1988	25,344	69,006	146	14,551	11,993	163	21,481	26,080	166
1987	24,015	67,951	138	14,544	12,117	188	20,364	25,981	150
1986	23,057	67,189	120	13,703	12,208	217	19,453	25,562	131
1985	21,823	66,439	111	13,124	12,137	185	18,575	25,496	125
1984	20,452	65,005	92	12,775	12,325	170	18,016	24,827	116
1983	19,175	63,816	89	12,052	12,376	160	16,728	24,449	108
1982	18,244	63,489	85	11,513	12,868	144	16,160	24,059	107
1981	17,542	63,547	79	11,668	13,701	146	15,900	24,435	101
1980	16,382	62,825	73	11,042	14,273	129	15,002	24,023	92
1979	15,430	62,464	70	10,628	14,711	102	14,317	23,318	87
1978	14,154	60,586	67	9,894	14,550	93	13,188	22,650	85
1977	12,888	59,441	56	8,939	15,369	81	12,092	21,846	70
1976	11,923	58,419	52	8,522	15,634	79	11,189	21,499	65
1975	11,091	57,297	49	7,843	15,613	71	10,475	21,347	64

... = Not available.

Table A-29. Mean Earnings of Workers 18 Years Old and Over, by Educational Attainment, Race, Hispanic Origin, and Sex, 1975–2006—Continued

(Dollars, numbers in thousands.)

Sex, race, Hispanic origin, and year	Some college/associate's degree[1] Mean	Some college/associate's degree[1] Number with earnings	Some college/associate's degree[1] Standard error	Bachelor's degree[2] Mean	Bachelor's degree[2] Number with earnings	Bachelor's degree[2] Standard error	Advanced degree[3] Mean	Advanced degree[3] Number with earnings	Advanced degree[3] Standard error
ALL RACES									
Both Sexes									
2006	34,650	45,073	227	56,788	31,006	460	82,320	15,769	889
2005	33,496	45,434	221	54,689	29,658	457	79,946	15,152	905
2004	32,010	44,387	190	51,568	29,004	396	78,224	14,713	952
2003	31,498	44,048	193	51,206	28,672	420	74,602	14,592	803
2002	31,046	43,776	206	51,194	28,257	435	72,824	14,119	785
2001	30,782	43,214	203	50,623	27,980	452	72,869	13,700	880
2000	29,939	43,874	194	49,595	27,488	451	71,194	13,200	924
1999	28,403	42,860	262	45,678	26,215	531	67,697	12,749	1,122
1998	27,566	41,412	302	43,782	25,818	533	63,473	12,095	1,018
1997	26,235	40,802	289	40,478	25,035	489	63,229	11,591	1,162
1996	25,181	40,410	279	38,112	24,028	436	61,317	11,281	1,204
1995	23,862	40,142	245	36,980	23,285	463	56,667	11,258	490
1994	22,226	40,135	193	37,224	22,712	491	56,105	11,155	961
1993	21,539	39,429	173	35,121	21,815	425	55,789	10,521	1,140
1992	20,867	37,339	109	32,629	21,091	288	48,652	10,479	571
1991	20,551	35,732	116	31,323	20,475	275	46,039	10,103	571
1990	20,694	28,993	165	31,112	18,128	300	41,458	12,285	488
1989	20,255	28,078	161	30,736	17,767	304	41,019	12,265	506
1988	19,066	27,217	171	28,344	17,308	286	37,724	12,109	458
1987	18,054	26,404	156	26,919	16,497	289	35,968	11,411	447
1986	17,073	26,113	135	26,511	15,788	251	34,787	11,087	393
1985	16,349	25,402	127	24,877	15,373	238	32,909	10,510	367
1984	14,936	24,463	107	23,072	14,653	191	30,192	10,410	281
1983	14,245	23,208	...	21,532	13,929	...	28,333	10,377	...
1982	13,503	22,602	105	20,272	13,425	181	26,915	10,051	272
1981	13,176	21,759	101	19,006	12,579	173	25,281	9,336	266
1980	12,409	21,384	97	18,075	12,175	171	23,308	8,535	254
1979	11,377	21,174	90	16,514	11,751	163	21,874	8,621	251
1978	10,357	20,121	85	15,291	11,001	159	20,173	8,017	248
1977	9,607	18,905	76	14,207	10,357	136	19,077	7,309	222
1976	8,813	17,786	76	13,033	10,132	120	17,911	6,985	218
1975	8,388	16,917	70	12,332	9,764	121	16,725	6,457	206
Male									
2006	41,521	21,952	357	69,818	15,769	757	101,441	8,556	1,436
2005	40,995	22,173	393	67,980	15,217	782	100,379	8,245	1,526
2004	39,509	21,473	333	63,753	14,860	656	97,855	8,032	1,550
2003	38,451	21,534	332	63,084	14,849	702	91,831	8,019	1,262
2002	38,377	21,599	371	63,503	14,667	710	90,761	7,788	1,269
2001	37,429	21,390	321	63,354	14,507	772	90,130	7,631	1,411
2000	37,372	21,526	349	62,609	14,375	779	88,077	7,442	1,468
1999	35,326	21,173	471	57,706	13,683	888	84,051	7,225	1,836
1998	34,179	20,545	531	55,057	13,486	901	77,217	6,942	1,543
1997	32,641	20,359	499	50,056	13,008	818	78,032	6,728	1,865
1996	31,426	20,208	488	46,702	12,562	720	74,406	6,636	1,792
1995	29,851	19,918	433	46,111	12,251	802	69,588	6,679	1,570
1994	27,636	19,859	324	46,278	12,324	796	67,032	6,663	1,422
1993	26,614	19,532	301	43,499	11,810	669	68,221	6,302	1,756
1992	25,660	18,768	169	40,039	11,353	456	58,324	6,344	837
1991	25,345	18,076	183	38,484	11,126	432	54,449	6,154	837
1990	26,120	14,844	288	38,901	9,807	505	49,768	7,402	751
1989	25,555	14,384	278	38,692	9,737	510	50,144	7,434	777
1988	23,827	14,019	285	35,906	9,466	479	45,677	7,449	689
1987	22,781	13,433	268	33,677	9,286	472	43,140	7,134	663
1986	21,784	13,502	229	33,376	8,908	406	41,836	7,009	583
1985	20,698	13,385	208	31,433	8,794	386	39,768	6,627	548
1984	18,863	12,818	178	29,203	8,387	301	35,804	6,648	403
1983	18,052	12,261	187	27,239	8,010	295	33,635	6,719	388
1982	17,108	12,103	172	25,758	7,865	285	32,109	6,594	390
1981	16,870	11,784	168	24,353	7,393	273	30,072	6,235	376
1980	15,871	11,663	158	23,340	7,132	272	27,846	5,733	360
1979	14,716	11,781	145	21,482	6,889	260	26,411	5,765	358
1978	13,382	11,352	137	19,861	6,611	250	24,274	5,422	351
1977	12,393	10,848	122	18,187	6,341	210	22,786	5,038	311
1976	11,376	10,282	122	16,714	6,135	186	21,202	4,868	301
1975	10,805	9,851	112	15,758	5,960	188	19,672	4,526	283

[1] For data prior to 1991, "Some college/Associate degree" equals 1 to 3 years of college completed; "Bachelor's degree" equals 4 years of college; "Advanced degree" equals 5 or more years of college completed.
[2] Starting in 2003, respondents could choose more than one race. The race data in this table from 2003 onward represent respondents who indicated only one race.
[3] Beginning in 2000, earnings data are from the expanded Current Population Survey (CPS) sample and were calculated using population controls based on Census 2000.
... = Not available.

Table A-29. Mean Earnings of Workers 18 Years Old and Over, by Educational Attainment, Race, Hispanic Origin, and Sex, 1975–2006—*Continued*

(Dollars, numbers in thousands.)

Sex, race, Hispanic origin, and year	Total Mean	Total Number with earnings	Total Standard error	Not a high school graduate Mean	Not a high school graduate Number with earnings	Not a high school graduate Standard error	High school graduate Mean	High school graduate Number with earnings	High school graduate Standard error
Female									
2006	32,015	72,128	178	15,352	6,110	345	23,236	20,447	194
2005	29,897	70,956	141	14,294	6,044	200	22,208	20,304	156
2004	28,691	70,285	149	13,655	6,183	182	21,923	20,361	205
2003	28,367	69,790	147	14,214	6,108	255	21,659	20,772	182
2002	27,271	69,735	143	13,459	6,404	230	21,141	21,233	200
2001	26,962	69,487	162	14,524	6,720	569	20,489	21,402	232
2000	25,228	69,647	131	12,739	6,890	360	19,162	21,538	152
1999	23,551	68,409	165	12,145	6,819	604	18,092	21,847	196
1998	22,818	66,840	180	11,353	6,657	401	17,898	21,832	237
1997	21,528	65,771	163	10,725	6,614	415	16,906	21,824	179
1996	20,570	64,748	165	10,421	6,492	193	16,161	21,942	160
1995	19,414	63,587	144	9,790	6,678	208	15,970	21,073	263
1994	18,684	62,850	143	9,189	6,498	165	14,955	21,195	149
1993	17,900	61,937	141	9,462	6,425	482	14,446	21,391	174
1992	17,145	60,451	96	9,311	6,277	178	14,128	21,730	117
1991	16,320	60,226	91	8,818	6,875	161	13,523	22,398	109
1990	15,493	59,862	86	8,808	7,286	169	12,986	25,224	103
1989	14,809	59,296	84	8,268	7,363	167	12,468	25,377	98
1988	13,833	58,558	84	7,711	7,642	165	11,857	25,217	100
1987	13,049	56,923	80	7,504	7,631	171	11,309	24,834	100
1986	12,214	55,568	67	7,109	7,457	169	10,606	24,542	78
1985	11,493	54,212	63	6,874	7,555	179	10,115	24,178	76
1984	10,742	53,178	56	6,644	7,881	203	9,561	23,625	69
1983	10,111	51,279	...	6,292	7,644	...	9,147	23,111	...
1982	9,403	49,962	50	5,932	7,921	123	8,715	22,525	66
1981	8,619	49,754	44	5,673	8,595	165	8,063	22,897	57
1980	7,909	49,094	42	5,263	8,755	134	7,423	22,772	53
1979	7,099	48,362	38	4,840	9,072	106	6,741	22,179	48
1978	6,396	45,850	35	4,397	9,237	111	6,192	20,860	46
1977	5,804	43,678	30	4,032	9,485	86	5,624	19,850	39
1976	5,373	42,091	28	3,723	9,401	76	5,240	19,071	37
1975	4,968	40,584	26	3,438	9,303	75	4,802	18,480	34
WHITE									
Both Sexes									
2006	42,395	126,570	190	21,464	13,582	263	32,083	37,362	270
2005	40,717	124,870	186	20,264	13,157	206	30,569	37,122	219
2004	38,946	123,452	176	19,367	13,289	259	29,605	37,114	227
2003	38,053	122,599	164	19,110	13,094	199	28,708	36,951	182
2002	37,376	122,699	168	19,264	13,740	289	28,145	37,380	205
2001	36,844	122,930	174	19,120	14,012	337	27,700	37,969	218
2000	35,527	123,039	169	18,285	14,172	322	26,444	38,133	162
1999	33,326	120,916	210	16,623	13,585	359	25,270	38,428	211
1998	32,057	119,201	211	16,474	13,531	362	24,409	38,397	236
1997	30,515	117,985	210	16,596	13,780	409	23,618	38,409	240
1996	28,844	117,230	192	15,358	13,972	340	22,782	38,463	235
1995	27,556	115,636	181	14,234	13,869	234	22,154	37,802	261
1994	26,696	114,586	173	13,941	13,119	350	20,911	37,562	196
1993	25,440	113,342	165	13,171	13,480	283	19,918	37,826	166
1992	23,932	112,120	106	13,193	13,494	174	19,265	38,692	123
1991	22,998	111,830	103	12,914	14,041	178	18,766	39,764	115
1990	22,401	111,972	101	12,773	15,191	126	18,257	44,635	105
1989	22,035	111,243	102	12,654	15,628	124	18,011	44,726	111
1988	20,616	110,159	97	12,236	16,042	129	17,183	44,399	107
1987	19,599	108,407	93	12,502	16,165	145	16,339	44,235	99
1986	18,698	106,384	79	11,605	16,094	134	15,514	43,593	84
1985	17,709	104,818	75	11,115	16,149	118	14,815	43,347	81
1984	16,546	103,022	62	10,732	16,559	113	14,274	42,547	74
1983	15,556	101,035	...	10,239	16,568	...	13,357	42,007	...
1982	14,767	99,488	57	9,719	17,132	95	12,854	41,157	70
1981	14,027	99,510	53	9,737	18,298	105	12,355	42,080	64
1980	13,040	98,358	49	9,743	18,925	86	11,524	41,600	58
1979	12,155	97,544	47	8,827	19,504	80	10,431	40,458	54
1978	11,135	94,002	44	8,135	19,516	83	10,020	38,915	53
1977	10,191	91,254	37	7,415	20,492	65	9,173	37,521	44
1976	9,469	89,099	35	7,018	20,625	62	8,559	36,523	41
1975	8,815	86,894	33	6,438	20,696	57	8,005	35,799	41

... = Not available.

Table A-29. Mean Earnings of Workers 18 Years Old and Over, by Educational Attainment, Race, Hispanic Origin, and Sex, 1975–2006—Continued

(Dollars, numbers in thousands.)

Sex, race, Hispanic origin, and year	Some college/associate's degree[1] Mean	Some college/associate's degree[1] Number with earnings	Some college/associate's degree[1] Standard error	Bachelor's degree[2] Mean	Bachelor's degree[2] Number with earnings	Bachelor's degree[2] Standard error	Advanced degree[3] Mean	Advanced degree[3] Number with earnings	Advanced degree[3] Standard error
Female									
2006	28,126	23,121	275	43,302	15,237	482	59,636	7,213	843
2005	26,348	23,260	202	40,684	14,440	412	55,553	6,906	655
2004	24,983	22,914	179	38,776	14,143	396	54,623	6,680	894
2003	24,848	22,514	193	38,447	13,823	405	53,579	6,572	808
2002	23,905	22,176	172	37,909	13,589	448	50,756	6,330	675
2001	24,268	21,824	241	36,913	13,472	396	51,160	6,068	790
2000	22,779	22,348	161	35,328	13,113	357	49,368	5,757	842
1999	21,644	22,687	215	32,546	12,533	477	46,307	5,523	802
1998	21,056	20,867	273	31,452	12,332	467	44,954	5,153	1,018
1997	19,856	20,442	277	30,119	12,027	460	42,744	4,863	863
1996	18,933	20,202	406	28,701	11,466	421	42,625	4,646	1,333
1995	17,962	20,224	213	26,841	11,034	341	37,813	4,578	702
1994	16,928	20,276	199	26,483	10,388	463	39,905	4,493	1,040
1993	16,555	19,897	155	25,232	10,005	441	37,212	4,218	986
1992	16,023	18,571	138	23,991	9,738	272	33,814	4,135	594
1991	15,643	17,657	141	22,802	9,348	258	32,929	3,948	594
1990	15,002	14,149	154	21,933	8,321	270	28,862	4,883	459
1989	14,688	13,694	155	21,089	8,030	264	26,977	4,831	469
1988	14,009	13,198	179	19,216	7,842	253	25,010	4,660	451
1987	13,158	12,971	155	18,217	7,211	261	24,004	4,277	447
1986	12,029	12,611	133	17,623	6,880	233	22,672	4,078	367
1985	11,504	12,017	134	16,114	6,579	207	21,202	3,883	334
1984	10,614	11,645	110	14,865	6,266	193	20,275	3,762	313
1983	9,981	10,947	...	13,808	5,919	...	18,593	3,658	...
1982	9,348	10,499	108	12,511	5,560	167	17,009	3,457	272
1981	8,811	9,975	98	11,384	5,186	156	15,647	3,101	264
1980	8,256	9,721	99	10,628	5,043	152	14,022	2,802	241
1979	7,190	9,393	89	9,474	4,862	137	12,717	2,856	231
1978	6,441	8,769	79	8,408	4,390	128	11,603	2,595	222
1977	5,856	8,057	69	7,923	4,016	115	10,848	2,271	191
1976	5,301	7,504	70	7,383	3,997	102	10,345	2,117	199
1975	5,019	7,066	62	6,963	3,804	98	9,818	1,931	187
WHITE									
Both Sexes									
2006	35,338	36,878	253	57,932	25,763	506	83,185	12,983	979
2005	34,326	37,409	254	55,785	24,652	515	81,697	12,527	1,045
2004	32,751	36,547	210	52,877	24,061	447	79,071	12,397	1,070
2003	32,346	36,318	221	52,259	24,010	475	75,638	12,226	901
2002	31,878	36,023	235	52,479	23,638	494	73,870	11,916	869
2001	31,482	35,722	224	51,631	23,531	492	74,398	11,694	990
2000	30,638	36,334	224	50,969	23,110	517	71,983	11,288	1,006
1999	29,105	35,634	305	46,894	22,322	609	68,910	10,949	1,236
1998	28,318	34,540	342	44,852	22,266	604	65,379	10,467	1,147
1997	26,906	34,274	337	41,439	21,528	556	65,058	9,994	1,279
1996	25,511	34,087	293	38,936	20,846	489	61,779	9,861	1,230
1995	24,349	33,850	264	37,711	20,203	503	57,054	9,914	1,040
1994	22,648	34,006	218	37,996	19,917	551	56,475	9,981	1,020
1993	21,924	33,728	193	35,846	18,922	469	56,964	9,386	1,241
1992	21,357	32,014	120	33,092	18,555	312	49,347	9,363	611
1991	21,013	30,973	127	31,837	18,033	301	46,498	9,019	611
1990	21,095	25,105	182	31,626	15,993	328	41,908	11,049	522
1989	20,678	24,212	177	31,266	15,723	331	41,610	10,952	546
1988	19,384	23,643	187	28,886	15,221	314	38,129	10,854	489
1987	18,265	23,083	171	27,741	14,624	317	36,175	10,300	477
1986	17,371	22,653	146	27,061	14,055	271	35,265	9,987	422
1985	16,701	22,131	138	25,376	13,670	261	33,401	9,522	391
1984	15,197	21,451	117	23,472	13,056	207	30,515	9,409	298
1983	14,486	20,452	...	21,914	12,577	...	28,532	9,430	...
1982	13,799	19,967	114	20,760	12,103	195	27,040	9,127	286
1981	13,424	19,102	112	19,389	11,450	185	25,564	8,582	280
1980	12,677	18,888	106	18,434	11,067	183	23,466	7,876	267
1979	11,574	18,835	98	16,758	10,807	172	22,085	7,940	266
1978	10,504	18,022	91	15,463	10,171	168	20,531	7,376	265
1977	9,771	16,968	82	14,462	9,534	144	19,337	6,739	235
1976	8,958	16,127	82	13,279	9,325	127	18,153	6,498	230
1975	8,525	15,423	75	12,597	8,955	129	16,920	6,021	217

[1] For data prior to 1991, "Some college/Associate degree" equals 1 to 3 years of college completed; "Bachelor's degree" equals 4 years of college; "Advanced degree" equals 5 or more years of college completed.
[2] Starting in 2003, respondents could choose more than one race. The race data in this table from 2003 onward represent respondents who indicated only one race.
[3] Beginning in 2000, earnings data are from the expanded Current Population Survey (CPS) sample and were calculated using population controls based on Census 2000.
... = Not available.

Table A-29. Mean Earnings of Workers 18 Years Old and Over, by Educational Attainment, Race, Hispanic Origin, and Sex, 1975–2006—*Continued*

(Dollars, numbers in thousands.)

Sex, race, Hispanic origin, and year	Total Mean	Total Number with earnings	Total Standard error	Not a high school graduate Mean	Not a high school graduate Number with earnings	Not a high school graduate Standard error	High school graduate Mean	High school graduate Number with earnings	High school graduate Standard error
Male									
2006	51,013	68,752	305	24,579	8,932	324	38,833	21,090	449
2005	49,611	67,874	309	23,556	8,582	285	36,753	20,914	355
2004	47,404	66,677	288	22,598	8,591	380	35,360	20,781	350
2003	46,114	66,199	266	21,791	8,500	251	34,224	20,238	276
2002	45,793	66,202	273	22,539	8,841	416	33,920	20,156	321
2001	45,071	66,216	279	22,006	8,833	400	33,545	20,465	319
2000	44,181	66,222	282	21,561	8,859	431	32,528	20,553	253
1999	41,598	64,856	349	19,320	8,286	313	31,279	20,526	326
1998	39,638	64,181	341	19,632	8,430	490	29,782	20,388	359
1997	37,933	63,738	347	20,071	8,670	563	29,298	20,426	402
1996	35,821	63,532	320	18,246	8,899	514	28,591	20,329	405
1995	34,276	62,520	298	17,032	8,660	338	27,467	19,982	403
1994	33,292	62,029	283	16,835	8,133	547	26,125	19,833	330
1993	31,719	61,356	270	15,295	8,430	265	24,781	19,835	264
1992	29,515	60,919	174	15,414	8,487	241	23,844	20,259	192
1991	28,516	60,770	163	15,499	8,720	211	23,475	20,765	179
1990	28,105	60,676	167	15,319	9,476	168	23,135	23,088	174
1989	28,013	60,877	171	15,217	9,805	165	23,291	23,029	191
1988	26,184	60,221	160	14,943	10,008	175	22,216	22,707	181
1987	24,898	59,468	152	15,303	10,132	202	21,012	22,682	162
1986	23,892	58,932	131	14,168	10,239	183	20,128	22,392	143
1985	22,604	58,385	122	13,579	10,163	158	19,203	22,357	136
1984	21,174	57,362	100	13,248	10,280	148	18,681	21,989	125
1983	19,812	56,641	96	12,573	10,387	140	17,281	21,733	117
1982	18,859	56,364	92	11,952	10,816	129	16,662	21,436	116
1981	18,141	56,397	86	12,094	11,523	142	16,352	21,809	109
1980	16,945	55,772	79	11,539	11,937	114	15,382	21,453	99
1979	15,971	55,556	76	11,127	12,291	109	13,916	20,834	94
1978	14,627	54,113	72	10,358	12,141	103	13,534	20,328	91
1977	13,329	53,174	60	9,366	12,903	86	12,377	19,773	74
1976	12,342	52,312	56	8,867	13,117	85	11,497	19,446	69
1975	11,448	51,510	53	8,110	13,191	77	10,726	19,361	69
Female									
2006	32,148	57,818	195	15,483	4,650	437	23,334	16,272	186
2005	30,125	56,995	165	14,086	4,575	228	22,590	16,208	183
2004	28,966	56,705	171	13,459	4,703	195	22,260	16,358	247
2003	28,591	56,400	162	14,149	4,593	310	22,028	16,712	211
2002	27,512	56,496	165	13,354	4,898	286	21,388	17,224	226
2001	27,240	56,714	181	14,197	5,178	596	20,866	17,503	278
2000	25,441	56,816	148	12,823	5,313	458	19,330	17,579	173
1999	23,756	56,061	189	12,405	5,299	770	18,381	17,902	230
1998	23,213	55,020	211	11,255	5,102	498	18,327	18,009	280
1997	21,779	54,247	189	10,700	5,111	527	17,166	17,983	207
1996	20,590	53,697	161	10,290	5,073	210	16,270	18,134	178
1995	19,647	53,117	164	9,582	5,208	239	16,196	17,820	304
1994	18,912	52,557	163	9,220	4,987	192	15,078	17,729	168
1993	18,028	51,986	154	9,624	5,050	606	14,557	17,991	174
1992	17,289	51,200	106	9,428	5,007	207	14,233	18,434	129
1991	16,431	51,060	98	8,677	5,321	174	13,621	18,999	118
1990	15,559	50,905	94	8,725	5,715	186	13,031	21,547	113
1989	14,810	50,366	91	8,338	5,823	182	12,406	21,697	107
1988	13,902	49,938	93	7,747	6,034	184	11,915	21,692	110
1987	13,161	48,939	89	7,798	6,033	190	11,421	21,553	110
1986	12,247	47,452	72	7,123	5,855	181	10,641	21,201	84
1985	11,555	46,433	70	6,931	5,986	172	10,142	20,990	82
1984	10,732	45,660	61	6,614	6,279	175	9,561	20,558	74
1983	10,126	44,394	...	6,317	6,181	...	9,150	20,274	...
1982	9,419	43,124	55	5,896	6,316	135	8,714	19,721	72
1981	8,646	43,113	48	5,727	6,775	148	8,054	20,271	61
1980	7,926	42,586	45	6,675	6,988	127	7,415	20,147	57
1979	7,105	41,988	41	4,909	7,213	110	6,731	19,624	51
1978	6,398	39,889	38	4,476	7,375	138	6,176	18,587	49
1977	5,808	38,080	32	4,097	7,589	95	5,604	17,748	41
1976	5,383	36,787	31	3,788	7,508	86	5,214	17,077	40
1975	4,982	35,384	28	3,500	7,505	80	4,800	16,438	36
NON-HISPANIC WHITE									
Both Sexes									
2006	44,813	106,828	216	22,206	6,876	348	32,931	31,345	295
2005	42,963	106,337	213	21,134	6,603	347	31,445	31,484	248
2004	40,943	105,505	198	19,742	6,754	421	30,197	31,793	244
2003	40,094	105,214	185	19,769	6,768	303	29,571	31,831	206
2002	39,220	105,706	199	19,423	7,380	353	28,756	32,365	240
2001	38,711	106,384	195	19,659	7,812	466	28,426	33,050	241
2000	37,346	106,709	187	19,147	7,957	468	27,122	33,231	180
1999	34,838	106,573	232	16,957	8,219	447	25,847	34,121	231
1998	33,336	105,523	229	16,837	8,488	379	24,801	34,344	249

... = Not available.

Table A-29. Mean Earnings of Workers 18 Years Old and Over, by Educational Attainment, Race, Hispanic Origin, and Sex, 1975–2006—Continued

(Dollars, numbers in thousands.)

Sex, race, Hispanic origin, and year	Some college/associate's degree[1] Mean	Number with earnings	Standard error	Bachelor's degree[2] Mean	Number with earnings	Standard error	Advanced degree[3] Mean	Number with earnings	Standard error
Male									
2006	42,684	18,340	403	71,735	13,326	831	103,340	7,063	1,555
2005	42,206	18,583	444	69,852	12,900	857	103,144	6,893	1,747
2004	40,639	17,990	358	65,652	12,555	722	100,084	6,758	1,767
2003	39,594	18,060	375	65,264	12,665	800	94,017	6,734	1,418
2002	39,605	18,068	414	65,439	12,512	787	92,733	6,623	1,390
2001	38,501	17,957	344	65,046	12,396	838	92,304	6,562	1,577
2000	38,476	18,179	398	64,831	12,271	880	89,812	6,359	1,617
1999	36,518	17,928	544	59,606	11,851	1,004	85,345	6,265	2,016
1998	35,277	17,407	588	56,620	11,874	1,001	79,734	6,083	1,716
1997	33,691	17,423	571	51,678	11,340	920	80,322	5,879	2,023
1996	32,238	17,418	534	48,014	11,065	800	75,481	5,821	1,871
1995	30,529	17,136	451	47,016	10,851	852	70,155	5,891	1,634
1994	28,240	17,091	361	47,575	10,992	880	67,629	5,979	1,504
1993	27,297	16,959	334	44,505	10,452	722	70,000	5,680	1,914
1992	26,387	16,335	187	40,893	10,118	488	59,329	5,720	890
1991	26,090	15,873	198	39,547	9,893	468	55,257	5,519	890
1990	26,841	13,003	317	39,780	8,770	546	50,385	6,731	798
1989	26,260	12,582	303	39,654	8,750	553	51,031	6,710	831
1988	24,462	12,277	310	36,637	8,467	521	46,181	6,762	728
1987	23,310	11,771	295	34,865	8,384	510	43,440	6,499	702
1986	22,303	11,846	248	34,273	8,041	437	42,480	6,413	618
1985	21,240	11,831	224	32,165	7,970	416	40,358	6,064	580
1984	19,344	11,387	193	29,781	7,624	321	36,219	6,081	423
1983	18,388	10,974	202	27,726	7,379	309	33,981	6,168	409
1982	17,571	10,822	186	26,404	7,242	302	32,266	6,047	406
1981	17,303	10,448	184	24,943	6,824	289	30,396	5,794	393
1980	16,313	10,400	171	23,803	6,618	286	27,991	5,363	373
1979	15,043	10,572	157	21,785	6,464	271	26,645	5,395	374
1978	13,589	10,350	146	20,085	6,205	263	24,635	5,088	369
1977	12,657	9,853	131	18,521	5,941	219	23,093	4,704	325
1976	11,616	9,394	130	16,995	5,765	194	21,490	4,589	314
1975	11,028	9,096	119	16,079	5,587	197	19,858	4,275	295
Female									
2006	28,069	18,537	296	43,142	12,437	512	59,141	5,920	974
2005	26,547	18,825	234	40,344	11,751	484	55,461	5,634	744
2004	25,104	18,556	208	38,898	11,445	467	53,895	5,641	894
2003	25,177	18,258	222	37,739	11,344	410	53,102	5,492	889
2002	24,101	17,954	200	37,903	11,126	526	50,270	5,293	754
2001	24,387	17,764	276	36,698	11,135	407	51,499	5,131	895
2000	22,790	18,155	184	35,273	10,838	413	48,982	4,929	849
1999	21,598	17,705	242	32,507	10,471	550	45,741	4,684	832
1998	21,246	17,132	321	31,406	10,393	536	45,462	4,384	1,249
1997	19,892	16,852	325	30,041	10,188	523	43,236	4,114	967
1996	18,482	16,669	185	28,667	9,781	467	42,049	4,041	1,202
1995	18,011	16,714	246	26,916	9,352	383	37,864	4,022	709
1994	16,998	16,915	225	26,198	8,925	525	39,816	4,002	1,113
1993	16,490	16,769	168	25,161	8,470	501	36,988	3,705	967
1992	16,116	15,679	149	23,738	8,437	295	33,675	3,643	635
1991	15,677	15,100	155	22,471	8,140	276	32,687	3,500	635
1990	14,922	12,102	165	21,725	7,223	294	28,694	4,318	486
1989	14,640	11,630	170	20,741	6,973	272	26,709	4,242	510
1988	13,898	11,366	198	19,169	6,754	274	24,824	4,092	488
1987	13,015	11,312	167	18,170	6,240	289	23,753	3,801	482
1986	11,964	10,807	140	17,418	6,014	245	22,320	3,574	397
1985	11,488	10,300	148	15,883	5,700	229	21,202	3,458	357
1984	10,504	10,064	119	14,617	5,432	209	20,092	3,328	332
1983	9,969	9,478	...	13,664	5,198	...	18,230	3,262	...
1982	9,336	9,145	117	12,352	4,861	181	16,779	3,080	287
1981	8,740	8,654	107	11,196	4,626	167	15,523	2,788	279
1980	8,221	8,488	108	10,447	4,449	159	13,809	2,513	253
1979	7,135	8,263	96	9,275	4,343	145	12,420	2,545	243
1978	6,342	7,672	85	8,231	3,966	131	11,404	2,288	235
1977	5,774	7,115	73	7,750	3,593	123	10,655	2,035	203
1976	5,250	6,733	74	7,262	3,560	109	10,131	1,909	207
1975	4,926	6,327	65	6,822	3,368	105	9,728	1,746	199
NON-HISPANIC WHITE									
Both Sexes									
2006	35,872	32,403	274	58,917	23,855	540	83,785	12,347	1,015
2005	34,866	33,355	279	56,462	23,013	545	82,205	11,879	1,081
2004	33,192	33,200	234	53,411	22,544	466	79,166	11,961	1,082
2003	32,825	32,460	234	52,856	22,474	495	76,200	11,680	931
2002	32,318	32,344	250	53,185	22,221	551	74,122	11,395	882
2001	31,905	32,118	240	52,300	22,204	514	74,932	11,198	1,017
2000	31,217	32,836	243	51,351	21,824	528	72,356	10,859	1,027
1999	29,557	32,454	328	47,401	21,272	630	68,910	10,507	1,237
1998	23,897	31,459	364	45,342	21,175	630	65,461	10,059	1,153

[1] For data prior to 1991, "Some college/Associate degree" equals 1 to 3 years of college completed; "Bachelor's degree" equals 4 years of college; "Advanced degree" equals 5 or more years of college completed.
[2] Starting in 2003, respondents could choose more than one race. The race data in this table from 2003 onward represent respondents who indicated only one race.
[3] Beginning in 2000, earnings data are from the expanded Current Population Survey (CPS) sample and were calculated using population controls based on Census 2000.
... = Not available.

Table A-29. Mean Earnings of Workers 18 Years Old and Over, by Educational Attainment, Race, Hispanic Origin, and Sex, 1975–2006—*Continued*

(Dollars, numbers in thousands.)

Sex, race, Hispanic origin, and year	Total Mean	Total Number with earnings	Total Standard error	Not a high school graduate Mean	Not a high school graduate Number with earnings	Not a high school graduate Standard error	High school graduate Mean	High school graduate Number with earnings	High school graduate Standard error
Male									
2006	54,843	56,843	352	26,100	4,289	450	40,180	17,470	494
2005	53,263	56,675	359	25,511	4,127	503	38,134	17,507	406
2004	50,597	55,930	328	23,590	4,203	644	36,324	17,568	373
2003	49,386	55,774	305	22,957	4,224	401	35,589	17,225	315
2002	48,817	55,994	329	23,250	4,580	529	34,909	17,218	375
2001	47,973	56,528	316	23,096	4,749	549	34,627	17,672	352
2000	47,084	56,675	318	23,296	4,763	706	33,669	17,733	281
1999	44,032	56,575	390	20,256	4,842	471	32,321	18,047	362
1998	41,612	56,246	372	20,781	5,152	584	30,429	18,048	374
Female									
2006	33,407	49,984	218	15,751	2,857	518	23,805	13,875	210
2005	31,208	49,661	184	13,837	2,476	336	23,004	13,977	203
2004	30,051	49,575	190	13,401	2,550	295	22,631	14,224	278
2003	29,613	49,439	178	14,475	2,543	431	22,473	14,605	236
2002	28,410	49,712	191	13,163	2,800	287	21,762	15,146	271
2001	28,210	49,856	197	14,328	3,062	816	21,301	15,378	313
2000	26,315	50,034	158	12,962	3,194	474	19,631	15,498	192
1999	24,436	49,998	199	12,227	3,378	838	18,579	16,074	247
1998	23,891	49,277	226	10,746	3,336	268	18,568	16,295	305
BLACK									
Both Sexes									
2006	32,443	17,234	404	17,823	1,943	457	26,368	6,159	588
2005	30,472	17,000	327	17,216	2,025	445	23,904	6,101	325
2004	29,096	16,631	305	17,827	2,044	1,131	23,498	6,138	256
2003	28,838	16,389	334	16,201	2,095	391	23,777	5,941	337
2002	28,179	16,352	329	16,516	2,148	711	22,823	5,822	380
2001	27,031	16,683	300	17,248	2,382	1,062	21,743	5,729	260
2000	26,204	16,756	260	15,201	2,434	419	21,789	6,020	325
1999	24,979	16,936	313	13,569	2,393	426	20,991	6,112	432
1998	22,829	16,201	264	13,672	2,402	508	19,236	6,053	307
1997	21,909	15,873	254	13,185	2,437	401	18,980	5,964	322
1996	21,978	15,255	485	13,110	2,383	434	18,722	5,844	554
1995	20,537	14,847	374	12,956	2,389	437	17,072	5,453	315
1994	19,772	14,754	274	12,705	2,290	463	16,446	5,596	276
1993	18,614	14,315	316	11,065	2,352	370	16,122	5,521	584
1992	17,416	13,836	210	11,077	2,451	345	15,260	5,379	249
1991	16,809	13,865	197	11,248	2,860	335	15,060	5,512	264
1990	16,627	13,731	186	11,184	2,853	298	14,794	6,049	213
1989	16,072	13,600	177	10,066	2,883	266	14,613	5,894	206
1988	15,318	13,356	191	10,202	2,970	343	13,835	5,760	236
1987	14,136	13,023	171	9,976	3,015	264	12,862	5,699	224
1986	13,494	12,729	167	9,365	3,028	282	12,276	5,470	190
1985	12,926	12,427	153	9,116	3,009	275	11,791	5,223	192
1984	12,002	11,948	131	8,725	3,127	292	10,882	4,927	170
1983	11,299	11,296	...	7,867	3,035	...	10,557	4,692	...
1982	10,612	11,081	124	7,799	3,188	227	10,287	4,591	161
1981	10,117	11,088	109	7,520	3,514	208	9,994	4,388	159
1980	11,085	5,576	170	8,421	2,054	291	11,563	2,119	260
1979	8,720	10,856	97	6,424	3,776	187	8,723	4,267	135
1978	7,981	10,420	91	5,918	3,841	160	8,152	3,944	133
1977	7,271	10,014	70	5,406	3,946	126	7,553	3,604	116
1976	6,716	9,744	66	5,304	4,008	127	6,805	3,515	95
1975	6,190	9,368	57	4,989	3,922	116	6,281	3,495	83

... = Not available.

Table A-29. Mean Earnings of Workers 18 Years Old and Over, by Educational Attainment, Race, Hispanic Origin, and Sex, 1975–2006—Continued

(Dollars, numbers in thousands.)

Sex, race, Hispanic origin, and year	Some college/associate's degree[1] Mean	Some college/associate's degree[1] Number with earnings	Some college/associate's degree[1] Standard error	Bachelor's degree[2] Mean	Bachelor's degree[2] Number with earnings	Bachelor's degree[2] Standard error	Advanced degree[3] Mean	Advanced degree[3] Number with earnings	Advanced degree[3] Standard error
Male									
2006	43,589	16,024	438	73,376	12,321	888	104,031	6,738	1,606
2005	43,137	16,456	491	70,932	12,048	906	104,107	6,535	1,806
2004	41,490	16,259	406	66,527	11,739	755	100,220	6,527	1,781
2003	40,316	16,048	394	66,390	11,849	838	95,029	6,427	1,465
2002	40,368	16,121	440	66,638	11,764	878	93,686	6,309	1,429
2001	39,133	16,114	370	66,196	11,692	881	92,954	6,299	1,613
2000	39,379	16,435	431	65,459	11,594	899	90,150	6,149	1,641
1999	37,224	16,343	585	60,384	11,307	1,036	85,918	6,036	2,057
1998	29,555	15,849	625	57,346	11,335	1,042	79,524	5,862	1,709
Female									
2006	28,322	16,379	319	43,473	11,534	544	59,458	5,608	1,015
2005	26,812	16,899	255	40,562	10,964	513	55,422	5,344	769
2004	25,228	16,940	223	39,161	10,805	478	53,875	5,433	910
2003	25,499	16,411	241	37,761	10,624	415	53,164	5,253	919
2002	24,318	16,222	216	38,049	10,457	579	49,845	5,085	712
2001	24,628	16,004	294	36,844	10,512	404	51,756	4,898	930
2000	23,038	16,401	199	35,362	10,230	414	49,126	4,710	876
1999	21,779	16,112	258	32,667	9,964	573	45,943	4,470	859
1998	18,198	15,610	347	31,516	9,840	554	45,805	4,196	1,294
BLACK									
Both Sexes									
2006	31,234	5,581	674	47,903	2,503	1,366	64,834	1,045	2,254
2005	28,848	5,390	464	47,101	2,412	1,378	63,664	1,071	2,145
2004	27,779	5,191	2,348	42,342	2,348	863	65,538	909	2,474
2003	27,187	5,119	422	42,968	2,321	1,249	64,164	911	3,341
2002	27,626	5,255	505	42,285	2,275	901	59,944	851	3,302
2001	26,907	5,481	448	40,165	2,212	911	55,771	877	2,320
2000	26,324	5,431	351	41,513	2,060	1,198	52,373	809	1,921
1999	25,176	5,417	447	37,422	2,140	986	52,437	873	2,705
1998	23,927	4,559	413	36,373	1,897	1,005	44,760	764	2,020
1997	22,899	4,902	456	32,062	1,846	773	42,791	724	2,139
1996	23,628	4,783	1,084	31,955	1,655	1,080	48,731	590	5,269
1995	21,824	4,727	885	29,666	1,684	876	46,654	595	3,603
1994	19,631	4,610	573	30,938	1,679	907	48,653	579	3,282
1993	18,867	4,279	413	29,953	1,638	1,015	41,221	525	2,456
1992	18,719	4,054	338	27,457	1,429	819	41,439	523	1,885
1991	17,850	3,581	327	25,630	1,383	709	38,002	528	1,885
1990	18,209	3,004	411	26,448	1,217	745	32,962	607	1,461
1989	17,385	3,008	340	25,357	1,121	779	32,740	694	1,422
1988	16,760	2,802	443	23,689	1,204	702	30,802	621	1,346
1987	15,491	2,617	363	20,805	1,097	608	29,163	596	1,411
1986	14,743	2,662	423	21,403	1,004	810	27,503	564	1,130
1985	13,805	2,615	348	20,533	1,046	579	26,246	535	1,254
1984	12,890	2,396	277	19,330	937	551	24,072	561	884
1983	12,426	2,206	...	17,207	828	...	23,506	535	...
1982	11,119	2,067	271	15,152	747	494	22,959	488	1,162
1981	11,456	2,078	255	14,587	708	457	19,463	398	788
1980	12,393	964	417	15,616	283	739	19,960	353	1,026
1979	9,895	1,826	237	13,473	622	534	18,182	366	872
1978	9,026	1,689	230	12,870	557	544	15,076	389	573
1977	8,321	1,578	182	11,088	532	342	14,749	354	494
1976	7,331	1,370	184	10,331	547	314	15,013	305	696
1975	7,212	1,193	170	9,473	517	280	12,333	241	433

[1] For data prior to 1991, "Some college/Associate degree" equals 1 to 3 years of college completed; "Bachelor's degree" equals 4 years of college; "Advanced degree" equals 5 or more years of college completed.
[2] Starting in 2003, respondents could choose more than one race. The race data in this table from 2003 onward represent respondents who indicated only one race.
[3] Beginning in 2000, earnings data are from the expanded Current Population Survey (CPS) sample and were calculated using population controls based on Census 2000.
... = Not available.

Table A-29. Mean Earnings of Workers 18 Years Old and Over, by Educational Attainment, Race, Hispanic Origin, and Sex, 1975–2006—*Continued*

(Dollars, numbers in thousands.)

Sex, race, Hispanic origin, and year	Total Mean	Total Number with earnings	Total Standard error	Not a high school graduate Mean	Not a high school graduate Number with earnings	Not a high school graduate Standard error	High school graduate Mean	High school graduate Number with earnings	High school graduate Standard error
Male									
2006	36,045	7,932	621	21,294	982	715	30,122	3,067	889
2005	34,165	7,836	609	19,890	1,056	711	27,360	3,050	551
2004	33,020	7,668	563	22,796	1,029	2,194	26,608	3,119	403
2003	32,545	7,469	519	17,915	1,039	539	28,102	2,910	543
2002	31,790	7,483	600	19,294	1,072	1,364	25,582	2,832	487
2001	30,502	7,727	487	18,543	1,210	656	25,037	2,759	430
2000	30,109	7,700	478	17,992	1,235	717	25,219	2,942	504
1999	28,821	7,806	509	16,391	1,199	686	25,849	2,934	791
1998	26,090	7,488	444	16,013	1,190	744	22,698	2,974	480
1997	25,080	7,370	428	15,423	1,304	647	22,440	2,862	517
1996	25,067	7,125	785	15,461	1,290	648	22,267	2,836	1,034
1995	23,876	7,090	718	14,877	1,280	652	19,514	2,812	443
1994	22,614	7,009	445	15,984	1,191	770	18,527	2,818	413
1993	21,108	6,833	518	13,074	1,305	574	18,668	2,775	903
1992	19,278	6,822	342	12,661	1,457	510	16,978	2,683	382
1991	18,607	6,830	284	15,714	1,624	423	17,352	2,731	382
1990	18,859	6,781	300	13,031	1,563	430	17,046	3,013	332
1989	18,108	6,654	283	11,827	1,614	355	16,658	2,848	328
1988	17,782	6,593	326	12,439	1,671	529	16,345	2,795	404
1987	16,171	6,505	283	11,899	1,711	375	14,800	2,769	374
1986	15,441	6,326	256	11,248	1,691	409	14,214	2,666	294
1985	14,932	6,237	254	10,802	1,716	396	13,721	2,572	308
1984	13,560	5,899	212	10,216	1,780	374	12,382	2,339	280
1983	12,789	5,707	205	9,094	1,768	339	11,956	2,312	265
1982	12,203	5,535	203	9,153	1,798	340	11,952	2,213	268
1981	11,937	5,651	174	9,266	1,925	318	11,905	2,191	261
1980	11,085	5,576	170	8,421	2,054	291	11,563	2,119	260
1979	10,403	5,581	157	7,938	2,138	278	10,662	2,087	225
1978	9,651	5,350	147	7,423	2,156	233	9,869	1,982	219
1977	8,710	5,220	110	6,648	2,230	187	9,332	1,770	184
1976	7,991	5,156	105	6,670	2,289	187	8,056	1,766	155
1975	7,541	4,864	89	6,364	2,247	173	7,847	1,684	138
Female									
2006	29,371	9,302	527	14,277	961	531	22,643	3,092	762
2005	27,314	9,163	304	14,300	968	488	20,449	3,051	331
2004	25,738	8,962	290	12,785	1,014	408	20,284	3,019	298
2003	25,735	8,919	430	14,513	1,056	558	19,623	3,030	384
2002	25,131	8,868	328	13,748	1,075	385	20,209	2,989	573
2001	24,036	8,956	363	15,912	1,172	2,049	18,683	2,970	289
2000	22,884	9,056	252	12,321	1,198	401	18,510	3,078	403
1999	21,694	9,130	375	10,734	1,194	465	16,506	3,178	345
1998	20,026	8,713	299	11,372	1,212	675	15,892	3,078	357
1997	19,161	8,503	286	10,607	1,132	399	15,789	3,102	371
1996	19,271	8,129	592	10,337	1,094	526	15,379	3,008	433
1995	17,485	7,757	277	10,739	1,108	544	14,473	2,641	433
1994	17,200	7,745	326	9,150	1,099	423	14,333	2,777	356
1993	16,336	7,481	371	8,562	1,048	388	13,550	2,746	730
1992	15,605	7,014	241	8,756	995	376	13,550	2,696	312
1991	15,065	7,034	231	9,151	1,237	524	12,810	2,781	301
1990	14,449	6,950	221	8,946	1,290	402	12,560	3,036	269
1989	14,122	6,946	215	7,827	1,269	403	12,701	3,046	255
1988	12,916	6,763	203	7,325	1,299	391	11,469	2,965	255
1987	12,106	6,518	193	7,452	1,304	360	11,030	2,930	256
1986	11,571	6,403	215	6,984	1,337	375	10,434	2,804	244
1985	10,904	6,190	170	6,879	1,293	366	9,918	2,651	233
1984	10,482	6,049	157	6,754	1,347	464	9,527	2,588	201
1983	9,778	5,589	...	6,154	1,267	...	9,197	2,380	...
1982	9,024	5,546	141	6,047	1,390	279	8,737	2,378	186
1981	8,225	5,437	129	5,404	1,589	252	8,088	2,197	183
1980	7,684	...	121	4,685	...	242	7,508	...	164
1979	6,940	5,275	112	4,448	1,638	232	6,866	2,180	154
ASIAN									
Both Sexes									
2006	50,940	7,073	1,177	20,573	599	719	29,426	1,301	1,239
2005	45,751	6,684	807	22,909	598	1,509	27,082	1,304	699
2004	44,361	6,369	901	19,684	497	914	28,289	1,192	1,039
2003	42,163	6,190	731	19,558	539	1,908	25,704	1,162	816
2002	40,793	6,086	801	16,746	536	621	24,900	1,138	778
Male									
2006	60,516	3,757	1,911	23,311	298	1,164	32,528	710	1,244
2005	54,257	3,564	1,351	28,150	307	2,650	30,547	721	1,019
2004	52,544	3,440	1,391	20,691	235	1,198	31,710	676	1,563
2003	48,890	3,333	1,058	23,745	291	3,439	28,522	582	1,192
2002	48,934	3,272	1,338	17,659	298	866	29,547	578	1,260

... = Not available.

Table A-29. Mean Earnings of Workers 18 Years Old and Over, by Educational Attainment, Race, Hispanic Origin, and Sex, 1975–2006—Continued

(Dollars, numbers in thousands.)

Sex, race, Hispanic origin, and year	Some college/associate's degree[1] Mean	Some college/associate's degree[1] Number with earnings	Some college/associate's degree[1] Standard error	Bachelor's degree[2] Mean	Bachelor's degree[2] Number with earnings	Bachelor's degree[2] Standard error	Advanced degree[3] Mean	Advanced degree[3] Number with earnings	Advanced degree[3] Standard error
Male									
2006	34,750	2,334	1,037	52,569	1,086	1,910	74,507	460	4,518
2005	33,544	2,273	915	52,070	1,011	2,998	77,210	444	4,358
2004	32,367	2,176	935	47,746	956	1,570	79,168	386	5,014
2003	31,556	2,156	732	45,635	966	1,138	76,871	397	6,553
2002	32,764	2,283	1,034	47,018	974	1,589	75,050	321	7,972
2001	31,084	2,457	887	46,511	943	1,767	67,007	356	5,050
2000	30,966	2,291	686	49,270	880	2,526	60,207	349	3,911
1999	28,442	2,338	712	42,530	971	1,635	59,587	365	4,070
1998	26,586	2,215	707	42,539	792	1,889	51,198	318	4,289
1997	27,215	2,108	847	35,792	818	1,243	49,940	278	4,564
1996	26,365	2,047	1,442	35,558	700	1,664	65,981	253	11,509
1995	26,846	2,047	1,948	36,026	659	1,815	57,186	293	6,801
1994	23,748	1,959	844	34,073	758	1,628	52,829	281	5,010
1993	21,734	1,804	691	35,147	721	1,811	47,372	228	4,974
1992	22,697	1,796	527	30,989	643	1,489	48,968	244	3,719
1991	20,548	1,570	542	26,075	650	966	43,927	255	3,719
1990	21,152	1,372	708	29,471	564	1,291	39,104	269	2,888
1989	20,253	1,352	566	27,493	515	1,201	38,166	326	2,655
1988	19,265	1,311	818	28,506	533	1,220	36,452	283	2,650
1987	18,081	1,250	612	23,345	482	1,091	34,073	294	2,645
1986	17,419	1,226	693	23,412	480	1,161	31,054	263	2,035
1985	16,415	1,230	628	23,818	477	1,072	31,947	243	2,484
1984	14,960	1,106	471	21,986	424	961	27,893	250	1,670
1983	15,113	996	500	20,370	363	1,033	25,466	268	1,470
1982	12,926	953	458	17,658	319	861	26,452	253	2,006
1981	13,740	1,002	432	16,624	327	776	21,082	205	1,197
1980	12,393	964	417	15,616	283	739	23,346	156	1,986
1979	11,971	931	384	16,161	259	1,071	21,092	166	1,673
1978	11,197	770	409	16,009	260	944	18,083	181	1,031
1977	10,023	799	300	12,978	234	641	16,385	188	808
1976	8,688	726	300	12,246	233	597	17,859	143	1,388
1975	8,505	599	267	11,318	213	572	13,720	121	702
Female									
2006	28,706	3,246	883	44,326	1,417	1,911	57,206	584	1,798
2005	25,422	3,116	431	43,516	1,401	959	54,044	626	1,837
2004	24,468	3,015	411	38,626	1,391	960	55,436	522	2,021
2003	24,007	2,963	487	41,066	1,355	1,977	54,346	514	2,972
2002	23,679	2,972	388	38,741	1,301	1,019	50,766	529	2,027
2001	23,511	3,023	360	35,448	1,269	860	48,080	521	1,713
2000	22,937	3,140	324	35,719	1,179	851	46,416	459	1,532
1999	22,699	3,080	560	33,184	1,170	1,149	47,358	509	3,569
1998	20,371	2,870	470	31,952	1,105	1,012	40,214	448	1,496
1997	19,643	2,794	452	29,091	1,027	946	38,392	448	1,902
1996	21,581	2,736	1,555	29,311	954	1,402	35,785	337	1,542
1995	17,985	2,679	429	25,577	1,025	768	36,585	304	1,616
1994	16,589	2,651	472	28,356	921	946	44,618	297	4,220
1993	16,778	2,475	495	25,865	917	1,073	36,485	296	1,862
1992	15,553	2,256	440	24,572	786	821	34,902	281	1,272
1991	15,743	2,010	400	25,235	733	912	32,467	273	1,272
1990	15,734	1,632	466	23,837	653	827	28,074	338	1,265
1989	15,044	1,656	411	23,541	606	1,017	27,933	368	1,290
1988	14,557	1,491	419	19,862	671	804	26,072	338	1,094
1987	13,123	1,367	412	18,815	615	668	24,383	302	1,062
1986	12,459	1,436	516	19,562	524	1,129	24,400	301	1,149
1985	11,488	1,385	347	17,779	569	569	21,502	292	1,003
1984	11,115	1,290	318	17,134	513	618	21,000	311	860
1983	10,215	1,210	...	14,738	465	...	21,539	267	...
1982	9,574	1,114	315	13,284	428	576	19,198	235	1,077
1981	9,329	1,076	285	12,839	381	527	17,743	193	1,011
1980	8,544	...	266	12,389	...	568	17,278	...	951
1979	7,735	895	273	11,555	363	504	15,766	200	785
ASIAN									
Both Sexes									
2006	33,238	1,350	1,526	56,197	2,268	2,223	88,408	1,553	3,608
2005	31,460	1,337	1,187	51,064	2,108	1,394	80,145	1,335	2,646
2004	29,524	1,364	1,060	47,912	2,118	1,445	81,259	1,196	3,354
2003	27,209	1,355	857	48,333	1,878	1,282	74,046	1,254	2,278
2002	27,340	1,325	1,388	46,628	1,911	1,407	72,852	1,174	2,587
Male									
2006	37,263	658	1,565	67,144	1,150	3,622	101,676	939	5,632
2005	35,401	675	2,055	60,739	1,048	2,504	92,552	811	3,936
2004	33,798	679	1,857	56,998	1,078	2,623	90,870	770	3,975
2003	31,775	673	1,447	52,508	992	1,475	83,098	793	2,989
2002	32,750	664	2,608	55,198	971	2,453	82,170	758	3,647

[1] For data prior to 1991, "Some college/Associate degree" equals 1 to 3 years of college completed; "Bachelor's degree" equals 4 years of college; "Advanced degree" equals 5 or more years of college completed.
[2] Starting in 2003, respondents could choose more than one race. The race data in this table from 2003 onward represent respondents who indicated only one race.
[3] Beginning in 2000, earnings data are from the expanded Current Population Survey (CPS) sample and were calculated using population controls based on Census 2000.
... = Not available.

Table A-29. Mean Earnings of Workers 18 Years Old and Over, by Educational Attainment, Race, Hispanic Origin, and Sex, 1975–2006—*Continued*

(Dollars, numbers in thousands.)

Sex, race, Hispanic origin, and year	Total Mean	Total Number with earnings	Total Standard error	Not a high school graduate Mean	Not a high school graduate Number with earnings	Not a high school graduate Standard error	High school graduate Mean	High school graduate Number with earnings	High school graduate Standard error
Female									
2006	40,089	3,315	1,233	17,855	300	806	25,696	590	2,269
2005	36,033	3,119	726	17,383	291	1,231	22,789	582	880
2004	34,748	2,928	1,043	18,780	262	1,358	23,802	515	1,211
2003	34,315	2,857	963	14,614	247	758	22,876	580	1,096
2002	31,328	2,814	704	15,595	237	873	20,094	559	831
HISPANIC[4]									
Both Sexes									
2006	29,155	21,209	331	20,581	7,134	401	27,508	6,495	667
2005	27,760	20,025	269	19,294	6,995	228	25,659	6,080	420
2004	27,263	19,343	336	19,025	6,935	305	25,823	5,740	610
2003	25,810	18,786	287	18,349	6,767	260	23,472	5,517	336
2002	25,824	18,409	352	18,981	6,748	500	24,163	5,499	481
2001	24,786	17,575	327	18,334	6,533	495	22,866	5,265	443
2000	23,855	17,161	348	17,156	6,428	441	22,009	5,145	340
1999	22,096	15,122	397	16,106	5,601	615	20,704	4,539	418
1998	22,117	14,372	508	15,832	5,281	752	20,978	4,219	759
1997	20,766	13,972	421	15,069	5,238	600	19,558	4,082	605
1996	19,439	13,365	458	13,287	5,062	263	18,528	3,783	444
1995	18,262	12,434	428	13,068	4,784	305	18,333	3,594	1,070
1994	18,568	12,035	478	13,733	4,686	944	17,323	3,444	401
1993	17,102	11,644	344	11,852	4,425	263	16,591	3,367	419
1992	16,824	10,171	252	11,836	3,962	273	16,714	2,991	425
1991	16,300	10,006	237	11,335	3,906	230	16,142	3,045	344
1990	15,943	9,729	222	10,368	3,929	210	15,417	3,282	297
1989	15,714	9,570	234	11,500	3,985	222	14,901	3,188	296
1988	15,007	9,226	245	11,045	3,824	240	14,667	2,953	315
1987	14,695	8,817	250	10,961	3,457	272	13,958	2,982	342
1986	13,558	8,393	205	9,896	3,379	237	13,389	2,835	300
1985	13,120	7,840	195	9,956	3,223	257	13,044	2,661	297
1984	12,583	7,349	228	9,671	3,129	293	12,858	2,457	343
1983	11,901	6,222	...	9,473	2,674	...	12,077	2,030	...
1982	11,307	5,914	221	8,498	2,583	283	11,539	1,967	317
1981	10,872	5,930	194	8,645	2,648	255	11,046	1,966	304
1980	10,062	5,723	197	8,119	2,649	284	10,182	1,824	309
1979	9,248	5,545	175	7,683	2,533	272	9,338	1,812	272
1978	8,460	4,898	169	7,138	2,345	305	8,512	1,554	258
1977	7,761	4,752	130	6,547	2,306	205	8,079	1,461	226
1976	7,081	4,303	128	5,984	2,107	199	7,580	1,309	215
1975	6,567	4,078	124	5,462	2,028	198	6,759	1,293	183
Male									
2006	32,532	12,711	488	23,060	4,920	470	32,148	3,884	1,080
2005	31,008	12,015	401	21,623	4,744	294	29,471	3,667	638
2004	30,828	11,562	513	21,606	4,633	426	29,694	3,439	978
2003	28,806	11,195	419	20,637	4,556	310	26,652	3,234	502
2002	29,084	10,979	516	21,611	4,506	689	27,992	3,205	782
2001	27,964	10,258	456	20,614	4,289	598	26,745	2,985	727
2000	27,253	9,996	516	19,501	4,236	460	25,629	2,940	532
1999	24,970	8,713	527	18,020	3,592	378	23,736	2,597	560
1998	25,534	8,288	775	17,756	3,428	883	24,739	2,413	1,248
1997	23,520	8,261	595	17,447	3,444	712	22,253	2,391	918
1996	21,870	7,975	657	14,986	3,382	347	21,593	2,116	628
1995	20,312	7,337	544	14,774	3,140	347	20,882	2,039	1,467
1994	21,288	7,117	754	16,355	3,111	1,409	19,667	1,937	557
1993	19,460	6,957	526	13,572	2,928	357	18,765	1,954	566
1992	18,842	6,034	365	13,313	2,633	366	19,357	1,665	662
1991	18,516	5,932	316	13,133	2,548	263	18,582	1,705	471
1990	18,320	5,745	332	13,182	2,562	276	18,100	1,812	455
1989	18,087	5,641	352	13,167	2,632	265	17,579	1,711	452
1988	17,357	5,477	361	12,836	2,517	316	17,446	1,621	475
1987	17,048	5,248	372	12,823	2,281	369	16,774	1,616	523
1986	15,624	5,037	305	11,262	2,262	313	15,948	1,546	476
1985	15,293	4,702	285	11,671	2,111	342	15,602	1,491	464
1984	14,957	4,344	344	11,441	2,022	385	15,763	1,319	549
1983	14,265	3,577	324	11,353	1,678	400	14,584	1,074	549
1982	13,484	3,480	339	10,108	1,622	392	13,883	1,083	488
1981	13,052	3,504	292	10,447	1,686	342	13,513	1,037	489
1980	12,310	3,401	303	9,825	1,707	394	13,108	961	526
1979	11,332	3,269	268	9,393	1,615	378	11,714	952	448
1978	10,473	2,915	258	8,836	1,498	427	10,940	815	426
1977	9,655	2,833	198	8,192	1,460	281	10,386	776	372
1976	8,787	2,571	195	7,440	1,321	272	9,640	712	345
1975	8,162	2,456	189	6,745	1,287	268	8,546	691	289

[4]May be of any race.
... = Not available.

Table A-29. Mean Earnings of Workers 18 Years Old and Over, by Educational Attainment, Race, Hispanic Origin, and Sex, 1975–2006—Continued

(Dollars, numbers in thousands.)

Sex, race, Hispanic origin, and year	Some college/associate's degree[1] Mean	Number with earnings	Standard error	Bachelor's degree[2] Mean	Number with earnings	Standard error	Advanced degree[3] Mean	Number with earnings	Standard error
Female									
2006	29,415	692	2,567	44,932	1,118	2,477	68,084	613	2,730
2005	27,439	662	1,137	41,494	1,059	1,145	60,934	524	2,581
2004	25,280	684	992	38,488	1,040	1,012	63,894	426	5,957
2003	22,703	682	880	43,655	885	2,143	58,489	461	3,283
2002	21,912	661	871	37,766	939	1,232	55,851	415	2,755
HISPANIC[4]									
Both Sexes									
2006	31,380	4,863	633	45,371	2,038	1,026	70,432	678	3,385
2005	29,836	4,467	485	45,933	1,775	1,185	70,916	705	3,870
2004	29,260	4,369	561	45,166	1,669	1,754	69,839	629	4,460
2003	28,494	4,235	716	43,676	1,663	1,632	62,794	603	3,093
2002	27,757	4,024	676	40,949	1,568	1,640	67,679	569	4,744
2001	27,523	3,842	600	40,586	1,416	1,570	62,194	517	4,311
2000	25,276	3,737	459	44,661	1,395	2,676	63,908	455	5,138
1999	24,577	3,392	713	36,212	1,117	2,063	55,352	472	5,416
1998	23,091	3,289	925	35,014	1,156	1,650	62,583	425	7,812
1997	22,001	3,075	546	33,465	1,140	1,685	58,571	437	6,897
1996	22,209	3,096	1,185	32,955	1,027	2,746	49,873	398	7,497
1995	19,923	2,856	904	30,602	866	1,678	45,612	334	3,004
1994	21,041	2,723	693	29,165	844	1,337	51,898	337	6,534
1993	19,043	2,728	548	30,359	799	3,355	45,034	325	4,169
1992	19,778	2,242	446	28,260	702	1,272	46,736	274	2,871
1991	19,123	2,080	456	26,623	665	1,249	40,154	311	2,871
1990	19,206	1,534	540	25,703	601	1,208	38,075	382	2,477
1989	18,707	1,513	608	28,157	535	1,519	39,273	349	2,861
1988	18,101	1,511	716	23,745	596	1,134	33,843	340	3,064
1987	16,899	1,400	524	23,105	644	1,139	34,413	335	3,055
1986	16,523	1,411	584	22,707	471	1,248	28,316	295	1,822
1985	15,318	1,226	513	20,878	458	1,104	28,357	273	1,843
1984	14,359	1,116	622	19,924	381	1,226	26,327	265	2,222
1983	13,371	976	...	17,972	320	...	24,352	222	...
1982	13,108	873	546	18,186	303	1,463	28,167	186	2,784
1981	12,971	834	516	16,114	320	1,174	24,082	161	2,557
1980	11,891	808	558	15,676	283	1,267	21,910	157	2,623
1979	10,181	768	458	14,940	240	1,315	18,273	190	1,780
1978	9,575	661	446	13,985	213	1,195	17,333	125	1,903
1977	8,172	656	333	12,572	210	864	16,660	118	1,753
1976	7,252	592	333	11,242	177	887	14,000	118	1,667
1975	7,154	474	351	10,573	173	796	15,756	111	1,994
Male									
2006	36,217	2,500	981	51,336	1,066	1,565	87,835	340	5,886
2005	34,754	2,326	770	54,700	896	2,021	84,033	380	6,680
2004	34,447	2,241	975	53,567	915	2,750	84,152	331	7,566
2003	34,157	2,193	1,296	49,298	867	2,485	71,446	344	4,795
2002	32,935	2,112	1,210	46,115	815	2,412	73,836	338	5,926
2001	32,595	1,962	882	45,445	748	1,713	75,746	272	7,676
2000	30,155	1,873	797	55,050	722	4,651	81,447	223	9,696
1999	29,387	1,698	1,211	42,733	577	3,697	66,745	250	9,708
1998	26,483	1,652	1,677	40,889	569	2,451	83,754	226	13,919
1997	25,923	1,598	852	37,963	557	2,021	68,097	272	10,265
1996	26,682	1,687	2,101	38,130	531	5,090	49,307	259	6,300
1995	22,171	1,475	978	35,109	466	2,695	50,802	215	4,151
1994	24,517	1,410	855	33,797	450	2,185	60,858	210	10,036
1993	22,417	1,444	859	37,554	438	5,974	52,441	194	6,150
1992	23,033	1,193	596	33,430	380	1,957	53,645	164	4,216
1991	21,974	1,131	693	31,699	356	1,729	45,873	193	4,216
1990	22,376	852	831	31,485	314	1,966	47,479	205	4,339
1989	22,374	810	996	32,767	292	2,536	49,088	196	4,778
1988	21,631	811	1,205	26,935	333	1,807	40,916	194	4,602
1987	19,414	758	773	26,581	383	1,782	39,014	211	4,410
1986	19,675	778	962	27,427	274	1,975	32,538	176	2,705
1985	18,168	678	771	24,723	267	1,723	32,831	155	2,792
1984	17,261	611	1,014	23,835	223	1,878	30,727	168	3,231
1983	16,626	514	864	21,911	170	2,111	28,680	141	2,681
1982	15,560	495	845	22,565	153	2,632	34,474	125	3,995
1981	15,432	489	785	19,201	177	1,928	27,619	114	3,427
1980	14,331	451	890	19,224	167	1,986	24,642	114	3,439
1979	12,489	441	714	18,923	142	2,113	21,299	118	2,619
1978	11,545	393	665	16,898	127	1,861	20,702	82	2,730
1977	9,924	391	501	15,189	120	1,420	19,025	85	2,291
1976	8,843	342	508	13,650	114	1,299	16,184	81	2,339
1975	8,807	279	536	12,881	113	1,142	17,991	86	2,535

[1] For data prior to 1991, "Some college/Associate degree" equals 1 to 3 years of college completed; "Bachelor's degree" equals 4 years of college; "Advanced degree" equals 5 or more years of college completed.
[2] Starting in 2003, respondents could choose more than one race. The race data in this table from 2003 onward represent respondents wh
[3] Beginning in 2000, earnings data are from the expanded Current Population Survey (CPS) sample and were calculated using population controls based on Census 2000.
[4] May be of any race.
... = Not available.

Table A-29. Mean Earnings of Workers 18 Years Old and Over, by Educational Attainment, Race, Hispanic Origin, and Sex, 1975–2006—*Continued*

(Dollars, numbers in thousands.)

Sex, race, Hispanic origin, and year	Total Mean	Total Number with earnings	Total Standard error	Not a high school graduate Mean	Not a high school graduate Number with earnings	Not a high school graduate Standard error	High school graduate Mean	High school graduate Number with earnings	High school graduate Standard error
Female									
2006	24,104	8,497	378	15,072	2,214	743	20,608	2,611	359
2005	22,887	8,009	290	14,365	2,250	308	19,864	2,413	383
2004	21,967	7,781	327	13,830	2,302	286	20,037	2,300	378
2003	21,391	7,591	342	13,632	2,210	451	18,967	2,283	363
2002	21,008	7,430	418	13,694	2,241	568	18,810	2,293	324
2001	20,330	7,316	450	13,976	2,243	867	17,786	2,279	336
2000	19,115	7,164	415	12,622	2,191	930	17,180	2,204	314
1999	18,187	6,409	594	12,684	2,010	1,567	16,653	1,943	593
1998	17,461	6,804	557	12,273	1,854	1,377	15,952	1,806	539
1997	16,781	5,711	554	10,503	1,794	1,072	15,747	1,691	637
1996	15,841	5,390	578	9,867	1,680	332	14,635	1,667	577
1995	15,310	5,096	685	9,809	1,644	565	14,989	1,555	1,541
1994	14,631	4,918	404	8,559	1,576	304	14,313	1,508	546
1993	13,602	4,687	329	8,489	1,498	297	13,584	1,413	595
1992	13,880	4,137	304	8,913	1,330	334	13,396	1,326	435
1991	13,069	4,072	273	4,809	1,358	307	13,043	1,339	380
1990	12,516	3,984	254	5,093	1,367	309	12,109	1,470	354
1989	12,307	3,929	266	8,256	1,353	401	11,799	1,477	365
1988	11,573	3,749	290	7,597	1,307	349	11,284	1,332	392
1987	11,234	3,569	286	7,350	1,176	354	10,627	1,366	417
1986	10,457	3,356	231	7,130	1,117	338	10,319	1,289	332
1985	9,865	3,138	236	6,699	1,112	367	9,784	1,170	327
1984	9,150	3,005	252	6,438	1,107	436	9,492	1,138	380
1983	8,704	2,645	...	6,305	996	...	9,261	956	...
1982	8,195	2,434	233	5,781	961	373	8,668	884	374
1981	7,723	2,426	215	5,486	962	364	8,292	929	342
1980	6,770	2,322	199	5,028	942	358	6,923	863	287
1979	6,255	2,276	184	4,675	918	347	6,708	860	286
1978	5,501	1,983	173	4,135	847	377	5,834	739	273
1977	4,964	1,919	137	3,707	846	276	5,466	685	236
1976	4,548	1,732	132	3,537	786	273	5,124	597	229
1975	4,152	1,622	122	3,233	741	277	4,708	602	209
WHITE ALONE OR IN COMBINATION									
Both Sexes									
2006	42,249	128,366	188	21,389	13,800	260	31,998	37,915	266
2005	40,592	126,882	184	20,225	13,424	204	30,494	37,723	216
2004	38,855	125,387	175	19,365	13,539	256	29,595	37,639	227
2003	37,958	124,456	144	18,734	16,282	183	27,915	45,064	159
2002	37,290	124,337	167	19,278	13,957	303	28,107	37,863	203
Male									
2006	50,826	69,702	302	24,524	9,055	321	38,699	21,401	444
2005	49,437	68,987	306	23,526	8,740	281	36,608	21,289	350
2004	47,275	67,758	285	22,576	8,751	374	35,348	21,073	351
2003	45,989	67,198	264	21,787	8,682	247	34,225	20,534	278
2002	45,682	67,082	272	22,601	8,977	439	33,846	20,430	317
Female									
2006	32,059	58,663	193	15,408	4,745	429	23,313	16,514	185
2005	30,053	57,895	163	14,066	4,684	225	22,574	16,434	181
2004	28,954	57,629	169	13,498	4,788	202	22,277	16,565	244
2003	28,532	57,257	161	14,086	4,684	306	22,029	16,926	210
2002	27,457	57,254	163	13,286	4,979	282	21,381	17,433	224
NON-HISPANIC WHITE ALONE OR IN COMBINATION									
Both Sexes									
2006	44,652	108,297	214	22,094	6,995	345	32,844	31,802	291
2005	42,839	107,945	211	21,088	6,744	342	31,367	31,951	245
2004	40,847	107,086	197	19,667	6,892	414	30,195	32,216	245
2003	39,989	106,658	184	19,764	6,906	300	29,561	32,225	205
2002	39,135	107,050	185	19,491	7,516	375	28,714	32,758	222
Male									
2006	54,624	57,615	348	25,996	4,358	448	40,034	17,723	488
2005	53,084	57,553	356	25,469	4,213	496	38,034	17,787	401
2004	50,488	56,761	327	23,520	4,287	633	36,323	17,817	375
2003	49,227	56,549	302	22,947	4,313	397	35,550	17,549	314
2002	48,700	56,714	307	23,426	4,663	573	34,830	17,446	346

... = Not available.

Table A-29. Mean Earnings of Workers 18 Years Old and Over, by Educational Attainment, Race, Hispanic Origin, and Sex, 1975–2006—Continued

(Dollars, numbers in thousands.)

Sex, race, Hispanic origin, and year	Some college/associate's degree[1] Mean	Some college/associate's degree[1] Number with earnings	Some college/associate's degree[1] Standard error	Bachelor's degree[2] Mean	Bachelor's degree[2] Number with earnings	Bachelor's degree[2] Standard error	Advanced degree[3] Mean	Advanced degree[3] Number with earnings	Advanced degree[3] Standard error
Female									
2006	26,260	2,362	770	38,825	971	1,248	52,896	337	2,901
2005	24,493	2,141	536	37,003	879	1,110	55,554	324	2,732
2004	23,796	2,127	484	34,949	753	1,886	53,887	297	3,939
2003	22,411	2,042	466	37,550	795	2,042	51,294	258	3,160
2002	22,035	1,911	437	35,357	753	2,175	58,623	230	7,783
2001	22,229	1,879	783	35,142	668	2,699	47,176	245	2,786
2000	20,372	1,864	413	33,489	672	2,303	47,057	232	3,340
1999	19,754	1,694	694	29,249	540	1,459	42,503	222	2,979
1998	20,460	1,639	689	29,317	587	2,144	38,422	200	3,471
1997	17,759	1,477	611	29,173	584	2,635	43,051	165	6,178
1996	16,856	1,409	581	27,407	495	1,503	50,960	139	17,662
1995	17,521	1,380	1,542	25,338	399	1,722	36,255	118	3,079
1994	17,309	1,313	1,081	23,867	393	1,272	37,269	127	4,428
1993	15,250	1,284	609	21,627	361	1,258	34,001	131	4,391
1992	16,076	1,049	669	22,160	322	1,343	34,551	110	3,141
1991	15,721	948	564	20,791	309	1,377	30,721	117	3,141
1990	15,245	682	629	19,378	287	1,331	27,184	177	1,824
1989	14,482	703	629	22,617	243	1,379	26,700	153	2,265
1988	14,012	700	662	19,707	263	1,171	24,444	146	3,675
1987	13,929	642	688	18,003	261	1,033	26,584	124	3,436
1986	12,648	633	547	16,142	197	1,165	22,071	119	2,096
1985	11,791	548	639	15,503	191	1,098	22,480	118	2,173
1984	10,848	505	619	14,404	158	1,310	18,706	97	2,355
1983	9,750	462	...	13,507	150	...	16,817	81	...
1982	9,896	378	605	13,719	150	1,235	15,244	61	2,247
1981	9,483	345	563	12,292	143	1,101	15,503	47	2,767
1980	8,808	357	576	10,568	116	1,177	14,668	43	2,935
1979	7,069	327	482	9,168	98	1,001	13,313	72	1,905
1978	6,686	268	507	9,684	86	1,098	10,908	43	1,872
1977	5,588	265	367	9,082	90	691	10,569	33	2,119
1976	5,075	250	373	6,884	63	826	9,218	37	1,425
1975	4,790	195	376	6,226	60	805	8,067	25	1,536
WHITE ALONE OR IN COMBINATION									
Both Sexes									
2006	35,276	37,530	249	57,807	26,035	501	83,002	13,084	974
2005	34,279	38,149	252	55,758	24,919	514	81,437	12,665	1,036
2004	32,736	37,287	213	52,790	24,361	444	78,747	12,560	1,051
2003	31,498	44,048	193	51,206	28,672	420	74,601	14,592	803
2002	31,767	36,639	231	52,509	23,865	497	73,773	12,011	863
Male									
2006	42,605	18,686	397	71,602	13,443	825	103,097	7,116	1,546
2005	42,139	18,954	439	69,821	13,045	855	102,904	6,957	1,734
2004	40,627	18,361	367	65,498	12,728	717	99,534	6,842	1,733
2003	39,555	18,421	374	65,237	12,774	801	93,792	6,785	1,408
2002	39,439	18,377	408	65,548	12,621	795	92,575	6,675	1,381
Female									
2006	28,008	18,844	292	43,078	12,591	507	59,042	5,968	968
2005	25,518	19,194	233	40,306	11,873	480	55,273	5,707	736
2004	25,079	18,925	205	38,886	11,632	460	53,859	5,717	886
2003	25,093	18,616	218	37,750	11,476	407	53,021	5,552	882
2002	24,046	18,261	198	37,872	11,243	521	50,255	5,336	749
NON-HISPANIC WHITE ALONE OR IN COMBINATION									
Both Sexes									
2006	35,795	32,962	270	58,785	24,103	535	83,629	12,433	1,010
2005	34,824	33,991	276	56,441	23,253	544	81,944	12,003	1,072
2004	33,192	33,200	234	53,335	22,814	463	79,166	11,961	1,082
2003	32,732	33,062	231	52,823	22,686	494	76,029	11,777	924
2002	32,210	32,876	246	53,244	22,415	518	74,011	11,482	877
Male									
2006	43,491	16,320	432	73,244	12,424	882	103,794	6,787	1,597
2005	43,083	16,769	486	70,891	12,187	905	103,850	6,593	1,794
2004	41,490	16,259	406	66,467	11,869	752	100,220	6,527	1,781
2003	40,196	16,358	389	66,368	11,946	839	94,830	6,471	1,456
2002	40,195	16,390	434	66,776	11,859	830	100,412	6,510	1,799

[1] For data prior to 1991, "Some college/Associate degree" equals 1 to 3 years of college completed; "Bachelor's degree" equals 4 years of college; "Advanced degree" equals 5 or more years of college completed.
[2] Starting in 2003, respondents could choose more than one race. The race data in this table from 2003 onward represent respondents wh
[3] Beginning in 2000, earnings data are from the expanded Current Population Survey (CPS) sample and were calculated using population controls based on Census 2000.
... = Not available.

Table A-29. Mean Earnings of Workers 18 Years Old and Over, by Educational Attainment, Race, Hispanic Origin, and Sex, 1975–2006—*Continued*

(Dollars, numbers in thousands.)

Sex, race, Hispanic origin, and year	Total Mean	Total Number with earnings	Total Standard error	Not a high school graduate Mean	Not a high school graduate Number with earnings	Not a high school graduate Standard error	High school graduate Mean	High school graduate Number with earnings	High school graduate Standard error
Female									
2006	33,316	50,682	215	15,642	2,636	509	23,794	14,079	208
2005	31,139	50,391	182	13,793	2,530	331	22,994	14,163	201
2004	29,972	50,324	187	13,325	2,605	290	22,613	14,399	275
2003	29,564	50,108	177	14,469	2,592	427	22,479	14,765	235
2002	28,359	50,335	176	13,060	2,853	265	21,745	15,312	251
BLACK ALONE OR IN COMBINATION									
Both Sexes									
2006	32,384	17,721	395	17,842	1,995	463	26,290	6,305	576
2005	30,521	17,540	333	17,264	2,097	437	23,810	6,246	320
2004	29,031	17,109	298	17,821	2,085	1,110	23,458	6,298	253
2003	28,854	16,871	332	16,238	2,177	388	23,956	6,082	368
2002	28,255	16,833	334	17,114	2,217	974	22,762	5,940	374
Male									
2006	36,026	8,170	608	21,361	1,006	738	29,973	3,146	869
2005	34,258	8,127	626	19,996	1,093	701	27,189	3,142	539
2004	32,919	7,884	550	22,755	1,049	2,153	26,575	3,202	397
2003	32,574	7,689	520	17,982	1,088	530	28,323	2,981	607
2002	31,967	7,734	617	20,537	1,114	1,893	25,510	2,902	479
Female									
2006	29,268	9,551	515	14,257	988	520	22,622	3,159	748
2005	27,295	9,413	300	14,289	1,003	478	20,389	3,104	327
2004	25,707	9,224	285	12,818	1,035	406	20,236	3,096	294
2003	25,739	9,182	423	14,495	1,089	560	19,765	3,100	405
2002	25,099	9,098	323	13,656	1,103	378	20,137	3,038	565
ASIAN ALONE OR IN COMBINATION									
Both Sexes									
2006	50,094	7,501	1,117	20,142	631	702	29,502	1,413	1,162
2005	45,269	7,131	806	22,330	629	1,445	27,059	1,413	667
2004	43,856	6,771	871	19,536	524	894	27,946	1,292	975
2003	41,563	6,560	699	19,548	564	1,838	25,554	1,256	778
2002	40,323	6,424	767	16,969	559	646	25,038	1,221	759
Male									
2006	59,328	3,980	1,815	22,631	318	1,134	32,716	783	1,177
2005	53,761	3,797	1,363	27,107	328	2,502	30,490	790	965
2004	52,032	3,633	1,361	20,799	251	1,190	31,194	730	1,468
2003	48,062	3,522	1,015	23,122	308	3,258	28,514	635	1,137
2002	48,128	3,469	1,274	18,101	312	933	29,493	633	1,216
Female									
2006	39,652	3,520	1,172	17,610	313	788	25,508	630	2,143
2005	35,593	3,333	697	17,122	301	1,199	22,703	622	847
2004	34,387	3,137	985	18,375	273	1,316	23,721	561	1,143
2003	34,031	3,038	921	15,233	255	896	22,530	621	1,041
2002	31,157	2,954	685	15,536	247	851	20,242	588	814

Table A-29. Mean Earnings of Workers 18 Years Old and Over, by Educational Attainment, Race, Hispanic Origin, and Sex, 1975–2006—*Continued*

(Dollars, numbers in thousands.)

Sex, race, Hispanic origin, and year	Some college/associate's degree[1] Mean	Number with earnings	Standard error	Bachelor's degree[2] Mean	Number with earnings	Standard error	Advanced degree[3] Mean	Number with earnings	Standard error
Female									
2006	28,248	16,641	315	43,402	11,678	538	59,389	5,646	1,010
2005	26,782	17,222	253	40,527	11,065	509	55,242	5,409	762
2004	25,228	16,940	223	39,092	10,945	473	53,875	5,433	910
2003	25,422	16,704	238	37,757	10,739	411	53,102	5,306	912
2002	24,271	16,485	214	38,042	10,556	536	49,827	5,127	708
BLACK ALONE OR IN COMBINATION									
Both Sexes									
2006	31,175	5,759	656	47,740	2,580	1,330	64,563	1,080	2,206
2005	28,817	5,576	453	47,641	2,501	1,490	63,065	1,118	2,079
2004	27,801	5,369	453	42,131	2,414	848	64,545	941	2,401
2003	27,095	5,296	414	42,991	2,374	1,226	63,966	940	3,245
2002	27,582	5,441	493	42,099	2,348	884	60,458	884	3,202
Male									
2006	34,784	2,417	1,008	52,382	1,124	1,854	74,769	475	4,415
2005	33,449	2,380	884	53,556	1,049	3,296	76,407	462	4,227
2004	32,466	2,258	915	47,448	976	1,548	77,648	398	4,900
2003	31,591	2,233	721	45,705	982	1,122	76,954	402	6,481
2002	32,696	2,375	1,003	46,942	1,009	1,558	76,003	332	7,767
Female									
2006	28,565	3,342	860	44,157	1,456	1,864	56,541	605	1,770
2005	25,366	3,195	424	43,369	1,452	937	53,669	656	1,796
2004	24,415	3,111	402	38,522	1,438	945	54,931	543	1,959
2003	23,816	3,063	475	41,073	1,391	1,935	54,265	538	2,852
2002	23,621	3,066	380	38,447	1,339	996	51,101	552	1,964
ASIAN ALONE OR IN COMBINATION									
Both Sexes									
2006	33,050	1,495	1,405	55,827	2,375	2,131	87,887	1,585	3,553
2005	31,332	1,504	1,141	51,750	2,204	1,561	79,229	1,379	2,570
2004	29,377	1,490	1,183	47,711	2,226	1,386	81,310	1,237	3,279
2003	27,083	1,495	798	47,945	1,948	1,246	73,812	1,295	2,234
2002	27,146	1,456	1,280	46,218	1,984	1,364	72,943	1,202	2,546
Male									
2006	37,104	736	1,462	66,740	1,191	3,505	101,474	950	5,586
2005	35,583	758	1,972	62,247	1,097	2,874	92,170	823	3,884
2004	34,237	736	2,177	56,581	1,126	2,526	91,406	788	3,940
2003	31,430	746	1,341	52,179	1,024	1,452	83,131	807	2,948
2002	32,427	744	2,350	54,683	1,006	2,384	82,134	772	3,596
Female									
2006	29,116	759	2,364	44,846	1,183	2,356	67,514	634	2,676
2005	27,007	745	1,097	41,350	1,107	1,129	60,077	556	2,452
2004	24,634	754	931	38,618	1,099	984	63,553	448	5,677
2003	22,750	748	826	43,252	924	2,062	58,391	487	3,204
2002	21,615	711	831	37,507	978	1,192	56,417	429	2,743

[1] For data prior to 1991, "Some college/Associate degree" equals 1 to 3 years of college completed; "Bachelor's degree" equals 4 years of college; "Advanced degree" equals 5 or more years of college completed.
[2] Starting in 2003, respondents could choose more than one race. The race data in this table from 2003 onward represent respondents wh
[3] Beginning in 2000, earnings data are from the expanded Current Population Survey (CPS) sample and were calculated using population controls based on Census 2000.

NOTES AND DEFINITION: NATIONAL EDUCATION STATISTICS

ENROLLMENT TABLES A-1 THROUGH A-16
Source: U.S. Census Bureau. School Enrollment in the United States: 2006. *Current Population Survey (CPS) Report.* <http://www.census.gov/population/www/socdemo/school.html>.

ATTAINMENT TABLES A-17 THROUGH A-29
Source: U.S. Census Bureau. Educational Attainment in the United States: 2006. *Annual Social and Economic Supplement to the Current Population Survey.* <http://www.census.gov/population/www/socdemo/education/cps2006.html>.

Tables in Part A are derived from the Current Population Survey (CPS). The Census Bureau disseminated comparable tables in the P-20 series of *Current Population Reports* (CPR) for most years between 1947 and 1994. Since then, these tables have not been available in printed form. However, they can be found on the Census Bureau Web site at <http://www.census.gov>. In the historical series, data prior to 1992 are not strictly comparable to data after 1992. Before 1992, the CPS did not ask questions about degrees received; educational attainment was gauged only by years of school completed. For information about the availability of earlier reports, or for answers to data questions not addressed in this section, contact the Education and Social Stratification Branch, Population Division, Census Bureau at (866) 758-1060.

Age. Age classification is based on the age of the person at his or her last birthday.

Citizenship status. There are five categories of citizenship status: 1) born in the United States; 2) born in Puerto Rico or another outlying area of the United States; 3) born abroad to U.S. citizen parents; 4) naturalized citizens; and 5) non-citizens. Place of birth was asked for every household member and for the parents of every household member in the CPS sample. People born in the United States or its outlying areas, or whose parents were born in the United States or its outlying areas, were not asked citizenship questions. Citizenship statuses (1), (2), and (3) were assigned during the editing phase of data preparation, based on the place of birth of the household member or the place of birth of his or her parents. People born outside the United States and its outlying areas, whose parents were born outside the United States and its outlying areas, were asked, "Are you a citizen of the United States?" 'Yes' answers were assigned to the "naturalized citizen" category (4), and 'No' answers were assigned to the "not a citizen" category (5) during the editing process. People for whom no birthplace was provided were also assigned a citizenship status during the editing process; for example, the citizenship status of a child might have been assigned based on the citizenship status of his or her mother.

Dropouts. See School, dropout rate, annual high school.

Earnings. See Income.

Educational attainment. Data on educational attainment are derived from a single question that asks, "What is the highest grade of school ... completed, or the highest degree ... received?"

The single educational attainment question now in use was introduced into the CPS in January 1992. It is similar to the question used in the 1990 Decennial Census of Population and Housing. Consequently, data on educational attainment from the 1992 CPS are not directly comparable to CPS data from earlier years. The new question replaces the previous two-part question used in the CPS, which asked respondents to report the highest grade they attended and whether or not they completed that grade.

The question concerning educational attainment applies only to progress in "regular" schools. Such schools include graded public, private, and parochial elementary and high schools (both junior and senior high schools), colleges, universities, and professional schools, and both day schools and night schools. Thus, regular schooling is that which may advance a person toward an elementary school certificate, a high school diploma, or a college, university, or professional school degree. Non-regular schooling was counted only if the credits obtained were regarded as transferable to a school within the regular school system.

Family. A family is a group of two people or more residing together (including the householder) related by birth, marriage, or adoption; all such people (including related subfamily members) are considered members of one family. Beginning with the 1980 Current Population Survey, unrelated subfamilies (formerly referred to as secondary families) are no longer included in the count of families, nor are members of unrelated subfamilies included in the count of family members. The number of families is equal to the number of family households; however, the count of family members differs from the count of family household members, as family household members include any non-relatives living in the household.

Family household. A family household is a household maintained by a householder within a family (as defined above). It includes any unrelated people (unrelated subfamily members and/or secondary individuals) residing in the household. The number of family households is equal to the number of families; however, the count of family household members differs from the count of family members. Family household members include all people living in the household, whereas family members include only the householder and his or her relatives. (See Family for more information.)

Hispanic origin. People of Hispanic origin were identified by a question that asked respondents to self-identify their origin or descent. Respondents were asked to select their origin (and the origin of other household members) from a "flash card" listing different ethnicities. People of Hispanic origin were those who indicated that their descent was of Mexican, Puerto Rican, Cuban, Central or South American, or some other Hispanic origin. It should be noted that people of Hispanic origin may be of any race.

People who were of non-Hispanic White origin were identified by crossing the responses to two self-identification questions: (1) origin or descent; and (2) race. Respondents were asked to select their race (and the race of other household members) from a "flash card" listing racial groups. Since March 1989, the population has been divided into five groups on the basis of race: White; Black; American Indian, Eskimo, or Aleut; Asian or Pacific Islander; and Other races. The last category includes any race other than the four indicated races. Respondents who identified their race as White and did not select one of the Hispanic origin subgroups (Mexican, Puerto Rican, Cuban, Central or South American) were classified as non-Hispanic White.

Household. A household consists of all the people who occupy a housing unit. A house, apartment, group of rooms, or single room is regarded as a housing unit when it is occupied or intended for occupancy as separate living quarters (meaning that occupants do not live and eat with any other persons in the structure and have direct access to their dwelling from outside or through a common hall). A household includes related family members and all unrelated people—such as lodgers, foster children, wards, or employees—who share the housing unit. A person living alone in a housing unit, or a group of unrelated people sharing a dwelling (such as partners or roomers), are also counted as a household. The count of households excludes group quarters. There are two major categories of households: "family" and "nonfamily." (See Family household and Nonfamily household for more information.)

Householder. The householder is the person (or one of the people) in whose name the housing unit is owned or rented (maintained). If there is no such person, any adult member of the household—excluding roomers, boarders, and paid employees—can be counted as the householder. If a married couple jointly owns or rents the housing unit, the householder may be either the husband or the wife. The person designated as the householder is the "reference person" to whom the relationship of all other household members, if any, is recorded.

The number of householders is equal to the number of households. The number of family householders is also equal to the number of families.

Head versus householder. The Census Bureau discontinued the use of the terms "head of household" and "head of family" beginning with the 1980 CPS. Instead, the terms "householder" and "family householder" are used. Recent social changes have resulted in a greater sharing of household responsibilities among the adult members. This has made the term "head" increasingly inappropriate in the analysis of household and family data. Specifically, beginning in 1980, the Census Bureau discontinued its longtime practice of always classifying the husband as the reference person (head of household) when he was living with his wife.

INCOME. Definitions of income and the types of income are found below.

Income, official definition of. For each person age 15 years and over in the sample, the CPS asks questions about the amount of money income received during the preceding calendar year from each of the following sources: earnings; unemployment compensation; workers' compensation; Social Security; Supplemental Security Income; public assistance or welfare payments; veterans' payments; survivor benefits; disability benefits; pension or retirement income; interest, dividends, rents, royalties, and estates and trusts; educational assistance; child support; alimony; financial assistance from outside the household; and other income.

Although the income statistics refer to receipts during the preceding calendar year, demographic characteristics such as age, labor force status, and family or household composition are as of the survey date. The income of the family/household does not include amounts received by members who were members of the family/household during all or part of the income year if these people no longer resided in the family/household at the time of interview. However, the CPS collects income data for people who are current residents, but who did not reside in the household during the income year.

Data on consumer income collected in the CPS by the Census Bureau cover money income (exclusive of certain money receipts, such as capital gains) received before payments for personal income taxes, Social Security, union dues, Medicare deductions, etc. Therefore, money income does not reflect the fact that some families receive part of their income in the form of noncash benefits, such as food stamps, health benefits, rent-free housing, and goods produced and consumed on the farm. Money income also does not reflect the fact that noncash benefits are also received by some nonfarm residents. These benefits often take the form of the use of business transportation and facilities, full or partial payments by business for retirement programs, medical and educational expenses, etc. Data users should consider these elements when comparing income levels. Moreover, readers should be aware that respondents in household surveys tend to underreport their income for many different reasons. Based on an analysis of independently derived income estimates, the Census Bureau determined that respondents report income earned from wages or salaries much more accurately than income earned from other sources of income, and that the reported wage and salary income is nearly equal to independent estimates of aggregate income.

The Census Bureau collects data for the following income sources:

Alimony. Alimony includes all periodic payments received from ex-spouses. It excludes one-time property settlements.

Child support. Child support includes all periodic payments received from an absent parent for the support of his or her children, even if these payments are made through a state or local government office.

Disability benefits. Disability benefits include payments people received due to a health problem or disability (other than those received from Social Security). Respondents can report payments from 10 sources, including workers' compensation, companies or unions, federal government (civil service), military, state or local governments, railroad retirement, accident or disability insurance, Black Lung payments, state temporary sickness, or other disability payments.

Dividends. Dividends include income received from stock holdings and mutual fund shares. The CPS does not include capital gains from the sale of stock holdings as income.

Earnings. The Census Bureau classifies earnings from respondents' longest job (or self-employment) and other employment earnings into three types:

- Money wage, or salary income, is the total income people receive for work performed as an employee during the income year. This category includes wages, salary, armed forces pay, commissions, tips, piece-rate payments, and cash bonuses earned, before deductions are made for items such as taxes, bonds, pensions, and union dues.

- Net income from nonfarm self-employment is the net money income (gross receipts minus expenses) from a respondent's own business, professional enterprise, or partnership. Gross receipts include the value of all goods sold and all services rendered. Expenses include items such as the costs of goods purchased; rent, heat, power, and depreciation charges; wages and salaries paid; and business taxes (but not personal income taxes). In general, the Census Bureau considers inventory changes in determining net income from nonfarm self-employment; replies based on income tax returns or other official records reflect inventory changes. However, when respondents do not report values of inventory changes, interviewers will accept net income figures exclusive of inventory changes. The Census Bureau does not include the value of saleable merchandise consumed by the proprietors of retail stores as part of net income.

- Net income from farm self-employment is the net money income (gross receipts minus operating expenses) from the operation of a farm by a person acting on their own account as owner, renter, or sharecropper. Gross receipts include the value of all products sold, payments from government farm programs, money received from renting farm equipment to others, rent received from farm property if payment is based on the percentage of crops produced, and incidental receipts from the sale of items such as wood, sand, and gravel.

Operating expenses include items such as the cost of feed, fertilizer, seed, and other farming supplies; cash wages paid to farmhands; depreciation charges; cash rent; interest on farm mortgages; farm building repairs; and farm taxes (not state and federal personal income taxes). The Census Bureau does not include the value of fuel, food, or other farm products used for family living as part of net income, and only considers inventory changes in determining net income when they are accounted for in income tax returns or other official records. Otherwise, the Census Bureau does not take inventory changes into account.

Educational assistance. Educational assistance includes Pell Grants, other government educational assistance, scholarships or grants, and any financial assistance received from employers, friends, or relatives not residing in the student's household.

Financial assistance from outside the household. Financial assistance from outside the household includes periodic payments received from nonhousehold members. This type of assistance excludes gifts and sporadic assistance.

Government transfers. Government transfers include payments received from the following sources: unemployment compensation, state workers' compensation, Social Security, Supplemental Security Income (SSI), public assistance, veterans' payments, government survivor benefits, government disability benefits, government pensions, and government educational assistance.

Interest income. Interest income includes payments received or credited to accounts from bonds, treasury notes, individual retirement accounts (IRAs), certificates of deposit, interest-bearing savings and checking accounts, and all other interest-paying investments.

Other income. Other income includes any other unclassified payments received regularly. Some examples are state programs such as foster child payments, military family allotments, and income received from foreign government pensions.

Pension or retirement income. Pension or retirement income includes payments received from eight sources, including companies or unions; federal government (civil service); military; state or local governments; railroad retirement; annuities or paid-up insurance policies; IRAs, Keogh, or 401(k) payments; or other retirement income.

Public assistance or welfare payments. Public assistance or welfare payments include cash payments to low-income persons, including payments given under programs such as Aid to Families with Dependent Children (AFDC, ADC) and Temporary Assistance to Needy Families (TANF), emergency assistance, and other general assistance.

Rents, royalties, and estates and trusts. Rents, royalties, and estates and trusts include net income received from the rental of a house, a store, or other property; receipts from boarders or lodgers; net royalty income; and periodic payments from estate or trust funds.

Social Security. Social Security includes pensions, survivors' benefits, and permanent disability insurance payments made by the Social Security Administration prior to medical insurance deductions. The Census Bureau does not include Medicare reimbursements for health services as Social Security benefits.

Supplemental Security Income. Supplemental Security Income includes federal, state, and local welfare agency payments to low-income people age 65 years and over and to blind or disabled people of any age.

Survivor benefits. Survivor benefits include payments received from survivors' or widows' pensions, estates, trusts, annuities, or any other types of survivors' benefits. Respondents can report payments from 10 different sources, including private companies or unions, federal government (civil service), military, state or local governments, railroad retirement, workers' compensation, Black Lung payments, estates and trusts, annuities or paid-up insurance policies, and other survivor payments.

Unemployment compensation. Unemployment compensation includes payments made to the respondent from government unemployment agencies or private companies during periods of unemployment. It also accounts for any strike benefits the respondent received from union funds.

Veterans' payments. Veterans' payments include periodic payments from the Department of Veterans Affairs to disabled members of the armed forces or survivors of deceased veterans for education and on-the-job training. These payments also include means-tested assistance to veterans.

Workers' compensation. Workers' compensation includes periodic payments from public or private insurance companies for work-related injuries.

The Census Bureau does not count the following receipts as income: (1) capital gains (or losses) from the sale of property, including stocks, bonds, houses, or cars (unless the person was engaged in the business of selling such property, in which case the CPS counts the net proceeds as income from self-employment); (2) withdrawals of bank deposits; (3) money borrowed; (4) tax refunds; (5) gifts; and (6) lump-sum inheritances or insurance payments.

The Census Bureau combines all sources of income into two major types:

Total money earnings. Total money earnings is the algebraic sum of money wages, salary, and net income from farm and nonfarm self-employment.

Income other than earnings. Income other than earnings is the algebraic sum of all sources of money income, except wages and salaries and income from self-employment.

Mean (average) income. Mean (average) income is the amount obtained by dividing the total aggregate income of a group by the number of units in that group. The means for households, families, and unrelated individuals are based respectively on all households, all families, and all unrelated individuals. The means (averages) for people are based on people age 15 years and over with income.

Median income. Median income is the amount that divides the income distribution into two equal groups. Half of all people have incomes above the median, and half of all people have incomes below the median. The medians for households, families, and unrelated individuals are respectively based on all households, all families, and all unrelated individuals. The medians for people are based on people age 15 years and over with income.

LABOR FORCE STATUS. Definitions of labor force characteristics are found below:

Current job (basic data). A worker's current job is the job held during the reference week (the week before the survey). A person holding two or more jobs is classified as being in the job at which he or she spent the most hours during the reference week. The unemployed are classified according to their most recent full-time job of two weeks or more, or by the job (either the full-time or part-time job) from which they were laid off. The occupation/industry classification system for the 1990 Decennial Census of Population was first used to code CPS data for the January 1992 file. The occupation/industry classification system for the 2000 Decennial Census of Population was first used to code CPS data for the January 2003 file.

Employed. Employed persons include all civilians who, during the survey week, did any work at all as paid employees or in their own business or profession, or on their own farm, or who worked 15 hours or more as unpaid workers on a farm or a business operated by a member of the family; and all people who had jobs but were not working due to illness, bad weather, vacation, labor-management dispute, or personal reasons, whether or not they were seeking other jobs. Each employed person is counted only once. People who held two or more jobs are counted as working in the job at which they worked the greatest number of hours during the survey week. If a person worked an equal number of hours at two or more jobs, he or she is counted as working at the job that they have held the longest.

Labor force. Workers are classified as being in the labor force if they are employed, unemployed, or in the armed forces during the survey week. The "civilian labor force" includes all civilians classified as employed or unemployed. The file includes labor force data for civilians age 15 years and over. However, the official definition of the civilian labor force consists of workers age 16 years and over.

Not in labor force. All civilians age 15 years and over who are not classified as employed or unemployed are considered not to be in the labor force. These people are further classified as being engaged in a major activity such as keeping house, going to school, unable to work because of long-term physical or mental illness, and "other," which is mostly composed of retired persons. Those who report doing unpaid work on a family-owned farm or in a family-owned business for less than 15 hours are also classified as not in the labor force.

For persons not in the labor force, questions about previous work experience, intentions to seek work again, current desire for a job, and reasons for not seeking work are only asked of households in the fourth and eighth months of the sample. These are the "outgoing" groups—those that were in the sample for three previous months and would not be in it for the subsequent month.

Finally, it should be noted that the unemployment rate represents the number of unemployed persons as a percentage of the civilian labor force age 16 years and over. This measure can be computed for groups within the labor force by sex, age, marital status, race, etc. The job loser, job leaver, reentrant, and new entrant rates are each calculated as a percentage of the civilian labor force age 16 years and over; the sum of the rates for the four groups thus equals the total unemployment rate.

Unemployed. Unemployed persons are civilians who, during the survey week, had no employment but were available for work and had engaged in any specific job-seeking activity within the past four previous weeks, such as registering at a public or private employment office, meeting with prospective employers, checking with friends or relatives, placing and answering advertisements, writing letters of application, or being on a union or professional register. Others in this category were waiting to be called back to a job from which they had been laid off or were within 30 days of starting a new wage or salary job. This category consists of job leavers, job losers, new job entrants, and job reentrants.

Work experience. A person with work experience is one who did any work for pay or profit or worked without pay on a family-operated farm or business at any time during the preceding calendar year, on a part time or full time basis. A full-time worker is a worker who worked 35 hours or more per week during a majority of the weeks in the preceding calendar year. A year-round worker is a worker who worked for 50 weeks or more during the preceding calendar year. A full-time, year-round worker is a person who worked full time (35 or more hours per week) for 50 or more weeks during the previous calendar year.

Level of school completed. The statistics on level of school completed indicate the number of persons enrolled at each of five levels: nursery school, kindergarten, elementary school (first to eighth grades), high school (ninth to twelfth grades), and college or professional school. The last group includes graduate students at colleges and universities. Those enrolled in elementary school, middle school, intermediate school, or junior high school through eighth grade are classified as being in elementary school. All persons enrolled in ninth through twelfth grade are classified as being in high school.

Modal grade. See School, modal grade.

Nativity. There are two major categories of nativity, native born and foreign born. A person who is native is a citizen at birth. All people with the following citizenship status are native born: (1) born in the United States; (2) born in Puerto Rico or an outlying area of the U.S.; and (3) born abroad of American parents. (See Citizenship status for more information.) All other people are classified as foreign born.

Nonfamily household. A nonfamily household consists of a householder living alone (a one-person household) or a household shared exclusively by unrelated people.

Population coverage. The sample for the CPS includes the civilian noninstitutional population of the United States, along with members of the armed forces in the United States living off post or with their families on post. It excludes all other members of the armed forces. The information on the Hispanic population from the CPS was collected in the 50 states and the District of Columbia and does not include residents of outlying areas or of U.S. territories such as Guam, Puerto Rico, and the U.S. Virgin Islands.

Race. The race of individuals was identified through a question requiring self-identification of the person's race. Respondents were asked to select their race from a "flash card" listing racial groups. Since March 1989, the population has been divided into five groups on the basis of race: White; Black; American Indian, Eskimo, or Aleut; Asian or Pacific Islander; and Other races. The last category includes any other race except the four mentioned. In most of the published tables, Other races are included in the total population data line but are not shown individually.

Reference person. The reference person serves as the central point for determining relationships within the household. The household reference person is the person listed as the householder. (See Householder for more information.) The subfamily reference person is either the single parent or the husband or wife in a married-couple situation.

Rounding. Percentages are rounded to the nearest 10th of a percent; therefore, the percentages in a distribution do not always sum to exactly 100 percent.

School, dropout rate, annual high school. The annual high school dropout rate is an estimate of the proportion of students who drop out of school in a single year. This section briefly explains how the annual dropout rate is calculated; for further explanation and details of its derivation, see *Current Population Report (Series P-20, No. 413): "School Enrollment—Social and Economic Characteristics of Students: October 1983."*

Annual dropout rates for a single grade (X) are estimated as the ratio between the number of people enrolled in grade (X) in the year preceding the survey who did not complete grade (X) and are not currently enrolled to the number enrolled in grade (X) at the start of the year preceding this survey. People reported as enrolled last year but not currently enrolled are presented by the highest grade completed in Table 8 of the *Current Population Report* on school enrollment. They are presumed to have dropped out of the succeeding grade (except for those who graduated this year). Thus, individuals counted as 10th grade dropouts are those whose highest grade completed is the 9th grade, but who are not currently enrolled in school. (The dropout classification also includes those people who finished the 9th grade in the spring preceding the survey and were not enrolled on the survey date.) These estimates form the numerator of the annual grade-specific dropout rate.

People currently enrolled in high school are presumed to have been enrolled in and have successfully completed the preceding grade during the preceding year. For example, those who have successfully completed the 10th grade would be enrolled in the 11th grade. Along with the people who dropped out of that grade, they comprise the denominator of the estimate of the annual grade-specific dropout rate:

$$\frac{\text{Dropout from}}{\text{Grade n}} = \frac{\text{Not enrolled and highest grade completed} = n-1}{(\text{Enrolled in } n+1 + \text{Not enrolled and highest grade completed} = n-1)}$$

It cannot be presumed that all 12th grade graduates will enroll in college. The estimate of the number of people enrolled in the 12th grade one year prior to the survey is constructed as the sum of the number of people reported to have graduated from high school "this year" (whether or not they are currently enrolled in college) and those not currently enrolled who were enrolled last year and whose highest grade completed is the 11th grade (dropouts). The annual dropout rate for all grades during one year can be obtained by summing the components of the rates for the individual grades—the sum of all people previously enrolled in the 10th, 11th, or 12th grade last year, but who are not currently enrolled and do not have a high school diploma.

In addition to the annual rate, two other estimates of dropouts are frequently used. The annual dropout rate is different from a "pool" (or status) measure, such as the proportion of high school dropouts within an age group. A third measure of dropouts is the "cohort measure," most commonly from a longitudinal study, in which the proportion of a specific group of people enrolled in a specific year is calculated. These people did not receive diplomas (and are no longer in school) some years later. For example, the proportion of a cohort enrolled in 9th grade in year X, who were not enrolled and had not received a diploma by year X equals 4.

School enrollment. The school enrollment statistics from the CPS are based on replies to inquiries concerning current regular school enrollment. Those counted as enrolled had attended a public, parochial, or other private school in the regular school system at any time during the current or previous school year. Such schools include nursery schools, kindergartens, elementary schools, high schools, colleges, universities, and professional schools. Attendance could have been on either a full-time or part-time basis during the day or night. Regular schooling is that which advances a person toward an elementary or high school diploma or toward a college, university, or professional school degree. Children enrolled in nursery schools and kindergarten are included in the enrollment figures for regular schools and are shown separately.

Enrollment in schools not in the regular school system, such as trade schools, business colleges, and schools for the mentally handicapped is not included, as these schools do not advance students toward regular school degrees.

People enrolled in classes not requiring their physical presence in school, such as correspondence courses or other courses of independent study, and those enrolled in training courses given directly on the job, are also excluded from the count of those enrolled in school, unless such courses are being counted for credit at a regular school.

School enrollment in the year preceding current survey. All respondents were asked to state their school enrollment status as of October of the preceding year. Before 1988, this question was only asked of people not currently attending regular school and people who were enrolled in college. In the tabulations of previous year's secondary school enrollment, those currently enrolled in high school were assumed to have been enrolled the previous year.

Comparability of enrollment data in previous years. Changes in the edit and tabulation packages used to process the October CPS school enrollment supplement caused some minor revisions to the estimates. The current edit and tabulation package began with 1987 data. The 1986 data published in the *Current Population Report (Series P-20 No. 429)* were reprocessed with the rewritten programs in order to clarify comparability. Time series tables usually show only the revised estimates for 1986. The previous edit and tabulation package was used from 1967 to 1986.

Major changes in the data caused by to the 1987 edit revisions were: (1) Among 14- and 15-year-olds, an edit improvement allowed people with unreported enrollment data, who were previously imputed as "not enrolled," to be enrolled; (2) Revisions in the tabulation of enrollment in the previous year simplified the calculation of an annual high school dropout rate; (3) Edit improvements caused increases in college enrollment estimates, most notably above the age of 24. This age group was largely ignored in earlier edits; (4) Type of college is fully allocated (discussed earlier in the section); (5) Tabulations of type of college (2-year and 4-year colleges) were made available by race; (6) Dependent family members became consistently defined; (7) New tabulations of employment status, vocational course enrollment, college retention and re-entry, and families with children enrolled in public and private school became available beginning in 1987.

In the series of reports on school enrollment for 1987 to 1992, race and Hispanic origin were erroneously tabulated for a small percentage of children age 3 to 14 years. Race and Hispanic origin of an adult in the household were attributed to the child, rather than using the child's reported characteristics. In the vast majority of cases, these characteristics were the same for family members, but for a small percentage of children, they were different. The correction made the following proportional changes in the numbers of children in each group: White (-0.5 percent), Black (+3.1 percent), and Hispanic (-4.6 percent).

Published data on enrollment from the October CPS for 1981 to 1993 used population controls based on the 1980 census. Beginning in 1994, estimates used 1990 census–based population controls, including adjustment for undercount. Time series tables show two sets of data for 1993; the data labeled "1993r" were processed using population controls based on the 1990 census with adjustments for undercount. The change in 1994 from a paper-and-pencil survey to a computer-assisted survey had some affect on the data. Most notably, the enrollment question for children age 3 to 5 years was different from the question for older children—it included a reference to nursery school. In 1994, reported nursery school enrollment was significantly higher than in earlier years.

Attendance, full time and part time. College students are classified according to their attendance status. A student is categorized as attending college full time if he or she was taking 12 or more hours of classes during the average school week, and part time if he or she was taking less than 12 hours of classes per average school week.

College enrollment. The college enrollment statistics are based on reports of school enrollment, including the grade in which the respondent was enrolled. Students enrolled in college at any time during the current term or school year were counted as enrolled, except those who had left for the remainder of the term. Thus, regular college enrollment includes those attending two-year or four-year colleges, universities, or professional schools (such as medical or law schools) in courses that advance students toward a recognized college or university degree (such as a B.A. or an M.A.). Attendance may be full time or part time during the day or night. The college student need not be working toward a degree, but he or she must be enrolled in a class for which credit would be applied toward a degree. (See school enrollment for more information.) Students are classified by year of college, based on the academic year (not calendar year). The undergraduate years are the first through fourth year, or freshman through senior years. Graduate or professional school years include the fifth year and higher.

Two-year and four-year colleges. College students were asked if their school was a two-year college (junior or community college) or a four-year college or university. Students enrolled in the first four years of college (undergraduates) were classified by the type of school that they attended. Graduate students are shown as a separate group.

Vocational school enrollment. Vocational school enrollment includes enrollment in business, vocational, technical, secretarial, trade, or correspondence courses that are not counted as regular school enrollment. This category excludes recreation or adult education classes. Courses that counted as college enrollment are also excluded.

School, modal grade. Enrolled people are classified according to their relative progress in school and whether the grade or year in which they were enrolled was below, at, or above the modal (or typical) grade for students of their age at the time of the survey. The modal grade is the year of school in which the largest proportion of students of a given age were enrolled.

School, nursery. A nursery school is defined as a group or class that has been organized to provide educational experiences for children during the year or years preceding kindergarten. It includes instruction as an important and integral phase of its childcare program. Private homes, in which essentially custodial care is provided, are not considered nursery schools. Children attending nursery school are classified as attending for part of the day or for the full day. Part-day attendance refers to those who attend either in the morning or in the afternoon. Full-day attendance refers to those who attend in the morning and in the afternoon. Children enrolled in Head Start programs or similar local agency-sponsored programs that provide preschool education to young children are counted as being enrolled in nursery school.

School, public or private. A public school is defined as any educational institution operated by publicly elected or appointed school officials and supported by public funds. Private schools include educational institutions established and operated by religious bodies, as well as those that are under other private controls. In cases in which a school or college was both publicly and privately controlled or supported, enrollment was counted according to whether the school was primarily public or private.

Undocumented immigrants or illegal aliens. Since all residents of the United States living in households are represented in the sample of households interviewed by the CPS, undocumented immigrants or illegal aliens are probably included in CPS data. Because the CPS makes no attempt to ascertain the legal status of any person interviewed, these individuals cannot be identified from CPS data.

PART B
REGION AND STATE EDUCATION STATISTICS

PART B—REGION AND STATE EDUCATION STATISTICS

Figure B-1. States with the Highest and Lowest Proportions of the Population 25 Years Old and Over with a High School Diploma or More, 2006

State	Percent
Minnesota	93.0
Alaska	92.0
New Hampshire	91.6
Montana	91.4
Utah	91.2
Washington	91.1
Wisconsin	91.1
Wyoming	91.1
Nebraska	91.0
Vermont	91.0
United States	84.1
Arkansas	82.5
Alabama	82.1
New Mexico	81.8
West Virginia	81.5
Mississippi	81.1
California	80.8
Tennessee	80.7
Kentucky	79.9
Louisiana	79.7
Texas	78.7

In 2006, 85.5 percent of the U.S. population 25 years old and over had graduated from high school. Thirteen states had high school attainment levels of 90 percent or more, and only three states had high school attainment levels below 80 percent. In 1975, less than two-thirds of people over 25 years of age had graduated from high school. The high school graduation rate for women 25 years old and over (86 percent) continued to exceed that of men (85 percent).

Among the four regions of the United States, the Midwest had the highest proportion of high school graduates (89.1 percent), followed by the Northeast (87.0 percent), the West (84.3 percent), and the South (83.1 percent). Of the nation's nine divisions, the West North Central (Iowa, Kansas, Minnesota, Missouri, Nebraska, North Dakota, and South Dakota) had the highest proportion of high school graduates with 90.1 percent. The West South Central division, comprising Arkansas, Louisiana, Oklahoma, and Texas, had the lowest proportion of its residents, just 80.1 percent, holding high school diplomas.

From 2001 to 2006, Rhode Island, Massachusetts, North Carolina, Vermont, and Wisconsin made the largest gains in the proportion of high school graduates; each state improving by more than 4 percentage points. Missouri and Louisiana had the largest declines, with both states' proportion of high school graduates dropping by more than one percentage point from 2001 to 2006.

Figure B-2. States with the Highest and Lowest Percent of the Population 25 Years Old and Over with a Bachelor's Degree or More, 2006

State	Percent
District of Columbia	49.1
Massachusetts	40.4
Colorado	36.4
Connecticut	36.0
Maryland	35.7
New Jersey	35.6
Vermont	34.0
Minnesota	33.5
Hawaii	32.3
New York	32.2
United States	28.0
Tennessee	22.0
Indiana	21.9
Louisiana	21.2
Mississippi	21.1
Alabama	20.8
Nevada	20.8
Wyoming	20.8
Kentucky	20.2
Arkansas	19.0
West Virginia	15.9

The proportion of the U.S. population with a bachelor's degree increased from 27.7 percent in 2005 to 28.0 percent in 2006. . In the District of Columbia, 49.1 percent of residents held a bachelor's degree or more, by far the highest rate in the nation. Among the states, five had proportions of college graduates exceeding 35 percent. Only two states had college attainment levels of less than 20 percent, with West Virginia at 15.9 percent and Arkansas at 19.0 percent. In 2006, more men age 25 years old and over (29 percent) held bachelor's degree or more than women (27 percent).

The New England division had the highest college attainment rate, with 36.3 percent. The Middle Atlantic, with 31.2 percent, was the only other division to exceed 30.0 percent. The East South Central division had the lowest proportion of its residents holding a bachelor's degree.

From 2001 to 2006, Massachusetts and the District of Columbia had the largest percentage point increase in the proportion of residents holding a bachelor's degree or more. Delaware and Mississippi had the largest decreases during this period, both state's proportion of college graduates dropped by more than one percentage point.

Figure B-3. Average Public School Teacher Salary, 2006–2007

For the 2006–2007 school year, the average public school teacher's salary was $50,816, an increase of 3.5 percent from the previous school year. Salaries ranged from $35,378 in South Dakota to $63,640 in California. Teacher salaries were typically higher in the New England states; three of these six states ranked in the top ten nationally. Four of the seven states in the West North Central division had among the ten lowest teacher salaries in the nation.

Figure B-4. States with the Highest and Lowest Expenditures Per Student, 2005–2006

Nationally, the average expenditure per student was $10,766 for the 2005–2006 school year. New Jersey had the highest expenditure per student at $16,733, followed by New York at $16,433 and the District of Columbia at $15,799. Utah had the lowest expenditure per student at $6,800 and was the only state with a per student expenditure of less than $7,000. Utah also had the highest proportion of population age 5 to 17 years old. The District of Columbia had the lowest proportion of school-age population, with just 13.2 percent. Nationally, 17.6 percent of the population was 5 to 17 years old.

Teacher salaries were also significantly below average in Utah. Ten states had per student expenditures of over $13,000, and 6 states spent less than $8,000 per student. All 6 states in the New England division ranked among the highest 15 per student expenditures in the nation. Four New England states (Connecticut, Massachusetts, New Hampshire, and Rhode Island) had among the 10 highest median household income for a family of four in 2005. The East South Central states (Alabama, Kentucky, Mississippi, and Tennessee) all ranked among the 10 lowest per student expenditures. Mississippi, Alabama, and Kentucky had among the 10 lowest median household incomes.

Nationally, instruction accounted for more than 61 percent of all expenses, with support services at 34.9 percent and non-instructional expenses at 4.1 percent. New York had the highest proportion of instruction and instruction-related expenditures, at 69.2 percent. The District of Columbia had the lowest at 52.1 percent.

Figure B-5. States with the Highest and Lowest Percent Change of the Number of Public School Students, from 1995–1996 to 2005–2006

There was a huge variation by state in the percent change in the number of students from the 1995–1996 school year to the 2005–2006 school year. In the past 10 years, the number of students in the United States increased by 9.5 percent. However, in Nevada, the number of students increased dramatically, rising 55.6 percent. Arizona had the next-highest increase at 47.2 percent. Seven states experienced increases of 18 percent or more. Fifteen states saw a decline in their student populations from the 1995–1996 school year to the 2005–2006 school year, including four of the seven states in the West North Central region.

Nationally, the student-teacher ratio was 15.7 during the 2005–2006 school year. Utah, Arizona, and California all exceeded 20 students per teacher. All three states ranked among the top 10 for the proportion of school-age population. Rhode Island, Vermont, and Maine had the three lowest student-teacher ratios in the nation. Similarly, these three states ranked among the 10 states with the lowest proportion of population age 5 to 17 years old.

During the 2005–2006 school year, just over 9 percent of students attend private elementary and secondary schools. The District of Columbia, Delaware, Montana, and Louisiana had the highest proportion of students attending private schools. Wyoming, Utah, and Idaho had the lowest proportion of students enrolled in private schools.

Table B-1. Educational Attainment of the Population 18 Years and Over, by Region, Age, Sex, Race, and Hispanic Origin, 2006

(Numbers in thousands.)

Region, age, sex, race, and Hispanic origin	Total	Elementary None to 8th grade	Elementary 9th grade to 11th grade	High school High school graduate	College Some college, no degree	College Associate's degree	College Bachelor's degree	College Master's degree	College Professional degree	College Doctoral degree
ALL RACES										
Northeast										
Both sexes										
18 years and over	41,311	2,059	3,649	13,683	6,539	2,990	7,707	3,295	802	587
18 to 24 years	5,029	133	861	1,371	1,865	210	526	50	2	11
25 to 34 years	6,861	232	422	1,987	1,048	588	1,780	592	125	87
35 to 44 years	8,115	260	537	2,636	1,032	774	1,817	753	189	117
45 to 54 years	8,136	282	503	2,708	1,142	669	1,727	745	203	157
55 to 64 years	6,112	280	405	2,074	812	465	1,068	732	136	139
65 years and over	7,058	872	921	2,906	639	285	789	423	147	77
18 to 24 years	5,029	133	861	1,371	1,865	210	526	50	2	11
25 years and over	36,282	1,926	2,788	12,311	4,674	2,780	7,181	3,245	800	577
Male										
18 years and over	19,807	976	1,825	6,661	3,050	1,278	3,694	1,416	504	402
18 to 24 years	2,466	76	483	740	863	97	185	13	2	9
25 to 34 years	3,419	134	214	1,127	499	268	842	227	60	49
35 to 44 years	4,099	162	307	1,422	511	336	866	307	113	75
45 to 54 years	3,942	130	253	1,386	519	295	809	312	131	106
55 to 64 years	2,917	118	206	887	389	170	603	348	97	99
65 years and over	2,965	358	362	1,099	269	113	389	209	102	65
18 to 24 years	2,466	76	483	740	863	97	185	13	2	9
25 years and over	17,341	901	1,342	5,921	2,188	1,181	3,509	1,403	503	394
Female										
18 years and over	21,504	1,082	1,824	7,022	3,489	1,712	4,014	1,879	297	185
18 to 24 years	2,563	58	378	632	1,003	113	341	37	-	2
25 to 34 years	3,442	98	207	860	550	320	938	365	66	38
35 to 44 years	4,016	98	229	1,215	521	438	951	445	76	42
45 to 54 years	4,195	152	250	1,321	623	373	918	433	72	51
55 to 64 years	3,195	162	199	1,187	423	295	466	384	39	40
65 years and over	4,093	514	560	1,807	369	172	400	215	44	12
18 to 24 years	2,563	58	378	632	1,003	113	341	37	-	2
25 years and over	18,941	1,025	1,446	6,390	2,486	1,599	3,673	1,842	297	183
Midwest										
Both sexes										
18 years and over	48,885	1,685	4,199	16,758	9,854	4,443	8,116	2,821	577	430
18 to 24 years	6,282	106	1,139	1,831	2,298	328	548	24	2	6
25 to 34 years	8,602	184	549	2,595	1,701	928	1,974	527	83	60
35 to 44 years	9,203	179	539	2,952	1,663	1,067	1,906	646	151	100
45 to 54 years	9,867	192	528	3,406	1,786	1,165	1,786	740	155	110
55 to 64 years	7,122	199	475	2,649	1,340	600	1,115	567	93	83
65 years and over	7,808	826	969	3,326	1,067	355	786	316	93	71
18 to 24 years	6,282	106	1,139	1,831	2,298	328	548	24	2	6
25 years and over	42,603	1,579	3,060	14,927	7,556	4,116	7,568	2,797	575	425
Male										
18 years and over	23,631	909	2,066	8,094	4,628	1,947	3,975	1,350	377	286
18 to 24 years	3,176	63	615	972	1,120	163	231	7	1	3
25 to 34 years	4,317	112	290	1,410	827	466	931	223	32	27
35 to 44 years	4,479	107	272	1,505	786	468	898	298	80	64
45 to 54 years	4,803	102	267	1,698	820	496	890	341	110	80
55 to 64 years	3,510	122	236	1,223	652	236	634	279	72	56
65 years and over	3,345	403	386	1,285	422	119	390	202	83	56
18 to 24 years	3,176	63	615	972	1,120	163	231	7	1	3
25 years and over	20,454	846	1,451	7,121	3,508	1,784	3,743	1,343	376	282
Female										
18 years and over	25,254	776	2,133	8,665	5,226	2,496	4,142	1,472	200	145
18 to 24 years	3,106	43	524	859	1,178	165	317	18	1	2
25 to 34 years	4,285	72	259	1,184	874	463	1,044	304	52	34
35 to 44 years	4,724	72	267	1,446	877	599	1,008	348	72	36
45 to 54 years	5,064	90	261	1,708	966	669	897	399	44	31
55 to 64 years	3,611	77	239	1,426	688	364	481	289	21	27
65 years and over	4,464	423	583	2,041	645	236	396	114	10	16
18 to 24 years	3,106	43	524	859	1,178	165	317	18	1	2
25 years and over	22,148	733	1,609	7,806	4,049	2,332	3,825	1,454	200	142

- = Quantity zero or rounds to zero.

Table B-1. Educational Attainment of the Population 18 Years and Over, by Region, Age, Sex, Race, and Hispanic Origin, 2006—*Continued*

(Numbers in thousands.)

Region, age, sex, race, and Hispanic origin	Total	Elementary None to 8th grade	Elementary 9th grade to 11th grade	High school graduate	Some college, no degree	Associate's degree	Bachelor's degree	Master's degree	Professional degree	Doctoral degree
South										
Both sexes										
18 years and over	79,500	5,062	9,010	25,530	14,913	6,402	12,583	4,189	1,029	782
18 to 24 years	10,042	292	2,062	3,257	3,234	484	666	39	6	3
25 to 34 years	14,470	691	1,489	4,267	2,767	1,357	2,870	775	156	97
35 to 44 years	15,672	701	1,364	4,950	2,648	1,461	3,193	936	247	171
45 to 54 years	15,096	695	1,459	4,869	2,572	1,494	2,634	973	253	146
55 to 64 years	11,134	703	1,031	3,657	1,826	933	1,714	877	178	213
65 years and over	13,087	1,980	1,605	4,531	1,865	672	1,507	588	189	150
18 to 24 years	10,042	292	2,062	3,257	3,234	484	666	39	6	3
25 years and over	69,458	4,770	6,948	22,274	11,679	5,918	11,918	4,150	1,023	779
Male										
18 years and over	38,128	2,624	4,644	12,334	6,775	2,671	5,870	1,977	682	552
18 to 24 years	5,037	183	1,160	1,706	1,504	225	244	10	3	1
25 to 34 years	7,165	424	834	2,301	1,319	589	1,252	313	82	52
35 to 44 years	7,703	392	787	2,558	1,222	610	1,464	415	152	102
45 to 54 years	7,395	381	790	2,348	1,201	648	1,268	491	161	108
55 to 64 years	5,260	380	443	1,673	768	386	884	436	126	163
65 years and over	5,569	864	630	1,748	762	212	758	311	158	126
18 to 24 years	5,037	183	1,160	1,706	1,504	225	244	10	3	1
25 years and over	33,091	2,441	3,484	10,627	5,271	2,446	5,626	1,967	679	551
Female										
18 years and over	41,372	2,439	4,366	13,197	8,137	3,731	6,713	2,212	348	230
18 to 24 years	5,005	109	902	1,550	1,729	259	422	29	3	1
25 to 34 years	7,305	267	656	1,966	1,449	769	1,618	462	74	46
35 to 44 years	7,969	309	577	2,392	1,427	851	1,729	521	95	69
45 to 54 years	7,701	314	668	2,522	1,371	846	1,366	482	93	39
55 to 64 years	5,874	323	587	1,984	1,058	547	830	441	52	51
65 years and over	7,518	1,116	975	2,783	1,103	460	749	276	31	24
18 to 24 years	5,005	109	902	1,550	1,729	259	422	29	3	1
25 years and over	36,367	2,330	3,464	11,646	6,408	3,473	6,291	2,183	344	228
West										
Both sexes										
18 years and over	50,153	3,689	4,472	13,430	11,106	4,311	8,925	2,879	653	688
18 to 24 years	6,612	222	1,114	2,044	2,404	365	438	18	2	5
25 to 34 years	9,547	662	915	2,453	2,027	812	1,992	513	102	72
35 to 44 years	10,131	777	760	2,598	1,903	933	2,172	678	170	140
45 to 54 years	9,698	648	582	2,517	1,944	1,064	1,966	673	157	145
55 to 64 years	6,613	456	385	1,544	1,472	638	1,285	544	114	174
65 years and over	7,552	924	716	2,273	1,356	499	1,070	453	109	152
18 to 24 years	6,612	222	1,114	2,044	2,404	365	438	18	2	5
25 years and over	43,541	3,467	3,358	11,385	8,702	3,946	8,486	2,861	652	684
Male										
18 years and over	24,780	1,814	2,275	6,806	5,240	1,892	4,407	1,501	380	464
18 to 24 years	3,434	134	613	1,096	1,205	168	203	9	-	5
25 to 34 years	4,926	381	498	1,395	994	375	975	227	42	40
35 to 44 years	5,090	434	398	1,436	879	438	991	345	76	93
45 to 54 years	4,834	313	281	1,306	921	457	1,004	362	97	92
55 to 64 years	3,189	196	184	705	671	281	661	298	77	117
65 years and over	3,306	356	301	868	570	172	572	261	88	118
18 to 24 years	3,434	134	613	1,096	1,205	168	203	9	-	5
25 years and over	21,346	1,680	1,662	5,710	4,035	1,724	4,204	1,492	380	459
Female										
18 years and over	25,374	1,875	2,197	6,623	5,866	2,420	4,518	1,378	274	224
18 to 24 years	3,178	88	501	948	1,198	198	235	9	2	-
25 to 34 years	4,621	281	417	1,058	1,032	437	1,017	287	59	32
35 to 44 years	5,041	343	361	1,162	1,025	495	1,181	333	94	48
45 to 54 years	4,864	336	301	1,211	1,024	607	962	311	60	53
55 to 64 years	3,424	260	202	839	801	357	624	247	38	58
65 years and over	4,246	567	415	1,405	786	326	498	192	21	34
18 to 24 years	3,178	88	501	948	1,198	198	235	9	2	-
25 years and over	22,195	1,787	1,696	5,675	4,667	2,222	4,283	1,369	272	224

- = Quantity zero or rounds to zero.

Table B-1. Educational Attainment of the Population 18 Years and Over, by Region, Age, Sex, Race, and Hispanic Origin, 2006—*Continued*

(Numbers in thousands.)

Region, age, sex, race, and Hispanic origin	Total	Elementary None to 8th grade	High school 9th grade to 11th grade	High school graduate	Some college, no degree	Associate's degree	Bachelor's degree	Master's degree	Professional degree	Doctoral degree
NON-HISPANIC WHITE ALONE										
Northeast										
Both sexes										
18 years and over	30,425	865	2,123	10,216	4,850	2,373	6,200	2,743	630	425
18 to 24 years	3,361	41	467	875	1,345	162	420	42	-	9
25 to 34 years	4,412	76	149	1,216	664	428	1,325	431	74	49
35 to 44 years	5,700	52	245	1,846	725	584	1,428	592	145	83
45 to 54 years	6,148	55	285	2,030	858	553	1,449	639	170	110
55 to 64 years	4,925	108	243	1,671	703	404	906	653	123	114
65 years and over	5,879	533	733	2,577	556	242	672	387	118	60
18 to 24 years	3,361	41	467	875	1,345	162	420	42	-	9
25 years and over	27,064	824	1,656	9,341	3,505	2,211	5,780	2,701	630	416
Male										
18 years and over	14,668	434	1,068	4,988	2,279	1,024	3,004	1,177	401	293
18 to 24 years	1,667	24	274	472	651	77	152	10	-	7
25 to 34 years	2,228	54	69	732	304	210	643	155	38	23
35 to 44 years	2,873	35	159	1,014	359	260	671	244	82	50
45 to 54 years	3,050	25	162	1,083	396	232	696	267	111	77
55 to 64 years	2,355	57	115	715	340	148	502	309	88	81
65 years and over	2,494	240	289	971	229	98	340	192	82	55
18 to 24 years	1,667	24	274	472	651	77	152	10	-	7
25 years and over	13,000	410	793	4,515	1,629	947	2,852	1,167	401	286
Female										
18 years and over	15,757	431	1,055	5,228	2,571	1,349	3,196	1,566	229	132
18 to 24 years	1,693	17	193	403	694	85	268	32	-	2
25 to 34 years	2,183	22	80	484	360	218	682	276	36	26
35 to 44 years	2,827	17	87	832	366	324	757	348	63	33
45 to 54 years	3,098	30	123	947	462	320	753	372	58	33
55 to 64 years	2,571	52	128	957	363	256	404	344	34	33
65 years and over	3,385	294	444	1,606	327	145	332	195	37	5
18 to 24 years	1,693	17	193	403	694	85	268	32	-	2
25 years and over	14,064	414	862	4,825	1,877	1,264	2,928	1,535	229	130
Midwest										
Both sexes										
18 years and over	40,596	1,015	3,068	14,259	8,038	3,924	7,027	2,422	489	355
18 to 24 years	4,941	54	791	1,454	1,877	278	462	18	1	6
25 to 34 years	6,466	37	329	1,941	1,259	781	1,608	393	68	49
35 to 44 years	7,517	61	354	2,434	1,328	959	1,646	545	123	66
45 to 54 years	8,367	80	394	2,938	1,458	1,030	1,583	658	130	95
55 to 64 years	6,237	111	357	2,401	1,174	545	991	506	81	72
65 years and over	7,068	672	842	3,091	943	331	737	302	86	67
18 to 24 years	4,941	54	791	1,454	1,877	278	462	18	1	6
25 years and over	35,655	960	2,277	12,804	6,162	3,646	6,565	2,404	488	349
Male										
18 years and over	19,716	547	1,520	6,882	3,848	1,720	3,472	1,163	333	231
18 to 24 years	2,533	38	419	785	949	145	185	7	1	3
25 to 34 years	3,243	21	187	1,065	636	388	744	153	28	22
35 to 44 years	3,683	34	186	1,266	627	416	787	259	67	41
45 to 54 years	4,091	49	197	1,455	675	443	812	295	97	67
55 to 64 years	3,106	72	186	1,118	581	213	576	252	62	47
65 years and over	3,059	332	346	1,193	381	114	368	197	77	51
18 to 24 years	2,533	38	419	785	949	145	185	7	1	3
25 years and over	17,183	509	1,101	6,096	2,899	1,574	3,286	1,156	332	228
Female										
18 years and over	20,880	467	1,548	7,377	4,190	2,204	3,555	1,259	156	124
18 to 24 years	2,408	16	372	669	928	133	276	12	-	2
25 to 34 years	3,223	16	142	876	623	393	864	241	40	28
35 to 44 years	3,833	26	168	1,168	702	542	860	286	56	26
45 to 54 years	4,276	30	198	1,484	783	586	772	363	33	27
55 to 64 years	3,131	39	172	1,283	593	333	415	254	18	26
65 years and over	4,009	339	496	1,898	562	217	369	105	8	16
18 to 24 years	2,408	16	372	669	928	133	276	12	-	2
25 years and over	18,472	451	1,176	6,708	3,262	2,071	3,278	1,248	156	122

- = Quantity zero or rounds to zero.

Table B-1. Educational Attainment of the Population 18 Years and Over, by Region, Age, Sex, Race, and Hispanic Origin, 2006—*Continued*

(Numbers in thousands.)

Region, age, sex, race, and Hispanic origin	Total	Elementary None to 8th grade	High school 9th grade to 11th grade	High school graduate	Some college, no degree	Associate's degree	Bachelor's degree	Master's degree	Professional degree	Doctoral degree
South										
Both sexes										
18 years and over	52,113	1,834	4,591	16,674	10,340	4,623	9,523	3,105	804	619
18 to 24 years	5,707	59	988	1,720	2,077	329	509	22	2	1
25 to 34 years	8,126	105	532	2,240	1,696	907	1,994	477	113	61
35 to 44 years	9,635	156	603	2,948	1,730	1,000	2,275	623	176	124
45 to 54 years	10,252	240	762	3,255	1,801	1,092	2,029	757	206	110
55 to 64 years	8,222	300	612	2,703	1,392	718	1,416	746	151	184
65 years and over	10,171	974	1,093	3,809	1,645	578	1,299	481	156	137
18 to 24 years	5,707	59	988	1,720	2,077	329	509	22	2	1
25 years and over	46,406	1,775	3,603	14,954	8,263	4,295	9,013	3,083	802	617
Male										
18 years and over	25,022	935	2,383	7,946	4,734	1,967	4,535	1,515	556	452
18 to 24 years	2,828	34	555	898	985	162	185	9	-	-
25 to 34 years	3,986	53	322	1,220	834	402	862	198	60	34
35 to 44 years	4,800	79	364	1,588	805	438	1,059	276	114	77
45 to 54 years	5,076	144	431	1,559	855	476	999	394	137	83
55 to 64 years	3,966	181	280	1,218	592	312	756	372	112	143
65 years and over	4,366	444	431	1,463	663	177	673	266	132	115
18 to 24 years	2,828	34	555	898	985	162	185	9	-	-
25 years and over	22,194	900	1,828	7,048	3,749	1,805	4,349	1,507	556	452
Female										
18 years and over	27,091	899	2,208	8,728	5,607	2,657	4,988	1,590	247	167
18 to 24 years	2,879	25	434	822	1,092	167	324	13	2	1
25 to 34 years	4,139	52	210	1,020	861	506	1,132	279	52	28
35 to 44 years	4,835	78	239	1,360	925	562	1,216	347	62	47
45 to 54 years	5,176	97	331	1,695	947	616	1,030	363	69	27
55 to 64 years	4,256	119	333	1,485	800	406	660	374	38	41
65 years and over	5,805	529	662	2,346	982	401	625	215	24	22
18 to 24 years	2,879	25	434	822	1,092	167	324	13	2	1
25 years and over	24,212	874	1,775	7,906	4,515	2,490	4,664	1,577	246	166
West										
Both sexes										
18 years and over	29,895	523	1,691	7,840	7,464	2,929	6,296	2,131	503	518
18 to 24 years	3,359	16	462	984	1,384	226	278	6	1	3
25 to 34 years	4,619	31	188	1,107	1,115	472	1,256	336	72	42
35 to 44 years	5,616	61	200	1,354	1,219	608	1,499	465	118	91
45 to 54 years	6,240	44	216	1,588	1,448	769	1,418	523	124	111
55 to 64 years	4,475	58	159	1,042	1,134	467	944	431	100	140
65 years and over	5,586	313	464	1,766	1,164	387	901	370	89	132
18 to 24 years	3,359	16	462	984	1,384	226	278	6	1	3
25 years and over	26,536	507	1,229	6,856	6,081	2,703	6,018	2,125	502	515
Male										
18 years and over	14,652	230	865	3,870	3,449	1,270	3,186	1,129	305	349
18 to 24 years	1,709	6	256	547	676	102	115	4	-	3
25 to 34 years	2,351	17	113	637	531	207	650	142	29	23
35 to 44 years	2,801	33	112	739	565	294	692	247	62	58
45 to 54 years	3,130	21	108	820	679	334	745	276	79	67
55 to 64 years	2,175	29	66	470	516	204	491	239	67	94
65 years and over	2,485	123	209	656	482	128	493	222	68	103
18 to 24 years	1,709	6	256	547	676	102	115	4	-	3
25 years and over	12,943	224	610	3,322	2,773	1,168	3,071	1,125	305	346
Female										
18 years and over	15,243	293	825	3,970	4,015	1,659	3,111	1,002	199	169
18 to 24 years	1,650	10	206	436	708	123	164	2	1	-
25 to 34 years	2,269	14	75	470	584	265	606	193	43	19
35 to 44 years	2,814	28	88	615	654	314	808	219	56	33
45 to 54 years	3,110	23	108	767	770	435	673	247	44	43
55 to 64 years	2,299	28	93	572	618	264	453	193	33	46
65 years and over	3,101	189	256	1,110	682	258	408	149	21	29
18 to 24 years	1,650	10	206	436	708	123	164	2	1	-
25 years and over	13,593	283	619	3,534	3,307	1,536	2,947	1,000	198	169

- = Quantity zero or rounds to zero.

Table B-1. Educational Attainment of the Population 18 Years and Over, by Region, Age, Sex, Race, and Hispanic Origin, 2006—*Continued*

(Numbers in thousands.)

Region, age, sex, race, and Hispanic origin	Total	Elementary None to 8th grade	Elementary 9th grade to 11th grade	High school High school graduate	College Some college, no degree	College Associate's degree	College Bachelor's degree	College Master's degree	College Professional degree	College Doctoral degree
BLACK ALONE OR IN COMBINATION										
Northeast										
Both sexes										
18 years and over	4,857	284	731	1,745	954	321	549	196	50	26
18 to 24 years	800	17	200	234	281	26	37	3	2	-
25 to 34 years	964	27	105	325	244	59	149	36	16	4
35 to 44 years	1,003	31	135	352	168	93	156	51	12	5
45 to 54 years	929	37	89	396	152	62	125	58	6	5
55 to 64 years	570	55	85	229	53	50	45	39	7	7
65 years and over	593	119	117	209	56	32	37	10	7	6
18 to 24 years	800	17	200	234	281	26	37	3	2	-
25 years and over	4,058	268	531	1,511	673	295	512	193	49	26
Male										
18 years and over	2,153	131	338	775	447	138	212	75	22	16
18 to 24 years	356	11	99	111	111	14	7	-	2	-
25 to 34 years	432	11	50	151	133	18	51	12	3	3
35 to 44 years	488	21	71	173	93	38	64	18	6	4
45 to 54 years	403	21	34	166	63	38	51	22	5	3
55 to 64 years	251	16	48	97	20	20	24	20	4	3
65 years and over	222	52	37	77	26	10	15	1	2	4
18 to 24 years	356	11	99	111	111	14	7	-	2	-
25 years and over	1,797	120	239	664	336	124	205	75	21	16
Female										
18 years and over	2,705	153	393	971	507	184	337	122	28	10
18 to 24 years	444	5	101	123	169	12	30	3	-	-
25 to 34 years	531	16	55	174	110	40	98	24	13	1
35 to 44 years	515	10	64	179	75	54	91	32	6	1
45 to 54 years	526	16	55	230	89	24	74	35	1	3
55 to 64 years	318	39	37	132	33	30	22	18	3	4
65 years and over	370	67	81	132	30	23	22	8	5	2
18 to 24 years	444	5	101	123	169	12	30	3	-	-
25 years and over	2,261	148	292	847	337	172	307	119	28	10
Midwest										
Both sexes										
18 years and over	4,525	161	619	1,541	1,227	305	498	135	24	14
18 to 24 years	749	9	180	231	263	27	40	-	-	-
25 to 34 years	981	14	104	352	280	73	130	24	2	2
35 to 44 years	838	7	83	290	226	53	125	35	9	9
45 to 54 years	913	21	75	322	235	98	110	40	9	3
55 to 64 years	528	20	74	171	124	41	71	23	3	-
65 years and over	517	91	103	176	100	13	22	13	-	1
18 to 24 years	749	9	180	231	263	27	40	-	-	-
25 years and over	3,776	152	440	1,311	964	278	458	135	24	14
Male										
18 years and over	1,981	83	263	710	508	128	215	52	12	10
18 to 24 years	351	5	100	109	107	8	22	-	-	-
25 to 34 years	445	7	38	186	108	35	60	7	2	2
35 to 44 years	352	3	34	116	105	26	53	7	3	5
45 to 54 years	420	10	32	171	101	37	36	24	6	3
55 to 64 years	214	10	22	65	52	18	35	10	2	-
65 years and over	199	47	36	63	34	4	9	4	-	1
18 to 24 years	351	5	100	109	107	8	22	-	-	-
25 years and over	1,630	79	163	601	400	120	193	52	12	10
Female										
18 years and over	2,545	78	357	832	720	178	283	83	11	4
18 to 24 years	398	4	80	122	156	19	18	-	-	-
25 to 34 years	535	6	66	167	172	38	70	17	-	-
35 to 44 years	486	3	49	174	121	28	72	29	7	4
45 to 54 years	493	11	43	150	134	61	74	16	3	-
55 to 64 years	313	10	52	106	72	24	36	13	2	-
65 years and over	319	43	66	113	66	9	13	8	-	-
18 to 24 years	398	4	80	122	156	19	18	-	-	-
25 years and over	2,146	73	277	710	564	159	265	83	11	4

- = Quantity zero or rounds to zero.

Table B-1. Educational Attainment of the Population 18 Years and Over, by Region, Age, Sex, Race, and Hispanic Origin, 2006—Continued

(Numbers in thousands.)

Region, age, sex, race, and Hispanic origin	Total	Elementary None to 8th grade	Elementary 9th grade to 11th grade	High school High school graduate	College Some college, no degree	College Associate's degree	College Bachelor's degree	College Master's degree	College Professional degree	College Doctoral degree
South										
Both sexes										
18 years and over	14,468	816	2,323	5,249	2,784	1,014	1,558	596	76	51
18 to 24 years	2,337	19	548	904	684	91	80	9	-	1
25 to 34 years	2,841	60	361	1,049	581	200	418	141	18	14
35 to 44 years	3,129	49	320	1,234	585	269	477	163	22	9
45 to 54 years	2,771	81	408	1,036	518	258	313	126	17	14
55 to 64 years	1,734	139	306	596	275	139	166	92	10	10
65 years and over	1,656	468	380	432	139	56	103	65	10	2
18 to 24 years	2,337	19	548	904	684	91	80	9	-	1
25 years and over	12,131	797	1,776	4,345	2,099	923	1,477	587	76	50
Male										
18 years and over	6,498	384	1,121	2,575	1,158	366	629	208	25	32
18 to 24 years	1,160	16	298	474	301	41	28	1	-	1
25 to 34 years	1,270	33	180	542	222	72	176	33	5	6
35 to 44 years	1,389	25	172	593	259	82	189	57	7	6
45 to 54 years	1,272	28	213	501	223	112	123	56	6	11
55 to 64 years	757	80	118	291	105	41	77	37	2	6
65 years and over	650	202	141	174	48	17	36	24	5	2
18 to 24 years	1,160	16	298	474	301	41	28	1	-	1
25 years and over	5,338	368	824	2,101	857	324	601	207	25	31
Female										
18 years and over	7,970	433	1,202	2,674	1,626	649	929	388	51	19
18 to 24 years	1,176	3	250	430	383	50	52	8	-	-
25 to 34 years	1,571	27	180	506	359	128	242	108	12	8
35 to 44 years	1,739	23	148	641	326	187	289	107	15	4
45 to 54 years	1,499	53	196	536	295	145	190	69	11	3
55 to 64 years	978	60	189	305	171	98	89	55	8	4
65 years and over	1,006	266	239	257	91	40	67	42	5	-
18 to 24 years	1,176	3	250	430	383	50	52	8	-	-
25 years and over	6,793	429	952	2,244	1,243	599	876	380	51	19
West										
Both sexes										
18 years and over	2,540	74	257	786	635	228	400	119	19	22
18 to 24 years	369	7	43	148	136	10	21	2	-	2
25 to 34 years	580	7	49	177	155	54	115	16	2	5
35 to 44 years	535	19	33	173	130	45	98	28	6	4
45 to 54 years	468	8	45	125	97	63	89	28	6	7
55 to 64 years	301	2	34	78	75	35	46	24	5	2
65 years and over	288	31	52	85	43	21	31	21	-	3
18 to 24 years	369	7	43	148	136	10	21	2	-	2
25 years and over	2,172	68	214	638	500	218	379	117	19	20
Male										
18 years and over	1,229	46	122	408	287	96	192	58	9	10
18 to 24 years	186	3	24	72	72	-	12	-	-	2
25 to 34 years	301	5	21	107	69	28	61	8	-	2
35 to 44 years	245	13	10	95	48	18	47	11	1	2
45 to 54 years	230	5	22	74	45	23	39	13	4	3
55 to 64 years	154	1	22	35	33	20	23	17	4	-
65 years and over	114	19	22	26	20	6	10	10	-	1
18 to 24 years	186	3	24	72	72	-	12	-	-	2
25 years and over	1,043	43	97	336	215	96	180	58	9	8
Female										
18 years and over	1,311	28	135	378	348	132	207	61	9	12
18 to 24 years	182	3	19	76	63	10	8	2	-	-
25 to 34 years	279	2	28	70	86	25	54	8	2	3
35 to 44 years	290	6	22	78	82	27	51	17	4	2
45 to 54 years	239	3	23	51	51	40	50	15	2	4
55 to 64 years	147	2	12	44	42	15	23	7	2	2
65 years and over	173	12	30	59	24	14	21	11	-	2
18 to 24 years	182	3	19	76	63	10	8	2	-	-
25 years and over	1,129	25	116	302	285	122	199	58	9	12

- = Quantity zero or rounds to zero.

Table B-1. Educational Attainment of the Population 18 Years and Over, by Region, Age, Sex, Race, and Hispanic Origin, 2006—*Continued*

(Numbers in thousands.)

Region, age, sex, race, and Hispanic origin	Total	Elementary None to 8th grade	Elementary 9th grade to 11th grade	High school High school graduate	College Some college, no degree	College Associate's degree	College Bachelor's degree	College Master's degree	College Professional degree	College Doctoral degree
ASIAN ALONE OR IN COMBINATION										
Northeast										
Both sexes										
18 years and over	2,181	228	150	468	222	91	587	240	91	103
18 to 24 years	253	8	47	59	82	8	48	-	-	2
25 to 34 years	553	11	19	85	42	32	203	104	25	32
35 to 44 years	474	31	24	113	33	24	134	68	23	25
45 to 54 years	415	69	29	99	40	21	89	21	19	26
55 to 64 years	231	44	16	67	9	2	54	26	5	9
65 years and over	254	66	15	45	15	4	59	21	19	9
18 to 24 years	253	8	47	59	82	8	48	-	-	2
25 years and over	1,927	220	104	408	140	83	539	240	91	102
Male										
18 years and over	1,064	87	72	226	104	40	287	116	59	73
18 to 24 years	124	3	25	36	39	-	19	-	-	2
25 to 34 years	268	2	12	37	21	11	104	50	9	23
35 to 44 years	259	20	14	53	15	13	76	30	18	19
45 to 54 years	196	32	13	49	18	10	36	10	13	16
55 to 64 years	115	15	9	34	4	2	28	13	3	8
65 years and over	103	16	-	17	7	4	25	13	16	5
18 to 24 years	124	3	25	36	39	-	19	-	-	2
25 years and over	940	85	47	190	64	40	269	116	59	71
Female										
18 years and over	1,117	140	79	241	119	52	300	124	32	31
18 to 24 years	130	5	22	23	42	8	29	-	-	-
25 to 34 years	285	9	7	49	22	20	99	54	16	10
35 to 44 years	215	10	10	59	18	11	57	38	5	6
45 to 54 years	219	37	16	51	22	12	54	11	7	10
55 to 64 years	116	29	8	32	6	-	26	13	2	1
65 years and over	151	50	15	28	8	-	34	9	2	5
18 to 24 years	130	5	22	23	42	8	29	-	-	-
25 years and over	987	135	57	218	76	43	270	124	32	31
Midwest										
Both sexes										
18 years and over	1,142	48	62	151	177	62	348	201	46	47
18 to 24 years	180	2	32	32	75	4	28	5	1	-
25 to 34 years	374	1	10	37	35	24	157	93	11	5
35 to 44 years	274	8	14	34	34	19	76	56	13	22
45 to 54 years	161	12	4	22	22	10	49	24	10	9
55 to 64 years	102	10	-	22	7	3	22	22	7	10
65 years and over	51	16	1	3	5	2	17	1	4	2
18 to 24 years	180	2	32	32	75	4	28	5	1	-
25 years and over	963	46	29	119	102	58	320	196	45	47
Male										
18 years and over	552	13	30	77	79	31	158	108	20	34
18 to 24 years	84	-	15	21	34	2	13	-	-	-
25 to 34 years	192	-	4	19	14	14	82	56	-	1
35 to 44 years	132	2	9	10	19	8	29	32	7	15
45 to 54 years	71	5	2	12	7	5	18	11	5	7
55 to 64 years	57	5	-	12	4	2	10	9	6	10
65 years and over	16	1	-	3	1	-	6	1	2	2
18 to 24 years	84	-	15	21	34	2	13	-	-	-
25 years and over	468	13	14	57	45	30	146	108	20	34
Female										
18 years and over	590	35	32	74	98	31	190	93	26	12
18 to 24 years	95	2	17	11	41	3	16	5	1	-
25 to 34 years	182	1	6	18	21	10	75	37	11	3
35 to 44 years	143	6	5	23	14	11	47	24	6	7
45 to 54 years	90	7	3	10	15	5	30	13	5	2
55 to 64 years	45	5	-	10	2	1	12	13	2	-
65 years and over	35	15	1	-	4	2	10	1	2	-
18 to 24 years	95	2	17	11	41	3	16	5	1	-
25 years and over	495	33	15	62	57	28	175	88	25	12

- = Quantity zero or rounds to zero.

Table B-1. Educational Attainment of the Population 18 Years and Over, by Region, Age, Sex, Race, and Hispanic Origin, 2006—Continued

(Numbers in thousands.)

Region, age, sex, race, and Hispanic origin	Total	Elementary None to 8th grade	Elementary 9th grade to 11th grade	High school graduate	Some college, no degree	Associate's degree	Bachelor's degree	Master's degree	Professional degree	Doctoral degree
South										
Both sexes										
18 years and over	1,859	90	115	386	250	111	521	250	65	71
18 to 24 years	218	-	31	39	96	9	37	3	3	-
25 to 34 years	499	2	21	82	54	36	170	108	11	15
35 to 44 years	497	12	31	105	42	28	144	79	31	25
45 to 54 years	294	15	11	76	25	26	91	33	4	13
55 to 64 years	198	26	12	49	21	9	50	18	4	10
65 years and over	152	34	10	35	13	3	29	10	10	7
18 to 24 years	218	-	31	39	96	9	37	3	3	-
25 years and over	1,641	90	84	347	155	102	484	247	62	71
Male										
18 years and over	889	33	63	175	115	46	228	144	40	45
18 to 24 years	105	-	12	26	44	1	20	-	2	-
25 to 34 years	231	-	10	33	23	17	77	60	5	7
35 to 44 years	253	6	24	53	22	9	57	48	18	16
45 to 54 years	139	7	3	34	11	15	45	16	2	7
55 to 64 years	89	10	8	17	9	3	14	15	3	9
65 years and over	72	10	7	12	6	-	15	5	10	6
18 to 24 years	105	-	12	26	44	1	20	-	2	-
25 years and over	784	33	51	149	71	44	208	144	39	45
Female										
18 years and over	970	56	52	211	136	65	293	106	25	26
18 to 24 years	113	-	19	13	52	8	17	3	2	-
25 to 34 years	267	2	11	49	30	19	93	48	6	8
35 to 44 years	245	6	7	51	20	19	88	31	13	9
45 to 54 years	156	9	8	43	14	11	46	17	3	6
55 to 64 years	109	15	4	32	12	6	36	3	1	1
65 years and over	80	24	3	23	7	3	14	4	-	1
18 to 24 years	113	-	19	13	52	8	17	3	2	-
25 years and over	857	56	33	198	84	57	276	103	23	26
West										
Both sexes										
18 years and over	5,077	341	276	1,168	850	420	1,424	401	78	120
18 to 24 years	665	9	73	179	278	38	81	7	-	-
25 to 34 years	984	16	28	153	169	87	388	108	14	20
35 to 44 years	1,091	43	36	222	145	106	350	122	28	40
45 to 54 years	959	75	38	247	95	82	313	75	14	20
55 to 64 years	692	57	47	159	96	54	197	50	6	26
65 years and over	686	141	54	209	66	53	95	38	16	15
18 to 24 years	665	9	73	179	278	38	81	7	-	-
25 years and over	4,412	332	203	990	572	382	1,342	394	78	120
Male										
18 years and over	2,369	112	126	586	402	191	629	198	41	85
18 to 24 years	359	6	41	103	140	20	47	3	-	-
25 to 34 years	471	10	9	85	89	50	157	50	10	13
35 to 44 years	505	17	21	126	63	44	145	56	7	27
45 to 54 years	446	29	16	116	39	36	145	44	4	17
55 to 64 years	301	15	19	68	43	19	89	28	4	17
65 years and over	287	36	21	88	29	22	47	18	16	11
18 to 24 years	359	6	41	103	140	20	47	3	-	-
25 years and over	2,010	106	85	482	263	171	582	195	41	85
Female										
18 years and over	2,708	228	150	583	447	229	795	203	37	35
18 to 24 years	306	3	32	75	138	18	35	4	-	-
25 to 34 years	513	7	19	68	80	38	231	59	4	8
35 to 44 years	585	26	15	97	83	61	204	66	20	13
45 to 54 years	513	47	22	131	55	45	168	32	11	3
55 to 64 years	390	41	28	91	53	35	108	22	2	8
65 years and over	400	104	33	120	37	31	48	20	-	4
18 to 24 years	306	3	32	75	138	18	35	4	-	-
25 years and over	2,402	225	118	507	309	211	760	199	37	35

- = Quantity zero or rounds to zero.

Table B-1. Educational Attainment of the Population 18 Years and Over, by Region, Age, Sex, Race, and Hispanic Origin, 2006—*Continued*

(Numbers in thousands.)

Region, age, sex, race, and Hispanic origin	Total	Elementary None to 8th grade	High school 9th grade to 11th grade	High school graduate	Some college, no degree	Associate's degree	Bachelor's degree	Master's degree	Professional degree	Doctoral degree
HISPANIC[1]										
Northeast										
Both sexes										
18 years and over	4,166	752	695	1,346	572	212	408	114	32	35
18 to 24 years	677	72	173	227	165	15	22	3	-	-
25 to 34 years	1,051	134	158	397	126	81	121	20	12	2
35 to 44 years	1,010	163	142	346	121	68	117	41	8	4
45 to 54 years	669	125	107	191	103	27	61	30	8	16
55 to 64 years	426	93	63	115	44	14	68	15	2	11
65 years and over	334	165	51	70	13	8	19	3	3	2
18 to 24 years	677	72	173	227	165	15	22	3	-	-
25 years and over	3,490	680	522	1,119	408	197	386	110	32	35
Male										
18 years and over	2,048	360	370	705	244	86	192	50	22	19
18 to 24 years	342	38	97	131	60	5	8	3	-	-
25 to 34 years	549	78	90	221	59	38	45	9	9	-
35 to 44 years	509	99	66	187	50	24	56	17	7	3
45 to 54 years	298	55	47	89	46	15	25	12	1	8
55 to 64 years	207	35	38	45	22	-	50	7	2	7
65 years and over	143	55	31	32	8	3	7	2	3	2
18 to 24 years	342	38	97	131	60	5	8	3	-	-
25 years and over	1,707	321	273	575	185	81	184	47	22	19
Female										
18 years and over	2,118	393	325	641	328	126	216	64	10	15
18 to 24 years	335	34	76	97	105	10	14	-	-	-
25 to 34 years	502	57	68	176	68	43	76	11	3	2
35 to 44 years	501	64	76	159	71	44	61	24	1	1
45 to 54 years	371	69	61	102	57	12	36	19	6	9
55 to 64 years	219	58	25	70	22	13	18	8	-	4
65 years and over	191	110	20	38	5	4	12	1	-	-
18 to 24 years	335	34	76	97	105	10	14	-	-	-
25 years and over	1,783	359	249	544	223	116	202	64	10	15
Midwest										
Both sexes										
18 years and over	2,155	452	393	639	310	111	187	38	12	13
18 to 24 years	368	39	130	95	67	18	17	1	-	-
25 to 34 years	702	136	97	230	108	45	73	10	1	2
35 to 44 years	492	103	76	165	55	23	48	10	6	5
45 to 54 years	312	78	46	80	46	13	31	11	3	4
55 to 64 years	174	57	31	39	21	5	14	6	1	-
65 years and over	108	38	13	31	12	7	3	-	2	2
18 to 24 years	368	39	130	95	67	18	17	1	-	-
25 years and over	1,787	412	263	545	243	93	170	37	12	13
Male										
18 years and over	1,149	258	222	330	155	53	98	18	5	10
18 to 24 years	192	19	76	50	28	8	11	-	-	-
25 to 34 years	393	86	57	118	62	24	38	6	-	2
35 to 44 years	265	67	35	95	25	12	24	1	3	3
45 to 54 years	162	38	31	35	26	6	15	9	-	3
55 to 64 years	94	34	22	17	8	2	8	2	1	-
65 years and over	43	14	1	14	6	1	3	-	2	2
18 to 24 years	192	19	76	50	28	8	11	-	-	-
25 years and over	957	239	146	279	127	45	87	18	5	10
Female										
18 years and over	1,006	193	171	310	155	58	89	20	6	3
18 to 24 years	176	20	54	44	40	10	6	1	-	-
25 to 34 years	309	50	40	112	46	21	36	4	1	-
35 to 44 years	227	36	41	70	30	11	24	9	3	2
45 to 54 years	149	39	15	45	20	7	17	2	3	1
55 to 64 years	80	24	9	22	13	3	6	4	-	-
65 years and over	65	24	12	16	6	6	1	-	-	-
18 to 24 years	176	20	54	44	40	10	6	1	-	-
25 years and over	830	173	117	266	116	48	83	19	6	3

[1] May be of any race.
- = Quantity zero or rounds to zero.

Table B-1. Educational Attainment of the Population 18 Years and Over, by Region, Age, Sex, Race, and Hispanic Origin, 2006—Continued

(Numbers in thousands.)

Region, age, sex, race, and Hispanic origin	Total	Elementary None to 8th grade	High school 9th grade to 11th grade	High school graduate	Some college, no degree	Associate's degree	Bachelor's degree	Master's degree	Professional degree	Doctoral degree
South										
Both sexes										
18 years and over	10,417	2,326	1,944	2,962	1,379	581	886	221	82	36
18 to 24 years	1,753	209	507	577	369	50	34	6	1	-
25 to 34 years	2,931	552	567	879	390	199	271	54	14	6
35 to 44 years	2,281	487	408	607	265	138	277	70	18	11
45 to 54 years	1,593	359	266	421	191	103	170	50	25	9
55 to 64 years	862	233	95	269	111	57	59	19	12	7
65 years and over	997	486	102	209	54	33	75	22	13	4
18 to 24 years	1,753	209	507	577	369	50	34	6	1	-
25 years and over	8,664	2,117	1,437	2,385	1,010	531	852	215	81	36
Male										
18 years and over	5,415	1,278	1,064	1,531	694	254	419	98	58	19
18 to 24 years	959	131	311	314	172	20	9	-	1	-
25 to 34 years	1,630	357	314	493	218	88	122	23	10	4
35 to 44 years	1,183	282	223	298	128	63	142	32	13	2
45 to 54 years	825	203	137	223	91	41	85	21	16	7
55 to 64 years	391	107	37	121	49	27	28	11	8	3
65 years and over	428	197	42	81	36	15	32	12	10	3
18 to 24 years	959	131	311	314	172	20	9	-	1	-
25 years and over	4,456	1,146	753	1,217	522	233	410	98	57	19
Female										
18 years and over	5,001	1,048	880	1,431	685	327	467	123	24	17
18 to 24 years	794	77	196	263	197	29	25	6	-	-
25 to 34 years	1,301	194	253	386	172	111	148	32	3	2
35 to 44 years	1,098	205	185	310	137	75	135	38	5	9
45 to 54 years	769	156	128	198	100	62	84	29	9	1
55 to 64 years	471	126	58	147	61	31	31	8	4	5
65 years and over	569	290	59	127	19	18	42	10	3	1
18 to 24 years	794	77	196	263	197	29	25	6	-	-
25 years and over	4,208	971	683	1,168	489	298	441	117	24	17
West										
Both sexes										
18 years and over	11,628	2,732	2,090	3,302	1,872	646	716	206	52	14
18 to 24 years	2,070	196	489	679	559	88	56	2	1	-
25 to 34 years	3,166	606	626	942	525	176	225	54	11	2
35 to 44 years	2,683	665	455	785	342	158	200	56	19	3
45 to 54 years	1,824	527	257	474	255	132	117	43	13	6
55 to 64 years	1,008	330	132	235	127	68	79	32	4	1
65 years and over	877	409	131	187	64	24	39	18	3	2
18 to 24 years	2,070	196	489	679	559	88	56	2	1	-
25 years and over	9,558	2,536	1,600	2,623	1,313	557	660	204	51	14
Male										
18 years and over	6,009	1,423	1,079	1,769	951	302	346	105	26	9
18 to 24 years	1,087	124	264	340	286	45	26	2	-	-
25 to 34 years	1,706	349	344	527	274	81	98	30	3	1
35 to 44 years	1,431	380	235	444	169	76	92	26	5	3
45 to 54 years	927	262	121	253	133	56	62	27	10	3
55 to 64 years	486	144	69	115	56	34	50	11	4	1
65 years and over	372	163	45	90	33	9	17	9	3	2
18 to 24 years	1,087	124	264	340	286	45	26	2	-	-
25 years and over	4,922	1,299	814	1,429	665	256	320	103	26	9
Female										
18 years and over	5,619	1,309	1,011	1,534	920	344	370	100	26	5
18 to 24 years	983	72	225	339	272	43	30	-	1	-
25 to 34 years	1,460	257	282	414	251	95	127	24	9	1
35 to 44 years	1,252	285	220	341	173	82	108	31	13	-
45 to 54 years	897	264	135	222	121	76	55	16	3	3
55 to 64 years	522	186	62	120	71	34	28	21	-	-
65 years and over	505	245	86	98	32	14	21	9	-	-
18 to 24 years	983	72	225	339	272	43	30	-	1	-
25 years and over	4,636	1,237	786	1,194	648	301	340	100	25	5

- = Quantity zero or rounds to zero.

Table B-2. Educational Attainment of the Population 18 Years Old and Over, by Age, Sex, Race Alone or in Combination, and Hispanic Origin, for the 25 Largest States, 2006

(Percent, except where noted.)

State, age, sex, race, and Hispanic origin	Population (thousands)	High school graduate or higher - Percent	High school graduate or higher - Margin of error[1]	Bachelor's degree or higher - Percent	Bachelor's degree or higher - Margin of error[1]
ALABAMA					
18 years and over	3,441	81.5	1.1	19.1	1.1
18 to 24 years	432	77.2	3.4	6.7	2.0
25 to 44 years	1,262	88.0	1.6	24.3	2.0
45 to 64 years	1,166	84.5	1.8	20.0	2.0
65 years and over	581	64.2	3.4	15.1	2.5
25 years and over	3,009	82.1	1.2	20.8	1.3
Male	1,437	79.8	1.8	21.3	1.8
Female	1,572	84.1	1.6	20.4	1.7
White alone or in combination	2,269	83.4	1.3	22.8	1.5
Black alone or in combination	728	77.9	2.8	14.3	2.3
Asian alone or in combination	12	(B)	(B)	(B)	(B)
Hispanic[2]	68	(B)	(B)	(B)	(B)
Non-Hispanic White alone or in combination	2,201	84.3	1.3	23.0	1.5
ARIZONA					
18 years and over	4,421	81.9	1.2	21.9	1.3
18 to 24 years	599	74.4	3.7	5.6	2.0
25 to 44 years	1,656	84.7	1.9	25.6	2.3
45 to 64 years	1,416	83.6	2.1	22.9	2.3
65 years and over	749	78.4	3.2	24.8	3.3
25 years and over	3,821	83.1	1.3	24.5	1.5
Male	1,862	81.8	1.9	26.2	2.1
Female	1,960	84.3	1.7	22.8	2.0
White alone or in combination	3,449	83.3	1.3	24.8	1.5
Black alone or in combination	146	88.7	5.8	20.4	7.5
Asian alone or in combination	91	77.4	9.8	43.5	11.6
Hispanic[2]	1,007	58.9	2.8	8.4	1.6
Non-Hispanic White alone or in combination	2,474	93.2	1.1	31.2	2.0
CALIFORNIA					
18 years and over	26,202	80.9	0.6	26.9	0.6
18 to 24 years	3,492	81.3	1.6	8.0	1.1
25 to 44 years	10,539	80.2	0.9	30.1	1.1
45 to 64 years	8,285	84.0	0.9	32.1	1.2
65 years and over	3,886	75.7	1.6	23.8	1.6
25 years and over	22,710	80.8	0.6	29.8	0.7
Male	11,112	81.2	0.9	30.8	1.0
Female	11,597	80.4	0.9	28.8	1.0
White alone or in combination	17,990	79.3	0.7	27.5	0.8
Black alone or in combination	1,521	86.6	2.2	25.3	2.8
Asian alone or in combination	3,028	88.3	1.5	47.0	2.3
Hispanic[2]	6,689	54.7	1.3	9.2	0.7
Non-Hispanic White alone or in combination	11,550	93.1	0.6	37.7	1.1
COLORADO					
18 years and over	3,453	88.3	0.8	33.0	1.2
18 to 24 years	419	75.7	3.1	8.0	2.0
25 to 44 years	1,437	89.4	1.2	37.7	1.9
45 to 64 years	1,173	93.5	1.1	36.8	2.1
65 years and over	424	82.7	2.7	30.8	3.3
25 years and over	3,034	90.0	0.8	36.4	1.3
Male	1,506	90.7	1.1	38.8	1.9
Female	1,528	89.4	1.2	34.1	1.8
White alone or in combination	2,813	90.6	0.8	37.0	1.3
Black alone or in combination	111	87.7	4.9	28.2	6.7
Asian alone or in combination	82	83.7	6.4	43.3	8.6
Hispanic[2]	458	60.1	3.0	11.0	1.9
Non-Hispanic White alone or in combination	2,382	96.2	0.6	41.6	1.5

[1] The margin of error when added to or subtracted from the estimate provides the 90-percent confidence interval.
[2] May be of any race.
(B) = Base is too small to show the derived measure.

Table B-2. Educational Attainment of the Population 18 Years Old and Over, by Age, Sex, Race Alone or in Combination, and Hispanic Origin, for the 25 Largest States, 2006—Continued

(Percent, except where noted.)

State, age, sex, race, and Hispanic origin	Population (thousands)	High school graduate or higher Percent	High school graduate or higher Margin of error[1]	Bachelor's degree or higher Percent	Bachelor's degree or higher Margin of error[1]
FLORIDA					
18 years and over	13,848	85.7	0.6	24.9	0.8
18 to 24 years	1,565	77.6	2.2	6.7	1.3
25 to 44 years	4,812	87.7	1.0	30.9	1.4
45 to 64 years	4,623	88.0	1.0	28.1	1.4
65 years and over	2,848	82.9	1.4	19.5	1.5
25 years and over	12,282	86.7	0.6	27.2	0.8
Male	5,911	85.6	0.9	28.5	1.2
Female	6,372	87.7	0.8	26.0	1.1
White alone or in combination	10,436	88.5	0.6	28.1	0.9
Black alone or in combination	1,565	75.2	2.4	18.9	2.2
Asian alone or in combination	290	86.7	4.3	43.7	6.3
Hispanic[2]	2,338	72.6	1.6	22.5	1.5
Non-Hispanic White alone or in combination	8,187	92.6	0.6	29.5	1.0
GEORGIA					
18 years and over	6,674	82.9	1.1	25.5	1.3
18 to 24 years	966	75.2	3.3	10.0	2.3
25 to 44 years	2,741	85.8	1.6	30.2	2.1
45 to 64 years	2,169	86.8	1.7	29.6	2.3
65 years and over	798	71.2	3.8	16.5	3.1
25 years and over	5,708	84.2	1.2	28.1	1.4
Male	2,715	81.6	1.8	28.8	2.1
Female	2,993	86.5	1.5	27.4	1.9
White alone or in combination	3,953	84.4	1.4	30.7	1.8
Black alone or in combination	1,600	83.0	2.4	19.1	2.5
Asian alone or in combination	151	90.5	6.1	56.6	10.3
Hispanic[2]	381	46.4	5.3	10.3	3.3
Non-Hispanic White alone or in combination	3,604	88.1	1.3	32.7	1.9
ILLINOIS					
18 years and over	9,332	86.4	0.7	28.6	0.9
18 to 24 years	1,238	78.8	2.2	12.0	1.7
25 to 44 years	3,458	89.8	1.0	34.7	1.5
45 to 64 years	3,151	90.6	1.0	33.1	1.6
65 years and over	1,486	76.2	2.1	19.0	1.9
25 years and over	8,094	87.6	0.7	31.2	1.0
Male	3,903	87.9	1.0	33.2	1.4
Female	4,191	87.4	1.0	29.2	1.3
White alone or in combination	6,614	88.2	0.7	30.9	1.1
Black alone or in combination	1,093	82.8	2.3	19.3	2.4
Asian alone or in combination	385	91.2	2.9	70.8	4.6
Hispanic[2]	786	57.4	2.9	11.5	1.9
Non-Hispanic White alone or in combination	5,842	92.3	0.7	33.4	1.2
INDIANA					
18 years and over	4,526	86.4	0.9	19.6	1.0
18 to 24 years	570	74.0	3.2	4.1	1.4
25 to 44 years	1,685	90.5	1.2	22.5	1.8
45 to 64 years	1,664	89.5	1.3	25.1	1.9
65 years and over	607	78.4	2.9	11.3	2.2
25 years and over	3,956	88.2	0.9	21.9	1.1
Male	1,876	88.3	1.3	23.2	1.7
Female	2,080	88.1	1.2	20.7	1.5
White alone or in combination	3,652	88.5	0.9	22.5	1.2
Black alone or in combination	283	83.4	4.1	11.9	3.6
Asian alone or in combination	23	(B)	(B)	(B)	(B)
Hispanic[2]	143	61.6	6.2	9.5	3.7
Non-Hispanic White alone or in combination	3,511	89.6	0.9	23.0	1.2

[1] The margin of error when added to or subtracted from the estimate provides the 90-percent confidence interval.
[2] May be of any race.
(B) = Base is too small to show the derived measure.

Table B-2. Educational Attainment of the Population 18 Years Old and Over, by Age, Sex, Race Alone or in Combination, and Hispanic Origin, for the 25 Largest States, 2006—*Continued*

(Percent, except where noted.)

State, age, sex, race, and Hispanic origin	Population (thousands)	High school graduate or higher Percent	High school graduate or higher Margin of error[1]	Bachelor's degree or higher Percent	Bachelor's degree or higher Margin of error[1]
KENTUCKY					
18 years and over	3,061	79.8	1.2	18.2	1.1
18 to 24 years	402	79.2	3.3	4.7	1.7
25 to 44 years	1,104	89.0	1.6	24.7	2.1
45 to 64 years	1,077	80.7	2.0	20.9	2.0
65 years and over	478	57.0	3.7	8.1	2.1
25 years and over	2,658	79.9	1.3	20.2	1.3
Male	1,242	77.3	2.0	21.0	1.9
Female	1,416	82.1	1.7	19.5	1.7
White alone or in combination	2,461	79.1	1.3	19.8	1.3
Black alone or in combination	152	90.8	4.1	12.3	4.7
Asian alone or in combination	38	(B)	(B)	(B)	(B)
Hispanic[2]	24	(B)	(B)	(B)	(B)
Non-Hispanic White alone or in combination	2,440	79.1	1.4	19.9	1.3
MARYLAND					
18 years and over	4,186	86.5	1.0	32.7	1.3
18 to 24 years	505	81.2	3.2	10.5	2.5
25 to 44 years	1,599	88.9	1.4	38.1	2.2
45 to 64 years	1,433	90.6	1.4	38.1	2.4
65 years and over	648	75.6	3.1	24.4	3.1
25 years and over	3,681	87.2	1.0	35.7	1.5
Male	1,737	86.2	1.5	36.5	2.1
Female	1,944	88.1	1.4	35.0	2.0
White alone or in combination	2,473	87.0	1.2	36.6	1.8
Black alone or in combination	1,025	87.1	2.1	28.9	2.8
Asian alone or in combination	186	90.5	4.2	63.4	6.9
Hispanic[2]	237	61.9	5.1	16.9	3.9
Non-Hispanic White alone or in combination	2,248	89.7	1.2	38.5	1.9
MASSACHUSETTS					
18 years and over	4,828	89.3	0.8	36.9	1.2
18 to 24 years	585	85.2	2.6	10.8	2.3
25 to 44 years	1,775	94.6	0.9	44.3	2.1
45 to 64 years	1,719	90.0	1.3	43.2	2.1
65 years and over	749	78.6	2.7	25.1	2.8
25 years and over	4,243	89.9	0.8	40.4	1.3
Male	2,004	89.6	1.2	42.9	2.0
Female	2,239	90.2	1.1	38.2	1.8
White alone or in combination	3,747	90.3	0.9	41.3	1.4
Black alone or in combination	260	89.0	3.7	20.1	4.7
Asian alone or in combination	234	85.2	4.4	52.0	6.1
Hispanic[2]	292	71.2	4.1	16.2	3.3
Non-Hispanic White alone or in combination	3,498	91.8	0.8	43.0	1.5
MICHIGAN					
18 years and over	7,427	88.7	0.7	23.9	0.9
18 to 24 years	893	81.8	2.4	7.6	1.6
25 to 44 years	2,672	93.1	0.9	32.1	1.7
45 to 64 years	2,731	91.6	1.0	25.8	1.5
65 years and over	1,131	76.9	2.3	12.7	1.8
25 years and over	6,534	89.7	0.7	26.1	1.0
Male	3,110	89.1	1.0	27.7	1.5
Female	3,424	90.2	0.9	24.6	1.3
White alone or in combination	5,565	89.8	0.7	26.4	1.1
Black alone or in combination	779	87.4	2.3	16.8	2.6
Asian alone or in combination	165	96.6	2.7	62.3	7.4
Hispanic[2]	179	72.5	5.4	13.4	4.1
Non-Hispanic White alone or in combination	5,408	90.3	0.7	26.8	1.1

[1] The margin of error when added to or subtracted from the estimate provides the 90-percent confidence interval.
[2] May be of any race.
(B) = Base is too small to show the derived measure.

Table B-2. Educational Attainment of the Population 18 Years Old and Over, by Age, Sex, Race Alone or in Combination, and Hispanic Origin, for the 25 Largest States, 2006—*Continued*

(Percent, except where noted.)

State, age, sex, race, and Hispanic origin	Population (thousands)	High school graduate or higher Percent	High school graduate or higher Margin of error[1]	Bachelor's degree or higher Percent	Bachelor's degree or higher Margin of error[1]
MINNESOTA					
18 years and over	3,899	91.8	0.7	30.3	1.2
18 to 24 years	514	83.6	2.6	9.3	2.1
25 to 44 years	1,473	95.9	0.8	37.1	2.0
45 to 64 years	1,267	95.4	0.9	35.1	2.2
65 years and over	646	82.0	2.4	21.9	2.6
25 years and over	3,386	93.0	0.7	33.5	1.3
Male	1,667	92.7	1.0	35.2	1.9
Female	1,719	93.3	1.0	31.7	1.8
White alone or in combination	3,132	93.6	0.7	33.2	1.4
Black alone or in combination	119	83.8	5.8	20.3	6.3
Asian alone or in combination	118	90.5	4.6	52.9	7.9
Hispanic[2]	95	63.8	6.9	13.5	4.9
Non-Hispanic White alone or in combination	3,048	94.5	0.7	33.7	1.4
MISSOURI					
18 years and over	4,325	86.0	0.9	22.3	1.1
18 to 24 years	534	77.8	3.2	7.9	2.1
25 to 44 years	1,599	91.3	1.3	28.9	2.0
45 to 64 years	1,477	90.4	1.4	23.6	2.0
65 years and over	716	71.2	3.0	15.3	2.4
25 years and over	3,792	87.1	1.0	24.3	1.2
Male	1,810	86.7	1.4	26.4	1.9
Female	1,981	87.6	1.3	22.3	1.7
White alone or in combination	3,356	87.2	1.0	25.1	1.3
Black alone or in combination	383	85.9	3.4	12.5	3.2
Asian alone or in combination	36	(B)	(B)	(B)	(B)
Hispanic[2]	71	(B)	(B)	(B)	(B)
Non-Hispanic White alone or in combination	3,291	87.4	1.0	25.1	1.4
NEW JERSEY					
18 years and over	6,554	86.2	0.7	32.7	1.0
18 to 24 years	766	82.8	2.4	10.7	1.9
25 to 44 years	2,495	89.0	1.1	39.2	1.7
45 to 64 years	2,222	89.3	1.1	38.7	1.8
65 years and over	1,072	75.8	2.3	20.8	2.1
25 years and over	5,788	86.7	0.8	35.6	1.1
Male	2,788	86.3	1.1	37.0	1.6
Female	3,000	87.1	1.1	34.3	1.5
White alone or in combination	4,671	87.6	0.8	36.0	1.2
Black alone or in combination	738	80.5	2.7	18.2	2.6
Asian alone or in combination	382	89.1	2.9	66.0	4.5
Hispanic[2]	887	67.4	2.4	14.5	1.8
Non-Hispanic White alone or in combination	3,853	92.0	0.8	40.6	1.4
NEW YORK					
18 years and over	14,488	84.0	0.6	29.7	0.7
18 to 24 years	1,795	75.8	1.9	11.9	1.5
25 to 44 years	5,409	88.0	0.8	35.1	1.2
45 to 64 years	4,797	87.2	0.9	33.9	1.3
65 years and over	2,487	74.7	1.7	22.4	1.6
25 years and over	12,693	85.1	0.6	32.2	0.8
Male	6,038	85.5	0.9	32.9	1.2
Female	6,656	84.8	0.8	31.5	1.1
White alone or in combination	9,668	87.1	0.6	33.3	0.9
Black alone or in combination	2,042	78.9	1.8	21.2	1.8
Asian alone or in combination	1,008	79.2	2.6	42.8	3.2
Hispanic[2]	1,770	63.9	1.9	17.4	1.5
Non-Hispanic White alone or in combination	8,156	91.6	0.6	36.3	1.0

[1] The margin of error when added to or subtracted from the estimate provides the 90-percent confidence interval.
[2] May be of any race.
(B) = Base is too small to show the derived measure.

Table B-2. Educational Attainment of the Population 18 Years Old and Over, by Age, Sex, Race Alone or in Combination, and Hispanic Origin, for the 25 Largest States, 2006—*Continued*

(Percent, except where noted.)

State, age, sex, race, and Hispanic origin	Population (thousands)	High school graduate or higher Percent	High school graduate or higher Margin of error[1]	Bachelor's degree or higher Percent	Bachelor's degree or higher Margin of error[1]
NORTH CAROLINA					
18 years and over	6,356	83.0	1.0	23.6	1.1
18 to 24 years	690	72.6	3.5	7.8	2.1
25 to 44 years	2,558	87.8	1.3	28.0	1.9
45 to 64 years	2,081	86.3	1.6	25.3	2.0
65 years and over	1,027	71.3	2.9	20.0	2.6
25 years and over	5,666	84.2	1.0	25.6	1.2
Male	2,661	83.2	1.5	26.1	1.8
Female	3,005	85.2	1.4	25.1	1.6
White alone or in combination	4,379	85.9	1.1	28.0	1.4
Black alone or in combination	1,114	78.2	2.7	15.3	2.4
Asian alone or in combination	88	79.8	9.5	38.6	11.5
Hispanic[2]	325	49.5	5.1	12.0	3.3
Non-Hispanic White alone or in combination	4,068	88.9	1.0	29.3	1.5
OHIO					
18 years and over	8,610	86.9	0.7	21.3	0.8
18 to 24 years	1,143	79.0	2.3	8.1	1.5
25 to 44 years	3,056	92.1	0.9	26.6	1.5
45 to 64 years	2,995	90.7	1.0	23.3	1.5
65 years and over	1,415	73.9	2.2	16.3	1.9
25 years and over	7,467	88.1	0.7	23.3	0.9
Male	3,539	87.2	1.1	23.3	1.3
Female	3,927	88.9	0.9	23.3	1.3
White alone or in combination	6,606	88.3	0.7	23.6	1.0
Black alone or in combination	776	84.8	2.6	17.0	2.7
Asian alone or in combination	78	98.1	3.1	66.1	10.8
Hispanic[2]	164	74.5	5.6	18.5	5.0
Non-Hispanic White alone or in combination	6,464	88.7	0.7	23.7	1.0
PENNSYLVANIA					
18 years and over	9,451	86.7	0.6	24.8	0.8
18 to 24 years	1,185	81.0	2.1	12.2	1.7
25 to 44 years	3,152	92.1	0.9	32.2	1.5
45 to 64 years	3,355	92.4	0.8	28.6	1.4
65 years and over	1,759	70.1	2.0	12.7	1.4
25 years and over	8,266	87.5	0.7	26.6	0.9
Male	3,972	87.6	0.9	27.2	1.3
Female	4,294	87.5	0.9	26.1	1.2
White alone or in combination	7,367	88.0	0.7	27.1	0.9
Black alone or in combination	726	82.2	2.7	14.8	2.5
Asian alone or in combination	170	92.0	4.0	60.1	7.2
Hispanic[2]	261	66.5	4.6	16.5	3.6
Non-Hispanic White alone or in combination	7,126	88.8	0.7	27.5	1.0
SOUTH CAROLINA					
18 years and over	3,165	81.8	1.2	20.3	1.2
18 to 24 years	406	72.9	3.8	4.7	1.8
25 to 44 years	1,165	88.7	1.6	24.6	2.2
45 to 64 years	1,081	82.4	2.0	22.8	2.2
65 years and over	514	72.0	3.4	17.8	2.9
25 years and over	2,759	83.1	1.2	22.6	1.4
Male	1,266	83.2	1.8	22.4	2.0
Female	1,493	83.1	1.7	22.8	1.9
White alone or in combination	1,996	84.9	1.4	24.9	1.7
Black alone or in combination	735	77.9	2.8	15.1	2.4
Asian alone or in combination	18	(B)	(B)	(B)	(B)
Hispanic[2]	65	(B)	(B)	(B)	(B)
Non-Hispanic White alone or in combination	1,931	85.5	1.4	25.2	1.7

[1] The margin of error when added to or subtracted from the estimate provides the 90-percent confidence interval.
[2] May be of any race.
(B) = Base is too small to show the derived measure.

Table B-2. Educational Attainment of the Population 18 Years Old and Over, by Age, Sex, Race Alone or in Combination, and Hispanic Origin, for the 25 Largest States, 2006—*Continued*

(Percent, except where noted.)

State, age, sex, race, and Hispanic origin	Population (thousands)	High school graduate or higher Percent	High school graduate or higher Margin of error[1]	Bachelor's degree or higher Percent	Bachelor's degree or higher Margin of error[1]
TENNESSEE					
18 years and over	4,464	80.2	1.2	19.9	1.3
18 to 24 years	594	76.9	3.6	6.9	2.2
25 to 44 years	1,676	85.5	1.8	24.6	2.2
45 to 64 years	1,414	83.7	2.1	23.4	2.4
65 years and over	779	64.8	3.6	13.7	2.6
25 years and over	3,869	80.7	1.3	22.0	1.4
Male	1,806	80.5	1.9	22.3	2.0
Female	2,063	80.8	1.8	21.7	1.9
White alone or in combination	3,188	81.3	1.4	23.1	1.6
Black alone or in combination	625	78.5	3.7	14.8	3.2
Asian alone or in combination	32	(B)	(B)	(B)	(B)
Hispanic[2]	101	45.9	9.1	9.1	5.2
Non-Hispanic White alone or in combination	3,095	82.3	1.4	23.5	1.6
TEXAS					
18 years and over	16,343	78.0	0.7	22.8	0.7
18 to 24 years	2,153	73.5	2.1	5.3	1.1
25 to 44 years	6,656	80.2	1.1	25.1	1.2
45 to 64 years	5,092	81.1	1.2	27.1	1.4
65 years and over	2,442	69.6	2.0	23.1	1.9
25 years and over	14,190	78.7	0.7	25.5	0.8
Male	6,855	78.7	1.1	26.8	1.2
Female	7,335	78.7	1.0	24.2	1.1
White alone or in combination	12,078	77.9	0.8	25.1	0.9
Black alone or in combination	1,579	82.6	2.2	19.8	2.3
Asian alone or in combination	464	89.4	3.3	55.2	5.3
Hispanic[2]	4,533	54.2	1.4	9.1	0.8
Non-Hispanic White alone or in combination	7,631	91.6	0.7	34.5	1.2
VIRGINIA					
18 years and over	5,626	86.0	1.0	29.7	1.3
18 to 24 years	703	82.4	3.0	12.5	2.6
25 to 44 years	2,156	88.9	1.4	35.5	2.2
45 to 64 years	1,970	88.1	1.5	33.7	2.3
65 years and over	798	75.9	3.2	19.0	2.9
25 years and over	4,923	86.5	1.0	32.1	1.4
Male	2,334	85.1	1.6	34.2	2.1
Female	2,589	87.7	1.4	30.2	1.9
White alone or in combination	3,817	87.5	1.1	33.4	1.6
Black alone or in combination	890	79.6	3.0	21.9	3.1
Asian alone or in combination	222	97.4	2.4	50.7	7.6
Hispanic[2]	286	55.5	5.5	18.2	4.2
Non-Hispanic White alone or in combination	3,549	90.0	1.1	34.5	1.7
WASHINGTON					
18 years and over	4,725	89.6	0.9	28.4	1.4
18 to 24 years	580	79.1	3.6	7.2	2.3
25 to 44 years	1,812	92.3	1.3	33.7	2.3
45 to 64 years	1,630	93.0	1.3	32.8	2.4
65 years and over	703	83.7	2.9	22.4	3.3
25 years and over	4,145	91.1	0.9	31.4	1.5
Male	1,992	91.3	1.3	34.6	2.2
Female	2,153	90.9	1.3	28.4	2.0
White alone or in combination	3,624	91.6	1.0	30.7	1.6
Black alone or in combination	146	89.7	5.6	28.2	8.3
Asian alone or in combination	365	87.2	3.9	39.4	5.7
Hispanic[2]	209	62.5	6.2	19.1	5.0
Non-Hispanic White alone or in combination	3,430	93.4	0.9	31.5	1.7

[1] The margin of error when added to or subtracted from the estimate provides the 90-percent confidence interval.
[2] May be of any race.
(B) = Base is too small to show the derived measure.

Table B-2. Educational Attainment of the Population 18 Years Old and Over, by Age, Sex, Race Alone or in Combination, and Hispanic Origin, for the 25 Largest States, 2006—*Continued*

(Percent, except where noted.)

State, age, sex, race, and Hispanic origin	Population (thousands)	High school graduate or higher - Percent	High school graduate or higher - Margin of error[1]	Bachelor's degree or higher - Percent	Bachelor's degree or higher - Margin of error[1]
WISCONSIN					
18 years and over	4,144	89.9	0.8	22.7	1.1
18 to 24 years	493	81.6	2.8	8.6	2.1
25 to 44 years	1,535	92.8	1.1	30.4	1.9
45 to 64 years	1,439	95.1	0.9	22.8	1.8
65 years and over	677	78.6	2.6	15.3	2.2
25 years and over	3,652	91.1	0.8	24.6	1.2
Male	1,756	91.4	1.1	26.0	1.7
Female	1,896	90.8	1.1	23.4	1.6
White alone or in combination	3,408	91.7	0.8	24.9	1.2
Black alone or in combination	170	81.0	5.2	13.8	4.6
Asian alone or in combination	50	(B)	(B)	(B)	(B)
Hispanic[2]	115	59.5	6.5	12.7	4.4
Non-Hispanic White alone or in combination	3,301	92.8	0.7	25.3	1.2

[1] The margin of error when added to or subtracted from the estimate provides the 90-percent confidence interval.
[2] May be of any race.
(B) = Base is too small to show the derived measure.

This page intentionally left blank.

Table B-3. Population, School, and Student Characteristics by State

FIPS code	State	Population, 2007 Total	Population, 2007 5 to 17 years old (percent)	Median income for a family of four, 2005 (dollars)	Children under 18 years old in poverty, 2007 (percent)	Total children under 19 years old (thousands)	Low-income children under 19 years old (percent)	Low-income children with no health insurance (percent)
		1	2	3	4	5	6	7
00	UNITED STATES	301,621,157	17.6	67,019	18.0	78,245	38.9	6.9
01	Alabama	4,627,851	17.6	53,690	22.5	1,189	42.0	4.4
02	Alaska	683,478	19.2	76,560	8.5	195	25.6	4.9
04	Arizona	6,338,755	18.5	61,102	20.0	1,785	45.6	9.7
05	Arkansas	2,834,797	17.7	52,217	19.1	755	51.9	4.2
06	California	36,553,215	18.4	70,712	17.9	9,902	41.9	7.1
08	Colorado	4,861,515	17.3	70,300	12.6	1,252	29.7	8.7
09	Connecticut	3,502,309	17.4	92,205	13.8	878	26.6	2.4
10	Delaware	864,764	17.0	76,288	13.1	219	32.7	5.1
11	District of Columbia	588,292	13.2	50,248	29.2	118	50.5	4.1
12	Florida	18,251,243	15.9	62,269	17.9	4,298	39.9	12.6
13	Georgia	9,544,750	18.8	64,427	20.6	2,638	41.3	8.2
15	Hawaii	1,283,388	15.5	79,240	11.6	301	29.9	2.1
16	Idaho	1,499,402	19.3	52,470	12.6	440	38.4	6.3
17	Illinois	12,852,548	18.0	72,368	14.3	3,366	35.8	4.1
18	Indiana	6,345,289	18.1	64,564	18.8	1,692	37.9	3.3
19	Iowa	2,988,046	17.3	65,575	13.5	743	29.3	2.9
20	Kansas	2,775,997	18.0	64,929	17.4	747	39.6	5.2
21	Kentucky	4,241,474	17.1	54,992	21.0	1,067	44.1	6.2
22	Louisiana	4,293,204	18.2	55,945	22.7	1,156	43.0	7.7
23	Maine	1,317,207	15.8	64,806	14.4	297	33.3	2.3
24	Maryland	5,618,344	17.5	89,608	11.6	1,455	24.5	5.7
25	Massachusetts	6,449,755	16.4	85,420	17.1	1,516	31.6	1.1
26	Michigan	10,071,822	18.0	71,542	15.8	2,555	37.5	3.5
27	Minnesota	5,197,621	17.4	77,395	13.7	1,320	29.2	3.8
28	Mississippi	2,918,785	18.8	47,726	32.8	814	53.4	10.1
29	Missouri	5,878,415	17.5	63,847	22.1	1,504	41.9	6.4
30	Montana	957,861	16.7	55,641	15.7	231	42.1	6.5
31	Nebraska	1,774,571	17.8	64,800	13.1	472	30.2	5.7
32	Nevada	2,565,382	18.1	61,777	14.1	697	36.9	9.4
33	New Hampshire	1,315,828	17.0	81,522	6.5	316	17.0	2.5
34	New Jersey	8,685,920	17.4	90,261	10.7	2,204	27.9	7.9
35	New Mexico	1,969,915	18.0	48,223	18.1	518	41.3	8.7
36	New York	19,297,729	16.7	72,170	20.4	4,681	41.1	5.3
37	North Carolina	9,061,032	17.4	59,481	21.0	2,358	42.8	8.9
38	North Dakota	639,715	16.1	59,926	12.5	155	36.3	6.3
39	Ohio	11,466,917	17.6	66,734	19.1	2,940	37.7	5.5
40	Oklahoma	3,617,316	17.6	53,138	19.0	982	45.1	6.6
41	Oregon	3,747,455	16.7	61,945	15.3	913	36.7	6.3
42	Pennsylvania	12,432,792	16.5	68,646	14.8	2,897	35.6	5.2
44	Rhode Island	1,057,832	16.2	78,297	15.7	250	35.2	5.5
45	South Carolina	4,407,709	17.3	57,932	21.0	1,130	43.5	10.0
46	South Dakota	796,214	17.6	61,309	14.5	207	32.4	3.4
47	Tennessee	6,156,719	17.2	56,874	20.2	1,542	45.6	4.9
48	Texas	23,904,380	19.4	57,511	25.0	7,008	46.7	13.7
49	Utah	2,645,330	21.2	57,999	12.6	877	34.2	6.5
50	Vermont	621,254	15.9	71,382	10.9	133	34.2	5.5
51	Virginia	7,712,091	17.0	77,430	13.3	1,950	33.2	5.7
53	Washington	6,468,424	17.2	72,103	11.6	1,637	31.0	3.6
54	West Virginia	1,812,035	15.6	52,292	24.0	421	45.9	2.4
55	Wisconsin	5,601,640	17.2	71,064	15.7	1,391	30.8	2.5
56	Wyoming	522,830	17.1	62,933	12.7	134	32.1	5.3

Table B-3. Population, School, and Student Characteristics by State—Continued

FIPS code	State	Educational attainment, 2006			Public schools and school districts, 2005–2006						
		Population 25 years old and over (thousands)	High school graduate or more (percent)	Bachelor's degree or more (percent)	Number of school districts	Total schools	Regular schools	Special education schools	Vocational schools	Alternative schools
		8	9	10	11	12	13	14	15	16
00	UNITED STATES	191,883	85.5	28.0	17,755	97,382	87,585	2,128	1,221	6,448
01	Alabama	3,009	82.1	20.8	165	1,585	1,352	65	75	93
02	Alaska	405	92.0	27.7	54	502	447	3	2	50
04	Arizona	3,821	83.1	24.5	601	2,078	1,877	11	121	69
05	Arkansas	1,822	82.5	19.0	291	1,138	1,102	5	24	7
06	California	22,710	80.8	29.8	1,128	9,650	8,234	128	76	1,212
08	Colorado	3,034	90.0	36.4	201	1,707	1,613	12	5	77
09	Connecticut	2,380	88.4	36.0	196	1,111	1,022	37	17	35
10	Delaware	570	86.0	26.2	35	222	173	15	5	29
11	District of Columbia	369	83.3	49.1	53	229	203	15	1	10
12	Florida	12,282	86.7	27.2	74	3,723	3,043	133	34	513
13	Georgia	5,708	84.2	28.1	204	2,389	2,121	54	0	214
15	Hawaii	873	88.7	32.3	1	285	281	3	0	1
16	Idaho	927	88.9	25.1	123	706	608	10	11	77
17	Illinois	8,094	87.6	31.2	1,084	4,401	3,909	275	50	167
18	Indiana	3,956	88.2	21.9	364	1,977	1,869	50	28	30
19	Iowa	1,937	90.4	24.7	377	1,512	1,427	9	0	76
20	Kansas	1,707	90.2	31.6	312	1,407	1,406	0	0	1
21	Kentucky	2,658	79.9	20.2	196	1,409	1,242	10	9	148
22	Louisiana	2,593	79.7	21.2	88	1,390	1,232	43	7	108
23	Maine	905	89.3	26.9	329	679	648	4	27	0
24	Maryland	3,681	87.2	35.7	25	1,430	1,282	49	24	75
25	Massachusetts	4,243	89.9	40.4	495	1,879	1,818	5	39	17
26	Michigan	6,534	89.7	26.1	831	4,090	3,578	181	47	284
27	Minnesota	3,386	93.0	33.5	561	2,644	1,650	288	13	693
28	Mississippi	1,821	81.1	21.1	163	1,051	900	0	89	62
29	Missouri	3,792	87.1	24.3	532	2,361	2,199	23	60	79
30	Montana	628	91.4	25.1	509	840	834	2	0	4
31	Nebraska	1,161	91.0	27.2	514	1,225	1,186	39	0	0
32	Nevada	1,579	85.6	20.8	18	557	524	1	1	31
33	New Hampshire	893	91.6	32.1	264	480	480	0	0	0
34	New Jersey	5,788	86.7	35.6	669	2,474	2,337	81	56	0
35	New Mexico	1,232	81.8	26.7	89	854	784	14	3	53
36	New York	12,693	85.1	32.2	853	4,669	4,374	153	30	112
37	North Carolina	5,666	84.2	25.6	216	2,347	2,245	22	9	71
38	North Dakota	419	88.7	28.7	245	539	501	31	7	0
39	Ohio	7,467	88.1	23.3	1,044	4,007	3,909	13	76	9
40	Oklahoma	2,283	87.5	22.9	600	1,788	1,788	0	0	0
41	Oregon	2,415	89.7	28.3	221	1,260	1,222	2	0	36
42	Pennsylvania	8,266	87.5	26.6	730	3,250	3,141	14	85	10
44	Rhode Island	694	84.0	30.9	50	338	310	3	12	13
45	South Carolina	2,759	83.1	22.6	102	1,152	1,092	9	39	12
46	South Dakota	498	89.9	25.3	188	725	695	7	0	23
47	Tennessee	3,869	80.7	22.0	136	1,700	1,634	16	23	27
48	Texas	14,190	78.7	25.5	1,268	8,517	7,240	0	0	1,277
49	Utah	1,433	91.2	27.0	82	956	788	54	3	111
50	Vermont	420	91.0	34.0	363	392	316	59	15	2
51	Virginia	4,923	86.5	32.1	226	2,079	1,854	52	51	122
53	Washington	4,145	91.1	31.4	306	2,269	1,867	112	11	279
54	West Virginia	1,254	81.5	15.9	57	784	713	8	33	30
55	Wisconsin	3,652	91.1	24.6	460	2,246	2,168	8	3	67
56	Wyoming	339	91.1	20.8	62	379	347	0	0	32

Table B-3. Population, School, and Student Characteristics by State—Continued

		Public schools and students, 2005–2006							Public schools and students, 2005–2006			
					Title I status						
FIPS code	State	Total schools	Charter schools	Magnet schools	Title I eligible schools	Title I school-wide schools	Students in Title I school-wide schools (percent)	Number of students	Primary schools (percent)	Middle schools (percent)	High schools (percent)
		17	18	19	20	21	22	23	24	25	26
00	UNITED STATES	97,382	3,780	2,736	53,820	30,582	31.3	49,113,474	38.9	30.3	30.1
01	Alabama	1,585	...	35	868	735	45.1	741,758	39.3	31.9	28.6
02	Alaska	502	23	17	278	114	17.5	133,288	37.8	30.6	31.6
04	Arizona	2,078	501	100	998	570	32.8	1,094,454	38.2	29.3	32.4
05	Arkansas	1,138	19	12	838	607	45.8	474,206	40.5	30.2	29.2
06	California	9,650	543	519	5,536	3,445	37.9	6,437,202	38.5	30.4	30.3
08	Colorado	1,707	121	10	918	374	18.0	779,826	40.5	30.0	29.5
09	Connecticut	1,111	14	43	490	140	12.4	575,059	39.0	30.5	30.5
10	Delaware	222	13	2	100	68	29.8	120,937	37.8	32.2	30.0
11	District of Columbia	229	52	3	193	185	81.3	76,876	40.8	27.1	24.4
12	Florida	3,723	342	...	1,398	1,355	34.1	2,675,024	39.6	30.4	30.0
13	Georgia	2,389	58	62	1,156	954	37.5	1,598,461	41.0	30.7	28.3
15	Hawaii	285	27	...	201	163	53.6	182,818	39.2	30.5	30.2
16	Idaho	706	26	...	502	96	12.2	261,982	39.2	30.6	30.2
17	Illinois	4,401	29	347	2,312	943	24.8	2,111,706	39.6	30.5	29.9
18	Indiana	1,977	29	26	1,781	172	6.8	1,035,074	38.8	31.2	30.0
19	Iowa	1,512	6	...	669	135	8.6	483,482	37.5	30.0	32.5
20	Kansas	1,407	26	25	682	279	19.6	467,285	36.7	29.6	30.5
21	Kentucky	1,409	...	46	886	788	52.8	679,878	42.0	29.1	28.1
22	Louisiana	1,390	26	68	874	771	51.0	654,526	42.9	30.8	26.3
23	Maine	679	...	1	500	48	4.5	195,498	36.6	31.7	31.7
24	Maryland	1,430	15	...	386	327	16.8	860,020	37.6	30.8	31.6
25	Massachusetts	1,879	59	3	1,054	481	22.0	971,909	38.9	30.6	30.5
26	Michigan	4,090	264	402	1,106	1,106	26.3	1,741,845	37.0	29.9	30.9
27	Minnesota	2,644	161	65	950	274	9.9	839,243	36.5	29.9	33.5
28	Mississippi	1,051	1	17	667	630	61.6	494,954	39.3	31.6	26.7
29	Missouri	2,361	23	44	1,164	424	15.8	917,705	38.5	30.7	30.8
30	Montana	840	...	...	682	165	19.8	145,416	36.3	30.8	32.7
31	Nebraska	1,225	...	...	461	205	17.6	286,646	38.5	29.6	32.0
32	Nevada	557	19	...	120	120	16.5	412,395	39.5	32.0	28.2
33	New Hampshire	480	6	...	227	34	5.6	205,767	35.4	31.7	32.6
34	New Jersey	2,474	54	...	...	...	...	1,395,602	37.1	29.3	29.2
35	New Mexico	854	53	3	576	452	47.3	326,758	39.6	30.7	29.7
36	New York	4,669	79	181	3,188	1,425	31.7	2,815,581	36.2	29.8	30.2
37	North Carolina	2,347	99	144	1,121	920	29.7	1,416,436	39.9	31.0	29.2
38	North Dakota	539	...	...	347	70	11.4	98,283	36.0	30.8	33.2
39	Ohio	4,007	316	...	2,755	984	21.6	1,839,683	37.9	30.6	31.4
40	Oklahoma	1,788	14	...	1,316	999	46.1	634,739	42.5	29.1	27.8
41	Oregon	1,260	54	...	1,254	332	21.5	552,194	37.7	30.9	31.2
42	Pennsylvania	3,250	116	44	2,198	612	18.5	1,830,684	35.7	31.2	32.8
44	Rhode Island	338	11	...	146	64	19.3	153,422	36.0	31.7	32.3
45	South Carolina	1,152	27	26	517	488	34.4	701,544	40.1	30.9	29.0
46	South Dakota	725	...	...	342	151	17.5	122,012	37.8	30.7	31.5
47	Tennessee	1,700	12	32	907	767	38.6	953,928	39.2	30.2	29.1
48	Texas	8,517	319	...	5,341	4,972	60.4	4,525,394	42.7	29.5	27.8
49	Utah	956	36	11	237	191	15.6	508,430	40.9	29.4	29.7
50	Vermont	392	...	...	220	95	26.3	96,638	37.3	29.6	33.0
51	Virginia	2,079	3	176	771	771	27.4	1,214,472	38.4	30.8	30.7
53	Washington	2,269	...	...	1,229	519	21.0	1,031,985	37.4	30.4	32.2
54	West Virginia	784	...	...	358	273	26.2	280,866	39.6	30.6	29.8
55	Wisconsin	2,246	181	5	1,428	342	15.6	875,174	37.6	29.2	33.3
56	Wyoming	379	3	...	214	72	17.2	84,409	37.2	30.5	32.2

... = Not available or not applicable.

Table B-3. Population, School, and Student Characteristics by State—Continued

Characteristics of public school students, 2005–2006 (percent)

FIPS code	State	Migrant students, 2004–2005	Students eligible for free or reduced-price lunch	Students with IEP[1]	English language learners	Non-Hispanic White	Non-Hispanic Black	Hispanic or Latino[2]	Asian and Pacific Islander	American Indian, Alaska Native
		27	28	29	30	31	32	33	34	35
00	UNITED STATES	1.1	41.6	13.6	8.6	56.5	17.1	19.6	4.6	1.2
01	Alabama	0.6	51.7	16.8	2.2	59.2	35.9	2.8	1.0	0.8
02	Alaska	7.2	31.4	13.5	15.6	57.7	4.6	4.2	6.9	26.6
04	Arizona	1.0	45.0	18.0	16.0	47.2	5.2	39.0	2.5	6.2
05	Arkansas	1.6	52.9	12.3	4.4	68.2	23.0	6.8	1.4	0.7
06	California	3.6	48.5	10.7	24.9	29.8	7.7	46.7	11.2	0.8
08	Colorado	1.5	33.1	10.1	12.8	62.5	6.0	27.1	3.3	1.2
09	Connecticut	...	26.5	11.6	5.2	67.0	13.7	15.4	3.6	0.4
10	Delaware	0.2	36.1	14.7	4.9	55.1	32.5	9.2	2.8	0.3
11	District of Columbia	...	53.4	17.4	6.5	4.5	83.3	10.6	1.4	0.1
12	Florida	1.0	45.8	14.9	8.3	49.6	23.9	23.9	2.2	0.3
13	Georgia	0.7	49.8	12.4	5.4	48.0	38.3	8.4	2.7	0.1
15	Hawaii	0.5	40.5	12.0	9.9	19.8	2.4	4.5	72.8	0.6
16	Idaho	3.0	37.8	11.0	6.9	83.0	1.0	12.8	1.6	1.6
17	Illinois	0.0	37.2	15.3	0.0	55.4	20.3	18.6	3.8	0.2
18	Indiana	...	36.1	17.1	5.5	80.3	12.5	5.7	1.2	0.3
19	Iowa	1.0	32.1	14.8	3.1	86.6	5.1	5.8	1.9	0.6
20	Kansas	1.2	38.8	14.0	5.3	73.2	8.4	11.8	2.3	1.4
21	Kentucky	0.0	52.4	16.0	1.5	81.4	10.0	1.9	0.9	0.2
22	Louisiana	0.7	61.2	13.0	1.8	51.5	44.4	2.1	1.3	0.8
23	Maine	...	33.8	16.9	1.7	95.1	2.0	0.9	1.4	0.5
24	Maryland	0.0	31.6	12.8	3.7	48.6	38.1	7.6	5.2	0.4
25	Massachusetts	0.1	28.2	15.4	5.3	72.4	8.3	12.9	4.6	0.3
26	Michigan	0.3	35.6	14.1	3.8	71.6	20.3	4.4	2.4	1.0
27	Minnesota	0.3	30.3	13.8	6.9	78.3	8.5	5.4	5.7	2.1
28	Mississippi	0.3	69.5	13.7	0.6	46.5	51.2	1.4	0.8	0.2
29	Missouri	0.2	39.1	0.0	2.0	76.6	18.2	3.2	1.6	0.4
30	Montana	...	34.5	13.2	4.6	84.3	0.9	2.4	1.1	11.3
31	Nebraska	2.6	34.7	16.2	6.1	77.5	7.6	11.5	1.8	1.7
32	Nevada	0.1	41.3	11.1	15.5	46.4	11.1	33.6	7.3	1.6
33	New Hampshire	0.0	17.1	14.8	0.0	93.3	1.7	2.8	1.9	0.3
34	New Jersey	0.1	26.8	26.7	3.6	56.5	17.6	18.2	7.5	0.2
35	New Mexico	1.4	55.7	19.7	19.2	31.1	2.5	54.0	1.3	11.1
36	New York	0.1	44.4	13.2	6.9	52.7	19.8	20.1	6.9	0.5
37	North Carolina	0.7	42.6	13.6	5.2	56.6	31.5	8.4	2.1	1.4
38	North Dakota	0.3	29.6	14.1	0.0	87.2	1.1	1.7	0.9	8.6
39	Ohio	0.2	32.5	14.5	1.6	76.9	16.6	2.4	1.4	0.1
40	Oklahoma	0.5	54.5	15.2	7.5	59.6	10.9	8.9	1.7	18.9
41	Oregon	3.9	43.2	14.6	12.0	71.7	3.1	15.5	4.8	2.4
42	Pennsylvania	0.5	31.4	14.6	0.0	74.8	16.2	6.4	2.5	0.1
44	Rhode Island	...	35.3	18.0	4.9	70.4	8.6	17.3	3.1	0.6
45	South Carolina	0.3	51.5	15.6	2.1	53.8	40.1	4.0	1.3	0.3
46	South Dakota	0.7	32.0	15.1	4.2	85.0	1.6	2.0	1.0	10.5
47	Tennessee	0.1	47.1	13.3	0.0	69.5	25.1	3.8	1.4	0.2
48	Texas	2.1	48.2	11.3	15.7	36.5	14.7	45.3	3.1	0.3
49	Utah	0.6	32.3	13.2	9.8	81.8	1.3	12.3	3.1	1.5
50	Vermont	0.7	26.4	11.3	1.8	94.7	1.5	1.0	1.5	0.4
51	Virginia	0.1	31.1	14.4	6.0	58.8	26.6	7.5	5.1	0.3
53	Washington	0.9	36.5	12.0	7.3	69.0	5.7	13.5	8.1	2.6
54	West Virginia	0.0	49.1	17.6	0.7	93.6	5.0	0.7	0.6	0.1
55	Wisconsin	0.1	29.3	14.8	3.4	77.8	10.5	6.7	3.6	1.5
56	Wyoming	0.3	31.6	13.5	3.6	84.9	1.5	9.0	1.1	3.5

[1]IEP = Individual Education Program. See notes and definitions for more information.
[2]May be of any race.
... = Not available.

Table B-3. Population, School, and Student Characteristics by State—Continued

FIPS code	State	Public school outcomes					Private schools		
		Dropouts, grades 9–12, 2003–2004 (percent)	9th grade membership, 2001–2002	12th grade membership, 2004–2005	High school graduates (regular diplomas), 2004–2005	Averaged freshman graduation rates, 2004–2005	Number of school, 2005–2006	Enrollment, 2005–2006	High school graduates, 2004–2005
		36	37	38	39	40	41	42	43
00	UNITED STATES	3.9	4,012,333	3,094,349	2,799,250	74.7	28,996	5,057,520	307,249
01	Alabama	3.3	61,038	42,672	37,453	65.9	435	77,204	5,191
02	Alaska	7.0	11,734	8,766	6,909	64.1	86	5,890	291
04	Arizona	6.7	72,859	71,035	59,498	84.7	287	50,013	2,634
05	Arkansas	4.7	35,894	28,640	26,621	75.7	217	30,876	3,919
06	California	3.3	499,505	409,576	355,217	74.6	3,352	614,861	33,541
08	Colorado	5.4	62,756	50,387	44,532	76.7	333	49,515	2,843
09	Connecticut	1.8	46,621	38,340	35,515	80.9	356	66,022	5,589
10	Delaware	6.1	10,602	7,390	6,934	73.1	110	24,869	1,663
11	District of Columbia	...	4,012	2,820	2,781	68.8	83	18,138	1,447
12	Florida	3.4	248,764	149,810	133,318	64.6	1,872	323,302	16,824
13	Georgia	5.4	128,734	83,872	70,834	61.7	715	126,425	7,302
15	Hawaii	4.8	16,036	10,794	10,813	75.1	115	29,721	1,674
16	Idaho	3.1	19,923	17,506	15,768	81.0	123	11,140	555
17	Illinois	5.3	165,529	132,658	123,615	79.4	1,413	261,751	14,352
18	Indiana	2.5	78,945	63,316	55,444	73.2	795	116,816	5,267
19	Iowa	2.1	39,818	36,434	33,547	86.6	278	54,147	3,267
20	Kansas	2.2	38,621	33,593	30,355	79.2	405	41,968	2,082
21	Kentucky	3.3	53,583	39,200	38,399	75.9	435	67,262	3,718
22	Louisiana	7.9	57,164	40,034	36,009	63.9	422	124,810	7,956
23	Maine	2.7	16,689	14,402	13,077	78.6	148	18,670	2,350
24	Maryland	4.1	73,300	57,432	54,170	79.3	656	143,316	8,519
25	Massachusetts	3.7	80,394	63,852	59,665	78.7	720	130,998	10,942
26	Michigan	4.6	145,651	111,055	101,582	73.0	856	141,615	8,051
27	Minnesota	3.2	69,032	71,636	58,391	85.9	555	90,811	4,272
28	Mississippi	2.9	38,498	25,801	23,523	63.3	298	50,496	3,146
29	Missouri	3.3	75,156	61,838	57,841	80.6	659	122,890	8,348
30	Montana	3.4	13,004	11,173	10,335	81.5	239	32,259	9,228
31	Nebraska	2.8	23,855	21,557	19,940	87.8	223	38,239	2,274
32	Nevada	6.0	32,086	21,385	15,740	55.8	117	19,879	662
33	New Hampshire	3.8	17,646	14,847	13,775	80.1	173	21,711	2,163
34	New Jersey	1.8	98,784	88,378	86,502	85.1	962	196,541	12,826
35	New Mexico	5.2	28,816	19,518	17,353	65.4	183	21,130	1,400
36	New York	5.6	245,540	166,975	153,203	65.3	1,970	447,627	28,471
37	North Carolina	5.2	114,236	79,257	75,010	72.6	624	102,333	5,333
38	North Dakota	2.0	8,906	8,143	7,555	86.3	45	6,279	421
39	Ohio	3.3	155,727	127,379	116,702	80.2	939	222,738	13,070
40	Oklahoma	3.9	49,034	37,938	36,227	76.9	232	29,899	1,780
41	Oregon	...	45,067	41,125	32,602	74.2	431	49,117	2,848
42	Pennsylvania	2.9	159,919	132,551	124,758	82.5	1,969	284,944	17,980
44	Rhode Island	3.4	13,538	10,533	9,881	78.4	132	25,976	1,807
45	South Carolina	3.4	64,279	38,736	33,439	60.1	307	52,070	2,950
46	South Dakota	4.2	10,629	9,389	8,585	82.3	83	10,961	508
47	Tennessee	3.3	74,322	55,490	47,967	68.5	565	91,794	5,864
48	Texas	3.6	366,895	247,655	239,717	74.0	1,373	228,979	11,498
49	Utah	3.8	35,029	35,671	30,253	84.4	100	16,269	1,088
50	Vermont	2.8	8,595	7,552	7,152	86.5	117	10,295	1,150
51	Virginia	2.8	100,599	77,965	73,667	79.6	738	120,241	7,094
53	Washington	6.5	86,396	74,121	61,094	75.0	624	93,695	4,595
54	West Virginia	4.3	23,328	18,319	17,137	77.3	145	14,290	796
55	Wisconsin	...	77,802	69,510	63,229	86.7	948	125,050	5,665
56	Wyoming	4.6	7,443	6,323	5,616	76.7	34	1,677	...

... = Not available.

Table B-3. Population, School, and Student Characteristics by State—Continued

Public and private school characteristics, 2005–2006

FIPS code	State	Public schools — Student membership Total	Public schools — Percent change from 1995–1996 to 2005–2006	Public schools — Teachers Total	Public schools — Percent change from 1995–1996 to 2005–2006	Public schools — Student-teacher ratio	Private schools — Total enrollment	Private schools — Total teachers	Private schools — Student-teacher ratio	Average public school teacher salary, 2006–2007[3]
		44	45	46	47	48	49	50	51	52
00	UNITED STATES	49,113,474	9.5	3,136,921	20.7	15.7	5,057,520	435,485	11.6	50,816
01	Alabama	741,758	-0.6	57,757	31.1	12.8	77,204	6,583	11.7	43,389
02	Alaska	133,288	4.4	7,912	7.2	16.8	5,890	574	10.3	54,658
04	Arizona	1,094,454	47.2	51,376	35.1	21.3	50,013	3,850	13.0	45,941
05	Arkansas	474,206	4.6	32,997	24.8	14.4	30,876	2,426	12.7	44,245
06	California	6,437,202	16.3	309,128	33.9	20.8	614,861	47,913	12.8	63,640
08	Colorado	779,826	18.8	45,841	29.5	17.0	49,515	4,643	10.7	45,833
09	Connecticut	575,059	11.0	39,687	10.0	14.5	66,022	7,254	9.1	60,822
10	Delaware	120,937	11.5	7,998	23.8	15.1	24,869	2,198	11.3	54,680
11	District of Columbia	76,876	-3.7	5,481	3.3	14.0	18,138	2,253	8.1	59,000
12	Florida	2,675,024	22.9	158,962	38.3	16.8	323,302	28,414	11.4	45,308
13	Georgia	1,598,461	21.9	108,535	36.6	14.7	126,425	12,236	10.3	49,905
15	Hawaii	182,818	-2.3	11,226	6.9	16.3	29,721	2,506	11.9	51,922
16	Idaho	261,982	7.8	14,521	13.6	18.0	11,140	933	11.9	42,798
17	Illinois	2,111,706	8.6	133,857	17.9	15.8	261,751	19,158	13.7	58,246
18	Indiana	1,035,074	5.9	60,592	8.5	17.1	116,816	8,902	13.1	47,831
19	Iowa	483,482	-3.8	35,181	8.9	13.7	54,147	4,311	12.6	43,130
20	Kansas	467,285	0.9	33,608	9.4	13.9	41,968	3,445	12.2	43,334
21	Kentucky	679,878	3.0	42,413	8.4	16.0	67,262	5,256	12.8	43,646
22	Louisiana	654,526	-17.9	44,660	-4.9	16.6	124,810	8,942	14.0	42,816
23	Maine	195,498	-8.5	16,684	8.4	11.7	18,670	1,983	9.4	41,596
24	Maryland	860,020	6.8	56,685	18.5	15.2	143,316	13,856	10.3	56,927
25	Massachusetts	971,909	6.2	73,596	17.4	13.2	130,998	14,794	8.9	58,624
26	Michigan	1,741,845	6.1	99,838	20.0	17.4	141,615	10,519	13.5	54,895
27	Minnesota	839,243	0.5	51,107	8.8	16.4	90,811	6,883	13.2	49,634
28	Mississippi	494,954	-2.2	31,433	8.4	15.7	50,496	4,376	11.5	40,182
29	Missouri	917,705	3.1	67,076	15.7	13.7	122,890	10,478	11.7	41,839
30	Montana	145,416	-12.2	10,369	2.9	14.0	32,259	1,962	16.4	41,225
31	Nebraska	286,646	-1.1	21,359	6.6	13.4	38,239	2,806	13.6	42,044
32	Nevada	412,395	55.6	21,744	56.7	19.0	19,879	1,423	14.0	45,342
33	New Hampshire	205,767	6.0	15,536	25.8	13.2	21,711	2,378	9.1	46,527
34	New Jersey	1,395,602	16.6	112,673	29.9	12.4	196,541	18,492	10.6	59,920
35	New Mexico	326,758	-0.9	22,021	13.5	14.8	21,130	1,972	10.7	42,780
36	New York	2,815,581	0.1	218,989	20.6	12.9	447,627	40,368	11.1	58,537
37	North Carolina	1,416,436	19.7	95,664	30.7	14.8	102,333	9,677	10.6	46,410
38	North Dakota	98,283	-17.5	8,003	6.7	12.3	6,279	514	12.2	38,822
39	Ohio	1,839,683	0.2	117,982	9.9	15.6	222,738	16,432	13.6	51,937
40	Oklahoma	634,739	3.0	41,833	6.3	15.2	29,899	3,007	9.9	42,379
41	Oregon	552,194	4.6	28,256	5.9	19.5	49,117	4,100	12.0	50,911
42	Pennsylvania	1,830,684	2.4	122,397	16.7	15.0	284,944	23,303	12.2	54,970
44	Rhode Island	153,422	2.4	14,299	36.4	10.7	25,976	2,562	10.1	55,956
45	South Carolina	701,544	8.7	48,212	20.8	14.6	52,070	4,948	10.5	44,133
46	South Dakota	122,012	-15.7	9,129	-5.3	13.4	10,961	920	11.9	35,378
47	Tennessee	953,928	6.7	59,596	11.6	16.0	91,794	8,901	10.3	43,816
48	Texas	4,525,394	20.7	302,425	25.8	15.0	228,979	21,888	10.5	44,897
49	Utah	508,430	6.6	22,993	14.7	22.1	16,269	1,530	10.6	40,566
50	Vermont	96,638	-8.5	8,851	15.3	10.9	10,295	1,465	7.0	48,370
51	Virginia	1,214,472	12.5	96,158	28.7	12.6	120,241	12,890	9.3	44,727
53	Washington	1,031,985	7.9	53,508	14.1	19.3	93,695	7,600	12.3	47,882
54	West Virginia	280,866	-8.5	19,940	-5.4	14.1	14,290	1,371	10.4	40,531
55	Wisconsin	875,174	0.6	60,127	9.3	14.6	125,050	10,088	12.4	47,901
56	Wyoming	84,409	-15.5	6,706	-0.4	12.6	1,677	204	8.2	50,692

[3] National Education Association. Highlights Table 2: Summary of Selected Estimates Data for 2006–07. Rankings & Estimates: Rankings of the States 2006 and Estimates of School Statistics, 2007, page 67. Reprinted with permission of the National Education Association © 2007. All rights reserved. <http://www.nea.org>.

Table B-3. Population, School, and Student Characteristics by State—Continued

FIPS code	State	Total staff	Teachers Number	Teachers Percent	Instructional aides Number	Instructional aides Percent	Instructional coordinators Number	Instructional coordinators Percent	Guidance counselors Number	Guidance counselors Percent
		53	54	55	56	57	58	59	60	61
00	UNITED STATES	6,122,358	3,136,921	51.2	697,862	11.4	47,493	0.8	103,268	1.7
01	Alabama	103,775	57,757	55.7	6,768	6.5	999	1.0	1,814	1.7
02	Alaska	17,930	7,912	44.1	2,243	12.5	171	1.0	277	1.5
04	Arizona	100,162	51,376	51.3	14,520	14.5	158	0.2	1,373	1.4
05	Arkansas	70,673	32,997	46.7	7,381	10.4	672	1.0	1,441	2.0
06	California	579,024	309,128	53.4	67,073	11.6	6,657	1.1	6,998	1.2
08	Colorado	93,148	45,841	49.2	10,527	11.3	1,550	1.7	1,424	1.5
09	Connecticut	84,669	39,687	46.9	12,488	14.7	412	0.5	1,399	1.7
10	Delaware	15,473	7,998	51.7	1,701	11.0	285	1.8	282	1.8
11	District of Columbia	12,372	5,481	44.3	1,373	11.1	110	0.9	101	0.8
12	Florida	314,219	158,962	50.6	29,121	9.3	699	0.2	5,584	1.8
13	Georgia	218,965	108,535	49.6	25,512	11.7	551	0.3	3,536	1.6
15	Hawaii	21,059	11,226	53.3	2,158	10.2	573	2.7	672	3.2
16	Idaho	26,018	14,521	55.8	2,840	10.9	249	1.0	594	2.3
17	Illinois	264,700	133,857	50.6	35,060	13.2	1,251	0.5	3,172	1.2
18	Indiana	133,096	60,592	45.5	19,830	14.9	1,681	1.3	1,804	1.4
19	Iowa	69,080	35,181	50.9	9,707	14.1	468	0.7	1,169	1.7
20	Kansas	65,537	33,608	51.3	7,500	11.4	132	0.2	1,135	1.7
21	Kentucky	97,937	42,413	43.3	14,096	14.4	911	0.9	1,456	1.5
22	Louisiana	92,612	44,660	48.2	10,319	11.1	1,772	1.9	2,955	3.2
23	Maine	35,249	16,684	47.3	6,046	17.2	348	1.0	633	1.8
24	Maryland	111,215	56,685	51.0	10,529	9.5	1,367	1.2	2,300	2.1
25	Massachusetts	139,522	73,596	52.7	20,596	14.8	933	0.7	2,141	1.5
26	Michigan	206,533	99,838	48.3	25,255	12.2	3,369	1.6	2,726	1.3
27	Minnesota	104,489	51,107	48.9	15,112	14.5	1,552	1.5	1,034	1.0
28	Mississippi	67,659	31,433	46.5	8,658	12.8	736	1.1	1,023	1.5
29	Missouri	128,794	67,076	52.1	12,332	9.6	961	0.7	2,635	2.0
30	Montana	19,515	10,369	53.1	1,965	10.1	178	0.9	439	2.2
31	Nebraska	41,166	21,359	51.9	4,749	11.5	491	1.2	777	1.9
32	Nevada	32,346	21,744	67.2	3,802	11.8	213	0.7	794	2.5
33	New Hampshire	32,022	15,536	48.5	6,712	21.0	197	0.6	826	2.6
34	New Jersey	216,778	112,673	52.0	26,444	12.2	2,704	1.2	2,312	1.1
35	New Mexico	47,940	22,021	45.9	5,464	11.4	228	0.5	774	1.6
36	New York	373,504	218,989	58.6	36,293	9.7	2,220	0.6	6,865	1.8
37	North Carolina	182,107	95,664	52.5	28,725	15.8	1,005	0.6	3,646	2.0
38	North Dakota	15,128	8,003	52.9	1,876	12.4	121	0.8	275	1.8
39	Ohio	238,977	117,982	49.4	17,800	7.4	555	0.2	3,840	1.6
40	Oklahoma	81,857	41,833	51.1	7,868	9.6	494	0.6	1,586	1.9
41	Oregon	60,088	28,256	47.0	9,779	16.3	591	1.0	1,324	2.2
42	Pennsylvania	240,409	122,397	50.9	26,877	11.2	1,531	0.6	4,404	1.8
44	Rhode Island	24,560	14,299	58.2	2,547	10.4	196	0.8	2,541	10.3
45	South Carolina	67,453	48,212	71.5	3,614	5.4	718	1.1	1,775	2.6
46	South Dakota	19,018	9,129	48.0	3,427	18.0	376	2.0	319	1.7
47	Tennessee	114,171	59,596	52.2	13,621	11.9	492	0.4	2,023	1.8
48	Texas	620,624	302,425	48.7	61,268	9.9	1,599	0.3	10,251	1.7
49	Utah	45,821	22,993	50.2	7,292	15.9	795	1.7	686	1.5
50	Vermont	19,024	8,851	46.5	4,259	22.4	317	1.7	431	2.3
51	Virginia	183,853	96,158	52.3	18,814	10.2	1,696	0.9	2,669	1.5
53	Washington	113,845	53,508	47.0	10,191	9.0	429	0.4	2,011	1.8
54	West Virginia	38,152	19,940	52.3	3,280	8.6	372	1.0	693	1.8
55	Wisconsin	105,564	60,127	57.0	10,382	9.8	1,252	1.2	1,930	1.8
56	Wyoming	14,526	6,706	46.2	2,068	14.2	156	1.1	399	2.7

Table B-3. Population, School, and Student Characteristics by State—Continued

Staff employed by public elementary and secondary school systems and percent of total staff, 2005–2006

FIPS code	State	Librarians Number	Librarians Percent	Support staff Number	Support staff Percent	School administrators Number	School administrators Percent	School district administrators Number	School district administrators Percent	School and school district administrative support staff Number	School and school district administrative support staff Percent
		62	63	64	65	66	67	68	69	70	71
00	UNITED STATES	54,068	0.9	1,422,300	23.2	169,269	2.8	65,325	1.1	425,852	7.0
01	Alabama	1,404	1.4	23,447	22.6	3,003	2.9	255	0.2	8,328	8.0
02	Alaska	180	1.0	3,583	20.0	775	4.3	425	2.4	2,364	13.2
04	Arizona	824	0.8	22,770	22.7	2,311	2.3	453	0.5	6,377	6.4
05	Arkansas	1,014	1.4	21,573	30.5	1,677	2.4	670	0.9	3,248	4.6
06	California	1,214	0.2	115,901	20.0	13,946	2.4	2,858	0.5	55,249	9.5
08	Colorado	841	0.9	22,591	24.3	2,477	2.7	1,100	1.2	6,797	7.3
09	Connecticut	815	1.0	21,635	25.6	2,318	2.7	1,363	1.6	4,552	5.4
10	Delaware	132	0.9	3,608	23.3	382	2.5	321	2.1	764	4.9
11	District of Columbia	41	0.3	3,631	29.3	403	3.3	134	1.1	1,098	8.9
12	Florida	2,783	0.9	77,161	24.6	7,289	2.3	1,903	0.6	30,717	9.8
13	Georgia	2,216	1.0	58,982	26.9	6,374	2.9	2,217	1.0	11,042	5.0
15	Hawaii	292	1.4	3,962	18.8	493	2.3	212	1.0	1,471	7.0
16	Idaho	166	0.6	5,425	20.9	715	2.7	135	0.5	1,373	5.3
17	Illinois	2,193	0.8	61,007	23.0	6,555	2.5	3,817	1.4	17,788	6.7
18	Indiana	963	0.7	36,256	27.2	3,026	2.3	1,029	0.8	7,915	5.9
19	Iowa	537	0.8	14,856	21.5	2,182	3.2	990	1.4	3,990	5.8
20	Kansas	925	1.4	16,263	24.8	1,738	2.7	1,265	1.9	2,971	4.5
21	Kentucky	1,111	1.1	26,707	27.3	2,276	2.3	857	0.9	8,110	8.3
22	Louisiana	1,150	1.2	23,530	25.4	2,553	2.8	311	0.3	5,362	5.8
23	Maine	261	0.7	7,615	21.6	952	2.7	662	1.9	2,048	5.8
24	Maryland	1,182	1.1	29,599	26.6	3,397	3.1	904	0.8	5,252	4.7
25	Massachusetts	942	0.7	25,503	18.3	3,903	2.8	1,611	1.2	10,297	7.4
26	Michigan	1,336	0.6	51,480	24.9	5,104	2.5	3,224	1.6	14,201	6.9
27	Minnesota	878	0.8	24,418	23.4	1,986	1.9	2,061	2.0	6,341	6.1
28	Mississippi	970	1.4	17,918	26.5	1,794	2.7	1,000	1.5	4,127	6.1
29	Missouri	1,632	1.3	30,908	24.0	3,093	2.4	1,360	1.1	8,797	6.8
30	Montana	371	1.9	4,275	21.9	529	2.7	165	0.8	1,224	6.3
31	Nebraska	554	1.3	9,553	23.2	1,023	2.5	583	1.4	2,077	5.0
32	Nevada	356	1.1	1,832	5.7	980	3.0	272	0.8	2,353	7.3
33	New Hampshire	305	1.0	6,100	19.0	536	1.7	552	1.7	1,258	3.9
34	New Jersey	1,465	0.7	50,776	23.4	4,037	1.9	1,453	0.7	14,914	6.9
35	New Mexico	305	0.6	13,615	28.4	1,240	2.6	665	1.4	3,628	7.6
36	New York	3,296	0.9	70,931	19.0	8,806	2.4	2,981	0.8	23,123	6.2
37	North Carolina	2,340	1.3	33,636	18.5	4,950	2.7	1,725	0.9	10,416	5.7
38	North Dakota	200	1.3	3,307	21.9	393	2.6	481	3.2	472	3.1
39	Ohio	1,556	0.7	54,659	22.9	4,710	2.0	7,894	3.3	29,981	12.5
40	Oklahoma	1,047	1.3	19,637	24.0	2,186	2.7	628	0.8	6,578	8.0
41	Oregon	421	0.7	12,375	20.6	1,716	2.9	802	1.3	4,824	8.0
42	Pennsylvania	2,232	0.9	59,348	24.7	4,752	2.0	1,937	0.8	16,931	7.0
44	Rhode Island	328	1.3	2,279	9.3	1,404	5.7	139	0.6	827	3.4
45	South Carolina	1,144	1.7	2,409	3.6	3,371	5.0	301	0.4	5,909	8.8
46	South Dakota	143	0.8	3,996	21.0	404	2.1	447	2.4	777	4.1
47	Tennessee	1,569	1.4	26,999	23.6	3,509	3.1	319	0.3	6,043	5.3
48	Texas	4,907	0.8	168,314	27.1	31,673	5.1	8,103	1.3	32,084	5.2
49	Utah	268	0.6	9,463	20.7	1,083	2.4	390	0.9	2,851	6.2
50	Vermont	225	1.2	3,294	17.3	445	2.3	140	0.7	1,062	5.6
51	Virginia	2,012	1.1	43,304	23.6	4,147	2.3	1,583	0.9	13,470	7.3
53	Washington	1,253	1.1	37,809	33.2	2,826	2.5	927	0.8	4,891	4.3
54	West Virginia	381	1.0	9,851	25.8	1,046	2.7	451	1.2	2,138	5.6
55	Wisconsin	1,254	1.2	20,807	19.7	2,445	2.3	936	0.9	6,431	6.1
56	Wyoming	134	0.9	3,402	23.4	336	2.3	314	2.2	1011	7.0

Table B-3. Population, School, and Student Characteristics by State—Continued

Highest degree earned and years of experience for teachers in public elementary and secondary schools, 2003–2004

FIPS code	State	Number of teachers	Bachelor's degree	Master's degree or higher	Education specialist	Doctor's	Under 3 years	3–9 years	10–20 years	20 years or more
			72	73	74	75	76	77	78	79	80
00	UNITED STATES	3,250,625	50.8	40.9	6.0	1.2	12.2	32.9	28.4	26.5
01	Alabama	50,850	38.1	50.2	9.4	1.0	12.5	32.8	33.4	21.4
02	Alaska	8,649	58.4	34.3	5.6	1.4	13.0	36.8	31.2	18.9
04	Arizona	56,401	49.7	40.8	7.4	1.0	15.5	38.2	27.2	19.1
05	Arkansas	37,191	60.4	33.8	3.6	1.0	9.5	34.7	31.4	24.4
06	California	284,755	56.0	31.3	10.0	1.8	11.2	36.4	30.3	22.1
08	Colorado	49,147	44.5	47.7	5.4	0.9	12.0	37.4	30.2	20.5
09	Connecticut	45,035	24.5	55.9	16.1	2.2	9.8	29.7	31.0	29.4
10	Delaware	7,948	45.9	49.2	3.7	0.5	11.7	35.0	27.5	25.7
11	District of Columbia	5,447	48.2	41.8	6.2	3.3	15.5	29.8	28.7	26.0
12	Florida	156,797	61.8	32.7	2.4	1.5	14.3	27.9	32.0	25.8
13	Georgia	102,294	46.6	40.5	11.1	1.1	13.2	37.2	27.4	22.3
15	Hawaii	13,577	43.2	26.5	27.5	1.5	16.9	33.0	29.8	20.3
16	Idaho	15,371	71.9	24.9	1.9	0.2	12.3	28.4	36.0	23.3
17	Illinois	139,624	45.7	49.6	3.1	0.8	12.1	32.0	26.8	29.2
18	Indiana	62,960	37.3	56.3	4.3	1.3	11.2	27.1	25.9	35.9
19	Iowa	38,224	65.1	33.0	1.2	...	8.4	27.9	27.1	36.7
20	Kansas	37,658	55.0	40.2	3.4	0.9	11.5	27.3	30.7	30.4
21	Kentucky	48,333	28.5	51.6	18.7	0.3	11.6	33.8	32.5	22.1
22	Louisiana	52,526	65.2	24.4	7.3	2.3	9.9	28.2	30.5	31.3
23	Maine	18,945	64.3	30.6	3.1	0.6	7.6	28.3	29.2	34.9
24	Maryland	59,253	42.7	46.6	8.3	1.4	16.0	33.7	22.2	28.1
25	Massachusetts	84,533	37.7	53.6	4.6	2.0	14.4	32.8	23.7	29.1
26	Michigan	100,102	43.3	50.5	4.0	1.0	11.2	35.4	27.3	26.1
27	Minnesota	60,978	49.0	43.6	5.7	0.9	10.4	33.5	28.5	27.6
28	Mississippi	34,366	62.3	30.6	3.9	1.0	16.3	28.0	25.5	30.3
29	Missouri	74,331	47.3	47.4	3.0	0.4	11.9	32.8	29.3	26.0
30	Montana	12,220	65.0	29.5	3.7	0.4	10.7	25.6	31.1	32.7
31	Nebraska	25,868	59.9	37.5	1.2	0.8	9.6	31.2	31.9	27.2
32	Nevada	19,878	43.4	48.9	6.2	0.8	12.0	38.7	25.2	24.0
33	New Hampshire	16,507	56.9	39.4	2.7	0.4	13.7	31.0	27.1	28.2
34	New Jersey	113,965	57.0	34.3	6.1	1.8	13.3	31.9	24.4	30.3
35	New Mexico	21,328	58.1	36.4	4.2	0.4	10.7	37.1	29.7	22.6
36	New York	234,142	21.4	67.2	8.8	2.0	13.1	36.5	27.8	22.6
37	North Carolina	95,584	67.0	27.6	3.1	1.0	13.8	34.9	29.4	21.9
38	North Dakota	9,679	71.7	24.6	2.4	0.4	10.5	21.8	31.4	36.3
39	Ohio	133,485	45.8	49.1	2.8	0.9	9.1	33.1	27.2	30.6
40	Oklahoma	45,996	66.3	30.2	2.7	0.4	8.8	31.1	31.8	28.3
41	Oregon	29,017	41.5	50.5	6.2	1.4	13.8	28.9	34.1	23.1
42	Pennsylvania	125,472	48.6	42.5	6.7	1.1	11.8	32.9	21.5	33.8
44	Rhode Island	13,774	48.0	45.8	4.7	1.1	10.8	35.3	28.2	25.6
45	South Carolina	47,458	47.0	42.9	7.5	0.6	8.5	29.5	31.2	30.8
46	South Dakota	10,824	72.9	24.0	1.7	0.6	9.3	29.1	29.3	32.4
47	Tennessee	64,607	46.1	43.2	8.5	0.6	10.7	29.9	27.5	31.8
48	Texas	290,962	71.9	22.4	3.8	1.0	13.4	33.9	30.7	22.0
49	Utah	23,443	65.2	24.2	7.8	0.7	17.9	30.1	29.5	22.6
50	Vermont	9,975	54.2	41.1	3.1	1.2	10.8	29.7	31.5	27.9
51	Virginia	92,200	58.6	34.1	4.3	1.0	12.7	33.8	24.9	28.6
53	Washington	63,502	42.6	50.7	4.6	1.0	11.7	34.5	27.2	26.7
54	West Virginia	22,855	36.9	53.5	7.2	0.4	7.4	18.6	23.9	50.1
55	Wisconsin	74,756	54.8	40.8	3.7	0.5	13.1	29.7	30.3	26.9
56	Wyoming	7,828	61.4	33.8	2.9	0.6	9.1	25.8	31.3	33.8

... = Not available.

Table B-3. Population, School, and Student Characteristics by State—Continued

FIPS code	State	NAEP Math 2007 Grade 4 (81)	NAEP Math 2007 Grade 8 (82)	NAEP Reading 2007 Grade 4 (83)	NAEP Reading 2007 Grade 8 (84)	NAEP Writing 2007 Grade 8 (85)	ACT 2008[4] Average score (86)	ACT 2008[4] Percent of graduates taking ACT (87)
00	UNITED STATES	39	31	32	29	31	21.1	43
01	Alabama	26	18	29	21	24	20.4	77
02	Alaska	38	32	29	27	...	21.2	25
04	Arizona	31	26	24	24	23	21.9	15
05	Arkansas	37	24	29	25	27	20.6	74
06	California	30	24	23	21	25	22.2	17
08	Colorado	41	37	36	35	38	20.5	100
09	Connecticut	45	35	41	37	53	23.3	19
10	Delaware	40	31	34	31	34	22.6	11
11	District of Columbia	14	8	14	12	...	19.1	30
12	Florida	40	27	34	28	36	19.8	52
13	Georgia	32	25	28	26	29	20.6	38
15	Hawaii	33	21	26	20	20	21.6	23
16	Idaho	40	34	35	32	29	21.5	58
17	Illinois	36	31	32	30	37	20.7	98
18	Indiana	46	35	33	31	30	22.0	22
19	Iowa	43	35	36	36	32	22.4	60
20	Kansas	51	40	36	35	33	22.0	74
21	Kentucky	31	27	33	28	26	20.9	72
22	Louisiana	24	19	20	19	17	20.3	88
23	Maine	42	34	36	37	38	22.7	9
24	Maryland	40	37	36	33	...	22.0	16
25	Massachusetts	58	51	49	43	46	23.6	17
26	Michigan	37	29	32	28	27	19.6	100
27	Minnesota	51	43	37	37	32	22.6	69
28	Mississippi	21	14	19	17	15	18.9	92
29	Missouri	38	30	32	31	26	21.6	69
30	Montana	44	38	39	39	33	22.0	56
31	Nebraska	38	35	35	35	...	22.1	72
32	Nevada	30	23	24	22	21	21.3	30
33	New Hampshire	52	38	41	37	39	23.1	15
34	New Jersey	52	40	43	39	56	22.7	13
35	New Mexico	24	17	24	17	17	20.3	63
36	New York	43	30	36	32	31	23.1	23
37	North Carolina	41	34	29	28	29	21.3	14
38	North Dakota	46	41	35	32	27	21.6	81
39	Ohio	46	35	36	36	32	21.7	65
40	Oklahoma	33	21	27	26	26	20.7	70
41	Oregon	35	35	28	34	...	21.2	30
42	Pennsylvania	47	38	40	36	36	22.2	13
44	Rhode Island	34	28	31	27	32	21.9	10
45	South Carolina	36	32	26	25	23	19.9	44
46	South Dakota	41	39	34	37	...	22.0	77
47	Tennessee	29	23	27	26	30	20.7	88
48	Texas	40	35	30	28	26	20.7	29
49	Utah	39	32	34	30	31	21.8	68
50	Vermont	49	41	41	42	40	22.7	26
51	Virginia	42	37	38	34	31	21.8	19
53	Washington	44	36	36	34	35	23.1	17
54	West Virginia	33	19	28	23	22	20.7	64
55	Wisconsin	47	37	36	33	36	22.3	67
56	Wyoming	44	36	36	33	34	21.1	80

[4] 2008 ACT Composite Averages by State. © 2008 by ACT, Inc. Reprinted with permission. All rights reserved. <http://www.act.org>.
... = Not available.

Table B-3. Population, School, and Student Characteristics by State—Continued

FIPS code	State	Preliminary SAT (PSAT) National Merit Scholarship Qualifying Test (NMSQT) scores, 2007–2008[5] Number of high school juniors taking the PSAT/NMSQT	Critical reading	Math	Writing skills	SAT Reasoning Test average scores, 2008[6] Critical reading	Math	Writing	Percent of graduates taking SAT
		88	89	90	91	92	93	94	95
00	UNITED STATES	1,570,570	6.7	9.0	5.6	502	515	494	45
01	Alabama	14,404	6.2	7.0	6.0	565	557	554	8
02	Alaska	2,502	9.4	9.0	5.5	520	520	493	45
04	Arizona	17,777	7.2	9.2	6.1	516	522	500	26
05	Arkansas	6,566	7.6	7.6	6.4	575	567	559	5
06	California	170,747	7.1	11.0	6.8	499	515	498	48
08	Colorado	21,009	8.0	9.5	6.2	564	570	553	21
09	Connecticut	33,245	7.4	8.7	6.6	509	513	513	83
10	Delaware	6,129	6.7	7.8	4.9	499	498	490	70
11	District of Columbia	4,539	10.1	8.9	8.2	470	455	465	84
12	Florida	60,661	7.3	9.6	5.3	496	497	481	54
13	Georgia	40,494	7.0	9.1	6.3	491	493	482	70
15	Hawaii	8,492	4.2	8.5	4.3	481	502	470	58
16	Idaho	5,465	7.1	8.6	5.3	540	540	517	18
17	Illinois	50,696	8.2	13.0	7.0	583	601	578	7
18	Indiana	51,584	4.0	6.1	3.3	496	508	481	62
19	Iowa	8,704	9.4	13.1	7.3	603	612	582	3
20	Kansas	10,084	9.0	11.9	6.8	580	589	564	7
21	Kentucky	12,437	8.0	8.9	7.0	568	570	554	8
22	Louisiana	11,960	6.4	7.0	6.7	566	564	558	7
23	Maine	12,642	4.9	5.5	4.0	469	466	461	87
24	Maryland	51,116	6.8	8.8	5.5	499	502	497	69
25	Massachusetts	51,708	8.9	10.9	7.9	514	525	513	83
26	Michigan	39,049	6.4	8.7	5.1	581	598	572	6
27	Minnesota	22,417	9.8	13.0	6.8	596	609	579	8
28	Mississippi	6,417	5.2	4.8	5.9	574	556	566	3
29	Missouri	14,635	11.2	13.5	9.3	594	597	584	5
30	Montana	4,880	5.9	7.8	3.9	541	548	523	24
31	Nebraska	7,190	6.0	9.0	4.8	581	585	567	5
32	Nevada	7,464	4.9	7.8	4.0	498	506	478	40
33	New Hampshire	9,848	8.5	10.4	7.2	521	523	511	74
34	New Jersey	71,736	6.7	10.2	6.5	495	513	496	76
35	New Mexico	5,160	7.0	8.2	5.6	557	548	540	12
36	New York	154,060	4.9	6.8	3.9	488	504	481	84
37	North Carolina	50,141	5.8	8.5	4.6	496	511	482	63
38	North Dakota	2,238	5.1	8.7	3.8	594	604	568	3
39	Ohio	54,655	7.2	9.5	5.7	534	544	521	24
40	Oklahoma	8,315	8.9	10.5	7.4	572	572	557	6
41	Oregon	16,830	8.0	8.2	5.7	523	527	502	53
42	Pennsylvania	79,073	6.1	7.6	5.5	494	501	483	71
44	Rhode Island	11,125	4.6	5.0	3.6	495	498	493	66
45	South Carolina	17,471	5.8	7.4	5.5	488	497	476	61
46	South Dakota	3,041	5.9	8.1	4.9	595	596	575	3
47	Tennessee	15,397	9.9	11.1	9.2	571	570	566	11
48	Texas	167,887	4.7	6.7	3.9	488	505	480	50
49	Utah	4,748	10.9	11.6	7.6	561	557	543	6
50	Vermont	4,515	8.6	8.8	7.0	519	523	507	64
51	Virginia	53,182	7.9	8.9	6.2	511	512	499	68
53	Washington	30,638	9.3	10.1	6.7	526	533	509	52
54	West Virginia	4,332	6.3	6.5	6.1	512	501	498	19
55	Wisconsin	20,752	8.0	11.7	6.3	587	604	577	5
56	Wyoming	1,696	4.6	5.7	3.5	562	574	541	6

[5] "PSAT/NMSQT 2007–2008 College-Bound Juniors State Summary Reports" Copyright © 2007–2008 The College Board, www.collegeboard.com. Reproduced with permission.
[6] "2008 College-Bound Seniors". Copyright © 2008 The College Board, www.collegeboard.com. Reproduced with permission.

Table B-3. Population, School, and Student Characteristics by State—Continued

FIPS code	State	Total revenue (thousands of dollars)	Percent from: Federal government	Percent from: State government	Percent from: Local government	Total current expenditures (thousands of dollars)	Percent for: Instruction and instruction-related	Percent for: Support services	Percent for: Non-instruction	Per student expenditures (dollars)
		96	97	98	99	100	101	102	103	104
00	**UNITED STATES**	520,643,954	9.1	46.5	44.4	449,594,924	61.0	34.9	4.1	9,154
01	Alabama	6,346,033	12.0	55.9	32.1	5,699,076	58.5	34.9	6.6	7,683
02	Alaska	1,712,601	17.0	58.7	24.3	1,529,645	57.2	39.5	3.3	11,476
04	Arizona	8,833,520	11.8	48.4	39.9	7,130,341	62.0	33.4	4.7	6,515
05	Arkansas	4,282,506	11.3	56.8	31.9	3,808,011	60.2	34.6	5.2	8,030
06	California	63,785,872	10.8	59.3	29.9	53,436,103	60.3	35.8	3.8	8,301
08	Colorado	7,269,475	7.3	42.5	50.2	6,368,289	56.2	40.5	3.4	8,166
09	Connecticut	8,711,814	4.8	38.5	56.7	7,517,025	63.4	33.1	3.5	13,072
10	Delaware	1,533,399	8.3	63.2	28.5	1,405,465	60.4	35.0	4.7	11,621
11	District of Columbia	1,201,091	12.2	0.0	87.8	1,057,166	52.1	45.4	2.5	13,752
12	Florida	24,816,807	10.1	39.5	50.4	20,897,327	59.1	36.3	4.6	7,812
13	Georgia	16,117,459	9.2	44.4	46.4	13,739,263	62.6	32.3	5.1	8,595
15	Hawaii	2,703,718	8.3	89.9	1.8	1,805,521	59.7	35.7	4.7	9,876
16	Idaho	1,909,489	10.8	56.2	33.0	1,694,827	61.6	33.7	4.7	6,469
17	Illinois	22,344,947	8.4	29.6	62.0	19,244,908	58.9	37.9	3.3	9,113
18	Indiana	11,211,313	6.9	49.1	44.0	9,241,986	60.1	35.8	4.1	8,929
19	Iowa	4,734,934	8.6	45.6	45.8	4,039,389	59.8	35.6	4.7	8,355
20	Kansas	4,934,817	9.0	54.6	36.4	4,039,417	59.9	35.5	4.6	8,644
21	Kentucky	5,909,930	11.7	57.3	31.1	5,213,620	59.5	34.7	5.8	7,668
22	Louisiana	6,760,714	18.5	43.4	38.1	5,554,278	58.3	36.0	5.7	8,486
23	Maine	2,372,152	9.9	42.4	47.8	2,119,408	65.7	30.9	3.4	10,841
24	Maryland	10,680,716	6.2	39.2	54.6	9,381,613	61.3	34.2	4.5	10,909
25	Massachusetts	13,850,962	5.6	47.0	47.4	12,210,581	65.2	31.8	3.1	12,564
26	Michigan	18,978,793	8.2	59.3	32.5	16,681,981	56.6	40.3	3.1	9,577
27	Minnesota	9,191,384	6.5	71.2	22.3	7,686,638	64.4	31.1	4.5	9,159
28	Mississippi	4,132,345	20.7	51.0	28.2	3,550,261	59.1	35.1	5.8	7,173
29	Missouri	8,908,447	8.9	33.5	57.6	7,592,485	60.7	34.9	4.5	8,273
30	Montana	1,372,561	14.0	46.2	39.8	1,254,360	60.4	35.4	4.2	8,626
31	Nebraska	2,972,026	10.0	31.9	58.1	2,672,629	63.5	29.7	6.8	9,324
32	Nevada	3,696,968	7.1	25.9	66.9	2,959,728	61.1	35.4	3.4	7,177
33	New Hampshire	2,363,964	5.5	39.2	55.3	2,139,113	64.5	32.5	2.9	10,396
34	New Jersey	22,799,624	4.4	42.3	53.3	20,869,993	59.1	37.8	3.1	14,954
35	New Mexico	3,148,752	14.5	71.2	14.3	2,729,707	56.2	39.4	4.4	8,354
36	New York	46,776,452	7.2	42.5	50.3	41,149,457	69.2	28.6	2.2	14,615
37	North Carolina	11,137,110	10.8	62.5	26.7	10,476,056	61.9	32.6	5.6	7,396
38	North Dakota	958,109	15.8	36.2	48.0	857,774	60.8	31.1	8.1	8,728
39	Ohio	21,106,426	7.6	43.7	48.7	17,829,599	57.3	39.4	3.3	9,692
40	Oklahoma	4,859,546	13.4	53.3	33.3	4,406,002	56.7	36.7	6.6	6,941
41	Oregon	5,427,586	9.8	50.4	39.8	4,773,751	58.7	37.7	3.6	8,645
42	Pennsylvania	22,683,987	8.1	35.4	56.5	19,631,006	61.4	34.7	3.8	10,723
44	Rhode Island	2,047,019	7.7	41.1	51.3	1,934,429	60.2	37.2	2.6	12,609
45	South Carolina	6,706,259	10.2	45.2	44.6	5,696,629	58.2	36.5	5.3	8,120
46	South Dakota	1,094,021	16.5	33.0	50.5	948,671	58.0	36.5	5.6	7,775
47	Tennessee	7,307,380	11.2	42.5	46.3	6,681,456	64.3	30.9	4.8	7,004
48	Texas	39,691,436	12.0	33.8	54.2	33,851,773	59.5	35.3	5.3	7,480
49	Utah	3,441,688	9.6	55.1	35.3	2,778,236	63.2	30.8	6.0	5,464
50	Vermont	1,348,836	7.6	85.6	6.8	1,237,442	63.7	33.6	2.7	12,805
51	Virginia	12,922,017	6.7	39.6	53.7	11,470,735	61.3	34.6	4.1	9,445
53	Washington	9,759,939	9.0	60.8	30.2	8,239,716	59.2	36.0	4.8	7,984
54	West Virginia	2,910,905	12.0	59.8	28.2	2,651,491	59.9	34.4	5.6	9,440
55	Wisconsin	9,726,952	6.0	52.3	41.7	8,745,195	61.2	35.4	3.3	9,993
56	Wyoming	1,149,155	10.1	44.1	45.8	965,350	59.2	37.6	3.2	11,437

Table B-3. Population, School, and Student Characteristics by State—Continued

FIPS code	State	Total	Attendance status		Level of enrollment				Control of institution		
			Full-time	Part-time	Undergraduate Four-year	Undergraduate Two-year	First professional	Graduate	Public	Private, not-for-profit	Private, for-profit
		105	106	107	108	109	110	111	112	113	114
00	UNITED STATES	17,487,475	10,797,011	6,690,464	8,476,138	6,487,826	337,024	2,186,487	13,021,834	3,454,692	1,010,949
01	Alabama	256,389	170,058	86,331	140,142	79,111	4,403	32,733	228,153	23,076	5,160
02	Alaska	30,231	13,044	17,187	26,802	1,101	0	2,328	28,866	941	424
04	Arizona	545,597	353,171	192,426	242,591	214,290	3,330	85,386	320,865	9,684	215,048
05	Arkansas	143,272	93,883	49,389	81,086	48,398	1,879	11,909	128,117	13,781	1,374
06	California	2,399,833	1,221,743	1,178,090	698,811	1,436,650	33,817	230,555	2,008,155	277,096	114,582
08	Colorado	302,672	179,975	122,697	160,580	89,036	4,246	48,810	234,509	31,096	37,067
09	Connecticut	174,675	111,173	63,502	92,522	48,810	3,409	29,934	111,705	59,995	2,975
10	Delaware	51,612	33,039	18,573	29,225	14,157	1,072	7,158	38,682	12,930	0
11	District of Columbia	104,897	62,032	42,865	62,888	0	9,992	32,017	5,595	71,695	27,607
12	Florida	872,662	495,011	377,651	466,469	298,108	15,733	92,352	648,999	146,782	76,881
13	Georgia	426,650	282,407	144,243	222,706	149,563	8,381	46,000	342,012	62,149	22,489
15	Hawaii	67,083	39,892	27,191	34,336	23,507	645	8,595	50,157	14,294	2,632
16	Idaho	77,708	53,157	24,551	57,809	12,526	563	6,810	60,303	15,661	1,744
17	Illinois	832,967	486,379	346,588	333,959	358,442	18,021	122,545	555,149	209,775	68,043
18	Indiana	361,253	250,834	110,419	241,153	70,905	6,590	42,605	267,298	78,761	15,194
19	Iowa	227,722	149,295	78,427	119,841	83,612	7,067	17,202	148,907	54,591	24,224
20	Kansas	191,752	113,247	78,505	92,127	75,938	2,479	21,208	170,319	20,152	1,281
21	Kentucky	244,969	152,663	92,306	126,074	89,462	4,546	24,887	201,579	29,360	14,030
22	Louisiana	197,713	146,653	51,060	135,457	37,451	4,413	20,392	181,043	9,829	6,841
23	Maine	65,551	40,689	24,862	44,100	13,522	820	7,109	47,519	17,069	963
24	Maryland	314,151	168,917	145,234	130,057	122,907	4,383	56,804	256,073	52,156	5,922
25	Massachusetts	443,316	305,343	137,973	243,742	87,500	15,657	96,417	188,295	250,752	4,269
26	Michigan	626,751	364,473	262,278	318,373	218,372	13,244	76,762	505,586	112,951	8,214
27	Minnesota	361,701	228,698	133,003	167,954	115,662	7,852	70,233	240,853	68,859	51,989
28	Mississippi	150,457	115,462	34,995	65,515	68,127	2,588	14,227	135,896	12,732	1,829
29	Missouri	374,445	225,806	148,639	209,818	95,174	11,908	57,545	217,722	138,762	17,961
30	Montana	47,850	35,660	12,190	33,784	9,619	527	3,920	42,997	4,853	0
31	Nebraska	121,236	79,888	41,348	62,753	40,828	3,646	14,009	93,181	25,920	2,135
32	Nevada	110,705	53,378	57,327	80,249	19,299	988	10,169	100,043	644	10,018
33	New Hampshire	69,893	47,646	22,247	43,915	15,166	736	10,076	41,007	24,352	4,534
34	New Jersey	379,758	228,400	151,358	167,990	153,128	6,069	52,571	304,315	70,032	5,411
35	New Mexico	131,337	68,915	62,422	50,390	64,658	1,018	15,271	120,976	3,489	6,872
36	New York	1,152,081	810,511	341,570	617,536	303,922	30,741	199,882	626,222	477,333	48,526
37	North Carolina	484,392	309,023	175,369	224,053	202,053	7,926	50,360	396,755	83,473	4,164
38	North Dakota	49,389	37,394	11,995	33,164	10,989	803	4,433	42,808	5,682	899
39	Ohio	616,350	417,433	198,917	334,964	194,927	13,252	73,207	453,001	137,437	25,912
40	Oklahoma	208,053	135,206	72,847	115,304	68,264	4,570	19,915	179,225	22,142	6,686
41	Oregon	200,033	120,959	79,074	90,742	83,358	4,559	21,374	163,752	28,097	8,184
42	Pennsylvania	692,340	502,379	189,961	415,319	159,000	19,299	98,722	380,271	268,039	44,030
44	Rhode Island	81,382	58,906	22,476	53,930	16,588	1,512	9,352	40,008	40,828	546
45	South Carolina	210,444	142,325	68,119	104,430	80,822	3,384	21,808	174,686	33,701	2,057
46	South Dakota	48,768	32,737	16,031	37,183	6,023	626	4,936	37,548	7,891	3,329
47	Tennessee	283,070	204,361	78,709	157,956	85,956	5,921	33,237	200,394	65,177	17,499
48	Texas	1,240,707	694,976	545,731	530,410	563,081	20,420	126,796	1,081,335	125,111	34,261
49	Utah	200,691	122,071	78,620	143,077	39,815	1,439	16,360	148,960	42,472	9,259
50	Vermont	39,915	28,933	10,982	27,968	6,193	969	4,785	24,090	15,302	523
51	Virginia	439,166	268,532	170,634	210,638	162,403	9,821	56,304	349,195	63,818	26,153
53	Washington	348,482	216,018	132,464	123,879	191,275	4,870	28,458	296,756	41,623	10,103
54	West Virginia	99,547	74,052	25,495	66,790	20,013	1,997	10,747	85,148	11,365	3,034
55	Wisconsin	335,258	215,228	120,030	180,721	116,022	4,456	34,059	268,928	60,982	5,348
56	Wyoming	35,334	19,771	15,563	9,591	22,093	437	3,213	32,611	0	2,723

Table B-3. Population, School, and Student Characteristics by State—Continued

| | | Race and ethnicity of students enrolled in institutions of higher education, fall 2005 ||||||| Migration patterns of college freshmen, fall 2006 ||
FIPS code	State	Total	Non-Hispanic White	Non-Hispanic Black	Hispanic or Latino[2]	Asian and Pacific Islander	American Indian, Alaska Native	Nonresident alien	Percent of enrolled freshmen who are from another state	Percent of state's freshmen enrolled in another state
		115	116	117	118	119	120	121	122	123
00	UNITED STATES	17,487,475	65.7	12.7	10.8	6.5	1.0	3.3	26.7	25.4
01	Alabama	256,389	64.9	29.2	1.4	1.4	0.7	2.3	31.7	13.3
02	Alaska	30,231	71.6	3.4	3.5	4.9	13.5	3.1	10.7	41.3
04	Arizona	545,597	63.7	8.9	15.7	3.6	3.3	4.8	34.5	20.4
05	Arkansas	143,272	75.3	18.3	2.0	1.4	1.1	1.8	25.4	12.4
06	California	2,399,833	43.1	7.7	26.4	18.8	0.9	3.1	10.9	16.5
08	Colorado	302,672	76.4	5.1	11.2	3.9	1.4	2.0	25.9	26.2
09	Connecticut	174,675	72.7	10.6	8.2	4.5	0.4	3.7	46.8	58.8
10	Delaware	51,612	70.8	19.7	3.5	2.9	0.3	2.8	62.3	48.3
11	District of Columbia	104,897	47.7	34.3	4.7	6.3	0.4	6.5	92.8	71.5
12	Florida	872,662	56.5	17.8	18.3	3.4	0.4	3.6	20.0	16.6
13	Georgia	426,650	59.9	30.7	2.5	3.7	0.3	2.9	21.2	22.7
15	Hawaii	67,083	26.6	2.3	3.0	60.2	0.6	7.4	34.6	55.1
16	Idaho	77,708	88.4	0.8	4.6	1.9	1.3	2.9	38.3	26.4
17	Illinois	832,967	65.2	14.3	11.5	5.8	0.4	2.9	20.1	35.5
18	Indiana	361,253	82.8	8.4	2.9	2.1	0.4	3.5	29.8	13.1
19	Iowa	227,722	86.5	5.1	2.8	2.1	0.5	3.0	39.1	20.2
20	Kansas	191,752	81.2	5.9	4.5	3.8	1.7	3.0	24.0	20.9
21	Kentucky	244,969	86.9	8.7	1.2	1.2	0.3	1.7	24.6	13.5
22	Louisiana	197,713	62.4	30.3	1.8	1.8	0.6	3.0	14.8	10.6
23	Maine	65,551	91.7	2.0	1.3	1.7	1.5	1.9	38.9	42.1
24	Maryland	314,151	57.7	27.7	3.8	6.4	0.4	3.9	35.4	53.6
25	Massachusetts	443,316	72.4	7.9	6.1	7.2	0.4	6.0	50.1	41.2
26	Michigan	626,751	76.2	13.2	2.8	3.3	0.8	3.6	13.3	13.5
27	Minnesota	361,701	82.9	6.8	2.3	4.3	1.2	2.5	28.0	37.2
28	Mississippi	150,457	57.6	39.1	0.8	0.8	0.4	1.3	33.4	18.0
29	Missouri	374,445	79.1	12.4	2.8	2.5	0.6	2.5	28.9	22.6
30	Montana	47,850	85.2	0.6	1.7	1.1	9.6	1.9	32.6	25.4
31	Nebraska	121,236	86.5	4.2	3.5	2.3	0.7	2.7	24.2	20.8
32	Nevada	110,705	63.6	7.8	14.0	10.7	1.5	2.3	15.0	24.7
33	New Hampshire	69,893	90.0	2.0	2.5	2.5	0.5	2.4	62.4	58.2
34	New Jersey	379,758	59.7	14.2	13.3	8.5	0.3	3.9	15.2	59.9
35	New Mexico	131,337	43.1	2.9	41.3	2.0	8.6	2.1	16.3	27.5
36	New York	1,152,081	60.7	13.9	11.3	7.8	0.4	6.0	27.4	27.1
37	North Carolina	484,392	67.2	24.1	2.5	2.4	1.3	2.5	28.0	12.2
38	North Dakota	49,389	87.1	1.4	1.0	1.1	6.2	3.2	48.8	26.9
39	Ohio	616,350	80.5	12.1	2.0	2.1	0.4	2.8	18.5	18.7
40	Oklahoma	208,053	70.3	9.2	3.5	2.3	10.2	4.6	24.5	13.1
41	Oregon	200,033	81.3	2.4	5.6	6.3	1.7	2.8	34.7	30.4
42	Pennsylvania	692,340	78.9	10.3	3.0	4.2	0.3	3.3	34.3	21.5
44	Rhode Island	81,382	79.5	6.0	6.4	4.3	0.4	3.3	74.2	45.8
45	South Carolina	210,444	67.3	27.5	1.6	1.6	0.4	1.6	31.3	14.1
46	South Dakota	48,768	87.6	1.3	1.1	1.2	6.6	2.2	33.2	25.4
47	Tennessee	283,070	74.4	19.5	1.8	1.9	0.4	2.0	26.6	19.7
48	Texas	1,240,707	52.0	12.4	26.2	5.1	0.5	3.9	8.2	16.8
49	Utah	200,691	87.1	1.1	4.8	3.0	1.1	2.8	36.2	10.1
50	Vermont	39,915	91.3	1.8	2.1	2.1	0.6	2.0	72.0	58.2
51	Virginia	439,166	68.4	19.4	3.8	5.6	0.5	2.4	30.1	26.9
53	Washington	348,482	75.8	4.4	5.6	9.5	1.8	2.8	22.8	30.6
54	West Virginia	99,547	89.7	5.2	1.1	1.2	0.4	2.4	38.9	12.4
55	Wisconsin	335,258	86.0	5.1	2.9	2.9	1.1	2.0	26.1	22.9
56	Wyoming	35,334	90.2	1.0	4.6	0.9	1.7	1.6	39.9	45.1

[2] May be of any race.

Table B-3. Population, School, and Student Characteristics by State—Continued

FIPS code	State	Total degrees (124)	Associate degrees (125)	Bachelor's degrees Total (126)	Bachelor's degrees Public (127)	Bachelor's degrees Private (128)	Master's degrees (129)	First professional degrees (130)	Doctoral degrees (131)
00	UNITED STATES	2,936,095	713,066	1,485,242	955,369	529,873	594,065	87,655	56,067
01	Alabama	42,904	8,895	21,995	18,332	3,663	10,295	1,120	599
02	Alaska	3,221	1,045	1,573	1,443	130	582	0	21
04	Arizona	76,000	16,732	32,708	18,302	14,406	24,777	816	967
05	Arkansas	20,650	5,462	11,340	8,935	2,405	3,097	526	225
06	California	315,183	92,737	151,021	110,990	40,031	56,029	8,721	6,675
08	Colorado	51,082	9,645	27,671	20,807	6,864	11,705	1,078	983
09	Connecticut	33,167	4,993	17,786	9,345	8,441	8,599	1,054	735
10	Delaware	9,443	1,328	5,410	4,132	1,278	2,114	320	271
11	District of Columbia	24,287	1,105	10,556	364	10,192	9,267	2,724	635
12	Florida	164,351	63,489	69,899	45,398	24,501	24,041	3,992	2,930
13	Georgia	65,334	12,990	36,332	25,617	10,715	12,490	2,086	1,436
15	Hawaii	11,351	3,204	5,813	3,639	2,174	1,991	165	178
16	Idaho	12,830	3,065	7,781	4,930	2,851	1,660	152	172
17	Illinois	149,322	36,303	68,016	31,812	36,204	37,502	4,648	2,853
18	Indiana	67,380	14,836	38,093	25,420	12,673	11,345	1,685	1,421
19	Iowa	42,238	13,837	21,435	11,142	10,293	4,430	1,732	804
20	Kansas	31,627	7,850	16,677	13,464	3,213	5,852	762	486
21	Kentucky	36,724	9,578	18,646	14,423	4,223	6,896	1,089	515
22	Louisiana	33,008	4,429	19,936	16,955	2,981	6,476	1,646	521
23	Maine	10,868	2,416	6,544	4,193	2,351	1,655	214	39
24	Maryland	51,748	10,131	25,693	19,633	6,060	13,438	1,122	1,364
25	Massachusetts	93,359	11,139	47,024	13,950	33,074	27,874	4,321	3,001
26	Michigan	103,183	24,373	51,756	39,190	12,566	21,986	3,257	1,811
27	Minnesota	62,581	15,125	28,911	18,175	10,736	15,188	1,767	1,590
28	Mississippi	25,088	8,480	11,803	9,926	1,877	3,834	597	374
29	Missouri	70,432	13,947	35,231	18,147	17,084	17,083	2,709	1,462
30	Montana	8,245	1,776	5,118	4,498	620	1,103	136	112
31	Nebraska	22,304	4,909	12,150	7,379	4,771	3,953	878	414
32	Nevada	12,871	3,702	6,595	5,924	671	2,152	265	157
33	New Hampshire	14,716	3,237	8,030	4,177	3,853	3,068	206	175
34	New Jersey	63,095	15,338	32,251	23,606	8,645	12,607	1,696	1,203
35	New Mexico	16,278	4,911	7,491	6,186	1,305	3,347	250	279
36	New York	246,138	57,524	111,766	47,263	64,503	63,687	8,639	4,522
37	North Carolina	75,062	19,420	39,969	27,418	12,551	12,347	1,904	1,422
38	North Dakota	9,149	2,138	5,487	4,689	798	1,167	206	151
39	Ohio	109,017	24,205	58,522	37,413	21,109	20,680	3,520	2,090
40	Oklahoma	35,130	9,204	18,909	15,257	3,652	5,389	1,200	428
41	Oregon	33,662	8,322	17,631	12,952	4,679	5,936	1,196	577
42	Pennsylvania	141,800	26,282	79,791	40,052	39,739	27,593	4,792	3,342
44	Rhode Island	16,318	3,831	9,686	3,249	6,437	2,146	354	301
45	South Carolina	33,565	7,885	19,313	13,988	5,325	5,076	850	441
46	South Dakota	8,568	2,315	4,850	3,340	1,510	1,117	210	76
47	Tennessee	47,907	10,176	26,330	16,581	9,749	9,047	1,432	922
48	Texas	176,983	43,785	92,027	72,112	19,915	32,606	5,362	3,203
49	Utah	35,991	9,805	20,677	12,273	8,404	4,640	433	436
50	Vermont	8,479	1,380	4,981	2,587	2,394	1,782	272	64
51	Virginia	72,237	15,987	38,775	28,758	10,017	13,414	2,490	1,571
53	Washington	61,449	21,735	28,570	20,989	7,581	8,931	1,322	891
54	West Virginia	17,041	3,297	10,033	8,092	1,941	3,030	479	202
55	Wisconsin	53,838	11,695	31,434	22,718	8,716	8,604	1,144	961
56	Wyoming	5,477	3,073	1,792	1,790	2	437	116	59

Table B-3. Population, School, and Student Characteristics by State—Continued

FIPS code	State	Total enrollment Number	Total enrollment Percent public	K-12 enrollment Number	K-12 enrollment Percent public	College and graduate school enrollment Number	College Percent public	College Percent female	College Percent 25 years old and over	Dropouts, 2006 Total population 16-19 years old	Dropouts, 2006 Not a high school graduate, not enrolled in school (percent)
		132	133	134	135	136	137	138	139	140	141
00	UNITED STATES	79,121,944	83.2	53,770,104	89.3	20,450,833	74.1	56.3	41.8	17,355,603	6.6
01	Alabama	1,179,725	84.8	824,356	88.3	284,615	84.3	56.8	39.1	270,890	8.8
02	Alaska	189,863	89.6	134,361	93.2	45,588	86.6	52.8	53.9	46,730	7.0
04	Arizona	1,625,354	89.1	1,136,832	93.5	404,041	82.9	55.2	51.7	343,556	9.1
05	Arkansas	701,027	89.1	486,261	92.7	161,689	84.2	57.3	40.0	161,464	6.1
06	California	10,385,391	85.9	6,994,207	90.9	2,785,700	79.8	55.5	44.0	2,183,461	6.4
08	Colorado	1,233,278	85.9	820,645	91.2	332,276	80.0	54.1	46.5	256,659	9.0
09	Connecticut	933,817	78.4	624,551	89.2	249,417	58.5	57.3	38.8	197,895	3.9
10	Delaware	219,609	77.6	144,639	80.5	62,320	78.3	56.7	37.3	48,474	6.9
11	District of Columbia	150,402	63.7	82,578	81.3	58,434	38.7	61.1	46.3	32,873	7.3
12	Florida	4,269,632	81.9	2,908,415	88.0	1,070,137	74.9	56.4	46.2	932,643	7.9
13	Georgia	2,543,457	84.5	1,765,316	90.4	592,137	75.7	59.6	43.8	567,386	9.1
15	Hawaii	315,873	76.1	213,586	81.6	80,907	72.5	56.3	48.9	68,521	6.0
16	Idaho	394,245	86.9	279,518	91.9	94,961	79.6	51.5	45.7	88,760	7.2
17	Illinois	3,527,824	80.6	2,343,441	88.0	939,330	68.1	55.6	41.7	750,891	5.5
18	Indiana	1,655,250	83.0	1,139,351	88.5	414,205	76.4	55.9	40.4	367,725	7.6
19	Iowa	791,161	83.1	526,644	90.2	211,826	70.8	53.6	34.4	178,420	4.5
20	Kansas	756,539	86.2	501,611	89.9	207,353	82.8	53.9	38.6	165,379	4.4
21	Kentucky	1,042,264	85.1	725,437	88.5	257,082	80.8	58.8	42.7	232,480	8.8
22	Louisiana	1,132,749	81.3	796,281	82.8	256,284	83.3	59.9	36.7	270,096	11.4
23	Maine	306,812	84.2	214,830	91.8	77,643	70.0	58.0	43.6	72,276	4.2
24	Maryland	1,521,002	77.7	996,353	83.1	433,246	72.9	58.8	48.7	330,779	6.4
25	Massachusetts	1,703,439	72.4	1,067,613	87.7	516,370	47.0	56.0	37.6	362,985	4.1
26	Michigan	2,750,796	86.8	1,858,029	90.4	737,144	82.2	56.7	40.9	602,599	6.0
27	Minnesota	1,349,143	82.7	912,201	89.2	350,272	71.5	55.5	38.1	300,228	4.1
28	Mississippi	787,356	87.7	560,921	89.8	178,542	86.5	59.5	35.3	184,030	10.4
29	Missouri	1,494,744	80.1	1,029,374	86.0	367,959	69.7	57.0	40.6	336,229	6.1
30	Montana	231,772	90.2	158,976	93.3	61,111	89.6	57.4	42.0	56,609	8.7
31	Nebraska	474,282	82.7	321,179	87.4	126,848	76.8	55.5	38.8	107,032	5.5
32	Nevada	594,092	91.2	445,677	95.0	123,125	84.3	59.6	53.2	129,375	10.0
33	New Hampshire	333,298	79.7	224,970	89.7	88,951	63.0	57.3	38.0	76,085	4.1
34	New Jersey	2,276,881	79.1	1,542,073	87.1	554,489	66.7	55.4	39.7	471,889	4.7
35	New Mexico	540,961	89.4	367,777	92.5	143,737	87.8	55.7	49.8	119,183	10.3
36	New York	5,126,012	75.4	3,369,688	85.5	1,444,067	57.4	56.7	36.7	1,126,014	5.6
37	North Carolina	2,306,697	86.0	1,568,333	91.8	596,401	79.3	57.9	44.2	502,698	7.3
38	North Dakota	167,120	89.1	104,463	92.0	56,091	86.5	56.7	28.2	42,307	3.5
39	Ohio	2,998,178	81.7	2,040,482	87.1	778,581	74.1	57.3	40.2	658,824	5.4
40	Oklahoma	938,873	88.9	646,207	92.7	230,467	81.8	56.3	42.3	206,676	7.5
41	Oregon	904,926	85.5	621,162	90.7	235,559	79.7	56.0	48.1	196,959	6.9
42	Pennsylvania	3,092,591	75.6	2,079,718	85.1	828,675	59.2	56.6	34.1	733,097	5.7
44	Rhode Island	285,554	73.7	175,166	86.3	95,542	54.7	57.0	33.8	67,301	6.7
45	South Carolina	1,095,350	84.8	770,644	89.7	263,897	77.4	57.9	39.5	262,266	7.6
46	South Dakota	203,460	87.0	139,075	91.1	50,968	82.2	54.2	34.9	46,299	6.7
47	Tennessee	1,467,147	84.0	1,045,370	89.3	347,645	73.6	57.8	41.6	332,307	6.1
48	Texas	6,566,761	88.7	4,653,455	93.2	1,486,662	81.9	55.6	42.8	1,407,924	7.4
49	Utah	819,445	86.5	542,225	95.8	229,479	72.2	49.2	41.1	166,417	5.9
50	Vermont	156,039	80.0	100,885	90.9	45,132	61.5	54.3	34.4	39,909	4.0
51	Virginia	1,990,230	83.0	1,303,250	89.8	562,074	76.3	56.4	44.7	441,045	5.2
53	Washington	1,631,217	85.5	1,121,729	91.3	416,572	79.3	55.4	47.6	362,990	6.3
54	West Virginia	412,825	90.0	284,759	93.3	105,894	85.5	57.5	37.5	96,799	8.3
55	Wisconsin	1,418,004	82.8	969,888	86.7	373,880	78.3	56.8	38.5	322,829	4.9
56	Wyoming	129,477	89.7	85,602	94.3	35,508	84.0	54.3	44.0	29,340	6.9

PART B—REGION AND STATE EDUCATION STATISTICS

NOTES AND DEFINITIONS: REGION AND STATE EDUCATION STATISTICS

This section provides details about each items source and relevant definitions. Internet references are provided when available. In some cases, the Internet reference will lead to a general Web page instead of to the precise data included in this volume. Additional data sources, such as the U.S. Census Bureau's online FERRET (Federal Electronic Research and Review Extraction Tool) and online databases from the National Center for Education Statistics (NCES), were often used.

TABLES B-1 AND B-2

Source: U.S. Census Bureau. March 2007. Tables 12 and 14a. Educational Attainment in the United States: 2006. *Annual Social and Economic Supplement to the Current Population Survey.* <http://www.census.gov/population/www/socdemo/education/cps2006.html>.

The Census Bureau disseminated comparable tables in the P-20 series of the *Current Population Reports* for most years between 1947 and 1994. Since that time, these tables have been unavailable in printed form. They can be found on the Census Bureau Web site at <http://www.census.gov>.

Population includes armed forces living off post or with their families on post.

GEOGRAPHIC DEFINITIONS

Data are presented for the four major regions and nine divisions of the United States. These groups of states are as follows:

Northeast: Connecticut, Maine, Massachusetts, New Hampshire, New Jersey, New York, Pennsylvania, Rhode Island, and Vermont

New England—Connecticut, Maine, Massachusetts, New Hampshire, Rhode Island, and Vermont
Middle Atlantic—New Jersey, New York, and Pennsylvania

Midwest: Illinois, Indiana, Iowa, Kansas, Michigan, Minnesota, Missouri, Nebraska, North Dakota, Ohio, South Dakota, and Wisconsin

East North Central—Illinois, Indiana, Michigan, Ohio, and Wisconsin
West North Central—Iowa, Kansas, Minnesota, Missouri, Nebraska, North Dakota, and South Dakota

South: Alabama, Arkansas, Delaware, District of Columbia, Florida, Georgia, Kentucky, Louisiana, Maryland, Mississippi, North Carolina, Oklahoma, South Carolina, Tennessee, Texas, Virginia, and West Virginia

East South Central—Alabama, Kentucky, Mississippi, and Tennessee
South Atlantic—Delaware, District of Columbia, Florida, Georgia, Maryland, North Carolina, South Carolina, Virginia, and West Virginia
West South Central—Arkansas, Louisiana, Oklahoma, and Texas

West: Alaska, Arizona, California, Colorado, Hawaii, Idaho, Montana, Nevada, New Mexico, Oregon, Utah, Washington, and Wyoming

Mountain—Arizona, Colorado, Idaho, Montana, Nevada, New Mexico, Utah, and Wyoming
Pacific—Alaska, California, Hawaii, Oregon, and Washington

TABLE B-3

POPULATION, Items 1–2
Source: U.S. Census Bureau. *Population Estimates Program.* <http://www.census.gov/popest/states/>.

The population data for 2007 are U.S. Census Bureau estimates of the resident population as of July 1, 2007.

INCOME, POVERTY, AND HEALTH INSURANCE, Items 3–7
Source: U.S. Census Bureau. August 2008. *Income, Poverty, and Health Insurance Coverage in the United States: 2007* (Current Population Reports, P60-235). <http://www.census.gov/prod/2008pubs/p60-235.pdf>.

Additional Internet sources:
- <http://www.census.gov/hhes/www/income/4person.html>
- <http://pubdb3.census.gov/macro/032008/pov/new46_100125_03.htm>
- <http://pubdb3.census.gov/macro/032008/health/h10_000.htm>

The data on income are derived from the responses of a national sample of persons 15 years old and over in about 50,000 households. Total money income has been defined by the Census Bureau for statistical purposes as the sum of the following: wage or salary income, nonfarm self-employment income, Social Security and railroad retirement income, public assistance income, and all other regularly received income, such as interest, dividends, veterans' payments, pensions, unemployment compensation, and alimony. Receipts not counted as income include various "lump sum" payments, such as capital gains or inheritances. The total represents the amount of income received before deductions for personal income taxes, Social Security, bond purchases, union dues, Medicare deductions, and the like.

Family income includes the income of all family members 15 years old and over. Median family income was usually higher than median household income, because many households consist of only one person. The median divides the income distribution into two equal parts—one part consisting of families with incomes above the median and the other part consisting of families with incomes below the median. In developing the state median income estimates for the most recent year, the Census Bureau used the 2005 American Community Survey instead of the model that had been used for previous years. This change to direct estimates is reflected in the state 4-person family median income estimates. Generally, this change decreased, on average, state median income estimates by about 5.7 percent compared to the model-based estimates.

Poverty status is based on the definition prescribed by the U.S. Office of Management and Budget as the standard to be used by federal agencies for statistical purposes. A family is classified as below the poverty level (or "in poverty") if its total family income was less than the poverty threshold specified for the applicable family size, age of householder, and number of related children under 18 years old present in the family. The poverty threshold for a four-person family with two children under 18 years old was $21,027 in 2007. A child is defined as low income if his or her family's income was less than 200 percent of the poverty threshold.

Persons lacking health insurance coverage include those not covered by a private health plan or by Medicaid, Medicare, or a military health plan.

EDUCATIONAL ATTAINMENT, Items 8–10
Source: U.S. Census Bureau. March 2007. Table 13. Educational Attainment in the United States: 2006. *Annual Social and Economic Supplement to the Current Population Survey.* <http://www.census.gov/population/www/socdemo/education/cps2006.html>.

The data on educational attainment are derived from the responses of a national sample of persons from about 50,000 households. Statistics for educational attainment only include persons 25 years old and over. Respondents were asked to state the highest grade of school attended or the highest degree received. Those who passed a high school equivalency examination are considered high school graduates. Schooling received in foreign schools is reported as the equivalent grade or years in the regular American school system.

SCHOOL DISTRICTS, Item 11
Source: U.S. Department of Education. National Center for Education Statistics. *Common Core of Data, 2005–06* (Local Education Agency Universe, 2005–06, version 1a). <http://nces.ed.gov/ccd/>.

A school district or Local Education Agency (LEA) is a local-level education agency that exists primarily to operate public schools or to contract for public school services. A public school is controlled and operated by publicly elected or appointed officials, and it derives its primary support from public funds.

The state numbers are aggregated from the Common Core of Data (CCD) Local Education Agency universe, which includes nearly 18,000 school districts. These school districts include regular local school districts, local school district components of supervisory unions supervisory union administrative centers, regional education service agencies, state-operated institutions, federally operated institutions, and other agencies. The CCD data now include charter schools. Since charter schools are typically managed independently from the local school district, each one is considered a single district.

NUMBER AND TYPE OF SCHOOLS, Items 12–22
Sources: U.S. Department of Education. National Center for Education Statistics. *Common Core of Data, 2005–06.* <http://nces.ed.gov/ccd>; *Numbers and Types of Public Elementary and Secondary Schools From the Common Core of Data: School Year 2005–06* (NCES Report 2007-354rev).

The state data are from the CCD school universe. There are approximately 97,000 schools represented, including all those that were operating in 2005–2006.

Regular schools do not focus primarily on special, vocational, or alternative education, though they may offer these programs in addition to the regular curriculum. Special education schools focus primarily on special education, with materials and instructional approaches adapted to meet students' needs. Vocational education schools focus on vocational, technical, or career education. They provide education or training in at least one semi-skilled or technical occupation. Alternative education schools address students' needs that typically cannot be met in a regular school setting. These schools provide nontraditional educational experiences.

A charter school is a school that provides free public elementary and/or secondary education to eligible students under a specific charter granted by the state legislature or other appropriate authority; the school must have also been designated as charter schools by these authorities. Charter schools can be administered by regular school districts, State Education Agencies (SEAs), or chartering organizations.

A magnet school or program is a special school or program designed to attract students of different racial and ethnic backgrounds for the purpose of reducing, preventing, or eliminating racial isolation and/or to provide an academic or social focus on a particular theme.

A Title I eligible school is a school designated under appropriate state and federal regulations as being high poverty and eligible for participation in programs authorized by Title I of P.L. 107-110. A Title I school is one in which the percentage of children from low-income families is at least as high as the percentage of children from low-income families served by the LEA as a whole, or a school designated by the LEA as Title I eligible because 35 percent or more of the children are from low-income families. A Title I schoolwide school is a school in which all the students are designated under appropriate state and federal regulations as eligible for participation in Title I programs authorized by Title I of P.L. 107-110.

NUMBER AND GRADE LEVEL OF STUDENTS, Items 23–26
Source: U.S. Department of Education. National Center for Education Statistics. *Common Core of Data State Nonfiscal Survey of Public Elementary/Secondary Education: School Year 2005–06* v.1a. <http://nces.ed.gov/ccd/>.

The primary grades include pre-kindergarten through grade 4. Middle school grades included grades 5 through 8. High school grades include grades 9 through 12. Ungraded students are included in the total but are not separately listed. Some states have no ungraded students.

STUDENTS WHO ARE MIGRANTS, Item 27
Sources: U.S. Department of Education. National Center for Education Statistics. *Common Core of Data. Public Elementary/Secondary School Universe Survey 2004–05* v.1e. <http://nces.ed.gov/ccd/>.

This column provides the cumulative, unduplicated numbers (within a school) of migrant students enrolled at any time during the previous regular school year as a percentage of the total number of students enrolled in the schools.

STUDENTS WHO ARE ELIGIBLE FOR FREE OR REDUCED-PRICE LUNCH, Item 28
Sources: U.S. Department of Education. National Center for Education Statistics. *Common Core of Data, Public Elementary/Secondary School Universe Survey 2005–06.* <http://nces.ed.gov/ccd/>.

The Free and Reduced-Price Lunch Program is a program under the National School Lunch Act that provides cash subsidies for free or reduced-price meals to students based on family size and income criteria. Participation in the Free and Reduced-Price Lunch Program depends on income, and eligibility is often used to estimate student needs.

STUDENTS WITH INDIVIDUAL EDUCATION PROGRAMS, Item 29
Sources: U.S. Department of Education. National Center for Education Statistics. *Common Core of Data, Local Education Agency Universe Survey 2005–06.* <http://nces.ed.gov/ccd/>

An Individualized Education Program (IEP) is a written instructional plan for students with disabilities who are designated as special education students under IDEA (Individuals with Disabilities Education Act). An IEP includes a statement of present levels of educational performance of a child; a statement of annual goals, including short-term instructional objectives; a statement of specific educational services to be provided and the extent to which the child will be able to participate in regular educational programs; a projected date for initiation and the anticipated duration of services; appropriate objectives, criteria, and evaluation procedures; and schedules for determining, on at least an annual basis, whether instructional objectives are being achieved.

STUDENTS WHO ARE ENGLISH-LANGUAGE LEARNERS, Item 30
Sources: U.S. Department of Education. National Center for Education Statistics. *Common Core of Data, Local Education Agency Universe Survey 2005–2006.* <http://nces.ed.gov/ccd/>

This category includes the number of students who are served in appropriate programs of language assistance (e.g., English as a Second Language, High Intensity Language Training, and bilingual education). This designation changed from Limited-English Proficient (LEP) to English-Language Learners (ELL) in the 2001–2002 school year.

RACE AND HISPANIC ORIGIN, Items 31–35
Sources: U.S. Department of Education. National Center for Education Statistics. *Common Core of Data, 2005–06.* <http://nces.ed.gov/ccd/>; *State Nonfiscal Survey of Public Elementary/Secondary Education.*

The racial and ethnic categories used in the CCD are those approved by the U.S. Office of Management and Budget at the time these data were collected. These categories are mutually exclusive. Because some students do not report their race or ethnicity, the percentages do not always add to 100 percent.

DROPOUTS, Item 36
Sources: U.S. Department of Education. National Center for Education Statistics. *Common Core of Data, 2003–04, Dropout and Completion Rates in the United States: 2006* (NCES Report 2008-053). <http://nces.ed.gov/ccd/>.

A dropout is a student who was enrolled in school at some time during the previous school year who was not enrolled at the beginning of the current school year and who had not graduated from high school or completed a state or district-approved educational program and who did not meet any of the following exclusionary conditions: transferal to another public school district, private school, or state- or district-approved educational program; temporary absence due to suspension or school-approved illness; or death.

Most of the states that reported on dropouts used an October through September cycle; however, the following states reported on a July through June cycle: Alabama, Arizona, Florida, Illinois,

Maryland, New Jersey, New York, Tennessee, and Vermont.

MEMBERSHIP AND GRADUATES, Items 37–39
Sources: U.S. Department of Education. National Center for Education Statistics. *Common Core of Data, State Nonfiscal Survey of Public Elementary/Secondary Education, 2001–02* and *2004–05*. <http://nces.ed.gov/ccd/>.

Column 37 shows the number of 9th graders enrolled in 2001–2002, while column 38 shows the number of 12th graders enrolled, according to the State Nonfiscal Survey of Public Elementary/Secondary Education from the appropriate year.

The number of graduates includes individuals who received a regular diploma, but does not include individuals who received a diploma from a program different than the regular school program, and individuals who received a certificate of attendance or other certificate of completion in lieu of a diploma during the previous school year and subsequent summer school session. Recipients of high school equivalency certificates are also not included.

AVERAGED FRESHMAN GRADUATION RATE, Item 40
Sources: U.S. Department of Education. National Center for Education Statistics. *Common Core of Data, State Nonfiscal Survey of Public Elementary/Secondary Education, 2001–2002* through *2004–2005*. <http://nces.ed.gov/ccd/>. *Dropout and Completion Rates in the United States: 2006* (NCES Report 2008-053).

The averaged freshman graduation rate provides an estimate of the percentage of high school students who graduate on time. The rate uses aggregate student enrollment data (to estimate the size of an incoming freshman class) and aggregate counts of the number of diplomas awarded 4 years later. The incoming freshman class size is estimated by summing the enrollment in 8th grade in one year, 9th grade in the next year, and 10th grade in the year after that, and then dividing by three. The averaging is intended to account for prior-year retentions in the 9th grade.

PRIVATE SCHOOLS, Items 41–43
Sources: U.S. Department of Education. National Center for Education Statistics. *Characteristics of Private Schools in the United States: Results from the 2005–2006 Private School Universe Survey* (NCES Report 2008-315). <http://nces.ed.gov/surveys/pss/tables/table_2006_15.asp>.

Since 1989, the Census Bureau has conducted the biennial Private School Universe Survey (PSS) for NCES. The PSS is designed to generate biennial data on the total number of private schools, students, and teachers and to build a universe of private schools in all of the states and the District of Columbia to serve as a sampling frame of private schools for NCES sample surveys. The target population for the PSS is every school in all of the states and the District of Columbia that are not primarily supported by public funds, provide instruction for one or more grades between kindergarten and grade 12 (or comparable ungraded levels), and have one or more teachers. Organizations or institutions that provide support for home schooling, but do not provide classroom instruction, are not included. Although the PSS has begun to collect limited data on the many private schools for which kindergarten is the highest grade, the data in this volume are for (traditional) schools that include at least one grade between grades 1 and 12.

A private school is controlled by an individual or agency other than a state, a subdivision of a state, or the federal government; is usually supported primarily by nonpublic funds; and the operation of its program does not rest with publicly elected or appointed officials. Private schools include both nonprofit and proprietary institutions.

Data for private schools in Alaska, Kansas, Kentucky, Montana, and Oklahoma, and for private high school graduates in Arkansas, Iowa, and Montana should be interpreted with caution. The coefficient of variation for these estimates is larger than 25 percent. Reporting standards not met for Wyoming's private high school graduates.

PUBLIC AND PRIVATE SCHOOL CHARACTERISTICS, Items 44–51

Sources: U.S. Department of Education. National Center for Education Statistics. *Common Core of Data, 1995–1996* and *2005–2006* <http://nces.ed.gov/ccd/>; *State Nonfiscal Survey of Public Elementary/Secondary Education*; *Private School Universe Survey, 2005–2006.* <http://nces.ed.gov/surveys/pss/>; *Characteristics of Private Schools in the United States: Results from the 2005–2006 Private School Universe Survey* (NCES Report 2008-315).

The public school numbers are from the CCD state universe. Teacher counts measure the number of full-time equivalent teachers, including teachers who are employed by agencies and not assigned to specific schools. The student-teacher ratio is calculated by dividing the number of students in all schools by the number of full-time equivalent teachers employed by all schools and agencies.

The private school numbers are derived from the Private School Survey Universe (PSS). These estimates measured full-time equivalent teachers. The student-teacher ratio is calculated by dividing the number of students enrolled in all schools by the number of full-time equivalent teachers employed by all schools.

TEACHER SALARIES, Item 52

Source: National Education Association. Rankings & estimates database. *Rankings & Estimates: Rankings of the States 2006 and Estimates of School Statistics, 2007.* (Washington, D.C.: NEA, 2007.) <http://www.nea.org/edstats/images/07rankings.pdf>. Reprinted with permission of the National Education Association © 2007. All rights reserved.

The National Education Association (NEA) publishes average teacher salaries by state in its annual *Estimates of School Statistics*. The information is compiled from surveys conducted by the state departments of education. If a state does not provide a salary amount, the NEA develops an estimate. In this volume, estimates are used for Alaska, Arizona, Arkansas, Connecticut, the District of Columbia, Idaho, Maine, Michigan, Minnesota, Montana, Nevada, New Hampshire, New Jersey, New York, Ohio, Pennsylvania, Rhode Island, South Carolina, Utah, Vermont, Virginia, and Wisconsin.

The average salary used is for public school teachers is defined as the arithmetic mean of the salaries of the group described. This figure is the average gross salary before deductions for Social Security, retirement, health insurance, and the like.

PUBLIC SCHOOL STAFF, Items 53–71

Sources: U.S. Department of Education. National Center for Education Statistics. *Common Core of Data, 2005–06.* <http://nces.ed.gov/ccd/>. *State Nonfiscal Survey of Public Elementary/Secondary Education, 2005–06.*

The number of teachers represents full-time equivalent teachers employed within the state. Instructional aides directly assist teachers in providing instruction. Instructional coordinators help teachers through curriculum development and in-service training. Support staff includes those involved with food, health, library, maintenance, transportation, security, and other services in public schools. School administrators are principals and assistant principals. School district administrators include the Local Education Agency (LEA) superintendents, deputies, assistant superintendents, and other persons with district-wide responsibilities.

CHARACTERISTICS OF TEACHERS, Items 72–80

Source: U.S. Department of Education. National Center for Education Statistics. Table 64. Schools and staffing survey, 2003–2004. *Digest of Education Statistics, 2007.* <http://nces.ed.gov/programs/digest/d07/tables/dt07_064.asp?referrer=list>.

The highest degree earned and years of experience are from the Schools and Staffing Survey (SASS), "Public Teacher Questionnaire," 2003–04, as published in the *Digest of Education Statistics, 2007*. Data are based on a head count of all teachers and exclude prekindergarten teachers. Detail may not sum to totals because of rounding, cell suppression, and omitted categories (less than bachelor's). Elementary teachers are those who taught self-contained classes at the elementary level, and secondary teachers are those who taught departmentalized classes (e.g., science, art, social science, or other course subjects) at the secondary level. Teachers were classified as elementary or secondary on the basis of the grades they taught, rather than on the level of the school in which they taught. Education specialist includes certificate of advanced graduate studies.

NATIONAL ASSESSMENT OF EDUCATIONAL PROGRESS, Items 81–85
Source: U.S. Department of Education. Institute of Education Sciences, National Center for Education Statistics. *National Assessment of Educational Progress, 2007.* <http://nces.ed.gov/nationsreportcard/>.

The National Assessment of Educational Progress (NAEP) is a congressionally mandated project of the National Center for Education Statistics (NCES) that has, for more than a quarter of a century, continually collected and reported information on what American students know and what they can do. It is the nation's only ongoing, comparable, and representative assessment of student achievement. Its assessments are based on a national probability sample of public and nonpublic school students enrolled in grades 4, 8, or 12. Results are only provided for group performance, as NAEP is forbidden by law to report results at an individual or school level. The assessment questions are written around a framework prepared for each content area—reading, writing, mathematics, science, and other; this framework represents the consensus of groups of curriculum experts, educators, and members of the general public on what such a test should cover.

In response to legislation passed by Congress in 1988, the NAEP program includes voluntary state-by-state assessments. To help ensure valid state-by-state results, NCES applies minimum school and student participation rate standards for its reporting activities. Results are not reported for jurisdictions that failed to meet these standards.

This volume includes the proportion of students in specific grades whose NAEP mathematics, science, and writing assessment results were designated as "proficient," or better for their grades.

The achievement level results describe what students participating in the NAEP assessment should know and what they should be able to do. The National Assessment Governing Board (NAGB) adopted three achievement levels: basic, proficient, and advanced. The basic level denotes partial mastery of fundamental knowledge and skills, the proficient level shows solid academic performance and competency in challenging subject matter, and the advanced level signifies superior performance. Achievement levels are based on collective judgments gathered from a broadly representative panel of teachers, education specialists, and members of the general public about what students should know and be able to do relative to the body of content reflected in the NAEP assessment framework.

ACT ASSESSMENT COMPOSITE SCORES, Items 86–87
Source: ACT, Inc. *2008 ACT Composite Averages by State.* <http://www.act.org/news/data/08/states.html>. © 2008 by ACT, Inc.

Totals for graduating seniors were obtained from: ACT, Inc. *Knocking at the College Door—March 2008, Projections of High School Graduates by State and Race/Ethnicity, 1992–2022.* (Boulder, CO: Western Interstate Commission for Higher Education, 2008).

In April 2007, all public high school eleventh graders in the states of Colorado, Illinois, and Michigan were tested with the ACT as required by each state. Colorado, Illinois, and Michigan students who met ACT's 2008 graduating class criteria are included in the 2008 graduating class average score results. Consistent with ACT's reporting policies, graduating class test results are reported only for students tested under standard time conditions.

Founded in 1959 as the American College Testing Program, ACT, Inc., is an independent, not-for-profit organization that provides over 100 assessment, research, information, and program management services in the broad areas of educational planning, career planning, and workforce development. The ACT Assessment is designed to assess high school students' general educational development and their ability to complete college-level work. The test covers four skill areas: English, mathematics, reading, and science reasoning. Data in this volume are based on all high school graduates in the class of 2006 who took the ACT Assessment during their sophomore, junior, or senior year. For students who took the test more than once, only their most recent scores are used. Students who tested on campus, used extended time testing, or failed to list a valid high school code not included.

College-bound students who take the ACT Assessment are not representative of college-bound students nationally. Students residing in the Midwest, the Mountain West, the Plains, and the South are overrepresented among ACT-tested students, compared with college-bound students nationally. ACT-tested students also tend to enroll in public college and universities more frequently than college-bound students nationally.

Caution should be used in comparing state and national norms. State norms may differ from national norms for non-educational reasons, such as the representativeness of the ACT-tested population and the demographic makeup of a state.

PSAT/NMSQT® (PRELIMINARY SAT/NATIONAL MERIT SCHOLARSHIP QUALIFYING TEST), Items 88–91
Source: The College Entrance Examination Board. *PSAT/NMSQT® 2007 State Summary Reports.* (collegeboard.com, 2007). <http://professionals.collegeboard.com/data-reports-research/psat/cb-jr-soph>. Reproduced with permission. All rights reserved.

The PSAT/NMSQT (Preliminary SAT/National Merit Scholarship Qualifying Test) is a program co-sponsored by the College Board and the National Merit Scholarship Corporation. The test serves several functions: it helps assess skills necessary for college-level work, prepares students for the SAT, enters students in competitions for national scholarships (including the National Merit Scholarship Corporation scholarship programs), and helps students receive access to information and applications for educational and financial aid information from colleges, universities, and scholarship programs.

Verbal, math, and writing skills scores are each reported on a 20 to 80 scale. The average scores of juniors in each section are between 47 and 49. Unless students earn scores that are much lower than average, the PSAT/NMSQT shows that they are likely developing the kinds of critical reading, math problem-solving, and writing skills needed for academic success in college.

The sum of the verbal, math, and writing skills scores makes up the Selection Index, which is used by National Merit Scholarship Corporation to designate those who will be honored in its scholarship programs. The qualifying score varies from state to state, depending on the scores and the proportion of test takers in each state. Scores between 65 and 80 on each skill mark the approximate level of the achievement needed to qualify. In states with higher percentages of scores in this range, a student must achieve a higher Selection Index to be a designated a National Merit semifinalist.

SAT REASONING TEST SCORES, Items 92–95
Source: The College Board. *College-Bound Seniors, 2008.* (New York: The College Board, 2008.) <http://professionals.collegeboard.com/profdownload/cbs-08-Page-3-Table-3.pdf>. Reprinted with permission. All rights reserved.

The total number of high school graduates who took the SAT in 2008 is based on the projection of the number of high school graduates in 2008 by the Western Interstate Commission for Higher Education and the number of students in the class of 2008 who took the SAT Reasoning Test. Updated projections make it inappropriate to compare these percentages with those of previous years.

The SAT is an examination administered by the Educational Testing Service that is used to predict the facility with which an individual will progress in college-level academic classes.

The *Profile of College-Bound Seniors* presents data for high school graduates who participated in the SAT program during their high school years. Students are counted once no matter how often they tested, and only their most recent scores are included in the data. The class of 2006 was the first to take the new SAT, which includes writing as well as critical reading and math. Each test is scored on a scale of 200 to 800.

The College Board cautions that relationships between test scores and other factors such as educational background, gender, race/ethnic background, parental education, and household income are complex and interdependent. These factors do not directly affect test performance; rather, they are associated with educational experiences both on tests such as the SAT and in school work. Moreover, not all students in a high school, school district, or state take the SAT. Since the population of test takers is self-selected, using aggregate SAT scores to compare or evaluate teachers, schools, districts, states, or other educational units is not valid, and the College Board strongly discourages such uses.

Interpreting SAT scores for states requires unique considerations. The most significant factor to consider in interpreting SAT scores for any group or subgroup of test takers is the proportion of students taking the test. For example, it is important to recognize that some states have lower participation rates. Typically, test takers in these low-participation states have strong academic backgrounds and to the nation's most selective colleges and scholarship programs. For these states, it is expected that the SAT mean scores reported for students will be higher than the national average.

REVENUES, Items 96–99
Source: U.S. Department of Education. National Center for Education Statistics. *Common Core of Data*, "National Public Education Financial Survey (State Fiscal)" 2005–2006 (FY 2006) v.1a. <http://nces.ed.gov/ccd/>.

The state data include adjustments made by NCES. Values that were missing and not reported elsewhere in the survey were imputed based on corresponding proportions in reporting states. Other adjustments were made when a single value was reported that included two or more categories. NCES distributed portions of the single reported value to the missing items. In addition to these adjustments, the NPEFS may also include state-run education programs. Consequently, these numbers may differ from the state totals in Table C, which are derived from a different survey.

Charter school systems' reporting requirements vary from state to state and data are not currently reported uniformly to the State Education Agencies (SEAs). Note that some charter school data may be missing from this volume, since some charter schools were not required to submit finance data to their SEAs. Only those charter schools that submit data to the SEAs, and whose SEAs maintain the data, are included in the CCD fiscal files.

Revenues from federal sources include direct grants-in-aid from the federal government, federal grants-in-aid through the state or an intermediate agency, and other revenue in lieu of taxes to compensate a school district for nontaxable federal institutions within a district's boundaries.

State revenues include revenues that can be used without restriction, revenues for categorical purposes, and revenues in lieu of taxation. Also included are revenues from payments made by a state for the benefit of the Local Education Agency (LEA) or contributions of equipment or supplies. Such revenues include the payment of a pension fund by the state on behalf of an LEA employee for services rendered and contributions of fixed assets (property, plant, or equipment), such as school buses and textbooks.

Revenues from local sources include local property and non-property tax revenues, taxes levied or assessed by an LEA, revenues from a local government to the LEA, tuition received, transportation fees, earnings on investments from LEA holdings, net revenues from food services (gross receipts less gross expenditures), net revenues from student activities (gross receipts less gross expenditures), and other revenues (textbook sales, donations, and property rentals). Intermediate revenues were included in local revenue totals. Intermediate revenues are derived from sources other than Local or State Education Agencies; these sources operate at an intermediate level between Local and State Education Agencies and possess independent fundraising capabilities (such as county or municipal agencies).

EXPENDITURES, Items 100–104
Source: U.S. Department of Education. National Center for Education Statistics. "National Public Education Financial Survey (State Fiscal)" 2005–2006 (FY 2006) v.1a. <http://nces.ed.gov/ccd/>.

The state data include adjustments made by NCES. Values that were missing and not reported elsewhere in the survey were imputed based on proportions in reporting states. Other adjustments were made when a single value was reported that included two or more categories. NCES distributed portions of the single reported value to the missing items. In addition to these adjustments, the NPEFS may include state-run education programs. Consequently, these numbers may differ from the state totals in Table C, which come from a different survey.

Current expenditures consist of expenditures for the categories of instruction, support services, and non-instructional services for salaries; employee benefits; purchased services and supplies; and payments by the state made for or on behalf of school systems. These expenditures do not include expenditures for debt service, capital outlay, and property (e.g., equipment), or direct costs (e.g., Head Start, adult education, community colleges, etc.) and community services expenditures.

Instructional and instruction-related expenses comprise current expenditures for activities that deal directly with the interaction between students and teachers. These expenditures include teacher salaries and benefits, supplies (such as textbooks), instructional staff support (i.e., salaries for librarians and instructional specialists), and purchased instructional services.

Support services expenditures consist of current expenditures for activities supporting instruction. These services include operation and maintenance of buildings, school administration, student support services (e.g., nurses, therapists, and guidance counselors), student transportation, school district administration, business services, research, and data processing.

Noninstructional expenditures are mostly for food service, but also consist of expenditures for enterprise operations, such as bookstores and interscholastic athletics.

Current expenditures per student are derived by dividing total current expenditures by the fall student membership count from the CCD. Student membership consists of the count of students enrolled on or about October 1 and is comparable across all states.

HIGHER EDUCATION, Items 105–131
Sources: U.S. Department of Education. National Center for Education Statistics. Integrated Postsecondary Education Data System (IPEDS). *Digest of Education Statistics, 2007.* <http://nces.ed.gov/programs/digest/d07/>.

The Integrated Postsecondary Education Data System (IPEDS) surveys approximately 10,000 postsecondary institutions, including universities, colleges, and institutions offering technical and vocational education beyond the high school level. This survey, which began in 1986, replaced the Higher Education General Information Survey (HEGIS). IPEDS is made up of eight integrated components that obtain information on who provides postsecondary education (institutions), who participates in it and completes it (students), what programs are offered and which ones are completed, and the specific human and financial resources involved in the provision of institutionally based postsecondary education. These components are organized into the following categories: Institutional Characteristics, including instructional activity; Fall Enrollment, including age and residence; Enrollment in Occupationally Specific Programs; Completions; Finance; Staff; Salaries of Full-Time Instructional Faculty; and Academic Libraries.

Institutions of higher education include those with courses leading to an associate's degree or higher, or those with courses accepted for credit toward such degrees. A public institution is controlled and operated by publicly elected or appointed officials and derives its primary support from public funds. A private institution is controlled by an individual or agency other than a state, a subdivision of a state, or the federal government; it is usually primarily supported by nonpublic funds, and the operation of its program does not rest with publicly elected or appointed officials. Private institutions comprise both not-for-profit and proprietary institutions.

Full-time students include undergraduate students enrolled for 12 or more semester credits, 12 or more quarter credits, or 24 or more contact hours a week each term; graduate students enrolled for 9 or more semester credits or 9 or more quarter credits, or students involved in thesis or dissertation preparation who are considered full time students by the institution; and first-professional students (as defined by the institution).

Types of institutions include the following:

- Degree-granting institutions, which offer associate's, bachelor's, master's, doctoral and/or first-professional degrees.

- Level categories include four-year and higher (four-year) institutions, at least two but less than four-year (two-year) institutions, and less than two-year institutions.

A four-year institution is a postsecondary institution that offers programs of at least four years' duration or programs at or above the baccalaureate level. This category includes schools that only offer post-baccalaureate certificates and those that only offer graduate programs. Also included are freestanding medical, law, and other first-professional schools.

A two-year institution is a postsecondary institution that offers programs of at least two years' duration but less than four years' duration. This category includes occupational and vocational schools with programs of at least 1,800 hours and academic institutions with programs of less than four years' duration. It does not include bachelor's degree–granting institutions where the baccalaureate program can be completed in three years.

Control categories are public, private not-for-profit, and private for-profit.

Race/ethnicity categories are categories used to describe groups to which individuals belong, identify with, or belong to in the eyes of the community. A person may be counted in only one group. Classification is based on self-identification. Race categories exclude persons of Hispanic ethnicity.

A nonresident alien is a person who is not a citizen or national of the United States, and who is in this country on a visa or temporary basis; a nonresident alien does not have the right to remain in the United States indefinitely.

Migration refers to the movement of students from their home state of residence to another state to attend a postsecondary institution. The percentages in columns 122 and 123 refer to freshmen who had graduated from high school within the previous 12 months and who were enrolled in 4-year degree granting institutions in Fall 2006,

An associate's degree is a degree granted for the successful completion of a sub-baccalaureate program of studies, and usually requires at least two years (or the equivalent) of full-time college-level study. This category also includes degrees granted in a cooperative or work-study program.

A bachelor's degree is a degree granted for the successful completion of a baccalaureate program of studies, and usually requires at least four years (or the equivalent) of full-time college-level study. This category includes degrees granted in a cooperative or work-study program.

A master's degree is awarded for successful completion of a program generally requiring 1 or 2 years of full-time, college-level study beyond the bachelor's degree. One type of master's degree, including the master of arts degree (M.A.), and the master of science degree (M. S.), is awarded in the liberal arts and sciences for advanced scholarship in a subject field or discipline and demonstrated ability to perform scholarly research. A second type of master's degree is awarded for the completion of a professionally oriented program. These include master's degrees in education (M. Ed.), business administration (M. B. A.), fine arts (M. F. A.), music (M. M.), social work (M. S. W.), and public administration (M. P. W.) A third type of master's degree is awarded in professional fields for study beyond the first-professional degree, such as the master of laws (LL. M.) and the masters of science in various medical specializations.

A first-professional degree requires the completion of a program that meets all of the following criteria: (1) completion of the academic requirements to begin practice in the profession, (2) at least 2 years of college work prior to entering the program, and (3) a total of at least 6 academic years of college work to complete the degree program, including prior required college work plus the length of the professional program itself. First-professional degrees are awarded in the following 10 fields: chiropractic (D.C. or D.C.M.), dentistry (D.D.S. or D.M.D.), law (L.L.B. or J.D.), medicine (M.D.), optometry (O.D.), osteopathic medicine (D.O.), pharmacy (Pharm.D.), podiatry (D.P.M., D.P., or Pod.D.), theology (M.Div., M.H.L., B.D., or Ordination), and veterinary medicine (D.V.M.).

A doctoral degree carries the title of doctor. The doctor of philosophy degree (Ph. D.) is the highest academic degree and requires mastery within a field of knowledge and a demonstrated ability to perform scholarly research. Other doctoral degrees are awarded for fulfilling specialized requirements in a professional field, such as education (Ed. D.), musical arts (D. M. A.), business administration (D. B. A.), and engineering (D. Eng. or D. E. S.). Many doctoral degrees in academic and professional fields require a master's degree as a prerequisite. First-professional degrees, such as M. D. and D. D. S. degrees, are not included under this heading.

SCHOOL ENROLLMENT AND TYPE OF SCHOOL, Items 132–139
Source: U.S. Census Bureau. *2006 American Community Survey.* <http://www.census.gov/acs/www/>.

School enrollment is enrollment in a regular school, either public or private, including nursery schools, kindergarten, and elementary schools, as well as schooling that leads to a high school diploma or college degree. Schools supported and controlled primarily by the federal, state, or local government are defined as public schools (including tribal schools). Schools primarily supported and controlled by religious organizations or other private groups are considered private schools.

DROPOUTS, Items 140–141
Source: U.S. Census Bureau. *2006 American Community Survey.* <http://www.census.gov/acs/www/>.

The "not enrolled, not high school graduate" category includes people of compulsory school attendance age or older who were not enrolled in school and were not high school graduates. These people may be referred to as "high school dropouts." However, there is no criterion regarding when they dropped out of school, thus, some may have never attended high school. This column includes only persons 16 to 19 years old.

PART C
COUNTY EDUCATION STATISTICS

PART C—COUNTY EDUCATION STATISTICS

Figure C-1. Counties with the Highest and Lowest Proportions of Population 25 Years Old and Over with a High School Diploma or More, 2000

In five counties, more than 95 percent of the population age 25 years old and over had graduated from high school. Just 11 counties had high school attainment levels of less than 50 percent; eight of these counties were in Texas. In 2000, 12 counties had college attainment levels that exceeded 50 percent. Just two counties, one in Alaska and one in Kentucky, had college attainment levels of less than 5 percent.

Figure C-2. Counties with the Highest and Lowest Proportions of Population 25 Years Old and Over with a Bachelor's Degree or More, 2000

Figure C-3. Distribution of Counties by Per Student Expenditures, 2004–2005

Per student expenditures	Number of counties
$15,000 or higher	~50
$13,000 to $14,999	~75
$11,000 to $12,999	~200
$10,000 to $10,999	~200
$9,000 to $9,999	~400
$8,000 to $8,999	~700
$7,000 to $7,999	~950
$6,000 to $6,999	~550
$5,000 to $5,999	~75
Less than $5,000	~20

Expenditures per student range from almost $35,000 in remote Keweenaw County, Michigan to less than $5,000 in Utah, Tooele, and Washington Counties in Utah, fast-growing counties with high proportions of children. With the highest proportion of student-age population of all the states, Utah has many counties with low expenditures per student. At the other extreme, the 7 counties with expenditures above $25,000 per student have small student populations. The median per student expenditure was $8,009 (with half of the counties spending more and half spending less). Los Angeles County had the largest enrollment (1,708,064 students), but New York City had the highest educational expenditures with $14.8 billion spent in fiscal year 2005, followed closely by Los Angeles with $14.5 billion. San Juan County, Colorado; Slope County, North Dakota; and Keweenaw County, Michigan, all spent less than $1 million.

In the United States, there were approximately 3,100 counties (including county equivalents), about 18,000 Local Education Agencies (school districts), 97,000 public schools, and more than 49 million public school students. Some counties—even large counties, such as Miami-Dade County in Florida—had only one school district, while others had many. For example, Arizona's Maricopa County, had 255 school districts and Cook County in Illinois had 168.

Student-teacher ratios varied greatly from county to county, ranging from a handful of counties that exceeded 25 students per teacher to a low of 2.0 students per teacher in Keweenaw County, Michigan (the county with only 2 students). The median student-teacher ratio was 14.1.

Figure C-4. Number of Counties by Percent of Students Eligible for Free or Reduced-Price Lunch, 2005–2006

There were 40 counties (most located in the South), in which 90 percent or more of students were eligible for free or reduced-price lunches in the 2005–2006 school year. Among the 16 counties with proportions exceeding 98 percent, 11 were in Mississippi. Just 5.5 percent of counties had less than 10 percent of students who were poor enough to qualify for these federal programs.

California and Texas were home to 44 of the 117 counties with proportions of English-language learners of 20 percent or more. Among counties with populations under 50,000, there were eight in which more than half of the students spoke another language at home—usually a Native American language.

Figure C-5. Counties[1] with the Highest Proportions of Students Who Are English-Language Learners, 2005–2006

[1] Counties with populations exceeding 50,000.

Table C-1. Population, School, and Student Characteristics by County

STATE County	State/county code	County type[1]	Population, 2007 Total	Population, 2007 Percent 5 to 17 years	Number of schools and students, 2005–2006 School districts	Number of schools and students, 2005–2006 Schools	Number of schools and students, 2005–2006 Students	Resident enrollment, 2000 Total enrollment Number	Resident enrollment, 2000 Total enrollment Percent public	Resident enrollment, 2000 K–12 enrollment Number	Resident enrollment, 2000 K–12 enrollment Percent public
			1	2	3	4	5	6	7	8	9
UNITED STATES	00000	X	301,621,157	17.6	17,755	97,382	49,113,474	76,632,927	83.6	54,192,083	89.3
ALABAMA	01000	X	4,627,851	17.6	165	1,585	741,758	1,155,504	86.1	837,350	89.4
Autauga, AL	01001	2	49,960	19.7	1	14	9,559	11,887	83.4	9,502	86.9
Baldwin, AL	01003	4	171,769	17.1	1	48	25,958	32,637	83.9	25,805	89.1
Barbour, AL	01005	6	27,941	16.9	2	11	4,155	6,889	88.7	5,760	89.8
Bibb, AL	01007	1	21,535	17.8	3	12	3,533	4,908	87.3	4,142	89.7
Blount, AL	01009	1	56,614	17.9	2	18	9,342	11,833	90.5	9,431	95.3
Bullock, AL	01011	6	10,781	16.6	1	5	1,807	2,884	85.6	2,414	85.9
Butler, AL	01013	6	20,157	17.5	1	8	3,503	5,453	84.6	4,552	84.2
Calhoun, AL	01015	3	113,103	16.6	5	39	18,358	27,855	90.5	19,267	91.6
Chambers, AL	01017	6	34,764	17.4	2	14	5,327	8,386	85.8	6,548	86.7
Cherokee, AL	01019	8	24,560	15.9	1	8	4,196	4,661	93.6	3,836	97.1
Chilton, AL	01021	1	42,299	18.0	1	12	7,276	9,022	91.1	7,509	94.0
Choctaw, AL	01023	9	14,173	16.8	1	5	2,046	3,792	78.2	3,156	77.1
Clarke, AL	01025	7	26,496	19.2	2	12	5,151	6,977	85.5	5,962	88.0
Clay, AL	01027	9	13,788	16.1	1	4	2,111	3,083	92.1	2,567	92.5
Cleburne, AL	01029	8	14,700	17.0	1	8	2,894	3,139	92.4	2,432	95.1
Coffee, AL	01031	6	46,793	17.4	4	18	8,709	11,041	91.8	8,284	95.2
Colbert, AL	01033	3	54,588	16.5	4	27	8,527	12,414	91.7	9,836	92.8
Conecuh, AL	01035	9	13,160	17.1	1	6	1,829	3,355	87.0	2,810	87.7
Coosa, AL	01037	8	10,864	16.0	1	4	1,497	2,688	91.2	2,300	91.4
Covington, AL	01039	7	37,007	16.1	3	15	6,291	8,418	95.8	6,710	98.0
Crenshaw, AL	01041	8	13,805	17.1	1	4	2,352	3,118	90.0	2,599	91.3
Cullman, AL	01043	6	80,554	16.9	2	37	12,664	18,082	92.6	13,754	94.0
Dale, AL	01045	4	48,150	19.2	3	19	6,901	12,680	90.7	9,468	94.0
Dallas, AL	01047	4	43,079	19.1	2	27	8,649	13,032	84.9	10,258	87.3
De Kalb, AL	01049	6	68,016	17.6	2	19	11,507	14,045	94.4	11,435	96.4
Elmore, AL	01051	2	77,525	18.0	2	18	12,365	16,377	85.3	12,967	89.3
Escambia, AL	01053	6	37,600	16.7	2	17	5,887	8,744	91.0	6,955	93.7
Etowah, AL	01055	3	103,217	17.0	5	48	16,160	23,661	88.9	17,868	90.9
Fayette, AL	01057	6	17,648	16.6	1	6	2,581	4,234	94.6	3,301	97.6
Franklin, AL	01059	6	30,439	17.0	2	12	5,518	6,948	94.7	5,687	96.7
Geneva, AL	01061	3	25,707	16.1	2	12	3,928	5,693	93.5	4,715	96.2
Greene, AL	01063	3	9,201	19.3	1	5	1,583	2,616	90.6	2,181	92.4
Hale, AL	01065	3	18,111	18.9	1	10	3,198	4,564	91.3	3,799	91.4
Henry, AL	01067	3	16,621	16.7	2	8	2,739	3,715	90.5	3,026	93.2
Houston, AL	01069	3	97,171	18.1	3	32	15,174	22,033	84.3	17,275	86.2
Jackson, AL	01071	6	53,030	16.8	3	26	8,708	11,505	94.9	9,368	96.4
Jefferson, AL	01073	1	658,779	17.2	19	215	107,101	174,793	84.0	124,485	90.2
Lamar, AL	01075	9	14,447	15.3	1	5	2,389	3,521	95.3	2,890	97.1
Lauderdale, AL	01077	3	88,561	15.6	2	22	12,956	22,201	88.6	15,145	90.6
Lawrence, AL	01079	3	34,229	17.2	2	17	5,560	8,031	91.7	6,667	92.9
Lee, AL	01081	3	130,516	16.5	4	32	19,237	45,855	91.3	19,485	90.2
Limestone, AL	01083	2	73,898	17.6	2	20	11,200	16,015	89.3	12,113	92.6
Lowndes, AL	01085	2	12,686	19.0	1	9	2,161	3,714	88.0	3,192	88.4
Macon, AL	01087	6	22,336	16.3	2	8	3,471	8,743	65.6	4,702	90.0
Madison, AL	01089	2	312,734	18.0	6	92	49,165	78,591	82.6	51,678	87.1
Marengo, AL	01091	7	21,276	19.1	3	13	4,564	5,926	89.3	4,999	90.7
Marion, AL	01093	8	29,580	15.3	2	14	5,073	6,373	92.3	5,123	95.9
Marshall, AL	01095	4	87,644	17.6	5	33	15,806	18,171	93.7	14,556	96.6
Mobile, AL	01097	2	404,406	19.1	6	122	65,643	110,152	78.7	82,148	81.7
Monroe, AL	01099	7	22,764	19.3	1	12	4,396	6,146	86.7	5,059	87.7
Montgomery, AL	01101	2	225,791	18.6	3	69	32,526	65,349	79.2	43,518	81.4
Morgan, AL	01103	3	115,050	17.4	3	44	19,889	26,429	89.2	20,603	92.9
Perry, AL	01105	8	10,602	20.3	1	4	2,056	3,389	87.6	2,585	91.3
Pickens, AL	01107	8	19,651	18.0	1	10	3,183	5,436	89.9	4,382	90.8
Pike, AL	01109	6	29,925	16.5	2	10	4,537	9,104	86.6	5,330	83.5
Randolph, AL	01111	6	22,425	17.7	2	10	3,803	5,262	91.2	4,290	93.2
Russell, AL	01113	2	50,183	18.8	2	18	9,194	12,521	89.7	9,866	92.5
St. Clair, AL	01115	1	78,054	17.7	2	24	12,054	15,126	87.2	12,249	91.4
Shelby, AL	01117	1	182,113	19.1	3	38	24,713	37,311	78.8	26,646	83.3
Sumter, AL	01119	8	13,306	18.2	1	7	2,562	4,704	89.4	3,291	86.6
Talladega, AL	01121	4	80,255	17.3	5	37	13,106	19,125	89.8	15,320	92.7
Tallapoosa, AL	01123	6	40,747	16.8	2	13	6,933	9,775	94.2	7,677	97.0
Tuscaloosa, AL	01125	3	177,906	16.5	4	52	26,744	52,373	89.4	28,564	90.3
Walker, AL	01127	1	68,816	16.5	2	30	11,201	15,536	90.4	12,057	93.0
Washington, AL	01129	8	17,226	18.9	1	8	3,595	4,562	95.3	3,845	96.5
Wilcox, AL	01131	8	12,779	21.1	1	7	2,307	3,626	88.0	3,095	89.3
Winston, AL	01133	6	24,240	16.5	2	13	4,518	5,275	95.1	4,311	97.0

[1] County type codes are from the Economic Research Service of the United States Department of Agriculture. See notes and definitions for more information.

Table C-1. Population, School, and Student Characteristics by County—Continued

STATE County	State/ county code	Students with IEP[2] (%)	Students eligible for free or reduced-price lunch (%)	Minority students (%)	English language learners (%)	Number of graduates, 2004–2005	Total staff	Number of teachers	Student/ teacher ratio	Central administration staff
		10	11	12	13	14	15	16	17	18
UNITED STATES	00000	13.6	41.6	43.5	8.6	...	5,941,816	3,119,901	15.7	222,823
ALABAMA	01000	16.8	51.7	40.8	2.2	...	103,777	57,766	12.9	4,010
Autauga, AL	01001	14.8	38.1	26.8	0.7	...	1,108	623	15.3	33
Baldwin, AL	01003	27.3	36.5	19.7	2.1	...	3,879	2,189	11.9	125
Barbour, AL	01005	21.1	69.7	68.6	2.0	...	555	294	14.1	27
Bibb, AL	01007	16.9	60.7	28.8	0.6	...	453	230	15.4	12
Blount, AL	01009	15.4	41.4	11.5	7.1	...	1,196	684	13.7	26
Bullock, AL	01011	14.5	88.2	100.0	3.5	...	253	121	14.9	13
Butler, AL	01013	17.5	72.6	61.4	0.2	...	458	242	14.5	22
Calhoun, AL	01015	17.0	51.3	30.4	1.7	...	2,455	1,285	14.3	102
Chambers, AL	01017	14.5	69.9	57.7	0.2	...	779	446	11.9	30
Cherokee, AL	01019	12.9	49.1	7.7	0.4	...	598	335	12.5	20
Chilton, AL	01021	16.6	50.5	19.3	4.4	...	936	557	13.1	22
Choctaw, AL	01023	17.1	76.7	71.6	0.0	...	336	176	11.6	22
Clarke, AL	01025	19.3	62.7	60.4	0.2	...	707	371	13.9	25
Clay, AL	01027	19.7	57.8	26.9	2.8	...	300	159	13.3	17
Cleburne, AL	01029	13.9	56.6	5.7	0.6	...	354	197	14.7	15
Coffee, AL	01031	15.2	42.9	30.3	1.8	...	1,124	637	13.7	39
Colbert, AL	01033	14.7	50.1	24.5	0.8	...	1,173	640	13.3	60
Conecuh, AL	01035	18.3	87.1	81.5	0.2	...	273	137	13.4	15
Coosa, AL	01037	12.9	63.3	50.3	0.3	...	223	117	12.8	10
Covington, AL	01039	15.5	52.6	19.8	0.1	...	809	457	13.8	28
Crenshaw, AL	01041	15.7	59.2	36.0	1.0	...	346	206	11.4	11
Cullman, AL	01043	14.9	46.8	5.8	3.5	...	1,620	888	14.3	49
Dale, AL	01045	15.8	54.6	36.7	0.3	...	913	504	13.7	35
Dallas, AL	01047	13.9	83.9	87.1	0.3	...	1,112	565	15.3	44
De Kalb, AL	01049	13.3	56.5	26.5	14.0	...	1,603	945	12.2	58
Elmore, AL	01051	14.5	43.1	28.7	1.9	...	1,536	820	15.1	55
Escambia, AL	01053	11.6	61.5	46.0	0.3	...	827	405	14.5	34
Etowah, AL	01055	16.4	51.9	25.8	2.5	...	2,060	1,133	14.3	87
Fayette, AL	01057	13.5	45.5	16.8	0.0	...	360	203	12.7	13
Franklin, AL	01059	17.7	58.0	16.6	11.1	...	771	458	12.0	26
Geneva, AL	01061	16.1	52.7	18.8	1.3	...	551	316	12.4	19
Greene, AL	01063	11.4	91.6	100.0	0.0	...	239	123	12.9	14
Hale, AL	01065	10.8	73.0	74.7	0.1	...	421	242	13.2	15
Henry, AL	01067	14.6	65.6	45.4	0.4	...	348	172	15.9	10
Houston, AL	01069	16.8	55.9	41.2	0.8	...	1,875	998	15.2	61
Jackson, AL	01071	14.0	55.0	14.3	1.2	...	1,489	888	9.8	40
Jefferson, AL	01073	15.9	46.2	56.7	2.3	...	14,983	8,527	12.6	735
Lamar, AL	01075	11.4	48.6	19.1	0.1	...	367	212	11.3	14
Lauderdale, AL	01077	15.0	43.5	16.4	1.3	...	1,755	970	13.4	52
Lawrence, AL	01079	13.6	52.3	37.6	1.0	...	796	416	13.4	32
Lee, AL	01081	10.3	43.6	38.6	1.3	...	2,723	1,550	12.4	115
Limestone, AL	01083	15.9	37.2	21.1	4.2	...	1,572	891	12.6	55
Lowndes, AL	01085	14.3	93.6	99.6	0.0	...	370	181	11.9	18
Macon, AL	01087	13.6	90.4	98.1	0.1	...	552	349	9.9	20
Madison, AL	01089	18.0	30.7	37.1	2.1	...	6,345	3,522	14.0	254
Marengo, AL	01091	10.4	72.4	70.1	0.3	...	646	379	12.0	27
Marion, AL	01093	13.8	44.6	7.5	1.0	...	659	392	12.9	21
Marshall, AL	01095	14.7	48.5	13.8	7.6	...	1,969	1,038	15.2	82
Mobile, AL	01097	18.8	70.1	54.4	1.4	...	10,115	5,798	11.3	326
Monroe, AL	01099	14.3	64.0	56.1	0.0	...	615	333	13.2	15
Montgomery, AL	01101	15.7	65.8	81.2	1.9	...	5,442	3,234	10.1	216
Morgan, AL	01103	17.9	43.4	24.9	5.0	...	2,842	1,516	13.1	102
Perry, AL	01105	15.6	95.8	99.0	0.0	...	289	159	12.9	14
Pickens, AL	01107	13.0	69.1	64.1	0.2	...	459	238	13.4	20
Pike, AL	01109	20.5	67.3	56.9	0.6	...	616	331	13.7	28
Randolph, AL	01111	15.3	56.5	30.6	1.6	...	509	290	13.1	16
Russell, AL	01113	15.2	68.4	56.6	0.1	...	1,233	584	15.7	61
St. Clair, AL	01115	15.3	41.9	12.2	1.1	...	1,437	800	15.1	55
Shelby, AL	01117	23.4	23.2	20.2	5.8	...	3,347	1,730	14.3	113
Sumter, AL	01119	18.8	92.9	99.6	0.0	...	401	206	12.4	20
Talladega, AL	01121	15.5	60.5	43.9	0.4	...	1,804	945	13.9	68
Tallapoosa, AL	01123	16.2	53.5	40.4	1.0	...	918	538	12.9	32
Tuscaloosa, AL	01125	21.4	51.4	46.4	1.3	...	4,006	2,323	11.5	144
Walker, AL	01127	15.8	50.2	10.9	0.4	...	1,506	773	14.5	63
Washington, AL	01129	12.2	60.9	40.7	0.1	...	497	281	12.8	19
Wilcox, AL	01131	13.4	95.7	99.7	0.0	...	341	155	14.9	18
Winston, AL	01133	20.6	54.3	2.2	1.3	...	623	342	13.2	21

[2]IEP = Individual Education Program. See notes and definitions for more information.
... = Not available.

Table C-1. Population, School, and Student Characteristics by County—Continued

STATE County	State/ county code	Total revenue (thousands of dollars)	Federal government	State government	Local government	Total expenditures (thousands of dollars)	Amount per student	Percent for instruction	Total population 16 to 19 years	Percent in Armed Forces	Percent high school graduates	Percent not enrolled, not employed, not in Armed Forces, not high school grad.
		19	20	21	22	23	24	25	26	27	28	29
UNITED STATES	00000	499,727,673	8.9	45.7	45.4	424,391,751	8,766	61.2	15,930,458	0.6	10.5	5.5
ALABAMA	01000	5,889,966	11.3	55.1	33.6	5,155,780	7,069	59.2	255,315	0.2	9.6	7.1
Autauga, AL	01001	61,748	9.0	65.6	25.4	53,656	5,832	62.8	2,390	0.0	13.5	7.1
Baldwin, AL	01003	202,189	8.3	46.0	45.7	184,783	7,560	59.8	7,374	0.0	10.2	6.1
Barbour, AL	01005	31,857	16.2	61.5	22.3	29,806	6,989	60.4	1,664	0.0	10.7	11.4
Bibb, AL	01007	26,228	14.9	70.0	15.1	23,888	6,712	60.5	1,144	0.0	15.1	8.0
Blount, AL	01009	61,829	10.0	68.7	21.3	54,880	6,019	61.5	2,764	0.2	10.6	9.2
Bullock, AL	01011	13,765	21.9	62.6	15.5	13,512	7,587	56.7	654	0.0	8.4	12.5
Butler, AL	01013	26,438	20.9	61.7	17.4	24,300	6,849	60.0	1,406	0.0	6.0	9.5
Calhoun, AL	01015	133,688	11.7	62.7	25.6	122,648	6,780	58.3	6,252	0.2	8.9	7.2
Chambers, AL	01017	39,496	14.2	61.5	24.3	35,451	6,667	58.1	2,082	0.0	11.8	7.1
Cherokee, AL	01019	31,215	10.9	63.2	26.0	29,824	7,059	59.4	1,136	0.0	12.5	10.7
Chilton, AL	01021	48,187	11.6	66.8	21.6	44,213	6,132	61.5	2,150	0.0	16.6	7.3
Choctaw, AL	01023	18,766	18.4	51.1	30.4	15,202	7,337	53.5	951	0.0	6.8	6.6
Clarke, AL	01025	38,900	14.8	61.2	24.1	35,535	6,839	58.8	1,624	0.0	10.8	8.9
Clay, AL	01027	14,830	11.3	67.9	20.8	13,928	6,748	59.9	655	0.5	9.9	4.9
Cleburne, AL	01029	17,878	12.7	70.1	17.2	16,562	6,617	60.7	768	0.0	9.0	8.6
Coffee, AL	01031	62,436	11.7	61.7	26.6	56,694	6,781	60.2	2,525	0.2	11.7	8.8
Colbert, AL	01033	72,665	9.5	53.6	37.0	66,127	7,797	58.2	2,876	0.0	9.8	6.2
Conecuh, AL	01035	17,628	20.5	53.1	26.4	14,027	7,594	58.6	751	0.0	8.0	8.3
Coosa, AL	01037	11,529	15.2	65.3	19.6	10,680	7,087	55.6	668	0.0	15.7	6.3
Covington, AL	01039	51,751	11.4	54.4	34.3	41,535	6,659	60.4	1,972	0.7	11.8	8.5
Crenshaw, AL	01041	17,281	14.3	66.7	19.0	15,633	6,291	60.8	728	0.0	6.3	6.5
Cullman, AL	01043	92,027	11.3	61.6	27.0	85,141	6,800	59.4	4,283	0.0	11.9	7.9
Dale, AL	01045	51,594	13.3	63.9	22.8	47,316	6,764	58.4	2,775	6.0	16.6	5.7
Dallas, AL	01047	63,130	18.3	64.9	16.8	58,198	6,697	57.8	3,125	0.0	6.6	10.1
De Kalb, AL	01049	80,919	12.3	63.0	24.7	74,497	6,745	61.4	3,343	0.0	10.7	9.1
Elmore, AL	01051	81,261	10.2	67.9	21.8	74,208	6,115	60.7	3,608	0.2	13.1	8.4
Escambia, AL	01053	52,371	13.3	51.8	34.8	43,660	7,413	58.3	2,147	0.0	12.0	12.2
Etowah, AL	01055	121,584	13.0	63.9	23.1	106,744	6,684	61.5	5,786	0.0	10.1	10.5
Fayette, AL	01057	19,498	11.1	66.9	22.0	17,218	6,617	59.6	992	0.0	7.0	11.8
Franklin, AL	01059	44,530	12.9	57.4	29.7	38,041	7,001	61.4	1,675	0.0	13.6	7.9
Geneva, AL	01061	30,201	12.6	61.4	26.0	25,933	6,547	60.4	1,295	0.5	7.3	6.2
Greene, AL	01063	15,114	21.1	50.3	28.6	12,615	7,826	54.0	694	0.0	9.1	16.9
Hale, AL	01065	24,323	18.5	65.9	15.6	21,874	6,909	61.9	1,193	0.0	11.1	9.5
Henry, AL	01067	23,019	12.4	69.2	18.4	18,460	6,804	59.5	893	0.0	8.4	8.0
Houston, AL	01069	109,893	13.2	59.3	27.4	101,125	6,801	59.5	4,832	0.0	8.9	5.5
Jackson, AL	01071	71,784	10.5	58.9	30.6	62,391	7,143	57.3	2,794	0.0	14.2	6.4
Jefferson, AL	01073	965,083	8.9	46.5	44.5	790,585	7,435	58.9	36,688	0.0	10.2	6.4
Lamar, AL	01075	19,334	13.2	66.9	19.9	16,964	7,060	54.3	917	0.0	13.8	6.3
Lauderdale, AL	01077	103,276	10.1	57.0	32.9	95,696	7,339	61.4	4,930	0.0	7.1	5.7
Lawrence, AL	01079	45,750	13.1	61.7	25.2	39,341	6,961	59.6	1,982	0.0	11.5	10.6
Lee, AL	01081	188,990	7.9	42.9	49.3	135,078	7,201	61.5	10,016	0.0	5.0	2.9
Limestone, AL	01083	86,400	8.2	55.3	36.5	78,694	7,195	62.1	3,229	0.3	12.0	7.9
Lowndes, AL	01085	23,713	26.8	56.8	16.4	20,038	8,671	56.7	905	0.1	11.0	11.3
Macon, AL	01087	28,846	18.3	64.0	17.7	25,403	7,754	56.5	2,192	0.5	5.7	5.1
Madison, AL	01089	382,304	8.1	51.3	40.6	341,156	7,249	60.2	15,636	1.3	8.5	5.7
Marengo, AL	01091	34,559	17.7	59.5	22.8	31,791	7,043	59.4	1,322	0.1	10.5	7.7
Marion, AL	01093	37,303	10.4	64.1	25.5	32,998	6,681	62.4	1,508	0.0	10.4	7.4
Marshall, AL	01095	130,510	10.6	54.4	35.0	109,277	7,164	59.1	4,270	0.1	7.8	9.3
Mobile, AL	01097	488,151	14.5	55.9	29.6	455,427	7,117	56.2	23,622	0.1	9.1	7.2
Monroe, AL	01099	31,222	16.5	64.8	18.7	30,014	6,985	60.9	1,505	0.0	8.8	10.6
Montgomery, AL	01101	240,490	14.1	56.9	29.0	223,089	6,975	57.1	12,924	0.2	8.7	8.3
Morgan, AL	01103	169,848	8.2	52.3	39.5	149,147	7,617	60.2	5,898	0.2	10.0	8.4
Perry, AL	01105	17,125	26.3	61.7	12.0	15,480	7,393	61.1	852	0.0	10.8	9.6
Pickens, AL	01107	24,206	16.2	66.9	16.9	23,673	7,302	58.0	1,254	0.0	7.4	7.1
Pike, AL	01109	36,649	15.0	56.2	28.8	32,307	7,146	57.5	2,161	0.0	5.5	6.2
Randolph, AL	01111	29,309	12.3	57.9	29.8	24,758	6,616	60.2	1,188	0.0	8.7	8.4
Russell, AL	01113	69,587	15.0	60.0	25.1	63,018	7,081	58.3	2,663	0.6	9.4	6.8
St. Clair, AL	01115	79,096	10.2	63.7	26.1	70,204	6,030	62.6	3,147	0.0	10.8	7.3
Shelby, AL	01117	226,353	5.4	42.9	51.8	172,552	7,377	59.2	7,202	0.0	7.7	4.0
Sumter, AL	01119	21,965	23.8	56.6	19.6	19,614	7,632	57.7	949	0.0	6.1	6.7
Talladega, AL	01121	100,614	12.3	59.0	28.7	92,087	7,169	56.1	4,591	0.2	12.5	7.6
Tallapoosa, AL	01123	50,724	11.7	59.7	28.6	47,235	6,898	62.2	2,056	0.0	10.9	7.3
Tuscaloosa, AL	01125	201,248	11.4	56.4	32.3	176,237	6,778	60.3	12,685	0.0	7.2	4.4
Walker, AL	01127	94,952	10.8	58.6	30.6	81,292	7,357	59.0	3,756	0.0	9.6	7.9
Washington, AL	01129	26,556	12.8	56.0	31.3	23,659	6,614	61.6	1,212	0.0	17.2	6.3
Wilcox, AL	01131	19,937	22.3	57.5	20.1	18,305	7,843	54.1	941	0.0	5.4	13.9
Winston, AL	01133	34,314	11.7	63.1	25.2	30,756	6,901	60.3	1,145	0.0	11.7	7.7

Table C-1. Population, School, and Student Characteristics by County—Continued

STATE County	State/ county code	High school graduates, 2000 — Population 25 years and over	High school diploma or less (percent)	High school diploma or more (percent)	College enrollment, 2000 — Number	Percent public	Bachelor's degree or more	+/- U.S. percent with bachelor's degree or more	Non-Hispanic White	Black	American Indian, Alaska Native	Asian and Pacific Islander	Hispanic or Latino[3]
		30	31	32	33	34	35	36	37	38	39	40	41
UNITED STATES	00000	182,211,639	48.2	80.4	17,483,262	74.6	24.4	0.0	27.0	14.3	11.5	43.1	10.4
ALABAMA	01000	2,887,400	55.1	75.3	243,275	85.3	19.0	-5.4	21.2	11.5	13.0	47.2	14.6
Autauga, AL	01001	27,589	55.1	78.7	1,695	82.4	18.0	-6.4	20.0	7.6	12.3	16.7	15.1
Baldwin, AL	01003	96,010	47.6	82.0	4,708	78.8	23.1	-1.3	24.8	7.5	14.2	29.2	17.9
Barbour, AL	01005	18,896	67.8	64.7	743	92.2	10.9	-13.5	16.5	3.8	0.0	0.0	9.7
Bibb, AL	01007	13,540	72.5	63.2	500	87.4	7.1	-17.3	8.5	1.2	11.5	0.0	16.2
Blount, AL	01009	33,702	65.6	70.4	1,600	89.0	9.6	-14.8	9.8	2.5	2.6	62.7	4.4
Bullock, AL	01011	7,570	74.8	60.5	282	82.6	7.7	-16.7	15.8	4.4	0.0	0.0	8.3
Butler, AL	01013	13,767	66.7	67.8	673	94.4	10.4	-14.0	13.3	4.8	0.0	91.3	0.0
Calhoun, AL	01015	74,015	58.3	73.9	7,129	94.0	15.2	-9.2	16.4	8.9	13.2	31.7	9.5
Chambers, AL	01017	24,497	67.9	64.2	1,122	91.0	9.5	-14.9	12.2	4.3	0.0	40.0	15.9
Cherokee, AL	01019	16,825	71.3	63.5	571	83.0	9.7	-14.7	9.8	7.2	14.0	46.9	5.0
Chilton, AL	01021	25,902	69.6	66.2	935	88.7	9.9	-14.5	10.6	5.4	0.0	17.2	4.3
Choctaw, AL	01023	10,569	69.8	65.0	424	95.3	9.6	-14.8	13.1	4.4	0.0	40.0	13.4
Clarke, AL	01025	17,702	66.8	70.8	559	84.8	12.1	-12.3	16.4	5.2	22.2	34.5	0.0
Clay, AL	01027	9,767	71.8	66.0	357	92.4	7.8	-16.6	8.8	2.7	0.0	0.0	0.7
Cleburne, AL	01029	9,533	72.9	62.9	501	87.8	9.2	-15.2	9.5	4.2	6.7	...	13.3
Coffee, AL	01031	28,885	53.1	73.2	1,991	91.4	19.3	-5.1	21.5	8.5	13.8	21.7	26.5
Colbert, AL	01033	37,384	60.6	73.3	1,904	97.5	14.1	-10.3	15.2	7.6	8.4	37.0	16.5
Conecuh, AL	01035	9,230	70.4	67.7	385	95.8	9.2	-15.2	10.4	7.6	0.0	0.0	15.0
Coosa, AL	01037	8,255	72.6	65.7	247	88.3	8.0	-16.4	10.4	3.1	0.0	...	0.0
Covington, AL	01039	25,705	64.5	68.4	1,166	93.6	12.2	-12.2	12.9	5.8	8.6	20.8	14.4
Crenshaw, AL	01041	9,268	68.9	60.1	425	87.3	11.2	-13.2	13.0	5.4	40.0	...	3.8
Cullman, AL	01043	51,787	61.6	70.4	3,327	94.3	11.9	-12.5	12.1	8.6	4.3	16.2	4.2
Dale, AL	01045	31,390	51.4	77.8	2,353	89.9	14.0	-10.4	15.1	7.9	12.1	18.8	15.8
Dallas, AL	01047	28,742	63.2	70.3	1,870	77.9	13.9	-10.5	20.4	9.0	7.9	40.7	14.9
De Kalb, AL	01049	42,740	70.2	63.8	1,696	91.2	8.3	-16.1	8.4	2.5	11.3	27.1	1.9
Elmore, AL	01051	43,177	56.2	77.6	2,245	83.1	16.6	-7.8	18.9	6.5	12.6	34.2	12.7
Escambia, AL	01053	25,510	66.2	68.5	1,296	87.9	10.6	-13.8	12.7	6.1	2.6	8.1	9.8
Etowah, AL	01055	69,829	58.2	74.1	4,130	91.9	13.4	-11.0	14.3	7.4	8.0	33.8	7.8
Fayette, AL	01057	12,579	68.9	66.1	663	93.2	9.2	-15.2	9.2	8.7	0.0	46.9	0.0
Franklin, AL	01059	20,860	68.4	62.1	945	90.2	9.7	-14.7	9.9	9.3	24.7	0.0	6.2
Geneva, AL	01061	17,588	66.4	65.6	625	89.6	8.7	-15.7	9.4	1.4	9.0	76.7	1.4
Greene, AL	01063	6,204	70.1	64.8	225	83.6	10.5	-13.9	15.8	8.6	...	100.0	30.0
Hale, AL	01065	10,591	70.7	65.2	467	94.0	8.1	-16.3	11.1	5.2	47.4	100.0	9.2
Henry, AL	01067	10,967	62.4	66.7	488	93.6	14.1	-10.3	17.6	5.8	66.7	...	3.8
Houston, AL	01069	58,671	53.8	76.5	3,113	90.0	18.4	-6.0	21.1	8.3	9.6	34.8	13.1
Jackson, AL	01071	36,435	67.8	67.0	1,435	94.1	10.4	-14.0	10.7	5.2	9.7	19.0	5.7
Jefferson, AL	01073	434,158	47.0	80.9	38,365	76.4	24.6	0.2	30.0	14.3	23.0	63.9	18.8
Lamar, AL	01075	10,758	72.5	65.1	443	95.7	7.8	-16.6	8.1	5.3	0.0	31.8	7.1
Lauderdale, AL	01077	58,894	57.8	76.4	5,618	93.6	18.5	-5.9	19.3	9.5	17.3	50.8	16.0
Lawrence, AL	01079	22,894	73.8	65.6	997	94.1	7.5	-16.9	7.4	5.2	10.4	30.2	18.2
Lee, AL	01081	62,170	45.3	81.4	24,433	95.0	27.9	3.5	31.9	12.2	25.9	64.7	23.8
Limestone, AL	01083	43,456	58.0	74.5	2,898	90.6	16.9	-7.5	18.2	8.8	14.7	41.0	3.3
Lowndes, AL	01085	8,183	69.1	64.3	348	86.8	11.0	-13.4	21.4	6.1	0.0	...	20.0
Macon, AL	01087	13,955	55.0	70.0	3,440	29.5	18.8	-5.6	15.2	18.7	10.7	90.1	4.0
Madison, AL	01089	180,389	36.5	85.4	21,212	84.2	34.3	9.9	36.8	23.9	21.4	52.9	26.5
Marengo, AL	01091	14,326	65.4	71.9	707	90.1	12.1	-12.3	18.4	4.9	0.0	0.0	17.2
Marion, AL	01093	21,611	69.7	63.2	932	86.1	8.0	-16.4	8.2	3.5	0.0	0.0	6.4
Marshall, AL	01095	54,961	61.1	69.4	2,441	92.7	13.9	-10.5	14.4	5.4	12.2	32.8	2.9
Mobile, AL	01097	250,122	55.2	76.7	20,709	76.9	18.6	-5.8	21.9	10.7	7.8	33.9	21.5
Monroe, AL	01099	15,378	66.5	67.9	768	88.4	11.8	-12.6	15.6	5.0	11.1	25.0	11.6
Montgomery, AL	01101	141,342	44.1	80.3	16,879	82.4	28.5	4.1	36.5	18.2	11.3	32.7	25.2
Morgan, AL	01103	73,331	54.0	76.3	3,925	91.4	18.4	-6.0	19.6	7.4	23.7	54.3	10.9
Perry, AL	01105	6,978	68.0	62.4	551	72.2	10.0	-14.4	16.4	6.4	0.0	0.0	3.4
Pickens, AL	01107	13,536	68.1	69.7	641	90.0	9.8	-14.6	12.3	5.7	0.0	35.3	0.0
Pike, AL	01109	17,703	60.9	69.1	3,315	95.7	18.4	-6.0	24.7	6.6	8.3	35.0	4.6
Randolph, AL	01111	14,762	70.1	61.9	745	93.8	10.0	-14.4	10.8	6.2	0.0	48.1	6.7
Russell, AL	01113	32,107	66.5	66.5	1,766	92.9	9.7	-14.7	11.1	6.4	22.8	36.5	11.2
St. Clair, AL	01115	43,101	63.3	71.3	1,905	81.3	11.1	-13.3	11.5	6.0	6.1	34.9	12.9
Shelby, AL	01117	94,185	36.2	86.8	7,321	85.8	36.8	12.4	37.8	24.9	19.7	72.3	22.0
Sumter, AL	01119	8,731	66.4	64.8	1,075	96.0	12.4	-12.0	27.4	6.1	0.0	0.0	12.8
Talladega, AL	01121	53,060	64.8	69.7	2,625	84.4	11.2	-13.2	13.0	6.4	21.8	34.1	12.9
Tallapoosa, AL	01123	28,373	62.9	70.1	1,221	87.8	14.1	-10.3	16.4	6.3	16.7	38.6	34.3
Tuscaloosa, AL	01125	99,039	49.6	78.8	21,141	91.4	24.0	-0.4	27.9	12.1	15.7	65.6	22.7
Walker, AL	01127	47,919	67.5	67.2	2,581	87.8	9.1	-15.3	9.0	8.4	7.8	37.3	5.0
Washington, AL	01129	11,240	71.3	72.3	441	88.0	8.6	-15.8	9.8	6.6	4.5	0.0	0.0
Wilcox, AL	01131	7,979	70.7	59.5	328	88.4	10.1	-14.3	18.0	6.1	0.0	0.0	0.0
Winston, AL	01133	17,078	71.7	62.6	709	90.8	8.3	-16.1	7.9	0.0	34.7	82.6	13.3

[3] May be of any race.
... = Not available.

Table C-1. Population, School, and Student Characteristics by County—Continued

STATE County	State/ county code	County type[1]	Population, 2007 Total	Population, 2007 Percent 5 to 17 years	Number of schools and students, 2005–2006 School districts	Number of schools and students, 2005–2006 Schools	Number of schools and students, 2005–2006 Students	Resident enrollment, 2000 Total enrollment Number	Resident enrollment, 2000 Total enrollment Percent public	Resident enrollment, 2000 K–12 enrollment Number	Resident enrollment, 2000 K–12 enrollment Percent public
			1	2	3	4	5	6	7	8	9
ALASKA	02000	X	683,478	19.2	54	502	133,288	185,760	89.9	142,653	93.2
Aleutians East Borough, AK	02013	9	2,666	9.1	1	7	271	409	98.8	342	100.0
Aleutians West Census Area, AK	02016	7	4,824	9.5	3	7	563	925	88.4	698	96.7
Anchorage, AK	02020	2	279,671	18.9	1	95	49,714	74,625	87.4	55,296	92.0
Bethel, AK	02050	7	17,199	25.5	3	40	5,009	5,584	96.7	4,814	98.1
Bristol Bay, AK	02060	9	996	19.5	2	12	854	385	95.6	306	95.8
Denali Borough, AK	02068	8	1,838	14.1	...	...	...	456	92.3	344	94.2
Dillingham, AK	02070	9	4,996	22.9	1	2	551	1,710	97.3	1,434	98.9
Fairbanks North Star, AK	02090	3	97,484	19.5	2	43	16,102	26,307	89.6	18,063	91.2
Haines, AK	02100	9	2,285	14.1	1	4	295	584	79.6	486	86.0
Juneau, AK	02110	5	30,690	16.8	1	13	5,273	8,777	90.9	6,210	93.1
Kenai Peninsula, AK	02122	7	53,097	18.1	1	45	9,612	14,004	90.4	11,739	92.8
Ketchikan Gateway, AK	02130	7	13,227	17.3	1	10	2,365	3,744	88.8	3,051	92.3
Kodiak Island, AK	02150	7	12,997	20.9	1	16	2,749	3,975	86.4	3,150	90.3
Lake and Peninsula Borough, AK	02164	9	1,538	22.9	1	15	416	645	92.7	555	94.8
Matanuska-Susitna, AK	02170	2	82,669	19.2	1	38	15,506	18,008	91.5	14,884	93.6
Nome, AK	02180	7	9,315	22.9	2	20	2,447	3,129	97.5	2,659	99.2
North Slope, AK	02185	7	6,561	23.1	1	11	1,941	2,623	97.6	2,148	99.0
Northwest Arctic Borough, AK	02188	7	7,453	25.2	1	13	2,149	2,505	98.0	2,202	99.2
Prince of Wales-Outer Ketchikan, AK	02201	9	5,544	17.9	5	20	1,510	1,694	95.6	1,473	96.6
Sitka, AK	02220	7	8,874	16.4	2	7	1,911	2,617	86.1	1,864	95.5
Skagway-Hoonah-Angoon, AK	02232	9	3,059	14.7	0	0	0	908	89.4	732	91.4
Southeast Fairbanks, AK	02240	8	6,840	21.1	1	8	427	1,970	85.3	1,574	85.9
Valdez-Cordova, AK	02261	9	9,496	17.9	4	17	2,114	2,929	91.9	2,337	95.9
Wade Hampton, AK	02270	9	7,623	27.8	3	13	2,517	2,968	99.1	2,583	99.5
Wrangell-Petersburg, AK	02280	7	6,009	17.6	3	7	1,087	1,783	93.7	1,542	96.2
Yakutat Borough, AK	02282	9	689	16.8	0	0	0	218	100.0	173	100.0
Yukon-Koyukuk, AK	02290	8	5,838	20.8	7	41	7,271	2,278	97.2	1,994	97.6
ARIZONA	04000	X	6,338,755	18.5	601	2,078	1,094,454	1,401,840	89.4	988,818	93.6
Apache, AZ	04001	6	69,980	22.5	14	45	13,910	25,885	95.4	21,435	97.0
Cochise, AZ	04003	4	127,866	17.4	29	74	22,843	32,791	91.2	23,733	94.3
Coconino, AZ	04005	3	127,450	17.9	21	63	22,665	42,187	93.3	25,217	93.8
Gila, AZ	04007	4	51,994	16.4	23	44	10,823	12,718	92.8	10,261	94.1
Graham, AZ	04009	6	34,769	19.3	12	30	7,360	10,949	93.8	7,879	94.6
Greenlee, AZ	04011	7	7,754	20.8	9	10	1,774	2,476	95.0	2,070	97.1
La Paz, AZ	04012	6	20,172	12.9	7	13	2,795	3,969	95.3	3,303	96.0
Maricopa, AZ	04013	1	3,880,181	19.1	255	1,051	688,428	833,554	88.2	584,324	93.4
Mohave, AZ	04015	4	194,944	15.9	24	79	27,951	32,934	91.7	25,729	94.2
Navajo, AZ	04017	4	111,273	22.0	22	82	30,009	32,682	95.1	26,882	96.5
Pima, AZ	04019	2	967,089	16.9	80	329	149,162	236,404	89.2	153,693	91.7
Pinal, AZ	04021	1	299,246	18.1	26	80	40,649	42,725	92.5	33,416	95.3
Santa Cruz, AZ	04023	4	42,845	21.6	11	25	10,562	12,026	94.1	10,092	97.2
Yavapai, AZ	04025	3	212,635	14.5	54	97	28,916	37,187	86.8	26,770	93.2
Yuma, AZ	04027	3	190,557	19.8	14	56	36,607	43,353	95.3	34,014	96.9
ARKANSAS	05000	X	2,834,797	17.7	291	1,138	474,206	675,109	89.3	503,693	92.6
Arkansas, AR	05001	6	19,392	17.3	3	11	3,576	5,072	88.9	3,938	93.0
Ashley, AR	05003	7	22,326	18.1	2	13	4,365	6,158	94.8	5,065	97.2
Baxter, AR	05005	7	41,950	13.9	3	10	5,142	7,019	92.6	5,533	96.7
Benton, AR	05007	2	203,107	19.5	8	52	32,380	36,954	86.6	29,280	92.0
Boone, AR	05009	7	36,672	16.7	8	20	6,225	7,417	91.1	6,016	93.0
Bradley, AR	05011	6	11,979	16.1	2	7	2,174	2,852	96.5	2,383	97.7
Calhoun, AR	05013	9	5,535	15.8	1	2	754	1,351	95.4	1,159	96.9
Carroll, AR	05015	6	27,429	16.4	3	9	3,751	5,062	91.2	4,297	92.2
Chicot, AR	05017	7	12,305	17.9	3	9	2,293	3,640	90.6	2,961	89.7
Clark, AR	05019	7	23,585	14.9	3	8	3,210	7,933	78.7	3,821	96.0
Clay, AR	05021	7	16,134	16.3	3	9	2,922	3,670	95.6	2,960	98.3
Cleburne, AR	05023	6	25,407	15.1	4	11	3,441	4,705	91.1	3,905	94.6
Cleveland, AR	05025	3	8,769	17.8	2	5	1,487	2,085	95.9	1,697	98.2
Columbia, AR	05027	7	24,351	16.4	3	11	4,018	7,482	95.4	4,889	97.0
Conway, AR	05029	6	20,740	17.5	4	10	3,311	4,962	91.2	3,877	93.4
Craighead, AR	05031	3	91,552	17.5	8	36	15,098	22,728	91.6	14,353	93.9
Crawford, AR	05033	2	59,031	19.3	5	25	11,247	13,483	92.9	10,961	96.2
Crittenden, AR	05035	1	52,103	21.7	5	24	11,244	14,577	92.1	11,592	95.2
Cross, AR	05037	6	18,685	18.2	2	7	3,828	5,275	94.9	4,316	97.7

[1]County type codes are from the Economic Research Service of the United States Department of Agriculture. See notes and definitions for more information.
... = Not available

Table C-1. Population, School, and Student Characteristics by County—Continued

STATE County	State/ county code	Students with IEP[2]	Students eligible for free or reduced-price lunch	Minority students	English language learners	Number of graduates, 2004–2005	Total staff	Number of teachers	Student/ teacher ratio	Central administration staff
		10	11	12	13	14	15	16	17	18
ALASKA	02000	13.5	31.4	42.3	15.6	6,909	17,626	7,857	16.9	1,337
Aleutians East Borough, AK	02013	18.5	36.9	90.8	0.0	17	62	34	8.0	4
Aleutians West Census Area, AK	02016	14.0	9.6	68.7	24.9	30	103	49	11.5	10
Anchorage, AK	02020	13.8	26.1	42.1	14.5	2,549	6,758	2,841	17.5	512
Bethel, AK	02050	14.4	61.5	96.0	68.9	102	874	356	14.1	88
Bristol Bay, AK	02060	18.5	43.6	65.7	73.4	28	190	72	11.9	29
Denali Borough, AK	02068	...	...	...	...	...	...	...	...	...
Dillingham, AK	02070	18.9	61.9	93.2	0.7	22	93	42	13.1	5
Fairbanks North Star, AK	02090	13.4	21.8	27.3	5.0	879	1,962	882	18.3	117
Haines, AK	02100	14.9	27.0	27.9	1.4	29	45	21	14.0	3
Juneau, AK	02110	14.2	14.8	40.7	16.8	320	674	315	16.7	46
Kenai Peninsula, AK	02122	14.1	32.7	17.8	3.2	575	1,075	550	17.5	61
Ketchikan Gateway, AK	02130	13.9	30.4	42.3	2.4	118	299	139	17.0	18
Kodiak Island, AK	02150	17.1	41.8	55.4	16.5	157	377	187	14.7	29
Lake and Peninsula Borough, AK	02164	14.4	68.3	93.0	0.0	17	116	44	9.5	12
Matanuska-Susitna, AK	02170	14.0	31.8	17.1	3.8	905	1,701	874	17.7	109
Nome, AK	02180	15.0	65.6	93.1	61.9	79	470	210	11.7	28
North Slope, AK	02185	12.0	28.5	93.2	45.8	56	443	193	10.1	26
Northwest Arctic Borough, AK	02188	11.8	73.1	94.1	36.9	59	397	164	13.1	37
Prince of Wales-Outer Ketchikan, AK	02201	14.0	41.1	50.6	0.0	68	230	104	14.5	21
Sitka, AK	02220	14.7	25.3	57.4	4.0	155	233	122	15.7	17
Skagway-Hoonah-Angoon, AK	02232	0.0	35.4	62.5	...	33	...	...	...	...
Southeast Fairbanks, AK	02240	14.8	33.5	30.4	9.1	29	73	31	13.8	8
Valdez-Cordova, AK	02261	15.1	29.2	34.8	3.1	137	319	134	15.8	27
Wade Hampton, AK	02270	10.1	86.2	99.4	97.8	85	413	178	14.1	32
Wrangell-Petersburg, AK	02280	15.0	29.3	38.7	2.3	91	143	75	14.5	18
Yakutat Borough, AK	02282	0.0	80.0	82.2	...	7	...	...	...	...
Yukon-Koyukuk, AK	02290	7.0	27.0	56.4	4.9	362	576	240	30.3	80
ARIZONA	04000	18.0	45.0	52.8	16.0	59,490	100,116	51,374	21.3	1,008
Apache, AZ	04001	19.5	31.0	83.8	26.2	804	2,176	898	15.5	28
Cochise, AZ	04003	16.8	55.0	56.1	13.7	1,479	2,398	1,123	20.3	57
Coconino, AZ	04005	21.8	34.2	56.7	13.6	1,532	2,519	1,165	19.5	33
Gila, AZ	04007	19.1	39.0	45.7	3.2	388	1,032	488	22.2	18
Graham, AZ	04009	14.0	24.0	43.7	0.5	553	640	338	21.8	11
Greenlee, AZ	04011	17.7	33.6	56.8	0.6	114	217	106	16.7	6
La Paz, AZ	04012	24.9	80.2	66.3	12.1	159	419	177	15.8	10
Maricopa, AZ	04013	17.3	41.6	50.5	16.4	36,154	59,351	31,432	21.9	486
Mohave, AZ	04015	20.0	47.8	27.0	6.4	1,461	2,439	1,209	23.1	25
Navajo, AZ	04017	14.8	47.6	60.4	13.0	2,784	2,664	1,221	24.6	59
Pima, AZ	04019	20.6	51.8	58.1	14.1	8,140	14,730	7,591	19.6	126
Pinal, AZ	04021	20.5	50.5	54.6	10.5	1,824	4,113	1,951	20.8	56
Santa Cruz, AZ	04023	12.0	85.1	94.3	48.3	540	1,042	555	19.0	9
Yavapai, AZ	04025	19.8	40.3	25.3	8.0	1,685	2,567	1,303	22.2	46
Yuma, AZ	04027	16.2	73.6	80.7	35.2	1,873	3,809	1,817	20.1	38
ARKANSAS	05000	12.3	52.9	31.8	4.4	26,621	70,673	32,997	14.4	2,436
Arkansas, AR	05001	10.1	57.2	37.0	0.2	234	535	255	14.0	20
Ashley, AR	05003	9.2	72.3	38.6	3.1	240	699	287	15.2	20
Baxter, AR	05005	10.9	51.6	2.2	0.4	329	727	353	14.6	20
Benton, AR	05007	10.5	39.4	25.9	14.6	1,604	4,728	2,046	15.8	116
Boone, AR	05009	11.8	45.1	2.2	0.2	328	987	448	13.9	31
Bradley, AR	05011	9.0	66.8	50.6	6.9	142	398	156	13.9	14
Calhoun, AR	05013	11.4	55.8	29.7	1.6	43	109	56	13.5	5
Carroll, AR	05015	11.6	54.0	21.4	10.9	224	667	281	13.3	20
Chicot, AR	05017	9.8	93.3	82.3	2.2	151	427	176	13.0	18
Clark, AR	05019	14.1	50.4	40.1	1.2	196	471	221	14.5	21
Clay, AR	05021	16.6	50.0	0.9	0.0	190	474	227	12.9	23
Cleburne, AR	05023	15.8	48.8	2.7	0.5	231	576	277	12.4	25
Cleveland, AR	05025	10.6	47.1	18.4	0.1	88	238	111	13.4	8
Columbia, AR	05027	10.8	57.2	51.5	0.4	267	584	282	14.2	20
Conway, AR	05029	12.1	55.0	24.5	1.6	213	527	253	13.1	18
Craighead, AR	05031	12.4	46.9	22.2	2.1	868	2,108	1,022	14.8	72
Crawford, AR	05033	12.4	47.9	13.6	3.8	700	1,535	744	15.1	51
Crittenden, AR	05035	12.5	80.5	68.1	0.1	521	1,511	737	15.3	45
Cross, AR	05037	13.7	54.2	29.7	0.0	238	532	259	14.8	21

[2]IEP = Individual Education Program. See notes and definitions for more information.
... = Not available.

Table C-1. Population, School, and Student Characteristics by County—Continued

STATE County	State/county code	Revenues, 2004–2005 Total revenue (thousands of dollars)	% Federal government	% State government	% Local government	Current expenditures, 2004–2005 Total expenditures (thousands of dollars)	Amount per student	Percent for instruction	Resident population 16 to 19 years, 2000 Total population 16 to 19 years	Percent in Armed Forces	Percent high school graduates	Percent not enrolled, not employed, not in Armed Forces, not high school grad.
		19	20	21	22	23	24	25	26	27	28	29
ALASKA	02000	1,599,739	18.9	54.9	26.1	1,435,708	10,830	57.8	38,321	2.3	15.1	5.2
Aleutians East Borough, AK	02013	6,651	26.7	52.6	20.7	7,283	24,772	63.7	116	0.0	24.1	3.4
Aleutians West Census Area, AK	02016	11,432	19.9	43.7	36.4	10,223	17,872	52.7	156	0.0	13.5	1.3
Anchorage, AK	02020	464,363	13.1	53.9	33.0	442,308	8,927	59.5	15,210	3.1	16.6	4.7
Bethel, AK	02050	127,115	29.4	66.4	4.2	86,431	18,308	54.1	1,175	0.0	14.6	8.6
Bristol Bay, AK	02060	21,291	35.4	52.5	12.1	18,867	21,010	48.7	75	0.0	18.7	9.3
Denali Borough, AK	02068	...	...	...	...	...	...	...	104	6.7	18.3	5.8
Dillingham, AK	02070	9,265	24.3	51.6	24.2	8,022	14,828	51.9	310	0.0	16.1	8.7
Fairbanks North Star, AK	02090	179,344	24.0	51.9	24.1	163,846	10,235	57.3	5,230	5.6	16.1	4.7
Haines, AK	02100	4,508	14.0	42.5	43.5	4,202	14,007	60.8	125	0.0	10.4	4.0
Juneau, AK	02110	53,749	10.6	51.0	38.4	50,735	9,481	59.0	1,692	0.4	13.2	1.2
Kenai Peninsula, AK	02122	99,249	8.1	52.0	39.9	95,751	9,856	58.9	3,224	0.9	12.4	2.8
Ketchikan Gateway, AK	02130	23,212	9.8	56.1	34.1	23,369	10,051	61.1	866	2.5	14.3	7.0
Kodiak Island, AK	02150	32,761	16.7	54.6	28.7	33,050	12,236	59.4	727	2.1	19.5	2.2
Lake and Peninsula Borough, AK	02164	11,281	31.4	55.9	12.7	11,057	27,234	50.9	149	0.0	16.1	8.1
Matanuska-Susitna, AK	02170	145,751	9.8	63.2	27.1	144,628	9,793	56.8	3,925	0.2	11.4	5.0
Nome, AK	02180	53,611	41.1	50.0	8.9	44,452	17,968	62.1	644	0.0	13.0	14.8
North Slope, AK	02185	48,051	22.0	22.2	55.8	47,308	24,411	50.3	556	0.0	17.6	7.2
Northwest Arctic Borough, AK	02188	59,199	23.9	40.9	35.3	42,035	19,615	52.2	539	0.0	16.0	20.4
Prince of Wales-Outer Ketchikan, AK	02201	24,664	35.6	55.0	9.4	21,009	14,034	57.2	361	0.0	11.1	4.2
Sitka, AK	02220	17,758	14.1	45.4	40.5	16,674	11,006	67.8	501	5.8	19.8	3.0
Skagway-Hoonah-Angoon, AK	02232	12,632	30.2	52.5	17.3	10,384	20,851	65.0	188	0.0	10.6	8.5
Southeast Fairbanks, AK	02240	8,391	28.8	67.7	3.6	8,108	18,098	60.2	405	2.0	16.5	6.4
Valdez-Cordova, AK	02261	29,164	13.7	56.9	29.4	26,982	12,360	60.7	611	0.8	12.9	5.9
Wade Hampton, AK	02270	64,987	31.8	64.6	3.6	38,519	14,970	57.8	573	0.0	12.7	10.8
Wrangell-Petersburg, AK	02280	13,886	18.6	56.2	25.2	13,760	11,924	62.3	345	0.0	13.0	3.5
Yakutat Borough, AK	02282	2,510	19.4	54.5	26.2	2,266	16,910	61.1	46	0.0	13.0	6.5
Yukon-Koyukuk, AK	02290	74,914	20.9	70.8	8.3	64,439	8,193	54.0	468	0.0	9.8	10.0
ARIZONA	04000	8,141,563	11.8	46.8	41.4	6,470,395	6,442	56.5	288,587	0.6	11.1	8.4
Apache, AZ	04001	162,550	45.0	38.9	16.1	138,676	9,983	49.5	5,232	0.0	9.7	11.9
Cochise, AZ	04003	168,207	17.1	54.4	28.5	143,401	6,900	58.1	7,562	10.4	19.8	6.1
Coconino, AZ	04005	188,136	23.7	37.3	39.0	149,851	7,579	55.4	8,192	0.0	7.9	6.6
Gila, AZ	04007	77,068	22.8	46.0	31.2	61,086	7,166	56.6	2,558	0.0	10.4	9.6
Graham, AZ	04009	46,583	19.4	62.1	18.5	38,681	6,659	59.8	2,653	0.0	10.8	7.9
Greenlee, AZ	04011	12,679	7.2	24.9	68.0	10,999	6,752	57.3	538	0.0	10.0	2.2
La Paz, AZ	04012	26,364	33.0	38.0	29.0	23,735	8,393	51.4	923	0.0	10.9	8.2
Maricopa, AZ	04013	5,054,502	8.4	45.2	46.5	3,930,766	6,234	57.7	168,713	0.2	11.3	8.4
Mohave, AZ	04015	183,040	13.6	46.7	39.7	155,309	5,680	55.7	7,038	0.0	13.9	11.8
Navajo, AZ	04017	220,206	34.0	45.4	20.6	179,714	8,161	51.6	7,191	0.0	10.3	10.5
Pima, AZ	04019	1,159,159	11.6	50.6	37.7	968,831	6,613	55.2	49,172	0.7	10.0	6.8
Pinal, AZ	04021	281,173	13.0	54.9	32.2	218,547	6,839	55.0	9,460	0.0	10.9	14.5
Santa Cruz, AZ	04023	84,554	15.7	54.5	29.8	67,765	6,443	54.5	2,215	0.0	8.2	8.4
Yavapai, AZ	04025	193,347	10.1	45.4	44.5	162,023	6,078	56.5	7,946	0.1	10.5	6.0
Yuma, AZ	04027	283,987	17.1	58.5	24.5	221,011	6,205	53.3	9,194	3.3	11.4	9.6
ARKANSAS	05000	3,987,344	11.2	57.6	31.1	3,476,261	7,510	61.1	156,258	0.2	13.2	5.4
Arkansas, AR	05001	29,023	12.4	56.9	30.7	25,605	7,237	63.7	1,142	0.0	11.6	6.5
Ashley, AR	05003	36,797	12.1	58.3	29.5	29,954	6,937	59.9	1,373	0.0	9.7	4.4
Baxter, AR	05005	38,409	10.7	49.0	40.3	35,630	7,060	61.5	1,655	0.0	22.9	2.8
Benton, AR	05007	247,423	6.9	49.4	43.7	214,913	7,034	62.4	8,071	0.0	13.8	4.4
Boone, AR	05009	51,574	9.9	58.6	31.5	44,897	7,306	61.3	1,867	0.0	15.3	4.2
Bradley, AR	05011	20,418	12.9	62.2	24.9	17,784	8,318	61.0	679	1.2	23.3	3.5
Calhoun, AR	05013	5,518	9.6	50.0	40.4	5,265	6,882	59.5	273	0.0	13.9	0.0
Carroll, AR	05015	29,623	10.8	51.4	37.8	25,810	6,946	62.4	1,457	0.0	21.4	6.2
Chicot, AR	05017	23,429	16.3	56.4	27.3	20,671	9,035	59.8	916	0.0	12.1	6.6
Clark, AR	05019	32,163	16.0	51.6	32.4	28,359	9,116	52.2	2,054	0.0	5.9	1.3
Clay, AR	05021	23,009	10.7	61.6	27.8	20,688	7,027	65.2	777	0.0	18.5	1.3
Cleburne, AR	05023	27,561	11.2	49.7	39.1	23,319	6,734	62.3	1,131	0.0	14.1	4.7
Cleveland, AR	05025	14,543	13.7	56.5	29.8	13,036	8,874	59.8	453	0.0	19.9	3.5
Columbia, AR	05027	32,955	11.3	60.8	27.9	27,209	6,770	60.7	1,800	0.0	7.9	5.2
Conway, AR	05029	35,380	10.3	55.4	34.2	29,032	8,798	54.2	1,158	0.0	14.6	5.4
Craighead, AR	05031	116,646	11.7	55.8	32.5	99,192	6,789	62.0	5,400	0.0	14.2	2.0
Crawford, AR	05033	88,655	10.0	63.7	26.3	77,670	7,059	62.3	3,033	0.0	12.2	4.0
Crittenden, AR	05035	91,421	12.4	67.2	20.3	78,995	7,070	61.4	3,230	0.0	9.2	7.5
Cross, AR	05037	31,646	12.7	63.7	23.6	29,381	7,416	62.4	1,232	0.0	13.3	6.7

... = Not available.

PART C—COUNTY EDUCATION STATISTICS

Table C-1. Population, School, and Student Characteristics by County—Continued

STATE County	State/ county code	Population 25 years and over	High school diploma or less (percent)	High school diploma or more (percent)	College enrollment, 2000 Number	Percent public	Bachelor's degree or more	+/- U.S. percent with bachelor's degree or more	Non-Hispanic White	Black	American Indian, Alaska Native	Asian and Pacific Islander	Hispanic or Latino[3]
		30	31	32	33	34	35	36	37	38	39	40	41
ALASKA	02000	379,556	39.5	88.3	32,303	85.3	24.7	0.3	29.5	14.9	6.0	20.4	15.3
Aleutians East Borough, AK	02013	2,007	74.2	74.7	28	82.1	4.9	-19.5	17.5	0.0	1.4	1.3	0.0
Aleutians West Census Area, AK	02016	4,251	55.9	78.5	161	51.6	11.0	-13.4	22.9	0.8	3.2	3.4	6.8
Anchorage, AK	02020	159,931	33.9	90.3	15,169	81.9	28.9	4.5	33.0	15.5	10.6	23.1	16.3
Bethel, AK	02050	8,026	67.6	71.0	375	85.9	13.1	-11.3	46.5	7.4	4.5	24.7	30.9
Bristol Bay, AK	02060	782	45.1	88.9	54	92.6	21.1	-3.3	28.9	0.0	8.9	22.2	40.0
Denali Borough, AK	02068	1,316	38.7	91.7	88	89.8	22.7	-1.7	24.2	11.8	6.7	23.5	23.5
Dillingham, AK	02070	2,655	57.3	76.6	176	87.5	16.4	-8.0	39.6	33.3	4.6	45.0	20.4
Fairbanks North Star, AK	02090	47,974	33.7	91.8	6,952	91.7	27.0	2.6	30.0	12.5	9.8	24.6	15.5
Haines, AK	02100	1,660	42.2	88.9	60	60.0	23.8	-0.6	26.3	0.0	8.5	20.0	31.3
Juneau, AK	02110	19,899	28.8	93.2	1,890	93.0	36.0	11.6	41.5	23.0	7.9	32.1	19.9
Kenai Peninsula, AK	02122	31,388	43.3	88.5	1,623	86.9	20.3	-4.1	22.1	5.4	3.4	20.5	14.1
Ketchikan Gateway, AK	02130	8,999	40.1	89.6	456	86.0	20.2	-4.2	22.9	0.0	4.3	23.5	28.1
Kodiak Island, AK	02150	8,187	45.9	85.4	543	83.4	18.7	-5.7	24.7	16.2	5.4	9.8	10.6
Lake and Peninsula Borough, AK	02164	981	67.1	72.2	39	66.7	12.4	-12.0	40.2	...	2.0	0.0	0.0
Matanuska-Susitna, AK	02170	35,721	43.2	88.1	2,100	88.7	18.3	-6.1	19.3	19.8	5.9	17.4	9.0
Nome, AK	02180	4,916	63.3	74.8	278	91.4	14.7	-9.7	42.4	25.0	3.3	24.5	6.5
North Slope, AK	02185	3,883	57.6	77.4	250	88.0	17.0	-7.4	48.0	39.5	3.3	24.7	13.8
Northwest Arctic Borough, AK	02188	3,498	68.4	72.0	121	89.3	12.7	-11.7	44.8	0.0	3.3	39.5	34.8
Prince of Wales-Outer Ketchikan, AK	02201	3,797	57.0	84.1	109	90.8	14.2	-10.2	19.7	33.3	5.1	12.5	7.7
Sitka, AK	02220	5,608	34.7	90.6	575	65.9	29.5	5.1	36.6	45.2	8.2	20.4	14.7
Skagway-Hoonah-Angoon, AK	02232	2,273	46.1	84.4	104	75.0	21.6	-2.8	27.4	0.0	6.7	15.4	44.7
Southeast Fairbanks, AK	02240	3,693	48.3	86.8	286	85.0	18.2	-6.2	20.6	11.9	4.4	0.0	20.6
Valdez-Cordova, AK	02261	6,441	41.4	88.5	416	78.1	21.2	-3.2	23.8	20.8	5.7	24.2	17.4
Wade Hampton, AK	02270	3,082	74.9	66.3	119	94.1	9.1	-15.3	68.1	42.9	2.8	55.6	16.7
Wrangell-Petersburg, AK	02280	4,359	50.6	85.8	140	83.6	16.3	-8.1	19.2	...	2.0	16.5	13.2
Yakutat Borough, AK	02282	522	49.0	84.3	27	100.0	17.6	-6.8	20.4	100.0	10.9	20.0	0.0
Yukon-Koyukuk, AK	02290	3,707	65.0	74.3	164	91.5	14.2	-10.2	35.0	0.0	4.3	33.3	24.2
ARIZONA	04000	3,256,184	43.3	81.0	331,099	84.5	23.5	-0.9	28.1	18.6	7.3	43.2	8.1
Apache, AZ	04001	36,217	61.2	63.6	3,235	87.5	11.3	-13.1	25.4	8.3	6.7	51.1	7.9
Cochise, AZ	04003	75,774	45.2	79.5	7,459	86.4	18.8	-5.6	23.7	18.9	6.9	18.1	5.8
Coconino, AZ	04005	65,976	37.9	83.8	14,842	95.6	29.9	5.5	40.2	21.8	7.8	45.3	15.3
Gila, AZ	04007	35,150	50.5	78.2	1,886	90.5	13.9	-10.5	16.6	9.3	1.9	41.6	6.3
Graham, AZ	04009	19,302	54.5	75.6	2,540	94.2	11.8	-12.6	17.6	4.0	2.5	27.5	2.2
Greenlee, AZ	04011	5,207	52.6	82.5	222	89.6	12.2	-12.2	16.0	6.9	0.0	0.0	7.3
La Paz, AZ	04012	14,389	64.6	69.3	437	90.4	8.7	-15.7	9.8	16.9	6.5	16.9	3.8
Maricopa, AZ	04013	1,934,957	40.6	82.5	197,913	81.2	25.9	1.5	30.2	19.9	11.2	45.7	8.1
Mohave, AZ	04015	109,347	57.4	77.5	5,259	91.3	9.9	-14.5	10.3	6.2	6.0	22.8	6.0
Navajo, AZ	04017	54,215	56.6	71.2	3,956	88.5	12.3	-12.1	19.9	6.4	4.2	25.9	4.8
Pima, AZ	04019	546,200	39.9	83.4	69,727	90.0	26.7	2.3	32.5	16.8	9.4	42.2	10.9
Pinal, AZ	04021	119,102	57.7	72.7	6,840	85.5	11.9	-12.5	15.6	7.4	2.0	22.6	3.9
Santa Cruz, AZ	04023	22,445	62.2	60.7	1,314	88.0	15.2	-9.2	37.5	11.2	6.3	16.5	7.9
Yavapai, AZ	04025	120,223	43.5	84.7	8,408	72.2	21.1	-3.3	22.3	39.5	9.7	42.4	7.7
Yuma, AZ	04027	97,680	59.9	65.8	7,061	93.1	11.8	-12.6	16.6	12.6	6.2	23.4	4.7
ARKANSAS	05000	1,731,200	58.8	75.3	128,063	85.2	16.7	-7.7	17.9	10.2	12.1	31.5	7.1
Arkansas, AR	05001	13,888	67.4	72.4	743	90.8	12.2	-12.2	14.0	4.8	0.0	31.1	0.0
Ashley, AR	05003	15,722	70.7	72.5	671	88.1	10.1	-14.3	11.8	4.6	12.3	44.4	3.2
Baxter, AR	05005	28,861	60.0	77.5	911	94.7	12.8	-11.6	12.8	0.0	13.1	18.8	5.4
Benton, AR	05007	99,436	52.4	80.4	5,637	71.6	20.3	-4.1	21.3	27.2	11.7	35.9	6.2
Boone, AR	05009	23,070	58.2	76.8	988	89.4	12.7	-11.7	12.7	0.0	5.9	30.0	16.2
Bradley, AR	05011	8,368	70.2	66.6	345	92.2	11.9	-12.5	14.9	6.0	0.0	0.0	5.1
Calhoun, AR	05013	3,906	74.8	68.7	115	83.5	7.3	-17.1	8.4	3.1	0.0	0.0	7.1
Carroll, AR	05015	17,207	62.3	71.8	398	91.2	13.8	-10.6	14.5	0.0	17.8	18.2	4.8
Chicot, AR	05017	9,062	71.0	64.2	348	98.6	11.7	-12.7	15.9	7.2	0.0	27.5	7.5
Clark, AR	05019	13,735	57.1	75.3	3,738	61.6	19.8	-4.6	23.1	8.7	35.6	56.8	7.3
Clay, AR	05021	12,175	77.2	60.6	402	91.5	7.4	-17.0	7.3	0.0	3.8	100.0	0.0
Cleburne, AR	05023	17,299	61.6	74.8	538	86.4	13.9	-10.5	14.0	20.0	14.3	55.6	4.7
Cleveland, AR	05025	5,659	70.3	73.1	253	88.1	10.0	-14.4	11.1	2.7	0.0	10.0	0.0
Columbia, AR	05027	16,039	61.7	74.1	2,082	95.3	16.8	-7.6	22.0	6.5	4.2	33.3	7.2
Conway, AR	05029	13,480	68.2	73.2	712	89.9	11.5	-12.9	12.3	7.5	23.8	19.4	4.6
Craighead, AR	05031	50,725	55.5	77.3	6,945	95.3	20.9	-3.5	21.5	14.4	8.6	22.0	11.6
Crawford, AR	05033	33,765	64.5	71.5	1,655	88.1	9.7	-14.7	9.9	8.7	4.6	7.0	9.4
Crittenden, AR	05035	30,251	64.0	69.2	1,928	86.6	12.8	-11.6	18.0	5.4	11.3	15.4	0.0
Cross, AR	05037	12,412	69.8	68.3	645	92.6	9.9	-14.5	10.8	6.4	14.5	22.2	0.0

[3] May be of any race.
... = Not available.

Table C-1. Population, School, and Student Characteristics by County—Continued

STATE County	State/county code	County type[1]	Population, 2007 Total	Population, 2007 Percent 5 to 17 years	Number of schools and students, 2005–2006 School districts	Number of schools and students, 2005–2006 Schools	Number of schools and students, 2005–2006 Students	Resident enrollment, 2000 Total enrollment Number	Resident enrollment, 2000 Total enrollment Percent public	Resident enrollment, 2000 K–12 enrollment Number	Resident enrollment, 2000 K–12 enrollment Percent public
			1	2	3	4	5	6	7	8	9
Dallas, AR	05039	6	8,249	17.8	1	3	1,177	2,357	97.4	2,015	99.5
Desha, AR	05041	6	13,799	18.3	2	7	3,229	4,212	96.1	3,406	97.9
Drew, AR	05043	7	18,745	17.6	4	8	3,390	5,425	96.9	3,633	98.6
Faulkner, AR	05045	2	104,865	17.5	7	33	16,180	26,908	84.8	16,292	91.0
Franklin, AR	05047	2	18,157	17.5	4	9	3,341	4,051	94.6	3,379	96.5
Fulton, AR	05049	9	11,752	15.4	3	6	1,612	2,435	94.5	2,031	96.1
Garland, AR	05051	3	96,371	15.6	8	27	13,878	18,185	89.9	14,253	93.5
Grant, AR	05053	2	17,460	17.5	2	9	4,872	3,925	95.0	3,194	97.4
Greene, AR	05055	6	40,397	17.9	3	15	7,326	8,654	91.2	6,798	94.5
Hempstead, AR	05057	6	23,226	18.5	4	11	4,139	5,894	94.1	4,618	96.3
Hot Spring, AR	05059	6	31,850	17.0	6	16	5,573	7,183	93.2	5,578	96.6
Howard, AR	05061	7	13,997	18.2	3	10	3,136	3,353	93.0	2,847	95.5
Independence, AR	05063	7	34,566	16.3	5	18	5,898	8,165	87.9	6,268	95.4
Izard, AR	05065	9	12,978	14.7	4	8	1,906	2,658	93.1	2,093	94.8
Jackson, AR	05067	6	17,219	15.1	2	8	2,594	4,023	94.8	3,200	98.2
Jefferson, AR	05069	3	78,986	17.7	7	37	14,353	22,966	92.9	16,558	95.4
Johnson, AR	05071	6	24,747	17.7	3	10	4,118	5,363	93.9	4,256	97.9
Lafayette, AR	05073	8	7,760	16.8	2	6	1,357	2,064	97.1	1,706	98.2
Lawrence, AR	05075	6	16,860	16.2	7	13	3,331	4,345	89.3	3,181	96.8
Lee, AR	05077	6	10,859	16.0	1	4	1,526	3,184	89.4	2,646	88.1
Lincoln, AR	05079	3	13,729	13.8	1	3	1,800	2,933	93.8	2,397	94.9
Little River, AR	05081	6	12,812	17.1	2	7	2,206	3,128	92.9	2,481	94.9
Logan, AR	05083	6	22,599	17.7	4	10	3,627	5,033	92.9	4,293	95.1
Lonoke, AR	05085	2	63,562	19.1	4	22	12,340	14,008	93.0	11,362	96.9
Madison, AR	05087	2	15,420	17.6	1	6	2,491	3,198	95.4	2,875	96.3
Marion, AR	05089	9	16,629	14.4	2	6	1,919	3,301	92.2	2,770	93.4
Miller, AR	05091	3	42,662	18.7	3	16	6,828	9,869	89.4	7,692	92.2
Mississippi, AR	05093	4	46,664	20.3	7	25	9,076	13,939	92.7	11,331	93.9
Monroe, AR	05095	7	8,712	17.5	2	6	1,703	2,564	87.9	2,218	88.4
Montgomery, AR	05097	8	9,048	16.1	2	4	1,262	1,860	94.7	1,589	95.5
Nevada, AR	05099	7	9,376	16.8	2	5	1,499	2,425	96.9	1,927	99.0
Newton, AR	05101	9	8,339	15.7	2	10	1,410	1,944	94.8	1,656	94.5
Ouachita, AR	05103	7	26,068	16.8	6	16	5,221	7,398	93.4	5,915	94.7
Perry, AR	05105	2	10,391	17.7	2	4	1,733	2,325	91.9	1,958	94.7
Phillips, AR	05107	7	22,035	21.6	6	13	5,187	8,079	90.0	6,506	91.0
Pike, AR	05109	9	10,791	16.7	4	9	2,424	2,606	93.5	2,111	95.2
Poinsett, AR	05111	3	24,850	18.4	6	13	4,770	5,948	96.9	4,997	97.5
Polk, AR	05113	7	20,197	17.4	4	16	4,128	4,834	93.4	3,852	94.6
Pope, AR	05115	5	58,961	16.9	5	23	9,927	15,194	93.8	10,420	95.9
Prairie, AR	05117	8	8,739	16.0	3	6	1,349	2,040	93.6	1,761	95.6
Pulaski, AR	05119	2	373,911	18.0	7	117	55,614	94,618	80.0	66,912	81.2
Randolph, AR	05121	7	18,089	16.7	2	6	2,456	4,304	92.8	3,368	95.0
St. Francis, AR	05123	6	26,900	18.9	4	11	5,318	8,028	94.3	6,323	94.4
Saline, AR	05125	2	96,212	17.6	5	22	13,269	20,335	88.0	15,742	93.1
Scott, AR	05127	6	11,304	18.1	1	3	1,835	2,425	96.4	2,123	97.6
Searcy, AR	05129	9	8,087	14.9	2	11	1,764	1,770	96.8	1,471	97.5
Sebastian, AR	05131	2	121,766	18.5	7	42	19,828	27,690	88.4	21,523	90.9
Sevier, AR	05133	7	16,325	20.3	4	10	3,361	3,907	96.5	3,254	98.0
Sharp, AR	05135	7	17,848	15.5	3	11	3,447	3,404	92.6	2,774	94.9
Stone, AR	05137	9	11,971	15.1	1	6	1,758	2,284	94.0	1,962	95.5
Union, AR	05139	5	43,230	17.2	7	24	8,216	11,194	91.0	9,106	92.7
Van Buren, AR	05141	8	16,507	15.0	3	12	2,461	3,205	93.9	2,688	95.9
Washington, AR	05143	2	194,292	17.9	11	59	32,565	46,255	91.3	27,413	93.9
White, AR	05145	4	73,441	17.0	10	28	12,310	18,439	75.5	12,232	91.9
Woodruff, AR	05147	9	7,649	17.2	2	5	1,388	2,089	96.6	1,674	97.9
Yell, AR	05149	6	21,786	18.0	4	14	4,314	4,761	94.7	4,062	96.7
CALIFORNIA	06000	X	36,553,215	18.4	1,128	9,650	6,437,202	10,129,990	85.9	7,026,326	90.5
Alameda, CA	06001	1	1,464,202	16.7	28	395	214,271	417,264	83.1	264,846	87.2
Alpine, CA	06003	8	1,145	13.5	2	7	133	296	91.2	208	88.9
Amador, CA	06005	6	38,678	12.8	4	18	5,303	8,110	87.8	6,659	92.5
Butte, CA	06007	3	218,779	15.4	16	97	33,192	66,431	93.1	38,232	93.0
Calaveras, CA	06009	6	46,844	14.4	6	31	6,861	9,406	93.3	7,597	96.1
Colusa, CA	06011	6	21,302	20.3	5	21	4,504	5,596	94.4	4,635	96.1
Contra Costa, CA	06013	1	1,019,640	18.1	20	258	165,785	270,131	83.3	189,347	89.2
Del Norte, CA	06015	7	29,022	14.9	3	21	5,042	7,135	87.9	5,685	87.7
El Dorado, CA	06017	1	175,689	16.4	17	75	29,332	44,193	89.6	32,460	92.8
Fresno, CA	06019	2	899,348	21.1	37	328	192,528	263,942	93.0	197,351	96.1

[1]County type codes are from the Economic Research Service of the United States Department of Agriculture. See notes and definitions for more information.

PART C—COUNTY EDUCATION STATISTICS

Table C-1. Population, School, and Student Characteristics by County—Continued

STATE County	State/ county code	Students with IEP[2]	Students eligible for free or reduced-price lunch	Minority students	English language learners	Number of graduates, 2004–2005	Total staff	Number of teachers	Student/ teacher ratio	Central administration staff
		10	11	12	13	14	15	16	17	18
Dallas, AR	05039	10.8	50.9	48.1	0.1	81	183	87	13.5	4
Desha, AR	05041	12.5	70.4	62.5	2.5	186	530	237	13.6	15
Drew, AR	05043	9.8	54.0	37.3	1.4	213	520	237	14.3	16
Faulkner, AR	05045	13.9	37.0	17.9	1.1	1,000	2,214	1,090	14.8	79
Franklin, AR	05047	12.0	44.1	4.3	0.3	228	471	242	13.8	17
Fulton, AR	05049	14.1	55.4	2.8	0.0	116	261	128	12.6	14
Garland, AR	05051	12.7	52.2	22.3	2.9	751	1,921	923	15.0	73
Grant, AR	05053	13.5	39.0	4.3	1.1	289	651	312	15.6	27
Greene, AR	05055	14.8	49.4	2.6	0.8	371	1,050	506	14.5	35
Hempstead, AR	05057	9.9	63.9	54.0	5.7	285	719	316	13.1	18
Hot Spring, AR	05059	13.5	51.3	16.5	0.8	336	845	410	13.6	34
Howard, AR	05061	12.0	57.0	39.9	3.7	207	489	252	12.4	15
Independence, AR	05063	15.4	52.2	9.9	3.1	297	985	425	13.9	44
Izard, AR	05065	15.2	59.3	1.8	0.0	132	348	160	11.9	21
Jackson, AR	05067	12.4	62.6	23.8	1.2	132	422	207	12.5	15
Jefferson, AR	05069	10.9	63.8	69.2	0.1	814	2,211	947	15.2	50
Johnson, AR	05071	10.3	60.2	15.8	7.9	215	576	296	13.9	17
Lafayette, AR	05073	10.2	73.0	55.2	0.1	90	245	107	12.7	8
Lawrence, AR	05075	16.7	61.7	1.5	0.0	222	571	281	11.9	33
Lee, AR	05077	13.6	87.4	91.3	0.1	99	299	114	13.4	4
Lincoln, AR	05079	11.9	53.4	29.7	1.9	86	235	112	16.1	11
Little River, AR	05081	12.5	51.4	31.1	0.0	131	352	170	13.0	9
Logan, AR	05083	12.4	54.7	6.7	0.9	223	535	266	13.6	18
Lonoke, AR	05085	14.1	39.2	11.9	0.9	669	1,672	821	15.0	55
Madison, AR	05087	12.2	50.8	7.4	3.7	140	376	176	14.2	10
Marion, AR	05089	14.7	58.7	1.0	0.0	103	321	152	12.6	12
Miller, AR	05091	14.4	60.7	36.9	0.4	365	1,067	483	14.1	40
Mississippi, AR	05093	14.5	74.1	51.6	0.5	486	1,505	661	13.7	55
Monroe, AR	05095	12.8	88.3	58.4	0.1	86	292	132	12.9	18
Montgomery, AR	05097	10.1	62.4	7.6	1.5	72	199	96	13.1	6
Nevada, AR	05099	13.4	65.7	44.9	1.5	102	267	119	12.6	12
Newton, AR	05101	16.1	61.2	7.2	0.0	111	323	147	9.6	14
Ouachita, AR	05103	11.8	63.8	57.3	0.1	375	912	389	13.4	30
Perry, AR	05105	18.1	47.1	3.9	0.0	103	277	137	12.6	10
Phillips, AR	05107	10.2	81.8	83.1	0.3	226	853	358	14.5	28
Pike, AR	05109	13.2	54.6	14.1	4.4	151	387	198	12.2	18
Poinsett, AR	05111	17.7	61.7	13.4	0.8	254	763	375	12.7	32
Polk, AR	05113	11.1	59.1	9.5	2.7	222	653	314	13.1	29
Pope, AR	05115	11.7	49.7	13.3	2.4	603	1,483	725	13.7	46
Prairie, AR	05117	13.0	53.4	22.2	0.0	92	250	116	11.6	13
Pulaski, AR	05119	11.9	53.6	62.4	2.5	2,707	8,280	3,829	14.5	273
Randolph, AR	05121	14.2	58.7	3.3	0.2	152	327	160	15.4	14
St. Francis, AR	05123	11.6	72.2	72.5	0.1	268	869	378	14.1	24
Saline, AR	05125	12.4	29.0	8.2	2.0	747	1,603	838	15.8	57
Scott, AR	05127	10.8	58.3	14.1	10.4	114	239	112	16.4	9
Searcy, AR	05129	16.1	71.9	2.3	0.0	136	369	154	11.5	12
Sebastian, AR	05131	12.1	51.3	33.8	11.4	1,225	2,711	1,302	15.2	103
Sevier, AR	05133	9.6	66.3	47.1	10.2	175	498	226	14.9	13
Sharp, AR	05135	14.2	57.8	2.6	0.1	230	599	274	12.6	28
Stone, AR	05137	14.6	56.5	2.5	0.1	110	276	137	12.8	10
Union, AR	05139	9.7	50.5	45.5	1.9	503	1,272	600	13.7	46
Van Buren, AR	05141	16.7	60.8	4.7	0.7	160	463	220	11.2	22
Washington, AR	05143	10.7	43.0	30.4	19.1	1,573	4,359	2,040	16.0	149
White, AR	05145	13.9	47.1	9.4	1.1	737	1,746	865	14.2	64
Woodruff, AR	05147	17.4	89.8	62.8	0.7	65	258	113	12.3	12
Yell, AR	05149	12.7	63.1	28.0	14.3	248	738	334	12.9	27
CALIFORNIA	06000	10.7	48.5	70.2	24.9	355,214	570,174	300,271	21.0	25,748
Alameda, CA	06001	10.6	30.4	73.4	20.7	12,724	18,530	10,706	20.0	814
Alpine, CA	06003	17.3	45.1	48.5	0.0	3	40	14	9.5	3
Amador, CA	06005	13.1	25.0	22.8	5.4	367	541	278	19.1	19
Butte, CA	06007	12.6	47.9	30.6	11.9	2,281	3,304	1,730	19.2	158
Calaveras, CA	06009	10.9	30.3	15.1	1.9	500	672	329	20.9	44
Colusa, CA	06011	3.2	66.8	69.2	39.7	278	485	256	17.6	28
Contra Costa, CA	06013	12.1	23.6	53.8	15.7	10,218	14,360	7,986	20.8	704
Del Norte, CA	06015	10.9	53.0	37.0	8.5	530	536	254	19.9	13
El Dorado, CA	06017	11.2	20.8	19.7	5.0	2,029	2,643	1,425	20.6	153
Fresno, CA	06019	9.7	64.6	75.4	26.3	10,670	18,039	9,385	20.5	660

[2]IEP = Individual Education Program. See notes and definitions for more information.

Table C-1. Population, School, and Student Characteristics by County—Continued

STATE County	State/ county code	Revenues, 2004–2005				Current expenditures, 2004–2005			Resident population 16 to 19 years, 2000			
		Total revenue (thousands of dollars)	Federal government	State government	Local government	Total expenditures (thousands of dollars)	Amount per student	Percent for instruction	Total population 16 to 19 years	Percent in Armed Forces	Percent high school graduates	Percent not enrolled, not employed, not in Armed Forces, not high school grad.
		19	20	21	22	23	24	25	26	27	28	29
Dallas, AR	05039	10,855	11.3	70.9	17.9	9,663	8,273	67.0	602	0.0	11.3	11.8
Desha, AR	05041	31,448	14.6	59.8	25.6	27,363	8,277	61.0	963	0.1	9.9	4.0
Drew, AR	05043	39,839	21.4	56.0	22.6	30,470	9,090	58.2	1,343	0.0	10.3	3.9
Faulkner, AR	05045	121,864	8.6	59.8	31.6	109,182	7,020	63.1	6,320	0.2	9.6	1.2
Franklin, AR	05047	31,205	17.4	57.3	25.3	26,463	7,911	56.0	1,195	0.0	16.5	6.1
Fulton, AR	05049	11,830	12.2	63.1	24.6	10,813	6,883	64.0	552	0.0	10.5	3.8
Garland, AR	05051	113,091	10.4	49.2	40.4	97,728	7,316	59.9	4,158	0.0	15.6	6.3
Grant, AR	05053	34,085	9.0	67.1	23.9	31,764	6,635	62.6	885	0.0	16.9	2.0
Greene, AR	05055	53,596	10.7	61.4	28.0	48,683	6,931	61.6	2,054	0.0	15.9	6.4
Hempstead, AR	05057	38,869	13.8	62.2	24.0	33,758	8,228	60.5	1,363	0.0	13.4	10.4
Hot Spring, AR	05059	44,666	9.4	61.1	29.5	40,769	7,396	61.1	1,662	0.0	16.3	5.1
Howard, AR	05061	24,980	12.1	61.2	26.7	22,678	7,339	64.6	855	0.0	11.6	9.6
Independence, AR	05063	48,565	10.6	56.3	33.1	45,646	7,785	60.1	2,132	0.7	15.1	3.0
Izard, AR	05065	19,656	12.4	60.4	27.2	16,543	8,799	57.8	610	0.0	15.1	5.9
Jackson, AR	05067	23,526	19.6	52.9	27.5	21,056	8,206	59.5	1,108	0.2	7.3	15.2
Jefferson, AR	05069	121,221	11.9	63.5	24.6	105,512	7,394	62.4	5,609	0.0	12.9	6.0
Johnson, AR	05071	31,091	11.4	64.7	23.9	27,535	6,851	63.9	1,393	0.4	12.3	8.0
Lafayette, AR	05073	13,122	16.3	59.8	23.9	10,862	7,831	62.2	513	0.0	9.4	4.5
Lawrence, AR	05075	31,340	12.9	62.7	24.4	26,024	7,903	63.0	1,107	0.0	13.2	4.2
Lee, AR	05077	15,146	21.2	63.1	15.7	13,526	8,687	61.7	818	0.0	10.9	9.5
Lincoln, AR	05079	15,084	10.8	67.9	21.3	11,386	6,319	62.6	804	0.0	18.0	6.6
Little River, AR	05081	18,282	10.0	39.1	50.9	15,727	6,953	59.8	695	0.0	19.9	3.3
Logan, AR	05083	27,890	10.7	63.0	26.3	24,406	6,975	60.8	1,234	0.1	17.8	5.2
Lonoke, AR	05085	99,110	10.4	57.4	32.1	82,477	7,040	63.2	3,102	0.7	15.0	5.6
Madison, AR	05087	19,847	10.8	65.8	23.4	18,189	7,284	64.1	813	0.0	15.0	4.4
Marion, AR	05089	15,107	12.5	58.7	28.8	13,848	7,183	62.5	774	0.0	11.1	1.7
Miller, AR	05091	55,779	10.9	61.8	27.3	47,364	7,328	60.8	2,225	0.0	14.7	8.6
Mississippi, AR	05093	78,698	13.3	65.4	21.4	67,070	7,424	61.7	3,268	0.0	14.4	10.4
Monroe, AR	05095	16,744	15.8	64.5	19.7	15,005	8,790	59.4	566	0.0	14.1	4.9
Montgomery, AR	05097	9,826	18.7	54.2	27.2	8,423	6,898	63.5	459	0.0	10.5	6.8
Nevada, AR	05099	12,432	11.2	62.6	26.3	11,580	7,598	62.2	480	0.0	12.3	2.1
Newton, AR	05101	13,987	15.8	64.1	20.1	11,830	8,585	59.7	500	0.0	14.6	4.4
Ouachita, AR	05103	50,654	13.9	65.9	20.2	44,690	8,394	57.2	1,647	0.0	11.8	6.1
Perry, AR	05105	13,028	12.2	68.3	19.6	10,861	6,231	62.3	579	0.0	15.4	8.8
Phillips, AR	05107	55,226	20.6	64.4	15.0	45,730	8,921	58.4	1,854	0.2	8.0	7.2
Pike, AR	05109	19,063	11.4	60.5	28.1	17,465	7,329	64.4	609	0.0	8.5	3.0
Poinsett, AR	05111	41,805	16.3	62.2	21.5	37,678	7,846	58.7	1,520	0.0	12.4	8.8
Polk, AR	05113	35,228	12.6	66.2	21.2	29,865	7,389	62.5	1,142	0.4	14.1	4.0
Pope, AR	05115	84,670	10.8	49.3	39.9	72,817	7,558	59.0	3,688	0.1	10.9	5.4
Prairie, AR	05117	10,852	11.8	56.8	31.5	10,193	7,612	62.4	490	0.0	12.9	3.9
Pulaski, AR	05119	532,106	9.4	51.5	39.1	470,197	8,685	59.0	19,002	1.3	13.3	5.9
Randolph, AR	05121	18,296	11.7	64.5	23.8	15,680	6,424	65.4	1,000	0.0	19.5	9.6
St. Francis, AR	05123	47,681	15.2	68.8	16.0	43,218	8,092	56.9	1,853	0.0	12.3	6.4
Saline, AR	05125	94,682	6.4	63.1	30.5	81,811	6,393	64.9	4,127	0.0	14.4	4.6
Scott, AR	05127	13,777	19.8	62.4	17.8	10,548	6,216	63.2	604	0.0	15.2	6.5
Searcy, AR	05129	18,806	13.5	66.7	19.9	14,860	8,279	60.5	473	0.0	17.3	3.2
Sebastian, AR	05131	156,919	13.1	53.0	33.8	140,204	7,337	59.5	6,418	0.3	12.8	6.6
Sevier, AR	05133	31,077	13.5	67.2	19.3	26,578	7,778	58.3	968	0.0	14.7	6.1
Sharp, AR	05135	29,481	11.2	64.6	24.3	23,841	6,626	63.6	870	0.0	16.7	9.3
Stone, AR	05137	14,048	13.6	64.4	22.1	12,094	7,048	65.0	587	0.0	25.6	4.1
Union, AR	05139	65,880	10.8	58.9	30.4	56,820	6,963	63.6	2,802	0.0	14.2	7.1
Van Buren, AR	05141	21,554	12.6	60.8	26.6	19,306	7,961	61.7	730	0.0	20.1	5.3
Washington, AR	05143	263,502	8.7	53.7	37.5	232,886	7,594	63.6	10,993	0.0	11.7	4.5
White, AR	05145	100,761	10.8	61.3	27.8	86,581	7,237	59.5	4,613	0.0	10.0	5.4
Woodruff, AR	05147	13,213	15.0	61.9	23.1	11,401	8,238	60.0	498	0.0	8.6	11.8
Yell, AR	05149	36,061	14.5	65.8	19.7	30,184	7,089	62.4	1,328	0.0	16.9	6.8
CALIFORNIA	06000	62,050,754	11.5	56.2	32.3	50,872,646	8,066	61.0	1,925,479	0.8	9.9	5.8
Alameda, CA	06001	2,146,337	9.3	53.2	37.5	1,694,987	7,902	62.3	71,920	0.1	8.7	5.1
Alpine, CA	06003	5,559	24.8	30.5	44.7	3,899	28,050	47.9	86	0.0	34.9	7.0
Amador, CA	06005	44,184	7.6	38.7	53.7	36,273	7,536	62.6	2,350	0.0	10.5	8.1
Butte, CA	06007	350,644	17.9	55.9	26.2	294,568	8,823	59.1	13,482	0.1	8.2	2.7
Calaveras, CA	06009	72,062	6.5	27.0	66.5	57,823	8,364	58.7	2,061	0.0	12.8	5.1
Colusa, CA	06011	47,177	15.7	58.7	25.6	41,167	9,193	58.2	1,480	0.0	8.6	11.8
Contra Costa, CA	06013	1,650,178	7.2	46.4	46.4	1,248,365	7,560	62.8	48,997	0.0	9.1	3.9
Del Norte, CA	06015	45,598	19.4	62.7	17.9	43,091	8,272	66.2	1,693	0.0	13.2	7.2
El Dorado, CA	06017	279,136	8.6	47.1	44.3	230,124	7,836	61.3	8,592	0.0	11.7	2.2
Fresno, CA	06019	1,778,660	14.1	65.3	20.6	1,545,324	8,071	59.3	54,287	0.0	9.1	6.9

PART C—COUNTY EDUCATION STATISTICS

Table C-1. Population, School, and Student Characteristics by County—Continued

STATE County	State/ county code	Population 25 years and over	High school diploma or less (percent)	High school diploma or more (percent)	College enrollment, 2000 Number	College enrollment, 2000 Percent public	Bachelor's degree or more	+/- U.S. percent with bachelor's degree or more	Non-Hispanic White	Black	American Indian, Alaska Native	Asian and Pacific Islander	Hispanic or Latino[3]
		30	31	32	33	34	35	36	37	38	39	40	41
Dallas, AR	05039	5,989	74.3	66.8	212	88.2	9.6	-14.8	14.8	1.6	0.0	...	0.0
Desha, AR	05041	9,574	71.0	65.0	457	92.3	11.1	-13.3	14.1	6.9	0.0	45.9	0.0
Drew, AR	05043	11,553	61.3	73.1	1,484	97.3	17.3	-7.1	20.6	8.2	0.0	13.0	9.1
Faulkner, AR	05045	50,849	47.9	83.3	9,182	79.8	25.2	0.8	26.2	14.9	18.3	41.1	15.4
Franklin, AR	05047	11,654	64.3	71.1	466	92.5	11.0	-13.4	11.2	0.0	13.8	9.1	0.0
Fulton, AR	05049	8,243	66.9	72.2	276	88.8	10.5	-13.9	10.5	...	5.0	27.8	6.1
Garland, AR	05051	62,694	54.5	78.3	2,731	87.6	18.0	-6.4	18.8	8.2	18.3	34.0	11.6
Grant, AR	05053	10,824	65.1	77.2	539	89.2	11.0	-13.4	11.0	14.7	23.6	16.1	0.0
Greene, AR	05055	24,510	68.5	72.1	1,233	80.5	10.9	-13.5	11.1	0.0	10.1	0.0	0.0
Hempstead, AR	05057	14,869	69.2	69.2	932	92.4	11.0	-13.4	13.2	7.2	0.0	41.7	2.0
Hot Spring, AR	05059	20,260	66.4	73.3	1,005	89.5	11.2	-13.2	11.7	7.2	15.4	22.0	4.1
Howard, AR	05061	9,271	67.1	70.7	328	89.0	11.6	-12.8	13.1	6.8	6.3	5.7	8.2
Independence, AR	05063	22,705	64.2	75.5	1,382	62.2	13.7	-10.7	13.8	11.1	23.8	11.4	3.1
Izard, AR	05065	9,524	63.2	73.3	457	86.7	11.7	-12.7	11.8	0.0	7.5	62.5	30.4
Jackson, AR	05067	12,204	72.3	66.0	545	89.2	10.3	-14.1	10.8	6.4	4.9	47.8	5.3
Jefferson, AR	05069	53,132	60.0	74.8	4,998	93.1	15.7	-8.7	15.6	15.7	8.6	49.5	5.2
Johnson, AR	05071	14,901	69.0	67.6	841	85.0	13.1	-11.3	13.5	10.0	7.6	0.0	8.3
Lafayette, AR	05073	5,692	70.7	65.3	218	91.7	9.5	-14.9	13.0	2.9	0.0	6.7	0.0
Lawrence, AR	05075	11,824	73.5	63.3	809	57.1	8.5	-15.9	8.6	0.0	2.4	11.5	0.0
Lee, AR	05077	7,924	73.4	56.2	361	95.8	7.3	-17.1	8.1	6.8	23.2	0.0	0.0
Lincoln, AR	05079	9,533	72.8	65.0	307	93.5	7.6	-16.8	9.5	4.0	0.0	0.0	1.5
Little River, AR	05081	9,009	64.7	73.4	385	91.9	9.9	-14.5	11.7	3.4	8.4	0.0	5.0
Logan, AR	05083	15,004	68.6	69.8	508	86.8	9.4	-15.0	9.1	4.0	24.5	68.9	12.3
Lonoke, AR	05085	33,468	58.0	77.6	1,678	90.2	14.6	-9.8	15.2	6.5	2.2	3.7	13.3
Madison, AR	05087	9,327	71.0	67.8	182	97.3	10.1	-14.3	10.3	0.0	9.4	7.1	2.6
Marion, AR	05089	11,593	62.3	76.0	400	86.8	10.4	-14.0	10.3	...	10.9	6.8	8.2
Miller, AR	05091	25,790	61.5	74.3	1,392	90.5	12.5	-11.9	14.2	6.0	0.0	50.4	9.6
Mississippi, AR	05093	31,612	67.4	64.7	1,655	94.6	11.3	-13.1	13.5	5.5	1.8	44.8	7.0
Monroe, AR	05095	6,602	74.4	63.8	208	94.2	8.4	-16.0	9.6	6.1	0.0	0.0	2.2
Montgomery, AR	05097	6,464	69.4	69.8	185	88.1	8.8	-15.6	8.8	...	27.0	0.0	3.1
Nevada, AR	05099	6,575	70.2	69.1	366	94.5	10.7	-13.7	13.3	5.1	0.0	...	1.2
Newton, AR	05101	5,814	67.6	70.2	156	96.8	11.8	-12.6	11.7	0.0	32.7	...	6.9
Ouachita, AR	05103	18,975	61.4	73.5	965	93.7	12.7	-11.7	15.6	7.2	23.4	41.5	12.0
Perry, AR	05105	6,859	67.6	73.8	257	80.5	11.1	-13.3	10.7	44.3	4.4	62.5	4.8
Phillips, AR	05107	15,420	64.3	62.2	923	87.6	12.4	-12.0	16.6	8.0	0.0	40.5	5.1
Pike, AR	05109	7,653	70.3	68.8	357	94.4	10.1	-14.3	10.1	6.5	20.7	15.4	7.6
Poinsett, AR	05111	16,674	77.5	62.0	678	93.4	6.3	-18.1	6.7	2.2	0.0	0.0	0.0
Polk, AR	05113	13,505	63.6	72.6	711	88.2	10.9	-13.5	11.2	0.0	0.0	24.0	6.3
Pope, AR	05115	34,297	56.1	77.4	3,951	94.0	19.0	-5.4	19.3	14.8	14.1	12.4	12.8
Prairie, AR	05117	6,550	70.6	68.2	167	89.2	9.0	-15.4	9.7	3.6	0.0	0.0	3.8
Pulaski, AR	05119	235,921	42.7	84.4	20,254	85.3	28.1	3.7	32.9	15.5	21.3	47.1	16.2
Randolph, AR	05121	12,207	69.1	69.2	571	94.9	10.6	-13.8	10.6	0.0	0.0	0.0	12.0
St. Francis, AR	05123	18,173	67.6	65.1	1,147	96.8	9.6	-14.8	13.0	6.4	16.7	22.0	0.3
Saline, AR	05125	55,796	55.4	82.3	3,030	85.3	16.4	-8.0	16.4	11.9	13.9	24.0	9.6
Scott, AR	05127	7,141	71.8	65.4	177	88.7	8.4	-16.0	8.6	...	0.0	28.6	0.0
Searcy, AR	05129	5,792	72.6	68.0	208	92.3	8.4	-16.0	8.4	0.0	8.8	11.1	20.8
Sebastian, AR	05131	74,601	54.6	76.6	4,352	90.1	16.6	-7.8	18.3	7.9	15.3	7.0	4.6
Sevier, AR	05133	9,828	69.2	64.6	479	92.7	9.2	-15.2	10.9	4.8	2.8	0.0	1.8
Sharp, AR	05135	12,294	65.4	72.9	391	81.6	10.3	-14.1	10.4	0.0	9.8	7.7	12.2
Stone, AR	05137	8,119	70.4	68.0	263	84.0	9.8	-14.6	9.9	0.0	0.0	100.0	0.0
Union, AR	05139	29,986	61.0	74.5	1,427	91.9	14.9	-9.5	18.5	5.7	2.2	43.7	8.6
Van Buren, AR	05141	11,602	65.2	71.6	363	87.1	11.5	-12.9	11.5	38.5	23.2	0.0	12.1
Washington, AR	05143	94,019	51.0	79.5	16,443	93.0	24.5	0.1	25.3	25.0	13.0	50.6	6.1
White, AR	05145	42,366	62.8	72.9	5,349	39.5	15.5	-8.9	15.8	12.6	2.1	14.4	11.3
Woodruff, AR	05147	5,716	76.1	60.6	229	90.4	8.0	-16.4	8.7	6.4	0.0	0.0	9.7
Yell, AR	05149	13,659	71.6	64.1	439	88.2	10.9	-13.5	12.1	2.7	11.5	1.0	1.2
CALIFORNIA	06000	21,298,900	43.3	76.8	2,556,598	80.3	26.6	2.2	33.8	17.2	11.4	40.9	7.7
Alameda, CA	06001	953,716	36.7	82.4	126,921	81.5	34.9	10.5	42.7	18.8	16.7	45.3	12.7
Alpine, CA	06003	797	37.6	88.3	67	95.5	28.2	3.8	34.1	...	3.0	0.0	8.7
Amador, CA	06005	25,549	46.3	84.0	1,063	71.9	16.6	-7.8	18.0	0.5	14.4	32.9	7.8
Butte, CA	06007	126,736	42.1	82.3	25,780	96.2	21.8	-2.6	23.2	14.6	10.5	25.6	11.7
Calaveras, CA	06009	29,201	42.9	85.7	1,426	82.3	17.1	-7.3	17.9	25.2	7.4	54.7	5.5
Colusa, CA	06011	10,912	60.1	64.0	722	89.6	10.6	-13.8	16.5	0.0	6.0	10.0	2.3
Contra Costa, CA	06013	625,641	32.9	86.9	61,975	78.2	35.0	10.6	40.1	18.3	17.7	48.0	12.5
Del Norte, CA	06015	18,459	55.8	71.6	1,127	92.0	11.0	-13.4	13.2	1.3	6.0	12.5	4.2
El Dorado, CA	06017	105,034	33.1	89.1	9,288	88.8	26.5	2.1	27.6	50.6	11.9	35.5	10.7
Fresno, CA	06019	455,540	53.6	67.5	54,663	86.9	17.5	-6.9	26.2	11.8	7.5	24.5	5.6

[3]May be of any race.
... = Not available.

Table C-1. Population, School, and Student Characteristics by County—Continued

STATE County	State/ county code	County type[1]	Population, 2007 Total	Population, 2007 Percent 5 to 17 years	School districts	Schools	Students	Total enrollment Number	Total enrollment Percent public	K–12 enrollment Number	K–12 enrollment Percent public
			1	2	3	4	5	6	7	8	9
Glenn, CA	06021	6	28,111	19.9	11	37	5,945	7,721	95.1	6,253	97.0
Humboldt, CA	06023	5	128,864	14.4	34	95	19,244	38,481	93.2	22,774	93.3
Imperial, CA	06025	3	161,867	19.9	18	64	36,057	47,441	94.6	36,443	96.2
Inyo, CA	06027	7	17,449	15.6	9	26	3,112	4,326	92.1	3,460	95.8
Kern, CA	06029	2	790,710	21.0	53	261	170,362	205,960	91.8	161,296	94.5
Kings, CA	06031	3	148,875	18.9	16	63	27,330	37,449	90.4	29,332	92.6
Lake, CA	06033	4	64,664	16.3	9	43	10,224	14,144	93.6	11,232	95.3
Lassen, CA	06035	6	35,031	12.9	12	37	5,690	8,900	91.9	6,518	94.0
Los Angeles, CA	06037	1	9,878,554	18.9	98	2,007	1,708,064	2,931,076	84.3	2,041,738	89.2
Madera, CA	06039	3	146,513	19.6	11	74	28,229	35,998	92.7	28,604	95.2
Marin, CA	06041	1	248,096	14.0	21	77	28,764	57,014	74.3	37,704	81.2
Mariposa, CA	06043	8	18,036	13.4	2	17	2,417	4,096	88.6	3,096	90.9
Mendocino, CA	06045	4	86,273	16.1	14	80	14,068	22,795	92.5	17,157	94.3
Merced, CA	06047	3	245,514	22.6	22	102	56,521	70,396	93.2	55,741	94.9
Modoc, CA	06049	6	9,197	15.9	5	24	2,146	2,336	97.4	2,005	97.6
Mono, CA	06051	7	12,801	14.1	4	23	2,312	2,917	89.6	2,210	92.3
Monterey, CA	06053	2	407,637	18.8	26	126	70,374	117,126	89.3	86,811	92.7
Napa, CA	06055	3	132,565	16.4	7	52	19,908	33,203	81.7	23,590	88.0
Nevada, CA	06057	4	97,027	14.0	11	55	14,691	23,203	90.9	17,457	94.3
Orange, CA	06059	1	2,997,033	18.5	32	599	510,114	847,671	85.2	569,481	90.1
Placer, CA	06061	1	332,920	16.1	19	112	63,742	69,856	87.1	50,421	91.7
Plumas, CA	06063	7	20,615	13.7	3	16	2,905	5,030	93.2	3,871	95.1
Riverside, CA	06065	1	2,073,571	20.1	26	453	395,183	465,645	89.0	356,146	93.0
Sacramento, CA	06067	1	1,386,667	18.7	18	395	239,026	366,459	87.8	253,944	90.7
San Benito, CA	06069	1	54,667	21.9	12	23	11,607	16,010	89.1	12,580	91.7
San Bernardino, CA	06071	1	2,007,800	21.5	38	526	427,631	555,363	89.0	420,751	93.3
San Diego, CA	06073	1	2,974,859	17.5	44	721	495,228	827,975	86.6	539,834	91.8
San Francisco, CA	06075	1	764,976	9.1	4	124	57,703	182,963	73.6	88,461	76.2
San Joaquin, CA	06077	2	670,990	20.9	18	218	136,254	176,188	87.5	133,856	92.3
San Luis Obispo, CA	06079	3	262,436	13.8	13	83	35,971	77,496	91.1	42,791	91.7
San Mateo, CA	06081	1	706,984	15.6	25	172	88,047	184,928	77.1	121,187	81.6
Santa Barbara, CA	06083	2	404,197	16.6	25	124	67,225	127,198	86.6	74,970	92.2
Santa Clara, CA	06085	1	1,748,976	16.7	35	399	254,622	476,333	80.1	305,563	87.5
Santa Cruz, CA	06087	2	251,747	15.2	13	78	38,555	76,840	86.9	46,143	88.6
Shasta, CA	06089	3	179,427	16.4	27	105	29,357	45,010	88.2	33,592	91.8
Sierra, CA	06091	8	3,328	13.7	3	9	558	875	95.4	699	98.6
Siskiyou, CA	06093	7	44,296	14.3	31	65	6,480	11,200	92.9	8,563	95.0
Solano, CA	06095	2	408,599	18.8	8	103	70,424	116,471	87.1	85,648	90.9
Sonoma, CA	06097	2	464,435	16.2	42	179	71,868	125,553	86.4	86,107	89.9
Stanislaus, CA	06099	2	511,263	20.7	28	182	106,767	136,838	90.8	106,277	93.2
Sutter, CA	06101	3	92,040	18.7	14	45	17,771	22,869	92.2	17,600	94.8
Tehama, CA	06103	4	61,114	17.7	20	48	11,149	15,427	94.2	12,146	95.7
Trinity, CA	06105	8	14,177	12.7	12	25	2,007	3,112	94.8	2,548	95.1
Tulare, CA	06107	2	421,553	22.4	48	183	93,424	118,065	93.4	94,339	95.7
Tuolumne, CA	06109	4	55,806	12.9	13	46	7,733	13,347	89.5	9,741	90.2
Ventura, CA	06111	2	798,364	18.9	23	213	143,533	224,449	85.5	162,520	90.3
Yolo, CA	06113	1	195,844	16.5	7	63	29,460	64,875	92.0	32,000	92.9
Yuba, CA	06115	3	72,098	20.0	6	40	15,350	18,858	93.6	14,106	95.1
COLORADO	08000	X	4,861,515	17.3	201	1,707	779,826	1,166,004	86.1	804,108	91.2
Adams, CO	08001	1	422,495	19.7	8	129	73,328	90,893	89.3	69,858	93.6
Alamosa, CO	08003	7	15,313	17.8	3	8	2,593	5,251	91.8	3,079	91.9
Arapahoe, CO	08005	1	545,089	17.9	7	146	104,270	134,175	84.5	97,404	91.0
Archuleta, CO	08007	7	12,572	15.4	1	5	1,690	2,222	87.8	1,975	90.7
Baca, CO	08009	9	3,871	15.8	5	15	2,673	1,117	95.6	909	96.1
Bent, CO	08011	7	5,844	13.5	2	7	876	1,547	94.4	1,197	95.2
Boulder, CO	08013	2	290,262	15.2	[4]3	[4]98	[4]51,318	83,834	85.8	44,218	89.5
Broomfield, CO	08014	1	53,691	19.3	([4])	([4])	([4])	11,520	84.7	8,317	90.9
Chaffee, CO	08015	7	16,781	12.8	2	7	2,102	3,408	83.3	2,620	87.4
Cheyenne, CO	08017	9	1,763	18.5	2	5	341	606	96.9	508	97.2
Clear Creek, CO	08019	1	8,956	14.8	2	5	1,076	2,042	86.5	1,570	92.4
Conejos, CO	08021	9	8,074	19.9	3	10	1,869	2,611	98.0	2,119	98.8
Costilla, CO	08023	9	3,309	14.8	2	6	550	908	94.2	733	96.5
Crowley, CO	08025	8	6,643	9.2	1	3	568	1,362	89.3	930	88.1
Custer, CO	08027	8	4,025	14.7	1	3	522	687	87.3	579	87.7
Delta, CO	08029	6	30,334	15.8	1	15	5,248	5,975	87.7	5,042	89.1
Denver, CO	08031	1	588,349	15.8	4	151	73,024	130,485	80.6	83,908	88.2
Dolores, CO	08033	9	1,914	14.9	1	3	290	365	93.2	312	93.9
Douglas, CO	08035	1	272,117	20.8	1	66	48,041	51,934	80.4	37,565	90.0
Eagle, CO	08037	5	51,359	15.6	1	16	5,365	9,194	85.7	6,782	91.7

[1]County type codes are from the Economic Research Service of the United States Department of Agriculture. See notes and definitions for more information.
[4]Broomfield county is included with Boulder County

Table C-1. Population, School, and Student Characteristics by County—Continued

STATE County	State/ county code	Students with IEP[2]	Students eligible for free or reduced-price lunch	Minority students	English language learners	Number of graduates, 2004–2005	Total staff	Number of teachers	Student/ teacher ratio	Central administration staff
		10	11	12	13	14	15	16	17	18
Glenn, CA	06021	9.3	49.9	53.0	16.7	384	665	329	18.1	21
Humboldt, CA	06023	14.4	44.7	29.2	4.8	1,399	2,290	1,053	18.3	108
Imperial, CA	06025	8.4	66.3	90.8	44.5	1,991	3,554	1,756	20.5	156
Inyo, CA	06027	13.0	46.6	41.9	10.3	264	394	183	17.0	34
Kern, CA	06029	9.8	61.6	67.4	20.7	9,044	16,725	8,149	20.9	944
Kings, CA	06031	8.4	61.3	69.9	22.3	1,335	2,727	1,360	20.1	173
Lake, CA	06033	12.4	55.4	30.6	9.2	604	1,075	521	19.6	62
Lassen, CA	06035	7.4	37.8	24.0	2.5	457	602	300	19.0	29
Los Angeles, CA	06037	10.8	62.2	83.9	31.1	87,530	156,537	79,438	21.5	6,159
Madera, CA	06039	8.9	62.4	68.2	30.9	1,502	2,813	1,414	20.0	124
Marin, CA	06041	12.3	18.5	30.4	11.6	1,909	2,991	1,585	18.1	163
Mariposa, CA	06043	15.1	38.6	16.4	1.9	179	302	137	17.6	16
Mendocino, CA	06045	13.6	59.1	41.3	18.3	1,039	1,804	829	17.0	99
Merced, CA	06047	10.1	63.5	74.9	32.1	3,524	5,581	2,749	20.6	244
Modoc, CA	06049	3.6	48.4	22.2	13.0	206	291	143	15.0	26
Mono, CA	06051	12.2	44.7	44.9	21.8	152	306	149	15.5	29
Monterey, CA	06053	9.6	48.4	79.7	36.8	3,661	6,395	3,381	20.8	295
Napa, CA	06055	13.0	38.6	54.0	25.0	1,334	1,857	1,032	19.3	72
Nevada, CA	06057	8.7	19.6	12.2	0.7	1,477	1,321	706	20.8	51
Orange, CA	06059	10.2	37.6	63.4	28.3	30,996	42,296	22,090	23.1	1,784
Placer, CA	06061	10.7	16.3	21.8	6.5	4,313	5,591	3,077	20.7	296
Plumas, CA	06063	11.3	35.2	23.0	4.2	243	345	163	17.8	14
Riverside, CA	06065	10.4	49.9	68.1	24.2	20,239	33,171	18,044	21.9	1,527
Sacramento, CA	06067	11.0	45.0	58.8	19.3	13,640	21,630	11,611	20.6	975
San Benito, CA	06069	11.3	43.6	65.8	22.6	699	974	533	21.8	47
San Bernardino, CA	06071	10.7	51.7	72.2	21.0	22,163	35,371	19,337	22.1	1,747
San Diego, CA	06073	11.7	41.8	63.0	23.6	29,069	46,184	24,461	20.2	2,199
San Francisco, CA	06075	11.3	1.9	90.2	28.7	3,848	5,806	3,206	18.0	419
San Joaquin, CA	06077	9.9	48.9	70.7	22.2	6,926	12,896	6,858	19.9	665
San Luis Obispo, CA	06079	11.5	32.1	33.5	13.0	2,633	3,615	1,821	19.8	181
San Mateo, CA	06081	11.5	30.1	64.6	21.9	5,280	8,270	4,539	19.4	460
Santa Barbara, CA	06083	9.5	48.2	65.2	26.8	3,747	6,324	3,265	20.6	327
Santa Clara, CA	06085	10.6	34.8	71.8	25.6	15,158	21,058	12,332	20.6	1,069
Santa Cruz, CA	06087	12.1	40.3	54.4	27.9	2,690	3,760	1,849	20.9	271
Shasta, CA	06089	10.7	42.2	20.1	2.7	1,910	3,010	1,463	20.1	159
Sierra, CA	06091	1.3	36.6	13.9	3.2	50	80	40	14.0	2
Siskiyou, CA	06093	8.4	54.6	26.5	3.2	514	883	401	16.2	50
Solano, CA	06095	11.5	34.6	63.7	12.1	4,318	6,119	3,412	20.6	253
Sonoma, CA	06097	12.8	29.8	40.9	21.8	4,607	6,479	3,589	20.0	276
Stanislaus, CA	06099	12.3	51.8	59.9	23.7	6,231	9,528	5,104	20.9	399
Sutter, CA	06101	7.8	48.5	51.3	18.4	1,073	1,719	872	20.4	74
Tehama, CA	06103	6.8	61.7	34.1	13.1	655	1,278	574	19.4	94
Trinity, CA	06105	3.9	57.9	17.9	0.9	150	354	131	15.3	20
Tulare, CA	06107	7.8	68.1	74.1	28.5	4,901	8,745	4,487	20.8	355
Tuolumne, CA	06109	10.6	38.6	16.9	1.0	492	793	409	18.9	38
Ventura, CA	06111	10.7	38.8	56.9	21.5	8,488	12,029	6,616	21.7	467
Yolo, CA	06113	10.4	37.6	54.1	22.1	1,789	2,767	1,497	19.7	112
Yuba, CA	06115	12.0	62.9	50.0	17.9	801	1,719	913	16.8	67
COLORADO	08000	10.1	33.1	37.5	12.8	44,532	93,149	45,845	17.0	3,665
Adams, CO	08001	9.3	42.7	54.0	21.1	3,336	8,064	3,969	18.5	317
Alamosa, CO	08003	10.6	58.6	56.2	8.5	170	415	171	15.2	24
Arapahoe, CO	08005	10.7	27.7	42.8	17.2	6,169	11,996	5,891	17.7	459
Archuleta, CO	08007	9.1	35.9	26.2	3.6	101	190	100	16.9	10
Baca, CO	08009	3.7	44.4	24.5	1.0	96	176	81	33.0	14
Bent, CO	08011	12.3	60.2	39.3	1.0	60	129	65	13.5	8
Boulder, CO	08013	[4]9.2	21.6	27.2	[4]12.4	[4]3,306	[4]6,186	[4]2,994	[4]17.1	[4]261
Broomfield, CO	08014	([4])	14.4	21.1	([4])	([4])	([4])	([4])	([4])	([4])
Chaffee, CO	08015	10.9	29.5	11.7	0.9	172	310	146	14.4	16
Cheyenne, CO	08017	11.4	37.2	15.0	5.0	38	79	43	7.9	3
Clear Creek, CO	08019	12.2	20.5	9.3	0.5	66	152	61	17.6	7
Conejos, CO	08021	7.5	69.5	62.7	0.5	139	234	129	14.5	12
Costilla, CO	08023	8.2	72.4	76.1	10.2	30	82	47	11.7	11
Crowley, CO	08025	10.7	66.2	32.6	0.4	31	86	42	13.5	2
Custer, CO	08027	13.2	24.7	5.7	2.5	35	71	39	13.4	5
Delta, CO	08029	11.5	41.1	19.6	9.0	314	615	282	18.6	20
Denver, CO	08031	11.9	64.4	79.9	35.9	2,790	8,452	4,017	18.2	262
Dolores, CO	08033	9.0	39.3	15.9	0.0	21	49	24	12.1	4
Douglas, CO	08035	8.4	5.6	15.3	2.7	2,404	5,442	2,600	18.5	177
Eagle, CO	08037	9.6	28.3	47.5	34.8	310	663	380	14.1	21

[2]IEP = Individual Education Program. See notes and definitions for more information.
[4]Broomfield county is included with Boulder county

332 THE ALMANAC OF AMERICAN EDUCATION (BERNAN PRESS)

Table C-1. Population, School, and Student Characteristics by County—Continued

STATE County	State/ county code	Revenues, 2004–2005 Total revenue (thousands of dollars)	Percentage of revenue from: Federal government	Percentage of revenue from: State government	Percentage of revenue from: Local government	Current expenditures, 2004–2005 Total expenditures (thousands of dollars)	Amount per student	Percent for instruction	Resident population 16 to 19 years, 2000 Total population 16 to 19 years	Percent in Armed Forces	Percent high school graduates	Percent not enrolled, not employed, not in Armed Forces, not high school grad.
		19	20	21	22	23	24	25	26	27	28	29
Glenn, CA	06021	70,931	15.5	64.8	19.6	54,611	9,137	59.3	1,596	0.0	10.8	4.2
Humboldt, CA	06023	196,022	12.6	59.3	28.2	173,341	8,748	60.4	7,987	0.3	11.8	4.0
Imperial, CA	06025	407,468	17.9	63.0	19.1	334,516	9,365	55.1	9,576	0.2	9.1	6.7
Inyo, CA	06027	41,999	14.4	39.6	46.0	36,469	11,170	56.1	934	0.0	14.6	2.9
Kern, CA	06029	1,706,708	14.7	59.9	25.5	1,342,848	8,161	57.5	42,920	0.5	11.6	7.2
Kings, CA	06031	258,929	14.4	71.2	14.4	216,228	7,985	57.9	7,867	4.1	14.5	8.6
Lake, CA	06033	112,646	14.0	56.1	29.9	85,536	8,284	57.3	2,895	0.0	11.8	7.1
Lassen, CA	06035	63,713	11.8	66.5	21.7	46,650	9,147	58.6	1,735	0.0	16.4	4.8
Los Angeles, CA	06037	17,366,388	13.6	65.6	20.9	14,519,015	8,378	61.0	539,900	0.1	8.0	7.1
Madera, CA	06039	287,281	12.0	59.9	28.2	221,597	7,965	58.4	8,045	0.0	11.1	9.1
Marin, CA	06041	354,890	6.2	25.4	68.4	286,778	10,083	59.5	9,466	0.1	8.2	3.6
Mariposa, CA	06043	27,018	9.4	43.9	46.6	22,962	9,218	56.1	863	0.0	18.4	4.1
Mendocino, CA	06045	171,795	13.6	50.7	35.7	143,753	9,978	59.3	5,310	0.3	14.3	6.8
Merced, CA	06047	526,113	13.7	66.3	20.0	458,250	8,240	60.3	14,424	0.0	10.2	7.2
Modoc, CA	06049	27,468	23.6	55.9	20.5	23,868	10,670	56.0	517	0.0	14.5	3.9
Mono, CA	06051	32,674	8.2	26.4	65.4	27,124	12,136	59.0	680	5.3	30.6	4.3
Monterey, CA	06053	757,276	12.4	50.2	37.5	616,918	8,572	60.2	25,375	3.6	11.9	7.6
Napa, CA	06055	205,653	8.7	29.3	62.0	168,862	8,592	63.5	6,854	0.0	9.5	3.5
Nevada, CA	06057	133,510	6.8	43.2	50.0	116,645	7,883	63.6	4,998	0.0	8.2	4.1
Orange, CA	06059	4,573,340	9.0	48.4	42.6	3,866,605	7,526	62.8	151,675	0.1	8.0	4.9
Placer, CA	06061	650,755	5.5	41.0	53.5	443,833	7,083	61.7	13,370	0.0	10.0	2.7
Plumas, CA	06063	36,626	21.3	29.9	48.8	26,710	8,709	58.6	1,169	0.0	11.6	1.5
Riverside, CA	06065	3,714,368	10.5	59.4	30.1	2,813,638	7,394	61.7	93,272	0.1	12.4	6.0
Sacramento, CA	06067	2,380,943	10.9	59.6	29.5	1,922,487	8,065	60.2	67,282	0.4	11.8	5.6
San Benito, CA	06069	104,948	8.2	50.0	41.8	91,667	7,810	63.5	2,807	0.0	14.9	4.5
San Bernardino, CA	06071	3,699,701	11.0	68.6	20.4	3,055,631	7,219	61.6	109,876	1.8	12.9	6.7
San Diego, CA	06073	4,873,760	9.7	48.6	41.7	4,066,017	8,224	60.1	158,984	5.9	14.7	4.6
San Francisco, CA	06075	666,208	14.3	36.9	48.8	584,167	10,016	55.9	26,234	0.2	8.5	4.2
San Joaquin, CA	06077	1,231,388	10.3	63.0	26.7	1,015,512	7,558	61.5	37,229	0.0	10.7	7.0
San Luis Obispo, CA	06079	345,949	9.0	31.7	59.3	283,318	7,850	61.1	18,175	0.1	8.8	2.3
San Mateo, CA	06081	976,561	7.4	26.8	65.8	800,495	9,068	61.1	32,251	0.0	7.4	4.4
Santa Barbara, CA	06083	649,595	11.0	46.2	42.9	541,901	8,022	62.8	26,449	0.3	7.3	4.2
Santa Clara, CA	06085	2,604,439	9.1	29.3	61.6	2,108,728	8,333	61.8	85,189	0.0	7.9	4.5
Santa Cruz, CA	06087	414,913	12.0	46.8	41.2	339,097	8,849	58.9	15,913	0.0	8.1	4.6
Shasta, CA	06089	320,304	13.6	53.3	33.1	257,361	8,737	60.3	9,897	0.0	10.3	4.1
Sierra, CA	06091	9,668	22.9	48.0	29.1	8,291	14,029	50.4	206	0.0	19.9	0.0
Siskiyou, CA	06093	85,471	19.0	48.5	32.5	72,008	10,532	57.7	2,597	0.0	9.5	3.6
Solano, CA	06095	613,857	9.5	59.3	31.1	513,909	7,189	62.7	22,795	1.8	12.8	4.2
Sonoma, CA	06097	742,851	7.4	40.5	52.1	599,705	8,396	65.1	25,183	0.5	11.3	4.5
Stanislaus, CA	06099	1,054,681	11.3	58.1	30.6	849,867	8,124	63.5	28,694	0.0	12.5	6.4
Sutter, CA	06101	160,305	12.2	60.9	26.8	135,009	7,744	59.5	4,725	0.0	11.7	5.8
Tehama, CA	06103	124,905	14.0	60.2	25.8	101,198	9,210	58.0	3,288	0.0	12.3	3.2
Trinity, CA	06105	30,790	29.3	49.5	21.2	25,306	12,971	54.2	628	0.0	10.4	2.5
Tulare, CA	06107	946,385	17.1	65.1	17.8	762,911	8,281	60.9	25,935	0.0	10.0	7.5
Tuolumne, CA	06109	76,404	10.9	45.2	43.9	66,246	8,719	61.1	2,911	0.0	10.3	4.6
Ventura, CA	06111	1,356,708	9.4	53.3	37.3	1,082,913	7,498	62.6	43,659	0.8	9.5	4.6
Yolo, CA	06113	289,474	11.1	52.6	36.2	226,554	7,698	59.0	14,269	0.0	6.5	3.0
Yuba, CA	06115	147,470	16.8	54.5	28.7	119,970	7,982	57.7	3,927	3.6	13.0	6.7
COLORADO	08000	6,910,296	6.8	42.8	50.4	5,927,583	7,745	57.0	243,396	0.9	12.4	5.9
Adams, CO	08001	655,007	6.6	47.8	45.6	510,004	7,216	60.1	19,823	0.1	15.6	10.0
Alamosa, CO	08003	28,209	24.1	47.4	28.6	25,892	10,005	54.2	1,396	0.0	10.7	6.9
Arapahoe, CO	08005	910,399	5.3	44.8	49.9	768,893	7,486	61.3	26,415	0.3	12.8	4.3
Archuleta, CO	08007	13,211	6.3	38.3	55.3	12,356	7,835	54.4	543	0.0	11.0	5.5
Baca, CO	08009	11,068	10.6	64.2	25.2	9,493	8,291	49.4	277	0.0	7.6	1.4
Bent, CO	08011	8,528	8.6	63.8	27.6	7,260	8,278	57.6	306	0.0	11.4	5.9
Boulder, CO	08013	[4]445,345	[4]6.2	[4]30.6	[4]63.2	[4]383,541	[4]7,655	[4]61.2	16,997	0.0	7.8	3.1
Broomfield, CO	08014	([4])	([4])	([4])	([4])	([4])	([4])	([4])	2,052	0.0	12.4	2.0
Chaffee, CO	08015	20,005	7.2	41.2	51.6	17,181	7,984	57.6	798	0.0	14.3	4.8
Cheyenne, CO	08017	5,916	1.6	40.1	58.4	4,326	11,629	57.1	155	0.0	3.9	6.5
Clear Creek, CO	08019	13,935	6.0	23.3	70.7	9,636	8,350	54.4	447	0.0	9.8	3.8
Conejos, CO	08021	15,596	9.5	75.1	15.4	13,661	7,278	60.7	619	0.0	9.2	4.7
Costilla, CO	08023	6,939	14.5	42.8	42.7	6,441	11,564	46.9	245	0.8	19.2	9.8
Crowley, CO	08025	4,881	7.4	66.6	26.1	4,436	7,661	57.5	231	0.0	12.1	5.6
Custer, CO	08027	4,620	8.9	28.9	62.2	3,912	7,423	61.9	127	0.0	5.5	6.3
Delta, CO	08029	42,868	7.2	55.2	37.6	36,755	7,149	61.2	1,402	0.0	13.0	5.5
Denver, CO	08031	716,581	11.0	32.2	56.8	650,833	8,988	50.8	26,299	0.0	13.3	12.6
Dolores, CO	08033	3,267	4.7	50.4	45.0	2,753	10,196	54.2	88	0.0	12.5	1.1
Douglas, CO	08035	389,994	2.2	39.3	58.5	345,786	7,725	58.3	7,620	0.0	7.7	2.0
Eagle, CO	08037	55,091	4.9	11.9	83.2	47,699	9,249	54.0	1,872	0.0	9.4	13.5

[4] Broomfield county is included with Boulder county

Table C-1. Population, School, and Student Characteristics by County—Continued

STATE County	State/ county code	Population 25 years and over	High school diploma or less (percent)	High school diploma or more (percent)	College enrollment Number	College enrollment Percent public	Bachelor's degree or more	+/- U.S. percent with bachelor's degree or more	Non-Hispanic White	Black	American Indian, Alaska Native	Asian and Pacific Islander	Hispanic or Latino[3]
		30	31	32	33	34	35	36	37	38	39	40	41
Glenn, CA	06021	16,099	58.3	68.5	1,058	91.8	10.7	-13.7	12.8	11.0	6.7	9.6	2.8
Humboldt, CA	06023	81,501	40.8	84.9	13,891	96.3	23.0	-1.4	24.2	11.4	12.4	28.9	15.4
Imperial, CA	06025	83,632	62.9	59.0	8,705	93.1	10.3	-14.1	19.7	4.5	5.4	30.7	6.4
Inyo, CA	06027	12,566	49.0	82.3	546	83.3	17.1	-7.3	20.0	0.0	4.1	20.9	3.0
Kern, CA	06029	383,667	56.9	68.5	34,561	86.5	13.5	-10.9	18.6	7.4	6.9	28.0	3.7
Kings, CA	06031	77,095	60.1	68.8	6,475	84.0	10.4	-14.0	16.7	3.3	4.0	21.1	3.3
Lake, CA	06033	40,717	52.5	77.3	2,295	89.2	12.1	-12.3	12.9	5.8	1.8	31.2	5.0
Lassen, CA	06035	22,963	51.2	79.6	2,013	89.2	10.7	-13.7	13.9	0.3	3.0	13.3	2.2
Los Angeles, CA	06037	5,882,948	48.9	69.9	730,314	76.1	24.9	0.5	37.7	17.8	11.6	42.4	6.8
Madera, CA	06039	74,830	59.9	65.4	5,995	84.4	12.0	-12.4	17.2	7.2	9.3	27.6	3.7
Marin, CA	06041	183,694	21.2	91.2	14,513	72.1	51.3	26.9	56.0	16.8	26.2	54.7	18.1
Mariposa, CA	06043	12,196	41.2	85.1	819	85.8	20.2	-4.2	20.8	51.6	7.8	25.4	19.6
Mendocino, CA	06045	56,886	45.2	80.8	4,500	90.5	20.2	-4.2	22.6	14.7	4.9	35.5	7.1
Merced, CA	06047	116,725	60.1	63.8	11,077	91.0	11.0	-13.4	16.6	11.1	7.4	13.2	3.5
Modoc, CA	06049	6,464	52.3	77.1	192	97.9	12.4	-12.0	13.4	0.0	0.0	7.1	11.4
Mono, CA	06051	8,674	32.7	87.9	601	83.2	28.9	4.5	32.8	58.3	12.2	46.8	4.9
Monterey, CA	06053	244,128	50.1	68.4	24,295	82.3	22.5	-1.9	36.4	11.3	8.7	26.5	4.6
Napa, CA	06055	83,938	40.1	80.4	7,765	71.5	26.4	2.0	30.5	11.3	12.1	40.0	7.4
Nevada, CA	06057	65,148	33.5	90.3	4,524	88.7	26.1	1.7	26.8	37.2	14.1	23.8	15.0
Orange, CA	06059	1,813,456	38.0	79.5	230,749	82.4	30.8	6.4	37.6	27.6	13.3	40.9	8.5
Placer, CA	06061	165,894	30.8	90.5	14,728	85.1	30.3	5.9	31.1	39.4	20.3	45.4	15.7
Plumas, CA	06063	14,786	39.7	88.0	922	90.5	17.5	-6.9	18.2	5.2	2.2	32.3	3.9
Riverside, CA	06065	936,024	49.7	75.0	88,703	81.6	16.6	-7.8	20.7	15.1	9.5	36.7	5.8
Sacramento, CA	06067	772,488	39.6	83.3	93,272	86.4	24.8	0.4	28.2	15.4	13.6	29.7	12.0
San Benito, CA	06069	31,401	48.3	74.9	2,570	88.3	17.1	-7.3	25.5	16.3	15.5	27.3	5.6
San Bernardino, CA	06071	983,273	50.8	74.2	108,262	79.3	15.9	-8.5	19.2	14.8	9.0	42.0	6.4
San Diego, CA	06073	1,773,327	37.3	82.6	242,117	81.8	29.5	5.1	36.1	16.3	13.8	36.0	10.7
San Francisco, CA	06075	595,805	32.7	81.2	85,159	74.0	45.0	20.6	63.2	18.1	28.0	31.6	20.3
San Joaquin, CA	06077	333,572	54.0	71.2	33,087	75.1	14.5	-9.9	18.2	9.7	6.4	20.7	5.3
San Luis Obispo, CA	06079	159,196	36.2	85.6	31,338	94.4	26.7	2.3	29.8	7.6	11.6	34.1	8.9
San Mateo, CA	06081	490,285	32.2	85.3	51,250	76.4	39.0	14.6	45.2	20.0	20.4	48.3	12.3
Santa Barbara, CA	06083	246,729	39.8	79.2	46,317	81.7	29.4	5.0	38.9	16.9	12.3	37.1	7.0
Santa Clara, CA	06085	1,113,058	32.5	83.4	141,601	72.5	40.5	16.1	47.1	29.7	16.3	50.9	11.0
Santa Cruz, CA	06087	164,999	33.3	83.2	27,005	89.5	34.2	9.8	41.0	22.7	18.1	40.7	9.3
Shasta, CA	06089	107,272	44.4	83.3	8,952	81.3	16.6	-7.8	17.2	12.7	5.4	17.3	10.8
Sierra, CA	06091	2,540	43.5	85.2	124	96.0	17.2	-7.2	18.0	...	8.3	100.0	5.9
Siskiyou, CA	06093	30,682	44.4	83.8	2,109	90.9	17.7	-6.7	19.2	5.0	7.2	10.5	6.7
Solano, CA	06095	246,488	40.7	83.8	24,612	81.6	21.4	-3.0	23.9	14.7	8.2	31.1	9.8
Sonoma, CA	06097	306,564	35.5	84.9	32,351	86.5	28.5	4.1	31.7	21.6	10.6	35.3	9.6
Stanislaus, CA	06099	264,578	55.7	70.4	24,120	87.9	14.1	-10.3	17.2	14.7	7.4	21.0	5.1
Sutter, CA	06101	49,071	50.6	73.0	4,072	87.7	15.3	-9.1	17.3	12.6	11.3	19.2	5.3
Tehama, CA	06103	36,261	55.1	75.7	2,501	93.2	11.3	-13.1	12.5	10.0	6.9	38.5	2.4
Trinity, CA	06105	9,433	48.6	81.0	441	92.5	15.5	-8.9	16.6	0.0	1.4	6.8	5.5
Tulare, CA	06107	204,888	61.3	61.7	17,959	87.5	11.5	-12.9	17.5	6.7	4.6	18.4	3.6
Tuolumne, CA	06109	38,977	45.4	84.3	2,825	91.3	16.1	-8.3	17.4	2.5	5.3	46.5	4.8
Ventura, CA	06111	471,756	39.6	80.1	48,445	81.6	26.9	2.5	33.3	27.1	15.1	46.3	7.6
Yolo, CA	06113	95,423	40.0	79.8	30,104	95.1	34.1	9.7	40.7	22.3	14.2	55.3	9.6
Yuba, CA	06115	35,218	55.4	71.8	3,732	90.6	10.3	-14.1	11.6	14.6	4.5	10.2	3.7
COLORADO	08000	2,776,632	36.3	86.9	282,832	80.2	32.7	8.3	37.0	20.5	14.1	41.9	10.4
Adams, CO	08001	213,699	52.9	78.2	14,816	77.2	16.8	-7.6	20.2	16.2	6.2	22.7	6.5
Alamosa, CO	08003	8,567	44.5	82.6	1,945	94.8	27.0	2.6	33.8	42.6	13.8	40.5	16.4
Arapahoe, CO	08005	316,560	29.9	90.7	27,529	73.6	37.0	12.6	40.7	24.5	19.5	40.1	15.2
Archuleta, CO	08007	6,821	39.5	87.3	141	82.3	29.0	4.6	32.2	0.0	14.1	33.3	9.7
Baca, CO	08009	3,152	55.8	78.5	112	87.5	14.0	-10.4	14.6	...	13.2	71.4	3.4
Bent, CO	08011	4,037	57.9	77.2	232	88.8	11.5	-12.9	15.8	2.5	0.0	21.9	1.3
Boulder, CO	08013	172,247	22.0	92.8	34,400	88.8	53.2	28.8	56.2	42.5	29.6	66.0	18.2
Broomfield, CO	08014	24,316	27.9	93.1	2,242	90.5	37.9	13.5	38.8	66.7	29.0	47.5	21.5
Chaffee, CO	08015	11,837	41.4	88.5	507	82.4	24.3	-0.1	26.4	0.0	8.4	40.0	7.3
Cheyenne, CO	08017	1,431	50.7	84.1	51	90.2	14.2	-10.2	14.6	...	0.0	...	8.3
Clear Creek, CO	08019	6,702	28.1	93.4	300	71.0	38.8	14.4	39.7	0.0	20.4	32.6	14.5
Conejos, CO	08021	4,979	61.8	72.1	320	95.3	14.4	-10.0	22.5	0.0	1.0	33.3	9.1
Costilla, CO	08023	2,506	59.2	68.2	100	73.0	12.8	-11.6	23.0	0.0	16.7	16.3	7.3
Crowley, CO	08025	3,897	57.0	77.5	370	95.9	11.9	-12.5	16.7	0.0	1.1	9.1	1.6
Custer, CO	08027	2,548	37.8	90.3	63	79.4	26.7	2.3	27.4	0.0	0.0	...	22.6
Delta, CO	08029	19,330	53.9	80.1	538	89.4	17.6	-6.8	19.0	0.0	15.4	23.6	3.9
Denver, CO	08031	374,478	41.1	78.9	38,309	67.5	34.5	10.1	47.8	17.8	13.7	40.3	7.8
Dolores, CO	08033	1,323	57.2	76.0	33	90.9	13.5	-10.9	13.8	...	0.0	57.1	15.0
Douglas, CO	08035	112,436	16.2	97.0	8,719	69.8	51.9	27.5	52.4	57.0	36.9	59.0	37.6
Eagle, CO	08037	27,178	29.9	86.6	1,625	80.1	42.6	18.2	51.0	14.3	23.5	47.8	6.7

[3] May be of any race.
... = Not available.

Table C-1. Population, School, and Student Characteristics by County—Continued

STATE County	State/ county code	County type[1]	Population, 2007 Total	Population, 2007 Percent 5 to 17 years	Number of schools and students, 2005–2006 School districts	Number of schools and students, 2005–2006 Schools	Number of schools and students, 2005–2006 Students	Resident enrollment, 2000 Total enrollment Number	Resident enrollment, 2000 Total enrollment Percent public	Resident enrollment, 2000 K–12 enrollment Number	Resident enrollment, 2000 K–12 enrollment Percent public
			1	2	3	4	5	6	7	8	9
Elbert, CO	08039	1	22,720	18.6	5	18	4,014	5,926	87.9	4,876	92.2
El Paso, CO	08041	2	587,272	18.8	17	197	103,063	146,429	83.8	103,247	90.9
Fremont, CO	08043	4	47,389	13.4	3	18	6,113	10,309	87.4	7,865	90.2
Garfield, CO	08045	5	53,631	18.4	3	24	10,026	10,894	89.2	8,442	93.1
Gilpin, CO	08047	1	5,091	13.5	1	2	362	1,027	83.2	732	90.6
Grand, CO	08049	8	13,612	14.4	2	9	1,850	2,475	90.3	2,038	94.7
Gunnison, CO	08051	7	14,973	12.1	1	7	1,577	4,697	92.0	1,918	94.0
Hinsdale, CO	08053	9	838	12.8	1	1	95	138	78.3	111	82.0
Huerfano, CO	08055	6	7,837	12.3	2	7	994	1,747	83.3	1,349	84.7
Jackson, CO	08057	9	1,381	16.8	1	2	245	367	94.3	303	93.1
Jefferson, CO	08059	1	529,354	16.9	1	162	86,332	141,368	84.0	100,009	89.5
Kiowa, CO	08061	9	1,332	15.5	2	5	257	425	98.8	341	100.0
Kit Carson, CO	08063	7	7,928	16.5	5	13	1,521	2,120	93.8	1,743	96.2
Lake, CO	08065	7	7,913	19.0	2	7	1,357	2,047	95.7	1,521	98.9
La Plata, CO	08067	6	49,555	14.1	4	20	6,601	13,191	89.7	7,778	91.5
Larimer, CO	08069	2	287,574	15.6	4	84	41,531	80,102	89.3	44,334	90.9
Las Animas, CO	08071	7	16,010	15.3	6	16	3,486	3,954	91.0	2,816	89.6
Lincoln, CO	08073	8	5,326	14.6	4	8	956	1,595	88.7	1,323	88.9
Logan, CO	08075	7	21,055	16.2	4	15	3,183	5,725	90.8	4,078	91.6
Mesa, CO	08077	3	139,082	16.2	4	45	21,235	29,470	89.3	21,719	91.9
Mineral, CO	08079	9	962	11.3	1	2	149	178	96.6	138	98.6
Moffat, CO	08081	7	13,648	18.3	1	9	2,400	3,639	93.0	2,835	94.3
Montezuma, CO	08083	6	25,221	17.7	4	20	4,432	5,872	94.3	4,789	96.2
Montrose, CO	08085	7	39,527	17.3	2	17	6,303	7,732	91.9	6,780	93.4
Morgan, CO	08087	6	27,961	20.6	4	17	5,582	7,075	94.1	5,760	96.1
Otero, CO	08089	6	18,854	18.0	7	19	3,577	5,382	94.7	4,069	95.7
Ouray, CO	08091	9	4,378	14.7	2	6	609	779	94.4	664	97.6
Park, CO	08093	1	17,004	15.8	2	8	2,021	3,289	87.0	2,589	91.3
Phillips, CO	08095	9	4,499	19.0	3	4	944	1,133	94.4	905	96.7
Pitkin, CO	08097	7	15,106	10.5	1	5	1,612	2,799	81.6	1,922	91.7
Prowers, CO	08099	7	13,181	20.2	5	13	2,670	4,102	97.3	3,164	98.1
Pueblo, CO	08101	3	154,538	17.6	3	62	26,265	37,564	91.6	27,023	94.1
Rio Blanco, CO	08103	9	6,227	15.4	3	6	1,138	1,726	97.3	1,269	98.0
Rio Grande, CO	08105	7	11,627	17.3	3	12	2,288	3,385	93.7	2,585	95.4
Routt, CO	08107	7	22,382	13.9	4	13	2,882	4,656	88.0	3,316	91.5
Saguache, CO	08109	9	6,920	19.0	3	11	1,009	1,558	92.6	1,277	93.9
San Juan, CO	08111	9	559	11.8	1	3	82	111	93.7	88	95.5
San Miguel, CO	08113	9	7,533	11.7	3	5	900	1,155	81.6	873	89.9
Sedgwick, CO	08115	9	2,340	16.1	2	4	427	601	96.0	488	96.9
Summit, CO	08117	7	26,547	11.6	1	8	2,917	4,229	88.2	2,878	92.6
Teller, CO	08119	2	21,824	16.0	3	7	3,614	5,228	87.5	4,209	93.1
Washington, CO	08121	9	4,627	16.1	5	10	961	1,252	97.0	1,034	96.8
Weld, CO	08123	3	243,750	18.7	12	77	34,680	55,843	91.4	37,126	93.4
Yuma, CO	08125	7	9,666	18.2	4	11	1,822	2,574	93.2	2,159	96.9
CONNECTICUT	09000	X	3,502,309	17.4	196	1,111	575,059	910,869	80.3	639,968	89.5
Fairfield, CT	09001	2	895,015	18.6	30	237	146,624	233,796	75.9	167,739	86.3
Hartford, CT	09003	1	876,824	17.3	37	285	147,261	226,420	84.6	162,211	91.4
Litchfield, CT	09005	4	188,273	16.9	25	78	29,016	45,238	83.7	34,508	90.2
Middlesex, CT	09007	1	164,150	16.6	15	70	33,945	39,840	77.0	26,978	90.9
New Haven, CT	09009	2	845,494	17.2	31	255	133,089	225,396	76.5	154,863	89.0
New London, CT	09011	2	267,376	16.9	24	98	43,215	67,054	83.1	48,220	91.7
Tolland, CT	09013	1	148,139	15.3	16	46	23,422	43,189	90.5	24,004	94.5
Windham, CT	09015	4	117,038	16.5	18	42	18,486	29,936	88.9	21,445	90.6
DELAWARE	10000	X	864,764	17.0	35	222	120,937	209,979	78.2	143,780	82.7
Kent, DE	10001	3	152,255	18.1	11	54	27,372	35,984	86.8	25,303	92.2
New Castle, DE	10003	1	528,218	17.2	16	130	71,344	139,816	73.6	92,041	77.1
Sussex, DE	10005	4	184,291	15.3	8	45	22,221	34,179	88.0	26,436	92.8
DISTRICT OF COLUMBIA	11000	X	588,292	13.2	53	229	76,876	157,475	67.3	88,568	84.9
District of Columbia	11001	1	588,292	13.2	53	229	76,876	157,475	67.3	88,568	84.9

[1] County type codes are from the Economic Research Service of the United States Department of Agriculture. See notes and definitions for more information.

Table C-1. Population, School, and Student Characteristics by County—Continued

STATE County	State/ county code	Students with IEP[2]	Students eligible for free or reduced-price lunch	Minority students	English language learners	Number of graduates, 2004–2005	Total staff	Number of teachers	Student/ teacher ratio	Central administration staff
		10	11	12	13	14	15	16	17	18
Elbert, CO	08039	9.8	12.4	10.3	1.1	256	526	262	15.3	23
El Paso, CO	08041	9.3	27.2	31.9	4.3	6,103	12,498	6,324	16.3	498
Fremont, CO	08043	13.8	42.4	12.3	0.3	425	783	381	16.0	38
Garfield, CO	08045	7.4	34.3	37.4	24.7	507	1,200	641	15.6	42
Gilpin, CO	08047	10.5	16.9	9.4	1.1	41	66	33	11.0	3
Grand, CO	08049	10.8	19.5	11.4	7.4	145	268	136	13.6	9
Gunnison, CO	08051	6.5	19.8	15.5	6.7	109	216	123	12.8	8
Hinsdale, CO	08053	4.2	21.1	4.2	0.0	6	19	10	9.5	2
Huerfano, CO	08055	10.3	58.2	50.5	0.2	53	146	72	13.8	9
Jackson, CO	08057	15.1	47.3	19.6	6.9	17	38	19	12.9	2
Jefferson, CO	08059	9.8	23.4	23.7	5.8	5,616	9,721	4,785	18.0	341
Kiowa, CO	08061	12.1	38.9	11.3	2.3	17	54	28	9.2	4
Kit Carson, CO	08063	8.9	47.4	24.5	13.5	101	244	124	12.3	14
Lake, CO	08065	15.5	54.5	66.4	34.7	89	355	95	14.3	28
La Plata, CO	08067	9.7	28.5	24.0	2.7	441	927	468	14.1	62
Larimer, CO	08069	10.3	22.7	19.7	6.6	2,873	4,939	2,414	17.2	203
Las Animas, CO	08071	10.0	39.8	45.9	0.7	179	389	213	16.4	23
Lincoln, CO	08073	16.2	33.4	14.3	4.1	83	183	78	12.3	15
Logan, CO	08075	12.6	37.7	18.1	3.0	222	460	218	14.6	24
Mesa, CO	08077	11.5	39.3	20.6	3.4	1,315	2,538	1,203	17.7	105
Mineral, CO	08079	5.4	26.2	8.1	0.0	15	29	20	7.5	3
Moffat, CO	08081	10.7	25.2	15.7	5.5	174	343	148	16.2	12
Montezuma, CO	08083	11.7	46.1	35.7	23.7	269	654	305	14.5	37
Montrose, CO	08085	10.5	41.8	30.3	13.1	386	789	398	15.8	29
Morgan, CO	08087	8.3	55.1	47.6	20.5	299	778	374	14.9	39
Otero, CO	08089	10.7	56.3	52.6	3.6	225	549	282	12.7	30
Ouray, CO	08091	9.4	22.5	10.5	2.5	37	96	51	11.9	8
Park, CO	08093	11.3	23.1	10.2	0.8	112	266	124	16.3	18
Phillips, CO	08095	10.5	33.5	23.2	7.7	64	183	73	12.9	12
Pitkin, CO	08097	5.8	4.0	14.3	9.4	93	209	130	12.4	10
Prowers, CO	08099	10.7	55.6	48.5	11.2	157	415	196	13.6	25
Pueblo, CO	08101	10.8	55.5	53.4	4.2	1,447	3,083	1,526	17.2	101
Rio Blanco, CO	08103	14.7	24.6	10.6	1.5	106	160	70	16.3	11
Rio Grande, CO	08105	8.7	55.8	56.3	8.8	166	324	171	13.4	12
Routt, CO	08107	13.4	11.6	7.4	2.8	204	434	211	13.7	15
Saguache, CO	08109	9.8	78.2	66.5	23.0	72	191	99	10.2	12
San Juan, CO	08111	11.0	61.0	29.3	7.3	2	14	9	9.1	3
San Miguel, CO	08113	8.1	20.0	10.1	7.6	49	154	76	11.8	8
Sedgwick, CO	08115	15.5	44.7	24.4	2.3	25	69	37	11.5	3
Summit, CO	08117	9.9	24.0	25.3	20.8	180	435	214	13.6	13
Teller, CO	08119	9.7	25.1	9.6	0.4	267	429	225	16.1	16
Washington, CO	08121	10.5	37.0	12.0	1.5	72	175	99	9.7	8
Weld, CO	08123	10.5	39.5	42.6	18.7	1,790	4,129	2,151	16.1	138
Yuma, CO	08125	11.4	50.8	29.6	16.2	135	280	148	12.3	16
CONNECTICUT	09000	11.6	26.5	33.0	5.2	35,515	84,670	39,687	14.5	3,042
Fairfield, CT	09001	10.1	27.4	35.3	6.8	8,665	20,978	10,175	14.4	655
Hartford, CT	09003	13.0	28.3	40.8	5.7	8,748	21,814	10,041	14.7	873
Litchfield, CT	09005	12.4	13.5	8.7	2.0	1,896	4,409	1,939	15.0	180
Middlesex, CT	09007	10.8	13.1	15.3	3.1	3,521	4,712	2,747	12.4	118
New Haven, CT	09009	11.4	33.0	39.9	5.3	7,497	19,373	8,883	15.0	668
New London, CT	09011	12.0	21.7	24.2	3.8	2,711	6,574	2,943	14.7	266
Tolland, CT	09013	10.3	9.3	10.0	0.9	1,487	3,513	1,668	14.0	112
Windham, CT	09015	13.3	30.1	17.9	5.0	990	3,297	1,291	14.3	170
DELAWARE	10000	14.7	36.1	44.9	4.9	6,934	15,473	7,999	15.1	672
Kent, DE	10001	16.3	33.9	37.7	2.8	1,506	3,417	1,805	15.2	170
New Castle, DE	10003	13.5	35.0	50.6	5.6	4,065	9,026	4,631	15.4	382
Sussex, DE	10005	16.3	41.7	35.7	5.1	1,363	3,030	1,563	14.2	120
DISTRICT OF COLUMBIA	11000	17.4	53.4	95.5	6.5	2,781	…	…	…	…
District of Columbia	11001	17.4	53.4	95.5	6.5	2,781	…	…	…	…

[2]IEP = Individual Education Program. See notes and definitions for more information.
… = Not available.

336 THE ALMANAC OF AMERICAN EDUCATION (BERNAN PRESS)

Table C-1. Population, School, and Student Characteristics by County—Continued

STATE County	State/ county code	Revenues, 2004–2005 Total revenue (thousands of dollars)	Percentage of revenue from: Federal government	State government	Local government	Current expenditures, 2004–2005 Total expenditures (thousands of dollars)	Amount per student	Percent for instruction	Resident population 16 to 19 years, 2000 Total population 16 to 19 years	Percent in Armed Forces	Percent high school graduates	Percent not enrolled, not employed, not in Armed Forces, not high school grad.
		19	20	21	22	23	24	25	26	27	28	29
Elbert, CO	08039	35,094	2.3	59.6	38.1	28,403	7,127	55.8	1,308	0.0	7.0	4.4
El Paso, CO	08041	846,061	7.5	51.7	40.8	746,170	7,383	57.0	30,763	6.7	18.6	5.0
Fremont, CO	08043	51,331	8.1	55.6	36.4	43,198	6,947	58.9	2,245	0.0	9.4	6.4
Garfield, CO	08045	93,744	4.1	34.8	61.1	69,015	6,991	59.4	2,408	0.3	14.4	6.3
Gilpin, CO	08047	6,062	1.1	27.2	71.7	3,849	9,920	51.6	186	0.0	9.7	0.0
Grand, CO	08049	19,929	1.4	18.3	80.3	16,088	8,820	60.5	627	0.0	20.1	1.0
Gunnison, CO	08051	14,841	4.3	16.1	79.6	11,611	7,239	61.5	1,116	0.0	7.9	0.4
Hinsdale, CO	08053	1,278	13.9	23.9	62.1	1,105	13,313	48.9	30	0.0	6.7	0.0
Huerfano, CO	08055	10,076	10.5	44.4	45.1	8,006	8,220	54.9	348	0.0	11.8	4.9
Jackson, CO	08057	2,990	1.6	43.8	54.6	2,311	8,787	55.0	99	0.0	11.1	3.0
Jefferson, CO	08059	789,345	4.1	40.5	55.4	685,511	7,891	53.5	28,286	0.0	10.9	3.6
Kiowa, CO	08061	3,419	3.5	61.9	34.6	2,815	10,703	57.9	119	0.0	7.6	0.0
Kit Carson, CO	08063	15,715	4.1	54.9	41.0	13,156	8,423	59.0	464	0.0	8.0	3.0
Lake, CO	08065	20,563	24.5	36.9	38.6	15,726	12,997	52.6	468	0.0	12.4	9.0
La Plata, CO	08067	72,946	8.4	33.0	58.7	56,147	8,539	55.8	3,309	0.0	9.9	3.3
Larimer, CO	08069	351,724	5.8	39.1	55.1	324,818	7,880	54.9	17,029	0.1	9.2	2.9
Las Animas, CO	08071	29,122	8.0	67.6	24.3	23,612	7,114	57.8	875	0.0	9.6	8.6
Lincoln, CO	08073	15,008	24.9	43.4	31.7	11,272	11,966	48.9	367	0.0	7.1	4.9
Logan, CO	08075	27,562	7.8	60.2	32.1	24,881	7,501	59.8	1,477	0.0	11.8	3.0
Mesa, CO	08077	171,186	7.7	49.1	43.2	148,610	7,143	55.9	7,200	0.0	13.8	6.9
Mineral, CO	08079	2,130	2.9	53.2	43.9	1,807	11,437	64.7	31	0.0	0.0	0.0
Moffat, CO	08081	19,698	6.2	21.5	72.3	19,000	7,910	61.7	830	0.0	15.4	12.7
Montezuma, CO	08083	37,138	14.1	52.3	33.6	32,641	7,198	58.6	1,337	0.0	14.7	5.9
Montrose, CO	08085	49,628	11.6	54.1	34.3	45,363	7,319	55.6	1,904	0.0	15.1	8.2
Morgan, CO	08087	52,617	11.1	46.5	42.4	41,105	7,289	58.1	1,682	0.0	10.0	8.4
Otero, CO	08089	36,518	11.8	64.4	23.7	31,526	8,762	57.5	1,281	0.0	11.5	5.3
Ouray, CO	08091	7,814	2.3	37.0	60.7	5,607	9,424	60.4	161	0.0	1.2	0.0
Park, CO	08093	18,329	3.2	38.2	58.5	15,351	7,637	56.0	710	0.0	10.4	1.3
Phillips, CO	08095	12,530	18.9	39.9	41.1	10,434	11,006	49.5	240	0.0	10.4	0.0
Pitkin, CO	08097	28,801	0.4	12.3	87.3	17,162	10,700	67.6	516	0.0	8.5	3.1
Prowers, CO	08099	25,871	12.8	58.6	28.6	23,359	8,547	59.3	997	0.7	8.0	8.5
Pueblo, CO	08101	212,268	11.0	57.2	31.8	192,173	7,453	53.3	8,387	0.0	9.9	8.6
Rio Blanco, CO	08103	12,769	5.9	38.9	55.2	10,724	9,293	55.6	531	0.0	10.5	5.3
Rio Grande, CO	08105	20,226	8.7	60.6	30.7	17,085	7,206	58.0	687	0.0	10.8	6.3
Routt, CO	08107	36,583	5.8	11.7	82.5	30,304	10,618	57.4	979	0.0	14.6	1.3
Saguache, CO	08109	11,083	11.5	59.8	28.7	9,890	9,565	57.3	392	0.0	9.9	8.9
San Juan, CO	08111	1,042	12.2	33.2	54.6	865	16,019	53.4	31	0.0	0.0	0.0
San Miguel, CO	08113	14,927	3.5	20.7	75.8	9,749	11,429	59.5	263	0.0	16.3	4.2
Sedgwick, CO	08115	4,837	3.6	62.6	33.8	3,762	8,668	59.8	133	0.0	14.3	0.0
Summit, CO	08117	38,592	1.9	7.4	90.7	27,608	9,491	59.0	912	0.0	32.9	3.0
Teller, CO	08119	31,394	5.0	45.7	49.3	25,946	7,018	63.0	1,130	0.0	14.1	4.9
Washington, CO	08121	11,033	2.4	56.0	41.6	9,741	10,385	58.7	312	0.0	5.8	1.3
Weld, CO	08123	277,422	7.5	49.7	42.8	234,588	6,895	59.5	12,913	0.0	9.0	6.2
Yuma, CO	08125	17,590	5.5	47.0	47.5	14,631	7,828	58.0	601	0.0	7.8	1.8
CONNECTICUT	09000	7,924,988	5.1	36.7	58.2	6,646,854	11,972	63.1	169,277	0.6	8.9	4.4
Fairfield, CT	09001	2,105,315	4.1	25.1	70.8	1,843,474	12,590	63.0	39,493	0.0	7.5	3.6
Hartford, CT	09003	2,044,637	5.8	41.3	52.9	1,704,818	11,845	63.7	42,608	0.1	8.6	5.5
Litchfield, CT	09005	394,442	3.4	33.2	63.4	329,326	11,514	63.3	8,090	0.0	12.1	2.4
Middlesex, CT	09007	332,324	3.3	29.0	67.7	277,207	11,798	62.9	7,196	0.0	6.9	3.1
New Haven, CT	09009	1,898,729	6.0	43.3	50.7	1,558,590	11,813	62.4	42,794	0.1	8.7	5.4
New London, CT	09011	584,355	5.0	39.0	56.1	473,273	11,791	62.5	13,209	6.6	17.1	3.4
Tolland, CT	09013	292,700	2.8	38.6	58.7	258,178	11,038	63.6	9,564	0.1	4.4	1.6
Windham, CT	09015	272,486	8.3	53.6	38.1	201,988	11,685	64.2	6,323	0.3	8.7	4.6
DELAWARE	10000	1,486,509	7.4	62.5	30.1	1,284,901	10,788	61.5	44,154	0.3	11.5	5.6
Kent, DE	10001	288,189	9.1	67.4	23.5	268,463	10,134	62.0	7,812	1.3	11.1	5.1
New Castle, DE	10003	922,080	6.4	60.3	33.3	778,400	11,032	60.8	29,102	0.1	11.4	5.4
Sussex, DE	10005	276,240	8.9	64.8	26.4	238,038	10,791	63.1	7,240	0.1	12.2	7.2
DISTRICT OF COLUMBIA	11000	1,294,818	15.3	0.0	84.7	1,102,031	14,609	50.4	32,400	1.0	8.2	6.7
District of Columbia	11001	1,294,818	15.3	0.0	84.7	1,102,031	14,609	50.4	32,400	1.0	8.2	6.7

Table C-1. Population, School, and Student Characteristics by County—Continued

STATE County	State/ county code	High school graduates, 2000			College enrollment, 2000		College graduates, 2000 (percent)						
		Population 25 years and over	High school diploma or less (percent)	High school diploma or more (percent)	Number	Percent public	Bachelor's degree or more	+/- U.S. percent with bachelor's degree or more	Non-Hispanic White	Black	American Indian, Alaska Native	Asian and Pacific Islander	Hispanic or Latino[3]
		30	31	32	33	34	35	36	37	38	39	40	41
Elbert, CO	08039	12,814	34.9	92.5	655	67.5	26.6	2.2	26.7	25.9	31.3	66.7	17.4
El Paso, CO	08041	320,420	31.6	91.3	33,737	70.2	31.8	7.4	34.9	19.0	13.3	33.7	14.1
Fremont, CO	08043	33,214	56.2	80.5	1,820	82.7	13.5	-10.9	15.9	0.2	4.9	6.1	3.8
Garfield, CO	08045	27,884	41.5	85.4	1,676	86.1	23.8	-0.6	26.2	0.0	9.5	34.3	6.5
Gilpin, CO	08047	3,501	31.5	94.1	210	72.4	31.2	6.8	31.9	65.5	0.0	36.7	3.6
Grand, CO	08049	8,571	31.7	92.3	301	76.7	34.5	10.1	35.1	0.0	9.8	72.7	17.6
Gunnison, CO	08051	8,504	23.7	94.1	2,556	93.4	43.6	19.2	45.0	23.7	31.4	7.7	20.1
Hinsdale, CO	08053	593	27.7	93.1	16	56.3	34.9	10.5	35.5	...	0.0	100.0	0.0
Huerfano, CO	08055	5,647	54.5	77.8	255	78.0	16.1	-8.3	21.4	3.4	4.6	48.5	5.7
Jackson, CO	08057	1,098	49.8	86.2	26	100.0	19.9	-4.5	20.2	0.0	0.0	100.0	13.2
Jefferson, CO	08059	350,537	30.8	91.8	30,941	77.2	36.5	12.1	38.2	32.5	21.3	47.7	17.4
Kiowa, CO	08061	1,085	49.2	86.3	49	89.8	16.1	-8.3	16.1	0.0	0.0	...	26.7
Kit Carson, CO	08063	5,254	54.6	77.0	204	86.3	15.4	-9.0	16.9	12.1	0.0	0.0	4.8
Lake, CO	08065	4,710	47.8	79.5	403	88.3	19.5	-4.9	26.8	...	0.0	77.8	2.2
La Plata, CO	08067	27,973	31.7	91.4	4,732	93.1	36.4	12.0	39.7	21.1	14.3	32.4	14.3
Larimer, CO	08069	156,426	29.0	92.3	31,384	93.1	39.5	15.1	40.8	39.4	16.9	61.9	17.4
Las Animas, CO	08071	10,279	50.3	76.9	885	95.7	16.2	-8.2	21.2	0.0	4.1	33.3	7.9
Lincoln, CO	08073	4,214	53.2	81.8	166	84.3	13.2	-11.2	14.5	10.3	13.9	0.0	4.1
Logan, CO	08075	13,074	49.7	82.3	1,291	94.3	14.6	-9.8	15.8	20.3	0.0	5.9	2.6
Mesa, CO	08077	76,358	45.3	85.0	5,836	88.6	22.0	-2.4	23.2	16.8	4.7	24.5	9.9
Mineral, CO	08079	631	36.8	91.6	25	84.0	31.2	6.8	31.7	...	0.0	...	0.0
Moffat, CO	08081	8,404	53.8	79.6	496	92.5	12.5	-11.9	13.1	48.0	12.2	33.3	3.1
Montezuma, CO	08083	15,512	51.9	81.1	723	87.8	21.0	-3.4	23.7	0.0	5.4	12.5	8.4
Montrose, CO	08085	22,089	52.7	80.7	498	86.3	18.7	-5.7	20.2	8.5	21.0	13.4	6.1
Morgan, CO	08087	16,661	59.6	71.4	796	89.6	13.5	-10.9	16.8	21.1	12.1	18.8	2.4
Otero, CO	08089	13,172	55.0	75.7	963	92.9	15.4	-9.0	20.7	68.8	0.8	41.2	4.3
Ouray, CO	08091	2,741	28.2	93.4	56	66.1	36.8	12.4	37.6	0.0	10.0	0.0	19.7
Park, CO	08093	10,371	33.4	93.3	432	67.8	30.3	5.9	30.6	34.5	27.3	51.9	18.9
Phillips, CO	08095	2,999	50.6	81.6	116	90.5	19.9	-4.5	21.3	0.0	50.0	25.0	5.7
Pitkin, CO	08097	11,322	14.6	96.3	659	66.6	57.1	32.7	60.1	82.7	23.5	38.3	13.9
Prowers, CO	08099	8,545	56.9	72.0	599	96.7	11.9	-12.5	14.4	100.0	3.6	23.5	4.7
Pueblo, CO	08101	92,080	49.7	81.3	8,081	90.3	18.3	-6.1	22.8	15.7	11.0	42.1	9.5
Rio Blanco, CO	08103	3,857	43.6	88.4	385	95.1	19.5	-4.9	19.8	...	15.8	66.7	9.0
Rio Grande, CO	08105	7,959	51.9	78.1	500	90.4	18.8	-5.6	26.6	...	4.5	16.7	5.4
Routt, CO	08107	13,267	22.4	95.3	1,014	86.9	42.5	18.1	43.3	77.8	22.0	14.7	23.2
Saguache, CO	08109	3,760	54.8	70.0	166	85.5	19.6	-4.8	29.2	0.0	8.7	50.0	4.5
San Juan, CO	08111	428	22.4	92.1	14	78.6	43.7	19.3	45.8	...	0.0	50.0	20.0
San Miguel, CO	08113	4,762	21.4	93.6	182	57.1	48.5	24.1	50.6	20.0	15.4	49.0	11.3
Sedgwick, CO	08115	1,938	56.2	79.3	69	92.8	13.4	-11.0	14.8	0.0	0.0	0.0	2.4
Summit, CO	08117	15,795	24.4	93.3	1,056	83.4	48.3	23.9	51.7	21.7	26.1	42.4	14.8
Teller, CO	08119	14,240	29.5	94.0	635	72.0	31.7	7.3	32.3	31.4	9.5	31.0	15.8
Washington, CO	08121	3,314	51.9	81.7	116	95.7	14.3	-10.1	14.3	0.0	27.8	75.0	7.6
Weld, CO	08123	106,245	47.2	79.6	15,531	92.4	21.6	-2.8	25.7	23.4	13.0	48.4	6.5
Yuma, CO	08125	6,340	54.3	79.5	225	76.9	15.5	-8.9	16.5	100.0	25.0	...	4.1
CONNECTICUT	09000	2,295,617	44.5	84.0	204,212	61.8	31.4	7.0	34.2	13.7	15.7	57.2	11.3
Fairfield, CT	09001	596,371	39.2	84.4	44,981	54.1	39.9	15.5	45.8	13.9	23.3	59.2	11.7
Hartford, CT	09003	579,839	46.3	82.4	48,436	72.0	29.6	5.2	33.2	13.3	15.3	50.7	10.0
Litchfield, CT	09005	127,305	45.5	85.9	7,392	68.9	27.5	3.1	27.5	20.4	15.0	42.4	24.1
Middlesex, CT	09007	108,106	39.8	88.7	9,945	48.4	33.8	9.4	34.4	18.5	22.8	53.0	29.7
New Haven, CT	09009	551,642	47.8	83.0	55,307	48.5	27.6	3.2	29.9	13.6	14.9	65.7	10.0
New London, CT	09011	173,910	46.0	86.0	14,440	61.9	26.2	1.8	27.5	12.5	10.9	42.8	11.9
Tolland, CT	09013	87,202	39.8	89.2	16,790	90.9	32.8	8.4	32.5	20.9	18.9	70.9	21.6
Windham, CT	09015	71,242	56.1	79.6	6,921	88.2	19.0	-5.4	19.5	9.8	10.7	35.5	10.3
DELAWARE	10000	514,658	48.8	82.6	51,407	74.4	25.0	0.6	26.9	14.4	13.2	61.0	13.5
Kent, DE	10001	79,249	53.5	79.4	8,588	77.9	18.6	-5.8	19.4	15.6	9.4	33.9	11.8
New Castle, DE	10003	324,810	44.2	85.5	37,364	72.9	29.5	5.1	32.1	16.0	26.3	67.3	14.3
Sussex, DE	10005	110,599	59.1	76.5	5,455	79.6	16.6	-7.8	18.3	6.5	5.5	35.6	11.2
DISTRICT OF COLUMBIA	11000	384,535	42.8	77.8	59,498	41.0	39.1	14.7	80.6	17.5	28.1	58.1	24.8
District of Columbia	11001	384,535	42.8	77.8	59,498	41.0	39.1	14.7	80.6	17.5	28.1	58.1	24.8

[3]May be of any race.
... = Not available.

Table C-1. Population, School, and Student Characteristics by County—Continued

STATE County	State/ county code	County type[1]	Population, 2007 Total	Population, 2007 Percent 5 to 17 years	Number of schools and students, 2005–2006 School districts	Number of schools and students, 2005–2006 Schools	Number of schools and students, 2005–2006 Students	Resident enrollment, 2000 Total enrollment Number	Resident enrollment, 2000 Total enrollment Percent public	Resident enrollment, 2000 K–12 enrollment Number	Resident enrollment, 2000 K–12 enrollment Percent public
			1	2	3	4	5	6	7	8	9
FLORIDA	12000	X	18,251,243	15.9	74	3,723	2,675,024	3,933,279	82.8	2,775,141	88.5
Alachua, FL	12001	3	240,082	13.2	2	73	30,277	90,184	91.8	32,792	89.3
Baker, FL	12003	1	25,745	17.3	1	8	4,903	5,495	91.4	4,509	94.7
Bay, FL	12005	3	163,984	16.1	1	48	27,618	36,970	90.0	27,420	92.6
Bradford, FL	12007	6	28,769	14.4	1	11	3,779	5,921	90.6	4,735	91.4
Brevard, FL	12009	2	536,161	15.0	1	117	75,233	112,005	82.0	80,722	88.6
Broward, FL	12011	1	1,759,591	17.1	1	285	271,630	410,814	79.3	290,350	87.1
Calhoun, FL	12013	6	13,594	14.8	1	7	2,274	2,907	97.7	2,364	98.0
Charlotte, FL	12015	3	152,814	12.3	1	24	17,907	22,784	87.6	17,899	92.5
Citrus, FL	12017	4	140,169	12.5	1	25	15,812	19,963	89.2	16,026	93.2
Clay, FL	12019	1	182,023	17.8	1	36	34,169	40,121	86.9	30,688	91.8
Collier, FL	12021	2	315,839	14.3	1	62	43,292	46,873	86.2	36,873	91.5
Columbia, FL	12023	6	67,985	16.5	1	15	10,188	13,898	90.6	11,213	92.4
De Soto, FL	12027	6	34,675	15.7	1	13	5,019	6,014	93.5	5,087	95.5
Dixie, FL	12029	6	14,942	14.6	1	5	2,238	2,814	93.0	2,350	96.8
Duval, FL	12031	1	849,159	18.3	1	182	126,662	211,236	81.3	151,264	85.6
Escambia, FL	12033	2	306,407	15.7	1	79	43,460	78,198	81.3	53,184	87.2
Flagler, FL	12035	4	88,397	13.6	1	13	11,053	9,366	87.0	6,882	93.1
Franklin, FL	12037	6	10,030	14.0	1	7	1,352	1,962	94.4	1,583	95.5
Gadsden, FL	12039	2	47,197	16.6	1	22	6,515	11,903	88.7	9,547	89.5
Gilchrist, FL	12041	3	17,017	16.0	1	5	2,892	3,574	94.0	2,968	95.5
Glades, FL	12043	6	11,109	14.5	1	6	1,272	2,213	92.7	1,757	94.2
Gulf, FL	12045	6	14,059	14.0	1	8	2,179	3,072	94.6	2,321	97.0
Hamilton, FL	12047	6	14,301	14.9	1	7	2,010	2,853	91.8	2,466	92.6
Hardee, FL	12049	6	28,830	18.4	1	9	4,967	6,525	94.4	5,483	97.2
Hendry, FL	12051	4	39,611	19.8	1	14	7,578	9,811	93.4	8,191	95.8
Hernando, FL	12053	1	169,070	14.2	1	24	21,707	23,878	85.4	18,867	89.3
Highlands, FL	12055	4	99,349	13.5	1	19	12,136	15,766	88.8	12,420	93.7
Hillsborough, FL	12057	1	1,174,727	17.6	1	261	193,757	267,599	82.0	187,070	87.8
Holmes, FL	12059	6	19,245	15.2	1	9	3,439	4,161	92.6	3,444	93.2
Indian River, FL	12061	3	131,837	13.7	1	28	17,239	22,308	82.8	17,024	87.9
Jackson, FL	12063	6	49,287	14.7	1	20	7,457	11,144	90.5	8,562	93.0
Jefferson, FL	12065	2	14,451	13.4	1	7	1,232	3,050	78.3	2,422	80.6
Lafayette, FL	12067	8	7,998	13.8	1	3	1,082	1,406	92.0	1,052	98.3
Lake, FL	12069	1	301,059	14.0	1	57	38,060	40,624	85.9	32,367	89.6
Lee, FL	12071	2	590,564	14.8	1	101	75,634	81,283	84.3	62,918	88.9
Leon, FL	12073	2	260,945	14.5	3	60	34,997	93,932	89.9	38,023	87.6
Levy, FL	12075	8	39,065	15.9	1	16	6,256	7,753	93.1	6,303	95.9
Liberty, FL	12077	8	7,851	14.4	1	9	1,471	1,492	92.6	1,217	92.9
Madison, FL	12079	6	18,957	16.1	1	10	3,032	4,656	89.5	3,840	89.0
Manatee, FL	12081	2	315,108	15.1	1	76	42,370	52,553	85.4	40,225	90.5
Marion, FL	12083	2	324,857	14.7	1	62	42,035	54,173	85.6	42,621	88.9
Martin, FL	12085	2	139,182	13.5	1	34	18,156	24,414	82.2	18,261	89.0
Miami-Dade, FL	12086	1	2,387,170	16.3	1	394	362,070	643,727	80.6	443,852	87.6
Monroe, FL	12087	4	73,223	11.3	1	20	8,594	14,277	85.8	10,266	93.4
Nassau, FL	12089	1	68,450	16.2	1	19	10,866	14,083	88.6	10,897	94.1
Okaloosa, FL	12091	3	181,499	16.6	1	58	31,011	44,445	89.2	31,577	93.0
Okeechobee, FL	12093	4	40,311	17.2	1	20	7,329	8,521	94.2	6,898	97.1
Orange, FL	12095	1	1,066,113	17.6	2	213	180,982	248,040	82.6	167,077	88.3
Osceola, FL	12097	1	255,815	18.4	1	63	49,798	44,944	86.6	35,247	92.5
Palm Beach, FL	12099	1	1,266,451	15.2	2	237	175,616	254,671	79.6	183,941	86.0
Pasco, FL	12101	1	462,715	15.2	1	76	62,768	67,546	86.5	51,677	92.4
Pinellas, FL	12103	1	917,437	14.0	1	173	112,174	190,563	79.3	133,945	85.0
Polk, FL	12105	2	574,746	17.1	1	153	89,443	114,180	84.6	88,103	91.0
Putnam, FL	12107	4	73,821	16.8	1	23	12,274	16,240	92.0	13,307	94.4
St. Johns, FL	12109	1	175,446	15.4	2	46	26,517	30,609	77.5	22,042	86.6
St. Lucie, FL	12111	2	260,939	16.1	1	46	36,201	43,393	86.7	33,356	90.1
Santa Rosa, FL	12113	2	147,044	17.2	1	37	25,188	31,346	88.5	23,695	91.0
Sarasota, FL	12115	2	372,073	12.0	1	59	41,890	55,269	81.6	40,983	87.2
Seminole, FL	12117	1	409,509	17.1	1	77	67,530	99,337	81.4	69,909	86.8
Sumter, FL	12119	4	72,246	12.0	1	15	7,416	8,862	88.8	7,121	92.5
Suwannee, FL	12121	6	39,525	15.9	1	11	5,954	7,960	86.7	6,459	89.4
Taylor, FL	12123	6	19,771	15.8	1	9	3,378	4,676	92.4	3,760	94.5
Union, FL	12125	6	14,991	12.7	1	6	2,290	2,866	93.2	2,297	96.0
Volusia, FL	12127	2	500,413	14.4	1	94	65,627	101,190	78.4	68,193	89.9
Wakulla, FL	12129	2	29,726	15.7	1	11	4,914	5,852	94.7	4,542	97.7
Walton, FL	12131	6	52,881	15.1	1	18	6,896	8,374	91.9	6,868	95.6
Washington, FL	12133	6	22,886	15.6	2	11	3,959	4,640	94.6	3,819	97.6

[1] County type codes are from the Economic Research Service of the United States Department of Agriculture. See notes and definitions for more information.

Table C-1. Population, School, and Student Characteristics by County—Continued

STATE County	State/ county code	Students with IEP[2]	Students eligible for free or reduced-price lunch	Minority students	English language learners	Number of graduates, 2004–2005	Total staff	Number of teachers	Student/ teacher ratio	Central administration staff
		10	11	12	13	14	15	16	17	18
FLORIDA	12000	14.9	45.8	50.4	8.3	133,316	314,219	158,962	16.8	17,073
Alachua, FL	12001	19.5	45.3	47.4	1.5	1,909	4,180	1,756	17.2	384
Baker, FL	12003	10.8	42.7	14.3	0.2	250	576	280	17.5	46
Bay, FL	12005	18.2	45.7	21.5	1.1	1,412	3,418	1,714	16.1	193
Bradford, FL	12007	23.8	50.9	28.9	0.2	229	523	252	15.0	27
Brevard, FL	12009	17.2	30.0	23.8	1.8	4,364	8,711	4,489	16.8	307
Broward, FL	12011	11.7	41.4	66.5	9.8	13,248	28,500	15,717	17.3	1,116
Calhoun, FL	12013	22.4	51.8	16.1	0.4	126	295	164	13.9	15
Charlotte, FL	12015	19.1	39.4	16.7	1.0	1,248	2,307	991	18.1	150
Citrus, FL	12017	17.2	42.6	9.7	0.6	929	2,178	999	15.8	124
Clay, FL	12019	18.1	24.8	19.8	0.8	1,925	4,188	2,174	15.7	250
Collier, FL	12021	14.2	41.2	53.0	15.5	2,170	5,276	2,547	17.0	232
Columbia, FL	12023	18.7	53.9	27.3	0.7	445	1,360	642	15.9	95
De Soto, FL	12027	18.2	59.3	47.6	8.5	210	682	296	17.0	72
Dixie, FL	12029	21.3	68.6	10.2	0.0	107	296	127	17.6	31
Duval, FL	12031	15.3	41.7	54.4	2.8	5,873	12,772	7,526	16.8	1,322
Escambia, FL	12033	17.1	61.8	43.6	0.8	2,072	5,577	2,761	15.7	378
Flagler, FL	12035	14.6	35.1	24.1	3.1	485	1,565	761	14.5	113
Franklin, FL	12037	17.3	61.1	19.1	0.2	65	183	88	15.4	19
Gadsden, FL	12039	16.0	80.2	95.8	6.9	198	1,057	425	15.3	81
Gilchrist, FL	12041	27.0	50.0	7.0	0.9	168	378	177	16.3	35
Glades, FL	12043	15.4	62.0	51.2	6.6	44	188	85	15.0	16
Gulf, FL	12045	19.6	45.0	18.0	0.0	136	294	136	16.0	22
Hamilton, FL	12047	16.3	55.9	57.7	4.1	102	304	121	16.6	32
Hardee, FL	12049	18.9	63.9	59.2	6.2	225	709	329	15.1	66
Hendry, FL	12051	16.5	69.6	68.2	7.3	395	960	417	18.2	67
Hernando, FL	12053	16.1	43.8	18.1	1.6	1,012	2,961	1,436	15.1	82
Highlands, FL	12055	16.4	57.8	43.8	4.7	623	1,651	802	15.1	136
Hillsborough, FL	12057	15.2	49.4	53.5	10.6	9,252	21,355	10,924	17.7	1,041
Holmes, FL	12059	15.4	56.9	5.8	0.2	205	452	216	15.9	18
Indian River, FL	12061	13.7	39.4	31.5	4.4	1,010	2,075	1,028	16.8	75
Jackson, FL	12063	18.8	54.3	35.3	0.7	378	1,008	444	16.8	71
Jefferson, FL	12065	28.9	69.4	75.4	0.4	50	225	87	14.2	20
Lafayette, FL	12067	12.6	51.8	23.0	4.4	56	153	70	15.5	9
Lake, FL	12069	15.4	41.9	32.9	5.9	1,845	4,997	2,270	16.8	309
Lee, FL	12071	14.4	44.3	42.0	10.2	3,461	8,477	4,322	17.5	443
Leon, FL	12073	16.9	36.1	47.5	1.0	1,931	4,562	2,146	16.3	195
Levy, FL	12075	23.3	55.8	21.9	1.6	285	916	386	16.2	60
Liberty, FL	12077	25.1	47.6	19.0	0.0	81	206	103	14.3	17
Madison, FL	12079	24.3	73.4	60.8	0.5	186	394	170	17.8	26
Manatee, FL	12081	17.9	43.5	38.1	8.0	2,088	5,328	2,544	16.7	256
Marion, FL	12083	17.1	52.5	34.4	3.9	2,141	5,723	2,439	17.2	284
Martin, FL	12085	16.4	27.1	28.8	10.2	997	2,068	1,057	17.2	150
Miami-Dade, FL	12086	11.8	61.2	90.2	16.0	17,197	37,802	20,606	17.6	1,506
Monroe, FL	12087	18.1	39.4	35.5	5.6	511	1,530	596	14.4	243
Nassau, FL	12089	14.7	33.6	11.5	0.6	683	1,365	632	17.2	67
Okaloosa, FL	12091	15.9	28.2	20.8	1.4	2,052	3,636	1,844	16.8	136
Okeechobee, FL	12093	21.5	52.2	38.2	5.7	300	882	420	17.5	55
Orange, FL	12095	14.4	45.0	61.8	17.3	8,789	22,431	10,920	16.6	2,025
Osceola, FL	12097	14.7	55.0	63.3	16.8	2,330	6,098	2,671	18.6	349
Palm Beach, FL	12099	14.5	41.6	55.7	11.3	8,572	18,071	10,118	17.4	785
Pasco, FL	12101	18.4	43.5	18.2	3.0	2,890	7,999	3,956	15.9	440
Pinellas, FL	12103	16.5	40.3	31.6	3.0	5,767	14,201	6,799	16.5	952
Polk, FL	12105	14.1	57.7	42.7	6.5	4,034	12,119	6,046	14.8	388
Putnam, FL	12107	18.1	65.8	38.0	4.1	563	1,770	700	17.5	87
St. Johns, FL	12109	16.9	19.4	15.3	0.5	1,541	3,640	1,582	16.8	220
St. Lucie, FL	12111	13.3	52.5	49.8	5.7	1,403	4,076	1,878	19.3	278
Santa Rosa, FL	12113	15.6	32.3	10.3	0.5	1,516	2,456	1,499	16.8	65
Sarasota, FL	12115	16.4	28.8	22.3	4.5	2,436	5,815	2,833	14.8	164
Seminole, FL	12117	12.9	30.5	35.4	3.6	3,697	7,366	4,039	16.7	227
Sumter, FL	12119	15.3	52.9	27.6	4.4	295	955	434	17.1	54
Suwannee, FL	12121	12.7	52.9	24.1	2.3	235	705	355	16.8	50
Taylor, FL	12123	18.7	57.1	27.7	0.2	181	515	212	15.9	28
Union, FL	12125	17.6	44.3	19.3	0.1	125	401	191	12.0	30
Volusia, FL	12127	18.1	41.8	30.7	3.8	3,447	9,134	4,202	15.6	374
Wakulla, FL	12129	20.0	35.4	12.6	0.0	241	624	289	17.0	39
Walton, FL	12131	13.4	47.4	12.8	1.5	344	967	439	15.7	50
Washington, FL	12133	19.6	54.4	21.5	0.1	231	633	283	14.0	76

[2]IEP = Individual Education Program. See notes and definitions for more information.

Table C-1. Population, School, and Student Characteristics by County—Continued

STATE County	State/ county code	Revenues, 2004–2005 Total revenue (thousands of dollars)	% Federal government	% State government	% Local government	Current expenditures, 2004–2005 Total expenditures (thousands of dollars)	Amount per student	Percent for instruction	Resident population 16 to 19 years, 2000 Total population 16 to 19 years	Percent in Armed Forces	Percent high school graduates	Percent not enrolled, not employed, not in Armed Forces, not high school grad.
		19	20	21	22	23	24	25	26	27	28	29
FLORIDA	12000	23,216,404	10.0	42.8	47.2	19,063,563	7,207	59.1	794,066	0.7	10.2	6.3
Alachua, FL	12001	248,762	13.1	49.0	37.9	213,697	7,304	54.9	19,335	0.0	5.6	1.9
Baker, FL	12003	34,298	11.4	70.6	18.0	31,498	6,596	53.7	1,315	0.0	11.6	14.1
Bay, FL	12005	230,537	11.0	45.3	43.8	188,896	6,958	61.2	7,949	2.3	13.4	5.2
Bradford, FL	12007	32,368	13.2	63.2	23.6	28,380	7,408	58.4	1,382	0.4	12.9	7.7
Brevard, FL	12009	580,817	8.6	48.8	42.6	508,615	6,797	62.7	22,865	0.2	9.1	6.1
Broward, FL	12011	2,307,391	9.7	44.0	46.3	2,006,869	7,309	59.7	73,499	0.0	9.3	5.4
Calhoun, FL	12013	17,473	11.6	73.6	14.8	15,713	6,793	58.5	663	0.0	16.6	5.3
Charlotte, FL	12015	166,029	8.4	21.3	70.3	128,780	7,356	56.5	4,880	0.0	13.7	4.9
Citrus, FL	12017	132,536	9.5	40.6	49.8	113,146	7,198	56.6	4,639	0.0	12.1	7.1
Clay, FL	12019	236,900	7.1	60.8	32.1	203,509	6,242	62.5	8,239	0.3	9.8	4.8
Collier, FL	12021	469,117	8.1	18.3	73.6	354,725	8,425	58.3	10,207	0.1	11.1	8.9
Columbia, FL	12023	75,996	15.4	61.5	23.1	69,025	6,932	56.9	3,592	0.1	12.0	10.2
De Soto, FL	12027	43,297	16.6	57.5	25.9	45,490	9,205	50.0	2,042	0.0	9.2	14.7
Dixie, FL	12029	17,814	17.6	59.5	23.0	16,938	7,900	51.9	736	0.0	20.5	7.7
Duval, FL	12031	1,008,899	10.0	49.2	40.7	891,167	6,882	59.0	42,483	2.0	12.2	6.5
Escambia, FL	12033	357,806	12.8	50.5	36.7	321,760	7,321	54.3	19,846	15.0	23.7	4.4
Flagler, FL	12035	110,828	5.9	38.9	55.2	67,669	6,978	59.0	1,749	0.0	13.0	4.5
Franklin, FL	12037	16,495	13.8	15.1	71.1	12,136	8,852	61.5	517	0.0	19.3	4.6
Gadsden, FL	12039	59,002	23.7	59.4	16.9	51,984	7,747	49.0	2,664	0.1	8.5	8.9
Gilchrist, FL	12041	21,973	13.3	64.1	22.6	21,933	7,674	57.4	917	0.0	14.6	11.0
Glades, FL	12043	11,201	18.2	44.8	37.1	10,495	8,484	51.9	491	0.0	19.1	5.3
Gulf, FL	12045	19,407	11.6	20.0	68.4	17,033	7,824	55.1	559	0.0	13.4	4.5
Hamilton, FL	12047	18,451	20.8	52.1	27.1	16,213	8,038	52.4	797	0.0	13.3	13.8
Hardee, FL	12049	59,754	11.3	67.5	21.3	38,121	7,408	54.9	1,801	0.0	12.8	11.0
Hendry, FL	12051	61,622	15.3	55.6	29.1	56,701	7,457	58.4	2,700	0.0	8.8	11.8
Hernando, FL	12053	167,210	8.7	46.7	44.7	134,148	6,491	57.5	5,403	0.0	14.0	6.2
Highlands, FL	12055	97,968	13.8	48.7	37.6	90,819	7,537	55.3	3,531	0.0	13.2	7.4
Hillsborough, FL	12057	1,590,138	14.0	50.3	35.7	1,265,095	6,677	59.9	52,941	0.2	10.7	7.5
Holmes, FL	12059	33,517	15.3	71.1	13.6	25,955	7,659	56.8	1,011	0.0	10.2	6.8
Indian River, FL	12061	150,286	8.0	21.4	70.5	120,168	7,028	56.3	4,932	0.6	11.2	6.8
Jackson, FL	12063	59,743	16.7	63.4	19.9	53,128	7,185	56.2	2,608	0.0	10.8	6.2
Jefferson, FL	12065	14,015	20.3	55.7	24.0	12,087	8,765	50.9	691	0.0	8.1	8.4
Lafayette, FL	12067	8,841	18.7	62.1	19.1	7,729	7,305	50.9	375	0.0	6.7	15.5
Lake, FL	12069	320,017	7.8	47.5	44.7	250,942	6,948	61.2	8,260	0.0	11.0	6.6
Lee, FL	12071	674,867	8.9	22.4	68.8	519,178	7,291	54.2	17,053	0.4	14.5	7.2
Leon, FL	12073	289,728	9.7	46.5	43.9	228,076	7,085	55.6	21,304	0.1	5.4	1.9
Levy, FL	12075	50,245	12.0	61.2	26.8	45,507	7,242	58.7	1,968	0.5	10.2	9.8
Liberty, FL	12077	11,721	13.5	72.9	13.6	10,799	7,736	61.4	372	0.0	2.7	8.6
Madison, FL	12079	26,152	19.3	61.6	19.1	22,806	7,102	52.4	1,005	0.0	6.6	10.6
Manatee, FL	12081	393,482	8.5	36.2	55.3	297,740	7,200	60.4	10,524	0.6	11.6	6.8
Marion, FL	12083	338,100	11.0	52.8	36.2	286,714	6,958	56.5	11,281	0.1	10.9	7.5
Martin, FL	12085	175,885	8.5	18.6	72.9	134,269	7,494	60.6	4,579	0.0	6.1	9.2
Miami-Dade, FL	12086	3,448,734	11.6	44.7	43.6	2,903,167	7,869	60.3	123,037	0.1	7.7	6.8
Monroe, FL	12087	108,661	8.1	13.5	78.4	82,851	9,548	58.9	2,776	1.7	17.0	4.3
Nassau, FL	12089	81,801	7.2	40.9	51.9	67,013	6,235	57.2	2,900	0.0	11.2	5.5
Okaloosa, FL	12091	237,941	11.2	48.1	40.8	214,520	6,755	62.4	9,554	5.7	17.8	3.0
Okeechobee, FL	12093	55,954	12.3	59.1	28.7	52,362	7,126	58.3	2,304	0.0	7.6	12.8
Orange, FL	12095	1,556,195	9.0	43.9	47.1	1,163,364	6,712	58.3	49,260	0.1	10.1	6.2
Osceola, FL	12097	432,493	7.7	49.0	43.3	318,700	6,717	56.8	9,337	0.0	10.1	6.2
Palm Beach, FL	12099	1,690,560	7.6	25.6	66.8	1,349,563	7,708	61.4	49,015	0.0	8.5	6.9
Pasco, FL	12101	482,431	9.0	55.1	35.9	403,729	6,635	57.3	14,076	0.1	11.7	5.8
Pinellas, FL	12103	956,195	9.4	41.3	49.3	809,361	7,121	56.6	36,204	0.2	11.2	5.9
Polk, FL	12105	755,266	11.4	54.3	34.3	629,861	7,299	61.7	25,278	0.0	9.9	8.1
Putnam, FL	12107	95,709	13.7	56.7	29.5	84,519	6,785	55.0	3,725	0.0	10.2	9.1
St. Johns, FL	12109	221,327	5.4	36.5	58.2	167,595	6,868	58.6	5,896	0.0	10.4	2.0
St. Lucie, FL	12111	313,614	9.9	39.1	51.0	234,067	6,704	56.5	8,988	0.0	9.7	9.3
Santa Rosa, FL	12113	185,346	9.1	55.6	35.3	161,592	6,454	58.1	6,309	0.2	9.1	3.6
Sarasota, FL	12115	449,413	6.0	16.5	77.5	352,474	8,513	59.3	10,743	0.0	11.3	4.1
Seminole, FL	12117	529,073	7.4	46.9	45.7	425,325	6,377	62.6	18,797	0.0	8.9	4.1
Sumter, FL	12119	55,740	11.8	49.1	39.0	48,815	6,821	61.2	2,078	0.0	9.8	13.4
Suwannee, FL	12121	43,991	13.1	61.8	25.1	42,511	7,287	59.2	1,987	0.0	10.9	9.5
Taylor, FL	12123	31,914	21.2	50.2	28.5	28,420	8,118	56.4	1,093	0.0	6.0	11.2
Union, FL	12125	16,950	11.3	71.1	17.6	16,155	7,330	57.6	665	0.3	10.2	16.1
Volusia, FL	12127	581,400	8.2	41.9	49.9	457,403	7,007	59.9	22,260	0.1	9.9	6.0
Wakulla, FL	12129	36,586	8.2	65.9	25.9	32,687	6,693	57.1	1,281	0.5	11.5	8.3
Walton, FL	12131	63,049	9.1	15.6	75.3	49,682	7,577	57.3	1,863	0.5	10.6	4.5
Washington, FL	12133	45,373	13.0	69.1	17.9	32,174	9,219	56.6	935	0.0	15.2	8.3

Table C-1. Population, School, and Student Characteristics by County—Continued

STATE County	State/ county code	High school graduates, 2000 — Population 25 years and over	High school diploma or less (percent)	High school diploma or more (percent)	College enrollment, 2000 — Number	Percent public	College graduates, 2000 (percent) — Bachelor's degree or more	+/- U.S. percent with bachelor's degree or more	Non-Hispanic White	Black	American Indian, Alaska Native	Asian and Pacific Islander	Hispanic or Latino[3]
		30	31	32	33	34	35	36	37	38	39	40	41
FLORIDA	12000	11,024,645	48.9	79.9	886,825	76.2	22.3	-2.1	24.7	12.4	14.9	40.3	17.5
Alachua, FL	12001	123,524	32.2	88.1	53,371	96.2	38.7	14.3	42.2	14.3	35.3	78.6	47.0
Baker, FL	12003	13,953	69.5	71.9	723	84.4	8.2	-16.2	8.9	5.6	0.0	0.0	5.1
Bay, FL	12005	99,771	49.6	81.0	6,965	90.3	17.7	-6.7	18.5	9.5	9.8	22.5	19.0
Bradford, FL	12007	17,883	66.0	74.2	795	89.9	8.4	-16.0	10.2	2.2	0.0	30.4	5.4
Brevard, FL	12009	339,738	42.5	86.3	23,877	70.4	23.6	-0.8	24.3	12.1	10.3	37.0	22.9
Broward, FL	12011	1,126,502	46.4	82.0	88,536	68.6	24.5	0.1	27.2	14.7	15.2	38.4	23.0
Calhoun, FL	12013	8,884	69.4	69.1	397	98.0	7.7	-16.7	8.6	3.3	15.8	31.7	0.0
Charlotte, FL	12015	113,071	53.5	82.1	3,279	79.6	17.6	-6.8	17.6	14.0	8.8	42.7	17.3
Citrus, FL	12017	92,594	59.7	78.3	2,722	82.0	13.2	-11.2	13.1	9.1	15.0	42.1	11.0
Clay, FL	12019	90,382	45.3	86.4	6,892	82.8	20.1	-4.3	20.2	17.6	11.4	31.0	17.9
Collier, FL	12021	185,357	44.5	81.8	6,692	73.3	27.9	3.5	32.4	8.9	8.5	43.8	7.1
Columbia, FL	12023	36,880	60.2	74.7	1,874	88.3	10.9	-13.5	11.2	6.0	33.6	50.8	16.1
De Soto, FL	12027	21,222	71.8	63.5	556	81.8	8.4	-16.0	10.7	2.8	0.0	33.6	2.3
Dixie, FL	12029	9,643	73.5	65.9	358	70.4	6.8	-17.6	7.1	1.9	0.0	20.0	4.8
Duval, FL	12031	499,602	46.3	82.7	43,351	79.1	21.9	-2.5	24.6	13.1	17.9	34.0	21.8
Escambia, FL	12033	189,710	46.3	82.1	20,805	70.5	21.0	-3.4	23.9	9.8	9.3	23.2	22.8
Flagler, FL	12035	38,616	46.1	85.9	1,784	79.7	21.2	-3.2	21.4	18.9	26.3	37.2	17.1
Franklin, FL	12037	8,202	68.1	68.3	246	92.7	12.4	-12.0	14.0	3.7	18.5	63.2	7.2
Gadsden, FL	12039	28,932	65.2	70.7	1,599	90.8	12.9	-11.5	20.8	6.8	18.8	43.5	4.3
Gilchrist, FL	12041	8,866	63.7	72.4	431	88.9	9.4	-15.0	9.6	4.3	0.0	0.0	7.1
Glades, FL	12043	7,403	67.0	69.8	285	87.7	9.8	-14.6	11.2	3.2	14.3	48.6	3.1
Gulf, FL	12045	9,527	64.6	72.6	592	92.9	10.1	-14.3	11.1	6.6	8.2	23.5	6.4
Hamilton, FL	12047	8,758	72.2	62.9	232	92.7	7.3	-17.1	9.3	3.9	0.0	16.0	3.0
Hardee, FL	12049	16,509	73.5	58.0	627	78.1	8.4	-16.0	11.3	6.2	8.7	43.3	1.4
Hendry, FL	12051	20,551	74.9	54.2	873	86.8	8.2	-16.2	12.4	3.8	9.4	36.5	2.7
Hernando, FL	12053	99,082	59.3	78.5	3,490	79.0	12.7	-11.7	12.9	10.0	2.9	28.2	8.9
Highlands, FL	12055	65,087	60.1	74.5	2,080	80.5	13.6	-10.8	14.2	5.1	22.9	48.5	9.2
Hillsborough, FL	12057	653,841	45.9	80.8	60,920	76.1	25.1	0.7	28.5	14.6	21.1	42.7	15.7
Holmes, FL	12059	12,659	72.6	65.2	524	91.8	8.8	-15.6	9.1	2.2	12.0	21.6	3.3
Indian River, FL	12061	84,531	47.5	81.6	3,733	71.7	23.1	-1.3	24.8	7.6	19.2	44.9	9.1
Jackson, FL	12063	31,771	63.5	69.1	2,115	81.7	12.8	-11.6	14.9	7.1	6.7	44.7	11.6
Jefferson, FL	12065	8,911	59.1	73.2	392	75.5	16.9	-7.5	23.3	6.7	0.0	30.8	6.9
Lafayette, FL	12067	4,745	71.9	68.2	226	80.1	7.2	-17.2	9.2	0.4	0.0	0.0	1.4
Lake, FL	12069	155,572	54.5	79.8	5,504	81.6	16.6	-7.8	17.3	7.3	1.7	33.5	14.5
Lee, FL	12071	327,672	50.2	82.3	12,539	79.1	21.1	-3.3	22.6	8.9	11.4	40.7	8.9
Leon, FL	12073	137,537	29.8	89.1	50,886	95.7	41.7	17.3	46.2	27.3	28.0	65.5	38.2
Levy, FL	12075	24,030	64.3	73.9	930	85.4	10.6	-13.8	10.6	8.0	12.8	57.1	14.0
Liberty, FL	12077	4,828	74.9	65.6	218	96.8	7.4	-17.0	8.9	1.8	0.0	17.6	0.0
Madison, FL	12079	12,254	66.7	67.5	597	93.1	10.2	-14.2	13.5	4.7	0.0	0.0	6.9
Manatee, FL	12081	192,789	50.4	81.4	8,183	78.7	20.8	-3.6	22.3	10.9	10.9	32.6	8.3
Marion, FL	12083	187,187	57.7	78.2	8,078	81.5	13.7	-10.7	14.0	10.5	16.5	34.9	9.5
Martin, FL	12085	96,467	43.0	85.3	4,372	73.5	26.3	1.9	27.7	7.4	4.3	42.9	14.1
Miami-Dade, FL	12086	1,491,789	54.5	67.9	160,435	69.4	21.7	-2.7	38.0	11.5	15.8	44.7	18.1
Monroe, FL	12087	61,161	44.0	84.9	3,028	74.1	25.5	1.1	28.2	8.8	13.0	47.3	13.9
Nassau, FL	12089	38,972	53.4	81.0	2,188	80.1	18.9	-5.5	19.8	8.4	12.7	26.1	10.8
Okaloosa, FL	12091	112,429	39.1	88.0	9,816	89.6	24.2	-0.2	26.1	11.9	15.4	14.8	19.6
Okeechobee, FL	12093	23,388	68.8	65.1	1,136	84.4	8.9	-15.5	9.1	6.4	21.1	51.3	5.0
Orange, FL	12095	574,101	44.0	81.8	64,155	77.9	26.1	1.7	30.7	14.7	14.5	40.6	17.0
Osceola, FL	12097	110,607	54.8	79.1	7,092	70.5	15.7	-8.7	16.3	11.6	6.3	40.0	12.5
Palm Beach, FL	12099	817,899	43.3	83.6	50,064	72.1	27.7	3.3	31.3	11.4	16.5	47.3	15.3
Pasco, FL	12101	255,472	59.2	77.6	11,290	74.4	13.1	-11.3	12.7	13.0	5.9	45.2	14.2
Pinellas, FL	12103	686,094	45.6	84.0	41,446	74.6	22.9	-1.5	23.8	10.5	18.1	33.6	20.0
Polk, FL	12105	326,208	58.9	74.8	18,134	66.2	14.9	-9.5	16.0	8.9	13.0	40.0	8.6
Putnam, FL	12107	47,761	67.0	70.4	1,984	84.9	9.4	-15.0	10.1	6.6	9.2	24.3	2.1
St. Johns, FL	12109	86,199	37.3	87.2	6,425	59.5	33.1	8.7	34.2	12.6	50.0	58.7	25.9
St. Lucie, FL	12111	136,448	55.0	77.7	7,060	83.1	15.1	-9.3	16.2	8.9	7.9	30.2	11.5
Santa Rosa, FL	12113	78,166	43.8	85.4	5,600	91.2	22.9	-1.5	23.7	6.2	11.3	28.8	23.9
Sarasota, FL	12115	256,802	43.0	87.1	10,210	75.7	27.4	3.0	28.2	10.5	24.4	35.0	19.5
Seminole, FL	12117	243,216	35.7	88.7	22,095	79.8	31.0	6.6	32.8	18.5	26.6	47.6	23.3
Sumter, FL	12119	41,509	61.6	77.3	1,221	70.7	12.2	-12.2	12.9	5.1	13.8	56.4	13.5
Suwannee, FL	12121	23,492	65.6	73.2	953	81.4	10.5	-13.9	10.9	6.5	25.2	56.1	7.7
Taylor, FL	12123	12,914	70.9	70.0	585	87.7	8.9	-15.5	10.0	3.1	0.0	57.6	5.0
Union, FL	12125	9,363	66.4	72.5	429	78.3	7.5	-16.9	9.3	2.1	4.0	15.8	5.8
Volusia, FL	12127	317,225	50.2	82.0	26,362	57.6	17.6	-6.8	18.1	14.7	16.9	35.8	11.7
Wakulla, FL	12129	15,211	56.6	78.4	794	89.8	15.7	-8.7	17.4	4.5	0.0	10.0	16.1
Walton, FL	12131	28,838	56.4	76.0	1,108	85.8	16.2	-8.2	17.4	2.6	12.6	25.8	12.6
Washington, FL	12133	14,338	67.6	71.2	566	84.5	9.2	-15.2	9.5	6.1	8.6	0.0	8.0

[3] May be of any race.

Table C-1. Population, School, and Student Characteristics by County—Continued

STATE County	State/ county code	County type[1]	Population, 2007 Total	Population, 2007 Percent 5 to 17 years	Number of schools and students, 2005–2006 School districts	Number of schools and students, 2005–2006 Schools	Number of schools and students, 2005–2006 Students	Resident enrollment, 2000 Total enrollment Number	Resident enrollment, 2000 Total enrollment Percent public	Resident enrollment, 2000 K–12 enrollment Number	Resident enrollment, 2000 K–12 enrollment Percent public
			1	2	3	4	5	6	7	8	9
GEORGIA	13000	X	9,544,750	18.8	204	2,389	1,598,461	2,211,688	85.6	1,598,291	91.3
Appling, GA	13001	7	17,946	18.6	1	8	3,370	4,329	93.0	3,615	94.3
Atkinson, GA	13003	9	8,223	21.5	1	3	1,759	1,770	96.0	1,561	96.9
Bacon, GA	13005	7	10,507	18.0	1	4	1,872	2,262	95.9	1,788	95.6
Baker, GA	13007	3	3,781	19.6	1	3	379	1,114	90.3	913	90.6
Baldwin, GA	13009	4	46,057	14.3	1	11	5,948	13,169	80.0	8,038	84.0
Banks, GA	13011	8	16,556	18.5	1	5	2,621	3,185	91.8	2,631	94.9
Barrow, GA	13013	1	67,139	20.4	1	17	10,684	11,251	88.4	9,130	93.2
Bartow, GA	13015	1	92,834	19.9	2	27	18,224	18,576	90.5	15,176	94.8
Ben Hill, GA	13017	7	17,650	19.1	1	6	3,383	4,520	91.9	3,554	96.7
Berrien, GA	13019	6	16,722	18.9	1	6	3,068	4,085	94.9	3,090	96.6
Bibb, GA	13021	3	154,709	19.1	1	46	25,253	42,862	78.9	30,324	86.2
Bleckley, GA	13023	6	12,306	18.7	1	5	2,423	3,502	93.5	2,406	97.5
Brantley, GA	13025	3	15,440	19.1	1	6	3,472	3,729	94.8	3,109	96.0
Brooks, GA	13027	3	16,340	18.1	1	5	2,389	4,275	93.1	3,509	94.7
Bryan, GA	13029	2	30,132	20.7	1	12	6,239	6,744	91.0	5,370	94.5
Bulloch, GA	13031	4	66,176	15.2	3	23	8,884	23,132	93.9	9,391	91.9
Burke, GA	13033	2	22,754	21.5	1	6	4,624	6,592	90.9	5,529	91.8
Butts, GA	13035	1	23,759	16.8	1	6	3,472	4,354	92.9	3,567	96.2
Calhoun, GA	13037	8	6,098	13.8	1	2	704	1,498	80.5	1,132	80.7
Camden, GA	13039	4	48,689	22.1	1	14	9,645	13,254	92.9	10,149	97.1
Candler, GA	13043	7	10,550	18.7	1	5	1,904	2,343	92.9	1,917	95.3
Carroll, GA	13045	1	111,954	18.6	3	29	18,654	24,665	92.9	16,383	94.4
Catoosa, GA	13047	2	62,241	18.8	1	17	10,575	13,012	90.1	10,040	93.7
Charlton, GA	13049	6	10,609	17.5	1	5	1,963	2,586	93.6	2,221	94.7
Chatham, GA	13051	2	248,469	17.7	1	55	34,021	64,990	77.4	44,375	82.8
Chattahoochee, GA	13053	2	9,430	28.0	1	3	707	4,158	90.9	3,027	95.5
Chattooga, GA	13055	6	26,797	16.8	2	14	4,365	5,264	91.5	4,234	95.5
Cherokee, GA	13057	1	204,363	20.2	1	38	33,183	36,937	84.1	27,510	92.5
Clarke, GA	13059	3	114,063	12.7	1	22	11,760	44,372	91.8	13,088	88.5
Clay, GA	13061	9	3,207	16.7	1	2	376	867	92.2	675	93.6
Clayton, GA	13063	1	272,217	21.4	1	63	52,657	68,358	88.8	51,453	94.3
Clinch, GA	13065	6	6,992	19.8	1	7	1,433	1,784	97.5	1,477	99.8
Cobb, GA	13067	1	691,905	18.4	2	122	114,818	165,032	82.3	114,905	90.4
Coffee, GA	13069	7	40,085	19.7	1	15	8,092	9,786	92.7	7,661	95.3
Colquitt, GA	13071	6	44,814	19.2	1	17	8,723	10,489	94.5	8,422	97.1
Columbia, GA	13073	2	109,100	20.2	1	29	21,419	26,407	86.9	20,242	91.0
Cook, GA	13075	6	16,432	19.3	2	5	3,237	4,164	95.4	3,266	98.1
Coweta, GA	13077	1	118,936	20.4	3	31	20,668	23,339	85.2	18,412	90.0
Crawford, GA	13079	3	12,483	18.1	1	5	2,032	3,288	90.5	2,663	91.7
Crisp, GA	13081	6	22,125	20.3	1	8	4,370	5,839	92.2	4,751	94.2
Dade, GA	13083	2	16,098	16.8	1	5	2,571	3,991	77.8	2,698	92.3
Dawson, GA	13085	1	21,484	18.1	1	6	3,248	3,395	92.2	2,804	95.6
Decatur, GA	13087	6	28,544	19.6	1	10	5,845	7,686	92.9	6,026	94.7
De Kalb, GA	13089	1	737,093	16.8	3	194	104,670	182,326	77.6	119,724	88.8
Dodge, GA	13091	7	20,042	18.2	2	7	3,565	4,906	96.1	3,963	98.4
Dooly, GA	13093	6	11,592	16.6	1	3	1,528	3,117	86.4	2,513	86.7
Dougherty, GA	13095	3	95,693	19.2	1	32	16,668	28,401	88.7	19,974	89.7
Douglas, GA	13097	1	124,495	20.9	1	33	22,490	25,409	84.8	19,159	91.4
Early, GA	13099	6	11,836	19.9	1	4	2,538	3,276	93.7	2,617	94.5
Echols, GA	13101	3	4,093	18.0	1	1	744	999	98.6	831	98.8
Effingham, GA	13103	2	50,728	20.3	1	17	10,333	10,636	93.0	8,498	96.6
Elbert, GA	13105	6	20,525	17.4	1	8	3,631	4,834	94.5	4,043	98.0
Emanuel, GA	13107	7	22,469	17.4	1	11	4,515	5,720	94.1	4,745	94.5
Evans, GA	13109	6	11,505	18.5	1	4	1,909	2,588	91.7	2,265	92.5
Fannin, GA	13111	8	22,580	15.2	1	5	3,217	3,861	93.6	3,128	96.0
Fayette, GA	13113	1	106,144	18.8	1	29	22,344	27,262	85.2	21,549	89.8
Floyd, GA	13115	3	95,618	17.5	3	34	16,029	23,133	81.5	16,375	93.0
Forsyth, GA	13117	1	158,914	20.8	1	30	25,593	23,873	82.1	17,633	91.0
Franklin, GA	13119	8	21,793	17.2	1	7	3,764	5,002	84.6	3,659	98.5
Fulton, GA	13121	1	992,137	17.8	6	202	132,282	219,663	76.6	145,409	86.9
Gilmer, GA	13123	6	28,389	17.7	2	8	4,200	4,750	89.8	3,934	94.1
Glascock, GA	13125	9	2,771	16.9	1	1	627	564	91.3	474	94.5
Glynn, GA	13127	3	74,932	17.8	1	21	12,327	16,443	88.8	12,887	91.2
Gordon, GA	13129	6	52,044	18.6	2	16	9,802	10,354	92.3	8,291	95.4
Grady, GA	13131	6	25,042	18.3	1	8	4,476	6,185	92.5	4,966	94.0
Greene, GA	13133	6	15,662	16.9	1	7	2,134	3,385	85.6	2,693	87.1
Gwinnett, GA	13135	1	776,380	20.2	2	126	147,079	161,510	85.8	119,551	92.9
Habersham, GA	13137	6	42,272	16.6	1	13	6,464	8,166	85.7	6,134	95.9
Hall, GA	13139	3	180,175	19.6	2	41	29,518	33,309	89.6	26,158	95.1
Hancock, GA	13141	7	9,568	15.0	1	4	1,495	2,704	91.5	2,155	92.3

[1] County type codes are from the Economic Research Service of the United States Department of Agriculture. See notes and definitions for more information.

Table C-1. Population, School, and Student Characteristics by County—Continued

STATE County	State/ county code	Characteristics of students, 2005–2006 (percent)					Number of graduates, 2004-2005	Staff and students, 2005–2006			
		Students with IEP[2]	Students eligible for free or reduced-price lunch	Minority students	English language learners		Total staff	Number of teachers	Student/ teacher ratio	Central administration staff
		10	11	12	13	14	15	16	17	18
GEORGIA	13000	12.4	49.8	52.0	5.4	70,834	218,973	108,543	14.7	4,977
Appling, GA	13001	16.4	67.6	33.4	3.2	151	508	247	13.6	12
Atkinson, GA	13003	13.2	79.1	51.2	8.7	62	244	108	16.3	7
Bacon, GA	13005	14.2	52.5	26.1	1.7	76	290	134	14.0	10
Baker, GA	13007	16.4	90.8	81.0	4.0	...	75	30	12.6	1
Baldwin, GA	13009	16.7	60.2	68.3	0.7	224	870	469	12.7	18
Banks, GA	13011	15.5	55.5	9.8	3.5	113	365	178	14.7	11
Barrow, GA	13013	14.4	44.0	28.7	9.0	435	1,407	719	14.9	28
Bartow, GA	13015	13.8	44.8	21.1	4.8	763	2,450	1,254	14.5	38
Ben Hill, GA	13017	14.2	69.9	52.1	4.2	171	464	233	14.5	10
Berrien, GA	13019	13.2	61.7	19.8	0.8	137	404	194	15.8	13
Bibb, GA	13021	11.6	70.2	76.2	1.5	873	3,550	1,630	15.5	95
Bleckley, GA	13023	16.3	54.7	29.8	0.6	119	360	164	14.8	9
Brantley, GA	13025	12.6	54.2	4.8	0.1	153	503	234	14.8	11
Brooks, GA	13027	13.2	77.7	65.2	2.9	97	381	176	13.6	11
Bryan, GA	13029	7.5	31.9	21.8	0.0	318	806	397	15.7	16
Bulloch, GA	13031	15.4	53.1	41.7	1.9	403	1,491	674	13.2	45
Burke, GA	13033	10.7	77.6	69.7	0.0	163	818	327	14.1	15
Butts, GA	13035	14.1	50.2	35.4	0.0	139	507	229	15.2	15
Calhoun, GA	13037	16.1	87.9	96.6	0.9	25	128	49	14.4	5
Camden, GA	13039	13.6	42.2	32.4	0.8	461	1,399	656	14.7	34
Candler, GA	13043	15.2	67.9	47.8	5.9	105	286	129	14.8	9
Carroll, GA	13045	14.1	51.1	28.7	2.7	729	2,565	1,185	15.7	42
Catoosa, GA	13047	13.7	39.9	5.9	1.0	461	1,516	727	14.5	30
Charlton, GA	13049	13.7	62.4	34.0	0.1	87	250	125	15.7	8
Chatham, GA	13051	11.9	61.0	72.6	1.0	1,294	4,515	2,444	13.9	133
Chattahoochee, GA	13053	11.2	67.2	42.0	0.1	...	136	66	10.7	5
Chattooga, GA	13055	17.8	56.4	13.3	1.8	160	604	302	14.5	16
Cherokee, GA	13057	12.6	20.9	17.4	5.3	1,432	4,113	2,236	14.8	81
Clarke, GA	13059	15.7	67.4	77.5	10.4	473	2,021	928	12.7	31
Clay, GA	13061	16.2	95.7	98.1	0.0	...	78	28	13.4	2
Clayton, GA	13063	10.7	72.6	92.5	5.8	1,947	7,346	3,442	15.3	150
Clinch, GA	13065	18.8	60.0	40.8	0.1	53	225	108	13.3	5
Cobb, GA	13067	12.4	35.9	50.1	10.4	6,294	14,243	7,685	14.9	307
Coffee, GA	13069	12.7	68.9	45.7	4.6	322	1,114	546	14.8	25
Colquitt, GA	13071	13.2	64.0	45.5	6.4	313	1,211	578	15.1	24
Columbia, GA	13073	9.5	22.8	22.8	1.1	1,166	2,770	1,321	16.2	47
Cook, GA	13075	14.7	62.0	43.3	2.9	148	485	210	15.4	22
Coweta, GA	13077	13.5	30.9	28.0	1.9	980	2,980	1,394	14.8	62
Crawford, GA	13079	19.6	62.5	29.9	0.0	92	284	136	14.9	8
Crisp, GA	13081	13.3	71.5	62.3	1.3	159	692	328	13.3	21
Dade, GA	13083	14.2	42.7	2.1	0.4	147	341	161	16.0	9
Dawson, GA	13085	12.4	29.7	4.2	1.4	132	495	243	13.4	15
Decatur, GA	13087	10.3	67.7	58.6	2.1	258	841	395	14.8	16
De Kalb, GA	13089	10.4	63.4	88.7	6.8	4,463	14,695	7,078	14.8	274
Dodge, GA	13091	12.3	65.2	39.0	0.4	160	577	249	14.3	18
Dooly, GA	13093	10.9	84.6	89.9	5.1	43	248	108	14.1	12
Dougherty, GA	13095	11.3	68.4	87.4	0.3	646	2,460	1,021	16.3	54
Douglas, GA	13097	11.9	46.2	51.0	3.6	999	3,211	1,435	15.7	64
Early, GA	13099	14.2	73.6	65.8	0.6	140	378	186	13.6	11
Echols, GA	13101	9.7	58.7	32.4	4.3	28	111	46	16.2	7
Effingham, GA	13103	14.5	27.1	18.0	0.6	469	1,480	692	14.9	26
Elbert, GA	13105	11.5	59.4	43.9	2.0	143	598	277	13.1	11
Emanuel, GA	13107	17.4	69.5	48.1	2.0	190	641	303	14.9	15
Evans, GA	13109	16.0	71.5	56.0	5.6	64	285	131	14.6	11
Fannin, GA	13111	14.8	45.9	2.1	0.3	157	454	202	15.9	10
Fayette, GA	13113	10.5	13.8	30.0	3.1	1,587	2,907	1,522	14.7	40
Floyd, GA	13115	16.5	52.0	29.9	5.6	740	2,235	1,151	13.9	61
Forsyth, GA	13117	12.7	14.2	12.0	6.0	1,014	3,074	1,658	15.4	47
Franklin, GA	13119	12.8	44.8	15.4	2.6	186	516	251	15.0	12
Fulton, GA	13121	10.7	51.2	71.7	5.3	3,964	17,870	9,369	14.1	728
Gilmer, GA	13123	11.5	51.2	13.8	9.5	171	667	310	13.5	27
Glascock, GA	13125	17.9	49.0	10.8	0.0	26	97	40	15.7	6
Glynn, GA	13127	12.8	48.8	45.1	3.2	528	1,788	873	14.1	36
Gordon, GA	13129	12.8	47.0	20.0	7.2	376	1,469	657	14.9	35
Grady, GA	13131	11.2	58.4	47.0	4.2	196	656	314	14.3	19
Greene, GA	13133	15.5	76.7	75.2	1.9	96	372	168	12.7	12
Gwinnett, GA	13135	12.0	37.3	55.7	15.3	6,717	18,179	9,989	14.7	224
Habersham, GA	13137	14.4	44.4	23.6	7.9	274	946	475	13.6	15
Hall, GA	13139	11.8	52.7	45.2	23.8	1,260	3,621	1,974	15.0	42
Hancock, GA	13141	13.8	91.8	99.0	0.1	82	267	113	13.2	11

[2]IEP = Individual Education Program. See notes and definitions for more information.

Table C-1. Population, School, and Student Characteristics by County—Continued

STATE County	State/county code	Revenues, 2004–2005 Total revenue (thousands of dollars)	% Federal government	% State government	% Local government	Current expenditures, 2004–2005 Total expenditures (thousands of dollars)	Amount per student	Percent for instruction	Resident population 16 to 19 years, 2000 Total population 16 to 19 years	Percent in Armed Forces	Percent high school graduates	Percent not enrolled, not employed, not in Armed Forces, not high school grad.
		19	20	21	22	23	24	25	26	27	28	29
GEORGIA	13000	14,724,731	9.3	43.8	46.9	12,465,381	8,028	63.3	471,799	1.7	11.2	7.3
Appling, GA	13001	32,671	12.2	50.2	37.6	28,050	8,147	64.7	1,130	0.0	11.3	8.3
Atkinson, GA	13003	13,791	15.8	66.1	18.1	12,068	7,116	62.4	502	0.0	18.1	16.9
Bacon, GA	13005	15,825	15.2	59.3	25.5	14,633	7,788	62.7	523	0.0	17.4	6.1
Baker, GA	13007	5,590	23.3	41.3	35.5	4,734	12,107	56.1	249	0.0	3.2	5.6
Baldwin, GA	13009	54,966	13.3	60.9	25.8	46,316	7,678	63.8	3,752	0.0	6.6	6.7
Banks, GA	13011	22,365	10.3	45.6	44.0	18,368	7,203	62.3	815	0.0	13.5	6.4
Barrow, GA	13013	93,631	6.6	50.0	43.4	79,352	7,813	61.6	2,225	0.0	11.4	8.2
Bartow, GA	13015	169,902	6.1	52.0	41.8	135,312	7,533	64.8	3,768	0.0	13.6	12.2
Ben Hill, GA	13017	29,095	13.1	58.5	28.5	25,838	7,797	67.3	1,111	0.0	9.2	9.0
Berrien, GA	13019	23,740	14.8	60.8	24.4	21,243	6,915	62.9	857	0.0	15.4	8.5
Bibb, GA	13021	225,015	15.2	43.5	41.2	195,483	7,773	58.5	8,916	0.1	9.5	9.5
Bleckley, GA	13023	20,235	10.8	66.3	22.9	17,268	6,960	65.6	984	0.0	12.2	4.5
Brantley, GA	13025	24,839	12.5	64.5	23.1	23,273	6,924	63.4	812	0.0	12.8	4.7
Brooks, GA	13027	22,769	15.0	62.9	22.1	21,583	8,827	62.9	1,120	2.0	12.4	10.4
Bryan, GA	13029	46,787	6.8	53.8	39.4	39,060	6,446	65.6	1,355	0.0	9.8	8.3
Bulloch, GA	13031	94,470	14.1	46.6	39.3	78,712	9,136	61.7	6,536	0.1	4.9	2.7
Burke, GA	13033	40,285	13.8	33.8	52.4	39,010	8,492	58.9	1,541	0.8	8.0	10.6
Butts, GA	13035	30,239	10.8	45.1	44.1	26,297	7,546	58.7	1,027	0.0	13.0	13.5
Calhoun, GA	13037	7,306	17.2	51.8	31.0	6,438	8,630	57.0	333	0.0	10.8	6.0
Camden, GA	13039	88,281	14.3	64.7	20.9	71,490	7,411	62.8	2,816	11.7	20.7	5.0
Candler, GA	13043	16,805	13.7	59.0	27.3	14,096	7,338	62.6	491	0.0	5.7	8.8
Carroll, GA	13045	156,042	8.6	50.8	40.6	134,794	7,543	62.2	5,999	0.0	8.7	8.0
Catoosa, GA	13047	93,646	8.0	50.1	41.8	78,641	7,687	65.7	2,754	0.0	10.1	5.7
Charlton, GA	13049	16,471	12.7	58.2	29.1	15,222	7,642	62.1	675	0.0	15.7	12.7
Chatham, GA	13051	307,653	12.3	38.9	48.8	277,802	8,030	60.7	13,182	2.8	13.4	6.0
Chattahoochee, GA	13053	8,765	11.4	71.9	16.7	5,168	9,696	57.0	1,303	67.8	71.1	3.1
Chattooga, GA	13055	38,037	11.7	58.6	29.7	33,557	7,829	65.0	1,417	0.4	17.7	10.6
Cherokee, GA	13057	316,498	4.4	42.1	53.5	237,207	7,636	68.0	7,243	0.1	9.8	5.6
Clarke, GA	13059	134,614	10.3	34.7	55.0	110,016	9,454	59.4	10,245	1.1	5.6	4.7
Clay, GA	13061	4,716	27.7	47.1	25.2	3,923	10,406	57.1	232	0.0	10.8	6.5
Clayton, GA	13063	463,105	11.7	44.1	44.2	392,798	7,641	64.4	13,381	0.3	12.7	7.4
Clinch, GA	13065	12,673	14.1	59.5	26.4	12,739	8,902	64.7	395	0.0	6.3	3.3
Cobb, GA	13067	1,116,839	6.2	36.8	57.1	884,381	7,932	67.2	31,156	0.0	9.9	5.3
Coffee, GA	13069	66,220	14.4	61.5	24.1	62,073	7,766	64.1	2,275	0.0	7.6	9.0
Colquitt, GA	13071	74,436	13.4	61.7	24.9	65,921	7,761	62.4	2,754	2.9	10.8	10.7
Columbia, GA	13073	157,284	5.3	54.9	39.8	138,091	6,713	66.7	5,336	0.0	8.8	3.3
Cook, GA	13075	32,398	27.7	49.2	23.1	27,047	8,317	52.6	915	0.0	15.2	7.2
Coweta, GA	13077	178,610	6.7	47.8	45.5	146,289	7,431	63.3	4,522	0.0	9.9	7.4
Crawford, GA	13079	17,427	18.9	58.5	22.6	15,743	7,616	66.0	578	0.0	12.6	6.7
Crisp, GA	13081	42,445	15.3	54.7	30.0	36,308	8,364	62.0	1,270	0.0	9.8	15.1
Dade, GA	13083	22,566	9.9	56.3	33.9	19,323	7,314	65.9	1,042	0.0	8.1	8.5
Dawson, GA	13085	34,937	4.6	35.7	59.6	26,543	8,472	62.4	752	0.0	19.4	10.0
Decatur, GA	13087	51,083	16.2	54.6	29.2	44,056	7,630	63.8	1,605	0.0	8.8	9.3
De Kalb, GA	13089	1,007,769	7.8	37.2	55.0	873,101	8,516	60.8	35,836	0.1	9.0	6.8
Dodge, GA	13091	41,041	18.6	63.8	17.6	30,763	8,653	56.7	1,113	0.0	4.5	11.3
Dooly, GA	13093	16,204	17.4	49.5	33.0	14,048	9,353	58.2	681	1.0	6.9	9.5
Dougherty, GA	13095	158,061	15.2	48.9	35.9	138,534	8,200	60.8	6,697	10.6	12.7	7.0
Douglas, GA	13097	187,278	7.0	44.0	49.0	155,643	7,413	63.3	4,929	0.0	11.8	4.3
Early, GA	13099	24,890	20.2	50.7	29.1	21,406	8,167	66.1	679	0.0	17.4	9.4
Echols, GA	13101	6,070	17.4	57.6	24.9	5,764	7,853	59.6	235	0.0	3.0	5.5
Effingham, GA	13103	77,782	6.5	57.9	35.6	65,533	6,702	65.8	2,334	0.0	12.1	6.8
Elbert, GA	13105	32,701	10.1	55.5	34.5	29,741	8,097	63.9	1,142	0.0	14.7	9.8
Emanuel, GA	13107	38,235	18.1	62.5	19.3	36,463	8,099	66.9	1,569	0.0	9.4	10.5
Evans, GA	13109	15,642	16.3	57.6	26.1	14,568	7,679	61.8	629	0.0	6.4	14.8
Fannin, GA	13111	31,607	10.4	43.2	46.4	25,793	8,119	63.6	848	0.0	13.7	4.7
Fayette, GA	13113	191,059	2.9	41.5	55.6	166,019	7,685	65.9	5,421	0.2	6.1	2.0
Floyd, GA	13115	154,370	10.6	48.0	41.4	138,578	8,782	62.2	5,395	0.1	11.7	9.5
Forsyth, GA	13117	234,825	3.1	33.5	63.4	178,542	7,561	66.7	3,849	0.0	7.3	4.3
Franklin, GA	13119	34,360	11.8	50.5	37.7	27,906	7,414	65.4	1,120	0.0	11.3	5.1
Fulton, GA	13121	836,446	5.1	26.7	68.2	696,389	9,176	65.3	44,610	0.2	7.9	8.0
Gilmer, GA	13123	43,669	13.1	39.6	47.3	36,461	8,919	64.3	1,144	0.0	7.2	13.0
Glascock, GA	13125	4,751	17.8	55.8	26.3	4,645	7,768	55.6	140	0.0	9.3	12.1
Glynn, GA	13127	114,590	9.9	35.3	54.8	107,716	8,949	66.4	3,714	0.0	13.8	7.5
Gordon, GA	13129	84,163	8.6	52.2	39.1	70,846	7,413	62.4	2,497	0.0	14.3	5.8
Grady, GA	13131	37,988	13.9	57.1	29.0	32,690	7,328	64.1	1,473	0.0	12.5	9.0
Greene, GA	13133	25,968	15.9	30.3	53.8	23,032	10,273	57.8	821	0.0	13.0	14.1
Gwinnett, GA	13135	1,299,039	5.0	39.7	55.3	1,130,704	8,207	63.5	31,269	0.0	9.8	5.0
Habersham, GA	13137	55,490	7.8	46.4	45.8	47,257	7,535	64.9	2,244	0.4	11.8	16.5
Hall, GA	13139	248,269	8.6	46.5	44.9	210,630	7,431	63.1	8,005	0.0	8.5	12.8
Hancock, GA	13141	14,894	28.6	46.9	24.5	14,227	9,335	54.7	587	0.0	11.6	8.9

PART C—COUNTY EDUCATION STATISTICS

Table C-1. Population, School, and Student Characteristics by County—Continued

STATE County	State/ county code	High school graduates, 2000			College enrollment, 2000		College graduates, 2000 (percent)						
		Population 25 years and over	High school diploma or less (percent)	High school diploma or more (percent)	Number	Percent public	Bachelor's degree or more	+/- U.S. percent with bachelor's degree or more	Non-Hispanic White	Black	American Indian, Alaska Native	Asian and Pacific Islander	Hispanic or Latino[3]
		30	31	32	33	34	35	36	37	38	39	40	41
GEORGIA	13000	5,185,965	50.1	78.6	436,555	75.2	24.3	-0.1	27.7	15.5	18.1	43.8	13.6
Appling, GA	13001	11,004	69.9	67.3	394	86.3	8.4	-16.0	9.6	3.8	0.0	32.7	0.0
Atkinson, GA	13003	4,503	79.6	56.3	100	87.0	6.9	-17.5	9.0	3.4	0.0	20.0	0.5
Bacon, GA	13005	6,525	76.3	67.7	317	98.1	6.6	-17.8	7.3	1.1	0.0	52.8	4.4
Baker, GA	13007	2,543	74.4	66.0	103	97.1	10.7	-13.7	16.3	3.9	0.0	100.0	4.3
Baldwin, GA	13009	28,445	62.8	72.6	4,231	73.8	16.2	-8.2	21.7	7.4	0.0	45.1	29.8
Banks, GA	13011	9,401	72.9	65.4	328	81.7	8.6	-15.8	8.8	11.0	6.3	0.0	0.0
Barrow, GA	13013	29,317	62.7	73.3	1,143	82.3	10.9	-13.5	11.6	5.8	21.5	16.6	2.0
Bartow, GA	13015	48,709	62.4	71.8	2,093	80.0	14.1	-10.3	14.5	10.3	22.3	29.0	6.3
Ben Hill, GA	13017	10,990	71.4	65.8	591	72.1	9.5	-14.9	12.8	2.6	19.4	0.0	0.0
Berrien, GA	13019	10,451	68.6	66.0	604	94.2	9.4	-15.0	10.0	4.0	24.6	17.8	8.6
Bibb, GA	13021	97,463	54.5	77.2	8,815	59.1	21.3	-3.1	29.1	10.1	19.2	47.3	25.8
Bleckley, GA	13023	7,268	64.0	71.7	867	90.1	12.5	-11.9	14.5	5.6	...	0.0	0.0
Brantley, GA	13025	9,282	74.9	72.5	379	89.2	6.2	-18.2	6.4	2.8	100.0	11.1	0.0
Brooks, GA	13027	10,455	69.6	67.5	518	90.3	11.3	-13.1	15.1	4.3	0.0	0.0	4.4
Bryan, GA	13029	14,333	53.8	79.0	825	86.8	19.3	-5.1	20.2	7.4	0.0	49.3	39.3
Bulloch, GA	13031	28,740	51.7	77.9	12,889	96.8	25.4	1.0	29.6	11.5	0.0	70.4	15.8
Burke, GA	13033	13,338	72.1	64.9	613	87.9	9.5	-14.9	14.0	4.5	0.0	60.0	0.0
Butts, GA	13035	13,055	70.1	69.8	511	79.8	8.6	-15.8	9.5	5.6	0.0	43.8	25.0
Calhoun, GA	13037	4,277	68.2	65.5	228	71.1	11.7	-12.7	18.6	6.4	...	...	8.3
Camden, GA	13039	24,073	49.9	83.3	2,121	81.8	16.0	-8.4	17.1	10.0	30.5	22.7	16.2
Candler, GA	13043	6,166	72.3	56.9	240	90.8	10.2	-14.2	13.6	3.0	0.0	...	3.6
Carroll, GA	13045	53,464	63.2	71.1	6,435	94.8	16.5	-7.9	17.7	8.6	23.5	49.3	15.8
Catoosa, GA	13047	35,231	58.8	76.0	2,014	88.1	13.8	-10.6	13.8	14.1	12.6	23.3	6.8
Charlton, GA	13049	6,404	77.0	65.1	250	88.4	6.4	-18.0	8.0	1.7	5.9	28.3	0.0
Chatham, GA	13051	147,849	46.7	80.2	15,613	69.0	25.0	0.6	32.1	12.6	12.9	36.2	23.4
Chattahoochee, GA	13053	6,417	34.3	88.8	837	80.0	25.0	0.6	32.5	11.2	25.0	21.3	29.4
Chattooga, GA	13055	17,054	74.2	60.4	619	74.5	7.7	-16.7	8.0	3.9	40.9	33.3	6.6
Cherokee, GA	13057	91,141	42.9	84.4	5,781	71.0	27.0	2.6	27.6	21.7	22.7	39.9	14.5
Clarke, GA	13059	51,845	40.6	81.0	29,695	94.7	39.8	15.4	52.9	11.3	14.8	76.4	21.3
Clay, GA	13061	2,215	71.2	64.3	114	85.1	10.1	-14.3	15.8	4.3	85.7	0.0	60.0
Clayton, GA	13063	141,554	51.8	80.1	11,042	74.8	16.6	-7.8	13.9	20.2	21.3	15.9	6.1
Clinch, GA	13065	4,380	73.6	58.9	162	90.1	10.4	-14.0	12.8	3.0	0.0	61.5	41.7
Cobb, GA	13067	395,349	32.0	88.8	35,713	73.6	39.8	15.4	42.7	31.9	32.0	54.0	19.3
Coffee, GA	13069	22,798	68.1	64.8	1,299	91.1	10.0	-14.4	11.9	4.1	22.7	55.8	5.3
Colquitt, GA	13071	26,127	70.9	64.9	1,159	89.6	11.4	-13.0	14.5	3.6	7.0	36.8	1.4
Columbia, GA	13073	56,562	37.9	87.9	3,983	86.6	32.0	7.6	32.2	24.4	19.4	53.0	31.2
Cook, GA	13075	9,876	71.4	64.6	530	93.6	8.1	-16.3	10.1	3.0	0.0	4.2	3.2
Coweta, GA	13077	56,821	51.2	81.6	2,735	79.6	20.6	-3.8	22.7	11.1	11.3	44.2	12.2
Crawford, GA	13079	8,050	72.4	67.3	410	85.9	6.8	-17.6	7.5	5.0	0.0	0.0	0.0
Crisp, GA	13081	13,709	68.6	65.9	606	85.3	12.8	-11.6	17.7	3.9	0.0	48.8	7.9
Dade, GA	13083	9,728	63.3	67.0	1,047	35.8	10.9	-13.5	10.8	0.0	0.0	36.1	12.5
Dawson, GA	13085	10,752	53.7	79.5	358	81.3	18.1	-6.3	18.3	83.3	0.0	0.0	4.5
Decatur, GA	13087	17,633	63.9	69.7	1,019	94.5	12.1	-12.3	14.0	8.2	14.1	37.1	13.0
De Kalb, GA	13089	429,981	35.3	85.1	47,609	57.6	36.3	11.9	55.7	22.8	24.5	46.6	14.8
Dodge, GA	13091	12,501	70.3	66.3	555	83.1	11.6	-12.8	13.7	5.5	0.0	49.3	0.9
Dooly, GA	13093	7,309	69.4	68.5	384	82.3	9.6	-14.8	13.6	5.1	0.0	51.3	1.2
Dougherty, GA	13095	58,024	54.6	73.7	6,215	89.0	17.8	-6.6	23.1	13.4	16.4	15.4	15.4
Douglas, GA	13097	58,687	53.5	81.1	4,171	66.0	19.2	-5.2	17.6	25.6	18.3	50.2	16.9
Early, GA	13099	7,872	65.0	68.4	393	94.7	12.6	-11.8	16.4	7.1	...	100.0	10.1
Echols, GA	13101	2,167	75.2	60.5	97	95.9	8.4	-16.0	10.3	0.0	...	50.0	7.4
Effingham, GA	13103	23,129	61.6	78.9	1,184	88.5	13.6	-10.8	13.8	11.0	14.3	28.3	16.5
Elbert, GA	13105	13,617	72.0	67.2	492	75.8	9.8	-14.6	12.3	3.1	100.0	42.9	13.7
Emanuel, GA	13107	13,465	73.7	61.4	658	94.1	10.1	-14.3	11.8	5.3	30.4	58.8	4.0
Evans, GA	13109	6,540	73.5	65.7	205	82.9	9.0	-15.4	11.7	2.7	0.0	57.4	0.0
Fannin, GA	13111	14,291	68.0	70.9	474	88.2	10.4	-14.0	10.4	66.7	14.3	20.5	8.0
Fayette, GA	13113	59,016	31.6	92.4	3,663	79.5	36.2	11.8	35.5	42.5	25.5	46.0	26.5
Floyd, GA	13115	58,651	61.8	71.5	4,971	50.4	15.8	-8.6	17.8	4.5	17.2	28.6	5.7
Forsyth, GA	13117	65,027	37.8	85.7	2,978	77.2	34.6	10.2	35.0	25.3	27.9	64.0	18.1
Franklin, GA	13119	13,448	70.4	67.0	1,013	36.0	10.3	-14.1	11.2	0.8	0.0	37.5	0.0
Fulton, GA	13121	527,738	35.4	84.0	55,078	59.3	41.4	17.0	60.6	18.3	28.1	60.3	20.1
Gilmer, GA	13123	15,718	67.3	66.0	471	76.9	12.9	-11.5	13.2	0.0	0.0	16.9	7.6
Glascock, GA	13125	1,764	74.2	66.1	71	74.6	6.5	-17.9	7.2	0.0	0.0	0.0	0.0
Glynn, GA	13127	44,806	47.0	82.2	2,300	88.0	23.8	-0.6	28.5	8.2	25.6	21.0	20.6
Gordon, GA	13129	28,490	68.2	65.9	1,266	86.7	10.6	-13.8	11.1	3.5	12.3	30.1	4.5
Grady, GA	13131	14,988	70.3	69.4	764	91.6	10.6	-13.8	13.3	3.7	16.9	84.6	6.0
Greene, GA	13133	9,508	63.2	70.1	330	74.2	17.6	-6.8	26.8	3.0	0.0	27.7	6.0
Gwinnett, GA	13135	372,628	34.7	87.3	27,694	75.5	34.1	9.7	36.2	31.4	17.1	42.2	14.7
Habersham, GA	13137	23,501	62.9	70.9	1,506	51.7	15.8	-8.6	16.8	11.7	23.7	9.0	3.7
Hall, GA	13139	86,821	59.1	70.5	4,668	76.6	18.7	-5.7	22.3	11.1	3.8	14.8	3.3
Hancock, GA	13141	6,618	72.2	62.2	330	88.5	9.8	-14.6	12.1	8.6	38.1	...	0.0

[3] May be of any race.

Table C-1. Population, School, and Student Characteristics by County—Continued

STATE County	State/ county code	County type[1]	Population, 2007 Total	Population, 2007 Percent 5 to 17 years	Number of schools and students, 2005–2006 School districts	Number of schools and students, 2005–2006 Schools	Number of schools and students, 2005–2006 Students	Resident enrollment, 2000 Total enrollment Number	Resident enrollment, 2000 Total enrollment Percent public	Resident enrollment, 2000 K–12 enrollment Number	Resident enrollment, 2000 K–12 enrollment Percent public
			1	2	3	4	5	6	7	8	9
Haralson, GA	13143	1	28,718	18.6	2	13	5,561	5,956	93.3	4,784	95.1
Harris, GA	13145	2	29,073	18.0	1	7	4,724	6,252	86.8	4,797	87.0
Hart, GA	13147	6	24,240	17.0	1	6	3,626	4,886	92.8	3,969	97.3
Heard, GA	13149	1	11,387	20.4	1	5	2,231	2,767	93.9	2,286	94.4
Henry, GA	13151	1	186,037	21.8	1	44	35,367	32,860	84.7	25,449	90.0
Houston, GA	13153	3	131,016	19.7	1	35	24,608	32,495	89.5	24,077	92.6
Irwin, GA	13155	7	9,934	19.8	1	4	1,717	2,682	95.9	2,266	95.8
Jackson, GA	13157	6	59,254	18.9	3	20	9,991	9,885	91.2	8,057	94.7
Jasper, GA	13159	1	13,660	18.7	1	6	2,135	2,876	86.9	2,373	87.8
Jeff Davis, GA	13161	7	13,291	18.7	1	5	2,716	2,880	92.6	2,328	96.4
Jefferson, GA	13163	6	16,454	19.0	1	7	3,258	4,628	88.6	3,911	89.5
Jenkins, GA	13165	6	8,595	19.3	1	4	1,751	2,381	94.3	1,969	96.8
Johnson, GA	13167	9	9,533	15.7	1	4	1,242	2,318	94.4	1,858	95.3
Jones, GA	13169	3	27,229	18.3	1	10	5,278	6,342	89.0	5,160	92.6
Lamar, GA	13171	1	16,961	17.4	1	4	2,488	4,354	90.7	2,824	92.5
Lanier, GA	13173	3	7,947	18.1	1	4	1,647	1,834	93.5	1,530	93.9
Laurens, GA	13175	6	47,520	18.4	2	17	9,361	11,544	93.4	9,240	94.7
Lee, GA	13177	3	33,050	20.1	1	7	5,819	7,626	90.8	6,043	92.7
Liberty, GA	13179	3	60,503	23.7	1	15	11,352	17,177	91.7	13,082	95.6
Lincoln, GA	13181	8	8,098	15.7	1	3	1,404	1,953	96.5	1,648	97.9
Long, GA	13183	3	11,300	23.5	1	3	2,170	2,788	93.2	2,211	95.3
Lowndes, GA	13185	3	101,790	18.2	2	22	16,563	30,067	91.0	18,445	92.5
Lumpkin, GA	13187	6	26,554	17.4	1	6	3,730	6,383	92.1	3,764	94.1
McDuffie, GA	13189	2	21,551	18.8	2	9	4,296	5,669	90.7	4,565	92.2
McIntosh, GA	13191	3	11,420	19.3	1	4	1,932	2,737	88.2	2,355	90.4
Macon, GA	13193	6	13,524	18.0	1	4	2,107	3,765	87.8	3,040	87.3
Madison, GA	13195	3	28,012	18.3	1	8	4,638	5,893	89.5	4,759	92.3
Marion, GA	13197	2	7,024	19.4	1	3	1,657	1,824	93.4	1,526	95.0
Meriwether, GA	13199	1	22,748	18.1	2	11	3,834	5,667	88.3	4,659	89.4
Miller, GA	13201	8	6,163	17.3	1	4	1,081	1,707	88.3	1,328	91.3
Mitchell, GA	13205	6	24,139	17.8	3	10	4,486	6,545	88.2	5,285	88.8
Monroe, GA	13207	3	25,145	17.3	1	6	3,901	5,835	84.2	4,410	84.9
Montgomery, GA	13209	9	9,060	17.9	2	4	1,341	2,506	76.9	1,594	96.3
Morgan, GA	13211	6	18,165	18.7	1	6	3,284	3,886	86.7	3,111	93.4
Murray, GA	13213	3	40,664	20.0	1	10	7,751	8,373	94.9	7,119	97.3
Muscogee, GA	13215	2	187,046	19.3	1	62	33,502	50,950	89.1	36,797	91.0
Newton, GA	13217	1	96,019	21.0	1	20	17,084	16,015	84.2	12,419	90.4
Oconee, GA	13219	3	31,367	19.8	1	10	6,039	7,782	83.3	6,034	88.5
Oglethorpe, GA	13221	3	13,963	18.6	2	6	2,408	3,078	87.4	2,396	91.8
Paulding, GA	13223	1	127,906	22.3	1	28	23,731	21,260	88.8	16,957	94.3
Peach, GA	13225	6	25,672	17.7	2	7	4,197	7,642	84.6	4,930	91.3
Pickens, GA	13227	1	30,488	17.0	1	7	4,200	4,808	92.4	3,842	95.8
Pierce, GA	13229	6	17,881	18.3	1	4	3,412	3,931	96.2	3,108	97.7
Pike, GA	13231	1	17,204	19.0	1	4	3,112	3,534	85.7	2,842	88.8
Polk, GA	13233	6	41,460	18.4	1	13	7,075	9,338	92.5	7,361	95.2
Pulaski, GA	13235	6	9,843	15.8	1	5	1,651	2,205	89.5	1,688	89.4
Putnam, GA	13237	6	20,251	16.0	1	4	2,708	4,207	81.1	3,332	82.1
Quitman, GA	13239	9	2,666	17.7	1	1	292	609	92.3	535	91.4
Rabun, GA	13241	9	16,519	16.2	1	6	2,294	2,961	85.6	2,450	89.6
Randolph, GA	13243	6	7,294	18.4	1	4	1,571	2,230	79.6	1,647	87.5
Richmond, GA	13245	2	197,372	18.8	1	58	33,910	56,607	88.4	41,134	91.8
Rockdale, GA	13247	1	82,052	20.0	1	20	14,929	19,019	88.6	14,818	93.0
Schley, GA	13249	8	4,123	19.7	2	2	1,295	1,062	88.4	851	90.8
Screven, GA	13251	6	15,037	19.0	1	4	2,997	4,374	94.3	3,439	96.0
Seminole, GA	13253	6	9,081	18.3	1	3	1,773	2,359	90.6	1,800	93.9
Spalding, GA	13255	1	62,826	19.6	2	24	10,833	14,632	87.9	11,806	90.9
Stephens, GA	13257	7	25,268	16.7	1	7	4,306	6,355	76.6	4,381	93.8
Stewart, GA	13259	8	4,647	16.5	1	3	704	1,265	87.2	991	85.4
Sumter, GA	13261	6	32,532	19.7	2	10	5,599	9,860	87.0	6,896	85.5
Talbot, GA	13263	8	6,607	17.6	1	1	733	1,505	85.0	1,236	85.9
Taliaferro, GA	13265	8	1,884	13.9	1	1	261	463	86.6	379	92.9
Tattnall, GA	13267	6	23,179	15.7	1	8	3,367	4,802	84.1	3,912	86.4
Taylor, GA	13269	8	8,738	18.9	1	4	1,596	2,199	95.5	1,805	96.2
Telfair, GA	13271	7	13,366	13.2	1	4	1,784	2,480	95.0	2,006	97.0
Terrell, GA	13273	3	10,260	19.1	1	3	1,651	2,960	87.0	2,402	85.6
Thomas, GA	13275	4	45,237	18.0	2	17	8,601	11,646	87.0	9,084	91.6
Tift, GA	13277	4	41,610	19.2	1	13	7,638	10,744	90.5	7,675	92.4
Toombs, GA	13279	7	27,820	19.4	2	10	5,491	6,704	93.0	5,445	94.9
Towns, GA	13281	9	10,894	12.9	1	4	1,812	1,865	74.0	1,156	95.8
Treutlen, GA	13283	7	6,938	17.1	1	2	1,236	1,671	92.1	1,385	95.7

[1] County type codes are from the Economic Research Service of the United States Department of Agriculture. See notes and definitions for more information.

Table C-1. Population, School, and Student Characteristics by County—Continued

STATE County	State/county code	Students with IEP[2]	Students eligible for free or reduced-price lunch	Minority students	English language learners	Number of graduates, 2004–2005	Total staff	Number of teachers	Student/teacher ratio	Central administration staff
		10	11	12	13	14	15	16	17	18
Haralson, GA	13143	15.9	38.8	6.7	0.1	230	782	370	15.0	19
Harris, GA	13145	9.0	33.3	23.5	0.2	246	660	290	16.3	14
Hart, GA	13147	11.4	50.1	29.1	1.4	136	526	238	15.2	8
Heard, GA	13149	11.3	54.9	12.1	0.0	74	291	146	15.3	9
Henry, GA	13151	12.4	32.4	44.0	2.2	1,478	4,151	2,213	16.0	29
Houston, GA	13153	12.7	41.8	41.4	2.0	1,309	3,425	1,707	14.4	74
Irwin, GA	13155	19.3	62.0	37.5	0.1	78	281	136	12.6	13
Jackson, GA	13157	14.9	38.0	16.3	4.1	410	1,380	652	15.3	32
Jasper, GA	13159	14.8	62.0	38.5	2.9	74	341	139	15.4	10
Jeff Davis, GA	13161	15.5	59.0	26.8	5.7	146	388	188	14.4	14
Jefferson, GA	13163	15.7	84.1	75.5	0.8	171	493	226	14.4	16
Jenkins, GA	13165	14.7	76.8	55.4	2.2	54	268	125	14.0	9
Johnson, GA	13167	18.9	71.7	51.1	0.0	59	205	88	14.1	7
Jones, GA	13169	12.4	36.5	27.4	0.0	232	641	329	16.0	13
Lamar, GA	13171	11.9	59.4	42.5	0.7	103	351	159	15.6	11
Lanier, GA	13173	16.5	68.6	33.4	0.5	75	234	111	14.8	13
Laurens, GA	13175	13.8	61.7	48.6	0.5	404	1,251	669	14.0	27
Lee, GA	13177	9.0	33.7	19.3	0.4	268	706	348	16.7	16
Liberty, GA	13179	12.3	57.9	67.9	1.0	470	1,645	733	15.5	29
Lincoln, GA	13181	13.1	60.8	40.8	0.0	93	216	101	13.9	8
Long, GA	13183	9.4	69.4	39.6	3.9	71	294	135	16.1	11
Lowndes, GA	13185	15.1	49.9	50.7	1.4	799	2,259	1,132	14.6	49
Lumpkin, GA	13187	13.3	41.2	8.2	3.1	159	511	247	15.1	13
McDuffie, GA	13189	13.5	67.9	52.6	0.9	206	690	304	14.1	28
McIntosh, GA	13191	10.0	73.2	51.8	0.4	73	292	123	15.7	10
Macon, GA	13193	10.4	80.8	87.9	2.7	78	350	139	15.2	9
Madison, GA	13195	16.2	48.3	12.6	1.6	235	703	321	14.4	15
Marion, GA	13197	10.6	68.3	46.8	0.5	87	258	113	14.7	9
Meriwether, GA	13199	25.0	80.4	61.7	0.4	160	649	283	13.5	14
Miller, GA	13201	11.5	60.0	39.5	0.0	62	170	82	13.2	5
Mitchell, GA	13205	13.8	74.1	66.4	1.2	151	699	318	14.1	25
Monroe, GA	13207	15.9	51.9	35.6	1.0	176	556	251	15.5	11
Montgomery, GA	13209	10.8	68.5	44.6	2.7	48	194	88	15.2	8
Morgan, GA	13211	12.6	40.3	35.4	0.5	167	458	232	14.2	12
Murray, GA	13213	11.9	58.4	16.3	6.0	248	1,014	492	15.8	19
Muscogee, GA	13215	12.8	60.2	67.6	0.1	1,448	5,063	2,288	14.6	140
Newton, GA	13217	14.1	50.9	50.6	2.5	605	2,212	1,113	15.3	24
Oconee, GA	13219	10.6	18.2	13.5	1.7	355	846	412	14.7	17
Oglethorpe, GA	13221	14.3	45.6	22.4	0.8	109	463	185	13.0	24
Paulding, GA	13223	11.2	28.1	22.2	1.4	859	2,952	1,557	15.2	32
Peach, GA	13225	13.0	66.6	60.8	2.8	152	584	279	15.0	23
Pickens, GA	13227	13.2	40.6	4.5	1.7	223	676	295	14.2	14
Pierce, GA	13229	13.7	52.4	15.2	3.8	146	448	226	15.1	17
Pike, GA	13231	10.6	37.9	13.3	0.0	159	402	191	16.3	15
Polk, GA	13233	17.5	45.0	28.7	6.5	305	953	504	14.0	13
Pulaski, GA	13235	15.4	58.8	44.5	0.8	96	251	127	13.0	8
Putnam, GA	13237	14.9	71.0	53.6	4.2	94	475	223	12.1	14
Quitman, GA	13239	15.8	95.2	80.4	0.0		73	24	12.2	4
Rabun, GA	13241	12.7	52.3	11.3	7.2	106	388	173	13.3	12
Randolph, GA	13243	11.2	90.1	91.3	0.3	77	300	120	13.1	10
Richmond, GA	13245	11.7	69.5	77.3	0.4	1,478	4,642	2,245	15.1	75
Rockdale, GA	13247	9.7	45.0	58.0	4.6	817	1,977	984	15.2	30
Schley, GA	13249	7.6	46.9	22.4	0.6	42	185	84	15.4	11
Screven, GA	13251	16.5	78.1	55.0	0.0	120	404	205	14.6	11
Seminole, GA	13253	12.8	72.0	53.9	1.0	92	249	121	14.7	7
Spalding, GA	13255	14.6	61.9	49.6	1.3	2,415	1,661	753	14.4	58
Stephens, GA	13257	14.0	49.1	18.9	0.6	204	679	316	13.6	12
Stewart, GA	13259	13.6	93.5	95.2	0.0	17	143	58	12.1	7
Sumter, GA	13261	11.1	73.3	79.7	1.6	220	837	376	14.9	14
Talbot, GA	13263	12.4	87.7	94.0	0.0	16	134	60	12.2	6
Taliaferro, GA	13265	17.6	93.5	88.2	0.0	14	57	26	10.0	4
Tattnall, GA	13267	13.8	67.4	46.4	5.8	143	513	223	15.1	13
Taylor, GA	13269	10.1	71.4	50.0	0.0	62	245	103	15.5	8
Telfair, GA	13271	15.6	68.0	50.3	1.9	74	290	131	13.6	9
Terrell, GA	13273	13.4	70.7	97.3	0.1	51	246	104	15.9	7
Thomas, GA	13275	15.0	61.5	50.4	0.3	390	1,244	578	14.9	33
Tift, GA	13277	12.6	61.1	50.0	7.6	302	1,023	512	14.9	19
Toombs, GA	13279	12.2	66.0	45.8	5.1	260	768	377	14.6	21
Towns, GA	13281	8.1	47.9	1.3	0.2	147	327	174	10.4	7
Treutlen, GA	13283	15.8	69.0	41.6	0.0	48	179	85	14.5	7

[2] IEP = Individual Education Program. See notes and definitions for more information.

Table C-1. Population, School, and Student Characteristics by County—*Continued*

STATE County	State/ county code	Revenues, 2004–2005 Total revenue (thousands of dollars)	Percentage of revenue from: Federal government	Percentage of revenue from: State government	Percentage of revenue from: Local government	Current expenditures, 2004–2005 Total expenditures (thousands of dollars)	Amount per student	Percent for instruction	Resident population 16 to 19 years, 2000 Total population 16 to 19 years	Percent in Armed Forces	Percent high school graduates	Percent not enrolled, not employed, not in Armed Forces, not high school grad.
		19	20	21	22	23	24	25	26	27	28	29
Haralson, GA	13143	45,132	11.0	56.8	32.2	40,058	7,279	67.4	1,523	0.0	10.2	7.6
Harris, GA	13145	37,399	6.5	47.6	45.9	32,533	7,196	62.9	1,150	0.0	5.9	2.1
Hart, GA	13147	31,434	10.2	42.2	47.7	28,062	7,883	64.7	1,096	0.3	12.9	7.8
Heard, GA	13149	20,004	7.6	46.8	45.6	15,581	7,144	65.5	534	0.0	9.2	14.2
Henry, GA	13151	295,787	4.1	45.1	50.7	223,252	6,887	67.4	6,124	0.0	11.9	4.6
Houston, GA	13153	218,170	8.0	53.6	38.5	188,371	7,849	65.5	6,690	5.7	15.1	4.7
Irwin, GA	13155	16,862	16.4	59.4	24.2	15,066	8,551	61.4	743	0.0	10.5	5.2
Jackson, GA	13157	84,786	7.7	45.2	47.1	71,831	7,686	60.2	2,284	0.0	11.9	10.2
Jasper, GA	13159	17,995	14.9	44.3	40.8	15,258	7,494	61.3	680	0.0	19.1	6.5
Jeff Davis, GA	13161	23,723	13.5	61.6	24.9	20,786	7,727	66.3	739	0.0	17.3	6.0
Jefferson, GA	13163	29,999	23.0	51.5	25.5	26,743	8,038	60.4	1,085	0.0	10.2	7.6
Jenkins, GA	13165	15,171	23.2	58.4	18.4	13,121	7,593	62.5	516	0.0	8.9	10.1
Johnson, GA	13167	12,459	21.8	59.3	18.9	11,770	9,341	60.5	731	0.0	5.6	25.2
Jones, GA	13169	38,353	7.8	59.6	32.6	32,537	6,216	64.8	1,553	0.0	13.8	1.9
Lamar, GA	13171	21,220	12.8	48.2	38.9	18,650	7,363	59.3	1,065	0.0	7.0	6.6
Lanier, GA	13173	13,770	15.0	67.0	18.0	12,227	8,034	59.7	424	0.0	12.3	7.1
Laurens, GA	13175	80,009	10.9	55.5	33.7	70,062	7,519	66.2	2,591	0.3	10.7	6.8
Lee, GA	13177	42,483	6.4	59.1	34.5	37,183	6,701	64.7	1,666	0.0	6.7	2.1
Liberty, GA	13179	109,561	17.2	61.3	21.5	83,673	7,324	65.0	4,433	26.0	35.6	5.8
Lincoln, GA	13181	12,370	13.4	57.3	29.3	11,531	8,242	63.1	450	4.0	4.7	9.3
Long, GA	13183	15,186	18.4	62.6	19.0	13,679	6,281	62.8	617	2.4	8.6	11.3
Lowndes, GA	13185	140,493	11.1	51.1	37.7	118,823	7,166	65.1	6,030	2.5	9.9	6.0
Lumpkin, GA	13187	34,081	7.8	44.4	47.8	29,727	8,098	64.8	1,663	1.1	10.8	4.8
McDuffie, GA	13189	39,767	12.8	56.9	30.4	34,726	8,223	60.9	1,224	0.0	10.5	9.6
McIntosh, GA	13191	17,426	12.7	48.7	38.6	14,396	7,494	60.0	641	0.0	11.4	8.9
Macon, GA	13193	19,430	17.3	49.3	33.4	17,474	8,185	61.0	929	0.0	9.3	11.9
Madison, GA	13195	41,903	7.9	64.0	28.1	36,118	7,859	63.6	1,342	0.0	15.9	7.0
Marion, GA	13197	14,891	24.6	54.4	21.0	14,090	8,288	53.7	386	0.0	17.4	4.4
Meriwether, GA	13199	37,324	15.3	57.4	27.2	34,489	8,996	62.6	1,359	0.0	17.3	9.8
Miller, GA	13201	9,790	11.5	63.8	24.6	9,200	8,163	66.9	413	0.0	16.0	4.8
Mitchell, GA	13205	39,601	16.6	56.3	27.1	36,063	8,222	56.9	1,467	0.0	11.4	11.7
Monroe, GA	13207	32,207	8.5	38.0	53.5	29,818	7,834	59.4	1,241	0.0	15.0	5.6
Montgomery, GA	13209	12,137	10.3	62.7	27.1	10,253	8,105	62.6	526	0.0	5.3	6.1
Morgan, GA	13211	27,298	8.3	39.9	51.8	25,666	7,963	71.3	820	0.0	11.5	11.1
Murray, GA	13213	58,152	12.3	55.7	32.0	52,483	6,923	66.0	1,995	0.3	13.3	12.5
Muscogee, GA	13215	314,670	11.1	49.5	39.4	256,339	7,752	62.0	12,458	14.4	23.2	6.9
Newton, GA	13217	127,721	7.6	51.1	41.4	110,527	7,007	65.6	3,508	0.0	10.2	8.2
Oconee, GA	13219	52,459	3.8	46.5	49.7	44,310	7,654	64.2	1,493	0.0	10.6	2.5
Oglethorpe, GA	13221	26,921	10.4	48.1	41.5	24,829	10,716	52.4	671	0.0	13.6	8.5
Paulding, GA	13223	183,232	4.3	56.4	39.3	151,482	6,970	67.3	3,607	0.0	13.4	6.2
Peach, GA	13225	38,444	15.6	57.7	26.6	36,809	9,077	59.4	1,796	0.0	6.5	9.6
Pickens, GA	13227	40,668	7.6	39.3	53.1	34,294	8,175	62.5	1,029	0.0	10.2	10.0
Pierce, GA	13229	27,843	10.7	62.0	27.3	24,488	7,188	65.1	760	0.0	18.7	11.2
Pike, GA	13231	20,575	8.1	59.3	32.5	18,386	6,129	63.4	717	0.0	6.4	9.2
Polk, GA	13233	58,454	10.6	57.4	32.0	51,601	7,255	65.8	2,229	0.0	9.2	15.2
Pulaski, GA	13235	13,869	11.7	60.5	27.8	12,586	7,465	64.5	587	0.0	9.5	10.6
Putnam, GA	13237	31,127	15.0	28.6	56.4	25,304	9,549	61.5	952	0.0	9.7	10.5
Quitman, GA	13239	4,022	27.2	45.7	27.2	3,708	11,961	53.0	144	0.0	6.9	11.1
Rabun, GA	13241	26,299	10.6	24.7	64.7	21,817	9,696	63.6	715	0.0	15.0	4.8
Randolph, GA	13243	16,208	28.4	52.6	19.0	14,657	9,212	54.1	653	0.0	2.3	11.3
Richmond, GA	13245	317,684	15.2	48.0	36.8	277,051	8,115	61.6	13,139	12.5	20.5	5.7
Rockdale, GA	13247	134,174	6.0	43.7	50.3	107,430	7,347	62.7	4,315	0.0	12.4	5.8
Schley, GA	13249	13,399	11.3	57.8	30.9	11,109	8,880	52.2	203	0.0	2.5	5.4
Screven, GA	13251	24,737	16.6	58.9	24.5	22,414	7,397	61.1	899	0.0	9.8	2.3
Seminole, GA	13253	15,710	20.4	55.0	24.6	13,905	8,005	63.1	525	6.1	14.7	8.2
Spalding, GA	13255	817,271	13.2	22.9	63.9	669,965	10,773	57.7	3,477	0.0	8.9	15.4
Stephens, GA	13257	39,480	11.9	50.4	37.7	35,353	8,176	65.5	1,448	0.0	11.3	6.8
Stewart, GA	13259	7,543	21.2	50.7	28.1	7,706	11,056	54.6	335	0.0	10.4	14.9
Sumter, GA	13261	48,405	19.4	50.6	30.0	44,067	7,826	62.6	2,313	0.0	8.6	8.6
Talbot, GA	13263	9,611	21.5	38.4	40.1	7,922	10,209	56.9	310	0.0	17.1	4.5
Taliaferro, GA	13265	3,236	20.7	50.5	28.8	3,055	11,109	57.1	109	0.0	14.7	18.3
Tattnall, GA	13267	27,497	15.1	60.6	24.3	25,073	7,449	63.0	1,224	0.4	13.0	15.5
Taylor, GA	13269	15,870	24.9	53.0	22.1	13,430	8,420	58.9	538	0.0	5.2	20.3
Telfair, GA	13271	15,225	14.9	54.4	30.7	13,973	8,244	65.1	654	0.0	7.0	12.5
Terrell, GA	13273	17,965	23.3	54.7	21.9	15,710	9,464	61.5	719	0.0	2.4	13.4
Thomas, GA	13275	77,944	12.2	54.2	33.6	66,618	7,729	63.1	2,440	0.0	11.7	6.9
Tift, GA	13277	62,174	12.7	54.2	33.1	54,894	7,122	68.3	2,630	0.0	7.6	9.4
Toombs, GA	13279	41,630	15.1	60.8	24.1	38,778	7,196	64.8	1,484	0.0	9.7	10.8
Towns, GA	13281	14,840	6.4	45.1	48.5	11,466	7,139	65.9	557	0.0	5.9	2.3
Treutlen, GA	13283	9,529	18.3	66.9	14.8	9,056	7,297	63.6	489	0.0	9.0	19.8

Table C-1. Population, School, and Student Characteristics by County—Continued

STATE County	State/ county code	High school graduates, 2000 — Population 25 years and over	High school diploma or less (percent)	High school diploma or more (percent)	College enrollment, 2000 — Number	Percent public	College graduates, 2000 (percent) — Bachelor's degree or more	+/- U.S. percent with bachelor's degree or more	Non-Hispanic White	Black	American Indian, Alaska Native	Asian and Pacific Islander	Hispanic or Latino[3]
		30	31	32	33	34	35	36	37	38	39	40	41
Haralson, GA	13143	16,814	73.1	63.0	635	92.9	9.0	-15.4	9.3	3.9	0.0	0.0	25.0
Harris, GA	13145	16,231	50.5	79.0	879	92.2	21.1	-3.3	24.5	6.1	0.0	37.8	50.0
Hart, GA	13147	15,838	65.8	71.1	613	71.3	13.5	-10.9	15.6	2.8	31.8	30.9	28.1
Heard, GA	13149	7,020	75.7	66.0	252	91.7	7.3	-17.1	7.8	3.2	0.0	12.8	2.9
Henry, GA	13151	75,501	50.1	84.2	4,652	78.5	19.5	-4.9	18.0	24.5	22.2	42.9	26.3
Houston, GA	13153	69,038	48.1	84.3	5,898	86.2	19.8	-4.6	21.2	13.9	9.6	31.1	17.6
Irwin, GA	13155	6,196	70.8	67.7	268	98.1	9.9	-14.5	10.8	5.8	0.0	71.4	15.6
Jackson, GA	13157	26,849	67.5	68.1	1,032	85.3	11.7	-12.7	12.4	5.3	14.6	18.3	4.8
Jasper, GA	13159	7,531	67.4	69.7	236	90.3	11.5	-12.9	13.4	6.0	0.0	16.3	17.7
Jeff Davis, GA	13161	8,036	72.1	63.3	289	73.0	9.4	-15.0	9.7	4.9	0.0	69.4	1.6
Jefferson, GA	13163	10,799	75.4	58.5	366	81.7	9.1	-15.3	13.8	4.9	0.0	0.0	10.7
Jenkins, GA	13165	5,335	70.8	62.0	267	87.6	10.8	-13.6	15.2	2.5	0.0	100.0	0.0
Johnson, GA	13167	5,206	77.0	62.4	287	93.4	7.8	-16.6	9.3	3.5	...	100.0	12.7
Jones, GA	13169	15,383	63.2	77.9	824	80.0	15.0	-9.4	15.1	14.1	0.0	35.1	37.6
Lamar, GA	13171	10,227	65.7	71.3	1,151	91.6	11.3	-13.1	12.6	8.2	5.6	36.4	0.0
Lanier, GA	13173	4,487	67.2	67.0	208	96.2	8.8	-15.6	10.4	4.2	14.0	0.0	0.0
Laurens, GA	13175	28,875	66.8	70.3	1,517	91.0	14.4	-10.0	17.6	6.7	28.0	53.3	9.4
Lee, GA	13177	15,036	54.6	81.3	1,136	88.5	17.0	-7.4	18.1	9.2	38.1	56.4	9.8
Liberty, GA	13179	30,797	47.5	86.8	2,604	81.5	14.5	-9.9	18.2	10.4	10.2	19.5	12.1
Lincoln, GA	13181	5,701	65.3	71.0	191	84.8	10.1	-14.3	13.2	3.6	0.0	0.0	8.0
Long, GA	13183	5,527	67.3	74.3	286	83.9	5.8	-18.6	6.5	4.1	16.7	12.9	3.6
Lowndes, GA	13185	54,237	52.9	77.7	9,466	94.5	19.7	-4.7	24.2	10.3	12.4	16.9	17.3
Lumpkin, GA	13187	12,665	58.4	72.0	2,321	93.4	17.6	-6.8	18.4	13.8	10.2	0.0	7.5
McDuffie, GA	13189	13,442	68.5	66.7	614	87.8	11.7	-12.7	15.2	4.3	36.1	35.7	2.1
McIntosh, GA	13191	6,978	66.7	71.2	231	82.7	11.1	-13.3	13.9	5.8	0.0	25.0	0.0
Macon, GA	13193	8,844	72.0	63.2	542	90.6	10.0	-14.4	14.0	6.8	10.3	33.3	9.2
Madison, GA	13195	16,881	70.0	70.8	669	83.0	10.9	-13.5	11.3	6.3	8.3	18.7	8.2
Marion, GA	13197	4,437	70.7	65.4	166	89.8	8.9	-15.5	11.6	3.9	47.1	0.0	0.0
Meriwether, GA	13199	14,434	69.9	65.8	473	79.9	10.8	-13.6	14.4	5.2	0.0	35.0	15.8
Miller, GA	13201	4,281	66.9	69.0	195	88.2	11.3	-13.1	14.4	1.3	...	54.5	0.0
Mitchell, GA	13205	14,972	70.1	65.3	825	89.2	9.1	-15.3	12.6	4.5	0.0	41.9	13.9
Monroe, GA	13207	14,185	61.0	77.7	1,012	82.5	17.1	-7.3	20.9	6.4	39.4	71.2	0.0
Montgomery, GA	13209	5,108	68.0	71.4	729	36.4	13.5	-10.9	16.2	5.4	...	48.8	0.0
Morgan, GA	13211	10,125	63.1	74.0	397	67.5	18.7	-5.7	22.8	6.9	39.1	66.7	33.3
Murray, GA	13213	22,803	74.3	61.1	779	85.0	7.2	-17.2	7.4	4.8	34.0	0.0	1.0
Muscogee, GA	13215	114,045	49.3	78.9	10,058	90.7	20.3	-4.1	26.4	12.0	21.4	33.7	15.8
Newton, GA	13217	39,144	60.0	74.7	2,259	61.8	14.5	-9.9	16.0	8.5	5.2	45.3	11.5
Oconee, GA	13219	16,470	36.7	86.7	1,045	78.1	39.8	15.4	42.0	12.0	9.8	63.1	17.7
Oglethorpe, GA	13221	8,436	65.4	72.1	441	83.7	15.6	-8.8	19.0	1.4	9.1	0.0	19.1
Paulding, GA	13223	50,422	58.3	80.8	2,407	75.9	15.2	-9.2	14.3	24.4	13.9	27.9	26.2
Peach, GA	13225	14,055	59.8	73.4	2,274	71.7	16.8	-7.6	18.0	15.7	32.0	38.5	3.9
Pickens, GA	13227	15,868	62.9	70.2	504	82.5	15.6	-8.8	15.8	4.8	0.0	62.5	6.8
Pierce, GA	13229	10,131	71.4	69.8	593	95.8	10.1	-14.3	10.5	4.0	0.0	...	22.2
Pike, GA	13231	8,833	64.8	75.3	501	82.4	14.0	-10.4	15.5	6.2	25.0	0.0	4.8
Polk, GA	13233	24,703	71.8	63.3	1,270	84.0	8.0	-16.4	8.3	8.4	0.0	0.0	1.5
Pulaski, GA	13235	6,445	62.8	73.4	311	88.4	12.9	-11.5	16.0	5.4	0.0	86.4	8.6
Putnam, GA	13237	12,931	65.1	75.5	549	79.8	14.4	-10.0	18.8	2.5	0.0	0.0	6.6
Quitman, GA	13239	1,773	76.3	57.8	34	97.1	6.1	-18.3	9.0	2.1	0.0	...	0.0
Rabun, GA	13241	10,675	59.6	75.4	270	63.7	17.6	-6.8	18.3	7.4	2.9	0.0	4.2
Randolph, GA	13243	4,783	70.1	62.4	428	51.2	9.5	-14.9	15.7	4.2	...	...	21.9
Richmond, GA	13245	122,592	51.7	78.0	11,630	81.8	18.7	-5.7	24.2	12.5	8.9	27.8	16.6
Rockdale, GA	13247	44,794	47.0	82.4	2,578	81.8	23.4	-1.0	24.0	21.9	0.0	41.8	12.1
Schley, GA	13249	2,364	70.1	70.0	102	93.1	13.7	-10.7	16.2	8.1	0.0	...	11.1
Screven, GA	13251	9,685	71.7	66.9	580	91.4	10.2	-14.2	15.4	2.2	30.0	22.9	20.7
Seminole, GA	13253	6,114	68.9	67.9	387	83.5	8.6	-15.8	9.9	6.1	0.0	50.0	0.0
Spalding, GA	13255	37,110	67.0	67.8	1,678	85.3	12.5	-11.9	14.9	5.3	12.0	44.0	7.5
Stephens, GA	13257	16,771	64.7	71.1	1,500	30.3	14.1	-10.3	15.0	6.3	29.6	12.9	0.0
Stewart, GA	13259	3,495	73.9	63.2	152	91.4	9.3	-15.1	15.4	4.2	0.0	65.5	0.0
Sumter, GA	13261	20,040	60.3	69.9	2,219	92.0	19.3	-5.1	28.1	8.4	39.5	55.6	5.6
Talbot, GA	13263	4,403	75.5	64.8	178	80.3	7.9	-16.5	15.6	2.4	0.0	...	0.0
Taliaferro, GA	13265	1,434	76.4	56.2	46	41.3	8.4	-16.0	13.0	5.1	...	...	0.0
Tattnall, GA	13267	14,688	72.9	66.3	568	70.8	7.9	-16.5	11.0	2.7	0.0	20.0	0.0
Taylor, GA	13269	5,594	75.4	63.6	256	92.2	8.5	-15.9	10.5	5.0	0.0	100.0	0.0
Telfair, GA	13271	7,906	76.5	63.6	247	81.8	8.3	-16.1	11.0	4.0	...	...	0.0
Terrell, GA	13273	6,741	68.3	64.5	336	97.6	10.7	-13.7	16.3	5.7	0.0	0.0	25.7
Thomas, GA	13275	27,697	60.0	73.5	1,646	65.4	16.8	-7.6	22.0	7.1	11.7	33.3	8.4
Tift, GA	13277	23,433	62.4	67.9	2,390	96.2	15.6	-8.8	19.8	5.6	13.1	37.6	5.2
Toombs, GA	13279	16,212	67.6	67.3	731	88.1	12.7	-11.7	15.8	4.8	0.0	17.0	2.8
Towns, GA	13281	6,935	58.3	75.1	582	34.2	17.4	-7.0	17.5	...	0.0	16.7	14.3
Treutlen, GA	13283	4,292	77.8	61.8	216	72.2	8.5	-15.9	9.7	5.3	0.0	8.2	0.0

[3] May be of any race.
... = Not available.

Table C-1. Population, School, and Student Characteristics by County—Continued

STATE County	State/county code	County type[1]	Population, 2007 Total	Population, 2007 Percent 5 to 17 years	Number of schools and students, 2005–2006 School districts	Number of schools and students, 2005–2006 Schools	Number of schools and students, 2005–2006 Students	Resident enrollment, 2000 Total enrollment Number	Resident enrollment, 2000 Total enrollment Percent public	Resident enrollment, 2000 K–12 enrollment Number	Resident enrollment, 2000 K–12 enrollment Percent public
			1	2	3	4	5	6	7	8	9
Troup, GA	13285	4	63,535	19.2	1	22	12,239	15,898	86.2	12,477	92.0
Turner, GA	13287	6	9,270	20.1	1	6	1,855	2,621	96.5	2,117	97.5
Twiggs, GA	13289	3	10,280	17.6	1	5	1,282	2,644	81.7	2,237	81.6
Union, GA	13291	9	20,968	14.8	1	8	2,600	3,414	90.2	2,681	94.9
Upson, GA	13293	6	27,562	18.0	1	6	4,971	6,844	90.6	5,366	92.5
Walker, GA	13295	2	64,554	17.5	2	20	10,406	13,598	89.7	11,006	92.2
Walton, GA	13297	1	83,144	19.7	2	21	13,446	15,459	86.1	12,393	90.1
Ware, GA	13299	4	35,831	17.2	2	13	6,347	8,641	94.4	6,982	96.0
Warren, GA	13301	8	5,908	17.7	1	3	876	1,645	91.6	1,329	94.1
Washington, GA	13303	7	20,937	17.3	2	8	3,635	5,802	89.5	4,679	90.9
Wayne, GA	13305	6	29,046	17.6	1	9	5,395	6,292	93.4	5,194	95.0
Webster, GA	13307	8	2,245	18.1	1	1	369	549	85.8	469	86.8
Wheeler, GA	13309	9	6,830	12.7	1	3	1,087	1,358	94.6	1,071	97.6
White, GA	13311	8	25,020	16.9	2	8	3,862	4,506	83.9	3,284	95.4
Whitfield, GA	13313	3	93,379	20.3	2	33	19,338	19,439	92.5	16,101	95.1
Wilcox, GA	13315	9	8,613	15.0	1	3	1,427	1,855	91.8	1,519	91.6
Wilkes, GA	13317	6	10,262	15.9	1	7	1,783	2,461	93.3	1,976	95.4
Wilkinson, GA	13319	8	10,064	18.0	1	4	1,679	2,710	84.5	2,089	86.3
Worth, GA	13321	3	21,285	18.8	1	6	4,049	6,158	91.6	5,000	93.8
HAWAII	15000	X	1,283,388	15.5	1	285	182,818	320,842	79.5	223,185	84.5
Hawaii, HI	15001	5	173,057	16.0	[5]	[5]	[5]	40,194	87.7	30,747	91.3
Honolulu, HI	15003	2	905,601	15.3	[5]1	[5]285	[5]182,818	234,038	77	155,556	82
Kalawao, HI	15005	9	119	0.8	[5]	[5]	[5]	...	...	...	...
Kauai, HI	15007	5	62,828	16.3	[5]	[5]	[5]	14,881	89.8	12,272	92.4
Maui, HI	15009	5	141,783	16.1	[5]	[5]	[5]	31,729	85.0	24,610	89.6
IDAHO	16000	X	1,499,402	19.3	123	706	261,982	368,579	87.8	270,423	93.0
Ada, ID	16001	2	373,406	18.9	8	115	62,955	81,730	87.7	58,736	91.6
Adams, ID	16003	8	3,546	15.2	2	3	496	774	90.6	688	91.4
Bannock, ID	16005	3	79,925	19.4	2	36	13,358	25,491	92.5	15,052	94.0
Bear Lake, ID	16007	7	5,863	20.3	1	7	1,250	1,933	97.1	1,724	99.7
Benewah, ID	16009	6	9,243	17.6	2	8	1,653	2,139	89.4	1,868	89.9
Bingham, ID	16011	6	43,466	22.6	5	33	10,042	13,297	95.5	11,100	98.7
Blaine, ID	16013	7	21,560	16.1	1	9	3,243	4,341	82.8	3,440	86.5
Boise, ID	16015	2	7,571	17.6	3	6	1,082	1,611	89.3	1,327	89.4
Bonner, ID	16017	6	41,050	16.6	2	19	5,711	8,413	81.5	7,188	84.0
Bonneville, ID	16019	3	96,545	20.8	3	40	18,954	24,784	92.8	19,682	97.5
Boundary, ID	16021	7	10,872	18.5	1	7	1,598	2,237	81.7	1,996	83.7
Butte, ID	16023	8	2,771	19.1	1	4	521	758	95.9	651	96.5
Camas, ID	16025	9	1,102	14.8	1	2	158	250	94.8	210	98.1
Canyon, ID	16027	2	179,381	21.7	11	70	31,958	35,560	85.4	28,095	91.9
Caribou, ID	16029	6	6,862	19.8	3	11	1,607	2,190	96.5	1,795	98.4
Cassia, ID	16031	7	20,960	22.4	1	17	5,058	6,560	93.5	5,641	95.0
Clark, ID	16033	8	906	19.1	1	3	234	289	96.9	243	97.1
Clearwater, ID	16035	6	8,231	13.8	1	8	1,370	2,056	89.0	1,720	90.1
Custer, ID	16037	9	4,166	15.4	2	7	695	1,018	97.2	909	98.2
Elmore, ID	16039	4	28,856	20.4	3	13	4,545	7,773	91.3	5,757	96.2
Franklin, ID	16041	3	12,203	24.8	2	8	3,055	3,506	95.9	3,142	98.6
Fremont, ID	16043	6	12,517	21.9	1	11	2,361	3,534	93.0	3,039	98.4
Gem, ID	16045	2	16,496	18.3	1	9	2,968	3,788	91.1	3,180	94.8
Gooding, ID	16047	7	14,250	20.3	5	10	3,128	3,470	93.7	2,944	95.0
Idaho, ID	16049	6	15,345	15.3	2	12	1,778	3,608	86.8	3,080	87.9
Jefferson, ID	16051	3	22,851	22.4	3	15	5,476	6,224	93.4	5,235	98.5
Jerome, ID	16053	7	20,066	21.2	2	8	3,900	5,187	89.9	4,311	92.7
Kootenai, ID	16055	3	134,442	18.4	4	41	20,349	28,610	86.9	21,760	88.8
Latah, ID	16057	4	36,299	13.9	6	18	5,268	14,797	91.5	5,153	85.6
Lemhi, ID	16059	7	7,717	15.9	2	9	1,124	1,763	89.6	1,580	93.7
Lewis, ID	16061	8	3,581	16.6	3	5	894	885	92.8	753	93.1
Lincoln, ID	16063	9	4,497	21.1	3	5	987	1,127	97.6	946	99.2
Madison, ID	16065	6	36,647	17.6	2	17	5,613	15,041	42.0	5,209	98.1
Minidoka, ID	16067	7	18,564	20.5	1	11	4,112	5,884	92.9	4,896	96.2
Nez Perce, ID	16069	3	38,932	16.1	3	18	5,749	9,620	90.5	6,565	91.5
Oneida, ID	16071	8	4,106	19.7	1	5	897	1,245	97.0	1,053	98.7
Owyhee, ID	16073	2	10,835	20.6	4	14	2,569	2,883	92.3	2,532	94.2
Payette, ID	16075	6	22,751	20.5	3	11	4,403	5,547	94.0	4,757	94.7
Power, ID	16077	3	7,684	21.2	3	7	1,729	2,319	95.2	1,898	97.0
Shoshone, ID	16079	6	12,838	15.6	4	12	2,083	2,907	95.7	2,463	97.8
Teton, ID	16081	9	8,349	21.2	1	7	1,403	1,655	85.2	1,375	90.5
Twin Falls, ID	16083	5	73,058	18.8	8	31	12,266	17,741	90.5	13,204	92.0
Valley, ID	16085	8	8,945	15.4	2	8	1,455	1,634	94.6	1,474	96.8
Washington, ID	16087	6	10,147	18.3	3	7	1,927	2,400	94.4	2,052	97.9

[1]County type codes are from the Economic Research Service of the United States Department of Agriculture. See notes and definitions for more information.
[5]Hawaii, Kalawao, Kauai, and Maui counties are included with Honolulu County
... = Not available.

PART C—COUNTY EDUCATION STATISTICS

Table C-1. Population, School, and Student Characteristics by County—Continued

STATE County	State/ county code	Students with IEP[2] (%)	Students eligible for free or reduced-price lunch (%)	Minority students (%)	English language learners (%)	Number of graduates, 2004–2005	Total staff	Number of teachers	Student/ teacher ratio	Central administration staff
		10	11	12	13	14	15	16	17	18
Troup, GA	13285	9.5	56.9	44.3	0.4	488	1,658	811	15.1	26
Turner, GA	13287	16.8	69.1	58.5	0.0	82	290	141	13.2	10
Twiggs, GA	13289	15.8	81.3	66.3	0.2	70	239	100	12.8	10
Union, GA	13291	20.6	37.3	3.6	1.3	140	418	205	12.7	14
Upson, GA	13293	15.3	58.7	39.7	0.5	220	713	322	15.4	13
Walker, GA	13295	14.9	50.8	6.4	0.7	367	1,508	710	14.7	28
Walton, GA	13297	11.4	40.2	25.5	1.6	514	1,740	914	14.7	45
Ware, GA	13299	14.6	60.6	41.1	1.4	264	1,094	488	13.0	28
Warren, GA	13301	8.9	89.4	94.9	0.0	28	147	54	16.2	7
Washington, GA	13303	11.1	68.2	70.4	0.5	184	547	254	14.3	20
Wayne, GA	13305	14.4	56.0	26.6	1.8	234	783	354	15.2	16
Webster, GA	13307	11.1	65.0	57.3	0.5	...	63	25	14.8	4
Wheeler, GA	13309	12.8	72.2	39.6	0.6	57	184	78	13.9	5
White, GA	13311	13.0	42.1	5.2	1.7	180	618	282	13.7	35
Whitfield, GA	13313	10.8	58.2	47.1	19.0	758	2,523	1,301	14.9	43
Wilcox, GA	13315	13.1	75.2	46.6	0.1	71	193	97	14.7	10
Wilkes, GA	13317	13.0	65.6	56.7	1.0	87	284	128	13.9	8
Wilkinson, GA	13319	14.7	74.7	60.5	0.7	89	266	122	13.8	5
Worth, GA	13321	9.0	68.7	42.9	0.1	171	551	286	14.2	15
HAWAII	15000	12.0	40.5	80.2	9.9	10,813	21,059	11,226	16.3	496
Hawaii, HI	15001	(5)	(5)	(5)	(5)	(5)	(5)	(5)	(5)	(5)
Honolulu, HI	15003	[5]12.0	[5]40.7	[5]80.2	[5]9.9	[5]10813	[5]21059	[5]11226	[5]16.3	[5]496
Kalawao, HI	15005	(5)	(5)	(5)	(5)	(5)	(5)	(5)	(5)	(5)
Kauai, HI	15007	(5)	(5)	(5)	(5)	(5)	(5)	(5)	(5)	(5)
Maui, HI	15009	(5)	(5)	(5)	(5)	(5)	(5)	(5)	(5)	(5)
IDAHO	16000	11.0	37.8	17.0	6.9	15,768	26,017	14,525	18.0	664
Ada, ID	16001	10.7	23.5	11.3	5.6	3,639	5,962	3,353	18.8	120
Adams, ID	16003	12.9	41.3	5.8	0.2	42	66	43	11.5	3
Bannock, ID	16005	11.7	36.1	14.8	0.4	865	1,255	697	19.2	38
Bear Lake, ID	16007	9.8	38.7	3.4	0.2	112	131	74	16.9	3
Benewah, ID	16009	14.9	45.1	18.8	0.0	104	214	109	15.2	8
Bingham, ID	16011	10.7	45.5	26.6	16.7	705	1,008	548	18.3	25
Blaine, ID	16013	11.3	23.8	24.3	11.9	166	425	237	13.7	14
Boise, ID	16015	10.9	36.7	5.8	0.2	65	142	73	14.8	6
Bonner, ID	16017	12.1	42.8	4.1	0.1	409	606	338	16.9	20
Bonneville, ID	16019	10.6	33.6	14.2	5.4	1,253	1,741	963	19.7	36
Boundary, ID	16021	12.5	49.2	8.3	3.4	111	178	96	16.6	5
Butte, ID	16023	16.9	49.3	6.7	0.8	28	68	32	16.3	3
Camas, ID	16025	8.9	41.8	1.3	0.0	14	28	15	10.5	1
Canyon, ID	16027	11.7	50.8	31.9	15.4	1,332	2,863	1,660	19.3	68
Caribou, ID	16029	11.3	38.7	5.1	0.6	128	191	101	15.9	8
Cassia, ID	16031	9.3	51.5	28.7	14.0	317	530	283	17.9	9
Clark, ID	16033	10.3	52.1	43.6	27.8	8	33	18	13.0	2
Clearwater, ID	16035	12.7	52.3	8.1	0.1	90	168	84	16.3	4
Custer, ID	16037	13.8	36.8	8.7	1.9	50	99	55	12.6	5
Elmore, ID	16039	15.2	37.2	25.5	10.4	301	476	269	16.9	11
Franklin, ID	16041	9.6	45.0	7.8	1.1	203	271	155	19.7	5
Fremont, ID	16043	11.7	47.3	19.7	7.7	131	254	137	17.2	5
Gem, ID	16045	14.0	44.5	14.0	4.1	214	292	163	18.2	6
Gooding, ID	16047	11.9	51.2	31.5	17.5	180	332	195	16.0	10
Idaho, ID	16049	13.4	49.2	5.9	0.0	129	223	126	14.1	6
Jefferson, ID	16051	8.5	40.9	13.7	6.5	393	519	296	18.5	13
Jerome, ID	16053	9.7	54.1	35.0	16.8	220	375	224	17.4	10
Kootenai, ID	16055	9.6	34.9	6.2	0.2	1,249	1,914	1,080	18.8	33
Latah, ID	16057	11.0	22.5	6.8	0.2	326	562	300	17.6	28
Lemhi, ID	16059	11.2	50.4	3.6	0.0	88	146	76	14.8	7
Lewis, ID	16061	10.6	52.2	17.6	0.0	77	122	68	13.1	7
Lincoln, ID	16063	9.6	60.6	30.5	16.1	48	119	69	14.3	7
Madison, ID	16065	10.5	37.4	8.9	4.5	423	545	295	19.0	10
Minidoka, ID	16067	10.5	59.7	41.8	13.4	257	431	235	17.5	9
Nez Perce, ID	16069	12.7	34.3	14.7	0.1	362	660	344	16.7	24
Oneida, ID	16071	12.2	42.9	8.8	2.1	59	94	55	16.3	3
Owyhee, ID	16073	10.3	60.7	38.2	15.4	136	305	161	16.0	12
Payette, ID	16075	10.6	46.0	21.4	9.5	250	440	241	18.3	10
Power, ID	16077	10.7	57.9	38.0	17.0	111	201	107	16.2	8
Shoshone, ID	16079	13.1	41.8	5.4	0.0	126	277	146	14.3	11
Teton, ID	16081	12.5	38.7	23.8	10.4	95	151	80	17.5	3
Twin Falls, ID	16083	10.5	44.0	17.9	6.1	697	1,202	704	17.4	34
Valley, ID	16085	11.3	25.5	6.3	1.4	104	167	97	15.0	6
Washington, ID	16087	9.4	53.3	23.2	17.6	151	231	123	15.7	8

[2]IEP = Individual Education Program. See notes and definitions for more information.
[5]Hawaii, Kalawao, Kauai, and Maui counties are included with Honolulu County.

Table C-1. Population, School, and Student Characteristics by County—Continued

STATE County	State/county code	Revenues, 2004–2005 Total revenue (thousands of dollars)	Percentage of revenue from: Federal government	Percentage of revenue from: State government	Percentage of revenue from: Local government	Current expenditures, 2004–2005 Total expenditures (thousands of dollars)	Amount per student	Percent for instruction	Resident population 16 to 19 years, 2000 Total population 16 to 19 years	Percent in Armed Forces	Percent high school graduates	Percent not enrolled, not employed, not in Armed Forces, not high school grad.
		19	20	21	22	23	24	25	26	27	28	29
Troup, GA	13285	108,191	6.6	49.3	44.1	91,951	7,600	60.0	3,493	0.0	8.7	8.4
Turner, GA	13287	17,791	23.8	55.4	20.8	16,087	8,512	63.0	605	0.0	15.5	4.5
Twiggs, GA	13289	14,595	28.6	40.1	31.2	14,411	10,420	58.6	624	0.0	14.6	14.6
Union, GA	13291	26,476	11.1	44.4	44.5	22,946	8,887	62.6	737	0.0	20.1	4.1
Upson, GA	13293	39,973	12.2	59.5	28.3	36,984	7,422	64.9	1,272	0.0	14.9	6.0
Walker, GA	13295	86,548	8.9	55.1	36.1	76,842	7,467	64.2	3,095	0.3	10.7	11.7
Walton, GA	13297	114,525	8.2	46.7	45.1	95,779	7,476	63.5	3,385	0.0	12.8	7.8
Ware, GA	13299	63,083	12.7	57.9	29.4	55,844	8,735	63.7	1,782	0.0	14.3	7.2
Warren, GA	13301	9,638	17.1	46.2	36.7	7,487	8,666	54.7	401	0.0	10.7	16.2
Washington, GA	13303	34,067	15.8	51.2	32.9	32,770	8,927	54.7	1,209	0.0	8.4	9.1
Wayne, GA	13305	40,264	12.5	59.2	28.3	38,821	7,189	63.5	1,463	0.0	8.5	6.4
Webster, GA	13307	4,588	22.1	50.0	27.9	4,025	9,817	60.5	110	0.0	12.7	4.5
Wheeler, GA	13309	11,470	27.2	55.5	17.4	10,456	9,336	54.8	334	0.0	2.7	16.8
White, GA	13311	42,786	17.0	40.9	42.0	39,599	10,323	53.6	1,070	0.0	9.9	5.6
Whitfield, GA	13313	186,841	7.4	49.7	42.9	143,610	7,693	64.6	4,452	0.0	11.2	15.7
Wilcox, GA	13315	12,249	20.9	59.7	19.4	11,110	7,652	60.5	449	0.0	10.0	6.7
Wilkes, GA	13317	16,458	14.7	48.7	36.6	14,490	7,948	60.4	628	0.0	10.2	7.5
Wilkinson, GA	13319	15,983	12.6	44.4	43.0	14,000	8,294	59.9	603	0.0	7.3	6.3
Worth, GA	13321	34,253	15.9	59.2	24.9	29,492	7,195	63.7	1,355	0.0	7.3	2.4
HAWAII	15000	2,274,166	10.4	87.4	2.2	1,648,087	8,997	61.1	64,343	4.1	17.1	3.6
Hawaii, HI	15001	[5]	[5]	[5]	[5]	[5]	[5]	[5]	8,798	0.0	13.6	5.0
Honolulu, HI	15003	[5]2,274,166	[5]10.4	[5]87.4	[5]2.2	[5]1,648,087	[5]8,997	61.1	45,427	5.9	17.8	3.2
Kalawao, HI	15005	[5]	[5]	[5]	[5]	[5]	[5]	[5]	0	...	...	...
Kauai, HI	15007	[5]	[5]	[5]	[5]	[5]	[5]	[5]	3,275	0.0	16.1	2.5
Maui, HI	15009	[5]	[5]	[5]	[5]	[5]	[5]	[5]	6,843	0.0	17.5	5.1
IDAHO	16000	1,807,183	10.7	57.2	32.1	1,605,694	6,272	62.1	87,734	0.3	14.0	4.0
Ada, ID	16001	424,515	6.4	50.2	43.3	373,842	6,176	62.8	17,019	0.1	17.3	2.5
Adams, ID	16003	4,803	14.9	62.1	22.9	4,361	8,775	63.3	207	0.0	13.0	3.9
Bannock, ID	16005	89,817	12.8	62.1	25.1	82,294	6,174	62.5	5,556	0.2	15.8	3.2
Bear Lake, ID	16007	8,682	9.0	69.4	21.6	8,080	6,192	59.7	510	0.0	15.3	1.0
Benewah, ID	16009	14,227	20.4	51.3	28.3	13,070	8,088	52.9	524	0.0	10.7	7.1
Bingham, ID	16011	66,411	13.1	69.3	17.6	60,507	6,027	62.3	3,155	0.4	12.3	4.3
Blaine, ID	16013	45,771	3.1	25.6	71.4	35,367	11,094	64.9	889	0.0	8.3	4.0
Boise, ID	16015	9,414	13.6	55.1	31.4	8,507	8,010	53.3	332	0.0	11.7	4.8
Bonner, ID	16017	38,624	12.2	46.0	41.8	36,204	6,412	58.5	2,159	0.4	14.8	6.3
Bonneville, ID	16019	121,712	9.1	61.6	29.3	105,803	5,689	63.3	5,848	0.0	13.8	3.3
Boundary, ID	16021	12,332	14.3	52.9	32.8	11,007	6,997	63.1	595	0.0	19.0	8.6
Butte, ID	16023	4,286	13.8	62.2	24.1	4,100	7,869	53.7	183	0.0	14.2	0.0
Camas, ID	16025	2,085	6.8	51.2	42.0	1,636	9,402	56.1	59	0.0	5.1	8.5
Canyon, ID	16027	193,835	12.1	63.9	24.0	172,015	5,756	62.7	8,576	0.0	13.7	8.4
Caribou, ID	16029	14,076	9.5	58.4	32.2	12,224	7,294	62.0	542	0.0	6.8	2.6
Cassia, ID	16031	33,024	13.4	67.0	19.6	29,117	5,886	61.7	1,547	0.0	13.8	5.6
Clark, ID	16033	2,295	13.2	58.9	27.9	2,059	8,615	53.1	86	0.0	14.0	5.8
Clearwater, ID	16035	10,627	17.2	59.0	23.8	10,326	7,499	58.5	453	0.0	15.7	2.4
Custer, ID	16037	6,315	9.7	57.7	32.6	5,831	8,463	58.5	202	0.0	13.4	5.0
Elmore, ID	16039	35,148	24.5	60.0	15.5	31,379	6,421	61.8	1,564	9.2	30.0	4.2
Franklin, ID	16041	17,639	10.1	75.8	14.1	15,739	5,193	64.7	834	0.0	14.0	1.8
Fremont, ID	16043	16,537	14.1	55.9	30.0	14,616	6,103	65.9	1,036	0.2	11.6	5.2
Gem, ID	16045	18,676	10.4	70.3	19.3	16,633	5,468	65.5	950	0.0	19.6	6.4
Gooding, ID	16047	21,685	14.4	66.5	19.1	19,640	6,503	61.2	1,005	0.0	12.3	7.1
Idaho, ID	16049	19,064	19.3	49.2	31.6	17,009	9,315	55.9	1,023	0.0	10.7	7.1
Jefferson, ID	16051	34,949	11.3	71.0	17.6	31,437	5,861	60.8	1,528	0.1	15.6	5.4
Jerome, ID	16053	24,667	13.5	64.7	21.8	22,491	5,684	62.3	1,189	0.0	10.9	7.1
Kootenai, ID	16055	132,250	8.9	52.1	38.9	115,101	5,821	64.2	6,362	0.1	16.1	3.6
Latah, ID	16057	42,828	8.8	53.2	37.9	37,375	7,541	57.7	3,480	0.5	7.4	0.2
Lemhi, ID	16059	8,455	11.9	62.4	25.7	8,060	6,883	61.1	473	0.0	16.9	3.2
Lewis, ID	16061	8,782	15.5	60.4	24.1	8,040	8,627	57.7	208	0.0	8.7	1.9
Lincoln, ID	16063	7,755	10.1	67.4	22.5	6,940	7,886	62.0	244	0.0	9.8	5.7
Madison, ID	16065	33,367	12.3	69.9	17.9	30,535	5,454	63.9	6,308	0.0	4.0	0.4
Minidoka, ID	16067	28,502	14.7	66.1	19.2	26,020	6,311	62.5	1,525	0.0	15.7	7.3
Nez Perce, ID	16069	45,846	12.8	48.5	38.7	44,177	7,648	61.6	2,165	0.0	15.5	3.0
Oneida, ID	16071	6,475	12.0	67.0	20.9	5,664	6,279	62.8	287	0.0	17.1	3.8
Owyhee, ID	16073	19,318	14.9	67.6	17.5	17,445	6,715	63.0	698	0.0	12.3	9.3
Payette, ID	16075	28,751	13.1	67.8	19.1	25,348	5,894	63.2	1,340	0.0	12.1	4.1
Power, ID	16077	14,933	12.0	54.9	33.1	13,396	7,577	58.5	508	0.0	13.4	1.8
Shoshone, ID	16079	20,077	15.5	53.0	31.5	18,562	8,698	59.0	678	0.0	12.8	4.9
Teton, ID	16081	9,185	10.9	46.5	42.5	8,574	6,038	61.5	366	0.0	15.6	4.4
Twin Falls, ID	16083	81,315	11.8	60.8	27.4	70,558	5,915	59.2	4,434	0.0	13.5	4.4
Valley, ID	16085	13,672	11.4	33.9	54.7	11,485	8,377	59.4	447	1.1	13.0	1.1
Washington, ID	16087	14,456	12.3	67.2	20.5	13,120	6,690	63.2	640	0.0	14.2	6.9

[5]Hawaii, Kalawao, Kauai, and Maui counties are included with Honolulu county

PART C—COUNTY EDUCATION STATISTICS

Table C-1. Population, School, and Student Characteristics by County —Continued

STATE County	State/ county code	High school graduates, 2000 — Population 25 years and over	High school diploma or less (percent)	High school diploma or more (percent)	College enrollment, 2000 — Number	Percent public	College graduates, 2000 (percent) — Bachelor's degree or more	+/- U.S. percent with bachelor's degree or more	Non-Hispanic White	Black	American Indian, Alaska Native	Asian and Pacific Islander	Hispanic or Latino[3]
		30	31	32	33	34	35	36	37	38	39	40	41
Troup, GA	13285	36,815	60.7	73.0	2,079	62.2	18.0	-6.4	22.5	6.5	5.7	37.8	15.5
Turner, GA	13287	5,707	71.0	67.7	299	95.0	10.5	-13.9	14.5	3.5	0.0	9.1	1.5
Twiggs, GA	13289	6,702	77.6	63.2	243	82.3	5.4	-19.0	6.9	2.5	0.0	34.0	19.6
Union, GA	13291	12,730	60.9	74.2	552	73.7	12.5	-11.9	12.7	0.0	26.2	0.0	0.0
Upson, GA	13293	18,325	70.5	66.7	952	90.7	11.5	-12.9	14.7	2.1	7.0	15.0	0.0
Walker, GA	13295	40,837	68.2	66.8	1,683	82.8	10.2	-14.2	10.3	4.1	0.0	46.1	12.0
Walton, GA	13297	38,527	62.1	73.5	1,606	80.5	13.0	-11.4	14.1	5.2	8.5	36.0	11.2
Ware, GA	13299	23,380	68.4	70.3	1,061	86.8	11.4	-13.0	13.0	6.6	31.0	13.6	4.6
Warren, GA	13301	4,061	77.6	57.1	165	86.1	8.0	-16.4	13.7	2.9	0.0	71.4	20.0
Washington, GA	13303	13,626	70.5	68.3	615	89.8	10.5	-13.9	16.7	4.3	0.0	0.0	0.0
Wayne, GA	13305	17,531	66.9	70.1	711	86.5	11.6	-12.8	13.1	7.2	0.0	1.3	3.4
Webster, GA	13307	1,588	72.7	61.3	47	97.9	9.1	-15.3	15.0	2.7			0.0
Wheeler, GA	13309	4,144	74.0	67.9	146	69.9	7.1	-17.3	9.2	3.2	0.0	0.0	2.6
White, GA	13311	13,473	59.2	76.0	970	48.4	15.4	-9.0	15.5	2.0	11.8	29.8	15.5
Whitfield, GA	13313	52,570	66.0	63.0	2,007	89.4	12.8	-11.6	15.1	6.5	5.8	29.8	2.2
Wilcox, GA	13315	5,761	75.5	68.2	200	93.0	7.0	-17.4	8.4	4.1	33.3	25.0	4.2
Wilkes, GA	13317	7,265	70.9	65.0	289	92.4	12.0	-12.4	17.4	5.1	16.0	0.0	0.0
Wilkinson, GA	13319	6,509	71.0	70.4	391	79.8	9.6	-14.8	12.5	4.9	0.0	0.0	4.7
Worth, GA	13321	13,979	69.8	68.3	692	93.6	8.6	-15.8	8.7	8.6	0.0	0.0	0.0
HAWAII	15000	802,477	43.9	84.6	79,748	74.0	26.2	1.8	37.3	21.0	21.5	24.5	13.3
Hawaii, HI	15001	97,708	46.8	84.6	7,220	84.9	22.1	-2.3	32.4	14.3	17.4	19.4	9.4
Honolulu, HI	15003	579,998	43.0	84.8	65,507	71.8	27.9	3.5	40.4	20.9	22.8	26.3	15.1
Kalawao, HI	15005	147	80.3	39.5	0	0.0	10.2	-14.2	0.0	0.0	0.0	12.7	0.0
Kauai, HI	15007	38,872	46.4	83.3	1,736	88.5	19.4	-5.0	30.9	23.0	19.3	14.9	7.7
Maui, HI	15009	85,752	46.1	83.4	5,285	80.7	22.4	-2.0	33.1	31.8	24.0	17.8	11.2
IDAHO	16000	787,505	43.8	84.7	77,392	79.2	21.7	-2.7	22.6	22.4	9.5	36.8	6.6
Ada, ID	16001	188,662	32.3	90.8	17,989	88.2	31.2	6.8	31.7	27.3	16.0	41.0	16.2
Adams, ID	16003	2,468	56.6	80.8	57	86.0	14.9	-9.5	14.6	0.0	18.9	0.0	6.7
Bannock, ID	16005	43,285	38.4	87.5	9,013	97.0	24.9	0.5	25.5	23.1	8.8	41.8	14.3
Bear Lake, ID	16007	3,837	56.7	85.5	101	91.1	11.7	-12.7	11.9	0.0	0.0	100.0	2.6
Benewah, ID	16009	6,051	61.3	79.8	156	94.2	11.4	-13.0	11.9	0.0	6.1	0.0	3.5
Bingham, ID	16011	23,155	50.5	80.6	1,423	85.2	14.4	-10.0	16.7	0.0	4.2	20.3	1.8
Blaine, ID	16013	13,021	25.7	90.2	648	77.2	43.1	18.7	46.3	11.1	25.0	29.7	8.1
Boise, ID	16015	4,547	46.2	86.3	165	89.7	19.9	-4.5	20.2		0.0	22.2	12.5
Bonner, ID	16017	25,043	47.9	85.6	761	82.5	16.9	-7.5	17.1	0.0	13.1	29.8	9.1
Bonneville, ID	16019	48,502	38.7	87.8	3,547	86.3	26.1	1.7	27.1	40.7	6.6	35.1	10.4
Boundary, ID	16021	6,314	55.9	80.0	151	82.1	14.7	-9.7	15.0		15.8	20.0	4.8
Butte, ID	16023	1,873	50.4	82.6	74	89.2	13.0	-11.4	13.8	0.0	0.0		4.0
Camas, ID	16025	675	43.0	88.4	34	91.2	22.2	-2.2	22.7	0.0	0.0		0.0
Canyon, ID	16027	76,619	54.3	76.0	5,511	62.9	14.9	-9.5	16.6	21.0	5.5	20.4	4.4
Caribou, ID	16029	4,391	47.6	86.6	214	93.5	15.9	-8.5	16.2	0.0	18.2	0.0	7.8
Cassia, ID	16031	12,206	52.9	76.9	596	95.8	13.9	-10.5	15.9	0.0	16.0	15.1	1.1
Clark, ID	16033	580	60.5	64.0	6	100.0	12.6	-11.8	16.0	100.0	66.7		1.2
Clearwater, ID	16035	6,352	57.2	80.1	244	88.9	13.4	-11.0	13.5		4.6	50.0	11.0
Custer, ID	16037	3,012	53.0	84.5	69	89.9	17.4	-7.0	17.6		28.6		12.4
Elmore, ID	16039	17,034	37.8	87.2	1,494	84.5	17.3	-7.1	18.6	13.2	2.4	26.7	8.5
Franklin, ID	16041	6,069	51.8	88.2	187	90.9	13.6	-10.8	14.0		12.5	33.3	0.0
Fremont, ID	16043	6,790	54.2	80.4	327	66.4	12.0	-12.4	13.1		0.0	0.0	0.8
Gem, ID	16045	9,663	55.6	79.4	417	80.8	11.4	-13.0	11.6		5.7	32.2	3.5
Gooding, ID	16047	8,761	62.1	72.6	363	93.1	12.0	-12.4	13.7		0.0	6.7	0.6
Idaho, ID	16049	10,638	55.4	82.9	284	91.2	14.4	-10.0	14.7		6.7	27.3	13.4
Jefferson, ID	16051	10,335	45.0	84.4	602	79.2	15.2	-9.2	16.3	0.0	6.8	50.0	1.2
Jerome, ID	16053	10,946	51.7	75.1	570	92.1	14.0	-10.4	15.7	0.0	14.3	29.1	3.5
Kootenai, ID	16055	69,872	43.0	87.3	5,072	89.5	19.1	-5.3	19.3	10.8	8.1	33.2	13.3
Latah, ID	16057	19,493	31.6	91.0	9,171	96.9	41.0	16.6	40.1	48.3	37.1	78.8	32.0
Lemhi, ID	16059	5,373	48.8	82.5	66	75.8	17.9	-6.5	17.9		0.0	100.0	11.6
Lewis, ID	16061	2,596	50.5	84.2	92	87.0	14.8	-9.6	14.7	22.2	7.4	20.0	7.4
Lincoln, ID	16063	2,458	55.5	77.4	120	90.0	13.0	-11.4	14.2	0.0	7.1	14.3	1.3
Madison, ID	16065	9,320	33.8	88.5	9,416	11.2	24.4	0.0	25.3		12.5	33.7	4.1
Minidoka, ID	16067	11,940	59.1	73.7	670	85.7	10.1	-14.3	12.2	0.0	0.0	20.0	1.8
Nez Perce, ID	16069	24,759	46.3	85.5	2,459	94.8	18.9	-5.5	19.2	20.0	11.7	37.4	5.8
Oneida, ID	16071	2,493	45.3	86.4	113	86.7	15.0	-9.4	15.1		0.0	100.0	0.0
Owyhee, ID	16073	6,372	67.0	67.6	207	76.8	10.2	-14.2	12.1	28.6	4.5	22.8	1.6
Payette, ID	16075	12,761	57.5	74.5	536	89.6	10.6	-13.8	11.6	0.0	14.8	20.5	0.2
Power, ID	16077	4,344	58.1	74.7	275	93.1	14.3	-10.1	17.4		2.7	0.0	0.9
Shoshone, ID	16079	9,670	62.4	77.9	285	91.6	10.2	-14.2	10.3	62.5	5.1	23.8	9.0
Teton, ID	16081	3,614	35.3	87.3	170	66.5	28.1	3.7	30.4	0.0	0.0	100.0	2.8
Twin Falls, ID	16083	39,544	49.1	81.3	3,482	94.6	16.0	-8.4	16.9	0.0	8.7	9.8	4.7
Valley, ID	16085	5,525	40.2	88.9	91	86.8	26.3	1.9	26.8		0.0	23.8	16.1
Washington, ID	16087	6,542	58.9	76.6	164	80.5	12.7	-11.7	13.7	0.0	28.6	44.4	0.0

[3] May be of any race.

Table C-1. Population, School, and Student Characteristics by County—Continued

STATE County	State/county code	County type[1]	Population, 2007 Total	Population, 2007 Percent 5 to 17 years	Number of schools and students, 2005–2006 School districts	Number of schools and students, 2005–2006 Schools	Number of schools and students, 2005–2006 Students	Resident enrollment, 2000 Total enrollment Number	Resident enrollment, 2000 Total enrollment Percent public	Resident enrollment, 2000 K–12 enrollment Number	Resident enrollment, 2000 K–12 enrollment Percent public
			1	2	3	4	5	6	7	8	9
ILLINOIS	17000	X	12,852,548	18.0	1,084	4,401	2,111,706	3,450,604	80.8	2,387,464	86.9
Adams, IL	17001	5	67,046	16.7	9	30	10,302	17,661	76.2	13,042	81.7
Alexander, IL	17003	7	8,458	16.3	4	14	1,321	2,413	94.0	1,937	94.5
Bond, IL	17005	1	18,103	14.7	2	8	2,343	4,596	74.4	2,917	95.7
Boone, IL	17007	2	53,531	19.8	3	17	10,035	11,539	82.7	9,317	85.6
Brown, IL	17009	7	6,566	10.8	1	3	768	1,306	90.7	1,086	91.0
Bureau, IL	17011	6	35,036	16.4	15	30	5,820	8,576	89.4	6,738	91.9
Calhoun, IL	17013	1	5,167	14.6	2	4	691	1,192	82.8	919	83.4
Carroll, IL	17015	7	15,928	15.5	3	11	2,834	4,020	95.3	3,177	97.2
Cass, IL	17017	6	13,727	17.6	4	10	2,313	3,273	89.2	2,571	92.4
Champaign, IL	17019	3	190,260	14.1	19	63	24,023	73,433	92.7	27,413	89.4
Christian, IL	17021	6	34,543	16.6	7	24	5,852	8,254	88.2	6,481	90.3
Clark, IL	17023	6	16,884	16.9	3	10	3,015	4,100	96.3	3,248	98.4
Clay, IL	17025	7	13,893	16.3	4	11	2,655	3,331	98.9	2,665	99.1
Clinton, IL	17027	1	36,450	16.3	13	24	5,880	9,052	84.0	6,852	84.7
Coles, IL	17029	5	51,011	13.4	6	27	7,303	19,136	95.0	7,503	95.5
Cook, IL	17031	1	5,285,107	17.8	168	1,324	810,186	1,491,276	76.2	1,025,425	84.2
Crawford, IL	17033	6	19,611	15.0	6	12	3,338	5,498	94.9	4,035	96.3
Cumberland, IL	17035	9	10,842	16.7	2	7	1,879	2,845	92.5	2,274	93.7
De Kalb, IL	17037	1	103,729	15.7	14	45	17,078	35,173	93.4	14,995	93.1
De Witt, IL	17039	6	16,437	17.1	2	10	3,104	4,046	92.8	3,168	94.7
Douglas, IL	17041	6	19,598	17.9	4	11	2,872	4,859	87.3	3,988	86.9
Du Page, IL	17043	1	929,192	18.6	49	253	162,520	254,238	77.4	175,369	86.8
Edgar, IL	17045	6	18,919	15.6	5	15	3,356	4,346	92.8	3,580	94.9
Edwards, IL	17047	9	6,572	15.7	1	3	974	1,626	94.7	1,220	97.4
Effingham, IL	17049	7	34,225	18.8	5	21	6,146	9,514	84.7	7,337	85.2
Fayette, IL	17051	6	21,466	15.9	7	17	3,370	4,939	92.8	3,925	94.2
Ford, IL	17053	3	14,170	17.4	3	7	2,623	3,420	92.5	2,677	93.9
Franklin, IL	17055	5	39,491	15.8	12	21	6,663	9,032	94.8	6,783	96.7
Fulton, IL	17057	6	36,843	15.1	8	25	5,531	8,460	94.8	6,491	97.4
Gallatin, IL	17059	8	6,025	15.5	1	3	915	1,474	96.3	1,113	97.3
Greene, IL	17061	6	13,890	17.0	3	8	2,364	3,569	90.2	2,830	93.3
Grundy, IL	17063	1	47,144	17.7	15	29	10,814	10,016	89.8	7,686	94.9
Hamilton, IL	17065	7	8,245	15.6	1	4	1,290	1,983	92.4	1,530	92.3
Hancock, IL	17067	7	18,839	16.1	7	18	3,597	4,985	93.3	3,940	94.7
Hardin, IL	17069	9	4,468	14.2	1	3	683	953	95.9	708	95.8
Henderson, IL	17071	9	7,587	15.2	1	4	1,106	1,882	92.3	1,461	94.8
Henry, IL	17073	2	49,654	16.5	11	31	9,196	12,859	91.2	9,918	94.3
Iroquois, IL	17075	6	30,294	16.9	10	30	5,167	7,606	91.0	6,120	93.6
Jackson, IL	17077	5	58,841	12.5	11	24	7,474	26,116	95.2	8,336	92.1
Jasper, IL	17079	7	9,707	15.8	1	7	1,494	2,708	91.7	2,078	92.2
Jefferson, IL	17081	7	40,168	16.1	21	26	6,320	9,817	93.1	7,349	94.5
Jersey, IL	17083	1	22,455	16.3	2	8	2,944	5,988	79.6	4,232	86.8
Jo Daviess, IL	17085	6	22,304	15.3	9	22	3,521	5,104	86.0	3,967	88.3
Johnson, IL	17087	7	13,065	13.1	6	7	1,905	2,829	95.3	2,159	96.2
Kane, IL	17089	1	501,021	20.9	15	164	115,965	114,833	82.1	85,895	88.0
Kankakee, IL	17091	3	110,705	18.4	16	47	19,563	28,166	81.7	20,874	87.8
Kendall, IL	17093	1	96,818	19.7	7	33	18,483	15,369	83.7	11,607	90.1
Knox, IL	17095	4	51,855	15.3	8	28	7,858	13,125	82.0	9,142	92.8
Lake, IL	17097	1	710,241	20.7	52	215	138,326	185,035	81.0	135,526	89.4
La Salle, IL	17099	4	112,616	17.1	30	50	17,408	27,018	86.3	21,364	87.8
Lawrence, IL	17101	7	15,588	14.6	2	7	2,481	3,396	95.0	2,703	95.9
Lee, IL	17103	4	35,450	15.8	8	17	5,094	9,047	85.7	6,980	87.7
Livingston, IL	17105	4	38,258	16.7	16	28	7,488	9,388	90.3	7,786	92.1
Logan, IL	17107	6	29,962	14.6	10	17	3,723	7,826	74.7	5,382	89.0
McDonough, IL	17109	5	31,992	11.1	6	20	3,592	13,645	95.9	4,459	95.6
McHenry, IL	17111	1	315,943	20.2	21	77	52,740	76,811	85.8	57,221	91.0
McLean, IL	17113	3	164,209	16.2	15	54	24,727	52,781	87.1	25,605	89.0
Macon, IL	17115	3	108,732	16.8	11	53	17,533	29,235	80.1	20,713	88.7
Macoupin, IL	17117	1	48,235	16.2	10	36	9,450	12,504	89.7	9,305	95.0
Madison, IL	17119	1	267,347	17.0	21	93	43,427	70,430	84.6	48,026	86.6
Marion, IL	17121	4	39,587	17.2	16	32	7,602	10,286	91.0	8,022	92.3
Marshall, IL	17123	2	12,851	16.3	3	5	1,497	3,090	93.1	2,381	95.3
Mason, IL	17125	6	15,151	16.4	3	9	3,255	3,734	95.6	2,923	99.2
Massac, IL	17127	7	15,109	16.4	2	11	2,701	3,373	97.4	2,595	98.4
Menard, IL	17129	3	12,466	17.0	3	11	2,645	3,307	91.7	2,558	94.3
Mercer, IL	17131	2	16,490	16.1	2	6	1,522	4,186	93.7	3,312	98.0
Monroe, IL	17133	1	32,372	17.3	4	12	5,120	7,520	79.5	5,685	82.2
Montgomery, IL	17135	6	29,810	15.9	5	18	4,948	7,203	93.0	5,680	93.7
Morgan, IL	17137	4	35,272	15.3	7	25	5,423	9,652	75.6	6,607	88.3

[1] County type codes are from the Economic Research Service of the United States Department of Agriculture. See notes and definitions for more information.

Table C-1. Population, School, and Student Characteristics by County—Continued

STATE County	State/county code	Students with IEP[2]	Students eligible for free or reduced-price lunch	Minority students	English language learners	Number of graduates, 2004–2005	Total staff	Number of teachers	Student/teacher ratio	Central administration staff
		10	11	12	13	14	15	16	17	18
ILLINOIS	17000	15.3	37.2	44.6	...	123,611	159,709	133,863	15.8	3,819
Adams, IL	17001	16.9	40.0	8.7	...	732	754	645	16.0	14
Alexander, IL	17003	20.7	72.8	54.6	...	89	130	112	11.8	4
Bond, IL	17005	18.6	33.2	5.8	...	152	165	144	16.3	2
Boone, IL	17007	12.9	30.8	29.0	...	485	644	572	17.5	7
Brown, IL	17009	21.0	42.1	6.6	...	55	62	56	13.7	1
Bureau, IL	17011	18.0	29.8	11.4	...	373	486	423	13.8	14
Calhoun, IL	17013	24.9	42.1	0.9	...	54	70	63	11.0	1
Carroll, IL	17015	18.2	34.9	4.5	...	201	236	208	13.6	3
Cass, IL	17017	19.3	49.2	24.6	...	111	182	161	14.4	4
Champaign, IL	17019	18.1	36.2	34.3	...	1,620	2,011	1,672	14.4	49
Christian, IL	17021	18.5	39.1	2.5	...	360	595	494	11.8	18
Clark, IL	17023	21.0	33.5	1.6	...	226	226	197	15.3	4
Clay, IL	17025	21.9	40.8	2.7	...	156	216	186	14.3	6
Clinton, IL	17027	16.8	24.4	5.4	...	303	411	369	15.9	15
Coles, IL	17029	21.0	33.9	6.1	...	485	683	554	13.2	18
Cook, IL	17031	13.8	51.9	71.2	...	42,715	62,262	51,938	15.6	1,322
Crawford, IL	17033	20.7	36.5	3.4	...	209	315	251	13.3	14
Cumberland, IL	17035	19.1	29.1	0.3	...	129	144	129	14.6	2
De Kalb, IL	17037	13.0	17.8	16.2	...	1,047	1,318	1,126	15.2	36
De Witt, IL	17039	18.0	31.0	5.2	...	198	217	190	16.3	3
Douglas, IL	17041	22.2	23.6	10.7	...	230	240	214	13.4	4
Du Page, IL	17043	14.0	9.7	30.8	...	11,333	12,226	10,025	16.2	293
Edgar, IL	17045	24.2	37.6	1.4	...	229	289	252	13.3	7
Edwards, IL	17047	19.8	28.3	2.3	...	69	82	73	13.3	4
Effingham, IL	17049	16.8	24.3	1.9	...	430	456	393	15.6	11
Fayette, IL	17051	16.6	42.3	3.4	...	199	251	221	15.2	7
Ford, IL	17053	17.5	29.4	2.6	...	190	209	179	14.7	4
Franklin, IL	17055	21.9	48.1	1.2	...	415	472	418	15.9	17
Fulton, IL	17057	17.8	45.0	2.6	...	400	471	416	13.3	10
Gallatin, IL	17059	21.2	47.5	1.4	...	44	64	56	16.3	3
Greene, IL	17061	20.1	39.3	1.3	...	163	188	167	14.2	3
Grundy, IL	17063	15.4	11.5	11.4	...	728	783	659	16.4	27
Hamilton, IL	17065	23.7	44.7	1.2	...	92	92	80	16.1	2
Hancock, IL	17067	18.1	36.6	1.3	...	261	298	262	13.7	7
Hardin, IL	17069	19.6	54.8	3.8	...	38	52	46	14.8	2
Henderson, IL	17071	19.0	40.8	1.4	...	69	89	80	13.8	1
Henry, IL	17073	15.3	29.4	8.5	...	586	713	611	15.1	18
Iroquois, IL	17075	19.3	32.6	10.3	...	316	457	390	13.2	9
Jackson, IL	17077	20.4	48.3	27.9	...	580	652	529	14.1	21
Jasper, IL	17079	18.8	39.4	0.8	...	143	123	106	14.1	2
Jefferson, IL	17081	24.7	44.1	15.6	...	393	575	466	13.6	25
Jersey, IL	17083	15.8	34.3	1.7	...	216	213	181	16.3	7
Jo Daviess, IL	17085	16.6	25.5	2.3	...	271	327	286	12.3	8
Johnson, IL	17087	18.7	43.2	4.7	...	125	133	116	16.4	6
Kane, IL	17089	13.6	31.7	45.0	...	6,618	7,579	6,437	18.0	125
Kankakee, IL	17091	16.3	40.4	36.2	...	1,061	1,381	1,163	16.8	44
Kendall, IL	17093	14.7	8.1	24.7	...	888	1,304	1,077	17.2	29
Knox, IL	17095	15.5	46.4	14.8	...	492	694	601	13.1	16
Lake, IL	17097	15.7	21.2	38.8	...	8,654	10,799	8,890	15.6	338
La Salle, IL	17099	17.2	27.4	13.3	...	1,183	1,381	1,168	14.9	45
Lawrence, IL	17101	16.1	40.3	3.4	...	128	198	171	14.5	5
Lee, IL	17103	14.9	29.8	8.2	...	364	412	350	14.6	12
Livingston, IL	17105	18.1	24.8	6.1	...	566	641	547	13.7	20
Logan, IL	17107	17.6	32.9	5.2	...	278	344	301	12.4	12
McDonough, IL	17109	20.3	40.0	7.0	...	295	390	316	11.4	11
McHenry, IL	17111	15.5	11.5	15.6	...	3,237	3,644	3,013	17.5	81
McLean, IL	17113	15.6	23.2	20.7	...	1,560	1,878	1,587	15.6	36
Macon, IL	17115	15.1	44.0	29.5	...	978	1,346	1,127	15.6	53
Macoupin, IL	17117	19.0	31.4	1.7	...	648	671	582	16.2	13
Madison, IL	17119	18.7	35.7	17.3	...	2,861	3,082	2,579	16.8	73
Marion, IL	17121	22.2	47.3	7.8	...	525	618	510	14.9	25
Marshall, IL	17123	18.9	31.8	3.2	...	104	157	120	12.5	10
Mason, IL	17125	20.1	39.0	1.1	...	191	255	224	14.5	5
Massac, IL	17127	17.4	45.7	9.6	...	270	188	165	16.4	3
Menard, IL	17129	16.6	20.6	2.1	...	163	178	157	16.8	3
Mercer, IL	17131	16.2	26.5	2.1	...	102	131	116	13.1	2
Monroe, IL	17133	13.1	10.8	2.0	...	416	358	313	16.4	8
Montgomery, IL	17135	16.5	36.2	2.6	...	345	320	282	17.5	8
Morgan, IL	17137	20.2	39.1	10.7	...	371	495	415	13.1	12

[2] IEP = Individual Education Program. See notes and definitions for more information.
... = Not available.

Table C-1. Population, School, and Student Characteristics by County—Continued

STATE County	State/ county code	Revenues, 2004–2005					Current expenditures, 2004–2005			Resident population 16 to 19 years, 2000			
		Total revenue (thousands of dollars)	\multicolumn{3}{c	}{Percentage of revenue from:}			Total expenditures (thousands of dollars)	Amount per student	Percent for instruction	Total population 16 to 19 years	Percent in Armed Forces	Percent high school graduates	Percent not enrolled, not employed, not in Armed Forces, not high school grad.
			Federal government	State government	Local government							
		19	20	21	22	23	24	25	26	27	28	29
ILLINOIS	17000	21,587,839	8.5	30.7	60.9	18,560,957	8,956	59.5	704,632	0.8	10.6	5.7
Adams, IL	17001	83,531	11.7	42.5	45.8	74,542	7,290	59.0	4,153	0.0	10.8	2.9
Alexander, IL	17003	15,592	19.4	63.0	17.6	13,637	10,005	55.1	490	0.0	9.6	2.9
Bond, IL	17005	17,807	5.9	57.7	36.5	16,133	6,960	59.1	1,053	0.0	7.6	5.0
Boone, IL	17007	80,312	6.0	35.5	58.5	62,795	6,591	61.0	2,341	0.0	11.0	4.6
Brown, IL	17009	5,844	5.8	51.9	42.3	5,455	7,283	54.6	329	0.6	8.8	16.7
Bureau, IL	17011	59,690	4.4	46.1	49.4	47,834	8,208	60.4	2,049	0.0	9.3	4.3
Calhoun, IL	17013	6,202	8.0	50.1	41.9	5,984	8,254	58.1	269	0.0	6.7	4.8
Carroll, IL	17015	25,968	7.0	37.7	55.3	23,752	8,288	61.8	915	0.0	12.9	3.0
Cass, IL	17017	20,921	10.1	58.7	31.2	17,769	7,571	62.5	772	0.0	9.1	8.2
Champaign, IL	17019	224,737	8.9	33.2	57.9	198,211	8,396	61.1	17,484	0.1	5.6	1.4
Christian, IL	17021	63,619	11.1	51.8	37.1	50,367	8,638	62.3	1,722	0.5	13.1	7.5
Clark, IL	17023	22,044	7.7	59.5	32.8	20,683	6,833	56.4	928	0.0	5.6	4.0
Clay, IL	17025	19,907	9.0	60.9	30.1	18,769	7,238	61.3	773	0.0	10.6	4.3
Clinton, IL	17027	41,309	4.9	50.2	44.9	37,454	6,756	64.0	2,018	0.0	12.0	4.5
Coles, IL	17029	75,192	18.3	36.2	45.5	69,003	10,488	57.4	4,817	0.0	7.2	2.0
Cook, IL	17031	8,971,784	10.9	28.7	60.3	7,828,659	9,647	59.2	287,976	0.1	10.3	7.4
Crawford, IL	17033	36,878	12.9	47.2	39.9	30,459	9,292	51.2	1,127	0.0	11.1	1.8
Cumberland, IL	17035	14,746	6.9	57.8	35.3	12,336	6,544	59.9	682	0.0	11.6	3.2
De Kalb, IL	17037	169,934	5.8	28.9	65.4	148,806	8,997	58.0	8,241	0.0	6.8	1.4
De Witt, IL	17039	26,492	6.3	21.5	72.2	24,278	7,981	62.8	915	0.0	7.4	3.5
Douglas, IL	17041	24,202	5.8	37.0	57.1	21,249	7,386	60.5	1,293	0.0	10.2	4.1
Du Page, IL	17043	1,829,919	3.4	15.8	80.8	1,606,041	9,937	62.4	47,205	0.0	7.7	2.8
Edgar, IL	17045	29,638	9.3	42.2	48.5	25,131	7,346	61.9	1,068	0.0	13.7	7.2
Edwards, IL	17047	7,646	6.5	61.6	31.9	7,284	7,343	64.4	398	0.0	11.6	0.8
Effingham, IL	17049	48,378	7.7	48.8	43.5	42,828	6,808	60.1	1,943	0.0	13.6	2.2
Fayette, IL	17051	25,286	7.3	55.5	37.2	22,107	6,709	56.4	1,268	0.0	16.4	8.3
Ford, IL	17053	24,256	6.6	43.8	49.7	19,255	7,437	60.8	666	0.3	7.8	5.7
Franklin, IL	17055	52,578	9.7	66.1	24.1	48,743	7,588	65.9	1,948	0.2	10.0	6.1
Fulton, IL	17057	47,733	7.0	47.7	45.2	43,171	7,704	60.9	1,980	0.1	11.6	7.1
Gallatin, IL	17059	8,629	13.1	53.3	33.7	7,203	7,950	61.7	393	0.0	10.7	3.6
Greene, IL	17061	19,358	6.7	61.8	31.5	15,944	6,663	62.9	854	0.0	14.8	7.3
Grundy, IL	17063	111,677	3.0	14.1	82.9	85,940	8,600	57.3	2,354	0.0	13.3	3.2
Hamilton, IL	17065	10,690	8.3	59.6	32.1	9,923	7,592	58.5	490	0.0	9.8	3.3
Hancock, IL	17067	29,306	6.3	52.0	41.7	26,770	7,430	60.4	1,156	0.6	9.9	3.3
Hardin, IL	17069	5,285	11.7	72.7	15.6	5,097	7,250	60.2	297	0.0	12.8	8.1
Henderson, IL	17071	9,187	11.0	47.5	41.5	8,749	7,861	58.8	470	0.0	10.9	3.4
Henry, IL	17073	76,801	7.5	44.3	48.1	69,941	7,682	60.6	2,885	0.0	12.8	2.0
Iroquois, IL	17075	49,884	8.8	42.4	48.8	42,838	8,419	56.7	1,832	0.0	10.9	5.9
Jackson, IL	17077	79,825	15.4	42.4	42.1	71,532	9,581	60.5	5,741	0.1	6.8	4.1
Jasper, IL	17079	14,698	8.7	34.5	56.9	13,412	8,681	58.6	752	0.0	12.4	1.3
Jefferson, IL	17081	60,726	15.3	50.8	33.9	55,081	8,717	57.4	2,131	0.0	12.3	7.0
Jersey, IL	17083	32,941	6.3	62.5	31.3	23,047	7,726	62.4	1,480	0.0	10.9	4.0
Jo Daviess, IL	17085	38,123	5.7	24.2	70.2	31,472	9,246	62.6	1,150	0.0	9.7	2.7
Johnson, IL	17087	15,620	12.6	53.1	34.3	12,825	6,789	57.9	705	0.0	7.8	14.6
Kane, IL	17089	1,049,276	5.5	29.4	65.1	913,486	8,133	60.3	23,853	0.1	10.3	7.7
Kankakee, IL	17091	177,539	10.5	43.9	45.6	153,071	8,034	59.3	6,115	0.0	14.0	5.7
Kendall, IL	17093	160,888	2.5	26.8	70.7	124,127	7,663	56.6	3,225	0.0	6.8	3.6
Knox, IL	17095	82,572	8.3	34.2	57.5	63,460	7,989	63.1	3,154	0.0	9.2	7.4
Lake, IL	17097	1,622,471	4.6	20.5	74.9	1,333,493	10,249	57.6	38,104	12.6	20.6	3.7
La Salle, IL	17099	176,025	7.2	31.8	61.0	153,331	9,016	59.4	6,275	0.1	13.0	5.1
Lawrence, IL	17101	22,308	8.0	70.3	21.7	17,403	7,129	60.3	721	0.0	12.9	4.7
Lee, IL	17103	48,022	6.6	34.8	58.6	41,483	8,038	60.9	1,955	0.0	12.0	4.3
Livingston, IL	17105	75,058	6.2	40.0	53.8	65,000	8,515	59.9	2,204	0.0	11.7	9.8
Logan, IL	17107	37,132	6.3	40.1	53.6	31,691	8,537	60.7	2,055	0.6	9.2	4.1
McDonough, IL	17109	44,350	12.9	34.3	52.8	40,093	10,851	57.8	3,482	0.0	3.0	1.9
McHenry, IL	17111	465,836	3.6	23.4	73.0	367,228	8,184	61.0	13,662	0.1	8.8	2.5
McLean, IL	17113	224,458	5.5	24.3	70.2	185,798	8,081	59.3	11,738	0.0	6.8	2.1
Macon, IL	17115	170,100	10.3	40.5	49.2	140,672	8,035	55.8	6,574	0.0	11.9	7.5
Macoupin, IL	17117	74,179	7.5	59.8	32.7	61,007	6,461	60.4	2,969	0.1	11.2	4.2
Madison, IL	17119	396,826	8.7	44.2	47.1	336,874	7,855	57.9	14,923	0.0	10.1	4.7
Marion, IL	17121	80,869	11.4	60.3	28.3	61,823	8,277	60.0	2,234	0.2	13.8	6.8
Marshall, IL	17123	16,387	13.1	32.0	54.9	14,480	9,558	52.5	715	0.0	11.7	4.1
Mason, IL	17125	27,827	7.1	48.3	44.6	24,343	7,304	63.1	914	0.0	9.2	7.8
Massac, IL	17127	20,299	10.9	49.2	39.9	18,397	6,927	58.4	817	0.0	12.4	6.6
Menard, IL	17129	21,411	7.4	41.2	51.4	16,980	6,403	58.3	717	0.0	8.5	1.4
Mercer, IL	17131	11,736	7.4	50.7	41.9	11,149	7,258	62.1	1,074	0.0	14.9	2.0
Monroe, IL	17133	39,521	3.0	32.5	64.5	33,888	7,015	59.7	1,704	0.0	13.0	1.3
Montgomery, IL	17135	40,069	7.4	46.8	45.8	34,246	6,837	59.7	1,646	0.2	11.8	5.7
Morgan, IL	17137	48,522	12.6	36.9	50.5	47,141	8,983	57.6	2,557	0.3	8.7	5.5

PART C—COUNTY EDUCATION STATISTICS

Table C-1. Population, School, and Student Characteristics by County—Continued

STATE County	State/ county code	Population 25 years and over	High school diploma or less (percent)	High school diploma or more (percent)	College enrollment Number	College enrollment Percent public	Bachelor's degree or more	+/- U.S. percent with bachelor's degree or more	Non-Hispanic White	Black	American Indian, Alaska Native	Asian and Pacific Islander	Hispanic or Latino[3]
		30	31	32	33	34	35	36	37	38	39	40	41
ILLINOIS	17000	7,973,671	46.3	81.4	810,038	69.4	26.1	1.7	28.8	14.7	13.3	57.4	9.1
Adams, IL	17001	45,101	53.8	83.7	3,338	57.8	17.6	-6.8	17.8	6.3	0.0	45.5	24.4
Alexander, IL	17003	6,395	67.7	67.0	275	89.5	6.9	-17.5	8.6	3.6	0.0	8.3	0.0
Bond, IL	17005	11,731	61.4	72.8	1,371	30.4	15.0	-9.4	16.4	2.1	4.2	23.1	9.6
Boone, IL	17007	26,061	57.5	80.8	1,392	80.0	14.5	-9.9	15.4	15.4	1.6	42.0	4.6
Brown, IL	17009	4,844	65.6	63.3	142	87.3	9.2	-15.2	11.7	0.0	0.0	10.0	5.5
Bureau, IL	17011	24,085	54.9	84.1	1,147	86.1	15.7	-8.7	15.8	24.0	9.1	52.2	6.1
Calhoun, IL	17013	3,528	64.7	79.9	179	86.6	9.4	-15.0	9.3	...	27.8	0.0	14.3
Carroll, IL	17015	11,516	60.7	83.3	503	89.1	13.1	-11.3	13.1	7.1	0.0	57.1	1.7
Cass, IL	17017	9,056	64.3	80.0	410	81.0	12.6	-11.8	13.1	0.0	13.3	77.3	2.1
Champaign, IL	17019	100,559	33.3	91.0	42,713	97.6	38.0	13.6	37.7	16.6	11.1	79.4	41.4
Christian, IL	17021	24,202	62.6	81.0	1,063	87.5	10.5	-13.9	10.7	2.0	9.8	23.0	7.0
Clark, IL	17023	11,569	59.3	80.0	554	93.1	13.6	-10.8	13.6	0.0	0.0	0.0	35.0
Clay, IL	17025	9,898	62.3	75.9	452	96.9	9.7	-14.7	9.7	...	0.0	23.9	0.0
Clinton, IL	17027	23,463	57.6	77.4	1,666	82.2	13.0	-11.4	13.6	1.2	0.0	11.9	10.6
Coles, IL	17029	30,326	49.7	82.9	10,787	97.9	20.8	-3.6	20.3	21.5	7.7	66.4	31.4
Cook, IL	17031	3,454,738	46.5	77.7	359,786	58.3	28.0	3.6	36.7	15.0	15.3	54.5	8.8
Crawford, IL	17033	13,995	57.6	79.3	1,063	98.1	10.3	-14.1	10.7	1.7	0.0	32.0	8.0
Cumberland, IL	17035	7,352	62.8	80.2	436	92.4	10.1	-14.3	10.1	0.0	15.4	66.7	3.7
De Kalb, IL	17037	48,912	42.4	87.5	18,467	96.3	26.8	2.4	26.8	30.4	23.3	58.6	14.6
De Witt, IL	17039	11,354	60.1	83.5	542	90.0	13.4	-11.0	13.3	0.0	0.0	89.3	0.0
Douglas, IL	17041	12,923	60.3	79.3	581	96.6	13.8	-10.6	13.9	0.0	0.0	48.8	3.8
Du Page, IL	17043	589,120	30.6	90.0	57,695	59.4	41.7	17.3	41.8	33.5	14.3	66.4	14.8
Edgar, IL	17045	13,395	60.5	81.4	477	81.3	13.3	-11.1	13.5	0.0	2.4	100.0	8.2
Edwards, IL	17047	4,815	56.6	82.3	297	88.9	9.8	-14.6	9.5	0.0	36.4	45.5	...
Effingham, IL	17049	21,635	54.7	83.4	1,366	91.5	15.1	-9.3	15.1	45.5	14.3	33.8	12.7
Fayette, IL	17051	14,611	68.7	72.2	646	85.0	9.0	-15.4	9.7	0.0	0.0	0.0	0.0
Ford, IL	17053	9,557	56.0	86.0	456	97.4	13.9	-10.5	13.8	15.8	100.0	55.6	4.7
Franklin, IL	17055	26,965	57.7	76.7	1,697	93.0	11.3	-13.1	11.2	0.0	33.8	50.0	2.8
Fulton, IL	17057	26,529	59.7	78.3	1,358	88.1	11.4	-13.0	11.8	2.0	0.0	13.9	1.7
Gallatin, IL	17059	4,481	63.3	73.6	294	95.2	7.7	-16.7	7.7	37.5	0.0	40.0	4.3
Greene, IL	17061	9,688	64.9	78.9	436	78.9	10.1	-14.3	10.2	0.0	0.0	23.1	14.8
Grundy, IL	17063	24,297	52.0	86.9	1,710	77.9	15.2	-9.2	15.3	0.0	0.0	55.8	12.5
Hamilton, IL	17065	5,866	57.6	74.3	324	92.6	10.5	-13.9	10.4	0.0	0.0	100.0	0.0
Hancock, IL	17067	13,724	55.8	85.7	731	93.0	15.6	-8.8	15.7	0.0	0.0	0.0	16.4
Hardin, IL	17069	3,442	60.9	68.1	214	95.8	9.6	-14.8	9.7	0.0	...	61.1	0.0
Henderson, IL	17071	5,680	63.9	82.4	278	84.2	10.0	-14.4	10.1	0.0	0.0	100.0	0.0
Henry, IL	17073	34,183	52.7	84.5	2,008	86.1	15.7	-8.7	16.0	14.0	16.7	34.9	3.0
Iroquois, IL	17075	21,111	60.3	80.3	1,007	86.2	11.8	-12.6	11.8	8.7	31.6	78.2	5.0
Jackson, IL	17077	32,659	39.7	85.2	16,882	97.9	32.0	7.6	30.9	24.9	30.6	77.8	27.1
Jasper, IL	17079	6,579	58.0	82.6	459	96.5	11.2	-13.2	11.1	...	0.0	0.0	0.0
Jefferson, IL	17081	26,841	56.0	77.0	1,631	92.7	13.7	-10.7	14.2	7.0	10.9	44.1	5.1
Jersey, IL	17083	13,982	56.8	82.5	1,427	61.3	12.6	-11.8	12.4	28.0	14.6	29.5	53.1
Jo Daviess, IL	17085	15,625	58.0	83.6	725	72.3	15.2	-9.2	15.4	0.0	9.4	20.0	1.6
Johnson, IL	17087	9,057	60.7	67.1	501	94.6	11.7	-12.7	13.9	0.0	0.0	53.8	4.1
Kane, IL	17089	245,486	44.8	80.2	19,754	69.9	27.7	3.3	33.6	15.2	4.5	46.6	4.9
Kankakee, IL	17091	65,844	56.0	79.8	5,437	62.2	15.0	-9.4	16.3	7.1	17.7	38.6	7.2
Kendall, IL	17093	34,362	40.2	89.9	2,555	73.3	25.3	0.9	26.1	24.0	30.8	41.4	8.5
Knox, IL	17095	38,049	54.9	81.8	3,207	53.4	14.6	-9.8	15.2	4.7	0.0	47.0	6.0
Lake, IL	17097	398,265	34.8	86.6	32,659	64.8	38.6	14.2	43.1	17.3	14.1	64.6	8.4
La Salle, IL	17099	74,431	57.2	81.4	3,807	88.8	13.3	-11.1	13.5	3.0	5.7	57.2	6.7
Lawrence, IL	17101	10,752	60.6	81.3	537	94.6	9.7	-14.7	9.7	14.3	0.0	0.0	0.0
Lee, IL	17103	24,540	56.5	80.2	1,434	87.2	13.2	-11.2	13.9	2.0	0.0	32.0	4.0
Livingston, IL	17105	26,496	63.2	78.1	1,009	84.4	12.6	-11.8	13.5	0.4	28.3	13.0	0.8
Logan, IL	17107	20,714	60.0	80.4	1,933	37.2	14.2	-10.2	15.2	1.7	0.0	46.6	4.5
McDonough, IL	17109	17,944	46.5	86.9	8,722	96.3	26.9	2.5	25.6	33.1	0.0	85.1	44.9
McHenry, IL	17111	163,780	39.1	89.2	12,583	81.6	27.7	3.3	28.4	46.6	17.4	55.4	9.3
McLean, IL	17113	87,220	37.5	90.7	24,570	88.4	36.2	11.8	35.8	30.7	7.3	73.1	23.9
Macon, IL	17115	75,195	54.9	83.2	6,495	56.2	16.9	-7.5	18.3	5.2	14.5	53.6	11.0
Macoupin, IL	17117	32,878	59.5	82.1	2,312	71.3	11.8	-12.6	11.8	5.2	12.5	35.9	18.0
Madison, IL	17119	170,432	49.7	84.3	17,380	87.5	19.2	-5.2	19.6	11.1	16.4	48.9	18.3
Marion, IL	17121	27,710	56.8	79.1	1,491	93.0	12.1	-12.3	12.1	7.6	16.7	55.2	20.3
Marshall, IL	17123	9,135	55.2	85.0	468	84.8	14.5	-9.9	14.7	0.0	0.0	0.0	0.0
Mason, IL	17125	10,890	62.2	79.9	476	89.5	11.2	-13.2	11.3	0.0	0.0	0.0	0.0
Massac, IL	17127	10,471	58.3	76.5	597	92.6	10.7	-13.7	10.9	6.7	0.0	33.3	4.1
Menard, IL	17129	8,298	50.0	88.3	445	81.3	20.5	-3.9	20.7	7.1	10.5	7.1	34.1
Mercer, IL	17131	11,529	58.7	84.9	605	84.8	12.6	-11.8	12.6	0.0	0.0	35.5	30.6
Monroe, IL	17133	18,277	45.4	87.2	1,344	79.5	20.4	-4.0	20.3	0.0	26.5	60.4	10.4
Montgomery, IL	17135	20,874	63.9	77.1	899	90.8	11.2	-13.2	11.7	1.0	13.3	13.2	6.1
Morgan, IL	17137	24,276	57.2	79.9	2,407	42.9	19.9	-4.5	20.8	4.0	11.9	63.5	6.7

[3] May be of any race.

Table C-1. Population, School, and Student Characteristics by County—Continued

STATE County	State/ county code	County type[1]	Population, 2007 Total	Population, 2007 Percent 5 to 17 years	Number of schools and students, 2005–2006 School districts	Number of schools and students, 2005–2006 Schools	Number of schools and students, 2005–2006 Students	Resident enrollment, 2000 Total enrollment Number	Resident enrollment, 2000 Total enrollment Percent public	Resident enrollment, 2000 K–12 enrollment Number	Resident enrollment, 2000 K–12 enrollment Percent public
			1	2	3	4	5	6	7	8	9
Moultrie, IL	17139	6	14,324	17.4	3	9	2,041	3,304	88.3	2,739	89.2
Ogle, IL	17141	4	55,011	18.2	11	29	10,532	13,620	93.3	10,898	95.8
Peoria, IL	17143	2	182,993	17.6	22	83	29,340	49,942	74.4	33,553	83.9
Perry, IL	17145	7	22,596	14.9	5	8	2,893	5,382	90.4	4,020	91.5
Piatt, IL	17147	3	16,493	16.3	5	16	3,342	4,303	93.6	3,156	98.1
Pike, IL	17149	7	16,707	16.0	5	15	2,886	4,152	92.4	3,443	95.8
Pope, IL	17151	9	4,182	13.9	1	2	570	959	94.4	731	97.5
Pulaski, IL	17153	9	6,490	17.4	4	15	1,365	2,064	96.9	1,572	96.3
Putnam, IL	17155	8	6,014	16.4	2	4	968	1,497	90.0	1,164	92.4
Randolph, IL	17157	6	32,760	14.9	10	17	4,419	7,438	83.6	5,795	84.4
Richland, IL	17159	7	15,546	16.3	3	13	2,581	4,095	91.3	2,941	91.6
Rock Island, IL	17161	2	147,329	16.2	15	66	23,719	37,839	82.5	26,365	88.9
St. Clair, IL	17163	1	261,316	18.6	34	108	45,918	73,803	84.9	54,017	87.8
Saline, IL	17165	7	26,102	16.7	5	15	4,305	6,262	97.4	4,663	97.5
Sangamon, IL	17167	3	194,122	17.1	17	114	31,896	48,266	82.1	34,965	82.8
Schuyler, IL	17169	7	6,990	15.4	1	6	1,339	1,580	94.6	1,282	98.4
Scott, IL	17171	9	5,215	16.4	2	5	988	1,315	88.3	1,031	92.6
Shelby, IL	17173	6	21,759	16.5	5	16	3,634	5,454	92.6	4,273	94.2
Stark, IL	17175	2	6,191	16.5	2	6	1,139	1,457	89.2	1,200	91.3
Stephenson, IL	17177	4	46,573	16.9	7	24	7,433	12,693	85.9	9,402	88.3
Tazewell, IL	17179	2	131,154	16.5	22	54	19,833	31,754	87.6	23,416	91.2
Union, IL	17181	7	18,257	15.5	7	16	3,373	4,290	94.8	3,292	95.2
Vermilion, IL	17183	3	81,191	17.4	15	42	14,412	19,917	90.8	15,297	92.0
Wabash, IL	17185	6	12,165	15.7	2	5	1,998	3,334	91.6	2,379	91.6
Warren, IL	17187	7	17,402	15.2	5	15	2,779	5,142	77.1	3,344	94.6
Washington, IL	17189	6	14,769	16.7	7	10	2,153	3,895	86.6	2,962	86.7
Wayne, IL	17191	7	16,568	16.0	7	14	2,732	3,981	96.9	3,053	98.0
White, IL	17193	6	14,657	14.5	5	13	2,542	3,321	96.0	2,567	97.7
Whiteside, IL	17195	4	59,198	16.9	14	34	10,146	14,998	88.7	11,644	91.4
Will, IL	17197	1	673,586	20.7	35	166	108,460	147,354	82.1	107,495	89.1
Williamson, IL	17199	5	64,541	15.6	7	23	9,704	14,961	90.8	10,550	91.6
Winnebago, IL	17201	2	298,759	18.3	14	95	47,940	72,350	78.6	54,037	81.9
Woodford, IL	17203	2	38,017	17.7	11	27	8,170	9,879	85.8	7,307	91.0
INDIANA	18000	X	6,345,289	18.1	364	1,977	1,035,074	1,603,554	83.4	1,142,156	88.7
Adams, IN	18001	6	33,644	21.1	3	11	4,834	9,020	80.5	7,246	81.3
Allen, IN	18003	2	349,488	19.5	5	94	54,415	91,489	75.3	65,971	79.1
Bartholomew, IN	18005	3	74,750	18.5	2	19	12,060	17,865	84.4	13,359	88.7
Benton, IN	18007	3	8,810	18.6	1	5	2,022	2,424	85.6	1,963	89.5
Blackford, IN	18009	6	13,189	17.1	1	5	2,299	3,178	90.2	2,579	93.4
Boone, IN	18011	1	54,137	19.7	3	17	10,247	11,649	87.8	9,369	93.0
Brown, IN	18013	1	14,670	15.6	1	6	2,272	3,303	90.9	2,724	94.5
Carroll, IN	18015	3	19,987	17.9	2	6	2,895	4,612	89.4	3,813	92.3
Cass, IN	18017	4	39,193	18.2	3	14	6,956	9,488	90.3	7,749	93.5
Clark, IN	18019	1	105,035	17.4	4	31	15,863	21,962	85.5	16,552	88.2
Clay, IN	18021	3	26,648	17.8	1	10	4,742	6,549	90.5	5,323	93.3
Clinton, IN	18023	6	33,795	18.8	4	13	6,355	7,947	91.8	6,832	95.2
Crawford, IN	18025	8	10,782	17.8	1	6	1,818	2,346	90.8	2,049	92.4
Daviess, IN	18027	7	30,035	19.9	5	12	4,336	7,094	81.5	5,947	82.9
Dearborn, IN	18029	1	49,759	18.5	3	17	8,917	11,922	83.2	9,685	87.8
Decatur, IN	18031	6	24,959	18.7	2	7	4,414	5,684	88.3	4,608	92.9
De Kalb, IN	18033	4	41,796	19.4	3	14	7,418	10,316	89.6	8,065	93.5
Delaware, IN	18035	3	115,419	15.2	9	38	16,999	37,225	94.1	19,279	95.4
Dubois, IN	18037	7	41,225	18.4	5	19	7,502	10,124	88.8	8,012	92.2
Elkhart, IN	18039	3	197,942	20.0	7	56	35,405	44,933	85.4	36,607	90.5
Fayette, IN	18041	7	24,273	17.0	2	12	4,231	5,544	89.8	4,439	91.6
Floyd, IN	18043	1	73,064	17.9	2	20	11,946	18,474	82.8	13,808	84.5
Fountain, IN	18045	6	17,143	18.0	3	7	3,268	4,260	92.1	3,520	95.7
Franklin, IN	18047	1	23,234	18.8	1	5	3,117	5,644	78.2	4,611	82.1
Fulton, IN	18049	7	20,308	17.9	2	6	2,780	4,904	91.8	4,084	95.5
Gibson, IN	18051	2	32,754	17.3	4	14	5,069	7,933	81.5	6,100	88.5
Grant, IN	18053	4	68,847	16.1	4	28	10,942	19,117	73.4	12,773	93.1
Greene, IN	18055	3	32,692	17.2	6	13	5,734	7,678	92.3	5,980	95.3
Hamilton, IN	18057	1	261,661	21.9	8	60	45,187	51,209	79.2	38,339	86.9
Hancock, IN	18059	1	66,305	18.1	4	22	12,246	14,151	85.2	10,799	91.7
Harrison, IN	18061	1	36,810	17.2	3	15	6,209	8,341	85.3	6,637	87.6
Hendricks, IN	18063	1	134,558	19.8	6	36	23,998	27,181	86.2	21,421	92.0
Henry, IN	18065	4	47,181	16.5	5	23	8,506	10,911	91.6	8,779	94.8
Howard, IN	18067	3	83,776	18.0	5	31	14,041	20,385	87.3	15,619	91.6
Huntington, IN	18069	6	37,743	17.5	2	11	6,378	9,918	81.5	7,419	91.1
Jackson, IN	18071	4	42,184	17.7	4	16	6,620	9,233	84.7	7,554	87.5

[1] County type codes are from the Economic Research Service of the United States Department of Agriculture. See notes and definitions for more information.

Table C-1. Population, School, and Student Characteristics by County—Continued

STATE County	State/ county code	Students with IEP[2]	Students eligible for free or reduced-price lunch	Minority students	English language learners	Number of graduates, 2004–2005	Total staff	Number of teachers	Student/ teacher ratio	Central administration staff
		10	11	12	13	14	15	16	17	18
Moultrie, IL	17139	19.6	26.9	1.5	...	135	166	145	14.1	3
Ogle, IL	17141	15.1	17.6	12.1	...	714	773	664	15.9	17
Peoria, IL	17143	19.8	41.5	39.5	...	1,705	2,318	1,984	14.8	67
Perry, IL	17145	20.0	35.2	7.0	...	181	210	188	15.4	5
Piatt, IL	17147	14.4	21.0	1.8	...	234	256	224	14.9	7
Pike, IL	17149	21.6	37.3	1.0	...	200	253	224	12.9	5
Pope, IL	17151	16.7	49.6	2.3	...	35	44	38	15.0	1
Pulaski, IL	17153	16.0	74.7	51.2	...	75	158	116	11.8	18
Putnam, IL	17155	13.5	23.3	7.5	...	50	79	68	14.2	2
Randolph, IL	17157	18.1	37.3	9.7	...	338	393	331	13.4	10
Richland, IL	17159	15.8	41.3	2.3	...	170	219	189	13.7	7
Rock Island, IL	17161	17.3	43.6	30.1	...	1,535	1,768	1,467	16.2	48
St. Clair, IL	17163	17.4	41.0	47.0	...	2,835	3,188	2,710	16.9	84
Saline, IL	17165	19.2	39.6	10.1	...	267	325	284	15.2	8
Sangamon, IL	17167	18.3	34.3	22.6	...	1,809	2,727	2,288	13.9	72
Schuyler, IL	17169	21.0	44.5	2.4	...	73	108	94	14.2	2
Scott, IL	17171	20.5	30.7	1.1	...	81	92	79	12.5	2
Shelby, IL	17173	20.1	32.7	1.6	...	237	308	267	13.6	7
Stark, IL	17175	18.5	34.7	0.9	...	63	96	88	12.9	1
Stephenson, IL	17177	14.3	37.9	19.6	...	474	615	527	14.1	13
Tazewell, IL	17179	17.9	27.3	3.5	...	1,302	1,482	1,260	15.7	43
Union, IL	17181	18.7	45.8	7.9	...	230	241	212	15.9	8
Vermilion, IL	17183	19.7	50.1	24.4	...	767	1,100	926	15.6	24
Wabash, IL	17185	18.4	30.0	1.4	...	136	142	124	16.1	5
Warren, IL	17187	16.4	39.2	10.4	...	315	228	197	14.1	7
Washington, IL	17189	18.6	18.6	2.3	...	164	162	143	15.1	7
Wayne, IL	17191	20.3	37.9	1.4	...	194	221	197	13.9	8
White, IL	17193	22.0	36.5	1.8	...	170	295	217	11.7	14
Whiteside, IL	17195	17.5	33.1	14.6	...	627	758	655	15.5	18
Will, IL	17197	14.9	17.7	34.2	...	5,354	7,230	6,103	17.8	181
Williamson, IL	17199	19.1	38.6	7.9	...	673	718	593	16.4	20
Winnebago, IL	17201	14.5	49.3	37.9	...	2,426	3,378	2,792	17.2	67
Woodford, IL	17203	15.3	17.1	2.3	...	524	632	542	15.1	14
INDIANA	18000	17.1	36.1	19.7	5.5	55,444	133,077	60,597	17.1	1,791
Adams, IN	18001	13.8	23.4	6.1	3.0	342	634	289	16.7	15
Allen, IN	18003	17.5	39.8	29.8	7.6	2,931	6,279	3,076	17.7	97
Bartholomew, IN	18005	15.3	33.6	8.0	6.1	605	1,487	658	18.3	16
Benton, IN	18007	28.5	37.2	6.4	0.7	124	323	136	14.9	3
Blackford, IN	18009	19.1	42.1	1.3	0.4	135	330	146	15.7	6
Boone, IN	18011	17.6	6.1	4.4	1.8	572	1,261	569	18.0	21
Brown, IN	18013	18.4	30.1	1.1	0.0	161	305	148	15.4	8
Carroll, IN	18015	14.6	18.6	4.7	4.0	161	358	151	19.2	5
Cass, IN	18017	13.8	39.5	16.9	13.6	402	1,175	474	14.7	11
Clark, IN	18019	18.3	39.1	13.9	2.1	789	2,064	967	16.4	23
Clay, IN	18021	21.9	37.8	1.3	0.3	247	631	271	17.5	5
Clinton, IN	18023	15.5	38.9	14.4	13.1	362	780	378	16.8	13
Crawford, IN	18025	17.1	52.4	0.6	0.3	90	224	99	18.4	3
Daviess, IN	18027	19.6	37.0	4.8	7.1	260	591	296	14.6	7
Dearborn, IN	18029	19.1	18.5	1.3	0.4	618	1,056	484	18.4	20
Decatur, IN	18031	16.7	28.5	1.9	1.2	252	509	255	17.3	9
De Kalb, IN	18033	16.9	29.4	2.9	1.3	433	976	429	17.3	10
Delaware, IN	18035	20.8	38.8	11.3	0.8	1,050	2,223	1,105	15.4	49
Dubois, IN	18037	11.8	19.9	6.1	5.5	487	927	410	18.3	15
Elkhart, IN	18039	16.3	39.5	26.5	19.3	1,757	4,343	2,071	17.1	39
Fayette, IN	18041	18.1	42.8	2.8	0.2	175	618	252	16.8	3
Floyd, IN	18043	18.1	31.9	9.9	2.1	650	1,486	663	18.0	14
Fountain, IN	18045	15.5	32.8	1.5	0.9	151	416	203	16.1	9
Franklin, IN	18047	15.8	29.3	0.7	0.0	213	378	166	18.8	6
Fulton, IN	18049	13.7	33.9	3.7	1.0	145	330	149	18.7	11
Gibson, IN	18051	19.2	27.3	2.5	0.4	350	840	362	14.0	16
Grant, IN	18053	17.1	42.7	14.5	1.7	560	1,472	684	16.0	19
Greene, IN	18055	19.0	35.9	0.9	0.1	311	745	356	16.1	15
Hamilton, IN	18057	15.0	9.1	10.0	6.3	2,191	5,305	2,374	19.0	77
Hancock, IN	18059	19.0	11.6	3.8	0.7	688	1,625	710	17.2	18
Harrison, IN	18061	16.9	34.6	1.8	6.2	383	745	352	17.6	10
Hendricks, IN	18063	14.3	15.4	7.4	3.4	1,264	2,975	1,244	19.3	31
Henry, IN	18065	23.2	32.8	2.0	0.2	465	1,230	534	15.9	20
Howard, IN	18067	21.8	31.2	13.3	1.8	816	1,998	903	15.5	22
Huntington, IN	18069	16.0	28.7	2.0	0.4	388	765	362	17.6	4
Jackson, IN	18071	18.0	20.5	6.0	4.5	380	771	370	17.9	17

[2]IEP = Individual Education Program. See notes and definitions for more information.
... = Not available.

Table C-1. Population, School, and Student Characteristics by County—*Continued*

STATE County	State/county code	Revenues, 2004–2005				Current expenditures, 2004–2005			Resident population 16 to 19 years, 2000			
		Total revenue (thousands of dollars)	Federal government %	State government %	Local government %	Total expenditures (thousands of dollars)	Amount per student	Percent for instruction	Total population 16 to 19 years	Percent in Armed Forces	Percent high school graduates	Percent not enrolled, not employed, not in Armed Forces, not high school grad.
		19	20	21	22	23	24	25	26	27	28	29
Moultrie, IL	17139	16,403	6.2	42.3	51.5	13,687	6,736	56.6	816	0.0	11.9	4.4
Ogle, IL	17141	99,208	4.6	33.7	61.7	86,127	8,158	63.1	2,985	0.0	11.3	2.8
Peoria, IL	17143	283,473	10.3	36.3	53.5	256,106	8,732	59.6	10,361	0.1	9.4	5.0
Perry, IL	17145	26,309	7.5	60.8	31.7	21,529	7,514	62.4	1,378	0.0	10.4	12.0
Piatt, IL	17147	27,288	3.6	25.2	71.2	23,504	7,109	56.4	972	0.0	11.9	0.5
Pike, IL	17149	23,897	6.7	55.3	38.0	21,230	7,258	60.8	922	0.0	10.5	6.7
Pope, IL	17151	4,802	11.8	63.4	24.8	4,216	7,256	60.0	264	0.0	18.9	17.8
Pulaski, IL	17153	18,169	28.5	53.9	17.6	15,223	12,707	56.8	472	0.0	8.7	16.3
Putnam, IL	17155	8,197	5.8	19.8	74.4	7,051	7,322	58.0	334	0.0	8.1	1.8
Randolph, IL	17157	42,542	11.3	45.7	43.0	36,062	8,150	59.0	1,757	0.0	14.3	9.0
Richland, IL	17159	20,844	11.0	51.6	37.4	18,167	7,124	59.0	938	0.0	9.3	6.8
Rock Island, IL	17161	228,392	9.6	35.0	55.4	194,253	8,116	61.9	9,001	0.1	10.2	5.0
St. Clair, IL	17163	457,080	13.0	51.5	35.4	380,195	8,328	57.9	15,449	1.1	12.4	6.0
Saline, IL	17165	33,329	10.8	61.8	27.4	31,454	7,354	64.0	1,971	0.0	7.6	24.6
Sangamon, IL	17167	273,210	9.3	34.0	56.6	213,283	7,402	55.8	9,836	0.3	12.6	4.5
Schuyler, IL	17169	9,414	6.0	58.8	35.2	8,491	7,288	58.2	353	1.4	4.2	2.8
Scott, IL	17171	8,175	5.9	57.0	37.1	7,407	7,305	65.6	323	0.0	17.3	2.5
Shelby, IL	17173	31,131	5.7	58.3	36.0	25,981	7,066	61.1	1,271	1.1	10.4	4.9
Stark, IL	17175	10,050	4.4	34.2	61.4	8,310	7,440	61.1	352	0.0	6.0	6.8
Stephenson, IL	17177	69,338	8.9	41.7	49.4	60,802	8,180	57.4	2,799	0.0	11.4	5.0
Tazewell, IL	17179	183,189	7.5	35.9	56.7	152,299	7,782	59.5	6,903	0.0	12.6	2.4
Union, IL	17181	27,099	10.7	57.4	31.9	25,581	7,794	60.3	1,033	0.0	12.6	4.2
Vermilion, IL	17183	118,866	11.1	50.5	38.4	115,446	8,129	60.0	4,512	0.2	13.6	7.9
Wabash, IL	17185	14,829	7.3	54.9	37.8	13,759	6,897	62.0	840	0.0	11.5	2.0
Warren, IL	17187	22,343	6.9	48.6	44.5	20,068	7,056	59.6	1,374	0.0	7.2	4.7
Washington, IL	17189	20,166	4.6	52.9	42.5	16,137	7,551	59.9	854	0.0	10.8	4.1
Wayne, IL	17191	24,140	7.4	65.7	26.9	20,049	7,264	61.4	904	0.0	14.6	6.1
White, IL	17193	30,936	21.5	45.1	33.3	29,251	11,413	58.6	811	0.0	14.1	9.4
Whiteside, IL	17195	90,778	7.5	37.7	54.8	80,007	8,068	60.5	3,411	0.0	12.7	4.6
Will, IL	17197	991,845	4.7	28.4	66.9	804,782	7,809	59.6	28,159	0.0	10.7	5.3
Williamson, IL	17199	89,339	10.3	47.3	42.4	75,056	7,817	59.5	3,199	0.0	12.3	5.7
Winnebago, IL	17201	441,681	9.6	35.8	54.6	400,440	8,508	60.4	14,919	0.2	10.5	6.6
Woodford, IL	17203	72,801	4.9	36.1	59.0	61,831	7,659	60.2	2,259	0.0	9.1	1.1
INDIANA	18000	11,685,424	6.1	44.9	49.0	8,952,922	8,794	59.9	360,606	0.0	10.6	5.1
Adams, IN	18001	56,775	5.5	45.4	49.1	42,250	8,586	58.4	2,229	0.0	7.9	7.9
Allen, IN	18003	673,815	5.7	39.2	55.1	484,739	9,010	62.1	19,231	0.1	10.4	4.1
Bartholomew, IN	18005	141,374	6.8	39.1	54.1	97,225	8,239	63.8	3,330	0.0	9.8	4.4
Benton, IN	18007	21,056	1.5	48.1	50.4	16,503	8,343	59.3	557	0.0	16.5	4.8
Blackford, IN	18009	22,529	5.9	56.7	37.4	20,210	8,849	57.1	702	0.0	11.3	4.1
Boone, IN	18011	130,512	1.1	36.6	62.3	75,836	7,761	59.2	2,357	0.0	12.6	4.2
Brown, IN	18013	13,424	8.4	68.5	23.1	19,530	7,741	54.5	772	0.0	14.2	4.3
Carroll, IN	18015	30,390	2.6	45.7	51.7	21,307	7,437	57.9	1,051	0.0	14.5	5.9
Cass, IN	18017	87,564	7.4	41.8	50.7	60,676	8,766	61.1	2,406	0.0	11.4	7.8
Clark, IN	18019	177,700	6.1	46.6	47.3	148,168	9,643	64.1	5,178	0.1	13.4	6.1
Clay, IN	18021	49,888	6.1	49.2	44.7	38,108	8,057	64.7	1,574	0.3	10.3	7.4
Clinton, IN	18023	69,570	8.5	46.2	45.3	55,022	8,646	60.3	2,077	0.0	11.0	5.7
Crawford, IN	18025	20,644	5.3	52.3	42.3	14,588	8,394	65.4	582	0.0	17.0	4.0
Daviess, IN	18027	65,475	25.7	34.6	39.8	49,495	11,373	66.5	1,704	0.0	9.5	9.7
Dearborn, IN	18029	106,284	5.1	42.3	52.6	73,646	8,297	60.0	2,819	0.0	11.2	6.1
Decatur, IN	18031	47,917	3.4	41.4	55.2	34,646	8,007	62.5	1,235	0.0	17.3	3.1
De Kalb, IN	18033	87,806	9.0	39.7	51.2	65,813	8,879	58.7	2,225	0.0	12.5	2.5
Delaware, IN	18035	215,610	8.2	42.6	49.2	160,347	9,780	60.1	8,631	0.1	6.1	2.4
Dubois, IN	18037	103,352	5.4	33.3	61.3	84,907	11,451	63.8	2,132	0.0	13.2	2.0
Elkhart, IN	18039	436,029	6.0	41.0	53.1	299,971	8,656	63.1	10,334	0.1	12.1	7.8
Fayette, IN	18041	48,585	11.2	47.6	41.2	36,581	9,270	55.1	1,192	0.0	17.4	8.6
Floyd, IN	18043	143,795	5.8	41.4	52.8	107,314	9,231	62.9	3,882	0.0	8.8	5.1
Fountain, IN	18045	29,484	5.8	53.9	40.3	23,721	7,301	61.3	1,060	0.0	13.0	2.8
Franklin, IN	18047	25,976	4.3	57.9	37.7	23,454	7,546	59.9	1,322	0.4	13.5	6.5
Fulton, IN	18049	30,919	2.8	45.0	52.2	20,200	7,173	58.0	1,120	0.0	12.1	1.8
Gibson, IN	18051	69,895	7.0	33.6	59.4	51,083	10,184	58.3	1,772	0.0	9.3	3.5
Grant, IN	18053	108,059	9.7	57.4	32.9	110,474	10,141	62.4	4,635	0.1	10.8	4.1
Greene, IN	18055	64,992	7.0	50.2	42.7	52,606	9,103	64.6	1,729	0.0	11.6	7.6
Hamilton, IN	18057	436,740	2.5	37.5	60.0	311,653	7,257	59.0	8,025	0.1	6.3	1.7
Hancock, IN	18059	132,862	2.9	40.5	56.6	87,234	7,408	61.0	2,726	0.0	9.2	1.0
Harrison, IN	18061	61,533	6.2	48.5	45.3	48,945	7,969	59.9	2,153	0.0	17.7	2.8
Hendricks, IN	18063	270,720	1.8	40.2	58.0	169,390	7,440	56.5	5,661	0.0	9.7	4.1
Henry, IN	18065	102,924	5.3	47.1	47.6	75,269	9,142	62.1	2,528	0.0	10.5	7.6
Howard, IN	18067	148,823	7.6	43.0	49.4	130,325	9,327	59.0	4,479	0.5	11.9	5.4
Huntington, IN	18069	67,772	5.3	48.2	46.6	54,854	8,645	54.0	2,324	0.0	11.0	3.1
Jackson, IN	18071	63,724	4.6	45.7	49.7	58,473	9,052	59.9	2,036	0.0	16.6	3.2

PART C—COUNTY EDUCATION STATISTICS

Table C-1. Population, School, and Student Characteristics by County—Continued

STATE County	State/ county code	High school graduates, 2000 — Population 25 years and over	High school diploma or less (percent)	High school diploma or more (percent)	College enrollment, 2000 — Number	Percent public	Bachelor's degree or more	+/- U.S. percent with bachelor's degree or more	Non-Hispanic White	Black	American Indian, Alaska Native	Asian and Pacific Islander	Hispanic or Latino[3]
		30	31	32	33	34	35	36	37	38	39	40	41
Moultrie, IL	17139	9,515	59.1	78.8	357	80.7	14.7	-9.7	14.6	0.0	0.0	53.8	33.8
Ogle, IL	17141	33,317	53.3	83.1	1,842	88.0	17.0	-7.4	17.5	18.5	9.7	64.9	4.5
Peoria, IL	17143	118,498	45.6	83.8	12,443	52.1	23.3	-1.1	24.4	10.1	6.0	68.7	19.3
Perry, IL	17145	15,727	61.9	72.3	977	94.6	10.1	-14.3	10.9	1.1	0.0	28.6	5.5
Piatt, IL	17147	11,118	48.5	88.7	728	94.0	21.0	-3.4	21.0	0.0	0.0	57.1	5.0
Pike, IL	17149	11,864	64.2	79.6	473	73.8	9.9	-14.5	9.7	0.0	0.0	55.6	31.1
Pope, IL	17151	2,989	57.3	75.8	186	80.6	10.5	-13.9	10.6	6.1	0.0	...	...
Pulaski, IL	17153	4,704	60.9	70.7	326	98.2	7.1	-17.3	6.7	8.8	0.0	0.0	0.0
Putnam, IL	17155	4,136	54.2	83.8	210	83.3	12.1	-12.3	12.2	0.0	25.0	0.0	4.1
Randolph, IL	17157	23,141	65.9	71.3	1,095	85.5	8.6	-15.8	9.3	2.9	0.0	21.4	2.4
Richland, IL	17159	10,827	49.4	83.4	898	94.3	15.2	-9.2	15.2	...	0.0	61.8	0.0
Rock Island, IL	17161	98,865	51.5	82.6	8,734	68.0	17.1	-7.3	18.0	7.7	4.8	56.0	7.3
St. Clair, IL	17163	162,715	48.2	80.9	14,400	80.6	19.3	-5.1	21.8	11.4	16.0	32.1	17.3
Saline, IL	17165	18,111	54.1	76.1	1,248	97.0	12.1	-12.3	12.2	11.4	16.3	21.6	0.0
Sangamon, IL	17167	126,620	43.0	88.1	9,460	87.1	28.6	4.2	29.3	15.8	24.4	63.6	29.9
Schuyler, IL	17169	5,022	62.6	83.6	186	79.0	11.7	-12.7	11.7	66.7	0.0	0.0	0.0
Scott, IL	17171	3,718	63.5	83.1	165	72.7	12.1	-12.3	12.1	100.0	0.0	0.0	0.0
Shelby, IL	17173	15,448	61.0	82.9	772	90.7	11.5	-12.9	11.4	0.0	18.2	45.1	0.0
Stark, IL	17175	4,312	55.7	83.4	151	73.5	13.4	-11.0	13.5	0.0	0.0	0.0	0.0
Stephenson, IL	17177	32,851	54.2	84.1	2,375	86.4	15.6	-8.8	16.1	7.0	22.9	70.5	10.7
Tazewell, IL	17179	86,666	49.4	85.0	5,906	84.1	18.1	-6.3	18.4	0.5	7.5	30.6	14.2
Union, IL	17181	12,695	56.2	74.8	717	95.7	15.8	-8.6	16.0	2.2	19.6	55.2	4.5
Vermilion, IL	17183	55,778	59.6	78.7	3,097	91.1	12.5	-11.9	12.8	5.9	12.1	58.9	7.6
Wabash, IL	17185	8,627	48.7	82.2	730	96.7	12.5	-11.9	12.3	70.6	0.0	57.1	26.0
Warren, IL	17187	12,131	57.3	82.3	1,492	37.2	15.8	-8.6	15.8	15.6	10.0	73.8	3.7
Washington, IL	17189	10,168	55.8	79.1	689	89.1	13.4	-11.0	13.3	0.0	0.0	29.4	39.3
Wayne, IL	17191	11,723	59.5	75.2	676	93.9	10.0	-14.4	9.8	0.0	0.0	38.0	7.8
White, IL	17193	10,863	61.0	74.6	499	91.8	10.4	-14.0	10.3	18.2	13.3	0.0	20.0
Whiteside, IL	17195	40,585	58.0	79.8	2,286	81.5	11.3	-13.1	11.8	15.1	19.8	30.4	3.9
Will, IL	17197	310,918	42.2	86.9	26,437	69.2	25.5	1.1	26.7	19.1	9.5	58.2	9.5
Williamson, IL	17199	41,973	52.6	79.8	3,462	94.5	17.2	-7.2	17.2	9.6	27.1	50.9	10.6
Winnebago, IL	17201	181,803	51.4	81.4	12,464	74.5	19.4	-5.0	20.8	9.0	3.9	36.4	7.6
Woodford, IL	17203	22,945	47.5	87.8	1,945	70.7	21.1	-3.3	21.1	0.0	0.0	42.7	14.2
INDIANA	18000	3,893,278	55.1	82.1	352,687	76.4	19.4	-5.0	19.9	12.1	10.3	57.0	11.3
Adams, IN	18001	20,158	65.1	80.0	1,145	85.8	10.7	-13.7	10.7	0.0	40.0	89.1	1.4
Allen, IN	18003	208,769	46.3	85.7	18,136	73.8	22.7	-1.7	24.4	9.6	8.0	39.1	7.8
Bartholomew, IN	18005	47,109	52.4	83.8	2,882	84.5	22.0	-2.4	21.4	16.3	11.4	72.4	12.8
Benton, IN	18007	6,158	61.9	86.3	247	87.9	13.0	-11.4	13.4	0.0	50.0	11.1	0.0
Blackford, IN	18009	9,550	68.2	81.3	369	83.5	10.3	-14.1	10.1	...	44.4	55.6	11.4
Boone, IN	18011	30,048	49.6	88.3	1,276	80.5	27.6	3.2	27.7	0.0	0.0	51.1	4.4
Brown, IN	18013	10,530	55.2	83.6	496	76.8	18.5	-5.9	18.5	19.6	29.0	100.0	0.0
Carroll, IN	18015	13,299	64.5	83.2	485	83.3	12.9	-11.5	13.1	0.0	0.0	100.0	6.8
Cass, IN	18017	26,747	63.7	81.8	1,161	87.5	12.0	-12.4	12.3	0.0	10.4	46.9	7.4
Clark, IN	18019	64,389	56.6	79.9	3,884	85.5	14.3	-10.1	14.5	10.0	4.6	45.7	13.5
Clay, IN	18021	17,304	63.3	82.3	872	88.1	12.8	-11.6	12.8	15.4	0.0	40.6	13.2
Clinton, IN	18023	21,744	70.2	80.1	726	75.2	10.1	-14.3	10.2	0.0	0.0	37.9	5.0
Crawford, IN	18025	7,088	74.5	70.6	224	79.9	8.4	-16.0	8.3	0.0	31.6	0.0	10.0
Daviess, IN	18027	18,655	68.1	71.8	653	91.3	9.7	-14.7	9.6	0.0	14.1	65.8	0.7
Dearborn, IN	18029	29,712	59.2	82.0	1,518	73.6	15.4	-9.0	15.3	13.4	56.0	16.9	25.3
Decatur, IN	18031	15,948	68.4	79.1	647	83.2	11.5	-12.9	11.1	0.0	0.0	51.8	6.7
De Kalb, IN	18033	25,500	61.2	84.7	1,537	80.1	12.4	-12.0	12.3	14.3	0.0	12.1	18.0
Delaware, IN	18035	72,444	55.6	81.6	16,227	96.4	20.4	-4.0	20.7	11.1	3.3	68.8	26.1
Dubois, IN	18037	25,733	64.3	80.2	1,112	85.3	14.5	-9.9	14.6	0.0	0.0	78.6	9.4
Elkhart, IN	18039	112,908	61.3	75.7	5,271	70.4	15.5	-8.9	16.6	5.9	1.6	36.3	5.4
Fayette, IN	18041	17,125	72.8	73.7	734	91.3	7.8	-16.6	7.9	0.0	18.2	0.0	9.8
Floyd, IN	18043	46,609	50.7	82.4	3,412	88.1	20.4	-4.0	20.6	13.4	2.9	53.0	13.0
Fountain, IN	18045	11,914	66.8	80.7	415	80.5	10.1	-14.3	10.2	0.0	9.1	0.0	0.0
Franklin, IN	18047	14,218	68.1	76.1	684	67.7	12.5	-11.9	12.6	0.0	0.0	10.3	13.9
Fulton, IN	18049	13,613	69.0	80.2	503	83.1	10.3	-14.1	10.5	0.0	30.2	38.9	3.8
Gibson, IN	18051	21,694	60.1	80.9	1,215	64.6	12.4	-12.0	12.3	2.2	0.0	63.2	11.9
Grant, IN	18053	47,408	62.7	79.2	5,296	27.9	14.1	-10.3	14.4	7.4	22.7	53.2	5.7
Greene, IN	18055	22,396	64.3	79.2	1,162	89.7	10.5	-13.9	10.5	0.0	0.0	31.3	8.9
Hamilton, IN	18057	116,457	25.6	94.2	7,048	77.2	48.9	24.5	48.6	48.8	13.7	69.5	43.9
Hancock, IN	18059	37,073	49.7	87.8	2,262	70.7	22.2	-2.2	22.1	29.2	20.9	38.6	39.0
Harrison, IN	18061	22,457	60.8	80.3	1,159	82.0	13.1	-11.3	13.1	0.0	2.1	42.5	7.7
Hendricks, IN	18063	67,683	48.7	88.5	3,655	75.6	23.1	-1.3	23.1	13.5	11.2	55.0	19.8
Henry, IN	18065	33,198	64.8	79.6	1,428	84.1	11.7	-12.7	11.7	8.1	0.0	40.4	4.0
Howard, IN	18067	56,222	54.7	83.3	2,932	85.7	18.1	-6.3	18.0	13.3	41.8	57.5	14.2
Huntington, IN	18069	24,386	61.7	85.0	1,885	51.9	14.2	-10.2	14.1	74.1	6.6	39.1	16.6
Jackson, IN	18071	27,131	66.9	79.8	1,091	86.5	11.5	-12.9	11.3	7.8	16.3	35.2	11.1

[3]May be of any race.

Table C-1. Population, School, and Student Characteristics by County—Continued

STATE County	State/county code	County type[1]	Population, 2007 Total	Population, 2007 Percent 5 to 17 years	Number of schools and students, 2005–2006 School districts	Number of schools and students, 2005–2006 Schools	Number of schools and students, 2005–2006 Students	Resident enrollment, 2000 Total enrollment Number	Resident enrollment, 2000 Total enrollment Percent public	Resident enrollment, 2000 K–12 enrollment Number	Resident enrollment, 2000 K–12 enrollment Percent public
			1	2	3	4	5	6	7	8	9
Jasper, IN	18073	1	32,275	18.3	2	9	5,234	8,012	78.8	6,113	87.5
Jay, IN	18075	6	21,514	19.2	1	10	3,850	5,006	92.7	4,202	95.1
Jefferson, IN	18077	6	32,704	16.7	3	11	4,845	8,115	76.6	5,619	90.4
Jennings, IN	18079	6	28,106	19.4	1	10	5,297	6,562	86.2	5,392	89.1
Johnson, IN	18081	1	135,951	19.1	8	37	23,255	29,119	81.9	22,205	89.2
Knox, IN	18083	4	37,949	15.3	3	13	5,506	11,067	93.0	6,828	93.3
Kosciusko, IN	18085	4	76,115	19.1	4	23	14,384	18,081	85.2	14,606	90.2
Lagrange, IN	18087	6	37,032	22.7	3	14	6,233	7,998	77.9	7,099	78.0
Lake, IN	18089	1	492,104	18.9	26	148	87,258	130,977	84.7	96,754	88.8
La Porte, IN	18091	3	109,787	17.2	9	37	18,026	27,395	85.7	20,758	88.9
Lawrence, IN	18093	4	46,033	17.0	2	20	7,472	9,850	91.5	8,125	94.9
Madison, IN	18095	3	131,312	16.7	5	36	19,835	31,151	83.5	23,306	92.4
Marion, IN	18097	1	876,804	18.5	33	250	138,240	218,164	77.9	156,431	83.7
Marshall, IN	18099	6	46,698	18.9	6	17	7,886	11,369	85.5	9,285	89.7
Martin, IN	18101	6	10,058	16.8	2	5	1,791	2,269	89.5	1,942	90.8
Miami, IN	18103	6	36,641	16.6	4	17	7,393	8,768	90.3	6,949	92.2
Monroe, IN	18105	3	128,643	12.5	2	28	13,717	52,065	93.0	15,547	90.6
Montgomery, IN	18107	6	37,881	17.9	3	19	6,748	9,352	85.2	7,207	95.9
Morgan, IN	18109	1	69,874	18.5	4	24	11,928	15,760	89.3	13,108	93.8
Newton, IN	18111	1	14,014	17.3	2	7	2,601	3,438	91.9	2,961	93.5
Noble, IN	18113	6	47,526	19.7	3	16	7,874	11,357	87.3	9,512	91.1
Ohio, IN	18115	1	5,772	16.7	1	2	980	1,310	92.5	1,082	96.5
Orange, IN	18117	6	19,607	18.0	4	7	3,461	4,377	91.9	3,605	93.7
Owen, IN	18119	3	22,398	17.3	1	6	3,108	5,037	91.0	4,296	94.2
Parke, IN	18121	6	17,169	15.5	3	7	2,502	4,019	90.2	3,225	94.1
Perry, IN	18123	6	18,916	14.8	3	6	3,079	4,257	93.0	3,477	97.1
Pike, IN	18125	6	12,605	16.5	1	5	2,111	2,792	94.1	2,279	97.5
Porter, IN	18127	1	160,578	17.7	8	50	26,796	39,988	81.0	28,392	92.8
Posey, IN	18129	2	26,262	18.1	3	11	4,284	7,225	82.4	5,659	84.6
Pulaski, IN	18131	6	13,778	17.8	2	6	2,291	3,478	92.8	2,877	96.6
Putnam, IN	18133	1	37,014	16.0	6	18	6,772	9,600	73.8	6,440	97.1
Randolph, IN	18135	6	25,859	17.5	6	14	4,898	6,095	94.9	5,132	97.0
Ripley, IN	18137	6	27,350	19.3	5	12	5,518	6,526	85.1	5,318	89.1
Rush, IN	18139	6	17,494	18.6	1	6	2,650	4,229	86.4	3,477	91.0
St. Joseph, IN	18141	2	266,088	18.3	7	72	41,279	76,955	67.2	49,543	81.2
Scott, IN	18143	6	23,679	18.3	2	9	4,356	5,152	91.3	4,284	94.1
Shelby, IN	18145	1	44,063	18.0	6	17	7,688	10,554	90.3	8,496	94.7
Spencer, IN	18147	8	20,334	17.6	2	10	3,652	5,109	90.0	4,199	93.6
Starke, IN	18149	6	23,542	18.0	3	8	4,179	5,722	90.2	4,739	93.7
Steuben, IN	18151	7	33,450	17.6	3	11	4,824	8,611	82.3	6,285	96.2
Sullivan, IN	18153	3	21,366	15.6	3	11	3,374	5,101	92.9	4,013	96.3
Switzerland, IN	18155	8	9,684	17.3	1	4	1,584	2,017	94.0	1,752	95.3
Tippecanoe, IN	18157	3	163,364	14.8	5	34	20,095	60,819	92.2	22,061	90.8
Tipton, IN	18159	3	16,069	16.6	2	5	2,917	3,883	88.7	3,108	93.1
Union, IN	18161	8	7,203	17.7	1	4	1,673	1,818	93.8	1,492	96.2
Vanderburgh, IN	18163	2	174,425	16.4	3	44	22,609	44,775	77.5	29,035	81.2
Vermillion, IN	18165	3	16,417	16.4	2	7	2,885	3,892	93.3	3,044	95.7
Vigo, IN	18167	3	104,915	16.0	2	30	16,420	31,055	87.2	17,768	93.5
Wabash, IN	18169	6	32,918	16.3	4	16	5,728	8,948	81.3	6,638	95.4
Warren, IN	18171	8	8,482	17.8	1	4	1,363	2,032	92.2	1,663	96.3
Warrick, IN	18173	2	57,090	18.2	1	15	9,354	13,756	84.5	10,431	89.8
Washington, IN	18175	1	27,920	17.9	4	10	4,930	6,407	91.0	5,241	93.8
Wayne, IN	18177	5	68,260	16.5	6	27	11,114	17,570	87.4	12,838	94.8
Wells, IN	18179	2	27,927	18.0	4	9	4,913	7,028	88.6	5,604	93.7
White, IN	18181	6	23,819	17.4	4	16	5,307	5,855	94.8	4,895	98.3
Whitley, IN	18183	2	32,655	18.0	2	10	4,966	7,674	89.1	6,205	91.9
IOWA	19000	X	2,988,046	17.3	377	1,512	483,482	792,057	84.6	552,637	90.3
Adair, IA	19001	8	7,624	15.1	2	6	1,003	1,856	94.4	1,524	98.2
Adams, IA	19003	9	4,096	16.2	2	4	601	1,039	96.6	802	96.8
Allamakee, IA	19005	6	14,610	16.8	3	11	2,426	3,436	87.7	2,922	89.6
Appanoose, IA	19007	7	13,019	16.0	3	14	2,170	3,296	92.3	2,593	95.7
Audubon, IA	19009	8	6,072	17.6	2	5	968	1,616	97.0	1,384	99.0
Benton, IA	19011	3	26,546	18.6	3	15	4,049	6,744	91.0	5,344	96.2
Black Hawk, IA	19013	3	127,446	15.8	6	40	17,825	40,461	87.0	22,272	84.1
Boone, IA	19015	6	26,391	16.8	4	15	3,976	6,393	91.4	4,980	94.4
Bremer, IA	19017	3	23,734	15.9	6	25	4,726	6,970	75.3	4,434	95.2
Buchanan, IA	19019	6	20,927	18.8	3	16	2,922	5,468	88.0	4,565	90.0
Buena Vista, IA	19021	7	19,776	18.2	5	21	3,774	5,960	72.1	4,165	87.9
Butler, IA	19023	8	14,660	16.0	4	10	1,790	3,667	95.0	2,989	97.4
Calhoun, IA	19025	9	9,987	14.5	4	11	2,030	2,485	95.2	2,081	96.7

[1]County type codes are from the Economic Research Service of the United States Department of Agriculture. See notes and definitions for more information.

PART C—COUNTY EDUCATION STATISTICS

Table C-1. Population, School, and Student Characteristics by County—Continued

STATE County	State/county code	Students with IEP[2]	Students eligible for free or reduced-price lunch	Minority students	English language learners	Number of graduates, 2004–2005	Total staff	Number of teachers	Student/teacher ratio	Central administration staff
		10	11	12	13	14	15	16	17	18
Jasper, IN	18073	19.0	29.9	6.2	4.3	293	671	278	18.8	9
Jay, IN	18075	20.4	40.7	2.5	2.8	201	490	230	16.7	4
Jefferson, IN	18077	22.7	41.2	2.1	0.6	255	866	345	14.0	11
Jennings, IN	18079	21.8	41.2	2.2	1.3	231	583	291	18.2	5
Johnson, IN	18081	14.8	22.3	4.5	2.3	1,204	3,030	1,268	18.3	40
Knox, IN	18083	16.8	41.7	2.5	0.5	347	686	347	15.9	11
Kosciusko, IN	18085	14.3	30.2	11.1	8.2	823	1,747	784	18.3	25
Lagrange, IN	18087	13.5	31.5	5.9	20.9	328	801	364	17.1	9
Lake, IN	18089	14.2	44.6	51.0	7.8	4,026	11,078	4,721	18.5	225
La Porte, IN	18091	15.0	40.0	19.0	3.3	898	2,709	1,063	17.0	29
Lawrence, IN	18093	18.9	32.7	1.4	0.3	414	1,019	445	16.8	9
Madison, IN	18095	19.6	41.5	14.1	1.5	1,083	2,308	1,129	17.6	33
Marion, IN	18097	16.5	53.9	49.1	8.9	5,732	18,083	8,481	16.3	200
Marshall, IN	18099	13.1	34.1	10.9	9.8	462	1,159	518	15.2	16
Martin, IN	18101	19.8	34.5	0.8	0.4	118	193	104	17.2	7
Miami, IN	18103	15.1	33.0	5.1	1.2	485	959	438	16.9	20
Monroe, IN	18105	16.0	31.6	9.2	5.4	868	2,056	814	16.9	17
Montgomery, IN	18107	18.3	32.4	4.6	3.1	370	929	404	16.7	15
Morgan, IN	18109	14.1	24.6	1.2	0.4	654	1,509	673	17.7	13
Newton, IN	18111	18.9	31.6	6.2	4.7	165	368	163	16.0	8
Noble, IN	18113	15.5	37.2	15.8	13.5	464	990	451	17.5	11
Ohio, IN	18115	17.2	18.8	1.3	0.3	61	115	54	18.1	3
Orange, IN	18117	18.5	41.2	1.7	0.1	209	446	201	17.2	10
Owen, IN	18119	20.9	39.8	1.1	0.1	155	369	190	16.4	5
Parke, IN	18121	20.7	41.8	0.6	0.0	175	337	168	14.9	7
Perry, IN	18123	13.4	28.8	1.3	0.6	186	338	159	19.4	9
Pike, IN	18125	20.1	35.1	0.7	0.3	127	277	125	16.9	4
Porter, IN	18127	15.4	23.0	10.3	2.2	1,724	3,173	1,478	18.1	35
Posey, IN	18129	24.4	23.0	2.2	0.5	305	613	280	15.3	9
Pulaski, IN	18131	19.9	34.7	2.3	0.5	155	336	146	15.7	4
Putnam, IN	18133	20.6	32.1	1.8	0.2	406	944	429	15.8	16
Randolph, IN	18135	21.4	37.0	2.2	1.5	285	680	310	15.8	13
Ripley, IN	18137	17.8	28.8	0.9	0.6	365	665	338	16.3	11
Rush, IN	18139	12.5	34.9	3.4	1.4	159	381	169	15.7	4
St. Joseph, IN	18141	19.6	44.8	32.5	9.8	2,185	5,424	2,284	18.1	54
Scott, IN	18143	16.7	46.6	1.4	0.5	194	514	240	18.2	14
Shelby, IN	18145	18.3	26.5	4.5	3.3	445	1,056	481	16.0	15
Spencer, IN	18147	13.4	25.4	3.4	2.5	282	494	212	17.2	7
Starke, IN	18149	14.9	43.9	3.3	0.7	214	526	229	18.2	7
Steuben, IN	18151	14.5	29.7	4.3	3.7	303	583	272	17.7	11
Sullivan, IN	18153	23.2	42.3	0.7	0.3	227	402	213	15.8	8
Switzerland, IN	18155	17.4	35.3	1.1	0.2	75	190	91	17.4	4
Tippecanoe, IN	18157	18.2	30.8	18.1	11.5	1,124	2,538	1,248	16.1	16
Tipton, IN	18159	19.2	21.7	3.0	1.2	208	360	175	16.7	8
Union, IN	18161	19.7	29.6	1.0	0.4	95	245	104	16.1	7
Vanderburgh, IN	18163	21.2	48.3	18.9	1.5	1,402	2,822	1,453	15.6	19
Vermillion, IN	18165	16.9	41.1	0.9	0.1	169	406	181	15.9	4
Vigo, IN	18167	21.2	46.6	8.1	1.7	922	2,109	1,046	15.7	14
Wabash, IN	18169	16.7	33.8	2.6	1.1	364	842	372	15.4	10
Warren, IN	18171	21.7	26.9	0.7	0.0	105	189	89	15.3	3
Warrick, IN	18173	19.9	22.4	3.7	2.0	609	947	490	19.1	11
Washington, IN	18175	16.2	38.1	1.1	0.3	280	712	306	16.1	14
Wayne, IN	18177	21.3	41.7	8.5	1.5	589	1,587	707	15.7	22
Wells, IN	18179	15.5	20.9	3.2	1.3	356	728	341	14.4	9
White, IN	18181	17.3	36.8	8.8	7.3	305	702	320	16.6	12
Whitley, IN	18183	14.7	19.6	1.9	0.2	350	618	289	17.2	8
IOWA	19000	14.8	32.1	13.4	3.1	33,547	69,079	35,201	13.7	1,723
Adair, IA	19001	16.6	29.8	3.6	0.3	105	168	92	10.9	6
Adams, IA	19003	14.0	37.8	3.0	0.7	46	111	54	11.1	7
Allamakee, IA	19005	12.3	39.8	10.1	4.3	218	341	172	14.1	9
Appanoose, IA	19007	18.0	45.4	3.3	0.0	164	335	186	11.7	10
Audubon, IA	19009	9.7	31.5	1.8	0.0	85	152	79	12.3	8
Benton, IA	19011	16.3	24.9	2.3	0.1	279	571	304	13.3	12
Black Hawk, IA	19013	14.9	32.8	25.7	3.6	1,167	3,214	1,468	12.1	47
Boone, IA	19015	12.2	21.6	3.8	0.9	312	527	280	14.2	17
Bremer, IA	19017	13.2	18.3	2.2	0.6	405	571	305	15.5	21
Buchanan, IA	19019	18.1	25.7	3.0	1.6	226	396	209	14.0	13
Buena Vista, IA	19021	12.3	44.7	39.1	29.5	257	558	288	13.1	16
Butler, IA	19023	15.1	24.0	2.6	0.0	132	245	132	13.6	16
Calhoun, IA	19025	14.9	29.8	2.5	0.0	180	330	179	11.3	15

[2] IEP = Individual Education Program. See notes and definitions for more information.

Table C-1. Population, School, and Student Characteristics by County—Continued

STATE County	State/ county code	Revenues, 2004–2005 Total revenue (thousands of dollars)	% Federal government	% State government	% Local government	Current expenditures, 2004–2005 Total expenditures (thousands of dollars)	Amount per student	Percent for instruction	Resident population 16 to 19 years, 2000 Total population 16 to 19 years	Percent in Armed Forces	Percent high school graduates	Percent not enrolled, not employed, not in Armed Forces, not high school grad.
		19	20	21	22	23	24	25	26	27	28	29
Jasper, IN	18073	54,131	2.7	40.5	56.8	43,998	8,754	61.6	2,000	0.0	14.0	1.7
Jay, IN	18075	40,176	5.8	49.0	45.2	43,194	11,173	64.2	1,169	0.0	15.0	2.5
Jefferson, IN	18077	69,644	9.8	37.9	52.3	51,881	10,545	64.2	2,024	0.3	13.4	5.9
Jennings, IN	18079	46,175	4.7	61.1	34.2	42,908	8,189	60.0	1,389	0.2	19.7	7.5
Johnson, IN	18081	250,899	3.7	39.9	56.4	176,849	7,876	57.2	6,470	0.2	11.0	4.2
Knox, IN	18083	54,336	7.9	53.2	38.8	52,655	9,465	63.3	3,422	0.0	6.3	4.4
Kosciusko, IN	18085	169,591	5.3	38.8	56.0	117,008	8,237	56.1	4,018	0.0	11.4	5.2
Lagrange, IN	18087	73,950	3.9	42.5	53.6	55,695	8,989	60.3	2,399	0.2	5.4	13.3
Lake, IN	18089	953,768	6.4	54.9	38.8	764,345	8,988	57.3	28,733	0.1	11.5	5.1
La Porte, IN	18091	179,125	6.5	48.4	45.0	151,253	8,415	60.2	5,774	0.0	11.5	6.6
Lawrence, IN	18093	87,020	6.1	47.1	46.8	69,382	9,090	61.6	2,320	0.0	12.3	6.6
Madison, IN	18095	240,258	5.6	47.3	47.1	176,404	8,848	63.7	7,413	0.0	13.0	4.8
Marion, IN	18097	1,589,005	8.4	47.3	44.3	1,325,445	9,801	57.2	45,632	0.0	12.6	8.0
Marshall, IN	18099	98,498	7.0	39.0	54.0	71,972	9,142	58.6	2,884	0.0	13.1	4.3
Martin, IN	18101	16,755	7.7	59.6	32.7	17,448	9,540	62.8	598	0.0	9.2	2.3
Miami, IN	18103	70,457	4.0	60.4	35.5	59,168	8,014	60.1	2,034	0.0	12.2	7.8
Monroe, IN	18105	145,177	5.8	38.4	55.7	113,123	8,383	57.5	12,966	0.0	5.5	1.7
Montgomery, IN	18107	90,613	9.7	35.7	54.5	59,136	9,005	55.8	2,146	0.0	11.5	5.0
Morgan, IN	18109	101,724	4.7	53.8	41.5	90,800	7,701	54.5	3,889	0.0	10.7	5.6
Newton, IN	18111	31,262	3.2	44.9	51.9	23,005	8,688	58.9	924	0.0	15.8	8.9
Noble, IN	18113	87,834	4.2	46.8	49.0	63,862	8,122	57.7	2,693	0.0	10.7	8.6
Ohio, IN	18115	8,248	2.3	54.5	43.2	7,112	7,257	64.8	294	0.0	16.3	3.1
Orange, IN	18117	37,384	5.8	53.6	40.6	30,843	8,883	65.7	985	0.0	15.9	7.2
Owen, IN	18119	30,815	5.8	58.7	35.5	25,552	8,200	61.5	1,327	0.0	16.4	6.5
Parke, IN	18121	25,278	5.3	54.7	39.9	19,770	7,861	58.4	909	0.0	8.3	5.3
Perry, IN	18123	35,079	5.0	51.4	43.6	28,965	9,356	62.9	1,074	0.0	13.9	11.1
Pike, IN	18125	26,248	3.1	38.2	58.7	19,980	9,587	58.8	693	0.0	8.7	3.9
Porter, IN	18127	337,331	3.1	39.6	57.3	218,381	8,353	59.2	9,342	0.0	9.8	2.6
Posey, IN	18129	52,772	5.2	34.8	60.0	42,267	9,615	61.1	1,495	0.0	10.1	3.0
Pulaski, IN	18131	30,215	12.1	41.4	46.5	20,712	8,970	56.0	821	0.6	10.2	2.4
Putnam, IN	18133	86,358	4.5	43.7	51.8	58,474	8,722	56.5	2,567	0.0	6.7	7.3
Randolph, IN	18135	52,839	7.0	50.1	42.9	43,651	9,134	63.0	1,419	0.0	13.3	4.2
Ripley, IN	18137	58,565	3.8	48.8	47.5	45,957	8,389	58.3	1,414	0.0	15.8	3.7
Rush, IN	18139	26,661	4.1	47.6	48.4	19,649	7,412	61.3	965	0.0	8.4	8.2
St. Joseph, IN	18141	482,036	7.4	45.1	47.5	387,549	9,538	62.7	17,831	0.1	8.2	4.6
Scott, IN	18143	42,157	5.5	54.0	40.5	32,053	7,321	61.2	1,222	0.0	12.5	9.1
Shelby, IN	18145	91,509	4.3	42.1	53.5	64,470	8,436	62.5	2,308	0.0	16.2	5.6
Spencer, IN	18147	47,900	2.6	32.9	64.5	35,774	9,653	64.1	1,102	0.0	12.3	1.8
Starke, IN	18149	48,626	4.6	50.8	44.6	33,400	7,979	59.5	1,364	0.0	10.8	9.7
Steuben, IN	18151	53,096	4.6	40.5	54.9	42,663	8,742	60.0	2,035	0.4	9.9	1.4
Sullivan, IN	18153	33,675	3.0	54.0	43.0	28,063	8,375	61.5	1,130	0.0	12.7	3.1
Switzerland, IN	18155	14,207	5.1	59.6	35.2	12,367	7,541	58.8	517	0.0	14.1	5.8
Tippecanoe, IN	18157	239,557	4.5	37.6	57.9	160,161	8,107	60.5	14,890	0.0	5.0	2.0
Tipton, IN	18159	25,976	2.2	51.0	46.8	22,807	7,919	58.8	887	0.0	10.5	1.9
Union, IN	18161	18,270	11.3	47.4	41.3	17,237	10,151	62.3	361	0.0	17.2	4.2
Vanderburgh, IN	18163	224,221	9.9	47.1	43.0	188,659	8,416	61.5	10,788	0.0	8.9	6.2
Vermillion, IN	18165	32,384	5.5	44.4	50.1	21,378	7,382	59.6	967	0.0	11.3	4.4
Vigo, IN	18167	177,155	8.8	48.2	43.0	129,269	7,904	62.4	7,380	0.0	7.5	3.7
Wabash, IN	18169	62,090	5.5	48.6	45.9	51,418	9,122	61.1	2,283	0.0	8.7	2.5
Warren, IN	18171	15,423	6.4	43.1	50.5	10,846	7,859	58.9	422	0.0	6.4	2.8
Warrick, IN	18173	99,323	1.9	41.2	56.9	64,328	6,941	62.3	2,868	0.0	12.5	3.8
Washington, IN	18175	57,074	7.0	48.4	44.6	43,951	8,919	63.1	1,488	0.0	14.9	4.9
Wayne, IN	18177	123,774	6.2	51.8	42.0	107,526	9,597	62.1	4,143	0.0	11.7	7.9
Wells, IN	18179	53,911	4.8	46.3	48.8	44,575	8,983	61.3	1,633	0.0	12.2	2.8
White, IN	18181	71,249	5.4	35.8	58.8	41,826	7,913	58.7	1,331	0.0	11.8	3.8
Whitley, IN	18183	49,103	1.4	50.2	48.4	37,195	7,499	59.2	1,684	0.2	16.9	2.1
IOWA	19000	4,638,125	7.8	44.2	47.9	3,813,150	7,972	60.9	178,931	0.1	9.2	2.8
Adair, IA	19001	10,445	4.5	43.6	51.9	8,207	7,308	63.7	427	0.0	6.3	3.3
Adams, IA	19003	6,342	5.6	48.1	46.3	4,653	7,591	62.5	202	0.0	7.9	2.0
Allamakee, IA	19005	22,840	9.3	46.2	44.5	18,481	7,452	62.0	797	0.0	8.4	1.0
Appanoose, IA	19007	20,135	8.3	52.4	39.3	17,115	7,790	66.0	786	0.0	9.0	4.6
Audubon, IA	19009	9,022	5.1	47.7	47.2	7,283	7,334	62.6	338	0.0	9.8	0.6
Benton, IA	19011	35,861	3.4	50.9	45.7	28,923	7,119	64.3	1,402	0.0	12.6	1.2
Black Hawk, IA	19013	184,581	14.3	42.7	43.0	167,215	9,601	51.6	8,922	0.2	7.8	2.3
Boone, IA	19015	39,714	3.6	45.2	51.2	30,330	7,312	65.0	1,533	0.0	10.2	1.5
Bremer, IA	19017	40,507	3.5	47.8	48.7	30,445	6,493	62.7	1,796	0.2	7.2	0.4
Buchanan, IA	19019	25,494	7.7	48.2	44.0	20,952	7,377	64.8	1,202	0.0	6.7	7.8
Buena Vista, IA	19021	37,944	11.1	42.0	46.9	30,274	8,184	65.7	1,487	0.3	5.0	4.2
Butler, IA	19023	17,747	4.7	44.6	50.7	13,766	7,469	58.5	854	0.0	7.1	0.5
Calhoun, IA	19025	20,655	5.0	41.2	53.8	18,095	8,572	64.7	604	0.0	7.1	1.2

Table C-1. Population, School, and Student Characteristics by County—Continued

STATE County	State/ county code	High school graduates, 2000 Population 25 years and over	High school diploma or less (percent)	High school diploma or more (percent)	College enrollment, 2000 Number	Percent public	College graduates, 2000 (percent) Bachelor's degree or more	+/- U.S. percent with bachelor's degree or more	Non-Hispanic White	Black	American Indian, Alaska Native	Asian and Pacific Islander	Hispanic or Latino[3]
		30	31	32	33	34	35	36	37	38	39	40	41
Jasper, IN	18073	18,751	64.0	82.4	1,392	46.3	13.0	-11.4	13.2	47.6	0.0	27.8	4.4
Jay, IN	18075	14,280	71.0	78.5	526	88.0	9.9	-14.5	9.8	0.0	25.0	22.2	5.3
Jefferson, IN	18077	20,605	59.1	81.0	2,077	44.1	16.4	-8.0	16.5	7.8	0.0	42.9	20.9
Jennings, IN	18079	17,709	70.8	76.2	734	79.0	8.4	-16.0	8.0	17.1	16.9	73.3	9.3
Johnson, IN	18081	73,966	50.5	85.7	4,952	66.3	23.1	-1.3	22.9	22.1	1.5	56.3	17.5
Knox, IN	18083	24,865	55.6	81.7	3,756	95.1	14.4	-10.0	14.2	26.9	0.0	27.7	25.5
Kosciusko, IN	18085	47,103	60.5	81.6	2,247	69.4	14.9	-9.5	15.1	15.0	13.1	18.4	8.1
Lagrange, IN	18087	19,519	73.7	60.2	568	78.9	8.9	-15.5	8.9	0.0	0.0	35.9	3.2
Lake, IN	18089	310,220	56.6	80.7	24,644	78.0	16.2	-8.2	18.7	10.8	3.2	58.6	8.5
La Porte, IN	18091	73,723	60.4	80.6	4,525	83.9	14.0	-10.4	14.9	6.3	13.0	30.1	7.3
Lawrence, IN	18093	31,175	69.0	77.4	979	85.8	10.7	-13.7	10.6	10.5	0.0	61.3	20.2
Madison, IN	18095	89,458	59.9	80.1	5,680	59.2	14.4	-10.0	15.0	8.4	4.9	13.9	11.7
Marion, IN	18097	553,459	48.0	81.6	45,864	69.8	25.4	1.0	28.7	13.6	12.2	55.8	14.2
Marshall, IN	18099	28,555	61.3	79.8	1,346	75.2	14.9	-9.5	15.4	40.9	15.4	16.9	4.8
Martin, IN	18101	7,066	68.1	74.2	199	80.4	8.8	-15.6	8.9	0.0	0.0	0.0	0.0
Miami, IN	18103	23,741	64.3	81.9	1,208	89.2	10.4	-14.0	10.7	5.2	3.4	60.0	0.6
Monroe, IN	18105	65,489	37.7	88.5	34,916	96.7	39.6	15.2	38.0	36.8	37.4	81.4	59.7
Montgomery, IN	18107	24,501	61.2	85.7	1,508	45.8	14.7	-9.7	14.5	25.4	30.3	0.0	18.1
Morgan, IN	18109	43,397	64.3	80.7	1,800	72.6	12.6	-11.8	12.4	72.0	1.6	30.5	30.9
Newton, IN	18111	9,576	71.1	78.7	243	84.4	9.6	-14.8	9.7	0.0	0.0	28.6	3.5
Noble, IN	18113	28,554	66.3	77.3	1,061	74.0	11.1	-13.3	11.4	17.0	0.0	7.5	4.6
Ohio, IN	18115	3,780	66.3	78.4	169	71.0	11.6	-12.8	11.7	0.0	...	...	23.5
Orange, IN	18117	12,818	71.4	73.8	471	91.1	10.2	-14.2	10.2	0.0	0.0	0.0	32.6
Owen, IN	18119	14,384	68.6	74.9	495	85.5	9.2	-15.2	9.0	0.0	0.0	29.2	14.5
Parke, IN	18121	11,891	65.1	80.5	488	87.9	11.6	-12.8	11.7	4.2	24.6	22.7	9.4
Perry, IN	18123	12,734	70.7	74.8	608	72.5	9.6	-14.8	9.5	7.2	0.0	0.0	24.4
Pike, IN	18125	8,753	69.9	75.6	333	82.3	8.4	-16.0	8.5	0.0	0.0	0.0	13.2
Porter, IN	18127	94,462	49.8	88.3	8,959	53.7	22.6	-1.8	22.7	38.1	20.7	45.7	12.7
Posey, IN	18129	17,671	57.4	84.4	1,022	90.5	14.8	-9.6	14.9	9.7	7.3	33.3	14.1
Pulaski, IN	18131	9,038	65.3	79.8	403	71.0	10.3	-14.1	10.4	10.6	0.0	0.0	5.1
Putnam, IN	18133	22,740	67.0	81.2	2,674	18.6	13.1	-11.3	13.4	2.3	0.0	42.7	8.9
Randolph, IN	18135	18,310	67.9	79.6	660	89.8	9.9	-14.5	9.9	0.0	48.3	57.7	0.0
Ripley, IN	18137	17,027	67.9	78.9	770	73.8	11.5	-12.9	11.3	...	36.5	51.4	14.3
Rush, IN	18139	12,020	71.3	79.6	450	83.6	10.3	-14.1	10.1	0.0	0.0	100.0	26.1
St. Joseph, IN	18141	166,060	50.1	82.4	22,170	40.3	23.6	-0.8	25.0	10.8	8.6	59.0	12.1
Scott, IN	18143	14,760	71.1	71.4	582	86.8	8.8	-15.6	8.7	0.0	21.7	100.0	14.3
Shelby, IN	18145	28,351	64.9	79.8	1,443	78.5	12.7	-11.7	12.6	13.3	72.1	28.2	0.0
Spencer, IN	18147	13,491	61.6	81.2	573	79.6	13.0	-11.4	13.0	4.6	0.0	91.7	1.9
Starke, IN	18149	15,290	71.5	72.0	616	77.6	8.4	-16.0	8.2	0.0	0.0	58.1	1.8
Steuben, IN	18151	21,170	58.7	84.3	1,935	40.7	15.5	-8.9	15.5	10.7	0.0	63.2	19.4
Sullivan, IN	18153	14,782	63.6	80.8	825	84.2	9.4	-15.0	10.0	0.0	0.0	0.0	7.6
Switzerland, IN	18155	5,889	73.1	71.4	184	83.2	7.6	-16.8	7.3	...	0.0	90.5	0.0
Tippecanoe, IN	18157	79,911	42.7	87.8	36,162	96.3	33.2	8.8	31.6	29.4	12.4	81.7	18.8
Tipton, IN	18159	11,247	64.7	83.7	490	80.4	12.4	-12.0	12.4	...	0.0	5.1	1.3
Union, IN	18161	4,784	65.7	79.9	227	88.1	11.1	-13.3	11.0	0.0	0.0	63.6	...
Vanderburgh, IN	18163	112,178	52.6	83.1	12,739	76.6	19.3	-5.1	19.9	7.0	7.1	54.8	16.6
Vermillion, IN	18165	11,410	64.0	81.2	618	88.8	11.2	-13.2	11.3	0.0	0.0	26.9	9.5
Vigo, IN	18167	66,714	53.8	81.0	11,618	82.5	21.4	-3.0	21.4	15.2	8.0	66.0	15.0
Wabash, IN	18169	22,744	64.3	81.7	1,794	37.7	13.7	-10.7	13.8	23.5	5.1	32.8	0.0
Warren, IN	18171	5,648	61.7	85.0	239	86.2	14.0	-10.4	14.2	...	...	0.0	0.0
Warrick, IN	18173	34,571	47.3	86.3	2,181	85.7	21.8	-2.6	21.6	30.0	22.7	54.9	10.7
Washington, IN	18175	17,648	68.9	75.2	809	91.1	10.2	-14.2	10.1	0.0	0.0	25.0	21.0
Wayne, IN	18177	47,322	61.4	78.1	3,686	67.5	13.7	-10.7	13.9	8.4	0.0	33.5	13.1
Wells, IN	18179	17,767	59.2	87.3	904	73.5	14.3	-10.1	14.4	13.3	15.0	47.6	2.9
White, IN	18181	16,829	65.6	82.1	511	89.0	10.5	-13.9	10.5	55.6	12.1	56.2	4.7
Whitley, IN	18183	19,995	59.2	86.2	905	82.1	13.3	-11.1	13.2	21.4	26.3	5.3	13.5
IOWA	19000	1,895,856	50.0	86.1	187,306	74.0	21.2	-3.2	21.3	14.7	9.9	42.4	11.0
Adair, IA	19001	5,695	60.6	87.8	206	78.2	11.2	-13.2	11.2	0.0	0.0	100.0	5.3
Adams, IA	19003	3,131	56.9	84.5	132	97.7	12.0	-12.4	12.1	...	0.0	0.0	0.0
Allamakee, IA	19005	9,946	62.8	81.4	334	79.9	14.4	-10.0	14.6	0.0	9.1	31.3	0.0
Appanoose, IA	19007	9,401	59.7	81.4	527	81.2	12.2	-12.2	12.1	13.8	0.0	52.9	3.9
Audubon, IA	19009	4,704	62.2	82.5	121	81.0	12.3	-12.1	12.3	0.0	0.0	100.0	0.0
Benton, IA	19011	16,567	55.5	87.8	868	76.5	13.9	-10.5	14.0	0.0	0.0	0.0	0.0
Black Hawk, IA	19013	78,401	48.7	86.5	15,933	95.1	23.0	-1.4	23.7	9.9	22.7	60.0	15.4
Boone, IA	19015	17,529	49.2	89.0	994	87.2	18.8	-5.6	18.8	6.1	15.2	42.9	17.5
Bremer, IA	19017	14,835	50.0	87.7	2,064	36.8	21.5	-2.9	21.4	0.0	0.0	34.5	38.5
Buchanan, IA	19019	13,383	59.0	84.6	546	82.1	12.7	-11.7	12.5	17.6	0.0	30.6	22.9
Buena Vista, IA	19021	12,736	54.8	81.3	1,449	24.3	18.7	-5.7	21.1	0.0	33.3	14.3	1.1
Butler, IA	19023	10,563	59.3	82.2	420	80.5	12.4	-12.0	12.4	...	0.0	33.3	6.7
Calhoun, IA	19025	7,877	52.7	85.4	284	88.0	15.4	-9.0	15.5	13.3	0.0	0.0	6.1

[3] May be of any race.

Table C-1. Population, School, and Student Characteristics by County—Continued

STATE County	State/ county code	County type[1]	Population, 2007 Total	Population, 2007 Percent 5 to 17 years	Number of schools and students, 2005–2006 School districts	Number of schools and students, 2005–2006 Schools	Number of schools and students, 2005–2006 Students	Resident enrollment, 2000 Total enrollment Number	Resident enrollment, 2000 Total enrollment Percent public	Resident enrollment, 2000 K–12 enrollment Number	Resident enrollment, 2000 K–12 enrollment Percent public
			1	2	3	4	5	6	7	8	9
Carroll, IA	19027	7	20,923	17.1	4	11	3,236	5,715	69.9	4,556	69.7
Cass, IA	19029	6	13,884	15.6	4	12	2,655	3,431	93.1	2,815	98.6
Cedar, IA	19031	6	17,990	17.0	5	14	3,407	4,574	94.1	3,549	98.5
Cerro Gordo, IA	19033	5	44,016	16.1	5	21	6,389	11,271	86.8	8,435	88.7
Cherokee, IA	19035	6	11,686	15.8	3	11	1,910	2,998	94.9	2,556	98.2
Chickasaw, IA	19037	6	12,215	17.3	3	9	2,202	3,365	86.4	2,675	87.7
Clarke, IA	19039	6	8,995	17.7	2	6	1,721	2,192	94.2	1,843	99.1
Clay, IA	19041	7	16,689	16.1	3	10	2,564	4,161	91.5	3,230	93.2
Clayton, IA	19043	8	17,685	16.8	4	8	2,195	4,406	90.9	3,812	94.0
Clinton, IA	19045	4	49,051	17.5	6	22	8,275	12,977	86.9	9,837	93.2
Crawford, IA	19047	6	16,579	18.0	5	15	3,272	4,224	88.0	3,525	90.4
Dallas, IA	19049	2	57,288	19.2	6	27	10,992	10,346	86.7	8,120	93.4
Davis, IA	19051	9	8,572	18.4	1	4	1,217	2,038	83.8	1,670	84.7
Decatur, IA	19053	9	8,409	15.0	2	6	1,090	2,733	64.7	1,531	92.7
Delaware, IA	19055	6	17,459	18.3	3	11	3,164	5,181	83.6	4,200	86.2
Des Moines, IA	19057	5	40,701	16.9	5	17	6,494	10,167	85.5	7,642	89.6
Dickinson, IA	19059	7	16,696	14.9	4	10	2,699	3,611	94.2	2,760	98.6
Dubuque, IA	19061	3	92,359	17.7	2	28	13,425	24,497	60.9	17,029	71.7
Emmet, IA	19063	7	10,414	16.1	2	6	1,753	2,916	93.8	2,159	95.0
Fayette, IA	19065	6	20,433	16.5	5	19	4,023	5,850	86.1	4,351	95.2
Floyd, IA	19067	7	16,306	17.1	3	9	2,677	4,072	87.7	3,255	91.4
Franklin, IA	19069	7	10,568	16.7	3	10	1,892	2,506	94.7	2,067	97.2
Fremont, IA	19071	8	7,571	16.9	4	8	1,472	1,936	96.2	1,588	98.7
Greene, IA	19073	6	9,505	16.5	3	10	1,713	2,518	92.6	2,143	95.2
Grundy, IA	19075	3	12,149	16.2	4	15	2,908	3,156	93.9	2,530	96.5
Guthrie, IA	19077	2	11,053	16.4	4	13	2,647	2,510	94.6	2,110	98.2
Hamilton, IA	19079	6	15,596	17.4	4	12	2,932	4,022	90.3	3,100	93.2
Hancock, IA	19081	7	11,379	17.0	4	10	1,816	3,128	90.9	2,584	95.8
Hardin, IA	19083	6	17,551	16.8	5	16	3,107	4,772	95.0	3,602	98.1
Harrison, IA	19085	2	15,409	17.9	5	11	3,173	3,914	92.1	3,208	96.7
Henry, IA	19087	7	20,123	16.2	4	13	3,630	5,245	83.1	3,950	93.3
Howard, IA	19089	7	9,545	17.5	2	9	1,789	2,395	84.1	1,961	86.4
Humboldt, IA	19091	7	9,615	15.6	3	8	1,598	2,621	88.0	2,040	90.5
Ida, IA	19093	8	6,940	16.2	2	8	1,243	1,914	96.0	1,640	97.6
Iowa, IA	19095	8	15,912	18.1	5	10	2,801	3,952	89.1	3,199	90.9
Jackson, IA	19097	6	20,035	17.1	5	15	3,391	5,091	85.0	4,218	87.2
Jasper, IA	19099	6	36,748	17.1	5	20	6,048	8,568	90.2	6,798	94.7
Jefferson, IA	19101	7	15,618	14.7	1	6	1,916	4,260	71.0	3,191	79.9
Johnson, IA	19103	3	125,692	14.4	4	33	13,898	45,029	91.6	16,189	89.9
Jones, IA	19105	3	20,402	15.9	4	13	3,188	4,977	88.9	3,906	93.7
Keokuk, IA	19107	8	10,770	17.4	4	12	2,136	2,751	97.3	2,307	99.2
Kossuth, IA	19109	7	15,605	16.1	5	14	2,112	4,259	80.0	3,502	80.2
Lee, IA	19111	5	35,619	16.6	3	17	5,609	8,838	84.6	7,169	86.1
Linn, IA	19113	3	205,836	18.1	12	74	33,798	51,126	80.5	35,536	88.6
Louisa, IA	19115	8	11,795	19.4	4	10	2,942	3,131	96.0	2,529	98.6
Lucas, IA	19117	6	9,421	18.2	2	7	1,637	2,236	90.7	1,852	94.7
Lyon, IA	19119	8	11,266	18.9	3	10	1,878	3,024	85.7	2,574	88.3
Madison, IA	19121	2	15,416	18.5	3	12	3,207	3,444	92.3	2,823	98.0
Mahaska, IA	19123	7	22,280	17.4	3	7	3,063	5,587	82.0	4,223	88.4
Marion, IA	19125	6	32,775	16.9	5	19	5,888	8,619	74.7	6,153	90.1
Marshall, IA	19127	4	39,316	17.2	3	17	6,623	9,625	90.8	7,783	93.4
Mills, IA	19129	2	15,180	18.7	3	11	2,680	3,900	90.5	3,041	95.7
Mitchell, IA	19131	7	10,738	18.4	2	7	1,742	2,586	88.7	2,183	89.5
Monona, IA	19133	6	9,131	15.8	3	8	1,393	2,215	94.4	1,850	97.7
Monroe, IA	19135	7	7,586	17.3	1	6	1,184	1,956	93.9	1,540	96.2
Montgomery, IA	19137	6	11,002	17.0	3	10	1,960	2,706	93.2	2,186	97.8
Muscatine, IA	19139	4	42,423	18.8	3	18	7,492	10,777	92.2	8,391	95.8
O'Brien, IA	19141	7	14,062	16.0	3	8	2,477	3,545	83.1	2,939	84.5
Osceola, IA	19143	7	6,468	17.1	1	4	865	1,719	88.7	1,466	90.9
Page, IA	19145	7	15,874	16.2	4	13	2,962	3,956	91.7	3,201	94.1
Palo Alto, IA	19147	7	9,442	15.3	4	11	1,553	2,695	87.6	1,937	88.8
Plymouth, IA	19149	6	24,373	18.5	5	20	4,413	6,856	80.1	5,590	82.1
Pocahontas, IA	19151	9	7,686	15.7	2	7	1,032	2,189	89.6	1,826	91.7
Polk, IA	19153	2	418,339	18.5	10	124	64,960	96,530	80.2	68,002	90.5
Pottawattamie, IA	19155	2	89,409	18.0	9	40	16,357	21,969	89.5	16,929	92.7
Poweshiek, IA	19157	7	18,672	15.3	3	10	3,023	5,335	73.5	3,304	98.2
Ringgold, IA	19159	9	5,152	15.8	2	4	764	1,271	90.4	996	91.8
Sac, IA	19161	9	10,385	16.0	4	11	1,837	2,717	94.6	2,218	96.9
Scott, IA	19163	2	162,687	18.5	5	54	26,735	44,556	80.1	30,835	89.7
Shelby, IA	19165	6	12,313	17.3	2	7	1,983	3,210	88.6	2,779	91.1

[1] County type codes are from the Economic Research Service of the United States Department of Agriculture. See notes and definitions for more information.

PART C—COUNTY EDUCATION STATISTICS

Table C-1. Population, School, and Student Characteristics by County—Continued

STATE County	State/ county code	Students with IEP[2]	Students eligible for free or reduced-price lunch	Minority students	English language learners	Number of graduates, 2004-2005	Total staff	Number of teachers	Student/ teacher ratio	Central administration staff
		10	11	12	13	14	15	16	17	18
Carroll, IA	19027	13.9	28.9	3.9	0.9	245	418	231	14.0	18
Cass, IA	19029	15.3	37.0	2.1	0.3	182	393	205	13.0	14
Cedar, IA	19031	12.8	19.2	3.5	0.1	285	485	263	13.0	16
Cerro Gordo, IA	19033	18.6	30.8	10.5	0.2	501	932	468	13.7	21
Cherokee, IA	19035	17.1	31.3	5.7	1.3	149	283	160	11.9	11
Chickasaw, IA	19037	11.4	23.9	2.6	0.4	138	284	156	14.1	9
Clarke, IA	19039	15.8	41.9	11.1	5.0	128	256	134	12.8	7
Clay, IA	19041	15.2	30.4	6.0	0.7	188	394	190	13.5	10
Clayton, IA	19043	14.7	32.4	2.7	0.7	189	566	171	12.8	20
Clinton, IA	19045	16.1	36.1	9.1	0.2	617	1,141	612	13.5	24
Crawford, IA	19047	11.8	47.0	28.6	15.3	316	473	240	13.6	17
Dallas, IA	19049	12.1	21.0	11.6	2.9	617	1,360	756	14.5	30
Davis, IA	19051	14.3	35.0	3.9	0.0	91	176	96	12.7	4
Decatur, IA	19053	22.8	48.4	4.6	1.4	80	189	94	11.6	7
Delaware, IA	19055	10.6	27.7	1.6	0.1	281	420	227	13.9	12
Des Moines, IA	19057	17.6	41.8	14.3	0.6	444	994	479	13.6	22
Dickinson, IA	19059	11.1	22.7	3.0	0.0	210	411	197	13.7	14
Dubuque, IA	19061	17.9	32.0	6.8	0.6	976	1,913	954	14.1	19
Emmet, IA	19063	16.8	38.4	13.9	3.7	130	289	142	12.3	8
Fayette, IA	19065	16.3	37.2	3.6	0.2	349	584	304	13.2	20
Floyd, IA	19067	16.3	34.7	7.3	1.2	218	361	196	13.7	12
Franklin, IA	19069	16.5	31.4	16.1	5.2	174	289	151	12.5	10
Fremont, IA	19071	15.1	43.7	2.9	0.7	118	241	128	11.5	12
Greene, IA	19073	13.3	37.2	4.2	0.8	135	262	140	12.2	8
Grundy, IA	19075	12.6	21.8	2.6	0.1	184	345	195	14.9	15
Guthrie, IA	19077	13.9	28.1	3.3	0.3	177	415	216	12.3	15
Hamilton, IA	19079	11.7	26.2	7.3	2.4	227	411	211	13.9	15
Hancock, IA	19081	11.5	29.6	7.5	0.1	152	276	149	12.2	14
Hardin, IA	19083	17.9	34.2	6.0	1.2	225	484	258	12.0	13
Harrison, IA	19085	14.8	32.5	2.8	0.4	292	477	235	13.5	20
Henry, IA	19087	15.4	31.4	9.7	2.0	256	546	286	12.7	16
Howard, IA	19089	16.5	29.3	3.5	0.0	158	268	149	12.0	7
Humboldt, IA	19091	10.1	30.4	4.3	0.4	148	218	116	13.8	9
Ida, IA	19093	14.2	31.3	2.2	0.3	116	189	97	12.8	9
Iowa, IA	19095	14.0	20.4	5.6	2.7	190	403	216	13.0	14
Jackson, IA	19097	17.8	35.3	3.9	0.0	302	498	266	12.7	22
Jasper, IA	19099	14.2	24.4	3.6	0.3	427	866	456	13.3	20
Jefferson, IA	19101	14.0	31.1	6.3	2.1	127	283	138	13.9	6
Johnson, IA	19103	14.3	21.0	22.8	1.2	892	1,782	944	14.7	21
Jones, IA	19105	14.9	28.9	2.9	0.0	256	491	257	12.4	15
Keokuk, IA	19107	15.4	30.0	1.9	0.0	136	352	187	11.4	13
Kossuth, IA	19109	19.0	34.4	3.5	0.0	191	368	184	11.5	16
Lee, IA	19111	18.1	42.7	10.4	0.1	382	776	396	14.2	13
Linn, IA	19113	16.9	27.2	13.0	0.8	2,158	4,994	2,308	14.6	84
Louisa, IA	19115	13.0	45.6	26.7	7.3	188	428	234	12.6	17
Lucas, IA	19117	16.8	38.9	1.2	4.4	113	235	125	13.1	6
Lyon, IA	19119	14.1	23.8	2.7	0.3	143	254	149	12.6	11
Madison, IA	19121	13.4	21.3	2.3	0.0	213	440	228	14.1	13
Mahaska, IA	19123	12.9	34.5	4.6	0.7	224	415	220	13.9	10
Marion, IA	19125	14.3	24.4	4.2	0.5	407	779	391	15.1	20
Marshall, IA	19127	16.3	48.8	29.6	18.7	407	912	431	15.4	15
Mills, IA	19129	16.4	30.1	3.2	0.0	181	425	201	13.3	9
Mitchell, IA	19131	10.8	20.8	1.6	0.1	151	236	121	14.4	9
Monona, IA	19133	13.6	37.9	4.5	1.0	125	227	119	11.7	8
Monroe, IA	19135	15.1	33.6	3.0	0.2	86	161	91	13.0	4
Montgomery, IA	19137	15.9	39.2	3.7	1.3	141	276	153	12.8	11
Muscatine, IA	19139	13.8	38.3	27.1	7.2	443	1,027	543	13.8	17
O'Brien, IA	19141	15.9	27.3	5.3	1.3	212	352	178	13.9	11
Osceola, IA	19143	16.5	28.0	10.6	1.8	74	113	57	15.2	4
Page, IA	19145	14.1	34.3	7.8	0.4	178	400	227	13.0	13
Palo Alto, IA	19147	14.9	34.6	2.4	0.1	149	274	140	11.1	14
Plymouth, IA	19149	9.9	21.3	6.2	1.9	360	544	310	14.2	21
Pocahontas, IA	19151	13.1	34.2	4.1	0.1	106	181	100	10.3	8
Polk, IA	19153	14.9	33.5	22.3	7.2	3,875	8,749	4,475	14.5	186
Pottawattamie, IA	19155	15.7	41.0	10.3	2.9	924	2,151	1,082	15.1	43
Poweshiek, IA	19157	14.9	27.0	5.2	1.1	218	408	211	14.3	11
Ringgold, IA	19159	19.0	42.4	1.0	0.0	75	165	79	9.7	5
Sac, IA	19161	9.1	35.8	4.5	0.0	153	272	148	12.4	12
Scott, IA	19163	12.5	35.3	23.0	1.3	1,742	3,506	1,839	14.5	50
Shelby, IA	19165	11.7	26.8	3.3	0.4	157	245	132	15.0	7

[2]IEP = Individual Education Program. See notes and definitions for more information.

Table C-1. Population, School, and Student Characteristics by County—Continued

STATE County	State/ county code	Revenues, 2004–2005 Total revenue (thousands of dollars)	Percentage of revenue from: Federal government	Percentage of revenue from: State government	Percentage of revenue from: Local government	Current expenditures, 2004–2005 Total expenditures (thousands of dollars)	Amount per student	Percent for instruction	Resident population 16 to 19 years, 2000 Total population 16 to 19 years	Percent in Armed Forces	Percent high school graduates	Percent not enrolled, not employed, not in Armed Forces, not high school grad.
		19	20	21	22	23	24	25	26	27	28	29
Carroll, IA	19027	27,730	5.9	47.1	47.0	22,803	7,133	64.1	1,344	0.0	8.5	1.1
Cass, IA	19029	23,833	5.7	46.3	48.1	19,462	7,428	63.1	821	0.0	12.4	3.0
Cedar, IA	19031	30,132	3.4	44.9	51.7	24,274	7,096	63.1	1,128	0.3	11.1	0.8
Cerro Gordo, IA	19033	64,589	4.2	43.3	52.5	48,881	7,518	66.7	2,655	0.0	8.4	1.7
Cherokee, IA	19035	18,633	4.9	44.6	50.5	14,856	7,514	65.0	796	0.0	9.2	0.9
Chickasaw, IA	19037	21,095	5.6	40.8	53.6	15,487	6,772	64.5	726	0.0	7.9	2.5
Clarke, IA	19039	15,190	6.9	50.0	43.1	12,308	7,078	64.0	464	0.0	14.2	5.8
Clay, IA	19041	24,332	6.2	43.4	50.4	19,073	7,356	67.8	993	0.0	11.5	1.2
Clayton, IA	19043	29,023	26.9	33.8	39.3	33,895	15,527	32.5	1,085	0.0	9.2	1.4
Clinton, IA	19045	76,779	6.8	50.5	42.8	63,069	7,663	61.9	2,828	0.0	7.8	4.4
Crawford, IA	19047	29,774	7.6	50.7	41.7	24,463	7,331	64.1	1,054	0.0	5.9	7.6
Dallas, IA	19049	95,423	3.3	40.7	56.0	71,063	6,879	63.2	2,066	0.0	8.5	3.1
Davis, IA	19051	11,368	13.8	49.2	37.0	9,547	7,806	66.1	511	0.0	4.5	5.9
Decatur, IA	19053	11,441	14.0	48.9	37.1	8,843	8,374	61.8	735	0.0	9.9	3.4
Delaware, IA	19055	27,650	5.2	45.4	49.3	22,076	7,140	62.4	1,122	0.0	7.3	2.2
Des Moines, IA	19057	64,089	11.0	45.3	43.7	55,722	8,618	58.0	2,397	0.0	11.3	3.3
Dickinson, IA	19059	28,126	5.1	26.3	68.6	20,554	7,647	64.7	772	0.3	5.1	1.8
Dubuque, IA	19061	121,762	5.1	44.7	50.2	97,392	7,446	64.1	5,357	0.1	8.3	1.2
Emmet, IA	19063	18,701	9.2	41.8	49.0	14,760	8,566	67.9	834	0.0	6.5	0.8
Fayette, IA	19065	43,799	6.3	47.2	46.6	35,458	7,745	64.3	1,379	0.0	5.7	2.2
Floyd, IA	19067	24,693	6.0	46.9	47.1	20,017	7,537	63.7	920	0.0	12.7	3.8
Franklin, IA	19069	16,788	5.3	45.2	49.4	13,337	7,405	65.6	643	0.0	5.3	2.5
Fremont, IA	19071	14,112	7.5	41.7	50.8	11,653	7,805	61.2	430	1.2	10.0	4.0
Greene, IA	19073	17,127	6.1	44.9	49.0	13,984	8,051	63.1	585	0.0	3.8	5.0
Grundy, IA	19075	19,054	3.2	43.3	53.6	14,423	6,778	59.6	661	0.0	8.3	1.1
Guthrie, IA	19077	22,578	5.6	46.4	48.0	18,934	7,207	62.3	568	0.0	10.2	1.1
Hamilton, IA	19079	26,538	4.5	44.4	51.0	20,668	7,056	63.0	859	0.0	7.2	0.8
Hancock, IA	19081	18,330	4.0	43.7	52.4	14,754	7,903	63.5	746	0.0	8.2	0.4
Hardin, IA	19083	32,121	4.7	41.3	54.0	24,972	8,017	65.2	1,236	0.0	9.0	1.9
Harrison, IA	19085	31,560	10.6	43.3	46.1	23,581	7,498	62.2	902	0.0	9.9	2.4
Henry, IA	19087	30,654	5.5	48.9	45.7	26,000	7,196	65.0	1,126	0.0	8.1	2.6
Howard, IA	19089	18,340	6.8	43.1	50.1	14,518	7,981	58.9	546	0.0	9.5	5.3
Humboldt, IA	19091	15,538	5.1	41.4	53.6	12,548	7,779	62.9	603	0.0	7.1	0.0
Ida, IA	19093	11,191	4.8	46.4	48.8	9,180	7,172	62.9	456	0.0	10.1	0.4
Iowa, IA	19095	24,806	3.8	47.7	48.5	21,531	7,714	64.1	840	0.0	10.6	0.8
Jackson, IA	19097	31,446	6.6	47.2	46.1	25,587	7,479	65.6	1,134	0.0	8.6	1.7
Jasper, IA	19099	54,636	3.7	48.5	47.8	43,816	7,304	64.1	1,872	0.0	10.7	1.2
Jefferson, IA	19101	16,825	6.0	50.8	43.2	14,271	7,285	60.2	942	0.0	6.8	4.8
Johnson, IA	19103	122,362	4.6	42.3	53.0	100,885	7,400	65.3	9,749	0.2	5.4	0.9
Jones, IA	19105	31,424	6.0	44.8	49.1	23,766	7,564	59.4	1,058	0.0	8.4	3.0
Keokuk, IA	19107	20,347	5.5	43.4	51.1	16,875	7,994	64.6	596	0.0	12.2	1.8
Kossuth, IA	19109	23,962	7.0	37.1	55.9	19,648	9,433	66.8	1,072	0.9	8.1	1.7
Lee, IA	19111	54,954	13.2	47.3	39.5	42,958	7,681	67.5	1,967	0.0	10.8	2.7
Linn, IA	19113	322,890	7.6	43.2	49.2	282,070	8,432	57.1	11,277	0.0	10.4	2.2
Louisa, IA	19115	28,679	6.5	46.2	47.3	22,242	7,607	64.7	704	0.0	6.3	8.7
Lucas, IA	19117	13,935	7.7	53.3	39.0	11,860	7,192	65.3	591	0.0	9.5	7.4
Lyon, IA	19119	17,406	5.5	46.0	48.5	13,482	7,288	65.3	763	0.0	10.6	1.0
Madison, IA	19121	26,354	3.6	48.6	47.8	20,965	6,772	62.8	758	0.7	13.5	3.4
Mahaska, IA	19123	30,322	5.3	44.1	50.6	22,877	7,558	63.9	1,416	0.0	10.2	4.7
Marion, IA	19125	49,143	4.2	49.4	46.4	38,793	6,736	63.5	2,152	0.0	7.6	0.4
Marshall, IA	19127	60,484	7.6	51.0	41.4	47,949	7,307	62.0	2,313	0.0	10.1	5.5
Mills, IA	19129	25,373	7.0	44.6	48.4	20,019	7,368	64.3	778	0.0	8.6	1.8
Mitchell, IA	19131	14,809	4.0	46.6	49.4	12,387	7,050	65.4	563	0.0	8.5	2.0
Monona, IA	19133	14,726	7.9	43.9	48.2	11,311	8,033	62.1	534	0.0	8.6	4.9
Monroe, IA	19135	11,366	6.0	51.9	42.1	8,702	7,246	65.0	477	0.0	13.0	1.0
Montgomery, IA	19137	18,063	7.2	47.3	45.5	14,465	7,317	63.3	664	0.0	5.6	6.5
Muscatine, IA	19139	69,068	6.7	49.2	44.1	54,375	7,265	69.8	2,300	0.0	9.7	6.5
O'Brien, IA	19141	22,844	5.7	44.4	50.0	17,446	6,942	65.3	933	0.0	8.9	2.6
Osceola, IA	19143	7,558	4.4	48.7	47.0	6,214	7,006	62.0	366	0.0	7.1	4.4
Page, IA	19145	24,003	6.2	44.6	49.2	19,270	7,043	67.5	939	0.4	13.5	3.4
Palo Alto, IA	19147	16,848	5.3	38.0	56.7	13,333	8,312	64.0	707	0.0	5.4	1.3
Plymouth, IA	19149	37,029	4.2	46.6	49.3	29,525	6,770	65.3	1,610	0.0	9.2	0.9
Pocahontas, IA	19151	11,178	4.1	42.8	53.1	8,937	8,117	66.2	473	0.0	7.4	0.8
Polk, IA	19153	672,310	8.3	40.9	50.7	533,957	8,354	58.3	19,619	0.1	12.6	3.9
Pottawattamie, IA	19155	153,798	11.0	46.6	42.3	133,843	8,317	60.0	5,187	0.0	11.7	5.0
Poweshiek, IA	19157	28,677	5.4	42.4	52.3	20,711	6,901	64.2	1,369	0.0	8.0	0.7
Ringgold, IA	19159	8,793	12.8	42.9	44.3	8,017	10,161	65.9	340	0.0	5.6	8.2
Sac, IA	19161	17,132	7.0	44.4	48.5	13,352	7,202	64.2	618	0.0	6.3	0.6
Scott, IA	19163	269,894	10.7	41.6	47.7	232,783	8,752	60.9	8,960	0.0	11.8	4.0
Shelby, IA	19165	16,512	6.0	47.9	46.2	13,646	7,115	63.8	762	0.0	9.7	2.0

Table C-1. Population, School, and Student Characteristics by County—Continued

STATE County	State/ county code	Population 25 years and over	High school diploma or less (percent)	High school diploma or more (percent)	College enrollment, 2000 Number	College enrollment, 2000 Percent public	Bachelor's degree or more	+/- U.S. percent with bachelor's degree or more	Non-Hispanic White	Black	American Indian, Alaska Native	Asian and Pacific Islander	Hispanic or Latino[3]
		30	31	32	33	34	35	36	37	38	39	40	41
Carroll, IA	19027	14,074	56.1	83.7	772	81.9	16.0	-8.4	16.0	33.3	...	5.7	5.8
Cass, IA	19029	10,296	54.5	85.9	381	78.2	16.6	-7.8	16.6	0.0	0.0	54.3	12.3
Cedar, IA	19031	12,291	54.2	87.7	686	84.3	16.3	-8.1	16.2	0.0	0.0	33.3	20.0
Cerro Gordo, IA	19033	31,215	46.0	87.3	2,055	88.1	20.3	-4.1	20.7	0.0	0.0	17.8	7.8
Cherokee, IA	19035	8,918	55.2	87.5	209	75.6	15.2	-9.2	15.3	0.0	...	7.7	0.0
Chickasaw, IA	19037	8,797	61.8	83.4	446	84.3	12.2	-12.2	12.2	0.0	0.0	0.0	35.3
Clarke, IA	19039	6,070	58.6	84.4	179	59.2	12.1	-12.3	12.3	...	0.0	16.7	8.7
Clay, IA	19041	11,692	48.8	88.0	502	86.1	16.3	-8.1	16.3	29.4	0.0	7.3	14.6
Clayton, IA	19043	12,743	63.0	82.6	382	69.1	12.8	-11.6	12.7	19.2	0.0	38.9	16.0
Clinton, IA	19045	33,158	55.9	85.6	2,145	67.1	14.4	-10.0	14.4	7.1	4.5	44.6	11.8
Crawford, IA	19047	11,068	64.3	78.5	422	79.6	12.4	-12.0	13.1	0.0	0.0	36.4	2.5
Dallas, IA	19049	26,483	43.2	89.5	1,400	64.4	26.8	2.4	27.5	14.9	0.0	45.8	10.2
Davis, IA	19051	5,578	62.5	78.9	263	81.0	11.4	-13.0	11.6	0.0	0.0	...	0.0
Decatur, IA	19053	5,283	59.8	81.7	1,075	22.3	15.1	-9.3	15.0	0.0	0.0	45.5	20.4
Delaware, IA	19055	11,784	62.1	85.1	557	74.0	13.0	-11.4	12.9	...	0.0	61.5	10.8
Des Moines, IA	19057	28,425	53.5	85.8	1,820	82.1	16.0	-8.4	16.4	5.2	10.4	31.8	6.6
Dickinson, IA	19059	11,730	46.1	89.2	599	78.6	21.3	-3.1	21.4	0.0	0.0	21.4	7.5
Dubuque, IA	19061	57,236	55.0	85.2	5,714	34.3	21.3	-3.1	21.3	22.7	24.4	50.4	17.3
Emmet, IA	19063	7,265	53.8	82.2	613	92.7	13.0	-11.4	13.3	0.0	0.0	100.0	2.1
Fayette, IA	19065	14,632	59.0	84.8	1,055	50.7	13.8	-10.6	13.8	40.6	0.0	23.2	8.6
Floyd, IA	19067	11,451	55.0	85.9	515	82.5	14.8	-9.6	14.8	0.0	0.0	75.0	0.0
Franklin, IA	19069	7,362	54.6	84.0	303	82.5	14.5	-9.9	15.0	...	37.5	5.0	1.7
Fremont, IA	19071	5,557	57.4	85.0	213	87.8	14.0	-10.4	14.1	100.0	36.4	0.0	2.5
Greene, IA	19073	7,048	56.7	85.6	235	75.7	14.6	-9.8	14.9	0.0	0.0	0.0	0.0
Grundy, IA	19075	8,465	51.7	86.5	441	82.1	17.2	-7.2	17.1	100.0	0.0	31.3	25.0
Guthrie, IA	19077	7,976	59.5	85.4	239	73.2	14.9	-9.5	15.0	...	0.0	100.0	8.1
Hamilton, IA	19079	11,094	53.1	87.3	539	80.7	17.5	-6.9	17.6	0.0	0.0	20.4	16.1
Hancock, IA	19081	8,084	52.8	85.8	342	66.1	15.4	-9.0	15.6	...	33.3	77.8	4.0
Hardin, IA	19083	12,615	51.3	85.7	877	93.2	17.1	-7.3	17.4	0.0	...	22.2	0.6
Harrison, IA	19085	10,487	59.1	85.0	459	80.0	12.7	-11.7	12.5	61.5	33.3	40.0	7.7
Henry, IA	19087	13,509	53.5	86.1	974	47.8	16.2	-8.2	16.5	3.0	5.9	19.3	8.8
Howard, IA	19089	6,645	63.7	79.3	234	78.2	12.6	-11.8	12.6	100.0	...	66.7	0.0
Humboldt, IA	19091	7,078	52.0	86.3	325	93.8	15.4	-9.0	15.3	0.0	0.0	50.0	14.7
Ida, IA	19093	5,349	58.3	85.0	157	84.1	13.6	-10.8	13.6	...	0.0	50.0	25.0
Iowa, IA	19095	10,565	55.1	87.0	490	85.1	15.8	-8.6	15.6	25.0	0.0	23.5	35.2
Jackson, IA	19097	13,596	63.2	81.5	523	79.3	12.1	-12.3	11.9	0.0	28.6	66.7	28.6
Jasper, IA	19099	25,291	58.0	86.8	1,015	74.4	15.9	-8.5	15.9	4.8	8.2	40.2	7.2
Jefferson, IA	19101	10,893	43.3	88.1	875	42.2	31.2	6.8	31.0	31.0	31.4	50.0	52.4
Johnson, IA	19103	62,859	26.1	93.7	26,885	96.3	47.6	23.2	47.0	34.9	41.1	76.5	34.5
Jones, IA	19105	13,776	57.0	85.3	736	79.5	12.7	-11.7	13.0	3.1	16.1	17.2	3.7
Keokuk, IA	19107	7,667	62.3	84.0	298	86.6	11.6	-12.8	11.5	0.0	0.0	64.7	11.8
Kossuth, IA	19109	11,694	53.4	85.6	475	79.4	13.6	-10.8	13.6	0.0	0.0	7.7	2.5
Lee, IA	19111	25,828	59.1	83.6	1,153	87.3	12.5	-11.9	12.6	4.7	0.0	42.1	10.2
Linn, IA	19113	123,896	39.8	90.6	11,547	65.6	27.7	3.3	27.7	13.2	20.3	55.1	22.7
Louisa, IA	19115	7,828	61.3	79.7	405	81.5	12.7	-11.7	13.5	27.3	0.0	32.5	2.8
Lucas, IA	19117	6,336	65.4	79.1	225	70.2	11.1	-13.3	11.0	0.0	0.0	33.3	60.0
Lyon, IA	19119	7,539	59.6	78.7	298	70.1	14.2	-10.2	14.1	20.0	0.0	100.0	52.6
Madison, IA	19121	9,254	53.4	87.6	408	69.6	14.4	-10.0	14.4	0.0	0.0	35.3	12.5
Mahaska, IA	19123	14,504	58.6	82.6	1,000	56.9	16.5	-7.9	16.5	0.0	0.0	29.9	4.8
Marion, IA	19125	20,684	56.6	84.0	1,856	27.4	18.9	-5.5	18.9	19.1	12.9	18.4	9.8
Marshall, IA	19127	26,179	54.9	82.3	1,316	83.9	17.0	-7.4	18.1	8.1	0.0	15.3	1.7
Mills, IA	19129	9,662	53.5	83.2	541	72.5	16.3	-8.1	16.4	0.0	32.1	9.7	12.5
Mitchell, IA	19131	7,320	60.0	84.4	268	85.8	12.8	-11.6	12.9	0.0	0.0	...	0.0
Monona, IA	19133	7,072	61.2	81.7	197	72.1	13.4	-11.0	13.6	0.0	12.5	0.0	0.0
Monroe, IA	19135	5,400	62.1	82.2	263	89.0	12.6	-11.8	12.7	0.0	0.0	...	0.0
Montgomery, IA	19137	8,124	58.8	81.8	278	68.0	12.9	-11.5	13.0	...	...	27.3	0.0
Muscatine, IA	19139	26,877	54.2	80.3	1,688	83.1	17.2	-7.2	18.0	10.8	4.7	27.6	7.9
O'Brien, IA	19141	10,174	58.3	80.7	385	83.6	14.7	-9.7	14.8	25.0	0.0	25.0	1.6
Osceola, IA	19143	4,647	56.5	81.1	172	77.9	13.4	-11.0	13.5	0.0	33.3	0.0	8.7
Page, IA	19145	11,655	53.8	85.5	502	79.3	16.6	-7.8	17.0	0.0	6.8	20.0	5.2
Palo Alto, IA	19147	6,692	51.3	83.7	591	88.7	13.9	-10.5	14.0	...	0.0	0.0	0.0
Plymouth, IA	19149	15,994	51.7	87.4	816	74.6	19.3	-5.1	19.4	57.9	0.0	8.7	5.2
Pocahontas, IA	19151	6,002	53.2	86.6	209	77.5	15.0	-9.4	15.1	0.0	0.0	0.0	0.0
Polk, IA	19153	243,458	41.1	88.3	21,022	56.1	29.7	5.3	31.2	16.3	13.3	28.0	11.6
Pottawattamie, IA	19155	57,013	55.3	84.0	3,618	82.1	15.0	-9.4	15.1	5.5	15.0	35.3	12.1
Poweshiek, IA	19157	12,176	55.8	86.7	1,742	27.7	18.5	-5.9	18.3	46.2	20.0	34.4	17.1
Ringgold, IA	19159	3,781	61.6	82.8	196	79.6	13.4	-11.0	13.3	...	0.0	88.9	66.7
Sac, IA	19161	7,946	58.8	84.2	295	80.3	13.6	-10.8	13.6	0.0	0.0	16.7	13.3
Scott, IA	19163	102,149	44.4	86.3	10,824	60.9	24.9	0.5	25.8	12.2	10.3	35.9	14.2
Shelby, IA	19165	8,957	59.3	86.6	252	81.7	15.3	-9.1	15.1	0.0	0.0	72.0	8.6

[3]May be of any race.

Table C-1. Population, School, and Student Characteristics by County—Continued

STATE County	State/county code	"County type[1]"	Population, 2007 Total	Percent 5 to 17 years	School districts	Schools	Students	Total enrollment Number	Total enrollment Percent public	K–12 enrollment Number	K–12 enrollment Percent public
			1	2	3	4	5	6	7	8	9
Sioux, IA	19167	6	32,351	17.7	6	15	4,189	10,299	51.4	6,808	67.0
Story, IA	19169	3	84,752	12.6	7	26	10,544	35,450	95.3	11,147	95.6
Tama, IA	19171	6	17,855	18.6	3	10	2,673	4,440	93.6	3,602	95.5
Taylor, IA	19173	9	6,397	16.8	4	7	1,045	1,605	96.9	1,332	97.9
Union, IA	19175	6	12,146	15.4	3	8	1,924	3,013	91.5	2,186	94.6
Van Buren, IA	19177	9	7,690	16.6	2	9	1,247	1,753	87.3	1,477	89.4
Wapello, IA	19179	5	35,551	16.6	4	18	6,500	8,657	92.1	6,430	95.0
Warren, IA	19181	2	44,503	17.6	5	18	8,339	11,429	83.1	8,312	96.8
Washington, IA	19183	3	21,346	18.1	3	15	3,706	4,958	88.1	4,083	90.7
Wayne, IA	19185	9	6,292	16.4	4	9	1,274	1,566	94.1	1,276	96.8
Webster, IA	19187	5	38,587	16.9	4	18	5,419	10,158	86.0	7,580	86.2
Winnebago, IA	19189	7	10,961	16.2	3	11	2,733	3,008	86.1	2,287	97.2
Winneshiek, IA	19191	7	20,909	14.5	4	11	3,017	7,105	56.2	3,900	83.0
Woodbury, IA	19193	3	102,287	19.7	8	45	18,063	27,592	81.3	20,752	88.6
Worth, IA	19195	9	7,685	16.1	2	4	1,032	1,848	96.4	1,493	99.3
Wright, IA	19197	7	13,064	16.8	4	14	2,690	3,218	96.1	2,679	98.0
KANSAS	20000	X	2,775,997	18.0	312	1,407	467,285	756,960	86.5	529,202	89.6
Allen, KS	20001	7	13,414	16.3	3	11	2,404	3,682	95.9	2,790	97.1
Anderson, KS	20003	6	7,908	17.7	2	8	1,403	1,952	90.0	1,660	89.8
Atchison, KS	20005	6	16,571	18.2	3	9	2,459	4,863	66.1	3,549	78.8
Barber, KS	20007	9	4,786	15.1	2	5	888	1,355	92.4	1,108	94.9
Barton, KS	20009	7	27,768	17.2	4	16	4,686	7,446	88.7	5,651	92.9
Bourbon, KS	20011	6	14,803	17.4	2	6	2,450	4,181	87.1	3,162	87.8
Brown, KS	20013	6	10,068	17.5	2	6	1,627	2,732	94.0	2,160	96.2
Butler, KS	20015	2	63,045	18.7	9	44	14,271	16,975	88.0	12,933	90.4
Chase, KS	20017	8	2,882	17.3	1	3	481	709	94.1	599	95.5
Chautauqua, KS	20019	9	3,806	14.7	2	4	603	1,055	93.2	874	94.1
Cherokee, KS	20021	6	21,337	18.0	4	18	3,830	5,494	94.2	4,460	95.6
Cheyenne, KS	20023	9	2,801	15.1	2	4	470	734	97.0	619	98.4
Clark, KS	20025	9	2,094	17.8	2	5	471	582	97.8	499	98.6
Clay, KS	20027	7	8,685	15.9	1	7	1,401	2,148	97.7	1,746	98.5
Cloud, KS	20029	7	9,382	14.4	2	8	1,371	2,741	94.9	1,847	96.5
Coffey, KS	20031	6	8,454	16.8	3	11	1,788	2,325	94.8	1,880	98.2
Comanche, KS	20033	9	1,888	15.0	1	3	327	393	97.7	337	98.5
Cowley, KS	20035	4	34,251	17.8	6	24	6,487	10,397	83.8	7,205	93.0
Crawford, KS	20037	4	38,860	15.7	5	17	6,013	11,944	92.3	6,338	90.0
Decatur, KS	20039	9	2,955	14.7	2	4	464	833	97.7	675	98.2
Dickinson, KS	20041	7	18,957	16.8	5	20	3,908	4,917	93.1	3,963	95.9
Doniphan, KS	20043	3	7,756	17.0	5	10	1,535	2,377	96.0	1,599	96.6
Douglas, KS	20045	3	113,488	13.5	3	32	13,029	42,645	90.7	15,063	92.0
Edwards, KS	20047	9	3,106	16.7	2	3	491	836	89.7	676	90.4
Elk, KS	20049	8	3,040	14.6	2	5	644	730	96.6	603	97.3
Ellis, KS	20051	5	27,464	13.8	3	13	3,703	9,329	90.6	4,663	87.5
Ellsworth, KS	20053	7	6,310	13.7	2	7	1,098	1,343	95.7	1,085	98.5
Finney, KS	20055	5	38,295	23.9	2	20	8,386	12,187	93.6	9,588	95.0
Ford, KS	20057	5	33,340	22.0	3	15	6,526	8,955	92.8	7,038	93.4
Franklin, KS	20059	1	26,479	18.4	4	18	4,817	6,652	86.1	5,217	93.3
Geary, KS	20061	5	25,150	20.1	1	16	6,520	8,115	91.0	5,664	93.2
Gove, KS	20063	9	2,637	15.5	3	7	633	753	95.5	640	98.0
Graham, KS	20065	9	2,607	12.9	1	3	418	685	95.9	560	98.2
Grant, KS	20067	7	7,497	21.0	1	4	1,783	2,281	93.2	1,954	95.1
Gray, KS	20069	9	5,641	21.5	4	8	1,344	1,565	82.5	1,343	83.2
Greeley, KS	20071	9	1,297	18.4	1	2	267	395	95.2	359	94.7
Greenwood, KS	20073	6	6,993	16.1	3	6	1,025	1,640	97.6	1,418	99.2
Hamilton, KS	20075	9	2,632	18.0	1	2	486	711	90.6	584	93.3
Harper, KS	20077	8	5,819	15.7	2	5	1,033	1,554	94.7	1,337	96.1
Harvey, KS	20079	2	33,493	17.6	5	21	6,107	8,739	79.9	6,503	88.9
Haskell, KS	20081	9	4,032	21.1	2	5	924	1,258	90.4	1,071	90.8
Hodgeman, KS	20083	9	1,971	16.8	2	3	384	615	95.4	519	98.1
Jackson, KS	20085	3	13,420	18.3	3	9	2,541	3,284	91.2	2,712	94.2
Jefferson, KS	20087	3	18,467	17.0	6	20	4,086	4,722	92.8	3,942	96.2
Jewell, KS	20089	9	3,198	13.0	3	8	460	773	95.9	656	98.5
Johnson, KS	20091	1	526,319	18.8	7	145	84,237	124,515	78.8	88,153	84.8
Kearny, KS	20093	9	4,148	21.9	2	6	1,021	1,379	92.8	1,147	95.8
Kingman, KS	20095	6	7,826	17.6	2	7	1,404	2,284	90.8	1,916	92.6
Kiowa, KS	20097	9	2,953	14.7	3	8	653	826	83.9	621	91.6
Labette, KS	20099	7	21,973	17.4	5	19	4,311	5,956	95.9	4,570	96.9
Lane, KS	20101	9	1,746	15.3	2	4	377	514	96.5	440	98.9
Leavenworth, KS	20103	1	73,603	18.5	7	29	12,560	18,935	84.1	13,771	89.6
Lincoln, KS	20105	9	3,285	14.9	2	4	533	803	94.8	657	96.8

[1] County type codes are from the Economic Research Service of the United States Department of Agriculture. See notes and definitions for more information.

Table C-1. Population, School, and Student Characteristics by County—Continued

STATE County	State/ county code	Students with IEP[2]	Students eligible for free or reduced-price lunch	Minority students	English language learners	Number of graduates, 2004–2005	Total staff	Number of teachers	Student/ teacher ratio	Central administration staff
		10	11	12	13	14	15	16	17	18
Sioux, IA	19167	14.9	27.4	14.3	7.3	317	699	334	12.5	25
Story, IA	19169	11.9	18.9	11.5	1.6	812	1,241	732	14.4	31
Tama, IA	19171	18.0	34.4	21.4	4.6	229	383	201	13.3	12
Taylor, IA	19173	18.6	39.0	9.8	5.8	75	206	106	9.9	9
Union, IA	19175	16.8	41.3	3.8	1.1	119	393	159	12.1	27
Van Buren, IA	19177	14.5	33.4	2.4	0.0	82	216	96	13.0	8
Wapello, IA	19179	15.8	46.2	16.0	5.3	424	1,017	476	13.7	19
Warren, IA	19181	12.9	17.9	3.7	0.2	536	1,099	565	14.8	22
Washington, IA	19183	15.5	29.1	9.7	1.5	222	528	276	13.4	13
Wayne, IA	19185	14.7	49.9	1.0	0.5	102	239	128	10.0	11
Webster, IA	19187	17.7	42.7	14.0	1.0	408	977	443	12.2	25
Winnebago, IA	19189	14.5	27.2	5.1	0.4	203	409	208	13.1	12
Winneshiek, IA	19191	17.0	20.2	2.5	0.1	239	432	234	12.9	14
Woodbury, IA	19193	14.3	42.8	30.0	10.6	1,132	2,427	1,270	14.2	42
Worth, IA	19195	13.6	29.8	1.8	0.2	67	151	76	13.6	6
Wright, IA	19197	13.0	37.6	12.8	2.2	202	412	207	13.0	13
KANSAS	20000	14.0	38.8	26.8	5.3	30,355	65,527	33,592	13.9	2,143
Allen, KS	20001	19.8	50.5	4.7	0.0	171	355	174	13.8	17
Anderson, KS	20003	14.2	45.0	2.6	0.0	84	178	111	12.6	8
Atchison, KS	20005	18.0	50.1	16.2	0.0	152	352	192	12.8	13
Barber, KS	20007	14.8	37.2	5.1	0.1	76	129	70	12.7	8
Barton, KS	20009	13.8	49.8	21.7	7.6	362	750	369	12.7	27
Bourbon, KS	20011	10.5	51.5	7.8	0.3	175	339	186	13.2	18
Brown, KS	20013	21.0	48.9	21.3	6.1	110	234	126	12.9	9
Butler, KS	20015	12.9	23.4	6.5	0.4	940	2,023	980	14.6	69
Chase, KS	20017	13.7	41.6	4.2	0.0	27	79	40	12.0	4
Chautauqua, KS	20019	18.6	45.9	9.6	0.0	44	89	51	11.8	3
Cherokee, KS	20021	12.8	52.5	12.2	0.2	229	546	295	13.0	25
Cheyenne, KS	20023	16.0	41.7	4.5	0.0	40	88	50	9.4	5
Clark, KS	20025	15.3	42.3	9.8	0.0	43	99	42	11.2	5
Clay, KS	20027	17.2	37.4	4.0	0.1	104	262	131	10.7	7
Cloud, KS	20029	18.3	46.9	2.8	0.0	121	299	146	9.4	10
Coffey, KS	20031	16.1	33.8	4.8	0.0	112	322	157	11.4	14
Comanche, KS	20033	20.2	39.4	3.8	0.0	24	62	22	14.9	4
Cowley, KS	20035	19.6	49.1	19.4	3.9	459	1,038	508	12.8	42
Crawford, KS	20037	12.1	48.0	10.4	2.2	385	724	379	15.9	25
Decatur, KS	20039	18.3	35.1	3.0	0.0	31	71	42	11.0	3
Dickinson, KS	20041	15.5	36.5	6.8	0.0	284	519	288	13.6	20
Doniphan, KS	20043	17.6	36.2	4.9	0.0	117	252	128	12.0	11
Douglas, KS	20045	14.7	27.5	19.3	2.3	957	1,918	943	13.8	69
Edwards, KS	20047	12.6	50.0	26.3	11.4	28	77	39	12.6	5
Elk, KS	20049	26.9	59.7	7.9	0.0	61	180	69	9.3	7
Ellis, KS	20051	17.2	32.7	9.0	1.1	287	586	318	11.6	19
Ellsworth, KS	20053	16.1	34.1	5.8	0.0	83	169	96	11.4	9
Finney, KS	20055	12.0	57.2	64.1	23.1	360	1,163	568	14.8	36
Ford, KS	20057	12.5	66.9	66.4	36.2	376	881	413	15.8	33
Franklin, KS	20059	15.0	33.5	6.2	0.3	312	624	345	14.0	23
Geary, KS	20061	14.6	51.4	42.1	5.0	296	981	483	13.5	35
Gove, KS	20063	16.4	31.8	2.9	0.3	54	150	69	9.2	8
Graham, KS	20065	21.1	32.3	3.1	0.0	32	68	38	11.0	3
Grant, KS	20067	12.3	46.2	54.9	13.3	117	216	112	15.9	8
Gray, KS	20069	9.6	38.4	17.7	16.8	80	222	105	12.8	12
Greeley, KS	20071	13.5	42.7	13.0	15.4	22	55	22	12.1	3
Greenwood, KS	20073	16.5	45.7	4.2	0.0	82	202	96	10.7	8
Hamilton, KS	20075	14.4	53.7	37.6	21.0	39	80	40	12.2	5
Harper, KS	20077	19.4	51.4	8.2	1.3	68	166	87	11.9	8
Harvey, KS	20079	14.5	39.8	18.6	4.2	400	848	438	13.9	29
Haskell, KS	20081	9.1	56.4	41.5	30.2	69	146	75	12.3	8
Hodgeman, KS	20083	12.5	32.9	8.7	0.0	36	81	38	10.1	4
Jackson, KS	20085	9.0	33.4	18.5	0.0	185	398	202	12.6	16
Jefferson, KS	20087	13.0	26.2	4.0	0.1	330	572	286	14.3	31
Jewell, KS	20089	11.7	43.9	1.5	0.0	60	113	59	7.8	7
Johnson, KS	20091	11.2	13.3	16.5	2.6	5,604	10,519	5,661	14.9	251
Kearny, KS	20093	15.1	44.2	39.2	21.7	82	169	85	12.0	8
Kingman, KS	20095	18.3	38.7	4.4	0.0	135	195	110	12.8	6
Kiowa, KS	20097	16.8	43.1	11.5	0.0	52	100	51	12.8	6
Labette, KS	20099	13.3	54.3	18.9	0.0	319	566	295	14.6	17
Lane, KS	20101	16.7	44.8	5.9	1.9	32	64	34	11.1	4
Leavenworth, KS	20103	14.3	23.5	15.8	1.0	757	1,701	859	14.6	56
Lincoln, KS	20105	16.5	44.5	4.5	0.0	35	101	47	11.3	6

[2]IEP = Individual Education Program. See notes and definitions for more information.

Table C-1. Population, School, and Student Characteristics by County—Continued

STATE County	State/ county code	Revenues, 2004–2005 Total revenue (thousands of dollars)	Percentage of revenue from: Federal government	Percentage of revenue from: State government	Percentage of revenue from: Local government	Current expenditures, 2004–2005 Total expenditures (thousands of dollars)	Amount per student	Percent for instruction	Resident population 16 to 19 years, 2000 Total population 16 to 19 years	Percent in Armed Forces	Percent high school graduates	Percent not enrolled, not employed, not in Armed Forces, not high school grad.
		19	20	21	22	23	24	25	26	27	28	29
Sioux, IA	19167	41,935	10.1	40.8	49.1	34,671	8,312	54.7	2,865	0.0	7.2	0.6
Story, IA	19169	106,230	3.1	37.3	59.6	78,569	7,555	66.7	8,266	0.0	4.3	0.6
Tama, IA	19171	30,042	7.8	48.8	43.4	24,215	6,940	61.0	941	0.0	9.6	4.3
Taylor, IA	19173	11,942	10.5	43.6	45.9	9,324	8,957	64.6	402	0.0	10.0	3.2
Union, IA	19175	21,994	20.9	41.1	38.0	20,791	11,136	48.5	809	0.0	9.6	3.3
Van Buren, IA	19177	12,577	13.3	45.6	41.1	10,158	8,903	62.5	418	0.0	13.2	7.9
Wapello, IA	19179	59,258	16.5	49.0	34.5	56,328	9,060	53.6	2,061	0.0	10.8	6.0
Warren, IA	19181	69,711	3.2	51.0	45.7	54,016	6,728	61.6	2,609	0.0	11.2	2.3
Washington, IA	19183	32,010	8.1	48.0	43.8	26,902	7,595	62.0	1,020	0.0	10.7	2.8
Wayne, IA	19185	14,007	11.5	44.3	44.2	10,737	8,631	63.3	355	0.0	8.5	3.4
Webster, IA	19187	57,387	16.8	43.5	39.7	57,567	10,895	46.9	2,648	0.0	11.6	4.8
Winnebago, IA	19189	24,162	3.6	47.2	49.1	19,972	7,436	64.9	938	0.0	6.4	2.9
Winneshiek, IA	19191	25,367	3.3	39.4	57.3	19,439	7,951	67.7	1,974	0.0	4.1	1.4
Woodbury, IA	19193	172,184	10.5	48.3	41.2	151,345	8,568	62.7	6,334	0.1	11.1	4.6
Worth, IA	19195	10,137	4.9	43.5	51.6	7,507	7,246	64.4	412	0.0	7.0	0.5
Wright, IA	19197	25,846	5.5	46.1	48.4	21,447	7,822	62.0	778	0.0	16.3	4.9
KANSAS	20000	4,223,632	8.4	55.9	35.7	3,610,986	7,708	60.2	166,014	0.7	10.0	4.0
Allen, KS	20001	22,559	9.2	71.5	19.3	20,614	8,390	63.6	1,114	0.0	11.1	3.5
Anderson, KS	20003	12,460	7.0	66.2	26.8	11,375	8,291	60.1	496	0.0	2.4	1.8
Atchison, KS	20005	22,231	10.3	61.3	28.4	19,772	8,147	60.3	1,171	0.0	9.3	0.1
Barber, KS	20007	8,708	4.9	61.5	33.6	7,926	8,836	59.9	332	0.0	3.6	1.8
Barton, KS	20009	43,594	10.0	61.8	28.1	35,845	7,414	62.8	1,968	0.6	5.9	4.4
Bourbon, KS	20011	20,285	9.7	69.6	20.7	17,940	7,202	65.2	991	0.0	11.2	1.5
Brown, KS	20013	16,378	7.9	67.6	24.6	14,721	9,110	61.5	648	0.0	10.2	6.2
Butler, KS	20015	115,440	3.4	61.4	35.2	97,060	6,875	60.7	3,806	0.3	11.0	4.1
Chase, KS	20017	4,865	4.9	55.7	39.4	4,455	9,340	59.0	186	0.0	5.9	5.9
Chautauqua, KS	20019	6,082	8.2	73.8	17.9	5,612	8,908	63.7	262	0.0	4.6	2.3
Cherokee, KS	20021	34,376	6.6	71.4	21.9	32,028	8,351	57.2	1,334	0.0	10.6	7.3
Cheyenne, KS	20023	5,170	4.8	62.1	33.0	4,767	9,611	65.3	177	0.0	9.6	0.0
Clark, KS	20025	5,694	4.4	56.8	38.8	5,069	10,078	60.8	157	0.0	8.3	1.9
Clay, KS	20027	11,908	5.0	69.1	25.9	10,482	7,305	60.8	416	0.0	12.5	7.0
Cloud, KS	20029	12,734	5.9	68.1	26.1	11,660	8,656	62.7	805	0.0	6.2	1.0
Coffey, KS	20031	20,448	5.2	32.9	61.9	15,874	8,968	62.2	489	0.0	6.1	2.9
Comanche, KS	20033	3,474	4.3	45.8	50.0	3,205	9,801	55.2	71	0.0	5.6	0.0
Cowley, KS	20035	53,281	8.8	70.0	21.2	48,685	7,293	61.0	2,626	0.0	8.7	4.5
Crawford, KS	20037	51,272	7.6	67.2	25.3	45,151	7,528	60.2	2,708	1.0	9.7	2.4
Decatur, KS	20039	5,564	6.1	58.1	35.8	5,008	10,305	64.5	190	0.0	10.5	0.0
Dickinson, KS	20041	33,988	6.7	68.0	25.3	30,405	7,889	61.5	1,057	0.6	7.4	4.4
Doniphan, KS	20043	14,768	5.5	76.8	17.8	13,757	8,916	61.0	711	0.0	5.9	1.3
Douglas, KS	20045	119,838	10.0	43.7	46.4	101,970	7,919	57.9	9,344	0.1	5.4	1.3
Edwards, KS	20047	5,071	7.3	62.0	30.7	4,918	9,758	62.7	196	0.0	9.7	3.1
Elk, KS	20049	6,795	6.7	75.7	17.5	6,219	9,254	61.5	137	0.0	12.4	2.9
Ellis, KS	20051	33,058	9.2	54.0	36.8	30,929	8,009	63.5	2,324	0.0	10.5	1.9
Ellsworth, KS	20053	10,850	3.8	61.6	34.5	9,678	8,994	58.6	349	0.6	10.9	0.9
Finney, KS	20055	76,483	10.7	52.8	36.5	61,936	7,248	59.3	2,803	0.0	7.3	10.0
Ford, KS	20057	60,860	14.2	64.4	21.4	53,715	8,096	61.8	2,167	0.0	9.6	8.8
Franklin, KS	20059	41,071	6.0	67.9	26.1	36,844	7,581	62.7	1,428	0.0	8.3	2.5
Geary, KS	20061	56,185	35.1	50.4	14.5	52,734	7,897	55.5	1,724	9.2	22.4	3.8
Gove, KS	20063	7,520	4.3	70.3	25.4	7,014	10,692	65.6	179	0.0	6.1	2.2
Graham, KS	20065	4,693	5.0	70.3	24.7	4,152	9,545	64.0	168	0.0	4.8	2.4
Grant, KS	20067	14,723	10.2	27.2	62.6	13,011	7,133	60.6	510	0.0	11.8	6.7
Gray, KS	20069	12,968	4.6	66.7	28.6	11,818	8,095	59.5	371	0.0	7.8	10.2
Greeley, KS	20071	3,172	5.3	49.6	45.1	2,818	10,028	60.4	98	0.0	7.1	5.1
Greenwood, KS	20073	11,649	7.5	68.4	24.1	9,696	8,871	63.5	455	0.0	11.0	11.4
Hamilton, KS	20075	5,699	8.1	35.9	56.0	4,257	8,635	58.8	158	0.0	4.4	3.8
Harper, KS	20077	10,521	6.8	67.5	25.7	9,855	9,016	59.2	378	0.0	9.0	1.9
Harvey, KS	20079	50,572	5.5	67.1	27.4	43,557	7,162	60.0	2,099	0.0	8.9	2.0
Haskell, KS	20081	11,542	4.8	29.6	65.6	8,398	8,991	61.1	288	0.0	11.1	3.1
Hodgeman, KS	20083	4,362	3.6	65.3	31.1	3,989	9,997	59.7	143	0.0	9.1	1.4
Jackson, KS	20085	23,888	10.3	71.7	18.0	20,958	8,209	63.4	743	0.0	12.5	2.4
Jefferson, KS	20087	37,901	4.0	73.0	23.0	34,737	8,259	62.7	1,081	0.0	11.3	2.1
Jewell, KS	20089	6,479	4.3	64.4	31.4	5,783	11,015	57.7	175	0.0	5.7	1.7
Johnson, KS	20091	780,485	3.8	39.6	56.6	612,808	7,455	62.5	23,106	0.0	8.0	1.7
Kearny, KS	20093	13,231	5.9	29.3	64.8	9,373	8,901	60.2	309	0.0	8.7	7.1
Kingman, KS	20095	13,843	8.3	58.7	33.1	12,201	8,479	60.7	516	0.0	4.3	0.8
Kiowa, KS	20097	7,072	4.5	57.9	37.6	6,604	9,842	57.9	217	0.0	8.3	0.9
Labette, KS	20099	35,034	9.7	72.2	18.1	32,494	7,858	62.8	1,454	0.0	10.6	2.6
Lane, KS	20101	4,387	4.3	60.3	35.4	4,003	10,675	58.3	112	0.0	1.8	2.7
Leavenworth, KS	20103	101,784	14.3	59.5	26.1	86,202	6,889	60.1	3,602	1.1	12.5	3.1
Lincoln, KS	20105	5,623	4.4	65.0	30.6	5,100	9,091	61.3	178	0.0	9.0	3.9

Table C-1. Population, School, and Student Characteristics by County—Continued

STATE County	State/county code	High school graduates, 2000 Population 25 years and over	High school diploma or less (percent)	High school diploma or more (percent)	College enrollment, 2000 Number	Percent public	College graduates, 2000 (percent) Bachelor's degree or more	+/- U.S. percent with bachelor's degree or more	Non-Hispanic White	Black	American Indian, Alaska Native	Asian and Pacific Islander	Hispanic or Latino[3]
		30	31	32	33	34	35	36	37	38	39	40	41
Sioux, IA	19167	18,172	53.3	80.4	2,920	14.0	19.8	-4.6	19.9	4.9	0.0	47.4	7.3
Story, IA	19169	42,148	27.8	93.5	23,057	97.5	44.5	20.1	42.5	62.9	7.3	80.0	43.4
Tama, IA	19171	12,011	56.6	84.2	561	89.7	12.9	-11.5	13.3	0.0	5.2	48.2	3.1
Taylor, IA	19173	4,766	63.3	83.3	194	92.8	12.0	-12.4	12.2	...	18.2	0.0	2.9
Union, IA	19175	8,342	55.9	87.3	597	88.4	14.7	-9.7	14.7	...	0.0	0.0	41.2
Van Buren, IA	19177	5,322	63.5	82.7	171	77.2	11.8	-12.6	11.9	...	33.3	0.0	8.3
Wapello, IA	19179	24,120	58.4	81.5	1,607	85.6	14.6	-9.8	14.6	24.6	33.3	23.0	10.6
Warren, IA	19181	25,756	47.8	90.0	2,431	41.0	21.2	-3.2	21.3	20.3	0.0	26.4	20.2
Washington, IA	19183	13,876	56.6	82.5	584	81.3	16.4	-8.0	16.5	10.9	13.3	100.0	9.7
Wayne, IA	19185	4,722	62.0	83.9	191	80.6	12.1	-12.3	12.1	0.0	0.0	58.8	0.0
Webster, IA	19187	25,981	52.6	84.2	1,918	91.5	16.9	-7.5	17.1	8.5	14.8	38.3	5.6
Winnebago, IA	19189	7,772	50.8	87.3	567	40.9	16.5	-7.9	16.5	0.0	0.0	0.0	20.8
Winneshiek, IA	19191	12,864	53.2	84.1	2,830	20.0	20.5	-3.9	20.7	15.4	0.0	2.4	0.0
Woodbury, IA	19193	64,932	53.6	81.4	4,797	57.6	18.9	-5.5	20.6	10.9	2.1	11.8	3.0
Worth, IA	19195	5,476	53.6	86.0	241	86.7	12.7	-11.7	13.0	0.0	0.0	0.0	0.0
Wright, IA	19197	9,882	54.7	84.4	270	75.9	13.5	-10.9	13.9	0.0	0.0	0.0	3.9
KANSAS	20000	1,701,207	43.8	86.0	176,453	85.3	25.8	1.4	27.2	14.9	14.9	40.0	9.7
Allen, KS	20001	9,292	52.7	83.1	647	97.1	15.2	-9.2	15.5	10.8	8.6	22.2	5.9
Anderson, KS	20003	5,459	60.4	81.9	173	89.6	11.7	-12.7	11.7	0.0	0.0	0.0	11.8
Atchison, KS	20005	10,375	56.9	84.7	1,058	26.5	18.0	-6.4	17.8	19.5	0.0	44.4	29.6
Barber, KS	20007	3,646	47.0	85.8	112	88.4	21.0	-3.4	21.2	0.0	0.0	0.0	22.2
Barton, KS	20009	18,265	49.1	82.3	1,206	78.4	16.6	-7.8	17.5	4.4	26.8	53.5	1.3
Bourbon, KS	20011	9,965	47.5	84.2	684	93.1	17.8	-6.6	18.2	6.7	23.5	...	15.6
Brown, KS	20013	7,080	54.5	84.6	349	87.7	19.0	-5.4	18.8	39.8	15.0	54.8	15.2
Butler, KS	20015	37,560	45.0	87.3	3,044	87.7	20.4	-4.0	20.8	7.6	13.3	33.6	8.5
Chase, KS	20017	2,081	52.6	87.1	86	94.2	19.6	-4.8	20.1	17.6	0.0	0.0	0.0
Chautauqua, KS	20019	3,058	59.7	81.0	124	87.1	12.3	-12.1	12.1	...	18.2	37.5	13.6
Cherokee, KS	20021	14,704	58.5	80.3	781	94.0	11.3	-13.1	11.2	5.4	17.9	19.4	5.4
Cheyenne, KS	20023	2,257	50.2	85.5	71	91.5	16.0	-8.4	16.1	...	0.0	0.0	0.0
Clark, KS	20025	1,640	40.1	87.4	56	94.6	22.1	-2.3	22.3	0.0	27.3	0.0	15.2
Clay, KS	20027	6,026	52.5	87.0	244	97.1	16.5	-7.9	16.6	15.4	0.0	36.4	5.0
Cloud, KS	20029	6,909	52.6	85.5	710	94.1	18.0	-6.4	17.8	0.0	29.4	46.2	50.0
Coffey, KS	20031	5,932	53.7	86.9	280	84.6	20.1	-4.3	19.9	0.0	21.6	66.7	20.8
Comanche, KS	20033	1,440	45.8	91.3	31	87.1	15.1	-9.3	15.0	...	...	100.0	18.2
Cowley, KS	20035	22,982	45.6	85.4	2,584	61.3	18.3	-6.1	19.1	17.2	10.8	3.1	8.4
Crawford, KS	20037	23,395	46.2	84.5	5,069	97.7	23.9	-0.5	24.2	9.5	16.5	53.5	11.3
Decatur, KS	20039	2,479	53.6	86.4	106	93.4	15.4	-9.0	15.2	0.0	0.0	50.0	25.0
Dickinson, KS	20041	13,156	52.9	86.4	663	85.7	15.2	-9.2	15.3	0.0	7.1	33.3	6.4
Doniphan, KS	20043	5,176	56.6	80.2	643	97.0	14.8	-9.6	15.0	9.1	0.0	23.1	10.5
Douglas, KS	20045	53,257	29.9	92.4	25,640	93.2	42.7	18.3	42.8	33.2	25.9	71.3	33.0
Edwards, KS	20047	2,378	51.1	81.2	118	95.8	16.3	-8.1	17.3	37.5	33.3	54.5	0.0
Elk, KS	20049	2,354	61.6	80.0	92	90.2	10.6	-13.8	10.8	...	0.0	0.0	0.0
Ellis, KS	20051	16,278	42.7	87.2	4,298	96.9	29.2	4.8	29.2	60.0	0.0	56.9	12.1
Ellsworth, KS	20053	4,660	50.7	84.8	177	83.1	16.4	-8.0	17.6	0.0	13.0	0.0	2.4
Finney, KS	20055	22,196	57.5	67.4	1,747	90.7	14.3	-10.1	20.9	0.0	14.2	18.0	2.8
Ford, KS	20057	18,632	53.2	69.9	1,285	94.5	16.4	-8.0	22.7	9.4	5.3	0.0	3.7
Franklin, KS	20059	15,753	54.2	85.3	1,069	56.8	16.5	-7.9	16.8	12.7	8.6	46.5	6.3
Geary, KS	20061	15,744	44.0	86.0	1,899	90.2	17.1	-7.3	19.4	10.3	21.3	14.6	12.8
Gove, KS	20063	2,120	50.7	84.5	61	95.1	18.4	-6.0	18.7	0.0	0.0	0.0	0.0
Graham, KS	20065	2,125	50.4	83.6	81	91.4	17.4	-7.0	17.0	20.6	22.2	66.7	37.5
Grant, KS	20067	4,712	56.5	71.5	199	75.4	15.2	-9.2	19.6	...	18.2	...	3.7
Gray, KS	20069	3,536	52.1	73.6	133	93.2	16.3	-8.1	17.2	0.0	0.0	...	5.8
Greeley, KS	20071	983	45.6	83.7	19	100.0	17.4	-7.0	18.6	...	0.0	...	1.5
Greenwood, KS	20073	5,343	57.7	80.9	168	88.1	14.5	-9.9	14.8	...	5.7	6.9	0.0
Hamilton, KS	20075	1,727	53.7	76.7	63	92.1	17.4	-7.0	20.0	0.0	0.0	25.0	2.2
Harper, KS	20077	4,462	55.3	83.8	144	89.6	14.0	-10.4	13.9	44.0	0.0	33.3	11.8
Harvey, KS	20079	21,278	44.9	85.3	1,711	49.6	23.0	-1.4	24.3	19.8	2.1	12.7	5.3
Haskell, KS	20081	2,505	50.6	74.8	128	94.5	17.5	-6.9	20.7	0.0	0.0	70.4	0.9
Hodgeman, KS	20083	1,376	43.8	86.9	64	78.1	19.7	-4.7	20.3	0.0	0.0	0.0	0.0
Jackson, KS	20085	8,228	58.2	87.7	305	70.5	15.4	-9.0	15.8	11.4	11.9	63.6	10.2
Jefferson, KS	20087	12,127	53.7	88.9	491	77.8	17.9	-6.5	17.9	17.4	30.4	20.0	19.8
Jewell, KS	20089	2,798	51.9	87.6	73	95.9	13.8	-10.6	13.4	0.0	0.0	100.0	18.8
Johnson, KS	20091	295,829	22.6	94.9	24,951	76.2	47.7	23.3	48.5	41.1	26.6	59.4	25.3
Kearny, KS	20093	2,592	51.9	75.8	134	82.8	15.0	-9.4	17.8	0.0	25.0	100.0	3.7
Kingman, KS	20095	5,809	49.0	84.7	248	89.1	17.8	-6.6	17.5	100.0	40.0	85.7	20.0
Kiowa, KS	20097	2,227	44.8	85.2	150	48.7	18.9	-5.5	19.2	0.0	0.0	33.3	0.0
Labette, KS	20099	15,007	48.9	83.0	1,066	98.1	15.9	-8.5	16.1	5.1	11.4	80.0	19.3
Lane, KS	20101	1,491	45.6	88.5	28	92.9	18.5	-5.9	18.7	0.0	...	50.0	16.7
Leavenworth, KS	20103	44,792	47.4	86.5	3,720	73.8	23.1	-1.3	24.1	16.4	11.1	22.6	15.1
Lincoln, KS	20105	2,548	50.6	85.0	101	85.1	17.4	-7.0	17.6	0.0	0.0	33.3	17.6

[3]May be of any race.

Table C-1. Population, School, and Student Characteristics by County—Continued

STATE County	State/ county code	County type[1]	Population, 2007 Total	Population, 2007 Percent 5 to 17 years	School districts	Schools	Students	Total enrollment Number	Total enrollment Percent public	K–12 enrollment Number	K–12 enrollment Percent public
			1	2	3	4	5	6	7	8	9
Linn, KS	20107	1	9,767	16.8	3	11	2,069	2,094	89.1	1,788	91.3
Logan, KS	20109	9	2,628	15.2	2	5	563	723	89.5	576	93.2
Lyon, KS	20111	5	35,981	16.7	3	19	6,148	11,701	95.8	6,992	95.8
McPherson, KS	20113	6	29,196	16.3	5	19	4,832	8,098	85.6	5,809	89.4
Marion, KS	20115	6	12,238	16.5	5	12	2,347	3,472	81.0	2,604	92.7
Marshall, KS	20117	7	10,186	14.7	4	13	2,140	2,606	87.0	2,317	87.9
Meade, KS	20119	9	4,403	20.9	2	4	696	1,272	90.6	1,027	92.7
Miami, KS	20121	1	31,078	18.3	3	13	4,892	7,575	88.0	6,086	91.2
Mitchell, KS	20123	7	6,307	15.6	3	8	1,183	1,866	85.6	1,424	83.6
Montgomery, KS	20125	5	34,511	16.5	4	12	5,411	9,206	90.1	7,003	91.3
Morris, KS	20127	9	5,967	16.2	1	4	877	1,419	96.3	1,202	97.5
Morton, KS	20129	9	3,038	20.6	2	6	923	1,005	95.7	812	97.3
Nemaha, KS	20131	8	10,201	19.0	3	9	1,710	2,698	91.9	2,303	92.7
Neosho, KS	20133	7	16,228	16.6	2	10	2,636	4,518	91.4	3,440	93.1
Ness, KS	20135	9	2,991	13.4	2	5	498	769	91.2	625	92.2
Norton, KS	20137	7	5,422	14.9	3	7	970	1,349	90.3	1,120	92.2
Osage, KS	20139	3	16,459	17.8	5	13	3,109	4,279	94.9	3,378	97.4
Osborne, KS	20141	9	3,871	15.2	1	2	367	1,033	95.2	925	96.0
Ottawa, KS	20143	9	6,006	16.6	2	6	1,243	1,514	90.8	1,244	94.5
Pawnee, KS	20145	7	6,415	16.4	3	9	1,255	1,676	91.9	1,420	93.0
Phillips, KS	20147	7	5,356	15.4	3	7	1,016	1,384	98.0	1,170	99.7
Pottawatomie, KS	20149	6	19,396	19.5	4	15	3,694	5,159	87.3	4,131	87.7
Pratt, KS	20151	7	9,426	15.8	2	7	1,614	2,533	90.5	1,874	91.0
Rawlins, KS	20153	9	2,558	14.7	1	2	354	666	95.3	593	97.6
Reno, KS	20155	4	63,145	16.3	7	36	10,052	15,601	88.4	11,953	89.4
Republic, KS	20157	9	4,901	12.3	3	8	825	1,306	96.0	1,109	99.3
Rice, KS	20159	7	10,080	16.4	4	13	1,918	3,243	88.3	2,089	97.1
Riley, KS	20161	5	69,083	13.6	3	16	6,060	28,110	94.9	8,195	92.5
Rooks, KS	20163	9	5,160	16.6	3	7	955	1,330	91.7	1,122	92.8
Rush, KS	20165	9	3,211	14.8	2	6	569	790	95.1	644	96.7
Russell, KS	20167	7	6,737	14.8	2	8	1,157	1,627	93.5	1,340	97.5
Saline, KS	20169	5	54,583	17.8	3	16	8,590	14,039	84.4	10,731	89.8
Scott, KS	20171	7	4,568	16.7	1	3	971	1,229	93.1	1,033	95.1
Sedgwick, KS	20173	2	476,020	19.6	10	148	78,839	129,180	82.4	92,478	85.8
Seward, KS	20175	7	23,109	22.2	2	15	5,220	6,348	95.3	5,207	97.5
Shawnee, KS	20177	3	173,476	17.4	7	61	26,765	43,314	83.1	31,221	87.2
Sheridan, KS	20179	9	2,493	15.0	1	2	359	757	99.2	630	99.2
Sherman, KS	20181	7	5,959	15.0	1	5	1,049	1,793	95.3	1,203	98.1
Smith, KS	20183	9	3,951	13.7	2	4	628	979	96.3	817	100.0
Stafford, KS	20185	9	4,387	16.5	3	7	1,038	1,201	96.8	1,020	97.7
Stanton, KS	20187	9	2,162	18.6	1	3	486	644	92.2	538	95.9
Stevens, KS	20189	7	5,061	21.3	2	5	1,342	1,570	96.5	1,292	97.1
Sumner, KS	20191	2	23,888	18.6	7	20	4,368	7,299	91.7	5,745	94.6
Thomas, KS	20193	7	7,314	17.6	3	9	1,359	2,545	91.5	1,622	90.8
Trego, KS	20195	9	2,927	14.6	1	2	430	807	94.1	631	99.0
Wabaunsee, KS	20197	3	6,870	16.7	2	7	1,029	1,699	94.4	1,407	95.5
Wallace, KS	20199	9	1,456	17.7	2	4	330	470	90.9	415	89.6
Washington, KS	20201	9	5,840	16.4	4	11	1,300	1,403	88.0	1,161	88.5
Wichita, KS	20203	9	2,200	18.8	1	3	486	617	91.2	546	93.6
Wilson, KS	20205	7	9,807	16.8	3	9	1,844	2,434	96.9	2,047	98.8
Woodson, KS	20207	9	3,318	12.2	1	2	471	862	96.2	680	99.0
Wyandotte, KS	20209	1	153,956	19.9	6	62	27,791	42,334	86.9	32,339	89.1
KENTUCKY	21000	X	4,241,474	17.1	196	1,409	679,878	1,007,452	85.3	738,747	88.3
Adair, KY	21001	7	17,830	16.2	1	9	2,814	4,198	77.2	2,934	92.0
Allen, KY	21003	6	18,899	17.7	1	4	3,127	3,983	91.1	3,357	92.9
Anderson, KY	21005	6	21,245	18.7	1	6	4,094	4,641	93.2	3,715	95.4
Ballard, KY	21007	9	8,307	15.1	1	4	1,515	1,785	96.0	1,417	96.8
Barren, KY	21009	6	41,184	16.8	3	18	7,463	8,256	90.5	6,748	92.9
Bath, KY	21011	8	11,592	17.5	1	5	2,102	2,341	94.9	1,962	95.5
Bell, KY	21013	7	28,987	16.2	3	15	5,629	6,872	91.7	5,616	94.2
Boone, KY	21015	1	112,459	19.9	2	22	18,406	23,160	77.5	17,525	81.0
Bourbon, KY	21017	2	19,756	17.4	2	10	3,729	4,539	91.9	3,554	93.1
Boyd, KY	21019	2	48,481	15.1	5	22	7,724	11,748	89.7	8,720	92.0
Boyle, KY	21021	7	28,664	16.0	3	13	4,726	7,043	79.4	4,994	95.0
Bracken, KY	21023	1	8,574	17.8	2	4	1,547	1,978	93.1	1,606	93.0
Breathitt, KY	21025	7	15,651	16.8	2	10	2,963	4,131	90.3	3,269	92.6
Breckinridge, KY	21027	8	19,086	16.8	2	9	3,134	4,228	88.6	3,621	89.1
Bullitt, KY	21029	1	73,931	18.5	1	23	12,204	14,974	85.7	12,247	88.8
Butler, KY	21031	8	13,256	16.5	1	6	2,267	2,925	96.3	2,482	97.2
Caldwell, KY	21033	6	12,769	15.6	1	4	2,090	2,797	93.2	2,182	96.2

[1] County type codes are from the Economic Research Service of the United States Department of Agriculture. See notes and definitions for more information.

PART C—COUNTY EDUCATION STATISTICS

Table C-1. Population, School, and Student Characteristics by County—Continued

STATE County	State/ county code	Students with IEP[2] (%)	Students eligible for free or reduced-price lunch (%)	Minority students (%)	English language learners (%)	Number of graduates, 2004–2005	Total staff	Number of teachers	Student/ teacher ratio	Central administration staff
		10	11	12	13	14	15	16	17	18
Linn, KS	20107	14.4	39.3	2.6	0.2	136	290	148	14.0	12
Logan, KS	20109	18.8	40.5	2.9	0.0	48	100	52	10.8	5
Lyon, KS	20111	11.8	52.2	41.2	20.7	350	958	482	12.8	26
McPherson, KS	20113	15.0	26.0	6.6	0.7	385	840	376	12.9	36
Marion, KS	20115	19.1	34.6	5.5	0.0	152	331	172	13.6	12
Marshall, KS	20117	15.4	33.9	3.6	0.0	177	394	177	12.1	12
Meade, KS	20119	16.4	47.6	17.6	4.7	48	108	54	12.9	5
Miami, KS	20121	13.6	26.6	5.0	0.0	362	916	377	13.0	20
Mitchell, KS	20123	17.4	37.3	5.0	0.1	118	239	109	10.9	9
Montgomery, KS	20125	12.8	52.4	24.5	0.4	377	628	342	15.8	24
Morris, KS	20127	14.5	38.6	2.5	0.0	73	119	69	12.7	4
Morton, KS	20129	9.4	39.8	28.6	17.2	68	176	82	11.3	8
Nemaha, KS	20131	13.9	25.2	2.5	0.1	143	277	141	12.1	14
Neosho, KS	20133	18.1	44.4	7.2	0.3	179	351	187	14.1	10
Ness, KS	20135	17.3	31.5	9.2	2.2	45	89	43	11.6	4
Norton, KS	20137	20.6	36.6	2.4	0.0	55	154	83	11.7	7
Osage, KS	20139	19.9	34.7	4.4	0.0	218	388	224	13.9	18
Osborne, KS	20141	19.9	45.5	4.2	0.0	33	54	32	11.5	4
Ottawa, KS	20143	13.6	34.5	3.6	0.0	102	183	93	13.4	7
Pawnee, KS	20145	22.1	37.9	12.6	0.0	108	301	120	10.5	11
Phillips, KS	20147	17.6	41.1	5.0	0.0	55	149	91	11.2	8
Pottawatomie, KS	20149	17.0	28.9	4.4	0.0	278	616	303	12.2	20
Pratt, KS	20151	14.1	36.0	7.4	0.7	125	211	114	14.2	9
Rawlins, KS	20153	19.5	42.4	0.0	0.0	25	67	33	10.7	2
Reno, KS	20155	15.3	46.4	15.5	1.5	640	1,400	698	14.4	44
Republic, KS	20157	24.2	43.4	2.1	0.0	77	163	81	10.2	11
Rice, KS	20159	17.5	53.4	16.6	6.1	124	356	173	11.1	18
Riley, KS	20161	16.6	31.1	18.5	2.2	468	948	449	13.5	34
Rooks, KS	20163	21.3	40.7	2.1	0.0	71	176	86	11.1	7
Rush, KS	20165	18.1	42.0	3.8	0.0	40	90	51	11.2	5
Russell, KS	20167	17.6	40.7	5.4	0.0	75	201	106	10.9	9
Saline, KS	20169	14.2	43.8	21.0	3.4	569	1,509	672	12.8	48
Scott, KS	20171	13.8	42.6	16.8	14.9	69	164	71	13.7	4
Sedgwick, KS	20173	14.0	50.0	36.6	8.9	4,289	9,462	5,038	15.6	180
Seward, KS	20175	10.0	65.0	71.6	28.8	235	721	350	14.9	22
Shawnee, KS	20177	15.9	43.3	29.6	2.5	1,910	3,845	2,081	12.9	122
Sheridan, KS	20179	16.2	30.4	4.9	0.0	29	64	26	13.8	3
Sherman, KS	20181	17.6	40.0	18.7	7.8	61	197	75	14.0	4
Smith, KS	20183	16.6	41.1	4.8	0.0	65	116	64	9.8	7
Stafford, KS	20185	18.5	53.2	19.8	4.8	72	169	85	12.2	9
Stanton, KS	20187	13.4	51.0	41.9	24.3	37	73	38	12.8	4
Stevens, KS	20189	9.2	50.9	41.6	15.9	74	210	106	12.7	10
Sumner, KS	20191	17.8	38.2	7.5	0.0	320	682	321	13.6	30
Thomas, KS	20193	17.2	36.8	5.7	1.4	100	244	112	12.1	10
Trego, KS	20195	19.3	35.3	3.0	0.0	31	72	36	11.9	5
Wabaunsee, KS	20197	17.7	30.0	2.5	0.0	85	166	79	13.0	9
Wallace, KS	20199	13.9	42.7	7.1	1.5	38	79	40	8.3	4
Washington, KS	20201	13.6	34.9	2.4	0.0	99	202	115	11.3	17
Wichita, KS	20203	12.1	42.2	33.2	17.7	39	81	40	12.2	2
Wilson, KS	20205	14.5	49.1	3.6	0.0	131	251	134	13.8	10
Woodson, KS	20207	18.0	46.7	6.6	0.0	59	71	36	13.1	3
Wyandotte, KS	20209	12.7	62.9	67.1	10.1	1,448	3,755	1,955	14.2	138
KENTUCKY	21000	16.0	52.4	18.6	1.5	38,202	97,418	42,175	16.1	3,283
Adair, KY	21001	18.0	60.8	6.0	0.0	161	437	196	14.4	17
Allen, KY	21003	12.9	47.2	1.4	0.0	190	430	180	17.4	18
Anderson, KY	21005	19.9	34.9	3.4	0.0	237	508	229	17.9	15
Ballard, KY	21007	20.1	47.3	4.5	0.0	99	223	94	16.1	7
Barren, KY	21009	16.4	52.1	7.2	0.3	416	1,035	454	16.4	44
Bath, KY	21011	13.0	63.6	2.4	0.0	83	294	123	17.1	13
Bell, KY	21013	17.5	79.4	2.7	0.0	349	896	394	14.3	32
Boone, KY	21015	13.1	24.8	6.9	0.0	965	2,251	1,071	17.2	49
Bourbon, KY	21017	13.4	48.9	12.8	0.4	209	565	231	16.1	19
Boyd, KY	21019	16.8	50.2	4.2	0.0	529	1,212	523	14.8	54
Boyle, KY	21021	21.1	45.7	12.6	1.0	296	734	332	14.2	26
Bracken, KY	21023	16.2	48.8	1.8	0.0	111	226	99	15.6	13
Breathitt, KY	21025	20.5	69.5	1.9	0.0	184	494	198	15.0	23
Breckinridge, KY	21027	18.2	56.6	4.0	0.0	191	467	171	18.3	23
Bullitt, KY	21029	13.7	40.9	1.7	0.0	656	1,366	686	17.8	41
Butler, KY	21031	15.7	55.0	2.4	0.0	131	313	139	16.3	8
Caldwell, KY	21033	15.5	53.8	8.1	0.0	133	310	134	15.6	16

[2]IEP = Individual Education Program. See notes and definitions for more information.

376 THE ALMANAC OF AMERICAN EDUCATION (BERNAN PRESS)

Table C-1. Population, School, and Student Characteristics by County —*Continued*

STATE County	State/ county code	Revenues, 2004–2005				Current expenditures, 2004–2005			Resident population 16 to 19 years, 2000			
		Total revenue (thousands of dollars)	Federal government	State government	Local government	Total expenditures (thousands of dollars)	Amount per student	Percent for instruction	Total population 16 to 19 years	Percent in Armed Forces	Percent high school graduates	Percent not enrolled, not employed, not in Armed Forces, not high school grad.
		19	20	21	22	23	24	25	26	27	28	29
Linn, KS	20107	20,264	5.2	56.8	38.1	18,431	8,772	58.5	531	0.0	18.3	3.8
Logan, KS	20109	5,433	5.3	62.0	32.7	5,111	8,677	64.5	184	0.0	14.7	0.5
Lyon, KS	20111	55,917	10.3	63.9	25.7	47,046	7,611	61.4	2,942	0.0	10.5	3.9
McPherson, KS	20113	41,822	3.3	58.5	38.3	36,904	7,674	62.9	2,018	0.1	6.4	2.6
Marion, KS	20115	23,557	4.4	68.6	26.9	20,472	8,678	60.7	823	0.0	6.0	2.9
Marshall, KS	20117	21,251	4.8	65.7	29.5	19,340	8,855	61.2	685	0.0	7.7	1.9
Meade, KS	20119	6,776	4.2	51.8	44.0	6,451	9,445	61.4	270	0.0	7.8	2.2
Miami, KS	20121	43,122	3.9	55.8	40.3	36,617	7,619	60.6	1,588	0.2	8.8	2.3
Mitchell, KS	20123	12,877	4.5	57.8	37.7	10,937	9,308	61.9	579	0.0	2.1	2.1
Montgomery, KS	20125	45,169	8.4	68.9	22.7	41,584	7,641	61.1	2,291	0.0	7.4	3.9
Morris, KS	20127	8,298	9.4	67.2	23.4	7,455	8,293	64.2	352	0.0	15.6	2.6
Morton, KS	20129	10,340	9.6	34.5	55.9	8,757	8,510	67.5	233	0.0	5.6	2.6
Nemaha, KS	20131	15,769	6.5	69.4	24.1	13,627	7,832	60.9	620	0.0	9.5	1.3
Neosho, KS	20133	24,919	8.6	70.8	20.6	23,247	7,835	64.1	1,126	0.0	7.4	2.2
Ness, KS	20135	5,067	3.8	65.0	31.1	4,590	9,125	57.3	164	0.0	4.3	0.0
Norton, KS	20137	9,393	5.2	71.8	22.9	8,650	9,048	60.0	278	0.0	10.4	6.1
Osage, KS	20139	27,900	5.4	74.5	20.1	25,234	8,031	61.0	944	1.0	13.2	2.0
Osborne, KS	20141	4,086	5.1	70.6	24.3	3,385	8,379	63.4	240	0.0	5.0	0.8
Ottawa, KS	20143	11,162	4.4	71.5	24.1	10,360	8,464	62.2	387	0.0	4.4	2.6
Pawnee, KS	20145	11,725	7.6	65.2	27.2	10,718	9,296	60.5	594	0.0	11.1	15.0
Phillips, KS	20147	12,351	4.0	58.0	38.0	9,526	9,790	63.9	316	0.0	7.0	2.2
Pottawatomie, KS	20149	36,038	5.3	55.3	39.4	29,980	8,277	60.1	1,181	0.0	11.7	1.5
Pratt, KS	20151	13,970	7.6	68.7	23.7	13,185	8,069	60.8	697	0.0	9.3	0.9
Rawlins, KS	20153	4,565	4.2	65.9	29.9	3,984	11,036	60.9	181	0.0	7.2	1.7
Reno, KS	20155	88,421	10.5	58.5	31.0	75,319	7,313	58.6	3,815	0.0	10.5	4.0
Republic, KS	20157	9,313	5.2	65.6	29.2	8,773	10,119	60.0	275	0.0	4.4	0.0
Rice, KS	20159	18,573	5.6	67.6	26.8	17,027	8,962	63.5	894	0.0	4.0	2.9
Riley, KS	20161	56,907	12.8	48.6	38.6	50,910	8,243	60.8	6,991	9.5	15.9	1.9
Rooks, KS	20163	9,148	4.7	65.2	30.1	9,000	9,626	59.0	314	0.0	13.4	3.2
Rush, KS	20165	6,055	5.0	65.0	30.0	5,418	10,108	58.3	145	0.0	13.1	0.0
Russell, KS	20167	11,015	8.0	61.1	30.9	10,512	8,878	57.8	431	0.0	6.5	0.2
Saline, KS	20169	82,761	11.5	51.8	36.7	68,059	7,854	60.7	3,217	0.0	8.4	3.9
Scott, KS	20171	9,392	4.0	50.3	45.7	7,674	8,061	60.8	297	0.0	6.1	5.7
Sedgwick, KS	20173	669,560	10.7	59.1	30.2	572,141	7,259	56.3	25,400	0.6	11.2	5.4
Seward, KS	20175	41,610	12.7	62.5	24.8	36,174	6,758	65.3	1,483	0.0	6.3	12.1
Shawnee, KS	20177	238,915	12.3	52.5	35.2	205,871	7,694	60.8	9,610	0.0	13.8	5.9
Sheridan, KS	20179	3,710	4.6	57.7	37.7	3,290	8,916	52.7	175	0.0	1.7	0.0
Sherman, KS	20181	8,438	5.9	64.9	29.3	7,843	7,735	62.1	548	0.0	12.4	9.9
Smith, KS	20183	6,749	4.7	70.6	24.7	6,742	10,184	66.1	253	0.0	2.8	3.2
Stafford, KS	20185	11,165	5.5	61.7	32.8	9,902	9,272	58.4	272	0.0	6.6	7.4
Stanton, KS	20187	5,212	6.0	32.4	61.6	4,601	9,202	59.7	138	0.0	8.0	8.0
Stevens, KS	20189	12,847	8.9	22.3	68.8	11,480	8,404	61.9	420	0.0	6.2	2.4
Sumner, KS	20191	42,493	6.2	72.0	21.7	36,306	8,155	64.0	1,637	0.0	11.6	2.1
Thomas, KS	20193	12,710	4.8	66.7	28.5	11,635	8,114	57.8	632	0.0	4.1	0.8
Trego, KS	20195	4,254	4.5	54.4	41.1	3,797	9,662	63.3	181	0.0	0.0	3.9
Wabaunsee, KS	20197	11,039	5.7	59.3	35.0	9,045	8,903	58.8	374	0.0	8.3	3.7
Wallace, KS	20199	4,122	5.4	65.4	29.2	3,742	10,196	58.7	133	0.0	12.8	1.5
Washington, KS	20201	12,869	4.7	66.5	28.8	11,972	9,245	61.4	329	0.0	8.8	0.9
Wichita, KS	20203	4,792	6.4	59.3	34.3	4,418	8,464	57.0	149	0.0	4.7	4.0
Wilson, KS	20205	16,751	6.5	73.5	20.0	15,660	8,604	60.1	554	0.0	12.5	4.5
Woodson, KS	20207	5,000	6.8	72.6	20.6	4,614	8,624	56.7	212	0.0	6.6	0.0
Wyandotte, KS	20209	245,402	11.5	58.9	29.6	214,288	7,651	57.9	9,384	0.0	14.5	10.6
KENTUCKY	21000	5,444,309	11.9	57.3	30.8	4,803,184	7,121	59.6	228,979	0.8	11.9	7.1
Adair, KY	21001	22,010	14.6	69.1	16.3	22,126	7,919	57.8	1,172	0.0	8.2	9.4
Allen, KY	21003	22,545	11.1	69.5	19.5	19,773	6,420	62.5	1,015	0.0	15.5	9.4
Anderson, KY	21005	28,158	8.0	62.9	29.1	24,051	5,933	65.0	900	0.0	11.7	4.2
Ballard, KY	21007	13,831	10.3	64.8	24.9	10,386	6,851	61.0	380	0.0	9.2	3.7
Barren, KY	21009	65,541	10.1	53.2	36.7	50,432	6,974	59.6	2,012	0.0	14.4	7.9
Bath, KY	21011	15,674	15.0	70.4	14.6	13,405	6,426	60.5	621	0.8	8.2	11.4
Bell, KY	21013	46,510	18.0	69.0	12.9	43,117	7,656	61.7	1,676	0.0	10.1	10.6
Boone, KY	21015	135,646	5.2	40.9	53.9	108,598	6,166	60.4	4,691	0.0	13.2	6.0
Bourbon, KY	21017	28,755	15.8	59.0	25.2	25,602	6,778	62.7	932	0.0	7.9	7.1
Boyd, KY	21019	62,182	16.2	60.6	23.2	57,028	7,365	60.8	2,790	0.0	10.4	4.5
Boyle, KY	21021	39,924	11.2	58.7	30.1	35,987	7,524	60.0	1,635	0.0	10.9	7.3
Bracken, KY	21023	11,835	12.1	71.1	16.7	10,383	6,534	61.7	410	0.0	7.3	4.6
Breathitt, KY	21025	25,433	18.3	71.5	10.2	22,903	7,761	59.2	1,033	0.0	13.7	8.9
Breckinridge, KY	21027	25,941	17.5	61.4	21.1	22,283	7,170	56.8	1,038	0.0	10.0	4.1
Bullitt, KY	21029	85,569	8.0	60.4	31.7	70,753	5,971	66.5	3,475	0.4	12.5	3.2
Butler, KY	21031	18,143	11.5	73.1	15.4	15,439	6,792	59.2	824	0.0	12.6	3.2
Caldwell, KY	21033	16,411	12.0	69.4	18.7	14,653	6,945	63.7	722	0.0	10.2	4.3

PART C—COUNTY EDUCATION STATISTICS

Table C-1. Population, School, and Student Characteristics by County—Continued

STATE County	State/ county code	Population 25 years and over	High school diploma or less (percent)	High school diploma or more (percent)	College enrollment Number	College enrollment Percent public	Bachelor's degree or more	+/- U.S. percent with bachelor's degree or more	Non-Hispanic White	Black	American Indian, Alaska Native	Asian and Pacific Islander	Hispanic or Latino[3]
		30	31	32	33	34	35	36	37	38	39	40	41
Linn, KS	20107	6,538	58.6	80.9	183	84.2	12.7	-11.7	12.7	7.7	0.0	100.0	12.5
Logan, KS	20109	2,058	52.0	86.7	86	83.7	17.5	-6.9	17.5	0.0	100.0	100.0	6.9
Lyon, KS	20111	20,559	50.0	81.8	4,142	97.9	23.0	-1.4	25.9	9.9	11.7	14.2	5.3
McPherson, KS	20113	19,078	46.2	85.9	1,897	80.3	22.2	-2.2	22.0	20.6	30.8	42.9	18.4
Marion, KS	20115	9,000	54.2	84.4	680	39.7	17.9	-6.5	18.3	0.0	0.0	0.0	6.8
Marshall, KS	20117	7,460	60.6	85.1	153	88.9	13.2	-11.2	13.4	0.0	0.0	3.3	0.0
Meade, KS	20119	2,946	48.2	80.3	146	93.2	19.6	-4.8	20.8	0.0	20.0	11.1	5.3
Miami, KS	20121	18,444	49.2	87.5	838	88.1	19.4	-5.0	19.7	7.1	17.9	36.2	4.7
Mitchell, KS	20123	4,645	48.1	88.1	374	97.3	16.9	-7.5	16.8	...	0.0	77.8	0.0
Montgomery, KS	20125	24,090	49.0	81.2	1,733	93.4	16.0	-8.4	17.1	5.1	8.9	20.2	6.0
Morris, KS	20127	4,224	56.1	84.7	133	97.7	16.0	-8.4	16.2	0.0	0.0	0.0	13.7
Morton, KS	20129	2,165	52.7	81.9	108	89.8	17.6	-6.8	18.1	0.0	14.7	70.2	1.0
Nemaha, KS	20131	7,038	62.5	83.7	234	85.5	14.6	-9.8	14.7	10.5	0.0	62.5	0.0
Neosho, KS	20133	11,113	51.7	83.5	751	97.5	15.0	-9.4	15.1	12.9	29.9	0.0	2.7
Ness, KS	20135	2,498	52.1	84.4	92	92.4	17.9	-6.5	18.1	0.0	...	50.0	0.0
Norton, KS	20137	4,178	52.8	84.8	138	71.7	15.4	-9.0	16.5	0.0	0.0	58.3	0.0
Osage, KS	20139	11,117	56.8	85.5	581	87.4	14.3	-10.1	14.5	0.0	10.0	29.7	7.6
Osborne, KS	20141	3,115	55.5	84.8	72	97.2	15.5	-8.9	15.4	...	60.0	30.0	0.0
Ottawa, KS	20143	4,228	51.7	86.2	149	83.2	16.3	-8.1	16.5	0.0	0.0	37.5	13.3
Pawnee, KS	20145	4,875	45.0	84.8	177	91.0	21.8	-2.6	22.2	15.3	7.0	100.0	4.9
Phillips, KS	20147	4,182	52.5	84.4	124	96.8	16.1	-8.3	16.2	0.0	0.0	30.8	11.1
Pottawatomie, KS	20149	11,441	48.2	89.2	822	88.7	22.7	-1.7	22.8	3.2	16.0	0.0	21.7
Pratt, KS	20151	6,365	41.4	86.3	533	92.7	21.0	-3.4	21.5	29.3	0.0	0.0	5.1
Rawlins, KS	20153	2,152	49.9	84.7	36	88.9	15.9	-8.5	16.1	0.0	0.0	0.0	0.0
Reno, KS	20155	43,082	47.8	82.7	2,673	90.8	17.3	-7.1	18.1	8.6	7.4	23.6	6.0
Republic, KS	20157	4,256	52.7	88.6	110	83.6	14.9	-9.5	14.9	0.0	18.2	0.0	0.0
Rice, KS	20159	6,701	50.2	83.4	989	73.0	17.5	-6.9	18.1	8.3	18.2	33.3	4.9
Riley, KS	20161	29,358	28.6	93.8	19,026	97.4	40.5	16.1	41.5	18.8	36.7	69.1	23.1
Rooks, KS	20163	3,901	54.3	87.1	100	98.0	15.4	-9.0	15.8	0.0	0.0	28.6	0.0
Rush, KS	20165	2,568	49.6	82.8	104	96.2	16.4	-8.0	16.4	...	0.0	50.0	0.0
Russell, KS	20167	5,323	52.7	83.1	135	88.1	16.7	-7.7	17.0	...	0.0	0.0	0.0
Saline, KS	20169	34,680	47.5	87.0	2,260	72.4	20.4	-4.0	21.2	17.0	15.0	12.6	8.5
Scott, KS	20171	3,376	44.3	84.5	130	91.5	23.0	-1.4	23.5	100.0	100.0	0.0	0.0
Sedgwick, KS	20173	282,585	44.2	85.1	27,503	81.1	25.4	1.0	28.0	13.1	13.9	23.8	10.0
Seward, KS	20175	12,690	63.1	63.7	766	91.5	13.6	-10.8	19.8	9.3	7.4	22.6	2.5
Shawnee, KS	20177	111,709	45.5	88.1	8,815	77.4	26.0	1.6	28.0	12.2	15.5	48.7	13.9
Sheridan, KS	20179	1,905	48.8	87.8	63	98.4	15.9	-8.5	15.6	...	0.0	100.0	33.3
Sherman, KS	20181	4,319	49.3	86.6	484	95.5	15.0	-9.4	16.2	0.0	0.0	0.0	0.0
Smith, KS	20183	3,338	53.4	84.6	69	76.8	16.7	-7.7	16.6	0.0	0.0	45.0	0.0
Stafford, KS	20185	3,254	46.2	82.9	108	89.8	18.4	-6.0	19.1	0.0	9.5	17.6	1.7
Stanton, KS	20187	1,468	53.0	78.0	50	76.0	16.9	-7.5	19.6	0.0	12.5	100.0	4.6
Stevens, KS	20189	3,287	51.5	80.5	184	92.4	17.5	-6.9	19.7	...	26.5	50.0	3.3
Sumner, KS	20191	16,662	51.4	86.3	997	81.1	15.7	-8.7	16.1	12.6	4.9	22.7	3.6
Thomas, KS	20193	4,978	37.5	92.7	745	94.4	25.0	0.6	25.0	0.0	...	56.0	7.1
Trego, KS	20195	2,342	53.3	84.3	131	81.7	14.0	-10.4	14.1	...	0.0	0.0	0.0
Wabaunsee, KS	20197	4,623	55.6	89.9	195	91.3	17.3	-7.1	17.4	0.0	0.0	55.6	28.2
Wallace, KS	20199	1,133	52.7	84.0	31	100.0	17.2	-7.2	17.9	0.0	0.0	...	4.2
Washington, KS	20201	4,572	56.9	81.2	139	90.6	15.2	-9.2	15.3	0.0	16.7	0.0	0.0
Wichita, KS	20203	1,625	55.1	77.7	37	81.1	15.5	-8.9	17.2	...	33.3	0.0	5.1
Wilson, KS	20205	6,944	56.1	81.1	264	92.4	10.9	-13.5	10.7	0.0	2.2	27.8	22.2
Woodson, KS	20207	2,667	56.8	83.4	120	100.0	11.4	-13.0	11.1	0.0	0.0	55.0	20.0
Wyandotte, KS	20209	96,608	60.3	74.0	6,959	84.1	12.0	-12.4	13.8	10.6	3.7	21.0	5.6
KENTUCKY	21000	2,646,397	59.4	74.1	206,367	81.2	17.1	-7.3	17.4	10.7	13.9	52.0	13.0
Adair, KY	21001	11,270	71.1	60.1	1,122	37.9	10.9	-13.5	10.9	12.7	0.0	27.8	0.0
Allen, KY	21003	11,643	74.7	64.5	430	80.9	9.1	-15.3	8.9	5.5	0.0	28.6	12.4
Anderson, KY	21005	12,600	62.6	80.4	539	79.2	12.0	-12.4	12.3	3.8	0.0	0.0	12.3
Ballard, KY	21007	5,766	64.1	76.3	222	95.9	10.6	-13.8	10.8	0.0	100.0	70.0	0.0
Barren, KY	21009	25,751	70.9	69.5	983	89.6	11.1	-13.3	11.1	8.1	0.0	43.9	7.0
Bath, KY	21011	7,451	75.5	59.0	232	86.2	10.1	-14.3	10.0	0.0	0.0	46.7	47.6
Bell, KY	21013	20,042	76.5	56.6	912	80.8	9.0	-15.4	8.9	13.2	22.2	30.4	0.0
Boone, KY	21015	54,166	47.7	85.1	3,592	80.8	22.8	-1.6	22.5	20.2	16.1	61.8	14.6
Bourbon, KY	21017	13,015	63.3	75.4	558	86.2	13.5	-10.9	14.0	5.8	0.0	0.0	6.5
Boyd, KY	21019	34,697	57.3	78.0	2,318	87.7	14.1	-10.3	14.3	9.8	29.8	38.5	2.3
Boyle, KY	21021	18,491	57.7	76.6	1,614	34.4	19.3	-5.1	20.6	8.0	0.0	63.7	5.7
Bracken, KY	21023	5,460	71.0	69.6	263	95.4	9.5	-14.9	9.4	17.1	0.0	...	...
Breathitt, KY	21025	10,393	73.6	57.5	677	77.0	10.0	-14.4	9.8	...	4.4	90.5	0.0
Breckinridge, KY	21027	12,501	75.3	68.9	364	88.5	7.4	-17.0	7.4	4.4	0.0	60.0	11.6
Bullitt, KY	21029	39,307	65.1	76.0	1,964	78.2	9.2	-15.2	9.2	16.9	6.1	34.6	11.8
Butler, KY	21031	8,489	79.7	60.7	324	90.1	6.4	-18.0	6.2	0.0	...	9.8	15.3
Caldwell, KY	21033	9,265	68.1	73.1	456	88.8	10.0	-14.4	10.4	3.0	0.0	31.3	10.2

[3]May be of any race.
... = Not available.

Table C-1. Population, School, and Student Characteristics by County—Continued

STATE County	State/ county code	County type[1]	Population, 2007 Total	Population, 2007 Percent 5 to 17 years	Number of schools and students, 2005–2006 School districts	Number of schools and students, 2005–2006 Schools	Number of schools and students, 2005–2006 Students	Resident enrollment, 2000 Total enrollment Number	Resident enrollment, 2000 Total enrollment Percent public	Resident enrollment, 2000 K–12 enrollment Number	Resident enrollment, 2000 K–12 enrollment Percent public
			1	2	3	4	5	6	7	8	9
Calloway, KY	21035	7	36,189	13.1	4	10	4,916	11,875	95.1	5,013	96.5
Campbell, KY	21037	1	86,858	17.5	8	28	12,142	23,663	76.0	16,747	74.8
Carlisle, KY	21039	9	5,166	16.0	1	3	872	1,185	89.8	956	91.2
Carroll, KY	21041	6	10,527	17.3	1	5	1,909	2,243	90.6	1,768	92.2
Carter, KY	21043	6	27,424	17.3	1	11	5,227	6,517	87.5	4,789	95.8
Casey, KY	21045	9	16,169	17.1	2	9	2,534	3,103	90.7	2,740	91.4
Christian, KY	21047	3	80,868	22.5	1	21	9,503	18,278	88.3	13,514	89.4
Clark, KY	21049	2	35,550	17.1	1	12	5,725	7,482	86.2	6,084	89.5
Clay, KY	21051	7	23,730	17.0	1	11	4,049	5,678	89.9	4,815	89.5
Clinton, KY	21053	9	9,536	15.6	1	3	1,762	2,011	95.3	1,570	96.6
Crittenden, KY	21055	6	9,130	15.4	1	3	1,393	2,030	89.5	1,663	90.7
Cumberland, KY	21057	9	6,876	15.9	1	3	1,188	1,566	95.8	1,375	98.5
Daviess, KY	21059	3	93,756	17.6	3	32	15,981	23,030	78.9	17,533	82.8
Edmonson, KY	21061	3	11,978	16.4	1	6	2,119	2,541	98.4	2,170	98.9
Elliott, KY	21063	9	7,139	16.2	1	4	1,203	1,524	97.8	1,251	98.5
Estill, KY	21065	6	14,975	16.9	1	5	2,635	3,394	95.9	2,847	97.6
Fayette, KY	21067	2	279,044	15.1	3	63	35,321	76,330	84.6	40,156	85.6
Fleming, KY	21069	7	14,695	17.6	1	6	2,595	3,295	91.8	2,635	94.7
Floyd, KY	21071	7	42,021	15.7	1	17	6,819	9,447	91.7	7,480	94.5
Franklin, KY	21073	4	48,425	15.6	2	15	7,041	11,593	84.0	8,273	84.9
Fulton, KY	21075	7	6,795	16.8	2	5	1,198	1,835	94.0	1,546	96.2
Gallatin, KY	21077	1	8,035	19.6	1	5	1,639	1,911	92.0	1,630	94.3
Garrard, KY	21079	6	17,041	17.0	1	5	2,663	3,317	92.6	2,688	93.9
Grant, KY	21081	1	25,161	19.7	2	8	4,912	5,436	91.7	4,684	94.3
Graves, KY	21083	7	37,557	17.3	2	16	6,385	8,421	88.9	6,694	90.3
Grayson, KY	21085	6	25,356	16.9	1	7	4,437	5,375	94.0	4,304	96.1
Green, KY	21087	8	11,572	15.5	1	5	1,677	2,523	91.8	2,001	96.1
Greenup, KY	21089	2	37,270	15.8	3	16	6,481	8,244	91.8	6,591	95.5
Hancock, KYv	21091	3	8,617	19.0	1	4	1,657	1,977	91.0	1,641	95.4
Hardin, KY	21093	3	97,949	18.2	3	28	16,626	25,768	89.6	19,560	92.6
Harlan, KY	21095	7	31,065	16.9	2	14	5,960	7,775	94.0	6,320	95.3
Harrison, KY	21097	6	18,552	17.2	1	7	3,355	4,119	92.9	3,420	94.6
Hart, KY	21099	8	18,409	17.5	1	6	2,531	3,765	91.8	3,178	92.2
Henderson, KY	21101	2	45,296	16.7	1	12	7,211	10,565	88.2	8,367	90.0
Henry, KY	21103	1	15,711	18.0	2	7	2,838	3,368	88.9	2,770	92.2
Hickman, KY	21105	9	4,938	15.1	1	2	836	1,077	97.2	923	98.8
Hopkins, KY	21107	4	46,286	16.6	3	17	8,128	10,750	90.9	8,418	92.9
Jackson, KY	21109	9	13,586	17.0	1	6	2,457	2,999	93.8	2,680	95.1
Jefferson, KY	21111	1	709,264	17.2	4	174	99,052	175,028	75.3	123,874	78.0
Jessamine, KY	21113	2	45,555	18.2	1	12	7,397	11,132	71.7	7,372	87.9
Johnson, KY	21115	7	24,012	16.2	2	12	4,706	5,335	95.9	4,333	97.0
Kenton, KY	21117	1	156,675	18.3	5	43	22,048	38,232	71.7	28,640	73.4
Knott, KY	21119	9	17,280	15.9	1	8	2,868	4,684	88.9	3,352	94.6
Knox, KY	21121	7	32,528	17.9	2	14	5,932	7,599	90.0	6,176	96.8
Larue, KY	21123	3	13,661	16.5	1	6	2,500	3,123	91.3	2,527	92.7
Laurel, KY	21125	7	57,351	17.8	2	18	9,811	11,653	91.1	9,704	93.7
Lawrence, KY	21127	6	16,322	16.7	1	5	2,695	3,631	96.7	3,083	97.2
Lee, KY	21129	9	7,441	14.5	1	5	1,277	1,738	86.0	1,513	87.0
Leslie, KY	21131	9	11,777	15.9	1	7	2,217	2,862	93.5	2,347	95.2
Letcher, KY	21133	9	24,014	15.3	2	12	4,163	5,801	94.8	4,656	95.8
Lewis, KY	21135	8	13,885	17.0	1	7	2,663	3,393	95.0	2,737	96.6
Lincoln, KY	21137	7	25,245	17.8	1	11	4,549	5,338	94.4	4,377	96.6
Livingston, KY	21139	9	9,610	15.2	1	4	1,421	2,160	94.4	1,758	95.4
Logan, KY	21141	6	27,129	17.7	2	9	4,948	5,915	92.2	4,992	92.3
Lyon, KY	21143	8	8,253	11.4	1	3	1,095	1,466	84.0	1,240	83.0
McCracken, KY	21145	5	64,765	16.3	2	21	10,544	15,279	86.2	11,690	89.5
McCreary, KY	21147	9	17,326	18.6	1	7	3,432	4,288	93.9	3,653	93.9
McLean, KY	21149	3	9,731	16.8	1	5	1,695	2,167	92.2	1,740	96.3
Madison, KY	21151	4	81,103	15.9	3	22	11,715	22,171	87.8	11,078	91.8
Magoffin, KY	21153	9	13,186	17.4	1	8	2,533	3,284	96.8	2,717	97.6
Marion, KY	21155	6	18,933	17.2	1	7	3,233	4,229	86.3	3,538	89.9
Marshall, KY	21157	7	31,258	15.0	1	11	4,831	6,568	90.5	5,122	93.5
Martin, KY	21159	8	11,644	18.4	1	7	2,412	3,166	97.8	2,630	99.5
Mason, KY	21161	6	17,190	16.9	1	4	2,938	3,816	90.0	3,002	92.5
Meade, KY	21163	1	27,270	20.4	1	10	5,122	6,800	92.6	5,499	94.8
Menifee, KY	21165	9	6,764	16.4	1	5	1,228	1,478	96.5	1,264	96.3
Mercer, KY	21167	6	21,814	17.4	3	10	3,848	4,555	91.5	3,691	96.2
Metcalfe, KY	21169	9	10,268	17.1	1	5	1,782	2,146	91.6	1,807	91.8
Monroe, KY	21171	9	11,663	16.1	1	5	2,146	2,660	95.9	2,077	99.1
Montgomery, KY	21173	6	25,228	17.6	1	9	4,550	4,925	92.4	4,032	94.1

County type codes are from the Economic Research Service of the United States Department of Agriculture. See notes and definitions for more information.

PART C—COUNTY EDUCATION STATISTICS

Table C-1. Population, School, and Student Characteristics by County—Continued

STATE County	State/ county code[a]	Students with IEP[2] (10)	Students eligible for free or reduced-price lunch (11)	Minority students (12)	English language learners (13)	Number of graduates, 2004–2005 (14)	Total staff (15)	Number of teachers (16)	Student/ teacher ratio (17)	Central administration staff (18)
Calloway, KY	21035	18.5	38.2	8.4	0.5	363	793	310	15.9	37
Campbell, KY	21037	17.6	43.1	4.7	0.3	749	1,680	771	15.7	72
Carlisle, KY	21039	17.8	57.1	2.4	0.0	51	139	60	14.5	5
Carroll, KY	21041	16.0	50.3	7.0	2.4	108	311	118	16.2	17
Carter, KY	21043	18.5	65.5	1.1	0.1	256	891	350	14.9	18
Casey, KY	21045	18.4	69.0	3.5	0.6	140	396	158	16.0	7
Christian, KY	21047	15.6	65.7	39.3	1.1	465	1,309	560	17.0	45
Clark, KY	21049	15.0	47.0	8.9	0.8	279	774	355	16.1	26
Clay, KY	21051	21.6	72.7	1.2	0.1	199	799	309	13.1	21
Clinton, KY	21053	20.3	66.5	3.3	0.8	89	294	107	16.5	11
Crittenden, KY	21055	19.5	44.1	1.9	0.0	82	203	86	16.2	12
Cumberland, KY	21057	21.8	67.1	2.9	0.0	60	182	75	15.8	4
Daviess, KY	21059	18.5	31.0	8.6	0.8	978	2,395	995	16.1	81
Edmonson, KY	21061	19.6	56.8	1.9	0.0	127	359	136	15.6	12
Elliott, KY	21063	20.2	75.6	0.8	0.0	79	192	84	14.3	6
Estill, KY	21065	17.4	60.3	1.0	0.1	125	377	173	15.2	9
Fayette, KY	21067	10.6	44.8	33.6	5.4	1,901	5,005	2,541	13.9	130
Fleming, KY	21069	14.2	54.3	3.2	0.1	137	389	167	15.5	11
Floyd, KY	21071	19.3	74.6	1.1	0.0	423	1,050	432	15.8	45
Franklin, KY	21073	14.8	42.3	13.9	1.1	394	1,001	453	15.5	31
Fulton, KY	21075	23.8	79.9	37.8	0.0	91	207	87	13.8	11
Gallatin, KY	21077	17.3	53.9	4.9	1.6	81	239	96	17.1	11
Garrard, KY	21079	16.1	43.5	4.9	1.0	114	402	177	15.0	12
Grant, KY	21081	13.4	47.9	2.4	0.6	255	658	274	17.9	22
Graves, KY	21083	15.2	56.5	13.6	3.9	353	931	404	15.8	26
Grayson, KY	21085	13.9	57.4	1.7	0.2	244	604	277	16.0	14
Green, KY	21087	15.1	58.4	3.3	0.1	116	282	114	14.7	7
Greenup, KY	21089	14.4	46.5	1.5	0.0	413	905	393	16.5	39
Hancock, KY	21091	15.2	38.7	2.5	0.1	106	250	99	16.7	13
Hardin, KY	21093	16.8	46.2	21.8	1.0	1,042	2,347	1,040	16.0	77
Harlan, KY	21095	16.5	73.9	3.2	0.0	325	864	365	16.3	33
Harrison, KY	21097	15.1	50.2	4.2	0.6	231	436	189	17.8	24
Hart, KY	21099	17.8	60.5	7.0	0.1	159	387	177	14.3	11
Henderson, KY	21101	16.3	45.9	11.6	0.5	456	1,014	414	17.4	30
Henry, KY	21103	13.1	50.7	8.1	1.6	177	392	165	17.2	22
Hickman, KY	21105	21.9	55.2	12.7	0.0	47	132	60	13.9	4
Hopkins, KY	21107	21.7	53.1	11.4	0.3	442	1,249	547	14.9	45
Jackson, KY	21109	22.5	80.9	0.6	0.0	119	439	168	14.6	16
Jefferson, KY	21111	14.3	61.9	41.4	4.2	5,165	13,778	5,817	17.0	435
Jessamine, KY	21113	16.5	44.3	5.9	0.7	389	1,059	453	16.3	28
Johnson, KY	21115	16.1	63.5	0.4	0.0	274	692	310	15.2	18
Kenton, KY	21117	16.7	40.0	9.4	1.0	1,256	2,977	1,340	16.5	91
Knott, KY	21119	16.7	77.5	1.0	0.0	163	458	178	16.1	9
Knox, KY	21121	17.6	76.5	1.5	0.0	322	867	373	15.9	26
Larue, KY	21123	17.4	48.7	6.4	1.1	124	334	148	16.9	9
Laurel, KY	21125	16.4	62.2	2.2	0.1	460	1,345	544	18.0	36
Lawrence, KY	21127	18.0	68.9	0.5	0.0	163	395	177	15.2	11
Lee, KY	21129	17.2	76.3	0.8	0.1	52	198	81	15.8	9
Leslie, KY	21131	18.1	70.3	0.3	0.0	112	340	130	17.1	10
Letcher, KY	21133	22.5	69.8	1.3	0.0	227	666	270	15.4	27
Lewis, KY	21135	15.1	67.9	0.5	0.0	135	421	166	16.0	12
Lincoln, KY	21137	22.8	65.8	3.9	0.4	278	809	310	14.7	20
Livingston, KY	21139	16.7	49.2	1.4	0.9	91	225	91	15.6	8
Logan, KY	21141	17.8	52.0	10.0	0.7	302	692	304	16.3	21
Lyon, KY	21143	14.4	39.5	5.3	0.3	60	144	60	18.3	4
McCracken, KY	21145	14.7	47.3	20.6	0.7	581	1,318	609	17.3	48
McCreary, KY	21147	18.3	84.1	2.6	0.0	206	536	213	16.1	15
McLean, KY	21149	16.6	51.1	1.7	0.1	114	268	114	14.9	6
Madison, KY	21151	19.4	45.6	8.2	0.7	585	1,510	706	16.6	37
Magoffin, KY	21153	18.6	86.6	0.2	0.1	99	429	169	15.0	16
Marion, KY	21155	18.4	53.1	10.6	1.6	168	464	209	15.5	13
Marshall, KY	21157	12.9	39.1	0.8	0.0	265	649	300	16.1	28
Martin, KY	21159	21.9	68.4	0.8	0.0	111	414	146	16.5	14
Mason, KY	21161	15.6	58.7	10.2	0.4	178	393	190	15.5	13
Meade, KY	21163	17.0	37.7	4.0	0.1	364	643	288	17.8	12
Menifee, KY	21165	22.9	70.1	4.4	0.0	79	213	92	13.3	9
Mercer, KY	21167	19.3	41.7	6.5	0.5	216	545	250	15.4	26
Metcalfe, KY	21169	15.7	62.0	1.8	0.2	83	290	122	14.6	12
Monroe, KY	21171	16.0	67.6	6.4	1.2	120	401	148	14.5	16
Montgomery, KY	21173	14.1	54.5	4.8	1.5	209	620	278	16.4	39

[2]IEP = Individual Education Program. See notes and definitions for more information.

Table C-1. Population, School, and Student Characteristics by County—Continued

STATE County	State/ county code	Revenues, 2004–2005 Total revenue (thousands of dollars)	% Federal government	% State government	% Local government	Current expenditures, 2004–2005 Total expenditures (thousands of dollars)	Amount per student	Percent for instruction	Resident population 16 to 19 Total population 16 to 19 years	Percent in Armed Forces	Percent high school graduates	Percent not enrolled, not employed, not in Armed Forces, not high school grad.
		19	20	21	22	23	24	25	26	27	28	29
Calloway, KY	21035	37,910	11.5	61.4	27.1	36,388	7,532	61.6	2,686	0.0	9.1	1.7
Campbell, KY	21037	99,658	8.8	51.1	40.0	89,887	7,445	59.5	5,010	0.0	11.0	5.9
Carlisle, KY	21039	6,431	10.8	72.5	16.8	5,869	6,647	59.8	275	0.0	12.0	6.2
Carroll, KY	21041	17,734	12.5	49.1	38.3	15,049	7,585	57.3	532	0.0	15.0	11.8
Carter, KY	21043	39,869	13.2	74.1	12.7	35,793	6,841	60.1	1,586	0.0	12.2	5.9
Casey, KY	21045	20,161	16.4	68.4	15.2	17,471	6,895	65.7	807	0.0	13.8	12.4
Christian, KY	21047	71,449	14.0	65.2	20.8	64,193	6,727	57.8	4,276	21.3	31.5	8.2
Clark, KY	21049	39,189	10.7	58.1	31.2	35,572	6,354	60.3	1,844	0.0	11.9	10.5
Clay, KY	21051	35,998	17.9	70.8	11.3	33,772	8,079	57.9	1,504	0.0	13.3	16.8
Clinton, KY	21053	15,226	20.1	63.4	16.5	13,450	7,703	61.3	470	0.0	14.0	11.1
Crittenden, KY	21055	10,940	13.8	66.4	19.8	9,481	6,826	55.6	534	0.9	12.7	20.0
Cumberland, KY	21057	9,719	17.4	66.0	16.6	8,673	7,426	59.4	372	0.0	6.7	9.9
Daviess, KY	21059	125,030	10.6	59.3	30.1	112,817	6,929	59.4	5,545	0.0	10.5	3.1
Edmonson, KY	21061	17,601	12.9	72.1	15.0	15,979	7,512	61.1	675	0.0	11.6	5.9
Elliott, KY	21063	10,912	15.2	74.6	10.3	9,674	7,802	57.9	400	0.0	17.3	11.3
Estill, KY	21065	20,172	13.6	73.1	13.2	18,579	7,124	62.1	873	0.0	7.3	14.4
Fayette, KY	21067	309,792	10.2	35.9	53.9	271,837	7,766	59.2	15,177	0.2	8.0	4.9
Fleming, KY	21069	19,777	14.3	70.4	15.4	17,917	6,756	60.5	806	0.0	10.8	10.5
Floyd, KY	21071	60,760	15.5	66.0	18.5	52,384	7,564	60.0	2,405	0.0	11.2	13.7
Franklin, KY	21073	55,486	8.6	56.5	34.9	47,483	6,763	58.8	2,671	0.0	10.1	6.4
Fulton, KY	21075	11,876	18.7	62.6	18.7	11,162	9,217	62.9	443	0.0	17.6	7.0
Gallatin, KY	21077	12,722	9.5	61.7	28.8	10,974	6,919	55.0	445	0.0	12.8	13.5
Garrard, KY	21079	21,167	9.7	65.3	25.0	17,914	6,757	62.3	836	0.0	19.1	8.5
Grant, KY	21081	36,064	11.0	66.5	22.5	30,454	6,306	60.0	1,275	0.0	17.5	5.3
Graves, KY	21083	47,087	11.3	67.6	21.2	41,740	6,574	60.3	1,907	0.0	12.0	8.5
Grayson, KY	21085	31,426	12.2	68.5	19.3	27,433	6,242	62.6	1,296	0.0	14.4	8.2
Green, KY	21087	13,412	12.8	71.2	15.9	11,871	6,918	60.2	557	0.0	9.3	3.1
Greenup, KY	21089	49,546	10.6	67.4	22.0	44,491	6,844	59.6	1,879	0.0	11.4	4.5
Hancock, KY	21091	14,359	8.5	59.6	31.9	12,137	7,383	55.1	434	0.0	6.2	2.8
Hardin, KY	21093	121,961	9.4	64.8	25.7	109,933	6,707	59.7	6,193	12.9	25.3	3.3
Harlan, KY	21095	45,739	17.1	68.9	13.9	41,851	6,931	59.0	1,960	0.0	9.3	15.5
Harrison, KY	21097	23,486	10.2	68.4	21.4	20,242	6,015	60.9	978	0.0	8.4	2.6
Hart, KY	21099	20,205	14.3	68.7	17.0	17,330	6,762	54.8	847	0.0	16.9	9.8
Henderson, KY	21101	54,690	9.8	62.2	28.0	49,813	6,935	58.8	2,613	0.0	14.8	6.9
Henry, KY	21103	21,565	12.2	64.2	23.6	18,893	6,606	61.0	774	0.0	15.8	7.8
Hickman, KY	21105	7,374	14.4	65.2	20.4	6,289	7,469	57.8	261	0.0	4.2	6.1
Hopkins, KY	21107	64,045	11.4	68.3	20.3	56,143	6,858	63.3	2,442	0.0	14.4	8.1
Jackson, KY	21109	20,847	21.6	69.5	9.0	19,793	8,172	56.9	768	0.0	15.2	16.0
Jefferson, KY	21111	890,480	11.8	41.4	46.8	804,689	8,176	54.0	35,085	0.1	10.6	6.7
Jessamine, KY	21113	56,222	9.3	56.5	34.2	47,482	6,637	63.7	2,362	0.0	9.7	3.9
Johnson, KY	21115	38,041	14.3	68.5	17.2	32,522	6,912	66.7	1,332	0.0	8.2	9.9
Kenton, KY	21117	177,661	9.6	49.8	40.6	155,305	7,117	60.2	7,870	0.0	12.7	5.4
Knott, KY	21119	24,070	17.2	64.0	18.8	21,893	7,359	60.0	1,250	0.0	6.0	11.1
Knox, KY	21121	46,445	17.8	68.5	13.7	41,384	7,015	62.8	1,734	0.0	10.0	16.5
Larue, KY	21123	18,560	11.3	69.7	19.0	16,164	6,611	61.2	663	0.0	8.6	2.7
Laurel, KY	21125	69,299	13.6	67.0	19.4	62,106	6,471	61.3	2,800	0.0	16.6	10.4
Lawrence, KY	21127	22,183	17.2	68.8	14.0	19,645	7,314	64.4	978	0.0	8.0	10.7
Lee, KY	21129	10,653	19.0	69.1	11.8	9,915	7,686	54.5	431	0.0	16.9	16.0
Leslie, KY	21131	18,341	14.5	69.6	15.8	16,927	7,414	51.9	682	0.0	8.7	7.5
Letcher, KY	21133	37,246	13.5	69.2	17.3	32,886	7,815	55.8	1,577	0.0	11.0	10.3
Lewis, KY	21135	20,621	17.4	70.0	12.6	18,176	6,828	62.4	838	0.0	19.1	6.4
Lincoln, KY	21137	37,961	20.1	67.2	12.7	34,269	7,390	67.2	1,166	0.0	14.9	6.4
Livingston, KY	21139	11,996	12.0	60.6	27.4	10,491	7,398	64.5	527	0.0	13.7	2.8
Logan, KY	21141	37,842	11.1	67.5	21.3	33,202	6,850	60.5	1,479	0.0	12.6	5.3
Lyon, KY	21143	7,689	9.2	50.3	40.5	6,878	6,582	58.0	214	0.0	24.3	0.0
McCracken, KY	21145	79,670	12.9	54.5	32.6	73,169	7,207	62.8	3,145	0.2	8.5	5.7
McCreary, KY	21147	28,056	16.1	74.3	9.6	25,501	7,522	61.5	1,091	0.0	9.0	20.2
McLean, KY	21149	13,427	10.9	65.9	23.2	11,319	6,670	55.2	501	0.0	12.4	7.8
Madison, KY	21151	86,985	9.9	61.6	28.5	74,831	6,531	62.9	5,219	0.0	9.1	4.1
Magoffin, KY	21153	22,468	17.0	69.0	14.0	19,494	7,745	56.0	852	0.0	14.1	13.6
Marion, KY	21155	25,877	10.5	65.6	23.9	22,642	6,916	65.1	1,008	0.0	13.7	9.3
Marshall, KY	21157	34,814	8.8	58.4	32.8	31,412	6,528	65.5	1,377	0.0	12.6	4.1
Martin, KY	21159	20,833	15.8	68.5	15.7	18,828	6,197	56.7	828	0.0	14.9	15.2
Mason, KY	21161	23,266	13.7	59.9	26.4	19,908	6,771	63.7	958	0.3	17.0	3.1
Meade, KY	21163	33,748	8.9	71.1	19.9	30,320	6,133	61.5	1,551	0.6	17.4	7.6
Menifee, KY	21165	10,178	15.1	74.8	10.2	9,095	7,376	59.7	496	0.0	11.3	20.0
Mercer, KY	21167	28,677	9.6	65.8	24.6	25,950	6,751	62.8	949	0.0	14.9	7.4
Metcalfe, KY	21169	14,204	17.0	65.9	17.1	13,613	7,965	60.8	540	0.0	13.3	13.1
Monroe, KY	21171	17,907	15.3	69.2	15.5	16,075	7,769	58.2	701	0.0	10.4	8.0
Montgomery, KY	21173	33,843	13.7	64.4	21.9	28,745	6,483	63.2	1,145	0.0	14.5	10.3

Table C-1. Population, School, and Student Characteristics by County—Continued

STATE County	State/ county code	Population 25 years and over	High school diploma or less (percent)	High school diploma or more (percent)	College enrollment, 2000 Number	College enrollment, 2000 Percent public	Bachelor's degree or more	+/- U.S. percent with bachelor's degree or more	Non-Hispanic White	Black	American Indian, Alaska Native	Asian and Pacific Islander	Hispanic or Latino[3]
		30	31	32	33	34	35	36	37	38	39	40	41
Calloway, KY	21035	21,032	52.4	77.9	6,520	95.5	24.0	-0.4	23.6	23.7	12.5	60.4	23.1
Campbell, KY	21037	57,184	53.9	80.8	5,232	87.5	20.5	-3.9	20.5	10.2	0.0	55.0	23.4
Carlisle, KY	21039	3,690	66.1	73.4	180	81.7	10.6	-13.8	10.6	9.5	0.0	...	0.0
Carroll, KY	21041	6,690	69.4	68.1	281	80.8	8.3	-16.1	7.9	0.0	34.1	55.6	0.0
Carter, KY	21043	17,394	72.9	64.4	1,317	56.1	8.9	-15.5	8.9	0.0	0.0	18.0	13.6
Casey, KY	21045	10,423	79.3	57.4	259	86.1	7.4	-17.0	7.4	0.0	0.0	0.0	0.0
Christian, KY	21047	40,344	56.1	77.2	3,364	90.3	12.5	-11.9	14.3	5.6	6.9	33.7	11.3
Clark, KY	21049	22,187	61.2	75.0	951	83.3	15.6	-8.8	16.0	7.5	0.0	29.7	5.0
Clay, KY	21051	16,083	79.5	49.4	518	87.3	8.0	-16.4	8.2	5.5	12.5	46.7	7.9
Clinton, KY	21053	6,594	78.1	53.5	293	86.0	8.0	-16.4	8.1	0.0	...	0.0	7.4
Crittenden, KY	21055	6,460	73.2	67.0	266	85.7	7.3	-17.1	7.2	0.0	0.0	100.0	17.2
Cumberland, KY	21057	4,972	80.4	56.0	140	68.6	7.1	-17.3	7.1	8.5	0.0	20.0	0.0
Daviess, KY	21059	59,745	56.9	80.7	3,889	67.5	17.0	-7.4	17.2	7.6	17.6	63.5	17.6
Edmonson, KY	21061	7,865	78.4	61.7	282	94.3	4.9	-19.5	4.9	0.0	33.3	0.0	0.0
Elliott, KY	21063	4,422	78.5	52.6	176	100.0	7.8	-16.6	7.8	...	...	0.0	0.0
Estill, KY	21065	10,189	78.8	58.5	385	83.4	6.9	-17.5	6.7	0.0	0.0	35.7	41.2
Fayette, KY	21067	167,235	36.6	85.8	31,508	89.4	35.6	11.2	38.7	14.5	17.7	67.3	14.6
Fleming, KY	21069	9,154	71.5	66.5	412	86.7	8.8	-15.6	9.0	5.0	0.0	0.0	0.0
Floyd, KY	21071	28,370	68.6	61.3	1,534	85.0	9.7	-14.7	9.6	2.5	0.0	76.9	6.1
Franklin, KY	21073	32,388	52.6	78.8	2,644	87.1	23.8	-0.6	23.7	24.9	20.0	74.2	14.3
Fulton, KY	21075	5,111	69.4	69.5	133	81.2	11.5	-12.9	13.9	1.1	...	...	0.0
Gallatin, KY	21077	5,007	76.4	68.0	155	78.1	6.9	-17.5	6.7	12.5	0.0	0.0	11.5
Garrard, KY	21079	9,951	66.3	69.4	476	90.1	10.5	-13.9	10.5	0.0	100.0	36.8	17.9
Grant, KY	21081	13,861	71.8	72.4	503	82.5	9.4	-15.0	9.3	0.0	65.5	13.4	0.0
Graves, KY	21083	24,932	65.5	73.4	1,251	84.1	12.6	-11.8	12.7	7.7	20.0	56.9	1.5
Grayson, KY	21085	15,940	74.3	62.8	684	88.0	7.7	-16.7	7.7	7.1	13.3	0.0	8.3
Green, KY	21087	7,983	74.8	61.4	377	69.5	9.1	-15.3	8.9	6.1	0.0	40.0	0.0
Greenup, KY	21089	25,323	62.6	75.1	1,152	88.5	11.5	-12.9	11.2	14.2	0.0	65.7	26.4
Hancock, KY	21091	5,427	68.5	77.2	253	72.3	8.1	-16.3	8.3	0.0	0.0	0.0	0.0
Hardin, KY	21093	58,358	52.0	82.3	4,879	84.1	15.4	-9.0	15.7	11.5	13.1	30.9	10.8
Harlan, KY	21095	22,041	75.6	58.7	1,004	90.1	8.9	-15.5	8.7	5.6	13.0	51.3	19.4
Harrison, KY	21097	12,009	68.5	74.2	518	89.8	10.6	-13.8	10.6	5.7	7.9	0.0	9.4
Hart, KY	21099	11,474	76.9	58.2	420	87.6	7.0	-17.4	7.3	0.9	34.0	100.0	2.4
Henderson, KY	21101	29,960	59.5	78.3	1,374	92.1	13.8	-10.6	13.9	6.7	15.8	63.2	32.4
Henry, KY	21103	10,032	71.1	73.4	331	68.3	9.8	-14.6	9.8	9.3	0.0	35.0	9.4
Hickman, KY	21105	3,734	74.7	64.4	113	83.2	8.8	-15.6	9.3	0.9	0.0	85.7	18.2
Hopkins, KY	21107	31,464	67.0	71.3	1,433	92.3	10.6	-13.8	10.7	8.2	9.4	45.2	8.1
Jackson, KY	21109	8,611	80.5	52.9	189	77.2	6.8	-17.6	6.8	...	0.0	0.0	0.0
Jefferson, KY	21111	464,284	47.2	81.8	37,969	75.5	24.8	0.4	27.2	11.9	19.1	50.6	18.4
Jessamine, KY	21113	24,182	53.3	79.1	3,131	36.0	21.5	-2.9	21.4	14.6	14.3	62.8	24.4
Johnson, KY	21115	15,735	71.4	63.8	778	92.4	9.3	-15.1	9.0	22.2	0.0	61.7	9.1
Kenton, KY	21117	97,727	50.4	82.1	6,815	75.5	22.9	-1.5	23.4	9.4	18.9	43.0	13.5
Knott, KY	21119	11,427	72.1	58.7	1,107	71.2	10.2	-14.2	10.2	0.0	70.6	7.7	0.0
Knox, KY	21121	20,401	78.5	54.1	987	49.4	8.8	-15.6	8.8	5.7	15.0	44.4	11.4
Larue, KY	21123	9,017	69.2	71.0	400	90.0	10.9	-13.5	10.7	6.1	32.1	0.0	49.1
Laurel, KY	21125	34,431	71.0	63.9	1,465	83.5	10.6	-13.8	10.6	5.6	13.5	50.5	13.8
Lawrence, KY	21127	10,256	74.8	58.2	401	95.0	6.6	-17.8	6.5	0.0	50.0	...	0.0
Lee, KY	21129	5,381	79.9	50.9	163	71.2	6.3	-18.1	6.5	0.0	0.0	0.0	0.0
Leslie, KY	21131	8,214	77.6	52.5	342	82.2	6.3	-18.1	6.2	0.0	0.0	100.0	15.4
Letcher, KY	21133	16,930	74.4	58.5	858	91.5	7.7	-16.7	7.5	11.7	0.0	68.0	0.0
Lewis, KY	21135	9,256	77.3	57.4	374	83.2	6.4	-18.0	6.4	0.0	6.5	...	0.0
Lincoln, KY	21137	15,440	76.1	64.6	603	81.9	8.4	-16.0	8.3	3.6	0.0	91.7	23.6
Livingston, KY	21139	6,851	66.4	74.3	306	89.9	8.4	-16.0	8.3	0.0	8.7	0.0	0.0
Logan, KY	21141	17,471	71.0	68.5	521	95.8	9.6	-14.8	9.9	4.8	0.0	69.7	5.7
Lyon, KY	21143	6,185	68.5	68.0	160	90.6	10.1	-14.3	10.5	0.0	0.0	76.7	6.5
McCracken, KY	21145	45,038	53.1	80.3	2,443	84.2	18.1	-6.3	19.2	6.9	9.7	46.4	16.9
McCreary, KY	21147	10,668	78.4	52.6	433	91.5	6.7	-17.7	6.4	0.0	0.0	52.2	49.1
McLean, KY	21149	6,737	67.8	70.8	327	78.3	8.7	-15.7	8.9	0.0	0.0	0.0	0.0
Madison, KY	21151	42,125	54.5	75.2	10,200	86.2	21.8	-2.6	22.0	10.5	16.2	67.4	13.0
Magoffin, KY	21153	8,410	78.1	50.1	410	91.0	6.3	-18.1	6.3	0.0	0.0	20.0	0.0
Marion, KY	21155	11,772	73.4	70.5	462	60.4	9.1	-15.3	9.2	3.7	0.0	47.2	19.7
Marshall, KY	21157	21,278	61.1	76.9	1,056	85.7	13.7	-10.7	13.8	0.0	11.8	27.0	13.2
Martin, KY	21159	7,835	75.6	54.0	435	89.2	9.0	-15.4	9.2	0.0	0.0	...	0.0
Mason, KY	21161	11,372	62.5	73.3	598	82.8	14.4	-10.0	15.0	6.6	0.0	27.3	0.0
Meade, KY	21163	16,131	62.0	77.9	976	84.7	11.3	-13.1	11.0	16.6	0.0	33.0	14.8
Menifee, KY	21165	4,213	81.7	57.6	177	97.7	8.4	-16.0	8.6	0.0	0.0	...	0.0
Mercer, KY	21167	14,158	65.8	75.8	529	78.6	13.5	-10.9	13.9	8.3	0.0	19.1	0.0
Metcalfe, KY	21169	6,729	79.6	58.0	258	93.0	6.6	-17.8	6.7	13.0	0.0	...	0.0
Monroe, KY	21171	7,896	76.8	57.8	438	82.2	8.4	-16.0	8.6	0.0	0.0	100.0	0.0
Montgomery, KY	21173	15,033	68.8	70.5	574	94.9	13.4	-11.0	13.5	9.3	0.0	85.7	18.9

[3]May be of any race.
... = Not available.

Table C-1. Population, School, and Student Characteristics by County—Continued

STATE County	State/ county code	County type[1]	Population, 2007 Total	Percent 5 to 17 years	Number of schools and students, 2005–2006 School districts	Schools	Students	Resident enrollment, 2000 Total enrollment Number	Percent public	K–12 enrollment Number	Percent public
			1	2	3	4	5	6	7	8	9
Morgan, KY	21175	7	14,236	15.1	1	8	2,326	3,092	90.6	2,506	90.9
Muhlenberg, KY	21177	6	31,341	15.9	1	11	5,443	6,747	92.9	5,522	94.3
Nelson, KY	21179	1	42,517	18.8	2	15	7,289	9,404	81.7	7,711	83.7
Nicholas, KY	21181	8	6,889	16.9	1	2	1,277	1,392	99.4	1,178	99.4
Ohio, KY	21183	6	23,560	16.5	1	8	4,150	5,308	95.1	4,398	95.7
Oldham, KY	21185	1	55,935	18.4	1	19	11,079	13,104	79.2	10,171	84.6
Owen, KY	21187	8	11,390	17.5	1	4	2,017	2,396	93.9	2,076	95.2
Owsley, KY	21189	9	4,613	15.8	1	2	883	1,167	92.4	936	92.2
Pendleton, KY	21191	1	15,058	19.0	1	4	2,940	3,590	93.8	3,053	95.5
Perry, KY	21193	7	29,213	16.5	3	16	5,714	6,979	95.6	5,444	96.5
Pike, KY	21195	7	65,544	16.0	2	27	11,693	15,519	92.3	12,398	96.9
Powell, KY	21197	6	13,811	16.3	1	5	2,680	3,021	95.8	2,704	97.3
Pulaski, KY	21199	5	60,148	16.3	3	18	10,173	12,531	92.7	10,027	93.8
Robertson, KY	21201	8	2,202	16.3	1	2	438	519	94.8	425	96.7
Rockcastle, KY	21203	7	16,687	16.4	1	6	3,089	3,509	97.3	2,971	98.4
Rowan, KY	21205	7	22,559	14.1	1	8	3,294	8,071	93.8	3,346	90.6
Russell, KY	21207	9	17,140	15.7	1	6	3,073	3,471	94.6	2,771	97.3
Scott, KY	21209	2	42,954	18.7	1	12	7,250	9,002	76.7	6,358	90.1
Shelby, KY	21211	1	40,458	17.8	3	10	6,093	7,538	83.8	6,228	86.8
Simpson, KY	21213	6	17,070	18.5	1	6	3,183	3,705	91.2	3,074	91.8
Spencer, KY	21215	1	16,837	19.4	1	6	2,432	2,845	86.4	2,321	90.1
Taylor, KY	21217	7	23,917	15.9	2	7	3,943	5,780	77.5	4,009	94.4
Todd, KY	21219	8	12,044	18.5	1	5	2,213	2,687	90.0	2,208	90.6
Trigg, KY	21221	3	13,401	16.0	1	3	2,199	2,654	96.2	2,101	97.7
Trimble, KY	21223	1	8,983	18.0	1	4	1,656	2,007	92.5	1,683	94.8
Union, KY	21225	6	15,092	17.9	1	9	2,578	3,952	87.3	3,197	89.6
Warren, KY	21227	3	104,023	16.2	4	35	16,112	28,046	92.7	15,725	93.4
Washington, KY	21229	8	11,558	17.1	1	6	1,977	2,699	80.5	2,182	84.8
Wayne, KY	21231	7	20,637	17.1	2	12	3,684	4,496	97.7	3,808	98.7
Webster, KY	21233	2	13,890	16.5	2	9	2,434	3,296	92.1	2,617	93.3
Whitley, KY	21235	7	38,342	17.5	4	21	8,144	9,292	85.0	6,860	97.9
Wolfe, KY	21237	9	7,043	18.2	1	5	1,405	1,649	93.8	1,333	93.6
Woodford, KY	21239	2	24,314	17.1	1	8	4,018	5,753	76.3	4,442	83.3
LOUISIANA	22000	X	4,293,204	18.2	88	1,390	654,526	1,271,299	81.1	923,702	83.1
Acadia, LA	22001	4	59,958	20.0	1	27	9,545	16,063	79.1	12,993	77.6
Allen, LA	22003	6	25,524	16.8	1	12	4,377	6,125	89.2	5,056	89.5
Ascension, LA	22005	2	99,056	20.6	1	23	17,944	21,867	82.9	17,104	86.7
Assumption, LA	22007	6	22,991	18.6	1	9	4,368	6,255	88.8	5,203	89.2
Avoyelles, LA	22009	6	42,169	17.9	2	15	7,013	10,352	87.9	8,525	88.2
Beauregard, LA	22011	6	34,776	19.0	1	14	6,163	8,255	89.3	6,966	91.3
Bienville, LA	22013	6	14,907	17.5	1	8	2,427	4,152	89.4	3,377	89.5
Bossier, LA	22015	2	108,705	19.5	1	35	19,202	27,569	90.6	20,323	94.4
Caddo, LA	22017	2	252,609	18.2	1	74	43,935	68,792	88.8	50,825	91.9
Calcasieu, LA	22019	3	184,512	18.4	1	60	31,877	50,285	86.2	37,247	88.0
Caldwell, LA	22021	8	10,307	16.8	1	6	1,856	2,531	96.1	2,067	97.4
Cameron, LA	22023	3	7,414	17.6	1	6	1,442	2,578	92.8	2,165	95.2
Catahoula, LA	22025	9	10,452	16.7	1	10	1,815	2,633	93.4	2,161	94.4
Claiborne, LA	22027	7	16,283	16.1	1	9	2,683	4,244	86.5	3,463	85.4
Concordia, LA	22029	7	19,058	18.4	1	11	4,141	5,092	89.8	4,294	91.7
De Soto, LA	22031	2	26,269	18.7	1	14	4,968	6,702	92.5	5,510	94.5
East Baton Rouge, LA	22033	2	430,317	18.1	10	145	58,817	134,817	78.3	79,781	74.4
East Carroll, LA	22035	7	8,302	19.0	1	5	1,549	2,997	87.8	2,518	87.3
East Feliciana, LA	22037	2	20,833	16.6	1	8	2,432	5,150	75.3	4,186	74.7
Evangeline, LA	22039	6	35,905	20.0	1	12	6,142	9,554	89.9	7,763	89.4
Franklin, LA	22041	7	20,060	18.3	1	8	3,451	5,329	86.2	4,430	86.6
Grant, LA	22043	3	19,758	19.6	1	9	3,609	4,695	93.0	3,868	94.3
Iberia, LA	22045	4	74,965	20.0	1	32	14,142	20,021	87.4	16,481	87.8
Iberville, LA	22047	2	32,501	17.0	1	9	4,410	8,553	79.2	6,794	79.4
Jackson, LA	22049	6	15,139	16.7	1	5	2,201	3,746	92.0	2,916	92.3
Jefferson, LA	22051	1	423,520	17.3	1	91	41,625	121,830	62.7	86,794	63.9
Jefferson Davis, LA	22053	6	31,177	19.7	1	13	5,856	8,365	86.9	6,879	88.4
Lafayette, LA	22055	3	204,843	18.4	1	44	30,731	56,319	80.0	38,737	78.9
Lafourche, LA	22057	3	92,713	18.1	1	30	14,515	24,776	84.3	18,800	84.5
La Salle, LA	22059	6	14,041	17.9	1	9	2,740	3,312	95.3	2,811	96.1
Lincoln, LA	22061	4	42,562	15.0	1	19	6,829	17,955	90.9	7,049	85.6
Livingston, LA	22063	2	116,580	19.7	1	40	22,384	25,283	91.1	20,338	95.0
Madison, LA	22065	7	11,858	20.9	1	6	2,290	4,076	87.9	3,448	88.3
Morehouse, LA	22067	6	28,783	18.1	1	16	5,056	7,885	86.5	6,574	85.8
Natchitoches, LA	22069	6	39,485	17.3	2	16	7,316	13,663	91.2	7,674	89.3
Orleans, LA	22071	1	239,124	13.2	7	121	6,582	150,096	73.0	99,998	81.9

[1] County type codes are from the Economic Research Service of the United States Department of Agriculture. See notes and definitions for more information.

PART C—COUNTY EDUCATION STATISTICS

Table C-1. Population, School, and Student Characteristics by County—Continued

STATE County	State/ county code	Students with IEP[2] (%)	Students eligible for free or reduced-price lunch (%)	Minority students (%)	English language learners (%)	Number of graduates, 2004–2005	Total staff	Number of teachers	Student/ teacher ratio	Central administration staff
		10	11	12	13	14	15	16	17	18
Morgan, KY	21175	20.0	66.3	0.7	0.0	132	400	166	14.0	19
Muhlenberg, KY	21177	16.9	57.2	5.2	0.2	302	805	353	15.4	20
Nelson, KY	21179	16.0	37.2	9.7	0.2	386	983	414	17.6	27
Nicholas, KY	21181	14.7	44.8	1.6	0.2	74	163	74	17.3	11
Ohio, KY	21183	16.0	63.6	3.2	1.3	274	609	248	16.7	17
Oldham, KY	21185	14.9	15.1	6.6	3.1	668	1,477	625	17.7	83
Owen, KY	21187	11.7	48.0	2.7	0.9	105	250	109	18.5	5
Owsley, KY	21189	14.8	86.1	0.8	0.0	49	184	84	10.5	9
Pendleton, KY	21191	16.5	44.6	1.4	0.3	160	412	178	16.5	16
Perry, KY	21193	20.3	70.0	2.7	0.0	289	990	376	15.2	27
Pike, KY	21195	14.0	64.4	1.1	0.0	676	1,845	771	15.2	44
Powell, KY	21197	17.5	46.2	1.6	0.2	151	396	177	15.1	15
Pulaski, KY	21199	15.0	63.1	4.0	0.6	609	1,488	626	16.3	52
Robertson, KY	21201	16.7	54.5	0.3	0.0	30	74	34	12.9	3
Rockcastle, KY	21203	18.7	63.3	0.4	0.0	190	487	199	15.5	16
Rowan, KY	21205	20.1	55.3	2.6	0.2	185	463	206	16.0	17
Russell, KY	21207	19.9	56.0	1.8	0.8	181	528	218	14.1	29
Scott, KY	21209	14.9	35.1	8.7	0.9	386	935	429	16.9	25
Shelby, KY	21211	15.2	38.5	20.9	7.2	342	760	361	16.9	40
Simpson, KY	21213	11.3	46.7	13.6	0.1	173	429	185	17.2	21
Spencer, KY	21215	19.0	30.2	2.8	0.2	146	336	149	16.3	11
Taylor, KY	21217	16.9	40.2	7.7	0.4	265	616	258	15.3	22
Todd, KY	21219	19.4	58.8	13.6	1.4	114	312	119	18.6	12
Trigg, KY	21221	14.8	46.6	13.1	0.0	108	317	140	15.7	20
Trimble, KY	21223	14.3	49.0	2.8	1.1	98	224	102	16.2	8
Union, KY	21225	21.2	48.7	16.5	0.0	265	384	159	16.2	18
Warren, KY	21227	12.9	46.5	19.0	4.0	938	2,125	943	17.1	54
Washington, KY	21229	20.1	52.2	15.0	2.2	122	276	125	15.8	13
Wayne, KY	21231	17.3	66.0	5.3	1.3	172	633	220	16.7	32
Webster, KY	21233	18.1	54.0	8.5	2.9	138	384	148	16.4	13
Whitley, KY	21235	16.2	70.5	0.8	0.1	472	1,245	529	15.4	52
Wolfe, KY	21237	21.1	79.7	1.2	0.0	86	243	98	14.3	9
Woodford, KY	21239	11.6	27.2	11.6	2.9	249	514	226	17.8	10
LOUISIANA	22000	13.0	61.2	48.5	1.8	36,009	92,613	44,663	14.7	2,653
Acadia, LA	22001	15.8	64.8	29.5	0.4	437	1,395	614	15.5	39
Allen, LA	22003	12.1	59.6	26.7	0.0	205	657	331	13.2	11
Ascension, LA	22005	14.4	44.2	34.5	2.4	754	2,225	1,142	15.7	48
Assumption, LA	22007	14.4	63.4	45.6	1.0	197	606	294	14.9	18
Avoyelles, LA	22009	10.1	77.2	45.6	0.5	306	758	384	18.3	16
Beauregard, LA	22011	13.3	50.7	19.6	0.3	355	854	409	15.1	21
Bienville, LA	22013	10.7	71.3	60.6	0.4	147	387	189	12.8	11
Bossier, LA	22015	11.9	42.8	36.8	4.6	1,055	2,481	1,230	15.6	55
Caddo, LA	22017	12.8	60.8	65.7	1.3	2,071	6,577	2,884	15.2	180
Calcasieu, LA	22019	12.7	53.7	36.5	0.2	1,694	4,779	2,332	13.7	141
Caldwell, LA	22021	13.5	66.6	21.4	0.3	96	285	131	14.2	7
Cameron, LA	22023	14.5	98.5	5.5	1.1	117	305	149	9.7	7
Catahoula, LA	22025	10.3	69.3	40.6	0.0	74	294	133	13.6	11
Claiborne, LA	22027	18.1	76.1	69.4	0.0	133	458	213	12.6	13
Concordia, LA	22029	10.3	75.2	53.5	0.4	163	626	272	15.2	29
De Soto, LA	22031	13.8	67.5	56.5	1.3	250	786	356	14.0	26
East Baton Rouge, LA	22033	12.6	73.3	79.7	2.7	2,734	7,766	3,972	14.8	238
East Carroll, LA	22035	13.4	93.4	93.9	0.0	52	286	119	13.0	11
East Feliciana, LA	22037	15.5	85.1	78.5	0.0	124	367	161	15.1	13
Evangeline, LA	22039	17.3	77.1	42.2	0.3	251	887	431	14.3	26
Franklin, LA	22041	10.6	80.1	52.3	0.0	147	453	207	16.7	16
Grant, LA	22043	15.4	61.5	15.7	0.1	168	505	254	14.2	13
Iberia, LA	22045	15.8	66.8	49.7	1.7	665	1,956	1,017	13.9	57
Iberville, LA	22047	13.1	84.5	76.4	0.8	186	657	321	13.7	15
Jackson, LA	22049	11.0	55.9	37.0	0.0	131	331	145	15.2	11
Jefferson, LA	22051	7.3	61.8	65.5	7.7	2,078	6,140	2,773	15.0	210
Jefferson Davis, LA	22053	16.5	55.6	27.1	0.2	326	831	376	15.6	25
Lafayette, LA	22055	9.1	56.1	46.1	2.1	1,629	4,166	2,143	14.3	115
Lafourche, LA	22057	13.1	58.2	28.7	2.2	829	2,320	1,105	13.1	60
La Salle, LA	22059	9.9	55.4	13.8	0.0	144	389	179	15.3	12
Lincoln, LA	22061	12.9	58.8	53.9	0.6	388	923	491	13.9	20
Livingston, LA	22063	12.4	48.7	7.0	0.7	1,062	2,820	1,408	15.9	41
Madison, LA	22065	10.7	83.7	92.1	0.0	90	331	123	18.6	10
Morehouse, LA	22067	14.4	75.6	64.6	0.5	199	738	347	14.6	21
Natchitoches, LA	22069	10.3	67.9	57.8	0.6	472	973	493	14.8	32
Orleans, LA	22071	7.6	34.9	95.0	2.4	2,868	974	541	12.2	72

[2]IEP = Individual Education Program. See notes and definitions for more information.

Table C-1. Population, School, and Student Characteristics by County—Continued

STATE County	State/county code	Total revenue (thousands of dollars)	Federal government	State government	Local government	Total expenditures (thousands of dollars)	Amount per student	Percent for instruction	Total population 16 to 19 years	Percent in Armed Forces	Percent high school graduates	Percent not enrolled, not employed, not in Armed Forces, not high school grad.
		19	20	21	22	23	24	25	26	27	28	29
Morgan, KY	21175	19,904	15.1	72.4	12.5	17,730	7,434	58.8	809	0.0	17.3	11.6
Muhlenberg, KY	21177	45,876	9.4	62.2	28.5	37,930	7,028	65.3	1,809	0.0	12.5	13.7
Nelson, KY	21179	54,090	9.5	60.4	30.1	47,286	6,613	57.1	2,121	0.0	11.3	5.6
Nicholas, KY	21181	8,992	12.3	70.0	17.7	8,142	6,457	61.0	364	0.0	18.7	4.4
Ohio, KY	21183	33,143	11.6	71.3	17.1	29,479	7,009	58.2	1,317	0.0	9.3	5.4
Oldham, KY	21185	81,694	5.0	52.8	42.2	67,925	6,421	61.3	2,389	0.0	6.4	3.9
Owen, KY	21187	15,498	12.3	65.9	21.8	12,887	6,532	59.1	622	0.0	15.0	6.3
Owsley, KY	21189	9,406	36.1	54.9	9.0	8,661	9,656	60.7	292	0.0	12.0	18.8
Pendleton, KY	21191	22,600	9.2	70.7	20.1	19,066	6,552	59.6	885	0.0	12.5	5.2
Perry, KY	21193	46,506	15.3	67.1	17.6	42,296	7,409	61.6	1,843	0.0	10.1	12.6
Pike, KY	21195	99,209	14.1	62.0	23.9	86,924	7,417	58.2	3,840	0.0	10.6	9.0
Powell, KY	21197	20,576	15.7	72.3	12.0	18,944	7,053	63.0	871	0.0	11.7	6.4
Pulaski, KY	21199	75,776	12.9	63.5	23.6	67,256	6,560	63.4	3,108	0.0	9.7	6.7
Robertson, KY	21201	3,799	22.2	63.3	14.5	3,443	7,617	59.3	130	0.0	13.8	6.2
Rockcastle, KY	21203	24,684	13.5	74.2	12.4	22,685	7,356	65.2	832	0.0	13.6	8.2
Rowan, KY	21205	24,836	11.6	65.2	23.3	22,261	7,063	64.4	2,245	0.0	5.1	2.6
Russell, KY	21207	24,424	14.7	65.8	19.5	23,363	7,806	57.9	867	0.0	11.0	11.3
Scott, KY	21209	55,065	7.2	52.4	40.4	44,530	6,416	60.2	2,233	0.0	7.5	3.0
Shelby, KY	21211	47,637	7.2	51.6	41.2	38,147	6,628	61.7	1,923	1.0	9.6	8.4
Simpson, KY	21213	22,047	9.8	62.9	27.3	20,526	6,473	60.7	708	0.0	18.9	3.2
Spencer, KY	21215	18,837	8.7	62.5	28.8	15,700	6,145	60.8	631	0.0	11.7	4.3
Taylor, KY	21217	30,316	13.0	65.2	21.7	27,682	6,962	62.9	1,385	0.0	12.9	7.1
Todd, KY	21219	16,574	13.8	69.0	17.2	14,360	6,569	52.5	623	0.0	17.2	3.2
Trigg, KY	21221	16,716	9.2	61.8	29.0	14,863	6,916	61.6	492	0.0	11.2	5.7
Trimble, KY	21223	12,506	14.2	62.6	23.2	10,857	6,486	63.8	407	0.0	17.9	4.7
Union, KY	21225	21,549	12.1	64.2	23.8	18,774	7,319	62.2	1,607	0.0	13.8	16.9
Warren, KY	21227	119,464	10.9	55.8	33.3	98,782	6,268	63.8	6,961	0.0	8.4	4.6
Washington, KY	21229	14,930	12.8	66.2	20.9	13,502	6,956	61.1	684	0.0	14.0	8.0
Wayne, KY	21231	28,429	15.8	70.2	14.0	26,894	7,280	60.6	1,151	0.0	13.7	12.4
Webster, KY	21233	18,568	11.9	67.9	20.2	16,890	6,962	58.0	853	0.0	9.4	7.9
Whitley, KY	21235	65,584	17.5	67.1	15.4	57,582	7,092	63.3	2,382	0.0	9.4	9.2
Wolfe, KY	21237	12,798	16.3	74.3	9.4	11,225	8,152	60.6	413	0.0	10.4	19.6
Woodford, KY	21239	27,520	6.9	48.9	44.2	24,106	6,243	62.1	1,151	0.0	14.5	5.2
LOUISIANA	22000	5,975,074	14.1	46.7	39.2	5,457,193	7,605	59.8	289,111	0.4	10.4	8.0
Acadia, LA	22001	68,547	21.2	57.2	21.6	61,554	6,480	59.8	3,945	0.2	10.3	10.3
Allen, LA	22003	37,238	10.5	56.9	32.6	33,764	7,854	58.1	1,453	0.0	13.8	11.2
Ascension, LA	22005	128,707	9.3	44.1	46.6	114,741	7,012	62.3	4,719	0.2	10.8	4.9
Assumption, LA	22007	37,501	19.7	56.8	23.5	34,328	7,926	62.9	1,438	0.0	5.6	12.7
Avoyelles, LA	22009	46,735	16.3	63.4	20.3	42,431	6,516	60.6	2,560	0.0	10.2	18.3
Beauregard, LA	22011	46,945	10.2	56.0	33.8	43,282	7,034	57.7	2,068	0.2	13.9	8.0
Bienville, LA	22013	26,945	15.7	37.0	47.4	23,131	9,550	57.3	979	0.3	11.5	6.8
Bossier, LA	22015	146,154	10.2	47.2	42.6	132,882	7,043	58.2	5,796	4.4	13.7	6.1
Caddo, LA	22017	376,777	12.7	48.0	39.4	343,532	7,893	60.0	15,746	0.3	11.3	9.5
Calcasieu, LA	22019	265,363	11.9	42.4	45.7	235,052	7,244	57.7	11,513	0.1	12.7	5.8
Caldwell, LA	22021	15,018	13.9	60.0	26.1	13,498	7,214	58.5	512	0.0	11.3	18.8
Cameron, LA	22023	20,454	5.8	36.8	57.4	17,395	9,680	56.8	612	0.0	12.6	7.4
Catahoula, LA	22025	14,532	19.7	60.1	20.2	13,538	7,718	52.9	843	0.0	14.9	16.6
Claiborne, LA	22027	24,453	13.4	58.9	27.7	23,060	8,428	60.4	1,032	0.0	11.2	12.8
Concordia, LA	22029	32,805	21.0	52.5	26.5	29,385	7,603	59.9	1,161	0.6	9.8	14.3
De Soto, LA	22031	50,678	16.6	42.2	41.3	44,526	8,884	59.5	1,533	0.0	14.6	10.8
East Baton Rouge, LA	22033	477,597	13.6	33.5	52.9	422,875	8,148	56.5	30,936	0.0	8.2	6.0
East Carroll, LA	22035	14,516	26.0	58.7	15.3	15,001	9,393	54.9	622	0.0	10.6	10.3
East Feliciana, LA	22037	18,898	17.0	63.2	19.8	18,022	7,692	56.9	1,273	0.0	11.9	8.4
Evangeline, LA	22039	47,144	16.5	61.6	21.9	43,953	7,265	60.8	2,313	0.0	8.7	13.7
Franklin, LA	22041	29,351	28.4	55.6	16.0	25,958	7,241	62.7	1,346	0.0	15.1	13.4
Grant, LA	22043	26,369	18.8	69.4	11.8	24,759	6,823	58.7	1,052	0.0	13.4	9.2
Iberia, LA	22045	112,514	15.6	54.1	30.3	101,229	7,198	61.8	4,571	0.0	11.5	10.2
Iberville, LA	22047	44,461	20.8	25.5	53.7	36,579	8,535	59.1	2,182	0.0	12.6	14.5
Jackson, LA	22049	26,109	11.0	42.0	47.1	22,971	10,005	58.1	961	0.0	13.2	11.9
Jefferson, LA	22051	449,848	15.2	34.3	50.5	406,774	7,913	61.6	25,239	0.1	9.7	6.5
Jefferson Davis, LA	22053	50,046	11.6	56.1	32.3	44,656	7,647	58.2	2,076	0.0	16.3	9.7
Lafayette, LA	22055	235,444	13.0	39.1	47.9	219,756	7,370	64.6	12,509	0.1	9.9	6.7
Lafourche, LA	22057	120,164	12.6	50.9	36.5	110,497	7,541	59.7	6,126	0.0	12.7	5.4
La Salle, LA	22059	21,372	10.9	58.5	30.6	19,718	7,371	60.2	1,078	0.0	9.1	18.8
Lincoln, LA	22061	53,998	10.8	48.4	40.8	47,559	7,171	61.0	4,912	0.0	4.2	2.5
Livingston, LA	22063	143,743	8.6	66.0	25.3	136,434	6,376	62.7	5,829	0.0	12.0	6.2
Madison, LA	22065	19,373	32.1	54.3	13.6	18,883	8,189	53.3	1,402	0.0	6.8	20.3
Morehouse, LA	22067	43,193	19.6	52.5	27.8	41,648	8,152	61.5	2,109	0.0	12.5	14.2
Natchitoches, LA	22069	55,516	17.5	50.2	32.3	52,120	7,573	61.2	3,932	0.0	6.3	5.7
Orleans, LA	22071	515,504	14.6	45.0	40.4	511,378	7,877	57.1	30,841	0.3	9.6	8.0

Table C-1. Population, School, and Student Characteristics by County—Continued

STATE County	State/ county code	High school graduates, 2000 Population 25 years and over	High school diploma or less (percent)	High school diploma or more (percent)	College enrollment, 2000 Number	Percent public	Bachelor's degree or more	+/- U.S. percent with bachelor's degree or more	Non-Hispanic White	Black	American Indian, Alaska Native	Asian and Pacific Islander	Hispanic or Latino[3]
		30	31	32	33	34	35	36	37	38	39	40	41
Morgan, KY	21175	9,321	76.4	56.4	420	89.5	7.7	-16.7	7.9	2.5	0.0	15.4	2.0
Muhlenberg, KY	21177	21,676	74.9	65.8	919	89.2	8.1	-16.3	8.3	5.2	0.0	0.0	0.0
Nelson, KY	21179	23,785	64.1	79.0	1,030	76.8	13.4	-11.0	13.4	9.4	0.0	52.5	15.6
Nicholas, KY	21181	4,636	74.7	62.9	158	98.7	7.5	-16.9	7.2	21.7	0.0	...	0.0
Ohio, KY	21183	15,237	74.5	67.0	646	91.0	7.4	-17.0	7.4	15.0	0.0	100.0	0.0
Oldham, KY	21185	30,366	40.0	86.5	1,972	73.9	30.6	6.2	31.7	9.8	50.8	43.7	16.1
Owen, KY	21187	6,999	73.3	67.9	227	86.3	9.1	-15.3	9.0	18.4	0.0	28.6	3.5
Owsley, KY	21189	3,242	78.7	49.2	154	89.6	7.7	-16.7	7.8	0.0	0.0	...	0.0
Pendleton, KY	21191	9,081	74.1	72.8	345	83.5	9.7	-14.7	9.8	6.9	0.0	33.3	0.0
Perry, KY	21193	19,596	73.0	58.3	1,179	91.2	8.9	-15.5	8.6	7.4	0.0	78.6	0.0
Pike, KY	21195	46,153	72.6	61.8	2,322	66.5	9.9	-14.5	9.9	0.0	0.0	35.2	13.0
Powell, KY	21197	8,485	80.4	56.1	196	71.9	6.5	-17.9	6.5	0.0	13.3	...	10.4
Pulaski, KY	21199	38,430	69.2	65.6	1,781	93.9	10.5	-13.9	10.4	5.7	8.6	40.2	0.7
Robertson, KY	21201	1,566	75.5	60.9	81	84.0	8.7	-15.7	8.8	0.0	0.0	0.0	0.0
Rockcastle, KY	21203	11,109	79.3	57.7	366	87.4	8.3	-16.1	8.3	0.0	0.0	...	2.9
Rowan, KY	21205	12,455	58.1	70.9	4,503	98.0	21.9	-2.5	21.7	47.3	0.0	92.4	0.0
Russell, KY	21207	11,437	72.6	61.8	541	78.9	9.6	-14.8	9.6	5.3	33.3	12.1	0.0
Scott, KY	21209	20,459	52.8	80.5	2,150	40.1	20.3	-4.1	20.6	11.8	0.0	66.1	19.5
Shelby, KY	21211	22,096	55.4	79.1	820	74.3	18.7	-5.7	20.4	7.5	0.0	0.0	5.7
Simpson, KY	21213	10,680	67.4	73.6	394	93.4	11.9	-12.5	12.9	3.6	0.0	22.2	0.0
Spencer, KY	21215	7,672	65.0	75.4	307	70.7	11.1	-13.3	11.2	0.0	0.0	0.0	0.0
Taylor, KY	21217	15,253	68.1	68.0	1,403	32.3	12.2	-12.2	12.4	11.7	0.0	0.0	0.0
Todd, KY	21219	7,758	73.2	63.5	237	92.8	9.2	-15.2	10.2	0.6	0.0	0.0	5.6
Trigg, KY	21221	8,897	64.6	72.1	399	90.0	12.0	-12.4	12.7	4.6	0.0	41.7	5.0
Trimble, KY	21223	5,340	70.2	70.7	215	81.4	7.6	-16.8	7.7	18.2	0.0	...	0.0
Union, KY	21225	9,524	66.0	76.9	530	77.5	10.9	-13.5	11.4	6.0	0.0	21.6	0.0
Warren, KY	21227	56,069	51.0	80.3	10,926	95.6	24.7	0.3	25.8	10.6	17.1	50.1	9.5
Washington, KY	21229	7,144	69.7	68.8	369	48.0	13.3	-11.1	14.1	2.7	39.1	18.2	0.0
Wayne, KY	21231	13,153	78.0	57.8	423	87.5	7.2	-17.2	7.4	0.0	13.5	0.0	0.0
Webster, KY	21233	9,424	72.6	70.9	543	92.4	7.1	-17.3	7.3	4.5	...	0.0	0.0
Whitley, KY	21235	22,708	70.1	61.3	1,972	38.1	13.4	-11.0	13.3	0.0	28.0	53.2	13.0
Wolfe, KY	21237	4,571	77.1	53.6	217	91.7	10.6	-13.8	10.2	0.0	...	84.6	61.5
Woodford, KY	21239	15,546	46.9	82.6	960	59.8	25.9	1.5	27.1	11.8	100.0	90.0	3.7
LOUISIANA	22000	2,775,468	57.6	74.8	258,000	81.7	18.7	-5.7	21.7	10.9	9.2	35.2	19.5
Acadia, LA	22001	35,573	73.4	64.7	1,884	89.0	9.4	-15.0	10.2	5.0	0.0	19.0	14.5
Allen, LA	22003	16,817	74.8	63.2	646	87.2	9.3	-15.1	11.3	4.2	0.7	6.4	10.3
Ascension, LA	22005	46,258	62.1	79.6	3,105	83.8	14.5	-9.9	15.9	7.8	6.6	26.1	15.0
Assumption, LA	22007	14,411	77.5	59.4	666	89.2	7.4	-17.0	7.9	6.4	0.0	8.8	0.0
Avoyelles, LA	22009	26,606	77.3	59.8	1,013	86.8	8.3	-16.1	9.4	4.4	4.8	28.7	17.2
Beauregard, LA	22011	21,036	64.5	75.0	853	88.2	13.8	-10.6	14.2	8.6	20.2	14.3	28.4
Bienville, LA	22013	10,172	69.4	71.9	514	91.6	11.5	-12.9	13.6	8.5	7.7	0.0	8.3
Bossier, LA	22015	61,237	49.5	83.0	5,161	87.3	18.1	-6.3	20.5	8.5	12.7	23.8	13.1
Caddo, LA	22017	159,011	53.5	78.7	13,004	84.7	20.6	-3.8	27.1	10.6	11.6	43.8	17.8
Calcasieu, LA	22019	114,563	57.5	77.0	9,274	90.3	16.9	-7.5	19.0	8.3	6.3	37.0	19.5
Caldwell, LA	22021	6,922	73.2	65.4	311	90.4	8.8	-15.6	9.8	4.2	0.0	22.2	6.3
Cameron, LA	22023	6,257	74.7	68.1	230	95.2	7.9	-16.5	8.3	4.2	0.0	0.0	6.8
Catahoula, LA	22025	6,904	75.3	61.4	325	92.3	9.4	-15.0	10.4	6.0	0.0	...	12.5
Claiborne, LA	22027	11,169	69.5	65.7	455	93.0	12.4	-12.0	17.4	6.0	25.0	0.0	14.9
Concordia, LA	22029	12,814	69.9	64.6	406	85.0	9.6	-14.8	10.9	6.6	3.8	41.9	7.4
De Soto, LA	22031	16,118	70.3	70.3	782	95.1	10.2	-14.2	12.6	6.7	0.8	40.0	7.3
East Baton Rouge, LA	22033	245,296	42.5	83.9	45,355	91.7	30.8	6.4	37.4	17.8	27.3	51.6	35.8
East Carroll, LA	22035	5,542	73.3	57.9	218	93.6	12.3	-12.1	18.1	8.4	100.0	70.6	0.0
East Feliciana, LA	22037	13,877	68.8	70.7	530	84.2	11.3	-13.1	16.4	4.8	0.0	18.6	8.5
Evangeline, LA	22039	21,511	75.2	55.5	1,127	94.9	9.5	-14.9	11.4	3.6	0.0	22.1	2.0
Franklin, LA	22041	13,423	75.1	61.4	464	89.9	9.8	-14.6	10.6	7.1	0.0	25.0	0.0
Grant, LA	22043	11,921	68.5	73.1	436	90.8	9.8	-14.6	10.1	5.6	18.3	22.9	15.4
Iberia, LA	22045	43,965	71.6	66.9	2,222	89.9	11.2	-13.2	13.1	6.4	20.5	7.9	12.0
Iberville, LA	22047	21,101	73.2	65.7	1,124	88.6	9.6	-14.8	11.9	6.6	0.0	11.1	13.1
Jackson, LA	22049	10,062	66.1	73.6	541	94.6	12.9	-11.5	12.9	13.1	0.0	29.4	0.0
Jefferson, LA	22051	298,761	50.7	79.3	25,389	68.5	21.5	-2.9	23.6	12.2	10.9	35.4	18.6
Jefferson Davis, LA	22053	19,352	71.8	69.4	903	90.7	9.9	-14.5	10.8	6.2	4.5	15.2	0.0
Lafayette, LA	22055	116,183	49.2	79.8	13,951	91.8	25.5	1.1	29.1	11.1	17.5	46.2	20.5
Lafourche, LA	22057	55,891	71.7	66.3	4,683	90.6	12.4	-12.0	13.1	5.1	3.7	42.4	13.9
La Salle, LA	22059	9,219	70.0	68.5	371	91.4	11.2	-13.2	12.2	4.3	0.0	3.4	3.1
Lincoln, LA	22061	22,059	44.3	80.4	10,157	96.7	31.8	7.4	35.1	22.9	27.1	84.5	22.0
Livingston, LA	22063	56,528	66.0	77.2	3,235	89.4	11.4	-13.0	11.6	6.5	9.6	26.5	11.7
Madison, LA	22065	7,670	70.3	63.4	325	87.7	11.0	-13.4	14.8	8.0	0.0	28.6	6.9
Morehouse, LA	22067	19,446	72.2	66.6	810	97.5	9.7	-14.7	11.6	6.7	14.7	0.0	6.8
Natchitoches, LA	22069	22,033	59.4	72.7	5,204	95.8	18.4	-6.0	23.8	8.6	12.3	50.7	26.7
Orleans, LA	22071	300,568	48.8	74.7	39,625	53.9	25.8	1.4	47.6	13.4	17.1	31.5	27.1

[3]May be of any race.
... = Not available.

Table C-1. Population, School, and Student Characteristics by County—Continued

STATE County	State/ county code	County type[1]	Population, 2007 Total	Population, 2007 Percent 5 to 17 years	Number of schools and students, 2005–2006 School districts	Number of schools and students, 2005–2006 Schools	Number of schools and students, 2005–2006 Students	Resident enrollment, 2000 Total enrollment Number	Resident enrollment, 2000 Total enrollment Percent public	Resident enrollment, 2000 K–12 enrollment Number	Resident enrollment, 2000 K–12 enrollment Percent public
			1	2	3	4	5	6	7	8	9
Ouachita, LA	22073	3	149,502	19.0	3	57	28,145	44,054	89.0	30,577	90.2
Plaquemines, LA	22075	1	21,540	20.2	2	10	3,555	7,807	81.5	6,134	85.5
Pointe Coupee, LA	22077	2	22,392	17.5	1	6	3,028	5,974	72.8	4,852	71.9
Rapides, LA	22079	3	130,079	18.4	2	53	24,016	33,345	86.4	26,221	89.8
Red River, LA	22081	6	9,195	19.8	1	5	1,537	2,747	89.7	2,257	89.5
Richland, LA	22083	6	20,469	18.4	2	12	3,854	5,489	86.4	4,427	87.2
Sabine, LA	22085	6	23,683	17.7	1	13	4,325	5,663	94.7	4,685	95.4
St. Bernard, LA	22087	1	19,826	12.0	1	16	948	17,654	70.1	12,950	71.5
St. Charles, LA	22089	1	52,044	19.8	1	20	9,858	14,720	82.5	11,466	85.9
St. Helena, LA	22091	2	10,620	19.3	1	3	1,485	2,993	81.6	2,370	82.0
St. James, LA	22093	6	21,578	18.8	1	10	4,101	6,103	81.0	4,953	80.3
St. John the Baptist, LA	22095	1	47,684	21.0	1	12	6,872	13,204	67.3	10,116	67.5
St. Landry, LA	22097	4	91,362	19.5	1	39	15,637	24,609	86.7	19,809	86.9
St. Martin, LA	22099	3	51,651	19.5	1	18	8,694	13,235	84.2	10,914	84.6
St. Mary, LA	22101	4	51,311	19.2	2	28	10,563	14,750	86.8	12,006	88.5
St. Tammany, LA	22103	1	226,625	19.2	1	52	34,408	54,129	76.5	41,459	80.5
Tangipahoa, LA	22105	2	115,398	18.8	1	37	19,214	30,230	86.5	20,980	86.6
Tensas, LA	22107	9	5,865	16.4	1	3	872	1,750	82.3	1,428	84.8
Terrebonne, LA	22109	3	108,424	19.0	1	41	19,061	28,789	83.7	23,114	85.7
Union, LA	22111	3	22,773	17.4	1	8	3,158	5,345	91.2	4,340	92.5
Vermilion, LA	22113	4	55,691	18.6	1	20	8,926	14,156	87.8	11,657	89.3
Vernon, LA	22115	4	47,380	22.2	1	20	9,744	14,157	93.8	10,708	95.6
Washington, LA	22117	6	44,920	18.7	2	20	7,366	10,968	90.6	9,038	92.1
Webster, LA	22119	6	40,924	17.1	1	22	7,501	10,694	92.9	8,397	94.2
West Baton Rouge, LA	22121	2	22,625	18.4	1	10	3,643	5,967	82.2	4,728	84.0
West Carroll, LA	22123	9	11,553	16.8	1	8	2,302	2,913	96.7	2,498	97.8
West Feliciana, LA	22125	2	15,113	12.4	1	5	2,508	3,830	80.6	3,181	81.9
Winn, LA	22127	6	15,521	15.9	1	8	2,772	4,107	95.7	3,319	97.3
MAINE	23000	X	1,317,207	15.8	329	679	195,498	321,041	85.7	236,267	92.2
Androscoggin, ME	23001	3	106,815	16.5	14	43	16,114	25,970	80.3	18,993	89.2
Aroostook, ME	23003	7	72,047	15.0	35	53	11,502	17,892	95.5	13,414	96.9
Cumberland, ME	23005	2	275,374	16.2	20	95	38,409	68,515	82.4	47,766	91.4
Franklin, ME	23007	6	29,927	14.8	10	18	4,511	8,413	92.4	5,706	94.5
Hancock, ME	23009	6	53,278	14.7	37	37	7,039	12,336	86.0	9,173	92.8
Kennebec, ME	23011	4	120,839	15.8	24	52	17,132	30,287	83.7	22,240	93.4
Knox, ME	23013	7	40,781	14.8	13	28	6,503	8,546	85.7	6,908	90.1
Lincoln, ME	23015	8	34,800	14.8	21	16	3,226	7,510	82.4	6,137	86.9
Oxford, ME	23017	6	56,734	15.7	14	42	10,114	12,792	87.9	10,674	91.4
Penobscot, ME	23019	3	148,784	15.1	39	87	23,254	40,435	88.0	26,268	92.8
Piscataquis, ME	23021	8	17,180	14.8	12	14	2,698	3,892	89.8	3,221	93.5
Sagadahoc, ME	23023	2	36,387	17.1	9	21	6,174	8,939	88.0	7,054	94.2
Somerset, ME	23025	6	51,658	16.2	14	38	8,732	11,942	90.2	9,920	93.6
Waldo, ME	23027	6	38,511	15.9	8	25	4,746	8,692	88.5	6,873	95.6
Washington, ME	23029	7	32,751	15.1	43	42	4,582	8,044	92.2	6,122	94.0
York, ME	23031	2	201,341	16.7	16	69	30,762	46,836	84.1	35,798	91.4
MARYLAND	24000	X	5,618,344	17.5	25	1,430	860,020	1,475,484	79.6	1,024,955	85.1
Allegany, MD	24001	3	72,594	14.0	1	28	9,715	18,070	91.9	11,666	92.6
Anne Arundel, MD	24003	1	512,154	17.6	1	121	73,565	131,201	79.4	93,322	83.5
Baltimore, MD	24005	1	788,994	16.4	1	168	107,043	201,904	76.6	135,001	80.3
Calvert, MD	24009	1	88,223	19.3	1	27	17,468	21,773	87.6	17,349	91.4
Caroline, MD	24011	6	32,910	17.4	1	10	5,570	7,456	90.4	6,178	91.3
Carroll, MD	24013	1	169,220	18.6	1	46	28,940	41,776	81.6	31,629	90.2
Cecil, MD	24015	1	99,695	18.3	1	29	16,521	22,438	85.5	17,589	89.5
Charles, MD	24017	1	140,444	19.8	1	34	26,406	35,134	82.5	26,224	85.9
Dorchester, MD	24019	6	31,846	15.6	1	13	4,654	7,043	88.6	5,525	90.6
Frederick, MD	24021	1	224,705	19.0	1	62	39,672	54,005	84.0	39,734	92.6
Garrett, MD	24023	6	29,627	16.8	1	16	4,668	6,978	91.6	5,660	93.9
Harford, MD	24025	1	239,993	18.9	1	51	40,212	61,532	82.3	45,281	87.5
Howard, MD	24027	1	273,669	19.2	1	71	48,596	73,343	80.2	51,631	87.8
Kent, MD	24029	6	19,987	13.9	1	8	2,440	4,940	68.5	3,114	90.1
Montgomery, MD	24031	1	930,813	17.2	1	199	139,398	240,098	74.9	164,578	81.9
Prince George's, MD	24033	1	828,770	17.9	1	205	133,325	249,844	80.3	162,830	84.6
Queen Anne's, MD	24035	1	46,571	17.6	1	13	7,780	9,899	87.0	7,714	89.9
St. Mary's, MD	24037	4	100,378	18.7	1	26	16,649	25,031	82.0	17,963	84.1
Somerset, MD	24039	3	26,016	12.8	1	10	2,915	7,036	89.1	3,949	92.8
Talbot, MD	24041	6	36,193	14.6	1	8	4,482	7,292	76.9	5,584	80.7
Washington, MD	24043	3	145,113	16.4	1	46	21,141	29,792	86.4	23,374	90.7
Wicomico, MD	24045	3	93,600	16.6	1	27	14,491	24,554	88.3	16,004	90.0
Worcester, MD	24047	4	49,374	14.1	1	14	6,727	9,832	89.5	7,510	92.3
Baltimore city, MD	24510	1	637,455	17.1	2	198	87,643	184,513	76.9	125,546	84.7

[1] County type codes are from the Economic Research Service of the United States Department of Agriculture. See notes and definitions for more information.

PART C—COUNTY EDUCATION STATISTICS

Table C-1. Population, School, and Student Characteristics by County—Continued

STATE County	State/county code	Students with IEP[2] (10)	Students eligible for free or reduced-price lunch (11)	Minority students (12)	English language learners (13)	Number of graduates, 2004–2005 (14)	Total staff (15)	Number of teachers (16)	Student/teacher ratio (17)	Central administration staff (18)
Ouachita, LA	22073	13.4	57.8	51.8	0.7	1,388	4,159	1,875	15.0	122
Plaquemines, LA	22075	10.0	24.0	35.4	1.9	294	662	266	13.4	40
Pointe Coupee, LA	22077	19.0	76.3	66.5	0.0	158	424	193	15.7	17
Rapides, LA	22079	14.4	63.0	47.5	1.8	1,135	3,389	1,650	14.6	81
Red River, LA	22081	12.5	82.8	69.6	0.0	68	264	113	13.6	9
Richland, LA	22083	13.3	71.6	50.7	0.1	158	551	262	14.7	18
Sabine, LA	22085	14.5	66.8	47.6	1.0	251	654	299	14.5	21
St. Bernard, LA	22087	19.8	99.7	8.1	0.3	460	214	92	10.3	16
St. Charles, LA	22089	11.3	49.9	40.2	1.3	645	1,658	807	12.2	60
St. Helena, LA	22091	15.4	88.1	93.7	0.1	69	180	73	20.3	9
St. James, LA	22093	13.8	70.0	68.3	0.2	190	608	310	13.2	21
St. John the Baptist, LA	22095	17.1	66.0	81.5	1.5	290	938	501	13.7	29
St. Landry, LA	22097	14.2	63.9	58.0	0.7	815	2,111	1,000	15.6	48
St. Martin, LA	22099	13.6	71.0	49.7	1.3	412	1,129	524	16.6	31
St. Mary, LA	22101	15.5	61.9	50.0	4.1	637	1,514	725	14.6	34
St. Tammany, LA	22103	16.5	43.9	20.0	2.0	1,960	5,010	2,510	13.7	132
Tangipahoa, LA	22105	13.8	70.5	48.0	0.7	1,043	2,205	1,085	17.7	55
Tensas, LA	22107	18.8	86.5	92.8	1.4	44	177	62	14.1	10
Terrebonne, LA	22109	15.7	67.9	40.2	2.0	993	2,604	1,369	13.9	55
Union, LA	22111	14.0	68.6	48.2	3.4	172	413	181	17.4	16
Vermilion, LA	22113	14.7	56.5	25.5	1.3	481	1,184	633	14.1	32
Vernon, LA	22115	13.4	52.8	28.5	0.5	426	1,485	711	13.7	32
Washington, LA	22117	18.4	88.5	45.3	2.4	391	1,178	492	15.0	43
Webster, LA	22119	13.6	59.4	45.0	0.0	365	958	462	16.2	18
West Baton Rouge, LA	22121	12.4	66.9	52.7	0.0	155	527	252	14.5	13
West Carroll, LA	22123	11.3	73.4	21.4	0.3	117	330	176	13.1	10
West Feliciana, LA	22125	12.8	50.2	44.5	0.6	119	388	186	13.5	18
Winn, LA	22127	12.1	66.2	37.2	0.0	176	413	185	15.0	12
MAINE	23000	16.9	33.8	4.9	1.7	13,073	35,251	16,685	11.7	1,357
Androscoggin, ME	23001	17.6	38.8	8.2	2.9	1,010	2,724	1,340	12.0	98
Aroostook, ME	23003	16.3	44.5	4.7	3.2	842	2,096	964	11.9	88
Cumberland, ME	23005	14.4	22.6	8.4	4.6	2,679	6,844	3,283	11.7	273
Franklin, ME	23007	14.8	46.8	3.0	0.1	377	844	418	10.8	34
Hancock, ME	23009	18.4	31.3	3.2	0.8	443	1,488	703	10.0	58
Kennebec, ME	23011	17.1	35.1	2.9	0.7	1,142	3,048	1,434	11.9	113
Knox, ME	23013	18.2	28.1	2.1	0.2	502	1,306	620	10.5	55
Lincoln, ME	23015	21.6	34.1	2.1	0.4	155	684	318	10.1	25
Oxford, ME	23017	15.6	45.3	2.8	0.3	625	1,858	858	11.8	78
Penobscot, ME	23019	16.3	37.3	4.1	0.3	1,553	4,007	1,949	11.9	143
Piscataquis, ME	23021	16.8	53.1	2.5	0.2	141	492	209	12.9	22
Sagadahoc, ME	23023	18.7	26.3	4.3	0.6	432	1,170	548	11.3	52
Somerset, ME	23025	19.6	48.6	2.7	0.2	569	1,632	743	11.8	53
Waldo, ME	23027	21.0	46.2	2.4	0.3	303	933	442	10.7	33
Washington, ME	23029	19.1	49.6	6.4	0.7	290	1,016	454	10.1	51
York, ME	23031	18.0	25.2	3.5	1.1	2,010	5,109	2,402	12.8	181
MARYLAND	24000	12.8	31.6	51.4	3.7	54,170	111,215	56,684	15.2	2,022
Allegany, MD	24001	14.3	45.3	6.0	0.1	670	1,408	723	13.4	37
Anne Arundel, MD	24003	12.6	34.9	100.0	1.8	4,840	8,665	4,754	15.5	152
Baltimore, MD	24005	12.9	33.2	47.7	2.3	7,190	14,086	7,388	14.5	219
Calvert, MD	24009	12.9	13.3	19.1	0.7	1,246	2,154	1,077	16.2	49
Caroline, MD	24011	12.1	44.0	24.3	1.9	349	720	366	15.2	24
Carroll, MD	24013	12.4	10.3	7.0	0.4	2,112	3,335	1,829	15.8	88
Cecil, MD	24015	14.6	25.8	13.0	0.7	1,015	2,112	1,090	15.2	66
Charles, MD	24017	8.5	24.4	53.2	0.5	1,743	2,995	1,574	16.8	78
Dorchester, MD	24019	10.8	49.4	44.5	1.7	292	606	331	14.1	18
Frederick, MD	24021	13.3	13.9	20.9	2.2	2,680	4,915	2,561	15.5	115
Garrett, MD	24023	14.1	40.9	0.8	0.0	291	663	362	12.9	23
Harford, MD	24025	14.6	20.0	24.5	0.9	2,634	4,996	2,527	15.9	113
Howard, MD	24027	10.0	10.8	37.6	3.1	3,253	6,816	3,452	14.1	163
Kent, MD	24029	14.4	40.3	32.1	3.1	154	338	169	14.4	15
Montgomery, MD	24031	12.7	22.0	57.8	9.5	9,227	19,510	9,371	14.9	380
Prince George's, MD	24033	11.5	43.2	93.7	6.2	7,908	16,922	8,395	15.9	29
Queen Anne's, MD	24035	12.9	14.4	11.8	1.2	472	912	493	15.8	33
St. Mary's, MD	24037	13.2	21.6	24.9	0.6	901	1,931	1,054	15.8	68
Somerset, MD	24039	12.7	57.4	51.3	2.1	180	440	231	12.6	16
Talbot, MD	24041	10.0	27.5	28.4	3.4	285	600	293	15.3	19
Washington, MD	24043	12.0	35.0	15.6	1.3	1,351	2,563	1,380	15.3	79
Wicomico, MD	24045	12.2	47.0	43.7	2.2	836	2,124	1,048	13.8	74
Worcester, MD	24047	10.6	32.1	28.7	2.7	494	1,119	550	12.2	32
Baltimore city, MD	24510	16.9	70.9	91.9	1.5	4,047	11,285	5,666	15.5	132

[2]IEP = Individual Education Program. See notes and definitions for more information.

Table C-1. Population, School, and Student Characteristics by County—Continued

STATE County	State/ county code	Revenues, 2004–2005 Total revenue (thousands of dollars)	Percentage of revenue from: Federal government	State government	Local government	Current expenditures, 2004–2005 Total expenditures (thousands of dollars)	Amount per student	Percent for instruction	Resident population 16 to 19 years, 2000 Total population 16 to 19 years	Percent in Armed Forces	Percent high school graduates	Percent not enrolled, not employed, not in Armed Forces, not high school grad.
		19	20	21	22	23	24	25	26	27	28	29
Ouachita, LA	22073	233,696	13.3	49.5	37.2	202,396	7,297	60.4	10,101	0.1	10.9	8.8
Plaquemines, LA	22075	48,377	11.8	25.7	62.5	45,317	9,020	52.6	1,648	0.0	12.0	4.3
Pointe Coupee, LA	22077	29,839	22.9	39.7	37.4	27,988	9,301	54.3	1,517	0.5	12.3	8.0
Rapides, LA	22079	180,958	15.1	51.0	33.9	165,601	7,248	59.2	8,535	0.2	11.7	9.8
Red River, LA	22081	15,717	16.8	58.2	25.0	13,683	8,536	58.7	689	0.0	8.9	10.2
Richland, LA	22083	27,601	18.0	61.2	20.7	26,957	7,798	57.3	1,283	0.0	12.2	13.4
Sabine, LA	22085	34,421	20.1	55.9	23.9	29,819	7,103	56.4	1,334	0.0	8.5	8.0
St. Bernard, LA	22087	74,490	14.9	42.4	42.8	65,781	7,473	61.1	3,813	0.2	11.6	5.8
St. Charles, LA	22089	116,326	7.9	24.2	67.9	92,778	9,546	59.5	3,070	0.0	7.0	6.6
St. Helena, LA	22091	12,040	24.3	60.2	15.5	10,937	8,018	52.5	740	0.0	13.4	9.3
St. James, LA	22093	42,863	16.3	32.3	51.4	36,697	9,124	56.8	1,450	0.0	10.8	9.2
St. John the Baptist, LA	22095	62,182	14.0	47.1	38.9	55,189	8,535	65.1	2,839	0.3	7.2	9.5
St. Landry, LA	22097	114,567	15.4	58.1	26.6	107,368	7,081	62.2	5,787	0.0	9.0	9.8
St. Martin, LA	22099	63,867	16.3	59.7	24.0	57,451	6,731	58.7	3,133	0.0	9.2	10.2
St. Mary, LA	22101	77,250	14.3	50.3	35.4	72,607	7,172	59.2	3,311	0.0	10.9	9.5
St. Tammany, LA	22103	320,646	8.4	48.9	42.7	296,728	8,330	63.4	10,690	0.1	8.3	5.1
Tangipahoa, LA	22105	134,908	18.4	57.0	24.6	117,647	6,338	61.7	7,310	0.1	9.8	10.0
Tensas, LA	22107	10,036	31.9	45.7	22.3	9,292	10,394	54.9	456	0.0	9.6	14.5
Terrebonne, LA	22109	139,946	14.6	52.6	32.8	130,154	6,802	62.4	7,026	0.0	8.5	8.6
Union, LA	22111	22,517	20.7	58.9	20.4	22,273	6,607	57.3	1,297	0.0	8.9	7.2
Vermilion, LA	22113	65,123	17.8	50.5	31.7	60,828	6,762	60.5	3,486	0.3	8.8	10.4
Vernon, LA	22115	78,761	22.7	56.9	20.4	75,252	7,610	59.9	3,387	18.1	30.5	4.2
Washington, LA	22117	70,566	18.9	60.8	20.3	65,783	8,583	60.9	2,637	0.3	13.7	11.4
Webster, LA	22119	60,449	14.4	51.7	33.9	53,720	7,064	61.0	2,383	0.0	9.9	9.7
West Baton Rouge, LA	22121	29,093	15.2	37.3	47.5	27,428	8,055	59.6	1,482	0.0	14.2	6.3
West Carroll, LA	22123	16,796	16.4	64.3	19.3	16,472	7,021	59.5	773	0.0	14.4	7.6
West Feliciana, LA	22125	24,741	12.2	40.0	47.8	22,534	9,205	55.9	749	0.0	11.3	8.9
Winn, LA	22127	23,286	15.9	56.6	27.4	21,644	7,772	55.2	966	0.0	6.3	10.1
MAINE	23000	2,324,867	8.5	38.5	53.0	2,050,185	10,316	66.1	69,770	0.3	10.0	3.4
Androscoggin, ME	23001	177,093	9.1	50.9	40.0	155,838	9,661	66.1	5,914	0.1	12.6	3.9
Aroostook, ME	23003	124,119	10.8	53.6	35.6	115,273	9,970	62.3	4,324	0.0	9.4	4.5
Cumberland, ME	23005	459,281	6.1	27.5	66.4	408,490	10,366	66.3	13,901	0.6	8.9	2.2
Franklin, ME	23007	55,555	10.6	37.0	52.4	48,996	10,635	66.3	2,046	0.0	5.5	4.3
Hancock, ME	23009	103,692	8.0	22.8	69.2	87,079	12,237	66.2	2,771	0.8	8.8	4.8
Kennebec, ME	23011	207,767	11.3	47.0	41.7	184,316	10,484	64.5	6,528	0.1	8.6	3.2
Knox, ME	23013	86,028	7.8	29.1	63.1	74,413	11,126	65.0	1,781	0.4	14.6	4.0
Lincoln, ME	23015	54,843	6.2	24.3	69.5	47,621	14,448	69.7	1,605	0.2	12.3	5.1
Oxford, ME	23017	121,836	9.3	42.6	48.1	105,489	10,276	64.4	2,969	0.1	12.4	3.9
Penobscot, ME	23019	258,557	8.7	44.6	46.7	222,652	9,466	66.5	9,564	0.1	8.9	2.8
Piscataquis, ME	23021	30,637	13.2	47.2	39.6	27,361	10,048	71.0	971	0.0	12.3	5.0
Sagadahoc, ME	23023	77,953	6.8	38.9	54.4	67,224	10,647	65.8	1,848	0.6	10.3	3.2
Somerset, ME	23025	99,847	10.7	46.1	43.2	91,082	10,329	68.7	2,737	0.1	9.7	4.4
Waldo, ME	23027	63,365	11.7	43.2	45.1	54,729	11,357	65.6	1,860	0.3	10.1	3.2
Washington, ME	23029	62,774	13.4	38.6	48.0	55,468	12,496	64.1	1,912	0.8	11.7	6.0
York, ME	23031	341,520	6.6	35.9	57.4	304,154	9,667	67.6	9,039	0.5	11.4	3.2
MARYLAND	24000	9,906,219	6.8	37.6	55.6	8,473,353	9,789	60.8	277,834	0.7	11.6	4.8
Allegany, MD	24001	103,012	12.4	54.7	32.9	97,643	9,923	61.6	4,583	0.0	13.3	3.9
Anne Arundel, MD	24003	776,100	5.8	31.0	63.2	681,404	9,209	62.1	24,457	5.6	15.8	4.1
Baltimore, MD	24005	1,135,545	6.9	36.2	56.9	1,037,463	9,633	62.2	39,091	0.0	11.5	3.9
Calvert, MD	24009	178,957	4.7	40.3	54.9	157,573	9,029	63.2	4,209	0.0	14.0	1.8
Caroline, MD	24011	50,572	10.2	61.9	28.0	48,652	8,990	60.0	1,692	0.1	17.8	5.3
Carroll, MD	24013	296,265	4.6	42.1	53.3	252,704	8,777	60.1	8,043	0.0	12.4	2.5
Cecil, MD	24015	157,621	6.7	47.2	46.2	145,189	8,781	60.3	4,586	0.2	19.6	6.0
Charles, MD	24017	272,756	5.4	43.7	50.8	229,450	8,816	58.1	6,551	0.3	15.2	3.7
Dorchester, MD	24019	51,487	12.1	47.0	41.0	46,119	9,632	58.2	1,435	0.0	16.6	7.6
Frederick, MD	24021	416,852	4.3	38.3	57.4	348,532	8,826	60.0	10,177	0.1	11.5	1.9
Garrett, MD	24023	49,825	10.4	45.1	44.5	46,781	9,876	59.4	1,783	0.0	11.0	6.1
Harford, MD	24025	401,945	5.6	43.0	51.3	338,082	8,390	61.2	10,922	0.5	13.0	2.2
Howard, MD	24027	565,001	3.4	28.2	68.4	516,691	10,716	64.2	11,305	0.1	8.4	1.8
Kent, MD	24029	30,162	10.0	35.3	54.7	26,824	10,670	58.2	1,140	0.0	11.8	2.5
Montgomery, MD	24031	2,068,665	4.4	17.7	77.9	1,673,330	12,004	64.0	38,934	0.2	7.1	3.3
Prince George's, MD	24033	1,541,245	6.9	46.3	46.8	1,269,442	9,328	54.8	46,313	0.4	10.0	4.1
Queen Anne's, MD	24035	76,800	6.2	33.0	60.8	67,132	8,704	60.0	1,952	0.6	11.6	5.1
St. Mary's, MD	24037	171,909	8.3	41.6	50.1	145,527	8,784	58.4	5,076	2.5	14.8	4.7
Somerset, MD	24039	33,210	14.0	52.9	33.0	31,355	10,622	59.3	1,704	0.2	12.3	2.1
Talbot, MD	24041	43,543	7.3	26.1	66.7	42,226	9,373	61.6	1,267	0.0	13.5	9.2
Washington, MD	24043	193,980	7.6	47.1	45.3	183,829	8,835	61.6	6,116	0.1	16.4	8.0
Wicomico, MD	24045	159,214	8.7	48.3	42.9	135,564	9,423	60.0	5,618	0.0	11.5	4.5
Worcester, MD	24047	95,260	8.0	21.1	70.9	78,839	11,809	63.0	1,930	0.0	14.4	4.1
Baltimore city, MD	24510	1,036,293	14.3	63.2	22.5	873,002	9,628	60.2	38,950	0.0	12.0	11.6

PART C—COUNTY EDUCATION STATISTICS

Table C-1. Population, School, and Student Characteristics by County—Continued

STATE County	State/ county code	High school graduates, 2000 Population 25 years and over	High school diploma or less (percent)	High school diploma or more (percent)	College enrollment, 2000 Number	Percent public	College graduates, 2000 (percent) Bachelor's degree or more	+/- U.S. percent with bachelor's degree or more	Non-Hispanic White	Black	American Indian, Alaska Native	Asian and Pacific Islander	Hispanic or Latino[3]
		30	31	32	33	34	35	36	37	38	39	40	41
Ouachita, LA	22073	88,430	51.4	78.6	10,363	92.5	22.7	-1.7	26.6	13.1	9.1	48.0	12.2
Plaquemines, LA	22075	16,448	65.5	68.7	1,234	70.9	10.8	-13.6	13.4	3.3	1.6	10.3	7.7
Pointe Coupee, LA	22077	14,577	70.0	69.1	683	85.9	12.8	-11.6	14.7	9.0	0.0	3.0	12.3
Rapides, LA	22079	79,811	59.1	74.6	4,620	75.2	16.5	-7.9	19.5	8.5	9.0	37.3	14.9
Red River, LA	22081	5,792	74.4	67.4	285	93.7	8.7	-15.7	11.0	4.7	0.0	0.0	0.0
Richland, LA	22083	13,060	70.3	61.9	647	87.0	12.8	-11.6	16.9	3.9	0.0	100.0	19.0
Sabine, LA	22085	15,388	70.1	70.8	705	89.9	11.1	-13.3	12.6	4.7	7.2	39.1	6.0
St. Bernard, LA	22087	44,127	64.8	73.1	3,378	78.1	8.9	-15.5	9.1	5.6	7.9	20.3	7.4
St. Charles, LA	22089	29,551	56.1	80.0	2,134	81.6	17.5	-6.9	19.5	9.7	0.0	42.3	19.3
St. Helena, LA	22091	6,489	72.0	67.5	453	77.5	11.2	-13.2	13.6	8.9	0.0	0.0	14.6
St. James, LA	22093	12,840	71.2	73.9	712	84.7	10.1	-14.3	11.1	8.7	0.0	13.3	18.4
St. John the Baptist, LA	22095	25,377	62.1	76.9	1,978	77.5	12.9	-11.5	14.5	10.0	9.6	44.5	13.5
St. Landry, LA	22097	53,592	71.2	62.0	3,169	89.9	10.7	-13.7	12.7	7.4	4.7	24.6	9.7
St. Martin, LA	22099	29,617	74.9	62.9	1,475	85.3	8.5	-15.9	10.6	3.4	9.6	5.5	14.4
St. Mary, LA	22101	33,158	72.3	65.9	1,563	83.9	9.4	-15.0	10.8	6.1	3.9	9.5	11.5
St. Tammany, LA	22103	122,959	42.6	83.9	8,143	79.8	28.3	3.9	29.7	15.0	20.7	38.0	28.9
Tangipahoa, LA	22105	59,909	62.8	71.5	7,455	92.1	16.3	-8.1	19.2	7.2	11.1	30.4	17.9
Tensas, LA	22107	4,208	68.3	63.2	179	92.2	14.8	-9.6	23.3	6.7	0.0	0.0	9.6
Terrebonne, LA	22109	63,271	68.7	67.1	3,785	86.9	12.3	-12.1	13.6	7.0	2.0	32.0	15.7
Union, LA	22111	14,819	68.4	71.7	670	91.5	11.8	-12.6	13.5	6.5	17.0	0.0	10.5
Vermilion, LA	22113	33,616	72.4	65.6	1,667	88.9	10.7	-13.7	11.4	6.9	14.6	4.0	5.9
Vernon, LA	22115	29,329	56.3	80.1	2,577	91.3	13.5	-10.9	14.3	8.9	9.1	22.7	15.2
Washington, LA	22117	27,954	71.9	68.2	1,262	85.1	10.9	-13.5	12.7	6.6	10.6	0.0	10.2
Webster, LA	22119	27,687	65.1	70.8	1,480	90.8	12.6	-11.8	14.3	8.4	8.1	27.7	4.7
West Baton Rouge, LA	22121	13,347	67.2	73.4	838	86.0	11.1	-13.3	12.2	9.2	17.6	0.0	15.5
West Carroll, LA	22123	7,994	75.3	59.5	305	95.4	9.5	-14.9	10.9	2.8	0.0	0.0	0.0
West Feliciana, LA	22125	10,749	70.8	53.3	447	74.0	10.6	-13.8	19.1	2.7	0.0	11.8	8.8
Winn, LA	22127	11,093	74.6	65.4	494	89.7	9.4	-15.0	11.8	4.1	0.0	11.8	0.0
MAINE	23000	869,893	50.8	85.4	67,216	71.0	22.9	-1.5	22.9	22.5	12.1	31.7	21.6
Androscoggin, ME	23001	69,560	60.3	79.8	5,688	54.1	14.4	-10.0	14.3	14.9	19.8	29.7	14.5
Aroostook, ME	23003	51,439	61.6	76.9	3,541	91.4	14.6	-9.8	14.6	33.9	2.5	41.1	12.1
Cumberland, ME	23005	181,276	38.1	90.1	16,414	67.6	34.2	9.8	34.6	26.3	16.4	28.0	30.3
Franklin, ME	23007	19,260	55.8	85.2	2,382	90.1	20.9	-3.5	20.8	0.0	27.3	25.6	46.3
Hancock, ME	23009	36,416	46.7	87.8	2,559	69.1	27.1	2.7	27.1	41.7	10.9	42.6	10.6
Kennebec, ME	23011	79,362	52.4	85.2	6,428	58.0	20.7	-3.7	20.7	20.4	6.2	28.8	16.4
Knox, ME	23013	28,303	48.9	87.5	1,146	73.9	26.2	1.8	26.3	0.0	30.4	36.5	18.6
Lincoln, ME	23015	24,094	47.2	87.9	976	70.4	26.6	2.2	26.6	0.0	17.0	57.8	19.6
Oxford, ME	23017	37,929	60.7	82.4	1,405	77.3	15.7	-8.7	15.8	37.9	6.2	29.4	9.4
Penobscot, ME	23019	95,505	52.7	85.7	12,276	82.8	20.3	-4.1	20.2	15.0	11.0	47.8	26.1
Piscataquis, ME	23021	12,240	63.4	80.3	432	79.2	13.3	-11.1	13.5	16.7	3.3	0.0	8.3
Sagadahoc, ME	23023	23,862	47.8	88.0	1,396	69.7	25.0	0.6	25.0	26.0	50.0	36.2	26.4
Somerset, ME	23025	34,750	64.5	80.8	1,445	76.3	11.8	-12.6	11.9	16.7	8.6	2.6	9.6
Waldo, ME	23027	24,818	54.2	84.6	1,306	59.1	22.3	-2.1	22.4	21.4	11.1	35.6	24.7
Washington, ME	23029	23,488	62.0	79.9	1,543	87.8	14.7	-9.7	14.6	12.1	6.5	38.2	20.0
York, ME	23031	127,591	48.5	86.5	8,279	64.8	22.9	-1.5	22.9	22.6	20.2	25.1	17.3
MARYLAND	24000	3,495,595	42.9	83.8	354,477	72.9	31.4	7.0	34.9	20.3	21.2	54.7	21.4
Allegany, MD	24001	51,205	62.5	79.9	5,521	94.3	14.1	-10.3	14.0	9.3	7.9	58.7	17.3
Anne Arundel, MD	24003	326,999	41.5	86.4	29,356	78.2	30.6	6.2	32.1	19.4	22.8	40.7	28.2
Baltimore, MD	24005	511,434	43.2	84.3	53,162	75.0	30.6	6.2	30.9	24.6	17.9	54.8	29.1
Calvert, MD	24009	47,768	47.5	86.9	3,148	81.4	22.5	-1.9	24.4	8.4	9.9	56.1	28.2
Caroline, MD	24011	19,550	67.0	75.0	836	90.3	12.1	-12.3	13.3	4.2	35.9	50.0	3.4
Carroll, MD	24013	98,684	48.0	85.3	7,232	61.6	24.8	0.4	24.8	16.4	38.2	39.9	28.3
Cecil, MD	24015	55,809	56.7	81.2	3,383	74.0	16.4	-8.0	16.3	11.1	29.9	50.1	22.9
Charles, MD	24017	76,987	47.5	85.8	6,299	80.7	20.0	-4.4	21.2	15.9	7.6	31.5	26.4
Dorchester, MD	24019	21,435	67.8	74.2	1,012	85.5	12.0	-12.4	14.0	5.6	0.0	37.0	11.9
Frederick, MD	24021	127,256	43.0	87.1	10,587	66.2	30.0	5.6	30.8	11.5	20.9	54.4	27.1
Garrett, MD	24023	20,004	64.4	79.2	1,015	84.3	13.8	-10.6	13.8	0.0	25.0	100.0	15.8
Harford, MD	24025	143,056	41.5	86.7	11,837	75.8	27.3	2.9	27.8	20.3	38.7	36.6	23.3
Howard, MD	24027	163,308	23.1	93.1	16,025	73.7	52.9	28.5	54.5	42.9	35.1	62.0	37.5
Kent, MD	24029	13,103	57.1	78.8	1,568	25.9	21.7	-2.7	25.3	5.6	21.4	96.3	5.9
Montgomery, MD	24031	594,034	24.2	90.3	57,291	68.7	54.6	30.2	62.1	39.6	32.2	59.7	22.1
Prince George's, MD	24033	503,698	42.4	84.9	72,662	77.7	27.2	2.8	34.4	23.9	17.6	46.6	12.8
Queen Anne's, MD	24035	28,018	46.0	84.2	1,540	83.5	25.4	1.0	27.2	6.7	23.5	25.9	27.2
St. Mary's, MD	24037	54,552	49.6	85.3	5,548	82.0	22.6	-1.8	23.9	8.6	11.7	50.6	31.5
Somerset, MD	24039	16,321	67.2	69.5	2,785	83.9	11.6	-12.8	13.7	7.3	0.0	52.7	6.5
Talbot, MD	24041	24,809	46.3	84.4	1,167	75.5	27.8	3.4	31.4	6.6	22.2	34.5	22.3
Washington, MD	24043	90,371	61.1	77.8	4,852	74.6	14.6	-9.8	15.2	4.1	8.5	32.3	15.3
Wicomico, MD	24045	53,521	53.7	80.7	7,234	89.4	21.9	-2.5	24.9	9.9	22.9	32.5	25.7
Worcester, MD	24047	34,092	52.5	81.7	1,681	86.6	21.6	-2.8	24.1	6.9	0.0	35.4	10.4
Baltimore city, MD	24510	419,581	59.8	68.4	48,736	58.6	19.1	-5.3	32.9	10.0	16.7	51.8	24.6

[3] May be of any race.

Table C-1. Population, School, and Student Characteristics by County—Continued

STATE County	State/ county code	County type[1]	Population, 2007 Total	Population, 2007 Percent 5 to 17 years	Number of schools and students, 2005–2006 School districts	Number of schools and students, 2005–2006 Schools	Number of schools and students, 2005–2006 Students	Resident enrollment, 2000 Total enrollment Number	Resident enrollment, 2000 Total enrollment Percent public	Resident enrollment, 2000 K–12 enrollment Number	Resident enrollment, 2000 K–12 enrollment Percent public
			1	2	3	4	5	6	7	8	9
MASSACHUSETTS	25000	X	6,449,755	16.4	495	1,879	971,909	1,726,111	74.0	1,129,778	88.4
Barnstable, MA	25001	3	222,175	13.6	23	60	29,896	47,762	85.2	35,283	93.5
Berkshire, MA	25003	3	129,798	14.9	40	50	19,116	34,081	81.2	23,446	90.9
Bristol, MA	25005	1	543,024	17.0	31	171	92,393	137,870	82.2	99,120	90.3
Dukes, MA	25007	7	15,485	13.9	10	8	2,369	3,307	89.4	2,622	97.0
Essex, MA	25009	1	733,101	17.6	49	212	116,212	194,443	78.6	138,179	87.6
Franklin, MA	25011	2	71,602	14.7	35	41	10,242	18,575	87.9	13,222	89.7
Hampden, MA	25013	2	457,908	17.9	30	144	76,885	127,601	81.9	90,633	89.9
Hampshire, MA	25015	2	153,147	12.6	27	53	20,719	55,111	77.6	23,193	89.2
Middlesex, MA	25017	1	1,473,416	15.9	77	379	213,253	391,638	67.9	239,751	88.1
Nantucket, MA	25019	7	10,531	13.5	1	3	1,243	1,800	76.3	1,412	87.6
Norfolk, MA	25021	1	654,909	16.8	35	185	100,498	169,601	69.6	112,513	85.9
Plymouth, MA	25023	1	490,258	18.3	34	139	80,124	128,952	83.2	95,640	91.8
Suffolk, MA	25025	1	713,049	13.6	21	179	75,480	209,914	57.7	110,369	82.7
Worcester, MA	25027	2	781,352	17.8	82	255	133,479	205,456	78.7	144,395	89.5
MICHIGAN	26000	X	10,071,822	18.0	831	4,090	1,741,845	2,780,378	86.2	1,971,459	89.4
Alcona, MI	26001	9	11,538	12.9	1	3	1,074	2,113	94.6	1,764	95.7
Alger, MI	26003	9	9,612	13.0	4	5	1,347	2,015	94.5	1,715	96.5
Allegan, MI	26005	4	112,761	19.0	13	54	19,123	28,058	85.3	23,175	87.7
Alpena, MI	26007	7	29,707	15.5	3	15	5,160	7,992	89.4	5,933	91.4
Antrim, MI	26009	9	24,299	16.1	7	14	4,370	5,301	95.0	4,437	96.2
Arenac, MI	26011	8	16,608	15.2	3	8	2,799	4,010	94.8	3,230	97.3
Baraga, MI	26013	9	8,544	14.5	3	7	1,424	2,051	93.4	1,668	93.6
Barry, MI	26015	2	59,188	18.0	4	18	8,211	14,796	89.3	11,597	91.4
Bay, MI	26017	3	107,517	16.6	7	41	16,703	27,880	83.7	20,593	85.3
Benzie, MI	26019	9	17,510	16.1	2	8	2,683	3,445	90.0	2,795	92.2
Berrien, MI	26021	3	159,589	17.9	20	88	28,236	42,978	79.6	32,070	86.6
Branch, MI	26023	6	46,194	16.8	5	21	6,645	11,468	90.1	9,109	92.1
Calhoun, MI	26025	3	136,615	17.9	16	72	25,430	36,415	86.1	27,015	92.2
Cass, MI	26027	2	50,551	17.5	5	24	7,843	12,592	91.2	10,025	92.7
Charlevoix, MI	26029	7	26,181	17.4	8	18	4,726	6,278	91.1	5,162	94.1
Cheboygan, MI	26031	7	26,768	16.1	5	15	4,016	5,790	89.2	4,839	90.0
Chippewa, MI	26033	5	38,922	13.4	9	22	5,728	10,308	93.6	6,715	94.1
Clare, MI	26035	7	30,697	16.7	4	19	5,319	7,307	93.6	5,985	94.8
Clinton, MI	26037	2	69,755	18.5	7	31	10,459	18,094	87.5	13,925	89.6
Crawford, MI	26039	7	14,550	16.0	1	5	2,020	3,404	94.6	2,843	95.9
Delta, MI	26041	5	37,367	15.6	7	20	6,490	9,845	91.8	7,366	92.8
Dickinson, MI	26043	5	26,937	16.7	5	16	4,718	6,743	93.9	5,563	94.8
Eaton, MI	26045	2	107,390	17.2	10	43	17,274	28,631	87.0	21,041	91.3
Emmet, MI	26047	7	33,393	16.7	5	16	5,648	7,935	90.2	6,103	91.4
Genesee, MI	26049	2	434,715	18.9	32	177	86,784	120,255	88.8	90,051	91.8
Gladwin, MI	26051	6	26,287	15.7	3	10	3,712	5,597	90.4	4,696	91.4
Gogebic, MI	26053	7	16,287	13.3	4	8	2,268	3,902	88.9	2,933	89.9
Grand Traverse, MI	26055	5	85,479	16.3	6	35	14,315	19,918	84.3	15,076	85.4
Gratiot, MI	26057	6	42,141	15.7	7	27	8,017	11,080	82.3	7,956	93.5
Hillsdale, MI	26059	6	46,781	17.5	11	30	7,673	12,176	84.2	9,235	93.3
Houghton, MI	26061	5	35,201	14.5	10	22	5,625	12,652	94.3	6,172	96.1
Huron, MI	26063	7	33,290	15.8	16	28	5,445	8,425	87.9	6,984	90.1
Ingham, MI	26065	2	279,295	15.9	25	123	48,754	102,939	91.2	49,177	91.5
Ionia, MI	26067	2	64,053	17.6	11	38	12,270	15,973	88.1	13,143	90.3
Iosco, MI	26069	7	26,255	14.9	6	19	5,357	5,740	93.0	4,899	93.9
Iron, MI	26071	7	12,151	13.7	2	6	1,778	2,727	97.4	2,246	97.9
Isabella, MI	26073	5	66,693	13.3	5	21	6,971	28,337	93.7	9,886	88.7
Jackson, MI	26075	3	163,006	17.5	16	70	27,564	41,089	84.6	31,331	88.8
Kalamazoo, MI	26077	2	245,333	16.8	13	82	35,711	78,268	87.1	42,746	88.4
Kalkaska, MI	26079	7	17,188	17.2	3	11	2,809	3,785	94.0	3,169	95.4
Kent, MI	26081	2	604,330	19.5	36	265	105,081	165,304	78.8	120,383	84.0
Keweenaw, MI	26083	9	2,151	15.2	1	1	2	501	86.8	423	89.1
Lake, MI	26085	8	11,153	14.5	1	4	691	2,313	92.1	1,939	92.8
Lapeer, MI	26087	1	92,012	18.2	7	35	15,525	24,153	88.2	19,201	90.2
Leelanau, MI	26089	9	21,898	15.5	4	7	2,478	5,224	85.0	4,165	87.4
Lenawee, MI	26091	4	101,243	17.3	13	48	18,705	26,304	84.1	20,161	91.7
Livingston, MI	26093	2	183,194	19.0	8	48	30,867	44,359	87.8	34,074	92.0
Luce, MI	26095	7	6,728	13.5	1	4	1,128	1,638	89.6	1,391	88.4
Mackinac, MI	26097	7	10,877	14.0	6	11	1,640	2,544	96.2	2,148	96.9
Macomb, MI	26099	1	831,077	17.4	32	269	142,594	200,126	86.4	141,959	89.0
Manistee, MI	26101	7	24,803	15.1	6	16	3,695	5,638	87.8	4,633	89.6
Marquette, MI	26103	5	65,216	13.8	10	29	9,174	18,785	94.2	11,017	94.3
Mason, MI	26105	7	28,750	15.9	5	19	4,979	6,780	90.6	5,450	93.0
Mecosta, MI	26107	6	42,090	15.3	5	27	7,377	14,409	94.0	6,865	91.7

[1]County type codes are from the Economic Research Service of the United States Department of Agriculture. See notes and definitions for more information.

Table C-1. Population, School, and Student Characteristics by County—Continued

STATE County	State/ county code	Students with IEP[2]	Students eligible for free or reduced-price lunch	Minority students	English language learners	Number of graduates, 2004–2005	Total staff	Number of teachers	Student/ teacher ratio	Central administration staff
		10	11	12	13	14	15	16	17	18
MASSACHUSETTS	25000	15.4	28.2	27.6	5.3	59,665	138,527	73,595	13.2	6,518
Barnstable, MA	25001	14.8	16.3	9.2	1.6	2,173	4,537	2,428	12.3	162
Berkshire, MA	25003	15.2	29.6	9.7	1.7	1,306	3,255	1,597	12.0	140
Bristol, MA	25005	15.7	30.1	16.1	2.1	5,558	12,335	6,546	14.1	606
Dukes, MA	25007	22.0	11.7	13.2	4.8	192	518	251	9.4	17
Essex, MA	25009	14.9	30.6	28.7	6.9	6,893	15,977	8,664	13.4	618
Franklin, MA	25011	17.7	32.5	7.0	1.3	693	1,980	900	11.4	112
Hampden, MA	25013	17.1	47.5	41.7	7.9	4,070	12,845	6,399	12.0	562
Hampshire, MA	25015	16.3	20.0	12.7	1.8	1,499	3,306	1,597	13.0	148
Middlesex, MA	25017	15.4	18.7	23.3	5.6	14,064	30,223	16,486	12.9	1,599
Nantucket, MA	25019	15.4	9.2	14.7	3.3	71	255	122	10.2	11
Norfolk, MA	25021	15.3	11.9	16.8	2.4	6,548	13,871	7,486	13.4	616
Plymouth, MA	25023	13.5	21.4	15.9	2.4	4,694	10,243	5,557	14.4	442
Suffolk, MA	25025	17.4	70.1	81.4	14.8	3,909	11,635	6,024	12.5	806
Worcester, MA	25027	14.7	26.1	20.9	5.0	7,995	17,547	9,538	14.0	679
MICHIGAN	26000	14.1	35.6	28.4	3.8	101,582	204,736	98,054	17.8	4,476
Alcona, MI	26001	14.4	45.4	2.7	0.0	64	104	53	20.3	4
Alger, MI	26003	16.9	40.5	15.1	0.0	98	165	87	15.5	12
Allegan, MI	26005	13.0	31.0	9.6	1.7	1,254	2,305	1,061	18.0	59
Alpena, MI	26007	12.6	39.8	1.9	0.0	339	629	296	17.4	18
Antrim, MI	26009	13.1	38.4	5.3	0.0	316	513	249	17.6	12
Arenac, MI	26011	13.5	48.2	3.0	0.0	220	312	153	18.3	8
Baraga, MI	26013	13.3	42.0	31.4	26.4	86	170	88	16.2	4
Barry, MI	26015	12.2	29.6	4.5	0.0	576	886	434	18.9	20
Bay, MI	26017	15.4	38.9	11.7	2.4	1,175	1,930	904	18.5	57
Benzie, MI	26019	14.2	39.7	8.0	0.0	167	293	144	18.6	7
Berrien, MI	26021	15.1	41.3	32.1	1.6	1,711	3,483	1,696	16.6	88
Branch, MI	26023	15.5	41.1	7.6	4.1	451	917	417	15.9	25
Calhoun, MI	26025	14.8	39.3	25.7	1.5	1,317	3,207	1,606	15.8	78
Cass, MI	26027	13.1	43.3	16.8	3.2	414	887	413	19.0	38
Charlevoix, MI	26029	15.4	33.0	6.7	0.0	328	687	319	14.8	19
Cheboygan, MI	26031	15.2	45.4	5.8	0.0	293	533	258	15.6	20
Chippewa, MI	26033	15.2	43.0	36.6	0.0	374	763	375	15.3	39
Clare, MI	26035	18.2	44.8	3.5	0.0	358	676	315	16.9	21
Clinton, MI	26037	13.7	18.2	7.6	0.2	763	1,165	560	18.7	40
Crawford, MI	26039	16.2	51.0	3.4	0.0	155	223	114	17.7	3
Delta, MI	26041	15.6	39.8	4.5	0.0	512	773	375	17.3	26
Dickinson, MI	26043	15.2	30.5	2.5	0.0	350	551	285	16.6	24
Eaton, MI	26045	15.9	25.2	12.2	0.0	1,125	2,077	990	17.4	73
Emmet, MI	26047	12.0	29.1	7.0	0.0	428	546	322	17.5	16
Genesee, MI	26049	13.0	39.7	32.9	1.1	4,344	9,979	4,475	19.4	215
Gladwin, MI	26051	18.1	43.7	3.1	0.0	249	447	210	17.7	8
Gogebic, MI	26053	13.0	49.1	7.1	0.0	180	241	140	16.2	8
Grand Traverse, MI	26055	15.6	28.2	5.8	3.7	960	2,134	889	16.1	39
Gratiot, MI	26057	17.7	37.3	6.1	0.6	490	1,087	488	16.4	27
Hillsdale, MI	26059	15.9	40.6	3.7	0.0	452	892	440	17.4	30
Houghton, MI	26061	9.9	43.4	3.0	0.0	426	659	349	16.1	24
Huron, MI	26063	15.5	39.7	3.3	0.0	453	691	322	16.9	29
Ingham, MI	26065	16.8	36.1	35.5	3.2	2,923	5,865	2,901	16.8	144
Ionia, MI	26067	17.7	35.9	6.2	1.2	782	1,532	729	16.8	39
Iosco, MI	26069	16.0	55.2	3.8	0.0	385	649	308	17.4	30
Iron, MI	26071	17.9	52.0	4.3	0.0	140	193	103	17.3	3
Isabella, MI	26073	15.4	35.6	12.5	0.0	447	819	393	17.7	21
Jackson, MI	26075	15.5	39.0	16.7	0.0	1,493	3,269	1,596	17.3	62
Kalamazoo, MI	26077	12.0	36.3	26.1	2.5	1,944	4,560	2,117	16.9	55
Kalkaska, MI	26079	15.3	50.6	3.6	0.0	190	292	140	20.1	12
Kent, MI	26081	15.4	37.9	31.2	7.4	5,787	12,146	6,198	17.0	223
Keweenaw, MI	26083	0.0	64.2	1.9	0.0		1	1	2.0	...
Lake, MI	26085	21.9	88.8	41.0	0.0	33	90	48	14.4	3
Lapeer, MI	26087	11.7	26.7	6.2	1.2	1,022	1,670	804	19.3	41
Leelanau, MI	26089	15.9	29.7	17.5	0.0	192	298	148	16.7	7
Lenawee, MI	26091	17.4	25.9	12.5	2.4	1,186	2,313	1,077	17.4	82
Livingston, MI	26093	15.8	10.3	4.1	0.2	1,985	3,343	1,652	18.7	61
Luce, MI	26095	20.0	35.2	9.4	0.0	66	130	70	16.1	8
Mackinac, MI	26097	11.6	38.4	44.1	0.0	117	195	105	15.6	8
Macomb, MI	26099	13.5	24.8	16.1	4.1	8,402	14,996	7,436	19.2	305
Manistee, MI	26101	12.1	45.8	8.9	0.0	255	468	228	16.2	10
Marquette, MI	26103	17.2	32.2	5.8	0.0	648	1,080	542	16.9	43
Mason, MI	26105	15.4	45.4	6.5	0.0	377	677	301	16.5	19
Mecosta, MI	26107	17.9	47.7	9.7	0.0	428	1,012	465	15.9	29

[2] IEP = Individual Education Program. See notes and definitions for more information.

Table C-1. Population, School, and Student Characteristics by County—Continued

STATE County	State/ county code	Revenues, 2004–2005 Total revenue (thousands of dollars)	Percentage of revenue from: Federal government	Percentage of revenue from: State government	Percentage of revenue from: Local government	Current expenditures, 2004–2005 Total expenditures (thousands of dollars)	Amount per student	Percent for instruction	Resident population 16 to 19 years, 2000 Total population 16 to 19 years	Percent in Armed Forces	Percent high school graduates	Percent not enrolled, not employed, not in Armed Forces, not high school grad.
		19	20	21	22	23	24	25	26	27	28	29
MASSACHUSETTS	25000	12,976,279	5.9	41.9	52.2	11,291,727	11,821	63.8	330,827	0.1	8.2	3.7
Barnstable, MA	25001	398,368	4.9	23.3	71.8	355,387	12,277	65.4	8,984	0.5	10.1	2.9
Berkshire, MA	25003	284,531	6.1	46.9	47.0	234,416	12,093	63.4	7,721	0.0	10.2	3.0
Bristol, MA	25005	1,095,554	6.5	54.7	38.8	967,687	10,434	63.2	28,560	0.1	9.7	5.0
Dukes, MA	25007	57,397	3.2	35.0	61.8	44,505	19,469	65.2	693	0.0	11.8	6.3
Essex, MA	25009	1,477,402	6.2	45.8	48.0	1,301,284	11,342	64.7	35,775	0.1	7.8	3.4
Franklin, MA	25011	156,626	6.4	43.4	50.2	134,182	13,140	60.5	3,862	0.1	7.8	5.7
Hampden, MA	25013	1,018,071	8.9	59.4	31.7	892,478	11,775	63.4	26,293	0.1	8.2	6.8
Hampshire, MA	25015	288,170	4.8	45.7	49.4	228,617	11,289	62.5	14,283	0.0	4.0	1.0
Middlesex, MA	25017	3,015,388	4.3	32.6	63.1	2,607,916	12,435	63.9	70,607	0.0	7.8	2.5
Nantucket, MA	25019	27,017	2.5	12.8	84.7	24,591	20,107	58.8	263	0.0	11.8	1.9
Norfolk, MA	25021	1,289,987	3.8	30.1	66.1	1,121,769	11,392	64.0	28,590	0.0	6.7	1.9
Plymouth, MA	25023	947,228	5.3	46.0	48.8	816,470	10,304	63.5	24,590	0.0	9.3	3.3
Suffolk, MA	25025	1,268,353	9.1	35.4	55.5	1,144,905	16,138	61.2	41,057	0.1	7.4	4.9
Worcester, MA	25027	1,652,187	6.2	51.3	42.5	1,417,520	10,799	65.8	39,549	0.1	10.2	4.2
MICHIGAN	26000	19,175,477	7.9	57.6	34.5	16,322,768	9,441	57.0	566,976	0.0	9.1	4.9
Alcona, MI	26001	9,081	8.2	30.3	61.5	8,641	8,222	63.6	516	0.6	8.7	5.0
Alger, MI	26003	13,204	5.6	60.9	33.5	11,815	8,630	60.5	488	0.0	13.9	4.1
Allegan, MI	26005	190,007	6.6	59.7	33.7	160,395	8,525	57.2	6,337	0.0	12.4	4.8
Alpena, MI	26007	50,553	10.3	58.5	31.2	47,131	9,309	54.7	1,803	0.0	7.0	3.8
Antrim, MI	26009	41,389	4.5	40.6	54.9	35,809	7,998	60.8	1,093	0.0	9.0	3.8
Arenac, MI	26011	25,729	7.3	64.4	28.2	23,186	8,138	61.0	927	0.0	13.1	6.8
Baraga, MI	26013	13,920	13.8	61.0	25.2	12,086	8,614	60.7	449	0.0	11.1	4.7
Barry, MI	26015	75,354	5.0	67.9	27.2	64,416	7,724	62.9	3,145	0.1	9.9	4.4
Bay, MI	26017	168,294	8.2	62.0	29.8	152,389	9,115	56.7	5,860	0.3	7.9	4.3
Benzie, MI	26019	22,642	4.9	45.8	49.4	21,182	7,990	61.6	767	0.0	14.1	2.9
Berrien, MI	26021	289,063	10.6	60.4	29.1	260,504	9,247	55.5	9,364	0.0	7.8	6.8
Branch, MI	26023	69,528	9.8	58.3	32.0	62,979	9,798	62.2	2,534	0.0	9.6	5.4
Calhoun, MI	26025	289,507	10.3	59.1	30.6	242,090	9,635	55.6	7,887	0.0	9.3	7.7
Cass, MI	26027	77,296	15.5	61.2	23.3	63,396	8,511	54.1	2,834	0.0	9.1	7.2
Charlevoix, MI	26029	67,247	7.0	34.9	58.1	55,627	11,810	51.8	1,357	0.0	12.7	3.2
Cheboygan, MI	26031	45,574	10.0	46.7	43.3	38,765	9,745	56.7	1,358	0.0	10.7	4.1
Chippewa, MI	26033	69,720	24.5	50.9	24.6	58,448	10,063	55.8	2,214	0.0	11.2	4.0
Clare, MI	26035	55,871	14.0	56.7	29.3	51,330	10,020	58.5	1,582	0.0	12.4	5.5
Clinton, MI	26037	108,221	7.4	62.8	29.8	90,297	8,901	57.2	3,817	0.0	7.2	2.0
Crawford, MI	26039	18,364	7.4	53.4	39.3	16,914	8,227	57.2	745	0.0	10.5	3.6
Delta, MI	26041	66,211	9.7	58.9	31.4	59,298	9,293	58.5	2,386	0.0	12.0	1.8
Dickinson, MI	26043	50,779	9.4	55.3	35.3	44,098	9,483	61.1	1,513	0.0	11.0	3.7
Eaton, MI	26045	174,696	7.3	62.0	30.7	150,801	8,925	57.5	6,355	0.0	11.8	4.0
Emmet, MI	26047	56,230	3.1	29.6	67.3	47,120	8,221	65.0	1,778	0.0	9.4	2.6
Genesee, MI	26049	891,296	10.9	64.0	25.1	775,564	9,028	56.6	24,358	0.0	10.6	6.8
Gladwin, MI	26051	31,829	7.8	66.2	26.0	29,540	8,062	61.4	1,282	0.2	9.5	8.1
Gogebic, MI	26053	21,728	11.6	57.7	30.7	19,316	8,756	64.5	1,080	0.0	10.5	6.4
Grand Traverse, MI	26055	168,067	10.2	45.7	44.1	139,227	10,043	52.0	4,385	0.0	8.1	2.2
Gratiot, MI	26057	89,549	10.3	63.3	26.4	73,414	9,473	58.8	2,718	0.0	9.4	4.7
Hillsdale, MI	26059	72,559	6.9	68.7	24.4	67,298	9,220	62.3	3,098	0.0	8.5	6.9
Houghton, MI	26061	56,921	8.8	65.2	26.0	50,676	9,075	59.0	3,162	0.3	5.7	2.9
Huron, MI	26063	60,955	7.5	53.2	39.3	55,707	10,227	59.5	1,908	0.6	9.6	3.0
Ingham, MI	26065	589,888	7.1	56.2	36.7	489,694	10,046	54.4	22,172	0.0	5.2	3.2
Ionia, MI	26067	127,454	7.5	64.6	27.9	106,077	8,691	58.3	3,880	0.0	12.9	9.8
Iosco, MI	26069	53,267	11.5	50.7	37.8	48,340	8,942	60.5	1,337	0.3	10.9	8.4
Iron, MI	26071	16,889	7.2	54.3	38.5	15,160	8,503	65.3	629	0.2	7.8	2.1
Isabella, MI	26073	69,836	6.2	59.1	34.6	58,863	8,484	57.7	7,903	0.0	3.5	1.7
Jackson, MI	26075	294,292	6.6	59.4	34.1	252,853	9,284	57.2	8,107	0.0	8.6	7.0
Kalamazoo, MI	26077	373,422	8.2	55.4	36.4	312,137	8,972	57.1	16,967	0.1	6.9	2.9
Kalkaska, MI	26079	23,204	7.1	55.4	37.5	22,071	8,046	60.3	868	0.0	14.9	7.4
Kent, MI	26081	1,244,690	6.6	53.3	40.0	974,213	9,207	57.1	34,941	0.0	9.8	5.2
Keweenaw, MI	26083	78	1.3	1.3	97.4	104	34,667	52.9	171	0.0	4.1	5.3
Lake, MI	26085	12,536	10.3	48.3	41.3	7,469	9,789	55.8	824	0.0	16.5	23.1
Lapeer, MI	26087	139,112	5.4	70.8	23.7	121,965	7,872	60.4	5,230	0.0	10.4	3.4
Leelanau, MI	26089	27,699	5.8	30.6	63.5	22,511	8,944	61.8	1,082	0.0	6.7	1.2
Lenawee, MI	26091	194,326	7.1	61.9	31.0	170,520	9,330	58.7	5,962	0.0	10.0	2.9
Livingston, MI	26093	309,802	3.7	58.6	37.6	245,819	8,187	58.2	8,764	0.0	8.1	4.5
Luce, MI	26095	10,208	11.1	56.8	32.0	10,043	9,064	62.1	377	0.0	8.5	16.7
Mackinac, MI	26097	17,029	8.4	36.8	54.8	14,969	8,889	60.5	592	0.5	9.6	7.6
Macomb, MI	26099	1,529,450	5.5	59.7	34.8	1,269,950	9,071	57.2	37,980	0.1	9.5	3.5
Manistee, MI	26101	41,295	14.7	47.7	37.6	33,080	9,292	57.1	1,350	0.0	9.2	5.9
Marquette, MI	26103	92,508	11.0	58.6	30.4	82,086	8,935	57.4	4,651	0.0	8.8	2.0
Mason, MI	26105	54,527	8.1	46.9	45.0	50,610	10,448	60.5	1,587	0.3	8.1	4.2
Mecosta, MI	26107	78,676	9.7	57.5	32.8	70,823	9,940	57.1	3,794	0.2	5.3	2.7

Table C-1. Population, School, and Student Characteristics by County—Continued

STATE County	State/county code	High school graduates, 2000 Population 25 years and over	High school diploma or less (percent)	High school diploma or more (percent)	College enrollment, 2000 Number	Percent public	College graduates, 2000 (percent) Bachelor's degree or more	+/- U.S. percent with bachelor's degree or more	Non-Hispanic White	Black	American Indian, Alaska Native	Asian and Pacific Islander	Hispanic or Latino[3]
		30	31	32	33	34	35	36	37	38	39	40	41
MASSACHUSETTS	25000	4,273,275	42.5	84.8	473,403	46.7	33.2	8.8	34.6	19.7	19.2	49.6	14.1
Barnstable, MA	25001	165,115	35.4	91.8	8,492	70.8	33.6	9.2	34.4	20.0	15.5	42.4	21.3
Berkshire, MA	25003	93,339	49.1	85.1	8,313	59.4	26.0	1.6	26.2	12.3	4.3	53.4	19.9
Bristol, MA	25005	357,829	56.4	73.2	28,891	64.3	19.9	-4.5	20.1	16.9	16.6	39.6	9.5
Dukes, MA	25007	10,693	32.8	90.4	409	64.1	38.4	14.0	39.4	32.0	14.7	42.6	40.6
Essex, MA	25009	487,103	43.5	84.6	41,131	61.0	31.3	6.9	33.4	16.6	20.1	40.3	9.1
Franklin, MA	25011	49,121	43.3	88.0	4,171	86.8	29.1	4.7	29.2	31.5	14.5	43.3	17.2
Hampden, MA	25013	295,837	53.4	79.2	28,292	62.5	20.5	-3.9	22.7	14.4	10.2	31.5	6.2
Hampshire, MA	25015	93,193	36.4	89.4	29,423	70.9	37.9	13.5	37.0	55.6	49.4	67.8	36.7
Middlesex, MA	25017	1,006,497	34.9	88.5	121,081	35.7	43.6	19.2	43.9	30.3	34.1	61.2	24.1
Nantucket, MA	25019	6,976	36.1	91.6	250	44.0	38.4	14.0	42.4	7.5	...	43.1	7.1
Norfolk, MA	25021	452,517	33.0	91.3	42,232	38.0	42.9	18.5	42.8	37.3	19.4	52.0	37.3
Plymouth, MA	25023	312,683	43.1	87.6	23,274	65.0	27.8	3.4	29.1	16.0	12.6	36.4	14.3
Suffolk, MA	25025	446,504	47.6	78.1	91,260	27.6	32.5	8.1	42.7	15.7	12.9	35.7	13.2
Worcester, MA	25027	495,868	46.7	83.5	46,184	52.9	26.9	2.5	27.6	19.3	17.3	42.7	11.5
MICHIGAN	26000	6,415,941	47.9	83.4	635,836	82.5	21.8	-2.6	22.7	12.8	10.3	60.5	12.9
Alcona, MI	26001	8,958	62.1	79.7	211	86.3	10.9	-13.5	10.8	0.0	0.0	46.7	0.0
Alger, MI	26003	7,169	60.8	81.5	190	92.1	14.7	-9.7	15.8	0.0	9.3	33.3	13.6
Allegan, MI	26005	66,925	56.8	82.3	3,319	79.7	15.8	-8.6	16.3	7.8	8.5	31.6	6.2
Alpena, MI	26007	21,399	52.6	83.1	1,635	87.1	13.2	-11.2	13.1	24.1	1.5	48.7	14.0
Antrim, MI	26009	16,025	52.5	84.6	565	90.1	19.4	-5.0	19.5	20.8	4.3	50.0	23.7
Arenac, MI	26011	11,868	65.4	76.8	567	84.8	9.1	-15.3	9.1	3.9	7.7	57.5	1.9
Baraga, MI	26013	6,097	58.4	80.6	224	87.1	10.9	-13.5	12.1	0.0	6.7	30.8	0.0
Barry, MI	26015	37,132	52.5	86.8	2,195	87.2	14.7	-9.7	14.7	13.6	12.0	47.6	19.7
Bay, MI	26017	74,146	54.5	82.4	5,444	89.5	14.2	-10.2	14.3	7.0	8.8	42.0	6.3
Benzie, MI	26019	11,283	51.0	85.4	435	89.0	20.0	-4.4	20.4	0.0	5.5	28.6	11.1
Berrien, MI	26021	106,690	49.9	81.9	8,218	59.4	19.6	-4.8	20.5	10.9	11.1	61.0	18.2
Branch, MI	26023	30,300	60.8	80.0	1,547	86.2	10.6	-13.8	11.0	2.8	1.5	49.2	4.0
Calhoun, MI	26025	90,137	52.4	83.2	7,216	68.8	16.0	-8.4	16.6	9.7	7.7	41.7	11.2
Cass, MI	26027	34,286	57.2	80.4	1,816	87.7	12.1	-12.3	12.6	7.2	6.2	24.2	5.2
Charlevoix, MI	26029	17,528	49.1	86.0	761	83.4	19.8	-4.6	20.1	29.2	10.8	34.4	11.4
Cheboygan, MI	26031	18,562	58.7	81.9	587	88.9	13.9	-10.5	14.3	0.0	4.4	31.5	0.0
Chippewa, MI	26033	25,683	53.6	82.4	3,124	93.6	15.0	-9.4	16.7	4.2	10.4	25.4	10.5
Clare, MI	26035	21,333	64.3	76.1	953	90.6	8.8	-15.6	8.8	0.0	5.9	36.4	8.8
Clinton, MI	26037	41,864	43.7	89.2	3,148	89.6	21.2	-3.2	21.3	34.1	14.2	38.3	12.8
Crawford, MI	26039	9,871	56.8	80.8	400	88.8	12.9	-11.5	13.2	0.0	3.2	29.2	27.7
Delta, MI	26041	26,362	49.7	86.1	1,968	91.4	17.1	-7.3	17.3	46.2	4.1	36.2	10.3
Dickinson, MI	26043	18,831	55.6	88.8	775	89.7	16.7	-7.7	16.5	53.1	1.6	42.3	14.5
Eaton, MI	26045	67,044	40.8	89.5	5,893	76.9	21.7	-2.7	21.2	29.1	18.9	48.2	14.8
Emmet, MI	26047	21,258	42.4	89.0	1,372	92.0	26.2	1.8	26.9	0.0	8.2	41.7	11.0
Genesee, MI	26049	277,660	50.2	83.1	22,250	80.8	16.2	-8.2	17.3	10.3	9.1	58.1	10.1
Gladwin, MI	26051	18,308	63.3	78.3	660	89.1	9.2	-15.2	9.1	8.3	7.3	32.4	16.2
Gogebic, MI	26053	12,311	53.0	85.5	725	92.1	15.8	-8.6	16.2	0.0	0.0	33.3	4.0
Grand Traverse, MI	26055	51,801	38.6	89.3	3,729	89.2	26.1	1.7	26.5	12.9	15.2	31.1	6.2
Gratiot, MI	26057	27,322	58.6	83.5	2,560	48.3	12.9	-11.5	13.5	4.2	3.5	49.1	6.5
Hillsdale, MI	26059	29,595	59.8	83.1	2,261	49.5	12.0	-12.4	12.0	31.0	2.4	43.7	1.0
Houghton, MI	26061	21,233	51.4	84.6	6,142	92.3	23.0	-1.4	22.4	21.1	16.2	71.3	9.3
Huron, MI	26063	24,954	64.7	78.3	888	85.6	10.9	-13.5	10.8	12.5	5.3	56.6	3.2
Ingham, MI	26065	162,909	35.3	88.1	49,242	93.2	33.0	8.6	34.0	22.8	16.8	63.3	15.4
Ionia, MI	26067	37,835	57.0	83.4	1,877	82.0	10.8	-13.6	11.1	3.9	11.2	25.2	6.5
Iosco, MI	26069	19,764	62.3	77.9	569	88.0	11.3	-13.1	11.3	0.0	18.2	38.5	6.1
Iron, MI	26071	9,670	60.8	84.8	253	90.9	13.7	-10.7	13.9	0.0	13.5	23.8	9.3
Isabella, MI	26073	31,677	47.8	86.1	17,635	97.3	23.9	-0.5	23.9	21.9	6.3	70.9	12.8
Jackson, MI	26075	104,880	48.6	84.2	7,379	72.2	16.3	-8.1	17.2	5.2	7.6	56.1	9.2
Kalamazoo, MI	26077	144,995	37.2	88.8	31,709	89.4	31.2	6.8	32.1	16.3	19.1	69.9	18.0
Kalkaska, MI	26079	11,073	64.7	80.0	399	87.2	9.7	-14.7	9.8	8.0	7.1	33.3	0.0
Kent, MI	26081	351,875	43.6	84.6	34,031	66.8	25.8	1.4	28.1	11.7	8.2	32.9	9.1
Keweenaw, MI	26083	1,634	53.5	83.7	57	64.9	19.1	-5.3	18.9	...	...	0.0	50.0
Lake, MI	26085	7,964	67.5	72.2	237	84.4	7.8	-16.6	8.1	7.5	0.0	0.0	5.8
Lapeer, MI	26087	56,454	54.0	84.5	3,526	84.7	12.7	-11.7	12.9	2.8	9.4	42.1	6.5
Leelanau, MI	26089	14,785	35.7	90.7	769	83.9	31.4	7.0	32.5	0.0	7.3	33.3	10.9
Lenawee, MI	26091	64,311	55.1	83.4	4,573	59.3	16.3	-8.1	16.6	13.1	5.2	59.7	8.0
Livingston, MI	26093	101,381	36.9	91.4	7,127	82.3	28.2	3.8	28.2	15.1	10.8	52.4	26.5
Luce, MI	26095	4,927	61.9	75.5	147	99.3	11.8	-12.6	13.4	0.0	10.4	100.0	0.0
Mackinac, MI	26097	8,588	58.8	82.5	246	93.9	14.9	-9.5	16.9	0.0	3.6	33.3	9.5
Macomb, MI	26099	535,836	49.8	82.9	45,059	83.4	17.6	-6.8	17.1	15.2	11.5	44.2	17.9
Manistee, MI	26101	17,298	58.0	81.4	651	80.6	14.2	-10.2	14.7	0.0	2.8	8.7	6.1
Marquette, MI	26103	41,934	46.9	88.5	6,988	97.0	23.7	-0.7	24.2	6.3	8.3	21.0	14.7
Mason, MI	26105	19,449	52.8	82.7	965	89.7	15.9	-8.5	16.4	5.0	5.3	30.6	3.2
Mecosta, MI	26107	23,314	52.7	83.8	7,024	97.7	19.1	-5.3	19.0	14.3	11.2	82.4	15.5

[3]May be of any race.

Table C-1. Population, School, and Student Characteristics by County—Continued

STATE County	State/county code	County type[1]	Population, 2007 Total	Population, 2007 Percent 5 to 17 years	Number of schools and students, 2005–2006 School districts	Number of schools and students, 2005–2006 Schools	Number of schools and students, 2005–2006 Students	Resident enrollment, 2000 Total enrollment Number	Resident enrollment, 2000 Total enrollment Percent public	Resident enrollment, 2000 K–12 enrollment Number	Resident enrollment, 2000 K–12 enrollment Percent public
			1	2	3	4	5	6	7	8	9
Menominee, MI	26109	7	24,249	15.9	6	17	3,787	5,896	92.6	4,709	94.2
Midland, MI	26111	4	82,818	18.2	7	37	14,629	23,890	84.9	17,269	92.8
Missaukee, MI	26113	9	14,976	17.7	2	7	2,323	3,629	87.0	3,056	89.4
Monroe, MI	26115	3	153,608	18.2	12	55	25,963	39,786	86.3	30,708	88.3
Montcalm, MI	26117	6	62,950	17.8	9	39	13,849	15,656	90.9	12,865	92.3
Montmorency, MI	26119	9	10,327	13.5	2	5	996	1,978	93.8	1,700	95.2
Muskegon, MI	26121	3	174,386	18.5	17	81	34,493	46,749	90.3	36,265	93.7
Newaygo, MI	26123	2	49,171	19.2	7	28	9,875	12,809	90.6	10,726	92.2
Oakland, MI	26125	1	1,206,089	17.9	49	399	205,947	326,864	82.5	225,089	87.2
Oceana, MI	26127	8	27,800	18.1	6	21	4,152	7,065	92.4	5,974	94.4
Ogemaw, MI	26129	9	21,338	15.6	1	7	2,571	5,004	91.3	4,137	92.2
Ontonagon, MI	26131	9	6,977	12.6	4	7	1,018	1,534	97.3	1,281	99.0
Osceola, MI	26133	7	23,148	17.5	4	16	5,122	5,867	90.9	4,933	92.7
Oscoda, MI	26135	9	8,938	15.1	2	4	1,130	2,015	89.6	1,704	91.3
Otsego, MI	26137	7	24,223	17.4	3	11	4,609	5,748	83.6	4,899	85.4
Ottawa, MI	26139	3	259,206	19.2	15	87	44,143	73,944	77.8	51,323	81.8
Presque Isle, MI	26141	7	13,852	13.7	4	10	1,808	3,000	87.3	2,388	88.4
Roscommon, MI	26143	7	25,517	14.1	3	13	3,853	5,232	90.7	4,212	92.9
Saginaw, MI	26145	3	202,268	18.3	20	98	35,715	58,489	88.1	43,311	88.6
St. Clair, MI	26147	1	170,119	17.9	12	63	28,542	42,822	89.1	33,310	92.4
St. Joseph, MI	26149	4	62,449	18.8	10	35	12,195	15,335	90.1	12,532	91.4
Sanilac, MI	26151	6	43,640	17.9	8	26	8,447	11,139	92.8	9,257	95.1
Schoolcraft, MI	26153	7	8,518	15.1	1	5	1,109	1,881	89.3	1,618	88.9
Shiawassee, MI	26155	4	71,753	18.0	9	40	14,731	19,093	89.1	14,847	92.6
Tuscola, MI	26157	6	56,805	17.6	10	36	12,036	15,594	87.9	12,490	89.9
Van Buren, MI	26159	2	77,931	18.7	13	47	18,175	20,117	91.1	16,500	93.5
Washtenaw, MI	26161	2	350,003	15.6	19	104	49,117	117,309	89.4	51,410	90.0
Wayne, MI	26163	1	1,985,101	19.9	113	700	359,643	587,853	85.7	438,464	89.3
Wexford, MI	26165	7	31,792	17.2	4	19	5,612	7,690	89.8	6,305	93.2
MINNESOTA	27000	X	5,197,621	17.4	561	2,644	839,243	1,362,507	84.2	975,733	89.6
Aitkin, MN	27001	8	15,910	13.9	3	9	2,119	3,142	96.6	2,584	97.8
Anoka, MN	27003	1	326,252	19.6	11	112	65,789	83,625	87.7	64,379	92.6
Becker, MN	27005	6	31,964	16.4	5	20	4,555	7,526	95.1	6,313	96.2
Beltrami, MN	27007	9	43,609	18.0	9	37	7,588	13,148	92.9	8,628	92.6
Benton, MN	27009	3	39,504	17.5	4	9	5,451	9,595	88.1	7,027	87.3
Big Stone, MN	27011	9	5,385	15.4	2	7	965	1,443	95.4	1,200	96.1
Blue Earth, MN	27013	5	59,802	13.9	8	30	9,905	20,028	88.9	9,039	87.9
Brown, MN	27015	7	26,013	15.9	5	13	3,687	7,413	62.9	5,538	69.2
Carlton, MN	27017	2	33,893	16.1	8	24	6,145	8,607	91.4	6,397	94.5
Carver, MN	27019	1	88,459	21.0	6	44	14,395	21,079	74.9	16,043	82.4
Cass, MN	27021	9	28,723	15.6	7	28	4,398	6,556	95.3	5,583	96.4
Chippewa, MN	27023	7	12,465	16.2	3	13	2,364	3,082	94.7	2,643	95.6
Chisago, MN	27025	1	50,128	19.3	6	21	8,709	11,266	90.6	9,221	94.7
Clay, MN	27027	3	54,835	15.8	6	28	8,679	17,797	80.3	9,873	92.7
Clearwater, MN	27029	8	8,245	16.2	2	4	1,575	2,066	95.9	1,734	96.4
Cook, MN	27031	9	5,398	13.2	3	8	665	962	93.6	826	95.6
Cottonwood, MN	27033	7	11,349	17.3	5	11	2,540	2,897	90.2	2,391	91.9
Crow Wing, MN	27035	5	61,648	16.3	5	27	10,148	13,331	93.3	10,486	94.9
Dakota, MN	27037	1	390,478	19.7	14	155	74,414	101,596	84.1	76,682	90.3
Dodge, MN	27039	3	19,552	19.8	4	11	3,990	4,988	93.9	4,102	96.1
Douglas, MN	27041	7	36,075	14.9	6	28	5,506	8,170	90.0	6,271	91.8
Faribault, MN	27043	7	14,869	16.1	3	11	2,170	3,880	92.3	3,224	93.2
Fillmore, MN	27045	8	21,037	16.7	5	15	2,835	5,095	91.7	4,306	92.0
Freeborn, MN	27047	7	31,257	15.6	3	15	4,382	7,375	93.1	6,153	94.2
Goodhue, MN	27049	4	45,839	16.8	7	24	7,098	11,305	91.1	9,219	93.9
Grant, MN	27051	9	6,021	14.8	4	7	1,210	1,476	96.1	1,215	97.5
Hennepin, MN	27053	1	1,136,599	16.5	63	593	154,715	297,966	82.1	197,828	88.2
Houston, MN	27055	3	19,515	17.2	5	16	3,876	5,283	85.9	4,268	86.7
Hubbard, MN	27057	7	18,781	15.3	3	9	2,438	4,254	94.0	3,538	95.6
Isanti, MN	27059	1	38,921	17.6	4	22	6,285	8,631	91.9	7,169	93.9
Itasca, MN	27061	6	44,542	15.4	7	31	6,908	10,950	92.7	8,676	93.8
Jackson, MN	27063	7	10,883	15.7	2	6	1,504	2,795	91.7	2,261	91.9
Kanabec, MN	27065	6	16,090	17.4	2	6	2,535	3,844	94.6	3,324	97.5
Kandiyohi, MN	27067	4	40,784	17.1	4	23	5,861	10,814	91.3	8,630	92.9
Kittson, MN	27069	9	4,505	16.6	3	7	832	1,288	91.5	1,093	90.9
Koochiching, MN	27071	7	13,459	15.7	3	11	2,042	3,451	90.1	2,770	91.4
Lac qui Parle, MN	27073	9	7,258	15.7	3	8	1,616	1,860	94.7	1,588	96.4
Lake, MN	27075	6	10,741	14.2	1	6	1,594	2,402	93.0	1,956	93.7
Lake of the Woods, MN	27077	9	4,095	14.9	1	2	645	1,073	97.1	940	97.9
Le Sueur, MN	27079	6	28,034	17.5	6	18	4,447	6,677	88.7	5,495	91.6

[1] County type codes are from the Economic Research Service of the United States Department of Agriculture. See notes and definitions for more information.

PART C—COUNTY EDUCATION STATISTICS 395

Table C-1. Population, School, and Student Characteristics by County—Continued

STATE County	State/ county code	Characteristics of students, 2005–2006 (percent)				Number of graduates, 2004–2005	Staff and students, 2005–2006			
		Students with IEP[2]	Students eligible for free or reduced-price lunch	Minority students	English language learners		Total staff	Number of teachers	Student/ teacher ratio	Central administration staff
		10	11	12	13	14	15	16	17	18
Menominee, MI	26109	15.3	41.3	7.1	1.7	285	473	240	15.8	17
Midland, MI	26111	16.0	25.8	6.8	0.0	1,099	1,751	839	17.4	25
Missaukee, MI	26113	10.8	35.7	3.5	0.0	167	260	131	17.7	3
Monroe, MI	26115	16.9	25.4	7.7	0.5	1,666	3,008	1,435	18.1	66
Montcalm, MI	26117	16.6	40.4	4.7	0.5	792	1,627	772	17.9	42
Montmorency, MI	26119	12.9	45.9	1.9	0.0	95	105	55	18.1	5
Muskegon, MI	26121	15.3	50.0	27.6	1.1	1,887	3,850	1,858	18.6	118
Newaygo, MI	26123	16.9	45.5	10.6	1.8	614	1,191	552	17.9	29
Oakland, MI	26125	12.1	19.2	29.2	6.3	12,674	24,772	11,864	17.4	472
Oceana, MI	26127	16.0	57.0	31.0	9.5	292	566	258	16.1	16
Ogemaw, MI	26129	14.7	50.9	2.4	0.0	210	298	146	17.6	3
Ontonagon, MI	26131	21.8	39.4	3.1	0.0	75	156	75	13.6	9
Osceola, MI	26133	15.4	47.0	5.0	0.0	342	542	286	17.9	14
Oscoda, MI	26135	21.9	49.8	1.8	0.0	86	144	70	16.1	2
Otsego, MI	26137	12.7	34.9	3.1	0.0	283	503	255	18.1	13
Ottawa, MI	26139	13.7	24.2	19.0	4.9	2,796	4,931	2,474	17.8	98
Presque Isle, MI	26141	10.5	43.0	2.9	0.0	167	213	109	16.6	5
Roscommon, MI	26143	16.5	51.2	3.8	0.0	224	549	251	15.4	20
Saginaw, MI	26145	18.4	46.6	41.5	1.8	1,775	4,451	2,095	17.0	108
St. Clair, MI	26147	13.6	27.1	8.9	0.5	1,825	3,277	1,610	17.7	86
St. Joseph, MI	26149	13.3	42.5	13.4	3.2	678	1,492	702	17.4	54
Sanilac, MI	26151	12.9	42.5	4.2	0.0	617	980	462	18.3	30
Schoolcraft, MI	26153	14.8	44.2	18.8	0.0	77	118	63	17.6	6
Shiawassee, MI	26155	14.2	29.4	3.7	0.0	925	1,643	805	18.3	57
Tuscola, MI	26157	16.7	36.3	7.6	0.0	739	1,492	680	17.7	45
Van Buren, MI	26159	12.3	42.2	19.0	10.2	1,066	2,425	1,106	16.4	68
Washtenaw, MI	26161	14.5	23.7	29.7	3.7	3,035	5,964	2,886	17.0	101
Wayne, MI	26163	13.3	49.7	57.5	6.5	17,505	41,751	19,447	18.5	649
Wexford, MI	26165	15.3	41.4	4.0	0.0	356	681	339	16.6	19
MINNESOTA	27000	13.8	30.3	21.7	6.9	58,337	104,494	51,110	16.4	4,402
Aitkin, MN	27001	15.0	45.1	6.7	0.0	179	310	152	13.9	20
Anoka, MN	27003	13.2	23.8	16.2	5.8	4,280	7,350	3,733	17.6	220
Becker, MN	27005	17.1	37.9	15.0	0.2	348	622	315	14.5	33
Beltrami, MN	27007	16.3	53.6	34.1	3.6	482	1,305	600	12.6	57
Benton, MN	27009	14.8	28.0	5.2	0.5	345	662	312	17.5	24
Big Stone, MN	27011	12.8	45.2	2.1	0.4	83	163	76	12.7	8
Blue Earth, MN	27013	16.4	29.5	11.0	3.2	783	1,334	622	15.9	53
Brown, MN	27015	12.8	25.9	10.4	6.0	327	470	244	15.1	24
Carlton, MN	27017	13.2	29.4	10.4	0.0	463	759	377	16.3	42
Carver, MN	27019	11.9	12.8	10.7	4.5	998	1,661	831	17.3	76
Cass, MN	27021	20.2	54.4	29.4	0.0	286	748	352	12.5	32
Chippewa, MN	27023	15.1	34.0	7.2	2.6	211	357	170	13.9	14
Chisago, MN	27025	10.6	19.3	5.1	1.5	577	928	444	19.6	54
Clay, MN	27027	15.1	27.4	12.3	4.2	642	1,079	542	16.0	44
Clearwater, MN	27029	15.8	51.0	21.4	0.1	95	204	106	14.9	8
Cook, MN	27031	11.1	27.8	19.4	0.9	52	104	46	14.5	8
Cottonwood, MN	27033	17.0	37.9	16.8	11.2	203	411	199	12.8	18
Crow Wing, MN	27035	15.5	35.4	3.5	0.0	718	1,212	600	16.9	41
Dakota, MN	27037	14.2	16.0	17.7	4.7	5,146	8,632	4,408	16.9	342
Dodge, MN	27039	9.4	19.6	7.5	3.4	282	431	244	16.4	18
Douglas, MN	27041	16.1	27.8	3.3	0.2	461	745	361	15.3	26
Faribault, MN	27043	14.8	41.6	9.7	3.1	208	336	152	14.3	16
Fillmore, MN	27045	13.0	27.5	1.5	0.0	236	392	207	13.7	16
Freeborn, MN	27047	17.9	36.4	14.4	4.2	289	539	279	15.7	26
Goodhue, MN	27049	12.1	20.0	8.1	1.6	536	863	420	16.9	39
Grant, MN	27051	14.0	33.4	3.5	0.2	108	182	96	12.6	12
Hennepin, MN	27053	12.8	34.4	39.6	12.0	9,031	19,704	9,010	17.2	980
Houston, MN	27055	11.6	19.5	3.4	0.0	332	458	239	16.2	21
Hubbard, MN	27057	19.5	43.9	9.9	0.0	197	332	165	14.8	19
Isanti, MN	27059	10.3	25.7	5.5	1.4	462	713	359	17.5	30
Itasca, MN	27061	15.5	39.3	11.3	0.0	521	823	405	17.1	42
Jackson, MN	27063	14.7	33.4	7.8	4.7	123	227	111	13.5	9
Kanabec, MN	27065	12.5	35.9	4.7	0.0	180	314	162	15.6	10
Kandiyohi, MN	27067	13.4	37.4	21.9	8.1	442	797	415	14.1	13
Kittson, MN	27069	18.6	43.1	4.9	0.0	76	151	73	11.4	11
Koochiching, MN	27071	14.2	36.0	9.6	0.4	174	286	141	14.5	13
Lac qui Parle, MN	27073	15.0	34.3	4.7	1.6	112	270	115	14.1	11
Lake, MN	27075	15.2	25.7	3.3	0.0	135	185	102	15.6	6
Lake of the Woods, MN	27077	11.9	41.6	5.7	0.0	62	85	41	15.7	2
Le Sueur, MN	27079	15.7	27.0	10.4	5.4	314	548	288	15.4	20

[2]IEP = Individual Education Program. See notes and definitions for more information.

Table C-1. Population, School, and Student Characteristics by County—Continued

STATE County	State/county code	Revenues, 2004–2005 Total revenue (thousands of dollars)	Percentage of revenue from: Federal government	State government	Local government	Current expenditures, 2004–2005 Total expenditures (thousands of dollars)	Amount per student	Percent for instruction	Resident population 16 to 19 years, 2000 Total population 16 to 19 years	Percent in Armed Forces	Percent high school graduates	Percent not enrolled, not employed, not in Armed Forces, not high school grad.
		19	20	21	22	23	24	25	26	27	28	29
Menominee, MI	26109	36,943	8.9	65.8	25.3	35,399	9,367	57.8	1,422	0.1	12.1	3.0
Midland, MI	26111	149,232	5.1	55.5	39.4	130,286	8,998	59.7	4,905	0.0	7.7	2.4
Missaukee, MI	26113	19,523	6.4	66.5	27.1	17,376	7,678	63.3	866	0.0	9.4	3.6
Monroe, MI	26115	260,265	5.0	57.1	37.9	229,370	9,079	56.4	8,547	0.0	10.3	4.0
Montcalm, MI	26117	133,837	7.5	66.3	26.2	116,383	8,686	58.5	3,461	0.0	8.4	7.7
Montmorency, MI	26119	10,085	7.5	43.6	48.8	8,669	8,482	61.9	491	0.0	11.4	3.9
Muskegon, MI	26121	370,605	11.1	60.7	28.2	307,009	9,026	56.1	9,731	0.0	9.6	5.5
Newaygo, MI	26123	104,423	8.6	63.6	27.8	88,725	9,160	61.4	2,708	0.0	13.0	5.6
Oakland, MI	26125	2,650,996	4.6	47.8	47.6	2,130,532	10,351	56.5	57,371	0.0	7.1	2.6
Oceana, MI	26127	41,807	13.5	58.8	27.7	38,306	9,073	59.8	1,736	1.2	9.6	7.0
Ogemaw, MI	26129	23,178	8.8	55.2	36.0	21,776	8,346	62.1	1,151	0.0	7.5	5.2
Ontonagon, MI	26131	15,512	14.9	43.6	41.5	13,450	13,071	51.0	347	0.3	5.2	4.3
Osceola, MI	26133	45,032	7.8	68.1	24.1	41,787	7,958	62.3	1,443	0.0	12.8	4.3
Oscoda, MI	26135	10,647	9.4	49.3	41.4	9,984	8,637	64.7	485	0.0	5.2	6.8
Otsego, MI	26137	41,288	5.0	44.2	50.8	36,790	8,132	63.4	1,223	0.0	8.9	1.6
Ottawa, MI	26139	478,711	5.0	53.2	41.8	385,530	8,922	59.6	16,429	0.0	8.9	1.9
Presque Isle, MI	26141	16,463	6.8	55.0	38.2	15,516	8,306	64.4	806	0.0	8.8	4.7
Roscommon, MI	26143	42,544	13.9	40.3	45.8	39,745	10,155	57.6	1,180	0.0	9.2	4.2
Saginaw, MI	26145	362,530	11.1	66.5	22.4	323,643	9,055	57.3	11,932	0.1	7.7	6.4
St. Clair, MI	26147	282,637	6.1	59.4	34.5	250,041	8,814	57.6	9,089	0.0	10.4	5.2
St. Joseph, MI	26149	118,973	7.4	61.5	31.1	102,132	8,690	58.2	3,779	0.4	9.9	7.2
Sanilac, MI	26151	78,160	7.9	68.6	23.5	71,334	8,466	59.5	2,566	0.2	9.4	3.4
Schoolcraft, MI	26153	9,557	8.4	60.8	30.8	9,160	8,092	60.2	386	0.0	13.2	7.8
Shiawassee, MI	26155	137,566	6.2	71.8	22.0	126,148	8,624	59.3	4,146	0.0	8.9	3.6
Tuscola, MI	26157	117,068	7.9	71.5	20.6	107,733	9,107	60.5	3,616	0.0	6.4	5.8
Van Buren, MI	26159	187,369	8.0	63.4	28.6	169,350	9,586	57.6	4,696	0.0	9.5	5.8
Washtenaw, MI	26161	616,579	4.4	47.9	47.9	497,258	10,168	53.9	23,697	0.0	5.2	2.0
Wayne, MI	26163	4,011,014	11.1	62.5	26.5	3,577,061	9,931	56.0	108,591	0.0	11.4	7.6
Wexford, MI	26165	61,361	8.4	55.9	35.6	53,459	9,878	54.7	1,908	0.1	10.5	5.6
MINNESOTA	27000	8,960,397	6.1	67.6	26.3	7,252,978	8,722	65.2	293,223	0.1	8.5	2.8
Aitkin, MN	27001	21,625	7.3	74.6	18.0	18,964	8,699	62.5	789	0.0	8.7	2.2
Anoka, MN	27003	623,646	4.4	72.4	23.2	514,972	7,877	66.7	16,477	0.0	9.6	3.4
Becker, MN	27005	44,336	9.0	73.6	17.4	37,692	8,311	65.8	1,887	0.0	9.2	4.9
Beltrami, MN	27007	99,962	18.3	63.3	18.4	84,195	10,754	68.1	3,157	0.0	5.9	5.8
Benton, MN	27009	49,682	4.4	72.7	22.8	40,207	7,542	61.9	2,105	0.8	15.5	1.3
Big Stone, MN	27011	10,857	5.8	71.9	22.3	9,544	9,177	63.5	364	0.0	1.6	9.3
Blue Earth, MN	27013	89,791	5.6	75.6	18.8	76,061	7,748	67.4	5,277	0.0	5.7	0.7
Brown, MN	27015	35,506	4.4	77.3	18.3	30,844	8,210	63.3	1,820	0.0	7.3	0.4
Carlton, MN	27017	63,239	9.3	72.3	18.4	50,642	8,121	65.3	1,856	0.0	8.6	2.5
Carver, MN	27019	156,824	3.3	60.1	36.5	111,754	8,303	64.2	3,635	0.0	9.3	0.6
Cass, MN	27021	54,090	13.6	69.4	17.0	45,700	10,284	65.0	1,495	0.0	9.7	3.9
Chippewa, MN	27023	26,274	7.8	68.8	23.4	23,056	10,007	61.6	777	0.0	9.1	3.0
Chisago, MN	27025	81,443	5.2	68.9	26.0	63,200	7,400	63.5	2,258	0.0	8.4	3.7
Clay, MN	27027	82,739	6.2	79.0	14.8	67,100	7,708	67.6	4,649	0.0	5.2	2.0
Clearwater, MN	27029	15,909	8.2	75.2	16.6	13,099	8,370	61.8	565	0.0	10.4	4.6
Cook, MN	27031	7,832	9.7	63.5	26.8	6,104	8,758	63.8	210	0.0	14.8	0.0
Cottonwood, MN	27033	26,880	4.9	77.6	17.5	21,832	8,582	64.7	686	0.0	8.6	2.8
Crow Wing, MN	27035	101,205	5.7	69.1	25.2	84,086	8,266	65.2	3,131	0.0	11.3	3.6
Dakota, MN	27037	734,415	3.7	68.1	28.3	606,246	8,252	67.7	19,283	0.2	8.8	1.8
Dodge, MN	27039	33,390	2.5	78.0	19.5	27,353	6,871	63.3	1,207	0.0	7.7	2.9
Douglas, MN	27041	51,650	6.8	72.5	20.6	42,891	7,916	68.1	2,089	0.0	7.5	1.5
Faribault, MN	27043	21,404	7.0	80.0	13.0	19,775	8,553	67.3	973	0.0	7.6	2.0
Fillmore, MN	27045	27,173	4.8	76.5	18.7	22,144	7,581	64.5	1,294	0.0	6.6	4.7
Freeborn, MN	27047	43,183	7.0	74.8	18.2	36,708	8,360	66.3	1,850	0.0	9.0	5.9
Goodhue, MN	27049	70,309	4.2	65.9	29.9	53,761	7,598	65.4	2,867	0.0	10.6	2.8
Grant, MN	27051	12,180	4.8	75.4	19.9	10,574	8,432	61.0	376	0.0	8.5	3.2
Hennepin, MN	27053	1,936,076	6.5	61.2	32.3	1,491,135	9,771	64.0	56,930	0.0	8.6	3.7
Houston, MN	27055	33,506	2.7	78.4	18.8	27,227	7,205	64.5	1,148	0.0	12.5	1.7
Hubbard, MN	27057	27,085	7.6	68.1	24.3	21,139	8,280	65.4	1,044	0.0	10.5	5.7
Isanti, MN	27059	52,578	5.3	74.7	20.1	42,881	7,196	68.3	2,105	0.0	9.4	3.9
Itasca, MN	27061	74,028	8.5	65.7	25.8	60,891	8,747	65.1	2,789	0.0	8.1	3.4
Jackson, MN	27063	16,540	5.9	69.8	24.3	12,537	8,194	66.0	679	0.0	4.6	1.3
Kanabec, MN	27065	21,460	5.1	79.1	15.8	19,271	7,461	68.6	940	0.0	10.0	4.3
Kandiyohi, MN	27067	59,892	7.1	73.4	19.4	50,811	8,584	68.5	2,842	0.0	10.2	2.7
Kittson, MN	27069	9,993	5.2	77.4	17.3	9,008	10,307	62.1	252	0.0	7.5	0.0
Koochiching, MN	27071	23,069	6.6	72.2	21.2	18,675	8,759	63.6	829	0.0	10.5	3.4
Lac qui Parle, MN	27073	17,042	5.6	78.8	15.5	14,672	8,641	64.6	466	0.0	8.6	3.0
Lake, MN	27075	18,569	2.9	66.0	31.1	14,338	8,769	62.9	573	0.0	18.8	1.7
Lake of the Woods, MN	27077	7,587	3.1	70.4	26.5	5,882	8,688	57.7	195	0.0	8.2	0.5
Le Sueur, MN	27079	39,141	4.6	77.8	17.6	32,373	7,299	65.1	1,640	0.0	8.4	2.3

Table C-1. Population, School, and Student Characteristics by County—Continued

STATE County	State/ county code	Population 25 years and over	High school diploma or less (percent)	High school diploma or more (percent)	College enrollment 2000 Number	Percent public	Bachelor's degree or more	+/- U.S. percent with bachelor's degree or more	Non-Hispanic White	Black	American Indian, Alaska Native	Asian and Pacific Islander	Hispanic or Latino[3]
			30	31	32	33	34	35	36	37	38	39	40	41
Menominee, MI	26109	17,342	62.9	83.5	831	87.2	11.0	-13.4	11.1	0.0	6.3	0.0	16.7
Midland, MI	26111	53,497	41.0	89.0	5,050	69.7	29.3	4.9	28.4	54.5	6.0	75.1	41.7
Missaukee, MI	26113	9,466	64.0	78.6	369	80.5	10.2	-14.2	10.2	0.0	0.0	30.8	5.4
Monroe, MI	26115	94,281	54.2	83.1	6,669	85.5	14.3	-10.1	14.4	6.6	3.9	40.2	11.1
Montcalm, MI	26117	39,560	58.8	81.2	1,937	85.1	10.8	-13.6	11.0	6.3	4.0	23.6	4.6
Montmorency, MI	26119	7,604	66.9	74.8	186	87.1	8.2	-16.2	8.3	0.0	9.5	0.0	5.7
Muskegon, MI	26121	108,661	52.4	83.1	7,581	79.0	13.9	-10.5	15.5	5.5	8.2	26.9	5.4
Newaygo, MI	26123	30,329	61.7	78.7	1,354	81.6	11.4	-13.0	11.7	7.2	4.2	28.9	3.5
Oakland, MI	26125	807,910	32.8	89.3	76,393	78.5	38.2	13.8	37.9	30.2	17.2	72.6	25.8
Oceana, MI	26127	17,134	59.6	79.8	734	82.0	12.6	-11.8	13.5	6.5	11.1	27.3	1.5
Ogemaw, MI	26129	15,191	64.9	75.0	611	89.4	9.6	-14.8	9.5	0.0	4.3	60.7	3.4
Ontonagon, MI	26131	5,899	59.7	83.8	186	84.9	13.0	-11.4	12.9		3.2	33.3	38.2
Osceola, MI	26133	15,033	63.3	80.5	652	79.4	11.3	-13.1	11.2	14.3	17.9	36.0	7.9
Oscoda, MI	26135	6,716	66.8	73.7	221	87.3	8.0	-16.4	8.0	42.9	0.0	100.0	0.0
Otsego, MI	26137	15,468	50.9	85.5	534	80.1	17.4	-7.0	17.5	0.0	9.6	31.6	14.0
Ottawa, MI	26139	141,870	44.5	86.6	18,166	71.9	26.0	1.6	27.1	12.2	18.1	26.5	8.3
Presque Isle, MI	26141	10,463	61.3	77.0	443	87.1	11.5	-12.9	11.6	33.3	0.0	0.0	6.5
Roscommon, MI	26143	18,930	59.8	79.5	763	87.4	10.9	-13.5	10.9	20.0	9.9	25.4	7.1
Saginaw, MI	26145	135,198	54.6	81.6	11,612	91.6	15.9	-8.5	17.5	8.5	10.5	57.4	7.7
St. Clair, MI	26147	107,583	54.4	82.8	6,578	82.5	12.6	-11.8	12.7	8.3	8.6	39.1	5.3
St. Joseph, MI	26149	39,807	59.7	78.6	1,819	87.4	12.7	-11.7	13.1	2.6	3.8	30.7	6.4
Sanilac, MI	26151	29,197	64.2	79.7	1,231	82.0	10.0	-14.4	10.0	0.0	9.3	42.6	1.5
Schoolcraft, MI	26153	6,272	64.5	79.4	144	91.0	11.3	-13.1	12.1	0.0	1.9	18.2	4.8
Shiawassee, MI	26155	46,557	54.1	84.4	2,940	75.6	13.7	-10.7	13.8	22.6	5.2	51.4	8.2
Tuscola, MI	26157	37,898	60.6	81.2	2,369	83.4	10.6	-13.8	10.7	8.9	0.6	43.0	3.3
Van Buren, MI	26159	48,920	57.0	78.9	2,430	86.5	14.3	-10.1	15.6	4.3	5.8	26.2	4.1
Washtenaw, MI	26161	197,414	25.6	91.5	60,032	93.3	48.1	23.7	49.1	25.0	27.2	82.3	44.1
Wayne, MI	26163	1,305,288	53.7	77.0	110,846	77.8	17.2	-7.2	21.4	10.3	12.9	57.3	10.6
Wexford, MI	26165	19,965	56.7	82.0	914	78.4	15.3	-9.1	15.2	25.0	18.2	52.8	14.2
MINNESOTA	27000	3,164,345	40.9	87.9	296,258	72.9	27.4	3.0	28.0	18.7	8.8	36.1	14.0
Aitkin, MN	27001	11,263	59.2	80.4	349	89.7	11.3	-13.1	11.5	37.5	3.6	0.0	0.0
Anoka, MN	27003	187,122	41.4	91.0	13,340	74.1	21.3	-3.1	21.3	20.4	8.8	31.3	13.3
Becker, MN	27005	19,834	51.7	82.9	784	89.8	16.7	-7.7	17.5	29.2	4.6	17.5	19.2
Beltrami, MN	27007	22,748	45.2	83.4	3,916	94.7	23.5	-0.9	26.4	45.6	4.5	31.4	11.5
Benton, MN	27009	20,789	49.9	84.9	2,068	91.1	17.2	-7.2	17.2	27.1	23.7	14.0	11.0
Big Stone, MN	27011	4,050	61.1	79.0	113	87.6	11.4	-13.0	11.3	0.0	18.2		0.0
Blue Earth, MN	27013	31,684	40.4	87.7	10,105	92.1	26.6	2.2	26.6	26.0	15.1	44.1	20.1
Brown, MN	27015	17,485	56.8	81.7	1,418	38.8	16.5	-7.9	16.7	0.0	3.7	43.5	4.6
Carlton, MN	27017	21,238	53.1	84.3	1,582	82.1	14.9	-9.5	15.3	1.0	12.4	11.9	7.6
Carver, MN	27019	43,218	35.3	91.4	2,867	57.2	34.3	9.9	34.8	37.0	14.1	40.1	9.7
Cass, MN	27021	18,721	52.5	83.9	582	89.2	16.6	-7.8	17.4	100.0	6.4	14.0	11.3
Chippewa, MN	27023	8,819	56.0	81.6	263	89.0	13.7	-10.7	13.8	50.0	3.2	14.3	11.0
Chisago, MN	27025	25,859	48.4	88.7	1,228	78.1	15.3	-9.1	15.4	7.8	9.4	19.8	11.3
Clay, MN	27027	29,580	41.5	86.7	7,152	64.3	24.7	0.3	25.5	29.3	4.4	23.3	6.6
Clearwater, MN	27029	5,576	59.0	76.4	202	92.1	14.7	-9.7	15.4		6.5	38.5	0.0
Cook, MN	27031	3,864	39.9	88.7	71	81.7	28.8	4.4	30.8	0.0	6.4	0.0	66.7
Cottonwood, MN	27033	8,344	56.8	80.4	287	83.3	14.2	-10.2	14.1	0.0	100.0	32.9	7.7
Crow Wing, MN	27035	37,092	47.2	86.3	1,951	89.2	18.4	-6.0	18.4	13.9	10.2	54.5	24.8
Dakota, MN	27037	224,313	30.3	93.2	17,197	70.0	34.9	10.5	35.4	30.9	11.2	42.0	13.7
Dodge, MN	27039	10,989	49.2	86.7	525	85.1	17.1	-7.3	17.2	0.0	20.0	38.1	7.1
Douglas, MN	27041	21,961	47.5	85.6	1,348	89.6	17.3	-7.1	17.4	0.0	28.1	17.5	23.6
Faribault, MN	27043	11,128	57.2	83.6	369	85.4	13.8	-10.6	14.0	66.7	0.0	3.6	4.8
Fillmore, MN	27045	14,116	55.2	81.7	493	86.4	15.1	-9.3	15.0	0.0	0.0	42.1	17.4
Freeborn, MN	27047	22,363	56.5	81.2	789	88.7	12.8	-11.6	13.2	4.9	0.0	23.9	3.7
Goodhue, MN	27049	29,127	49.8	86.7	1,302	79.8	19.1	-5.3	19.3	19.4	5.6	22.5	7.7
Grant, MN	27051	4,370	51.8	83.5	165	84.8	15.7	-8.7	15.8		0.0	0.0	0.0
Hennepin, MN	27053	740,444	30.5	90.6	78,624	74.9	39.1	14.7	42.0	17.8	10.1	38.6	18.0
Houston, MN	27055	13,063	49.2	85.5	645	88.2	20.5	-3.9	20.2	55.6	0.0	49.2	33.8
Hubbard, MN	27057	12,694	48.3	86.1	467	86.9	20.2	-4.2	20.5	0.0	9.3	27.6	0.0
Isanti, MN	27059	19,915	51.8	86.6	959	87.0	14.5	-9.9	14.5	19.7	17.7	32.6	11.4
Itasca, MN	27061	29,931	47.7	85.6	1,681	90.5	17.6	-6.8	18.0	27.0	8.0	4.5	5.1
Jackson, MN	27063	7,768	53.9	84.1	350	95.7	14.2	-10.2	14.2	0.0	13.3	20.7	9.7
Kanabec, MN	27065	9,797	61.6	80.6	269	80.7	10.5	-13.9	10.4	22.2	4.7	25.9	4.3
Kandiyohi, MN	27067	26,419	47.7	83.5	1,628	88.9	18.3	-6.1	19.1	3.4	6.7	61.3	2.3
Kittson, MN	27069	3,661	54.8	79.7	101	95.0	14.8	-9.6	14.7	42.9	0.0	0.0	6.7
Koochiching, MN	27071	9,999	55.5	81.9	475	88.8	15.1	-9.3	15.4	0.0	4.4	40.0	0.0
Lac qui Parle, MN	27073	5,644	56.9	80.8	128	79.7	13.0	-11.4	12.8	0.0	50.0	38.9	14.3
Lake, MN	27075	7,847	51.1	86.4	322	87.0	19.5	-4.9	19.5	0.0	28.1		6.3
Lake of the Woods, MN	27077	3,155	52.8	84.6	85	87.1	17.2	-7.2	17.3	0.0	0.0	0.0	60.0
Le Sueur, MN	27079	16,499	53.7	84.6	729	77.1	16.9	-7.5	17.2	3.6	5.2	25.0	3.6

[3] May be of any race.

Table C-1. Population, School, and Student Characteristics by County—Continued

STATE County	State/ county code	County type[1]	Population, 2007 Total	Population, 2007 Percent 5 to 17 years	Number of schools and students, 2005–2006 School districts	Number of schools and students, 2005–2006 Schools	Number of schools and students, 2005–2006 Students	Resident enrollment, 2000 Total enrollment Number	Resident enrollment, 2000 Total enrollment Percent public	Resident enrollment, 2000 K–12 enrollment Number	Resident enrollment, 2000 K–12 enrollment Percent public
			1	2	3	4	5	6	7	8	9
Lincoln, MN	27081	9	5,877	15.4	4	5	767	1,465	94.0	1,187	95.7
Lyon, MN	27083	7	24,695	17.3	11	21	4,473	7,659	86.7	5,024	85.1
McLeod, MN	27085	6	37,220	18.3	8	25	5,874	9,193	84.1	7,328	86.6
Mahnomen, MN	27087	8	5,129	18.2	3	9	1,353	1,414	94.3	1,161	94.4
Marshall, MN	27089	8	9,618	15.7	6	10	1,455	2,429	96.0	2,029	96.2
Martin, MN	27091	7	20,462	16.2	5	17	3,470	5,316	86.9	4,421	88.9
Meeker, MN	27093	6	23,211	17.4	4	18	5,922	5,764	95.1	4,762	96.7
Mille Lacs, MN	27095	6	26,354	16.8	4	18	6,805	5,643	89.3	4,771	91.0
Morrison, MN	27097	6	32,733	17.7	6	19	5,224	8,143	90.5	6,879	91.9
Mower, MN	27099	4	38,040	17.6	6	27	5,842	9,295	89.0	7,306	90.1
Murray, MN	27101	9	8,511	15.9	2	6	1,212	2,144	88.3	1,812	90.2
Nicollet, MN	27103	5	31,680	15.8	4	14	2,411	9,887	65.3	5,666	84.1
Nobles, MN	27105	7	20,128	18.3	6	16	3,441	5,134	90.8	4,207	93.0
Norman, MN	27107	8	6,685	16.5	3	8	1,242	1,769	96.7	1,479	97.9
Olmsted, MN	27109	3	139,747	17.9	11	62	21,918	34,049	82.9	25,301	87.4
Otter Tail, MN	27111	6	57,031	15.7	10	28	8,213	14,133	90.9	11,462	92.6
Pennington, MN	27113	6	13,756	16.1	3	7	2,230	3,589	93.4	2,556	93.5
Pine, MN	27115	6	28,164	16.1	4	15	4,034	6,412	91.4	5,447	93.8
Pipestone, MN	27117	6	9,305	16.4	3	9	1,724	2,509	87.8	2,079	88.3
Polk, MN	27119	3	30,708	16.4	7	21	5,347	8,889	91.8	6,352	91.6
Pope, MN	27121	8	11,065	14.8	2	12	1,348	2,750	94.0	2,357	95.2
Ramsey, MN	27123	1	499,891	17.4	42	272	84,324	148,722	74.7	98,122	85.2
Red Lake, MN	27125	8	4,118	15.6	5	8	766	1,072	91.4	871	91.7
Redwood, MN	27127	7	15,519	16.9	6	15	2,296	4,054	88.4	3,504	89.0
Renville, MN	27129	9	16,132	17.7	3	8	2,086	4,278	89.9	3,651	90.4
Rice, MN	27131	4	61,955	16.3	7	28	8,482	18,631	62.2	11,284	86.7
Rock, MN	27133	6	9,498	17.1	2	7	1,585	2,525	90.3	2,019	93.5
Roseau, MN	27135	7	15,946	19.6	5	15	3,327	4,373	96.5	3,729	97.2
St. Louis, MN	27137	2	196,694	14.3	21	107	26,932	54,961	89.1	35,402	92.2
Scott, MN	27139	1	126,642	21.0	6	48	18,369	25,390	82.6	19,902	87.7
Sherburne, MN	27141	1	86,287	20.0	4	36	17,749	19,430	88.3	14,644	92.0
Sibley, MN	27143	8	15,007	18.2	5	13	2,408	3,952	86.8	3,274	87.8
Stearns, MN	27145	3	146,051	16.5	20	74	23,048	43,624	80.0	26,236	85.1
Steele, MN	27147	5	36,378	18.4	4	21	6,487	8,991	86.4	7,229	90.4
Stevens, MN	27149	7	9,624	13.3	4	7	1,429	3,536	95.2	1,680	94.0
Swift, MN	27151	7	11,192	14.2	2	7	1,635	2,722	94.7	2,212	95.6
Todd, MN	27153	6	24,029	17.0	7	17	4,209	6,472	88.7	5,498	89.0
Traverse, MN	27155	9	3,712	15.8	2	4	593	1,000	97.6	825	98.2
Wabasha, MN	27157	3	21,783	17.0	5	12	4,812	5,671	91.3	4,651	91.9
Wadena, MN	27159	7	13,382	16.7	4	8	2,982	3,538	93.9	2,792	94.9
Waseca, MN	27161	7	19,528	16.9	4	18	3,646	4,864	88.2	3,883	90.6
Washington, MN	27163	1	226,475	19.6	11	92	38,184	58,157	83.6	44,185	89.6
Watonwan, MN	27165	7	11,022	19.0	3	7	2,071	3,074	89.5	2,536	91.3
Wilkin, MN	27167	6	6,418	18.0	3	7	1,220	1,839	87.4	1,530	88.6
Winona, MN	27169	4	49,802	14.2	8	27	6,122	17,104	79.6	8,791	82.1
Wright, MN	27171	1	117,372	19.8	11	56	21,753	25,341	89.4	20,802	92.2
Yellow Medicine, MN	27173	9	10,128	16.3	4	9	1,842	2,864	95.4	2,282	95.8
MISSISSIPPI	28000	X	2,918,785	18.8	163	1,051	494,954	789,903	87.2	582,848	89.5
Adams, MS	28001	5	31,710	17.6	1	8	4,803	9,809	80.4	7,561	79.0
Alcorn, MS	28003	7	35,609	17.1	2	17	5,719	7,421	92.2	5,928	95.7
Amite, MS	28005	8	13,345	17.2	1	4	1,500	3,261	76.9	2,697	77.2
Attala, MS	28007	6	19,600	17.5	2	11	3,489	5,044	88.4	4,109	90.4
Benton, MS	28009	8	8,037	18.3	1	4	1,346	2,002	90.5	1,627	93.0
Bolivar, MS	28011	5	37,635	18.6	6	24	7,227	14,277	92.7	9,559	91.5
Calhoun, MS	28013	7	14,591	16.7	1	7	2,618	3,470	88.6	2,950	91.3
Carroll, MS	28015	9	10,304	15.1	1	3	1,035	2,647	75.0	2,175	74.8
Chickasaw, MS	28017	7	18,974	19.2	3	9	3,286	4,950	91.3	4,121	92.9
Choctaw, MS	28019	9	9,052	18.2	1	5	1,763	2,513	88.2	2,091	87.8
Claiborne, MS	28021	6	10,999	17.3	1	4	1,969	4,792	95.1	2,350	92.1
Clarke, MS	28023	9	17,414	17.8	2	9	3,251	4,411	93.3	3,627	94.8
Clay, MS	28025	7	20,969	19.0	2	10	3,831	6,257	84.6	4,843	85.1
Coahoma, MS	28027	5	27,543	22.2	3	17	5,735	9,446	89.1	7,404	89.1
Copiah, MS	28029	2	29,317	17.8	2	7	4,843	8,378	82.8	6,183	83.9
Covington, MS	28031	8	20,361	19.5	1	8	3,398	5,285	92.8	4,337	93.2
De Soto, MS	28033	1	149,393	21.4	1	28	27,166	27,677	83.6	21,613	88.0
Forrest, MS	28035	3	78,241	17.4	4	21	11,572	24,754	88.3	12,996	91.2
Franklin, MS	28037	9	8,312	17.2	1	5	1,597	2,176	93.4	1,809	94.1
George, MS	28039	3	21,937	20.7	1	8	4,184	4,817	94.9	4,096	97.1
Greene, MS	28041	8	13,137	16.3	1	6	2,034	2,768	94.1	2,292	96.6
Grenada, MS	28043	7	23,076	18.7	1	6	4,765	6,164	88.2	4,888	90.3

[1] County type codes are from the Economic Research Service of the United States Department of Agriculture. See notes and definitions for more information.

Table C-1. Population, School, and Student Characteristics by County—Continued

STATE County	State/county code	Students with IEP[2] (%)	Students eligible for free or reduced-price lunch (%)	Minority students (%)	English language learners (%)	Number of graduates, 2004–2005	Total staff	Number of teachers	Student/teacher ratio	Central administration staff
		10	11	12	13	14	15	16	17	18
Lincoln, MN	27081	11.5	37.7	2.4	0.3	91	129	69	11.1	6
Lyon, MN	27083	12.9	31.9	15.4	7.5	400	742	340	13.2	61
McLeod, MN	27085	12.5	26.1	10.3	4.4	473	703	374	15.7	31
Mahnomen, MN	27087	17.4	59.8	66.9	0.0	73	208	110	12.3	7
Marshall, MN	27089	15.3	44.7	8.1	2.1	133	266	125	11.6	14
Martin, MN	27091	17.1	39.1	7.5	2.7	265	537	227	15.3	26
Meeker, MN	27093	12.7	31.6	6.0	0.8	475	740	379	15.6	29
Mille Lacs, MN	27095	14.5	29.5	7.2	0.3	532	789	414	16.4	29
Morrison, MN	27097	15.1	40.1	3.1	0.4	497	686	342	15.3	33
Mower, MN	27099	14.1	38.1	17.1	8.2	419	790	376	15.5	37
Murray, MN	27101	15.8	31.4	4.6	2.1	106	180	88	13.8	9
Nicollet, MN	27103	19.8	25.5	10.2	4.6	201	353	162	14.9	22
Nobles, MN	27105	15.5	46.7	32.0	8.0	280	542	243	14.2	21
Norman, MN	27107	13.5	46.2	13.6	2.1	95	208	102	12.2	7
Olmsted, MN	27109	11.6	24.5	20.2	9.8	1,687	2,574	1,309	16.7	106
Otter Tail, MN	27111	14.0	34.6	7.7	2.8	701	1,081	543	15.1	45
Pennington, MN	27113	14.8	33.2	8.5	1.7	165	312	146	15.3	16
Pine, MN	27115	10.4	42.3	7.0	0.3	278	518	281	14.4	23
Pipestone, MN	27117	13.8	38.6	5.8	2.1	129	236	123	14.0	10
Polk, MN	27119	15.7	37.9	13.7	2.5	439	785	368	14.5	39
Pope, MN	27121	19.3	36.4	1.6	0.1	118	216	94	14.3	7
Ramsey, MN	27123	14.8	51.0	52.0	21.2	5,470	10,817	4,926	17.1	392
Red Lake, MN	27125	15.1	49.4	5.2	0.3	66	155	69	11.1	15
Redwood, MN	27127	14.7	37.7	19.2	1.6	183	314	161	14.3	13
Renville, MN	27129	13.7	36.7	16.9	8.6	205	295	145	14.4	10
Rice, MN	27131	15.4	28.2	16.2	9.2	654	1,160	542	15.6	46
Rock, MN	27133	14.7	32.5	6.4	2.6	126	213	109	14.5	5
Roseau, MN	27135	14.4	31.4	8.4	0.8	271	435	212	15.7	22
St. Louis, MN	27137	13.9	35.2	9.8	0.1	2,073	3,225	1,627	16.6	154
Scott, MN	27139	11.8	15.5	14.4	5.5	1,001	2,145	1,084	16.9	84
Sherburne, MN	27141	12.9	17.7	7.3	1.5	1,009	1,721	905	19.6	66
Sibley, MN	27143	14.2	32.7	17.0	8.8	210	341	167	14.4	12
Stearns, MN	27145	15.4	26.4	9.2	4.5	1,860	3,000	1,462	15.8	99
Steele, MN	27147	11.7	27.1	13.1	5.5	476	726	376	17.3	31
Stevens, MN	27149	16.4	26.7	5.9	0.5	143	213	104	13.7	13
Swift, MN	27151	16.0	33.8	6.2	1.3	139	223	111	14.7	9
Todd, MN	27153	15.2	53.6	9.9	3.9	359	684	314	13.4	52
Traverse, MN	27155	14.5	38.1	12.0	0.0	27	94	53	11.2	6
Wabasha, MN	27157	12.9	19.1	5.1	1.4	391	550	307	15.7	19
Wadena, MN	27159	16.3	53.0	3.7	0.0	262	417	221	13.5	20
Waseca, MN	27161	16.8	27.1	8.2	3.7	274	529	247	14.8	17
Washington, MN	27163	12.7	13.3	14.0	1.6	2,716	3,896	2,183	17.5	135
Watonwan, MN	27165	12.9	43.9	36.8	15.9	137	273	140	14.8	8
Wilkin, MN	27167	15.6	34.7	8.6	3.4	101	186	98	12.4	10
Winona, MN	27169	14.9	32.3	10.5	2.9	495	833	395	15.5	22
Wright, MN	27171	13.0	17.0	5.4	1.8	1,467	2,485	1,292	16.8	96
Yellow Medicine, MN	27173	18.0	44.0	13.0	3.3	166	277	131	14.1	10
MISSISSIPPI	28000	13.7	69.5	53.5	0.6	23,523	67,663	31,439	15.7	2,903
Adams, MS	28001	11.9	93.7	90.2	0.4	217	601	246	19.5	37
Alcorn, MS	28003	15.9	53.6	18.5	0.1	305	793	408	14.0	24
Amite, MS	28005	14.3	99.4	84.5	0.0	61	226	81	18.5	11
Attala, MS	28007	15.2	70.4	57.0	0.4	158	484	227	15.4	20
Benton, MS	28009	20.2	90.3	56.0	0.0	72	224	113	11.9	11
Bolivar, MS	28011	14.1	86.0	83.5	0.0	375	1,055	463	15.6	68
Calhoun, MS	28013	16.6	73.9	46.3	6.0	128	357	156	16.8	13
Carroll, MS	28015	15.4	86.6	72.9	0.4	54	170	76	13.6	10
Chickasaw, MS	28017	17.1	74.6	60.1	0.3	142	492	241	13.6	17
Choctaw, MS	28019	12.5	71.1	39.2	0.0	86	274	125	14.1	11
Claiborne, MS	28021	8.9	99.5	99.9	0.0	110	270	106	18.6	17
Clarke, MS	28023	17.0	66.8	45.0	0.0	166	491	218	14.9	26
Clay, MS	28025	11.5	82.9	80.4	0.0	162	494	221	17.3	24
Coahoma, MS	28027	13.7	85.7	95.6	0.2	230	822	350	16.4	50
Copiah, MS	28029	9.2	80.3	74.4	0.5	234	614	272	17.8	27
Covington, MS	28031	19.2	84.4	53.5	0.0	175	471	218	15.6	17
De Soto, MS	28033	13.2	33.7	29.7	2.0	1,059	2,991	1,469	18.5	67
Forrest, MS	28035	17.6	75.4	52.5	0.2	520	1,609	786	14.7	81
Franklin, MS	28037	18.5	75.1	49.5	0.0	79	239	111	14.4	10
George, MS	28039	14.3	74.7	11.9	0.0	167	563	262	16.0	19
Greene, MS	28041	14.4	86.0	19.5	0.0	105	290	137	14.8	14
Grenada, MS	28043	14.5	60.9	52.7	0.0	166	602	268	17.8	25

[2]IEP = Individual Education Program. See notes and definitions for more information.

Table C-1. Population, School, and Student Characteristics by County—Continued

STATE County	State/ county code	Revenues, 2004–2005 Total revenue (thousands of dollars)	% Federal government	% State government	% Local government	Current expenditures, 2004–2005 Total expenditures (thousands of dollars)	Amount per student	Percent for instruction	Resident population 16 to 19 years, 2000 Total population 16 to 19 years	Percent in Armed Forces	Percent high school graduates	Percent not enrolled, not employed, not in Armed Forces, not high school grad.
		19	20	21	22	23	24	25	26	27	28	29
Lincoln, MN	27081	8,218	8.4	76.2	15.4	7,555	10,196	62.1	318	0.0	3.1	0.0
Lyon, MN	27083	62,660	15.4	52.8	31.7	47,864	10,792	61.0	1,885	0.0	7.6	2.3
McLeod, MN	27085	54,022	5.2	71.5	23.3	45,110	7,784	64.1	1,949	0.0	8.4	1.4
Mahnomen, MN	27087	17,345	23.8	65.3	10.9	14,712	10,987	64.4	370	0.0	7.3	5.9
Marshall, MN	27089	18,474	10.5	70.9	18.6	16,620	11,117	62.3	600	0.0	5.7	3.0
Martin, MN	27091	38,859	7.3	66.6	26.2	31,542	9,360	65.6	1,363	0.0	10.8	0.2
Meeker, MN	27093	53,819	4.2	76.8	19.0	45,035	7,574	63.9	1,431	0.0	10.6	3.7
Mille Lacs, MN	27095	59,619	5.4	75.4	19.2	47,735	7,026	64.3	1,375	0.0	9.3	4.9
Morrison, MN	27097	52,847	7.3	72.0	20.7	41,940	7,852	67.2	2,052	0.1	13.0	1.7
Mower, MN	27099	57,966	7.0	74.9	18.1	47,997	8,234	66.2	2,263	0.0	9.1	6.5
Murray, MN	27101	11,724	4.8	82.1	13.1	10,811	8,499	63.0	523	0.0	8.0	3.6
Nicollet, MN	27103	33,111	8.1	50.6	41.3	26,937	11,717	62.2	2,757	0.0	5.1	1.6
Nobles, MN	27105	35,088	7.7	76.5	15.9	28,859	8,312	65.2	1,283	0.0	5.0	3.1
Norman, MN	27107	12,562	5.4	80.9	13.7	11,819	9,448	63.3	418	0.0	6.9	1.0
Olmsted, MN	27109	214,426	5.4	69.2	25.4	171,227	7,852	64.4	6,769	0.0	7.5	1.9
Otter Tail, MN	27111	115,738	4.6	50.4	45.0	103,203	12,612	43.1	3,746	0.0	8.2	2.3
Pennington, MN	27113	23,428	7.9	69.2	22.9	19,960	9,036	56.7	949	0.0	7.2	1.8
Pine, MN	27115	40,505	5.7	72.0	22.2	34,411	8,300	67.8	1,564	0.0	10.5	6.2
Pipestone, MN	27117	17,965	7.1	70.8	22.1	14,751	8,209	62.6	599	0.0	8.0	0.8
Polk, MN	27119	53,836	9.2	73.4	17.4	47,875	8,805	64.3	2,145	0.4	9.0	2.7
Pope, MN	27121	13,851	4.2	74.1	21.7	11,902	8,382	67.4	707	0.0	3.4	1.8
Ramsey, MN	27123	1,008,115	7.9	68.8	23.3	842,213	10,060	66.9	30,219	0.1	9.0	3.9
Red Lake, MN	27125	9,204	6.5	74.1	19.4	7,908	10,378	60.1	311	0.0	10.6	1.9
Redwood, MN	27127	22,398	6.0	76.1	17.9	19,156	8,151	63.5	1,004	0.0	6.7	2.4
Renville, MN	27129	20,658	5.3	79.1	15.6	17,333	7,773	64.9	1,024	0.0	7.2	2.8
Rice, MN	27131	84,438	6.6	69.5	23.9	68,563	8,233	66.0	4,870	0.0	6.6	1.6
Rock, MN	27133	14,761	4.5	76.9	18.6	12,214	7,553	65.9	583	0.0	4.8	1.4
Roseau, MN	27135	32,370	4.9	78.4	16.6	27,399	8,054	62.0	1,001	0.0	8.9	2.1
St. Louis, MN	27137	282,380	8.2	71.0	20.7	244,474	8,882	65.6	13,530	0.1	8.4	2.4
Scott, MN	27139	174,625	3.9	66.1	30.0	129,492	7,515	65.5	4,375	0.0	10.9	1.9
Sherburne, MN	27141	157,233	2.3	71.0	26.6	123,058	7,255	63.9	3,971	0.1	13.2	2.9
Sibley, MN	27143	24,205	10.7	65.1	24.1	20,955	9,243	67.4	888	0.0	9.5	0.5
Stearns, MN	27145	238,966	7.1	70.4	22.4	198,534	8,639	65.4	11,213	0.0	6.5	1.3
Steele, MN	27147	58,851	4.6	73.2	22.2	48,203	7,463	64.0	2,056	0.0	6.9	1.3
Stevens, MN	27149	16,174	6.9	66.0	27.1	12,644	8,842	67.6	1,126	0.0	3.5	1.1
Swift, MN	27151	15,707	4.1	78.2	17.6	13,062	7,752	63.7	617	0.0	4.2	0.6
Todd, MN	27153	53,373	11.5	63.1	25.4	44,095	10,618	63.5	1,777	0.0	7.3	3.9
Traverse, MN	27155	6,609	7.3	71.6	21.1	5,841	9,833	66.4	243	0.0	5.3	0.8
Wabasha, MN	27157	41,564	2.8	78.4	18.8	36,370	7,374	64.6	1,296	0.0	9.4	1.8
Wadena, MN	27159	29,235	8.7	79.2	12.1	23,640	7,758	66.2	757	0.0	6.6	1.8
Waseca, MN	27161	38,152	8.7	68.7	22.6	31,412	8,611	66.6	1,133	0.0	7.4	3.3
Washington, MN	27163	393,763	2.8	61.1	36.1	305,398	8,235	66.2	10,958	0.0	7.6	1.7
Watonwan, MN	27165	19,890	5.6	77.7	16.7	16,806	8,365	62.2	706	0.0	6.5	1.6
Wilkin, MN	27167	10,867	5.7	80.8	13.5	10,031	7,999	65.1	417	0.0	2.6	2.6
Winona, MN	27169	65,252	7.8	69.3	22.8	54,610	8,970	68.7	4,572	0.0	6.7	1.0
Wright, MN	27171	204,083	4.9	67.1	28.0	155,045	7,432	66.5	5,251	0.0	9.8	2.2
Yellow Medicine, MN	27173	19,351	7.5	71.4	21.0	17,313	9,268	66.7	750	0.0	6.5	1.3
MISSISSIPPI	28000	3,639,643	15.2	53.8	31.0	3,250,325	6,575	59.5	184,029	1.2	9.9	7.8
Adams, MS	28001	34,199	20.5	48.8	30.6	32,429	7,165	58.6	2,125	0.0	8.3	6.4
Alcorn, MS	28003	41,870	13.2	59.3	27.5	38,966	6,863	65.3	1,759	0.0	13.5	6.9
Amite, MS	28005	12,631	21.5	45.5	33.0	10,974	8,202	61.6	854	0.0	11.6	8.3
Attala, MS	28007	24,350	14.8	56.3	28.8	22,444	6,580	61.8	1,173	0.0	6.5	8.1
Benton, MS	28009	9,409	19.1	62.6	18.3	8,620	6,438	59.2	483	0.0	8.3	10.6
Bolivar, MS	28011	59,267	24.1	53.5	22.4	55,308	7,561	56.4	3,414	0.1	7.2	6.6
Calhoun, MS	28013	16,989	16.3	64.0	19.8	15,736	6,073	60.1	935	0.0	14.1	6.3
Carroll, MS	28015	8,696	18.5	51.8	29.7	7,845	7,352	55.7	633	0.0	5.7	13.6
Chickasaw, MS	28017	24,893	18.6	62.1	19.3	22,915	6,861	61.2	1,159	0.0	8.6	7.9
Choctaw, MS	28019	14,309	18.1	49.0	32.9	11,824	6,497	61.8	670	0.0	7.3	6.6
Claiborne, MS	28021	14,872	18.3	46.5	35.2	13,822	7,415	57.4	1,275	0.0	7.1	6.4
Clarke, MS	28023	22,818	15.0	57.1	28.0	20,973	6,485	59.6	1,063	0.5	9.0	7.8
Clay, MS	28025	28,450	17.5	56.4	26.1	23,347	6,149	57.0	1,445	0.3	7.1	12.6
Coahoma, MS	28027	43,556	21.5	55.6	22.9	39,734	6,909	57.6	2,163	0.0	8.2	14.2
Copiah, MS	28029	31,974	17.9	58.3	23.8	28,652	6,043	55.4	2,235	7.7	10.6	2.1
Covington, MS	28031	22,961	19.8	58.6	21.6	21,456	6,187	59.6	1,244	0.0	9.6	8.1
De Soto, MS	28033	157,960	6.9	56.3	36.8	132,406	5,234	60.1	5,314	0.0	9.7	8.8
Forrest, MS	28035	92,195	15.1	50.8	34.1	80,390	7,059	60.8	5,766	1.6	9.4	6.4
Franklin, MS	28037	12,797	20.3	53.9	25.7	12,061	7,761	59.8	566	0.0	7.4	12.4
George, MS	28039	25,765	13.9	66.5	19.6	22,544	5,456	63.9	1,128	0.0	12.2	6.1
Greene, MS	28041	14,143	20.0	58.5	21.5	13,144	6,491	60.4	813	0.2	14.1	17.7
Grenada, MS	28043	30,422	16.6	58.2	25.1	28,117	6,001	60.9	1,257	0.0	9.1	14.4

Table C-1. Population, School, and Student Characteristics by County—Continued

STATE County	State/ county code	High school graduates, 2000			College enrollment, 2000		College graduates, 2000 (percent)						
		Population 25 years and over	High school diploma or less (percent)	High school diploma or more (percent)	Number	Percent public	Bachelor's degree or more	+/- U.S. percent with bachelor's degree or more	Non-Hispanic White	Black	American Indian, Alaska Native	Asian and Pacific Islander	Hispanic or Latino[3]
		30	31	32	33	34	35	36	37	38	39	40	41
Lincoln, MN	27081	4,516	58.7	79.8	169	85.8	14.1	-10.3	14.0	...	...	100.0	0.0
Lyon, MN	27083	15,355	49.8	82.6	2,194	94.4	21.4	-3.0	21.7	20.0	26.8	44.1	3.2
McLeod, MN	27085	22,495	52.6	84.7	1,188	83.8	15.4	-9.0	15.5	3.6	20.0	44.6	3.4
Mahnomen, MN	27087	3,292	59.0	75.0	149	93.3	12.4	-12.0	14.8	0.0	6.8	17.1	0.0
Marshall, MN	27089	6,914	57.9	79.1	248	95.6	12.0	-12.4	12.1	40.0	8.3	20.0	1.8
Martin, MN	27091	14,935	54.2	83.7	492	85.2	16.1	-8.3	16.2	0.0	0.0	25.8	2.6
Meeker, MN	27093	14,841	56.8	81.5	570	87.2	13.9	-10.5	14.0	0.0	4.4	0.0	5.8
Mille Lacs, MN	27095	14,622	59.0	81.3	536	80.8	12.2	-12.2	12.3	20.0	3.8	53.1	7.4
Morrison, MN	27097	20,347	59.0	79.7	850	80.4	12.6	-11.8	12.6	37.5	10.0	36.6	6.1
Mower, MN	27099	25,749	53.0	82.3	1,309	88.2	14.7	-9.7	15.0	7.4	8.1	30.6	3.6
Murray, MN	27101	6,320	58.7	79.1	211	87.2	11.9	-12.5	11.9	28.6	18.2	13.3	1.5
Nicollet, MN	27103	17,496	37.6	90.1	3,662	36.3	29.3	4.9	29.9	7.8	50.0	22.8	7.0
Nobles, MN	27105	13,654	58.5	75.8	593	89.2	13.5	-10.9	14.3	12.5	12.9	13.2	4.7
Norman, MN	27107	5,105	54.8	80.0	147	89.8	13.1	-11.3	13.4	0.0	0.0	54.5	3.8
Olmsted, MN	27109	80,277	32.9	91.1	6,285	77.2	34.7	10.3	34.7	16.8	21.2	54.1	14.5
Otter Tail, MN	27111	38,739	51.7	81.4	1,858	91.8	17.2	-7.2	17.4	10.5	2.9	23.8	4.7
Pennington, MN	27113	8,848	49.8	81.3	795	93.7	14.9	-9.5	14.8	33.3	0.0	35.8	9.5
Pine, MN	27115	17,714	61.9	79.0	690	75.5	10.3	-14.1	10.7	2.2	5.8	20.4	3.7
Pipestone, MN	27117	6,671	58.5	77.6	256	91.8	13.9	-10.5	14.2	0.0	3.0	0.0	11.5
Polk, MN	27119	20,203	49.8	82.0	2,029	94.0	17.6	-6.8	18.0	15.4	7.8	27.8	6.6
Pope, MN	27121	7,719	51.7	81.8	247	87.0	14.7	-9.7	14.7	50.0	0.0	0.0	0.0
Ramsey, MN	27123	323,214	37.7	87.6	41,484	54.3	34.3	9.9	37.0	18.6	16.2	29.6	16.1
Red Lake, MN	27125	2,879	59.4	78.8	122	91.8	10.7	-13.7	10.9	...	0.0	50.0	0.0
Redwood, MN	27127	11,269	56.8	80.2	303	85.8	13.4	-11.0	13.8	0.0	1.7	6.7	11.9
Renville, MN	27129	11,464	57.1	80.9	367	86.1	12.6	-11.8	13.0	0.0	0.0	20.0	2.6
Rice, MN	27131	33,400	47.8	85.2	6,359	21.2	22.4	-2.0	23.2	11.8	3.4	27.7	8.0
Rock, MN	27133	6,485	54.2	81.5	276	83.7	15.4	-9.0	15.2	27.5	58.3	38.9	6.1
Roseau, MN	27135	10,366	55.3	82.5	303	91.7	14.9	-9.5	15.1	44.4	0.0	14.5	0.0
St. Louis, MN	27137	132,801	44.6	87.2	16,743	85.8	21.9	-2.5	22.1	21.0	9.0	28.8	13.8
Scott, MN	27139	55,564	37.4	91.0	3,500	70.4	29.4	5.0	30.1	15.7	7.5	30.6	7.6
Sherburne, MN	27141	38,349	42.6	89.9	3,410	81.6	19.4	-5.0	19.5	12.5	10.2	33.1	16.7
Sibley, MN	27143	9,970	60.9	79.2	370	78.9	11.6	-12.8	11.8	0.0	0.0	56.3	2.9
Stearns, MN	27145	77,519	47.1	86.2	15,315	73.1	22.0	-2.4	21.9	13.9	8.7	31.1	18.7
Steele, MN	27147	21,550	49.4	86.6	1,184	73.0	20.1	-4.3	20.4	3.4	0.0	28.8	9.7
Stevens, MN	27149	5,790	49.7	84.4	1,713	97.6	20.6	-3.8	20.2	42.1	0.0	55.6	47.2
Swift, MN	27151	8,336	54.8	80.4	347	87.0	14.0	-10.4	15.0	0.6	7.7	9.3	2.3
Todd, MN	27153	15,758	62.0	79.3	663	91.3	10.0	-14.4	10.1	0.0	2.9	4.4	6.4
Traverse, MN	27155	2,850	57.4	82.2	122	92.6	10.7	-13.7	10.8	...	0.0	20.0	20.0
Wabasha, MN	27157	14,189	51.8	85.6	654	87.6	16.9	-7.5	16.9	40.0	52.6	19.7	15.0
Wadena, MN	27159	9,047	57.4	79.5	569	95.1	13.4	-11.0	13.2	6.5	7.5	82.9	0.0
Waseca, MN	27161	12,818	53.7	84.8	582	88.1	16.2	-8.2	16.8	0.3	2.0	93.3	8.9
Washington, MN	27163	128,215	32.0	94.0	9,321	71.4	33.9	9.5	33.9	28.9	11.3	52.2	26.0
Watonwan, MN	27165	7,745	59.1	75.9	261	80.1	13.7	-10.7	15.1	0.0	26.7	17.0	2.2
Wilkin, MN	27167	4,673	48.0	84.5	175	86.9	14.0	-10.4	14.3	0.0	0.0	42.9	0.0
Winona, MN	27169	29,165	46.2	84.0	7,565	79.4	23.2	-1.2	23.3	5.8	13.5	39.1	11.9
Wright, MN	27171	55,234	48.7	88.1	2,738	77.5	17.9	-6.5	18.0	12.4	9.0	36.4	3.6
Yellow Medicine, MN	27173	7,394	53.4	81.9	405	93.8	14.4	-10.0	14.4	0.0	14.7	71.4	0.0
MISSISSIPPI	28000	1,757,517	56.5	72.9	152,997	86.7	16.9	-7.5	20.1	10.1	9.1	35.2	12.1
Adams, MS	28001	22,211	58.3	73.4	1,538	92.6	17.5	-6.9	24.0	10.7	14.3	9.4	16.6
Alcorn, MS	28003	23,159	66.8	68.1	1,016	88.3	11.7	-12.7	12.1	7.5	21.7	43.6	9.9
Amite, MS	28005	8,981	68.4	67.2	392	80.1	9.4	-15.0	11.7	6.0	0.0	0.0	9.8
Attala, MS	28007	12,674	66.4	63.4	576	84.2	11.6	-12.8	14.9	5.9	0.0	0.0	14.0
Benton, MS	28009	5,073	73.3	58.8	210	66.2	7.8	-16.6	7.7	8.2	0.0	...	0.0
Bolivar, MS	28011	22,956	59.1	65.3	3,752	96.2	18.8	-5.6	33.3	9.4	6.9	50.6	9.0
Calhoun, MS	28013	10,021	70.2	64.4	338	91.4	10.2	-14.2	11.8	4.7	0.0	50.0	21.9
Carroll, MS	28015	7,121	68.1	66.6	335	79.7	10.9	-13.5	12.6	6.7	0.0	44.4	5.7
Chickasaw, MS	28017	12,159	71.0	59.4	487	88.9	9.5	-14.9	11.1	7.1	0.0	0.0	0.6
Choctaw, MS	28019	6,171	67.6	65.1	276	86.6	11.2	-13.2	14.1	3.6	27.3	...	0.0
Claiborne, MS	28021	5,954	53.7	71.6	2,118	98.6	18.9	-5.5	28.6	15.9	0.0	0.0	16.7
Clarke, MS	28023	11,541	68.0	68.8	488	91.6	9.6	-14.8	12.1	4.0	0.0	52.4	7.0
Clay, MS	28025	13,441	63.1	68.6	1,013	86.3	14.6	-9.8	19.8	9.3	21.9	31.8	8.1
Coahoma, MS	28027	17,403	59.3	62.2	1,099	95.7	16.2	-8.2	25.1	10.5	0.0	61.8	6.6
Copiah, MS	28029	17,405	60.9	69.3	1,605	84.0	11.6	-12.8	15.0	7.6	31.3	24.0	0.0
Covington, MS	28031	11,923	64.7	67.2	648	97.8	11.4	-13.0	13.7	6.4	0.0	0.0	12.5
De Soto, MS	28033	68,302	52.5	81.6	4,155	79.2	14.3	-10.1	14.9	9.0	10.4	27.2	9.3
Forrest, MS	28035	41,526	48.6	79.3	10,506	88.3	22.8	-1.6	28.2	10.2	0.0	39.0	12.5
Franklin, MS	28037	5,377	66.3	67.5	235	95.3	10.5	-13.9	12.4	6.8	3.0	0.0	0.0
George, MS	28039	11,838	68.9	69.8	452	87.4	9.1	-15.3	9.8	2.9	0.0	0.0	6.8
Greene, MS	28041	8,352	70.6	67.4	311	87.8	8.0	-16.4	9.2	4.0	0.0	60.0	13.1
Grenada, MS	28043	14,675	63.8	63.8	740	91.5	13.5	-10.9	17.0	7.1	24.1	23.2	8.8

[3] May be of any race.
... = Not available.

Table C-1. Population, School, and Student Characteristics by County—Continued

STATE County	State/ county code	County type[1]	Population, 2007 Total	Population, 2007 Percent 5 to 17 years	Number of schools and students, 2005–2006 School districts	Number of schools and students, 2005–2006 Schools	Number of schools and students, 2005–2006 Students	Resident enrollment, 2000 Total enrollment Number	Resident enrollment, 2000 Total enrollment Percent public	Resident enrollment, 2000 K–12 enrollment Number	Resident enrollment, 2000 K–12 enrollment Percent public
			1	2	3	4	5	6	7	8	9
Hancock, MS	28045	3	39,687	17.9	2	12	5,621	10,176	82.8	8,068	84.2
Harrison, MS	28047	3	176,105	18.9	6	54	25,882	48,256	85.4	35,754	89.0
Hinds, MS	28049	2	249,157	19.4	7	86	44,255	78,720	80.5	53,035	86.7
Holmes, MS	28051	6	20,461	20.2	2	8	4,102	7,369	90.9	5,799	91.3
Humphreys, MS	28053	7	9,994	19.8	1	5	1,845	3,643	86.5	3,076	86.3
Issaquena, MS	28055	9	1,675	12.8	...	...	...	658	90.9	560	90.7
Itawamba, MS	28057	7	23,034	17.1	1	8	3,779	5,744	96.5	4,215	98.5
Jackson, MS	28059	3	130,098	19.5	4	51	23,068	34,736	91.7	27,188	94.4
Jasper, MS	28061	9	18,071	18.4	2	7	2,945	4,891	90.7	3,964	90.8
Jefferson, MS	28063	7	8,960	17.7	1	5	1,480	2,748	93.8	2,133	92.9
Jefferson Davis, MS	28065	8	12,813	17.9	1	5	2,135	3,815	86.2	2,991	85.6
Jones, MS	28067	4	66,763	17.6	3	23	11,207	16,331	91.8	12,363	95.1
Kemper, MS	28069	9	10,109	16.2	1	4	1,357	2,955	86.3	2,011	82.7
Lafayette, MS	28071	6	42,716	14.0	3	12	5,749	16,076	94.0	5,569	95.0
Lamar, MS	28073	3	47,698	19.6	2	15	8,341	11,465	88.3	8,107	90.8
Lauderdale, MS	28075	5	77,100	18.8	3	25	13,367	20,890	90.1	15,416	92.7
Lawrence, MS	28077	8	13,341	18.3	1	6	2,396	3,493	92.5	2,808	93.4
Leake, MS	28079	6	22,828	21.8	1	8	3,325	5,007	80.3	4,251	80.0
Lee, MS	28081	5	80,349	19.3	3	32	15,230	19,509	91.7	15,438	94.8
Leflore, MS	28083	5	35,088	19.6	2	16	6,205	11,798	87.3	8,537	86.5
Lincoln, MS	28085	6	34,529	18.2	3	12	6,272	8,437	88.9	6,673	90.3
Lowndes, MS	28087	5	59,614	19.6	3	22	10,670	18,414	85.2	13,298	86.6
Madison, MS	28089	2	89,387	20.4	2	24	13,933	21,716	72.7	15,931	79.0
Marion, MS	28091	6	25,735	19.0	2	12	4,475	6,517	89.1	5,432	90.4
Marshall, MS	28093	1	36,695	18.1	2	11	5,219	8,919	78.3	7,008	83.0
Monroe, MS	28095	7	37,078	18.0	3	17	5,994	9,518	92.2	7,890	93.9
Montgomery, MS	28097	7	11,491	17.5	2	5	1,889	3,213	91.0	2,600	92.7
Neshoba, MS	28099	7	30,236	19.7	2	6	4,200	7,642	82.0	6,084	82.1
Newton, MS	28101	7	22,329	18.5	3	9	3,869	6,028	89.4	4,247	88.4
Noxubee, MS	28103	7	11,874	19.9	1	6	2,172	3,505	82.6	2,955	80.5
Oktibbeha, MS	28105	5	43,898	13.9	2	13	4,891	19,744	90.9	6,653	83.2
Panola, MS	28107	6	35,408	19.7	2	14	6,540	9,472	90.9	7,843	91.4
Pearl River, MS	28109	6	57,071	18.8	3	20	8,824	12,637	90.0	9,827	92.4
Perry, MS	28111	3	12,205	19.5	2	8	2,133	2,986	93.6	2,470	95.6
Pike, MS	28113	7	39,798	19.1	3	17	7,126	10,215	87.7	7,868	88.8
Pontotoc, MS	28115	7	28,862	18.9	2	11	5,547	6,412	93.6	5,267	96.6
Prentiss, MS	28117	7	25,378	17.3	3	13	4,613	6,548	97.1	4,658	97.5
Quitman, MS	28119	6	8,910	20.7	1	4	1,549	2,901	87.0	2,433	86.4
Rankin, MS	28121	2	138,362	18.3	4	32	21,188	28,701	85.8	21,903	92.0
Scott, MS	28123	6	28,895	19.1	2	11	5,518	7,148	91.2	6,012	93.2
Sharkey, MS	28125	9	5,571	20.0	1	4	1,315	2,026	88.5	1,716	88.2
Simpson, MS	28127	2	27,824	19.3	1	9	4,253	6,941	88.4	5,802	90.0
Smith, MS	28129	8	16,009	18.8	1	6	3,149	4,070	91.1	3,404	95.3
Stone, MS	28131	3	15,731	18.1	1	4	2,748	3,916	93.5	2,687	97.2
Sunflower, MS	28133	5	30,964	18.2	3	17	5,172	10,048	86.8	7,690	87.0
Tallahatchie, MS	28135	7	13,260	18.8	2	7	2,600	4,489	91.8	3,664	91.4
Tate, MS	28137	1	26,910	18.3	2	10	4,711	7,177	87.7	5,059	87.7
Tippah, MS	28139	7	21,160	17.1	2	10	4,163	4,775	91.2	3,900	95.6
Tishomingo, MS	28141	8	19,053	16.6	1	8	3,315	3,842	95.8	3,228	98.2
Tunica, MS	28143	1	10,453	21.4	1	7	2,323	2,471	90.1	2,166	89.6
Union, MS	28145	7	26,907	18.6	2	9	4,829	5,916	95.0	4,833	95.9
Walthall, MS	28147	9	15,360	18.8	1	7	2,732	4,094	95.1	3,329	96.7
Warren, MS	28149	4	48,866	19.8	1	15	9,204	13,651	85.1	10,568	88.9
Washington, MS	28151	5	55,644	21.0	4	29	11,388	19,083	86.3	15,260	86.2
Wayne, MS	28153	7	21,096	19.6	1	8	3,899	5,535	91.7	4,731	93.5
Webster, MS	28155	9	9,789	17.2	1	5	1,874	2,474	89.7	1,992	92.8
Wilkinson, MS	28157	8	10,266	16.6	1	5	1,589	2,669	78.7	2,241	77.4
Winston, MS	28159	7	19,705	17.6	1	7	2,908	5,032	83.9	4,234	84.8
Yalobusha, MS	28161	7	13,672	17.9	2	4	2,031	3,267	90.3	2,646	92.8
Yazoo, MS	28163	6	27,187	18.8	2	10	4,709	7,155	80.7	6,117	82.0
MISSOURI	29000	X	5,878,415	17.5	532	2,361	917,705	1,479,573	81.5	1,057,556	86.8
Adair, MO	29001	7	24,642	13.2	3	9	3,046	10,082	90.1	3,520	90.4
Andrew, MO	29003	3	16,864	17.7	3	10	2,884	4,144	90.3	3,290	94.0
Atchison, MO	29005	9	6,108	16.5	3	6	939	1,417	94.6	1,144	97.8
Audrain, MO	29007	6	25,892	16.5	3	10	3,461	5,632	86.0	4,572	89.4
Barry, MO	29009	7	36,197	18.4	7	20	6,790	7,860	94.4	6,700	95.9
Barton, MO	29011	6	12,719	19.0	3	10	2,227	2,959	92.9	2,446	95.4
Bates, MO	29013	1	17,034	17.4	7	13	2,797	3,883	90.3	3,379	92.1
Benton, MO	29015	9	18,470	14.2	3	10	2,764	3,197	92.4	2,727	95.0
Bollinger, MO	29017	9	12,118	17.3	4	8	1,961	2,686	90.2	2,402	90.6

[1]County type codes are from the Economic Research Service of the United States Department of Agriculture. See notes and definitions for more information.

PART C—COUNTY EDUCATION STATISTICS

Table C-1. Population, School, and Student Characteristics by County—*Continued*

STATE County	State/ county code	Students with IEP[2]	Students eligible for free or reduced-price lunch	Minority students	English language learners	Number of graduates, 2004–2005	Total staff	Number of teachers	Student/ teacher ratio	Central administration staff
		10	11	12	13	14	15	16	17	18
Hancock, MS	28045	14.9	99.4	9.0	0.6	318	812	416	13.5	34
Harrison, MS	28047	12.5	77.9	36.4	0.2	1,497	3,688	1,726	15.0	159
Hinds, MS	28049	11.8	72.3	87.1	0.2	1,765	5,970	2,572	17.2	248
Holmes, MS	28051	10.0	97.0	99.3	0.0	236	504	199	20.6	25
Humphreys, MS	28053	14.6	97.0	98.2	0.5	92	274	105	17.6	16
Issaquena, MS	28055	...	...	...	...	...	...	...	...	...
Itawamba, MS	28057	15.0	55.3	9.5	0.3	174	504	258	14.6	15
Jackson, MS	28059	12.7	70.4	33.0	1.4	1,336	3,484	1,612	14.3	145
Jasper, MS	28061	14.6	86.2	78.2	0.1	135	428	193	15.3	28
Jefferson, MS	28063	16.0	99.4	100.0	0.2	86	248	106	14.0	15
Jefferson Davis, MS	28065	19.8	99.4	87.7	0.0	124	337	142	15.0	14
Jones, MS	28067	14.9	74.6	43.5	1.2	538	1,538	748	15.0	58
Kemper, MS	28069	10.1	99.3	98.3	0.0	39	194	84	16.2	11
Lafayette, MS	28071	13.3	52.8	42.8	1.6	307	811	385	14.9	38
Lamar, MS	28073	16.6	46.0	23.5	0.0	452	1,053	528	15.8	37
Lauderdale, MS	28075	14.8	64.5	57.9	0.4	630	1,792	837	16.0	73
Lawrence, MS	28077	12.9	67.7	43.6	0.0	106	360	174	13.8	15
Leake, MS	28079	14.7	75.3	62.0	1.7	145	431	191	17.4	18
Lee, MS	28081	15.7	54.4	39.4	1.3	670	2,135	1,065	14.3	79
Leflore, MS	28083	14.3	99.4	95.0	3.9	253	930	422	14.7	50
Lincoln, MS	28085	11.2	63.0	39.6	0.0	318	789	359	17.5	35
Lowndes, MS	28087	13.6	64.1	62.0	0.2	694	1,484	705	15.1	59
Madison, MS	28089	9.0	48.0	55.8	0.1	659	1,669	857	16.3	72
Marion, MS	28091	17.0	81.6	48.3	0.0	224	606	270	16.6	33
Marshall, MS	28093	14.4	86.6	75.4	0.1	249	672	302	17.3	29
Monroe, MS	28095	16.4	63.3	41.6	0.0	327	807	411	14.6	32
Montgomery, MS	28097	14.8	69.2	63.4	0.1	89	285	122	15.5	18
Neshoba, MS	28099	13.2	62.3	39.8	0.0	180	561	251	16.7	23
Newton, MS	28101	15.8	62.6	46.5	0.1	166	531	259	14.9	28
Noxubee, MS	28103	14.6	99.3	98.9	0.1	119	351	146	14.9	12
Oktibbeha, MS	28105	15.7	68.8	72.0	0.1	254	776	356	13.7	42
Panola, MS	28107	13.9	77.6	68.1	0.0	280	965	481	13.6	33
Pearl River, MS	28109	12.2	76.9	20.1	0.4	410	1,234	542	16.3	59
Perry, MS	28111	17.0	72.6	32.9	0.0	113	340	161	13.2	13
Pike, MS	28113	12.8	84.4	69.1	0.7	329	1,009	434	16.4	51
Pontotoc, MS	28115	13.5	51.8	22.1	2.2	272	689	337	16.5	30
Prentiss, MS	28117	20.3	57.8	17.7	0.0	246	643	358	12.9	29
Quitman, MS	28119	18.5	99.4	97.5	0.0	57	271	110	14.1	16
Rankin, MS	28121	11.8	41.9	25.6	1.3	982	2,624	1,350	15.7	94
Scott, MS	28123	14.5	77.4	55.3	0.9	232	681	325	17.0	26
Sharkey, MS	28125	10.7	99.3	95.7	0.0	53	186	81	16.2	10
Simpson, MS	28127	14.1	73.8	53.5	0.2	206	538	273	15.6	23
Smith, MS	28129	17.7	61.5	33.6	0.0	174	406	202	15.6	15
Stone, MS	28131	13.9	57.4	25.1	0.0	126	373	162	17.0	18
Sunflower, MS	28133	12.3	93.2	96.5	0.0	234	749	308	16.8	37
Tallahatchie, MS	28135	13.8	90.4	81.7	0.0	135	410	177	14.7	16
Tate, MS	28137	14.1	63.3	44.3	0.1	237	633	279	16.9	26
Tippah, MS	28139	14.9	62.0	24.2	1.8	221	531	277	15.0	15
Tishomingo, MS	28141	14.0	54.9	5.3	0.0	180	426	216	15.3	14
Tunica, MS	28143	10.8	95.3	98.0	0.0	97	361	144	16.1	22
Union, MS	28145	14.2	54.3	23.2	1.6	226	682	333	14.5	25
Walthall, MS	28147	13.6	79.4	63.8	0.2	139	356	164	16.7	16
Warren, MS	28149	13.6	70.9	63.2	0.0	350	1,322	548	16.8	55
Washington, MS	28151	13.7	90.2	89.1	0.1	492	1,709	741	15.4	77
Wayne, MS	28153	14.4	80.0	54.9	0.0	197	553	268	14.5	18
Webster, MS	28155	13.5	59.1	29.5	0.0	99	252	119	15.7	12
Wilkinson, MS	28157	17.0	99.2	99.4	0.0	72	225	95	16.7	14
Winston, MS	28159	14.2	79.7	64.9	0.1	124	410	184	15.8	15
Yalobusha, MS	28161	14.1	74.7	59.0	0.0	84	290	141	14.4	21
Yazoo, MS	28163	13.3	87.7	81.4	0.1	203	639	274	17.2	43
MISSOURI	29000	...	39.1	23.4	2.0	57,841	127,712	66,665	13.8	9,836
Adair, MO	29001	...	39.9	5.3	0.4	226	479	244	12.5	48
Andrew, MO	29003	...	29.7	3.3	0.0	193	371	216	13.4	26
Atchison, MO	29005	...	45.7	2.5	0.0	77	178	101	9.3	12
Audrain, MO	29007	...	41.7	11.4	0.6	231	519	260	13.3	43
Barry, MO	29009	...	51.5	15.1	7.9	414	949	480	14.1	64
Barton, MO	29011	...	43.3	3.2	0.0	159	293	162	13.7	24
Bates, MO	29013	...	42.2	4.2	0.4	177	401	235	11.9	33
Benton, MO	29015	...	52.1	2.9	0.6	204	377	194	14.2	24
Bollinger, MO	29017	...	46.5	4.5	0.1	123	264	140	14.0	26

[2]IEP = Individual Education Program. See notes and definitions for more information.

Table C-1. Population, School, and Student Characteristics by County—Continued

STATE County	State/county code	Total revenue (thousands of dollars)	Federal government %	State government %	Local government %	Total expenditures (thousands of dollars)	Amount per student	Percent for instruction	Total population 16 to 19 years	Percent in Armed Forces	Percent high school graduates	Percent not enrolled, not employed, not in Armed Forces, not high school grad.
		19	20	21	22	23	24	25	26	27	28	29
Hancock, MS	28045	49,418	12.0	49.2	38.8	43,937	6,551	58.6	2,214	0.0	8.4	5.2
Harrison, MS	28047	237,965	12.8	48.0	39.1	211,579	6,852	60.2	11,619	11.9	22.2	7.4
Hinds, MS	28049	320,578	14.4	47.5	38.1	291,447	6,808	57.6	17,271	0.1	6.8	6.5
Holmes, MS	28051	30,635	25.8	57.2	17.1	26,120	6,235	52.7	1,697	0.0	7.0	7.7
Humphreys, MS	28053	14,547	27.8	55.5	16.7	11,959	6,344	50.0	904	0.0	2.9	8.5
Issaquena, MS	28055	...	...	...	...	...	...	...	158	0.0	3.2	11.4
Itawamba, MS	28057	24,986	10.8	65.3	24.0	21,911	5,783	64.8	1,538	0.0	7.0	5.9
Jackson, MS	28059	184,335	11.2	51.8	37.0	166,744	6,598	58.6	7,461	1.4	12.4	6.4
Jasper, MS	28061	23,462	16.0	54.8	29.2	20,007	6,791	55.5	1,226	0.0	10.9	6.5
Jefferson, MS	28063	12,307	21.4	59.4	19.2	11,065	7,299	58.8	705	0.0	11.6	9.6
Jefferson Davis, MS	28065	17,470	20.4	57.9	21.7	16,375	7,518	56.3	951	0.0	10.3	10.3
Jones, MS	28067	80,611	14.7	55.3	30.0	70,722	6,473	62.5	4,375	0.0	6.8	6.4
Kemper, MS	28069	11,981	24.0	45.9	30.1	10,213	7,662	58.5	832	0.0	8.7	4.1
Lafayette, MS	28071	43,306	10.5	49.5	40.0	38,520	7,139	61.9	3,715	0.1	3.5	2.8
Lamar, MS	28073	54,582	10.2	58.0	31.8	48,549	6,041	62.9	2,298	0.3	11.7	5.0
Lauderdale, MS	28075	95,536	15.3	55.7	29.0	88,173	6,684	61.9	5,091	4.3	12.9	6.1
Lawrence, MS	28077	18,691	22.3	50.4	27.3	16,851	7,183	59.4	898	0.0	8.7	7.5
Leake, MS	28079	22,504	19.7	58.7	21.5	20,170	6,172	55.8	1,227	0.0	9.0	10.4
Lee, MS	28081	115,314	9.8	51.5	38.7	100,970	6,750	62.7	4,086	0.0	10.2	7.2
Leflore, MS	28083	46,525	23.3	57.3	19.4	43,647	6,979	57.6	2,781	0.0	6.9	12.8
Lincoln, MS	28085	43,304	12.5	53.1	34.4	35,793	5,982	60.8	1,912	0.0	14.6	4.6
Lowndes, MS	28087	76,739	14.0	52.5	33.4	67,766	6,588	59.7	3,766	1.1	8.4	5.9
Madison, MS	28089	108,801	9.8	44.2	46.0	84,460	6,191	60.1	4,043	0.3	7.6	5.8
Marion, MS	28091	32,505	17.1	58.8	24.1	29,428	6,656	60.0	1,605	0.0	10.6	9.3
Marshall, MS	28093	36,105	20.5	60.6	19.0	31,614	5,966	60.0	2,362	0.0	9.1	13.9
Monroe, MS	28095	42,827	15.1	60.3	24.5	38,974	6,432	62.7	2,347	0.0	9.6	6.1
Montgomery, MS	28097	14,733	21.1	58.4	20.5	13,491	7,067	60.4	779	0.0	7.2	7.6
Neshoba, MS	28099	29,042	20.1	58.1	21.8	25,188	6,046	65.7	1,808	0.0	13.4	8.8
Newton, MS	28101	28,355	17.1	57.9	24.9	24,941	6,723	57.8	1,523	0.3	7.4	2.9
Noxubee, MS	28103	16,728	24.0	56.4	19.6	15,778	7,271	55.8	881	0.2	9.1	7.9
Oktibbeha, MS	28105	44,536	16.4	46.7	36.8	38,128	7,861	57.9	4,337	0.1	4.0	2.8
Panola, MS	28107	47,340	17.7	59.1	23.3	42,765	6,523	60.4	2,449	0.0	8.3	10.1
Pearl River, MS	28109	62,367	15.1	56.0	28.9	57,520	6,600	58.3	2,788	0.0	8.1	6.2
Perry, MS	28111	16,995	22.3	54.1	23.7	15,635	7,392	61.9	878	0.8	9.8	8.9
Pike, MS	28113	53,563	19.6	52.9	27.5	47,016	7,030	58.1	2,711	0.3	15.0	8.3
Pontotoc, MS	28115	35,757	10.6	65.5	23.9	31,676	5,859	65.2	1,509	0.0	13.3	11.2
Prentiss, MS	28117	34,492	12.9	61.7	25.5	31,475	6,921	62.5	1,819	0.3	6.1	5.9
Quitman, MS	28119	12,085	23.2	57.6	19.1	12,126	7,646	50.6	655	0.0	11.5	13.9
Rankin, MS	28121	143,300	7.8	48.6	43.6	123,108	6,118	61.2	6,799	0.0	11.3	9.6
Scott, MS	28123	36,467	17.8	63.0	19.3	32,579	5,895	62.1	1,756	0.2	9.5	10.0
Sharkey, MS	28125	10,865	25.6	51.5	22.9	10,140	7,522	48.5	500	0.0	2.8	16.8
Simpson, MS	28127	29,595	16.3	60.7	23.0	25,593	5,999	61.0	1,566	0.6	7.1	11.2
Smith, MS	28129	21,383	15.9	60.4	23.6	18,313	5,925	61.1	883	0.0	11.3	5.4
Stone, MS	28131	19,185	13.9	56.5	29.7	16,970	6,430	60.5	1,060	0.0	7.4	4.2
Sunflower, MS	28133	38,598	23.7	58.2	18.1	35,630	6,817	57.2	2,833	0.1	9.5	18.1
Tallahatchie, MS	28135	21,314	22.6	58.4	19.0	19,480	7,048	57.8	975	0.0	5.5	13.5
Tate, MS	28137	30,140	13.5	65.6	20.9	27,118	5,858	60.5	1,923	0.0	10.5	6.8
Tippah, MS	28139	27,235	12.8	68.8	18.4	25,175	6,172	62.6	1,213	0.0	11.8	8.4
Tishomingo, MS	28141	23,078	15.4	58.9	25.7	20,326	6,216	62.9	901	0.0	11.3	6.7
Tunica, MS	28143	22,733	15.1	34.4	50.5	22,257	9,648	49.5	591	1.0	10.0	14.2
Union, MS	28145	32,890	13.3	62.1	24.5	31,012	6,500	60.6	1,405	0.0	4.3	10.5
Walthall, MS	28147	19,700	18.4	58.3	23.3	17,010	6,293	65.7	1,099	0.0	17.0	6.8
Warren, MS	28149	65,779	15.1	47.7	37.2	62,963	7,076	55.9	3,021	0.0	9.6	9.5
Washington, MS	28151	89,307	24.7	54.5	20.8	83,621	7,299	54.6	4,186	0.0	6.7	8.9
Wayne, MS	28153	27,622	17.1	58.7	24.2	24,984	6,367	62.4	1,424	0.0	12.3	7.4
Webster, MS	28155	12,279	14.2	64.8	21.0	11,777	6,380	63.4	677	0.0	8.1	10.3
Wilkinson, MS	28157	11,274	22.1	55.0	22.9	10,737	7,045	53.6	683	0.0	17.0	10.8
Winston, MS	28159	21,366	18.2	58.0	23.9	19,950	6,853	62.1	1,230	0.0	8.3	13.9
Yalobusha, MS	28161	14,912	19.5	61.3	19.2	14,154	7,014	61.9	828	0.0	8.8	8.9
Yazoo, MS	28163	35,068	23.3	54.9	21.8	30,988	6,579	56.3	1,783	0.0	8.9	11.8
MISSOURI	29000	8,340,865	8.3	33.7	58.0	6,977,029	7,729	60.6	323,992	0.7	11.2	5.6
Adair, MO	29001	27,735	9.7	40.6	49.7	22,212	7,338	62.2	2,820	0.0	4.7	0.6
Andrew, MO	29003	22,337	6.1	49.8	44.1	20,069	7,007	62.2	925	0.0	10.7	1.8
Atchison, MO	29005	9,642	8.0	37.8	54.3	8,344	8,962	64.4	376	0.0	8.0	13.3
Audrain, MO	29007	26,947	9.9	38.3	51.9	22,764	6,717	61.0	1,323	0.0	12.9	9.8
Barry, MO	29009	49,544	12.5	43.1	44.4	42,538	6,436	64.3	1,877	0.0	12.3	7.7
Barton, MO	29011	15,741	7.4	42.8	49.8	13,879	6,417	62.0	701	0.0	8.7	6.0
Bates, MO	29013	21,789	9.5	45.0	45.5	19,976	7,094	62.4	967	0.0	15.0	5.4
Benton, MO	29015	19,744	11.4	40.7	48.0	17,270	6,087	61.5	790	0.0	10.9	2.7
Bollinger, MO	29017	13,783	11.5	49.8	38.7	11,814	6,074	56.6	699	0.0	14.6	8.0

Table C-1. Population, School, and Student Characteristics by County—Continued

STATE County	State/ county code	Population 25 years and over	High school diploma or less (percent)	High school diploma or more (percent)	College enrollment 2000 Number	Percent public	Bachelor's degree or more	+/- U.S. percent with bachelor's degree or more	Non-Hispanic White	Black	American Indian, Alaska Native	Asian and Pacific Islander	Hispanic or Latino[3]
		30	31	32	33	34	35	36	37	38	39	40	41
Hancock, MS	28045	28,840	51.4	77.9	1,463	86.5	17.3	-7.1	17.9	8.7	13.9	37.5	16.3
Harrison, MS	28047	119,169	48.1	80.3	8,867	84.4	18.4	-6.0	20.3	10.8	12.9	16.7	15.8
Hinds, MS	28049	150,287	41.5	80.4	19,813	70.5	27.2	2.8	37.7	13.9	13.9	58.0	24.5
Holmes, MS	28051	12,071	67.0	59.7	1,087	89.6	11.2	-13.2	20.0	7.9	50.0	22.2	8.6
Humphreys, MS	28053	6,379	67.9	53.7	337	91.7	11.6	-12.8	16.9	8.9	12.5	0.0	14.5
Issaquena, MS	28055	1,380	72.4	58.8	63	90.5	7.1	-17.3	10.6	4.6			0.0
Itawamba, MS	28057	14,833	65.6	65.9	1,268	91.6	8.8	-15.6	8.8	6.5	0.0	38.5	16.5
Jackson, MS	28059	82,818	51.1	81.0	5,397	92.3	16.5	-7.9	18.1	9.1	12.0	21.4	11.8
Jasper, MS	28061	11,263	67.8	66.7	576	90.3	9.8	-14.6	13.8	5.3	0.0	25.0	5.7
Jefferson, MS	28063	5,785	68.5	59.7	419	95.5	10.6	-13.8	16.9	9.4	0.0	100.0	0.0
Jefferson Davis, MS	28065	8,613	68.4	66.4	445	87.2	10.4	-14.0	13.6	7.6	0.0	0.0	0.0
Jones, MS	28067	41,403	58.4	73.9	3,040	89.1	14.0	-10.4	16.1	6.9	7.4	44.9	7.4
Kemper, MS	28069	6,498	67.8	60.5	729	97.1	10.3	-14.1	16.1	5.5	0.0	0.0	0.0
Lafayette, MS	28071	20,628	44.2	78.5	9,856	96.1	31.1	6.7	36.8	11.9	8.6	70.7	30.5
Lamar, MS	28073	23,855	44.0	83.0	2,681	91.1	26.8	2.4	28.1	15.7	15.0	49.5	33.1
Lauderdale, MS	28075	49,511	53.2	74.9	3,921	91.6	16.2	-8.2	19.7	8.7	3.6	51.1	16.7
Lawrence, MS	28077	8,394	61.2	72.9	458	93.9	12.0	-12.4	12.2	11.1	77.8	9.1	12.0
Leake, MS	28079	13,160	67.7	64.1	436	88.3	11.6	-12.8	14.2	6.9	7.6	20.8	12.7
Lee, MS	28081	48,382	53.5	74.7	2,574	92.4	18.1	-6.3	20.7	8.8	16.7	47.5	4.5
Leflore, MS	28083	21,581	63.7	61.9	2,418	92.4	15.9	-8.5	23.2	10.9	28.6	52.0	13.2
Lincoln, MS	28085	21,074	59.6	72.0	1,149	90.1	12.4	-12.0	13.5	9.3	0.0	57.8	0.0
Lowndes, MS	28087	37,520	54.3	75.5	3,480	91.6	20.5	-3.9	27.2	9.2	31.0	32.2	12.1
Madison, MS	28089	46,773	35.3	83.0	3,713	64.2	37.9	13.5	48.7	16.3	0.0	48.1	16.6
Marion, MS	28091	16,025	66.9	66.5	726	93.1	11.5	-12.9	12.7	8.1	0.0	18.2	15.2
Marshall, MS	28093	21,519	71.5	61.0	1,444	58.0	9.0	-15.4	8.1	10.0	0.0	30.8	2.5
Monroe, MS	28095	24,288	66.9	65.5	889	90.7	10.9	-13.5	12.6	6.1	15.0	50.0	4.3
Montgomery, MS	28097	7,830	69.9	62.1	363	95.3	11.0	-13.4	15.1	4.9	0.0	0.0	4.5
Neshoba, MS	28099	17,780	64.0	67.7	891	92.9	11.4	-13.0	13.0	8.7	3.3	20.0	0.0
Newton, MS	28101	13,663	60.5	72.9	1,443	97.8	12.1	-12.3	15.8	3.0	0.0	21.4	5.5
Noxubee, MS	28103	7,456	72.2	58.4	387	91.2	10.9	-13.5	19.8	6.2	0.0	0.0	5.3
Oktibbeha, MS	28105	21,250	41.8	80.0	12,335	96.7	34.8	10.4	45.9	12.6	65.9	80.7	39.5
Panola, MS	28107	20,668	66.1	63.5	1,070	91.7	10.8	-13.6	15.7	3.7	0.0	35.7	1.1
Pearl River, MS	28109	30,940	56.6	74.6	2,015	90.1	13.9	-10.5	14.6	7.7	6.3	26.8	18.8
Perry, MS	28111	7,400	66.1	72.0	326	78.8	7.7	-16.7	8.0	6.5	12.0	3.4	0.0
Pike, MS	28113	24,139	61.7	70.3	1,453	93.8	12.5	-11.9	17.1	5.8	20.8	34.8	5.9
Pontotoc, MS	28115	17,082	67.1	66.7	787	88.9	11.4	-13.0	11.8	8.1	6.1	31.8	8.3
Prentiss, MS	28117	16,114	66.4	64.9	1,586	96.8	9.9	-14.5	10.8	2.9	44.4	0.0	11.2
Quitman, MS	28119	5,906	69.9	55.1	237	88.2	10.6	-13.8	15.8	7.2	28.6	58.3	0.0
Rankin, MS	28121	74,885	45.6	81.8	4,647	74.2	23.8	-0.6	26.0	11.7	23.0	42.3	16.0
Scott, MS	28123	17,496	70.0	62.0	669	81.9	8.6	-15.8	11.4	4.1	0.0	90.9	2.8
Sharkey, MS	28125	3,704	68.2	60.6	156	93.6	12.6	-11.8	21.5	7.4		29.4	0.0
Simpson, MS	28127	17,269	66.5	68.8	777	90.1	10.9	-13.5	12.7	5.9	0.0	68.3	7.6
Smith, MS	28129	10,274	67.5	70.8	444	87.4	9.1	-15.3	11.0	1.8	0.0	0.0	0.0
Stone, MS	28131	8,258	55.4	74.8	970	94.3	12.4	-12.0	13.5	4.3	0.0	0.0	26.5
Sunflower, MS	28133	19,976	66.3	59.3	1,673	90.1	12.0	-12.4	18.8	8.3	18.2	21.1	9.9
Tallahatchie, MS	28135	8,979	69.8	54.4	519	94.0	10.9	-13.5	16.3	5.8	100.0	31.8	0.0
Tate, MS	28137	15,460	60.8	71.7	1,708	92.7	12.3	-12.1	14.6	6.2	0.0	33.3	0.0
Tippah, MS	28139	13,557	70.3	65.5	607	65.1	9.0	-15.4	10.1	2.9	0.0	0.0	11.5
Tishomingo, MS	28141	13,276	71.3	64.6	375	95.5	8.7	-15.7	8.9	3.5	6.1	18.2	6.5
Tunica, MS	28143	5,263	69.6	60.5	132	95.5	9.1	-15.3	19.2	3.5	14.3	0.0	5.2
Union, MS	28145	16,499	65.3	68.5	819	91.2	13.2	-11.2	13.8	8.5	0.0	67.2	5.4
Walthall, MS	28147	9,366	67.1	67.0	493	96.1	10.4	-14.0	12.8	5.9	0.0	74.3	12.2
Warren, MS	28149	30,955	49.5	77.0	1,814	85.4	20.8	-3.6	26.8	10.5	14.3	53.0	26.8
Washington, MS	28151	36,852	62.2	66.5	2,144	90.8	16.4	-8.0	23.8	10.7	17.6	46.3	13.4
Wayne, MS	28153	12,933	70.1	64.7	453	91.2	9.5	-14.9	10.9	5.9	0.0	100.0	0.0
Webster, MS	28155	6,717	68.3	67.7	309	76.7	13.0	-11.4	13.8	8.1	0.0	0.0	32.5
Wilkinson, MS	28157	6,515	75.0	58.1	251	89.2	10.0	-14.4	15.9	6.8	0.0		23.7
Winston, MS	28159	12,896	65.1	68.2	534	88.8	13.8	-10.6	18.4	6.8	0.0	46.2	6.3
Yalobusha, MS	28161	8,539	68.6	69.0	453	87.2	9.6	-14.8	12.4	3.5	23.3	0.0	21.4
Yazoo, MS	28163	17,308	66.0	65.0	618	67.8	11.8	-12.6	16.8	7.4	0.0	31.7	5.3
MISSOURI	29000	3,634,906	51.4	81.3	319,515	71.8	21.6	-2.8	22.3	13.2	12.9	50.1	16.1
Adair, MO	29001	13,316	48.9	84.6	6,226	91.7	28.5	4.1	28.0	32.6	7.7	79.8	11.9
Andrew, MO	29003	10,847	56.8	84.7	597	86.4	18.8	-5.6	18.7	18.4	13.3	61.8	14.6
Atchison, MO	29005	4,500	59.2	80.0	163	83.4	16.6	-7.8	16.8	0.0	0.0	30.8	11.1
Audrain, MO	29007	17,476	67.8	75.1	636	74.8	12.2	-11.7	13.4	2.7	11.3	30.0	5.0
Barry, MO	29009	22,381	65.4	75.7	710	86.2	10.7	-13.7	10.9	13.8	0.0	52.3	4.5
Barton, MO	29011	8,070	65.7	77.3	289	94.5	10.6	-13.8	10.6	12.5	22.7	3.1	10.2
Bates, MO	29013	10,977	68.4	76.9	323	85.8	10.1	-14.3	10.1	0.0	8.3	31.8	0.0
Benton, MO	29015	12,669	66.8	71.8	293	90.4	8.8	-15.6	8.7	0.0	9.5	0.0	6.1
Bollinger, MO	29017	7,956	75.8	70.7	220	87.3	6.9	-17.5	7.0	0.0	4.7	0.0	9.1

[3] May be of any race.

Table C-1. Population, School, and Student Characteristics by County—Continued

STATE County	State/ county code	County type[1]	Population, 2007 Total	Population, 2007 Percent 5 to 17 years	Number of schools and students, 2005–2006 School districts	Number of schools and students, 2005–2006 Schools	Number of schools and students, 2005–2006 Students	Resident enrollment, 2000 Total enrollment Number	Resident enrollment, 2000 Total enrollment Percent public	Resident enrollment, 2000 K–12 enrollment Number	Resident enrollment, 2000 K–12 enrollment Percent public
			1	2	3	4	5	6	7	8	9
Boone, MO	29019	3	152,435	15.8	6	46	21,748	49,784	89.3	22,625	93.1
Buchanan, MO	29021	3	86,485	16.8	4	35	13,364	21,945	87.5	15,543	89.5
Butler, MO	29023	7	41,326	16.9	3	16	6,484	9,296	91.3	7,334	94.0
Caldwell, MO	29025	1	9,284	18.4	8	14	1,800	2,186	94.9	1,840	97.0
Callaway, MO	29027	3	43,428	17.3	6	59	6,301	10,500	80.2	7,820	92.3
Camden, MO	29029	7	40,487	14.3	4	14	5,277	6,943	91.5	5,598	96.0
Cape Girardeau, MO	29031	5	72,740	16.0	5	24	9,625	19,596	85.5	12,003	82.9
Carroll, MO	29033	6	9,859	17.4	5	13	1,766	2,272	94.1	1,921	97.0
Carter, MO	29035	9	5,929	16.8	2	4	1,382	1,441	96.7	1,168	97.7
Cass, MO	29037	1	97,133	19.5	10	41	17,585	21,176	85.1	16,705	90.7
Cedar, MO	29039	6	13,729	17.2	2	6	2,334	3,058	88.2	2,529	95.5
Chariton, MO	29041	9	7,843	14.6	4	9	1,190	1,908	89.4	1,604	90.8
Christian, MO	29043	2	73,066	18.9	7	27	12,438	14,178	87.5	10,704	93.6
Clark, MO	29045	9	7,220	16.9	4	7	1,172	1,778	92.1	1,383	96.2
Clay, MO	29047	1	211,952	18.4	6	65	34,870	47,240	82.8	33,951	90.5
Clinton, MO	29049	1	20,894	17.6	3	11	3,487	4,790	92.5	3,836	95.5
Cole, MO	29051	3	73,698	16.7	5	60	11,545	18,439	73.1	12,875	71.8
Cooper, MO	29053	6	17,543	16.0	6	15	2,624	4,281	84.2	3,264	88.7
Crawford, MO	29055	6	24,076	17.8	3	9	3,467	5,230	90.3	4,525	92.4
Dade, MO	29057	8	7,523	16.4	4	8	1,261	1,758	90.3	1,528	92.3
Dallas, MO	29059	2	16,831	18.1	1	5	1,918	3,824	89.9	3,218	91.5
Daviess, MO	29061	8	7,963	18.9	5	10	1,297	1,830	90.6	1,560	90.9
De Kalb, MO	29063	3	12,234	13.3	4	8	1,241	2,508	90.0	2,096	92.4
Dent, MO	29065	7	15,063	16.9	5	8	2,365	3,282	91.6	2,739	96.1
Douglas, MO	29067	6	13,377	17.0	3	5	1,734	3,163	89.5	2,584	93.5
Dunklin, MO	29069	7	31,623	18.5	7	20	6,228	7,596	95.5	6,185	97.2
Franklin, MO	29071	1	100,045	18.3	10	43	16,865	23,737	83.6	19,146	85.5
Gasconade, MO	29073	6	15,399	16.7	2	8	3,110	3,449	90.0	2,906	91.8
Gentry, MO	29075	8	6,249	17.3	3	7	1,189	1,682	93.2	1,402	93.5
Greene, MO	29077	2	263,980	15.7	9	83	36,982	67,577	82.9	38,501	91.5
Grundy, MO	29079	7	10,095	16.3	5	8	1,590	2,421	94.4	1,766	98.9
Harrison, MO	29081	7	8,861	16.1	5	12	1,464	1,871	92.5	1,565	94.1
Henry, MO	29083	6	22,398	16.1	7	14	3,069	4,848	93.4	4,055	95.1
Hickory, MO	29085	8	9,123	13.6	4	10	1,953	1,551	95.5	1,371	97.0
Holt, MO	29087	8	4,963	14.8	3	6	711	1,239	96.0	1,062	96.9
Howard, MO	29089	3	9,879	15.9	3	7	1,402	3,018	66.7	1,894	89.5
Howell, MO	29091	7	38,639	17.5	8	18	6,871	9,017	92.9	7,057	95.3
Iron, MO	29093	6	10,013	17.0	4	9	2,237	2,522	96.4	2,038	97.8
Jackson, MO	29095	1	666,890	17.9	12	229	109,028	171,287	82.2	123,402	87.4
Jasper, MO	29097	3	115,240	18.3	7	49	19,542	26,027	88.0	19,008	92.8
Jefferson, MO	29099	1	216,076	18.5	12	60	35,210	52,378	85.3	40,986	90.0
Johnson, MO	29101	4	51,928	16.9	7	27	7,765	17,035	93.8	8,573	95.6
Knox, MO	29103	9	4,058	17.6	1	2	591	900	87.1	780	89.4
Laclede, MO	29105	6	35,391	17.7	4	13	6,141	7,953	92.0	6,408	95.8
Lafayette, MO	29107	1	32,677	17.3	6	18	5,811	8,064	88.5	6,574	91.2
Lawrence, MO	29109	6	37,650	19.0	6	17	6,159	8,171	89.1	6,744	91.3
Lewis, MO	29111	9	10,040	17.3	2	5	1,618	2,870	70.7	1,904	90.9
Lincoln, MO	29113	1	51,528	19.7	4	17	8,401	10,611	84.1	8,749	89.3
Linn, MO	29115	7	12,689	17.4	5	13	2,597	3,150	94.2	2,630	94.9
Livingston, MO	29117	6	14,196	16.1	3	10	2,251	3,413	91.2	2,700	94.4
McDonald, MO	29119	2	22,895	20.0	1	7	3,743	5,135	92.1	4,447	93.3
Macon, MO	29121	7	15,576	16.9	6	14	2,349	3,393	91.5	2,833	93.5
Madison, MO	29123	7	12,180	16.6	2	6	2,106	2,620	95.5	2,177	97.7
Maries, MO	29125	8	9,115	17.3	2	5	1,396	2,034	85.2	1,704	86.8
Marion, MO	29127	5	28,174	18.0	3	13	5,107	6,983	80.2	5,474	89.1
Mercer, MO	29129	9	3,507	15.8	2	4	608	809	93.9	671	93.9
Miller, MO	29131	6	24,898	17.7	5	15	5,158	5,473	91.5	4,555	95.7
Mississippi, MO	29133	7	13,672	16.9	2	8	2,316	3,143	96.1	2,592	97.8
Moniteau, MO	29135	3	15,167	17.5	6	10	2,418	3,474	84.1	2,923	86.9
Monroe, MO	29137	9	9,205	17.9	5	10	1,683	2,126	88.5	1,817	90.6
Montgomery, MO	29139	8	11,920	16.8	2	7	1,836	2,798	89.9	2,364	93.7
Morgan, MO	29141	8	20,820	16.7	2	7	2,266	3,916	86.1	3,290	87.5
New Madrid, MO	29143	7	17,779	17.4	4	13	3,142	4,677	96.6	3,895	96.6
Newton, MO	29145	3	56,038	18.1	6	19	8,798	12,541	87.7	9,905	89.5
Nodaway, MO	29147	6	22,120	12.4	7	17	2,856	8,420	92.5	3,338	91.4
Oregon, MO	29149	9	10,304	16.7	4	8	2,046	2,232	95.1	1,838	96.0
Osage, MO	29151	3	13,393	17.5	3	6	1,691	3,316	76.6	2,661	74.4
Ozark, MO	29153	9	9,245	15.0	5	9	1,638	1,902	92.7	1,584	92.7
Pemiscot, MO	29155	7	18,780	21.0	8	19	4,364	5,262	98.0	4,356	99.1
Perry, MO	29157	7	18,794	17.7	2	6	2,419	4,250	72.9	3,386	72.6

[1] County type codes are from the Economic Research Service of the United States Department of Agriculture. See notes and definitions for more information.

PART C—COUNTY EDUCATION STATISTICS

Table C-1. Population, School, and Student Characteristics by County—Continued

STATE County	State/ county code	Students with IEP[2]	Students eligible for free or reduced-price lunch	Minority students	English language learners	Number of graduates, 2004–2005	Total staff	Number of teachers	Student/ teacher ratio	Central administration staff
		10	11	12	13	14	15	16	17	18
Boone, MO	29019	...	29.2	24.6	1.5	1,408	3,151	1,618	13.4	177
Buchanan, MO	29021	...	49.1	12.3	0.4	1,080	2,068	982	13.6	111
Butler, MO	29023	...	52.4	10.9	0.0	376	845	443	14.6	55
Caldwell, MO	29025	...	41.2	2.1	0.0	116	290	168	10.7	27
Callaway, MO	29027	...	38.6	8.5	0.0	345	1,189	566	11.1	79
Camden, MO	29029	...	45.1	3.7	0.5	395	784	386	13.7	68
Cape Girardeau, MO	29031	...	37.6	14.9	0.5	681	1,309	683	14.1	91
Carroll, MO	29033	...	46.6	4.4	0.1	115	292	163	10.8	29
Carter, MO	29035	...	69.1	2.9	0.0	82	207	108	12.8	19
Cass, MO	29037	...	25.9	9.2	0.6	1,106	2,037	1,165	15.1	182
Cedar, MO	29039	...	48.4	2.1	0.0	160	328	178	13.1	22
Chariton, MO	29041	...	37.1	3.7	0.4	104	212	107	11.1	15
Christian, MO	29043	...	30.5	4.0	0.1	663	1,373	836	14.9	87
Clark, MO	29045	...	39.4	0.9	0.0	72	180	101	11.6	13
Clay, MO	29047	...	25.7	16.9	1.7	2,415	4,879	2,325	15.0	360
Clinton, MO	29049	...	28.1	5.8	0.0	219	455	254	13.7	37
Cole, MO	29051	...	34.4	18.9	2.0	804	2,075	937	12.3	192
Cooper, MO	29053	...	39.5	10.4	0.1	186	388	221	11.9	31
Crawford, MO	29055	...	49.4	1.7	0.2	209	460	247	14.0	32
Dade, MO	29057	...	53.0	2.3	0.2	91	195	110	11.5	20
Dallas, MO	29059	...	49.7	3.0	0.0	115	334	158	12.1	20
Daviess, MO	29061	...	48.3	2.0	0.0	97	255	139	9.3	20
De Kalb, MO	29063	...	39.7	1.6	0.0	93	180	117	10.6	14
Dent, MO	29065	...	45.5	3.8	0.0	133	382	181	13.1	25
Douglas, MO	29067	...	60.1	1.7	0.1	117	242	136	12.8	15
Dunklin, MO	29069	...	61.5	24.6	4.0	314	830	472	13.2	66
Franklin, MO	29071	...	30.7	3.2	0.4	1,079	2,134	1,157	14.6	151
Gasconade, MO	29073	...	35.9	1.0	0.0	225	422	218	14.3	29
Gentry, MO	29075	...	36.3	2.2	0.0	81	201	114	10.4	13
Greene, MO	29077	...	38.4	9.2	0.6	2,275	4,665	2,376	15.6	274
Grundy, MO	29079	...	50.1	3.6	0.6	93	290	141	11.3	26
Harrison, MO	29081	...	45.9	1.4	0.0	91	277	145	10.1	23
Henry, MO	29083	...	43.5	4.2	0.0	228	473	271	11.3	39
Hickory, MO	29085	...	57.5	4.8	0.0	110	284	154	12.7	17
Holt, MO	29087	...	43.0	2.9	0.0	72	127	78	9.1	11
Howard, MO	29089	...	40.9	11.6	0.0	101	228	132	10.6	17
Howell, MO	29091	...	52.2	3.0	1.4	439	1,060	501	13.7	163
Iron, MO	29093	...	57.7	3.8	0.0	142	335	178	12.6	31
Jackson, MO	29095	...	45.1	48.3	5.7	6,218	15,169	7,630	14.3	1,104
Jasper, MO	29097	...	48.5	12.9	2.3	1,093	2,639	1,327	14.7	177
Jefferson, MO	29099	...	28.4	3.6	0.4	2,125	4,205	2,296	15.3	284
Johnson, MO	29101	...	33.5	11.3	1.5	509	1,145	600	12.9	78
Knox, MO	29103	...	53.1	1.5	0.0	44	108	53	11.2	7
Laclede, MO	29105	...	46.2	3.5	0.2	362	770	396	15.5	30
Lafayette, MO	29107	...	32.7	7.4	1.6	415	781	469	12.4	59
Lawrence, MO	29109	...	51.1	8.0	1.7	360	853	450	13.7	66
Lewis, MO	29111	...	38.4	5.4	0.0	111	260	129	12.5	21
Lincoln, MO	29113	...	33.3	5.5	0.1	506	833	473	17.8	66
Linn, MO	29115	...	40.0	3.0	0.1	185	403	241	10.8	35
Livingston, MO	29117	...	39.5	3.5	0.0	164	389	183	12.3	17
McDonald, MO	29119	...	62.5	19.3	12.0	194	478	257	14.6	24
Macon, MO	29121	...	44.2	5.8	0.0	183	392	213	11.0	29
Madison, MO	29123	...	46.7	1.8	0.8	135	272	154	13.7	22
Maries, MO	29125	...	39.5	1.4	0.0	104	177	108	12.9	16
Marion, MO	29127	...	41.9	9.6	0.2	337	717	394	13.0	57
Mercer, MO	29129	...	40.3	0.7	0.0	42	110	65	9.4	11
Miller, MO	29131	...	43.4	2.7	0.0	332	707	374	13.8	60
Mississippi, MO	29133	...	63.7	31.2	0.0	126	374	170	13.6	21
Moniteau, MO	29135	...	36.4	7.7	3.3	168	362	192	12.6	26
Monroe, MO	29137	...	38.5	8.3	0.3	132	262	147	11.4	22
Montgomery, MO	29139	...	41.3	5.3	0.2	137	280	149	12.3	25
Morgan, MO	29141	...	57.2	3.3	0.2	145	335	174	13.0	23
New Madrid, MO	29143	...	60.2	26.8	0.0	184	473	253	12.4	40
Newton, MO	29145	...	48.0	13.9	2.1	549	1,082	568	15.5	79
Nodaway, MO	29147	...	34.0	2.8	0.1	226	529	274	10.4	49
Oregon, MO	29149	...	57.7	3.2	0.0	132	325	175	11.7	20
Osage, MO	29151	...	30.5	1.3	0.1	166	255	139	12.2	25
Ozark, MO	29153	...	62.6	1.9	0.6	127	291	144	11.4	26
Pemiscot, MO	29155	...	65.9	40.4	0.5	232	638	373	11.7	54
Perry, MO	29157	...	37.7	1.3	0.4	184	337	181	13.4	29

[2]IEP = Individual Education Program. See notes and definitions for more information.
... = Not available.

Table C-1. Population, School, and Student Characteristics by County—Continued

STATE County	State/county code	Total revenue (thousands of dollars)	Federal government	State government	Local government	Total expenditures (thousands of dollars)	Amount per student	Percent for instruction	Total population 16 to 19 years	Percent in Armed Forces	Percent high school graduates	Percent not enrolled, not employed, not in Armed Forces, not high school grad.
		19	20	21	22	23	24	25	26	27	28	29
Boone, MO	29019	194,491	6.8	35.3	57.9	165,395	7,758	62.8	11,018	0.0	7.0	2.1
Buchanan, MO	29021	117,781	8.8	39.4	51.8	93,559	7,007	61.4	5,210	0.0	11.5	7.3
Butler, MO	29023	47,346	13.7	41.7	44.6	40,148	6,234	60.1	2,111	0.0	10.7	10.5
Caldwell, MO	29025	15,192	7.8	49.3	42.9	13,505	7,665	61.4	488	0.4	15.6	3.1
Callaway, MO	29027	44,370	7.4	36.8	55.8	36,245	6,846	59.0	2,679	0.0	14.6	7.4
Camden, MO	29029	47,535	7.6	22.1	70.4	39,275	7,622	59.7	1,571	0.0	13.7	3.9
Cape Girardeau, MO	29031	73,876	8.8	28.3	63.0	60,755	6,313	61.0	4,820	0.1	9.4	4.9
Carroll, MO	29033	15,083	8.1	43.8	48.1	13,371	7,441	61.0	527	0.0	14.8	10.6
Carter, MO	29035	10,273	15.1	53.7	31.3	9,330	6,984	65.7	317	3.2	7.6	5.0
Cass, MO	29037	151,597	4.8	42.0	53.3	114,555	6,585	58.5	4,374	0.2	13.3	4.8
Cedar, MO	29039	16,581	10.9	45.9	43.2	15,622	6,725	62.9	737	0.0	9.4	13.3
Chariton, MO	29041	10,383	9.2	33.0	57.8	9,531	7,806	63.2	509	0.0	10.4	3.5
Christian, MO	29043	86,357	7.0	46.6	46.4	68,497	5,867	62.4	3,004	0.0	12.3	4.7
Clark, MO	29045	9,313	10.4	40.4	49.2	8,218	6,826	64.2	438	0.0	13.0	4.1
Clay, MO	29047	309,453	4.6	27.7	67.7	247,971	7,292	61.2	9,711	0.2	10.0	4.1
Clinton, MO	29049	28,615	6.1	46.6	47.3	25,034	7,326	68.2	1,150	0.0	11.0	4.2
Cole, MO	29051	84,930	8.1	22.4	69.4	72,039	6,900	65.4	3,815	0.0	11.2	3.3
Cooper, MO	29053	22,166	7.6	39.2	53.1	19,557	7,566	60.7	1,103	0.0	14.1	9.4
Crawford, MO	29055	25,639	10.6	44.8	44.6	22,348	6,356	64.8	1,325	0.0	11.0	6.9
Dade, MO	29057	9,730	7.8	44.0	48.3	8,503	6,835	60.2	467	0.0	13.5	4.7
Dallas, MO	29059	15,269	9.6	51.4	39.0	13,748	7,164	62.0	859	0.0	7.2	6.5
Daviess, MO	29061	12,464	10.0	47.4	42.5	11,213	8,324	61.7	419	0.0	11.5	8.8
De Kalb, MO	29063	10,213	7.5	50.8	41.7	10,272	8,237	62.2	569	0.0	13.5	6.7
Dent, MO	29065	18,664	11.3	43.1	45.5	15,362	6,576	64.3	776	0.0	12.9	9.0
Douglas, MO	29067	13,439	13.1	50.3	36.5	11,715	6,622	61.5	736	0.0	19.6	5.3
Dunklin, MO	29069	46,108	17.0	45.8	37.3	41,199	6,820	64.5	1,923	0.0	10.3	10.5
Franklin, MO	29071	132,037	7.1	32.2	60.6	107,577	6,451	60.9	5,360	0.1	13.0	4.5
Gasconade, MO	29073	24,263	6.4	37.9	55.7	19,666	6,348	61.2	833	0.0	12.5	5.9
Gentry, MO	29075	10,960	8.0	47.0	45.0	10,587	8,579	63.7	404	0.0	8.4	3.2
Greene, MO	29077	269,383	9.0	28.4	62.6	233,834	6,430	59.8	15,093	0.1	10.9	4.3
Grundy, MO	29079	14,963	8.8	43.8	47.4	11,344	6,904	58.4	639	0.0	6.6	10.2
Harrison, MO	29081	12,696	9.7	41.1	49.2	11,282	7,608	61.1	458	0.0	18.8	3.7
Henry, MO	29083	24,746	9.2	38.1	52.7	21,338	6,839	64.8	1,033	0.0	15.5	9.0
Hickory, MO	29085	15,735	15.0	44.9	40.1	13,196	6,920	60.7	379	0.0	12.1	6.6
Holt, MO	29087	6,789	8.3	30.7	61.0	6,222	8,176	59.1	272	0.0	7.7	2.2
Howard, MO	29089	12,035	9.0	44.6	46.4	10,881	7,728	62.5	813	0.0	6.2	1.2
Howell, MO	29091	62,697	11.2	44.4	44.5	46,409	6,748	65.0	2,134	0.0	12.2	6.1
Iron, MO	29093	17,964	14.3	37.9	47.8	16,329	7,261	57.3	638	0.0	13.5	5.2
Jackson, MO	29095	1,124,760	8.0	36.8	55.1	936,676	8,618	58.1	34,885	0.0	12.5	7.1
Jasper, MO	29097	143,037	11.6	35.9	52.5	115,241	5,973	63.5	6,416	0.2	12.4	7.3
Jefferson, MO	29099	293,834	5.5	44.2	50.3	235,712	6,790	63.4	11,789	0.0	11.5	6.0
Johnson, MO	29101	64,287	16.2	40.6	43.2	54,530	6,998	61.0	4,128	4.6	14.2	3.3
Knox, MO	29103	5,233	11.4	33.5	55.2	4,119	7,077	60.9	202	0.0	23.3	0.0
Laclede, MO	29105	41,756	10.6	45.3	44.2	34,698	5,797	64.6	1,948	0.0	13.7	7.0
Lafayette, MO	29107	50,038	7.5	42.9	49.6	42,677	7,380	64.6	1,906	0.0	11.9	3.9
Lawrence, MO	29109	46,268	10.9	48.4	40.7	40,283	6,525	64.2	1,799	0.0	13.6	9.9
Lewis, MO	29111	12,682	9.7	44.2	46.1	11,117	6,738	65.3	702	0.0	7.4	3.7
Lincoln, MO	29113	53,873	7.4	39.9	52.7	45,290	5,575	60.7	2,353	0.0	12.0	5.4
Linn, MO	29115	22,506	8.2	50.8	41.1	20,324	7,805	64.8	776	0.0	8.9	4.3
Livingston, MO	29117	20,459	8.9	44.9	46.3	18,012	7,787	68.6	856	0.0	8.5	5.1
McDonald, MO	29119	26,984	13.3	51.3	35.4	25,091	6,893	66.5	1,275	0.0	13.6	6.3
Macon, MO	29121	20,060	9.4	44.8	45.7	17,354	7,237	62.8	913	0.8	13.9	5.4
Madison, MO	29123	14,872	10.7	48.2	41.1	14,615	6,917	66.3	635	0.0	16.4	4.7
Maries, MO	29125	9,703	9.2	42.1	48.7	9,321	6,894	60.6	470	0.0	12.3	7.4
Marion, MO	29127	38,875	10.3	37.6	52.1	33,153	6,586	64.7	1,823	0.4	11.2	6.1
Mercer, MO	29129	6,158	7.0	37.5	55.6	5,618	9,686	61.8	209	0.0	14.8	1.4
Miller, MO	29131	38,828	9.5	31.5	59.0	34,060	6,789	63.3	1,341	0.0	11.9	8.2
Mississippi, MO	29133	16,417	17.3	45.0	37.7	15,657	6,708	64.2	824	0.0	9.5	13.8
Moniteau, MO	29135	18,286	8.6	39.0	52.4	15,957	6,616	61.9	768	0.0	12.0	3.6
Monroe, MO	29137	14,815	7.9	40.1	52.0	12,134	7,014	62.2	565	0.0	18.2	2.7
Montgomery, MO	29139	14,209	9.4	37.6	53.0	12,950	7,042	62.1	730	0.0	14.1	8.5
Morgan, MO	29141	16,612	12.8	26.7	60.5	14,472	6,409	66.3	898	0.0	9.4	5.3
New Madrid, MO	29143	27,600	12.4	34.8	52.8	24,038	7,545	59.6	1,160	0.0	11.6	8.9
Newton, MO	29145	57,190	11.4	47.7	40.9	50,730	5,828	62.2	3,040	0.1	12.9	8.3
Nodaway, MO	29147	28,564	7.7	33.9	58.4	24,119	8,535	60.9	2,357	0.2	4.0	1.7
Oregon, MO	29149	14,758	13.1	49.8	37.1	13,734	6,864	67.3	574	0.0	13.1	10.6
Osage, MO	29151	13,503	7.3	37.2	55.5	11,305	6,508	59.3	770	0.0	9.1	2.6
Ozark, MO	29153	13,606	13.3	46.3	40.4	11,954	7,137	62.2	505	0.4	18.2	5.7
Pemiscot, MO	29155	36,581	14.9	53.7	31.4	34,865	7,935	65.5	1,248	0.0	11.7	12.8
Perry, MO	29157	18,174	9.3	27.9	62.8	16,540	6,889	58.7	992	0.0	14.6	4.6

Table C-1. Population, School, and Student Characteristics by County—Continued

STATE County	State/ county code	Population 25 years and over	High school diploma or less (percent)	High school diploma or more (percent)	College enrollment, 2000 Number	College enrollment, 2000 Percent public	Bachelor's degree or more	+/- U.S. percent with bachelor's degree or more	Non-Hispanic White	Black	American Indian, Alaska Native	Asian and Pacific Islander	Hispanic or Latino[3]
		30	31	32	33	34	35	36	37	38	39	40	41
Boone, MO	29019	77,919	34.1	89.2	24,827	89.7	41.7	17.3	42.6	22.3	28.7	71.2	38.9
Buchanan, MO	29021	55,583	56.5	81.5	4,905	91.7	16.9	-7.5	17.2	9.6	28.7	35.3	8.9
Butler, MO	29023	27,596	63.8	70.5	1,257	86.2	11.6	-12.8	11.5	3.5	5.1	47.7	32.2
Caldwell, MO	29025	5,890	64.7	81.5	199	91.5	11.7	-12.7	11.8	28.6	18.2	22.2	0.0
Callaway, MO	29027	25,848	58.2	78.9	2,025	38.5	16.5	-7.9	17.1	7.6	1.4	42.0	12.6
Camden, MO	29029	27,303	54.4	82.9	952	72.9	17.7	-6.7	17.8	42.2	8.6	46.7	3.2
Cape Girardeau, MO	29031	43,440	52.2	81.1	6,507	96.1	24.2	-0.2	24.4	17.2	14.6	61.6	14.5
Carroll, MO	29033	6,945	67.3	79.1	173	82.7	14.0	-10.4	14.3	5.6	12.8	0.0	5.6
Carter, MO	29035	3,959	68.7	66.6	186	93.0	10.8	-13.6	10.4		0.0	0.0	16.7
Cass, MO	29037	52,767	51.0	86.7	2,813	71.8	17.7	-6.7	17.7	22.9	14.6	26.7	17.3
Cedar, MO	29039	9,473	69.8	74.0	376	55.9	10.0	-14.4	9.9	0.0	4.8	23.9	16.7
Chariton, MO	29041	5,900	68.6	79.6	179	84.4	11.4	-13.0	11.6	4.9	0.0	0.0	25.0
Christian, MO	29043	34,790	48.3	85.9	2,318	75.8	20.9	-3.5	21.1	57.4	9.8	22.6	8.1
Clark, MO	29045	4,976	65.7	79.6	284	75.0	10.7	-13.7	10.6	...	100.0	100.0	0.0
Clay, MO	29047	120,500	43.3	88.7	9,442	68.2	24.9	0.5	25.2	21.4	15.9	39.2	15.8
Clinton, MO	29049	12,496	56.4	86.1	582	87.1	14.5	-9.9	14.7	9.1	11.0	8.1	14.0
Cole, MO	29051	47,339	46.7	85.3	4,429	86.2	27.4	3.0	28.1	18.2	11.5	65.0	24.5
Cooper, MO	29053	10,545	63.5	80.3	738	69.2	13.7	-10.7	14.5	2.3	0.0	11.1	35.9
Crawford, MO	29055	15,057	69.8	69.4	480	79.2	8.4	-16.0	8.5	0.0	2.0	13.3	0.9
Dade, MO	29057	5,451	66.9	78.5	134	82.8	9.9	-14.5	9.7	0.0	19.4	0.0	32.0
Dallas, MO	29059	10,251	68.7	72.8	446	80.7	9.5	-14.9	9.6	0.0	10.2	21.4	0.0
Daviess, MO	29061	5,213	63.2	79.1	179	86.0	12.0	-12.4	12.0	50.0	0.0	0.0	0.0
De Kalb, MO	29063	8,252	64.2	77.0	280	86.1	10.7	-13.7	11.6	2.5	6.7	67.6	0.0
Dent, MO	29065	10,098	69.5	66.3	402	66.2	10.1	-14.3	10.1	0.0	6.7	0.0	21.6
Douglas, MO	29067	8,774	69.1	69.7	387	74.2	9.9	-14.5	10.0	...	4.9	50.0	1.8
Dunklin, MO	29069	21,890	73.7	63.7	817	88.5	9.1	-15.3	9.6	2.1	5.7	49.3	1.0
Franklin, MO	29071	60,467	57.9	77.7	3,167	79.7	12.8	-11.6	12.9	8.0	3.2	19.9	12.2
Gasconade, MO	29073	10,530	66.2	74.0	322	94.4	10.0	-14.0	10.4	20.0	0.0	0.0	17.1
Gentry, MO	29075	4,599	63.8	81.8	129	88.4	14.5	-9.9	14.6	0.0	0.0	66.7	0.0
Greene, MO	29077	153,930	46.1	84.7	25,481	73.2	24.2	-0.2	24.5	14.0	11.3	41.6	17.3
Grundy, MO	29079	7,149	60.4	79.0	450	86.7	12.5	-11.9	12.6	0.0	23.1	21.7	5.0
Harrison, MO	29081	6,101	67.8	80.1	171	80.7	9.3	-15.1	9.2	0.0	0.0	63.6	7.7
Henry, MO	29083	15,050	66.6	77.3	486	88.5	11.7	-12.7	11.6	8.2	11.1	25.6	12.1
Hickory, MO	29085	6,712	68.8	73.4	107	82.2	7.7	-16.7	7.6	0.0	0.0	28.6	22.0
Holt, MO	29087	3,736	67.6	81.9	128	95.3	11.7	-12.7	11.7	...	0.0	0.0	0.0
Howard, MO	29089	6,420	61.7	81.3	974	22.1	17.9	-6.5	18.6	7.0	64.0	0.0	3.8
Howell, MO	29091	24,600	65.5	73.4	1,369	87.4	10.9	-13.5	10.9	5.6	4.7	33.8	2.9
Iron, MO	29093	7,204	69.9	65.2	293	91.1	8.4	-16.0	8.2	6.6	2.3	30.0	10.7
Jackson, MO	29095	427,077	46.6	83.4	34,768	73.0	23.4	-1.0	26.9	13.2	15.3	34.9	11.0
Jasper, MO	29097	66,206	55.9	79.5	5,495	79.5	16.5	-7.9	16.7	12.9	11.5	34.2	7.9
Jefferson, MO	29099	125,956	57.0	79.4	7,775	76.4	12.1	-12.3	12.1	8.2	10.1	34.5	14.8
Johnson, MO	29101	26,558	46.5	86.0	7,687	95.2	23.2	-1.2	23.3	18.5	24.2	39.4	13.1
Knox, MO	29103	2,990	66.6	80.0	90	73.3	12.8	-11.6	13.0	...	0.0	0.0	0.0
Laclede, MO	29105	21,120	68.2	72.9	1,016	72.9	11.3	-13.1	11.5	4.9	0.0	7.0	5.3
Lafayette, MO	29107	21,863	62.3	79.9	947	84.5	13.8	-10.6	13.8	12.1	2.3	29.7	26.1
Lawrence, MO	29109	22,882	64.1	77.4	852	87.3	12.1	-12.3	12.2	0.0	10.0	14.3	13.4
Lewis, MO	29111	6,533	65.0	79.5	776	19.7	13.0	-11.4	13.1	3.7	55.6	...	0.0
Lincoln, MO	29113	24,092	66.5	76.4	1,230	64.9	9.7	-14.7	9.5	10.7	7.1	22.2	24.9
Linn, MO	29115	9,279	69.0	80.0	298	87.9	10.8	-13.6	10.8	0.0	30.0	0.0	13.5
Livingston, MO	29117	9,954	65.1	80.6	452	87.4	13.1	-11.3	13.3	8.8	8.0	13.3	35.1
McDonald, MO	29119	13,418	69.1	69.4	382	80.9	7.0	-17.4	7.4	18.2	10.0	3.8	1.9
Macon, MO	29121	10,718	67.0	77.8	339	92.6	13.0	-11.4	13.2	4.3	25.6	0.0	0.0
Madison, MO	29123	7,964	70.4	68.6	261	87.4	7.8	-16.6	7.3	0.0	15.8	69.6	0.0
Maries, MO	29125	5,969	67.7	74.5	212	79.2	11.0	-13.4	10.9	0.0	0.0	...	45.5
Marion, MO	29127	18,322	61.4	79.4	1,080	41.5	15.6	-8.8	16.1	7.4	0.0	25.0	5.8
Mercer, MO	29129	2,647	64.0	82.5	83	90.4	12.2	-12.2	12.3	...	0.0	0.0	0.0
Miller, MO	29131	15,369	66.3	73.9	659	75.3	11.4	-13.0	11.6	0.0	0.0	11.9	0.0
Mississippi, MO	29133	8,702	76.6	61.1	311	85.2	9.6	-14.8	9.9	8.0	0.0	18.8	0.0
Moniteau, MO	29135	9,751	66.3	77.6	406	78.6	13.0	-11.4	13.9	3.9	0.0	24.5	0.0
Monroe, MO	29137	6,212	67.9	78.7	170	78.2	9.5	-14.9	9.7	3.5	8.6	0.0	20.0
Montgomery, MO	29139	8,182	70.4	71.1	269	70.6	9.9	-14.5	9.8	0.0	0.0	41.7	0.0
Morgan, MO	29141	13,466	66.1	74.5	385	79.2	10.7	-13.7	10.8	4.5	9.4	57.1	6.6
New Madrid, MO	29143	12,868	76.0	63.6	499	95.4	9.6	-14.8	10.5	2.8	31.8	100.0	0.0
Newton, MO	29145	34,211	54.6	79.8	1,910	82.5	16.1	-8.3	16.3	4.8	17.2	22.3	12.1
Nodaway, MO	29147	12,169	54.1	87.1	4,747	95.8	23.6	-0.8	23.4	12.5	0.0	75.8	0.0
Oregon, MO	29149	7,134	72.3	72.0	240	92.5	9.1	-15.3	9.0	0.0	2.2	43.8	28.6
Osage, MO	29151	8,375	68.9	75.2	531	93.8	10.4	-14.0	10.3	...	6.9	85.7	0.0
Ozark, MO	29153	6,795	70.0	73.0	196	87.8	8.3	-16.1	8.2	0.0	35.0	13.3	17.2
Pemiscot, MO	29155	12,228	75.6	58.2	499	96.8	8.4	-16.0	8.8	2.8	0.0	57.1	0.0
Perry, MO	29157	11,865	73.2	71.2	497	88.1	9.9	-14.5	10.0	0.0	0.0	13.0	0.0

[3]May be of any race.

Table C-1. Population, School, and Student Characteristics by County—Continued

STATE County	State/ county code	County type[1]	Population, 2007 Total	Population, 2007 Percent 5 to 17 years	Number of schools and students, 2005–2006 School districts	Number of schools and students, 2005–2006 Schools	Number of schools and students, 2005–2006 Students	Resident enrollment, 2000 Total enrollment Number	Resident enrollment, 2000 Total enrollment Percent public	Resident enrollment, 2000 K–12 enrollment Number	Resident enrollment, 2000 K–12 enrollment Percent public
			1	2	3	4	5	6	7	8	9
Pettis, MO	29159	4	40,807	18.3	7	18	6,430	9,733	86.6	7,583	89.3
Phelps, MO	29161	5	42,550	15.9	4	14	6,585	12,582	89.6	7,081	90.3
Pike, MO	29163	6	18,471	15.8	4	11	2,894	4,039	87.6	3,415	90.1
Platte, MO	29165	1	84,881	18.0	4	29	14,038	19,324	84.3	14,016	92.3
Polk, MO	29167	2	30,216	17.4	6	18	5,285	7,619	71.3	4,889	94.6
Pulaski, MO	29169	5	44,326	19.1	6	22	8,409	11,608	89.6	8,183	95.4
Putnam, MO	29171	9	4,913	16.6	1	3	795	1,139	94.6	924	96.4
Ralls, MO	29173	9	9,842	15.8	1	4	877	2,197	90.4	1,817	96.6
Randolph, MO	29175	6	25,590	17.0	5	15	3,928	5,935	87.4	4,618	91.6
Ray, MO	29177	1	23,482	18.3	5	13	3,890	5,815	91.5	4,916	96.1
Reynolds, MO	29179	9	6,465	16.7	4	8	1,190	1,519	95.5	1,250	96.2
Ripley, MO	29181	9	13,551	17.2	4	8	2,343	2,972	92.4	2,501	93.1
St. Charles, MO	29183	1	343,952	19.5	5	72	56,064	82,278	76.8	60,232	83.1
St. Clair, MO	29185	8	9,428	16.0	4	7	1,491	1,941	94.8	1,738	97.1
Ste. Genevieve, MO	29186	6	17,841	17.2	1	4	2,029	4,398	76.2	3,636	77.3
St. Francois, MO	29187	4	62,810	15.7	5	26	10,561	13,139	91.6	10,223	93.3
St. Louis, MO	29189	1	995,118	17.4	24	261	149,922	281,608	68.5	193,194	75.2
Saline, MO	29195	6	22,701	16.9	8	17	3,700	6,338	78.7	4,267	95.8
Schuyler, MO	29197	9	4,102	16.7	1	3	745	919	95.0	783	97.3
Scotland, MO	29199	9	4,814	19.3	2	3	687	1,129	81.8	976	82.5
Scott, MO	29201	5	40,735	18.7	7	23	7,153	10,018	89.4	8,074	91.0
Shannon, MO	29203	9	8,431	17.5	2	4	844	2,042	95.5	1,680	97.5
Shelby, MO	29205	9	6,509	17.3	2	5	1,155	1,592	89.6	1,324	94.3
Stoddard, MO	29207	7	29,738	16.3	7	19	5,398	6,629	95.4	5,455	96.9
Stone, MO	29209	8	31,552	15.5	5	18	4,415	5,502	93.3	4,560	95.0
Sullivan, MO	29211	9	6,675	18.5	3	6	1,146	1,520	95.4	1,302	98.4
Taney, MO	29213	6	45,721	16.2	7	18	6,772	8,973	80.4	6,354	95.2
Texas, MO	29215	9	23,321	16.5	7	15	4,124	5,405	90.6	4,354	94.1
Vernon, MO	29217	7	20,000	18.2	4	13	3,263	5,081	85.5	4,047	91.6
Warren, MO	29219	1	30,467	18.0	2	7	4,326	5,978	81.2	4,928	84.6
Washington, MO	29221	1	24,317	17.5	4	12	3,968	5,577	92.7	4,737	93.7
Wayne, MO	29223	9	12,655	15.4	2	7	1,963	2,743	94.6	2,401	96.3
Webster, MO	29225	2	35,927	19.3	4	13	4,830	7,879	89.0	6,524	92.1
Worth, MO	29227	9	2,098	15.1	1	2	379	565	98.2	469	99.1
Wright, MO	29229	6	18,276	18.2	5	14	3,513	4,349	92.4	3,515	94.6
St. Louis city, MO	29510	1	350,759	17.7	2	106	40,924	98,331	72.6	67,241	80.7
MONTANA	30000	X	957,861	16.7	509	840	145,416	241,754	89.8	176,805	92.7
Beaverhead, MT	30001	7	8,804	16.3	10	13	1,266	2,812	92.2	1,587	97.0
Big Horn, MT	30003	6	12,798	23.0	9	15	2,228	4,140	89.0	3,455	89.8
Blaine, MT	30005	9	6,550	20.4	13	17	1,342	2,097	92.9	1,724	93.3
Broadwater, MT	30007	9	4,590	15.8	2	3	721	1,046	90.5	869	93.0
Carbon, MT	30009	3	9,721	15.6	13	22	1,506	2,219	91.4	1,854	95.4
Carter, MT	30011	9	1,268	14.0	5	6	160	335	88.1	306	91.5
Cascade, MT	30013	3	81,775	18.0	16	42	12,420	20,212	86.0	15,730	92.4
Chouteau, MT	30015	8	5,254	18.2	14	16	719	1,675	94.7	1,369	96.4
Custer, MT	30017	7	11,188	16.8	13	18	1,861	2,903	91.5	2,237	93.2
Daniels, MT	30019	9	1,650	14.2	4	9	272	405	97.3	365	100.0
Dawson, MT	30021	7	8,558	14.8	9	10	1,331	2,206	93.6	1,678	93.9
Deer Lodge, MT	30023	7	8,852	14.2	3	4	1,288	2,218	94.6	1,811	97.0
Fallon, MT	30025	9	2,696	13.6	3	7	463	653	97.2	608	99.3
Fergus, MT	30027	7	11,181	15.4	16	24	1,861	2,689	95.0	2,340	97.9
Flathead, MT	30029	5	86,844	17.1	25	50	13,369	17,987	88.4	14,879	91.0
Gallatin, MT	30031	5	87,359	15.0	23	42	10,370	22,806	90.9	10,879	89.6
Garfield, MT	30033	9	1,215	16.1	10	10	194	277	93.5	250	94.0
Glacier, MT	30035	7	13,382	21.9	7	15	2,776	4,330	95.6	3,548	96.8
Golden Valley, MT	30037	8	1,125	17.2	3	6	198	242	90.5	227	90.7
Granite, MT	30039	8	2,852	14.2	5	7	421	622	90.8	556	91.4
Hill, MT	30041	7	16,568	18.5	12	17	3,090	5,291	92.0	3,528	93.1
Jefferson, MT	30043	9	11,121	17.2	9	12	1,692	2,611	91.6	2,312	94.4
Judith Basin, MT	30045	8	2,048	16.7	6	11	402	556	91.2	487	94.9
Lake, MT	30047	6	28,438	17.7	13	21	4,269	7,008	92.6	5,485	95.6
Lewis and Clark, MT	30049	5	59,998	16.7	11	27	9,403	14,412	84.3	10,836	95.1
Liberty, MT	30051	9	1,796	13.4	5	7	287	512	93.8	456	93.9
Lincoln, MT	30053	7	18,885	15.6	11	14	2,828	4,528	92.7	3,918	93.6
McCone, MT	30055	9	1,724	16.1	4	5	279	435	96.6	397	99.5
Madison, MT	30057	9	7,426	14.5	7	13	927	1,480	95.4	1,251	97.4
Meagher, MT	30059	9	1,900	16.1	4	4	282	428	94.2	384	96.6
Mineral, MT	30061	8	3,895	14.3	4	9	713	888	92.3	784	94.6
Missoula, MT	30063	3	105,650	15.3	16	40	13,375	30,019	91.5	16,769	92.2
Musselshell, MT	30065	8	4,494	14.1	5	6	633	1,008	92.9	847	94.1

[1] County type codes are from the Economic Research Service of the United States Department of Agriculture. See notes and definitions for more information.

PART C—COUNTY EDUCATION STATISTICS 411

Table C-1. Population, School, and Student Characteristics by County—Continued

STATE County	State/ county code	Characteristics of students, 2005–2006 (percent)					Staff and students, 2005–2006			
		Students with IEP[2]	Students eligible for free or reduced-price lunch	Minority students	English language learners	Number of graduates, 2004–2005	Total staff	Number of teachers	Student/ teacher ratio	Central administration staff
		10	11	12	13	14	15	16	17	18
Pettis, MO	29159	...	47.6	15.3	5.2	390	905	480	13.4	62
Phelps, MO	29161	...	41.0	7.5	0.3	467	870	435	15.1	84
Pike, MO	29163	...	39.7	8.7	0.2	201	418	225	12.9	31
Platte, MO	29165	...	18.0	15.4	2.6	867	1,747	949	14.8	140
Polk, MO	29167	...	51.9	2.4	0.5	326	734	414	12.8	40
Pulaski, MO	29169	...	36.5	27.3	0.6	535	1,113	608	13.8	89
Putnam, MO	29171	...	41.4	1.5	0.0	54	108	64	12.4	8
Ralls, MO	29173	...	35.2	2.4	0.0	56	105	63	13.9	7
Randolph, MO	29175	...	47.9	7.8	0.1	241	551	313	12.5	44
Ray, MO	29177	...	29.6	4.2	0.1	256	463	281	13.8	38
Reynolds, MO	29179	...	60.3	6.2	0.0	73	229	108	11.0	20
Ripley, MO	29181	...	63.9	1.0	0.0	134	319	177	13.2	22
St. Charles, MO	29183	...	13.6	9.8	0.8	3,607	7,021	3,474	16.1	543
St. Clair, MO	29185	...	50.6	2.3	0.3	98	218	122	12.2	19
Ste. Genevieve, MO	29186	...	39.6	2.3	0.0	161	249	136	14.9	19
St. Francois, MO	29187	...	48.1	2.8	0.2	689	1,399	724	14.6	110
St. Louis, MO	29189	...	30.3	44.1	2.2	10,101	23,081	11,515	13.0	2,109
Saline, MO	29195	...	44.9	18.4	4.2	257	551	312	11.9	45
Schuyler, MO	29197	...	54.2	1.7	0.0	43	100	59	12.6	8
Scotland, MO	29199	...	48.2	0.6	0.0	50	120	62	11.1	8
Scott, MO	29201	...	51.6	22.0	0.2	510	956	524	13.7	97
Shannon, MO	29203	...	71.0	1.5	0.4	71	130	69	12.2	10
Shelby, MO	29205	...	40.5	1.0	0.0	66	179	95	12.2	13
Stoddard, MO	29207	...	50.4	4.1	0.0	469	754	400	13.5	49
Stone, MOv	29209	...	51.1	3.2	0.2	235	624	343	12.9	52
Sullivan, MO	29211	...	60.7	20.0	17.5	71	181	103	11.1	12
Taney, MO	29213	...	48.8	8.9	2.0	378	943	469	14.4	74
Texas, MO	29215	...	50.1	2.8	0.0	285	582	320	12.9	36
Vernon, MO	29217	...	51.7	2.7	0.2	239	475	253	12.9	42
Warren, MO	29219	...	32.7	7.5	1.1	273	578	290	14.9	40
Washington, MO	29221	...	54.4	2.3	0.2	248	519	270	14.7	42
Wayne, MO	29223	...	61.8	1.7	0.0	123	315	153	12.8	21
Webster, MO	29225	...	41.8	3.3	0.1	289	618	349	13.8	40
Worth, MO	29227	...	48.0	1.1	0.0	29	61	34	11.1	4
Wright, MO	29229	...	59.2	2.9	0.0	224	553	288	12.2	39
St. Louis city, MO	29510	...	75.5	86.0	7.1	1,562	4,725	3,135	13.1	316
MONTANA	30000	13.2	34.5	15.7	4.6	10,335	14,704	10,371	14.0	165
Beaverhead, MT	30001	12.6	24.2	6.9	2.4	100	126	82	15.4	2
Big Horn, MT	30003	13.0	71.7	79.5	53.5	140	317	212	10.5	3
Blaine, MT	30005	13.6	64.3	64.0	16.7	90	193	136	9.9	4
Broadwater, MT	30007	9.8	34.5	5.7	0.0	52	75	51	14.1	1
Carbon, MT	30009	13.8	27.8	5.4	0.6	123	181	141	10.7	2
Carter, MT	30011	10.6	34.4	3.1	0.0	14	24	20	8.0	...
Cascade, MT	30013	11.6	32.2	16.1	0.7	770	1,123	838	14.8	5
Chouteau, MT	30015	11.1	38.8	3.5	3.2	59	98	77	9.3	2
Custer, MT	30017	16.1	26.7	6.1	0.2	141	217	147	12.7	1
Daniels, MT	30019	24.6	30.1	11.8	0.0	31	47	35	7.8	1
Dawson, MT	30021	16.0	23.7	3.4	0.2	105	159	103	12.9	2
Deer Lodge, MT	30023	16.5	44.1	9.3	0.0	111	115	82	15.7	1
Fallon, MT	30025	10.4	22.5	1.5	0.2	48	64	49	9.4	3
Fergus, MT	30027	16.6	35.9	4.8	0.3	166	214	152	12.2	4
Flathead, MT	30029	10.8	31.1	5.4	0.5	965	1,214	827	16.2	8
Gallatin, MT	30031	9.6	18.8	6.8	1.2	692	918	652	15.9	8
Garfield, MT	30033	11.9	30.4	0.5	0.0	13	27	24	8.1	...
Glacier, MT	30035	14.3	71.5	79.0	42.4	168	351	224	12.4	2
Golden Valley, MT	30037	18.2	62.6	4.0	17.2	19	30	27	7.3	1
Granite, MT	30039	18.3	36.3	2.4	0.0	37	52	40	10.5	1
Hill, MT	30041	14.7	48.3	43.2	16.0	200	318	215	14.4	4
Jefferson, MT	30043	11.3	21.4	7.5	0.1	104	151	125	13.5	3
Judith Basin, MT	30045	11.7	48.0	4.7	9.0	27	56	47	8.6	2
Lake, MT	30047	13.4	50.2	47.2	12.2	265	465	305	14.0	5
Lewis and Clark, MT	30049	11.8	25.2	9.3	0.2	649	803	570	16.5	6
Liberty, MT	30051	16.7	19.9	0.0	0.0	28	37	30	9.6	1
Lincoln, MT	30053	11.7	52.3	6.0	0.0	254	290	200	14.1	3
McCone, MT	30055	13.3	25.8	8.2	0.0	14	33	23	12.1	...
Madison, MT	30057	11.1	30.6	3.2	0.3	82	104	82	11.3	2
Meagher, MT	30059	13.8	53.5	2.5	12.1	20	34	25	11.3	...
Mineral, MT	30061	18.2	58.9	7.7	0.1	79	80	62	11.5	2
Missoula, MT	30063	15.2	33.4	8.5	4.6	944	1,207	826	16.2	9
Musselshell, MT	30065	20.5	55.3	5.8	0.6	51	78	54	11.7	2

[2]IEP = Individual Education Program. See notes and definitions for more information.
... = Not available.

TABLE C-1. POPULATION, SCHOOL, AND STUDENT CHARACTERISTICS BY COUNTY—Continued

STATE County	State/ county code	Revenues, 2004–2005 Total revenue (thousands of dollars)	% Federal government	% State government	% Local government	Current expenditures, 2004–2005 Total expenditures (thousands of dollars)	Amount per student	Percent for instruction	Resident population 16 to 19 years, 2000 Total population 16 to 19 years	Percent in Armed Forces	Percent high school graduates	Percent not enrolled, not employed, not in Armed Forces, not high school grad.
		19	20	21	22	23	24	25	26	27	28	29
Pettis, MO	29159	43,930	10.8	39.8	49.3	37,708	5,926	60.7	2,403	0.0	11.3	8.9
Phelps, MO	29161	58,416	11.1	44.4	44.5	45,384	6,882	62.9	2,892	0.3	9.4	4.2
Pike, MO	29163	24,299	10.7	38.9	50.5	19,550	6,707	63.1	1,082	0.0	9.3	14.1
Platte, MO	29165	138,252	3.9	19.4	76.7	105,500	7,861	61.1	3,765	0.0	12.3	1.1
Polk, MO	29167	40,837	12.5	48.8	38.7	35,220	6,789	60.4	1,976	0.1	10.3	2.0
Pulaski, MO	29169	72,166	32.6	41.4	26.0	57,311	6,859	62.3	3,777	48.4	55.2	1.9
Putnam, MO	29171	6,729	8.9	40.9	50.2	6,228	7,698	66.5	265	0.0	3.0	5.7
Ralls, MO	29173	6,223	7.3	37.1	55.6	4,998	6,140	61.5	524	0.0	13.2	4.4
Randolph, MO	29175	32,134	9.8	37.7	52.5	26,915	6,948	63.5	1,322	0.0	12.2	6.7
Ray, MO	29177	29,685	6.2	45.7	48.2	24,712	6,444	61.0	1,424	0.0	16.3	3.9
Reynolds, MO	29179	10,880	14.2	36.8	48.9	9,345	8,140	58.9	379	0.0	6.1	7.9
Ripley, MO	29181	17,231	16.9	53.0	30.1	14,570	6,187	65.1	718	0.0	18.1	11.0
St. Charles, MO	29183	485,537	3.7	24.3	72.0	376,614	7,152	60.5	15,689	0.0	8.6	3.0
St. Clair, MO	29185	12,149	11.5	47.1	41.4	10,906	7,399	59.4	426	0.0	11.0	7.0
Ste. Genevieve, MO	29186	15,514	8.8	20.3	70.9	13,571	6,515	61.1	1,046	0.0	10.3	4.3
St. Francois, MO	29187	82,186	10.0	46.9	43.1	69,609	6,711	59.6	3,248	0.0	10.3	12.4
St. Louis, MO	29189	1,754,823	5.6	20.8	73.7	1,476,688	9,975	60.2	55,360	0.1	7.7	3.2
Saline, MO	29195	31,853	10.2	44.5	45.3	28,063	7,628	65.8	1,637	0.0	10.8	5.1
Schuyler, MO	29197	5,902	10.7	49.7	39.6	5,197	7,109	58.4	231	0.0	6.1	1.3
Scotland, MO	29199	6,267	13.8	40.9	45.3	5,779	8,268	66.6	269	0.0	12.6	9.7
Scott, MO	29201	53,508	12.1	44.8	43.1	45,626	6,264	64.0	2,275	0.0	10.4	9.5
Shannon, MO	29203	7,069	14.9	49.9	35.2	6,388	7,334	61.8	483	0.0	20.1	14.5
Shelby, MO	29205	10,009	8.0	41.6	50.3	8,829	7,758	65.0	406	0.0	16.5	6.9
Stoddard, MO	29207	39,133	10.9	43.0	46.2	33,686	6,087	63.3	1,820	0.0	11.8	8.0
Stone, MO	29209	37,559	11.2	35.5	53.2	30,045	6,905	59.0	1,443	0.0	15.5	7.6
Sullivan, MO	29211	9,991	9.8	47.8	42.4	8,919	8,071	64.1	317	0.0	16.7	1.9
Taney, MO	29213	57,094	8.3	27.4	64.3	43,619	6,627	61.1	2,329	0.0	13.1	4.6
Texas, MO	29215	30,047	13.8	50.4	35.8	26,143	6,444	62.4	1,358	0.0	12.6	9.6
Vernon, MO	29217	26,336	11.3	46.0	42.6	22,712	7,122	64.8	1,402	0.1	8.2	4.5
Warren, MO	29219	31,100	7.2	33.2	59.6	24,837	5,870	59.7	1,369	0.0	12.3	6.4
Washington, MO	29221	28,977	12.6	51.3	36.1	24,144	6,044	57.4	1,522	0.0	18.7	12.1
Wayne, MO	29223	15,069	16.3	46.5	37.2	13,246	6,597	62.3	727	0.0	10.3	8.1
Webster, MO	29225	34,019	13.5	50.6	36.0	29,667	6,151	62.5	1,745	0.0	11.6	8.9
Worth, MO	29227	3,189	10.1	45.9	44.0	3,127	8,272	62.2	152	0.0	4.6	2.6
Wright, MO	29229	28,313	13.0	52.2	34.8	25,780	7,410	63.3	1,128	0.0	15.4	9.1
St. Louis city, MO	29510	481,513	14.4	38.6	47.0	425,549	10,714	53.3	19,036	0.0	10.4	10.3
MONTANA	30000	1,293,070	14.8	44.7	40.5	1,180,381	8,054	61.1	55,369	0.6	11.0	4.4
Beaverhead, MT	30001	11,364	6.7	44.8	48.5	10,512	8,187	66.8	835	0.0	4.6	1.6
Big Horn, MT	30003	29,068	43.7	33.5	22.8	27,291	11,688	55.4	908	0.0	8.9	12.4
Blaine, MT	30005	19,858	44.4	37.6	18.0	16,882	12,269	55.7	506	0.0	9.9	8.5
Broadwater, MT	30007	5,188	10.2	49.7	40.0	4,655	6,556	67.6	226	0.0	10.6	8.8
Carbon, MT	30009	14,545	5.9	48.3	45.8	13,261	8,696	62.9	520	0.0	8.3	5.2
Carter, MT	30011	2,170	9.7	38.7	51.7	2,052	12,361	59.8	86	0.0	0.0	0.0
Cascade, MT	30013	92,505	12.9	47.4	39.8	87,693	7,052	63.2	4,335	7.0	21.6	3.9
Chouteau, MT	30015	8,729	7.6	40.9	51.5	8,477	11,154	59.4	369	0.0	5.1	7.9
Custer, MT	30017	13,916	11.8	49.9	38.4	12,701	6,899	65.6	756	0.0	11.9	0.7
Daniels, MT	30019	3,873	4.4	48.5	47.1	3,588	12,545	56.5	114	0.0	2.6	0.0
Dawson, MT	30021	12,238	10.5	48.4	41.0	11,659	8,707	58.5	605	0.0	9.6	0.2
Deer Lodge, MT	30023	10,386	13.2	53.1	33.7	9,689	7,312	60.8	591	0.0	17.4	5.9
Fallon, MT	30025	9,298	3.4	83.2	13.4	6,314	13,463	62.4	166	0.0	4.8	0.0
Fergus, MT	30027	18,335	11.2	47.5	41.2	17,115	9,099	55.7	680	0.0	9.6	4.3
Flathead, MT	30029	101,664	9.0	44.4	46.7	92,075	6,891	63.5	4,238	0.0	10.1	4.8
Gallatin, MT	30031	79,680	8.0	40.3	51.7	71,040	7,018	60.8	5,008	0.0	8.2	1.5
Garfield, MT	30033	2,118	10.3	45.2	44.5	2,006	9,507	59.6	81	0.0	13.6	3.7
Glacier, MT	30035	32,481	39.4	36.8	23.8	31,410	11,206	54.3	913	0.0	11.1	9.2
Golden Valley, MT	30037	2,306	7.4	42.5	50.1	2,041	10,467	59.6	50	0.0	4.0	6.0
Granite, MT	30039	5,228	12.8	44.1	43.1	4,131	9,139	65.1	129	0.0	11.6	9.3
Hill, MT	30041	35,238	34.6	38.1	27.3	30,854	10,163	54.6	1,207	0.0	8.8	5.0
Jefferson, MT	30043	12,744	7.0	51.3	41.7	11,948	6,942	62.8	658	0.0	9.7	4.1
Judith Basin, MT	30045	4,743	7.1	39.8	53.0	4,273	11,186	62.8	140	0.0	8.6	9.3
Lake, MT	30047	40,161	30.0	41.8	28.1	35,446	8,109	64.9	1,805	0.0	9.4	14.0
Lewis and Clark, MT	30049	74,795	10.8	46.1	43.1	69,361	7,372	63.1	3,520	0.4	11.3	1.2
Liberty, MT	30051	4,493	11.1	41.7	47.1	4,161	12,202	61.8	149	0.0	2.7	14.8
Lincoln, MT	30053	23,633	14.4	51.4	34.1	22,075	7,544	61.3	1,144	0.0	11.8	3.5
McCone, MT	30055	2,665	7.4	42.7	49.9	2,538	9,506	60.1	114	0.0	5.3	7.9
Madison, MT	30057	11,207	5.4	35.8	58.8	9,385	9,942	60.9	355	0.0	9.0	3.1
Meagher, MT	30059	2,681	8.8	40.6	50.6	2,476	8,597	60.3	123	0.0	10.6	13.0
Mineral, MT	30061	7,526	12.8	45.2	42.1	6,938	8,999	65.1	221	0.0	9.5	5.0
Missoula, MT	30063	113,514	10.5	41.5	48.1	102,953	7,713	61.1	6,412	0.1	10.4	2.2
Musselshell, MT	30065	6,076	11.4	50.2	38.3	5,640	9,053	61.8	274	0.0	6.6	4.4

PART C—COUNTY EDUCATION STATISTICS 413

Table C-1. Population, School, and Student Characteristics by County—Continued

STATE County	State/ county code	Population 25 years and over	High school diploma or less (percent)	High school diploma or more (percent)	College enrollment 2000 Number	Percent public	Bachelor's degree or more	+/- U.S. percent with bachelor's degree or more	Non-Hispanic White	Black	American Indian, Alaska Native	Asian and Pacific Islander	Hispanic or Latino[3]
		30	31	32	33	34	35	36	37	38	39	40	41
Pettis, MO	29159	25,355	55.5	78.3	1,572	89.6	15.0	-9.4	15.0	12.3	10.8	71.3	4.0
Phelps, MO	29161	24,665	53.9	79.0	4,814	94.5	21.1	-3.3	19.9	15.2	7.3	74.9	22.0
Pike, MO	29163	12,242	68.2	76.0	429	69.5	10.2	-14.2	10.6	5.4	41.4	41.9	2.2
Platte, MO	29165	48,721	34.8	91.8	3,735	71.9	33.3	8.9	33.7	26.9	22.6	45.7	19.6
Polk, MO	29167	16,645	62.2	77.5	2,320	21.8	14.6	-9.8	14.3	40.5	28.9	70.3	27.4
Pulaski, MO	29169	23,062	48.5	85.1	2,825	74.9	18.8	-5.6	18.5	21.2	12.9	26.8	16.0
Putnam, MO	29171	3,649	64.8	80.0	174	89.7	11.2	-13.2	11.2	0.0	0.0	100.0	0.0
Ralls, MO	29173	6,506	67.8	78.7	221	63.8	12.3	-12.1	12.3	4.9	0.0	53.3	34.8
Randolph, MO	29175	16,452	61.2	77.1	944	78.6	11.7	-12.7	12.3	3.5	10.8	47.7	16.2
Ray, MO	29177	15,165	66.6	79.3	554	67.9	10.8	-13.6	11.0	0.0	0.0	23.8	3.7
Reynolds, MO	29179	4,639	74.5	65.2	175	89.7	7.5	-16.9	7.7	0.0	0.0	55.6	0.0
Ripley, MO	29181	9,092	71.0	62.1	272	91.5	7.8	-16.6	7.8	0.0	4.3	36.2	0.0
St. Charles, MO	29183	178,498	40.5	89.1	15,745	65.4	26.3	1.9	26.3	22.7	16.4	51.9	26.7
St. Clair, MO	29185	6,876	72.6	73.1	140	82.1	9.0	-15.4	8.9	0.0	3.3	70.8	11.4
Ste. Genevieve, MO	29186	11,743	69.0	73.8	496	83.3	8.1	-16.3	8.0	25.5	0.0	100.0	11.4
St. Francois, MO	29187	37,236	62.3	72.4	1,941	89.1	10.2	-14.2	10.2	4.3	23.6	24.8	19.6
St. Louis, MO	29189	677,027	36.0	88.0	64,556	58.5	35.4	11.0	38.4	17.4	16.4	65.7	32.7
Saline, MO	29195	15,185	64.2	74.0	1,643	36.3	15.8	-8.6	16.0	12.3	6.0	38.2	11.6
Schuyler, MO	29197	2,870	65.2	81.4	76	94.7	11.6	-12.8	11.7	0.0	0.0	0.0	0.0
Scotland, MO	29199	3,172	67.8	76.8	79	75.9	11.2	-13.2	11.3	...	0.0	0.0	6.7
Scott, MO	29201	25,749	69.8	72.9	1,166	90.1	10.6	-13.8	11.3	2.6	14.3	28.6	2.9
Shannon, MO	29203	5,552	75.6	67.6	220	77.7	7.6	-16.8	7.5	0.0	11.5	0.0	3.4
Shelby, MO	29205	4,589	66.4	81.0	185	69.7	12.5	-11.9	12.6	0.0	0.0	0.0	27.8
Stoddard, MO	29207	20,121	72.0	66.9	811	89.9	10.1	-14.3	10.0	0.6	8.3	48.2	18.4
Stone, MO	29209	20,799	58.5	80.4	517	85.9	14.2	-10.2	14.1	0.0	14.6	0.0	37.0
Sullivan, MO	29211	4,870	72.4	72.4	107	80.4	8.4	-16.0	8.8	0.0	0.0	0.0	3.2
Taney, MO	29213	26,814	56.4	81.4	2,123	37.9	14.9	-9.5	15.1	19.3	8.1	11.0	16.8
Texas, MO	29215	15,641	68.3	71.4	712	77.0	10.8	-13.6	10.8	22.2	4.3	23.1	9.6
Vernon, MO	29217	13,169	63.3	76.6	704	59.9	14.2	-10.2	14.1	7.1	18.2	33.3	0.0
Warren, MO	29219	16,137	60.8	79.5	664	70.9	11.1	-13.3	11.3	5.5	0.0	0.0	19.2
Washington, MO	29221	14,796	72.9	62.5	634	92.7	7.5	-16.9	7.6	0.0	15.2	47.6	4.1
Wayne, MO	29223	9,301	74.6	59.7	222	77.9	6.8	-17.6	6.7	0.0	3.1	53.8	28.6
Webster, MO	29225	19,515	65.0	74.8	825	74.5	11.0	-13.4	11.2	1.5	9.3	43.1	2.1
Worth, MO	29227	1,644	65.5	80.2	42	90.5	11.3	-13.1	11.3	...	18.2	0.0	0.0
Wright, MO	29229	11,638	69.6	71.1	549	81.6	9.8	-14.6	10.0	14.8	15.5	0.0	3.0
St. Louis city, MO	29510	221,951	56.2	71.3	24,410	51.8	19.1	-5.3	28.2	8.8	11.3	33.0	16.6
MONTANA	30000	586,621	44.1	87.2	51,255	88.0	24.4	0.0	25.2	33.2	10.5	38.9	15.4
Beaverhead, MT	30001	5,825	39.8	89.3	1,117	89.3	26.4	2.0	27.0	0.0	3.4	...	5.2
Big Horn, MT	30003	7,051	53.8	76.4	420	84.0	17.3	-10.1	20.3	...	9.3	36.7	0.0
Blaine, MT	30005	4,144	49.3	78.7	213	89.2	17.4	-7.0	22.1	0.0	9.6	0.0	10.3
Broadwater, MT	30007	3,061	54.5	85.2	112	85.7	15.0	-9.4	15.3	0.0	0.0	100.0	0.0
Carbon, MT	30009	6,701	48.0	88.1	215	87.9	23.3	-1.1	23.4	66.7	21.4	14.3	15.6
Carter, MT	30011	946	52.5	83.3	15	53.3	13.6	-10.8	13.9	0.0	0.0	0.0	...
Cascade, MT	30013	52,333	46.2	87.1	3,154	69.8	21.5	-2.9	22.1	27.2	7.2	25.4	17.1
Chouteau, MT	30015	3,837	43.3	87.1	174	87.9	20.5	-3.9	21.6	0.0	9.7	55.6	23.5
Custer, MT	30017	7,819	44.9	84.9	514	93.8	18.8	-5.6	19.2	...	3.5	37.0	1.1
Daniels, MT	30019	1,467	51.0	85.3	30	70.0	14.1	-10.3	14.3	...	0.0	33.3	0.0
Dawson, MT	30021	6,161	47.8	82.7	445	94.4	15.1	-9.3	15.2	0.0	0.0	0.0	25.7
Deer Lodge, MT	30023	6,584	58.4	84.5	330	82.1	14.7	-9.7	14.9	...	5.5	44.0	0.0
Fallon, MT	30025	1,935	57.7	85.7	16	75.0	14.4	-10.0	14.3	50.0	0.0	100.0	20.0
Fergus, MT	30027	8,290	50.4	86.3	187	85.0	19.1	-5.3	19.4	100.0	6.6	50.0	0.0
Flathead, MT	30029	49,648	43.2	87.4	2,223	85.6	22.4	-2.0	22.5	64.0	15.5	31.9	20.8
Gallatin, MT	30031	40,461	27.9	93.3	10,816	96.8	41.0	16.6	41.1	45.9	29.4	64.6	25.7
Garfield, MT	30033	871	54.1	84.7	14	78.6	16.8	-7.6	16.8	...	...	0.0	0.0
Glacier, MT	30035	7,383	48.7	78.6	469	88.1	16.5	-7.9	26.0	0.0	8.6	0.0	0.0
Golden Valley, MT	30037	704	58.4	70.5	13	100.0	16.2	-8.2	16.4	...	0.0	0.0	0.0
Granite, MT	30039	1,988	47.1	87.8	39	87.2	22.1	-2.3	22.5	...	0.0	0.0	13.3
Hill, MT	30041	10,031	45.3	86.8	1,378	97.0	20.0	-4.4	20.9	0.0	12.3	32.1	22.4
Jefferson, MT	30043	6,717	41.0	90.2	210	75.7	27.7	3.3	28.0	0.0	10.5	23.5	18.8
Judith Basin, MT	30045	1,595	42.8	87.6	23	65.2	23.6	-0.8	23.9	...	0.0	0.0	0.0
Lake, MT	30047	16,971	47.5	84.2	1,057	86.7	22.2	-2.2	24.6	8.3	11.1	35.5	24.9
Lewis and Clark, MT	30049	36,690	37.9	91.4	2,691	52.5	31.6	7.2	32.1	34.8	11.4	52.3	25.8
Liberty, MT	30051	1,470	50.0	75.0	34	94.1	17.6	-6.8	17.5	...	...	0.0	100.0
Lincoln, MT	30053	13,008	57.8	80.2	428	89.5	13.7	-10.7	13.8	100.0	6.9	0.0	0.0
McCone, MT	30055	1,374	52.1	86.1	24	79.2	16.4	-8.0	16.4	0.0	0.0	100.0	25.0
Madison, MT	30057	4,945	42.8	89.8	138	92.0	25.5	1.1	25.8	...	12.5	0.0	22.9
Meagher, MT	30059	1,334	53.8	83.4	10	40.0	18.7	-5.7	18.9	...	27.3	...	0.0
Mineral, MT	30061	2,691	60.5	83.2	68	88.2	12.3	-12.1	12.5	...	6.7	20.0	21.4
Missoula, MT	30063	59,298	35.5	91.0	11,985	94.4	32.8	8.4	33.1	50.7	19.3	39.9	29.4
Musselshell, MT	30065	3,181	55.5	82.6	120	90.8	16.7	-7.7	16.8	...	0.0	50.0	3.0

[3] May be of any race.
... = Not available.

414 THE ALMANAC OF AMERICAN EDUCATION (BERNAN PRESS)

Table C-1. Population, School, and Student Characteristics by County—Continued

STATE County	State/county code	County type[1]	Population, 2007 Total	Population, 2007 Percent 5 to 17 years	Number of schools and students, 2005–2006 School districts	Number of schools and students, 2005–2006 Schools	Number of schools and students, 2005–2006 Students	Resident enrollment, 2000 Total enrollment Number	Resident enrollment, 2000 Total enrollment Percent public	Resident enrollment, 2000 K–12 enrollment Number	Resident enrollment, 2000 K–12 enrollment Percent public
			1	2	3	4	5	6	7	8	9
Park, MT	30067	7	16,099	15.8	12	16	2,127	3,349	86.3	2,678	89.2
Petroleum, MT	30069	9	438	17.6	2	3	97	113	100.0	97	100.0
Phillips, MT	30071	9	3,948	16.1	8	16	800	1,174	94.4	1,043	97.4
Pondera, MT	30073	7	5,943	17.9	9	13	1,058	1,825	91.3	1,534	95.3
Powder River, MT	30075	9	1,699	15.9	6	5	355	437	93.1	388	97.7
Powell, MT	30077	7	7,118	13.3	10	9	978	1,483	86.7	1,245	92.1
Prairie, MT	30079	9	1,044	12.4	2	3	151	215	97.2	187	97.3
Ravalli, MT	30081	6	40,396	16.8	10	23	6,033	8,361	85.9	7,168	87.3
Richland, MT	30083	7	9,182	17.0	11	14	1,681	2,399	95.7	2,129	98.1
Roosevelt, MT	30085	7	10,148	22.2	14	22	2,457	3,651	95.2	2,891	97.3
Rosebud, MT	30087	9	9,182	20.6	11	15	1,768	2,924	89.7	2,426	91.1
Sanders, MT	30089	8	11,033	15.0	14	18	1,717	2,280	90.3	1,967	93.3
Sheridan, MT	30091	9	3,373	12.7	5	9	539	852	92.3	750	96.8
Silver Bow, MT	30093	5	32,652	16.2	6	12	4,765	9,439	86.7	6,390	87.0
Stillwater, MT	30095	8	8,660	16.7	15	18	1,458	1,888	93.5	1,657	96.0
Sweet Grass, MT	30097	9	3,807	17.1	6	6	604	808	91.5	713	96.2
Teton, MT	30099	8	6,023	17.2	12	17	1,335	1,586	90.0	1,398	92.9
Toole, MT	30101	7	5,144	15.6	5	10	846	1,297	90.0	1,135	94.5
Treasure, MT	30103	8	651	15.4	2	3	130	212	97.6	199	97.5
Valley, MT	30105	7	6,899	16.2	9	17	1,190	1,808	93.9	1,596	95.2
Wheatland, MT	30107	9	1,983	19.0	6	7	407	478	93.3	393	98.0
Wibaux, MT	30109	9	898	15.6	2	3	154	249	98.8	228	99.1
Yellowstone, MT	30111	3	139,936	17.4	22	59	21,820	33,876	88.4	24,867	92.4
NEBRASKA	31000	X	1,774,571	17.8	514	1,225	286,646	480,705	82.8	338,004	86.5
Adams, NE	31001	5	32,990	16.9	11	27	4,807	8,746	73.1	5,519	83.7
Antelope, NE	31003	9	6,757	16.8	8	15	1,201	1,892	88.2	1,636	88.8
Arthur, NE	31005	9	356	16.3	2	3	82	116	97.4	105	100.0
Banner, NE	31007	9	734	15.3	1	2	162	205	95.6	187	97.9
Blaine, NE	31009	9	448	15.2	1	2	137	136	99.3	125	100.0
Boone, NE	31011	9	5,527	18.1	5	9	968	1,676	88.2	1,459	90.1
Box Butte, NE	31013	7	11,001	17.9	6	11	2,114	3,384	92.1	2,779	96.9
Boyd, NE	31015	9	2,119	15.7	4	6	383	568	97.9	509	99.2
Brown, NE	31017	9	3,207	14.6	5	6	539	810	92.2	699	97.7
Buffalo, NE	31019	5	44,976	16.8	17	34	7,217	14,318	91.4	7,775	91.8
Burt, NE	31021	8	7,059	16.7	4	10	1,361	1,891	95.9	1,632	96.7
Butler, NE	31023	6	8,377	18.3	5	10	1,204	2,263	71.3	1,942	70.7
Cass, NE	31025	2	25,577	19.0	7	17	3,869	6,664	87.6	5,203	91.4
Cedar, NE	31027	9	8,530	18.6	5	11	1,367	2,646	73.7	2,293	73.9
Chase, NE	31029	9	3,698	14.7	2	6	813	969	94.2	822	97.1
Cherry, NE	31031	7	5,718	16.6	24	27	998	1,524	90.4	1,291	94.7
Cheyenne, NE	31033	7	9,972	17.3	5	12	1,677	2,414	95.7	2,060	98.6
Clay, NE	31035	9	6,330	17.5	4	6	865	1,891	92.2	1,568	93.4
Colfax, NE	31037	7	9,974	19.4	9	13	2,103	2,799	90.9	2,336	91.6
Cuming, NE	31039	7	9,365	17.5	5	10	1,556	2,552	66.3	2,182	65.7
Custer, NE	31041	7	10,849	17.8	13	22	1,946	2,835	92.8	2,520	95.1
Dakota, NE	31043	3	20,312	21.6	4	18	4,029	5,524	88.5	4,479	90.5
Dawes, NE	31045	7	8,818	14.1	12	16	1,417	3,367	96.2	1,535	95.5
Dawson, NE	31047	7	24,744	21.0	15	28	5,249	6,269	96.0	5,288	98.1
Deuel, NE	31049	9	1,893	13.5	2	5	408	466	92.5	421	94.3
Dixon, NE	31051	3	6,243	17.0	4	8	1,138	1,670	94.2	1,411	96.5
Dodge, NE	31053	4	36,004	16.6	6	22	6,009	9,093	80.1	6,752	89.5
Douglas, NE	31055	2	497,416	18.5	13	166	82,352	132,512	75.8	89,728	80.2
Dundy, NE	31057	9	2,031	15.3	1	3	332	530	94.7	421	99.3
Fillmore, NE	31059	9	6,051	17.9	5	11	1,081	1,609	92.3	1,361	94.4
Franklin, NE	31061	9	3,158	15.4	1	2	334	829	96.3	689	99.3
Frontier, NE	31063	9	2,663	14.3	3	6	648	947	96.6	664	98.3
Furnas, NE	31065	9	4,732	16.1	3	8	1,146	1,226	94.2	1,020	97.5
Gage, NE	31067	6	23,219	15.7	5	13	3,374	5,467	89.0	4,267	92.3
Garden, NE	31069	9	1,834	12.8	2	3	289	492	94.3	427	97.4
Garfield, NE	31071	9	1,722	16.2	4	4	342	437	95.0	385	98.4
Gosper, NE	31073	9	1,971	15.3	1	2	260	501	95.8	427	98.1
Grant, NE	31075	9	613	15.2	5	5	129	210	92.4	193	96.9
Greeley, NE	31077	9	2,326	16.6	3	8	509	725	82.6	593	80.1
Hall, NE	31079	5	55,642	19.0	11	33	10,548	12,912	89.4	10,391	92.0
Hamilton, NE	31081	7	9,298	19.1	3	7	1,669	2,594	91.8	2,143	94.4
Harlan, NE	31083	9	3,392	15.7	1	2	314	924	91.2	782	93.6
Hayes, NE	31085	9	980	16.6	1	2	183	289	97.2	259	97.7
Hitchcock, NE	31087	9	2,844	14.6	5	5	299	764	95.3	628	98.6
Holt, NE	31089	7	10,312	17.0	17	22	1,678	2,924	86.8	2,558	86.9
Hooker, NE	31091	9	736	13.5	1	2	177	181	94.5	160	100.0

[1] County type codes are from the Economic Research Service of the United States Department of Agriculture. See notes and definitions for more information.

Table C-1. Population, School, and Student Characteristics by County—Continued

STATE County	State/ county code	Students with IEP[2] (%)	Students eligible for free or reduced-price lunch (%)	Minority students (%)	English language learners (%)	Number of graduates, 2004–2005	Total staff	Number of teachers	Student/ teacher ratio	Central administration staff
		10	11	12	13	14	15	16	17	18
Park, MT	30067	11.9	28.3	4.0	0.2	162	225	162	13.1	5
Petroleum, MT	30069	8.2	69.1	4.1	0.0	5	12	11	8.8	...
Phillips, MT	30071	16.8	50.8	19.4	2.4	77	117	87	9.2	2
Pondera, MT	30073	12.3	42.8	23.4	10.8	94	133	87	12.2	3
Powder River, MT	30075	10.1	25.9	5.4	0.0	38	42	32	11.1	1
Powell, MT	30077	22.4	33.3	5.1	1.1	47	121	84	11.6	3
Prairie, MT	30079	11.9	42.4	4.6	0.0	14	20	17	8.9	...
Ravalli, MT	30081	13.2	34.1	5.2	0.0	428	614	401	15.0	8
Richland, MT	30083	14.0	30.1	7.1	0.7	173	183	131	12.8	3
Roosevelt, MT	30085	16.4	63.8	77.4	37.6	139	382	252	9.8	7
Rosebud, MT	30087	17.8	53.7	48.1	24.5	131	264	165	10.7	4
Sanders, MT	30089	10.0	51.7	12.2	1.3	145	169	130	13.2	4
Sheridan, MT	30091	18.9	38.0	12.4	0.0	56	77	61	8.8	2
Silver Bow, MT	30093	12.9	34.4	9.4	0.1	334	397	305	15.6	1
Stillwater, MT	30095	11.3	18.0	4.6	0.5	108	167	118	12.4	5
Sweet Grass, MT	30097	11.8	17.1	3.8	0.0	52	61	43	14.0	1
Teton, MT	30099	11.3	33.0	6.6	6.7	97	149	116	11.5	3
Toole, MT	30101	13.5	34.8	7.7	6.6	77	101	70	12.1	2
Treasure, MT	30103	10.0	39.2	13.8	0.0	9	18	16	8.1	1
Valley, MT	30105	16.5	41.3	16.5	0.2	90	161	121	9.8	3
Wheatland, MT	30107	15.5	54.8	5.7	23.6	38	59	43	9.5	1
Wibaux, MT	30109	9.7	38.3	4.5	0.0	12	22	18	8.6	1
Yellowstone, MT	30111	14.5	28.2	14.4	0.9	1,448	2,009	1,418	15.4	15
NEBRASKA	31000	16.2	34.7	22.5	6.1	19,939	41,169	21,364	13.4	2,667
Adams, NE	31001	19.3	37.9	15.2	5.0	377	707	365	13.2	52
Antelope, NE	31003	15.8	47.1	2.8	1.0	88	259	124	9.7	16
Arthur, NE	31005	20.7	0.0	0.0	0.0	7	19	12	6.8	2
Banner, NE	31007	8.6	35.8	6.8	0.0	17	42	18	9.0	3
Blaine, NE	31009	17.5	62.0	1.5	0.0	14	32	19	7.2	3
Boone, NE	31011	16.9	43.1	2.0	0.0	100	172	91	10.6	12
Box Butte, NE	31013	15.3	36.0	23.2	3.5	172	331	167	12.7	21
Boyd, NE	31015	22.2	45.4	1.8	0.0	52	90	45	8.5	6
Brown, NE	31017	15.0	32.1	2.8	0.0	58	97	54	10.0	8
Buffalo, NE	31019	15.4	32.9	13.7	3.7	488	1,071	531	13.6	64
Burt, NE	31021	20.3	35.6	7.9	0.4	127	213	114	11.9	14
Butler, NE	31023	16.9	35.2	4.8	0.3	105	200	105	11.5	13
Cass, NE	31025	18.3	28.0	4.7	0.7	252	615	287	13.5	36
Cedar, NE	31027	16.9	35.8	2.3	0.0	120	250	126	10.8	18
Chase, NE	31029	14.6	33.0	12.4	4.2	17	105	70	11.6	4
Cherry, NE	31031	12.3	42.5	11.9	0.1	78	178	104	9.6	10
Cheyenne, NE	31033	16.0	33.5	10.4	0.0	134	289	141	11.9	19
Clay, NE	31035	23.7	35.9	8.5	5.9	83	144	81	10.7	9
Colfax, NE	31037	11.4	48.4	44.9	16.9	165	289	176	11.9	21
Cuming, NE	31039	15.6	44.6	20.1	11.8	110	238	124	12.5	11
Custer, NE	31041	15.6	40.3	4.3	0.1	153	356	175	11.1	21
Dakota, NE	31043	16.1	38.7	55.4	20.8	229	615	307	13.1	41
Dawes, NE	31045	14.6	32.2	17.2	0.4	282	214	114	12.4	19
Dawson, NE	31047	16.0	54.0	47.7	16.6	287	683	375	14.0	40
Deuel, NE	31049	15.2	46.1	7.2	0.0	47	81	45	9.1	9
Dixon, NE	31051	14.8	31.5	5.1	0.0	83	173	95	12.0	10
Dodge, NE	31053	18.7	38.5	14.0	4.7	403	850	419	14.3	58
Douglas, NE	31055	15.1	35.1	35.9	8.4	4,854	11,005	5,621	14.7	723
Dundy, NE	31057	23.5	51.5	9.0	2.4	27	67	29	11.4	4
Fillmore, NE	31059	24.2	32.7	7.1	0.0	113	183	95	11.4	15
Franklin, NE	31061	13.5	45.3	0.7	0.0	28	55	32	10.4	3
Frontier, NE	31063	16.5	40.1	3.2	0.0	46	132	64	10.1	8
Furnas, NE	31065	18.7	42.0	5.3	0.0	83	205	98	11.7	13
Gage, NE	31067	20.4	31.0	5.2	0.2	261	486	260	13.0	36
Garden, NE	31069	13.1	50.5	4.8	0.0	30	42	28	10.3	3
Garfield, NE	31071	13.7	37.1	2.9	0.0	26	61	33	10.4	4
Gosper, NE	31073	26.5	37.4	9.8	0.0	30	41	22	11.8	3
Grant, NE	31075	14.0	37.2	0.8	0.0	27	35	20	6.5	3
Greeley, NE	31077	18.9	57.5	3.6	0.0	32	117	58	8.8	8
Hall, NE	31079	14.2	47.7	31.8	19.9	601	1,326	731	14.4	84
Hamilton, NE	31081	18.0	26.2	3.5	0.0	121	243	124	13.5	14
Harlan, NE	31083	19.4	40.1	3.9	0.0	28	53	28	11.2	3
Hayes, NE	31085	11.5	53.0	1.6	2.2	16	45	21	8.7	4
Hitchcock, NE	31087	24.7	51.1	6.8	0.0	6	83	39	7.7	6
Holt, NE	31089	17.6	42.2	4.6	1.4	165	280	166	10.1	18
Hooker, NE	31091	16.4	46.3	0.0	0.0	18	38	21	8.4	4

[2]IEP = Individual Education Program. See notes and definitions for more information.
... = Not available.

Table C-1. Population, School, and Student Characteristics by County—Continued

STATE County	State/ county code	Revenues, 2004–2005 Total revenue (thousands of dollars)	% Federal government	% State government	% Local government	Current expenditures, 2004–2005 Total expenditures (thousands of dollars)	Amount per student	Percent for instruction	Resident population 16 to 19 years, 2000 Total population 16 to 19 years	Percent in Armed Forces	Percent high school graduates	Percent not enrolled, not employed, not in Armed Forces, not high school grad.
		19	20	21	22	23	24	25	26	27	28	29
Park, MT	30067	20,118	14.3	41.3	44.4	18,380	8,435	59.1	742	0.0	20.1	4.0
Petroleum, MT	30069	1,233	10.4	47.4	42.2	1,128	11,874	54.4	22	0.0	0.0	0.0
Phillips, MT	30071	11,495	11.0	53.0	36.0	9,636	11,554	62.8	291	0.0	10.3	1.0
Pondera, MT	30073	13,022	24.6	42.2	33.2	11,771	10,585	56.0	409	0.0	5.9	7.8
Powder River, MT	30075	3,329	8.9	55.6	35.6	3,197	8,641	57.8	101	0.0	15.8	0.0
Powell, MT	30077	9,892	18.2	42.1	39.7	8,869	9,078	63.5	336	1.5	5.1	12.5
Prairie, MT	30079	2,152	26.3	37.8	35.9	2,027	12,360	56.3	47	0.0	0.0	4.3
Ravalli, MT	30081	46,977	11.1	50.9	38.0	41,578	6,803	62.0	2,087	0.1	12.2	8.2
Richland, MT	30083	18,130	6.7	63.5	29.8	14,947	8,546	61.7	587	0.0	11.2	2.7
Roosevelt, MT	30085	33,074	40.3	35.8	23.9	31,747	12,608	58.4	766	0.4	7.3	12.4
Rosebud, MT	30087	25,045	25.2	37.6	37.2	22,308	12,540	55.4	661	0.0	7.9	9.4
Sanders, MT	30089	16,102	14.6	45.9	39.4	15,348	8,480	59.6	628	0.0	7.6	4.6
Sheridan, MT	30091	8,197	8.6	54.7	36.7	7,577	13,316	56.0	212	0.0	6.1	0.0
Silver Bow, MT	30093	37,441	12.1	47.7	40.2	34,323	7,044	56.8	1,981	0.0	9.7	4.0
Stillwater, MT	30095	13,843	7.8	42.0	50.2	12,646	8,733	61.9	423	0.0	8.5	0.5
Sweet Grass, MT	30097	5,426	7.5	38.3	54.2	4,889	7,911	66.9	175	0.0	8.0	1.1
Teton, MT	30099	11,426	7.0	47.3	45.7	10,473	8,221	65.2	368	0.5	13.9	5.2
Toole, MT	30101	8,553	10.6	47.0	42.3	7,606	8,470	59.1	348	0.0	7.5	8.3
Treasure, MT	30103	1,426	5.4	43.0	51.6	1,398	10,672	62.7	53	0.0	11.3	1.9
Valley, MT	30105	13,826	17.4	37.3	45.3	12,620	10,194	61.3	460	0.0	7.4	4.3
Wheatland, MT	30107	4,108	10.5	46.2	43.4	3,991	9,238	65.6	124	0.0	9.7	4.8
Wibaux, MT	30109	2,036	8.0	59.9	32.1	1,895	11,280	63.1	64	0.0	3.1	3.1
Yellowstone, MT	30111	171,793	9.8	47.3	42.9	159,387	7,278	62.7	7,246	0.1	12.2	3.4
NEBRASKA	31000	2,895,640	10.2	30.3	59.4	2,362,924	8,304	63.0	107,180	0.3	9.0	3.4
Adams, NE	31001	52,725	10.3	31.8	57.8	43,773	9,612	68.0	2,035	0.6	5.7	1.7
Antelope, NE	31003	18,854	10.7	25.0	64.2	15,363	13,394	65.5	496	0.0	9.3	0.2
Arthur, NE	31005	1,186	3.8	22.5	73.7	1,201	13,805	67.7	26	0.0	0.0	0.0
Banner, NE	31007	2,287	9.6	27.5	62.9	1,984	12,478	58.4	51	0.0	11.8	3.9
Blaine, NE	31009	1,903	5.1	18.5	76.4	1,684	12,474	62.3	38	0.0	15.8	0.0
Boone, NE	31011	10,586	7.4	15.9	76.8	9,310	8,952	69.4	362	0.0	7.2	0.8
Box Butte, NE	31013	19,229	9.4	41.2	49.4	17,777	8,200	64.1	824	0.0	13.2	1.9
Boyd, NE	31015	5,303	7.7	41.8	50.4	4,869	11,847	67.4	166	0.0	3.0	3.0
Brown, NE	31017	9,465	8.9	31.5	59.6	7,249	12,673	63.2	179	0.0	7.8	0.6
Buffalo, NE	31019	71,118	11.7	30.2	58.1	59,887	8,565	64.2	3,642	0.0	6.7	2.5
Burt, NE	31021	12,279	9.5	23.3	67.2	11,286	7,953	64.9	443	0.0	4.7	2.3
Butler, NE	31023	11,676	8.8	13.0	78.3	9,927	8,084	62.7	499	0.0	5.4	1.6
Cass, NE	31025	36,396	10.4	28.9	60.7	30,081	7,783	64.1	1,461	0.0	9.7	3.7
Cedar, NE	31027	15,870	9.4	23.5	67.1	12,830	9,029	65.7	615	0.0	7.3	0.7
Chase, NE	31029	9,148	6.1	18.4	75.5	7,454	8,800	64.1	241	0.0	3.7	5.0
Cherry, NE	31031	12,331	10.4	24.6	65.0	10,238	9,854	69.3	326	0.0	8.9	3.1
Cheyenne, NE	31033	17,313	13.0	34.0	53.0	14,976	8,815	64.8	608	0.0	15.8	0.3
Clay, NE	31035	9,084	13.1	23.0	63.9	7,730	8,637	62.8	468	0.0	6.2	1.9
Colfax, NE	31037	19,929	7.8	33.9	58.2	16,197	7,541	65.1	720	0.0	9.7	9.3
Cuming, NE	31039	15,760	10.8	17.5	71.7	12,507	7,911	64.9	598	0.0	8.0	3.7
Custer, NE	31041	22,354	7.3	30.6	62.1	18,690	9,411	66.7	599	0.5	4.8	0.7
Dakota, NE	31043	34,819	11.2	51.2	37.6	29,035	7,430	64.9	1,218	0.0	11.2	5.5
Dawes, NE	31045	13,809	16.3	43.6	40.0	10,250	7,983	62.0	1,088	1.6	7.4	4.6
Dawson, NE	31047	45,867	11.7	42.4	45.9	37,237	7,242	65.8	1,522	0.0	6.2	8.3
Deuel, NE	31049	7,911	6.8	9.9	83.3	4,909	11,233	61.2	132	0.0	8.3	2.3
Dixon, NE	31051	10,085	8.6	32.0	59.4	8,963	7,883	65.0	368	0.0	6.5	4.1
Dodge, NE	31053	56,352	9.9	29.1	61.0	50,245	8,260	61.4	2,296	0.0	8.4	3.3
Douglas, NE	31055	795,993	10.2	31.4	58.4	637,094	7,870	58.7	26,622	0.0	9.2	5.4
Dundy, NE	31057	4,067	7.1	24.9	67.9	3,504	10,882	59.1	118	0.0	5.1	2.5
Fillmore, NE	31059	11,299	8.1	13.3	78.6	9,952	9,560	63.1	399	0.0	10.0	2.8
Franklin, NE	31061	3,607	8.8	31.2	60.0	3,035	8,746	65.6	170	0.0	6.5	1.8
Frontier, NE	31063	8,069	6.7	28.7	64.6	6,812	10,353	57.4	290	0.0	4.5	0.7
Furnas, NE	31065	13,648	13.0	33.4	53.6	10,392	9,060	64.5	317	0.0	5.7	1.3
Gage, NE	31067	38,769	15.1	32.9	52.0	30,981	9,091	67.1	1,333	0.0	9.8	3.4
Garden, NE	31069	5,297	9.3	14.7	76.0	3,787	11,984	61.6	118	0.0	12.7	3.4
Garfield, NE	31071	3,618	10.5	42.7	46.8	3,199	9,114	65.9	100	0.0	4.0	0.0
Gosper, NE	31073	2,786	5.8	11.1	83.1	2,379	8,588	63.6	112	0.0	1.8	2.7
Grant, NE	31075	2,754	6.4	7.2	86.5	2,223	15,655	57.7	55	0.0	0.0	0.0
Greeley, NE	31077	6,718	10.6	29.1	60.2	5,816	11,702	61.8	184	0.0	0.0	0.0
Hall, NE	31079	105,148	9.8	36.7	53.5	85,546	8,262	69.3	3,014	0.0	13.7	6.4
Hamilton, NE	31081	15,000	9.1	24.0	66.8	13,086	7,739	66.1	581	0.0	6.0	2.8
Harlan, NE	31083	3,251	15.3	25.9	58.8	2,799	8,232	66.0	224	0.0	6.7	0.0
Hayes, NE	31085	2,351	6.6	30.4	63.0	2,217	11,607	52.5	62	0.0	9.7	4.8
Hitchcock, NE	31087	7,567	6.3	30.1	63.6	6,596	25,176	52.3	206	0.0	5.8	0.5
Holt, NE	31089	21,330	9.7	27.4	62.9	16,929	9,690	64.9	722	0.0	5.0	0.7
Hooker, NE	31091	2,287	7.5	4.2	88.3	2,102	12,011	62.9	52	0.0	5.8	0.0

PART C—COUNTY EDUCATION STATISTICS

Table C-1. Population, School, and Student Characteristics by County—Continued

STATE County	State/ county code	Population 25 years and over	High school diploma or less (percent)	High school diploma or more (percent)	College enrollment, 2000 Number	College enrollment, 2000 Percent public	Bachelor's degree or more	+/- U.S. percent with bachelor's degree or more	Non-Hispanic White	Black	American Indian, Alaska Native	Asian and Pacific Islander	Hispanic or Latino[3]
		30	31	32	33	34	35	36	37	38	39	40	41
Park, MT	30067	11,013	44.7	87.6	376	84.8	23.1	-1.3	23.4	0.0	21.6	42.4	15.5
Petroleum, MT	30069	333	52.9	82.9	12	100.0	17.4	-7.0	17.7	...	...	...	0.0
Phillips, MT	30071	3,102	53.1	82.4	55	92.7	17.1	-7.3	17.6	...	11.9	22.6	0.0
Pondera, MT	30073	4,108	53.4	81.6	159	81.1	19.8	-4.6	21.1	0.0	9.8	12.5	0.0
Powder River, MT	30075	1,272	48.0	83.4	14	100.0	16.0	-8.4	16.0	...	16.7	0.0	0.0
Powell, MT	30077	5,098	56.9	81.9	155	68.4	13.1	-11.3	13.3	68.2	1.1	44.0	0.0
Prairie, MT	30079	913	53.6	78.8	25	100.0	14.8	-9.6	14.8	...	22.2	0.0	0.0
Ravalli, MT	30081	24,565	44.1	87.4	798	87.3	22.5	-1.9	22.7	87.5	13.8	33.3	17.4
Richland, MT	30083	6,398	51.9	83.5	162	82.1	17.2	-7.2	17.8	...	0.0	0.0	2.4
Roosevelt, MT	30085	6,107	51.8	80.6	492	82.3	15.6	-8.8	20.9	...	8.9	29.8	38.2
Rosebud, MT	30087	5,543	51.5	84.4	291	88.0	17.6	-6.8	20.2	...	10.2	23.1	8.9
Sanders, MT	30089	7,242	56.0	81.2	229	78.6	15.5	-8.9	16.0	0.0	7.3	15.6	25.6
Sheridan, MT	30091	2,931	50.3	81.2	70	67.1	18.4	-6.0	18.8	...	0.0	25.0	10.5
Silver Bow, MT	30093	23,097	49.2	85.1	2,458	91.6	21.7	-2.7	22.2	18.2	8.4	45.6	9.8
Stillwater, MT	30095	5,632	51.6	87.5	138	86.2	17.8	-6.6	17.8	50.0	28.6	42.9	18.3
Sweet Grass, MT	30097	2,487	46.5	88.9	53	69.8	23.6	-0.8	24.1	...	0.0	0.0	0.0
Teton, MT	30099	4,295	48.4	83.4	106	73.6	20.8	-3.6	21.3	...	9.6	42.9	17.2
Toole, MT	30101	3,570	54.1	81.0	104	50.0	16.8	-7.6	17.7	0.0	3.4	0.0	0.0
Treasure, MT	30103	577	54.8	86.3	9	100.0	18.2	-6.2	18.1	...	0.0	100.0	0.0
Valley, MT	30105	5,345	55.8	83.9	129	87.6	15.7	-8.7	16.8	40.0	4.6	0.0	0.0
Wheatland, MT	30107	1,508	61.8	69.0	40	77.5	13.5	-10.9	13.7	...	15.4	...	0.0
Wibaux, MT	30109	738	58.0	76.8	17	100.0	16.0	-8.4	16.0	...	0.0	...	0.0
Yellowstone, MT	30111	84,233	42.6	88.5	6,681	85.7	26.4	2.0	27.0	38.9	15.4	48.1	10.3
NEBRASKA	31000	1,087,241	44.7	86.6	112,315	79.0	23.7	-0.7	24.6	14.1	8.8	41.6	8.5
Adams, NE	31001	19,814	46.8	86.3	2,565	54.2	19.9	-4.5	20.3	21.6	14.8	18.2	5.6
Antelope, NE	31003	4,939	54.3	85.5	163	92.0	14.3	-10.1	14.3	0.0	11.1	...	40.0
Arthur, NE	31005	306	42.5	89.5	11	72.7	15.7	-8.7	16.1	...	0.0	...	0.0
Banner, NE	31007	551	38.8	94.2	13	92.3	19.6	-4.8	19.7	0.0	...	...	28.6
Blaine, NE	31009	407	45.2	93.4	10	100.0	12.3	-12.1	11.9	...	...	...	...
Boone, NE	31011	4,134	57.4	84.4	131	85.5	13.1	-11.3	13.1	...	0.0	50.0	0.0
Box Butte, NE	31013	7,864	49.4	88.1	394	81.2	15.3	-9.1	16.4	0.0	6.7	0.0	4.1
Boyd, NE	31015	1,698	59.9	83.0	33	93.9	12.8	-11.6	12.8	...	...	33.3	...
Brown, NE	31017	2,478	54.0	83.3	44	88.6	17.2	-7.2	17.0	...	0.0	0.0	50.0
Buffalo, NE	31019	24,177	37.5	89.2	5,852	94.9	30.2	5.8	30.8	52.9	9.0	61.3	11.0
Burt, NE	31021	5,382	56.5	84.1	172	90.7	14.2	-10.2	14.4	0.0	0.0	0.0	4.0
Butler, NE	31023	5,741	58.2	83.4	195	79.0	13.6	-10.8	13.6	0.0	0.0	71.4	0.0
Cass, NE	31025	15,887	47.6	89.4	1,018	79.8	18.7	-5.7	18.8	33.3	11.8	20.0	6.7
Cedar, NE	31027	6,208	56.7	83.5	215	81.4	13.0	-11.4	13.0	...	0.0	0.0	0.0
Chase, NE	31029	2,791	53.2	86.4	57	93.0	16.2	-7.8	16.8	...	0.0	0.0	0.0
Cherry, NE	31031	4,115	46.1	85.2	127	74.8	19.4	-5.0	19.7	...	11.5	0.0	22.2
Cheyenne, NE	31033	6,543	48.5	86.7	256	82.4	16.8	-7.6	17.2	...	2.5	52.6	0.0
Clay, NE	31035	4,685	50.7	86.7	193	85.5	16.2	-8.2	16.2	66.7	20.0	42.9	2.2
Colfax, NE	31037	6,562	65.0	72.0	296	90.9	11.5	-12.9	13.2	...	0.0	0.0	3.8
Cuming, NE	31039	6,755	61.8	78.7	200	90.0	12.3	-12.1	12.7	...	0.0	100.0	0.0
Custer, NE	31041	8,026	51.3	87.5	168	85.7	16.1	-8.3	16.2	...	0.0	0.0	8.6
Dakota, NE	31043	12,103	62.8	73.5	647	83.9	12.4	-12.0	14.1	32.7	8.0	8.6	4.8
Dawes, NE	31045	5,018	39.2	86.9	1,769	97.9	28.4	4.0	29.0	0.0	21.1	0.0	6.6
Dawson, NE	31047	15,175	61.9	73.6	530	87.0	14.4	-10.0	17.4	0.0	6.9	8.0	2.1
Deuel, NE	31049	1,515	50.6	85.3	22	90.9	17.4	-7.0	17.1	...	0.0	81.8	0.0
Dixon, NE	31051	4,147	57.4	82.1	179	86.6	14.1	-10.3	14.5	...	22.7	0.0	2.4
Dodge, NE	31053	23,787	56.7	83.5	1,741	49.3	15.0	-9.4	15.4	32.6	0.0	22.5	4.7
Douglas, NE	31055	293,076	38.9	87.3	33,759	70.9	30.6	6.2	33.6	12.0	7.6	57.0	11.1
Dundy, NE	31057	1,630	48.5	82.4	59	86.4	16.7	-7.7	17.1	...	0.0	25.0	0.0
Fillmore, NE	31059	4,561	54.5	88.2	133	86.5	15.7	-8.7	15.8	0.0	0.0	25.0	0.0
Franklin, NE	31061	2,533	53.6	85.7	83	100.0	15.8	-8.6	15.9	...	0.0	0.0	0.0
Frontier, NE	31063	1,941	46.4	88.3	240	99.2	17.9	-6.5	18.1	66.7	0.0	0.0	21.1
Furnas, NE	31065	3,764	55.6	84.2	104	81.7	16.1	-8.3	16.3	...	0.0	0.0	9.5
Gage, NE	31067	15,689	56.9	82.0	800	88.3	15.4	-9.0	15.4	11.1	0.0	81.6	10.6
Garden, NE	31069	1,685	55.1	85.2	23	73.9	14.2	-10.2	14.5	...	0.0	0.0	0.0
Garfield, NE	31071	1,374	55.5	81.1	31	93.5	13.4	-11.0	13.3	...	...	0.0	28.6
Gosper, NE	31073	1,517	50.1	88.9	42	81.0	17.6	-6.8	17.6	...	...	100.0	10.0
Grant, NE	31075	493	41.0	90.3	12	25.0	24.7	0.3	24.9	...	...	...	0.0
Greeley, NE	31077	1,813	56.1	83.2	101	97.0	13.5	-10.9	13.5	0.0	...	0.0	0.0
Hall, NE	31079	34,369	53.3	82.2	1,645	86.7	15.9	-8.5	17.4	4.7	10.3	24.7	2.9
Hamilton, NE	31081	6,126	45.5	89.6	264	92.4	18.6	-5.8	18.6	0.0	0.0	...	29.0
Harlan, NE	31083	2,675	52.1	85.8	62	95.2	15.3	-9.1	15.4	25.0	0.0	0.0	0.0
Hayes, NE	31085	727	51.4	89.1	27	92.6	11.6	-12.8	11.8	...	...	...	0.0
Hitchcock, NE	31087	2,180	52.0	85.6	101	94.1	13.8	-10.6	13.8	0.0	0.0	100.0	0.0
Holt, NE	31089	7,748	56.6	84.5	216	92.1	14.5	-9.9	14.6	...	0.0	28.6	0.0
Hooker, NE	31091	562	51.4	89.7	7	100.0	15.7	-8.7	15.4	...	0.0	...	40.0

[3] May be of any race.
... = Not available.

Table C-1. Population, School, and Student Characteristics by County—Continued

STATE County	State/ county code	County type[1]	Population, 2007 Total	Population, 2007 Percent 5 to 17 years	Number of schools and students, 2005–2006 School districts	Number of schools and students, 2005–2006 Schools	Number of schools and students, 2005–2006 Students	Resident enrollment, 2000 Total enrollment Number	Resident enrollment, 2000 Total enrollment Percent public	Resident enrollment, 2000 K–12 enrollment Number	Resident enrollment, 2000 K–12 enrollment Percent public
			1	2	3	4	5	6	7	8	9
Howard, NE	31093	9	6,612	16.9	5	8	1,449	1,723	95.0	1,495	96.1
Jefferson, NE	31095	7	7,516	15.2	3	8	1,545	1,844	87.6	1,528	89.1
Johnson, NE	31097	8	4,476	14.4	4	7	871	1,028	92.6	878	94.0
Kearney, NE	31099	7	6,602	17.4	3	10	1,380	1,779	94.7	1,467	96.4
Keith, NE	31101	7	8,024	15.8	4	8	1,315	2,090	92.9	1,814	95.5
Keya Paha, NE	31103	9	850	17.4	4	4	125	196	96.4	182	98.4
Kimball, NE	31105	6	3,602	16.3	1	3	616	913	95.1	778	98.2
Knox, NE	31107	9	8,665	16.9	7	12	1,542	2,258	91.1	1,957	93.0
Lancaster, NE	31109	2	275,665	16.3	17	91	37,194	76,553	83.1	42,543	84.1
Lincoln, NE	31111	5	35,500	17.7	10	26	5,631	8,777	89.8	6,868	92.2
Logan, NE	31113	9	745	15.8	1	2	169	201	98.0	171	98.8
Loup, NE	31115	9	644	16.3	1	2	113	168	89.3	150	89.3
McPherson, NE	31117	9	502	17.5	4	4	68	132	90.9	117	90.6
Madison, NE	31119	5	34,134	17.6	15	35	5,818	9,710	78.4	7,256	78.4
Merrick, NE	31121	7	7,690	17.9	3	6	1,130	2,058	86.5	1,682	88.5
Morrill, NE	31123	9	5,047	17.0	4	6	1,005	1,378	95.5	1,161	97.2
Nance, NE	31125	9	3,572	17.1	4	8	888	1,026	94.2	865	97.2
Nemaha, NE	31127	7	7,039	14.3	4	10	1,152	2,268	94.9	1,481	97.2
Nuckolls, NE	31129	9	4,533	14.0	4	7	1,112	1,187	92.2	981	93.1
Otoe, NE	31131	6	15,647	17.4	5	10	2,602	3,963	85.6	3,134	88.6
Pawnee, NE	31133	9	2,686	14.8	2	4	490	672	96.3	579	98.3
Perkins, NE	31135	9	2,928	15.9	1	3	413	779	88.1	694	89.6
Phelps, NE	31137	7	9,175	17.9	7	15	1,676	2,387	93.5	1,987	96.5
Pierce, NE	31139	9	7,284	18.3	4	7	1,426	2,264	86.4	1,865	88.3
Platte, NE	31141	5	31,849	18.9	5	16	4,494	8,809	70.8	6,970	70.4
Polk, NE	31143	9	5,208	16.3	4	12	1,286	1,408	95.2	1,140	97.3
Red Willow, NE	31145	7	10,748	16.9	4	11	1,834	2,925	93.5	2,257	95.6
Richardson, NE	31147	7	8,351	15.8	4	10	1,423	2,298	90.9	1,927	93.0
Rock, NE	31149	9	1,515	12.9	6	6	203	363	92.0	333	93.7
Saline, NE	31151	6	13,873	17.2	7	12	2,678	3,929	77.5	2,680	95.7
Sarpy, NE	31153	2	146,756	20.4	6	47	21,168	38,813	83.3	27,289	88.2
Saunders, NE	31155	2	20,184	18.4	14	23	3,025	5,208	79.9	4,334	80.9
Scotts Bluff, NE	31157	5	36,370	17.7	13	26	6,228	9,375	88.4	7,191	92.6
Seward, NE	31159	2	16,554	15.8	4	8	2,624	5,376	67.2	3,218	80.5
Sheridan, NE	31161	9	5,450	16.2	14	18	942	1,549	95.1	1,254	97.7
Sherman, NE	31163	9	3,013	15.9	3	5	513	770	97.3	676	98.7
Sioux, NE	31165	9	1,351	14.7	9	9	121	360	90.8	306	92.5
Stanton, NE	31167	9	6,395	19.1	2	3	438	1,832	83.2	1,498	89.3
Thayer, NE	31169	9	5,163	16.0	5	9	822	1,356	90.0	1,178	91.5
Thomas, NE	31171	9	600	13.7	2	3	93	166	98.2	141	100.0
Thurston, NE	31173	8	7,208	25.2	4	9	1,433	2,352	91.7	1,970	93.7
Valley, NE	31175	9	4,263	16.2	6	8	647	1,095	90.0	898	92.7
Washington, NE	31177	2	19,959	17.8	3	10	3,523	5,340	81.6	3,954	90.7
Wayne, NE	31179	6	9,317	13.6	4	8	1,580	4,077	95.6	1,673	93.7
Webster, NE	31181	9	3,609	15.8	2	4	632	953	91.3	795	93.8
Wheeler, NE	31183	9	809	18.8	1	2	139	236	94.9	205	94.1
York, NE	31185	7	14,370	16.2	4	10	1,787	4,000	76.6	2,860	89.7
NEVADA	32000	X	2,565,382	18.1	18	557	412,395	492,885	90.9	366,909	94.7
Churchill, NV	32001	6	24,891	20.2	1	10	4,547	6,660	95.4	5,258	98.1
Clark, NV	32003	1	1,836,333	18.5	1	314	294,131	329,929	90.7	246,960	94.7
Douglas, NV	32005	4	45,406	14.4	1	14	6,974	10,499	90.3	7,885	94.7
Elko, NV	32007	5	47,010	20.9	1	22	9,658	13,237	93.6	10,760	96.7
Esmeralda, NV	32009	9	695	14.0	1	3	86	235	90.2	185	94.1
Eureka, NV	32011	9	1,559	16.1	1	3	229	440	96.1	379	96.6
Humboldt, NV	32013	7	17,523	20.9	1	12	3,519	4,563	95.7	3,824	99.1
Lander, NV	32015	7	5,104	21.5	1	7	1,288	1,755	96.4	1,456	99.0
Lincoln, NV	32017	8	4,759	17.6	1	9	1,001	1,192	98.0	1,007	98.3
Lyon, NV	32019	6	52,479	17.7	1	16	8,708	8,802	91.1	7,280	93.4
Mineral, NV	32021	7	4,774	16.7	1	3	624	1,176	93.5	973	92.8
Nye, NV	32023	6	44,116	15.5	1	19	6,125	6,644	91.6	5,747	94.0
Pershing, NV	32027	8	6,376	17.0	1	4	802	1,830	94.2	1,537	95.3
Storey, NV	32029	2	4,193	14.1	1	4	450	665	92.6	513	93.0
Washoe, NV	32031	2	406,079	17.2	1	98	64,246	89,970	90.4	62,229	93.8
White Pine, NV	32033	7	9,146	15.3	1	6	1,252	2,290	93.1	1,810	98.3
Carson City city, NV	32510	3	54,939	16.3	2	15	9,613	12,998	91.3	9,106	94.6

[1] County type codes are from the Economic Research Service of the United States Department of Agriculture. See notes and definitions for more information.

Table C-1. Population, School, and Student Characteristics by County—Continued

STATE County	State/county code	Students with IEP[2]	Students eligible for free or reduced-price lunch	Minority students	English language learners	Number of graduates, 2004–2005	Total staff	Number of teachers	Student/teacher ratio	Central administration staff
		10	11	12	13	14	15	16	17	18
Howard, NE	31093	16.8	43.8	1.8	0.0	100	220	116	12.5	12
Jefferson, NE	31095	21.8	36.8	4.7	1.0	147	226	117	13.2	15
Johnson, NE	31097	14.8	35.6	16.5	11.3	65	143	76	11.5	16
Kearney, NE	31099	20.8	27.6	4.3	0.7	120	223	108	12.8	12
Keith, NE	31101	16.9	30.8	10.3	0.0	111	212	102	12.9	17
Keya Paha, NE	31103	11.2	58.4	0.0	0.0	13	27	16	7.8	2
Kimball, NE	31105	14.8	39.2	11.1	0.0	45	107	50	12.3	7
Knox, NE	31107	16.7	46.2	15.9	0.2	147	277	144	10.7	20
Lancaster, NE	31109	17.3	29.6	18.4	6.8	2,446	5,076	2,700	13.8	343
Lincoln, NE	31111	19.6	30.8	12.1	1.0	425	789	418	13.5	50
Logan, NE	31113	19.5	37.7	10.3	0.0	10	37	19	8.9	2
Loup, NE	31115	16.8	65.5	2.7	0.0	14	31	14	8.1	2
McPherson, NE	31117	11.8	0.0	0.0	0.0	7	17	12	5.7	2
Madison, NE	31119	18.2	41.9	28.3	6.4	482	907	456	12.8	60
Merrick, NE	31121	15.2	37.0	4.8	0.8	88	159	87	13.0	11
Morrill, NE	31123	13.2	55.2	19.2	4.0	63	166	83	12.1	11
Nance, NE	31125	12.6	37.1	3.4	0.3	75	133	67	13.3	11
Nemaha, NE	31127	13.8	34.1	5.5	0.0	87	186	93	12.4	16
Nuckolls, NE	31129	25.5	33.4	2.1	0.4	105	189	95	11.7	12
Otoe, NE	31131	18.0	28.9	6.8	2.1	194	372	184	14.1	22
Pawnee, NE	31133	19.2	45.4	2.3	0.0	44	86	48	10.2	6
Perkins, NE	31135	16.7	38.5	4.4	0.0	...	50	42	9.8	3
Phelps, NE	31137	21.8	30.8	6.0	1.6	123	281	151	11.1	23
Pierce, NE	31139	17.0	32.5	2.7	0.0	126	211	112	12.7	11
Platte, NE	31141	17.0	40.6	23.3	13.8	337	456	312	14.4	18
Polk, NE	31143	14.1	33.3	2.8	0.9	92	206	108	11.9	17
Red Willow, NE	31145	22.6	33.3	5.9	1.3	179	288	145	12.6	20
Richardson, NE	31147	17.3	43.3	7.6	0.0	119	250	129	11.0	15
Rock, NE	31149	21.7	43.5	6.0	0.0	15	52	28	7.3	4
Saline, NE	31151	15.7	28.9	24.0	16.5	173	368	195	13.7	23
Sarpy, NE	31153	13.9	22.7	20.2	0.9	1,582	2,829	1,404	15.1	145
Saunders, NE	31155	16.2	27.8	4.8	0.5	209	424	232	13.0	27
Scotts Bluff, NE	31157	11.4	44.4	33.6	2.5	428	914	454	13.7	65
Seward, NE	31159	14.6	21.2	4.7	0.6	225	387	181	14.5	24
Sheridan, NE	31161	15.8	51.1	25.6	0.0	20	132	100	9.4	4
Sherman, NE	31163	14.6	49.5	5.7	0.6	47	87	47	10.9	5
Sioux, NE	31165	9.1	14.3	0.9	0.0	4	31	23	5.3	2
Stanton, NE	31167	16.9	37.4	10.1	0.0	44	70	38	11.5	6
Thayer, NE	31169	17.4	38.3	4.4	0.0	81	136	76	10.8	11
Thomas, NE	31171	14.0	43.7	0.0	0.0	15	25	14	6.6	2
Thurston, NE	31173	27.2	70.3	77.5	18.3	82	271	144	10.0	19
Valley, NE	31175	16.1	42.6	5.7	1.1	62	134	67	9.7	8
Washington, NE	31177	15.1	14.5	3.8	0.5	264	461	229	15.4	19
Wayne, NE	31179	16.3	32.2	15.8	7.0	146	274	129	12.2	18
Webster, NE	31181	20.4	40.8	2.8	0.2	52	90	52	12.2	6
Wheeler, NE	31183	12.9	55.4	0.0	0.0	12	29	17	8.2	3
York, NE	31185	22.6	28.2	8.1	3.2	154	320	156	11.5	24
NEVADA	32000	11.1	41.3	53.6	15.5	15,718	29,431	21,742	19.0	57
Churchill, NV	32001	14.5	34.4	26.1	5.1	252	361	262	17.4	2
Clark, NV	32003	10.8	45.6	60.5	17.3	10,314	20,130	14,862	19.8	21
Douglas, NV	32005	11.0	20.6	20.3	5.4	408	575	428	16.3	2
Elko, NV	32007	7.7	22.6	33.7	7.8	522	771	604	16.0	2
Esmeralda, NV	32009	11.6	66.3	27.9	7.0	...	15	8	10.8	1
Eureka, NV	32011	3.9	25.3	18.3	0.9	18	33	23	10.0	1
Humboldt, NV	32013	6.2	29.3	33.8	0.2	175	321	215	16.4	2
Lander, NV	32015	8.8	15.5	27.8	2.5	45	97	71	18.1	2
Lincoln, NV	32017	6.9	35.4	16.6	0.5	49	109	82	12.2	1
Lyon, NV	32019	10.7	98.2	84.8	5.0	433	654	501	17.4	3
Mineral, NV	32021	13.3	48.2	37.5	0.3	37	80	50	12.5	1
Nye, NV	32023	9.7	32.8	28.0	7.4	194	489	366	16.7	4
Pershing, NV	32027	16.1	38.9	35.7	7.7	46	96	66	12.2	1
Storey, NV	32029	21.8	0.0	10.2	0.0	21	51	35	12.9	1
Washoe, NV	32031	13.1	32.7	42.7	14.3	2,651	4,791	3,566	18.0	8
White Pine, NV	32033	9.5	25.0	19.3	0.8	96	132	85	14.7	2
Carson City city, NV	32510	11.1	27.9	36.5	16.1	457	726	518	18.6	3

[2]IEP = Individual Education Program. See notes and definitions for more information.
... = Not available.

420 THE ALMANAC OF AMERICAN EDUCATION (BERNAN PRESS)

Table C-1. Population, School, and Student Characteristics by County—Continued

STATE County	State/county code	Revenues, 2004–2005 Total revenue (thousands of dollars)	% Federal government	% State government	% Local government	Current expenditures 2004–2005 Total expenditures (thousands of dollars)	Amount per student	Percent for instruction	Resident population 16 to 19 years, 2000 Total population 16 to 19 years	Percent in Armed Forces	Percent high school graduates	Percent not enrolled, not employed, not in Armed Forces, not high school grad.
		19	20	21	22	23	24	25	26	27	28	29
Howard, NE	31093	13,668	13.3	37.0	49.7	11,220	7,717	61.0	331	0.0	9.4	2.1
Jefferson, NE	31095	16,477	7.9	22.6	69.5	13,486	8,514	63.7	464	0.0	12.1	5.6
Johnson, NE	31097	8,713	7.0	27.6	65.4	7,264	8,359	63.7	240	0.0	7.5	2.1
Kearney, NE	31099	15,065	7.0	17.3	75.7	11,863	8,354	60.8	413	0.0	2.9	3.4
Keith, NE	31101	18,388	12.8	22.4	64.8	14,929	10,977	67.1	549	0.0	9.8	1.5
Keya Paha, NE	31103	1,859	5.0	10.0	85.0	1,504	12,129	67.8	54	0.0	13.0	0.0
Kimball, NE	31105	5,874	10.3	28.1	61.6	5,522	9,082	68.8	193	0.0	4.7	2.1
Knox, NE	31107	18,602	20.4	31.5	48.1	15,388	9,858	59.9	490	0.0	5.1	1.2
Lancaster, NE	31109	377,831	7.3	23.0	69.7	289,350	7,838	63.9	17,077	0.0	9.0	2.0
Lincoln, NE	31111	52,858	10.4	35.8	53.8	42,042	7,453	64.1	2,168	0.0	11.5	3.6
Logan, NE	31113	1,923	8.3	25.2	66.5	1,800	11,392	60.1	44	0.0	0.0	0.0
Loup, NE	31115	1,427	10.1	7.8	82.1	1,198	10,153	57.8	28	0.0	17.9	7.1
McPherson, NE	31117	1,169	3.2	9.5	87.3	1,083	13,709	71.9	30	0.0	0.0	0.0
Madison, NE	31119	55,875	9.6	33.4	57.0	46,530	7,793	66.2	2,661	0.1	10.0	2.1
Merrick, NE	31121	11,223	8.1	23.2	68.7	8,592	7,413	64.2	456	0.0	15.6	3.1
Morrill, NE	31123	10,671	12.8	42.1	45.1	9,283	9,348	62.1	344	0.0	7.3	6.7
Nance, NE	31125	8,828	6.7	23.4	69.9	7,553	8,458	63.4	228	0.0	8.8	2.2
Nemaha, NE	31127	15,094	8.5	36.0	55.5	13,365	11,912	52.7	607	0.0	8.9	0.0
Nuckolls, NE	31129	14,219	13.4	36.7	49.9	11,278	9,798	63.8	296	0.0	7.4	0.0
Otoe, NE	31131	22,912	7.4	29.0	63.5	19,347	7,505	66.3	840	0.2	6.4	3.3
Pawnee, NE	31133	4,967	8.3	31.2	60.5	4,529	8,968	65.9	160	0.0	6.9	2.5
Perkins, NE	31135	4,902	8.3	10.8	81.0	4,657	10,512	69.4	211	0.0	7.6	1.4
Phelps, NE	31137	20,231	8.8	22.0	69.2	18,309	11,330	69.4	544	0.0	8.3	1.7
Pierce, NE	31139	13,681	8.9	31.7	59.5	11,583	8,244	65.1	548	0.0	5.3	3.8
Platte, NE	31141	48,026	13.3	26.7	60.0	48,196	10,639	55.5	2,076	0.0	7.9	2.2
Polk, NE	31143	12,665	5.8	12.2	82.0	11,352	8,841	62.7	333	0.0	5.4	4.8
Red Willow, NE	31145	19,231	10.8	34.4	54.8	16,166	8,455	66.4	737	0.0	9.5	1.4
Richardson, NE	31147	16,818	9.5	31.4	59.2	13,250	8,929	64.0	600	0.0	14.7	3.5
Rock, NE	31149	3,043	9.6	10.0	80.4	2,795	14,482	71.5	109	0.0	3.7	1.8
Saline, NE	31151	25,141	10.8	31.3	57.9	19,889	7,446	63.4	1,086	0.7	9.2	3.1
Sarpy, NE	31153	191,834	13.3	39.3	47.4	155,244	7,537	66.3	7,065	3.6	13.9	1.6
Saunders, NE	31155	27,690	7.2	22.9	69.9	22,549	7,467	65.8	1,094	0.0	7.9	4.7
Scotts Bluff, NE	31157	60,626	14.0	41.8	44.2	51,659	8,265	66.1	2,264	0.3	10.7	6.8
Seward, NE	31159	31,246	7.8	19.3	72.8	25,770	9,728	62.4	1,521	0.0	6.5	1.0
Sheridan, NE	31161	10,450	12.3	26.7	61.0	8,811	9,484	67.4	378	0.0	5.6	2.1
Sherman, NE	31163	5,644	10.4	24.7	64.9	4,700	9,691	65.3	194	0.0	7.7	0.0
Sioux, NE	31165	1,845	3.6	5.7	90.7	1,642	16,755	68.4	86	0.0	3.5	2.3
Stanton, NE	31167	4,760	9.5	37.7	52.8	3,722	8,144	64.0	418	0.0	4.5	3.3
Thayer, NE	31169	10,238	5.6	14.9	79.5	9,409	10,877	64.0	327	0.0	4.0	0.6
Thomas, NE	31171	1,586	9.0	19.9	71.1	1,279	11,026	51.4	45	0.0	0.0	0.0
Thurston, NE	31173	23,993	27.7	49.0	23.3	17,127	11,787	59.5	465	0.0	9.9	15.7
Valley, NE	31175	7,144	8.0	40.7	51.3	6,667	9,819	61.9	207	0.0	6.3	2.9
Washington, NE	31177	30,319	6.0	24.5	69.5	24,624	7,202	61.6	1,189	0.0	6.9	0.4
Wayne, NE	31179	21,965	15.4	24.8	59.8	19,015	11,899	68.5	1,133	0.0	5.5	1.1
Webster, NE	31181	6,490	9.4	35.4	55.2	5,446	8,483	62.2	201	0.0	6.0	0.0
Wheeler, NE	31183	2,055	7.5	3.5	89.0	1,651	12,321	58.1	57	0.0	7.0	3.5
York, NE	31185	19,176	9.3	23.3	67.4	16,185	9,201	66.8	919	0.0	6.0	1.6
NEVADA	32000	3,381,646	7.4	27.0	65.5	2,689,196	6,722	61.9	98,513	0.3	12.7	8.3
Churchill, NV	32001	42,583	10.8	53.3	35.9	38,492	8,454	61.0	1,249	1.8	15.1	3.0
Clark, NV	32003	2,361,284	7.2	23.2	69.6	1,808,525	6,386	61.4	65,482	0.5	13.6	9.5
Douglas, NV	32005	66,082	5.5	25.1	69.4	59,113	8,222	62.8	2,027	0.0	9.5	4.2
Elko, NV	32007	87,315	8.1	43.3	48.6	78,360	8,207	66.4	3,053	0.0	8.1	6.8
Esmeralda, NV	32009	1,588	7.7	47.5	44.8	1,639	24,833	47.5	68	0.0	8.8	0.0
Eureka, NV	32011	6,594	5.4	3.0	91.6	4,725	20,021	55.1	93	0.0	5.4	8.6
Humboldt, NV	32013	30,554	8.1	42.3	49.6	29,334	8,476	65.2	1,059	0.0	11.7	5.9
Lander, NV	32015	11,390	8.6	34.8	56.6	10,513	8,575	59.3	327	0.0	5.2	0.0
Lincoln, NV	32017	12,801	8.8	70.2	21.0	11,307	11,240	61.6	328	0.0	11.6	2.1
Lyon, NV	32019	70,484	6.4	60.8	32.7	60,350	7,385	58.0	2,086	0.0	12.7	4.5
Mineral, NV	32021	8,968	16.6	57.1	26.3	8,200	11,172	57.3	269	0.0	9.7	3.7
Nye, NV	32023	62,707	7.6	43.3	49.1	50,199	8,615	57.8	1,235	0.0	11.2	5.9
Pershing, NV	32027	11,168	11.8	58.0	30.3	9,433	11,836	65.4	355	0.0	8.5	6.8
Storey, NV	32029	6,064	6.6	51.6	41.8	5,666	11,829	59.6	161	0.0	34.2	0.0
Washoe, NV	32031	507,178	8.1	27.7	64.2	434,934	6,869	64.0	17,960	0.1	11.1	6.6
White Pine, NV	32033	17,609	13.2	56.3	30.5	13,697	9,991	55.2	471	0.0	9.3	2.5
Carson City city, NV	32510	77,277	7.9	35.0	57.1	64,709	7,292	65.5	2,290	0.0	10.5	7.0

Table C-1. Population, School, and Student Characteristics by County—Continued

STATE County	State/ county code	High school graduates, 2000 Population 25 years and over	High school diploma or less (percent)	High school diploma or more (percent)	College enrollment, 2000 Number	Percent public	College graduates, 2000 (percent) Bachelor's degree or more	+/- U.S. percent with bachelor's degree or more	Non-Hispanic White	Black	American Indian, Alaska Native	Asian and Pacific Islander	Hispanic or Latino[3]
		30	31	32	33	34	35	36	37	38	39	40	41
Howard, NE	31093	4,327	56.0	87.2	161	91.9	14.2	-10.2	14.4	0.0	0.0	0.0	0.0
Jefferson, NE	31095	5,878	56.4	84.2	184	94.0	14.4	-10.0	14.0	0.0	64.7	0.0	22.2
Johnson, NE	31097	3,143	63.0	80.4	95	85.3	14.7	-9.7	15.0	...	0.0	19.7	3.2
Kearney, NE	31099	4,594	47.0	88.5	205	95.1	21.3	-3.1	21.4	100.0	0.0	0.0	19.0
Keith, NE	31101	6,103	50.3	86.6	145	80.7	16.8	-7.6	17.0	...	19.0	14.7	6.2
Keya Paha, NE	31103	681	53.9	82.2	12	83.3	15.7	-8.7	16.0	...	...	...	0.0
Kimball, NE	31105	2,849	52.5	84.6	84	82.1	13.5	-10.9	13.6	0.0	12.0	60.0	5.7
Knox, NE	31107	6,462	57.6	82.0	197	82.7	14.4	-10.0	14.8	0.0	5.1	26.7	0.0
Lancaster, NE	31109	152,747	34.7	90.5	29,849	86.5	32.6	8.2	33.4	17.7	17.6	36.3	19.3
Lincoln, NE	31111	22,736	47.0	86.3	1,332	90.4	16.2	-8.2	16.6	28.6	12.2	38.7	3.8
Logan, NE	31113	524	47.1	90.8	13	100.0	10.5	-13.9	10.8	...	0.0	...	0.0
Loup, NE	31115	487	50.9	91.8	8	75.0	13.3	-11.1	13.0	...	...	...	66.7
McPherson, NE	31117	360	51.1	88.6	14	100.0	22.2	-2.2	22.5	...	0.0	...	...
Madison, NE	31119	21,724	51.2	82.6	1,964	86.9	17.0	-7.4	18.1	5.0	6.0	29.8	2.8
Merrick, NE	31121	5,432	56.3	85.3	197	79.2	14.9	-9.5	15.1	0.0	0.0	0.0	7.9
Morrill, NE	31123	3,575	55.7	79.4	114	99.1	14.3	-10.1	15.2	0.0	22.2	0.0	3.7
Nance, NE	31125	2,651	58.2	80.6	83	90.4	11.4	-13.0	11.4	...	0.0	33.3	0.0
Nemaha, NE	31127	4,907	47.6	85.5	679	91.5	22.9	-1.5	23.0	0.0	0.0	43.6	8.0
Nuckolls, NE	31129	3,567	55.5	84.5	119	94.1	13.1	-11.3	12.8	100.0	0.0	100.0	6.7
Otoe, NE	31131	10,373	53.9	85.6	496	86.9	18.1	-6.3	18.2	30.8	13.3	26.5	11.3
Pawnee, NE	31133	2,228	61.4	83.7	49	79.6	14.4	-10.0	14.4	...	12.5	0.0	40.0
Perkins, NE	31135	2,159	47.7	87.1	53	90.6	17.6	-6.8	17.8	...	...	0.0	0.0
Phelps, NE	31137	6,565	46.8	89.1	227	88.1	20.4	-4.0	20.8	...	9.1	100.0	0.0
Pierce, NE	31139	5,019	57.6	84.6	282	87.9	13.3	-11.1	13.3	100.0	0.0	15.4	0.0
Platte, NE	31141	19,988	51.5	84.7	1,155	85.4	17.2	-7.2	17.8	0.0	11.4	53.0	2.0
Polk, NE	31143	3,886	53.4	86.6	152	88.8	13.5	-10.9	13.4	...	0.0	...	21.1
Red Willow, NE	31145	7,490	47.0	87.9	454	93.4	15.2	-9.2	15.3	...	45.5	...	5.8
Richardson, NE	31147	6,543	60.1	81.8	209	90.4	13.6	-10.8	13.6	0.0	13.3	26.4	0.0
Rock, NE	31149	1,242	54.6	87.4	22	77.3	12.2	-12.2	12.2	...	0.0	40.0	0.0
Saline, NE	31151	8,691	58.2	81.2	1,012	29.1	14.0	-10.4	15.1	0.0	0.0	12.0	0.0
Sarpy, NE	31153	73,804	31.4	93.3	8,803	78.3	30.2	5.8	30.9	28.2	13.6	33.6	14.8
Saunders, NE	31155	13,047	51.6	86.8	585	83.9	16.9	-7.5	16.9	0.0	0.0	44.4	15.9
Scotts Bluff, NE	31157	24,314	50.0	79.6	1,541	84.8	17.3	-7.1	19.2	0.0	0.8	50.9	5.2
Seward, NE	31159	10,009	44.4	87.5	1,915	47.7	22.6	-1.8	22.4	0.0	10.5	56.8	28.0
Sheridan, NE	31161	4,232	50.3	86.1	186	88.2	17.2	-7.2	17.9	0.0	5.2	10.0	21.6
Sherman, NE	31163	2,355	58.8	82.0	67	85.1	10.8	-13.6	11.0	0.0	...	0.0	0.0
Sioux, NE	31165	1,009	45.5	86.4	36	80.6	21.5	-2.9	22.0	...	50.0	0.0	0.0
Stanton, NE	31167	4,065	51.8	86.2	193	80.3	13.7	-10.7	14.0	...	0.0	0.0	8.3
Thayer, NE	31169	4,301	56.4	80.9	99	89.9	15.0	-9.4	15.0	...	0.0	...	16.0
Thomas, NE	31171	528	48.5	83.7	19	100.0	17.2	-7.2	17.9	...	0.0	...	0.0
Thurston, NE	31173	3,953	56.7	80.4	217	81.1	12.0	-12.4	14.9	14.3	6.7	33.3	0.0
Valley, NE	31175	3,285	53.4	84.7	100	84.0	16.4	-8.0	16.5	...	0.0	0.0	0.0
Washington, NE	31177	11,956	45.9	89.7	993	56.6	22.7	-1.7	22.7	45.2	34.2	24.2	10.0
Wayne, NE	31179	5,115	44.1	87.0	2,296	98.6	28.0	3.6	28.2	100.0	0.0	35.7	3.3
Webster, NE	31181	2,910	55.9	83.6	82	89.0	13.7	-10.7	13.7	0.0	0.0	24.0	0.0
Wheeler, NE	31183	577	46.4	90.8	17	100.0	14.9	-9.5	15.1	...	...	...	0.0
York, NE	31185	9,579	50.4	87.2	890	38.4	17.0	-7.4	17.3	0.0	12.5	100.0	3.5
NEVADA	32000	1,310,176	48.7	80.7	98,631	86.5	18.2	-6.2	20.7	12.0	8.6	27.1	6.4
Churchill, NV	32001	15,167	45.4	85.1	1,101	87.1	16.7	-7.7	17.6	21.4	7.1	21.8	7.4
Clark, NV	32003	900,400	50.4	79.5	64,457	85.0	17.3	-7.1	20.0	11.9	10.1	26.2	6.4
Douglas, NV	32005	29,279	35.0	91.6	1,924	88.8	23.2	-1.2	24.0	35.1	6.8	25.7	12.2
Elko, NV	32007	26,798	51.3	79.1	1,917	85.2	14.8	-9.6	17.4	8.4	6.1	19.7	4.0
Esmeralda, NV	32009	711	65.4	78.9	39	79.5	9.6	-14.8	9.9	...	0.0	0.0	0.0
Eureka, NV	32011	1,104	55.0	76.7	39	89.7	13.6	-10.8	14.4	0.0	0.0	30.0	0.0
Humboldt, NV	32013	9,846	53.0	78.3	432	88.7	14.2	-10.2	17.1	0.0	0.5	12.5	4.2
Lander, NV	32015	3,581	57.6	79.2	210	83.3	10.8	-13.6	11.9	...	6.6	0.0	4.9
Lincoln, NV	32017	2,654	54.7	83.0	116	94.0	15.1	-9.3	15.1	0.0	0.0	93.8	3.4
Lyon, NV	32019	22,863	51.4	81.5	1,086	88.6	11.3	-13.1	12.0	24.6	5.0	17.8	3.3
Mineral, NV	32021	3,527	59.1	77.1	142	95.1	10.1	-14.3	11.9	0.0	6.8	64.3	3.4
Nye, NV	32023	23,234	62.0	79.2	601	83.5	10.1	-14.3	10.5	7.2	2.9	7.2	6.9
Pershing, NV	32027	4,498	60.7	75.9	230	91.7	8.7	-15.7	11.1	0.8	4.2	4.3	3.1
Storey, NV	32029	2,540	43.0	86.7	144	96.5	16.8	-6.4	16.8	...	30.5	36.7	32.5
Washoe, NV	32031	221,837	41.2	83.9	22,839	89.9	23.7	-0.7	26.4	16.7	8.8	32.4	6.9
White Pine, NV	32033	6,184	52.8	82.0	359	78.8	11.8	-12.6	13.5	2.1	6.0	9.5	4.8
Carson City city, NV	32510	35,953	45.4	82.5	2,995	92.5	18.5	-5.9	20.1	3.6	13.4	40.3	4.8

[3]May be of any race.
... = Not available.

Table C-1. Population, School, and Student Characteristics by County—Continued

STATE County	State/ county code	County type[1]	Population, 2007 Total	Population, 2007 Percent 5 to 17 years	Number of schools and students, 2005–2006 School districts	Number of schools and students, 2005–2006 Schools	Number of schools and students, 2005–2006 Students	Resident enrollment, 2000 Total enrollment Number	Resident enrollment, 2000 Total enrollment Percent public	Resident enrollment, 2000 K-12 enrollment Number	Resident enrollment, 2000 K-12 enrollment Percent public
			1	2	3	4	5	6	7	8	9
NEW HAMPSHIRE	33000	X	1,315,828	17.0	264	480	205,767	332,888	79.4	237,188	89.1
Belknap, NH	33001	4	61,048	15.6	17	25	10,309	13,322	85.3	10,516	91.1
Carroll, NH	33003	8	47,380	14.8	18	23	6,912	9,809	87.8	8,026	92.9
Cheshire, NH	33005	4	77,725	15.2	15	32	10,008	21,073	81.0	13,485	90.1
Coos, NH	33007	7	32,772	14.8	24	29	5,261	7,435	92.0	6,106	94.3
Grafton, NH	33009	5	85,514	14.2	39	52	12,795	24,139	71.5	13,924	93.1
Hillsborough, NH	33011	2	402,302	18.3	39	111	66,968	103,468	76.1	75,632	87.4
Merrimack, NH	33013	4	148,274	16.7	27	54	20,977	36,957	78.0	26,380	89.7
Rockingham, NH	33015	1	296,543	17.9	51	90	49,300	73,404	79.2	55,638	87.7
Strafford, NH	33017	1	121,581	16.2	17	34	16,499	34,333	86.3	20,046	88.8
Sullivan, NH	33019	7	42,689	16.0	17	31	6,738	8,948	88.8	7,435	93.3
NEW JERSEY	34000	X	8,685,920	17.4	669	2,474	1,395,602	2,217,832	78.2	1,566,107	86.3
Atlantic, NJ	34001	2	270,644	17.5	31	80	48,157	66,098	85.1	48,899	89.1
Bergen, NJ	34003	1	895,744	16.6	80	279	134,096	220,538	73.2	150,192	83.5
Burlington, NJ	34005	1	446,817	17.3	42	142	75,785	111,053	81.2	82,014	88.2
Camden, NJ	34007	1	513,769	18.3	47	168	88,783	141,671	81.8	104,979	86.8
Cape May, NJ	34009	3	96,422	15.3	19	32	14,735	23,063	83.3	18,054	88.5
Cumberland, NJ	34011	3	155,544	17.1	16	54	26,549	37,622	87.0	29,889	89.4
Essex, NJ	34013	1	776,087	18.2	35	239	126,122	221,424	77.2	155,379	84.8
Gloucester, NJ	34015	1	285,753	17.5	29	84	48,954	73,630	82.0	51,446	87.9
Hudson, NJ	34017	1	598,160	15.2	24	121	81,398	157,624	74.4	106,450	82.1
Hunterdon, NJ	34019	1	129,348	17.9	31	52	23,351	31,562	82.8	23,496	92.0
Mercer, NJ	34021	2	365,449	16.8	17	101	60,523	99,649	73.5	62,905	86.1
Middlesex, NJ	34023	1	788,629	16.6	27	182	117,507	200,431	81.3	130,731	87.9
Monmouth, NJ	34025	1	642,030	18.2	60	187	109,120	165,915	77.4	120,378	86.7
Morris, NJ	34027	1	488,475	17.9	42	154	79,878	122,655	74.7	84,319	87.1
Ocean, NJ	34029	1	565,493	16.4	30	109	78,301	118,859	77.6	88,689	85.9
Passaic, NJ	34031	1	492,115	18.4	23	135	80,631	129,731	77.9	94,172	84.1
Salem, NJ	34033	1	66,016	17.1	15	31	12,529	16,618	86.9	13,039	90.5
Somerset, NJ	34035	1	323,552	18.5	21	77	53,825	76,743	76.9	54,020	86.6
Sussex, NJ	34037	1	151,478	18.7	28	47	28,136	40,610	83.6	30,665	91.6
Union, NJ	34039	1	524,658	17.9	26	158	87,616	136,230	78.3	96,772	85.9
Warren, NJ	34041	2	109,737	18.2	26	42	19,056	26,106	83.3	19,619	91.5
NEW MEXICO	35000	X	1,969,915	18.0	89	854	326,758	533,786	89.2	384,924	91.7
Bernalillo, NM	35001	2	629,292	17.2	1	169	94,022	156,057	85.3	102,911	87.6
Catron, NM	35003	9	3,431	12.5	2	7	395	714	89.8	583	92.1
Chaves, NM	35005	5	62,595	18.6	4	31	11,064	18,132	91.0	13,835	93.3
Cibola, NM	35006	6	27,261	18.7	1	12	3,634	7,644	86.3	5,833	86.7
Colfax, NM	35007	7	13,216	16.1	4	19	2,298	3,353	93.2	2,885	94.6
Curry, NM	35009	5	45,328	20.5	4	28	9,217	14,012	94.5	9,807	96.3
De Baca, NM	35011	9	1,916	12.4	1	3	331	532	99.6	439	99.5
Dona Ana, NM	35013	3	198,791	19.0	3	70	39,572	60,034	93.9	39,730	95.7
Eddy, NM	35015	5	51,002	19.1	3	30	10,152	14,292	91.9	11,526	94.5
Grant, NM	35017	7	29,699	16.2	2	19	4,766	8,657	92.3	6,107	94.1
Guadalupe, NM	35019	7	4,447	14.0	2	8	758	1,279	92.0	1,017	93.9
Harding, NM	35021	9	716	12.4	2	4	121	174	89.7	151	91.4
Hidalgo, NM	35023	7	4,945	19.8	2	8	992	1,699	97.4	1,499	98.7
Lea, NM	35025	5	58,043	19.6	5	39	11,937	16,534	93.0	13,004	96.2
Lincoln, NM	35027	6	20,783	15.0	5	17	3,325	4,483	91.9	3,497	92.5
Los Alamos, NM	35028	6	18,558	16.2	1	7	3,614	5,057	87.5	3,656	94.1
Luna, NM	35029	6	26,996	19.6	1	14	5,458	6,401	97.3	5,600	98.7
McKinley, NM	35031	4	70,059	22.7	2	45	14,536	28,043	90.7	22,597	92.2
Mora, NM	35033	8	5,069	16.0	2	8	791	1,418	90.1	1,112	89.1
Otero, NM	35035	4	63,129	18.8	3	23	8,004	18,135	92.6	13,944	94.9
Quay, NM	35037	7	8,971	15.4	4	13	1,642	2,619	97.9	2,062	98.5
Rio Arriba, NM	35039	6	40,827	18.2	4	31	6,193	11,581	87.8	8,918	89.7
Roosevelt, NM	35041	7	19,142	18.0	4	15	3,478	6,636	94.3	3,739	95.8
Sandoval, NM	35043	2	117,866	19.0	4	38	18,206	26,442	87.1	20,360	89.8
San Juan, NM	35045	3	122,427	19.8	4	55	23,469	36,608	93.6	28,682	95.4
San Miguel, NM	35047	6	28,655	17.0	3	24	4,834	9,583	90.9	6,438	95.0
Santa Fe, NM	35049	3	142,955	15.3	2	41	15,609	33,486	79.4	23,538	85.6
Sierra, NM	35051	6	12,316	13.4	1	6	1,551	2,595	90.1	2,156	93.0
Socorro, NM	35053	6	18,118	17.4	2	11	2,440	5,817	94.3	3,840	97.1
Taos, NM	35055	7	31,608	15.0	4	24	4,803	7,505	87.0	5,752	87.8
Torrance, NM	35057	2	16,598	18.6	3	16	5,365	4,660	93.5	3,946	94.2
Union, NM	35059	9	3,792	16.5	2	7	682	1,084	91.6	977	92.5
Valencia, NM	35061	2	71,364	19.2	2	33	13,502	18,520	90.7	14,783	92.7

[1]County type codes are from the Economic Research Service of the United States Department of Agriculture. See notes and definitions for more information.

Table C-1. Population, School, and Student Characteristics by County—Continued

STATE County	State/ county code	Characteristics of students, 2005–2006 (percent)				Number of graduates, 2004–2005	Staff and students, 2005–2006			
		Students with IEP[2]	Students eligible for free or reduced-price lunch	Minority students	English language learners		Total staff	Number of teachers	Student/ teacher ratio	Central administration staff
		10	11	12	13	14	15	16	17	18
NEW HAMPSHIRE	33000	14.8	17.1	6.7	...	13,804	32,142	15,590	13.2	1,204
Belknap, NH	33001	14.2	21.5	3.6	...	648	1,700	806	12.8	56
Carroll, NH	33003	13.8	22.8	2.4	...	396	1,286	582	11.9	93
Cheshire, NH	33005	16.0	20.2	3.2	...	766	1,808	814	12.3	68
Coos, NH	33007	14.0	31.9	3.5	...	378	963	451	11.7	41
Grafton, NH	33009	13.9	20.4	5.0	...	942	2,339	1,147	11.2	88
Hillsborough, NH	33011	14.5	17.4	11.7	...	4,510	9,249	4,680	14.3	387
Merrimack, NH	33013	14.5	16.1	4.8	...	1,349	3,258	1,507	13.9	123
Rockingham, NH	33015	14.8	9.4	4.4	...	3,327	7,642	3,798	13.0	186
Strafford, NH	33017	16.8	22.3	5.9	...	1,068	2,525	1,194	13.8	88
Sullivan, NH	33019	16.4	24.9	2.6	...	391	1,254	556	12.1	69
NEW JERSEY	34000	26.7	26.8	43.5	3.6	86,488	183,657	112,616	12.4	7,726
Atlantic, NJ	34001	28.0	36.7	48.4	4.0	2,842	6,193	3,931	12.3	311
Bergen, NJ	34003	24.4	12.8	36.8	3.1	8,777	17,392	10,540	12.7	742
Burlington, NJ	34005	30.6	17.6	30.9	1.0	4,899	10,499	6,035	12.6	425
Camden, NJ	34007	30.1	36.4	47.7	2.3	5,517	11,895	7,117	12.5	463
Cape May, NJ	34009	34.7	26.8	17.5	1.4	1,003	2,126	1,299	11.3	123
Cumberland, NJ	34011	31.5	56.6	58.2	4.4	1,481	4,084	2,374	11.2	186
Essex, NJ	34013	26.2	36.9	71.3	4.4	7,298	17,125	10,618	11.9	669
Gloucester, NJ	34015	29.1	19.4	20.2	0.5	3,086	6,447	3,762	13.0	311
Hudson, NJ	34017	25.7	64.0	81.4	10.6	4,469	10,962	6,744	12.1	501
Hunterdon, NJ	34019	26.4	3.4	7.9	0.5	1,503	3,300	1,988	11.7	157
Mercer, NJ	34021	27.2	27.0	51.5	3.7	3,698	7,915	4,800	12.6	328
Middlesex, NJ	34023	23.6	23.5	53.9	3.2	7,761	14,688	9,239	12.7	565
Monmouth, NJ	34025	25.8	16.0	24.5	1.4	7,046	14,067	8,694	12.6	658
Morris, NJ	34027	25.9	8.2	22.9	2.0	5,224	10,341	6,379	12.5	453
Ocean, NJ	34029	29.7	17.1	16.5	1.5	4,976	9,418	5,859	13.4	394
Passaic, NJ	34031	25.8	44.4	62.6	9.7	4,619	10,787	6,751	11.9	298
Salem, NJ	34033	28.6	28.3	30.8	0.7	718	1,695	1,008	12.4	90
Somerset, NJ	34035	24.9	11.9	36.3	2.2	3,142	6,779	4,446	12.1	259
Sussex, NJ	34037	27.9	8.6	8.6	0.3	1,958	3,546	2,175	12.9	175
Union, NJ	34039	24.1	38.1	59.1	6.8	5,259	11,777	7,269	12.1	485
Warren, NJ	34041	27.6	14.8	11.8	1.0	1,212	2,621	1,588	12.0	133
NEW MEXICO	35000	19.7	55.7	68.9	19.2	17,353	47,941	22,021	14.8	2,381
Bernalillo, NM	35001	19.2	39.8	66.1	14.9	4,532	12,905	6,139	15.3	710
Catron, NM	35003	21.0	67.6	38.5	0.0	23	82	39	10.1	6
Chaves, NM	35005	23.5	54.8	66.5	10.4	705	1,628	710	15.6	73
Cibola, NM	35006	17.0	69.1	81.0	11.4	233	548	272	13.4	29
Colfax, NM	35007	20.9	54.6	55.5	5.9	136	366	188	12.2	13
Curry, NM	35009	19.0	52.5	55.7	8.4	445	1,235	595	15.5	69
De Baca, NM	35011	25.7	53.2	44.7	4.5	32	68	30	11.0	3
Dona Ana, NM	35013	20.5	73.8	82.8	34.8	2,039	6,028	2,609	15.2	193
Eddy, NM	35015	24.9	55.1	54.7	5.4	582	1,262	653	15.5	51
Grant, NM	35017	19.3	65.9	66.1	14.9	317	729	344	13.9	30
Guadalupe, NM	35019	17.5	71.4	95.1	50.4	49	153	63	12.0	10
Harding, NM	35021	18.2	59.5	43.8	0.0	20	39	19	6.4	5
Hidalgo, NM	35023	20.2	71.7	74.4	8.3	55	184	76	13.1	14
Lea, NM	35025	18.5	52.4	63.2	15.8	693	1,493	758	15.7	63
Lincoln, NM	35027	16.6	57.1	53.7	9.1	207	480	239	13.9	30
Los Alamos, NM	35028	34.2	0.0	24.3	2.3	260	595	255	14.2	40
Luna, NM	35029	11.7	99.3	81.3	22.5	267	702	310	17.6	28
McKinley, NM	35031	14.7	70.6	94.3	43.5	789	2,514	1,058	13.7	123
Mora, NM	35033	27.3	81.8	87.2	23.5	52	141	72	11.0	12
Otero, NM	35035	19.4	44.1	46.2	2.4	500	1,163	549	14.6	77
Quay, NM	35037	20.8	80.5	54.9	1.6	132	269	142	11.6	15
Rio Arriba, NM	35039	14.3	93.1	96.3	40.7	261	1,055	440	14.1	50
Roosevelt, NM	35041	20.3	64.4	51.6	7.1	196	585	247	14.1	23
Sandoval, NM	35043	18.6	39.1	59.0	17.8	1,060	2,468	1,265	14.4	144
San Juan, NM	35045	20.1	63.4	64.7	22.7	1,252	3,372	1,587	14.8	193
San Miguel, NM	35047	20.9	76.0	91.8	62.4	290	791	361	13.4	57
Santa Fe, NM	35049	18.7	55.7	78.4	21.8	723	2,184	1,053	14.8	112
Sierra, NM	35051	25.2	70.1	47.9	8.3	80	271	107	14.5	12
Socorro, NM	35053	22.5	58.6	75.2	6.0	150	420	186	13.1	24
Taos, NM	35055	20.3	53.7	82.7	16.3	306	736	355	13.5	39
Torrance, NM	35057	20.8	62.8	42.1	5.0	289	755	370	14.5	41
Union, NM	35059	16.0	58.4	47.4	0.0	48	126	61	11.2	7
Valencia, NM	35061	22.9	71.4	72.2	9.9	630	2,594	869	15.5	85

[2] IEP = Individual Education Program. See notes and definitions for more information.
... = Not available.

424 THE ALMANAC OF AMERICAN EDUCATION (BERNAN PRESS)

Table C-1. Population, School, and Student Characteristics by County—Continued

STATE County	State/ county code	Revenues, 2004–2005 Total revenue (thousands of dollars)	Percentage of revenue from: Federal government	State government	Local government	Current expenditures, 2004–2005 Total expenditures (thousands of dollars)	Amount per student	Percent for instruction	Resident population 16 to 19 years, 2000 Total population 16 to 19 years	Percent in Armed Forces	Percent high school graduates	Percent not enrolled, not employed, not in Armed Forces, not high school grad.
		19	20	21	22	23	24	25	26	27	28	29
NEW HAMPSHIRE	33000	2,332,695	5.4	37.7	56.9	1,972,270	9,753	63.9	67,668	0.0	8.9	3.1
Belknap, NH	33001	120,990	5.8	36.3	57.9	100,277	10,044	62.2	2,705	0.0	9.9	4.1
Carroll, NH	33003	102,287	5.4	29.8	64.8	77,858	11,131	64.8	2,073	0.0	11.4	2.3
Cheshire, NH	33005	133,735	6.6	36.9	56.5	118,234	11,595	62.0	5,241	0.0	6.8	3.1
Coos, NH	33007	62,943	9.0	42.5	48.6	53,562	10,079	60.6	1,721	0.0	8.7	5.1
Grafton, NH	33009	175,062	5.0	31.8	63.3	152,255	11,820	64.8	6,267	0.0	6.7	2.9
Hillsborough, NH	33011	680,265	6.0	39.1	54.9	592,960	8,828	64.9	19,010	0.1	9.0	3.3
Merrimack, NH	33013	234,024	5.0	38.7	56.3	196,459	9,310	61.6	7,363	0.0	8.7	3.1
Rockingham, NH	33015	553,064	3.4	37.5	59.1	451,751	9,948	64.1	13,218	0.1	9.2	2.8
Strafford, NH	33017	185,301	6.5	39.6	53.9	155,375	9,490	64.7	8,166	0.0	9.9	2.6
Sullivan, NH	33019	85,024	8.4	41.6	50.0	73,539	10,816	65.4	1,904	0.0	11.1	3.2
NEW JERSEY	34000	23,185,906	4.1	40.7	55.2	19,749,552	14,289	59.1	408,187	0.2	8.9	4.3
Atlantic, NJ	34001	744,539	5.2	39.8	55.0	636,980	13,678	59.3	12,559	0.0	10.2	5.5
Bergen, NJ	34003	2,267,523	2.8	17.7	79.5	1,885,707	14,295	60.5	37,929	0.0	6.7	1.7
Burlington, NJ	34005	1,227,832	4.0	40.5	55.5	1,017,168	13,396	58.9	21,045	1.2	9.8	3.9
Camden, NJ	34007	1,411,289	5.3	52.6	42.0	1,226,455	13,740	60.0	27,751	0.0	8.2	6.2
Cape May, NJ	34009	267,769	5.0	29.9	65.1	219,951	15,733	58.9	4,563	3.3	11.6	4.0
Cumberland, NJ	34011	446,406	6.9	76.7	16.4	410,399	15,708	60.0	7,976	0.0	11.4	6.0
Essex, NJ	34013	2,405,276	5.6	57.4	37.0	2,193,082	17,307	56.8	41,257	0.1	10.3	6.9
Gloucester, NJ	34015	697,870	4.1	43.7	52.2	597,535	12,497	57.9	14,528	0.0	9.4	2.8
Hudson, NJ	34017	1,532,614	6.3	67.0	26.8	1,301,026	15,811	60.4	29,361	0.1	10.0	7.7
Hunterdon, NJ	34019	396,773	1.8	19.4	78.8	335,450	14,615	55.8	5,282	0.0	5.9	2.2
Mercer, NJ	34021	1,123,430	3.5	41.2	55.3	910,265	15,259	57.7	19,442	0.1	7.0	4.0
Middlesex, NJ	34023	1,832,155	3.7	35.4	60.9	1,562,557	13,399	60.3	37,947	0.0	8.1	3.6
Monmouth, NJ	34025	1,760,232	3.1	35.3	61.6	1,476,257	13,519	59.1	29,062	1.0	8.1	2.6
Morris, NJ	34027	1,297,370	2.0	20.8	77.3	1,115,419	14,179	58.2	20,713	0.0	6.3	1.8
Ocean, NJ	34029	1,098,290	4.1	35.7	60.2	933,469	12,070	60.2	21,495	0.2	10.7	2.8
Passaic, NJ	34031	1,391,785	5.4	55.5	39.1	1,203,101	15,049	59.7	25,693	0.0	10.8	7.1
Salem, NJ	34033	185,370	5.7	50.2	44.1	155,203	12,848	59.8	3,614	0.0	10.2	3.7
Somerset, NJ	34035	852,609	2.0	20.6	77.4	698,223	13,349	58.7	11,724	0.0	7.4	2.0
Sussex, NJ	34037	408,060	2.7	35.0	62.3	375,345	13,277	58.4	7,179	0.0	8.9	1.5
Union, NJ	34039	1,528,208	4.1	37.7	58.2	1,247,188	14,577	58.6	24,207	0.0	9.8	3.9
Warren, NJ	34041	310,506	3.3	42.8	53.9	248,772	13,143	59.3	4,860	0.0	11.6	2.3
NEW MEXICO	35000	2,982,991	16.1	70.5	13.4	2,472,014	7,580	56.5	113,028	0.4	11.2	7.5
Bernalillo, NM	35001	767,094	10.9	74.8	14.3	649,561	6,959	58.9	31,866	0.5	12.3	7.0
Catron, NM	35003	6,352	17.9	73.2	8.9	4,949	13,824	50.6	188	0.0	8.5	13.3
Chaves, NM	35005	94,814	16.8	72.9	10.3	85,732	7,674	56.6	4,460	0.3	10.1	8.2
Cibola, NM	35006	37,807	22.5	70.2	7.2	31,498	8,583	57.7	1,603	0.1	17.2	7.4
Colfax, NM	35007	24,250	10.1	78.3	11.7	21,668	9,300	55.8	952	0.2	10.8	10.5
Curry, NM	35009	74,063	14.8	77.9	7.3	64,665	6,952	57.6	2,839	7.6	19.2	5.5
De Baca, NM	35011	4,439	9.3	78.6	12.1	3,777	11,342	54.4	131	0.0	7.6	3.8
Dona Ana, NM	35013	338,958	15.2	74.4	10.4	286,480	7,280	56.9	12,338	0.1	8.2	6.6
Eddy, NM	35015	97,283	9.9	70.8	19.3	80,849	7,998	58.7	3,339	0.0	11.7	7.7
Grant, NM	35017	46,381	11.5	79.0	9.4	40,733	8,626	53.7	1,799	0.0	13.3	7.1
Guadalupe, NM	35019	12,746	10.5	79.1	10.4	9,122	11,878	48.6	279	0.0	20.1	5.0
Harding, NM	35021	3,352	5.8	82.8	11.4	2,575	18,796	46.9	44	0.0	0.0	6.8
Hidalgo, NM	35023	11,752	12.2	74.8	13.0	10,765	10,351	47.4	389	0.0	10.5	6.4
Lea, NM	35025	102,084	10.8	69.8	19.4	83,484	7,107	58.0	4,063	0.1	9.1	7.1
Lincoln, NM	35027	35,230	11.2	77.4	11.4	30,539	8,862	56.0	950	0.8	13.5	3.9
Los Alamos, NM	35028	38,420	27.5	59.3	13.2	32,891	9,076	57.1	963	0.0	5.1	3.0
Luna, NM	35029	46,794	15.5	77.1	7.4	37,255	6,845	57.6	1,570	0.0	10.3	13.1
McKinley, NM	35031	166,346	40.6	50.4	9.0	126,891	8,522	53.8	5,677	0.0	9.0	9.0
Mora, NM	35033	12,905	26.1	68.9	5.0	10,675	13,327	49.5	348	0.0	12.4	5.7
Otero, NM	35035	74,576	19.0	71.5	9.5	61,336	7,418	54.3	3,602	2.3	14.4	8.9
Quay, NM	35037	20,467	12.0	80.5	7.5	16,051	9,515	55.8	600	0.0	4.5	9.3
Rio Arriba, NM	35039	74,791	20.9	60.7	18.4	58,004	9,293	50.5	2,409	0.0	8.2	11.7
Roosevelt, NM	35041	33,619	12.7	75.9	11.4	28,950	8,093	53.3	1,397	0.0	9.6	6.2
Sandoval, NM	35043	156,136	15.9	71.4	12.7	126,544	7,381	57.1	5,178	0.0	13.1	7.3
San Juan, NM	35045	220,836	24.8	59.1	16.1	177,660	7,538	57.5	8,335	0.0	10.9	7.7
San Miguel, NM	35047	58,949	19.6	70.9	9.5	49,424	10,019	51.0	2,274	0.0	5.0	3.8
Santa Fe, NM	35049	144,893	12.2	62.5	25.4	109,230	6,972	55.8	6,863	0.0	11.6	8.3
Sierra, NM	35051	15,730	20.6	67.6	11.8	12,718	8,080	55.2	602	0.0	5.6	8.8
Socorro, NM	35053	27,746	20.7	70.4	8.9	23,705	9,524	53.5	1,361	0.5	11.1	8.1
Taos, NM	35055	53,183	17.1	73.1	9.8	45,257	9,354	52.0	1,664	0.0	17.3	8.2
Torrance, NM	35057	49,521	11.4	76.6	12.0	41,973	7,786	53.4	968	0.0	10.5	12.1
Union, NM	35059	9,550	10.0	78.2	11.8	8,290	12,209	49.7	230	0.0	6.1	0.0
Valencia, NM	35061	121,924	11.9	73.3	14.8	98,763	7,338	53.9	3,747	0.0	10.3	9.3

PART C—COUNTY EDUCATION STATISTICS

Table C-1. Population, School, and Student Characteristics by County—Continued

STATE County	State/ county code	High school graduates, 2000			College enrollment, 2000		College graduates, 2000 (percent)						
		Population 25 years and over	High school diploma or less (percent)	High school diploma or more (percent)	Number	Percent public	Bachelor's degree or more	+/- U.S. percent with bachelor's degree or more	Non-Hispanic White	Black	American Indian, Alaska Native	Asian and Pacific Islander	Hispanic or Latino[3]
		30	31	32	33	34	35	36	37	38	39	40	41
NEW HAMPSHIRE	33000	823,987	42.7	87.4	74,832	60.2	28.7	4.3	28.5	27.8	17.0	54.2	22.7
Belknap, NH	33001	39,260	46.9	85.7	2,006	72.5	23.3	-1.1	23.4	37.0	10.4	24.9	26.9
Carroll, NH	33003	31,534	44.0	88.2	1,231	71.3	26.5	2.1	26.5	31.0	17.8	25.6	31.9
Cheshire, NH	33005	48,032	48.2	86.2	6,717	66.8	26.6	2.2	26.5	36.0	17.3	46.2	28.0
Coos, NH	33007	23,490	64.7	76.9	932	82.3	11.9	-12.5	11.9	11.1	3.8	20.4	23.9
Grafton, NH	33009	52,795	43.3	87.7	9,172	41.2	32.7	8.3	32.4	40.7	16.8	68.4	42.7
Hillsborough, NH	33011	251,908	40.5	87.0	20,594	48.9	30.1	5.7	29.9	24.3	21.0	58.1	18.3
Merrimack, NH	33013	91,278	41.5	88.2	8,216	50.1	29.1	4.7	29.0	26.4	1.5	59.1	28.7
Rockingham, NH	33015	187,172	38.1	90.5	12,255	61.9	31.7	7.3	31.5	32.3	26.0	52.3	26.0
Strafford, NH	33017	70,319	44.1	86.4	12,656	88.2	26.4	2.0	26.2	29.3	19.5	43.9	29.7
Sullivan, NH	33019	28,199	55.5	83.0	1,053	71.4	19.7	-4.7	19.6	64.9	4.8	26.1	24.0
NEW JERSEY	34000	5,657,799	47.3	82.1	470,302	65.4	29.8	5.4	32.3	16.2	16.4	61.9	12.5
Atlantic, NJ	34001	168,546	56.5	78.2	12,659	80.6	18.7	-5.7	21.0	10.8	21.1	30.7	7.2
Bergen, NJ	34003	623,469	39.6	86.6	50,740	58.0	38.2	13.8	38.1	27.3	19.3	60.8	20.8
Burlington, NJ	34005	285,553	44.0	87.2	20,140	71.3	28.4	4.0	29.7	19.8	22.5	48.0	18.8
Camden, NJ	34007	331,765	51.9	80.3	25,699	72.9	24.0	-0.4	26.5	13.9	12.0	47.6	8.6
Cape May, NJ	34009	72,878	54.5	81.9	3,466	72.4	22.0	-2.4	22.6	7.8	28.0	54.3	13.5
Cumberland, NJ	34011	96,899	67.8	68.5	5,087	81.1	11.7	-12.7	14.4	6.0	7.5	46.4	5.6
Essex, NJ	34013	513,570	51.6	75.6	47,684	62.1	27.5	3.1	41.5	14.6	12.7	62.9	10.7
Gloucester, NJ	34015	164,801	52.6	84.3	17,149	76.0	22.0	-2.4	21.9	17.1	17.7	54.2	19.0
Hudson, NJ	34017	408,799	56.3	70.5	41,431	58.0	25.3	0.9	31.8	16.5	19.2	56.4	12.1
Hunterdon, NJ	34019	83,548	34.0	91.5	4,876	68.7	41.8	17.4	42.0	14.4	30.3	70.9	29.6
Mercer, NJ	34021	231,139	43.8	81.8	28,687	54.5	34.0	9.6	39.5	12.8	17.3	71.1	11.6
Middlesex, NJ	34023	501,552	44.7	84.4	54,877	77.1	33.0	8.6	29.7	26.1	22.5	70.4	11.4
Monmouth, NJ	34025	413,058	39.5	87.9	30,358	61.6	34.6	10.2	36.0	14.8	18.1	63.5	16.6
Morris, NJ	34027	323,881	33.4	90.6	25,292	56.0	44.1	19.7	44.8	26.8	27.9	69.9	18.5
Ocean, NJ	34029	358,354	54.7	83.0	20,490	60.2	19.5	-4.9	19.5	15.3	11.3	47.1	12.2
Passaic, NJ	34031	316,401	57.9	73.3	25,785	68.2	21.2	-3.2	27.9	8.7	4.7	48.1	7.8
Salem, NJ	34033	42,789	59.8	79.4	2,436	79.6	15.2	-9.2	16.5	7.2	3.2	48.6	8.9
Somerset, NJ	34035	204,343	31.9	89.6	14,627	65.9	46.5	22.1	47.4	31.5	29.9	76.0	18.5
Sussex, NJ	34037	95,094	43.6	89.8	6,368	72.2	27.2	2.8	27.1	24.5	18.8	56.8	22.5
Union, NJ	34039	351,903	50.4	79.3	28,216	65.1	28.5	4.1	35.0	16.6	16.9	61.0	12.7
Warren, NJ	34041	69,457	50.5	84.9	4,235	64.1	24.4	0.0	24.4	24.7	12.5	51.9	18.5
NEW MEXICO	35000	1,134,801	47.7	78.9	120,265	86.8	23.5	-0.9	34.3	18.8	7.7	43.0	10.8
Bernalillo, NM	35001	358,680	40.3	84.4	44,365	87.1	30.5	6.1	42.2	22.9	15.0	38.8	13.8
Catron, NM	35003	2,657	50.6	78.4	92	81.5	18.4	-6.0	20.7	100.0	9.4	100.0	8.3
Chaves, NM	35005	37,811	53.9	72.6	3,290	86.4	16.2	-8.2	22.6	5.9	10.6	54.9	5.1
Cibola, NM	35006	15,273	61.5	75.0	1,259	83.2	12.0	-12.4	23.4	11.8	7.4	29.7	6.0
Colfax, NM	35007	9,518	53.4	80.8	324	81.2	18.5	-5.9	28.4	0.0	7.2	0.0	5.4
Curry, NM	35009	26,403	49.5	78.4	3,355	94.7	15.3	-9.1	19.6	11.0	5.9	27.7	4.2
De Baca, NM	35011	1,584	57.6	72.3	42	100.0	16.2	-8.2	23.2	...	0.0	0.0	2.2
Dona Ana, NM	35013	99,893	52.4	70.0	17,779	93.3	22.3	-2.1	39.3	25.0	14.7	64.2	9.6
Eddy, NM	35015	32,572	59.4	75.0	1,944	83.2	13.5	-10.9	17.3	13.7	8.4	51.4	4.8
Grant, NM	35017	20,350	49.7	79.4	2,049	93.1	20.5	-3.9	28.5	40.0	10.0	28.2	9.8
Guadalupe, NM	35019	3,099	69.2	68.3	218	83.9	10.3	-14.1	18.5	6.4	11.3	100.0	8.5
Harding, NM	35021	609	59.6	72.2	20	75.0	18.1	-6.3	26.2	...	0.0	...	9.0
Hidalgo, NM	35023	3,596	68.1	68.8	116	80.2	9.9	-14.5	17.4	0.0	3.6	0.0	2.9
Lea, NM	35025	33,291	60.8	67.1	2,754	84.4	11.6	-12.8	15.7	5.3	4.4	37.5	4.1
Lincoln, NM	35027	13,849	43.6	84.5	746	93.3	22.8	-1.6	26.5	12.5	16.5	29.1	8.8
Los Alamos, NM	35028	12,822	15.7	96.3	997	88.3	60.5	36.1	63.4	0.0	61.7	76.1	31.7
Luna, NM	35029	15,777	70.1	59.8	509	93.1	10.4	-14.0	15.6	8.1	21.3	26.1	3.7
McKinley, NM	35031	38,988	62.7	65.2	3,502	87.1	12.0	-12.4	42.9	17.0	4.6	58.3	7.2
Mora, NM	35033	3,348	61.9	69.8	212	96.7	15.5	-8.9	34.0	...	6.9	...	10.7
Otero, NM	35035	38,061	48.1	81.0	3,323	90.3	15.4	-9.0	20.2	11.5	8.3	25.2	5.2
Quay, NM	35037	6,970	62.9	73.8	413	94.2	13.7	-10.7	17.1	21.3	0.0	31.9	6.6
Rio Arriba, NM	35039	25,930	58.3	73.0	2,050	81.4	15.4	-9.0	34.6	7.2	9.7	32.5	11.1
Roosevelt, NM	35041	10,245	48.5	75.2	2,589	95.0	22.6	-1.8	28.0	7.6	25.8	77.4	9.2
Sandoval, NM	35043	56,479	42.6	86.0	4,415	81.7	24.8	0.4	33.4	23.2	5.8	37.6	14.2
San Juan, NM	35045	65,262	53.7	76.8	6,004	89.8	13.5	-10.9	19.8	27.5	5.4	25.2	6.5
San Miguel, NM	35047	18,531	51.1	74.5	2,723	80.9	21.2	-3.2	37.5	10.4	25.7	68.1	15.4
Santa Fe, NM	35049	87,870	35.2	84.5	8,294	67.7	36.9	12.5	56.2	30.2	16.8	56.6	14.0
Sierra, NM	35051	9,906	55.3	76.1	352	77.0	13.1	-11.3	14.6	27.8	18.9	44.4	6.7
Socorro, NM	35053	10,642	56.9	72.1	1,715	90.4	19.4	-5.0	31.6	13.5	11.2	73.3	7.6
Taos, NM	35055	20,526	47.5	79.1	1,330	85.0	25.9	1.5	46.7	50.5	10.9	42.4	11.1
Torrance, NM	35057	10,556	55.9	77.1	569	91.0	14.4	-10.0	19.1	1.1	18.1	31.7	4.9
Union, NM	35059	2,786	64.0	79.9	50	82.0	13.0	-11.4	17.2	...	50.0	100.0	2.2
Valencia, NM	35061	40,917	56.2	76.1	2,835	83.6	14.8	-9.6	20.6	15.7	9.4	27.3	8.9

[3] May be of any race.
... = Not available.

Table C-1. Population, School, and Student Characteristics by County—Continued

STATE County	State/ county code	County type[1]	Population, 2007 Total	Percent 5 to 17 years	Number of schools and students, 2005–2006 School districts	Schools	Students	Resident enrollment, 2000 Total enrollment Number	Percent public	K–12 enrollment Number	Percent public
			1	2	3	4	5	6	7	8	9
NEW YORK	36000	X	19,297,729	16.7	853	4,669	2,815,581	5,217,030	76.4	3,584,279	85.9
Albany, NY	36001	2	299,307	15.3	23	184	45,777	83,713	77.0	50,548	87.1
Allegany, NY	36003	7	49,637	15.1	12	22	7,736	16,263	76.6	9,624	93.7
Bronx, NY	36005	1	1,373,659	20.2	[6]19	[6]13	[6]2,972	419,114	78.5	310,307	85.0
Broome, NY	36007	2	195,973	15.2	13	58	31,330	56,153	89.7	35,644	91.1
Cattaraugus, NY	36009	4	80,087	16.8	14	40	15,247	22,211	82.6	16,729	93.4
Cayuga, NY	36011	4	80,066	16.3	8	25	11,170	20,377	88.5	15,927	93.1
Chautauqua, NY	36013	4	133,945	16.2	18	55	22,395	37,459	92.0	26,607	94.8
Chemung, NY	36015	3	88,015	16.3	3	23	12,649	22,739	79.9	17,140	88.2
Chenango, NY	36017	6	51,207	16.8	8	24	9,378	13,094	93.3	10,767	95.8
Clinton, NY	36019	5	82,215	14.4	9	32	12,776	22,184	90.3	14,676	90.5
Columbia, NY	36021	6	62,363	16.1	7	19	8,944	15,183	85.1	12,255	89.8
Cortland, NY	36023	4	48,369	15.4	5	18	7,319	15,221	92.8	8,751	93.4
Delaware, NY	36025	6	46,286	15.0	13	21	6,779	11,874	93.4	8,884	97.2
Dutchess, NY	36027	2	292,746	17.1	14	80	47,623	78,962	77.2	53,680	89.2
Erie, NY	36029	1	913,338	16.6	46	226	138,487	256,351	78.9	176,728	85.1
Essex, NY	36031	6	38,119	14.1	11	15	4,554	8,857	89.2	7,210	92.4
Franklin, NY	36033	5	50,449	14.1	8	22	8,486	12,024	87.7	9,270	96.0
Fulton, NY	36035	4	55,114	16.6	7	22	9,577	13,249	93.7	10,748	96.9
Genesee, NY	36037	4	58,122	17.0	9	22	9,958	16,129	87.5	12,183	90.8
Greene, NY	36039	6	49,246	15.6	7	18	7,563	10,810	88.9	8,504	93.9
Hamilton, NY	36041	8	5,075	12.9	8	8	598	1,059	92.0	868	94.2
Herkimer, NY	36043	2	62,558	15.9	12	26	10,956	16,600	92.9	12,567	97.5
Jefferson, NY	36045	4	117,201	17.7	12	38	18,694	28,331	89.9	21,771	92.0
Kings, NY	36047	1	2,528,050	17.7	[6]26	[6]13	[6]3,100	731,672	73.8	512,325	79.7
Lewis, NY	36049	6	26,472	17.0	5	13	4,580	6,915	92.4	6,031	95.0
Livingston, NY	36051	1	63,196	14.7	9	25	9,285	19,552	88.4	11,944	92.1
Madison, NY	36053	2	69,829	16.1	11	30	11,778	20,630	79.0	13,451	95.8
Monroe, NY	36055	1	729,681	17.2	23	184	118,831	214,378	76.3	145,226	89.3
Montgomery, NY	36057	4	48,695	16.6	5	17	7,886	11,609	89.2	9,532	92.9
Nassau, NY	36059	1	1,306,533	17.5	58	316	210,617	357,675	73.7	246,184	86.3
New York, NY	36061	1	1,620,867	10.8	[6]26	[6]1,426	[6]1,017,254	358,066	60.2	195,948	78.0
Niagara, NY	36063	1	214,845	16.5	10	59	33,668	57,484	82.9	41,852	88.9
Oneida, NY	36065	2	232,304	16.1	17	74	36,313	60,218	84.4	44,252	92.7
Onondaga, NY	36067	2	454,010	17.3	21	123	77,683	132,420	76.0	89,450	91.3
Ontario, NY	36069	1	103,956	16.6	10	32	17,818	26,901	81.4	19,305	92.7
Orange, NY	36071	2	377,169	19.9	18	87	66,646	101,077	79.1	75,204	86.4
Orleans, NY	36073	1	42,371	17.2	6	15	7,653	10,701	92.0	8,851	95.3
Oswego, NY	36075	2	121,454	17.2	10	43	23,659	35,840	93.8	25,412	96.5
Otsego, NY	36077	6	62,397	14.0	12	23	9,009	19,248	90.9	11,317	95.1
Putnam, NY	36079	1	99,489	18.3	7	23	16,903	25,652	78.7	18,867	89.6
Queens, NY	36081	1	2,270,338	15.2	[6]11	[6]4	[6]1,857	586,090	75.1	389,860	82.8
Rensselaer, NY	36083	2	155,318	16.2	14	46	22,607	42,526	73.1	27,840	88.2
Richmond, NY	36085	1	481,613	17.7	[6]1	([6])	([6])	122,303	69.2	85,662	75.4
Rockland, NY	36087	1	296,483	19.3	9	65	42,062	84,629	62.3	60,015	69.8
St. Lawrence, NY	36089	5	109,809	15.0	18	42	16,583	32,990	80.4	20,580	94.6
Saratoga, NY	36091	2	215,852	16.6	12	52	35,636	51,400	82.0	37,384	93.5
Schenectady, NY	36093	2	150,818	16.7	7	41	23,641	37,662	81.0	26,871	92.1
Schoharie, NY	36095	2	32,063	15.4	6	13	5,303	8,606	89.5	5,836	95.9
Schuyler, NY	36097	6	19,027	16.6	3	7	2,169	4,643	90.4	3,770	93.8
Seneca, NY	36099	6	34,228	15.5	4	14	4,964	8,433	83.2	6,410	89.8
Steuben, NY	36101	4	96,874	16.9	14	44	18,189	24,686	90.3	19,977	93.6
Suffolk, NY	36103	1	1,453,229	18.3	72	348	264,148	387,491	82.8	273,741	92.7
Sullivan, NY	36105	4	76,303	16.9	9	22	10,968	18,389	86.8	14,622	91.8
Tioga, NY	36107	2	50,453	17.1	6	21	8,588	13,238	89.8	10,850	93.5
Tompkins, NY	36109	3	101,055	11.2	8	31	12,229	42,942	47.7	14,395	94.5
Ulster, NY	36111	3	181,860	15.7	11	53	27,774	46,266	87.5	32,223	92.1
Warren, NY	36113	3	66,143	15.4	9	21	10,840	15,874	88.8	11,896	96.7
Washington, NY	36115	3	62,743	15.6	12	23	10,173	14,653	92.8	12,040	96.9
Wayne, NY	36117	1	91,291	18.0	11	39	17,069	24,533	90.1	19,792	94.2
Westchester, NY	36119	1	951,325	18.0	49	254	149,680	244,926	71.3	170,768	84.4
Wyoming, NY	36121	6	41,932	15.2	5	13	5,140	10,379	90.0	8,372	94.0
Yates, NY	36123	6	24,557	17.9	2	5	2,896	6,376	74.7	4,836	85.5

[1]County type codes are from the Economic Research Service of the United States Department of Agriculture. See notes and definitions for more information.
[6]The New York City Public Schools, listed in New York County, also include schools in Bronx, Kings, Queens, and Richmond

PART C—COUNTY EDUCATION STATISTICS

Table C-1. Population, School, and Student Characteristics by County—Continued

STATE County	State/county code	Students with IEP[2] (%)	Students eligible for free or reduced-price lunch (%)	Minority students (%)	English language learners (%)	Number of graduates, 2004-2005	Total staff	Number of teachers	Student/teacher ratio	Central administration staff
		10	11	12	13	14	15	16	17	18
NEW YORK	36000	13.2	44.4	47.3	6.9	147,326	373,505	218,989	12.9	21,940
Albany, NY	36001	11.9	29.2	29.8	1.6	2,616	7,163	3,487	13.1	503
Allegany, NY	36003	14.7	45.9	2.2	0.0	604	1,437	697	11.1	95 [6]
Bronx, NY	36005	[6]6.7	83.9	95.9	[6]5.9	65,431	[6]195	[6]195	[6]15.2	[6]
Broome, NY	36007	13.2	36.5	13.2	1.5	1,978	5,825	2,810	11.1	355
Cattaraugus, NY	36009	13.9	37.4	11.2	0.1	985	2,797	1,503	10.1	166
Cayuga, NY	36011	11.4	29.7	7.4	0.2	684	1,835	1,012	11.0	111
Chautauqua, NY	36013	11.5	41.6	12.7	2.0	1,562	3,751	1,969	11.4	265
Chemung, NY	36015	12.7	43.2	13.5	0.2	744	2,116	955	13.2	142
Chenango, NY	36017	14.0	44.7	3.3	0.0	730	1,794	839	11.2	113
Clinton, NY	36019	17.2	31.7	5.1	0.1	882	2,362	1,219	10.5	145
Columbia, NY	36021	15.2	33.0	16.7	1.7	608	1,605	778	11.5	104
Cortland, NY	36023	14.0	35.2	4.3	0.3	456	1,255	621	11.8	80
Delaware, NY	36025	17.3	42.1	6.9	0.8	469	1,523	755	9.0	99
Dutchess, NY	36027	12.6	19.7	25.4	2.1	2,680	7,116	3,501	13.6	506
Erie, NY	36029	14.2	38.1	28.7	2.4	8,679	20,574	11,066	12.5	1,415
Essex, NY	36031	16.9	40.8	2.5	0.0	347	954	479	9.5	66
Franklin, NY	36033	14.2	45.2	14.0	0.2	563	1,675	814	10.4	97
Fulton, NY	36035	13.7	35.4	6.4	0.1	521	1,484	738	13.0	100
Genesee, NY	36037	12.8	28.5	8.0	0.6	709	1,739	854	11.7	109
Greene, NY	36039	13.2	25.8	17.6	0.4	469	1,356	719	10.5	85
Hamilton, NY	36041	11.4	29.6	2.0	0.0	38	321	191	3.1	27
Herkimer, NY	36043	12.6	36.1	3.7	0.2	707	1,815	994	11.0	121
Jefferson, NY	36045	13.5	40.2	13.5	1.0	1,041	2,947	1,528	12.2	186
Kings, NY	36047	[6]8.9	75.3	85.9	[6]0.0	5,752	158	158	19.6	[6]
Lewis, NY	36049	12.8	43.6	3.4	0.0	309	698	348	13.2	45
Livingston, NY	36051	10.6	25.1	5.4	0.6	625	1,809	947	9.8	113
Madison, NY	36053	13.5	28.2	3.3	0.1	794	1,916	1,011	11.6	125
Monroe, NY	36055	11.5	32.8	35.1	3.0	7,260	19,990	9,814	12.1	1,476
Montgomery, NY	36057	15.2	33.6	16.8	2.9	454	1,154	655	12.0	82
Nassau, NY	36059	11.2	14.8	36.1	5.2	14,072	33,974	17,754	11.9	3,027
New York, NY	36061	[6]14.4	73.0	88.3	[6]13.4	10,574	84,523	71,092	14.3	[6]487
Niagara, NY	36063	12.6	32.9	17.0	0.8	2,216	4,872	2,501	13.5	354
Oneida, NY	36065	13.3	40.1	16.4	3.3	2,452	5,634	2,879	12.6	377
Onondaga, NY	36067	14.4	32.9	25.4	2.5	4,532	12,395	6,189	12.6	761
Ontario, NY	36069	11.8	26.4	8.7	0.8	1,177	3,462	1,669	10.7	213
Orange, NY	36071	11.4	27.2	33.8	4.4	4,156	10,023	5,042	13.2	799
Orleans, NY	36073	11.7	40.1	12.3	1.6	526	1,367	825	9.3	81
Oswego, NY	36075	14.2	38.8	3.6	0.2	1,471	3,992	1,985	11.9	256
Otsego, NY	36077	14.8	35.4	5.6	0.2	610	1,637	788	11.4	102
Putnam, NY	36079	12.9	6.2	12.3	1.8	1,109	2,925	1,433	11.8	202
Queens, NY	36081	[6]8.3	69.4	85.4	[6]2.8	11,006	97	97	19.1	[6]
Rensselaer, NY	36083	16.0	29.4	14.5	0.7	1,400	3,772	1,954	11.6	262
Richmond, NY	36085	0.0	46.8	43.7	0.0	2,797	[6]	[6]	[6]	[6]
Rockland, NY	36087	12.4	22.9	42.4	5.8	2,714	6,981	3,564	11.8	551
St. Lawrence, NY	36089	14.6	41.5	5.0	0.1	1,059	2,846	1,492	11.1	170
Saratoga, NY	36091	11.3	14.9	5.1	0.3	2,241	5,125	2,664	13.4	391
Schenectady, NY	36093	12.3	31.1	27.4	1.6	1,280	3,581	1,706	13.9	213
Schoharie, NY	36095	13.5	32.3	3.6	0.2	381	995	482	11.0	61
Schuyler, NY	36097	12.4	30.9	8.0	0.0	145	490	300	7.2	31
Seneca, NY	36099	13.7	35.8	6.5	0.3	343	919	422	11.8	53
Steuben, NY	36101	13.6	41.7	4.5	0.2	1,221	3,217	1,589	11.4	198
Suffolk, NY	36103	11.7	19.8	27.8	5.0	15,975	39,158	20,591	12.8	3,389
Sullivan, NY	36105	14.7	39.3	29.7	3.4	666	2,038	1,046	10.5	145
Tioga, NY	36107	10.5	35.9	3.1	0.1	580	1,362	649	13.2	77
Tompkins, NY	36109	15.7	30.0	17.4	2.0	777	2,421	1,183	10.3	153
Ulster, NY	36111	13.9	28.1	19.7	1.9	1,705	4,452	2,234	12.4	332
Warren, NY	36113	14.1	24.0	4.7	0.1	716	1,839	916	11.8	152
Washington, NY	36115	16.1	28.9	6.1	0.2	707	2,060	1,085	9.4	115
Wayne, NY	36117	12.0	30.2	10.5	0.9	1,086	3,008	1,473	11.6	194
Westchester, NY	36119	12.2	27.4	45.2	7.8	8,361	23,597	12,027	12.4	1,967
Wyoming, NY	36121	3.7	29.5	2.3	0.1	382	828	454	11.3	56
Yates, NY	36123	0.0	40.6	2.8	0.5	192	551	247	11.7	40

[2]IEP = Individual Education Program. See notes and definitions for more information.
[6]The New York City Public Schools, listed in New York County, also include schools in Bronx, Kings, Queens, and Richmond

Table C-1. Population, School, and Student Characteristics by County—Continued

STATE County	State/ county code	Total revenue (thousands of dollars)	Federal government	State government	Local government	Total expenditures (thousands of dollars)	Amount per student	Percent for instruction	Total population 16 to 19 years	Percent in Armed Forces	Percent high school graduates	Percent not enrolled, not employed, not in Armed Forces, not high school grad.
		19	20	21	22	23	24	25	26	27	28	29
NEW YORK	36000	44,048,173	7.2	43.6	49.2	40,160,825	14,245	69.6	1,017,375	0.3	8.1	5.6
Albany, NY	36001	598,438	5.9	36.7	57.3	536,528	13,229	66.2	17,925	0.0	6.4	3.0
Allegany, NY	36003	124,946	7.9	70.1	22.0	106,391	13,379	62.5	4,482	0.0	5.5	2.3
Bronx, NY	36005	(7)	(7)	(7)	(7)	(7)	(7)	(7)	80,832	0.0	7.7	11.1
Broome, NY	36007	427,982	6.4	56.1	37.6	388,827	12,334	65.9	12,657	0.0	7.7	3.0
Cattaraugus, NY	36009	220,549	7.2	67.3	25.5	198,726	12,781	65.5	5,430	0.0	10.3	6.4
Cayuga, NY	36011	147,318	6.8	62.1	31.1	129,972	11,465	67.1	4,806	0.0	10.7	6.1
Chautauqua, NY	36013	317,330	7.1	63.3	29.6	283,603	12,323	67.7	9,278	2.4	8.2	5.8
Chemung, NY	36015	171,513	8.5	60.9	30.6	156,176	12,242	63.6	5,057	0.0	10.2	7.3
Chenango, NY	36017	133,678	6.9	70.1	23.0	116,977	12,369	63.1	2,771	0.0	9.7	5.2
Clinton, NY	36019	186,821	6.1	59.4	34.5	171,394	13,194	67.3	5,362	0.0	7.4	5.4
Columbia, NY	36021	144,932	5.9	41.4	52.7	130,839	14,069	61.5	3,355	0.1	6.4	3.6
Cortland, NY	36023	96,871	7.8	63.8	28.4	90,979	12,202	66.3	3,836	0.1	6.6	2.8
Delaware, NY	36025	116,711	6.4	53.3	40.3	100,421	14,474	64.6	3,127	0.0	7.8	3.1
Dutchess, NY	36027	645,104	4.3	39.7	56.0	602,804	12,643	65.6	16,633	0.1	7.0	5.3
Erie, NY	36029	1,932,961	7.5	54.0	38.5	1,719,447	12,745	66.2	50,513	0.0	8.3	4.4
Essex, NY	36031	80,488	5.8	39.7	54.5	71,121	15,328	66.0	1,895	0.0	9.8	4.2
Franklin, NY	36033	130,297	6.6	67.3	26.1	114,705	13,384	66.0	2,877	0.0	8.9	5.0
Fulton, NY	36035	119,213	7.7	63.2	29.1	109,574	11,413	68.4	2,993	0.2	7.4	6.3
Genesee, NY	36037	141,688	5.4	61.3	33.3	126,774	12,437	65.8	3,500	1.0	11.7	3.2
Greene, NY	36039	111,495	5.1	43.0	51.9	96,705	12,896	64.4	2,717	0.0	10.8	27.3
Hamilton, NY	36041	17,168	2.7	13.8	83.6	15,395	26,727	62.7	272	0.0	9.9	5.5
Herkimer, NY	36043	147,334	7.6	65.0	27.3	129,043	11,616	67.6	3,633	0.0	7.0	3.6
Jefferson, NY	36045	229,304	12.8	64.0	23.2	206,004	11,232	64.8	6,514	12.1	21.0	4.7
Kings, NY	36047	(7)	(7)	(7)	(7)	(7)	(7)	(7)	140,351	0.1	8.9	8.0
Lewis, NY	36049	63,875	5.9	70.3	23.8	55,698	12,255	64.5	1,663	0.5	12.7	2.4
Livingston, NY	36051	135,723	4.8	63.3	31.8	114,321	12,121	64.5	5,183	0.0	6.0	3.1
Madison, NY	36053	153,008	5.0	61.6	33.5	135,991	11,539	64.2	5,586	0.0	4.9	2.6
Monroe, NY	36055	1,754,510	6.5	50.3	43.3	1,520,914	12,899	62.7	41,721	0.0	7.5	3.8
Montgomery, NY	36057	107,339	8.4	63.6	28.1	98,111	12,429	67.7	2,523	0.0	9.0	5.9
Nassau, NY	36059	3,958,683	2.5	24.4	73.1	3,650,576	17,263	65.3	64,413	0.0	6.0	2.3
New York, NY	36061	[7]16,003,018	[7]11.0	[7]43.8	[7]45.2	[7]14,811,149	[7]14,345	[7]76.1	61,349	0.0	6.1	7.0
Niagara, NY	36063	473,442	7.2	58.7	34.1	426,784	12,506	66.9	12,334	0.1	10.3	3.9
Oneida, NY	36065	481,204	6.8	63.0	30.2	440,942	11,924	66.5	13,254	0.0	7.6	3.4
Onondaga, NY	36067	1,077,745	7.6	54.6	37.8	952,801	12,407	66.8	26,156	0.0	7.7	4.5
Ontario, NY	36069	250,980	5.2	51.4	43.4	216,146	12,132	66.3	5,640	0.3	7.8	3.5
Orange, NY	36071	974,998	5.5	45.1	49.4	895,990	13,468	66.2	19,867	5.0	12.9	4.7
Orleans, NY	36073	100,774	7.0	65.5	27.6	87,010	11,234	67.8	2,641	0.2	13.3	12.4
Oswego, NY	36075	313,388	8.2	58.8	33.0	293,092	12,214	66.1	7,967	0.0	10.2	5.4
Otsego, NY	36077	130,644	6.6	59.7	33.7	115,298	12,628	66.2	5,220	0.1	5.8	5.1
Putnam, NY	36079	298,584	1.9	31.0	67.1	272,859	16,057	67.6	4,536	0.0	7.5	2.5
Queens, NY	36081	(7)	(7)	(7)	(7)	(7)	(7)	(7)	108,616	0.0	9.0	6.2
Rensselaer, NY	36083	339,521	5.9	54.4	39.8	295,879	13,084	64.6	9,232	0.0	6.9	5.3
Richmond, NY	36085	(7)	(7)	(7)	(7)	(7)	(7)	(7)	22,953	0.1	7.9	4.2
Rockland, NY	36087	779,383	4.9	27.1	68.0	729,873	17,212	65.6	15,172	0.1	5.2	3.9
St. Lawrence, NY	36089	245,742	5.9	68.1	26.0	219,114	13,192	66.4	8,623	0.0	5.3	4.0
Saratoga, NY	36091	464,282	3.6	45.2	51.2	412,014	11,634	65.6	10,398	1.2	7.9	3.0
Schenectady, NY	36093	311,068	7.4	49.0	43.6	275,285	12,035	68.6	7,012	0.0	7.7	4.1
Schoharie, NY	36095	83,520	5.4	59.5	35.1	75,076	14,007	65.6	2,544	0.1	6.8	3.7
Schuyler, NY	36097	33,353	8.2	63.7	28.1	28,037	12,483	63.4	1,235	0.0	11.7	14.5
Seneca, NY	36099	72,275	6.0	60.7	33.3	61,937	12,380	64.9	1,580	0.0	6.5	7.3
Steuben, NY	36101	253,586	6.7	65.2	28.1	225,118	12,211	64.9	5,585	0.0	10.2	6.4
Suffolk, NY	36103	4,422,703	3.0	38.4	58.7	4,055,225	15,360	66.1	68,844	0.0	8.9	3.3
Sullivan, NY	36105	201,968	6.3	42.3	51.4	183,115	16,294	65.7	4,092	0.0	9.8	7.1
Tioga, NY	36107	113,763	5.8	67.4	26.8	101,484	11,658	63.0	2,719	0.0	12.1	4.4
Tompkins, NY	36109	182,556	5.2	43.3	51.5	169,901	13,617	65.3	10,977	0.2	3.9	1.3
Ulster, NY	36111	454,369	4.5	38.7	56.8	412,727	14,595	67.7	9,585	0.3	9.0	5.1
Warren, NY	36113	155,719	5.1	43.4	51.5	137,931	12,451	68.3	3,419	0.3	6.8	4.7
Washington, NY	36115	140,931	6.2	61.0	32.8	128,171	12,388	67.7	3,197	0.0	7.5	11.5
Wayne, NY	36117	251,724	6.7	58.0	35.3	215,603	12,340	63.5	4,896	0.0	10.8	5.0
Westchester, NY	36119	2,907,853	3.7	29.5	66.8	2,645,235	17,767	65.5	41,585	0.0	6.7	4.9
Wyoming, NY	36121	74,804	5.6	66.9	27.6	64,034	11,989	65.3	2,444	0.2	10.4	4.3
Yates, NY	36123	38,997	9.0	51.1	39.9	34,979	12,095	65.6	1,798	0.0	12.8	5.3

[7] Bronx, Kings, Queens, and Richmond counties are included with New York county.

Table C-1. Population, School, and Student Characteristics by County—Continued

STATE County	State/ county code	High school graduates, 2000 Population 25 years and over	High school diploma or less (percent)	High school diploma or more (percent)	College enrollment, 2000 Number	Percent public	College graduates, 2000 (percent) Bachelor's degree or more	+/- U.S. percent with bachelor's degree or more	Non-Hispanic White	Black	American Indian, Alaska Native	Asian and Pacific Islander	Hispanic or Latino[3]
		30	31	32	33	34	35	36	37	38	39	40	41
NEW YORK	36000	12,542,536	48.7	79.1	1,301,375	57.0	27.4	3.0	31.8	15.8	14.4	41.2	11.5
Albany, NY	36001	195,381	40.7	86.3	28,317	64.6	33.3	8.9	34.3	15.7	27.8	66.5	30.6
Allegany, NY	36003	30,010	56.4	83.2	6,015	49.4	17.2	-7.2	16.8	8.8	21.5	67.7	20.2
Bronx, NY	36005	794,792	63.5	62.3	86,014	57.5	14.6	-9.8	26.0	14.1	9.4	35.4	8.2
Broome, NY	36007	132,541	48.9	83.8	17,211	92.1	22.7	-1.7	22.3	20.5	2.7	50.4	26.6
Cattaraugus, NY	36009	54,154	60.0	81.2	4,328	44.1	14.9	-9.5	14.9	9.3	10.3	48.5	15.6
Cayuga, NY	36011	54,649	56.9	79.1	3,240	74.6	15.5	-8.9	16.2	3.0	13.7	16.8	7.9
Chautauqua, NY	36013	91,261	55.3	81.2	8,752	89.9	16.9	-7.5	17.5	5.7	6.6	47.0	5.2
Chemung, NY	36015	60,796	54.0	82.1	4,239	55.3	18.6	-5.8	19.0	9.9	3.2	51.7	10.4
Chenango, NY	36017	34,363	59.3	80.6	1,583	86.9	14.4	-10.0	14.4	4.9	11.7	51.9	19.6
Clinton, NY	36019	51,598	57.1	76.4	6,653	95.8	17.8	-6.6	18.5	3.1	10.4	36.4	6.6
Columbia, NY	36021	43,990	51.7	81.0	2,000	70.1	22.6	-1.8	23.3	6.4	13.2	34.7	13.1
Cortland, NY	36023	29,527	53.0	82.8	5,898	94.6	18.8	-5.6	18.8	14.0	9.4	88.5	13.1
Delaware, NY	36025	33,070	57.5	79.9	2,388	85.4	16.6	-7.8	16.5	23.2	13.9	65.9	10.7
Dutchess, NY	36027	183,725	44.1	84.0	20,086	53.2	27.6	3.2	28.9	12.2	16.2	62.4	16.7
Erie, NY	36029	637,676	47.0	82.9	63,289	68.4	24.5	0.1	26.0	11.5	13.1	64.0	15.3
Essex, NY	36031	27,337	57.7	80.4	1,200	81.7	18.3	-6.1	19.0	2.3	17.2	28.0	4.0
Franklin, NY	36033	34,482	64.1	69.7	2,202	58.9	13.0	-11.4	14.8	1.8	7.3	38.5	1.7
Fulton, NY	36035	37,483	60.8	77.8	1,822	82.0	13.5	-10.9	13.6	6.9	0.0	46.0	8.7
Genesee, NY	36037	40,125	53.7	84.4	2,893	82.3	16.3	-8.1	16.6	2.8	7.8	39.3	8.6
Greene, NY	36039	32,570	57.9	78.6	1,577	78.7	16.4	-8.0	17.1	5.7	1.9	27.8	5.0
Hamilton, NY	36041	4,022	53.9	83.4	131	80.9	18.4	-6.0	18.7	0.0	10.0	0.0	0.0
Herkimer, NY	36043	43,455	56.0	79.4	3,133	80.5	15.7	-8.7	15.5	7.7	11.9	48.6	23.2
Jefferson, NY	36045	68,965	53.4	82.9	4,962	89.3	16.0	-8.4	16.5	6.5	9.1	23.9	13.0
Kings, NY	36047	1,552,870	57.9	68.8	174,210	60.1	21.8	-2.6	33.7	14.4	13.5	23.5	8.5
Lewis, NY	36049	17,367	67.1	81.0	617	79.6	11.7	-12.7	11.7	10.6	11.7	35.3	11.1
Livingston, NY	36051	40,081	51.5	82.3	6,866	87.2	19.2	-5.2	20.0	3.8	12.9	36.0	4.7
Madison, NY	36053	43,762	49.8	83.3	6,099	46.9	21.6	-2.8	21.7	9.9	10.0	46.5	18.2
Monroe, NY	36055	477,957	41.3	84.9	56,430	49.5	31.2	6.8	34.2	11.4	15.7	53.7	13.3
Montgomery, NY	36057	33,900	61.1	78.1	1,456	79.7	13.6	-10.8	13.8	4.1	26.9	52.8	4.4
Nassau, NY	36059	908,693	40.1	86.7	81,375	49.0	35.4	11.0	37.7	23.7	13.9	57.4	15.4
New York, NY	36061	1,125,987	34.8	78.7	141,083	37.5	49.4	25.0	73.9	18.9	19.2	45.3	14.0
Niagara, NY	36063	147,153	53.7	83.3	12,165	69.7	17.4	-7.0	17.8	8.0	14.7	46.7	19.2
Oneida, NY	36065	158,846	53.5	79.0	12,772	61.8	18.3	-6.1	19.3	5.9	4.3	27.9	6.5
Onondaga, NY	36067	296,914	43.4	85.7	35,188	40.9	28.5	4.1	29.5	10.5	19.7	55.8	23.3
Ontario, NY	36069	66,539	44.2	87.4	5,865	52.2	24.7	0.3	25.0	10.5	13.1	51.7	13.3
Orange, NY	36071	212,816	49.2	81.8	18,607	64.3	22.5	-1.9	24.1	13.4	11.2	50.3	11.6
Orleans, NY	36073	29,043	63.2	76.4	1,208	84.4	13.0	-11.4	14.1	2.5	4.6	20.7	5.5
Oswego, NY	36075	76,165	60.8	80.4	8,876	90.2	14.4	-10.0	14.2	28.3	18.9	46.5	14.0
Otsego, NY	36077	38,808	51.7	83.0	7,215	86.6	22.0	-2.4	21.8	30.0	23.3	57.2	22.5
Putnam, NY	36079	64,624	37.9	90.2	4,700	55.3	33.9	9.5	34.3	33.1	36.9	64.3	22.6
Queens, NY	36081	1,509,502	53.4	74.4	164,114	61.2	24.3	-0.1	29.2	17.8	14.1	37.6	11.6
Rensselaer, NY	36083	100,233	47.6	84.9	12,107	43.8	23.7	-0.7	23.5	17.1	24.6	71.3	21.2
Richmond, NY	36085	293,795	51.1	82.6	28,243	57.9	23.2	-1.2	23.2	18.7	8.9	46.8	13.0
Rockland, NY	36087	184,012	37.2	85.3	17,843	48.2	37.5	13.1	40.5	22.2	18.2	58.5	16.8
St. Lawrence, NY	36089	70,201	58.5	79.2	11,180	55.1	16.4	-8.0	16.7	4.2	15.5	60.6	4.5
Saratoga, NY	36091	135,015	40.8	88.2	10,297	53.9	30.9	6.5	30.6	20.9	16.4	63.0	38.8
Schenectady, NY	36093	99,568	46.1	84.8	8,381	53.6	26.3	1.9	26.8	12.8	16.4	62.0	13.2
Schoharie, NY	36095	20,695	56.4	81.7	2,354	76.6	17.3	-7.1	17.5	8.5	0.0	20.0	21.2
Schuyler, NY	36097	12,842	57.5	82.4	610	76.4	15.5	-8.9	15.5	9.6	28.3	29.4	19.1
Seneca, NY	36099	22,585	56.6	79.1	1,543	61.6	17.5	-6.9	17.8	7.5	23.4	31.6	6.7
Steuben, NY	36101	65,765	54.5	82.8	3,253	81.1	17.9	-6.5	17.3	28.2	11.7	67.0	29.8
Suffolk, NY	36103	942,401	45.1	86.2	82,092	65.5	27.5	3.1	29.1	16.5	23.0	56.7	12.0
Sullivan, NY	36105	50,228	57.7	76.2	2,730	73.9	16.7	-7.7	18.1	6.6	4.1	38.1	8.7
Tioga, NY	36107	34,223	52.6	84.8	1,571	78.7	19.7	-4.7	19.5	26.7	19.3	42.6	21.6
Tompkins, NY	36109	53,075	30.9	91.4	27,205	22.6	47.5	23.1	45.0	37.7	45.4	87.9	61.2
Ulster, NY	36111	120,670	48.3	81.7	11,682	83.4	25.0	0.6	26.3	11.5	16.7	51.6	12.1
Warren, NY	36113	43,364	49.0	84.6	2,944	65.6	23.2	-1.2	23.2	26.3	8.8	45.2	17.4
Washington, NY	36115	40,957	61.1	79.2	1,750	73.1	14.3	-10.1	14.8	2.0	22.3	14.5	3.5
Wayne, NY	36117	61,731	53.9	82.3	3,271	76.6	17.0	-7.4	17.7	3.1	7.4	20.0	5.7
Westchester, NY	36119	628,941	38.5	83.6	52,847	43.4	40.9	16.5	47.5	22.6	17.1	65.7	16.3
Wyoming, NY	36121	29,522	63.4	75.6	1,414	81.1	11.5	-12.9	12.6	0.3	24.4	43.8	1.9
Yates, NY	36123	15,714	56.2	80.0	1,279	37.3	18.2	-6.2	18.4	3.4	36.7	60.0	1.3

[3]May be of any race.

Table C-1. Population, School, and Student Characteristics by County—Continued

STATE County	State/ county code	County type[1]	Population, 2007 Total	Population, 2007 Percent 5 to 17 years	Number of schools and students, 2005–2006 School districts	Number of schools and students, 2005–2006 Schools	Number of schools and students, 2005–2006 Students	Resident enrollment, 2000 Total enrollment Number	Resident enrollment, 2000 Total enrollment Percent public	Resident enrollment, 2000 K–12 enrollment Number	Resident enrollment, 2000 K–12 enrollment Percent public
			1	2	3	4	5	6	7	8	9
NORTH CAROLINA	37000	X	9,061,032	17.4	216	2,347	1,416,436	2,043,225	86.2	1,445,635	92.0
Alamance, NC	37001	3	145,360	17.3	5	37	23,191	32,488	79.8	23,114	92.3
Alexander, NC	37003	2	36,396	16.8	1	10	5,753	7,232	92.4	5,825	96.4
Alleghany, NC	37005	9	10,915	14.4	1	4	1,611	2,029	93.6	1,524	98.4
Anson, NC	37007	1	25,202	16.4	1	10	4,261	6,464	94.1	5,003	96.1
Ashe, NC	37009	9	25,531	14.2	1	5	3,349	4,610	94.8	3,566	95.8
Avery, NC	37011	8	17,776	13.0	3	11	2,506	3,841	81.1	2,609	92.2
Beaufort, NC	37013	6	45,771	16.4	2	15	7,510	10,641	91.0	8,251	93.0
Bertie, NC	37015	9	18,601	17.3	1	10	3,314	4,939	88.9	4,164	89.8
Bladen, NC	37017	6	32,301	17.7	1	14	5,772	7,732	92.5	5,739	94.0
Brunswick, NC	37019	2	99,214	15.5	2	17	12,041	14,593	88.9	11,662	91.4
Buncombe, NC	37021	2	226,771	15.6	5	52	30,187	47,002	85.1	33,328	90.9
Burke, NC	37023	2	88,975	16.9	2	27	14,806	20,594	91.6	16,382	96.3
Cabarrus, NC	37025	1	163,262	19.0	3	38	29,032	32,182	87.2	24,893	92.8
Caldwell, NC	37027	2	79,454	16.8	1	25	13,015	16,808	91.5	13,418	95.0
Camden, NC	37029	8	9,490	17.3	1	3	1,798	1,720	93.3	1,353	97.4
Carteret, NC	37031	4	63,238	14.4	3	19	8,793	12,345	86.8	9,458	90.1
Caswell, NC	37033	8	23,261	15.7	1	6	3,335	5,432	91.7	4,358	93.9
Catawba, NC	37035	2	155,646	17.3	4	44	24,702	32,637	88.3	25,244	95.3
Chatham, NC	37037	2	61,455	16.6	3	18	8,019	10,643	88.9	8,127	92.9
Cherokee, NC	37039	9	26,499	14.6	2	14	3,925	4,813	94.5	3,761	95.6
Chowan, NC	37041	7	14,635	17.4	1	4	2,529	3,709	81.9	2,579	95.9
Clay, NC	37043	9	10,238	13.1	1	3	1,323	1,774	95.7	1,279	98.8
Cleveland, NC	37045	4	98,453	18.0	1	28	17,389	23,444	87.2	17,800	95.4
Columbus, NC	37047	6	54,046	17.6	2	24	9,771	13,690	93.6	10,826	95.4
Craven, NC	37049	5	96,746	17.8	1	22	14,753	22,182	87.8	15,939	92.6
Cumberland, NC	37051	2	306,518	19.9	2	89	53,276	88,163	87.3	61,841	93.0
Currituck, NC	37053	1	23,960	17.5	1	8	4,070	4,264	88.2	3,441	92.9
Dare, NC	37055	5	33,776	14.9	1	11	4,976	6,006	88.7	4,960	94.2
Davidson, NC	37057	4	156,530	17.4	3	42	25,888	32,736	89.2	26,183	94.0
Davie, NC	37059	2	40,516	17.5	1	9	6,421	8,108	87.6	6,395	93.4
Duplin, NC	37061	6	52,979	18.5	1	15	9,018	11,574	93.7	9,674	95.6
Durham, NC	37063	2	256,900	16.5	10	55	34,283	63,107	71.0	36,078	87.3
Edgecombe, NC	37065	3	52,647	18.4	1	16	7,843	14,634	93.6	11,844	96.4
Forsyth, NC	37067	2	338,774	17.4	7	81	52,040	78,172	78.5	53,625	89.2
Franklin, NC	37069	2	57,222	18.0	2	15	8,377	11,252	84.8	8,663	91.6
Gaston, NC	37071	1	202,535	17.5	3	55	33,275	44,264	85.7	34,448	90.6
Gates, NC	37073	8	11,737	17.4	1	5	2,050	2,709	94.2	2,281	97.3
Graham, NC	37075	9	7,858	15.8	1	3	1,266	1,474	93.6	1,173	94.1
Granville, NC	37077	6	55,045	17.4	1	16	8,748	11,186	89.5	8,670	94.4
Greene, NC	37079	3	20,405	17.0	1	4	3,329	4,652	89.8	3,749	93.5
Guilford, NC	37081	2	465,931	17.1	5	115	70,391	114,435	84.0	74,078	89.8
Halifax, NC	37083	4	55,060	17.8	3	22	9,242	14,896	91.5	11,856	92.5
Harnett, NC	37085	4	108,721	19.5	1	26	17,598	25,203	84.0	17,716	95.5
Haywood, NC	37087	2	56,430	15.1	1	15	7,899	11,291	90.7	8,354	95.0
Henderson, NC	37089	2	100,810	15.2	2	22	13,019	17,967	87.2	13,934	90.7
Hertford, NC	37091	7	23,206	15.5	1	5	3,716	5,716	87.8	4,586	90.8
Hoke, NC	37093	2	42,422	21.5	1	11	7,217	9,385	91.2	7,050	94.9
Hyde, NC	37095	9	5,172	13.1	1	4	649	1,255	88.4	1,124	87.6
Iredell, NC	37097	4	151,445	18.3	5	45	25,790	28,540	89.4	22,667	93.4
Jackson, NC	37099	6	36,751	13.4	2	8	3,887	10,089	94.0	4,647	95.5
Johnston, NC	37101	2	157,437	19.4	1	36	27,624	28,470	91.0	22,380	96.0
Jones, NC	37103	8	10,127	16.6	1	6	1,431	2,635	86.7	2,091	87.6
Lee, NC	37105	4	57,973	18.0	2	14	9,468	11,864	89.0	9,442	91.4
Lenoir, NC	37107	4	56,761	17.6	3	21	10,415	14,821	90.2	11,328	93.2
Lincoln, NC	37109	4	73,106	17.8	2	22	12,743	14,743	90.1	11,777	94.1
McDowell, NC	37111	6	43,537	16.2	1	12	6,504	9,182	93.7	7,313	95.0
Macon, NC	37113	7	32,608	14.7	1	10	4,283	6,010	90.1	4,626	93.4
Madison, NC	37115	2	20,309	15.4	1	6	2,621	4,542	74.5	3,000	91.3
Martin, NC	37117	6	23,598	17.0	1	12	4,393	6,555	93.3	5,229	95.1
Mecklenburg, NC	37119	1	867,067	18.3	10	151	126,936	183,309	79.6	125,015	85.8
Mitchell, NC	37121	9	15,786	14.5	1	8	2,293	3,102	91.2	2,508	94.2
Montgomery, NC	37123	6	27,451	18.2	1	10	4,557	6,120	93.2	4,965	96.0
Moore, NC	37125	4	84,435	16.0	3	24	12,390	16,320	91.4	12,571	94.5
Nash, NC	37127	3	92,949	18.1	2	30	19,412	22,221	86.3	16,862	91.1
New Hanover, NC	37129	2	190,432	15.2	2	36	24,435	42,293	87.8	24,410	90.4
Northampton, NC	37131	9	20,830	16.0	2	11	3,645	5,438	90.1	4,343	90.7
Onslow, NC	37133	3	162,745	18.2	1	33	22,977	37,631	91.2	26,211	96.0
Orange, NC	37135	2	124,313	13.7	4	30	18,010	44,716	90.1	18,131	88.5
Pamlico, NC	37137	9	12,577	13.3	2	5	2,008	2,810	92.8	2,171	95.8

[1] County type codes are from the Economic Research Service of the United States Department of Agriculture. See notes and definitions for more information.

PART C—COUNTY EDUCATION STATISTICS 431

Table C-1. Population, School, and Student Characteristics by County—Continued

STATE County	State/ county code	Students with IEP[2]	Students eligible for free or reduced-price lunch	Minority students	English language learners	Number of graduates, 2004–2005	Total staff	Number of teachers	Student/ teacher ratio	Central administration staff
		10	11	12	13	14	15	16	17	18
NORTH CAROLINA	37000	13.6	42.6	43.4	5.2	75,010	182,107	95,664	14.8	5,337
Alamance, NC	37001	14.4	37.7	41.8	10.5	1,297	2,696	1,523	15.2	71
Alexander, NC	37003	14.1	37.7	14.9	5.5	321	701	341	16.9	25
Alleghany, NC	37005	18.2	55.0	12.1	6.5	74	265	132	12.2	13
Anson, NC	37007	18.0	70.3	67.0	1.7	212	554	304	14.0	24
Ashe, NC	37009	15.7	48.7	6.4	3.4	190	512	255	13.1	19
Avery, NC	37011	15.7	48.7	6.4	3.9	135	416	201	12.5	19
Beaufort, NC	37013	16.5	58.3	46.6	4.4	411	944	544	13.8	36
Bertie, NC	37015	14.6	0.0	87.4	0.3	207	419	220	15.1	26
Bladen, NC	37017	12.4	64.7	57.3	5.9	292	809	398	14.5	38
Brunswick, NC	37019	12.8	48.2	29.0	3.1	550	1,553	785	15.3	60
Buncombe, NC	37021	13.0	40.5	21.4	4.7	1,749	4,255	2,190	13.8	131
Burke, NC	37023	16.4	49.2	23.4	8.4	766	1,889	1,058	14.0	48
Cabarrus, NC	37025	14.4	33.9	32.3	7.4	1,515	3,536	1,900	15.3	122
Caldwell, NC	37027	11.3	45.9	14.6	2.9	680	1,679	883	14.7	53
Camden, NC	37029	12.8	27.8	17.7	0.3	87	236	119	15.1	14
Carteret, NC	37031	16.4	34.7	15.4	1.5	552	1,228	667	13.2	25
Caswell, NC	37033	13.6	55.1	46.8	1.3	184	491	242	13.8	24
Catawba, NC	37035	13.4	37.1	31.0	11.8	1,430	3,053	1,677	14.7	78
Chatham, NC	37037	12.9	40.3	40.5	13.3	438	1,045	520	15.4	31
Cherokee, NC	37039	13.5	51.9	7.2	0.5	215	532	290	13.5	15
Chowan, NC	37041	14.6	53.8	50.1	1.4	158	380	180	14.1	17
Clay, NC	37043	14.4	44.3	2.1	0.2	79	169	93	14.2	10
Cleveland, NC	37045	13.0	46.6	33.5	1.3	945	2,318	1,208	14.4	92
Columbus, NC	37047	13.1	63.7	50.6	2.5	568	1,241	670	14.6	47
Craven, NC	37049	12.0	49.1	42.3	2.0	834	1,826	1,027	14.4	60
Cumberland, NC	37051	13.5	51.8	61.4	2.5	3,154	6,710	3,476	15.3	154
Currituck, NC	37053	13.4	23.6	13.4	0.7	200	608	270	15.1	24
Dare, NC	37055	11.3	19.9	12.2	3.4	308	734	381	13.1	34
Davidson, NC	37057	11.7	41.3	22.4	3.8	1,405	3,177	1,651	15.7	98
Davie, NC	37059	13.6	30.3	18.3	4.5	356	817	429	15.0	28
Duplin, NC	37061	10.8	64.8	58.1	18.0	449	1,254	651	13.9	33
Durham, NC	37063	12.6	41.0	74.4	9.9	1,940	5,344	2,484	13.8	250
Edgecombe, NC	37065	11.7	67.7	70.4	4.1	421	1,065	520	15.1	52
Forsyth, NC	37067	14.2	44.3	53.2	8.4	2,649	6,174	3,598	14.5	169
Franklin, NC	37069	8.8	49.2	46.6	3.8	401	1,017	559	15.0	44
Gaston, NC	37071	11.9	42.9	29.3	4.3	1,756	3,531	2,035	16.4	95
Gates, NC	37073	16.9	52.0	42.4	0.9	128	252	135	15.2	18
Graham, NC	37075	11.9	49.2	12.6	0.2	68	202	88	14.4	12
Granville, NC	37077	11.3	47.0	46.5	5.6	416	1,095	572	15.3	41
Greene, NC	37079	14.2	72.7	66.3	11.4	158	472	230	14.5	19
Guilford, NC	37081	14.9	44.1	56.4	5.8	3,968	8,568	4,627	15.2	211
Halifax, NC	37083	13.5	68.1	73.0	0.7	463	1,407	653	14.2	56
Harnett, NC	37085	14.8	2.2	43.6	6.2	853	2,108	1,130	15.6	58
Haywood, NC	37087	14.1	41.5	6.6	1.6	464	1,073	557	14.2	34
Henderson, NC	37089	11.9	38.7	21.7	8.4	685	1,589	838	15.5	55
Hertford, NC	37091	15.0	68.1	84.0	1.1	194	547	268	13.9	19
Hoke, NC	37093	14.0	0.0	70.7	5.4	291	937	476	15.2	44
Hyde, NC	37095	19.7	63.3	51.8	6.0	50	158	79	8.2	9
Iredell, NC	37097	12.4	33.4	26.5	3.9	1,337	3,080	1,661	15.5	95
Jackson, NC	37099	15.6	41.6	17.0	2.4	207	528	254	15.3	18
Johnston, NC	37101	15.6	38.8	35.8	7.7	1,242	3,582	1,970	14.0	71
Jones, NC	37103	15.6	74.8	59.0	2.2	60	247	117	12.2	8
Lee, NC	37105	11.3	55.4	51.5	11.9	486	1,188	608	15.6	37
Lenoir, NC	37107	14.4	53.5	59.3	3.8	525	1,358	768	13.6	30
Lincoln, NC	37109	13.7	36.2	18.7	5.3	724	1,559	845	15.1	62
McDowell, NC	37111	15.0	49.6	13.5	6.3	328	828	438	14.8	24
Macon, NC	37113	16.2	48.5	9.3	3.1	254	607	318	13.5	20
Madison, NC	37115	15.5	50.3	3.4	1.1	155	419	200	13.1	17
Martin, NC	37117	14.0	58.6	57.4	1.0	246	647	336	13.1	22
Mecklenburg, NC	37119	11.6	44.6	61.6	2.6	5,700	16,548	8,634	14.7	343
Mitchell, NC	37121	15.5	51.3	6.2	3.7	122	383	169	13.6	17
Montgomery, NC	37123	12.1	65.3	52.2	19.0	257	707	332	13.7	29
Moore, NC	37125	12.6	37.8	33.3	3.8	740	1,566	817	15.2	32
Nash, NC	37127	12.8	50.2	59.1	4.6	1,039	2,379	1,272	15.3	62
New Hanover, NC	37129	13.4	37.9	35.5	3.3	1,332	3,273	1,594	15.3	109
Northampton, NC	37131	12.2	68.0	82.9	0.9	201	466	247	14.8	24
Onslow, NC	37133	12.8	40.2	38.1	1.6	1,323	2,942	1,514	15.2	63
Orange, NC	37135	13.2	22.7	36.1	7.8	1,119	2,653	1,351	13.3	90
Pamlico, NC	37137	19.6	40.1	31.3	1.6	131	291	144	13.9	17

[2]IEP = Individual Education Program. See notes and definitions for more information.

Table C-1. Population, School, and Student Characteristics by County—Continued

STATE County	State/ county code	Revenues, 2004–2005				Current expenditures, 2004–2005			Resident population 16 to 19 years, 2000			
		Total revenue (thousands of dollars)	Federal government	State government	Local government	Total expenditures (thousands of dollars)	Amount per student	Percent for instruction	Total population 16 to 19 years	Percent in Armed Forces	Percent high school graduates	Percent not enrolled, not employed, not in Armed Forces, not high school grad.
		19	20	21	22	23	24	25	26	27	28	29
NORTH CAROLINA	37000	11,287,746	10.0	58.1	31.9	9,902,027	7,215	63.2	428,384	1.8	11.8	6.4
Alamance, NC	37001	158,923	10.1	63.9	26.0	149,144	6,620	65.1	7,316	0.0	10.1	7.3
Alexander, NC	37003	39,706	11.0	66.3	22.7	36,397	6,408	61.3	1,582	0.0	11.2	4.9
Alleghany, NC	37005	14,576	8.9	71.4	19.7	13,606	9,023	61.4	526	0.0	17.7	9.7
Anson, NC	37007	36,622	17.3	64.5	18.2	33,667	7,683	60.2	1,194	0.0	14.2	6.2
Ashe, NC	37009	31,876	11.5	60.2	28.3	26,734	8,334	60.1	1,108	0.0	16.8	4.9
Avery, NC	37011	25,744	12.6	59.4	28.0	22,900	9,385	61.2	825	0.0	12.2	4.8
Beaufort, NC	37013	59,525	14.3	64.8	20.9	54,866	7,364	63.2	2,219	0.0	14.8	6.4
Bertie, NC	37015	31,120	20.0	68.6	11.4	29,342	8,761	56.7	1,092	0.0	4.6	9.3
Bladen, NC	37017	49,999	20.5	62.1	17.5	46,931	8,196	59.0	1,877	0.0	11.7	12.7
Brunswick, NC	37019	108,501	8.2	50.8	41.0	89,087	7,783	59.2	3,253	5.6	18.1	5.6
Buncombe, NC	37021	234,845	9.3	59.7	31.0	222,610	7,446	63.8	9,782	0.1	13.1	6.7
Burke, NC	37023	109,304	10.9	64.0	25.1	95,416	6,509	63.9	4,896	0.0	12.6	17.4
Cabarrus, NC	37025	222,827	8.0	55.5	36.6	179,174	6,543	64.6	6,202	0.1	9.2	6.0
Caldwell, NC	37027	91,911	9.6	66.4	24.0	86,353	6,628	66.0	3,415	0.0	13.1	8.0
Camden, NC	37029	15,072	5.1	73.2	21.7	12,536	7,489	58.9	404	0.0	4.0	5.2
Carteret, NC	37031	76,314	9.1	54.8	36.2	68,253	8,016	65.3	2,592	0.7	8.9	6.4
Caswell, NC	37033	28,337	10.0	71.3	18.7	25,683	7,676	64.0	1,071	0.0	13.4	6.8
Catawba, NC	37035	216,682	7.1	52.3	40.6	165,230	6,801	66.8	6,953	0.0	13.2	7.1
Chatham, NC	37037	67,259	7.5	54.8	37.7	60,732	7,706	61.8	2,021	0.0	12.3	5.8
Cherokee, NC	37039	34,169	17.0	62.0	21.0	29,685	7,976	59.3	1,110	0.0	6.2	6.9
Chowan, NC	37041	23,340	10.5	64.2	25.3	21,053	8,642	61.8	940	0.0	12.2	1.3
Clay, NC	37043	11,591	7.6	75.1	17.4	11,101	8,619	65.3	340	0.0	12.1	7.6
Cleveland, NC	37045	132,367	10.8	63.9	25.2	121,919	7,068	65.0	4,941	0.0	11.2	8.0
Columbus, NC	37047	75,046	15.9	68.8	15.3	71,395	7,401	62.2	3,173	0.2	10.6	7.8
Craven, NC	37049	111,211	14.4	62.2	23.4	101,793	6,955	63.2	4,794	11.5	22.9	6.3
Cumberland, NC	37051	375,654	14.6	63.2	22.3	363,332	6,906	62.1	18,240	13.2	21.5	4.6
Currituck, NC	37053	33,535	5.6	59.3	35.1	29,260	7,567	58.3	831	1.0	15.8	5.4
Dare, NC	37055	78,202	3.1	30.5	66.4	44,049	9,010	62.7	1,337	1.0	19.4	2.5
Davidson, NC	37057	182,899	9.9	63.6	26.5	166,464	6,595	62.1	6,866	0.0	10.4	7.7
Davie, NC	37059	47,973	6.5	62.8	30.7	40,734	6,539	63.3	1,620	0.0	9.3	6.2
Duplin, NC	37061	68,513	19.0	64.8	16.2	62,748	7,061	64.4	2,630	0.1	10.0	9.8
Durham, NC	37063	302,380	9.7	51.3	39.1	267,421	8,215	60.5	12,343	0.1	6.5	7.0
Edgecombe, NC	37065	59,924	16.2	67.5	16.2	57,884	7,591	59.8	3,223	0.0	10.8	9.3
Forsyth, NC	37067	414,709	8.4	55.6	36.0	369,036	7,379	66.3	15,448	0.0	9.7	6.1
Franklin, NC	37069	60,441	12.9	66.1	21.0	57,915	7,072	61.0	2,375	0.0	10.9	6.8
Gaston, NC	37071	223,728	10.3	63.8	25.9	209,417	6,471	64.4	9,162	0.0	11.1	9.2
Gates, NC	37073	18,449	8.0	70.3	21.7	16,861	8,651	59.4	526	0.0	5.7	8.2
Graham, NC	37075	12,344	15.9	69.3	14.8	11,111	9,100	59.4	368	0.0	13.9	12.2
Granville, NC	37077	60,401	9.1	67.5	23.4	58,246	6,715	62.4	2,273	0.0	9.6	20.1
Greene, NC	37079	27,471	17.8	68.7	13.5	26,305	8,275	61.0	982	0.0	5.6	5.3
Guilford, NC	37081	600,518	8.2	52.4	39.4	506,641	7,386	61.8	24,144	0.0	8.4	3.3
Halifax, NC	37083	82,080	19.8	62.3	17.9	77,287	8,418	60.1	2,911	0.0	15.5	7.9
Harnett, NC	37085	121,810	10.9	65.9	23.3	111,558	6,567	66.5	4,959	1.1	12.7	8.8
Haywood, NC	37087	64,936	9.3	59.5	31.1	59,492	7,528	61.3	2,318	0.0	14.7	4.2
Henderson, NC	37089	98,230	9.7	61.1	29.2	89,240	7,038	65.9	3,764	0.0	12.1	7.1
Hertford, NC	37091	32,358	16.7	68.6	14.7	30,289	8,600	59.0	1,408	0.0	7.7	7.0
Hoke, NC	37093	51,540	18.1	68.8	13.1	49,075	7,264	65.7	1,896	0.5	19.6	10.4
Hyde, NC	37095	9,558	12.2	72.8	15.0	9,620	14,869	59.1	265	0.0	7.5	17.4
Iredell, NC	37097	192,939	6.7	56.5	36.8	157,901	6,457	63.1	5,937	0.0	13.7	7.9
Jackson, NC	37099	34,234	10.1	56.5	33.4	30,288	8,030	63.6	2,707	0.1	6.1	2.5
Johnston, NC	37101	189,332	8.6	67.7	23.7	189,294	7,236	68.1	5,837	0.0	12.0	7.7
Jones, NC	37103	13,780	14.3	73.8	12.0	13,133	9,607	58.6	593	0.0	7.9	5.9
Lee, NC	37105	69,862	11.5	62.9	25.6	64,216	6,963	66.6	2,655	0.0	8.7	9.6
Lenoir, NC	37107	75,386	14.8	67.9	17.3	73,531	7,165	63.3	3,200	0.5	8.1	12.2
Lincoln, NC	37109	90,217	7.5	60.9	31.6	78,249	6,525	65.9	2,958	0.0	9.4	5.5
McDowell, NC	37111	46,463	11.4	70.1	18.5	44,746	6,881	65.6	1,966	0.0	13.7	7.3
Macon, NC	37113	37,266	8.7	57.6	33.7	31,749	7,601	60.5	1,421	0.7	17.9	8.2
Madison, NC	37115	23,413	10.5	71.3	18.1	20,997	7,987	60.9	1,162	0.3	11.5	5.0
Martin, NC	37117	39,141	18.6	61.8	19.6	36,895	8,304	63.7	1,359	0.0	9.6	4.2
Mecklenburg, NC	37119	945,867	9.6	56.2	34.2	898,468	7,414	61.8	34,198	0.0	8.6	5.7
Mitchell, NC	37121	19,509	10.6	74.7	14.6	18,069	7,870	59.9	740	0.0	21.4	5.7
Montgomery, NC	37123	40,942	15.7	62.3	22.1	36,965	8,173	65.1	1,425	0.1	8.8	11.8
Moore, NC	37125	102,857	8.8	55.6	35.6	87,521	7,172	62.6	3,374	0.0	13.6	6.0
Nash, NC	37127	144,719	12.9	65.7	21.4	131,990	6,903	63.3	4,745	0.0	11.9	6.8
New Hanover, NC	37129	218,148	9.7	49.3	41.0	184,493	7,827	59.3	8,624	0.6	8.5	3.6
Northampton, NC	37131	33,750	16.7	63.7	19.6	30,722	8,952	58.0	1,148	0.0	12.8	9.1
Onslow, NC	37133	159,985	12.8	64.6	22.6	145,495	6,550	63.5	11,465	36.1	48.3	3.4
Orange, NC	37135	186,329	5.6	44.5	49.9	155,868	8,832	64.6	10,630	0.0	4.0	1.8
Pamlico, NC	37137	20,129	9.5	68.4	22.1	17,827	8,887	63.0	615	0.0	15.0	11.4

PART C—COUNTY EDUCATION STATISTICS

Table C-1. Population, School, and Student Characteristics by County—Continued

STATE County	State/ county code	High school graduates, 2000 — Population 25 years and over	High school diploma or less (percent)	High school diploma or more (percent)	College enrollment, 2000 — Number	College enrollment, 2000 — Percent public	College graduates, 2000 (percent) — Bachelor's degree or more	+/- U.S. percent with bachelor's degree or more	Non-Hispanic White	Black	American Indian, Alaska Native	Asian and Pacific Islander	Hispanic or Latino[3]
		30	31	32	33	34	35	36	37	38	39	40	41
NORTH CAROLINA	37000	5,282,994	50.3	78.1	462,275	78.5	22.5	-1.9	25.2	13.1	10.4	43.0	10.5
Alamance, NC	37001	86,635	54.6	76.5	7,545	49.3	19.2	-5.2	22.1	9.3	24.7	37.6	5.0
Alexander, NC	37003	22,729	66.9	68.7	979	80.4	9.3	-15.1	9.6	2.9	0.0	14.1	2.2
Alleghany, NC	37005	7,829	63.8	68.0	392	85.5	11.7	-12.7	12.0	0.0	27.3	26.7	2.3
Anson, NC	37007	16,824	68.2	70.2	1,107	89.3	9.2	-15.2	12.7	4.9	0.0	52.6	22.6
Ashe, NC	37009	17,722	64.7	68.6	795	92.6	12.1	-12.3	12.3	2.3	7.7	11.8	7.4
Avery, NC	37011	12,058	61.2	70.6	1,024	51.5	14.5	-9.9	14.7	5.1	7.7	44.9	17.2
Beaufort, NC	37013	30,868	58.7	75.0	1,728	91.1	16.0	-8.4	20.2	5.1	0.0	0.0	10.2
Bertie, NC	37015	13,135	72.9	63.8	481	84.4	8.8	-15.6	11.4	6.7	44.1	45.8	15.2
Bladen, NC	37017	21,409	63.2	70.6	1,484	94.1	11.3	-13.1	14.1	6.8	6.0	66.7	11.2
Brunswick, NC	37019	52,605	55.0	78.3	2,062	89.9	16.1	-8.3	17.3	9.2	5.8	29.2	6.6
Buncombe, NC	37021	143,649	46.4	81.9	10,777	78.6	25.3	0.9	26.5	9.9	14.3	41.3	13.7
Burke, NC	37023	59,922	62.8	67.6	3,109	83.7	12.8	-11.6	13.6	6.6	12.0	7.9	3.0
Cabarrus, NC	37025	86,732	51.9	78.2	5,028	78.8	19.1	-5.3	20.4	12.7	15.7	34.0	3.6
Caldwell, NC	37027	53,539	65.9	66.2	2,403	87.8	10.4	-14.0	10.7	6.3	7.6	22.5	1.6
Camden, NC	37029	4,770	51.9	82.1	264	85.6	16.2	-8.2	16.1	15.4	0.0	0.0	51.0
Carteret, NC	37031	43,457	47.6	82.1	2,223	85.4	19.8	-4.6	20.7	6.4	14.8	5.5	26.9
Caswell, NC	37033	16,212	67.5	69.2	786	89.1	8.3	-16.1	10.4	4.2	4.2	42.4	10.1
Catawba, NC	37035	94,747	56.5	74.8	5,405	69.1	17.0	-7.4	18.6	7.8	3.9	13.5	4.3
Chatham, NC	37037	34,920	48.8	77.9	1,797	86.0	27.6	3.2	33.2	10.8	30.8	62.0	3.7
Cherokee, NC	37039	17,709	61.5	73.3	835	89.5	11.0	-13.4	11.1	12.6	7.0	0.0	12.1
Chowan, NC	37041	9,583	60.5	73.1	899	50.3	16.4	-8.0	19.7	10.0	0.0	0.0	20.7
Clay, NC	37043	6,578	57.3	76.5	426	89.4	15.4	-9.0	15.5	0.0	15.8	0.0	0.0
Cleveland, NC	37045	63,396	61.9	72.2	4,276	59.9	13.3	-11.1	14.9	6.3	6.2	30.4	10.4
Columbus, NC	37047	35,921	65.1	68.6	2,284	90.4	10.1	-14.3	12.0	6.1	5.8	36.6	3.5
Craven, NC	37049	57,027	47.9	82.1	4,413	85.9	19.3	-5.1	23.4	7.0	16.7	23.2	10.6
Cumberland, NC	37051	176,714	43.4	85.0	20,830	76.4	19.1	-5.3	22.5	14.6	10.9	19.6	13.6
Currituck, NC	37053	12,361	56.9	77.6	555	79.1	13.3	-11.1	13.4	8.9	8.5	32.3	14.5
Dare, NC	37055	21,713	39.0	88.6	682	83.6	27.7	3.3	28.2	6.6	19.4	28.6	18.0
Davidson, NC	37057	100,128	61.2	72.0	4,371	82.5	12.8	-11.6	13.3	7.9	7.4	18.5	4.8
Davie, NC	37059	23,840	56.6	78.1	1,180	77.4	17.6	-6.8	18.6	9.2	0.0	100.0	2.5
Duplin, NC	37061	31,700	65.8	65.8	1,402	84.7	10.5	-13.9	12.9	7.4	0.0	12.9	5.1
Durham, NC	37063	143,804	36.2	83.0	23,187	50.6	40.1	15.7	49.5	26.6	35.3	77.8	14.5
Edgecombe, NC	37065	35,748	71.3	65.6	1,822	83.0	8.5	-15.9	12.0	5.8	0.0	8.6	4.3
Forsyth, NC	37067	204,081	45.0	82.0	18,750	58.0	28.7	4.3	32.8	18.0	20.0	52.8	8.9
Franklin, NC	37069	31,467	60.9	73.6	1,802	62.3	13.2	-11.2	16.1	6.4	5.7	48.1	6.0
Gaston, NC	37071	127,748	58.2	71.4	7,020	75.9	14.2	-10.2	14.8	9.8	7.4	22.5	10.4
Gates, NC	37073	7,095	63.9	71.4	324	86.4	10.5	-13.9	10.3	9.7	32.4	46.8	0.0
Graham, NC	37075	5,622	67.6	68.4	220	88.2	11.2	-13.2	11.8	...	0.0	0.0	0.0
Granville, NC	37077	32,641	61.1	73.0	1,852	84.2	13.0	-11.4	16.8	6.3	4.1	26.7	7.9
Greene, NC	37079	12,380	69.3	65.4	628	85.0	8.2	-16.2	11.4	3.9	0.0	0.0	4.8
Guilford, NC	37081	275,494	42.2	83.0	32,524	79.6	30.3	5.9	35.1	19.7	12.3	30.8	13.3
Halifax, NC	37083	37,719	67.7	65.4	1,959	90.3	11.1	-13.3	15.6	7.0	2.8	32.7	10.1
Harnett, NC	37085	57,138	57.6	75.0	6,071	56.8	12.8	-11.6	14.9	6.4	8.0	20.9	6.2
Haywood, NC	37087	39,552	54.4	77.7	2,173	85.2	16.0	-8.4	16.0	7.0	27.3	64.7	5.9
Henderson, NC	37089	65,039	46.0	83.2	2,843	88.0	24.1	-0.3	25.4	8.2	3.0	26.3	5.6
Hertford, NC	37091	14,976	65.3	65.6	781	77.0	11.1	-13.3	14.2	8.8	12.1	17.0	7.3
Hoke, NC	37093	19,934	58.9	73.5	1,723	81.3	10.9	-13.5	16.3	4.6	7.1	23.0	9.8
Hyde, NC	37095	4,190	67.9	68.4	72	91.7	10.6	-13.8	12.7	6.4	0.0	...	0.0
Iredell, NC	37097	82,036	53.7	78.4	4,050	83.5	17.4	-7.0	19.4	5.4	11.8	26.8	7.9
Jackson, NC	37099	20,881	46.9	78.8	5,086	94.9	25.5	1.1	27.2	36.7	8.9	19.5	14.9
Johnston, NC	37101	80,268	55.9	75.9	4,186	82.6	15.9	-8.5	17.5	9.5	20.7	25.8	6.9
Jones, NC	37103	6,998	64.2	72.2	379	85.8	9.5	-14.9	10.8	7.1	0.0	37.5	1.6
Lee, NC	37105	32,043	53.6	76.3	1,780	86.2	17.2	-7.2	21.2	6.7	13.0	40.8	5.6
Lenoir, NC	37107	39,833	59.4	71.9	2,379	89.1	13.3	-11.1	17.1	7.4	8.1	39.7	0.9
Lincoln, NC	37109	43,259	60.1	71.7	2,024	83.2	13.0	-11.4	13.6	4.8	12.8	15.2	11.1
McDowell, NC	37111	29,157	65.9	70.2	1,318	85.5	9.0	-15.4	9.0	5.4	10.1	30.5	1.2
Macon, NC	37113	21,908	54.9	77.3	1,062	88.2	16.2	-8.2	16.2	12.4	0.0	34.7	5.3
Madison, NC	37115	13,409	62.5	69.3	1,267	35.8	16.1	-8.3	16.1	5.0	66.7	10.5	18.9
Martin, NC	37117	17,014	63.9	70.7	930	89.0	11.6	-12.8	15.9	6.0	0.0	35.7	3.3
Mecklenburg, NC	37119	455,163	33.7	86.2	42,462	74.5	37.1	12.7	45.2	20.3	20.7	39.7	14.3
Mitchell, NC	37121	11,315	64.3	68.6	452	79.2	12.2	-12.2	12.0	0.0	0.0	56.7	13.0
Montgomery, NC	37123	17,713	67.9	64.2	844	86.1	10.0	-14.4	12.3	4.6	8.1	14.4	1.7
Moore, NC	37125	53,347	43.3	82.6	2,803	92.3	26.8	2.4	30.7	6.7	11.0	38.5	8.3
Nash, NC	37127	57,522	58.3	75.6	3,925	78.3	17.2	-7.2	21.6	8.3	19.9	45.6	7.7
New Hanover, NC	37129	107,671	38.2	86.3	14,962	91.5	31.0	6.6	34.4	13.2	21.5	49.9	17.0
Northampton, NC	37131	15,199	69.0	62.5	733	89.9	10.8	-13.6	15.2	7.3	24.2	20.0	6.4
Onslow, NC	37133	75,286	48.5	84.3	8,820	84.0	14.8	-9.6	16.1	10.0	14.3	11.6	12.7
Orange, NC	37135	69,530	28.3	87.6	24,674	95.4	51.5	27.1	57.7	19.5	15.7	80.6	27.6
Pamlico, NC	37137	9,332	56.1	75.2	457	89.3	14.7	-9.7	18.1	4.8	0.0	3.8	1.7

[3] May be of any race.

Table C-1. Population, School, and Student Characteristics by County—Continued

STATE County	State/ county code	County type[1]	Population, 2007 Total	Percent 5 to 17 years	Number of schools and students, 2005–2006 School districts	Schools	Students	Resident enrollment, 2000 Total enrollment Number	Percent public	K–12 enrollment Number	Percent public
			1	2	3	4	5	6	7	8	9
Pasquotank, NC	37139	7	40,543	17.0	1	12	6,237	10,325	89.6	6,789	95.0
Pender, NC	37141	2	49,865	16.3	1	15	7,408	9,203	91.6	7,385	95.1
Perquimans, NC	37143	9	12,498	15.1	1	4	1,817	2,592	90.9	2,100	93.1
Person, NC	37145	2	37,356	17.3	2	11	6,177	8,423	90.6	6,460	93.8
Pitt, NC	37147	3	152,068	16.7	1	34	22,296	45,735	91.7	23,462	91.2
Polk, NC	37149	8	19,036	14.6	1	6	2,615	3,529	85.3	2,662	87.3
Randolph, NC	37151	2	140,145	17.8	2	36	23,328	29,217	89.6	23,613	93.5
Richmond, NC	37153	4	45,985	18.3	1	18	8,349	11,419	93.4	9,150	96.2
Robeson, NC	37155	4	128,149	19.5	3	44	24,581	34,487	94.0	26,723	95.9
Rockingham, NC	37157	2	92,421	16.6	1	25	14,662	19,909	90.7	15,761	93.7
Rowan, NC	37159	4	137,383	17.4	2	32	21,027	31,855	84.4	24,024	92.1
Rutherford, NC	37161	4	63,012	17.2	2	20	10,522	14,178	90.5	11,037	93.7
Sampson, NC	37163	6	63,641	18.6	2	21	11,362	14,305	93.7	11,235	97.2
Scotland, NC	37165	6	36,364	18.3	3	19	7,289	10,267	90.1	7,652	96.5
Stanly, NC	37167	6	59,195	17.3	2	23	9,802	14,133	87.9	11,004	95.0
Stokes, NC	37169	2	46,072	17.0	1	18	7,500	9,914	88.7	8,106	92.5
Surry, NC	37171	4	72,380	17.3	4	24	12,170	15,791	93.7	12,328	97.0
Swain, NC	37173	8	13,643	16.3	2	6	2,020	3,071	92.9	2,409	96.7
Transylvania, NC	37175	6	29,984	14.1	2	10	4,035	6,292	81.9	4,469	93.1
Tyrrell, NC	37177	9	4,121	13.3	1	3	644	994	93.9	803	94.3
Union, NC	37179	1	184,675	19.9	2	41	32,259	32,693	82.2	24,979	90.5
Vance, NC	37181	4	42,992	19.4	2	16	8,869	10,894	92.4	8,523	94.7
Wake, NC	37183	2	832,970	18.2	16	155	126,344	178,475	82.0	112,881	89.4
Warren, NC	37185	8	19,410	15.3	2	7	3,074	4,667	87.6	3,818	87.8
Washington, NC	37187	7	12,915	17.4	1	5	2,306	3,423	91.8	2,797	92.6
Watauga, NC	37189	6	44,541	10.7	2	10	4,601	16,832	91.9	5,355	92.7
Wayne, NC	37191	3	113,590	18.3	2	32	19,559	29,896	86.7	22,655	91.8
Wilkes, NC	37193	6	66,844	16.2	2	23	10,526	13,770	93.2	10,722	97.6
Wilson, NC	37195	4	76,754	17.9	2	24	13,338	18,243	86.3	13,997	93.2
Yadkin, NC	37197	2	37,797	17.3	1	11	6,210	7,982	90.0	6,360	93.6
Yancey, NC	37199	8	18,456	15.1	1	9	2,551	3,307	91.1	2,764	95.0
NORTH DAKOTA	38000	X	639,715	16.1	245	539	98,283	179,667	91.1	123,939	93.3
Adams, ND	38001	9	2,279	13.7	1	2	339	577	96.7	526	99.6
Barnes, ND	38003	6	10,783	14.4	6	12	1,621	3,096	94.8	2,060	95.1
Benson, ND	38005	9	6,971	23.3	7	11	987	2,216	98.1	1,927	98.0
Billings, ND	38007	9	798	13.9	1	2	50	210	96.7	183	97.8
Bottineau, ND	38009	9	6,409	13.4	4	7	931	1,786	98.4	1,324	99.8
Bowman, ND	38011	9	2,944	14.0	3	6	605	752	97.7	665	98.6
Burke, ND	38013	9	1,862	14.0	3	6	264	438	94.3	408	94.6
Burleigh, ND	38015	3	77,316	15.6	11	33	10,925	18,617	79.3	12,849	86.6
Cass, ND	38017	3	137,582	15.9	11	48	19,040	37,145	91.8	20,881	93.2
Cavalier, ND	38019	9	3,911	15.0	3	5	589	1,094	91.2	1,031	91.3
Dickey, ND	38021	9	5,356	16.1	3	6	884	1,531	78.7	1,047	94.7
Divide, ND	38023	9	2,004	11.6	1	2	277	436	99.5	407	99.5
Dunn, ND	38025	9	3,308	17.3	4	6	474	972	95.8	862	96.2
Eddy, ND	38027	9	2,430	15.2	3	5	471	597	97.5	522	98.7
Emmons, ND	38029	8	3,470	16.2	5	8	664	923	96.1	840	98.3
Foster, ND	38031	9	3,490	15.8	1	2	655	982	95.0	816	98.2
Golden Valley, ND	38033	9	1,670	19.7	2	3	345	505	94.7	445	96.2
Grand Forks, ND	38035	3	66,983	14.9	10	33	9,271	23,794	95.1	11,757	94.6
Grant, ND	38037	8	2,467	15.0	2	3	324	629	96.8	552	98.9
Griggs, ND	38039	9	2,397	13.3	2	4	464	609	98.0	545	99.8
Hettinger, ND	38041	9	2,427	12.9	3	6	420	596	98.0	540	99.6
Kidder, ND	38043	8	2,349	13.2	5	7	441	539	97.4	507	99.0
La Moure, ND	38045	9	4,110	14.5	5	9	681	1,074	94.3	977	96.5
Logan, ND	38047	9	1,956	15.6	3	5	337	483	93.4	421	96.0
McHenry, ND	38049	9	5,224	15.0	4	10	1,013	1,351	99.0	1,183	99.8
McIntosh, ND	38051	9	2,752	11.7	3	6	457	654	94.3	569	96.8
McKenzie, ND	38053	9	5,617	18.2	7	10	871	1,675	94.0	1,454	95.0
McLean, ND	38055	8	8,349	14.3	7	14	1,542	2,082	98.1	1,858	99.3
Mercer, ND	38057	6	7,972	16.2	4	8	1,468	2,442	95.1	2,188	97.0
Morton, ND	38059	3	25,926	17.1	10	21	4,281	6,330	89.1	5,190	91.3
Mountrail, ND	38061	9	6,481	18.1	4	8	1,358	1,796	95.2	1,464	96.7
Nelson, ND	38063	8	3,217	12.3	2	4	531	823	93.2	730	95.2
Oliver, ND	38065	8	1,725	14.7	1	3	265	549	90.9	500	92.8
Pembina, ND	38067	9	7,531	14.8	6	14	1,428	1,954	97.5	1,734	99.0
Pierce, ND	38069	7	4,103	15.5	2	4	604	1,028	93.6	894	93.4
Ramsey, ND	38071	7	11,189	16.9	6	12	2,036	3,016	91.1	2,346	92.7
Ransom, ND	38073	8	5,682	15.7	4	7	997	1,311	95.7	1,181	97.1
Renville, ND	38075	9	2,314	13.7	2	6	628	596	95.3	521	99.0

[1]County type codes are from the Economic Research Service of the United States Department of Agriculture. See notes and definitions for more information.

Table C-1. Population, School, and Student Characteristics by County—Continued

STATE County	State/ county code	Characteristics of students, 2005–2006 (percent)				Number of graduates, 2004–2005	Staff and students, 2005–2006			
		Students with IEP[2]	Students eligible for free or reduced-price lunch	Minority students	English language learners		Total staff	Number of teachers	Student/ teacher ratio	Central administration staff
		10	11	12	13	14	15	16	17	18
Pasquotank, NC	37139	14.6	55.5	52.5	0.9	304	776	441	14.1	19
Pender, NC	37141	11.5	49.7	33.2	5.6	402	933	511	14.5	36
Perquimans, NC	37143	14.5	55.9	38.2	1.2	101	306	128	14.2	15
Person, NC	37145	15.6	42.6	42.2	2.2	356	813	427	14.5	27
Pitt, NC	37147	13.9	50.4	59.0	3.1	1,114	2,962	1,581	14.1	67
Polk, NC	37149	16.0	43.4	18.5	4.4	131	374	201	13.0	17
Randolph, NC	37151	11.1	44.0	23.4	8.1	1,180	2,962	1,519	15.4	80
Richmond, NC	37153	12.8	46.4	51.5	2.9	409	1,097	551	15.2	34
Robeson, NC	37155	18.3	55.3	80.8	4.6	1,103	3,304	1,521	16.2	81
Rockingham, NC	37157	14.5	49.1	33.2	4.2	832	1,783	967	15.2	49
Rowan, NC	37159	13.6	47.0	32.9	6.4	1,198	2,677	1,401	15.0	59
Rutherford, NC	37161	14.0	46.2	21.5	2.4	556	1,440	679	15.5	48
Sampson, NC	37163	11.4	64.1	57.0	10.1	523	1,507	779	14.6	49
Scotland, NC	37165	14.6	65.7	64.1	1.2	380	1,103	564	12.9	35
Stanly, NC	37167	17.8	42.7	24.7	5.5	625	1,248	708	13.8	25
Stokes, NC	37169	16.3	34.9	9.1	1.0	450	918	506	14.8	31
Surry, NC	37171	15.6	44.6	19.7	8.6	683	1,597	836	14.6	46
Swain, NC	37173	18.1	48.4	25.9	1.5	111	308	157	12.9	15
Transylvania, NC	37175	12.0	0.0	12.7	1.2	260	476	237	17.0	20
Tyrrell, NC	37177	14.8	60.1	53.9	10.4	48	133	60	10.7	7
Union, NC	37179	11.4	28.0	28.2	4.7	1,486	3,805	2,084	15.5	82
Vance, NC	37181	13.1	64.8	72.2	5.2	394	1,317	645	13.8	38
Wake, NC	37183	14.8	27.1	44.4	6.1	6,783	15,235	8,314	15.2	359
Warren, NC	37185	14.9	50.4	82.4	1.7	197	374	170	18.1	26
Washington, NC	37187	17.8	73.5	78.1	2.0	103	442	189	12.2	19
Watauga, NC	37189	16.4	30.3	6.4	1.9	353	668	368	12.5	17
Wayne, NC	37191	15.1	52.7	53.5	5.5	1,024	2,561	1,314	14.9	62
Wilkes, NC	37193	13.9	50.7	14.1	4.9	564	1,399	698	15.1	43
Wilson, NC	37195	10.6	56.8	63.2	5.7	639	1,569	830	16.1	50
Yadkin, NC	37197	16.5	39.2	19.8	7.8	342	801	388	16.0	21
Yancey, NC	37199	15.6	50.4	8.5	5.3	165	382	167	15.3	15
NORTH DAKOTA	38000	14.1	29.6	12.8	...	7,430	15,130	8,006	12.3	648
Adams, ND	38001	13.6	31.6	2.9	...	29	56	30	11.3	4
Barnes, ND	38003	13.9	32.3	2.3	...	132	272	153	10.6	15
Benson, ND	38005	18.6	60.1	56.8	...	63	207	109	9.1	13
Billings, ND	38007	18.0	50.0	0.0	...	...	21	10	5.0	2
Bottineau, ND	38009	14.7	31.7	5.7	...	84	169	85	11.0	10
Bowman, ND	38011	8.9	23.8	2.5	...	63	100	57	10.6	5
Burke, ND	38013	16.7	26.1	0.8	...	18	64	39	6.8	4
Burleigh, ND	38015	13.0	19.8	8.4	...	772	1,359	714	15.3	37
Cass, ND	38017	12.6	20.3	9.5	...	1,265	2,403	1,273	15.0	85
Cavalier, ND	38019	14.4	30.6	3.2	...	67	87	51	11.5	5
Dickey, ND	38021	9.7	32.6	5.3	...	62	118	73	12.1	7
Divide, ND	38023	9.0	32.5	1.8	...	38	47	24	11.5	2
Dunn, ND	38025	13.1	34.2	18.6	...	48	119	62	7.6	8
Eddy, ND	38027	10.6	38.4	17.0	...	34	81	42	11.2	6
Emmons, ND	38029	12.2	38.9	1.4	...	51	110	57	11.6	5
Foster, ND	38031	11.6	28.2	3.4	...	...	76	48	13.6	2
Golden Valley, ND	38033	12.5	51.3	11.0	...	43	81	38	9.1	4
Grand Forks, ND	38035	14.5	29.5	12.2	...	709	1,466	764	12.1	52
Grant, ND	38037	15.7	54.3	8.3	...	31	61	32	10.1	5
Griggs, ND	38039	14.7	46.6	0.8	...	46	69	37	12.5	4
Hettinger, ND	38041	9.8	39.0	1.2	...	56	77	41	10.2	4
Kidder, ND	38043	11.8	44.2	5.2	...	39	90	49	9.0	8
La Moure, ND	38045	12.6	40.2	4.4	...	55	135	76	9.0	9
Logan, ND	38047	13.9	36.5	1.2	...	36	61	39	8.6	6
McHenry, ND	38049	15.6	39.1	2.6	...	90	168	92	11.0	8
McIntosh, ND	38051	11.8	37.9	2.0	...	28	82	50	9.1	5
McKenzie, ND	38053	13.5	39.8	31.8	...	68	198	104	8.4	12
McLean, ND	38055	13.8	33.9	12.5	...	139	277	148	10.4	14
Mercer, ND	38057	14.0	15.4	6.5	...	172	227	110	13.3	10
Morton, ND	38059	15.4	29.7	8.2	...	348	636	325	13.2	22
Mountrail, ND	38061	18.0	51.0	64.5	...	89	230	114	11.9	10
Nelson, ND	38063	16.4	37.9	3.4	...	61	90	46	11.5	3
Oliver, ND	38065	17.0	22.2	2.6	...	26	50	25	10.6	3
Pembina, ND	38067	17.7	31.0	11.1	...	101	233	138	10.3	13
Pierce, ND	38069	15.7	29.6	4.0	...	53	98	59	10.2	3
Ramsey, ND	38071	18.5	38.9	26.1	...	166	397	175	11.6	26
Ransom, ND	38073	17.3	25.8	2.6	...	73	125	75	13.3	6
Renville, ND	38075	18.9	34.6	8.3	...	52	107	63	10.0	5

[2]IEP = Individual Education Program. See notes and definitions for more information.
... = Not available.

Table C-1. Population, School, and Student Characteristics by County—Continued

STATE County	State/ county code	Revenues, 2004–2005 Total revenue (thousands of dollars)	Percentage of revenue from: Federal government	Percentage of revenue from: State government	Percentage of revenue from: Local government	Current expenditures, 2004–2005 Total expenditures (thousands of dollars)	Amount per student	Percent for instruction	Resident population 16 to 19 years, 2000 Total population 16 to 19 years	Percent in Armed Forces	Percent high school graduates	Percent not enrolled, not employed, not in Armed Forces, not high school grad.
		19	20	21	22	23	24	25	26	27	28	29
Pasquotank, NC	37139	53,932	12.0	62.8	25.2	46,412	7,765	61.6	2,189	0.0	6.4	2.0
Pender, NC	37141	53,708	11.0	62.5	26.6	50,153	7,005	60.3	2,057	0.0	10.7	8.5
Perquimans, NC	37143	17,194	17.9	66.4	15.7	16,187	9,533	59.2	622	0.0	8.4	13.0
Person, NC	37145	53,519	8.9	53.0	38.1	40,228	6,526	66.7	1,605	0.0	12.1	4.6
Pitt, NC	37147	181,437	11.3	57.4	31.3	155,879	7,219	66.4	10,156	0.1	6.0	4.2
Polk, NC	37149	24,863	6.2	58.8	35.0	19,761	8,112	64.3	637	0.0	10.4	6.6
Randolph, NC	37151	161,289	9.3	64.5	26.2	146,316	6,415	65.3	6,383	0.0	10.3	8.9
Richmond, NC	37153	68,067	11.5	62.7	25.8	57,892	6,978	64.5	2,850	2.7	15.5	13.4
Robeson, NC	37155	185,678	16.5	69.8	13.7	170,254	6,984	65.2	7,841	0.0	10.3	11.6
Rockingham, NC	37157	116,220	9.9	67.3	22.9	105,544	7,145	63.5	4,393	0.3	13.7	8.4
Rowan, NC	37159	158,952	9.1	61.1	29.8	139,598	6,683	65.2	6,535	0.0	12.3	6.2
Rutherford, NC	37161	85,162	12.3	60.2	27.5	71,986	6,954	64.4	3,047	0.3	11.9	10.1
Sampson, NC	37163	80,847	13.7	68.7	17.6	77,178	6,952	63.5	3,314	0.1	10.6	9.8
Scotland, NC	37165	61,918	18.0	60.5	21.5	58,300	8,305	63.9	2,083	0.0	10.6	5.8
Stanly, NC	37167	72,218	9.2	67.0	23.8	67,925	6,867	67.1	3,090	0.2	10.9	6.6
Stokes, NC	37169	56,332	10.9	67.2	21.9	53,611	7,328	59.7	2,042	0.0	13.4	6.2
Surry, NC	37171	94,841	11.2	63.4	25.4	85,273	7,103	63.5	3,178	0.0	11.4	6.6
Swain, NC	37173	19,483	21.2	64.0	14.8	16,890	8,843	64.9	813	0.0	24.8	7.3
Transylvania, NC	37175	36,050	9.0	56.7	34.3	30,449	7,608	65.2	1,557	0.0	11.1	6.5
Tyrrell, NC	37177	7,960	10.8	77.8	11.4	7,683	11,912	56.9	198	0.0	7.6	3.5
Union, NC	37179	284,990	5.6	44.5	50.0	190,086	6,508	65.1	6,438	0.0	12.3	4.6
Vance, NC	37181	67,586	15.9	64.0	20.1	64,337	7,590	65.9	2,354	0.1	14.1	18.8
Wake, NC	37183	1,151,379	5.4	45.2	49.3	848,503	7,154	61.5	32,322	0.0	7.9	3.9
Warren, NC	37185	28,407	17.0	66.0	16.9	26,177	8,104	60.1	1,056	0.0	11.0	10.4
Washington, NC	37187	22,237	21.0	67.5	11.6	21,229	9,957	64.9	796	0.0	9.3	8.3
Watauga, NC	37189	40,113	7.0	58.6	34.4	35,526	7,798	67.1	4,685	0.0	3.6	0.8
Wayne, NC	37191	137,085	13.7	68.7	17.5	135,136	6,967	67.9	6,104	1.8	10.8	6.9
Wilkes, NC	37193	79,779	10.8	62.8	26.4	72,762	7,115	61.5	3,082	0.0	10.3	6.0
Wilson, NC	37195	101,862	12.8	60.5	26.7	92,591	7,000	63.1	4,250	0.0	8.7	11.3
Yadkin, NC	37197	44,326	8.1	67.6	24.3	39,699	6,549	60.6	1,581	0.0	8.9	5.8
Yancey, NC	37199	21,474	12.1	69.8	18.1	20,453	8,062	58.5	852	0.0	21.4	8.7
NORTH DAKOTA	38000	969,520	15.3	35.2	49.5	818,810	8,154	61.3	43,073	1.0	8.6	2.6
Adams, ND	38001	3,424	6.0	35.7	58.4	2,835	8,100	55.8	142	0.0	6.3	1.4
Barnes, ND	38003	17,330	9.1	35.9	55.0	14,644	8,816	62.7	860	0.1	6.9	2.9
Benson, ND	38005	12,621	42.9	32.3	24.7	11,337	11,360	66.7	490	0.0	5.3	10.2
Billings, ND	38007	1,446	19.8	1.5	78.7	1,472	26,286	43.6	59	0.0	6.8	0.0
Bottineau, ND	38009	10,241	16.2	32.6	51.2	9,738	9,836	54.9	538	0.0	3.7	0.4
Bowman, ND	38011	6,863	4.4	34.9	60.7	5,675	8,598	61.7	165	0.0	2.4	0.0
Burke, ND	38013	3,478	7.5	31.9	60.6	3,241	11,700	62.5	120	0.0	2.5	1.7
Burleigh, ND	38015	91,640	11.6	37.8	50.7	79,730	7,399	65.2	4,638	0.0	7.7	1.6
Cass, ND	38017	178,940	7.0	31.9	61.1	147,400	7,656	63.8	7,786	0.1	8.6	2.1
Cavalier, ND	38019	5,886	6.9	30.7	62.4	5,648	9,037	56.0	246	0.0	1.6	0.0
Dickey, ND	38021	7,786	6.1	38.2	55.7	6,282	6,919	53.9	355	0.0	8.5	0.8
Divide, ND	38023	3,134	8.1	31.8	60.1	2,850	10,142	50.6	122	0.0	2.5	4.1
Dunn, ND	38025	7,086	33.9	26.2	39.9	6,840	13,680	51.4	203	0.0	8.4	2.5
Eddy, ND	38027	4,931	17.6	34.9	47.6	4,621	9,169	53.3	140	0.0	7.1	2.1
Emmons, ND	38029	6,300	11.9	40.1	48.0	5,646	8,315	55.7	215	0.0	2.8	0.0
Foster, ND	38031	4,572	5.8	41.8	52.4	3,875	6,220	61.0	208	0.0	5.8	0.0
Golden Valley, ND	38033	4,367	12.3	34.9	52.9	3,734	10,065	56.2	155	0.0	7.1	2.6
Grand Forks, ND	38035	90,673	17.9	34.1	48.0	72,872	7,679	62.8	5,458	2.0	8.7	1.7
Grant, ND	38037	3,476	11.0	38.9	50.1	3,007	9,397	51.8	175	0.0	5.7	2.3
Griggs, ND	38039	4,863	7.3	33.0	59.7	4,293	8,761	53.5	171	0.0	2.3	0.6
Hettinger, ND	38041	5,613	9.3	35.9	54.9	4,571	9,788	53.2	145	0.0	7.6	1.4
Kidder, ND	38043	4,857	9.7	33.7	56.6	4,249	9,359	56.7	178	0.0	10.7	7.9
La Moure, ND	38045	8,429	14.2	32.2	53.6	7,432	10,112	57.7	319	0.0	3.1	2.8
Logan, ND	38047	3,988	14.5	42.8	42.6	3,480	9,640	55.8	98	0.0	5.1	2.0
McHenry, ND	38049	9,175	8.0	41.0	50.9	8,065	7,710	60.5	355	0.0	6.8	0.8
McIntosh, ND	38051	4,379	8.7	39.7	51.6	3,968	8,645	59.2	166	0.0	3.0	0.0
McKenzie, ND	38053	14,042	36.2	23.9	39.9	12,218	13,837	51.8	400	0.0	5.0	2.3
McLean, ND	38055	14,574	9.5	40.2	50.3	13,966	8,856	52.4	570	0.2	7.0	1.4
Mercer, ND	38057	13,762	8.2	39.0	52.8	13,063	8,336	53.8	597	0.0	6.9	0.8
Morton, ND	38059	34,496	12.1	42.7	45.3	30,484	7,053	60.0	1,511	0.2	9.7	5.6
Mountrail, ND	38061	12,413	34.6	36.5	28.9	11,593	8,474	60.3	400	0.3	4.8	5.3
Nelson, ND	38063	5,382	6.9	34.6	58.5	4,611	8,161	54.7	205	0.0	1.0	0.0
Oliver, ND	38065	2,693	6.9	37.8	55.3	2,579	9,145	59.4	135	0.0	1.5	1.5
Pembina, ND	38067	15,813	8.3	33.7	58.0	13,773	8,840	60.5	555	0.0	8.5	3.6
Pierce, ND	38069	5,457	9.3	38.5	52.2	5,115	8,399	61.0	249	0.0	8.0	0.0
Ramsey, ND	38071	20,211	17.6	38.3	44.1	17,629	8,496	57.9	844	0.0	11.7	6.0
Ransom, ND	38073	8,549	4.6	35.9	59.5	6,805	6,825	55.6	329	0.0	4.6	2.7
Renville, ND	38075	7,333	11.5	40.1	48.3	6,069	9,588	56.7	165	1.2	11.5	0.0

PART C—COUNTY EDUCATION STATISTICS

Table C-1. Population, School, and Student Characteristics by County—Continued

STATE County	State/ county code	High school graduates, 2000 Population 25 years and over	High school diploma or less (percent)	High school diploma or more (percent)	College enrollment, 2000 Number	Percent public	College graduates, 2000 (percent) Bachelor's degree or more	+/- U.S. percent with bachelor's degree or more	Non-Hispanic White	Black	American Indian, Alaska Native	Asian and Pacific Islander	Hispanic or Latino[3]
		30	31	32	33	34	35	36	37	38	39	40	41
Pasquotank, NC	37139	22,223	53.5	76.8	2,936	83.3	16.4	-8.0	16.1	16.2	32.5	29.3	20.8
Pender, NC	37141	28,566	56.7	76.8	1,339	82.4	13.6	-10.8	15.8	6.8	0.0	27.5	6.3
Perquimans, NC	37143	7,970	61.1	71.9	343	91.8	12.3	-12.1	13.3	9.6	0.0	...	19.1
Person, NC	37145	24,473	63.2	74.9	1,268	88.9	10.3	-14.1	11.4	7.3	0.0	30.1	18.5
Pitt, NC	37147	79,040	45.3	79.9	20,154	95.8	26.4	2.0	34.0	11.0	30.6	53.7	13.6
Polk, NC	37149	13,653	47.6	80.6	582	83.5	25.7	1.3	26.7	6.4	49.1	74.1	14.0
Randolph, NC	37151	87,450	65.7	70.0	3,898	84.9	11.1	-13.3	11.5	6.9	6.7	25.4	5.6
Richmond, NC	37153	29,870	66.5	69.2	1,641	89.2	10.1	-14.3	11.6	6.6	7.6	14.0	6.1
Robeson, NC	37155	74,458	65.8	64.9	5,683	91.7	11.4	-13.0	16.4	8.3	8.5	27.7	5.0
Rockingham, NC	37157	63,470	64.4	68.9	2,722	85.3	10.8	-13.6	12.0	6.5	8.2	17.7	2.6
Rowan, NC	37159	86,345	59.3	74.2	5,618	64.4	14.2	-10.2	14.8	12.2	10.6	15.9	4.4
Rutherford, NC	37161	42,889	62.9	70.4	2,368	86.7	12.5	-11.9	13.3	5.0	4.8	29.5	11.8
Sampson, NC	37163	38,796	66.1	69.1	2,078	86.3	11.1	-13.3	13.5	6.9	9.8	10.4	6.6
Scotland, NC	37165	22,563	58.1	71.4	1,881	72.7	15.9	-8.5	20.7	10.3	2.8	48.9	42.0
Stanly, NC	37167	38,702	62.5	73.4	2,196	65.7	12.7	-11.7	13.4	6.5	4.9	30.0	9.2
Stokes, NC	37169	30,598	66.9	73.2	1,163	77.2	9.3	-15.1	9.6	4.8	0.0	32.5	6.2
Surry, NC	37171	49,018	62.5	67.0	2,652	84.5	12.0	-12.4	12.8	6.7	4.6	15.1	1.3
Swain, NC	37173	8,739	59.6	70.5	438	81.3	13.9	-10.5	14.8	24.4	9.8	59.1	9.3
Transylvania, NC	37175	20,973	47.5	82.5	1,462	57.2	23.7	-0.7	24.0	14.3	19.7	50.0	16.1
Tyrrell, NC	37177	2,828	67.5	66.3	156	96.8	10.6	-13.8	13.9	5.0	0.0	0.0	15.7
Union, NC	37179	78,878	50.6	80.2	4,781	66.7	21.3	-3.1	23.6	9.1	23.8	41.8	6.6
Vance, NC	37181	27,360	66.2	68.1	1,332	87.4	10.7	-13.7	14.0	6.6	11.1	68.5	5.4
Wake, NC	37183	403,481	28.4	89.3	51,713	78.9	43.9	19.5	49.2	24.3	29.8	65.6	17.8
Warren, NC	37185	13,599	64.5	67.5	618	88.7	11.6	-12.8	16.8	7.2	2.0	17.0	20.5
Washington, NC	37187	9,091	67.5	69.9	377	88.1	11.6	-12.8	15.9	5.9	...	63.3	3.9
Watauga, NC	37189	23,939	42.2	81.6	10,952	93.2	33.2	8.8	33.5	27.0	28.3	56.1	33.6
Wayne, NC	37191	72,894	55.3	77.2	5,211	78.5	15.0	-9.4	17.9	9.5	2.5	31.9	6.1
Wilkes, NC	37193	45,498	65.5	66.0	2,024	87.8	11.3	-13.1	11.7	4.7	0.0	20.1	4.1
Wilson, NC	37195	48,061	62.3	69.4	3,210	66.0	15.1	-9.3	21.4	5.5	31.0	38.9	3.1
Yadkin, NC	37197	24,916	64.8	72.0	1,149	77.0	10.3	-14.1	10.5	4.4	0.0	82.9	6.5
Yancey, NC	37199	12,709	65.7	71.1	444	70.3	13.1	-11.3	13.2	0.0	19.2	8.3	6.6
NORTH DAKOTA	38000	408,585	44.0	83.9	47,003	89.2	22.0	-2.4	22.4	20.5	9.7	47.4	16.3
Adams, ND	38001	1,885	52.3	83.1	35	80.0	16.6	-7.8	16.5	11.1	8.7	...	60.0
Barnes, ND	38003	7,792	47.5	85.0	912	96.3	22.1	-2.3	22.1	13.3	14.9	38.9	56.3
Benson, ND	38005	3,902	56.4	73.8	169	97.0	10.9	-13.5	14.1	...	4.4	0.0	8.0
Billings, ND	38007	644	54.2	77.8	23	87.0	18.8	-5.6	18.9	...	...	...	...
Bottineau, ND	38009	4,973	48.4	81.3	406	97.5	14.9	-9.5	14.8	...	20.0	100.0	0.0
Bowman, ND	38011	2,290	49.9	82.2	61	93.4	17.9	-6.5	17.8	0.0	50.0	...	100.0
Burke, ND	38013	1,687	56.1	78.8	21	100.0	12.0	-12.4	11.8	100.0	0.0	0.0	...
Burleigh, ND	38015	44,636	35.8	87.9	4,801	63.5	28.7	4.3	29.2	6.7	6.8	38.1	26.6
Cass, ND	38017	74,668	32.0	90.9	14,297	94.2	31.3	6.9	31.5	22.6	8.5	59.8	16.6
Cavalier, ND	38019	3,462	51.6	78.8	28	78.6	13.1	-11.3	13.1	...	25.0	0.0	0.0
Dickey, ND	38021	3,815	52.3	79.6	418	37.3	16.6	-7.8	16.4	0.0	26.3	100.0	15.6
Divide, ND	38023	1,741	54.5	80.4	24	100.0	13.3	-11.1	13.2	...	0.0	50.0	0.0
Dunn, ND	38025	2,393	54.7	77.5	71	94.4	16.3	-8.1	17.9	0.0	13.1	66.7	0.0
Eddy, ND	38027	1,933	52.5	75.5	48	91.7	15.9	-8.5	15.8	...	17.4	100.0	...
Emmons, ND	38029	3,125	64.1	65.9	60	90.0	12.3	-12.1	12.2	0.0	50.0	0.0	10.0
Foster, ND	38031	2,569	51.9	78.0	77	64.9	19.8	-4.6	19.9	...	...	60.0	0.0
Golden Valley, ND	38033	1,278	46.6	87.4	49	83.7	19.8	-4.6	19.9	...	...	...	0.0
Grand Forks, ND	38035	37,366	35.2	89.2	11,022	97.4	27.8	3.4	28.3	16.6	17.0	40.2	16.9
Grant, ND	38037	2,044	59.7	73.4	41	70.7	11.2	-13.2	10.9	...	18.2	100.0	0.0
Griggs, ND	38039	1,993	53.9	78.7	40	82.5	15.7	-8.7	15.6	...	50.0	0.0	...
Hettinger, ND	38041	1,978	57.8	74.8	37	81.1	14.4	-10.0	14.3	...	22.2	0.0	0.0
Kidder, ND	38043	1,982	63.0	72.0	26	65.4	11.0	-13.4	11.1	...	0.0	...	0.0
La Moure, ND	38045	3,297	58.5	75.3	65	73.8	13.9	-10.5	13.8	...	22.2	...	18.2
Logan, ND	38047	1,693	63.7	66.0	42	88.1	12.9	-11.5	12.7	...	...	25.0	54.5
McHenry, ND	38049	4,192	57.9	76.9	108	96.3	13.2	-11.2	13.1	33.3	25.0	60.0	20.0
McIntosh, ND	38051	2,580	66.6	59.3	63	74.6	9.9	-14.5	9.6	...	0.0	60.0	16.7
McKenzie, ND	38053	3,644	53.5	79.1	116	92.2	15.7	-8.7	16.4	33.3	10.5	31.6	12.5
McLean, ND	38055	6,620	51.8	79.0	159	87.4	15.1	-9.3	15.2	...	12.4	60.0	11.8
Mercer, ND	38057	5,780	52.0	79.0	151	81.5	14.4	-10.0	14.1	...	15.7	84.6	42.9
Morton, ND	38059	16,520	51.7	80.2	716	76.5	17.0	-7.4	17.0	75.0	11.1	0.0	11.3
Mountrail, ND	38061	4,309	51.7	77.9	235	85.5	15.6	-8.8	16.0	...	10.6	78.1	0.0
Nelson, ND	38063	2,753	49.5	81.4	61	83.6	17.5	-6.9	17.2	100.0	12.5	88.9	...
Oliver, ND	38065	1,402	55.4	79.9	39	64.1	12.0	-12.4	12.2	...	0.0	...	50.0
Pembina, ND	38067	5,908	52.1	79.8	101	86.1	16.4	-8.0	16.7	50.0	5.6	80.0	9.4
Pierce, ND	38069	3,300	53.3	76.7	101	98.0	14.7	-9.7	14.8	...	21.1	0.0	...
Ramsey, ND	38071	8,123	45.1	80.1	518	97.1	18.8	-5.6	19.4	...	7.6	66.7	28.9
Ransom, ND	38073	4,065	54.4	81.3	75	92.0	15.8	-8.6	15.7	0.0	0.0	80.0	23.5
Renville, ND	38075	1,872	48.8	84.1	50	88.0	16.1	-8.3	15.6	...	18.2	57.1	0.0

[3] May be of any race.
... = Not available.

Table C-1. Population, School, and Student Characteristics by County—Continued

STATE County	State/ county code	County type[1]	Population, 2007 Total	Population, 2007 Percent 5 to 17 years	Number of schools and students, 2005–2006 School districts	Number of schools and students, 2005–2006 Schools	Number of schools and students, 2005–2006 Students	Resident enrollment, 2000 Total enrollment Number	Resident enrollment, 2000 Total enrollment Percent public	Resident enrollment, 2000 K–12 enrollment Number	Resident enrollment, 2000 K–12 enrollment Percent public
			1	2	3	4	5	6	7	8	9
Richland, ND	38077	6	16,498	16.5	10	17	2,596	5,726	93.6	3,497	93.8
Rolette, ND	38079	9	13,665	23.1	6	12	2,860	4,863	97.1	3,857	97.4
Sargent, ND	38081	9	4,110	17.0	3	7	809	988	96.4	874	97.8
Sheridan, ND	38083	9	1,320	13.0	2	4	139	339	98.5	322	100.0
Sioux, ND	38085	8	4,223	23.6	4	6	436	1,566	91.3	1,258	93.4
Slope, ND	38087	9	659	14.4	2	2	13	180	96.1	157	100.0
Stark, ND	38089	7	22,458	15.7	6	17	3,358	6,347	81.6	4,586	78.6
Steele, ND	38091	8	1,840	17.0	2	3	306	585	97.8	500	99.6
Stutsman, ND	38093	7	20,480	14.4	8	19	2,840	5,399	76.4	3,983	93.2
Towner, ND	38095	9	2,292	13.8	3	6	358	679	97.3	595	99.5
Traill, ND	38097	8	8,069	16.0	5	10	1,508	2,369	98.6	1,606	98.7
Walsh, ND	38099	6	11,011	16.0	9	15	1,920	2,811	95.5	2,438	97.1
Ward, ND	38101	5	55,927	18.1	12	36	8,844	16,316	91.5	11,203	91.8
Wells, ND	38103	9	4,269	13.8	4	6	671	1,158	95.3	998	97.4
Williams, ND	38105	7	19,540	15.8	8	21	3,087	5,133	91.4	4,161	91.7
OHIO	39000	X	11,466,917	17.6	1,044	4,007	1,839,683	3,014,460	82.1	2,157,981	86.6
Adams, OH	39001	6	28,160	17.7	2	10	5,110	6,202	93.6	5,423	94.0
Allen, OH	39003	3	105,233	17.8	17	45	17,960	28,722	80.7	21,705	85.9
Ashland, OH	39005	4	54,902	17.4	5	19	7,322	14,026	77.1	10,029	90.3
Ashtabula, OH	39007	4	101,141	17.8	9	41	17,143	24,547	90.2	20,225	93.1
Athens, OH	39009	4	63,275	12.0	7	21	8,332	28,058	96.2	8,535	95.6
Auglaize, OH	39011	4	46,429	18.2	8	20	8,468	12,239	90.0	9,877	93.5
Belmont, OH	39013	3	67,908	14.7	9	26	8,967	15,628	85.4	12,369	87.1
Brown, OH	39015	1	43,956	18.6	7	17	8,416	10,406	92.9	8,815	94.7
Butler, OH	39017	1	357,888	18.1	16	92	58,137	95,720	85.6	63,221	87.7
Carroll, OH	39019	2	28,516	17.0	2	11	3,609	6,740	91.2	5,595	94.0
Champaign, OH	39021	6	39,522	17.6	8	19	7,916	9,309	87.3	7,597	93.6
Clark, OH	39023	3	140,477	17.3	13	52	24,117	36,734	84.1	27,318	91.4
Clermont, OH	39025	1	193,490	19.1	11	47	29,105	46,454	82.1	36,411	85.9
Clinton, OH	39027	6	43,071	18.0	5	16	8,501	10,521	84.1	7,852	94.8
Columbiana, OH	39029	4	108,698	16.4	14	39	16,793	26,376	90.9	21,122	94.6
Coshocton, OH	39031	6	36,341	17.6	5	19	5,851	8,641	88.2	7,235	90.9
Crawford, OH	39033	4	44,227	17.0	6	23	7,721	10,769	87.0	8,889	90.6
Cuyahoga, OH	39035	1	1,295,958	17.5	87	375	195,169	365,498	75.7	263,086	81.1
Darke, OH	39037	6	52,205	17.6	8	23	8,845	13,068	89.9	10,595	92.2
Defiance, OH	39039	4	38,543	17.4	5	19	6,868	10,009	85.6	7,970	91.8
Delaware, OH	39041	1	160,865	19.6	6	36	20,535	30,948	74.6	22,024	86.2
Erie, OH	39043	3	77,323	16.6	9	31	13,551	19,104	85.8	15,363	89.6
Fairfield, OH	39045	1	141,318	18.7	12	46	24,415	31,818	85.4	24,594	90.4
Fayette, OH	39047	6	28,308	17.5	2	16	5,096	6,481	94.5	5,355	96.8
Franklin, OH	39049	1	1,118,107	17.9	69	394	190,057	307,823	83.0	191,642	88.0
Fulton, OH	39051	2	42,562	18.9	8	23	8,970	11,406	89.0	8,815	94.1
Gallia, OH	39053	6	30,841	16.7	4	14	4,875	7,742	84.0	5,887	91.8
Geauga, OH	39055	1	95,029	18.7	8	27	13,255	24,286	73.7	19,058	77.2
Greene, OH	39057	2	154,656	16.0	11	37	23,367	46,402	78.3	26,857	85.9
Guernsey, OH	39059	6	40,409	17.7	4	13	6,120	9,866	90.1	8,153	93.5
Hamilton, OH	39061	1	842,369	17.7	54	243	118,134	233,939	73.5	163,773	75.8
Hancock, OH	39063	4	74,204	17.6	10	36	11,673	19,271	78.5	13,404	92.4
Hardin, OH	39065	6	31,650	16.4	7	20	5,938	9,275	68.1	5,458	96.3
Harrison, OH	39067	6	15,506	15.8	2	9	2,616	3,343	91.6	2,750	94.0
Henry, OH	39069	6	28,931	18.5	5	15	5,180	7,621	85.8	6,173	88.5
Highland, OH	39071	6	42,653	18.7	5	20	8,252	9,963	92.9	8,190	96.3
Hocking, OH	39073	6	28,959	17.4	1	9	4,157	6,737	91.0	5,370	92.8
Holmes, OH	39075	7	41,369	24.1	2	17	4,712	8,965	65.2	8,145	64.2
Huron, OH	39077	4	59,801	19.4	7	30	12,003	15,240	82.8	12,304	85.4
Jackson, OH	39079	7	33,314	17.3	3	11	5,874	7,870	90.4	6,429	94.0
Jefferson, OH	39081	3	68,730	14.8	7	32	10,764	17,543	79.2	12,315	86.7
Knox, OH	39083	4	58,961	17.0	7	20	8,515	14,679	74.1	10,108	90.6
Lake, OH	39085	1	233,392	16.8	12	61	34,586	56,308	81.0	41,818	84.4
Lawrence, OH	39087	2	62,609	17.0	9	27	10,940	15,147	94.2	11,614	95.8
Licking, OH	39089	1	156,985	17.9	16	60	26,440	37,916	82.2	28,214	90.2
Logan, OH	39091	4	46,279	18.4	6	16	7,546	10,951	91.3	9,184	95.1
Lorain, OH	39093	1	302,260	18.2	29	108	48,306	75,017	79.6	55,489	85.9
Lucas, OH	39095	2	441,910	18.2	40	145	73,146	129,500	79.7	88,948	80.3
Madison, OH	39097	1	41,499	17.0	6	20	6,996	9,790	83.0	7,663	88.2
Mahoning, OH	39099	2	240,420	16.5	26	90	38,574	64,677	84.7	47,024	86.9
Marion, OH	39101	4	65,248	16.7	13	30	12,434	16,180	89.6	12,999	93.1
Medina, OH	39103	1	169,832	18.6	9	46	30,319	40,364	83.3	31,234	88.1
Meigs, OH	39105	6	22,895	16.3	3	8	3,566	5,161	94.0	4,275	96.6
Mercer, OH	39107	7	40,888	19.5	7	22	8,931	11,195	92.8	9,147	95.9

[1] County type codes are from the Economic Research Service of the United States Department of Agriculture. See notes and definitions for more information.

Table C-1. Population, School, and Student Characteristics by County—Continued

STATE County	State/ county code	Students with IEP[2] (%)	Students eligible for free or reduced-price lunch (%)	Minority students (%)	English language learners (%)	Number of graduates, 2004–2005	Total staff	Number of teachers	Student/ teacher ratio	Central administration staff
		10	11	12	13	14	15	16	17	18
Richland, ND	38077	14.4	27.2	7.3	...	213	459	240	10.8	20
Rolette, ND	38079	8.8	69.3	82.1	...	207	612	295	9.7	33
Sargent, ND	38081	16.6	22.8	2.2	...	60	106	67	12.1	5
Sheridan, ND	38083	17.3	40.3	7.2	...	22	38	23	6.0	3
Sioux, ND	38085	17.9	73.4	98.6	...	15	118	58	7.5	7
Slope, ND	38087	46.2	0.0	0.0	...		5	3	4.3	1
Stark, ND	38089	13.7	28.8	3.6	...	243	478	250	13.4	17
Steele, ND	38091	11.1	25.8	1.6	...	40	51	32	9.6	2
Stutsman, ND	38093	15.0	33.5	4.5	...	229	462	265	10.7	25
Towner, ND	38095	12.6	34.9	9.2	...	38	67	41	8.7	4
Traill, ND	38097	14.1	24.8	6.8	...	109	211	119	12.7	11
Walsh, ND	38099	16.1	37.2	16.6	...	128	343	185	10.4	17
Ward, ND	38101	15.2	27.7	10.4	...	603	1,301	663	13.3	33
Wells, ND	38103	13.4	32.0	3.4	...	64	122	60	11.2	8
Williams, ND	38105	16.5	31.3	12.8	...	252	510	278	11.1	20
OHIO	39000	14.5	32.5	23.1	1.6	116,687	238,967	117,983	15.6	20,148
Adams, OH	39001	16.7	54.0	0.8	0.0	311	648	357	14.3	31
Allen, OH	39003	14.0	39.8	19.9	0.3	1,212	2,177	1,174	15.3	178
Ashland, OH	39005	14.4	29.1	2.9	0.1	525	873	474	15.4	48
Ashtabula, OH	39007	15.0	43.0	8.0	1.4	1,187	2,183	1,084	15.8	141
Athens, OH	39009	18.7	39.6	4.1	0.5	501	1,417	653	12.8	146
Auglaize, OH	39011	14.8	19.8	1.3	0.3	717	1,064	550	15.4	80
Belmont, OH	39013	15.8	43.2	3.8	0.1	704	1,256	641	14.0	96
Brown, OH	39015	11.6	35.2	1.1	0.0	534	1,101	529	15.9	80
Butler, OH	39017	13.4	19.5	13.8	2.4	3,331	6,846	3,483	16.7	450
Carroll, OH	39019	14.7	38.4	1.2	0.0	286	418	200	18.0	41
Champaign, OH	39021	16.3	25.2	3.2	0.1	518	1,157	590	13.4	123
Clark, OH	39023	12.3	33.7	14.6	0.8	1,555	2,811	1,446	16.7	188
Clermont, OH	39025	12.8	22.4	2.8	0.4	1,785	3,312	1,705	17.1	247
Clinton, OH	39027	12.6	29.9	3.4	0.3	528	1,086	520	16.3	107
Columbiana, OH	39029	16.2	40.3	2.8	0.0	1,218	2,072	1,126	14.9	163
Coshocton, OH	39031	18.9	39.9	2.0	0.0	440	733	374	15.6	53
Crawford, OH	39033	17.5	33.9	1.8	0.3	522	992	496	15.6	65
Cuyahoga, OH	39035	15.5	44.6	49.9	2.7	11,373	27,360	12,558	15.5	2,644
Darke, OH	39037	12.7	22.1	1.6	0.2	629	1,062	555	15.9	85
Defiance, OH	39039	16.9	21.3	11.4	0.3	505	847	450	15.3	54
Delaware, OH	39041	12.2	11.4	9.5	1.4	1,071	2,384	1,299	15.8	153
Erie, OH	39043	16.5	33.9	14.4	0.2	968	2,049	989	13.7	183
Fairfield, OH	39045	11.4	21.1	8.7	0.7	1,600	2,650	1,401	17.4	195
Fayette, OH	39047	14.2	29.3	3.6	0.2	320	583	307	16.6	33
Franklin, OH	39049	13.9	33.3	38.6	5.9	10,832	23,219	11,374	16.7	1,962
Fulton, OH	39051	14.0	21.9	8.7	1.4	704	1,477	675	13.3	179
Gallia, OH	39053	20.6	45.6	4.6	0.0	327	669	366	13.3	38
Geauga, OH	39055	12.8	11.0	2.7	0.5	990	1,706	837	15.8	132
Greene, OH	39057	14.0	20.1	10.8	0.8	1,548	2,810	1,396	16.7	238
Guernsey, OH	39059	15.8	45.7	3.4	0.1	377	889	408	15.0	99
Hamilton, OH	39061	15.3	36.0	43.3	1.8	7,323	16,327	7,531	15.7	1,379
Hancock, OH	39063	16.3	23.2	6.1	0.7	784	1,536	786	14.9	120
Hardin, OH	39065	14.9	29.5	1.7	0.1	398	795	416	14.3	60
Harrison, OH	39067	26.6	43.0	3.6	0.0	172	333	180	14.5	18
Henry, OH	39069	18.5	24.6	8.6	0.8	378	838	422	12.3	52
Highland, OH	39071	11.7	31.7	1.8	0.1	486	1,007	489	16.9	69
Hocking, OH	39073	17.2	45.0	0.9	0.0	270	517	232	17.9	65
Holmes, OH	39075	13.9	33.5	1.5	23.1	209	622	309	15.2	20
Huron, OH	39077	15.2	29.2	7.7	0.7	794	1,322	715	16.8	80
Jackson, OH	39079	16.8	44.2	1.0	0.0	385	658	344	17.1	44
Jefferson, OH	39081	15.4	46.9	8.9	0.0	743	1,528	715	15.1	179
Knox, OH	39083	18.1	26.4	2.1	0.1	597	1,237	630	13.5	106
Lake, OH	39085	13.0	21.8	7.9	3.1	2,447	4,167	2,098	16.5	322
Lawrence, OH	39087	16.5	49.4	3.2	0.0	721	1,481	719	15.2	96
Licking, OH	39089	14.1	23.5	6.3	0.8	1,595	3,324	1,733	15.3	243
Logan, OH	39091	16.8	24.8	3.7	0.5	535	1,103	551	13.7	113
Lorain, OH	39093	13.9	35.1	22.5	0.7	2,729	5,883	2,885	16.7	527
Lucas, OH	39095	14.6	38.3	35.4	0.6	3,945	8,592	4,314	17.0	657
Madison, OH	39097	13.8	22.8	4.0	0.7	445	905	487	14.4	68
Mahoning, OH	39099	15.0	41.0	28.3	0.7	2,559	5,222	2,556	15.1	460
Marion, OH	39101	17.2	36.2	7.6	0.7	742	1,814	1,045	11.9	152
Medina, OH	39103	11.4	12.2	2.8	0.3	2,215	3,431	1,749	17.3	219
Meigs, OH	39105	18.9	51.5	1.3	0.0	260	474	259	13.8	26
Mercer, OH	39107	16.1	16.8	1.3	0.0	635	1,157	578	15.5	87

[2]IEP = Individual Education Program. See notes and definitions for more information.

Table C-1. Population, School, and Student Characteristics by County—Continued

STATE County	State/ county code	Revenues, 2004–2005 Total revenue (thousands of dollars)	Percentage of revenue from: Federal government	Percentage of revenue from: State government	Percentage of revenue from: Local government	Current expenditures, 2004–2005 Total expenditures (thousands of dollars)	Amount per student	Percent for instruction	Resident population 16 to 19 years, 2000 Total population 16 to 19 years	Percent in Armed Forces	Percent high school graduates	Percent not enrolled, not employed, not in Armed Forces, not high school grad.
		19	20	21	22	23	24	25	26	27	28	29
Richland, ND	38077	25,337	9.2	35.9	54.8	21,568	8,063	63.2	1,655	0.0	5.5	0.3
Rolette, ND	38079	32,116	52.9	36.4	10.7	31,107	10,577	64.9	1,027	0.0	6.3	11.9
Sargent, ND	38081	6,246	6.6	41.8	51.6	5,353	6,675	58.2	194	0.0	7.2	0.0
Sheridan, ND	38083	1,945	6.6	34.7	58.7	1,757	11,872	60.2	75	0.0	4.0	5.3
Sioux, ND	38085	11,144	67.6	19.1	13.3	6,525	13,972	62.2	348	0.0	6.6	12.9
Slope, ND	38087	512	22.7	6.3	71.1	286	17,875	63.6	52	0.0	7.7	0.0
Stark, ND	38089	28,096	14.3	43.2	42.5	24,706	7,216	62.5	1,687	0.2	10.8	3.2
Steele, ND	38091	3,357	5.8	34.1	60.1	2,741	8,408	54.4	139	0.0	2.9	2.2
Stutsman, ND	38093	27,891	11.5	37.1	51.4	23,166	7,808	60.8	1,471	0.2	9.2	3.3
Towner, ND	38095	4,145	11.3	34.3	54.4	3,634	9,691	60.2	165	0.0	2.4	2.4
Traill, ND	38097	14,750	8.6	35.0	56.4	12,716	8,236	57.5	544	0.0	4.2	1.3
Walsh, ND	38099	20,232	15.9	38.7	45.3	16,904	8,452	63.4	789	0.0	11.9	2.4
Ward, ND	38101	92,115	21.0	33.9	45.1	69,181	7,600	62.4	3,782	7.7	17.8	2.7
Wells, ND	38103	8,453	13.4	34.8	51.8	7,398	10,261	53.8	278	0.0	4.0	4.0
Williams, ND	38105	32,958	15.8	36.2	48.0	26,358	8,408	63.4	1,400	0.1	6.6	2.0
OHIO	39000	20,252,084	7.3	43.2	49.5	17,268,202	9,395	57.3	639,825	0.1	10.5	4.6
Adams, OH	39001	55,550	8.4	58.8	32.8	41,124	8,174	59.4	1,538	0.0	16.2	6.2
Allen, OH	39003	204,676	7.1	51.7	41.2	150,606	8,462	58.0	6,965	0.1	9.2	4.9
Ashland, OH	39005	68,572	5.7	42.9	51.4	61,276	8,372	61.2	3,732	0.0	10.5	5.6
Ashtabula, OH	39007	185,616	8.1	53.9	38.0	148,269	8,570	59.4	5,742	0.2	16.9	5.9
Athens, OH	39009	98,855	12.8	48.1	39.1	87,718	10,382	55.5	7,591	0.0	4.0	1.1
Auglaize, OH	39011	83,745	5.1	45.5	49.4	70,906	8,196	63.8	2,790	0.0	9.7	0.2
Belmont, OH	39013	95,016	9.2	57.9	32.9	77,741	8,598	60.1	3,577	0.0	10.2	3.2
Brown, OH	39015	86,986	6.5	65.5	28.0	67,441	7,931	57.0	2,323	0.2	12.6	4.4
Butler, OH	39017	554,760	6.1	43.1	50.7	493,447	8,595	55.8	21,825	0.1	10.6	3.1
Carroll, OH	39019	28,353	9.3	55.6	35.1	26,135	6,954	58.6	1,449	0.0	13.8	2.1
Champaign, OH	39021	82,215	5.4	44.1	50.5	69,087	8,809	56.9	2,230	0.0	14.4	3.5
Clark, OH	39023	285,699	6.2	60.5	33.3	210,711	8,658	56.8	8,403	0.2	9.6	6.8
Clermont, OH	39025	266,570	5.0	43.9	51.1	244,517	8,512	55.5	9,787	0.0	11.1	5.1
Clinton, OH	39027	76,268	7.5	44.8	47.7	68,992	8,261	53.6	2,584	0.0	12.9	1.2
Columbiana, OH	39029	168,794	7.8	56.5	35.7	145,608	8,677	59.8	6,022	0.0	12.4	3.5
Coshocton, OH	39031	52,899	7.6	52.4	40.0	49,792	8,335	59.3	2,168	0.0	10.7	5.2
Crawford, OH	39033	72,171	6.9	45.4	47.7	61,093	7,750	59.3	2,618	0.0	14.2	3.3
Cuyahoga, OH	39035	2,599,452	8.4	37.3	54.3	2,131,573	10,672	56.0	70,120	0.1	9.6	5.9
Darke, OH	39037	76,461	6.9	50.3	42.8	69,906	7,810	60.2	2,868	0.0	10.5	2.8
Defiance, OH	39039	58,512	5.1	44.5	50.4	52,992	7,755	61.3	2,452	0.0	10.6	3.4
Delaware, OH	39041	215,223	3.5	22.8	73.8	183,235	9,621	58.2	5,872	0.0	9.6	2.3
Erie, OH	39043	171,167	6.5	34.1	59.4	150,808	10,970	55.8	3,995	0.0	10.0	3.1
Fairfield, OH	39045	222,460	4.7	44.8	50.5	194,470	8,185	59.4	6,316	0.2	10.5	3.6
Fayette, OH	39047	41,899	6.5	52.6	40.9	38,107	7,527	57.9	1,575	0.0	16.1	4.5
Franklin, OH	39049	2,132,530	7.3	36.0	56.7	1,865,055	10,025	56.8	59,036	0.0	10.1	4.6
Fulton, OH	39051	105,657	8.0	36.0	55.9	90,653	9,977	55.1	2,467	0.0	11.2	1.9
Gallia, OH	39053	55,013	11.9	53.4	34.7	48,794	10,013	59.2	2,026	0.4	10.6	6.5
Geauga, OH	39055	134,437	4.3	28.0	67.8	122,725	9,225	54.7	5,057	0.0	7.5	7.8
Greene, OH	39057	244,631	5.5	36.0	58.5	209,327	8,935	57.6	11,371	0.9	6.1	2.9
Guernsey, OH	39059	59,565	9.9	54.6	35.5	55,775	9,062	56.4	2,326	0.0	11.3	4.5
Hamilton, OH	39061	1,459,136	8.6	37.3	54.0	1,307,082	10,947	57.3	48,268	0.0	9.0	6.0
Hancock, OH	39063	110,973	5.7	38.8	55.5	99,879	8,641	59.7	4,131	0.3	9.6	2.5
Hardin, OH	39065	55,755	8.7	49.0	42.3	49,155	8,191	58.6	2,406	0.0	8.1	4.5
Harrison, OH	39067	22,345	9.6	56.5	33.9	20,421	7,797	59.2	808	0.0	12.0	3.7
Henry, OH	39069	71,378	4.5	51.7	43.9	54,513	10,569	55.8	1,818	0.0	8.9	9.5
Highland, OH	39071	69,171	7.5	59.1	33.4	61,216	7,488	56.5	2,293	0.0	13.4	6.3
Hocking, OH	39073	42,883	7.4	55.7	36.9	32,570	7,950	50.3	1,598	0.0	13.7	1.9
Holmes, OH	39075	42,405	12.6	41.5	45.9	37,354	8,038	61.9	2,701	0.0	7.7	19.7
Huron, OH	39077	101,604	7.5	48.2	44.3	87,062	7,315	59.3	3,327	0.0	12.5	6.2
Jackson, OH	39079	55,272	9.4	56.9	33.7	44,293	7,557	59.3	1,734	0.0	16.4	3.4
Jefferson, OH	39081	106,821	10.0	46.8	43.2	95,235	8,702	54.4	4,010	0.0	12.0	2.9
Knox, OH	39083	85,564	7.6	46.1	46.3	75,376	8,872	59.2	3,711	0.0	7.8	2.7
Lake, OH	39085	381,666	4.9	31.4	63.7	323,050	9,301	57.2	11,692	0.0	11.0	2.6
Lawrence, OH	39087	110,018	10.5	65.3	24.2	90,844	8,422	57.0	3,417	0.1	10.1	7.2
Licking, OH	39089	260,916	5.4	40.5	54.1	222,431	8,530	56.8	8,478	0.0	11.5	4.1
Logan, OH	39091	82,590	5.8	41.4	52.7	70,693	9,331	58.4	2,484	0.0	11.3	3.1
Lorain, OH	39093	486,029	8.0	46.3	45.7	436,610	9,194	58.5	15,543	0.0	11.5	4.5
Lucas, OH	39095	888,384	7.8	50.9	41.2	743,788	10,142	57.2	25,237	0.0	10.1	5.9
Madison, OH	39097	68,773	5.4	45.9	48.7	58,500	8,550	58.9	2,427	0.0	14.3	6.3
Mahoning, OH	39099	446,797	9.2	52.2	38.6	389,905	10,190	56.5	13,145	0.0	10.7	4.5
Marion, OH	39101	121,336	6.8	54.1	39.2	102,351	8,111	56.7	3,280	0.0	11.3	6.0
Medina, OH	39103	283,265	3.6	38.2	58.2	250,966	8,332	59.2	7,814	0.0	9.6	2.0
Meigs, OH	39105	34,021	10.8	66.0	23.2	30,141	8,359	55.3	1,308	0.0	13.9	7.6
Mercer, OH	39107	109,908	5.4	58.9	35.7	77,181	8,730	64.2	2,664	0.0	12.0	2.1

PART C—COUNTY EDUCATION STATISTICS

Table C-1. Population, School, and Student Characteristics by County—Continued

STATE County	State/ county code	High school graduates, 2000 Population 25 years and over	High school diploma or less (percent)	High school diploma or more (percent)	College enrollment, 2000 Number	Percent public	College graduates, 2000 (percent) Bachelor's degree or more	+/- U.S. percent with bachelor's degree or more	Non-Hispanic White	Black	American Indian, Alaska Native	Asian and Pacific Islander	Hispanic or Latino[3]
		30	31	32	33	34	35	36	37	38	39	40	41
Richland, ND	38077	10,991	44.2	83.2	2,039	95.3	15.2	-9.2	15.3	...	5.1	23.3	3.5
Rolette, ND	38079	7,406	52.9	73.7	719	95.5	14.7	-9.7	21.8	0.0	10.3	73.4	0.0
Sargent, ND	38081	2,989	54.0	81.1	56	87.5	12.7	-11.7	12.6	100.0	28.6	...	0.0
Sheridan, ND	38083	1,280	63.4	67.8	11	72.7	9.7	-14.7	9.8	...	0.0	...	0.0
Sioux, ND	38085	1,919	53.5	78.5	196	74.5	11.2	-13.2	17.5	...	8.5	12.5	9.1
Slope, ND	38087	538	53.9	82.5	8	100.0	16.0	-8.4	16.0	...	...	...	...
Stark, ND	38089	14,252	47.9	79.9	1,509	95.4	22.3	-2.1	22.2	84.6	31.0	74.1	2.4
Steele, ND	38091	1,529	42.2	86.1	59	88.1	19.8	-4.6	19.8	0.0	16.7	...	66.7
Stutsman, ND	38093	14,618	52.9	81.1	1,215	23.7	19.7	-4.7	19.6	0.0	13.0	64.7	31.6
Towner, ND	38095	2,057	51.9	81.9	49	91.8	16.1	-8.3	16.6	0.0	0.0	...	0.0
Traill, ND	38097	5,542	42.2	83.7	670	98.5	21.8	-2.6	22.2	0.0	5.3	0.0	0.0
Walsh, ND	38099	8,530	55.5	76.6	194	88.7	13.3	-11.1	13.8	0.0	0.0	0.0	0.7
Ward, ND	38101	35,957	41.6	87.4	4,170	96.2	22.1	-2.3	22.4	21.1	8.5	20.0	25.6
Wells, ND	38103	3,715	58.3	72.6	95	89.5	13.7	-10.7	13.8	0.0	0.0	...	0.0
Williams, ND	38105	13,048	49.2	82.5	747	94.9	16.5	-7.9	17.1	...	8.5	23.8	2.4
OHIO	39000	7,411,740	53.1	83.0	652,393	75.1	21.1	-3.3	21.8	11.9	12.4	58.0	15.2
Adams, OH	39001	17,775	75.8	68.6	550	91.3	7.2	-17.2	7.2	...	15.2	22.2	0.0
Allen, OH	39003	69,669	60.1	82.5	5,414	65.1	13.4	-11.0	14.1	7.4	14.3	46.4	9.1
Ashland, OH	39005	33,339	63.7	83.3	3,166	38.1	15.9	-8.5	15.7	12.3	0.0	56.3	11.8
Ashtabula, OH	39007	67,994	65.9	79.9	2,903	82.2	11.1	-13.3	11.3	6.6	2.4	25.6	4.1
Athens, OH	39009	31,563	51.2	82.9	18,795	97.2	25.7	1.3	24.3	31.5	19.1	76.6	49.4
Auglaize, OH	39011	30,093	61.9	85.7	1,549	82.1	13.4	-11.0	13.4	8.7	0.0	53.6	11.9
Belmont, OH	39013	49,616	65.5	80.9	2,477	85.2	11.1	-13.3	11.2	1.9	10.2	69.1	27.1
Brown, OH	39015	27,209	70.5	74.8	1,164	79.0	8.8	-15.6	8.8	11.0	0.0	22.4	23.8
Butler, OH	39017	207,213	50.3	83.3	26,012	89.4	23.5	-0.9	23.3	18.2	17.8	56.4	22.2
Carroll, OH	39019	19,460	72.9	80.1	679	79.2	9.1	-15.3	9.1	11.8	24.4	27.8	13.7
Champaign, OH	39021	25,644	65.8	82.3	1,085	55.4	10.6	-13.8	10.4	12.2	17.3	26.0	6.9
Clark, OH	39023	95,298	58.4	81.2	7,419	64.6	14.9	-9.5	15.2	10.5	10.0	50.8	12.5
Clermont, OH	39025	113,513	53.3	82.0	6,609	79.0	20.8	-3.6	20.4	28.7	16.9	55.4	22.9
Clinton, OH	39027	25,720	59.0	83.1	2,142	47.5	14.1	-10.3	14.1	12.0	10.9	68.2	7.9
Columbiana, OH	39029	76,022	67.1	80.6	3,521	81.5	10.8	-13.6	11.0	3.8	13.6	40.7	2.9
Coshocton, OH	39031	24,172	72.4	78.7	758	77.4	9.8	-14.6	9.8	3.3	0.0	21.2	0.0
Crawford, OH	39033	31,379	69.2	80.2	1,143	72.9	9.7	-14.7	9.5	9.0	10.1	57.1	6.9
Cuyahoga, OH	39035	936,148	48.4	81.6	75,981	63.7	25.1	0.7	29.5	10.9	14.3	60.1	13.8
Darke, OH	39037	35,206	67.6	82.8	1,540	88.4	10.1	-14.3	10.0	7.9	0.0	40.2	13.0
Defiance, OH	39039	25,426	61.1	84.7	1,478	61.8	14.3	-10.1	14.9	10.2	0.0	8.3	6.9
Delaware, OH	39041	70,617	32.1	92.9	6,126	50.6	41.0	16.6	40.7	36.5	33.3	71.1	38.5
Erie, OH	39043	54,232	57.0	84.0	2,641	75.8	16.6	-7.8	17.6	6.5	0.0	40.1	8.0
Fairfield, OH	39045	79,948	50.8	87.6	4,719	78.6	20.8	-3.6	20.5	29.8	7.3	44.6	21.2
Fayette, OH	39047	18,954	68.9	78.7	718	89.0	10.7	-13.7	10.8	10.1	0.0	22.6	0.0
Franklin, OH	39049	676,318	41.4	85.7	95,799	79.6	31.8	7.4	34.5	15.2	15.7	59.8	21.1
Fulton, OH	39051	26,887	58.8	85.3	1,611	80.6	13.2	-11.2	13.6	4.0	0.0	25.7	4.4
Gallia, OH	39053	20,207	67.9	73.7	1,494	55.5	11.6	-12.8	11.5	8.0	0.0	67.8	5.1
Geauga, OH	39055	59,216	41.8	86.3	3,361	68.2	31.7	7.3	31.8	16.0	17.4	59.1	35.6
Greene, OH	39057	92,414	41.1	87.8	16,907	70.3	31.1	6.7	30.2	35.9	27.2	56.0	40.4
Guernsey, OH	39059	26,839	67.8	78.4	1,105	76.0	10.0	-14.4	9.9	6.6	0.0	50.0	22.0
Hamilton, OH	39061	546,048	45.0	82.7	53,200	74.7	29.2	4.8	32.9	12.4	14.9	66.7	36.2
Hancock, OH	39063	45,871	52.2	88.4	4,538	44.4	21.7	-2.7	21.5	17.5	19.5	62.7	10.7
Hardin, OH	39065	19,220	69.9	80.6	3,395	22.2	11.4	-13.0	11.3	10.1	16.0	8.4	19.3
Harrison, OH	39067	11,097	70.1	79.6	392	83.4	9.0	-15.4	9.1	0.0	0.0	...	30.0
Henry, OH	39069	18,833	66.4	83.5	852	80.0	11.1	-13.3	11.3	0.0	14.1	52.8	0.9
Highland, OH	39071	26,372	68.5	76.3	1,221	79.6	9.7	-14.7	9.6	0.0	18.0	68.5	8.1
Hocking, OH	39073	18,720	68.2	78.0	979	85.6	9.8	-14.6	9.9	3.7	0.0	55.0	29.3
Holmes, OH	39075	21,016	80.6	51.5	372	80.9	8.3	-16.1	8.3	0.0	0.0	21.6	1.9
Huron, OH	39077	37,576	67.7	81.0	1,801	76.6	10.9	-13.5	11.1	7.6	7.7	24.1	6.9
Jackson, OH	39079	21,306	69.6	73.5	917	75.5	11.0	-13.4	11.0	9.0	0.0	23.4	27.5
Jefferson, OH	39081	51,819	64.8	81.7	4,123	56.6	11.8	-12.6	11.8	9.8	26.3	41.7	24.4
Knox, OH	39083	34,485	60.3	81.8	3,824	30.9	16.7	-7.7	16.6	25.2	7.3	52.4	3.6
Lake, OH	39085	156,177	48.0	86.4	10,082	76.5	21.5	-2.9	21.5	13.3	13.3	54.7	14.2
Lawrence, OH	39087	41,685	67.8	75.6	2,743	91.4	10.3	-14.1	10.0	10.3	26.8	66.0	28.8
Licking, OH	39089	95,009	56.0	84.7	7,135	59.0	18.4	-6.0	18.3	21.4	8.7	38.1	21.0
Logan, OH	39091	29,962	68.2	83.6	1,230	73.5	11.5	-12.9	11.5	12.4	12.7	24.9	2.3
Lorain, OH	39093	185,491	54.0	82.8	13,711	64.3	16.6	-7.8	17.8	7.7	10.6	48.9	6.2
Lucas, OH	39095	291,022	49.4	82.9	31,806	85.7	21.3	-3.1	23.2	10.2	13.0	60.8	10.1
Madison, OH	39097	26,615	62.7	79.0	1,584	64.3	13.0	-11.4	13.3	4.8	36.6	45.3	16.0
Mahoning, OH	39099	174,803	57.7	82.4	12,736	86.6	17.5	-6.9	19.3	6.8	7.2	45.2	11.8
Marion, OH	39101	44,466	64.7	80.3	2,291	80.2	11.1	-13.3	11.3	6.4	9.7	34.8	6.0
Medina, OH	39103	99,005	47.6	88.8	5,804	77.7	24.8	0.4	24.7	13.5	13.8	55.1	27.4
Meigs, OH	39105	15,602	73.4	73.2	688	82.0	7.4	-17.0	7.4	14.9	0.0	26.7	0.0
Mercer, OH	39107	25,614	65.8	84.0	1,275	86.0	12.7	-11.7	12.5	0.0	0.0	62.0	21.6

[3] May be of any race.
... = Not available.

Table C-1. Population, School, and Student Characteristics by County—Continued

STATE County	State/ county code	County type[1]	Population, 2007 Total	Population, 2007 Percent 5 to 17 years	Number of schools and students, 2005–2006 School districts	Number of schools and students, 2005–2006 Schools	Number of schools and students, 2005–2006 Students	Resident enrollment, 2000 Total enrollment Number	Resident enrollment, 2000 Total enrollment Percent public	Resident enrollment, 2000 K–12 enrollment Number	Resident enrollment, 2000 K–12 enrollment Percent public
			1	2	3	4	5	6	7	8	9
Miami, OH	39109	2	101,038	17.5	11	40	17,304	24,416	87.0	19,342	90.3
Monroe, OH	39111	8	14,258	15.5	1	10	2,692	3,438	88.5	2,778	88.3
Montgomery, OH	39113	2	538,104	17.2	56	181	82,911	150,213	78.3	101,609	85.8
Morgan, OH	39115	6	14,613	16.6	1	5	2,246	3,555	93.2	2,863	96.2
Morrow, OH	39117	1	34,520	18.2	7	18	5,732	7,830	89.9	6,556	93.0
Muskingum, OH	39119	4	85,333	17.6	11	42	16,331	21,558	83.9	16,340	91.6
Noble, OH	39121	6	14,096	14.0	2	4	2,183	3,540	89.7	2,613	93.3
Ottawa, OH	39123	2	41,084	15.6	7	21	6,128	9,895	90.6	7,672	94.0
Paulding, OH	39125	6	19,182	17.5	4	10	3,550	5,172	90.3	4,243	94.3
Perry, OH	39127	6	34,839	19.3	5	15	6,471	8,928	91.4	7,113	92.6
Pickaway, OH	39129	1	53,809	17.2	5	20	9,997	12,644	89.8	9,880	95.8
Pike, OH	39131	7	27,918	18.1	5	14	5,628	6,897	92.9	5,690	95.1
Portage, OH	39133	2	155,869	16.1	14	55	24,329	46,475	89.5	26,926	91.8
Preble, OH	39135	2	41,739	17.0	7	18	7,352	10,416	91.7	8,465	94.8
Putnam, OH	39137	6	34,635	19.3	10	25	6,773	9,685	87.8	7,856	90.3
Richland, OH	39139	3	125,679	16.9	15	54	20,655	31,084	86.6	24,217	90.0
Ross, OH	39141	4	75,398	16.2	9	26	12,025	17,385	92.1	13,531	95.3
Sandusky, OH	39143	4	60,997	17.7	7	27	10,493	16,006	86.0	12,286	88.6
Scioto, OH	39145	4	75,958	16.7	13	34	12,960	18,990	92.8	14,844	94.7
Seneca, OH	39147	4	56,705	17.1	10	28	8,381	16,006	77.3	11,688	88.2
Shelby, OH	39149	4	48,834	19.8	9	24	9,044	12,315	88.6	10,196	90.9
Stark, OH	39151	2	378,664	17.2	37	138	64,074	94,779	82.2	71,024	89.2
Summit, OH	39153	2	543,487	17.7	33	171	84,379	142,049	84.2	101,486	86.5
Trumbull, OH	39155	2	213,475	16.6	27	85	34,620	53,297	86.5	41,257	89.2
Tuscarawas, OH	39157	4	91,398	17.0	11	39	14,901	21,272	89.4	17,119	91.6
Union, OH	39159	1	47,234	19.3	4	16	7,568	10,216	87.1	8,259	91.7
Van Wert, OH	39161	6	28,889	17.6	4	14	4,149	7,501	86.7	5,933	91.3
Vinton, OH	39163	9	13,372	18.1	1	7	2,637	3,146	95.5	2,646	97.6
Warren, OH	39165	1	204,390	19.5	11	46	33,504	41,655	81.4	32,241	86.7
Washington, OH	39167	3	61,576	15.9	8	29	9,876	15,573	83.7	11,269	91.3
Wayne, OH	39169	4	113,554	18.3	13	50	17,713	29,064	80.3	22,085	86.8
Williams, OH	39171	7	38,378	17.2	7	19	6,831	9,356	91.3	7,807	93.8
Wood, OH	39173	2	125,399	15.6	13	50	18,317	42,352	90.4	22,026	90.0
Wyandot, OH	39175	7	22,471	17.2	3	11	3,736	5,557	85.0	4,476	88.0
OKLAHOMA	40000	X	3,617,316	17.6	600	1,788	634,739	930,865	89.4	667,503	93.4
Adair, OK	40001	6	21,902	20.2	13	18	4,927	5,702	94.1	4,761	95.0
Alfalfa, OK	40003	9	5,593	12.2	3	6	763	1,228	95.7	982	97.4
Atoka, OK	40005	7	14,512	16.2	9	12	2,318	3,231	96.0	2,646	96.5
Beaver, OK	40007	9	5,380	18.3	4	8	1,103	1,434	97.6	1,254	98.6
Beckham, OK	40009	7	19,700	17.8	5	13	3,615	4,648	95.5	3,766	98.5
Blaine, OK	40011	6	12,475	14.5	4	11	2,016	2,801	96.6	2,336	97.6
Bryan, OK	40013	6	39,563	17.1	10	24	7,058	9,959	94.3	6,831	97.2
Caddo, OK	40015	6	29,296	18.9	12	30	5,990	8,304	95.5	6,832	96.7
Canadian, OK	40017	1	103,559	18.3	11	40	19,918	24,386	89.8	18,887	94.2
Carter, OK	40019	5	47,582	17.9	11	30	9,087	11,129	93.9	9,131	95.3
Cherokee, OK	40021	6	45,393	17.1	14	20	7,499	13,564	94.0	8,375	95.3
Choctaw, OK	40023	7	15,011	17.5	8	14	2,761	3,715	96.9	2,962	98.0
Cimarron, OK	40025	9	2,664	17.2	4	7	474	780	95.4	685	97.1
Cleveland, OK	40027	1	236,452	16.4	7	64	38,500	67,969	90.8	37,689	92.8
Coal, OK	40029	9	5,709	18.5	4	8	1,168	1,519	95.8	1,241	95.8
Comanche, OK	40031	3	113,811	20.2	11	55	22,031	32,582	93.0	23,102	95.8
Cotton, OK	40033	6	6,299	18.6	3	7	1,208	1,557	97.4	1,301	99.4
Craig, OK	40035	6	15,195	15.7	5	15	3,197	3,336	96.4	2,777	97.3
Creek, OK	40037	2	69,073	18.0	16	40	13,416	17,579	91.9	14,067	94.9
Custer, OK	40039	7	26,111	15.2	5	18	4,485	8,868	96.5	5,064	96.7
Delaware, OK	40041	6	40,406	16.7	10	18	6,853	7,983	94.4	6,721	96.2
Dewey, OK	40043	9	4,338	14.7	3	7	760	1,121	96.8	956	98.3
Ellis, OK	40045	9	3,911	14.5	4	8	747	848	96.0	723	96.2
Garfield, OK	40047	5	57,657	17.3	10	30	9,308	14,040	89.8	10,951	92.1
Garvin, OK	40049	6	27,141	17.0	8	21	5,379	6,197	96.6	5,211	97.4
Grady, OK	40051	1	50,615	18.2	13	34	8,967	12,198	93.7	9,242	95.8
Grant, OK	40053	9	4,497	16.1	4	8	897	1,322	95.6	1,115	96.7
Greer, OK	40055	7	5,810	12.8	3	7	1,018	1,265	94.9	971	96.0
Harmon, OK	40057	9	2,837	17.4	1	3	580	793	97.7	728	98.4
Harper, OK	40059	9	3,254	14.7	2	5	723	829	97.6	713	99.7
Haskell, OK	40061	6	12,059	17.9	6	10	2,305	2,759	98.8	2,301	99.3
Hughes, OK	40063	7	13,680	15.9	7	14	2,475	3,242	94.2	2,591	94.4
Jackson, OK	40065	5	25,778	21.0	7	19	5,450	8,036	96.0	5,965	98.4
Jefferson, OK	40067	8	6,273	16.8	4	9	1,342	1,494	97.9	1,255	98.6
Johnston, OK	40069	7	10,402	17.2	7	13	1,946	2,768	96.2	2,038	96.8

[1] County type codes are from the Economic Research Service of the United States Department of Agriculture. See notes and definitions for more information.

PART C—COUNTY EDUCATION STATISTICS

Table C-1. Population, School, and Student Characteristics by County—Continued

STATE County	State/ county code	Students with IEP[2]	Students eligible for free or reduced-price lunch	Minority students	English language learners	Number of graduates, 2004–2005	Total staff	Number of teachers	Student/ teacher ratio	Central administration staff
		10	11	12	13	14	15	16	17	18
Miami, OH	39109	12.8	23.8	4.9	0.9	1,266	2,269	1,133	15.3	162
Monroe, OH	39111	17.8	43.7	0.4	0.0	214	346	206	13.1	25
Montgomery, OH	39113	15.2	38.6	34.7	1.3	5,070	10,721	5,306	15.6	901
Morgan, OH	39115	13.9	47.2	5.3	0.0	150	293	164	13.7	18
Morrow, OH	39117	17.2	26.0	1.3	0.0	422	773	423	13.6	45
Muskingum, OH	39119	16.7	41.9	6.0	0.0	1,103	2,179	1,073	15.2	195
Noble, OH	39121	16.7	31.6	0.5	0.0	168	269	126	17.3	28
Ottawa, OH	39123	14.3	24.1	5.1	0.0	495	857	397	15.4	50
Paulding, OH	39125	17.5	26.5	3.9	0.0	260	504	223	15.9	48
Perry, OH	39127	15.5	39.2	0.9	0.1	394	962	460	14.1	78
Pickaway, OH	39129	14.3	26.9	2.2	0.1	644	1,088	571	17.5	68
Pike, OH	39131	16.3	45.1	1.9	0.0	372	776	367	15.3	51
Portage, OH	39133	14.4	23.8	5.7	0.3	1,623	3,298	1,652	14.7	259
Preble, OH	39135	11.5	24.8	1.1	0.2	484	943	475	15.5	80
Putnam, OH	39137	13.1	16.4	6.5	0.4	564	847	446	15.2	72
Richland, OH	39139	15.7	38.9	13.6	0.1	1,327	3,136	1,541	13.4	243
Ross, OH	39141	13.5	34.1	4.6	0.0	775	1,587	787	15.3	134
Sandusky, OH	39143	14.2	32.9	14.1	3.8	773	1,461	734	14.3	104
Scioto, OH	39145	12.9	50.8	3.3	0.1	834	1,710	883	14.7	143
Seneca, OH	39147	16.2	30.3	6.4	1.0	571	1,207	576	14.6	134
Shelby, OH	39149	14.7	23.0	3.5	0.9	603	1,182	545	16.6	92
Stark, OH	39151	13.9	34.8	13.0	0.5	4,248	8,194	4,074	15.7	659
Summit, OH	39153	14.2	33.9	24.9	1.3	5,559	12,441	6,130	13.8	1,605
Trumbull, OH	39155	13.7	33.6	13.5	0.2	2,389	4,366	2,233	15.5	346
Tuscarawas, OH	39157	17.0	28.7	1.8	0.4	1,015	2,101	1,032	14.4	229
Union, OH	39159	15.6	13.8	3.8	0.2	477	867	465	16.3	51
Van Wert, OH	39161	14.8	22.7	3.3	0.0	267	572	308	13.5	30
Vinton, OH	39163	17.7	54.3	0.5	0.0	150	346	172	15.3	30
Warren, OH	39165	11.4	10.0	6.9	1.3	1,934	4,115	1,883	17.8	312
Washington, OH	39167	15.1	30.4	1.9	0.0	703	1,267	636	15.5	108
Wayne, OH	39169	12.5	29.2	3.8	1.6	1,180	2,208	1,164	15.2	142
Williams, OH	39171	13.0	21.4	3.6	0.5	488	815	427	16.0	66
Wood, OH	39173	12.9	20.0	7.2	0.4	1,360	2,691	1,385	13.2	214
Wyandot, OH	39175	16.6	21.9	2.7	0.3	320	452	226	16.5	32
OKLAHOMA	40000	15.2	54.5	40.4	7.5	36,225	81,859	41,837	15.2	3,819
Adair, OK	40001	19.5	73.6	72.7	30.9	229	794	376	13.1	28
Alfalfa, OK	40003	17.4	46.4	8.5	0.0	65	134	69	11.1	7
Atoka, OK	40005	19.6	74.0	44.7	0.4	149	361	175	13.2	18
Beaver, OK	40007	10.6	50.5	27.0	19.6	76	189	98	11.3	14
Beckham, OK	40009	13.8	50.9	23.0	3.4	204	450	261	13.9	18
Blaine, OK	40011	17.4	63.7	33.5	6.7	146	320	172	11.7	17
Bryan, OK	40013	18.7	63.3	43.4	3.5	408	1,019	480	14.7	50
Caddo, OK	40015	18.2	71.9	50.2	5.5	388	944	472	12.7	49
Canadian, OK	40017	12.1	32.1	22.2	4.7	1,238	2,259	1,210	16.5	83
Carter, OK	40019	18.4	62.0	37.4	2.6	542	1,200	596	15.2	66
Cherokee, OK	40021	16.2	73.8	68.8	12.4	347	1,075	526	14.3	35
Choctaw, OK	40023	15.8	75.3	49.8	0.6	151	407	204	13.5	29
Cimarron, OK	40025	15.4	64.9	32.0	31.9	49	106	54	8.8	9
Cleveland, OK	40027	14.1	36.8	28.2	3.8	2,276	4,397	2,342	16.4	223
Coal, OK	40029	28.9	73.3	50.6	1.5	81	195	97	12.0	11
Comanche, OK	40031	16.4	48.7	46.9	10.0	1,190	2,975	1,459	15.1	125
Cotton, OK	40033	16.7	49.0	24.1	0.1	70	185	91	13.3	16
Craig, OK	40035	21.2	62.5	57.5	0.7	194	422	233	13.7	26
Creek, OK	40037	14.2	58.0	31.2	1.3	794	1,615	857	15.7	68
Custer, OK	40039	13.1	61.7	34.9	11.5	280	642	331	13.5	33
Delaware, OK	40041	17.8	66.9	53.2	9.1	402	895	471	14.5	35
Dewey, OK	40043	17.9	52.4	15.8	4.3	71	136	77	9.9	11
Ellis, OK	40045	14.9	52.6	11.4	4.3	45	126	70	10.7	9
Garfield, OK	40047	14.0	52.2	23.3	8.4	590	1,267	681	13.7	55
Garvin, OK	40049	19.8	58.2	33.4	4.1	320	729	379	14.2	33
Grady, OK	40051	14.2	46.5	18.1	1.4	542	1,106	593	15.1	44
Grant, OK	40053	18.4	52.6	10.8	0.4	66	159	87	10.3	11
Greer, OK	40055	17.1	56.9	24.0	4.7	62	134	76	13.4	9
Harmon, OK	40057	21.0	71.7	48.3	20.5	42	89	47	12.3	4
Harper, OK	40059	16.9	49.7	25.7	21.0	63	115	58	12.5	4
Haskell, OK	40061	18.2	74.1	40.2	0.7	141	331	165	14.0	17
Hughes, OK	40063	19.2	74.0	43.2	3.5	150	367	183	13.5	23
Jackson, OK	40065	11.6	48.6	39.4	13.6	328	669	379	14.4	34
Jefferson, OK	40067	17.8	60.9	21.5	6.3	85	195	101	13.3	14
Johnston, OK	40069	17.0	72.2	40.0	1.4	109	269	150	13.0	18

[2]IEP = Individual Education Program. See notes and definitions for more information

Table C-1. Population, School, and Student Characteristics by County—Continued

STATE County	State/county code	Revenues, 2004–2005 Total revenue (thousands of dollars)	% Federal government	% State government	% Local government	Current expenditures, 2004–2005 Total expenditures (thousands of dollars)	Amount per student	Percent for instruction	Resident population 16 to 19 years, 2000 Total population 16 to 19 years	Percent in Armed Forces	Percent high school graduates	Percent not enrolled, not employed, not in Armed Forces, not high school grad.
		19	20	21	22	23	24	25	26	27	28	29
Miami, OH	39109	177,582	5.6	38.9	55.4	155,238	8,960	59.4	5,406	0.0	12.9	3.4
Monroe, OH	39111	24,263	10.8	50.6	38.5	23,480	8,636	59.4	841	0.0	13.4	6.9
Montgomery, OH	39113	1,001,590	8.1	45.5	46.4	824,403	9,955	56.3	30,764	0.2	11.2	6.0
Morgan, OH	39115	22,450	11.8	63.5	24.6	19,784	8,797	58.8	873	0.0	12.0	4.7
Morrow, OH	39117	58,400	6.8	60.2	33.0	44,906	7,771	59.4	1,811	0.0	15.0	2.9
Muskingum, OH	39119	176,573	7.9	55.5	36.6	144,969	8,993	58.2	4,856	0.1	12.8	4.4
Noble, OH	39121	17,692	8.7	57.7	33.6	16,815	7,578	57.2	762	0.0	16.0	3.3
Ottawa, OH	39123	65,071	4.9	36.7	58.4	58,059	9,179	59.8	2,130	0.7	12.4	1.4
Paulding, OH	39125	40,303	7.7	49.6	42.7	36,620	10,178	54.2	1,258	0.0	11.8	2.0
Perry, OH	39127	62,017	9.3	63.9	26.8	56,035	8,594	54.2	2,012	0.0	13.0	5.7
Pickaway, OH	39129	83,419	6.5	50.0	43.5	77,699	7,909	58.7	2,688	0.0	14.2	8.1
Pike, OH	39131	62,989	12.5	60.8	26.7	53,562	9,392	50.1	1,664	0.0	14.2	7.4
Portage, OH	39133	247,214	5.4	41.6	53.0	220,022	9,099	57.6	10,892	0.1	8.2	1.8
Preble, OH	39135	68,563	5.3	45.7	49.0	60,265	8,188	57.2	2,336	0.0	12.8	2.5
Putnam, OH	39137	65,912	6.2	48.3	45.5	54,664	7,991	60.7	2,204	0.0	8.7	1.9
Richland, OH	39139	221,980	7.5	48.3	44.2	196,636	9,382	58.2	6,751	0.3	11.3	4.0
Ross, OH	39141	124,882	8.7	52.7	38.6	106,743	9,023	59.7	3,851	0.1	12.0	4.7
Sandusky, OH	39143	108,448	6.7	46.3	47.0	97,866	9,377	62.3	3,570	0.1	10.9	4.3
Scioto, OH	39145	162,132	10.2	64.4	25.4	116,579	8,977	54.7	4,630	0.0	13.6	6.2
Seneca, OH	39147	85,830	7.5	43.6	48.8	70,469	8,303	57.5	3,819	0.0	11.4	2.4
Shelby, OH	39149	83,128	5.6	37.8	56.6	73,801	8,167	54.6	2,734	0.3	9.3	2.4
Stark, OH	39151	677,143	7.5	46.5	46.0	565,349	8,866	57.3	20,471	0.0	10.3	4.0
Summit, OH	39153	949,932	7.4	39.9	52.6	816,434	9,540	59.0	28,072	0.1	11.6	3.3
Trumbull, OH	39155	369,443	5.6	50.8	43.7	309,449	8,867	57.7	11,881	0.0	12.0	5.6
Tuscarawas, OH	39157	143,718	8.2	44.6	47.2	125,938	8,405	57.6	4,984	0.0	13.9	2.9
Union, OH	39159	76,503	3.4	35.1	61.5	61,224	8,286	57.4	2,015	0.0	14.0	4.6
Van Wert, OH	39161	46,421	5.3	45.2	49.6	37,886	9,109	63.4	1,888	0.0	12.6	4.3
Vinton, OH	39163	27,656	12.7	65.4	21.9	22,251	8,368	55.5	662	0.0	8.6	4.7
Warren, OH	39165	311,296	3.2	37.4	59.4	265,913	8,225	54.9	7,779	0.1	11.5	2.9
Washington, OH	39167	93,534	7.8	44.3	47.9	81,797	8,187	57.5	3,646	0.0	11.4	3.3
Wayne, OH	39169	185,283	7.4	40.3	52.3	159,877	9,085	57.6	7,222	0.0	10.0	4.8
Williams, OH	39171	70,226	4.2	54.0	41.8	51,923	7,566	62.1	2,325	0.0	15.4	6.2
Wood, OH	39173	217,011	5.2	33.4	61.4	184,795	10,089	58.7	10,651	0.1	6.3	1.7
Wyandot, OH	39175	42,718	4.1	59.3	36.6	28,252	7,500	59.4	1,258	0.0	12.7	2.8
OKLAHOMA	40000	4,892,548	13.9	49.9	36.2	4,159,837	6,612	55.4	213,273	1.1	11.3	5.6
Adair, OK	40001	57,001	24.8	49.0	26.3	45,358	9,242	52.7	1,263	0.0	13.9	6.5
Alfalfa, OK	40003	7,249	9.4	50.0	40.7	6,647	8,468	57.8	276	0.0	7.6	1.1
Atoka, OK	40005	39,520	10.3	47.7	42.0	24,408	10,776	48.5	751	0.0	9.9	3.3
Beaver, OK	40007	11,812	8.6	44.8	46.6	10,460	9,373	54.5	365	0.8	11.8	4.7
Beckham, OK	40009	34,154	12.1	50.5	37.4	26,522	7,264	58.0	1,033	0.0	5.1	5.4
Blaine, OK	40011	18,708	17.8	55.1	27.1	18,754	8,990	52.7	684	0.0	7.5	7.3
Bryan, OK	40013	52,832	19.1	60.2	20.8	48,644	6,933	54.6	2,337	0.0	10.0	6.2
Caddo, OK	40015	59,248	23.6	52.2	24.2	48,617	8,011	56.2	2,150	0.0	11.7	8.5
Canadian, OK	40017	140,396	8.2	49.7	42.1	115,404	5,994	56.1	5,547	0.1	8.0	2.6
Carter, OK	40019	70,662	14.8	52.5	32.7	59,099	6,591	56.2	2,472	0.2	10.2	5.6
Cherokee, OK	40021	58,463	23.9	59.2	16.9	54,886	7,429	57.6	3,278	0.1	9.0	6.3
Choctaw, OK	40023	20,962	25.9	60.2	13.9	19,790	7,289	54.3	847	0.0	9.7	11.6
Cimarron, OK	40025	5,661	9.8	51.0	39.2	5,898	12,111	53.4	165	0.0	3.0	4.2
Cleveland, OK	40027	264,065	7.5	50.0	42.6	221,608	5,880	56.9	14,804	0.3	7.6	2.8
Coal, OK	40029	10,992	20.5	57.2	22.3	10,248	8,311	53.2	341	0.0	12.0	8.2
Comanche, OK	40031	150,226	18.1	57.5	24.3	140,848	6,429	55.5	8,397	21.3	32.6	5.7
Cotton, OK	40033	8,616	17.5	60.3	22.3	8,283	6,740	60.1	397	0.8	12.3	4.0
Craig, OK	40035	24,151	18.9	52.6	28.5	21,751	6,784	59.0	862	0.0	8.7	5.3
Creek, OK	40037	102,709	12.2	56.4	31.4	87,089	6,437	55.7	4,151	0.0	11.3	3.7
Custer, OK	40039	34,641	12.6	53.3	34.0	31,911	7,253	54.3	2,358	0.0	6.2	3.4
Delaware, OK	40041	64,476	17.1	44.6	38.3	52,892	7,812	53.8	1,901	0.0	13.5	7.8
Dewey, OK	40043	7,924	11.6	52.8	35.6	7,091	9,330	54.2	329	0.0	7.3	1.5
Ellis, OK	40045	6,924	9.8	51.0	39.2	6,330	8,624	52.9	236	0.0	4.2	5.5
Garfield, OK	40047	73,957	10.5	51.1	38.4	61,426	6,499	58.4	3,212	0.0	8.3	6.4
Garvin, OK	40049	38,025	16.1	58.1	25.8	34,746	6,515	57.1	1,646	0.0	10.9	5.0
Grady, OK	40051	57,509	10.6	59.4	30.1	52,100	5,868	56.8	3,000	0.0	10.4	4.4
Grant, OK	40053	9,283	8.7	37.9	53.4	8,396	9,176	55.0	301	0.0	8.3	0.7
Greer, OK	40055	7,502	16.0	61.6	22.3	7,020	7,597	56.6	344	0.0	14.5	2.9
Harmon, OK	40057	4,770	16.2	62.0	21.9	4,526	8,011	65.3	219	0.0	8.7	7.8
Harper, OK	40059	6,363	8.9	45.8	45.3	6,003	8,675	54.5	212	0.0	7.1	2.4
Haskell, OK	40061	17,500	21.3	60.6	18.0	16,654	7,178	57.2	710	0.0	18.5	3.7
Hughes, OK	40063	22,394	20.3	52.1	27.6	19,414	7,747	53.7	643	0.0	10.6	6.8
Jackson, OK	40065	40,363	19.1	59.2	21.7	34,977	6,371	59.4	1,801	6.6	16.0	6.9
Jefferson, OK	40067	10,207	15.5	65.4	19.2	9,475	7,189	57.7	334	0.0	9.9	4.5
Johnston, OK	40069	14,696	21.4	57.0	21.6	13,539	7,171	57.2	743	0.0	9.0	6.7

Table C-1. Population, School, and Student Characteristics by County—Continued

STATE County	State/ county code	High school graduates, 2000 — Population 25 years and over	High school diploma or less (percent)	High school diploma or more (percent)	College enrollment, 2000 — Number	Percent public	Bachelor's degree or more	+/- U.S. percent with bachelor's degree or more	Non-Hispanic White	Black	American Indian, Alaska Native	Asian and Pacific Islander	Hispanic or Latino[3]
		30	31	32	33	34	35	36	37	38	39	40	41
Miami, OH	39109	65,765	57.1	82.7	3,450	79.5	16.3	-8.1	16.2	6.3	0.0	43.3	14.9
Monroe, OH	39111	10,544	71.3	78.8	493	90.5	8.4	-16.0	8.4	0.0	0.0	45.0	0.0
Montgomery, OH	39113	367,099	46.9	83.5	38,583	63.4	22.8	-1.6	24.0	14.9	17.2	53.6	29.1
Morgan, OH	39115	9,934	69.9	80.6	504	80.4	9.1	-15.3	9.4	0.9	0.0	73.9	0.0
Morrow, OH	39117	20,591	68.7	78.6	871	79.0	9.5	-14.9	9.4	10.3	6.7	0.0	2.2
Muskingum, OH	39119	54,616	63.7	80.6	3,766	57.0	12.6	-11.8	12.6	13.3	14.3	29.8	28.8
Noble, OH	39121	9,210	69.3	78.6	798	78.4	8.1	-16.3	8.2	3.8	14.6	68.2	1.3
Ottawa, OH	39123	28,829	56.3	84.2	1,503	84.8	16.0	-8.4	16.5	0.0	9.9	17.9	4.7
Paulding, OH	39125	13,108	70.9	81.6	601	68.7	7.8	-16.6	7.9	7.5	7.4	40.0	3.7
Perry, OH	39127	21,626	72.2	78.9	1,068	88.3	6.9	-17.5	6.8	1.6	0.0	44.6	12.5
Pickaway, OH	39129	35,258	65.5	77.2	1,905	67.3	11.4	-13.0	12.2	2.2	0.0	27.1	14.8
Pike, OH	39131	17,710	71.4	70.1	774	80.9	9.7	-14.7	9.5	4.3	5.2	79.7	9.3
Portage, OH	39133	94,073	54.0	85.9	17,050	90.0	21.0	-3.4	20.7	16.2	6.8	76.1	20.1
Preble, OH	39135	28,079	67.8	81.7	1,356	83.2	10.1	-14.3	10.0	3.7	3.8	44.6	16.3
Putnam, OH	39137	21,524	61.6	86.1	1,215	75.9	12.9	-11.5	13.3	35.0	11.9	8.3	2.8
Richland, OH	39139	86,184	62.8	80.2	4,997	79.1	12.6	-11.8	13.2	6.5	7.3	32.5	4.6
Ross, OH	39141	49,443	66.1	76.1	2,809	83.9	11.3	-13.1	11.6	6.7	2.2	39.8	9.3
Sandusky, OH	39143	40,565	61.6	82.1	2,609	84.2	11.9	-12.5	12.5	6.4	5.0	16.3	2.4
Scioto, OH	39145	52,236	65.8	74.1	3,208	89.6	10.1	-14.3	10.2	4.5	6.5	50.3	2.0
Seneca, OH	39147	37,271	63.2	83.1	3,270	43.7	12.5	-11.9	12.6	7.3	5.1	27.3	6.3
Shelby, OH	39149	30,280	63.8	81.5	1,321	83.4	12.8	-11.6	12.4	16.2	15.6	49.0	17.1
Stark, OH	39151	252,971	57.8	83.4	16,696	63.2	17.9	-6.5	18.6	7.0	11.6	48.0	19.4
Summit, OH	39153	362,645	47.9	85.7	29,977	87.7	25.1	0.7	26.5	10.6	10.9	61.1	26.7
Trumbull, OH	39155	153,044	61.8	82.5	8,496	85.1	14.5	-9.9	14.9	6.9	8.1	48.3	12.3
Tuscarawas, OH	39157	60,653	67.9	80.3	2,663	86.7	12.2	-12.2	12.1	5.2	14.1	41.3	15.1
Union, OH	39159	26,534	57.9	86.0	1,275	78.4	15.9	-8.5	16.2	2.5	0.0	53.0	18.6
Van Wert, OH	39161	19,453	65.0	86.6	875	65.1	12.0	-12.4	12.0	20.0	0.0	15.2	4.3
Vinton, OH	39163	8,223	76.9	70.7	296	75.3	6.0	-18.4	6.0	0.0	11.4		9.1
Warren, OH	39165	103,306	45.0	86.2	5,886	76.4	28.4	4.0	28.3	13.9	12.3	66.1	29.3
Washington, OH	39167	42,770	58.5	84.5	3,317	65.3	15.0	-9.4	15.0	14.7	0.0	57.7	10.2
Wayne, OH	39169	69,953	62.0	80.0	5,283	58.6	17.2	-7.2	17.0	17.9	7.8	53.5	23.9
Williams, OH	39171	25,690	65.6	83.1	983	82.8	10.7	-13.7	10.8	0.0	14.9	0.0	8.2
Wood, OH	39173	71,551	46.2	88.6	18,158	95.0	26.2	1.8	26.1	34.6	28.3	59.3	11.0
Wyandot, OH	39175	15,097	66.5	82.5	772	76.0	9.8	-14.6	9.8	0.0	0.0	25.9	7.5
OKLAHOMA	40000	2,203,173	50.9	80.6	203,262	82.3	20.3	-4.1	21.7	13.7	13.2	36.7	9.6
Adair, OK	40001	12,764	71.4	66.7	511	83.4	9.8	-14.6	11.3	0.0	7.1	27.3	3.9
Alfalfa, OK	40003	4,543	59.4	81.4	170	88.2	14.9	-9.5	16.5	4.5	2.0		2.6
Atoka, OK	40005	9,377	70.5	69.4	383	95.0	10.1	-14.3	10.7	1.6	10.3	0.0	0.0
Beaver, OK	40007	3,898	55.1	81.2	119	98.3	17.6	-6.8	18.6	0.0	22.0	71.4	6.4
Beckham, OK	40009	12,968	58.8	75.9	566	80.2	15.5	-8.9	16.8	0.0	15.7	76.7	5.4
Blaine, OK	40011	8,118	65.7	75.5	266	96.2	14.0	-10.4	16.7	10.9	3.2	11.4	3.3
Bryan, OK	40013	23,175	56.9	74.9	2,495	88.6	17.9	-6.5	17.6	13.9	16.9	53.5	11.7
Caddo, OK	40015	19,020	64.6	75.9	1,024	90.5	14.2	-10.2	15.2	5.9	13.2	7.7	5.0
Canadian, OK	40017	56,207	44.7	87.3	3,883	85.4	20.9	-3.5	21.4	13.5	16.2	32.1	9.8
Carter, OK	40019	30,195	59.8	77.0	1,212	89.5	15.1	-9.3	15.8	9.7	8.6	53.1	18.8
Cherokee, OK	40021	25,237	53.5	76.7	4,448	94.5	22.1	-2.3	23.8	26.2	18.1	22.7	9.9
Choctaw, OK	40023	10,210	67.7	69.0	495	93.5	9.9	-14.5	9.6	5.2	13.2	22.7	28.2
Cimarron, OK	40025	2,077	55.0	76.6	66	84.8	17.7	-6.7	19.7	0.0	16.7	0.0	1.3
Cleveland, OK	40027	126,569	38.6	88.1	26,884	92.9	28.0	3.6	28.1	27.1	21.8	48.6	17.9
Coal, OK	40029	3,964	68.4	68.6	172	93.6	12.4	-12.0	12.2	0.0	14.8	35.7	10.6
Comanche, OK	40031	67,220	46.3	85.2	7,129	89.4	19.1	-5.3	21.8	11.6	13.0	21.5	11.2
Cotton, OK	40033	4,436	62.2	77.0	155	92.9	14.0	-10.4	14.8	1.4	11.8	33.3	7.5
Craig, OK	40035	10,197	63.8	76.9	386	94.6	10.5	-13.9	10.5	8.8	9.5	0.0	21.6
Creek, OK	40037	43,523	62.4	77.6	2,269	83.4	11.7	-12.7	12.1	9.8	8.0	20.5	7.6
Custer, OK	40039	15,156	50.2	81.2	3,431	97.8	22.8	-1.6	25.2	3.1	12.0	29.0	4.6
Delaware, OK	40041	25,549	61.7	75.4	796	84.9	13.3	-11.1	14.0	15.4	11.2	24.0	5.8
Dewey, OK	40043	3,310	61.0	79.8	107	90.7	16.6	-7.8	17.3	0.0	3.7	100.0	1.6
Ellis, OK	40045	2,918	57.1	81.2	63	90.5	19.2	-5.2	19.5		16.7		8.9
Garfield, OK	40047	38,067	53.4	82.2	2,079	87.8	19.6	-4.8	20.2	5.6	10.5	25.9	12.6
Garvin, OK	40049	18,263	67.4	73.0	572	90.2	12.0	-12.4	12.2	14.7	9.3	26.0	5.6
Grady, OK	40051	29,172	58.8	79.5	2,073	92.6	14.4	-10.0	14.7	7.0	17.4	29.9	4.3
Grant, OK	40053	3,500	53.3	85.7	113	89.4	16.2	-8.2	16.0	0.0	22.9	22.2	34.5
Greer, OK	40055	4,302	59.6	76.7	261	92.3	12.6	-11.8	14.6	4.1	2.7	58.8	0.0
Harmon, OK	40057	2,192	69.0	63.2	43	86.0	12.1	-12.3	15.6	0.0	0.0	50.0	1.7
Harper, OK	40059	2,507	54.2	82.1	74	81.1	19.2	-5.2	19.3		22.7	0.0	14.5
Haskell, OK	40061	7,762	65.7	66.9	281	98.2	10.3	-14.1	10.6	10.5	8.1	0.0	2.5
Hughes, OK	40063	9,762	68.3	70.8	434	92.6	9.7	-14.7	10.8	2.2	5.4	0.0	6.5
Jackson, OK	40065	17,270	47.8	79.1	1,543	93.6	18.5	-5.9	20.5	10.6	21.3	35.1	5.6
Jefferson, OK	40067	4,710	68.1	69.3	149	96.0	10.6	-13.8	10.8	0.0	13.3	5.9	8.5
Johnston, OK	40069	6,759	61.4	69.1	536	97.4	13.3	-11.1	13.8	0.0	11.1	36.8	15.3

[3] May be of any race.

Table C-1. Population, School, and Student Characteristics by County—Continued

STATE County	State/ county code	County type[1]	Population, 2007 Total	Population, 2007 Percent 5 to 17 years	Number of schools and students, 2005–2006 School districts	Number of schools and students, 2005–2006 Schools	Number of schools and students, 2005–2006 Students	Resident enrollment, 2000 Total enrollment Number	Resident enrollment, 2000 Total enrollment Percent public	Resident enrollment, 2000 K-12 enrollment Number	Resident enrollment, 2000 K-12 enrollment Percent public
			1	2	3	4	5	6	7	8	9
Kay, OK	40071	5	45,638	18.1	9	26	8,712	12,077	91.8	9,483	93.3
Kingfisher, OK	40073	6	14,320	17.5	7	15	3,200	3,504	91.3	3,003	92.6
Kiowa, OK	40075	6	9,456	16.4	4	10	1,820	2,390	98.1	1,934	98.5
Latimer, OK	40077	7	10,508	17.4	5	9	1,776	2,953	97.2	2,020	97.3
Le Flore, OK	40079	2	49,715	17.7	18	37	9,879	11,821	96.1	9,487	97.0
Lincoln, OK	40081	1	32,272	18.3	9	23	5,912	8,108	92.5	6,765	94.5
Logan, OK	40083	1	36,435	17.7	4	12	4,465	10,009	89.7	6,700	90.5
Love, OK	40085	9	9,112	17.2	4	8	1,622	2,124	95.0	1,740	96.6
McClain, OK	40087	1	31,849	17.6	8	20	6,332	7,367	91.8	5,761	94.0
McCurtain, OK	40089	7	33,539	18.9	17	32	7,430	8,723	97.5	7,167	98.4
McIntosh, OK	40091	6	19,709	15.5	6	13	3,201	4,197	94.3	3,409	95.1
Major, OK	40093	9	7,190	15.9	5	9	1,508	1,762	90.4	1,470	91.6
Marshall, OK	40095	6	14,830	16.9	2	6	2,837	2,820	96.8	2,290	98.0
Mayes, OK	40097	6	39,627	17.7	9	23	7,430	9,429	94.8	7,797	97.3
Murray, OK	40099	7	12,695	16.4	3	9	2,446	2,765	97.5	2,273	98.4
Muskogee, OK	40101	4	71,116	17.2	13	39	13,626	17,289	95.1	13,298	97.3
Noble, OK	40103	6	11,124	16.9	4	9	2,221	2,796	96.2	2,256	99.1
Nowata, OK	40105	6	10,723	17.4	3	8	2,042	2,578	96.4	2,114	98.2
Okfuskee, OK	40107	6	11,248	15.6	7	15	2,191	2,678	95.0	2,224	96.9
Oklahoma, OK	40109	1	701,807	17.9	20	209	112,514	177,872	84.6	122,501	90.4
Okmulgee, OK	40111	2	39,300	17.9	11	23	7,160	10,580	95.4	8,238	97.1
Osage, OK	40113	2	45,523	17.1	13	25	4,321	11,443	92.2	9,312	94.4
Ottawa, OK	40115	6	32,474	17.5	9	24	6,358	8,325	95.7	6,198	97.7
Pawnee, OK	40117	2	16,447	17.5	3	8	2,743	4,117	96.2	3,437	97.4
Payne, OK	40119	4	79,931	12.9	10	28	9,974	28,426	96.6	9,937	96.5
Pittsburg, OK	40121	5	44,711	15.8	15	34	7,936	10,214	95.1	8,296	97.2
Pontotoc, OK	40123	7	36,571	16.6	9	24	6,660	10,199	95.8	6,720	96.0
Pottawatomie, OK	40125	4	69,038	17.6	15	36	12,915	17,776	85.1	12,422	95.3
Pushmataha, OK	40127	9	11,666	16.9	7	14	2,296	2,777	98.0	2,361	99.1
Roger Mills, OK	40129	9	3,308	15.5	5	10	810	758	96.8	641	96.6
Rogers, OK	40131	2	83,105	18.8	10	33	14,318	19,354	90.4	15,430	93.5
Seminole, OK	40133	7	24,179	17.5	12	24	5,092	6,499	95.5	5,073	97.7
Sequoyah, OK	40135	2	41,024	18.3	13	25	8,897	9,537	96.5	7,874	97.6
Stephens, OK	40137	4	43,322	17.0	9	24	8,123	10,155	94.5	8,339	96.5
Texas, OK	40139	7	20,032	20.2	9	22	3,883	5,517	93.5	4,143	98.1
Tillman, OK	40141	6	8,148	18.2	5	10	1,739	2,304	96.8	2,032	97.4
Tulsa, OK	40143	2	585,068	18.3	16	179	108,523	152,977	79.7	107,559	87.9
Wagoner, OK	40145	2	67,239	19.1	4	16	6,542	15,269	89.5	12,342	93.9
Washington, OK	40147	4	49,888	16.5	5	19	8,234	12,166	88.3	9,627	93.8
Washita, OK	40149	7	11,667	16.7	6	11	2,105	3,007	94.8	2,476	94.8
Woods, OK	40151	7	8,319	13.2	4	9	1,296	2,625	97.9	1,454	98.8
Woodward, OK	40153	7	19,505	16.8	5	13	3,411	4,392	95.6	3,724	97.8
OREGON	41000	X	3,747,455	16.7	221	1,260	552,194	876,492	86.0	621,408	90.6
Baker, OR	41001	7	15,924	15.4	4	13	2,264	3,629	93.2	3,141	95.9
Benton, OR	41003	3	81,428	13.4	4	23	8,899	30,859	92.7	12,857	90.7
Clackamas, OR	41005	1	376,251	17.2	11	104	56,552	87,642	83.9	66,117	89.2
Clatsop, OR	41007	4	37,364	15.3	5	15	5,138	8,478	89.4	6,425	93.0
Columbia, OR	41009	1	48,996	17.4	5	21	8,162	10,694	91.2	8,920	94.8
Coos, OR	41011	5	63,505	13.9	7	26	4,929	14,249	93.6	10,859	96.6
Crook, OR	41013	6	22,906	17.1	1	7	3,236	4,562	91.1	3,743	95.6
Curry, OR	41015	7	21,767	12.8	3	10	2,594	3,801	93.4	3,197	96.5
Deschutes, OR	41017	3	154,028	16.0	5	40	22,291	27,802	87.9	21,359	91.3
Douglas, OR	41019	4	104,119	15.2	15	49	15,613	22,732	89.9	18,784	91.6
Gilliam, OR	41021	9	1,690	13.1	3	4	275	438	95.9	381	99.2
Grant, OR	41023	9	6,904	15.9	6	8	1,134	1,888	88.1	1,612	90.1
Harney, OR	41025	7	6,767	17.3	11	13	1,220	1,713	94.5	1,535	95.0
Hood River, OR	41027	6	21,296	18.6	1	9	3,992	5,124	88.1	4,269	90.3
Jackson, OR	41029	3	199,295	16.1	10	56	27,906	44,630	89.4	32,724	91.0
Jefferson, OR	41031	6	20,687	19.8	5	13	3,620	4,882	94.4	4,137	97.8
Josephine, OR	41033	4	81,056	15.3	2	25	11,504	16,787	86.6	13,426	88.8
Klamath, OR	41035	5	66,512	17.3	2	29	10,453	16,355	90.6	12,484	92.7
Lake, OR	41037	7	7,277	15.3	6	8	1,093	1,669	95.0	1,497	96.3
Lane, OR	41039	2	343,591	14.9	17	127	45,283	90,503	90.6	54,942	92.1
Lincoln, OR	41041	4	45,866	14.0	1	19	5,385	9,074	91.5	7,409	94.6
Linn, OR	41043	4	113,264	17.3	8	49	18,134	25,835	86.3	19,774	88.6
Malheur, OR	41045	6	31,135	19.0	11	23	5,431	8,244	90.9	6,489	92.6
Marion, OR	41047	2	311,449	19.0	13	128	54,575	73,702	85.2	55,606	91.0
Morrow, OR	41049	6	11,199	21.8	2	9	2,367	2,868	96.4	2,526	97.9
Multnomah, OR	41051	1	701,986	15.9	9	174	87,100	162,670	80.7	104,972	88.3
Polk, OR	41053	2	75,265	16.0	4	17	6,324	17,391	87.6	11,511	89.4

[1] County type codes are from the Economic Research Service of the United States Department of Agriculture. See notes and definitions for more information.

Table C-1. Population, School, and Student Characteristics by County—Continued

STATE County	State/county code	Students with IEP[2] (%)	Students eligible for free or reduced-price lunch (%)	Minority students (%)	English language learners (%)	Number of graduates, 2004–2005	Total staff	Number of teachers	Student/teacher ratio	Central administration staff
		10	11	12	13	14	15	16	17	18
Kay, OK	40071	16.0	59.4	31.0	4.2	546	1,202	581	15.0	53
Kingfisher, OK	40073	14.5	57.4	23.0	12.4	224	431	237	13.5	19
Kiowa, OK	40075	15.7	64.7	29.2	2.0	147	267	138	13.2	16
Latimer, OK	40077	17.8	66.9	40.8	2.3	102	241	124	14.3	14
Le Flore, OK	40079	15.9	66.4	39.6	5.7	555	1,289	701	14.1	67
Lincoln, OK	40081	13.7	55.9	20.7	0.4	348	702	389	15.2	31
Logan, OK	40083	16.8	61.9	25.1	0.9	251	560	308	14.5	34
Love, OK	40085	16.6	64.3	35.2	13.4	95	216	110	14.7	15
McClain, OK	40087	13.7	37.2	26.3	5.1	365	740	409	15.5	28
McCurtain, OK	40089	14.3	73.5	44.8	3.0	431	1,131	554	13.4	53
McIntosh, OK	40091	18.5	74.9	46.3	1.8	177	434	216	14.8	25
Major, OK	40093	20.4	51.3	14.5	8.2	111	228	123	12.3	17
Marshall, OK	40095	11.6	68.3	52.3	15.4	157	343	175	16.2	20
Mayes, OK	40097	15.8	59.3	52.0	3.0	411	912	486	15.3	35
Murray, OK	40099	15.9	54.7	33.3	2.5	142	265	144	17.0	11
Muskogee, OK	40101	15.8	61.1	56.9	3.6	841	1,667	880	15.5	79
Noble, OK	40103	17.4	50.4	27.9	1.6	130	329	171	13.0	18
Nowata, OK	40105	15.9	59.6	41.0	0.0	125	291	148	13.8	15
Okfuskee, OK	40107	16.8	75.3	47.2	2.1	124	331	164	13.4	16
Oklahoma, OK	40109	13.7	56.6	50.1	15.1	5,902	13,169	6,996	16.1	474
Okmulgee, OK	40111	18.8	67.3	49.2	1.0	463	952	485	14.8	45
Osage, OK	40113	19.5	61.3	51.8	0.6	232	678	317	13.6	37
Ottawa, OK	40115	15.0	66.5	49.2	4.6	309	811	413	15.4	34
Pawnee, OK	40117	15.6	58.9	25.8	0.1	163	357	186	14.7	11
Payne, OK	40119	17.4	44.4	23.6	2.1	633	1,447	677	14.7	73
Pittsburg, OK	40121	19.5	65.6	43.7	1.4	500	1,133	571	13.9	51
Pontotoc, OK	40123	17.8	61.6	43.9	1.6	392	996	492	13.5	48
Pottawatomie, OK	40125	15.2	57.8	34.0	3.1	661	1,601	873	14.8	65
Pushmataha, OK	40127	17.8	73.0	41.4	0.3	149	370	189	12.1	24
Roger Mills, OK	40129	13.3	48.6	17.3	0.0	46	178	93	8.7	19
Rogers, OK	40131	16.7	41.8	38.5	1.1	835	1,745	927	15.4	79
Seminole, OK	40133	14.8	72.5	46.2	2.3	306	738	374	13.6	35
Sequoyah, OK	40135	19.7	69.0	52.0	6.5	442	1,095	585	15.2	42
Stephens, OK	40137	12.6	49.9	22.3	4.0	508	1,003	534	15.2	51
Texas, OK	40139	11.7	61.0	50.5	42.3	232	572	311	12.5	32
Tillman, OK	40141	19.0	71.0	50.6	23.3	135	249	123	14.1	12
Tulsa, OK	40143	14.2	49.1	42.4	8.6	5,799	13,980	6,543	16.6	738
Wagoner, OK	40145	18.8	49.6	39.5	2.3	323	824	422	15.5	37
Washington, OK	40147	12.7	41.4	27.7	2.6	547	1,101	522	15.8	46
Washita, OK	40149	11.9	60.7	16.9	1.9	131	293	162	13.0	15
Woods, OK	40151	16.3	43.5	9.6	0.8	125	240	113	11.5	16
Woodward, OK	40153	13.5	41.6	14.7	4.0	217	472	251	13.6	23
OREGON	41000	14.6	43.2	28.3	12.0	32,602	60,349	28,346	18.9	2,501
Baker, OR	41001	17.3	48.9	8.0	0.9	201	310	144	15.7	18
Benton, OR	41003	13.1	28.1	16.8	5.5	717	818	395	22.5	35
Clackamas, OR	41005	13.3	28.7	17.4	8.5	3,469	5,633	2,693	21.0	232
Clatsop, OR	41007	16.4	41.3	13.2	16.3	349	629	284	18.1	18
Columbia, OR	41009	15.4	34.2	8.9	1.0	521	756	355	23.0	35
Coos, OR	41011	30.9	47.0	18.0	11.1	596	1,039	424	11.6	53
Crook, OR	41013	13.7	50.7	13.4	5.3	154	348	160	20.2	9
Curry, OR	41015	16.7	60.4	15.2	0.1	192	361	152	17.1	10
Deschutes, OR	41017	14.5	34.3	11.3	4.1	1,430	2,239	1,043	21.4	101
Douglas, OR	41019	15.6	49.9	11.0	0.6	1,040	1,850	852	18.3	113
Gilliam, OR	41021	14.2	29.5	4.0	0.0	25	74	37	7.4	7
Grant, OR	41023	14.8	45.2	5.4	10.8	92	194	94	12.1	16
Harney, OR	41025	16.6	48.1	12.9	2.0	103	214	91	13.4	27
Hood River, OR	41027	14.3	54.3	44.5	38.3	262	451	227	17.6	19
Jackson, OR	41029	13.4	43.5	19.2	8.2	1,688	2,727	1,369	20.4	106
Jefferson, OR	41031	15.7	73.5	58.5	44.4	182	580	232	15.6	22
Josephine, OR	41033	11.5	52.5	13.4	1.4	689	1,605	751	15.3	35
Klamath, OR	41035	15.7	53.4	25.8	9.5	614	1,145	503	20.8	43
Lake, OR	41037	13.4	47.8	15.3	5.5	93	174	73	15.0	14
Lane, OR	41039	18.1	42.3	19.4	3.6	2,950	5,319	2,393	18.9	204
Lincoln, OR	41041	19.8	55.2	22.2	6.3	364	514	262	20.6	23
Linn, OR	41043	14.7	48.8	12.7	3.5	1,023	2,193	876	20.7	79
Malheur, OR	41045	13.6	66.1	48.2	29.6	272	802	355	15.3	43
Marion, OR	41047	14.7	52.8	36.5	20.4	3,185	6,498	2,902	18.8	218
Morrow, OR	41049	13.5	65.9	41.2	30.5	132	352	154	15.4	12
Multnomah, OR	41051	14.7	49.7	39.3	17.5	4,645	9,658	4,859	17.9	445
Polk, OR	41053	13.7	48.0	23.4	7.4	394	654	320	19.8	32

[2]IEP = Individual Education Program. See notes and definitions for more information.

Table C-1. Population, School, and Student Characteristics by County—*Continued*

STATE County	State/ county code	Revenues, 2004–2005 Total revenue (thousands of dollars)	Percentage of revenue from: Federal government	State government	Local government	Current expenditures, 2004–2005 Total expenditures (thousands of dollars)	Amount per student	Percent for instruction	Resident population 16 to 19 years, 2000 Total population 16 to 19 years	Percent in Armed Forces	Percent high school graduates	Percent not enrolled, not employed, not in Armed Forces, not high school grad.
		19	20	21	22	23	24	25	26	27	28	29
Kay, OK	40071	68,498	12.8	50.4	36.8	59,213	6,661	55.4	2,970	0.0	9.6	6.7
Kingfisher, OK	40073	26,145	11.8	44.1	44.0	23,084	7,307	55.8	877	0.0	8.9	2.9
Kiowa, OK	40075	14,363	16.9	59.1	24.0	13,451	7,259	55.9	623	0.0	13.6	7.2
Latimer, OK	40077	14,252	18.3	60.1	21.6	12,300	7,025	56.1	810	0.0	3.7	7.8
Le Flore, OK	40079	72,579	22.7	59.0	18.3	67,316	6,865	58.9	3,001	0.0	13.9	6.4
Lincoln, OK	40081	38,660	15.3	59.0	25.7	35,129	6,118	56.5	1,954	0.0	11.7	4.1
Logan, OK	40083	32,247	17.6	54.7	27.6	29,738	6,614	54.8	2,637	0.0	8.6	4.1
Love, OK	40085	12,212	14.0	60.1	25.9	11,061	6,892	54.1	521	0.0	5.2	6.1
McClain, OK	40087	46,883	10.1	53.0	36.9	37,401	5,994	58.6	1,782	0.0	13.0	3.3
McCurtain, OK	40089	57,595	21.0	57.6	21.4	52,834	7,126	55.5	2,022	0.0	12.6	8.5
McIntosh, OK	40091	24,770	21.4	55.4	23.2	22,830	7,114	53.7	1,016	0.0	11.6	10.1
Major, OK	40093	17,134	10.5	47.8	41.7	12,376	8,212	55.6	421	0.0	2.4	5.2
Marshall, OK	40095	19,410	22.6	54.3	23.1	17,621	6,373	55.7	729	0.0	10.3	8.2
Mayes, OK	40097	50,953	18.5	58.4	23.1	46,044	6,256	57.1	2,327	0.0	10.4	6.1
Murray, OK	40099	15,149	15.0	62.9	22.1	13,080	5,687	58.9	765	0.0	14.2	0.4
Muskogee, OK	40101	96,162	18.0	51.9	30.1	89,176	6,573	54.9	4,261	0.0	10.9	6.7
Noble, OK	40103	17,878	13.7	40.7	45.6	16,923	7,766	55.1	622	0.0	9.0	2.1
Nowata, OK	40105	14,987	13.8	62.0	24.2	13,775	6,664	55.8	576	0.0	10.2	3.8
Okfuskee, OK	40107	18,015	23.0	55.6	21.3	16,235	7,111	55.6	703	0.0	13.1	10.8
Oklahoma, OK	40109	873,088	12.7	42.7	44.6	703,711	6,324	55.5	38,506	0.7	11.9	6.7
Okmulgee, OK	40111	53,316	18.7	60.3	20.9	49,061	6,889	55.2	2,682	0.1	9.3	8.7
Osage, OK	40113	34,589	20.4	57.0	22.6	33,327	7,759	55.9	2,643	0.1	11.3	3.7
Ottawa, OK	40115	43,888	21.3	60.6	18.1	39,582	6,281	58.7	2,180	0.0	8.5	6.8
Pawnee, OK	40117	18,671	16.6	59.8	23.5	16,930	6,112	58.8	986	0.0	13.4	4.9
Payne, OK	40119	80,499	10.9	48.1	41.0	67,258	6,755	54.2	6,044	0.5	6.9	1.9
Pittsburg, OK	40121	61,657	16.9	55.0	28.0	54,916	6,968	57.1	2,398	0.0	11.0	5.6
Pontotoc, OK	40123	56,732	19.7	55.5	24.8	47,607	7,157	55.7	2,380	0.0	9.6	4.3
Pottawatomie, OK	40125	97,888	16.6	57.4	25.9	83,525	6,501	57.1	4,293	0.0	13.3	6.7
Pushmataha, OK	40127	19,541	23.5	62.8	13.7	18,448	8,063	55.1	665	0.0	12.5	6.9
Roger Mills, OK	40129	13,326	15.2	46.1	38.8	10,657	13,473	51.7	218	0.0	5.5	0.9
Rogers, OK	40131	91,481	10.9	53.2	35.9	82,748	5,806	54.9	4,198	0.0	12.5	4.4
Seminole, OK	40133	39,637	24.5	55.4	20.1	36,536	7,241	55.8	1,728	0.0	6.9	9.0
Sequoyah, OK	40135	60,074	19.6	65.1	15.3	55,865	6,311	57.1	2,354	0.0	15.2	8.4
Stephens, OK	40137	60,795	11.4	57.2	31.5	51,519	6,368	55.3	2,537	0.0	8.2	3.1
Texas, OK	40139	31,725	14.7	50.8	34.5	29,487	7,592	54.1	1,478	0.0	7.2	7.8
Tillman, OK	40141	29,267	11.7	49.1	39.1	18,549	10,480	53.7	542	0.9	8.1	2.0
Tulsa, OK	40143	855,790	9.9	41.0	49.1	690,862	6,451	52.7	31,914	0.0	10.4	6.3
Wagoner, OK	40145	40,512	14.0	62.8	23.2	37,628	5,928	59.3	3,573	0.0	9.7	5.1
Washington, OK	40147	63,344	10.9	51.5	37.6	53,460	6,480	56.6	2,723	0.1	11.6	4.9
Washita, OK	40149	15,201	12.2	57.3	30.4	14,146	7,020	58.2	729	0.0	6.4	1.5
Woods, OK	40151	11,885	7.9	44.0	48.1	10,586	8,056	52.7	623	0.0	3.4	1.8
Woodward, OK	40153	27,789	10.8	51.0	38.2	23,028	6,755	53.8	1,153	0.0	12.1	7.6
OREGON	41000	5,022,050	9.9	48.6	41.5	4,512,169	8,196	59.2	191,546	0.1	12.3	5.4
Baker, OR	41001	21,622	10.3	60.2	29.5	21,471	8,850	56.4	875	0.0	12.1	7.7
Benton, OR	41003	77,294	6.5	42.7	50.8	69,102	7,430	55.9	6,792	0.1	5.5	0.7
Clackamas, OR	41005	486,486	6.5	47.6	45.9	430,321	7,541	58.4	18,703	0.0	11.9	4.4
Clatsop, OR	41007	46,641	7.8	38.1	54.1	41,375	7,712	60.6	2,291	1.0	12.7	8.7
Columbia, OR	41009	61,378	7.1	53.2	39.7	57,815	6,785	59.0	2,267	1.0	15.1	4.1
Coos, OR	41011	84,219	10.5	50.2	39.4	81,456	9,341	54.7	3,549	0.7	13.2	5.8
Crook, OR	41013	24,589	12.8	48.4	38.8	23,182	7,322	60.5	1,073	0.0	14.7	10.1
Curry, OR	41015	24,884	14.4	44.3	41.4	23,260	7,947	63.6	884	0.0	10.9	4.6
Deschutes, OR	41017	193,909	8.2	39.9	52.0	168,571	7,650	57.2	5,855	0.0	14.4	2.8
Douglas, OR	41019	136,124	14.9	56.7	28.4	131,824	8,245	53.9	5,456	0.2	12.0	5.6
Gilliam, OR	41021	6,827	6.1	47.3	46.7	6,333	22,143	49.8	94	0.0	5.3	2.1
Grant, OR	41023	18,012	31.1	39.0	29.9	14,322	13,044	54.0	466	0.0	9.7	3.0
Harney, OR	41025	14,845	16.4	56.3	27.3	15,215	12,360	47.3	453	0.0	14.3	8.6
Hood River, OR	41027	38,236	12.0	54.3	33.7	32,128	8,223	63.3	1,147	0.0	12.3	6.8
Jackson, OR	41029	246,854	10.7	53.5	35.8	224,756	7,764	58.6	10,013	0.1	12.6	5.8
Jefferson, OR	41031	40,971	22.4	51.9	25.8	35,798	9,827	53.8	921	0.0	11.2	9.6
Josephine, OR	41033	90,148	12.1	54.2	33.7	86,101	7,356	61.0	3,650	0.0	14.5	7.6
Klamath, OR	41035	88,461	16.0	61.2	22.8	87,540	8,267	58.9	3,556	0.0	13.4	4.3
Lake, OR	41037	11,938	18.6	52.1	29.3	10,877	9,808	53.7	365	0.0	11.5	2.5
Lane, OR	41039	428,927	11.3	46.5	42.2	390,414	8,220	59.5	19,632	0.0	12.9	3.6
Lincoln, OR	41041	50,885	14.7	26.5	58.8	49,245	8,361	60.0	2,274	1.0	18.1	7.7
Linn, OR	41043	155,882	11.9	53.6	34.5	141,201	7,792	55.5	6,161	0.0	12.1	6.9
Malheur, OR	41045	52,276	15.7	68.2	16.1	48,267	9,059	59.3	1,807	0.0	11.8	5.9
Marion, OR	41047	517,395	12.3	58.0	29.6	476,529	8,529	63.1	17,704	0.0	13.9	8.5
Morrow, OR	41049	22,386	5.9	54.7	39.4	19,621	8,527	59.7	710	0.0	9.3	7.2
Multnomah, OR	41051	979,443	9.2	39.3	51.5	847,395	9,322	59.6	33,149	0.0	12.7	5.7
Polk, OR	41053	50,562	8.4	58.3	33.3	45,068	7,052	62.0	4,256	0.0	10.7	3.4

PART C—COUNTY EDUCATION STATISTICS 449

Table C-1. Population, School, and Student Characteristics by County—Continued

STATE County	State/ county code	High school graduates, 2000			College enrollment, 2000		College graduates, 2000 (percent)						
		Population 25 years and over	High school diploma or less (percent)	High school diploma or more (percent)	Number	Percent public	Bachelor's degree or more	+/- U.S. percent with bachelor's degree or more	Non-Hispanic White	Black	American Indian, Alaska Native	Asian and Pacific Islander	Hispanic or Latino[3]
		30	31	32	33	34	35	36	37	38	39	40	41
Kay, OK	40071	31,106	52.3	80.9	1,774	92.8	18.3	-6.1	19.4	4.2	8.7	35.3	8.9
Kingfisher, OK	40073	8,984	57.6	81.2	316	88.6	16.1	-8.3	17.5	4.8	11.3	0.0	1.8
Kiowa, OK	40075	6,963	58.9	77.4	314	95.5	14.8	-9.6	16.1	2.0	5.3	...	11.1
Latimer, OK	40077	6,716	61.1	73.8	754	96.4	12.0	-12.4	11.6	25.0	14.4	25.0	26.7
Le Flore, OK	40079	30,966	64.7	70.4	1,658	95.4	11.3	-13.1	11.7	10.4	10.4	29.1	4.1
Lincoln, OK	40081	20,746	64.5	77.5	883	83.5	11.1	-13.3	11.4	11.4	8.6	11.4	2.4
Logan, OK	40083	21,195	53.1	81.5	2,817	93.2	19.1	-5.3	18.9	23.1	15.2	43.4	17.1
Love, OK	40085	5,931	67.8	73.6	248	91.5	10.8	-13.6	11.1	1.8	19.7	0.0	3.2
McClain, OK	40087	18,069	57.4	79.3	1,154	88.8	15.7	-8.7	16.1	8.8	18.8	28.6	4.6
McCurtain, OK	40089	21,875	66.9	69.2	908	92.4	10.8	-13.6	11.7	7.3	9.0	8.0	1.9
McIntosh, OK	40091	13,787	62.6	71.6	557	91.7	13.1	-11.3	12.5	9.1	16.1	20.0	15.1
Major, OK	40093	5,191	61.8	78.6	136	90.4	14.4	-10.0	14.9	14.3	6.4	...	0.0
Marshall, OK	40095	9,078	63.3	71.0	332	91.0	11.4	-13.0	12.1	0.7	10.8	0.0	4.1
Mayes, OK	40097	24,849	62.0	76.1	1,062	83.1	12.1	-12.3	12.8	3.0	9.2	50.9	6.5
Murray, OK	40099	8,566	61.5	74.3	325	90.2	14.9	-9.5	15.1	30.4	12.0	18.2	6.7
Muskogee, OK	40101	44,890	56.8	75.1	2,819	87.0	15.4	-9.0	16.5	12.3	12.0	40.4	11.9
Noble, OK	40103	7,635	58.6	81.5	371	89.2	15.8	-8.6	16.3	3.9	10.9	36.5	0.0
Nowata, OK	40105	7,092	66.5	76.2	270	93.0	9.5	-14.9	9.9	11.6	10.6	...	12.7
Okfuskee, OK	40107	7,904	70.2	69.4	288	84.7	9.2	-15.2	9.8	7.9	7.9	0.0	10.4
Oklahoma, OK	40109	420,823	43.5	82.5	43,237	74.4	25.4	1.0	28.8	14.8	14.6	34.4	8.5
Okmulgee, OK	40111	25,225	60.5	74.7	1,790	90.2	11.4	-13.0	11.8	9.3	11.1	9.7	13.5
Osage, OK	40113	29,417	56.2	80.2	1,282	83.6	14.6	-9.8	14.1	22.3	11.5	35.9	9.6
Ottawa, OK	40115	21,510	58.9	75.7	1,586	93.1	12.2	-12.2	12.5	13.3	11.9	19.7	2.7
Pawnee, OK	40117	10,997	61.4	78.8	460	88.9	12.1	-12.3	12.5	8.6	10.4	18.2	2.7
Payne, OK	40119	37,237	40.0	86.7	17,412	98.1	34.2	9.8	33.8	22.5	23.8	80.6	36.6
Pittsburg, OK	40121	30,162	60.3	76.2	1,301	89.7	12.9	-11.5	13.3	7.7	12.4	35.7	7.0
Pontotoc, OK	40123	22,031	53.5	78.2	2,957	96.0	21.8	-2.6	22.6	11.9	18.0	77.8	10.3
Pottawatomie, OK	40125	41,142	56.4	79.3	4,315	59.4	15.5	-8.9	16.3	9.2	10.3	24.0	7.6
Pushmataha, OK	40127	7,861	66.3	69.0	277	89.5	12.4	-12.0	12.1	4.4	11.5	64.7	14.5
Roger Mills, OK	40129	2,396	59.3	79.3	59	100.0	15.8	-8.6	16.6	...	3.7	0.0	10.3
Rogers, OK	40131	45,152	49.4	83.4	2,378	85.4	16.9	-7.5	17.4	12.8	13.1	30.9	23.2
Seminole, OK	40133	15,988	61.6	73.2	1,022	84.5	12.1	-12.3	12.9	10.9	6.9	50.0	4.4
Sequoyah, OK	40135	24,980	64.7	70.2	1,007	90.4	10.9	-13.5	10.3	12.9	13.6	42.9	6.3
Stephens, OK	40137	29,111	60.3	77.0	1,230	88.6	16.6	-7.8	16.9	8.9	13.2	65.6	10.1
Texas, OK	40139	11,776	56.7	71.9	1,065	83.5	17.7	-6.7	21.9	0.0	17.8	43.9	3.6
Tillman, OK	40141	6,141	67.0	67.4	160	90.0	12.5	-11.9	15.4	5.0	2.8	27.6	1.3
Tulsa, OK	40143	359,386	41.5	85.1	34,049	62.5	26.9	2.5	29.7	14.3	17.8	38.6	11.8
Wagoner, OK	40145	36,895	54.5	81.3	1,948	75.7	15.4	-9.0	16.0	16.0	11.9	13.6	6.6
Washington, OK	40147	32,905	46.9	85.2	1,783	65.8	25.8	1.4	28.0	12.1	10.2	19.4	16.8
Washita, OK	40149	7,613	59.3	79.7	378	95.0	15.1	-9.3	15.5	0.0	10.3	0.0	8.3
Woods, OK	40151	5,993	49.2	82.7	995	98.9	23.7	-0.7	24.9	8.0	27.6	84.6	13.9
Woodward, OK	40153	11,992	58.2	79.9	397	95.7	15.2	-9.2	15.8	7.6	11.6	26.3	5.0
OREGON	41000	2,250,998	41.1	85.1	204,811	81.7	25.1	0.7	26.0	17.8	12.2	37.2	9.6
Baker, OR	41001	11,712	51.0	80.3	284	76.1	16.4	-8.0	16.8	0.0	0.0	2.7	7.7
Benton, OR	41003	45,758	22.2	93.1	16,823	97.4	47.4	23.0	47.6	49.0	30.7	67.2	28.0
Clackamas, OR	41005	223,211	35.2	88.9	15,812	80.0	28.4	4.0	28.5	27.4	20.5	44.2	14.5
Clatsop, OR	41007	24,069	43.5	85.6	1,633	84.1	19.1	-5.3	19.6	16.3	9.1	22.7	7.0
Columbia, OR	41009	28,725	49.6	85.6	1,210	83.6	14.0	-10.4	14.1	20.0	9.3	32.1	11.1
Coos, OR	41011	44,667	49.2	81.6	2,558	92.0	15.0	-9.4	15.3	23.5	8.5	26.9	10.9
Crook, OR	41013	12,692	58.4	80.5	485	79.2	12.6	-11.8	13.1	...	12.1	14.7	1.6
Curry, OR	41015	16,168	50.4	81.7	463	82.9	16.4	-8.0	17.1	28.0	6.4	2.4	7.4
Deschutes, OR	41017	77,981	38.8	88.4	4,761	89.2	25.0	0.6	25.6	0.0	13.2	31.3	8.2
Douglas, OR	41019	68,783	53.7	81.0	3,038	89.8	13.3	-11.1	13.3	8.9	9.9	22.6	13.8
Gilliam, OR	41021	1,368	45.8	89.3	37	67.6	13.4	-11.0	13.5	0.0	20.0	0.0	0.0
Grant, OR	41023	5,428	52.8	84.5	145	86.9	15.7	-8.7	16.0	...	9.1	85.7	4.5
Harney, OR	41025	5,130	57.1	81.2	72	97.2	11.9	-12.5	11.9	...	15.1	19.3	9.7
Hood River, OR	41027	12,972	48.5	78.2	562	86.8	23.1	-1.3	26.7	20.7	1.0	34.6	5.2
Jackson, OR	41029	121,155	45.1	85.0	9,304	92.4	22.3	-2.1	23.0	16.1	14.2	26.0	10.4
Jefferson, OR	41031	11,972	55.2	76.5	388	80.7	13.7	-10.7	17.1	30.0	4.4	14.4	1.6
Josephine, OR	41033	53,427	49.3	81.8	2,498	89.2	14.1	-10.3	14.5	32.1	6.5	18.9	4.6
Klamath, OR	41035	41,833	52.6	81.5	2,970	91.5	15.9	-8.5	16.8	15.5	10.2	24.5	5.3
Lake, OR	41037	5,199	53.7	79.6	101	81.2	15.5	-8.9	16.0	...	10.0	16.7	7.8
Lane, OR	41039	210,601	38.3	87.5	30,647	94.3	25.5	1.1	25.7	29.2	15.6	47.0	15.8
Lincoln, OR	41041	32,000	44.1	84.9	1,053	91.3	20.8	-3.6	21.3	3.5	11.2	40.3	6.0
Linn, OR	41043	67,605	51.1	81.9	4,574	86.9	13.4	-11.0	13.8	9.0	3.4	16.2	5.4
Malheur, OR	41045	19,587	59.5	71.0	1,349	86.7	11.1	-13.3	13.2	3.0	3.9	22.2	1.7
Marion, OR	41047	177,683	47.0	79.3	14,424	72.2	19.8	-4.6	22.1	10.9	10.2	24.8	5.0
Morrow, OR	41049	6,627	57.9	74.1	209	92.8	11.0	-13.4	12.9	14.3	2.2	34.1	1.9
Multnomah, OR	41051	446,322	37.4	85.6	47,924	71.1	30.7	6.3	33.3	15.2	13.5	27.2	12.7
Polk, OR	41053	39,357	40.4	85.5	5,087	89.1	25.3	0.9	26.9	6.3	10.3	25.2	8.5

[3] May be of any race.
... = Not available.

Table C-1. Population, School, and Student Characteristics by County—Continued

STATE County	State/ county code	County type[1]	Population, 2007 Total	Population, 2007 Percent 5 to 17 years	Number of schools and students, 2005–2006 School districts	Number of schools and students, 2005–2006 Schools	Number of schools and students, 2005–2006 Students	Resident enrollment, 2000 Total enrollment Number	Resident enrollment, 2000 Total enrollment Percent public	Resident enrollment, 2000 K–12 enrollment Number	Resident enrollment, 2000 K–12 enrollment Percent public
			1	2	3	4	5	6	7	8	9
Sherman, OR	41055	9	1,677	13.8	1	3	268	465	94.0	411	94.6
Tillamook, OR	41057	6	25,038	14.6	3	11	3,404	5,039	91.0	4,214	92.4
Umatilla, OR	41059	5	73,491	18.9	11	35	13,285	18,290	92.0	14,484	94.9
Union, OR	41061	7	24,753	15.7	7	16	3,879	7,032	93.6	4,662	94.1
Wallowa, OR	41063	9	6,759	14.4	5	9	900	1,677	89.2	1,450	91.9
Wasco, OR	41065	6	23,762	17.1	4	10	3,503	5,507	87.8	4,426	89.5
Washington, OR	41067	1	522,514	18.8	8	120	79,760	116,491	82.5	83,868	88.7
Wheeler, OR	41069	9	1,361	14.2	3	4	214	358	86.0	296	84.5
Yamhill, OR	41071	1	96,573	17.6	7	33	15,729	23,412	77.3	16,901	90.8
PENNSYLVANIA	42000	X	12,432,792	16.5	730	3,250	1,830,684	3,135,934	76.5	2,228,837	84.6
Adams, PA	42001	4	100,779	16.9	7	26	14,649	23,246	77.6	17,333	88.3
Allegheny, PA	42003	1	1,219,210	15.5	62	326	163,943	322,016	75.7	212,715	85.1
Armstrong, PA	42005	1	69,059	15.3	5	25	10,996	15,812	91.9	12,826	95.5
Beaver, PA	42007	1	173,074	15.6	19	58	29,907	41,572	84.1	31,636	91.7
Bedford, PA	42009	6	49,650	16.1	6	21	8,174	10,487	91.5	8,761	94.2
Berks, PA	42011	2	401,955	17.3	21	109	70,284	94,301	82.7	69,719	88.9
Blair, PA	42013	3	125,527	15.5	9	37	18,855	29,585	85.9	22,369	90.2
Bradford, PA	42015	6	61,471	17.1	8	30	10,736	14,740	88.0	12,501	91.4
Bucks, PA	42017	1	621,144	17.5	20	139	92,620	157,810	72.4	115,596	80.6
Butler, PA	42019	1	181,934	17.1	8	43	27,710	45,627	87.6	32,159	92.1
Cambria, PA	42021	3	144,995	14.4	16	41	18,937	34,592	81.5	24,953	86.4
Cameron, PA	42023	7	5,349	15.7	1	2	900	1,384	91.0	1,192	93.3
Carbon, PA	42025	2	63,242	15.2	7	21	9,264	12,781	86.3	10,303	90.0
Centre, PA	42027	3	144,658	11.8	10	32	14,240	56,564	92.9	18,306	92.4
Chester, PA	42029	1	486,345	18.0	23	100	72,523	119,787	73.0	84,718	80.4
Clarion, PA	42031	6	40,028	14.6	9	18	6,975	12,036	92.3	6,868	92.2
Clearfield, PA	42033	4	81,452	15.1	9	35	14,145	18,092	89.3	14,719	92.3
Clinton, PA	42035	6	37,213	14.7	3	14	4,864	9,857	90.2	6,141	91.3
Columbia, PA	42037	4	64,726	13.7	7	23	10,841	17,963	92.2	10,468	93.7
Crawford, PA	42039	4	88,663	16.5	4	23	10,865	22,134	80.6	16,917	90.0
Cumberland, PA	42041	2	228,019	15.2	10	53	29,025	54,249	77.8	35,816	87.0
Dauphin, PA	42043	2	255,710	17.1	17	76	55,489	60,052	82.9	46,556	87.7
Delaware, PA	42045	1	554,399	17.8	19	107	73,375	154,448	62.9	103,230	74.2
Elk, PA	42047	7	32,610	15.9	3	10	4,269	7,993	76.4	6,516	79.8
Erie, PA	42049	2	279,092	17.2	18	82	41,783	77,763	74.2	53,964	80.9
Fayette, PA	42051	1	144,556	15.5	8	45	19,757	32,185	88.4	25,608	91.8
Forest, PA	42053	9	6,955	12.6	1	4	689	1,101	76.0	993	74.8
Franklin, PA	42055	4	141,665	16.6	8	42	19,066	28,494	84.3	22,600	88.2
Fulton, PA	42057	8	14,939	16.7	4	8	2,422	2,996	94.1	2,580	96.1
Greene, PA	42059	6	39,503	14.8	6	16	5,855	9,468	86.9	7,221	95.6
Huntingdon, PA	42061	6	45,556	14.7	6	19	6,056	10,515	83.4	8,043	95.4
Indiana, PA	42063	4	87,690	13.7	9	24	11,291	27,443	92.8	14,434	93.1
Jefferson, PA	42065	7	45,135	15.6	4	16	5,972	10,163	89.7	8,348	92.0
Juniata, PA	42067	6	23,168	16.8	1	12	3,125	4,798	86.6	4,117	88.8
Lackawanna, PA	42069	2	209,330	15.3	14	51	27,924	52,278	68.5	36,314	81.2
Lancaster, PA	42071	2	498,465	18.3	20	125	70,165	115,931	76.3	89,947	81.2
Lawrence, PA	42073	4	90,991	16.0	10	30	14,806	21,804	86.3	16,641	94.6
Lebanon, PA	42075	3	127,889	16.4	7	35	18,873	26,552	80.4	21,104	87.6
Lehigh, PA	42077	2	337,343	17.2	13	68	50,446	77,729	76.8	57,231	86.4
Luzerne, PA	42079	2	312,265	14.8	16	67	41,979	73,449	74.2	53,178	81.7
Lycoming, PA	42081	3	116,811	15.5	10	38	17,497	29,073	84.5	21,522	92.6
McKean, PA	42083	7	43,633	16.0	7	15	7,056	10,674	88.1	8,417	92.3
Mercer, PA	42085	2	116,809	16.3	16	42	18,734	29,378	78.8	21,881	90.5
Mifflin, PA	42087	4	46,941	16.5	4	15	6,150	9,564	82.1	8,244	85.4
Monroe, PA	42089	4	164,722	19.0	6	39	33,094	39,478	87.1	28,869	91.9
Montgomery, PA	42091	1	776,172	17.2	30	160	108,182	194,272	66.6	134,756	77.7
Montour, PA	42093	6	17,817	16.6	3	8	2,607	4,244	83.3	3,479	88.3
Northampton, PA	42095	2	293,522	16.4	13	62	45,620	70,501	71.5	48,206	86.0
Northumberland, PA	42097	4	91,003	14.7	8	26	13,010	19,600	84.6	16,362	88.1
Perry, PA	42099	2	45,163	17.0	5	15	7,259	9,718	90.0	8,317	92.2
Philadelphia, PA	42101	1	1,449,634	17.7	57	325	211,905	440,307	66.9	298,504	77.0
Pike, PA	42103	1	58,633	18.5	1	7	5,776	11,944	88.2	9,714	95.9
Potter, PA	42105	9	16,987	17.7	5	10	2,809	4,194	92.1	3,590	94.8
Schuylkill, PA	42107	4	147,269	14.3	14	39	19,419	30,760	84.3	24,600	88.8
Snyder, PA	42109	7	38,113	15.9	2	11	5,156	9,512	70.1	6,727	87.4
Somerset, PA	42111	4	77,861	14.7	12	35	11,214	16,927	90.7	14,074	92.9
Sullivan, PA	42113	8	6,200	14.9	1	3	777	1,347	91.1	1,140	93.7
Susquehanna, PA	42115	6	41,123	16.8	7	15	7,955	10,047	89.8	8,458	93.5
Tioga, PA	42117	6	40,681	15.8	3	16	6,232	10,811	91.6	7,667	93.0
Union, PA	42119	4	43,724	12.8	4	11	4,184	10,801	62.4	6,646	88.6

[1] County type codes are from the Economic Research Service of the United States Department of Agriculture. See notes and definitions for more information.

PART C—COUNTY EDUCATION STATISTICS

Table C-1. Population, School, and Student Characteristics by County—Continued

STATE County	State/ county code	Students with IEP[2] (%)	Students eligible for free or reduced-price lunch (%)	Minority students (%)	English language learners (%)	Number of graduates, 2004–2005	Total staff	Number of teachers	Student/ teacher ratio	Central administration staff
		10	11	12	13	14	15	16	17	18
Sherman, OR	41055	18.7	47.0	9.3	5.2	27	49	24	11.2	2
Tillamook, OR	41057	16.8	49.7	21.2	10.5	243	452	191	17.8	24
Umatilla, OR	41059	14.0	56.7	36.4	20.7	645	1,769	740	18.0	104
Union, OR	41061	17.0	41.9	9.2	1.1	249	472	224	17.3	25
Wallowa, OR	41063	17.1	41.3	5.2	0.0	94	140	70	12.9	13
Wasco, OR	41065	16.0	56.0	28.1	14.1	214	499	228	15.4	30
Washington, OR	41067	12.6	31.2	34.5	15.9	4,812	8,161	4,067	19.6	268
Wheeler, OR	41069	10.3	60.3	9.8	0.0	25	55	26	8.2	5
Yamhill, OR	41071	14.4	42.1	22.5	11.8	911	1,615	776	20.3	61
PENNSYLVANIA	42000	14.6	31.4	25.2	...	124,755	240,399	122,386	15.0	9,246
Adams, PA	42001	13.0	23.4	11.6	...	1,004	3,076	1,351	10.8	184
Allegheny, PA	42003	15.2	30.1	26.3	...	12,293	23,130	12,102	13.5	854
Armstrong, PA	42005	15.3	37.2	1.6	...	812	1,351	773	14.2	58
Beaver, PA	42007	12.5	27.7	12.3	...	2,233	3,496	1,894	15.8	133
Bedford, PA	42009	16.3	36.4	1.6	...	582	1,020	532	15.4	44
Berks, PA	42011	14.1	30.5	28.7	...	4,273	9,165	4,525	15.5	444
Blair, PA	42013	16.8	40.9	3.7	...	1,348	2,588	1,260	15.0	139
Bradford, PA	42015	15.0	38.8	2.9	...	808	1,374	730	14.7	67
Bucks, PA	42017	14.9	12.3	11.8	...	6,940	12,407	6,050	15.3	434
Butler, PA	42019	13.0	18.9	2.6	...	1,985	2,916	1,735	16.0	93
Cambria, PA	42021	14.6	41.0	6.3	...	1,447	2,709	1,444	13.1	114
Cameron, PA	42023	18.1	38.9	2.0	...	85	124	59	15.3	4
Carbon, PA	42025	15.4	28.6	5.4	...	657	1,210	633	14.6	50
Centre, PA	42027	13.2	21.9	6.3	...	1,117	2,355	1,073	13.3	106
Chester, PA	42029	14.7	12.2	18.9	...	4,882	10,257	5,077	14.3	465
Clarion, PA	42031	15.0	35.9	2.1	...	480	1,128	594	11.7	35
Clearfield, PA	42033	15.3	42.4	1.5	...	1,009	1,904	998	14.2	74
Clinton, PA	42035	17.9	42.8	2.2	...	343	676	396	12.3	23
Columbia, PA	42037	15.9	29.7	3.8	...	763	1,489	768	14.1	54
Crawford, PA	42039	15.4	38.3	4.8	...	758	1,372	773	14.1	56
Cumberland, PA	42041	14.2	13.5	10.3	...	2,120	4,384	2,141	13.6	154
Dauphin, PA	42043	11.1	22.6	36.7	...	2,506	5,276	2,823	19.7	178
Delaware, PA	42045	17.9	24.5	34.0	...	5,106	10,720	5,128	14.3	479
Elk, PA	42047	15.0	30.7	2.4	...	316	478	278	15.4	21
Erie, PA	42049	16.8	46.3	17.7	...	2,896	5,300	2,907	14.4	178
Fayette, PA	42051	17.0	52.3	8.3	...	1,374	2,284	1,265	15.6	93
Forest, PA	42053	22.1	45.9	2.2	...	57	102	56	12.3	3
Franklin, PA	42055	15.2	24.4	12.1	...	1,171	2,242	1,182	16.1	111
Fulton, PA	42057	12.3	36.3	2.8	...	160	338	184	13.2	17
Greene, PA	42059	21.4	36.1	1.7	...	396	777	454	12.9	36
Huntingdon, PA	42061	17.7	40.6	4.3	...	407	825	481	12.6	41
Indiana, PA	42063	16.1	36.8	3.7	...	882	1,695	879	12.8	63
Jefferson, PA	42065	16.4	39.6	1.5	...	493	821	431	13.9	30
Juniata, PA	42067	11.1	28.4	4.3	...	231	380	209	15.0	15
Lackawanna, PA	42069	15.6	30.7	11.2	...	1,938	3,536	1,976	14.1	105
Lancaster, PA	42071	16.3	26.7	21.7	...	4,709	9,458	4,694	14.9	447
Lawrence, PA	42073	13.4	33.9	10.1	...	1,079	1,826	960	15.4	68
Lebanon, PA	42075	14.0	26.2	17.8	...	1,224	2,254	1,200	15.7	70
Lehigh, PA	42077	13.2	33.6	36.5	...	3,305	6,658	3,078	16.4	229
Luzerne, PA	42079	14.3	36.2	12.2	...	2,980	4,838	2,613	16.1	177
Lycoming, PA	42081	16.4	35.1	11.1	...	1,174	2,478	1,266	13.8	116
McKean, PA	42083	14.6	39.0	2.9	...	533	1,126	578	12.2	60
Mercer, PA	42085	15.5	47.1	6.6	...	1,330	2,770	1,383	13.5	100
Mifflin, PA	42087	14.9	35.8	4.6	...	422	803	473	13.0	20
Monroe, PA	42089	13.9	28.1	32.5	...	2,226	4,600	2,248	14.7	157
Montgomery, PA	42091	14.3	12.3	23.6	...	7,482	15,352	7,501	14.4	579
Montour, PA	42093	13.3	26.6	8.5	...	188	382	214	12.2	9
Northampton, PA	42095	13.6	22.3	22.5	...	3,099	6,278	3,142	14.5	236
Northumberland, PA	42097	12.0	34.7	5.1	...	959	1,631	876	14.9	78
Perry, PA	42099	17.4	23.9	3.5	...	474	968	524	13.9	62
Philadelphia, PA	42101	12.9	66.5	86.1	...	11,986	25,083	11,699	18.1	723
Pike, PA	42103	11.5	15.4	21.2	...	380	594	347	16.6	10
Potter, PA	42105	13.0	40.8	3.1	...	245	373	214	13.1	28
Schuylkill, PA	42107	16.8	32.4	4.3	...	1,384	2,551	1,429	13.6	109
Snyder, PA	42109	14.0	26.0	4.3	...	388	652	334	15.4	19
Somerset, PA	42111	15.1	36.0	1.4	...	841	1,540	808	13.9	65
Sullivan, PA	42113	14.9	35.3	1.9	...	64	122	59	13.2	4
Susquehanna, PA	42115	18.9	35.3	2.6	...	592	1,070	573	13.9	45
Tioga, PA	42117	14.2	41.4	3.0	...	468	855	475	13.1	28
Union, PA	42119	11.7	23.3	5.8	...	353	1,248	428	9.8	67

[2]IEP = Individual Education Program. See notes and definitions for more information.
... = Not available.

Table C-1. Population, School, and Student Characteristics by County—Continued

STATE County	State/ county code	Revenues, 2004–2005 Total revenue (thousands of dollars)	Percentage of revenue from: Federal government	State government	Local government	Current expenditures, 2004–2005 Total expenditures (thousands of dollars)	Amount per student	Percent for instruction	Resident population 16 to 19 years, 2000 Total population 16 to 19 years	Percent in Armed Forces	Percent high school graduates	Percent not enrolled, not employed, not in Armed Forces, not high school grad.
		19	20	21	22	23	24	25	26	27	28	29
Sherman, OR	41055	3,520	5.3	61.2	33.6	3,285	11,690	54.4	103	0.0	13.6	5.8
Tillamook, OR	41057	30,811	10.2	33.1	56.6	28,299	8,217	57.3	1,322	0.7	14.7	4.8
Umatilla, OR	41059	123,159	11.3	57.5	31.2	114,963	8,692	59.2	4,001	0.0	8.8	6.8
Union, OR	41061	41,021	8.3	59.8	31.9	39,803	10,293	57.3	1,748	0.5	7.9	2.7
Wallowa, OR	41063	13,262	8.1	50.9	41.0	11,108	11,619	55.6	341	0.0	10.3	2.1
Wasco, OR	41065	35,067	11.9	55.3	32.8	32,255	9,366	56.8	1,182	0.0	8.6	5.6
Washington, OR	41067	674,905	6.5	47.9	45.6	586,556	7,439	60.0	23,102	0.0	12.1	5.3
Wheeler, OR	41069	3,220	14.8	63.0	22.2	3,646	16,958	50.8	99	0.0	12.1	0.0
Yamhill, OR	41071	125,891	8.3	58.0	33.8	113,067	7,121	60.3	5,545	0.0	10.2	5.0
PENNSYLVANIA	42000	23,037,842	7.7	33.3	58.9	18,968,247	10,517	60.4	672,849	0.1	9.3	4.0
Adams, PA	42001	232,255	13.1	30.7	56.2	216,392	14,667	57.0	5,427	0.1	11.0	3.2
Allegheny, PA	42003	2,451,994	7.1	27.6	65.3	2,043,100	12,199	61.4	64,811	0.0	8.6	3.1
Armstrong, PA	42005	131,375	4.5	46.8	48.7	112,553	10,483	60.8	3,837	0.0	11.6	4.1
Beaver, PA	42007	319,710	6.1	43.6	50.3	273,141	9,326	60.7	9,127	0.0	10.2	3.6
Bedford, PA	42009	80,740	7.5	54.6	37.9	69,859	8,584	61.0	2,431	0.0	14.7	4.2
Berks, PA	42011	798,447	8.0	29.6	62.4	652,612	9,444	59.4	20,694	0.0	10.0	4.9
Blair, PA	42013	193,276	7.8	53.4	38.8	167,550	8,839	61.5	7,576	0.1	13.1	3.4
Bradford, PA	42015	116,493	5.7	56.7	37.6	103,382	9,530	62.4	3,428	0.0	12.0	5.1
Bucks, PA	42017	1,333,202	3.7	20.0	76.3	1,102,708	12,134	63.9	29,976	0.1	9.1	2.2
Butler, PA	42019	267,514	3.3	40.7	56.0	225,992	8,136	63.6	9,699	0.0	8.2	2.1
Cambria, PA	42021	246,995	12.1	49.9	38.0	216,810	11,383	57.8	8,601	0.1	10.1	3.8
Cameron, PA	42023	10,083	2.2	62.3	35.5	7,630	8,134	58.7	313	0.0	8.9	3.2
Carbon, PA	42025	105,042	4.5	32.8	62.7	82,523	9,463	62.4	2,820	0.0	12.1	5.2
Centre, PA	42027	170,914	4.0	26.4	69.6	141,540	10,008	62.4	11,929	0.1	4.8	1.6
Chester, PA	42029	1,074,999	4.2	18.2	77.6	843,610	12,053	57.8	23,454	0.0	6.7	2.9
Clarion, PA	42031	100,430	13.2	53.7	33.1	88,936	12,671	55.0	3,245	0.0	5.7	2.6
Clearfield, PA	42033	173,368	11.9	50.8	37.3	153,063	10,642	60.2	4,163	0.2	11.4	7.4
Clinton, PA	42035	59,016	8.3	48.0	43.7	50,348	10,134	64.5	2,646	0.4	7.6	5.3
Columbia, PA	42037	117,396	4.0	41.7	54.3	94,967	9,296	63.7	4,862	0.2	5.7	2.8
Crawford, PA	42039	123,445	8.6	49.5	41.9	101,255	9,293	58.6	5,741	0.1	9.7	4.8
Cumberland, PA	42041	358,768	8.2	27.7	64.1	302,634	10,578	56.6	13,107	0.1	7.2	2.7
Dauphin, PA	42043	472,036	6.2	32.6	61.2	381,953	9,978	60.9	12,418	0.0	10.4	4.6
Delaware, PA	42045	1,011,945	6.7	24.3	69.0	854,219	11,638	61.9	32,263	0.0	6.7	3.2
Elk, PA	42047	43,226	4.5	48.7	46.8	38,421	8,820	61.1	1,785	0.0	14.8	2.2
Erie, PA	42049	503,807	10.4	41.2	48.4	405,648	9,743	58.5	18,122	0.0	8.2	3.5
Fayette, PA	42051	217,126	8.6	59.1	32.3	187,247	9,361	61.0	7,221	0.1	13.3	5.1
Forest, PA	42053	10,004	12.4	40.1	47.5	8,496	11,833	56.5	322	0.0	11.5	1.9
Franklin, PA	42055	187,824	5.0	36.2	58.8	156,945	8,319	63.9	6,695	0.0	12.7	4.4
Fulton, PA	42057	28,289	7.0	54.6	38.4	22,463	9,298	60.7	681	0.0	19.1	4.0
Greene, PA	42059	76,993	7.1	47.0	45.9	64,041	10,702	60.0	2,254	0.2	12.7	3.3
Huntingdon, PA	42061	61,763	7.5	58.3	34.2	52,312	8,612	60.9	2,532	0.0	9.9	4.7
Indiana, PA	42063	158,753	8.8	49.3	41.9	135,202	11,776	59.5	7,091	0.0	6.4	3.2
Jefferson, PA	42065	72,090	6.4	55.5	38.1	57,553	10,007	59.9	2,512	0.0	10.7	4.1
Juniata, PA	42067	27,649	5.9	49.4	44.7	25,084	7,802	59.7	1,166	0.0	17.2	5.7
Lackawanna, PA	42069	324,604	8.8	35.1	56.0	281,993	10,202	61.5	11,494	0.0	8.0	2.9
Lancaster, PA	42071	876,815	9.0	26.2	64.8	698,021	10,084	60.6	26,608	0.1	10.2	5.3
Lawrence, PA	42073	153,984	5.5	54.1	40.5	125,971	8,709	65.2	4,946	0.3	9.8	5.6
Lebanon, PA	42075	186,826	4.4	37.5	58.1	152,835	8,173	63.0	6,325	0.0	11.1	4.6
Lehigh, PA	42077	591,590	6.6	27.2	66.2	486,363	9,889	59.1	15,872	0.1	10.3	5.1
Luzerne, PA	42079	452,066	8.0	38.0	54.0	392,358	9,558	62.8	16,639	0.0	8.5	3.9
Lycoming, PA	42081	207,488	9.7	43.8	46.5	183,901	10,449	61.9	7,224	0.2	10.3	3.8
McKean, PA	42083	99,705	11.7	50.9	37.5	86,199	11,916	61.7	2,437	0.0	9.2	3.2
Mercer, PA	42085	267,887	13.5	43.9	42.6	232,247	12,464	63.9	7,085	0.0	7.1	3.7
Mifflin, PA	42087	78,791	18.8	43.3	37.9	75,676	12,196	51.7	2,298	0.1	14.8	8.6
Monroe, PA	42089	381,944	3.8	24.3	71.9	298,760	9,148	62.4	8,287	0.2	9.4	2.8
Montgomery, PA	42091	1,605,841	4.0	16.2	79.8	1,364,308	12,756	61.0	35,196	0.1	8.0	1.7
Montour, PA	42093	28,470	7.6	36.7	55.7	23,453	9,080	66.4	1,002	0.0	11.8	3.9
Northampton, PA	42095	564,262	5.9	23.6	70.5	449,764	10,005	59.3	15,697	0.0	7.1	3.0
Northumberland, PA	42097	128,163	6.3	51.8	41.9	110,381	8,413	64.5	4,801	0.0	11.4	4.5
Perry, PA	42099	78,187	3.9	46.7	49.4	61,899	8,616	59.8	2,341	0.1	12.9	6.8
Philadelphia, PA	42101	2,833,964	15.2	43.8	41.1	2,162,418	10,196	57.3	88,916	0.0	10.1	7.4
Pike, PA	42103	54,940	3.3	28.2	68.5	45,291	8,065	66.6	2,212	0.0	9.2	2.3
Potter, PA	42105	34,392	4.1	55.2	40.7	27,614	9,313	60.0	947	0.0	17.7	3.7
Schuylkill, PA	42107	241,894	6.9	42.2	50.8	195,758	10,164	60.0	6,825	0.1	11.1	5.2
Snyder, PA	42109	53,956	4.8	39.6	55.6	43,931	8,352	63.4	2,487	0.0	9.2	3.7
Somerset, PA	42111	125,536	6.6	55.2	38.2	104,383	9,153	61.3	4,227	0.0	11.8	3.5
Sullivan, PA	42113	10,649	5.1	35.3	59.6	9,555	12,049	59.2	535	0.0	11.0	11.8
Susquehanna, PA	42115	90,919	5.4	51.7	42.9	76,611	9,651	62.3	2,370	0.0	10.8	4.6
Tioga, PA	42117	66,826	7.0	51.5	41.6	58,899	9,217	62.2	2,805	0.0	9.6	1.8
Union, PA	42119	120,231	25.2	36.4	38.5	112,922	26,243	36.9	3,014	0.0	6.7	3.8

PART C—COUNTY EDUCATION STATISTICS

Table C-1. Population, School, and Student Characteristics by County—Continued

STATE County	State/ county code	High school graduates, 2000			College enrollment, 2000		College graduates, 2000 (percent)						
		Population 25 years and over	High school diploma or less (percent)	High school diploma or more (percent)	Number	Percent public	Bachelor's degree or more	+/- U.S. percent with bachelor's degree or more	Non-Hispanic White	Black	American Indian, Alaska Native	Asian and Pacific Islander	Hispanic or Latino[3]
		30	31	32	33	34	35	36	37	38	39	40	41
Sherman, OR	41055	1,316	48.6	84.3	16	87.5	19.0	-5.4	18.9	100.0	31.6	0.0	20.0
Tillamook, OR	41057	17,145	52.9	84.1	547	94.0	17.6	-6.8	18.1	0.0	2.8	14.5	6.6
Umatilla, OR	41059	44,515	51.9	77.8	2,743	88.8	16.0	-8.4	17.6	15.4	9.9	17.2	5.9
Union, OR	41061	15,562	45.3	85.6	2,077	96.2	21.8	-2.6	22.1	14.3	21.1	15.6	14.1
Wallowa, OR	41063	5,099	49.2	87.5	161	83.2	20.3	-4.1	20.6	...	0.0	0.0	13.0
Wasco, OR	41065	16,023	51.9	82.1	777	83.1	15.7	-8.7	16.5	15.9	5.6	34.8	6.3
Washington, OR	41067	285,518	31.2	88.9	24,771	75.9	34.5	10.1	35.7	32.0	21.0	50.2	11.3
Wheeler, OR	41069	1,143	57.8	79.4	31	90.3	14.3	-10.1	13.9	0.0	0.0	...	26.9
Yamhill, OR	41071	52,645	48.1	82.8	5,277	40.0	20.6	-3.8	22.1	9.8	15.8	22.6	6.6
PENNSYLVANIA	42000	8,266,284	56.2	81.9	703,163	59.7	22.4	-2.0	23.2	12.0	13.2	48.8	12.0
Adams, PA	42001	60,173	64.1	79.7	4,694	43.3	16.7	-7.7	16.7	15.4	21.3	55.5	6.7
Allegheny, PA	42003	891,171	47.5	86.3	87,059	60.5	28.3	3.9	29.3	13.4	19.1	72.5	37.9
Armstrong, PA	42005	50,638	71.1	80.0	2,012	83.0	10.4	-14.0	10.5	3.9	4.8	15.4	24.2
Beaver, PA	42007	126,933	58.8	83.6	6,954	60.6	15.8	-8.6	16.2	7.1	3.1	48.1	18.1
Bedford, PA	42009	34,582	72.4	78.3	1,066	82.3	10.2	-14.2	10.2	10.3	19.2	8.5	12.9
Berks, PA	42011	248,864	61.3	78.0	18,185	71.2	18.5	-5.9	19.6	8.4	9.0	38.6	4.7
Blair, PA	42013	88,366	66.2	83.8	5,251	79.0	13.9	-10.5	13.8	9.9	3.6	55.1	14.1
Bradford, PA	42015	42,428	65.4	81.7	1,436	75.8	14.8	-9.6	14.7	6.7	15.4	67.8	24.1
Bucks, PA	42017	402,575	43.6	88.6	28,682	59.4	31.2	6.8	31.1	22.4	26.2	57.0	16.2
Butler, PA	42019	116,072	52.2	86.8	10,254	85.6	23.5	-0.9	23.2	23.6	3.7	65.4	28.7
Cambria, PA	42021	106,780	67.3	80.0	7,614	71.3	13.7	-10.7	13.9	5.1	5.4	41.4	8.7
Cameron, PA	42023	4,150	70.2	79.8	95	78.9	12.1	-12.3	12.1	0.0	...	100.0	0.0
Carbon, PA	42025	41,690	68.9	79.0	1,770	76.2	11.0	-13.4	10.9	31.5	62.9	19.0	8.6
Centre, PA	42027	74,785	45.6	88.2	36,356	96.1	36.3	11.9	34.5	20.0	24.8	84.4	48.8
Chester, PA	42029	285,816	36.7	89.3	25,130	64.9	42.5	18.1	44.2	17.5	21.0	70.0	16.6
Clarion, PA	42031	26,334	68.7	81.8	4,650	96.1	15.3	-9.1	15.0	60.5	0.0	44.2	18.5
Clearfield, PA	42033	58,138	71.9	79.1	2,156	81.9	11.1	-13.3	11.1	2.3	7.7	66.2	7.7
Clinton, PA	42035	24,701	67.6	80.4	3,407	90.6	13.4	-11.0	13.4	2.4	5.9	27.0	7.0
Columbia, PA	42037	41,658	65.8	80.6	6,640	95.2	15.8	-8.6	15.5	41.1	0.0	49.8	11.7
Crawford, PA	42039	59,684	66.6	81.6	4,041	44.6	14.7	-9.7	14.7	8.3	9.3	37.7	8.0
Cumberland, PA	42041	144,215	49.7	86.1	15,608	63.3	27.9	3.5	28.0	13.3	26.5	46.4	15.9
Dauphin, PA	42043	171,783	54.0	83.4	9,782	76.3	23.5	-0.9	25.6	12.8	18.8	39.3	9.0
Delaware, PA	42045	365,174	46.5	86.5	39,670	41.9	30.0	5.6	31.4	15.4	12.9	50.9	30.0
Elk, PA	42047	24,337	66.8	82.7	882	78.9	12.3	-12.1	12.2	0.0	0.0	40.5	30.0
Erie, PA	42049	180,106	57.1	84.6	18,832	62.3	20.9	-3.5	21.5	8.7	10.8	51.0	11.0
Fayette, PA	42051	103,227	71.8	76.0	4,864	79.1	11.5	-12.9	11.5	10.1	0.0	27.0	7.1
Forest, PA	42053	3,540	73.8	79.4	61	77.0	8.9	-15.5	9.0	0.0	6.3	50.0	0.0
Franklin, PA	42055	87,959	66.0	78.9	4,467	74.0	14.8	-9.6	14.7	8.5	5.3	52.8	12.7
Fulton, PA	42057	9,687	75.1	73.2	285	76.8	9.3	-15.1	9.3	0.0	33.3	30.0	0.0
Greene, PA	42059	27,758	71.8	75.7	1,857	58.4	12.2	-12.2	12.7	2.2	0.0	46.9	2.7
Huntingdon, PA	42061	31,152	72.7	74.6	2,034	40.4	11.9	-12.5	12.5	1.2	38.9	19.4	2.7
Indiana, PA	42063	55,995	65.4	81.0	11,981	94.6	17.0	-7.4	16.6	27.3	8.5	60.5	21.4
Jefferson, PA	42065	31,583	70.4	81.0	1,283	84.6	11.7	-12.7	11.5	9.5	0.0	58.5	24.4
Juniata, PA	42067	15,225	77.2	74.5	433	78.1	8.8	-15.6	8.7	33.3	0.0	12.5	11.9
Lackawanna, PA	42069	148,116	58.5	82.0	12,508	37.8	19.6	-4.8	19.6	8.6	8.4	46.6	11.0
Lancaster, PA	42071	302,503	61.5	77.4	18,811	64.3	20.5	-3.9	21.2	11.8	9.6	24.6	7.4
Lawrence, PA	42073	64,767	64.1	81.6	3,916	59.5	15.1	-9.3	15.3	3.8	2.5	54.0	29.9
Lebanon, PA	42075	82,008	68.0	78.6	4,081	50.7	15.4	-9.0	15.7	12.7	31.4	35.1	3.8
Lehigh, PA	42077	212,665	53.8	81.1	15,378	52.4	23.3	-1.1	24.3	10.4	5.4	52.8	7.0
Luzerne, PA	42079	226,374	60.4	81.1	15,918	56.1	16.4	-8.0	16.4	5.8	10.3	50.3	10.4
Lycoming, PA	42081	80,500	61.3	80.6	6,190	64.9	15.1	-9.3	15.2	6.9	12.1	38.6	13.8
McKean, PA	42083	31,529	65.7	82.2	1,656	80.4	14.0	-10.4	14.5	1.3	10.0	29.8	3.5
Mercer, PA	42085	81,499	62.2	82.9	5,921	41.5	17.3	-7.1	17.7	6.2	12.5	44.9	21.1
Mifflin, PA	42087	31,722	74.8	77.2	722	68.3	10.9	-13.5	10.8	35.6	0.0	35.2	7.8
Monroe, PA	42089	89,793	54.8	83.8	8,213	81.1	20.5	-3.9	20.6	21.5	27.2	47.1	13.9
Montgomery, PA	42091	515,871	38.8	88.5	43,540	46.3	38.7	14.3	39.4	22.4	21.6	57.4	28.6
Montour, PA	42093	12,573	59.8	82.3	498	65.3	22.1	-2.3	21.3	23.3	78.9	86.0	30.3
Northampton, PA	42095	180,018	55.8	80.7	17,800	39.2	21.2	-3.2	21.5	15.7	16.3	55.7	10.1
Northumberland, PA	42097	67,112	72.3	77.8	2,148	71.9	11.1	-13.3	11.0	9.3	8.2	35.2	17.6
Perry, PA	42099	29,250	69.7	79.9	982	84.0	11.3	-13.1	11.2	6.3	14.3	53.6	21.1
Philadelphia, PA	42101	966,197	62.1	71.2	115,671	43.2	17.9	-6.5	24.1	10.3	9.9	32.6	9.2
Pike, PA	42103	31,525	54.5	86.8	1,412	59.3	19.0	-5.4	18.8	29.0	6.9	31.4	18.0
Potter, PA	42105	12,144	66.7	80.6	301	78.1	12.3	-12.1	12.2	0.0	0.0	41.1	12.8
Schuylkill, PA	42107	108,010	71.1	77.2	4,303	70.4	10.7	-13.7	10.9	1.8	1.5	41.1	3.7
Snyder, PA	42109	24,217	73.2	73.2	2,379	22.4	12.5	-11.9	12.6	4.6	0.0	0.0	6.2
Somerset, PA	42111	55,956	72.9	77.5	1,978	84.9	10.8	-13.6	11.0	1.6	0.0	6.7	5.2
Sullivan, PA	42113	4,659	67.6	78.0	165	74.5	12.8	-11.6	12.9	0.0	0.0	0.0	0.0
Susquehanna, PA	42115	28,581	64.7	82.5	1,028	70.0	13.2	-11.2	13.2	8.1	11.1	36.6	25.8
Tioga, PA	42117	27,176	64.2	80.5	2,767	92.7	14.2	-10.2	14.1	23.9	9.8	51.0	23.3
Union, PA	42119	27,521	65.9	73.1	3,717	14.8	18.0	-6.4	20.5	1.8	8.0	18.0	2.9

[3] May be of any race.

Table C-1. Population, School, and Student Characteristics by County—Continued

STATE County	State/ county code	County type[1]	Population, 2007 Total	Population, 2007 Percent 5 to 17 years	Number of schools and students, 2005–2006 School districts	Number of schools and students, 2005–2006 Schools	Number of schools and students, 2005–2006 Students	Resident enrollment, 2000 Total enrollment Number	Resident enrollment, 2000 Total enrollment Percent public	Resident enrollment, 2000 K–12 enrollment Number	Resident enrollment, 2000 K–12 enrollment Percent public
			1	2	3	4	5	6	7	8	9
Venango, PA	42121	4	54,763	16.4	6	30	9,326	13,090	88.1	11,097	90.1
Warren, PA	42123	6	40,986	16.1	3	14	5,802	10,028	88.9	8,301	91.6
Washington, PA	42125	1	205,553	15.4	17	57	30,105	46,477	84.7	34,487	92.4
Wayne, PA	42127	6	51,708	15.8	3	17	9,849	10,913	88.3	8,953	93.4
Westmoreland, PA	42129	1	362,326	15.1	23	102	54,322	84,043	83.5	63,187	90.1
Wyoming, PA	42131	2	27,835	17.0	2	8	4,415	7,072	84.9	5,615	94.4
York, PA	42133	2	421,049	17.0	20	117	68,434	90,912	82.1	71,383	90.5
RHODE ISLAND	44000	X	1,057,832	16.2	50	338	153,422	290,605	75.6	190,389	87.1
Bristol, RI	44001	1	50,079	15.4	2	14	6,969	14,156	64.5	9,004	81.6
Kent, RI	44003	1	168,639	16.0	5	53	25,806	40,874	80.0	29,276	86.4
Newport, RI	44005	1	82,777	14.8	6	27	10,982	22,211	74.0	14,785	85.4
Providence, RI	44007	1	629,435	16.7	29	206	91,712	176,038	73.4	115,371	87.4
Washington, RI	44009	1	126,902	15.6	8	38	17,948	37,326	86.2	21,953	90.2
SOUTH CAROLINA	45000	X	4,407,709	17.3	102	1,152	701,544	1,053,152	85.9	767,586	90.4
Abbeville, SC	45001	6	25,457	17.2	1	10	3,680	6,687	81.8	5,041	89.8
Aiken, SC	45003	2	152,307	17.5	1	41	24,799	37,855	86.9	28,650	89.6
Allendale, SC	45005	6	10,475	17.5	1	4	1,706	3,132	94.3	2,505	94.5
Anderson, SC	45007	3	179,981	17.5	6	47	29,861	39,271	86.3	29,839	92.7
Bamberg, SC	45009	7	15,452	16.4	2	7	2,666	4,940	84.5	3,485	91.9
Barnwell, SC	45011	6	22,975	18.5	4	11	4,566	6,391	93.1	5,287	95.3
Beaufort, SC	45013	5	147,316	16.5	2	29	18,988	27,897	82.8	20,802	85.2
Berkeley, SC	45015	2	163,622	18.9	1	35	27,649	39,541	87.1	30,440	91.1
Calhoun, SC	45017	2	14,777	16.9	1	4	1,849	3,652	83.9	2,971	84.3
Charleston, SC	45019	2	342,973	16.3	1	80	42,970	87,355	80.1	55,508	84.3
Cherokee, SC	45021	4	54,015	18.4	1	19	9,301	12,165	89.9	9,811	96.4
Chester, SC	45023	6	32,531	18.2	1	13	5,988	8,226	93.0	6,922	95.3
Chesterfield, SC	45025	6	42,761	18.4	1	16	8,093	10,526	90.0	8,840	92.8
Clarendon, SC	45027	6	32,822	16.7	4	13	6,012	8,452	89.9	7,083	91.9
Colleton, SC	45029	6	38,903	18.5	1	12	6,414	9,704	87.9	7,878	89.2
Darlington, SC	45031	3	66,833	18.4	1	22	11,365	17,661	86.3	14,074	90.7
Dillon, SC	45033	6	30,694	19.7	4	14	6,141	8,481	91.8	6,996	93.1
Dorchester, SC	45035	2	123,505	19.0	3	23	21,660	28,267	84.3	21,791	88.1
Edgefield, SC	45037	2	25,435	16.0	1	9	4,098	6,110	89.7	4,936	91.6
Fairfield, SC	45039	2	23,333	17.6	1	9	3,666	5,873	89.0	4,946	90.1
Florence, SC	45041	3	131,886	17.6	5	37	22,703	33,873	86.7	25,584	89.0
Georgetown, SC	45043	4	60,499	16.5	1	17	10,338	13,450	92.5	10,912	95.7
Greenville, SC	45045	2	428,243	17.4	1	95	67,551	96,798	76.2	69,888	86.0
Greenwood, SC	45047	4	68,259	17.9	4	22	12,254	17,843	88.9	12,478	90.5
Hampton, SC	45049	6	21,210	18.0	2	10	4,178	5,899	88.9	4,917	91.7
Horry, SC	45051	3	249,925	15.2	1	46	35,218	42,752	89.2	31,435	93.0
Jasper, SC	45053	6	21,953	17.9	1	4	3,170	5,407	78.9	4,429	81.3
Kershaw, SC	45055	2	58,168	17.8	1	19	10,310	12,532	90.5	10,443	94.7
Lancaster, SC	45057	4	73,393	17.7	1	19	11,243	14,891	92.2	12,038	94.9
Laurens, SC	45059	2	69,582	17.3	2	18	9,277	17,251	84.8	13,504	91.2
Lee, SC	45061	6	19,988	16.5	1	9	2,705	5,138	84.0	4,312	84.6
Lexington, SC	45063	2	243,270	18.0	5	67	51,259	55,402	89.8	41,574	94.3
McCormick, SC	45065	8	10,098	12.5	1	3	944	2,139	88.3	1,737	88.5
Marion, SC	45067	6	33,905	17.9	4	12	6,020	9,764	93.1	7,824	94.4
Marlboro, SC	45069	6	28,819	16.5	1	9	4,958	7,049	91.6	5,872	93.1
Newberry, SC	45071	6	37,633	16.7	1	14	5,924	8,802	83.0	6,688	93.7
Oconee, SC	45073	6	70,753	15.8	1	21	11,614	14,546	90.0	11,032	93.2
Orangeburg, SC	45075	4	89,952	17.1	5	30	15,210	27,308	85.3	18,826	88.1
Pickens, SC	45077	2	116,003	15.4	1	25	16,470	34,574	90.7	17,757	91.6
Richland, SC	45079	2	357,734	17.3	4	94	48,362	97,237	85.6	59,220	90.2
Saluda, SC	45081	2	18,748	16.6	1	5	2,120	4,394	94.2	3,701	94.9
Spartanburg, SC	45083	2	275,534	17.5	11	78	44,963	61,998	86.2	46,790	93.2
Sumter, SC	45085	3	103,943	19.2	3	27	17,838	30,345	85.0	22,355	88.1
Union, SC	45087	6	27,770	16.9	1	10	4,868	6,799	94.1	5,463	97.2
Williamsburg, SC	45089	6	35,447	17.4	1	14	5,699	10,681	92.4	8,584	92.9
York, SC	45091	1	208,827	18.1	4	52	34,876	44,094	89.0	32,418	92.4

[1] County type codes are from the Economic Research Service of the United States Department of Agriculture. See notes and definitions for more information.

PART C—COUNTY EDUCATION STATISTICS

Table C-1. Population, School, and Student Characteristics by County—*Continued*

STATE County	State/ county code	Students with IEP[2]	Students eligible for free or reduced-price lunch	Minority students	English language learners	Number of graduates, 2004–2005	Total staff	Number of teachers	Student/ teacher ratio	Central administration staff
		10	11	12	13	14	15	16	17	18
Venango, PA	42121	21.2	39.3	4.4	...	714	1,238	653	14.3	38
Warren, PA	42123	17.6	26.8	1.8	...	446	803	417	13.9	35
Washington, PA	42125	14.3	27.8	7.1	...	2,161	4,140	2,189	13.8	143
Wayne, PA	42127	15.2	36.4	5.4	...	674	1,197	681	14.5	25
Westmoreland, PA	42129	12.6	25.2	6.1	...	4,069	6,049	3,535	15.4	237
Wyoming, PA	42131	15.2	33.2	2.3	...	336	544	313	14.1	21
York, PA	42133	15.7	23.0	16.0	...	4,598	8,013	4,321	15.8	286
RHODE ISLAND	44000	18.0	35.3	29.6	4.9	9,881	21,581	14,063	10.9	469
Bristol, RI	44001	14.3	14.8	4.7	1.7	526	963	636	11.0	33
Kent, RI	44003	18.1	19.6	7.6	0.6	1,767	3,735	2,302	11.2	118
Newport, RI	44005	20.1	20.4	15.1	0.9	681	1,534	1,017	10.8	37
Providence, RI	44007	18.6	47.2	43.9	7.6	5,577	12,388	8,312	11.0	209
Washington, RI	44009	15.2	14.1	6.9	0.8	1,330	2,961	1,796	10.0	72
SOUTH CAROLINA	45000	15.6	51.5	46.2	2.1	33,439	61,533	48,204	14.6	300
Abbeville, SC	45001	17.1	60.8	42.2	1.7	203	397	269	13.7	4
Aiken, SC	45003	13.4	52.3	41.1	2.5	1,153	1,888	1,608	15.4	10
Allendale, SC	45005	16.4	86.5	96.9	1.2	69	167	128	13.3	3
Anderson, SC	45007	17.5	43.9	26.6	1.7	1,441	2,540	1,994	15.0	16
Bamberg, SC	45009	19.9	70.7	73.7	0.8	134	273	198	13.5	6
Barnwell, SC	45011	20.5	65.0	55.8	0.1	238	438	336	13.6	5
Beaufort, SC	45013	12.1	48.7	54.0	0.6	888	1,687	1,421	13.4	8
Berkeley, SC	45015	16.6	50.3	43.3	3.4	1,408	2,136	1,707	16.2	6
Calhoun, SC	45017	17.2	83.8	78.8	1.7	68	199	136	13.6	3
Charleston, SC	45019	13.3	51.1	59.3	1.1	1,935	3,780	3,218	13.4	6
Cherokee, SC	45021	10.8	58.3	31.5	3.4	393	872	677	13.7	3
Chester, SC	45023	14.4	59.6	51.7	0.7	274	551	430	13.9	2
Chesterfield, SC	45025	16.2	62.7	44.6	1.6	412	635	531	15.2	2
Clarendon, SC	45027	18.5	65.7	66.4	1.8	295	479	370	16.2	8
Colleton, SC	45029	16.4	72.6	59.5	1.0	272	552	438	14.6	3
Darlington, SC	45031	19.8	66.4	60.2	0.6	498	1,007	790	14.4	4
Dillon, SC	45033	13.9	76.7	63.0	1.6	316	477	379	16.2	6
Dorchester, SC	45035	13.2	35.9	38.5	1.3	997	1,712	1,416	15.3	3
Edgefield, SC	45037	18.7	57.9	51.0	1.3	178	368	298	13.8	2
Fairfield, SC	45039	18.4	74.8	86.9	1.3	159	414	302	12.1	4
Florence, SC	45041	18.2	61.7	57.2	1.2	1,103	2,072	1,561	14.5	13
Georgetown, SC	45043	17.3	61.5	53.7	1.9	516	872	737	14.0	3
Greenville, SC	45045	16.4	38.6	37.7	0.9	3,076	5,925	4,212	16.0	6
Greenwood, SC	45047	16.4	52.8	44.9	5.4	577	1,112	851	14.4	9
Hampton, SC	45049	14.3	69.1	69.6	1.3	182	404	289	14.5	4
Horry, SC	45051	15.9	54.6	31.3	0.6	1,676	3,097	2,308	15.3	11
Jasper, SC	45053	14.7	81.5	87.7	14.6	122	243	205	15.5	3
Kershaw, SC	45055	14.5	49.9	35.2	1.5	527	923	671	15.4	3
Lancaster, SC	45057	14.7	48.6	37.5	2.1	583	1,033	770	14.6	2
Laurens, SC	45059	19.7	60.2	39.7	3.8	420	793	587	15.8	9
Lee, SC	45061	20.1	89.7	95.7	1.0	101	266	199	13.6	2
Lexington, SC	45063	15.2	36.2	26.9	2.3	2,746	4,522	3,649	14.0	19
McCormick, SC	45065	16.1	72.2	84.3	0.5	51	111	71	13.3	2
Marion, SC	45067	19.7	80.5	76.8	0.5	301	506	410	14.7	6
Marlboro, SC	45069	14.8	80.7	68.7	0.1	191	489	361	13.7	2
Newberry, SC	45071	19.4	61.2	52.9	6.7	257	576	447	13.3	4
Oconee, SC	45073	17.2	51.0	19.6	3.5	476	1,081	818	14.2	4
Orangeburg, SC	45075	18.0	77.5	80.6	0.5	719	1,364	1,108	13.7	13
Pickens, SC	45077	13.8	42.1	13.6	2.3	769	1,398	1,059	15.6	5
Richland, SC	45079	14.4	50.6	73.5	2.7	2,204	4,410	3,628	13.3	21
Saluda, SC	45081	17.6	59.2	50.9	8.3	90	185	154	13.8	2
Spartanburg, SC	45083	15.4	47.6	36.2	4.7	2,181	4,173	3,250	13.8	20
Sumter, SC	45085	15.1	66.7	65.3	0.8	879	1,535	1,211	14.7	9
Union, SC	45087	20.6	60.7	40.1	0.0	260	425	343	14.2	4
Williamsburg, SC	45089	21.1	89.4	92.3	0.2	266	554	358	15.9	4
York, SC	45091	13.4	35.8	31.2	2.4	1,835	2,892	2,301	15.2	16

[2]IEP = Individual Education Program. See notes and definitions for more information.
... = Not available.

Table C-1. Population, School, and Student Characteristics by County—Continued

STATE County	State/ county code	Revenues, 2004–2005 Total revenue (thousands of dollars)	Percentage of revenue from: Federal government	Percentage of revenue from: State government	Percentage of revenue from: Local government	Current expenditures, 2004–2005 Total expenditures (thousands of dollars)	Amount per student	Percent for instruction	Resident population 16 to 19 years, 2000 Total population 16 to 19 years	Percent in Armed Forces	Percent high school graduates	Percent not enrolled, not employed, not in Armed Forces, not high school grad.
		19	20	21	22	23	24	25	26	27	28	29
Venango, PA	42121	113,021	5.0	55.3	39.7	89,057	9,335	60.4	3,341	0.0	9.2	3.6
Warren, PA	42123	60,866	7.3	55.1	37.6	54,713	9,291	60.9	2,277	0.1	11.0	4.7
Washington, PA	42125	381,681	8.9	38.9	52.2	319,675	10,527	59.4	10,346	0.0	9.2	3.1
Wayne, PA	42127	117,964	5.7	27.2	67.2	96,315	9,833	63.9	2,409	0.0	12.5	4.3
Westmoreland, PA	42129	605,868	5.5	38.8	55.7	495,860	9,041	61.2	17,603	0.1	9.3	2.4
Wyoming, PA	42131	50,284	5.6	47.8	46.6	45,721	10,261	62.8	1,662	0.0	9.3	1.6
York, PA	42133	711,261	3.9	30.9	65.2	565,206	8,533	62.8	19,672	0.1	12.0	4.0
RHODE ISLAND	44000	1,916,812	7.7	39.4	53.0	1,787,958	11,568	62.7	61,409	0.3	8.7	4.6
Bristol, RI	44001	89,636	4.0	30.2	65.8	81,746	11,610	67.7	3,024	0.0	6.8	2.2
Kent, RI	44003	323,050	4.3	31.2	64.5	307,922	11,810	63.4	7,752	0.0	11.1	3.3
Newport, RI	44005	151,059	8.5	26.7	64.8	134,975	11,985	64.0	4,400	3.6	11.1	3.9
Providence, RI	44007	1,111,884	9.6	48.7	41.7	1,037,002	11,287	62.4	38,449	0.0	8.9	5.9
Washington, RI	44009	241,183	3.9	18.5	77.6	226,313	12,365	60.7	7,784	0.0	4.6	0.8
SOUTH CAROLINA	45000	6,337,711	10.1	44.7	45.2	5,319,533	7,587	58.9	235,984	3.0	13.2	6.4
Abbeville, SC	45001	31,684	10.8	56.7	32.5	28,146	7,452	62.0	1,566	0.0	8.0	4.9
Aiken, SC	45003	192,459	10.9	52.1	36.9	169,831	6,713	63.3	8,068	0.1	10.1	5.9
Allendale, SC	45005	23,302	12.7	59.8	27.5	19,744	11,302	47.4	699	0.0	8.0	14.6
Anderson, SC	45007	253,305	9.2	48.1	42.8	218,324	7,335	59.2	8,498	0.0	13.2	8.0
Bamberg, SC	45009	27,569	17.5	53.5	29.0	24,427	8,902	55.1	1,424	1.3	12.8	3.4
Barnwell, SC	45011	40,303	13.7	57.5	28.8	36,820	7,799	58.0	1,439	0.0	11.0	5.0
Beaufort, SC	45013	200,406	8.8	22.4	68.7	162,979	8,527	58.2	7,076	30.5	39.5	3.0
Berkeley, SC	45015	242,393	11.0	46.7	42.4	190,785	6,721	56.0	10,369	18.0	31.1	4.1
Calhoun, SC	45017	20,217	13.4	45.0	41.5	17,427	9,364	51.4	791	0.0	9.9	5.9
Charleston, SC	45019	507,150	10.4	28.5	61.1	384,387	8,774	58.8	18,939	1.1	9.1	4.9
Cherokee, SC	45021	78,861	9.8	47.7	42.6	72,454	7,738	57.7	2,788	0.0	15.7	10.5
Chester, SC	45023	54,869	11.0	51.4	37.6	48,768	7,982	57.3	1,880	0.0	15.3	13.1
Chesterfield, SC	45025	63,981	11.6	55.3	33.1	59,445	7,360	60.0	2,324	0.1	11.8	9.5
Clarendon, SC	45027	49,186	17.3	54.1	28.6	42,214	7,156	58.1	2,077	0.0	10.2	9.1
Colleton, SC	45029	51,405	16.8	53.1	30.1	48,682	7,385	58.1	2,146	0.0	10.1	11.4
Darlington, SC	45031	104,059	12.4	48.5	39.2	87,261	7,379	59.0	3,497	0.0	9.7	7.1
Dillon, SC	45033	47,453	19.4	57.5	23.1	44,888	7,232	54.0	1,941	0.3	11.3	9.6
Dorchester, SC	45035	170,081	7.5	51.6	40.9	141,912	6,657	61.5	5,397	0.0	11.3	5.0
Edgefield, SC	45037	34,257	11.8	54.0	34.1	30,616	7,435	60.5	1,542	0.0	10.6	14.7
Fairfield, SC	45039	43,442	10.6	41.0	48.5	38,421	10,178	52.0	1,271	0.0	14.1	4.1
Florence, SC	45041	192,789	13.0	50.2	36.7	163,706	7,159	59.8	7,754	0.1	10.5	6.1
Georgetown, SC	45043	97,315	11.6	39.7	48.6	85,927	8,200	58.0	2,997	0.0	11.2	6.5
Greenville, SC	45045	603,384	8.2	40.6	51.2	437,909	6,710	59.8	20,669	0.0	9.5	5.4
Greenwood, SC	45047	106,887	9.3	46.8	43.8	87,258	7,065	59.4	3,786	0.3	9.6	10.7
Hampton, SC	45049	38,295	15.4	54.4	30.2	34,376	7,985	53.9	1,292	0.2	11.7	5.7
Horry, SC	45051	297,011	8.7	37.6	53.7	258,687	7,707	60.5	10,024	0.0	12.3	7.6
Jasper, SC	45053	31,153	15.8	46.4	37.9	24,612	7,711	55.7	1,233	0.0	11.4	10.0
Kershaw, SC	45055	81,929	9.8	55.8	34.3	74,673	7,196	58.7	2,747	0.0	15.4	6.6
Lancaster, SC	45057	90,884	11.7	52.0	36.3	79,909	7,000	61.7	3,320	0.0	13.1	10.1
Laurens, SC	45059	74,415	12.9	55.7	31.5	67,503	7,057	55.2	4,189	0.0	10.9	8.1
Lee, SC	45061	26,254	19.7	57.2	23.1	25,453	9,354	53.6	1,109	0.0	14.4	7.6
Lexington, SC	45063	454,429	7.1	48.6	44.2	396,003	7,723	58.6	10,975	0.2	12.6	3.8
McCormick, SC	45065	12,171	16.9	40.2	42.9	9,357	9,348	50.0	521	0.0	9.0	13.8
Marion, SC	45067	56,290	21.3	53.5	25.2	48,781	7,759	58.7	2,204	0.2	10.8	5.9
Marlboro, SC	45069	43,474	16.1	54.9	28.9	39,087	7,836	55.8	1,682	0.0	12.5	11.4
Newberry, SC	45071	55,576	11.2	49.8	39.0	50,778	8,537	58.3	2,200	0.0	8.5	9.5
Oconee, SC	45073	102,686	8.4	39.9	51.8	92,531	8,451	57.4	3,211	0.4	13.9	6.7
Orangeburg, SC	45075	154,089	12.0	49.0	39.0	132,347	8,683	56.3	6,474	0.0	9.2	5.8
Pickens, SC	45077	122,497	8.7	54.0	37.4	109,201	6,648	59.6	8,600	0.0	6.3	4.4
Richland, SC	45079	498,368	8.5	39.5	52.0	415,692	8,638	59.7	23,297	11.5	17.6	5.6
Saluda, SC	45081	18,701	12.6	54.2	33.3	16,319	7,594	51.0	1,109	0.0	9.0	9.7
Spartanburg, SC	45083	398,079	8.0	46.7	45.4	341,190	7,615	61.4	13,520	0.1	11.4	7.6
Sumter, SC	45085	146,910	15.6	53.7	30.7	127,038	6,885	56.7	6,376	2.5	13.2	6.6
Union, SC	45087	40,303	13.5	58.8	27.7	37,114	7,484	58.4	1,531	0.0	11.7	9.6
Williamsburg, SC	45089	47,693	19.4	56.9	23.7	44,542	7,400	55.8	2,407	0.5	9.5	6.6
York, SC	45091	309,747	6.3	42.6	51.1	252,009	7,426	60.2	9,025	0.0	10.5	5.8

Table C-1. Population, School, and Student Characteristics by County—Continued

STATE County	State/ county code	High school graduates, 2000 Population 25 years and over	High school diploma or less (percent)	High school diploma or more (percent)	College enrollment, 2000 Number	Percent public	Bachelor's degree or more	+/- U.S. percent with bachelor's degree or more	Non-Hispanic White	Black	American Indian, Alaska Native	Asian and Pacific Islander	Hispanic or Latino[3]
		30	31	32	33	34	35	36	37	38	39	40	41
Venango, PA	42121	39,366	68.4	81.0	1,398	81.5	13.1	-11.3	13.2	7.2	0.0	14.7	4.9
Warren, PA	42123	30,535	63.7	84.8	1,060	79.1	14.2	-10.2	14.2	17.2	20.4	41.0	13.8
Washington, PA	42125	142,118	60.0	82.6	8,902	69.5	18.8	-5.6	19.0	10.2	6.1	45.2	13.2
Wayne, PA	42127	33,326	62.8	80.7	1,318	63.0	14.6	-9.8	14.7	6.8	10.5	24.0	9.1
Westmoreland, PA	42129	263,593	55.6	85.6	14,834	69.7	20.2	-4.2	20.2	12.3	13.2	59.9	20.1
Wyoming, PA	42131	18,741	61.6	83.7	1,011	43.5	15.4	-9.0	15.3	16.0	27.6	26.0	45.1
York, PA	42133	259,040	60.9	80.7	13,146	54.2	18.4	-6.0	18.7	9.8	7.3	36.3	10.8
RHODE ISLAND	44000	694,573	49.8	78.0	84,009	55.0	25.6	1.2	27.3	16.7	14.1	35.9	8.6
Bristol, RI	44001	34,218	42.7	80.7	4,188	35.7	34.3	9.9	34.1	32.4	32.3	75.8	37.3
Kent, RI	44003	116,628	47.2	83.9	8,945	70.9	24.8	0.4	24.5	34.0	7.0	46.8	23.8
Newport, RI	44005	59,084	36.4	87.7	6,086	52.6	38.3	13.9	39.3	17.8	22.3	48.3	26.1
Providence, RI	44007	403,779	55.6	72.5	51,819	46.1	21.3	-3.1	23.4	15.6	12.4	31.2	7.0
Washington, RI	44009	80,864	37.4	88.6	12,971	87.3	35.5	11.1	35.7	20.6	17.5	49.3	31.2
SOUTH CAROLINA	45000	2,596,010	53.6	76.3	216,839	79.4	20.4	-4.0	24.3	9.9	11.2	39.8	14.1
Abbeville, SC	45001	17,068	65.8	70.1	1,241	57.9	12.8	-11.6	15.9	4.2	0.0	46.5	37.3
Aiken, SC	45003	92,922	54.0	77.7	6,691	88.3	19.9	-4.5	23.4	9.0	12.1	40.7	10.0
Allendale, SC	45005	7,094	71.3	60.0	439	97.7	9.3	-15.1	19.2	4.7	0.0	0.0	0.0
Anderson, SC	45007	111,037	59.3	73.4	6,724	73.5	15.9	-8.5	17.3	7.4	8.1	42.8	17.9
Bamberg, SC	45009	10,213	63.6	64.7	1,135	59.2	15.4	-9.0	19.7	11.6	100.0	0.0	37.5
Barnwell, SC	45011	14,770	67.2	67.5	669	90.6	11.6	-12.8	14.8	6.4	6.7	65.2	13.2
Beaufort, SC	45013	78,502	36.3	87.8	4,807	83.9	33.2	8.8	40.7	10.8	10.7	31.9	13.1
Berkeley, SC	45015	86,015	54.1	80.2	6,897	80.1	14.4	-10.0	15.4	10.0	12.8	28.4	14.8
Calhoun, SC	45017	10,266	62.5	72.8	462	84.0	14.2	-10.2	20.4	6.5	22.6	9.4	0.0
Charleston, SC	45019	199,361	41.4	81.5	25,683	78.4	30.7	6.3	40.4	10.7	19.6	41.2	18.9
Cherokee, SC	45021	34,283	69.9	66.7	1,664	63.9	11.8	-12.6	13.1	6.0	0.0	28.6	14.5
Chester, SC	45023	22,043	69.0	67.1	800	87.8	9.6	-14.8	11.9	5.0	0.0	22.7	21.2
Chesterfield, SC	45025	27,769	69.4	65.2	1,026	81.2	9.7	-14.7	11.7	4.2	12.8	52.7	20.0
Clarendon, SC	45027	20,698	69.2	65.3	883	81.3	11.4	-13.0	17.7	5.0	36.5	0.0	5.9
Colleton, SC	45029	24,716	67.3	69.6	1,129	88.8	11.5	-12.9	14.7	6.6	0.0	33.3	7.7
Darlington, SC	45031	43,512	63.2	69.3	2,538	71.8	13.5	-10.9	17.4	6.7	10.2	30.1	18.4
Dillon, SC	45033	18,867	72.9	60.7	835	93.4	9.2	-15.2	12.1	5.1	2.7	8.9	5.7
Dorchester, SC	45035	61,334	47.5	82.2	4,471	79.8	21.4	-3.0	24.4	11.7	14.3	46.9	9.6
Edgefield, SC	45037	16,227	64.0	71.4	829	87.8	12.5	-11.9	17.7	5.0	17.2	34.2	0.0
Fairfield, SC	45039	15,244	68.7	67.0	646	85.3	11.7	-12.7	20.5	4.5	0.0	100.0	2.1
Florence, SC	45041	80,904	57.8	73.1	6,166	88.9	18.7	-5.7	23.6	9.0	17.3	58.6	13.2
Georgetown, SC	45043	37,340	55.0	75.2	1,500	83.2	20.0	-4.4	26.0	7.7	47.6	53.8	10.5
Greenville, SC	45045	250,258	46.8	79.5	20,732	54.4	26.2	1.8	29.6	11.1	7.4	43.5	14.6
Greenwood, SC	45047	42,412	56.6	73.1	4,024	93.2	18.9	-5.5	24.0	7.1	9.0	37.6	5.0
Hampton, SC	45049	13,668	70.8	66.9	633	67.8	10.1	-14.3	14.5	6.3	18.4	22.5	2.9
Horry, SC	45051	136,551	51.0	81.1	8,531	87.3	18.7	-5.7	20.4	8.0	12.4	28.4	10.8
Jasper, SC	45053	13,112	70.8	65.2	578	67.6	8.7	-15.7	11.5	5.9	6.0	32.2	6.3
Kershaw, SC	45055	34,863	60.1	75.4	1,348	82.6	16.3	-8.1	18.5	9.9	7.0	8.3	11.8
Lancaster, SC	45057	40,520	65.8	69.8	1,936	85.8	10.2	-14.2	11.6	5.5	10.5	26.5	14.4
Laurens, SC	45059	45,470	67.3	67.7	2,822	55.7	11.7	-12.7	13.7	5.2	14.2	39.6	7.2
Lee, SC	45061	12,918	73.7	61.4	465	78.3	9.2	-15.2	14.3	5.7	0.0	0.0	5.8
Lexington, SC	45063	142,083	46.5	83.0	10,063	87.6	24.6	0.2	26.0	13.2	8.6	46.9	17.8
McCormick, SC	45065	7,192	64.4	66.1	255	88.6	16.0	-8.4	26.9	4.3	...	100.0	6.9
Marion, SC	45067	22,224	70.5	68.0	1,234	87.9	10.2	-14.2	14.2	6.5	0.0	73.7	0.3
Marlboro, SC	45069	18,482	74.1	60.9	698	89.4	8.3	-16.1	10.4	5.8	5.6	58.0	19.8
Newberry, SC	45071	23,881	64.4	69.1	1,525	45.4	14.8	-9.6	19.8	4.2	27.5	52.6	5.2
Oconee, SC	45073	45,896	59.3	73.9	2,461	86.1	18.2	-6.2	18.9	7.3	14.4	67.4	12.5
Orangeburg, SC	45075	57,037	60.1	71.5	6,858	81.3	16.3	-8.1	18.1	15.0	7.8	25.6	4.1
Pickens, SC	45077	66,787	57.1	73.7	15,364	93.5	19.1	-5.3	19.2	9.5	5.6	68.6	12.8
Richland, SC	45079	198,703	37.7	85.2	31,645	83.4	32.5	8.1	43.5	18.0	21.9	50.1	23.0
Saluda, SC	45081	12,654	69.3	69.3	509	96.7	11.9	-12.5	15.6	3.9	0.0	25.7	1.3
Spartanburg, SC	45083	167,802	56.8	73.1	11,226	67.4	18.2	-6.2	20.6	8.0	10.0	26.1	14.2
Sumter, SC	45085	64,144	55.4	74.3	5,724	77.8	15.8	-8.6	19.9	10.5	13.8	22.4	14.1
Union, SC	45087	20,222	69.5	66.9	967	86.9	9.8	-14.6	11.3	5.8	0.0	26.8	0.0
Williamsburg, SC	45089	23,189	69.6	65.5	1,289	92.4	11.5	-12.9	15.1	9.2	12.8	46.2	2.4
York, SC	45091	105,757	51.2	77.2	8,717	90.1	20.9	-3.5	23.7	8.8	5.6	28.6	16.0

[3]May be of any race.
... = Not available.

Table C-1. Population, School, and Student Characteristics by County—Continued

STATE County	State/ county code	County type[1]	Population, 2007 Total	Population, 2007 Percent 5 to 17 years	Number of schools and students, 2005–2006 School districts	Number of schools and students, 2005–2006 Schools	Number of schools and students, 2005–2006 Students	Resident enrollment, 2000 Total enrollment Number	Resident enrollment, 2000 Total enrollment Percent public	Resident enrollment, 2000 K–12 enrollment Number	Resident enrollment, 2000 K–12 enrollment Percent public
			1	2	3	4	5	6	7	8	9
SOUTH DAKOTA	46000	X	796,214	17.6	188	725	122,012	208,229	88.6	152,642	92.6
Aurora, SD	46003	9	2,854	19.1	3	9	531	759	94.5	664	97.6
Beadle, SD	46005	7	15,669	16.3	3	17	2,409	4,139	81.1	3,358	90.6
Bennett, SD	46007	9	3,441	23.2	1	5	558	1,257	94.9	983	97.3
Bon Homme, SD	46009	9	7,071	14.6	4	13	1,192	1,529	92.9	1,341	95.4
Brookings, SD	46011	7	29,241	13.3	5	20	3,974	11,458	96.8	4,361	96.8
Brown, SD	46013	5	35,113	15.8	7	22	4,859	9,554	85.5	6,207	86.5
Brule, SD	46015	9	5,190	20.5	2	7	1,160	1,475	93.8	1,315	97.0
Buffalo, SD	46017	9	2,111	24.8	...	...	...	779	89.7	662	89.1
Butte, SD	46019	6	9,475	17.9	2	7	1,673	2,361	89.2	2,000	92.8
Campbell, SD	46021	9	1,397	17.4	2	6	217	410	96.6	380	98.7
Charles Mix, SD	46023	9	8,953	21.3	5	15	1,682	2,522	87.5	2,178	88.7
Clark, SD	46025	9	3,472	16.0	2	11	627	974	97.1	880	98.0
Clay, SD	46027	6	13,364	12.0	2	7	1,469	6,399	96.7	1,853	96.6
Codington, SD	46029	7	26,356	17.5	6	21	4,554	6,730	87.3	5,198	91.0
Corson, SD	46031	9	4,205	24.3	3	8	838	1,410	96.7	1,181	97.6
Custer, SD	46033	8	7,818	15.9	3	9	1,150	1,731	89.1	1,476	92.5
Davison, SD	46035	7	19,020	17.1	4	14	2,950	5,217	77.9	3,642	88.4
Day, SD	46037	9	5,667	16.8	4	10	834	1,449	96.0	1,284	97.9
Deuel, SD	46039	9	4,259	16.1	1	3	524	1,079	95.7	922	97.8
Dewey, SD	46041	9	6,005	24.5	3	11	700	2,154	97.1	1,745	98.2
Douglas, SD	46043	9	3,018	16.4	2	6	358	842	76.6	761	79.0
Edmunds, SD	46045	9	4,008	17.7	3	12	688	1,050	88.8	919	89.1
Fall River, SD	46047	7	7,210	14.7	3	10	1,115	1,418	90.2	1,209	93.2
Faulk, SD	46049	9	2,276	16.4	1	7	349	606	85.6	539	86.6
Grant, SD	46051	7	7,159	17.0	3	8	1,267	1,871	90.4	1,591	94.2
Gregory, SD	46053	9	4,110	14.9	3	10	733	1,051	97.8	957	97.8
Haakon, SD	46055	8	1,845	14.2	2	10	339	517	97.5	461	98.7
Hamlin, SD	46057	9	5,621	19.0	4	11	1,257	1,477	92.3	1,267	93.3
Hand, SD	46059	9	3,273	15.1	2	5	527	825	96.2	723	99.7
Hanson, SD	46061	8	3,621	19.5	2	8	555	763	95.7	685	96.8
Harding, SD	46063	9	1,180	15.9	1	6	228	395	91.9	365	92.6
Hughes, SD	46065	7	16,880	18.4	2	9	2,615	4,081	91.2	3,589	94.3
Hutchinson, SD	46067	8	7,340	16.8	4	22	1,624	1,797	89.3	1,538	92.3
Hyde, SD	46069	9	1,465	17.5	1	3	261	357	94.1	305	97.7
Jackson, SD	46071	8	2,792	21.0	1	4	320	964	97.9	803	99.8
Jerauld, SD	46073	9	1,993	12.5	1	4	258	473	96.6	402	98.5
Jones, SD	46075	9	1,055	14.2	2	3	167	303	98.0	281	99.3
Kingsbury, SD	46077	9	5,394	15.2	3	9	805	1,360	94.5	1,177	96.1
Lake, SD	46079	6	11,372	14.7	5	16	1,763	3,471	94.1	2,085	94.8
Lawrence, SD	46081	6	23,347	14.4	3	9	2,966	6,595	93.3	4,091	95.1
Lincoln, SD	46083	3	37,765	19.1	4	16	4,112	6,784	86.8	5,286	92.7
Lyman, SD	46085	9	3,909	21.4	1	4	417	1,128	96.5	934	98.0
McCook, SD	46087	3	5,755	19.0	4	13	1,041	1,493	89.4	1,281	90.6
McPherson, SD	46089	9	2,496	16.0	2	9	434	546	94.1	497	96.2
Marshall, SD	46091	9	4,318	16.8	2	8	765	1,110	94.6	925	97.3
Meade, SD	46093	3	23,999	19.6	2	17	2,895	6,506	89.0	5,047	91.9
Mellette, SD	46095	9	2,019	23.2	2	7	451	647	98.0	533	98.1
Miner, SD	46097	8	2,475	15.4	2	5	405	678	96.9	611	98.4
Minnehaha, SD	46099	3	175,272	17.9	9	71	26,222	38,766	79.6	27,965	88.9
Moody, SD	46101	8	6,506	17.2	2	7	929	1,788	94.7	1,535	96.1
Pennington, SD	46103	3	96,280	17.3	5	40	16,249	24,276	88.3	17,352	92.2
Perkins, SD	46105	9	2,917	15.4	4	8	464	732	95.9	652	97.1
Potter, SD	46107	9	2,184	14.0	2	6	452	583	91.9	535	93.6
Roberts, SD	46109	9	9,865	19.2	4	15	1,634	2,692	97.8	2,294	98.4
Sanborn, SD	46111	9	2,444	16.3	2	6	422	653	95.4	570	98.9
Shannon, SD	46113	7	13,589	28.1	1	4	1,028	4,956	94.2	4,036	94.7
Spink, SD	46115	7	6,739	16.0	5	20	1,407	1,700	92.6	1,483	95.4
Stanley, SD	46117	9	2,787	17.7	1	6	532	698	93.3	603	97.2
Sully, SD	46119	9	1,411	15.7	1	4	315	358	96.6	330	97.6
Todd, SD	46121	9	10,157	28.3	1	12	2,007	3,548	98.6	2,824	99.8
Tripp, SD	46123	7	5,806	17.8	2	8	1,092	1,609	95.3	1,421	96.7
Turner, SD	46125	3	8,379	16.9	6	15	1,359	2,149	91.9	1,860	94.7
Union, SD	46127	3	13,952	18.2	7	15	2,707	3,301	87.3	2,602	90.1
Walworth, SD	46129	7	5,262	15.9	3	7	838	1,323	92.4	1,134	94.2
Yankton, SD	46135	7	21,645	16.9	3	12	3,454	5,720	82.3	4,219	92.2
Ziebach, SD	46137	9	2,643	25.4	1	3	281	883	92.6	735	92.7

[1]County type codes are from the Economic Research Service of the United States Department of Agriculture. See notes and definitions for more information.

PART C—COUNTY EDUCATION STATISTICS

Table C-1. Population, School, and Student Characteristics by County—Continued

STATE County	State/ county code	Students with IEP[2] (%)	Students eligible for free or reduced-price lunch (%)	Minority students (%)	English language learners (%)	Number of graduates, 2004–2005	Total staff	Number of teachers	Student/ teacher ratio	Central administration staff
		10	11	12	13	14	15	16	17	18
SOUTH DAKOTA	46000	15.1	32.0	15.0	4.2	8,584	18,991	9,116	13.4	762
Aurora, SD	46003	10.5	45.6	6.0	0.4	43	112	51	10.4	7
Beadle, SD	46005	13.9	34.9	8.8	3.7	219	387	174	13.8	16
Bennett, SD	46007	16.8	50.4	62.7	2.0	23	114	50	11.2	4
Bon Homme, SD	46009	10.7	37.6	3.6	2.3	110	192	94	12.7	10
Brookings, SD	46011	12.8	21.0	7.2	1.3	270	542	282	14.1	19
Brown, SD	46013	16.6	23.9	9.0	0.2	327	757	332	14.6	23
Brule, SD	46015	17.8	39.4	25.3	1.7	71	180	105	11.0	7
Buffalo, SD	46017	...	...	...	...	...	...	...	...	...
Butte, SD	46019	14.8	40.5	5.4	0.4	136	265	125	13.4	9
Campbell, SD	46021	12.4	36.9	2.8	0.0	16	54	26	8.3	4
Charles Mix, SD	46023	19.1	57.0	39.5	9.9	96	324	153	11.0	15
Clark, SD	46025	14.4	43.2	2.3	8.0	51	110	54	11.6	6
Clay, SD	46027	15.9	34.2	13.4	0.7	108	201	110	13.4	8
Codington, SD	46029	13.8	25.6	5.8	0.5	340	663	319	14.3	28
Corson, SD	46031	22.7	86.3	82.3	17.7	31	208	90	9.3	10
Custer, SD	46033	16.5	32.0	16.4	0.5	77	193	100	11.5	7
Davison, SD	46035	14.7	33.6	7.7	1.6	238	427	218	13.5	20
Day, SD	46037	17.7	45.1	10.1	0.6	84	149	75	11.1	6
Deuel, SD	46039	13.7	32.2	3.1	0.0	47	82	37	14.2	3
Dewey, SD	46041	52.6	29.4	71.3	9.1	40	209	96	7.3	14
Douglas, SD	46043	11.7	29.5	3.9	0.0	46	68	36	9.9	3
Edmunds, SD	46045	12.6	39.5	2.6	8.6	57	104	62	11.1	5
Fall River, SD	46047	12.6	46.6	19.3	3.5	100	221	97	11.5	11
Faulk, SD	46049	11.2	41.0	1.1	18.9	34	57	29	12.0	2
Grant, SD	46051	13.8	27.4	1.9	0.6	99	178	93	13.6	8
Gregory, SD	46053	14.9	61.2	14.6	0.8	89	162	72	10.2	10
Haakon, SD	46055	9.1	28.3	7.4	0.6	36	73	36	9.4	5
Hamlin, SD	46057	11.5	38.4	3.1	2.2	80	265	101	12.4	13
Hand, SD	46059	11.0	33.4	0.6	4.9	38	83	45	11.7	4
Hanson, SD	46061	11.0	33.6	0.8	5.4	31	84	46	12.1	3
Harding, SD	46063	8.3	28.1	0.9	0.0	21	39	25	9.1	3
Hughes, SD	46065	12.4	23.4	14.2	0.8	193	364	171	15.3	10
Hutchinson, SD	46067	12.5	30.7	2.7	7.4	100	249	138	11.8	10
Hyde, SD	46069	13.0	31.8	6.5	0.0	16	42	23	11.3	1
Jackson, SD	46071	20.6	50.0	40.6	0.9	15	70	35	9.1	5
Jerauld, SD	46073	10.9	55.4	1.6	3.9	23	68	30	8.6	3
Jones, SD	46075	8.4	0.0	10.2	0.6	22	34	18	9.3	2
Kingsbury, SD	46077	15.3	31.3	2.9	1.0	76	151	70	11.5	8
Lake, SD	46079	11.8	23.2	4.9	2.8	146	284	144	12.2	13
Lawrence, SD	46081	13.3	24.4	9.1	1.0	261	618	220	13.5	35
Lincoln, SD	46083	15.7	17.0	3.3	0.3	242	568	270	15.2	18
Lyman, SD	46085	22.5	48.7	29.6	0.5	25	84	38	11.0	3
McCook, SD	46087	16.7	31.9	2.3	3.3	100	173	88	11.8	12
McPherson, SD	46089	8.3	48.6	2.3	15.7	38	86	44	9.9	4
Marshall, SD	46091	11.0	35.6	2.4	3.0	63	114	58	13.2	6
Meade, SD	46093	13.5	35.7	7.9	0.0	194	389	212	13.7	7
Mellette, SD	46095	21.3	72.7	75.0	4.0	18	108	50	9.0	5
Miner, SD	46097	18.5	30.4	3.0	1.0	39	83	34	11.9	5
Minnehaha, SD	46099	14.6	25.2	12.5	5.6	1,731	3,323	1,694	15.5	80
Moody, SD	46101	15.0	30.0	28.1	12.1	72	147	79	11.8	5
Pennington, SD	46103	14.7	31.0	19.5	1.7	1,088	2,297	1,078	15.1	114
Perkins, SD	46105	13.6	45.3	3.2	0.0	39	113	50	9.3	7
Potter, SD	46107	11.7	29.0	3.3	0.0	44	75	41	11.0	4
Roberts, SD	46109	21.5	47.9	39.3	1.0	118	350	156	10.5	13
Sanborn, SD	46111	12.6	48.6	2.6	6.4	35	86	41	10.3	4
Shannon, SD	46113	42.2	98.8	98.9	67.7	...	314	107	9.6	8
Spink, SD	46115	16.9	27.0	2.7	5.0	117	240	122	11.5	9
Stanley, SD	46117	12.2	30.5	17.9	1.1	50	81	39	13.6	6
Sully, SD	46119	12.7	17.8	6.0	0.6	18	57	30	10.5	5
Todd, SD	46121	17.4	83.0	95.7	47.8	64	518	197	10.2	18
Tripp, SD	46123	13.0	40.8	18.0	0.4	70	174	93	11.7	7
Turner, SD	46125	14.7	23.1	3.5	0.1	123	214	109	12.5	14
Union, SD	46127	11.5	20.2	4.6	0.3	168	364	186	14.6	14
Walworth, SD	46129	19.0	37.5	19.6	1.2	54	138	68	12.3	6
Yankton, SD	46135	16.1	30.5	7.6	0.6	247	448	219	15.8	15
Ziebach, SD	46137	18.5	64.1	74.0	8.2	17	64	31	9.1	3

[2]IEP = Individual Education Program. See notes and definitions for more information.
... = Not available.

Table C-1. Population, School, and Student Characteristics by County—Continued

STATE County	State/ county code	Revenues, 2004–2005 Total revenue (thousands of dollars)	% Federal government	% State government	% Local government	Current expenditures, 2004–2005 Total expenditures (thousands of dollars)	Amount per student	Percent for instruction	Resident population 16 to 19 Total pop 16 to 19	Percent in Armed Forces	Percent high school graduates	Percent not enrolled, not employed, not in Armed Forces, not high school grad.
		19	20	21	22	23	24	25	26	27	28	29
SOUTH DAKOTA	46000	1,053,504	16.8	33.3	50.0	899,010	7,200	60.0	49,305	0.3	10.2	4.7
Aurora, SD	46003	5,049	14.4	33.2	52.4	4,297	8,492	58.9	230	0.0	4.8	11.7
Beadle, SD	46005	20,905	11.0	36.8	52.2	17,927	6,887	57.5	987	0.0	14.1	2.8
Bennett, SD	46007	5,714	33.8	39.4	26.8	5,743	10,596	66.6	245	0.0	6.5	15.1
Bon Homme, SD	46009	9,807	12.7	43.3	44.0	8,906	7,247	55.5	432	0.0	12.5	5.1
Brookings, SD	46011	30,988	7.3	35.4	57.3	27,852	7,044	61.1	2,817	0.1	6.1	0.2
Brown, SD	46013	39,251	9.2	33.0	57.8	31,998	6,557	58.6	2,384	0.0	9.2	1.4
Brule, SD	46015	11,523	21.5	34.0	44.5	9,425	7,757	63.9	372	0.0	5.1	7.5
Buffalo, SD	46017	...	...	...	...	...	...	...	200	1.5	10.5	14.5
Butte, SD	46019	12,990	14.3	46.7	39.0	11,179	6,221	60.8	583	0.0	16.8	1.5
Campbell, SD	46021	2,394	15.4	40.3	44.3	2,316	10,158	62.3	96	0.0	5.2	0.0
Charles Mix, SD	46023	21,091	46.7	28.4	24.8	14,758	8,501	60.0	580	0.0	5.9	13.8
Clark, SD	46025	5,495	11.6	32.3	56.1	4,851	7,328	60.9	268	0.0	9.0	4.9
Clay, SD	46027	11,438	10.4	35.3	54.3	9,900	6,543	55.2	1,472	0.0	2.4	0.7
Codington, SD	46029	33,993	11.3	39.4	49.3	28,245	6,209	65.0	1,741	0.0	12.2	2.3
Corson, SD	46031	12,878	52.5	36.7	10.8	10,971	12,217	60.6	290	0.0	6.9	13.1
Custer, SD	46033	10,002	21.9	13.0	65.1	8,090	7,719	61.4	609	0.0	9.4	1.8
Davison, SD	46035	24,340	12.7	37.9	49.4	21,665	7,309	61.3	1,338	0.0	6.7	3.3
Day, SD	46037	7,600	16.7	37.9	45.4	6,460	6,931	57.5	351	0.0	10.3	2.8
Deuel, SD	46039	4,397	8.1	37.7	54.2	3,587	6,768	55.9	248	0.0	9.3	2.0
Dewey, SD	46041	10,877	51.3	35.2	13.5	9,692	14,509	64.4	467	0.0	13.3	13.7
Douglas, SD	46043	3,352	10.9	40.0	49.1	2,819	6,842	57.4	208	0.0	7.2	2.4
Edmunds, SD	46045	5,609	11.1	33.3	55.6	5,137	7,215	56.9	239	0.0	3.8	7.1
Fall River, SD	46047	9,859	21.9	34.2	43.9	9,649	7,713	60.7	347	0.0	7.8	2.6
Faulk, SD	46049	2,883	13.3	42.4	44.3	2,839	7,632	55.2	167	0.0	4.2	10.8
Grant, SD	46051	10,784	8.2	28.8	63.0	8,990	6,734	57.6	442	0.0	9.5	6.1
Gregory, SD	46053	7,752	25.5	41.4	33.1	6,886	8,750	59.4	257	0.0	8.9	1.2
Haakon, SD	46055	3,143	11.8	31.8	56.4	2,980	8,120	61.3	156	0.0	8.3	0.0
Hamlin, SD	46057	9,998	8.8	37.2	54.0	7,952	6,518	58.7	380	0.0	8.4	5.3
Hand, SD	46059	4,607	8.8	29.0	62.2	3,682	6,806	61.9	222	0.0	2.7	0.9
Hanson, SD	46061	4,623	11.8	44.2	44.0	4,008	7,478	55.1	188	0.0	8.5	6.9
Harding, SD	46063	2,539	12.6	18.4	69.0	2,018	8,305	59.0	128	0.0	0.0	16.4
Hughes, SD	46065	21,189	11.9	38.5	49.6	18,189	6,709	60.3	992	0.0	13.0	3.9
Hutchinson, SD	46067	14,525	12.0	38.7	49.3	12,375	7,262	60.9	453	0.0	2.9	10.2
Hyde, SD	46069	2,479	9.5	21.1	69.4	1,907	7,307	59.8	86	0.0	5.8	0.0
Jackson, SD	46071	3,373	29.0	38.0	33.0	3,179	9,161	60.0	211	0.0	15.6	2.4
Jerauld, SD	46073	3,003	12.3	25.9	61.8	2,866	8,633	62.0	122	0.0	2.5	2.5
Jones, SD	46075	1,783	9.6	21.5	68.9	1,434	7,836	62.8	83	0.0	0.0	0.0
Kingsbury, SD	46077	8,012	7.6	35.8	56.6	6,482	7,744	55.5	351	0.0	6.6	2.3
Lake, SD	46079	14,765	9.9	33.3	56.8	12,972	7,100	61.5	1,055	0.4	6.9	2.7
Lawrence, SD	46081	24,032	9.9	24.7	65.4	20,511	6,653	60.4	1,900	0.0	11.9	4.6
Lincoln, SD	46083	29,428	5.7	34.8	59.5	23,452	6,030	58.0	1,421	0.5	7.4	0.6
Lyman, SD	46085	4,224	28.3	23.8	47.9	3,612	8,875	52.1	213	0.0	4.7	4.7
McCook, SD	46087	10,180	8.2	37.2	54.7	8,239	7,559	59.5	326	0.0	9.2	4.9
McPherson, SD	46089	4,131	12.7	27.6	59.7	3,815	7,818	59.3	118	0.0	6.8	12.7
Marshall, SD	46091	6,018	9.8	35.9	54.3	5,224	6,732	60.6	271	0.0	7.4	14.0
Meade, SD	46093	21,791	12.6	36.2	51.2	19,261	6,371	61.1	1,376	8.0	21.7	4.8
Mellette, SD	46095	4,930	44.4	35.2	20.3	4,737	10,669	61.3	136	0.0	14.7	5.9
Miner, SD	46097	3,634	8.7	32.9	58.4	3,147	7,751	56.0	175	0.0	5.1	1.1
Minnehaha, SD	46099	211,444	12.1	30.2	57.7	175,990	6,634	60.9	8,653	0.0	12.3	3.7
Moody, SD	46101	8,711	17.2	38.1	44.7	7,157	7,341	57.2	466	0.0	5.4	5.6
Pennington, SD	46103	133,931	17.2	28.9	53.9	118,983	7,035	59.9	5,548	0.3	13.7	4.5
Perkins, SD	46105	4,551	13.1	33.3	53.6	4,135	8,270	56.5	186	0.0	10.2	3.8
Potter, SD	46107	3,769	9.2	30.2	60.5	3,709	8,188	66.6	137	0.0	2.2	0.0
Roberts, SD	46109	16,967	26.2	40.3	33.5	14,916	8,592	60.8	627	0.0	6.9	10.7
Sanborn, SD	46111	4,240	14.2	35.4	50.3	3,301	7,731	59.8	174	0.0	7.5	6.9
Shannon, SD	46113	19,001	66.4	29.2	4.4	14,559	14,559	58.4	1,015	0.0	12.2	27.6
Spink, SD	46115	12,909	10.0	37.9	52.1	10,935	7,474	58.8	462	0.6	5.6	8.9
Stanley, SD	46117	4,329	18.9	32.0	49.1	3,894	6,760	56.1	178	0.0	6.2	2.2
Sully, SD	46119	2,984	7.6	23.4	69.1	2,754	8,827	57.4	92	0.0	13.0	0.0
Todd, SD	46121	26,944	57.1	35.5	7.3	23,881	11,655	56.9	754	0.0	10.1	12.9
Tripp, SD	46123	9,186	17.0	37.9	45.0	8,038	7,190	61.5	391	0.0	8.4	9.7
Turner, SD	46125	11,263	7.7	43.8	48.5	9,852	7,139	57.1	490	0.4	9.6	1.0
Union, SD	46127	22,637	6.9	26.3	66.8	18,345	6,787	59.3	721	0.0	11.0	1.4
Walworth, SD	46129	6,706	13.7	40.8	45.4	6,086	7,102	60.0	320	0.0	10.0	9.7
Yankton, SD	46135	27,018	9.3	41.5	49.2	22,822	6,400	60.4	1,157	0.0	7.8	3.0
Ziebach, SD	46137	3,536	54.4	35.7	10.0	3,429	12,843	54.9	201	0.0	9.5	23.4

PART C—COUNTY EDUCATION STATISTICS

Table C-1. Population, School, and Student Characteristics by County—Continued

STATE County	State/ county code	High school graduates, 2000 — Population 25 years and over	High school diploma or less (percent)	High school diploma or more (percent)	College enrollment, 2000 — Number	Percent public	Bachelor's degree or more	+/- U.S. percent with bachelor's degree or more	Non-Hispanic White	Black	American Indian, Alaska Native	Asian and Pacific Islander	Hispanic or Latino[3]
		30	31	32	33	34	35	36	37	38	39	40	41
SOUTH DAKOTA	46000	474,359	48.3	84.6	42,894	82.0	21.5	-2.9	22.3	19.3	8.5	39.2	11.7
Aurora, SD	46003	2,020	56.5	79.5	75	68.0	12.7	-11.7	12.9	...	0.0	0.0	8.0
Beadle, SD	46005	11,368	51.9	83.0	517	36.9	18.3	-6.1	18.0	13.8	46.9	9.3	0.0
Bennett, SD	46007	1,972	56.4	71.3	170	81.2	12.7	-11.7	16.4	23.1	5.9	...	14.3
Bon Homme, SD	46009	5,026	57.1	79.0	96	80.2	15.3	-9.1	15.7	0.0	4.0	...	14.3
Brookings, SD	46011	14,819	38.0	90.2	6,622	98.8	32.2	7.8	31.8	78.1	5.2	68.7	20.6
Brown, SD	46013	22,959	45.8	85.8	2,787	88.6	23.6	-0.8	23.8	37.9	14.0	63.0	16.4
Brule, SD	46015	3,371	50.5	81.1	78	92.3	20.6	-3.8	20.7	...	21.5	0.0	30.8
Buffalo, SD	46017	948	69.7	63.9	49	91.8	5.4	-19.0	13.8	0.0	2.9	0.0	0.0
Butte, SD	46019	5,859	57.2	79.8	258	87.6	12.2	-12.2	12.3	...	2.9	0.0	13.3
Campbell, SD	46021	1,251	54.1	79.2	16	87.5	14.8	-9.6	14.9	...	0.0	...	...
Charles Mix, SD	46023	5,676	59.9	74.7	160	73.1	14.1	-10.3	16.2	0.0	6.1	25.0	8.2
Clark, SD	46025	2,781	63.3	76.6	53	81.1	11.4	-13.0	11.3	...	0.0	33.3	0.0
Clay, SD	46027	6,719	33.6	89.5	4,397	97.5	38.7	14.3	38.0	59.5	23.8	77.5	53.6
Codington, SD	46029	16,377	52.8	85.3	1,100	87.0	18.8	-5.6	19.1	0.0	1.5	7.5	15.7
Corson, SD	46031	2,238	61.9	76.0	116	84.5	11.3	-13.1	15.4	0.0	7.1	50.0	0.0
Custer, SD	46033	5,099	44.4	88.9	185	73.0	24.4	0.0	24.7	...	19.4	0.0	36.0
Davison, SD	46035	11,719	50.0	83.9	1,283	54.3	20.2	-4.2	20.2	56.4	6.0	37.0	0.0
Day, SD	46037	4,354	58.3	80.0	102	79.4	15.4	-9.0	15.7	...	6.9	30.8	0.0
Deuel, SD	46039	3,094	60.3	81.9	89	78.7	13.3	-11.1	13.3	0.0	0.0	0.0	22.2
Dewey, SD	46041	3,107	54.8	77.4	262	90.8	12.2	-12.2	20.4	100.0	7.5	14.8	28.6
Douglas, SD	46043	2,332	59.8	68.8	41	78.0	14.5	-9.9	14.5	...	14.3	...	0.0
Edmunds, SD	46045	2,975	59.7	73.6	59	78.0	15.5	-8.9	15.6	...	...	0.0	0.0
Fall River, SD	46047	5,313	51.9	82.5	125	64.0	19.2	-5.2	19.9	0.0	6.2	25.0	24.1
Faulk, SD	46049	1,803	60.4	73.7	27	74.1	13.1	-11.3	13.3	...	0.0	0.0	0.0
Grant, SD	46051	5,303	63.1	79.5	119	71.4	14.8	-9.6	14.8	...	0.0	0.0	80.0
Gregory, SD	46053	3,367	61.3	77.7	43	95.3	12.0	-12.4	12.4	0.0	0.7	0.0	0.0
Haakon, SD	46055	1,477	54.4	86.3	32	87.5	15.4	-9.0	15.1	...	14.8	0.0	100.0
Hamlin, SD	46057	3,507	62.9	79.9	123	95.1	12.8	-11.6	12.7	0.0	26.3	50.0	18.8
Hand, SD	46059	2,627	58.1	80.1	33	63.6	15.6	-8.8	15.6	0.0	0.0	0.0	0.0
Hanson, SD	46061	1,962	61.1	75.1	61	85.2	14.0	-10.4	13.8	...	...	60.0	50.0
Harding, SD	46063	850	46.6	87.8	28	82.1	17.8	-6.6	17.5	...	50.0	...	...
Hughes, SD	46065	10,853	38.1	89.5	183	84.7	32.0	7.6	33.3	13.0	8.4	72.7	12.2
Hutchinson, SD	46067	5,629	57.6	71.7	139	82.7	14.1	-10.3	14.1	100.0	18.8	...	25.0
Hyde, SD	46069	1,147	56.2	80.5	20	95.0	16.0	-8.4	16.0	...	12.1	...	...
Jackson, SD	46071	1,662	51.6	82.7	137	86.9	16.2	-8.2	21.7	...	5.9	0.0	100.0
Jerauld, SD	46073	1,661	61.0	79.6	49	81.6	12.3	-12.1	12.2	...	50.0	...	0.0
Jones, SD	46075	811	53.3	86.2	12	83.3	17.8	-6.6	18.2	...	12.5	...	...
Kingsbury, SD	46077	4,015	59.6	82.3	97	89.7	16.2	-8.2	16.2	...	12.5	25.0	0.0
Lake, SD	46079	6,917	50.9	85.7	1,213	97.4	21.1	-3.3	20.6	0.0	19.0	86.5	22.0
Lawrence, SD	46081	13,746	44.2	87.5	2,245	95.7	24.0	-0.4	24.1	0.0	18.4	44.8	15.1
Lincoln, SD	46083	15,093	41.4	89.4	994	75.8	25.5	1.1	25.5	27.3	17.1	36.5	25.6
Lyman, SD	46085	2,344	59.7	81.1	101	94.1	15.9	-8.5	17.9	0.0	8.7	37.5	0.0
McCook, SD	46087	3,827	55.8	82.9	140	86.4	16.3	-8.1	16.3	...	0.0	100.0	8.7
McPherson, SD	46089	2,128	68.7	58.8	23	78.3	10.7	-13.7	10.7	...	...	...	0.0
Marshall, SD	46091	3,111	57.8	75.6	99	93.9	16.2	-8.2	16.7	...	8.3	...	...
Meade, SD	46093	14,816	46.1	87.7	1,061	82.2	16.8	-7.6	17.0	19.7	5.8	23.5	20.6
Mellette, SD	46095	1,199	56.3	78.1	66	95.5	16.6	-7.8	25.3	...	4.6	66.7	0.0
Miner, SD	46097	1,982	60.8	79.6	40	95.0	13.5	-10.9	13.4	0.0	40.0	0.0	0.0
Minnehaha, SD	46099	93,400	42.3	88.5	7,981	58.9	26.0	1.6	26.8	20.0	7.7	28.7	7.6
Moody, SD	46101	4,193	51.8	84.7	191	91.1	17.4	-7.0	17.9	23.1	9.5	37.1	33.3
Pennington, SD	46103	55,535	41.5	87.8	5,409	84.0	25.0	0.6	26.5	10.5	9.7	29.9	8.8
Perkins, SD	46105	2,367	56.9	80.3	27	59.3	14.6	-9.8	14.9	0.0	0.0	33.3	0.0
Potter, SD	46107	1,969	56.6	80.8	26	76.9	16.2	-8.2	16.1	...	22.2	50.0	...
Roberts, SD	46109	6,301	61.4	75.8	210	93.8	14.4	-11.0	14.4	0.0	8.4	77.8	0.0
Sanborn, SD	46111	1,788	56.2	82.7	67	70.1	14.8	-9.6	15.1	...	0.0	0.0	5.6
Shannon, SD	46113	5,524	56.4	70.0	537	89.4	12.1	-12.3	41.3	0.0	9.3	64.0	9.5
Spink, SD	46115	5,024	57.5	81.4	90	78.9	14.4	-10.0	14.4	0.0	17.7	0.0	0.0
Stanley, SD	46117	1,823	47.3	87.7	42	52.4	22.1	-2.3	22.3	0.0	11.3	100.0	0.0
Sully, SD	46119	1,065	53.2	84.9	13	84.6	16.4	-8.0	16.6	...	0.0	...	0.0
Todd, SD	46121	4,173	57.2	74.1	504	93.3	12.1	-12.3	22.2	...	8.4	73.3	0.0
Tripp, SD	46123	4,218	58.7	80.2	65	92.3	13.5	-10.9	14.0	...	2.6	0.0	9.1
Turner, SD	46125	6,019	54.1	83.2	203	77.3	17.0	-7.4	17.0	0.0	0.0	0.0	0.0
Union, SD	46127	8,262	45.6	87.2	477	85.5	26.3	1.9	25.5	19.0	24.3	74.6	30.8
Walworth, SD	46129	4,083	58.7	78.1	113	77.0	15.8	-8.6	15.8	...	9.6	0.0	0.0
Yankton, SD	46135	14,178	47.9	86.1	1,130	54.0	23.0	-1.4	23.9	9.4	2.5	0.0	10.5
Ziebach, SD	46137	1,223	64.3	71.4	84	95.2	12.0	-12.4	17.1	...	8.4	22.2	...

[3] May be of any race.
... = Not available.

Table C-1. Population, School, and Student Characteristics by County—Continued

STATE County	State/ county code	County type[1]	Population, 2007 Total	Population, 2007 Percent 5 to 17 years	Number of schools and students, 2005–2006 School districts	Number of schools and students, 2005–2006 Schools	Number of schools and students, 2005–2006 Students	Resident enrollment, 2000 Total enrollment Number	Resident enrollment, 2000 Total enrollment Percent public	Resident enrollment, 2000 K–12 enrollment Number	Resident enrollment, 2000 K–12 enrollment Percent public
			1	2	3	4	5	6	7	8	9
TENNESSEE	47000	X	6,156,719	17.2	136	1,700	953,928	1,415,105	85.1	1,037,539	90.1
Anderson, TN	47001	2	73,471	16.0	3	28	12,303	16,224	92.3	12,729	95.5
Bedford, TN	47003	6	44,062	18.2	1	12	7,394	8,678	90.2	7,088	93.7
Benton, TN	47005	7	16,267	15.5	1	8	3,161	3,320	91.5	2,861	94.5
Bledsoe, TN	47007	8	13,084	16.3	1	6	2,007	2,571	91.8	2,178	92.3
Blount, TN	47009	2	119,855	16.2	3	30	17,747	23,856	87.5	18,075	94.8
Bradley, TN	47011	3	95,443	16.6	2	25	14,209	22,171	79.1	15,197	93.2
Campbell, TN	47013	6	40,771	15.7	1	15	6,037	7,939	95.1	6,799	96.7
Cannon, TN	47015	1	13,432	17.4	1	7	2,205	2,831	90.2	2,358	91.3
Carroll, TN	47017	6	28,919	16.0	6	14	5,182	6,547	89.7	5,136	97.1
Carter, TN	47019	3	59,198	14.3	2	23	8,181	12,454	91.3	9,100	97.9
Cheatham, TN	47021	1	39,112	18.7	1	13	7,284	8,906	87.4	7,369	92.0
Chester, TN	47023	3	16,142	16.7	1	6	2,551	4,531	67.8	2,770	93.3
Claiborne, TN	47025	6	31,270	16.2	1	14	4,998	6,863	88.1	5,431	94.5
Clay, TN	47027	8	7,870	14.7	1	5	1,176	1,712	99.1	1,388	100.0
Cocke, TN	47029	6	35,337	15.9	2	13	5,467	6,849	95.1	5,823	97.3
Coffee, TN	47031	4	51,741	17.5	3	18	9,160	11,485	91.2	8,906	95.4
Crockett, TN	47033	8	14,233	18.0	3	7	2,849	3,233	91.1	2,787	94.1
Cumberland, TN	47035	7	53,040	15.0	1	11	7,337	9,432	92.3	7,599	93.9
Davidson, TN	47037	1	619,626	16.2	1	132	72,713	141,200	70.8	90,547	82.3
Decatur, TN	47039	9	11,339	15.6	1	4	1,602	2,284	94.2	1,897	96.5
De Kalb, TN	47041	6	18,436	16.3	1	5	2,684	3,693	92.3	3,071	95.3
Dickson, TN	47043	1	47,366	18.4	1	15	8,327	10,311	89.9	8,621	93.0
Dyer, TN	47045	5	37,684	18.2	2	12	7,068	8,964	91.3	7,032	94.7
Fayette, TN	47047	1	37,193	18.1	1	10	3,536	6,736	73.9	5,551	73.8
Fentress, TN	47049	9	17,420	16.8	1	6	2,277	3,601	95.6	3,084	96.4
Franklin, TN	47051	6	41,207	15.8	1	12	6,015	9,706	78.1	6,782	93.9
Gibson, TN	47053	4	48,553	16.8	5	19	8,591	10,813	92.8	8,732	95.7
Giles, TN	47055	6	29,024	16.5	1	8	4,480	6,974	88.0	5,637	94.2
Grainger, TN	47057	3	22,546	16.1	1	7	3,600	4,193	95.4	3,564	97.3
Greene, TN	47059	6	65,971	15.8	2	23	9,985	13,201	88.6	10,392	94.9
Grundy, TN	47061	8	14,275	17.5	1	7	2,386	3,040	94.1	2,654	95.8
Hamblen, TN	47063	3	61,829	16.4	1	18	9,583	11,928	92.6	9,572	96.0
Hamilton, TN	47065	2	330,168	16.3	1	78	40,800	77,307	78.1	53,191	81.5
Hancock, TN	47067	8	6,733	14.7	1	2	965	1,401	94.1	1,218	93.7
Hardeman, TN	47069	6	27,834	15.8	1	9	4,429	6,246	89.2	5,433	92.1
Hardin, TN	47071	6	26,061	16.3	1	10	3,895	5,325	89.2	4,457	92.0
Hawkins, TN	47073	3	57,054	16.4	2	18	8,302	11,234	92.0	9,175	94.6
Haywood, TN	47075	6	19,126	18.7	1	7	3,785	4,975	93.8	4,095	95.7
Henderson, TN	47077	6	26,749	17.3	2	12	4,705	5,456	91.1	4,547	93.8
Henry, TN	47079	7	31,630	15.6	2	9	4,889	6,506	93.8	5,384	96.8
Hickman, TN	47081	1	23,768	17.4	1	8	3,948	4,976	85.2	4,174	89.9
Houston, TN	47083	8	8,075	17.1	1	5	1,521	1,742	93.9	1,490	95.8
Humphreys, TN	47085	6	18,173	16.6	1	7	3,086	3,901	90.0	3,242	93.9
Jackson, TN	47087	8	10,791	15.9	1	5	1,950	2,188	94.6	1,807	96.1
Jefferson, TN	47089	3	50,221	16.4	1	11	7,411	10,701	80.7	7,627	95.1
Johnson, TN	47091	6	18,107	13.3	1	7	2,311	3,316	93.5	2,768	95.3
Knox, TN	47093	2	423,874	16.0	1	87	54,427	102,622	85.6	62,407	86.8
Lake, TN	47095	9	7,411	11.8	1	3	989	1,424	93.8	1,167	95.9
Lauderdale, TN	47097	6	26,700	17.3	1	7	4,527	6,156	91.3	5,096	93.6
Lawrence, TN	47099	6	40,887	18.1	1	13	6,924	9,223	90.9	7,663	93.7
Lewis, TN	47101	6	11,591	17.2	1	4	1,881	2,649	86.5	2,176	90.2
Lincoln, TN	47103	6	32,731	16.3	2	12	5,263	7,089	92.7	5,671	95.9
Loudon, TN	47105	2	45,448	15.6	2	12	7,430	7,829	92.3	6,232	95.2
McMinn, TN	47107	4	52,131	16.9	3	16	8,167	10,614	89.7	8,587	95.6
McNairy, TN	47109	6	25,595	17.0	1	8	4,262	5,328	89.6	4,393	92.3
Macon, TN	47111	1	21,561	17.9	1	7	3,708	4,610	96.6	3,926	97.9
Madison, TN	47113	3	96,518	18.2	1	28	14,205	24,814	72.1	17,759	82.5
Marion, TN	47115	2	28,138	16.2	2	11	4,613	6,125	92.9	5,111	94.8
Marshall, TN	47117	6	29,179	17.6	1	9	5,153	6,342	94.3	5,294	96.4
Maury, TN	47119	4	79,966	17.9	1	18	11,662	16,743	83.1	13,184	86.8
Meigs, TN	47121	8	11,657	17.9	1	4	1,905	2,335	88.4	2,017	90.1
Monroe, TN	47123	6	44,848	17.3	2	16	6,984	8,665	89.7	7,117	95.3
Montgomery, TN	47125	3	154,460	20.5	1	31	27,008	38,242	90.2	27,284	94.1
Moore, TN	47127	9	6,119	15.8	1	2	923	1,312	92.8	1,015	95.5
Morgan, TN	47129	6	20,365	15.9	1	8	3,344	4,260	94.8	3,480	95.5
Obion, TN	47131	7	31,633	16.6	2	11	5,691	7,182	95.0	5,636	98.5
Overton, TN	47133	7	20,975	16.0	1	9	3,145	4,459	95.6	3,473	97.1
Perry, TN	47135	8	7,671	16.8	1	4	1,151	1,594	93.7	1,392	93.9
Pickett, TN	47137	9	4,762	14.4	1	2	688	1,021	96.0	825	97.0

[1] County type codes are from the Economic Research Service of the United States Department of Agriculture. See notes and definitions for more information.

Table C-1. Population, School, and Student Characteristics by County—Continued

STATE County	State/ county code	Students with IEP[2]	Students eligible for free or reduced-price lunch	Minority students	English language learners	Number of graduates, 2004–2005	Total staff	Number of teachers	Student/ teacher ratio	Central administration staff
		10	11	12	13	14	15	16	17	18
TENNESSEE	47000	13.3	47.1	30.5	...	47,947	114,175	59,600	16.0	2,634
Anderson, TN	47001	18.9	40.4	10.4	...	689	1,753	875	14.1	74
Bedford, TN	47003	13.7	45.5	23.2	...	321	885	440	16.8	28
Benton, TN	47005	11.2	45.5	6.0	...	127	352	172	18.4	10
Bledsoe, TN	47007	19.4	63.2	3.6	...	81	142	121	16.6	1
Blount, TN	47009	14.2	34.9	7.2	...	963	2,177	1,042	17.0	45
Bradley, TN	47011	9.2	56.0	11.0	...	729	1,597	867	16.4	24
Campbell, TN	47013	13.9	69.2	0.8	...	278	780	379	15.9	14
Cannon, TN	47015	13.1	48.2	3.3	...	109	302	149	14.8	5
Carroll, TN	47017	14.4	48.4	13.7	...	295	658	341	15.2	29
Carter, TN	47019	13.7	56.8	2.8	...	486	1,096	566	14.5	38
Cheatham, TN	47021	11.0	29.0	3.4	...	390	838	420	17.3	29
Chester, TN	47023	7.9	44.6	16.5	...	122	314	145	17.6	6
Claiborne, TN	47025	14.7	64.0	1.6	...	192	631	354	14.1	16
Clay, TN	47027	15.6	61.9	2.6	...	57	198	94	12.5	9
Cocke, TN	47029	15.7	66.6	4.6	...	309	659	357	15.3	17
Coffee, TN	47031	14.2	45.7	9.0	...	556	1,170	588	15.6	39
Crockett, TN	47033	10.5	50.8	29.2	...	129	312	172	16.6	9
Cumberland, TN	47035	13.8	52.1	3.3	...	332	886	414	17.7	11
Davidson, TN	47037	12.5	57.2	62.6	...	3,044	9,612	4,951	14.7	159
Decatur, TN	47039	21.4	44.8	8.2	...	62	226	110	14.6	4
De Kalb, TN	47041	14.9	52.2	6.0	...	152	387	178	15.1	10
Dickson, TN	47043	14.9	42.8	9.7	...	450	1,091	520	16.0	15
Dyer, TN	47045	13.8	54.2	22.6	...	365	870	427	16.6	25
Fayette, TN	47047	14.9	73.2	65.4	...	143	604	256	13.8	19
Fentress, TN	47049	16.6	67.0	0.9	...	46	324	171	13.3	11
Franklin, TN	47051	15.3	48.2	9.4	...	370	757	373	16.1	22
Gibson, TN	47053	13.6	37.5	28.1	...	463	1,042	531	16.2	38
Giles, TN	47055	12.4	46.0	16.8	...	255	589	293	15.3	13
Grainger, TN	47057	16.3	56.0	1.8	...	174	378	206	17.5	12
Greene, TN	47059	17.5	48.1	5.5	...	541	1,327	650	15.4	34
Grundy, TN	47061	23.5	67.8	0.5	...	134	332	168	14.2	9
Hamblen, TN	47063	12.2	49.8	16.9	...	478	1,060	590	16.2	26
Hamilton, TN	47065	15.5	49.9	39.4	...	1,926	3,045	2,559	15.9	24
Hancock, TN	47067	17.8	65.3	0.8	...	64	181	77	12.5	8
Hardeman, TN	47069	16.1	71.2	56.8	...	257	693	300	14.8	11
Hardin, TN	47071	15.3	55.8	7.7	...	201	586	275	14.2	9
Hawkins, TN	47073	15.1	53.4	3.4	...	383	1,203	549	15.1	37
Haywood, TN	47075	11.7	72.3	70.1	...	138	528	237	16.0	15
Henderson, TN	47077	13.6	48.3	12.8	...	186	573	298	15.8	25
Henry, TN	47079	13.0	52.2	14.0	...	250	653	306	16.0	20
Hickman, TN	47081	16.0	49.9	4.5	...	218	466	235	16.8	14
Houston, TN	47083	14.5	46.7	7.0	...	83	249	92	16.5	8
Humphreys, TN	47085	14.2	47.0	4.1	...	196	470	207	14.9	17
Jackson, TN	47087	9.3	64.4	0.8	...	85	256	121	16.1	3
Jefferson, TN	47089	13.0	50.0	5.3	...	357	887	455	16.3	24
Johnson, TN	47091	16.7	58.8	2.0	...	156	403	160	14.4	14
Knox, TN	47093	9.0	36.0	19.3	...	3,088	6,590	3,452	15.8	148
Lake, TN	47095	15.2	62.1	30.5	...	33	141	70	14.1	4
Lauderdale, TN	47097	16.4	68.8	44.3	...	212	604	297	15.2	14
Lawrence, TN	47099	17.5	48.5	4.2	...	387	948	425	16.3	11
Lewis, TN	47101	10.5	56.1	5.3	...	115	257	123	15.3	14
Lincoln, TN	47103	10.1	41.1	12.6	...	272	717	319	16.5	15
Loudon, TN	47105	10.9	43.6	10.2	...	398	834	429	17.3	19
McMinn, TN	47107	15.0	46.7	10.8	...	394	925	487	16.8	35
McNairy, TN	47109	12.2	51.0	9.7	...	219	586	292	14.6	15
Macon, TN	47111	11.9	48.3	3.9	...	153	465	214	17.3	20
Madison, TN	47113	17.6	0.0	60.1	...	702	2,004	933	15.2	50
Marion, TN	47115	13.6	58.0	5.8	...	195	553	289	16.0	16
Marshall, TN	47117	12.4	38.2	13.3	...	240	619	295	17.5	16
Maury, TN	47119	13.9	44.0	25.2	...	595	1,479	767	15.2	25
Meigs, TN	47121	15.6	61.6	1.8	...	119	252	123	15.5	7
Monroe, TN	47123	14.3	60.1	7.2	...	278	754	392	17.8	25
Montgomery, TN	47125	0.0	39.0	36.0	...	1,318	3,092	1,591	17.0	61
Moore, TN	47127	9.9	40.3	2.2	...	62	158	72	12.8	3
Morgan, TN	47129	14.2	58.4	1.1	...	177	458	224	14.9	10
Obion, TN	47131	14.7	47.5	17.4	...	283	748	371	15.3	20
Overton, TN	47133	19.3	59.3	1.0	...	186	452	219	14.4	11
Perry, TN	47135	19.5	53.9	4.3	...	79	169	82	14.0	4
Pickett, TN	47137	13.1	61.0	0.6	...	47	113	61	11.3	3

[2]IEP = Individual Education Program. See notes and definitions for more information.
... = Not available.

Table C-1. Population, School, and Student Characteristics by County—Continued

STATE County	State/ county code	Total revenue (thousands of dollars)	Federal government	State government	Local government	Total expenditures (thousands of dollars)	Amount per student	Percent for instruction	Total population 16 to 19 years	Percent in Armed Forces	Percent high school graduates	Percent not enrolled, not employed, not in Armed Forces, not high school grad.
		19	20	21	22	23	24	25	26	27	28	29
TENNESSEE	47000	6,806,262	11.6	43.5	44.9	6,332,637	6,731	65.1	312,760	0.2	12.4	5.2
Anderson, TN	47001	105,508	11.8	40.4	47.8	94,050	7,662	63.2	3,567	0.0	15.7	2.1
Bedford, TN	47003	43,051	11.9	57.2	30.9	38,897	5,465	66.8	2,189	0.0	9.5	8.3
Benton, TN	47005	17,827	14.8	51.7	33.5	15,539	6,253	68.5	759	0.0	14.2	5.1
Bledsoe, TN	47007	14,117	14.1	66.1	19.7	12,041	6,115	61.7	615	0.0	13.5	10.1
Blount, TN	47009	130,241	7.9	42.1	50.0	123,150	7,083	67.9	5,248	0.1	12.1	3.3
Bradley, TN	47011	92,971	12.4	45.4	42.2	87,001	6,257	66.6	5,067	0.0	14.6	3.7
Campbell, TN	47013	39,088	17.5	60.7	21.8	36,299	5,698	64.7	1,994	0.3	15.9	11.7
Cannon, TN	47015	14,847	13.8	63.1	23.2	13,473	6,209	65.3	641	0.0	14.0	5.5
Carroll, TN	47017	36,500	11.5	57.0	31.5	30,165	6,144	62.8	1,578	0.0	15.2	4.6
Carter, TN	47019	59,579	14.7	54.7	30.5	55,834	6,773	66.6	2,857	0.0	14.9	4.3
Cheatham, TN	47021	44,094	8.6	59.0	32.4	41,459	6,159	66.0	1,771	0.0	12.6	3.6
Chester, TN	47023	15,146	11.8	65.3	22.9	13,699	5,381	65.2	1,147	0.0	8.7	4.4
Claiborne, TN	47025	38,739	21.0	53.0	26.0	31,371	6,330	70.7	1,589	0.0	15.1	6.2
Clay, TN	47027	9,633	12.2	59.5	28.4	8,383	7,712	66.0	419	2.1	27.9	2.9
Cocke, TN	47029	37,567	16.5	55.6	27.9	34,405	6,255	64.2	1,631	0.0	12.4	7.4
Coffee, TN	47031	65,652	10.6	44.9	44.5	61,317	6,530	65.4	2,636	0.3	10.5	4.7
Crockett, TN	47033	17,511	14.2	63.9	21.8	16,122	5,725	64.6	794	0.0	10.7	7.6
Cumberland, TN	47035	44,457	14.0	52.5	33.5	40,918	5,772	67.4	2,124	0.0	18.3	3.2
Davidson, TN	47037	626,563	10.6	27.0	62.4	588,786	8,087	62.4	32,378	0.0	10.0	6.6
Decatur, TN	47039	11,390	13.9	58.1	28.0	9,693	6,206	70.5	572	0.0	16.4	2.8
De Kalb, TN	47041	16,981	12.7	60.9	26.4	16,220	5,894	63.8	940	0.0	17.6	5.3
Dickson, TN	47043	56,605	9.2	48.0	42.8	52,784	6,452	66.7	2,410	0.0	13.4	4.1
Dyer, TN	47045	50,090	11.6	47.2	41.1	46,770	6,682	63.2	1,898	0.0	14.3	7.1
Fayette, TN	47047	28,653	27.6	47.6	24.8	27,744	7,622	62.5	1,663	0.0	15.6	4.9
Fentress, TN	47049	16,561	16.0	61.9	22.1	15,093	6,417	67.0	818	0.0	10.6	6.5
Franklin, TN	47051	42,005	10.5	52.0	37.4	38,261	6,395	62.8	2,411	0.0	10.0	4.8
Gibson, TN	47053	56,497	12.9	53.7	33.4	50,141	5,889	64.6	2,453	0.0	16.3	4.6
Giles, TN	47055	30,131	10.9	51.1	38.0	28,437	6,303	63.8	1,705	0.0	18.2	2.9
Grainger, TN	47057	22,438	17.2	64.3	18.5	20,537	6,341	68.5	985	0.0	13.2	5.2
Greene, TN	47059	71,595	12.4	47.8	39.8	63,216	6,462	64.1	2,947	0.5	19.2	3.8
Grundy, TN	47061	17,497	20.6	62.0	17.3	15,227	6,371	67.7	802	0.0	12.5	10.8
Hamblen, TN	47063	63,069	11.6	42.7	45.7	58,417	6,160	69.4	3,083	0.2	20.1	4.4
Hamilton, TN	47065	314,675	12.6	30.4	57.0	303,406	7,436	65.4	16,060	0.0	10.6	5.2
Hancock, TN	47067	8,791	20.8	65.1	14.1	7,620	7,493	63.8	428	0.0	13.3	4.4
Hardeman, TN	47069	31,799	15.1	59.7	25.2	28,412	6,365	71.9	1,500	0.0	9.0	9.4
Hardin, TN	47071	26,263	15.3	51.3	33.4	25,353	6,656	65.4	1,275	0.0	14.7	5.8
Hawkins, TN	47073	55,268	12.6	56.5	31.0	51,432	6,350	66.5	2,464	0.0	15.7	5.7
Haywood, TN	47075	25,174	16.0	56.2	27.8	24,127	6,533	64.5	1,174	0.0	14.1	7.3
Henderson, TN	47077	29,616	10.5	58.3	31.2	27,116	5,886	70.1	1,211	0.0	18.8	7.2
Henry, TN	47079	35,194	12.5	48.9	38.6	29,307	6,236	62.1	1,608	0.0	15.5	7.0
Hickman, TN	47081	25,782	11.5	65.3	23.2	22,862	5,883	66.9	1,114	0.0	20.6	5.2
Houston, TN	47083	9,738	11.4	66.7	21.9	8,818	6,102	62.0	366	1.1	21.3	0.5
Humphreys, TN	47085	19,959	11.8	56.4	31.7	19,716	6,424	65.9	956	0.0	15.6	2.6
Jackson, TN	47087	12,850	14.8	62.5	22.7	11,451	5,658	63.5	604	0.0	12.3	4.6
Jefferson, TN	47089	46,708	11.5	57.9	30.7	44,758	6,164	64.8	2,513	0.0	10.3	5.1
Johnson, TN	47091	19,513	20.9	54.6	24.5	17,500	7,479	60.7	747	0.0	7.1	9.9
Knox, TN	47093	394,103	9.3	32.1	58.6	365,417	6,736	63.8	22,203	0.0	9.8	3.7
Lake, TN	47095	7,272	19.9	58.9	21.1	6,411	6,999	69.5	429	0.0	6.5	20.3
Lauderdale, TN	47097	31,135	15.4	61.2	23.4	28,889	6,339	65.8	1,509	0.0	15.4	8.0
Lawrence, TN	47099	43,961	13.0	57.5	29.5	42,522	6,075	67.3	2,081	0.0	10.3	6.6
Lewis, TN	47101	12,360	15.5	65.8	18.6	10,878	5,539	64.1	708	0.0	13.3	8.8
Lincoln, TN	47103	32,137	10.9	56.8	32.2	29,121	5,730	69.0	1,543	0.0	14.4	5.3
Loudon, TN	47105	48,315	9.7	50.3	40.0	44,643	6,192	71.3	1,748	0.0	14.7	3.4
McMinn, TN	47107	52,013	12.3	51.3	36.4	48,647	6,125	64.7	2,446	0.0	14.6	6.5
McNairy, TN	47109	28,704	16.1	56.7	27.2	25,173	5,894	69.8	1,289	0.0	16.4	3.1
Macon, TN	47111	23,234	11.6	62.9	25.5	19,805	5,357	70.2	1,135	0.1	13.4	4.3
Madison, TN	47113	105,104	13.0	38.8	48.1	104,323	7,278	67.4	5,751	0.0	10.9	4.3
Marion, TN	47115	30,486	11.8	54.4	33.8	27,390	6,057	64.9	1,481	0.0	11.3	7.6
Marshall, TN	47117	31,510	8.9	50.6	40.6	30,713	6,384	62.4	1,554	0.0	13.4	6.4
Maury, TN	47119	77,308	9.8	48.2	42.0	77,208	6,703	65.4	4,198	0.0	16.7	4.7
Meigs, TN	47121	12,573	13.5	65.2	21.3	11,515	6,154	67.6	520	0.0	12.7	7.7
Monroe, TN	47123	43,616	12.3	59.2	28.5	41,243	6,002	64.9	2,095	0.0	15.6	7.0
Montgomery, TN	47125	165,303	12.2	49.2	38.5	157,269	6,072	59.9	7,580	7.2	19.2	3.0
Moore, TN	47127	7,134	8.0	57.1	34.9	6,957	7,262	60.6	254	0.0	6.3	5.1
Morgan, TN	47129	21,488	12.3	67.7	20.0	21,377	6,547	65.0	1,042	0.0	17.6	3.4
Obion, TN	47131	36,961	11.2	49.4	39.4	34,412	6,065	64.3	1,554	0.0	14.7	4.2
Overton, TN	47133	22,570	13.8	61.3	24.9	20,280	6,020	64.1	1,142	0.0	14.3	3.1
Perry, TN	47135	8,260	13.3	62.3	24.4	7,907	6,816	63.4	350	0.0	13.1	2.6
Pickett, TN	47137	5,667	13.4	61.8	24.8	5,182	7,488	66.5	261	0.0	17.2	4.6

Table C-1. Population, School, and Student Characteristics by County—Continued

STATE County	State/ county code	Population 25 years and over	High school diploma or less (percent)	High school diploma or more (percent)	College enrollment, 2000 Number	Percent public	Bachelor's degree or more	+/- U.S. percent with bachelor's degree or more	Non-Hispanic White	Black	American Indian, Alaska Native	Asian and Pacific Islander	Hispanic or Latino[3]
		30	31	32	33	34	35	36	37	38	39	40	41
TENNESSEE	47000	3,744,928	55.7	75.9	287,550	75.9	19.6	-4.8	20.5	12.9	14.8	46.7	14.1
Anderson, TN	47001	49,499	54.0	78.9	2,453	87.0	20.8	-3.6	20.7	14.6	19.4	67.8	20.8
Bedford, TN	47003	24,232	69.3	69.7	966	88.6	11.1	-13.3	12.3	4.3	0.0	16.4	4.5
Benton, TN	47005	11,798	76.6	65.8	246	77.2	6.3	-18.1	6.1	12.7	0.0	14.6	30.2
Bledsoe, TN	47007	8,455	75.1	66.0	228	87.7	7.1	-17.3	7.5	0.0	0.0	0.0	3.3
Blount, TN	47009	72,938	56.0	78.4	4,291	67.1	17.9	-6.5	18.1	9.6	7.0	47.7	19.4
Bradley, TN	47011	57,163	56.0	73.3	5,736	48.4	15.9	-8.5	15.8	10.3	11.2	39.0	28.4
Campbell, TN	47013	27,359	76.8	58.7	809	81.5	7.0	-17.4	6.9	7.5	0.0	40.4	19.5
Cannon, TN	47015	8,486	76.0	67.2	323	88.9	8.4	-16.0	8.4	12.5	0.0	0.0	0.0
Carroll, TN	47017	20,238	70.5	67.9	1,042	60.6	11.1	-13.3	11.6	7.2	22.2	17.4	11.7
Carter, TN	47019	39,450	64.4	69.1	2,710	71.3	12.8	-11.6	12.8	11.7	16.7	14.7	10.6
Cheatham, TN	47021	23,341	61.7	75.4	989	73.7	15.1	-9.3	15.1	10.0	22.5	32.7	20.4
Chester, TN	47023	9,531	65.3	67.8	1,525	22.3	11.2	-13.2	11.6	7.1	...	85.7	0.0
Claiborne, TN	47025	20,200	74.2	60.3	1,005	55.5	8.9	-15.5	9.0	3.8	0.0	68.8	0.0
Clay, TN	47027	5,623	80.2	58.4	245	94.7	6.8	-17.6	6.4	0.0	0.0	72.7	0.0
Cocke, TN	47029	23,070	76.9	61.2	713	84.9	6.2	-18.2	6.2	1.8	0.0	35.5	0.0
Coffee, TN	47031	32,079	59.2	73.7	1,738	82.3	17.5	-6.9	17.3	13.3	19.8	46.7	15.6
Crockett, TN	47033	9,690	72.1	65.1	302	70.9	9.1	-15.3	10.3	2.8	0.0	60.0	3.4
Cumberland, TN	47035	33,595	63.1	72.5	1,259	88.6	13.7	-10.7	13.6	37.7	13.6	25.5	13.4
Davidson, TN	47037	377,734	43.1	81.5	41,321	50.5	30.5	6.1	34.1	20.2	15.9	50.0	14.4
Decatur, TN	47039	8,247	76.3	63.6	280	85.7	7.3	-17.1	7.4	2.7	0.0	50.0	0.0
De Kalb, TN	47041	11,870	72.9	64.6	389	90.5	11.3	-13.1	11.0	21.1	88.9	45.5	6.7
Dickson, TN	47043	28,108	67.1	72.6	1,006	78.7	11.3	-13.1	11.6	4.0	13.5	31.0	15.1
Dyer, TN	47045	24,356	67.3	66.3	1,232	85.1	12.0	-12.4	12.6	5.7	0.0	37.0	10.2
Fayette, TN	47047	18,991	64.3	70.6	775	86.8	12.8	-11.6	15.4	7.5	8.6	33.3	5.1
Fentress, TN	47049	11,275	79.9	57.3	341	92.4	8.3	-16.1	8.3	0.0	...	0.0	19.6
Franklin, TN	47051	25,963	61.7	73.8	2,292	36.3	15.3	-9.1	15.8	6.6	3.4	31.8	15.4
Gibson, TN	47053	32,751	68.4	70.9	1,395	85.2	10.1	-14.3	10.8	6.8	0.0	13.0	10.7
Giles, TN	47055	19,829	70.1	72.5	1,011	65.3	10.6	-13.8	11.2	4.1	39.6	51.3	3.4
Grainger, TN	47057	14,210	77.1	60.1	523	83.6	7.8	-16.6	7.8	0.0	47.4	0.0	1.3
Greene, TN	47059	43,752	67.8	69.6	2,118	68.1	12.8	-11.6	12.8	8.7	0.0	40.4	6.9
Grundy, TN	47061	9,441	80.3	55.2	244	81.1	7.1	-17.3	7.1	0.0	10.5	50.0	6.6
Hamblen, TN	47063	39,340	63.7	69.3	1,719	86.0	13.3	-11.1	13.5	8.6	5.8	35.7	9.8
Hamilton, TN	47065	207,180	46.5	80.7	18,563	77.6	23.9	-0.5	26.6	10.6	22.1	48.9	19.4
Hancock, TN	47067	4,617	76.0	55.9	116	94.8	10.2	-14.2	10.1	0.0	0.0	46.2	16.7
Hardeman, TN	47069	18,595	71.3	66.7	607	66.7	7.8	-16.6	9.4	5.1	2.7	16.2	0.0
Hardin, TN	47071	17,644	72.1	66.9	588	80.6	9.8	-14.6	10.0	4.4	0.0	17.0	7.6
Hawkins, TN	47073	37,146	69.3	70.4	1,552	82.5	10.0	-14.4	9.7	13.4	0.0	60.6	19.4
Haywood, TN	47075	12,421	71.8	65.6	451	80.9	11.1	-13.3	15.9	5.7	25.0	52.2	0.0
Henderson, TN	47077	17,140	70.5	69.3	577	78.0	9.3	-15.1	9.3	8.8	15.9	0.0	16.4
Henry, TN	47079	21,791	69.6	70.5	716	90.6	12.1	-12.3	12.5	7.4	0.0	61.1	11.5
Hickman, TN	47081	14,899	73.1	64.3	457	72.0	6.7	-17.7	6.9	2.4	0.0	0.0	5.9
Houston, TN	47083	5,539	71.0	70.1	138	91.3	10.3	-14.1	10.0	2.4	0.0	87.5	19.6
Humphreys, TN	47085	12,270	71.2	72.0	424	80.0	9.3	-15.1	9.1	2.7	4.8	47.8	8.3
Jackson, TN	47087	7,671	77.2	61.6	212	88.2	8.4	-16.0	7.8	0.0	21.9	71.4	0.0
Jefferson, TN	47089	29,455	64.6	71.0	2,593	41.0	12.8	-11.6	12.8	14.5	0.0	50.8	6.3
Johnson, TN	47091	12,755	76.1	58.4	392	92.9	6.9	-17.5	6.9	2.1	0.0	40.7	6.4
Knox, TN	47093	252,530	44.6	82.5	33,984	90.2	29.0	4.6	29.7	16.4	19.4	63.3	30.0
Lake, TN	47095	5,492	79.3	56.0	205	90.7	5.4	-19.0	7.3	0.9	0.0	...	0.0
Lauderdale, TN	47097	17,507	75.9	62.3	702	88.3	7.7	-16.7	9.3	4.1	24.4	6.0	18.1
Lawrence, TN	47099	26,145	72.8	65.5	1,058	84.2	8.7	-15.7	8.8	9.7	0.0	13.8	4.8
Lewis, TN	47101	7,466	70.7	69.5	346	83.2	8.5	-15.9	8.3	7.7	46.2	50.0	0.0
Lincoln, TN	47103	21,361	67.1	69.6	943	86.4	11.9	-12.5	12.5	4.3	0.0	0.0	13.2
Loudon, TN	47105	27,899	57.6	75.6	1,118	87.8	17.0	-7.4	17.3	4.1	42.4	31.8	8.4
McMinn, TN	47107	33,110	66.9	69.3	1,433	63.2	10.8	-13.6	10.7	10.4	5.1	69.7	6.5
McNairy, TN	47109	16,787	71.7	68.5	592	80.6	8.8	-15.6	8.8	6.2	0.0	67.9	0.0
Macon, TN	47111	13,331	78.8	60.2	378	96.8	5.6	-18.8	5.6	0.0	0.0	51.9	1.3
Madison, TN	47113	58,038	52.1	78.8	5,342	43.3	21.5	-2.9	25.6	11.4	16.8	50.8	15.1
Marion, TN	47115	18,815	69.8	64.6	763	89.8	9.5	-14.9	9.8	3.7	0.0	16.7	8.3
Marshall, TN	47117	17,615	67.6	73.6	784	87.6	10.6	-13.8	11.2	4.7	0.0	50.0	6.3
Maury, TN	47119	45,288	58.4	77.9	2,338	83.0	13.6	-10.8	14.9	6.0	4.3	65.5	7.1
Meigs, TN	47121	7,405	73.2	63.5	223	79.4	7.0	-17.4	7.1	0.0	0.0	100.0	0.0
Monroe, TN	47123	25,955	70.5	66.7	1,196	64.9	10.1	-14.3	10.1	7.3	8.2	24.5	9.4
Montgomery, TN	47125	79,823	46.1	84.3	8,526	88.2	19.3	-5.1	21.6	10.6	6.5	18.1	16.0
Moore, TN	47127	3,939	63.4	76.6	245	82.9	11.8	-12.6	12.1	6.6	0.0	0.0	0.0
Morgan, TN	47129	13,371	77.1	63.8	556	91.4	6.0	-18.4	6.2	0.0	61.1	0.0	...
Obion, TN	47131	22,119	70.3	71.0	980	90.8	10.3	-14.1	10.8	3.7	0.0	60.0	11.5
Overton, TN	47133	13,751	78.9	59.0	661	94.1	8.3	-16.1	8.2	0.0	14.0	57.1	10.1
Perry, TN	47135	5,209	74.6	63.8	146	93.2	7.1	-17.3	7.2	3.8	0.0	...	0.0
Pickett, TN	47137	3,466	76.5	62.9	162	95.1	9.1	-15.3	8.7	0.0	37.5	...	68.8

[3]May be of any race.
... = Not available.

Table C-1. Population, School, and Student Characteristics by County—Continued

STATE County	State/ county code	County type[1]	Population, 2007 Total	Population, 2007 Percent 5 to 17 years	Number of schools and students, 2005–2006 School districts	Number of schools and students, 2005–2006 Schools	Number of schools and students, 2005–2006 Students	Resident enrollment, 2000 Total enrollment Number	Resident enrollment, 2000 Total enrollment Percent public	Resident enrollment, 2000 K–12 enrollment Number	Resident enrollment, 2000 K–12 enrollment Percent public
			1	2	3	4	5	6	7	8	9
Polk, TN	47139	3	15,678	16.2	1	6	2,698	3,089	91.4	2,577	92.9
Putnam, TN	47141	4	69,916	15.7	1	18	10,515	17,803	92.9	9,895	94.5
Rhea, TN	47143	6	30,328	16.5	2	7	4,780	6,583	91.1	5,023	94.6
Roane, TN	47145	4	53,399	15.6	1	18	7,569	10,736	91.7	8,612	93.6
Robertson, TN	47147	1	63,333	18.1	1	18	10,444	12,851	87.3	10,877	90.0
Rutherford, TN	47149	1	241,462	18.8	2	52	39,414	53,906	90.4	34,723	92.4
Scott, TN	47151	6	21,973	17.8	2	10	4,181	4,995	97.3	4,182	98.7
Sequatchie, TN	47153	2	13,369	17.3	1	3	2,145	2,422	88.6	1,943	92.6
Sevier, TN	47155	4	83,527	16.1	1	25	14,213	15,086	90.7	12,154	94.0
Shelby, TN	47157	1	910,100	19.6	2	242	166,197	259,171	83.5	189,061	87.7
Smith, TN	47159	1	18,845	17.3	1	12	3,260	3,995	94.2	3,366	97.4
Stewart, TN	47161	3	13,087	16.9	1	5	2,105	2,710	94.5	2,300	96.5
Sullivan, TN	47163	3	153,519	15.5	3	47	22,882	32,281	88.3	25,279	93.6
Sumner, TN	47165	1	152,721	17.9	1	42	25,552	32,250	85.4	25,901	89.2
Tipton, TN	47167	1	57,686	19.2	1	13	11,576	14,163	89.9	11,411	94.2
Trousdale, TN	47169	1	7,727	17.0	1	3	1,307	1,609	90.9	1,398	93.2
Unicoi, TN	47171	3	17,699	14.6	1	6	2,497	3,316	95.9	2,692	97.6
Union, TN	47173	2	18,877	17.2	1	7	2,966	3,890	95.8	3,345	97.3
Van Buren, TN	47175	9	5,437	15.6	1	2	878	1,203	96.1	1,016	96.5
Warren, TN	47177	6	39,690	17.0	1	11	6,205	7,910	93.9	6,653	95.8
Washington, TN	47179	3	116,657	15.3	2	24	16,038	26,774	91.7	16,544	93.5
Wayne, TN	47181	8	16,657	14.5	1	8	2,712	3,539	95.1	2,826	98.0
Weakley, TN	47183	7	33,227	15.3	1	11	4,911	10,280	95.3	5,595	97.0
White, TN	47185	7	24,895	16.4	1	9	4,013	4,904	94.4	4,215	95.7
Williamson, TN	47187	1	166,128	19.4	2	44	29,702	35,558	77.1	28,159	83.5
Wilson, TN	47189	1	106,356	18.2	2	24	16,894	21,923	80.8	17,549	85.5
TEXAS	48000	X	23,904,380	19.4	1,268	8,517	4,525,394	5,948,260	88.6	4,355,276	93.1
Anderson, TX	48001	5	56,760	14.1	7	23	8,567	11,231	92.4	9,247	93.9
Andrews, TX	48003	6	13,140	19.7	1	7	2,901	3,864	95.8	3,345	98.1
Angelina, TX	48005	5	82,812	18.8	7	43	17,053	21,101	92.6	16,317	94.6
Aransas, TX	48007	2	24,721	15.6	1	6	3,338	5,072	90.5	4,278	93.1
Archer, TX	48009	3	9,004	17.8	4	8	1,895	2,406	93.5	1,914	98.2
Armstrong, TX	48011	3	2,071	16.2	1	2	372	546	95.6	441	98.2
Atascosa, TX	48013	1	43,589	20.8	5	30	8,564	11,272	94.5	9,568	95.8
Austin, TX	48015	1	26,610	18.0	3	13	5,620	5,952	91.2	4,954	94.0
Bailey, TX	48017	7	6,357	20.7	1	5	1,515	1,775	96.3	1,520	98.9
Bandera, TX	48019	1	20,197	16.6	2	6	2,870	4,107	90.7	3,514	94.3
Bastrop, TX	48021	1	72,248	19.4	4	26	13,416	14,375	91.1	12,022	94.0
Baylor, TX	48023	6	3,836	15.8	1	3	604	878	96.8	725	97.5
Bee, TX	48025	4	32,689	15.1	5	16	5,235	7,807	92.1	6,038	92.8
Bell, TX	48027	2	276,975	21.0	13	117	56,005	65,774	88.3	47,400	94.6
Bexar, TX	48029	1	1,594,493	19.8	41	485	293,720	407,384	85.9	293,733	91.0
Blanco, TX	48031	8	9,067	17.8	2	6	1,675	1,847	91.6	1,529	93.5
Borden, TX	48033	9	585	13.7	1	2	155	201	94.5	169	97.6
Bosque, TX	48035	6	17,942	16.7	8	19	3,287	3,846	95.6	3,183	98.2
Bowie, TX	48037	3	91,553	17.1	13	54	17,225	22,200	93.7	17,634	96.3
Brazoria, TX	48039	1	294,233	19.8	8	91	54,578	68,391	88.6	51,867	92.2
Brazos, TX	48041	3	170,954	14.8	4	45	23,811	73,264	94.2	23,599	93.2
Brewster, TX	48043	7	9,239	14.2	4	7	1,280	2,971	95.1	1,557	97.3
Briscoe, TX	48045	9	1,479	18.1	1	1	224	436	94.5	391	95.9
Brooks, TX	48047	6	7,589	20.0	2	5	1,699	2,428	97.9	1,946	99.2
Brown, TX	48049	5	38,585	17.7	9	35	7,359	9,963	85.6	7,533	96.7
Burleson, TX	48051	3	16,598	17.1	3	12	3,033	3,971	91.2	3,357	94.7
Burnet, TX	48053	6	43,689	16.0	2	14	7,189	7,243	91.2	6,182	94.2
Caldwell, TX	48055	1	36,705	19.3	3	15	6,359	8,294	91.5	6,758	96.2
Calhoun, TX	48057	3	20,352	19.7	1	9	4,326	5,469	90.7	4,555	94.2
Callahan, TX	48059	3	13,508	16.3	4	12	2,700	3,130	95.8	2,652	99.0
Cameron, TX	48061	2	387,210	23.0	11	148	97,013	109,790	93.9	85,966	95.3
Camp, TX	48063	6	12,557	19.1	1	5	2,427	3,000	90.2	2,441	93.3
Carson, TX	48065	3	6,358	18.0	3	7	1,253	1,779	95.0	1,445	97.9
Cass, TX	48067	3	29,362	16.3	8	22	5,691	7,138	93.6	5,920	96.3
Castro, TX	48069	6	7,210	21.0	3	6	1,697	2,425	94.6	2,104	99.0
Chambers, TX	48071	1	28,771	18.8	3	22	6,178	7,139	93.6	5,800	96.6
Cherokee, TX	48073	6	48,169	18.1	5	19	8,292	11,603	88.8	9,174	94.7
Childress, TX	48075	7	7,556	15.0	1	3	1,199	1,691	91.4	1,356	98.7
Clay, TX	48077	3	11,119	16.3	5	9	1,905	2,661	95.2	2,156	97.9
Cochran, TX	48079	9	3,088	19.6	2	8	878	1,081	98.4	945	98.7
Coke, TX	48081	8	3,561	17.0	2	17	813	937	97.2	803	98.4
Coleman, TX	48083	6	8,550	15.9	4	13	1,595	2,018	94.3	1,748	98.2
Collin, TX	48085	1	730,690	20.1	14	238	130,775	136,630	82.7	96,997	90.6

[1] County type codes are from the Economic Research Service of the United States Department of Agriculture. See notes and definitions for more information.

PART C—COUNTY EDUCATION STATISTICS

Table C-1. Population, School, and Student Characteristics by County—Continued

STATE County	State/ county code	Students with IEP[2] (%)	Students eligible for free or reduced-price lunch (%)	Minority students (%)	English language learners (%)	Number of graduates, 2004–2005	Total staff	Number of teachers	Student/ teacher ratio	Central administration staff
		10	11	12	13	14	15	16	17	18
Polk, TN	47139	10.9	55.9	0.9	...	125	342	171	15.8	10
Putnam, TN	47141	14.5	42.4	9.6	...	535	1,214	590	17.8	32
Rhea, TN	47143	10.5	53.8	6.7	...	251	608	300	15.9	14
Roane, TN	47145	18.7	47.6	5.4	...	391	930	460	16.5	22
Robertson, TN	47147	14.2	35.9	16.9	...	484	1,101	634	16.5	25
Rutherford, TN	47149	11.5	32.0	26.2	...	1,944	4,048	2,419	16.3	81
Scott, TN	47151	10.0	72.1	0.6	...	188	595	283	14.8	18
Sequatchie, TN	47153	18.1	57.8	2.8	...	78	276	138	15.5	7
Sevier, TN	47155	14.3	50.6	4.6	...	726	1,890	890	16.0	24
Shelby, TN	47157	14.3	60.0	77.2	...	7,752	17,686	9,725	17.1	361
Smith, TN	47159	13.3	42.0	4.8	...	180	416	205	15.9	12
Stewart, TN	47161	13.4	47.7	2.9	...	140	323	129	16.3	10
Sullivan, TN	47163	16.2	41.2	5.1	...	1,317	3,044	1,533	14.9	70
Sumner, TN	47165	14.3	29.2	13.6	...	1,434	3,137	1,607	15.9	44
Tipton, TN	47167	14.4	48.6	27.7	...	612	1,401	669	17.3	22
Trousdale, TN	47169	19.7	45.1	11.9	...	60	175	85	15.4	6
Unicoi, TN	47171	16.7	49.7	5.2	...	178	342	159	15.7	9
Union, TN	47173	18.5	62.6	0.9	...	175	409	214	13.9	7
Van Buren, TN	47175	10.5	54.4	0.3	...	54	128	63	13.9	8
Warren, TN	47177	19.6	50.2	14.3	...	334	816	403	15.4	19
Washington, TN	47179	13.3	41.5	9.5	...	980	1,993	992	16.2	40
Wayne, TN	47181	17.4	57.0	2.5	...	162	416	207	13.1	6
Weakley, TN	47183	14.9	50.0	12.0	...	266	617	306	16.0	14
White, TN	47185	15.2	49.7	3.8	...	191	537	251	16.0	11
Williamson, TN	47187	10.1	10.8	13.0	...	1,609	3,426	1,850	16.1	136
Wilson, TN	47189	11.8	23.6	13.9	...	887	1,845	999	16.9	50
TEXAS	48000	11.3	48.2	63.5	15.7	239,717	620,589	302,413	15.0	11,710
Anderson, TX	48001	13.9	52.9	36.2	4.6	496	1,369	653	13.1	71
Andrews, TX	48003	16.3	33.9	60.2	8.5	198	442	212	13.7	12
Angelina, TX	48005	14.2	58.5	45.2	10.6	994	2,589	1,213	14.1	49
Aransas, TX	48007	14.1	60.8	40.7	3.9	228	532	235	14.2	18
Archer, TX	48009	9.3	32.0	9.7	3.4	152	292	162	11.7	7
Armstrong, TX	48011	12.6	43.0	8.3	1.3	22	63	40	9.3	3
Atascosa, TX	48013	12.0	66.5	71.7	4.6	509	1,396	630	13.6	49
Austin, TX	48015	14.7	42.1	43.4	8.2	355	854	432	13.0	18
Bailey, TX	48017	14.8	74.1	72.5	16.0	101	239	124	12.2	7
Bandera, TX	48019	16.5	46.8	23.5	3.3	179	463	230	12.5	11
Bastrop, TX	48021	12.9	54.3	48.0	11.1	763	1,807	891	15.1	62
Baylor, TX	48023	11.1	46.0	22.2	2.3	33	100	55	11.0	4
Bee, TX	48025	11.3	68.3	75.5	2.5	351	701	364	14.4	17
Bell, TX	48027	13.8	48.1	57.2	6.6	2,965	8,589	3,964	14.1	107
Bexar, TX	48029	12.7	40.6	77.6	9.8	15,308	40,457	18,870	15.6	518
Blanco, TX	48031	12.5	39.2	26.4	5.7	121	266	145	11.6	10
Borden, TX	48033	11.6	8.4	25.8	0.0	13	52	20	7.8	2
Bosque, TX	48035	14.9	53.3	29.0	7.6	206	585	279	11.8	45
Bowie, TX	48037	15.6	50.9	37.9	1.3	1,109	2,513	1,315	13.1	70
Brazoria, TX	48039	12.1	40.2	49.2	7.9	2,823	6,718	3,402	16.0	79
Brazos, TX	48041	8.9	47.1	55.4	10.7	1,230	3,379	1,594	14.9	54
Brewster, TX	48043	13.8	60.5	69.0	13.4	80	251	117	10.9	26
Briscoe, TX	48045	13.4	49.1	34.8	9.4	13	40	22	10.2	2
Brooks, TX	48047	15.4	74.0	95.8	4.1	91	303	138	12.3	9
Brown, TX	48049	16.7	56.4	33.7	2.0	442	1,113	543	13.6	41
Burleson, TX	48051	14.9	52.2	41.3	6.0	219	575	252	12.0	32
Burnet, TX	48053	14.4	48.1	30.0	7.9	444	1,088	498	14.4	25
Caldwell, TX	48055	13.4	58.4	63.0	6.2	372	942	470	13.5	19
Calhoun, TX	48057	13.2	58.1	62.7	7.2	256	595	271	16.0	3
Callahan, TX	48059	16.0	46.0	11.6	0.9	193	463	243	11.1	11
Cameron, TX	48061	11.0	22.4	95.9	34.1	4,281	14,392	6,218	15.6	124
Camp, TX	48063	15.5	66.9	49.5	14.3	134	399	180	13.5	7
Carson, TX	48065	13.9	31.1	9.9	0.8	79	214	113	11.1	7
Cass, TX	48067	16.3	55.1	26.7	1.1	380	989	487	11.7	34
Castro, TX	48069	8.4	69.8	75.0	11.4	113	314	159	10.7	11
Chambers, TX	48071	10.0	32.7	27.8	5.3	354	849	419	14.7	18
Cherokee, TX	48073	12.5	67.2	50.5	16.6	426	1,362	629	13.2	41
Childress, TX	48075	14.6	53.9	43.0	3.0	54	211	95	12.6	3
Clay, TX	48077	14.7	37.1	7.6	0.5	151	363	175	10.9	25
Cochran, TX	48079	13.8	69.4	62.5	10.3	63	188	95	9.2	6
Coke, TX	48081	18.6	60.0	38.3	4.4	50	146	77	10.6	3
Coleman, TX	48083	13.7	60.7	27.3	1.9	91	293	140	11.4	9
Collin, TX	48085	10.9	19.8	36.5	8.7	6,454	16,332	9,007	14.5	343

[2]IEP = Individual Education Program. See notes and definitions for more information.
... = Not available.

Table C-1. Population, School, and Student Characteristics by County—Continued

STATE County	State/ county code	Revenues, 2004–2005 Total revenue (thousands of dollars)	Percentage of revenue from: Federal government	State government	Local government	Current expenditures, 2004–2005 Total expenditures (thousands of dollars)	Amount per student	Percent for instruction	Resident population 16 to 19 years, 2000 Total population 16 to 19 years	Percent in Armed Forces	Percent high school graduates	Percent not enrolled, not employed, not in Armed Forces, not high school grad.
		19	20	21	22	23	24	25	26	27	28	29
Polk, TN	47139	18,697	14.7	57.3	28.0	16,681	6,271	68.1	660	0.0	16.1	8.0
Putnam, TN	47141	65,372	11.4	45.4	43.2	62,781	6,110	64.8	4,098	0.0	12.6	4.1
Rhea, TN	47143	29,954	12.3	60.6	27.1	28,478	6,021	64.6	1,649	0.0	15.3	2.9
Roane, TN	47145	53,348	10.0	52.3	37.8	49,772	6,682	65.8	2,421	0.0	15.1	4.7
Robertson, TN	47147	61,785	9.1	55.5	35.5	58,947	5,869	72.2	3,183	0.0	20.7	3.7
Rutherford, TN	47149	243,661	8.0	46.3	45.7	220,363	5,857	69.9	11,646	0.0	11.3	3.0
Scott, TN	47151	27,242	14.4	58.9	26.6	25,051	6,044	67.3	1,185	0.0	13.2	6.6
Sequatchie, TN	47153	15,406	15.5	53.6	30.9	12,124	5,888	67.8	490	0.0	22.2	1.2
Sevier, TN	47155	102,581	8.7	33.5	57.7	91,266	6,620	62.5	3,433	0.0	14.3	4.2
Shelby, TN	47157	1,276,423	13.5	38.2	48.3	1,207,539	7,274	64.3	51,491	0.1	9.5	7.1
Smith, TN	47159	19,677	10.7	59.9	29.4	18,456	5,753	66.8	1,003	0.0	14.6	5.3
Stewart, TN	47161	15,375	11.6	69.0	19.3	13,562	6,233	61.3	672	0.0	25.9	1.5
Sullivan, TN	47163	181,972	8.9	36.3	54.7	164,581	7,138	64.6	7,230	0.1	12.0	5.3
Sumner, TN	47165	163,035	8.6	49.9	41.5	159,570	6,458	66.4	7,587	0.0	13.4	4.0
Tipton, TN	47167	71,777	12.0	63.0	25.0	66,959	5,906	68.2	3,060	0.0	15.0	5.8
Trousdale, TN	47169	8,599	9.4	69.3	21.3	7,457	5,727	65.5	436	0.0	16.1	5.7
Unicoi, TN	47171	17,276	16.4	57.1	26.4	16,001	6,228	64.6	824	1.6	19.2	5.3
Union, TN	47173	22,323	13.4	67.0	19.5	21,312	6,835	64.5	1,041	0.0	25.8	4.3
Van Buren, TN	47175	6,391	11.8	63.6	24.6	5,512	6,968	61.7	287	0.0	17.8	5.9
Warren, TN	47177	41,210	12.3	51.0	36.7	38,125	6,173	62.9	1,748	0.0	18.1	3.1
Washington, TN	47179	114,805	9.9	38.9	51.2	103,136	6,473	68.5	5,817	0.1	10.0	3.3
Wayne, TN	47181	20,158	21.8	60.0	18.2	17,936	6,763	72.3	758	0.0	12.9	7.5
Weakley, TN	47183	31,160	12.2	57.2	30.6	28,669	5,869	67.5	2,710	0.0	10.8	2.8
White, TN	47185	25,059	13.7	62.2	24.1	22,110	5,519	67.9	1,244	0.0	16.9	5.3
Williamson, TN	47187	221,099	4.5	34.9	60.6	199,103	7,187	65.0	6,880	0.0	7.4	1.5
Wilson, TN	47189	112,730	6.7	44.4	48.8	102,537	6,344	60.2	4,623	0.0	14.1	2.8
TEXAS	48000	38,263,306	10.9	35.1	54.1	31,943,919	7,260	60.1	1,289,185	0.9	11.0	7.1
Anderson, TX	48001	67,102	10.2	43.7	46.1	58,132	6,905	61.3	2,368	0.0	18.1	7.3
Andrews, TX	48003	38,523	6.0	6.9	87.2	23,119	8,081	59.8	1,054	0.0	8.8	8.9
Angelina, TX	48005	129,189	11.0	53.0	36.0	115,190	6,849	59.1	4,890	0.0	11.5	5.4
Aransas, TX	48007	31,134	12.3	9.6	78.1	25,738	7,683	55.8	1,352	0.4	16.3	4.7
Archer, TX	48009	16,232	5.3	57.2	37.5	14,971	7,553	63.1	542	0.0	12.5	1.8
Armstrong, TX	48011	3,682	5.7	56.2	38.0	2,927	7,847	65.8	120	0.0	9.2	5.0
Atascosa, TX	48013	72,631	14.1	58.6	27.3	64,799	7,562	58.6	2,596	0.0	13.4	5.3
Austin, TX	48015	48,298	8.2	38.3	53.5	41,184	7,426	63.6	1,567	0.0	9.3	2.9
Bailey, TX	48017	12,394	13.9	59.2	26.9	11,617	7,553	61.1	412	0.5	6.6	2.2
Bandera, TX	48019	25,092	8.0	35.7	56.3	21,425	7,163	60.4	907	0.0	6.5	2.0
Bastrop, TX	48021	108,704	9.9	36.6	53.5	91,979	7,033	58.6	3,217	0.0	16.1	6.6
Baylor, TX	48023	6,563	6.0	56.3	37.7	5,393	8,698	65.1	182	0.0	8.8	8.8
Bee, TX	48025	45,294	14.9	56.5	28.6	39,836	7,673	59.4	2,204	0.0	6.9	12.6
Bell, TX	48027	471,851	18.6	51.0	30.4	401,784	7,406	60.5	14,633	8.5	21.9	5.4
Bexar, TX	48029	2,481,824	12.7	42.9	44.4	2,133,372	7,477	58.3	87,106	4.4	14.3	6.8
Blanco, TX	48031	16,031	6.8	25.6	67.6	13,114	7,857	63.8	427	0.0	8.9	7.3
Borden, TX	48033	6,021	3.4	4.1	92.5	3,540	21,071	46.8	48	0.0	0.0	8.3
Bosque, TX	48035	29,638	10.9	39.6	49.5	25,339	7,587	61.9	938	0.0	10.8	4.4
Bowie, TX	48037	136,674	12.2	46.8	41.0	115,982	6,836	62.2	4,819	0.0	13.7	4.8
Brazoria, TX	48039	438,274	7.1	27.0	65.9	355,920	6,767	59.2	13,901	0.1	10.6	6.3
Brazos, TX	48041	200,582	10.1	28.4	61.5	159,545	6,979	59.5	17,536	0.1	5.0	1.8
Brewster, TX	48043	14,935	14.5	40.1	45.3	12,554	9,605	60.2	601	0.0	9.2	2.5
Briscoe, TX	48045	2,065	10.3	49.4	40.2	1,799	8,649	60.8	110	0.0	5.5	6.4
Brooks, TX	48047	16,121	15.8	25.7	58.5	14,820	8,687	59.1	597	0.0	9.2	16.2
Brown, TX	48049	59,346	12.9	50.3	36.8	52,030	7,521	62.4	2,771	0.0	12.6	7.1
Burleson, TX	48051	27,575	12.9	45.4	41.7	24,654	7,910	56.9	980	0.0	12.0	5.1
Burnet, TX	48053	62,883	8.6	16.6	74.8	51,903	7,519	56.7	1,721	0.0	16.8	4.6
Caldwell, TX	48055	52,262	12.8	50.4	36.9	46,322	7,371	60.1	1,963	0.0	16.1	7.5
Calhoun, TX	48057	59,164	5.4	6.9	87.7	30,000	7,042	58.3	1,206	0.0	12.7	6.6
Callahan, TX	48059	23,649	6.5	61.4	32.1	21,269	7,939	62.5	731	0.0	11.9	3.4
Cameron, TX	48061	800,642	17.1	61.1	21.8	688,315	7,294	59.2	23,139	0.1	8.2	8.1
Camp, TX	48063	19,341	13.5	48.2	38.2	15,944	6,632	67.6	723	0.0	16.5	3.7
Carson, TX	48065	12,621	4.1	16.3	79.7	10,391	8,421	60.6	394	0.0	13.5	1.0
Cass, TX	48067	50,300	14.6	50.3	35.1	46,284	8,013	62.8	1,700	0.0	14.1	6.1
Castro, TX	48069	17,208	17.8	50.0	32.2	15,441	8,808	61.4	561	0.0	8.9	6.2
Chambers, TX	48071	63,554	4.9	22.0	73.0	44,247	7,459	59.6	1,623	0.0	9.1	5.5
Cherokee, TX	48073	66,922	12.9	55.3	31.8	57,098	6,879	59.7	2,826	0.0	14.6	6.0
Childress, TX	48075	10,638	10.6	60.0	29.4	8,997	8,069	63.7	424	0.0	9.4	18.2
Clay, TX	48077	18,336	10.3	51.8	37.9	16,965	8,586	59.9	607	0.0	9.1	7.4
Cochran, TX	48079	12,293	12.3	33.0	54.7	11,321	12,509	58.6	310	0.0	9.7	3.5
Coke, TX	48081	8,808	8.3	57.0	34.6	7,525	9,371	63.3	411	0.0	5.4	21.7
Coleman, TX	48083	16,160	9.4	62.1	28.5	13,867	8,721	60.0	473	0.0	14.0	2.3
Collin, TX	48085	1,214,985	3.1	14.2	82.7	843,492	6,956	62.7	23,575	0.0	10.8	3.5

Table C-1. Population, School, and Student Characteristics by County—Continued

STATE County	State/ county code	High school graduates, 2000 Population 25 years and over	High school diploma or less (percent)	High school diploma or more (percent)	College enrollment, 2000 Number	Percent public	College graduates, 2000 (percent) Bachelor's degree or more	+/- U.S. percent with bachelor's degree or more	Non-Hispanic White	Black	American Indian, Alaska Native	Asian and Pacific Islander	Hispanic or Latino[3]
		30	31	32	33	34	35	36	37	38	39	40	41
Polk, TN	47139	11,113	75.4	62.2	304	82.2	7.5	-16.9	7.5	100.0	0.0	0.0	10.0
Putnam, TN	47141	39,403	59.5	72.6	6,958	95.5	20.2	-4.2	20.1	25.1	6.5	60.1	9.7
Rhea, TN	47143	18,894	68.9	65.3	1,202	85.3	9.1	-15.3	9.3	1.4	8.0	21.9	4.9
Roane, TN	47145	36,455	61.3	74.8	1,573	91.7	14.8	-9.6	14.7	6.9	22.6	53.9	10.2
Robertson, TN	47147	35,252	64.2	74.8	1,227	81.0	11.9	-12.5	12.7	4.4	4.9	17.6	3.3
Rutherford, TN	47149	109,913	50.0	81.8	16,117	92.4	22.9	-1.5	23.5	18.8	17.5	31.1	11.8
Scott, TN	47151	13,480	77.4	60.7	608	91.8	7.5	-16.9	7.5	0.0	14.3	0.0	0.0
Sequatchie, TN	47153	7,610	71.8	66.7	316	87.0	10.2	-14.2	9.6	0.0	...	63.8	20.8
Sevier, TN	47155	48,843	61.8	74.6	2,101	84.0	13.5	-10.9	13.4	16.5	24.2	35.5	8.4
Shelby, TN	47157	558,056	45.4	80.8	50,931	77.9	25.3	0.9	35.1	12.8	16.2	48.6	15.2
Smith, TN	47159	11,798	73.0	67.5	391	77.2	9.3	-15.1	9.1	6.9	23.2	58.5	1.2
Stewart, TN	47161	8,486	67.7	74.3	329	90.9	10.2	-14.2	9.9	8.0	0.0	31.4	82.6
Sullivan, TN	47163	108,605	57.2	75.8	4,970	76.9	18.1	-6.3	18.2	13.2	2.4	41.7	12.2
Sumner, TN	47165	85,651	52.4	79.7	4,410	79.6	18.6	-5.8	18.8	11.8	17.3	38.2	13.2
Tipton, TN	47167	31,856	62.1	74.6	1,769	79.4	10.8	-13.6	11.5	6.7	14.0	37.1	6.9
Trousdale, TN	47169	4,852	73.8	61.4	154	76.6	8.9	-15.5	9.5	5.3	36.4	0.0	0.0
Unicoi, TN	47171	12,744	68.3	67.7	495	92.1	10.6	-13.8	10.6	...	0.0	100.0	4.1
Union, TN	47173	11,632	79.2	56.3	379	88.7	5.8	-18.6	5.8	0.0	0.0	0.0	0.0
Van Buren, TN	47175	3,738	80.4	62.0	149	98.0	7.8	-16.6	7.9	0.0	0.0	...	0.0
Warren, TN	47177	25,691	72.0	67.2	864	95.1	9.1	-15.3	9.4	1.8	0.0	60.4	5.5
Washington, TN	47179	72,947	51.8	77.2	8,627	93.0	22.9	-1.5	22.7	17.2	46.6	71.1	21.3
Wayne, TN	47181	11,733	76.7	61.3	553	88.1	8.0	-16.4	7.5	14.1	0.0	23.1	4.9
Weakley, TN	47183	21,908	65.6	70.3	4,274	94.6	15.3	-9.1	15.0	12.3	0.0	58.8	19.1
White, TN	47185	15,806	74.3	64.8	477	91.2	7.9	-16.5	8.0	2.8	0.0	33.3	0.0
Williamson, TN	47187	81,620	29.8	90.1	4,118	69.3	44.4	20.0	46.2	20.9	26.7	56.5	17.6
Wilson, TN	47189	58,683	53.0	80.9	2,961	71.5	19.6	-4.8	20.1	10.9	38.3	41.1	20.5
TEXAS	48000	12,790,893	49.2	75.7	1,202,890	82.6	23.2	-1.2	30.0	15.3	15.7	47.2	8.9
Anderson, TX	48001	38,506	63.8	64.4	1,438	88.0	11.1	-13.3	14.9	4.3	17.9	27.3	2.3
Andrews, TX	48003	7,815	64.6	68.0	334	83.8	12.4	-12.0	16.9	6.3	16.3	0.0	3.8
Angelina, TX	48005	50,290	58.1	71.2	3,308	92.4	14.7	-9.7	17.5	5.9	7.3	26.0	5.0
Aransas, TX	48007	15,728	54.5	74.6	498	86.1	16.7	-7.7	19.7	1.8	1.1	7.1	4.9
Archer, TX	48009	5,729	54.9	81.1	316	90.2	15.9	-8.5	15.9	0.0	32.1	85.7	7.9
Armstrong, TX	48011	1,458	45.4	82.4	81	95.1	20.5	-3.9	20.9	...	50.0	...	0.0
Atascosa, TX	48013	22,751	66.8	65.2	1,183	89.9	10.5	-13.9	17.3	0.0	19.2	28.1	4.3
Austin, TX	48015	15,280	57.8	74.5	647	91.5	17.3	-7.1	21.0	3.5	20.0	72.0	3.0
Bailey, TX	48017	3,960	70.0	61.5	139	92.1	9.3	-15.1	14.5	0.0	0.0	...	1.3
Bandera, TX	48019	12,287	47.1	84.8	423	71.4	19.4	-5.0	20.8	0.0	14.7	8.3	9.0
Bastrop, TX	48021	37,249	54.8	76.9	1,514	83.0	17.0	-7.4	21.0	6.6	4.4	14.6	6.5
Baylor, TX	48023	2,939	62.6	70.1	99	89.9	12.1	-12.3	13.4	0.0	15.8	0.0	2.8
Bee, TX	48025	20,568	61.1	73.7	1,373	91.5	12.2	-12.2	20.4	3.7	0.0	25.9	7.5
Bell, TX	48027	137,430	42.8	84.7	13,867	75.4	19.8	-4.6	24.5	11.1	17.0	22.3	9.5
Bexar, TX	48029	849,004	47.4	76.9	88,075	77.0	22.7	-1.7	36.6	17.8	13.3	38.0	10.8
Blanco, TX	48031	5,895	49.9	80.6	196	75.5	22.2	-2.2	24.8	23.2	26.2	0.0	3.0
Borden, TX	48033	490	49.0	83.9	29	75.9	21.4	-3.0	23.2	...	0.0	100.0	0.0
Bosque, TX	48035	11,910	56.2	75.9	456	89.5	15.4	-9.0	16.7	5.1	9.0	64.3	2.5
Bowie, TX	48037	58,767	54.6	77.3	3,226	91.1	16.1	-8.3	19.1	7.5	18.2	48.1	3.7
Brazoria, TX	48039	152,244	47.7	79.5	11,894	87.4	19.6	-4.8	22.3	17.2	11.8	51.2	7.6
Brazos, TX	48041	70,708	38.8	81.3	47,039	97.8	37.0	12.6	43.7	10.4	24.4	80.6	14.9
Brewster, TX	48043	5,519	42.5	78.6	1,330	95.6	27.7	3.3	36.9	44.0	0.0	38.1	12.7
Briscoe, TX	48045	1,181	55.6	74.8	26	84.6	17.5	-6.9	20.9	6.7	0.0	...	1.1
Brooks, TX	48047	4,717	73.5	49.9	280	96.8	6.8	-17.6	9.7	0.0	21.8	...	6.3
Brown, TX	48049	24,016	60.4	74.6	1,805	41.5	15.0	-9.4	16.7	10.1	11.9	35.3	2.6
Burleson, TX	48051	10,787	66.4	71.1	413	85.0	13.2	-11.2	16.4	4.5	19.5	85.7	2.7
Burnet, TX	48053	23,436	54.7	77.8	599	86.5	17.4	-7.0	19.2	2.4	10.8	12.9	3.5
Caldwell, TX	48055	20,337	63.5	71.3	948	82.3	13.3	-11.1	19.9	3.9	7.3	35.2	4.7
Calhoun, TX	48057	13,012	64.1	69.0	541	80.6	12.1	-12.3	15.0	3.0	0.0	65.0	3.1
Callahan, TX	48059	8,658	58.8	79.3	308	78.9	12.3	-12.1	12.8	7.4	4.2	62.5	1.1
Cameron, TX	48061	187,064	64.9	55.2	16,722	91.1	13.4	-11.0	28.9	28.0	10.4	56.6	8.9
Camp, TX	48063	7,474	63.1	69.5	333	93.4	12.2	-12.2	15.2	5.4	0.0	50.9	1.1
Carson, TX	48065	4,305	48.4	82.6	264	85.6	15.5	-8.9	16.1	0.0	0.0	50.0	5.9
Cass, TX	48067	20,546	63.2	75.0	817	85.3	12.0	-12.4	13.6	4.8	8.5	4.3	6.0
Castro, TX	48069	4,871	64.3	65.4	140	90.0	14.7	-9.7	24.7	7.7	0.0	0.0	2.4
Chambers, TX	48071	16,348	55.5	76.9	942	91.8	12.1	-12.3	13.0	8.3	18.0	21.4	6.1
Cherokee, TX	48073	30,008	63.6	68.4	1,712	64.1	11.4	-13.0	13.4	5.7	16.7	43.5	3.3
Childress, TX	48075	5,173	66.0	65.0	237	61.6	8.6	-15.8	10.9	6.0	0.0	50.0	0.0
Clay, TX	48077	7,549	59.2	80.4	372	91.1	13.9	-10.5	14.1	0.0	0.0	0.0	8.0
Cochran, TX	48079	2,236	65.6	62.7	85	94.1	10.2	-14.2	15.1	9.5	0.0	...	2.5
Coke, TX	48081	2,620	59.8	74.2	80	87.5	14.7	-9.7	15.7	0.0	40.0	100.0	5.4
Coleman, TX	48083	6,373	67.2	71.0	180	71.1	11.7	-12.7	12.7	2.3	19.6	0.0	4.1
Collin, TX	48085	315,665	23.2	91.8	25,951	82.3	47.3	22.9	48.2	42.9	28.7	72.0	22.4

[3] May be of any race.
... = Not available.

Table C-1. Population, School, and Student Characteristics by County—Continued

STATE County	State/ county code	County type[1]	Population, 2007 Total	Population, 2007 Percent 5 to 17 years	Number of schools and students, 2005–2006 School districts	Number of schools and students, 2005–2006 Schools	Number of schools and students, 2005–2006 Students	Resident enrollment, 2000 Total enrollment Number	Resident enrollment, 2000 Total enrollment Percent public	Resident enrollment, 2000 K–12 enrollment Number	Resident enrollment, 2000 K–12 enrollment Percent public
			1	2	3	4	5	6	7	8	9
Collingsworth, TX	48087	9	2,972	17.6	2	4	653	797	95.6	671	98.7
Colorado, TX	48089	6	20,666	16.7	3	13	3,544	5,113	86.6	4,002	92.2
Comal, TX	48091	1	105,187	17.4	4	35	20,580	19,006	87.4	15,339	90.6
Comanche, TX	48093	7	13,541	16.7	4	9	2,355	3,192	96.0	2,762	98.6
Concho, TX	48095	8	3,599	9.0	2	20	435	740	92.2	544	95.2
Cooke, TX	48097	6	38,486	18.5	9	21	6,705	9,620	88.5	7,465	90.8
Coryell, TX	48099	2	72,156	18.7	5	21	10,774	19,217	90.1	13,801	96.0
Cottle, TX	48101	9	1,610	15.5	1	1	230	399	98.5	365	99.5
Crane, TX	48103	6	3,862	20.9	1	3	915	1,256	97.3	1,055	96.8
Crockett, TX	48105	7	3,789	17.4	1	4	766	1,129	98.8	1,026	100.0
Crosby, TX	48107	3	6,310	20.1	3	10	1,397	1,992	96.4	1,671	98.4
Culberson, TX	48109	9	2,484	17.6	1	3	616	888	96.4	741	97.2
Dallam, TX	48111	7	6,125	21.5	2	6	1,737	1,650	93.0	1,394	93.8
Dallas, TX	48113	1	2,366,511	19.3	48	706	442,484	591,553	84.7	441,372	90.6
Dawson, TX	48115	7	13,870	16.8	4	7	2,631	3,867	94.6	3,057	97.6
Deaf Smith, TX	48117	6	18,452	22.7	2	9	4,272	5,645	92.4	4,821	94.0
Delta, TX	48119	1	5,375	16.9	2	5	1,088	1,344	93.8	1,091	94.8
Denton, TX	48121	1	612,357	19.5	12	162	92,825	130,034	87.2	82,738	92.5
De Witt, TX	48123	6	19,730	15.8	6	24	4,510	4,753	92.9	3,894	94.2
Dickens, TX	48125	8	2,511	12.3	2	2	401	545	96.0	443	97.1
Dimmit, TX	48127	6	9,845	21.5	1	6	2,446	3,249	95.8	2,679	97.3
Donley, TX	48129	8	3,911	13.8	2	4	703	1,031	96.9	716	98.0
Duval, TX	48131	7	12,187	18.3	4	11	2,831	3,856	96.7	2,972	97.9
Eastland, TX	48133	6	18,337	16.1	5	14	3,108	4,568	94.5	3,255	97.1
Ector, TX	48135	3	129,570	20.4	2	42	26,228	36,067	94.1	27,951	96.3
Edwards, TX	48137	9	1,938	19.8	2	5	662	598	97.8	510	98.4
Ellis, TX	48139	1	143,468	19.8	11	54	28,781	32,112	88.6	25,302	92.2
El Paso, TX	48141	2	734,669	21.4	14	269	171,222	226,320	91.9	167,423	94.2
Erath, TX	48143	7	35,633	16.3	8	17	5,599	11,111	93.0	5,998	95.4
Falls, TX	48145	6	17,149	19.4	5	16	3,192	5,024	91.7	4,202	94.4
Fannin, TX	48147	6	33,067	15.8	8	23	5,417	7,106	91.7	5,730	93.9
Fayette, TX	48149	6	22,537	15.6	5	12	3,706	4,935	86.7	4,067	89.1
Fisher, TX	48151	8	3,957	15.8	2	7	694	971	97.6	832	99.5
Floyd, TX	48153	6	6,655	21.1	2	10	1,598	2,161	95.5	1,888	99.0
Foard, TX	48155	9	1,420	17.4	1	2	284	402	98.3	336	98.8
Fort Bend, TX	48157	1	509,822	20.7	5	113	91,559	114,365	85.7	87,855	91.4
Franklin, TX	48159	8	11,094	16.7	1	4	1,541	2,230	95.4	1,781	97.2
Freestone, TX	48161	7	18,797	15.8	4	15	3,580	4,486	92.0	3,443	93.7
Frio, TX	48163	6	16,133	19.3	2	10	3,165	4,659	96.2	3,752	97.7
Gaines, TX	48165	7	14,925	21.4	3	11	2,998	4,369	88.8	3,831	89.2
Galveston, TX	48167	1	283,987	18.5	11	109	73,919	69,639	89.0	50,267	92.4
Garza, TX	48169	6	4,700	19.7	2	5	1,092	1,384	94.4	1,104	96.9
Gillespie, TX	48171	7	23,507	14.6	3	10	3,440	4,229	84.5	3,474	88.7
Glasscock, TX	48173	8	1,174	21.9	1	2	285	458	98.3	389	100.0
Goliad, TX	48175	3	7,154	16.7	1	4	1,305	1,652	92.4	1,429	93.9
Gonzales, TX	48177	6	19,210	17.9	3	14	3,766	4,671	95.0	3,989	96.7
Gray, TX	48179	6	22,047	16.5	4	10	3,757	5,609	91.4	4,460	94.3
Grayson, TX	48181	3	118,675	17.3	13	70	21,034	27,885	88.0	20,779	95.4
Gregg, TX	48183	3	117,119	18.3	9	57	23,540	29,686	88.2	22,659	94.4
Grimes, TX	48185	6	25,603	16.5	4	14	4,178	5,846	94.2	4,727	97.6
Guadalupe, TX	48187	1	112,777	18.9	4	38	18,920	25,322	85.7	19,460	92.8
Hale, TX	48189	4	35,731	20.7	5	25	7,918	10,891	88.6	8,463	96.1
Hall, TX	48191	9	3,482	19.9	2	5	786	880	94.9	767	97.8
Hamilton, TX	48193	6	8,138	16.2	2	6	1,612	1,863	95.4	1,544	98.8
Hansford, TX	48195	7	5,235	18.9	3	7	1,250	1,408	95.6	1,193	98.7
Hardeman, TX	48197	7	4,124	16.1	2	5	796	1,135	97.7	928	100.0
Hardin, TX	48199	2	51,597	18.2	5	25	10,656	12,456	93.2	10,212	96.6
Harris, TX	48201	1	3,935,855	20.0	67	1,031	755,290	973,905	87.8	722,117	92.6
Harrison, TX	48203	4	63,504	17.7	6	31	12,307	17,187	83.7	12,987	94.2
Hartley, TX	48205	9	5,179	14.2	2	2	283	1,190	79.4	942	84.3
Haskell, TX	48207	6	5,249	14.9	3	6	917	1,375	97.8	1,172	98.6
Hays, TX	48209	1	141,480	17.1	6	43	23,498	35,718	92.5	17,740	92.6
Hemphill, TX	48211	9	3,360	18.8	1	5	688	908	97.2	784	100.0
Henderson, TX	48213	4	78,897	17.1	8	33	10,602	16,770	92.0	13,310	94.5
Hidalgo, TX	48215	2	710,514	23.9	23	279	179,359	188,181	96.2	148,929	97.5
Hill, TX	48217	6	35,352	18.0	12	39	6,339	7,820	93.1	6,183	96.5
Hockley, TX	48219	6	22,226	19.0	6	21	4,824	6,942	96.0	5,043	97.3
Hood, TX	48221	4	49,170	16.1	3	16	7,713	9,233	90.7	7,446	94.4
Hopkins, TX	48223	6	33,769	17.9	7	17	6,606	7,986	92.9	6,452	95.6
Houston, TX	48225	7	22,769	15.3	6	16	3,783	5,478	87.6	4,723	88.0

[1]County type codes are from the Economic Research Service of the United States Department of Agriculture. See notes and definitions for more information.

Table C-1. Population, School, and Student Characteristics by County—Continued

STATE County	State/ county code	Characteristics of students, 2005–2006 (percent)				Number of graduates, 2004–2005	Staff and students, 2005–2006			
		Students with IEP[2]	Students eligible for free or reduced-price lunch	Minority students	English language learners		Total staff	Number of teachers	Student/ teacher ratio	Central administration staff
		10	11	12	13	14	15	16	17	18
Collingsworth, TX	48087	12.6	59.4	41.8	7.0	45	125	66	9.9	4
Colorado, TX	48089	13.4	52.3	51.6	7.8	282	560	281	12.6	18
Comal, TX	48091	12.4	33.7	34.9	4.8	1,212	2,729	1,308	15.7	19
Comanche, TX	48093	11.6	60.2	39.7	8.4	162	413	197	12.0	23
Concho, TX	48095	13.3	55.2	43.2	3.0	27	90	45	9.7	4
Cooke, TX	48097	16.0	49.3	29.1	7.8	380	994	492	13.6	44
Coryell, TX	48099	13.6	43.9	38.7	1.4	641	1,692	786	13.7	40
Cottle, TX	48101	15.2	62.2	47.8	0.9	28	48	26	8.8	2
Crane, TX	48103	12.2	32.6	63.6	11.9	61	167	90	10.2	9
Crockett, TX	48105	13.3	50.1	69.6	10.8	64	161	73	10.5	2
Crosby, TX	48107	21.0	64.3	75.7	5.3	85	348	145	9.6	38
Culberson, TX	48109	10.4	83.3	83.6	13.3	37	109	58	10.6	3
Dallam, TX	48111	13.4	60.3	39.4	8.2	111	303	146	11.9	9
Dallas, TX	48113	10.2	62.6	79.4	22.8	22,281	55,026	28,615	15.5	704
Dawson, TX	48115	12.5	58.1	70.5	8.5	164	461	215	12.2	20
Deaf Smith, TX	48117	13.1	74.8	81.6	12.9	221	591	308	13.9	16
Delta, TX	48119	18.4	53.9	23.1	1.1	77	195	95	11.5	4
Denton, TX	48121	11.8	26.1	37.1	10.4	4,719	11,910	6,656	13.9	235
De Witt, TX	48123	14.9	54.8	49.5	3.2	281	801	352	12.8	22
Dickens, TX	48125	11.0	38.7	33.7	0.0	21	99	48	8.4	5
Dimmit, TX	48127	9.9	68.6	92.4	9.1	133	396	165	14.8	15
Donley, TX	48129	16.8	58.9	20.2	1.6	46	135	73	9.6	5
Duval, TX	48131	11.0	70.5	93.9	7.9	173	513	229	12.4	16
Eastland, TX	48133	16.8	60.7	22.5	4.1	226	577	284	10.9	29
Ector, TX	48135	11.0	56.8	67.1	12.9	1,328	3,417	1,717	15.3	24
Edwards, TX	48137	17.4	55.9	58.2	8.8	51	143	69	9.6	6
Ellis, TX	48139	14.9	40.4	39.4	7.4	1,732	4,123	1,894	15.2	129
El Paso, TX	48141	9.9	65.6	92.1	29.5	8,975	22,956	11,201	15.3	247
Erath, TX	48143	10.2	48.3	32.5	9.3	376	806	398	14.1	28
Falls, TX	48145	17.8	73.0	67.2	8.8	180	545	224	14.3	34
Fannin, TX	48147	16.5	48.9	18.4	3.6	328	897	432	12.5	34
Fayette, TX	48149	12.1	45.1	38.5	7.8	276	581	282	13.1	14
Fisher, TX	48151	17.4	61.4	44.9	2.4	50	135	66	10.5	3
Floyd, TX	48153	14.0	63.7	72.2	9.6	109	319	151	10.6	15
Foard, TX	48155	16.9	75.0	23.9	1.8	12	52	27	10.5	2
Fort Bend, TX	48157	10.0	31.9	65.9	10.8	5,703	11,277	5,461	16.8	159
Franklin, TX	48159	14.5	44.0	27.5	8.4	98	195	115	13.4	4
Freestone, TX	48161	13.9	42.3	34.3	6.0	204	587	272	13.2	39
Frio, TX	48163	11.5	69.0	88.9	7.9	177	546	238	13.3	14
Gaines, TX	48165	14.1	57.9	48.2	11.7	183	570	251	11.9	13
Galveston, TX	48167	10.1	40.7	48.1	7.0	4,058	9,214	4,546	16.3	163
Garza, TX	48169	15.0	62.9	55.7	4.8	91	203	104	10.5	5
Gillespie, TX	48171	10.3	42.3	35.6	7.5	283	544	256	13.4	26
Glasscock, TX	48173	12.6	38.6	35.4	8.8	23	56	28	10.2	2
Goliad, TX	48175	14.3	46.2	49.3	2.2	90	273	106	12.3	34
Gonzales, TX	48177	10.7	66.6	66.3	9.6	234	632	287	13.1	21
Gray, TX	48179	11.4	46.5	33.0	6.6	221	571	279	13.5	16
Grayson, TX	48181	15.9	42.8	22.8	5.5	1,279	2,917	1,604	13.1	85
Gregg, TX	48183	12.5	49.2	46.6	8.2	1,381	3,497	1,655	14.2	107
Grimes, TX	48185	10.1	61.3	50.8	6.4	256	627	308	13.6	18
Guadalupe, TX	48187	12.3	40.7	52.2	5.0	1,166	2,599	1,287	14.7	42
Hale, TX	48189	15.1	63.6	74.2	8.5	403	1,112	589	13.4	29
Hall, TX	48191	13.2	66.0	53.6	13.4	39	180	77	10.2	5
Hamilton, TX	48193	12.0	45.0	14.4	5.1	121	252	138	11.7	8
Hansford, TX	48195	8.8	57.5	53.9	20.0	75	226	127	9.8	9
Hardeman, TX	48197	18.2	56.3	33.5	1.9	65	180	79	10.1	14
Hardin, TX	48199	14.2	36.8	13.1	0.8	719	1,699	796	13.4	42
Harris, TX	48201	9.7	58.4	74.8	21.1	35,714	95,974	47,003	16.1	1,284
Harrison, TX	48203	12.7	50.6	38.4	5.7	766	2,022	903	13.6	55
Hartley, TX	48205	14.8	54.1	36.1	9.5	23	60	34	8.3	4
Haskell, TX	48207	15.4	65.7	39.0	3.5	51	190	95	9.7	5
Hays, TX	48209	11.9	41.6	53.7	7.7	1,356	3,347	1,551	15.2	95
Hemphill, TX	48211	11.9	37.5	37.2	13.4	38	128	68	10.1	2
Henderson, TX	48213	13.5	55.6	27.2	8.0	626	1,688	788	13.5	61
Hidalgo, TX	48215	8.5	25.9	97.4	37.5	7,896	26,063	11,433	15.7	442
Hill, TX	48217	13.6	56.8	34.3	7.0	385	1,116	500	12.7	56
Hockley, TX	48219	13.9	58.3	57.7	3.2	290	817	411	11.7	40
Hood, TX	48221	13.6	37.3	14.6	5.6	460	1,102	540	14.3	32
Hopkins, TX	48223	14.2	51.0	30.1	8.3	393	1,038	517	12.8	26
Houston, TX	48225	15.2	63.2	47.9	4.3	235	646	306	12.4	23

[2] IEP = Individual Education Program. See notes and definitions for more information.

Table C-1. Population, School, and Student Characteristics by County—Continued

STATE County	State/ county code	Revenues, 2004–2005 Total revenue (thousands of dollars)	% Federal government	% State government	% Local government	Current expenditures, 2004–2005 Total expenditures (thousands of dollars)	Amount per student	Percent for instruction	Resident population 16 to 19 years, 2000 Total population 16 to 19 years	Percent in Armed Forces	Percent high school graduates	Percent not enrolled, not employed, not in Armed Forces, not high school grad.
		19	20	21	22	23	24	25	26	27	28	29
Collingsworth, TX	48087	6,577	7.7	69.1	23.2	5,908	8,831	64.0	203	0.0	10.3	3.9
Colorado, TX	48089	32,319	10.6	30.0	59.4	28,554	7,980	62.6	1,417	0.0	10.3	4.0
Comal, TX	48091	165,051	6.7	17.2	76.1	126,134	6,536	59.1	4,523	0.0	15.8	5.1
Comanche, TX	48093	19,635	13.9	52.1	34.0	17,622	7,349	63.6	814	0.0	5.7	4.5
Concho, TX	48095	4,732	7.4	31.9	60.7	4,229	9,356	56.0	210	0.0	7.1	18.1
Cooke, TX	48097	53,190	9.5	42.8	47.6	46,739	7,377	62.3	2,350	0.1	10.3	5.8
Coryell, TX	48099	88,597	18.7	55.4	25.9	76,878	7,192	61.9	4,827	31.6	41.0	4.3
Cottle, TX	48101	2,801	10.9	37.0	52.1	2,274	9,282	65.5	92	0.0	6.5	5.4
Crane, TX	48103	15,445	4.2	7.4	88.4	10,503	10,963	61.6	341	0.0	10.3	6.5
Crockett, TX	48105	21,040	2.4	4.3	93.3	8,587	10,627	59.5	203	0.0	0.0	0.0
Crosby, TX	48107	16,934	22.8	55.6	21.6	14,895	10,639	61.5	456	0.0	11.2	6.8
Culberson, TX	48109	6,489	12.9	28.4	58.7	6,010	9,662	59.9	257	0.0	9.3	5.1
Dallam, TX	48111	13,613	14.3	35.9	49.8	13,293	7,497	61.7	397	0.0	14.6	7.8
Dallas, TX	48113	3,854,096	9.7	24.9	65.4	3,102,320	7,156	60.5	126,851	0.0	10.6	9.6
Dawson, TX	48115	25,237	14.3	38.1	47.5	20,694	7,892	61.7	880	0.0	11.8	9.5
Deaf Smith, TX	48117	33,488	15.7	52.7	31.6	30,036	7,119	62.7	1,254	0.0	16.8	6.4
Delta, TX	48119	10,567	11.4	64.1	24.5	8,932	8,098	60.5	317	0.0	12.0	7.9
Denton, TX	48121	820,069	4.7	15.5	79.8	624,338	7,187	62.5	24,095	0.1	10.6	3.0
De Witt, TX	48123	40,483	11.6	53.5	34.9	34,752	7,636	62.3	1,062	0.0	9.8	9.2
Dickens, TX	48125	6,278	19.5	35.1	45.4	5,720	13,717	57.1	120	0.0	8.3	10.8
Dimmit, TX	48127	21,867	19.1	55.9	25.0	19,831	8,208	59.8	637	0.0	7.5	6.8
Donley, TX	48129	7,415	6.4	61.9	31.6	6,737	9,951	59.9	300	0.0	6.3	0.7
Duval, TX	48131	31,999	19.2	48.2	32.6	26,426	8,991	57.6	867	0.0	11.3	4.0
Eastland, TX	48133	27,591	11.7	55.5	32.8	25,548	8,121	63.0	1,262	0.0	5.5	5.9
Ector, TX	48135	191,462	11.8	45.7	42.5	171,394	6,510	60.2	8,435	0.1	10.4	5.9
Edwards, TX	48137	8,384	9.9	27.9	62.2	6,779	9,768	56.9	120	0.0	1.7	0.0
Ellis, TX	48139	225,679	6.8	36.7	56.5	194,204	6,985	62.1	7,342	0.0	11.7	4.2
El Paso, TX	48141	1,398,820	17.2	57.4	25.4	1,265,226	7,536	59.4	45,857	1.3	9.9	6.6
Erath, TX	48143	44,435	11.2	40.8	48.0	38,597	6,985	63.3	2,435	0.0	7.2	3.8
Falls, TX	48145	27,147	14.9	58.7	26.4	23,258	8,230	60.6	1,445	0.1	11.7	12.5
Fannin, TX	48147	46,656	12.2	55.2	32.6	41,201	7,570	62.4	1,694	0.0	17.0	9.4
Fayette, TX	48149	33,585	6.3	21.6	72.1	28,127	7,600	62.2	1,245	0.0	7.9	5.4
Fisher, TX	48151	7,543	9.0	66.2	24.8	6,672	9,614	62.6	269	0.0	13.0	1.9
Floyd, TX	48153	16,832	19.5	57.3	23.2	16,141	9,642	62.9	509	0.0	3.7	15.3
Foard, TX	48155	2,985	13.3	48.2	38.5	2,837	10,132	54.5	90	0.0	4.4	0.0
Fort Bend, TX	48157	684,228	6.0	33.3	60.7	582,307	6,692	61.6	22,536	0.0	8.0	4.6
Franklin, TX	48159	11,919	10.4	17.0	72.6	10,186	6,715	66.4	545	0.0	10.6	5.0
Freestone, TX	48161	56,043	5.5	9.0	85.5	28,765	8,350	58.6	984	0.7	10.9	6.0
Frio, TX	48163	29,497	18.0	58.3	23.7	25,554	8,043	57.5	978	0.0	11.7	7.5
Gaines, TX	48165	46,607	9.1	13.2	77.7	30,903	10,645	60.7	1,139	0.0	7.1	15.0
Galveston, TX	48167	592,468	7.6	20.9	71.5	480,946	6,692	60.3	14,462	0.1	9.2	5.6
Garza, TX	48169	11,182	11.2	31.6	57.2	10,240	9,038	65.3	294	0.0	18.4	3.7
Gillespie, TX	48171	33,167	7.7	14.5	77.8	25,904	7,519	59.0	936	0.0	13.0	4.3
Glasscock, TX	48173	6,975	3.3	5.0	91.7	3,262	10,389	56.9	124	0.0	1.6	6.5
Goliad, TX	48175	14,534	16.8	14.9	68.3	12,605	9,549	53.1	417	0.0	8.9	5.3
Gonzales, TX	48177	32,369	13.2	54.1	32.6	28,842	7,531	59.1	1,060	0.0	11.1	10.8
Gray, TX	48179	29,827	9.0	33.6	57.4	25,464	6,849	59.9	1,261	0.0	19.2	4.0
Grayson, TX	48181	175,093	9.4	43.5	47.1	156,322	7,433	61.5	6,426	0.0	11.5	7.2
Gregg, TX	48183	204,047	17.2	30.5	52.4	175,515	7,520	56.7	7,360	0.0	10.5	9.5
Grimes, TX	48185	37,303	10.0	32.5	57.5	31,125	7,527	58.2	1,213	0.0	13.7	6.7
Guadalupe, TX	48187	141,068	8.3	36.8	55.0	121,822	6,743	61.1	5,454	0.7	13.0	4.0
Hale, TX	48189	61,020	12.9	53.0	34.1	55,721	7,001	61.1	2,597	0.0	11.4	6.8
Hall, TX	48191	8,902	15.4	60.6	24.0	7,549	9,206	60.3	204	0.0	5.4	6.4
Hamilton, TX	48193	15,321	6.1	55.5	38.4	12,270	7,616	59.9	385	0.0	5.7	4.7
Hansford, TX	48195	14,557	6.1	23.9	70.0	11,811	9,242	64.4	357	0.0	3.9	5.6
Hardeman, TX	48197	9,091	17.7	37.2	45.1	8,270	10,235	58.0	306	0.0	14.1	5.6
Hardin, TX	48199	82,000	7.4	55.5	37.1	76,397	7,034	61.3	3,021	0.0	11.0	3.3
Harris, TX	48201	6,006,387	10.0	29.9	60.1	5,114,224	7,047	60.8	199,589	0.0	9.4	8.4
Harrison, TX	48203	99,047	12.5	26.0	61.5	86,790	7,069	61.3	4,405	0.1	10.6	5.0
Hartley, TX	48205	3,536	5.9	14.6	79.5	2,902	11,076	59.5	179	0.0	6.1	2.2
Haskell, TX	48207	10,787	13.4	58.2	28.4	9,486	10,200	61.2	349	0.0	11.7	2.0
Hays, TX	48209	207,549	7.8	26.0	66.2	163,987	7,284	57.1	8,049	0.1	8.9	5.3
Hemphill, TX	48211	12,279	2.1	6.5	91.4	6,388	10,221	58.4	263	0.0	6.8	3.0
Henderson, TX	48213	92,247	9.3	37.3	53.3	74,785	7,017	60.9	3,964	0.0	12.9	4.8
Hidalgo, TX	48215	1,527,876	17.4	61.6	21.0	1,333,730	7,684	58.3	40,746	0.0	7.2	11.1
Hill, TX	48217	57,049	10.0	53.1	36.8	50,619	8,085	59.3	2,009	0.0	7.5	8.9
Hockley, TX	48219	49,208	10.7	31.2	58.1	41,961	8,599	62.0	1,843	0.0	10.6	4.5
Hood, TX	48221	66,808	6.4	21.1	72.5	54,115	7,207	59.2	2,183	0.0	11.5	4.2
Hopkins, TX	48223	53,576	14.1	47.8	38.1	48,220	7,364	64.1	1,918	0.2	13.7	3.8
Houston, TX	48225	31,783	13.4	48.7	37.9	28,847	8,235	62.7	1,282	0.0	13.4	10.1

PART C—COUNTY EDUCATION STATISTICS

Table C-1. Population, School, and Student Characteristics by County—Continued

STATE County	State/ county code	High school graduates, 2000 Population 25 years and over	High school diploma or less (percent)	High school diploma or more (percent)	College enrollment, 2000 Number	Percent public	College graduates, 2000 (percent) Bachelor's degree or more	+/- U.S. percent with bachelor's degree or more	Non-Hispanic White	Black	American Indian, Alaska Native	Asian and Pacific Islander	Hispanic or Latino[3]
		30	31	32	33	34	35	36	37	38	39	40	41
Collingsworth, TX	48087	2,159	54.2	71.3	81	95.1	15.3	-9.1	18.0	9.7	0.0	100.0	1.9
Colorado, TX	48089	13,383	64.3	69.1	821	72.5	14.4	-10.0	18.6	5.0	38.9	0.0	3.1
Comal, TX	48091	52,549	44.6	83.9	2,441	86.6	26.2	1.8	30.0	26.3	20.7	46.6	9.0
Comanche, TX	48093	9,411	64.4	70.2	291	80.1	13.0	-11.4	14.8	0.0	0.0	9.1	2.6
Concho, TX	48095	2,921	67.9	59.3	144	86.1	14.1	-10.3	19.8	15.2	50.0	0.0	5.9
Cooke, TX	48097	23,148	52.3	79.2	1,538	91.1	15.7	-8.7	16.6	10.8	11.6	57.5	3.5
Coryell, TX	48099	41,764	51.0	81.1	4,134	77.0	12.4	-12.0	14.8	7.4	7.6	17.8	6.6
Cottle, TX	48101	1,342	64.5	66.1	17	82.4	15.3	-9.1	19.0	0.0	...	...	2.1
Crane, TX	48103	2,394	64.2	68.7	127	100.0	12.8	-11.6	17.6	0.0	0.0	89.5	2.1
Crockett, TX	48105	2,659	66.8	62.1	42	85.7	10.4	-14.0	19.4	0.0	31.8	0.0	1.9
Crosby, TX	48107	4,299	68.8	61.8	184	81.0	10.5	-13.9	17.8	2.9	0.0	0.0	1.4
Culberson, TX	48109	1,781	71.5	56.1	111	90.1	13.9	-10.5	31.0	66.7	0.0	80.0	4.5
Dallam, TX	48111	3,703	67.1	65.0	138	94.2	9.6	-14.8	12.7	0.0	17.3	...	0.1
Dallas, TX	48113	1,365,848	46.7	75.0	108,942	72.2	27.0	2.6	38.0	17.0	16.2	45.2	7.0
Dawson, TX	48115	9,949	69.6	65.2	579	85.3	10.5	-13.9	20.2	1.3	54.5	15.4	1.4
Deaf Smith, TX	48117	10,539	65.6	60.9	553	85.2	11.8	-12.6	20.7	2.4	0.0	21.8	2.2
Delta, TX	48119	3,618	60.6	75.5	186	86.0	13.9	-10.5	15.1	3.1	14.8	0.0	0.0
Denton, TX	48121	265,220	30.5	89.4	37,656	88.8	36.6	12.2	38.7	33.8	24.1	47.1	17.9
De Witt, TX	48123	13,969	65.0	67.9	578	92.6	11.8	-12.6	17.1	2.3	0.0	53.8	2.4
Dickens, TX	48125	1,940	67.9	70.6	63	88.9	8.4	-16.0	10.8	0.0	44.4	25.0	0.8
Dimmit, TX	48127	5,982	72.0	54.3	419	89.7	10.1	-14.3	19.1	27.2	42.1	45.5	7.5
Donley, TX	48129	2,586	48.3	78.2	282	93.6	15.8	-8.6	16.6	0.0	6.4	0.0	7.2
Duval, TX	48131	8,042	70.0	59.7	583	91.3	8.9	-15.5	13.7	0.0	0.0	0.0	8.3
Eastland, TX	48133	12,171	60.9	72.6	1,000	90.8	12.7	-11.7	13.6	18.4	4.5	100.0	2.4
Ector, TX	48135	71,756	58.8	68.0	5,731	93.0	12.0	-12.4	16.2	7.7	8.3	56.4	4.5
Edwards, TX	48137	1,418	62.3	67.1	44	93.2	17.3	-7.1	26.1	0.0	0.0	0.0	3.5
Ellis, TX	48139	67,470	53.0	77.8	4,799	81.8	17.1	-7.3	19.8	11.6	16.0	62.9	4.2
El Paso, TX	48141	391,540	56.8	65.8	46,798	87.3	16.6	-7.8	35.1	21.1	13.6	40.8	10.6
Erath, TX	48143	19,350	49.5	77.1	4,587	94.7	25.0	0.6	27.4	50.9	0.0	50.6	4.2
Falls, TX	48145	12,013	67.9	66.2	539	82.6	9.6	-14.8	12.8	5.3	0.0	37.5	1.8
Fannin, TX	48147	21,120	63.2	72.5	945	85.1	12.6	-11.8	13.9	3.0	10.0	31.7	3.2
Fayette, TX	48149	15,183	64.5	71.3	585	86.8	14.6	-9.8	16.7	1.5	37.9	77.3	2.8
Fisher, TX	48151	3,036	65.1	73.3	77	88.3	12.4	-12.0	15.1	0.0	0.0	100.0	0.8
Floyd, TX	48153	4,773	67.5	63.5	122	72.1	12.3	-12.1	18.9	0.0	0.0	0.0	1.5
Foard, TX	48155	1,116	65.1	70.0	40	92.5	10.5	-13.9	12.1	8.3	0.0	0.0	2.6
Fort Bend, TX	48157	214,461	35.1	84.3	18,037	81.3	36.9	12.5	44.1	30.0	18.0	56.1	11.9
Franklin, TX	48159	6,421	58.2	77.4	308	93.8	16.2	-8.2	17.5	5.0	4.5	16.7	2.1
Freestone, TX	48161	12,085	60.9	76.8	826	94.4	10.9	-13.5	11.6	10.3	22.9	32.0	2.8
Frio, TX	48163	9,807	70.7	57.7	584	87.2	8.4	-16.0	20.8	14.0	14.3	30.0	3.1
Gaines, TX	48165	8,006	70.2	56.2	268	81.0	10.5	-13.9	15.2	0.0	0.0	100.0	2.0
Galveston, TX	48167	161,503	45.5	80.9	14,654	89.1	22.7	-1.7	27.0	10.7	22.4	47.9	10.1
Garza, TX	48169	3,131	68.3	70.1	164	95.7	10.0	-14.4	14.8	4.3	...	...	1.2
Gillespie, TX	48171	15,255	49.4	80.1	397	73.8	22.9	-1.5	25.3	0.0	22.2	13.0	4.4
Glasscock, TX	48173	836	54.3	69.9	40	92.5	18.7	-5.7	24.7	100.0	0.0	...	1.4
Goliad, TX	48175	4,603	57.2	72.4	159	87.4	12.3	-12.1	16.5	10.9	20.0	0.0	3.2
Gonzales, TX	48177	11,797	71.8	62.0	312	85.9	10.7	-13.7	17.1	2.0	6.7	35.3	1.4
Gray, TX	48179	15,420	58.3	75.3	920	86.7	11.9	-12.5	12.9	8.0	9.7	66.0	3.8
Grayson, TX	48181	72,382	49.8	80.2	5,331	70.6	17.2	-7.2	17.9	10.5	12.7	46.6	8.0
Gregg, TX	48183	70,006	48.6	79.1	5,017	72.8	19.5	-4.9	22.8	10.3	17.7	33.9	6.5
Grimes, TX	48185	16,080	65.5	67.3	787	86.9	10.3	-14.1	13.7	3.4	9.8	25.6	2.7
Guadalupe, TX	48187	55,679	52.0	78.1	4,172	65.9	19.1	-5.3	24.2	21.1	28.2	16.9	6.3
Hale, TX	48189	21,498	62.8	65.9	1,730	55.3	14.4	-10.0	21.7	4.2	6.3	78.1	4.3
Hall, TX	48191	2,527	71.1	61.7	54	87.0	10.3	-14.1	13.6	0.0	0.0	0.0	1.3
Hamilton, TX	48193	5,792	59.2	73.8	196	88.3	16.8	-7.6	17.6	...	0.0	...	2.8
Hansford, TX	48195	3,420	59.9	69.9	94	97.9	18.6	-5.8	24.3	...	6.8	...	0.5
Hardeman, TX	48197	3,135	62.6	70.7	99	94.9	12.8	-11.6	14.3	2.4	26.7	70.6	1.4
Hardin, TX	48199	30,747	60.8	79.5	1,418	92.8	13.0	-11.4	13.5	5.7	4.5	29.8	10.1
Harris, TX	48201	2,067,399	47.0	74.6	186,214	81.5	26.9	2.5	38.5	17.4	18.1	45.6	8.2
Harrison, TX	48203	39,130	55.8	78.3	3,252	50.4	15.4	-9.0	16.6	11.7	3.0	31.4	10.0
Hartley, TX	48205	4,136	56.6	77.3	174	72.4	17.6	-6.8	21.3	8.3	0.0	0.0	5.5
Haskell, TX	48207	4,314	65.4	71.1	90	84.4	14.4	-10.0	17.4	9.8	0.0	0.0	0.3
Hays, TX	48209	53,635	38.2	84.7	16,274	95.7	31.3	6.9	39.6	11.0	23.3	48.5	10.8
Hemphill, TX	48211	2,190	49.3	79.9	59	84.7	17.9	-6.5	20.0	0.0	0.0	0.0	2.7
Henderson, TX	48213	49,886	58.9	73.5	2,412	88.6	12.1	-12.3	12.7	7.6	27.3	26.5	3.4
Hidalgo, TX	48215	304,670	69.8	50.5	27,046	91.8	12.9	-11.5	27.8	16.7	7.4	65.1	9.6
Hill, TX	48217	21,209	61.5	71.8	1,100	84.9	12.5	-11.9	14.4	3.0	17.8	51.3	1.6
Hockley, TX	48219	13,466	58.0	68.2	1,511	93.4	13.6	-10.8	19.0	3.1	7.4	83.8	2.4
Hood, TX	48221	28,621	46.1	83.5	1,234	87.3	20.5	-3.9	21.1	70.0	23.9	44.6	7.5
Hopkins, TX	48223	21,003	62.1	73.6	1,000	90.7	15.1	-9.3	16.6	5.3	2.7	80.3	4.0
Houston, TX	48225	16,244	64.7	70.0	487	91.6	12.2	-12.2	15.0	7.8	6.1	7.1	1.1

[3] May be of any race.
... = Not available.

474 THE ALMANAC OF AMERICAN EDUCATION (BERNAN PRESS)

Table C-1. Population, School, and Student Characteristics by County—Continued

STATE County	State/ county code	County type[1]	Population, 2007 Total	Population, 2007 Percent 5 to 17 years	Number of schools and students, 2005–2006 School districts	Number of schools and students, 2005–2006 Schools	Number of schools and students, 2005–2006 Students	Resident enrollment, 2000 Total enrollment Number	Resident enrollment, 2000 Total enrollment Percent public	Resident enrollment, 2000 K–12 enrollment Number	Resident enrollment, 2000 K–12 enrollment Percent public
			1	2	3	4	5	6	7	8	9
Howard, TX	48227	5	32,295	16.1	3	14	5,278	8,543	93.7	6,459	96.6
Hudspeth, TX	48229	8	3,294	20.4	3	5	830	1,000	96.0	857	97.9
Hunt, TX	48231	1	82,945	17.6	11	46	14,658	21,088	91.0	15,431	93.6
Hutchinson, TX	48233	6	21,845	18.6	4	16	4,501	6,379	93.5	4,939	95.8
Irion, TX	48235	3	1,743	17.2	1	2	360	474	94.5	392	96.7
Jack, TX	48237	6	8,833	15.4	3	7	1,666	2,103	89.2	1,705	93.6
Jackson, TX	48239	6	14,093	17.8	3	11	3,119	3,738	96.3	3,043	98.5
Jasper, TX	48241	6	34,553	17.8	5	17	6,642	8,698	93.3	7,329	95.2
Jeff Davis, TX	48243	9	2,264	16.3	2	4	391	555	89.9	486	89.1
Jefferson, TX	48245	2	241,975	17.6	12	87	41,883	67,831	89.7	51,343	92.3
Jim Hogg, TX	48247	6	4,973	19.0	1	3	1,124	1,506	96.7	1,255	99.1
Jim Wells, TX	48249	4	41,119	20.9	5	21	8,762	11,609	95.9	9,350	97.3
Johnson, TX	48251	1	149,797	19.1	9	69	28,345	34,577	86.7	27,610	92.2
Jones, TX	48253	3	19,295	14.9	5	14	2,748	5,352	91.2	4,722	92.9
Karnes, TX	48255	6	15,067	14.2	4	17	2,390	3,494	95.5	2,936	97.0
Kaufman, TX	48257	1	96,373	19.5	7	47	21,144	19,166	88.7	15,607	92.8
Kendall, TX	48259	1	31,342	17.5	2	15	7,266	6,471	88.4	5,062	93.5
Kenedy, TX	48261	9	394	21.1	1	1	77	104	97.1	94	100.0
Kent, TX	48263	9	735	11.8	1	1	129	179	98.9	165	98.8
Kerr, TX	48265	4	47,860	15.6	5	20	7,072	9,399	85.1	7,821	93.2
Kimble, TX	48267	7	4,461	15.9	1	3	714	1,035	95.7	908	99.3
King, TX	48269	9	291	22.7	1	1	94	84	97.6	82	97.6
Kinney, TX	48271	9	3,320	16.2	1	4	623	807	98.0	699	98.1
Kleberg, TX	48273	4	30,390	17.8	4	20	5,657	11,650	92.4	6,437	93.0
Knox, TX	48275	9	3,524	18.7	3	7	813	1,129	96.5	985	97.9
Lamar, TX	48277	4	49,255	18.2	5	26	9,331	12,054	91.2	9,355	93.8
Lamb, TX	48279	6	13,901	19.3	6	19	3,238	3,793	96.1	3,310	98.4
Lampasas, TX	48281	2	20,877	17.7	3	7	3,714	4,706	93.2	3,831	96.6
La Salle, TX	48283	6	6,009	19.2	1	7	1,254	1,545	97.7	1,318	99.5
Lavaca, TX	48285	6	18,754	16.0	6	17	2,106	4,471	83.9	3,668	86.0
Lee, TX	48287	6	16,356	19.3	4	11	3,382	3,941	88.3	3,331	89.7
Leon, TX	48289	8	16,462	16.1	5	12	2,966	3,454	94.7	2,957	97.4
Liberty, TX	48291	1	75,434	18.7	7	40	14,704	17,632	93.0	15,097	95.6
Limestone, TX	48293	6	22,421	17.6	3	13	4,177	5,437	95.5	4,356	97.1
Lipscomb, TX	48295	9	3,033	18.7	4	5	692	737	98.4	664	98.9
Live Oak, TX	48297	6	11,349	14.0	2	8	1,814	2,803	91.8	2,360	94.7
Llano, TX	48299	7	18,394	12.4	1	4	1,895	2,364	92.4	2,070	95.0
Loving, TX	48301	9	55	9.1	...	...	...	27	85.2	16	100.0
Lubbock, TX	48303	3	260,901	17.5	13	147	43,574	80,919	90.8	46,144	94.0
Lynn, TX	48305	6	5,882	19.6	4	9	1,436	1,884	95.3	1,625	97.0
McCulloch, TX	48307	7	7,862	17.8	3	7	1,624	1,813	97.1	1,587	98.6
McLennan, TX	48309	3	228,123	18.3	24	143	41,564	68,392	76.0	41,749	92.7
McMullen, TX	48311	8	874	12.6	1	1	171	191	94.8	172	97.1
Madison, TX	48313	6	13,379	14.5	2	6	2,551	2,887	93.2	2,184	98.3
Marion, TX	48315	8	10,741	15.4	1	4	1,362	2,167	90.8	1,872	92.1
Martin, TX	48317	6	4,464	22.1	2	4	987	1,383	96.2	1,176	98.6
Mason, TX	48319	9	3,890	13.8	1	3	627	756	95.4	666	96.1
Matagorda, TX	48321	4	37,024	19.9	5	25	7,686	10,524	92.2	8,924	94.3
Maverick, TX	48323	5	51,656	24.5	1	24	13,808	15,541	96.5	13,100	98.3
Medina, TX	48325	1	43,826	18.9	5	22	8,644	10,809	92.4	8,698	96.2
Menard, TX	48327	8	2,134	13.5	1	4	362	544	98.5	482	99.0
Midland, TX	48329	3	126,408	19.9	6	45	23,399	34,805	86.7	26,914	88.4
Milam, TX	48331	6	24,855	18.8	6	16	4,882	6,297	93.9	5,256	96.1
Mills, TX	48333	9	5,031	16.9	4	8	948	1,128	97.3	1,050	98.7
Mitchell, TX	48335	7	9,275	13.1	3	8	1,384	2,012	95.2	1,662	95.5
Montague, TX	48337	6	19,656	16.2	7	15	3,389	4,192	95.2	3,510	97.9
Montgomery, TX	48339	1	412,638	19.8	7	107	75,119	81,114	87.7	63,588	91.9
Moore, TX	48341	6	20,081	22.8	2	12	4,634	5,772	96.8	4,854	98.5
Morris, TX	48343	6	13,064	16.6	2	8	2,403	3,217	95.6	2,607	98.1
Motley, TX	48345	8	1,287	14.8	1	1	167	294	85.0	241	88.0
Nacogdoches, TX	48347	5	62,435	16.4	9	35	10,480	21,373	93.8	10,692	94.1
Navarro, TX	48349	4	49,396	18.9	8	26	9,650	12,175	93.4	9,301	95.5
Newton, TX	48351	8	13,827	17.2	3	10	2,325	3,518	93.3	3,083	93.6
Nolan, TX	48353	6	14,614	18.3	4	13	2,975	4,262	95.6	3,396	99.1
Nueces, TX	48355	2	321,135	19.3	18	123	61,795	91,444	91.4	67,291	93.8
Ochiltree, TX	48357	7	9,587	20.0	1	6	2,102	2,357	94.4	2,020	97.7
Oldham, TX	48359	8	2,075	26.9	4	7	852	715	96.8	641	96.4
Orange, TX	48361	2	82,669	18.0	6	27	15,513	22,128	91.4	17,626	94.4
Palo Pinto, TX	48363	6	27,321	17.8	6	13	5,005	6,254	95.2	5,296	97.4
Panola, TX	48365	6	23,002	16.8	4	9	3,869	5,765	93.9	4,667	95.6

[1]County type codes are from the Economic Research Service of the United States Department of Agriculture. See notes and definitions for more information.

Table C-1. Population, School, and Student Characteristics by County—Continued

STATE County	State/ county code	Students with IEP[2] (%)	Students eligible for free or reduced-price lunch (%)	Minority students (%)	English language learners (%)	Number of graduates, 2004–2005	Total staff	Number of teachers	Student/ teacher ratio	Central administration staff
		10	11	12	13	14	15	16	17	18
Howard, TX	48227	12.4	56.7	51.3	1.7	325	809	383	13.8	13
Hudspeth, TX	48229	9.3	84.0	88.0	38.0	61	155	71	11.7	9
Hunt, TX	48231	14.3	50.9	30.6	5.7	951	2,273	1,078	13.6	84
Hutchinson, TX	48233	15.1	44.8	29.2	5.3	297	763	361	12.5	34
Irion, TX	48235	12.2	42.2	31.1	1.7	28	61	30	12.0	4
Jack, TX	48237	12.6	46.6	14.7	3.7	101	263	144	11.6	8
Jackson, TX	48239	11.8	46.3	42.9	6.0	218	494	251	12.4	14
Jasper, TX	48241	13.4	61.5	28.9	2.3	402	1,160	540	12.3	42
Jeff Davis, TX	48243	31.7	7.4	35.3	6.1	46	102	55	7.1	6
Jefferson, TX	48245	10.8	58.3	65.6	6.1	2,539	5,937	2,974	14.1	88
Jim Hogg, TX	48247	12.7	53.8	96.7	19.3	72	193	85	13.2	3
Jim Wells, TX	48249	11.4	67.2	85.0	5.8	453	1,398	628	14.0	25
Johnson, TX	48251	12.4	41.8	24.8	6.9	1,641	4,168	1,953	14.5	112
Jones, TX	48253	17.1	59.6	34.9	3.6	203	555	262	10.5	28
Karnes, TX	48255	13.5	61.3	64.9	1.6	152	463	212	11.3	15
Kaufman, TX	48257	13.2	41.3	31.1	6.9	1,137	2,959	1,410	15.0	63
Kendall, TX	48259	12.9	26.2	28.2	5.8	436	1,025	519	14.0	20
Kenedy, TX	48261	11.7	28.6	76.6	1.3	...	21	10	7.7	3
Kent, TX	48263	11.6	35.7	20.9	0.8	10	39	17	7.6	2
Kerr, TX	48265	11.2	49.7	41.8	5.9	423	1,121	522	13.5	22
Kimble, TX	48267	14.7	53.1	34.7	4.1	56	124	68	10.5	3
King, TX	48269	11.7	28.7	16.0	7.4	6	37	18	5.2	2
Kinney, TX	48271	16.1	67.3	70.9	7.7	47	101	49	12.7	3
Kleberg, TX	48273	13.0	68.3	83.3	8.7	349	952	421	13.4	35
Knox, TX	48275	13.5	57.9	51.7	4.6	61	169	85	9.6	5
Lamar, TX	48277	14.5	51.8	28.2	2.7	527	1,455	724	12.9	39
Lamb, TX	48279	13.8	67.5	67.3	9.9	201	551	272	11.9	28
Lampasas, TX	48281	16.0	47.0	28.7	3.5	224	567	250	14.9	10
La Salle, TX	48283	10.7	70.4	90.8	22.6	74	232	101	12.4	7
Lavaca, TX	48285	15.3	37.4	22.7	1.6	153	340	176	12.0	12
Lee, TX	48287	13.1	57.8	50.5	9.6	211	509	239	14.2	18
Leon, TX	48289	12.8	47.1	25.6	5.6	226	525	250	11.9	23
Liberty, TX	48291	10.9	51.3	31.1	7.8	802	2,203	1,012	14.5	69
Limestone, TX	48293	15.7	62.5	49.1	7.2	281	667	316	13.2	12
Lipscomb, TX	48295	11.7	62.9	40.0	16.8	53	148	84	8.2	6
Live Oak, TX	48297	12.0	48.1	51.9	3.0	122	315	148	12.3	7
Llano, TX	48299	16.1	48.9	15.2	3.0	122	294	146	13.0	5
Loving, TX	48301	...	...	...	...	...	...	...	...	...
Lubbock, TX	48303	14.4	53.7	56.9	2.5	2,527	5,870	3,162	13.8	146
Lynn, TX	48305	13.3	48.4	60.0	6.9	98	281	147	9.8	7
McCulloch, TX	48307	18.0	59.7	41.9	2.1	125	349	155	10.5	14
McLennan, TX	48309	14.7	55.4	51.9	7.0	2,422	6,450	2,937	14.2	247
McMullen, TX	48311	5.8	45.0	48.0	4.1	21	41	18	9.5	2
Madison, TX	48313	11.1	60.6	41.0	10.2	141	352	182	14.0	10
Marion, TX	48315	17.3	69.1	46.9	0.7	95	257	112	12.2	8
Martin, TX	48317	13.5	36.1	54.8	4.0	75	194	87	11.3	21
Mason, TX	48319	12.1	56.9	32.7	3.3	52	116	53	11.8	4
Matagorda, TX	48321	12.2	58.7	62.8	7.2	517	1,239	576	13.3	31
Maverick, TX	48323	8.1	2.3	98.9	37.8	740	1,983	840	16.4	14
Medina, TX	48325	11.0	51.2	59.5	4.9	544	1,358	628	13.8	36
Menard, TX	48327	19.9	70.7	64.1	6.1	22	107	37	9.8	16
Midland, TX	48329	9.6	49.0	58.4	9.2	1,418	3,048	1,579	14.8	38
Milam, TX	48331	15.4	57.9	45.8	5.0	309	741	376	13.0	20
Mills, TX	48333	23.2	53.7	28.5	5.3	74	258	112	8.5	24
Mitchell, TX	48335	12.3	61.8	56.4	3.0	81	286	135	10.3	8
Montague, TX	48337	14.0	46.8	14.2	4.6	212	623	300	11.3	34
Montgomery, TX	48339	10.8	36.7	30.1	9.8	4,018	9,728	4,773	15.7	153
Moore, TX	48341	10.1	58.1	68.8	23.1	249	686	348	13.3	22
Morris, TX	48343	13.2	61.2	42.2	3.0	137	418	207	11.6	11
Motley, TX	48345	15.0	80.2	32.9	6.0	12	46	17	9.8	2
Nacogdoches, TX	48347	10.8	60.4	49.4	11.3	588	1,557	763	13.7	59
Navarro, TX	48349	14.0	57.6	47.8	9.6	540	1,368	669	14.4	39
Newton, TX	48351	16.2	55.3	30.2	0.1	165	465	215	10.8	10
Nolan, TX	48353	14.6	60.4	48.7	1.9	191	593	253	11.8	35
Nueces, TX	48355	13.7	58.9	75.6	6.6	3,553	8,530	3,911	15.8	144
Ochiltree, TX	48357	8.9	55.9	56.5	20.4	111	312	157	13.4	8
Oldham, TX	48359	17.7	31.2	22.1	2.3	84	202	114	7.5	12
Orange, TX	48361	15.5	40.8	20.3	1.0	1,041	2,385	1,111	14.0	40
Palo Pinto, TX	48363	15.7	52.7	29.2	6.7	297	799	389	12.9	54
Panola, TX	48365	14.6	41.3	31.9	2.7	268	589	265	14.6	13

[2]IEP = Individual Education Program. See notes and definitions for more information.
... = Not available.

Table C-1. Population, School, and Student Characteristics by County—Continued

STATE County	State/ county code	Revenues, 2004–2005				Current expenditures, 2004–2005			Resident population 16 to 19 years, 2000			
		Total revenue (thousands of dollars)	Federal government	State government	Local government	Total expenditures (thousands of dollars)	Amount per student	Percent for instruction	Total population 16 to 19 years	Percent in Armed Forces	Percent high school graduates	Percent not enrolled, not employed, not in Armed Forces, not high school grad.
		19	20	21	22	23	24	25	26	27	28	29
Howard, TX	48227	39,832	11.5	41.6	46.9	37,673	7,196	60.6	2,044	0.0	15.0	10.7
Hudspeth, TX	48229	9,095	13.6	45.6	40.8	8,299	9,729	59.2	233	0.0	9.9	6.9
Hunt, TX	48231	117,723	11.1	52.2	36.7	101,950	6,937	58.8	4,659	0.0	12.3	4.9
Hutchinson, TX	48233	42,521	10.4	36.6	52.9	33,448	7,590	62.8	1,654	0.0	11.3	5.0
Irion, TX	48235	4,493	4.1	9.8	86.1	3,376	9,510	55.4	96	0.0	5.2	0.0
Jack, TX	48237	14,351	6.0	43.1	51.0	12,830	7,766	64.6	513	0.0	15.2	7.6
Jackson, TX	48239	30,339	8.2	29.9	62.0	24,308	7,769	63.8	912	0.0	12.8	3.1
Jasper, TX	48241	63,036	14.4	46.9	38.7	52,807	7,512	58.9	2,086	0.4	9.7	5.7
Jeff Davis, TX	48243	7,218	5.7	56.6	37.7	5,240	12,688	61.8	116	0.0	4.3	1.7
Jefferson, TX	48245	373,891	13.6	22.3	64.1	322,125	7,401	59.3	15,411	0.1	10.8	7.1
Jim Hogg, TX	48247	15,084	12.5	24.6	62.9	10,595	9,335	60.5	344	0.0	10.8	1.2
Jim Wells, TX	48249	76,205	13.5	60.2	26.3	70,100	7,848	59.1	2,643	0.0	8.5	9.1
Johnson, TX	48251	223,074	7.8	47.5	44.7	191,635	6,856	62.2	8,065	0.2	12.1	6.7
Jones, TX	48253	26,744	13.6	66.0	20.3	24,945	8,852	62.4	1,529	0.0	8.2	23.9
Karnes, TX	48255	24,624	20.4	52.4	27.1	21,456	9,011	64.3	817	0.0	12.0	8.0
Kaufman, TX	48257	168,305	9.1	42.9	48.1	144,284	7,203	59.0	4,403	0.0	10.2	8.5
Kendall, TX	48259	59,784	4.5	13.4	82.1	50,763	7,415	60.7	1,296	0.0	7.9	3.2
Kenedy, TX	48261	5,782	...	1.5	98.5	1,084	13,060	44.6	27	0.0	7.4	11.1
Kent, TX	48263	5,855	1.4	3.3	95.3	2,305	18,008	49.3	42	0.0	0.0	0.0
Kerr, TX	48265	60,023	10.9	27.7	61.4	51,314	7,297	61.5	2,204	0.0	10.7	3.5
Kimble, TX	48267	6,747	7.5	48.3	44.2	6,252	8,647	67.0	249	0.0	10.0	9.2
King, TX	48269	2,679	1.9	6.9	91.2	2,119	22,073	53.8	9	0.0	0.0	0.0
Kinney, TX	48271	5,937	10.0	61.5	28.5	4,856	7,948	63.3	180	0.0	6.7	2.8
Kleberg, TX	48273	50,198	14.6	47.4	38.0	47,658	8,363	58.7	2,384	0.2	6.4	4.5
Knox, TX	48275	8,829	15.8	58.5	25.6	7,781	9,111	61.0	249	0.0	8.0	0.8
Lamar, TX	48277	77,800	11.1	45.7	43.2	64,846	6,979	63.0	2,750	0.0	9.5	5.6
Lamb, TX	48279	31,842	13.1	50.2	36.7	27,932	8,428	62.6	992	0.0	9.2	7.0
Lampasas, TX	48281	29,913	14.1	49.5	36.5	26,654	7,335	60.0	1,187	0.8	7.1	3.4
La Salle, TX	48283	12,282	8.2	52.2	39.6	11,547	9,085	56.3	367	0.0	10.1	16.9
Lavaca, TX	48285	20,888	4.8	23.6	71.6	15,840	7,479	61.2	1,116	0.0	9.8	6.2
Lee, TX	48287	25,675	9.1	40.0	50.9	23,115	7,762	61.2	1,236	0.0	10.4	19.0
Leon, TX	48289	28,939	8.7	35.0	56.3	24,396	8,220	61.0	896	0.0	8.6	3.7
Liberty, TX	48291	122,092	9.9	43.4	46.7	98,981	6,692	59.5	4,116	0.0	12.9	7.9
Limestone, TX	48293	40,026	12.5	40.6	46.9	33,919	8,009	60.1	1,204	0.0	12.1	5.2
Lipscomb, TX	48295	10,753	5.9	23.6	70.5	7,517	10,411	61.6	193	0.0	8.3	2.6
Live Oak, TX	48297	15,947	8.1	27.9	64.0	14,979	8,154	60.4	741	0.0	13.5	5.7
Llano, TX	48299	28,535	5.0	6.1	88.9	13,808	7,092	61.6	527	0.0	16.5	5.1
Loving, TX	48301	...	...	...	...	...	...	...	5	0.0	0.0	0.0
Lubbock, TX	48303	360,611	14.2	39.2	46.6	329,846	7,670	59.7	17,939	0.1	10.6	3.8
Lynn, TX	48305	15,103	15.3	61.3	23.4	13,892	9,681	62.4	449	0.0	11.1	5.6
McCulloch, TX	48307	17,926	14.4	54.7	30.9	15,497	9,404	61.2	374	0.0	12.8	8.3
McLennan, TX	48309	359,783	12.4	45.5	42.1	316,611	7,753	56.6	16,641	0.1	8.6	5.5
McMullen, TX	48311	4,713	0.9	4.9	94.1	2,490	13,833	48.3	46	0.0	17.4	0.0
Madison, TX	48313	20,922	10.0	56.0	34.0	17,368	7,037	58.9	496	0.0	11.5	5.4
Marion, TX	48315	12,588	18.8	25.6	55.6	10,614	7,609	57.5	554	0.0	14.1	6.0
Martin, TX	48317	10,181	6.8	38.1	55.1	9,955	9,955	59.7	334	0.0	6.3	9.9
Mason, TX	48319	6,787	14.4	41.2	44.5	5,437	9,017	57.8	182	0.0	7.7	8.8
Matagorda, TX	48321	75,444	9.3	31.0	59.7	61,050	7,742	60.2	2,573	0.0	12.5	8.0
Maverick, TX	48323	108,447	19.2	65.3	15.5	97,879	7,233	60.4	3,350	0.0	7.0	13.9
Medina, TX	48325	70,763	12.8	56.6	30.6	62,853	7,314	59.6	2,431	0.0	10.8	4.9
Menard, TX	48327	5,025	23.2	46.2	30.7	4,703	13,028	50.6	150	0.0	9.3	4.0
Midland, TX	48329	182,644	12.3	34.2	53.5	165,208	7,076	58.1	7,590	0.0	9.4	5.4
Milam, TX	48331	41,784	8.6	48.1	43.3	35,708	7,307	62.9	1,463	0.0	13.3	2.6
Mills, TX	48333	12,544	17.0	59.2	23.8	11,772	11,807	64.5	284	0.0	8.1	7.4
Mitchell, TX	48335	13,996	13.5	41.7	44.8	12,403	9,312	61.2	723	0.0	15.6	19.4
Montague, TX	48337	29,844	10.8	46.5	42.8	26,598	7,874	62.0	1,067	0.0	15.1	9.0
Montgomery, TX	48339	551,396	6.4	31.8	61.8	469,523	6,632	59.4	17,271	0.1	10.0	6.3
Moore, TX	48341	34,600	12.8	18.2	69.0	32,182	7,028	64.1	1,300	0.0	18.0	6.4
Morris, TX	48343	21,007	11.2	26.7	62.1	18,942	7,653	60.6	741	0.0	14.2	6.2
Motley, TX	48345	2,435	28.5	31.6	39.8	2,360	14,390	65.4	80	0.0	13.8	2.5
Nacogdoches, TX	48347	85,421	11.5	47.4	41.0	71,972	6,998	58.7	5,187	0.0	6.0	3.2
Navarro, TX	48349	76,845	10.4	52.5	37.1	65,555	6,969	61.2	3,172	0.0	6.7	8.0
Newton, TX	48351	25,960	16.1	39.4	44.5	22,598	9,231	58.9	1,053	0.0	16.2	11.5
Nolan, TX	48353	27,542	15.3	42.0	42.7	24,665	8,585	59.2	999	0.0	14.3	3.9
Nueces, TX	48355	526,566	15.3	39.6	45.1	451,869	7,339	58.3	20,381	0.6	10.6	7.3
Ochiltree, TX	48357	16,432	13.7	33.9	52.4	14,080	6,838	63.4	477	0.0	6.7	6.1
Oldham, TX	48359	11,854	10.0	45.2	44.8	10,960	12,955	65.3	195	0.0	5.6	3.6
Orange, TX	48361	141,108	12.8	40.2	47.1	122,303	7,554	55.1	5,290	0.0	12.0	4.4
Palo Pinto, TX	48363	49,670	9.4	44.5	46.1	39,274	7,885	60.1	1,644	0.0	10.0	11.4
Panola, TX	48365	46,740	6.5	10.3	83.2	27,644	7,335	61.7	1,545	0.0	8.9	2.7

PART C—COUNTY EDUCATION STATISTICS 477

Table C-1. Population, School, and Student Characteristics by County—Continued

STATE County	State/ county code	High school graduates, 2000 Population 25 years and over	High school diploma or less (percent)	High school diploma or more (percent)	College enrollment, 2000 Number	Percent public	College graduates, 2000 (percent) Bachelor's degree or more	+/- U.S. percent with bachelor's degree or more	Non-Hispanic White	Black	American Indian, Alaska Native	Asian and Pacific Islander	Hispanic or Latino[3]
		30	31	32	33	34	35	36	37	38	39	40	41
Howard, TX	48227	22,544	60.7	70.6	1,702	86.6	11.1	-13.3	15.7	12.6	0.0	39.6	2.8
Hudspeth, TX	48229	1,910	74.5	46.1	69	68.1	9.7	-14.7	26.5	0.0	25.0	0.0	2.5
Hunt, TX	48231	48,548	57.4	76.9	4,348	90.4	16.8	-7.6	18.1	7.7	12.3	56.6	7.1
Hutchinson, TX	48233	15,282	54.5	79.6	1,034	93.8	14.3	-10.1	15.4	4.8	16.9	58.6	7.1
Irion, TX	48235	1,217	52.2	78.8	54	90.7	21.5	-2.9	26.9	0.0	0.0	...	3.8
Jack, TX	48237	5,830	60.8	75.8	315	73.0	12.8	-11.6	13.5	8.6	0.0	58.6	3.5
Jackson, TX	48239	9,278	61.6	72.7	397	97.7	12.8	-11.6	16.9	3.3	0.0	69.2	2.0
Jasper, TX	48241	23,420	66.6	73.0	751	85.4	10.5	-13.9	12.0	3.4	11.6	31.5	5.3
Jeff Davis, TX	48243	1,560	44.3	74.7	54	94.4	35.1	10.7	46.0	...	...	...	12.0
Jefferson, TX	48245	161,261	54.7	78.5	11,596	91.4	16.3	-8.1	21.2	8.2	7.5	32.5	7.9
Jim Hogg, TX	48247	3,203	70.3	58.0	168	86.3	9.5	-14.9	11.8	0.0	0.0	0.0	9.3
Jim Wells, TX	48249	23,525	67.5	64.8	1,531	92.6	10.9	-13.5	17.3	10.6	13.6	64.9	8.2
Johnson, TX	48251	79,417	55.7	77.6	4,806	67.4	13.8	-10.6	14.7	8.9	13.0	27.7	4.6
Jones, TX	48253	13,780	70.3	64.3	438	74.0	8.2	-16.2	11.3	1.3	0.0	5.1	1.1
Karnes, TX	48255	10,352	73.2	59.1	336	87.5	9.4	-15.0	17.2	1.6	6.6	50.0	2.7
Kaufman, TX	48257	44,859	59.3	74.5	2,336	78.6	12.3	-12.1	13.4	8.1	8.5	38.5	4.3
Kendall, TX	48259	15,827	37.6	85.4	820	81.2	31.4	7.0	34.5	0.0	24.3	69.7	11.8
Kenedy, TX	48261	261	64.0	57.9	6	50.0	20.3	-4.1	45.7	0.0	...	...	14.9
Kent, TX	48263	643	58.9	78.1	12	100.0	15.1	-9.3	16.1	0.0	0.0	...	7.5
Kerr, TX	48265	31,006	48.0	81.2	1,142	39.1	23.3	-1.1	26.9	2.6	11.0	19.7	4.9
Kimble, TX	48267	3,146	62.1	72.1	42	61.9	17.3	-7.1	20.3	0.0	0.0	50.0	2.3
King, TX	48269	228	47.8	78.1	2	100.0	24.6	0.2	26.0	...	...	...	0.0
Kinney, TX	48271	2,335	60.4	66.9	57	94.7	17.7	-6.7	28.4	0.0	0.0	63.6	3.7
Kleberg, TX	48273	17,896	54.8	68.2	4,469	94.0	20.4	-4.0	32.8	8.8	21.9	48.5	13.5
Knox, TX	48275	2,819	66.9	66.8	78	84.6	11.8	-12.6	14.6	1.2	33.3	53.3	2.7
Lamar, TX	48277	31,612	56.9	76.3	1,847	92.5	14.5	-9.9	15.9	5.7	13.1	34.2	7.9
Lamb, TX	48279	9,202	64.7	63.7	284	84.5	11.1	-13.3	16.7	2.0	0.0	0.0	2.9
Lampasas, TX	48281	11,491	51.7	78.8	605	78.8	16.2	-8.2	18.0	9.2	0.0	13.1	6.5
La Salle, TX	48283	3,602	75.6	50.1	157	81.5	6.4	-18.0	20.7	0.0	0.0	10.0	2.2
Lavaca, TX	48285	13,214	68.1	68.6	546	86.1	11.4	-13.0	12.6	7.1	4.8	30.8	3.4
Lee, TX	48287	9,804	65.0	71.7	323	85.1	13.1	-11.3	15.5	6.9	0.0	0.0	4.2
Leon, TX	48289	10,652	64.1	73.8	338	87.9	12.1	-12.3	13.6	6.7	0.0	0.0	0.7
Liberty, TX	48291	44,206	66.6	69.6	1,634	85.9	8.1	-16.3	9.3	4.5	11.4	11.3	2.0
Limestone, TX	48293	14,564	62.6	67.4	785	89.8	11.1	-13.3	14.3	3.2	10.7	0.0	1.1
Lipscomb, TX	48295	2,047	54.8	74.5	37	91.9	18.9	-5.5	21.3	37.5	0.0	...	5.6
Live Oak, TX	48297	8,399	61.2	67.1	284	81.0	12.0	-12.4	17.3	1.8	9.4	20.0	3.0
Llano, TX	48299	13,571	49.1	83.5	182	75.3	21.0	-3.4	21.9	0.0	0.0	0.0	2.8
Loving, TX	48301	51	51.0	86.3	11	63.6	5.9	-18.5	6.3	...	...	...	0.0
Lubbock, TX	48303	141,363	46.9	78.4	30,844	90.4	24.4	0.0	31.1	10.0	14.6	64.2	7.2
Lynn, TX	48305	4,037	66.1	61.9	168	82.1	13.4	-11.0	21.7	2.7	38.5	33.3	0.4
McCulloch, TX	48307	5,550	64.5	70.5	84	83.3	14.0	-10.4	16.4	15.9	0.0	...	5.0
McLennan, TX	48309	125,961	51.3	76.6	22,657	46.9	19.1	-5.3	23.2	9.1	9.0	47.7	6.8
McMullen, TX	48311	613	60.5	74.7	19	73.7	16.2	-8.2	20.8	0.0	100.0	...	3.9
Madison, TX	48313	8,907	71.1	72.8	542	87.6	11.5	-12.9	16.2	1.5	27.3	82.8	3.8
Marion, TX	48315	7,792	65.7	67.5	238	81.9	8.5	-15.9	9.4	5.4	9.9	...	0.0
Martin, TX	48317	2,785	65.6	65.8	103	83.5	11.8	-12.6	16.4	0.0	0.0	45.5	3.1
Mason, TX	48319	2,701	49.7	78.1	44	79.5	18.7	-5.7	21.4	0.0	35.1	...	2.9
Matagorda, TX	48321	23,509	60.9	70.3	932	88.6	12.5	-11.9	17.6	8.1	15.4	14.3	2.1
Maverick, TX	48323	25,468	76.7	42.1	1,552	87.8	9.1	-15.3	33.0	17.1	2.9	25.2	8.0
Medina, TX	48325	24,629	61.2	72.2	1,529	84.3	13.3	-11.1	19.5	0.4	23.1	29.6	5.3
Menard, TX	48327	1,660	61.6	69.4	33	90.9	17.2	-7.2	23.0	42.9	0.0	100.0	1.1
Midland, TX	48329	71,008	43.8	79.2	5,824	91.8	24.8	0.4	32.1	10.4	21.9	50.0	6.0
Milam, TX	48331	15,641	66.1	70.9	647	93.0	11.6	-12.8	14.1	3.4	16.5	0.0	2.4
Mills, TX	48333	3,582	59.2	76.7	57	71.9	20.2	-4.2	21.6	50.0	80.0	...	2.5
Mitchell, TX	48335	6,634	69.3	71.7	248	97.2	10.4	-14.0	16.6	0.4	5.0	0.0	2.7
Montague, TX	48337	13,208	62.4	73.0	446	92.4	11.3	-13.1	11.4	0.0	4.4	43.5	5.5
Montgomery, TX	48339	183,743	45.8	81.6	11,460	87.7	25.3	0.9	27.1	15.4	14.5	50.0	11.3
Moore, TX	48341	11,460	66.4	62.1	612	95.8	11.0	-13.4	16.7	0.0	0.0	34.8	1.2
Morris, TX	48343	8,776	60.7	73.7	419	88.3	11.2	-13.2	13.6	4.1	11.5	21.7	4.5
Motley, TX	48345	987	60.2	73.5	28	78.6	14.7	-9.7	16.1	0.0	100.0	...	3.9
Nacogdoches, TX	48347	33,175	53.6	73.7	9,575	96.7	22.8	-1.6	27.3	8.6	10.5	61.1	5.3
Navarro, TX	48349	28,324	61.0	71.7	2,132	90.0	12.2	-12.2	15.0	4.2	31.3	26.0	3.6
Newton, TX	48351	9,738	76.7	68.7	214	95.3	5.5	-18.9	5.5	4.8	0.0	68.0	5.1
Nolan, TX	48353	10,203	62.2	69.9	559	91.2	13.2	-11.2	17.2	4.8	0.0	10.6	1.7
Nueces, TX	48355	191,848	50.7	74.4	18,244	91.9	18.8	-5.6	29.3	13.8	11.5	43.2	9.4
Ochiltree, TX	48357	5,441	58.2	69.2	178	82.6	16.1	-8.3	19.9	...	26.2	0.0	3.7
Oldham, TX	48359	1,250	46.6	80.5	57	100.0	19.4	-5.0	19.4	80.0	0.0	...	17.1
Orange, TX	48361	54,229	59.7	79.0	2,925	90.2	11.0	-13.4	11.3	7.3	3.4	19.4	6.4
Palo Pinto, TX	48363	17,764	60.5	71.2	610	88.0	12.1	-12.3	13.4	4.2	2.9	9.0	1.9
Panola, TX	48365	14,848	58.9	75.9	831	90.9	13.4	-11.0	15.7	4.6	0.0	0.0	0.5

[3] May be of any race.
... = Not available.

478 THE ALMANAC OF AMERICAN EDUCATION (BERNAN PRESS)

Table C-1. Population, School, and Student Characteristics by County—Continued

STATE County	State/county code	County type[1]	Population, 2007 Total	Population, 2007 Percent 5 to 17 years	Number of schools and students, 2005–2006 School districts	Number of schools and students, 2005–2006 Schools	Number of schools and students, 2005–2006 Students	Resident enrollment, 2000 Total enrollment Number	Resident enrollment, 2000 Total enrollment Percent public	Resident enrollment, 2000 K–12 enrollment Number	Resident enrollment, 2000 K–12 enrollment Percent public
			1	2	3	4	5	6	7	8	9
Parker, TX	48367	1	108,687	17.9	8	38	17,865	23,189	90.0	18,732	93.6
Parmer, TX	48369	7	9,423	21.6	4	11	2,430	3,082	96.2	2,689	97.2
Pecos, TX	48371	7	15,969	17.0	3	11	2,860	4,947	94.9	3,906	95.9
Polk, TX	48373	6	46,332	16.0	6	17	7,092	9,215	93.4	7,149	95.3
Potter, TX	48375	3	120,775	19.5	6	65	33,402	31,113	92.1	22,798	93.9
Presidio, TX	48377	7	7,575	20.0	2	5	1,934	2,151	98.6	1,869	99.6
Rains, TX	48379	8	11,211	15.7	1	4	1,600	2,022	95.0	1,696	96.2
Randall, TX	48381	3	113,036	17.9	1	13	8,027	30,922	89.2	19,793	91.2
Reagan, TX	48383	6	3,053	20.2	1	3	742	1,036	99.1	910	100.0
Real, TX	48385	9	2,965	14.8	2	3	323	742	96.5	596	98.3
Red River, TX	48387	6	13,108	15.8	4	12	2,621	3,114	94.7	2,610	96.4
Reeves, TX	48389	7	11,183	17.8	2	7	2,372	3,606	98.5	3,116	99.5
Refugio, TX	48391	6	7,358	16.8	3	7	1,439	1,906	96.0	1,640	98.1
Roberts, TX	48393	9	831	14.0	1	1	162	217	92.6	184	96.7
Robertson, TX	48395	3	15,819	19.3	5	16	3,431	4,049	94.2	3,339	96.6
Rockwall, TX	48397	1	73,810	19.7	2	23	14,834	12,565	86.6	9,821	92.9
Runnels, TX	48399	6	10,362	17.9	4	17	2,196	2,833	95.6	2,481	97.3
Rusk, TX	48401	3	48,568	16.5	8	24	7,550	11,399	91.2	9,081	95.0
Sabine, TX	48403	9	10,138	15.4	2	5	1,594	2,043	93.5	1,747	95.9
San Augustine, TX	48405	9	8,639	15.6	2	7	1,439	1,961	95.8	1,657	97.7
San Jacinto, TX	48407	1	24,818	17.5	2	8	3,583	5,092	92.8	4,384	94.0
San Patricio, TX	48409	2	68,520	21.0	7	36	15,405	19,646	94.4	15,739	97.1
San Saba, TX	48411	7	5,968	20.2	4	7	1,427	1,514	96.7	1,329	98.0
Schleicher, TX	48413	8	2,811	16.4	1	3	599	798	99.5	669	100.0
Scurry, TX	48415	7	16,011	16.9	3	12	2,969	4,259	95.6	3,247	99.2
Shackelford, TX	48417	8	3,161	16.7	2	3	660	882	95.6	732	97.1
Shelby, TX	48419	6	26,512	18.6	6	17	5,040	6,145	94.0	5,129	96.5
Sherman, TX	48421	9	2,905	20.0	2	4	871	927	93.9	774	94.7
Smith, TX	48423	3	198,705	18.0	11	75	33,752	46,077	88.1	34,152	90.0
Somervell, TX	48425	8	7,757	17.8	2	5	1,819	1,907	92.4	1,502	96.9
Starr, TX	48427	4	61,833	24.8	3	25	16,421	18,163	97.8	14,828	98.7
Stephens, TX	48429	7	9,538	16.2	1	6	1,667	2,381	93.1	1,944	96.7
Sterling, TX	48431	8	1,245	16.9	1	8	242	395	94.4	336	93.5
Stonewall, TX	48433	8	1,405	13.8	1	2	243	363	92.6	312	94.2
Sutton, TX	48435	7	4,303	19.5	1	3	1,014	1,085	96.5	937	98.0
Swisher, TX	48437	6	7,700	18.0	3	8	1,521	2,196	93.9	1,823	96.4
Tarrant, TX	48439	1	1,717,435	19.6	28	493	312,524	399,208	84.2	291,485	91.1
Taylor, TX	48441	3	126,540	18.2	7	64	22,262	37,937	75.0	25,143	94.5
Terrell, TX	48443	9	934	16.8	1	3	146	277	91.0	249	93.6
Terry, TX	48445	6	12,189	18.6	3	6	2,397	3,351	97.4	2,833	98.9
Throckmorton, TX	48447	9	1,664	15.5	2	3	315	443	99.1	386	100.0
Titus, TX	48449	7	29,392	21.1	5	15	6,703	7,916	94.7	6,333	98.0
Tom Green, TX	48451	3	106,342	17.6	7	74	18,212	29,720	94.2	20,707	95.8
Travis, TX	48453	1	974,365	16.9	24	229	130,663	235,906	88.5	133,669	92.5
Trinity, TX	48455	8	14,168	16.1	4	9	2,183	2,836	96.0	2,369	97.7
Tyler, TX	48457	6	20,403	15.6	5	15	3,599	4,466	93.2	3,784	95.7
Upshur, TX	48459	3	37,924	17.8	7	24	6,886	8,817	92.0	7,267	95.4
Upton, TX	48461	8	3,052	16.7	2	5	697	959	99.3	868	99.4
Uvalde, TX	48463	7	26,581	21.2	5	17	6,398	7,779	93.5	6,142	94.6
Val Verde, TX	48465	5	48,029	20.9	3	16	10,687	12,850	92.4	10,622	95.6
Van Zandt, TX	48467	6	52,055	17.4	8	36	9,877	11,226	91.4	9,289	93.2
Victoria, TX	48469	3	86,291	19.5	5	31	15,258	24,141	87.9	18,552	89.7
Walker, TX	48471	4	63,902	11.9	4	15	7,605	20,291	90.2	10,092	88.0
Waller, TX	48473	1	35,933	17.6	3	17	8,210	11,274	94.0	6,445	95.3
Ward, TX	48475	6	10,268	19.7	3	10	2,357	3,113	94.8	2,640	96.4
Washington, TX	48477	6	32,034	16.1	2	11	5,383	8,413	86.7	5,844	88.7
Webb, TX	48479	3	233,152	24.6	5	81	61,489	67,101	93.2	51,488	95.4
Wharton, TX	48481	4	40,897	18.8	5	18	8,202	11,527	92.0	9,347	94.3
Wheeler, TX	48483	9	4,793	16.6	4	6	922	1,214	94.4	1,098	95.0
Wichita, TX	48485	3	128,025	17.9	7	54	22,303	35,683	90.5	24,628	94.5
Wilbarger, TX	48487	6	14,037	19.8	4	9	2,793	3,816	94.2	2,881	95.9
Willacy, TX	48489	6	20,513	20.7	4	14	4,618	6,058	97.9	5,013	98.9
Williamson, TX	48491	1	373,363	20.2	11	146	80,019	70,940	85.8	53,372	93.3
Wilson, TX	48493	1	39,264	19.1	4	27	7,721	8,879	92.5	7,296	95.6
Winkler, TX	48495	6	6,543	19.3	2	6	1,535	1,938	99.5	1,698	99.6
Wise, TX	48497	1	57,589	18.5	7	27	8,849	12,621	92.9	10,784	95.1
Wood, TX	48499	6	42,004	15.1	6	22	6,107	7,855	89.5	6,157	95.1
Yoakum, TX	48501	7	7,447	20.4	2	6	1,815	2,286	99.0	1,972	100.0
Young, TX	48503	6	17,683	17.1	3	10	3,401	4,167	93.9	3,556	96.5
Zapata, TX	48505	6	13,605	22.1	1	6	3,492	3,703	97.1	3,093	97.9
Zavala, TX	48507	7	11,665	22.3	2	7	2,585	3,883	96.7	3,147	97.2

[1] County type codes are from the Economic Research Service of the United States Department of Agriculture. See notes and definitions for more information.

Table C-1. Population, School, and Student Characteristics by County—Continued

STATE County	State/ county code	Students with IEP[2]	Students eligible for free or reduced-price lunch	Minority students	English language learners	Number of graduates, 2004–2005	Total staff	Number of teachers	Student/ teacher ratio	Central administration staff
		10	11	12	13	14	15	16	17	18
Parker, TX	48367	11.9	31.0	14.7	3.6	1,070	2,445	1,227	14.6	62
Parmer, TX	48369	10.5	74.4	71.5	19.0	145	454	216	11.3	12
Pecos, TX	48371	10.7	61.0	75.4	10.3	168	480	224	12.8	10
Polk, TX	48373	17.0	59.0	32.3	5.1	412	1,098	500	14.2	34
Potter, TX	48375	13.3	66.6	58.5	9.3	1,766	4,607	2,373	14.1	59
Presidio, TX	48377	8.4	66.9	95.8	46.7	118	298	155	12.5	9
Rains, TX	48379	14.5	49.8	15.9	4.5	101	257	135	11.9	4
Randall, TX	48381	11.8	32.0	26.0	0.5	500	1,099	506	15.9	14
Reagan, TX	48383	14.3	43.0	71.0	17.0	70	143	71	10.5	5
Real, TX	48385	30.0	61.0	31.9	3.7	18	85	40	8.1	8
Red River, TX	48387	16.5	58.9	36.1	4.8	152	557	240	10.9	28
Reeves, TX	48389	13.2	70.0	91.2	8.9	152	403	181	13.1	11
Refugio, TX	48391	16.1	53.6	61.4	1.9	143	277	137	10.5	8
Roberts, TX	48393	6.2	33.3	10.5	0.0	14	40	22	7.4	1
Robertson, TX	48395	12.2	65.2	55.4	6.4	191	583	281	12.2	23
Rockwall, TX	48397	10.1	20.7	26.9	7.1	761	1,908	918	16.2	41
Runnels, TX	48399	11.9	57.2	45.5	5.1	141	393	196	11.2	14
Rusk, TX	48401	13.0	57.2	41.2	9.2	445	1,237	585	12.9	42
Sabine, TX	48403	15.4	63.4	16.2	0.5	114	259	126	12.7	10
San Augustine, TX	48405	14.5	78.1	47.6	4.2	98	272	123	11.7	8
San Jacinto, TX	48407	14.9	55.3	28.1	3.2	178	615	287	12.5	16
San Patricio, TX	48409	13.1	56.4	65.1	4.3	856	2,321	1,051	14.7	51
San Saba, TX	48411	23.5	68.5	43.0	8.8	80	204	105	13.6	7
Schleicher, TX	48413	9.5	41.7	64.9	10.0	47	109	56	10.7	3
Scurry, TX	48415	15.8	52.4	51.1	5.1	187	399	220	13.5	8
Shackelford, TX	48417	14.7	48.2	16.8	2.1	46	118	59	11.2	4
Shelby, TX	48419	12.7	61.4	44.2	11.3	253	811	398	12.7	27
Sherman, TX	48421	8.3	57.9	50.5	18.6	40	142	74	11.8	5
Smith, TX	48423	11.7	50.5	49.3	11.1	1,866	4,746	2,370	14.2	89
Somervell, TX	48425	13.2	44.0	24.6	7.1	147	298	146	12.5	7
Starr, TX	48427	10.8	47.9	99.8	50.9	715	2,974	1,136	14.5	52
Stephens, TX	48429	12.2	57.8	32.0	7.7	99	259	122	13.7	4
Sterling, TX	48431	14.5	34.3	44.4	1.2	26	55	27	9.0	2
Stonewall, TX	48433	10.3	45.3	22.2	0.4	20	50	24	10.1	1
Sutton, TX	48435	12.4	41.0	67.6	13.4	50	160	89	11.4	4
Swisher, TX	48437	13.2	66.6	55.7	4.8	119	301	148	10.3	12
Tarrant, TX	48439	9.8	44.9	56.2	14.4	16,278	38,287	19,146	16.3	647
Taylor, TX	48441	16.6	50.5	39.8	2.3	1,378	3,390	1,699	13.1	78
Terrell, TX	48443	13.7	41.8	64.4	6.8	16	45	21	7.0	2
Terry, TX	48445	12.2	65.9	67.4	7.6	156	410	196	12.2	19
Throckmorton, TX	48447	11.7	53.3	14.3	1.0	34	66	35	9.0	4
Titus, TX	48449	13.7	67.9	64.0	32.1	346	1,228	510	13.1	28
Tom Green, TX	48451	13.0	50.1	52.3	4.8	1,138	2,573	1,246	14.6	72
Travis, TX	48453	12.7	41.9	64.7	19.5	6,380	17,113	8,839	14.8	278
Trinity, TX	48455	13.7	53.0	25.5	4.3	153	397	193	11.3	21
Tyler, TX	48457	15.6	57.2	16.9	0.7	232	637	296	12.2	24
Upshur, TX	48459	13.3	45.2	20.7	2.8	405	1,115	547	12.6	38
Upton, TX	48461	17.9	48.4	55.2	5.3	49	156	65	10.7	12
Uvalde, TX	48463	10.7	72.8	82.1	7.5	343	1,006	474	13.5	33
Val Verde, TX	48465	12.8	75.0	90.5	18.2	470	1,168	648	16.5	16
Van Zandt, TX	48467	12.9	45.2	16.2	4.0	586	1,462	698	14.2	70
Victoria, TX	48469	12.3	61.4	65.3	3.8	783	2,373	1,039	14.7	30
Walker, TX	48471	11.2	47.8	49.7	7.3	483	1,171	511	14.9	32
Waller, TX	48473	10.6	60.1	69.2	16.5	434	1,196	570	14.4	31
Ward, TX	48475	19.7	54.4	59.7	5.3	151	347	157	15.0	7
Washington, TX	48477	13.3	47.2	47.1	7.2	365	778	405	13.3	11
Webb, TX	48479	12.0	54.2	98.8	54.5	2,636	9,440	3,845	16.0	102
Wharton, TX	48481	12.0	59.3	63.0	7.2	568	1,291	615	13.3	26
Wheeler, TX	48483	8.6	48.2	33.1	8.9	62	229	99	9.3	29
Wichita, TX	48485	13.5	50.6	37.1	3.6	1,339	3,108	1,606	13.9	50
Wilbarger, TX	48487	16.6	64.3	51.9	4.7	152	384	212	13.2	19
Willacy, TX	48489	11.2	23.6	96.1	12.8	242	814	332	13.9	32
Williamson, TX	48491	10.1	28.7	38.5	6.6	4,372	10,625	5,573	14.4	164
Wilson, TX	48493	12.7	42.2	44.7	3.1	489	1,157	539	14.3	32
Winkler, TX	48495	11.9	47.2	59.9	11.7	99	309	143	10.7	11
Wise, TX	48497	13.5	36.5	23.7	8.8	605	1,426	678	13.1	42
Wood, TX	48499	15.4	47.7	20.3	5.8	387	965	474	12.9	40
Yoakum, TX	48501	10.8	59.3	63.9	14.9	130	297	146	12.4	9
Young, TX	48503	13.8	45.8	21.7	5.5	239	461	262	13.0	16
Zapata, TX	48505	9.4	33.6	98.2	37.7	145	522	214	16.3	3
Zavala, TX	48507	9.8	86.1	98.1	15.6	135	414	176	14.7	12

[2]IEP = Individual Education Program. See notes and definitions for more information.

Table C-1. Population, School, and Student Characteristics by County—Continued

STATE County	State/county code	Revenues, 2004–2005 Total revenue (thousands of dollars)	% Federal government	% State government	% Local government	Current expenditures, 2004–2005 Total expenditures (thousands of dollars)	Amount per student	Percent for instruction	Resident population 16 to 19 years, 2000 Total population 16 to 19 years	Percent in Armed Forces	Percent high school graduates	Percent not enrolled, not employed, not in Armed Forces, not high school grad.
		19	20	21	22	23	24	25	26	27	28	29
Parker, TX	48367	142,503	6.2	38.7	55.1	123,770	7,100	59.8	5,353	0.0	10.8	6.1
Parmer, TX	48369	21,995	13.7	53.9	32.5	19,767	8,199	64.7	677	0.0	9.3	5.5
Pecos, TX	48371	44,308	6.8	6.9	86.3	26,330	9,070	58.4	1,395	0.0	18.6	10.7
Polk, TX	48373	62,013	11.4	42.8	45.8	53,250	7,551	58.9	1,972	0.1	9.8	9.0
Potter, TX	48375	291,944	17.4	38.1	44.5	251,309	7,597	59.3	7,166	0.0	14.0	15.2
Presidio, TX	48377	19,747	17.9	51.8	30.3	13,984	6,916	62.0	512	0.0	8.4	12.1
Rains, TX	48379	12,702	8.9	47.8	43.3	11,892	7,433	59.8	548	0.0	16.4	4.4
Randall, TX	48381	57,385	6.2	30.6	63.2	47,826	6,094	61.3	6,773	0.1	11.7	2.3
Reagan, TX	48383	10,642	5.8	7.4	86.8	8,033	10,682	63.0	251	0.0	5.6	0.0
Real, TX	48385	3,814	5.9	44.2	49.9	3,675	11,136	62.3	172	0.0	11.0	4.1
Red River, TX	48387	26,542	19.1	56.2	24.7	24,426	9,214	63.0	860	0.0	12.3	8.8
Reeves, TX	48389	22,351	15.6	44.2	40.2	19,760	7,990	62.0	825	0.0	9.9	7.0
Refugio, TX	48391	16,770	7.3	23.6	69.2	13,107	8,820	63.3	492	0.0	12.0	4.5
Roberts, TX	48393	6,508	1.5	3.2	95.3	1,994	12,385	58.6	54	0.0	0.0	3.7
Robertson, TX	48395	34,563	12.4	31.9	55.7	27,894	8,130	61.2	925	0.0	16.5	12.3
Rockwall, TX	48397	118,529	4.2	21.9	73.9	89,796	6,664	59.6	2,275	0.0	9.5	3.9
Runnels, TX	48399	22,809	12.0	57.0	31.0	18,483	8,117	63.7	681	0.0	8.4	5.0
Rusk, TX	48401	76,658	9.0	31.4	59.6	54,951	7,418	61.5	2,579	0.0	11.4	6.9
Sabine, TX	48403	14,450	17.7	46.5	35.8	12,494	7,809	63.9	471	0.0	5.5	4.7
San Augustine, TX	48405	13,109	15.3	61.0	23.7	11,615	8,100	60.1	421	1.2	10.7	1.7
San Jacinto, TX	48407	29,440	12.5	48.1	39.3	27,420	7,506	58.5	1,249	0.0	11.4	7.7
San Patricio, TX	48409	133,255	13.3	47.2	39.5	109,801	7,045	58.2	4,600	3.3	15.5	7.7
San Saba, TX	48411	11,437	8.1	61.7	30.2	9,393	8,713	62.5	640	0.0	12.7	28.1
Schleicher, TX	48413	5,834	8.2	32.6	59.3	5,175	8,861	61.1	180	0.0	9.4	3.3
Scurry, TX	48415	28,797	9.5	20.8	69.7	22,636	7,622	61.1	1,306	0.0	10.4	15.0
Shackelford, TX	48417	7,066	7.5	47.6	44.9	5,863	9,006	60.7	182	0.0	9.9	1.1
Shelby, TX	48419	46,580	13.7	55.7	30.6	37,550	7,548	59.3	1,477	0.0	11.0	9.6
Sherman, TX	48421	8,745	10.3	13.5	76.2	6,803	6,631	65.0	193	0.0	8.3	5.7
Smith, TX	48423	260,002	11.7	31.5	56.8	230,187	6,971	61.8	11,093	0.0	11.7	5.8
Somervell, TX	48425	26,379	4.3	10.1	85.6	15,815	9,073	59.2	385	0.0	8.8	2.3
Starr, TX	48427	156,953	20.9	61.1	18.0	135,590	8,401	60.3	4,069	0.0	7.0	13.0
Stephens, TX	48429	11,931	9.9	38.9	51.2	11,495	7,109	60.1	599	0.0	6.3	12.5
Sterling, TX	48431	5,948	5.2	5.0	89.8	2,970	11,165	60.5	84	0.0	11.9	0.0
Stonewall, TX	48433	2,506	6.8	30.2	63.0	2,454	10,670	63.0	115	0.0	13.9	0.0
Sutton, TX	48435	16,365	5.5	6.1	88.5	8,865	9,018	65.2	241	0.0	6.6	3.3
Swisher, TX	48437	14,892	10.8	62.3	26.9	13,775	8,691	60.9	499	0.0	13.4	8.6
Tarrant, TX	48439	2,454,131	7.8	28.1	64.0	2,031,246	6,755	61.0	81,998	0.1	11.4	6.9
Taylor, TX	48441	199,918	22.2	41.3	36.5	172,137	7,658	60.2	9,283	3.0	14.0	4.9
Terrell, TX	48443	6,606	2.6	3.6	93.8	2,634	18,549	51.1	70	0.0	8.6	2.9
Terry, TX	48445	23,932	20.1	39.3	40.6	20,942	8,510	61.1	874	0.0	15.1	5.1
Throckmorton, TX	48447	3,349	6.0	43.6	50.4	3,283	10,389	65.5	122	0.0	6.6	1.6
Titus, TX	48449	70,470	21.6	30.7	47.6	59,692	9,022	53.8	1,766	0.0	10.8	7.2
Tom Green, TX	48451	150,689	15.6	48.1	36.3	134,525	7,329	58.4	7,663	6.7	17.7	4.1
Travis, TX	48453	1,310,795	8.5	14.0	77.6	970,327	7,713	57.6	48,677	0.1	9.7	6.5
Trinity, TX	48455	20,607	13.5	53.9	32.6	19,035	8,438	60.7	721	0.0	15.3	9.0
Tyler, TX	48457	32,772	11.6	54.1	34.3	28,773	7,812	58.3	1,026	0.7	12.8	6.2
Upshur, TX	48459	57,689	10.0	46.0	43.9	50,569	7,481	62.1	2,166	0.0	10.5	6.9
Upton, TX	48461	22,316	4.0	3.8	92.2	9,245	13,170	55.0	274	0.0	5.8	2.6
Uvalde, TX	48463	54,018	17.4	56.3	26.3	48,459	7,641	60.9	1,758	0.0	8.0	7.1
Val Verde, TX	48465	84,344	17.7	58.1	24.1	71,808	6,742	61.4	2,750	1.1	10.0	10.2
Van Zandt, TX	48467	77,225	10.5	51.1	38.4	66,597	6,825	61.1	2,568	0.0	11.3	4.2
Victoria, TX	48469	124,597	15.2	35.7	49.1	113,736	7,490	57.6	5,069	0.0	11.8	4.8
Walker, TX	48471	74,794	17.6	45.8	36.6	60,993	7,879	49.5	5,932	0.2	14.3	13.4
Waller, TX	48473	72,349	12.1	42.5	45.4	60,005	7,471	59.8	3,146	0.0	8.0	3.5
Ward, TX	48475	18,420	8.5	14.0	77.4	15,939	7,670	60.5	873	0.0	13.5	9.3
Washington, TX	48477	42,666	9.1	23.2	67.7	37,746	7,125	61.5	2,541	0.0	7.9	3.6
Webb, TX	48479	519,440	14.9	57.1	28.1	452,621	7,604	60.5	13,908	0.0	8.0	10.3
Wharton, TX	48481	67,431	8.9	47.0	44.0	62,148	7,452	61.7	2,943	0.0	11.1	6.8
Wheeler, TX	48483	15,663	7.9	21.6	70.5	9,982	10,803	60.1	333	0.0	9.6	2.7
Wichita, TX	48485	182,295	16.9	39.1	44.0	165,472	7,460	59.9	10,345	24.1	35.5	5.8
Wilbarger, TX	48487	21,775	10.7	33.5	55.8	19,124	7,592	62.8	1,235	0.0	14.3	14.8
Willacy, TX	48489	47,431	22.6	59.7	17.7	39,952	8,664	56.2	1,527	0.0	11.3	13.2
Williamson, TX	48491	660,704	5.0	16.3	78.8	524,902	6,929	60.1	13,778	0.0	11.0	2.4
Wilson, TX	48493	60,851	9.8	52.7	37.5	53,821	7,099	59.6	1,950	0.0	7.5	7.4
Winkler, TX	48495	22,213	10.1	17.5	72.4	16,762	11,130	57.9	506	0.0	9.9	5.3
Wise, TX	48497	80,874	6.1	27.7	66.2	67,281	7,753	59.7	2,800	0.0	15.1	5.2
Wood, TX	48499	52,170	11.3	38.3	50.4	44,385	7,163	62.5	2,096	0.0	14.7	6.9
Yoakum, TX	48501	34,172	4.5	6.1	89.3	15,880	8,808	55.8	588	0.0	5.8	3.7
Young, TX	48503	27,235	10.9	53.9	35.1	23,853	7,122	64.2	1,041	0.0	7.5	5.3
Zapata, TX	48505	43,472	12.3	9.1	78.5	29,121	8,575	58.7	938	0.0	13.1	13.6
Zavala, TX	48507	26,747	22.8	62.5	14.7	24,854	9,600	57.8	901	0.0	6.7	11.1

Table C-1. Population, School, and Student Characteristics by County—Continued

STATE County	State/ county code	High school graduates, 2000			College enrollment, 2000		College graduates, 2000 (percent)						
		Population 25 years and over	High school diploma or less (percent)	High school diploma or more (percent)	Number	Percent public	Bachelor's degree or more	+/- U.S. percent with bachelor's degree or more	Non-Hispanic White	Black	American Indian, Alaska Native	Asian and Pacific Islander	Hispanic or Latino[3]
		30	31	32	33	34	35	36	37	38	39	40	41
Parker, TX	48367	57,072	49.9	80.5	3,105	84.5	18.6	-5.8	19.7	4.9	16.4	18.1	4.9
Parmer, TX	48369	5,868	64.7	60.7	280	92.5	13.4	-11.0	22.0	0.0	15.6	27.3	1.4
Pecos, TX	48371	9,870	66.9	62.5	787	91.7	12.9	-11.5	22.9	9.3	25.0	8.6	6.2
Polk, TX	48373	28,453	66.5	70.0	1,496	91.8	10.4	-14.0	12.1	2.2	2.3	44.8	5.3
Potter, TX	48375	69,427	58.2	71.1	5,877	92.0	13.5	-10.9	17.8	5.6	10.0	16.5	3.6
Presidio, TX	48377	4,303	75.2	44.7	164	87.8	11.7	-12.7	34.5	28.6	60.0	44.0	6.0
Rains, TX	48379	6,298	64.5	73.0	216	90.3	11.5	-12.9	11.7	7.6	12.1	47.6	2.7
Randall, TX	48381	65,628	33.8	89.5	9,190	94.8	28.9	4.5	30.3	14.5	26.5	46.7	12.8
Reagan, TX	48383	1,955	66.9	63.0	40	100.0	9.2	-15.2	15.1	0.0	31.6	0.0	0.5
Real, TX	48385	2,150	55.3	73.0	95	90.5	17.3	-7.1	19.7	0.0	0.0	0.0	6.3
Red River, TX	48387	9,801	68.0	65.7	306	92.2	9.0	-15.4	10.2	4.2	1.5	88.9	0.9
Reeves, TX	48389	7,692	78.2	46.6	297	93.3	8.0	-16.4	22.0	5.6	5.4	68.6	2.2
Refugio, TX	48391	5,178	64.4	68.1	166	95.2	11.6	-12.8	19.1	0.6	0.0	16.7	3.4
Roberts, TX	48393	623	38.5	90.0	25	92.0	25.4	1.0	25.4	...	...	0.0	0.0
Robertson, TX	48395	10,218	67.8	68.1	368	81.5	12.7	-11.7	16.5	6.4	0.0	0.0	1.7
Rockwall, TX	48397	27,113	36.2	86.7	1,854	77.0	32.7	8.3	34.8	27.4	37.1	41.4	10.0
Runnels, TX	48399	7,723	66.3	68.9	227	86.3	13.1	-11.3	15.9	0.0	25.4	12.5	3.1
Rusk, TX	48401	31,843	58.9	74.1	1,715	81.5	12.8	-11.6	15.8	3.8	28.4	24.3	1.5
Sabine, TX	48403	7,676	65.2	72.5	188	79.8	10.6	-13.8	10.9	7.6	18.8	50.0	4.5
San Augustine, TX	48405	6,221	68.7	69.9	178	96.6	11.8	-12.6	14.0	5.3	27.8	0.0	6.8
San Jacinto, TX	48407	15,040	66.0	72.6	386	84.7	9.6	-14.8	10.4	4.9	50.0	0.0	1.9
San Patricio, TX	48409	39,551	58.4	71.4	2,740	87.4	13.0	-11.4	19.2	13.1	13.0	22.2	5.7
San Saba, TX	48411	3,997	61.2	70.0	136	83.8	15.8	-8.6	18.2	0.0	15.4	33.3	3.4
Schleicher, TX	48413	1,913	60.2	60.4	75	100.0	17.6	-6.8	26.3	0.0	0.0	80.0	2.3
Scurry, TX	48415	10,632	59.6	72.3	704	94.2	11.8	-12.6	15.3	5.6	0.0	43.3	1.6
Shackelford, TX	48417	2,221	53.4	79.2	82	86.6	20.8	-3.6	21.8	0.0	0.0	66.7	5.1
Shelby, TX	48419	16,266	66.6	68.9	653	90.0	12.2	-12.2	14.8	4.2	8.3	24.5	3.7
Sherman, TX	48421	1,968	53.8	73.1	95	96.8	20.4	-4.0	25.6	25.0	0.0	0.0	2.8
Smith, TX	48423	111,020	44.6	80.2	9,012	91.3	22.5	-1.9	26.9	11.2	17.9	47.6	3.4
Somervell, TX	48425	4,372	54.4	78.0	263	82.5	17.2	-7.2	18.9	0.0	28.0	14.3	0.9
Starr, TX	48427	27,716	82.2	34.7	2,009	91.7	6.9	-17.5	26.0	34.6	0.0	79.8	6.2
Stephens, TX	48429	6,471	57.0	72.3	346	84.1	13.4	-11.0	14.2	17.7	0.0	46.9	0.0
Sterling, TX	48431	916	57.5	70.4	42	100.0	17.1	-7.3	23.0	...	0.0	...	2.0
Stonewall, TX	48433	1,211	66.9	71.0	23	60.9	12.6	-11.8	14.1	5.7	0.0	0.0	2.8
Sutton, TX	48435	2,632	65.4	64.4	63	92.1	13.0	-11.4	21.4	...	0.0	82.4	3.0
Swisher, TX	48437	5,200	61.3	69.7	193	80.3	16.2	-8.2	23.6	0.0	13.6	0.0	1.5
Tarrant, TX	48439	898,850	42.2	81.3	78,661	72.2	26.6	2.2	31.7	17.1	18.5	35.9	9.6
Taylor, TX	48441	75,496	47.2	81.2	10,826	32.0	22.5	-1.9	25.9	15.3	13.4	27.2	6.5
Terrell, TX	48443	736	56.5	70.9	17	47.1	19.0	-5.4	31.9	...	0.0	...	4.7
Terry, TX	48445	8,008	69.3	62.5	304	83.9	9.5	-14.9	15.0	2.1	0.0	100.0	0.6
Throckmorton, TX	48447	1,272	56.1	77.4	38	89.5	18.2	-6.2	19.4	...	0.0	0.0	1.4
Titus, TX	48449	16,899	63.9	65.5	929	89.9	13.2	-11.2	16.9	8.8	17.9	40.0	2.1
Tom Green, TX	48451	63,430	52.3	76.2	7,281	95.7	19.5	-4.9	24.7	12.4	17.0	27.3	6.1
Travis, TX	48453	501,361	32.7	84.7	87,661	89.8	40.6	16.2	51.0	20.5	24.9	63.3	15.8
Trinity, TX	48455	9,623	66.4	73.1	256	91.0	9.4	-15.0	9.9	5.7	0.0	50.0	10.4
Tyler, TX	48457	14,433	69.6	71.9	491	82.3	9.7	-14.7	10.9	2.6	3.6	66.7	4.0
Upshur, TX	48459	22,977	60.0	76.3	1,046	82.1	11.1	-13.3	11.6	7.5	8.5	24.6	6.6
Upton, TX	48461	2,165	67.1	67.1	57	96.5	11.8	-12.6	17.6	0.0	17.4	...	2.7
Uvalde, TX	48463	15,280	62.8	59.6	1,099	93.4	13.8	-10.6	25.6	0.0	6.0	30.1	5.4
Val Verde, TX	48465	26,281	66.1	58.7	1,443	82.6	14.1	-10.3	27.0	25.2	15.2	42.5	9.0
Van Zandt, TX	48467	32,427	62.4	72.0	1,205	91.4	11.6	-12.8	12.3	3.3	10.3	19.0	2.8
Victoria, TX	48469	51,985	52.8	76.2	3,966	92.7	16.2	-8.2	22.3	9.4	6.8	50.3	6.0
Walker, TX	48471	36,678	58.6	73.1	9,404	95.1	18.3	-6.1	25.3	6.4	7.4	45.5	4.3
Waller, TX	48473	18,395	57.6	73.9	4,267	95.3	16.8	-7.6	18.2	21.4	13.7	19.7	4.9
Ward, TX	48475	6,765	64.4	70.1	253	92.5	12.4	-12.0	17.9	0.0	3.9	100.0	4.5
Washington, TX	48477	19,451	56.5	72.1	1,938	95.4	19.0	-5.4	23.0	5.9	0.0	21.4	2.8
Webb, TX	48479	101,182	65.0	53.0	11,089	89.6	13.9	-10.5	36.7	23.4	6.1	43.9	12.3
Wharton, TX	48481	25,567	59.5	69.8	1,417	94.6	14.3	-10.1	20.2	9.2	8.3	47.1	2.6
Wheeler, TX	48483	3,601	58.6	72.0	82	84.1	13.0	-11.4	13.8	0.0	0.0	62.5	7.0
Wichita, TX	48485	80,740	49.9	79.9	8,736	87.6	20.0	-4.4	22.5	10.5	16.1	21.0	8.6
Wilbarger, TX	48487	9,313	57.3	72.2	665	97.1	17.1	-7.3	20.2	4.8	77.1	41.9	2.8
Willacy, TX	48489	11,332	75.6	48.7	620	91.1	7.5	-16.9	23.3	0.7	0.0	0.0	4.7
Williamson, TX	48491	155,565	33.4	88.8	11,436	75.6	33.6	9.2	36.3	29.0	24.1	55.3	16.7
Wilson, TX	48493	20,590	60.3	73.8	1,099	80.9	12.8	-11.6	15.8	7.8	16.2	28.7	6.5
Winkler, TX	48495	4,380	67.0	60.3	135	97.0	10.5	-13.9	16.0	0.0	25.0	0.0	1.6
Wise, TX	48497	31,130	58.7	76.1	1,230	81.7	13.0	-11.4	13.8	5.8	7.7	34.5	4.1
Wood, TX	48499	25,895	56.5	76.3	1,175	68.4	14.5	-9.9	15.4	8.2	6.7	29.0	3.8
Yoakum, TX	48501	4,322	67.1	59.4	182	87.9	10.2	-14.2	14.9	19.4	0.0	100.0	2.3
Young, TX	48503	12,265	60.0	72.1	443	84.0	14.4	-10.0	15.1	20.1	9.8	75.9	4.2
Zapata, TX	48505	6,945	74.6	53.1	359	88.3	8.7	-15.7	12.2	...	...	0.0	7.6
Zavala, TX	48507	6,371	76.9	43.4	460	98.3	7.6	-16.8	26.3	0.0	0.0	100.0	5.4

[3] May be of any race.
... = Not available.

Table C-1. Population, School, and Student Characteristics by County—Continued

STATE County	State/ county code	County type[1]	Population, 2007 Total	Population, 2007 Percent 5 to 17 years	Number of schools and students, 2005–2006 School districts	Number of schools and students, 2005–2006 Schools	Number of schools and students, 2005–2006 Students	Resident enrollment, 2000 Total enrollment Number	Resident enrollment, 2000 Total enrollment Percent public	Resident enrollment, 2000 K–12 enrollment Number	Resident enrollment, 2000 K–12 enrollment Percent public
			1	2	3	4	5	6	7	8	9
UTAH	49000	X	2,645,330	21.2	82	956	508,430	741,524	87.1	508,724	95.7
Beaver, UT	49001	9	6,090	22.5	1	6	1,546	1,757	95.5	1,488	99.3
Box Elder, UT	49003	4	47,846	22.7	1	29	10,591	13,949	95.7	11,538	97.9
Cache, UT	49005	3	108,887	20.6	6	42	20,020	37,654	95.8	19,663	98.0
Carbon, UT	49007	7	19,634	18.4	3	12	3,861	6,264	94.8	4,291	98.0
Daggett, UT	49009	8	927	13.7	1	3	180	192	100.0	165	100.0
Davis, UT	49011	2	288,146	22.6	3	101	62,538	80,293	92.2	60,679	96.6
Duchesne, UT	49013	6	16,216	22.3	1	15	4,085	4,687	96.0	4,002	98.2
Emery, UT	49015	9	10,399	21.2	1	10	2,394	3,518	96.9	3,042	99.0
Garfield, UT	49017	9	4,529	19.6	1	9	991	1,301	96.8	1,119	99.6
Grand, UT	49019	7	9,023	17.0	2	6	1,514	2,054	93.1	1,649	94.6
Iron, UT	49021	4	43,526	20.0	3	19	7,223	13,246	96.2	7,356	98.1
Juab, UT	49023	2	9,604	25.1	2	11	2,302	2,607	93.2	2,251	95.5
Kane, UT	49025	6	6,523	17.8	1	9	1,194	1,688	93.8	1,371	95.3
Millard, UT	49027	7	11,949	22.9	2	12	3,137	4,187	96.5	3,704	97.5
Morgan, UT	49029	2	8,357	21.2	1	3	2,034	2,628	93.8	2,103	98.6
Piute, UT	49031	9	1,341	20.1	1	4	303	392	97.4	313	96.8
Rich, UT	49033	8	2,094	20.8	1	4	422	640	95.3	544	97.8
Salt Lake, UT	49035	2	1,009,518	20.3	15	283	178,332	275,773	88.7	193,851	93.9
San Juan, UT	49037	7	14,484	24.2	1	14	3,030	5,470	98.0	4,410	98.8
Sanpete, UT	49039	6	24,644	20.8	2	19	5,176	8,638	95.2	5,588	97.5
Sevier, UT	49041	7	19,702	22.4	2	14	4,523	5,971	94.5	4,876	97.1
Summit, UT	49043	2	35,541	18.6	3	14	6,676	8,606	87.1	6,661	94.3
Tooele, UT	49045	2	54,914	23.7	1	24	11,843	12,109	92.5	9,805	96.6
Uintah, UT	49047	7	29,042	20.8	2	13	5,604	7,936	95.2	6,634	97.7
Utah, UT	49049	2	483,702	22.8	13	153	97,424	148,809	70.4	83,763	96.7
Wasatch, UT	49051	6	20,535	21.0	3	9	4,527	4,874	91.5	3,926	96.2
Washington, UT	49053	3	133,791	19.5	2	46	23,500	26,270	91.4	19,539	94.9
Wayne, UT	49055	9	2,520	21.1	1	4	546	719	97.8	599	99.0
Weber, UT	49057	2	221,846	20.9	6	95	42,732	59,292	93.1	43,794	96.2
VERMONT	50000	X	621,254	15.9	363	392	96,638	164,156	81.9	114,318	91.6
Addison, VT	50001	6	36,760	16.6	26	24	5,272	10,568	68.8	6,890	92.0
Bennington, VT	50003	6	36,452	15.4	23	22	6,303	9,380	77.4	6,897	89.2
Caledonia, VT	50005	7	30,655	15.7	23	21	3,807	7,986	80.0	5,971	82.3
Chittenden, VT	50007	3	151,826	16.2	33	62	23,071	45,835	79.4	25,849	89.8
Essex, VT	50009	9	6,495	16.1	22	9	1,257	1,543	92.5	1,322	93.1
Franklin, VT	50011	3	47,934	18.7	20	25	8,953	11,338	93.8	9,512	97.3
Grand Isle, VT	50013	3	7,601	15.7	6	6	756	1,629	89.6	1,327	95.4
Lamoille, VT	50015	8	24,676	15.9	13	17	3,816	6,279	89.5	4,237	93.1
Orange, VT	50017	9	29,002	16.0	26	26	4,669	7,349	85.9	5,634	89.9
Orleans, VT	50019	7	27,302	16.0	25	23	4,321	6,344	89.0	5,214	92.2
Rutland, VT	50021	5	63,270	15.1	39	39	10,137	16,135	86.4	11,748	94.2
Washington, VT	50023	4	58,926	15.3	28	32	9,208	15,111	79.1	10,728	93.5
Windham, VT	50025	6	43,480	15.3	35	35	6,108	10,936	77.0	8,180	88.8
Windsor, VT	50027	7	56,875	14.9	43	46	8,415	13,723	84.8	10,809	93.9
VIRGINIA	51000	X	7,712,091	17.0	226	2,079	1,214,472	1,868,101	83.8	1,291,600	90.4
Accomack, VA	51001	7	38,485	16.6	1	13	5,414	8,559	89.2	7,110	92.0
Albemarle, VA	51003	3	93,111	16.0	3	28	12,766	21,699	82.4	14,705	86.2
Alleghany, VA	51005	6	16,387	16.0	1	7	2,928	3,617	93.4	2,906	96.4
Amelia, VA	51007	1	12,686	16.8	2	4	1,768	2,734	84.5	2,238	87.3
Amherst, VA	51009	3	32,223	16.0	2	11	4,755	7,838	74.9	5,609	88.0
Appomattox, VA	51011	6	14,199	16.6	1	4	2,319	3,174	87.4	2,628	92.2
Arlington, VA	51013	1	204,568	11.5	1	32	18,463	40,996	66.7	21,548	88.2
Augusta, VA	51015	4	70,922	15.9	5	25	11,045	14,577	85.5	12,054	90.8
Bath, VA	51017	9	4,635	14.0	1	3	783	1,034	93.3	836	95.0
Bedford, VA	51019	3	66,750	16.3	1	[B]22	[B]11,039	13,656	82.2	10,747	89.3
Bland, VA	51021	8	6,883	12.6	1	4	896	1,436	87.7	1,104	91.5
Botetourt, VA	51023	2	32,005	15.7	1	12	4,891	6,949	84.9	5,518	91.1
Brunswick, VA	51025	6	17,811	13.4	2	7	2,260	4,414	81.8	3,224	89.7
Buchanan, VA	51027	9	23,900	14.1	1	11	3,500	5,598	95.4	4,398	97.1

[1] County type codes are from the Economic Research Service of the United States Department of Agriculture. See notes and definitions for more information.
[B] Bedford city is included with Bedford County

PART C—COUNTY EDUCATION STATISTICS

Table C-1. Population, School, and Student Characteristics by County—Continued

STATE County	State/ county code	Students with IEP[2]	Students eligible for free or reduced-price lunch	Minority students	English language learners	Number of graduates, 2004–2005	Total staff	Number of teachers	Student/ teacher ratio	Central administration staff
		10	11	12	13	14	15	16	17	18
UTAH	49000	13.2	32.3	18.2	9.8	30,253	45,801	22,979	22.1	1,100
Beaver, UT	49001	15.5	47.9	13.2	5.3	88	138	73	21.2	5
Box Elder, UT	49003	13.7	34.0	11.1	4.6	762	1,054	493	21.5	37
Cache, UT	49005	14.3	34.2	14.0	7.7	1,334	1,886	895	22.4	45
Carbon, UT	49007	20.8	43.2	13.7	0.2	276	454	198	19.5	20
Daggett, UT	49009	14.4	29.4	5.0	1.1	21	33	13	13.8	3
Davis, UT	49011	12.0	23.6	11.2	4.4	3,690	5,467	2,745	22.8	144
Duchesne, UT	49013	17.9	39.0	13.0	2.2	269	468	224	18.2	12
Emery, UT	49015	17.1	44.7	8.1	3.3	185	258	125	19.2	8
Garfield, UT	49017	17.8	42.2	11.3	5.7	79	139	63	15.7	5
Grand, UT	49019	17.8	47.0	18.6	5.0	119	198	89	17.0	7
Iron, UT	49021	17.7	38.3	12.5	4.8	439	820	372	19.4	18
Juab, UT	49023	14.9	38.7	4.9	0.0	135	236	114	20.2	8
Kane, UT	49025	20.6	36.2	5.4	1.6	96	191	73	16.4	6
Millard, UT	49027	16.8	45.3	15.4	9.2	260	351	165	19.0	7
Morgan, UT	49029	7.7	16.2	2.9	0.4	159	178	97	21.0	5
Piute, UT	49031	17.8	71.3	11.6	3.0	23	61	26	11.7	3
Rich, UT	49033	12.1	46.7	1.4	1.7	37	59	33	12.8	3
Salt Lake, UT	49035	12.7	33.8	25.5	16.5	10,482	15,842	7,927	22.5	313
San Juan, UT	49037	11.9	70.6	58.9	18.9	184	446	199	15.2	11
Sanpete, UT	49039	14.1	49.0	11.9	7.6	387	638	277	18.7	15
Sevier, UT	49041	14.1	42.8	8.5	3.2	298	422	216	20.9	12
Summit, UT	49043	11.6	14.9	11.9	8.5	447	765	367	18.2	21
Tooele, UT	49045	14.8	36.2	14.6	5.4	504	1,102	534	22.2	52
Uintah, UT	49047	14.6	38.3	15.8	0.7	380	618	288	19.5	12
Utah, UT	49049	12.6	27.7	12.9	6.4	5,457	7,903	4,120	23.6	183
Wasatch, UT	49051	14.8	25.9	12.5	10.3	270	407	210	21.6	14
Washington, UT	49053	12.2	30.9	14.3	8.5	1,393	2,017	1,097	21.4	39
Wayne, UT	49055	11.0	45.4	4.2	0.0	41	74	37	14.8	4
Weber, UT	49057	14.7	38.7	23.1	8.3	2,438	3,576	1,909	22.4	88
VERMONT	50000	11.3	26.4	5.3	1.8	6,867	18,905	8,797	10.9	540
Addison, VT	50001	9.3	24.9	2.4	0.6	416	1,078	500	10.5	36
Bennington, VT	50003	12.2	27.7	2.9	1.1	638	1,231	615	10.2	59
Caledonia, VT	50005	10.6	30.3	5.7	1.2	104	801	370	10.3	22
Chittenden, VT	50007	10.7	18.7	7.6	4.5	1,725	4,181	1,863	12.4	129
Essex, VT	50009	6.0	39.6	2.1	0.8	97	223	116	10.8	8
Franklin, VT	50011	10.9	29.4	5.0	0.8	333	1,638	794	11.3	23
Grand Isle, VT	50013	12.2	32.0	1.6	0.0	…	149	69	11.0	4
Lamoille, VT	50015	6.7	29.7	2.8	0.5	272	682	315	12.1	23
Orange, VT	50017	13.5	30.1	1.5	0.3	317	1,024	475	9.8	27
Orleans, VT	50019	15.0	47.2	2.8	0.4	291	948	435	9.9	14
Rutland, VT	50021	12.5	29.0	2.6	0.5	815	2,045	918	11.0	71
Washington, VT	50023	10.6	23.3	4.0	2.3	711	1,719	824	11.2	39
Windham, VT	50025	11.8	28.3	4.7	1.6	511	1,344	661	9.2	33
Windsor, VT	50027	12.4	24.5	3.5	1.1	637	1,842	842	10.0	52
VIRGINIA	51000	14.4	31.1	41.2	6.0	73,667	183,842	96,147	12.6	6,493
Accomack, VA	51001	14.4	60.2	56.1	6.3	316	909	456	11.9	24
Albemarle, VA	51003	14.9	19.9	22.5	6.0	878	2,085	1,089	11.7	32
Alleghany, VA	51005	17.8	37.7	8.3	0.2	184	468	248	11.8	11
Amelia, VA	51007	15.3	37.8	33.2	0.6	114	248	115	15.4	8
Amherst, VA	51009	12.7	38.9	30.0	0.5	326	725	392	12.1	21
Appomattox, VA	51011	14.7	40.6	31.9	0.1	136	278	199	11.7	11
Arlington, VA	51013	16.3	36.5	54.5	28.0	1,102	3,322	1,711	10.8	186
Augusta, VA	51015	14.9	27.8	5.8	1.7	734	1,953	910	12.1	30
Bath, VA	51017	13.4	28.7	2.4	0.3	45	131	82	9.5	3
Bedford, VA	51019	[8]11.0	26.1	10.0	[8]0.4	[8]685	[8]1,738	[8]881	[8]12.5	[8]28
Bland, VA	51021	15.6	33.6	1.5	0.0	57	160	81	11.1	4
Botetourt, VA	51023	15.5	14.8	4.8	0.3	331	773	403	12.1	22
Brunswick, VA	51025	14.1	72.8	80.3	0.7	126	456	198	11.4	20
Buchanan, VA	51027	21.2	78.3	0.1	0.0	168	532	318	11.0	8

[2]IEP = Individual Education Program. See notes and definitions for more information.
[8]Bedford city is included with Bedford County.

Table C-1. Population, School, and Student Characteristics by County—Continued

STATE County	State/ county code	Revenues, 2004–2005 Total revenue (thousands of dollars)	Percentage of revenue from: Federal government	State government	Local government	Current expenditures, 2004–2005 Total expenditures (thousands of dollars)	Amount per student	Percent for instruction	Resident population 16 to 19 years, 2000 Total population 16 to 19 years	Percent in Armed Forces	Percent high school graduates	Percent not enrolled, not employed, not in Armed Forces, not high school grad.
		19	20	21	22	23	24	25	26	27	28	29
UTAH	49000	3,220,019	10.4	54.5	35.1	2,593,744	5,248	63.7	173,747	0.1	13.8	3.9
Beaver, UT	49001	12,490	7.8	53.2	39.0	10,257	6,761	58.9	384	0.5	14.1	1.6
Box Elder, UT	49003	65,399	11.3	60.5	28.3	55,921	5,305	61.8	3,425	0.0	15.0	4.9
Cache, UT	49005	123,183	11.9	60.5	27.5	103,014	5,293	65.8	8,606	0.0	12.9	2.4
Carbon, UT	49007	34,281	11.9	45.9	42.2	27,425	7,172	56.1	1,724	0.0	8.5	3.0
Daggett, UT	49009	2,799	4.8	53.6	41.7	2,268	14,087	55.2	59	0.0	10.2	3.4
Davis, UT	49011	361,615	9.5	59.3	31.2	309,202	5,203	63.2	18,896	0.7	15.9	2.9
Duchesne, UT	49013	28,692	12.6	62.4	25.0	24,900	6,367	60.1	1,158	0.0	15.4	7.8
Emery, UT	49015	20,204	6.9	46.8	46.3	15,996	6,769	65.2	943	0.0	9.1	3.0
Garfield, UT	49017	10,424	5.6	58.5	35.8	8,471	8,917	64.1	344	0.0	17.4	0.9
Grand, UT	49019	12,532	14.3	48.5	37.1	9,832	6,577	63.7	539	0.0	13.5	6.9
Iron, UT	49021	54,256	11.4	50.3	38.3	39,266	5,053	62.2	3,214	0.0	8.3	1.9
Juab, UT	49023	15,755	8.2	64.2	27.6	13,328	5,974	61.4	643	0.0	9.5	1.9
Kane, UT	49025	11,426	7.4	55.9	36.7	9,195	7,675	63.2	425	0.0	9.2	3.5
Millard, UT	49027	27,047	9.2	42.1	48.6	22,503	7,424	61.9	1,107	0.0	8.8	3.6
Morgan, UT	49029	12,108	4.8	57.7	37.5	10,312	5,227	59.7	726	0.0	9.6	1.5
Piute, UT	49031	4,294	10.5	74.3	15.3	3,432	10,692	65.6	105	0.0	12.4	1.9
Rich, UT	49033	6,373	5.6	45.8	48.6	4,439	10,299	58.9	152	0.0	10.5	2.6
Salt Lake, UT	49035	1,152,996	10.4	50.4	39.2	896,932	5,091	63.3	62,241	0.0	13.9	4.6
San Juan, UT	49037	35,348	32.6	49.0	18.4	30,509	10,293	53.3	1,122	0.0	10.8	4.1
Sanpete, UT	49039	38,875	14.2	64.4	21.4	32,500	6,420	65.4	2,615	0.3	6.8	2.3
Sevier, UT	49041	29,938	13.3	62.7	23.9	25,011	5,665	65.1	1,548	0.0	8.6	5.6
Summit, UT	49043	67,976	3.4	19.8	76.8	45,351	6,897	62.6	1,752	0.0	10.4	5.7
Tooele, UT	49045	67,414	7.4	61.7	30.9	52,256	4,732	64.3	3,169	0.1	15.1	9.1
Uintah, UT	49047	43,997	16.0	50.0	34.1	35,803	6,268	64.0	2,151	0.4	15.9	4.9
Utah, UT	49049	554,300	9.7	60.2	30.2	448,020	4,809	65.9	34,454	0.0	14.1	2.5
Wasatch, UT	49051	28,852	7.6	45.0	47.4	22,658	5,323	67.5	1,040	0.0	10.7	2.4
Washington, UT	49053	135,378	8.8	52.2	38.9	104,953	4,815	65.9	6,967	0.0	14.5	3.3
Wayne, UT	49055	4,963	7.8	68.9	23.4	4,522	8,747	63.0	164	0.0	12.8	0.0
Weber, UT	49057	257,104	12.0	60.4	27.7	225,468	5,376	62.6	14,074	0.1	14.7	5.4
VERMONT	50000	1,620,173	5.8	67.3	26.9	1,157,971	12,551	63.5	36,432	0.1	10.2	2.5
Addison, VT	50001	110,489	3.8	59.2	37.0	67,133	12,667	61.2	2,868	0.0	8.7	5.0
Bennington, VT	50003	106,847	6.6	63.3	30.1	66,428	14,234	63.6	2,015	0.0	11.7	1.6
Caledonia, VT	50005	71,181	9.2	74.4	16.4	58,006	15,686	69.0	1,941	0.0	12.1	4.8
Chittenden, VT	50007	347,538	5.1	69.0	25.9	262,031	11,356	62.9	9,953	0.0	5.9	1.5
Essex, VT	50009	15,493	6.4	77.0	16.6	11,875	13,510	61.5	342	0.0	18.1	6.4
Franklin, VT	50011	115,443	7.2	75.8	17.0	90,361	11,994	67.4	2,438	0.1	18.9	3.2
Grand Isle, VT	50013	14,036	7.1	86.3	6.6	9,661	12,968	60.8	321	0.0	5.9	2.2
Lamoille, VT	50015	59,896	7.6	66.3	26.1	44,258	11,687	60.4	1,316	0.0	9.8	2.4
Orange, VT	50017	93,937	5.3	73.1	21.7	66,999	14,081	63.9	1,679	0.0	11.4	1.9
Orleans, VT	50019	76,556	9.4	59.6	31.0	53,137	12,737	60.5	1,408	0.0	14.3	4.3
Rutland, VT	50021	160,955	5.5	64.0	30.4	116,104	12,154	65.0	3,623	0.2	11.5	2.7
Washington, VT	50023	149,300	5.6	65.3	29.2	105,666	11,426	62.8	3,245	0.3	11.0	1.1
Windham, VT	50025	140,064	5.4	63.5	31.2	95,162	14,970	65.2	2,438	0.0	9.1	3.2
Windsor, VT	50027	158,438	4.6	69.2	26.2	111,150	13,089	60.9	2,845	0.0	12.1	2.1
VIRGINIA	51000	12,182,657	6.8	40.0	53.2	10,705,815	8,894	61.3	382,918	2.0	12.2	4.0
Accomack, VA	51001	52,020	12.8	54.5	32.7	46,382	8,613	60.9	1,972	0.0	13.8	8.2
Albemarle, VA	51003	142,798	3.7	27.2	69.1	118,714	9,558	58.7	3,371	0.0	9.1	3.9
Alleghany, VA	51005	28,182	6.4	55.5	38.1	25,150	8,575	59.3	599	0.0	13.2	1.5
Amelia, VA	51007	14,666	9.5	58.0	32.5	13,860	7,871	60.5	533	0.0	10.7	2.1
Amherst, VA	51009	39,613	8.3	57.7	34.0	35,387	7,469	64.3	2,053	0.0	14.7	6.3
Appomattox, VA	51011	19,238	8.1	61.6	30.2	17,316	7,461	64.6	667	0.0	6.9	1.6
Arlington, VA	51013	345,739	4.2	12.1	83.7	287,236	15,277	60.3	5,912	3.9	12.1	3.7
Augusta, VA	51015	98,942	8.3	50.8	40.8	82,515	7,590	63.9	3,215	0.0	15.2	2.9
Bath, VA	51017	9,679	8.0	18.7	73.3	9,212	11,765	57.8	181	0.0	4.4	0.0
Bedford, VA	51019	[a]94,494	[a]6.7	[a]49.3	[a]44.1	[a]78,165	[a]7,086	[a]61.7	2,735	0.0	16.6	3.7
Bland, VA	51021	7,918	7.9	65.1	27.0	7,228	8,076	61.8	325	0.0	7.4	4.9
Botetourt, VA	51023	41,405	4.6	49.4	46.0	37,363	7,736	64.9	1,502	0.0	13.3	1.3
Brunswick, VA	51025	24,723	13.0	57.0	30.0	22,114	9,524	50.9	990	0.7	12.0	9.0
Buchanan, VA	51027	31,885	14.3	60.8	24.9	31,578	8,845	59.3	1,585	0.0	13.3	12.6

[a] Bedford city is included with Bedford County

PART C—COUNTY EDUCATION STATISTICS

Table C-1. Population, School, and Student Characteristics by County—*Continued*

STATE County	State/ county code	High school graduates, 2000			College enrollment, 2000		College graduates, 2000 (percent)						
		Population 25 years and over	High school diploma or less (percent)	High school diploma or more (percent)	Number	Percent public	Bachelor's degree or more	+/- U.S. percent with bachelor's degree or more	Non-Hispanic White	Black	American Indian, Alaska Native	Asian and Pacific Islander	Hispanic or Latino[3]
		30	31	32	33	34	35	36	37	38	39	40	41
UTAH	49000	1,197,892	36.9	87.7	186,743	72.3	26.1	1.7	27.7	19.8	9.1	31.1	9.8
Beaver, UT	49001	3,442	55.2	83.2	127	85.0	12.1	-12.3	12.5	0.0	0.0	35.7	1.1
Box Elder, UT	49003	22,766	43.6	87.8	1,685	91.6	19.5	-4.9	20.4	0.0	20.6	22.5	4.0
Cache, UT	49005	42,544	32.2	90.4	16,337	97.7	31.9	7.5	32.9	38.1	6.5	51.7	7.7
Carbon, UT	49007	12,090	50.3	81.1	1,565	93.3	12.3	-12.1	13.4	0.0	3.7	26.1	2.9
Daggett, UT	49009	632	51.6	83.7	11	100.0	11.9	-12.5	13.0	...	...	0.0	0.0
Davis, UT	49011	125,532	31.1	92.2	14,267	88.1	28.8	4.4	29.9	19.2	11.3	24.9	10.9
Duchesne, UT	49013	7,752	56.7	81.0	445	88.3	12.7	-11.7	13.2	...	7.1	30.8	8.4
Emery, UT	49015	5,980	51.1	84.2	283	93.6	11.6	-12.8	12.1	0.0	11.5	0.0	2.3
Garfield, UT	49017	2,829	46.7	85.8	82	86.6	20.3	-4.1	20.8	0.0	0.0	0.0	18.5
Grand, UT	49019	5,486	44.3	82.5	248	91.9	22.9	-1.5	23.7	0.0	0.0	25.0	15.7
Iron, UT	49021	16,318	35.5	88.6	5,249	96.5	23.8	-0.6	24.5	0.0	11.1	39.0	7.2
Juab, UT	49023	4,290	52.4	82.9	186	83.9	12.2	-12.2	12.3	...	0.0	...	0.0
Kane, UT	49025	3,842	39.8	86.4	243	94.2	21.1	-3.3	21.4	0.0	0.0	0.0	12.5
Millard, UT	49027	6,769	43.9	86.7	216	90.3	16.8	-7.6	17.4	...	22.5	17.9	2.6
Morgan, UT	49029	3,805	37.0	92.6	377	93.1	23.3	-1.1	23.6	...	0.0	33.3	4.8
Piute, UT	49031	893	51.1	85.7	35	100.0	14.4	-10.0	14.8	...	0.0	0.0	0.0
Rich, UT	49033	1,144	42.5	91.5	51	100.0	22.0	-2.4	22.4	...	0.0	...	0.0
Salt Lake, UT	49035	509,453	37.2	86.8	63,514	84.2	27.4	3.0	29.5	22.5	11.4	30.0	10.0
San Juan, UT	49037	7,290	54.0	69.6	725	96.7	13.9	-10.5	26.2	0.0	3.5	20.0	5.7
Sanpete, UT	49039	11,522	44.3	84.6	2,563	93.0	17.3	-7.1	17.9	22.6	5.6	14.0	7.3
Sevier, UT	49041	10,480	48.5	85.8	661	94.1	15.2	-9.2	15.7	0.0	0.0	11.1	7.8
Summit, UT	49043	18,366	24.6	92.5	1,350	74.5	45.5	21.1	48.1	22.2	58.5	60.5	9.9
Tooele, UT	49045	21,752	47.4	85.6	1,318	88.2	15.9	-8.5	17.1	8.7	11.0	20.8	5.1
Uintah, UT	49047	13,736	56.2	79.8	773	91.5	13.2	-11.2	13.9	0.0	4.0	41.3	9.1
Utah, UT	49049	166,240	28.3	90.9	57,002	35.6	31.5	7.1	32.5	25.7	20.6	41.6	16.2
Wasatch, UT	49051	8,448	35.7	89.3	620	81.8	26.3	1.9	27.0	...	11.1	47.4	8.1
Washington, UT	49053	51,842	39.1	87.6	5,019	91.4	21.0	-3.4	21.7	17.0	9.1	19.0	5.2
Wayne, UT	49055	1,493	37.8	88.5	76	92.1	20.9	-3.5	20.9	100.0	10.0	0.0	0.0
Weber, UT	49057	111,156	42.6	85.0	11,715	91.6	19.9	-4.5	21.7	10.1	13.7	27.9	5.9
VERMONT	50000	404,223	45.9	86.4	40,318	60.4	29.4	5.0	29.4	34.8	18.1	46.1	36.8
Addison, VT	50001	22,468	47.4	86.4	3,126	20.9	29.8	5.4	29.9	45.5	14.5	57.7	32.6
Bennington, VT	50003	25,311	48.2	84.9	1,816	41.6	27.1	2.7	27.2	34.4	0.0	45.6	25.1
Caledonia, VT	50005	19,596	55.0	82.6	1,584	73.0	22.5	-1.9	22.6	15.4	6.3	42.5	28.7
Chittenden, VT	50007	92,651	32.9	90.6	17,217	69.8	41.2	16.8	41.1	38.3	33.2	46.3	47.1
Essex, VT	50009	4,384	71.0	75.0	121	85.1	10.8	-13.6	10.4	0.0	5.4	18.2	62.5
Franklin, VT	50011	29,485	58.5	82.6	1,223	75.5	16.6	-7.8	16.8	30.0	8.1	36.1	4.9
Grand Isle, VT	50013	4,796	49.6	84.2	192	68.2	25.0	0.6	25.2	50.0	0.0	30.0	20.0
Lamoille, VT	50015	15,281	43.6	87.0	1,637	84.5	31.2	6.8	31.5	31.3	26.6	37.5	42.3
Orange, VT	50017	18,821	53.4	84.1	1,232	77.1	23.9	-0.5	23.8	29.6	10.7	55.0	32.3
Orleans, VT	50019	17,814	62.5	78.2	811	75.2	16.1	-8.3	16.1	38.1	8.7	31.8	17.1
Rutland, VT	50021	43,289	51.5	84.3	3,396	65.6	23.2	-1.2	23.2	12.7	14.4	45.7	37.5
Washington, VT	50023	39,167	43.1	88.4	3,593	40.1	32.2	7.8	32.3	29.7	33.6	39.1	38.0
Windham, VT	50025	30,542	45.4	87.3	2,145	40.4	30.5	6.1	30.3	47.5	14.3	51.1	44.6
Windsor, VT	50027	40,618	44.2	88.1	2,225	51.2	30.2	5.8	30.1	33.3	33.8	53.4	24.5
VIRGINIA	51000	4,666,574	44.5	81.5	450,800	76.3	29.5	5.1	32.4	15.1	19.6	48.5	20.7
Accomack, VA	51001	25,894	66.2	67.9	881	87.6	13.5	-10.9	17.8	4.7	0.0	44.2	2.3
Albemarle, VA	51003	53,847	30.4	87.4	5,379	87.8	47.7	23.3	49.8	20.7	27.7	77.5	32.0
Alleghany, VA	51005	12,278	61.6	76.9	502	89.2	12.6	-11.8	12.4	9.4	0.0	79.3	0.0
Amelia, VA	51007	7,789	67.9	68.3	219	91.8	9.8	-14.6	10.9	7.1	0.0	0.0	100.0
Amherst, VA	51009	21,293	62.8	70.6	1,757	40.4	13.1	-11.3	15.0	4.7	9.8	43.1	9.7
Appomattox, VA	51011	9,421	67.6	70.7	350	73.1	10.5	-13.9	12.4	2.6	0.0	50.0	59.0
Arlington, VA	51013	138,844	23.9	87.8	16,371	43.9	60.2	35.8	73.8	29.9	31.7	59.8	20.6
Augusta, VA	51015	45,609	62.1	78.2	1,580	73.5	15.4	-9.0	15.7	8.2	0.0	32.1	17.3
Bath, VA	51017	3,705	65.1	74.0	135	83.7	11.1	-13.3	11.5	0.0	...	0.0	33.9
Bedford, VA	51019	42,413	52.6	80.1	1,752	69.1	20.9	-3.5	21.8	3.6	27.8	42.7	17.8
Bland, VA	51021	4,989	67.2	70.9	258	84.9	9.2	-15.2	9.3	0.0	...	0.0	57.1
Botetourt, VA	51023	21,621	52.5	81.4	937	73.0	19.6	-4.8	19.9	12.3	4.0	36.4	25.7
Brunswick, VA	51025	12,777	67.8	63.2	908	54.0	10.8	-13.6	10.9	10.9	22.2	0.0	7.6
Buchanan, VA	51027	18,851	74.7	52.9	905	86.1	8.0	-16.4	7.9	11.7	...	29.8	3.0

[3] May be of any race.
... = Not available.

Table C-1. Population, School, and Student Characteristics by County—Continued

STATE County	State/ county code	County type[1]	Population, 2007 Total	Population, 2007 Percent 5 to 17 years	Number of schools and students, 2005–2006 School districts	Number of schools and students, 2005–2006 Schools	Number of schools and students, 2005–2006 Students	Resident enrollment, 2000 Total enrollment Number	Resident enrollment, 2000 Total enrollment Percent public	Resident enrollment, 2000 K–12 enrollment Number	Resident enrollment, 2000 K–12 enrollment Percent public
			1	2	3	4	5	6	7	8	9
Buckingham, VA	51029	8	15,932	14.6	1	6	2,218	3,417	92.7	2,914	93.5
Campbell, VA	51031	3	52,840	16.4	1	16	8,940	12,058	84.6	9,357	89.8
Caroline, VA	51033	1	27,282	17.0	1	6	4,085	4,940	92.3	4,191	95.0
Carroll, VA	51035	6	29,120	15.0	3	13	4,048	5,729	94.4	4,542	95.7
Charles City County, VA	51036	1	7,166	13.8	1	3	874	1,543	84.5	1,216	87.9
Charlotte, VA	51037	8	12,333	16.1	2	8	2,303	2,876	92.0	2,414	94.6
Chesterfield, VA	51041	1	299,689	18.9	1	60	57,239	76,024	86.8	56,777	92.4
Clarke, VA	51043	1	14,361	16.0	1	5	2,174	2,927	82.6	2,349	88.3
Craig, VA	51045	2	5,141	16.1	1	2	722	1,057	87.1	883	91.7
Culpeper, VA	51047	6	45,723	17.6	3	11	6,997	8,160	86.7	6,702	89.7
Cumberland, VA	51049	1	9,626	16.8	1	3	1,512	2,035	78.7	1,712	81.0
Dickenson, VA	51051	9	16,168	14.2	1	9	2,494	3,605	97.9	2,829	99.1
Dinwiddie, VA	51053	1	25,747	16.6	2	8	4,573	5,586	89.1	4,508	93.2
Essex, VA	51057	8	10,862	15.7	2	4	1,616	2,300	88.2	1,912	89.7
Fairfax, VA	51059	1	1,010,241	17.6	5	[10]211	[10]163,753	265,920	78.8	181,731	86.8
Fauquier, VA	51061	1	66,328	18.0	2	19	10,937	14,403	80.3	11,091	84.5
Floyd, VA	51063	8	14,641	15.5	1	5	2,089	2,800	90.3	2,169	93.5
Fluvanna, VA	51065	3	25,329	16.6	3	7	3,590	4,657	85.8	3,538	89.7
Franklin, VA	51067	2	51,133	15.4	1	15	7,445	10,503	84.8	7,814	94.2
Frederick, VA	51069	3	72,880	17.8	2	19	12,211	14,489	88.7	11,715	94.3
Giles, VA	51071	3	17,228	15.8	1	6	2,605	3,462	94.1	2,747	95.9
Gloucester, VA	51073	1	38,336	17.0	1	9	6,125	9,365	89.1	7,144	93.6
Goochland, VA	51075	1	20,615	15.3	1	5	2,249	3,725	69.6	2,779	73.3
Grayson, VA	51077	9	16,072	14.5	1	11	2,170	3,280	91.2	2,667	94.4
Greene, VA	51079	3	17,860	18.8	1	7	2,783	3,751	84.9	3,014	87.2
Greensville, VA	51081	6	11,912	11.1	1	[9]5	[9]2,654	2,619	86.4	2,063	84.3
Halifax, VA	51083	6	35,530	16.3	1	15	5,894	8,208	92.8	6,553	94.7
Hanover, VA	51085	1	98,946	18.4	1	22	18,644	23,954	84.3	17,536	94.8
Henrico, VA	51087	1	289,822	17.5	1	68	47,747	65,953	83.8	46,900	90.5
Henry, VA	51089	4	55,544	14.8	4	18	7,895	12,980	90.0	9,981	94.4
Highland, VA	51091	9	2,446	12.3	1	2	310	483	93.0	412	98.1
Isle of Wight, VA	51093	1	35,035	17.2	1	9	5,241	7,272	81.0	5,731	84.0
James City County, VA	51095	1	61,195	15.7	1	([11])	([11])	11,808	85.0	8,630	89.3
King and Queen, VA	51097	1	6,882	14.8	1	3	810	1,339	88.6	1,132	90.6
King George, VA	51099	8	22,630	18.6	1	5	3,567	4,551	86.1	3,444	93.2
King William, VA	51101	1	15,689	17.7	3	8	2,819	3,138	89.6	2,537	93.8
Lancaster, VA	51103	9	11,532	12.8	1	3	1,440	2,169	86.5	1,805	89.3
Lee, VA	51105	8	23,461	15.9	1	14	3,637	5,068	93.1	3,985	96.4
Loudoun, VA	51107	1	278,797	20.7	1	68	47,306	46,444	79.9	33,317	88.9
Louisa, VA	51109	1	31,961	16.4	1	5	4,437	5,754	89.9	4,854	91.8
Lunenburg, VA	51111	9	13,018	13.0	1	4	1,789	2,602	90.7	2,160	92.3
Madison, VA	51113	8	13,719	15.7	1	4	1,854	2,711	79.7	2,212	83.6
Mathews, VA	51115	1	9,041	13.3	1	3	1,255	1,744	89.5	1,390	95.0
Mecklenburg, VA	51117	7	32,106	14.5	1	11	5,007	6,732	93.2	5,325	95.2
Middlesex, VA	51119	8	10,637	12.9	2	4	1,337	1,929	91.0	1,552	92.7
Montgomery, VA	51121	3	89,193	11.5	2	22	9,619	37,615	94.8	10,341	92.1
Nelson, VA	51125	3	15,245	14.3	1	4	2,004	2,892	89.2	2,353	93.0
New Kent, VA	51127	1	17,109	16.5	1	4	2,637	3,026	92.6	2,549	95.4
Northampton, VA	51131	9	13,401	15.7	2	6	1,945	3,230	87.2	2,566	88.1
Northumberland, VA	51133	9	12,897	13.3	2	4	1,493	2,114	87.0	1,753	92.1
Nottoway, VA	51135	6	15,755	15.1	3	9	2,391	3,322	91.5	2,965	93.1
Orange, VA	51137	6	32,492	15.9	1	8	4,616	5,494	86.3	4,492	90.7
Page, VA	51139	6	24,142	15.4	1	8	3,665	4,692	92.7	4,080	95.9
Patrick, VA	51141	8	18,870	14.7	1	7	2,580	3,770	93.4	2,997	97.4
Pittsylvania, VA	51143	3	60,826	15.7	2	20	9,298	13,858	87.5	11,025	92.3
Powhatan, VA	51145	1	27,817	16.5	2	7	4,381	5,353	85.6	4,188	90.5
Prince Edward, VA	51147	6	21,360	13.5	1	3	2,741	7,257	80.7	3,130	86.5
Prince George, VA	51149	1	35,886	16.1	1	8	6,132	8,720	88.5	6,578	92.3
Prince William, VA	51153	1	360,411	20.5	1	83	68,458	83,548	83.5	61,279	90.4
Pulaski, VA	51155	3	35,060	14.5	2	10	4,977	6,831	96.0	5,145	99.6
Rappahannock, VA	51157	8	7,199	15.1	1	2	995	1,453	80.2	1,166	84.0
Richmond, VA	51159	9	9,171	11.3	3	5	1,227	1,743	89.0	1,374	92.6
Roanoke, VA	51161	2	90,420	15.8	3	31	14,830	20,624	81.6	15,132	91.7
Rockbridge, VA	51163	6	21,498	14.6	1	8	2,932	4,498	84.6	3,550	95.5
Rockingham, VA	51165	3	73,524	17.0	1	20	11,611	16,106	81.9	12,333	89.3

[1]County type codes are from the Economic Research Service of the United States Department of Agriculture. See notes and definitions for more information.
[10]Fairfax city is included with Fairfax county
[11]James City county is included with Williamsburg city.

Table C-1. Population, School, and Student Characteristics by County—Continued

STATE County	State/county code	Students with IEP[2] (%)	Students eligible for free or reduced-price lunch (%)	Minority students (%)	English language learners (%)	Number of graduates, 2004–2005	Total staff	Number of teachers	Student/teacher ratio	Central administration staff
		10	11	12	13	14	15	16	17	18
Buckingham, VA	51029	13.5	56.4	47.3	0.2	125	228	175	12.7	9
Campbell, VA	51031	12.0	33.1	22.2	0.7	512	883	673	13.3	10
Caroline, VA	51033	13.3	37.8	44.5	0.8	202	644	288	14.2	15
Carroll, VA	51035	16.5	52.2	5.1	3.3	238	699	379	10.7	17
Charles City County, VA	51036	15.6	45.3	76.4	0.0	55	135	89	9.8	6
Charlotte, VA	51037	16.3	50.6	40.1	0.9	130	387	191	12.1	13
Chesterfield, VA	51041	14.6	15.1	36.0	3.0	3,730	5,694	4,024	14.2	220
Clarke, VA	51043	8.1	14.1	10.6	2.6	141	328	165	13.2	8
Craig, VA	51045	18.3	30.6	1.0	0.0	39	95	66	10.9	3
Culpeper, VA	51047	10.8	28.1	30.3	4.2	399	1,054	517	13.5	33
Cumberland, VA	51049	13.5	60.0	52.2	0.9	28	250	117	12.9	14
Dickenson, VA	51051	17.7	58.9	0.8	0.0	148	296	224	11.1	8
Dinwiddie, VA	51053	15.2	38.4	42.5	0.7	248	615	337	13.6	17
Essex, VA	51057	15.8	62.3	58.0	1.2	118	263	142	11.4	7
Fairfax, VA	51059	[10]14.4	19.3	46.4	[10]18.3	[10]11,384	[10]26,778	[10]13,090	[10]12.5	[10]1,394
Fauquier, VA	51061	13.4	15.6	17.8	2.6	747	1,580	914	12.0	41
Floyd, VA	51063	16.9	36.1	5.1	1.7	132	369	163	12.8	15
Fluvanna, VA	51065	15.7	20.1	22.1	0.2	194	504	281	12.8	10
Franklin, VA	51067	18.4	41.9	15.2	1.3	452	1,074	559	13.3	36
Frederick, VA	51069	15.5	19.7	13.3	3.3	733	2,038	980	12.5	62
Giles, VA	51071	14.9	36.9	3.2	0.0	167	402	188	13.9	8
Gloucester, VA	51073	12.1	18.7	13.7	0.3	388	930	457	13.4	23
Goochland, VA	51075	16.5	19.0	37.3	1.0	119	385	188	12.0	10
Grayson, VA	51077	14.5	55.8	5.2	0.5	130	394	201	10.8	12
Greene, VA	51079	17.5	29.7	16.2	2.4	159	511	251	11.1	12
Greensville, VA	51081	[9]14.1	68.5	76.6	[9]0.8	[9]179	[9]404	[9]210	[9]12.6	[9]13
Halifax, VA	51083	19.8	59.4	49.9	0.5	361	1,280	507	11.6	35
Hanover, VA	51085	15.7	8.7	13.3	0.8	1,325	2,755	1,499	12.4	82
Henrico, VA	51087	14.6	21.9	48.1	4.3	2,821	6,114	3,471	13.8	305
Henry, VA	51089	18.4	47.4	33.4	4.1	547	907	638	12.4	7
Highland, VA	51091	20.6	48.4	1.9	1.6	24	66	39	7.9	6
Isle of Wight, VA	51093	14.1	28.5	36.7	0.6	347	484	388	13.5	19
James City County, VA	51095	([11])	22.3	27.8	([11])	([11])	([11])	([11])	([11])	([11])
King and Queen, VA	51097	22.6	61.4	52.5	0.0	50	177	77	10.5	6
King George, VA	51099	12.3	19.7	28.8	0.4	212	487	244	14.6	16
King William, VA	51101	15.9	27.0	25.2	0.3	184	474	244	11.6	19
Lancaster, VA	51103	13.8	54.2	54.9	0.2	93	239	127	11.3	7
Lee, VA	51105	19.8	63.8	1.3	0.0	196	742	359	10.1	11
Loudoun, VA	51107	10.0	11.6	31.5	6.5	2,425	7,275	3,628	13.0	143
Louisa, VA	51109	15.8	37.6	26.9	0.7	284	704	338	13.1	20
Lunenburg, VA	51111	18.1	63.3	49.2	2.0	122	310	148	12.1	12
Madison, VA	51113	11.4	21.3	16.1	1.0	138	254	158	11.7	8
Mathews, VA	51115	18.2	22.5	14.0	0.0	103	255	104	12.1	10
Mecklenburg, VA	51117	17.4	53.4	50.1	1.0	310	691	448	11.2	20
Middlesex, VA	51119	16.5	35.0	28.8	0.6	93	230	111	12.0	7
Montgomery, VA	51121	13.5	33.3	11.4	2.4	586	1,759	867	11.1	45
Nelson, VA	51125	17.0	43.0	21.7	1.9	136	373	178	11.3	11
New Kent, VA	51127	18.4	13.8	18.9	0.2	168	426	215	12.3	10
Northampton, VA	51131	16.2	68.3	61.3	6.8	103	390	175	11.1	17
Northumberland, VA	51133	13.8	51.4	47.0	1.5	81	294	127	11.8	13
Nottoway, VA	51135	16.4	52.2	48.6	0.7	129	517	182	13.1	8
Orange, VA	51137	12.0	29.7	22.8	1.0	269	750	355	13.0	18
Page, VA	51139	11.9	37.6	3.7	1.1	210	573	279	13.1	15
Patrick, VA	51141	17.4	48.4	12.5	3.3	170	411	208	12.4	8
Pittsylvania, VA	51143	14.3	42.2	31.7	1.4	658	1,455	728	12.8	43
Powhatan, VA	51145	13.9	12.5	11.9	0.4	246	678	327	13.4	23
Prince Edward, VA	51147	22.3	60.1	62.0	0.7	160	469	231	11.9	12
Prince George, VA	51149	11.9	23.7	44.1	0.4	456	799	431	14.2	20
Prince William, VA	51153	11.9	27.2	54.1	14.4	3,792	12,043	4,749	14.4	661
Pulaski, VA	51155	16.8	39.9	8.9	0.7	325	867	408	12.2	22
Rappahannock, VA	51157	14.9	16.5	8.1	0.1	84	191	93	10.7	7
Richmond, VA	51159	13.8	40.3	39.7	4.2	86	185	105	11.7	8
Roanoke, VA	51161	15.7	16.5	9.8	1.7	1,010	2,453	1,329	11.2	58
Rockbridge, VA	51163	12.6	30.3	7.9	0.4	225	479	263	11.1	16
Rockingham, VA	51165	12.3	30.5	9.2	6.0	696	1,740	921	12.6	46

[2] IEP = Individual Education Program. See notes and definitions for more information.
[9] Emporia city is included with Greensville county
[10] Fairfax city is included with Fairfax county
[11] James City county is included with Williamsburg city.

488 THE ALMANAC OF AMERICAN EDUCATION (BERNAN PRESS)

Table C-1. Population, School, and Student Characteristics by County—Continued

STATE County	State/ county code	Revenues, 2004–2005 Total revenue (thousands of dollars)	Percentage of revenue from: Federal government	Percentage of revenue from: State government	Percentage of revenue from: Local government	Current expenditures, 2004–2005 Total expenditures (thousands of dollars)	Amount per student	Percent for instruction	Resident population 16 to 19 years, 2000 Total population 16 to 19 years	Percent in Armed Forces	Percent high school graduates	Percent not enrolled, not employed, not in Armed Forces, not high school grad.
		19	20	21	22	23	24	25	26	27	28	29
Buckingham, VA	51029	21,136	12.4	59.4	28.2	18,663	8,317	61.4	672	0.0	19.2	10.3
Campbell, VA	51031	65,298	7.5	64.4	28.1	63,792	7,163	63.4	2,394	0.0	14.3	1.5
Caroline, VA	51033	33,339	12.7	54.3	33.1	30,503	7,766	64.2	1,117	0.0	19.3	6.4
Carroll, VA	51035	38,046	13.4	53.5	33.1	32,717	8,056	57.6	1,200	0.0	13.8	5.0
Charles City County, VA	51036	12,243	7.0	37.6	55.3	10,190	11,890	51.7	353	0.0	14.7	1.1
Charlotte, VA	51037	18,808	10.4	66.2	23.5	17,661	7,777	60.3	671	0.0	15.6	8.5
Chesterfield, VA	51041	485,492	4.8	45.8	49.4	409,758	7,286	63.6	15,826	0.2	8.9	3.1
Clarke, VA	51043	21,571	4.4	33.3	62.3	17,848	8,259	59.6	535	0.0	8.6	3.7
Craig, VA	51045	6,330	8.4	59.0	32.6	5,730	8,316	60.8	206	0.0	21.4	11.2
Culpeper, VA	51047	60,420	6.9	43.8	49.3	50,139	7,727	65.9	2,106	0.0	10.6	13.2
Cumberland, VA	51049	14,576	17.0	52.5	30.5	13,122	8,872	53.9	453	0.0	20.5	4.6
Dickenson, VA	51051	23,411	11.5	59.3	29.2	21,650	8,530	59.7	969	0.0	16.1	4.3
Dinwiddie, VA	51053	42,044	7.4	51.8	40.8	35,191	7,768	58.6	1,075	0.0	12.7	4.4
Essex, VA	51057	14,598	7.4	51.5	41.2	13,147	8,156	63.0	421	0.0	9.0	1.0
Fairfax, VA	51059	[10]2,091,554	[10]3.8	[10]8.2	[10]78.0	[10]1,796,233	[10]10,902	[10]60.5	45,985	0.2	7.0	3.3
Fauquier, VA	51061	110,972	4.1	28.5	67.4	97,522	9,079	66.5	2,883	0.5	16.6	1.7
Floyd, VA	51063	18,050	7.8	57.7	34.4	16,334	7,797	63.2	651	0.0	17.5	2.3
Fluvanna, VA	51065	29,396	4.7	52.6	42.7	27,376	8,064	66.8	868	0.0	9.3	0.6
Franklin, VA	51067	64,494	9.2	49.9	40.9	56,844	7,737	60.4	2,227	0.0	14.1	3.1
Frederick, VA	51069	119,879	4.0	41.1	54.9	100,323	8,542	61.2	3,070	0.1	14.4	3.7
Giles, VA	51071	22,260	6.4	57.1	36.5	19,796	7,800	63.8	745	0.0	18.7	2.7
Gloucester, VA	51073	57,637	6.0	49.6	44.5	49,457	8,050	59.7	1,902	0.0	11.5	2.6
Goochland, VA	51075	20,080	5.3	22.6	72.1	18,953	8,537	59.5	691	0.0	10.9	1.3
Grayson, VA	51077	19,316	12.3	61.3	26.4	18,025	8,152	61.6	769	0.0	20.5	5.6
Greene, VA	51079	25,970	5.7	54.0	40.3	22,475	8,281	66.0	805	0.0	15.8	4.8
Greensville, VA	51081	[9]24,684	[9]10.3	[9]60.4	[9]29.3	[9]22,406	[9]8,465	[9]60.8	459	0.0	13.1	3.5
Halifax, VA	51083	54,299	10.8	63.5	25.7	52,510	8,846	59.4	1,799	0.0	18.6	5.1
Hanover, VA	51085	155,830	4.0	42.0	54.0	135,488	7,312	67.2	4,777	0.0	7.4	2.7
Henrico, VA	51087	400,069	5.1	42.2	52.7	343,378	7,351	62.0	11,991	0.1	10.4	3.1
Henry, VA	51089	67,611	10.0	62.2	27.8	60,919	7,795	61.2	2,787	0.5	15.5	6.6
Highland, VA	51091	3,704	7.8	44.6	47.6	3,220	10,805	59.0	113	0.0	20.4	0.0
Isle of Wight, VA	51093	49,127	6.0	46.7	47.2	40,251	7,790	61.9	1,477	0.0	8.3	4.8
James City County, VA	51095	([11])	([11])	([11])	([11])	([11])	([11])	([11])	2,111	0.0	12.2	3.8
King and Queen, VA	51097	10,498	8.6	49.6	41.8	9,350	11,292	57.0	337	0.0	20.8	5.0
King George, VA	51099	24,579	3.7	58.1	38.1	23,456	7,004	61.1	940	6.5	24.5	1.1
King William, VA	51101	27,009	4.9	49.3	45.8	22,403	8,304	64.4	567	0.0	10.8	1.2
Lancaster, VA	51103	14,243	9.3	29.3	61.3	12,759	8,650	64.6	437	0.0	10.5	3.4
Lee, VA	51105	37,199	18.0	65.8	16.2	33,871	9,204	63.2	1,185	0.0	12.9	8.8
Loudoun, VA	51107	537,964	2.0	19.2	78.8	470,744	10,705	62.9	6,931	0.1	8.3	3.1
Louisa, VA	51109	39,265	6.5	36.3	57.3	35,604	8,077	57.9	1,131	0.0	14.4	5.0
Lunenburg, VA	51111	15,806	10.1	63.0	26.9	14,830	8,360	60.3	610	0.0	11.8	8.9
Madison, VA	51113	16,170	5.9	50.0	44.1	14,829	8,042	61.4	649	0.0	28.8	4.3
Mathews, VA	51115	12,093	5.9	45.5	48.6	9,920	7,854	60.4	284	1.1	14.8	0.0
Mecklenburg, VA	51117	39,910	10.5	61.3	28.2	36,587	7,420	64.0	1,577	0.0	13.8	3.7
Middlesex, VA	51119	12,291	8.1	42.4	49.5	10,783	8,244	58.6	401	0.0	11.0	6.7
Montgomery, VA	51121	89,290	6.8	47.5	45.7	78,028	8,210	62.6	9,640	0.1	3.9	0.7
Nelson, VA	51125	20,210	8.4	42.8	48.8	18,868	9,313	54.0	714	1.0	15.1	4.8
New Kent, VA	51127	22,609	4.3	46.6	49.1	18,766	7,146	61.3	662	0.0	15.3	5.3
Northampton, VA	51131	19,807	14.6	53.0	32.5	18,954	9,482	62.7	780	0.0	8.2	4.7
Northumberland, VA	51133	14,585	8.3	33.3	58.4	12,612	8,539	62.9	421	0.0	10.9	0.7
Nottoway, VA	51135	22,591	15.3	61.1	23.5	19,728	8,052	63.6	737	0.0	7.6	6.5
Orange, VA	51137	39,646	8.7	46.2	45.1	34,248	7,968	59.3	1,159	0.0	15.0	5.9
Page, VA	51139	29,448	7.9	59.3	32.8	26,561	7,325	64.7	1,196	0.0	16.5	4.3
Patrick, VA	51141	21,858	9.0	62.2	28.8	18,943	7,337	61.7	838	0.0	23.2	4.2
Pittsylvania, VA	51143	69,534	9.7	67.3	23.0	66,267	7,125	60.9	3,202	0.0	10.6	2.7
Powhatan, VA	51145	39,138	3.4	44.5	52.2	33,370	7,930	58.3	1,094	0.0	14.4	4.8
Prince Edward, VA	51147	24,310	10.2	61.6	28.3	22,165	7,950	64.5	2,403	0.0	3.7	4.2
Prince George, VA	51149	51,971	12.9	58.9	28.2	45,113	7,234	60.2	2,557	33.9	42.3	4.0
Prince William, VA	51153	699,876	4.3	40.6	55.1	582,146	8,781	57.4	15,375	1.5	11.9	3.6
Pulaski, VA	51155	42,976	10.1	55.9	34.0	38,718	7,844	58.7	1,341	0.0	24.7	7.8
Rappahannock, VA	51157	10,428	5.7	30.0	64.4	9,661	9,546	61.5	258	0.0	8.1	4.3
Richmond, VA	51159	11,553	6.4	53.6	39.9	9,866	8,208	60.7	359	0.0	9.2	17.5
Roanoke, VA	51161	137,134	4.4	44.8	50.8	114,324	7,878	65.3	4,242	0.0	8.4	1.6
Rockbridge, VA	51163	28,518	10.2	38.6	51.2	24,416	8,339	62.7	1,027	0.0	17.4	4.9
Rockingham, VA	51165	107,792	6.3	45.7	48.0	90,970	8,091	63.4	3,724	0.0	14.6	4.9

[9]Emporia city is included with Greensville county
[10]Fairfax city is included with Fairfax county
[11]James City county is included with Williamsburg city.

PART C—COUNTY EDUCATION STATISTICS

Table C-1. Population, School, and Student Characteristics by County—Continued

STATE County	State/ county code	High school graduates, 2000			College enrollment, 2000		College graduates, 2000 (percent)						
		Population 25 years and over	High school diploma or less (percent)	High school diploma or more (percent)	Number	Percent public	Bachelor's degree or more	+/- U.S. percent with bachelor's degree or more	Non-Hispanic White	Black	American Indian, Alaska Native	Asian and Pacific Islander	Hispanic or Latino[3]
		30	31	32	33	34	35	36	37	38	39	40	41
Buckingham, VA	51029	10,893	75.3	62.8	336	82.4	8.5	-15.9	10.1	6.1	...	100.0	13.7
Campbell, VA	51031	35,018	59.9	73.4	1,918	70.2	14.6	-9.8	15.9	4.6	7.3	59.4	24.1
Caroline, VA	51033	15,082	66.3	71.3	459	77.6	12.1	-12.3	15.3	5.8	6.0	21.1	14.4
Carroll, VA	51035	21,006	69.6	64.3	935	93.9	9.5	-14.9	9.5	0.0	0.0	20.0	15.9
Charles City County, VA	51036	4,845	68.9	65.7	240	82.9	10.5	-13.9	19.1	5.3	1.2	0.0	0.0
Charlotte, VA	51037	8,570	71.6	63.2	284	81.7	10.3	-14.1	12.2	5.9	...	0.0	17.9
Chesterfield, VA	51041	167,037	36.7	88.1	13,958	83.8	32.6	8.2	33.9	26.4	21.0	45.0	20.8
Clarke, VA	51043	9,015	50.8	82.1	385	69.4	23.9	-0.5	24.9	10.5	32.4	37.2	14.9
Craig, VA	51045	3,561	64.2	76.6	110	69.1	10.8	-13.6	10.9	0.0	0.0	18.2	...
Culpeper, VA	51047	22,628	62.0	73.7	919	88.6	15.7	-8.7	17.4	5.0	22.9	46.0	18.5
Cumberland, VA	51049	6,183	69.8	63.8	193	67.9	11.8	-12.6	14.0	7.8	0.0	100.0	12.4
Dickenson, VA	51051	11,308	76.0	58.9	668	92.8	6.7	-17.7	6.7	0.0	0.0	15.4	0.0
Dinwiddie, VA	51053	17,199	68.0	70.0	686	90.5	11.0	-13.4	12.5	7.8	9.3	54.0	5.8
Essex, VA	51057	7,052	61.3	73.5	311	87.5	17.4	-7.0	21.4	9.7	75.0	55.9	37.5
Fairfax, VA	51059	653,237	23.1	90.7	62,896	73.1	54.8	30.4	62.0	37.5	38.2	51.6	23.3
Fauquier, VA	51061	36,792	43.4	84.5	2,217	80.6	27.1	2.7	29.1	6.3	26.4	35.0	25.7
Floyd, VA	51063	9,836	68.2	70.1	405	80.0	12.5	-11.9	12.6	9.0	...	52.4	0.0
Fluvanna, VA	51065	14,125	52.5	80.0	827	84.8	24.5	0.1	28.1	9.0	0.0	37.8	24.1
Franklin, VA	51067	33,037	60.4	72.2	2,126	54.4	14.8	-9.6	15.3	8.1	25.6	23.5	14.5
Frederick, VA	51069	39,271	57.1	78.6	1,918	79.8	18.6	-5.8	18.6	13.9	28.3	38.4	10.7
Giles, VA	51071	11,856	64.9	75.9	504	91.9	12.4	-12.0	12.3	12.0	100.0	61.1	10.8
Gloucester, VA	51073	23,273	49.9	81.7	1,627	86.8	17.6	-6.8	18.4	11.1	34.9	32.1	8.2
Goochland, VA	51075	12,248	50.6	78.8	587	72.7	29.4	5.0	36.0	8.4	0.0	71.3	35.0
Grayson, VA	51077	13,086	73.6	64.1	439	81.5	8.0	-16.4	8.1	6.9	0.0	11.1	10.6
Greene, VA	51079	10,120	56.3	78.4	492	89.8	19.8	-4.6	21.1	2.5	0.0	32.0	0.0
Greensville, VA	51081	8,610	77.1	62.1	445	93.3	11.0	-13.4	7.9	12.9	0.0	100.0	13.0
Halifax, VA	51083	26,073	69.9	63.9	1,112	85.4	9.5	-14.9	11.6	5.2	5.3	31.8	20.1
Hanover, VA	51085	56,892	42.2	86.6	4,301	63.7	28.7	4.3	29.8	17.5	14.1	41.3	26.4
Henrico, VA	51087	177,191	37.1	86.6	13,581	80.0	34.9	10.5	39.2	20.1	9.1	50.3	21.4
Henry, VA	51089	40,518	67.8	64.9	2,200	84.4	9.4	-15.0	10.4	6.0	10.9	23.1	4.5
Highland, VA	51091	1,929	65.4	72.8	43	48.8	13.2	-11.2	13.3	0.0	0.0	...	0.0
Isle of Wight, VA	51093	20,121	54.3	76.2	969	89.2	17.5	-6.9	21.1	6.7	5.9	28.6	37.6
James City County, VA	51095	34,042	31.6	89.3	2,277	87.7	41.5	17.1	46.5	10.8	8.7	60.2	32.8
King and Queen, VA	51097	4,663	69.0	68.2	136	80.9	10.3	-14.1	13.4	4.6	25.6	...	12.1
King George, VA	51099	10,803	52.0	80.4	735	79.7	23.6	-0.8	26.3	9.5	11.5	50.0	48.2
King William, VA	51101	8,960	59.1	79.1	348	85.9	14.8	-9.6	16.2	9.5	7.1	32.4	8.8
Lancaster, VA	51103	8,841	53.5	74.4	197	88.3	24.5	0.1	31.7	1.6	100.0	68.9	47.8
Lee, VA	51105	16,314	71.2	60.6	833	78.4	9.5	-14.9	9.3	0.0	25.0	67.2	0.0
Loudoun, VA	51107	109,567	25.1	92.5	8,012	73.7	47.2	22.8	49.6	32.0	23.9	53.0	24.7
Louisa, VA	51109	17,697	63.1	71.7	677	82.1	14.0	-10.4	16.0	6.4	8.1	32.2	0.0
Lunenburg, VA	51111	9,305	68.2	63.4	281	84.0	9.2	-15.2	12.7	3.4	0.0	14.3	7.8
Madison, VA	51113	8,644	61.2	75.0	374	74.6	19.4	-5.0	20.7	5.1	0.0	47.4	32.8
Mathews, VA	51115	6,926	53.0	80.8	261	87.7	19.2	-5.2	20.8	5.0	61.5	...	19.1
Mecklenburg, VA	51117	22,981	66.3	67.8	1,027	91.4	12.1	-12.3	15.3	5.6	13.3	68.3	18.1
Middlesex, VA	51119	7,436	56.2	73.7	310	89.0	18.9	-5.5	22.1	5.5	0.0	0.0	0.0
Montgomery, VA	51121	43,106	41.0	82.8	26,224	97.7	35.9	11.5	34.2	29.6	7.4	85.6	37.8
Nelson, VA	51125	10,403	57.6	69.0	393	80.7	20.8	-3.6	22.9	7.9	...	27.3	24.4
New Kent, VA	51127	9,285	54.1	80.6	319	91.8	16.3	-8.1	18.6	6.9	6.6	40.0	6.5
Northampton, VA	51131	9,133	61.8	67.4	486	87.7	15.7	-8.7	23.3	5.6	0.0	85.7	3.5
Northumberland, VA	51133	9,476	55.0	75.9	211	75.4	21.7	-2.7	25.8	6.4	63.9	55.6	0.0
Nottoway, VA	51135	10,841	67.4	64.4	226	89.4	11.1	-13.3	15.0	5.7	0.0	19.6	0.0
Orange, VA	51137	18,202	58.8	75.2	720	80.8	18.5	-5.9	20.1	6.7	0.0	21.4	28.3
Page, VA	51139	16,085	74.9	64.8	373	81.2	9.8	-14.6	9.8	9.3	0.0	18.4	9.9
Patrick, VA	51141	13,815	72.2	62.2	543	86.2	8.6	-15.8	8.3	3.3	47.4	94.9	19.5
Pittsylvania, VA	51143	43,120	67.9	67.3	1,891	80.7	9.3	-15.1	10.6	4.4	22.6	0.0	20.9
Powhatan, VA	51145	15,411	53.3	78.9	807	82.4	19.1	-5.3	21.2	8.9	38.9	0.0	45.1
Prince Edward, VA	51147	11,089	58.5	69.9	3,885	76.9	19.2	-5.2	27.2	6.0	0.0	60.6	46.2
Prince George, VA	51149	20,272	50.1	81.6	1,738	83.0	19.4	-5.0	21.5	14.6	8.8	30.1	15.5
Prince William, VA	51153	171,058	36.1	88.8	16,310	75.6	31.5	7.1	34.5	24.9	30.8	40.5	15.2
Pulaski, VA	51155	25,362	59.6	74.2	1,296	89.4	12.5	-11.9	12.9	7.2	7.1	0.0	0.0
Rappahannock, VA	51157	5,059	54.1	76.0	216	79.2	22.9	-1.5	23.6	7.0	0.0	46.7	8.3
Richmond, VA	51159	6,552	71.3	60.0	298	80.9	9.9	-14.5	13.5	3.0	0.0	8.3	8.5
Roanoke, VA	51161	60,771	42.1	85.8	3,952	62.7	28.2	3.8	28.1	22.7	9.8	50.8	34.7
Rockbridge, VA	51163	14,556	61.4	71.0	779	45.2	18.7	-5.7	19.2	8.9	0.0	17.9	4.6
Rockingham, VA	51165	45,123	63.0	72.4	2,824	58.1	17.6	-6.8	18.0	7.2	6.9	16.4	7.9

[3] May be of any race.
... = Not available.

Table C-1. Population, School, and Student Characteristics by County—Continued

STATE County	State/ county code	County type[1]	Population, 2007 Total	Population, 2007 Percent 5 to 17 years	School districts	Schools	Students	Total enrollment Number	Total enrollment Percent public	K-12 enrollment Number	K-12 enrollment Percent public
			1	2	3	4	5	6	7	8	9
Russell, VA	51167	6	28,838	15.1	2	15	4,271	6,333	93.7	4,934	95.9
Scott, VA	51169	3	22,787	14.1	2	15	3,725	4,540	97.0	3,654	99.1
Shenandoah, VA	51171	6	40,403	15.7	1	10	6,153	7,076	86.5	5,774	89.4
Smyth, VA	51173	6	32,050	15.3	2	15	5,007	6,761	95.2	5,448	97.7
Southampton, VA	51175	6	17,654	15.3	1	6	2,852	3,963	85.2	3,189	85.7
Spotsylvania, VA	51177	1	119,194	20.0	2	32	23,736	25,581	85.7	20,291	90.9
Stafford, VA	51179	1	120,723	20.9	2	30	26,178	29,156	87.5	22,283	93.0
Surry, VA	51181	1	7,089	16.5	1	3	1,113	1,750	83.4	1,443	84.8
Sussex, VA	51183	1	12,222	12.4	1	5	1,383	2,713	83.6	2,200	82.6
Tazewell, VA	51185	7	43,855	14.6	1	17	6,844	9,714	90.6	7,262	96.0
Warren, VA	51187	1	36,294	17.6	1	8	5,268	7,320	79.6	5,905	85.7
Washington, VA	51191	3	52,733	14.3	2	18	7,454	10,974	85.2	7,994	93.8
Westmoreland, VA	51193	7	17,252	15.4	2	6	2,482	3,622	91.1	3,019	92.7
Wise, VA	51195	7	41,666	15.1	2	18	6,629	9,569	94.3	7,019	96.8
Wythe, VA	51197	6	28,538	15.1	2	14	4,205	5,862	92.7	4,471	98.4
York, VA	51199	1	61,271	18.8	2	20	12,833	17,228	85.1	12,874	91.1
Alexandria City, VA	51510	1	140,024	11.8	1	16	10,643	26,509	72.1	14,135	83.5
Bedford City, VA	51515	3	6,286	16.0	1	([8])	([8])	1,345	89.0	1,022	94.8
Bristol City, VA	51520	3	17,593	14.6	2	8	2,397	3,677	80.3	2,616	93.2
Buena Vista City, VA	51530	6	6,482	15.6	1	4	1,125	1,501	82.2	1,018	98.1
Charlottesville City, VA	51540	3	41,228	11.2	2	11	4,331	20,969	93.6	4,959	91.9
Chesapeake City, VA	51550	1	219,154	19.2	2	47	40,336	58,385	84.7	43,542	90.6
Colonial Heights City, VA	51570	1	17,796	15.7	1	5	2,883	3,884	90.2	2,991	95.4
Covington City, VA	51580	6	6,168	16.1	2	4	870	1,202	94.5	937	99.4
Danville City, VA	51590	3	44,947	15.8	1	17	7,164	11,141	88.7	8,649	91.8
Emporia City, VA	51595	6	5,619	17.9	1	([9])	([9])	1,282	92.7	1,113	94.2
Fairfax City, VA	51600	1	23,349	13.7	1	([10])	([10])	5,133	80.7	3,157	86.0
Falls Church City, VA	51610	1	10,948	14.9	1	4	1,865	2,683	72.8	1,828	84.2
Franklin City, VA	51620	6	8,906	16.2	1	3	1,324	2,175	88.8	1,709	89.4
Fredericksburg City, VA	51630	1	22,410	13.2	1	5	2,496	6,061	90.1	2,329	90.3
Galax City, VA	51640	6	6,824	16.6	2	4	1,329	1,446	97.0	1,171	98.5
Hampton City, VA	51650	1	146,439	16.6	5	42	22,799	42,305	77.6	27,044	90.1
Harrisonburg City, VA	51660	3	44,039	10.9	2	7	4,281	19,504	90.7	4,247	91.5
Hopewell City, VA	51670	1	23,028	19.2	1	8	3,969	5,474	91.3	4,204	92.7
Lexington City, VA	51678	6	7,026	7.2	1	2	469	3,467	53.6	533	97.6
Lynchburg City, VA	51680	3	71,282	14.4	4	20	8,808	19,578	61.8	10,830	89.3
Manassas City, VA	51683	1	35,412	20.1	2	10	6,554	9,941	82.1	7,433	87.1
Manassas Park City, VA	51685	1	11,426	21.5	1	4	2,337	2,862	84.9	2,118	91.7
Martinsville City, VA	51690	4	14,578	15.4	1	9	2,603	3,540	93.6	2,630	96.7
Newport News City, VA	51700	1	179,153	19.9	2	51	33,139	50,215	87.2	35,994	91.6
Norfolk City, VA	51710	1	235,747	17.5	6	62	36,014	63,867	85.5	40,850	90.2
Norton City, VA	51720	7	3,724	15.0	1	2	730	906	94.7	699	95.1
Petersburg City, VA	51730	1	32,885	17.4	5	14	4,902	8,191	90.9	6,381	93.8
Poquoson City, VA	51735	1	11,858	15.8	1	4	2,596	3,260	87.9	2,524	93.3
Portsmouth City, VA	51740	1	101,967	18.2	1	26	15,872	26,135	86.3	19,171	89.1
Radford City, VA	51750	3	16,133	8.4	1	4	1,539	8,502	95.8	1,435	94.7
Richmond City, VA	51760	1	200,123	15.0	8	93	25,402	54,048	80.8	31,524	87.5
Roanoke City, VA	51770	2	92,600	16.5	3	32	13,286	20,600	88.7	15,292	93.3
Salem City, VA	51775	2	25,233	14.3	1	6	3,893	6,792	73.2	4,103	98.3
Staunton City, VA	51790	4	23,834	14.4	5	11	2,755	5,314	70.3	3,528	84.6
Suffolk City, VA	51800	1	81,332	19.2	2	22	13,852	17,697	84.3	13,372	87.3
Virginia Beach City, VA	51810	1	434,743	18.6	1	88	74,303	121,415	84.5	86,963	91.2
Waynesboro City, VA	51820	4	21,656	16.9	1	6	3,095	4,309	90.6	3,412	95.4
Williamsburg City, VA	51830	1	12,434	5.8	2	[11]13	[11]9,820	6,365	90.1	832	90.7
Winchester City, VA	51840	3	25,733	15.0	1	6	3,743	5,762	76.0	3,690	95.7

[1] County type codes are from the Economic Research Service of the United States Department of Agriculture. See notes and definitions for more information.
[8] Bedford city is included with Bedford county
[9] Emporia city is included with Greensville county
[10] Fairfax city is included with Fairfax county
[11] James City county is included with Williamsburg city.

Table C-1. Population, School, and Student Characteristics by County—Continued

STATE County	State/ county code	Students with IEP[2]	Students eligible for free or reduced-price lunch	Minority students	English language learners	Number of graduates, 2004–2005	Total staff	Number of teachers	Student/ teacher ratio	Central administration staff
		10	11	12	13	14	15	16	17	18
Russell, VA	51167	17.9	47.8	1.2	0.0	239	469	314	13.6	12
Scott, VA	51169	19.8	52.7	2.2	0.5	240	435	326	11.4	14
Shenandoah, VA	51171	15.6	28.1	11.5	3.5	400	963	487	12.6	19
Smyth, VA	51173	18.1	52.1	3.7	0.9	330	828	476	10.5	12
Southampton, VA	51175	17.8	43.1	48.8	0.0	152	501	219	13.0	19
Spotsylvania, VA	51177	13.9	23.2	28.3	2.7	1,595	3,166	1,813	13.1	74
Stafford, VA	51179	9.7	14.0	30.6	2.7	1,637	3,602	1,945	13.5	97
Surry, VA	51181	13.9	53.7	66.0	0.2	72	254	115	9.7	8
Sussex, VA	51183	14.5	74.8	79.9	0.9	78	255	121	11.4	8
Tazewell, VA	51185	16.2	51.4	4.8	0.1	401	1,046	561	12.2	22
Warren, VA	51187	15.1	25.9	11.9	2.5	328	582	368	14.3	24
Washington, VA	51191	14.1	39.7	3.1	0.3	496	969	561	13.3	27
Westmoreland, VA	51193	14.3	57.5	54.1	4.8	144	359	182	13.6	11
Wise, VA	51195	15.2	53.9	2.7	0.3	424	1,116	600	11.0	19
Wythe, VA	51197	12.5	42.0	5.5	0.1	271	511	343	12.3	19
York, VA	51199	9.6	14.5	26.0	1.1	939	1,412	893	14.4	27
Alexandria City, VA	51510	17.9	45.8	75.8	20.9	536	2,101	1,109	9.6	108
Bedford City, VA	51515	([8])	52.5	24.0	([8])	([8])	([8])	([8])	([8])	([8])
Bristol City, VA	51520	16.8	51.3	12.9	0.7	112	313	213	11.3	16
Buena Vista City, VA	51530	13.6	29.8	8.3	0.3	63	188	98	11.5	5
Charlottesville City, VA	51540	17.4	48.2	52.7	6.1	235	764	403	10.7	22
Chesapeake City, VA	51550	17.8	24.6	41.7	1.2	2,656	5,705	2,995	13.5	219
Colonial Heights City, VA	51570	15.3	15.2	19.3	3.5	165	427	255	11.3	15
Covington City, VA	51580	24.1	40.5	23.1	0.1	62	166	87	10.0	7
Danville City, VA	51590	14.1	56.5	74.0	2.5	395	1,206	602	11.9	58
Emporia City, VA	51595	([9])	52.5	72.8	([9])	([9])	([9])	([9])	([9])	([9])
Fairfax City, VA	51600	([10])	18.9	49.8	([10])	([10])	([10])	([10])	([10])	([10])
Falls Church City, VA	51610	13.8	5.5	22.1	9.1	163	331	174	10.7	15
Franklin City, VA	51620	19.9	67.8	78.2	0.6	86	233	115	11.5	13
Fredericksburg City, VA	51630	14.4	34.3	58.3	6.9	116	475	219	11.4	26
Galax City, VA	51640	10.4	55.4	28.5	17.2	75	195	118	11.3	9
Hampton City, VA	51650	14.6	43.0	67.2	1.8	1,363	3,788	1,875	12.2	130
Harrisonburg City, VA	51660	14.3	53.6	44.3	36.2	252	676	409	10.5	32
Hopewell City, VA	51670	17.9	61.4	59.0	1.7	174	584	317	12.5	20
Lexington City, VA	51678	15.8	27.7	10.7	1.3	—	74	55	8.5	4
Lynchburg City, VA	51680	17.3	51.4	55.9	0.9	525	1,143	746	11.8	33
Manassas City, VA	51683	12.2	21.8	53.4	29.5	386	881	514	12.8	31
Manassas Park City, VA	51685	11.6	32.7	59.8	25.2	117	362	191	12.2	18
Martinsville City, VA	51690	13.2	55.7	63.7	3.8	171	393	228	11.4	15
Newport News City, VA	51700	13.8	46.9	66.8	1.7	1,732	4,607	2,590	12.8	59
Norfolk City, VA	51710	14.2	57.5	75.4	0.9	1,384	5,266	2,906	12.4	194
Norton City, VA	51720	13.8	47.7	12.1	0.0	50	125	66	11.1	5
Petersburg City, VA	51730	13.6	60.6	98.0	0.6	264	824	433	11.3	48
Poquoson City, VA	51735	11.2	8.6	4.8	0.7	206	332	205	12.7	15
Portsmouth City, VA	51740	15.1	51.3	74.8	0.2	686	2,213	1,106	14.4	68
Radford City, VA	51750	16.4	29.6	14.6	0.4	116	212	129	11.9	9
Richmond City, VA	51760	20.9	67.2	92.7	2.6	1,111	4,476	2,173	11.7	146
Roanoke City, VA	51770	15.6	59.9	51.5	5.3	568	2,325	1,132	11.7	102
Salem City, VA	51775	12.1	26.0	12.8	1.1	270	545	313	12.4	20
Staunton City, VA	51790	16.8	42.6	27.9	0.7	169	570	289	9.5	30
Suffolk City, VA	51800	11.2	38.3	60.6	0.3	758	2,011	1,013	13.7	51
Virginia Beach City, VA	51810	13.9	26.1	40.6	1.4	4,640	10,437	5,647	13.2	267
Waynesboro City, VA	51820	11.3	44.9	23.1	3.7	188	509	254	12.2	19
Williamsburg City, VA	51830	[11]14.3	23.4	32.1	[11]2.2	[11]597	[11]1,339	[11]868	[11]11.3	[11]16
Winchester City, VA	51840	18.7	34.7	29.3	13.0	206	564	325	11.5	18

[2]IEP = Individual Education Program. See notes and definitions for more information.
[8]Bedford city is included with Bedford county
[9]Emporia city is included with Greensville county
[10]Fairfax city is included with Fairfax county
[11]James City county is included with Williamsburg city.

Table C-1. Population, School, and Student Characteristics by County—Continued

STATE County	State/ county code	Total revenue (thousands of dollars)	Revenues, 2004–2005 Percentage of revenue from: Federal government	State government	Local government	Total expenditures (thousands of dollars)	Amount per student	Percent for instruction	Total population 16 to 19 years	Percent in Armed Forces	Percent high school graduates	Percent not enrolled, not employed, not in Armed Forces, not high school grad.
		19	20	21	22	23	24	25	26	27	28	29
Russell, VA	51167	40,096	13.9	59.9	26.1	32,364	7,597	63.9	1,583	0.4	12.6	3.8
Scott, VA	51169	30,084	10.7	71.0	18.3	28,852	7,909	61.9	1,015	0.0	16.1	3.6
Shenandoah, VA	51171	52,997	6.2	48.8	45.0	49,910	8,383	66.5	1,614	0.0	18.4	3.7
Smyth, VA	51173	42,171	9.8	67.3	22.9	38,677	7,541	68.2	1,645	0.4	14.3	3.7
Southampton, VA	51175	27,645	8.0	54.1	37.9	24,087	8,587	57.6	910	0.0	10.2	7.3
Spotsylvania, VA	51177	211,286	4.5	45.3	50.2	177,116	7,718	62.4	4,902	0.0	13.0	2.9
Stafford, VA	51179	200,368	5.7	52.8	41.6	191,045	7,453	63.5	5,363	0.5	12.8	0.9
Surry, VA	51181	13,928	5.9	18.7	75.4	12,569	11,192	54.7	375	0.0	6.4	0.5
Sussex, VA	51183	17,581	9.6	43.3	47.1	16,293	12,087	53.0	451	0.0	16.2	3.8
Tazewell, VA	51185	55,253	10.4	66.4	23.3	49,645	7,223	63.1	2,341	0.0	11.9	5.6
Warren, VA	51187	41,449	6.4	52.8	40.8	37,607	7,268	58.6	1,522	0.0	12.4	3.4
Washington, VA	51191	61,190	8.9	53.5	37.6	56,729	7,654	61.5	2,728	0.2	13.5	3.4
Westmoreland, VA	51193	23,917	12.0	51.6	36.5	20,853	8,325	62.8	768	0.0	13.9	1.6
Wise, VA	51195	61,489	14.6	60.7	24.7	53,820	7,807	63.0	2,621	0.0	11.5	5.5
Wythe, VA	51197	37,045	10.1	56.1	33.8	32,805	7,816	63.9	1,421	0.0	21.5	2.1
York, VA	51199	104,097	12.1	48.2	39.7	94,708	7,661	58.6	3,212	3.1	8.5	3.4
Alexandria City, VA	51510	179,371	6.0	13.6	80.4	159,081	14,467	60.0	3,819	0.2	11.8	5.3
Bedford City, VA	51515	[8]	[8]	[8]	[8]	[8]	[8]	[8]	244	0.0	7.4	11.9
Bristol City, VA	51520	22,372	11.1	54.0	34.8	20,750	8,948	67.3	792	0.0	13.0	4.2
Buena Vista City, VA	51530	9,930	6.3	65.9	27.8	9,477	8,394	59.2	377	0.0	4.5	0.0
Charlottesville City, VA	51540	58,026	7.5	30.7	61.8	52,374	11,949	59.9	5,798	0.2	3.8	1.5
Chesapeake City, VA	51550	357,292	6.0	51.1	42.9	340,985	8,469	63.8	11,484	1.8	12.3	4.0
Colonial Heights City, VA	51570	27,333	4.1	39.1	56.8	25,971	8,983	67.5	841	0.0	14.0	2.1
Covington City, VA	51580	9,945	12.1	44.8	43.1	9,045	10,755	64.8	264	0.0	25.8	3.4
Danville City, VA	51590	65,724	13.9	57.1	29.0	59,406	8,124	62.2	2,475	0.0	11.6	9.5
Emporia City, VA	51595	[9]	[9]	[9]	[9]	[9]	[9]	[9]	265	0.0	19.6	13.6
Fairfax City, VA	51600	[10]	[10]	[10]	[10]	[10]	[10]	[10]	983	0.0	7.8	4.9
Falls Church City, VA	51610	30,161	2.5	13.2	84.2	27,742	14,616	58.9	426	0.0	4.2	0.0
Franklin City, VA	51620	18,060	12.2	45.5	42.3	14,018	10,136	57.6	477	0.0	8.4	6.7
Fredericksburg City, VA	51630	28,906	16.1	23.7	60.2	27,562	11,145	68.1	1,904	0.8	14.4	2.8
Galax City, VA	51640	11,964	10.6	52.6	36.8	9,911	7,612	63.8	302	0.0	14.9	2.0
Hampton City, VA	51650	201,275	10.1	58.2	31.7	194,222	8,467	57.8	9,310	1.3	13.3	3.0
Harrisonburg City, VA	51660	43,532	9.6	38.3	52.1	39,995	9,637	65.3	6,261	0.0	2.8	2.5
Hopewell City, VA	51670	38,881	13.6	53.9	32.5	35,046	8,968	62.5	1,112	0.0	17.0	6.7
Lexington City, VA	51678	5,799	5.0	53.6	41.4	4,146	8,765	62.9	1,238	0.0	1.5	0.6
Lynchburg City, VA	51680	82,999	10.8	48.3	41.0	74,413	8,633	63.0	4,792	0.3	6.9	4.2
Manassas City, VA	51683	78,327	3.2	36.2	60.6	66,868	9,890	64.4	1,923	0.0	8.6	5.6
Manassas Park City, VA	51685	28,387	3.8	39.5	56.7	22,668	9,548	59.7	499	0.0	11.4	5.2
Martinsville City, VA	51690	23,337	20.6	57.8	21.6	22,737	8,626	61.1	703	0.0	7.7	4.6
Newport News City, VA	51700	306,116	10.2	53.5	36.4	266,908	8,065	60.9	10,506	7.7	19.2	4.0
Norfolk City, VA	51710	345,593	12.5	54.0	33.4	312,625	8,624	62.5	16,165	19.0	27.0	5.6
Norton City, VA	51720	6,470	14.3	55.1	30.7	5,613	7,626	68.5	218	0.0	18.8	3.2
Petersburg City, VA	51730	49,148	14.9	64.0	21.2	45,739	8,919	55.5	1,704	0.3	13.3	11.2
Poquoson City, VA	51735	19,979	4.3	55.3	40.3	18,540	7,142	60.9	651	0.0	5.5	3.8
Portsmouth City, VA	51740	148,650	10.9	58.1	31.0	131,865	8,323	58.2	5,791	9.8	19.7	7.4
Radford City, VA	51750	13,472	5.9	53.5	40.7	12,050	7,830	61.9	2,507	0.0	2.4	0.0
Richmond City, VA	51760	307,904	13.4	38.6	48.0	293,264	11,705	57.0	11,559	0.1	9.9	6.2
Roanoke City, VA	51770	143,487	10.5	45.0	44.5	127,994	9,373	62.6	4,030	0.0	18.1	12.8
Salem City, VA	51775	38,829	4.5	39.9	55.6	32,360	8,205	65.6	1,715	0.0	5.4	0.5
Staunton City, VA	51790	29,818	7.6	46.8	45.5	25,781	9,685	66.5	1,364	0.0	9.7	2.3
Suffolk City, VA	51800	131,794	8.1	48.3	43.6	103,763	7,562	64.4	3,204	0.0	8.7	6.6
Virginia Beach City, VA	51810	700,580	8.4	46.8	44.8	631,532	8,363	60.3	23,384	5.4	15.8	3.7
Waynesboro City, VA	51820	29,943	7.9	45.1	47.1	26,167	8,477	62.7	845	0.0	12.3	6.2
Williamsburg City, VA	51830	[11]92,838	[11]4.6	[11]32.0	[11]63.4	[11]87,127	[11]9,267	[11]61.9	2,080	0.0	1.6	0.0
Winchester City, VA	51840	41,972	6.8	31.5	61.7	38,289	10,410	64.0	1,688	0.0	10.5	9.5

[8]Bedford city is included with Bedford county
[9]Emporia city is included with Greensville county
[10]Fairfax city is included with Fairfax county
[11]James City county is included with Williamsburg city.

PART C—COUNTY EDUCATION STATISTICS 493

Table C-1. Population, School, and Student Characteristics by County—Continued

STATE County	State/ county code	High school graduates, 2000 — Population 25 years and over	High school diploma or less (percent)	High school diploma or more (percent)	College enrollment, 2000 — Number	Percent public	College graduates, 2000 (percent) — Bachelor's degree or more	+/- U.S. percent with bachelor's degree or more	Non-Hispanic White	Black	American Indian, Alaska Native	Asian and Pacific Islander	Hispanic or Latino[3]
		30	31	32	33	34	35	36	37	38	39	40	41
Russell, VA	51167	21,362	69.9	62.5	1,011	88.1	9.4	-15.0	9.7	1.8	0.0	0.0	4.1
Scott, VA	51169	16,846	71.9	64.4	634	91.0	8.3	-16.1	8.3	5.1	62.1	41.2	2.7
Shenandoah, VA	51171	24,926	63.1	75.3	824	81.9	14.7	-9.7	14.9	10.5	0.0	14.9	12.2
Smyth, VA	51173	23,255	66.9	67.5	1,040	85.8	10.6	-13.8	10.5	13.1	0.0	34.4	12.9
Southampton, VA	51175	12,070	63.3	63.2	565	91.3	11.7	-12.7	15.6	6.3	16.7	...	0.0
Spotsylvania, VA	51177	56,633	47.8	83.8	3,690	80.9	22.8	-1.6	23.7	15.4	19.1	26.8	23.1
Stafford, VA	51179	56,029	39.3	88.6	4,879	83.1	29.6	5.2	29.9	25.9	29.7	33.5	31.5
Surry, VA	51181	4,569	62.6	70.4	211	72.5	12.8	-11.6	16.0	9.8	16.7	0.0	15.6
Sussex, VA	51183	8,899	75.6	57.6	442	89.6	10.0	-14.4	16.6	6.1	0.0	0.0	0.0
Tazewell, VA	51185	31,291	65.0	67.5	1,954	76.0	11.0	-13.4	10.5	15.2	0.0	71.4	37.9
Warren, VA	51187	21,127	62.2	75.5	1,085	63.8	15.0	-9.4	15.2	8.6	0.0	49.2	5.1
Washington, VA	51191	35,958	58.9	72.3	2,539	61.8	16.1	-8.3	16.1	14.7	0.0	27.0	40.6
Westmoreland, VA	51193	11,808	64.1	69.3	428	85.3	13.3	-11.1	17.3	3.3	33.3	42.9	9.1
Wise, VA	51195	26,731	67.4	62.5	2,059	91.2	10.8	-13.6	10.6	12.1	0.0	65.6	3.5
Wythe, VA	51197	19,528	62.2	70.2	1,024	82.7	12.1	-12.3	12.0	9.2	0.0	65.8	9.8
York, VA	51199	36,168	29.5	91.7	3,066	81.1	37.4	13.0	39.2	23.5	45.4	44.7	41.3
Alexandria City, VA	51510	95,730	25.8	86.8	10,296	63.8	54.3	29.9	70.0	28.3	55.6	55.4	21.3
Bedford City, VA	51515	4,494	61.5	70.9	232	68.5	15.2	-9.2	17.6	5.4	0.0	45.0	52.6
Bristol City, VA	51520	12,366	56.9	72.4	792	44.7	17.0	-7.4	17.3	5.9	21.7	34.1	34.1
Buena Vista City, VA	51530	4,250	65.0	69.0	419	42.5	10.5	-13.9	10.4	7.8	...	100.0	...
Charlottesville City, VA	51540	22,868	40.6	80.8	15,501	95.7	40.8	16.4	49.1	8.6	41.9	75.2	47.8
Chesapeake City, VA	51550	125,498	42.6	85.1	10,785	79.2	24.7	0.3	25.5	20.3	12.3	49.8	32.2
Colonial Heights City, VA	51570	11,675	50.8	83.7	690	84.3	19.0	-5.4	18.5	28.5	0.0	22.4	19.2
Covington City, VA	51580	4,485	68.4	71.4	164	93.3	6.4	-18.0	7.0	3.8	...	0.0	0.0
Danville City, VA	51590	33,196	62.2	68.5	1,709	78.8	13.9	-10.5	18.0	6.7	14.6	45.4	27.8
Emporia City, VA	51595	3,775	70.3	58.5	106	78.3	14.2	-10.2	22.1	7.2	...	28.6	0.0
Fairfax City, VA	51600	15,222	30.9	88.6	1,693	80.9	45.7	21.3	48.3	34.5	52.1	52.8	24.4
Falls Church City, VA	51610	7,464	16.7	95.9	636	62.3	63.7	39.3	68.0	37.6	40.0	55.5	31.9
Franklin City, VA	51620	5,642	56.6	71.0	356	93.3	16.4	-8.0	25.1	7.3	0.0	...	15.6
Fredericksburg City, VA	51630	11,211	47.3	80.2	3,503	92.3	30.5	6.1	37.5	9.9	32.5	8.3	13.7
Galax City, VA	51640	4,782	68.2	60.4	195	95.4	11.1	-13.3	12.4	0.0	0.0	0.0	3.4
Hampton City, VA	51650	92,477	42.5	85.5	12,830	55.5	21.8	-2.6	24.1	18.7	18.3	24.4	17.4
Harrisonburg City, VA	51660	17,448	46.7	76.8	14,822	91.8	31.2	6.8	34.6	18.5	0.0	29.4	7.2
Hopewell City, VA	51670	14,323	64.1	71.8	859	84.6	10.2	-14.2	11.1	7.5	14.0	21.4	6.6
Lexington City, VA	51678	3,285	40.2	77.1	2,876	45.9	42.6	18.2	47.4	15.9	0.0	0.0	78.9
Lynchburg City, VA	51680	40,806	49.7	78.0	7,622	24.9	25.2	0.8	31.3	8.3	10.1	58.0	26.2
Manassas City, VA	51683	21,188	42.7	81.3	1,916	75.0	28.1	3.7	33.7	17.2	0.0	31.2	9.9
Manassas Park City, VA	51685	6,224	51.0	76.4	477	77.6	20.3	-4.1	18.6	26.7	65.4	68.0	6.2
Martinsville City, VA	51690	10,843	60.8	68.5	661	87.9	16.6	-7.8	23.4	5.6	100.0	50.0	10.1
Newport News City, VA	51700	110,083	45.6	84.5	10,611	81.9	19.9	-4.5	25.0	11.7	18.4	25.2	13.7
Norfolk City, VA	51710	135,258	51.2	78.4	19,085	80.3	19.6	-4.8	26.3	9.7	9.3	34.3	16.5
Norton City, VA	51720	2,665	60.3	66.5	180	100.0	14.0	-10.4	15.0	4.2	0.0	0.0	0.0
Petersburg City, VA	51730	22,289	61.7	68.6	1,388	79.6	14.8	-9.6	21.1	12.4	23.9	34.9	17.0
Poquoson City, VA	51735	7,759	38.5	88.5	527	86.9	31.6	7.2	30.7	40.0	0.0	76.6	39.7
Portsmouth City, VA	51740	63,685	54.2	75.2	5,211	83.1	13.8	-10.6	17.0	10.0	18.2	23.1	18.6
Radford City, VA	51750	6,766	36.3	83.4	6,952	96.9	34.1	9.7	35.6	11.0	0.0	90.2	29.4
Richmond City, VA	51760	128,555	48.4	75.2	19,116	72.6	29.5	5.1	51.4	11.2	22.4	49.0	20.3
Roanoke City, VA	51770	65,593	54.4	76.0	3,590	79.4	18.7	-5.7	22.2	7.8	20.9	37.4	19.4
Salem City, VA	51775	16,657	50.2	82.0	2,195	29.7	19.8	-4.6	20.5	6.5	0.0	29.7	15.9
Staunton City, VA	51790	16,703	55.5	75.6	1,387	42.4	20.4	-4.0	22.3	6.2	0.0	0.0	33.3
Suffolk City, VA	51800	41,662	52.8	76.8	3,129	84.5	17.3	-7.1	21.5	10.8	17.0	40.6	17.0
Virginia Beach City, VA	51810	266,627	35.5	90.4	26,275	76.9	28.1	3.7	30.6	18.1	12.7	33.3	19.1
Waynesboro City, VA	51820	13,303	56.0	77.9	488	87.7	20.6	-3.8	22.4	7.2	18.4	42.9	12.5
Williamsburg City, VA	51830	5,360	31.2	89.6	5,403	90.5	45.0	20.6	54.1	10.3	...	38.9	23.8
Winchester City, VA	51840	15,316	51.3	75.4	1,688	39.6	23.7	-0.7	26.6	7.4	0.0	34.2	7.4

[3]May be of any race.
... = Not available.

Table C-1. Population, School, and Student Characteristics by County—Continued

STATE County	State/ county code	County type[1]	Population, 2007 Total	Population, 2007 Percent 5 to 17 years	Number of schools and students, 2005–2006 School districts	Number of schools and students, 2005–2006 Schools	Number of schools and students, 2005–2006 Students	Resident enrollment, 2000 Total enrollment Number	Resident enrollment, 2000 Total enrollment Percent public	Resident enrollment, 2000 K–12 enrollment Number	Resident enrollment, 2000 K–12 enrollment Percent public
			1	2	3	4	5	6	7	8	9
WASHINGTON	53000	X	6,468,424	17.2	306	2,269	1,031,985	1,584,701	86.3	1,127,448	91.1
Adams, WA	53001	6	16,982	22.7	5	11	3,937	4,945	93.9	4,249	94.6
Asotin, WA	53003	3	21,111	16.4	2	11	3,372	5,037	93.3	3,900	94.5
Benton, WA	53005	3	159,414	19.4	6	54	30,719	40,139	89.9	31,831	93.5
Chelan, WA	53007	3	70,993	18.2	8	36	12,901	18,093	88.7	14,315	92.2
Clallam, WA	53009	5	70,474	14.3	5	28	9,706	14,410	89.1	11,058	91.0
Clark, WA	53011	1	418,070	19.2	10	121	75,283	92,185	88.1	70,778	92.0
Columbia, WA	53013	6	3,986	14.9	2	4	620	918	90.5	759	92.6
Cowlitz, WA	53015	3	100,467	17.9	6	41	18,090	23,679	90.4	18,394	94.3
Douglas, WA	53017	3	36,177	19.5	6	20	6,745	8,929	93.8	7,284	96.7
Ferry, WA	53019	9	7,373	16.6	5	12	1,065	1,875	92.1	1,554	92.2
Franklin, WA	53021	3	69,578	22.5	5	29	14,016	14,657	93.8	12,379	95.8
Garfield, WA	53023	8	2,050	15.1	1	2	379	586	97.1	496	98.4
Grant, WA	53025	4	83,047	21.5	9	50	16,894	21,570	94.8	17,754	96.9
Grays Harbor, WA	53027	4	71,335	16.1	13	42	12,143	16,737	94.2	13,316	96.0
Island, WA	53029	4	81,326	16.3	3	23	9,088	17,742	88.0	13,317	92.4
Jefferson, WA	53031	6	29,199	12.5	5	14	3,248	5,042	87.4	3,934	93.3
King, WA	53033	1	1,859,284	15.4	20	508	257,786	444,560	81.9	287,823	87.7
Kitsap, WA	53035	3	236,732	17.5	6	78	40,066	62,794	87.1	46,929	91.8
Kittitas, WA	53037	6	38,542	13.3	6	16	4,873	12,277	95.5	5,204	94.7
Klickitat, WA	53039	6	20,097	17.2	10	19	3,358	4,850	90.6	4,081	93.7
Lewis, WA	53041	4	73,645	17.2	14	39	12,723	17,267	90.7	13,805	92.8
Lincoln, WA	53043	8	10,255	16.1	8	15	2,124	2,355	89.3	1,980	91.6
Mason, WA	53045	6	56,384	15.5	7	21	8,377	11,233	92.4	9,123	94.8
Okanogan, WA	53047	6	39,653	17.2	9	29	7,294	10,277	93.5	8,692	95.5
Pacific, WA	53049	7	21,490	14.2	6	19	3,136	4,621	93.5	3,735	95.1
Pend Oreille, WA	53051	8	12,760	16.2	3	8	1,798	2,986	89.1	2,413	90.9
Pierce, WA	53053	1	773,165	18.4	15	255	130,502	191,320	85.7	142,171	91.3
San Juan, WA	53055	9	15,214	12.2	4	14	1,787	2,789	83.8	2,184	89.5
Skagit, WA	53057	3	116,397	17.4	8	52	19,537	26,225	91.1	20,524	94.4
Skamania, WA	53059	1	10,723	16.9	4	8	1,280	2,385	91.2	1,955	94.0
Snohomish, WA	53061	1	676,898	18.5	14	197	109,339	163,166	87.5	122,466	92.0
Spokane, WA	53063	2	456,175	17.2	15	168	73,429	117,842	84.5	80,540	90.5
Stevens, WA	53065	6	41,835	17.4	12	35	6,294	10,414	90.2	8,901	92.4
Thurston, WA	53067	3	238,555	16.4	10	76	40,019	56,997	87.4	40,428	92.4
Wahkiakum, WA	53069	8	4,039	13.6	1	2	510	912	87.4	690	94.9
Walla Walla, WA	53071	4	57,709	16.4	7	27	8,830	16,905	71.1	10,530	87.9
Whatcom, WA	53073	3	192,999	16.0	7	69	26,257	51,210	88.7	29,602	88.7
Whitman, WA	53075	4	41,229	11.0	13	26	4,622	20,964	95.7	5,320	91.6
Yakima, WA	53077	3	233,062	21.6	16	96	49,838	63,808	91.2	53,034	94.3
WEST VIRGINIA	54000	X	1,812,035	15.6	57	784	280,866	418,553	91.0	304,216	94.7
Barbour, WV	54001	7	15,532	15.3	1	9	2,585	3,687	85.1	2,726	98.7
Berkeley, WV	54003	3	99,734	18.9	1	29	15,623	17,453	90.2	14,127	94.3
Boone, WV	54005	2	25,201	16.3	1	17	4,566	5,551	95.9	4,458	97.5
Braxton, WV	54007	8	14,639	15.2	1	8	2,411	3,065	96.6	2,532	98.0
Brooke, WV	54009	3	23,661	14.4	1	12	3,579	5,883	81.6	3,926	95.1
Cabell, WV	54011	2	94,435	14.6	1	31	12,325	25,315	91.4	14,222	91.6
Calhoun, WV	54013	8	7,201	14.1	1	4	1,178	1,642	92.4	1,335	95.3
Clay, WVv	54015	8	10,120	16.4	1	7	2,042	2,430	96.7	2,016	98.5
Doddridge, WV	54017	9	7,262	16.7	1	3	1,243	1,737	94.5	1,497	95.9
Fayette, WV	54019	6	46,334	15.1	1	24	6,873	10,243	92.1	7,779	95.6
Gilmer, WV	54021	9	6,907	12.6	1	5	954	2,212	98.5	1,154	99.3
Grant, WV	54023	6	11,925	15.3	1	6	1,989	2,273	94.3	1,877	96.8
Greenbrier, WV	54025	7	34,586	15.5	1	14	5,333	7,168	91.7	5,733	94.2
Hampshire, WV	54027	3	22,577	17.9	2	13	3,984	4,501	93.7	3,862	95.5
Hancock, WV	54029	3	30,189	14.8	1	10	4,298	6,671	86.4	5,263	89.4
Hardy, WV	54031	8	13,661	16.8	1	5	2,293	2,840	95.8	2,286	97.6
Harrison, WV	54033	5	68,309	16.1	1	31	11,316	15,737	89.9	12,116	94.8
Jackson, WV	54035	6	28,223	16.4	1	13	5,060	6,340	95.0	5,170	97.3
Jefferson, WV	54037	1	50,832	17.9	1	13	7,874	10,289	88.8	7,404	91.5
Kanawha, WV	54039	2	191,306	15.3	2	92	28,798	42,554	88.1	31,608	92.7
Lewis, WV	54041	7	17,145	15.4	1	6	2,735	3,644	90.8	2,923	93.8
Lincoln, WV	54043	2	22,322	16.0	1	18	3,741	4,652	97.3	3,861	98.1
Logan, WV	54045	6	35,629	15.5	1	18	6,143	7,911	94.9	6,299	96.6
McDowell, WV	54047	7	22,991	15.1	1	15	3,999	5,746	96.7	4,949	97.1
Marion, WV	54049	4	56,728	14.5	1	23	8,238	13,612	93.3	9,024	95.7
Marshall, WV	54051	3	33,148	15.8	1	15	5,184	7,980	90.8	6,370	93.9
Mason, WV	54053	6	25,546	15.5	1	13	4,267	5,443	96.2	4,444	98.3
Mercer, WV	54055	5	61,350	15.4	1	25	9,306	13,744	94.1	9,810	96.9
Mineral, WV	54057	3	26,722	16.8	1	14	4,609	6,308	94.5	4,814	96.4

[1] County type codes are from the Economic Research Service of the United States Department of Agriculture. See notes and definitions for more information.

Table C-1. Population, School, and Student Characteristics by County—Continued

STATE County	State/ county code	Students with IEP[2]	Students eligible for free or reduced-price lunch	Minority students	English language learners	Number of graduates, 2004–2005	Total staff	Number of teachers	Student/ teacher ratio	Central administration staff
		10	11	12	13	14	15	16	17	18
WASHINGTON	53000	12.0	36.5	31.0	7.3	60,894	113,847	53,510	19.3	2,696
Adams, WA	53001	9.8	71.9	68.9	35.1	207	499	229	17.2	11
Asotin, WA	53003	16.7	40.5	6.2	0.6	223	397	180	18.7	9
Benton, WA	53005	11.2	37.2	26.3	7.6	2,018	3,346	1,528	20.1	73
Chelan, WA	53007	10.4	54.2	40.0	18.9	790	1,530	685	18.8	50
Clallam, WA	53009	14.0	42.3	21.1	3.1	614	1,065	540	18.0	29
Clark, WA	53011	11.2	34.6	17.5	5.6	4,112	8,246	3,844	19.6	189
Columbia, WA	53013	8.2	48.7	15.4	3.1	27	77	38	16.3	3
Cowlitz, WA	53015	12.4	40.8	16.4	2.9	967	2,023	905	20.0	46
Douglas, WA	53017	12.5	52.1	40.7	18.2	442	796	364	18.5	17
Ferry, WA	53019	10.3	51.4	28.0	0.0	64	159	73	14.6	8
Franklin, WA	53021	10.5	67.5	71.6	35.6	580	1,594	755	18.6	47
Garfield, WA	53023	18.5	42.5	7.9	1.3	35	53	24	15.8	2
Grant, WA	53025	11.3	62.4	51.0	23.2	982	2,001	906	18.6	42
Grays Harbor, WA	53027	13.5	49.5	21.6	4.3	778	1,503	678	17.9	38
Island, WA	53029	11.0	24.7	21.9	2.4	630	968	472	19.3	25
Jefferson, WA	53031	12.1	38.9	11.9	0.6	254	380	173	18.8	11
King, WA	53033	11.4	28.8	39.3	8.5	15,614	27,893	13,310	19.4	585
Kitsap, WA	53035	13.5	25.6	19.0	1.4	2,670	4,661	2,111	19.0	110
Kittitas, WA	53037	11.4	32.1	14.8	3.8	296	535	269	18.1	18
Klickitat, WA	53039	14.4	48.2	23.8	7.6	237	413	196	17.1	13
Lewis, WA	53041	12.3	40.4	14.2	2.9	805	1,394	684	18.6	38
Lincoln, WA	53043	9.0	39.8	8.8	0.0	119	310	153	13.9	13
Mason, WA	53045	13.8	45.3	20.5	2.8	434	966	452	18.5	28
Okanogan, WA	53047	13.3	60.2	43.2	10.2	503	942	405	18.0	33
Pacific, WA	53049	14.8	44.2	23.8	6.8	222	453	206	15.2	13
Pend Oreille, WA	53051	12.8	55.1	11.7	0.0	127	228	106	17.0	8
Pierce, WA	53053	12.6	35.9	32.3	3.3	7,016	13,699	6,597	19.8	308
San Juan, WA	53055	11.9	23.5	11.7	1.7	133	205	103	17.3	9
Skagit, WA	53057	13.0	44.1	28.9	11.9	1,161	2,428	1,027	19.0	58
Skamania, WA	53059	16.4	34.2	11.9	0.9	88	159	71	18.0	4
Snohomish, WA	53061	12.1	26.5	23.2	5.6	5,810	11,130	5,355	20.4	265
Spokane, WA	53063	12.5	39.2	11.3	2.0	4,990	8,125	3,891	18.9	196
Stevens, WA	53065	12.4	53.9	15.7	1.0	451	783	344	18.3	27
Thurston, WA	53067	12.4	27.4	22.1	1.2	2,402	4,523	2,009	19.9	101
Wahkiakum, WA	53069	14.9	37.3	8.2	0.0	17	52	24	21.3	1
Walla Walla, WA	53071	12.5	47.6	34.2	12.0	560	1,087	518	17.0	30
Whatcom, WA	53073	12.5	38.5	20.9	6.5	1,713	2,951	1,413	18.6	72
Whitman, WA	53075	10.3	27.6	12.9	1.0	341	608	287	16.1	21
Yakima, WA	53077	11.7	67.5	63.8	21.9	2,462	5,665	2,585	19.3	145
WEST VIRGINIA	54000	17.6	49.1	6.4	0.7	17,128	38,158	19,948	14.1	2,149
Barbour, WV	54001	18.6	59.8	2.6	0.2	121	332	186	13.9	15
Berkeley, WV	54003	17.5	38.4	14.7	1.6	811	2,101	1,098	14.2	94
Boone, WV	54005	19.9	51.4	1.5	0.0	258	665	363	12.6	36
Braxton, WV	54007	18.7	60.9	1.2	0.1	153	341	184	13.1	22
Brooke, WV	54009	20.3	41.6	1.9	0.0	250	479	252	14.2	34
Cabell, WV	54011	16.7	51.2	10.1	1.3	718	1,629	847	14.6	106
Calhoun, WV	54013	15.5	68.8	1.0	0.0	69	168	95	12.4	11
Clay, WV	54015	17.0	74.5	0.5	0.0	124	294	157	13.0	13
Doddridge, WV	54017	22.4	61.7	1.2	0.0	81	193	90	13.8	14
Fayette, WV	54019	15.7	60.3	7.8	0.3	458	919	503	13.7	54
Gilmer, WV	54021	16.7	57.3	1.9	0.1	102	137	67	14.2	11
Grant, WV	54023	20.3	49.2	2.3	0.6	102	278	141	14.1	20
Greenbrier, WV	54025	19.7	54.5	4.8	0.2	344	745	363	14.7	25
Hampshire, WV	54027	22.5	52.5	2.3	0.0	215	593	309	12.9	33
Hancock, WV	54029	18.8	38.2	4.9	0.0	289	564	306	14.0	30
Hardy, WV	54031	15.7	46.7	4.5	1.6	134	300	151	15.2	18
Harrison, WV	54033	17.6	46.8	4.1	0.7	715	1,450	745	15.2	78
Jackson, WV	54035	17.9	43.2	1.5	0.3	318	679	350	14.5	34
Jefferson, WV	54037	16.4	30.0	15.3	3.4	425	1,022	548	14.4	62
Kanawha, WV	54039	15.6	43.8	14.3	1.4	1,617	3,923	2,040	14.1	239
Lewis, WV	54041	20.6	57.3	1.4	0.1	177	387	190	14.4	23
Lincoln, WV	54043	21.8	60.7	0.6	0.0	190	525	286	13.1	29
Logan, WV	54045	16.0	50.9	3.7	0.1	316	812	433	14.2	40
McDowell, WV	54047	18.3	82.1	12.0	0.0	232	620	294	13.6	32
Marion, WV	54049	16.6	48.5	7.2	0.1	532	1,214	622	13.2	84
Marshall, WV	54051	20.0	48.1	1.7	0.0	368	693	349	14.9	33
Mason, WV	54053	20.4	52.2	1.8	0.2	257	583	315	13.5	29
Mercer, WV	54055	16.0	57.1	10.2	0.1	491	1,258	690	13.5	55
Mineral, WV	54057	16.5	41.3	4.5	0.1	339	617	321	14.4	32

[2]IEP = Individual Education Program. See notes and definitions for more information.

Table C-1. Population, School, and Student Characteristics by County—Continued

STATE County	State/county code	Revenues, 2004–2005 Total revenue (thousands of dollars)	% Federal government	% State government	% Local government	Current expenditures, 2004–2005 Total expenditures (thousands of dollars)	Amount per student	Percent for instruction	Resident population 16 to 19 years, 2000 Total population 16 to 19 years	Percent in Armed Forces	Percent high school graduates	Percent not enrolled, not employed, not in Armed Forces, not high school grad.
		19	20	21	22	23	24	25	26	27	28	29
WASHINGTON	53000	9,141,383	8.7	61.1	30.2	7,710,966	7,560	60.0	335,082	0.9	11.3	4.6
Adams, WA	53001	36,612	13.4	70.1	16.6	31,181	8,103	61.9	1,110	0.0	6.8	9.8
Asotin, WA	53003	27,932	12.1	68.1	19.8	26,310	7,837	61.0	1,155	0.0	10.8	3.7
Benton, WA	53005	242,859	7.9	67.1	25.0	219,664	7,321	60.0	8,530	0.0	8.6	6.1
Chelan, WA	53007	113,755	11.5	64.8	23.7	95,854	7,473	61.3	4,091	0.0	11.4	8.9
Clallam, WA	53009	83,669	13.2	66.0	20.8	75,015	7,611	61.4	3,460	0.0	12.5	7.1
Clark, WA	53011	625,044	6.4	64.6	29.1	521,620	7,092	59.2	18,895	0.1	11.3	5.9
Columbia, WA	53013	5,541	11.4	68.7	19.9	5,561	9,688	58.5	251	1.6	15.5	6.4
Cowlitz, WA	53015	157,035	9.2	66.1	24.7	134,398	7,504	58.7	5,382	0.3	12.0	6.5
Douglas, WA	53017	58,281	9.9	69.3	20.8	52,461	7,928	62.7	1,883	0.0	7.5	5.1
Ferry, WA	53019	11,491	26.3	65.9	7.8	10,992	9,849	57.1	587	0.0	16.2	11.8
Franklin, WA	53021	109,580	12.5	68.9	18.6	99,785	7,581	59.8	3,692	0.0	8.5	12.5
Garfield, WA	53023	4,166	13.2	65.1	21.7	3,854	9,563	59.9	153	0.0	8.5	1.3
Grant, WA	53025	137,214	12.4	68.3	19.3	128,115	7,722	62.2	5,232	0.0	10.6	7.9
Grays Harbor, WA	53027	110,679	12.2	62.4	25.3	99,253	8,126	61.1	3,943	0.2	8.7	6.0
Island, WA	53029	76,455	14.2	62.8	23.0	66,756	7,098	60.8	3,514	7.8	16.8	3.2
Jefferson, WA	53031	31,064	13.0	54.5	32.6	26,603	8,015	58.7	1,118	0.0	13.8	5.3
King, WA	53033	2,446,152	6.2	54.6	39.2	1,943,062	7,610	60.0	85,185	0.1	10.3	3.2
Kitsap, WA	53035	348,587	11.7	62.4	25.8	304,111	7,474	59.5	13,475	4.6	14.7	4.4
Kittitas, WA	53037	50,175	8.8	67.2	24.0	36,912	7,703	60.2	2,752	0.0	7.9	2.9
Klickitat, WA	53039	32,901	10.5	71.4	18.1	29,383	8,732	60.9	1,038	0.0	13.8	3.9
Lewis, WA	53041	104,786	10.4	68.8	20.8	93,613	7,507	60.8	4,210	0.1	11.0	7.7
Lincoln, WA	53043	24,069	6.5	71.7	21.8	22,471	10,762	56.5	549	0.0	8.7	1.8
Mason, WA	53045	74,641	9.8	65.2	25.1	64,122	7,757	58.3	2,739	0.0	14.2	9.3
Okanogan, WA	53047	69,314	18.3	63.8	17.9	63,793	8,489	60.0	2,277	0.0	9.2	6.0
Pacific, WA	53049	34,771	9.7	63.6	26.7	29,933	9,449	60.6	1,017	0.7	8.8	4.2
Pend Oreille, WA	53051	16,996	15.5	67.9	16.6	16,203	8,796	57.5	715	0.0	11.3	9.2
Pierce, WA	53053	1,182,996	9.2	60.4	30.4	974,993	7,560	58.8	40,956	3.4	13.8	5.2
San Juan, WA	53055	18,869	6.0	55.0	39.0	15,150	8,584	58.5	567	0.0	13.1	4.8
Skagit, WA	53057	181,920	11.7	60.3	28.0	152,561	7,960	61.6	6,523	0.2	12.1	7.3
Skamania, WA	53059	12,181	49.2	43.2	7.6	11,134	8,858	59.3	614	0.0	12.1	5.7
Snohomish, WA	53061	936,706	6.1	60.9	33.0	782,877	7,286	60.7	33,396	1.2	11.8	3.9
Spokane, WA	53063	619,463	8.7	64.1	27.2	545,845	7,512	60.0	26,628	0.7	12.1	3.1
Stevens, WA	53065	56,821	17.5	69.8	12.7	52,267	8,321	59.8	2,621	0.0	12.1	5.3
Thurston, WA	53067	335,482	5.9	63.5	30.6	280,914	7,254	60.3	12,447	0.0	11.4	2.8
Wahkiakum, WA	53069	4,561	8.4	66.9	24.7	3,784	7,553	54.3	202	0.0	6.4	3.5
Walla Walla, WA	53071	79,439	11.8	62.9	25.3	71,914	8,129	61.9	4,044	0.0	3.7	3.3
Whatcom, WA	53073	223,763	8.5	61.3	30.2	199,077	7,504	61.1	11,267	0.1	9.6	2.7
Whitman, WA	53075	50,621	5.7	67.6	26.7	43,553	9,320	57.3	4,413	0.0	2.9	0.8
Yakima, WA	53077	404,792	18.0	67.9	14.1	375,872	7,701	61.4	14,451	0.0	11.8	8.7
WEST VIRGINIA	54000	2,701,056	12.2	59.5	28.3	2,516,490	9,005	60.6	99,445	0.1	11.8	6.4
Barbour, WV	54001	23,058	14.1	69.8	16.1	21,381	8,227	61.4	931	0.0	11.4	9.8
Berkeley, WV	54003	147,996	8.9	60.8	30.3	128,976	8,608	58.0	4,037	0.0	19.3	8.1
Boone, WV	54005	45,575	9.4	50.0	40.6	45,423	9,935	56.8	1,266	0.0	13.1	2.6
Braxton, WV	54007	22,310	18.5	69.5	11.9	21,838	8,888	60.8	683	0.0	12.7	13.5
Brooke, WV	54009	34,917	10.2	58.7	31.1	33,154	9,113	60.9	1,370	0.2	9.6	5.5
Cabell, WV	54011	124,351	9.5	55.1	35.4	112,760	9,206	59.1	6,110	0.2	9.5	4.9
Calhoun, WV	54013	11,740	19.5	69.1	11.4	11,475	9,667	59.6	445	0.0	12.1	11.2
Clay, WV	54015	20,349	20.7	66.7	12.6	19,607	9,288	61.0	631	0.0	14.4	10.3
Doddridge, WV	54017	13,985	13.3	55.0	31.7	12,343	9,613	56.0	519	0.0	15.4	3.3
Fayette, WV	54019	63,330	12.9	64.6	22.5	62,212	8,991	62.8	2,559	0.1	15.4	7.2
Gilmer, WV	54021	9,488	17.9	57.4	24.7	9,273	9,190	58.1	667	0.0	5.5	7.0
Grant, WV	54023	17,133	11.4	61.3	27.3	16,547	8,294	60.9	427	0.0	15.9	4.0
Greenbrier, WV	54025	53,753	15.4	60.9	23.7	47,410	8,950	64.9	1,691	0.0	13.2	5.2
Hampshire, WV	54027	32,336	14.7	62.3	23.0	29,886	8,260	59.7	1,039	0.0	11.1	6.4
Hancock, WV	54029	36,642	9.6	57.5	32.9	38,343	8,925	61.4	1,548	0.0	11.0	7.4
Hardy, WV	54031	19,786	14.1	67.0	18.9	18,662	8,009	60.1	574	0.0	13.9	4.4
Harrison, WV	54033	113,190	12.8	56.7	30.5	100,645	8,863	60.9	3,828	0.0	11.5	6.1
Jackson, WV	54035	46,970	10.4	61.2	28.4	45,910	9,142	58.4	1,353	0.0	8.2	5.6
Jefferson, WV	54037	69,072	6.5	53.5	40.1	63,970	8,338	62.3	2,565	0.4	12.9	4.0
Kanawha, WV	54039	282,474	11.8	51.8	36.3	256,420	9,165	61.7	9,522	0.1	12.3	8.5
Lewis, WV	54041	25,068	12.2	62.4	25.3	24,521	8,792	57.3	843	1.8	10.6	2.0
Lincoln, WV	54043	48,417	11.2	78.1	10.6	34,428	9,147	60.8	1,319	0.0	13.4	11.2
Logan, WV	54045	57,122	14.3	62.4	23.3	53,384	8,824	60.6	2,087	0.0	12.2	9.8
McDowell, WV	54047	42,950	20.1	61.9	18.0	41,004	9,972	61.8	1,595	0.0	15.0	19.7
Marion, WV	54049	82,723	13.9	58.7	27.4	77,364	9,454	61.1	3,165	0.0	11.4	3.8
Marshall, WV	54051	53,853	8.7	54.2	37.1	48,916	9,333	60.9	1,707	0.0	10.3	4.7
Mason, WV	54053	41,662	12.6	56.9	30.6	38,617	9,175	61.8	1,373	0.0	13.6	6.3
Mercer, WV	54055	85,447	15.9	64.7	19.5	81,183	8,696	60.8	3,199	0.1	11.5	6.5
Mineral, WV	54057	41,144	9.9	67.7	22.4	40,954	8,936	57.2	1,576	0.0	11.7	3.4

Table C-1. Population, School, and Student Characteristics by County—Continued

STATE County	State/ county code	High school graduates, 2000 Population 25 years and over	High school diploma or less (percent)	High school diploma or more (percent)	College enrollment, 2000 Number	Percent public	College graduates, 2000 (percent) Bachelor's degree or more	+/- U.S. percent with bachelor's degree or more	Non- Hispanic White	Black	American Indian, Alaska Native	Asian and Pacific Islander	Hispanic or Latino[3]
		30	31	32	33	34	35	36	37	38	39	40	41
WASHINGTON	53000	3,827,507	37.8	87.1	358,414	81.7	27.7	3.3	28.9	19.4	12.4	35.5	11.1
Adams, WA	53001	9,242	62.9	63.3	466	93.6	12.2	-12.2	17.3	0.0	8.6	27.9	3.0
Asotin, WA	53003	13,619	46.9	85.8	853	95.2	18.0	-6.4	17.9	62.5	29.2	57.1	11.6
Benton, WA	53005	88,217	38.9	85.1	5,789	89.3	26.3	1.9	27.6	23.7	10.3	50.1	6.9
Chelan, WA	53007	42,425	46.7	79.1	2,623	87.7	21.9	-2.5	24.9	24.6	6.8	19.0	3.7
Clallam, WA	53009	45,711	42.3	85.5	2,425	89.6	20.8	-3.6	21.5	7.7	11.3	24.1	5.3
Clark, WA	53011	217,293	39.2	87.8	15,495	85.7	22.1	-2.3	22.4	22.5	11.1	29.9	10.1
Columbia, WA	53013	2,827	47.8	82.7	96	93.8	17.5	-6.9	18.3	0.0	28.6	35.7	3.8
Cowlitz, WA	53015	60,355	49.6	83.2	3,602	89.8	13.3	-11.1	13.6	17.7	4.7	12.2	8.8
Douglas, WA	53017	20,435	51.0	78.4	1,088	88.9	16.2	-8.2	18.3	19.3	11.4	16.2	3.5
Ferry, WA	53019	4,748	51.7	82.7	230	91.3	13.5	-10.9	15.4	0.0	4.7	7.7	26.8
Franklin, WA	53021	26,779	60.3	63.5	1,654	90.5	13.6	-10.8	19.4	12.2	5.3	23.1	2.9
Garfield, WA	53023	1,655	45.1	84.4	54	90.7	17.0	-7.4	17.1	...	0.0	50.0	25.0
Grant, WA	53025	43,309	55.6	72.2	2,622	92.1	13.7	-10.7	16.9	9.5	14.1	28.2	2.5
Grays Harbor, WA	53027	44,588	53.2	81.1	2,347	93.1	12.7	-11.7	12.9	0.0	9.4	24.0	7.0
Island, WA	53029	47,112	32.2	92.1	3,165	86.6	27.0	2.6	28.0	24.2	15.2	21.1	13.2
Jefferson, WA	53031	19,551	35.6	91.6	678	78.5	28.4	4.0	29.5	12.3	9.9	24.9	4.9
King, WA	53033	1,188,740	28.9	90.3	125,584	79.4	40.0	15.6	42.5	21.1	18.2	40.9	20.4
Kitsap, WA	53035	148,704	34.7	90.8	11,528	83.9	25.3	0.9	26.4	17.7	15.9	24.0	14.1
Kittitas, WA	53037	19,303	43.8	87.2	6,679	97.5	26.2	1.8	26.6	23.5	21.8	39.0	12.7
Klickitat, WA	53039	12,806	52.6	81.7	441	78.0	16.4	-8.0	17.4	0.0	2.9	20.0	4.1
Lewis, WA	53041	44,857	52.4	80.5	2,619	86.6	12.9	-11.5	13.2	30.1	8.8	24.7	4.2
Lincoln, WA	53043	7,117	44.7	86.5	227	85.9	18.8	-5.6	19.0	11.1	15.9	31.3	16.4
Mason, WA	53045	33,936	48.7	83.7	1,522	85.7	15.6	-8.8	16.0	4.2	8.2	28.4	8.7
Okanogan, WA	53047	25,826	54.1	76.6	1,047	85.7	15.9	-8.5	17.9	0.0	11.2	25.0	3.9
Pacific, WA	53049	15,298	52.6	78.9	606	91.4	15.2	-9.2	15.7	0.0	13.3	8.1	10.4
Pend Oreille, WA	53051	7,995	52.4	81.0	365	81.6	12.3	-12.1	12.7	27.3	0.0	1.2	6.6
Pierce, WA	53053	442,665	42.9	86.9	37,999	73.0	20.6	-3.8	21.8	15.0	13.0	19.5	11.8
San Juan, WA	53055	10,691	24.3	94.4	348	87.1	40.2	15.8	41.3	...	0.0	8.2	7.4
Skagit, WA	53057	66,959	42.4	84.0	4,095	86.6	20.8	-3.6	22.2	20.7	3.7	33.2	3.7
Skamania, WA	53059	6,557	47.6	85.9	283	83.0	16.8	-7.6	17.4	20.0	3.1	51.6	3.6
Snohomish, WA	53061	388,997	36.7	89.2	29,961	83.3	24.4	0.0	24.3	21.1	10.9	36.6	14.6
Spokane, WA	53063	266,829	37.7	89.1	30,682	76.6	25.0	0.6	25.5	14.8	13.3	27.0	17.3
Stevens, WA	53065	25,984	50.1	85.4	955	84.7	15.3	-9.1	15.7	17.8	6.9	19.2	12.3
Thurston, WA	53067	135,686	34.3	89.5	13,181	81.4	29.8	5.4	30.8	28.7	16.4	24.9	18.9
Wahkiakum, WA	53069	2,715	48.0	84.2	127	87.4	14.8	-9.6	14.7	...	23.6	100.0	0.0
Walla Walla, WA	53071	34,372	43.0	81.1	5,541	41.6	23.3	-1.1	25.9	19.1	7.7	30.2	4.8
Whatcom, WA	53073	102,787	40.1	87.5	19,135	93.9	27.2	2.8	28.3	26.7	7.1	31.0	12.5
Whitman, WA	53075	20,070	26.4	92.8	15,058	98.2	44.0	19.6	41.5	58.3	10.8	73.0	66.7
Yakima, WA	53077	130,747	58.7	68.7	7,244	82.2	15.3	-9.1	19.8	16.6	11.7	27.2	3.9
WEST VIRGINIA	54000	1,233,581	64.2	75.2	92,329	84.6	14.8	-9.6	14.6	11.5	12.8	62.1	19.7
Barbour, WV	54001	10,510	73.4	72.7	827	39.5	11.8	-12.6	11.7	39.3	7.5	20.0	0.0
Berkeley, WV	54003	50,092	62.8	77.6	2,424	81.8	15.1	-9.3	15.2	11.3	4.2	42.3	10.6
Boone, WV	54005	17,282	77.0	64.0	808	87.0	7.2	-17.2	7.0	14.6	20.0	100.0	11.0
Braxton, WV	54007	10,273	75.0	67.3	320	83.8	9.2	-15.2	9.2	0.0	33.3	100.0	0.0
Brooke, WV	54009	17,855	63.9	79.7	1,611	52.2	13.4	-11.0	13.5	13.4	100.0	0.0	21.9
Cabell, WV	54011	64,444	54.0	80.0	9,752	95.4	20.9	-3.5	21.1	10.6	20.3	48.9	16.4
Calhoun, WV	54013	5,283	77.4	62.4	204	77.0	9.3	-15.1	8.9	...	0.0	100.0	41.7
Clay, WVv	54015	6,766	80.8	63.7	258	86.0	7.3	-17.1	7.4	0.0	0.0	0.0	0.0
Doddridge, WV	54017	4,897	71.9	69.4	155	82.6	10.2	-14.2	10.3	...	0.0	50.0	0.0
Fayette, WV	54019	32,721	71.2	68.6	2,079	82.6	10.7	-13.7	10.8	4.9	8.7	69.2	20.9
Gilmer, WV	54021	4,515	66.9	70.0	953	98.1	17.1	-7.3	17.1	0.0	50.0	9.5	0.0
Grant, WV	54023	7,859	72.3	70.8	323	82.0	11.4	-13.0	11.4	0.0	0.0	...	23.5
Greenbrier, WV	54025	24,373	67.8	73.4	1,108	85.4	13.6	-10.8	13.9	4.6	10.1	62.5	7.5
Hampshire, WV	54027	13,690	72.9	71.3	474	87.8	11.3	-13.1	11.3	5.8	50.0	42.5	0.0
Hancock, WV	54029	23,502	64.7	82.9	927	85.9	11.5	-12.9	11.6	9.8	0.0	12.2	27.5
Hardy, WV	54031	8,759	74.3	70.3	345	91.6	9.4	-15.0	9.7	3.3	28.6	0.0	0.0
Harrison, WV	54033	46,870	62.0	78.4	2,738	75.2	16.3	-8.1	16.2	9.5	11.9	52.8	18.4
Jackson, WV	54035	19,074	62.3	77.4	867	89.3	12.4	-12.0	12.1	100.0	20.6	72.7	14.7
Jefferson, WV	54037	27,920	55.6	79.0	2,359	90.8	21.6	-2.8	22.3	9.5	20.5	35.0	9.5
Kanawha, WV	54039	140,588	56.2	80.0	8,345	81.5	20.6	-3.8	20.4	15.5	24.0	70.3	21.9
Lewis, WV	54041	11,872	70.4	73.7	459	87.8	11.2	-13.2	10.9	100.0	0.0	74.2	71.8
Lincoln, WV	54043	14,864	79.5	62.7	541	90.4	5.9	-18.5	5.9	...	0.0	16.7	2.9
Logan, WV	54045	25,824	71.7	63.1	1,181	85.7	8.8	-15.6	8.2	16.2	0.0	81.3	32.6
McDowell, WV	54047	18,802	83.1	50.0	473	92.6	5.6	-18.8	5.1	9.5	0.0	44.0	2.8
Marion, WV	54049	38,957	60.1	79.5	3,891	91.7	16.0	-8.4	16.1	9.6	0.0	55.6	25.5
Marshall, WV	54051	24,707	66.8	79.7	1,228	85.6	10.7	-13.7	10.5	11.1	26.5	70.2	11.7
Mason, WV	54053	17,947	73.8	72.4	752	87.6	8.8	-15.6	8.5	7.5	57.9	80.8	0.0
Mercer, WV	54055	43,673	64.5	72.1	3,223	88.5	13.8	-10.6	13.5	13.4	28.1	72.6	8.5
Mineral, WV	54057	18,443	66.1	80.3	1,189	93.3	11.7	-12.7	11.8	5.9	...	34.3	4.8

[3] May be of any race.
... = Note available.

Table C-1. Population, School, and Student Characteristics by County—Continued

STATE County	State/ county code	County type[1]	Population, 2007 Total	Population, 2007 Percent 5 to 17 years	School districts	Schools	Students	Total enrollment Number	Total enrollment Percent public	K–12 enrollment Number	K–12 enrollment Percent public
			1	2	3	4	5	6	7	8	9
Mingo, WV	54059	6	26,755	16.3	1	15	4,599	6,305	96.1	5,274	97.1
Monongalia, WV	54061	3	87,516	12.6	1	27	10,024	30,286	93.7	10,864	91.6
Monroe, WV	54063	8	13,537	15.6	1	5	2,012	2,971	96.0	2,379	98.2
Morgan, WV	54065	3	16,351	16.8	1	8	2,616	2,831	92.8	2,480	94.8
Nicholas, WV	54067	6	26,160	15.0	1	16	4,150	5,967	95.1	4,887	96.7
Ohio, WV	54069	3	44,398	14.9	1	13	5,323	12,425	74.9	7,815	79.2
Pendleton, WV	54071	8	7,650	14.7	1	4	1,177	1,718	92.4	1,384	94.0
Pleasants, WV	54073	3	7,183	16.4	1	5	1,379	1,690	94.4	1,379	96.7
Pocahontas, WV	54075	9	8,571	14.5	1	5	1,315	1,801	91.3	1,457	94.5
Preston, WV	54077	3	30,254	15.7	1	12	4,685	6,362	95.7	5,368	97.5
Putnam, WV	54079	2	55,001	17.0	1	22	8,993	12,580	88.3	9,541	92.6
Raleigh, WV	54081	4	79,170	14.9	1	31	11,703	17,797	86.6	13,215	95.2
Randolph, WV	54083	7	28,292	15.5	1	16	4,415	6,028	86.9	4,723	97.1
Ritchie, WV	54085	8	10,371	15.4	1	6	1,607	2,222	95.5	1,804	97.3
Roane, WV	54087	6	15,295	15.1	1	6	2,586	3,248	96.9	2,820	98.4
Summers, WV	54089	7	13,202	12.3	1	5	1,607	2,513	91.4	2,026	94.9
Taylor, WV	54091	6	16,117	15.3	1	8	2,507	3,632	92.7	2,944	96.2
Tucker, WV	54093	9	6,868	14.9	1	3	1,206	1,449	93.3	1,212	96.5
Tyler, WV	54095	6	8,952	15.4	1	4	1,590	2,073	95.7	1,721	98.8
Upshur, WV	54097	7	23,508	15.4	1	11	3,735	6,164	73.7	4,079	97.0
Wayne, WV	54099	2	41,231	16.5	1	21	7,581	9,488	95.2	7,637	97.2
Webster, WV	54101	9	9,435	15.4	1	6	1,637	2,084	97.2	1,752	97.6
Wetzel, WV	54103	6	16,432	16.0	1	9	3,086	3,967	97.2	3,238	99.0
Wirt, WV	54105	3	5,809	15.9	1	3	1,020	1,473	97.6	1,249	98.5
Wood, WV	54107	3	86,088	16.1	1	29	13,577	19,616	89.8	14,998	94.5
Wyoming, WV	54109	7	23,674	15.0	1	14	4,217	5,232	96.7	4,385	98.4
WISCONSIN	55000	X	5,601,640	17.2	460	2,246	875,174	1,463,038	82.7	1,049,456	85.8
Adams, WI	55001	8	20,675	13.6	1	8	1,971	3,616	93.8	3,073	94.4
Ashland, WI	55003	7	16,296	17.0	5	12	2,940	4,768	78.3	3,243	91.6
Barron, WI	55005	6	45,606	15.9	8	31	7,760	10,864	91.6	8,961	93.6
Bayfield, WI	55007	8	15,039	15.8	4	13	1,849	3,665	89.9	2,996	92.6
Brown, WI	55009	2	243,132	17.8	10	73	40,546	61,176	79.7	43,878	82.9
Buffalo, WI	55011	8	13,812	16.6	4	11	2,344	3,261	90.5	2,687	92.0
Burnett, WI	55013	8	16,321	15.0	3	10	2,252	3,169	91.7	2,733	93.5
Calumet, WI	55015	3	44,323	18.8	6	15	4,089	11,173	82.3	8,975	85.1
Chippewa, WI	55017	3	60,402	16.6	8	24	8,944	14,029	83.5	11,414	84.3
Clark, WI	55019	8	33,490	19.5	8	23	5,476	8,564	81.3	7,381	81.4
Columbia, WI	55021	2	55,280	16.7	10	35	9,464	12,494	88.9	10,054	91.6
Crawford, WI	55023	7	16,998	17.0	4	11	2,377	4,180	86.4	3,496	86.8
Dane, WI	55025	2	476,785	15.6	19	178	66,299	132,595	88.9	71,417	91.2
Dodge, WI	55027	4	87,786	16.0	9	27	8,176	21,011	79.5	16,963	82.2
Door, WI	55029	6	27,811	14.2	5	17	3,912	5,892	88.8	4,918	90.8
Douglas, WI	55031	2	43,721	16.2	3	13	6,533	11,211	89.5	7,878	89.5
Dunn, WI	55033	6	42,329	15.1	4	16	5,869	14,115	92.7	7,115	91.2
Eau Claire, WI	55035	3	97,406	15.7	4	31	13,744	30,324	88.7	16,477	86.3
Florence, WI	55037	9	4,768	15.1	1	3	593	1,077	96.4	935	97.3
Fond du Lac, WI	55039	3	99,124	16.6	7	40	15,854	25,296	78.1	19,140	84.1
Forest, WI	55041	9	9,807	16.3	3	8	1,855	2,407	94.7	2,045	95.5
Grant, WI	55043	6	48,792	14.9	11	28	7,475	15,315	90.4	9,319	89.3
Green, WI	55045	6	35,727	17.6	6	21	5,927	8,301	92.6	6,905	95.6
Green Lake, WI	55047	6	18,735	15.8	4	11	3,288	4,182	84.8	3,554	85.6
Iowa, WI	55049	2	23,561	17.6	5	13	3,708	5,763	90.9	4,809	92.8
Iron, WI	55051	9	6,307	13.0	2	4	868	1,365	96.9	1,104	99.0
Jackson, WI	55053	6	19,856	15.7	3	11	3,209	4,439	93.7	3,728	95.0
Jefferson, WI	55055	4	80,213	16.4	7	32	11,919	18,482	79.5	13,994	82.4
Juneau, WI	55057	7	26,548	16.0	5	17	4,100	5,654	87.0	4,840	88.0
Kenosha, WI	55059	1	162,921	19.3	13	54	29,353	42,684	82.6	30,494	89.1
Kewaunee, WI	55061	2	20,533	16.3	3	10	3,644	4,977	83.3	4,139	84.2
La Crosse, WI	55063	3	111,411	15.9	6	37	15,707	33,296	85.1	19,081	85.1
Lafayette, WI	55065	8	15,819	17.4	7	18	3,120	4,218	93.6	3,525	95.3
Langlade, WI	55067	6	20,302	15.9	3	14	3,337	4,619	87.2	3,948	88.2
Lincoln, WI	55069	6	29,659	17.1	3	13	4,727	7,154	88.3	5,830	89.6
Manitowoc, WI	55071	4	80,928	16.6	6	29	11,754	20,954	77.8	16,665	80.5
Marathon, WI	55073	2	129,958	17.8	9	46	19,606	32,716	85.7	25,711	87.4
Marinette, WI	55075	3	42,571	15.2	8	22	6,716	10,876	83.4	8,300	91.0
Marquette, WI	55077	8	14,982	15.0	2	8	2,061	3,437	87.1	2,782	88.4
Menominee, WI	55078		4,616	24.0	1	3	919	1,645	95.3	1,335	96.0
Milwaukee, WI	55079	1	951,252	18.6	32	349	147,773	268,828	76.5	190,432	82.1
Monroe, WI	55081	6	43,112	18.5	4	25	6,884	10,296	84.8	8,652	85.5
Oconto, WI	55083	2	37,466	16.5	6	18	4,889	8,738	90.8	7,363	93.0

[1] County type codes are from the Economic Research Service of the United States Department of Agriculture. See notes and definitions for more information.

Table C-1. Population, School, and Student Characteristics by County—*Continued*

STATE County	State/ county code	Characteristics of students, 2005–2006 (percent)				Number of graduates, 2004–2005	Staff and students, 2005–2006			
		Students with IEP[2]	Students eligible for free or reduced-price lunch	Minority students	English language learners		Total staff	Number of teachers	Student/ teacher ratio	Central administration staff
		10	11	12	13	14	15	16	17	18
Mingo, WV	54059	18.4	55.7	2.9	0.0	271	642	320	14.4	34
Monongalia, WV	54061	15.3	39.3	9.8	4.3	655	1,381	695	14.4	71
Monroe, WV	54063	21.3	52.9	1.6	0.0	130	292	149	13.5	18
Morgan, WV	54065	16.1	42.0	2.6	0.3	163	331	174	15.0	21
Nicholas, WV	54067	19.0	58.6	1.0	0.2	300	614	320	13.0	47
Ohio, WV	54069	18.1	44.4	10.0	0.6	386	732	366	14.5	56
Pendleton, WV	54071	18.6	48.0	4.2	0.0	87	175	90	13.1	11
Pleasants, WV	54073	21.4	43.3	2.0	0.0	73	216	114	12.1	9
Pocahontas, WV	54075	15.5	55.4	0.2	0.0	78	202	97	13.6	11
Preston, WV	54077	19.3	51.6	1.1	0.1	311	594	315	14.9	30
Putnam, WV	54079	18.1	36.5	3.0	0.5	561	1,142	620	14.5	63
Raleigh, WV	54081	14.8	54.2	12.0	0.2	767	1,586	804	14.6	106
Randolph, WV	54083	16.8	55.0	1.4	0.0	258	579	323	13.7	36
Ritchie, WV	54085	20.8	54.3	2.2	0.0	112	218	110	14.6	11
Roane, WV	54087	19.3	58.0	1.2	0.1	153	347	189	13.7	19
Summers, WV	54089	21.4	62.7	4.9	0.0	100	227	114	14.1	8
Taylor, WV	54091	16.5	54.5	1.9	0.1	126	317	159	15.8	21
Tucker, WV	54093	15.5	55.2	1.7	0.0	70	163	84	14.4	11
Tyler, WV	54095	21.8	58.9	0.9	0.1	95	224	124	12.8	13
Upshur, WV	54097	20.3	53.5	1.7	0.0	240	516	281	13.3	28
Wayne, WV	54099	19.4	55.9	1.0	0.0	448	1,011	522	14.5	46
Webster, WV	54101	16.9	67.7	0.7	0.0	103	231	123	13.3	12
Wetzel, WV	54103	21.8	52.4	1.3	0.1	247	418	230	13.4	22
Wirt, WV	54105	15.2	51.1	0.5	0.0	61	133	75	13.6	6
Wood, WV	54107	15.5	40.1	3.0	0.4	883	1,748	926	14.7	105
Wyoming, WV	54109	19.6	61.1	1.7	0.0	244	598	329	12.8	28
WISCONSIN	55000	14.8	29.3	22.2	3.4	63,229	105,563	60,127	14.6	3,365
Adams, WI	55001	21.1	59.0	6.8	0.0	168	305	158	12.5	9
Ashland, WI	55003	15.0	49.5	18.8	0.0	248	410	231	12.7	25
Barron, WI	55005	15.6	32.4	6.0	0.8	655	982	561	13.8	35
Bayfield, WI	55007	14.6	43.2	23.9	0.0	161	264	150	12.3	15
Brown, WI	55009	16.3	28.6	21.3	6.4	2,769	4,908	2,867	14.1	147
Buffalo, WI	55011	14.6	23.4	2.3	0.0	182	331	179	13.1	17
Burnett, WI	55013	17.5	47.5	14.2	0.0	155	275	163	13.8	13
Calumet, WI	55015	15.8	20.4	10.1	0.0	387	559	307	13.3	13
Chippewa, WI	55017	14.9	30.0	3.8	0.0	616	1,116	611	14.6	41
Clark, WI	55019	14.3	36.0	6.2	0.0	457	692	413	13.3	30
Columbia, WI	55021	14.5	19.7	6.9	0.0	748	1,316	712	13.3	47
Crawford, WI	55023	17.9	37.4	4.5	0.0	212	329	192	12.4	19
Dane, WI	55025	16.5	22.0	23.8	6.2	4,815	9,370	5,201	12.7	274
Dodge, WI	55027	17.1	22.2	7.4	1.7	708	1,029	581	14.1	41
Door, WI	55029	14.2	22.9	5.9	0.0	376	549	313	12.5	27
Douglas, WI	55031	13.7	37.9	8.5	0.0	474	837	451	14.5	25
Dunn, WI	55033	14.5	30.6	9.4	4.3	497	728	407	14.4	18
Eau Claire, WI	55035	13.6	29.0	12.7	3.2	1,054	1,619	947	14.5	50
Florence, WI	55037	12.8	37.6	3.5	0.0	53	79	41	14.5	4
Fond du Lac, WI	55039	14.9	23.1	8.8	1.2	1,116	1,650	1,042	15.2	59
Forest, WI	55041	16.9	43.0	24.7	0.0	133	261	132	14.1	12
Grant, WI	55043	16.9	30.7	3.1	0.0	687	1,004	582	12.8	41
Green, WI	55045	15.2	16.5	4.6	0.0	433	782	446	13.3	31
Green Lake, WI	55047	14.7	23.9	7.9	0.0	276	442	243	13.5	15
Iowa, WI	55049	14.6	19.6	2.2	0.0	308	498	290	12.8	19
Iron, WI	55051	16.1	43.8	2.8	0.0	77	107	64	13.6	6
Jackson, WI	55053	14.8	35.2	15.7	0.0	241	457	244	13.2	14
Jefferson, WI	55055	16.2	22.6	11.0	0.7	977	1,531	822	14.5	53
Juneau, WI	55057	15.1	40.7	5.2	0.0	274	557	327	12.5	18
Kenosha, WI	55059	13.6	32.2	27.0	4.1	1,927	3,295	1,932	15.2	80
Kewaunee, WI	55061	14.1	13.9	4.3	0.0	307	436	251	14.5	14
La Crosse, WI	55063	12.9	27.9	14.5	5.2	1,168	2,034	1,158	13.6	71
Lafayette, WI	55065	14.9	23.0	3.2	0.0	266	433	264	11.8	16
Langlade, WI	55067	18.2	42.7	4.6	0.0	328	469	259	12.9	19
Lincoln, WI	55069	13.2	24.9	5.6	0.0	420	579	320	14.8	21
Manitowoc, WI	55071	14.7	22.5	11.6	3.9	963	1,464	825	14.2	51
Marathon, WI	55073	12.8	26.1	16.9	11.2	1,603	2,368	1,349	14.5	68
Marinette, WI	55075	15.9	37.1	2.8	0.0	539	817	472	14.2	35
Marquette, WI	55077	15.9	36.1	6.3	0.0	175	288	155	13.3	10
Menominee, WI	55078	30.6	80.2	99.7	0.0	55	180	97	9.5	8
Milwaukee, WI	55079	15.7	51.7	62.6	4.6	7,958	16,660	9,072	16.3	432
Monroe, WI	55081	13.7	35.2	7.7	0.6	514	893	516	13.3	27
Oconto, WI	55083	16.9	26.2	4.1	0.0	403	654	383	12.8	26

[2] IEP = Individual Education Program. See notes and definitions for more information.

Table C-1. Population, School, and Student Characteristics by County—Continued

STATE County	State/county code	Total revenue (thousands of dollars)	Revenues, 2004–2005 % Federal government	% State government	% Local government	Total expenditures (thousands of dollars)	Amount per student	Percent for instruction	Total population 16 to 19 years	Percent in Armed Forces	Percent high school graduates	Percent not enrolled, not employed, not in Armed Forces, not high school grad.
		19	20	21	22	23	24	25	26	27	28	29
Mingo, WV	54059	46,984	14.5	58.3	27.2	45,080	9,620	60.1	1,663	0.0	13.1	13.2
Monongalia, WV	54061	101,836	12.1	49.2	38.7	89,176	8,953	60.4	7,414	0.1	6.6	2.7
Monroe, WV	54063	17,664	13.4	72.5	14.1	17,597	8,509	60.7	633	0.0	14.1	7.6
Morgan, WV	54065	21,995	9.1	59.0	31.9	20,615	8,009	57.1	568	0.0	10.7	5.5
Nicholas, WV	54067	42,059	17.5	62.2	20.2	39,797	9,419	60.3	1,397	0.0	13.3	7.9
Ohio, WV	54069	56,244	8.9	55.6	35.5	50,819	9,483	57.0	2,803	0.0	6.0	4.5
Pendleton, WV	54071	11,654	9.6	76.1	14.3	11,286	9,397	58.6	338	2.1	18.3	2.7
Pleasants, WV	54073	16,047	8.5	44.1	47.4	15,704	11,547	55.6	373	0.0	9.7	4.3
Pocahontas, WV	54075	14,921	17.8	56.8	25.4	13,175	9,738	58.6	368	0.0	13.0	2.7
Preston, WV	54077	39,048	14.5	69.1	16.5	38,739	8,239	65.5	1,729	0.0	15.4	4.4
Putnam, WV	54079	80,667	7.8	56.4	35.8	75,158	8,416	61.9	2,514	0.1	10.5	1.7
Raleigh, WV	54081	121,843	13.2	56.8	29.9	109,819	9,399	56.8	4,028	0.5	16.1	5.3
Randolph, WV	54083	37,567	14.7	72.3	13.0	37,331	8,436	65.7	1,367	0.0	13.7	8.6
Ritchie, WV	54085	15,227	16.2	65.4	18.4	14,851	9,514	61.6	601	0.0	15.3	5.7
Roane, WV	54087	22,210	19.0	69.3	11.6	21,386	8,286	60.1	906	1.2	13.2	7.4
Summers, WV	54089	15,705	21.8	64.6	13.6	14,628	9,052	57.5	715	0.0	9.7	16.2
Taylor, WV	54091	22,216	12.5	64.8	22.7	20,614	8,529	57.8	794	0.0	8.9	6.8
Tucker, WV	54093	11,266	20.5	59.9	19.6	11,414	9,536	59.2	393	0.0	14.0	7.6
Tyler, WV	54095	16,001	7.7	65.3	27.0	15,099	9,673	59.8	478	0.0	10.0	4.0
Upshur, WV	54097	36,693	13.0	63.7	23.3	33,895	9,003	62.3	1,641	0.2	7.1	4.5
Wayne, WV	54099	61,056	11.9	65.8	22.3	63,523	8,386	62.9	2,342	0.0	14.1	9.3
Webster, WV	54101	15,863	23.7	64.8	11.5	15,637	9,629	67.2	556	0.0	9.9	5.4
Wetzel, WV	54103	31,152	10.1	63.6	26.3	29,327	9,052	61.9	945	0.0	8.6	5.4
Wirt, WV	54105	8,939	12.8	73.4	13.8	9,194	9,040	63.3	373	0.0	6.7	4.6
Wood, WV	54107	126,737	8.6	60.1	31.3	124,958	9,090	61.1	4,561	0.1	12.1	6.6
Wyoming, WV	54109	42,621	13.5	62.4	24.2	41,062	9,800	63.3	1,316	0.0	11.7	9.3
WISCONSIN	55000	9,584,108	5.9	49.8	44.3	8,372,713	9,632	61.2	319,738	0.0	10.6	3.4
Adams, WI	55001	23,237	8.8	48.1	43.1	20,109	9,814	61.9	805	0.0	16.8	2.6
Ashland, WI	55003	34,367	8.9	60.3	30.8	29,146	9,712	59.6	1,212	0.0	12.0	3.9
Barron, WI	55005	86,402	4.4	53.6	42.0	72,281	9,093	59.8	2,697	0.0	10.8	3.3
Bayfield, WI	55007	25,054	13.8	28.4	57.7	20,599	10,745	59.4	824	0.0	8.6	0.8
Brown, WI	55009	424,169	5.1	54.4	40.5	373,058	9,289	61.9	13,524	0.1	10.3	4.4
Buffalo, WI	55011	26,215	4.9	58.5	36.6	22,051	9,250	60.4	755	0.0	12.7	0.3
Burnett, WI	55013	26,041	6.0	36.5	57.5	21,033	9,249	60.7	812	0.0	13.3	3.9
Calumet, WI	55015	50,908	2.0	47.6	50.4	34,063	8,429	56.2	2,233	0.0	11.2	1.4
Chippewa, WI	55017	96,547	5.1	53.4	41.5	78,270	9,022	59.1	3,310	0.1	13.5	2.4
Clark, WI	55019	61,879	6.0	60.9	33.1	50,755	9,132	59.6	2,251	0.1	10.8	6.8
Columbia, WI	55021	101,673	3.6	52.0	44.4	86,110	9,169	61.6	2,849	0.0	13.2	2.9
Crawford, WI	55023	27,992	6.1	61.2	32.8	22,926	9,327	64.2	1,216	0.0	18.8	5.8
Dane, WI	55025	767,728	4.5	36.5	59.0	682,209	10,396	60.7	27,257	0.0	8.2	2.4
Dodge, WI	55027	93,508	3.0	56.4	40.6	78,636	9,599	63.0	4,863	0.0	12.2	3.4
Door, WI	55029	45,545	4.7	24.0	71.3	41,021	10,294	62.4	1,455	0.0	8.0	2.1
Douglas, WI	55031	72,023	7.4	57.0	35.7	62,861	9,744	58.3	2,480	0.3	9.4	3.3
Dunn, WI	55033	64,492	5.6	57.5	37.0	56,332	9,474	59.6	3,635	0.1	8.8	1.5
Eau Claire, WI	55035	159,486	4.6	49.3	46.0	131,287	9,859	60.5	7,422	0.0	7.0	2.1
Florence, WI	55037	7,890	5.7	40.5	53.7	5,905	8,840	53.8	250	0.0	11.6	4.0
Fond du Lac, WI	55039	167,096	3.9	57.1	39.0	141,592	9,105	62.0	6,311	0.2	13.2	2.8
Forest, WI	55041	21,828	12.5	31.6	56.0	17,995	9,706	57.5	591	0.0	9.3	8.5
Grant, WI	55043	83,445	6.1	63.4	30.5	74,879	9,779	62.1	4,046	0.2	6.9	2.0
Green, WI	55045	64,812	4.7	58.3	37.1	56,774	9,927	61.9	1,822	0.0	10.8	3.0
Green Lake, WI	55047	37,861	3.3	41.9	54.9	30,333	9,256	61.6	1,146	0.3	13.4	2.6
Iowa, WI	55049	41,103	3.7	57.7	38.6	35,653	9,492	62.0	1,298	0.0	11.6	1.8
Iron, WI	55051	12,991	5.3	36.8	57.9	9,425	10,821	55.7	365	0.5	7.4	1.6
Jackson, WI	55053	33,697	7.1	62.7	30.2	29,523	9,146	61.0	1,038	0.0	12.6	6.8
Jefferson, WI	55055	131,598	4.4	50.6	45.0	116,132	9,733	59.8	3,996	0.1	13.8	2.8
Juneau, WI	55057	48,711	4.2	55.1	40.7	39,020	9,427	60.4	1,292	0.0	13.1	3.0
Kenosha, WI	55059	302,982	5.6	55.2	39.2	271,239	9,417	63.7	8,661	0.2	11.5	3.9
Kewaunee, WI	55061	36,953	4.2	57.1	38.7	32,244	8,888	58.8	1,142	0.0	11.5	0.6
La Crosse, WI	55063	178,014	5.9	52.8	41.3	155,329	10,013	60.9	7,770	0.0	10.3	1.0
Lafayette, WI	55065	36,018	4.5	64.0	31.5	30,573	9,623	62.2	1,063	0.4	6.3	0.8
Langlade, WI	55067	40,567	7.9	51.2	40.9	35,643	10,419	58.2	1,131	0.0	14.3	2.7
Lincoln, WI	55069	51,144	6.1	51.6	42.3	45,126	9,316	60.1	1,781	0.0	9.9	7.2
Manitowoc, WI	55071	120,398	4.7	58.3	37.0	106,767	9,087	61.4	4,655	0.0	10.4	3.0
Marathon, WI	55073	208,793	5.1	57.0	37.9	191,644	9,825	58.9	7,652	0.0	12.7	1.7
Marinette, WI	55075	73,782	4.9	49.4	45.8	63,894	9,272	59.9	2,788	0.0	9.3	2.4
Marquette, WI	55077	22,997	7.6	40.9	51.5	19,160	9,004	60.5	764	0.0	12.6	1.8
Menominee, WI	55078	16,431	37.0	47.8	15.2	13,938	14,923	54.2	347	0.0	16.4	11.0
Milwaukee, WI	55079	1,701,373	10.5	54.3	35.1	1,504,383	10,335	60.4	53,378	0.0	9.9	6.7
Monroe, WI	55081	71,278	7.3	63.8	28.9	61,125	8,884	60.1	2,333	0.1	12.9	4.5
Oconto, WI	55083	53,785	4.3	55.2	40.4	43,467	8,742	59.5	1,929	0.0	8.9	2.6

Table C-1. Population, School, and Student Characteristics by County—Continued

STATE County	State/ county code	High school graduates, 2000 Population 25 years and over	High school diploma or less (percent)	High school diploma or more (percent)	College enrollment, 2000 Number	Percent public	College graduates, 2000 (percent) Bachelor's degree or more	+/- U.S. percent with bachelor's degree or more	Non-Hispanic White	Black	American Indian, Alaska Native	Asian and Pacific Islander	Hispanic or Latino[3]
		30	31	32	33	34	35	36	37	38	39	40	41
Mingo, WV	54059	18,793	76.1	59.6	765	94.1	7.3	-17.1	6.9	12.1	0.0	71.8	4.8
Monongalia, WV	54061	47,943	46.9	83.6	18,429	97.0	32.4	8.0	31.4	23.5	12.6	80.8	36.1
Monroe, WV	54063	10,474	73.1	73.7	482	89.4	8.2	-16.2	8.8	1.1	30.0	25.0	0.0
Morgan, WV	54065	10,591	70.2	75.8	238	81.9	11.2	-13.2	11.2	2.7	23.7	0.0	5.8
Nicholas, WV	54067	18,149	73.6	70.0	797	88.3	9.8	-14.6	9.4	...	23.1	75.0	59.5
Ohio, WV	54069	32,263	53.1	83.0	3,900	71.3	23.1	-1.3	23.2	10.2	0.0	69.0	29.7
Pendleton, WV	54071	5,813	70.6	72.0	177	72.9	10.8	-13.6	10.9	0.7	0.0	100.0	0.0
Pleasants, WV	54073	5,121	69.6	79.4	215	80.0	9.7	-14.7	9.5	12.5	23.8	40.0	46.2
Pocahontas, WV	54075	6,556	71.7	70.9	234	76.9	11.8	-12.6	11.7	6.5	9.1	87.5	40.0
Preston, WV	54077	20,050	73.1	74.0	691	88.4	10.8	-13.6	10.6	19.2	...	68.4	35.4
Putnam, WV	54079	34,854	55.0	83.8	2,105	88.4	19.7	-4.7	19.2	56.3	0.0	48.9	38.0
Raleigh, WV	54081	55,201	64.3	72.0	3,688	59.7	12.7	-11.7	12.6	5.9	0.0	64.5	12.8
Randolph, WV	54083	19,498	69.4	73.5	998	44.9	13.6	-10.8	13.5	16.6	0.0	32.6	43.4
Ritchie, WV	54085	7,177	70.3	73.4	294	94.2	7.1	-17.3	7.1	31.3	31.8	0.0	4.0
Roane, WV	54087	10,442	74.9	66.8	278	81.7	9.0	-15.4	9.0	0.0	0.0	60.0	25.8
Summers, WV	54089	9,302	74.9	65.4	415	74.0	10.1	-14.3	10.2	3.8	0.0	0.0	0.0
Taylor, WV	54091	11,146	69.4	74.7	444	85.6	11.3	-13.1	11.2	15.2	6.5	31.3	11.3
Tucker, WV	54093	5,301	73.0	75.5	192	72.9	10.6	-13.8	10.3	...	0.0	0.0	0.0
Tyler, WV	54095	6,749	69.4	75.4	245	82.9	8.5	-15.9	8.4	100.0	0.0	71.4	0.0
Upshur, WV	54097	15,222	69.8	74.6	1,781	22.5	13.8	-10.6	13.7	0.0	0.0	40.0	33.0
Wayne, WV	54099	29,223	67.9	70.5	1,433	91.4	11.9	-12.5	11.7	37.5	3.6	43.8	35.6
Webster, WV	54101	6,701	78.2	58.2	152	88.8	8.7	-15.7	8.7	...	0.0	100.0	...
Wetzel, WV	54103	12,287	69.9	77.6	464	86.2	10.4	-14.0	10.3	0.0	19.2	100.0	0.0
Wirt, WV	54105	3,944	72.6	72.4	140	97.1	9.9	-14.5	9.9	...	0.0	0.0	0.0
Wood, WV	54107	60,697	56.9	81.4	3,348	80.0	15.2	-9.2	15.0	18.6	17.9	51.5	25.4
Wyoming, WV	54109	17,722	77.5	64.3	610	85.2	7.1	-17.3	7.1	18.9	0.0	0.0	0.0
WISCONSIN	55000	3,475,878	49.5	85.1	328,537	79.7	22.4	-2.0	23.1	10.5	10.4	42.5	11.4
Adams, WI	55001	13,730	65.2	76.7	371	88.7	10.0	-14.4	9.9	7.1	3.9	49.1	5.9
Ashland, WI	55003	10,668	56.4	84.1	1,192	45.8	16.5	-7.9	17.1	0.0	9.2	12.9	23.1
Barron, WI	55005	29,942	57.1	82.4	1,371	88.8	14.9	-9.5	14.9	0.0	1.2	50.0	11.9
Bayfield, WI	55007	10,526	47.2	86.9	453	81.5	21.6	-2.8	22.5	0.0	9.5	30.4	0.0
Brown, WI	55009	144,172	48.6	86.3	13,385	77.3	22.5	-1.9	23.3	7.7	11.1	21.3	7.3
Buffalo, WI	55011	9,384	59.7	84.1	374	85.3	14.0	-10.4	13.9	40.0	9.1	18.2	21.9
Burnett, WI	55013	11,273	59.9	82.8	248	82.3	14.0	-10.4	14.4	0.0	3.3	12.5	0.0
Calumet, WI	55015	26,068	53.2	87.3	1,476	79.3	20.8	-3.6	20.5	60.0	12.9	43.2	32.0
Chippewa, WI	55017	36,330	56.7	84.3	1,800	89.2	14.7	-9.7	14.6	10.0	9.8	29.1	29.1
Clark, WI	55019	20,991	67.3	75.4	711	86.9	10.3	-14.1	10.2	5.4	10.3	51.1	11.8
Columbia, WI	55021	35,529	53.5	86.2	1,668	83.8	16.7	-7.7	16.8	7.6	1.6	42.5	12.5
Crawford, WI	55023	11,301	61.2	81.3	432	85.2	13.2	-11.2	13.2	0.0	4.8	22.9	0.0
Dane, WI	55025	269,998	30.1	92.2	53,744	91.4	40.6	16.2	41.1	19.2	23.1	65.0	27.2
Dodge, WI	55027	57,453	61.2	82.3	2,735	75.2	13.2	-11.2	13.5	2.7	10.7	39.1	8.7
Door, WI	55029	20,062	50.8	87.8	636	83.0	21.4	-3.0	21.5	11.8	8.4	38.9	13.0
Douglas, WI	55031	28,653	50.3	85.9	2,719	93.4	18.3	-6.1	18.7	20.9	2.2	38.0	12.0
Dunn, WI	55033	22,644	50.2	86.6	6,457	96.5	21.1	-3.3	21.2	13.6	29.3	16.0	18.1
Eau Claire, WI	55035	55,290	42.2	88.9	12,337	96.6	27.0	2.6	27.1	29.9	8.6	26.5	25.7
Florence, WI	55037	3,641	60.6	83.7	83	89.2	12.4	-12.0	12.6	0.0	0.0	0.0	0.0
Fond du Lac, WI	55039	63,548	55.9	84.2	4,722	60.5	16.9	-7.5	17.0	8.0	10.5	38.8	8.3
Forest, WI	55041	6,694	64.2	78.5	222	88.3	10.0	-14.4	10.1	0.0	6.0	66.7	5.0
Grant, WI	55043	30,625	56.5	83.5	5,323	94.5	17.2	-7.2	17.1	5.2	6.6	63.3	21.0
Green, WI	55045	22,523	56.2	84.1	933	84.0	16.7	-7.7	16.7	18.9	16.9	57.1	6.9
Green Lake, WI	55047	13,229	60.0	81.9	402	82.8	14.5	-9.9	14.6	12.5	0.0	100.0	4.2
Iowa, WI	55049	15,100	53.3	88.5	642	88.0	18.5	-5.9	18.4	0.0	16.2	15.4	3.0
Iron, WI	55051	5,124	54.4	83.7	189	83.6	13.2	-11.2	13.1	0.0	0.0	16.7	0.0
Jackson, WI	55053	12,779	62.8	79.0	493	84.8	11.3	-13.1	11.8	3.9	7.3	8.9	6.4
Jefferson, WI	55055	49,057	53.8	84.7	3,174	75.2	17.4	-7.0	17.7	10.7	8.1	38.2	5.8
Juneau, WI	55057	16,457	64.5	78.5	554	85.2	10.0	-14.4	10.0	5.6	4.3	30.6	7.6
Kenosha, WI	55059	95,038	49.8	83.5	9,631	70.3	19.2	-5.2	19.7	11.3	16.2	51.1	9.5
Kewaunee, WI	55061	13,336	63.5	84.0	602	80.2	11.4	-13.0	11.4	...	0.0	24.1	3.7
La Crosse, WI	55063	65,263	42.2	89.7	12,713	88.0	25.4	1.0	25.6	15.3	11.4	27.6	16.8
Lafayette, WI	55065	10,528	61.1	85.5	479	88.5	13.3	-11.1	13.3	0.0	20.0	33.3	3.3
Langlade, WI	55067	14,372	64.4	80.9	446	83.2	11.7	-12.7	11.7	15.4	4.6	20.9	8.3
Lincoln, WI	55069	20,120	59.8	81.6	855	91.5	13.6	-10.8	13.6	0.0	0.0	12.9	7.0
Manitowoc, WI	55071	55,452	58.5	84.6	3,031	75.1	15.5	-8.9	15.6	12.0	2.5	21.5	6.7
Marathon, WI	55073	81,925	54.2	83.8	4,793	91.0	18.3	-6.1	18.5	39.1	5.7	11.2	10.5
Marinette, WI	55075	29,575	62.2	82.5	1,945	59.2	12.9	-11.5	12.9	0.0	3.8	32.8	4.5
Marquette, WI	55077	11,428	62.6	78.8	509	85.3	10.1	-14.3	10.4	6.3	9.4	23.8	5.3
Menominee, WI	55078	2,399	63.8	78.2	170	87.1	12.9	-11.5	27.8	60.0	8.8	7.9	0.0
Milwaukee, WI	55079	594,387	49.2	80.2	65,887	63.6	23.6	-0.8	28.3	9.9	11.2	39.9	9.6
Monroe, WI	55081	26,323	60.1	81.1	1,027	84.7	13.2	-11.2	13.2	15.6	10.5	39.6	3.5
Oconto, WI	55083	24,186	64.5	80.6	870	85.6	10.6	-13.8	10.6	0.0	10.4	4.3	12.8

[3] May be of any race.
... = Note available.

Table C-1. Population, School, and Student Characteristics by County—Continued

STATE County	State/ county code	County type[1]	Population, 2007 Total	Population, 2007 Percent 5 to 17 years	Number of schools and students, 2005–2006 School districts	Number of schools and students, 2005–2006 Schools	Number of schools and students, 2005–2006 Students	Resident enrollment, 2000 Total enrollment Number	Resident enrollment, 2000 Total enrollment Percent public	Resident enrollment, 2000 K–12 enrollment Number	Resident enrollment, 2000 K–12 enrollment Percent public
			1	2	3	4	5	6	7	8	9
Oneida, WI	55085	7	36,243	14.6	4	12	5,195	8,435	88.7	6,676	91.3
Outagamie, WI	55087	3	173,703	18.4	8	70	32,765	44,269	78.8	33,537	81.3
Ozaukee, WI	55089	1	85,602	17.6	5	25	13,425	23,199	71.1	16,931	80.0
Pepin, WI	55091	8	7,383	16.7	2	5	1,400	1,844	84.8	1,498	84.1
Pierce, WI	55093	1	39,577	15.9	6	24	7,279	12,261	89.4	7,033	92.1
Polk, WI	55095	6	44,265	17.2	8	26	8,086	10,202	94.0	8,586	96.3
Portage, WI	55097	4	68,272	15.6	4	26	9,342	21,761	91.3	12,280	90.0
Price, WI	55099	9	14,465	15.2	3	10	2,205	3,685	90.3	3,111	92.9
Racine, WI	55101	3	195,099	18.6	14	56	30,802	51,249	78.4	38,957	80.6
Richland, WI	55103	6	18,142	16.2	2	9	1,776	4,510	85.9	3,620	86.1
Rock, WI	55105	3	159,623	18.2	9	65	27,943	39,380	86.7	30,300	92.0
Rusk, WI	55107	6	14,655	16.5	4	14	2,424	3,751	86.5	3,078	93.4
St. Croix, WI	55109	1	81,131	18.5	6	24	12,557	17,324	86.8	13,251	91.0
Sauk, WI	55111	4	58,477	17.1	6	38	11,606	13,531	87.0	10,922	89.3
Sawyer, WI	55113	9	17,088	15.9	2	11	2,358	3,740	88.0	3,075	91.3
Shawano, WI	55115	6	41,072	16.9	5	18	5,948	9,992	87.4	8,151	89.3
Sheboygan, WI	55117	3	114,504	17.1	9	46	19,476	28,868	78.5	22,043	83.2
Taylor, WI	55119	6	19,312	16.8	3	11	3,248	5,003	90.1	4,353	91.4
Trempealeau, WI	55121	8	27,815	17.1	7	24	5,806	6,266	91.6	5,212	93.3
Vernon, WI	55123	6	29,014	18.2	6	21	4,265	6,831	83.9	5,816	83.8
Vilas, WI	55125	9	22,083	13.7	5	10	2,802	4,346	92.0	3,520	94.1
Walworth, WI	55127	4	100,800	16.6	16	39	16,097	28,372	88.3	17,448	88.1
Washburn, WI	55129	6	16,682	15.1	4	10	2,725	3,591	92.1	3,056	93.8
Washington, WI	55131	1	128,211	17.8	9	35	19,817	30,427	77.3	23,736	81.2
Waukesha, WI	55133	1	379,333	17.6	19	108	62,472	97,499	75.3	72,586	80.9
Waupaca, WI	55135	6	52,045	17.1	7	28	9,961	12,254	86.4	10,414	87.9
Waushara, WI	55137	8	24,766	15.2	3	10	3,059	4,997	91.2	4,340	93.0
Winnebago, WI	55139	3	162,154	16.1	6	63	23,163	43,417	86.3	28,544	86.8
Wood, WI	55141	4	73,944	16.6	6	34	13,341	19,208	84.3	15,093	86.1
WYOMING	56000	X	522,830	17.1	62	379	84,409	136,139	92.9	98,562	95.6
Albany, WY	56001	4	32,227	12.5	2	19	3,658	14,837	90.9	4,311	93.3
Big Horn, WY	56003	9	11,263	18.6	4	16	2,279	3,028	95.7	2,557	97.3
Campbell, WY	56005	5	40,433	19.3	3	22	7,485	9,726	94.7	7,977	97.6
Carbon, WY	56007	7	15,486	15.8	2	20	2,482	3,674	95.9	2,969	97.8
Converse, WY	56009	6	12,868	17.4	2	13	2,351	3,154	95.0	2,604	98.2
Crook, WY	56011	9	6,284	15.8	1	10	1,067	1,512	98.3	1,345	98.7
Fremont, WY	56013	7	37,479	17.6	8	31	6,622	9,531	94.6	7,484	96.7
Goshen, WY	56015	7	11,995	16.4	2	12	2,016	3,108	90.6	2,279	95.2
Hot Springs, WY	56017	7	4,553	13.4	2	5	665	1,043	95.0	900	96.2
Johnson, WY	56019	7	8,142	15.8	1	7	1,262	1,652	95.8	1,456	97.3
Laramie, WY	56021	3	86,353	18.2	4	39	13,954	21,266	89.9	15,626	93.3
Lincoln, WY	56023	7	16,171	18.9	2	13	3,261	4,113	95.1	3,620	97.2
Natrona, WY	56025	3	71,750	17.5	2	36	11,890	18,067	94.1	12,864	96.9
Niobrara, WY	56027	9	2,262	14.5	1	4	357	522	95.4	428	97.9
Park, WY	56029	7	27,073	15.5	3	15	4,027	6,815	92.6	5,000	93.3
Platte, WY	56031	7	8,396	15.8	2	13	1,446	2,147	93.0	1,841	93.9
Sheridan, WY	56033	7	27,998	15.8	5	24	4,045	6,752	88.1	5,051	88.9
Sublette, WY	56035	9	7,925	16.9	2	8	1,401	1,392	91.6	1,178	94.3
Sweetwater, WY	56037	5	39,305	18.3	2	25	7,049	11,129	95.1	8,471	98.2
Teton, WY	56039	7	20,002	13.4	3	13	2,344	3,101	86.3	2,438	90.6
Uinta, WY	56041	7	20,195	20.9	4	17	4,234	5,873	94.7	5,003	97.9
Washakie, WY	56043	7	7,816	18.0	3	9	1,463	2,112	95.3	1,850	97.6
Weston, WY	56045	7	6,854	14.4	2	8	1,062	1,585	97.6	1,310	98.5

[1]County type codes are from the Economic Research Service of the United States Department of Agriculture. See notes and definitions for more information.

Table C-1. Population, School, and Student Characteristics by County—Continued

STATE County	State/ county code	Students with IEP[2] (%)	Students eligible for free or reduced-price lunch (%)	Minority students (%)	English language learners (%)	Number of graduates, 2004–2005	Total staff	Number of teachers	Student/ teacher ratio	Central administration staff
		10	11	12	13	14	15	16	17	18
Oneida, WI	55085	14.1	30.4	7.9	0.0	531	623	351	14.8	20
Outagamie, WI	55087	13.5	19.7	12.5	4.4	2,456	3,385	2,126	15.4	96
Ozaukee, WI	55089	12.5	6.8	7.5	0.0	1,124	1,267	799	16.8	49
Pepin, WI	55091	16.6	27.4	1.3	0.0	149	189	104	13.5	10
Pierce, WI	55093	12.8	15.8	4.6	0.1	611	977	521	14.0	30
Polk, WI	55095	14.2	27.5	4.6	0.0	616	1,003	561	14.4	35
Portage, WI	55097	13.2	25.0	11.4	4.7	844	1,075	607	15.4	47
Price, WI	55099	13.0	31.3	3.8	0.0	203	328	178	12.4	11
Racine, WI	55101	16.6	29.4	34.3	4.3	1,928	3,506	1,984	15.5	113
Richland, WI	55103	20.6	29.7	3.7	0.0	171	243	141	12.6	12
Rock, WI	55105	16.3	31.1	20.4	4.4	1,869	3,527	1,951	14.3	116
Rusk, WI	55107	15.8	49.8	3.8	0.0	191	332	199	12.2	18
St. Croix, WI	55109	13.3	12.9	5.8	0.0	886	1,399	794	15.8	48
Sauk, WI	55111	15.7	23.7	7.7	1.2	970	1,567	848	13.7	57
Sawyer, WI	55113	16.0	44.2	26.0	0.0	189	338	181	13.0	8
Shawano, WI	55115	16.8	33.5	16.4	0.0	437	744	433	13.7	28
Sheboygan, WI	55117	15.2	24.2	20.1	10.7	1,488	2,379	1,368	14.2	77
Taylor, WI	55119	12.8	29.1	3.4	0.0	255	374	224	14.5	15
Trempealeau, WI	55121	15.0	27.8	4.3	0.0	406	827	443	13.1	29
Vernon, WI	55123	15.6	32.8	2.4	0.0	360	561	327	13.0	26
Vilas, WI	55125	15.1	40.3	18.7	0.0	140	427	251	11.2	13
Walworth, WI	55127	12.5	25.3	18.8	8.4	1,128	1,852	1,109	14.5	45
Washburn, WI	55129	16.7	39.7	6.3	0.0	229	339	206	13.2	16
Washington, WI	55131	12.4	11.7	5.7	0.0	1,637	2,128	1,265	15.7	67
Waukesha, WI	55133	12.4	9.4	11.1	1.6	4,740	6,675	4,002	15.6	194
Waupaca, WI	55135	13.0	25.8	5.1	0.8	787	1,235	707	14.1	42
Waushara, WI	55137	13.0	42.3	16.9	5.4	238	386	230	13.3	13
Winnebago, WI	55139	15.4	25.0	12.2	5.0	1,618	2,740	1,585	14.6	82
Wood, WI	55141	13.5	27.4	8.8	2.4	1,145	1,580	902	14.8	52
WYOMING	56000	13.5	31.6	15.1	3.6	5,616	14,524	6,707	12.9	712
Albany, WY	56001	14.7	27.3	20.9	0.4	232	657	316	11.6	25
Big Horn, WY	56003	14.1	43.9	12.2	3.1	144	440	208	11.0	29
Campbell, WY	56005	10.9	24.4	7.6	1.9	478	1,277	566	13.2	37
Carbon, WY	56007	16.4	33.0	21.5	2.1	164	457	218	11.4	21
Converse, WY	56009	15.5	30.0	7.5	0.1	175	420	196	12.0	21
Crook, WY	56011	16.0	29.0	3.4	0.0	105	226	98	10.9	14
Fremont, WY	56013	16.2	47.0	38.0	20.2	405	1,206	519	12.8	70
Goshen, WY	56015	13.3	50.1	16.3	1.5	116	367	170	11.9	19
Hot Springs, WY	56017	14.0	39.7	7.3	2.9	73	141	60	11.1	13
Johnson, WY	56019	15.4	23.3	5.5	0.3	71	226	114	11.1	10
Laramie, WY	56021	12.1	32.5	22.5	1.4	817	2,081	1,018	13.7	82
Lincoln, WY	56023	12.1	31.3	5.4	1.2	209	496	233	14.0	22
Natrona, WY	56025	12.9	33.6	10.4	1.7	734	1,904	793	15.0	101
Niobrara, WY	56027	18.8	25.2	3.2	0.0	26	78	39	9.2	5
Park, WY	56029	11.6	27.3	7.3	0.7	316	634	293	13.7	38
Platte, WY	56031	14.4	28.7	9.6	4.1	105	296	153	9.5	15
Sheridan, WY	56033	13.1	32.3	8.6	0.9	288	734	382	10.6	30
Sublette, WY	56035	11.8	14.3	6.1	1.1	71	239	114	12.3	19
Sweetwater, WY	56037	14.9	23.0	16.1	3.5	467	1,088	484	14.6	51
Teton, WY	56039	10.6	16.3	18.0	13.4	159	380	188	12.5	16
Uinta, WY	56041	15.2	34.2	8.8	3.0	262	716	332	12.8	45
Washakie, WY	56043	18.0	42.3	20.7	9.2	104	260	119	12.3	14
Weston, WY	56045	16.2	24.0	5.6	0.6	95	201	94	11.3	15

[2]IEP = Individual Education Program. See notes and definitions for more information.
… = Note available.

Table C-1. Population, School, and Student Characteristics by County—Continued

STATE County	State/county code	Total revenue (thousands of dollars)	Federal government	State government	Local government	Total expenditures (thousands of dollars)	Amount per student	Percent for instruction	Total population 16 to 19 years	Percent in Armed Forces	Percent high school graduates	Percent not enrolled, not employed, not in Armed Forces, not high school grad.
		19	20	21	22	23	24	25	26	27	28	29
Oneida, WI	55085	64,740	5.9	21.5	72.6	54,354	10,099	57.7	1,779	0.0	13.6	3.0
Outagamie, WI	55087	318,385	4.1	57.3	38.6	280,253	8,690	63.0	9,485	0.1	12.2	2.3
Ozaukee, WI	55089	142,396	2.4	28.8	68.8	127,792	9,525	60.1	4,502	0.0	8.2	1.6
Pepin, WI	55091	16,879	5.4	55.2	39.4	15,224	10,392	57.9	457	0.0	9.4	1.3
Pierce, WI	55093	81,539	4.2	49.5	46.2	68,325	9,352	63.2	3,203	0.3	8.3	1.4
Polk, WI	55095	89,175	3.7	50.7	45.6	72,662	9,154	60.6	2,405	0.3	12.3	2.6
Portage, WI	55097	99,045	5.8	56.5	37.8	88,034	9,257	62.6	5,331	0.0	8.9	1.3
Price, WI	55099	24,496	6.9	43.8	49.3	22,416	9,905	59.2	858	0.0	11.1	1.6
Racine, WI	55101	320,547	5.7	58.4	35.9	288,110	9,464	63.6	10,703	0.1	11.5	4.5
Richland, WI	55103	22,491	5.5	55.8	38.8	18,443	10,117	58.8	1,151	0.0	9.5	2.4
Rock, WI	55105	290,329	5.6	61.7	32.7	255,748	9,199	62.4	8,757	0.0	11.6	4.6
Rusk, WI	55107	33,569	6.9	53.1	39.9	26,795	10,663	59.1	901	0.0	8.5	3.0
St. Croix, WI	55109	125,729	3.2	48.1	48.7	105,319	8,614	60.2	3,525	0.0	10.2	1.8
Sauk, WI	55111	122,213	5.4	45.2	49.4	106,228	9,186	61.6	3,029	0.0	15.1	3.8
Sawyer, WI	55113	27,994	12.7	17.7	69.6	24,804	10,128	54.9	862	0.0	17.1	4.1
Shawano, WI	55115	63,214	7.3	57.2	35.5	55,410	9,255	61.9	2,320	0.1	12.0	2.9
Sheboygan, WI	55117	204,648	4.4	54.5	41.1	184,499	9,513	65.4	6,439	0.0	11.5	2.9
Taylor, WI	55119	33,776	6.5	59.3	34.2	29,204	9,058	60.8	1,175	0.0	12.1	3.3
Trempealeau, WI	55121	64,320	5.1	62.4	32.5	54,187	9,411	59.0	1,467	0.0	12.0	2.6
Vernon, WI	55123	49,246	7.6	59.4	33.0	41,882	9,996	58.7	1,610	0.0	10.6	7.7
Vilas, WI	55125	46,024	10.3	9.0	80.7	35,955	12,420	58.1	902	0.0	8.8	3.1
Walworth, WI	55127	174,619	4.1	35.6	60.4	146,355	9,369	62.0	6,786	0.0	8.4	1.7
Washburn, WI	55129	31,164	6.7	28.4	64.8	27,784	9,937	61.1	881	0.0	10.3	3.4
Washington, WI	55131	200,512	3.0	43.1	53.9	178,386	9,005	62.3	6,175	0.0	14.5	1.5
Waukesha, WI	55133	677,858	2.8	29.2	68.1	596,585	9,649	61.6	19,496	0.0	10.3	1.1
Waupaca, WI	55135	105,275	4.8	56.7	38.4	90,653	9,022	60.6	2,753	0.0	13.4	3.6
Waushara, WI	55137	32,565	6.2	43.4	50.4	27,807	9,211	62.4	1,232	0.0	12.5	2.6
Winnebago, WI	55139	232,074	5.1	54.9	40.0	206,999	8,976	64.7	9,974	0.1	9.8	1.7
Wood, WI	55141	136,473	4.7	59.6	35.7	127,990	9,629	61.7	4,431	0.0	11.7	3.3
WYOMING	56000	1,132,160	9.4	51.7	38.9	862,900	10,255	59.2	32,130	0.6	11.4	3.8
Albany, WY	56001	42,520	9.6	63.1	27.3	36,969	10,249	62.1	3,357	0.0	6.1	1.4
Big Horn, WY	56003	41,989	8.8	73.4	17.8	27,204	12,265	58.2	757	0.3	9.5	4.5
Campbell, WY	56005	85,031	7.7	8.3	84.0	67,641	9,397	57.1	2,180	0.0	11.1	4.9
Carbon, WY	56007	34,075	7.3	33.8	58.9	27,170	11,493	57.2	933	0.0	11.9	4.1
Converse, WY	56009	28,296	9.7	34.9	55.4	23,762	10,216	62.8	731	0.7	11.4	4.8
Crook, WY	56011	15,569	6.9	63.9	29.2	12,925	12,023	58.8	403	0.0	7.7	1.7
Fremont, WY	56013	104,965	23.2	55.1	21.7	82,053	12,975	59.7	2,261	0.5	8.7	8.7
Goshen, WY	56015	25,391	11.3	70.0	18.7	18,694	9,907	58.7	722	0.0	12.6	3.9
Hot Springs, WY	56017	15,517	6.1	58.3	35.5	7,623	11,227	55.4	274	0.0	11.3	1.5
Johnson, WY	56019	26,461	4.5	69.9	25.6	12,926	10,586	56.2	442	0.0	10.9	0.0
Laramie, WY	56021	161,410	8.2	72.9	18.9	128,082	9,344	59.0	4,423	3.7	15.1	3.9
Lincoln, WY	56023	36,613	7.1	48.5	44.4	31,058	10,006	61.6	1,019	0.5	12.2	3.2
Natrona, WY	56025	135,985	10.5	68.9	20.6	105,581	8,954	63.3	4,204	0.0	12.7	4.5
Niobrara, WY	56027	5,869	5.6	61.9	32.4	4,860	12,995	57.4	140	0.0	28.6	1.4
Park, WY	56029	49,578	8.5	50.8	40.7	37,095	9,529	60.1	1,737	0.0	8.2	2.1
Platte, WY	56031	21,554	8.9	61.6	29.5	16,987	11,797	60.5	477	0.2	3.8	4.0
Sheridan, WY	56033	58,693	7.8	65.5	26.6	42,654	10,829	61.2	1,590	0.0	6.7	3.2
Sublette, WY	56035	36,320	2.2	5.9	92.0	16,718	12,940	54.7	289	0.0	5.5	2.4
Sweetwater, WY	56037	82,513	7.7	23.6	68.6	67,186	9,856	55.0	2,861	0.0	9.8	2.8
Teton, WY	56039	30,890	5.8	11.1	83.1	25,291	11,141	57.2	800	0.0	29.5	6.6
Uinta, WY	56041	55,235	6.8	46.3	46.9	43,384	10,367	55.8	1,567	0.0	13.1	2.8
Washakie, WY	56043	23,276	7.2	73.0	19.8	15,116	11,115	60.8	519	0.0	17.3	3.7
Weston, WY	56045	14,410	5.9	64.8	29.2	11,921	11,089	55.9	444	0.0	17.1	5.6

Table C-1. Population, School, and Student Characteristics by County—Continued

STATE County	State/county code	Population 25 years and over	High school diploma or less (percent)	High school diploma or more (percent)	College enrollment 2000 Number	Percent public	Bachelor's degree or more	+/- U.S. percent with bachelor's degree or more	Non-Hispanic White	Black	American Indian, Alaska Native	Asian and Pacific Islander	Hispanic or Latino[3]
		30	31	32	33	34	35	36	37	38	39	40	41
Oneida, WI	55085	26,449	51.4	85.1	1,306	86.6	20.0	-4.4	20.2	5.5	0.0	51.1	11.4
Outagamie, WI	55087	102,218	49.6	88.1	7,729	77.3	22.5	-1.9	22.7	21.5	14.3	28.2	12.3
Ozaukee, WI	55089	54,912	32.3	91.9	4,454	54.2	38.6	14.2	38.5	46.1	23.0	72.0	24.9
Pepin, WI	55091	4,733	60.2	82.6	247	91.1	13.3	-11.1	13.5	...	0.0	0.0	0.0
Pierce, WI	55093	21,542	45.3	89.6	4,736	90.4	24.6	0.2	24.5	18.2	44.9	34.6	46.6
Polk, WI	55095	27,725	55.2	85.9	1,120	83.6	15.6	-8.8	15.5	36.4	15.2	27.9	27.5
Portage, WI	55097	40,143	50.8	86.5	8,526	97.2	23.4	-1.0	23.6	0.0	5.3	15.2	6.8
Price, WI	55099	11,122	61.1	82.4	388	77.6	13.0	-11.4	13.0	0.0	6.1	9.1	5.7
Racine, WI	55101	122,356	49.6	82.9	8,818	80.3	20.3	-4.1	22.1	7.1	11.2	43.6	8.3
Richland, WI	55103	11,896	58.7	82.1	626	91.2	14.1	-10.3	14.0	0.0	8.3	61.5	6.2
Rock, WI	55105	98,770	55.3	83.9	6,280	72.7	16.7	-7.7	17.3	6.0	16.7	39.0	5.2
Rusk, WI	55107	10,296	64.3	79.1	477	42.1	11.2	-13.2	11.2	15.4	0.0	8.0	10.3
St. Croix, WI	55109	40,357	41.7	91.6	2,913	80.0	26.3	1.9	26.3	25.9	25.4	49.0	20.6
Sauk, WI	55111	36,701	54.3	83.5	1,768	87.1	17.6	-6.8	17.6	12.6	14.0	45.8	8.2
Sawyer, WI	55113	11,343	55.2	84.7	465	72.3	16.5	-7.9	17.6	7.0	7.8	19.6	31.7
Shawano, WI	55115	27,503	64.3	81.5	1,189	82.6	12.6	-11.8	12.7	0.0	11.5	34.3	7.1
Sheboygan, WI	55117	74,561	55.5	84.4	4,720	64.2	17.9	-6.5	18.3	6.8	3.0	15.2	9.2
Taylor, WI	55119	12,872	66.1	78.3	378	79.6	11.0	-13.4	10.9	0.0	15.2	58.8	3.6
Trempealeau, WI	55121	18,317	59.9	80.9	694	87.8	13.3	-11.1	13.2	12.5	13.3	25.0	18.5
Vernon, WI	55123	18,473	59.6	78.9	679	83.8	14.0	-10.4	14.0	7.1	0.0	19.0	8.1
Vilas, WI	55125	15,667	54.3	85.4	547	84.8	17.6	-6.8	18.1	0.0	6.7	34.6	10.4
Walworth, WI	55127	58,153	49.3	84.2	9,549	92.6	21.8	-2.6	22.5	24.0	3.1	42.1	4.3
Washburn, WI	55129	11,248	55.9	83.7	355	90.1	15.2	-9.2	15.5	0.0	9.5	11.8	0.0
Washington, WI	55131	77,709	46.4	88.8	4,500	76.2	21.9	-2.5	22.0	22.1	21.6	30.8	14.5
Waukesha, WI	55133	241,299	35.7	92.0	17,704	67.2	34.1	9.7	34.0	34.5	9.9	67.9	18.5
Waupaca, WI	55135	34,726	61.0	82.7	1,145	85.8	14.8	-9.6	14.9	27.8	12.1	21.0	10.2
Waushara, WI	55137	16,310	64.3	78.8	437	82.4	11.7	-12.7	11.8	0.0	3.7	45.2	5.5
Winnebago, WI	55139	101,095	51.2	86.3	12,191	92.0	22.8	-1.6	22.9	7.8	10.7	38.3	16.3
Wood, WI	55141	50,259	56.3	84.8	2,792	88.0	16.9	-7.5	16.6	31.5	10.8	39.9	19.3
WYOMING	56000	315,663	43.1	87.9	29,697	91.2	21.9	-2.5	23.0	18.6	8.1	34.3	7.8
Albany, WY	56001	17,016	28.4	93.5	10,055	91.5	44.1	19.7	46.2	37.8	30.2	64.2	13.5
Big Horn, WY	56003	7,343	50.9	83.2	302	91.7	15.9	-8.5	16.6	100.0	0.0	18.8	2.8
Campbell, WY	56005	20,107	47.0	88.3	1,160	88.8	15.7	-8.7	15.9	0.0	3.2	44.7	3.2
Carbon, WY	56007	10,508	51.5	83.5	389	89.2	17.2	-7.2	19.0	13.2	7.5	51.5	4.3
Converse, WY	56009	7,818	49.0	86.4	350	86.3	14.7	-9.7	15.4	27.3	5.3	0.0	1.7
Crook, WY	56011	3,888	52.3	85.8	86	97.7	17.5	-6.9	17.4	...	10.0	0.0	31.3
Fremont, WY	56013	23,053	48.4	84.8	1,462	90.2	19.7	-4.7	22.7	37.5	6.4	9.1	10.4
Goshen, WY	56015	8,406	48.7	84.7	660	80.0	18.6	-5.8	19.9	60.7	16.9	...	1.3
Hot Springs, WY	56017	3,515	51.9	84.2	94	91.5	17.9	-6.5	18.4	100.0	6.1	0.0	0.0
Johnson, WY	56019	4,981	40.8	90.1	134	97.8	22.2	-2.2	22.2	...	0.0	...	11.6
Laramie, WY	56021	53,041	37.4	89.1	4,235	90.1	23.4	-1.0	25.3	14.2	12.9	24.9	8.0
Lincoln, WY	56023	9,049	46.9	87.9	328	78.0	17.2	-7.2	17.4	0.0	18.0	27.3	4.4
Natrona, WY	56025	42,656	42.3	88.3	3,904	94.1	20.0	-4.4	20.7	23.7	3.7	33.6	7.0
Niobrara, WY	56027	1,731	51.6	87.3	67	89.6	15.3	-9.1	15.5	...	22.2	0.0	22.2
Park, WY	56029	17,145	42.8	86.4	1,469	98.0	23.7	-0.7	23.9	0.0	19.6	26.0	18.0
Platte, WY	56031	6,034	53.6	84.9	173	88.4	15.2	-9.2	15.8	...	0.0	0.0	2.5
Sheridan, WY	56033	17,980	40.4	88.4	1,371	94.2	22.4	-2.0	22.8	0.0	4.4	14.6	17.6
Sublette, WY	56035	4,044	46.4	89.0	105	78.1	21.6	-2.8	21.8	0.0	7.7	0.0	15.6
Sweetwater, WY	56037	23,053	47.3	87.4	2,004	93.8	17.0	-7.4	18.0	18.5	3.4	29.4	5.9
Teton, WY	56039	12,838	24.2	94.7	465	77.4	45.8	21.4	47.2	100.0	48.2	48.9	17.4
Uinta, WY	56041	11,443	50.8	84.8	580	84.0	15.0	-9.4	15.5	0.0	10.6	56.3	5.7
Washakie, WY	56043	5,460	48.2	85.6	105	89.5	18.7	-5.7	20.1	...	0.0	0.0	5.6
Weston, WY	56045	4,554	55.0	85.2	199	92.5	14.5	-9.9	14.6	0.0	21.4	36.8	1.7

[3] May be of any race.
... = Note available.

NOTES AND DEFINITIONS: COUNTY EDUCATION STATISTICS

Part C presents 41 data items for each county, county equivalent, and independent city. The counties are presented in alphabetical order within states, which are also in alphabetical order. Independent cities, found in Maryland, Missouri, Nevada, and Virginia, are placed in alphabetical order at the end of the list of counties for those states. The District of Columbia is included as both a county and a state.

COMMON CORE OF DATA

Items 3–5 and 10–25 are from the Common Core of Data (CCD). The National Center for Education Statistics (NCSE) uses the CCD system to acquire and maintain statistical data from each of the 50 states, the District of Columbia, and the outlying areas. Information about staff and students is collected annually at the school, local education agency (LEA) or school district, and state levels. Information about revenues and expenditures is also collected at the state level. In addition, information about revenues and expenditures at the school district level is assembled from the Census Bureau's annual surveys of government finances.

Data are collected for a particular school year (July 1 through June 30) via survey instruments sent to the state education agencies during the subsequent school year. States have one year in which to modify the data originally submitted. This volume uses the data from the 2005–2006 school year, except for the revenue and expenditure data for counties, which is for school year 2004–2005 (fiscal year 2005). The high school graduates data also come from earlier years.

Since the CCD is a universe survey, the CCD information is not subject to sampling error. However, nonsampling errors could come from two sources—nonreturn and inaccurate reporting. Almost all of the states submit the six CCD survey instruments each year, but submissions are sometimes incomplete or made too late for publication.

Understandably, when 51 education agencies compile and submit data for more than 97,000 public schools and almost 18,000 local school districts, misreporting can occur. This typically results from varying interpretation of NCES definitions and differences in record keeping systems. NCES attempts to minimize these errors by working closely with the Council of Chief State School Officers (CCSSO) and its Committee on Evaluation and Information Systems (CEIS).

The state education agencies report data to NCES from data collected and edited during their regular reporting cycles. NCES encourages the agencies to incorporate the NCES items they do not already collect into their own survey systems so that those items will be available for the subsequent CCD survey. Over time, this has meant fewer missing data cells in each state's response and a reduction in the need to impute data.

Data from the education agencies is subjected to a comprehensive edit by NCES. Where data are determined to be inconsistent, missing, or out of range, NCES contacts the education agencies for verification. NCES-prepared state summary forms are returned to the state education agencies for verification. States are also given an opportunity to revise their state-level aggregates from the previous survey cycle. The county-level data in this volume have not been adjusted,

The CCD data are collected at three levels—the school, the school district, and the state. In Part C, selected school and school district data items have been aggregated to the county level because the county is a widely used statistical area. School districts, and even some schools, can serve populations in different counties. In this volume, schools and school districts are assigned to the county where the school district office is located, as coded by NCES in their files. Consequently, the numbers do not necessarily represent the population of a given county. NCES has begun to include the county code in the schools data file. A few items thus represent the county of the individual schools, rather than the school district office.

The structure of school districts ranges from that of states like West Virginia and Nevada, where most counties have a single school district, to Maricopa County, Arizona, which includes 255 separate school districts. Some counties have no school districts. Hawaii has a single statewide school district whose offices are located in Honolulu County. New York City has a single school system for all five boroughs (counties). A few other counties report no school districts. These are usually counties with very small populations or independent cities in Virginia whose school systems are run by the neighboring or surrounding county.

The CCD data files now include charter schools. Charter schools are often managed independently from the local school district. When this is the case, each charter school is considered a single district. This affects the county aggregations and should be considered in interpreting these data. For example, in New York City, the New York City public school system is counted in New York County (Manhattan) but the small numbers that appear in some columns for the other boroughs represent charter schools. Additional attention should be given to the fiscal data because some states include revenues and expenditures for charter schools, while others do not.

2000 CENSUS OF POPULATION AND HOUSING

Items 6–9 and 26–41 are from the 2000 census. The population totals and age data are from the complete count, while the education data are from the long-form questionnaire that was answered by a sample of the population. The sample data are estimates of the actual figures that would have been obtained from a complete count. Estimates derived from a sample are expected to be different from the 100-percent figures because they are subject to sampling and nonsampling errors. Sampling error in data arises from the selection of people and housing units included in the sample. Nonsampling error affects both sample and 100-percent data. It is introduced as a result of errors that may occur during the data collection and processing phases of the census.

For additional information about the 2000 census, see <http://www.census.gov/main/www/cen2000.html>.

GEOGRAPHIC IDENTIFICATION

Data are presented for 3,141 counties and county equivalents. A five-digit state and county code is given for each entity. The first two digits indicate the state; the remaining three identify the county. Within each state, the counties are numbered in alphabetical order, beginning with 001, with even numbers usually omitted. Independent cities follow the counties and begin with the number 510.

These codes have been established by the U.S. government as Federal Information Processing Standards and are often referred to as "FIPS codes." They are used by U.S. government agencies and many other organizations for data presentation. They are provided in this volume for use in matching the data given here with other data sources in which counties may be identified by FIPS codes.

Independent cities. Independent cities are not included in any county; data are presented separately in this volume where available.

Maryland
    Baltimore (separate from Baltimore County)

Missouri
    St. Louis (separate from St. Louis County)

Nevada
    Carson City

Virginia
    Alexandria
    Bedford
    Bristol
    Buena Vista
    Charlottesville
    Chesapeake
    Colonial Heights
    Covington
    Danville
    Emporia
    Fairfax
    Falls Church
    Franklin
    Fredericksburg
    Galax
    Hampton
    Harrisonburg
    Hopewell

Lexington
Lynchburg
Manassas
Manassas Park
Martinsville
Newport News
Norfolk
Norton
Petersburg
Poquoson
Portsmouth
Radford
Richmond
Roanoke
Salem
Staunton
Suffolk
Virginia Beach
Waynesboro
Williamsburg
Winchester

County type. Table C's third column provides a county type code that identifies each county by its metropolitan/nonmetropolitan status and size. These are the "rural-urban continuum codes" developed by the Economic Research Service of the U.S. Department of Agriculture.

The 2003 Rural-Urban Continuum Codes form a classification scheme to distinguish metropolitan counties by size and nonmetropolitan counties by degree of urbanization and proximity to metro areas. The standard Office of Management and Budget (OMB) metro and nonmetro categories have been subdivided into three metro and six nonmetro categories, resulting in a nine-part county codification. This scheme was originally developed in 1974. The codes were updated in 1983, 1993, and slightly revised in 1988. The 1988 revision was first published in 1990. This scheme allows researchers to break county data into residential groups beyond metro and nonmetro; this is particularly helpful in analyzing trends in nonmetro areas related to population density and metro influence. The 2003 Rural-Urban Continuum Codes are not directly comparable with the codes from previous years because of the new methodology used in developing the 2003 metropolitan areas.

Metropolitan counties
1 Counties in metro areas of 1 million people or more.
2 Counties in metro areas of 250,000 to 1 million people.
3 Counties in metro areas of less than 250,000 people.

Nonmetropolitan counties
4 Urban population of 20,000 or more, adjacent to a metropolitan area.
5 Urban population of 20,000 or more, not adjacent to a metropolitan area.
6 Urban population of 2,500 to 19,999, adjacent to a metropolitan area.
7 Urban population of 2,500 to 19,999, not adjacent to a metropolitan area.
8 Completely rural or less than 2,500 urban population, adjacent to a metropolitan area.
9 Completely rural or less than 2,500 urban population, not adjacent to a metro area.

Data sources and explanations. The schools and students data in Table C have been developed by Bernan from the individual school and school district data from the CCD. In general, the numbers are consistent with tables available on the CCD Web site through the "Build a Table" feature. The files used were:

Local Education Agency Universe Survey: School Year 2005–06, version 1a

Public Elementary/Secondary School Universe Survey: School Year 2005–06, version 1a

School District Finance Survey (F-33), School Year 2004–05 (Fiscal Year 2005), version 1b

The population, characteristics, enrollment, and attainment data in Table C have been compiled from the Census Bureau's Summary File 3 on CD-ROM, and can be found on the Census Web site in the "American FactFinder" section.

TABLE C-1

POPULATION, ITEMS 1–2
Source: U.S. Census Bureau. *Population Estimates Program.* (July 2007). <http://www.census.gov/popest/counties/asrh/CC-EST2007-agesex.html>.

The population data for 2007 are Census Bureau counts for the resident population as of July 1, 2007.

Age is defined as age at last birthday (that is, number of completed years from birth to July 1, 2007).

The Census Bureau's Population Estimates Program (PEP) produces July 1 estimates for years after the last published decennial census (2000), as well as for past decades. Existing data series such as births, deaths, federal tax returns, Medicare enrollment, and immigration, are used to update the decennial census base counts.

SCHOOL DISTRICTS, ITEM 3
Source: National Center for Education Statistics, U.S. Department of Education. *Common Core of Data, 2005–06.* <http://nces.ed.gov/ccd/>.

A school district or Local Education Agency (LEA) is a local-level education agency that exists primarily to operate public schools or to contract for public school services. A public school is controlled and operated by publicly elected or appointed officials. It derives its primary support from public funds.

The county totals in this volume include 17,755 regular and special school districts. Special districts typically offer research, administrative, or other support services to client agencies. Charter schools are often included as one agency for each school.

NUMBER OF SCHOOLS AND STUDENTS, ITEMS 4–5
Source: National Center for Education Statistics, U.S. Department of Education. *Common Core of Data, 2005–06.* <http://nces.ed.gov/ccd/>.

The county table shows the number of schools and students as reported by the LEAs in the school district file.

RESIDENT ENROLLMENT AND TYPE OF SCHOOL, ITEMS 6–9 AND 33–34
Source: U.S. Census Bureau. Summary file 3. *2000 Census of Population and Housing.* <http://factfinder.census.gov>.

Data on school enrollment are from the 2000 census. They were derived from answers given by a sample of the population to long-form questionnaire Items 8a and 8b. People were classified as enrolled in school if they reported attending a "regular" public or private school or college at any time between February 1, 2000, and the time of enumeration. The question included instructions to "include only nursery school or preschool, kindergarten, elementary school, and schooling which leads to a high school diploma or a college degree" as regular school or college. Respondents who did not answer the enrollment question were assigned the enrollment status and type of school of a person with the same age, sex, and race/Hispanic or Latino origin whose residence was in the same or a nearby area. All persons 3 years old and over are included.

Public and private schools. Public and private schools include people who attended school during the reference period and who indicated they were enrolled by marking one of the questionnaire categories for either "public school, public college" or "private school, private college." Schools primarily supported and controlled by a federal, state, or local government are defined as public (including tribal schools). Those primarily supported and controlled by religious organizations or other private groups are considered private.

STUDENTS WITH INDIVIDUAL EDUCATION PROGRAMS, ITEM 10
Source: National Center for Education Statistics, U.S. Department of Education. *Common Core of Data, 2005–06.* <http://nces.ed.gov/ccd/>.

An Individualized Education Program (IEP) is a written instructional plan for students with disabilities designated as special education students under IDEA (Individuals with Disabilities Education Act). This includes a statement of the child's present levels of educational performance; a statement of annual goals, including short-term instructional objectives; a statement of the specific educational services to be provided and the extent to which the child will be able to participate in regular educational programs; a projected date for initiation and the anticipated duration of services; appropriate objectives, criteria and evaluation procedures;

and schedules for determining, on at least an annual basis, whether instructional objectives are being achieved.

IEP counts for the counties are from the agency universe. Some agencies did not report this information.

STUDENTS WHO ARE ELIGIBLE FOR FREE OR REDUCED-PRICE LUNCH, ITEM 11
Source: National Center for Education Statistics, U.S. Department of Education. *Common Core of Data, 2005–06.* <http://nces.ed.gov/ccd/>.

The Free and Reduced-Price Lunch Program is a program under the National School Lunch Act that provides cash subsidies for free or reduced-price meals to students based on family size and income criteria. Participation in the Free and Reduced-Price Lunch Program depends on income, and eligibility is often used to estimate student needs.

The number of students eligible for free or reduced-price meals was aggregated from the school universe data file for 2005–2006.

MINORITY STUDENTS, ITEM 12
Source: National Center for Education Statistics, U.S. Department of Education. *Common Core of Data, 2005–06.* <http://nces.ed.gov/ccd/>.

The percentage of a county's students belonging to a minority group was tallied from the CCD school universe. Individual schools reported the number of students who were American Indian/Alaskan Native, Asian/Pacific Islander, Hispanic, Black non-Hispanic, and White non-Hispanic. "Minority" includes all categories except White non-Hispanic.

ENGLISH LANGUAGE LEARNERS, ITEM 13
Source: National Center for Education Statistics, U.S. Department of Education. *Common Core of Data, 2005–06.* <http://nces.ed.gov/ccd/>.

This category contains the number of students served in appropriate programs of language assistance (e.g., English as a Second Language, High Intensity Language Training, and bilingual education). The name of this field changed from Limited-English Proficient (LEP) to English Language Learners (ELL) in the 2001–2002 school year.

ELL counts for the counties are from the agency universe. Some agencies did not report this information.

GRADUATES, ITEM 14
Source: National Center for Education Statistics, U.S. Department of Education. *Common Core of Data, 2005–06.* <http://nces.ed.gov/ccd/>.

The county data are from the CCD agency universe. The number of graduates includes those who received a regular diploma, those who received a diploma from a program different from the regular school program, and those who received a certificate of attendance or other certificate of completion in lieu of a diploma during the previous school year (2004–2005) and subsequent summer school session. Recipients of high school equivalency certificates are not included.

The state totals were calculated by aggregating the counties. Because many counties—including all counties in Alabama—are missing data in this category, a U.S. total was not calculated.

STAFF AND TEACHERS, ITEMS 15–18
Source: National Center for Education Statistics, U.S. Department of Education. *Common Core of Data, 2005–06.* <http://nces.ed.gov/ccd/>

The total staff of the school systems in each county is aggregated from the CCD agency universe. The number of teachers in each county is aggregated from the full-time-equivalent numbers in the CCD agency universe. The student/teacher ratio is calculated from this agency-based number and the total number of students reported by the school districts in the county.

The county data for the central administrative staff are aggregated from the CCD agency universe. Central administration staff and support include the LEA superintendents, deputies, assistant superintendents, all persons with district-wide responsibilities, and their support staffs, as well as all staff, such as curriculum coordinators, supervising instructional programs at the district or sub-district level.

The state totals in this section were aggregated from the counties and often will differ from the numbers in Table B which come from the state file.

REVENUES, ITEMS 19–22
Source: National Center for Education Statistics, U.S. Department of Education. *Common Core of Data, Fiscal Year 2005.* <http://nces.ed.gov/ccd/>.

The county data are aggregated from the agencies in the Public School District Financial Survey data file for fiscal year 2005 (school year 2004–2005). Some of these school districts have no students in membership. However, the districts have revenues and expenditures, usually because of financial arrangements with neighboring counties or regional agencies. These revenue and expenditure data are obtained by the Census Bureau through its annual surveys of government finances and are supplied to NCES by the Census Bureau. The state totals in Table C are also aggregated from the agencies in this file, sometimes resulting in different numbers from the state data in Table B.

Charter school systems' reporting requirements vary from state to state, and data are currently not reported uniformly to the State Education Agencies (SEAs). Note that some charter school data may be missing from this volume, since some charter schools are not required to submit finance data to the SEA. Only those charter schools that submit data to the SEA and whose data are maintained by the SEA are included in the CCD fiscal files.

Revenues from federal sources include direct grants-in-aid from the federal government, federal grants-in-aid through the state or an intermediate agency, and other revenue in lieu of taxes to compensate a school district for non-taxable federal institutions within a district's boundaries.

State revenues include those that can be used without restriction; those for categorical purposes; and revenues in lieu of taxation. Included are revenues from payments made by a state for the benefit of the LEA or contributions of equipment or supplies. Such revenues include the payment of a pension fund by the state on behalf of an LEA employee for services rendered and contributions of fixed assets (property, plant, and equipment), such as school buses and textbooks.

Revenues from local sources include local property and non-property tax revenues, taxes levied or assessed by an LEA, revenues from a local government to the LEA, tuition received, transportation fees, earnings on investments from LEA holdings, net revenues from food services (gross receipts less gross expenditures), net revenues from student activities (gross receipts less gross expenditures), and other revenues (textbook sales, donations, property rentals). Intermediate revenues are included in local revenue totals. Intermediate revenues come from sources that are not local or state education agencies, but operate at an intermediate level between local and state education agencies and possess independent fundraising capability (such as, county or municipal agencies).

EXPENDITURES, ITEMS 23–25
Source: National Center for Education Statistics, U.S. Department of Education. *Common Core of Data, Fiscal Year 2005.* <http://nces.ed.gov/ccd/>.

The county data are aggregated from the agencies in the Public School District Financial Survey data file for fiscal year 2005 (school year 2004–2005). Some of these school districts have no students in membership but they have revenues and expenditures, usually because of financial arrangements with neighboring counties or regional agencies. These revenue and expenditure data are obtained by the Census Bureau through its annual surveys of government finances and are supplied to NCES by the Census Bureau. The state totals in Table C are also aggregated from the agencies in this file, sometimes resulting in different numbers from the state data in Table B.

Current expenditures are defined as expenditures for the categories of instruction, support services, and non-instructional services for salaries, employee benefits, purchased services and supplies, and state-level payments made for or on behalf of school systems. This does not include expenditures for debt service, capital outlay, and property (e.g., equipment), direct costs (e.g., Head Start, adult education, community colleges, etc.), or community services expenditures.

Current expenditures per student for counties are calculated by dividing current expenditures by the number of students in fall membership. Student membership is the count of students enrolled on or about October 1 and is comparable across all counties. However, comparisons should be made with caution because counties vary greatly in type of school districts as well as contractual arrangements with regional administrative school agencies or neighboring counties. For example, a county with a small population may have a school district that operates an elementary school and pays an intergovernmental fee to a neighboring county's school district for educational services to children in middle and high school. This hypothetical county would have artificially high per student expenditures because only the elementary school children would be included in its membership count.

Current expenditures for instruction are expenditures for activities dealing directly with the interaction between students and teachers (salaries, including sabbatical leave; employee benefits; instructional staff support such as librarians and instructional specialists; and purchased instructional services).

POPULATION 16 TO 19 YEARS OLD BY SCHOOL ENROLLMENT AND EMPLOYMENT STATUS, ITEMS 26–29

Source: U.S. Census Bureau. Summary file 3. *2000 Census of Population and Housing.* <http://factfinder.census.gov>.

2000 census data on school enrollment, educational attainment, and employment status for the population 16 to 19 years old allows for calculating the proportion of people 16 to 19 years old who are not enrolled in school and not high school graduates ("dropouts") and an unemployment rate for the "dropout" population.

EDUCATIONAL ATTAINMENT, ITEMS 30–32 AND 35–41

Source: U.S. Census Bureau. Summary file 3. *2000 Census of Population and Housing.* <http://factfinder.census.gov>.

Data on educational attainment were derived from answers given by a sample of the population to the 2000 census long-form questionnaire Item 9. Data on attainment are tabulated for the population age 25 years old and over. People are classified according to the highest degree or level of school completed. The order in which degrees were listed on the questionnaire suggested that doctorate degrees were "higher" than professional school degrees, which were "higher" than master's degrees. The question included instructions for people currently enrolled in school to report the level of the previous grade attended or the highest degree received. Respondents who did not report educational attainment or enrollment level were assigned the attainment of a person of the same age, race, Hispanic or Latino origin, occupation, and sex, where possible, who resided in the same area or nearby. Respondents who filled in more than one box were edited to the highest level or degree reported. The question included a response category that allowed respondents to report completing the 12th grade without receiving a high school diploma. It allowed people who received either a high school diploma or the equivalent, such as those who passed the Test of General Educational Development (G.E.D.) and did not attend college, to be reported as "high school graduate(s)."

High school diploma or less. This category includes all persons who have not received a high school diploma, as well as those high school graduates who never attended college.

High school graduate or more. This category includes people whose highest degree was a high school diploma or its equivalent, people who attended college but did not receive a degree, and people who received a college, university, or professional degree. People who reported completing the 12th grade but not receiving a diploma are not high school graduates.

Bachelor's degree or more. This category includes people whose highest degree was a bachelor's, master's, professional, or doctorate degree. Master's degrees include the traditional M.A. and M.S. degrees and field-specific degrees. Some examples of professional degrees include medicine, dentistry, chiropractic, optometry, osteopathic medicine, pharmacy, podiatry, veterinary medicine, law, and theology. Vocational and technical training, such as barber school training; business, trade, technical, and vocational schools; or other training for a specific trade are specifically excluded.

APPENDIX—
GUIDE TO EDUCATIONAL RESOURCES ON THE INTERNET

APPENDIX—GUIDE TO EDUCATIONAL RESOURCES ON THE INTERNET

The Department of Education is naturally the leader in publishing federal government education information on the Internet. This appendix includes many of the online resources made available by the Education Department, but also includes information about military education activities, federally sponsored scholarships, and some education-related social service programs. The Kids' Pages section of this appendix includes over 40 Web sites designed for a younger audience that cover a wide variety of subject areas. Subsections in this chapter are Adult Education, Curriculum, Early Childhood Education, Education Funding, Education Policy, Education Research and Statistics, Educational Technology, Elementary and Secondary Education, Higher Education, International Education, Kids' Pages, and Teaching.

Site Name: Determining the site name of an Internet source is not as easy as finding the title of a book. For the purposes of this appendix, several sources may have been to identify the site name, including agency press releases referring to the site, the name given to the site in the HTML <title> tag, or the initial heading or graphic.
URL: The Web address or URL indicates the location that should be entered into your Web browser to retrieve the Web site.
Sponsors: This section identifies the lead organizations that produce the site. Sponsors are most often federal government agencies, but commercial, educational, and nonprofit organizations will be listed here as well when they host or sponsor a specific resource.
Description: The resource description explains a site's organization, principal features, menu items, and significant links. For many agencies, a brief description of the agency's mission is included to help explain the site's subject coverage. The description may mention significant publications available on the site or which sections of the site include online documents. If the site content is available in languages other than English, this is noted. The utility of the site, its ease of use, and the potential audience may be evaluated as well, usually in the last paragraph of the description.

ADULT EDUCATION

DANTES—Defense Activity for Non-Traditional Education Support
http://www.dantes.doded.mil/
Sponsor(s): Defense Department
Description: DANTES provides support for the Department of Defense's off-duty, voluntary education programs. Its Web site has information about certification programs, counselor support, distance learning, and tuition assistance. It also has a section about the Troops-to-Teachers program, which assists military personnel interested in beginning a second career as public school teacher.

Interagency Coordinating Group for Adult Literacy
http://www.ed.gov/about/bdscomm/list/icgae/edlite-index.html
Sponsor(s): Education Department
Description: This interagency group was established in 2006 to improve the investment in and outcomes of adult education. The Web site includes a database of federal funding sources for adult literacy education and a directory of foundations likely to fund adult literacy projects.

Literacy Information and Communication System (LINCS)
http://www.nifl.gov/lincs/
Sponsor(s): National Institute for Literacy (NIFL)
Description: NIFL and its partners sponsor this Web site as a gateway to adult education and literacy resources on the Internet. The site has information about grants and funding, literacy job openings, events, discussion lists, Web sites, statistics, and resources for teachers and students. The site also features America's Literacy Directory, a database of local adult education programs that can be searched by town or ZIP code.

National Audiovisual Center (NAC)
http://www.ntis.gov/products/nac/
Sponsor(s): Commerce Department — Technology Administration (TA) — National Technical Information Service (NTIS)

Description: NAC manages a catalog of over 9,000 training and education materials on video, audiocassette, CD-ROM, and other types of media. The products are available for sale. The Web site features an online "screening room," with clips from the most popular videos available for purchase. Major topics covered by the collection include language training, law enforcement, health, and safety.

National Institute for Literacy (NIFL)
http://www.nifl.gov/
Sponsor(s): National Institute for Literacy (NIFL)
Description: NIFL promotes literacy efforts, coordinates literacy services and policy, and serves as a resource for adult education and literacy programs. The NIFL Web site provides a section on grants and contracts, information on programs and services, and publications about teaching reading. The Facts and Statistics section compiles literacy data from numerous studies.

Office of Vocational and Adult Education, Department of Education
http://www.ed.gov/about/offices/list/ovae/index.html
Sponsor(s): Education Department—Vocational and Adult Education Office
Description: This site provides information about the Office of Vocational and Adult Education programs, grants, events, legislation, and resources concerning the fields of adult education and vocational education. Key sections are High Schools, Career and Technical Education, Community Colleges, and Adult Literacy and Education.

USDA Graduate School
http://grad.usda.gov/
Sponsor(s): Agriculture Department (USDA) — Graduate School, USDA
Description: The USDA Graduate School is a continuing education institution that offers career-related courses to federal workers and the public. The Web site has the current course catalog and information on faculty and certification programs.

CURRICULUM

Agriculture in the Classroom
http://www.agclassroom.org/
Sponsor(s): Agriculture Department (USDA) — Cooperative State Research, Education, and Extension Service (CSREES)
Description: The USDA's Agriculture in the Classroom program coordinates state education programs designed to teach children about the role of agriculture in the economy and in society. The site includes a directory of state programs, a National Resource Directory of educational materials about agriculture, information on the national Agriculture in the Classroom conference, and the online magazine *AgroWorld* for high school educators and students.

ArtsEdge: The National Arts and Education Information Network
http://artsedge.kennedy-center.org/
Sponsor(s): Kennedy Center for the Performing Arts; National Endowment for the Arts (NEA)
Description: ArtsEdge, from the Kennedy Center, is a major arts resource for educators and students. The site includes lesson plans and content standards for grades K–12. It also highlights articles, reports, and organizations related to arts education and features an arts education advocacy section. This well-designed site should be a primary starting point for people involved in arts education.

The Kennedy Center is a federal government building, but its programs are privately funded. ArtsEdge and the John F. Kennedy Center for the Performing Arts hold the copyright to all of the content on the site.

BLM Learning Landscapes
http://www.blm.gov/education/LearningLandscapes/teachers.html
Sponsor(s): Interior Department — Bureau of Land Management (BLM)
Description: This BLM Web site has information and activities for students and teachers. The Teachers section has information about field programs (mostly in western states), Web sites, resources, and classroom activities. The site's

Curriculum Connections correlates BLM classroom activities to National Science Education Standards and National Geography Standards. Online resources for teachers and learners cover such areas as archeology, geology, paleontology, American history, wildlife, and energy.

Census in Schools
http://www.census.gov/dmd/www/teachers.html
Sponsor(s): Commerce Department — Economics and Statistics Administration (ESA) — Census Bureau
Description: The Census in Schools program provides K–12 teaching materials, workshops for educators, and other outreach activities. Its Web site includes teaching kits and reference materials (primarily about the decennial census).

EDSITEment
http://edsitement.neh.gov/
Sponsor(s): National Endowment for the Humanities (NEH)
Description: The EDSITEment Web site's tag line is "the best of the humanities on the Web." It provides a cataloged selection of lesson plans built around high-quality, freely accessible material available on the Internet. The lesson plans are organized into sections including Art and Culture, Literature and Language Arts, Foreign Language, and History and Social Studies. Each detailed lesson plan is labeled with the appropriate grade level, subject area, time required, and skills taught. The site is sponsored by a partnership between the National Endowment for the Humanities and the Verizon Foundation.

EDSITEment provides quality resources on a well-designed and attractive Web site.

Energy Education
http://www.eere.energy.gov/education/
Sponsor(s): Energy Department — Energy Efficiency and Renewable Energy Office
Description: The Energy Education site links to numerous resources, including more than 350 lesson plans and activities on energy efficiency and renewable energy for grades K–12. It also features science projects, science contests, and links to other energy education resources. The site also links to information on education opportunities for teachers, higher education students, and energy professionals.

For Educators and Students
http://www.archives.gov/education/
Sponsor(s): National Archives and Records Administration (NARA)
Description: Also called the "Digital Classroom," this National Archives site features history lesson plans and teaching activities correlated to the National History Standards and the National Standards for Civics and Government. It focuses on teaching, with primary documents available on the Archives site. The site also links to information on teacher training, videoconferences, workshops, and other educational services from the National Archives.

GLOBE Program
http://www.globe.gov/
Sponsor(s): National Aeronautics and Space Administration (NASA)
Description: The GLOBE (Global Learning and Observations to Benefit the Environment) program is designed to promote science education at the primary and secondary school levels. GLOBE is funded by NASA and the National Science Foundation, supported by the Department of State, and implemented through a cooperative agreement between NASA; the University Corporation for Atmospheric Research in Boulder, Colo.; and Colorado State University in Fort Collins, Colo. The GLOBE program's primary objective is to involve students in taking environmental measurements. Schools in over 100 countries are participating. The data they collect is accessible to anyone and there is information on how new schools can register to be included in the program. The site also has a teacher's guide and schedule of teacher workshops. Much of the content is available in Spanish and other non-English languages.

With participating schools from all over the world, this kind of collaborative project demonstrates how the Internet can be used in a K–12 environment. In addition, this Web site is well designed and makes navigation easy even for users who are unfamiliar with the program.

Learning Page of the Library of Congress
http://lcweb2.loc.gov/ammem/ndlpedu/
Sponsor(s): Library of Congress
Description: Designed for the educational community, this Web site helps students and teach-

ers find relevant materials within the National Digital Library collection on the Library of Congress Web pages, with particular emphasis on the American Memory project. For educators, the site has guides and information on workshops about teaching with primary sources.

NASA Education
http://education.nasa.gov/home/
Sponsor(s): National Aeronautics and Space Administration (NASA) — Education Office
Description: The NASA Education Web site provides information about the education programs that NASA offers to K–12 educators and students, as well as those offered to undergraduate and graduate students and faculty at universities. News and resources are divided into sections including Elementary and Secondary Education, Higher Education, and Informal Education. The section on Elementary and Secondary School programs has information on Educator Astronauts and the NASA Explorer Schools program. Under the NASA Education Offices heading, the site links to the individual Web sites of NASA education programs, NASA Flight and Research Centers, and each of NASA's directorates.

National Marine Sanctuaries Education
http://sanctuaries.noaa.gov/education/
Sponsor(s): Commerce Department — National Oceanic and Atmospheric Administration (NOAA)
Description: The National Marine Sanctuaries Education Web site features lesson plans, free materials, information on workshops, and other items of interest to science or environment teachers. The site has a section specifically for teachers, but resources can also be found in other sections, such as the sections for events and references.

NIH Office of Science Education
http://science-education.nih.gov/
Sponsor(s): National Institutes of Health (NIH)
Description: The NIH Office of Science Education (OSE) develops curriculum supplements, model programs, and other resources focusing on medicine, biology, and research in order to promote public science education. This Web site serves as a portal to resources from NIH. The site features the *NIH Curriculum Supplement Series* for grades K–12, a LifeWorks site about health careers, information on science education funding programs, and many other online resources.

NOAA Education Resources
http://www.education.noaa.gov/
Sponsor(s): Commerce Department — National Oceanic and Atmospheric Administration (NOAA)
Description: The NOAA Education site has teacher training opportunity announcements and materials for teachers that cover weather, climate change, oceans and coasts, weather satellites, and space environments. The Primarily for Students section has educational resources and other information color-coded for grade K–5, grades 6–12, and higher education students. The Cool Sites for Everyone section highlights NOAA Web sites covering a variety of topics.

NSF Classroom Resources
http://www.nsf.gov/news/classroom/
Sponsor(s): National Science Foundation (NSF)
Description: The NSF provides organized links to classroom resources on the Internet. The Web site describes its intended audience as "classroom teachers, their students, and students' families." Links are organized into science topics such as biology, computing, environment, mathematics, and physics. The linked sites are from a variety of educational organizations and institutions.

Office of English Language Acquisition
http://www.ed.gov/about/offices/list/oela/
Sponsor(s): Education Department — English Language Acquisition Office
Description: The full title of this office is the Office of English Language Acquisition, Language Enhancement, and Academic Achievement for Limited English Proficient Students (OELA). OELA administers Title III of the No Child Left Behind Act (Public Law 107-110) on Language Instruction for Limited English Proficient and Immigrant Students. It also administers a state formula grant program. The site has program information and technical assistance for those applying for Title III grants, and also links to the National Clearinghouse for English Language Acquisition and Language Instruction Educational Programs (NCELA), which is funded by the Department of Education.

USGS and Science Education
http://education.usgs.gov/
Sponsor(s): Interior Department — U.S. Geological Survey (USGS)
Description: The USGS education Web site covers topics of concern to USGS scientists, including geography, geology, biology, and water resources. Educational resources are organized for grades K–6, grades 7–12, and undergraduate education. One section aligns USGS and other Web resources with an established list of science and social science curriculum standards for California. The site also covers USGS careers, internships, and postdoctoral fellowships.

EARLY CHILDHOOD EDUCATION

Early Childhood Learning and Knowledge Center
http://eclkc.ohs.acf.hhs.gov/hslc/
Sponsor(s): Health and Human Services Department — Administration for Children and Families (ACF) — Office of Head Start (OHS)
Description: The Early Childhood Learning and Knowledge Center (ECLKC) Web site states that it is designed to provide "relevant, timely information, knowledge and learning to Head Start programs and the early childhood community in an easy-to-use format." The site has information on the Head Start Program and on topics such as early education, child health, supporting your child in Head Start, and professional development for program grantees. It includes an online directory of Head Start programs. ECLKC also provides information on Head Start regulations and policy, performance standards, and program monitoring. Some information is provided in Spanish.

This Web site duplicates some information provided on the Office of Head Start Web site, but also offers unique resources—particularly for the support of program grantees.

Head Start
http://www.acf.hhs.gov/programs/hsb/
Sponsor(s): Health and Human Services Department — Administration for Children and Families (ACF) — Office of Head Start (OHS)
Description: The Office of Head Start administers grants for local public and private non-profit and for-profit agencies that provide child development services for low-income children and their families. The Web site has information on the program and relevant laws and regulations. The site also links to research on outcomes for the Head Start (preschool) and Early Head Start (infant to three years) programs.

National Child Care Information Center (NCCIC)
http://nccic.org/
Sponsor(s): Health and Human Services Department — Administration for Children and Families (ACF) — Child Care Bureau
Description: NCCIC is a national clearinghouse and technical assistance center for parents, early education professionals, governments, researchers, and the general public. The site has background information and an extensive section of links on topics such as licensing regulations, childcare as a business, federal policy, child development, literacy, and school readiness. The State Information section has profiles of childcare in each individual state. Some information is available in Spanish.

EDUCATION FUNDING

FAFSA4caster
http://www.fafsa4caster.ed.gov/
Sponsor(s): Education Department — Federal Student Aid Office
Description: The FAFSA4caster Web site is for those planning for higher education but not yet ready to apply for financial aid. The site provides an orientation to the financial aid process and an estimate of eligibility for aid. FAFSA4caster is available in English and Spanish.

Federal Cyber Service: Scholarship for Service
http://www.sfs.opm.gov/
Sponsor(s): Office of Personnel Management (OPM)
Description: OPM's Scholarship for Service program funds the education expenses of graduate and undergraduate students in information assurance fields in exchange for an obligation to work for the federal government for an agreed-upon term. The program is designed to strengthen the federal government's expertise in information assurance (the security of computer and communication networks and the information they carry). This Web site has further details about the program and a list of participating higher education institutions.

Federal School Code Search Page
http://www.fafsa.ed.gov/FOTWWebApp/FSLookupServlet
Sponsor(s): Education Department — Federal Student Aid Office
Description: This site provides searchable access to the federal Title IV School Codes required on many financial aid forms.

Federal Student Aid Gateway
http://federalstudentaid.ed.gov/
Sponsor(s): Education Department — Federal Student Aid Office
Description: This site proves information, referrals, and Web links for students, parents, financial aid professionals, those repaying student loans, and those doing business with the Federal Student Aid Office. The site also has press releases and general information about the office.

The Federal Student Aid Gateway serves a broad audience. Other financial aid Web sites listed in this section are more specialized.

Free Application for Federal Student Aid (FAFSA)
http://www.fafsa.ed.gov/
Sponsor(s): Education Department — Federal Student Aid Office
Description: FAFSA on the Web makes it possible to apply online for federal financial aid for college. The site provides guidance on applying for aid, the application process, and deadlines.

GI Bill Website
http://www.gibill.va.gov/
Sponsor(s): Veterans Affairs Department
Description: The GI Bill site provides information on the range of education benefits for active duty and reserve servicemembers, veterans, survivors, and dependents. Information on the programs is available in the Education Benefits, Information for Benefit Recipients, and Questions and Answers sections. It includes a database of approved programs at colleges, non-college degree granting institutions, licensing and certification granting providers, and national testing providers

The site has a history of the original GI Bill—the Servicemembers' Readjustment Act of 1944—which preceded the current program.

Information for Financial Aid Professionals (IFAP)
http://ifap.ed.gov/
Sponsor(s): Education Department — Federal Student Aid Office
Description: IFAP is an electronic library for financial aid professionals that contains publications, regulations, and guidance regarding the administration of the Title IV Federal Student Aid (FSA) Programs. This site features technical documentation, online tools, worksheets, and schedules related to the programs. The site also has an RSS feed of program news.

Student Aid on the Web
http://studentaid.ed.gov/
Sponsor(s): Education Department — Federal Student Aid Office
Description: This Web site is a portal and service center for federal student aid information and programs, designed for students and their parents or advisers. It begins with information about preparing for, choosing, applying to, and attending a college. Other sections contain facts about funding a college education and repaying student loans. The site links to the Free Application for Federal Student Aid (FAFSA) online.

Tax Benefits for Education
http://www.irs.gov/publications/p970/
Sponsor(s): Treasury Department — Internal Revenue Service (IRS)
Description: This Web page has the full text of Publication 970, *Tax Benefits for Education*. The publication outlines the tax deductions and benefits available to those saving for or paying education costs.

EDUCATION POLICY

Directorate for Education and Human Resources—NSF
http://www.nsf.gov/dir/index.jsp?org=ehr
Sponsor(s): National Science Foundation (NSF)
Description: The Directorate for Education and Human Resources (EHR) provides leadership in the effort to improve science, mathematics, engineering, and technology education in the United States. Its Web site includes links to

descriptions of the EHR divisions—the Division of Graduate Education (DGE); the Division of Undergraduate Education (DUE); Research on Learning in Formal and Informal Settings (DRL); and the Human Resource Development (HRD)—and the types of projects they sponsor. The Publications category includes selected full-text documents.

This site will be of assistance to science and engineering students and educators at all levels who are interested in pursuing grants or scholarships.

ED.gov—U.S. Department of Education
http://www.ed.gov/
Sponsor(s): Education Department
Description: The Department of Education Web site features current news and links to information on the No Child Left Behind program and other high-profile initiatives. The top menu of the site's home page directs users to information by audience, with sections including Students (financial aid and homework help), Parents (encouraging learning, finding schools, and college planning), Teachers (how to become a teacher and finding teaching jobs), and Administrators (guidance on school safety, teacher recruitment, and other topics). The site also organizes its content into several information centers, including Grants and Contracts, Financial Aid, Research and Statistics, Policy, and Programs. In addition, it has an A to Z index and a site map.

The About ED section has a directory of offices, budget and appropriations information, and press releases. Publications are available through the linked ED Pubs Web site and the ERIC (Education Resources Information Center) database. Some information is available in Spanish.

Lifelong Literacy
http://www.loc.gov/literacy/
Sponsor(s): Library of Congress
Description: This Web site is a companion to an advertising campaign to encourage young people to read. The site links to resources from the Library of Congress and elsewhere that promote reading, books, poetry, Braille literacy, and libraries.

No Child Left Behind
http://www.nclb.gov/
Alternate URL(s): http://www.nochildleftbehind.gov/
Sponsor(s): Education Department
Description: This Department of Education Web site is dedicated to information about Public Law 107-110, better known as the No Child Left Behind Act of 2001. The law concerns educational standards and testing, teacher training and recruitment, English language instruction, school safety, and other matters. The site has an A to Z index, individual state assessments, legislative updates, and information for parents and teachers. It also an e-mail newsletter, *The Achiever*.

Office of Innovation and Improvement (OII)
http://www.ed.gov/about/offices/list/oii/
Sponsor(s): Education Department—Innovation and Improvement Office
Description: OII administers discretionary grant programs, coordinates public school choice and supplemental educational efforts, works with the nonpublic education community, and develops guidance for the No Child Left Behind initiative. The Web site's Non-Public Education section includes a private school locator and statistics on private education in the United States. The office also has an e-mail newsletter, *The Education Innovator*.

White House Initiative on Educational Excellence for Hispanic Americans
http://www.yic.gov/
Alternate URL(s): http://www.yosipuedo.gov/
Sponsor(s): President's Advisory Commission on Educational Excellence for Hispanic Americans
Description: The White House Initiative on Educational Excellence for Hispanic Americans and the President's Advisory Commission on Educational Excellence for Hispanic Americans were established by executive order in 2001. The Education Department provides the primary support for the initiative. The Web site has information on the commission and also features a series of toolkits, or online guides, with educational tips relevant to early childhood, elementary and secondary schooling, and postsecondary education. The alternate URL

listed above links to a Spanish-language version of the site.

EDUCATION RESEARCH AND STATISTICS

ERIC—Educational Resources Information Center
http://www.eric.ed.gov/
Sponsor(s): Education Department — Institute of Education Sciences
Description: ERIC is a database and information system funded by the Department of Education to provide organized access to a wide array of published and unpublished material about education. It references education literature from 1966 to the present. The Web site describes ERIC as "the world's largest digital library of education literature."

The ERIC search interface has basic and advanced versions. Searchable fields include title, author, ERIC number, identifier, ISBN, ISSN, journal name, source institution, sponsoring agency, thesaurus descriptor, and date range. Searches can be limited by type of material cited (e.g., journal article, non-print media, or dissertation) and full-text availability. The ERIC Thesaurus is linked to the search interface; users can also browse and search the thesaurus separately. An interface called My ERIC allows for some customization once users register for a My ERIC account.

ERIC is a key resource for research in education and related fields. Although the database was previously handled by a network of academic and nonprofit clearinghouses, the Department of Education established centralized control in late 2004. Since then, new features and content have been phased in. ERIC users should check the ERIC online news for regular updates; however, there is no e-mail or RSS feed subscription for the news.

Institute of Education Sciences (IES)
http://www.ed.gov/about/offices/list/ies/
Sponsor(s): Education Department — Institute of Education Sciences
Description: IES was established in 2002 to focus on education research. It includes the National Center for Education Research (NCER), the National Center for Education Statistics (NCES), the National Center for Education Evaluation and Regional Assistance (NCEE), and the National Center for Special Education Research (NCSER). The Web site has information on IES and its grants and component programs.

International Comparisons in Education
http://nces.ed.gov/surveys/international/
Sponsor(s): Education Department — Institute of Education Sciences — National Center for Education Statistics (NCES)
Description: NCES provides a central page for linking to the international education statistics that the agency collects. The site links to information on the Trends in International Mathematics and Science Study (TIMSS) and Program for International Student Assessment (PISA) assessments, as well as the Progress in International Reading Literacy Study (PIRLS) and Adult Literacy and Lifeskills (ALL) international comparative studies.

National Center for Education Statistics
http://nces.ed.gov/
Sponsor(s): Education Department — Institute of Education Sciences — National Center for Education Statistics (NCES)
Description: NCES collects and analyzes data concerning education in the United States and other nations. Its Web site is a primary source for education statistics for all educational levels and for data on educational assessment, libraries, and international educational outcomes. Most data on the site are drawn from major NCES statistical publications, such as *Education Statistics Quarterly*, *The Condition of Education*, and the *Digest of Education Statistics*. The site provides a variety of tools to search and report the data. The Fast Facts section highlights frequently requested information, such as data on high school dropout rates or the effects of reading to children. The site also includes a searchable directory of private and public schools, colleges, and public libraries.

For users searching for statistics related to any form of education, this site should be the first place to visit.

Research on Learning in Formal and Informal Settings
http://www.nsf.gov/div/index.jsp?div=DRL
Sponsor(s): National Science Foundation (NSF)
Description: The NSF Division of Research on Learning in Formal and Informal Settings (DRL) is concerned with teaching and learning in sci-

ence, technology, engineering, and mathematics at all age levels. The division's Web site has information on funding opportunities for research in this area, along with division news and events.

EDUCATIONAL TECHNOLOGY

Computers for Learning
http://computersforlearning.gov/
Sponsor(s): General Services Administration (GSA)
Description: The Computers for Learning Web site is designed for public, private, parochial, and home schools serving the K–12 student population, as well as other nonprofit educational organizations. The service allows these groups of students and nonprofit organizations to request donations of surplus federal computer equipment. The site includes program and eligibility information and sections on how to give and receive computers.

Minority University Space Interdisciplinary Network (MU-SPIN)
http://muspin.gsfc.nasa.gov/
Sponsor(s): National Aeronautics and Space Administration (NASA) — Goddard Space Flight Center (GSFC)
Description: MU-SPIN is designed for Historically Black Colleges and Universities (HBCUs), Hispanic Serving Institutions (HSIs), and Tribal Colleges. The program focuses on training the next generation of minority scientists and engineer through technology, research, and education programs. The Web site has information about the program and its associated events, conferences, and resources.

For minority colleges and universities, this is an important resource for high technology and computer networking information and training.

Office of Educational Technology (OET), Department of Education
http://www.ed.gov/about/offices/list/os/technology/
Sponsor(s): Education Department — Educational Technology Office
Description: OET develops national educational technology policy and works with the educational community and the Department of Education to promote national goals for educational technology. Major sections of the site are Grants Programs, Reports and Research, and Internet Safety. The site also has a directory of state government contacts for educational technology.

ELEMENTARY AND SECONDARY EDUCATION

Education Resource Organizations Directory (EROD)
http://wdcrobcolp01.ed.gov/Programs/EROD/
Sponsor(s): Education Department — Elementary and Secondary Education Office
Description: EROD is a database of approximately 3,000 state and regional organizations that provide education-related information. It includes organizations such as state literary resource centers and regional education laboratories. Each organization's entry has complete contact information and a description of its services.

Emergency Planning
http://www.ed.gov/emergencyplan/
Sponsor(s): Education Department — Office of Safe and Drug-Free Schools
Description: The Emergency Planning Web site, launched in March 2003, provides school leaders with information to plan for emergencies such as natural disasters or violent incidents. The site includes instructional webcasts, a crisis planning guide, information on pandemic flu preparedness, and links to related assistance programs from the Education Department.

Office of Elementary and Secondary Education (OESE)
http://www.ed.gov/about/offices/list/oese/
Sponsor(s): Education Department — Elementary and Secondary Education Office
Description: The OESE Web site has information on its programs, office contacts, and reports. The Laws, Regulations, and Guidance section is largely concerned with the No Child Left Behind Act. The Standards, Assessment, and Accountability and the Flexibility and Waivers sections also cover areas of No Child Left Behind. The Consolidated State Info section has information on the No Child Left Behind Consolidated State Performance Report for states reporting accomplishments and data. The site is searchable through an A to Z index.

The alphabetical index is useful in uncovering all of the information at this site. Much of the information on the site is intended for elementary and secondary education professionals and officials who need to comply with the No Child Left Behind Act or who are interested in its documents.

Office of Safe and Drug-Free Schools
http://www.ed.gov/about/offices/list/osdfs/
Sponsor(s): Education Department — Office of Safe and Drug-Free Schools
Description: OSDFS's major programs come under the categories of Health, Mental Health, Environmental Health, and Physical Education; Drug-Violence Prevention; and Character and Civic Education. Many of the programs are for the elementary and secondary level, although some programs also apply to higher education. The Web site has information on the grants that fall under these program categories and offers news, publications; it also links to related resources on the Internet.

Office of Special Education Programs (OSEP)
http://www.ed.gov/about/offices/list/osers/osep/
Sponsor(s): Education Department — Special Education and Rehabilitative Services Office — Office of Special Education Programs (OSEP)
Description: OSEP has the primary responsibility of administering programs and projects relating to the education of all children, youth, and adults with disabilities, from birth through age 21. Sections describe OSEP's Programs and Projects, Grants and Funding, Legislation and Policy, Publications and Products, and Research and Statistics. It includes extensive information on the Individuals with Disabilities Education Act (IDEA), which authorizes OSEP programs.

School District Demographics System
http://nces.ed.gov/surveys/sdds/
Sponsor(s): Education Department — Institute of Education Sciences — National Center for Education Statistics (NCES)
Description: This site presents demographic and geographic data for school districts from the decennial census and the American Community Survey. The Map Viewer application allows users to view state or individual school district maps. The School District Profiles section can be used to compare demographic information between any of the nation's school districts. Users can also download school district data from the American Community Survey in spreadsheet file format. Documentation for the data and the system can be found in the Library section.

The data from this special census tabulation can be helpful for studying school districts and for examining general demographics of children and families with children.

The Nation's Report Card
http://nces.ed.gov/nationsreportcard/
Sponsor(s): Education Department — Institute of Education Sciences — National Center for Education Statistics (NCES)
Description: This is the online home of the National Assessment of Educational Progress (NAEP), an ongoing national assessment for student achievement in grades 4, 8, and 12. It provides background information on the history and current operations of the NAEP. Current results are available in the form of state profiles. Users can also construct custom data tables and get reports at the national level or by state, region, or major urban district. The Subject Areas section provides background and reports on assessments in mathematics, reading, science, civics, and other specific subjects.

U.S. Presidential Scholars Program
http://www.ed.gov/programs/psp/
Sponsor(s): Education Department
Description: The U.S. Presidential Scholars Program recognizes up to 141 outstanding high school graduates each year. The Web site has information on eligibility, the application process, and the current year's presidential scholars.

HIGHER EDUCATION

Air Force Institute of Technology
http://www.afit.edu/
Sponsor(s): Air Force — Air Force Institute of Technology (AFIT)
Description: A component of Air University, AFIT is the Air Force's graduate school of engineering and management and its institute for technical professional continuing education. The Web site provides information on each of AFIT's schools and centers.

Air University
http://www.au.af.mil/au/
Sponsor(s): Air Force — Air University
Description: Air University (AU), located at Maxwell Air Force Base, conducts professional military education, graduate education, and professional continuing education for officers, enlisted personnel, and civilians. This site links to each of the component schools that make up AU and to its research centers, including the USAF Counterproliferation Center, Nation Space Studies Center, and Cyberspace and Information Operations Study Center. It also provides information on the university's history and mission. The Other AU Links section links to the university's course catalogs and publications, Air University Press, and the Air University Library.

Army Logistics Management College
http://www.almc.army.mil/
Sponsor(s): Army — Army Logistics Management College (ALMC)
Description: The Army Logistics Management College site features a course catalog, course schedule, online version of *Army Logistician*, and a link to the Army Logistics Library Web site.

Barry M. Goldwater Scholarships
http://www.act.org/goldwater/
Sponsor(s): Goldwater Scholarship and Excellence in Education Foundation
Description: Goldwater Scholarships are awarded for undergraduate education in the fields of mathematics, science, and engineering. The Goldwater Foundation was established by Congress to encourage study in these fields. The Web site has scholarship application information and lists of past awardees.

Carlisle Barracks and the U.S. Army War College
http://carlisle-www.army.mil/
Sponsor(s): Army — Carlisle Barracks
Description: Carlisle Barracks is the home of the U.S. Army War College, the Center for Strategic Leadership, the Strategic Studies Institute, the Peacekeeping and Stability Operations Institute, the Army Physical Fitness Research Institute, the Army Heritage and Education Center, and the Military History Institute. This site features information on the barracks and the resident institutions. The Web site's home page features summaries of timely studies in national defense. The site also carries the quarterly *Parameters*, the Army's senior professional journal; issues are archived online from 1996 onward.

College Navigator
http://nces.ed.gov/collegenavigator/
Sponsor(s): Education Department — Institute of Education Sciences — National Center for Education Statistics (NCES)
Description: College Navigator is a database of information on colleges, universities, community colleges, technical colleges, and similar institutions. Prior to September 2007, it was known as the College Opportunities Online (COOL) database. The database can be searched by institution name or by location, type of school, programs offered, tuition and enrollment ranges, and other criteria. For each institution, the database typically supplies phone numbers, a URL, average costs, and basic background information. Colleges can also be compared side-by-side for such factors as estimated student expenses and graduation rates.

College Navigator is a useful reference for college-bound students as well as for those simply looking for a college's phone number or URL. Note that the site states that an institution's inclusion in the database does not constitute a recommendation by the Department of Education.

Command and General Staff College
http://www-cgsc.army.mil/
Sponsor(s): Army — Army Command and General Staff College
Description: The U.S. Army Command and General Staff College is focused on leadership development within the Army. This site offers information on the college, its training programs, and its organizations.

Defense Language Institute Foreign Language Center (DLIFLC)
http://www.dliflc.edu/
Sponsor(s): Defense Department — Defense Language Institute (DLI)
Description: DLIFLC is the primary foreign-language training institution within the Department of Defense. Programs are for U.S. military personnel and select agency staff. The Web site has

information on the history of the center and its current language programs. The center's journal, *Applied Language Learning*, is online dating back to 1996.

The site is primarily of interest to those eligible for and interested in DLI language training.

Harry S. Truman Scholarship Foundation
http://www.truman.gov/
Sponsor(s): Truman Scholarship Foundation
Description: Truman Scholarships are awarded to outstanding undergraduate students who wish to pursue graduate study and careers in government or public service. This Web site has information about the Truman Foundation and its scholarship program, with sections for candidates, faculty, and current Truman scholars.

Marine Corps University
http://www.mcu.usmc.mil/
Sponsor(s): Marine Corps — Training and Education Command
Description: The Marine Corps University's Web site provides information about its schools, including the Expeditionary Warfare School, the Command and Staff College, the School of Advanced Warfighting, and the Marine Corps War College.

NASA Academy
http://academy.nasa.gov/
Sponsor(s): National Aeronautics and Space Administration (NASA) — Goddard Space Flight Center (GSFC)
Description: This is the central page for NASA Academy summer programs for college students in science, math, engineering, or computer science. The site has application forms and detailed program information.
The information on these pages will be of interest to college students interested in careers or further study with NASA and to the advisers of students in relevant fields of study.

NASA Office of Higher Education at Goddard Space Flight Center
http://university.gsfc.nasa.gov/
Sponsor(s): National Aeronautics and Space Administration (NASA) — Goddard Space Flight Center (GSFC)
Description: This office manages fellowships, grants, and other higher education programs at NASA's Goddard Space Flight Center in Maryland. The programs target colleges and universities along the eastern seaboard and aerospace-oriented institutions nationwide with programs of mutual interest to Goddard. The site has information about these and other NASA-wide higher education programs.

National Defense University (NDU)
http://www.ndu.edu/
Sponsor(s): Defense Department — National Defense University (NDU)
Description: The NDU Web site provides an online course catalog and links to the university's component colleges and schools: the Joint Forces Staff College, the National War College, the Industrial College of the Armed Forces, the Information Resources Management College, and the School for National Security Executive Education. NDU Research Centers online include the Institute for National Strategic Studies and the Center for the Study of Weapons of Mass Destruction. A Professional Military Reading Lists section presents bibliographies of recommended reading from the chiefs of the armed services and others.

Naval Postgraduate School
http://www.nps.edu/
Sponsor(s): Navy — Naval Postgraduate School (NPS)
Description: NPS emphasizes education and research programs relevant to the Navy, defense, and national and international security interests. The Web site links to information from each of the NPS component schools: Business and Public Policy, Engineering and Applied Sciences, Operational and Information Sciences, and International Graduate Studies. The Research section includes archives of technical reports and abstracts from theses.

Naval War College
http://www.nwc.navy.mil/
Sponsor(s): Navy — Naval War College (NWC)
Description: The Naval War College in Newport, R.I., is open to selected mid-grade and senior military officers of the U.S. armed services and civilian government officials. Naval officers from other countries attend international programs by invitation. The Web site has information on the component colleges, the Center for Naval Warfare Studies, and the Naval War College

Press. The Press section includes the full texts of studies in the Newport Papers series and the *Naval War College Review*.

NSF Division of Graduate Education
http://www.nsf.gov/div/index.jsp?div=DGE
Sponsor(s): National Science Foundation (NSF)
Description: The programs of the NSF's Division of Graduate Education promote the early career development of scientists and engineers by offering support at critical junctures of their careers. This Web site describes the division's research and teaching fellowships for graduate students in the sciences. The Publications section includes program guidelines. There is also a page to search for awards.

NSF Division of Undergraduate Education
http://www.nsf.gov/div/index.jsp?div=DUE
Sponsor(s): National Science Foundation (NSF)
Description: The NSF's Division of Undergraduate Education (DUE) focuses on improving undergraduate education in science, technology, mathematics, and engineering. The division awards funds to scholarship programs at educational institutions; they do not award scholarships directly to students. The division also funds programs for teacher education and curriculum development. The Web site has information on the programs, deadlines, and awards.

Office of Postsecondary Education (OPE)
http://www.ed.gov/about/offices/list/ope/
Sponsor(s): Education Department — Postsecondary Education Office
Description: In the Programs/Initiatives section, this Web site provides a guide to the more than 40 postsecondary-related education programs administered by the OPE. Initiatives include programs for improving educational institutions, supporting international education, funding teacher training, and reaching out to students from disadvantaged backgrounds. The Reports and Resources section of the site includes the *Federal Campus-Based Programs Data Book*. The Accreditation section of the site explains the accreditation of educational institutions and has a directory of the numerous accrediting agencies.

Smithsonian Office of Fellowships
http://www.si.edu/ofg/
Sponsor(s): Smithsonian Institution
Description: The Office of Fellowships has applications, lists of fellowship and internship opportunities, and announcements of current recipients. The publication *Smithsonian Opportunities for Research and Study* is available online in an HTML format.

U.S. Merchant Marine Academy
http://www.usmma.edu/
Sponsor(s): Transportation Department — Maritime Administration (MARAD)
Description: The Merchant Marine Academy Web site has information about admissions, academics, and other activities. The site also links to the Global Maritime and Transportation School (GMATS) for maritime and transportation industry professionals.

United States Air Force Academy
http://www.usafa.af.mil/
Sponsor(s): Air Force — Air Force Academy
Description: The United States Air Force Academy Web site provides information for cadets, staff, and faculty. It includes visitor information and sections on admissions, academics, and cadet life. The academy's libraries are listed in the USAFA Organizations section.

United States Military Academy at West Point
http://www.usma.edu/
Sponsor(s): Army — United States Military Academy (USMA)
Description: The West Point Web site has information for prospective and current students, alumni, visitors, and the West Point community. Sections include Admissions, Cadet Life, and the Academic, Physical, and Military Programs. A brief section on USMA history, found in the About the Academy section, includes a timeline and list of notable graduates.

United States Naval Academy
http://www.usna.edu
Sponsor(s): Navy — United States Naval Academy (USNA)
Description: This site contains information on the Naval Academy, mainly for students, prospective students, and midshipmen. The About USNA section links to information about the academy's history and notable graduates.

White House Initiative on Historically Black Colleges and Universities
http://www.ed.gov/about/inits/list/whhbcu/edlite-index.html
Sponsor(s): Education Department — White House Initiative on Historically Black Colleges and Universities
Description: The White House Initiative on Historically Black Colleges and Universities was established by executive order in 1981. This Web site has information on the initiative's work, board of advisers and staff, and budget. It also has a list of Historically Black Colleges and Universities by state and type of institution, with URLs provided for each institution.

White House Initiative on Tribal Colleges and Universities
http://www.ed.gov/about/inits/list/whtc/edlite-index.html
Sponsor(s): Education Department — White House Initiative on Tribal Colleges and Universities
Description: The President's Board of Advisors on Tribal Colleges and Universities and the White House Initiative on Tribal Colleges and Universities were established by executive order in 2002. In addition to information on the board and its activities, this site has a directory of tribal colleges and universities.

INTERNATIONAL EDUCATION

Bureau of Educational and Cultural Affairs
http://exchanges.state.gov/
Sponsor(s): State Department — Educational and Cultural Affairs Bureau
Description: The Bureau of Educational and Cultural Affairs Web site has information about its many international exchange and education programs. For U.S. citizens, the site has information on Fulbright Scholarships, English-language teaching abroad, study abroad, and other opportunities. For the audience abroad, the site has information about studying in the United States, the Fulbright Program, and a range of programs from the high school level up to the scholar and professional level. The site covers a range of other initiatives, such as the National Security Language Initiative, the Global Cultural Initiative, and the Edward R. Murrow Journalism Initiative.

EducationUSA
http://www.educationusa.state.gov/
Sponsor(s): State Department — Educational and Cultural Affairs Bureau
Description: EducationUSA is a global network of more than 450 advising and information centers in 170 countries supported by the Department of State's Bureau of Educational and Cultural Affairs. The Web site's About Us section provides contact information for individual centers worldwide. Other sections of the site provide information about finding a school, student visas, and living in the United States. Information is available for all levels of higher education and specialized professional study. Booklets from the department's "If You Want to Study in the United States" series are available online in Arabic, Chinese, French, Russian, Spanish, and English.

Fulbright Scholar Program
http://exchanges.state.gov/education/fulbright/
Alternate URL(s): http://www.fulbrightonline.org/
Sponsor(s): State Department — Educational and Cultural Affairs Bureau; Institute of International Education (IIE)
Description: The Fulbright Program, sponsored by the United States, is an international education program that provides grants for graduate students, scholars, professionals, teachers, and administrators from the United States and other countries. This site, geared toward U.S. and non-U.S. applicants, describes the program and links to the Fulbright Commissions around the world. Much of the program is administered for the Department of State by the Institute of International Education (IIE), an independent nonprofit organization. The alternate URL for this entry leads to the IIE Fulbright Web site. For applicants from the United States, the relevant applications are available online.

Future State
http://www.future.state.gov/
Sponsor(s): State Department
Description: Designed as the student Web site for the Department of State, Future State is largely written for students at the secondary school level, although it has one section for students in grades K–6. The site explains the work of the department, international education opportunities available to students, and

the nature of careers within the Department of State. A section for parents and educators includes lesson plans and online resources.

Future State includes a substantial amount and variety of information relating to diplomacy, U.S. diplomatic history, country information, international exchange programs, and educational outreach activities.

International Affairs Office
http://www.ed.gov/about/inits/ed/internationaled/
Sponsor(s): Education Department
Description: The International Affairs Office coordinates the Education Department's international programs and works with international agencies such as the United Nations Educational, Scientific, Cultural Organization (UNESCO). The Web site provides a directory to Education Department programs that have an international aspect. It also describes the office's activities, such as International Education Week and the United States Network for Education Information (USNEI) program.

U.S. Network for Education Information (USNEI)
http://www.ed.gov/about/offices/list/ous/international/usnei/edlite-index.html
Sponsor(s): Education Department
Description: USNEI is an interagency and public-private partnership set up to provide official information for anyone researching U.S. education. It also provides U.S. citizens with authoritative information about education in other countries. The site covers all levels of education, with topics including visas, accreditation, professional licensure, and teaching abroad (or in the United States). The site's Foreign Country Database links to Web sites for individual countries' official education agencies and organizations.

Worldstudy.gov
http://worldstudy.gov/
Sponsor(s): National Security Education Program
Description: Worldstudy.gov was created by the National Security Education Program (NSEP), a government program that works to strengthen national security by helping educate U.S. citizens about world cultures and languages. NSEP awards the David L. Boren Scholarships and Fellowships for study relating to global security at the graduate and undergraduate levels. The site provides information on the Boren grants and features accounts of student experiences while studying abroad.

KIDS' PAGES

America's Story from America's Library
http://www.americaslibrary.gov/
Sponsor(s): Library of Congress
Description: This Library of Congress Web site is designed for children and their families. It uses digitized images from the library's collection, accompanied by text and graphics, to create educational pages about American history and culture. Sections include Explore the States, Jump Back in Time, and Meet Amazing Americans.

ATF Kids' Page
http://www.atf.gov/kids/
Sponsor(s): Justice Department — Bureau of Alcohol, Tobacco, Firearms, and Explosives
Description: Several sections of the site are designed specifically for children, such as those about Elliot Ness and ATF canines. Other menu items link to content on the main ATF Web site, such as those about ATF history and ATF special agents killed in the line of duty.

BAM! Body and Mind
http://www.bam.gov/
Sponsor(s): Health and Human Services Department — Centers for Disease Control and Prevention (CDC)
Description: BAM!, designed for children age 9 to 13, has tips on fighting stress and adopting healthy lifestyles. It contains information about fitness, nutrition, safety, and handling peer pressure.

Ben's Guide to U.S. Government for Kids
http://bensguide.gpo.gov/
Sponsor(s): Government Printing Office (GPO) — Superintendent of Documents
Description: With a cartoon version of Benjamin Franklin as a guide, this GPO site for children covers topics such as the U.S. Constitution, how laws are made, the branches of the federal government, and citizenship. It features sections for specific age groups, plus a special section for parents and educators. The major sections are About Ben, K–2, 3–5, 6–8, 9–12, and Parents and Teachers.

Ben's Guide has received numerous accolades. It is useful as a grade school or high school student's homework helper, but may also help older students refresh their basic knowledge of U.S. government and history.

BLS Career Information
http://www.bls.gov/k12/
Sponsor(s): Labor Department — Bureau of Labor Statistics (BLS)
Description: The BLS Career Information page for youth uses a graphical interface to match kids' interests with potential careers. A Teachers' Guide refers teachers to additional information available from BLS.

The site is easy and fun to use. It is most appropriate for upper elementary grades and high school students.

CIA Kids' Page
https://www.cia.gov/kids-page/index.html
Sponsor(s): Central Intelligence Agency (CIA)
Description: The CIA Kids' Page has section for students in grades K–5 and 6–12 and for parents and teachers. It also has a separate games section and links to the kids' pages at other intelligence agency Web sites. Kids' activities include learning about the CIA seal, CIA history, and working for the CIA. Parent and teacher materials include lesson plans and guidance on topics such as Internet safety and helping children avoid drug abuse.

CryptoKids™
http://www.nsa.gov/kids/
Sponsor(s): Defense Department — National Security Agency (NSA)
Description: This site has games, activities, and background information about NSA's specialty, cryptography. The Student Resources section has NSA career information for high school and college students. The site has both a Flash and text version.

DOI Just For Kids
http://www.doi.gov/kids/
Sponsor(s): Interior Department
Description: This Department of the Interior site is a portal to the various kids' pages hosted by the department's agencies and bureaus. Linked sites include Endangered Species, Astrogeology for Kids, Earthquakes for Kids, Web Rangers, and Careers in Science. The target audience age varies with the sites. Many sites include sections for teachers and field trip information.

Dr. E's Energy Lab: Energy Efficiency and Renewable Energy Network
http://www.eere.energy.gov/kids/
Sponsor(s): Energy Department — Energy Efficiency and Renewable Energy Office
Description: This Department of Energy page for children includes home energy saving tips, an introduction to renewable energy technologies, games, and an energy quiz. A section for parents and teachers includes lesson plans for grades K–4, 5–8, and 9–12.

EIA Energy Kid's Page
http://www.eia.doe.gov/kids/
Sponsor(s): Energy Department — Energy Information Administration (EIA)
Description: The Department of Energy's Information Administration provides this educational page. Sections include: Energy Facts, Fun and Games, Energy History, Classroom Activities, and Glossary. The Classroom Activities section includes materials for teachers and parents to use in working with learners from grades K–12.

Energy Department—For Students and Kids
http://www.energy.gov/forstudentsandkids.htm
Sponsor(s): Energy Department
Description: This site centralizes access to Energy Department Web sites for kids and students, including energy glossaries and agency-sponsored contests and competitions. Linked sites cover a range of topics, from the relationship between garbage and energy to the Virtual Frog Dissection Kit. The More Kids Pages link leads to a list of kids' pages at the Energy Department's national laboratories and other centers. The Scholarships and Internships link leads to information on opportunities for undergraduate college students, graduate students, postdoctoral scholars, and faculty.

EPA Climate Change Kids Site
http://www.epa.gov/climatechange/kids/
Sponsor(s): Environmental Protection Agency (EPA)
Description: This site provides explanations of climate, weather, and the greenhouse effect. It also has games and a section for teachers. Due

to the amount of text and the complicated nature of the subject, this site is best for students in the upper grades.

EPA Student Center
http://www.epa.gov/students/
Sponsor(s): Environmental Protection Agency (EPA)
Description: The EPA Student Center Web site serves as a portal to information at a variety of educational levels and offers links to a Kids' Page, a site for high schoolers, and a site for teachers. Sections include Environmental Club Projects, Environmental Youth Awards, Fun Activities, and Environmental Basics.

FBI Kids' Page
http://www.fbi.gov/fbikids.htm
Sponsor(s): Justice Department — Federal Bureau of Investigation (FBI)
Description: The FBI Web site provides pages for kids in kindergarten through fifth grade, such as the About Our Dogs section, and pages for those in grades 6–12, such as the How We Investigate section.

FCC Kids Zone
http://www.fcc.gov/cgb/kidszone/
Sponsor(s): Federal Communications Commission (FCC) — Consumer and Governmental Affairs Bureau
Description: The FCC Kids Zone has information on the history of communications technology, online games, and a section about satellites. It also has answers to questions kids ask, such as "What is 911?" and "What is the difference between AM radio and FM radio?"

FDA Kids' Site
http://www.fda.gov/oc/opacom/kids/
Sponsor(s): Health and Human Services Department — Food and Drug Administration (FDA)
Description: The colorful FDA Web site for children presents health and safety information in several sections, including the Food Safety Quiz and All About Animals. The center box links to the Parents' Corner with information on child health and safety.

Federal Reserve Kids Page
http://www.federalreserve.gov/kids/
Sponsor(s): Federal Reserve
Description: This site has answers to twelve questions, ranging from "What is inflation?" to "What is the FOMC, and what does it do?"

The Federal Reserve has a broader education site with resources for teachers available at <http://www.federalreserveeducation.org/>.

FEMA for Kids
http://www.fema.gov/kids/
Sponsor(s): Federal Emergency Management Agency (FEMA)
Description: This FEMA site provides information and resources to help children prepare for and prevent disasters. Children can go through a series of activities and receive a Disaster Action Kid certificate. A section called the Disaster Area explains threats like floods and hurricanes. The site includes a section for parents and teachers with curriculum resources and links to further information.

Because of the sensitive nature of disaster threats, parents and teachers will probably want to review this site before sharing sections of it with young children.

FireSafety.gov
http://www.firesafety.gov/
Sponsor(s): Health and Human Services Department — Centers for Disease Control and Prevention (CDC); Consumer Product Safety Commission (CPSC); Homeland Security Department — Federal Emergency Management Agency (FEMA) — U.S. Fire Administration
Description: FireSafety.gov is the product of an interagency collaboration to increase awareness of fire dangers and fire prevention. The site features current news of product recalls and a Fire Safety Directory. The directory provides information about residential fire safety and prevention, with sections for at-risk populations such as the elderly, the visually impaired, and the hearing impaired. The Reference Materials section includes statistics, information on grants, and a database of fire-related consumer product recalls. Selected information from the site is available in Spanish.

FSAKids
http://content.fsa.usda.gov/fsakids/
Sponsor(s): Agriculture Department (USDA) — Farm Service Agency (FSA)
Description: The Farm Service Agency provides coloring books and games with an agricultural theme, along with recipes for kids to try. The site also has online games in Spanish. Each section of the site also has information for parents and educators.

GirlsHealth.gov
http://girlshealth.gov/
Sponsor(s): Health and Human Services Department
Description: GirlsHealth.gov is designed to help adolescent girls (ages 10 to 16) learn about the health issues and social situations that they will encounter during the teen years. Sections provide information about fitness, nutrition, the mind, relationships, and other related topics. The site also has sections for parents, caregivers, and teachers.

HHS Pages for Kids
http://www.hhs.gov/kids/
Sponsor(s): Health and Human Services Department
Description: This portal links to kids' pages offered by agencies related to the Department of Health and Human Services. They distribute information about health, avoiding cigarettes and drugs, food safety, medical science, and more. The site includes sections for parents and teachers.

Indian Health Service Native American KIDS page
http://www.ihs.gov/PublicInfo/Publications/Kids/
Sponsor(s): Health and Human Services Department — Indian Health Services (IHS)
Description: This site is divided into sections for children's content on health, safety, Native American culture, and Native American stories. Some of the links lead to material developed for the IHS; others lead to kids pages at other federal agencies. The McGruff link to the left of the page leads to the Department of Justice's McGruff® and Scruff's® Drug and Violence Prevention Story and Activity Book Web site, which features Indian Country themes.

Inside the Courtroom
http://www.usdoj.gov/usao/eousa/kidspage/
Sponsor(s): Justice Department — United States Attorneys
Description: This kids' page describes a typical courtroom and the jobs of the people who work in a courthouse. It also presents a fictional account of an FBI case and how it moved from investigation to prosecution.

Kidd Safety
http://www.cpsc.gov/kids/kidsafety/
Sponsor(s): Consumer Product Safety Commission (CPSC)
Description: The Kidd Safety page uses a cartoon goat named Kidd to guide users through games and information about safety. The site covers topics such as bicycle helmets, riding a scooter, and safety around the house.

Kids and Families—Social Security
http://www.ssa.gov/kids/
Sponsor(s): Social Security Administration (SSA)
Description: This SSA Web site includes a Kids' Place and a Parents' Place. The Kids' Place offers tales about saving for the future and an introduction to the Social Security card. On the main page, there is also a link to information for the families of youth with disabilities.

Kids' Corner, Endangered Species Program
http://endangered.fws.gov/kids/
Sponsor(s): Interior Department — Fish and Wildlife Service (FWS)
Description: Th15is site features a selection of educational activities about endangered species, most designed to be used by a teacher or parent for the benefit of young learners. In the Educators' section, the Endangered Means There is Still Time activity includes slide shows, a quiz, an activity workbook, and teachers' resources. The site also links to related programs from inside and outside the government, such as the Junior Duck Stamp Program and the National Wildlife Federation's Backyard Wildlife Habitats program.

APPENDIX—GUIDE TO EDUCATIONAL RESOURCES ON THE INTERNET

Kids in the House
http://clerkkids.house.gov/
Sponsor(s): Congress—House of Representatives — Office of the Clerk
Description: The House Clerk's Web site for kids includes material (written primarily for upper grade or high school students) on House procedures and history. It also discusses how bills are made into law. Features include a cartoon field trip to Capitol Hill, games, and a resource section for parents and teachers.

Kids Next Door
http://www.hud.gov/kids/kids.html
Sponsor(s): Housing and Urban Development (HUD)
Description: HUD's Web site for children is subtitled "Where kids can learn more about being good citizens." The page features sections including Meet Cool People, See Neat Things, and Visit Awesome Places. Within each of these sections are activities and pages such as Help the Homeless, Kids Volunteer, Safe Places to Play, and Build A Community. A section called Franklin's Fair Housing Corner provides educational materials on fair housing law that will be of interest to teachers and schools.

Kid's Zone, Pablo's Classroom
http://www.yesicankids.gov
Alternate URL(s): http://www.yosipuedo.gov/kidszone/kidszone3.html
Sponsor(s): President's Advisory Commission on Educational Excellence for Hispanic Americans
Description: Featuring the cartoon character Pablo the Eagle, this kids' page is part of the White House Initiative on Educational Excellence for Hispanic Americans. Reflecting the initiative's emphasis on reading skills, the site has a collection of bedtime stories with color illustrations. The site also has a Spanish-language version, which is available at the alternate URL listed above.

Kids.gov
http://www.kids.gov/
Sponsor(s): General Services Administration (GSA)
Description: Kids.gov is a portal to U.S. federal and state government Web pages designed for children. The site groups links by age group, grades K–5 and grades 6–8. Links are then organized by topic, such as careers, computers, and "fun stuff." A section for educators provides links organized in the same categories, supplemented with parent and teacher resource sites.

Kids.gov provides an easy way for children (as well as teachers and parents) to find kid-friendly information on the Web.

MyPyramid for Kids
http://www.fns.usda.gov/tn/kids-pyramid.html
Sponsor(s): Agriculture Department (USDA) — Food and Nutrition Service (FNS)
Description: The MyPyramid for Kids Web site provides nutrition education resources for teachers and parents of elementary school children. Resources include a MyPyramid for Kids poster, coloring page, and worksheet in PDF format. Classroom materials on the site include three lesson plans. The site also has a Tips for Families color brochure and offers the MyPyramid Blast Off game, which requires Flash.

NASA Kids
http://www.nasa.gov/audience/forkids/home/
Alternate URL(s): http://www.nasa.gov/audience/forstudents/
Sponsor(s): National Aeronautics and Space Administration (NASA) — Education Office
Description: The NASA Kids page features games, stories, and activities related to space and science. It also has information on current NASA missions.

The alternate URL above links to the NASA For Students page, which has sections for students in grades K–4, 5–8, 9–12, and postsecondary levels. Both the Kids page and the For Students Page are part of a comprehensive NASA Education Web site at <http://education.nasa.gov/home/>.

This site and the central NASA education site are rich sources of material for students and teachers.

NCEH Kids' Page
http://www.cdc.gov/nceh/kids/99kidsday/
Sponsor(s): Health and Human Services Department — Centers for Disease Control and Prevention (CDC) — National Center for Environmental Health (NCEH)
Description: Designed for the young reader, the site is based on "Take Your Children to Work Day," a booklet created by NCEH for its employ-

ees' children to introduce them to the work of the agency. It includes the following sections: Asthma, Cruise Ship Inspection, Disabilities, Emergency Response, Global Health, and Lead Poisoning. The booklet is available as a PDF version that may be downloaded and printed.

NIEHS Kids' Pages
http://www.niehs.nih.gov/kids/home.htm
Sponsor(s): National Institutes of Health (NIH) — National Institute of Environmental Health Sciences (NIEHS)
Description: This Kids Page offering from the NIEHS has both a Spanish-language and a text-only version. It includes sections such as Games and Activities, Color Our World, and Sing-Along Songs. It also has a page for kids about Pandemic Flu.

NLS Kids Zone
http://www.loc.gov/nls/children/
Sponsor(s): Library of Congress — National Library Services for the Blind and Physically Handicapped (NLS)
Description: This Web site for kids is designed to be used with text-based browsers, such as Lynx, frequently used by blind readers. It recommends audio, Braille, and print/Braille books for children.

NRC: Students' Corner
http://www.nrc.gov/reading-rm/basic-ref/students.html
Sponsor(s): Nuclear Regulatory Commission (NRC)
Description: The NRC student's Web site explains everything from what nuclear energy is, to emergency planning, to radioactive waste. It also has a section for teachers' lesson plans.

683. NROjr.GOV
http://www.nrojr.gov/
Sponsor(s): Defense Department — National Reconnaissance Office (NRO)
Description: The NRO kids' page features games and activities with a satellite and space theme. With content including simple online coloring pages, stories, and music, it is aimed at the younger set.

Patent and Trademark Office Kids' Page
http://www.uspto.gov/go/kids/
Sponsor(s): Commerce Department — Patent and Trademark Office (PTO)
Description: The PTO Web site offers children's contests, games, and puzzles having to do with creativity, invention, and the operations of the PTO. The site has sections designed for students in grades K–6 and 6–12, as well as information for parents, teachers, and coaches.

Peace Corps Kids' World
http://www.peacecorps.gov/kids/
Sponsor(s): Peace Corps
Description: The Peace Corps offers this kids' page, with sections including: What is the Peace Corps?; Make a Difference; Explore the World; Tell Me a Story; and Food, Friends, and Fun. This site mainly provides information about the Peace Corps program. Some resources on foreign countries are listed in the Explore the World and Food, Friends, and Fun sections.

Sci4Kids
http://www.ars.usda.gov/is/kids/
Alternate URL(s): http://www.ars.usda.gov/is/espanol/kids/
Sponsor(s): Agriculture Department (USDA) — Agricultural Research Service (ARS)
Description: Sci4Kids is designed for children between the ages of 8 and 13. With a colorful all-graphics menu, it shows how scientific research affects many areas of life. The site includes information about careers in science. The alternate URL links to the Spanish-language version of the site.

ScienceLab
http://www.osti.gov/sciencelab/
Sponsor(s): Energy Department — Scientific and Technical Information Office
Description: ScienceLab links to student resources at government and other Web sites. Major sections for students include Elementary Lab, Middle School Lab, High School Lab, and Experiments. The site also has a Teachers' Lab section and sections about science careers, competitions, and summer camps.

Smithsonian Education
http://www.smithsonianeducation.org/students/
Sponsor(s): Smithsonian Institution
Description: The Smithsonian Web site for kids and students features themed IdeaLabs called Mr. President, Walking on the Moon, and Amazing Collections. The At the Smithsonian section links to pages of interest to kids from many Smithsonian Web sites. More activities are organized under the topics of art, science and nature, history and culture, and people and places.

Much of the content will be of interest to students in the upper grades through high school and their parents. The site will be particularly useful for kids preparing to visit Smithsonian museums.

Space Place
http://spaceplace.jpl.nasa.gov/spacepl.htm
Alternate URL(s): http://spaceplace.jpl.nasa.gov/sp/kids/index.shtml
Sponsor(s): National Aeronautics and Space Administration (NASA) — Jet Propulsion Laboratory (JPL)
Description: Space Place is full of games, projects, and animations relating to earth and space science. The Teachers' Corner has classroom activity articles. The site has a Spanish-language version available; this can be linked from the top of the home page or directly accessed at the alternate URL listed above.

State Facts for Children
http://www.census.gov/schools/facts/
Sponsor(s): Commerce Department — Economics and Statistics Administration (ESA) — Census Bureau
Description: A map of the United States serves as a menu for basic Census statistics, history, and trivia concerning each of the states, Puerto Rico, and the District of Columbia.

Stop Bullying Now
http://www.stopbullyingnow.hrsa.gov/
Sponsor(s): Health and Human Services Department — Health Resources and Services Administration (HRSA)
Description: This site has extensive information and a variety of activities for kids about dealing with bullying behavior. The portion of the site for adults and educators is also available in Spanish.

This site makes extensive use of animation, sound, and features such as webcasts and podcasts. There does not appear to be a text-only version.

ToxMystery
http://toxmystery.nlm.nih.gov/
Sponsor(s): National Institutes of Health (NIH) — National Library of Medicine (NLM)
Description: ToxMystery is an interactive game designed to teach kids about dangerous household substances. The site includes sections for parents and teachers, and has a version in Spanish.

U.S. Army Corps of Engineers Education Center
http://education.usace.army.mil/
Sponsor(s): Army — Army Corps of Engineers
Description: This site provides educational information and activities about ports, waterway navigation, engineering, and related topics. Some links lead directly to Corps Web site pages that are not written for children.

Teachers and parents will need to preview and select the sections written for their students' grade level and interests.

United States Mint's Site for Kids
http://www.usmint.gov/kids/
Sponsor(s): Treasury Department — United States Mint
Description: This site is alternatively called H.I.P (History in Your Pocket)/Pocket Change. It features games and activities to teach children about the history of coins, coins around the world, and coin collecting. It also includes a section for teachers.

USA Freedom Corps for Kids
http://www.usafreedomcorpskids.gov/
Sponsor(s): USA Freedom Corps
Description: This USA Freedom Corps page has sections for kids, youth, parents, and teachers—all focused on volunteering. The teachers' section has information on service-learning programs.

USFA Kids
http://www.usfa.fema.gov/kids/flash.shtm
Sponsor(s): Homeland Security Department — Federal Emergency Management Agency (FEMA) — U.S. Fire Administration
Description: USFA Kids has information on home fire safety, smoke alarms, and escaping

from fire. It includes coloring pages and a Hazard House game. The section for parents and teachers includes lesson plans and downloadable activity sheets.

VA KIDS
http://www.va.gov/kids/
Sponsor(s): Veterans Affairs Department
Description: VA KIDS has sections for grades K–5 and 6–12 and for teachers. The grades 6–12 section includes information about volunteer and scholarship opportunities. The teacher section has resource guides and contacts for finding classroom speakers.

WhiteHouseKids.Gov
http://www.whitehouse.gov/kids/
Sponsor(s): White House
Description: The White House Web site for kids has sections on White House history and traditions, tours of the White House, the First Family's pets, White House sports, and patriotism. It also features quizzes and games relating to the White House. A Parents and Teachers Guide outlines educational activities using the site.

World Book @ NASA
http://www.nasa.gov/worldbook/
Sponsor(s): National Aeronautics and Space Administration (NASA)
Description: Through a partnership with World Book, the NASA Web site offers a selection of over 40 *World Book* encyclopedia articles concerning space exploration. While not strictly a kids' page, *World Book @ NASA* will certainly be a homework helper.

TEACHING

Federal Resources for Educational Excellence (FREE)
http://www.free.ed.gov/
Sponsor(s): Education Department
Description: FREE is a central finding aid for roughly 1,500 Web-based teaching and learning resources on government and government-supported sites. Resources are organized by broad topics, such as Arts and Music, History and Social Studies, and Math. The Subject Map provides a detailed breakdown of the topics. Announcements of newly added resources are available via RSS feed.

This is one of the most comprehensive finding aids for education-related U.S. government Web sites. Its primary focus is on K–12 resources.

For Teachers
http://www.loc.gov/teachers/
Sponsor(s): Library of Congress
Description: This site focuses on using the digital collections of the Library of Congress in classroom education. It serves as a portal to relevant resources on the library site and also links to professional development tools for teachers.

James Madison Graduate Fellowships
http://www.jamesmadison.com/
Sponsor(s): James Madison Memorial Fellowship Foundation

Description: James Madison Graduate Fellowships are for teachers at the secondary school level who wish to enhance their knowledge of the U.S. Constitution. The fellowships are for graduate study leading to a master's degree. This Web site has more about the program and about the James Madison Memorial Fellowship Foundation, an independent agency within the executive branch.

NCELA—National Clearinghouse for English Language Acquisition
http://www.ncela.gwu.edu/
Sponsor(s): Education Department — English Language Acquisition Office
Description: NCELA is concerned with the effective education of linguistically and culturally diverse learners in the United States. The NCELA Web site provides direct access to a wealth of information on research, resources, statistics, funding, and programs to assist those working with English-language learners.

What Works Clearinghouse (WWC)
http://www.whatworks.ed.gov/
Sponsor(s): Education Department — Institute of Education Sciences
Description: WWC collects and reviews studies of the effectiveness of educational programs and practices. It is intended to be a "central and trusted source of scientific evidence of what works in education." (from the Web site) It addition to the reports and guides, the site provides a database of education program evaluators and technical information on evaluating education programs.

INDEX

INDEX

ADULT EDUCATION
    Internet resources, 517
AGE
    College graduates
        percent of population 15 years old and over, 122
        percent of population age 25 years old and over, 224
    College students
        percent distribution of undergraduate students, 3
        students 15 years old and over, 43
    Definitions, 249
    Educational attainment
        civilians 16 years old and over, 160
        employed civilians 18 to 64 years old, by industry, 173
        employed civilians 18 to 64 years old, by occupation, 169
        income of population 18 years old and over, 177, 232
        population 15 years old and over, 112-173
        population 18 years old and over, 266, 276
        population 25 years old and over, 6, 201, 224
        single years of age, 127
        unemployment rates for population 25 years old and over, 7
        years of school completed by population 25 years old and over, 216
    Employment status
        population 15 years old and over, 45
    Enrollment status
        children 5 to 24 years old, 47
        college enrollment, 43, 100, 108
        current grade for people 15 to 24 years old, 42
        percent distribution of undergraduate students, 3
        population 14 to 24 years old by graduate status or enrollment, 83
        population 18 and 19 years old, 92
        population 3 years old and over, 10, 22, 58
        population 6 to 17 years old enrolled below modal grade, 70
        population age 3 and 4 years, by family income, 2
        population age 3 to 34 years, 1
    High school dropout rates of 15 to 24 year olds, 78
    High school graduates
        percent of population 15 years old and over, 122
        percent of population age 25 years old and over, 224
    Income
        population 18 years old and over, 177, 232
    Marital status and educational attainment, 142
ALABAMA
    County education statistics, 318
    Percent of population with a bachelor's degree or more, 262
    Percent of population with a high school diploma, 261
    Population, school, and student characteristics, 284
    Teachers' salaries, 263
ALASKA
    County education statistics, 322
    Percent of population with a high school diploma, 261
    Population, school, and student characteristics, 284
    Teachers' salaries, 263
ALIMONY
    Definitions, 251
ARIZONA
    Change in number of students, 265
    County education statistics, 322
    Expenditures per student, 264
    Population, school, and student characteristics, 284
    Teachers' salaries, 263
ARKANSAS
    County education statistics, 322
    Percent of population with a bachelor's degree or more, 262
    Percent of population with a high school diploma, 261
    Population, school, and student characteristics, 284
    Teachers' salaries, 263
ASIAN AND PACIFIC ISLANDERS
    see **RACE**
ATTAINMENT
    see **EDUCATIONAL ATTAINMENT**
ATTENDANCE STATUS
    College students 14 years and older, by attendance status, 108
    College students 15 years old and over, by age, sex, and race, 43
    Definitions, 257
    High school graduates 15 to 24 years old, 46
    Population 3 to 6 years old, 38

BLACKS
    see **RACE**

CALIFORNIA
    County education statistics, 326
    Percent of population with a high school diploma, 261
    Population, school, and student characteristics, 284
    Teachers' salaries, 263
CENSUS OF POPULATION AND HOUSING 2000
    Definitions, 508
CHILD SUPPORT
    Definitions, 251
CITIZENSHIP
    Definitions, 249
    Educational attainment
        population age 25 years old and over, 201
CIVILIANS
    Educational attainment
        civilians 16 years old and over, by labor force status, 160
        employed civilians 18 to 64 years old, by industry, 173

Employed civilians 18 to 64 years old, by occupation, 169

COLLEGE
Educational attainment
civilians 16 years old and over, 160
employed civilians 18 to 64 years old, by industry, 173
employed civilians 18 to 64 years old, by occupation, 169
income in 2005 for population 25 years old and over, 8
income of population 18 years old and over, 177, 232
percent distribution of undergraduate students, 3
percent of people who have completed 4 or more years of school, 9
population 15 years old and over, 112-173
population 18 years old and over, 266, 276
population 25 years old and over, 6, 201, 224
students 14 years old and over, by sex, 100
students 14 years old and over, by type of college, 108
unemployment rates, 7
years of school completed by population 25 years old and over, 216
Employment status
civilians 18 to 64 years old, by occupation, 169
employed civilians 18 to 64 years old, by industry, 173
population 15 years old and over, 45
sex and employment status, 4
Enrollment, by level, 1955-2006, 1
Enrollment status
age of students, 100, 108
attendance status, 108
children 5 to 24 years old, 47
definitions, 257
percent distribution of undergraduate students, 3
population 14 to 24 years old by graduate status or enrollment, 83
population 18 and 19 years old, 92
population 3 years old and over, 10, 22, 50
population age 3 to 34 years, 1
sex of students, 100, 108
students 15 years old and over, 43
type of college, 108
Sex
employment status by sex, 4
students 14 years old and over, by sex, 100
Type of college
enrollment of students 14 years and over, 108
Vocational courses
population 15 years old and over, 45

COLLEGE GRADUATES
Age
percent of population 15 years old and over, 122
percent of population age 25 years old and over, 224

Counties with the highest and lowest proportions of, 315
County education statistics, 514
Employment status
population 15 years old and over, 45
Hispanic origin
percent of population graduating, 122, 224
Income in 2005 for population 25 years old and over, 8
Income of population 18 years old and over, 177, 232
Percent of the population 15 years old and over, 122
Percent of the population age 25 years old and over, 224
Race
percent of population graduating, 122, 224
Sex
percent of population graduating, 122, 224
States with the highest and lowest proportions of, 262
Unemployment rates, 7

COLORADO
County education statistics, 330
Percent of population with a bachelor's degree or more, 262
Population, school, and student characteristics, 284
Teachers' salaries, 263

CONNECTICUT
County education statistics, 334
Expenditures per student, 264
Percent of population with a bachelor's degree or more, 262
Population, school, and student characteristics, 284
Teachers' salaries, 263

CONTROL OF SCHOOL
Enrollment status
children 5 to 24 years old, 47
college students 15 years old and over, 43
population 3 to 6 years old, 38
population 3 years old and over, 50

COUNTY EDUCATION STATISTICS
Alabama, 318
Alaska, 322
Arizona, 322
Arkansas, 322
California, 326
Colorado, 330
Connecticut, 334
Delaware, 334
District of Columbia, 334
Florida, 338
Georgia, 342
Hawaii, 350
Idaho, 350
Illinois, 354
Indiana, 358
Iowa, 362

INDEX 543

Kansas, 370
Kentucky, 374
Louisiana, 382
Maine, 386
Maryland, 386
Massachusetts, 390
Michigan, 390
Minnesota, 394
Mississippi, 398
Missouri, 402
Montana, 410
Nebraska, 414
Nevada, 418
New Hampshire, 422
New Jersey, 422
New Mexico, 422
New York, 426
North Carolina, 430
North Dakota, 434
Ohio, 438
Oklahoma, 442
Oregon, 446
Pennsylvania, 450
Rhode Island, 454
South Carolina, 454
South Dakota, 458
Tennessee, 462
Texas, 466
Utah, 482
Vermont, 482
Virginia, 482
Washington, 494
West Virginia, 494
Wisconsin, 498
Wyoming, 502

COUNTY EDUCATION STATISTICS ITEMS
Bachelor's degree or more, 514
Census of Population and Housing 2000, 508
Common core of data, 507
County type, 509
Data sources and explanations, 509
Distribution of counties by expenditures per student, 316
Educational attainment, 513
English language learners, 511
Expenditures, 512
Free and Reduced-Price Lunch Program, 511
Geographic identification, 508
High school diploma or less, 513
High school dropouts, 511
High school graduate or more, 513
High school graduates, 511
Hispanic origin, 511
Independent cities, 508
Individual education programs, 510
Metropolitan counties, 509
Minority students, 511
Nonmetropolitan counties, 509
Number of schools and students, 510

Population, 509
Population 16 to 19 years by enrollment and employment status, 513
Private schools, 510
Proportions of population with bachelor's degree or more, 315
Proportions of population with high school diploma, 315
Public schools, 510
Race, 511
Resident enrollment and type of school, 510
Revenues, 512
School districts, 510
Staff, 511
Students eligible for free or reduced-price lunches, 317
Students who are English-language learners, 317
Teachers, number of, 511

CURRENT JOB
Definitions, 254

CURRICULA
Internet resources, 518

DEFINITIONS
Age, 249
Alimony, 251
Attendance, 257
Census of Population and Housing 2000, 508
Child support, 251
Citizenship, 249
College enrollment, 257
Common core of data, 507
County education statistics, 507
Current job, 254
Disability benefits, 251
Dividends, 251
Dropouts, 249
Earnings, 252
Educational assistance, 252
Educational attainment, 249
Employed, 254
Family, 250
Family household, 250
Financial assistance from outside the household, 252
Four-year colleges, 258
Full-time attendance, 257
Geographic definitions, 301
Geographic identification, 508
Government transfers, 252
Head versus householder, 250
High school dropouts, 249
Hispanic origin, 250
Household, 250
Householder, 250
Illegal aliens, 258
Income, 251
Independent cities, 508
Interest income, 252

Kindergarten, 258
Labor force, 254
Mean income, 253
Median income, 253
Midwest, 301
Modal grade, 255
Nativity, 255
Nonfamily household, 255
Northeast, 301
Not in labor force, 254
Nursery school, 258
Part-time attendance, 257
Pension or retirement income, 252
Population coverage, 255
Private school, 258
Public assistance, 253
Public assistance, 253
Public school, 258
Race, 255
Reference person, 255
Rents and royalties, 253
Rounding, 255
School, dropout rate, annual high school, 255
School, modal grade, 258
School, nursery, 258
School enrollment, 256
Social Security, 253
South, 301
Supplemental Security Income, 253
Survivor benefits, 253
Total money earnings, 253
Two-year colleges, 258
Undocumented immigrants, 258
Unemployed, 254
Unemployment compensation, 253
Veterans' payments, 253
Vocational school enrollment, 258
West, 301
Workers' compensation, 253
Work experience, 255

DELAWARE
County education statistics, 334
Population, school, and student characteristics, 284
Teachers' salaries, 263

DISABILITY BENEFITS
Definitions, 251

DISTRICT OF COLUMBIA
County education statistics, 334
Expenditures per student, 264
Percent of population with a bachelor's degree or more, 262
Population, school, and student characteristics, 284
Teachers' salaries, 263

DIVIDENDS
Definitions, 251

EARLY CHILDHOOD EDUCATION
Internet resources, 521

EARNINGS
see **INCOME**

EDUCATIONAL ASSISTANCE
Definitions, 252

EDUCATIONAL ATTAINMENT
Age
civilians 16 years old and over, 160
employed civilians 18 to 64 years old, by industry, 173
employed civilians 18 to 64 years old, by occupation, 169
income of population 18 years old and over, 177, 232
population 15 years old and over, 112-173
population 18 years old and over, 266, 276
population 25 years old and over, 6, 201, 224
single years of age, 127
years of school completed by population 25 years old and over, 216
Citizenship
population age 25 years old and over, 201
College
civilians 16 years old and over, 160
employed civilians 18 to 64 years old, by industry, 173
employed civilians 18 to 64 years old, by occupation, 169
percent of people who have completed 4 or more years of school, 9
population 15 years old and over, 112-173
population 25 years old and over, 6, 201, 224
regional attainment of the population 18 years and over, 266
state statistics of graduates, 262
students 14 years old and over, by sex, 100
students 14 years old and over, by type of college, 108
years of school completed by population 25 years old and over, 216
County education statistics items, 513
Definitions, 249
Elementary school
civilians 16 years old and over, 160
employed civilians 18 to 64 years old, by industry, 173
employed civilians 18 to 64 years old, by occupation, 169
population 15 years old and over, 112-173
population age 25 years old and over, 201
years of school completed by population 25 years old and over, 216
Employment status
civilians 18 to 64 years old, by occupation, 169
employed civilians 18 to 64 years old, by industry, 173
Enrollment status
population 14 to 24 years old by graduate status or enrollment, 83

INDEX 545

Foreign born citizens
  population age 25 years old and over, 201
Graduate school
  civilians 16 years old and over, 160
  population 15 years old and over, 112-173
Graduate school
  employed civilians 18 to 64 years old, by
    occupation, 169
Graduate school
  employed civilians 18 to 64 years old, by industry, 173
High school
  civilians 16 years old and over, 160
  employed civilians 18 to 64 years old, by industry, 173
  employed civilians 18 to 64 years old, by
    occupation, 169
  graduates 15 to 24 years old, 46
  percent of people who have completed 4 or more
    years of school, 9
  population 15 years old and over, 112-173
  population 25 years old and over, 6, 201, 224
  regional attainment of the population 18 years
    and over, 266
  years of school completed by population 25 years
    old and over, 216
Hispanic origin
  civilians 16 years old and over, 160
  income of population 18 years old and over, 177, 232
  population 15 years old and over, 112-173
  population 18 years old and over, 266, 276
  population 25 years old and over, 6, 201, 224
  single years of age, 127
Income
  mean earnings of workers 18 years old and over, 232
  median annual income in 2005 for population 25
    years old and over, 8
  population 18 years and over by age, sex, race,
    and Hispanic origin, 177
Labor force status
  civilians 16 years old and over, 160
Marital status
  population 15 years old and over, 142
Nativity
  population age 25 years old and over, 201
Occupations
  employed civilians 18 to 64 years old, by industry, 173
  employed civilians 18 to 64 years old, by
    occupation, 169
Period of entry
  population age 25 years old and over, 201
Population 25 years old and over
  generally, 6, 201, 224

Race
  civilians 16 years old and over, 160
  income of population 18 years old and over, 177, 232
  population 15 years old and over, 112-173
  population 18 years old and over, 266, 276
  population 25 years old and over, 6, 201, 224
  single years of age, 127
Regional education statistics
  population 18 years old and over, 266
Sex
  civilians 16 years old and over, 160
  income of population 18 years old and over, 177, 232
  percent of people who have completed 4 or more
    years of school, 9
  population 15 years old and over, 112-173
  population 18 years old and over, 266, 276
  population 25 years old and over, 6, 201, 224
  single years of age, 127
  years of school completed by population 25 years
    old and over, 216
Unemployment rates
  population age 25 years old and over, 7
Vocational school and courses
  population 15 years old and over, 45

EDUCATIONAL RESOURCES ON THE INTERNET
  Adult education, 517
  Curriculum, 518
  Early childhood education, 521
  Educational technology, 524
  Education funding, 521
  Education policy, 522
  Education research and statistics, 523
  Elementary and secondary education, 525
  Higher education, 526
  International education, 530
  Kids' pages, 531
  Teaching, 512

EDUCATIONAL STATUS
  College enrollment
    population 14 to 24 years old by graduate status
      or enrollment, 83
  Enrollment status
    nursery and primary school enrollment of
      population 3 to 6 years old, 38
  High school graduates
    population 14 to 24 years old by graduate status
      or enrollment, 83

EDUCATION FUNDING
  Internet resources, 521

EDUCATION POLICY
  Internet resources, 522

EDUCATION RESEARCH AND STATISTICS
  Internet resources, 523

EDUCATION TECHNOLOGY
Internet resources, 524
ELEMENTARY AND SECONDARY EDUCATION
Internet resources, 525
ELEMENTARY SCHOOL
Educational attainment
civilians 16 years old and over, 160
employed civilians 18 to 64 years old, by industry, 173
employed civilians 18 to 64 years old, by occupation, 169
income of population 18 years old and over, 177, 232
population 15 years old and over, 112-173
regional attainment of the population 18 years and over, 266
years of school completed by population 25 years old and over, 216
Enrollment, by level, 1955-2006, 1
Enrollment status
children 5 to 24 years old, 47
population 3 years old and over, 10, 22, 50
population age 3 to 34 years, 1
primary school enrollment of population age 3 to 6 years old, 38
Income of population 18 years old and over, 177, 232
EMPLOYMENT STATUS AND RATES
Age
population 15 years old and over, 45
Civilians 18 to 64, by industry, 173
Civilians 18 to 64 years old, by occupation, 169
College students and graduates,
employed civilians 18 to 64 years old, by industry, 173
employed civilians 18 to 64 years old, by occupation, 169
population 15 years old and over, 45
sex and employment status of students, 4
Educational attainment
employed civilians 18 to 64 years old, by industry, 173
employed civilians 18 to 64 years old, by occupation, 169
High school
employed civilians 18 to 64 years old, by occupation, 169
graduates 15 to 24 years old, 46
population 15 years old and over, 45
High school graduates
age 15 to 24 years old, 46
Sex
college students by sex, 4
population 15 years old and over, 45
Vocational school and courses
population 15 years old and over, 45
ENGLISH-LANGUAGE LEARNERS
Counties with the highest proportions of students, 317
State education statistics items, 304
ENROLLMENT STATUS
Age
children 5 to 24 years old, 47
college enrollment, 43, 100, 108
current grade for people 15 to 24 years old, 42
percent distribution of undergraduate students, 3
population 14 to 24 years old by graduate status or enrollment, 83
population 18 and 19 years old, 92
population 3 years old and over, 10, 22, 58
population 6 to 17 years old enrolled below modal grade, 70
population age 3 and 4 years, by family income, 2
population age 3 to 34 years, 1
students 15 years old and over, 43
College
age of students, 43, 100, 108
attendance status, 108
children 5 to 24 years old, 47
enrollment of students 15 years old and over, 43
percent distribution of undergraduate students, 3
population 14 to 24 years old by graduate status or enrollment, 83
population 18 and 19 years old, 92
population 3 years old and over, 10, 22, 50
population age 3 to 34 years, 1
sex of students, 100, 108
type of college, 108
Control of school
children 5 to 24 years old, 47
enrollment of students 15 years old and over, 43
nursery and primary school enrollment of population 3 to 6 years old, 38
population 3 years old and over, 50
Definitions, 256
Elementary school
population 3 years old and over, 10, 22, 50
population age 3 to 34 years, 1
Family income
children 5 to 24 years old, 47
nursery and primary school enrollment of population 3 to 6 years old, 38
population age 3 and 4 years, by family income, 2
Foreign born
population 3 years old and over, 10
General enrollment, by level, 1955-2006, 1
Graduate school
enrollment of students 15 years old and over, 43
High school
graduates 15 to 24 years old, 46
population 14 to 24 years old by graduate status or enrollment, 83
population 18 and 19 years old, 92
population 3 years old and over, 10, 22
population age 3 to 34 years, 1
High school dropout rates of 15 to 24 year olds, 78
High school graduates
age 15 to 24 years old, 46

INDEX 547

Hispanic origin
    children 5 to 24 years old, 47
    current grade for people 15 to 24 years old, 42
    nursery and primary school enrollment of population 3 to 6 years old, 38
    population 14 to 24 years old by graduate status or enrollment, 83
    population 18 and 19 years old, 92
    population 3 years old and over, 10, 22, 50, 58
    population 6 to 17 years old enrolled below modal grade, 70
Hispanic origin
    college students 15 years old and over, 43
Income
    population age 3 and 4 years, by family income, 2
Kindergarten
    children 5 to 24 years old, 47
    population 3 years old and over, 10, 22, 50
    population age 3 to 34 years, 1
    preprimary school enrollment of population 3 to 6 years old, 38
Labor force status
    nursery and primary school enrollment of population 3 to 6 years old, 38
Mother's labor force status
    nursery and primary school enrollment of population 3 to 6 years old, 38
Nursery school
    children 5 to 24 years old, 47
    population 3 years old and over, 10, 22, 50
    population age 3 to 34 years, 1
    preprimary school enrollment of population 3 to 6 years old, 38
Preprimary school enrollment
    population 3 to 6 years old, 38
Race
    children 5 to 24 years old, 47
    college students 15 years old and over, 43
    current grade for people 15 to 24 years old, 42
    nursery and primary school enrollment of population 3 to 6 years old, 38
    population 14 to 24 years old by graduate status or enrollment, 83
    population 18 and 19 years old, 92
    population 3 years old and over, 10, 22, 50, 58
    population 6 to 17 years old enrolled below modal grade, 70
Sex
    population 14 to 24 years old by graduate status or enrollment, 83
    population 18 and 19 years old, 92
    population 3 years old and over, 10, 22, 58
Vocational school and courses
    population 15 years old and over, 45
EXPENDITURES
Counties by expenditures per student, 316
County education statistics items, 512
State education statistics items, 309
States with the highest and lowest expenditures per student, 264

FAMILIES
Definitions, 250
Enrollment status
    children 5 to 24 years old, 47
FAMILY HOUSEHOLD
Definitions, 250
FAMILY INCOME
Enrollment status
    children 5 to 24 years old, 47
    nursery and primary school enrollment of population 3 to 6 years old, 38
    population age 3 and 4 years, by family income, 2
FEMALES
    see **SEX**
FLORIDA
Change in number of students, 265
County education statistics, 338
Population, school, and student characteristics, 284
Teachers' salaries, 263
FOREIGN BORN CITIZENS
Definitions, 255
Educational attainment
    population age 25 years old and over, 201
Enrollment status
    population 3 years old and over, 10
FREE OR REDUCED-PRICE LUNCH PROGRAM
Counties with the highest proportion of students eligible for, 317
County education statistics items, 488
State education statistics items, 304

GEORGIA
Change in number of students, 265
County education statistics, 342
Population, school, and student characteristics, 284
Teachers' salaries, 263
GOVERNMENT TRANSFERS
Definitions, 252
GRADE
Enrollment status
    current grade for people 15 to 24 years old, 42
    population 6 to 17 years old enrolled below modal grade, 70
    High school dropout rates of 15 to 24 year olds, 78
GRADUATE SCHOOL
Educational attainment
    civilians 16 years old and over, by labor force status, 160
    population 15 years old and over, 112-173
Educational attainment
    employed civilians 18 to 64 years old, by occupation, 169
Educational attainment
    civilians 18 to 64 years old, by industry, 173
Enrollment status
    enrollment of students 15 years old and over, 43

Income of graduates
  median annual income in 2005, 8
  population 18 years old and over, 177, 232

GUIDE TO EDUCATIONAL RESOURCES ON THE INTERNET
  Adult education, 517
  Curriculum, 518
  Early childhood education, 521
  Educational technology, 524
  Education funding, 521
  Education policy, 522
  Education research and statistics, 523
  Elementary and secondary education, 525
  Higher education, 526
  International education, 530
  Kids' pages, 531
  Teaching, 538

HAWAII
  County education statistics, 350
  Percent of population with a bachelor's degree or more, 262
  Population, school, and student characteristics, 284
  Teachers' salaries, 263

HIGHER EDUCATION
  Internet resources, 526

HIGH SCHOOL
  Educational attainment
    civilians 16 years old and over, 160
    employed civilians 18 to 64 years old, by industry, 173
    employed civilians 18 to 64 years old, by occupation, 169
    income of population 18 years old and over, 177, 232
    percent of people who have completed 4 or more years of school, 9
    population 15 years old and over, 112-173
    population 25 years old and over, 6, 201, 224
    regional attainment of the population 18 years and over, 266
    years of school completed by population 25 years old and over, 216
  Employment status
    civilians 18 to 64 years old, by industry, 173
    civilians 18 to 64 years old, by occupation, 169
    graduates 15 to 24 years old, 46
    population 15 years old and over, 45
  Enrollment, by level, 1955-2006, 1
  Enrollment status
    graduates 15 to 24 years old, 46
    population 14 to 24 years old by graduate status or enrollment, 83
    population 18 and 19 years old, 92
    population 3 years old and over, 10, 22, 50
    population age 3 to 34 years, 1
  Unemployment rates, 7

HIGH SCHOOL DROPOUTS
  Annual dropout rates of 15 to 24 year olds, 78
  County education statistics items, 511, 513
  Definitions, 249
  Hispanic origin, rates by industry, 5, 78
  Income in 2005 for population 25 years old and over, 8
  Percent of dropouts among population age 18 to 24 years, 5
  Percent of population age 25 years old and over completing high school, 224
  Race, rates by industry, 5, 78
  Rates, 5, 78
  Sex, rates by industry, 78
  State education statistics items, 304
  Unemployment rates, 7

HIGH SCHOOL GRADUATES
  Age
    percent of population 15 years old and over, 122
    percent of population age 25 years old and over, 224
  Counties with the highest and lowest proportions of, 315
  County education statistics items, 511, 513
  Employment status
    age 15 to 24 years old, 46
  Hispanic origin
    percent of population graduating, 122, 224
    status of graduates 15 to 24 years old, 46
  Income in 2005 for population 25 years old and over, 8
  Income of population 18 years old and over, 177, 232
  Percent of population age 25 years old and over, 224
  Percent of the population 15 years old and over, 122
  Race
    percent of population graduating, 122, 224
    status of graduates 15 to 24 years old, 46
  Sex
    percent of population graduating, 122, 224
    status of graduates 15 to 24 years old, 46
  State education statistics items, 305
  States with highest and lowest proportions of, 261
  Unemployment rates, 7

HISPANIC ORIGIN
  College
    percent of population graduating, 122, 224
    students 15 years old and over, 43
  County education statistics items, 511
  Definitions, 250
  Educational attainment
    civilians 16 years old and over, 160
    income of population 18 years old and over, 177, 232
    population 15 years old and over, 112-173
    population 18 years old and over, 266, 276
    population 25 years old and over, 6, 201, 224
    single years of age, 127
  Enrollment status
    children 5 to 24 years old, 47

current grade for people 15 to 24 years old, 42
nursery and primary school enrollment of population 3 to 6 years old, 38
population 14 to 24 years old by graduate status or enrollment, 83
population 18 and 19 years old, 92
population 3 years old and over, 10, 22, 50, 58
population 6 to 17 years old enrolled below modal grade, 70
Enrollment status
college students 15 years old and over, 43
High school dropout rates of 15 to 24 year olds, 5, 78
High school graduates
percent of population graduating, 122, 224
status of graduates 15 to 24 years old, 46
Income
mean earnings of workers 18 years old and over, 232
population 18 years old and over, 177

HOUSEHOLD
Definitions, 250

HOUSEHOLDER
Definitions, 250

IDAHO
County education statistics, 350
Expenditures per student, 264
Population, school, and student characteristics, 284
Teachers' salaries, 263

ILLEGAL ALIENS
Definitions, 258

ILLINOIS
County education statistics, 354
Population, school, and student characteristics, 284
Teachers' salaries, 263

INCOME
Age
population 18 years old and over, 177, 232
College
percentage of families with one or more children in college, 39
Definitions, 251
Educational attainment
mean earnings of workers 18 years old and over, 232
median annual income in 2005 for population 25 years old and over, 8
population 18 years old and over by age, sex, race, and Hispanic origin, 177
Enrollment status
children age 5 to 24 years in families, 40
nursery and primary school enrollment of population 3 to 6 years old, 38
population age 3 and 4 years, by family income, 2
Hispanic origin
mean earnings of workers 18 years old and over, 232
population 18 years old and over, 177
Mean earnings of workers 18 years old and over, 232

Mean income defined, 253
Median income defined, 253
Race
mean earnings of workers 18 years old and over, 232
population 18 years old and over, 177
Sex
mean earnings of workers 18 years old and over, 232
population 18 years old and over, 177
Teachers
average public school teacher salaries, 263
state education statistics items, 306

INDEPENDENT CITIES
County education statistics, 508

INDIANA
County education statistics, 358
Percent of population with a bachelor's degree or more, 262
Population, school, and student characteristics, 284
Teachers' salaries, 263

INDIVIDUAL EDUCATION PROGRAM
County education statistics items, 510
State education statistics items, 304

INDUSTRY
Educational attainment
employed civilians 18 to 64 years old, by industry, 173

INTEREST INCOME
Definitions, 252

INTERNATIONAL EDUCATION
Internet resources, 530

INTERNET RESOURCES
Adult education, 517
Curriculum, 518
Early childhood education, 521
Education funding, 521
Education policy, 522
Education research and statistics, 523
Education technology, 524
Elementary and secondary education, 525
Higher education, 526
International education, 530
Kids' pages, 531
Teaching, 538

IOWA
County education statistics, 362
Population, school, and student characteristics, 284
Teachers' salaries, 263

KANSAS
County education statistics, 370
Population, school, and student characteristics, 284
Teachers' salaries, 263

KENTUCKY
County education statistics, 374
Percent of population with a bachelor's degree or more, 262

Percent of population with a high school diploma, 261
Population, school, and student characteristics, 284
Teachers' salaries, 263

KIDS' PAGES
Internet resources, 531

KINDERGARTEN
Definitions, 258
Enrollment, by level, 1955-2006, 1
Enrollment status
  children 5 to 24 years old, 47
  population 3 years old and over, 10, 22, 50
  population age 3 to 34 years, 1
  preprimary school enrollment of population 3 to 6 years old, 38

LABOR FORCE STATUS
Definitions, 254
Educational attainment
  civilians 16 years old and over, 160
Enrollment status
  nursery and primary school enrollment of population 3 to 6 years old, 38

LOUISIANA
Change in number of students, 265
County education statistics, 382
Percent of population with a bachelor's degree or more, 262
Percent of population with a high school diploma, 261
Population, school, and student characteristics, 284
Teachers' salaries, 263

MAINE
County education statistics, 386
Population, school, and student characteristics, 284
Teachers' salaries, 263

MALES
  see **SEX**

MARITAL STATUS
Educational attainment
  population 15 years old and over, 142

MARYLAND
County education statistics, 386
Population, school, and student characteristics, 284
Teachers' salaries, 263

MASSACHUSETTS
County education statistics, 390
Expenditures per student, 264
Percent of population with a bachelor's degree or more, 262
Population, school, and student characteristics, 284
Teachers' salaries, 263

MEAN INCOME
Defined, 253
Workers 18 years old and over, 232

MEDIAN INCOME
Defined, 253

MICHIGAN
County education statistics, 390
Population, school, and student characteristics, 284
Teachers' salaries, 263

MIDWEST
Definitions, 301
Educational attainment of the population 18 years and over, 266

MINNESOTA
County education statistics, 394
Percent of population with a bachelor's degree or more, 262
Percent of population with a high school diploma, 261
Population, school, and student characteristics, 284
Teachers' salaries, 263

MISSISSIPPI
County education statistics, 398
Percent of population with a bachelor's degree or more, 262
Percent of population with a high school diploma, 261
Population, school, and student characteristics, 284
Teachers' salaries, 263

MISSOURI
County education statistics, 402
Population, school, and student characteristics, 284
Teachers' salaries, 263

MODAL GRADE
Definitions, 255
Population 6 to 17 years old enrolled below modal grade, 70

MONTANA
Change in number of students, 265
County education statistics, 410
Percent of population with a high school diploma, 261
Population, school, and student characteristics, 284
Teachers' salaries, 263

MOTHER'S LABOR FORCE STATUS
Enrollment status
  nursery and primary school enrollment of population 3 to 6 years old, 38

NATIONAL ASSESSMENT OF EDUCATIONAL PROGRESS
State education statistics items, 306

NATIVITY
Definitions, 255
Educational attainment
  population age 25 years old and over, 201
Enrollment status
  population 3 years old and over, 10

NEBRASKA
County education statistics, 414
Percent of population with a high school diploma, 261
Population, school, and student characteristics, 284
Teachers' salaries, 263

NEVADA
Change in number of students, 265

INDEX 551

County education statistics, 418
Percent of population with a bachelor's degree or more, 262
Population, school, and student characteristics, 284
Teachers' salaries, 263

NEW HAMPSHIRE
County education statistics, 422
Percent of population with a high school diploma, 261
Population, school, and student characteristics, 284
Teachers' salaries, 263

NEW JERSEY
County education statistics, 422
Expenditures per student, 264
Percent of population with a bachelor's degree or more, 262
Population, school, and student characteristics, 284
Teachers' salaries, 263

NEW MEXICO
County education statistics, 422
Percent of population with a high school diploma, 261
Population, school, and student characteristics, 284
Teachers' salaries, 263

NEW YORK
County education statistics, 426
Expenditures per student, 264
Percent of population with a bachelor's degree or more, 262
Population, school, and student characteristics, 284
Teachers' salaries, 263

NONFAMILY HOUSEHOLD
Defined, 255

NORTH CAROLINA
County education statistics, 430
Population, school, and student characteristics, 284
Teachers' salaries, 263

NORTH DAKOTA
Change in number of students, 265
County education statistics, 434
Population, school, and student characteristics, 284
Teachers' salaries, 263

NORTHEAST
Definitions, 301
Educational attainment of the population 18 years and over, 266

NURSERY SCHOOL
Definitions, 258
Enrollment, by level, 1955-2006, 1
Enrollment status
  children 5 to 24 years old, 47
  population 3 years old and over, 2
  population age 3 to 34 years, 1
  preprimary school enrollment of population 3 to 6 years old, 38

OCCUPATIONS
Educational attainment
  employed civilians 18 to 64 years old, by occupation, 169

Employment status
  see **EMPLOYMENT STATUS**

OHIO
County education statistics, 438
Population, school, and student characteristics, 284
Teachers' salaries, 263

OKLAHOMA
County education statistics, 442
Expenditures per student, 264
Population, school, and student characteristics, 284
Teachers' salaries, 263

OREGON
County education statistics, 446
Population, school, and student characteristics, 284
Teachers' salaries, 263

PENNSYLVANIA
County education statistics, 450
Population, school, and student characteristics, 284
Teachers' salaries, 263

PENSION INCOME
Definitions, 252

PERIOD OF ENTRY
Educational attainment
  population age 25 years old and over, 201

POPULATION
County education statistics items, 509

POPULATION, SCHOOL, AND STUDENT CHARACTERISTICS
By state, 284

POPULATION COVERAGE
Definitions, 255

PREPRIMARY SCHOOL ENROLLMENT
Enrollment status
  population 3 to 6 years old, 38

PRIVATE SCHOOLS
County education statistics items, 510
Definitions, 258
State education statistics items, 305

PUBLIC ASSISTANCE
Definitions, 253

PUBLIC SCHOOLS
Average public school teacher salaries, 263
County education statistics items, 510
Definitions, 258
Expenditures,
  per student, highest and lowest, 264
State education statistics items, 305
States with the highest and lowest expenditures per student, 264
States with the highest and lowest percent change in number of students, 265

RACE
College
  percent of population graduating, 122, 224
  students 15 years old and over, 43
County education statistics items, 511
Definitions, 255

Educational attainment
  civilians 16 years old and over, 160
  income of population 18 years old and over, 177, 232
  population 15 years old and over, 112-173
  population 18 years old and over, 266, 276
  population 25 years old and over, 6, 201, 224
  single years of age, 127
Enrollment status
  children 5 to 24 years old, 47
  college students 15 years old and over, 43
  current grade for people 15 to 24 years old, 42
  nursery and primary school enrollment of population 3 to 6 years old, 38
  population 14 to 24 years old by graduate status or enrollment, 83
  population 18 and 19 years old, 92
  population 3 years old and over, 10, 22, 50, 58
  population 6 to 17 years old enrolled below modal grade, 70
High school dropout rates of 15 to 24 year olds, 5, 78
High school graduates
  percent of population graduating, 122, 224
  status of graduates 15 to 24 years old, 46
Income
  mean earnings of workers 18 years old and over, 232
  population 18 years old and over, 177
Regional attainment of population 18 years and over, 266

REFERENCE PERSONS
Definitions, 255

REGIONAL EDUCATION STATISTICS
Educational attainment
  population 18 years old and over, by region, 266

RENTS AND ROYALTIES
Definitions, 253

RETIREMENT INCOME
Definitions, 252

REVENUES
County education statistics items, 512
State education statistics items, 309

RHODE ISLAND
County education statistics, 454
Population, school, and student characteristics, 284
Teachers' salaries, 263

ROUNDING
Definitions, 255

SALARIES
  see **INCOME**

SCHOOL, POPULATION, AND STUDENT CHARACTERISTICS
By state, 284

SCHOOL DISTRICTS
County education statistics items, 510

SCHOOL ENROLLMENT
Definitions, 256
Enrollment, by level, 1955-2006, 1

Enrollment status
  see **ENROLLMENT STATUS**

SEX
College students and graduates,
  employment status by sex, 4
  percent of population graduating, 122, 224
  students 14 years old and over, by sex, 100
  students 15 years old and over, by sex, 43
Educational attainment
  civilians 16 years old and over, 160
  income of population 18 years old and over, 177, 232
  percent of people who have completed 4 or more years of school, 9
  population 15 years old and over, 112-173
  population 18 years old and over, 266, 276
  population 25 years old and over, 6, 201, 224
  single years of age, 127
  years of school completed by population 25 years old and over, 216
Employment status
  college students by sex, 4
  population 15 years old and over, 45
Enrollment status
  college enrollment, 43, 100, 108
  current grade for people 15 to 24 years old, 42
  population 14 to 24 years old by graduate status or enrollment, 83
  population 14 to 24 years old by graduate status or enrollment, 83
  population 18 and 19 years old, 92
  population 3 years old and over, 10, 22, 58
  population 6 to 17 years old enrolled below modal grade, 70
High school dropout rates of 15 to 24 year olds, 78
High school graduates
  percent of population graduating, 122, 224
  status of graduates 15 to 24 years old, 46
Income
  mean earnings of workers 18 years old and over, 232
  population 18 years old and over, 177
Regional attainment of population 18 years and over, 266
Vocational courses
  population 15 years old and over, 45

SOCIAL SECURITY
Definitions, 253

SOUTH
Definitions, 301
Educational attainment of the population 18 years and over, 266

SOUTH CAROLINA
County education statistics, 454
Population, school, and student characteristics, 284
Teachers' salaries, 263

SOUTH DAKOTA
Change in number of students, 265
County education statistics, 458

Population, school, and student characteristics, 284
Teachers' salaries, 263

STATE EDUCATION STATISTICS
  College graduates
    highest and lowest proportions of, 262
  Educational attainment
    population 18 years old and over, 276
  Expenditures
    per student expenditures, highest and lowest, 264
  Highest and lowest percent change in number of students, 265
  High school graduates
    highest and lowest proportions of, 261
  Population, school, and student characteristics by state, 284

STATE EDUCATION STATISTICS ITEMS
  ACT assessment composite scores, 307
  Average freshman graduation rate, 305
  Educational attainment, 302
  English-language learners, 304
  Expenditures, 309
  Free or Reduced-Price Lunch Program, 304
  Geographic definitions, 301
  Higher education, 310
  High school dropouts, 304
  High school graduates, 305
  Income, poverty, and health insurance, 301
  Individual Education Program, 304
  National Assessment of Educational Progress, 306
  Number and grade level of students, 303
  Number and type of schools, 303
  Population, 301
  Private schools, 305
  PSAT/NMSQT program, 308
  Public schools, 305
  Revenues, 309
  SAT reasoning test scores, 308
  School districts, 302
  Teacher salaries, 306

STATISTICS
  County education statistics
    see COUNTY EDUCATION STATISTICS
  State education statistics
    see STATE EDUCATION STATISTICS

STUDENT, POPULATION, AND SCHOOL CHARACTERISTICS
  By state, 284
  States with the highest and lowest percent change in number of students, 265

SUPPLEMENTAL SECURITY INCOME
  Definitions, 253

SURVIVOR BENEFITS
  Definitions, 253

TEACHERS
  Characteristics of, 306
  County education statistics items
    number of teachers, 511
  Internet resources, 512

TEACHER SALARIES
  Average public school teacher salaries, 263
  State education statistics items, 306

TENNESSEE
  County education statistics, 462
  Expenditures per student, 264
  Percent of population with a bachelor's degree or more, 262
  Percent of population with a high school diploma, 261
  Population, school, and student characteristics, 284
  Teachers' salaries, 263

TEXAS
  Change in number of students, 265
  County education statistics, 466
  Percent of population with a high school diploma, 261
  Population, school, and student characteristics, 284
  Teacher's salaries, 263

UNDERGRADUATE STUDENTS
  College
    see COLLEGE
  Enrollment status
    percent distribution of undergraduate students, 3

UNDOCUMENTED IMMIGRANTS
  Definitions, 258

UNEMPLOYMENT COMPENSATION
  Definitions, 253

UNEMPLOYMENT STATUS AND RATES
  Definitions, 254
  Educational attainment
    population age 25 years old and over, 7

UNITED STATES
  Change in number of students, 265
  Expenditures per student, 264
  Percent of population with a bachelor's degree or more, 262
  Percent of population with a high school diploma, 261
  Population, school, and student characteristics, 284
  Teachers' salaries, 263

UTAH
  County education statistics, 482
  Expenditures per student, 264
  Percent of population with a high school diploma, 261
  Population, school, and student characteristics, 284
  Teachers' salaries, 263

VERMONT
  County education statistics, 482
  Percent of population with a bachelor's degree or more, 262
  Percent of population with a high school diploma, 261
  Population, school, and student characteristics, 284
  Teachers' salaries, 263

VETERANS' PAYMENTS
  Definitions, 253

VIRGINIA
County education statistics, 482
Population, school, and student characteristics, 284
Teachers' salaries, 263

VOCATIONAL SCHOOL AND COURSES
Definitions, 258
Employment status and educational attainment population 15 years old and over, 45

WASHINGTON
County education statistics, 494
Percent of population with a high school diploma, 261
Population, school, and student characteristics, 284
Teachers' salaries, 263

WEST
Definitions, 301
Educational attainment the of population 18 years and over, 266

WEST VIRGINIA
County education statistics, 494
Percent of population with a bachelor's degree or more, 262
Percent of population with a high school diploma, 261
Population, school, and student characteristics, 284
Teachers' salaries, 263

WISCONSIN
County education statistics, 498
Percent of population with a high school diploma, 261
Population, school, and student characteristics, 284
Teachers' salaries, 263

WORKERS' COMPENSATION
Definitions, 253

WORK EXPERIENCE
Definitions, 255

WYOMING
Change in number of students, 265
County education statistics, 502
Percent of population with a bachelor's degree or more, 262
Percent of population with a high school diploma, 261
Population, school, and student characteristics, 284
Teachers' salaries, 263